KB039534

民事判例研究

〔XXXVIII〕

民事判例研究會 編

博 英 社

Journal of Private Case Law Studies

(XXXVIII)

Academy of Private Case Law Studies

2016

Parkyoung Publishing & Company

Seoul, Korea

머 리 말

　　지난 2015년에도 국내외적으로 여러 가지 일이 많았습니다. 그럼에
도 민사판례연구회는 본연의 임무인 판례연구를 계속하여 왔고, 그 결과
물을 모아 민사판례연구 제38권을 내게 되었습니다.

　　이번에도 예년과 마찬가지로 10번의 월례회에서 발표된 논문들과
하계심포지엄에서 발표된 글들을 모았습니다. 하계심포지엄의 대주제는
"친족·상속법의 제문제"로서, 날로 중요성이 늘어나고 있지만, 그동안
다소 소홀하게 취급되었던 친족·상속법의 근년의 변화와 향후 주목해야
할 쟁점을 살펴보는 기회를 가졌습니다. 친족·상속법의 중요한 현안 문
제를 두고 많은 회원들이 참석한 가운데 열띤 발표와 토론이 있었고, 이
책에 실린 그 결과물은 앞으로 우리나라의 친족·상속법 연구에 큰 도움
이 되리라 믿습니다.

　　올해 하계심포지엄의 대주제는 "환경법의 제문제"입니다. 이 또한
날로 새로운 문제가 출현하여 연구자들에게 연구의 과제를 제기하는 분
야입니다.

　　한 가지 특기할 일은 작년 4월 20일에 민사판례연구 제37권을 민
사판례연구회를 창립하신 후암 곽윤직 선생님께 헌정하는 모임을 가졌다
는 것입니다. 연구회의 오늘이 있기까지는 곽윤직 선생님을 빼놓고는 이
야기할 수 없습니다. 학계와 실무계의 교류를 통하여 법학이 발전할 수
있음을 내다보신 곽윤직 선생님의 혜안이 아니었다면 오늘날의 연구회는
없었을 것입니다. 그날 원로회원들부터 신입회원들까지 많은 분들이
참석하여, 선생님의 은혜에 깊은 감사를 드리는 뜻깊은 자리가 되었습
니다.

　끝으로 발간을 위하여 힘써 주신 이계정 교수님, 양재호 판사님, 그리고 출판의 귀찮은 작업을 맡아 주신 박영사의 여러분들께도 고마움의 뜻을 전하고자 합니다.

2016년 2월

민사판례연구회 회장 윤 진 수

目 次

目　　次　v

Contents

Contents **vii**

Articles

자기책임의 원칙과 카지노사업자의
보호의무-자율의 존중과 후견적 개입

이 현 경*

■요　지■

　　도박은 그 사회적 폐해로 인하여 고대 이래로 법적 규율의 대상이었다. 그럼에도 불구하고 정부는 폐광지역 경제의 활성화를 목표로 내국인이 출입 가능한 카지노의 운영을 허용하였고, 피고가 설립되어 '강원랜드 호텔&카지노'를 운영하고 있다.

　　대상판결의 원고는 강원랜드를 출입하면서 약 231억 원을 잃었고, 그 과정에서 피고의 직원들이 출입제한규정과 베팅한도액 제한규정을 위반하였다며 피고를 상대로 손해배상청구 소송을 제기하였다.

　　카지노사업자와 이용자의 법률관계가 어디까지나 사인간의 법률관계이기는 하나, 카지노업에 내재된 폐해, 도박의 일반적 금지 등에 비추어 볼 때 결국 대상판결은 카지노사업자와 이용자 사이의 법률관계에 있어서 자율을 존중할 것인지 이용자의 보호를 위한 국가의 후견적 개입을 허용할 것인지가 문제되는 사안으로, 그 결론은 각자의 사상과 철학에 따라 달라질 것이다.

　　대법원의 다수의견은 카지노사업자와 이용자 사이의 법률관계에도 원칙적으로 자기책임의 원칙이 적용되나 예외적인 경우 사업자의 이용자에 대한 보호의무 위반을 이유로 한 손해배상책임이 인정될 수 있다고 판시한 뒤, 출입제한규정의 위반이 없었고, 베팅한도액 제한규정에 이용자에 대한 보호목적성이 없다고 보아 원고의 청구를 모두 기각하였다.

　　필자는 카지노의 폐해에 비추어 카지노사업에는 국가의 적정한 후견적

---

* 의정부지방법원 고양지원 판사.

개입이 필요하다고 생각하는바, 베팅한도액 제한규정의 보호목적성을 부정하고 결국 원고의 청구를 모두 받아들이지 않은 대상판결의 결론에 반대한다.

[주제어]
- 카지노사업자와 이용자의 법률관계
- 자기책임의 원칙
- 보호의무
- 자율의 존중
- 후견주의

[투고일자] 2015. 12. 9.
[심사일자] 2015. 12. 15.
[게재확정일자] 2015. 12. 30.

대상판결 : 대법원 2014. 8. 21. 선고 2010다92438 전원합의체 판결 [공2014하, 1812]

[사실관계 및 판례의 요지]

1. 사실관계

○ 피고는 카지노 사업을 주된 목적으로 하여 1998. 6. 29. 설립되었고, 폐광지역개발 지원에 관한 특별법(1995. 12. 29. 법률 제5089호로 개정된 것) 제11조 제1항에 근거하여 문화체육관광부장관으로부터 카지노사업 허가를 받아 2000. 10. 28.부터 강원도 정선군 사북읍에서 '강원랜드 호텔&카지노'라는 상호로 국내에서 유일하게 내국인 출입이 가능한 카지노를 개장하여 운영하고 있다.[1]

○ 원고는 2003년부터 2006년까지 총 333회에 걸쳐 피고 운영의 카지노에서 바카라 게임을 하다가 약 231억 원 상당을 잃었다. 원고는 피고 운영의 카지노 중 회원용 영업장에서 게임을 함에 있어 타인의 돈으로 타인을 위하여 베팅만 대신하여 주는 이른바 '병정'을 이용하여 회원영업장 운영내규에서 정한 베팅한도액을 초과한 베팅을 하였고, 피고 소속 직원들은 그러한 사정을 알면서도 묵인하였다. 한편, 원고의 아들이 피고에게 원고의 출입제한요청서를 발송하여 피고 소속 직원이 이를 수령하였으나 위 출입제한요청서는 원고 아들의 요청에 따라 다음날 반송되었다.[2]

---

1) 1994. 8. 3. '관광진흥법'의 개정으로 카지노업이 관광사업의 종류에 포함되게 되었으나, 위 법률에서도 일정한 요건을 갖추어 허가를 받은 경우에 한하여 카지노업을 경영할 수 있도록 하고 있으며(제5조, 제20조), 그 이용객은 외국인으로 엄격하게 한정하였는데(제27조 제1항 제4호), 1995. 12. 29. 석탄산업의 사양화로 인하여 낙후된 폐광지역의 경제를 진흥시키기 위하여 '폐광지역개발 지원에 관한 특별법'이 제정되어 폐광지역 중 경제사정이 특히 열악한 지역으로서 대통령령이 정하는 지역의 1개소에 한하여 내국인 출입이 가능한 카지노업이 허용되었다. 그 후 건설교통부(현 국토해양부)는 1996. 8. 강원 정선군 지역을 폐광지역진흥지구로 지정고시하였고, 1997. 8. 강원 정선군 고한읍 고한리 산1-139 일대를 카지노사업 대상지역으로 지정하였으며, 카지노사업을 영위할 주체로 피고가 설립되었다.
2) 원심에서는 출입제한요청의 발송 및 반송 과정에 관하여 다음과 같이 사실인정을 하였다. ① 원고의 아들인 정○○은 2006. 7. 19. 피고에게 원고에 대한 출입제한요청서를 발송하였고, 위 출입제한 요청서는 2006. 7. 20. 11:24경 피고에게 도달하였다(우편물들은 일단 피고의 종합지원팀에 접수된다). ② 정○○은 2006. 7. 20. 오전경 홍△△(피고의 안전상황팀에서 근무하는 직원으로서 출입제한신청서류를 취합하고 출입제한 전산등록을 담당하는 사람임)에게 전화하여 '원고에 대

2. 1심판결 및 원심판결의 요지

가. 1심판결[3]

1) 카지노업의 특성과 영업제한의 필요성

허용되는 다른 도박과 구별되는 카지노의 특성상, 카지노는 이용자로 하여금 제어하기 힘든 사행심을 조장하여 도박중독에 빠지게 할 가능성이 높고, 이로 인한 도박중독자의 경제적 파산과 실업, 가정파괴, 노숙자 양산, 그로 인한 범죄에의 유혹과 자살 등 사회적 폐해를 초래할 위험성이 매우 큰 것으로서, 특별한 공익적인 필요에 의하여 카지노업을 허용하는 경우에 있어서도, 카지노업 허용이 초래할 수 있는 사회적 폐해를 최소화할 수 있도록 하기 위해서는 카지노사업자로 하여금 이용자들에게 과도한 사행심을 유발하지 않도록 영업을 제한해야 할 필요성이 매우 클 수밖에 없다.

2) 베팅한도액 제한규정 위반과 불법행위책임의 성립 여부

베팅한도액 제한규정은 일반 공중의 이익을 보호하기 위한 규정인 동시에 내국인 출입 카지노사업자인 피고로 하여금 카지노 이용자의 사행심 유발에 적절한 제한을 가하여 카지노 이용자가 카지노게임을 통하여 지나친 재산 상실의 위험에 노출되는 것을 방지하게 함으로써 카지노 이용자 개인의 이익도 보호하기 위한 규정으로 봄이 상당하므로, 피고가 베팅한도액 제한규정을 위반한 결과, 카지노 이용자에게 지나친 사행심을 유발하여 이로 인한 재산 상실의 위험을 현저히 증가시키고 나아가 그 위험이 현실화되어 일반인의 입장에서 보더라도 카지노 이용자에게 감당하기 어려운 재산상 손해가 발생한 반면, 그 손해는 의무 위반자인 카지노사업자에게 영업이익으로 귀속하게 되는 사회적으로 용인하기 어려운 결과가 초래된 경우에는, 피고에게 카지노

한 출입제한 요청서를 발송하였는데 출입제한 요청을 철회하고자 하니 출입제한 요청서가 도착하면 이를 반송하여 달라'고 말하였다. ③ 피고의 안전상황팀에서 근무하는 직원으로서 우편물 수령 등 기타 서무업무를 담당하던 직원인 문ㅁㅁ는 2006. 7. 20. 오후경 종합지원팀에 가서 정ㅇㅇ이 발송한 우편물을 수령하여 홍△△에게 건네주었다. ④ 홍△△는 2006. 7. 20. 오후경 위 출입제한 요청서에 기재된 정ㅇㅇ의 연락처로 전화하여 출입제한 요청을 철회하는 의사가 맞는지 다시 확인한 다음 문ㅁㅁ에게 위 출입제한 요청서를 반송해 달라고 요청하였다. ⑤ 문ㅁㅁ는 2006. 7. 25. 정ㅇㅇ에게 출입제한 요청서를 반송하였다. ⑥ 위 출입제한 요청일 이후, 원고는 2006. 8. 4.부터 피고 운영의 카지노에 출입하였다.

3) 서울중앙지방법원 2008. 7. 9. 선고 2006가합102456 판결(미간행).

이용자에 대한 보호의무 위반을 이유로 한 불법행위책임이 성립될 수 있다 할 것이다.[4]

3) 출입제한규정 위반으로 인한 불법행위책임의 성립 여부

출입제한규정은 이미 도박중독의 징후를 보여 스스로 사행심을 제어할 수 있는 능력을 상실함으로써 카지노 이용자 본인에게뿐만 아니라 그 가족 등에게까지 현저한 재산상실의 위험을 야기한 카지노 이용자에 대하여 더 이상 피고의 카지노에서 도박을 할 수 없도록 제한을 가함으로써 카지노 이용자 본인과 그 가족 등을 보호하기 위한 규정임이 명백하다. 따라서 피고는 위 요건에 해당하는 경우에 해당 카지노 이용자에 대하여는 앞서 본 피고의 출입관리지침에 따라 반드시 출입제한조치를 취해야 하고, 그 출입제한조치를 해제하는 경우에도 피고의 카지노 출입관리지침을 준수할 의무가 있다 할 것이고, 만일 피고가 위 규정에 따른 출입제한 대상자에 해당함을 알면서도 출입제한을 하지 아니하였거나 이미 출입제한이 된 자에 대하여 정당한 절차 이외의 방법으로 출입제한을 해제한 결과, 그 출입제한 대상자가 계속적으로 피고의 카지노에 출입하여 사행심을 제어하지 못하고 도박을 함으로써 재산상실의 위험에 노출되어 결국 재산을 상실하게 되었다면, 이는 카지노 이용자에 대한 보호의무를 저버린 행위로서 위법성이 있다 할 것이다.[5]

나. 원심판결[6]

1) 사회질서 위반으로 인한 불법행위책임의 성립 여부

사회적 폐해가 발생할 가능성이 있음에도 불구하고 특정의 공익적 목적을 위하여 폐광지역개발 지원에 관한 법률로 피고에 대하여 카지노업을 허용해 준 점 등을 고려해 보면, 피고가 도박사업인 카지노업을 영위하는 자체는 원칙적으로 적법한 행위이다.

그러나 수많은 사회적 폐해를 초래할 가능성이 있음에도 불구하고, 피고에 대하여 유일하게 내국인이 출입할 수 있는 카지노업을 허가해 준 것은 피고의 영업이익을 극대화시켜 주기 위한 것이 아니라 특정한 공익적 목적을 위한 것인 점, 앞서 본 관계법령에 의하면 카지노사업자에게 카지노 이용자

---

4) 1심은 이와 같은 전제에서 피고 소속 직원들의 베팅한도액 제한규정 위반을 이유로 한 피고의 원고에 대한 손해배상책임을 인정하였다.
5) 1심은 이와 같은 전제에서 피고 소속 직원들의 출입제한규정 위반을 이유로 한 피고의 원고에 대한 손해배상책임을 인정하였다.
6) 서울고등법원 2010. 9. 29. 선고 2008나113587 판결(미간행).

를 보호하기 위한 여러 가지 영업제한규정을 두고 있는 점 등을 고려해 보
면, 피고는 카지노업을 함에 있어 관계법령상의 구체적인 영업제한 규정을
준수해야 함은 물론 그러한 법령상 규정이 없더라도 피고가 병적 도박중독자
의 출입을 방치한 것을 넘어 적극적으로 병적 도박중독자로 하여금 카지노
게임을 하도록 유인하는 등의 방법으로 카지노 영업을 하였다면, 피고에게
사회질서 위반을 이유로 한 불법행위책임이 성립할 수 있음은 물론이고, 또
한 카지노 이용자가 심각한 병적 도박중독자이고 그 병적 도박중독증으로 인
하여 카지노 도박으로 생존에 필요한 최소한의 재산까지 탕진하고 있음이 외
관상 객관적으로 명백한 경우 등 그 카지노 이용자의 카지노 출입을 허용하
는 것이 법질서 전체의 관점에서 용인할 수 없는 경우에 해당될 때에는 카
지노사업자는 위와 같은 도박중독자에 대한 카지노 출입을 제한하는 조치를
취하는 등의 최소한의 카지노 이용자 보호의무를 부담한다. 카지노사업자가
카지노 이용자에 관해 위와 같은 사정을 잘 알고 있으면서도 또는 중대한
과실로 그러한 사정을 알지 못하여 그 병적 도박중독자에 대하여 출입을 제
한하는 등 이용자 보호를 위한 조치를 취하지 않음으로써 그 병적 도박중독
자가 카지노에 출입하여 돈을 잃게 되었다면, 카지노사업자의 위 카지노 이
용자 보호조치 위반은 선량한 풍속 기타 사회질서를 위반한 행위로 불법행위
를 구성한다.[7]

2) 대리베팅 허용으로 인한 불법행위책임의 성립 여부

원심 법원도 1심판결과 마찬가지 이유로 피고의 사용자책임을 인정하
였다.[8]·[9]

---

[7] 다만, 원심은 이 사건의 경우는 '피고 소속 직원이 원고를 적극적으로 카지노 게
임을 하도록 유인하였다는 점을 인정할 증거가 없고, 원고가 심각한 병적 도박중
독자이고 그 병적 도박중독증으로 인하여 카지노 도박으로 생존에 필요한 최소한
의 재산까지 탕진하고 있음이 외관상 객관적으로 명백한 경우 등 원고의 카지노
출입을 허용하는 것이 법질서 전체의 관점에서 용인할 수 없는 경우에 해당한다거
나, 피고가 이러한 사정을 잘 알고 있었음에도 또는 중대한 과실로 이러한 사정을
알지 못하여 원고에 대하여 카지노 출입을 제한하는 등의 조치를 취하지 않았다는
점을 인정할 수 없다'는 이유로 불법행위의 성립을 인정하지 않았다.
[8] 1심판결은 피고의 불법행위책임의 근거규정을 명시하지 않고 있으나, 원심은 피
고의 원고에 대한 손해배상책임은 민법 제756조에 근거함을 명기하고 있다. 이는
출입제한규정 위반으로 인한 불법행위책임 부분도 마찬가지이다.
[9] 원심은 대리베팅이 이루어진 장소를 예약실과 회원용 영업장으로 구분한 뒤 회원용
영업장에서 이루어진 대리베팅의 경우 피고 소속 직원들이 이를 알면서 묵인 내지 허
용하였다고 볼 수 없다는 이유로 그로 인한 피고의 손해배상책임을 인정하지 않았다.

3) 출입제한규정 위반으로 인한 불법행위책임의 성립 여부

원심 법원도 1심판결과 마찬가지 이유로 피고의 사용자책임을 인정하였다.

3. 대상판결의 요지

가. 원심판결의 파기환송

대법원은 카지노사업자와 카지노 이용자 사이의 카지노 이용을 둘러싼 법률관계에 대하여도 자기책임의 원칙이 적용되나 위 원칙은 개별 사안의 구체적 사정에 따라 신의성실이나 사회질서 등을 위하여 제한될 수 있다는 전제하에, 원고에 대한 적법한 출입제한 요청이 있었다고 보기 어렵고, 베팅한도액 제한규정은 카지노 이용자 개개인의 재산상 손실을 방지하기 위한 규정이라고 볼 수 없다고 판단하여 원심판결을 파기환송하였다. 그러나 출입제한행위와 관련하여서는 김용덕, 고영한, 김창석, 김신, 김소영, 조희대 대법관의 반대의견이, 베팅한도액 제한규정 위반과 관련하여서는 김용덕, 조희대 대법관의 반대의견이 있었는바, 다수의견의 논지는 다음과 같다.

나. 다수의견의 논지

1) 자기책임의 원칙과 카지노사업자의 보호의무

개인은 자신의 자유로운 선택과 결정에 따라 행위하고 그에 따른 결과를 다른 사람에게 귀속시키거나 전가하지 아니한 채 스스로 이를 감수하여야 한다는 '자기책임의 원칙'이 개인의 법률관계에 대하여 적용되고, 계약을 둘러싼 법률관계에서도 당사자는 자신의 자유로운 선택과 결정에 따라 계약을 체결한 결과 발생하게 되는 이익이나 손실을 스스로 감수하여야 할 뿐 일방 당사자가 상대방 당사자에게 손실이 발생하지 아니하도록 하는 등 상대방 당사자의 이익을 보호하거나 배려할 일반적인 의무는 부담하지 아니함이 원칙이라 할 것이다.

카지노업의 특수성을 고려하더라도, 카지노사업자와 카지노 이용자 사이의 카지노 이용을 둘러싼 법률관계에 대하여도 당연히 위와 같은 '자기책임의 원칙'이 적용된다.

다만 자기책임의 원칙도 절대적인 명제라고 할 수는 없는 것으로서, 개별 사안의 구체적 사정에 따라서는 신의성실이나 사회질서 등을 위하여 제한될 수도 있는 것이다. 그리하여 카지노 이용자가 자신의 의지로는 카지노 이용을 제어하지 못할 정도로 도박중독상태에 있었고 카지노사업자도 이를 인식하고 있었거나 조금만 주의를 기울였더라면 인식할 수 있었던 상황에서, 카지노 이용자나 그 가족이 카지노 이용자의 재산상 손실을 방지하기 위하여 법령이나 카지노사업자에 의하여 마련된 절차에 따른 요청을 하였음에도 그에 따른 조처를 하지 아니하고 나아가 영업제한규정을 위반하여 카지노 영업을 하는 등 카지노 이용자의 재산상실에 관한 주된 책임이 카지노사업자에게 있을 뿐만 아니라 카지노 이용자의 손실이 카지노사업자의 영업이익으로 귀속되는 것이 사회 통념상 용인될 수 없을 정도에 이르렀다고 볼만한 특별한 사정이 있는 경우에는, 예외적으로 카지노사업자의 카지노 이용자에 대한 보호의무 내지 배려의무 위반을 이유로 한 손해배상책임이 인정될 수 있을 것이다.

2) 출입제한규정 위반에 관하여

출입제한규정은 카지노 이용자가 이미 도박중독의 징후를 드러내고 스스로 사행심을 제어할 수 없어서 과도한 재산상실의 위험이 현저히 커진 경우 가족의 요청으로 카지노 이용자의 카지노 출입을 제한함으로써 카지노 이용자와 그 가족을 보호하기 위한 것이므로, 카지노 이용자나 그 가족이 '폐광지역 카지노사업자의 영업준칙'과 '카지노출입관리지침'에 정한 절차에 따라 도박 중독을 이유로 카지노 이용자의 출입제한을 요청하는 경우에는 카지노 이용자를 출입제한자 명단에 등록하고 카지노 이용자에 대하여 적정한 기간 동안 카지노 출입을 제한하는 것이 합당할 것이다. 만약 피고가 그와 같은 절차를 거쳐 카지노 이용자를 출입제한자 명단에 등록한 다음 그가 도박중독 상태에 있음을 알거나 쉽게 알 수 있었음에도 정당한 출입제한 해제절차를 거치지 아니하고 카지노 출입을 허용하였다면 그와 같은 행위는 카지노 이용자에 대한 보호의무 위반행위로 평가될 여지가 있다.

그런데 이 사건에서는 원고에 대한 출입제한 요청서를 피고가 접수하여 원고를 출입제한자로 등록하기 전에 원고의 아들인 정○○이 그 요청을 철회하고 출입제한 요청서의 반송을 요구하였다는 것이니 원고에 대한 적법한 출입제한 요청조차 있었다고 보기 어렵고, 따라서 피고에게 원고의 카지노 출입을 제한할 의무가 있었다고 볼 수 없다.

3) 베팅한도액 제한규정 위반에 관하여

베팅한도액 제한규정은 그 문언상 과도한 사행심 유발을 방지하기 위한 것임이 분명하다. 그러나 이러한 규정이 일반 공중의 사행심 유발을 방지하기 위한 데서 더 나아가 카지노 이용자 개개인의 재산상 손실을 방지하기 위한 규정이라고 보기는 어렵다.

다. 출입제한규정 위반에 관한 반대의견

출입제한 요청의 철회는 문서로써 하여야 하므로 정○○이 단지 전화로 출입제한 요청을 철회하겠다고 한 것은 효력이 없고, 피고는 원고의 출입을 제한할 의무가 있다.

또한 피고 소속 직원들이 고의 또는 과실로 출입제한조치를 하지 아니하여 피요청자가 피고의 카지노를 이용함으로써 재산상 손해를 입은 경우에는, 그러한 손해는 출입제한조치 위반행위와 상당인과관계 있는 손해이므로 사용자인 피고는 이를 배상할 책임이 있고, 위와 같은 카지노사업자의 보호의무 위반으로 인한 손해배상책임을 인정함에 있어 다수의견과 같이 피요청자의 도박중독상태의 존재, 그에 대한 피고의 인식, 피요청자의 상당한 손해발생 등의 요건을 추가할 것은 아니다.

라. 베팅한도액 제한규정 위반에 관한 반대의견

베팅한도액 제한규정은 카지노의 사회적 폐해를 억제하기 위한 공익보호규정인 동시에, 구체적인 카지노게임에서 카지노 이용자의 과도한 재산손실을 방지하기 위한 최소한의 안전장치로서 카지노 이용자 개인의 재산상 이익을 보호하기 위하여도 반드시 지켜져야만 할 규정이라고 할 것이다.

〔硏   究〕

I. 서   론

도박은 재물을 걸고 우연에 의하여 재물의 득실을 결정하는 행위로 인간의 이기심과 사행심이 극단적으로 발현되고 개인과 사회에 미치는 폐해가 크다. 이에 우리 법제는 도박을 일반적으로 금지하면서도 공익적 필요성을 들어 예외적으로 복권, 경륜·경정, 경마, 카지노를 합법화하여 그 사업을 허용하고 있다.[10]

---

10) 카지노를 포함한 도박에 대한 국가의 태도와 정책은 이중적일 수밖에 없고, 국가는 도박을 '이중적 제도화'의 과정을 통하여 통제해 나간다. 즉 사적 영역의 일시 오락 도박을 제외한 여타의 도박을 선택적 기제를 작용시켜 형법으로 금지시키는 범죄화 과정을 추구하여 규범적 정당성을 일단 확보하는 동시에 다른 한편으로는 배제적 기제를 작동시켜 국가가 운영하거나 국가에 의하여 허용된 도박을 탈범

그 중 카지노업은 '전문 영업장을 갖추고 주사위·트럼프·슬롯머신 등 특정한 기구 등을 이용하여 우연의 결과에 따라 특정인에게 재산상의 이익을 주고 다른 참가자에게 손실을 주는 행위 등을 하는 업'[11]으로 종래에는 외국인을 대상으로 한 카지노의 설치 및 영업만이 제한적으로 허용되어 왔다. 그러던 중 1995. 12. 29. 폐광지역의 경제를 진흥시킬 목적으로 폐광지역개발 지원에 관한 특별법이 제정되어 폐광지역에 한시적으로 내국인 출입이 가능한 카지노의 설치 및 영업이 허용되었고, 피고가 설립되어 2000. 10. 28.부터 내국인 출입이 가능한 카지노를 운영하여 오고 있다.

내국인 출입 카지노의 허용과 관련하여 도박중독, 그로 인한 가족관계의 붕괴, 노숙자 양산, 범죄 유발 등 사회적 폐해에 대한 많은 우려가 있었고, 실제로 피고의 카지노 개장 이후 그러한 우려가 현실화되었다. 그 결과 2009년경부터 피고의 카지노에서 많은 재산을 잃은 카지노 이용자들이 피고에 대하여 계약상 책임, 불법행위책임, 부당이득반환 책임 등을 소구하기 시작하였고, 특히 피고 직원들의 출입제한규정, 베팅한도액 제한규정 위반을 이유로 한 피고의 불법행위책임을 묻는 경우가 많았다.

피고가 비록 특별법에 의하여 설립된 회사이고, 그 지분의 51%를 정부 기관이 보유[12]하고 있다고 하나 피고는 어디까지나 사인(私人)이고 따라서 카지노 이용자인 원고와 카지노사업자인 피고 사이의 법률관계에도 사인(私人)간의 법률관계에 적용되는 대원칙들, 즉 사적자치의 원칙, 과실책임의 원칙 등이 적용됨은 자명하다. 그러나 카지노업이 가진 여러 특수성은 오직 자율 존중의 잣대로만 카지노사업자와 이용자의 법률관계

___

죄화함으로써 '자원해서 고통 없이 내는 세금'으로 재정을 확보하여 도구적 효율성을 높이고자 노력하는 것이다(이태원·김석준, "도박의 정치경제학-한국 사회의 도박 합법화와 도박 문제의 확산에 관한 비판적 접근", 사회와 역사 제56집, 한국사회사학회(1999), 184면 참조).
11) 관광진흥법 제3조 제1항 제5호.
12) 산업통상자원부 산하 한국광해관리공단, 강원도 개발공사 및 4개의 지방자치단체가 피고 지분의 51%를 보유하고 있고, 피고는 그 수익 중 일부를 세금, 매출액의 10%에 해당하는 관광진흥개발기금, 법인세 차감 전 순이익의 25%에 해당하는 폐광지역개발기금으로 납부하고 있다.

를 재단하는 것에 주저함을 야기한다. 이는 대상판결의 원심을 비롯한
여러 하급심 판결에서 카지노업의 특성과 그 폐해 방지의 필요성 등을
들어 피고의 카지노 이용자에 대한 보호의무를 인정하고, 그 보호의무
위반을 원인으로 한 카지노 이용자들의 손해배상청구를 받아들였던 점,
대상판결은 판례를 변경하는 것이 아님에도 전원합의체 판결로 이루어졌
고, 그 안에서 반대의견과 보충의견 등의 치열한 논쟁이 있었던 점에서
도 알 수 있다.[13] 이와 같은 판결하기 어려운 사건(hard case)은 기본 법
리만으로 쉽게 해결될 수 없기 때문에 그 법리를 뛰어넘는 또는 그 법리
의 배후에서 작동하는 법적 지혜에 관한 이론적 고민을 요구한다.[14]

필자는 자율의 존중과 후견적 개입에 관한 전통적인 논의에 비추어
카지노사업자와 카지노 이용자의 법률관계를 검토해 보고자 하는바, 이하
에서는 우선 자기책임의 원칙과 국가의 후견적 개입에 관하여 논하고,
카지노사업자의 카지노 이용자에 대한 보호의무에 관하여 검토한 뒤, 이
를 바탕으로 카지노사업자의 영업제한규정 위반에 따른 불법행위책임에
관하여 논하고자 한다.

II. 자기책임의 원칙과 후견적 개입

1. 序

카지노업은 사업 목적 자체가 이용자의 사행심에 편승하여 수익을
올리는 것으로 그 사업의 영위로 인한 사회적 폐해의 발생이 내재되어

---

13) 영업제한규정 위반으로 인한 손해배상책임 유무는 카지노업에 관한 각국의 입장
   에 따라서도 달라지는데 미국의 경우는 카지노사업자의 책임을 거의 인정하지 않
   고 있는 반면, 독일은 2005년도 판례 변경을 통하여 손해배상책임을 인정하고 있
   다. 영업제한규정 위반에 관한 각국의 입장은 김재형, "법규 위반과 불법행위책
   임", 판례실무연구(XI, 상), 사법발전재단(2014), 676-701면에 자세하게 설시되어 있
   고, 최민수, "독일법상 카지노 출입제한에 관한 소고-카지노 출입제한규정위반으
   로 인한 불법행위책임에 관한 우리법과의 비교를 중심으로", 비교사법 제21권 제2
   호(통권 제65호), 한국비교사법학회(2014), 293-334면에서는 독일의 입장에 관하여
   중점적으로 설시하고 있다.
14) 권영준, "민사재판에 있어서 이론, 법리, 실무", 서울대학교 법학 제49권 제3호,
   서울대학교 법학연구소(2008), 318면.

있다. 그럼에도 불구하고 국가는 피고로 하여금 합법적으로 카지노업을 영위하도록 하였고, 대상판결의 원고를 비롯한 카지노 이용자들은 카지노의 이용에 따라 재산상 손실이 발생할 수 있음을 알면서도 스스로의 선택에 따라 피고와 사이에 카지노게임계약을 체결하고 카지노를 이용하였다. 이렇듯 카지노사업자와 카지노 이용자의 법률관계는 다른 사인(私人)간의 법률관계와는 다른 특수한 배경을 가지고 있는바, 국가는 카지노사업자와 이용자의 법률관계에 후견적으로 개입하여 카지노 이용자를 보호할 수 있는가? 이는 결국 카지노사업자와 이용자의 법률행위의 자율은 얼마나 존중되어야 하는지, 그들 사이의 법률행위에 권력체는 어느 정도의 범위에서 후견적으로 개입할 수 있는지의 문제로, 이때의 권력체는 카지노사업을 원천적으로 불허하거나 위 사업에 관한 광범위한 영업제한규정을 설정하는 입법부 또는 행정부가 될 수도, 사후적으로 카지노 이용자에 대한 사업자의 보호의무를 창설함으로써 카지노 이용자의 카지노에서의 손해를 배상하도록 명령하는 사법부가 될 수도 있을 것이다.

2. 자율의 존중과 자기책임의 원칙
가. 자율의 존중

개인의 자율에 대한 존중은 이성적이고 책임감 있는 인간이라면 자기에 관한 사항을 가장 잘 결정할 수 있다는 인간의 합리성에 대한 신뢰로부터 출발한다. 자기 자신, 즉 자신의 신체나 정신에 대해서는 각자가 주권자이므로[15] 개인이 절대적인 자유를 가지고 자신의 삶과 행태를 결정지을 수 있고 원칙적으로 사회는 이에 관여하여서는 안 된다는 자율의 관념은 이제 우리 법의식에 자연스럽게 자리하고 있고, 법 조문과 법 이론, 그리고 이를 바탕으로 한 법관의 판결을 통하여 구현되고 있다.

---

15) J. S. Mill(서병하 역), 자유론, 책세상(2014), 33면.

나. 행위결정의 측면–자기결정권

1) 헌법상 기본권으로서의 자기결정권

개인의 자율에 대한 존중은 우선 헌법상 열거되지 않은 기본권의 하나인 자기결정권[16]의 개념으로 구현된다. 헌법학에서 자기결정권은 '자신의 문제를 자신의 자유의사에 따라 결정할 수 있는 권리'로서 헌법 제10조와 제37조 제1항에 근거하여 인정되는 헌법에 열거되지 않은 기본권으로 파악된다. 헌법재판소도 '일반적 행동자유권' 또는 '자기운명결정권'이라는 용어를 사용하여 자기결정권을 인정하고 있다.[17]

2) 사적자치의 원리[18]

사인(私人)간의 법률관계에 있어서 자기결정권의 존중은 민법의 대원칙인 사적자치의 원칙을 통하여 구현된다. 즉, 사적자치의 원칙은 사람은 누구든지 합리적인 판단력을 가지고 있다는 전제에서 개인이 자기의 법률관계를 그의 자유로운 의사에 의하여 형성할 수 있음을 인정하고, 국가 또는 법질서가 이에 직접 개입하거나 간섭하지 않음으로써 개인의 자유를 최대한으로 보장하고 개인에 대한 국가적 후견을 배제한다는 자유의 관념을 표방한다.[19]

---

16) 독일의 경우 기본법 제2조 제1항(모든 사람은 타인의 권리를 침해하지 않고, 헌법적 질서 또는 도덕률에 위반하지 아니하는 한 자기의 인격을 자유로이 발전시킬 권리를 가진다)의 일반적 행위자유권으로부터, 미국의 경우 프라이버시권(Louis Brandeis 대법관이 표현에 따르면 '타인으로부터 간섭받지 않을 권리로 문명인의 가장 포괄적이며 고귀한 권리)으로부터, 일본의 경우 헌법 제13조(모든 국민은 개인으로서 존중된다. 생명·자유 및 행복추구에 대한 국민의 권리에 대하여는 공공의 복지에 반하지 아니하는 한 입법 그 밖의 국정에 있어서 최대의 존중을 필요로 한다)로부터 자기결정권을 도출하고 있다(김주현, "자기결정권과 그 제한(좌석안전띠 및 승차용안전모 착용의무와 paternalism)", 헌법논총 제7집, 헌법재판소(1996), 42~44면 참조).

17) 헌법재판소 1992. 4. 14. 선고 90헌바23 결정(판례집 4, 162), 헌법재판소 1990. 9. 10. 선고 89헌마82 결정(판례집 2, 306) 등 참조.

18) 사적자치의 원리는 법률행위 전반에 적용되는 원리로 행위결정의 측면에만 국한되는 것은 아니다.

19) 곽윤직·김재형, 민법총칙 제9판, 박영사(2013), 38~39면; 지원림, "법률행위의 효력근거에 관한 연구", 서울대학교 박사학위논문(1993), 59, 61면.

다. 행위결과의 측면–자기책임의 원칙

1) 헌법원리로서의 자기책임의 원리

자기책임의 원리는 헌법 제10조로부터 파생되는 자기결정권의 한계 논리로서 책임부담의 근거로 기능하는 동시에 자기가 결정하지 않은 것이나 결정할 수 없는 것에 대하여는 책임을 지지 않고 책임부담의 범위도 스스로 결정한 결과 내지 그와 상관관계가 있는 부분에 국한됨을 의미하는 책임의 한정원리로 기능한다.[20]

2) 근대민법에서의 자기책임의 원칙

가) 봉건제도의 붕괴 속에서 성립된 근대민법은 자유롭고 평등한 개인을 전제로, 그 개인의 자유로운 활동을 보장하기 위하여 사적자치의 원칙, 과실책임의 원칙을 인정한다.[21]

나) 과실책임의 원칙은 개인은 고의 또는 과실에 의한 행위에 대해서만 책임을 지고, 타인의 행위에 대해서는 책임을 지지 않는다는 원칙으로 이를 통하여 개인의 행동의 자유가 보장된다.[22]

다) 사적자치의 원칙과 과실책임의 원칙에 따르면, 개인은 자유로운 의사결정에 따라 행동하되, 그 결과 또한 스스로 책임져야 하는바, 이로부터 자기책임의 원칙이 도출된다.

3) 판례에 나타난 자기책임의 원칙

가) 대상판결 이전의 대법원은 주로 증권투자 등 금융상품의 거래와 관련하여 자기책임 원칙을 설시하여 왔다.[23] · [24]

---

20) 헌법재판소 2004. 6. 24. 2002헌가27 결정(판례집 16-1, 706) 등 참조. 아울러 헌법재판소는 위 결정 등에서 '헌법 제13조 제3항(모든 국민은 자기의 행위가 아닌 친족의 행위로 인하여 불이익한 처우를 받지 아니한다)은 그 한 표현에 해당하는 것으로서 자기책임의 원리에 반하는 제재는 그 자체로서 헌법에 위반된다'고 설시한 바 있다.

21) 곽윤직 · 김재형, 위의 책(주 19), 37면.

22) 곽윤직 · 김재형, 위의 책(주 19), 39면.

23) 대법원 2008. 6. 12. 선고 2007다70100 판결(미간행), 대법원 2013. 9. 26. 선고 2013다26746 전원합의체 판결(공2013하, 1954) 등 참조.

24) 한편, 미국에서는 자기책임의 원칙이 주로 담배소송이나 패스트푸드 소송과 관련하여 문제되는데, Pelman v. McDonald's Corp. (Pelman, 237 F. Supp. 2d 512)

　나) 대상판결은 '우리의 사법질서는 사적자치의 원칙과 과실책임의 원칙 등을 근간으로 한다. 사적자치의 원칙은 개인이 자신의 법률관계를 그의 자유로운 의사에 의하여 형성할 수 있다는 것을 의미하고, 과실책임의 원칙은 개인이 자신에게 귀책사유가 있는 행위에 대하여만 책임을 지고 그렇지 아니한 타인의 행위에 대하여는 책임을 지지 아니한다는 것을 의미한다'라고 하여 자기책임 원칙의 근거로 사법질서의 대원칙인 사적자치의 원칙과 과실책임의 원칙을 들고, '(사적자치의 원칙과 과실책임의 원칙에 따라) 개인은 자신의 자유로운 선택과 결정에 따라 행위하고 그에 따른 결과를 다른 사람에게 귀속시키거나 전가하지 아니한 채 스스로 이를 감수하여야 한다는 자기책임의 원칙이 개인의 법률관계에 대하여 적용된다'라고 하여 자기책임 원칙에 관한 일반적 정의를 내린 뒤 '계약을 둘러싼 법률관계에서도 당사자는 자신의 자유로운 선택과 결정에 따라 계약을 체결한 결과 발생하게 되는 이익이나 손실을 스스로 감수하여야 할 뿐 일방 당사자가 상대방 당사자에게 손실이 발생하지 아니하도록 하는 등 상대방 당사자의 이익을 보호하거나 배려할 일반적인 의무는 부담하지 아니함이 원칙이다'라고 하여 자기책임 원칙의 적용을 받는 계약관계에 있어서 원칙적으로 계약의 일방 당사자에게 계약상 의무를 넘어서는 상대방에 대한 보호 또는 배려 의무는 존재하지 않음을 명시하였는

　사건에서 법원은 원고가 그 제품을 소비하기로 스스로 결정하였을 때 사업체인 피고에게는 책임이 없고, 원고는 제품의 위험성을 알아야만 했으며, 맥도날드 제품을 섭취하는 것의 위험을 알면서도 이를 자주 소비하여 스스로 건강 문제를 초래하였다는 이유로 자기책임 및 공지의 사실 원칙에 따라 원고의 청구를 기각하였다. 또한 미국에서의 패스트푸드 소송이 급증하자 미국 상·하원은 2003년에 법률안을 제안하였는바, 하원 위원회는 "blame-shifting lawsuits"를 통해 전통적인 미국의 가치인 자기책임 원칙의 침식이 이루어지는 것에 대해 우려를 표하기도 하였다 [H. R. REP. NO. 108-432 (2004), 9면(Glenna Novack, *Lawsuits in the fast-food nation: Will Fast-Food Suits Succeed as Obesity Becomes an American Tradition?*, 52 Wayne L. Rev. 1307(2006), 1311-1312면에서 재인용)]. 그러나 담배를 피우거나 패스트푸드를 섭취하는 것이 형사처벌 대상이 아닌 반면, 도박의 경우에는 국가가 개인을 보호하기 위하여 이를 엄금하고 형사처벌 대상으로 삼고 있음에도 불구하고 예외적으로 도박의 일종인 카지노업을 합법화하고 있다는 점에서 카지노업의 법률관계를 담배업이나 패스트푸드업에서의 그것과 같이 볼 것은 아니다.

바, 본격적으로 자기책임의 법 원리에 관하여 설시하고 있다.

또한 대상판결의 보충의견은 '인간의 존엄과 가치는 인간의 본질로 간주되는 존귀한 인격주체성을 의미하고, 이를 바탕으로 인간은 자기책임 능력 있는 인격체로서 스스로 결단하여 자신을 규율하며 인격과 의사를 매개로 자신의 권리와 의무를 스스로 형성할 수 있다. 이러한 자기결정, 자기지배, 자기책임의 당위는 헌법이 정한 인간의 존엄과 가치의 표현이며 동시에 이를 실현할 수 있는 수단이므로, 국가는 원칙적으로 개인이 자신의 법률관계를 형성하는 데 간섭하여서는 아니 되고 개인이 형성한 내용대로 법률관계를 인정하여 법적으로 실현하도록 하여야 한다'라고 설시하여 자기책임의 원칙이 헌법상 인간의 존엄과 가치로부터 도출되었으며, 이를 보장하기 위하여 존중되어야 함을 분명히 하였다.

3. 자율에 대한 제한으로서의 후견주의적 개입
가. 序

앞서 본 바와 같이 개인의 자율에 대한 존중은 합리적인 인간상에 근거한다. 그러나 사람들은 자율에 대한 존중에서 가정하고 있는 인간상과는 달리 때때로 비합리적인 선택을 하고, 그로 인하여 오히려 결과적으로 자신을 해하기도 하는바 그러한 경우에까지 자기결정권을 존중하여 비합리적인 선택을 방치하고, 그 선택에 따른 결과를 자기책임의 원칙에 따라 행위자가 모두 감수하도록 할 것은 아니다. 때로는 개인 자신의 이익을 보호하기 위하여 권력체가 사전적으로는 개인의 자기결정권을, 사후적으로는 자기책임의 원칙을 제한하는 개입이 필요하다. 이때 권력체의 후견적 개입이 어떠한 근거로 어느 범위에서 정당화될 수 있는가의 문제는 종래 자유주의에 기초한 해악원리[25]·[26]와 공동체주의에 기초한 법적

---

25) 밀(J. S. Mill)은 자신의 저서 자유론에서 다른 사람에게 해악을 끼치는 경우 (harm to others)가 아니라면 그것이 신체적인 것이든, 도덕적인 것이든, 행위자 자신에 좋은 것이든 개인의 행위에 대한 국가 권력의 개입은 정당화될 수 없다고 보았는데(해악원리, harm principle), 해악원리에 따르면 자유의 제한은 자신에 대한 해악이 아니라 다른 사람에 대한 해악을 방지하기 위해서만 정당화될 수 있고

도덕주의의 대립구도 속에서 논의되어 왔으나, 양 극단의 원리들은 현실적으로 발생하는 다양한 문제들의 해결에 한계가 있었고, 이를 극복하기 위한 유력한 대안으로서 후견주의가 등장하였다.[27]

나. 후견주의[28]의 개념

후견주의의 핵심 테제는 국가가 어떤 사람의 이익을 위하여 그 사람의 법률관계에 개입할 수 있다는 것이다.

후견주의는 개입이 정당화되는 사유와 관련하여 경성 후견주의와 연성 후견주의,[29] 신체적·물질적 후견주의와 정신적·도덕적 후견주의[30]

(오세혁, "법적 후견주의—개념분석적 고찰—", 법철학연구 제12권 제1호, 한국법철학회(2009), 156면). 오직 자신에게만 영향을 미치는 행위에 대해서는 비록 그 결과가 나쁠지라도 사회가 강제적으로 간섭할 수 없다(이영록, "유해성원칙·후견주의·자유주의", 비교형사법연구 제4권 제2호, 비교형사법학회(2002), 26면). 다만, 밀 역시도 해악원리가 정신적으로 성숙한 사람에게만 적용될 수 있음을 명시하고 있으므로(밀, 위의 책(주 15), 33면) 그의 논리에 따르더라도 미성년자나 그 밖의 합리적인 판단능력이 결여된 사람의 법률행위에 관한 국가의 개입은 정당화된다(역설적이게도 대표적 자유주의자인 밀은 그의 논리 자체에서 후견적 개입의 단초를 제공하고 있다). 한편, 엄격한 해악원리에 입각할 경우 도박의 경우 마치 다른 사람에게 해악을 끼치지 않기 때문에 후견적 개입이 허용되어서는 안 된다고 볼 여지가 있으나, 도박행위가 야기하는 사회적 폐해는 결국 타인에 대한 해악으로 이어지므로 반드시 그렇게 볼 것은 아니다.

26) 밀에 이어 하트(H. L. A. Hart) 또한 울펜덴 보고서(Wolfendon Report, 공개되지 않은 장소에서의 매춘이나 동성애를 형사처벌의 대상으로 하여서는 안 된다는 취지)와 관련된 데블린과의 논쟁에서 여전히 개인에 대한 자유의 제한은 원칙적으로 다른 사람에 대한 해악을 방지하기 위해서만 정당화될 수 있다고 하여 해악원리를 옹호하였다. 그러나 하트는 밀이 상정하고 있는 바와 달리 개인이 그들 자신의 이익을 가장 잘 안다는 믿음은 퇴조하였고, 결과에 대한 적절한 평가나 인식이 결여된 선택과 동의가 가능하다(H. L. A. Hart(이영란 역), "법, 자유, 도덕", 나남출판(1996), 48면)고 하면서 밀과 같이 후견주의를 단적으로 배제하는 대신 자기의 신체 내지 생명에 대한 침해에 대해서는 제한적으로 후견적 개입이 가능하다고 보았다.

27) 오세혁, "해악원리, 법적 도덕주의, 그리고 후견주의—후견주의의 이중적 양면성—", 중앙법학 제11집 제1호(2009. 8.), 341–342면.

28) 종래에는 가부장주의, 간섭주의 등으로 번역되기도 하였으나, 본고에서는 '후견주의'를 사용한다.

29) 경성 후견주의(strong paternalism, hard paternalism)는 개인의 선택이나 행동이 자유롭고, 충분한 정보를 바탕으로 한 완전히 자발적(voluntary)인 것이라 하더라도 일정한 경우에는 국가의 개입이 가능하다는 것이고, 연성 후견주의(weak paternalism, soft paternalism)는 개인이 적절한 판단능력을 결여하여 그 행위가 실질적으로 비자발적(non-voluntary)으로 이루어진 경우 또는 자발적인지 여부를 확인하

등으로 유형화할 수 있고, 개입의 대상과 관련하여 직접적 후견주의와 간접적 후견주의[31]로 나뉘어진다.

    후견주의는 일견 자유주의와 상반되는 개념으로 오해되곤 하지만 학자들에 따라 그 개념은 다양한 스펙트럼으로 이해되고 있고,[32] 앞서 본

    기 위하여 일시적인 개입이 필요한 경우에만 국가가 개입할 수 있다는 것이다. 밀의 안전하지 않은 다리 사례에서 경성 후견주의자들은 행위자가 다리의 상태를 잘 알고 있다고 하더라도 자발적인 자살을 방지할 권한이 있으므로 다리를 건너지 못하게 개입할 수 있다고 보는 반면, 연성 후견주의자들은 행위자가 다리의 상태를 알고 있는지 여부를 확인하기 위하여 일단 다리를 건너지 못하도록 제지하는 것은 정당화되나 그 위험을 잘 알면서도 건너려 한다면(자살하기 위함이라 할지라도) 이는 허용되어야 한다고 본다(오세혁, 위의 논문(주 25), 165면).

30) 신체적·물질적 후견주의(physical paternalism)는 개인의 행위로 인하여 야기되는 신체적·물질적 해악으로부터 개인을 보호하고자 하는 것이고, 정신적·도덕적 후견주의(moral paternalism)는 정신적·도덕적 해악으로부터 개인을 보호하고자 하는 것이다. 그런데 신체적·물질적 후견주의와 정신적·도덕적 후견주의의 구별이 항상 용이하지는 않다. 예를 들어 도박을 금지하는 것이 재물 손실의 위험으로부터 개인을 보호한다는 동기에서 비롯된 것이라면 신체적·물질적 후견주의에 해당될 것이나, 도박중독으로 인한 생활파탄으로부터 야기되는 도덕적인 타락을 방지한다는 측면에서 보면 정신적·도덕적 후견주의에 해당될 것이다(오세혁, 위의 논문(주 25), 167면에서는 마약투약에 대한 금지를 예로 들어 위와 같은 구별의 난이함을 설명하고 있다).

31) 직접적 후견주의(direct paternalism)는 개입을 받는 자와 보호를 받는 자가 동일한 반면, 간접적 후견주의(indirect paternalism)는 개입을 받는 자와 보호를 받는 자가 동일하지 않고, 보호를 받는 사람이 아닌 다른 사람의 자유가 제약된다. 오토바이 안전자의 헬멧 착용, 안전띠 착용 등이 직접적 후견주의의 예라면, 간접 후견주의의 예로는 마약의 제조 금지, 도박장 개설 금지 등을 들 수 있겠다. 간접 후견주의에서 국가의 개입을 당하는 사람들은 자신의 이익이 아닌 다른 사람의 이익을 위해서 자신의 자유를 간섭당하므로, 간접 후견주의가 정당화되기 위해서는 직접 후견주의보다 강력한 논거나 이유가 필요하다(Gerald Dworkin, Paternalism, in J. Feinberg, H. Gross (ed), *Philosophy of Law*, Wadsworth Publishing Co.(1986), 260면). 대상판결 사안의 경우 카지노 이용자를 보호하기 위한 카지노사업자에 대한 개입이 허용될 것인지가 문제되는 간접적 후견주의에 해당하여 직접 후견주의보다 강력한 논거나 이유가 필요하다.

32) 하트는 'protection of people against themselves(그들 자신으로부터의 보호)'로 이해하였고(H. L. A. Hart, *Law, Liberty and Morality*, Oxford: OUP(1963), 31면), 파인버그(J. Feinberg)는 'prohibition that it is probably necessary to prevent harm to the actor himself(행위자 자신에 대한 해악을 방지하기 위하여 필요할 수 있는 금지)'로 이해하였으며(J. Feinberg, *Harm to Others. The Moral Limits of the Criminal Law*, Vol. 1, New York: OUP, 1984, 26~27면(오세혁, 위의 논문(주 25), 160면에서 재인용)), 드워킨(G. Dworkin)은 'interference with a people's liberty of

바와 같은 해악원리 나아가 스티븐(J. F. Stephen)과 데블린(P. Devlin)의
법적 도덕주의(legal moralism)와도 양립 가능하다.

다. 후견적 개입의 정당화

하트가 적절히 지적한 바와 같이 각 개인이 자신에게 무엇이 이익
이 되는지를 가장 잘 안다는 전제는 더 이상 유효하지 않다. 잘못되거나
부족한 정보, 판단능력의 결여, 감정적인 편견, 자기통제력의 부족 등에
따른 비합리적인 의사결정은 해악원리가 가정하고 있던 합리적인 인간상
이 유지될 수 없게 한다.[33] 그렇기에 후견주의는 제한적으로 정당화될
수 있다. 그 정당화의 기준은 각국의 법문화, 법관념, 개인의 사상과 철
학 등에 따라 달라질 것이고 실로 견해의 일치가 어려운 부분이다. 파인
버그, 드워킨, 클라이니히 등의 후견주의자들은 개인의 자발성, 의사주의,
인격적 완전성(personal integrity) 등에 기초하여 후견적 개입의 정당화 기
준을 구성하고 있다.

1) 개인의 자발성

파인버그는 개인의 행위가 비자발적(non-voluntary)으로 이루어진 경
우 또는 자발적인지 여부를 확인하기 위하여 일시적인 개입이 필요한 경

---

action justified by reasons referring exclusively to the welfare, good, happiness,
needs, interests or values of the person being coerced(오직 개인의 복지, 선, 행
복, 필요, 이익 또는 가치와 관계되는 이유로 정당화되는 개인의 행동의 자유에
대한 간섭)'으로 이해하였다(Gerald Dworkin, 위의 논문(주 31), 258면).

33) 심리학자들, 그리고 다른 실증 과학자들은 오랜 기간 동안 사람의 의사결정에
관하여 일반적, 경제적, 법적 맥락에서 연구하여 왔다. 그 연구 결과들에 따르면
전통적인 경제 모델의 합리적이고 자기중심적인 효용을 극대화하는 인간상과 달
리, 개인들의 계산능력, 의지, 이기심에는 한계가 있다. 사람들은 제한적인 인식능
력과 주의, 불완전한 자기통제를 보인다. 그들의 위험과 불확실성에 대한 태도들
은 또한 합리적인 선택 모델로부터 일탈한다. 인간의 행동은 종종 손실 혐오(loss
aversion), 소유 효과(endowment effect), 구조화 효과(framing effect)로 묘사된다.
복잡한 의사결정 상황에 대하여 합리적인 선택 이론에서의 최적화 상태는 현실적
으로는 불가능한 충분한 정보 및 정보처리 능력을 요구하지만 실제 사람들은 사고
의 여러 단계를 건너뛰거나 휴리스틱(시간이나 정보가 불충분하여 합리적인 판단
을 할 수 없거나, 굳이 체계적이고 합리적인 판단을 할 필요가 없는 상황에서 신
속하게 사용하는 어림짐작의 기술)을 사용함으로써 그러한 복잡한 의사결정 상황
에 대처한다(Péter Cserne, *Freedom of Contract and Paternalism: Prospects and
Limits of an Economic Approach,* palgrave macmillan(2012), 44면).

우에는 국가의 개입이 정당화된다고 보았다. 이때 자발성은 '사려 깊은 선택(deliberate choice)'를 전제로 하는바, 시간, 정보, 명석한 두뇌, 고도로 발달한 이성적 능력이 요구되고 충동적이거나 감정적인 행위, 잘못된 정보, 알코올 등에 의한 불명료한 판단, 추론능력의 미숙함이 개입된 행위는 외부적인 강압이 없었다고 하더라도 사려 깊게 선택된 것이 아니므로 자발적인 행위로 보지 않으며,[34] 이는 통상적인 사람(normal person)을 기준으로 판단한다.

2) 합리적인 인간의 동의원리

드워킨은 합리적인 인간이라면 당해 개입에 동의할 것이라고 볼 수 있는 경우에만 국가의 개입이 정당화된다고 보았다. 드워킨은 합리적 인간이라면 자신의 선(goods)을 추구하기 위하여 필요한 가치를 확보하기 위한 국가의 개입에 동의할 것으로 보면서, 개인이 경합하는 가치의 우열에 관하여 올바르게 인식하고 있음에도 약한 의지로 인하여 더 높은 가치를 추구하는 행위를 하지 못하는 경우 후견적 개입이 정당화된다고 본다.[35)・36)] 이와 같은 바탕에서 드워킨은 후견적 개입의 정당화를 다음과 같이 구체화하고 있다.

가) 개인의 결정에 따른 변화가 불가역적이어서 처음으로 되돌리는 것이 곤란하거나 불가능할 경우 후견주의적 개입은 정당화된다.[37]

나) 극단적인 심리적, 사회적 압박 속에서 결정이 내려진 경우에는 후견적 개입이 정당화된다. 개인이 충분한 정보를 가지고 합리적인 결정

---

34) 자발성은 존부의 문제가 아니라 정도의 문제로, 후견적 개입이 중대할수록 개입하려는 주체의 증명부담이 무거워질 것이고, 후견적 개입이 경미할수록 개입하려는 주체의 증명부담이 가벼워질 것이다[오세혁, 위의 논문(주 27), 355면].

35) Gerald Dworkin, 위의 논문(주 31), 265면.

36) 드워킨은 이와는 달리 개인이 가치에 대한 이해도의 부족으로 불합리하게 가치를 부여하는 경우에는 개인이 중시하는 가치관과 후견적 개입으로서 추구하는 가치관이 불일치하므로 후견적 개입이 정당화될 수 없다고 본다. 이는 본인이 표명한 의사에 반하는 개입인 경성 후견주의를 거부하는 입장과도 맞닿아 있다[강경래, "소년보호이념으로서의 후견주의(paternalism)", 소년보호연구 제25호, 한국소년정책학회(2014), 20면].

37) Gerald Dworkin, 위의 논문(주 31), 265-266면.

을 내리는 것을 방해하는 일시적인 상태(예를 들면, 극심한 우울증과 같은 상태)가 존재할 수 있으므로, 합리적인 인간이라면 자살의 결정과 같은 행위에 앞서 강제된 숙고할 시간(cooling off period)을 갖는 것에 동의할 것인바, 국가의 후견적 개입은 정당화된다.[38]

다) 개인이 수반되는 위험에 관하여 충분히 이해하지 못하거나 정확하게 평가하지 못한 경우에 있어서 만일 개인이 그 행위의 위험을 모르는 경우에는 교육과 경고를 하면 될 것이고, 개인이 위험사실을 알고 있지만 약한 의지 때문에 그 행위를 지속하는 경우에는 국가의 개입이 개인의 의사에 반하지 않으므로 정당화되지만, 행위의 위험성을 알고는 있으나 가치계산과정에서 각 가치에 올바른 역할을 부여하지 않은 경우 개인이 정확한 계산을 통하여 그러한 행위를 하였다면 간섭을 통한 선의 강제는 정당화될 수 없다.[39]·[40]

라) 추가적으로 드워킨은 합리적인 인간이라면 국가의 개입이 최소화될 것을 원할 것이므로, ① 후견주의적 입법을 하고자 하는 권력체는 피하고자 하는 해악의 효과(또는 달성하고자 하는 유익한 결과) 및 그 발생가능성에 관한 무겁고 명확한 입증책임을 져야 하고, ② 개인의 자유를 가장 적게 제한하는 대안이 존재한다면 더 많은 비용과 불편 등이 수반된다고 하더라도 그 대안을 선택하여야 한다고 주장한다.[41]

3) 인간으로서의 완전성에 근거한 정당화

클라이니히는 인간은 완전한 판단능력을 가지고 있지 않고, 미숙함과 부주의, 경솔, 근시안적 사고 등은 인간으로서의 완전성을 저해한다고

---

38) Gerald Dworkin, 위의 논문(주 31), 266면.
39) Gerald Dworkin, 위의 논문(주 31), 266면.
40) 드워킨은 흡연의 예를 들어 위 3가지 경우를 구분하고 있다. 첫째, 개인이 흡연의 위험성을 모를 경우 교육과 경고를 하면 된다. 둘째, 개인이 흡연의 위험성을 알면서도 의지가 약해 흡연을 지속한다면 국가의 개입은 정당화된다. 셋째, 개인이 흡연의 위험성을 알고 있으나 그 위험성이 너무 먼 미래의 것이라는 등의 이유로 그 위험을 심리적으로 무시하거나 다른 이익을 과대평가하는 경우 개인이 정확한 계산에 근거하여 금연을 거부한다면 이를 강제할 수 없다(Gerald Dworkin, 위의 논문(주 31), 266면).
41) Gerald Dworkin, 위의 논문(주 31), 267면.

본다. 그에 따르면 인간의 불완전한 판단능력 때문에 낮은 가치에 따른 행위를 선택하여 높은 가치에 대한 해악을 가져오는 완전성의 손상을 방지하기 위한 국가의 후견적 개입은 정당화된다.[42] 클라이니히는 후견적 개입의 정당화 요건을 다음과 같이 구체화하고 있다.

가) 개인의 자유를 가장 적게 제약하는 방법을 우선적으로 선택하여야 한다.[43]

나) 개인이 설정한 가치의 순서와 일치하는 개입을 하여야 하나, 이를 명확히 알 수 없을 경우 ① 소극적 후견주의,[44] 연성 후견주의의 경우 개입의 정당화가 용이하고, ② 복지에 해악을 가할 우려가 높을수록, 고도의 위험이 포함될수록 개입의 필요성이 높아지며, ③ 해악 및 손해의 회복이 곤란할수록 개입이 정당화된다.[45]

다) 개인의 선을 보호한다는 목적 달성에 가장 효과적인 개입이 우선시된다.[46]

라) 사회적 비용이 고려되어야 한다.[47]

라. 검   토

이상 살펴 본 후견적 개입의 정당화에 관한 각 견해들을 종합하여 보면, 후견적 개입의 정당화 기준은 다음과 같다.

1) 정확한 정보에 바탕한 합리적인 선택 여부

가) 의사결정능력

자율에 대한 존중은 스스로에게 이로운 행위를 선택할 수 있는 능력을 갖춘 인간상을 전제로 하고 있으므로 그러한 의사결정능력을 갖추지 못한 경우에는 국가의 후견적 개입이 정당화된다. 따라서 성숙한 정

---

42) John Kleinig, *Paternalism*, New Jersey, Towata: Rowman and Little field(1983), 67-73면.

43) John Kleinig, 위의 논문(주 42), 74-75면.

44) 적극적 후견주의(positive paternalism)는 이익을 증진하기 위한 것이고, 소극적 후견주의(negative paternalism)는 위해가 발생하는 것을 막기 위한 것이다.

45) John Kleinig, 위의 논문(주 42), 75-76면.

46) John Kleinig, 위의 논문(주 42), 76-77면.

47) John Kleinig, 위의 논문(주 42), 77면.

신적 능력을 갖추지 못한 미성년자 또는 의사무능력자의 행위에 관하여
는 국가가 후견적으로 개입할 수 있다.

나) 정확한 정보에 근거한 선택

개인의 선택이 존중받기 위하여는 그 선택이 정확하고 충분한 정보
에 바탕한 것이어야 한다. 따라서 개인이 정보의 결여로 인하여 자신의
행위에 따른 해악의 결과를 제대로 예측하지 못할 경우 국가가 그 행위
에 개입하는 것은 정당화된다.

다) 선택의 합리성

개인은 정확한 정보에 근거하여 행위의 위험성에 대하여 잘 알면서
도 의지가 약하거나 충동·감정·외부의 유혹이나 강압에 지배당하여 스
스로에 대한 위해행위를 할 수 있다. 이러한 경우 그 행위를 하지 않고
자 하는 것이 개인의 진정한 의사이므로 국가는 그 행위에 개입할 수 있다.

2) 해악의 정도

국가의 개입은 해악의 효과가 크고 그 발생 개연성이 높을수록, 행
위에 따른 결과를 되돌리는 것이 곤란하거나 불가능할수록 정당화된다.

3) 개입의 비용

국가의 개입은 개인의 자유를 가장 적게 제약하면서도 사회적 비
용·편익 측면에서 개인선(personal goods)의 확보에 가장 효율적인 형태
로 이루어져야 한다.

Ⅲ. 카지노업에 관한 국가의 개입

1. 도박행위의 일반적 금지

도박은 인간의 이기심과 사행심이 극단적으로 발현되는 행위로 개인
과 사회에 미치는 폐해가 심대한 바, 고대 이래로 법적 규율의 대상이었
다.[48] 우리 형법도 기본적으로 도박을 범죄로 규정하여 건전한 국민의 근
로관념과 경제에 관한 건전한 도덕법칙 및 사회의 미풍양속을 보호함과

---

48) 이병준·정신동, "독일법상 사행적 계약과 도박에 대한 규율", 스포츠와 법 제16
권 제3호(통권 제36호), 도서출판 푸른세상(2013. 8.), 201면.

아울러, 사행심에 의한 도박행위자의 재산상실 위험을 제거하려 하고 있고 (대법원 2008. 10. 23. 선고 2006도736 판결49) 등 참조), 민사적으로도 도박과 관련된 법률행위는 민법 제103조에 정한 반사회적 행위에 해당하여 무효로 평가되어 왔다(대법원 1973. 5. 22. 선고 72다2249 판결50) 참조).

2. 카지노업에 대한 후견적 개입의 정당화

가. 카지노게임의 폐해

카지노게임은 도박의 일종이다. 특히 대부분의 도박이 놀이를 하는 사람들 사이의 게임(player to player)인 데 반하여 카지노사업자 대 카지노 이용자 사이의 게임(banker to player)이라는 특성을 가지고 있고, 카지노사업자가 게임장을 운영하는 시간 동안은 계속해서 게임에 참여할 수 있으며, 게임당 소요시간도 다른 도박에 비하여 짧아 같은 시간 동안 상대적으로 많은 게임을 할 수 있어 이용자의 사행심을 조장하여 재산을 탕진하게 하는 등 사회적 폐해를 초래할 위험성이 더욱 크다. 보다 구체적으로 과도한 도박은 걱정과 우울증을 증가시키고, 약물에 의존하게 하며, 극단적인 경우에는 자살에 이르게 하는 심리-신체적 건강상의 문제,[51] 경제-재정적 영향, 가족과의 관계상실, 직장동료와의 부정적 영향 등 대인관계상의 영향, 지역사회 범죄율의 증가와 같은 형사사법상의 영향 등의 부정적 영향을 야기한다.[52]·[53] 이러한 카지노게임의 폐해는 좁게는 한

---

49) 집56(2)형, 355; 공2008하, 1622.
50) 집21(2)민, 11.
51) 1999년 미국의 전국조사에 따르면 병리적 도박자들은 위험성이 낮은 도박자들에 비하여 2.2배 이상 건강상의 문제를 가지고 있다고 한다[Gerstein et al., *Gambling Impact and Behaviour study, Report to the National Gambling Impact Study Commission*, National Opinion Research Centre at the University of Chicago, Chicago(1999), 29[이태원, "과도한 도박의 부정적 영향들: 카지노 출입자들을 중심으로", 형사정책연구 제20권 제1호(2009), 1256면에서 재인용]].
52) 이태원, "책임도박조치에 대한 지각된 효과: 카지노 고객을 중심으로", 사회과학연구 제49집 제1호, 강원대학교 사회과학연구원(2010), 12-14면에서의 분석에 따르면, 응답자 중 병리적 도박자의 비율은 58.7%, 약간 문제인 도박자의 비율은 29.3%로 도박활동 참여자 중 88%가 도박으로 인한 문제로 고통받고 있다고 조사되었다.
53) 병리적 도박(Pathological gambling)의 부정적 결과에 관하여는 Bradley S.

가정의, 넓게는 지역사회 전체의 붕괴를 가져올 수 있으므로 그 해악의 효과가 크고, 발생 개연성도 매우 높으며 그 결과를 되돌릴 수 없다.

나. 정확한 정보에 근거한 합리적인 선택의 결여

1) 정확한 정보의 결여

위와 같은 카지노게임의 강한 사행성에 비추어 카지노 이용자는 사업자와 사이에 카지노게임계약을 체결하기 전에 카지노게임의 중독 위험성, 게임에 참가함에 따라 야기되는 비용, 이익 및 손실의 개연성에 관한 정보[54] 등에 관한 정확하고 충분한 정보를 제공받아야 함에도 불구하고 관계법령에서는 카지노사업자의 이용자에 대한 설명의무에 관하여 아무런 규정도 두고 있지 않다.[55] 비록 피고가 자체적으로 홍보 캠페인을 벌이거나 홍보물 또는 브로슈어, 계몽용 영상을 제작하고는 있으나 모든 카지노 이용자들에게 필요적으로 카지노게임 중독에 관한 설명이 이루어지고 있지는 않으며,[56] 카지노게임의 이익률에 관한 정보 또한 공개되지 않고 있다.

2) 합리적인 의사결정능력 및 자기통제력의 결여

대부분의 사람들은 호모 이코노미쿠스와 거리가 멀다. 이성적인 상태에서 그들은 욕망과 행동이 흥분, 충동의 영향력에 들 때 얼마나 변화될 수 있는지 이해하지 못하고 그 효과를 과소평가하기에 장래에 있을

Fiorito, *Calling a Lemon a Lemon : Regulating Electronic Gambling Machines to Contain Pathological Gambling*, 100 Nw. U. L. Rev. 1325(2006) 참조.

54) 카지노로 하여금 이익률(hold percentage) 등을 공개하도록 함으로써 개인의 선택의 자유를 최대화하면서 동시에 경제적 효율을 촉진시킬 수 있다는 견해로는 Kurt Eggert, Truth in Gaming: Toward Consumer Protection in the Gambling Industry, 63 Md. L. Rev. 217(2004), 245, 246, 253-262면.

55) 독일의 도박 산업에 관한 주간 협약에서는 '공연한 도박의 개장자와 중개자는 도박자가 도박에 참가하기 전에 도박 관련 중대한 사항을 제공해야 하고, 자신들이 제공하는 도박의 중독 위험성, 미성년자의 참가 금지, 상담과 치료의 가능성에 대해 설명을 해야 한다(제7조 제1항)'고 정하고 있다(원문에 대한 번역은 이병준·정신동, 위의 논문(주 48), 213면에서 인용).

56) 이태원, 위의 논문(주 52), 15, 16면에 따르면 위 연구의 조사대상자 441명 중 홍보 캠페인을 경험한 사람은 67.6%, 홍보물 또는 브로슈어를 경험한 사람은 57.6%, 계몽용 영상을 신청한 사람은 9.5%에 불과했다.

흥분, 충동에 대비하지 못한다.[57] 결국 카지노게임의 강한 사행성은 카지
노 이용자를 도박중독에 이르게 하여 그로 하여금 반복적으로 게임에 참
여하는 비합리적인 선택을 하게 하고,[58] 심한 경우에는 스스로 의사결정
을 할 능력을 상실할 정도에 이르게 한다. 그렇기에 카지노에서 형성되
는 법률관계에 있어 합리적 인간상을 전제로 한 자율의 존중은 무제한적
으로 유지될 수 없고 국가의 후견적 개입이 정당화된다.

3. 후견적 개입의 방식
가. 序

종래 우리나라에서의 내국인 출입 카지노 영업은 엄격하게 금지되었
고 그에 따라 카지노에 출입하고자 하는 내국인과 내국인 출입 카지노업
을 운영하고자 하는 사업자들의 자기결정권은 제약되어 왔다. 이와 관련
하여 내국인 출입 카지노업의 전면 금지가 개인의 선을 증진하기 위한
가장 효율적인 개입 방식이었는지 여부와 관련하여 이견이 있을 수 있으
나[59] 이미 특별법의 제정을 통하여 피고가 내국인이 출입 가능한 카지노

---

57) Richard H. Thaler, Cass R. Sunstein(안진환 역), 넛지, 리더스북(2009), 73면 참조.
58) 여러 연구결과에 따르면 도박행위는 약물중독자가 약물을 투여했을 때와 같은
신경화학적 변화를 일으키고, 도박행위를 멈추었을 때도 약물중독의 경우와 마찬
가지로 금단현상이 발생한다. 그렇기에 도박자의 주된 목표는 돈을 따는 것보다
오히려 흥분의 현상적인 상태를 유지하는 것에 가깝다[Bradley S. Fiorito, 위의 논
문(주 53), 1337면].
59) 어떠한 방식의 카지노 규제가 가장 효율적인지는 개입의 목적이 개인 선의 증진
에 있는지, 경제적으로 최대 효용을 추구하는 것인지, 인간은 본래 사행심을 가지
고 있으므로 이를 양성화하여 통제하는 것이 오히려 개인의 선을 증진시키는 결과
를 가져올 수 있는지 등에 관한 검토 결과에 따라 그 판단이 달라질 것이며 쉽게
단정 지을 수 없는 문제이다. 한편, 독일의 도박산업 주간협약은 그 협약의 목적
(제1조)에서 '위법한 도박을 저지하기 위해 적절하고 제한적인 대체수단을 제공함
으로써 국민들의 자연적 도박욕구를 질서법에 맞게 감시하는 시스템으로 유도하
며, 지하시장에서의 위법한 도박의 발생과 확대를 저지하고자 한다'고 명시하고 있
는바, 인간이 기본적으로 사행적 존재라는 전제에서, 국가는 국민들이 자연적 의
미에서의 도박욕구를 가질 수 있음을 충분히 고려해야 함을 규정하고 있다[이병
준·정신동, 위의 논문(주 48), 210, 217면]. 인간의 사행심에 관한 독일에서와 같
은 이해를 바탕으로 한다면 사행심을 무조건 제약하려고 할 것이 아니라 양성화한
뒤 엄격한 규제를 통한 안전망을 설치하는 것이 보다 효율적인 개입의 형태로 될

업을 영위하여 오고 있으므로 본고에서는 가장 효율적인 후견적 개입의
방식에 관하여는 따로 논하지 않는다.

나. 행위결정에의 사전적 개입(ex ante paternalsim)-영업제한규정의 입법

내국인의 출입이 가능한 피고의 영업이 허용된 이상 이제 국가는
카지노업으로 인한 사회적 폐해를 최소화하는 것에 집중하여야 하고 이
는 사전적으로 카지노사업자에 대한 다양한 영업제한규정을 통하여 실현
된다.[60)]

즉, 구 폐광지역 개발 지원에 관한 특별법(2007. 4. 11. 법률 제
8343호로 개정되기 전의 것)과 위 법 시행령(2008. 12. 31. 대통령령 제

수 있다.
60) 양채열·이준형, "도박에서 시간불일치성의 문제-강원랜드 판결의 법경제학적
 분석-", 법경제학연구 제7권 제2호, 한국법경제학회(2010. 12.), 317-319면에서는
 이를 다음과 같이 법경제학적으로 분석하고 있다.
  도박은 허용하되 과다도박은 불가능한 상황을 만드는 데 기여할 수 있는 방안이
 'Responsible Gambling(RG)'이라고 하자. 국가는 도박장 운영자에게 사업 허가조
 건으로 RG의 여건조성을 의무화하고, 이 의무 미이행시에는 처벌하는 것을 제도화
 한다. RG의 도입으로 '과다도박'을 제한할 수 있으면 도박을 금지하는 것보다 도
 박을 허용하고 규제하는 것이 보다 좋은 사회적 상황이다. 이때 중요한 것은 RG의
 조치를 엄격히 집행하는 것이다. RG의 조치는 도박장 운영자에 대한 각종 규제-
 베팅 한도, 출입일자 제한 등을 정하여 엄격히 집행할 의무를 부과-가 될 것이다.
 RG의 조치가 엄격히 시행되면 과다도박이 불가능하다고 하자. RG를 엄격히 시행
 하지 않을 경우 국가가 도박장 운영자에게 F의 벌금을 부과한다고 할 때 전개형
 게임으로 나타내면 아래의 그림과 같다.

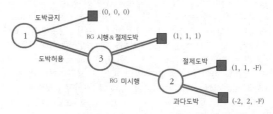

(차례로 국가, 도박자, 도박장 운영자의 효용)
  결국 사회적으로 가장 바람직한 도박을 허용하되 RG를 시행하여 절제도박이 이
 루어지는 결과를 가져오기 위하여는 도박장 운영자의 효용인 1이 RG 미시행-과다
 도박의 경우 도박장 운영자의 효용인 '2-F'보다 그 값이 크도록 만들면 된다. 즉,
 (1>2-F → F>1)이 성립하도록 F값을 정하면 된다. F는 도박장 운영자가 RG 미시
 행을 선택할 경우에 부과되는 비용이다. 이는 국가의 규제에 의한 RG 시행 의무를
 어긴 데에 대한 처벌의 강도가 될 것이다.

21214호로 개정되기 전의 것)은 출입제한규정, 베팅한도액 제한규정 등을 마련하고 있고, 구 관광진흥법은 카지노사업자가 당해 법 또는 그 법에 의한 명령이나 처분에 위반한 때 사업의 정지를 명하거나, 과징금을 부과할 수 있도록 함으로써 영업제한규정의 준수를 강제하고 있다(제33조 제1항, 제35조 제1항).[61]

다. 행위결과에의 사후적 개입(ex post paternalism/judicial paternalsim)

그렇다면, 행위결과의 측면은 어떠한가. 카지노사업자와 이용자가 스스로의 결정에 따라 자유롭게 법률관계를 형성하였음에도 불구하고 사법부가 사후적으로 그들 사이의 법률관계에 개입하여 그 법률행위에 따른 결과를 재분배할 수 있는가.

사법부의 후견적 개입은 전통적인 원칙을 확장함으로써 일방 당사자에게 책임을 부과하거나, 당사자 사이의 계약을 무효화하는 등의 방식으로 이루어지는데,[62] 대상판결의 경우 카지노사업자의 이용자에 대한 보호의무를 창설함으로써 그에게 불법행위책임을 부과할 수 있는지가 문제된다. 이에 관하여는 항을 바꾸어 논의한다.

---

61) 특히 이용자 자신의 요청에 따라 스스로 출입제한을 할 수 있도록 하는 출입제한규정의 경우 이용자가 자발적으로 선택하여 자신을 보호할 수 있도록 하는 제도로 최근 Cass Sunstein과 Richard Thaler에 의하여 대변되는 자유주의적 후견주의(Libertarian Paternalism)에서 주장하는 바에도 부합된다.

62) 사법부의 후견적 개입에 관하여는, 기관적 측면에서의 반대(institutional objection, 사법부의 사전적이기보다는 사후적인 성격, 선례구속성, 정보수집, 조사, 실험, 실험의 결과 평가 등에서의 취약성 등에 비추어 볼 때 사법부보다는 입법부가 후견적 개입에 적절한 기관적 지위를 가지고 있다는 취지)와 slippery slope 주장(양적인 측면에서 사법부가 개입을 하기 시작하면 계약의 폐지를 요구하거나 일방 당사자를 결정 또는 의무로부터 배제시켜 달라는 취지의 소송이 기하급수적으로 늘어날 것이라는 우려) 등이 있다(Jeremy A. Blumenthal, Emotional Paternalism, 35 Fla. St. U. L. Rev. 1, 2007-2008, 68, 69면). 그러나 후술하는 바와 같이 법령에 근거 없는 일반적 보호의무는 인정될 수 없고 대상판결에서 문제되는 사법부의 후견적 개입은 법령에 정해 놓은 보호의무 위반에 관한 사후적 평가로 결국 입법부의 사전적 개입의 효과적인 집행의 일환으로 볼 수 있는바, 사법부의 기관적 특성의 문제는 발생하지 않는다. 또한 의견이 분분한 보호의무의 존부에 관하여 사법부에서 선언적인 판결을 내릴 경우 향후 카지노사업자는 그 취지에 따라 카지노업을 영위할 것이므로 오히려 당사자 사이의 분쟁이 줄어들 가능성이 높다.

Ⅳ. 카지노사업자의 이용자에 대한 보호의무

1. 序

민법 제750조는 '고의 또는 과실로 인한 위법행위로 타인에게 손해를 가한 자는 그 손해를 배상할 책임이 있다'라고 규정하고 있다. 위와 같이 일반조항주의를 채택한 결과 변화하는 사회에 따른 각종의 가해행위를 탄력적으로 포용할 수 있고,[63] 다른 분야에서라면 입법론에서 다루어질 정책적 논의도 불법행위법에서는 해석론으로 다루어질 수 있는 장점이 있는 반면,[64] 법관은 개별 사건에 있어 위법이라는 가치판단을 하여야 하는 막중한 책임을 부여받게 된다.

불법행위법은 결국 사회생활에서 각자가 다른 사람과의 관계에서 자신의 자유와 이익을 추구할 수 있는 영역의 경계를 긋는 것이고, 가해자의 행동의 자유와 피해자의 이익의 보호 간의 긴장관계를 조절하는 기능을 한다.[65] 법관은 불법행위 여부를 판단함에 있어 당사자 사이의 법률관계 중 어느 지점엔가 경계선을 그어야 하고, 그 경계선은 자율의 존중과 후견적 개입 중 어느 가치를 중요시할 것인가에 따라 위치가 정하여질 것이다.

2. 위법성의 판단

가. 일반조항규정

우리 민법은 독일민법과는 달리 위법성의 판단 기준에 관하여 아무런 단서를 제공하지 않고 있다.[66] 민법 제750조는 매우 일반적이고 추상

---

63) Prosser/keeton, The Law of Torts, 5th ed., 15면[이은영, 채권각론 제5판, 박영사(2005), 727면에서 재인용].

64) 이은영, 위의 책(주 63), 727면.

65) 김증한 · 김학동, 채권각론 제7판, 박영사(2006), 765면.

66) 우리와 달리 독일에서는 불법행위를 생명, 신체, 건강, 자유, 소유권 기타의 권리와 같은 절대권의 침해(독일민법 제823조 제1항), 보호법규 위반(같은 조 제2항), 선량한 풍속 위반(같은 법 제826조)으로 유형화하고 있다.

적으로 규정되어 있기에 법관은 개별 사건에서 행위의 위법성과 관련하여 일종의 정책적인 판단을 하여야 한다. 그러나 법관은 어디까지나 법체계 전체의 정합성, 통합성을 추구하는 해석을 하여야 할 것이고, 개별입법에 이미 입법자가 구체화하여 놓은 기본권적 가치에 기속되어야 하므로 위법성의 판단에 있어 법관이 전적인 재량을 가진다고 볼 수는 없다.[67]

또한 사법판단은 언제나 당사자들의 법률행위가 있은 후에 사후적으로 이루어지는 것으로서 당사자들이 법률행위를 할 당시에는 위법한 것으로 예상할 수 없었던 행위를 이유로 법관이 사인(私人)간의 법률행위 결과의 분배에 개입하고 일방 당사자에게 불측의 손해배상책임을 지우는 것은 자제되어야 할 것이다.

나. 위법성의 판단 기준

위법행위란 문언 그대로 법을 위반한 행위로, 우선 형벌법규를 위반한 행위가 위법행위에 해당함은 명백하다. 또한 단순히 법률 위반 또는 법률상 주어진 권리의 침해가 있는 경우에만 위법성을 인정하여서는 국민의 법감정에 부합할 수 없으므로, 사회생활의 평화와 질서를 유지하기 위한 일반규범인 선량한 풍속 기타 사회질서도 위법성의 판단 기준으로 인정되고 있다.[68]

즉, 불법행위에 관한 일반조항을 두고 있는 우리 법제하에서 위법행위는 법질서에서 요구하는 행위의무, 즉 타인의 법익에 위험을 야기하지 않도록 행위할 의무[69]를 위반하는 경우에 성립하는 것으로, 그 행위의무의 근거는 형법, 기타 법규 나아가 사회질서가 될 수도 있고, 위반행위는 작위 또는 부작위로 이루어질 수 있을 것이다. 이때 법률에서 행위의무

---

67) 윤영미, "민법상 일반조항과 기본권", 공법연구 제39집 제4호, 한국공법학회 (2011. 6.), 219면.
68) 곽윤직, 채권각론 제6판, 박영사(2005), 398-399면.
69) 박동진, "불법행위법에서의 주의의무 : 그 위상 및 판단기준을 중심으로", 비교사법 제9권 제2호(통권 제17호), 한국비교사법학회(2002. 8), 170면〔다만, 위 논문에서는 행위의무 대신 행태의무(Verhaltenspflichte)라는 용어를 사용하고 있다〕.

를 명기하고 있다면 행위의무의 존부 판단에 어려움이 없을 것이나, 그렇지 않은 경우 요구되는 행위의무의 확정 및 구체화 과정에 있어 법관의 역할은 매우 중요하다.[70] 특히 손해가 손해배상의무자의 행위에 의하여 직접적으로 야기된 것이 아니라 피해자 자신 또는 제3자의 행위, 그밖의 자연현상과 같은 외적 현상에 의하여 발생한 간접적 법익침해[71]의 경우 행위의무 위반 여부를 확정하는 것이 어렵기 때문에 행위의무의 내용을 구체화하는 것이 보다 강하게 요구된다. 아울러 행위의무의 위반이 있다고 하더라도 준수가 요구되는 행위의무의 위반으로 인하여 보호하고자 하였던 법익침해가 발생하였는지의 확인이 필요하다.[72]

대상판결 사안은 카지노사업자의 영업제한규정 위반행위에 카지노 이용자 자신의 행위가 경합하여 손해가 발생한 경우[73]로 법원은 일정한 요건이 갖추어진 경우에만 카지노사업자에게 카지노 이용자에 대한 보호

---

70) 구체적으로는 위험 정도(법익침해의 개연성이 높다면 위험의 정도는 큰 것으로 인정되어 행위의무설정을 위한 주의의무도 높게 설정된다), 예상되는 손해의 정도와 종류(단순한 물건에 대한 침해와는 달리 생명, 신체, 건강, 인격권 등의 법익에 대한 침해를 방지하기 위해서는 더욱 강화된 고도의 행위의무가 필요하다고 볼 수 있다), 손해발생의 위험을 회피하기 위한 비용(재정적 비용뿐 아니라 가해자의 시간적 손실과 노동력의 투입까지 포괄하는 개념) 등을 고려하여 위험 및 예상되는 손해가 크고 회피비용이 적을수록 행위의무가 인정될 가능성이 커질 것이다[박동진, 위의 논문(주 69), 173-175면 참조]. 한편, 법경제학적인 관점에서 주의의 한계비용과 한계이익이 일치하는 점을 기준으로 하여 사고총비용을 최소화함으로써 사회적으로 가장 효율적인 주의수준을 정할 수 있다는 견해도 있다[권순일, "불법행위법상 주의의무의 기준", 법조 제46권 제3호(486호), 법조협회(1997), 87면].
71) 임건면, "독일 불법행위법상의 거래안전의무", 성균관법학-심경 정성근, 미봉 김운룡 교수 화갑기념호-제8호, 성균관대학교 비교법연구소(1997. 12.), 172면.
72) 박동진, 위의 논문(주 69), 171-172면.
73) 위법성 판단에 관한 통설적 견해인 상관관계설에 의하면 가해행위의 위법성을 판단함에 있어 피침해이익의 종류와 침해행위의 성질을 상관적으로 고려하여야 하는바, 피침해이익이 공고한 것이 아니면 침해행위의 불법성이 특히 커야만 위법성이 인정된다. 그런데 대상판결에서 원고가 주장하는 피침해이익인 재산은 그 자체만으로는 법적으로 보호되는 법익이 아니므로 이러한 경우 위법성 판단에 있어서는 법규 위반, 공서양속 위반 등과 같은 침해행위의 불법성을 적극 고려하여야 한다[김형석, "은행의 정보제공책임", 민사판례연구 제32권, 박영사(2010. 2.), 479, 480면 참조, 위 글에서는 순수재산손해를 피해자의 생명, 신체, 소유권 등 법적으로 보호되는 이익에 대한 침해 없이 순수하게 피해자의 재산의 증감이라는 형태로만 나타나는 손해로 정의 내리고 있다].

의무가 발생한다고 하여 카지노사업자의 행위의무를 구체화하고 있다.

3. 보호의무

가. 자기책임원칙의 완화

근대의 자연법사상은 자유주의와 결합함에 따라 '자기책임하에 행동하는 개인'이라는 인간관과 더불어 과실책임주의를 정착시켰다. 자유주의에 의하면 행위자에게 주관적으로 비난할 만한 사정이 없는 한 개인의 행위는 자유롭게 허용되어야 하고, 개인은 자신의 고의·과실로 야기된 손해에 대해서만 스스로 배상책임을 진다. 위와 같은 과실책임주의 및 이로부터 파생된 자기책임의 원칙은 개인의 자유로운 영업활동을 권장했던 산업혁명 직후의 사회적 요청에 합당하였다.[74]

그러나 19세기 말에 이르자 고전적 자유주의는 쇠퇴하였고, 국가는 그 구성원으로 하여금 인간으로서의 존엄성에 합당한 생존을 배려해 주어야 하고 구성원의 생존을 위하여 필요한 경우에는 사적자치를 제한하거나 공권력을 동원할 권리·의무를 가진다는 사회적 법치국가의 이념이 부상되기 시작하였다.[75] 이러한 변화는 계약법에서 사적자치의 원칙에 의한 자유로운 공간을 제한하였을 뿐만 아니라, 불법행위법에서 무과실책임이 도입되는 변화를 야기하였다.[76] 즉, 불법행위제도는 사회에서 발생하는 손해의 공평·타당한 분담을 꾀해야 한다고 생각하게 되었으며, 손실의 공평한 분담의 이상에 기해서 때로는 고의나 과실 없이 혹은 적법한 행위로 인하여 타인에게 손해를 가한 경우에도 불법행위의 성립을 인정하고 손해배상책임이 발생한다고 하게 되었다.[77]

대상판결에서의 보호의무의 위반에 따른 불법행위책임은 고의, 과실로 보호의무를 위반할 것을 요건으로 하므로 무과실책임에 해당하지는

---

74) 이은영, 위의 책(주 63), 730-731면, 756면.
75) 이은영, 위의 책(주 63), 731면.
76) 김증한·김학동, 위의 책(주 65), 768면.
77) 김증한·김학동, 위의 책(주 65), 765-766면.

않으나, 계약관계에서의 어느 일방 당사자에게 가중된 행위의무를 부과하는 것으로 자기책임원칙의 완화경향이 반영된 것이라 할 수 있다.

나. 대상판결에서의 보호의무

1) 학설 및 판례에 있어 '보호의무'라는 용어는 실로 여러 국면에서 사용되고 있으나, 대상판결에서의 보호의무는 채무불이행 책임에서의 보호의무[78] 또는 안전배려의무[79]와는 구별되는 불법행위법상 행위의무의 한 유형이라고 할 것이다.[80]

---

78) 학설에 따라서는 채권관계에 있어 급부의무와 부수적 주의의무 외에 기본적 채권·채무의 내용을 실현하는 과정에서 신의에 따라 성실하게 행동하여야 할 의무로서의 보호의무를 인정하는 견해가 있다[곽윤직, 채권총론 제6판, 박영사(2006), 17, 91면. 이에 반대하여 급부의무와 관계없는 보호의무의 위반은 계약상 책임이 아닌 불법행위책임으로 처리하여야 한다는 견해로는 이은영, 채권총론 제4판, 박영사(2009), 195, 196면; 곽윤직 편집대표, 민법주해[Ⅸ]-채권(2)(2004), 217~221면(양창수 집필부분)]. 이에 따르면 보호의무란 '타인의 신체 또는 재산을 급부의무의 발생 전, 발생 중, 발생 후에 계약적 또는 계약외적 사회적 접촉에서 발생하는 손해로부터 구할 의무'로 위와 같은 관계에서 발생하는 손해를 채무불이행책임으로 해결하기 위한 개념이다. 반면, 대상판결에서의 보호의무는 카지노사업자와 이용자의 법률관계에 있어서 카지노사업자의 영업행위의 위법성 판단 기준을 제시하기 위한 것이므로 채무불이행 책임에서의 보호의무와는 다른 개념이다.

79) 종래 판례는 숙박계약[대법원 1994. 1. 28. 선고 93다43590 판결{공1994. 3. 15.(964), 824} 등 참조]이나 노무도급계약·근로계약[대법원 1997. 4. 25. 선고 96다53086 판결{집 45(2)민, 116; 공1997. 6. 1.(35), 1583} 등 참조]과 같이 계약 특성상 일방 당사자가 상대방의 생명·신체·건강 등에 관한 물적 환경을 지배하는 위치에 있는 경우, 교사와 학생의 관계[대법원 2008. 1. 17. 선고 2007다40437 판결(공2008상, 211) 등 참조]와 같이 법령상 보호·감독의무가 부과된 경우에 고객의 안전을 배려하여야 할 보호의무, 물적 환경을 정비하고 필요한 조치를 강구할 보호의무, 교육법에 따라 보호·감독할 의무를 부담한다고 보았고, 위와 같은 안전배려의무의 위반에 관하여는 숙박계약에서처럼 채무불이행책임을 인정한 경우, 노무도급계약에서처럼 채무불이행책임과 불법행위책임의 경합을 인정한 경우, 교사와 학생의 관계에서처럼 불법행위책임을 인정한 경우의 판례가 모두 존재한다. 안전배려의무의 법적 성질 및 책임체계적 지위에 관하여도 학설의 대립이 있으나 이를 논외로 하더라도 안전배려의무는 주로 생명·신체·건강의 침해와 관련되는 것이므로 대상판결에서 문제된 카지노 이용자의 재산에 관한 사업자의 보호의무를 안전배려의무와 동일하게 볼 수 없다.

80) 한편, 과거 하급심에서 카지노 이용자가 카지노사업자의 영업제한규정 위반이 계약에 의한 보호의무 내지 안전배려의무의 위반에 해당된다는 취지에서 카지노사업자에 대하여 불완전이행에 따른 채무불이행 책임을 청구한 바 있다. 이에 대하여 법원은 "영업제한규정에서 상정하고 있는 보호의무는 지나친 사행행위의 규제를 통해 이용자의 재산 등을 보호하기 위한 공익적 목적에서 법령상 피고에게 특

또한 카지노업에 관한 국가의 후견적 개입은 사전적으로는 영업제한
규정의 입법으로, 사후적으로는 카지노사업자의 보호의무를 창설함으로써
이루어지는데, 후술하는 바와 같이 카지노사업자의 이용자에 대한 일반
적, 포괄적 보호의무는 인정되지 않고, 법령상 근거가 있는 경우에만 카
지노사업자의 보호의무 위반이 문제되므로, 대상판결의 보호의무는 단속
법규인 영업제한규정상의 규제를 민법상의 불법행위로 연결시키는 기능을
한다.

2) 대상판결이 있기 전에는 주로 금융상품 거래에 있어서의 고객보호
의무와 관련하여 보호의무 위반에 따른 불법행위책임이 인정된 바 있다.[81]

4. 카지노사업자의 보호의무

가. 일반적 보호의무

1) 문제점

우선 카지노게임의 사행성, 카지노업에 관한 포괄적인 영업 규제 등
에 비추어 영업제한규정에서 정하고 있는 것을 넘어서서 카지노사업자에

별히 부과된 것이지 카지노사업자와 이용자 사이의 계약에 근거하여 발생한 것은
아니다. 즉, 카지노게임은 계약의 이행에 따라 일방 당사자의 재산 손실이 필연적
으로 수반되므로 카지노게임에 관한 계약에 따른 카지노사업자의 급부 내용에 이
용자의 재산을 보호하여야 할 의무가 부수적으로 포함되어 있다고 해석할 수 없
다. 따라서 영업제한규정에 따른 의무가 보호의무 내지 안전배려의무의 하나로서
계약상 사업자의 급부인 게임제공의무의 완전한 이행을 위하여 필요한 의무라거나
그 계약의 특성에 비추어 사업자에게 신의칙상 인정되어야 할 부수적인 의무라고
볼 수 없고, 사업자가 이를 불이행하였다고 하여 계약의 불완전이행에 따른 채무
불이행이 된다고 할 수 없다"는 이유로 카지노 이용자의 위 청구를 받아들이지 않
았다{서울고등법원 2011. 9. 22. 선고 2011나19661 판결(미간행)}.

81) 대법원 2003. 1. 10. 선고 2000다50312 판결{공2003. 3. 1.(173), 576}, 대법원
2013. 9. 26. 선고 2013다26746 전원합의체 판결{위의 판결(주 23)}. 이때의 보호의
무는 계약 체결 전부터 발생하고, 상대방의 재산 손실이 문제된다는 점에서 카지
노사업자의 보호의무와 매우 유사하다. 또한 금융상품 거래에 있어서의 보호의무
위반에 따른 손해배상책임 또한 대상판결 사안과 같이 자기 의사에 따라 법률행위
를 결정하고 그 결정에 따른 책임 또한 스스로 진다는 자기책임원칙에 대한 제한
사유 내지 예외 사유이므로 자기책임원칙에 대한 판시와 맞물려 보호의무에 관한
판시가 이루어지기도 한다{대법원 2013. 9. 26. 선고 2013다26746 판결(주 23); 대
법원 2014. 2. 27. 선고 2011다112407 판결(미간행) 등}.

게 카지노 이용자의 도박중독 여부를 살펴 게임에서 배제시키는 등으로 카지노 이용자의 이익을 자신의 이익보다 우선하거나 카지노 이용자가 카지노게임으로 지나친 재산상 손실을 입지 않도록 보호할 일반적 보호 의무가 있는지 문제된다.

2) 의사결정능력 판단의 어려움

카지노 이용자 중 심각한 병적 도박중독의 징후를 보이는 이들은 대부분 자신의 의지로는 도박충동을 자제하지 못하고 게임에 거는 금액을 키우거나 게임 횟수와 시간을 늘려 카지노게임에 과도하게 몰입하는 이들이어서 정상인과는 달리 카지노 이용을 조절하고 절제할 능력이 부족하다.[82] 자기책임의 원칙으로 대변되는 개인의 자율에 대한 존중은 스스로 의사결정능력을 가지고 있는 합리적인 인간을 전제로 하므로[83] 위와 같이 병적 도박중독상태에 있는 카지노 이용자에 대하여는 자기책임의 원칙이 적용된다고 할 수 없고, 의사무능력자의 행위에 대해서는 법률적 효과가 인정되지 않는다. 그런데 의사결정능력은 존부의 문제라기보다는 정도의 문제로 어느 정도 정신상태에 이르러야 의사결정능력이 있다고 인정될 것인지는 쉽게 확정 짓기 어려운 문제이고, 설령 합리적으로 판단할 수 있는 정신상태에 관한 나름의 사회적 합의가 있다고 하더라도 개개인이 그러한 기준을 충족시키는지 여부에 관한 판단은 많은 시간과 노력을 요하는 일이며, 카지노사업자에게는 이를 조사할 권한이

---

82) 대상판결의 반대의견.
83) 민법은 국가의 후견적 역할을 물리치고 개인의 자유를 최대한으로 보장하려고 하며, 개인의 자유의 존중을 그 출발점으로 하고 있고, 사인(私人) 사이의 법률관계 형성의 기본수단이 되는 것은 개인의 의사이므로, 개인의 자유를 최대한으로 보장하기 위하여 법은 개인의사의 실현에 노력하여야 한다고 생각하였다. 이에 따라 사적자치의 원칙이 민법의 기본원칙이 되었다. 그런데 법이 실현하고자 하는 개인의사는 법률효과를 이해 또는 판단할 수 있는 능력을 전제로 하므로, 민법은 자기의 행위의 의미나 결과를 정상적인 인식력과 예기력으로써 합리적으로 판단할 수 있는 의사능력을 법률행위의 효력을 결정하는 기준으로 삼고 있다(곽윤직·김재형, 위의 책(주 26), 109면]. 다만 도박중독으로 인하여 의사결정능력이 제한된 상태가 반드시 민법에서 상정하는 의사무능력 상태와 일치하는 것은 아니므로 '의사능력'이라는 용어 대신 '의사결정능력'이라는 용어를 사용한다.

부여되어 있지 않다.[84] 그러한 의미에서 카지노사업자에게 이용자와 사이에 법률계약을 체결하기에 앞서 당해 이용자의 의사결정능력 존부를 판단하도록 요구하는 등 일반적 보호의무를 부과하는 것은 카지노사업자의 자율을 크게 제약하는 것일 뿐만 아니라 불가능한 일을 강요하는 것이다. 또한 의사결정능력을 가지지 못한 개인에 대한 보호의 의무는 국가에게 있는 것이지 사인(私人)에 불과한 카지노사업자에게 개개인에 대한 보호의무를 부과할 것은 아니다.

그렇기에 입법자는 그 기준설정 및 판단이 어려운 의사결정능력의 유무를 기준으로 보호의 필요성을 판단하는 대신 카지노 이용자 측의 요청이 있을 경우 그를 획일적으로 카지노게임에서 배제함으로써 도박중독으로 인하여 합리적인 판단능력을 상실한 카지노 이용자를 보호하고 있다.

3) 입법자의 결단에 따른 자율과 후견적 개입의 경계

카지노업에 관한 입법자의 의사를 본다. 애초에 내국인이 출입 가능한 카지노업이 허용되었어야 하는지, 카지노업의 허가가 지역경제를 활성화하기 위한 유일한 방안이었는지 여부에 관하여 의문이 없는 것은 아니다. 그러나 입법자의 결단으로써 포괄적인 영업 규제를 받는 내국인 출입 카지노업이 허용된 이상 영업 규제를 받는 영역을 제외한 나머지 영역에서는 사인(私人)간의 자유로운 법률행위가 허용되고 또 존중되어야 한다. 입법자는 사회적 폐해를 이유로 국민들의 삶에 후견적으로 개입하여 도박을 금지하였음에도 도박의 일종인 카지노업은 사업자가 정해진 규칙을 지킨다는 조건하에 사적자치, 자기책임의 원리가 적용되는 자율의 영역으로 남겨 놓은 것이다. 따라서 카지노사업자가 정해진 규칙에 따라 카지노를 운영하였고, 스스로 자신의 법률관계를 형성할 능력을 가진 개인이 합리적인 선택으로서 카지노이용계약을 체결하였다면 카지노사업자

---

84) 뿐만 아니라 카지노사업자는 카지노 이용자가 병적 도박중독증으로 인하여 카지노 도박으로 생존에 필요한 최소한의 재산까지 탕진하고 있는지 여부에 관하여 조사할 권한도 없다.

와 운영자는 그에 따른 결과 또한 스스로 책임져야 하고, 상대적으로 약한 민주적 정당성을 가진 사법부가 그들 사이의 법률관계에 개입할 것은 아니다.

또한 입법부의 개입이 개인의 법률행위에 앞서 입법으로써 그 행위의 자유를 제약하는 형태로 이루어지는 반면, 사법부의 개입은 이미 사인(私人)간의 법률관계가 형성된 이후에 법관이 기 형성된 법률관계에 사후적으로 개입하여 그 법률행위로 인한 결과의 배분을 조정하는 형태로 이루어진다는 점에 비추어 보면 입법부에서 상정하지 않았던 개인의 자유에 대한 사법부의 개입은 자제되어야 한다. 결과의 배분을 조정하기 위한 도구로써 관련 법령에서 정하지 않은 보호의무를 창설하는 것은 개인의 법적안정성을 심히 저해하는 결과를 야기할 수 있기 때문이다.[85] 특히 카지노는 놀이를 하는 사람들 사이의 게임이 아니라 카지노사업자 대 이용자 사이의 게임인바 카지노사업자에 대한 포괄적인 상대방 보호의무의 부과는 카지노업의 생리와 전혀 부합하지 않고 카지노사업자의 영업의 자유를 심하게 제약함으로써 개입의 비용을 증가시키는바, 이러한 비효율적인 개입은 정당화될 수 없다.

따라서 카지노 이용자가 의사능력이 없다고 인정될 정도의 병적 도박중독상태에 있었다면 카지노사업자와의 사이에 체결된 카지노이용계약이 법률상 무효로 될 수 있음은 별론으로 하고[86] 법관이 카지노 이용자

---

85) 권영준, "계약법의 사상적 기초와 그 시사점", 저스티스 통권 제124호, 한국법학원(2011), 179-180면에서도 '후견 패러다임에서는 누가 언제 어떠한 방법으로 어느 정도까지 관여할 것인지를 판단해야 하는 어려운 문제가 있고, 이 문제의 어려움에 비례하여 예측가능성도 저해되는데 이는 입법부에 의한 후견적 관여보다 사법부에 의한 후견적 관여에서 두드러진다'고 보고 있다.

86) 의사무능력자의 행위에 대해서는 법률적 효과가 인정되지 않는다. 따라서 카지노 이용자가 심한 도박중독으로 인한 의사무능력 상태에서 사업자와 사이에 카지노게임에 관한 계약을 체결하였다면 그 계약은 법률상 효과가 없고 카지노사업자는 이용자에게 그에 따른 부당이득을 반환할 의무가 있다. 그러나 의사능력은 외부에서는 확실하게 알기 어려운 내적인 심리적 정신능력일 뿐만 아니라, 표의자의 정신적 발달의 정도, 행위 당시의 정신상태, 대상이 되는 행위의 어려움과 쉬움 등에 따라서 그 유무가 상대적으로 달라지므로, 표의자가 행위 당시에 의사능력이 없었음을 입증하는 것은 매우 어렵다[곽윤직·김재형, 위의 책(주 26), 110, 111

를 보호하기 위하여 관련 법령에서 예측할 수 없었던 카지노사업자의 보호의무를 창설하고 이로써 그들 사이의 결과 분배에 개입할 수는 없다.[87]

4) 검   토

법률이나 계약에서 정한 보호의무 이외에 어떠한 손해로부터 타인을 보호해야 할 적극적인 행위의무를 부과하는 것은 개개인의 행위의 자유를 지나치게 제한하는 결과가 될 수 있다.[88] 또한 불법행위법이 지향하여야 할 목표는 피해자의 손해를 규범적으로 정의로운 범위 내에서 회복시켜 주는 것뿐만 아니라 과실이 없다면 책임도 없다는 법적 약속을 통해 개인이나 기업들을 지나친 손해배상의 위협으로부터 보호하고 더욱 적극적이고 자유로운 경제활동을 하도록 뒷받침하여 주는 것[89]임을 고려하면 근거법령의 부재에도 불구하고 법관이 카지노사업자의 카지노 이용자에 대한 일반적인 보호의무를 창설할 것은 아니다.[90] 대상판결의 다수의견도 "카지노사업자가 카지노 운영과 관련하여 공익상 포괄적인 영업

면). 따라서 실제 사례에 있어 카지노 이용자가 카지노이용계약 체결 당시 의사능력이 없었음을 이유로 한 부당이득반환 판결이 내려질 가능성은 크지 않다.

87) 종래 판례에서 보호의무 위반으로 언급된 사례들도 관련 법규의 위반으로부터 보호의무 위반을 도출하고 있다(예를 들어 보험업법 제102조 제1항은 보험회사가 보험모집 과정에서 보험계약의 중요한 내용을 충분히 설명하지 않아 보험계약자에게 손해를 입힌 경우 이를 배상할 의무가 있다고 규정하여 고객보호의무 위반에 따른 손해배상을 법률로써 규정하고 있고, 증권투자권유 사례들도 증권거래법을 비롯한 증권 관계법령에서 부당권유행위의 금지, 적합성 원칙 등을 규정하고 있다).

88) 홍성재, "계약상 의무위반과 구제법리", 재산법연구 제27권 제2호, 법문사(2010. 10), 155, 156면.

89) 권영준, 위의 논문(주 16), 330면.

90) 미국에서는 'Dram-shop liability(술에 취한 손님에게 주류를 판매한 술집 주인으로 하여금 그로 인하여 발생한 상해에 대한 책임을 지도록 하는 것)'를 들어 카지노사업자에게도 도박중독자에 대한 감시의무를 부과하여야 한다는 주장이 있으나, 도박중독자의 행위는 술에 취한 손님의 제3자에 대한 상해행위와는 달리 그 자신에게만 해악을 끼친다는 점, Dram-shop liability에서 술집 주인은 손님에 술에 취하였음을 명확히 구별할 수 있지만, 카지노사업자는 보통의 도박자와 도박중독자를 구별할 수 없다는 점에서(Joy Wolfe, *Casinos and The Compulsive Gambler: Is There a Duty to Monitor The Gambler's Wagers?*, 64 Miss. L. J. 687(1994-1995), 691, 695-697면) Dram-shop liability를 카지노사업자의 이용자에 대한 일반적 보호의무에 원용할 것은 아니다.

규제를 받고 있더라도 특별한 사정이 없는 한 이를 근거로 함부로 카지
노 이용자의 이익을 위한 카지노사업자의 보호의무 내지 배려의무를 인
정할 것은 아니다. 카지노사업자로서는 정해진 게임 규칙을 지키고 게임
진행에 필요한 서비스를 제공하면서 관련 법령에 따라 카지노를 운영하
기만 하면 될 뿐, 관련 법령에 분명한 근거가 없는 한 카지노사업자에게
자신과 게임의 승패를 겨루어 재산상 이익을 얻으려 애쓰는 카지노 이용
자의 이익을 자신의 이익보다 우선하거나 카지노 이용자가 카지노게임으
로 지나친 재산상 손실을 입지 아니하도록 보호할 의무가 있다고 보기는
어렵다"고 판시하여 카지노사업자의 이용자에 대한 일반적 보호의무를
부정하였다.

나. 관계법령에 따른 보호의무-영업제한규정의 보호목적성

1) 문 제 점

침해행위는 보통 형벌법규 위반, 기타의 법규 위반, 사회질서 위반
으로 나뉘어서 논해진다.[91] 형벌 법규를 위반하는 행위에 의하여 타인에
게 손해를 입힌 경우에는 위법성이 넉넉히 인정될 것이다. 그런데, 대상
판결 사안에서의 출입제한규정과 베팅한도액 제한규정은 국가가 일정한
행위를 단속할 목적으로 그것을 금지하거나 제한하는 단속법규[92]·[93]이

91) 김학동·김중한, 위의 책(주 65), 786면; 김상용, 채권각론 제2판, 화산미디어
(2014), 634, 635면(위 책에서는 부작위에 의한 가해행위도 별도의 침해행위 태양
으로 분류하고 있다).
92) 곽윤직·김재형, 위의 책 (주 19), 275면.
93) 하급심에서 카지노 이용자가 카지노사업자가 영업제한규정을 위반하여 이용자와
사이에 카지노이용계약을 체결한 경우 그 계약은 민법 제103조에 위반하는 반사회
질서의 법률행위에 해당하여 무효이므로 카지노 사업자는 그에 따른 부당이득을
반환하여야 한다고 주장한 사례가 있으나, 우선 영업제한규정은 그 규정의 문언과
내용 및 입법 취지 등에 비추어 이에 위반된 법률행위의 효력을 무효화하는 강행
법규에 해당한다고 볼 수 없고(서울고등법원 2011. 1. 18. 선고 2010나56991 판결
(미간행), 대법원 2014. 12. 24. 선고 2011다20591 판결(미간행) 참조], 영업제한규
정이 과도한 사행행위 등을 방지하기 위한 것이라고 하더라도 이에 위반한 행위
자체가 그 사법상의 효력까지 부인하지 않으면 안 될 정도로 현저히 반사회성, 반
도덕성을 지닌 것이라거나 그 행위의 사법상의 효력을 부인하여야만 비로소 카지
노 관련 법령의 입법목적을 달성할 수 있다고 볼 수 없으므로 영업제한규정에 위
배하여 이루어진 게임이 민법 제103조에 위반하는 반사회질서의 법률행위가 된다

므로, 이를 위반한다고 하여 곧바로 위법성이 인정되지는 않는다.

2) 법규 위반에 따른 위법성 일반론

가) 학   설

학설은 대체로 형벌법규 이외의 법률에 위반한 경우에도 그 법률이 개인의 이익과 안전의 보호를 목적으로 하는 것이고 그에 위반함으로써 법률이 보호하고자 하는 이들에게 손해를 준 경우에는 위법성이 인정된다고 본다.[94]

나) 판례의 태도

(1) 판례는 형벌법규 이외의 법률에 위반한 경우 법률 위반행위만으로 곧바로 위법하다고 인정하기보다는 여러 요소를 종합하여 위법성을 판단하고 있는 것으로 보인다. 이와 관련된 판례 사안은 대부분 공무원의 직무 위반에 따른 손해배상책임 사안으로[95] '공무원이 직무를 수행함에 있어 그 근거되는 법령의 규정에 의하여 구체적으로 공무원에게 부과된 의무 가운데 국민의 이익과는 관계없이 순전히 행정기관 내부의 질서를 유지하기 위한 것이거나 또는 그 직무상 의무가 국민의 이익을 위한 것이라도 개개의 국민을 염두에 둔 것이 아니라 오로지 공공 일반의 전체적인 이익을 조장하기 위한 경우에 불과할 때에는 공무원이 그 직무상의 의무에 위반하여 국민에게 손해를 가하였다고 하더라도 이에 관하여 그 공무원이 소속된 국가나 지방자치단체의 손해배상책임이 인정되지 않는 반면에, 그 직무상 의무의 내용이 전적으로 또는 부수적으로라도 사회구성원 개인의 안전과 이익을 보호하기 위하여 설정된 것이라면 공무원이 그와 같은 직무상 의무를 위반함으로써 피해자가 입은 손해에 대하여는 상당인과관계가 인정되는 범위 내에서 국가나 지방자치단체가 배상

고 볼 수 없다〔서울고등법원 2011. 9. 22. 선고 2011나19661 판결(미간행) 참조〕.

94) 김학동 · 김증한, 위의 책(주 65), 787면; 곽윤직 편집대표, 민법주해〔XVIII 〕-채권 (11)(2005), 211면(이상훈 집필부분).

95) 대법원 1993. 2. 12. 선고 91다43466 판결〔집 41(1)민, 125; 공1993. 4. 1.(941), 958〕, 1998. 5. 8. 선고 97다36613 판결〔집 46(1)민, 296; 공1998. 6. 15.(60), 1578〕 등 다수의 사건에서 위와 같이 판시하고 있다.

책임을 지는 것이고, 이때 상당인과관계의 유무를 판단함에 있어서는 일반적인 결과 발생의 개연성은 물론이고 더 나아가 직무상 의무를 부과하는 법령 기타 행동규범의 목적이나 가해행위의 태양 및 피해의 정도 등 구체적인 사정을 종합적으로 고려하여야 한다'라고 판시하여 위반된 법규에 부수적으로나마 사회구성원 개인의 이익을 보호하기 위한 목적이 있는지 여부에 따라 손해배상책임 유무를 판단하고 있다.⁹⁶⁾

(2) 구체적으로, 판례는 선박검사에 관한 선박안전법이나 유선 및 도선업법 규정,⁹⁷⁾ 소방법,⁹⁸⁾ 건축법⁹⁹⁾ 제 규정의 보호목적성을 인정한 반면, 구 풍속영업의 규제에 관한 법률 중 풍속영업을 영위하고자 하는 자로 하여금 대통령령이 정하는 바에 의하여 경찰서장에게 신고하도록 한 규정,¹⁰⁰⁾ 상수원수의 수질을 환경기준에 따라 유지하도록 규정하고 있는 관련 법령,¹⁰¹⁾ 대통령에게 지방자치단체장 선거일을 공고하는 의무를 부과한 지방자

---

96) 대법원 1993. 2. 12. 선고 91다43466 판결[집 41(1)민, 125; 공1993. 4. 1.(941), 958], 1998. 5. 8. 선고 97다36613 판결[집 46(1)민, 296; 공1998. 6. 15.(60), 1578], 대법원 2001. 10. 23. 선고 99다36280 판결[공2001. 12. 15.(144), 2520] 등 다수의 사건에서 위와 같이 판시하고 있다.

97) 대법원 1993. 2. 12. 선고 91다43466 판결[집 41(1)민, 125; 공1993. 4. 1.(941), 958].

98) 대법원 1998. 5. 8. 선고 97다36613 판결[집 46(1)민, 296; 공1998. 6. 15.(60), 1578]. 다만 위 판결은 결론에 있어서는 소방공무원들의 직무상 의무 위반행위와 사고 사이에 상당인과관계가 없다고 하여 불법행위책임을 인정하지 않았다.

99) 대법원 1999. 12. 21. 선고 98다29797 판결[공2000. 2. 1.(99), 265]. 위 판결도 공무원들의 직무의무 위반행위와 붕괴사고 사이에 상당인과관계를 인정할 수 없다고 하여 불법행위 책임의 성립을 부인하였다.

100) 대법원 2001. 4. 13. 선고 2000다34891 판결[공2001. 6. 1.(131), 1125].

101) 대법원 2001. 10. 23. 선고 99다36280 판결[공2001. 12. 15.(144), 2520]. 원고들에게 공급된 수돗물의 상수원의 수질이 수질기준에 미달한 경우가 있고, 이로 말미암아 원고들이 법령에 정하여진 수질기준에 미달한 상수원수로 생산된 수돗물을 마심으로써 건강상의 위해 발생에 대한 염려 등에 따른 정신적 고통을 받았다고 하더라도, 이러한 사정만으로는 피고들이 원고들에게 손해배상책임을 부담하지 아니한다고 판시한 사례이다. 한편, 대법원 1998. 9. 22. 선고 97누19571 판결[집 46(2)특, 391; 공1998. 11. 1.(69), 2589]에서는 '전원개발사업실시계획승인처분의 근거 법률인 전원개발에관한특례법령, 구 환경보전법령, 구 환경정책기본법령 및 환경영향평가법령 등의 규정 취지는 환경영향평가대상사업에 해당하는 발전소건설사업이 환경을 해치지 아니하는 방법으로 시행되도록 함으로써 당해 사업과 관련된 환경공익을 보호하려는 데 그치는 것이 아니라 당해 사업으로 인하여 직접적이고 중대한 환경피

치법 및 지방자치단체의장선거법 규정[102]의 보호목적성을 부정하였다.

다) 검   토

전술한 바와 같이 위법성의 판단에 있어 주의의무의 위반행위가 있다고 하여 일률적으로 위법성이 인정되는 것이 아니라 그 위반행위로 인하여 주의의무의 부과로서 보호하고자 하였던 법익의 침해가 있는 경우에 위법성이 인정된다. 따라서 오로지 공익을 보호하기 위하여 제정된 행정법규의 경우 개개인의 이익을 보호하기 위하여 그러한 주의의무가 부과된 것이 아니므로 사인(私人)과의 관계에 있어 그 위반행위에 위법성이 인정되지 않는다고 할 것이나, 당해 법규에 부수적으로나마 공공의 이익 이외에 사인(私人)의 법익 또한 보호하기 위한 목적이 포함되어 있다면 사인(私人)과의 관계에 있어 법규 위반행위의 위법성이 인정될 소지가 있다.[103] 따라서 피고의 영업제한규정 위반행위에 따른 불법행위 성립 여부를 판단함에 있어서는 선결적으로 당해 영업제한규정에 과도한 사행심의 방지와 같은 공익적인 목적 이외에 카지노 이용자 개인을 보호하기 위한 목적이 포함되어 있는지가 검토되어야 한다.

3) 출입제한규정의 보호목적성에 관한 검토

구 폐광지역 개발 지원에 관한 특별법, 위 법 시행령, 구 관광진흥법 시행규칙 및 피고의 영업준칙 등에 마련된 일련의 출입제한규정은 본인 또는 가족의 요청이 있을 경우 카지노 이용자의 카지노 출입을 제한

해를 입으리라고 예상되는 환경영향평가대상지역 안의 주민들이 전과 비교하여 수인한도를 넘는 환경침해를 받지 아니하고 쾌적한 환경에서 생활할 수 있는 개별적 이익까지도 이를 보호하려는 데에 있다'라고 판시한 바 있으나, 위 사안의 담당 관청의 직무상 의무의 근거가 되는 법령의 규정은 단순히 환경기준유지의무를 정한 것에서 나아가 환경관련 법령의 일반적 목적 달성을 위하여 구체적으로 그 실현방안들을 규정하고, 그러한 방법으로 보호할 주민의 범위를 특정하고 있다는 점에서 일정 범위의 주민들의 관련 환경상 이익을 구체적·개별적으로 보호하기 위한 것이라고 볼 수 있는 것이다(이경춘, "상수원수가 법령이 정하는 수질기준에 미달한 경우 국가배상책임 유무", 대법원판례해설 제38호, 법원행정처(2002), 110-111면).

102) 대법원 1994. 6. 10. 선고 93다30877 판결(공1994. 7. 15.(972), 1923).

103) 법규 위반행위만으로 곧바로 위법성이 인정되는지, 그 이외의 부가적인 요건이 필요한지에 관하여는 후술한다.

함으로써 카지노 이용자가 카지노게임에 참여하는 것을 원천적으로 봉쇄
하여 카지노게임 참여에 따른 재산상실 등의 폐해로부터 카지노 이용자
를 보호하고 있는바 카지노 이용자에 대한 보호목적성이 인정된다.

대상판결의 다수의견과 출입제한행위와 관련한 반대의견 또한 출입
제한규정의 보호목적성을 인정하고 있다. 먼저, 다수의견은 카지노 이용
자가 도박중독 등으로 인하여 스스로 사행심을 제어할 수 없을 경우 가
족의 요청으로 그 출입을 제한함으로써 카지노 이용자와 그 가족을 보호
하기 위한 것이라고 보았고, 출입제한행위와 관련한 반대의견에서는 출입
제한규정은 카지노 이용자와 가족이 스스로를 보호하기 위하여 자기 배
제를 요청할 수 있도록 제도화한 것이고, 출입제한이 요청된 자의 도박
중독으로 인한 가장 일차적인 손해는 재산상실이므로 위 규정은 무엇보다
피요청자의 재산상 이익을 보호하기 위한 제도에 해당한다고 보았다.[104)]

4) 베팅한도액 제한규정의 보호목적성 관한 검토[105)]

가) 베팅한도액 제한규정

구 폐광지역개발 지원에 관한 특별법 제11조 제3항은 장관은 과도한
사행행위 등의 예방을 위하여 필요한 경우에는 대통령령으로 정하는 바
에 따라 영업에 관한 제한을 할 수 있도록 규정하고 있고, 같은 법 시행
령 제14조 제1항 제4호 나목은 장관은 카지노업의 영업에 관하여 과도한

---

104) 독일의 경우 출입제한규정 위반이 있는 경우 이용자와 사업자 사이에 체결된 카
   지노 출입제한 계약 위반에 따른 채무불이행책임을 인정하고 있고, 우리나라의 경
   우에도 카지노사업자와 이용자 사이에 출입제한계약이 체결되었다면 그 위반을 원
   인으로 한 채무불이행책임이 인정될 수 있다는 견해가 있으나(김재형, 위의 논문(주
   13), 700면), 도박중독자의 다양한 스펙트럼 중 병적 도박자에 해당하는 이용자의
   경우 계약 체결 능력 자체가 없으므로 사업자와 사이에 자기배제(self-exclusion) 계
   약을 체결할 수 없고, 그 계약 위반을 이유로 한 채무불이행책임을 물을 수 없다는
   견해도 있다(Emir Aly Crowne-Mohammed, Meredith A. Harper, *Rewarding Trespass
   & Other Enigmas: The Strange World of Self-Eclusion & Casino Liability*, 1 UNLV
   Gaming L. J. 99(2010), 114-116면).
105) 베팅한도액 제한규정 위반을 이유로 한 손해배상책임의 경우 하급심에서 일부
   불법행위책임의 성립이 부정된 경우들이 있었으나 이는 베팅한도액 제한규정의 보
   호목적성을 부정하였기 때문은 아니고 베팅한도액 제한규정 위반에 관한 입증 부족
   을 이유로 하였다.

사행심 방지를 위하여 카지노에 거는 금액을 제한할 수 있다고 규정하고 있다. 또한 구 관광진흥법 제26조는 장관은 과도한 사행심 유발의 방지 기타 공익상 필요하다고 인정하는 경우에는 카지노사업자에 대하여 필요한 지도와 명령을 할 수 있다고 규정하고 있고, 이에 근거하여 장관은 카지노업 영업준칙에서 모든 카지노사업자는 각 테이블에 베팅 가능한 최저·최대 한도금액을 설정하여야 하고(제24조제4항), 게임 참가자는 베팅 한도금액을 초과하거나 미달되게 베팅하여서는 아니 되며(같은조제5항), 카지노종사원은 영업준칙에서 정한 규칙에 어긋나는 게임을 하여서는 아니 된다(제60조)고 고시하였다. 그리고 '폐광지역 카지노사업자의 영업준칙'은 폐광지역 카지노사업자에 대하여 테이블게임에 거는 금액의 최고 한도액은 일반 영업장의 경우에는 테이블별로 정하되, 1인당 1회 10만 원 이하로 하도록 하고, 다만 일반 영업장 전체 테이블의 2분의 1의 범위 내에서는 1인당 1회 30만 원 이하로 정할 수 있으며(제4호), 회원용 영업장에 대한 운영 및 영업방법은 내규로 정하되, 머리 장관의 승인을 얻어야 한다(제12호)고 규정하고 있다.

나) 다수의견

대상판결의 다수의견은 ① 사행심은 재산상 손실 규모의 대소에 따라 달라지는 것이 아니므로 사행심 유발 방지를 위하여 반드시 과다한 재산상 손실을 방지가 따라가는 것은 아닌 점, ② 카지노 이용자가 반복하여 게임을 할 경우 베팅한도액을 준수하더라도 손실 규모가 커질 수 있는데 카지노 이용자의 게임 참여 횟수나 베팅 금액의 총액에 대한 제한 규정은 없는 점, ③ 베팅한도액 제한규정이 없을 경우 오히려 카지노 이용자가 누적된 손실금보다 많은 금액을 베팅하는 방법으로 손실금액을 만회하고도 남을 돈을 딸 수 있기에 카지노사업자는 법령상 제한이 없더라도 스스로 1회 베팅한도액을 정하여 운영하는 점, ④ 회원용 영업장은 일반 영업장보다 베팅한도액을 대폭 상향하여 정할 수 있는 점에 자기책임의 원칙을 종합하여 보면, 베팅한도액 제한규정에 따른 반사적 효과로 카지노 이용자가 1회 게임을 하여 잃게 되는 재산의 규모가 일정 범위에 한정된다고 하더라도 이를 들어 베팅한도액 제한규정이 카지노 이용자의 재산상 손실을 방지하여 개별 이용자를 보호하기 위한 규정이라고 볼 수는 없다고 판시하였다.

다) 검   토

(1) 관계법령에서 베팅한도액 제한의 목적으로 사행심 유발 등의 방지를 들고 있는 것은 사실이나 관계법령이 전적으로 개개인의 법익을 보호하기 위하여 제정되어야만 보호목적성이 인정되는 것은 아니고 공익을 보호함과 동시에 그에 부수하여 개개인의 법익을 보호하기 위한 목적이 포함되어 있으면 족하다. 앞서 본 바와 같이 판례는 선박안전법이나 유선 및 도선업법, 소방법의 국민 개개인에 대한 보호목적성을 인정한 바 있는데, 위 각 법에서도 명시적으로 개개인에 대한 보호목적을 설시하고 있지는 않다. 다만 선박검사를 통해 선박의 안전이 보장되면 당연히 당해 선박에 탑승할 개개인들의 안전 또한 보장되고, 건물의 소방검사 등을 통하여 건물의 화재예방이 이루어지면 이는 당해 건물을 이용하는 개개인들의 안전을 보장하는 효과 또한 수반되기에 개개인에 대한 보호목적성이 인정되는 것이다. 또한 건축법의 경우 제1조에서는 '공공복리의 증진을 도모함을 목적으로 한다'고 명시하고 있음에도 판례는 건축법령에 위반된 행위가 건축물의 붕괴 등 국민 개개인의 안전과 이익을 침해하는 경우가 있을 수 있다고 보아 개개인에 대한 보호목적성을 인정하였다.

그렇다면, 베팅한도액 제한규정은 부수적으로나마 카지노 이용자의 권리를 보호하기 위한 목적을 가지고 있는가? 이를 판단함에 있어 가장 우선시될 것은 입법자의 의사라고 할 것이나 우리의 입법관행상 입법자의 의사를 확인할 만한 자료가 충분하지 않기에 그 판단은 쉽지 않다.[106) 결국 입법이 이루어진 경위, 입법 당시의 상황, 법률 제정에 따른

---

106) 결국 보호목적성의 존부, 즉 법규의 입법목적이 법규 자체에 드러나 있지 않은 경우 그 판단은 해석자인 법관 개인의 가치관 내지 직관에 따를 수밖에 없다. 그 결과, 앞선 보호목적성에 관한 대법원 판결례의 검토에서도 드러난 것처럼 개개의 법관들은 동일한 법규정을 두고도 각기 다르게 입법목적을 파악하곤 한다(오세혁, "한국에서의 법령해석–우리나라 법원의 해석방법론에 대한 비판적 분석–", 한국법

효과 등을 통하여 입법자의 의사, 즉 법규의 보호목적성에 관하여 추론할 수밖에 없다.

(2) 앞서 본 바와 같이 카지노는 도박의 일종으로 예외적으로 합법화된 범죄행위에 해당하고 그렇기에 그 운영주체가 사인(私人)임에도 불구하고 사업운영과 관련하여 국가의 강한 관리·통제가 요구된다. 카지노업이 가지고 있는 폐해를 고려하여 내국인의 카지노 출입을 엄금하여 오던 정부는 많은 우려와 반대에도 불구하고 폐광지역의 경제를 활성화시킨다는 취지하에 내국인 출입 카지노를 한시적으로 허용하였고 그 허용기간은 계속해서 갱신되어 오고 있다. 금지하였던 내국인 출입 카지노의 운영이 허용된 것은 카지노업의 위험성에 관한 국가의 입장이 변화하여 더 이상 개입하지 않기로 결단하였기 때문이 아니라 세입 증대와 지방자치단체의 재정적 자립이라는 별도의 목적을 이루기 위함이었다. 이처럼 국가가 국민을 상대로 한 카지노업을 통하여 마련된 기금으로 폐광지역의 경제 진흥을 이루고자 한다면 카지노업의 폐해로부터 국민을 보호할 방법 또한 마련해야 하며,[107] 그 일환으로 제정된 것이 각종 영업제한규정들이다.[108]·[109]

질서와 법해석론(한국법철학회, 김도균 엮음), 세창출판사(2013), 19면 참조]. 대상판결의 베팅한도액 제한규정의 보호목적성에 관하여도 다수의견과 반대의견은 각각 자율의 존중과 후견적 개입에 따른 상반된 입장에 따라 그 존부를 달리 판단한 것으로 보인다. 이렇듯 입법목적의 해석과정에는 법관의 이익형량적 작용 또는 평가적 작용이 개입할 수밖에 없고, 보호목적성에 관한 판단은 대법관 중 다수가 공유하는 가치관 내지 직관에 따라 결정되어 왔다.

107) 대상판결의 출입제한행위에 관한 반대의견.

108) 그 결과 외국인 출입 카지노에 관한 영업준칙인 관광진흥법 시행규칙 별표 7과 달리 내국인 출입 카지노에 관한 영업준칙인 같은 규칙 별표 7의 2에서는 영업시간의 제한, 베팅한도액의 상한, 출입제한 규정을 두고 있다.

109) 독일의 도박산업에 관한 주간협약 제1조에 나타난 당해 협약의 목적은 "① 도박 내지 내기의 중독이 발생되는 것을 저지하고, 효과적인 도박중독에 대처하기 위한 조건들을 창설, ② 위법한 도박을 저지하기 위해 적절하고 제한적인 대체수단을 제공함으로써 국민들의 자연적 도박욕구를 질서법에 맞게 감시하는 시스템으로 유도하며, 지하시장에서의 위법한 도박의 발생과 확대를 저지, ③ 청소년 보호와 도박 참가자 보호를 보장, ④ 도박이 질서정연하게 수행되도록 하고, 도박자를 사기적인 간계로부터 보호하며, 도박과 관련한 범죄나 부수적인 범죄가 방지될 것을 보장, ⑤ 스포츠내기를 통한 도박의 개최와 운영에 있어서 스포츠경기의 무결성에 대한

특히 카지노업의 알려진 폐해들, 도박중독, 그로 인한 가정생활과 사회생활의 파탄, 지역사회의 범죄율 증가 등의 첫 번째 단계는 모두 이용자의 과도한 재산손실이며 사행심과 재산손실은 분리하여 생각할 수 없다.[110] 관련 연구에 따르면 대부분의 이용자들이 최초에는 단순한 호기심 또는 오락을 목적으로 카지노를 방문한다.[111] 그러나, 호기심으로 했던 방문에서 예상치 못한 재산상 손실을 입게 된 이용자들은 잃은 금액을 만회하겠다는 생각으로 카지노를 떠나지 못하고 수렁에 빠지게 되며, 카지노 이용금액을 마련하기 위해 범죄를 저지르기도 한다. 이렇듯 과도한 재산손실은 카지노 이용자로 하여금 합리적인 판단력과 자기통제력을 상실하게 하는바, 국가는 카지노 이용자의 법률관계에 개입하여 그를 보호하여야 마땅하고, 이때 베팅한도액 제한규정은 이용자가 과도한 재산손실을 입거나 그 손실을 만회하기 위하여 무모하게 과도한 금액을 베팅하여 더 큰 손실을 보게 될 위험을 방지하는 기능을 한다. 또한 다수의견은 사행심은 '우연한 방법'에 의하여 '큰 재산상 이익'을 얻을 수 있다는 점에서 생기고 재산상 손실 규모의 대소에 따라 달라지는 것은 아니므로 사행심 유발 방지를 위한 장치에 반드시 과다한 재산상 손실을 방지하는 장치가 따라가야 하는 것은 아니라고 하나 재산상 손실이 클수록 그 만회를 위하여 더더욱 '요행을 바라는 마음'이 커지는 것을 부정할 수는 없다. 즉, 베

위험을 예방"하는 것이다[번역은 이병준·정신동, 위의 논문(주 65), 210, 211면; 박희영, "독일의 도박시장 자유화에 관한 판례 및 입법동향", 법제 제648호, 법제처 (2011. 12), 17면에서 인용]. 위와 같은 독일에서의 도박산업에 관한 공법적 규율의 구체화된 목적에 비추어 보면 우리나라에서의 카지노산업에 관한 공법적 규율에도 국민 일반뿐만 아니라 개개의 이용자들에 대한 보호목적이 포함되어 있다고 볼 수 있다.

110) 대법원 1984. 7. 10. 선고 84도1043 판결[공1984. 9. 1.(735), 1392]은 도박죄의 처벌 목적에 사행심에 의한 행위자의 재산일실위험을 제거하기 위한 목적이 포함되어 있음을 명시하고 있다.

111) 이태원, "카지노 출입자의 사회인구적 특성, 도박중독, 그리고 도박동기와 실태에 관한 연구", 형사정책연구 제15권 제2호, 한국형사정책연구원(2004), 200, 201면에서 수행한 조사에 따르면 처음에는 단순 호기심(53.1%)이나 오락(29.1%)을 목적으로 카지노를 방문하는 사람이 대부분이며, 돈을 따기 위해 오는 사람은 12.8%에 지나지 않는다.

팅한도액 제한규정은 대상판결의 베팅한도액 제한규정 위반과 관련한 반 대의견에서 지적하고 있듯이 카지노 이용자가 제한된 위험 범위 내에서만 카지노를 이용하게 함으로써 과도한 재산손실의 위험으로부터 카지노 이 용자 개인을 보호하고 이를 통하여 과도한 사행심 유발을 방지하며, 나아 가 카지노업의 허용으로 인한 사회적 폐해를 방지하고자 하는 것이다.[112]

또한 대상판결의 다수의견은 카지노 이용자의 게임 참여 횟수나 베팅 금액의 총액에 대한 제한규정이 없음을 들어 영업제한규정에 이용자의 재 산보호 목적이 없다고 하나, 우리나라의 카지노에 관한 입법은 매우 추상 적으로 이루어져 있고 그마저도 대부분의 내용을 하위 법규에 위임하고 있는 등 카지노에 관한 다른 나라의 규율에 비하여 내용이나 형식면에서 매우 미비한 점에 비추어 보면 이는 오히려 입법의 미비라고 보아야 할 것이다.[113]

(3) 위와 같은 점들에 비추어 보면 베팅한도액 제한규정에는 카지노 이 용자의 재산상 이익을 보호하기 위한 목적이 부수적으로나마 포함되어 있다 고 봄이 타당하며 베팅한도액을 제한함으로써 이용자의 재산상 손실이 일정 범위에 한정되는 것이 단순히 반사적 이익에 해당한다고 볼 것은 아니다.

5. 보호의무 위반을 이유로 한 손해배상책임
가. 대상판결의 판시

대상판결의 다수의견은 영업제한규정의 위반 이외에도 카지노 이용 자의 도박중독상태와 이에 대한 피고의 인식 또는 인식 가능성, 카지노

---

112) 관련 문헌에서도 베팅한도액 제한규정은 도박중독 예방과 보호를 위한 책임도박 조치의 일환으로 이해되고 있다(이태원, 위의 논문(주 52), 16면. 한편, 위 글에서 실시한 조사에 따르면 응답자 중 53.3%가 베팅상한액 설정이 도박중독의 예방과 보호에 효과가 있다고 답하였다). 또한 Kurt Eggert, 위의 논문(주 72), 251면에서도 도박자들을 위한 기본적인 소비자보호의 예로 자기배제 프로그램과 베팅한도액 제 한을 들고 있다.

113) 카지노산업에 관한 각국의 입법상황에 관하여는 류광훈, "외국의 카지노 관련 법·제도 연구", 한국관광연구원, 2001, 62~116면 참조. 위 글에 따르면 우리나라의 경우 카지노산업이 발달하여 있는 다른 나라에 비하여 카지노산업에 관한 규율이 그 범위 및 구체성에 있어 상대적으로 미흡한 것으로 평가되고 있다.

이용자나 가족의 법령에 따른 보호절차 미이행, 피고의 규정 위반행위에 대한 비난 가능성 등의 요건이 충족되어야만 카지노사업자의 이용자에 대한 보호의무 위반행위로 평가할 수 있다는 것으로 보인다.[114]

이에 반하여 반대의견은 카지노사업자는 영업제한규정의 위반행위가 있었고, 그로 인하여 카지노 이용자가 카지노를 이용함으로써 재산상 손해를 입은 경우 카지노사업자는 카지노 이용자의 도박중독상태 여부 등과 무관하게 보호의무 위반으로 인한 손해배상책임을 지는 것이고, 다수의견에서 요구하는 바와 같은 추가적인 요건은 불필요하다는 입장이다.

나. 추가적인 요건의 필요성에 관한 검토

1) 법령상의 주의의무

영업제한규정들은 국가가 국민을 보호하기 위하여 도박행위를 금지하고 있음에도 그 일부인 카지노업을 합법화함에 있어 합법적인 도박행위의 전제조건으로서 마련된 규칙들로 그 범위 내에서는 카지노 이용자를 보호하겠다는 입법자의 결단이며, 국가가 선언하여 놓은 자율과 후견적 개입의 경계이다.[115] 따라서 피고가 카지노 운영을 함에 있어 영업제한규정을 위배한다면 그러한 법률행위들은 더 이상 합법의 영역에 머무를 수 없고, 피고는 신의칙상 보호의무가 아닌 법령상 주의의무 위반에 따른 손해배상책임을 져야 함이 상당하다.

---

114) 김상연, "'자기책임의 원칙'과 카지노사업자의 고객보호의무", 양승태 대법원장 재임 3년 주요 판례 평석(한국 대법원 엮음), 사법발전재단(2015), 337면.
115) 다수의견과 다수의견에 대한 보충의견은 카지노 이용자가 현저한 도박중독상태에 있는 등으로 자기책임원칙의 적용이 제한되는 경우에만 카지노 이용자 스스로의 선택에 따른 결과를 카지노사업자에게 전가할 수 있다고 보아 자기책임원칙의 연장선에서 영업제한규정 위반에 따른 손해배상책임을 논하고 있다. 그러나 다수의견에서도 인정하고 있다시피 자기책임의 원칙은 카지노사업자가 정해진 규칙을 준수한다는 전제에서 적용되는 것이므로 카지노사업자가 영업제한규정을 위반함으로써 그 규칙을 어겼다면 카지노 이용자가 도박중독상태에 있는지와 무관하게 카지노사업자 측의 사정으로 인하여 더 이상 자기책임의 원칙은 적용될 수 없고, 사업자의 손해배상책임의 존부는 그가 위반한 영업제한규정에 이용자 개인의 보호목적성이 있어서 그 규정의 위반을 곧 보호의무의 위반으로 볼 수 있는지에 관한 검토결과에 따라야 하는 것이다. 이때 카지노 이용자가 사업자의 영업제한규정 위반행위에 가담하였다는 사정은 책임제한의 요소로 평가되면 충분하다.

그럼에도 불구하고 다수의견은 사후적으로 보호의무 위반에 관한 추가적인 요건을 설정함으로써 카지노 이용자에 대한 보호범위를 축소하고 있다.[116)]

2) 도박중독상태 및 이에 관한 피고의 인식에 관한 입증의 어려움

이용자가 도박중독상태에 있었는지 여부는 카지노 이용기간, 출입빈도, 이용시간, 베팅금액, 누적 손실금액, 출입제한 전력, 도박중독치료 경력 등을 종합적으로 검토하여 판단할 수 있다.

그런데 피고에게는 이용자가 도박중독상태에 있는지 여부를 확인할 권한이 없다. 대상판결의 피고는 전산시스템상으로 회원용 영업장을 이용하는 회원들의 출입 빈도수, 베팅금액, 승패액 등을 파악할 수 있었으나, 이 또한 피고에게 그러한 관리 의무 또는 권한이 부여되어 있는 것은 아니었고 피고가 이용한 전산시스템의 특성에 따른 우연한 결과에 불과하였다. 실제로 피고는 대상판결의 사건이 발생한 이후 전산시스템을 변경하여 현재는 이용자의 베팅금액, 승패액 등을 확인할 수 없다. 이와 같은 상황에서 이용자가 도박중독상태 및 이에 관한 피고의 인식에 관하여 입증하는 것은 쉽지 않으며, 피고 또한 이용자들의 이용 행태를 관찰하여 이용자들이 도박중독의 상태에 이르는 것을 예방하려 하기보다는 불법행위책임을 피하기 위하여 위험 요소가 포착되어도 묵인·방관하고자 할 것이다.

3) 카지노 이용자들 사이의 형평

특히 대상판결의 출입제한행위와 관련한 반대의견에서 지적하다시피 대상판결의 원고와 달리 재산이 많지 않아 일반 영업장을 이용하는 이용자들의 경우 피고가 그의 카지노 이용 빈도, 베팅행태, 손실금액 등에 관하여 파악하고 있지 않기 때문에 자신의 도박중독에 대한 피고의 인식을 증명하는 것이 더욱 어렵다. 따라서 영업제한규정 위반 이외에 피요청자

---

116) 민법 750조는 일반조항으로 규정됨으로써 법관에게 불법행위의 판단에 관한 넓은 재량을 인정하고 있지만, 개별 법규에서 주의의무를 명기하고 있음에도 이를 법관이 축소시킬 수 있는 재량까지 부여한 것은 아니라고 생각된다.

의 도박중독상태의 존재, 그에 대한 피고의 인식, 피요청자의 상당한 손해발생 등의 요건을 추가하게 되면, 일반 영업장을 이용하는 카지노 이용자는 자신의 도박중독에 대한 피고의 인식을 증명하는 것이 어려워지고 결국 회원용 영업장을 이용할 수 있을 정도로 고액의 베팅이 가능한 이들만이 손해배상을 받게 된다. 이는 카지노 이용자를 보호하고자 하는 입법자의 의사를 실행에 옮김에 있어 공백을 야기하며 형평에 어긋난다. 실제로 대상판결이 선고된 이후 대법원 2014. 9. 25. 선고 2011다8546판결,[117] 대법원 2014. 12. 24. 선고 2011다20591 판결[118]은 출입제한규정 위반에 따른 피고의 손해배상책임을 인정한 바 있는데, 위 각 사건의 피요청자는 모두 피고의 V-VIP 회원이었다.[119]

4) 영업제한규정 준수의 유인

아울러 대상판결의 출입제한행위와 관련된 반대의견에서 지적하고 있듯이 피고는 도박중독자들에 의하여 상당한 수익을 내고 있기 때문에 적극적으로 도박중독자의 보호 및 도박중독의 예방을 위한 영업제한규정을 시행할 유인이 없다. 정부 또한 피고의 수입증대와 이해가 일치된다. 기업으로서 피고는 수익의 극대화를 추구하고, 정부는 수입에 연계된 세입 증대를 추구하기 때문이다. 엄격한 영업제한규정의 집행은 필연적으로 피고의 수입 감소와 그에 따른 정부의 세수 감소를 가져올 것인바, 규제자로서의 정부에게는 영업제한규정의 엄격한 집행을 하지 않을 유인이 존재한다. 따라서 행정부로부터 독립적인 사법부가 이를 통제하여야 한다.[120] 베팅한도액 제한규정 위반에 관한 반대의견에서 지적하듯이 피

---

117) 이 사건의 원고는 합계 4,587,300,000원을 잃었다.
118) 이 사건의 원고는 합계 4,599,000,000원을 잃었다.
119) 피고를 상대로 제기된 소송들은 대부분 막대한 재산상 손실을 입은 V-VIP 회원들에 의한 것이었고, 일반 영업장을 이용하였던 이용자가 피고를 상대로 소를 제기하였으나 다수의견에서 제시하는 추가적인 요건의 입증에 실패하여 패소한 사례는 아직 없다.
120) 양채열·이준형, 위의 논문(주 60), 321면. 주 60에서 본 바와 같이 영업제한규정을 준수하지 않았을 경우에 부과되는 비용이 절제도박시의 효용보다 커져야 사회적으로 가장 바람직한 '도박허용-RG시행 & 절제도박'의 결과를 가져올 수 있다.

고가 독점 사업자로 폐광지역의 경제에 막대한 영향을 미치고 있어 사업
정치 처분은 사실상 불가능하고, 2천만 원 이하의 과징금이나 100만 원
이하에 불과한 과태료 처분은 피고에게 영업제한규정을 준수하게 할 유
인으로 작용하지 않는다.

　　5) 검　　토

　　위와 같은 사정들에 비추어 볼 때, 이용자를 보호하기 위한 영업제
한규정의 위반이 있으면 카지노사업자는 보호의무 위반으로 인한 손해배
상책임을 진다고 봄이 상당하므로,[121] 추가적인 요건이 충족되어야만 카
지노사업자의 이용자에 대한 보호의무 위반행위가 인정될 수 있다는 다
수의견에 반대한다.

V. 손해배상책임의 범위

1. 사용자책임의 면책 여부

가. 사용자책임의 면책 요건

　　민법 제756조에 규정된 사용자책임의 요건인 '사무집행에 관하여'라
는 뜻은 피용자의 불법행위가 외형상 객관적으로 사용자의 사업활동 내
지 사무집행 행위 또는 그와 관련된 것이라고 보여질 때에는 주관적 사
정을 고려함이 없이 이를 사무집행에 관하여 한 행위로 본다는 것이고,
여기에서 외형상 객관적으로 사용자의 사무집행에 관련된 것인지는 피용
자의 본래 직무와 불법행위의 관련 정도 및 사용자에게 손해발생에 대한
위험 창출과 방지조치 결여의 책임이 어느 정도 있는지를 고려하여 판단
하여야 한다. 그리고 피용자의 불법행위가 외관상 사무집행의 범위 내에

---

121) 이와 관련하여 사익보호목적을 가진 영업제한규정 위반행위의 위법성이 인정되
　　는 것은 별론으로 하고 위법행위와 이용자의 손해 사이의 상당인과관계를 인정할
　　수 있는지에 관하여 의문이 있을 수 있다. 손해의 결과는 피고의 위법행위만으로
　　발생한 것이 아니라 이용자의 베팅행위와 결합하여 발생한 것이기 때문이다. 그러
　　나 카지노게임 자체가 이용자보다는 사업자에게 유리하도록 설계되어 있다는 점에
　　비추어 보면 위법행위와 손해 사이의 상당인과관계는 인정된다고 할 것이고, 다만
　　이용자의 베팅행위가 손해의 확대에 영향을 끼친 부분은 손해배상책임 제한사유로
　　고려될 수 있을 것이다.

속하는 것으로 보이는 경우에도 피용자의 행위가 사용자나 그에 갈음하여 그 사무를 감독하는 자의 사무집행 행위에 해당하지 않음을 피해자 자신이 알았거나 또는 중대한 과실로 알지 못하였을 때에는 사용자나 그에 갈음하여 그 사무를 감독하는 자에 대하여 사용자책임을 물을 수 없다 할 것인데, 이 경우 중대한 과실이라 함은 거래의 상대방이 조금만 주의를 기울였더라면 피용자의 행위가 그 직무권한 내에서 행하여진 것이 아니라는 사정을 알 수 있었음에도 만연히 이를 직무권한 내의 행위라고 믿음으로써 일반인에게 요구되는 주의의무를 현저히 위반하는 것으로 거의 고의에 가까운 정도의 주의를 결여하고, 공평의 관점에서 상대방을 구태여 보호할 필요가 없다고 봄이 상당하다고 인정되는 상태를 말한다.[122]

나. 하급심 판결례

피고의 베팅한도액 제한규정 위반이 문제되었던 사건들의 경우 하급심은 카지노 이용자가 '병정'을 이용한 한도초과 대리베팅 사실을 알고도 이를 묵인한 것이 피고 소속 직원들의 사무집행 범위 밖의 행위라는 것을 알거나 중대한 과실로 알지 못하였으므로 사용자책임이 면책된다고 판시한 사건들[123]과 면책을 부정한 사건들[124]로 나뉘어졌다.

다. 검   토

피고 소속 직원들이 카지노 이용자의 한도초과 대리베팅 사실을 묵인한 행위는 외형상 객관적으로 피고의 사업활동 내지 사무집행행위 또는 그와 관련된 것으로 보이고, 피고는 직원들의 베팅한도액 제한규정 위반행위를 묵인하여 온 것으로 보이므로 직원들의 위반행위가 반드시 그들의 직무범위에 속하지 않는다고 단정할 수 없으며, 설령 그들의 직

---

122) 대법원 2003. 1. 10. 선고 2000다34426 판결[공 2003. 3. 1.(173), 570], 대법원 2008. 2. 1. 선고 2006다33418, 33425 판결(미간행) 등 참조.

123) 서울고등법원 2011. 10. 13. 선고 2011나22438 판결(미간행); 서울고등법원 2011. 9. 8. 선고 2010나110024 판결(미간행).

124) 서울고등법원 2011. 9. 2. 선고 2010나121642 판결(미간행); 서울고등법원 2012. 11. 7. 선고 2012나7009 판결(미간행).

무범위에 속하지 않는다 하더라도 카지노 이용자가 이를 알거나 중대한
과실로 알지 못하였다고 보이지도 않으므로 사용자책임이 면책되어서는
안 된다.[125]

2. 손해액의 산정
가. 출입제한규정 위반에 따른 손해액
1) 하급심의 경우 이용자가 출입제한요청에도 불구하고 출입이 허용
됨으로써 카지노게임에 참여하여 실제 잃은 돈 전체[126] 또는 출입제한요
청 후 해제불가능기간이 경과하기 전까지 이용자가 카지노에 출입하여
실제로 잃은 돈[127]을 그 손해액으로 보았다.

2) 이용자와 가족의 요청에 의한 출입제한은 상당한 기간이 경과한
후에는 해제할 있으므로 출입제한요청 이후 피고의 카지노출입관리지침
에서 정한 기간 동안 이용자가 카지노를 이용함으로써 입은 손실은 피고
의 불법행위와 상당인과관계 있는 손해라 할 것이다.

나. 베팅한도액 제한규정 위반에 따른 손해액
1) 하급심의 경우 이용자가 돈을 잃은 날의 총 손해액 중 이용자와
'병정'의 전체 게임시간에서 '병정'의 게임시간이 차지하는 비율로 계산한
손해액 가운데 이용자가 돈을 딴 날의 총 이득액 중 위와 같은 방식으로
계산한 이득액을 공제하는 방식으로 손해액을 산정하였다.

2) 이용자와 '병정'들의 베팅액에 대한 정확한 자료가 없는 이상 이용

---

125) 대상판결에서는 베팅한도액 제한규정의 보호목적성 자체를 부정함에 따라 사용
 자책임의 면책 여부에 관하여는 판단이 이루어지지 않았으나, 대상판결 이후에 선
 고된 대법원 2014. 9. 25. 선고 2011다8546 판결(미간행), 대법원 2014. 12. 24. 선
 고 2011다20581 판결(미간행)에서는 피고의 출입제한규정 위반에 따른 손해배상책
 임을 인정하면서 피고의 사용자책임에 대한 면책 주장을 받아들이지 않았다.
126) 서울고등법원 2010. 12. 17. 선고 2011다8546(미간행) 판결.
127) 이를테면, 최초의 출입제한요청이었던 경우 출입제한요청 후 3개월이 경과하기
 전 카지노에 출입하여 실제로 잃은 돈, 2차 이상의 출입제한요청이었던 경우 출입
 제한요청 후 6개월이 경과하기 전 카지노에 출입하여 실제로 잃은 돈을 의미한다.
 서울고등법원 2011. 5. 26. 선고 2009나76487 판결(미간행), 서울고등법원 2011. 9.
 8. 선고 2010나110024 판결(미간행) 등 참조.

자와 '병정'이 항상 함께 베팅에 참여하고 베팅금액도 동일하다는 전제에
서 하급심 판결과 같이 손해액을 산정하는 것은 불가피한 것으로 보인다.

3. 과실상계 또는 책임제한
가. 하급심 판결례
출입제한규정 위반과 관련하여서는 대체로 피고의 책임비율을 15%
내지 20%로 인정하였고,[128] 베팅한도액 제한규정 위반과 관련하여서는
피고의 책임비율을 10% 내지 20%로 인정하였다.
나. 검   토
카지노 이용자의 재산상실은 피고의 보호의무 위반과 이용자의 도박
중독상태 및 베팅행위가 결합하여 발생한 결과이다. 그러나 이용자의 스
스로의 책임으로 돌릴 수 있는 도박중독상태 및 베팅행위가 피고의 보호
의무 위반에 비하여 결과발생에 기여한 바가 크다고 보이므로, 피고의
책임비율을 15% 내지 20%의 범위 내에서 각 사안의 사실관계에 따라 정
함이 상당하다고 생각된다.

VI. 결   론

내국인 출입 카지노의 영업이 허용된 이후 카지노게임에서 거액의
재산을 잃었다며 카지노사업자를 상대로 그 배상을 구하는 소송이 여러
차례 제기되었다. 이익을 볼 수도, 손실을 볼 수도 있음이 예정되어 있는
카지노게임에 스스로 참가하였던 카지노 이용자의 손해배상청구는 일견
이유 없는 것으로 생각되기도 하지만, 카지노업의 심각한 폐해, 내국인
출입 카지노가 허용되게 된 경위, 카지노게임이 진행되는 과정에서 일어
난 카지노사업자의 영업제한규정 위반행위 등을 고려하여 보면 이는 간
단하지 않은 문제였고, 하급심에서는 재판부별로 각기 다른 결론이 내려
지기도 하였다.

---

128) 서울고등법원 2010. 12. 17. 선고 2009나83447 판결(미간행)의 경우 60%를 인정
하였다.

이는 결국 자기책임의 원칙(자율)과 카지노사업자의 이용자에 대한 보호의무(후견적 개입) 중 어느 가치를 우선시할 것인가의 문제로 대상판결의 다수의견은 사인(私人)간의 법률행위의 자율을 존중하여 스스로 카지노를 방문하여 재산을 탕진한 카지노 이용자에 대한 보호 필요성에 관하여 회의적인 입장인 반면, 반대의견은 도박중독의 폐해 등에 비추어 볼 때 국가가 후견적으로 개입하여 카지노 이용자를 보호해야 함을 강조한다. 각자가 가진 가치관과 철학에 따라 그 답이 달라질 수 있는 이 문제에 있어 정답은 있을 수 없으나, 그럼에도 불구하고 대상판결은 자기책임의 원칙과 이를 제한하는 개념으로서의 보호의무에 관한 논의의 장을 제공하고, 그 결과 카지노사업자에 대하여 일응의 행위기준을 마련하여 주었다는 점에서 중요한 의미를 갖는 판결이라 할 것이다.

덧붙여, 이 글에서는 대상판결에서는 문제된 카지노사업자의 이용자에 대한 불법행위책임만을 논의의 대상으로 하였으나, 카지노사업자의 이용자에 대한 계약상 채무불이행책임과 관련하여서도 영업제한규정이 계약의 내용으로 편입되는지 여부, 쌍방의 의사합치에 의한 계약 내용의 변경 여부, 계약상 부수적 주의의무로서의 보호의무 위반 여부 등과 같은 여러 흥미로운 쟁점들이 있는바, 향후 과제로 남기며 글을 마친다.[129]

---

129) 카지노사업자의 이용자에 대한 계약상 채무불이행책임이 문제된 하급심 판결로는 서울중앙지방법원 2011. 1. 12. 선고 2009가합130124 판결(미간행)과 그 항소심 판결인 서울고등법원 2011. 9. 22. 선고 2011나19661 판결(미간행, 쌍방 상고하지 않아 2011. 10. 13. 그대로 확정됨)이 있다.

[Abstract]

Self Responsibility and Duty to Protect of Casino Operator-Autonomy and Paternalism

Lee, Hyun Kyung*

Gambling has been the subject of legal regulations since the ancient times due to its social harms. Nevertheless, the Korean government approved the casino operation right of an entity, with no restriction on access by locals, to revitalize the regional economy of abandoned mining areas. Hence, the defendant was established to operate "Gangwon Land Hotel & Casino."

The plaintiff of the case at hand has lost about twenty three thousand one hundred million won in his gambling in Gangwon Land, and filed a lawsuit against the defendant, asserting that defendant's employees have violated the regulations on access limitations and maximum betting amount.

Though the legal relationship between the casino operator and the visitor remains private, given the potential harm on the society that can be caused by casinos and general prohibition on gambling, the case at hand deals with the following issue: Should the government put more weight on business autonomy of the casino operator or paternalistic intervention in the bilateral relationship for visitor protection. The conclusion will depend on our individual ideas and moral standards.

Supreme Court's majority opinion stated that the principle of self-responsibility can be applied to the relationship between the two, but in exceptional cases an operator could be liable for a visitor's damage caused by vi-

---

* Judge, Goyang Branch Court of Uijeongbu District.

olation of it's duty to protect visitors. But it dismissed the plaintiff's claims on the ground that there was no violation of access limitations, and the betting limitation rules did not have the purpose of visitor protection.

Based on the belief that certain governmental intervention on casinos is necessary, I objects to the conclusion of supreme court's majority opinion which denied the protection purpose of betting amount restrictions and did not accept all the claims of the plaintiff.

[Key word]

- the legal relationship between the casino operator and the visitor
- self-responsibility
- duty to protect
- autonomy
- paternalism

참고문헌

[단 행 본]

곽윤직, 채권각론 제6판, 박영사(2005).

_____, 채권총론 제6판, 박영사(2006).

곽윤직 편집대표, 민법주해[IX]-채권(2)(2004).

_____, 민법주해[XVIII]-채권(11)(2005).

곽윤직 · 김재형, 민법총칙 제9판, 박영사(2013).

김상용, 채권각론 제2판, 화산미디어(2014).

김증한 · 김학동, 채권각론 제7판, 박영사(2006).

이은영, 채권각론 제5판, 박영사(2005).

_____, 채권총론 제4판, 박영사(2009).

Gustav Radbruch(손지열 · 황우여 역), "법에 있어서의 인간", 육법사(1981).

H. L. A. Hart(이영란 역), "법, 자유, 도덕", 나남출판(1996).

John Kleinig, Paternalism, New Jersey, Towata: Rowman and Little field(1983).

J. S. Mill(서병하 역), 자유론, 책세상(2014).

Péter Cserne, Freedom of Contract and Paternalism: Prospects and Limits of an Economic Approach, palgrave macmillan(2012).

Richard H. Thaler, Cass R. Sunstein(안진환 역), 넛지, 리더스북(2009).

[논 문]

강경래, "소년보호이념으로서의 후견주의(paternalism)", 소년보호연구 제25호, 한국소년정책학회(2014).

강준혁 · 이근무 · 이혁구, "카지노 이용자들의 자살에 대한 심리적 부검 연구", 보건사회연구 34(2014).

권순일, "불법행위법상 주의의무의 기준", 법조 제46권 제3호(통권 제486호), 법조협회(1997).

_____, "증권투자권유자의 책임에 관한 연구-한국 · 미국 · 일본의 판례를 중심으로", 서울대학교 박사학위논문(2002).

권영준, "민사재판에 있어서 이론, 법리, 실무", 서울대학교 법학 제49권 제3호, 서울대학교 법학연구소(2008).

_____, "계약법의 사상적 기초와 그 시사점", 저스티스 통권 제124호, 한국 법학원, 2011.

김상연, "'자기책임의 원칙'과 카지노사업자의 고객보호의무", 양승태 대법원장 재임 3년 주요 판례 평석(한국 대법원 역), 사법발전재단(2015).

김재형, "법규 위반과 불법행위책임", 판례실무연구(XI, 상), 사법발전재단 (2014).

김주현, "자기결정권과 그 제한(좌석안전띠 및 승차용안전모 착용의무와 pater-nalism)", 헌법논총 제7집, 헌법재판소(1996).

김형석, "은행의 정보제공책임", 민사판례연구 제32권, 박영사(2010. 2.).

류광훈, "외국의 카지노 관련 법·제도 연구", 한국관광연구원(2001).

박동진, "불법행위법에서의 주의의무: 그 위상 및 판단기준을 중심으로", 비교 사법 제9권 제2호(통권 제17호), 한국비교사법학회(2002. 8.).

박희영, "독일의 도박시장 자유화에 관한 판례 및 입법동향", 법제 제648호, 법제처(2011. 12.).

양채열·이준형, "도박에서 시간불일치성의 문제-강원랜드 판결의 법경제학 적 분석-", 법경제학연구 제7권 제2호, 한국법경제학회(2010. 12.).

오세혁, "법적 후견주의-개념분석적 고찰-", 법철학연구 제12권 제1호, 한국 법철학회(2009).

_____, "한국에서의 법령해석-우리나라 법원의 해석방법론에 대한 비판적 분석-", 한국법질서와 법해석론(한국법철학회, 김도균 엮음), 세창출판 사(2013).

_____, "해악원리, 법적 도덕주의, 그리고 후견주의-후견주의의 이중적 양면 성-", 중앙법학 제11집 제1호(2009. 8.).

윤영미, "민법상 일반조항과 기본권", 공법연구 제39집 제4호, 한국공법학회 (2011. 6.).

이경춘, "상수원수가 법령이 정하는 수질기준에 미달한 경우 국가배상책임 유무", 대법원판례해설 제38호, 법원행정처(2002).

이병준·정신동, "독일법상 사행적 계약과 도박에 대한 규율", 스포츠와 법 제16권 제3호(통권 제36호), 도서출판 푸른세상(2013. 8.).

이영록, "유해성원칙·후견주의·자유주의", 비교형사법연구 제4권 제2호, 비교형사법학회(2002).

이영준, "민법의 지도원리로서의 사적자치-민법개정초안에 언급하여-", 법조 (통권 제527호), 법조협회(2000).

이태원, "과도한 도박의 부정적 영향들: 카지노 출입자들을 중심으로", 형사정 책연구 제20권 제1호(2009).

_____, "책임도박조치에 대한 지각된 효과 : 카지노 고객을 중심으로", 사회과학 연구 제49집 제1호, 강원대학교 사회과학연구원(2010).

_____, "카지노 출입자의 사회인구적 특성, 도박중독, 그리고 도박동기와 실태 에 관한 연구", 형사정책연구 제15권 제2호, 한국형사정책연구원(2004).

이태원 · 김석준, "도박의 정치경제학-한국 사회의 도박 합법화와 도박 문제의 확산에 관한 비판적 접근", 사회와 역사 제56집, 한국사회사학회(1999).

임건면, "독일 불법행위법상의 거래안전의무", 성균관법학-심경 정성근, 미봉 김운룡 교수 화갑기념호-제8호, 성균관대학교 비교법연구소(1997. 12.).

조성민, "신문법과 표현의 자유 : 적극적 자유와 국가 개입의 논리와 한계", 정보법학 제9권 제2호, 한국정보법학회(2005. 12.).

지원림, "법률행위의 효력근거에 관한 연구", 서울대학교 박사학위논문(1993).

최민수, "독일법상 카지노 출입제한에 관한 소고-카지노 출입제한규정위반으 로 인한 불법행위책임에 관한 우리 법과의 비교를 중심으로", 비교사 법 제21권 제2호(통권 제65호), 한국비교사법학회(2014).

홍성재, "계약상 의무위반과 구제법리", 재산법연구 제27권 제2호, 법문사 (2010. 10.).

Bradley S. Fiorito, Calling a Lemon a Lemon: Regulating Electronic Gambling Machines to Contain Pathological Gambling, 100 Nw. U. L. Rev. 1325(2006).

Buchhandler-Raphael, Michal, Drugs, Dignity, and Danger: Human Dignity as a Constitutional Constraint to Limit Overcriminalization, 80 Tenn. L. Rev. 291(2012-2013).

Emir Aly Crowne-Mohammed, Meredith A. Harper, Rewarding Trespass & Other Enigmas: The Strange World of Self-Eclusion & Casino Liability, 1 UNLV Gaming L. J. 99(2010).

Gerald Dworkin, Paternalism, in J. Feinberg, H. Gross (ed), Philosophy of

Law, Wadsworth Publishing Co.(1986).

Glenna Novack, Lawsuits in the fast-food nation: Will Fast-Food Suits Succeed as Obesity Becomes an American Tradition?, 52 Wayne L. Rev. 1307(2006).

Goldhammer, Arielle, Case against Consensual Crimes: Why the law Should Stay out of Pocketbooks, Bedrooms, and Medicine Cabinets, 41 Brandeis L. J. 237(2002-2003).

Harris, Robert N. Jr., Private Consensual Adult Behavior: The Requirement of Harm to Others in the Enforcement of Morality, 14 UCLA. Rev. 581(1966-1967).

Jeremy A. Blumenthal, A psychological defense of paternalism, in Paternalism—Theory and Practice(ed. Christian Coons and Michael Weber), Cambridge University Press(2013).

_____, Emotional Paternalism, 35 Fla. St. U. L. Rev. 1 (2007-2008).

Joy Wolfe, Casinos and The Compulsive Gambler: Is There a Duty to Monitor The Gambler's Wagers?, 64 Miss. L. J. 687(1994-1995).

J. S. Blumenthal-Barby, Choice Architecture: A mechanism for improving decisions while preserving liberty?, in Paternalism—Theory and Practice(ed. Christian Coons and Michael Weber), Cambridge University Press(2013).

Kurt Eggert, Truth in Gaming: Toward Consumer Protection in the Gambling Industry, 63 Md. L. Rev. 217(2004).

집합건물법상 상가의 구분소유권 문제*

송 재 일**

■요 지■

주거용 집합건물은 주거용 단독건물에 준하여 엄격하게 그 독립성을 요구하지만, 상업용 집합건물은 수차례 개정을 통하여 그 구분소유권의 취득요건을 완화하였다. 즉 상가는 구분소유의 기초가 되는 벽이 없더라도 단지 바닥면적을 기준으로 관념적 선, 표지에 기초하여 소유권의 득실변동이 이루어질 수 있으며, 이는 구분점포('오픈상가')에서 두드러진다. 관련 조항이 집합건물법 제1조의2이다. 상가집합건물은 분양이나 분양 이후 영업활동에 따른 공간의 분할이나 합체의 필요성도 크고 실제 빈번하게 이루어져 오고 있지만 이에 대한 규율이 쉽지 않다. 구분소유자의 구분등기도 구조상 독립성 결여로 현재 용이하지 않다. 그리고 구분점포의 경우 금융의 편의를 위해 담보물로 제공되는 경우가 빈번한데, 이 경우 법원도 그 담보물권관계는 인정해 주지만, 담보물권의 실행단계에서 건물 일부의 구조상 독립성 결여를 이유로 경매개시가 곤란하다는 입장이다. 이에 관한 대법원의 판단으로는 대상 결정 1: 대법원 2010. 1. 14.자 2009마1449결정, 대상결정 2: 대법원 2011. 9. 29.자 2011마1420 결정) 등이 있다.

대상결정 1은 구조상 독립성이 없는 구분건물에 설정된 담보권의 효력에 관한 판단이다. 구조상 독립성을 갖춘 구분건물에 대하여 구분등기가 이루어진 다음 1동의 건물 중 일부의 구분건물 사이에 구조상의 구분이 소멸되었

* 이 글은 2015년 민사판례연구회 1월 월례회에서 발표한 원고를 수정, 보완한 것으로 당시 지정토론을 맡아 주신 김영훈 판사님과 유익한 논평을 해 주신 참석자 여러분께 감사드린다.
** 명지대학교 법과대학 조교수.

는데, 말소등기 등이 이루어지지 않아 종전 전유부분에 저당권 등 담보권이 설정된 경우에 그 담보권의 효력이 문제되었다. 대법원은 구조상 독립성을 갖추지 못한 구분건물에 대하여 구분등기가 되고 그 등기에 기초하여 저당권 등 담보권이 설정된 경우, "구분소유권의 객체로서 적합한 물리적 요건을 갖추지 못한 건물의 일부는 그에 관한 구분소유권이 성립할 수 없는 것이어서, 건축물관리대장상 독립한 별개의 구분건물로 등재되고 등기부상에도 구분소유권의 목적으로 등기되어 있어 이러한 등기에 기초하여 경매절차가 진행되어 매각허가를 받고 매수대금을 납부하였다 하더라도, 그 등기는 그 자체로 무효이므로 매수인은 소유권을 취득할 수 없다."고 하였다. 그런데 집합건물법 제1조의2의 요건을 갖추지 않고서 구분점포로 구분등기가 이루어진 경우에 구분소유권은 인정되지 않지만, 동법은 구분점포의 구조상의 독립성을 완화하고 있고, 구분점포의 경계표가 견고하게 부착되어 있는지를 실질적으로 심사하여 구분점포의 건축물대장 및 보존등기의 가능성을 여과해 주는 장치가 현행법상 없다는 문제가 있다. 구조상의 독립성은 물적 지배의 범위를 명확히 하기 위한 것인데, 구분점포의 건축물대장·건물의 도면 등에 의하여 이를 명확히 할 수 있고 복원도 용이하다. 따라서 경계표지가 없는 구분점포의 등기도 허용하는 방안으로 판례의 변경이나 입법이 요망된다.

대상결정 2에서는 대상결정 1과 같이 구조상 독립성을 갖추지 못한 것에 더하여 용도가 판매시설에서 무도장으로 변경된 사안이다. 구분점포의 경우는 구조상 특수성을 가지므로 구조적 독립성을 갖추지 않는 경우에는 그 용도를 법률로 판매시설 및 운수시설로 제한하고 있어서 일정 용도 외의 다른 용도로 변경할 수 없도록 규정한 것은 강행규정으로 볼 수 있다. 대법원의 판단은 현행 법의 해석에 따른 타당한 결론이라고 보이나, 거래실무에 따른 불편은 결국 법개정을 통하여 해결해야 할 것으로 생각한다.

집합건물법 제1조의2는 제정 당시 법무부의 반대의견과 실무의 찬성의견을 적절히 조정하여 법원에서 제안한 절충안이 결국 의원입법으로 발의되어 통과된 개정조항이다. 따라서 법리적인 면에서 불충분한 점이 발견되고, 현실에서 실효적인 법규범으로 작용할 수 없다는 한계를 드러내고 있기에 현실에 맞도록 개정할 필요가 있다고 본다. 이와 관련하여 주요 외국의 법제와 판례 등 비교법적 논의가 참고가 될 수 있다. 건물이 독립한 부동산으로서 우리나라와 유사한 법제를 가진 일본에서는 이미 하위법령이나 판례에서 구조상의 독립성이 완화되어 가고 있는 추세이며, 건물이 독립한 부동산으로 원칙적으로 인정되지 않는 다른 유럽이나 미국에서도 참고할 만한 법리가 발견되고 있다. 독일에서 차고에 대한 규율, 프랑스에서 공간에 대한 'lot'의 규율은 구조상 독립성을 넘어서는 법리이다. 이에 기반하여 집합건물법 제1조의2를 살펴보면, 면적제한이나 용도제한을 좀 더 완화할 필요가 있다고 본다. 당시 입법자료에서 이러한 제한은 개별점포가 이용상의 독립성을 이유로 무한정 구분되는 것을 막기 위한 것으로 보인다. 그러나 나머지 요건만으로도 그와 같은 목적을 달성할 수 있다. 따라서 구분점포의 용도가 건축법 제2조 제2항 제6호의 판매 및 영업시설이고, 경계를 명확하게 식별할 수 있는 표지를 바닥에 견고하게 설치하고 있으며, 구분점포별로 부여된 건물번호표지를 견고하게 부착하고 있다면 바닥면적에 관계없이 구분소유권(이른바 평면구분소유권)을 인정하는 것이 바람직하다는 비판은 타당한 듯 보인다. 다만, 건축도면 등을 적극 활용하는 것이 전제가 되어야 할 것이다.

[주제어]
• 상업용 집합건물
• 상가 구분소유권
• 구조상 독립성
• 구분점포(오픈상가)
• 집합건물의 소유 및 관리에 관한 법률(집합건물법) 제1조의2
• 건물의 합체

[투고일자] 2015. 12. 2.
[심사일자] 2015. 12. 18.
[게재확정일자] 2015. 12. 30.

대상결정 1 : 대법원 2010. 1. 14.자 2009마1449 결정[부동산임의경매]
[공2010상, 703]

[事案의 槪要]
1. 부동산임의경매개시결정

2008. 5. 6. 채권자인 항고인(주식회사 우리은행)은 채무자인 부동산 개발업체 D개발로부터 변제를 받기 위하여 채무자가 소유한 인천광역시 서구 왕길동 검단2지구 소재 상가건물 12층에 있는 일부 점포(7개소)에 대해 법원에 임의경매를 신청하였고, 집행법원 사법보좌관으로부터 원심결정에 첨부된 이 사건 부동산에 관하여 부동산임의경매개시결정(이하 '이 사건 경매개시결정'이라 한다)을 받았다.

2. 부동산의 현황

이 사건 부동산은 인접한 다른 점포들과 벽체 등의 구분 없이 바닥에 경계선을 표시하거나 그 경계지점에 진열장 내지 칸막이 등을 세우는 방법으로 구별하고, 건물 내의 모든 점포들은 각별로 이용하는 경우도 있으며, 칸막이 등의 구별표지를 손쉽게 제거함으로써 여러 점포를 터 하나의 공간으로 이용하기도 하였다.

3. 경매개시결정 취소 및 경매신청 기각 결정

2008. 10. 6. 집행법원 사법보좌관은 이 사건 부동산이 이른바 '오픈상가'로서 구분소유권의 객체가 될 수 없음을 이유로 이 사건 경매개시결정을 취소하고, 항고인의 경매신청을 기각하였다.

4. 항고의 제기

2008. 10. 15. 우리은행측은 경매신청 기각결정에 대하여 "① 이 사건 부동산이 구분건물임을 전제로 건축물관리대장이 작성되고 이에 기초하여 등기가 이루어진 점, ② 이 사건 부동산의 경계 내지 구획에 관한 식별표지는 얼마든지 특정 및 복원이 가능한 점, ③ 위와 같은 상황을 전제로 이 사건 부동산에 관한 현실적인 거래가 이루어지고 있는 점, ④ 이 사건부동산에 관

한 이해관계자들의 권리가 보호되어야 하는 점, ⑤ 이 사건 부동산과 유사한 오픈상가들에 관하여 다수의 경매가 이루어지고 있는 점" 등을 들어 이 사건 항고를 제기하였다.

5. 승계 참가

2009. 6. 1. 승계참가인(우리에스비제십일차유동화전문 유한회사)은 이 사건 경매개시결정의 기초인 채권 및 근저당권을 양수하였음을 이유로 항고인을 승계하여 이 사건에 참가하였다.

[訴訟의 經過]
1. 제1심 결정 : 인천지방법원 2008. 10. 15.자 2008타경22148 결정

집행법원은 이 사건 부동산이 이른바 '오픈상가'로서 구분소유권의 객체가 될 수 없음을 이유로 이 사건 경매개시결정을 취소하고, 항고인의 경매신청을 기각하였다. 감정인의 감정서와 집행관의 현황조사결과 점포의 각 호실이 구분벽체 없이 하나로 이뤄져 있어 소유권의 배타적 지배범위를 확정할 만한 구조상·이용상 독립성을 갖추고 있지 않다고 판단하여 2008. 10. 15. 위와 같은 사법보좌관의 처분을 인가하였다.

2. 항고심 결정 : 인천지방법원 2009. 7. 28.자 2008라478 결정[부동산 임의경매][미간행]

항고심은 다음과 같은 이유로 항고를 기각하였다.

1동의 건물의 일부분이 구분소유권의 객체가 될 수 있으려면 그 부분이 구조상으로나 이용상으로 다른 부분과 구분되는 독립성이 있어야 하고, 그 이용 상황 내지 이용 형태에 따라 구조상의 독립성 판단의 엄격성에 차이가 있을 수 있으나, 구조상의 독립성은 주로 소유권의 목적이 되는 객체에 대한 물적 지배의 범위를 명확히 할 필요성 때문에 요구된다고 할 것이므로 구조상의 구분에 의하여 구분소유권의 객체 범위를 확정할 수 없는 경우에는 구조상의 독립성이 있다고 할 수 없다. 그리고 구분소유권의 객체로서 적합한 물리적 요건을 갖추지 못한 건물의 일부는 그에 관한 구분소유권이 성립될 수 없는 것이어서, 건축물관리대장상 독립한 별개의 구분건물로 등재되고 등기부상에도 구분소유권의 목적으로 등기되어 있어 이러한 등기에 기초하여

경매절차가 진행되어 이를 낙찰받았다고 하더라도, 그 등기는 그 자체로 무효이므로 낙찰자는 그 소유권을 취득할 수 없다(대법원 2008. 9. 11.자 2008마696 결정 등 참조).

살피건대, 기록에 의하면, 이 사건 부동산은 인접한 다른 점포들과 벽체 등의 구분 없이 단지 바닥에 경계선을 표시하거나 그 경계지점에 진열장 내지 칸막이 등을 세우는 간이한 방법으로 구별되어 있는 점, 이에 이 사건 부동산을 포함한 이 사건 건물내의 모든 점포들은 각별로 이용되는 경우도 있으나 위와 같은 칸막이 등의 구별표지를 손쉽게 제거함으로써 여러 점포를 터 하나의 공간으로 이용되기도 하는 점 등을 알 수 있는바, 이에 비추어 보면 이 사건 부동산은 구분소유권의 객체가 될 수 있는 구조상 및 이용상의 독립성을 갖추지 못하여 이 사건 건물의 일부에 불과할 뿐 구분소유권의 객체가 될 수 없다고 봄이 상당하고, 달리 이 사건 부동산이 구분소유권의 객체가 될 수 있다고 볼 만한 아무런 자료가 없다. 결국, 비록 이 사건 부동산이 건축물관리대장상 독립한 별개의 구분건물로 등재되고 등기부상에도 그와 같은 구분소유권의 목적으로 등기되어 있다고 하더라도, 그러한 등기는 그 자체로 무효라 할 것이므로, 이 사건 부동산에 관한 경매를 불허한 원심결정은 정당하다.

한편, 위와 같이 이 사건 부동산이 당초 구분소유권의 객체가 될 수 없는 이상, 이와 다른 전제에 선 이 사건 부동산의 사용현황 및 거래실태 내지 거래안전의 보호 등에 관한 주장은 모두 더 나아가 살필 필요 없이 이유 없다(그와 같은 사정은 설령 그것이 모두 사실이라 하더라도, 이 사건 부동산이 구분소유권의 객체가 될 수 없는 사정상 불가피하게 발생하는 결과로서 모두 그 자체로 부적법하거나 부적절한 것으로 보일 뿐이다).

3. 재항고심 결정 : [대상결정 1]

대법원은 다음과 같은 이유로 재항고를 기각하였다.

1동의 건물의 일부분이 구분소유권의 객체가 될 수 있으려면 그 부분이 이용상은 물론 구조상으로도 다른 부분과 구분되는 독립성이 있어야 하고, 그 이용 상황 내지 이용 형태에 따라 구조상의 독립성 판단의 엄격성에 차이가 있을 수 있으나, 구조상의 독립성은 주로 소유권의 목적이 되는 객체에 대한 물적 지배의 범위를 명확히 할 필요성 때문에 요구된다고 할 것이므로,

구조상의 구분에 의하여 구분소유권의 객체 범위를 확정할 수 없는 경우에는 구조상의 독립성이 있다고 할 수 없다. 그리고 구분소유권의 객체로서 적합한 물리적 요건을 갖추지 못한 건물의 일부는 그에 관한 구분소유권이 성립할 수 없는 것이어서, 건축물관리대장상 독립한 별개의 구분건물로 등재되고 등기부상에도 구분소유권의 목적으로 등기되어 있어 이러한 등기에 기초하여 경매절차가 진행되어 매각허가를 받고 매수대금을 납부하였다 하더라도, 그 등기는 그 자체로 무효이므로 매수인은 소유권을 취득할 수 없다(대법원 2008. 9. 11.자 2008마696 결정 등 참조).

한편, 「집합건물의 소유 및 관리에 관한 법률」(이하 '집합건물법'이라 한다) 제1조의2, 「집합건물의소유및관리에관한법률제1조의2제1항의경계표지및건물번호표지에관한규정」(이하 '경계표지및건물번호표지규정'이라 한다) 제1조, 제2조에서는 일정한 범위의 상가건물에 관하여는 구조상 독립성 요건을 완화하여 '경계를 명확하게 식별할 수 있는 표지를 바닥에 견고하게 설치하고 구분점포별로 부여된 건물번호표지를 견고하게 부착'함으로써 구분소유권의 객체가 될 수 있다고 규정하고, 집합건물법 제60조 제1항은 건축물대장 소관청은 관계 공무원의 조사 결과 그 건물의 현황이 제1조 또는 제1조의2의 규정에 부합하지 아니한다고 인정될 때에는 집합건축물대장의 등록신청을 거부하고 일반건축물대장에 등록하여야 한다고 규정하고 있다.

기록에 의하면, 이 사건 부동산은 구조상 독립성을 갖추지 못하였고, 집합건물법 제1조의2, 경계표지및건물번호표지규정 제1조, 제2조에 규정된 완화된 요건마저도 다 갖추지 못하였음을 알 수 있는바, 앞서 본 법리에 위와 같은 사정을 비추어 보면, 원심이, 이 사건 부동산이 비록 집합건축물관리대장에 독립한 별개의 구분건물로 등록되어 있고 부동산등기부상에도 구분소유권의 목적으로 등기되어 있다 하더라도 구분소유권의 객체가 될 수 없다고 판단한 것은 정당하고, 거기에 재항고이유의 주장과 같은 법리 오해 등의 잘못이나 그 밖에 재판에 영향을 미친 헌법·법률·명령 또는 규칙을 위반한 잘못이 없다.

대상결정 2 : 대법원 2011. 9. 29.자 2011마1420 결정[매각허가결정
　　　　　취소신청 결정에 대한 즉시항고][미간행]

　[事案의 槪要]
　1. 경계벽 설치된 구분건물로 등기

　2001. 5. 21.경 서울시 은평구 연신내 로데오거리에 소재한 판매시설인
이 사건 4층 점포들이 속한 24층 건물(주상복합아파트)[1] 1동은 준공되었는
데, 당시 이 사건 점포들의 경계에 합판으로 경계벽이 설치되어 2001. 7. 19.
구분건물로 소유권보존등기가 마쳐졌다.

　2. 경계벽 철거

　이 사건 건물 4층에는 106개의 구분건물이 있었는데, 구분소유자는
2002. 3월경 경계벽을 철거하였다. 경계벽 외에는 이 사건 건물 4층 바닥에
구분건물의 경계표지나 건물번호표지가 설치된 바 없다. 경계벽 철거 후에도
계속 공실 상태로 있었다.

　3. 구분점포의 통합

　그러자 구분소유자는 2007년경 이 사건 4층 건물에 있는 구분건물 106
개 중 이 사건 점포들을 포함한 75개의 점포들을 통합하여 무도장[2]을 설치
하면서 중앙에 있던 에스컬레이터를 폐쇄하고, 마루를 까는 등 바닥공사를
하는 한편 도면에 관계없이 사무실, 보관소, 화장실, 매점, 식당 등을 설치하
였다(무도장 설치 공사를 맡은 업체가 이 사건 경매절차에 공사대금 6억
9,500만 원의 채권이 있다며 유치권을 신고하기도 하였다). 이 사건 점포들
은 위 무도장의 일부로 도면상의 구분과 상관없이 일체로 사용 중이다.

---

　1) 서울특별시 은평구 불광동 311-13 메트로타워 [도로명주소] 통일로 856 철골철근
　　콘크리트구조 평지붕 24층. 용도는 판매시설, 교육시설, 의료시설, 근린생활시설,
　　업무시설, 아파트이다. 즉 주상복합아파트이고 이 중 4층 판매시설이 대상 부동산
　　이다.
　2) 이른바 성인콜라텍을 말하며, 구분소유자는 임차인에게 보증금 4억원에 임대하
　　였다.

[그림 1] 경매대상 물건이 속한 건물과 4층 현황도

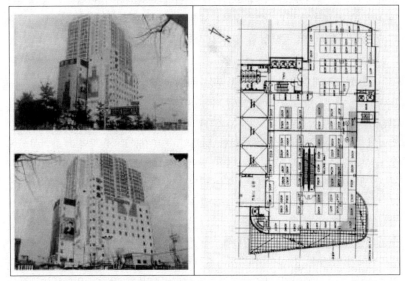

4. 부동산임의경매개시결정

2008. 1. 30. 경매신청이 되었고, 다음 날인 1. 31 이 사건 점포들과 인접하여 위 무도장 일부로 사용되고 있는 다른 점포 12개[3]에 대하여 임의경매절차(서울서부지방법원 2008. 1. 31.자 2008타경1886호)가 개시되었다.

5. 집행법원의 매각허가결정과 최고가매수신고인의 매각허가결정취소신청

이 사건 점포는 몇 차례의 유찰을 거쳐 2010. 5. 27. 최고가매수신고인인 항고인에게 매각되었고, 집행법원은 매각허가결정을 확정하였다.

6. 부동산현황 재조사

집행법원의 2010. 6. 15.자 현황재조사명령에 따라 다시 실시된 2010. 6.

---

3) 12개의 점포면적은 합하여 건물면적 83㎡(25.1평), 대지면적 23㎡(7.0평)이지만, 하나하나의 면적은 건물의 경우 가장 작은 4078호는 4.35㎡(1.3평), 가장 큰 4001호는 12.18㎡(3.7평) 등 다양하다.

23.자 부동산현황조사 보고서에는 이 사건 무도장 바닥이 마루로 덮여 있어 점포의 위치 및 경계를 알 수 없고, 이를 용이하게 복원하기 어렵다고 추정된다는 내용이 기재되어 있다. 그런데 이 사건 부동산현황조사 보고서 등에는 단순히 이 사건 점포들이 무도장의 일부로 사용되고 있는 사실만이 기재되어 있다.

7. 최고가매수인의 매각허가결정 취소 신청(즉시항고)

2010. 7. 8. 항고인인 최고가매수인은 구분소유권의 객체로서 적합한 요건을 갖추지 못한 건물의 일부는 그에 관한 구분소유권이 성립할 수 없는 것이어서, 건축물관리대장상 독립한 별개의 구분건물로 등재되고 등기부상에도 구분소유권의 목적으로 등기되어 있어 이러한 등기에 기초하여 경매절차가 진행되어 매각허가를 받고 매수대금을 납부하였다 하더라도, 그 등기는 그 자체로 무효이므로 매수인은 소유권을 취득할 수 없다는 점을 알고, 민사집행법 제127조 제1항, 제121조 제6호(천재지변, 그 밖에 자기가 책임을 질 수 없는 사유로 부동산이 현저하게 훼손된 사실 또는 부동산에 관한 중대한 권리관계가 변동된 사실이 매각허가결정의 확정 뒤에 밝혀진 경우에는 매수인은 대금을 낼 때까지 매각허가결정의 취소 신청을 할 수 있다)의 규정을 들어 매각허가결정의 취소를 신청하였다.

[訴訟의 經過]

1. 제1심 결정 : 서울서부지방법원 2010. 7. 12.자 2010타기857 결정

이 사건 점포들이 구분건물로서의 실체를 상실하였다거나 매각허가결정의 확정 뒤에 부동산에 관한 중대한 권리관계가 변동된 사실이 밝혀진 경우에 해당한다고 보기 어렵다고 판단하여, 이 사건 매각허가결정 취소신청을 배척하였다.

2. 항고심 결정 : 서울서부지방법원 2011. 6. 20.자 2010라165[미간행]

제1심결정을 유지하였다.

3. 재항고심 결정 : [대상결정 2]

대법원은 다음과 같은 이유로 원심결정을 파기하고, 사건을 서울서부지

방법원 합의부에 환송하였다.[4]

　민사집행법 제127조 제1항, 제121조 제6호는 천재지변, 그 밖에 자기가 책임을 질 수 없는 사유로 부동산이 현저하게 훼손된 사실 또는 부동산에 관한 중대한 권리관계가 변동된 사실이 매각허가결정의 확정 뒤에 밝혀진 경우에는 매수인은 대금을 낼 때까지 매각허가결정의 취소 신청을 할 수 있다고 규정하고 있다. 여기서 '부동산에 관한 중대한 권리관계의 변동'이란 매수인이 소유권을 취득하지 못하거나 또는 매각 부동산의 부담이 현저히 증가하여 매수인이 인수할 권리가 중대하게 변동되는 경우를 말한다(대법원 2005. 8. 8.자 2005마643 결정 등 참조).

　한편 1동 건물의 일부분이 구분소유권의 객체가 될 수 있으려면 그 부분이 구조상으로나 이용상으로 다른 부분과 구분되는 독립성이 있어야 하고, 그 이용 상황 내지 이용 형태에 따라 구조상의 독립성 판단의 엄격성에 차이가 있을 수 있으나, 구조상의 독립성은 주로 소유권의 목적이 되는 객체에 대한 물적 지배의 범위를 명확히 할 필요성 때문에 요구된다고 할 것이므로 구조상의 구분에 의하여 구분소유권의 객체 범위를 확정할 수 없는 경우에는 구조상의 독립성이 있다고 할 수 없다. 일정한 범위의 상가건물에 관하여는 구조상 독립성 요건을 완화한 집합건물의 소유 및 관리에 관한 법률 (이하 '집합건물법'이라 한다) 제1조의2, 집합건물의소유및관리에관한법률제1조의2제1항의경계표지및건물번호표지에관한규정의경계표지및건물번호표지에관한규정 (이하 '경계표지및건물번호표지규정'이라 한다) 제1조, 제2조에 따라 경계를 명확하게 식별할 수 있는 표지를 바닥에 견고하게 설치하고 구분점포별로 부여된 건물번호표지를 견고하게 부착함으로써 구분소유권의 객체가 될 수 있다. 이러한 구분소유권의 객체로서 적합한 요건을 갖추지 못한 건물의 일부는 그에 관한 구분소유권이 성립할 수 없는 것이어서, 건축물관리대장상 독립한 별개의 구분건물로 등재되고 등기부상에도 구분소유권의 목적으로 등기되어 있어 이러한 등기에 기초하여 경매절차가 진행되어 매각허가를 받고 매수대금을 납부하였다 하더라도, 그 등기는 그 자체로 무효이므로 매수인은 소유권을 취득할 수 없다(대법원 2008. 9. 11.자 2008마696 결정, 대법원 2010. 1. 14.자 2009마1449 결정 등 참조).

　판매시설인 이 사건 점포들이 속한 건물 1동은 2001. 5. 21.경 준공되었

---

4) 2013. 3. 21. (재)항고가 인용되었다.

는데 당시 이 사건 점포들의 경계에 합판으로 경계벽이 설치되어 2001. 7. 19. 구분건물로서 소유권보존등기가 마쳐졌다. 이 사건 건물 4층에는 106개의 구분건물이 있었는데, 구분소유자는 2002. 3월경 경계벽을 철거하였다. 경계벽 외에는 이 사건 건물 4층 바닥에 구분건물의 경계표지나 건물번호표지가 설치된 바 없다. 경계벽 철거 후에도 계속 공실 상태로 있자 구분소유자는 2007년경 이 사건 4층 건물에 있는 구분건물 106개 중 이 사건 점포들을 포함한 75개의 점포들을 통합하여 무도장을 설치하면서 중앙에 있던 에스컬레이터를 폐쇄하고, 마루를 까는 등 바닥공사를 하는 한편 도면에 관계없이 사무실, 보관소, 화장실, 매점, 식당 등을 설치하였다(무도장 설치 공사를 맡은 업체가 이 사건 경매절차에 공사대금 6억 9,500만 원의 채권이 있다며 유치권을 신고하기도 하였다). 이 사건 점포들은 위 무도장의 일부로 도면상의 구분과 상관없이 일체로 사용 중이다. 한편 이 사건 점포들과 인접하여 위 무도장 일부로 사용되고 있는 다른 점포 12개에 대하여 개시된 임의경매절차(서울서부지방법원 2008타경1886호)에서 집행법원의 2010. 6. 15.자 현황재조사명령에 따라 다시 실시된 2010. 6. 23.자 부동산현황조사 보고서에는 이 사건 무도장 바닥이 마루로 덮여 있어 점포의 위치 및 경계를 알 수 없고, 이를 용이하게 복원하기 어렵다고 추정된다는 내용이 기재되어 있다. 그런데 이 사건 부동산현황조사 보고서 등에는 단순히 이 사건 점포들이 무도장의 일부로 사용되고 있는 사실만이 기재되어 있다.

이러한 사실 관계를 앞서 본 법리에 비추어 보면, 이 사건 점포들의 경계벽이 철거된 것이 사회통념상 복원을 전제로 한 일시적이라거나 그 복원이 용이하다고도 보기 어려워 구분건물로서 구조상 독립성이 없는 데다 집합건물법 제1조의2, 경계표지및건물번호표지규정 제1조, 제2조에 규정된 완화된 요건마저도 갖추지 못하여 위 점포들은 구분소유권의 객체가 될 수 없다 할 것이어서 재항고인이 매각허가결정에 대금을 완납하더라도 그 소유권을 취득할 수 없으므로 매각허가결정 취소 사유인 부동산에 관한 중대한 권리관계의 변동이 있고, 이러한 사정은 이 사건 매각허가결정 확정 뒤에 실시된 위 부동산현황 재조사 등을 통해 밝혀졌다고 봄이 타당하다.

그럼에도 불구하고 원심이 그 판시와 같은 이유를 들어 이 사건 점포들이 구분건물로서의 실체를 상실하였다거나 매각허가결정의 확정 뒤에 부동산에 관한 중대한 권리관계가 변동된 사실이 밝혀진 경우에 해당한다고 보기 어렵다고 판단하여, 이 사건 매각허가결정 취소신청을 배척한 제1심결정을

[그림 2] 상가집합건물의 구분점포에서 구분소유권의 공시방법

A쇼핑몰에서 바닥경계표(왼쪽)와 구분점포 모습(오른쪽). 사진 출처: 명지전문대 지적학과 정우형 교수 제공.

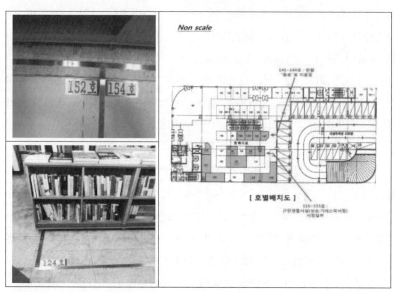

B프라자에서 경계표와 건물번호표지(왼쪽 그림), 현황도(오른쪽 그림)[5]

---

5) 서점이 구분건물을 합체하여 이용하다가 경매에 들어간 사건. 각 구분점포와의 경계부분 및 공로와의 경계부분 바닥에 너비 **3센티미터의 스테인레스철판으로 된 경계표지**가 설치되어 있는바, 이 경계표지는 철판에 구멍을 뚫고 나사못을 이용하여 바닥에 고정시킨 방법으로 설치되어 있음. 각 구분건물 내 바닥에는 건물번호표지판이 부착되어 있는바, 이 **건물번호표지판은 가로 8센티미터, 세로 20센티미**

유지한 데에는, 구분소유권의 객체나 민사집행법 제127조 제1항 소정의 매각허가결정 취소 요건에 관한 법리를 오해하여 재판결과에 영향을 미친 위법이 있다. 이 점을 지적하는 취지의 재항고이유는 이유 있다.

〔研   究〕

Ⅰ. 들어가며

오늘날 건물은 단일건물이 아닌 집합건물이 주를 이루고, 그 권리관계는 민법상 구분소유권에 관한 규정($^{제215}_{조}$)과 이를 보완한 특별법으로 1984년 제정된 '집합건물의 소유 및 관리에 관한 법률'이 규율하고 있다. 집합건물법은 아파트에 치중하여 제개정이 이루어지는 경향을 보이며, 상가건물은 아파트와 달리 이용형태나 건축구조가 상이하여 상대적으로 관련 규율의 입법이 미흡한 것으로 보인다. 상가건물의 경우 건물소유권의 구분 기초가 되는 벽 자체가 없더라도 단지 바닥면적을 기준으로 관념적 선, 표지에 기초하여 소유권의 득실변동이 이루어진다(이른바 관념적 경계벽설). 이러한 점은 특히 구분점포(일상용어로는 '오픈상가')에서 더 시급한 문제이다.

집합건물법 제1조에서는 1동의 건물 중 구조상 구분된 여러 개의 부분이 독립한 건물로서 사용될 수 있는 경우에 구분소유권을 부여하되, 구분된 부분이 구조상, 이용상 독립성이 있을 것을 요구한다. 동법 제1조의2는 이를 완화하여 일정한 규모의 판매시설과 운송시설에 대하여 동법에 따른 구분등기를 허용하고 있다. 그럼에도 구분점포의 용도가 판매시설 및 운수시설이 아니거나[용도제한], 그 바닥면적이 1000㎡ 미만인[면적제한] 상가건물은 구분소유권의 객체가 되지 못하는 문제가 남는다. 게다

터의 스테인레스 철판 위에 건물의 호수가 기재된 종이를 투명테이프를 이용하여 붙인 후 그 철판을 각 해당되는 내부에 접착제를 이용하여 부착하여 놓았음. 경매에 이르러 구분경계표지 및 건물번호표지는 최초 현황조사 당시에 설치된 대로 원상복구하였다고 함.

가 건물 바닥에 동법 제1조의2 소정의 경계표지 등을 갖추어 구분소유의 목적으로 하여 둔 다음 건물이용자의 사정에 따라 경계표지를 훼손함이 없이 별도의 칸막이나 차단장치를 마련하여 이용공간을 유연하게 배치·사용하는 경우가 자주 발생한다. 그 밖에 경매의 경우, 건물의 용도가 근린생활시설로 되어 있는 비교적 소규모의 상가건물이나 사무용 빌딩에서도 이용목적에 따라 구분건물의 합체, 분리가 자유롭게 이루어져 그 현황이 등기부 등 공부와 일치되지 않은 경우가 많다. 동법 제60조 제1항은 건축물대장 소관청은 관계 공무원의 조사 결과 그 건물의 현황이 제1조 또는 제1조의2의 규정에 부합하지 아니한다고 인정될 때에는 집합건축물대장의 등록신청을 거부하고 일반건축물대장에 등록하여야 한다고 규정하고 있다. 상가건물은 경제사회적 가치나 효용 자체가 주로 영업에 있기에 임대차가 아주 보편화되어 있고 담보를 통한 금융거래도 활발하다. 실무상으로 임대차 종료시 임대인이 다음 임차인의 영업형태에 따라 수개의 상가를 병합 또는 1개의 상가를 분할하는 경우가 빈번하고, 이 경우 매매나 임대차에서 명확하지 않은 구분소유 관계로 인한 분쟁이 발생할 우려가 있다. 상가집합건물은 기존에 주로 임대차에 대하여 논의가 많이 이루어져 왔지만, 정작 실무에서는 분양이나 분양 이후 영업활동에 따른 공간의 분할이나 합체의 필요성도 크고 실제 빈번하게 이루어져 오고 있지만 이에 대한 규율이 쉽지 않다. 구분소유자의 구분등기도 구조상 독립성 결여로 현재 용이하지 않다. 구분점포의 경우 금융의 편의를 위해 담보물로 제공되는 경우가 빈번한데, 이 경우 법원은 그 담보물권 관계는 인정해 주지만, 담보물권의 실행단계에서 구조상 독립성 결여를 이유로 경매개시가 곤란하다고 한다. 이와 관련 대법원의 판단으로 대상 결정 1 : 대법원 2010. 1. 14자 2009마1449 결정, 대상결정 2 : 대법원 2011. 9. 29.자 2011마1420 결정) 등이 있다.

    대상결정들의 쟁점으로는 1) 구분건물에서 경계벽(또는 경계표지 등)이 사라진 건물 합체의 경우에도 구분소유권의 존속·소멸 여부, 2) 건물이 합체된 경우 상이한 저당권 등의 효력과 경매의 효력이 문제가 되고

있다. 쟁점별로 살펴보아(Ⅱ, Ⅲ), 대상결정을 검토한 다음(Ⅳ), 입법개선
을 제안하고(Ⅴ), 글을 맺겠다(Ⅵ).

Ⅱ. 상가건물의 합체에서 구분소유권 존속 여부

1. 구분소유권에 관한 입법연혁

(1) 민법 제215조(1958. 2. 22. 제정)

우리 민법 제215조는 一物一權主義의 예외로서 1동의 건물을 각 층
으로 또는 각 실로 구분하여 여러 사람이 각각 그 일부분을 소유하는 이
른바 區分所有權을 인정하고 있다. 원래 1동의 건물은 1개의 물건으로
취급하는 것이 원칙이지만, 건물의 일부가 경제적으로 독립한 건물과 동
일한 효용을 가지고 또한 사회관념상 독립한 건물로 다루어지는 경우에
그 건물[집합건물]의 일부[구분건물]에 구분소유권이라는 독립한 소유권을
인정하자는 취지이다. 부동산등기법도 이러한 구분건물의 등기방법을 규
정하고 있다(제104~107조). 제215조는 구분건물에 대한 구분소유권의 설정과 집
합건물의 관리에 관한 일반조항으로서, 집합건물법이 제정되기 이전에 대
법원[6]은 집합건물에서 구조상 독립성이 있는 경우에는 제215조에 따라
구분소유권을 인정하였다. 다만, 민법 제215조는 단층의 집합건물을 염두
에 둔 것으로 경계벽이나 출입문을 따로 두어 구조상·이용상 구분된 공
간이 있는 경우, 이를 평면적으로 구분하여 각각 독립된 소유권을 부여
하고 구분소유자 상호간의 공간 이용을 조절하기 위한 권리관계, 즉 상
린관계(Nachbarschaft)에 중점을 둔 것으로 복층의 건물이나 그 입체적 이
용과는 조금 거리가 있었다.

(2) 집합건물법의 제정(1984. 4. 10.)

1980년대 산업화에 따라 토지의 고도이용의 필요, 건축술의 발달에

---

6) 대법원 1977. 9. 28. 선고 76다1960 판결[집25(3)민, 69; 공1977.11.1.(571), 10311]
   에서는 "아파트 건물에 있어서는 각층 또는 각층의 각호실이 각각 독립된 경제적
   가치를 지니는 것으로서 구분소유권이 인정되어 부동산 물권이나 부동산등기의 객
   체가 된다."고 판시하였다.

따라 입체적인 소유관계를 나타내는 고층건물, 사무실용 빌딩, 연립주택, 대규모 단지(APT, 상가)가 등장하면서 제215조만 하나로 규율하기에는 어려움이 생겼다. 이러한 건물이나 단지는 많은 공용부분이 있고, 공용부분의 관리를 위해 구분소유자 상호간의 협력과 이해조정이 필요하며, 구분건물 상호간 또는 집합건물이 위치한 대지와 건물의 권리관계에서 공유, 준공유만으로 해결하기에는 힘든 법률문제가 발생하여, 집합건물의 소유 및 관리에 관한 법률(약칭 집합건물법)이 1984년 4월 10일 제정되었다(법률 제3725호). 이 법은 독일의 주거소유권법(WEG)를 참조한 일본의 구분소유권법(區分所有權法)의 영향을 많이 받았다.[7] 집합건물법은 민법의 특별법으로서 우선 적용되기에 민법 제215조의 규정은 거의 존재의의를 잃게 되었다.

집합건물법 제1조에서는 구분소유권을 '법정물권'으로 인정하면서, 법 적용의 대상, 즉 구분소유권의 목적물로 될 수 있는 구분건물의 요건을 규정하고 있다. 1동의 건물이 구분소유권의 목적물이 되기 위하여는 객관적 요건으로 건물의 일부분이 구조상 구분되어야 한다는 '構造上 獨立性'과 독립한 건물로서 사용될 수 있어야 한다는 '利用上 獨立性'이 있어야 하고, 주관적 요건으로 건물 소유자가 구분건물로 하고자 하는 '區分意思'와 '區分行爲'가 필요하다고 하는 것이 판례와 통설의 태도이다.

한편 그렇다면 구분소유권의 성립에 등기까지 필요한가에 대하여는 견해의 대립이 있다. 즉 집합건물법은 "1동의 건물 중 구조상 구분된 여러 개의 부분이 독립한 건물로서 사용될 수 있을 때에는 그 각 부분은 이 법에서 정하는 바에 따라 각각 소유권의 목적으로 할 수 있다."고 규정하고(법률 제3725호), "이 법을 적용받는 건물을 신축한 자는 1개월 이내에 1동의 건물에 속하는 전유부분 전부에 대하여 동시에 건축물대장 등록신청을 하여야 한다."고 규정(제56조 제1항)할 뿐, 구분소유의 성립시기에 관한 명시적인 규정이 없어 논란이 있었다. 판례도 건물 전체가 완성되어 건축물대장에 등록된 시점으로 보는 경우,[8] 주택건설사업계획을 승인받아 분양할

---

7) 김용담 편집대표, 주석민법, 한국사법행정학회, 2011, 124-125면(김상근 집필부분)에서는 일본의 구분소유법을 답습하였다고 표현한다.

무렵으로 보는 경우,[9] 구분건물로 하겠다는 객관적 표시로 구분행위가 있는 때로 보는 경우[10] 등 그 기준이 명확하지 않았다. 최근의 전원합의체 판결[11]에서는 기존의 대법원 판례[12]를 일부 변경하여, 구분행위는 그 시기나 방식에 특별한 제한이 있는 것은 아니고 처분권자의 구분의사가 객관적으로 외부에 표시되면 인정되므로 구분건물이 물리적으로 완성되기 전이라도 건축허가신청이나 분양계약 등을 통하여 장래 신축되는 건물을 구분건물로 하겠다는 구분의사가 객관적으로 표시되면 그로써 구분행위의 존재를 인정할 수 있고, 이에 따라 1동의 건물 및 구분행위에 상응하는 구분건물이 객관적·물리적으로 완성되면 아직 그 건물이 집합건축물대장에 등록되거나 구분건물로서 등기부에 등기되지 않았더라도 그 구분건물의 완성시점에 바로 구분소유권이 성립한다고 판시하였다.[13]

---

8) 대법원 1999. 9. 17. 선고 99다1345 판결; 대법원 1992. 4. 10. 선고 91다46151 판결; 대법원 1999. 7. 27. 선고 98다35020 판결; 수원지방법원 2011. 5. 4. 선고 2010나25749 판결 등.

9) 대법원 2006. 3. 10. 선고 2004다 742 판결; 대법원 2001. 1. 30. 선고 2000다 10741 판결.

10) 대법원 1999. 7. 27. 선고 98다35020 판결; 대법원 2013. 1. 17. 선고 2010다 71578 전원합의체 판결.

11) 대법원 2013. 1. 17. 선고 2010다71578 전원합의체 판결. 이에 관한 자세한 판례 평석은 김창모, 구분소유의 성립요건, 민사판례연구 XXXVI, 민사판례연구회, 박영사, 2014, 135-175면 참조(다수의견에 찬동하는 취지).

12) 대법원 1999. 9. 17. 선고 99다1345 판결; 대법원 2006. 11. 9. 선고 2004다 67691 판결.

13) 김창석, 김신 대법관의 반대의견 : 구분소유의 성립을 인정하기 위하여 반드시 집합건축물대장의 등록이나 구분건물의 표시에 관한 등기가 필요 없다는 다수의견에 대하여, "구분소유권은 그 성립에 따라 구분건물과 대지가 일체적으로 취급되는 법적 효력까지 주어진다. (중략) 구분소유권은 물권의 기본적 성격인 배타성과 대세적 효력이 있으므로 그에 관한 법률관계는 이해당사자들이 쉽게 인식할 수 있도록 명확하게 정해져야 한다. 구분소유권이 성립하여 건물과 그 대지인 토지가 일체화되는 시기와 일체화된 법률관계의 내용을 명확하게 정하는 것은 거래의 안전에 매우 중요한 의미를 갖게 되며, 그러한 점에서 명료한 기준 설정의 필요성이 강력하게 요청된다. 법률관계의 명확성과 안정성을 담보하기 위해서는, 부동산 소유권의 내용을 변경시키는 법적 행위로서 구분행위가 부동산 물권변동에서 요구되는 공시방법인 등기에 준할 정도로 명료한 공시기능을 갖추는 것이 반드시 필요하다. 집합건축물대장의 등록은 1동의 건물이 독립한 부동산으로 존재하고 1동에 존재하는 전유부분이 구조상·이용상 독립성이라는 물리적 요건이 구비되었음을 전

(3) 집합건물법 개정 : 제1조의2 신설(2003. 7. 18.)

흔히 '오픈상가'라고 불리는 구분점포는 그 이용의 특성상 경계벽이 없기에 집합건물법 제1조의 요건, 즉 '구조상의 독립성'과 '이용상의 독립성'이라는 요건 중 구조상의 독립성 요건을 충족하지 못하여 구분소유권 보존등기가 불가능하였고, 전체 건물에 대한 공유지분등기만 허용되었다. 그럼에도 집합건물 안의 구분된 점포 등이 독립하여 거래되기에 해당 지분권자의 소유권 행사에 제약이 발생하였다. 그래서 경계벽이 없는 오픈상가도 일정한 요건 하에 구분소유권을 인정받도록 2003년 집합건물법 제1조를 개정 제1조의2를 신설하였다. 오픈상가의 구분소유권을 '평면구분소유권'[14]으로 부르기도 한다.

그리하여 오늘날 대형 패션몰 빌딩, 주상복합빌딩과 같은 대형상가 건물에서는 공유지분등기보다 구분소유등기를 더욱 선호한다. 공유지분등기를 하게 되면 ① 금융기관 등이 담보제공 받기를 꺼려 대출에 어려움

제로 건물의 소유자와 같이 처분권한 있는 자가 건물의 단독소유권을 구분소유권으로 변동시키는 구분행위의 필수적인 방식으로 보아야 하며, 이러한 확정적 구분행위인 집합건축물대장 등록이 이루어지기 전에 이루어진 건축허가신청, 분양계약 등의 행위에서 어떤 구분의사가 표시되었는지는 구분소유권의 성립에 영향을 미치지 않는다. 따라서 구분소유권은 대법원이 여러 차례 밝힌 바와 같이 원칙적으로 건물 전체가 완성되어 당해 건물에 관한 건축물대장에 구분건물로 등록된 시점에 성립하고, 다만 예외적으로 건축물대장에 등록되기 전에 등기관이 집행법원의 등기촉탁에 의하여 미등기건물에 관하여 소유권 처분제한의 등기를 하면서 구분건물의 표시에 관한 등기를 하는 경우에는 등기된 시점에 구분소유권이 성립한다"는 반대의견을 제시하였다.

14) 평면구분소유권은 상가건물 중 이용상 독립성이 인정되는 구분점포의 소유권(집합건물의 소유 및 관리에 관한 법률 제1조의2)을 의미하고(대법원 2010. 1. 14. 선고 2009마1449 결정), '상가평면매장에 대한 구분소유권', '상가구분소유권', 평면구분소유권이라고 부르고 있다. 평면구분소유권은 2003년에 신설된 제도이다(시행 2004. 1. 19, 법률 제6925호, 일부개정 2003. 7. 18.). 제도의 신설이유로 '상가 등의 집합건물안의 구분된 점포 등은 독립하여 거래되고 있는 것이 사회적 현실임에도 현행법상 구분소유권의 목적이 되지 아니하고 전체 건물에 대한 지분등기만이 허용되고 있어 집합건물 안 점포 소유자의 소유권 행사 등에 제약요인이 되고 있는 점을 고려하여, 상가 등의 집합건물안의 구분된 점포가 일정한 요건을 갖춘 경우 구분소유권의 대상이 되게 하고, 이를 통하여 부동산등기법에 의한 단독소유 형태의 소유권등기가 가능하도록 하기 위함'을 들고 있다). 김영두, 집합건물법연구, 진원사, 2008, 36~37면.

이 있고, ② 실제 소유하고 있는 특정 점포가 등기부에 공시되지 않아 공시의 효력이 발생하지 않고, ③ 또한 소유권을 이전할 때 분쟁을 유발할 소지가 있는 등 제대로 된 가치평가를 받지 못하여 구분소유등기가 된 매장보다 시세가 낮으며, ④ 등기부등본을 발급할 때 집합건물전체에 대하여도 발급받아야 하는 등 경제적 손실이 있기 때문이다.

입법과정을 살펴보면, 먼저 2001년 11월 21일 박승국의원이 대표발의한 집합건물법개정법률안(의안번호 161187)이 있다. 집합건물법 제1조는 구조상/이용상 독립성이 있는 건물부분만을 구분소유권의 목적으로 하고 있는데, "경계벽이 없이 바닥에 경계표지 등으로 구획되고 있는 개별점포는 독립하여 거래되고 있는 것이 사회적 현실임에도 구분등기를 할 수 없고 전체 건물에 대한 지분등기만이 허용되어 개별점포 소유자의 소유권 행사에 제약이 되고, 이로 인해 금융기관 등의 담보제공도 곤란함에 따라 구분소유권이 성립될 수 있는 요건을 완화하여 이를 통하여 이들 개별점포에 대하여 단독소유형태의 소유권등기가 가능하도록"[15] 개정안을 제출하여 도면으로 경계가 설정되고 이용상 독립성이 있는 건물부분도 구분소유권의 목적이 될 수 있도록 하였다. 개정안은 상업용 집합건물의 오픈매장도 구분소유권의 객체로 인정할 필요성이 있다는 사회/경제적 요구를 반영한 것이다.

이에 김치원 전문위원은 이용상의 독립성만으로 구분소유권을 인정할 경우에 소유권의 범위가 확정되지 아니하고 유동적일 수 있기 때문에 법률관계의 혼란이 초래될 수 있으며, 경계구간을 公示하도록 할 필요성이 있고 개별점포의 최소규모를 규정할 필요성이 있다고 검토의견을 내었다.

2003년 5월 21일 개최된 집합건물법 개정안에 대한 공청회에서 공적장부에 첨부된 도면 등을 통해서 경계가 명확히 될 수 있다면 구조상 독립성이 없더라도 구분소유권을 인정할 수 있다고 한 찬성의견도 있었지만,[16] 법무부는 구조상 독립성을 구분소유권 성립요건에서 제외하는

---

15) 2001. 11. 21. 박승국의원 대표발의, 「집합건물의소유및관리에관한법률중개정법률안」(의안번호 1187) 제안이유.

경우에 물적 지배 범위를 명확히 할 수 없어서 법률관계의 혼란이 발생할 수 있다고 우려하였다. 이에 법원은 절충의견으로 경계의 확정을 평면도만으로 하는 것은 부족하고 측량결과를 통해서 명확히 할 필요가 있으며 측량과 더불어 그 측량결과를 제거가 어려운 표지를 두어 명확히 하고, 전면적으로 시행하기보다 '대규모 점포'의 경우에 우선 도입하자고 하였다. 법원의 주장이 상당부분 입법화되었다.

2003년 6월 30일 수정안이 본회의를 통과하였다. 경계벽 등을 대신하여 그 소유권의 범위를 명확하게 인식할 수 있는 표지 등의 요건, 건축법상 제2조 제2항 제6호의 판매 및 영업시설 등의 용도요건, 구분점포를 포함한 이 용도에 해당하는 바닥면적의 합계가 1,000㎡ 이상이라는 면적요건을 갖추면, 구조적 독립성을 갖추지 않더라도 구분소유권이 인정되었다. 이후 건축법의 개정으로 종래의 '판매 및 영업시설'이 제7호의 판매시설과 제8호의 운수시설(집배송시설은 제외한다)로 2008년 집합건물법은 개정되었다.[17]

이로써 구분소유권은 집합건물법 제1조의 **입체구분소유권**(종전의 구분소유권)과 집합건물법 제1조의2의 **평면구분소유권**(개정법상의 구분소유권)으로 나누어지게 되었다.[18] 그리고 평면구분소유권과 관련하여 **일련의 규제장치**를 두었는데, 이들 구분점포는 그 구조상 특수성을 가지므로 위의 용도 외에 다른 용도로 변경하지 못하도록 규정하고 있다(제57조 제4항). 또

---

16) 배희건법무사, 박경량 교수의견[2003. 5. 21. 법제사법위원회회의록(집합건물의소유및관리에관한법률중개정법률안에관한공청회)] 참조.

17) 건축법 제2조(정의) ② 건축물의 용도는 다음과 같이 구분하되, 각 용도에 속하는 건축물의 세부 용도는 대통령령으로 정한다. 〈개정 2013. 7. 16.〉
  1. 단독주택 2. 공동주택 3. 제1종 근린생활시설 4. 제2종 근린생활시설 5. 문화 및 집회시설 6. 종교시설 **7. 판매시설 8. 운수시설** 9. 의료시설 10. 교육연구시설 11. 노유자(노유자: 노인 및 어린이)시설 12. 수련시설 13. 운동시설 14. 업무시설 15. 숙박시설 16. 위락(慰樂)시설 17. 공장 18. 창고시설 19. 위험물 저장 및 처리시설 20. 자동차 관련 시설 21. 동물 및 식물 관련 시설 22. 자원순환 관련 시설 23. 교정(矯正) 및 군사 시설 24. 방송통신시설 25. 발전시설 26. 묘지 관련 시설 27. 관광 휴게시설 28. 그 밖에 대통령령으로 정하는 시설

18) 이제호, "집합건물의 소유 및 관리에 관한 법률 중 개정법률안에 대한 공청회자료집", 국회법제사법위원회, 39면 참조.

다른 사전규제로서 건축물대장 소관청은 관계 공무원의 조사 결과 그 건물의 현황이 제1조 또는 제1조의2의 규정에 부합하지 아니한다고 인정될 때에는 집합건축물대장의 등록신청을 거부하고 일반건축물대장에 등록하여야 한다고 규정하고 있다(제60조 제1항). 이에 따라 상가건물을 그 **면적 요건, 용도 요건, 독립성 요건**을 중심으로 각각 그 소유관계와 저당권의 실행을 살펴보면, 다음 표와 같이 여러 경우의 수가 나올 것이다.

구 분	적용법률	요 건	소유관계 (등기형태)	저당권 실행
단독 건물	민법	단독 소유	단독 소유 (단독 등기)	경매 가능
	민법	공동 소유	구분소유적 공유 (공유지분등기)	경매 가능 (담보기피)
집합 건물	집합건물법 제1조의2	1,000㎡ 이상 & 판매운수시설 & 경계표지 등 구비	구분소유권 (구분소유등기)	경매 가능
	민법*19)	1,000㎡ 이상 & 판매운수시설 경계표지 등 불비	구분소유적 공유* (공유지분등기)	경매 불가
	집합건물법 제1조	1,000㎡ 미만 or 非판매운수시설 독립성 있음	구분소유권 (구분소유등기)	경매 가능
	민법*	1,000㎡ 미만 or 非판매운수시설 독립성 없음	구분소유적 공유* (공유지분등기)	경매 불가

2. 구분소유권의 성립요건

(1) 입체구분소유권(제1조)

제1조는 1동의 건물중 구조상 구분된 수개의 부분이 독립한 건물로서 사용될 수 있을 때 그 각 부분이 각각 소유권의 객체가 될 수 있음을

---

19) * 집합건물법 제1조나 제1조의2의 적용을 받지 못하는 경우, 1동의 건물 전체에 대한 구분소유적 공유로서 공유지분등기를 하는 것이 원칙적인 모습이지만, 실제로는 건물의 일부가 구분건물로서 건축물대장에 기재되고 등기부도 구분등기가 이루어질 수 있다. 그렇다 하더라도 이는 독립한 부동산이 아니라 건물의 일부에 불과하여 그 등기는 무효이고 민사집행법 제96조 1항에 의하여 직권으로 경매절차가 취소된다.

규정하고 있다. 즉 구분소유권의 목적물로 될 수 있으려면, 1동의 건물의 부분으로서 구조상 구분되어 있을 것(구조상의 독립성)과, 독립하여 건물로서 사용될 수 있을 것(이용상의 독립성)이라는 요건을 갖추어야 하고, 이러한 요건을 갖추지 못하면 구분등기는 무효가 된다. 그리고 구분행위와 구분의사도 필요하다. 건물의 부분을 목적물로 하는 특별한 소유권인 구분소유권은 보통의 소유권과 본질적인 차이는 없지만, 집합건물법은 구분소유권에 대하여 일정한 제재를 가하여 구분소유권자 상호간의 조정을 도모하고 있다.[20]

　　대법원도 "1동의 건물의 일부분이 구분소유권의 객체가 될 수 있으려면 그 부분이 구조상으로나 이용상으로 다른 부분과 구분되는 독립성이 있어야 하고, 그 이용 상황 내지 이용 형태에 따라 구조상의 독립성 판단의 엄격성에 차이가 있을 수 있으나, 구조상의 독립성은 주로 소유권의 목적이 되는 객체에 대한 물적 지배의 범위를 명확히 할 필요성 때문에 요구된다고 할 것이므로 구조상의 구분에 의하여 구분소유권의 객체 범위를 확정할 수 없는 경우에는 구조상의 독립성이 있다고 할 수 없다. 그리고 구분소유권의 객체로서 적합한 물리적 요건을 갖추지 못한 건물의 일부는 그에 관한 구분소유권이 성립될 수 없는 것이어서, 건축물관리대장상 독립한 별개의 구분건물로 등재되고 등기부상에도 구분소유권의 목적으로 등기되어 있어 이러한 등기에 기초하여 경매절차가 진행되어 이를 낙찰받았다고 하더라도, 그 등기는 그 자체로 무효이므로 낙찰자는 그 소유권을 취득할 수 없다."고 판시하였다.[21]

　　결국 구조상 독립성의 판단은 법원의 몫인데, 구조상 독립성이 없다

---

20) 즉, 구분소유자는 전원으로서 건물 및 그 대지 등의 관리를 시행하기 위한 관리단을 구성하고(제23조), 규약이나 집회의 다수결에 의한 결의에 구속되며(제28조~제42조), 또한 건물의 관리 또는 사용에 관한 구분소유자의 공동이익에 반하는 행위를 하여서는 아니 되고(제5조), 이에 위반한 경우에는 다른 구분소유자 등에게 그 행위를 정지할 것을 청구하거나 전유부분의 사용금지를 청구할 수 있으며, 나아가 경매를 청구할 수 있는 권리가 인정되고 있다(제43~46조).

21) 대상결정1, 2가 따르고 있는 대법원 1999. 11. 9. 선고 99다46096 판결; 대법원 2008. 9. 11.자 2008마696 결정 등.

고 하면 구분건물로 등기되더라도 재산권의 행사나 매수인의 소유권 취득 자체가 불가능한데, 이렇게 되면 등기를 믿고 거래한 이해관계인의 신뢰를 해치고 거래안전도 담보하지 못한다는 점이다.[22]

1) 구조상 독립성

구조상 독립성이란 배타적 지배를 내용으로 하는 소유권의 특성상 권리의 목적이 되는 객체에 대한 물적 지배의 범위를 명확히 할 필요성 때문에 구분소유권의 목적이 될 건물의 부분은 구조상 다른 부분과 구분, 독립되어 있어야 한다는 것이다. 그렇다면 구조상 독립성이 있다고 하기 위해서는 고정된 경계벽이 있어야 하는가? 이에 대하여는 견해가 나뉜다. 먼저 상가용 건물에서도 구조상 독립성을 위해서는 고정된 경계벽이 있어야 한다는 견해가 다수설, 판례의 태도이다. 최근에는 경계벽이 아니더라도 경계표지나 경계선과 같은 관념적 경계벽으로도 충분하다는 견해가 등장하였고, 제1조의2 입법에 영향을 주었다.

주거용 건물이나 사무실용 건물에서는 대부분 경계벽, 천장, 바닥, 출입문 등에 의해 건물의 다른 부분과 차단된 폐쇄성이 특징이므로 이는 거의 문제되지 않으나, 상가용 건물에서는 고객과의 접근성, 영업의 성격상 개방성이 본질이므로 경계벽이 꼭 있지 않는 경우가 많다. 판례는 경계벽에 해당하는 시설에 격리시설,[23] 차단시설,[24] 칸막이,[25] 경계[26] 등의 여러 표현을 사용하여 왔다. 그와 같은 기능을 하는 경계벽이 구체적으로 어떠해야 하는지는 견해에 따라 다르다. 물리적인 경계벽을 요구할 수도 있는 반면 관념적인 경계벽으로 충분하다고 할 수도 있으며, 경계벽으로 인해 건물의 이 부분과 저 부분이 차단될 것을 요구할 수도 있고, 그저 건물의 이 부분과 저 부분이 구별될 정도면 충분하다고 할 수도 있다. 이 중에서 물리적인 경

---

22) 실제로 쇼핑몰 등의 미분양이나 금융기관의 담보거래 거부로 이어지며, 최근 부동산 경기침체와 맞물려 수분양자들은 투자자금의 회수도 어려운 지경이다.
23) 대법원 1992. 4. 24. 선고 92다3151 판결.
24) 대법원 1995. 6. 9. 선고 94다40239 판결.
25) 대법원 1995. 6. 9. 선고 94다40239 판결; 대법원 1999. 11. 9. 선고 99다46096 판결.
26) 대법원 1999. 11. 9. 선고 99다46096 판결.

계벽이 필요하다는 견해를 경계벽 필요설이라고 부른다. 그리고 경계벽 역할을 할 수 있는 관념적인 경계벽으로도 충분하다는 견해를 관념적 경계벽설이라고 부른다.

먼저 경계벽 필요설에서는 건물의 전유부분이 다른 전유부분과 차단되어 있다고 보기 위해서는 경계벽이나 계층 등으로 건물의 다른 부분과 물리적으로 구분되어 있어야 한다고 한다. 이 설 중에는 건물부분이 구조상으로 독립되어 있다고 하려면 경계벽(칸막이 벽)과 같은 시설로 전유부분과 다른 전유부분이 차단되어 있어야 하지만, 그 차단의 정도는 정착물에서 요구되는 정도의 '정착성'이 있어야 하고, 커튼이나 합판같이 쉽게 옮겨지거나 없앨 수 있는 시설로는 구조상으로 독립되어 있다고 말하기 어렵다는 견해도 있다. 또한 경계벽 필요설을 취한다고 하더라도 입장에 따라서는 완화된 입장에서 유리나 셔터 등으로 만들어져 상대적으로 약한 수준의 차단력을 가지는 경계벽으로도 충분하다고 하기도 한다.[27]

다음 관념적 경계벽설에서는 구조상 독립성을 꼭 칸막이 벽처럼 유형적, 물리적 시설만으로 판단하여서는 안 된다고 하면서 구분소유권은 건물 자체, 바닥, 천정, 경계벽과 같은 '물체'에 대한 물적 지배권의 의미도 있지만, 그 중점은 어디까지나 이들 물체에 의해 형성된 '공간'을 지배하는 데 있다고 할 것이기 때문에 "공간의 용도"가 주거용인지 사무용인지 아니면 상업용인지에 따라 달리 판단해야 한다고 하면서[28] 하나의 계

---

27) 김기정, 집합건물의 집행을 둘러싼 몇 가지 법률문제에 대한 고찰 – 집합건물의 특수한 법률관계 및 구분건물에 대하여만 설정된 전세권 및 저당권의 효력범위를 중심으로 –, 사법논집, 제27집, 법원행정처, 1996, 13면; 안갑준, 건물의 구분소유와 그 등기절차 , 법무사, 통권 제348호, 대한법무사협회, 1996. 6, 32면.

28) 박경량, 상업용 집합건물의 전유부분 요건, 무등춘추, 제8호, 2004. 12, 110면에서는 이러한 견해를 주장한다. "주거용 공간의 경우는 그 특성상 다른 건물부분이나 경계 벽과 같은 견고한 차단시설이 있을 때 '차단성'을 인정할 수 있을 것이다. 그러나 상업용 공간의 경우에는 오히려 경계 벽과 같이 공간을 차단하는 시설보다는 바닥면 경계를 견고하고 명확하게 해주는 기준시설이 있으면 충분한 경우도 있을 것이다. 예컨대, 경계 벽이 없는 툭 터진 개방형 대형판매장의 경우는 오히려 공동주택과 같은 견고한 경계 벽이 있어야 차단성이 있다고 보기보다는 오히려 바닥 면의 구분경계시설이 더 중요한 의미가 있을 것이다. 이 경우에는 토지법과 공간법이 수렴하게 된다. 흡사 터진 대형판매장 바닥은 논밭과 같은 토지로 실질적

층에 여러 다양한 상점이 입주해 있는 상가와 같은 경우 경계벽을 두기 어렵다는 이유로 구조상 독립성의 완화가 필요하다는 주장(관념적 경계벽설)이 등장하였다. 이러한 입장에서는 구조상 독립성에서 구분의 명확성과 차단성은 구별해야 하며, 차단성(격벽)보다 명확성(경계선, 경계표지)을 가진 고정되고 항구적인 표식을 갖출 것을 요구한다.[29] 심지어 경계벽에 의하여 주위가 전부 차단되어 있지 않더라도 건물의 다른 구성부분인 기둥, 천정, 바닥 등의 구조 또는 공적 장부(평면도)에 의하여 그 범위를 명확히 식별할 수 있으면 건물의 독립성을 부정할 필요는 없다고 하면서, 관념적 격벽에 의한 구분소유를 인정할 수 있는 이상 경계표지나 구분점은 반드시 구축성이나 정착성이 있어야 할 필요는 없다고 한다.[30] 요컨대, 이 설에서는 건물의 다른 부분과 완전히 차단되어 있을 필요가 없다거나, 적어도 점포에 대해서는 물리적인 경계 벽이 없더라도 다른 부분과 외형상 구별할 수 있는 고정된 표지나 구분점에 의한 관념적인 경계벽이 있으면 충분하다고 한다.[31]

2) 이용상 독립성

이용상 독립성이란 1동의 건물 중 구조적으로 구분된 수개의 부분이 독립한 건물 부분으로 이용될 수 있음을 말한다. 즉 건물의 부분이 주거, 점포, 사무소, 창고, 차고, 강당, 회의실 등 건물로서의 본래 용도에 제공될 수 있는 것을 말한다. 이용상 독립성이 있다고 하기 위해서는 해당 건물부분이 다른 건물부분을 거치지 않고 직접 외부에 통할 수 있는 독립된 출입구가 있어야 한다. 이 경우 반드시 외부와 직접 연결될 필요는

으로 환원될 것이다. 고로 이 경우 구분소유권은 정당한, 적법한 범위(견고한 바닥 경계선이 시설되었다고 가정하는 경우)에서 공간에 대한 지배권으로 중점이 이동될 것이다."

29) 이기용/이춘원, "구분소유의 성립에 관한 고찰", 성균관법학 제17권 제2호, 성균관대학교 비교법학연구소, 2005, 258~264면.

30) 윤경, 독립성 없는 구분소유건물에 관한 판단기준, 민사집행법연구회 커뮤니티 게시물, 6면.

31) 박경량, 상업용 집합건물의 전유부분 요건, 무등춘추, 제8호, 2004. 12, 105면; 양경욱, "건물의 구분소유에 관한 문제", 「사법논집」 제16집, 법원행정처, 1985, 38면.

없고 외부로 통하는 공동의 복도, 계단 등의 공용부분에 연결되어 있어
도 무방하다.

　이용상 독립성 여부를 판단하는 기준이 되는 가장 중요한 요소는
독립된 출입구를 가지고 있는가 여부이다. 예전에는 직접 외부에 통하는
독립된 출입구를 요구했으나, 어느 때부터인가 건물의 해당 부분이 건물
의 다른 부분을 거치지 않고 외부 또는 외부에 통하는 공동의 복도나 계
단 등에 통할 수 있는 독립된 출입구를 가지고 있으면 이용상 독립성이
있는 것으로 다루고 있다.

3) 구분행위와 구분의사

　집합건물이 구조상의 독립성과 이용상의 독립성을 갖춘 경우에도,
이를 구분건물로 할 것인지는 소유자의 의사에 맡겨져 있다. 예컨대, 1동
의 건물로서 구분소유권의 목적물로 할 수 있는 부분이 있는 경우에 그
건물을 신축한 자는 그 각 부분을 구분소유권의 목적물로 하여 이를 타
인에게 분양하거나 또는 저당권 기타 담보권의 목적물로 할 수도 있고,
그 1동의 건물 전체를 하나의 소유권의 목적물로 하여 그 전체를 스스로
사용하거나 각 부분을 임대할 수도 있다. 대법원도 같은 입장이다.[32]

(2) 평면구분소유권(제1조의2)

　종래 제1조의 문언에 의거, 학자나 실무가들은 건물 일부의 구조상
독립성과 이용상 독립성을 검토한 다음, 종합하여 건물 일부의 독립성을

---

[32] 대법원 1999. 7. 27. 선고 98다35020 판결. "1동의 건물 중 구분된 각 부분이 구
　조상, 이용상 독립성을 가지고 있는 경우에 그 각 부분을 1개의 구분건물로 하는
　것도 가능하고, 그 1동 전체를 1개의 건물로 하는 것도 가능하기 때문에, 이를 구
　분건물로 할 것인지 여부는 특별한 사정이 없는 한 소유자의 의사에 의하여 결정
　된다고 할 것이므로, 구분건물이 되기 위하여는 객관적, 물리적인 측면에서 구분
　건물이 구조상, 이용상의 독립성을 갖추어야 하고, 그 건물을 구분소유권의 객체
　로 하려는 의사표시 즉 구분행위가 있어야 하는 것으로서, 소유자가 기존 건물에
　증축을 한 경우에도 증축 부분이 구조상, 이용상의 독립성을 갖추었다는 사유만으
　로 당연히 구분소유권이 성립된다고 할 수는 없고, 소유자의 구분행위가 있어야
　비로소 구분소유권이 성립된다고 할 것이며, 이 경우에 소유자가 기존 건물에 마
　쳐진 등기를 이와 같이 증축한 건물의 현황과 맞추어 1동의 건물로서 증축으로
　인한 건물표시변경등기를 경료한 때에는 이를 구분건물로 하지 않고 그 전체를 1
　동의 건물로 하려는 의사였다고 봄이 상당하다."

판단하였다. 그동안 건물 일부의 독립성 판단에 관한 한 법원이 현실의 요구를 따라가지 못해 현실에서는 구분건물로 다루어지지만 법적으로는 구분건물로 취급받지 못하고 공유지분 형태로 등기를 경료할 수밖에 없었다(이른바 구분소유적 공유). 이렇게 되면 구분소유자의 소유권 행사에 큰 제약이 된다. 그래서 탈법적으로 구조상의 독립성을 갖추지 못한 채 구분점포로서 분양되고 구분등기까지 경료되는 경우도 적지 않았다. 이러한 문제를 입법론적으로 해결하려는 방안이 모색되었다. 그것이 바로 구분소유권의 대상이 되는 건물의 범위를 확대시켜 준 동법 제1조의2의 신설이다. 제1조의2에 따른 구분점포가 되면, 이용상의 독립성이 있고 일정한 요건을 추가로 갖춘 점포라면 구조상 독립성이 예전과 같은 정도가 아니더라도 구분소유권의 대상이 되어 부동산등기법에 의한 단독소유 형태의 소유권등기가 가능하게 되었다(동법 제55조
제12호).

1) 구분점포의 요건

구분소유권의 목적물이 되는 구분점포는 용도제한과 면적제한이라는 2가지 소극적 요건과 경계표지 및 건물번호표지라는 2가지 적극적 요건이라는 4가지 요건을 모두 갖추어야 한다.

첫째, 용도는 건축법 제2조 제2항 제7호의 판매시설과 제8호의 운수시설(집배송시설은 제외)로 한정하고 있다. 여기서 판매시설은 도·소매시장과 상점을, 운수시설은 여객자동차터미널, 철도시설, 공항시설, 항만시설을 말한다(건축법시행령
제3조의4, 별표1).

둘째, 면적은 구분점포를 포함한 판매시설 및 운수시설의 용도에 해당하는 바닥면적의 합계가 1천 제곱미터 이상이 되어야 하는데, 이때 바닥면적은 건축물의 각층 또는 그 일부로서 벽·기둥 기타 이와 유사한 구획의 중심선으로 둘러싸인 부분의 수평투영면적을 의미한다(건축법 제84조, 건축법
시행령 제119조 제1항 제3호).

셋째, 구조상 독립성이 완비되지 않더라도 거래 안전을 보장하기 위하여 소유권의 범위를 명확하게 식별할 수 있도록 바닥에 경계표지와 건물번호표지를 설치하여야 한다. 경계표지는 바닥에 너비 3센티미터 이상의 동판, 스테인레스강판, 석재 그 밖에 쉽게 부식·손상 또는 마모되지 아니하는 재료로서 구분점포의 바닥재료와는 다른 재료로 설치하여야 한다. 또한 경계표지 재료의 색은 건물바닥의 색과 명확히 구분되어야 한다.[33]

넷째, 건물번호표지를 구분점포내 바닥의 잘 보이는 곳에 설치하여야 한다. 건물번호표지 글자의 가로규격은 5센티미터 이상, 세로규격은 10센티미터 이상이 되어야 한다. 구분점포의 위치가 표시된 현황도를 건물 각층 입구의 잘 보이는 곳에 견고하게 설치하여야 한다. 건물번호표지의 재료와 색에 관하여는 경계표지의 규정을 각각 준용하도록 한다.[34]

2) 구분점포의 계속적 징표의 유지

구분점포를 건축물대장에 등록하는 경우, 구분점포의 용도에 해당하는 바닥면적의 합계를 포함하여 등록하도록 하고, 전유부분 용지의 구조란에는 경계벽이 없다는 뜻을 기재하도록 하며(제54조 제1항 제3호, 제6항), 구분점포에 대하여 신규로 건축물대장 등록신청을 하는 경우에는 건축사 또는 측량기술자가 작성한 평면도를 첨부하도록 하고 있다(제56조 제2항). 또한 구분점포로 인정될 당시의 용도를 다른 용도로 변경할 수 없으며(제57조 제4항), 구분점포에 관하여 건축물대장의 신규 또는 변경 등록신청이 있는 경우에 소관청이 건축물의 현황 등을 의무적으로 조사하여야 한다(제59조 제2항). 한편 구분점포의 경계표지 또는 건물번호표지에 대하여 손괴 등의 행위를 한 자나 건축사 또는 측량기술자가 평면도를 사실과 다르게 기재한 때에는 형사처벌을 하도록 규정하고 있다(제65조 제1항, 제2항).

(3) 제1조와 제1조의2의 관계

구분소유권의 대상이 되려면 구분건물이기 위한 요건을 만족시켜야 하므로, 집합건물법 제1조의2의 신설로 인해 구분소유권의 대상이 되는 건물의 범위가 확대되었다는 것은 일단 구분건물이기 위한 요건의 변경을 의미하는 것으로 여겨진다. 하지만 그렇게 이해하는 데 장애가 존재한다. 종래 건물 일부가 구분건물이기 위한 요건을 규정하고 있는 동법 제1조가 문언 하나도 변경되지 않은 채 그대로라는 사실이 그것이다. [건

---

33) 시행령 제1조.
34) 시행령 제2조.

물의 구분소유]를 표제부로 하는 제1조에 맞춘 듯 [상가건물의 구분소유]를 표제부로 하는 동법 제1조의2가 신설되었을 뿐이다. 그래서 구분건물이기 위한 요건의 원칙이 여전히 동법 제1조에 규정되어 있음을 주목하면 동법 제1조의2의 신설에도 불구하고 구분건물이기 위한 요건에는 변경이 없다고 봐야 한다.

하지만 동일 상황을 반대로 요건 변경 쪽으로 볼 수도 있다. 집합건물법 제1조의2의 신설로 인해 상가건물을 제외한 건물들은 동법 제1조의 규율을 받고, 상가건물들은 동법 제1조의2의 규율을 받는 것으로 나누어졌으며, 상가건물에 관한 한 구분건물이기 위한 요건이 변경되었다고 보는 것이 그것이다. 그런 입장에서 보면, 상가건물의 경우에는 건물 일부의 독립성과 관련하여 구조상 독립성과 이용상 독립성의 두 측면에서 판단받지 않고, 이용상 독립성만을 판단받게 된 것처럼 해석할 여지가 있다. 기존 동법 제1조의 문언에 "구조상 구분"이나 "독립한…사용" 등의 표현이 있는 데 비해, 신설된 동법 제1조의2의 문언에는 "구조상 구분"은 없고 "이용상 구분"의 표현만 있기 때문이다. 게다가 제1조의2는 경계벽 대신 경계표지와 건물번호표지 정도를 요구하고 있다. 그래서 이전에 판례의 입장이 경계벽 필요설 쪽이었던 것에 비교하여, 제1조의2의 적용대상이 되는 상가건물들에 관한 한 관념적 경계벽설로 바뀌었다는 설명도 가능하다.

3. 구분소유권의 소멸

구분소유권의 성립요건은 존속요건이기도 하여 성립요건의 하나 또는 전부가 흠결된 경우 구분소유권은 소멸한다. 그러한 경우로는 1) 건물 자체의 물리적 멸실[35]에 따른 구분소유권의 소멸, 2) 법률적 구분의 폐지, 즉 구분건물에 관하여 소유자가 구분을 폐지하여 2개 이상의 건물부분을 하나의 건물로 사용하고자 하는 의사를 표현한 경우(부동산등기법

---

35) 집합건물법 제50조는 구분소유자의 복구권을 인정하고 있다.

소정의 합병행위), 3) 사실상 구분의 폐지, 즉 서로 인접한 2개 이상의 구분건물에서 경계벽을 제거하는 등 구조상, 이용상 독립성을 상실하고 하나의 건물로 된 경우(합체행위[36]) 등이 있다. 합병행위나 합체행위의 구별은 물리적 변경이 없이 소유자의 의사에 의하여 이루어지면 합병이고, 물리적 변경을 수반하고 소유자의 의사와 무관하면 합체이다. 그러나 모두 수개의 건물이 하나의 건물로 합하여진다는 점은 동일하므로, 이러한 한도에서 합병에 관한 규정을 합체에도 유추적용할 수 있을 것이다.

요컨대 합체의 요건으로는 구분건물이 합해져 구조상 하나의 건물일 것, 기능상 하나의 건물일 것, 원상 회복이 곤란할 것이다. 만약 독립성 상실이 일시적이고 복원가능성이 있는 경우라면, 건물의 합체로 볼 수 없고 구분소유권도 소멸되지 않은 것으로 본다(예, 건물 내부 공사를 위해 잠시 경계벽을 헌 경우). 그러한 경우는 사회통념상 경계벽을 제거한 자에 대한 원상회복청구를 하여 원상회복 가능성이 있기에 건물의 합체로 보기 힘들고, 무엇보다 집합건물법 제50조 등을 토대로 구분건물 소유자가 복구권 또는 복원권이 있으며 그 구분건물에 대한 배타적 지배나 종전의 권리관계를 여전히 유지하고 있기 때문이다. 대상결정에서도 원상회복 가능성 여부가 중요한 쟁점이 되었다.

Ⅲ. 상가건물의 합체에서 저당권 및 경매의 문제

1. 쟁 점

부동산등기법 제42조에 따르면, "소유권·전세권 및 임차권의 등기 외의 권리에 관한 등기가 있는 건물에 관하여는 합병의 등기를 할 수 없다. 이 경우 제37조제1항 단서[37]를 준용한다."고 하여 상이한 저당권이

---

36) 일본에서 合棟이란 독립한 건물의 중간을 연결하는 공사를 하여 하나의 건물로 하는 것을 말하며, 合體란 인접한 구분건물 사이의 경계벽을 헐어 하나의 건물로 하는 것을 의미한다. 양자를 구별할 실익은 없다고 한다.
37) 제37조(합필 제한) ① 소유권·지상권·전세권·임차권 및 승역지(承役地: 편익 제공지)에 하는 지역권의 등기 외의 권리에 관한 등기가 있는 토지에 대하여는 합필(合筆)의 등기를 할 수 없다. 다만, 모든 토지에 대하여 등기원인 및 그 연월일

설정된 경우 그 건물의 합병을 제한하고 있다. 이는 상이한 저당권이 있는 건물에 대하여 합병을 허용할 경우 一物一權主義에 반하는 등기를 인정하는 것으로 되고, 합병 전의 건물 위에 존재하던 다른 물권의 공시가 복잡하게 되거나 공시할 수 없게 되기 때문이며 하나의 새 건물 내에 대항력의 유무를 달리하는 소유권도 생겨나기 때문이다. 예컨대, 갑, 을 구분건물이 합병되어 병 건물이 생긴 경우 갑 건물에 대하여만 저당권이 설정되어 있었다면, 병 건물 중 갑 건물 부분에만 저당권을 공시하여야 하는데 그 공시방법이 복잡하고 공시하더라도 하나의 소유권의 객체인 병 건물 중 일부에만 저당권이 있는 등 법률관계가 복잡하게 된다. 따라서 상이한 저당권이 있다면 그 합병 등기는 무효이며, 이에 기반한 경매도 무효가 된다. 물론 등기원인 및 그 연월일과 접수번호가 동일한 저당권 등기가 있다면 그러하지 아니하다.

그렇다면 대상결정에서 문제된 합체의 경우에는 위와 같은 합병의 제한 법리가 유추적용될 수 있는가?

2. 건물이 합체된 경우 저당권과 경매의 문제

상이한 저당권이 설정된 건물 합체의 경우에는 명문의 규정이 없으므로 합병에 관한 규정이 유추적용될 수 있을 것이다. 따라서 상이한 저당권이 설정된 합병의 경우와 마찬가지로 그 등기나 저당권 실행은 마찬가지로 효력이 부인된다.

저당권의 효력에 관하여 일본에서는 1) 종전 건물이 동일인의 소유에 속할 경우 각 저당권자는 저당권을 준공유하는 반면, 종전 건물이 동일인의 소유에 속하지 아니할 경우 공유지분에 미친다는 견해와, 2) 민법상 混同의 법리를 유추하여 종전 건물이 동일인의 소유에 속하는지와 무관하게 종전 건물에 대한 저당권은 종전 건물에 대응하는 공유지분에 미친다는 견해가 대립하였으나, 1992년 부동산등기법의 개정으로 이를 입

___
과 접수번호가 동일한 저당권에 관한 등기가 있는 경우에는 그러하지 아니하다.

법적으로 해결하였다. 즉 종전 건물에 관한 소유권이나 저당권 등의 권리는 합체된 건물에 관한 공유지분에 존속하는 것으로 되었다 저당권은 가격의 비율에 상당한 지분을 목적으로 하는 것으로 존속한다고 하였다. 일괄경매를 통해 경매대금을 감정가액에 비례하여 배당하게 된다.

그러나 우리나라에서는 일본처럼 합체된 건물에 대한 명문의 규정이 없어서 일본과 달리 경매의 효력을 인정하지 않는 방향으로 판례가 축적되어 왔다. 경매목적 부동산이 양도할 수 없는 것일 경우 매각불허가사유가 될 뿐만 아니라(민사집행법 제121조) 이러한 사정이 있는 경우 집행을 취소하여야 한다(민사집행법 제96조). 경매목적 부동산이 구분건물로서의 독립성을 상실하였으므로 경매목적물로 할 수 없어서 그 집행이 불가능하거나 집행하였더라도 이를 취소한다는 것이다. 일본에서 하는 일괄경매의 방법도 각 구분건물의 소유자가 동일인으로서 채권담보로 각 구분건물 전부를 담보로 제공하는 경우 각 구분건물 전부를 일괄경매할 수 있으나, 합체 전 건물의 소유자가 상이한 경우 일괄경매는 불가능하다. 일괄경매는 각 부동산이 독립한 경매의 목적이 될 수 있는 것임으로 전제로 하기 때문이다. 이러한 이유로 채권자의 경매신청이 받아들여지지 않는다면, 채권자로서는 당초 적법하게 구분건물에 대한 저당권을 취득하고 이를 등기하였음에도 불구하고 아무런 잘못 없이 저당권을 실행할 수 없게 되는 반면, 채무자로서는 이러한 점을 악용하여 간단히 경계벽 등을 철거함으로써 저당권의 실행을 피할 수 있다. 우리 판례는 건물이 합체된 경우 종전 건물에 대한 저당권은 신건물에 대한 공유지분으로 존재하기에 관련 규정이 없다는 이유로 경매를 인정하지 않고 있다. 이러한 결과는 (선의의) 채권자에게 불측의 손해를 가하고 (악의의) 채무자를 보호하여 정의관념과 거래안전을 해치고 등기나 경매 등 법질서에 대한 국민의 신뢰를 약하게 만든다.

따라서 우리나라에서는 그 이전 단계인 독립한 구분건물인지 여부의 판단에서 구조상 독립성을 완화하여 독립한 경매의 목적이 되는 것으로 보려는 쪽으로 판단의 중점이 옮겨져 있는 것으로 보인다. 즉 판례의 태도는 대체로 경계벽 필요설의 입장이지만 명확한 기준이 있는 것이 아니며, 최근에는 구조상의 독립성을 이용상의 독립성과 연관지어 개개 건물의 이용상황이나 용도에 맞추어 탄력적으로 해석하려는 경향을 보인다. 그러한 경향은 제1조의2 신설 이후 뚜렷해졌다.

3. 관련 재판례

(1) 제1조의2 신설 이전 판례

1983년 판결 [구조상 독립성 긍정사례 : 샷타 사례][38)

"외관상 1동으로 보이는 건물의 중간에 원래 통로를 두고 그 양쪽 건물이 그 이용면과 구조면에서 독립성을 가질 수 있도록 건축된 것이 현재 그 통로의 양쪽 입구를 막아 놓았다 하여도 그 통로부분의 일부가 계단과 변소로 사용되고 있어 이 통로를 중심으로 구분할 수 있는 형태로 구획되어 구분소유가 가능한 이상, 이 건물을 2동의 건물로 나누어 등기하였지만 각 등기가 현존건물중 어느 부분에 관한 것인가를 특정할 수 있다면, 그 등기의 효력을 인정한다 하더라도 공시기능에는 아무런 지장이 없을 것이므로 그 각 등기는 현존건물 중 특정되는 부분에 관한 법률관계를 공시하는 등기로서 유효하다."

샷타가 경계벽에 준하는 것으로 보아 구조상 독립성이 있고 구분등기도 유효하다.

1992년 판결 [구조상 독립성 부인사례 : 안양시 판매시설 사례][39)

"지층 1호 건물 역시 적어도 원고들이 경락받은 시점에서는 구분소유의 목적이 될 수 있는 구조상 및 이용상의 독립성을 갖추지 못한 건물의 일부에 불과한 것이어서 이에 관한 구분소유권은 존재할 수 없는 것

---

38) 대법원 1983. 6. 4. 선고 81다317 판결.
39) 대법원 1992. 4. 24. 선고 92다3151 판결. 이 판례의 평석으로는, 李弘權, 建物區分所有權의 成立과 消滅에 관한 몇 가지 問題, 民事裁判의 諸問題 第7卷(1993. 6.) 韓國司法行政學會, 1993, 496-513면.

이고, 원고들이 경락받아 소유권을 취득하였다는 전유부분은 이를 공용부분과 구분, 격리시킬 수 있는 시설이 처음부터 또는 갑이 경락받을 당시에는 존재하지 않은 상태에 있었고 이에 대한 경매절차에서도 감정인은 위 전유부분과 면적은 같으나 위치는 전혀 다르게 구획된 부분을 경매목적물로 삼아 시가감정을 하고 이에 기초하여 경매절차가 진행되어 갑에게 경락되기에 이르렀다면, 위 전유부분은 경락받은 시점에서는 구분소유의 목적이 될 수 있는 구조상 및 이용상의 독립성을 갖추지 못한 건물의 일부에 불과한 것이어서 이에 관한 구분소유권은 존재할 수 없는 것이고, 이사건 건물을 전유부분으로 등재하고 있는 피고교회명의의 소유권보존등기 및 이에 터 잡아 경료된 나머지 피고들 명의의 근저당권설정등기 및 가등기는 모두 무효의 등기이다."

지하 1층에 있는 판매시설(피고 소유)과 근린생활시설(원고 소유)이 구분등기되어 있어도 구조상 독립성이 부정되어 구분등기 및 그에 터잡은 등기는 무효이다.

1995년 판결 [구조상 독립성 부인사례 : 어시장 사례][40]

"건물의 구조가 철근콘크리트 외벽에 반달형의 패널 지붕이 덮혀 있고 내부는 바닥만이 콘크리트로 포장되어 있을 뿐 각 점포의 경계나 특정을 위한 칸막이나 차단시설 등이 설치되어 있지 않고 다만 바닥에 페인트로 선을 그어 장방형으로 된 500개의 점포와 통로로 구획되어 있다면, 이 건물이 어시장으로 사용되고 있다는 이용상의 특성을 감안하여도 각 점포가 구조상의 독립성을 갖추었다고 볼 수 없고, 그 밖에 각 점포주들이 그 경계선상에 드럼통을 쌓는 등으로 경계를 확실히 하여 이를 각 배타적으로 사용하고 있다거나 각 점포가 등기부상으로도 구분된 개

---

40) 대법원 1995. 6. 9. 선고 94다40239 판결; 이 재판례에 대한 평석으로는 吉基鳳, 區分所有와 構造上의 獨立性, 法曹 第45卷 第2號(通卷 第473號)(1996. 2.), 179-187 면; 吉基鳳, 區分所有와 構造上의 獨立性, 대법원판례해설 第23號(1995년 상반기)(1995. 12.), 36-43면.

개의 소유권의 객체로 등재되어 있으며 시장부지의 공유지분권과는 별개로 독립하여 거래되어 왔다는 사정이 있다 하더라도 각 점포를 독립한 소유권의 객체로 인정할 수 없다."

어시장 건물의 바닥에 선을 그어 구획한 정도의 것으로는 어시장 건물의 부지와 독립하여 소유권의 객체가 될 수 없는 상태로 구조상 독립성이 없고, 따라서 분양받은 각 점포에 대한 각 구분소유권이전등기는 무효이다.

1999년 판결 [구조상 독립성 부인사례 : 종암동 근린상가][41]

A주택은 1992년경 서울 성북구 종암동에 지하 1층, 지상 6층 아파트 및 근린생활시설 1동을 신축할 당시, 상가로 이용될 1층은 분양받은 사람들이 원하는 면적으로 자유롭게 분할하여 구획을 지을 목적으로 아무런 칸막이를 하지 아니하고 1층 전체를 하나의 공간으로 하여 준공을 마쳤다. A주택은 1992. 12. 30.경 준공검사를 받을 무렵 이 사건 건물의 1층을 도면상으로만 비슷한 넓이의 8칸으로 나누고 101호부터 108호까지 번호를 붙인 다음 독립된 구분건물로 건축물관리대장에 등재하고, 1993. 2. 27. 구분된 각 부분에 관하여 A주택명의로 소유권보존등기를 마쳤다. 피고는 1993. 5. 17.경 소외 회사로부터 위 107호 부분과 108호 부분을 합친 130.42㎡를 대금 310,000,000원에 분양받기로 하는 매매계약을 체결하고, 그 후 B주택은 피고의 요구에 따라 1993. 10. 중순경 위 107호 부분과 108호 부분을 한 칸으로 하여 그와 인접한 위 106호 사이에만 칸막이 벽을 설치하여 주었는데, 피고는 그 당시부터 현재까지 위 107호와 108호를 하나의 점포로 이용하면서 그 사이에 아무런 칸막이나 경계 등을 설치하지 아니하였다. 그런데 B주택은 피고가 약정된 잔금 중 일부를 미납하자 먼저 구분등기된 위 108호에 대해서만 1993. 11. 22. 위 피고 앞으로 소유권이전등기를 마쳐 주고, 위 107호에 대하여는 임의로 같은

---

41) 대법원 1999. 11. 9. 선고 99다46096 판결.

달 29. 서울은행 앞으로 근저당권설정등기를 마쳐 주었다. 원고는 1997.
4. 30. 법원의 경매절차에서 위 107호를 낙찰받아 1997. 9. 18. 위 낙찰
을 원인으로 한 소유권이전등기를 마쳤는데, 원고가 위 107호를 낙찰받
을 당시 작성된 현황조사 보고서와 감정평가서에도 피고가 107호를
1993. 5. 소외 회사로부터 분양받은 이래 현재까지 위 108호와 함께 공
구판매상으로 점유·사용하고 있다는 사실이 기재되어 있었고, 이 사건
건물 신축 당시부터 현재까지 등기부상으로 구분되어 있는 위 107호와
108호를 사실상 구분할 수 있는 고정된 경계표지나 구분시설이 설치된
적이 없었다.

　"구분소유권의 객체로서 적합한 물리적 요건을 갖추지 못한 건물의
일부는 그에 관한 구분소유권이 성립될 수 없는 것이어서, 건축물관리대
장상 독립한 별개의 구분건물로 등재되고 등기부상에도 구분소유권의 목
적으로 등기되어 있어 이러한 등기에 기초하여 경매절차가 진행되어 이
를 낙찰받았다고 하더라도, 그 등기는 그 자체로 무효이므로 낙찰자는
그 소유권을 취득할 수 없다."

　두 개의 점포가 구조상으로나 실제 이용상으로 구분되지 아니한 채
하나로 사용되는 경우, 일부인 한 개의 부분이 비록 건축물관리대장상
별개의 구분건물로 등재되고 이에 기하여 소유권보존등기가 마쳐졌다고
하더라도 이는 구분소유의 목적이 될 수 있는 구조상 및 이용상의 독립
성을 갖추지 못한 건물의 일부에 대한 것으로서 이에 관한 소유권보존등
기도 무효이며, 이러한 등기에 기초하여 경매절차가 진행되어 이를 낙찰
받았더라도, 낙찰자는 그 소유권을 취득할 수 없다.

1999년 결정 [구조상 독립성 인정사례 : 슈퍼마켓 사례][42]
　이 사건 각 점포는 1994. 12.경 건축되어 소유권보존등기되었는데
당시에는 각 점포의 경계상에 경계벽이 설치되어 있었다. A는 1994. 12.

---

42) 대법원 1999. 6. 2. 선고 98마 1438 결정.

경 위 각 점포를 분양받아 이를 타에 임대하였는데 그 임차인들이 위 각 점포 부분을 슈퍼마켓으로 사용하면서 일자불상경부터 그 용도에 맞추어 경계벽을 철거하여 현재에 이르고 있다. 甲(재항고인. 상호신용금고)은 1995. 12. 20. 구분건물인 이 사건 각 점포에 관하여 근저당권설정등기를 경료하고 위 근저당권에 기하여 위 각 점포에 대한 임의경매를 신청하였다. 그런데 위 각 점포는 위 근저당권설정등기가 경료된 후 위 각 점포를 구획하던 시설이 제거됨으로써 현재 1개의 점포로 사용되고 있다. 이에 경매신청이 기각되자 재항고인은 소를 제기하였다.

대법원은 "인접한 구분건물 사이에 설치된 경계벽이 일정한 사유로 제거됨으로써 각 구분건물이 구분건물로서의 구조상 및 이용상의 독립성을 상실하게 되었다고 하더라도, 각 구분건물의 위치와 면적 등을 특정할 수 있고 사회통념상 그것이 구분건물로서의 복원을 전제로 한 일시적인 것일 뿐만 아니라 그 복원이 용이한 것이라면, 각 구분건물은 구분건물로서의 실체를 상실한다고 쉽게 단정할 수는 없고, 아직도 그 등기는 구분건물을 표상하는 등기로서 유효하다고 해석해야 한다. …당초 설치되어 있던 이 사건 각 점포의 경계벽이 철거된 것은 위 각 점포를 슈퍼마켓으로 사용하기 위한 일시적인 방편에 불과할 뿐 임대차계약기간이 종료될 경우 언제든지 원상태로 복원될 가능성이 있을 뿐만 아니라, 이를 복원함에 있어 그다지 과다한 비용이 소요될 것으로도 보여지지 아니하고, 또한 구분건물에 대한 소유권보존등기 신청시에는 부동산등기법 제132조 제3항에 따라서 소정 **평면도** 등을 제출하여야 하고, 등기소는 이를 도면편철장에 편철하여 영구히 보존하므로 **이에 의하여도 위 각 점포의 위치와 면적이 특정될 수 있을 것**이다. 각 점포가 건축될 무렵 시행된 건축물대장의기재및관리등에관한규칙 제5조는, 건축주로 하여금 건축공사가 완료된 후 사용검사를 신청함에 있어 관할 관청에 건축물현황도면을 제출하도록 규정하고 있고, 따라서 당초 설치되어 있던 이 사건 각 점포의 경계벽이 철거된 것은 위 각 점포를 슈퍼마켓으로 사용하기 위한 일시적인 방편에 불과할 뿐 임대차계약기간이 종료될 경우 언제든지 원

상태로 복원될 가능성이 있을 뿐만 아니라, 이를 복원함에 있어 그다지
과다한 비용이 소요될 것으로도 보여지지 아니한다."

위 판례에 관하여는 여러 각도에서 평가가 가능하겠지만, 적어도 구
분건물로 되는 당시에는 구조상의 독립성을 갖추어 건축물대장등록과 구
분등기까지 이루어진 구분건물에 대하여는, 사후에 경계벽이 멸실되는 등
의 사유가 발생한다 하더라도 곧바로 구분건물로서의 요건을 부정하여서
는 아니 되고, 그 등기상태를 유효한 것으로 볼 여지가 없는지를 충분히
심리하여야 한다는 취지로는 이해할 수 있을 것이다. 종래 경매실무상
구분건물 사이의 경계벽이 제거된 사실이 감정서나 현황조사서 등을 통
하여 경매법원에 현출되는 경우 위 판시와 같이 구분건물로의 복원가능
성을 충분히 검토하지 아니한 채 경매절차를 취소하는 사례가 있었는데,
위 판례 사안도 경매신청기각과 관련한 사건으로서, 위 대법원 결정은
이와 관련하여 '원심으로서는, 당사자 등을 심문하거나 기타 상당한 방법
으로 이 사건 각 점포의 경계벽이 철거된 것이 영구적인 것인지 아니면
영업의 편의를 위한 일시적인 조치에 불과한 것인지, 또 현재 위 각 점
포의 위치와 면적을 특정할 수 있는지를 밝혀 본 다음 경매법원의 경매
신청기각결정의 당부를 판단하였어야 할 것'이라고 설시하였다.[43]

구분건물이 구분건물로서의 구조상 및 이용상의 독립성을 상실하게
되었다고 하더라도, 각 구분건물의 위치와 면적 등을 특정할 수 있고 사
회통념상 복원을 전제로 한 일시적인 것이며 복원이 용이하다면 구분건
물로서의 실체를 상실하였다고 쉽게 단정할 수 없다고 생각된다. 이 판
결에서는 농지의 전용 사례에서 적용되는 법리와 유사하게 **원상회복이
용이한지, 변경상태가 일시적인지 여부**가 판단기준이 되고 있으며,[44] 대

43) 어영강, 집합건물의 구분소유에 있어서 구조상의 독립성 요건을 둘러싼 몇 가지
문제, 判例와實務, 1-33, 2004, 14면 이하.
44) 예컨대, 대상 토지가 농지에 해당하여 전용허가를 받아야 하는지 여부에 관한
대법원의 태도를 보면 어떤 토지가 공부상 지목은 전, 답, 과수원에 해당하지만
그 토지의 현황 및 용도가 농지 이외의 상태로 이미 변경 또는 전용되어 원상회
복이 용이하지 않은 경우에는 농지가 아니라고 판단한다. 다만, 농지법 제59조가
농지전용허가를 받지 아니하고 농지를 전용하는 행위를 형사처벌하도록 규정하고

상 점포의 위치와 면적이 **특정**될 수 있다면 구분소유권을 인정해 줄 수 있다고 한다.

위 판결은 주된 판례 흐름에서 벗어난 것으로서 집합건물법 **제1조의 2의 배경**이 된다. 판례 가운데에는 상가건물의 경우 일반 주택이나 사무실보다 독립성 요건을 한층 완화시킨 태도를 보여 경계벽 대신 경계표지나 건물번호표지를 요건으로도 구분소유권이 인정될 수 있는 가능성을 인정하여 진일보한 태도를 보여 주기도 하는데,[45] 이러한 태도는 제1조의 2 규정을 신설하면서 수용된다.[46] 이는 대법원 1993. 3. 9. 선고 92다41214 판결, 대법원 1999. 11. 9. 선고 99다46096 판결에서 찾아볼 수 있다.

(2) 2003년 제1조의 2 신설 이후 판례

2008년 결정〔구조상 독립성 부정 : 훼밀리 코아 사례〕[47]

근저당권자인 항고인은 인천에 소재한 훼밀리 코아 건물 내 340개 점포(이하 '이 사건 각 점포')들에 관하여 임의경매를 신청하여 2008. 1. 25. 원심법원 2007타경75350호로 부동산임의경매개시결정을 받았다. 경매절차가 진행되던 중 평화산업은 2008. 2. 1. 원심법원 2008타기429호로 위 경매개시결정에 대한 이의신청을 하였고, 원심법원은 2008. 2. 28. 이

있고 제42조는 농지전용허가를 받지 아니하고 농지를 전용하거나 타용도로 사용하는 경우에는 관계당국으로 하여금 원상회복명령을 내리고 그 명령을 이행하지 않을 경우 行政代執行에 의하여 원상회복을 할 수 있도록 규정하고 있는 점을 감안하면, 당해 토지가 농지의 전용허가 없이 농지 이외의 상태로 전용되어 있다고 하더라도 향후 原狀回復命令이 내려질 가능성이 있는 경우에는 농지로서의 상태를 상실하지 않았다고 보아야 하며, 당해 토지의 취득에는 농지취득자격증명이 필요하다고 보아야 한다. 원상회복이 어려운 경우 농지가 아니라고 본 판결로는 大判 1997. 12. 23. 97다42991(公1998, 381), 원상회복이 비교적 용이한 경우 농지라고 본 판결로는 大決 1999. 2. 23. 98마2604(公1999, 827). 이에 관하여 자세히는 송재일, 농지거래에 관한 법적 연구, 서울대 법학박사학위논문, 2010, 148면 이하 참조.

45) 吉基鳳, 區分所有와 構造上의 獨立性, 대법원판례해설 第23號(1995년 상반기) (1995. 12.), 41면.
46) 노수웅, 구분소유권의 성립요건과 구조상 독립성이 없는 건물의 권리관계에 관한 검토, 민사집행법연구 제7권, 한국민사집행법학회, 2011. 2, 309면.
47) 대법원 2008. 9. 11.자 2008마696 결정.

사건 각 점포가 구분소유권의 배타적 지배범위를 확정할 만한 구조상, 기능상 독립성을 갖추고 있다고 보기 어렵다는 이유로 위 신청을 받아들여 위 경매개시결정을 취소하고 이 사건 경매신청을 기각하는 결정을 하였다. 집합건물법상 구조상, 기능상 독립성을 갖추기 어렵다고 판단한 주된 이유로는 다음과 같다. 각 소유권보존등기 당시에 이 사건 점포들을 포함한 이 사건 건물 내의 모든 점포들 사이에는 각 점포를 구분할 수 있는 벽체 등이 설치되지 아니한 채 다만 도면상으로만 각 점포가 구분될 수 있을 뿐이었고, 다만 이 사건 건물의 지하1층 내의 점포들 사이에는 각 점포 호수를 구별할 수 있도록 바닥의 타일색깔을 달리하는 방법으로 구획선만 그어져 있었던 사실, 그 후 이 사건 건물의 지하1층 내의 점포들은 바닥으로부터 1m 30~40cm 정도 높이로 설치된 칸막이 또는 '파티션'이라 불리는 분리와 이동이 용이한 경량칸막이 등으로 구분되어 있었고 일부 점포는 주방기구나 식탁 등으로 이웃 점포와 경계를 삼기도 하였으나, 상가가 활성화되지 않자 상가활성화를 위하여 위 파티션 등을 철거하고 지하1층 중 일부를 대형마트 용도로 제3자에게 임대하기도 한 사실, 그 후 이 사건 점포들이 포함되어 있는 이 사건 건물의 각 층을 층별로 일체로서(다만 1층의 경우 일부씩 구획하여) 하나의 용도로 사용하려는 시도에 의하여 각 층을 사우나(지하 1층), 식당 및 사무실(1층), 웨딩홀(2층), 뷔페식당(3층), 성인콜라텍(4층), 찜질방(6층) 등으로 임대, 사용하기도 한 사실, 이 사건 경매 신청 무렵에는 이 사건 건물의 지하1층은 사우나(휴업), 1층은 슈퍼, 식당, 부동산사무소 등, 2층은 웨딩홀(공사 중), 3층은 뷔페식당(공사 중), 4층은 성인콜라텍, 6층은 공실로 사용되거나 비어 있는 상태였고, 각 층 모두 인접 호수와 벽체구분 없이 도면상의 각 점포의 구분과는 상관없이 일체로 또는 구획하여 사용 중이었다.

　항고인은 이에 대하여 즉시항고를 하였다.

　원심의 판단[48] : 구분소유건물에 대한 입법이나 판례가 변경되어 가

---

48) 인천지방법원 2008. 4. 23.자 2008라137 결정.

는 과정에서 등기내용이나 건축물관리대장을 통한 구분소유건물의 요건
이나 관리가 구체화되고 세분화되어 가고는 있으나, 그렇다고 하여 당초
적법하게 형성되고 거래되고 있는 구분건물을 사후의 입법이나 판례의
변경을 들어 그 요건에 맞지 않는다는 이유로 실제 거래가 이루어지고
있음에도 불구하고 경매를 거부할 수는 없는 것이고, 한편 소규모의 다
량의 점포가 위치하고 있는 우리나라의 대형 복합건물의 경우 각 점포가
구분소유의 목적물로서 갖추어야 할 구조적 독립성은 그 용도의 특성상
매 점포마다 인근 점포와 완전히 벽체로 구분되어야 한다거나 인근점포
와 구별되는 화장실이나 탕비실 등의 시설까지 갖출 것을 요구할 수는
없고, 오히려 이 사건 경매목적물과 같이 벽체로 구분되지 아니하고 단
지 구획만 이루어진 상태로 건축물관리대장이 작성되고, 그 위치와 면적
은 집합건축물대장상 건축물 현황도나 배치도에 의하여 확정되고 또한
그 관리대장을 기초로 등기되어 왔으며 거래계에서도 그러한 거래실질을
그대로 반영하여 이용하거나 각 점포를 거래의 목적물로 삼아 왔다.

　　이 사건 각 점포의 경우 건물등기부 및 건축물대장에 첨부된 평면
도나 배치도 등을 기초로 점포별로 위치가 특정되어 있어 측량을 통한
경계식별표시의 설치가 용이한 것으로 보이고, 이러한 사정을 토대로 그
동안 이 사건 각 점포가 독립하여 거래되어 온 사실이 인정되는바, 이
사건 각 점포가 현재 바닥 경계표지 및 호수 간 칸막이 또는 벽체, 건물
번호표지 등이 설치되어 있지 아니하였더라도 등기된 각 점포를 **특정하
여** 거래의 목적물로 삼아 거래하는 데 장애가 없다고 판단하였다.

　　또한, 이 사건 경매목적물은 부동산임이 명백하므로 부동산경매방법
에 의하여 매각될 수밖에 없는 것인 한편, 부동산등기부는 매각대상 부
동산의 범위를 확정하고 그 소유자가 누구인지를 확정하는 증거방법으로
서 요구되는 것인데, 이 사건에서 채무자 겸 소유자는 이 사건 경매목적
물의 소유자임이 명백하고, 또한 건물등기부 및 건축물대장에 첨부된 평
면도나 배치도 등에 의하여 각 점포의 소유권의 공간적 범위인 위치와
면적이 특정되므로, 매각절차를 진행하고 매수인에게 소유권을 이전하는

데 아무런 장애가 없다.

또한, 현행 부동산등기법상 등기내용에 부합하도록 건물의 현황을 고치거나 건물현황에 부합하도록 등기내용을 구분소유권에서 단일소유권으로 변경할 수 있는 것인데, 채무자 겸 소유자는 이러한 조치를 취하지 않고 오히려 경매진행을 저지하려고 하고 있는 이상, 경매법원으로서는 만일 이 사건 경매대상 점포의 소유권의 범위를 확정하기 어렵다면 점포 전체를 개별매각하지 아니하고 각 층별로 일괄매각하여 동일한 매수인에게 매각하여 매수인이 위와 같은 조치를 취하여 건물의 현황과 등기내용이 부합하도록 함이 온당한 조치라 할 것이다.

설령 마치 구조상 독립성을 갖추지 못하여 집합건물의 소유 및 관리에 관한 법률 제1조의2 소정의 구분소유권의 대상이 될 수 있는 요건을 갖추지 못하였다고 하더라도 이 사건 각 점포의 소유자들은 단순한 공유관계가 아닌 적어도 구분소유적 공유관계에 있다고 판단되고, 그렇다면 이 사건 각 점포에 대하여 경매절차가 진행된다고 하더라도 실체적 권리관계를 벗어나 이해관계인의 이익을 침해하는 결과를 초래할 것으로는 보이지 않는 데 반해, 만약 이 사건 경매개시결정을 취소하고 경매신청을 기각한다면 이 사건 각 점포를 둘러싼 기존의 법률관계에 불안을 야기하여 법적 안정성을 크게 해하게 되고 실제적으로도 이해관계인들에게 불의의 피해가 돌아갈 것으로 예상되는데, 이 사건 각 점포가 들어서 있는 건물 내의 다른 점포들에 대하여 이미 여러 건의 경매가 정상적으로 이루어졌다는 점을 감안하면 이는 지나치게 형평에 어긋난 결과여서 받아들이기 어렵다고 할 것이다.

나아가 이 사건 경매목적물에 대한 경매를 저지하려는 채무자로서는 이 사건 건물을 현황 그대로 등기하여 담보로 제공하였고, 현황 그대로 이용하고 있으며, 또한 거래의 목적물로 삼아 왔는바, 만일 채무자가 주장하는 바와 같은 이유로 각 점포가 구분소유의 객체가 될 수 없다면 담보제공자 겸 채무자로서 등기상황에 맞도록 각 점포를 구분할 수 있는 벽체를 설치하는 등의 방법으로 각 점포의 현황을 등기된 내용에 부합하도록 하여 담보물이 담보가치를 유지하도록 하여야 할 것임에도 불구하고, 기록에 의하면 채무자는 2003년에 개시된 이 사건 점포에 대한 경매에 대하여도 이 사건과 동일한 구조상, 기능상의 독립성이 없다는 이유를 들어 경매개시결정에 대한 이의를 하여 경매를 저지하고도 다시 이 사건 경매신청이 이루어질 때까지 피담보채무를 변제하지도 아니하였을 뿐 아니라 구조상, 기능상의 독립성을 보완할 만한 아무런 조치도 추치하지 아니하였고, 이에 항고인이 다시 경매신청을 하자 이러한 자신의 의무를 이행하지 아니한 채 자신의 의무불이행사실을 오히려 자신에게 유리한 정황으로 주장하면서 이 사건 점포가 기능상, 구조상 독립성이 없다는 이유로 경매를 저지하려고 하고 있을 뿐이니 이러한 채무자의 주장은 신의칙상으로도 용인될 수 없는 것이다. [원심결정 취소]

대법원의 판단: 이 사건 점포들은 구분소유권의 객체가 될 수 있는 구조상 및 이용상의 독립성을 갖추지 못하여 이 사건 건물의 일부에 불과할 뿐 구분소유권의 객체가 될 수 없다고 봄이 상당하고, 따라서 비록 이 사건 점포들에 관하여 건축물관리대장상 독립한 별개의 구분건물로 등재되고 등기부상에도 구분소유권의 목적으로 등기되어 있다고 하더라도 그러한 등기는 그 자체로 무효이고 그러한 등기에 기한 이 사건 근저당권설정등기 역시 무효라고 할 것이므로, 이러한 무효인 근저당권에 기한 경매개시결정은 위법하다.

그리고 설사 이 사건 점포들에 대하여 구분소유등기를 마친 등기명의자들 사이에서 이 사건 건물을 그 구분소유등기에 맞추어 구분소유의 형태로 사용·수익하기로 하는 특약의 존재가 인정된다고 하더라도, 그러한 사정만으로 이 사건 점포들에 대한 구분소유등기나 그에 기한 이 사건 근저당권이 유효하게 된다고 볼 수는 없으므로, 위와 같은 경우에도 여전히 이 사건 근저당권은 무효이고 이러한 무효인 근저당권에 기한 경매개시결정은 위법하며, 그러한 결과가 지나치게 형평에 어긋난다고 볼 수 없다.

또한 채무자가 그 소유의 이 사건 점포들에 관하여 근저당권을 설정하여 이를 담보로 제공하였는데 그 근저당권설정등기가 무효로 되어 결과적으로 담보권 실행에 장애를 가져오게 된 경우, 그에 관하여 **채무자가 귀책사유의 존부에 따라 손해배상책임을 부담하는지 여부는 별론으로 하고, 채무자가 그 근저당권이 무효임을 이유로 이러한 무효인 근저당권에 기한 경매개시결정이 위법하다고 주장하는 것이 신의칙상 용인될 수 없다고 볼 수는 없다.** [파기 환송]

평   가 : 이 사건은 대형복합건물 내 오픈상가 내 340개 점포에 대한 근저당권자의 임의경매신청을 기각한 경매법원의 결정에 대하여 근저당권자가 항고한 사건으로, 원심의 판단은 집합건물법 제1조의2가 추가되고 얼마 지나지 않아 나온 법원의 판단이란 점에서 중요한 의미를 가지고, 여러 모로 타당한 문제의식을 보여 준다고 본다. 그러나 대법원의 태도는 이후 판례의 주된 흐름이 되었다.

2013년 판결 [구조상 독립성 부정 : 원효로 산호아파트상가][49]

이 사건 상가는 2001년 8월 개점 당시 수분양자들의 구분소유권에 맞춰 바닥 경계표지, 칸막이 또는 벽체, 건물번호 표지 등이 설치되어 있었고 이 사건상가 5층에 위치한 이 사건 점포는 그 수분양자인 원고가 미용실로 임대하기도 하였다. 그런데 이 사건 상가의 시설관리와 임대대행권을 취득한 갑은 상가 구분소유자 전체의 동의 없이 2002. 8. 15.부터 2002. 9. 15.까지 사이에 이 사건 상가 4, 5층의 칸막이, 천장, 바닥, 화장실 등 내부시설을 모두 철거한 후 이 사건 사우나를 설치하였다. 그 후 갑으로부터 이 사건 상가의 시설관리와 임대대행권을 위임받은 을은 2005년 1월부터 2005. 7.까지 사이에 원고 등 이 사건 상가 4, 5층 구분소유자들 중 일부로부터 자신들이 구분소유하는 점포를 사우나로 운영하는 데 대하여 일체의 권한을 위임한다는 내용의 동의서를 받았고, 피고 나주호는 2005년. 12. 22. 乙이 설립한 상가 4, 5층 운영관리단 주식회사

---

49) 대법원 2013. 9. 13. 선고 2011다13128 판결.

로부터 이 사건 상가 4, 5층 전체를 임차하고, 이 사건 점포를 비롯한 이 사건상가 4, 5층 구분건물들로 도면상의 구분과 상관없이 사우나 시설인 목욕탕, 찜질방, 탈의실 등으로 사용하였다.

원심은 사건 점포가 구분건물로서 실체를 상실하였다고 보기 어려워 구조상 독립성을 인정하였다.

대법원의 판단 : 이 사건 점포를 비롯한 이 사건 상가 4, 5층 구분건물들은 그 철거가 사회통념상 복원을 전제로 하여 일시적으로 이루어진 것이라거나 그 복원이 용이하다고 보기도 어렵다고 하여 구분건물로서 구조상 독립성을 상실하였다고 판단하였다. [파기 환송]

이 사건의 경우에는 개점 당시에는 바닥 경계표지, 칸막이 또는 벽체, 건물번호 표지 등이 설치되어 있었다고 하더라도 천장, 바닥, 화장실 등 내부시설을 모두 철거한 후 이 사건 사우나를 설치하여 도면상의 구분과 상관없이 사우나 시설인 목욕탕, 찜질방, 탈의실 등으로 사용한 경우에는 사회통념상 복원을 전제로 하여 일시적으로 이루어진 것이라거나 그 복원이 용이하다고 보기도 어렵다고 할 수 있으므로 구조상 독립성을 인정할 수 없을 것이다. 따라서 이 판결에 찬성한다.

(3) 소   결

집합건물법 제1조의2의 등장과 함께 구조상 독립성의 요건을 완화하였으나, 대법원은 오픈상가 사례에서 집합건물법이 적용되기 위해서는 여전히 이용상 독립성과 함께 구조상의 독립성을 요건으로 요구하고 있다. 다른 부분과 구분, 격리시킬 수 있는 시설이 존재하지 아니하여 독립한 건물로서의 용도에 제공될 수 있는 상태에 있지 아니한 경우, 즉 구조상의 구분에 의하여 구분소유권의 객체범위를 특정할 수 없는 경우에는 설령 집합건축물관리대장에 독립한 별개의 구분건물로 등록되어 있고 부동산등기부상에 구분소유권의 목적으로 등기되어 있다 하더라도 구분소유권의 객체가 될 수 없다고 하여 구분소유권 성립을 부인하였으며 기본적으로 구분소유권의 객체가 되기 위해서는 건물부분이 격벽 등의 고정된 시설에 의하여 차단되어 있어야 한다는 입장에 있는 판결들이다. 그리고 구분소유권의 객체로서 적합한 물리적 요건을 갖추지 못한 건물의 일부는 그에 관한 구분소유권이 성립될 수 없는 것이어서, 등기부상의 등기에 기초하여 경매절차가 진행되어 이를 낙찰받았다고 하더라도, 그 등기는 그 자체로 무효이므로 낙찰자는 그 소유권을 취득할 수 없게 된다. 또한 그 무효인 소유권보존등기에 터 잡아 경료된 근저당설정등기 및 가등기도 무효가 된다.

판례는 물적 지배범위를 명확히 할 필요성에서 구조상·이용상 독립성을 요구한다고 보기 때문에, 건축도면 등에 의하여 물적 지배범위를 명확히 할 수 있다면, 구분점포의 합체가 이루어져 새로운 구분소유권의 객체가 탄생하더라도 기존의 구분소유권은 존속하는 것으로 보고 있다. 또한, 경계표지가 일단 제거되었다고 하여 무조건 구분소유권의 객체성을 상실하게 되는 것은 아니고, 이용의 편의를 기하기 위한 일시적인 조치에 불과한 경우, 즉 경계표지의 제거가 사회통념상 구분점포로서의 복원을 전제로 한 일시적인 경우, 각 구분점포의 위치와 면적 등을 특정할 수 있는 방법이 여전히 존재하고 그 복원이 용이한 것이라면, 구분소유권의 객체로 인정하고 있다. 따라서 위에서 살펴 본 바와 같이 경계의 명확성을 요구하고 있는 것으로 볼 수는 있으나 완전히 차단되어 있을 것을 요하는 것은 아니고 경계벽 제거의 정도와 건물의 이용 상황이나 용도에 맞추어 탄력적으로 해석하려는 것이 최근 판례의 동향이다.

Ⅳ. 대법원 결정의 검토

1. 상가집합건물에서 구조상 독립성 요건 여부

집합건물로 평가되기 위한 요건으로서 구조상의 독립성과 이용상의 독립성은 상가점포의 경우에도 마찬가지로 요구되는가? 먼저 상가점포의 경우 2003년 집합건물법 개정에 의해 구조상의 독립성은 불필요하게 되었다는 주장이 있다. 그 논거로서, 집합건물법 제1조의2는 "1동의 건물이 … 여러 개의 건물부분으로 이용상 구분된 경우 그 건물부분은 … 각각 소유권의 목적으로 할 수 있다."고 하여 이용상의 독립성만을 언급하고 있

다는 점, 동법 제1조의2를 신설함에 있어 그 논의는 이용상의 독립성에
집중되었다는 점을 들고 있다. 그러나 비록 기존의 엄격한 구조상 독립
성 요구를 완화하고 있다 하더라도 제1조의2 제1항 3호, 4호는 여전히
구조상 독립성을 요구하는 규정으로 보아야 할 것이다. 따라서 현행규정
하 해석론으로는 상가건물의 경우에도 구조상 및 이용상 독립성이 요구
됨은 부정할 수 없을 것이다.

2. 구조상 독립성이 없는 구분건물에 설정된 담보권의 효력(대상결정 1)

구조상 독립성을 갖춘 구분건물에 대하여 구분등기가 이루어진 다음
1동의 건물 중 일부의 구분건물 사이에 구조상의 구분이 소멸되었는데,
말소등기 등이 이루어지지 않아 종전 전유부분에 저당권 등 담보권이 설
정된 경우에 그 담보권의 효력이 문제된다.

생각건대 1동의 건물의 일부분이 구분소유권의 객체가 될 수 있으려
면 그 부분이 이용상·구조상 다른 부분과 구분되는 독립성이 있어야 하
고, 구조상의 독립성은 주로 소유권의 목적이 되는 객체에 대한 물적 지
배의 범위를 명확히 할 필요성 때문에 요구된다. 따라서 구조상의 구분
에 의하여 구분소유권의 객체 범위를 확정할 수 없는 경우에는 소유권의
객체가 될 수 없으므로, 등기부상 구분소유권의 목적으로 등기되어 있더
라도 이는 존재하지 아니하거나 멸실된 건물에 관한 등기와 다를 바 없
어 무효이며, 그 무효인 등기에 터 잡아 설정된 담보권등기는 역시 무효
라고 보아야 한다.[50] 이는 담보권자가 소유권등기가 유효한 것으로 믿고
이에 기하여 담보권설정등기를 하였더라도 부동산등기에는 공신력이 인
정되지 아니하므로 역시 무효이라고 할 것이다. 물론 경계구분이 일시
상실된 경우, 각 구분건물의 위치와 면적 등을 특정할 수 있고 사회통념
상 그것이 구분건물로서의 복원을 전제로 한 일시적인 것일 뿐만 아니라
그 복원이 용이한 것이라면 그 등기는 구분건물을 표상하는 등기로서 유효

---

50) 대법원 2009. 2. 26. 선고 2006다72802 판결; 노수웅, 앞의 논문, 324면.

하므로,[51] 그 등기에 터잡아 설정된 담보권등기도 유효하다고 할 것이다.

대상결정 1은 구분소유권의 소멸 원인 중 사실상 구분의 폐지(합체)에 해당한다. 현재 각 구분점포에서 경계벽이 제거되어 건물의 다른 부분과 전혀 차단되어 있지 아니하고 나아가 고정된 경계지표나 구분점 등과 같이 다른 부분과 구분할 수 있는 시설이 구비되어 있지 아니하므로 구조상의 독립성을 갖춘 것으로 볼 수 없고 각 점포 부분이 이용상의 독립성을 구비한 것으로 볼 수도 없다. 구조상, 이용상 독립성을 상실하고 하나의 건물로 된 것이다. 다만 사실상 구분의 폐지의 경우에도 그 독립성 상실이 일시적이고 복원가능성이 있는 경우에는 구분소유권은 소멸하지 않는 것으로 볼 수 있고 그 판단기준은 사회통념이다.

그런데 이 사건에서는 경매개시 결정까지 1년 남짓 슈퍼마켓으로 사용되어 왔다면 경계벽의 복원을 전제로 한 일시적인 것이라고 보기 어려울 것이다. 구조상 독립성을 갖추지 못한 구분건물에 대하여 구분등기가 되고 그 등기에 기초하여 저당권 등 담보권이 설정된 경우, 판례는 "구분소유권의 객체로서 적합한 물리적 요건을 갖추지 못한 건물의 일부는 그에 관한 구분소유권이 성립할 수 없는 것이어서, 건축물관리대장상 독립한 별개의 구분건물로 등재되고 등기부상에도 구분소유권의 목적으로 등기되어 있어 이러한 등기에 기초하여 경매절차가 진행되어 매각허가를 받고 매수대금을 납부하였다 하더라도, 그 등기는 그 자체로 무효이므로 매수인은 소유권을 취득할 수 없다."고 한다.[52] 따라서 이 사건 점포를 구분소유권의 객체로 보아 경매목적물로 인정하기는 어렵다는 대법원의 해석론에 찬동한다.

그런데 집합건물법 제1조의2 요건을 갖추지 않고서 구분점포로 구분등기가 이루어진 경우에 구분소유권은 인정되지 않지만,[53] 동법은 구분

51) 대법원 1999. 6. 2.자 98마1438 결정.
52) 대법원 2010. 1. 14.자 2009마1449 결정; 대법원 2008. 9. 11.자 2008마696 결정; 대법원 1999. 11. 9. 선고 99다46096 판결.
53) 대법원 1995. 6. 9. 선고 94다40239 판결 등.

점포의 구조상의 독립성을 완화하고 있고, 구분점포의 경계표가 견고하게 부착되어 있는지를 실질적으로 심사하여[54] 구분점포의 건축물대장 및 보존등기의 가능성을 여과해 주는 장치가 현행법상 없다.[55] 구분점포가 집합건물법 제1조의2의 요건을 갖추지 않고 구분점포로 구분소유권등기가 행해져도 그 등기는 무효이므로, 그 결과 구분점포의 분양회사가 원시적으로 구분점포로 분양한 집합건물의 소유권을 원시취득하게 될 뿐이고, 수분양자뿐만 아니라 전전 매수한 매수인도 소유권을 취득하지 못하게 된다. 반대로 수분양자나 매수인은 계약을 해제할 수 있다.[56] 만일 분양회사가 해산하고 없는 경우에 당해 집합건물의 소유권은 누구에게 귀속될 것인지, 이는 현행법 해석상으로는 무주물이 되고, 국유에 속하게 된다는 불합리한 결과가 발생하며, 설사 수분양자가 매수인이 취득시효를 주장하더라도 구조상 독립성이 없는 물건의 구성부분에 대해 취득시효가 인정될 것인지가 의문이다.[57]

따라서 구조상의 독립성은 물적 지배의 범위를 명확히 하기 위한 것인데, 구분점포의 건축물대장·건물의 도면 등(통법 제53조)에 의하여 이를 명확히 할 수 있고 복원도 용이하다. 따라서 경계표지가 없는 구분점포의

---

54) 집합건물법 제60조 제1항은 건축물대장 소관청은 관계 공무원의 조사 결과 그 건물의 현황이 제1조 또는 제1조의2의 규정에 부합하지 아니한다고 인정될 때에는 집합건축물대장의 등록신청을 거부하고 일반건축물대장에 등록하여야 한다고 규정하고 있다.

55) 사동천, "물건개념의 완화와 이용권의 활성화-상가건물의 구분소유권 객체의 합체를 중심으로-", 홍익법학 제15권 제1호, 홍익대학교 법학연구소, 2014, 139면.

56) 서울서부지방법원 2014. 1. 17. 선고 2012가단32297 판결[부당이득금반환 등]에서는 "이 사건 각 부동산은 구조상, 이용상 독립성이 없어 구분소유권이 성립할 수 없고, 설령 그에 관하여 구분등기가 마쳐졌다고 하더라도 등기는 그 자체로 무효이므로, 이 사건 분양계약은 분양계약 당시부터 이미 객관적으로 그 이행이 불능인 계약으로서 무효이다. … 이 사건 분양계약의 이행이 가능한지에 대하여 판단하여야 한다고 하더라도, 이 사건 각 부동산을 비롯하여 수분양자들에게 분양된 각 점포의 면적은 대부분이 4.6㎡로 협소하고, 일부 점포들 사이의 복도의 너비는 지나치게 좁고 반면 길이는 지나치게 길어 점포 사이의 이동이 현저하게 불편해 보일 뿐 아니라, 벽체와 출입구 등의 시공까지 고려한다면 구분소유권으로 구획하는 것이 기술적으로 어려워 보인다."고 판시하여 수분양자인 원고의 분양계약 해제를 인정하였다.

57) 사동천, 앞의 논문, 139면.

등기도 허용하는 방안으로 판례의 변경이나 입법이 요망된다.[58]

3. 구분점포의 용도변경(대상결정 2)

대상결정 2에서는 대상결정 1과 같이 구조상 독립성을 갖추지 못한 것에 더하여 용도가 판매시설에서 무도장으로 변경되었다.

구분점포를 건축물대장에 등록하는 경우, 구분점포의 용도에 해당하는 바닥면적의 합계를 포함하여 등록하도록 하고, 전유부분 용지의 구조란에는 경계벽이 없다는 뜻을 기재하도록 하며,[59] 구분점포에 대하여 신규로 건축물대장 등록신청을 하는 경우에는 건축사 또는 측량기술자가 작성한 평면도를 첨부하도록 하고 있다.[60] 구분점포의 경우는 구조상 특수성을 가지므로 구조적 독립성을 갖추지 않는 경우에는 그 용도를 건축법 제2조 제2항 제7호의 판매시설 및 제8호의 운수시설로 제한하고 있는 바, 위의 용도외의 다른 용도로 변경할 수 없도록 규정하고 있다.[61] 구분점포의 용도를 제한하여 일정 용도 외의 다른 용도로 변경할 수 없도록 규정한 것으로 강행규정으로 볼 수 있다.[62] 반대해석을 하면, 구분점포에 대해 전유부분 사이에 경계벽 설치 등으로 구획하여 판매시설에서 업무시설로 변경한 경우 구분점포인 전유부분마다 경계벽을 설치하는 등으로 구조적 독립성을 갖추고 집합건축물대장이나 건물등기부 등을 변경하면 ($\binom{제54조}{제2항, 제6항}$), 해당 전유부분은 구분점포가 아닌 제1조의 적용을 받는 일반 전유부분으로 전환되므로 건축법에서 정하는 바에 따라 용도변경이 가능할 수도 있다.[63] 행정법원 판결에서도 비슷한 판단이 보인다.[64]

---

58) 같은 견해로 사동천, 앞의 논문, 139면; 양형우, 구분건물의 구조상 구분이 소멸된 경우의 권리관계와 변경등기―대상판결: 대법원 2013. 3. 28. 선고 2012다4985 판결―, 민사법학 제68호, 2014. 9, 387면.
59) 집합건물법 제54조 제1항 3호, 제6항.
60) 집합건물법 제56조 제2항.
61) 집합건물법 제57조 제4항.
62) 같은 견해로 김민주, 건물에 대한 구분행위와 구분소유권에 관한 연구, 아주대학교 박사학위논문, 2014. 2, 125면 참조.
63) 김민주, 앞의 박사학위논문, 125면 참조.
64) 서울행정법원 2011. 12. 9. 선고 2011구합25807 판결.

따라서 대법원의 판단은 현행 법의 해석에 따른 타당한 결론이라고
보이나, 거래실무에 따른 불편은 결국 용도의 확대 등 법개정을 통하여
해결해야 할 것으로 생각한다.

V. 상가건물 구분소유권 문제에 대한 검토

1. 집합건물법 제1조의2에 대한 비판

2003년 개정 집합건물법 제1조의2 신설을 통해 구분점포에 대한 구
분소유권을 인정한 것은 구조상 독립성을 완화하여 사회적·경제적 필요
에 부응하고자 한 점은 인정할 만하지만, 건물의 용도나 면적 기준에 의
하여 그 적용범위를 제한함으로써 많은 불편을 야기하고 있다. 당초 제1
조의2에 용도제한, 면적제한을 둔 취지는 이용상 필요에 의하여 제한 없
이 구분소유가 가능하도록 하게 되면 부동산물권의 공시체계에 큰 혼란
을 줄 우려가 있기 때문이라고 한다. 즉 구분점포의 면적과 용도의 제한
은 당초 제출된 법안에는 존재하지 않았으나, 국회 심의과정에서 구분점
포에 대한 요건을 지나치게 느슨하게 할 경우 그 남용을 우려한 법원의
의견을 수용한 것으로 보인다.[65]

그러나 다음의 사례를 보면 이용상 독립성의 요건만을 갖춘 상가점

사실관계 : 아파트 상가의 여러 구분점포들을 모아 따로 경계벽을 설치하여 구분
점포의 용도를 판매시설에서 예식장으로 변경하였으나, 따로 합병절차를 거치지
않은 사안.
법원의 판단 : "연이은 수개의 구분점포들이 다른 구분점포들과 구분되는 구조적
독립성을 갖추었다고 하더라도, 합병되지 않은 상태라면, 연이은 수개의 구분점포
들에 속하는 각 구분점포 사이에서는 각자 구조적 독립성을 갖추지 않은 것이 된
다. 이 경우 연이은 수개의 구분점포들을 판매시설 및 운수시설 용도 외의 다른
용도로 변경한다면, 이는 집합건물법 제57조 제4항(구분점포를 판매시설 및 여객
터미널 등 운수시설의 용도 외에 다른 용도로 변경할 수 없다고 규정하고 있다.)
에 어긋난다." "구분소유권의 객체인 구분점포는 판매시설 및 운수시설 용도만 가
능하고, 그 건물 부분이 구조적 독립성을 갖춰 구분점포에서 벗어난 별도의 구분
소유권의 객체가 돼야만 비로소 판매시설 및 운수시설 용도 외의 다른 용도로 변
경할 수 있다."
65) 국회법제사법위원회, 「집합건물의소유및관리에관한법률중개정법률안에 관한 공
청회」 자료집(2003. 5. 21.), 이제호 법원행정처 법정심의관 진술 부분 참조.

포가 무한정으로 구분건물로서 등기되는 것을 방지할 필요가 있다[66]는 점에서는 수긍이 가지만, 이러한 제한규정으로 구분점포 소유자는 여러 불편함을 겪고 있음을 알 수 있다.

현실에서 문제되는 점을 사례를 들어 살펴본다.[67]

[사례 1] 현재 판매시설인 구분점포의 구분소유자들이 용도를 업무시설, 운동시설 등으로 변경하려 하는 민원에 대하여는, 집합건물법 제1조의2 제1항 제1호에 의거 변경이 불가하다. 반면 현재 판매시설인 구분점포의 구분소유자들이 용도를 근린생활시설로 변경하는 것은, 판매시설 내 근린생활시설은 판매시설에 포함되므로 변경할 수 있다.[68]

[사례 2] 구분점포를 포함하여 판매시설의 용도에 해당하는 바닥면적 합계 1,500㎡인 집합건물에서 600㎡의 구분점포($\frac{제1조의2}{적용}$)의 구분소유자들이 경계벽을 설치하여 구조상의 독립성을 갖추더라도 업무시설로 변경하려 하는 민원에 대하여는, 집합건물법 제1조의2 제1항 제2호에 의거 불가능하다.

[사례 3] 구분점포 포함, 판매시설의 용도에 해당하는 바닥면적의 합계 1,500㎡인 집합건물에서 판매시설(1,000㎡)인 구분건물(제1조 적용; 구조상·이용상 독립성 있는 전유부분)을 의료시설로 용도 변경하려는 민원에 대하여도, 집합건물법 제1조의2 제1항 제2호에 의거 불가능하다.

이처럼 건물의 용도나 면적기준으로 동법 제1조의2의 적용범위를 제한하는 것은 현실에서 많은 불편을 야기하지만, 그 근거가 박약할 뿐 아니라 바람직하지 않다는 견해[69]가 계속 제기되고 있다.

첫째, 제1조의2에서 면적제한에 대한 비판이 있다. 바닥면적의 합계를 제한함으로써 바닥면적 합계가 이에 미치지 못하는 상가의 경우에 구분점포의 성립이 완전히 봉쇄됨으로써 상가면적의 규모에 따라 구분점포

66) 국회법제사법위원회 전문위원 검토보고서 참조.
67) 민원사항에 대하여 법무부에서 유권해석을 한 것을 사례로 제시한 것이다.
68) 다만, 1동의 집합건물 내의 구분점포 전부의 용도를 근린생활시설로 변경하는 것은 불가하다.
69) 박경량, 어영강, 이영준 등 대다수 학계는 비판적인 태도를 취하고 있다.

의 특례인정 여부를 제한하는 것이 타당한지 의문을 제시하고, 또한 판매 및 영업시설이 아닌 일반 사무용 건물에 대해서 구분점포와 같은 특례를 인정하지 않는 것에 대해 형평상의 문제점을 지적하기도 한다.[70] 당초 제1조의2에 용도제한, 면적제한을 둔 취지는 이용상 필요에 의하여 제한 없이 구분소유가 가능하도록 하게 되면 부동산물권의 공시체계에 큰 혼란을 줄 우려가 있기 때문이라고 한다. 즉 구분점포의 면적과 용도의 제한은 당초 제출된 법안에는 존재하지 않았으나, 국회 심의과정에서 구분점포에 대한 요건을 지나치게 느슨하게 할 경우 그 남용을 우려한 정부와 특히 법원의 의견을 수용한 것이다.[71]

생각건대 이용상 독립성의 요건만을 갖춘 상가점포가 무한정으로 구분건물로서 등기되는 것을 방지할 필요가 있다[72]는 점에서는 수긍이 가지만, 이러한 제한규정으로 구분점포 소유자는 여러 불편함을 겪고 있다. 따라서 건물의 용도나 면적기준으로 동법 제1조의2의 적용범위를 제한하는 것은 근거가 박약할 뿐 아니라 바람직하지 않다는 견해[73]가 계속 제기되고 있다.

둘째, 동조 제1항 제1호에서는 구분점포의 용도를 판매시설 및 운수시설일 것이라고 정하고 있다. 용도 제한에 대한 규정도 검토해야 한다. 구분점포의 용도에 있어서 판매시설이나 운수시설에 한정하여 구조상 독립성을 완화하고 있는데 그 밖의 용도의 경우에도 구조상 독립성을 완화시켜야 할 것이다. 한 번 구분점포로 구분소유권이 인정되면 당초의 용도에서 다른 용도로 변경할 수 없기 때문에 다른 용도로 변경하기 위해서는 구분점포가 아닌 제1조에 따른 구분건물로서의 요건을 갖추어야 한다. 구분점포는 구분소유권이 성립하기 위한 요건을 완화하여 특칙을 규

---

70) 어영강, 집합건물의 구분소유에 있어서 구조상의 독립성 요건을 둘러싼 몇 가지 문제, 판례와 실무, 인천지방법원, 2004. 12, 31쪽 등.
71) 국회법제사법위원회, 「집합건물의소유및관리에관한법률중개정법률안에 관한 공청회」 자료집(2003. 5. 21.), 이제호 법원행정처 법정심의관 진술 부분 참조.
72) 국회법제사법위원회 전문위원 검토보고서 참조.
73) 박경량, 어영강, 이영준 등 대다수 학계는 비판적인 태도를 취하고 있다.

정한 것이기 때문에 구분소유자가 이러한 특칙을 적용받지 않고 경계벽을 설치하는 등을 통하여 제1조의 요건을 갖추는 것을 금지할 수는 없으며, 이와 같이 제1조의 적용을 받는 일반 구분건물로서의 요건을 갖추게 되면 용도의 제한을 받지 않기 때문에 다른 용도로 변경이 가능하게 된다.

　셋째, 일정 면적에 미치지 못하는 상가는 구분점포로 할 수 없게 되는데, 이러한 면적제한은 용도제한과 함께 묶여 있어서 더욱 문제가 되고 있다. 제1조의2에 따른 구분점포는 물론, 아무런 제한이 없는 제1조에 따른 구분건물의 용도변경에도 제한을 가져와 구분소유자의 재산권 행사를 제약하는 요건으로 작용한다.[74] 즉 일단 한 번 구분점포로 구분소유권이 인정되면 당초의 용도에서 다른 용도로 변경할 수 없기 때문에 다른 용도로 변경하기 위해서는 구분점포가 아닌 제1조에 따른 구분건물로서의 요건을 갖추어야 하는 결론이 된다. 구분점포는 구분소유권이 성립하기 위한 요건을 완화하여 특칙을 규정한 것이기 때문에 구분소유자가 이러한 특칙을 적용받지 않고 경계벽 등을 설치하는 등을 통하여 제1조의 요건을 갖추는 것을 금지할 수는 없으며, 이와 같이 제1조의 적용을 받는 일반 구분건물로서의 요건을 갖추게 되면 용도의 제한 또한 받지 않기 때문에 다른 용도로 변경이 가능할 것이다. 그러나 해당 용도의 바닥면적합계가 1,000㎡ 이상이라는 제한이 있고, 이러한 면적은 건축물대장의 등록사항(제54조 제3항)으로서 그 면적합계는 유지되어야 하므로 구분점포 전체를 새로 구조적 독립성에 맞도록 구획하거나, 면적합계가 1,000㎡를 초과하는 경우 그 일부 구분소유자는 경계벽 등을 설치하여 용도를 변경할 수 있을 것이나,[75] 면적합계가 1,000㎡가 되면 다른 구분소유자는 개별적인 용도변경은 불가능해지는 것이다. 실제 분양되는 상가를 보면 구분점포의 경우 개개 점포에 대한 면적제한이 없어, 작게는 3.3㎡(소위 1

---

74) 전혜정, "집합건물법의 운영 현황과 문제점", 법조 통권 제652호(2011. 1.), 법조협회, 18-20면.

75) 이러한 경계벽의 설치가 제5조의 구분소유자들의 '공동의 이익'에 해당하는지 여부는 별론으로 한다.

평)부터 구분되는데 분양 당초 예상한 사업성이 부진하여 새로운 활로를 개척하고자 할 경우 이러한 용도제한이 그 제약요건으로서 작용하고 있는 실정이다. 요컨대 당초 면적규정을 둔 취지가 새로운 제도의 시행에 따른 혼란을 줄이기 위해 그 범위를 제한한 것이라면, 면적규정이나 용도에 관한 규정은 구분점포제도의 운용 현황을 바탕으로 하여 재검토의 필요성이 있을 것으로 생각된다.[76] 즉, 개정법의 적용대상에 해당되지 않는 중소형 상가도 무격벽에 의한 구분소유의 현실적 필요성이 있음에도 불구하고 이를 위한 길을 봉쇄하는 불합리한 점이 발생한다.

넷째, 구분소유권의 본질을 공간소유권이나 공간지배권으로 보는 한 바닥면적의 합계를 기준으로 구분점포의 허용 여부를 결정하는 것은 구분소유권의 본질과 거래의 현실 및 등기의 공시기능의 측면에서 볼 때도 합리적이지 못하며, 오늘날 사회현실에 부합하고 있다고 볼 수 없다.

다섯째, 사무용 건물의 경우 건물바닥에 경계표지 등을 갖춘 후 건물이용자의 사정에 따라서 경계표지를 훼손하지 않고 별도의 칸막이나 차단장치를 하여 이용공간을 유연하게 배치하려는 경우도 있다. 그런데 경계표지의 정착성이 인정되어 공시방법을 갖추었음에도 이러한 특례를 전혀 인정하지 않는 것에 대해서는 문제를 제기할 수 있다.

집합건물법 제1조의2는 당시 독립된 거래의 대상이었던 상가건물에 대하여 사회현실에 발맞추어 구조상 독립성을 완화한 것이었다. 개정당시 자료를 보면, 이러한 제한은 개별점포가 이용상의 독립성을 이유로 무한정 구분되는 것을 막기 위한 것으로 볼 수 있다. 그러나 구분점포별로 부여된 건물번호표지를 부착하고 있다면 바닥면적에 관계없이 구분소유권을 인정하는 것이 바람직할 것이다. 등기관에게 형식적 심사권만 있다는 점을 악용하여 예를 들어 다가구 주택이 아니면서도 재개발 조합원 수를 늘리기 위하여 구분등기하는 방식으로 건물을 여러 개로 분할하는 형태를 취하는 경우도 종종 적발되곤 하는데 이러한 경우는 등기신청 시

---

76) 이준형, 집합건물법의 문제점과 개정방향 연구, 법무부 연구보고서, 2011, 25면.

주무관청의 준공승인서류 등을 보완하는 방식으로 문제를 해결할 수 있을 것이다.

또한, 경계표지와 관련하여서는 개정법에서 정하는 수준으로 쉽게 제거하거나 이동시킬 수 없는 경계표지나 경계선 등으로 구분표시를 유지하고, 개정법에서 정한 평면도를 첨부하는 등 물적 지배관계를 명확히 할 수 있는 경우에는 건물의 면적이나 용도에 따른 제한 없이 구분소유를 인정해야 할 것이다.

2. 집합건물법 제1조의2의 비교법적 검토

집합건물법 제1조의2는 다른 나라의 입법례에서 발견하기 어려운 규정이다. 근본적인 이유는 우리나라에서처럼 자금융통의 편의를 도모하기 위해 상업용 집합건물이 건설되기 전에 전유부분인 소규모 점포를 분양하는 이른바 '先分讓 後施工'으로 상가가 건축되는 현상을 발견하기 어렵기 때문이다.[77]

(1) 미국의 통일집합건물법(Uniform Condominium Act, UCA)은 건물의 물리적 부분에 대해서 구분소유권이 성립할 수 있다고 규정하고 있지만, 전유부분이 구조적으로 독립해야 한다는 규정은 두고 있지 않다.

(2) 일본의 구분소유법(建物の区分所有等に関する法律) 제1조는 우리나라 집합건물법 제1조와 마찬가지로 구조상·이용상 독립성을 요구하고 있다. 그러나 판례에 의해 그 독립성은 완화되는 추세이다. 1981년 최고

---

77) 이러한 결론은 독일, 일본, 프랑스의 관련 법제에서도 동일하게 찾아볼 수 있다. 이에 대하여는 양형우, 독일 주거소유권법(Wohnungseigentumsgesetz)에서의 구분소유, 한국법제연구원 워크숍 발표자료 2012. 7. 10.; 이준현, 상가집합건물법제-독일사례-, 한국법제연구원워크숍 발표자료, 2012. 8. 14.; 권철, 일본법에서 있어서 건물 일부의 독립성 판단기준, 한국법제연구원 워크숍 발표자료, 2012. 8. 14.; 남궁술, 프랑스에서 상가집합건물의 구분소유법제, 한국법제연구원 워크숍 발표자료, 2012. 8. 14. 등 참조.

재판소 판결($\substack{最高裁判所\ 1981.\ 6.\ 18.\ 第1小法庭 \\ 判決\ 民集\ 第35卷4号798頁}$)은 "건물의 구분소유등에 관한 법률 제1
조에서 말하는 구조상 구분된 건물부분이라 함은, 건물의 구성부분인 경
계벽, 계층 등에 의하여 독립된 물적 지배에 적합한 정도로 다른 부분과
차단되어 있고 그 범위가 명확한 건물부분을 말하는 것으로 반드시 주위
의 전부가 완전히 遮蔽되어 있을 것을 요하지 아니한다고 해석하는 것이
상당하다."고 하여 구분의 명확성에 중점을 두고 있고 구조상의 독립성에
관하여 완전히 차단되어 있을 것을 요건으로 하지는 않는다. 이 판결에
대한 재판연구관의 판례해설에 의하면,[78] 이 판결은 "물적 지배의 가능
여부는 사회통념에 따라 결정할 것으로서, 격벽(경계벽)의 존재 및 그 구
조만으로 파악할 것이 아니라, 당해 건물의 이용 형태, 이용 목적을 고려
하여 개별적인 사건에서 구체적으로 판단해야 한다는 취지"에 기한 것이
라고 한다. 우리나라에서 구분점포에서 구분등기가 되어 있더라도 법원
에서는 무효등기로 보아 이러한 무효등기에 기한 경매실행은 무효라는
결론에 이르는 반면, 일본에서는 이러한 사례를 찾을 수 없었다. 이는 등기
실무를 얼마만큼 엄격하게 하느냐의 차이에서 비롯된 것이라고 생각한다.

또한 2005년 부동산 등기사무취급절차준칙 개정으로 인하여 건물의
등기능력에 대한 태도가 변화되었다. 개정 전 제136조는 제1항에서 "건물
이란 둘레벽(周壁) 또는 이와 유사한 것을 갖추고, 토지에 정착한 건조물
로서 그 목적으로 하는 용도에 제공될 수 있는 상태에 있는 것을 말한
다."고 규정하고, 제2항에서 "건물인지 여부를 정하기 곤란한 건조물에
대하여는 다음의 예시[79]로부터 유추하여 그 이용상황 등을 감안하여 판
정해야 한다."고 하여 예시를 하였다. 2005년 개정을 통해 "건물의 인정

---

78) 遠藤賢治「最高裁判所 判例解説 民事編 1981年度」, 388頁.
79) **건물인 것의 예시** : ① 정차장의 승강장 및 하물집하장[단, 상실(上室)이 있는
부분에 한정], ② 야구장이나 경마장의 관람석(단, 지붕이 있어야), ③ 육교를 이용
하여 축조한 점포, 창고 등의 건조물, ④ 지하정차장, 지하주차장 및 지하도의 건
조물, ⑤ 원예, 농경용의 온상시설(단, 반영구적일 것)
건물이 아닌 것의 예시 : ① 가스탱크, 석유탱크, 급수탱크, ② 기계 위에 건설된
건조물, ③ 부선(艀船)을 이용한 것(단, 고정된 것 제외), ④ 아케이드를 씌운 상점
가, ⑤ 용이하게 운반할 수 있는 매표소.

에 관하여는 다음의 예시[80]에서 유추하여 그 이용상황 등을 감안하여 판
정하는 것으로 한다."라고만 규정하여 이전의 외기분단성, 정착성, 용도성
에 관한 내용을 삭제하였다. 따라서 건물의 등기능력은 확대되고 모든
건축물도 일정한 요건만 갖추면 모두 등기할 수 있도록 가능성을 높이고
등기가 다양한 건축물의 물권변동에 대한 공시 기능을 실질적으로 하게
되었다.[81] 우리나라와 유사하지만 확연히 다른 점이라 할 것이다.

   (3) 프랑스 집합건물법(건축부동산의 구분소유의 지위를 정하는 1965년
7월 10일자 법률)[82] 제2조 제1항도 전유부분은 구분소유자의 배타적 소유
물이라는 규정만을 두고 있다. 구분소유자는 건물에 대해서 구분소유권
을 가지지만, 그 권리의 대상은 구분소유부분(lot)에 한한다. 프랑스 구분
소유법제에서 특유한 개념인 구분소유부분(lot)이란, 단지 전유부분인 건
물의 집합주택부분만을 가리키는 것이 아니라, 공용부분 및 공용부분에
부속될 권리의 지분을 포함하는 것으로 해석되는, 구분소유자의 권리의
대상을 포괄적으로 파악하는 추상적인 개념이다.[83] 구분소유부분(lot)의
소유권에는 일반소유권에 관한 모든 법적 작용(점용권,[84] 지상권, 지역권,
저당권의 설정 등)의 대상이 된다. 프랑스 1965년 집합건물법 제1조에서
구분소유 요건으로서의 독립성을 요구하지는 않으나, 실무상으로는 독립
된 공간을 기준으로 구분소유부분(lot)을 정하는 것을 선호한다고 한다.
부동산공시에 관한 '1955년 10월 14일 데크레' 제71조에서 보면, "구분소
유의 몫은 건물의 각 주된 공간(아파트, 상점, 영업용 공간, …)과 부속 공
간[85](지하창고, 차고, …)으로 구성된 모든 분리(fraction)에 의해 형성된

---

80) 예시는 개정 전과 동일.
81) 김판기, 개방형 축사 등 동식물 관련 건축물의 등기에 관한 연구, 한양법학 제20
   권 제3집, 2009. 8, 165면 참조.
82) Loi n° 65-557 du 10 juillet 1965 fixant le statut de la copropriété des im-
   meubles bâtis.
83) "구분소유부분(lot)=전유부분+공용부분의 일정 지분"으로 도식화할 수 있다.
84) 용익권과 허소유권의 분화.
85) 부속 공간(local accessoire) : 창고(hanger), 지하저장고(cave)나 차고(garage) 등.

다."고 규정되어 있기 때문이다. 한편 1인의 구분소유자는 수개의 구분소유부분(lots)을 소유할 수 있으며, 각 lot은 별개로 양도될 수 있다. 초기에 형성된 구분소유부분(lots)은 불변이 아니다. 즉 건물의 증축이나 신축을 통해 새로운 구분소유부분들(lots)이 추가될 수 있고, 기존의 구분소유부분들(lots)이 합병으로 인해 줄어들거나 또는 분할(세분)되어 증가될 수 있다. 이러한 구분소유부분들(lots)의 변경은 거래안전을 위해 아래에서 언급한 '구분명세서'(l'état descriptif de division)의 작성을 통해 공시되어야 한다.

(4) 독일의 집합건물법인 1951년 3월 15일 제정된 주거소유권법(Wohnungseigentumsgesetz, WEG)에서는 우리나라의 구분소유권에 해당하는 특별소유권(Sondereigentum)을 규정하고 있는데, 이는 주거 또는 기타 공간이 독립된 경우에만 인정된다고 규정하고 있다($\frac{제3}{조}$). 이에 따르면, 특별소유권의 설정은 특별소유권과 결부된 공간이 독립성(Abgeschlossenheit)을 가지는 것을 전제로 한다. 공간이 독립성을 가질 것을 요구하는 것은 소유관계를 명확히 하고 그와 더불어 다툼을 피할 수 있도록 법률관계를 보장하는 데 그 목적이 있다. 독일 민법(BGB)과 주거소유권법(WEG)은 건물은 벽으로 이루어진다는 고정관념과 경계벽필요설에 부정적이며, 객체에 대한 물적 지배의 범위를 명확히 할 수 있는 별개의 수단으로 건물도면 및 각층의 평면도를 중요하게 본다. 독일 주거소유권법(WEG)도 또한 그 물적 지배범위는 건축도면에 기초하고 있다($\frac{\text{WEG 제7조}}{\text{제4항 참조}}$).[86] 공간이 독립성을 갖추었는지 여부를 위해 결정적인 것은 해당 건물등록관청이 발급하는 독립성증명서(Abgeschlossenheitsbescheinigung)이다. 해당 건물등록관청은 분할계획서(Aufteilungsplan)를 통하여 독립성 여부를 확인하고, WEG 제7조 제4항 제2호에 따른 일반행정규칙 제5항에 근거하여 위 증명서를 발급한다. 독일에서는 "건물은 토지의 구성부분"이라는 원칙에

---

86) 도면 등에 대해서는 집합건물법 제56조 제2항(건축물대장의 신규 등록신청), 제57조 제3항(건축물대장의 변경 등록신청), 제59조 제2항, 제3항(소관청의 직권조사), 제60조 제1항(조사 후 처리), 제65조 제2항(벌금) 참조.

의해 주거공간을 제외하고서 상가집합건물이나 구분점포는 토지와 별개
의 소유권의 객체가 될 수 없다는 것이며 따라서 구분점포
(Geschäftsraum)는 임대차의 목적이 될 수 있을 뿐이다. 그렇다면 엄밀히
말해 우리의 집합건물법 제1조의2에 비교될 수 있는 독일의 실정법상
규정은 존재하지 않는다.

다만 독일 주거소유권법(WEG)상 특별소유권의 예외에 해당한다고 할
수 있는 차고주차구역(Garagenstellplätze)에 관하여는, "그 바닥면(Flache)이
지속적인 표지(dauerhafte Markierung)에 의해 분명한 경우에 독립된 공간
으로서 간주된다."고 정하고 있다. 즉 주차장의 경우에 한정하여 구조상
독립성이 완화된 것이다.[87] 차고는 분명히 상가건물과 같은 완전한 독립
성(Abgeschlossenheit)이 요구될 필요가 없음은 당연할 것이다. 그렇다면
우리나라의 오픈점포도 독일의 차고에서의 구획설정과 같은 의미를 지닐
수 있을 것이다. 독일의 차고주차구역의 규정은 우리의 상가건물의 구분
소유에서도 충분히 고려할 만한 시사점을 준다고 본다. 단순한 상가의
'임대' 관계가 아니라 '소유'의 문제에 있어서는 이용의 편리라는 이유로
물건의 특정성과 공시성이 쉽게 완화되어서는 곤란하다는 생각에서 그러
하다.[88]

VI. 結 論

주거용 집합건물은 주거용 단독건물에 준하여 엄격하게 그 독립성을
요구하지만, 상업용 집합건물은 수차례 개정을 통하여 그 구분소유권의
취득요건을 완화하였다. 즉 상가는 구분소유의 기초가 되는 벽이 없더라

---

87) 주거소유자공동체에 있어서 차고주차구역(Garagestellplatz)은 그 독립성이 의제되
  므로 특별소유권의 대상이 된다. 이를 위해서는 차고의 주차구역을 색칠하거나 그
  밖의 방법에 의한 지속적인 표식 외에 자동차주차구역이 있는 지상 혹은 지하 건
  물이 전면적으로 차폐되어 있어야 한다. 따라서 노천의 지붕만 있는 간이차고의
  자동차주차구역은 공간적 독립성이 부재하기 때문에 특별소유권의 대상이 될 수
  없는 반면, 건물옥상을 이용한 자동차주차구역은 특별소유권의 대상이 된다.
88) 같은 의견으로 이준현, 법제연구원 워크숍 자료집, 2012 참조.

도 단지 바닥면적을 기준으로 관념적 선, 표지에 기초하여 소유권의 득
실변동이 이루어질 수 있으며, 이는 구분점포('오픈상가')에서 두드러진다.
관련 조항이 집합건물법 제1조의2이다. 상가집합건물은 분양이나 분양
이후 영업활동에 따른 공간의 분할이나 합체의 필요성도 크고 실제 빈번
하게 이루어져 오고 있지만 이에 대한 규율이 쉽지 않다. 구분소유자의
구분등기도 구조상 독립성 결여로 현재 용이하지 않다. 그리고 구분점포
의 경우 금융의 편의를 위해 담보물로 제공되는 경우가 빈번한데, 이 경
우 법원도 그 담보물권관계는 인정해 주지만, 담보물권의 실행단계에서
건물 일부의 구조상 독립성 결여를 이유로 경매개시가 곤란하다는 입장
이다. 이에 관한 대법원의 판단으로는 대상결정 1 : 대법원 2010. 1. 14.자
2009마1449결정, 대상결정 2 : 대법원 2011. 9. 29.자 2011마1420 결정 등이
있다.

대상결정 1은 구조상 독립성이 없는 구분건물에 설정된 담보권의 효
력에 관한 판단이다. 구조상 독립성을 갖춘 구분건물에 대하여 구분등기
가 이루어진 다음 1동의 건물 중 일부의 구분건물 사이에 구조상의 구분
이 소멸되었는데, 말소등기 등이 이루어지지 않아 종전 전유부분에 저당
권 등 담보권이 설정된 경우에 그 담보권의 효력이 문제되었다. 대법원
은 구조상 독립성을 갖추지 못한 구분건물에 대하여 구분등기가 되고 그
등기에 기초하여 저당권 등 담보권이 설정된 경우, "구분소유권의 객체로
서 적합한 물리적 요건을 갖추지 못한 건물의 일부는 그에 관한 구분소
유권이 성립할 수 없는 것이어서, 건축물관리대장상 독립한 별개의 구분
건물로 등재되고 등기부상에도 구분소유권의 목적으로 등기되어 있어 이
러한 등기에 기초하여 경매절차가 진행되어 매각허가를 받고 매수대금을
납부하였다 하더라도, 그 등기는 그 자체로 무효이므로 매수인은 소유권
을 취득할 수 없다."고 하였다. 그런데 집합건물법 제1조의2의 요건을 갖
추지 않고서 구분점포로 구분등기가 이루어진 경우에 구분소유권은 인정
되지 않지만, 동법은 구분점포의 구조상의 독립성을 완화하고 있고, 구분
점포의 경계표가 견고하게 부착되어 있는지를 실질적으로 심사하여 구분

점포의 건축물대장 및 보존등기의 가능성을 여과해 주는 장치가 현행법상 없다는 문제가 있다. 구조상의 독립성은 물적 지배의 범위를 명확히 하기 위한 것인데, 구분점포의 건축물대장·건물의 도면 등에 의하여 이를 명확히 할 수 있고 복원도 용이하다. 따라서 경계표지가 없는 구분점포의 등기도 허용하는 방안으로 판례의 변경이나 입법이 요망된다.

대상결정 2에서는 대상결정 1과 같이 구조상 독립성을 갖추지 못한 것에 더하여 용도가 판매시설에서 무도장으로 변경된 사안이다. 구분점포의 경우는 구조상 특수성을 가지므로 구조적 독립성을 갖추지 않는 경우에는 그 용도를 법률로 판매시설 및 운수시설로 제한하고 있어서 일정 용도 외의 다른 용도로 변경할 수 없도록 규정한 것은 강행규정으로 볼 수 있다. 대법원의 판단은 현행 법의 해석에 따른 타당한 결론이라고 보이나, 거래실무에 따른 불편은 결국 법개정을 통하여 해결해야 할 것으로 생각한다.

집합건물법 제1조의2는 제정 당시 법무부의 반대의견과 실무의 찬성의견을 적절히 조정하여 법원에서 제안한 절충안이 결국 의원입법으로 발의되어 통과된 개정조항이다. 따라서 법리적인 면에서 불충분한 점이 발견되고, 현실에서 실효적인 법규범으로 작용할 수 없다는 한계를 드러내고 있기에 현실에 맞도록 개정할 필요가 있다고 본다. 이와 관련하여 주요 외국의 법제와 판례 등 비교법적 논의가 참고가 될 수 있다. 건물이 독립한 부동산으로서 우리나라와 유사한 법제를 가진 일본에서는 이미 하위법령이나 판례에서 구조상의 독립성이 완화되어 가고 있는 추세이며, 건물이 독립한 부동산으로 원칙적으로 인정되지 않는 다른 유럽이나 미국에서도 참고할 만한 법리가 발견되고 있다. 독일에서 차고에 대한 규율, 프랑스에서 공간에 대한 'lot'의 규율은 구조상 독립성을 넘어서는 법리이다. 이에 기반하여 집합건물법 제1조의2를 살펴보면, 면적제한이나 용도제한을 좀 더 완화할 필요가 있다고 본다. 당시 입법자료에서 이러한 제한은 개별점포가 이용상의 독립성을 이유로 무한정 구분되는 것을 막기 위한 것으로 보인다. 그러나 나머지 요건만으로도 그와 같은 목적을 달성할 수 있다. 따라서 구분점포의 용도가 건축법 제2조 제2항 제6호의 판매 및 영업시설이고, 경계를 명확하게 식별할 수 있는 표지를 바닥에 견고하게 설치하고 있으며, 구분점포별로 부여된 건물번호표지를 견고하게 부착하고 있다면 바닥면적에 관계없이 구분소유권(이른바 평면 구분소유권)을 인정하는 것이 바람직하다는 비판은 타당한 듯 보인다. 다만, 건축도면 등을 적극 활용하는 것이 전제가 되어야 할 것이다.

[Abstract]

Sectional Ownership of Commercial Aggregate Building

Song, Jae Il*

In Korea nowadays building is dominated by aggregate buildings such as apartments, commercial aggregate buildings. Article 215 of korean civil law provides sectional ownership of building. From 1984 Act on the Ownership and Management of the Aggregate Buildings(hereinafter referred to as "Act on the Aggregate Buildings") has been providing the sectional ownership of building.

The separability of a building is decided by two standards: the separability in structure and the separability in use. Act on the Aggregate Buildings provides the legal ground to these standards: The Article 1 of the Act says "Whare several sections, into which one building is structurally divided, may be independently used, each section may be the object of independent ownership under this Act. It requires both the separability in structure and the separability in use.

Article 1-2 of the Act, however, amended in 2003, provides that sectioned stores may be the object of ownership, respectively under conditions stipulated by this Act—use restriction(commercial facilities and transportation facilities) and floor space restriction(not less than 1,000㎡). Furthermore, it added that the marks cleary demarcating the boundaries on the floor shall be firmly installed, and the marks of building numbers assigned for each sectioned store shall be attached firmly.

Shortly, strict requirement of the separability in structure can be softened in special case of the some sectioned stores in the light of special

---

* Professor, Myongji University.

needs for transactions and practice. The reform 2003 is like to reflect the theory of abstract boundaries. The problem is that reform leaves something to be desired for transaction and practice.

This article reviews 2 leading cases(Supreme court 2010. 1. 14. Ja 2009ma1449, Supreme court 2011. 9. 29. Ja 2011ma1420) regarding the two most important points; one, object of ownership and the other, use restriction. Actually we could agree the decision of supreme court under the interpretation of present legal system and the gap of the law in case of combination of sectional shops.

Lastly, we come to the bread-and-butter issues for reform of Act on the Aggregate Buildings. The best policy is granting the court to screen practically in case of division and combination of sectioned stores. Alternative solution is reforming Article 1-2 of the Act. Unreasonable and unnecessary restriction, that is, use restriction and floor space restriction should be repealed. Furthermore, it need to add the requirement of the descriptive statement of division which can make ownership and lease relations clear. Thus, Article 1-2 are able to be more softened.

[Key word]

- Act on the ownership and management of the aggregate buildings(Art. 1-2)
- Separability in Structure
- Sectional Ownership of Commercial Aggregate Building
- Sectioned Stores
- Division and combination of sectioned stores
- Structural independence

참고문헌

1. 국내문헌

곽윤직 편집대표, 『민법주해(Ⅴ)』, 박영사, 2002.

          , 『민법주해(Ⅵ)』, 박영사, 2002.

권오복, 부동산경매의 경매목적물, 실무논단, 서울지방법원, 1997.

국회 법제사법위원회, 집합건물의 소유 및 관리에 관한 법률 중 개정법률안에 대한 공청회 자료집, 2003.

김민주, 건물에 대한 구분행위와 구분소유권에 관한 연구, 아주대학교 박사학위논문, 2014. 2.

    , 집합건물법상 상가건물 구분소유에 관한 고찰, 아주법학 제8권 제1호, 2014.

김병두·배명이, 구분소유적(區分所有的) 공유(共有)의 법적 구조에 관한 일고찰(一考察), 법학연구, 경상대학교 법학연구소, 2010.

김성욱, 집합건물의 구분소유와 공시문제, 민사법학 제47호, 한국민사법학회, 2009. 12.

김영두, 집합건물법 연구-이론·사례·판례, 진원사, 2008.

김영희, 구조상 독립성과 이용상 독립성에 관한 일고찰, 연세법학, 2009.

김용담 편집대표, 주석민법, 물권 2, 2011.

         , 주석민법, 물권 1, 2011.

김용한, "집합건물의 재건축과 복구", 법조 제33권 제12호, 1984.

김준호, "집합건물의 구분소유권에 관한 연구", 연세대 박사학위논문, 1984.

    , 건물구분소유법, 대왕사, 1984.

김창모, 구분소유의 성립요건, 민사판례연구 제36집, 민사판례연구회, 박영사, 2104.

김판기, 개방형 축사 등 동식물 관련 건축물의 등기에 관한 연구, 한양법학, 제20권 제3집, 2009. 8.

김황식, "집합건물의 공용부분에 관한 등기", 재판자료 제44집, 1988.

    , "집합건물의 소유 및 관리에 관한 법률", 민사판례연구 제12권, 민사판례연구회, 박영사, 1990.

노수웅, 구분소유권의 성립요건과 구조상 독립성이 없는 건물의 권리관계에
       관한 검토, 민사집행법연구 제7권, 한국민사집행법학회, 2011. 2.
대법원 법원행정처, 집합건물의 등기에 관한 해설, 법원행정처, 1985.
박경량, 집합건물 구분소유법리의 재조명, 전남대 박사학위논문, 1991.
_____, 상업용 집합건물에서의 전유부분의 요건, 사법질서의 변동과 현대화
       (김형배 교수 고희기념 논문집), 박영사, 2004.
박종두·박세창, 집합건물법, 삼영사, 2011.
배병일, "건물의 합체", 민법학의 현대적 양상: 나암 서민교수정년기념논문집,
       법문사, 2006.
법무부, 『2004년 법무부 민법개정안 총칙·물권법』, 민법개정총서 3, 2012.
_____, 집합건물의 소유 및 관리에 관한 법률개정을 위한 공청회 자료집,
       2011.
손지열·김광식, 집합건물의 소유 및 관리에 관한 법률·부동산등기법해설,
       법령편찬보급회, 1985.
송재일·사동천, 상가건물의 구분소유법제분석, 한국법제연구원 보고서,
       2012. 9.
안갑준, 집합건물 구분소유권의 등기에 관한 연구, 건국대 박사학위논문, 2005.
양경욱, "건물의 구분소유에 관한 법률문제", 사법논집 제16집, 1985.
양형우, "구분소유관계의 종료(해소)에 관한 고찰", 비교사법 제19권 제3호(통권
       제58호), 한국비교사법학회, 2012.
_____, 구분건물의 구조상 구분이 소멸된 경우의 권리관계와 변경등기-대상
       판결: 대법원 2013. 3. 28. 선고 2012다4985 판결-, 민사법학 제68호,
       2014. 9.
어양강, 집합건물의 구분소유에 있어서 구조상의 독립성 요건을 둘러싼 몇
       가지 문제, 판례와 실무, 인천지방법원, 2004. 12.
유진식, "집합건물의 등기상 제문제 1, 2, 3", 법조 제37권 제2-4호, 1988.
윤진수, "건물의 합동과 저당권의 운명(상)", 사법행정 제403호, 한국사법행정
       학회, 1993
_____, "건물의 합동과 저당권의 운명(하)", 사법행정 제404호, 한국사법행정
       학회, 1994
이성룡, "집합건물의 창고 차고가 구분소유권의 객체인지 여부", 법조 제46권
       제3호, 1997.

이준형, 집합건물법의 문제점과 개정방향 연구, 법무부 연구용역 보고서, 2011.

이춘원, "건물의 구분소유에 관한 연구", 성균관대학교 박사학위 논문, 2005.

이한규, "집합건물 소유 및 관리에 관한 법률과 등기절차", 사법행정 제26권 제4호, 1985. 4.

이현종, 집합건물의 구분소유 성립시기, 민사판례연구[XXIII], 박영사, 2001.

장호익, "집합건물의 소유 및 관리에 관한 법률 1, 2", 법제(순간) 제86-7호, 1984.

전혜정, 등기능력 있는 건물 여부의 판단기준(일본), 법조 제631호, 2009. 4.

한국법제연구원, 상가집합건물의 구분소유 법제 연구, 워크숍 자료집, 2012.

대법원종합법률정보(http://glaw.scourt.go.kr/)

2. 외국문헌

熊野勝之, 「建物區分所有法改正は"終の棲家"に何をもたらしたか」, 法學セミナー (643号), 2008. 7.

稲本洋之助·鎌野邦樹, コンメンタール·マンション區分所有法 第2版(日本評論社), 2004.

Basler Kommentar, Zivilgesetzbuch II, Hrsg. von Honsell/Vogt/Geiser, 4.Aufl., 2011.

Givord(François)-Giverdon(Claude)-Capoulade(Pierre), La copropriété(7e éd.), Paris, 2010.

Philippe Malaurie, Les biens, Defrénois, 2010.

Sous la direction de Hugues Périnet-Marquet, Proposition de l'Association HENRI CAPITANT pour une réforme du droit des biens, LexisNexis Litec, 2009.

Stéphane Piedelièvre, Traite de droit civil: la publicité foncière, Paris: L.G.D.J., 2000.

Timme(Michael), Kommentarzum Wohnungseigentumsgesetz(WEG), München, 2010.

U. Fasel, Grundbuchverordnung (GBV) Kommentar, 2008.

국가 등의 무단점유 인정 요건
― 일제 강점기에 도로로 편입된 경우를 중심으로 ―

임 기 환*

■요 지■

국가나 지방자치단체가 과거로부터 도로 등의 부지로 장기간 점유해 오고 있는 토지에 대하여 그 토지를 사정받은 자의 승계인이 자신의 소유권을 주장하는 경우, 국가 등은 대개 취득시효를 주장하며 그 소유권을 주장하게 된다. 이러한 소송에서 종래 취득시효의 인정 여부를 둘러싼 가장 핵심적인 쟁점은 국가 등의 자주점유 추정이 번복된다고 볼 수 있는지 여부, 즉 '무단점유'를 인정할 수 있는지 여부였고, 이에 대해서 판례는 많은 변화가 있었다.

83년 전합판결이 선고된 이후 대법원은 대체로 자주점유의 추정의 번복을 쉽게 인정하지 않는 경향이었으나, 97년 전합판결이 선고된 이후에는 국가의 무단점유를 비교적 쉽게 인정하여 자주점유 추정도 쉽게 번복될 수 있다는 경향을 보였다. 그러나 다시 2005년경부터 국가의 자주점유 추정 번복을 쉽게 인정하지 않으려는 경향이 나타나기 시작하였고 이후 판례의 입장은 다소 일관되지 못한 모습을 보여 왔던 것으로 보인다.

대상판결은 일제 강점기에 도로로 편입된 토지의 경우 그 지적공부가 멸실되지 않고 남아 있다고 하더라도 국가의 자주점유 추정이 쉽게 번복되지 않는다는 입장을 밝힘으로써, 그동안 다소 혼선이 있었던 것으로 보였던 대법원의 입장을 정리한 매우 큰 의의가 있는 판결이라고 생각된다.

---

* 대구지방법원 서부지원 판사.

[주제어]
- 부동산 점유취득시효
- 소유의 의사 추정
- 국가의 무단점유
- 일제 강점기에 도로로 편입된 토지에 대한 국가의 점유

[투고일자] 2015. 12. 10.
[심사일자] 2015. 12. 15.
[게재확정일자] 2015. 12. 30.

대상판결 : 대법원 2014. 3. 27. 선고 2010다94731, 94748 판결
　　　　　[공2014상,915]

[사안의 개요]

1. 이 사건 ①~⑤ 토지(이하 '이 사건 각 토지')의 각 모(母)토지는 1911년경 甲 등이 사정받았고, 그들로부터 1919년경 박병조가 소유권을 취득하였다.

2. 1920년경 이 사건 ①, ②, ③ 토지가 그 각 모토지에서 분할되면서 지목이 도로로 변경되었고 그 무렵부터 경산시 소재 A도로의 부지로 사용되고 있다. 마찬가지로 1931년경 이 사건 ④, ⑤ 토지가 그 각 모토지에서 분할되면서 지목이 도로로 변경되었고 그 무렵부터 경산시 소재 B도로의 부지로 사용되고 있다. 조선총독부, 대한민국, 경상북도의 점유를 순차로 승계하여 현재는 피고(경산시)가 사건 각 토지를 점유하고 있다.[1]

3. 이 사건 각 토지를 제외한 위 각 모토지에서 분할된 나머지 토지들은 1920~1930년대에 박병조가 타에 매도하였고, 이 사건 각 토지에 관하여는 박병조의 손자인 원고가 2008. 8. 4. 각 1938. 3. 12.자 호주상속을 원인으로 한 소유권이전등기를 마쳤다.

4. 원고는 본소로 차임 상당의 부당이득반환청구를 하고, 피고는 반소로 시효취득을 원인으로 한 소유권이전등기청구를 하였다. 소송의 주된 쟁점은 피고가 이 사건 각 토지를 '무단점유'한 것으로 볼 수 있는지 여부였다. 이 사건 사안의 특징은, 이 사건 각 토지는 일제 강점기에 도로로 편입된 토지라는 점, 그 지적공부가 소실되지 않은 채 남아 있다는 점, 피고는 점유개시 당시(전 점유자의 점유개시 당시 또는 자신의 점유개시 당시)의 이 사건 각 토지의 취득 및 보상에 관한 자료를 제출하지 못하였다는 점이다.

[소송의 경과]

1. 원심판결(대구고등법원 2010. 10. 1. 선고 2010나2771, 2788 판결)의 요지

제1심(대구지방법원 2009. 10. 14. 선고 2008가단109156, 2009가단2436 판결)은 아래와 같은 여러 사정을 이유로, 원고의 무단점유 주장을 배척하고

―――――――――
1) 이 사건 ①, ②, ③ 토지는 1969년경 건설부고시로 A도로로 지정되었고, 이 사건 ④, ⑤ 토지는 1966년경 B도로로 지정되었다.

피고의 자주점유가 여전히 추정된다고 보아 원고의 본소청구를 기각하고 피고의 반소청구를 인용하였고, 원심도 제1심판결을 그대로 인용하여 원고의 항소를 기각하였다.[2]

가. 이 사건 각 토지는 A도로 또는 B도로의 일부를 차지하는 토지로서 지목이 도로로 변경된 이래 현재까지 줄곧 위 도로의 부지로 제공되어 왔다.

나. 이 사건 각 토지를 제외한 위 각 모토지에서 분할된 나머지 토지들은 그 무렵 모두 타에 처분되었으나, 이 사건 각 토지에 관하여는 2008. 8. 4. 원고에 의한 소유권이전등기가 마쳐질 때까지 60년이 넘도록 아무런 처분이 이루어지지 않았다.

다. 이 사건 각 토지가 분할되어 그 지목이 도로로 변경된 일제 강점기 당시에도 행정청이 사인의 토지를 수용할 경우 그 소유자가 보상금을 지급받을 수 있는 법적 보상절차가 존재하였으므로,[3] 이 사건 각 토지도 당시의 관계 법규에 따라 도로부지로 편입시키는 절차를 거쳐 그 소유자에게 해당 손실보상금을 지급하고 그 소유권을 취득하였거나 토지 소유자가 도로부지로 무상으로 기부한 것으로 볼 수 있다.

라. 피고는 이 사건 각 토지의 현황 및 관리에 관한 자료로서 일제시대에 작성된 관보, 군지, 노선조서 등의 공문서를 제출하고 있으나, 이는 대체로 대한민국으로부터 관리이전을 받아 보유하고 있거나 대한민국의 협조를 통하여 입수한 것들인데, 이 사건 각 토지에 도로가 개설된 후 현재까지 약 80여 년이 지나는 동안 해방, 6·25 사변 등 숱한 국가적 변혁을 겪는 과정에서 이 사건 각 토지 취득에 관련된 모든 자료가 대한민국이나 피고가 정상적으로 보관 또는 이관시켜 두었을 것을 기대하기 어렵다.

마. 도로 확장 및 포장계획에 따라 대한민국 또는 경상북도 경산군이 1974년 3월경부터 1996년 2월경 무렵까지 사이에, 이 사건 각 토지가 속한

---

2) 무단점유 인정 여부 외에도 다른 쟁점이 있었으나, 본고에서는 다루지 않기로 한다.

3) 구체적으로 "도로규칙(1915. 10. 29. 조선총독부령 제111호) 제11조에는 도로로 축조 또는 유지·수선에 관한 비용은 도장관이 시행하는 경우에는 지방비, 부윤·군수 또는 도사(島司)가 시행하는 경우에는 부 또는 관계부락의 부담으로 한다고 규정되어 있고, 토지수용령(1918. 1. 31. 조선총독부제령 제2호) 제2조에는 도로에 관한 사업을 토지를 수용하거나 사용할 수 있는 사업으로 정하면서, 제7조에 토지의 수용 또는 사용에 관하여 관계인이 입은 손실을 기업자가 보상하여야 한다고 규정되어 있다"는 점을 언급하였다.

A 또는 B도로 구간에 추가로 그 인근의 다수의 토지를 편입하여 그 보상절차를 진행하였는데, 그러한 과정에서도 피고의 이 사건 각 토지의 사용에 대하여 아무런 이의나 보상요구가 제기된 적이 없다.

바. 위와 같이 이 사건 각 토지가 인접한 일부 토지에 관하여 대한민국 혹은 피고가 1974년경부터 2006년경까지 사이에 이를 매수하여 각 소유권이 전등기를 마친 바가 있으나, 국가나 지방단체로서는 공공복리 또는 행정의 원활을 위하여 시효취득 여부와 상관없이 그 등기명의 취득을 위하여 토지를 매수할 여지도 있으므로 이러한 사정만으로는 피고가 이 사건 각 부동산을 정당한 권원 없이 점유하고 있다고 단정하기는 곤란하다.

2. 대상판결(대법원 2014. 3. 27. 선고 2010다94731, 94748 판결)의 요지

대법원은 아래와 같은 이유로 상고를 기각하였다.

가. 부동산의 점유권원의 성질이 분명하지 않을 때에는 민법 제197조 제1항에 의하여 점유자는 소유의 의사로 선의, 평온 및 공연하게 점유한 것으로 추정되는 것이며, 이러한 추정은 지적공부 등의 관리주체인 국가나 지방자치단체가 점유하는 경우에도 마찬가지로 적용되고, 점유자가 스스로 매매 또는 증여와 같이 자주점유의 권원을 주장하였으나 이것이 인정되지 않는 경우에도 그러한 사유만으로 자주점유의 추정이 번복된다거나 그 점유가 타주점유로 되는 것이 아니다(대법원 2002. 2. 26. 선고 99다72743 판결, 대법원 2007. 2. 8. 선고 2006다28065 판결 등 참조). 따라서 국가 등이 취득시효의 완성을 주장하는 토지의 취득절차에 관한 서류를 제출하지 못하고 있다고 하더라도, 그 점유의 경위와 용도, 국가 등이 점유를 개시한 후에 지적공부 등에 그 토지의 소유자로 등재된 자가 소유권을 행사하려고 노력하였는지 여부, 함께 분할된 다른 토지의 이용 또는 처분관계 등 여러 가지 사정을 감안할 때 국가 등이 점유 개시 당시 공공용 재산의 취득절차를 거쳐서 소유권을 적법하게 취득하였을 가능성을 배제할 수 없는 경우에는, 국가의 자주점유의 추정을 부정하여 무단점유로 인정할 것이 아니다(대법원 2010. 8. 19. 선고 2010다33866 판결 등 참조).

나. 아래와 같은 사정들을 앞서 본 법리에 비추어 보면, 비록 이 사건 각 토지에 관하여 일제 강점기에 작성된 등기부 등이 소실되지 않고 남아

있고 피고가 이 사건 각 토지의 취득절차에 관한 서류를 제출하지 못하고 있더라도, 이 사건 각 토지를 피고가 점유하게 된 경위나 점유의 용도, 이 사건 각 토지 및 그와 함께 분할된 다른 토지들의 처분·이용관계 등을 감안할 때 당시 국가 등에 의하여 이 사건 각 토지의 소유권 취득을 위한 적법한 절차를 거쳤을 가능성이 크다고 할 것이므로, 이 사건 각 토지에 관한 피고의 점유가 무단점유인 것으로 보기는 어렵고, 오히려 피고가 자주점유를 한 것으로 봄이 상당하다.

(1) 이 사건 각 토지는 1920년 또는 1931년에 등외도로로 지정될 무렵 분할 전 토지로부터 분할되면서 동시에 지목이 전 또는 답에서 도로로 변경되었다.

(2) 이 사건 각 토지에 관하여는 위 분할 및 지목변경된 무렵에 작성된 것으로 보이는 토지등기부가 소실되지 않고 남아 있기는 하나, 위 분할된 날에 이 사건 ①, ②, ③ 토지의 토지대장이 작성되었다가 같은 날 삭제되었고, 이 사건 ④, ⑤ 토지의 토지대장 역시 위 분할된 날에 작성되어 그 연혁란에 '도로성(道路成)'이라고 기재되었다.

(3) 이 사건 ①, ②, ③ 토지는 1969. 9. 29. A도로, 이 사건 ④, ⑤ 토지는 1972. 12. 29. B도로로 각 지정되었고, 위와 같이 지목이 도로로 변경된 이래 현재까지 줄곧 위 도로의 부지로 제공되어 왔다.

(4) 이 사건 각 토지의 모토지로부터 분할된 각 토지 중 이 사건 각 토지를 제외한 나머지 토지들은 모두 제3자에게 매각되었으나 이 사건 각 토지에 관하여는 2008. 8. 4. 원고에 의한 소유권이전등기가 마쳐질 때까지 60년이 넘도록 아무런 처분이 이루어지지 아니하였다.

(5) 이 사건 각 토지에 관한 지목이 도로로 변경될 무렵인 일제 강점기에 시행된 도로의 개설과 그 도로에 편입되는 토지의 보상 및 지적정리에 관한 법령 및 지침 등에 의해 행정청이 사인의 토지를 수용할 경우 그 소유자가 보상금을 지급받을 수 있는 법적 보상절차가 마련되어 있었다.

(6) 대한민국 또는 경상북도 경산군이 1974. 3.부터 1996. 2.까지 이 사건 각 토지가 속한 A도로 또는 B도로 구간에 이 사건 각 토지에 인접한 다수의 토지를 추가로 편입하여 그 보상절차를 진행하였는데, 그 과정에서도 피고의 이 사건 각 토지의 사용에 관하여 원고로부터 아무런 이의나 보상요구가 제기된 적이 없다.

〔研　究〕

I. 서　설

　　대법원 1986. 6. 10. 선고 84다카1773 전원합의체 판결에서 "구 토지
조사령(1912. 8. 13. 제령 제2호)에 의한 토지조사부에 토지소유자로 등재되어 있는 자는
재결에 의하여 사정내용이 변경되었다는 등의 반증이 없는 이상 토지소
유자로 사정받고 그 사정이 확정된 것으로 추정할 것이다"라고 한 이래,
대법원은 토지조사부나 임야조사부에 소유자로 등재되어 있는 자가 그
토지의 소유권을 원시취득한 것이라는 확고한 입장을 취하고 있다. 또한
그 사정명의자로부터 순차로 소유권이 이전된 것이 확인되지 않는 한 이
후 국가가 무주부동산 취득절차 등에 따라 국유재산으로 등기를 마쳤다
고 하더라도 소유권이 국가에 귀속되지 않고, 토지에 관한 소유권보존등
기의 추정력도 그 토지를 사정받은 사람이 따로 밝혀진 경우에는 깨어진
다고 하고 있다.[4]

　　이에 국가나 지방자치단체(이하 '국가 등')가 과거로부터 도로 등의
부지로 장기간 점유해 오고 있는 토지에 대하여 그 토지를 사정받은 자
의 승계인이 자신의 소유권을 주장하는 경우, 국가 등은 대개 취득시효
를 주장하며 그 소유권을 주장하게 된다.[5] 이러한 소송에서 종래 취득시
효의 인정 여부를 둘러싼 가장 핵심적인 쟁점은 국가 등의 '무단점유'를
인정할 수 있는지 여부였고, 이에 대해서 판례는 많은 변화가 있었다.

　　대상판결의 쟁점 역시 국가 등의 무단점유가 인정되는지 여부이고,
일제 강점기에 도로 부지로 편입된 토지에 관하여 그 지적공부가 멸실되

---

4) 대법원 2005. 5. 26. 선고 2002다43417 판결[공2005.7.1.(229), 1007] 등 다수.
5) 국가 등이 해당 토지의 사정명의인으로부터 국가 등으로의 순차적인 소유권이
　전 사실을 그 취득서류 등을 통해 명확히 밝히는 경우는 실무상 거의 찾아보기
　어렵다.

지 않고 남아 있는 사안이라는 점이 그 특징이다. 대상판결 이전에 유사한 사안에 관하여 다소 다른 취지로 보이는 대법원 판결들이 선고된 적이 있는데, 대상판결은 그러한 혼선을 정리하였다는 데에 그 의미가 있다고 생각된다.

이하에서는 우선 논의에 필요한 범위에서 우리나라의 취득시효 제도를 해외의 제도와 비교하여 간략히 살펴보고, 무단점유의 인정 요건에 관한 판례의 흐름을 살펴본 뒤, 대상판결의 당부에 대하여 논하기로 한다.

Ⅱ. 취득시효 제도 개관

1. 취득시효제도의 존재이유 및 자주점유의 추정

민법 제245조는 제1항에서 "20년간 소유의 의사로 평온, 공연하게 부동산을 점유하는 자는 등기함으로써 그 소유권을 취득한다"라고 하여 점유취득시효를 인정하고 있고, 제2항에서 "부동산의 소유자로 등기한 자가 10년간 소유의 의사로 평온, 공연하게 선의이며 과실 없이 그 부동산을 점유한 때에는 소유권을 취득한다"라고 하여 등기부취득시효를 인정하고 있다. 즉 우리 민법은 점유취득시효와 등기부취득시효 2가지를 인정하며 그 요건을 다르게 하고 있는데, 점유취득시효는 등기부취득시효와 달리 점유기간이 20년으로 장기인 대신 점유자의 '선의'나 '무과실'을 요건으로 하지 않는다.

점유취득시효 성립요건에 있어서 그동안 학계나 실무에서 가장 논란이 되어 온 것 중의 하나는 '점유자의 소유의 의사', 즉 '자주점유'에 관한 것이다. 보통 '소유의 의사'란 '소유자와 동일한 지배를 사실상 행사하려는 의사' 또는 '타인의 소유권을 배제하여 자기의 소유물처럼 배타적 지배를 행사하려는 의사'를 의미하는 것으로 설명되고, '소유의 의사' 여부는 점유자의 내심의 의사가 아닌 점유취득의 원인이 된 권원의 성질이나 점유와 관계가 있는 모든 사정에 의하여 외형적·객관적으로 결정되어야 한다는 것(이른바 '객관설')이 통설 및 판례의 입장이다. 임차인의 점유와 같이 객관적으로 보아 타주점유임이 명백한 경우는 별 문제가 없으나,

이른바 '무단점유'의 경우에는 이하에서 보는 바와 같이 많은 논란이 있었다. 민법 제197조 제1항은 "점유자는 소유의 의사로 선의, 평온 및 공연하게 점유한 것으로 추정한다"라고 있으므로 실제 소송에서 취득시효를 주장하는 자는 점유 사실만을 입증하면 되고 점유자의 점유가 소유의 의사가 없는 타주점유라든가 또는 악의점유라는 사정 등은 상대방이 입증해야 한다.

　한편 이러한 취득시효제도(특히 점유취득시효)의 존재이유에 대해서는, 첫째로 무권리자라도 오랜 기간 동안 물건을 점유하는 자에 대해서는 실체법적 권리를 인정해 주는 것이 법률관계의 안정 측면에서 바람직하다는 점, 둘째로 사실상태가 오래 계속되면 진정한 권리자의 경우라도 그 증거를 잃게 되는 수가 있는데 이러한 증거보전의 곤란을 구제할 필요가 있다는 점 등이 거론되고 있다.[6] 위와 같은 두 가지 존재이유 중 어느 것을 더 중시할 것인지 여부에 대해서는 학설이 갈리고 있는데, 이러한 관점의 차이는 뒤에서 살펴볼 '무단점유'를 '타주점유'로 볼 것인지 여부에 관한 논의와도 관계가 있다고 생각된다. 전자를 중시하는 입장은 진정한 소유자의 권리를 박탈하면서까지 장기간 점유를 한 사실상태를 보호하자는 취지로 볼 수 있고, 무단점유와 악의점유는 다르므로 점유취득시효에 있어서 무단점유만으로 자주점유 추정이 번복된다고 보기는 어렵다고 보게 된다. 반면 후자를 중시하는 입장은 증거를 상실한 진정한 소유자만을 보호하자는 취지로 볼 수 있고, 자주점유의 추정을 보다 쉽게 번복할 수 있다고 보게 된다(즉 점유자가 적극적으로 자주점유임을 입증할 것을 요구하게 된다).

2. 각국의 입법례와의 비교

　부동산 물권변동에 관하여 프랑스 민법이나 일본 민법은 모두 의사주의를 채택하고 있는 반면(일제 강점기의 의용민법도 마찬가지이다) 1960.

---

6) 곽윤직, 물권법(신정판), 박영사(1993), 328면; 편집대표 곽윤직(윤진수 집필부분), 민법주해(Ⅴ), 박영사(2007), 360면.

1. 1. 시행된 우리 민법은 독일 민법과 같이 형식주의를 채택하고 있다. 그럼에도 불구하고 우리의 점유취득시효 제도는 프랑스 민법을 본뜬 것이라고 설명되고 있는데(프랑스나 일본 민법에서는 우리와 같은 등기부취득시효제도를 두고 있지 않다), 이에 대해서는 등기라고 하는 완비된 부동산 소유권 공시제도가 갖추어져 있고 더구나 등기가 부동산 물권변동의 성립요건으로 되어 있는 법제에서 등기된 부동산을 등기 없이 장기간 점유하였다고 하여 그 점유자에게 소유권을 취득하도록 하는 제도가 과연 타당한 것인가 하는 점에 관하여 많은 의문이 제기되어 왔다고 한다.[7]

가. 프랑스 민법

프랑스 민법은 제2219조 이하에서 소멸시효와 취득시효를 통일적으로 규정하고 있다. 부동산취득시효의 요건인 점유는 "소유자의 권원(a tirte et proprietaire)으로 중단 없이 계속하여(continue et interrompue) 평온(paisible), 공연(publique) 그리고 명확(nonequivoque)하게 하여야 한다"고 규정하고 있다($_{조}^{제2229}$). 또한 "타인을 위하여 점유를 개시한 것이 증명되지 않는 한, 점유는 언제나 점유자 자신을 위하여 그리고 소유자의 권원에 의하여 점유한 것으로 추정한다"라고 규정함으로써($_{조}^{제2230}$) 우리와 마찬가지로 자주점유는 추정된다고 하고 있다.[8] 시효기간에 대해서는 점유자가 악의이면 30년의 점유가 요구되고($_{조}^{제2262}$), 점유자가 선의이면 부동산이 진정한 소유자의 주소를 관할하는 항소법원의 관할구역 내에 있을 때에는 10년, 그렇지 않으면 20년의 점유가 요구된다고 한다.[9]

나. 일본 민법

프랑스 민법을 수계한 것으로 평가되고 있는 일본 민법도 총칙편 시효에 관한 장에서 취득시효를 소멸시효와 함께 규정하고 있다. 즉 일

---

7) 편집대표 박준서(김오섭 집필부분), 주석민법[물권(1)], 한국사법행정학회(2001), 336–337면; 한기택, '부동산점유의 권원이 매매 등 소유권이전목적의 법률행위로서 등기를 수반하지 아니한 것임이 밝혀진 경우 그 점유는 타주점유인가?' 21세기 사법의 전개(송민 최종영 대법원장 재임기념)(2005. 9.), 159면.

8) 최명구, '취득시효의 존재이유와 소유의 의사에 대한 비교법적 검토', 토지법학(2009), 한국토지법학회, 108–114쪽.

9) 편집대표 곽윤직, 위의 책 362면.

본 민법 제162조는 제1항에서 "20년간 소유의 의사로 평온 또한 공연하게 타인의 물건을 점유한 자는 그 소유권을 취득한다"라고 규정하고 있고, 제2항은 "10년간 소유의 의사로 평온 또한 공연하게 타인의 물건을 점유한 자가 그 점유의 시초에 선의이고 또한 과실이 없었을 때에는 그 소유권을 취득한다"라고 규정하고 있다. 또한 일본 민법도 프랑스 민법이나 우리 민법과 마찬가지로, 제186조에서 "점유자는 소유의 의사로 선의, 평온 또한 공연하게 점유하는 것으로 추정한다"라고 규정하고 있다.

다. 독일 민법

독일은 프랑스와 달리 취득시효와 소멸시효를 구분하여 규정하고 있고, 우리 민법도 이를 따른 것으로 보인다. 독일 민법 제900조는 소유자로 등기된 자가 30년간 자주점유를 하였을 때 취득시효가 완성된다고 하여 원칙적으로 등기부취득시효제도만을 인정하고 있고, 다만 제927조에서는 소유자가 사망했거나 실종된 경우 등 일정한 경우에 등기된 자가 아닌 경우라도 공시최고절차를 통해 소유권을 취득할 수 있도록 하고 있다.[10] 한편 독일 민법에는 자주점유의 추정 규정을 두고 있지 않은데 그럼에도 불구하고 자주점유의 추정이 인정되는지 여부에 대해서는 다소 논란이 있다고 한다.[11]

라. 미국의 Adverse Possession 제도

우리와 법체계가 전혀 다른 미국의 경우에도 우리의 점유취득시효제도와 유사한 Adverse Possession[12] 제도가 존재한다. 이는 점유자의 점유가 일정한 기간이 계속된 후에는 부동산의 소유자는 점유자에 대하여 점유회복소송을 제기할 수 없다는 내용의 제소기간법(Statute Limitation)에 기초한 것인데, 더 나아가 판례법상으로 진정한 소유자가 권리행사를 할 수 없다는 데에 그치지 아니하고 점유자가 소유권을 취득하는 것까지도

---

10) 곽윤직, 위의 책 330면; 편집대표 곽윤직, 위의 책 363면.
11) 이종구, '점유취득시효제도의 개정에 관한 연구(자주점유와 무과실을 중심으로)', 외법논집 제36권 제1호(2012. 2.), 148면.
12) '불법점유'로 번역된 예도 있으나 '적대적 점유' 정도로 해석함이 타당해 보인다.

인정되고 있다고 한다.[13] 그 소유권 취득에 필요한 점유기간은 주에 따라 다르나 대개 10년, 15년, 20년이다.

미국에서 논의되는 위 제도의 인정이유도 앞서 본 우리의 점유취득시효의 존재이유와 공통되는 면이 많고, 그 인정요건도 그 점유(possession)가 실질적(actual)이고, 공연(open and notorious)하고, 적대적이고(hostile, adverse), 계속적(continuous)이고, 배타적(exclusive)이어야 한다는 등 우리의 제도와 유사성이 많다고 한다. 다만 Adverse Possession의 요건인 '적대적(hostile, adverse)인 점유'란 '허락받지 않은 점유'를 말하는 것으로서 우리의 '자주점유'와 일치하는 개념은 아니라고 한다. 구체적으로 임차인의 점유, 공유관계에 기한 일방 공유자의 점유처럼 권원의 성질상 객관적으로 판단할 때 '허락받은 점유'로 볼 수 있는 경우에는 우리의 경우에도 당연히 '타주점유'로 보게 되지만, 부동산을 점유할 정당한 권원이 없음을 잘 알면서도 목적물을 점유하는 악의의 무단점유의 경우 미국에서는 당연히 '적대적 점유'로 보게 되지만 우리나라에서는 뒤에서 살펴볼 95다28625 전원합의체 판결을 통해 사실상 타주점유로 보게 되었다. 따라서 이러한 측면에서는 미국에서의 Adverse Possession의 인정범위는 우리의 점유취득시효의 인정범위보다 더 넓다고 볼 수 있다.[14]

Ⅲ. 자주점유의 추정과 그 번복 관련 판례의 흐름

1. 대법원 1983. 7. 12. 선고 82다708, 709, 82다카1792, 1793 전원합의체 판결(이하 '83년 전합판결')

이 판결은 취득시효에 있어서 자주점유의 추정 및 그 입증책임에 관하여 기존의 엇갈린 판결들이 있던 상황에서 대법원의 입장을 최초로 명확히 정리한 판결로 평가되고 있는데, 그 주요 판시사항은 아래와 같다.[15]

---

13) 박홍래, '미국에서의 Adverse Possession', 법률행정논총 제22집 제2호(2002), 77-78면.
14) 박홍래, 위의 논문 87-88면.

"취득시효에 있어서 자주점유의 요건인 소유의 의사는 객관적으로 점유 취득의 원인이 된 점유권원의 성질에 의하여 그 존부를 결정하여야 하는 것이나, 다만 점유권원의 성질이 분명하지 아니한 때에는 민법 제197조 제1항에 의하여 점유자는 소유의 의사로 점유한 것으로 추정되므로 점유자가 스스로 그 점유권원의 성질에 의하여 자주점유임을 입증할 책임이 없고 점유자의 점유가 소유의 의사 없는 자주점유임을 주장하는 상대방에게 타주점유에 대한 입증책임이 있다고 할 것이다.

그러므로 점유자가 스스로 매매 또는 증여와 같은 타주점유의 권원을 주장하였으나 이것이 인정되지 않는 경우에도 원래 위와 같은 자주점유의 권원에 관한 입증책임이 점유자에게 있지 아니한 이상 그 점유권원이 인정되지 않는다는 사유만으로 자주점유의 추정이 번복된다거나 또는 점유권원의 성질상 타주점유라고 볼 수는 없다."

83년 전합판결은 아래의 97년 전합판결이 선고된 이후 현재까지도 여전히 유효하고 대법원의 확고한 입장이라고 볼 수 있다.

2. 대법원 1997. 8. 21. 선고 95다28625 전원합의체 판결(이하 '97년 전합판결')

가. 97년 전합판결의 선고 배경

위 83년 전합판결이 선고된 이후 결국 취득시효를 다투는 상대방이 스스로 직접 또는 간접사실을 주장·입증하여 자주점유의 추정력을 번복하여야 하는 소송상황이 확립되었다고 볼 수 있다. 그럼에도 불구하고 대법원은, 악의의 무단점유자의 경우 자주점유가 여전히 추정된다고 하기도 하고[16] 부정하기도 하는[17] 등 일관성 없는 판결을 한다는 비판을 받

---

15) 이 판결로써, 점유권원의 성질이 분명하지 않은 경우에 자주점유의 추정을 인정하지 아니하고 자주점유를 주장하는 점유자에게 그 점유권원의 성질에 관한 입증책임이 있다는 취지의 견해를 표명한 1967. 10. 25 선고 66다2049 판결 및 점유자가 매수 또는 증여받은 사실이 인정되지 않은 경우에 자주점유로 추정되지 않는다는 취지의 견해를 표명한 1981. 12. 8 선고 81다99 판결 등은 모두 폐기되었다.

16) "매수한 건물이 타인소유인 대지 위에 무단히 건립된 것임을 알면서도 이를 매수한 후 증축하여 그 대지부분을 점유·사용하여 왔다고 하더라도 이는 권원의 성질상 자주점유에 해당한다"고 한 대법원 1994. 4. 29. 선고 93다18327 판결, "부동산

기도 하였다.[18]

나. 97년 전합판결의 판시사항

이러한 상황에서 대법원은 악의의 무단점유자의 경우에는 자주점유의 추정이 깨어진다는 취지의 97년 전합판결을 선고하였는데, 주요 판시사항은 아래와 같다.

"점유자의 점유가 소유의 의사 있는 자주점유인지 아니면 소유의 의사 없는 타주점유인지의 여부는 점유자의 내심의 의사에 의하여 결정되는 것이 아니라 점유 취득의 원인이 된 권원의 성질이나 점유와 관계가 있는 모든 사정에 의하여 외형적·객관적으로 결정되어야 하는 것이기 때문에 점유자가 성질상 소유의 의사가 없는 것으로 보이는 권원에 바탕을 두고 점유를 취득한 사실이 증명되었거나, 점유자가 타인의 소유권을 배제하여 자기의 소유물처럼 배타적 지배를 행사하는 의사를 가지고 점유하는 것으로 볼 수 없는 객관적 사정, 즉 점유자가 진정한 소유자라면 통상 취하지 아니할 태도를 나타내거나 소유자라면 당연히 취했을 것으로 보이는 행동을 취하지 아니한 경우 등 외형적·객관적으로 보아 점유자가 타인의 소유권을 배척하고

을 증여받아 그 점유를 개시하였다면 그 점유권원의 성질상 이는 자주점유라 할 것이고 설사 그 증여가 무권리자에 의한 것이어서 소유권을 적법하게 취득하지 못한다는 사정을 알았다고 하더라도 그와 같은 사유만으로 그 점유가 타주점유가 된다고 볼 수는 없다"고 한 대법원 1994. 11. 25. 선고 94다14612 판결, "소유자로서 목적물을 배타적 지배를 행사하려는 사실상의 의사만 있으면 되는 것이므로 소유권이 있어야 하는 것도 아니며, 소유권이 있다고 믿고 있어야 하는 것도 아니다"고 한 대법원 1992. 6. 23. 선고 92다12698, 12704 판결, "지방자치단체가 사유토지의 지목을 전에서 도로로 변경함과 아울러 그 토지 위에 도로를 개설하여 일반 공중의 통행에 제공하면서 그 점유를 하여 왔다면 그 토지에 대한 점유는 특별한 사정이 없는 한 소유의 의사로써 평온, 공연하게 계속된 것으로 추정되고 설사 지방자치단체가 위 도로개설 당시 관계법령에 따른 적법한 절차를 밟지 아니하여 그 점유의 권원이 인정되지 않는다 하더라도 그러한 사유만으로 위와 같은 자주점유의 추정이 번복된다거나 점유권원의 성질상 타주점유에 해당된다고는 볼 수 없다"고 한 대법원 1991. 6. 28. 선고 89다카12176 판결 등.

17) "무효인 법률행위에 의하여 부동산을 취득하여 점유하게 된 자가 그 법률행위가 무효임을 안 때에는 일반적으로 그 점유의 시초에 있어 소유의 의사로 점유한 것으로 볼 수 없다"고 한 대법원 1993. 7. 13. 선고 93다1039 판결, "학교법인의 기본재산을 매수한 사람이 관할청의 허가 없이 계약이 체결된 사실을 알면서 그 목적물을 인도받아 점유를 개시하였다면 이러한 경우의 점유는 자주점유로 인정할 수 없다"고 한 대법원 1992. 5. 8. 선고 91다37751 판결 등.

18) 이종구, 앞의 논문 138-139면.

점유할 의사를 갖고 있지 아니하였던 것이라고 볼 만한 사정이 증명된 경우에도 그 추정은 깨어진다."[19]

"점유자가 점유 개시 당시에 소유권 취득의 원인이 될 수 있는 법률행위 기타 법률요건이 없이 그와 같은 법률요건이 없다는 사실을 잘 알면서 타인 소유의 부동산을 무단점유한 것임이 입증된 경우에도 특별한 사정이 없는한 점유자는 타인의 소유권을 배척하고 점유할 의사를 갖고 있지 않다고 보아야 할 것이므로 이로써 소유의 의사가 있는 점유라는 추정은 깨어졌다고할 것이다. 따라서 종래 이와 달리 점유자가 타인 소유의 토지를 무단으로점유하여 왔다면 특별한 사정이 없는 한 권원의 성질상 자주점유에 해당한다는 취지의 판례와 지방자치단체가 도로로 편입시킨 토지에 관하여 공공용 재산으로서의 취득절차를 밟지 않은 채 이를 알면서 점유하였다고 인정된 사안에서 지방자치단체의 위 토지 점유가 자주점유의 추정이 번복되어 타주점유가 된다고 볼 수 없다는 취지의 판례의 견해는 모두 변경하기로 한다."[20]

다. 97년 전합판결 다수의견의 문제점

각주 20의 반대의견에서 지적하고 있다시피, 다수의견의 가장 큰 문제점은 우리 민법에서 자주점유와 타주점유, 선의점유와 악의점유를 구분하고 있음에도 불구하고 다수의견에 따르면 그러한 구분이 무의미해진다

---

19) 이 부분은 종래 소유의 의사의 판단 기준에 관한 통설(객관설) 및 판례의 입장을 정리한 것으로서 대법관들의 의견이 일치된 부분이다.

20) 이 부분에 대해서 반대의견(소수의견)은 "점유 개시 당시에 소유권 취득의 원인이 될 수 있는 법률행위 기타 법률요건이 없이 그와 같은 법률요건이 없다는 사실을 잘 알면서 타인 소유의 부동산을 무단점유한 것임이 입증되었다고 하더라도 그와 같은 입증이 있다는 것만으로 점유자의 점유가 권원의 객관적 성질상 소유의 의사가 없는 점유라고 단정할 수는 없으며, 또 다른 부가적 사정 없이 단순히 점유자가 점유 개시 당시에 소유권 취득의 원인이 될 수 있는 법률행위 기타 법률요건이 없이 그와 같은 법률요건이 없다는 사실을 잘 알면서 타인 소유의 부동산을 무단점유하였다는 사정만으로 외형적·객관적으로 보아 점유자가 진정한 소유자라면 통상 취하지 아니할 태도를 나타내거나 소유자라면 당연히 취했을 것으로 보이는 행동을 취하지 아니한 경우에 해당된다고 볼 수도 없고, <u>점유취득시효에 있어서는 점유자가 선의임을 그 요건으로 삼지 않고 있어 악의의 점유자도 자주점유라면 시효취득을 할 수 있는 것이므로, 위와 같은 법률요건이 없다는 사실을 잘 알면서 점유한다는 것은 그 점유가 악의의 점유라는 것을 의미하는 것일 수는 있어도 그 점유가 자주 또는 타주점유인지 여부와는 직접적인 관련이 없는 것이므로 이러한 사정만으로 자주점유의 추정을 깨뜨리는 사정이 입증되었다고 볼 수는 없다</u>"고 하였다(밑줄은 필자가 삽입).

는 데에 있다. 즉 악의의 점유가 간접사실 등에 의하여 입증된 경우에는 점유자는 타인의 소유권을 배척하고 점유할 의사를 갖고 있지 않다고 보아야 할 것이므로 점유자의 자주점유라는 추정은 번복된다. 따라서 악의의 점유의 경우에는 자주점유의 추정이 번복되기 때문에 자주점유를 추정한다는 것은 무의미해지는 결과가 되며, 선의점유=자주점유, 악의점유=타주점유라는 결론에 이른다. 이것은 처음부터 악의의 점유는 자주점유가 아니라는 것과 다르지 않고, 우리 민법이 자주점유와 타주점유, 선의점유와 악의점유를 엄밀하게 구분하고 있으며 점유취득시효의 경우에는 등기부취득시효와 달리 선의점유를 그 요건으로 하고 있지 않는 것에 반한다고 할 수 있다. 또한 소유의 의사의 유무를 점유권원의 객관적 성질에 의하여 판단하여야 한다는 것과도 모순되는 결과가 된다.[21] 나아가 악의의 점유의 경우에도 소유의 의사로 점유하는 경우도 있을 것이고, 반면에 잠정적으로 사용할 의사만 가지고 있는 경우도 있을 수 있을 것이므로 획일적으로 타주점유로 보는 것도 문제가 있다.[22]

---

21) 이와 관련하여 다수의견의 보충의견(97년 전합판결의 주심인 이용훈 당시 대법관의 견해)은 "점유자가 점유 개시 당시에 소유권 취득의 원인이 될 수 있는 법률행위 기타 법률요건이 없이 그와 같은 법률요건이 없다는 사실을 알면서 타인 소유의 부동산을 무단점유한 경우에 그 점유자가 정상적인 사고와 행동을 하는 평균인이라면, 동산과는 달리 은닉하여 소유권자의 추급을 회피할 수도 없는 부동산을 점유 개시 당시부터 진정한 소유자의 소유권을 배척하고 점유할 의사를 갖고 있었던 것이 아니라, 오히려 진정한 소유자가 그 반환을 구하는 경우에 이를 반환할 것이지만 그 동안 일시적으로 사용하겠다는 의사나 장차 그 소유권자로부터 본권을 취득할 의사로 점유를 개시하였다고 보는 것이 사회통념과 우리의 생활경험에 합치하는 것이고, 그것이 바로 평균인의 보편적 도의관념이라고 할 것이므로, 타인 소유의 부동산을 무단점유한 것임이 증명된 경우에는 그 점유자의 소유의 의사의 추정이 깨어진다고 봄이 마땅하다"고 하고 있다(밑줄은 필자가 삽입).
　　그러나 반대의견은 이 점에 대해서도 "무단점유자들에게 도덕적으로 위와 같은 반환의사를 요구함은 몰라도 원래 물건을 점유하여 권리를 행사하는 것은 다른 사람을 위하여 하는 것이라기보다는 자기를 위하여 하는 것이 보통일 터이므로 무단점유자들의 의사를 다수의견과 같이 보기 어려울뿐더러 다수의견이 내세우는 개연성만으로 법률상의 추정인 민법 제197조 제1항이 규정한 점유자의 소유의사의 추정이 번복될 리 없다"고 지적하였다.
22) 이종구, 위의 논문 142-143면. 아울러 위 논문에서는 향후 민법을 개정함에 있어 차라리 점유취득시효의 경우에도 '선의점유'를 추가적인 요건으로 규정하는 것이 바람직하다고 하고 있는데(위 논문 147-148쪽) 적절한 지적이라고 생각한다.

3. 이후 국가 등의 무단점유 관련한 판례의 흐름

97년 전합판결은 사인이 임의로 철조망을 제거하고 국유지를 무단으로 점유한 사안이었음에도 불구하고, 위 판결 이후에는 역으로 국가 등이 도로 등의 부지로 사인의 토지를 점유한 사안들이 실무에서 무단점유와 관련된 논의의 주류를 이루게 되었고, 이와 관련한 많은 판례들이 집적되기 시작하였다. 이는 아래에서 보듯이, 대법원이 국가 등의 점유의 경우는 사인의 경우와 달리 자주점유의 추정을 보다 쉽게 번복할 수 있다는 입장을 취한 것과도 관련이 있어 보인다.

가. 대법원 2000. 3. 16. 선고 97다37661 전원합의체 판결(이하 '2000년 전합판결')

97년 전합판결은 위와 같은 이론적인 난점에도 불구하고 이후 대법원의 확고한 입장으로 굳어졌고, 이미 종전부터 무단점유의 경우에는 자주점유의 추정이 깨진다고 보는 견해가 다수설이었던 학계로부터도 대체로 긍정적인 평가를 받아온 것으로 보인다.[23] 97년 전합판결이 선고된 이후 취득시효 관련 소송의 양상은 과연 어떠한 경우에 무단점유가 '입증'되었다고 볼 수 있는지 여부가 주된 쟁점으로 되었고(97년 전합판결에 의하더라도 '무단점유'는 여전히 취득시효를 다투는 상대방이 입증하여야 한다) 이와 관련하여 2000년 전합판결이 선고되었는데,[24] 그 주요 판시사항은 아래와 같다.

> "현행 우리 민법은 법률행위로 인한 부동산 물권의 득실변경에 관하여 등기라는 공시방법을 갖추어야만 비로소 그 효력이 생긴다는 형식주의를 채택하고 있음에도 불구하고 등기에 공신력이 인정되지 아니하고, 또 현행 민

---

23) 윤진수, '악의의 무단점유와 자주점유에 대한 소견', 판례실무연구, 박영사(1997).
24) 이 판례의 사안은, 피고측이 1965년경 등기부상 소유자(원고측)가 따로 있음에도 불구하고 다른 사람으로부터 토지를 매수하여 그 위에 건물을 신축하여 20년 이상 위 토지를 점유하였는데 피고측이 그 '다른 사람'이 위 토지에 대한 처분권한이 없다는 것을 잘 알고 있었다는 점까지는 입증되지 않은 경우이다(원고측과 피고측 모두 私人임).

법의 시행 이후에도 법생활의 실태에 있어서는 상당기간 동안 의사주의를 채택한 구 민법에 따른 부동산 거래의 관행이 잔존하고 있었던 점 등에 비추어 보면, 토지의 매수인이 매매계약에 의하여 목적 토지의 점유를 취득한 경우 설사 그것이 타인의 토지의 매매에 해당하여 그에 의하여 곧바로 소유권을 취득할 수 없다고 하더라도 그것만으로 매수인이 점유권원의 성질상 소유의 의사가 없는 것으로 보이는 권원에 바탕을 두고 점유를 취득한 사실이 증명되었다고 단정할 수 없을 뿐만 아니라, 매도인에게 처분권한이 없다는 것을 잘 알면서 이를 매수하였다는 등의 다른 특별한 사정이 입증되지 않는 한, 그 사실만으로 바로 그 매수인의 점유가 소유의 의사가 있는 점유라는 추정이 깨어지는 것이라고 할 수 없다. 그리고 민법 제197조 제1항이 규정하고 있는 점유자에게 추정되는 소유의 의사는 사실상 소유할 의사가 있는 것으로 충분한 것이지 반드시 등기를 수반하여야 하는 것은 아니므로 등기를 수반하지 아니한 점유임이 밝혀졌다고 하여 이 사실만 가지고 바로 점유권원의 성질상 소유의 의사가 결여된 타주점유라고 할 수도 없을 것이다. 만일 이와 반대의 입장에 선다면 이는 등기부취득시효 제도만을 인정하고 있는 일부 외국의 법제와 달리 우리 민법이 점유취득시효 제도를 인정하고 있는 그 취지 자체를 부정하는 결과에 이를 것이다."[25]

대법원은 97년 전합판결을 통해 무단점유가 입증되면 자주점유의 추정이 깨어진다고 하였는데, 그러한 '무단점유'는 여전히 점유자의 상대방

---

25) 이 부분에 대해서 반대의견(소수의견)은 "'소유의 의사'라 함은 점유자가 타인의 소유권을 배제하여 자기의 소유물처럼 배타적으로 지배하는 의사를 말하는 것으로서, 점유자의 점유가 이러한 소유의 의사가 있는 자주점유인지 아니면 소유의 의사가 없는 타주점유인지 여부는 점유자의 내심의 의사에 의하여 결정되는 것이 아니라 점유권원의 성질이나 점유와 관계가 있는 모든 사정에 의하여 외형적·객관적으로 결정되어야 하는 것이고, 또한 여기에서 점유권원이라 함은 점유를 정당화하는 법적 원인이 되는 사실관계라는 의미로 이해할 수 있고, 이러한 점유권원에는 매매, 임대차 등과 같은 법률행위를 비롯하여 무주물 선점, 매장물 발견 등과 같은 비법률행위 또는 상속, 공용징수, 판결, 경매 기타 법률의 규정에 의한 물권의 취득 사유 등도 있을 수 있는바, <u>어떠한 부동산 점유의 권원이 등기를 수반하지 아니한 매매 등 소유권이전 목적의 법률행위로 밝혀졌다면, 그 점유에 대하여는 민법 제197조 제1항이 규정하는 자주점유의 추정은 더 이상 유지될 여지가 없어지고, 나아가 부동산 물권 변동에 관하여 의사주의가 아닌 형식주의를 취하고 있음이 명백한 현행 민법 아래에서 그러한 점유는 권원의 성질상 타주점유로 보아 이로 인한 소유권의 취득시효를 부정하여야 할 것이다</u>"라고 하였다(밑줄은 필자가 삽입).

이 입증을 해야 한다. 97년 전합판결은 '임의로 철조망을 제거'하고 점유를 개시하였다는 사정이 입증되어 무단점유로 볼 수 있었지만, 통상 상대방의 입장에서 무단점유를 입증하기 위하여 가장 손쉽게 거론할 수 있는 사정은 점유개시 당시에 등기부 등 공부상에 점유자와는 무관한 다른 사람이 소유자로 기재되어 있었다는 점일 것이다. 즉 등기부 등만 확인하였더라면 남의 땅이라는 것을 뻔히 알 수 있었을 것인데도 점유를 감행하였으니 '무단점유'라고 볼 수 있다는 논리이다.

그러나 위와 같이 2000년 전합판결은 점유자가 등기부상 소유자가 아닌 자와의 매매 등을 통해 점유를 개시하였다고 하더라도(즉 등기부상 소유자가 따로 있음을 알고 있었다고 하더라도) 그러한 사정만으로는 무단점유로 볼 수 없다고 판단하여 각주 25의 반대의견과 같은 극단적인 취득시효 제한 움직임에 관하여 일정한 선을 그었다고 볼 수 있다.[26]

나. 국가 등의 자주점유 추정의 용이한 번복 경향 등장

위와 같이 2000년 전합판결에서 점유자가 사인인 경우에는 자주점유 추정의 번복을 어렵게 하였으면서도, 대법원은 점유자가 국가 등인 경우에는 점유개시 당시 등기부 등에 사인이 소유자로 기재되어 있었던 사정이 밝혀지면 국가 등이 소유권취득의 권원에 관한 소명자료를 제출하지 못하는 한 자주점유의 추정은 깨어진다는 취지로 판단하였다.[27]

---

26) 한기택, 위의 논문 164면.
27) 1997년 전합판결 이후에 선고된 대법원 1998. 9. 18. 선고 97다27367, 27374 판결은, 1970년경 도로로 편입된 토지에 관한 사안에서 "지방자치단체나 국가가 자신의 부담이나 기부의 채납 등 지방재정법 또는 국유재산법 등에 정한 공공용 재산의 취득절차를 밟거나 그 소유자들의 사용승낙을 받는 등 토지를 점유할 수 있는 일정한 권원 없이 사유토지를 도로부지로 편입시킨 경우에도 자주점유의 추정이 깨어진다. 기록에 의하면, 피고나 영천군이 이 사건 토지에 관한 당시의 소유자에 대하여 보상을 하는 등 적법한 취득절차를 거쳤다고 볼 만한 자료를 찾아볼 수 없고, 등기부와 신·구 토지대장상 원고의 아버지 또는 원고 소유로 기재되어 있을 뿐임을 알 수 있는바, 이와 같은 사정에 비추어 볼 때, 피고는 이 사건 토지에 대하여 공공용 재산으로서 적법한 취득절차를 밟지 아니한 채 그러한 사정을 알면서 이를 무단 점유한 것으로 볼 수밖에 없어 이 사건 토지에 대한 피고의 점유가 자주점유라는 추정은 깨어졌다고 보아야 할 것이다"라고 하였다. 1953년경 복구된 구 토지대장상 사인의 명의로 되어 있던 토지를 대한민국이 1967년경 도

이와 같이 국가 등의 경우에 자주점유의 추정을 쉽게 번복시키는
이유로는 국가 등은 그 구성원의 재산을 보호하는 것을 그 존립목적의
하나로 삼고 있으므로 그 구성원의 재산을 취득하는 것은 법적 근거 아
래에서만 가능한 것이며 이와 같은 사정은 국가 등이 잘 알고 있었다고
보아야 하는 것이고, 따라서 국가 등이 사인의 부동산을 점유하는 경우
그 점유 개시 당시 그 부동산을 매수하거나 기부채납을 받는 등 공공용
재산으로서의 취득절차를 밟았음을 나타내는 내부서류가 보관되어 있지
않은 경우에는 점유 개시 당시에 법률행위 기타 법률요건이 없음을 추인
함이 상당하기 때문이라고 설명되고 있다.[28)·29)]

또한 대법원은 위와 같은 국가 등의 점유의 무단점유 추정의 법리
는 해방 및 6·25 전란 이전인 일제 강점기에 관련 처분(토지의 분할 및
지목변경과 도로편입 등)이 있었던 관계로 오랜 세월의 경과 때문에 사실
상 위 소명자료의 보관 및 제출을 기대하기 어려운 경우에도 마찬가지로
적용된다고 하였다.[30)]

로로 편입시킨 사안에 관한 대법원 1998. 5. 29. 선고 97다30349 판결도 같은 취
지이다.

28) 유남석, "부동산점유취득시효에 있어서 '소유의 의사'의 추정과 무단점유", 인권과
정의 제255호(대한변호사협회, 1997), 106면; 최종길, '국가나 지방자치단체의 시효취득
의 인정 요건', 민사재판의 제문제 제15권(2006. 12.), 한국사법행정학회, 408-409면;
이도행, '국가나 지방자치단체의 도로점유와 자주점유 추정', 재판과 판례 제19집(2010. 2.),
121-122면.

29) 그러나 이러한 입장에 대해서는 "국가나 지방자치단체라 하더라도 적법한 절차
에 의하여 부동산의 소유권을 취득한 후 점유를 개시하였지만 등기부나 지적공부
등 그 소유권취득을 입증할 서류나 혹은 그 부동산 취득 경위에 관한 서류를 분
실 등의 사유로 보관하지 못하고 있을 경우도 있을 수 있는 것인바, 국가 등이라
고 하여 부동산 취득 경위에 관한 서류를 제출하지 못한다는 이유만으로 무조건
그 점유를 무단점유로 추인함은 자주점유 추정 등 취득시효의 존재이유나 법리에
어긋날 뿐만 아니라, 구체적인 사안에 있어서 정의에 부합하지 않는 경우가 있을
수 있다"는 반대의 입장도 있다(최종길, 위의 논문 409면). 즉 관점에 따라서는 국
가 등의 경우에는 오히려 적법한 절차를 거쳐서 도로 부지 등을 확보하였을 가능
성이 더 많다고 보는 것도 가능한 것이다.

30) 대법원 2001. 3. 27. 선고 2000다64472 판결[공2001.5.15.(130),1001]은, 1938년경
도로부지로 편입된 토지로서 당시 토지대장에 개인이 소유자로 계속 등재되어 있
었던 사안에서, 국가가 그 취득 관련 자료를 제출하지 못하는 이상 자주점유 추정
은 깨어진다는 취지로 판단하였다.

다. 자주점유 추정의 번복을 제한하는 새로운 법리의 등장

위와 같은 국가 등의 자주점유 추정 번복에 관한 법리를 맹목적으로 적용하게 되면, 실제로는 적법한 절차를 거쳐 도로 등의 부지로 취득하였는데 6·25 전란 등으로 그 취득 관련 자료가 멸실되었을 가능성이 있는 경우까지도 일률적으로 자주점유의 추정이 번복된다고 보는 부당한 결과가 초래된다는 비판이 있었고,[31] 이후 대법원은 그와 같은 경우에는 비록 국가 등이 재산취득절차에 관한 서류를 제출하지 못한다고 하더라도 점유의 경위와 용도 등을 감안하여 자주점유 추정이 유지된다는 취지의 판결을 선고하기 시작하였다.

대표적으로 대법원 2005. 12. 9. 선고 2005다33541 판결[공2006.1.15.(242), 114]은, "비록 국가인 피고가 이 사건 각 토지의 취득절차에 관련된 서류를 제출하지 못하고 있다고 하더라도, 이 사건 각 토지에 관한 지적공부 등이 전란으로 모두 소실된 점과 피고의 점유용도 및 점유개시의 사정 등에 비추어 피고가 소유권 취득의 법률요건이 없음을 잘 알면서 이 사건 각 토지를 무단으로 점유하였다는 점이 입증되었다고 보기는 어려우며, 또 피고가 이 사건 토지들에 대하여 상속인 부존재 혹은 상속인 불명시의 상속재산 국유귀속절차를 거치지 않았다 하여 자주점유의 추정이 번복되는 것도 아니다"라고 하였다.[32]

또한 대법원 2007. 12. 27. 선고 2007다42112 판결[공2008상,133]은 "국가나 지방자치단체가 취득시효의 완성을 주장하는 토지의 취득절차에 관한 서류를 제출하지 못하고 있다고 하더라도, ⓐ 그 토지에 관한 지적공부 등이 6·25 전란으로 소실되었거나 기타의 사유로 존재하지 아니함으로 인하여 국가나 지방자치단체가 지적공부 등에 소유자로 등재된 자가 따로 있음을 알면서 그 토지를 점유하여 온 것이라고 단정할 수 없고

---

31) 최종길, 위의 논문, 409면.
32) 이 사건은, 등기부 및 지적공부가 6·25 전란으로 모두 소실되어 1958. 2. 1. 지적공부만 복구된 상황에서 국가가 1967년경 또는 1971년경부터 이 사건 토지들을 군부대, 야전병원 등의 용도로 점유한 사안이다.

(이하 '@요건'), ⓑ 그 점유의 경위와 용도 등을 감안할 때 국가나 지방
자치단체가 점유 개시 당시 공공용 재산의 취득절차를 거쳐서 소유권을
적법하게 취득하였을 가능성도 배제할 수 없다고 보이는 경우에는(이하
'ⓑ요건'), 국가나 지방자치단체가 소유권 취득의 법률요건이 없이 그러한
사정을 잘 알면서 토지를 무단점유한 것임이 입증되었다고 보기 어려우
므로, 위와 같이 토지의 취득절차에 관한 서류를 제출하지 못하고 있다
는 사정만으로 그 토지에 관한 국가나 지방자치단체의 자주점유의 추정
이 번복된다고 할 수는 없다"라고 하여 자주점유의 추정이 유지되는 요
건을 보다 명확히 하였다('@요건', 'ⓑ요건'은 필자가 삽입).³³⁾

나아가 대법원 2010. 8. 19. 선고 2010다33866 판결[공2010하,1790]은
"지방자치단체나 국가가 취득시효의 완성을 주장하는 토지의 취득절차에
관한 서류를 제출하지 못하고 있다 하더라도 그 점유의 경위와 용도 등
을 감안할 때 국가나 지방자치단체가 점유개시 당시 공공용 재산의 취득
절차를 거쳐서 소유권을 적법하게 취득하였을 가능성도 배제할 수 없다
고 보이는 경우에는 국가나 지방자치단체가 소유권취득의 법률요건이 없
이 그러한 사정을 잘 알면서 무단점유한 것이 입증되었다고 보기 어려우
므로 자주점유의 추정은 깨어지지 않는다"고 하여,³⁴⁾ 위 @ 요건이 없이
위 ⓑ의 사정만으로도 자주점유 추정이 번복되지 않을 수 있음을 분명히
하였다.

그런데 이후 대법원 2011. 11. 24. 선고 2009다99143 판결[공2012

---

33) 이 사건은, 계쟁토지가 1914년경 도로로 편입되면서 토지대장에서 삭제되었고
   이후 지적공부나 등기부가 존재하지 아니하다가 2000년경 국가가 그 명의로 지적
   공부에 신규등록한 사안이다. 일제강점기 토지 또는 도로편입 사안에 관한 같은
   취지의 판결로는 대법원 2008. 5. 15. 선고 2008다13432 판결, 대법원 2009. 4. 9.
   선고 2009다6363 판결, 대법원 2009. 8. 20. 선고 2009다30878 판결, 대법원 2009.
   9. 24. 선고 2009다41687 판결, 대법원 2010. 10. 14. 선고 2008다92268 판결, 대
   법원 2013. 6. 28. 선고 2013다202830 판결 등이 있다.
34) 이 사건은, 지방자치단체가 1969년경 도로개설사업을 시행하면서 소유자로부터
   그 도로의 부지로 지정된 토지의 매도승낙서 등을 교부받는 등 매수절차를 진행하
   였음이 인정되나 매매계약서, 매매대금 영수증 등의 관련 자료를 보관하지 않고
   있는 사안이다.

상,21]은, 위 2007다42112 판결의 ⓐ, ⓑ 요건 법리를 설시한 뒤 이어서 "그러나 국가나 지방자치단체가 해당 토지의 점유·사용을 개시할 당시의 지적공부 등이 멸실된 적 없이 보존되어 있고 거기에 국가나 지방자치단체의 소유권 취득을 뒷받침하는 어떠한 기재도 없는 경우까지 함부로 적법한 절차에 따른 소유권 취득의 가능성을 수긍하여서는 아니 된다. (중략) 만일 이 사건 각 토지에 관하여 토지대장 등 지적공부가 멸실된 바 없이 존속하고 그 지적공부에 피고들의 소유권 취득사실을 뒷받침할 만한 기재가 전혀 나타나지 아니한다면, 특별한 사정이 없는 한 피고들은 국유재산법이나 지방재정법 등에 따른 공공용 재산의 취득절차를 밟지 않은 채 무단으로 위 각 토지를 점유·사용한 것으로 볼 수밖에 없어 피고들이 소유의 의사로 이 사건 각 토지를 점유하였다는 추정은 깨어지고, 그러한 지적공부상 기재에도 불구하고 피고들의 소유권 취득가능성을 긍정할 수 있는 특별한 사정의 존재에 관한 증명책임은 피고들에게 있다고 보아야 한다"라고 하여 위 ⓐ요건이 인정되지 않는 경우에는 ⓑ의 요건을 너무 쉽게 인정하여서는 아니 된다는 취지의 법리를 선언하였다. 35)·36)

---

35) 이 사건은, 국가 등(피고들)이 계쟁 토지를 1940. 11. 1.경부터 도로 등으로 점유하였으나 그 취득 관련 자료는 제출하지 못하였고, 원고들의 선대가 그 소유자로 되어 있는 토지대장이 멸실되지 않고 보존된 사안이다. 이 사건의 원심은 "피고들의 점유·사용 이후 상당한 기간이 지나도록 원고측에서 이의를 제기하거나 보상을 요구한 흔적이 없는 점, 1985년경에야 소유권보존등기 또는 소유권이전등기가 마쳐진 점, 일제 강점기에 도로로 지목변경된 토지의 경우 그 후 6·25 전란 등으로 인해 취득 관련 자료가 정상적으로 보관되어 있으리라고 기대하기 어려운 점, 당시의 조선도로령 등 관련 규정에서 도로공사를 위하여 타인의 토지를 사용한 경우 손해를 입은 자에게 그 손해를 보상하도록 규정하고 있었던 점" 등을 이유로 위 ⓑ의 요건이 인정된다고 하였으나, 대법원은 그러한 사정들이 "계쟁토지를 공공용 재산으로 편입시킨 경위와는 <u>실질적 관련성이 없는 사정</u>"에 불과하다고 보아 자주점유 추정이 번복된다는 취지로 판단하였다(밑줄은 필자가 삽입).

36) 다만 위 판결이 마치 자주점유에 대한 증명책임이 취득시효를 주장하는 국가 등에게 있다는 취지로 판시한 것은 다소 의문이다. 자주점유는 민법상 추정되는 것이므로 기본적으로 타주점유(무단점유)에 대한 입증책임이 그 상대방에게 있고, 국가 등이 자주점유의 추정이 번복되지 않는다고 주장하며 제출하는 증거들은 기본적으로 본증이 아닌 반증의 성격이다. 따라서 이러한 반증까지 고려하여 "그 점유의 경위와 용도 등을 감안할 때 국가나 지방자치단체가 점유개시 당시 공공용 재

라. 판례 흐름의 정리

97년 전합판결이 선고된 이후 국가 등의 무단점유 인정 여부와 관련된 판례의 흐름을 간단히 정리해 보면 아래와 같이 요약될 수 있다고 생각된다(국가 등이 그 취득관련 자료를 제출하지 못하고 있음을 전제로 한다).

우선 국가 등이 도로 등으로 점유를 개시한 시점의 지적공부가 남아 있는지 여부가 중요한 기준이 된다. 그러한 지적공부가 남아 있는 경우에는 국가 등이 소유자로 등재된 자가 따로 있음을 알면서 그 토지를 점유하여 온 것이라고 볼 수 있으므로 자주점유 추정이 번복될 가능성이 많고,[37] 반대로 그러한 지적공부가 멸실된 경우에는 자주점유 추정의 번복이 어렵게 된다(이처럼 위 ⓐ요건이 인정되는 경우에는 각주 35에서 언급된 '실질적 관련성'이 없는 사정들만으로도 ⓑ의 요건을 비교적 쉽게 인정하는 것이 판례의 경향으로 보인다). 이는 그 도로 등으로의 편입시기가 일제 강점기인지 아니면 6·25 전란 이후인지 여부에 따라 크게 달라지지

─────────────────

산의 취득절차를 거쳐서 소유권을 적법하게 취득하였을 가능성도 배제할 수 없다고 보이는 경우(ⓑ 요건)"에는 타주점유에 대한 입증이 실패하였다고 보면 되는 것이지, 위와 같은 "가능성"을 국가 등이 "증명"하여야 한다고 보는 것은 적절하지 않다고 보인다.

　　이와 관련하여 대법원 2013. 1. 10. 선고 2012다73981 판결은 "도로부지에 편입된 토지에 관한 지적공부 등이 6·25 전란으로 소실되었거나 기타의 사유로 존재하지 아니하는 등 그 토지의 취득절차에 관한 서류의 제출을 기대하기 어려운 사정이 있지도 않으며, 지적공부나 등기부 등에 국가 등이 소유권을 적법하게 취득한 것으로 볼 수 있는 기재가 없을 뿐 아니라 오히려 종전소유자의 소유권이 그대로 유지되고 있는 것으로 기재되어 있다는 등의 사정이 입증된 반면, 당해 토지를 도로로 점유 사용하고 있는 국가 등이 자주점유의 추정을 유지하기 위한 적극반증 사유로서 그 토지를 도로에 편입시킨 경위 및 시기 등에 관한 사정과 아울러 그 토지의 취득절차에 관한 서류를 제출하지 못하는 납득할 만한 사유, 그 밖에 도로로 점유를 개시할 당시 공공용 재산의 취득절차를 거쳐서 소유권을 적법하게 취득했을 가능성을 배제할 수 없는 등의 사정에 관한 증거를 제시하지 못하는 경우에는 국가 등이 소유권 취득의 법률요건 없이 그 토지를 도로에 편입시켜 무단점유한 것임이 증명되었다고 볼 수 있고, 그로써 자주점유의 추정은 깨어진다고 볼 것이다"라고 하여 '적극반증'이라는 용어를 사용하고 있다.

37) 다만 2000년 전합판결에서 본 바와 같이 대법원은 점유자가 국가 등이 아닌 사인인 경우에는 그러한 사정만으로는 무단점유로 단정할 수 없다는 입장을 취하고 있다.

국가 등의 무단점유 인정 요건 157

않는 것으로 보인다.

다음으로 지적공부가 멸실되지 않고 남아 있는 경우라도 판례는 ⓑ의 요건만으로도 자주점유의 추정이 유지될 수 있음을 긍정하고 있는데, 이는 구체적인 사안마다 달리 판단되고 있다. 이를 유형화해 보자면, 6 · 25 전란 이후에 점유를 개시한 경우에는 2010다33866 판결의 경우처럼 토지 취득절차에 관한 자료가 일부라도 남아 있는 경우에는 ⓑ의 요건을 인정하고 있고, 그렇지 않은 경우에는 무단점유로 인정하고 있는 것으로 보인다. 문제는 일제 강점기에 도로 등으로 편입된 사안의 경우인데, 이는 바로 우리 대상판결의 사안으로서 이 점에 대해서는 아래에서 다시 자세히 살펴보기로 한다.

Ⅳ. 대상판결의 당부

1. 유사한 사안에 관한 기존 판례의 입장

대상판결의 경우처럼 일제 강점기에 도로 등의 부지로 편입된 토지에 대하여 지적공부가 멸실되지 않고 존재하여 온 사안에 대하여—비록 그 구체적인 사안이 조금씩 다르기는 하지만—대법원의 입장이 명확히 정리되지 못했던 것으로 보인다.

97년 전합판결이 선고된 이후 위와 같은 절충적인 법리가 등장하기 전 사이의 판결인 대법원 1998. 7. 24. 선고 97다32505 판결, 대법원 2000. 6. 23. 선고 2000다13764 판결, 대법원 2001. 3. 27. 선고 2000다64472 판결, 대법원 2004. 7. 8. 선고 2002다54684 판결은 자주점유 추정이 번복된다는 취지로 판단하였다.[38]

그러나 위와 같은 절충적인 법리가 등장한 이후 선고된 대법원

---

38) 이 중 판례공보에 게재된 판결은 2000다64472 판결뿐이다. 이 판결은 명시적으로 자주점유 추정이 깨어진다고 판시한 것은 아니고, 계쟁토지의 취득 경위 등에 관하여 더 심리해 보라는 취지로 자주점유 추정을 유지한 원심을 파기하였는데, 환송 후 원심은 국가 등이 취득관련 자료를 제출하지 못하고 있다는 이유만으로 자주점유 추정이 번복되었다고 판단하였고 재상고심에서도 환송 후 원심을 그대로 수긍하였다.

2011. 1. 27. 선고 2010다59967 판결, 대법원 2011. 3. 10. 선고 2010다 88927 판결 등은 자주점유 추정이 유지된다고 보았다.[39] 즉 판례의 주류 적인 흐름이 자주점유 추정을 유지하는 쪽으로 방향을 틀었다고 보인다.

그런데 이후 다시 앞서 본 대법원 2011. 11. 24. 선고 2009다99143 판결은 위 ⓑ의 요건을 쉽사리 인정하여서는 안 된다는 법리를 설시하면 서 자주점유 추정이 번복된다는 취지로 판단하였고, 이후 위 판결은 주로 자주점유 추정을 번복하는 취지의 하급심판결에서 많이 인용되고 있다.

2. 대상판결의 당부

가. 대상판결 판시사항의 가장 큰 특징은 기존의 2007다42112 판결 및 2010다33866 판결에서 언급된 ⓑ 요건("그 점유의 경위와 용도 등을 감 안할 때 국가나 지방자치단체가 점유개시 당시 공공용 재산의 취득절차를 거 쳐서 소유권을 적법하게 취득하였을 가능성도 배제할 수 없다고 보이는 경 우")을 보다 구체화하여 아래와 같이 판시하였다는 점이다.

> "(전략) 그 점유의 경위와 용도, 국가 등이 점유를 개시한 후에 지적공 부 등에 그 토지의 소유자로 등재된 자가 소유권을 행사하려고 노력하였는 지 여부, 함께 분할된 다른 토지의 이용 또는 처분관계 등 여러 가지 사정 을 감안할 때 국가 등이 점유 개시 당시 공공용 재산의 취득절차를 거쳐서 소유권을 적법하게 취득하였을 가능성을 배제할 수 없는 경우에는, 국가의 자주점유의 추정을 부정하여 무단점유로 인정할 것이 아니다"(밑줄은 필자가 그음).

그리고 구체적으로 대상판결은 앞서 '대상판결의 요지'에서 본 (1)~(6)의 사정을 종합하여 위 ⓑ의 요건이 인정된다고 판단하였는데, 그 중 이 사건 각 토지의 모토지로부터 분할된 각 토지 중 이 사건 각 토지 를 제외한 나머지 토지들은 모두 제3자에게 매각되었다는 점[위 (1)~(6)

---

39) 그 밖에 시효취득을 인정한 판결(심리불속행 기각)로는, 대법원 2009. 4. 9.자 2008다93353 판결, 대법원 2010. 12. 23.자 2010다82073 판결, 대법원 2012. 9. 27. 자 2012다55877 판결, 대법원 2011. 2. 10.자 2010다99569 판결, 대법원 2011. 4. 14.자 2011다8461 판결 등이 있음.

중 (4)의 사정]에 특히 주목한 것으로 보인다. 하나의 토지를 여러 필지로 분할하여 일부는 도로로 제공하고 나머지는 타에 매각하는 경우 그 도로는 매각되는 토지의 효용을 증대시키는 것이므로 이러한 경우 판례는 그 도로 부분이 여전히 종전 소유자의 소유로 되어 있다고 하더라도 그 사용·수익권을 포기한 것으로 보아 차임 상당의 부당이득금반환청구를 하지 못한다고 하고 있는데,[40] 이러한 사정은 점유자인 국가 등의 자주점유 추정을 유지하는 데에도 긍정적인 요소가 될 수 있다고 생각된다.

또한 대상판결의 위 (1)~(6) 중 (2)의 사정(이 사건 각 토지에 관하여는 위 분할 및 지목변경된 무렵에 작성된 것으로 보이는 토지등기부가 소실되지 않고 남아 있기는 하나, 위 분할된 날에 이 사건 ①, ②, ③ 토지의 토지대장이 작성되었다가 같은 날 삭제되었고, 이 사건 ④, ⑤ 토지의 토지대장 역시 위 분할된 날에 작성되어 그 연혁란에 '도로성(道路成)'[41]이라고 기재되었다는 점)에도 주목할 필요가 있다고 생각된다.[42] 비록 위와 같은 토지대장에서의 삭제나 '도로성'이라는 기재가 당시 국가 등이 그 토지의 소유권까지 취득하였는지 여부까지도 직접 나타내는 것은 아니지만,[43]

---

40) 대법원 1991. 7. 12. 선고 91다1110 판결 등.

41) '도로성 취급에 관한 건(1915. 1. 25. 관통첩 제26호)'에 의하면, 개인 또는 조선총독이 지정하지 않은 단체라 하더라도 그 소유지를 지세사무취급수속 제2조에 해당하는 도로로 하였을 때에는 지세령 제1조 제2호의 도로로 할 것이며(면세로 된다는 의미임) 이 경우에는 지목변환신고를 받아 토지대장에서 이를 삭제할 것을 통첩하였다고 한다. 따라서 이 사건 ①, ②, ③ 토지처럼 토지대장에서 삭제된 경우와 이 사건 ④, ⑤ 토지처럼 '도로성'이라고 기재된 경우를 굳이 달리 취급할 필요는 없어 보인다.

42) 한편 대상판결에서 자주점유 추정의 근거로 제시한 나머지 사정들은, 각주 35에서 본 바와 같이, 위 2009다99143 판결에서 "계쟁토지를 공공용 재산으로 편입시킨 경위와는 실질적 관련성이 없는 사정"이라고 판시한 것들이다.

43) 대법원 2000. 3. 10. 선고 99다64735 판결은 "일제시대의 조선총독부 훈령(지세사무취급수속)이 도로로 편입된 토지에 대한 토지대장을 전부 말소하도록 규정하고 이에 따라 토지대장이 말소되었다고 하더라도 이와 같이 도로로 편입된 토지가 모두 국·공유화되었다고 단정할 수는 없다"하고 하였다.
　그러나 당시 도로로 변경되면서 국유지로 된 경우에 있어서도 도로로 변경되었다는 표시만 하고 국유지로 되었다는 표시는 하지 아니하는 경우가 있었다고 하므로 토지대장에서 삭제되고 국가 등 앞으로 등기가 이전되지 않았다고 하여 사유지라고 단정할 수도 없다고 한다. 김동윤, "국가가 취득시효의 완성을 주장하는 토이로써 적어도 당시 국가 등이 공식적으로 관여하여 도로로 편입하는 작업이 있었다는 점은 추인할 수 있으므로 역시 자주점유 추정에 있어서 긍정적인 사정으로 고려될 수 있다고 생각된다.

나. 문제는 대상판결의 결론이 앞서 본 유사한 사안에서 자주점유의 추정이 번복된다고 판단한 판결들과 저촉되지는 않는지 여부이다. 자주점유 추정이 번복된다고 한 판결들 중 대상판결과 가장 유사한 사안은 위 2000다13764 판결인데(분할되어 도로로 제공되고 남은 나머지 토지가 타에 매각된 사안임), 이 판결은 공보에 게재되지도 않은 판결일뿐더러 그 구체적인 사안을 보면 피고의 직원이 보상이 이루어진 바 없다고 스스로 진술하였다는 사안이므로 특별히 판례가 서로 저촉된다고 단정하기는 어렵다고 보인다. 또한 나머지 자주점유 추정 번복을 긍정한 판결들은 '나머지 토지들의 분할 매각'이라는 사정이 나타나지 않는 사안들이어서 대상판결과 사안이 다르다고 볼 수 있다.

한편 대상판결과 같은 날 선고된 대법원 2014. 3. 27. 선고 2012다30168 판결은, 1925. 11. 25. 도로로 편입되었고 그 토지대장 등 지적공부가 멸실되지 아니한 사안에서, 자주점유 추정이 깨어졌다고 판단한 원심을 파기하고 위 ⓑ의 요건이 인정된다는 취지로 판단하였다. 이 판결의 사안은 대체로 대상판결의 사안과 유사한데 대상판결과 달리 일부 토지는 "분할된 나머지 토지가 타에 매각된 사정"이 없는 경우임에도 불구하고 자주점유 추정이 유지된다고 보았다.[44]

다. 사견으로는, 대상판결의 태도가 타당하다고 생각하며, 나아가 대상판결과 같이 일제 강점기에 도로 등으로 편입된 토지인 경우에는 그 지적공부가 멸실되지 않고 남아 있다고 하더라도 자주점유 추정의 번복

지의 취득절차에 관한 서류를 제출하지 못하고 있다는 사정만으로 자주점유의 추정이 번복되는지 여부(일제시대 초기 토지대장에서 삭제된 토지의 경우)", 대법원 판례해설 제71호(2008. 7.), 법원도서관, 114~115면.

44) 이후 대법원 2014. 8. 20. 선고 2013다32710 판결, 대법원 2014. 8. 26. 선고 2013다9888 판결도 모두 대상판결을 인용하며 일제 강점기에 도로로 편입된 토지로서 지적공부가 멸실되지 않고 남아 있던 사안에서 자주점유 추정이 유지된다고 판단하였다.

을 엄격한 요건 아래에서만 허용하는 것이 바람직하다고 생각한다. 그 이유는 아래와 같다.

우선 일제 강점기에 도로로 편입된 토지의 경우에는, 6·25 전란 이후에 도로로 편입된 토지의 경우와 비교해 볼 때, 해방 및 6·25 전란 등을 겪으면서 그 취득 및 보상 관련 서류가 멸실되었을 가능성이 더 크다는 점을 고려하여야 할 것으로 보인다. 97년 전합판결 이후 대법원이 사인의 경우와 달리 국가 등의 경우에 자주점유 추정의 번복을 보다 용이하게 한 근거는 국민의 재산을 보호해야 할 의무가 있고 또한 적법한 절차에 따라 수용 등을 하여야 할 의무가 있는 국가가 사인의 토지를 취득하고도 등기를 이전하지 않았다든가 그 취득서류조차 보관하고 있지 않다는 것은 매우 이례적이라는 시각에 근거한 것으로 보이는데, 6·25 전란 이전의 자료에 대해서는 설령 국가 등이 그러한 자료를 보관하지 못하고 있다고 하더라도 그것이 이례적인 일이라고 보기는 어렵다고 생각된다.[45]

또한 일제 강점기는 의용민법이 적용되던 시기이므로 부동산 물권변동에 관하여 의사주의가 채택되어 있었다는 점도 고려되어야 한다고 생각된다. 즉 일제 강점기에는 토지를 취득하더라도 반드시 등기를 마쳐야 소유권을 취득하여야 하는 것은 아니었으므로 설령 국가 등 앞으로 소유권이전등기가 마쳐지지 아니하였다고 하더라도 이를 자주점유 추정 번복의 결정적인 사유로 보기는 어렵다고 생각된다.[46]

---

45) 물론 이러한 사정은 구체적인 사건에 있어서 해당 토지를 관할하는 관공서가 위치한 지역이나, 실제 그 관공서에 6·25 전란 등으로 인하여 화재가 발생한 적이 있는지 여부 등에 따라 달리 볼 여지는 있을 것이다.

46) 97년 전합판결의 다수의견의 보충의견에서도 악의의 무단점유의 경우 자주점유 추정이 깨어진다고 본 근거 중 하나로 "법률행위로 인한 부동산 물권의 득실변경은 등기라는 공시방법을 갖추어야만 비로소 그 효력이 생긴다는 형식주의를 채택한 현행 민법 아래서는 부동산을 소유할 의사가 있는 사람은 등기를 하여야 소유권을 취득한다고 생각하는 것이 보통이며 소유권의 등기를 하지 않은 채 부동산을 소유하고자 하는 경우란 극히 예외적이라고 할 것이다. 그렇다면 점유하는 물건이 부동산인 경우에도 동산과 마찬가지로 점유 그 자체로부터 점유자의 소유의 의사를 추정하는 것은 등기 없이 부동산에 관한 물권을 취득하도록 하는 의사주의를

아울러 취득시효제도의 첫 번째 존재 이유, 즉 무권리자라도 오랜 기간 동안 물건을 점유하는 자에 대해서는 실체법적 권리를 인정해 주는 것이 법률관계의 안정의 측면에서 바람직하다는 점을 고려할 때, 해방된 지 무려 70년이 다 되어 가는 현 시점에서는 권리 위에 잠자는 자의 보호보다는 현재 사실상태의 존중이 더 중요한 가치가 되지 않았나 생각해 본다.[47] 이와 관련하여 앞서 본 바와 같이 점유취득시효제도의 연원인 프랑스 민법도 점유기간이 30년인 경우에는 점유자가 '악의'라도 취득시효를 인정하고 있고, 일본 민법도 장기 취득시효(20년)의 경우에는 마찬가지로 규정하고 있다는 점도 참고할 필요가 있다고 보인다.

채택하였던 구 민법 아래서는 그 시대의 사회실정을 반영한 사고방식이었다고 할 수 있을지 모르겠으나, 형식주의를 채택한 현행 민법이 시행된 지 오랜 세월이 지 난 오늘날에 이르기까지 그러한 법감정이 그대로 타당하다고 볼 수는 없다"라는 점을 언급하고 있다(밑줄은 필자가 삽입).

또한 2000년 전합판결의 다수의견도 "이 사건에 있어서와 같이 목적 토지를 매수한 시기가 현행 민법이 시행된 후 얼마 지나지 않은 1965년 1월 무렵이고 특히 그 토지가 현행 민법에 따른 부동산 거래의 관행이 비교적 늦게 정착되었다고 할 농촌지역에 소재하고 있는 점을 보태어 보면, 원심이 인정한 사실관계에서 본 바와 같이 김종대에게 이 사건 토지를 매도한 망 조병옥이 등기부상 소유자가 아니어서 김종대가 그에 의하여 바로 이 사건 토지의 소유권을 유효하게 취득할 수 없기는 하나, 기록상 김종대가 망 조병옥에게 이 사건 토지에 대한 처분권한이 없다는 것을 잘 알면서 매매에 이르렀다고 볼 자료가 없는 이상 망 조병옥이 이 사건 토지의 등기부상 소유자가 아니라는 사정만으로 김종대의 점유가 점유권원의 성질상 소유의 의사가 없는 것으로 보이는 권원에 바탕을 둔 것이라고 할 수 없을 뿐만 아니라, 김종대가 매매 당시 매도인에게 처분권한이 없음을 알고 있었다고 추단할 수도 없다고 할 것이므로 그에 의하여 소유의 의사가 있는 점유라는 추정이 깨어진다고 할 수 없다"라고 하여 현행 민법이 적용되는 시점의 전과 후를 달리 보고 있다(밑줄은 필자가 삽입).

47) 2001년경부터 정부는 '조상 땅 찾기 서비스'(1910년대 작성된 임야조사서 등을 기준으로 그 이후 서류들을 검토해 누락된 조상 땅을 찾아주는 제도)를 시행하고 있는데, 국토교통부가 국회에 제출한 국정감사 자료에 따르면 조상 땅 찾기 신청 자가 2010년 4만 명 수준에서 2013년엔 18만 명, 2014년에는 상반기에만 16만 명을 넘어섰다고 한다(2014. 9. 6.자 TV조선 보도내용). 이러한 조상 땅 찾기 열풍은 일확천금을 노리는 일부의 심리와 이를 이용한 토지 브로커의 개입으로 여러 가지 사회적인 부작용과 남소를 유발할 가능성도 커 보이는데, 국가 등이 도로 등의 부지로 점유하여 온 토지에 대해서는 가급적 대법원에서 명확한 판단기준을 세워 이러한 부작용 등을 사전에 해소시킬 필요가 크다고 생각된다.

V. 결   론

부동산 물권변동에 있어서 형식주의를 채택하면서도 점유취득시효제도를 유지하고 있는 우리 민법의 태도에 대해서는 여러 비판이 있어 왔고, 특히 과거 자주점유 추정의 번복을 엄격하게만 인정하여 왔던 종전의 판례에 대해서도 많은 비판이 있어 왔다. 그러한 상황에서 보편적 도의관념을 근거로 무단점유의 경우에는 자주점유 추정이 번복된다고 한 97년 전합판결의 태도는 비록 그 이론적인 문제점에도 불구하고 결론적으로는 타당하다고 생각한다. 다만 그 구체적인 적용에 있어서는 점유취득시효제도의 존재 이유, 과거 일제 강점기 및 6·25 전란을 겪어 온 우리 역사의 특수성, 의사주의에서 형식주의로 변경된 사정 등을 두루 참작하여야 할 것이다. 대법원은 97년 전합판결 이후에도 국가 등이 사인의 토지를 도로 등으로 점유하여 온 사안에서 그동안 일관된 입장을 보이지 못하여 왔고 이는 당시의 시대상황이나 가치관의 차이[48]가 반영된 결과로 보인다. 그러나 적어도 그 논의는 점점 발전하여 왔다고 생각되며 그러한 연장선상에서 대상판결의 결론은 타당하고 하급심에 큰 지침이 될 수 있다고 생각된다. 다만 2009다99143 판결 등 유사한 사안에서 자주점유 추정의 번복을 인정한 판결들과의 관계가 명확히 정리되지 못한 아쉬움은 있으나, 이는 앞으로 판례의 발전을 기대해 볼 수 있는 부분이라고 하겠다.[49]

---

48) 앞서 본 바와 같이, 점유취득시효제도의 존재 이유를 어떻게 볼 것인지, 국가 등의 도로점유를 기본적으로 어떠한 시각에서 접근할 것인지(각주 29) 등에 대한 입장의 차이라 할 수 있다.

49) 한편 대상판결이 선고된 이후 대법원은 일제 강점기 이후에 도로로 편입된 토지의 경우에도 그 토지가 모토지로부터 분할되어 도로로 편입되고 나머지 토지는 타에 매각된 사정이 있는 경우에는 자주점유의 추정이 번복되지 않는다고 하여(대법원 2015. 7. 9. 선고 2014다206952 판결 등), 국가의 자주점유 추정의 번복을 보다 엄격한 요건하에서만 인정하는 경향을 보이고 있다.

[Abstract]

Study on unauthorized occupation of the country in acquisitive prescription

Lim, Ki Hwan*

When the true owner of any land asserts his ownership against the country who has occupied the land for a long time as road, the country often argues acquisitive prescription. The most critical issue surrounding the acquisitive prescription in this case has been whether the country's intention of ownership exists. Case law on this issue has been a lot of changes.

After the 1983's Supreme Court en banc Decision was sentenced, the Supreme Court had tended to easily presume the country's intention of ownership. But, after the 1997's Supreme Court en banc Decision was sentenced, the Supreme Court showed different trends. Until recently, the Supreme Court did not show a consistent look with respect to this issue.

In this situation, the Supreme Court concluded that the country's intention of ownership on the land incorporated into road in the period of Japanese colonial era could not easily denied through this decision. This decision has great significance to help clean up the confusion on this issue.

---

* Judge, Daegu District Court, Seobu Branch Court.

[Key word]
- acquisitive prescription
- presumption of intention of ownership
- unauthorized occupation of the country
- the country's occupation of land incorporated into road in the period of Japanese colonial era

참고문헌

곽윤직, 물권법(신정판), 박영사(1993).

편집대표 곽윤직(윤진수 집필부분), 민법주해(Ⅴ), 박영사(2007).

_____(김오섭 집필부분), 주석민법[물권(1)], 한국사법행정학회(2001).

김동윤, "국가가 취득시효의 완성을 주장하는 토지의 취득절차에 관한 서류를 제출하지 못하고 있다는 사정만으로 자주점유의 추정이 번복되는지 여부 (일제시대 초기 토지대장에서 삭제된 토지의 경우)", 대법원 판례해설 제71호(2008. 7.), 법원도서관.

박홍래, '미국에서의 Adverse Possession', 법률행정논총 제22집 제2호(2002).

유남석, '부동산점유취득시효에 있어서 소유의 의사의 추정과 무단점유', 인권과 정의 제255호(대한변호사협회, 1997).

윤진수, '악의의 무단점유와 자주점유에 대한 소견', 판례실무연구, 박영사 (1997).

이도행, '국가나 지방자치단체의 도로점유와 자주점유 추정', 재판과 판례 제19집 (2010. 2.).

이종구, '점유취득시효제도의 개정에 관한 연구(자주점유와 무과실을 중심으로)', 외법논집 제36권 제1호(2012. 2.).

최명구, '취득시효의 존재이유와 소유의 의사에 대한 비교법적 검토', 토지법학 (2009), 한국토지법학회.

최종길, '국가나 지방자치단체의 시효취득의 인정 요건', 민사재판의 제문제 제15권(2006. 12.), 한국사법행정학회.

한기택, '부동산점유의 권원이 매매 등 소유권이전목적의 법률행위로서 등기를 수반하지 아니한 것임이 밝혀진 경우 그 점유는 타주점유인가?', 21세기 사법의 전개(송민 최종영 대법원장 재임기념)(2005. 9.).

전세권저당권의 실행방법과 전세권설정자의 공제 및 상계주장 가부*

이 승 훈**

■요　지■

전세 제도는 조선 후기부터 주로 도시에서 건물에 관하여 이용되어 온 관습상의 제도로서 민법의 제정과 함께 물권의 일종으로 편입되었으나, 본래적 의미에서의 전세권은 거래 현실에서 많이 이용되고 있지 않다. 그런데 최근 들어 채권을 담보하기 위한 목적으로 설정되는 전세권의 이용이 늘고 있고, 그와 같은 전세권에 저당권을 설정하여 투하자본을 회수하는 방식도 이용되고 있다.

위와 같은 채권담보전세권 및 그에 설정된 전세권저당권에 대하여 대법원 2014. 10. 27. 선고 2013다91672 판결은 채권을 담보하기 위한 목적으로 설정된 전세권과 그에 설정된 전세권저당권이 유효함을 전제로, 전세기간이 만료된 경우 전세권저당권자는 전세권자의 전세금반환채권에 대한 물상대위의 방식을 통해 우선변제를 받을 수 있고, 이때 전세권설정자는 전세권저당권자가 전세권이 담보하는 기본계약관계에 대하여 악의인 경우 그 계약관계에 기한 공제주장을 할 수 있으며, 나아가 전세권설정시에 이미 전세권자에 대한 채권이 발생하였고 그 변제기가 전세기간 만료시와 동시에 또는 먼저 도래하는 경우 전세권설정자는 전세권저당권자를 상대로 위 채권을 자동채권으로 하는 상계주장을 할 수 있다고 판시하였다.

---

* 이 글은 2015. 2. 16. 민사판례연구회 제378회 월례회에서 발표한 것을 수정·보완한 것이다.
** 서울중앙지방법원 판사.

채권담보전세권 및 그에 전세권저당권이 설정된 경우 전세권설정자와 전세권자 및 전세권저당권자 상호간에 대립하는 이해의 조정에 관한 문제가 생기는데, 기본적으로 위와 같은 형태의 전세권 및 전세권저당권이 유효하고, 악의의 전세권저당권자에게 기본계약관계에 기한 공제주장이 가능하며, 전세권설정시 이미 발생한 자동채권의 변제기에 따라 상계주장도 가능하다는 대상판결의 판지에 찬성한다.

그러나 전세기간 만료 후 전세권저당권의 실행방법에 관하여, 전세기간이 만료된 경우 전세권은 용익물권성이 소멸하고 담보물권성과 전세금반환채권만이 남게 되어 전세권저당권이 실질에 있어 '전세권부 채권에 대한 질권'과 유사하다고 할 것이므로, 채권질권의 규정 중 제3채무자의 존재를 전제로 하는 규정을 유추적용하여 전세권자의 전세권설정자에 대한 저당권 설정통지를 조건으로 전세권저당권자의 전세권설정자에 대한 직접 청구를 인정함이 타당하다. 그와 같은 방식에 의할 경우, 저당권 설정통지를 기준으로 그 이전에 발생한 기본계약관계에 기한 공제주장 등은 전세권저당권자의 선·악의를 불문하고 인정되고, 설정통지 이후의 부분에 관하여는 악의의 전세권저당권자에게만 주장할 수 있으며, 기본계약관계와 무관한 별개의 원인에 기한 상계주장은 저당권 설정통지시를 기준으로 그 이전에 발생한 자동채권으로서 그 변제기가 전세기간 만료시와 동시에 또는 먼저 도래하는 경우에만 전세권설정자에게 상계에 대한 합리적 기대 이익이 있다고 보아 허용된다고 할 것이다.

[주제어]
- 전세권저당권
- 전세권
- 저당권
- 물상대위
- 채권질권
- 공제
- 상계

[투고일자] 2015. 12. 4.
[심사일자] 2015. 12. 14.
[게재확정일자] 2015. 12. 30.

대상판결 : 대법원 2014. 10. 27. 선고 2013다91672 판결〔공2014하,
2247〕

[사안의 개요]

● 소외 甲은 2004. 3. 24. 피고로부터 이 사건 주유소 건물을 임대차보
증금 6,000만 원, 기간 2004. 4. 30.부터 2009. 4. 29.까지로 정하여 임차하였
다가, 2009. 7. 1. 임대차보증금 6,000만 원, 차임 월 250만 원, 기간 2009.
7. 1.부터 2014. 6. 30.로 변경하는 계약을 체결하였고, 이후 임대차보증금이
1억 원으로 증액되었다.

● 甲은 2005. 5. 25. 위 임대차보증금반환채권을 담보하기 위하여 이 사
건 주유소 건물에 관하여 전세금 6,000만 원, 존속기간 2004. 4. 30.부터
2009. 4. 29.까지로 하는 전세권설정등기를 마쳤고, 위와 같이 임대차계약을
갱신한 후 2010. 9. 13. 전세금 1억 원, 존속기간 2009. 5. 1.부터 2014. 4.
29.까지로 변경하는 전세권변경등기를 마쳤다.

● 원고는 2010. 9. 14. 甲에게 1억 5,000만 원을 대출하면서 그 담보로
위 임대차보증금반환채권을 양도받고, 2010. 9. 20. 위 전세권에 관하여 채권
최고액 1억 원의 전세권근저당권설정등기를 마쳤다.

● 甲은 2011. 6. 15. 피고와 위 임대차계약을 해지하기로 합의하고 피고
에게 이 사건 주유소 건물을 인도하였다.

● 한편 원고는 전세권근저당권자로서 2012. 7. 5. 대구지방법원 2012타
채8931호로 甲의 피고에 대한 위 전세금반환채권 중 80,391,051원에 관하여
물상대위에 의한 채권압류 및 추심명령을 받았고, 위 채권압류 및 추심명령
은 2012. 7. 9. 피고에게 송달되었다.

[소송의 경과]

1. 1심[대구지방법원 2012. 11. 30. 선고 2011가단88143 판결(미공간)]

가. 당사자 주장의 요지

원고(전세권저당권자)는 당초 임대차보증금반환채권에 대한 양수금 청구
를 하다가, 위와 같은 채권압류 및 추심명령을 받고 제7차 변론기일(2012. 8.
17.)에서 전세금반환채권에 대한 추심금 청구로 청구를 변경하였다(양수금
청구는 예비적으로 유지하다가 이후 철회하였다).

이에 대하여 피고(전세권설정자)는 제6차 변론기일(2012. 7. 6.)에서, 피고가 甲(전세권자)에게 가지는 2010. 4. 9. 5,000만 원, 2010. 8. 31. 2,000만 원 합계 7,000만 원 상당의 대여금 채권 및 임대차계약과 관련하여 발생한 공과금 등 450만 원 상당의 채권으로 원고의 채권과 상계한다고 주장하였다.[1]

나. 1심법원의 판단: 원고 청구 기각

1심법원은 피고가 원고에게 위 추심금을 지급할 의무를 인정하면서도, 피고가 甲에게 7,000만 원을 대여한 사실, 甲이 임대차계약과 관련하여 450만 원 정도의 공과금 등을 납부하지 아니한 사실, 甲은 이 사건 주유소 건물을 인도한 2011. 6. 16. 피고에게 현금 1억 4,000만 원을 2012. 6. 15.까지 보관한다는 내용의 현금보관증을 작성하여 준 사실을 인정한 뒤, 피고의 상계항변을 받아들여 원고의 청구채권은 상계적상일인 2012. 6. 15. 소멸하였음을 이유로 원고의 청구를 기각하였다.

2. 원심 [대구지방법원 2013. 10. 31. 선고 2013나353 판결(미공간)]

가. 당사자 주장의 요지

원고는 전세권근저당권자로서 전세권이 소멸한 뒤 전세권에 갈음하여 존속하는 것으로 볼 수 있는 전세금반환채권에 대하여 추심명령을 받았다며 피고에게 추심금의 지급을 구하였다.

이에 대하여 피고는, 임대차보증금반환채권을 담보하기 위하여 설정된 甲과 피고 사이의 전세권설정계약은 통정허위표시로서 무효이고 원고도 이를 알 수 있었으므로, 제3채무자인 피고는 추심명령 송달시까지 채권자인 甲에게 주장할 수 있는 모든 사유로 원고에게도 대항할 수 있다고 주장하면서, 위 임대차계약과 관련된 甲의 연체차임 64,625,000원 및 공과금 등 450만 원 상당의 공제항변과 2010. 4. 9. 및 2010. 8. 31.자 대여금 합계 7,000만 원

---

1) 소송상 방어방법으로서의 상계항변은 통상 그 수동채권의 존재가 확정되는 것을 전제로 하여 행하여지는 일종의 예비적 항변으로서 소송상 상계의 의사표시에 의해 확정적으로 그 효과가 발생하는 것이 아니라 당해 소송에서 수동채권의 존재 등 상계에 관한 법원의 실질적 판단이 이루어지는 경우에 비로소 실체법상 상계의 효과가 발생하는 것이므로[대법원 2014. 6. 12. 선고 2013다95964 판결(공2014하, 1382)], 당초의 양수금 청구에 대한 피고의 상계항변이 변경된 추심금 청구에 대한 상계항변으로도 효력이 있는지는 논의의 여지가 있으나, 이하에서는 위 소송의 경과와 같이 일응 효력이 있는 것을 전제로 살펴본다.

상당의 상계항변을 하였다.[2]

나. 원심법원의 판단: 원고 항소 일부 인용, 나머지 항소 기각

원심법원은, 이 사건 전세권은 임대차보증금반환채권을 담보하기 위하여 설정된 것인데 원고가 그와 같은 사정을 알고 있었으므로, 임대인 겸 전세권설정자인 피고로서는 전세권근저당권자인 원고에게도 임대차계약에 따른 효력을 주장하여 임대차관계에서 발생한 임차인에 대한 일체의 채권의 공제를 주장할 수 있다고 판시하면서, 연체차임 중 2,625만 원 상당과 공과금 등 450만 원 상당에 관한 피고의 공제항변을 받아들였다.

한편 전세금은 그 성격에 비추어 민법 제315조에서 정한 전세권설정자의 전세권자에 대한 손해배상채권 외 다른 채권까지 담보한다고 볼 수 없으므로, 전세권설정자가 전세권자에 대하여 손해배상채권 등 다른 채권을 가지고 있다고 하더라도 다른 특별한 사정이 없는 한 이로써 전세금반환채권에 물상대위권을 행사한 전세권근저당권자에게 상계 등으로 대항할 수 없고, 이는 임대차보증금반환채권을 담보하기 위한 전세권설정등기에도 마찬가지이므로, 피고는 임대차관계와는 무관한 대여금채권으로 원고에게 상계로써 대항할 수 없다며, 피고의 상계항변을 배척하였다.

[대상판결의 요지]

대법원은 아래와 같은 이유로 원심판결 중 피고 패소 부분을 파기하고 원심에 환송하였다.

1. 전세권을 목적으로 한 저당권이 설정된 경우, 전세권의 존속기간이 만료되면 전세권의 용익물권적 권능이 소멸하기 때문에 더 이상 전세권 자체에 대하여 저당권을 실행할 수 없게 되고, 저당권자는 저당권의 목적물인 전세권에 갈음하여 존속하는 것으로 볼 수 있는 전세금반환채권에 대하여 압류 및 추심명령 또는 전부명령을 받거나 제3자가 전세금반환채권에 대하여 실시한 강제집행절차에서 배당요구를 하는 등의 방법으로 물상대위권을 행사하여 전세금의 지급을 구하여야 한다.

전세권저당권자가 위와 같은 방법으로 전세금반환채권에 대하여 물상대위권을 행사한 경우, 종전 저당권의 효력은 물상대위의 목적이 된 전세금반

---

2) 피고의 주장 중 이 글과 직접적인 관련이 없는 부분은 생략하였다.

환채권에 존속하여 저당권자가 그 전세금반환채권으로부터 다른 일반채권자보다 우선변제를 받을 권리가 있으므로, 설령 전세금반환채권이 압류된 때에 전세권설정자가 전세권자에 대하여 반대채권을 가지고 있고 그 반대채권과 전세금반환채권이 상계적상에 있다고 하더라도 그러한 사정만으로 전세권설정자가 전세권저당권자에게 상계로써 대항할 수는 없다.

그러나 전세금반환채권은 전세권이 성립하였을 때부터 이미 그 발생이 예정되어 있다고 볼 수 있으므로, 전세권저당권이 설정된 때에 이미 전세권설정자가 전세권자에 대하여 반대채권을 가지고 있고 그 반대채권의 변제기가 장래 발생할 전세금반환채권의 변제기와 동시에 또는 그보다 먼저 도래하는 경우와 같이 전세권설정자에게 합리적 기대 이익을 인정할 수 있는 경우에는 특별한 사정이 없는 한 전세권설정자는 그 반대채권을 자동채권으로 하여 전세금반환채권과 상계함으로써 전세권저당권자에게 대항할 수 있다.

2. 위와 같은 사실관계를 앞서 본 법리에 비추어 보면, 이 사건 전세권근저당권이 설정된 때에 피고의 甲에 대한 대여금채권이 존재하고 그 채권의 변제기가 장래 발생할 전세금반환채권의 변제기와 동시에 또는 그보다 먼저 도래하는 경우에는 특별한 사정이 없는 한 피고는 위 대여금채권을 자동채권으로 하여 전세금반환채권과 상계함으로써 근저당권자인 원고에게 대항할 수 있다고 할 것이다.

따라서 원심으로서는 피고가 주장하는 대여금채권의 존재 여부 및 그 대여금채권과 전세금반환채권의 변제기의 선후관계 등에 관하여 심리하여 상계의 허용 여부를 판단하였어야 함에도 그 판시와 같은 이유만으로 피고의 상계항변을 배척하였으니, 위와 같은 원심의 판단에는 물상대위와 상계에 관한 법리를 오해하고 필요한 심리를 다하지 아니함으로써 판결에 영향을 미친 위법이 있다. 이 점을 지적하는 상고이유의 주장은 이유 있다.

원심이 내세운 대법원 2008. 3. 13. 선고 2006다29372, 29389 판결은 임대차보증금반환채권의 담보를 목적으로 전세권이 설정된 것임을 저당권자가 몰랐던 사안에서 임대차계약에 의하여 발생한 연체차임, 관리비, 손해배상 등의 채권을 자동채권으로 하여 전세금반환채권과 상계할 수 없다고 한 것으로, 이 사건과는 그 사안을 달리하여 원용하기에 적절하지 않다.

[研　　究]

Ⅰ. 서　　론

　　민법 제303조 이하에서 규정하고 있는 '전세권'은 종래 관습상의 제도를 물권화한 것인데, 본래적 의미에서의 전세권은 거래 현실에서 많이 이용되고 있지 않다. 그런데 최근 들어 고유의 의미와는 조금 다르게 변형된 형태 즉, 채권을 담보하기 위한 목적으로 설정되는 전세권의 이용이 늘고 있고, 전세권에 저당권을 설정하여 투하자본을 회수하는 방식도 사용되고 있으며, 위 두 이용방식이 함께 나타나기도 한다. 대상판결의 사안도 임대차보증금반환채권을 담보하기 위하여 설정된 전세권에 다시 자금을 융통하는 방법으로 저당권을 설정한 것으로서 근래의 전세권 이용 방식을 그대로 보여 준다.

　　그런데 이러한 채권담보 목적의 전세권에 대하여 용익물권적 권능의 측면에서 그 유효성을 인정할 수 있는지의 문제가 있고, 나아가 전세기간이 만료된 경우 전세권저당권을 어떻게 실행할 수 있는지, 또 채권담보전세권에 저당권이 설정된 경우 전세권설정자가 전세권이 담보하는 채권의 기본계약관계에서 발생한 사유를 전세권저당권자에게 주장할 수 있는지에 관하여 견해가 대립된다.

　　이하에서는 전세권 및 전세권저당권의 일반론에 대하여 간략히 살펴보고, 대상판결과 관련하여 전세기간이 만료된 경우 전세권과 전세권저당권도 소멸하는지와 전세기간 만료 후 전세권저당권의 실행방법에 관하여 검토한 뒤(Ⅱ.), 채권담보전세권에 저당권이 설정된 경우 전세권설정자가 전세권저당권자를 상대로 기본계약관계에 기한 주장을 할 수 있는지를 공제주장(Ⅲ.)과 상계주장(Ⅳ.)으로 나누어 고찰하기로 한다.

Ⅱ. 전세권과 전세권저당권

1. 전 세 권

가. 의의 및 사회적 기능

전세권은 전세금을 지급하고 타인의 부동산을 점유하여 그 부동산의 용도에 좇아 사용·수익하며, 그 부동산 전부에 대하여 후순위권리자 기타 채권자보다 전세금의 우선변제를 받을 수 있는 권리이다($\substack{민법 제303조 \\ 제1항}$). 전세 제도는 조선 후기로부터 일제강점기에 걸쳐 주로 도시에서 건물에 관하여 이용되어 온 관습상 제도로서의 전세를 민법제정과 함께 물권의 일종으로 편입하여 성문화한 것으로서, 부동산소유자의 입장에서는 그 부동산을 전세금 상당의 금전채무에 대한 담보로써 이용하는 것이고, 세입자의 입장에서는 그 부동산에 대한 용익권을 취득하게 되는 것이다.[3] 다만 전세권이 물권으로 성문화된 이후에도 특히 주거용건물의 경우에는 대체로 채권적 전세를[4] 이용하여 왔으며, 주택임대차보호법의 제정으로 그러한 경향은 한층 심화되었다고 볼 수 있다. 최근의 물권적 전세권은 주택 이외의 건물이나 토지의 임차 중 전세금이 고액인 때에 이용되는 제도로서 사회적으로 작용하고 있다.[5]

나. 법적 성질

제정 민법에는 전세권의 우선변제권에 관한 명문의 규정이 없었으나, 1984. 4. 10. 일부 개정된 민법에서 제303조 제1항 후단("그 부동산 전부에 대하여 후순위권리자 기타 채권자보다 전세금의 우선변제를 받을 권

---

3) 곽윤직 편집대표, 민법주해[Ⅵ] 물권(3), 박영사(1992), 151-152면(박병대 집필 부분).

4) 소비대차와 임대차가 결합된 계약으로서 전세금을 지급하고 그 이자를 차임으로 충당하는 관행적 제도라고 설명된다[이은영, 물권법(제4판), 박영사(2006), 651면]. 관습법상 전세제도, 등기 없는 전세, 미등기 전세(주택임대차보호법 제12조) 등으로 불린다.

5) 곽윤직, 물권법(제7판), 박영사(2002), 254면.

리가 있다")을 추가함으로써 전세권의 우선변제적 효력을 명문화하였다. 민법 개정 후의 학설을 살펴보면, 용익물권설이나[6] 순수담보물권설도[7] 주장되나, 용익물권적 성격과 담보물권적 성격을 겸유한다는 견해가 다수설의 지위를 차지하고 있다. 다만 여전히 그 성격 중 어느 것이 주된 성격인지, 아니면 양 성격이 동등한 지위에 있는지에 관하여 입장이 나뉜다.[8]

먼저 특수용익물권설은,[9] 전세권이 용익물권과 담보물권의 성격을 두루 갖고 있으나 그 주위적 성격은 용익물권이라는 견해로서, 전세권은 타인이 부동산을 사용·수익하는 것을 본체로 하고, 담보물권성은 전세보증금의 확보를 위하여 필요한 범위 내에서 담보물권의 요소를 가지는 것이라고 하면서, 전세권의 담보물권성은 전세금의 수수라는 전세권성립의 단계에서 부분적으로 현출되고, 전세권이 소멸할 때까지 잠재하고 있는 것이라고 한다.

한편 동격설은,[10] 전세권설정자는 자신의 부동산을 담보로 일시에

---

6) 양창수, "전세권", 고시계 제37권 제3호(1992. 3.), 95-96면. 민법개정으로 전세권에 우선변제권이 부여되었다고 해서 전세권이 담보물권으로 되었다고는 할 수 없고, 전세권 소멸 후의 전세권자는 일종의 우선특권자의 지위에 있는 것으로서 전세권은 담보물권의 통유성을 가지지 않는다고 한다.

7) 김기선, 한국물권법, 법문사(1990), 306면. 용익물권인 지상권, 지역권과는 달리 전세금의 지급이 필수요건이고, 경매청구권과 우선변제권까지 부여하였으며, 담보물권인 저당권에 비하여 오히려 많은 액수의 금전을 융통하게 해주고, 전세권에 법정지상권을 인정하고 있는 것은 사용가치보다 교환가치 또는 담보가치를 보유하기 위한 것이라고 설명한다.

8) 전세권은 가사전당의 관습에서 출발하였다는 연혁적 이유와 현행 민법이 우선변제권을 인정한 점, 전세금의 지급을 필수성립요건으로 하는 점, 그 기간 중에 양도나 전대, 저당권을 설정하여 금융을 따로 할 수 있다는 점 등을 들어 용익물권성보다 담보물권성이 더 강하다고 보는 견해도 있다[추신영, "전세권저당권의 실행방안", 재산법연구 제28권 제2호(2011. 8.), 60-61면].

9) 민법주해[Ⅵ] 물권(3), 173면; 이영준, 물권법(전정신판), 박영사(2009), 734-735면; 양창수·김형석, 권리의 보전과 담보, 박영사(2011), 604-605면; 이상태, "전세목적물의 양도와 전세금반환의무", 민사판례연구 제23권(2001), 183면.

10) 곽윤직, 앞의 책(주 5), 257면; 김용담 편집대표, 주석민법[물권(3)](제4판), 한국사법행정학회(2011), 248-249면; 이은영, 앞의 책(주 4), 650면; 박순성, "전세권에 관한 판례의 동향과 전망-전세권의 담보물권성을 중심으로", 21세기 한국민사법학의 과제와 전망: 심당송상현선생화갑기념논문집(2002), 85면; 오경미, "채권담보전

부동산 가액에 상당하는 금융을 전세권자로부터 얻고 전세권자는 용익권
자인 동시에 금전채권자 겸 담보권자가 되는 것으로서, 민법이 전세권자
에게 우선변제권을 인정한 이상 전세권은 용익물권인 동시에 담보물권이
기도 하며 두 가지 성질은 동등한 비중을 가진다고 하면서, 전세권의 담
보물권성은 성립과정에서 전세금의 지급으로, 존속 중에는 양도나 저당
등을 통하여 투하자본을 회수할 수 있는 점에서, 소멸시에는 우선변제권,
경매청구권으로 나타난다고 한다. 나아가 거래실태상 채권담보를 주목적
으로 하는 전세권의 설정이 증가하였고, 담보목적의 전세권을 무효라고
할 법적 근거가 없음을 근거로 든다.

판례는 "전세권이 용익물권적 성격과 담보물권적 성격을 겸비하고
있다"라고 판시한 바 있고,[11] "전세권은 그 성질상 용익물권적 성격과 담
보물권적 성격을 겸비한 것으로서, 전세권의 존속기간이 만료되면 전세권
의 용익물권적 권능은 전세권설정등기의 말소 없이도 당연히 소멸하고
단지 전세금반환채권을 담보하는 담보물권적 권능의 범위 내에서 전세금
의 반환시까지 그 전세권설정등기의 효력이 존속하고 있다"라고 판시하
여[12] 동격설에 가까운 입장으로 보이나, 특수용익물권설의 입장이라고
해석하는 견해도[13] 있다.

생각건대, 채권담보를 목적으로 하는 전세권의 설정도 허용되고, 또
그러한 이용이 증가하는 현실에서 전세금의 주된 기능이 여전히 사용의
대가라는 측면에 있다고 보기 어려우며, 조건부 채권 또는 기한부 채권

세권과 그 저당권의 법률관계", 민사재판의 제문제 제19권(2010), 6면; 김동옥, "저
당권의 목적물로 된 전세권이 기간만료로 종료된 경우의 법률관계", 판례연구 제
12집(2001), 683면.
11) 대법원 1995. 2. 10. 선고 94다18508 판결[공1995.3.15.(988), 1293].
12) 대법원 2005. 3. 25. 선고 2003다35659 판결[공2005.5.1.(225), 644].
13) 이 견해에서는 특히 대법원 1999. 9. 17. 선고 98다31301 판결[공1999.11.1.(93),
2178]의 "전세권이 기간만료로 종료된 경우 전세권은 전세권설정등기의 말소등기
없이도 당연히 소멸한다"라는 판시와 대법원 2000. 6. 9. 선고 99다15122 판결[공
2000.8.1.(111), 1610]의 "전세권이 전세금을 담보하는 담보물권적 성질을 가지고
있다고 하여도 전세권은 전세금이 존재하지 않으면 독립하여 존재할 수 없는 용익
물권"이라는 판시를 근거로 든다.

을 위한 담보물권도 현재의 권리로 성립할 수 있으므로 전세금반환채권
에 관한 담보물권성도 전세기간이 만료될 때까지 내재하고 있는 권리라
고 볼 수 없다.[14] 따라서 용익물권성과 담보물권성을 동등하게 가지고
있다는 동격설이 타당하다.[15]

다. 전세금의 의의와 법적 성질

전세금은 전세권자가 전세권설정자에게 목적부동산 사용의 대가인
차임 또는 지료의 특수한 지급방법으로 지급되는 것이고, 실질적으로는
신용수수의 수단으로서도 기능한다. 나아가 전세금은 전세권자의 채무를
담보하기 위한 보증금으로서의 성질도 가지는데, 전세금으로 담보되는 채
권의 범위에 관하여는 민법에서 명시하고 있는 목적물 전부 또는 일부의
멸실(민법
제315조)뿐만 아니라, 전세관계에서 발생한 모든 채무를 담보한다고
보는 것이 일반적이다.[16]

한편 위와 같은 전세금의 지급이 전세권의 성립요건인지에 관하여,
성립요건으로 보는 것이 다수의 견해와[17] 판례의[18] 입장인데, 전세금의

---

14) 남효순, "전세금과 전세권의 관계", 서울대학교 법학 제49권 제3호(2008. 9.),
　　206면.
15) 다만 아래에서 보는 다른 논의들과는 달리, 특수용익물권설과 동격설을 구별하
　　는 실익이 크지 않다고 생각되나, 남양우, "전세권을 목적으로 한 저당권의 효력에
　　관하여", 실무연구자료 제7권(2006), 81면에서는, 동격설을 취하게 되면 전세권저당
　　권의 효력에 지대한 영향을 미친다고 서술하고 있다.
16) 곽윤직, 앞의 책(주 5), 256면; 이영준, 앞의 책(주 9), 736면; 양창수 · 김형석, 앞
　　의 책(주 9), 610면; 민법주해[VI] 물권(3)(주3), 192-193면에서는 전세금이 임대차
　　보증금과 마찬가지로 목적물 인도시까지 전세권자가 부담하는 모든 채무를 별도의
　　상계의 의사표시 없이 당연히 담보하는 것이라고 한다. 同旨 오시영, "전세권의 용
　　익물권성과 담보물권성 분리에 따른 입법론적 고찰", 민사법학 제48호(2010. 3.),
　　243면.
17) 곽윤직, 앞의 책(주 5), 256면; 민법주해[VI] 물권(3)(주 3), 184면; 주석민법[물권
　　(3)](주 10), 263면; 이은영, 앞의 책(주 4), 655면; 오경미, 앞의 글(주 10),
　　116-117면. 이에 대하여, 민법 제303조 제1항에서 '타인의 부동산을 점유하여'라고
　　규정하고 있음에도 부동산의 인도를 전세권의 성립요건으로 보지 않으면서 전세금
　　의 지급만을 전세권의 성립요건으로 보는 것은 타당하지 않고, 전세금에 관한 약
　　정을 하고 설정계약과 전세권등기로써 전세권은 유효하게 성립한다는 반대견해가
　　있다[이영준, 앞의 책(주 9), 739면; 양창수, 앞의 글(주 6), 100면; 양창수 · 김형석,
　　앞의 책(주 10), 606면].
18) 대법원 94다18508 판결(주 11)에서 "전세금의 지급은 전세권 성립의 요소가 되

지급이 있어야 전세권의 고유한 특성이 유지될 수 있고,[19] 전세권이 겸유하고 있는 담보물권적 성격상 피담보채권의 발생에 해당하는 전세금의 지급을 요건으로 하여야 하므로, 이를 성립요건이라고 보는 것이 타당하다.

라. 전세기간의 만료로 전세권이 소멸하는지

전세권 설정계약에서 정한 전세기간이[20] 만료됨으로써 전세권이 소멸하는지에 관하여 견해의 대립이 있는데, 이는 아래에서 살펴볼 전세기간의 만료로 전세권저당권이 소멸하는지와 그에 따라 전세권저당권을 어떻게 실행할 수 있는지의 문제와 연관되어 있다.

학설로는, 전세권이 기간만료로 종료된 경우 다른 용익물권에서와 마찬가지로 전세권은 전세권설정등기의 말소등기 없이도 당연히 소멸하고 이는 민법 제187조에 의한 법률에 의한 물권변동의 한 예라고 전세권소멸설,[21] 전세권의 존속기간이 만료되면 전세권의 용익물권적 권능만이 소멸될 뿐 담보물권으로서의 성격은 그대로 유지되고 잔존등기도 그 한도에서 여전히 유효하며 전세금이 전세권자에게 반환되어야 전세권이 전부 소멸하게 된다는 용익물권적 권능소멸설,[22] 전세권의 존속기간이 만

는 것이지만 그렇다고 하여 전세금의 지급이 반드시 현실적으로 수수되어야만 하는 것은 아니고 기존의 채권으로 전세금의 지급에 갈음할 수도 있다"라고 판시하였다.

19) 이은영, 앞의 책(주 4), 655면에서는, 만약 전세금의 지급 없는 전세권을 인정하면 월세로 차임을 지급하기로 하는 임대차계약도 등기만 하면 전세권이 될 수 있게 되는 문제점이 있다고 지적한다.

20) 이하에서는 전세권자가 목적물을 사용·수익할 수 있는 기간을 의미한다. 그 기간은 당사자가 설정계약에서 정한 약정존속기간인 경우도 있고, 그 기간의 종료시에 연장되어 갱신된 기간인 경우도 있으며, 처음부터 기간의 약정이 없어서 소멸통고를 받고 6개월의 유예기간이 경과한 후에 종료하는 경우도 있고, 계약위반으로 중도에 소멸청구 당하는 경우 등 여러 가지가 있을 수 있다[이은영, 앞의 책(주 4), 670면].

21) 곽윤직, 앞의 책(주 5), 103면; 이영준, 앞의 책(주 9), 747면; 양창수, 앞의 글(주 6), 111면; 곽윤직 편집대표, 민법주해[IV] 물권(1), 박영사(1992), 174면(이재홍 집필 부분).

22) 민법주해[VI] 물권(3)(주 3), 265면; 이상태, 앞의 글(주 9), 186면; 오경미, 앞의 글(주 10), 130면; 김동옥, 앞의 글(주 10), 685면; 이원일, "전세권에 대하여 저당권이 설정되어 있는데 전세권이 기간만료로 종료된 경우, 전세금반환채권에 대한 제3자의 압류 등이 없는 한 전세권설정자는 전세권자에 대하여만 전세금반환의무

료된다고 하여 곧 전세권이 소멸하는 것이 아니라 전세금이 전세권자에게 반환되어야 비로소 전세권이 소멸한다는 전세권존속설이 있다.²³⁾

판례는 "전세권의 존속기간이 만료되면 전세권의 용익물권적 권능은 전세권설정등기의 말소 없이도 당연히 소멸하고 단지 전세금반환채권을 담보하는 담보물권적 권능의 범위 내에서 전세금의 반환시까지 그 전세권설정등기의 효력이 존속하고 있다"라고 판시하여²⁴⁾ 용익물권적 권능소멸설의 입장으로 평가된다.

생각건대, 전세권자는 전세기간이 만료됨으로써 비로소 경매청구권이나 우선변제권을 행사할 수 있고, 1984년 민법개정으로 전세권의 담보물권성이 강화되었음에도 전세권 자체가 소멸된다고 보기는 어려우며, 법적인 근거 없이 전세금반환채권을 물권적청구권임을 전제로 하는 견해나 전세권의 존속기간이 만료되면 전세권자는 목적부동산을 전세권설정자에 반환할 의무를 부담하게 되므로 단순히 전세권을 소멸시킬 수 있는 기한이 도래한다는 의미로 축소해석하는 견해를 따르기 어렵다. 앞서 본 바와 같이 전세권은 용익물권적 권능과 담보물권적 권능을 동등하게 가지고 있는바, 전세권의 존속기간이 만료됨으로써 전세권의 용익물권적 권능이 소멸되어 전세권자는 전세목적물을 반환할 의무를 지게 되는 한편, 전세권의 성립요소이자 피담

를 부담하는지 여부 및 그 저당권의 실행방법", 대법원판례해설 제33호(2000. 5.), 96면; 이상태, "전세권 위에 설정된 저당권의 효력", 일감법학 제7권(2002. 12.), 27면; 강대성, "전세권저당권의 우선변제적 효력", 토지법학 제24-1호(2008. 6.), 36면; 김제완, "전세권을 목적으로 한 저당권자의 우선변제권과 상계적상", 고려법학 제76호(2015. 3.), 293면; 김창섭, "전세권에 대한 저당권의 우선변제적 효력의 인정 여부", 법조 제50권 제4호(2001. 4.), 221~227면은 전세금반환청구권은 채권적 전세에서의 그것과는 법적 성격이 다른 일종의 물권적 청구권이고, 이는 용익물권성·담보물권성과 함께 전세권의 본질적 내용을 이루는 권리임을 전제로, 전세기간의 만료 후에는 담보물권적 권능과 전세금채권이 함께 존속한다고 주장하는데, 위 견해도 용익물권적 권능소멸설에 가까운 것으로 보인다.

23) 이은영, 앞의 책(주 4), 670면; 박순성, 앞의 글(주 10), 91~92면에서는 전세권의 존속기간이 만료되더라도 전세권의 법률적 성격에는 아무런 변화가 없고, 다만 전세권설정자 및 전세권자가 전세권을 소멸시킬 수 있는 기한의 도래한다는 의미로 축소해석하여야 한다고 주장한다.

24) 대상판결, 대법원 2003다35659 판결(주 12), 대법원 2008. 3. 13. 선고 2006다29372, 29389 판결[공2008상, 503] 등 참조.

보채무인 전세금이 현실적으로 지급될 때까지 담보물권적 권능은 유지된다고 보는 견해가 타당하다. 이 경우 전세금반환채권은 전세권의 피담보채권, 전세기간 만료일은 피담보채권의 이행기라고 볼 수 있어 용익물권적 권능의 청산문제가 남는 것을 제외하면 전세기간 만료 후의 전세권자는 전세금반환채권을 피담보채권으로 하는 저당권자와 사실상 동일한 지위를 가지는 것이 된다.[25]

2. 전세권저당권
가. 의 의
우리 민법은 전세권을 타인에게 담보로 제공할 수 있다는 규정(민법 제306조 본문)을 두어 전세권자가 투하자본을 회수할 수 있도록 처분의 자유를 인정하였고, 이를 구체화하여 지상권과 전세권이 부동산물권으로서 저당권의 목적물이 된다고 규정하였다(민법 제371조). 이처럼 소유권 이외의 물권을 저당권의 목적으로 삼는 경우를 물권저당이라고 하고,[26] 그 중 특히 전세권에 저당권이 설정되는 경우를 '전세권저당권'이라고 부른다. 전세권저당권은 주택 전세에 의한 서민금융이나 상가를 중심으로 한 사업상 필요에 의해 흔히 활용되고 있는 것으로 평가받고 있다.[27]

나. 전세기간의 만료로 전세권저당권이 소멸하는지
소멸설의 입장으로는, 전세기간이 만료되면 저당권의 목적물인 전세권이 소멸하므로 그 저당권도 당연히 소멸한다는 견해와[28] 전세권저당권의 저당목적물이 전세권의 용익물권적 권능임을 전제로 전세기간의 만료로써 전세권의 용익물권성이 소멸하므로 그 저당권도 저당목적물의 멸실에 준하여 소멸한다는 견해가 있다.[29] 소멸설에서는 민법상 저당권은 본

---

25) 오경미, 앞의 글(주 10), 130면.
26) 곽윤직 편집대표, 민법주해[Ⅵ] 물권(4), 박영사(1992), 238면(조대현 집필 부분).
27) 추신영, 앞의 글(주 8), 72면.
28) 이영준, 앞의 책(주 9), 747면.
29) 오경미, 앞의 글(주 10), 133-134면; 김동옥, 앞의 글(주 10), 686-687면.

질적으로 용익물권을 목적하는 것이라는 점을 주된 근거로 든다.

한편 존속설의 입장으로, 전세기간이 만료되더라도 전세권의 법률적 성격에는 아무런 변화가 없고 단지 전세권을 소멸시킬 수 있는 기한이 도래할 뿐이므로 전세권저당권도 소멸하지 않는다는 견해,[30] 일종의 물권적 청구권인 전세권반환채권이 전세권의 담보물권적 권능과 함께 전세권저당권의 목적물로 존속한다는 견해,[31] 전세금반환채권도 전세권 내용의 일부라고 보면서 전세기간이 만료되더라도 담보물권적 전세권은 소멸하지 아니하므로 전세권저당권도 소멸하지 않고 계속 담보물권적 전세권을 목적으로 존속한다는 견해가 있다.[32]

판례는 "전세권에 대하여 저당권이 설정된 경우 그 저당권의 목적물은 물권인 전세권 자체이지 전세금반환채권은 그 목적물이 아니다"라고 전세권저당권의 목적물을 판시한 바 있고,[33] "전세권이 기간만료로 종료된 경우 전세권은 전세권설정등기의 말소 등기 없이도 당연히 소멸하고, 저당권의 목적물인 전세권이 소멸하면 저당권도 당연히 소멸하는 것이다"라고 판시하였다.[34]

이 논의는 전세기간이 만료된 경우 전세권저당권자가 전세권저당권에 기하여 어떻게 우선변제권을 확보할 것이냐는 문제와 직결되어 있어 아래 전세기간 만료 후 전세권저당권의 실행방법에 관한 부분에서 함께 검토하기로 한다.

---

30) 박순성, 앞의 글(주 10), 111면.
31) 김창섭, 앞의 글(주 22), 220면.
32) 이상태, 앞의 글(주 22), 30면; 남양우, 앞의 글(주 15), 85면; 강대성, 앞의 글(주 22), 40면은 지상권은 전세권과 달리 오직 용익물권성만 있으므로 지상권의 존속 기간이 만료하면 지상권은 당연히 소멸하고, 따라서 지상권을 목적으로 하는 지상권저당권은 그 목적물의 멸실로 소멸한다면서, 이 점이 전세권저당권과 확연히 구분되는 점이라고 한다.
33) 대법원 98다31301 판결(주 13).
34) 위 대법원 판결, 대법원 2008. 4. 10. 선고 2005다47663 판결(미공간). 이러한 판시에 대하여, 남양우, 앞의 글(주 15), 85면에서는 판례가 용익물권적 측면의 전세권만을 전세권저당권의 목적물로 보고 있는 듯하다고 평가한다.

다. 전세권저당권의 실행방법

(1) 문제의 제기

전세권에 저당권이 설정된 경우 전세기간 만료 전에는 전세권저당권자가 전세권 자체를 경매하여 만족을 얻을 수 있다는 점에는 별다른 이견이 없다. 그런데 전세기간이 만료된 이후에는 우선변제권에 의하여 물권적으로 담보되는 전세금반환채권의 담보가치를 믿고 전세권저당권을 설정한 전세권저당권자와 그러한 전세권저당권의 설정사실을 모를 수 있는 전세권설정자의 이중변제 위험이라는 두 가지 이해관계가 대립하게 된다.[35] 이하의 전세권저당권의 실행방법에 관한 논의는 민법의 해석을 통해 대립되는 위 두 이해관계를 어떻게 조정할 것인가에 관한 것이다.

(2) 전세기간 만료 전

지상권, 전세권, 임차권과 같이 부동산을 목적으로 하나 부동산 자체를 집행대상으로 할 수 없는 것은 그 밖의 재산권에 대한 집행의 방법으로 집행하여야 하지만, 전세권에 대하여 저당권 등의 담보권이 설정된 경우에는 민사집행법 제264조의 부동산 경매절차에 따라 전세기간이 남아 있는 전세권 자체를 매각하는 방식에 의하고,[36] 등기는 전세권이전의 부기등기 방식에 의한다.[37]

(3) 전세기간 만료 후

(가) 전세권 자체의 경매 가부

전세기간이 만료되더라도 법률적 성격에는 아무런 변화가 없고 단지

---

35) 강대성, 앞의 글(주 22), 41면.

36) 법원실무제요 민사집행[Ⅲ], 법원행정처(2014), 485~486면; 대법원 1995. 9. 18.자 95마684 결정[공1995. 11. 1.(1003), 3504]. 물론 이는 전세권저당권의 피담보채무의 변제기가 도래하였음을 전제로 한다.

37) 이재도, "전세권저당권의 효력과 실행방법", 대전지방법원 실무연구자료 제7권 (2006. 1.), 94면. 다만 전세권 그 자체는 가치가 대체로 크지 않을 뿐만 아니라, 전세권의 가액을 결정하기 어렵다는 실제적인 이유 때문에 전세권 자체에 대한 경매는 실무상 그 예가 많지 않다고 한다[강대성, 앞의 글(주 22), 40면; 오경미, "채권담보 목적의 전세권과 그에 관하여 설정된 저당권의 법률관계", 부산판례연구회 판례연구 제18집(2007. 2.), 172면].

전세권을 소멸시킬 수 있는 기한이 도래할 뿐이므로 전세권저당권도 소멸하지 않는다는 견지에서, 전세권저당권자는 여전히 전세권 자체를 경매하여 그 매각대금으로 만족을 얻거나 스스로 전세권을 매수하여 전세권자로서 전세권설정자에게 전세금의 반환을 청구할 수 있다는 견해가 있으나,[38) 전세권 자체를 부동산 경매절차에서 매각하여 매수인으로 하여금 전세권을 취득하게 하는 것은 전세권자가 전세권의 용익물권성을 타에 양도할 수 있음을 전제로 하는 것인데, 전세기간의 만료로써 전세권의 용익물권적 권능이 소멸하였다고 보는 이상 전세권자는 용익물권을 제3자에게 양도할 수 없으므로,[39) 전세기간이 만료된 후에는 전세권 자체를 경매할 수는 없다고 할 것이다.[40)

(나) 판례의 입장

판례는 "전세권저당권이 설정된 경우에도 전세권이 기간만료로 소멸되면 전세권설정자는 전세금반환채권에 대한 제3자의 압류 등이 없는 한 전세권자에 대하여만 전세금반환의무를 부담한다"라고 판시하여,[41) 전세권저당권자의 전세권설정자에 대한 직접청구권을 부정하였고, "전세권의 존속기간이 만료되면 전세권의 용익물권적 권능이 소멸하기 때문에 더 이상 전세권 자체에 대하여 저당권을 실행할 수 없게 되고, 이러한 경우는 민법 제370조, 제342조 및 민사집행법 제273조에 의하여 저당권의 목적물인 전세권에 갈음하여 존속하는 것으로 볼 수 있는 전세금반환채권에 대하여 추심명령 또는 전부명령을 받거나, 제3자가 전세금반환채권에 대하여 실시한 강제집행절차에서 배당요구하는 등의 방법으로 물상대위권을 행사하여 전세금의 지급을 구하여야 한다"라는 일관된 입장이다.[42)

---

38) 박순성, 앞의 글(주 10), 111면.
39) 대법원 2003다35659 판결(주 12).
40) 이원일, 앞의 글(주 22), 97-98면.
41) 대법원 98다31301 판결(주 13).
42) 대상판결, 대법원 95마684 결정(주 36), 대법원 98다31301 판결(주 13), 대법원 2006다29372, 29389 판결(주 24) 등 참조.

(다) 물상대위설[43]

전세기간의 만료로 전세권저당권이 소멸한다는 전제하에, 전세권저당권의 목적물인 전세권에 갈음하여 존속하는 것으로 볼 수 있는 전세금반환채권에 대하여 압류 및 추심·전부명령을 받거나 제3자가 전세금반환채권에 대하여 실시한 강제집행절차에서 배당요구를 하는 등의 방법으로 자신의 권리를 행사하여 비로소 전세권설정자에게 전세금의 지급을 구할 수 있게 되고, 전세권설정자로서는 전세금반환채권에 대한 압류 등이 없는 한 전세권자에 대하여만 전세금반환의무를 부담한다고 보는 견해이다.

(라) 채권질권설[44]

전세기간의 만료로 전세권저당권이 소멸하지 아니한다는 전제에서, 전세금반환채권은 처음부터 전세권과 함께 발생하여 전세금의 반환시까지 전세권과 함께 존속하는 권리이지 전세권의 소멸로 인하여 그 대상물(代償物)로서 새로이 발생하는 권리가 아님을 지적하면서, 민법이 전세권부 채권에 대한 담보물권을 저당권으로 편제하고 있다고 하더라도 전세기간 만료 후의 전세권저당권은 전세권부 채권에 대한 담보물권으로서 '전세권부 전세금채권에 대한 질권'에 준하는 법적 성질을 가지고 있으므로,[45] 채권질권의 규정 중 제3채무자의 존재를 전제로 하는 규정(민법 제349조, 제353조)을 유추적용하여 저당권설정의 통지나 전세권설정자의 승낙이 있으면 전세권저당권자가 전세권자의 추심위임 없이도 전세권설정자에게 저당권을 주장하여 우선변제권의 범위 내에서 전세금의 반환을 직접 청구할 수 있다는 견해이다.

---

43) 이원일, 앞의 글(주 22), 98면; 김동옥, 앞의 글(주 10), 691면; 오경미, 앞의 글(주 10), 139-141면.

44) 이상태, 앞의 글(주 22), 33면; 김창섭, 앞의 글(주 22), 228-229면; 남양우, 앞의 글(주 15), 87면; 이재도, 앞의 글(주 37), 98면; 배병일, "전세권저당권", 저스티스 통권 제139호(2013. 12.), 22면; 황경웅, "전세권 저당권의 등기의 효력과 그 실행방법", 중앙법학 통권 제49호(2013), 16면.

45) 김창섭, 앞의 글(주 22), 235면에서는, 담보물이 채권 등의 재산권인 경우에는 물건과 달리 사용가치가 매우 작아 그에 대한 유치적 효력이 희박하므로, 그에 대한 담보권이 질권이든 저당권이든 사실상 우선변제적 효력만 가진다는 점에서 본질적으로 큰 차이가 없고, 그러한 의미에서 채권 등에 재산권에 대한 질권은 그 성질상 저당권에 가까운 성격을 가지는 것이라고 설명한다.

(마) 검토

1) 민법 제370조에 따라 저당권에 준용되는 민법 제342조의 물상대위 규정은 그 담보목적물이 멸실, 훼손되는 경우 등을 대비하여 둔 것인데, 전세기간의 만료는 전세권, 나아가 전세권저당권의 성립될 때부터 예정된 필연적인 사정으로서 어떠한 사정의 변화를 전제로 한 물상대위 규정을 여기에 적용하는 것은 적절하지 않다.[46] 그뿐만 아니라, 전세금반환채권은 전세권의 성립요건으로서 전세금의 지급으로 발생하고 전세권의 성립·존속·소멸에 부종하며 처분에 수반하여 이전되는 것이지, 전세금반환채권을 전세권에 갈음하여 존속하는 물상대위권의 객체로 볼 수 없다.[47] 앞서 본 바와 같이 판례는, 전세권저당권의 목적물은 물권인 전세권 자체이고 전세금반환채권은 그 목적물이 아니라고 판시하였으나, 저당권에 있어서 피담보채권을 저당권과 분리하여 파악하지 않는 것처럼 전세금반환채권도 전세권과 운명을 같이하는 것으로서 보아야 하고, 이는 전세권의 부종성에 비추어도 당연한 것이다.[48]

나아가 전세권저당권자는 전세권의 용익물권적 권능이 아니라 우선변제권에 의하여 물권적으로 담보되는 전세금반환채권을 주요한 담보가치로 삼아 저당권을 설정하는 것이고, 전세권의 존속기간이 만료되면 전세금으로 자신의 채권을 우선변제 받으리라는 기대를 가지며, 전세권자의 입장에서도 전세권저당권자가 전세기간 중에 전세권 자체를 경매하여 우선변제권을 실현하기보다는 전세기간 만료 후에 전세금반환채권에서 만족을 얻으리라고 생각할 것이다. 이와 같이 전세권저당권을 설정하는 당사자들은 전세권의 담보물권적 권능에 집중하고, 특히 전세기간 만료 후에 전세권저당권이 실행될 것이라는 일치된 의사를 가지고 있는데, 전세기간의 만료로 전세권저당권이 소멸한다고 보는 것은 위와 같은 당사자의 의사에 부합하는 해석이라고 할 수 없으며, 전세기간의 만료로 전세

---

46) 同旨 김창섭, 앞의 글(주 22), 228-229면; 강대성, 앞의 글(주 22), 39면.
47) 박순성, 앞의 글(주 10), 109-110면.
48) 추신영, 앞의 글(주 8), 67면.

권과 전세권저당권이 모두 소멸한다고 해석한다면 전세권저당권자의 우
선변제권 확보와 전세권자의 투하자본 회수가 모두 어렵게 되어 전세권
과 전세권저당권 제도의 이용이 사장(死藏)될 우려마저 있으므로,[49] 물상
대위설을 따르기 어렵다.

또한, 판례나 물상대위설의 입장에 의하면 전세권저당권자는 전세기
간이 만료된 뒤 ① 전세권설정자가 전세권자에게 전세금을 반환하기 전
까지, ② 전세권설정자가 압류 경합 등을 이유로 전세금을 집행공탁하고
신고한 경우에는 배당요구 종기까지, ③ 전세권자의 다른 채권자가 전세
금반환채권을 추심한 경우에는 추심의 신고 전까지, ④ 전세권자의 다른
채권자의 전부명령이 전세권설정자에게 송달되기 전까지($\substack{\text{민사집행법 제247조}\\ \text{제1항, 제2항}}$) 전
세금반환채권에 대한 추심 또는 전부명령을 받거나 배당요구를 하는 등
의 방법으로 물상대위권을 행사하여야 하고,[50] 위와 같은 시기를 도과한
전세권저당권자는 물상대위권자로서의 우선변제권을 행사할 수 없게 되
어[51] 사실상 일반채권자와 유사한 지위가 되는데, 이는 전세권저당권자
가 등기라는 공시방법을 갖추었음에도 전세권자의 다른 일반채권자나 후
순위저당권자가 전세금반환채권에 추심명령이나 전부명령을 먼저 받았다
는 사정만으로 선순위저당권자의 우선적 지위를 상실케 하는 것은 전세
권저당권자에게 지나치게 불리한 해석이다. 전세권저당권 등기의 경우
저당권부 채권에 질권을 설정한 경우와 마찬가지로 피담보채권의 존재와
금액이 등기됨에도($\substack{\text{부동산등기법}\\ \text{제75, 제76조}}$), 후자의 경우에는 우선변제를 받게 되는 반
면, 전자는 특별한 이유 없이 전세권저당권자에게 추가적인 부담을 지워

---

49) 同旨 황경웅, 앞의 글(주 44), 16면; 이상태, 앞의 글(주 22), 30면; 남양우, 앞의
    글(주 15), 88면; 김동옥, 앞의 글(주 10), 689면.
50) 특히 전세권저당권자의 피담보채권의 변제기보다 전세기간이 먼저 만료되어 전
    세권설정자가 전세권자에게 전세금을 반환한 경우에는 전세권저당권자는 우선변제
    권 없는 일반채권자의 지위와 다름없게 된다[강대성, 앞의 글(주 22), 43면].
51) 저당권자의 물상대위에 관한 대법원 1999. 5. 14. 선고 98다62688 판결[공
    1999.6.15.(84), 1159]; 대법원 2000. 5. 12. 선고 2000다4272 판결[공2000.7.1.(109),
    1414]; 대법원 2003. 3. 28. 선고 2002다13539 판결[공2003.5.15.(178), 1055] 등
    참조.

달리 취급하는 것은 합리적 이유가 있다고 보기 어렵다.[52] 나아가 판례의 물상대위설이 정착되면서 거래 현실에서는 전세권저당권자가 대개 전세기간이 만료하기 전에 미리 전세기간 만료로 발생할 장래의 채권인 전세금반환채권에 관하여 물상대위권을 행사하여 압류, 전부명령을 받아두는 경우가 늘고 있다고 하는데,[53] 이는 채권질권설에 따라 전세권설정자에게 저당권 설정사실을 통지하는 방식으로 간명하게 처리할 수 있는 것을, 물권자인 전세권저당권자에게 일반채권자와 유사한 지위에서 압류 등을 신청해야 하는 부담을 지우는 문제가 있다. 또한, 장래 발생할 채권이나 조건부 채권도 현재 그 권리의 특정이 가능하고 가까운 장래에 발생할 것이 상당 정도 기대되는 경우 압류가 가능하지만,[54] 전세금반환채권이 과연 물상대위의 대상이 될 수 있는지의 문제의 연장선상에서 전세기간 만료 전에 '물상대위'를 이유로 한 전세금반환채권 압류가 법리적으로 가능한지도 의문이 있다.

한편 채권질권설에 대하여도, 민법 제정 당시부터 부동산의 사용·수익을 목적으로 하는 물권에 대하여는 질권을 허용하지 않았음에도 (민법 제345조 단서) 명문 규정 없이 채권질권에 관한 규정을 전세권저당권에 유추적용하는 것은 물권법 체계를 벗어나는 해석이라는 비판이 제기되나,[55] 앞서 검토한 바와 같이 전세기간의 만료로 전세권의 용익물권적 권능은 소멸하고 전세권의 내용으로는 담보물권적 권능과 전세금반환채권만이 남는다고 할 것이어서, 용익물권에 질권을 설정하는 것과는 성격을 달리한다고 볼 수 있고, 오히려 그 성격은 민법 제348조의 저당권부 채권에 대한 질권과 유사한 전세권부 전세금반환채권에 대한 담보물권으로서,

---

52) 同旨 추신영, 앞의 글(주 8), 71~72면.
53) 오경미, 앞의 글(주 10), 141면.
54) 장래 발생할 채권이나 조건부 채권도 현재 그 권리의 특정이 가능하고 가까운 장래에 발생할 것이 상당 정도 기대되는 경우에는 압류가 가능한바(대법원 2009. 6. 11. 선고 2008다7109 판결[공2009하, 1105], 대법원 2010. 2. 25. 선고 2009다76799판결[공2010상, 644]), 전세기간 만료 전이라도 전세금반환채권에 대한 압류가 허용된다고 본다.
55) 오경미, 앞의 글(주 10), 140면.

'전세권부 채권에 대한 질권'에 준하는 법적 성질을 가지고 있다고 볼 수
도 있으므로, 위와 같은 비판을 극복할 수 있다고 본다.[56]

2) 채권질권설을 따를 경우의 실행방법

채권질권설을 따를 경우 전세기간이 만료된 후의 전세권저당권 실행
방법에 관하여 간략히 살펴본다. 채권질권 관련 규정을 유추적용하는 경
우에도 전세권자와 전세권저당권자 사이의 전세권저당권 설정합의와 전
세권저당권의 등기만으로 전세권저당권자가 전세권설정자에게 대항할 수
는 없고, 전세권자가 전세권설정자에게 전세권저당권 설정사실을 통지하
거나 전세권설정자가 이를 승낙함을 요건으로 한다(민법 제349조 제1항). 이에 대하
여, 전세권저당권은 등기로써 공시되므로 전세권설정자에 대한 통지는 불
필요하다는 견해도 있을 수 있으나, 앞서 본 바와 같이 전세권저당권의
실행에 있어서 전세권설정자의 이중지급 위험이라는 이해관계도 충분히
고려되어야 하는 점과 전세기간이 만료된 뒤 전세권을 양도하는 경우 전
세권이전의 부기등기가 이루어진 것만으로는 전세금반환채권의 양도에
관하여 확정일자 있는 통지나 승낙이 있었다고 볼 수 없다는 대법원 판
시의[57] 취지 및 전세권저당권의 설정은 전세권설정자의 의사와는 무관하
게 전세권자의 동의만 있으면 가능한 점[58] 등을 종합하여 보면, 전세권
저당권의 설정등기만으로는 전세권설정자에게 저당권설정의 통지나 승낙
이 있었다고 보기는 어렵다고 할 것이다.[59]

위와 같이 전세권자가 전세권설정자에게 전세권저당권 설정사실을

56) 오시영, 앞의 글(주 16), 257면은, 전세권저당권의 경우 부동산의 사용·수익이라
는 특성을 고려하여 동산에 대한 권리인 질권이 아닌 부동산에 대한 저당권의 형
식을 밟도록 한 것이고, 특히 전세기간이 만료된 후의 전세권저당권은 동산에 대
한 권리질권과 형식이 다를 뿐, 실질은 전세금반환채권에 대한 담보권의 설정으로
동일하다고 하고, 추신영, 앞의 글(주 8), 71면은, 채권에 대한 담보권인 질권에 대
하여는 더 강력한 우선변제권을 부여하면서도, 전세권에 대한 담보권에 대해서만
물상대위의 법리에 따라 압류 및 추심·전부명령을 통해 채권을 확보토록 하는 것
은 권리의 경중에 비추어 보아도 맞지 않는다고 지적한다.
57) 대법원 2003다35659 판결(주 12).
58) 대법원 98다31301 판결(주 13).
59) 同旨 황경웅, 앞의 글(주 44), 17면.

통지한 경우, 전세권저당권자는 전세기간이 만료되고 전세권저당권의 피담보채권의 변제기도 도래하면 전세권설정자에게 직접 전세금반환을 구할 수 있게 되고(민법 제353조 제2항), 전세기간이 만료되었으나 전세권저당권의 피담보채권의 변제기가 도래하지 아니한 경우 전세권설정자에게 전세금의 공탁을 청구할 수 있게 된다(같은 조 제3항). 한편 전세권설정자는 전세권자로부터 위와 같은 설정통지를 받은 때까지 전세권자에게 대항할 수 있었던 사유를 전세권저당권자에게도 주장할 수 있는데(민법 제349조 제3항, 제451조 제2항), 이는 아래에서 살펴볼 전세권설정자의 공제 및 상계주장과도 밀접하게 연관되어 있다.

전세권저당권자에 대하여 채권질권의 규정을 준용하는 결과 전세권저당권자가 여러 명인 경우 또는 전세권자의 다른 일반채권자와의 관계에서 어떤 기준으로 그 우열의 결정할 것인가의 문제가 있는데, 등기된 저당권의 경우에도 그 순위를 불문하고 확정일자 있는 통지를 누가 먼저 하였는가에 따라야 한다는 견해도 가능하나,[60] 전세권저당권 등기와의 선후에 따라 경합하는 저당권자 사이 또는 다른 일반채권자와의 우열을 가려야 한다고 생각한다. 이는 같은 전세권저당권자 사이의 경우 각 공시방법 사이에 순위의 충돌 내지 모순을 막기 위해서는 그 순위를 가릴 공시방법도 하나로 통일되어야 하고, 그러한 공시방법의 통일은 순위의 사후확인이 주된 기능인 확정일자 있는 통지나 승낙보다 제3자에 대한 사전공시의 효과가 월등한 등기제도에 의하여야 함이 타당하며,[61] 다른 일반채권자와의 관계에서도 전세권저당권자는 등기라고 하는 강력한 공시방법을 갖추고 있으므로, 등기시점을 기준으로 우열을 가린다고 하여 부당한 결과를 초래한다고 할 수도 없기 때문이다.[62]

(바) 민법 개정 논의[63]

법무부는 1999. 2. '민법개정특별분과위원회'를 구성하여 2001. 11.까

---

60) 황경웅, 앞의 글(주 44), 1718면.

61) 김창섭, 앞의 글(주 22), 242면.

62) 同旨 남양우, 앞의 글(주 15), 88면.

63) 법무부 민법개정자료발간팀 편, 2004년 법무부 민법 개정안 총칙·물권편, 법무부(2012), 569-579면.

지 약 3년간 민법개정을 위한 검토회의를 진행하여 개정시안을 발표하였 는데, 그중에는 전세권저당권에 관한 민법 제371조 제3항의 신설도 포함 되어 있었다. 당초 발표된 개정시안은 "전세권을 목적으로 하는 저당권에 있어서 저당권자 또는 저당권설정자가 전세권설정자에게 저당권설정을 통지하거나 전세권설정자가 이를 승낙한 때에는 저당권자는 전세금반환 채권을 직접 청구할 수 있다"라는 조항을 신설하는 것이었는데, 이후 공 청회 등에서 제시된 의견을 검토하여 위 조항을 "전세권을 목적으로 하 는 저당권에 있어서 저당권자는 우선변제권의 범위 내에서 전세금반환채 권을 직접 청구할 수 있다. 이 경우에는 제353조 제3항의 규정을 준용한 다"라고 수정하는 최종개정안을[64] 마련하였으나, 위 조항을 포함한 최종 개정안은 제17대 국회 중에 처리되지 않아 2008. 5. 29. 임기만료로 폐기 되었다.[65]

(사) 여론(餘論)

대상판결의 사안에서 피고는 전세기간이 만료되기 전인 2011. 6. 15. 甲과 사이에 전세권을 합의 해지하였는바, 이러한 전세권 소멸행위는 원칙적으로 전세권저당권자인 원고에게 대항할 수 없다($\substack{\text{민법 제371조}\\\text{제2항}}$).[66] 따라

---

64) 위와 같은 최종개정안에 관하여, 개정시안 비해 통지나 승낙이라는 대항요건을 불필요하다고 보아 삭제한 점이 눈에 띄는데, 이는 아마도 전세권저당권은 등기하 여 성립하고, 저당권이 있는 채권을 압류할 때에는 채권압류의 사실을 등기부에 기입하여야 하므로(민사집행법 제228조) 굳이 전세권설정자에 대한 통지나 승낙을 대항요건으로 하지 않아도 무방하다는 취지로 보이나, 전세권설정자의 이중변제의 우려라는 측면에서 보면 의문이 남는다는 견해가 있는데[강대성, 앞의 글(주 22), 45면], 일응 타당한 의견이라고 생각된다.

65) 그 후 다시 '제4기 민법개정위원회'가 구성되어 개정논의를 진행한 결과, "전세권 을 목적으로 하는 저당권에 있어서 전세권자가 그 전세물을 사용·수익할 권리가 소멸한 때에는 저당권자는 우선변제권의 범위 내에서 전세권설정자에 대하여 전세 금의 반환을 직접 청구할 수 있다. 이 경우에는 제353조를 준용한다."라는 민법 제371조 제3항을 신설하는 개정안이 마련되었다.

66) 한편 '전세권자'가 위와 같은 전세권 소멸행위로 전세권저당권자에게 대항할 수 없음은 당연한데, '전세권설정자'도 그 범위에 포함되는지는 명백하지 아니하나 포 함된다고 보는 것이 옳을 것이다. 同旨 오경미, 앞의 글(주 10), 147면; 배병일, 앞 의 글(주 44), 18면; 이미선, "전세권저당권자의 지위와 관련된 쟁점에 관한 검토", 대전지방변호사회지 제4호(2007. 1.), 223면. 대법원 2006. 2. 9. 선고 2005다59864

서 원고는 피고와 甲 사이의 전세권 합의 해지에도 불구하고 전세기간이 만료하기 전까지는 전세권이 유효하게 존속함을 주장하여 '전세권' 자체의 경매를 할 수도 있었다고 생각된다.[67] 그러나 대상판결의 사안에서는 원고가 위와 같은 전세권의 합의 해지를 수긍하고 전세권이 소멸하였음을 전제로 전세금반환채권에 압류 및 추심명령을 받아 이 부분이 다투어지지는 않은 것으로 보이는데, 이는 앞서 본 바와 같이 '전세권' 자체의 경매를 통해 회수할 수 있는 이익이 크지 않다는 고려와 실제로 전세권저당권자는 전세금반환채권을 통해 만족을 얻으려는 의사가 반영된 것으로 보인다. 이하의 논의에서도 본 사안과 관련하여 위 합의 해지의 효력에 관하여는 특별히 문제 삼지 않고 검토한다.

Ⅲ. 채권담보전세권에 저당권이 설정된 경우 전세권설정자의 공제주장 가부

1. 들어가며

거래 현실에서 실질은 차임의 약정이 있는 임대차계약인데 고액의 임대차보증금반환채권을 담보하기 위하여 전세권을 함께 설정하는 경우도 있고, 임대차보증금을 마련할 적당한 담보물이 없는 임차인이 이를 마련하기 위해 임대인의 협조를 얻어 우선 전세권을 설정받은 다음 그 전세권에 저당권을 설정하고 금전을 차용하는 방법 등으로 전세권과 전세권저당권이 민법이 예정하였던 것과는 조금 다르게 변형된 형태로 이용되고 있는데,[68] 위와 같이 주로 다른 채권을 담보하기 위한 목적으로

판결(미공간)에서도 전세권저당권이 설정된 경우 전세권설정자는 전세권저당권자에 대하여 저당권 설정 이후에 이루어진 전세금의 감액으로 대항할 수 없다고 판시한 바 있다.

67) 同旨 민법주해[Ⅶ] 물권(4)(주 26), 241면; 배병일, 앞의 글(주 44), 19면.

68) 이미선, 앞의 글(주 66), 223면; 오경미, 앞의 글(주 38), 176면은, 대법원 판결 중 전세권저당권을 다루고 있는 판결들은 대부분 전세권설정계약의 이면에 설정당사자 사이의 별도 계약관계, 예컨대 임대차계약, 공사도급계약 등이 자리하고 있다고 한다. 이하에서는 위와 같은 별도의 계약관계를 '기본계약관계'라고 칭하기로 한다.

설정된 전세권을 '채권담보전세권'이라고 부른다.[69] 그런데 많은 경우 전세권자(임차인)는 전세권저당권자에게 임대차계약의 내용을 알리지 아니하고 전세권저당권을 설정하고 있고, 전세권의 경우 차임은 등기사항이 아닌 관계로(부동산등기법 제72조) 전세권저당권자와 전세권설정자(임대인) 사이에 연체차임에 관한 공제 등에 관한 분쟁이 자주 발생하는바, 이하에서는 위와 같은 채권담보전세권 및 채권담보전세권에 설정된 저당권의 효력과 그 경우 전세권설정자가 전세권저당권자에게 기본계약관계에 기한 공제주장을 할 수 있는지 살펴본다.

2. 채권담보전세권 및 그에 설정된 저당권의 유효성

대법원은 당사자 사이에 공사잔대금채권을 담보할 목적으로 설정된 전세권에 대하여, "당사자가 주로 채권담보의 목적으로 전세권을 설정하였고, 그 설정과 동시에 목적물을 인도하지 아니한 경우라 하더라도, 장차 전세권자가 목적물을 사용·수익하는 것을 완전히 배제하는 것이 아니라면, 그 전세권의 효력을 부인할 수는 없다"라고 판시하여[70] 채권담보전세권의 유효성을 최초로 인정하였으며,[71] 임대차보증금반환채권을 담보할 목적으로 제3자 명의로 마쳐진 전세권설정등기도 유효하다고 판시하였다.[72] 다만 최근의 일부 판시에서 채권담보전세권에 관하여 설정된 저당권의 법률관계를 다루면서, "가사 전세권설정계약만 놓고 보아 그것에 통정허위표시에 해당하여 무효라고 한다고 하더라도,"[73] "당사자 사이에 있어서는 은닉된 임대차계약만이 유효하고 외형만 작출된 전세권설정계약이 무효라고 주장할 수 있다고 하더라도"[74]라는 등의 가정적 판시를 하고 있는바,

---

69) 강대성, 앞의 글(주 22), 33~34면; 오경미, 앞의 글(주 10), 109면.
70) 대법원 94다18508 판결(주 11).
71) 위 판시는 대법원 2009. 1. 30. 선고 2008다67217 판결(미공간)에서도 그대로 이어지고 있다.
72) 대법원 2005. 5. 26. 선고 2003다12311 판결[공2005.7.1(229), 1010].
73) 대법원 94다18508 판결(주 11), 대법원 2006다29372, 29389 판결(주 24), 대법원 2008. 3. 13. 선고 2006다58912 판결[미공간], 대법원 2013. 2. 15. 선고 2012다29292 판결[공2013상, 469].

그 의미에 관하여 다음 항에서 검토하기로 한다.[75]

채권담보전세권의 유효성에 관하여 논의하는 견해는 많지 않으나, 대체로 유효하다는 데 견해가 일치된 것으로 보인다.[76] 그 근거로는 채권담보전세권도 전세권의 두 가지 본질적인 측면인 전세금의 지급과 목적물의 사용·수익이라는 점을 모두 갖추고 있고, 당사자 사이에는 기본계약상의 피담보채권을 담보하기 위한 목적으로 전세권을 설정한다는 의사의 일치가 있어 임차인에게 임대차보증금확보를 위한 범위 내에서 전세권자가 갖는 경매실행권, 우선변제권을 부여한 것이며, 용익물권성과 담보물권성을 겸비한 전세권은 전형적 담보물권인 저당권보다 채권담보 목적으로 활용될 가능성을 더 많이 내포하고 있으므로 하나의 변칙담보로서 인정할 수 있음을 들거나,[77] 거래 현실에서 많이 이용되고 있는 채권담보전세권을 통해 민법상 전세권의 활발한 이용을 기대할 수 있음을 든다.[78]

나아가 채권담보전세권에 설정된 저당권에 관하여도, 판례는 그 유효성이 인정됨을 전제로 하여 일반적인 전세권저당권과 마찬가지로 실행할 수 있다는 판시를 한 바 있다.[79] '대상판결'의 사안도 甲의 임대차보

---

74) 대법원 2005다59864 판결(주 66).

75) 배병일, 앞의 글(주 44), 7-8면은, 대법원 2010. 3. 25. 선고 2009다35743 판결 〔공2010상, 793을 들며 채권담보전세권에 관한 최근 대법원의 견해는 통정허위표시로서 무효로 보고 있다고 하나, 아래에서 보는 바와 같이 일부 하급심 판결례에서 통정허위표시의 '가정적 판단'으로서의 색채가 약해졌다고 보이는 정도를 넘어 명시적으로 대법원이 채권담보전세권을 무효라고 판시하였다는 견해에는 동의할 수 없다.

76) 오경미, 앞의 글(주 38), 180-181면; 배병일, 앞의 글(주 44), 8면; 황경웅, 앞의 글(주 44), 10면. 한편 오경미, 앞의 글(주 10), 122-123면에서는, 이미선, 앞의 글(주 66), 224면을 통정허위표시설(무효설)로 분류하고 있으나 위 논문이 그러한 입장인지는 의문이 있다.

77) 오경미, 앞의 글(주 10), 124-126면은 저당권자와 달리 용익물권적 권능을 가지고 있는 전세권자는 존속기간 내에 목적물을 제3자에게 임대 또는 전전세하거나 전세권에 저당권을 설정하고 금전을 차용하는 방법 등으로 자금을 즉시 융통할 수 있는 이점을 가지고 있다고 한다.

78) 강대성, 앞의 글(주 22), 34면; 배병일, 앞의 글(주 44) 8면.

79) 대법원 2006다29372, 29389 판결(주 24). 오경미, 앞의 글(주 10) 148-149면은 판례의 태도에 찬동하면서, 대법원 94다18508 판결(주 11)도 같은 취지라고 설명한다.

증금반환채권을 담보하기 위한 전세권설정등기가 마쳐졌고, 이에 원고가 전세권근저당권을 설정한 것인데, 대법원은 위와 같은 채권담보전세권과 그에 설정된 근저당권이 모두 유효함을 전제로 그 실행방법과 전세권설정자인 피고의 항변의 당부에 관하여 판단하고 있다.

3. 전세권설정자가 기본계약관계에서 발생한 채권으로 전세권저당권 자에게 공제주장을 할 수 있는지

가. 문제의 제기

앞서 본 바와 같이 채권담보전세권과 채권담보전세권에 설정된 저당권 모두 일응 유효하다고 할 것인데, 전세권의 성격상 인적 색채가 짙다 보니 전세권설정자와 전세권자 사이의 인적 채권관계가 전세권저당권자 등 제3자의 물권적 지위와 충돌하게 되었고, 여기서 전세권설정자가 기본계약관계에서 발생한 인적 사유(가령, 임대차관계에서의 연체차임, 공과금, 관리비, 원상회복비용 등)로 물권자인 전세권저당권자에게 대항할 수 있는지에 관한 문제가 발생한다.[80]

이에 대하여 일련의 대법원의 판시가 일관되지 않은 것으로 보이는 측면이 있어 이를 먼저 살펴보고, 전세권설정자가 전세권저당권자에게 기본계약관계에서의 인적 사유를 주장할 수 있는지에 관하여, 가장 전형적인 사례인 임대차계약을 기본계약관계로 한 경우에 있어 전세권설정자(임대인)가 전세권저당권자에게 전세권자(임차인)의 연체차임을 전세금(임대차보증금)에서 공제한다는 주장을 할 수 있는지 검토해 본다.

나. 판결례의 개관

(1) 공제주장 인정 판결례

전세권설정자의 공제주장을 인정한 판결로는 대법원 2001. 11. 9. 선고 2001다51336 판결(미공간)과 대법원 2004. 6. 25. 선고 2003다46260, 53879 판결(미공간)이 있는데, 위 두 판결의 사안은 모두 전세권저당권자

---

80) 오경미, 앞의 글(주 10), 111면.

가 전세권이 임대차보증금반환채권을 담보하기 위하여 설정된 것이라는 사실을 알면서 저당권을 설정한 뒤, 전세기간이 만료되자 전세금반환채권에 대한 추심(전부)명령을 받고 전세권설정자에게 추심(전부)금을 청구하자, 전세권설정자가 임대차관계에서 발생한 연체차임, 관리비 등 채권의 공제주장을 한 것이었다. 이에 대해 대법원은 "채권적 청구권인 전세금반환채권의 압류 및 추심명령 또는 전부명령에 기한 채권자의 추심금 또는 전부금청구에 대하여 제3채무자인 전세권설정자는 일반적 채권집행의 법리에 따라 압류 및 추심명령(또는 전부명령)이 송달된 때를 기준시로 하여 그 이전에 채무자와 사이에 발생한 모든 항변사유로 압류채권자에 대항할 수 있다"라고 판시한 뒤, 전세권설정자의 연체차임, 관리비 원상복구비 등 공제주장을 받아들여 이를 공제한 나머지 금액만을 공탁한 것이 적법하다고 판단하였다.

(2) 공제주장 배척 판결례

반면 전세권설정자의 공제주장을 배척한 판결로는 ① 대법원 1998. 9. 4. 선고 98다20981 판결[공1998.10.1.(67), 2396], ② 대법원 2004다59864 판결(주 66), ③ 대법원 2006다29372, 29389 판결(주 24), ④ 대법원 2006다58912 판결(주 73), ⑤ 대법원 2013. 2. 15. 선고 2012다49292 판결[공2013상, 469]이 있는데, 위 판결들은 모두 전세권저당권자가 전세권이 임대차보증금반환채권을 담보하기 위하여 설정된 것이라는 사실을 알지 못하고 저당권을 설정한 사안에 관한 것으로서, 전세권설정자가 임대차관계에 기한 연체차임, 관리비 등의 채권으로 임대차보증금반환채권이 모두 공제되어 소멸하였다는 이유로 전세권(저당권)설정등기의 말소를 청구하거나, 전세권저당권자가 전세기간이 만료된 뒤 전세권설정자에게 추심(전부)금을 청구함에 대하여 전세권설정자가 임대차관계에서 발생한 연체차임, 관리비 등의 채권으로 공제주장을 한 것이었다.

이에 관한 최초의 판시는 위 ① 대법원 98다20981 판결로 보이는데, 위 판결은 채권담보전세권이 유효함을 판시하면서도 가정적 판단으로서 허위표시이론을 처음으로 설시하였고, 이후 나머지 판결례에서 위 판결의 설시가 거의 그대로 인용되고 있다. 위 판결은 A(임차인)가 원고(임대인)와 사이에 건물에 관한 임대차계약을 체결한 뒤, 그 임대차보증금을 담보하기 위하여 원고와 A, B 사이의 합의로서 A의 직원이었던 B 명의로 전세권설정등기를 마쳤고, 이후 A는 B를 내세워 피고(전세권저당권자)로부터 시설자금을 대출받고 피고 앞으로 위 전세권에 관한 저당권을 설정해 준 사안에서, 원고가 피고를 상대로 ㉠ 위 전세권설정계약이 통정허위표시로서 무효이므로 그에 터 잡아 설정된 전세권저당권도 효력이 없다거나, ㉡ 위 전세권은 임대차보증금반환채권을 담보하기 위하여 설정된 것인데 A의 연체차임 합계액이 위 임대차보증금을 초과하므로 피담보채권이 소멸하였음을 이유로, 피고 명의의 전세권저당권설정등기의 말소를 구한 것이었다.

　　이에 대해 대법원은 "전세권이 담보물권적 성격을 아울러 가지고 있는 이상 부종성과 수반성이 있기는 하지만, 다른 담보권과 마찬가지로 전세권자와 전세권설정자 및 제3자 사이에 합의가 있으면 그 전세권자의 명의를 제3자로 하는 것도 가능하다 할 것인데, 위 전세권설정등기가 원고와 A 사이의 위 임대차계약에 바탕을 두고 이에 기한 임차보증금반환채권을 담보할 목적으로 원고, A, B 사이의 합의에 따라 B 명의로 경료된 사실은 위에서 본 바와 같으므로, 위 전세권설정등기는 유효하다 할 것이다"라고 하여 원칙적으로 채권담보전세권이 유효함을 설시하였다.

　　그런데 위 판시에 이어 위 ㉠ 통정허위표시 주장을 판단하면서, "비록 원고와 A 또는 B 사이에 실제로 전세권설정계약이 체결되거나 전세금이 수수된 바 없다거나, 위 전세권설정등기의 피담보채권인 위 임차보증금반환채권의 귀속자는 A이고 B는 원고에 대하여 직접 어떤 채권을 가지고 있지 아니하다 하더라도 달리 볼 것은 아니며, 또한 가사 위에서 본 경위를 사상한 채 위 전세권설정계약만 놓고 보아 그것이 통정허위표시에 해당하여 무효라고 한다 하더라도 이로써 위 전세권설정계약에 의하여 형성된 법률관계를 토대로 별개의 법률원인에 의하여 새로운 법률상 이해관계를 갖게 된 제3자인 피고에게 대항하기 위해서는 피고가 그와 같은 사정을 알고 있었어야 할 것인데 이를 인정할 아무런 증거가 없다"라고 판시(이하 '㉠부분 판시'라고 한다)하였고, 나아가 위 ㉡ A의 연체차임 공제주장을 판단하면서, "원고와 A, B가 원고와 A 사이의 위 임대차계약만 있을 뿐 원고와 B 사이의 전세권설정계약은 없음에도 불구하고 3자 합의에 따라 위 임대차계약은 은닉한 채 위 전세권설정계약이라는 외형행위를 작출한 사실은 위에서 본 바와 같은바, 이러한 경우 당사자 사이에 있어서는 은닉된 위 임대차계약만이 유효하고 외형만 작출된 위 전세권설정계약은 무효라고 주장할 수 있다고 하더라도 제3자인 피고와 사이에 있어서는 피고가 그와 같은 사정을 알고 있었던 경우에만 위와 같은 주장을 할 수 있다고 할 것인데, 피고가 이를 알고 있었다고 볼 증거가 없다는 것은 위에서 본 바와 같으므로, 원고로서는 피고에 대하여 위 임대차계약의 효력(즉, 위 임대차계약에 기하여 위 연체차임을 위 임차보증금에서 공제할 수 있다는 것)을 주장할 수 없다"라고 판시(이하 '㉡부분 판시'라고 한다)하였다.

위 판결에 이어서 나온 ② 대법원 2004다59864 판결(주 66)은 위 ㉡부분 판시를, ③ 대법원 2006다29372, 29389 판결(주 24), ④ 대법원 2006다58912 판결(주 65), ⑤ 대법원 2012다49292 판결은 각 위 ㉠부분 판시를 거의 그대로 인용하고 있다.

(3) 위 판결례에 대한 분석

위와 같은 일련의 판결례에 관하여 아래와 같은 네 가지 견해가 제기되고 있다.[81]

(가) 먼저 전세권설정자와 전세권자 사이에서의 채권담보전세권은 무조건 유효한 것으로 보면서도, 전세권저당권자 등 제3자가 개입되는 사안 중 전세권저당권자 등 제3자가 선의인 경우에는 허위표시이론으로 해결하는 반면, 전세권저당권자가 악의인 경우에는 허위표시이론으로 해결하고 있지 아니하다고 평가하면서, 전세권저당권자가 악의인 경우 허위

---

81) 그 외에 위 판결례 등의 판시를 정리하여 소개하는 문헌으로, 배병일, 앞의 글 (주 44), 23~24면 참조.

표시이론으로 해결하게 되면 임대인이자 전세권설정자는 악의의 제3자인
전세권저당권자에 대하여 허위표시로서의 무효를 주장할 수 있게 되고,
따라서 전세권저당권자는 아무런 권리를 취득하지 못한다고 해야 할 것
임에도, 그 전세권저당권을 무효로 보지 않아 일관성이 없다고 비판하는
견해가 있다.[82] 이 견해에서는 전세권저당권자 선의인 경우 마치 임대차
관계가 전세관계로 전환 내지 치환되는 것으로 보는 판례의 입장도 적절
하지 않다고 지적하면서, 허위표시의 효력은 전세권설정자가 선의자에 대
하여 전세권이 무효임을 주장하지 못하여 전세권으로 등기된 내용과 같
은 전세권설정계약이 체결된 것과 같이 보아 주는 효과에서 찾아야 한다
고 주장한다.

　　(나) 다음으로 대법원은 앞서 본 여러 판결례를 통해 채권담보전세
권의 유효성을 확인하였음에도 전세권설정계약이 임대차계약을 은닉하기
위한 외형행위이고 전세권설정계약의 당사자 사이에서는 전세권설정계약
의 무효를 주장할 수도 있다는 취지로 해석될 여지를 남겨 놓는 모순이
있다고 지적하고,[83] 위와 같은 가정적 판단 부분은 '전세권설정계약이 없
으면서도' 임대차보증금반환채권을 담보할 목적으로 전세권설정등기를 마
친 경우에 한하여 판단한 것이라며 그 의미를 제한적으로 본다.[84] 나아
가 공제주장 부분에 관하여는, 대법원이 어떤 경우에는 전세권저당권자의
선의 여부에 따라 결정을 하고, 어떤 경우에서는 전세권저당권자의 선의
여부를 묻지 아니하고 채권집행의 일반 법리에 따라 해결하고 있는 양상
을 보임으로써 혼동을 초래하고 있다고 분석하면서, 일반적 채권집행의
법리에 따르는 판결들은 전세기간이 만료되었다 하여 전세권저당권자를
전세권자의 일반채권자와 동일하게 취급하는 것은 물권으로서의 전세권
자의 특질을 무시하는 것이라고 비판하고, 전세권저당권자의 선의 여부에
따라 판단한 판결례들이 결론에 있어서는 타당하나 채권담보목적의 전세

82) 황경웅, 앞의 글(주 44), 8–10면.
83) 오경미, 앞의 글(주 38), 177–180면.
84) 오경미, 앞의 글(주 10), 120–122면.

권설정행위 자체를 사실상 통정허위표시행위와 유사한 것으로 구성하고
무효인 법률행위로 보는 것을 적절한 근거가 아니라고 평가한다.[85]

(다) 한편 전세권설정계약의 무효 주장에 관하여는 판례의 입장(㉠부
분 판시)을 소개하고, 연체차임 공제주장에 관하여는 판례가 전세권저당
권설정등기 말소청구의 경우와 전세권저당권자의 전세금반환청구(추심금
또는 전부금청구)의 경우를 나누어 전자의 경우에는 허위표시이론에 따라
전세권저당권자의 차임 약정사실 선·악의에 의하여 해결하고, 후자의 경
우에는 일반적 채권집행의 법리에 따라 차임 약정사실의 선·악의를 쟁
점으로 하지 않는 판결례와 허위표시이론에 입각하여 전세권저당권자의
선·악의에 따라 판단하는 판결례로 나뉜다고 분석하는 견해가 있다.[86]

(라) 끝으로 대법원이 가정적인 표현을 사용하고 있기 때문에 채권
담보전세권에 관하여 통정허위표시무효론을 전면적으로 적용하는 것이라
고 단정할 수는 없고, 선의의 제3자가 담보목적 전세권의 유효를 주장할
수 있다는 점에 방점이 있다고 하면서, 판례에서 가정적인 표현이기는
하나 통정허위표시무효를 언급하고 있는 것이 논리 모순이라는 견해가
있다.[87]

다. 관련 학설

이 부분 문제에 관하여 정면으로 다룬 견해로는 아래 두 가지 입론
(立論)이 있다.[88]

(1) 먼저 전세권은 채권을 담보할 수 있는 담보물권성을 겸유하고
있고, 유효한 임차권을 전세권으로 등기한 경우 전세 목적물에 대하여
목적물을 사용·수익하는 관계인 임대차관계가 존재하며 전세금에 비교
될 수 있는 임대차보증금이라는 채권이 존재하므로, 위와 같은 채권담보
전세권을 허위표시라고 볼 수 없고, 그 등기는 임대차보증금을 담보하는

---

85) 오경미, 앞의 글(주 38), 185면, 190-191면.
86) 이미선, 앞의 글(주 66), 224-225면.
87) 김제완, 앞의 글(주 22), 279-280면.
88) 이미선, 앞의 글(주 66), 225면에서는 청구 내용을 구분하지 아니하고 허위표시
　　이론에 따라 해결하는 것이 타당하다는 견해를 밝히고 있다.

담보물권적 기능을 하는 것으로서의 효력을 최소한으로나마 인정하여야 한다는 견해가 있다.[89] 따라서 전세권저당권자가 악의인 경우에도 채권담보전세권을 통정허위표시로서 무효로 볼 것은 아니고 그 최소한의 효력인 임대차보증금반환채권을 담보하는 효력을 인정하여 전세권설정자(임대인)의 연체차임 공제 등의 주장이 가능하다고 보면 족하며, 전세권저당권자가 선의라면 전세권설정자가 전세권으로 등기된 내용과 같은 전세권설정계약이 체결하였다고 보아 전세권등기가 임대차보증금반환채권을 담보하는 것이라는 주장을 할 수 없어 위와 같은 공제주장도 불가능하다고 한다.

(2) 다음으로 채권담보전세권은 목적물인 부동산의 점유·사용·수익에 관한 법률관계는 임대차계약 등 별도의 기본계약관계에 따라 정하면서, 기본계약상의 채권에 관한 우선변제권을 확보하기 위한 목적으로 전세권설정계약을 체결한다는 점에서 실질(채권담보목적)과 다른 외형(전세권 등기)을 가진 물권으로서 변칙담보의 성격을 가지는바, 당사자의 의사를 존중하여 기존 물권법 질서에 반하지 않는 범위 내에서 그 유효성을 인정하되, 제3자에 대한 관계에서 통정허위표시 관련 조항을 유추적용하여 외관을 믿고 새로운 법률관계를 맺은 선의의 제3자를 보호하는 하자는 견해가 있다.[90]

라. 검   토

(1) 먼저 위 일련의 판결례에 관하여 보건대, 공제주장의 당부 판단에 앞서 채권담보전세권이 유효하다고 판시하는 부분은 타당하나, 같은 공제주장의 판단에 있어 경우에 따라 가정적 판단으로서의 허위표시이론 또는 일반적인 채권집행의 법리라는 각기 다른 기준을 통해 해결하는 것은 일관성이 있는 판시라고 보기 어렵다. 여기서 주목해야 할 점은 지금까지의 판례 사안 중 전세권저당권자가 기본계약관계에 대해 선의인 경우에는 모두 허위표시이론을 통해 그를 보호한 반면, 전세권저당권자가

---

89) 황경웅, 앞의 글(주 44), 8-10면.
90) 오경미, 앞의 글(주 10), 125-128면; 오경미, 앞의 글(주 38), 188-189면.

악의인 경우에는 일반적인 채권집행의 법리를 통해 그를 보호하지 않는 판시를 하였다는 것이다. 이는 만약 전세권저당권자가 기본계약관계에 대해 악의인 경우에도 허위표시이론을 고수하게 되면 전세권설정자가 저당권 설정의 기초가 되는 전세권 자체의 무효를 주장할 수 있게 되어 전세권저당권자의 지위를 부인할 수 있는 문제를 고려한 것으로 보이는 한편, 전세권설정자의 이익을 보호하기 위하여 악의의 전세권저당권자에게는 기본계약관계에서의 공제주장 등을 인정하려고 일반적인 채권집행의 법리를 통해 구체적 타당성을 도모한 것이라고 생각된다. 위 일련의 판결례의 결론적인 입장, 즉 전세권저당권자가 선의인 경우에는 전세권저당권자의 이익을, 악의인 경우에는 전세권설정자의 이익을 우선시하는 해석에는 찬성하나 일관되지 않은 논리 구성에까지 동의하기는 어렵다.

(2) 생각건대, 전세권저당권자 등 제3자가 채권담보전세권에 관하여 새로운 법률상 이해관계를 가지게 된 경우에도 그 제3자의 기본계약관계에 대한 선·악의를 불문하고 채권담보전세권 및 그에 설정된 저당권은 모두 유효하다고 보는 것이 타당하다. 앞서 본 바와 같이 채권담보전세권도 일반적인 전세권으로서의 요건을 모두 갖추어 이를 무효로 볼만한 특별한 법적 근거가 없을 뿐만 아니라, 전세권설정자와 전세권자 및 전세권저당권자의 의사에 따라 설정된 것으로서 이를 유효라고 보더라도 위 이해관계인에게 아무런 불이익이 없는 반면, 이를 무효라고 보게 되면 기본계약관계가 남아 있는 전세권설정자와 전세권자와는 달리 전세권저당권자만 그 저당권을 잃는 불이익을 입게 되기 때문이다. 따라서 기본적으로 채권담보전세권이 유효하다고 보는 이상, 위 판결례 중 선의의 전세권저당권자를 보호하려는 방편으로 가정적 판단이라고는 하나 허위표시이론을 도입하는 것은 적절하다고 보기 어렵고,[91] 일반적인 채권집

---

91) 위 ⑤ 대법원 2012다49292 판결의 환송전 판결[서울고등법원 2012. 5. 11. 선고 2011나82096(미공간)]과 환송 후 판결[서울고등법원 2013. 8. 21. 선고 2013나17577 판결(미공간)]에서 모두 "실제로는 전세권설정계약이 없으면서도 임대차계약에 기한 임차보증금 반환채권을 담보할 목적으로 임차인과 임대인 사이의 합의에 따라 임차인 명의로 전세권설정등기를 경료하고 그 전세권에 대하여 근저당권이 설정된

행의 법리에 의하는 것도 엄연한 물권자의 지위에 있는 전세권저당권자
를 일반채권자와 같이 취급하는 문제가 있다. 한편 위와 같이 채권담보
전세권 및 그 저당권이 전면적으로 유효하다고 보게 되면 전세권저당권
자가 기본계약관계에 대해 악의인 경우에 전세권설정자의 보호 문제가
남게 되는데, 채권담보전세권의 외형은 '전세금'에 대한 담보물권적 기능
을 하지만 그 실질은 기본계약관계에서 발생한 채권, 가령 임대차보증금
반환채권을 담보하기 위한 효력을 가지는 것으로서, 전세권저당권자가 악
의라면 위와 같은 실질에 따라 임대차보증금의 내재적인 속성인 공제주
장 등을 인정하더라도 그에게 불리하다고 할 수 없고, 그의 의사도 위와
같은 사정을 감수하고 저당권을 설정한 것이라고 봄이 상당하므로, 이와
같은 당사자의 의사를 근거로 전세권설정자는 전세권저당권자에게 공제
주장 등을 할 수 있다고 본다.[92]

(3) 위와 같은 입장에서 악의의 전세권저당권자에 대한 전세권설정
자의 공제주장의 실제에 관하여, 임대차보증금반환채권을 담보하기 위하
여 설정된 전세권의 전세기간이 만료되어 전세권저당권자가 전세권설정
자에게 전세금의 반환을 청구하는 상황을 전제로 간략히 살펴본다. 먼저
전세권저당권자가 악의인 경우에는 저당권 설정 전·후를 불문하고 전세
권설정자는 연체차임 등의 공제를 주장할 수 있고, 이는 앞서 본 전세기
간 만료 후의 전세권저당권 실행방법에 관한 견해 중 어떤 견해를 따르
던 마찬가지이다. 한편 전세권저당권자가 선의인 경우 저당권 설정 이후

경우, 위 전세권설정계약은 통정허위표시에 해당하여 무효라 할 것이다"라는 법리
를 설시하여 채권담보전세권 자체가 무효라고 읽힐 여지가 있는데, 이는 위 원심
판결들이 인용한 ① 대법원 98다20981 판결과 ② 대법원 2005다59864 판결의 '가
정적 판단'으로서의 취지를 적확하게 담고 있다고 보기 어렵다.

92) 한편 전세권저당권자의 악의 여부는 저당권 설정시점을 기준으로 하여, 채권담
보전세권임을 주장하는 전세권설정자가 그 입증책임을 부담한다고 본다[同旨 대법
원 2005다59864 판결(주 66); 오경미, 앞의 글(주 10), 156면]. 나아가 오경미, 위의
글, 157면은, 전세권설정자가 입증하여야 하는 악의의 범위에 관하여 전세권저당
권자가 기본계약상의 채권을 담보하기 위하여 설정한 전세권이라는 것을 알고 있
었다는 점으로 한정하고, 더 나아가 기본계약의 세부적인 사항(가령 임대차계약의
차임약정 존재, 액수 등)은 포함되지 않는다고 하는데, 타당한 견해로 보인다.

에 발생한 연체차임 등의 공제주장도 어느 견해에 의하든 불가능하다.

　문제는 전세권저당권자가 선의인 경우 전세권설정자가 저당권 설정 이전에 이미 발생한 연체차임 등의 공제주장을 할 수 있는 지이다.[93] 앞서 본 판결례와 같이 허위표시이론에 의하면 일응 설정 전에 연체차임 등이 발생하였다고 하더라도 전세권설정자는 그에 대한 공제주장을 할 수 없는 것으로 판단되는데, 판례와 유사하게 통정허위표시의 제108조 제2항을 유추적용하여 선의의 전세권저당권자를 보호하자는 입장을 취하면서도 저당권 설정 전의 연체차임은 선 · 악의를 불문하고 공제주장이 가능하다고 봄이 공평에 원칙에 맞다고 주장하는 견해가 있다.[94] 생각건대, 전세권저당권은 원칙적으로 전세권의 범위 내에서 효력을 가지는 것인데, 등기의 공신력이 인정되지 않는 이상 전세권자도 전세권설정자에 대하여 등기된 전세금이 아니라 실제 지급된 또는 현존하는 전세금을 주장할 수 있을 뿐이고, 위와 같이 연체차임 등이 있는 경우 저당권 설정 전에 이미 전세금이 반환되는 등의 사정으로 전세금이 감소한 경우와 마찬가지로 보아 전세권저당권도 그 범위 내에서만 효력이 있다고 보는 것이 타당하며, 전세권저당권의 설정에는 전세권설정자가 관여하지 않는 점, 민법 제371조 제2항에서는 전세권저당권 설정 이후의 전세권 소멸행위만을 제한할 뿐이라는 점 등도 또 하나의 근거로 들 수 있을 것이다. 그러므로 전세권설정자는 전세권저당권자가 선의인 경우에도 저당권이 설정되기 이전에 이미 기본계약관계에서 발생하여 전세권자에게 주장할 수 있었던 사유로 대항할 수 있다고 본다.[95] 이를 간단히 도식화하면 아래 표와 같다.

---

93) 앞서 검토한 판결례들의 사실관계를 살펴보면 대체로 채권담보전세권의 설정과 저당권 설정 사이의 시간적 간극이 크지 않은 것으로 보이고, 오경미, 위의 글, 160면도 이를 지적하며 전세권저당권은 보통 전세권의 설정과 동시에 설정되거나 그 직후에 설정되므로 위와 같은 논의의 실익이 크지 않을 것이라고 한다.

94) 오경미, 위의 글, 159-160면.

95) 同旨 황경웅, 앞의 글(주 44), 11-12면은 채권질권설의 입장에서 저당권의 설정 통지를 받은 때까지의 연체차임, 관리비 등의 채권은 전세권저당권자의 선 · 악의를 불문하고 '상계'할 수 있어야 한다는 주장도 같은 취지의 견해로 보인다.

연체차임 등 발생시기 저당권자의 선/악의	저당권설정 전 발생	저당권설정 후 발생
선의의 저당권자	공제주장 가능	공제주장 불가
악의의 저당권자	공제주장 가능	

Ⅳ. 전세권설정자의 전세권저당권자에게 대한 상계주장 가부

1. 문제의 제기

채권담보전세권의 기본계약관계인 임대차계약상 임대차보증금은 목적물 인도시까지 임차인의 모든 채무를 담보하는 것으로서, 전세권설정자가 위 관계에서 발생한 연체차임 등이 임대차보증금에서 '공제'된다는 주장을 하여 전세권저당권자에게 대항할 수 있는지에 관한 논의가 위 Ⅲ.에서 이루어졌고, 앞서 본 일련의 판결례들도 대부분 그에 관한 사안에 관한 것이었다. 반면 이하에서 살펴볼 문제는 기본계약관계에서 생긴 채권이 아닌 별개의 원인관계로 발생한 채권으로 전세권설정자가 전세권저당권자에게 '상계'주장을 할 수 있는지에 관한 문제로서 그 논의의 평면을 달리한다. 전세권설정자의 상계주장을 그 자동채권의 취득시기나 변제기와 무관하게 언제나 허용한다면 전세권저당권자의 지위가 불안정해질 것이고, 또 이를 일률적으로 허용하지 않는다면 전세권설정자의 상계에 대한 합리적 기대이익을 침해할 수 있다. 결국, 이 문제도 전세권저당권자와 전세권설정자의 대립되는 이익을 조화롭게 해결할 필요가 있는 문제로서, 우선 상계의 의의와 기능, 지급금지명령이 있는 경우와 채권양도의 경우에 제3채무자의 상계주장 인정범위에 관하여 간략히 살펴보고, 대상판결의 판시사항과 해결방안에 대하여 검토한다.

2. 상계의 의의 및 기능과 제한

가. 의의 및 기능

상계는 일반적으로 양 당사자가 서로 상대방에 대하여 동종 내용의 채권을 가지고 있는 경우 서로의 채권을 현실로 변제하는 무용의 수고를 줄이고 그 양채권의 대등액을 함께 소멸시키는 채권소멸의 한 원인을 의미한다. 상계제도는 위와 같이 채권을 간이하게 결제하는 기능을 가지고, 쌍방의 채권을 일거에 청산함으로써 당사자의 신뢰와 공평을 보호하는 기능을 가지며, 당사자가 서로 동종의 채권을 가질 때 자기채권의 변제를 확보하기 위하여 상대방 채권, 즉 자기의 채무를 활용할 수 있는 담보적 기능도 가진다.

한편 상계의 담보적 기능은 담보물권과는 달리 그 존재를 공시하는 수단이 없고, 실행도 단순히 일방적 의사표시에 의하여 이루어지며 현실의 급부는 전혀 존재하지 아니하므로 그 채권의 존재를 믿은 제3자는 불측의 피해를 입을 수 있으므로, 위 담보적 기능에는 스스로의 한계가 있다고 평가된다.[96]

나. 상계의 제한

일정한 채권은 여러 가지 사유로 그것을 상계의 대상으로 삼는 것이 허용되지 않는데, 대표적인 사유로 당사자의 의사표시, 채권의 성질, 법률의 규정을 들 수 있다.[97] 위 논의와 관련하여서 특히 문제 되는 것은 "지급을 금지하는 명령을 받은 제3채무자는 그 후에 취득한 채권에 의한 상계로 그 명령을 신청한 채권자에게 대항하지 못한다"라는 민법 제498조의 경우이다.[98] 채권이 압류된 경우 자동채권이 압류의 효력 발생 전에 성립하거나 취득된 것이라는 이유로 제3채무자의 상계주장을 허

---

96) 곽윤직 편집대표, 민법주해[XI] 채권(4), 박영사(1995), 341면, 347-349면(윤용섭 집필 부분).

97) 양창수 · 김재형, 계약법, 박영사(2010), 330-331면.

98) 이는 물상대위설에 의한다면 물상대위권의 행사로서 압류명령이 필요하기 때문일 것이고, 채권질권설에 의한다면 질권설정의 효력으로서 지급금지의 효력이 생기므로 지급금지명령이 있는 경우와 마찬가지로 다루어져야 하기 때문일 것이다. 질권의 효력에 관하여, 민법주해[XI] 채권(4)(주 96), 432면; 김용담 편집대표, 주석민법[채권총칙(4)](제4판), 한국사법행정학회(2014), 657면(조용구 집필 부분); 곽윤직, 채권총론(제6판), 박영사(2003), 283면; 양창수 · 김형석, 앞의 책(주 9), 328면; 양창수 · 김재형, 앞의 책(주 97), 338면; 이은영, 채권총론(제4판), 박영사(2009), 756-757면.

용한다면 채권압류의 실효성이 상실되는 문제가 있고, 그와 반대로 제3채무자의 상계주장을 제한한다면 제3채무자의 상계에 대한 기대가 보호되지 못하게 되는 문제가 발생한다. 따라서 채권압류에서 제3채무자가 상계로써 압류채권자에게 대항하기 위한 요건에 관한 위와 같은 견해의 차이는, 압류의 실효성 확보와 상계에 대한 기대이익 보호라는 압류채권자와 제3채무자의 상호 대립하는 이해의 조정에 관한 문제라고 볼 수 있다.[99]

3. 유사한 문제 상황에서의 판례와 학설

가. 판례의 입장

(1) 지급금지명령이 있는 경우[대법원 2012. 2. 16. 선고 2011다45521 전원합의체 판결(공2012상, 444)]

(가) 다수의견

민법 제498조는 "지급을 금지하는 명령을 받은 제3채무자는 그 후에 취득한 채권에 의한 상계로 그 명령을 신청한 채권자에게 대항하지 못한다"라고 규정하고 있다. 위 규정의 취지, 상계제도의 목적 및 기능, 채무자의 채권이 압류된 경우 관련 당사자들의 이익상황 등에 비추어 보면, 채권압류명령 또는 채권가압류명령을 받은 제3채무자가 압류채무자에 대한 반대채권을 가지고 있는 경우에 상계로써 압류채권자에게 대항하기 위하여는, 압류의 효력 발생 당시에 대립하는 양 채권이 상계적상에 있거나, 그 당시 반대채권(자동채권)의 변제기가 도래하지 아니한 경우에는 그것이 피압류채권(수동채권)의 변제기와 동시에 또는 그보다 먼저 도래하여야 한다.

(나) 소수의견

지급을 금지하는 명령을 받을 당시에 반대채권과 피압류채권 모두의 이행기가 도래한 때에는 제3채무자가 당연히 반대채권으로써 상계할 수

---

99) 이상주, "압류된 채권에 대한 상계의 허용요건", 자유와 책임 그리고 동행 : 안대희 대법관 재임기념, 사법발전재단(2012), 377면.

있고, 반대채권과 피압류채권 모두 또는 그중 어느 하나의 이행기가 아직 도래하지 아니하여 상계적상에 놓이지 아니하였더라도 그 이후 제3채무자가 피압류채권을 채무자에게 지급하지 아니하고 있는 동안에 반대채권과 피압류채권 모두의 이행기가 도래한 때에도 제3채무자는 반대채권으로써 상계할 수 있고, 이로써 지급을 금지하는 명령을 신청한 채권자에게 대항할 수 있다.

(2) 채권양도의 경우[대법원 1999. 8. 20. 선고 99다18039 판결 [공1999. 9. 15.(90), 1878]]

채권양도에 있어서 채무자가 양도인에게 이의를 보류하지 아니하고 승낙을 하였다는 사정이 없거나 또는 이의를 보류하지 아니하고 승낙을 하였더라도 양수인이 악의 또는 중과실의 경우에 해당하는 한, 채무자의 승낙 당시까지 양도인에 대하여 생긴 사유로써 양수인에게 대항할 수 있다고 할 것인데, 승낙 당시 이미 상계를 할 수 있는 원인이 있었던 경우에는 아직 상계적상에 있지 아니하였다 하더라도 그 후에 상계적상이 생기면 채무자는 양수인에 대하여 상계로 대항할 수 있다.

나. 관련 학설

지급금지명령이 있는 경우에 관한 학설로 상계적상설, 완화된 상계적상설, 변제기선도래설, 무제한설 등이 주장되는데, 근래에 상계적상설과 완화된 상계적상설을 취하는 견해는 찾아보기 어렵고,[100] 대부분 변제기선도래설과 무제한설의 입장에 서 있다. 변제기선도래설은[101] 채권압류 당시에 수동채권인 피압류채권과 자동채권인 제3채무자의 압류채무자에 대한 채권이 상계적상에 있지 아니한 경우에도 자동채권의 변제기가 수

---

100) 최근 강구욱, "금전채권의 압류와 상계", 외법논집 제38권 제2호(2014. 5.), 123-124면에서 완화된 상계적상설을 주장한 바 있다.

101) 양창수, "채권압류에서 제3채무자가 채무자에 대한 반대채권에 기한 상계로서 압류채권자에게 대항할 수 있는 범위", 고시연구 제27권 제11호(2000. 11.), 211-212면; 김재형, "2012년 민법 판례 동향", 민사재판의 제문제 제22권, 한국사법행정학회(2013), 34면; 이은영, 앞의 책(주 98), 756면; 이상주, 앞의 글(주 99), 426면; 채권양도 사안에 관한, 홍준호, "지명채권양도에 대한 이의보류 없는 승낙의 효과와 상계항변의 단절 여부", 민사판례연구 제23권, 박영사(2001), 291면.

동채권인 피압류채권의 변제기와 동시에 또는 그보다 먼저 도래하는 경우 제3채무자는 자기의 자동채권으로써 장래 상계할 정당하고도 합리적인 기대이익을 가지므로, 제3채무자는 상계로써 압류채권자에게 대항할 수 있다는 견해이고, 무제한설은[102] 민법 제498조를 반대해석하여, 채권압류 당시에 자동채권이 성립되거나 취득되어 있는 한 상계의 담보적 기능에 의하여 제3채무자는 담보권자와 유사한 지위에 있게 되고, 그러한 제3채무자의 상계에 대한 기대이익이 정당하고 합리적이라고 볼 수 있으므로, 자동채권과 수동채권의 변제기 선후를 가릴 필요 없이 제3채무자는 상계로써 압류채권자에게 대항할 수 있다는 견해이다.

4. 판례의 입장

가. 대법원은 대상판결에서 "전세권저당권자가 전세금반환채권에 대하여 물상대위권을 행사한 경우, 종전 저당권의 효력은 물상대위의 목적이 된 전세금반환채권에 존속하여 저당권자가 그 전세금반환채권으로부터 다른 일반채권자보다 우선변제를 받을 권리가 있으므로, 설령 전세금반환채권이 압류된 때에 전세권설정자가 전세권자에 대하여 반대채권을 가지고 있고 그 반대채권과 전세금반환채권이 상계적상에 있다고 하더라도 그러한 사정만으로 전세권설정자가 전세권저당권자에게 상계로써 대항할 수는 없다"라고 설시하면서도, "그러나 전세금반환채권은 전세권이 성립하였을 때부터 이미 그 발생이 예정되어 있다고 볼 수 있으므로, 전세저당권이 설정된 때에 이미 전세권설정자가 전세권자에 대하여 반대채권을 가지고 있고 그 반대채권의 변제기가 장래 발생할 전세금반환채권의 변제기와 동시에 또는 그보다 먼저 도래하는 경우와 같이 전세권설정자에게 합리적 기대 이익을 인정할 수 있는 경우에는 특별한 사정이

---

102) 곽윤직, 앞의 책(주 98), 283면; 김병재, "제3채무자가 가압류채무자에 대한 반대 채권으로써 상계할 수 있는 요건", 민사판례연구 제10집, 박영사(1988), 90–91면; 이상훈, "압류된 채권과 상계", 청연논총 제5집, 사법연수원(2008), 157–158면; 김 영진, "지급이 금지된 채권을 수동채권으로 하는 상계", 민사판례연구 제35권, 박영 사(2013), 342–343면.

없는 한 전세권설정자는 그 반대채권을 자동채권으로 하여 전세금반환채권과 상계함으로써 전세권저당권자에게 대항할 수 있다"라고 판시하여, 전세권저당권이 설정되기 이전에 이미 전세권설정자의 전세권자에 대한 자동채권이 발생되어 있어야 하고, 그 채권의 변제기가 수동채권인 전세금반환채권의 변제기와 동시에 또는 그보다 먼저 도래하는 경우에는 위와 같은 상계주장이 가능하다는 입장으로 보인다.

그런데 대상판결 이전의 판결례[103] 중에는 "전세금은 그 성격에 비추어 민법 제315조 소정의 전세권설정자의 전세권자에 대한 손해배상채권 외 다른 채권까지 담보한다고 볼 수 없으므로, 전세권설정자가 전세권자에 대하여 위 손해배상채권 외 다른 채권을 가지고 있더라도 다른 특별한 사정이 없는 한 이를 가지고 전세금반환채권에 대하여 물상대위권을 행사한 전세권저당권자에게 상계 등으로 대항할 수 없다"라고 하여 전세권설정자의 다른 채권에 기한 상계주장을 부정적으로 보는 듯한 판시도 있으나, 위 판결례의 사안은 연체차임, 관리비 등 임대차계약관계에서 발생한 채권을 자동채권으로 하여 '상계'주장을 한 것으로서 그 실질은 오히려 앞서 본 '공제'주장과 같이 저당권자의 선·악의를 기준으로 판단한 것이라고 해석할 수 있을 것이다.

나. 한편 대법원은 최근 양도담보권자에 대한 제3채무자의 상계주장에 관하여 "동산 양도담보권자는 양도담보 목적물이 소실되어 양도담보설정자가 보험회사에 대하여 화재보험계약에 따른 보험금청구권을 취득한 경우 담보물 가치의 변형물인 그 화재보험금청구권에 대하여 양도담보권에 기한 물상대위권을 행사할 수 있는데, 동산 양도담보권자가 물상대위권 행사로 양도담보 설정자의 화재보험금청구권에 대하여 압류 및 추심명령을 얻어 추심권을 행사하는 경우 특별한 사정이 없는 한 제3채무자인 보험회사는 그 양도담보 설정 후 취득한 양도담보 설정자에 대한 별개의 채권을 가지고 상계로써 양도담보권자에게 대항할 수 없다고 할

103) 대법원 2006다29372, 29389 판결(주 24).

것이다. 그리고 이는 보험금청구권과 그 본질이 동일한 공제금청구권에 대하여 물상대위권을 행사하는 경우에도 마찬가지라고 할 것이다"라고 판시하여[104] 제3채무자는 양도담보 설정 후에 취득한 별개의 채권에 기한 상계주장으로 양도담보권자에게 대항할 수 없다는 입장을 밝혔다.

5. 관련 학설

아직까지 이 부분에 관하여 구체적으로 논하는 견해는 거의 없고,[105] 다만 앞서 본 바와 같이 전세권설정자는 전세권저당권자가 선의인 경우라도 저당권 설정시 이전의 연체차임 등에 대한 '상계'주장을 할 수 있다는 견해와 전세권설정자가 연체차임 등의 공제주장 대신 일반적인 상계주장을 하는 경우, 압류명령 등이 송달된 때를 기준시로 하여 악의의 전세권저당권자에게만 그때까지 취득한 채권을 주장할 수 있다는 견해가[106] 있으나, 이는 기본계약관계에서 파생되는 채권에 관한 것으로서 공제주장의 논의로 해결 가능한 것이라고 보이고, 기본계약관계와 무관한 채권에 기한 상계주장의 당부를 판단하는 이 부분 논의와는 직접적인 관련성은 없다고 판단된다.

6. 검 토
가. 논의의 전제

(1) 위 논의도 앞서 채택한 채권질권설에 의할 경우와 판례의 입장인 물상대위설에 의할 경우에 따라 그 구조가 달라지고, '저당권 설정시', '저당권 설정통지시', '전세기간 만료시', '압류나 배당요구시', '상계 의사표

---

104) 대법원 2014. 9. 25. 선고 2012다58609 판결(공2014하, 2103).
105) 김선혜, "전세권저당권과 전세권설정자의 전세권자에 대한 상계의 우열관계", 대한변협신문 제528호(2015. 1. 26.), 12면의 대상판결 평석에서 전세권저당권자가 물상대위권을 행사하여 전세금반환채권이 압류된 때에는 압류의 효력 발생 당시가 아니라 전세권 설정 당시를 기준으로 그때까지 취득한 자동채권이 수동채권의 변제기와 동시에 또는 그보다 먼저 도래하여야 한다는 새로운 법리를 설시하였다고 평가한 견해가 있다.
106) 이미선, 앞의 글(주 66), 225-226면.

시시' 등의 선후에 따라 매우 다양한 형태로 펼쳐질 수 있는데, 가장 일반적인 순서로 보이는 형태를 기준으로 하여, 물상대위설은 대상판결의 사안과 같이 '저당권 설정'–'전세기간 만료'–'압류·추심명령'의 순서로, 채권질권설은 '저당권 설정'–'저당권 설정통지'–'전세기간 만료'의 순서로 사실관계가 이루어졌고, 아래 ①~④(❶~❹) 각 시점에 '상계의 의사표시'가[107] 있었다고 상정하여 살펴본다. 이를 간단히 도식화하면 아래와 같다.

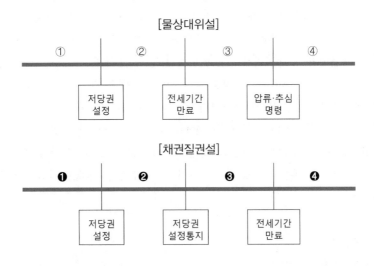

(2) 먼저 물상대위설에서 상계의 의사표시가 저당권 설정시점 이전에 있었던 경우(위 ①구간), 이는 전세권의 담보물권성에 의한 부종성에 따라 전세금이 상계된 부분만큼 전세권도 소멸한 것으로 보아야 하고, 전세권저당권자는 전세권자가 가지는 권리 이상을 가질 수 없는 것이어서 이 부분 논의의 대상이 아니고, 저당권 설정 이후 전세기간 만료 전에 상계의 의사표시가 있었던 경우(위 ②구간)에는 앞서 본 바와 같이 민

---

107) 이하에서 상계의 의사표시는 상계적상(최소한 자동채권의 변제기가 도래한 경우)을 전제로 하는 것이다.

법 제371조 제2항에 따라 전세권저당권자에게 그 효력을 주장할 수 없으므로 역시 위 논의의 대상이 아니다. 나아가 전세기간 만료 후 압류·추심명령이 있기 전에 상계의 의사표시가 있는 경우(위 ③구간)에는 물상대위 목적채권이 이미 소멸한 것이 되어,[108] 물상대위가 유효함을 전제로 한 이후의 논의로 나아갈 수 없다.[109] 결국, 물상대위설을 따를 경우 위 논의는 전세권저당권자가 물상대위권을 행사(압류나 배당요구)하여 직접 전세권설정자에게 전세금반환채권을 주장할 수 있게 된 후(위 ④구간) 상계의 의사표시가 있는 경우에 한정되게 된다.

(3) 한편 채권질권설에 따를 경우에도 전세기간이 만료되기 전까지의 법률관계는 물상대위설과 동일하기 때문에, ❶구간은 물상대위설의 ①구간과(상계 효력 인정), ❷, ❸구간은 앞서 본 ②구간의 설명과(상계 효력 대항 불가) 같다. 나아가 ❹구간에 관하여 보면, 채권질권설에서는 전세기간의 만료 후에도 주로 전세권의 담보물권적 권능이 존속한다는 전제하에 있으므로, 이 구간에도 민법 제371조 제2항이 적용되어 다른 채권으로의 상계는 언제든지 불가능하다고 볼 수도 있다. 그러나 채권질권설은 전세기간이 만료되면 전세권저당권자에게 자신의 우선변제권의 범위 내에서 전세금반환채권을 전세권설정자에게 직접 청구할 수 있다는 점을 도출하는 근거로서 전세권 및 전세권저당권이 존속하며, 전세금반환채권에 대한 질권의 형태와 유사함을 들어 채권질권의 규정을 유추적용하여 법률관계를 정리하도록 한 것이지,[110] 용익물권적 권능이 소멸한 전

---

108) 약식질권자가 주식의 소각대금채권에 대하여 압류를 하기 전에 제3채무자가 상계적상에 있는 대여금채권으로 상계하여 위 소각대금채권이 소멸한 사안에 관한 대법원 2007. 12. 13. 선고 2007다50519 판결(미공간) 참조.

109) 물상대위설은 전세기간의 만료로서 전세권이 소멸한다는 전제하에 있기 때문에, 이 구간에서의 상계는 민법 제371조 제2항에 저촉되는 것은 아니라고 본다.

110) 오경미, 앞의 글(주 38), 171면은 물상대위설의 입장에서, 전세기간 만료로 담보물권적인 전세권을 목적으로 하는 전세권저당권이 유효하게 존속한다고 해석하더라도, 전세권저당권자가 더 이상 이에 기하여 저당권을 실행하여 경매를 청구할 수 있다고 보지 않는 이상, 전세권저당권이 존속한다는 것은 전세권저당권에 채권질권의 규정을 유추적용하기 위한 근거로 삼는 것 이외에 다른 실익이 없다며 채권질권설을 비판하고 있는데, 이 부분에 있어서는 타당한 지적이라고 생각된다.

세기간 만료 후에도 전세기간 만료 전과 동일하게 전세권이 그대로 존속
함을 전제로, 그 소멸행위의 주장을 할 수 없다는 민법 제371조 제2항의
규정까지 계속하여 적용된다고 볼 것은 아니라고 생각한다. 결국, 채권질
권설의 입장에 의할 때도 위 논의는 전세권저당권자가 전세권설정자에게
직접 전세금반환채권을 주장할 수 있게 된 후인 ❹구간에서 상계의 의사
표시가 있는 경우로 한정된다.[111]

나. 자동채권의 발생시기

전세권설정자가 상계주장을 할 수 있는 자동채권의 발생시기에 관하
여 보건대, 그 기준점으로 저당권 설정시와 저당권 설정통지시(채권질권
설) 또는 압류·추심명령시(물상대위설)를 생각해 볼 수 있다. 저당권 설
정 이전에(위 ①/❶구간) 발생한 채권을 자동채권으로 삼을 수 있음은 자
명해 보이는데, 채권질권설에서 저당권 설정통지시까지(위 ❷구간) 또는
물상대위설에서 압류·추심명령시까지(위 ②, ③구간) 취득한 채권도 자동
채권이 되는가가 문제 된다.

우선 채권질권설의 경우 민법 제349조 제2항, 제451조의 해석상 제3
채무자인 전세권설정자는 저당권의 설정통지를 받은 때까지 전세권자에

---

111) 한편 김제완, 앞의 글(주 22), 298-305면에서는, 전세권관계의 물권법적 성격에
기한 직접적 당사자성과 대세적 효력에 따라 전세권저당권이 설정된 경우 전세권
설정자는 언제나 다른 채권의 상계주장을 할 수 없다고 주장하고, '합리적 기대 이
익의 보호'를 이유로 예외적으로 상계적상을 인정하는 것도 전세금반환청구권의
법적 성격, 상계적상의 법리, 나아가 변칙담보로서의 채권담보전세권의 건전한 법
리 발전을 위해서 적절하지 않다고 주장한다. 그러나 전세권저당권자의 지위는 전
세권 존속기간의 만료로 그전보다 약화되는 것이고, 전세권의 존속기간 중 전제권
이 제3자에게 양도되지 않았고, 전세권저당권자가 전세권에 대한 경매를 신청하지
않은 이상, 그 존속기간 중 제3자에게 양도되었다면 상계를 할 수 없었다거나 전
세권에 대한 경매절차를 통해 전세금 상당액을 회수할 수 있는 기회가 있었다는
가정적 이유만으로 이미 존속기간이 만료된 상황에서 전세금반환채권에 대한 일체
의 상계가 허용되지 않는다고 보는 것은 전세권설정자에게만 일방적으로 불리한
해석으로 받아들이기 어려우므로[김정민, "전세권저당권자가 물상대위로서 전세금
반환채권에 대하여 압류 및 추심명령을 받은 경우, 제3채무자인 전세권설정자가
전세권이나 그 기초가 된 임대차계약과 무관한 자동채권으로 상계할 수 있는지 여
부", 대법원판례해설 제101호(2015), 77-78면], 이하에서는 상계가 가능한 것을 전
제로 논의한다.

대하여 생긴 사유로써 전세권저당권자에게 대항할 수 있으므로, 저당권 설정통지시를 그 기준점으로 잡으면 될 것이다.[112] 한편 물상대위설의 경우 일반적 채권집행의 법리를 고수한다면 전세권설정자는 압류·추심 명령이 송달된 때를 기준으로 그 이전에 전세권자와 사이에 발생한 모든 사유로 전세권저당권자에게 대항할 수 있다고 할 것이나, 전세권저당권자는 일반채권자와는 그 법적 지위를 달리하는 물권자이고, 물상대위는 기본적으로 종전 담보권의 효력이 그대로 존속하는 것이므로, 대상판결의 입장과 같이 저당권 설정시를 기준점으로 삼아 그 이전에 발생한 채권만이 자동채권으로 기능할 수 있다고 할 것이다.

다. 자동채권의 변제기

다음으로 위와 같이 발생한 자동채권의 변제기에 관하여 보면, 저당권 설정시 또는 저당권 설정통지시까지 기준으로 앞서 유사한 문제 상황에서 본 바와 같이 어느 범위까지 상계권자인 전세권 설정자의 '합리적 기대이익'을 인정하여 전세권저당권자와의 이해를 원만하게 조정할 것인가의 문제이다.

앞서 본 각 견해를 차례로 검토하면, 먼저 저당권 설정(통지)시를 기준으로 하면 수동채권인 전세금반환채권의 변제기가 도래하지 않음이 분명하여 상계적상설을 취할 수는 없고, 완화된 상계적상설을 취하게 되면 위 시점에 자동채권이 발생하였을 뿐만 아니라 그 변제기도 도래하여야 한다는 결과가 되는데, 이는 저당권 설정(통지)시와 전세기간 만료시의 시간적 간극(위 ②구간/❸구간)이 크면 클수록 전세권설정자의 자동채권의 변제기가 전세금반환채권의 변제기보다 훨씬 앞섬에도 저당권 설정(통지)이라는 우연한 사정으로 전세권설정자의 상계의 담보적 기능에 대한 기대가 보호받지 못하는 문제가 있다. 반대로 무제한설의 입장을 취하게 되면, 저당권 설정(통지)시에 전세권설정자의 자동채권이 발생되어

---

112) 同旨 민법주해[VI] 물권(3)(주 3), 438면(정동윤 집필 부분); 주석민법[물권(3)](주 10), 595-596면(이태종 집필 부분); 이영준, 앞의 책(주 9), 846면; 곽윤직, 채권총론(신정수정판), 박영사(1999), 297면.

있고 위 ④/❹구간에서의 상계의 의사표시 전까지만 그 변제기가 도래하
면 상계주장이 가능하다는 것인데, 전세권설정자가 자동채권의 변제기까
지 시일을 지연하다가 상계의 의사표시를 하는 경우까지 그 효력을 인정
하게 되어 전세권저당권자에게 불리한 해석이라고 할 것이다.

　　그러므로 전세권저당권자와 전세권설정자의 이해를 조화롭게 해석하
는 길은 자동채권이 저당권 설정(통지)시에 이미 발생되어 있고, 그 변제
기가 수동채권인 전세금반환채권의 변제기, 즉 전세기간 만료시와 같거나
먼저 도래하는 경우(위 ①, ②구간/❶, ❷, ❸구간) 전세권설정자가 위 ④/❹구
간에서의 상계주장이 가능하다고 봄이 타당하다. 이로써 전세권설정자의
상계에 대한 합리적 기대이익을 보호할 수 있고, 전세권저당권자는 자신
이 저당권을 설정할 때 전세권설정자의 전세권자에 대한 반대채권이 존
재하는지, 존재한다면 그 변제기가 전세기간 만료 전인지만을 확인하면
전세기간 만료 이후에도 우선변제권을 행사하는 데 큰 무리가 없게 된
다.[113] 대상판결은 비록 물상대위설에 의한 결론이기는 하나, 변제기선도
래설의 입장에서 합리적 기대이익을 판단하여 전세권설정자의 상계주장
가부를 가렸는바, 위와 같은 판지에 찬성한다.[114]

V. 결　론

　　대상판결은 채권담보 목적의 전세권이 유효하고 그에 설정된 전세권
저당권도 유효함을 전제로, 전세기간이 만료된 경우 전세권저당권자는 전
세금반환채권에 대한 물상대위의 방식을 통해 우선변제를 받을 수 있고,

---

113) 同旨 김정민, 앞의 글(주 111), 77면.
114) 다만 앞서 '여론(餘論)' 항목에서 잠시 살펴본 바와 같이 대상판결의 사안에서는
　　피고(전세권설정자)와 甲(전세권자)이 전세권을 합의해지하였는데, 이처럼 전세권
　　이 합의해지되어 종료된 경우 상계권 행사의 합리적 기대이익을 판단하는 데 있어
　　전세기간 만료 시점을 언제로 할 것인가(당초의 전세기간인가, 합의해지로써 종료
　　된 시점인가)의 문제가 있다는 점을 지적해 둔다. 일반적으로는 당초의 전세기간
　　으로 봄이 상당할 것이지만, 대상판결의 사안과 같이 전세권저당권자가 합의해지
　　의 효력을 원용한 경우 달리 볼 여지가 있는지는 추가적인 연구가 필요하다고 생
　　각된다.

이때 전세권설정자는 전세권저당권자가 악의인 경우 기본계약관계에 기한 공제주장을 할 수 있으며, 나아가 전세권설정시에 이미 발생한 자동채권의 변제기가 전세기간 만료시와 동시에 또는 먼저 도래하는 경우 상계주장도 가능하다고 판시하였다.

기본적으로 대상판결의 취지와 같이 채권담보전세권 및 그에 설정된 저당권이 유효하다는 점, 전세권설정자는 악의의 전세권저당권자에게 기본계약관계에 기한 공제주장을 할 수 있다는 점, 전세권설정시에 이미 발생한 자동채권의 변제기가 전세기간 만료시와 동시에 또는 먼저 도래하는 경우 상계주장이 가능하다는 점에 동의한다.

그러나 전세기간 만료시에 전세권저당권을 실행하는 방법에 관하여 전세권저당권자에게 압류 및 추심 · 전부명령이나 배당요구라는 추가적인 부담을 지우는 물상대위설의 입장을 취한 판시는 받아들이기 어렵다. 전세기간이 만료된 이후의 전세권은 용익물권적 권능이 소멸하고 담보물권적 권능과 전세금반환채권만이 남아 있어 저당권부 채권과 유사한 형태가 되고, 그에 저당권이라는 방식으로 설정된 담보권은 실질에 있어 '전세권부 채권에 대한 질권'과 유사하다고 할 것이므로, 채권질권의 규정 중 제3채무자의 존재를 전제로 하는 규정을 유추적용하여 전세권자의 전세권설정자에 대한 저당권 설정통지를 전제로 전세권저당권자의 직접 청구권을 인정함이 상당하다. 이로써 전세권저당권자의 담보물권자로서의 이익을 충분히 보호할 수 있고, 전세권설정자의 입장에서도 저당권 설정통지시까지 있었던 사유로 전세권저당권자에게 대항할 수 있으므로 특별히 불리해진다고 볼 수 없다. 이와 같은 채권질권설을 따르는 경우, 위와 같은 저당권 설정통지를 기준으로 그 이전에 발생한 기본계약관계에 기한 공제주장 등은 전세권저당권자의 선 · 악의를 불문하고 인정된다고 할 것이고, 설정통지 이후의 부분에 관하여는 악의의 전세권저당권자에게만 주장할 수 있다고 할 것이며, 기본계약관계와 무관한 별개의 원인에 기한 상계주장은 저당권 설정통지시를 기준으로 그 이전에 발생한 자동채권으로서 그 변제기가 전세기간 만료시와 동시에 또는 먼저 도래하는 경우에만 전세권설정자에게 상계에 대한 합리적 기대 이익이 있다고 보아 허용된다고 할 것이다.

종래 우리의 관습을 입법화한 전세권이 최근 변형된 형태로서 새로이 기능하고 있는바, 민법개정안과 같은 입법론은 물론이고, 현행 민법의 해석론으로도 전세권설정자와 전세권저당권자의 의사를 적절히 반영하고 그들 사이의 이해관계를 조화롭게 조정할 수 있는 방향으로의 논의가 널리 이루어지길 바라본다.

[Abstract]

How to execute *Chonsegwon* mortgaged and whether a set-off defense of *Chonsegwon* settlor is permitted

Lee, Sung Hoon*

Chonsegwon is a right on real property peculiar to Korea, which dates back to the late *Chosun* Dynasty. Any person holding *Chonsegwon* is entitled to use the real property and to obtain the repayment of deposit ('*Chonse money*') in preference to other creditors of *Chonsegwon* settlor (Civil Act of Korea Article 303). Moreover, the person having *Chonsegwon* may establish mortgage on *Chonsegwon*, and if so, the mortgagor cannot take any action to extinguish the *Chonsegwon* without consent of the mortgagee (Articles 306 and 371).

The Supreme Court of Korea's ruling on October 27th, 2014 (2013da91672) deals with a case regarding *Chonsegwon* mortgaged. In the case, mortgagee on *Chonsegwon* demanded that *Chonsegwon* settlor returns the *Chonse* money directly to the mortgagee, and the *Chonsegwon* settlor made a set-off defense to the claim. The Supreme Court ruled that (i) *Chonsegwon* mortgaged is valid even if it is established to secure claims other than the *Chonse* money; (ii) when the duration of *Chonsegwon* is expired the mortgage on it also extinguishes, so the mortgagee must exercise mortgage against things other than *Chonsegwon* itself; and that (iii) if mortgagee receives an order of collection upon *Chonse* money claim, as a matter of principle, *Chonsegwon* settlor's set-off defense against the mortgagee is not permitted.

---

* Judge, Seoul Central District Court.

This article briefly introduces the concept of *Chonsegwon* and mortgage on it, and then criticizes the Supreme Court's decision mentioned above, especially on how *Chonsegwon* mortgaged should be executed after the expiration of the *Chonsegwon*. Furthermore, on the premise that the *Chonsegwon* mortgagee can directly ask the *Chonsegwon* settlor to return *Chonse* money to him, the author examines the possibility of set-off defense claimed by the *Chonsegwon* settlor, balancing conflicting interests of three parties; the *Chonsegwon* settlor, *Chonsegwon* mortgagor, and the *Chonsegwon* mortgagee.

[Key word]

- *Chonsegwon mortgaged*
- *Chonsegwon*
- Mortgage
- Real subrogation
- Right of pledge
- Set-off defense

참고문헌

[단 행 본]

곽윤직 편집대표, 민법주해[Ⅳ] 물권(1), 박영사(1992).
_____, 민법주해[Ⅵ] 물권(3), 박영사(1992).
_____, 민법주해[Ⅶ] 물권(4), 박영사(1992).
_____, 민법주해[Ⅺ] 채권(4), 박영사(1995).
김용담 편집대표, 주석민법[물권(3)](제4판), 한국사법행정학회(2011).
_____, 주석민법[채권총칙(4)](제4판), 한국사법행정학회(2014).

곽윤직, 물권법(제7판), 박영사(2002).
_____, 채권총론(신정수정판), 박영사(1999).
_____, 채권총론(제6판), 박영사(2003).
김기선, 한국물권법, 법문사(1990).
양창수 · 김재형, 계약법, 박영사(2010).
양창수 · 김형석, 권리의 보전과 담보, 박영사(2011).
이영준, 물권법(전정신판), 박영사(2009).
이은영, 물권법(제4판), 박영사(2006).
_____, 채권총론(제4판), 박영사(2009).

법원실무제요 민사집행[Ⅲ], 법원행정처(2014).
법무부 민법개정자료발간팀 편, 2004년 법무부 민법 개정안 총칙 · 물권편, 법무부(2012).

[논 문]

강구욱, "금전채권의 압류와 상계", 외법논집 제38권 제2호(2014. 5.).
강대성, "전세권저당권의 우선변제적 효력", 토지법학 제24-1호(2008. 6.).
김동옥, "저당권의 목적물로 된 전세권이 기간만료로 종료된 경우의 법률관계", 판례연구 제12집(2001).
김병재, "제3채무자가 가압류채무자에 대한 반대채권으로써 상계할 수 있는 요건", 민사판례연구 제10권, 박영사(1988).

김선혜, "전세권저당권과 전세권설정자의 전세권자에 대한 상계의 우열관계", 대한변협신문 제528호(2015. 1. 26.).

김영진, "지급이 금지된 채권을 수동채권으로 하는 상계", 민사판례연구 제35권, 박영사(2013).

김재형, "2012년 민법 판례 동향", 민사재판의 제문제 제22권, 한국사법행정학회(2013).

김정민, "전세권저당권자가 물상대위로서 전세금반환채권에 대하여 압류 및 추심명령을 받은 경우, 제3채무자인 전세권설정자가 전세권이나 그 기초가 된 임대차계약과 무관한 자동채권으로 상계할 수 있는지 여부", 대법원판례해설 제101호(2015).

김제완, "전세권을 목적으로 한 저당권자의 우선변제권과 상계적상", 고려법학 제76호(2015. 3.).

김창섭, "전세권에 대한 저당권의 우선변제적 효력의 인정여부", 법조 제50권 제4호(2001. 4.).

남양우, "전세권을 목적으로 한 저당권의 효력에 관하여", 실무연구자료 제7권(2006).

남효순, "전세금과 전세권의 관계", 서울대학교 법학 제49권 제3호(2008. 9.).

박순성, "전세권에 관한 판례의 동향과 전망-전세권의 담보물권성을 중심으로", 21세기 한국민사법학의 과제와 전망: 심당송상현선생화갑기념논문집(2002).

배병일, "전세권저당권", 저스티스 통권 제139호(2013. 12.).

양창수, "전세권", 고시계 제37권 제3호(1992. 3.).

_____, "채권압류에서 제3채무자가 채무자에 대한 반대채권에 기한 상계로서 압류채권자에게 대항할 수 있는 범위", 고시연구 제27권 제11호(2000. 11.).

오경미, "채권담보 목적의 전세권과 그에 관하여 설정된 저당권의 법률관계", 부산판례연구회 판례연구 제18집(2007. 2.).

_____, "채권담보전세권과 그 저당권의 법률관계", 민사재판의 제문제 제19권(2010. 6.).

오시영, "전세권의 용익물권성과 담보물권성 분리에 따른 입법론적 고찰", 민사법학 제48호(2010. 3.).

이미선, "전세권저당권자의 지위와 관련된 쟁점에 관한 검토", 대전지방변호
　　사회지 제4호(2007. 1.).

이상주, "압류된 채권에 대한 상계의 허용요건", 자유와 책임 그리고 동행:
　　안대희 대법관 재임기념, 사법발전재단(2012).

이상태, "전세목적물의 양도와 전세금반환의무", 민사판례연구 제23권(2001).

_____, "전세권 위에 설정된 저당권의 효력", 일감법학 제7권(2002. 12.).

이상훈, "압류된 채권과 상계", 청연논총 제5집, 사법연수원(2008).

이원일, "전세권에 대하여 저당권이 설정되어 있는데 전세권이 기간만료로
　　종료된 경우, 전세금반환채권에 대한 제3자의 압류 등이 없는 한 전세
　　권설정자는 전세권자에 대하여만 전세금반환의무를 부담하는지 여부
　　및 그 저당권의 실행방법", 대법원판례해설 제33호(2000. 5.).

이재도, "전세권저당권의 효력과 실행방법", 대전지방법원 실무연구자료 제7
　　권(2006. 1.).

추신영, "전세권저당권의 실행방안", 재산법연구 제28권 제2호(2011. 8.).

홍준호, "지명채권양도에 대한 이의보류 없는 승낙의 효과와 상계항변의 단
　　절 여부", 민사판례연구 제23권, 박영사(2001).

황경웅, "전세권 저당권의 등기의 효력과 그 실행방법", 중앙법학 통권 제49
　　호(2013).

유치권의 남용에 대한 대처
— 신의칙 적용 유형화와 고려요소 분석, 그 대안으로 채권자취소권 적용 시도 —

송 영 복*

■요　지■

　　대법원 판례에 따르면 경매절차에서 유치권의 효력이 제한되는 기준이 되는 유치권 성립 시점은 '경매개시결정 기입등기 시'이고, 경매개시결정 기입등기 전에 유치권 성립되었기만 하면 그 이전에 가압류, 체납처분압류, 근저당권이 설정 또는 등기되었다 하여도 유치권의 효력은 제한되지 않는다. 그 결과 경매개시결정 기입등기 전에 성립한 유치권의 효력을 그대로 인정하는 것이 부당한 경우에는 실무상 신의칙 또는 권리남용의 법리로 대처하게 되었다. 따라서 유치권 주장을 어떠한 경우에 신의칙 또는 권리남용으로 제한할 수 있는지를 분석할 필요가 절실하다.

　　유치권 행사에 관한 신의칙 위반 주장을 판단한 법원 판결들은 다음과 같은 특징이 있다. ① 선행 권리자가 존재한다는 사정, 나아가 그 존재 사실을 알았다는 사정만으로는 신의칙 위반 주장을 받아들이기에 부족하다. ② 신의칙 위반 주장이 인용된 사건은 '유치권 주장자가 유치권의 요건을 갖추는 방법이 특별히 부당한 경우'이거나 '유치권 주장자가 유치권을 행사하지 않겠다는 신뢰를 부여한 경우'로 유형화할 수 있다. ③ 2011다84298 판결 이후에는 하급심을 중심으로 위 판결이 제시한 요건 충족 여부를 따져 신의칙 위반 주장을 판단하려는 경향이 있다.

* 대전지방법원 천안지원 판사.

　　대상판결의 판시는 "위 ③ 특징과 같이 2011다84298 판결에 기대어 신의칙 위반 주장을 만연히 받아들이지 말고, 원심이 든 사정만으로는 위 ① 특징의 '선행 권리자가 존재한다는 사정, 나아가 그 존재 사실을 알았다는 사정'에 불과하여 신의칙 위반 주장을 인용하기에 부족하므로, 위 ② 특징의 각 유형에 해당할 사정이나 다른 신의칙 위반 사유를 더 구체적으로 심리하라"는 의미이다.

　　원심으로서는 유치권의 성립 시기와 방법·경위, 유치권 주장자와 소송에서 대립되는 권리자, 선순위 권리자의 권리 설정 이후 목적물의 가격 상승액과 유치권 피담보채권액의 비교, 신의칙 위반 주장을 받아들였을 경우 유치권자의 보호, 채무자의 채무 상태 등 사정을 심리하여야 하고, 그 결과 위 ② 특징의 각 유형에 해당하거나 그에 준하는 다른 신의칙 위반 유형을 찾을 경우 신의칙 위반 주장을 받아들일 수 있다.

　　한편 당사자의 예측가능성 확보나 법관에 대한 명확한 판단기준 제시를 위하여 신의칙이나 권리남용의 법리보다는 채권자취소권으로 부당한 유치권을 통제할 필요가 있고, 적어도 대상판결과 같은 사안에는 현재의 실무와 해석상으로도 채권자취소권을 이용한 유치권 통제가 충분히 가능하리라 본다.

[주제어]
- 유치권
- 유치권의 효력
- 유치권의 대항력
- 점유 이전
- 신의칙
- 권리남용
- 채권자취소권
- 사해행위

[투고일자]   2015. 12. 1.
[심사일자]   2015. 12. 15.
[게재확정일자]   2015. 12. 30.

대상판결 : 대법원 2014. 12. 11. 선고 2014다53462 판결

[사안의 개요]

1. 피고들의 A에 대한 채권

가. A는 2003. 11. 4. 이 사건 토지를 매수한 다음 그 지상에 호텔을 신축하기로 하였다. A는 2004. 4. 1.~ 2004. 11. 2. 피고 甲을 제외한 나머지 피고들(피고들은 甲을 포함하여 모두 11명)과 호텔 신축을 위한 공사계약을 각 피고별로 체결하였고(이를테면, 피고 乙은 객실관리와 키 보안공사, 피고 丙은 소방설비공사, 피고 丁은 토목 및 아스콘 포장공사 등), 피고 甲과는 커튼, 이불, 베개, 침대 커버 등 물품을 공급받기로 하는 물품공급계약을 체결하였다.

나. 피고 甲을 제외한 나머지 피고들은 2004. 4.경~2005. 2.경 각 해당 공사를 모두 완료하였고, 피고 甲은 A에게 52,240,000원 상당 물품을 공급하였다. 그런데 A는 2006. 11.경까지도 피고들에 대한 위 각 공사대금 채무 또는 물품대금 채무를 일부씩만 지급하거나 아예 전부를 지급하지 못하였다. 당시 미지급 공사대금 채무 또는 물품대금 채무의 합계는 11억 8,174만 원 정도였다.

2. 피고들의 건물 점유와 권리 행사

가. A는 2005. 2. 1. 이 사건 토지 지상에 신축된 호텔 건물(이 사건 건물)에 관하여 소유권보존등기를 마쳤고, 그때부터 이 사건 건물에서 호텔영업을 하였다. 그런데 2006. 11.경 이 사건 토지와 건물에 대한 경매가 진행될 것이라는 소문이 나돌았고, 이에 피고들은 2006. 11. 18. 회의를 개최하여 A로부터 이 사건 토지와 건물을 인도받아 점유함으로써 유치권을 행사하기로 하고, 그 유치권 행사를 피고 乙의 대표이사 B에게 위임하기로 결의하였다.

나. B는 그 무렵 A로부터 이 사건 토지와 건물을 인도받아 이 사건 건물 벽면에 "이 건물은 공사업체가 유치 점유 중입니다"라고 기재된 현수막을, 6층 출입문에 "본 건물은 유치(점유)위원회가 유치(점유)한 건물입니다"라고 기재된 표지판을 각 부착하였다. 또한 B는 2006. 11. 30. C에게 이 사건 토지와 건물을 임대하였고, 이에 따라 C가 그 무렵부터 이 사건 건물에서 호텔

영업을 하고 있다.

다. 피고들은 A를 상대로 미지급 공사대금 및 물품대금 합계 11억 8,174만 원의 지급을 구하는 소를 제기하여, 2007. 11. 2. 전부승소판결을 받았고, 위 판결은 그 무렵 확정되었다.

3. 이 사건 토지와 건물에 대한 임의경매절차 진행

가. 원고는 2005. 9. 22. A에게 19억 원을 대여하였고(이 사건 대여), 그 담보로 같은 날 이 사건 토지와 건물에 관하여 채권최고액 24억 7,000만 원, 채무자 A의 각 근저당권설정등기를 마쳤다.

나. 충주시는 체납처분으로 2005. 9. 23. 이 사건 건물을, 2005. 12. 29.과 2006. 10. 20. 이 사건 토지를 각 압류하였다. 또한 이 사건 건물에 관하여 2005. 10. 20. 채권자 D의 가압류기입등기가, 2005. 12. 9. 채권자 E의 가압류기입등기가, 2006. 6. 9. 채권자 F의 가압류기입등기가, 2006. 6. 27. 채권자 G의 가압류기입등기가 각 마쳐졌고, 이 사건 토지에 관하여 2006. 6. 2. 채권자 국민건강보험공단의 압류등기가 마쳐졌다.

다. 한편, A는 2006. 4.경부터 이 사건 대여금 이자를 연체하였다. 이에 원고는 그 무렵부터 여러 차례 이 사건 토지와 건물에 대한 임의경매를 신청할지를 검토하였으나, 이 사건 토지와 건물을 매각하여 이 사건 대여금을 변제하겠다는 취지의 A의 요청을 받아들여 임의경매신청을 보류하였다.

라. 그러나 이 사건 토지와 건물은 매각되지 않았고, 원고는 2006. 11. 9. A에게 '이 사건 대여금을 2006. 11. 15.까지 변제하지 않으면 이 사건 토지와 건물에 대한 임의경매를 신청하겠다'는 취지의 경매실행예정통지문을 보냈다. 또한 원고는 2006. 12. 21. 이 사건 토지와 건물에 관한 임의경매를 신청하여 2006. 12. 22. 임의경매개시결정을 받았고, 2006. 12. 26. 이 사건 토지와 건물에 관하여 그 기입등기가 마쳐졌다.

마. 2008. 2. 12. 이 사건 토지와 건물에 대한 현황조사가 이루어졌는데, 당시 피고들은 C를 통하여 이 사건 토지와 건물을 점유하면서 유치권을 행사하고 있다고 주장하였다.

[사실관계 정리]

사안의 개요상 주요 사항을 발생일 순으로 정리하면 아래 그림과 같다.

[원고의 주장] : 원고의 청구는 피고들에 대한 유치권부존재확인청구

1. 피고들은 A에 대한 채권이 없거나, 이 사건 토지와 건물을 점유하고 있지 않다. 설령 그렇지 않더라도, 피고들은 불법으로 이 사건 토지와 건물을 점유하였다(제1주장).

2. 피고들의 점유 이전에 이 사건 토지와 건물에 관하여 체납처분절차에 의한 압류등기 및 다른 채권자들의 가압류기입등기가 마쳐졌으므로, 피고들의 점유는 체납처분압류 또는 가압류의 처분금지효에 저촉된다(제2주장).

3. 피고들의 이 사건 토지와 건물 점유 경위, 당시 A의 재산상태 등 제반 사정에 비추어 볼 때, 피고들이 이 사건 토지와 건물에 관하여 유치권을 주장하는 것은 신의칙상 허용되지 않는다(제3주장).

4. 피고 甲의 경우 그 채권은 이 사건 토지와 건물에 관하여 생긴 것이 아니어서 유치권이 성립하지 않는다(제4주장).

[법원의 판단]

1. 1심(청주지방법원 충주지원 2008. 10. 31. 선고 2008가합238 판결)─ 원고 승소

가. 피고들은 실제로 A에 대한 공사대금채권을 보유하고 있고, 적법하게 A로부터 이 사건 토지와 건물의 점유를 넘겨받았다(제1주장 배척).

나. 피고들은 충주시의 체납처분압류 이후에 이 사건 토지와 건물 점유

를 취득하였으므로 유치권으로 경매절차의 매수인에게 대항할 수 없고, 근저
당권자인 원고에게도 유치권을 주장할 수 없다(제2주장 인용).

다. 피고 甲의 경우 그 채권은 이 사건 토지와 건물 자체로부터 발생하
였다거나 동일한 법률관계나 사실관계로부터 발생한 경우에 해당된다고 보기
어려우므로, 유치권이 성립하지 않는다(제4주장 인용).

2. 원심(대전고등법원 2009. 7. 14. 선고 [청주]2008나642 판결)-항소 기각

제1주장, 제2주장에 관하여서만 판단하였고, 그 판단 결과는 1심과 동
일하다.

다만 제2주장에 관하여 다음과 같이 설시하였다. '채무자 소유의 부동산
에 압류등기가 기입되어 압류의 효력이 발생한 이후에 채권자가 채무자로부
터 위 부동산의 점유를 이전받아 유치권을 취득한 경우, 이러한 점유의 이전
은 목적물의 교환가치를 감소시킬 우려가 있는 처분행위에 해당하여 민사집
행법 제92조 제1항, 제83조 제4항에 따른 압류의 처분금지효에 저촉되므로,
위와 같은 경위로 부동산을 점유한 채권자로서는 위 유치권을 내세워 그 부
동산에 관한 경매절차의 매수인에게 대항할 수 없다 할 것이고(대법원 2006.
8. 25. 선고 2006다22050 판결), 위와 같은 법리는 압류와 동일한 처분금지효
를 갖는 가압류등기 또는 체납처분에 기한 압류등기가 기입되어 그 효력이
발생한 이후에 채권자가 유치권을 취득한 경우에도 마찬가지이다. 피고들이
A로부터 이 사건 토지와 건물을 인도받아 점유하기 전에 이미 충주시의 체
납처분으로서의 압류등기, 채권자 D, E, F, G의 가압류기입등기 또는 채권자
국민건강보험공단의 압류등기가 마쳐졌으므로, 피고들은 유치권을 내세워 이
사건 부동산에 관한 경매절차의 매수인에게 대항할 수 없다.'

3. 상고심(대법원 2014. 3. 20. 선고 2009다60336 전원합의체 판결) :
   제2주장에 관하여만 판단함
   [다수의견]-파기 환송

가. 체납처분압류가 되어 있는 부동산이라고 하더라도 그러한 사정만으
로 경매절차가 개시되어 경매개시결정등기가 되기 전에 그 부동산에 관하여
민사유치권을 취득한 유치권자가 경매절차의 매수인에게 그 유치권을 행사할
수 없다고 볼 것은 아니다.

나. 피고들은 이 사건 건물에 관하여 경매절차가 개시되어 경매개시결정등기가 마쳐지기 전에 이 사건 건물에 관한 유치권을 취득하였다는 것이므로, 만약 피고들이 민사유치권자로 인정된다면 앞서 본 법리에 비추어 볼 때 피고들이 유치권을 취득하기 전에 이 사건 건물에 가압류등기나 체납처분압류등기가 되어 있었다고 하더라도 그러한 사정만으로 이 사건 경매절차의 매수인에게 유치권을 행사할 수 없는 것은 아니다.

[반대의견]-상고 기각

가. 국세징수법에 의한 체납처분절차는 압류로써 개시되고, 체납처분에 의한 부동산 압류의 효력은 민사집행절차에서 경매개시결정의 기입등기로 인한 부동산 압류의 효력과 같으므로, 조세체납자 소유의 부동산에 체납처분압류등기가 마쳐져 압류의 효력이 발생한 후에 조세체납자가 제3자에게 그 부동산의 점유를 이전하여 유치권을 취득하게 하는 행위는 체납처분압류권자가 체납처분압류에 의하여 파악한 목적물의 교환가치를 감소시킬 우려가 있는 처분행위에 해당하여 체납처분압류의 처분금지효에 저촉되므로 그 유치권으로써 공매절차의 매수인에게 대항할 수 없다.

나아가 체납처분에 의한 부동산 압류 후 그 부동산에 관하여 개시된 경매절차에서 그 부동산이 매각되는 경우에 (중략) 체납처분압류의 효력이 발생한 후에 채무자로부터 점유를 이전받아 유치권을 취득한 사람은 그 유치권으로써 경매절차의 매수인에게 대항할 수 없다고 보아야 한다.

나. 이 사건에서 원심이 피고들이 이 사건 건물의 점유를 이전받아 유치권을 취득하기 전에 이 사건 건물에 가압류등기가 되어 있었다는 이유로 피고들이 유치권을 주장하여 경매절차의 매수인에게 대항할 수 없다고 판단한 것의 당부는 별론으로 하더라도, 피고들이 유치권을 취득하기 전에 이 사건 건물에 체납처분압류등기가 있었으므로 피고들이 유치권을 내세워 경매절차의 매수인에게 대항할 수 없다고 판단한 것은 결과적으로 정당하고, 원심의 판단에 판결에 영향을 미친 잘못이 없다.

4. 환송 후 원심(대전고등법원 2014. 7. 8. 선고 [청주]2014나667 판결)-**항소 기각**

가. 피고들은 A에 대한 공사대금 채권자 또는 물품대금 채권자로서 A로

부터 이 사건 토지와 건물을 인도받아 점유하고 있다(제1주장 배척).

나. 피고들이 이 사건 토지와 건물을 점유하기 전에 이미 이 사건 토지와 건물에 관하여 체납처분절차에 의한 압류등기 또는 가압류기입등기가 마쳐졌다 하더라도, 체납처분절차에 의한 압류등기 또는 가압류기입등기는 경매개시결정 기입등기와는 달리 유치권의 행사를 제한하는 법률효과를 발생시키지 않는다(제2주장 배척).

다. 채무자가 채무초과의 상태에 이미 빠졌거나 그러한 상태가 임박함으로써 채권자가 원래라면 자기 채권의 충분한 만족을 얻을 가능성이 현저히 낮아진 상태에서 이미 채무자 소유의 목적물에 저당권 기타 담보물권이 설정되어 있어서 유치권의 성립에 의하여 저당권자 등이 그 채권 만족 상의 불이익을 입을 것을 잘 알면서 자기 채권의 우선적 만족을 위하여 위와 같이 취약한 재정적 지위에 있는 채무자와의 사이에 의도적으로 유치권의 성립요건을 충족하는 내용의 거래를 일으키고 그에 기하여 목적물을 점유하게 됨으로써 유치권이 성립하였다면, 유치권자가 그 유치권을 저당권자 등에 대하여 주장하는 것은 다른 특별한 사정이 없는 한 신의칙에 반하는 권리행사 또는 권리남용으로서 허용되지 아니한다(대법원 2011. 12. 22. 선고 2011다84298 판결 등 참조).

피고들이 이 사건 토지와 건물에 대한 점유를 취득하게 된 경위, 그 무렵 A의 재산상태, 피고들과 A의 관계, 원고가 이 사건 토지와 건물에 대한 임의경매를 신청하기까지의 경과 등 제반 사정을 종합하여 보면, 피고들은 근저당권자인 원고의 신청에 의하여 이 사건 토지와 건물에 대한 임의경매절차가 곧 개시되리라는 점을 충분히 인식하면서 A로부터 이 사건 토지와 건물을 인도받았다고 보이므로, 피고들이 이 사건 경매절차에서 이 사건 토지와 건물에 관한 유치권을 주장하는 것은 신의칙상 허용되지 않는다고 보아야 한다(제3주장 인용).

라. 피고 甲은 상사유치권자에 불과하고, 상사유치권자는 선행저당권자 또는 선행저당권에 기한 임의경매절차에서 부동산을 취득한 매수인에 대한 관계에서는 상사유치권으로 대항할 수 없다(제4주장 인용).

5. 환송 후 상고심(대상판결) : 제3, 4주장에 관해서만 판단함-피고 甲을 제외한 나머지 피고들에 대한 부분을 파기 환송

가. 유치권제도와 관련하여서는 거래당사자가 유치권을 자신의 이익을

위하여 고의적으로 작출함으로써 유치권의 최우선순위 담보권으로서의 지위를 부당하게 이용하고 전체 담보권질서에 관한 법의 구상을 왜곡할 위험이 내재한다. 따라서 개별 사안의 구체적인 사정을 종합적으로 고려할 때 신의성실의 원칙에 반한다고 평가되는 유치권제도 남용의 유치권 행사는 허용될 수 없다(대법원 2011. 12. 22. 선고 2011다84298 판결 참조).

　나. 목적물에 관하여 채권이 발생하였으나 채권자가 목적물에 관한 점유를 취득하기 전에 그에 관하여 저당권 등 담보물권이 설정되고 이후에 채권자가 목적물에 관한 점유를 취득한 경우 채권자는 다른 사정이 없는 한 그와 같이 취득한 민사유치권을 저당권자 등에게 주장할 수 있는 것이므로(대법원 1965. 3. 30. 선고 64다1977 판결, 대법원 2009. 1. 15. 선고 2008다70763 판결 참조), 원심이 든 사정만으로 위 피고들의 유치권 행사가 신의칙에 반하여 유치권제도를 남용한 것이라고 속단하기는 어렵다. 그리고 원심이 원용한 앞의 2011다84298 판결의 사안에서는 후순위 근저당권자가 상사유치권의 성립요건을 충족하는 내용의 거래를 일으킨 후 그에 기하여 근저당부동산에 대한 유치권을 취득하고 이를 선순위 근저당권자에게 주장함으로써 고의적으로 유치권을 작출하여 그 지위를 부당하게 이용하였다고 평가할 수 있는 사정이 있다.

　그런데도 원심은 신의칙 위반을 인정할 수 있는 사유를 좀 더 구체적으로 심리하지 않은 채 오로지 위와 같은 사정만을 들어 곧바로 피고 甲을 제외한 나머지 피고들의 유치권 행사가 신의칙 위반에 해당한다고 판단하였다. 이와 같은 원심판결에는 민사유치권 행사와 관련한 신의칙 위반에 관한 법리를 오해하거나 필요한 심리를 다하지 않음으로써 판결에 영향을 미친 위법이 있다.

　다. 원심이 '피고 甲은 상사유치권자로서 선행저당권자인 원고에게 이 사건 토지와 건물에 관한 유치권을 주장할 수 없다'고 판단한 부분에 대하여 위 피고는 아무런 상고이유를 주장하지 않았고, 위 판단 자체에 별다른 잘못이 있다고 보이지도 않으므로, 결국 위 피고에 대한 원심의 결론은 다른 점을 더 살펴볼 필요 없이 정당하다.

[법원의 판단 정리]

원고의 주장에 대한 각 심급별 법원의 판단을 정리하면 아래 표와 같다.

구 분	제1주장 (불법 점유 취득 주장)	제2주장 (체납처분압류와 가압류의 처분금지효 저촉 주장)	제3주장 (신의칙 위반 주장)	제4주장 (견련관계 또는 상사유치권 주장)
1심	배척	인용	판단 ×	인용
원심	배척	인용	판단 ×	판단 ×
상고심	판단 ×	배척	판단 ×	판단 ×
환송 후 원심	배척	배척	인용	인용
환송 후 상고심	판단 ×	판단 ×	추가 심리 요구 (원심 설시 사정은 부족)	인용

〔研　　究〕

Ⅰ. 서　　론

대상판결의 사안은 마치 연습사례로 만들어 놓은 것처럼 선순위 권리자가 존재하는 부동산에 관하여 성립한 유치권의 효력을 어떻게 볼 것인가에 관한 논점을 대부분 담고 있다. 유치권은 부동산물권이지만 등기가 아닌 점유로 공시되고, 대세적인 인도거절권능을 가지며, 경매절차의 매수인에게 인수된다는 특성 때문에, 경매절차에서 유치권이 갖는 사실상의 최우선변제권을 누리려는 부당한 시도가 계속 있었다.

대법원은 이러한 부당한 시도에 대처하여 유치권의 효력(대항력) 제한에 관한 일련의 법리를 발전시켜 왔다. 대상판결의 원래 상고심(2009다60336 전원합의체 판결)은 '체납처분압류 후에 성립한 유치권의 효력'이라는 쟁점을 매개로 그와 같이 형성되어 온 법리의 실질적인 근거를 밝힌 매우 의미 있는 판결이다. 그러므로 유치권의 효력(대항력) 제한에 관한 일련의 법리와 대상판결의 원래 상고심에 관하여 많은 논문과 평석[1]이 나와 있는 것은 어찌 보면 당연한 결과이다.

이 글에서는 많은 논문과 평석이 집중된 위 논점에서 다소 비켜나, 제3주장(신의칙 위반 주장)에 초점을 맞추고자 한다. 신의칙 위반 주장에 관한 논의가 필요하다고 생각하게 된 계기는 2009다60336 전원합의체 판결의 환송 후 상고심 판결(대상판결)에서 '2011다84298 판결의 사안에는 특수한 사정이 있고, 원심이 든 사정만으로 피고들의 유치권 행사가 신의칙에 반하여 유치권제도를 남용한 것이라고 속단하기는 어려우므로, 신의칙 위반을 인정할 수 있는 사유를 더 심리하라'는 취지의 판시를 보고, 다음과 같은 의문이 들었기 때문이다. 즉, ① 과연 2011다84298 판결과 대상판결의 사정에 다른 점은 무엇인가, ② 원심으로서는 어떠한 사정을 더 심리하여야 할까, ③ 어떠한 사정이 있는 경우에 신의칙 위반 주장을 받아들일 수 있을 것인가 하는 점이다. 아울러 유치권의 효력(대항력) 제한 법리나 대상판결의 원래 상고심에 관한 여러 판례평석 또는 논문에서, 대법원이 그간 들었던 법리적 근거인 "압류의 처분금지효" 대신 "신의칙 또는 권리남용"을 대안으로 제시하는 것을 보고,[2] 재판 실무에서 신의칙에 반하거나 권리남용으로 인정된 유치권 행사를 유형화하고 신의칙 위반 주장을 판단함에 고려될 요소를 정리하는 것이 반드시 필요하다고 생각하게 되었다.

이 글에서는 다음과 같이 논의를 전개한다. 우선 신의칙에 반하거나 권리남용으로 인정되는 유치권 행사를 논하기 위한 전제로서 부동산 유

---

1) 대상판결의 원래 상고심에 관한 판례평석 또는 논문은 대표적으로 이계정, 체납처분압류와 유치권의 효력, 서울대학교 법학 제56권 제1호, 서울대학교 법학연구소(2015), 211면 이하; 김기수, 체납처분압류 후 경매개시 전에 취득한 유치권의 대항력, 재판과 판례 제23집, 대구판례연구회(2015), 133면 이하; 배동한, 체납처분압류 후 성립한 유치권의 효력, 판례연구 제26집, 부산판례연구회(2015), 371면 이하 등이 있다.

2) 아래 각주 20 내지 23 참조.

치권의 효력 제한에 관한 대법원 판례 흐름을 살펴본다. 이를 통하여 신의칙 위반 주장이 과연 어떠한 국면에서 가장 필요한 것인가, 어떠한 이해관계 속에서 주요하게 기능할 것인가를 가늠해 볼 수 있을 것이다(Ⅱ). 그 후 실제로 신의칙·권리남용으로 유치권 주장을 제한한 법원 판결의 흐름을 논함으로써 신의칙에 반하거나 권리남용으로 인정된 유치권 행사의 사례를 유형화해 볼 수 있을 것이다(Ⅲ). 이를 바탕으로 대상판결의 원심 입장에서 어떠한 사정을 더 심리하여야 하는지, 즉 신의칙 위반 주장을 판단함에 고려하여야 할 요소를 분석하여 본다(Ⅳ). 나아가 신의칙과 권리남용 같은 일반조항이 아닌 구체적인 법리로서 부당한 유치권 행사에 대처하는 시도로 채권자취소권 법리의 도입을 논하여 본다(Ⅴ).

Ⅱ. 부동산 유치권의 효력 제한에 관한 대법원 판례 흐름

1. '압류(경매개시결정)-유치권'의 경우

가. 유치권이 성립되었음을 전제로 유치권의 효력을 제한('유치권으로 경매절차의 매수인에게 대항할 수 없다'는 제한)하는 판시가 처음 등장한 것은 대법원 2005. 8. 19. 선고 2005다22688 판결이다. 위 사건의 사실관계는 '공사대금 채권 발생 → 경매개시결정(등기) → 공사업자인 피고에게 점유 이전'인데, 경매절차의 매수인인 원고가 피고를 상대로 인도소송을 제기하였다. 이에 관하여 대법원은 다음과 같이 판시하였다.

> 채무자 소유의 건물 등 부동산에 강제경매개시결정의 기입등기가 경료되어 압류의 효력이 발생한 이후에 채무자가 위 부동산에 관한 공사대금 채권자에게 그 점유를 이전함으로써 그로 하여금 유치권을 취득하게 한 경우, 그와 같은 점유의 이전은 목적물의 교환가치를 감소시킬 우려가 있는 처분행위에 해당하여 민사집행법 제92조 제1항, 제83조 제4항에 따른 압류의 처분금지효에 저촉되므로 점유자로서는 위 유치권을 내세워 그 부동산에 관한 경매절차의 매수인에게 대항할 수 없다 할 것이다.

나. 위 판례 법리는 '경매개시결정(등기) → 공사업자인 피고에게 점유 이전 → 공사대금 채권 발생' 사안에도 그대로 적용되고, 나아가 이러한 결론은 유치권을 주장자의 선의·무과실 여부와 무관하다는 취지의 판시(대법원 2006. 8. 25.
선고 2006다22050 판결)로 이어진다.

> 채무자 소유의 부동산에 경매개시결정의 기입등기가 경료되어 압류의 효력이 발생한 이후에 채권자가 채무자로부터 위 부동산의 점유를 이전받고 이에 관한 공사 등을 시행함으로써 채무자에 대한 공사대금채권 및 이를 피담보채권으로 한 유치권을 취득한 경우, 이러한 점유의 이전은 목적물의 교환가치를 감소시킬 우려가 있는 처분행위에 해당하여 민사집행법 제92조 제1항, 제83조 제4항에 따른 압류의 처분금지효에 저촉되므로, 위와 같은 경위로 부동산을 점유한 채권자로서는 위 유치권을 내세워 그 부동산에 관한 경매절차의 매수인에게 대항할 수 없고(대법원 2005. 8. 19. 선고 2005다22688 판결 참조), 이 경우 위 부동산에 경매개시결정의 기입등기가 경료되어 있음을 채권자가 알았는지 여부 또는 이를 알지 못한 것에 관하여 과실이 있는지 여부 등은 채권자가 그 유치권을 경락인에게 대항할 수 없다는 결론에 아무런 영향을 미치지 못한다고 하겠다.

다. 위 두 사안은 모두 경매개시결정의 기입등기가 이루어진 후 유치권을 주장하는 사람이 점유를 이전받은 것으로, 그 '점유 이전'을 처분금지효에 저촉된다고 본 것이다. 그러면 '점유는 경매개시결정 전에 이루어졌지만, 유치권의 피담보채권은 경매개시결정 이후에 성립(변제기에 도달)한 경우'는 처분금지효에 저촉되는 처분행위를 무엇으로 보아야 하고, 이러한 경우에는 어떻게 판단할 것인가. 결론적으로 대법원은 그러한 사안에도 유치권으로 경매절차 매수인에게 대항할 수 없다고 판시하였다(대법원 2011. 10. 13.
선고 2011다55214 판결). 다만 아래에서 보는 바와 같이 "압류의 처분금지효에 저촉된다"는 표현은 생략되어 있다.

> 유치권은 그 목적물에 관하여 생긴 채권이 변제기에 있는 경우에 비로
> 소 성립하고(민법 제320조), 한편 채무자 소유의 부동산에 경매개시결정의
> 기입등기가 마쳐져 압류의 효력이 발생한 후에 유치권을 취득한 경우에는
> 그로써 그 부동산에 관한 경매절차의 매수인에게 대항할 수 없는바(대법원
> 2009. 1. 15. 선고 2008다70763 판결 등 참조), 채무자 소유의 건물에 관하
> 여 증·개축 등 공사를 도급받은 수급인이 경매개시결정의 기입등기가 마
> 쳐지기 전에 채무자로부터 그 건물의 점유를 이전받았다 하더라도 경매개
> 시결정의 기입등기가 마쳐져 압류의 효력이 발생한 후에 공사를 완공하여
> 공사대금채권을 취득함으로써 그때 비로소 유치권이 성립한 경우에는, 수
> 급인은 그 유치권을 내세워 경매절차의 매수인에게 대항할 수 없는 것이다.

라. 위와 같은 판시 흐름에서 '경매개시결정'은 강제경매개시결정이
든 임의경매개시결정이든 구분하지 않고 동일하게 적용된다. 위 2005다
22688 판결은 강제경매개시결정이 이루어진 사안에 관한 것이었는데, 그
에 뒤이은 2006다22050 판결은 임의경매개시결정이 있었던 사안에 관한
것이었음에도 위 2005다22688 판결의 판시를 그대로 가져오면서 다만
"강제경매개시결정"이라는 판시에서 "강제"라는 글자만을 생략하였을 뿐
이다.

2. '저당권-유치권'의 경우

위와 같이 유치권의 효력을 경매절차에서 제한하는 판시가 등장한
이후 비록 압류 효력 발생(경매개시결정 기입등기) 전이지만 저당권 등 담
보물권 설정 이후에 유치권이 성립한 경우에도 유치권은 경매절차의 매
수인 또는 담보물권자에게 대항할 수 없다고 보아야 하는가를 둘러싸고
논의가 활발하게 진행되었다. 학계에서는 유치권은 저당권 등 담보물권
에 우선하므로 대항할 수 있다는 견해,3) 저당권 설정 후에 성립한 유치

---

3) 김원수, 압류(가압류)의 효력이 발생한 이후에 유치권을 취득한 자가 매수인(경
   락인)에게 대항할 수 있는지 여부, 판례연구 제18집, 부산판례연구회(2007),
   694-696면; 박정기, 압류의 처분금지효에 저촉하여 취득한 유치권으로 경매절차의

권으로 저당권자에게 대항할 수 없다는 견해,[4] 저당권이 설정된 부동산임을 알면서도 그 점유를 취득하거나, 저당권이 설정된 부동산의 점유를 취득한 뒤 저당권이 설정되어 있는 사실을 알면서도 당해 부동산에 필요비나 유익비를 지출한 경우에는 유치권으로 대항할 수 없다는 견해[5] 등이 주장되었다.

매수인에게 대항할 수 있는지 여부, 재판실무연구 2005, 광주지방법원(2006), 26-31면. 그 근거로는 다음과 같은 것을 든다. ① 용익물권이나 다른 담보물권이 목적물의 교환가치를 증대시키지 아니하는 것과 달리, 유치권은 유치권자가 지출한 비용이 그 물건에 현존하여 그 물건의 가치를 높이고 있으므로 그 상승된 가치만큼을 유치권자에게 반환시키는 것이 공평의 원칙에도 부합하고, 저당권 설정 당시 저당권자가 파악한 교환가치에 대하여 우선권을 인정하는 것이 아니어서 유치권자를 과도하게 보호한다거나 저당권자를 해하지도 않는다. ② 저당물의 제3취득자가 필요비와 유익비를 지출한 경우에 저당물의 경매대가에서 우선변제받을 수 있다고 규정한 민법 제367조의 취지에 비추어 보더라도 유치권이 대항할 수 있다고 보아야 한다. ③ 유치권자(통상 공사업자)의 시간과 비용으로 인한 부동산의 가치증가분이 경매절차에서의 감정평가액에 반영되어 있고, 매수인은 유치권신고로 인하여 결과적으로 통상의 경매절차보다 더 저가로 매수하였다. 저당권자의 신뢰이익 못지않게 부동산에 실제로 자본을 투여한 수급업자 등 유치권자의 보호 또한 중요하다고 할 것인데, 이미 부동산에 거액의 근저당권 등이 설정되어 있어 채권보전조치를 제대로 취할 수 없었던 수급업자로서는 사실상 유치권 이외에는 투하자본을 회수할 방법이 없으므로 이러한 경우까지 유치권을 제한할 필요성은 없다.

4) 차문호, 유치권의 성립과 경매, 사법논집 제42집, 법원도서관(2006), 40-43면; 박상언, 저당권 설정 후 성립한 유치권의 효력, 민사판례연구 제32권, 박영사(2010), 385면. 그 근거로는 다음과 같은 것을 든다. ① 유치권으로 대항할 수 있다고 하면, 유치권은 담보물권이지만 우선변제권이 인정되지 아니함에도 유치권자는 사실상 최우선으로 피담보채권 전액을 변제받을 수 있어 법의 취지에 반하고, 결과적으로 선순위의 담보권자는 예기하지 않은 사정에 의하여 목적물의 우선변제권을 그보다 뒤에 생긴 유치권에 의하여 박탈당하는 지극히 불합리한 사태가 발생한다. ② 점유 이외에는 구체적인 공시방법이 없는 유치권이 나중에 성립하고, 나아가 이것에 사실상의 우선적 지위를 부여한다면 공시주의를 기초로 하는 담보법질서를 동요시킬 염려가 있다. ③ 민법이 예정한 공사수급인에 대한 보호(민법 제666조)와 비교해 균형이 맞지 아니한다.

5) 강민성, 민사집행과 유치권-이미 가압류 또는 압류가 이루어졌거나, 저당권이 설정된 부동산에 관하여 취득한 점유 또는 견련성 있는 채권으로써 경매절차에서 그 부동산을 매수한 사람을 상대로 유치권을 내세워 대항하는 것이 허용되는지 여부에 관하여-, 사법논집 제36집, 법원도서관(2003), 91-92면. 그 근거로는 이렇게 해석하지 않으면 건물의 건축주가 수급인과 통모하여 건물을 저당물로 제공하여 자금을 차용한 뒤에 위 수급인에게 건물을 점유하게 하는 등 도덕적 해이를 유발할 가능성이 크다는 점을 든다.

대법원은 '근저당권 설정 → 공사대금 채권 발생 및 점유 취득 → 경매개시결정(등기)'이 이루어진 사안에서 다음과 같이 유치권으로 근저당권에 대항할 수 있다는 취지로 판시하였다(대법원 2009. 1. 15.
선고 2008다70763 판결).

> 　부동산 경매절차에서의 매수인은 민사집행법 제91조 제5항에 따라 유치권자에게 그 유치권으로 담보하는 채권을 변제할 책임이 있는 것이 원칙이나, 채무자 소유의 건물 등 부동산에 경매개시결정의 기입등기가 경료되어 압류의 효력이 발생한 이후에 채무자가 위 부동산에 관한 공사대금 채권자에게 그 점유를 이전함으로써 그로 하여금 유치권을 취득하게한 경우, 그와 같은 점유의 이전은 목적물의 교환가치를 감소시킬 우려가 있는 처분행위에 해당하여 민사집행법 제92조 제1항, 제83조 제4항에 따른 압류의 처분금지효에 저촉되므로 점유자로서는 위 유치권을 내세워 그 부동산에 관한 경매절차의 매수인에게 대항할 수 없다(대법원 2005. 8. 19. 선고 2005다22688 판결 참조). 그러나 이러한 법리는 경매로 인한 압류의 효력이 발생하기 전에 유치권을 취득한 경우에는 적용되지 아니하고, 유치권 취득시기가 근저당권 설정 이후라거나 유치권 취득 전에 설정된 근저당권에 기하여 경매절차가 개시되었다고 하여 달리 볼 것은 아니다.

　위 판결은 위 2005다22688 판결 이래 유치권의 효력을 제한하는 법리적 근거였던 '압류의 처분금지효'가 경매개시결정 전 근저당권에는 적용되지 않는다는 단순한 판시로 보인다. 그러나 그 실질적인 근거는 민사집행법이 저당권 설정 후의 지상권·전세권 등 이른바 중간용익권이 매각으로 소멸되는 것으로 규정하고 있음에 반하여 유치권은 원칙적으로 인수된다는 규정(제91조
제3항, 제5항)을 두고 있기 때문이라고 해석된다.[6]

3. '가압류-유치권'의 경우

　위 2005다22688 판결에서는 유치권의 효력을 제한하는 법리적 근거

---

　6) 황진구, 체납처분압류가 있는 부동산에 대하여 취득한 유치권의 효력, 양승태 대법원장 재임 3년 주요 판례 평석, 사법발전재단(2015), 283면.

로 '압류의 처분금지효'를 들었다. 그런데 처분금지효는 압류뿐만 아니라 가압류에도 존재하므로(민사집행법 제291조), 이러한 법리적 근거를 일관하면 가압류 이후 성립된 유치권 역시 경매절차의 매수인에게 대항할 수 없다고 판단 하여야 할 것처럼 보인다. 그런데 대법원은 '가압류(등기) → 공사대금 채 권 발생 및 점유 취득 → 경매개시결정(등기)' 사안에서 유치권자는 가압 류권자 또는 경매절차의 매수인에게 대항할 수 있다는 취지로 판시하였 다(대법원 2011. 11. 24. 선고 2009다19246 판결). 구체적인 판시 내용은 다음과 같다.

> 부동산에 가압류등기가 경료되면 채무자가 당해 부동산에 관한 처 분행위를 하더라도 이로써 가압류채권자에게 대항할 수 없게 되는바, 여기서 처분행위라 함은 당해 부동산을 양도하거나 이에 대해 용익물 권, 담보물권 등을 설정하는 행위를 말하고 특별한 사정이 없는 한 점 유의 이전과 같은 사실행위는 이에 해당하지 않는다.
>
> 다만 부동산에 경매개시결정의 기입등기가 경료되어 압류의 효력이 발생한 후에 채무자가 제3자에게 당해 부동산의 점유를 이전함으로써 그 로 하여금 유치권을 취득하게 하는 경우 그와 같은 점유의 이전은 처분 행위에 해당한다는 것이 당원의 판례이나(대법원 2005. 8. 19. 선고 2005 다22688 판결, 대법원 2006. 8. 25. 선고 2006다22050 판결 참조), 이는 어디까지나 경매개시결정의 기입등기가 경료되어 압류의 효력이 발생한 후에 채무자가 당해 부동산의 점유를 이전함으로써 제3자가 취득한 유치 권으로 압류채권자에게 대항할 수 있다고 한다면 경매절차에서의 매수인 이 매수가격 결정의 기초로 삼은 현황조사보고서나 매각물건명세서 등에 서 드러나지 않는 유치권의 부담을 그대로 인수하게 되어 경매절차의 공 정성과 신뢰를 현저히 훼손하게 될 뿐만 아니라, 유치권신고 등을 통해 매수신청인이 위와 같은 유치권의 존재를 알게 되는 경우에는 매수가격 의 즉각적인 하락이 초래되어 책임재산을 신속하고 적정하게 환가하여 채권자의 만족을 얻게 하려는 민사집행제도의 운영에 심각한 지장을 줄 수 있으므로, 위와 같은 상황 하에서는 채무자의 제3자에 대한 점유이 전을 압류의 처분금지효에 저촉되는 처분행위로 봄이 상당하다는 취지 이다.

> 따라서 이와 달리 부동산에 가압류등기가 경료되어 있을 뿐 현실적인 매각절차가 이루어지지 않고 있는 상황 하에서는 채무자의 점유이전으로 인하여 제3자가 유치권을 취득하게 된다고 하더라도 이를 처분행위로 볼 수는 없다.

위 판결은 압류와 가압류의 '처분금지효'는 그대로 둔 채 처분금지효에 반하는 '처분행위'의 개념을 달리 설정하여 위 2005다22688 판결과의 모순·저촉을 피해 나갔다. 즉, 점유 이전 당시에 매각절차가 현실적으로 진행되고 있었는지에 따라 매각절차가 진행되고 있었던 경우(압류 후)에는 채무자의 점유 이전을 처분행위로 보고 그렇지 않았던 경우(가압류 후, 압류 전)에는 처분행위로 보지 않는 것이다.[7]

4. '체납처분압류-유치권'의 경우

그렇다면 역시 처분금지효를 가지는 체납처분압류 이후에 취득한 유치권의 효력은 어떻게 보아야 할 것인가. 바로 대상판결의 원래 상고심 (대법원 2014. 3. 20. 선고 2009다60336 전원합의체 판결)이 그 쟁점을 판단하였다. 전원합의체로 진행된 위 판결에서 체납처분압류 이후에 유치권을 취득한 사람이 경매절차의 매수인에게 유치권으로 대항할 수 있는지에 관하여 다수의견은 긍정의 결론을, 반대의견은 부정의 결론을 각각 지지하였다.

다수의견은 다음과 같은 논리의 궤적을 따른다.[8] ① 민법상 유치권은 그 목적부동산에 이미 저당권과 같은 담보물권이 설정되어 있는지에 관계없이 성립하는 담보물권이고, 민사집행법 제91조 제5항이 정하고 있는 바와 같이 원칙적으로 경매절차의 매수인은 유치권의 부담을 인수한다. ② 그러나 이미 경매절차가 개시된 상태에서 유치권을 취득한 경우에도 아무런 제한 없이 경매절차의 매수인에게 유치권을 행사할 수 있다

---

7) 하상혁, 가압류 후에 성립한 유치권으로 가압류채권자에게 대항할 수 있는지 가부, 특별법연구 제10권-전수안대법관 퇴임기념, 사법발전재단(2012), 1002면.
8) 다수의견과 반대의견 논리 요약은 황진구(주 6), 285-287면을 참조하였다.

고 한다면, 경매절차의 매수인은 유치권의 존재와 범위를 예상할 수 없어 매우 불안할 수밖에 없고, 이는 집행절차에 대한 신뢰를 근본적으로 훼손하고 적정한 가격에 의한 매각절차의 안정적 운용을 불가능하게 할 것이다. ③ 민사집행제도로서 민사집행법이 설계한 부동산 경매절차와 민법이 인정하는 유치권 제도가 충돌하는 영역이라고 할 수 있으므로, 유치권에 관하여 합목적적 해석을 통하여 입법자가 예정한 제도의 취지를 될 수 있는 한 손상하지 않으면서 그 제도의 폐해를 제거하는 데 필요한 범위 내에서 그 효력을 제한할 필요가 있다. ④ 이처럼 유치권의 효력을 제한하는 취지는 매각절차인 경매절차의 법적 안정성을 보장하기 위한 것이므로, 매각이 이루어지는 경매절차의 개시와 직접 관계가 없는 저당권이나 가압류등기 후에 유치권을 취득하였다는 사정은 경매절차의 매수인에 대하여 유치권을 행사하는 데 아무런 영향을 미치지 않는다. ⑤ 경매절차의 목적부동산에 체납처분압류가 되어 있는지는 현재 매각이 진행 중인 경매절차와는 아무 관계가 없으므로 경매절차의 매수인에게 유치권을 행사할 수 있는지를 정하는 데 고려할 요소가 아니다.

반면 반대의견은 다음과 같은 논리를 제시한다. ① 대법원의 확립된 판례는 경매절차개시 후에 취득한 유치권으로써 경매절차의 매수인에게 대항할 수 없다고 보는 근거를 압류의 처분금지효에서 찾고 있고, 이 점을 부정할 수는 없다. ② 국세징수법에 따른 체납압류에 처분금지의 효력이 있다는 점은 의문의 여지가 없다. ③ 체납처분절차에서 체납처분압류는 경매절차에서 압류에 대응하는 것이므로 양자의 처분금지효를 달리 취급할 수 없다. ④ 다만 체납처분절차와 민사집행절차가 서로 별개의 절차이므로, 체납처분압류의 처분금지효가 경매절차에서 영향을 미치고 체납처분압류의 처분금지효에 저촉되는 유치권으로써 경매절차에 매수인에 대항할 수 없다고 보는 근거에 관한 설명이 필요하다. 두 절차가 별개임에도 불구하고 경매절차에서 부동산이 매각되었을 때 경매절차의 압류에 선행하는 체납처분압류등기를 말소하는 것의 정당성은 선행하는 체납처분압류에 의해 파악된 부동산의 교환가치가 경매절차에서도 그대로 실현될 때, 즉 그 부동산이 체납처분압류에 따른 공매절차에서 매각된 경우와 동일하게 취급해 줄 때만 확보된다는 점에 있다.

이 판결의 가치는 비단 체납처분압류 이후에 취득한 유치권의 효력을 어떻게 볼 것인가라는 결론 부분의 쟁점에 국한되는 것이 아니라 이 판결 이전에 대법원이 밝혀 왔던 유치권의 효력 제한(대항관계) 법리를 어떻게 설명해 내는가에 있다고 할 수 있다. 다수의견은 종전까지 지적하여 왔던 법리적 근거(압류의 처분금지효)를 언급하지 않고,[9] 실질적인 근거(경매절차에 대한 신뢰와 절차적 안정성, 집행절차의 법적 안정성)로써 유치권의 효력 제한(대항관계)을 다시 설명한다. 즉 원칙적으로 경매절차의 매수인이 유치권의 부담을 인수하는 것으로 규정하고 있으므로(민사집행법 제91조 제3항, 제5항) 유치권자는 누구에게나 대항할 수 있지만, 경매절차에 대한 신뢰와 절차적 안정성, 집행절차의 법적 안정성을 강하게 위협하는 경매개시결정(등기) 이후에 취득한 유치권은 그 효력을 제한한다는 것이다. 반면 반대의견은 대법원이 거듭하여 설시해 왔던 법리적 근거(압류의 처분금지효)를 유치권의 효력 제한(대항관계)에 관한 판단 기준으로 계속 사용하여야 한다는 것이다.[10]

---

9) 만약 압류의 처분금지효라는 법리적 근거를 이 부분에서도 일관하고자 하였다면, 다수의견이 생각한 정책적 결과인 '체납처분압류 이후에 유치권을 취득한 사람이 경매절차의 매수인이나 선행 근저당권자에 대항할 수 있다'는 결론 도출을 위하여 위 '가압류-유치권' 판결과 같이 처분행위의 개념을 달리 설정하는 방법도 생각해 볼 수 있다. 즉, '민사집행법상의 경매개시결정(압류) 이후 점유 이전이 아닌 이상 체납처분압류 이후 점유 이전만으로는 처분행위로 볼 수 없다'고 설시하면서 '압류의 처분금지효' 법리를 긍정한 채 처분행위 개념을 달리 설정하여 이를 비켜갈 수 있었을 것이다. 그러나 이렇게 판단하였다면, '객관적 요소로 결정되어야 할 처분행위 개념을 상황에 따라 달리 설정하는 것은 작위적이라거나 개념의 혼란을 가져온다'는 취지의 비판을 면하기 어려웠을 것이다.

10) 다수의견과 반대의견은 각각 약점이 있고, 그 약점은 서로가 자신의 의견을 지지하는(즉 상대방의 의견을 비판하는) 주요 근거로 활용된다. 반대의견이 다수의견을 비판하는 핵심은 대법원판례가 유치권의 대항력을 부인하는 근거로 '압류의 처분금지효'임을 누누이 밝혀 왔음에도 불구하고, 다수의견은 위와 같은 판례의 태도와는 달리 압류의 처분금지효는 비껴가고 대신 '집행절차의 법적 안정성'이나 '경매절차에 대한 신뢰'를 전면에 부각한다는 점이다. 나아가 반대의견은 다수의견을 일관하면 체납처분압류 후 그 부동산이 공매절차에서 매각된 경우에도 체납처분압류 후 취득한 유치권으로 공매절차의 매수인에게 대항할 수 있다고 보게 되는

5. 상사유치권의 제한

한편 앞서 본 판례들은 모두 '민사'유치권에 관한 것이고, 또한 그 유치권이 모두 '성립'되었음을 전제로 그 효력(대항력)을 제한할 것인지가 쟁점이었다. 그런데 민사유치권의 성립에는 '피담보채권이 그 물건이나 유가증권에 관하여 생긴 채권, 즉 이른바 견련관계가 인정되는 채권'이라는 요건이 있어, 그 견련관계의 해석을 통하여 아예 부당한 유치권의 성립 자체를 부정할 수 있다. 실제로 대법원은 ① 채권이 목적물 자체에 지출된 비용(필요비, 유익비 청구권),[11] ② 물건으로 인한 손해배상청구권,[12] ③ 수급인의 공사대금청구권(그 채무불이행으로 인한 손해배상청구권)[13] 정도만 견련관계를 인정하고, 매매대금채권,[14] 임대차보증금반환채권(임대차 관련 손해배상청구권)[15]에 관하여는 견련관계를 부정하고 있다.[16] 나아가 대법원은 건물신축공사 수급인은 건물이 아닌 대지에까지

데, 그렇다면 다수의견이 강조하는 '집행절차의 법적 안정성'이나 그에 대한 신뢰는 공매절차에서는 포기하는 결과가 된다고 한다. 다수의견(정확히는 다수의견에 대한 보충의견)은 반대의견에 ① 채무자의 점유 이전과 같은 사실행위는 원칙적으로 압류나 가압류의 처분금지효에 저촉되는 처분행위에 포함될 수 없지만, 집행절차의 법적 안정성 등을 고려한 합목적적 해석 또는 정책적 결단으로 '압류 이후 성립한 유치권의 효력'만을 제한하여야 한다는 점, ② 가압류 후에 취득한 유치권은 가압류의 처분금지효에는 저촉되지 않는다고 판단한 대법원 판례와의 논리적 일관성이 유지되지 않는다는 점 등으로 비판한다.

11) 대법원 2006. 1. 26. 선고 2004다69420 판결(법원으로부터 부재자의 재산관리인으로 선임되어 대지 및 건물을 점유·관리하여 오던 중 위 대지 및 건물을 과세 목적물로 하여 부과된 세금을 대신 납부하고 위 대지 및 건물에 관하여 제기된 소송에서 소송비용을 대신 지출하게 된 경우 위 세금대납으로 인한 비용상환청구권 및 위 소송비용의 상환청구권) 등.

12) 대법원 1969. 11. 25. 선고 69다1592 판결(채무자 소유 말이 채권자 밭 경작물을 먹어 손해를 끼친 경우 손해배상청구권) 등.

13) 대법원 1995. 9. 15. 선고 95다16202 판결 등.

14) 대법원 2012. 1. 12.자 2011마2380 결정(매수인에게 부동산등기를 미리 마쳐 주고 부동산을 점유하고 있는 매도인의 매매대금 잔대금 채권을 위한 민사유치권의 성립을 부정).

15) 대법원 1977. 12. 13. 선고 77다115 판결(임대차보증금반환채권), 대법원 1976. 5. 11. 선고 75다1305 판결(임대차 관련 손해배상청구권).

16) 견련관계가 인정되는 범위에 관한 자세한 고찰은 배용준, 유치권의 성립요건으

유치권을 행사할 수는 없다는 취지로 판시하여 공사 중인 건물에 대한 보수청구권과 그 대지 사이의 견련성도 부정하고 있다.[17] 따라서 유치권을 취득하여 사실상 우선변제를 받고자 하는 채권자는 물건과 채권 사이의 견련관계가 요건이 아닌 상사유치권을 주장하려는 경향이 있다. 바꾸어 말하면, 견련관계를 통하여 유치권의 성립 단계에서 부당한 유치권 주장을 통제하기 어려운 상사유치권에서 유치권의 효력(대항력)을 제한할 필요가 더 절실하게 된다.

대법원은 '수분양자가 건물의 점유 취득 → 소유자가 건물에 근저당권 설정 → 수분양자의 손해배상채권(유치권의 피담보채권) 발생 → 경매개시결정(등기)'로 진행된 사안에서 다음과 같이 상사유치권자는 선행저당권자 또는 선행저당권에 기초한 임의경매절차에서 부동산을 취득한 매수인에게 대항할 수 없다는 취지로 판시하였다(대법원 2013. 2. 28. 선고 2010다57350 판결).

> 상사유치권은 민사유치권과 달리 그 피담보채권이 '목적물에 관하여' 생긴 것일 필요는 없지만, 유치권의 대상이 되는 물건은 '채무자 소유'일 것으로 제한되어 있다(상법 제58조, 민법 제320조 제1항 참조). 이와 같이 상사유치권의 대상이 되는 목적물을 '채무자 소유의 물건'에 한정하는 취지는, 상사유치권의 경우에는 목적물과 피담보채권 사이의 견련관계가 완화됨으로써 피담보채권이 목적물에 대한 공익비용적 성질을 가지지 않아도 되므로 피담보채권이 유치권자와 채무자 사이에 발생하는 모든 상사채권으로 무한정 확장될 수 있고, 그로 인하여 이미 제3자가 목적물에 관하여 확보한 권리를 침해할 우려가 있어 상사유치권의 성립범위 또는 상사유치권으로 대항할 수 있는 범위를 제한한 것으로 볼 수 있다. 즉 상사유치권이 채무자 소유의 물건에 대해서만 성립한다는 것은, 상사유치권은 그 성립 당시 채무자가 목적물에 대하여 보유하고 있는 담보가치만을 대상으로 하는 제한물권이라는 의미를 담

로서의 견련관계 및 유치권의 불가분성, 민사판례연구 제31권, 박영사(2009), 179면 이하를 참조.
17) 대법원 2008. 5. 30.자 2007마98 결정.

고 있다 할 것이고, 따라서 유치권 성립 당시에 이미 그 목적물에 대하여 제3자가 권리자인 제한물권이 설정되어 있다면, 상사유치권은 그와 같이 제한된 채무자의 소유권에 기초하여 성립할 뿐이고, 기존의 제한물권이 확보하고 있는 담보가치를 사후적으로 침탈하지는 못한다고 보아야 한다. 그러므로 채무자 소유의 부동산에 관하여 이미 선행저당권이 설정되어 있는 상태에서 채권자의 상사유치권이 성립한 경우, 상사유치권자는 채무자 및 그 이후 그 채무자로부터 부동산을 양수하거나 제한물권을 설정받는 자에 대해서는 대항할 수 있지만, 선행저당권자 또는 선행저당권에 기한 임의경매절차에서 부동산을 취득한 매수인에 대한 관계에서는 그 상사유치권으로 대항할 수 없다.

6. 대법원 법리의 흐름 요약과 신의칙 이용한 제한 법리의 중요성

위 대법원 법리의 흐름을 정리하면 다음과 같다. ① 경매절차에서 유치권의 효력(대항력)을 제한하는 이유는 압류나 가압류, 체납처분압류가 갖는 '처분금지효'에서 당연히 도출되는 결론이 아니라 부동산이 매각되는 경매절차에 대한 신뢰와 집행절차의 법적 안정성 때문이다.[18] ② 경매절차에서 유치권의 효력이 제한되는 기준이 되는 유치권 성립 시점은 '경매개시결정 기입등기 시'이고,[19] 경매개시결정 기입등기 전에 유치권이 성립되었기만 하면 그 이전에 가압류, 체납처분압류, 근저당권이 설정 또는 등기되었다 하여도 유치권의 효력은 제한되지 않는다. ③ 상사유치권은 민사유치권과 달리 채무자가 목적물에 대하여 보유하고 있는 담보가치만을 대상으로 하는 제한물권이라는 의미를 담고 있으므로, 유치권 성립 당시 선행저당권자 또는 선행저당권에 기한 임의경매절차에서 부동산을 취득한 매수인에게는 대항할 수 없다.

---

18) 황진구, 체납처분압류가 되어 있는 부동산에 유치권을 취득한 경우 경매절차의 매수인에게 유치권을 행사할 수 있는지 여부, 사법 제29호(2014), 398-399면.

19) 이에 관하여 양진수, 민사집행법연구회 2014년 하계 심포지엄 발표문, 30-31면은 "'경매개시결정'을 기준으로 유치권과 관련된 경매절차상 이해관계는 고정된다"는 표현을 사용한다.

이처럼 경매개시결정 기입등기 이후에는 유치권이 성립되더라도 위 법리에 따라 그 효력(대항력)을 제한하면 그만이다. 그렇다면 유치권 성립 이전에 가압류, 체납처분압류, 근저당권이 있는 경우에는 해당 유치권은 무조건 가압류권자, 체납처분압류권자, 근저당권자와 경매절차의 매수인에게 대항할 수 있는 것으로 보아야 하는가. 비록 경매개시결정 기입등기 이전에 유치권이 성립되기는 하였지만, 유치권을 이용하여 선행 권리자의 이익을 부당한 방법으로 잠식하려는 시도에는 어떠한 법리로 대처할 것인가.

이 문제를 다룬 많은 문헌은 결국 신의칙 또는 권리남용으로 유치권 주장을 제한하여야 한다고 주장한다. 위 '가압류-유치권' 사건의 대법원판례해설은 '가압류채무자의 점유 이전이 처분행위에 해당하지 않는다는 견해(즉, 대법원의 견해)에 의하면 경매절차에서의 매각으로 유치권이 소멸되지 않고 유치권 부담이 매수인에게 인수된다. 다만 구체적·개별적 사안에 따라 경매절차에서의 매수인에게 유치권을 행사하는 것이 부당한 경우에는 신의칙 또는 민법 제320조 제2항의 유추적용으로 유치권의 행사를 제한할 수 있다'는 취지로 서술한다.[20] '압류의 처분금지효를 근거로 유치권의 대항력을 부정하는 것은 현행법의 해석론으로 지나친 논리적 비약으로서 찬성하기 어렵고, 사안별로 유치권이 남용·악용되는 경우에는 신의칙 위반 또는 권리남용 항변 등을 활용하여 유치권의 효력을 제한함으로써 구체적 타당성을 도모하는 것이 타당하다'는 견해도 있고,[21] '실무적으로는 유치권자와 담보권자, 압류권자 사이의 균형을 도모하기 위하여 유치권 행사가 권리남용으로 인정되는 범위를 다소간 확장하는 것을 적극적으로 검토할 필요가 있다'는 주장도 있다.[22] 나

---

20) 하상혁, 가압류 후에 성립한 유치권으로 가압류채권자에게 대항할 수 있는지 가부, 대법원판례해설 제89호, 법원도서관(2012), 71면.
21) 조효정, 부동산에 가압류등기가 경료된 후에 채무자의 점유이전으로 제3자가 유치권을 취득하는 경우, 가압류의 처분금지효에 저촉되는지 여부, 재판실무연구, 수원지방법원(2013), 220-221면.
22) 이승규, 유치권자와 경매절차에서의 매수인 사이의 대항관계, 민사판례연구 제36권, 박영사(2014), 265면.

아가 유치권의 효력(대항력)을 제한하여야 하는 근거를 유치권의 남용에서 찾으면서, 대상판결의 원래 상고심을 '압류의 처분금지효 법리'에서 '유치권 남용의 법리'로 전환하는 기점이 되는 판결이라고 평가하기도 한다.[23)]

　　대상판결의 사안 역시 원고가 많은 주장을 하였지만, 제1주장(불법점유 취득 주장), 제2주장(체납처분압류와 가압류의 처분금지효 저촉 주장)은 모두 받아들여지지 않고, 제4주장(견련관계 또는 상사유치권 주장) 사유로는 피고 甲의 대항력만을 제한할 뿐 다른 피고들의 유치권 효력은 제한하지 못한다. 결국 제3주장(신의칙 위반 주장)만이 남았다. 대법원 법리 흐름에 비추어 보아도, 아래 그림과 같이 유치권이 성립한 ⑥ 시점보다 앞선 ② 근저당권 설정은 '저당권-유치권' 판결(대법원 2009. 1. 15. 선고 2008다70763 판결)에 의하여, ③ 체납처분은 '체납처분압류-유치권' 판결(대법원 2014. 3. 20. 선고 2009다60336 전원합의체 판결)에 의하여, ④ 가압류등기는 '가압류-유치권' 판결(대법원 2011. 11. 24. 선고 2009다19246 판결)에 의하여 각 유치권의 효력(대항력)을 제한할 사유가 되지 못한다.

　　그렇다면 어떠한 상황에서 유치권을 주장하는 것이 신의칙에 반하거나 권리남용으로 허용되지 않는다고 판단하여야 할 것인가. 이를 위해서는 유치권 주장이 신의칙에 반한다는 항변에 관하여 우리 법원이 어떠한 판단을 하여 왔는지를 보면, 그 해결의 실마리를 얻을 수 있을 것이다.

---

23) 이계정(주 1), 244면.

Ⅲ. 신의칙·권리남용으로 유치권 주장 제한한 법원 판결의 흐름

1. 서   설

경매절차에서 유치권을 주장하는 것이 어떠한 경우에 어떠한 요소를 갖추면 신의칙에 위반되거나 권리남용에 해당하는지를 분석한 국내문헌은 찾을 수 없었다.[24] 그러나 재판과정에서는 당사자가 상대방의 유치권 주장이 신의칙에 위반된다거나 권리남용에 해당한다는 항변(또는 주장, 이하 이를 줄여 '신의칙 위반 주장'이라고만 한다)을 한 경우가 있고, 그에 관하여 법원은 이유를 들어 신의칙 위반 주장을 인용하거나 배척하였다. 그러한 판결례들은 재판 실무와 관련하여 '당사자가 어떠한 상황에서 신의칙 위반 주장을 하는지'와 '법원은 무슨 사실을 인정하여 신의칙 위반 주장을 인용하거나 배척하는지'를 파악할 수 있는 직접적인 자료가 되지만, 나아가 학술적으로도 '어떠한 사정이 신의칙 위반 주장을 판단하는 요소가 되어야 하는지'에 관한 논의를 전개하기 위한 중요한 기초자료가 된다.

대법원이 신의칙 위반 주장에 관하여 직접 명시적으로 이유를 설시하였거나, 신의칙 위반 주장과 판단이 포함된 하급심의 결론에 대법원이 형식적으로라도 판단(즉, 형식적인 상고기각 판결이나 심리불속행 기각 결정이라도 판단)한 판결문을 검색한 결과는 아래 표(원심 판결선고일 순으

---

24) 다만, 강민성(주 5), 78면은 '압류-유치권' 사례에서 '부동산 압류 이전부터 당해 부동산을 점유하고 있던 자라도, 당해 부동산에 관하여 압류가 이루어졌음을 알면서 당해 부동산에 관하여 필요비나 유익비를 지출한 경우에는 경매절차상의 매수인에 대한 유치권 주장을 불허하는 것이 옳다'고 주장하면서 그 근거로 민법 제320조 제2항의 유추적용을 든다. 또한 위 논문 91면은 '저당권-유치권' 사례에서 '저당권이 설정된 부동산임을 알면서도 그 점유를 취득하거나, 저당권이 설정된 부동산의 점유를 취득한 뒤 저당권이 설정되어 있는 사실을 알면서도 당해 부동산에 필요비나 유익비를 지출한 경우에는 유치권으로 대항할 수 없다'는 취지로 주장하면서 역시 그 근거로 민법 제320조 제2항의 유추적용을 든다. 민법 제320조 제2항 "전항의 규정(유치권의 성립)은 그 점유가 불법행위로 인한 경우에 적용하지 아니한다"를 '유추'적용한다는 것은 그 실질적인 근거가 신의칙 위반에 있다는 것과 다르지 않다. 그러나 위 논문 역시 신의칙 위반이라는 결과를 염두에 두고 그 결과가 적용될 사례를 탐구한 것이 아니라, 문제가 되는 사례를 먼저 설정하고 그 사례를 해결할 법리적 근거로 신의칙 위반을 든 것이다.

로 정리)와 같다. 이를 바탕으로 법원 판결의 경향을 분석한 후 신의칙
위반 주장 판단에 고려되어야 할 요소와 사정을 탐구하여 본다.

순 번	원심법원, 판결선고일, 사건번호	신의칙 위반주장 판단결과	대법원 선고일, 사건번호	대법원 판단결과	대법원 판단 중 특이사항
1	서울고법 2003. 12. 24. 2003나11105,11112 (병합)	판단 없음	2005. 8. 19. 2004다8197,2004다8203(병합)	파기환송	신의칙 위반 주장 배척 판단
2	대전고법 2004. 1. 15. 2002나5475	인용	2006. 6. 29. 2004다11971	상고기각	원심 판단에 대한 판단 유보
3	광주고법 2006. 7. 21. 2005나10219	배척	2006. 11. 10. 2006다55890	심리불속행	
4	대구고법 2006. 7. 12. 2005나8133	인용	2006. 10. 26. 2006다55814	심리불속행	
5	서울고법 2007. 1. 17. 2005나102470	인용	2009. 3. 26. 2007다10504	상고기각	원심 판단 잘못
6	광주고법(전주) 2010. 1. 15. 2008나1052	배척	2010. 4. 29. 2010다13121	심리불속행	
7	부산고법 2010. 3. 25. 2009나11631	인용	2010. 6. 24. 2010다30423	심리불속행	
8	서울고법 2010. 3. 25. 2009나111212	판단 없음	2014. 4. 10. 2010다84932	파기자판	명시적 판단
9	인천지법 2010. 9. 14. 2010라182	인용	2011. 5. 13. 2010마1544	파기환송	명시적 판단
10	부산고법 2011. 9. 20. 2011나2449	인용	2011. 12. 22. 2011다84298	상고기각	명시적 법리 설시
11	부산고법 2012. 7. 12. 2012나1344	인용	2013. 6. 28. 2012다72711	상고기각	원심 판단 정당
12	대전고법(청주) 2012. 9. 25. 2011나2266	배척	2013. 1. 24. 2012다95981	상고기각	원심 판단 정당
13	서울고법 2012. 12. 6. 2012나16690	배척	2013. 4. 26. 2013다3705	상고기각	원심 판단 정당
14	춘천지법 2012. 12. 14. 2012나420	배척	2013. 4. 25. 2013다10963	심리불속행	
15	부산고법(창원) 2013. 10. 24. 2013나20000	인용	2014. 2. 13. 2013다216358	심리불속행	

(계속)

16	광주고법(전주) 2014. 2. 6. 2013나138	인용	2014. 6. 12. 2014다21588	심리불속행	
17	대전지법 2014. 4. 10. 2013나15263	인용	2014. 7. 24. 2014다31011	심리불속행	
18	대전고법(청주) 2014. 7. 8. 2013나1045	인용	2014. 11. 13. 2014다55512	심리불속행	
19	대전고법(청주) 2014. 7. 8. 2013나1052	인용	2014. 11. 13. 2014다55499	심리불속행	
20	서울고법 2014. 7. 23. 2013나76880	배척	2014. 12. 11 2014다55697	심리불속행	
21	서울고법 2014. 9. 25. 2013나2006504	배척	2015. 1. 15. 2014다228068	심리불속행	
22	부산고법 2014. 10. 1. 2013나3798	배척	2015. 4. 9. 2014다88574	심리불속행	

2. 법원 판결의 경향

가. 대법원의 명시적인 법리

(1) 사안과 판시

우선 대법원이 신의칙 위반 주장에 관한 명시적인 법리를 선언한 판결을 검토한다(위 표 10번 판결, 이하 번호로 칭하는 판결은 위 표 기재 번호를 뜻한다). 사안의 개요와 판시는 다음과 같다.

[사안의 개요]25)

> A 은행이 채무자 소유 이 사건 건물에 1순위 근저당권 설정
> → 피고는 채무자 소유 이 사건 건물에 2순위 근저당권 설정
> → 피고는 채무자와 이 사건 건물 일부에 관하여 임대차계약 체결한 후 점유
> → A 은행이 자신의 근저당권에 기하여 이 사건 건물 임의경매신청(경매개시결정 등기)
> → 피고가 경매절차에서 유치권신고

---

25) 사안의 개요 정리는 양진수(주 19), 48-49면을 참조하였다.

→ A 은행의 경매절차상 지위를 승계한 원고가 피고에게 유치권부
　존재확인을 청구

[판　　시]26)・27)

　　이상과 같은 사정(유치권의 의의, 저당권 설정 후에 성립한 유치권
에 의하여도 유치권자는 저당권자에게 인도거절권능 행사할 수 있음,
상사유치권은 민사유치권보다 인정 범위가 광범위함 등)을 고려하여 보
면, 유치권제도와 관련하여서는 거래당사자가 유치권을 자신의 이익을
위하여 고의적으로 작출함으로써 앞서 본 유치권의 최우선순위담보권
으로서의 (지위를 또는 권능을) 부당하게 이용하고 전체 담보권질서에
관한 법의 구상을 왜곡할 위험이 내재한다. 이러한 위험에 대처하여,
개별 사안의 구체적인 사정을 종합적으로 고려할 때 신의성실의 원칙
에 반한다고 평가되는 유치권제도 남용의 유치권 행사는 이를 허용하
여서는 안 될 것이다.
　　특히 ① 채무자가 채무초과의 상태에 이미 빠졌거나 그러한 상태
가 임박함으로써 채권자가 원래라면 자기 채권의 충분한 만족을 얻을
가능성이 현저히 낮아진 상태에서 ② 이미 채무자 소유의 목적물에 저
당권 기타 담보물권이 설정되어 있어서 유치권의 성립에 의하여 저당
권자 등이 그 채권 만족상의 불이익을 입을 것을 잘 알면서 ③ 자기
채권의 우선적 만족을 위하여 위와 같이 취약한 재정적 지위에 있는
채무자와의 사이에 의도적으로 유치권의 성립요건을 충족하는 내용의

---

26) 괄호 안의 문구들, 밑줄 등은 인용자가 추가한 것이다.
27) 원심의 판단을 "이 사건 건물에 관한 저당권의 설정 경과, 피고와 채무자 사이
　　의 이 사건 임대차계약의 체결 경위와 그 내용 및 체결 후의 정황, 이 사건 경매
　　에 이르기까지의 사정 등을 종합하여 보면, 피고는 선순위 근저당권자인 A 은행의
　　신청에 의하여 이 사건 건물에 관한 경매절차가 곧 개시되리라는 사정을 충분히
　　인식하면서 이 사건 임대차계약을 체결하고, 그에 따라 이 사건 유치목적물에 관
　　한 점유를 이전받았다고 볼 것이므로, 피고가 선순위 근저당권자의 신청에 의하여
　　개시된 이 사건 경매절차에서 이 사건 유치목적물에 관한 유치권을 주장하는 것은
　　신의칙상 허용될 수 없다고 판단하여 이를 받아들였다"로 정리하고, "이러한 원심
　　의 판단은 정당한 것으로 수긍할 수 있다"고 판시하였다.

거래를 일으키고 그에 기하여 목적물을 점유하게 됨으로써 유치권이 성립하였다면, 유치권자가 그 유치권을 저당권자 등에 대하여 주장하는 것은 다른 특별한 사정이 없는 한 신의칙에 반하는 권리행사 또는 권리남용으로서 허용되지 아니한다. 그리고 저당권자 등은 경매절차 기타 채권실행절차에서 위와 같은 유치권을 배제하기 위하여 그 부존재의 확인 등을 소로써 청구할 수 있다고 할 것이다.

(2) 의의와 특징

이 판결의 가장 큰 의의는 우선 경매절차에서 유치권이 갖는 사실상 우선변제권(최우선순위담보권)을 이용하기 위한 부당한 시도에 관하여는 신의칙과 권리남용의 법리로 유치권 주장을 제한하여야 한다는 점을 명시적으로 밝힌 것이다. 신의칙과 권리남용은 민법 전체를 통하는 일반원칙이므로,[28] 이 판결이 나오기 전에도 재판과정에서 당사자가 신의칙 위반 주장을 할 수 있고 또 그러한 경우가 있었다. 그러나 이 판결이 나온 후로는 유치권 행사가 부당해 보이는 경우에는 당사자들이 더 적극적으로 신의칙 위반 주장을 하기 시작하였고, 그에 관한 판결례가 누적되기 시작하였다. 위 표에서 신의칙 위반 주장과 판단이 있는 사건 수를 이 판결 전후로 비교하여 보면, 이 판결 이후 약 3년간 나온 판결이 그 이전 약 9년간 나온 판결보다 많음을 알 수 있다.

또한 이 판결은 신의칙에 반하는 유치권행사로 인정되어야 하는 경우를 요건화하였다는 점 역시 주목할 만하다. 이 판결에서는 그 요건을 ① 채무자가 채무초과의 상태에 이미 빠졌거나 그러한 상태가 임박함으로써 채권자가 원래라면 자기 채권의 충분한 만족을 얻을 가능성이 현저히 낮아진 상태에서 ② 이미 채무자 소유의 목적물에 저당권 기타 담보물권이 설정되어 있어서 유치권의 성립에 의하여 저당권자 등이 그 채권만족상의 불이익을 입을 것을 잘 알면서 ③ 자기 채권의 우선적 만족을

---

28) 곽윤직·김재형, 민법총칙 제9판, 박영사(2013), 77면.

위하여 위와 같이 취약한 재정적 지위에 있는 채무자와의 사이에 의도적으로 유치권의 성립요건을 충족하는 내용의 거래를 일으키고 그에 기하여 목적물을 점유하였음으로 구체화하였다. 이는 신의칙에 반하는 유치권행사가 되기 위한 요건 일반을 설정한 것이라기보다는 이 판결의 사안이 반영되어 설정된 요건(즉, 이 사건과 유사한 사안에 주로 적용되는 요건)으로 판단되지만, 이후의 판결에서는 이 판결에서 제시한 위 각 요건을 충족하는지를 따져서 신의칙 위반 주장을 판단하는 경향으로 이어진다. 대표적으로 14번, 20번, 21번, 22번 판결이 그러하다.

　이 판결의 사안은 2순위 근저당권을 가진 피고가 1순위 근저당권을 가진 원고(A 은행)보다 사실상 먼저 우선변제를 받기 위하여 의도적으로 임대차계약을 통하여 점유를 이전받아 이 사건 건물에 관한 상사유치권의 요건을 충족한 것이다(피고는 채무자에게 대출금 채권을 가지고 있을 뿐이므로 이 사건 건물과 피고의 채권 사이에 견련관계는 인정되지 않는다). 상사유치권은 앞서 본 바와 같이 물건과 채권 사이의 견련관계가 요구되지 않으므로 그만큼 남용의 가능성은 더욱 크다. 그런데 이 판결 선고 이후 위 '상사유치권 제한' 판결(대법원 2013. 2. 28. 선고 2010다57350 판결)로 '상사유치권자는 선행저당권자 또는 선행저당권에 기초한 임의경매절차에서 부동산을 취득한 매수인에게 대항할 수 없다'는 법리가 선언되었으므로, 상사유치권에 관하여는 이 판결에 따른 신의칙 법리의 효용이 상당히 줄어들었다. 그러나 이 판결은 적용범위를 상사유치권으로 제한하여 설시한 것이 아니라 유치권 일반에 관하여 법리를 전개하고 있으므로, 그 법리는 민사유치권에도 적용된다.[29] 특히 대상판결의 사안에서는 피고들이 유치권을 이용하여 사실상 우선변제권의 지위를 누리기 위하여 건물의 점유를 취득하였다고 볼 수 있으므로, 이 판결의 사안과 이해관계 대립 상황이 유사하다.

---

[29] 김재형, 2013년 분야별 중요판례분석 ③-민법(상), 법률신문 2014. 3. 6.자. 다만, 아래 Ⅳ. 1. 나. 항 기재 민사유치권과 상사유치권의 요건 차이는 반영하여야 한다. 즉, 2011다84298 판결 법리를 '그대로' 적용된다는 의미가 아니라 '그 요건 차이를 반영하여' 적용하여야 한다.

그러한 이유로 대상판결의 원심은 이 판결의 법리를 원용하면서 신의칙 위반 주장을 받아들였고, 대상판결은 '2011다84298 판결은 상사유치권에 관한 것으로 이 사건에 적용될 수 없다'는 취지가 아니라 '2011다84298 판결에는 다른 사정이 있으니, 신의칙 위반을 인정할 사유를 더 구체적으로 심리하라'고 파기환송한 것이다.

나. 판결례 분석

다음으로 위 표에 나타난 판결례를 바탕으로 법원 판결의 경향을 분석하여 본다.

(1) 선행 권리자의 존재 또는 존재 사실을 알았다는 사정만으로는 부족

먼저 유치권 성립 당시 목적물에 선행 권리자(저당권, 전세권, 가압류, 체납처분압류)가 존재하였다는 사실만으로는 유치권 주장이 신의칙에 위반된다고 보지 않는다. 이는 대법원이 위 Ⅱ의 6항에서 본 바와 같이 '경매절차에서 유치권의 효력이 제한되는 기준이 되는 유치권 성립 시점은 경매개시결정 기입등기 시이고, 경매개시결정 기입등기 전에 유치권 성립되었기만 하면 그 이전에 가압류, 체납처분압류, 근저당권이 설정 또는 등기되었다 하여도 유치권의 효력은 제한되지 않는다'는 방향으로 법리를 전개하여 왔으므로, 어찌 보면 당연한 결론이다. 8번 판결의 상고심 (대법원 2010다84932)은 "이 사건 점포에 관하여 가압류등기와 체납처분압류등기가 되어 있는 상태에서 A가 피고에게 그 점유를 이전하였다고 하여도 그 점유 이전이 경매개시결정등기 전에 이루어진 이상, 피고는 위 경매절차에서 이 사건 점포를 매수한 원고에게 유치권을 행사할 수 있다"고 판시하면서 "원고가 주장하는 사정만으로 피고의 유치권 행사가 신의성실의 원칙에 반한다고 할 수 없다"고 하였다.

나아가 유치권자가 유치권 성립 당시 선행 권리자(저당권, 전세권, 가압류, 체납처분압류)의 존재를 알았다는 사실만으로도 부족하다고 한다. 이러한 점을 알 수 있는 대표적인 판결례가 5번 판결이다. 5번 판결의 원심(서울고법 2005나102470)은 "건물 및 대지에 거액의 근저당권, 전세권, 가압류등기 등이 설정되어 있는 등으로 부동산 소유자의 재산상태가 좋지 아니하여

위 부동산에 관한 경매절차가 개시될 가능성이 있음을 충분히 인식하고
서도 수급인이 사용·수익 약정을 체결하여 건물 일부를 점유한 경우에
도 유치권의 성립을 제한 없이 인정한다면 전 소유자와 유치권자 사이의
묵시적 담합이나 기타 사유에 의한 유치권의 남용을 막을 방법이 없게
되어 공시주의를 기초로 하는 담보법질서를 교란시킬 위험이 있다는 점
을 고려할 때, 수급인이 점유를 개시하기 이전에 근저당권설정등기를 마
친 자의 신청에 의한 경매절차에 이를 경락받아 소유권을 취득한 자에
대한 관계에서는, 수급인이 공사대금채권에 기초한 유치권을 주장하여 그
소유자인 낙찰자에게 대항할 수 없다고 하거나, 그 유치권을 행사하는
것이 신의칙에 반하여 허용될 수 없다고 봄이 상당하다"고 판시하였다.
이에 대하여 5번 판결의 상고심(대법원 2007다10504)은 "원심이 피고들의 유치권에
관한 항변이 신의칙에 반하여 허용될 수 없다고 판단한 것은 잘못이다"
라고 판단하였다. 3번 판결의 원심(광주고법 2005나10219) 역시 '유치권 성립 당시 건물
및 대지에 거액의 채무를 담보하는 근저당권이 설정되어 있고, 피고가
근저당권의 피담보채무가 실제로 6억 5,000만 원에 달한다는 것을 알고
있었다 하더라도 유치권 주장이 신의칙에 반한다고 할 수 없다'는 취지로
판시하였다. 6번, 14번, 20번 판결 모두 같은 취지로 해석할 수 있다.

그렇다면 도대체 어떠한 경우에 법원은 신의칙 위반 주장을 받아들
였는가.

(2) 신의칙 위반 주장이 인용된 사건의 유형화

(가) 유치권 주장자가 유치권의 요건을 갖추는 방법이 특별히 부당한 경우

신의칙 위반 주장이 받아들여진 판례의 첫 번째 유형은 '유치권
주장자가 유치권의 요건을 갖추는 방법이 특별히 부당한 경우'로 정리할
수 있다. 대표적인 판결례가 바로 10번 판결이다. 대법원이 명시적으로
법리를 설시한 10번 판결은 앞서 본 3가지 요건, 특히 "자기 채권의 우선
적 만족을 위하여 위와 같이 취약한 재정적 지위에 있는 채무자와의 사
이에 의도적으로 유치권의 성립요건을 충족하는 내용의 거래를 일으키고
그에 기하여 목적물을 점유"하였다는 점에서 유치권의 요건을 갖추는 방

법이 특별히 부당하였다고 판단한 것으로 생각된다.[30]

16번 판결은 민사유치권에서 견련관계가 인정되지 않아 피담보채권이 될 수 없는 매매대금채권을 가지고 유치권 주장자(피고)가 채무자와 통모된 상태에서 채무자를 상대로 유치권의 존재확인을 구하는 조정신청을 하였고, 채무자가 조정결정에 이의하지 않아 결국 조정결정이 확정된 사안이다. 이에 대하여 "피고가 이 사건 조정결정에 의하여 유치권을 확인받았다고 하더라도 이를 근저당권자의 근저당권 실행으로 개시된 이 사건 임의경매절차에서 낙찰로 소유권을 취득한 원고에게 주장하는 것은 다른 특별한 사정이 없는 한 신의칙에 반하는 권리행사 또는 권리남용으로서 허용되지 아니한다"고 판시하였다. 17번 판결 역시 "임의경매절차의 개시가 임박하였고, 만일 유치권이 성립하면 근저당권자인 원고가 그 채권 만족에 불이익을 입을 것이라는 사정을 잘 알면서도, 의도적으로 위 각 부동산의 소유자인 신동석과 사이에 공사계약을 체결함으로써 그 공사대금채권을 피담보채권으로 하는 유치권을 성립시켰다"는 이유로 유치권 주장을 신의칙에 위반된다고 보았다.

반면 1번 판결에서 대법원은 원래의 공사업자가 채권을 양도하였다가 유치권 행사를 위하여 양도한 채권을 다시 양수받아 유치권을 주장하는 것은 신의칙에 반하지 않는다고 한다.

한편 실제로 건물에 관한 공사를 진행하여 건물의 가치가 상승하였다는 점에 주목하여 신의칙 위반 주장을 받아들이지 않은 판결례도 있다. 이 유형과 연결시켜 논하자면, 실제 공사로 건물의 가치를 상승시킨 점이 '유치권의 요건을 갖추는 방법이 특별히 부당한 경우'에 해당할 가능성을 낮추는 요소로 작용한 것으로 볼 수 있다. 9번 판결에서 대법원

---

30) 대상판결 역시 '원심이 원용한 앞의 2011다84298 판결의 사안에서는 후순위근저당권자가 상사유치권의 성립요건을 충족하는 내용의 거래를 일으킨 후 그에 기하여 근저당부동산에 대한 유치권을 취득하고 이를 선순위근저당권자에게 주장함으로써 고의적으로 유치권을 작출하여 그 지위를 부당하게 이용하였다고 평가할 수 있는 사정이 있다'고 판시하여, 대상판결과 10번 판결의 결정적 차이는 바로 이 부분에 있다는 점을 밝혔다.

은 '유치권 발생의 원인이 된 공사를 통해 실제로 부동산의 객관적 가치
가 상당한 정도로 상승하였다면 유치권의 행사를 인정한다고 하여 담보
권자의 이익을 부당하게 해하거나 적정한 경매절차의 진행이 위법하게
방해된다고 볼 수는 없다'고 판시하였다. 12번 판결 역시 '피고가 유치권
취득할 무렵 각종 근저당권과 가압류등기가 있고 임의경매개시결정(이후
취하됨)이 마쳐져 있었지만, 그러한 사실만으로는 피고가 유치권 취득 무
렵 곧 경매가 개시될 상황이라는 점을 알았다고 단정하기 어렵고, 실제
로 마감공사를 하여 신축공사를 마무리 지은 점에 비추어 보면 유치권
행사가 신의칙에 반한다고 보기 어렵다'고 판시하였다.

(나) 유치권 주장자가 유치권을 행사하지 않겠다는 신뢰를 부여한 경우

다음 유형은 '유치권 주장자가 권리자(주로는 근저당권자)에게 유치권
을 행사하지 않겠다는 신뢰를 부여하였음에도 그 신뢰에 반하여 유치권
을 행사하는 경우'이다.

이러한 신뢰는 명시적으로도, 묵시적으로도 부여할 수 있다. 명시적
으로 신뢰를 부여하는 경우는 유치권 포기 각서를 교부한 사례가 대표적
이다. 유치권을 주장하는 사람이 직접 유치권 포기 각서를 교부하였다면
유치권이 애초에 발생하지 않거나(유치권 성립 전에 포기한 경우) 곧바로
소멸한다(유치권 성립 후에 포기한 경우).[31] 따라서 신의칙 위반 주장이
문제되는 경우는 주로 '유치권 주장자'가 '목적물 소유자 또는 임의경매신
청이 된 근저당권자'에게 유치권 포기 각서를 교부하지는 않은 사안에서
이다.

18번, 19번 판결에서 법원은 '유치권 주장자가 아닌 다른 사람'이 임
의경매신청이 된 근저당권자에게 유치권 포기 각서를 교부하는 과정에

---

31) 유치권은 법정담보물권이기는 하나 채권자의 이익보호를 위한 채권담보의 수단
에 불과하므로 이를 포기하는 특약은 유효하고, 유치권을 사전에 포기한 경우 다
른 법정요건이 모두 충족되더라도 유치권이 발생하지 않는 것과 마찬가지로 유치
권을 사후에 포기한 경우 곧바로 유치권은 소멸한다고 보아야 하며, 채권자가 유
치권의 소멸 후에 그 목적물을 계속하여 점유한다고 하여 여기에 적법한 유치의
의사나 효력이 있다고 인정할 수 없고 다른 법률상 권원이 없는 한 무단점유에
지나지 않는다(대법원 2011. 5. 13.자 2010마1544 결정 참조).

유치권 주장자가 개입하였다는 이유로 유치권 불행사의 신뢰를 부여하였다고 보았다. 구체적인 사안은 '공사업자 A가 토지소유자 B로부터 토지 위에 건물을 신축하는 공사를 도급받아 착수하였다가 공사 중단 → 다른 공사업자인 피고들이 공사를 이어받았고, A는 피고들의 요청에 따라 금융기관인 원고에게 시공권과 유치권 포기한다는 취지의 각서를 교부 → 원고는 B에 돈을 대출하여 주고 토지에 근저당권설정등기를 마침 → 건물과 토지에 관한 임의경매절차에서 피고들이 유치권을 주장'한 것이다. 이에 관하여 위 각 판결(18번, 19번 판결)은 '① A가 2010. 4.경 공사에 착수하였다가 공사를 중단한 이후로는 피고들이 공사를 진행한 것으로 보이는 점, ② 원고가 B에 돈을 대여함에 있어 당시 신축 중이던 이 사건 건물에 관한 유치권 배제를 위하여 시공사인 A 명의의 유치권 포기각서 등을 요구하였고, 이에 따라 A가 원고에게 유치권 포기각서 등을 교부하였는데, 그 과정에 피고들이 관여하여 위와 같은 사정을 잘 알고 있었다고 보이는 점, ③ 피고들은 A의 유치권 포기에 따라 A 명의로는 이 사건 건물에 관한 유치권을 행사할 수 없게 되었기 때문에 피고들 명의로 이 사건 건물에 관한 유치권을 행사할 의도였던 점' 등의 사정을 근거로 신의칙 위반 주장을 받아들였다.

11번 판결은 유치권 주장자가 '임의경매신청이 된 근저당권자가 아닌 다른 근저당권자'에게 유치권 포기 각서를 교부한 사안에 관한 것이다. 사안을 단순화하면 '건물에 관한 경매절차에서 A 회사가 매각대금을 B 저축은행으로부터 대출받을 당시 건물을 점유하고 있던 피고들이 유치권 포기 각서를 B 저축은행에 작성하여 줌 → B 저축은행은 A 회사에 대출하여 주면서 건물에 관한 근저당권 설정 → A 회사가 C 은행으로부터 다시 대출받아 B 저축은행에 대한 대출금을 변제하고 C 은행에 대한 근저당권 다시 설정 → C 은행이 신청한 임의경매절차에서 원고가 낙찰받아 피고들에 대하여 인도청구하였고, 피고들은 유치권을 주장'하였다. 위 판결에서 역시 신의칙 위반 주장을 인용하였다.

한편 묵시적으로 신뢰를 부여한 경우는 7번 판결과 같이 유치권 주장자가 건물을 점유하고 있는 상황에서 건물 소유자로 하여금 금융기관에서 대출을 받게 하기 위하여 임시로 건물 소유자에게 점유를 이전하여 대출을 받게 한 후 다시 건물 소유자로부터 점유를 넘겨받아 유치권을 주장하는 사안이 대표적이다. 4번 판결 역시 '피고가 건물을 신축한 뒤 공사대금을 수령할 목적으로 건물을 담보로 건물 소유자가 원고로부터 대출을 받는 것을 알선하여 그 대출금에서 공사대금 일부를 변제받은 이후 다시 건물의 점유를 취득'한 사정을 주요한 근거로 삼아 신의칙 위반 주장을 받아들였다.

반면 유치권 주장자가 건물을 점유하고 있는 상황에서 건물 소유자가 금융기관으로부터 대출을 받으면서 근저당권을 설정하여 주고, 건물소유자와 유치권 주장자가 함께 그 대출금을 받았다는 사정만으로는 유치권 불행사의 신뢰를 주었다고 보기 어렵다는 판시도 있다(13번 판결).

3. 소　결

이처럼 신의칙 위반 주장에 관한 법원 판결의 흐름을 살피면 ① 선행 권리자가 존재한다는 사정 또는 그 존재 사실을 알았다는 사정만으로는 신의칙 위반 주장을 받아들이기에 부족하고, ② 신의칙 위반 주장이 인용된 사건은 '유치권 주장자가 유치권의 요건을 갖추는 방법이 특별히 부당한 경우'이거나 '유치권 주장자가 유치권을 행사하지 않겠다는 신뢰를 부여한 경우'로 유형화할 수 있다. 한편 신의칙에 반하는 유치권행사로 인정되어야 하는 경우를 요건화한 2011다84298 판결 이후에는 ③ 특히 하급심을 중심으로 2011다84298 판결이 제시한 위 각 요건을 충족하는지를 따져서 신의칙 위반 주장을 판단하는 경향을 보인다는 특징도 존재한다.

이와 같은 기준에서 다시 대상판결에서 원심과 대법원이 각 판시한 사항을 해석하면 다음과 같다. 원심은 위 ③ 특징에 따라 2011다84298 판결의 요건을 충족한다고 보고 신의칙 위반 주장을 받아들였다. 그러나 대법원은 "2011다84298 판결의 사안은 대상판결의 사안과는 다른 특수한 사정이 있고(그러므로 2011다84298 판결에 기대어 신의칙 위반 주장을 만연히 받아들이지 말라는 뜻으로 새길 수 있다), 원심이 든 사정만으로는 위 ① 특징의 '선행 권리자가 존재한다는 사정 또는 존재 사실을 알았다는 사정'에 불과하므로 신의칙 위반 주장을 인정하기에 부족하니, 위 ②의 각 유형에 해당할 사정이나 다른 신의칙 위반 사유를 더 구체적으로 심리하라"는 것이다.

자, 그러면 이러한 파기환송 판결을 받은 원심 입장에서는 어떠한 사정을 더 심리하여야 할까. 다시 말하면 신의칙 위반 주장을 판단함에 있어 고려되어야 하는 사정에는 어떠한 것이 있는가.

Ⅳ. 신의칙 위반 주장 판단에 고려되어야 할 요소와 사정

1. 유치권의 성립 시기와 방법ㆍ경위

가. 신의칙 위반 주장 판단에 고려되어야 할 요소와 사정으로는 우선 유치권의 성립 시기를 들 수 있다. '압류(경매개시결정)-유치권' 판결 이후 경매절차에서 유치권의 효력이 제한되는 기준이 되는 유치권 성립 시점은 경매개시결정 기입등기 시라는 것이 알려진 상황이므로, 유치권이 경매개시결정 기입등기 시와 얼마나 가까운 때에 성립하였는지는 중요한 고려 요소가 된다. 한편 상사유치권은 유치권 성립 당시 선행저당권자 또는 선행저당권에 기한 임의경매절차에서 부동산을 취득한 매수인에게는 대항할 수 없으므로(위 '상사유치권 제한' 판결), 선행저당권이 존재하지 않는 경우에는 위 논의가 그대로 적용되고, 선행저당권이 존재하는 경우에는 유치권이 선행저당권 등기 시기와 얼마나 가까운 때에 성립하였는지가 중요한 고려요소가 될 것이다.

유치권 성립의 요건사실은 민사유치권의 경우 (1) 타인의 물건 또는 유가증권에 대한 점유, (2) 그 물건이나 유가증권에 관하여 생긴 채권의 발생, (3) 변제기의 도래이고(민법 제320조 제1항), 상사유치권의 경우 (a) 피담보채권이 상인 간의 상행위로 인한 채권일 것, (b) 변제기에 있을 것, (c) 점유가 채무자의 상행위로 인한 것이어야 할 것, (d) 유치대상물이 채무자 소유 물건 또는 유가증권일 것이므로(상법
제58조), 결국 변제기가 도래한 일정 채권(민사유치권은 견련관계가 있는 채권, 상사유치권은 상행위로 인한 채권)의 존재와 점유 취득(상사유치권은 채무자 소유 물건을 상행위로 점유 취득)으로 요약할 수 있다.

　민사유치권의 경우 변제기가 도래한 일정 채권을 특정 시기에 유치권 주장자나 채무자의 의사대로 만들어내기는 어렵다. 앞서 언급한 바와 같이 대법원은 ① 채권이 목적물 자체에 지출된 비용(필요비, 유익비 청구권), ② 물건으로 인한 손해배상청구권, ③ 수급인의 공사대금청구권(그 채무불이행으로 인한 손해배상청구권) 정도만 견련관계를 인정하는데, 위 ① 채권은 목적물에 실제로 비용이 투입되어야, ② 채권은 손해를 입히는 행위가 있어야, ③ 채권은 공사가 완성되어야[32] 발생하거나 변제기가 도래하기 때문이다. 반면 점유 취득은 그야말로 목적물의 점유를 취득한다는 사실적 행위만 존재하면 되므로, 특정 시기에 이 요건을 갖추는 것이 용이하다. 그러므로 민사유치권에서 유치권 성립 시기는 주로 점유 취득 요건에서 문제 된다.

　반면 상사유치권의 경우 견련관계가 필요 없는 대신 상행위로 인한 채권이면 유치권의 피담보채권의 요건을 충족하게 되므로, '변제기가 도래한 일정 채권'의 요건 역시 유치권 주장자나 채무자의 의사로 바로 만들 수 있는 여지가 크다. 따라서 상사유치권에서 신의칙 위반 주장과 관련한 유치권의 성립 시기는 점유 취득 요건뿐 아니라 변제기가 도래한 일정 채권 요건 역시 중요하게 심리되어야 한다.

　나아가 유치권 주장자가 유치권 성립 시기에 경매개시결정이 곧 임박하였다는 점을 알고 있었는지 역시 고려요소이다. 대상판결의 사안에서는 유치권 주장자인 피고들이 목적물의 점유를 취득하기 직전 근저당

---

[32] 공사가 완성되지 않으면 수급인의 도급인에 대한 공사대금청구권이 발생하지 아니한다[박치봉, 공사의 미완성과 하자의 구별기준, 건축 관련 판례 50선, 대구판례연구회(2012), 336면]. 나아가 도급계약에 있어 일의 완성에 관한 주장·증명책임은 일의 결과에 대한 보수의 지급을 구하는 수급인에게 있다(대법원 1994. 11. 22. 선고 94다26684 판결).

권자인 원고가 채무자에게 경매실행예정통지를 하였고, 피고들은 채무자로부터 점유를 넘겨받아 취득하였다. 이는 피고들이 점유를 이전받아 유치권을 성립시킬 무렵 경매개시결정이 임박하였다는 점을 알고 있었으리라 추측할 수 있는 간접사실이 된다.

나. 유치권 성립 방법·경위 역시 주요한 고려 요소이다. 채무자와 통모하여 유치권을 성립시켰는지, 유치권을 어떠한 방법으로 성립시켰는지 등이 이에 해당한다. 2011다84298 판결이 제시한 세 가지 요건 중 ③ '자기 채권의 우선적 만족을 위하여 위와 같이 취약한 재정적 지위에 있는 채무자와의 사이에 의도적으로 유치권의 성립요건을 충족하는 내용의 거래를 일으키고 그에 기하여 목적물을 점유' 역시 유치권 성립 방법·경위에 관한 사정이다. 앞서 언급한 바와 같이 14번, 20번, 21번, 22번 판결은 위 세 가지 요건을 충족하는지를 따져서 신의칙 위반 주장을 판단하는 방식을 사용하였는데, 위 각 판결 모두 위 ③ 요건, 특히 의도적으로 유치권의 성립요건을 충족하는 내용의 거래를 일으키거나 작출하지는(22번 판결은 '작출하고'라는 표현을 사용한다) 않았다는 이유로 신의칙 위반 주장을 배척하였다.

위 ③ 요건을 더 나누어 보면 네 가지 세부요건으로 나눌 수 있다. 즉 ⓐ 유치권 주장자가 자기 채권의 우선적 만족을 위한 목적이 있을 것, ⓑ 취약한 재정적 지위에 있는 채무자와 통모할 것, ⓒ 유치권의 성립요건을 충족하는 내용의 거래를 일으킬 것, ⓓ 그 거래에 기하여 목적물을 점유할 것이다. 그 중 ⓒ 요건은 왜 거시되었는가 하면, 2011다84298 판결의 사안이 상사유치권에 관한 것이기 때문이다. 상사유치권은 민사유치권과 달리 어떠한 점유 취득이라도 무방한 것이 아니라,[33] 목적물의 점유가 채무자의 상행위로 인한 것이어야 한다(위 상사유치권 요건

---

[33] 민사유치권은 물건과 채권 사이의 견련성만 요구되고 피담보채권과 목적물 점유 사이에는 별도로 견련성이 요구되지 않으므로 물건에 관한 채권이 발생한 후에 그 물건을 점유한 경우에도 유치권이 성립한다(대법원 1965. 3. 30. 선고 64다1977 판결, 2005. 8. 19. 선고 2005다22688 판결).

사실 ⓒ '점유가 채무자의 상행위로 인한 것이어야 할 것' 참조). 그와 같은 이유로 2011다84298 판결의 사안에서는 '점유가 채무자의 상행위로 인한 것'을 충족하기 위한 거래를 의도적으로 만들었고, 2011다84298 판결에서는 이를 지적하는 상사유치권에 특유한 ⓒ 요건이 추가된 것이므로 위 판결을 민사유치권에 적용할 때는 ⓒ 요건이 반드시 필요하지는 않다고 보아야 한다. 그런데도 민사유치권을 주장한 사안인 14번, 20번, 21번, 22번 판결이 ⓒ '유치권의 성립요건을 충족하는 내용의 거래를 일으킬 것'이라는 요건이 결여되었다는 이유로 신의칙 위반 주장을 배척한 것은 민사유치권과 상사유치권의 요건 차이를 간과한 것으로, 타당하다고 볼 수 없다.

대상판결은 "원심이 원용한 앞의 2011다84298 판결의 사안에서는 후순위 근저당권자가 상사유치권의 성립요건을 충족하는 내용의 거래를 일으킨 후 그에 기하여 근저당부동산에 대한 유치권을 취득하고 이를 선순위 근저당권자에게 주장함으로써 고의적으로 유치권을 작출하여 그 지위를 부당하게 이용하였다고 평가할 수 있는 사정이 있다"라고 설시하였다. 이는 2011다84298 판결이 대상판결에 그대로 적용될 수 없는 사유로 위 ⓒ '유치권의 성립요건을 충족하는 내용의 거래를 일으킬 것' 요건이 대상판결에는 구비되지 않았다는 점을 지적한 것이다. 이 역시 민사유치권과 상사유치권의 요건 차이를 깊게 살피지 않은 것 아닌가 생각된다.

한편 위 ⓒ 요건은 상사유치권 성립 요건이라는 측면 외에 신의칙 위반을 인정하기 위한 비난가능성을 더욱 상승시키기도 하므로(단순히 채무자와 통모하여 점유를 이전받은 것이 아니라 의도적으로 임대차계약을 체결하기까지 하였으므로 더 비난할 수 있다), 그러한 측면을 고려한 것으로 볼 수도 있다.[34] 그렇다면 적어도 민사유치권 사안에서는 위 ⓒ 요건을 신의칙 위반을 인정하기 쉽게 만들어 주는 사정 정도로만 평가하여야지,

---

34) 이와 같은 관점에서 2011다84298 판결(10번 판결)의 사안을 이 글 Ⅲ. 2. 나. (2) (가)항에서 '유치권 주장자가 유치권의 요건을 갖추는 방법이 특별히 부당한 경우' 유형으로 분류하였다.

14번, 20번, 21번, 22번 판결에서처럼 신의칙 위반 여부를 인정하는 결정적인 기준으로 판단하여서는 안 된다. 민사유치권을 주장하려는 사람이 위 ⓒ 요건을 갖추는 경우는 거의 없을 것이므로(위 ⓒ 요건이 민사유치권 성립 요건이 아니기 때문이다), 위 ⓒ 요건을 신의칙 위반 여부를 인정하는 결정적인 기준으로 판단한다면 결국 민사유치권에 관하여 신의칙 위반 주장을 받아들일 사안은 거의 없게 되기 때문이다. 2011다84298 판결의 요건을 토대로 신의칙 위반 주장을 판단한 사건(모두 민사유치권 사안이다)은 모두 신의칙 위반 주장을 배척하였다는 점이 이를 뒷받침한다.

2. 유치권 주장자와 소송에서 대립되는 권리자

가. 다음 고려요소는 유치권 주장자와 소송에서 대립되는 권리자이다. 즉, 유치권 주장자가 현재 소송에서 '누구에 대하여' 유치권을 주장하는가이다. 이를 분석하기 위해서 우선 유치권의 분쟁국면을 간략히 살핀다. 유치권이 소송에서 주장되는 첫 번째 유형은 부동산에 대한 경매로 소유권을 취득한 매수인이 유치권 주장자를 상대로 부동산 인도청구를 하거나 인도명령 신청을 하는 경우이다. 이 유형에서는 '경매절차의 매수인 vs. 유치권 주장자'의 구도가 형성된다. 두 번째 유형은 선순위 권리자(근저당권자·압류권자·가압류권자 등)가 유치권 주장자를 상대로 유치권 부존재확인청구를 하는 경우이다. 이 유형에서는 '목적물의 선순위 권리자 vs. 유치권 주장자'의 구도가 형성된다.[35]

나. 위 두 가지 유형은 비슷한 이해대립 상황을 가진다. 유치권 신고가 되거나 해당 목적물에 유치권이 존재할 수 있다는 가능성은 매각 전 단계에서는 매수희망자의 입찰 포기 문제로, 매각 진행 단계에서는 경매절차 지연과 매각가격 저감 문제로, 매각 이후 인도 단계에서는 인도 지연에 따른 매수인의 비용증대 문제로, 배당 단계에서는 선순위 권리자의 피해로 이어지고,[36] 결국 경매절차의 매수인에게 유치권을 주장

---

35) 유치권의 분쟁국면 구분에 관하여는 이승규(주 22), 250면 참조.
36) 이재도, 부동산경매절차에서 허위유치권에 관한 문제와 개선방안, 민사집행법연

하거나 대항할 수 없다는 결과여야 매각가격이 올라가 선순위 권리자 역시 포착한 담보 설정·압류·가압류 당시의 상태대로 배당을 받을 수 있기 때문이다. 따라서 통상 유치권 주장자가 유치권의 성립을 부정하든 효력(대항력)을 제한하든 경매절차의 매수인에게 유치권을 주장할 수 없다면, 그러한 결과는 선순위 권리자에게도 마찬가지로 적용되어야 한다.

그러나 신의칙 위반 주장을 판단할 때는 사정이 다르다. 신의칙에 반하는지는 구체적인 사안에서 여러 개별적인 사정을 모두 고려하여 판단하는 것이므로, 사후적인 판단요소가 개입한다. 유치권 신고로 인하여 매각가격이 저감된 상태에서 경매절차에서 목적물의 소유권을 취득한 매수인이 유치권자에게 신의칙 위반 주장을 한다면 이는 저감된 매각가격으로 배당에 직접적인 영향을 받는 선순위 권리자가 신의칙 위반 주장을 한 경우에 비하여 그 주장을 수용할 여지가 적어진다. 물론 이러한 결론은 유치권이 경매절차에서 신고되었거나 현황조사보고서·매각물건명세서에 기재되어 있는 등으로 경매절차에 입찰하는 매수희망인들이 유치권 주장자의 존재를 반영하여 입찰가격을 결정하였다는 전제가 필요하다.

3. 선순위 권리자의 권리 설정 이후 목적물 가격 상승액과 유치권 피담보채권액의 비교

가. 우리 민법이 유치권을 두는 이유는 '공평의 원칙' 때문으로, 타인 소유 물건의 점유자가 물건에 관한 채권을 가지는 경우에 그가 채권을 변제받기 전에 먼저 물건의 점유를 상대방에게 이전하여야 한다면, 채권의 추심이 어렵게 되어 불공평하게 되기 때문이라고 설명한다.[37]

나. 유치권의 취지인 '공평의 원칙'으로 유치권의 효력(대항력) 제한을 설명하는 견해가 있다. 즉, 선순위 권리 취득 시기와 유치권의 피담보채권 발생, 점유 취득 시기를 비교하여 ① 압류·저당권 설정·등기 전에 채권을 가지고 있다가 압류·저당권 설정·등기 후에 점유를 취득하

구 제8권, 한국사법행정학회(2012), 227면.
37) 곽윤직·김재형, 물권법 제8판(전면개정)보정, 박영사(2015), 375면.

여 유치권이 성립하는 경우(제1형), ② 압류 · 저당권 설정 · 등기 전에 부동산을 점유하다가 압류 · 저당권 설정 · 등기 후에 채권을 취득하여 유치권이 성립하는 경우(제2형), ③ 압류 · 저당권 설정 · 등기 후에 부동산에 대한 점유를 시작하고 그 후 채권을 취득하여 유치권이 성립하는 경우(제3형)로 나누어, 제1형은 유치권의 효력(대항력)이 제한되지만 제2형과 제3형은 유치권의 효력(대항력)이 제한되지 않는다는 것이다. 그 이유는 압류 · 저당권 설정 · 등기 후에 유치권자가 부동산에 비용을 지출하여 그 이익이 매각 시까지 현존하여 있으므로, 이를 유치권자에게 반환하도록 하여도 공평의 원칙에 반하지 않기 때문이라고 한다.[38]

이러한 기준으로 유치권의 효력(대항력)을 가르는 것이 타당하지는 않다. 유치권 주장자가 비용을 지출한 만큼(즉, 피담보채권을 가지는 만큼) 비례하여 목적물의 가액이 상승하는 것은 아니고, 오히려 유치권이 성립됨으로써 실제 목적물 가액 상승분보다 훨씬 큰 액수로 매각가격이 저감되기 때문이다. 유치권의 불가분성 때문에, 유치권자는 자기의 행위로 가치가 증가된 부분에 한하여 유치권을 행사하게 되는 것이 아니라 목적물 전체에 유치권을 행사할 수 있고 목적물 전체의 인도를 거부할 수 있으므로 구체적 타당성이 있다고 볼 수도 없다.[39]

그런데 신의칙 위반 주장을 판단함에 있어서는 위와 같이 선순위 권리자의 권리 설정 이후 유치권 주장자가 목적물의 가격을 얼마나 상승시켰는가는 고려요소가 된다. 특히 유치권 주장자의 피담보채권액과 목적물 가격 상승액을 비교하면 유치권 성립 주장을 긍정함으로써 선순위 권리자가 입게 될 손해를 보다 명확하게 판단할 수 있다. 금융기관은 일반적으로 부동산 담보대출을 하는 경우에 부동산에 관한 감정평가를 거

---

38) 김원수(주 3), 684-684면, 694-695면. 한편 위와 같이 3가지 유형으로 구분됨을 전제로 처분금지효의 효력과 민법 제320조 제2항의 유추적용에 따라 유치권의 효력(대항력)을 결론짓는 견해로는 강민성(주 5), 76면 이하. 또한 위와 같이 3가지 유형의 구분을 긍정하면서도 신의칙과 권리남용으로 해결하여야 한다는 견해로는 조효정(주 21), 207면 이하; 이계정(주 1), 239면 이하.

39) 박상언(주 4), 383면.

치므로, 목적물 가격 상승액은 경매절차에서의 감정평가액과 금융기관의
대출 시 평가한 감정액을 단순 비교함으로써 쉽게 파악할 수 있어 이는
특별한 비용과 노력 없이 얻을 수 있는 자료이기도 하다. 앞서 9번 판결
과 12번 판결을 들어, 실제 공사로 건물의 가치를 상승시킨 점이 '유치권
의 요건을 갖추는 방법이 특별히 부당한 경우'에 해당할 가능성을 낮추는
요소로 작용하였다고 분석한 바 있는데, 이를 보면 대법원 역시 목적물
가격 상승액을 판단요소로 고려하고 있다는 점을 알 수 있다.

4. 신의칙 위반 주장을 받아들였을 경우 유치권자의 보호

가. 지금까지는 유치권 주장자와 대립되는 이해관계를 갖는 선순위
권리자 또는 경매절차의 매수인 측면에서 바라보았다면, 신의칙 위반 주
장을 받아들일 경우 유치권자의 이익은 어떻게 보호할 것인가도 고려할
필요가 있다.

나. 유치권은 담보물권이면서도 우선변제권이 없고, 인도거절권능만
있다. 그런데 신의칙 위반 주장이 받아들여지면 당연히 인도거절권능도
상실된다. 그러면 유치권 주장자는 해당 경매절차에서 어떠한 보호를 받
을 수 있는가.

유치권 주장자가 인도거절권능이 상실되더라도 피담보채권은 남기
때문에 배당절차에서 일반채권자의 지위에서 배당받을 수 있으리라 생각
할 수 있다. 그런데 다음과 같은 이유에서 유치권 주장자는 일반채권자
의 지위에서 배당받는 것도 사실상 불가능함을 알 수 있다.[40]

(1) 민사집행법 제148조는 배당을 받을 수 있는 채권자로 ① 배당요
구의 종기까지 경매신청을 한 압류채권자(제1호), ② 배당요구의 종기까지
배당요구를 한 채권자(제2호), ③ 첫 경매개시결정등기 전에 등기된 가압류
채권자(제3호), ④ 저당권·전세권, 그 밖의 우선변제청구권으로서 첫 경매
개시결정등기 전에 등기되었고 매각으로 소멸하는 것을 가진 채권자(제4호)

---

40) 이 부분 논의는 차문호(주 4), 417면 이하; 이승규(주 22), 262면 이하; 양진수
(주 19), 40면 이하를 주로 참고하였다.

에 한정하고 있다. 유치권자는 "압류채권자"가 아니고, "등기된 (가압류)채권자"도 아니므로, 위 조항 제1호, 제3호, 제4호에 해당할 여지가 없다. 결국 유치권자에게 적용될 여지가 있는 조항은 ② 배당요구의 종기까지 배당요구를 한 채권자(제2호)이다.

(2) 민사집행법 제88조는 배당요구 할 수 있는 사람으로 ⓐ 집행력 있는 정본을 가진 채권자, ⓑ 경매개시결정이 등기된 뒤에 가압류한 채권자, ⓒ 민법·상법, 그 밖의 법률에 의하여 우선변제청구권이 있는 채권자를 들고 있다. 유치권자는 보통 공사계약서 등의 피담보채권 발생 서류만 가지고 점유하고 있는 경우가 많고 집행력 있는 정본을 가진 경우는 흔하지 않다(ⓐ 부분). 또한 유치권자가 미리 가압류하지 않았다면 '가압류를 한 채권자'에도 해당하지 않는다(ⓑ 부분). 유치권자에게는 유치적 효력과 인수주의를 통한 사실상 우선변제권이 있고, 경매신청권도 부여되어 있는 취지를 고려하여 '민법에 의하여 우선변제청구권이 있는 채권자'에 해당한다고 유추해석할 수 있다는 견해가 있으나,[41] 유치권자는 유치적 효력과 인수주의를 통한 사실상 우선변제권이 있는 것과 같은 결과가 될 뿐이지 민법은 법률상 우선변제권을 인정하고 있지 않으므로, 그와 같이 해석할 수는 없다(ⓒ 부분).

(3) 한편 목적물의 가치를 유지·증대시킨 유치권자의 경우에는 민법 제367조(저당물의 제삼취득자가 그 부동산의 보존, 개량을 위하여 필요비 또는 유익비를 지출한 때에는 제203조 제1항, 제2항[42]의 규정에 의하여 저당물의 경매대가에서 우선상환을 받을 수 있다) 규정을 유추적용하여 경매대가에서 집행비용 다음으로 최선순위로 배당하자는 견해가 있다.[43] 이에

---

41) 차문호(주 4), 418면.
42) 민법 제203조(점유자의 상환청구권) ① 점유자가 점유물을 반환할 때에는 회복자에 대하여 점유물을 보존하기 위하여 지출한 금액 기타 필요비의 상환을 청구할 수 있다. 그러나 점유자가 과실을 취득한 경우에는 통상의 필요비는 청구하지 못한다.
② 점유자가 점유물을 개량하기 위하여 지출한 금액 기타 유익비에 관하여는 그 가액의 증가가 현존한 경우에 한하여 회복자의 선택에 좇아 그 지출금액이나 증가액의 상환을 청구할 수 있다.

대하여는 유치권자가 '저당물의 제삼취득자'에 해당하지 않는다는 비판,[44] 전용물소권을 인정하게 되는 결과가 된다는 비판[45] 등이 있다. 무엇보다 현재의 경매와 배당실무가 유치권자에 대하여 민법 제367조의 유추적용을 인정하여 공사업자의 지출액과 가치 증가액 중 작은 액수를 유치권 주장자에게 먼저 배당하고 있지 않은 이상 이러한 주장이 학술적으로 인정할 여지가 있다고 하여, 유치권 주장이 신의칙에 위반되는지를 판단하면서 이를 고려하기는 어렵다.

다. 그렇다면 공사업자가 건물신축 등의 방법으로 경매목적물의 가치를 상승시킨 것이 분명한데도 아예 그 목적물의 매각대가에서 전혀 배당받지 못하게 된다는 점은 유치권 주장자에게 가혹한 측면이 있다(다만, 집행력 있는 정본을 가졌거나 가압류를 하였다면 위 ⓐ, ⓑ에 해당하여 배당요구를 할 수는 있다). 다시 말하면 신의칙 위반 주장을 받아들이기 위해서는 이러한 유치권 주장자의 불이익까지도 감수할 만한 정도의 이익이 있어야 한다.[46]

5. 채무자의 채무 상태

채무자의 채무 상태는 유치권 주장자가 유치권의 요건을 갖춘 이유를 파악할 수 있는 중요한 간접사실이다. 채무자가 채무초과이거나 그러한 상태가 곧 발생하리라 예상되는 상황에서 유치권이 성립하였다면, 유

---

43) 박상언(주 4), 392면 이하.
44) 양진수(주 19), 41면.
45) 도급계약에 기하여 비용을 지출한 사람에게 민법 제367조의 유추적용을 인정하게 되면, 계약관계에 기하여 비용을 지출한 사람에게 제삼자에 대한 부당이득반환청구나 민법 제203조에 기한 비용상환청구권을 인정하는 결과가 되어, 이른바 전용물소권을 부정하는 확립된 판례와 균형이 맞지 않는다는 것이다. 위 견해를 주장하는 스스로가 예상 반론으로 전용물소권 문제를 거론하며 다시 반박하고 있다. 박상언(주 4), 397면.
46) 이러한 관점에서 10번 판결(대법원 2011다84298 판결)은 다음과 같은 특수성이 있다. 위 사건에서 피고는 유치권 주장자이면서 2순위 근저당권자이기도 하므로, 신의칙에 의하여 유치권 주장을 제한한다 하여도 2순위 근저당권자로서의 지위는 영향을 받지 않는다. 따라서 이 사건에서는 유치권 주장자의 불이익은 크지 않았다.

치권의 사실상 우선변제권을 이용하기 위하여 유치권의 요건을 갖추었다고 판단할 여지가 크기 때문이다. 2011다84298 판결의 세 가지 요건 중 ① '채무자가 채무초과의 상태에 이미 빠졌거나 그러한 상태가 임박함으로써 채권자가 원래라면 자기 채권의 충분한 만족을 얻을 가능성이 현저히 낮아진 상태' 부분이 바로 이를 가리킨다.

6. 소 결

신의칙 위반 주장을 판단하기 위해서는 유치권의 성립 시기와 방법·경위, 유치권 주장자와 소송에서 대립되는 권리자, 선순위 권리자의 권리 설정 이후 목적물의 가격 상승액과 유치권 피담보채권액의 비교, 신의칙 위반 주장을 받아들였을 경우 유치권자의 보호, 채무자의 채무 상태 등 여러 사정을 고려하여야 한다. 이렇게 다양한 사정을 고려하는 것은 신의칙이 가장 마지막에 주장·판단되는 일반조항에 의한 항변으로서, 불성실하거나 부당한 권리행사를 제한하는 기능[47]을 수행함에 비추어 당연한 측면이 있다.

그러나 이렇게 다양한 사정을 고려하여야 한다는 것은 반대로 실제 어떠한 법률행위와 사실행위를 하는 당사자들에게는 행동의 준칙을 주거나 예측가능성을 부여해 주지 못하게 되는 문제가 있다. 또한 민법이 인정한 유치권 주장을 신의칙으로 막는 것은 그야말로 '최후의 비상수단'이기 때문에, 만연히 신의칙 위반 주장의 수용 범위를 확대하면 민법의 현존 법조문들을 무시하는 결과가 될 우려도 있다(따라서 신의칙이나 권리남용으로 유치권 주장을 제한하는 범위를 확대하자는 주장은 찬성하기 어렵다). 나아가 신의칙 또는 공평의 원칙은 무엇보다도 실제의 사건 처리에 있어서 융통성을 불어넣는 중요한 법적 수단이고 일정한 경우에 사건의 공평한 처리에 대한 감정적 지향을 만족시키기는 하지만, 실정의 법제도

---

47) 민법주해[Ⅰ], 편집대표 곽윤직, 박영사(1992), 100면 이하(양창수 집필부분)가 제 시하는 신의칙의 기능인 해석기능, 형평기능, 보충기능, 수정기능 중 '형평기능'에 해당한다.

는 오랜 세월의 정련된 사고와 구체적인 적용 및 이에 대한 반성을 거쳐 신중하게 마련된 것으로서 실제로는 내용이 막연한 신의칙 등보다 더욱 현명하고 '공평한' 것이다.[48]

신의칙과 권리남용 같은 일반조항이 아닌 구체적인 법리가 확립되어 있는 실정의 법제도를 이용하여 대상판결과 같이 부당해 보이는 유치권 행사를 제한하는 방법은 없는지 찾아본다.

V. 채권자취소권 법리의 적용가능성

1. 서 설

가. 유치권 성립과 사해행위

대상판결의 사안에서 원고가 유치권 성립 행위(정확히는 채무자의 점유 이전과 유치권 주장자의 점유 취득)에 대하여 사해행위취소를 구하였다면 법원은 어떻게 판단하여야 할 것인가. 대법원 종합법률정보와 등록된 판결문에서 대상판결과 같이 부당한 유치권 성립·주장에 대하여 사해행위취소를 구한 예는 찾을 수 없는 점으로 보아, 실무상 원고가 채권자취소권 법리로 유치권 성립·주장을 공격하거나 법원이 이에 대하여 판단한 사건은 거의 없는 것으로 생각된다.

대상판결과 같이 부당한 유치권 성립에 관하여 채권자취소권 법리를 떠올리게 된 것은 세 가지 측면에서이다. 우선 2011다84298 판결의 세 가지 요건이 채권자취소권의 요건과 유사하다는 점이다. 2011다84298 판결은 유치권 주장이 신의칙에 반하는 요건으로 ① 채무자가 채무초과의 상태에 이미 빠졌거나 그러한 상태가 임박함으로써 채권자가 원래라면 자기 채권의 충분한 만족을 얻을 가능성이 현저히 낮아진 상태에서 ② 이미 채무자 소유의 목적물에 저당권 기타 담보물권이 설정되어 있어서 유치권의 성립에 의하여 저당권자 등이 그 채권 만족상의 불이익을 입을 것을 잘 알면서 ③ 자기 채권의 우선적 만족을 위하여 위와 같이 취약한

---

48) 대법원 2014. 3. 13. 선고 2013다34143 판결.

재정적 지위에 있는 채무자와의 사이에 의도적으로 유치권의 성립요건을 충족하는 내용의 거래를 일으키고 그에 기하여 목적물을 점유하게 됨으로써 유치권이 성립하였다는 것을 들었다. 위 ① 요건은 채권자취소권에서의 "채권자를 해함" 요건에, ② 요건은 수익자의 사해의사 요건에, ③ 요건은 채권자를 해하는 "행위" 요건과 채무자의 사해의사 요건에 각 대응하는 것처럼 보인다.

다음으로는 부당한 유치권 성립·주장과 이해대립 상황이 유사한 소액임차인에 대한 임차권설정행위를 사해행위취소의 대상이 된다고 선언한 대법원 판결(대법원 2005. 5. 13.
선고 2003다50771 판결)이다. 위 판결은 "주택임대차보호법 제8조의 소액보증금 최우선변제권은 임차목적 주택에 대하여 저당권에 의하여 담보된 채권, 조세 등에 우선하여 변제받을 수 있는 일종의 법정담보물권을 부여한 것이므로, 채무자가 채무초과상태에서 채무자 소유의 유일한 주택에 대하여 위 법조 소정의 임차권을 설정해 준 행위는 채무초과상태에서의 담보제공행위로서 채무자의 총재산 감소를 초래하는 행위가 되는 것이고, 따라서 그 임차권설정행위는 사해행위취소의 대상이 된다"고 판시한다. 이처럼 의사에 의한 담보물권 설정행위뿐만 아니라 일정한 사건(요건)이 있으면 당연히 생기는 법정담보물권의 요건을 성립시키는 행위도 사해행위취소의 대상이 되므로, 유치권의 요건을 성립시키는 행위 역시 채권자취소권의 다른 요건을 충족시킬 수만 있으면 단지 유치권이 법정담보물권이라는 이유만으로 사해행위취소의 대상성이 부정되지는 않을 것이다.

나아가 이해관계 대립의 면에서 이 사건과 같이 '목적물의 선순위 권리자 vs. 유치권 주장자'의 분쟁국면에서는 채무자가 일반채권자에 불과한 공사대금채권자에게 법정물권인 유치권을 이용하여 사실상 최우선 변제권을 획득하게 해 준 '사해성'에 초점을 맞추어야 본질에 더 부합한다. 그뿐만 아니라 목적물을 둘러싼 다른 채권자(담보채권자이든 일반채권자이든)와 물권을 갖게 된 채권자 사이의 이해관계는 민법에 엄연히 존재할 뿐 아니라 그 제도가 활발하게 적용되어 상당한 정도로 법리가 축적된 채권자취소권에 따라 조절하는 것이 막연히 신의칙을 적용하는 것보다는 법관에게 판단기준을 제시하거나 당사자에게 예측가능성을 부여하는 측면에서 우월하다.

　나. 유치권 성립에 채권자취소권 법리 적용하는 의미와 논의의 한정

　경매절차에서 유치권을 주장하고, 그 유치권 주장을 신의칙으로 방어하려는 경우는 매우 다양한 유형의 사안이 있다. 이 글에서는 그러한 다양한 유형의 사안이 모두 채권자취소권 법리로 해결되어야 한다고 주장하는 것은 아니다. 다만 신의칙 위반 주장을 판단하는 기준이 제시되지 않은 현재 상황에서 우선 법원 판결 흐름과 고려요소를 정리하여 신의칙 위반 주장 판단에 도움이 될 자료를 제시하는 한편,[49] 그럼에도 각 사안별로 전체 사실관계를 통관하여 판단하여야 하는 신의칙의 특성상 발생하는 예측 불가능성과 모호함을 줄여보고자 신의칙 위반 주장이 등장하는 일부 사안에서라도 채권자취소권 법리가 적용 가능한지를 타진하려는 것이다.

　유치권에 관하여 신의칙 위반 주장이 등장하는 사안을 모두 상정하여 사해행위에 해당하는지를 논하는 것은 더 상세한 분석이 필요할 뿐 아니라 이 글에서 채권자취소권의 적용가능성을 소개하는 의미를 넘어서므로, 우선 논의를 한정하여 대상판결의 사안을 전제로 채권자취소권의 적용가능성을 살펴본다.

　대상판결의 사안에서 채권자취소권과 관련하여 특징적인 부분은 유치권 주장자가 기존에 목적물 소유자를 상대로 채권을 취득한 상황에서 선행 권리자들의 권리가 발생한 후에 점유를 이전받았다는 점(아래 2.의 가.항에서 논하는 제1형), 신의칙 위반 주장을 하는 원고가 선행 근저당권자라는 점이다. 한편 대상판결에서 채무자(A)는 점유 이전 당시 채무초과인 상태이고, 목적물(이 사건 토지와 건물)에 유치권이 성립된다면 유치권의 존재와 피담보채권을 반영한 경매절차에서의 매매대금은 근저당권자

(원고)의 피담보채권을 모두 만족시킬 수 없는 상황으로 보이고, 설령 그렇지 않다고 하여도 이를 전제로 논한다.

대상판결의 사안에 채권자취소권의 법리를 적용한다면, 다음 두 가지가 문제 된다. 차례로 본다.

2. '점유 이전'이 채권자취소권의 대상인 '법률행위'인가

가. 문 제 점

유치권 성립의 요건사실은 변제기가 도래한 일정 채권(민사유치권은 견련관계가 있는 채권, 상사유치권은 상행위로 인한 채권)의 존재와 점유 취득(상사유치권은 채무자 소유 물건을 상행위로 점유 취득)임은 앞서 살핀 바와 같다. 또한 유치권 성립의 위 두 요건을 갖추는 시기와 선순위 권리 취득 시기를 비교하여 ① (가)압류·저당권 설정·등기 전에 채권을 가지고 있다가 (가)압류·저당권 설정·등기 후에 점유를 취득하여 유치권이 성립하는 경우(제1형), ② (가)압류·저당권 설정·등기 전에 부동산을 점유하다가 (가)압류·저당권 설정·등기 후에 채권을 취득하여 유치권이 성립하는 경우(제2형), ③ (가)압류·저당권 설정·등기 후에 부동산에 대한 점유를 시작하고 그 후 채권을 취득하여 유치권이 성립하는 경우(제3형)로 나누어 볼 수 있다.

채권자취소권의 대상은 채무자의 '법률행위'이므로($\frac{민법 \ 제406조}{제1항}$), 제2형과 제3형에서 유치권 주장자의 채권이 채무자와의 계약을 통해서 발생한 것이면(대표적으로 공사계약으로 발생한 공사대금채권) 채무자와 수익자의 (채권발생원인)계약을 채권자취소권의 대상인 '법률행위'로 보는데 특별한 문제가 없다.[50]·[51] 그런데 선순위 권리 취득 이후에는 점유 이전만 일어난

---

50) 다만, 공사가 완성되지 않으면 수급인의 도급인에 대한 공사대금청구권이 발생하지 아니하므로, 만약 채권자취소권에서 피보전채권과의 관계 등으로 인하여 공사도급계약 자체를 사해행위로 취소할 수 없다면 '수급인이 공사를 완성하여 대금청구권을 발생시킨 행위' 자체는 사해행위취소의 대상으로 보기 어렵다.

51) 한편, '법률행위'로 보는데 특별한 문제가 없다는 서술은 채권자취소권의 요건 중 '법률행위' 요건을 충족한다는 의미이고, '사해행위' 요건을 모두 충족한다는 의미는 아니다.

제1형에서는 이 '점유 이전'을 채권자취소권의 대상인 채무자의 '법률행위'로 볼 수 있는가 하는 문제가 있다(특히 Ⅳ의 1. 가항에서 본 바와 같이 민사유치권 성립 요건 중에 유치권 주장자와 채무자가 의도적으로 특정 시기에 갖추기 쉬운 요건이 바로 '점유 취득'이므로 이 부분 논의 실익이 크다). 대상판결에서도 사해행위취소의 피보전채권인 원고의 대출금 채권 발생 전에 피고들은 공사 이행과 물품 공급을 완료하여 변제기가 도래한 견련관계 있는 채권(물론 피고 甲의 물품 공급계약에 따른 대금채권은 견련관계 있는 채권은 아니다)을 이미 취득하였으므로, 피고들과 채무자(대상판결의 A)의 공사계약이나 물품 공급계약을 사해행위로 보아 취소할 수는 없기 때문이다.[52]

또한 유치권 주장자의 유치권이 상사유치권이면, 상사유치권은 채무자 소유 물건을 상행위로 점유 취득할 것이 요구되므로 점유 취득의 근거가 되는 '상행위'를 채권자취소권의 대상인 채무자의 '법률행위'로 볼 수 있다. 2011다84298 판결의 사안이라면 유치권 주장자인 피고가 채무자와 건물 일부에 관한 임대차계약을 체결한 후 건물에 관한 점유를 취득하였으므로, 그 임대차계약 체결행위를 사해행위로 보아 취소할 수 있을 것이다.

결국, 대상판결과 같이 민사유치권의 제1형에 따른 사안에서 사해행위, 즉 채무자의 '법률행위'를 '채무자와 유치권 주장자의 점유 이전 합의'로 보아 이를 취소할 수 있을 것인지가 문제 된다.

나. 채권자취소권의 대상이 되는 '법률행위' 일반론

채권자취소권의 대상인 '법률행위'는 법률행위이기만 하면 그 종류나

---

[52] 물론 피보전채권 발생 전에 사해행위가 행하여졌어도 채권자취소권의 피보전채권 요건을 충족하는 예외적인 법리가 있다. 채권자취소권에 의하여 보호될 수 있는 채권은 원칙적으로 사해행위라고 볼 수 있는 행위가 행하여지기 전에 발생된 것임을 요하지만, 그 사해행위 당시에 이미 채권 성립의 기초가 되는 법률관계가 발생되어 있고, 가까운 장래에 그 법률관계에 기하여 채권이 성립되리라는 점에 대한 고도의 개연성이 있으며, 실제로 가까운 장래에 그 개연성이 현실화되어 채권이 성립된 경우에는, 그 채권도 채권자취소권의 피보전채권이 될 수 있다(대법원 1995. 11. 28. 선고 95다27905 판결 등 참조). 그런데 대상판결과 같은 제1형의 사안에서는 이러한 피보전채권 성립의 기초가 되는 법률관계 자체를 상정하기 어려우므로, 위 법리를 적용하기는 쉽지 않다.

성격은 문제 되지 않는다. 계약은 물론, 채무면제, 소멸시효 이익 포기[53)]와 같은 단독행위, 상속재산분할협의,[54)] 법인 설립과 같은 합동행위, 간주된 법률행위[55)]도 취소의 목적이 된다. 채무자의 행위가 채권행위이든 물권행위이든 채권양도와 같은 준물권행위이든 가리지 않고 채권자취소권의 대상이 된다. 다만 물권행위에 관하여는 그 원인행위인 채권행위가 채권자의 채권 성립시기보다 앞서 이루어진 경우에는 그 채권에 기한 이행행위로서의 물권행위 자체만의 취소를 구할 수는 없다.[56)] 또한 '법률행위'여야 하므로 시효중단조치를 취하지 않는 것과 같은 단순한 부작위, 물건 파괴와 같은 사실행위는 채권자취소권의 대상이 될 수 없다.[57)]

한편 이미 성립한 등기의무를 이행하는 것[58)]과 같이 이미 이루어진 법률행위에 기한 이행행위는 사해행위가 되지 않는데,[59)] 판례는 "당사자 사이에 일련의 약정과 그 이행으로 최종적인 법률행위를 한 경우, 일련의 약정과 최종적인 법률행위를 동일한 법률행위로 평가할 수 없다면 일련의 약정과는 별도로 최종적인 법률행위에 대하여 사해행위의 성립 여부를 판단하여야 하고, 이때 동일한 법률행위로 평가할 수 있는지는 당사자가 같은지 여부, 일련의 약정에서 최종적인 법률행위의 내용이 특정되어 있거나 특정할 수 있는 방법과 기준이 정해져 있는지 여부, 조건 없이 최종적인 법률행위가 예정되어 있는지 여부 등을 종합하여 판단하

---

53) 대법원 2013. 5. 31.자 2012마712 결정.

54) 대법원 2007. 7. 26. 선고 2007다29119 판결. 다만 상속 포기는 민법 제406조 제1항에서 정하는 '재산권'에 관한 법률행위가 아니라는 이유로 사해행위취소의 대상이 되지 못한다고 본다(대법원 2011. 6. 9. 선고 2011다29307 판결).

55) 민법 제15조, 제131조, 제145조. 양창수·김형석, 권리의 보전과 담보(제2판), 박영사(2015), 189면.

56) 민법주해[Ⅸ], 편집대표 곽윤직, 박영사(1995), 815면(김능환 집필부분); 주석민법(제4판) 채권총칙(2), 편집대표 김용담, 한국사법행정학회(2013), 234면(손진홍 집필부분).

57) 주석민법(제4판) 채권총칙(2), 편집대표 김용담, 한국사법행정학회(2013), 235면.

58) 대법원 1996. 9. 20. 선고 95다1965 판결.

59) 대법원 1981. 2. 24. 선고 80다1963 판결(수탁자가 신탁행위에 기한 반환의무의 이행으로서 신탁자가 지정하는 제3자 명의로 신탁부동산의 소유권이전등기를 경료하는 행위는 기존채무의 이행으로서 사해행위를 구성하지 않는다).

여야 한다"고 판시한다.[60)

다. '점유 취득'과 '점유 이전'

우선 유치권 주장자의 '점유 취득'의 면에서 살핀다. 점유권은 물건을 사실상 지배하는 사람에게 있고, 점유자가 사실상 지배를 상실하게 되면 점유권이 소멸한다(민법 제192조). 판례 역시 물건에 대한 점유란 사회관념상 어떤 사람의 사실적 지배에 있다고 보이는 객관적 관계를 말하는 것이라고 한다.[61) '사실상 지배'는 물건과 사람과의 시간적, 공간적 관계와 본권관계, 타인지배의 가능성 등을 고려하여 사회관념에 따라 합목적적으로 판단하여야 하는 개념이나,[62) 이는 어디까지나 사실상 지배 여부의 판단을 합목적적으로 한다는 것에 불과하고 '점유 취득'의 기준은 오로지 사실상 지배 여부이다. 다시 말하여, 물건을 사실상 지배하기만 하면 점유를 취득한 것이고, 반대로 사실상 지배를 잃으면 점유를 잃게 된다. 그러므로 유치권 주장자의 '점유 취득'만을 떼어 놓고 보면, 이는 법률행위가 아닌 사실행위로 보아야 한다.[63)

그러나 '점유 이전'은 사정이 좀 다르다. 우리 민법 물권편은 제1장(총칙)에서 동산에 관한 물권의 양도는 그 동산을 인도하여야 효력이 생긴다고 규정(민법 제188조 제1항)하는 한편 제2장(점유권)에서는 점유권을 독자적인 물권으로 보아 그 양도, 이전 등에 관하여 규정하고 있다. 그러므로 점유권의 직접 이전, 즉 현실 인도는 점유권 이전에 대한 물권적 합의와 물건에 대한 사실적 지배의 이전이 있어야 하고,[64) 이 '점유권 이전에 대한

물권적 합의'는 물권행위로서 위 나.항에서 본 '법률행위'에 포함된다.[65)

나아가 유치권의 성립 요건인 점유에는 직접 점유뿐 아니라 간접 점유도 포함되는데,[66)] 점유자가 직접 점유를 취득하는 현실 인도 외에 간접 점유를 취득하는 간이인도 합의($\binom{\text{민법 제188조}}{\text{제2항}}$), 점유개정 합의($\binom{\text{민법}}{\text{제189조}}$) 및 목적물반환청구권 양도($\binom{\text{민법}}{\text{제190조}}$)가 모두 점유권의 양도에도 준용($\binom{\text{민법 제196조}}{\text{제2항}}$)되는 점을 고려하면, '점유권 이전에 대한 물권적 합의'를 인정하는 것이 타당하다. 현실 인도는 사실행위로 구성한다 하더라도 간이인도 합의, 점유개정 합의, 목적물반환청구권 양도는 사실행위로 구성하기 어렵기 때문이다.

한편 대상판결과 같이 유치권 성립을 위하여 동산의 물권 양도와 무관하게 점유가 이전된 경우에는 위 일반론에서 본 "물권행위에 관하여는 그 원인행위인 채권행위가 채권자의 채권 성립시기보다 앞서 이루어진 경우에는 그 채권에 기한 이행행위로서의 물권행위 자체만의 취소를 구할 수는 없다"는 법리가 적용되지 않는다. 채권에 기한 이행행위로서 점유가 이전된 경우가 아니기 때문이다.

설령 '점유 이전'에 관한 당사자의 합의를 물권행위가 아니라 자연적 의사로 파악하여, 현실 인도를 포함한 '점유 이전'을 법률행위로 볼 수 없다는 견해[67)]에 따르더라도 반드시 채권자취소권의 대상이 아니라는 결론

---

64) 곽윤직·김재형, 물권법 제8판(전면개정)보정, 박영사(2015), 198면; 민법주해[IV], 편집대표 곽윤직, 박영사(1992), 324면(이재재 집필부분). 윤진수, 물권행위 개념에 대한 새로운 접근, 민사법학 제28호, 한국민사법학회(2005), 20면 이하에는 이러한 입장을 전제로 자세한 설명이 서술되어 있다.

65) 대법원 1989. 4. 11. 선고 88다카8217 판결은 "점유권은 그 점유권자의 사망으로 인하여 상속인에게 이전(승계)하는 것이고(민법 제193조), 상속인이 미성년자인 경우에는 그 법정대리인을 통하여 그 점유권을 승계받아 그 점유를 계속할 수가 있는 것이라고 보아야 할 것이다"라고 판시한다. 점유 이전을 사실행위로만 파악한다면 상속인이 미성년자라 하여도 상속인이 직접 점유하면 점유의 이전이 일어난다고 보게 된다. 그런데 위 판결은 상속인이 미성년자일 경우에는 '법정대리인을 통하여' 점유권을 승계한다고 설시한 것은 바로 점유 이전에 행위능력이 필요한 법률행위가 개재되어 있다는 점을 전제로 한 것이다.

66) 대법원 2013. 10. 24. 선고 2011다44788 판결.

67) 주석민법(제4판) 물권(1), 편집대표 김용담, 한국사법행정학회(2011), 307면(김형석 집필부분); 김상용, 물권법 제2판, 화산미디어(2013), 269면.

으로 이어지지는 않는다. 비록 민법 제406조 제1항에는 "법률행위"라고 명시되어 있지만, 그에는 법률행위가 아니라는 것에 이견이 없는[68] 변제가 채권자취소권의 대상에 포함된다는 점에 관하여 문제를 제기하는 견해는 찾아보기 어렵다. 이는 채권자취소권의 대상을 반드시 법률행위로 한정하지 않고, 필요하다면 해석으로 넓힐 수 있다는 점을 보여 준다.

라. 소결 및 주문의 형태

이러한 이유로 채무자로부터 유치권 주장자에게 점유가 이전된 경우에는 그 점유 이전에 관한 물권적 합의를 채권자취소권의 대상인 '법률행위'로 파악할 수 있다고 생각한다. 이 경우 청구취지 또는 주문은 "피고들과 A 사이에 (이 사건) 건물에 관하여 2006. 11.경 체결된 점유 이전 합의를 취소한다. 피고들은 A에게 (이 사건) 건물을 인도하라."와 같은 형태로 될 것이다.

3. 근저당권과 채권자취소권

가. 일반채권자가 공동담보가액이 남은 목적물에 관하여 채권자취소권을 행사하는 경우

우선 목적물에 관하여 담보권이 설정되지 않은 경우(혹은 담보권이 설정되어 있더라도 목적물 가액이 피담보채무액보다 커서 공동담보가액이 남아 있는 경우)에 담보채권자가 아닌 일반채권자가 유치권 주장자를 상대로 점유 이전 행위에 관하여 사해행위취소를 구한다면, 채권자취소권의 피보전채권 요건 측면이나 공동담보의 부족을 회복시킨다는 사해행위 요건 측면이 모두 들어맞는다.

다만, 판례는 '부동산에 대하여 가압류등기가 먼저 되고 나서 근저당권설정등기가 마쳐진 경우에 경매절차의 배당관계에서 근저당권자는 선

---

68) 다만 준법률행위로 볼 것인가 사실행위로 볼 것인가의 견해대립만 있다. 민법주해[XI], 편집대표 곽윤직, 박영사(1995), 24면 이하(김대휘 집필부분); 주석민법(제4판) 채권총칙(4), 편집대표 김용담, 한국사법행정학회(2014), 47면(정준영 집필부분) 이하. 양창수·김재형, 계약법, 박영사(2010), 292-293면은 변제를 "사실적 급부실현"에 불과하고 준법률행위로도 볼 수 없다고 주장한다.

순위 가압류채권자에 대하여는 우선변제권을 주장할 수 없으므로 그 가
압류채권자는 근저당권자와 일반 채권자의 자격에서 평등배당을 받을 수
있고, 따라서 가압류채권자는 채무자의 근저당권설정행위로 인하여 아무
런 불이익을 입지 않으므로 채권자취소권을 행사할 수 없다'고 한다.[69)
그러나 채권자취소권을 행사하는 일반채권자가 가압류한 후에 유치권 주
장자가 유치권 성립 요건을 충족한 경우에는, 근저당권 설정과는 달리
점유 이전이 가압류의 처분금지효에 저촉된다고 볼 수 없어[70) 유치권 주
장자와 가압류채권자가 평등배당 받지 않으므로 채권자취소권을 행사할
수 있다고 보아야 한다.

나. 근저당권자가 근저당권이 설정된 목적물에 관하여 채권자취소권을 행사하는 경우

(1) 서 설

그런데 대상판결과 같이 근저당권자가 근저당권이 설정된 목적물에
관하여 채권자취소권을 행사한다면, 위 가항과는 다른 문제가 발생한다.
판례의 법리에 따르면 구체적으로 다음과 같은 결과가 된다. ① 우선 목
적물의 가액이 근저당권의 피담보채권액보다 큰 경우에는 그 초과분(목적
물의 가액-근저당권의 피담보채권액)에 한하여 공동담보의 감소가 발생하
나, 근저당권의 피담보채권은 그 목적물에 관하여 우선변제권을 가지고
있으므로 채권자취소권의 피보전채권이 되지 못한다.[71) ② 목적물의 가
액이 근저당권의 피담보채무액보다 작은 경우에는 근저당권자는 그 초과
분(근저당권의 피담보채권액-목적물의 가액)에 한하여 채권자취소권의 피
보전채권으로 채권자취소권을 행사할 수는 있으나, 당해 목적물의 처분은

---

69) 대법원 2008. 2. 28. 선고 2007다77446 판결.
70) '가압류-유치권' 판결(대법원 2011. 11. 24. 선고 2009다19246 판결) 참조.
71) 대법원 2002. 11. 8. 선고 2002다41589 판결(주채무자 또는 제3자 소유의 부동산
    에 대하여 채권자 앞으로 근저당권이 설정되어 있고, 그 부동산의 가액 및 채권최
    고액이 당해 채무액을 초과하여 채무 전액에 대하여 채권자에게 <u>우선변제권이 확
    보되어 있다면, 그 범위 내에서는 채무자의 재산처분행위는 채권자를 해하지 아니
    하므로</u> 연대보증인이 비록 유일한 재산을 처분하는 법률행위를 하더라도 채권자에
    대하여 사해행위가 성립되지 않는다).

사해행위가 되지 않는다(이미 우선변제권이 확보된 부분이므로 이를 처분하여도 공동담보에 부족이 심화되지 않기 때문이다).[72]

결국, 근저당권자가 근저당권이 설정된 해당 목적물에 관하여 채권자취소권을 행사하고자 하여도 목적물의 가액이 근저당권의 피담보채권액보다 크든 작든 채권자취소권을 행사하지 못한다는 결과가 된다.

(2) 문 제 점

왜 이렇게 해석하게 되었는가. 우선 근저당권의 피담보채권이 채권자취소권의 피보전채권이 되지 못한다는 해석[73]은 "근저당권=우선변제권 확보"라는 프레임 아래 이미 근저당권의 보호를 받는 담보채권자는 채무자의 다른 행위를 통하여 우선변제권이 침해받을 수 없다는 전제에 서 있는 것으로 생각된다.[74] 즉, 그 우선변제권에도 여러 단계가 있어서(구체적으로는 배당에 관하여 단계별 순위가 있어서), 근저당권자보다 배당순위에서 앞서는 특정 권리가 성립함에 따라 근저당권자도 '해함'을 당할 수 있다는 것을 상정하지 못한 것은 아닌가 추측된다.[75]

다음으로 근저당권이 설정된 목적물을 처분하는 행위는 그 우선변제권이 설정된 범위 내에서 사해행위가 되지 않는다는 해석은 ① 채권자취소권은 채무자가 일반채권자의 공동담보가 되는 채무자의 총재산을 감소하게 하는 법률행위를 한 경우에 그 감소행위의 효력을 부인하여 채무자

---

72) 대법원 2001. 10. 9. 선고 2000다42618 판결(저당권이 설정되어 있는 부동산이 사해행위로 양도된 경우에 그 사해행위는 부동산의 가액, 즉 시가에서 저당권의 피담보채권액을 공제한 잔액의 범위 내에서 성립하고, 피담보채권액이 부동산의 가액을 초과하는 때에는 당해 부동산의 양도는 사해행위에 해당한다고 할 수 없다).
73) 물론 목적물의 가액이 근저당권의 피담보채무액보다 작은 경우에는 근저당권자는 그 초과분(근저당권의 피담보채권액-목적물의 가액)에 한하여 채권자취소권의 피보전채권으로 채권자취소권을 행사할 수 있다. 여기서 말하고자 하는 바는 위 경우의 목적물 가액 범위 내인 부분에 관하여도 근저당권의 우선변제권이 확보되어 있다는 이유로 채권자취소권의 피담보채권에서 제외하는 것이 과연 타당한가 하는 점이다.
74) 위 각주 71의 밑줄 부분 참조.
75) 이러한 문제의식과 아래 분석 부분에 관하여는 박지연, 소액보증금의 최우선변제권 요건을 갖춘 임차인에 대한 실질적 보호가치의 판단을 배당에 반영하는 방법, 민사판례연구 제37권, 박영사(2015), 347면 이하의 영향을 받았다.

의 재산을 원상으로 회복함으로써 채권의 공동담보를 유지·보전하게 하기 위하여 채권자에게 부여된 권리인 점, ② 민법 제407조가 채권자취소와 원상회복은 모든 채권자의 이익을 위하여 효력이 있다고 규정하고 있는 점에 근거한다.[76] 다시 말하여 일반채권자의 공동담보로 회복되지 않는 것이면 사해행위 취소의 대상이 되지 못한다는 것이다.

(3) 유사 이해대립 상황과의 비교

(가) 근저당권자와 소액임차권 설정행위

소액임차인에 대한 임차권설정행위가 사해행위취소의 대상이 된다고 선언한 대법원 판결(대법원 2005. 5. 13. 선고 2003다50771 판결) 이후로 소액임차권 설정행위를 사해행위로 취소하고자 하는 청구와 그에 대한 판결이 상당히 누적되어 있다. 주목할 것은 ① 채권자취소권의 피보전채권 측면에서 사해행위취소를 구하는 채권자가 일반채권자가 아니라 근저당권자인 경우에, ② 사해행위 목적물 측면에서 목적물 가액보다 큰 금액을 피담보채권으로 하는 근저당권이 설정된 건물에 관한 소액임차권 설정행위에 대하여도 사해행위로 선언되고 있다는 점이다.[77]

우선 ① 채권자취소권의 피보전채권 측면에서 사해행위취소를 구하는 채권자가 일반채권자가 아니라 근저당권자인 경우에도 사해행위취소가 받아들여진다는 점에 관하여는 아래와 같이 이해할 수 있다. 소액임차인에 대한 임차권설정행위를 사해행위로 취소하는 경우 대부분 배당이의의 소와 함께 청구된다. 목적물의 가액이 근저당권의 피담보채무액보다 작은 경우에는 근저당권자는 그 초과분(근저당권의 피담보채권액—목적물의 가액)에 한하여 채권자취소권의 피보전채권으로 채권자취소권을 행사할 수는 있다. 위와 같은 판례 법리에 따르더라도 소액임차권 설정으

---

76) 대법원 2006. 4. 13. 선고 2005다70090 판결.
77) 대표적으로 대법원 2015. 5. 14. 선고 2014다14412 판결, 대법원 2015. 5. 14. 선고 2014다75639 판결, 대법원 2015. 5. 28. 선고 2015다2553 판결 등. 소액임차인에 대한 임차권설정행위에 관하여 사해행위취소를 구한 사안은 일반채권자가 아닌 근저당권자가 원고로서 소 제기한 경우가 더 많아 보인다. 그러나 앞서 본 대법원 법리와 충돌하는 문제에 관한 고찰이 판결문에 담겨 있지는 않다.

로 배당에서 소액보증금만큼 배당을 받지 못하게 된 근저당권자는 그 소액보증금만큼은 우선변제권의 범위에서 벗어나게 되었으므로 그 부분을 피보전채권으로 삼아 채권자취소권을 행사할 수 있다.

그러나 ② 사해행위 목적물 측면에서 목적물 가액보다 큰 금액을 피담보채권으로 하는 근저당권이 설정된 건물에 관한 소액임차권 설정행위가 사해행위취소의 대상이 된다는 점은 종전 판례 법리와는 잘 들어맞지 않는다. 앞서 본 바와 같이 소액임차권 설정행위가 사해행위로 취소되어도 위 건물은 그 가액 이상의 금액을 피담보채권으로 하는 근저당권이 이미 설정되어 있었으므로, 건물은 일반채권자의 공동담보로 제공되어 있던 부분이 아니다. 그런데도 소액임차권 설정행위를 사해행위로 취소하는 근거는 무엇인가. 우선 재판 당사자인 소액임차인이 이 부분을 명시적으로 다투지 않은 채 '선의 항변'만을 하고 있는 점을 들 수 있다. 그러나 사해행위의 목적물 측면에서 사해행위취소의 대상이 된다는 점은 사해행위취소소송의 청구원인에 해당하는 것이어서 소액임차인이 근저당권자의 사해행위취소 청구에 관하여 다투는 이상 이에 대하여 판단을 하여 주는 것이 옳다.[78] 다음으로 사해행위취소의 소와 병합되어 있는 배당이의의 소 고유의 법리 때문으로 생각해 볼 수 있다. 채권자가 사해행위취소의 소와 배당이의의 소를 병합하여 제기한 경우 법원으로서는 배당이의의 소를 제기한 당해 채권자 이외의 다른 채권자의 존재를 고려할 필요 없이 그 채권자의 채권이 만족을 받지 못한 한도에서만 근저당권설정계약을 취소하고 그 한도에서만 수익자의 배당액을 삭제하여 당해 채권자의 배당액으로 경정하여야 한다.[79] 이러한 이유로 다른 채권자의 존

---

78) 한편 법원은 사해행위취소의 대상이 된다는 점에 관하여 '당사자가 변론에서 상대방이 주장하는 사실을 명백히 다투지 아니한 때'에 해당하여, 민사소송법 제150조 제1항에 따라 당사자가 자백한 것으로 간주한 것이 아닌가 의문이 든다. 그러나 소액임차권 설정행위가 사해행위가 된다는 것이 자백의 대상이 되는 구체적 사실이라고 볼 수는 없을 뿐 아니라, 위 각주 79에 기재된 판결의 원심은 모두 소액임차권 설정행위가 사해행위가 된다는 점은 증거에 의하여 사실 인정한 후 법리에 포섭시켜 인정하고 있다.

79) 대법원 2004. 1. 27. 선고 2003다6200 판결, 대법원 2011. 2. 10. 선고 2010다

재를 고려할 필요 없이 소액임차인에 배당된 금액을 삭제하고, 그 배당액을 근저당권자에게 전부 배당하는 취지로 경정하는 주문이 선고되는 것이 아닌가 하는 것이다. 그러나 배당이의의 소 법리는 어디까지나 원상회복의 방법과 범위에 관한 것이므로, 일단 사해행위 자체에 해당한다는 점이 긍정되어야 원상회복의 방법과 범위가 검토될 수 있다. 따라서 과연 소액임차권 설정행위가 일반채권자의 공동담보로 제공된 부분을 감소시키는 사해행위인가를 논함에 있어 위와 같은 배당이의의 소 법리는 등장할 여지가 없다.

(나) 임금채권자와 재산처분행위

한편 채무초과 상태에 있는 채무자가 근로자들에 대한 임금채무 등의 지급을 면하고자 채무자의 유일한 재산인 선박을 채권자 중 1인에게 매도하였는데, 매도 당시 그 선박에 설정되어 있는 근저당권들의 피담보채권액 합계가 선박의 시가를 초과하고 있는 사안에서, 위 선박의 양도행위가 임금채권 등 근저당권에 우선하는 채권을 가진 자에 대하여는 사해행위에 해당한다고 판단한 원심판결을 파기한 판결(대법원 2006. 4. 13.
선고 2005다70090 판결)이 있다. 이 판결은 다음과 같이 설시한다. "저당권이 설정되어 있는 재산이 사해행위로 양도된 경우에 그 사해행위는 그 재산의 가액, 즉 시가에서 저당권의 피담보채권액을 공제한 잔액의 범위 내에서 성립하고, 피담보채권액이 그 재산의 가액을 초과하는 때에는 당해 재산의 양도는 사해행위에 해당한다고 할 수 없다고 할 것인바, (중략) 위와 같은 법리는 채권자들 중에 그 채무자에 대하여 임금채권 등 경매 등의 환가절차에서 저당권에 의하여 담보되는 채권보다 우선하여 배당을 받을 수 있는 채권자가 있는 경우에도 마찬가지라고 할 것이고, 피담보채권액이 그 재산의 가액을 초과하는 재산의 양도행위가 저당권의 피담보채권보다 우선하여 배당받을 수 있는 채권자에 대한 관계에 있어서만 사해행위가 된다고 할 수도 없다."

90708 판결.

이 판결이 위와 같은 설시를 하게 된 것은 기존의 사해행위 성립에 관한 법리와 맞지 않는다는 점(일반채권자의 공동담보가 감소하여야 사해행위가 된다는 점과 민법 제407조에 의하여 모든 채권자를 위하여 사해행위취소의 효과가 있다는 점) 외에 다음과 같은 특수성이 반영된 것으로 보인다.[80] 즉, 만일 소유권이 변동되지 아니한 채 경매가 되었더라면 임금채권자들이 배당을 받는 대신 그 액수만큼 근저당권자가 배당을 받지 못하였을 것인데, 소유권의 이전으로 말미암아 근저당권자는 임금채권 상당의 공제 없이 배당을 받게 되었다. 즉 사해행위로 본 매매계약으로 인하여 경제적 이득을 본 것은 근저당권자인데도, 원심은 수익자에게 가액배상을 명함으로써 근저당권자의 이득은 그대로 보유시킨 채 수익자의 손실로 임금채권자의 채권을 만족시키고 있는 것이다.

그러나 채무자가 점유를 이전하여 근저당권의 피담보채권보다 우선하는 유치권을 성립시킨 행위로 경제적 이득을 보는 사람과 사해행위취소의 피고, 즉 원상회복 의무자는 모두 유치권 주장자로 동일인물이 된다. 따라서 위 2005다70090 판결에서 나타난 구체적 타당성 결여 문제는 유치권의 성립 요건을 갖춘 행위를 사해행위로 취소할 때에는 등장하지 않는다. 결국, 위 2005다70090 판결의 논리 중에서는 기존의 사해행위 성립에 관한 법리와 맞지 않는다는 점만이 근저당권의 목적물에 관하여 유치권 성립 요건을 갖춘 행위를 사해행위로 취소할 수 없다는 논거로 쓰일 수 있다.

(4) 검   토

근저당권의 피담보채권을 채권자취소권의 피보전채권으로 사해행위취소를 청구할 수 있는가, 목적물의 가액보다 근저당권의 피담보채권액이 큰 경우에 해당 목적물을 처분한 것이 사해행위에 해당하는가에 관하여는 대법원이 워낙 확고한 법리를 전개하여 왔으므로, 그에 반대하는 해석을 전개하기가 부담스러운 측면이 있다.

---

80) 홍승면, 임금채권 등 우선변제권이 있는 채권자에 대한 상대적 사해행위의 성립 가능성, 대법원판례해설 제60호, 법원도서관(2006), 91면 이하.

그러나 근저당권의 목적물에 관하여 유치권 성립 요건을 갖춘 행위는 근저당권자의 우선변제권을 직접 잠식하는 행위라는 점에서 소액임차권 설정행위와 유사한 구도이다. 대법원은 근저당권자가 가액 이상의 피담보채권으로 근저당권이 설정된 목적물에 관하여 체결한 소액임차권을 사해행위로 보아 취소를 구하는 경우에도 이를 받아들여 왔음을 생각하면, 대상판결과 같이 근저당권의 목적물에 관하여 유치권 성립 요건을 갖춘 행위에 대해서도 사해행위로 보아 취소할 수 있을 것이다.

만약 이를 부정하게 되면, 근저당권이 설정되지 않은 목적물에 관하여는 유치권 성립 요건을 갖추는 행위가 사해행위취소의 대상이 되지만, 근저당권이 설정된 목적물에 관하여는 피담보채권액이 가액을 넘어서는 경우에 사해행위취소의 대상이 되지 못한다는 결론이 된다. 채권자로서는 채권 효력을 강화하기 위하여 물적 담보를 설정받은 것인데, 그러한 물적 담보를 설정받았다는 이유로 오히려 사해행위취소를 하지 못하게 되는 불균형에 이르게 된다(일반채권자의 경우에는 유치권 성립에 따른 손해를 다른 일반채권자와 나누어 갖게 되지만, 담보채권자는 유치권 성립에 따른 손해를 오롯이 부담하게 된다는 점에서 그 손해는 더욱 크다).

기존의 사해행위 성립에 관한 법리와 맞지 않는다는 난점(일반채권자의 공동담보가 감소하여야 사해행위가 된다는 점과 민법 제407조에 의하여 모든 채권자를 위하여 사해행위취소의 효과가 있다는 점)을 극복하기 위하여, 근저당권의 목적물에 관하여 유치권 성립 요건을 갖춘 행위에 관하여 사해행위취소는 인정하되, 그 취소로 인한 유치권 부존재의 효과는 일반채권자 모두의 공동담보를 위하여 존재하게 된다는 해석도 상정해 볼 수는 있으나, 공동담보로 돌려질 유치권 부존재의 효과만을 따로 계산해 내기도 어렵고, 원래는 근저당권의 우선변제권보다 후순위이던 일반채권자들이 유치권 성립 주장과 그에 대한 사해행위 취소를 통하여 사해행위 취소의 효과에 관하여는 근저당권자와 동등한 순위로 올라선다는 것 역시 납득하기는 어렵다.

VI. 결   론

대법원 판례에 따르면 경매절차에서 유치권의 효력이 제한되는 기준이 되는 유치권 성립 시점은 '경매개시결정 기입등기 시'이고, 경매개시결정 기입등기 전에 유치권 성립되었기만 하면 그 이전에 가압류, 체납처분압류, 근저당권이 설정 또는 등기되었다 하여도 유치권의 효력은 제한되지 않는다. 그 결과 경매개시결정 기입등기 전에 성립한 유치권의 효력을 그대로 인정하는 것이 부당한 경우에는 실무상 신의칙 또는 권리남용의 법리로 대처하게 되었다. 따라서 유치권 주장을 어떠한 경우에 신의칙 또는 권리남용으로 제한할 수 있는지를 분석할 필요가 절실하다.

이제까지 논의한 바를 바탕으로 서론에서 제기한 의문에 관하여 답하여 본다.

유치권 행사에 관한 신의칙 위반 주장을 판단한 법원 판결들은 다음과 같은 특징이 있다. ① 선행 권리자가 존재한다는 사정, 나아가 그 존재 사실을 알았다는 사정만으로는 신의칙 위반 주장을 받아들이기에 부족하다. ② 신의칙 위반 주장이 인용된 사건은 '유치권 주장자가 유치권의 요건을 갖추는 방법이 특별히 부당한 경우'이거나 '유치권 주장자가 유치권을 행사하지 않겠다는 신뢰를 부여한 경우'로 유형화할 수 있다. ③ 2011다84298 판결 이후에는 하급심을 중심으로 위 판결이 제시한 요건 충족 여부를 따져 신의칙 위반 주장을 판단하려는 경향이 있다.

결국, 대상판결 판시는 "위 ③ 특징과 같이 2011다84298 판결에 기대어 신의칙 위반 주장을 만연히 받아들이지 말고, 원심이 든 사정만으로는 위 ① 특징의 '선행 권리자가 존재한다는 사정, 나아가 그 존재 사실을 알았다는 사정'에 불과하여 신의칙 위반 주장을 인용하기에 부족하므로, 위 ② 특징의 각 유형에 해당할 사정이나 다른 신의칙 위반 사유를 더 구체적으로 심리하라"는 의미라고 생각한다.

원심으로서는 유치권의 성립 시기와 방법·경위, 유치권 주장자와 소송에서 대립되는 권리자, 선순위 권리자의 권리 설정 이후 목적물의 가격 상승액과 유치권 피담보채권액의 비교, 신의칙 위반 주장을 받아들였을 경우 유치권자의 보호, 채무자의 채무 상태 등 사정을 심리하여야 하고, 그 결과 위 ② 특징의 각 유형에 해당하거나 그에 준하는 다른 신의칙 위반 유형을 찾을 경우 신의칙 위반 주장을 받아들일 수 있다.

한편 당사자의 예측가능성 확보나 법관에 대한 명확한 판단기준 제시를 위하여 신의칙이나 권리남용의 법리보다는 채권자취소권으로 부당한 유치권을 통제할 필요가 있고, 적어도 대상판결과 같은 사안에는 현재의 실무와 해석상으로도 채권자취소권을 이용한 유치권 통제가 충분히 가능하리라 본다.

[Abstract]

How to deal with abuse of retention right
—Application type of good faith(bona fide), Analysis of consideration factors, Attempt to apply revocation of obligee right—

Song, Young Bok*

According to the precedents of Supreme Court, whether to restrict retention right depends upon the established time of retention right precede registration of decision to commence official auction or not. As a result, in the cases which are seen as unfair to admit the validity of the retention right established prior to the decision to commence official auction, practitioners began to plead for 'good faith(bona fide)' which were sometimes accepted by judges. Therefore, it is necessary to analyze when to restrict retention right using the "good faith(bona fide)" principle.

Court decisions determined the claims of 'good faith(bona fide)' principle in restricting retention right have the following characteristics: ① Circumstances that existed prior rights(provisional attachment, hypothec, disposition for arrears attachment) holder, and even the retention right claimant already knew the existence of prior rights holder are not enough to accept the alleged violation of 'good faith(bona fide).' ② The decisive circumstance we can find in the cases that the alleged violation of 'good faith(bona fide)' are accepted classifiable as "establishing way of the retention right is inappropriate particularly" or "retention right claimant has granted the trust that would not exercise the retention right." ③ Since Supreme Court's 2011Da84298 decision, lower court judges tend to decide whether to accept

---

* Judge, Cheonan Branch Court of Daejeon District Court.

the alleged violation of 'good faith(bona fide)' as the case meets the requirements 2011Da84298 decision suggested or not.

Supreme Court's this decision(2014Da53462) means as follow: Do not accept the alleged violation of 'good faith(bona fide)' carelessly after 2011Da84298 standard(above ③ characteristic). Circumstances court below held in adjudicative document are just prior rights holder's existence or awareness of the prior rights holder's existence those are not enough to accept the alleged violation of 'good faith(bona fide)'(above ① characteristic). Court below should proceed hearings to find out whether the case has the decisive circumstances(above ② characteristic) or other equivalents.

Court below should proceed hearings about circumstances or factors. Those include followings: When and how retention right holder established the right, opponent right holder in the lawsuit, comparison of added value in the object since the establishment of prior right and claim secured by the retention right, protection of the retention right holder in case of accepting the alleged violation of 'good faith(bona fide)', debtor's property and debt condition. After the hearings, court below may accept the alleged violation of 'good faith(bona fide)' as long as finds out the decisive circumstances(above ② characteristic) or other equivalents.

Meanwhile, for predictability of the parties or establishment of standard in judging, using the 'revocation of obligee right' principle is more suitable than the violation of 'good faith(bona fide)' principle. In the current practice and interpretation, it is necessary and possible to control unlawful retention right claim using the 'revocation of obligee right' principle.

[Key word]
- retention right
- unlawful, unfair retention right
- the effect of retention right
- transfer of possession
- good faith, bona fide
- revocation of obligee right

참고문헌

[주 석 서]

편집대표 곽윤직, 민법주해[I], 박영사(1992).
_____, 민법주해[Ⅳ], 박영사(1992).
_____, 민법주해[Ⅸ], 박영사(1995).
_____, 민법주해[Ⅺ], 박영사(1995).
편집대표 김용담, 주석민법(제4판) 물권(1), 한국사법행정학회(2011).
_____, 주석민법(제4판) 채권총칙(2), 한국사법행정학회(2013).
_____, 주석민법(제4판) 채권총칙(4), 한국사법행정학회(2014).

[단 행 본]

곽윤직 · 김재형, 민법총칙 제9판, 박영사(2013).
_____, 물권법 제8판 (전면개정) 보정, 박영사(2015).
김상용, 물권법 제2판, 화산미디어(2013).
양창수 · 김재형, 계약법, 박영사(2010).

[논   문]

강민성, 민사집행과 유치권-이미 가압류 또는 압류가 이루어졌거나, 저당권이
    설정된 부동산에 관하여 취득한 점유 또는 견련성 있는 채권으로써
    경매절차에서 그 부동산을 매수한 사람을 상대로 유치권을 내세워
    대항하는 것이 허용되는지 여부에 관하여-, 사법논집 제36집, 법원
    도서관(2003).
김기수, 체납처분압류 후 경매개시 전에 취득한 유치권의 대항력, 재판과 판례
    제23집, 대구판례연구회(2015).
김원수, 압류(가압류)의 효력이 발생한 이후에 유치권을 취득한 자가 매수인
    (경락인)에게 대항할 수 있는지 여부, 판례연구 제18집, 부산판례연구
    회(2007).
박상언, 저당권 설정 후 성립한 유치권의 효력, 민사판례연구 제32권, 박영사

(2010).

박정기, 압류의 처분금지효에 저촉하여 취득한 유치권으로 경매절차의 매수인에게 대항할 수 있는지 여부, 재판실무연구 2005, 광주지방법원(2006).

박지연, 소액보증금의 최우선변제권 요건을 갖춘 임차인에 대한 실질적 보호가치의 판단을 배당에 반영하는 방법, 민사판례연구 제37권, 박영사(2015).

박치봉, 공사의 미완성과 하자의 구별기준, 건축 관련 판례 50선, 대구판례연구회(2012).

배동한, 체납처분압류 후 성립한 유치권의 효력, 판례연구 제26집, 부산판례연구회(2015).

배용준, 유치권의 성립요건으로서의 견련관계 및 유치권의 불가분성, 민사판례연구 제31권, 박영사(2009).

윤진수, 물권행위 개념에 대한 새로운 접근, 민사법학 제28호, 한국민사법학회(2005).

이계정, 체납처분압류와 유치권의 효력, 서울대학교 법학 제56권 제1호, 서울대학교 법학연구소(2015).

이승규, 유치권자와 경매절차에서의 매수인 사이의 대항관계, 민사판례연구 제36권, 박영사(2014).

이재도, 부동산경매절차에서 허위유치권에 관한 문제와 개선방안, 민사집행법연구 제8권, 한국사법행정학회(2012).

조효정, 부동산에 가압류등기가 경료된 후에 채무자의 점유이전으로 제3자가 유치권을 취득하는 경우, 가압류의 처분금지효에 저촉되는지 여부, 재판실무연구, 수원지방법원(2013).

차문호, 유치권의 성립과 경매, 사법논집 제42집, 법원도서관(2006).

하상혁, 가압류 후에 성립한 유치권으로 가압류채권자에게 대항할 수 있는지 가부, 특별법연구 제10권－전수안대법관 퇴임기념, 사법발전재단(2012).

_____, 가압류 후에 성립한 유치권으로 가압류채권자에게 대항할 수 있는지 가부, 대법원판례해설 제89호, 법원도서관(2012).

홍승면, 임금채권 등 우선변제권이 있는 채권자에 대한 상대적 사해행위의 성립 가능성, 대법원판례해설 제60호, 법원도서관(2006).

황진구, 체납처분압류가 있는 부동산에 대하여 취득한 유치권의 효력, 양승태 대법원장 재임 3년 주요 판례 평석, 사법발전재단(2015).
_____, 체납처분압류가 되어 있는 부동산에 유치권을 취득한 경우 경매절차
의 매수인에게 유치권을 행사할 수 있는지 여부, 사법 제29호(2014).

[기사, 법원 커뮤니티 자료]

김재형, 2013년 분야별 중요판례분석 ③-민법(상), 법률신문 2014. 3. 6.자.
양진수, 민사집행법연구회 2014년 하계 심포지엄 발표문.

이른바 질권설정계약의 합의해지와 제3채무자 보호*

송 덕 수**

■요 지■

　　(1) 대법원은 연구대상판결(아래에서는 본 판결이라 한다)에서 지명채권 양도가 해제·합의해제된 경우의 법리를 질권설정계약이 합의해지된 경우 또는 해지되지는 않았으나 질권자가 해지통지를 한 경우에 관하여 처음으로 중요한 판단을 하였다. 대법원이 본 판결에서 판시한 여러 법리 가운데에는 바람직한 것도 많다. 그리고 본 판결 사안에서의 최종결론도 타당하다. 그런데 부분적으로는 부적당한 점도 있다.

　　(2) 본 판결은 제452조 제1항이 지명채권질권의 설정의 경우에 유추적용된다고 하는데, 그 부분은 타당하다.

　　(3) 본 판결은 채권양도계약이 해제·합의해제된 경우에 채권양도인이 원래의 채무자에게 대항하려면 채권양수인이 해제 등 사실을 통지해야 한다고 한다. 본 판결의 그 부분은 기존의 판례를 반복한 것인데 그 내용은 타당하지 않다.

　　본 판결은 지명채권양도가 해제·합의해제된 경우의 법리를 질권설정계약이 해제·합의해제된 경우에도 동일하게 인정하고 있다. 본 판결의 그러한 태도 자체는 타당하다. 그런데 그 법리의 내용이 바람직하지 않아서 문제이다.

　　본 판결은 지명채권양도가 해제·합의해제된 경우의 법리를 이른바 '질

　*　이 논문은 2015. 7. 20.에 있은 민사판례연구회 월례회에서 발표한 논문을 그 후에 수정·보완한 것이다. 그리고 먼저 『법학논집』(이화여자대학교 법학연구소) 제20권 제1호에 게재한 바 있다. 한편 이 논문을 올바르게 수정할 수 있도록 문제점을 지적해 주신 윤진수 회장님과 특히 오종근 교수님에게 감사드린다.

　**　이화여자대학교 법학전문대학원 교수.

권설정계약이 합의해지된 경우'에도 인정하고 있다. 여기서는 우선 '질권설정계약의 합의해지'라는 표현 자체가 올바르지 않다. 그런데 본 판결의 태도 자체는 타당하다. 다만, 본 판결에서의 그 법리는 지명채권질권에만 인정될 수 있는데, 본 판결은 모든 질권에 일반적으로 적용될 수 있는 것처럼 표현되어 있어서 부적절하다. 그러한 점들은 일방적 해지의 경우에도 마찬가지이다.

본 판결은 이른바 '질권설정계약이 합의해지된 경우'에 질권설정자가 제3채무자에게 원래의 채권으로 대항하려면 질권자가 해지 사실을 통지해야 한다고 한다. 그러나 이는 옳지 않고 오히려 제452조 제1항(후단)을 유추적용하는 것이 바람직하다.

(4) 본 판결은 질권자가 제3채무자에게 질권설정계약의 해지 사실을 통지하였으면 설사 해지가 되지 않았더라도 선의의 제3채무자는 질권설정자에게 대항할 수 있는 사유로 질권자에게 대항할 수 있다고 한다. 이는 이른바 '질권설정계약이 해지된 경우'에 제452조 제1항 전체를 유추적용한 것이다. 본 판결의 그 부분은—표현상으로는 문제가 있지만—타당하다.

그리고 본 판결은 질권자가 질권설정계약의 해지 사실을 통지하였으면 제3채무자의 선의가 추정된다고 한다. 본 판결의 그 부분은—표현상으로는 문제가 있으나—적절하다.

[주제어]
- 질권설정계약
- 해제
- 해지
- 합의해지
- 채권양도
- 민법 제452조

[투고일자] 2015. 12. 7.
[심사일자] 2015. 12. 14.
[계재확정일자] 2015. 12. 30.

대상판결 : 대법원 2014. 4. 10. 선고 2013다76192 판결***

[사실관계]

본 연구 대상판결(이하 '본 판결'이라 함)의 원심판결[1]을 바탕으로 하여 사실관계를 정리하면 다음과 같다.[2]

1. 원고(롯데쇼핑 주식회사)는 2010. 8. 26. 주식회사 대자연네트웍스(이하 '대자연네트웍스'라 한다)로부터 서울 강서구 (주소 생략) 지상 건물(이하 '이 사건 건물'이라 한다) 중 지하 1층 1,077.4㎡(이하 '이 사건 상가'라 한다)를 임대차기간 2010. 9. 13.부터 2015. 9. 13.까지, 보증금 10억 원, 차임 월 천만 원으로 정하여 임차하였다(이하 원고와 피고 사이의 위 임대차계약을 '이 사건 임대차계약'이라 한다). 원고는 그 무렵 대자연네트웍스에 위 임대차보증금 10억 원을 지급하였다.

2. 원고와 대자연네트웍스는 2010. 11. 23. 원고의 대자연네트웍스에 대한 위 임대차보증금반환채권을 담보하기 위하여 피고(농협은행 주식회사)에 대한 대자연네트웍스 명의의 10억 원의 예금채권(예금종류 : 자유로 회전예금, 예금주 : 대자연네트웍스, 증서번호 : (증서번호 생략), 이하 '이 사건 예금채권'이라 한다)에 대하여 원고를 질권자, 대자연네트웍스를 채무자 겸 질권설정자, 피고를 제3채무자로 하는 질권설정계약(이하 '이 사건 질권설정계약'이라 한다)을 체결하였다.

3. 한편, 원고는 같은 날 피고로부터 확정일자 있는 질권설정승낙서를 교부받았다. 위 질권설정승낙서에는 다음과 같은 내용이 포함되어 있다.

가. 질권자의 서면 동의 없이 질권의 해지 및 상기 예금의 중간 해지 행위 금지

나. 상기 질권 통장에 여타의 권리 제한 금지 및 상계권의 금지 등

*** 판례공보 2014, 1037면.

[1] 서울고법 2013. 9. 4. 2012나102539.

[2] 본 연구를 위하여 제1심판결과 대법원 환송판결 후의 서울고등법원 판결을 민사판례연구회의 간사이신 양재호 판사님이 구해 주셨다. 이 자리를 빌려 양판사님에게 감사드린다.

4. 원고는 이 사건 임대차계약 후 이 사건 상가에서 롯데슈퍼를 운영하다가 영업 부진으로 2011. 12. 4. 운영을 중단하고, 위 상가를 대자연네트웍스에 인도하였다. 이후 원고는 2012. 2. 28.경 대자연네트웍스에 이 사건 임대차계약의 해지를 통보하면서 임대차보증금 반환과 손해배상을 청구하겠다는 내용의 서면을 발송하였다. 대자연네트웍스는 2012. 3. 5.경 원고에게 이 사건 임대차계약이 해지되었음을 전제로 임대차보증금은 2012. 4.경 반환할 예정이며, 원고의 손해배상청구는 부당하다는 내용의 답신을 하였다.[3]

[소송의 경과]
1. 제 1 심
원고는 피고에 대하여 10억 원과 그에 대한 지연손해금의 지급을 구하는 소를 서울중앙지방법원에 제기하였다. 그럼에 있어서 원고는, 주위적으로 이 사건 임대차계약의 해지를 이유로 임대차보증금 상당액의 반환을 청구하였고, 예비적으로 실명확인의무 등을 이행하지 않은 중대한 과실로 임차보증금을 반환받지 못하는 손해를 입었다고 하면서 불법행위를 이유로 그 금액의 손해배상을 청구하였다.

이에 대하여 제1심법원은 다음과 같이 판단하였다.[4]

먼저 주위적 청구원인에 대하여, "이 사건 임대차계약은 늦어도 원고와 대자연네트웍스 사이에 위 임대차계약을 해지한다는 의사의 합치가 이루어졌음이 서면으로 나타난 2012. 3. 15.경 적법하게 해지되어 종료되었으므로, 특별한 사정이 없는 한 민법 제353조 제1, 2항에 의하여 제3채무자인 피고는 질권자인 원고에게 이 사건 예금 1,000,000,000원을 지급할 의무가 있으나, 뒤에서 보는 바와 같이 2010. 12. 16. 이 사건 질권설정계약이 해제되었다는 통보를 받은 피고가 대자연네트웍스에 이 사건 예금을 지급함으로써 원고가 피고에 대하여 가지는 이 사건 예금채권에 관한 권리는 소멸되었으므로, 결국 원고의 위 주장은 받아들일 수 없다."고 하였다. 한편 질권해제[5]가 없었

---

3) 원심판결은 "이 사건 임대차계약은 늦어도 원고와 대자연네트웍스 사이에 위 임대차계약을 해지한다는 의사의 합치가 이루어졌음이 서면으로 나타난 2012. 3. 5.경 적법하게 해지되어 종료되었다."고 한다. 즉 임대차계약이 합의해지되었다는 것이다. 이러한 판단은, 뒤에 보는 바와 같이, 제1심법원도 동일하였다.

4) 서울중앙지법 2012. 10. 26. 2012가합33025.

5) 여기의 '해제'를 제2심, 대법원, 환송 후 판결을 담당한 법원은 모두 그것의 법적

다는 원고의 재항변에 대하여, "원고가 피고에게 질권해제통지서를 발송함으로써 원고의 내심의 의사와 관계없이 피고와의 관계에서 이 사건 질권은 해제되었다고 보아야 하고, 이는 위 통지 후 원고와 대자연네트웍스 사이에 질권 해제의 합의가 최종적으로 이루어지지 않았다고 하여도 마찬가지이다. 결국 이와 다른 전제에 선 원고의 위 재항변은 받아들일 수 없다."고 하였다.

그리고 예비적 청구원인에 대하여, "피고가 원고에게서 질권해제통지서를 수령하고 대자연네트웍스에 이 사건 예금을 지급할 당시 은행으로서 실명확인의무, 이ㅇㅇ(필자 주: 이름은 필자가 지운 것이다)의 대리권 유무 등을 확인할 의무를 부담한다고 볼 수 없"다고 하였다.

그런 뒤에 원고의 청구를 기각하였다.

2. 제 2 심

가. 제1심법원이 원고의 청구를 기각하자 원고가 이에 불복하여 항소하였다. 원고의 항소심에서의 청구취지는 제1심에서와 같았다.

나. 원고의 항소에 대하여 제2심법원은 제1심법원과 달리 원고의 청구를 인용하였다. 제2심법원이 들고 있는 이유는 다음과 같다.[6]

(1) 제2심법원은 먼저, 이 사건 임대차계약이 늦어도 2012. 3. 5.경 적법하게 해지되어 종료되었으므로, 특별한 사정이 없는 한 민법 제353조 제1, 2항에 의하여 제3채무자인 피고는 질권자인 원고에게 이 사건 예금 10억 원 및 이에 대한 지연손해금을 지급할 의무가 있다고 하였다.

(2) 그러고 나서 피고가 자신은 2010. 12. 16. 원고로부터 이 사건 질권이 해제되었다는 통지를 받고 대자연네트웍스에 이 사건 예금을 지급하였으며, 이 사건 질권은 2010. 12. 16. 적법하게 해제되었으므로, 피고는 원고에게 이 사건 예금을 지급할 의무가 없다고 주장한 데 대하여, 원고와 대자연네트웍스 사이에서 이 사건 질권설정계약이 해지되었다고 인정하기에 부족하므로[7] 이 사건 질권설정계약이 해지되었음을 전제로 한 피고의 주장은 이유

성질을 '해지'로 파악하여 '해지'라고 표현하고 있다. 그런데 원고가 피고에게 보낸 문서는 '질권해제통지서'라는 제목으로 되어 있었을 뿐만 아니라 '해제'한다고 표현하였다. 그리고 제1심법원은 그러한 문서와 당사자의 주장에 맞추어 '해제'라고 표현하였다.

6) 서울고법 2013. 9. 4. 2012나102539.

7) 제2심법원은 질권설정계약이 해지되지 않은 이유로 다음의 것을 들었다. 우선

없다고 하였다.

(3) 그리고 피고의 위 주장에 질권자인 원고의 동의 아래 이 사건 예금을 지급하였다는 주장이 포함되어 있다고 선해하여 이에 관하여 본다고 한 뒤, "위 을 제8호증(필자 주: 질권해제통지서 사본)만으로 질권자인 원고의 동의가 있다고 보기 어렵고, 그 밖에 이를 인정할 증거가 없다. 결국 피고의 대자연네트웍스에 대한 위와 같은 예금지급 행위가 질권자인 원고의 동의 아래 이루어졌다는 취지의 피고 주장도 이유 없다."고 하였다.

(4) 나아가 피고의 위 주장에 민법 제452조 제1항에 규정된 양도통지와 금반언 또는 신의칙 위반의 주장이 포함되어 있다고 선해하여 이에 관하여 본다고 한 뒤, "피고의 주장은 금반언 원칙 또는 신의칙 위반 주장으로 선해하더라도 이유 없음이 명백하다."고 하였다. 그 구체적인 이유를 그대로 옮기면 다음과 같다.

"실제 질권자가 질권설정계약을 해지하지 아니하였거나 그 해지가 무효임에도 질권자가 제3채무자에게 질권설정계약 해지의 사실을 통지한 경우에도, 이를 신뢰한 선의의 제3채무자를 보호할 필요성이 있음은 동일하기 때문에 위 규정의 유추적용 가능성을 배제할 수 없다.

그러나 질권해제통지서(을 제8호증)에서 원고가 피고를 수신인으로 하여 해지사실을 통고한다는 표시의사를 인정할 수 없음은 앞서 본 바와 같

"질권해제통지서의 문면의 기재 정도를 고려하여 보면, 이를 대외적 문서라거나 피고를 수신인으로 하는 완성된 처분문서라고 보기 어렵다. 특히 수신인의 기재가 흠결된 점, 전송방법 및 송부 경위 등에 비추어 보면, 원고가 이 사건 질권설정계약이 해지되었음을 피고에게 전하고자 하는 표시의사(필자 주: 여기의 '표시의사'가 법적으로 의미 있는 행위를 한다는 의미의 본래의 표시의사인지 불분명하다) 역시 찾아볼 수 없다. 따라서 을 제8호증이 피고의 주장 사실에 부합하는 처분문서에 해당한다고 보기 어렵다."고 하였다. 그리고 "위 인정사실에 의하면, 이 사건 임대차보증금의 담보로 예금에 대한 질권을 이미 확보하고 있었던 원고가 담보신탁계약의 담보내용 변경이 이루어지지 않음에도 이 사건 질권설정계약을 해지할 이유가 없었다고 보인다. 그러므로 피고는 원고와 대자연네트웍스 사이에 담보변경(필자 주: 대자연네트웍스는 이 사건 건물에 관하여 체결된 담보신탁계약의 내용을, 수익권 금액 10억 원인 3순위 우선수익자로 원고를 설정하는 것으로 변경하되, 원고가 이 사건 질권을 해지하여 대자연네트웍스로 하여금 이 사건 예금을 아울렛 운영 자금으로 사용할 수 있게 하는 방안을 제시하였음)이 이루어지지 않아 이 사건 질권설정계약이 해지되지 않았음에도 만연히 위 질권해제통지서만으로 해지된 것으로 보고 대자연네트웍스에 이 사건 예금을 지급한 것으로 판단된다."고도 하였다.

다. 이 점에서 피고의 위 주장은 이유 없음이 명백하다. 또한 이 사건에 나
타난 제반 사정, 특히 아래에서 보는 사정들에 비추어 피고가 이 사건 예금
을 지급하였다는 사실만으로 피고가 원고로부터 전송받은 질권해제통지서(을
제8호증)를 신뢰한 선의의 제3자라고 추단할 수 없고, 그 밖에 이를 인정할
아무런 증거가 없다.

　　즉, 갑 제8, 9호증의 각 기재와 증인 소외 1의 증언에 변론 전체의 취
지를 종합하면, 다음 ① 내지 ④ 사실을 인정할 수 있다. ① 질권설정계약
을 해지하기 위해서는 질권해지통지서 원본을 받아 인감(서명)과 일치하는지
를 확인하고, 팀장의 검인과 영업점장의 결재를 받아야 한다. ② 피고 역삼
역지점은 조건변경 관련 제반서류 중 가장 중요한 기존 3순위 우선수익자를
한라건설 주식회사에서 원고로 변경하는 담보변경약정서를 원고로부터 받지
않았다. ③ 피고의 담당직원인 소외 1은 원고의 질권해지통지서 원본이 구
비되지 아니하였으나, 대자연네트웍스 대표이사 소외 2가 2010. 12. 16. '원
고가 예금채권질권을 해지할 터이니 자금집행을 해달라'고 요청하자 이에 따
라 팩시밀리로 위 질권해지통지서 사본만을 수령하고 이 사건 예금을 지급
하였다. ④ 이 사건 건물의 PF대출은 운영형PF로서 입주기업이 이탈하면 피
고 PF대출 사업의 운영이 어렵게 된다. 피고가 대자연네트웍스에 이 사건
예금을 지급할 무렵에는 자금결재의 지연으로 입주기업이 이 사건 건물에서
이탈할 조짐이 있었다.

　　그리고 피고 측에서도 이 사건 질권해지통지서가 단순한 질권설정계약
해지가 아닌 담보의 변경으로서, 해지와 담보변경이 동시에 이루어져야함을
잘 알고 있었음은 앞서 본 바와 같다.

　　위 사실 관계에 의하면, 원고의 대체담보권 확보가 확인되지 않았음에
도, 피고 스스로 사업자금의 신속한 투입에 큰 이해관계를 갖고 있는 상태
에서 피고 은행의 내부규정과 사회상규가 요구하는 일정한 확인절차를 거치
지 아니하였음을 알 수 있다. 이러한 사정에 비추어 보더라도, 피고가 이 사
건 질권설정계약이 해지되지 아니한 점에 대하여 선의라고 볼 수 있을지,
나아가 과실이 없다고 할 수 있을지 강한 의문이 든다.”

　(5) 결국 제2심법원은 원고의 청구원인은 정당하고 피고의 주장은 모두
부당하므로, 원고의 예비적 청구에 대하여 판단할 것도 없이 원고의 이 사건
청구를 인용할 것이라고 하였다.

3. 제 3 심

원고의 항소가 인정되자 이제는 피고가 대법원에 상고하였다. 그리고 대법원은 항소심판결(원심판결)을 파기하고, 사건을 서울고등법원에 환송하였다. 그것이 본 판결이다.

4. 환송 후 판결

가. 원고의 주위적 청구에 대하여

(1) 파기환송을 받은 서울고등법원은 먼저 주위적 청구의 청구원인에 대하여 판단하면서—제2심판결과 마찬가지로—피고의 지급의무를 인정하였다.[8]

(2) 그런 다음 피고의 항변에 대하여 판단하였다.

피고의 항변 중 이 사건의 질권이 적법하게 해제되었다는 피고의 주장(항변)에 대하여, "이 사건 질권설정계약이 적법하게 해지되기 위해서는 계약당사자 사이에서 해지에 관한 의사의 합치가 이루어지거나, 또는 일방 당사자가 법정해지권 내지 약정해지권을 보유하여 이를 행사하여야 한다. 그런데 을 제5, 6호증, 을 제7호증의 1, 2, 을 제8호증의 각 기재만으로는 원고와 대자연네트웍스 사이에서 이 사건 질권설정계약을 해지하기로 하는 합의가 있었거나, 또는 원고나 대자연네트웍스가 해지권을 보유하여 이를 행사한 사실을 인정하기에 부족"하다고 하였다.

다음에, "설령 이 사건 질권설정계약이 해지되지 않았다고 하더라도, 질권자인 원고가 제3채무자인 피고에게 질권 소멸을 통지하였고, 이에 따라 피고가 질권설정자인 대자연네트웍스에게 이 사건 예금을 모두 지급하였으므로, 원고의 청구에 응할 수 없다."고 한 피고의 주장에 대하여, 대법원판결이 든 이유(민법 제452조 제1항의 유추적용 등)를 든 뒤 "원고와 대자연네트웍스 사이에서 이 사건 질권설정계약이 아직 합의해지되지 않았다고 하더라도 선의인 피고로서는 대자연네트웍스에 대한 변제를 원고에게도 유효하다고 주장할 수 있다. 나아가 당시 피고가 이 사건 질권설정계약이 아직 해지되지 않은 사실을 알았다고 볼 만한 사정을 인정할 증거도 없다. 피고의 위 항변

---

8) 서울고법 2014. 9. 18. 2014나21528.

은 이유 있다."고 하였다.

(3) 이 판결은 원고가 해지통지에 대하여 착오취소, 사기취소, 민법 제107조의 유추적용에 의한 무효를 주장한 데 대하여 그것들을 인정하지 않았다.

(4) 그리하여 결국 원고의 주위적 청구를 배척하였다.

나. 원고의 예비적 청구에 대하여

원고는 예비적으로 피고가 불법행위를 하였다고 주장하였는데, 환송 후 판결은 이를 인정하지 않았다.

다. 결 론

그리하여 최종적으로 원고의 청구를 기각할 것인데, 제1심판결이 이와 결론을 같이하므로 항소를 기각한다고 하였다.

[대법원의 판결이유]

"상고이유(상고이유서 제출기간 경과 후에 제출된 상고이유보충서의 기재는 상고이유를 보충하는 범위 내에서)를 판단한다.

1. 원심은, 특별한 사정이 없는 한 민법 제353조 제1, 2항에 의하여 제3채무자인 피고는 질권자인 원고에게 이 사건 예금 10억 원과 이에 대한 지연손해금을 지급할 의무가 있다고 판단한 후, 이 사건 질권설정계약이 해지되었으므로 질권자인 원고에 대한 예금지급의무가 없다는 피고의 주장을 그 판시와 같은 이유를 들어 배척하는 한편, 민법 제452조 제1항에 규정된 양도통지와 금반언 원칙과 관련하여, 원고가 모사전송의 방법으로 전송한 '질권해제통지서(을 제8호증)'는 피고를 수신인으로 한 것이 아니므로 피고에 대한 효력이 없고, 나아가 그 판시와 같은 사정에 비추어 피고를 선의의 제3채무자라고 볼 수도 없다는 이유로 이 사건에서 위 규정이 적용될 여지가 없다고 판단하였다.

2. 그러나 원심의 위와 같은 판단은 다음과 같은 이유로 수긍하기 어렵다.

지명채권을 목적으로 한 질권의 설정은 설정자가 민법 제450조의 규정에 의하여 제3채무자에게 질권설정의 사실을 통지하거나 제3채무자가 이를 승낙함이 아니면 이로써 제3채무자 기타 제3자에게 대항하지 못하고(민법 제349조 제1항), 그 경우 채권양도에 있어서의 승낙, 통지의 효과와 관련한 민법

제451조의 규정을 준용하고 있는데(민법 제349조 제2항), 채권양도인이 채무자에게 채권양도를 통지한 때에는 아직 양도하지 아니한 경우에도 선의인 채무자는 양수인에게 대항할 수 있는 사유로 양도인에게 대항할 수 있다고 규정한 민법 제452조 제1항 역시 지명채권을 목적으로 한 질권 설정의 경우에 유추적용된다고 할 것이다.

한편 지명채권의 양도통지를 한 후 그 양도계약이 해제 또는 합의해제된 경우 채권양도인이 그 해제를 이유로 다시 원래의 채무자에 대하여 양도채권으로 대항하려면 채권양수인이 채무자에게 위와 같은 해제 등 사실을 통지하여야 한다(대법원 1993. 8. 27. 선고 93다17379 판결, 대법원 2012. 11. 29. 선고 2011다17953 판결 등 참조). 이러한 법리는 지명채권을 목적으로 한 질권설정 사실을 제3채무자에게 통지하거나 제3채무자가 이를 승낙한 후 그 질권설정계약이 해제, 합의해제 또는 합의해지된 경우에도 마찬가지로 적용된다고 보아야 한다. 따라서 제3채무자가 질권설정 사실을 승낙한 후 그 질권설정계약이 합의해지된 경우 질권설정자가 그 해지를 이유로 제3채무자에게 원래의 채권으로 대항하려면 질권자가 제3채무자에게 해지 사실을 통지하여야 하고, 만일 질권자가 제3채무자에게 질권설정계약의 해지 사실을 통지하였다면, 설사 아직 해지가 되지 아니하였다고 하더라도 선의인 제3채무자는 질권설정자에게 대항할 수 있는 사유로 질권자에게 대항할 수 있다고 봄이 상당하다. 그리고 위와 같은 해지통지가 있었다면 그 해지 사실은 추정되고, 그렇다면 해지통지를 믿은 제3채무자의 선의 또한 추정된다고 볼 것이어서 제3채무자가 악의라는 점은 그 선의를 다투는 질권자가 증명할 책임이 있다.

그리고 위와 같은 해지 사실의 통지는 질권자가 질권설정계약이 해제되었다는 사실을 제3채무자에게 알리는 이른바 관념의 통지로서(대법원 2000. 4. 11. 선고 2000다2627 판결, 대법원 2012. 3. 22. 선고 2010다28840 전원합의체 판결 등 참조), 그 통지는 제3채무자에게 도달됨으로써 효력이 발생하고(대법원 2010. 4. 15. 선고 2010다57 판결 등 참조), 통지에 특별한 방식이 필요하지는 않다.

원심판결 이유와 기록에 의하면, 제3채무자인 피고는 2010. 11. 23. 원고와 주식회사 대자연네트웍스(이하 '대자연네트웍스'라고 한다) 사이의 이 사건 예금채권에 대한 질권설정을 승낙한 사실, 질권자인 원고는 2010. 12. 16. 피고의 역삼역지점에 모사전송의 방법으로 '질권해제통지서(을 제8호증)'를 전송한 사실, 위 질권해제통지서에는 "(주)대자연네트웍스와 체결한 서울시 강서구 (주소 생략) 소재의 임대차계약과 관련하여 계약금에 대해 질권설정한 다음 표시예금에 대하여 질권설정이 해제되었기에 통지합니다."라는 기재에 이어서 질권의 목적물인 이 사건 예금채권의 내용이 기재되어 있고, 하단에 질권자(채권자) 원고의 주소, 회사명, 대표이사의 직위, 이름과 함께 원고 대표이사의 직인이 날인되어 있는 사실, 피고 직원 소외인은 질권해제통지서를 모사전송 받은 직후 질권설정자인 대자연네트웍스에 이 사건 예금채권을 변제한 사실 등을 알 수 있다.

이러한 사실관계를 앞서 본 법리에 비추어 살펴보면, 우선 질권해제통지서에 통지의 상대방이 기재되어 있지 않았더라도 문서의 형식이나 기재 내용, 수신처 등에 비추어 보면 그 통지의 상대방은 피고라고 볼 수밖에 없고, 원고가 질권해제통지서를 모사전송의 방법으로 피고에게 전송함으로써 질권설정계약 해지의 통지는 피고에게 도달하여 그 효력이 발생하였다고 할 것이며, 그렇다면 아직 원고와 대자연네트웍스 사이에 합의해지가 되지 아니한 경우에도 선의인 피고로서는 대자연네트웍스에 대한 변제를 원고에게도 유효하다고 주장할 수 있다. 그리고 기록상 피고가 이 사건 질권설정계약이 아직 해지되지 않은 사실을 알았다고 볼 만한 사정이 증명되었다고 보기도 어렵다.

그런데도 원심은 그 판시와 같은 이유로 민법 제452조 제1항의 양도통지와 금반언 주장을 받아들일 여지가 없다고 판단하였는바, 원심판결에는 논리와 경험의 법칙을 위반하고 자유심증주의의 한계를 벗어나 사실을 잘못 인정하거나, 지명채권을 목적으로 한 질권설정계약 합의해지에 있어서의 통지와 금반언에 관한 법리 또는 선의의 제3채무자에 관한 법리를 오해함으로써 판결에 영향을 미친 잘못이 있다. 이를 지적하는 상고이유 주장은 이유 있다.

3. 그러므로 나머지 상고이유를 판단할 필요 없이 원심판결을 파기하고, 사건을 다시 심리·판단하도록 원심법원에 환송하기로 하여, 관여 대법관의 일치된 의견으로 주문과 같이 판결한다."

〔研　究〕

I. 서　설

1. 우리 민법상 질권은 재산권을 목적으로 할 수도 있다(민법 제345조 본문).[9)] 그러한 질권을 권리질권이라고 한다. 권리질권의 설정은 법률에 다른 규정이 없으면 그 권리의 양도에 관한 방법에 의하여야 한다(제346조). 권리질권의 대표적인 예로 채권질권이 있다. 이러한 채권질권도 권리질권이므로 그 설정은 채권의 양도방법에 의하여야 할 것이다. 그런데 민법은 다른 한편으로 "채권을 질권의 목적으로 하는 경우에 채권증서가 있는 때에는 질권의 설정은 그 증서를 교부함으로써 그 효력이 생긴다."고 규정한다(제347조). 그런데 이들 규정(제346조·제347조)이 그대로 적용되는 것은 지명채권의 경우만이다. 지시채권·무기명채권에 대하여는 질권의 설정방법이 별도로 규정되어 있고(제350조·제351조) 그 규정에는 증서교부에 관한 내용도 포함되어 있기 때문이다.

전술한 제346조·제347조에 의하여, 지명채권에 질권이 설정되려면 질권설정의 합의와 채권증서(채권증서가 있는 경우)의 교부가 있어야 한다. 그리고 질권설정의 합의는 그것이 있으면 바로 효력이 생긴다. 그런데 민법은, 지명채권을 목적으로 한 질권의 설정은 설정자가 제450조의 규정에 의하여 제3채무자에게 질권설정의 사실을 통지하거나 제3채무자가 이를 승낙하지 않으면 제3채무자 기타 제3자에게 대항하지 못한다고 규정한다(제349조 제1항). 그리고 이 경우의 통지·승낙의 효과에 관하여 제451조의 규정을 준용한다(제349조 제2항).

2. 문제는 지명채권질권의 요건을 갖추어 질권이 설정된 후 질권설정계약[10)]이 합의해지된 경우에 질권설정자가 제3채무자에게 대항하려면

---

9) 아래에서는 민법은 법 이름은 적지 않고 조문으로만 인용한다.
10) 질권설정계약의 자세한 의미에 관하여는 아래에서 논의한다. 아래의 I. 4. 참조.

어떤 요건이 필요한지, 그리고 합의해지는 되지 않았지만 질권자가 제3채무자에게 해지 사실을 통지한 경우에 제3채무자가 질권설정자에게 대항할 수 있는 사유로 질권자에게 대항할 수 있는지이다. 본 판결은, 이들 중 앞의 문제에 대하여 질권자가 제3채무자에게 해지 사실을 통지해야 한다고 하고, 뒤의 문제에 대하여 선의의 제3채무자는 질권설정자에게 대항할 수 있는 사유로 질권자에게 대항할 수 있다고 한다.

이 같은 내용의 본 판결은 질권설정계약이 합의해지된 경우와 합의해지되지는 않았지만 질권자가 해지통지를 한 경우에 관한 최초이자 현재까지는 유일한 것이다.[11] 그리고 본 판결에서 문제되는 사항에 관하여는 이제까지 문헌에서 논의된 바가 전혀 없다. 여기서 본 판결이 판단하고 있는 사항을 자세히 검토하고, 나아가 본 판결의 의미에 대하여 밝힐 필요성이 크다는 것을 알 수 있다.

3. 본 판결이 판단하고 있는 사항으로 전술한 두 가지만 있는 것은 아니며, 그 외에도 몇 가지가 더 있다. 그런데 그것들 모두에 대하여 자세히 논의하게 되면 논의의 초점이 흐려질 가능성이 있다. 그래서 아래에서는 그것들 가운데 전술한 두 가지를 포함하여 논의가 절실한 사항을 중심으로 검토해 보려고 한다. 그리고 그러기 위해서 먼저 본 판결에서의 논점을 몇 가지로 나누어 정리하고 그 중에 논의할 사항과 논의에서 제외될 사항을 명확하게 구분하려고 한다. 그런 뒤에 논의할 사항에 대하여 차례로 기술할 것이다.

4. 구체적인 논의를 시작하기 전에 본 판결에서 언급하고 있는 지명채권질권에 관한 '질권설정계약'의 의미에 대하여 살펴보려고 한다. 앞에

---

11) 다만, 채권양도가 해제·합의해제된 경우에 관한 기존의 판례를 여기에 적용하는 점에서 기존의 판례와 관련되어 있기는 하다. 그러나 기존의 판례는 채권양도에 관한 것이고, 또 그 판례에서는 합의해지가 문제된 적이 없다. 채권양도가 해제·합의해제된 경우의 판례에 대하여는 뒤에 다시 언급할 것이다. 아래 Ⅳ. 2. 참조.

서 필자는 지명채권질권이 성립하려면 '질권설정의 합의'와 채권증서의
교부가 필요하다고 하였다. 그런데 거기의 '질권설정의 합의'는 물권행위
에 해당한다. 즉, 채권질권의 성립에도 물권변동에 관한 성립요건주의에
따라 물권행위가 필요한데($\frac{제346조;}{제347조 참조}$), 그 때의 물권행위가 '질권설정의 합
의'인 것이다.

　　그러면 본 판결상의 '질권설정계약'은 어떤 성질의 것인가? 본 판결
만으로는 그 점을 분명히 알기가 어렵다. 그런데 그것은 아마도―본 판
결 사안에서도 그러한 것처럼―질권설정을 할 때 일반적으로 체결하는
계약을 가리키는 것으로 생각된다. 이 문제에 관하여 학자들이 직접적으
로 논의하고 있지는 않다. 그렇지만 지상권설정계약에 관한 논의로부터
다음 세 가지 견해가 주장될 가능성이 크다. ⅰ) 물권계약이라는 견해,[12]
ⅱ) 질권설정에 관한 채권·채무를 발생케 하는 채권계약으로서 그 속에
는 물권적 합의도 포함되어 있는 것이 보통이라는 견해,[13] ⅲ) 채권계약
이라는 견해[14]가 그것이다. 이들 중 ⅰ)설은 대체로 물권행위의 독자성
을 인정하는 학자들이 취하는 견해이고,[15] ⅱ)설은 물권행위의 독자성을
부정하는 학자들이 취하는 견해이다. 그리고 ⅲ)설은 제한물권의 설정에
는 물권행위의 개념이 필요하지 않다고 하면서 그와 같이 주장한다.[16]
그런데 '질권설정계약'을 어떻게 파악하든 본 연구와 관련해서는 영향이

---

12) 문헌에 관하여는 아래의 주 15 참조.
13) 곽윤직, 『물권법』(박영사, 2003), 255면 참조.
14) 이은영, 『물권법』(박영사, 2006), 600면 참조.
15) 김용한, 『물권법론』(박영사, 1996), 361면; 김증한·김학동, 「물권법」(박영사, 1998),
　　367면; 이상태, 『물권법』(법원사, 2011), 309면은 물권행위의 독자성을 인정하면서 지상
　　권설정계약에 관하여 이 견해를 취하고, 이영준, 『물권법』(박영사, 2009), 666면은 독자
　　성을 부정하면서 같은 입장을 취한다. 그런데 『주석민법 물권(3)』(한국사법행정학회,
　　2011), 562면(이태종 집필부분)은 질권설정에 관한 합의를 질권설정계약과 동의어로
　　사용하는 것으로 보아 ⅰ)설에 해당하는 것으로 보이나, 물권행위의 독자성 및 무인
　　성에 관하여는 그 태도를 밝히고 있지 않다. 그리고 『민법주해(Ⅳ) 물권(3)』(박영
　　사, 1992), 413면(정동윤 집필부분)은 지명채권에 질권이 성립하기 위하여 '채권질권
　　설정의 합의'가 필요하다고는 하면서 그것의 성질에 관하여는 침묵하고 있다.
16) 그와 같이 주장을 하는 이은영, 앞의 책(주 14)은 727면에서 "질권설정계약은 질
　　권설정자와 질권자 사이의 담보제공계약"이라고 한다.

거의 없다. 그리하여 여기서 그에 관하여 자세히 논의하지는 않고, 사견
만 제시하려고 한다. 사견은 물권행위의 독자성을 부정하는 견지에 있기
때문에 ⅱ)설을 따르고 있다.[17]

　여기서 한 가지 짚고 넘어가야 할 문제가 있다. '질권을 성립시키기
위한 요건의 하나로서의 질권설정계약'이라고 할 때의 질권설정계약의 의
미와 '질권설정계약의 해제 · 합의해제'라고 할 때의 질권설정계약의 의미
는 위에서 설명한 질권설정계약의 의미와 같다. 그러나 '질권설정계약의
합의해지나 해지'라고 할 때에도 질권설정계약의 의미가 똑같은 것인지는
검토가 필요하다. 우선 '합의해지나 해지'는 계속적 계약의 경우에만 인정
되므로 질권설정계약이 계속적 계약인지를 살펴보아야 한다. 그 문제는
해당하는 곳에서 논의하기로 한다(Ⅳ. 4. 다. (1) 참조).

Ⅱ. 본 판결이 판단한 사항과 그 중 논의할 사항

1. 본 판결이 판단한 사항

　본고에서 앞으로 할 논의를 고려하여 본 판결이 판단한 사항을 추
리면 다음과 같이 5가지로 정리할 수 있다.

　가. 제452조 제1항이 지명채권을 목적으로 한 질권설정의 경우에 유
추적용된다는 부분.

　나. 질권설정계약이 합의해지된 경우 질권설정자가 제3채무자에게
원래의 채권으로 대항하려면 질권자가 제3채무자에게 해지 사실을 통지
해야 한다는 부분. 그런데 이 부분은, 지명채권 양도계약이 해제 또는 합
의해제된 경우에 채권양도인이 원래의 채무자에게 양도채권으로 대항하
려면 채권양수인이 채무자에게 해제 등 사실을 통지해야 한다는 기존의
법리가 질권설정계약이 해제 · 합의해제 또는 합의해지된 경우에도 마찬
가지로 적용된다고 한 뒤, 그 결과로 인정한 것이다.

　다. 질권자가 제3채무자에게 질권설정계약의 해지 사실을 통지한 경

---

17) 송덕수, 『물권법』(박영사, 2014), 370 · 442면.

우의 효과 부분. 구체적으로 설사 아직 해지가 되지 않았더라도 선의인 제3채무자는 질권설정자에게 대항할 수 있는 사유로 질권자에게 대항할 수 있고, 해지통지가 있었다면 그 해지 사실은 추정되고 제3채무자의 선의도 추정되어 질권자가 제3채무자의 악의를 증명할 책임이 있다는 것이 그에 해당한다.

　　라. 해지 사실의 통지의 법적 성격과 효력발생시기, 방식에 관한 부분.

　　마. 본 판결이 그 사안에서 구체적으로 원고의 해지통지의 효력을 인정하고, 선의인 피고로서는 대자연네트웍스에 대하여 행한 변제를 원고에게도 유효하다고 주장할 수 있다는 부분.

2. 본 판결의 판단사항 중 논의할 사항

　　이들 판단사항 가운데 핵심적인 부분은—본고 첫 부분에서 언급한 바와 같이(앞의 Ⅰ. 2. 참조)—위의 '나.'와 '다.'이다. 그리고 '가.'는 '다.'를 도출하기 위하여 전제로 삼은 것으로 보인다. 또한 '마.'의 뒷부분은 본 판결 사안의 최종적인 결론이다. 그에 비하여 '라.'는 '해지 사실의 통지'에 대하여 그 법적 성격을 관념의 통지라고 규정하고 거기에 의사표시에 관한 민법규정이나 이론을 적용한 것으로서, 특별히 새롭지도 않고 또 그 내용도 타당하다. '마.'의 앞부분은 본 판결 사안에서 '해지통지'가 인정되느냐에 대하여 구체적으로 판단한 것인데, 그러한 판단도 받아들일 만하다. 따라서 아래에서는, 중요부분에 논의를 집중하기 위하여, 위 '라.'와 '마.'의 앞부분에 대하여는 검토하지 않고, '가.', '나.', '다.'와 '마.'의 뒷부분에 대하여만 차례대로 검토하려고 한다. '라.'와 '마.'의 앞부분의 사항에 관하여 판단해야 할 경우에는 본 판결의 해당부분이 옳다고 보고 논의할 것이다.

Ⅲ. 질권설정의 경우에 제452조 제1항을 유추적용하는 문제(전술한 '가.' 부분 관련)

　　본 판결은 제452조 제1항이 '지명채권을 목적으로 한 질권설정의 경우'에 유추적용된다고 한다(위 '가.' 부분). 그리고 아마도 그 법리로부터,

질권자가 제3채무자에게 질권설정계약의 해지 사실을 통지하였다면 설사 아직 해지가 되지 않았더라도 선의인 제3채무자는 질권설정자에게 대항할 수 있는 사유로 질권자에게 대항할 수 있다는 것(위 '다.'의 앞부분)을 도출한 것으로 보인다. 이 문제에 관하여 검토해 보기로 한다.

전술한 바와 같이(앞의 I. 1. 참조), 민법은 지명채권질권에 관하여 제349조 제1항에서 제3채무자에 대항하기 위한 요건을 규정하고, 그 경우의 효과에 관하여 제451조를 준용하고 있다. 그 외에 권리질권 일반에 대하여 동산질권에 관한 규정을 준용한다고 할 뿐($^{제355}_{조}$), 제452조 제1항을 준용하고 있지는 않다. 그런데 가령 질권설정자가 제3채무자에게 질권설정의 사실을 통지하였으나 아직 질권설정을 하지 않은 경우 또는 질권설정계약을 체결했지만 그 계약이 무효인 경우에는, 채권양도의 통지를 했지만 아직 양도하지 않았거나 그 양도가 무효인 경우와 마찬가지로, 선의의 제3채무자를 보호할 필요가 있다. 그러한 점에서 본 판결이 제452조 제1항이 지명채권질권의 설정의 경우에 유추적용된다고 한 점은 타당하다. 다만, '질권설정의 경우'라고 하면 일반적으로 '질권설정계약이 해제·합의해제·합의해지된 경우'는 포함되지 않으므로, 본 판결이 제452조 제1항이 '질권설정의 경우'에 유추적용된 결과로 위 '다.'의 앞부분의 결론을 도출한 것은 다소 논리의 비약이 있다. '질권설정계약이 해지된 경우'는 질권설정이 없는 경우와는 다르기 때문이다. 전자의 경우(질권설정계약이 해지된 경우)에도 제452조 제1항이 유추적용되는 것이 필요하고 바람직한지는 뒤에서 자세히 논의할 것이나(뒤의 IV. 3. 및 4. 참조), 여기서 결론만 언급한다면 긍정하여야 한다. 그리고 그러한 입장에서 본 판결의 유추적용 인정부분을 좋게 해석한다면 거기의 '질권설정의 경우'는 '질권설정과 관련된 모든 경우,' 그리하여 질권설정계약이 유효하게 성립하였다가 해제·합의해제·합의해지된 경우도 포함하는 넓은 의미라고 할 수 있을 것이다.

Ⅳ. 질권설정계약이 합의해지된 경우에 제3채무자를 보호할 방안(전술한 '나.' 부분 관련)

1. 논의해야 할 사항

본 판결이 위 '나.'부분과 관련해서 논의해야 할 사항은 4가지이다. (1) 지명채권 양도계약이 해제·합의해제된 경우에 채권양도인이 원래의 채무자에게 양도채권으로 대항하려면 채권양수인이 채무자에게 해제 등 사실을 통지해야 한다는 것, (2) '(1)'의 법리를 지명채권을 목적으로 한 질권설정계약이 해제·합의해제된 경우에도 마찬가지로 적용하는 것, (3) 나아가 '(1)'의 법리를 질권설정계약이 합의해지된 경우에도 마찬가지로 적용하는 것, (4) 질권설정계약이 합의해지된 경우에 질권설정자가 제3채무자에게 원래의 채권으로 대항하려면 질권자가 제3채무자에게 해지 사실을 통지해야 한다는 것이 그것이다. 본 판결에서는 이들 중 '(3)'이 '(2)'와 합해져 있으나, 합의해지가 해제·합의해제와 성질상 차이가 있어서 '(3)'을 '(2)'와 별도로 검토할 필요가 있다.

아래에서 위 '(1)'~'(4)'에 관하여 차례로 살펴볼 것이다.

2. 지명채권 양도계약이 해제·합의해제된 경우에 관한 법리('(1)' 부분 관련)

본 판결은 "지명채권의 양도통지를 한 후 그 양도계약이 해제 또는 합의해제된 경우 채권양도인이 그 해제를 이유로 다시 원래의 채무자에 대하여 양도채권으로 대항하려면 채권양수인이 채무자에게 위와 같은 해제 등 사실을 통지하여야 한다."고 판시하고 있다. 그러면서 참조판결로 대판 1993. 8. 27. 93다17397과 대판 2012. 11. 29. 2011다17953을 들고 있다. 그런데 방금 인용한 법리는 참조판결 중 앞의 판결과는 일치하나,[18] 뒤의 판결과는 다소 차이가 있다.[19]

---

18) 필자는 앞의 판결인 대판 1993. 8. 27. 93다17397에 관하여 비판적으로 검토한 바 있다. 송덕수, "채권양도가 해제된 경우에 있어서 채무자의 보호", 『민사판례연

위 법리와 관련된 종래의 판례·학설[20]과 사견은 필자가 이전에 연구·발표한 것[21]과 동일하므로,[22] 여기서는 사견의 근거로 한 가지만 새로 추가하고 그 결론만을 간략하게 적기로 한다.

지명채권 양도계약의 해제[23]·합의해제[24]는 결코 채권양도가 아니다. 그러므로 채권양도의 해제·합의해제의 경우에 제450조가 직접 적용될 여지는 전혀 없다. 그런가 하면 그에 대한 다른 명문규정이 있지도 않다. 그런데 그 경우에 채무자는 어떤 방법으로든 보호되어야 한다. 그 방법으로 우리의 대법원은 처음에, 양도계약의 해제로 말미암아 채권양수인이었던 사람이 지명채권을 새로 양도하는 사람의 지위에 놓이기 때문에, 채권양수인이 채무자에게 통지할 것이라고 하였다.[25] 그 뒤에는 이 판결의 '이유'는 빠지고 결과만 남았다.[26] 지명채권양도의 해제·합의해제는 채권양도가 아니므로 대법원의 첫 판결은 옳지 않다. 그리고 대법원

구』(박영사, 2005), 제27권, 210면 이하 참조.

19) 뒤의 판결은 위 법리의 뒷부분을 "채권양도인이 채권양수인의 동의를 받거나 채권양수인이 채무자에게 위와 같은 해제 등 사실을 통지하여야 한다."고 한다. 필자는 이 판결에 관하여도 비판적으로 검토하였다. 송덕수, "채권양도가 해제 또는 합의해제된 경우의 민법 제452조의 유추적용–대상판결: 대법원 2012. 11. 29. 선고 2011다17953 판결–", 이화여자대학교 『법학논집』(이화여자대학교 법학연구소, 2013. 3.), 제17권 제3호, 421면 이하 참조.

20) 학자들의 자세한 문헌은 송덕수, 앞의 논문(주 19), 431면의 주 26-28 참조. 그에 의하면, 채권양도가 해제된 경우에 관하여 우리의 다수설은 판례와 같으나[곽윤직, 『채권총론』(박영사, 2003), 203면; 『주석민법 채권총칙(2)』(한국사법행정학회, 2002), 591면(서민 집필부분) 등 참조], 해제에 의하여 양도된 계약이 사후에 무효로 된 경우에도 제452조 제1항에서 말하는 '양도가 무효인 경우'에 포함된다고 하는 견해[『민법주해(Ⅹ) 채권(3)』(박영사, 1995), 597면]도 있다.

21) 송덕수, 앞의 논문(주 18), 220면 이하; 송덕수, 앞의 논문(주 19), 431면 이하.

22) 다만, 새로운 문헌으로 『주석민법 채권총칙(3)』(한국사법행정학회, 2014), 403면(최수정 집필부분)이 있는데, 그 책은 판례와 다수설 및 필자의 견해를 소개하고 있을 뿐이다.

23) 주의할 점은 여기의 해제·합의해제는 엄격하게 말하면 준물권계약인 채권양도의 해제·합의해제가 아니고 그 원인행위(매매·증여 등)의 해제·합의해제를 가리킨다.

24) 그 계약(이 경우도 계약이 원인행위를 가리킴)이 취소된 경우에도 마찬가지이다.

25) 대판 1962. 4. 26. 62다10.

26) 대판 1993. 8. 27. 93다17379 참조.

의 다른 판결은 달리 보면 직접적인 명문규정이 없는 상태에서 유추적용
할 대상으로 제450조를 선택한 것으로 볼 수 있다. 그런데 여기서 문제
되는 경우는 제450조가 예정하는 경우와 거리가 멀고, 또―특히 채무불이
행 등을 한―양수인이 통지를 해 줄 가능성이 크지도 않아[27] 부적당하
다. 그에 비하여 채권양도가 없었거나 무효인 경우에 관한 제452조 제1
항은 여기의 경우와 문제 상황도 흡사하고 그것을 유추적용한 결과도 대
단히 바람직하다. 그리하여 사견은 이 경우에는 제452조 제1항(후단)을
유추적용할 것이라고 주장하는 것이다.

3. 지명채권양도가 해제·합의해제된 경우의 법리를 질권설정계약이 해제·합의해제된 경우에도 인정하는 문제('(2)' 부분 관련)

본 판결은 위 2.에서 논의한 법리를 질권설정계약이 해제·합의해제
된 경우에도 마찬가지로 인정하고 있다. 그것이 타당한지를 살펴보기로
한다.

지명채권질권을 포함하여 권리질권의 설정은 법률에 다른 규정이 없
으면 그 권리의 양도방법에 의하도록 하고 있다(제346조). 그 결과 지명채권
질권의 경우에는 지명채권의 양도에 의하게 된다. 그러면서 민법은 그
경우에 질권설정을 가지고 제3채무자에게 대항하려면 지명채권양도의 대
항요건을 갖추도록 한다(제349조 제1항). 즉, 민법은 지명채권양도의 경우의 법리
를 지명채권질권의 설정의 경우에도 그대로 인정하고 있다. 그런 점에
비추어 볼 때, 지명채권양도가 해제·합의해제된 경우의 법리를 지명채권
질권의 설정계약이 해제·합의해제된 경우에 동일하게 인정하는 것은 자
연스럽고 적절하다고 할 수 있다. 다만, 지명채권양도가 해제·합의해제
된 경우의 법리 자체가 바람직하지 않음은 유감스러운 일이다.

---

27) 설사 양수인이 채무불이행을 하거나 사기 등의 취소원인행위를 하지 않고 오히
려 양도인이 그러한 행위를 하여 양수인이 해제 또는 취소를 한 경우에도, 해제나
취소가 있은 후에는 양수인은 채권을 상실하게 되므로, 그가 적극적으로 통지를
해 주려고 하지 않을 것이다.

4. 지명채권양도가 해제 · 합의해제된 경우의 법리를 질권설정계약이
합의해지된 경우에도 인정하는 문제('(3)' 부분 관련)

가. 서   설

본 판결은 위 2.에서 논의한 법리를 질권설정계약이 합의해지된 경우에도 동일하게 인정하고 있다. 이는 지명채권양도가 합의해지된 경우에는 인정한 적이 없는 것을 질권설정계약이 합의해지된 경우에 인정한 것으로서 다소 이례적이다. 그런데 합의해지는 해제 · 합의해제와 달리 계약을 소급적으로 무효로 만들지 않고 장래에 향하여 소멸하게 하기 때문에 해제 · 합의해제와 별도로 살펴볼 필요가 있다. 그 점은 일방적인 해지의 경우에도 마찬가지이다.

나. 지명채권양도가 해지 · 합의해지된 경우에 관한 판례 · 학설

대법원은 하나의 판결에서, "종전의 채권자가 채권의 추심 기타 행사를 위임하여 채권을 양도하였으나 양도의 '원인'이 되는 그 위임이 해지 등으로 효력이 소멸한 경우에 이로써 채권은 양도인에게 복귀하게 되고, 나아가 양수인은 그 양도의무계약의 해지로 인하여 양도인에 대하여 부담하는 원상회복의무(이는 계약의 효력 불발생에서의 원상회복의무 일반과 마찬가지로 부당이득 반환의무의 성질을 가진다)의 한 내용으로 채무자에게 이를 통지할 의무를 부담한다고 봄이 상당하다."고 하였다.[28] 이 판결은 채권양도가 '해지된' 경우에 관하여 판단한 유일한 것이다. 이에 의하면, 판례는 채권양도가 해제된 경우와 마찬가지로 해지된 경우에도 양도인이 채무자에게 대항하려면 양수인이 채무자에게 해지 사실을 통지해야 한다는 입장에 서서 해지의 경우에는 양수인이 통지의무를 부담한다고 한 것이다.

대법원이 채권양도가 합의해지된 경우에 관하여 판단한 적은 전혀 없다. 그리고 이제까지 해지나 합의해지의 경우에 관하여 논의한 문헌도

---

28) 대판 2011. 3. 24. 2010다100711.

찾아볼 수 없다.

다. 검토 및 사견

(1) 사전에 분명히 해야 할 문제 : '질권설정계약의 해지 · 합의해지'의 경우에 있어서 질권설정계약의 의미

앞에서 질권설정계약의 의미를 그것의 해지 · 합의해지의 경우에는 별도로 살펴보아야 한다고 하였다(Ⅰ. 4. 참조). 질권설정계약의 해지 · 합의해지의 경우에 대한 본 판결의 법리를 보기 전에 먼저 질권설정계약의 의미에 대하여 살펴보기로 한다.

주지하다시피, 해지나 합의해지는 계속적 계약에 대하여만 사용된다. 그 둘은 계속적 계약의 효력을 장래에 향하여 소멸시키는 행위이기 때문이다. 그러므로 '질권설정계약의 해지 · 합의해지'라는 개념이 인정되려면 질권설정계약이 계속적 계약이어야 한다. 그런데 질권설정계약은 계속적 계약이 아니다. 그리고 그 계약은 질권을 성립시키면서 목적을 다하고 소멸한다. 이런 점에서 볼 때, '질권설정계약의 해지 · 합의해지'는 올바르지 못한 표현이다.[29] 그러면 본 판결 사안의 경우에 당사자들이 사용하였던 '해제'가 맞는 개념인가? 그렇지도 않다. 해제는 유효하게 성립한 계약을 해제권자의 의사표시에 의하여 소급해서 무효로 만드는 것이다. 그런데 본 판결 사안에서 질권의 당사자들은 질권을—그들이 말하는—'해제' 시점 이후부터 소멸하게 하려는 것이었지, 질권설정계약을 소급해서 무효로 만들려고 했던 것이 아니다. 그러므로 질권설정계약의 '해제'에 해당하는 것도 아니다. 그러면 그것의 실질은 무엇인가? 필자가 이해하기로는 본 판결상의 '질권설정계약의 합의해지'는 '이미 성립해 있는 질권을 소멸시키기로 하는 질권 당사자 사이의 합의'라고 생각된다. 다시

---

29) 이상오, "채권질권설정계약 해지통지와 관련하여 민법 제452조 '채권양도통지와 금반언' 규정을 유추적용할 수 있는지 여부", 『대법원판례해설』(법원도서관, 2014. 12), 제99호, 107면은 "원고와 대자연네트웍스 사이에 질권설정계약 자체는 유효하게 성립하였다가 후발적인 의사합치에 의하여 '담보를 변경한 후 질권설정계약을 해지'하기로 하였다는 점에서 위 당사자 사이에서 문제되는 것은 '합의해지'임."이라고 쉽게 단정하고 있다.

말해서 질권이라는 물권을 장래에 향하여 소멸시키려는 당사자의 합의 (질권 소멸의 합의)이다. 그리고 그것의 법적 성질은 채권계약이 아니고 물권적 합의이다. 그런가 하면 '질권설정계약의 해지'는—해지권이 인정된 다는 전제에서—'질권을 해지권자의 일방적인 의사표시에 의하여 장래에 향하여 소멸시키는 단독행위'라고 할 수 있다. 그리고 그것의 성질은 물 권적 단독행위라고 할 것이다.

그리고 보면 본 판결이 '질권설정계약이 합의해지된 경우' 또는 '질 권설정계약의 해지'라고 표현한 것은 전문용어를 실질과 다르게 사용한 것으로서 대단히 부적절하다.

아래에서는 해지의 경우와 합의해지의 경우를 나누어 본 판결의 법 리가 타당한지를 검토해 보기로 한다. 그럼에 있어서 본 판결이 사용한 표현에 얽매이지 않고 그것의 실질에 따라 살펴볼 것이다.

(2) 해지의 경우

여기의 문제를 논의함에 있어서 먼저 상기해야 할 것이 있다. 그것 은 채권양도(정확하게는 그것의 원인행위)나 이른바 '질권설정계약이 해지 된 경우'(이것은 실질적으로는 '질권을 장래에 향하여 소멸시키는 단독행위' 임. 이하 같음)에 양수인이나 질권자가 원래의 채무자나 제3채무자에게 해지 사실을 통지하여야 한다는 본 판결의 법리는 해지로 인하여 채권이 양도인에게 복귀하거나 질권이 소멸하는 때에만 문제된다는 점이다. 채 권양도나 질권설정계약이 해지되더라도 채권양도의 효력 자체는 그대로 유지되거나 질권이 소멸하지 않는 때에는 채권의 귀속과 질권의 존재에 관한 한 변함이 없기 때문에 원래의 채무자나 제3채무자의 보호는 문제 가 되지 않는다. 그리고 이론에 따라서는 채권양도·질권설정계약이 해 지되어도 채권양도나 질권의 존재가 그대로 유지된다고 할 수도 있다. 물권행위의 무인성을 인정하는—또는 제한물권에는 물권행위의 존재가 필요하지 않다는—견해에서 그럴 가능성이 있다. 그런데 판례는 종래부터 물권행위의 무인성을 부정하는 유인론을 취해 왔고,[30] 또 앞에서 인용한 대판 2011. 3. 24. 2010다100711이 준물권계약인 채권양도에 관하여도 유인론의 견지에 있기 때문에, 그러한 판례의 입장에서는 채권양도 등이 해지된 경우에도 원래의 채무자 등의 보호가 필요하게 된다. 사견도 종래부터 물권행위의 무인성에 관하여는 판례와 같은 입장이어서[31] 이 문제에 관한 한 판례에서와 동일한 상황에 있다.

이제 해지의 경우에 관하여 좀 더 구체적으로 검토해 보기로 한다. 해지는 계속적 계약의 효력을 장래에 향하여 소멸하게 하는 단독행위이다. 그런데 채권양도계약의 원인행위는 대체로 매매·증여와 같은 일시적 계약일 것이어서 원인행위가 해지되는 경우는 드물 것이다. 그런데 전술한 대판 2011. 3. 24. 2010다100711의 사안에서처럼 예외적으로 채권양도계약의 원인행위가 해지되는 경우도 있을 수 있다. 그러한 경우에는, 원인행위가 해제된 경우와 달리 채권양도 자체의 효력은 그대로 유지된다. 해지의 경우에는 원인행위가 장래에 향하여만 무효로 되기 때문에 이미 행하여진 채권양도(준물권행위)에는 영향을 미치지 않기 때문이다. 그 점은 준물권계약인 채권양도의 독자성·무인성을 인정하든 부정하든 차이가 없다. 그리하여 원인행위가 해제·합의해제된 경우에서와 달리 원래의 채무자의 보호가 필요하지 않게 된다. 그러한 점에서 대판 2011. 3. 24. 2010다100711이 채권양도의 원인행위인 위임이 해지된 경우에 채권이 양도인에게 복귀한다고 한 것은 옳지 않다.

다음에 이른바 '질권설정계약이 해지된 경우'에 관하여 본다. 위에서 '질권설정계약의 해지'라는 표현은 올바르지 못한 것이고, 그것은 질권을 장래에 향하여 소멸시키는 단독행위라고 하였다. 그러한 행위는 물권적 해지라고 할 수 있다. 우리 민법상 그러한 해지가 인정되는가? 민법은 계약의 해지에 관하여 제543조 이하에서 일반적인 규정을 두고 있다.[32]

---

30) 대판 1977. 5. 24. 75다1394 등. 그 밖의 판결은 송덕수, 앞의 책(주 17), 67·68면 참조.

31) 송덕수, 앞의 책(주 17), 69면 이하; 송덕수, 『채권법총론』(박영사, 2015), 350면; 송덕수, 『신민법강의』(박영사, 2015), B-78 참조.

32) 다만, 해지에 관하여는 제544조 내지 제546조와 같은 일반적 법정해지권의 발생 규정은 두고 있지 않아서, 그 규정의 유추적용 여부가 논의되고 있다. 송덕수, 『채권법각론』(박영사, 2014), 146면 참조.

그리고 각각의 전형계약에 관하여 개별적으로 해지를 규정하고 있다. 그런데 이것들은 모두 채권계약에 관한 것이다. 그렇지만 당사자의 약정에 의하여 물권계약을 당사자 일방의 의사표시에 의하여 장래에 향하여 소멸시키는 것은 민법상 금지되어 있지 않다. 따라서 물권계약의 해지도 인정된다고 할 것이다.

본 판결이 말하는 '질권설정계약의 해지'의 경우, 즉 질권을 소멸시키는 단독행위의 경우에는 질권설정계약을 소급해서 무효로 만들지 않는데, 그럼에도 불구하고 해제의 경우와 동일하게 다루어져야 하는지 문제된다. 그것에 대하여 판단하려면 먼저 '질권설정계약의 해지'의 경우에 질권이 소멸하는지를 살펴보아야 한다. 만약 질권이 소멸하지 않는다면 제3채무자의 보호 문제가 생기지 않으나, 질권이 소멸하면 제3채무자를 보호해야 하기 때문이다. 그러면 이른바 '질권설정계약의 해지', 즉 일방적인 행위에 의하여 질권을 소멸시키는 행위가 있으면 질권이 바로 소멸하는가? 위에서 적은 바와 같이, 그 행위는 물권행위이다. 그런데 물권행위만 있으면 물권이 소멸하는지는 각각의 물권에 관한 규정 및 이론에 따라 다르다. 질권의 경우에 관하여 본다면 동산질권의 경우에는 물권행위 외에 질물인 동산을 반환하여야 질권이 소멸된다고 새겨질 것이다. 그에 비하여 지명채권질권의 경우(채권증서가 없는 때)에는 질권소멸행위라는 물권행위만 있으면 질권이 소멸한다고 할 것이다.[33] 그리고 이와 같이

---

33) 해지의 경우에 물권(가령 소유권)이나 채권이 당연 복귀하는지 또는 물권(가령 지상권이나 질권)이 소멸하는지는 그 해지가 채권행위인지 물권행위인지에 따라 다르고, 또한 물권행위이거나 물권행위에 영향을 미쳐서 물권행위를 무효로 만드는 경우에도 물권변동의 다른 요건(가령 등기나 인도)이 더 필요한지에 따라 다르다. 그리하여 예컨대-법적으로 허용된-명의신탁이 해지된 경우에는, 해지된 명의신탁은 채권행위이고 그것의 장래에 대한 무효는 이미 행하여진 소유권이전의 합의에는 영향이 없어서, 등기 이전이 없이 소유권이 신탁자에게 당연복귀하지 않는다. 그리고 본문에서 언급한 바와 같이, 채권양도의 원인행위인-추심을 위한-위임이 해지된 경우에도 이미 행해진 채권양도는 그대로 유효하다. 그런가 하면 장래에 향하여 지상권을 소멸시킬 수 있는 권리가 있고 그 권리가 행사된 경우에는 등기가 있어야 지상권이 소멸한다고 할 것이다. 그에 비하여 질권의 경우에는 본문에서 기술한 것처럼 그 종류에 따라 물권변동의 요건에 차이가 있어서 해지에 해당하는 일정한 물권행위만 있으면 소멸하는 것도 있고 그렇지 않은 것도 있다.

이른바 '질권설정계약의 해지'로 질권이 소멸하게 되면 역시 제3채무자의 보호가 필요하게 되는데, 그 보호법리는 질권설정계약이 해제·합의해제된 경우의 것, 더 나아가 채권양도계약이 해제·합의해제된 경우의 것과 같아도 무방하다.

(3) 합의해지의 경우

민법은 계약의 합의해지에 관하여는 아무런 규정도 두고 있지 않다. 그렇지만 계약자유의 원칙상 합의해지도 인정된다. 합의해지에 관하여 판례는 계속적 채권채무관계에 있어서 당사자가 이미 체결한 계약의 효력을 장래에 향하여 소멸시킬 것을 목적으로 하는 새로운 계약이라고 한다.[34] 그리고 이러한 합의해지의 효력에 반대하는 견해는 없다. 결국 합의해지는 이전에 체결한 계약의 효력을 장래에 향하여 소멸하게 하는 점에서 해지와 같고, 다만 그것은 당사자가 계약으로 달성하는 점에서—해지권의 발생이 전제되는—해지와 다르다.

이제 채권양도계약의 원인행위 또는 이른바 '질권설정계약이 합의해지된 경우'에 본래의 채무자나 제3채무자의 보호 문제를 살펴보기로 한다.

채권양도계약의 원인행위가 합의해지된 경우에 채권이 양도인에게 복귀하는지는 원인행위가 해지된 경우에 관한 것과 동일하다. 그리하여 채권이 양도인에게 복귀하지 않는다. 따라서 본래의 채무자 보호 문제는 생기지 않는다.

다음에 이른바 '질권설정계약이 합의해지된 경우'에 대하여 본다. 앞에서 그 합의해지는 실질적으로는 질권 소멸의 합의라는 물권행위이다. 그리고 그 행위만으로 질권이 소멸하는지는 전술한 '해지'의 경우와 같다. 그리하여 본 판결 사안에서와 같이 지명채권질권의 경우(채권증서가 없을 때)에는 다른 요건이 필요하지 않으므로, 그 행위만 있어도 질권이 소멸하게 된다. 그 결과 제3채무자의 보호가 필요하게 된다. 그리고 그 때의 제3채무자 보호의 법리는 채권양도나 질권설정계약이 해제·합의해제된

---

34) 대판 2003. 3. 10. 99다70884; 대판 2003. 1. 24. 2000다5336·5343.

경우의 것과 동일하여도 무방하다. 다만, 본 판결상의 그 법리의 내용은
바람직하지 않다.

(4) 주의할 점

위에서 살펴본 바와 같이, 이른바 '질권설정계약이 해지·합의해지된
경우'에 질권이 소멸하는지는 지명채권질권과 동산질권이 다르다. 따라서
본판결에서 말하는 질권은 지명채권질권에 한정되는 것으로 이해해야 한다.
그러한 점에서 본 판결이 '지명채권질권 설정계약'이라고 하지 않고 일반
적인 표현으로 '질권설정계약'이라고 하고 있는 것은 바람직하지 않다.[35)]

5. 이른바 '질권설정계약이 합의해지된 경우'에 질권자가 해지 사실을 통지해야 하는지의 문제('(4)' 부분 관련)

본 판결은 제3채무자가 질권설정 사실을 승낙한 후 그 질권설정계약
이 합의해지된 경우에 질권설정자가 그 해지를 이유로 제3채무자에게 원

---

35) 만약 이른바 질권설정계약의 합의해지·해지의 경우에 질권이 소멸하지 않고 유
지된다면 그 효과는 본문에서 기술한 경우와 달리 다음과 같이 된다. 그 때에는
이른바 그러한 합의해지 등이 있어도 제3채무자는 질권자에게 변제해야 한다. 그
리고─실제와 다르게 소멸했다는 통지가 없는 한─제3채무자가 질권설정자에게 변
제하지도 않을 것이어서 그를 보호해야 하는 문제도 생기지 않는다. 이 경우에 질
권설정자가 제3채무자에게 채권을 행사할 수 있으려면 질권소멸의 합의와 함께 질
권 소멸을 위한 그 밖의 요건(가령 동산질권의 경우 물건 반환)을 갖추어야 한다.
그런데 만약 질권이 소멸되지 않았는데 제3채무자에게 질권소멸의 통지를 한 경우
에는 어떻게 되는가? 그 때에는 제452조 제1항 전부가 유추적용되어야 한다. 그
결과 그 통지를 질권자가 한 경우에 한하여 제3채무자가 선의이면 질권설정자에게
대항할 수 있는 사유로 질권자에게 대항할 수 있다. 그에 비하여 질권설정자가 통
지를 한 경우에는 제3채무자는 그가 선의라도 보호되지 못한다.
  한편 이러한 점은 지명채권양도의 원인행위가 합의해지·해지되었는데 채권양
도는 유효한 경우(사견은 대판 2011. 3. 24. 2010다100711의 사안도 그러한 경우라
고 이해함)에도 마찬가지이다. 따라서 그 경우에는 본래의 채무자는 양수인에게
변제해야 한다. 그리고 채권의 양도인이 채권을 행사할 수 있으려면 양수인이 양
도인에게 채권을 다시 양도해야 한다(재양도). 그리하여 채권양도의 합의뿐만 아
니라 채권양도에 대한 양수인의 통지나 채무자의 승낙도 있어야 한다. 만약 채권
이 양수인에게 그대로 남아 있는데 양수인이 채무자에게 재양도통지를 하였다면
그 때에는 제452조 제1항 전부가 유추적용되어 채무자가 선의이면 양도인에게 대
항할 수 있는 사유로 양수인에게 대항할 수 있게 된다. 그에 비하여 양도인이 통
지를 한 경우에는 채무자는 그가 선의라도 보호되지 못한다.

래의 채권으로 대항하려면 질권자가 제3채무자에게 해지 사실을 통지해야 한다고 한다. 이는 채권양도가 해제·합의해제된 경우에 관한 법리를 질권설정계약이 합의해지된 경우에 적용한 결과이다. 그러한 점에서 이 두 경우에 관한 판례는 일관성은 있다. 그러나 이상적이라고 생각되지는 않는다. 그 이유가 무엇인지, 그리고 그 경우에 어떻게 해결하는 것이 바람직한지를 살펴보기로 한다.

민법은 지명채권에 관하여 질권설정계약에 의하여 질권이 성립한 후 질권이 장래에 향하여 소멸한 경우(본 판결은 이를 '질권설정계약이 합의해지된 경우'라고 표현함)에 대하여 직접적인 명문규정을 두고 있지 않다. 그런데 앞에서 본 바와 같이(IV. 4. 다. (3) 참조), 이른바 '질권설정계약이 합의해지'되면—사견에 의하면—그 때부터 질권이 소멸한다. 그런데 제3채무자로서는 질권소멸 사실을 알기가 어려워 그가 질권자에게 변제할 경우에 그는 예측하지 못한 손해를 입을 수 있다. 여기서 제3채무자 보호를 위하여 어떤 조치를 취해야 할 필요성이 생긴다. 그 방안으로 먼저 제349조 제1항의 적용을 생각해 볼 수 있다. 그러나 그 규정은 '질권의 설정'에 관한 것이고 이른바 '질권설정계약이 해지된 경우'에 관한 것이 아니다. 따라서 그 규정이 여기에 직접 적용될 수는 없다.[36] 이와 같이 제3채무자의 보호는 필요한데 그에 대한 규정이 없으므로 다른 규정의 유추적용을 검토해 보아야 한다.[37] 그러한 규정으로 생각해 볼 수 있는 것이 제349조 제1항과 제452조 제1항이다. 본 판결은 이 둘 중에 전자를 선택하여 유추적용한 것이다. 그러나 사견은 그에 반대하며 오히려 후자인 제452조 제1항 후단을 유추적용하는 것이 바람직하다고 생각한다. 단락을 바꾸어 그 이유를 기술하기로 한다.

우선 이른바 '질권설정계약이 합의해지된 경우'의 문제 상황은—질권

---

36) 그 점은 마치 채권양도계약이 해제·합의해제된 경우에 제450조가 직접 적용될 수 없는 것과 마찬가지이다.

37) 아니면 민법 전체(또는 신의칙)의 입장에서 새로운 법리를 창출할 수도 있겠으나, 유추적용할 적절한 규정이 있다면 굳이 그러한 방법을 취할 필요는 없을 것이다.

이 소멸한 경우이므로—질권이 설정되는 경우와는 거리가 멀고 오히려 질권설정계약이 성립하지 않았거나 무효인 경우와 유사하다. 즉, 유추적용 여부 판단의 기초되는 사정이 제452조 제1항과 가까운 것이다. 그리고 제349조 제1항은 질권설정이 유효하게 된 경우(채권양도의 경우라면 채권양도가 유효하게 이루어진 경우)에 제3채무자에 대항하기 위하여 필요한 요건을 규정하고 있는 것이다. 따라서 그 규정은 이미 성립한 질권이 소멸하게 되는 경우에 적합하지 않다. 이른바 '질권설정계약이 합의해지된 경우'에 질권자가 제3채무자에게 해지 사실을 통지해 주는 것을 즐겨 할 리도 없다. '질권설정계약이 합의해지'되어 질권자가 질권을 상실하게 되면 그는 통지로 인하여 얻을 이익이 없기 때문이다. 또한 이 때 질권자가 통지의무를 부담하고 있음을 전제로 하여 질권설정자가 질권자의 통지를 구하는 소를 제기하도록 하는 것도 불필요한 우회절차를 거치는 것이고 질권설정자에게 가혹한 일이다. 이론적으로 보아도 이른바 '질권설정계약이 합의해지된 경우'에는 그 경우의 효과(즉 질권소멸의 효과) 문제로 다루어야 하고 질권이 설정되는 경우의 문제로 다룰 것이 아니다. 그에 비하여 제452조 제1항을 유추적용하게 되면 합리적인 결과를 얻을 수 있다. 그 때에는 합의해지가 있은 후에는 특별한 요건을 갖추지 않아도 질권설정자가 제3채무자에게 채권을 행사할 수 있어서 편리하고, 제3채무자로서는 그가 선의이면 질권자에게 대항할 수 있는 사유로 질권설정자에게 대항할 수 있게 되기 때문이다. 결국 이른바 '질권설정계약이 합의해지된 경우'에는 제452조 제1항 후단을 유추적용하여 선의의 제3채무자를 보호하는 것이 바람직하며, 따라서 본 판결이 질권자의 통지를 요구하는 것은 부적절하다.

이 경우에 제452조 제1항 전체를 유추적용하지 않고 후단만을 유추적용하려고 한 이유는 이 경우의 문제 상황이 제1항 전단과 거의 비례하는 정도로 동일한 것이 아니고 전체적으로 유사하여 법률효과를 정한 후단만이 필요하기 때문이다. 그에 비하여 바로 아래에서 논의하는 경우와 같이 문제 상황 자체가 제452조 제1항 전단과 비례적으로 아주 유사한 경우에는 제452조 제1항 전체를 유추적용하게 된다.

V. 질권자가 질권설정계약의 해지 사실을 통지한 경우의 효과 문제 (전술한 '다.' 부분 관련)

1. 서 설

본 판결은, 만일 질권자가 제3채무자에게 질권설정계약의 해지 사실을 통지하였다면, 설사 아직 해지가 되지 않았다고 하더라도 선의인 제3채무자는 질권설정자에게 대항할 수 있는 사유로 질권자에게 대항할 수 있다고 한다. 나아가 위와 같은 해지통지가 있었다면 그 해지 사실은 추정되고, 해지통지를 믿은 제3채무자의 선의 또한 추정되어서 제3채무자가 악의라는 점은 그 선의를 다투는 질권자가 증명할 책임이 있다고 한다. 이 둘을 나누어 개별적으로 살펴보기로 한다.

2. 질권자가 해지 사실을 통지할 경우의 구체적인 효과

본 판결은 그 사안의 경우에—하급심에서—이른바 '질권설정계약의 합의해지'가 이루어지지 않았다는 논란이 있었기에 그 합의해지가 인정되지 않은 경우에 관하여 판단하고 있다. 그 내용이 위 1.의 앞부분이다. 그 법리는 제452조 제1항 전체를 '질권설정계약이 해지된 경우'[38]에 문구 그대로 유추적용하여 도출한 것이다.[39] 즉, 그 규정의 양도인은 본 판결에서는 질권자이고, 양수인은 질권설정자이며, 채권양도는 질권설정계약의 해지이다. 이 경우의 제452조 제1항의 유추적용은 제452조 제1항이 직접 적용되는 경우와 대단히 흡사한 경우에 그대로 유추적용한 것이며, 사견이 채권양도계약이나 질권설정계약이 해제·합의해제·합의해지된

---

[38] 여기의 '해지'도 부정확한 표현이나 판결이 그렇게 쓰고 있으니 여기와 아래 3.에서는 그 표현을 그대로 사용하여 설명하기로 한다.

[39] 제452조 제1항을 '채권질권설정의 경우'에 유추적용하게 되면, 질권설정을 안 했는데 했다고 통지한 경우에 제1항 후단의 효과가 인정될 것이다. 이것이 그 규정의 본래의 유추결과이다. 그에 비하여 본 판결은 질권을 설정한 뒤 질권설정계약을 해지하지 않았으면서 해지했다고 통지한 경우에 그 규정을 유추적용한 것이다.

경우에 그 규정을 유추적용하자고 하는 것과 다르다. 후자는 '선의인 채무자' 이하 부분의 결과만 인정하려는 것이기 때문이다.

본 판결의 표현으로 할 때 '질권설정계약이 해지되지 않았는데 해지통지가 된 경우'(실질적으로는 '장래에 대하여 질권을 소멸시키는 물권적 단독행위가 없었는데 그 행위가 있었다는 통지를 한 경우')에 관하여도 민법은 명문의 규정을 두고 있지 않다. 그런데 그 경우에도 제3채무자는—그 계약이 해지된 경우(실질적으로는 '질권을 장래에 향하여 소멸하게 하는 물권적 단독행위를 한 경우')와는 다른 의미에서—보호되어야 할 필요가 있다. 해지가 없었지만 제3채무자로서는 해지가 있다고 믿고서 질권설정자에게 변제할 가능성이 있기 때문이다. 이 경우에 제3채무자를 보호하는 방안으로 민법의 구체적인 규정을 유추적용하거나 민법 전체(또는 신의칙)에 입각하여 적절한 법리를 창안해낼 수 있다. 본 판결은 그 중에 전자의 방법을 선택하였고, 구체적으로 제452조 제1항을 유추적용하였다. 생각건대 본 판결에서 문제된 이 경우는 제452조 제1항이 적용되는 경우와 대단히 비슷하다. 그리고 그 규정의 유추적용 결과도 바람직하다.

주의할 점은, 제452조 제1항이 문구 그대로 유추적용되는 경우인 만큼 해지 사실의 통지(실질적으로는 '질권이 장래에 향하여 소멸하게 하는 물권적 단독행위를 했다는 통지')는 반드시 질권자가 해야 하고 질권설정자가 하는 것으로는 부족하다. 그것이 그 규정에서 양도인이 통지를 한 것과 같고 또 그런 경우이어야 해지 사실의 진실성을 믿어도 무방하다고 생각되기 때문이다. 한편 해지가 없었는데 질권설정자가 통지한 경우에는 어떻게 되는가? 방금 언급한 바와 같이, 그 경우에는 제452조 제1항이 유추적용되지 못한다. 따라서 설사 제3채무자가 선의라고 하더라도 질권설정자에게 대항할 수 있는 사유로 질권자에게 대항할 수 없다. 다만, 사정에 따라서 채권의 준점유자에 대한 변제(제470조)로 보호될 가능성은 있다.

3. 질권자가 해지 사실을 통지한 경우의 제3채무자의 선의 추정

본 판결은 질권자가 제3채무자에게 질권설정계약의 해지 사실을 통지하였다면 그 해지 사실은 추정되고, 해지통지를 받은 제3채무자의 선의도 추정되어서 제3채무자가 악의라는 점은 그의 선의를 다투는 질권자가 증명할 책임이 있다고 한다. 생각건대 질권자가 제3채무자에게 '질권이 장래에 향하여 소멸하게 하는 물권적 단독행위를 했다는 통지'(본 판결은 이를 '해지 사실을 통지'라고 표현하고 있음)를 하였다면 제3채무자로서는 당연히 그것이 사실이라고 믿을 것이다. 더구나 그 사실을 통지한 질권자는 그 행위가 있을 경우 질권을 상실하게 되는 지위에 있는 자이어서 그 사실의 통지는 자신에게 불이익한 사실을 알리는 것이 되기 때문이다. 그러한 경우에 제3채무자로 하여금 통지받은 사실에 대하여 의심을 하게 하는 것은 합리적이지 않다. 이와 같은 점에서 볼 때, 본 판결의 그 부분은 타당하다.[40] 다만, 여기서도 '해지 사실의 통지'라는 표현을 쓰고 있는 것은 부적당하다.

VI. 본 판결의 검토

본 판결을 법리와 궁극적인 결론으로 나누어 타당성을 검토하기로 한다.

1. 본 판결의 법리에 대하여

본 판결이 법리의 면에서 타당한지에 관하여는 이제까지 살펴보았다. 그러므로 아래에서는 위에서 살펴본 것을 결론만 요약해서 정리하기로 한다.

가. 본 판결은 제452조 제1항이 지명채권질권의 설정의 경우에 유추

---

40) 필자는 과거 채권양도가 취소·해제·합의해제된 경우에 제452조 제1항을 유추 적용할 것을 제안하면서 채무자는 선의로 추정해야 한다고 주장하였다. 송덕수, 앞의 논문(주 18), 232면; 송덕수, 앞의 논문(주 19), 440면 참조.

적용된다고 하는데, 그 부분은 타당하다.[41] 다만, 본 판결 사안에서는 질권설정의 경우가 아니고 질권설정계약이 해지된 경우에 그 규정을 유추적용하게 되는 점에서 정확성이 다소 결여되어 있다.

나. 본 판결은 채권양도계약이 해제·합의해제된 경우에 채권양도인이 원래의 채무자에게 대항하려면 채권양수인이 해제 등 사실을 통지해야 한다고 한다. 본 판결의 그 부분은 기존의 판례를 반복한 것인데 그 내용은 타당하지 않다.

본 판결은 지명채권양도가 해제·합의해제된 경우의 법리를 질권설정계약이 해제·합의해제된 경우에도 동일하게 인정하고 있다. 본 판결의 그러한 태도 자체는 타당하다. 그런데 그 법리의 내용이 바람직하지 않아서 문제이다.

본 판결은 지명채권양도가 해제·합의해제된 경우의 법리를 이른바 '질권설정계약이 합의해지된 경우'에도 인정하고 있다. 여기서는 우선 '질권설정계약의 합의해지'라는 표현 자체가 올바르지 않다. 그런데 본 판결의 태도 자체는 타당하다. 다만, 본 판결에서의 그 법리는 지명채권질권에만 인정될 수 있는데, 본 판결은 모든 질권에 일반적으로 적용될 수 있는 것처럼 표현되어 있어서 부적절하다. 그러한 점들은 일방적 해지의 경우에도 마찬가지이다.

본 판결은 이른바 '질권설정계약이 합의해지된 경우'에 질권설정자가 제3채무자에게 원래의 채권으로 대항하려면 질권자가 해지 사실을 통지해야 한다고 한다. 그러나 이는 옳지 않고 오히려 제452조 제1항(후단)을 유추적용하는 것이 바람직하다.

다. 본 판결은 질권자가 제3채무자에게 질권설정계약의 해지 사실을

---

41) 이상오, 앞의 논문(주 29), 110면은 지명채권에 관한 질권의 경우에도 제452조의 유추적용을 배제할 이유가 없고, 또 「동산·채권 등의 담보에 관한 법률」이 규율하는 지명채권에 관한 담보권은 민법상의 채권질권과 유사한 성격을 갖는데, 동법 제35조 제4항에서 민법 제451조 및 제452조를 준용하고 있는바, 민법상의 지명채권에 관한 질권의 경우에도 민법 제452조를 유추적용할 수 있을 것이라고 한다.

통지하였으면 설사 해지가 되지 않았더라도 선의의 제3채무자는 질권설정자에게 대항할 수 있는 사유로 질권자에게 대항할 수 있다고 한다. 이는 이른바 '질권설정계약이 해지된 경우'에 제452조 제1항 전체를 유추적용한 것이다. 본 판결의 그 부분은―표현상 문제가 있지만―타당하다.

그리고 본 판결은 질권자가 질권설정계약의 해지 사실을 통지하였으면 제3채무자의 선의가 추정된다고 한다. 본 판결의 그 부분은―표현상으로는 역시 문제가 있으나―적절하다.

2. 본 판결의 궁극적인 결론에 대하여(앞의 II. 1.의 '마.' 부분 관련)

본 판결은 그 사안에서 질권자인 원고가 피고(제3채무자)에게 보낸 '질권해제통지서'는 질권설정계약에 대한 해지이고, 그 해지통지가 피고에게 도달하여 효력이 발생했다고 한다. 그런 뒤에, 그렇다면 아직 원고와 대자연네트웍스 사이에 합의해지가 되지 않은 때에도 선의인 피고로서는 대자연네트웍스에 대한 변제를 원고에게도 유효하다고 주장할 수 있다고 한다.

이들 중 뒷부분은 이른바 '질권설정계약이 해지되었다고 통지한 경우'에 제452조 제1항을 유추적용하여 결론을 도출한 것이다. 그런데, 앞에서 본 바와 같이, 본 판결의 그 부분은 타당하다. 그러므로 올바른 법리를 구체적인 사안에 적용하여 얻은 결과인 그 최종결론도 당연히 타당하다.

3. 결   어

본 판결은 이른바 '질권설정계약이 합의해지된 경우' 또는 '해지되지는 않았으나 질권자가 해지통지를 한 경우'에 관하여 처음으로 중요한 판단을 하였다. 그럼에 있어서 해지양도계약이 해제·합의해제된 경우에 관한 기존의 판례를 이른바 '질권설정계약이 합의해지된 경우'에 동일하게 인정하였고, 질권자가 제3채무자에게 '해지 사실을 통지한 경우'에 관하여는 제452조 제1항을 유추적용하여 제3채무자를 보호하고 있다. 그리고 그 법리를 적용하여 그 판결 사안에서 제3채무자의 보호를 달성하였다.

본 판결에서 판시한 여러 법리 가운데에는 바람직한 것도 많다. 그리고 본 판결 사안에서의 최종결론도 타당하다. 그런데 부분적으로는 부적당한 점도 있다. 특히 '질권설정계약이 합의해지된 경우'와 같이 올바르지 못한 표현을 쓰고 있는 점과, 이른바 '질권설정계약이 합의해지된 경우'에 질권자의 통지를 요구하고 있는 점에서 그렇다. 판례가 채권양도계약이 취소·해제·합의해제된 경우에 양수인의 통지를 요구하는 것과 마찬가지로 질권설정계약이 해제·합의해제·합의해지된 경우에 질권자의 통지를 요구하는 태도는 변경되어야 한다. 그 두 가지 경우에는 모두 제452조 제1항 후단이 유추적용되어야 한다.

[Zusammenfassung]

Die sog. Einigung nach Kündigung des Verpfändungsvertrags und der Schutz des Drittschuldners: Anmerkung zum Urteil des Obersten Gerichtshofes vom 10. 4. 2014-2013Da79192

Song, Tuck Soo*

(1) Der koreanische Oberste Gerichtshof („KOG") hat über den Fall entschieden, in dem der Sicherungsvertrag bei Bestellung eines Pfandrechts (Verpfändungsvertrag) kraft Parteiabrede gekündigt wird oder der Pfandgläubiger dem Drittschuldner die Kündigung mitteilt. Das Urteil hat große Bedeutung dafür, dass der KOG darüber zum ersten Mal entschieden hat. Das Urteil hat Regeln aufgestellt und somit zutreffende Schulussfolgerungen gezogen; es enthält jedoch teilweise Unrichtigkeiten.

(2) Das Urteil sagt mit Recht aus, dass § 452 I K-BGB für die Bestellung des Pfandrechts an einer Forderung entsprechend gilt.

(3) Nach dem Urteil habe der neue Gläubiger dem Schuldner anzuzeigen, dass die Abtretung mit Ausübung des Rücktritts bzw. durch die Rücktrittseinigung nicht mehr wirksam ist. In diesem Fall könne der bisherige Gläubiger dem Schuldner gegenüber seine Forderung geltend machen. Damit hat der KOG die Aussage von seiner früheren Rechtsprechhung wiederholt, was aber nicht richtig ist.

Das Urteil wendet die Rechtsprechung über die Unwirksamkeit der

---

* Professor, Law School, Ewha Womans University.

Forderungsabtretung durch Rücktritt bzw. Rücktrittseinigung auf den Fall an, in dem der Verpfändungsvertrag durch Rücktritt bzw. Rücktrittseinigung nicht mehr wirksam wird. Sein Standpunkt selbst ist zutreffend; problematisch ist allerdings, dass das Urteil in den Einzelheiten nicht richtig ist.

Das Urteil wendet die Rechtsprechung über die Unwirksamkeit der Forderungsabtretung durch Rücktritt bzw. Rücktrittseinigung auch auf den Fall an, in dem der Verpfändungsvertrag durch Einigung nach Kündigung unwirksam wird. Hier ist zunächst zu bemerken, dass der Ausdruck der Einigung nach Kündigung des Verpfändungsvertrags nicht korrekt ist. Allerding ist der Standpunkt der jetzigen Rechtsprechung zutreffend. Jedoch ist insoweit nicht richtig, als es im Urteil so formuliert ist, dass diese Regel für sämtliche Pfandrechte allgemein gelten könne, während sie allein für das Pfandrecht an der Forderung gelten soll. Dies gilt auch für den Fall, in dem der Verpfändungsvertrag durch Kündigung unwirksam wird.

Das Urteil sagt aus: Für die Geltenmachung der Forderung durch den Verpfänder gegenüber dem Drittschuldner ist notwendig, dass der Pfandgläubiger ihm die Kündigung mitteilt. Dies ist aber nicht richtig; vielmehr soll § 452 I (2. Halbs.) entsprechende Anwendung finden.

(4) Nach dem Uteil kann der gutgläubige Drittschuldner dem Pfandgläubiger die Einwendungen entgegensetzen, welche ihm gegenüber dem Verpfänder zustehen, falls der Pfandgläubiger dem Drittschuldner die Kündigung mitgeteilt hat, wenn der Verpfändungsvertrag auch noch nicht gekündigt ist. Diese Folge ergibt sich aus der analogen Anwendung der Vorschrift des § 452 I auf den Fall des gekündigten Verpfändungsvertrags. Dies ist—trotz der fehlerhaften Ausdrucksweise—richtig.

Im Weiteren ist die Gutgläubigkeit des Drittschuldners zu vermuten, wenn der Pfandgläubiger die Kündigung des Verpfändungsvertrags mitgeteilt hat. Dies ist zutreffend, obwohl die Formulierung nicht korrekt ist.

[Key word]

- Verpfändungsvertrag
- Rücktritt
- Kündigung
- Einigung nach Kündigung
- Forderungsabtretung
- § 452 K-BGB

참고문헌

1. 단 행 본

곽윤직, 『물권법』(박영사, 2003).

_____, 『채권총론』(박영사, 2003).

김용한, 『물권법론』(박영사, 1996).

김증한 · 김학동, 『물권법』(박영사, 1998).

송덕수, 『물권법』(박영사, 2014).

_____, 『신민법강의』(박영사, 2015).

_____, 『채권법각론』(박영사, 2014).

_____, 『채권법총론』(박영사, 2015).

이상태, 『물권법』(법원사, 2011).

이영준, 『물권법』(박영사, 2009).

이은영, 『물권법』(박영사, 2006).

『민법주해(Ⅳ) 물권(3)』(박영사, 1992).

『민법주해(Ⅹ) 채권(3)』(박영사, 1995).

『주석민법 물권(3)』(한국사법행정학회, 2011).

『주석민법 채권총칙(2)』(한국사법행정학회, 2002).

『주석민법 채권총칙(3)』(한국사법행정학회, 2014).

2. 논 문

송덕수, "채권양도가 해제 또는 합의해제된 경우의 민법 제452조의 유추적용-
대상판결: 대법원 2012. 11. 29. 선고 2011다17953 판결-", 이화여자대
학교 『법학논집』(이화여자대학교 법학연구소, 2013. 3.), 제17권 제3호,
421면 이하.

_____, "채권양도가 해제된 경우에 있어서 채무자의 보호", 『민사판례연구』
(박영사, 2005), 제27권, 210면 이하.

오종근, "합의해제의 효과", 『민사법학』(한국민사법학회, 2012. 6.), 제59호,
239면 이하.

이상오, "채권질권설정계약 해지통지와 관련하여 민법 제452조 '채권양도통지
와 금반언' 규정을 유추적용할 수 있는지 여부", 『대법원판례해설』(법
원도서관, 2014. 12.) 제99호, 99면 이하.

계속적 보증인 신용보증채무의 확정 전 구상보증기간 종료시 구상보증인의 책임

한 정 석*

■요　　지■

연구대상 판결은 계속적 보증인 신용보증에 있어서 신용보증채무가 확정되기 전 구상보증기간이 신용보증기간보다 먼저 종료되는 경우 구상보증인의 책임 문제에 관한 첫 번째 판결로서 그 의미가 있다.

연구대상 판결은 구상보증기간이 종료될 당시 구상보증채무의 주채무인 신용보증채무가 확정되지 않은 경우 구상보증인이 책임을 면할 수 있다고 판시하였다.

본 논문은 연구대상 판결과 유사한 사안에 대한 대법원의 판결들을 비교, 분석하여 연구대상 판결의 취지를 명확히 하고자 하였고, 구상보증책임에 관한 대법원의 판단기준을 정리하고자 하였다.

대법원은 우선 신용보증 당시 보증채무가 확정되어 있는지 여부를 살펴 불확정한 상태일 경우 그 신용보증을 계속적 보증인 근보증으로 판단하고, 나아가 구상보증계약의 종료시점에 신용보증채무와 기본거래관계의 주채무가 확정되어 있는지 여부를 다시 살펴 그것이 불확정 상태에 있을 경우에만 신용보증채무 이행에 따른 구상보증책임을 면할 수 있다는 입장에 있는 것으로 보인다.

---

* 서울중앙지방법원 판사.

[주제어]
- 계속적 보증
- 근보증
- 신용보증
- 구상보증

[투고일자] 2015. 11. 30.
[심사일자] 2015. 12. 15.
[게재확정일자] 2015. 12. 30.

대상판결 : 대법원 2014. 4. 10. 선고 2011다53171 판결

[사안의 개요]

원고(한국무역보험공사)는 2007. 9. 12. 제1심 공동피고 티케이씨엔씨 주식회사(이하 '소외 회사'라 한다)와 신용보증한도를 3억 5,000만 원, 보증방법을 회전보증, 대상채무를 무역금융, 보증기간을 2007. 3. 26.부터 2008. 3. 26.까지로 정하여 신용보증약정(이하 '제1 신용보증약정'이라 한다)을 체결하고, 이에 기하여 같은 날 주식회사 한국외환은행(이하 '외환은행'이라고 한다)에 신용보증한도, 보증방법, 보증기간이 위와 동일하고 대출금 종류를 원고의 신용보증약관 제2조 제1호 무역금융 및 관련 지급보증으로 한 신용보증서(이하 '제1 신용보증서'라 한다)를 발행하였다.

소외 회사는 제1 신용보증서에 기하여 2007. 9. 12. 외환은행과 약정한 도금액을 7억 5,000만 원, 약정기한을 2008. 3. 26.까지로 정하여 여신거래약정을 체결한 후, 외환은행으로부터 무역어음대출 명목으로 7억 5,000만 원을 변제기 2008. 3. 26.(이후 2008. 8. 26.까지로 연장되었다)로 정하여 대출받았다.

그 후 제1 신용보증약정의 보증기간과 위 여신거래의 약정기한 연장을 위하여 소외 회사는 2008. 3. 24. 원고와 신용보증한도를 3억 1,500만 원, 신용보증기간을 2008. 3. 27.부터 2009. 3. 27.까지로 정한 신용보증약정(이하 '제2 신용보증약정'이라 한다)을 체결하고, 원고로부터 갱신보증으로서 신용보증한도와 신용보증기간이 위와 동일한 신용보증서(이하 '제2 신용보증서'라 한다)를 발행받은 다음, 외환은행과는 위 대출금 중 1억 3,500만 원을 상환한 후 제2 신용보증서에 기하여 2008. 3. 26. 약정한도금액을 6억 1,500만 원으로 변경하고 약정기한을 2009. 3. 27.까지로 연장하는 여신거래추가약정을 체결하였다.

피고는 제1 신용보증약정 당시 원고의 신용보증채무 이행으로 인한 소외 회사의 구상채무에 대하여 소외 회사의 대표이사 안영식과 함께 연대보증하였다(제2 신용보증약정 시에는 유훈구가 안영식과 함께 연대보증하였다).

그런데 소외 회사가 변제기인 2008. 8. 26. 위 대출원금을 변제하지 못하여 외환은행에 대한 기한의 이익을 상실함에 따라, 원고가 2008. 11. 5. 외환은행에 원리금 합계 355,580,010원을 대위변제하였다.

한편 제1 신용보증약정서에는 보증방법에 관한 설명으로서 '회전보증'은 신용보증한도와 보증기간 범위 내에서 계속 반복하여 발생하는 채무를 보증하는 것을 말하고, '개별보증'은 보증서에 기재된 특정 수출계약 또는 특정 자금과 관련하여 상환기일이 보증기간 이내에 도래하도록 실행된 대출에 대하여 채무를 보증하는 것을 말한다고 기재되어 있는데, 제1 신용보증서에는 개별보증의 경우에 특정 수출계약 또는 특정 자금에 관하여 기재하는 수입자란, L/C 개설(확인)은행란, 대금지급국란, L/C 또는 계약서번호란이 모두 공란으로 되어 있다.

원고는 피고에게 구상금을 청구하였다.

[소송의 경과]
1. 제1심 판결(서울중앙지방법원 2009. 12. 4. 선고 2008가합128841 판결):
   피고의 구상보증책임 인정

원고가 행한 신용보증에서 그 보증기한 종료시에 원고가 부담하는 원채무 보증채무가 확정된 경우에 구상보증채무도 보증채무의 변제를 조건으로 하여 그 때에 발생하고 원고의 구상금채권에 대하여 보증한 보증인으로서는 보증기간 종료 후에라도 위 확정된 원채무 보증채무에 대하여 신용보증약정에 따른 의무를 이행한 원고의 구상금채권에 대하여 보증책임을 부담한다.

원고가 행한 제1 신용보증약정의 보증기간 종료시인 2008. 3. 26.에 원고가 부담하는 보증채무가 3억 5,000만 원으로 확정되었고, 원고가 외환은행의 요청에 따라 보증채무를 이행하였으므로, 피고는 원고의 구상금채권에 대하여 보증책임을 부담한다.

2. 원심 판결(서울고등법원 2011. 4. 13. 선고 2010나15488 판결): 피고의
   항소기각

제1 신용보증서에는 보증방법이 '회전보증'이라고 기재되어 있고, 소외 회사가 2007. 9. 12. 외환은행과 약정한도금액을 7억 5,000만 원, 약정기한을 2008. 3. 26.까지로 정한 무역어음대출 여신거래약정을 체결하고 외환은행으로부터 7억 5,000만 원을 대출받은 사실은 인정되나, 원고가 2007. 9. 12. 외환은행에 발행해 준 제1 신용보증서에 기하여 이루어진 소외 회사와 외환은

행 사이의 여신거래는 오로지 제1 신용보증서 발행 당일의 변제기를 2008. 3. 26.로 정한 위 무역어음대출뿐이므로, 이러한 사실관계에 비추어 볼 때, 제1 신용보증서의 형식 여하에도 불구하고 원고와 소외 회사 사이의 신용보증약정은 채무와 변제기가 특정되어 있는 확정채무에 대한 개별보증이라고 보아야 할 것이다(대법원 2006. 7. 4. 선고 2004다30675 판결 참조).

이와 같이, 제1 신용보증서에 기하여 소외 회사가 외환은행으로부터 대출받은 채무는 대출금이 특정되어 있는 확정채무로서 원고는 위 확정채무에 대하여 개별보증을 한 것이고, 소외 회사가 대출받은 채무는 제1 신용보증약정의 거래기간과 피고의 보증기간 내에서 이루어진 채무이며, 그 후 위 대출금 채무는 변제기만이 연장되었으므로, 피고의 연대보증기간이 2008. 3. 26.의 경과로써 종료되었다고 하더라도, 피고의 보증기간이 종료할 당시에 이미 발생하여 확정된 채무가 있으므로, 보증인인 피고로서는 그 보증책임을 부담하여야 한다(대법원 2013. 11. 14. 선고 2003다21872 판결 참조).

3. 피고의 상고이유

가. 제1점 : 처분문서의 해석에 관한 법리오해

제1 신용보증은 처분문서인 제1 신용보증약정서 및 제1 신용보증서의 문언 및 보증 당시 원고의 의사를 감안할 때 일정한 보증한도액 및 보증기간의 범위 내에서 증감변동하는 불확정채무를 보증하는 이른바 '회전보증'임에도 불구하고, 원심은 이를 개별보증으로 파악함으로써 처분문서의 해석에 관한 법리오해의 위법이 있다.

나. 제2점 : 불확정채무를 보증한 보증인의 보증채무 확정시기에 관한 대법원 판례 위반

근보증으로서의 신용보증채무 이행으로 인한 구상채무를 보증한 보증인이 신용보증채무가 확정되기 전에 보증계약을 해지한 경우에는 보증책임을 면한다는 취지의 대법원 1998. 6. 26. 선고 98다11826 판결에 따르면, 원고의 외환은행에 대한 보증채무는 근보증으로서 소외 회사의 기한의 이익 상실 사유가 발생한 때에 비로소 확정된다고 할 것이고, 제1 신용보증약정의 보증기간(2008. 3. 26.)이 원고의 외환은행에 대한 보증채무가 확정(2008. 8. 26.)되기 전에 도과하였으므로, 제1 신용보증약정에만 서명한 피고는 보증책임을 면한다.

4. 연구대상 판결 (대법원 2014. 4. 10. 선고 2011다53171 판결) : 파기 환송

가. 상고이유 제1점에 대하여

계약당사자가 어떠한 계약 내용을 처분문서인 서면으로 작성한 경우에 문언의 객관적인 의미가 명확하다면 특별한 사정이 없는 한 문언대로 의사표시의 존재와 내용을 인정하여야 하고(대법원 2011. 6. 24. 선고 2008다44368 판결 등 참조), 신용보증기관의 신용보증이 확정채무의 보증인 개별보증인가 또는 계속적 보증인 근보증인가 여부는 그 신용보증기관이 발행한 보증서의 기재에 의하여 결정될 것이다(대법원 1998. 2. 27. 선고 96다8277 판결 참조).

원심판결 이유와 원심이 적법하게 채택한 증거에 의하면, 원고는 2007. 9. 12. 소외 회사와 신용보증한도를 3억 5,000만 원, 보증방법을 회전보증, 대상채무를 무역금융, 보증기간을 2007. 3. 26.부터 2008. 3. 26.까지로 정하여 이 사건 제1 신용보증약정을 체결한 사실, 이에 기하여 원고는 같은 날 외환은행에 신용보증한도, 보증방법, 보증기간이 위와 동일하고 대출금 종류를 이 사건 신용보증약관 제2조 제1호 무역금융 및 관련 지급보증으로 한 이 사건 제1 신용보증서를 발행한 사실, 이 사건 제1 신용보증약정서에는 보증방법에 관한 설명으로서 '회전보증'은 신용보증한도와 보증기간 범위 내에서 계속 반복하여 발생하는 채무를 보증하는 것을 말하고 '개별보증'은 보증서에 기재된 특정 수출계약 또는 특정 자금과 관련하여 상환기일이 보증기간 이내에 도래하도록 실행된 대출에 대하여 채무를 보증하는 것을 말한다고 기재되어 있는 사실, 그런데 이 사건 제1 신용보증서에는 개별보증의 경우에 특정 수출계약 또는 특정 자금에 관하여 기재하는 수입자란, L/C 개설(확인)은행란, 대금지급국란, L/C 또는 계약서번호란이 모두 공란으로 비어 있는 사실 등을 알 수 있다.

위와 같은 사실관계를 앞서 본 법리에 비추어 보면, 원고의 신용보증은 이 사건 제1 신용보증서의 문언대로 신용보증한도와 보증기간 범위 내에서 계속적으로 반복하여 발생하는 소외 회사의 외환은행에 대한 무역금융 관련 채무를 보증하는 근보증으로 보아야 할 것이다.

나. 상고이유 제2점에 대하여

근보증으로서의 신용보증채무 이행으로 인한 구상채무를 보증한 자가 신용보증채무가 확정되기 전에 적법하게 보증계약을 해지한 때에는 구체적인 보증채무의 발생 전에 보증계약 관계가 종료되므로, 그 이후 신용보증사고의 발생으로 신용보증기관의 신용보증채무가 확정되고 나아가 주채무자의 구상채무까지 확정된다 하여도 구상보증인은 그에 관하여 아무런 보증책임을 지지 아니한다(대법원 1998. 6. 26. 선고 98다11826 판결, 대법원 2007. 5. 31. 선고 2005다61195 판결 참조). 그리고 이러한 법리는 주계약상 거래기간의 연장에 따라 신용보증기간이 연장되었으나 구상보증인에 대한 관계에서는 보증기간이 연장되지 아니하여 구상보증계약 관계가 먼저 종료되는 경우에도 마찬가지로 적용된다.

원심이 확정한 사실관계에 의하면, 소외 회사는 이 사건 제1 신용보증서에 기하여 2007. 9. 12. 외환은행과 약정한도금액을 7억 5,000만 원, 약정기한을 2008. 3. 26.까지로 정하여 여신거래약정을 체결한 후, 외환은행으로부터 무역어음대출 명목으로 7억 5,000만 원을 변제기 2008. 3. 26.(이후 2008. 8. 26.까지로 연장되었다)로 정하여 대출받은 점, 이 사건 제1 신용보증약정의 보증기간과 위 여신거래의 약정기한 연장을 위하여 소외 회사는 2008. 3. 24. 원고와 신용보증한도를 3억 1,500만 원, 신용보증기간을 2008. 3. 27.부터 2009. 3. 27.까지로 정하여 이 사건 제2 신용보증약정을 체결하고 원고로부터 갱신보증으로서 신용보증한도와 신용보증기간이 위와 동일한 이 사건 제2 신용보증서를 발행받은 다음, 외환은행과는 위 대출금 중 1억 3,500만 원을 상환한 후 이 사건 제2 신용보증서에 기하여 2008. 3. 26. 약정한도금액은 6억 1,500만 원으로 변경하고 약정기한은 2009. 3. 27.까지로 연장하는 여신거래추가약정을 체결한 점, 이 사건 제1 신용보증약정 시에는 원고의 신용보증채무 이행으로 인한 소외 회사의 구상채무에 대하여 피고가 소외 회사의 대표이사인 제1심 공동피고 안영식(이하 '안영식'이라고 한다)과 함께 연대보증하였으나 이 사건 제2 신용보증약정 시에는 피고 유훈구가 안영식과 함께 연대보증한 점, 소외 회사가 변제기인 2008. 8. 26. 위 대출원금을 변제하지 못하자 원고가 2008. 11. 5. 외환은행에 원리금 합계 355,580,010원을 대위변제한 점을 알 수 있다.

위와 같은 사실관계를 앞서 본 법리에 비추어 살펴본다.

이 사건 제1 신용보증서에 의한 원고의 신용보증은 소외 회사가 외환은행으로부터 그 신용보증한도와 보증기간 범위 내에서 무역금융 관련 대출 등을 받는 계속적 거래관계로 발생하는 불확정한 채무를 보증하는 계속적 보증인 근보증에 해당함은 앞서 본 바와 같고, 피고가 원고와 맺은 보증계약도 원고가 위와 같은 계속적 보증계약을 이행함에 따른 소외 회사의 불확정한 구상채무를 보증하는 것이어서 계속적 보증계약에 해당한다(대법원 1992. 11. 24. 선고 92다10890 판결 등 참조). 그리고 근보증인 원고의 신용보증은 위 여신거래의 약정기한 동안에는 약정된 한도금액의 범위 안에서 증감·변동하는 대출원리금에 대하여 보증책임을 지지 아니하고 정해진 사유 등으로 인한 위 여신거래 종료시 보증채무가 확정되는 것이다(대법원 1998. 6. 26. 선고 98다11826 판결 참조). 그런데 위 여신거래의 약정기한과 이 사건 제1 신용보증서의 보증기간은 모두 2009. 3. 27.까지로 연장되었으나 피고가 이 사건 제2 신용보증약정 시에는 소외 회사의 구상채무에 대한 연대보증인으로 입보하지 않음으로써 피고의 구상보증계약 관계는 제1 신용보증약정에서 정한 보증기간이 경과함에 따라 먼저 종료되었다고 할 것이다. 따라서 앞서 본 법리에 따르면 피고의 구상보증계약 관계 종료 당시를 기준으로 소외 회사와 외환은행 사이의 여신거래와 원고의 신용보증계약 관계는 어느 것도 종료되지 아니하여 원고의 신용보증채무가 확정되지 아니하였으므로, 그 이후 소외 회사의 연체로 신용보증사고가 발생하여 원고의 신용보증채무가 확정되고 이로써 소외 회사의 구상채무까지 확정된다고 하여도 피고는 그에 관해 아무런 보증책임을 부담하지 아니한다고 할 것이다.

그럼에도 원심은 이와 달리 원고의 신용보증이 채무와 변제기가 특정되어 있는 확정채무에 대한 개별보증임을 전제로 피고의 보증기간이 종료할 당시에 이미 발생하여 확정된 소외 회사의 채무가 있다는 이유로 피고가 보증책임을 부담하여야 한다고 판단한 다음, 피고에 대한 구상금청구를 일부 인용하였다. 이러한 원심판결에는 계속적 보증에 관한 법리를 오해하여 판결 결과에 영향을 미친 위법이 있다. 이 점을 지적하는 상고이유 주장도 이유 있다.

〔硏　究〕

Ⅰ. 서　론

일반적으로 계속적 보증이라고 하면 "계속적 채권관계에서 발생하는 불확정한 채무의 보증"만을 지칭한다.[1] 계속적 보증은 주채무의 증감·변

동에 따른 불특정성과 불확정성으로 인해 보증채무의 내용이 불확정한
데에서 일반적인 보증과는 다른 취급이 요구된다. 이러한 견지에서 계속
적 보증이란 보증의 대상인 주채무가 시간적 계속성을 가진 원인관계로
부터 계속적·반복적으로 발생·소멸함으로써 증감·변동하는 특성을 가
지고, 이러한 주채무가 일정한 사유로 증감·변동을 멈추어 확정되고 변
제기가 도래한 때에 주채무자가 이를 변제하지 않을 경우, 보증인이 그
와 같이 확정된 잔존채무에 대하여 보증책임으로서 변제할 책임을 지는
보증이라고 정의할 수 있다.[2]

대법원은 확정채무에 대한 보증을 개별보증이라고 하면서 이와 대립
되는 개념으로 계속적 보증을 근보증과 같은 것으로 이해하고 있다.[3] 이
에 따라 연구대상 판결에서도 계속적 보증과 근보증을 구별함이 없이 원
고의 신용보증이 확정채무의 보증인 개별보증인가 아니면 계속적 보증인
근보증인가 여부를 검토하기로 한다.

본 연구에서는 연구대상 판결에서 원고의 신용보증과 피고의 구상보
증이 각각 어떠한 법적 성격을 가지는지 여부를 먼저 살펴보고, 나아가 피
고의 구상보증기간이 원고의 신용보증기간보다 먼저 종료하게 된 경우 피
고의 구상보증책임은 어떻게 되는 것인지 여부에 관하여 논의하기로 한다.

II. 신용보증과 구상보증의 법적 성격

1. 특정채무에 대한 개별보증과 계속적 보증의 구별기준

보증의 법적 성격이 계속적 보증인지, 아니면 확정채무에 대한 개별
보증인지 여부는 보증인의 입장에서 보증 당시 보증채무(주채무)의 내용
을 확정할 수 있는지 여부에 달려 있다. 보증인의 입장에서 보증 당시
보증채무(주채무)의 내용을 확정할 수 없다면 그 보증은 계속적 보증으
로,[4] 그 반대라면 그 보증은 특정채무의 개별보증이다. 여기서 보증채무

---

1) 박병대, "계속적 보증에 대한 고찰", 사법논집 제18집(1987), 9면.
2) 양경승, "계속적 보증채무의 확정과 보증인의 책임", 사법논집 제50집(2011), 390면.
3) 양경승, 전게 논문, 396면.

의 내용을 확정할 수 있는지 여부는 보증계약의 내용이 어떠한지에 달려 있는데, 기관의 신용보증계약에서는 그 보증서 내용의 해석을 통해 신용 보증의 내용을 파악할 수 있다. 신용보증을 하는 기관(예를 들어 신용보증기금, 한국무역보험공사 등)은 채권자가 될 금융기관과 특정 회사의 신용을 보증하는 계약을 체결하고, 그 내용을 신용보증서에 기재하여 금융기관에 교부하기 때문이다.[5]

대법원도 신용보증기금의 신용보증이 확정채무의 보증인 개별보증인가 또는 계속적 보증인가 여부는 신용보증기금이 발행한 보증서의 기재에 의하여 결정한다고 판시하였다(대법원 1998. 2. 27.[6] 선고 96다8277 판결).

2. 원고의 신용보증의 법적 성격
가. 원심과 대법원의 각 판시 내용

원고의 신용보증이 가지는 법적 성격에 관하여 원심은 특정채무의 개별보증으로, 대법원은 계속적 보증으로 각 파악하였다. 이에 따라 원심과 대법원은 피고의 구상보증책임이 존재하는지 여부에 관하여도 결론을 달리하였다.

원고의 신용보증의 법적 성격에 관한 원심과 대법원의 해석 차이가 어디에서 비롯되었던 것일까.

우선 대법원은 이 사건에서 신용보증기관의 신용보증이 확정채무의 보증인 개별보증인가 또는 계속적 보증인 근보증인가 여부는 그 신용보증기관이 발행한 보증서의 기재에 의하여 결정될 것인데, 원고가 2007. 9. 12. 발행한 제1 신용보증서에는 "신용보증한도 3억 5,000만 원, 보증방법 회전보증, 보증기간 2007. 3. 26.부터 2008. 3. 26.까지, 대출금 종류

---

4) 양경승, 전게 논문, 407면.
5) 김창종, "신용보증에 관하여", 사법논집 제21집(1990), 141면.
6) 이 사건 신용보증서에는 '개별보증'으로 기재되어 있으나, 신용보증위탁계약 체결시에 작성되는 신용보증약정서에는 근보증인 것처럼 기재되어 있다. 대법원은 신용보증서의 기재대로 신용보증을 개별보증으로 보았다.

이 사건 신용보증약관 제2조 제1호 무역금융 및 관련 지급보증"으로 기재되어 있고, 위 제1 신용보증서에는 개별보증의 경우에 특정 수출계약 또는 특정자금에 관하여 기재하는 수입자란, L/C 개설(확인)은행란, 대금지급국란, L/C 또는 계약서번호란이 모두 비어 있는 사실, 위 제1 신용보증서에는 보증방법으로 기재된 '회전보증'이란 신용보증한도와 보증기간 범위 내에서 계속 반복하여 발생하는 채무를 보증하는 것을 말하고 '개별보증'이란 보증서에 기재된 특정 수출계약 또는 특정자금과 관련하여 상환기일이 보증기간 이내에 도래하도록 실행된 대출에 대하여 채무를 보증하는 것을 말한다고 각 기재되어 있는 사실에 비추어 원고의 신용보증은 이 사건 제1 신용보증서의 문언대로 신용보증한도와 보증기간 범위 내에서 계속적으로 반복하여 발생하는 소외 회사의 외환은행에 대한 무역금융 관련 채무를 보증하는 근보증으로 봄이 상당하다고 판시하였다.

이에 반하여 원심은 제1 신용보증서의 내용으로 원고의 신용보증이 근보증이라고 해석할 여지가 없지 않으나, 제1 신용보증서의 기재 내용과 달리 소외 회사와 외환은행 사이의 여신거래 내용은 소외 회사가 외환은행으로부터 제1 신용보증서 발행 당일 변제기를 2008. 3. 26.로, 채무액을 7억 5,000만 원으로 각 특정하여 무역어음대출을 받는 것이어서 소외 회사의 채무는 채무액과 변제기가 특정되어 있는 확정채무라고 봄이 상당하고, 따라서 위 확정채무를 보증하는 원고의 신용보증 또한 확정채무에 대한 개별보증으로 보아야 한다고 판시하였다.

　나. 대법원 2006. 7. 4. 선고 2004다30675 판결의 내용

원심은 위와 같이 원고의 신용보증이 채무와 변제기가 특정되어 있는 확정채무에 대한 개별보증이라고 판단하면서 대법원 2006. 7. 4. 선고 2004다30675 판결을 참조 판례로 들었다.

위 2004다30675 판결의 사안은 다음과 같다.[7]

---

7) 최철환, "회사 이사의 사정변경을 이유로 한 보증계약의 해지", 대법원판례해설 제63호(2007), 130면.

현대코아가 1996. 10. 26. 원고(조흥은행)로부터 기업시설자금 20억 원을 이자 연 7%, 상환방법 3년 거치 5년 분할상환으로 약정하여 대출받았고, 현대코아의 대표이사인 피고는 현대코아가 원고에 대하여 현재 또는 장래에 부담하는 어음대출·어음할인·증서대출·당좌대출·지급보증·매출채권거래·급부거래·유가증권대여·외국환·신용카드거래·사모사채인수·기타의 여신거래로 말미암은 모든 채무에 관하여 26억 원을 한도로 하여 연대보증하였다. 피고는 1999. 8. 5. 현대코아의 대표이사직을 사임하고 원고에게 연대보증인을 피고에서 새로운 대표이사로 교체해 줄 것을 요청하였다. 그러나 원고는 피고의 요청을 거절하였고, 현대코아는 1999. 12. 1. 위 대출금채무의 기한의 이익을 상실하였다. 그 후 원고의 이 사건 대출원리금 채권을 양수한 승계참가인이 피고에게 연대보증채무의 이행을 청구하였다.

대법원은 위 2004다30675 판결 사안에서 피고와 원고 사이의 연대보증계약이 비록 형식적으로는 원고와 현대코아 사이의 여신거래로 인한 채무를 26억 원을 한도로 일체 보증하는 형태의 이른바 한정근보증계약이지만, 원고와 현대코아 사이의 여신거래는 오로지 보증계약 당일의 20억 원에 대한 대출거래만 존재하였을 뿐이므로 그 계약의 형식에도 불구하고 피고와 원고 사이의 보증계약은 채무가 특정되어 있는 확정채무에 대한 보증이라고 할 것이라고 판시하였다.

즉 대법원은 위 사안에서, 처분문서인 보증계약서의 내용이 현대코아가 원고와의 계속적 여신거래관계에서 부담하는 일체의 채무를 보증하는 것이어서 특별한 사정이 없는 이상 처분문서의 문언대로 피고의 연대보증을 계속적 보증으로 봄이 상당하지만, 현대코아와 원고 사이에 위 20억 원의 대출거래 외에 다른 대출, 당좌거래 등에 의한 채권채무 관계가 존재하지 않는 점을 특별한 사정으로 보아 위 보증계약서의 기재에도 불구하고 피고의 연대보증이 채무액과 변제기가 특정되어 있는 확정채무의 보증이라고 판단한 것이다.[8]

---

8) 사견으로는, 앞서 살펴본 바와 같이 어떤 보증이 계속적 보증인지 아니면 특정채무의 개별보증인지 여부는 보증 당시 보증채무가 확정되어 있었는지 여부로 결정하여야 하는데, 위 2004다30675 판결의 사안에서는 보증인의 보증계약 내용이

연구대상 판결의 사안에서는 신용보증채무의 주채무인 소외 회사와 외환은행 사이의 채무가 여신한도금액을 7억 5,000만 원, 약정기한을 2007. 9. 26.부터 2008. 3. 26.까지로 정한 불확정채무인 데 반하여 위 2004다30675 판결의 사안에서는 연대보증채무의 주채무인 현대코아와 조흥은행 사이의 채무가 기업시설자금 20억 원의 확정된 채무이다. 위 연구대상 판결의 사안에서도 소외 회사가 외환은행으로부터 대출최고한도금액인 7억 5,000만 원을 변제기를 정하여 일시에 대출받고, 그 대출거래 외에 다른 대출을 받지 않은 사정이 있어 위 2004다30675 판결의 사안과 유사하기는 하다.

그러나 연구대상 판결의 사안에서는 소외 회사와 외환은행 사이의 대출약정이 계속적 거래관계를 상정하고 있고, 소외 회사가 위 7억 5,000만 원의 특정 금액을 대출받은 이후 이를 변제하고, 그 후에 다시 대출받는 등으로 대출금액이 위 약정기한까지 증감, 변동할 수 있었던 점, 이에 따라 신용보증인인 원고의 입장에서 소외 회사가 외환은행으로부터 7억 5,000만 원을 단 한 번에 대출받고 그 이후로 대출금이 증감, 변동되지 않은 것은 우연한 사정에 불과한 점에 비추어 볼 때, 연구대상 판결의 사안과 2004다30675 판결의 사안은 그 실체적인 내용이 다르다고 볼 수 있다.

다. 대법원 1997. 2. 14. 선고 95다31645 판결의 내용

한편 위 2004다30675 판결은 대법원 1997. 2. 14. 선고 95다31645 판결을 뒤따른 판결로 보이므로, 위 95다31645 판결 내용에 관해서도 함께 살펴보기로 한다.

위 95다31645 판결 사안을 요약하면 다음과 같다.

소외 대왕종합식품 주식회사(이하 같은 항에서 '소외 회사'라고 한다)의 대표이사인 피고 1이 원고(한국외환은행)와 소외 회사가 원고에 대하여 현재

주거래 관계에서 발생한 일체의 채무를 26억 원의 한도 내에서 연대보증하는 것이어서 이때 연대보증은 계속적 보증으로 해석하여야 하지 않은가 하는 생각이다. 보증인이 자신의 보증채무가 특정금의 채무가 되리라는 사정을 알았는지, 알 수 있었는지에 관한 특별한 사정이 인정된다면, 그때 처분문서인 보증계약의 내용에도 불구하고 그 연대보증을 확정된 채무의 개별보증으로 볼 수 있을 것이다.

및 장래에 부담하는 모든 채무를 65억 원의 한도 내에서 보증기간의 정함이 없이 연대보증하기로 하는 포괄근보증계약을 체결하였고, 한편 피고 1이 위 회사의 대표이사직을 사임함에 따라 같은 날 위 회사의 대표이사로 취임한 피고 2도 원고와 위 회사가 어음대출, 지급보증 및 기타의 여신거래로 인하여 현재 및 장래에 부담하는 모든 채무를 50억 원의 한도 내에서 보증기간의 정함이 없이 연대보증하기로 하는 내용의 포괄근보증계약을 체결하였다. 원고는 소외 회사와의 지급보증거래약정에 따라 일본국 미쯔비시 상사에게, 위 회사가 위 미쯔비시 상사로부터 차관 미화 86만 달러를 1986. 12. 31.부터 1992. 12. 31.까지 분할상환하는 조건으로 도입함으로써 부담하게 된 그 원리금상환채무를 미화 126만 달러의 한도 내에서 보증하기로 하는 지급보증을 하였다. 원고는 역시 지급보증거래약정에 따라 소외 흥국생명에게, 소외 회사가 위 흥국생명으로부터 2억 3,000만 원을 대출받음으로써 부담하게 된 원리금상환 채무를 보증기간 1년간으로 정하여 지급보증하였다. 피고 2는 위 지급보증 후 이사직을 사임하였다. 원고는 그 후 미쯔비시 상사와 흥국생명에 대지급을 한 후 피고들에게 소외 회사에 대한 구상채권의 보증책임을 요구하였다.

대법원은 위 사안에서 소외 회사의 원고에 대한 위 흥국생명의 차관원리금 대지급채무는 피고들이 소외 회사의 대표이사를 사임하기 전에 소외 회사가 위 미쯔비시 상사로부터 그 상환시기와 상환방법을 구체적으로 확정하여 차관을 도입하면서 미화 126만 달러를 한도로 하여 그 차관의 원리금을 원고가 지급보증하고 아울러 소외 회사가 그 차관원리금을 상환하지 아니하여 원고가 미상환된 차관원리금을 미쯔비시 상사에게 대지급하는 경우 소외 회사가 원고에게 상환하기로 한 구상채무이고, 또한 소외 회사의 원고에 대한 위 흥국생명의 대출원리금 대지급채무도 피고 2가 소외 회사의 대표이사를 사임하기 전에 소외 회사가 위 흥국생명으로부터 차용액과 상환방법, 상환시기 등을 구체적으로 확정하여 2억 3,000만 원을 차용하면서 이에 대하여 원고가 지급보증을 하고 아울러 소외 회사가 위 대출금을 상환하지 아니하여 원고가 위 흥국생명에게 그 미상환된 대출금을 대지급하는 경우 소외 회사가 원고에게 상환하기로 한 구상채무라고 전제하고, 그렇다면 <u>위 각 대지급채무는 채무액과 변제</u>

기가 특정되어 있다고 할 것이어서 피고가 원고의 소외 회사에 대한 구상청구권을 보증한 것 역시 그 보증 당시 그 채무가 특정되어 있는 확정채무에 대하여 보증을 한 것이라고 할 것이라고 판시하였다.

그러나 피고들의 보증의 법적 성격은 보증 당시 보증채무가 확정되어 있었는지, 아니면 불확정 상태에 있었는지 여부에 따라 결정된다. 위 사안에서 피고 1의 보증 내용은 소외 회사가 현재 및 장래에 부담하는 모든 채무를 65억 원의 한도 내에서 보증기간의 정함이 없이 연대보증하는 것이고, 피고 2의 보증 내용은 소외 회사가 어음대출, 지급보증 및 기타의 여신거래로 인하여 현재 및 장래에 부담하는 모든 채무를 50억 원의 한도 내에서 보증기간의 정함이 없이 연대보증한 것으로서 불확정 채무를 보증한 계속적 보증으로 봄이 상당하다. 피고들의 각 보증 후 소외 회사가 미쓰비시 상사와 흥국생명으로부터 그 상환시기와 상환방법 등을 구체적으로 확정하여 차용한 사정, 원고가 소외 회사의 위 채무를 지급보증한 사정으로 인하여 피고들의 보증의 법적 성격을 확정채무의 개별보증으로 판단하는 것은 무리가 있다.[9]

라. 연구대상 판결 사안에의 적용

연구대상 판결 사안에서 소외 회사인 티케이씨엔씨와 외환은행 사이에 체결된 여신거래약정의 여신과목인 무역어음대출은 대출금액이 약정기간 동안 약정된 한도액 범위 내에서 증감, 변동하는 계속적 대출을 상정하고 있다.

설령 무역어음대출이 약정한도금액에 맞추어 단 한차례 이루어졌고, 약정기한 내에서 증감, 변동이 없었을지라도, 무역어음대출은 최초 약정

---

9) 양경승, 전게 논문, 445면에도 동일한 취지의 비판이 있다. 양경승 부장판사는 "피고가 보증 당시 채무가 특정되어 있는 확정채무에 대하여 보증한 것이라고 본 것은 쉽게 납득하기 어렵다. 피고들이 보증 당시 장차 그 보증 대상 주채무(구상채무)가 언제 얼마나 발생할지 구체적, 확정적으로 예상할 수 없었고, 그 예측의 가부는 일반의 확정채무에 대한 보증과 불확정채무의 보증인 계속적 보증을 구분짓는 중요한 기준에 해당하기 때문이다. 여기서 주거래은행의 외화채권자 및 보험회사에 대한 지급보증이 확정채무의 보증인 사실은 사후적 사정으로서 주거래은행에 대한 피고들의 보증이 갖는 법적 성질에 직접 영향을 미칠 수 없다"라고 한다.

당시 약정한도기한과 한도금액 범위 내에서 증감, 변동할 가능성을 상정하고 있고, 실제로 그와 같은 변동이 언제든지 이루어질 수 있기 때문에 대출금이 특정되어 있는 확정채무라고 볼 수 없다.

반면에 대상판결의 원심은 소외 회사가 외환은행과 사이에 약정한도금액 7억 5,000만 원, 약정기한 2008. 3. 26.의 범위 내에서 소외 회사가 외환은행으로부터 무역어음대출을 받을 수 있는 여신거래약정을 체결하고도 소외 회사가 2007. 9. 12. 외환은행으로부터 7억 5,000만 원을 변제기 2008. 3. 26.로 정하여 대출받은 것에 주목하여 확정채무로 파악한 것으로 보인다.

3. 피고의 구상보증의 법적 성격

계속적 채무를 보증한 자(1차 보증인)가 보증책임을 이행하고 주채무자에 대하여 취득하게 될 구상채권을 타인(2차 보증인)이 보증한 경우, 그 구상채권 보증인(2차 보증인)의 보증 대상인 주채무(구상 채무)는 수회 반복적으로 발생하지는 않지만, 그 보증 당시 주채무 및 보증채무(2차 보증채무)가 불확정 상태이며 그 주채무는 1차 보증인의 계속적 보증(근보증)의 결과로써 발생하는 것이므로 그 성질상 2차 보증인의 보증 역시 계속적 보증(근보증)에 해당한다고 보아야 할 것이다.[10]

대법원도 아래와 같은 사안에서 같은 취지로 판시하였다.

● 대법원 1992. 11. 24. 선고 92다10890 판결

원고인 신용보증기금이 1984. 6. 22. 제1심 공동피고이던 소외 주식회사 만진의 부탁으로 소외 외환은행에 대하여 위 회사가 그날부터 1985. 6. 21.까지 위 은행으로부터 수출지원금융을 받는 계속적 거래상의 채무를 원금 10억 원과 이에 대한 이자 채무를 한도로 하여 신용보증을 하였고, 위 회사의 이사이던 피고들은 원고가 그 신용보증책임을 이행함으로 인하여 위 회사가 원고에 대하여 부담하게 될 구상의무에 관하여 위 회사의

---

10) 양경승, 전게 논문, 409면.

연대보증인이 되었으며, 이와 함께 피고들은 위 은행에 대하여도 원고와 공동으로 위 회사의 연대보증인이 된 사안에서 <u>원고나 피고들이 외환은행과 맺은 각 보증계약은 위 회사가 위 은행으로부터 수출지원금융을 받는 계속적 거래관계로 인하여 발생하는 불확정한 채무를 보증한 계속적 보증에 해당한다고 할 것이고, 또 피고들이 원고와 맺은 보증계약도 원고가 위와 같은 계속적 보증계약을 이행함에 따른 위 회사의 불확정한 구상의무를 보증하는 것이어서 계속적 보증계약으로 취급함이 상당하다고 판시하였다.</u>

● 대법원 1999. 6. 22. 선고 99다19322 판결

이른바 계속적 보증계약의 보증인이 보증채무를 이행함으로서 피보증인이 보증인에게 부담하게 될 불확정한 구상금채무를 보증하기로 하는 보증계약도 계속적 보증계약에 해당한다고 판시하였다.

위와 같은 법리는 1차 보증인이 계속적 보증을 한 경우는 물론이고, 1차 보증인이 주채무자와 이른바 한도거래 신용보증약정을 체결하고, 그에 기하여 채무가 확정된 여러 건의 개별보증을 한 경우에도 동일하게 적용된다고 할 것이다. 1차 보증인과 주채무자 사이의 한도거래 신용보증약정에 즈음하여 그 구상채무를 보증한 2차 보증인의 입장에서는 자신의 구상채무가 불확정이기 때문이다.[11]

Ⅲ. 계속적 보증인 신용보증채무의 확정과 구상보증인의 책임

1. 계속적 보증인 신용보증채무의 확정

가. 확정의 의의

계속적 보증에 있어서 보증의 대상인 주채무는 보증 당시 미확정인 바, 이는 그 주채무가 계속적으로 증감, 변동하고 그 각각의 개별채권은 보증인에 대한 관계에서 독자성이 없어 피보증채무, 즉 주채무가 확정되

---

11) 양경승, 전게 논문, 409면.

기 전에는 그와 부종관계에 있는 보증채무 역시 미확정이며, 그러한 상태에서 채권자는 보증인에게 담보책임(보증책임)을 물을 수 없다.[12]

여기서 보증의 대상인 주채무가 확정된다는 것은, 보증인에 대한 관계에서 일정한 사유로 주채무(엄밀히는 원본채무)의 증감·변동이 정지(종료)되고 그 채무의 내용인 금액, 변제기, 이율, 지연손해금률 등이 확고부동한 상태로 전환하는 것을 의미한다.[13]

나. 확정의 사유와 시기[14]

계속적 보증채무의 확정사유와 시기로는 확정기일(결산기)의 도래, 보증기간의 만료, 기본거래기간의 종료, 보증계약의 해지, 기본거래관계의 만료(종료 합의, 해지권행사 등) 등이 있다.

다. 확정의 효과[15]

계속적 보증에 있어 채무가 확정되면 보증책임의 대상인 주채무가 특정되며, 이로써 보증채무도 특정되고 이에 따라 보증채무가 확정된 이후 발생한 주채무는 보증책임의 대상에서 제외된다. 그러나 확정에 의하여 발생이 정지되는 것은 채권자와 주채무자의 기본적 법률관계에 기한 원본채무에 한한다. 따라서 이미 발생한 개별적 원본채무에 붙는 이자나 지연손해금, 위약금 등 부수적 채무는 확정과 관계 없이 계속 발생하고, 소멸시효의 완성 등에 의하여 소멸한다.

이러한 확정의 효과에 대하여는 두 가지 이론적 접근방법이 있다. 제1설에 의하면, 보증인은 보증계약이 존속하는 동안 그 전 기간을 통하여 계속적으로 추상적·기본적 보증채무를 부담하는 것은 물론이고 그 보증기간에 발생하는 개개의 개별 채권에 대하여도 구체적인 보증책임을 진다고 한다.[16] 이 견해는 계속적 보증계약 자체도 주채무를 발생시키는 기본적 법률관계와 동일하게 하나의 계속적 계약관계로 이해하는 것으로서, 이

---

12) 양경승, 전게 논문, 410면.
13) 민법주해[VII], 21면.
14) 이에 관한 자세한 내용은 양경승, 전게 논문, 416면 이하 참조.
15) 양경승, 전게 논문, 431면.
16) 윤남근, "신용카드 보증인의 법적책임", 재판자료 제64집(1994), 179면.

에 따르면 채권자는 보증기간 중 확정이 되기 전이라도 원칙적으로 보증계약의 종료 여부에 관계없이 각 개별 채권에 대하여 보증책임을 물을 수 있게 되며, 개별 채권을 양도하거나 타인이 이를 대위변제한 경우 보증인은 양수인이나 대위변제자에게도 보증책임을 지게 되어 채권자에게 유리하다.

제2설은 확정 당시의 잔존 채무에 대하여만 보증책임을 진다는 견해이다.[17] 이에 의하면 보증인은 보증기간 동안 개개의 채권에 대하여는 보증책임을 지지 아니하고 기본거래관계의 종료나 보증기간의 만료 등으로 보증채무가 확정된 때에야 비로소 그 확정된 채무에 대하여만 보증책임을 지며, 보증기간 계속 중 채권자의 보증책임의 요구 및 양수인이나 대위변제자의 보증책임 요구에는 응할 의무가 없다.

따라서 확정이 중요한 의미를 갖게 되는 것은 제2설의 경우이며, 이 입장에서는 보증의 종료와 보증책임이 연결되어 있어 보증책임을 이행하고도 보증이 계속되는 일은 없게 된다. 제2설은, 제1설에 의하면 주채무자와 채권자 사이의 거래의 안정 및 지속성의 원조라는 계속적 보증제도의 목적이나 당사자의 의사에 어긋나고 개별 채권의 양도나 대위변제에 관하여 수반성을 인정할 경우 복잡한 법률관계가 야기되어서 부당하다고 한다. 이에 반하여 제1설은, 근저당권에 있어서 근저당권자가 담보권을 실행하면 그 담보권이 확정적으로 소멸하고 그 담보권 실행 전 단계에서는 개별 채권에 대하여 담보권을 행사할 수 없음은 근저당권설정계약의 해석상 도출되는 것이 아니라 물권법정주의가 지배하는 근저당의 특성에 따른 귀결로서, 이 같은 법리를 사적 자치가 지배하는 보증계약에 그대로 적용할 수는 없고, 개별적인 주채무가 이행기에 도달하였음에도 채권자가 보증인에게 그 보증책임을 물을 수 없다고 하는 것은 일반인의 법감정에도 반한다고 한다. 일본 민법은 근저당권에 관하여는 원본의 확정 전에 근저당권자로부터 채권을 취득하거나 채무자를 위해 또는 채무자에 대신하여 변제를 한 자는 근저당권을 행사할 수

17) 박병대, 민법주해[XI], 박영사(1999), 377면.

없고(동법 제398조의7 제1항), 원본의 확정 전에 채무 인수가 있는 경우 근저당권자는 그 인수 채무에 관하여는 근저당권을 행사할 수 없으며(동법 제398조의7 제2항), 원본의 확정 전에 채권자 또는 채무자의 교체로 인한 경개가 있는 때도 동법 제518조(경개 후의 채무에 관한 담보의 이전)에 불구하고 신채무에 근저당권을 이전할 수 없다(동법 제398조의7 제3항)고 규정하여 수반성을 부인하고 있다.

2. 신용보증채무의 확정 전 구상보증계약 종료시 구상보증인의 보증책임[18]

가. 신용보증채무의 확정 전 구상보증계약의 종료 사유

신용보증채무가 확정되기 전 구상보증계약이 종료하는 경우에는 여러 가지가 있지만, 신용보증채무가 확정되기 전 구상보증인이 구상보증계약을 해지한 경우와 구상보증기간이 신용보증기간보다 먼저 종료하는 경우가 대표적인 경우들이다.

판례는 계속적 보증이나 포괄근보증과 같이 채무액이나 변제기가 특

---

18) 대법원은 구상보증이 아닌 계속적 보증인 경우, 채권자와 주채무자 사이에서 주계약상 거래기간이 연장되었지만, 보증인과 사이에서는 보증기간이 연장되지 아니함으로써 보증계약관계가 종료된 때에는, 보증계약 종료시에 보증채무가 확정되므로 보증인은 그 당시의 주계약상 채무에 대하여는 보증책임을 지나, 그 후의 채무에 대하여는 보증계약 종료 후의 채무이므로 보증책임을 지지 않는다고 보아야 한다고 판시하였다(대법원 1999. 8. 24. 선고 99다26481 판결). 사안의 구체적인 내용은 소외인이 1996. 5. 31. 피고(평화은행)로부터 차용한도액 1,000만 원, 상환기일 1997. 5. 31.로 하여 금원을 차용하기로 하고, 원고는 같은 날 소외인의 피고에 대한 차용금반환채무를 연대보증하였는데, 소외인과 피고 사이에 체결된 소비대차약정은 소외인이 피고로부터 발급받은 신용카드와 연결된 결제계좌에서 차용한도액인 1,000만 원의 범위 내에서 대출을 받을 수 있는 것인 바, 소외인과 피고 사이에서는 차용기간을 1년간 연장하였는데, 원고와 피고 사이에서는 보증기간이 연장되지 않아 기존의 보증기간 만료일인 1997. 5. 31. 보증기간이 종료되었다. 대법원은 원고의 보증채무가 보증기간 종료일인 1997. 5. 31. 당시에 존재하는 주계약상 채무인 9,856,561원으로 확정되며, 원고는 위 금액에 대한 보증책임을 부담하여야 한다고 판시하였다. 이 판결은 당사자의 의사에도 부합하고, 원고와 피고의 이해를 조화시킬 수 있는 해석론을 제시한 것으로 의미가 있다고 한다[양호승, "계속적 보증에서 주계약의 거래기간이 연장되었으나 보증기간이 연장되지 아니하여 보증계약관계가 종료된 경우 보증채무의 확정 여부 및 그 범위", 대법원판례해설 제33호(2000), 125면].

정되어 있지 않은 불확정채무에 대하여 회사의 이사 등이 보증채무를 부담한 경우에, 당해 이사가 퇴직하는 등의 사정변경을 근거로 계약해지를 인정하여 왔다.[19)]

구상보증기간이 신용보증기간보다 먼저 종료하는 경우로는 채권자가 신용보증기관과 사이에 신용보증기간이 종료하기 전 신용보증기간을 연장하면서, 구상보증인과 구상보증기간의 연장을 약정하지 않는 경우(구상보증인을 새로 연장된 신용보증계약에 연대보증인으로 입보시키지 않는 경우로서 연구대상 판결이 이에 해당한다), 신용보증약정에 기한 연대보증기간 연장조항이 약관의 규제에 관한 법률에 위배되어 무효가 됨으로써 구상보증기간이 신용보증기간보다 먼저 종료하는 경우(아래에서 언급하는 대법원 2003. 11. 14. 선고 2003다21872 판결 사안이 그것이다) 등이 있다.

나. 신용보증채무가 확정되기 전 구상보증인이 구상보증계약을 해지한 경우

이 경우 구상보증인의 보증책임에 관하여는 아래와 같이 판례들이 있다.

(1) 대법원 1998. 6. 26. 선고 98다11826 판결

이 판결은 대법원이 신용보증채무의 확정의 효과에 관한 학설들 중 제2설과 견해를 함께하고 있음을 보여준다.

위 98다11826 판결의 사안과 내용은 다음과 같다.

원고(신용보증기금)는 개영실업 주식회사(이하 '소외 회사'라고 한다)에 대해, 소외 회사가 1993. 8. 16.부터 1994. 8. 16.까지 1년 동안 국민은행에 대하여 부담하게 될 기업당좌대출금 원본한도액 3,000만 원 및 이에 대한 종속채무에 관하여 신용보증약정을 하였다. 소외 회사의 이사이던 피고는 원고가 위 신용보증약정에 기하여 국민은행에게 보증채무를 이행할 경우 소

---

19) 대법원 1990. 2. 27. 선고 89다카1381 판결, 대법원 1992. 11. 24. 선고 92다10890 판결(92다10890 판결에서는 보증계약상 보증한도액과 보증기간이 제한되어 있더라도 사정변경이 있는 경우 보증인 보호를 위하여 해지를 인정하였다) 등을 예로 들 수 있다. 정상현, "계속적 보증계약에 있어서 보증인의 해지권 인정근거, 특히 회사채무를 보증한 이사의 퇴사와 관련하여", 성균관법학 제20권 제2호 (2008), 235면.

외 회사가 원고에 대하여 부담할 구상금 채무를 연대보증하였다. 소외 회사는 위 신용보증약정에 따라 원고로부터 신용보증서를 발급받아 국민은행에 제출하고, 1993. 8. 24. 국민은행과 사이에 대출한도를 3,000만 원, 거래기간을 1994. 8. 16.까지로 하는 당좌대출 거래약정을 체결하였다. 피고는 1993. 9. 9. 소외 회사의 이사직을 사임하였고, 그 후 원고에게 소외 회사를 사직하였으므로 원고와의 위 연대보증 계약을 해지한다는 통지를 하였다. 소외 회사는 1994. 5. 21. 당좌부도가 발생하였고, 원고는 국민은행에게 소외 회사가 국민은행에 대해 부담하는 채무금을 지급하였다.

대법원은 아래와 같이 판시하였다.

『당좌대출에 대한 신용보증은 보증기관이 거래기간 동안에는 약정된 한도액의 범위 안에서 증감·변동하는 대출원리금에 대하여 보증책임을 지지 아니하고 정해진 사유로 인한 거래 종료시 보증채무가 확정되는 이른바 근보증에 해당하며, 근보증으로서의 신용보증채무 이행으로 인한 구상채무를 보증한 자가 신용보증채무가 확정되기 전에 보증계약을 해지한 경우에는 그 구상채무 보증인은 보증책임을 면하는 것인바, 소외 회사의 당좌부도가 발생하여 당좌대출거래가 종료됨으로써 원고의 신용보증채무가 확정되기 전에 피고의 소외 회사의 구상채무에 대한 보증계약이 해지되었으므로 피고는 소외 회사의 구상채무에 대하여 아무런 보증책임을 지지 아니한다고 할 것이다.』

위 98다11826 판결에 대하여는 신용보증거래에 대한 구상금 보증계약을 체결한 당사자들의 의사에 부합하지 않는다는 비판이 있다.[20] 위 판결이 신용보증채무가 확정되기 전에 구상보증계약이 해지되면 구상보증책임을 지지 않는다는 것으로서 그 추론이 논리적이기는 하나 신용보증거래에 대한 구상금 보증계약을 체결한 당사자들의 의사는 '구상금 보증계약 기간 종료 후에 구상금이 지급되는 경우에도, 그 기간(구상금 보증계약 기간 종료[21]) 이전에 발생한 채무에 대하여 구상금이 지급되는 한, 보증인이 구상금을 지급할 채무를 진다'는 쪽에 더 가깝다고 할 수

---

20) 이재홍, "계속적 보증과 보증책임의 제한", 법조 제48권 제4호(1999), 125면.
21) 괄호 안의 기재는 필자가 추가한 것이다.

있으므로 당사자들의 의사에 부합하지 않는 면이 있다고 한다.

또한 위 98다11826 판결 이전에 대법원은 1994. 3. 22. 선고 92다 42934 판결에서 『은행인 원고가 소외 회사의 요청에 의하여 지급보증함 으로써 생기게 되는 구상금채권은 특별한 사정이 없는 한 주채무자인 소 외 회사의 채무불이행으로 인하여 원고가 대위변제한 때에 발생하는 것 으로 지급보증거래에 대한 보증인인 피고의 연대보증계약 해지시까지 아 직 발생하지 아니하였다면 위 피고는 그에 대하여 연대보증책임을 지지 않는다.』고 판시한 바 있었다. 이에 대하여는 '지급보증거래에 있어서는 은행 등이 거래기간 중에 발생한 책임을 그 거래기간의 종료 후에 이행 하여야 하는 경우가 있고, 그로 인한 구상권에 대한 부분도 구상보증채 무의 내용에 포함된다고 풀이하는 것이 당사자들의 의사에 합치되고, 은 행의 구상권행사에 소외 회사가 응할 의무가 있는 경우라면 그 보증채무 자인 피고도 이에 응할 의무가 있다고 풀이하여야 옳다'는 이유로 위 92 다42934 판결을 비판하는 견해가 있다.[22]

위 92다42934 판결 이후 대법원은 위 98다11826 판결로써 구상보증 계약의 종료 당시 신용보증채무가 <u>확정</u>되어 있는지 여부로써 구상보증책 임의 유무를 판단하여야 함을 분명히 하였다. 위 92다42934 판결은 구상 보증계약 종료 당시 지급보증채무가 발생하고 있어야 한다고 판시하여 지급보증채무가 확정되기만 하고, <u>발생하지 않은</u> 경우에도 구상보증책임 을 면하게 되는 것인지 의문의 여지가 있었는데, 그 후 위 98다11826 판 결로써 더 이상 논란의 여지는 없어지게 되었다.[23]

(2) 대법원 2007. 5. 31. 선고 2005다61195 판결

대법원은 위 판결에서 『연대보증인에게 계속적 보증에 대한 해지권 이 인정되는 경우, 원고의 신용보증채무 이행으로 인한 구상채무를 보증

---

22) 김교창, "지급보증거래에 대한 보증인의 책임", 법률신문 제2382호(1995).
23) 사견으로는 위 92다42934 판결의 사안에서도 위 98다11826 판결과 마찬가지로 '구상보증계약이 종료될 당시 지급보증채무가 확정되기 전이어서 그 종료 이후 발생한 지급보증채무에 관하여 구상보증인에게 구상보증책임을 지울 수 없다'는 취지로 설시를 하였어야 할 것으로 보인다.

한 자가 신용보증채무가 확정되기 전에 그 해지권에 기해 적법히 보증계약을 해지한 때에는 구체적인 보증채무의 발생[24] 전에 보증계약 관계가 종료되므로, 그 이후 신용보증사고의 발생으로 원고가 신용보증채무가 확정되고 나아가 구상채무까지 확정된다 하여도 보증인은 그에 관해 아무런 보증책임을 지지 아니한다.』고 판시하여 대법원 1998. 6. 26. 선고 98다11826 판결의 취지를 재확인하였다.

(3) 위 판례들에 대한 검토

구상보증계약이 종료할 때까지 채권자에 대한 관계에서 신용보증인의 보증채무가 확정되지도 아니하여 채권자와 주채무자 간의 개별적 채권채무가 증감·변동을 계속함으로써 장차 신용보증인이 신용보증채무를 부담할지 여부도 불분명한 상태이고, 이러한 상태에서는 신용보증인은 보증책임을 질 이유가 없으므로 채권자의 보증책임 이행요구에 응할 의무가 없고, 주채무자에게 구상채권을 행사할 수도 없으며, 구상보증인에게 구상채무에 대한 보증책임 이행을 요구할 수 없다.[25] 위 판례들의 입장은 타당하다.

다. 신용보증채무가 확정되기 전 신용보증기간은 연장되었으나 구상보증 기간은 연장되지 아니한 경우

이 경우 구상보증인의 책임에 관하여는 종전에 판례가 없었다. 연구대상 판결이 이 경우 구상보증인의 책임에 관한 법리를 논한 최초의 판결이다.

(1) 연구대상 판결의 내용

연구대상 판결에서 대법원은 신용보증채무의 확정 전 구상보증인이 해지권을 행사하여 구상보증계약이 종료한 경우 구상보증인의 책임을 논한 위 두 가지 대법원 판결의 법리가 주계약상 거래기간의 연장에 따라 신용보증기간이 연장되었으나 구상보증인에 대한 관계에서는 구상보증기간이 연장되지 아니하여 구상보증계약 관계가 먼저 종료하는 사안에도 동일하게 적용된다고 판시하였다.

---

24) 여기의 '발생'이라는 표현도 보증계약이 종료되기 전 '보증채무의 발생'이 필요한 것으로 오해될 수 있어 보인다.

25) 양경승, 전게 논문, 450면.

구상보증계약의 해지와 구상보증기간의 만료는 모두 구상보증계약의 종료라는 동일한 효과를 가지므로 같은 법리를 적용하여도 무방하리라 생각된다.

(2) 대법원 2003. 11. 14. 선고 2003다21872 판결의 사안과 내용(이하 연구대상 판결과 비교해 볼 만한 판결이므로 '비교대상 판결'이라고 칭한다.)

비교대상 판결의 사안은 연구대상 판결의 사안과 마찬가지로 신용보증기간이 만료되기 전 구상보증기간이 먼저 종료된 경우에 관한 것이다. 다만 대법원은 비교대상 판결에서 구상보증기간의 <u>종료 당시에 이미 발생하여 확정된 채무가 있어서 구상보증인인 피고로서는 그 보증책임을 부담한다</u>고 판시하였고, 연구대상 판결에서는 <u>구상보증기간의 종료 당시 신용보증채무가 확정되지 않아 구상보증인인 피고는 보증책임을 부담하지 않는다</u>고 판시하였다. 이하에서는 양자의 차이에 관해 살펴본다.

비교대상 판결의 사안은 다음과 같다.

원고(신용보증기금)는 대호목재와 사이에 1992. 8. 5. 신용보증 원본한도액을 6억 원으로, 신용보증기간을 같은 날부터 1993. 8. 4.까지로 하는 **한도거래 신용보증약정**을 체결하고 위 약정에 기하여 ① 1993. 4. 10. 서울은행에게 보증금액을 5,000만 원으로, 보증기한을 1994. 4. 10.으로 하는 제1 신용보증서를, ② 1993. 6. 2. 신한은행에게 보증금액을 9,000만 원으로, 보증기한을 1994. 6. 2.로 하는 제2 신용보증서를 각 발행하였다. 대호목재는 제1 신용보증서에 기하여 1993. 4. 22. 서울은행과 차용금액을 4,500만 원으로, 거래기간을 1994. 4. 10.까지로 하는 어음거래약정을, 1993. 6. 2. 제2 신용보증서에 기하여 신한은행과 차용금액을 9,000만 원으로, 거래기간을 1994. 6. 2.까지로 하는 어음거래약정을 각 체결하여 대출을 받았고, 그 이후 대출기일이 연장되었다.

대법원은 위 비교대상 판결에서 『<u>각 개별 신용보증서에 기하여 대호목재가 개별 채권자 은행들로부터 대출받은 채무는 대출금이 특정되어 있는 확정채무로서 신용보증기금은 위 확정채무에 대하여 개별보증을 하였고</u>, 이에 기해 대호목재가 대출받은 채무는 모두 신용보증약정서의 거래기한과 피고(구상보증인)의 보증기한 내에서 이루어진 채무이며, 그 이후 위 대출금채무들은 대환이 되거나 신규대출이 이루어지지 않고 변제기만이 연장된 이상, 당초의 신용보증약정에 기한 연대보증기간 연장조항이 약관의 규제에 관한 법률에 위반하여 무효가 됨으로써 구상보증인인 피고와 신용보증기금 사이의 보증계약이 종료되었다고 하더라도(구상보증기한의 종료) <u>피고의 보증기간이 종료할 당시에 이미 발생하여 확정된 채무가 있는 경우에는 보증인인 피고로서는 그 보증책임을 부담한다</u>고 할 것이다.』라고 판시하였다.

(3) 연구대상 판결과 비교대상 판결의 이동(異同)

연구대상 판결과 비교대상 판결 모두 기본거래관계 채무(주채무)의 기한 및 신용보증채무의 기한은 아직 도래하지 않았는데, 구상보증채무의 기한이 먼저 도래하는 경우임은 앞서 언급한 바와 같다. 그러나 구체적으로 보았을 때, 연구대상 판결은 신용보증기한의 연장시 연대보증인을 다시 입보시키지 않은 경우이고(보증기간 자동연장 조항이 있는 것도 아니었다), 비교대상 판결은 신용보증기한의 연장시 연대보증기간도 자동으로 연장되도록 한 규정이 약관규제에 관한 법률위반으로 무효가 되어 연대보증기간이 먼저 도래한 사안이어서 약간의 차이가 있다.

연구대상 판결에서의 한국무역보험공사의 신용보증이 계속적 보증임은 앞서 본 바와 같고, 비교대상 판결에서 원고인 신용보증기금의 신용보증 역시 한도거래 신용보증으로서 보증 당시 신용보증채무가 확정되어 있지 아니하므로 계속적 보증이다. 연구대상 판결과 비교대상 판결 모두 신용보증이 계속적 보증인 이상 각각의 구상보증 역시 계속적 보증으로 볼 수 있다.

다만 이 부분에서 <u>한도거래 신용보증</u>에 관해 설명할 필요가 있다. 한도거래 신용보증이란 계속적 신용보증 지원이 필요한 기업에 대하여 일정한 한도와 기간을 미리 정하여 두고 그 범위 내에서 기업의 개별 신용보증 신청이 있으면 신용보증기관이 신용조사와 심사절차를 생략하고 개별적 신용보증을 하여 주는 형태의 보증을 의미한다. 연구대상 판결의 '회전보증'과의 차이점은 회전보증은 보증상대처가 동일하여야 하고, 한도거래보증은 보증상대처가 동일할 필요가 없다는 점이다(대법원 1993. 12. 21. 선고 93다29341 판결 참조).

한도거래 신용보증은 개별적 신용보증(특정채무의 개별보증이라는 의미가 아니라 아래 내용과 같이 한도 내에서 하나 또는 수개의 신용보증서가 개별적으로 발급되어 신용보증에 사용된다는 의미이다)을 상정하고 있는데, 이는 신용보증기관이 기업에게 하나 또는 여러 건의 신용보증서를 발급해 주고, 기업은 각 개별 보증서를 이용하여 하나 또는 여러 금융기관으로부터 채무액이 특정된 대출을 받거나 채무액이 증감, 변동하는 당좌대출이나 어음할인대출을 받을 수 있도록 하는 형태로 이루어지기 때문이다. 비교대상 판결의 사안은 기업이 한도거래 신용보증을 통하여 채무액이 특정된 대출을 받은 경우이고, 대법원 2002. 11. 8. 선고 2000다5329 판결의 사안은 기업이 한도거래 신용보증을 통하여 계속적 대출거래 관계인 어음할인대출을 받은 경우이다.

연구대상 판결과 비교대상 판결의 차이점을 기본거래관계상의 채무(주채무), 신용보증채무, 구상보증채무의 내용에 따라 정리하면 아래의 표 내용과 같다.

채무 내용	연구대상 판결	비교대상 판결
주채무	여신거래약정/무역어음대출 (약정한도금액 7억 5,000만 원, 약정기한 2008. 3. 26.) 실제로는 7억 5,000만 원 일시에 대출, 변제기 2008. 3. 26.	① 어음거래약정/어음할인대출 (차용금 5,000만 원, 거래기간 1994. 4. 10.) ② 금전소비대차약정/금융채권자금대출 (차용금액 5,000만 원)
신용보증 채무	신용보증한도 3억 5,000만 원, 대출금 종류 약관 2조 제1호 무역금융 및 관련 지급보증, 보증방법 회전, 보증기간 07.3.26.~08.3.26.(제1 신용보증서)	한도거래 신용보증약정 보증금액 5,000만 원, 보증기한 1994. 4. 10.(제2 신용보증서)
구상보증 채무	구상보증채무의 기한 종료시 주채무인 신용보증채무가 확정되어 있지 않은 상태임. 위 신용보증채무는 정해진 사유로 인한 거래 종료시 확정됨. 불확정한 신용보증채무(주채무)에 따라 구상보증채무도 불확정 상태임	구상보증채무의 기한 종료시 주채무인 신용보증채무가 확정되어 특정된 상태임

연구대상 판결과 비교대상 판결의 중요한 차이점은 신용보증채무가 특정채무의 보증인지 여부이다. 구체적으로 연구대상 판결에서 신용보증채무는 그 내용상 불확정 채무의 보증으로, 비교대상 판결에서 개별적인 신용보증서 별로 한 신용보증채무는 구체적으로 확정된 채무의 보증으로 각각 볼 수 있다는 점이다.

비교대상 판결에서 한도거래 신용보증이 전체적으로 계속적 보증임에도 신용보증서 별 보증채무가 구체적으로 특정된 주채무에 대한 개별보증이기 때문에 구상보증기간의 종료 시점에 신용보증채무가 확정되어 있다고 보는 것이다.

여기서 주목할 점은 판례가 보증 당시 시점과 구상보증이 종료할 시점에 각각 신용보증채무의 확정 여부를 따지고 있다는 점이다. 즉 신용보증 당시 보증채무가 확정되어 있는지 여부를 살펴 확정되어 있다면 그것은 계속적 보증이 아니라 확정된 채무의 개별보증이 되고, 불확정되어 있다면 계속적 보증이 되며, 신용보증기간 보다 구상보증기간이 먼저 도래하거나 구상보증계약이 해지되는 경우, 구상보증계약의 종료 시점에 구상보증채무의 주채무인 신용보증채무가 확정되어 있는지 여부를 살펴 그것이 확정되어 있다면 구상보증의 종료시점에 확정된 채무에 관해 보증책임을 지는 것이고,[26] 확정되어 있지 않다면 신용보증채무의 확정 전 구상보증계약이 종료되는 것이므로 구상보증인은 보증책임을 지지 않게 된다.

이를 일반화하여 정리하면 판례는 첫째, 신용보증 당시 신용보증채무가 확정되어 있는지 여부를 살펴 계속적 보증인지 여부를 결정하고,

---

26) 회사의 이사라는 지위에서 회사가 부담하는 채무에 대하여 연대보증인이 된 자가 그 후 회사로부터 퇴직하여 이사의 지위를 상실한 경우, 보증인에게 사정변경 법리를 적용하여 해지권을 인정할 것인가의 문제에서 대법원은 보증채무의 내용이 불확정적인 경우에 한정하여 사정변경의 법리를 적용하여 해지권을 인정하고, 확정적인 보증채무에서는 보증인에게 해지권을 인정하지 않고 있다(대법원 2006. 7. 4. 선고 2004다30675 판결 등). 이들 판례는 사정변경의 법리에만 기초한 판결이라고 할 수 없고, 불확정적인 채무에 대한 연대보증인의 책임제한원리가 함께 고려된 것으로 생각된다(정상현, 전게 논문, 260면).

둘째, 계속적 보증일 경우 구상보증계약의 종료시 구상보증채무의 주채무인 신용보증채무가 확정되어 있는지 여부를 따져 보고, 구상보증 종료시점에 신용보증채무가 확정되어 있지 않다면 구상보증인은 보증책임을 지지 않고, 위 신용보증채무가 확정되어 있다면, 구상보증 종료시점의 확정된 주채무에 관해 보증책임을 지게 되는 것이다.

(4) 비교대상 판결에 대한 비판

소견으로 비교대상 판결이 구상보증계약 종료시 신용보증채무가 확정되어 있다고 본 것은 다음과 같은 비판이 가능하다. 한도거래 신용보증은 한도를 정하여 신용을 보증하는 것으로 한도근보증에 해당하여 기본적으로 계속적 보증으로 보아야 한다. 피고가 구상보증을 할 당시에는 신용보증채무는 한도거래 신용보증채무로서 계속적 보증채무이고 따라서 신용보증채무가 불확정 상태에 있다. 그런데 그 후 신용보증기관이 개별적인 신용보증서를 발급하면서 특정채무의 보증을 내용으로 하는 신용보증서를 발급해 준 사정은 기존에 계속적 보증으로 성립한 구상보증인의 입장에서는 예상할 수 없었던 우연한 사정으로 보아야 한다. 비록 구상보증 당시 신용보증채무가 한도거래 신용보증이라는 점은 구상보증인도 알고 있었겠지만, 그 한도거래 신용보증의 구체적인 발현형태는 특정채무에 대한 개별보증일 수도 있고, 계속적 보증일 수도 있는 것이며, 구상보증인이 양자 중 한가지의 선택 과정에 개입할 수도 없으므로, 한도거래의 구체적인 발현형태가 특정채무의 개별보증이 되었을 때 그 우연한 사정으로 인한 불이익을 구상보증인에게 지우는 것은 다소 가혹할 수 있다.

IV. 결 론

연구대상 판결은 신용보증이 계속적 보증인지 여부에 관한 판단은 신용보증의 보증계약 내용이 되는 신용보증서의 내용 해석으로부터 시작하여야 하고, 신용보증서는 처분문서이므로 특별한 사정이 없는 이상 문언대로 해석하여야 함을 판시하였다. 연구대상 판결의 사안에서 신용보증채무와 그것의 주채무 모두 불확정 채무이므로 원고의 신용보증은 계속적 보증(근보증)으로 봄이 상당하고, 계속적 보증인 신용보증채무의 이행에 따른 피고의 구상보증 역시 계속적 보증으로 보아야 한다.

다만 구상보증인의 책임 문제에 있어서 연구대상 판결은 피고의 구상보증이 계속적 보증이라는 점 외에도 구상보증계약이 종료될 당시 구상보증채무의 주채무인 신용보증채무가 확정되기 전이라야만 구상보증인이 책임을 면할 수 있음을 확인하였다.

위에서 살펴본 연구대상 판결과 비교대상 판결 등을 종합해 보면, 대법원은 우선 신용보증 당시 보증채무가 확정되어 있는지 여부를 살펴 불확정 상태일 경우 그 신용보증을 계속적 보증인 근보증으로 판단하고, 나아가 구상보증계약의 종료시점에 신용보증채무와 기본거래관계의 주채무가 확정되어 있는지 여부를 다시 살펴 그것이 불확정 상태에 있을 경우에만 신용보증채무 이행에 따른 구상보증책임을 면할 수 있는 것으로 판시하고 있다고 말할 수 있겠다.

또한 연구대상 판결은 계속적 보증인 신용보증에 있어서 신용보증채무가 확정되기 전 구상보증기간이 신용보증기간보다 먼저 종료되는 경우 구상보증인의 책임 문제에 관한 첫 번째 판결로서 그 의미가 있다.

[Abstract]

The responsibility of the indemnity guarantor in a credit guarantee, which is a continuing guarantee

Han, Jung Suk*

The implication of the case, which is the subject of this study, is that, it is the first case of court judgment on the responsibility of the indemnity guarantor in a credit guarantee, which is a continuing guarantee, where the indemnity guarantee period before the credit liability is fixed ends before the credit guarantee period.

The subject case judgment decided, at the time of expiry of the indemnity guarantee, if the main liability of the indemnity guarantee liability, that is, the credit guarantee liability was not fixed, the indemnity guarantor may be waivered of the responsibility.

In this study, the judgments of the Supreme Court were on similar incidents were compared with the subject case. The analysis on the result of the comparison was intended to clarify the intent of the subject judgment, with a view to clarify the judgment criteria on indemnity guarantee responsibility.

The Supreme Court first reviewed whether the guarantee liability was fixed at the time of credit guarantee. Then, if the liability was not fixed at that time, the Supreme Court decided that the particular credit guarantee was a continuing guarantee. In addition, the Supreme Court reviewed if the credit guarantee liability and the main liability of the basic transactional rela-

---

* Judge, Seoul Central District Court.

tionship were fixed at the time of the end of the indemnity guarantee contract. It is believed that the Supreme Court's position is that, only when it is not fixed, the indemnity guarantee liability due to performance of credit guarantee liability can be waivered.

[Key word]

- Continuing Guarantee
- Indemnity guarantee
- Credit guarantee

참고문헌

[주 석 서]

郭潤直 編輯代表, 民法註解 [Ⅶ], 1999.
_____, 民法註解 [Ⅹ], 1999.

[논 문]

김교창, "지급보증거래에 대한 보증인의 책임", 법률신문 제2382호, 1995.

김창종, "신용보증에 관하여", 사법논집 제21집, 1990.

박병대, "계속적 보증에 관한 고찰", 사법논집 제18집, 1987.

_____, "계속적 보증에 있어 책임제한의 요건과 과제", 박영사, 1999.

양경승, "계속적 보증채무의 확정과 보증인의 책임", 사법논집 제50집, 2011.

양창수, "계속적 보증에서 보증인의 해지권과 책임제한", 민법연구 제6권, 박영사, 2001.

양호승, "계속적 보증에서 주계약의 거래기간이 연장되었으나 보증기간이 연장되지 아니하여 보증계약관계가 종료된 경우 보증채무의 확정 여부 및 그 범위", 대법원판례해설 제33호, 2000.

윤남근, "신용카드 보증인의 법적책임", 재판자료 제64집, 1994.

이재홍, "계속적 보증과 보증책임의 제한", 법조 제48권 제4호, 1999.

정상현, "계속적 보증계약에 있어서 보증인의 해지권 인정근거, 특히 회사채무를 보증한 이사의 퇴사와 관련하여", 성균관법학 제20권 제2호, 2008.

최철환, "회사 이사의 사정변경을 이유로 한 보증계약의 해지", 대법원판례해설 제63호, 2007.

급부장애사유에 대한 계약체결 전 고지의무 위반의 책임*

─ 대법원 2011. 8. 25. 선고 2011다43778 판결에 대한 비판적 검토 ─

대법원은 대상판결을 통하여 채무자가 계약체결 당시 급부장애사유에 대해 알았거나 알 수 있었음에도 불구하고 이를 상대방에게 고지하지 않았다면 후에 그 사유로 인해 발생한 채무불이행 그 자체에 대해서는 채무자의 잘못이 없다고 하더라도 특별한 사정이 없는 한 그 채무불이행에 대해 채무자의 귀책사유가 없다고 할 수 없다고 하여 결국 채무자의 귀책사유로 인한 이행불능 책임을 인정하였다. 그런데 과실책임의 원칙을 기초로 하고 있는 우리 민법의 채무불이행책임체계에 비추어 볼 때 대상판결의 태도는 다음과 같은 문제점을 노정한다.

먼저 채무불이행의 성립요건인 고의나 과실은 급부의무 위반이나 보호의무 위반행위 그 자체를 대상으로 하는 것인데 대상판결은 계약성립 전에 행해진 채무자의 보호의무 위반행위에 대한 귀책사유를 곧바로 계약성립 후에 행해진 채무자의 급부의무 위반행위에 대한 귀책사유로 삼는 모순을 보이고 있다. 그리고 이행불능이라는 급부의무의 위반은 계약의 성립으로 인해 급부의무가 성립한 후에서야 비로소 발생할 수 있는 것임에도 아직 급부의무가

* 이 논문은 2014년도 강원대학교 학술연구조성비로 연구한 결과임(관리번호-120141417).
** 강원대 법학전문대학원 조교수, Dr. iur.

─ 371 ─

성립하지도 않은 계약체결 당시에 행해진 채무자의 행태에 의해 급부의무의 위반이 발생할 수 있음을 인정하고 있는 점도 쉽게 이해가 가지 않는다. 또한 계약이 아직 성립하지 않아 채권자에게 이행이익이 귀속되지도 않은 상태에서 행해진 채무자의 과책을 근거로 하여 채권자에 대한 이행이익의 배상을 그 내용으로 하고 있는 이행불능의 책임을 인정하는 것도 마찬가지로 의문을 자아낸다. 이러한 대상판결의 태도는 더 나아가 민법 제535조에도 부합하지 아니한다. 동 규정은 원시적 불능 사유에 대해 고지를 하지 않은 채무자에게 신뢰이익의 배상의무를 부과하고 있기 때문이다.

　대상판결의 태도를 합리화하는 방안으로는 사안에서 피고 책임의 근거를 이행불능에 대한 피고의 과책에서 찾을 것이 아니라 급부장애사유에도 불구하고 급부를 약속한 피고의 (묵시적) 보증에서 찾는 것을 생각해 볼 수 있다. 하지만 이러한 보증책임은 과실책임의 원칙상 엄격하게 인정되어야 할 것이며, 또 구체적 사안에서 당사자들의 의사에도 부합하는 것이라고 보기도 어렵다. 그러므로 본고에서는 제535조에 규정된 계약체결상의 과실책임의 적용범위 및 법률효과를 확대하여 급부장애사유에 대한 고지의무 위반의 문제를 해결하는 방안을 제시하였다. 이에 따르면 상대방의 고지의무 위반으로 인해 원치 않는 계약을 체결한 자를 위한 효과적 구제수단으로 계약해제권 및 신뢰이익의 배상청구권이 고려될 수 있다.

[주제어]
- 계약체결상의 과실
- 이행불능
- 정보제공의무 위반
- 보증책임
- 이행이익
- 신뢰이익

[투고일자] 2015. 12. 7.
[심사일자] 2015. 12. 15.
[게재확정일자] 2015. 12. 30.

대상판결 : 대법원 2011. 8. 25. 선고 2011다43778 판결

[사안의 개요]

(i) 피고는 주택 · 일반건축물의 취득, 개발, 분양, 임대 및 관리사업 등을 영위하기 위하여 지방공기업법에 의하여 설립된 지방공사로서 2007. 10. 29. 대전광역시장으로부터 대전시 유성구 상대동 일대 서남부택지개발사업지구 9블럭(이하 '이 사건 사업부지'라 한다)에 대하여 주택건설사업계획승인(이하 '이 사건 사업승인'이라 한다)을 받았다.

(ii) 그런데 이 사건 사업부지에는 2003. 3. 27.부터 문화재 지표조사가 시작되어 이 사건 사업승인을 받을 당시에는 문화재 시굴조사가 진행되고 있었으며,[1] 이에 대전광역시장은 이 사건 사업승인 후인 2007. 10. 30. 피고에게 이 사건 사업의 추진과 관련하여 "매장문화재 조사 후 지도위원회 및 문화재청의 최종 결정 후 사업추진이 가능하며, 필요시 문화재청장은 문화재의 보존 · 관리를 지시할 수 있어 사업계획의 변경이 수반될 수도 있는바, 문화재청장의 최종 결정 이후 분양을 추진하거나, 사전분양을 실시하는 경우에는 분양공고문에 '문화재 조사결과에 따라 사업계획이 변경될 수 있음'을 골자로 하는 내용을 표기하여 민원의 발생이 없도록 조치하고…"라는 내용의 공문을 보냈다.

(iii) 피고는 2007. 11. 7. 이 사건 사업부지내 상대동 유적 등 발굴(시굴)조사 3차 지도위원회에 참석하여 고고학 전공 지도위원들의 다양한 의견들을 들었는데 그 중에는 시굴조사 결과 보존되어야 할 유적은 없는 것으로 판단된다는 의견도 있었지만 다수의 견해는 시굴조사를 발굴조사로 전환하여 확인된 유구의 규모와 성격을 명확히 해야 할 것이라는 데에 모아졌다. 그러자 피고의 사장은 그 자리에서 "보존할 가치가 있는 유구가 발견되는 등의 예기치 못한 사항이 발생할 것을 대비하여 제2기획안으로 수정가능토록 조치를 취하고, 문화재의 가치를 고려하여 사업추진에 적극 반영하도록 하겠다."는 의견을 피력하였다. 이러한 회의결과를 종합하여 중앙문화재연구원장은 2007. 11. 12. 시굴결과 유구가 확인된 상대동 중동골 유적 및 양촌 유적과 관저동 유적은 발굴로 전환하여 조사가 진행되도록 하고, 유구가 확인되지 않은 지역은 공사를 시행할 수 있도록 조치하겠다는 의견을 제시하였다.

---

1) 문화재 발굴은 통상 지표조사, 시굴조사, 발굴조사의 단계로 진행된다고 한다.

(ⅳ) 피고는 그 후 2007. 11. 26. 대전광역시장으로부터 문화재 발굴조사에 따라 추가로 소요되는 기간 및 비용을 반영한 주택사업계획변경승인(이하 '이 사건 사업변경승인'이라 한다)을 받은 후 바로 그 다음날인 2007. 11. 27. 피고가 이 사건 사업부지에 건축할 트리풀시티 아파트(이하 '이 사건 아파트'라 한다)의 입주자 모집공고(이하 '이 사건 분양공고'라 한다)를 하였다. 이 사건 분양공고에는 입주시기와 관련하여 이 사건 사업부지는 문화재발굴조사구역에 포함되어 있어 발굴조사결과에 따라 사업계획 및 아파트 공사일정의 변경이 있을 시 2011. 12.로 예정된 입주일이 변경·지연될 수 있다는 사실이 명기되어 있었다.

(ⅴ) 원고들은 이 사건 분양공고를 보고 2007. 12. 28.부터 피고와 이 사건 아파트 중 902동의 각 세대에 관하여 분양계약(이하 '이 사건 각 분양계약'이라 한다)을 체결하였거나 또는 그 분양계약을 체결한 자로부터 수분양자의 지위를 승계한 자들의 일부인데, 이 사건 분양계약 제2조 제3항에는 수분양자들이 피고의 귀책사유로 인하여 입주예정일로부터 3월 이내에 입주할 수 없게 되는 경우 이 사건 각 분양계약을 해제할 수 있다는 규정이 있었으며, 동 계약 제3조 제2항은 위 사유로 계약이 해제된 경우 피고는 수분양자들에게 총 공급가격(주택가격과 선택품목가격의 합)의 10%(대략 4,000여만 원)를 위약금으로 지급한다고 규정하고 있었다. 또한 동 계약 제16조 제5항에는 이 사건 사업부지는 문화재 발굴조사구역에 포함된 지역으로 발굴조사 결과에 따라 사업계획 및 아파트공사일정이 변경이 있을 시 2011. 12.로 예정된 입주일이 변경·지연될 수 있다고 규정되어 있었다.

(ⅵ) 이 사건 사업부지에서 아직 아파트 건축에 제동을 걸 만한 문화재가 발견되지 아니하자 피고는 문화재청 및 대전광역시 유성구청의 승인을 받아 2008. 6.경부터 이 사건 아파트 공사를 시작하였는데, 2008년 여름경 고려시대 저택으로 추정되는 유구가 이 사건 아파트 902동 부지에서 발견되었고 이에 중앙문화재위원회는 2009. 3. 27. 위 유적지를 원형보존하기로 최종결정(이하 '이 사건 문화재 보존결정'이라 한다)하였다.

(ⅶ) 그러자 피고는 2009. 4. 18. 원고들을 포함한 이 사건 아파트 902동 수분양자들을 대상으로 설명회를 열어 이 사건 문화재 보존결정으로 인하여 이 사건 아파트 902동의 이전건축이 불가피하게 되었음을 설명하면서 이전건축안을 제시하고 의견조회를 하였으나 대다수의 수분양자들은 이전건축을 희망하지 않거나 명확한 답변을 하지 않았다. 이에 피고는 이 사건 아파트의

이전건축이 불가능하다고 판단하고, 2009. 5. 29. 원고들을 포함한 수분양자들에게 불가항력적인 사유로 902동을 건축할 수 없게 되었으므로 이 사건 각 분양계약을 해제한다고 하면서 2009. 6. 1.부터 2009. 6. 20.까지 수분양자들이 지급한 분양계약금 및 중도금(2009. 6. 20.까지의 법정이자 5%를 가산)을 반환받아갈 것과 이를 수령하지 않는 수분양자에 대하여는 법원에 전액 공탁하겠다는 내용을 통지하였으며, 이 통지는 그 무렵 원고들을 포함한 수분양자들에게 도달되었다.

(viii) 피고는 수분양자들 중 이 사건 각 분양계약의 해제를 원하는 4세대에 대하여 분양계약금, 중도금 및 법정이자를 반환하였고, 나머지 세대에 대해서는 2009. 6. 23.이에 상응하는 금액을 대전지방법원에 변제공탁하였다.

(ix) 이에 원고들은 이 사건 분양공고 당시부터 이 사건 아파트 902동 부지에 대하여 문화재 시굴조사가 이루어지고 있었으므로 피고는 추후에 주요 문화재가 발견되어 현지 보존결정이 내려질 가능성이 있음을 충분히 인식하고 있었으면서도 이를 숨긴 채 입주일만 지연될 수 있다는 사정을 포함한 이 사건 분양공고를 하고서 원고들과 사이에 이 사건 각 분양계약을 체결하였다고 하면서, 이 사건 아파트 902동에 대한 건축은 그 부지에 대한 이 사건 문화재 보존결정으로 인하여 이행불능이 되었으므로 원고들은 이를 이유로 이 사건 소장부본의 송달로써 이 사건 각 분양계약을 해제한다고 하였다. 그리고 위 이행불능은 피고의 귀책사유에 기한 것이므로 피고는 원고들에게 이 사건 각 분양계약에서 정한 위약금(공급대금 총액의 10%)을 지급하라고 청구하였다.

[소송의 경과]

1. 1심 (대전지방법원 2010. 6. 25. 선고 2009가합10946 판결) —위약금 청구 배척

1심은 피고가 이 사건 분양공고나 이 사건 각 분양계약 체결 무렵에 이 사건 아파트 902동 부지에 유적지가 추가 발견되어 현지 보존결정이 내려지고 아파트 건립이 불가능하게 되리라는 점을 알았거나 알 수 있었음에도 이 사건 공사를 진행하였다고 보기 어려우므로, 이 사건 아파트 902동에 대한 이 사건 각 분양계약이 오로지 피고의 귀책사유로 인하여 이행불능이 되었다고 할 수 없다는 이유로 원고들의 위약금 지급청구를 배척하였는데 1심의

이러한 판단에는 다음과 같은 사정들이 참작되었다.

① 피고가 대전광역시의 권고 공문에 따라 이 사건 분양공고 및 이 사건 각 분양계약의 계약서에 이 사건 사업부지에서 현재 문화재 발굴조사 중이며 이로 인해 추후 입주예정일이 늦어질 수 있다는 사정을 표시한 점.

② 이 사건 분양공고 당시 시굴조사 과정에서 유구로 추정되는 유적이 발견되어 그 정밀조사를 위하여 발굴조사로 전환하기로 예정되어 있었으나 발굴조사로 전환된 후에야 구체적인 유구의 분포 범위를 알 수 있고 또 보존결정이 내려지므로 피고로서는 그 단계에서 문화재 현지 보존결정의 가능성을 예측하기 어려웠다고 보이는 점.

③ 이 사건 분양공고가 있기 불과 20일 전인 2007. 11. 7. 개최되었던 제3차 문화재지도위원회의에서 당시 지도위원들 사이에서도 현지보존의 가능성에 대한 논의는 전혀 이루어지지 않았던 점.

④ 그런데 그 후 2008년 여름경에 이르러 비로소 위 유적지에 고려시대 저택으로 추정되는 유구가 발견되어 그 뒤 2008. 12. 23. 상대동 중동골 유적 지도위원회에서 이를 보존하는 것이 좋겠다는 의견이 처음으로 제기되었고, 2009. 3. 27. 중앙문화재위원회에서 최종적으로 위 유적지에 대한 현지 보존결정을 내린 점.

⑤ 원고들의 감사청구로 행해진 감사 결과 감사원이 이 사건 분양공고는 그 당시 제반여건을 고려하여 관계법령의 범위 내에서 행해진 것으로 위법·부당한 것으로 보기 어렵다고 판단한 점.

2. 원심 (대전고등법원 2011. 4. 29. 선고 2010나4996 판결)―위약금청구 인용

원심은 1심과는 달리 이 사건 아파트를 건축할 수 없게 됨에 따른 이행불능의 귀책사유는 피고에게 있다고 판단하면서 원고들의 위약금지급청구를 인용하였다.[2] 이러한 판단의 기초가 된 사정은 다음과 같다.

① 이 사건 분양공고를 하기 전인 2007. 11. 7. 개최된 3차 문화재지도위원회의에 피고의 사장이 참석함으로써 피고는 이 사건 분양공고 전에 이미 시굴조사 과정에서 발굴조사로 전환할 필요성이 있는 유적이 발견되어 그 정밀조사가 필요했던 사정을 알 수 있었고 또 그 결과에 따라서는 문화재 현

2) 다만 그 지연손해금의 산정과 관련하여 원고들의 청구를 일부 인용하였다.

지 보존결정이 내려질 가능성이 있음을 예측할 수 있었다는 점.

② 그럼에도 피고는 이 사건 분양공고 및 각 분양계약의 계약서에, 이 사건 아파트 부지에서 현재 문화재 발굴조사 중이며 그로 인하여 입주일이 예정보다 늦어질 수 있다는 점에 대하여는 고지하였으나, 사업계획 자체가 변경됨으로 인하여 이 사건 아파트 부지에 대한 건축 불가능성 내지 이전건축 가능성 등에 대해서는 명시하지 않은 점.

[대상판결의 요지]

대상판결은 우선 다음과 같은 추상적 법리를 설시하였다.

"계약당사자 일방이 자신이 부담하는 계약상 채무를 이행하는 데 장애가 될 수 있는 사유를 계약을 체결할 당시에 알았거나 예견할 수 있었음에도 이를 상대방에게 고지하지 아니한 경우에는, 비록 그 사유로 말미암아 후에 채무불이행이 되는 것 자체에 대하여는 그에게 어떠한 잘못이 없다고 하더라도, 상대방이 그 장애사유를 인식하고 이에 관한 위험을 인수하여 계약을 체결하였다거나, 채무불이행이 상대방의 책임 있는 사유로 인한 것으로 평가되어야 하는 등의 특별한 사정이 없는 한, 그 채무가 불이행된 것에 대하여 귀책사유가 없다고 할 수 없다. 그것이 계약의 원만한 실현과 관련하여 각각의 당사자가 부담하여야 할 위험을 적절하게 분배한다는 계약법의 기본적 요구에 부합한다."

그런 후 위 법리에 입각하여 사안을 검토한 결과 피고는 이 사건 아파트 분양 공고 및 각 분양계약 체결 당시 자신의 채무를 이행하는 데 장애가 될 수 있는 사유, 즉 장차 이 사건 아파트 부지에 대한 발굴조사과정에서 유적지가 발견되어 현지 보존결정이 내려짐으로써 이 사건 주택건설사업이 불가능하게 되거나 그 추진·실행에 현저한 지장을 가져올 수 있음을 알았다고 봄이 상당하고, 반면 이 사건 분양 공고문이나 분양계약서에 문화재 조사결과에 따라 사업계획 자체의 폐지나 그 부지가 변경될 수 있는 가능성에 관하여 구체적인 언급이 없었던 이상, 위와 같은 장애사유에 관한 위험을 이 사건 아파트의 수분양자들이 인수하였다고 볼 수 없고, 기록상 달리 이를 인정할 만한 자료가 없으므로 원심이 이 사건 아파트의 분양계약에 따른 아파트 공급의무를 이행할 수 없게 된 데 대하여 그 귀책사유가 피고에게 있다고 판단한 것은 정당한 것으로 수긍할 수 있다고 하였다.

〔研　　究〕

Ⅰ. 서　　론

사안에서 원고는 피고에게 이 사건 분양계약상 예정되어 있었던 위약금의 지급을 청구하고 있다. 피고의 위약금지급의무는 「피고의 귀책사유로 인하여 입주예정일로부터 3월 이내에 입주할 수 없게 된 수분양자들이 이 사건 분양계약을 해제하는 것」을 그 요건으로 하고 있는데, 중앙문화재위원회의 이 사건 문화재 보존결정으로 인하여 이 사건 아파트의 건축이 아예 불가능하게 되어 버렸기에 원고인 수분양자들이 입주예정일로부터 3월 이내에 입주할 수 없게 될 것이라는 요건은 충족되었으며, 원고들이 이 사건 소장 부본의 송달로써 분양계약을 해제한다는 의사를 표시하였으므로 이 사건 분양계약의 해제라는 요건 또한 충족되었다. 결국 원고의 청구가 인용되기 위한 관건으로 대두되는 것은 원고인 수분양자들이 입주예정일로부터 3월 이내에 입주할 수 없게 된 것이 피고의 귀책사유로 인한 것인가 여부이다.

그런데 위 [사안의 개요]에 이미 나타나 있듯이 원고들이 입주예정일로부터 3월 이내에 입주할 수 없게 된 것은 피고의 이 사건 아파트 건축공사 개시 후 그 부지에서 발견된 유적에 대해 중앙문화재위원회가 문화재보존결정을 하여 피고의 이 사건 아파트 건축공사 자체가 아예 불가능하게 된 데에서 비롯된 것이므로, 직접적으로는 피고의 계약상 의무 위반이 아니라 문화재 보존이라는 적법한 국가정책의 반사적 결과로서 생긴 원고의 이러한 불이익에 대해 피고의 귀책사유를 운운하는 것이 일견 상궤를 벗어난 것으로 여겨지기도 한다.

그럼에도 불구하고 1심과 원심은—비록 그 사실판단의 결론을 서로 달리 하기는 했지만—피고가 이 사건 분양공고를 할 때에 또는 이 사건 분양계약 체결 시에 이 사건 문화재보존결정으로 인해 이 사건 아파트 건축공사가 불가능하게 되리라는 것을 예견할 수 있었는가 여부를 가림으로써 원고들이 입주예정일로부터 3월 이내에 입주할 수 없게 된 것에 대한 피고의 귀책사유 유무를 판단하려고 하였다. 이러한 관점의 이론적 기초를 보여 주는 것이 바로 위 대상판결에서 설시하고 있는 추상적 법리인데³⁾ 이에 따르면 피고가 이 사건 분양공고 시 또는 이 사건 분양계약 체결 시 이 사건 아파트 건축공사가 문화재보존결정으로 인해 불가능하게 되리라는 것을 예견할 수 있었음에도 이를 수분양자들에게 고지하지 않은 것은 특별한 사정이 없는 한 이 사건 문화재보존결정으로 인한 분양계약의 이행불능에 대한 귀책사유로 기능하게 된다.⁴⁾

하지만 계약체결 전에 행해진, 급부장애사유에 대한 고지의무 위반이 계약체결 후에 발생한, 그 급부장애사유로 인한 급부불능의 귀책사유로 된다는 것이 선뜻 이해되지 않는다.⁵⁾ 무릇 급부의무는 계약의 성립으로부터 비로소 발생하는 것이기에 채무자의 급부의무 위반 및 그것에 관한 귀책사유는 계약의 성립 후에나 발생할 수 있다고 보는 것이 논리적이기 때문이다. 뿐만 아니라 급부장애사유에 대한 고지의무 위반과 급부불능 사이에는 아무런 규범적 인과관련이 없다. 만약 그러한 장애사유에 대한 고지가 제대로 행해졌다고 하더라도 당사자 사이에는 계약이 체결되지 않았거나 또는 다른 내용으로 체결되었을지언정 그 장애사유로 인한 급부불능이 발생하지 않았을 것으로 보이지는 않기 때문이다.⁶⁾ 이렇

---

3) 이 법리는 대상판결의 주심대법관이 서술한 민법주해[IX], 채권(2), 1995, 358면 (양창수 집필부분)에서 주장된 것으로 대법원 2008. 7. 10. 선고 2008다15940, 15957 판결에서도 이미 그 자취를 보이고 있다.

4) 이러한 대상판결의 법리에 찬성하는 입장으로는 김동훈, "채무자의 정보제공·수집 의무와 귀책사유 개념의 확장", 법학논총(한양대) 제31집 제2호(2014. 6.), 349면; 김상중, "계약 성립에 관한 기본 판결례의 소개와 분석", 비교사법 제20권 제4호(2013. 11.), 1027면; 아마 김재형, 민법판례분석, 박영사, 2015, 170~171면도 같은 취지.

5) 대상판결이 보여준 법리는 그 결과에 있어서는 독일의 판례에 의해 종래 간간이 인정되어 왔던 소위 "인수과실(Übernahmeverschulden)"(예컨대 비교적 근래의 것으로 BGH, Beschl. v. 25. 11. 1998, NJW 1999, 635, 635 참조)을 인정하는 것과 비슷한 면모를 보인다. 그러나 이러한 독일의 법리는 후술하는 바와 같이 순수하게 과실책임의 원칙에 근거한 것이 아니므로 대상판결의 태도와 동일한 것으로 보기는 어렵다.

6) 물론 급부장애사유에 대한 고지가 행해졌더라면, 그래서 계약이 체결되지 않거

게 보면 대상판결은 급부장애사유를 이미 알았거나 알 수 있었음에도 이를 상대방에게 고지하지 않고 계약을 체결한 자에게 급부의 이행과 관련하여 일종의 보증책임(Garantiehaftung)을 지우려고 하는 것은 아닌지 의심스럽다. 즉 급부장애사유의 발생가능성을 알면서도 이를 상대방에게 고지하지 않고서 급부를 약속한 자는 그 급부장애사유와 상관없이 급부를 하겠다는 보증의 의사를 표시한 것으로 보는 것 말이다. 그러나 이러한 시도는 채무불이행책임과 관련하여 과실책임의 원칙을 취하고 있는 민법의 해석론상 그 타당성이 의심스러운 것이며, 더군다나 아래에서 보듯이 민법 제535조와 관련하여 가치의 모순도 발생시킨다.

대상판결에 대한 이러한 의구심은 대상판결이 그 추상적 법리의 말미에 덧붙인 "그것이 계약의 원만한 실현과 관련하여 각각의 당사자가 부담하여야 할 위험을 적절하게 분배한다는 계약법의 기본적 요구에 부합한다."라는 서술에 이르면 더욱 심해진다. 우리 민법은 이미 계약의 원만한 실현과 관련하여 각각의 당사자가 부담하여야 할 위험의 분배원칙으로 과실책임의 원칙을 천명하면서[7] 곳곳에서 이를 형평에 맞게 수정하거나 보충하는 규정들을 두고 있기 때문이다. 예컨대 법정대리인이나 이행보조자의 고의·과실을 채무자의 그것으로 간주하는 제391조, 이행지체 중에 있는 채무자의 무과실책임을 규정한 제392조, 금전채무를 부담하는 자의 무과실책임을 규정하고 있는 제397조 제2항, 채권자지체 중 채무자의 책임경감을 규정한 제400조, 더 나아가 종류채권의 경우 특정 전의 급부위험을 채무자에게 부담시키고 있는 제375조 제2항, 대가위험의 부담에 관한 제537조 및 제538조, 매도인의 담보책임에 과한 제570조 이하

나 다른 내용으로 체결되었더라면 아예 급부불능의 상황이 초래되지 않았을 것이라는 주장도 가능하지만, 이것은 단지 급부불능의 상황에 대한 조건설적인 인과의 관련(conditio sine qua non)만을 나타낼 뿐이다. 하지만 급부불능의 상황에 대한 인과관계와 급부불능 그 자체에 대한 인과관계는 구별되어야 하는 개념이며 또한 조건설적인 인과관련만으로 곧바로 책임의 귀속이 인정되는 것은 아니다.

7) 예컨대 제390조 단서, 제397조 제2항, 제391조, 제392조 등은 채무불이행책임과 관련하여 우리 민법이 과실책임의 원칙에 입각하고 있음을 나타내어 주는 규정이라 하겠다.

규정 등등 수많은 규정들이 계약의 실현과 관련된 위험을 합리적으로 배
분하고 있는 것이다. 그런데 과연 이러한 규정으로써 해결되지 않는 어
떠한 문제점이 있기에 대상판결이 일종의 법형성을 통하여 새로운 위험
배분의 기준을 추가하고 있는지 의문이 들 수밖에 없는 것이다.

이하에서는 이러한 근원적 의문들을 토대로 하여 우선 대상판결에서
설시한 법리의 몇 가지 문제점들을 지적한 후, 이어서 대안으로서 계약
체결상 과실책임 법리의 적극적 활용을 검토해 보고, 마지막으로 이 법
리에 입각하여 대상판결 사안의 합리적 해결을 모색해 보기로 한다.

II. 대상판결의 문제점

1. 고의 · 과실 판단의 대상에 대한 의문

채무불이행의 요건인 고의나 과실 판단의 대상으로 되는 것은 채무
불이행으로 인해 나타나는 구체적 결과인 손해가 아니라 이것을 초래한
채무자의 위법한 행태, 즉 채무위반행위 그 자체이다.[8] 그렇다면 보호의
무 위반의 경우에는 보호의무 위반행위 그 자체가 고의나 과실판단의 대
상으로 되며, 급부의무 불이행의 경우에는 급부의무 불이행을 직접 일으
키는 채무자의 행위 그 자체가 고의나 과실판단의 대상이 될 것이다. 예
컨대 도급계약의 이행으로 제작되고 인도된 기계에 결함이 있어서 이를
사용하던 도급인의 신체가 훼손된 경우를 상정해 보자. 이 경우에 결함
있는 기계의 제작 및 인도는 급부의무의 불완전 이행으로서 그것이 독자
적인 고의나 과실판단의 대상으로 되는 것이며, 따라서 채무자인 수급인
이 기계의 제작 시 거래상 요구되는 객관적인 주의를 다하였더라면 과연
결함 없는 기계를 제작할 수 있었는지 여부가 과실판단의 기준으로 등장
하는 반면, 채권자인 도급인의 신체훼손은 채무자인 수급인에게 부과되어

---

8) MK/Grundmann, 7. Aufl., 2016, § 276 Rn. 52; Katzenstein, "Die Nichterfüllungshaftung nach § 311a Abs. 2 BGB", JR 2003, 447, 449 f.; Katzenstein, "Die Bedeutung der ver-traglichen Bindung für die culpa-Haftung des Vertragsschuldners auf Schadensersatz (Teil 2)", JURA 2005, 73, 74 f. 참조.

있는 보호의무의 위반(즉 도급인을 하자 있는 기계로부터 발생하는 위험으로부터 보호해야 할 의무의 위반)으로 말미암은 것으로서 이와 관련하여 만약 독자적인 고의·과실 판단이 필요하다면[9] 그러한 보호의무 위반 여부가 그 대상으로 되어 결국 채무자인 수급인이 기계의 제작 및 공급 시 그 기계의 결함 및 신체훼손의 위험성에 대해 알았거나 알 수 있었는지 여부가 구체적 판단의 기준으로 등장하게 되는 것이다.[10] 그리하여 예컨대 급부의무의 위반과 관련하여 채무자의 과실이 인정되지 않는 경우라 하더라도 신체훼손이라는 확대손해와 관련하여서는 경우에 따라 채무자의 과실이 인정될 수도 있는 것이다.

그런데 대상판결은 이행불능이라는 급부의무 불이행과 관련된 채무자의 고의·과실 판단대상을 급부의무의 불이행인 이행불능의 직접적 초래행위에서 찾지 않고, 급부장애사유에 대한 고지의무 위반이라는 일종의 보호의무 위반에서 찾고 있다. 학설과 판례가 채무의 다양한 형태로서 급부의무와 보호의무를 구별하고 있는 작금의 상황에서 대상판결의 이러한 모습은 예컨대 A와 B라는 각각 독립적인 책임구성요건이 있는 경우, 행위자의 행태가 A의 요건을 충족하였음에도 이를 전혀 다른 B의 요건이 충족된 것과 동일시하여 곧바로 B가 예정하고 있는 법률효과를 인정하려고 하는 것과 같은 시도로 보인다. 그렇다면 A의 요건 충족이 왜 B의 요건 충족으로 인정될 수 있는지에 대한 충분한 근거를 제시해 주어야 설득력을 가질 터인데 아쉽게도 대상판결은 그러한 친절을 베풀고 있지 않다.

2. 급부의무 성립 및 그 침해의 시간적 경계에 대한 의문

사안에서 문제되고 있는 채무불이행의 유형인 이행불능은 급부의무

---

9) 통상적인 경우에는 이러한 확대손해는 손해배상의 범위와 관련된 것으로 민법 제393조의 적용대상일 뿐이지 채무자의 고의·과실의 대상으로 되지 아니한다.
10) Harke, Allgemeines Schuldrecht, 2010, S. 265 참조. 이러한 관점에서 기존의 "불완전이행"이라는 채무불이행 유형을 "불완전급부"와 "기타 행위의무 위반"으로 나누어 고찰하는 견해(송덕수, 채권법총론, 2013, 109-110면 참조)는 일단 올바른 견지에 서 있는 것으로 보인다.

의 불이행이다. 그런데 급부의무는 계약의 성립을 통하여 비로소 발생하는 것이다. 급부의무가 바로 계약의 주된 내용을 이루는 것이므로 계약이 체결되기 전에는 양 당사자에게 급부의무라는 것이 부과될 수 없는 노릇이다. 기껏해야 신의칙상의 보호의무만이 존재할 수 있을 뿐이다. 그렇다면 계약체결 전에 행해진 일방의 행위에 의해 아직 존재하지도 않는 그의 급부의무가 침해될 수 없다는 것은 자명한 이치이다.[11]

그럼에도 대상판결은 계약이 체결되기 전 피고가 알았거나 알 수 있었던 급부장애사유에 대해 상대방인 원고들에게 고지하지 않았다는 사정을 들어 이로써 피고가 이행불능이라는 급부의무의 침해를 행한 것으로 인정하고 있다. 이러한 대상판결을 보면서 아직 피고의 급부의무가 성립하기도 전에 어떻게 그 의무에 대한 침해가 있을 수 있는지 의아함이 강하게 생기는데 이와 관련해서도 대상판결에서는 아무런 설명이 없다.

그러한 설명이 없다 보니 대상판결은 혹시 피고에게 계약체결 후라도 급부장애사실에 대한 정확한 정보를 상대방에게 고지해 줄 계속적 의무가 있다고 보고, 따라서 피고는 계약 성립 전뿐만 아니라 계약 성립 후에도 고지의무를 위반하였기에 그러한 행태에서 급부의무의 위반을 도출하고 있는 것은 아닌지 지레 짐작을 해 볼 수도 있다. 물론 고지의무와 같은 보호의무가 계약의 성립 전후를 관통하여 계속적으로 존재하고 있다면, 계약성립 전에 행하지 않았거나 또는 잘못된 내용으로 행한 고지를 계약성립 후에 새로이 행하거나 그 내용을 수정할 의무가 인정될 수 있다. 예컨대 전기톱과 같은 위험한 물건을 팔면서 그 사용법을 잘못 설명한 경우, 계약 후라도 매도인은 매수인에게 제대로 된 설명을 해 줄 의무를 부담하게 되는 것이다. 만약 이러한 의무를 매도인이 이행하지 않아 전기톱에 의해 매수인이 다쳤다면 매도인은 계약상의 보호의무 위반으로 인한 불완전이행의 책임(기타 행위의무 위반의 책임)을 지게 된

---

11) 비슷한 견해로 Schwab, "Grundfälle zu culpa in contrahendo, Sachwalterhaftung und Vertrag mit Schutzwirkung für Dritte nach neuem Schuldrecht", JuS 2002, 773, 775 참조.

다.[12] 하지만 대상판결의 사안과 같은 경우에는 급부장애사유에 대한 고지의무가 계약 성립 후에도 계속된다고 보기 어렵다. 왜냐하면 급부장애사유의 존재 여부는 상대방이 계약을 체결할 것인가 여부를 판단할 때에 중요한 의미를 가지는 정보로서 이에 대한 고지의무는 계약체결의 자유를 보호하기 위한 것이므로, 이미 계약이 체결되고 난 뒤에 행해지는 그러한 내용의 고지는 상대방에게 아무런 도움도 주지 않으면서 오히려 잘못 체결된 계약에 대한 불안감만 조장할 뿐이기 때문이다. 즉 계약체결의 자유를 보장하기 위한 고지의무가 계약체결 시에 행해지지 않았다면 비록 계약체결 후에 그 고지의무가 행해진다고 하여 이로써 계약체결 전의 고지의무 위반이 치유될 수 있는 것이 아니다. 계약체결 후라도 행해지는 것이 의미를 가지는 고지의무는 위 전기톱의 사례에서 보듯이 고지될 정보가 목적물의 사용과 같이 급부의무의 이행과 밀접하게 관련을 가지는 경우에 한하는 것이다. 따라서 대상판결이 피고가 계약체결 후라도 급부장애사유에 대한 제대로 된 고지를 했어야 함에도 이를 행하지 않았다는 것을 이유로 하여 급부의무의 침해를 인정하고 있는 것은 아닐 것으로 사료된다.

3. 이행이익의 배상과 관련된 의문점들

대상판결처럼 급부장애사유에 대한 계약체결 전의 고지의무 위반을 이유로 하여 곧바로 계약체결 후에 발생한 급부불능에 대한 채무자의 책임을 인정한다면 이것은 결과적으로 채권자에게 이행이익의 배상청구권까지 인정하는 셈으로 된다. 여기서 이행이익이란 계약상의 급부가 정상적으로 이행되었을 때에 채권자가 통상적으로 누릴 수 있는 이익을 말하는 것으로, 채무불이행으로 인한 손해를 이른바 차이설(Differenztheorie)에

---

12) 이 경우 고지의무 위반은 계약 체결 전과 후에 모두 존재하지만 계약 체결 후의 고지의무 위반이 그 전의 고지의무 위반을 포함하는 것으로 되어 계약체결상의 과실책임이 아니라 불완전이행이 성립하게 될 뿐이다. 이 점에서는 김증한/김학동, 채권각론, 제7판, 2006, 62면; 민법주해[IX], 1995, 344면 (양창수 집필부분)도 동지.

따라 파악할 때에 채무불이행이 없었더라면 채권자에게 귀속되었을 가정적 이익상태의 총체로부터 채무불이행이 발생한 현재 채권자에게 인정되고 있는 현실적 이익상태의 총체를 공제한 나머지로 나타나게 된다. 채무불이행의 경우에 이러한 이행이익을 기본적인 배상의 내용으로 하고 있는 이유는 계약이라는 메커니즘을 통하여 그 당사자의 대내관계에서는 급부이익이 채권자에게로 귀속되는 결과[13]가 발생하기 때문이다.[14] 그러므로 계약체결을 통하여 채권자에게 이미 귀속된 급부이익의 실현이 채무자의 급부의무불이행으로 인하여 좌절된다면 채무자로서는 금전으로라도 급부이익을 실현시켜 줄 의무를 부담하게 되는 것이다. 이러한 관점에서 보면 이행이익의 배상이라는 법적 효과를 초래하는 채무불이행은 계약의 성립을 전제로 할 수밖에 없다.[15] 계약이 성립하여야만 채권자에게 급부이익이 귀속되어 이행이익의 배상으로써 보호하고자 하는 보호의 대상이 발생하기 때문이다.

　물론 계약체결 전이라 하더라도 당사자 간에 일정한 의무는 발생할 수 있으나 그것은 보호의무 등의 행태의무에 한정될 뿐이고 급부의무와 같은 이행이익을 내용으로 하는 의무는 아니다.[16] 보호의무 등의 행태의무에 의해 보호되는 채권자의 이익(예컨대 생명, 신체, 건강, 재산적 이익 등)은 계약에 의해서 비로소 그에게 귀속되는 이익이 아니라 계약의 성립 여부와 상관없이 이미 그에게 귀속되어 있는 이익이기에[17] 계약의 성립 전이라 하더라도 보호의 대상으로 등장할 수 있는 것이다.

　이상 서술한 바를 기초로 하여 대상판결의 법리를 살펴보면 이해가

---

13) Katzenstein, "Die Bedeutung der vertraglichen Bindung für die culpa-Haftung des Vertragsschuldners auf Schadensersatz (Teil 2)", JURA 2005, 73, 73 참조.

14) 이로써 계약은 사적 자치의 수단으로서 급부이익의 자유로운 배분에 참여하게 된다. 급부불능의 경우에 (아직 이행을 받지 않은) 채무자에게 代償請求權이 인정되는 것 또한 바로 이러한 사고에서 영향을 받았을 것으로 생각된다.

15) Katzenstein, "Die Bedeutung der vertraglichen Bindung für die culpa-Haftung des Vertragsschuldners auf Schadensersatz (Teil 2)", JURA 2005, 73, 74 참조.

16) 독일 민법 제311조 제2항은 이 점을 분명히 밝히고 있다.

17) Katzenstein, "Die Bedeutung der vertraglichen Bindung für die culpa-Haftung des Vertragsschuldners auf Schadensersatz (Teil 1)", JURA 2004, 800, 804 참조.

가지 않는 점이 한두 가지가 아니다. 먼저 대상판결은 계약의 성립 전, 즉 채권자에게 아직 급부이익이 귀속되기 전에 행해진 채무자의 고지의무 위반행위를 이유로 하여 채권자에게 이행이익의 배상을 결과적으로 인정하고 있는데 이러한 결과가 어떻게 가능한지 의문이다. 계약체결 전의 고지의무 위반과 계약체결 후의 급부의무 불이행, 즉 계약체결 전에 급부장애 사실을 고지하지 않은 행태와 계약체결 후에 스스로 급부장애 사실을 초래한 행태에 대해 동일한 법적 평가를 내리고 있는 것으로 보이는데, 후자의 경우는 계약에 의해 대내적으로 이미 채권자에게 귀속된 급부이익을 채무자 스스로의 행위에 의해 침해한 것임에 반해 전자의 경우에는 아직 대내적으로 채권자에게 어떠한 급부이익도 귀속되지 않은 상태에서 행해진 보호의무위반으로서 이 둘은 전혀 다른 존재의 평면에 위치하고 있는 것이므로 그와 같은 대상판결의 태도는 옳지 않다고 여겨진다. 특히 사안과 같이 피고가 고지의무를 다 하였다고 하더라도 원고들이 여전히 피고와 분양계약을 체결하였으리라는 사정이 엿보이지 않는 상황에서는 더욱 그러하다.

　이러한 이론적 모순점을 넘어 대상판결의 법리는 실정법체계와의 모순까지 내포하고 있다. 민법 제535조에 따르면 계약체결 당시 그 급부의무가 확정적으로 불능임을 알면서도 이를 고지하지 않았던 자에게 신뢰이익의 배상이라는 책임이 부과되는 데에 그친다. 반면 대상판결의 사안에 나타난 피고의 행위는 장래에 실현될지 안 될지 아직 확실하지 않은 잠재적 급부장애사유를 충분하게 고지하지 않은 것에 불과한데도 대상판결은 이를 이유로 하여 이행이익의 배상까지 인정하고 있다. 일반적으로 이행이익이 신뢰이익보다 더 크다는 점을 생각한다면 대상판결로 말미암아 비난가능성이 더 작은 자에게 더 큰 책임이 인정되는 모순이 생기게 되는 것이다. 대상판결의 사안을 약간 변형하여 만약 문화재청의 보존결정 후에 이 사실을 아는 피고가 이를 제대로 고지하지 않은 채 원고와 분양계약을 체결했다고 한다면 그는 대상판결의 결론과는 달리 원고에게 단순히 신뢰이익의 배상만을 부담하게 될 것인데 이러한 결론과 대상판결의 결론 간의 차이가 과연 합당한 것인가?

물론 민법 제535조가 "객관적으로 불능인 급부를 목적으로 하는 계약은 무효"라는 진부한 명제에 집착하는 것으로 보아 그 가치를 폄하하면서 그 의미내용을 축소하고자 한다면[18] 앞서 언급한 가치의 모순은 그 파급효가 그리 크지 않은 것으로 되어 민감하게 반응할 필요는 없겠으나, 아직 엄연히 현행법의 일부로 자리 잡고 있는 제535조를 무시하거나 그 의미를 지나치게 축소하려는 것은 타당한 것으로 보이지 않는다. 뿐만 아니라 채권관계를 급부관계만으로 축소시켜 "원시적 급부불능"과 "계약의 무효"를 자동적으로 연결시키는 제535조의 기초명제를 극복한다고 하더라도, 그래서 원시적인 급부불능의 경우에도 계약이 유효하게 성립함을 인정한다고 하더라도[19] 이 경우 원시적 급부불능의 사유를 알았거나 알 수 있었으면서도 이를 상대방에게 고지하지 않은 당사자에게 논리필연적으로 이행이익의 배상책임이 인정되어야 하는 것은 아니다. 그의 행위는 계약의 유효한 성립으로 인해 채권자에게 귀속된 급부이익을 급부의무의 불이행으로써 침해한 것이 아니라[20] 단순히 계약체결 전의 정보제공의무를 해태한 것에 불과한 것이기 때문이다. 그래서 이 경우 이행이익의 배상을 인정하고 있는 독일 민법 제311a조 제2항은 급부의무(Leistungspflicht)의 침해로부터 발생하는 일반적인 채무불이행책임이 아니라 급부약속(Leistungsversprechen)의 불이행으로부터 발생하는 특수하고 독자적인 책임유형으로 인정되고 있는 것이다.[21] 학자들은 급부약속의 불이행을 책임의 근거로 하는 이러한 책임을 일종의 보증책임(Garantiehaftung)

---

18) 이러한 모습은 특히 계약체결상의 과실책임을 우리법상 인정하지 않으려는 견해들에서 자주 나타난다. 예컨대 민법주해[XIII], 채권(5), 1997, 233면 이하(최흥섭 집필부분) 참조.

19) 독일 민법 제311a조 제1항은 이러한 입장을 취하고 있다.

20) 급부가 원시적·객관적으로 불능한 경우에는 비록 그러한 급부를 목적으로 하는 계약이 유효하다고 하더라도 그로부터 급부의무가 발생하는 것은 아니다. 어차피 불가능한 것을 법이 의무로써 강제할 수는 없기 때문이다. 독일 민법에 따르면 이 경우 급부의무는 동법 제275조에 의해 배제된다.

21) 제311a조 제2항 제1문에 대한 독일 정부의 개별 입법이유서 참조(Canaris, Schuldrechtsmodernisierung 2002, S. 725 f.에 수록).

으로 이해하고 있으며,[22] 앞서 언급하였던[23] 독일 판례법상의 소위 인수과실(Übernahmeverschulden)[24] 또한 이와 동일한 이론적 기초에 서 있는 것으로 보고 있다.[25] 즉 이미 존재하고 있는 급부장애사유 또는 계약체결 후 나타날 수 있는 잠재적 급부장애사유를 알거나 알 수 있었으면서도 계약을 체결한 자는 자신의 급부능력(Leistungsfähigkeit)을 보증한 것으로 보아, 이러한 보증약속으로부터 이행이익의 배상이라는 결과를 이끌어 내고 있는 것이다. 그러므로 대상판결이 피고에게 부과한 책임을, 급부장애사유를 알고 있으면서도 분양계약을 체결한 데에서 도출되는 일종의 보증책임으로 보지 않고, 과실책임의 원칙에 근거한 채무불이행책임으로 보는 한, 민법 제535조와의 가치모순은 불가피한 것이라 하겠다.

4. 그릇된 정보에 기초하여 체결한 불이익한 계약으로부터 해방가능성 부정

대상판결과 같이 계약체결 전의 고지의무위반에서 이행불능의 책임을 도출한다면 사안에서 예컨대 계약체결 후 급부장애의 발생가능성 및 분양자의 고지의무 위반사실을 알게 된 수분양자들은—특별한 임의해제

---

22) 예컨대 HKK-BGB/Harke, II/2, 2007, § 311a Rn. 12; MK/Ernst, 7. Aufl., 2016, § 311a Rn. 15; Schwarze, Das Rechts der Leistungsstörungen, 2008, S. 194; Katzenstein, "Die Nichterfüllungshaftung nach § 311a Abs. 2 BGB", JR 2003, 447, 450 f. 특히 Lobinger, Die Grenzen rechtsgeschäftlicher Leistungspflichten", 2004, S. 295 f.에서는 독일 민법 제311a조 제2항에 따른 이행이익배상의 보증책임을 극복가능한 급부장애사유(즉 주관적 불능)의 경우로만 한정하여 인정하고, 극복이 불가능한 급부장애사유(즉 객관적 불능)의 경우에는 신뢰이익의 배상을 인정함에 그쳐야 한다고 주장하고 있다.

23) 위 각주 5) 참조.

24) 이에 관해 자세한 것은 Huber, Leistungsstörungen, Bd. I, 1999, S. 673 ff. 참조.

25) 예컨대 Huber, Leistungsstörungen, Bd. I, 1999, S. 674에서는 이러한 책임의 근거를 채무자가 이미 알았거나 알 수 있었던 급부장애사유로부터의 위험은 계약체결을 강행한 채무자가 인수하였다는 점에서 찾고 있고, Harke, Allgemeines Schuldrecht, 2010, S. 221에서는 독일 민법 제311a조로 인하여 종래 판례에 의해 인정되고 있던 인수과실이 법적 근거를 갖추게 되었다고 하고 있으며, Schwarze, Das Rechts der Leistungsstörungen, 2008, S. 423에서는 더욱 직접적으로 원시적 급부장애사유와 관련하여 중요한 역할을 하던 인수과실은 계약상 인수된 보증책임에 기초하는 것이라 하고 있다.

권을 유보해 놓지 않은 한—문화재보존위원회의 현장보존결정으로 이행불능이 확정될 때까지 계약을 해제하지 못하고 무작정 기다려야만 한다. 이행불능이 확정되어야지만 제390조에 따른 전보배상의 책임을 묻거나 아니면 제546조에 기한 해제권을 행사할 수 있을 것이기 때문이다. 그러나 이러한 결론은 급부장애사실을 알고 난 후부터 혹시 그 장애사실이 실현되지 않을까 노심초사하면서 하루하루를 보내야 하는 수분양자에게는 지나치게 가혹한 것이다. 비록 분양자가 숨긴 급부장애사실이 아직 실현되지 않았다고 하더라도 분양자의 고지의무 위반을 이유로 하여 언제 이행불능으로 될지 모르는 불안한 계약으로부터 벗어날 수 있도록 해주는 것이 형평에 맞을 것이다.

물론 착오취소 및 사기취소 규정을 활용하면 굳이 계약해제권을 인정하지 않더라도 타당한 결론에 이를 수 있겠지만 그 요건의 엄격성을 고려하면 그러한 일반적 규정들이 과실로 인한 고지의무 해태의 경우에 도움이 될 것으로 판단되지는 않는다. 이 점에 기초하여 오히려 계약해제권을 인정하는 것은 착오취소나 사기취소 요건의 엄격성을 우회하는 것으로서 그 엄격성으로써 지키고자 하는 자기책임의 원칙을 훼손하는 것은 아닌지 우려할 수도 있겠으나, 계약취소의 경우 그 청산수단으로 인정되는 부당이득반환청구권과 계약해제의 경우 인정되는 원상회복청구권의 내용이 서로 다르다는 점을 고려한다면 그러한 우려의 정당성은 그리 크지 않다고 하겠다.

Ⅲ. 계약체결상 과실 책임의 법리의 적극적 활용

1. 서 설

이상 살펴본 대상판결의 문제점을 극복하는 방안으로 두 가지를 생각해 볼 수 있다. 하나는 대상판결처럼 피고에게 이행이익의 배상을 인정하되, 다만 그 이론적 토대를 이행불능책임에서 구할 것이 아니라, 일종의 보증책임에서 찾는 것이다. 급부장애사유를 충분히 인식하고서도 이를 제대로 고지하지 않은 채 계약을 체결한 자는 자신의 급부능력에 대해 보증의 의사를 묵시적으로 표시한 것으로 보아 그 후 고지하지 아니한 급부장애사유가 발현되어 급부장애가 생긴 경우 급부장애 그 자체에 대한 고의·과실 유무를 묻지 않고서 이행이익의 배상책임을 인정하는 방안이다.[26] 그러나 과실책임의 원칙을 기본원칙으로 하고 있는 우리 민법 하에서—보증책임을 직접 부과하는 법률규정이 없는 한—당사자의 묵시적 의사표시에 의한 보증책임의 인정은 엄격한 요건하에서 신중하게 행해져야 한다. 일정한 한계가 제시되지 않는다면 거의 모든 계약상의 의사표시(급부약속)에서 보증의 의사를 도출하는 부작용이 발생할 수도 있기 때문이다. 무엇보다 중요한 것은 의사표시의 해석에 기한 보증의사의 도출은 당사자의 의사에 부합해야 한다는 점이다. 사안에서와 같이 피고가 예견가능한 급부장애사유에 대해 계약체결 전이나 계약체결 당시에 제대로 고지하지 않은 것을 그 급부장애사유로 인한 위험을 무조건적으로 인수한다는 내용의 묵시적 의사표시로 인정할 수 있는지 여부, 또 분양계약을 체결하는 수분양자들이 분양계약상 명시되지 아니한 급부장애사유에 대해서는 이를 알았거나 알 수 있었던 분양자가 그의 고의·과실과 상관없이 그 위험을 인수한 것으로 여기는 것이 언제나 합당한가 여부 등을 고려해 보면 대상판결의 사안에서 계약해석에 의해 분양자인 피고의 묵시적 보증책임을 인정하는 것은 우선 법률행위의 해석으로써 담보하려는 당사자의 진의 또는 규범적 의사에 부합하지 않아 권장할 만한 것으로 여겨지지 않는다. 분양자인 피고는 예견되는 급부장애사유가 발생하지 않을 개연성이 크다고 생각하고서 분양계약을 체결한 것으로 보이고, 수분양자 또한 계약체결 당시 해당 아파트의 부지에서 문화재조사가 이루어지고 있다는 사실을 전혀 모르고 있었던 것은 아닐 것이며 그에 따른 위험을 무조건 분양자에게 부담시키려는 의사를 가지고 있었

---

26) 2002년 독일 채권법 개정 전에는 원시적·주관적 불능의 경우에 독일의 다수설과 판례는 이러한 보증책임을 인정하였으며, 현재는 전술한 바와 같이 독일 민법 제311a조에서 원시적 불능의 모든 경우와 관련하여 일종의 보증책임을 인정하고 있다. 그리고 이 책임은 원칙적으로 계약체결상의 과실책임에 앞서 적용된다(이 점에 관해서는 MK/Ernst, 7. Aufl., 2016, § 311a Rn. 21 참조).

던 것으로 보이지는 않기 때문이다.

그렇다면 보증책임의 인정 외에 다른 길을 모색해 보아야 할 것인데, 사안에서 피고인 분양자의 잘못된 행태는 모두 계약체결을 위한 접촉과정에서 행해졌다는 점, 또 나중에 성립할 계약의 상대방에 대한 것이라는 점 등을 고려하면 계약체결상의 과실책임 법리 또한 하나의 대안이 될 수 있을 것으로 생각된다. 따라서 이하에서는 이에 대해 조금 더 구체적으로 살펴보기로 한다.

2. 계약체결상의 과실책임의 의의 및 내용

이미 서술했듯이 보호의무의 보호대상인 권리나 법익은 급부이익과 달리 계약체결 전부터 이미 그 주체에게 귀속되어 있는 것이기 때문에 계약성립 전에도 당연히 침해될 수 있는 것이다. 그렇다면 보호의무의 작용을 계약체결 후로 제한할 논리적 근거는 없다고 하겠다. 이러한 사고에 입각하여 일단 계약체결을 위한 사무적 접촉의 단계부터 그 당사자는 서로 상대방의 권리, 법익이나 재산 등의 이익을 보호할 보호의무를 부담하게 되고, 이 의무를 고의나 과실에 의해 침해하게 되면 일정한 내용의 책임을 계약책임의 법리에 준하여 지게 된다고 하는 것이 계약체결상 과실책임의 법리이다. 그 핵심적 내용인 보호의무의 시간적 확장은, 계약체결을 위한 접촉의 개시와 더불어 그 당사자들 상호 간에 증가하는 상대방의 권리나 법익에 대한 영향력에 부응하려는 데에 그 목적이 있다.[27] 즉 계약체결을 위한 접촉이 개시되면 당사자는 그러한 접촉의 긴밀함이나 빈번함 등으로 인해 서로 상대방에게 자신의 권리나 법익을 침해할 기회를 일반적인 사회생활적 접촉의 경우보다 더 많이 부여해 줄 수밖에 없다. 그러므로 일반생활상의 거래안전의무(Verkehrspflicht)보다는 좀 더 강한 내용의 보호의무[28]가 상호 간에 인정되는 것이 서로가 서로

---

27) Harke, Allgemeines Schuldrecht, 2010, S. 268; Schwarze, Das Recht der Leistungsstörungen, 2008, S. 369; Looschelders, Schuldrecht AT, 9. Aufl., 2011, S. 68.
28) 채무로서의 보호의무가 그 범위와 보호강도에 있어 불법행위법상 인정되는 일반생

에게 부여하고 요구하는 신뢰의 정도에 부합한다는 것이다. 또한 당사자 간의 밀접한 사무상 접촉관계에 기인한 것이라는 점에서 계약관계와 유사하므로 계약책임 법리가 준용될 수 있는 계기도 마련된다.

이미 프로이센 일반주법 제1부 제5장 제284조 및 제285조에서 실정법상 규정되었고, 그 후 루돌프 폰 예링(Rudolf von Jhering)에 의해 일부[29]의 면모가 밝혀진 계약체결상의 과실책임 법리[30]는 독일의 판례와 학설에 의해 계속 발전되어 오다가 2002년 채권법 개정 시 독일 민법 제311조 제2항에 명시적으로 규정되었다. 동 조항은 보호의무를 내용으로 하는 채권관계는 계약교섭의 개시, 계약체결의 준비작업 및 기타 이와 유사한 사무적 접촉을 통해서도 발생한다고 규정하고 있다. 이러한 단계를 거쳐 현재 독일에서는, 계약 당사자들의 완전성 이익의 보호, 계약교섭의 부당파기, 원치 않는 불이익한 계약의 체결 등의 영역을 둘러싸고 계약체결상의 과실책임이 주로 논의되고 있다.[31] · [32]

이들 영역 중 대상판결의 사안과 직접 관련되는 것은 "원치 않는 불이익한 계약의 체결"이므로 이에 대해 좀 더 자세히 살펴보기로 한다. 다

활상의 거래안전의무를 넘어선다는 점에 대해서는 우선 Looschelders, Schuldrecht AT, 9. Aufl., 2011, S. 8 참조.

29) 폰 예링에 의해 인정된 계약체결상 과실책임의 법리는 오늘날 그 법리가 적용되고 있는 영역의 일부에 한정된 것이었다. 주로 계약이 무효로 되거나 완전하게 체결되지 못하게 되는 경우로서 예컨대 취소한 착오자의 책임, 무권대리인의 책임, 존재하지 않는 물건을 매도한 자의 책임 등이 그 주된 대상으로 되었다(이와 관련해서는 MK/Emmerich, 7. Aufl., 2016, § 311 Rn. 37 참조).

30) 계약체결상 과실책임의 역사에 대해서는 HKK-BGB/Harke, II/2, 2007, § 311 Rn. 2 ff. 참조.

31) 앞서 살펴 본, 폰 예링의 주된 관심사였던 영역에 대해서는 BGB 입법 당시 이미 개별규정을 두었다(독일 민법 제122조, 제179조 및 2002년 개정 전의 독일 민법 제307조 참조).

32) 물론 이들 외의 영역에서도 계약체결상의 과실책임이 문제로 되는 경우가 있으나, 이 세 가지 경우가 주된 논의의 대상을 이루고 있는 것 또한 사실이다. 계약체결상의 과실책임이 문제되는 보다 자세한 문제영역을 일별하기에 좋은 자료로 Schwab, "Grundfälle zu culpa in contrahendo, Sachwalterhaftung und Vertrag mit Schutzwirkung für Dritte nach neuem Schuldrecht", JuS 2002, 773, 773 ff.; Lorenz, "Grundwissen-Zivilrecht: Culpa in Contrahendo (§ 311 II, III BGB)", JuS 2015, 398, 399 ff. 참조.

만 논의에 앞서 우선 우리 민법상 계약체결상의 과실책임이 제535조에 규정된 원시적 불능의 경우를 넘어 독일과 같이 폭넓게 인정될 수 있는가 여부부터 살펴보는 것이 옳은 순서일 것으로 보인다. 계약체결상의 과실책임의 확대에 대해 반대하는 견해가 아직 강한 목소리를 내고 있고, 또 만약 실정법상 그 영역확대가 불가능하다면 더 이상의 논의는 탁상공론에 지나지 않을 것이기 때문이다.

3. 우리 민법상 계약상 과실책임의 확대적용 가능성

독일에서 계약체결상 과실책임의 주된 영역으로 인정되고 있는 것으로 앞서 언급한 문제영역은 우리나라에서도 물론 자주 일어나는 사건유형이다. 그러나 이제까지 법원은 이러한 사안에 계약체결상의 과실책임 법리를 적용하지 않고 오로지 불법행위법을 일관되게 적용하여 문제해결을 꾀하여 왔다.[33] 이러한 판례의 추세는 아마도 우리 민법의 체계상 계약체결상 과실책임의 확대는 불필요하다는 비판론으로부터 강한 영향을 받은 것이 아닌가 생각된다.

이러한 비판론은 독일에서 계약체결상 과실책임의 영역이 확대되어 온 것은 독일 불법행위법이 보이고 있는 보호대상의 협소성 및 이로 인한 순수재산손해 배상의 어려움, 사용자배상책임에서 사용자 면책의 원칙적 인정으로 인한 피해자 보호의 미흡 등의 문제를 계약책임의 확장으로써 극복하려는 독일 민법 체계 내의 고유한 動因이 작용한 결과이므로, 불법행위법이 일반조항으로 된 구성요건을 가지고 있고, 또 판례가 사용

---

33) 예컨대 계약 당사자들의 완전성이익 보호와 관련하여서는 대전지방법원 2009. 5. 1. 선고 2007가단73106 판결, 인천지방법원 2010. 7. 30. 선고 2009가단45022 판결 등; 계약교섭의 부당파기와 관련하여서는 대법원 2003. 4. 11. 선고 2001다 53059 판결, 대법원 2004. 5. 28. 선고 2002다32301 판결 등; 원치 않는 불이익한 계약의 체결과 관련하여서는 대법원 2007. 6. 1. 선고 2005다5812 판결; 대법원 2013. 9. 26. 선고 2012다13637 전원합의체 판결 등 참조. 심지어 경과실 있는 착오자에게 취소로 인한 신뢰이익의 배상책임을 인정하는 것도 불법행위책임으로 파악한 뒤 결론적으로 이를 부정하고 있다(대법원 1997. 8. 22. 선고 97다13023 판결 참조).

자배상책임과 관련하여 사실상 면책가능성을 인정하고 있지 않는 우리나라에서는 계약체결상의 과실책임을 원래 규정된 내용 이상으로 확대적용할 필요가 없다는 것을 기본적 사고로 하고 있다.[34] 또 이에 덧붙여 우리 민법상의 채무불이행책임의 근거 또한 제390조의 일반조항으로 되어 있으므로 계약이 유효하게 성립한 경우라면 만약 계약체결 전에 어떠한 보호의무 위반이 있었다고 하더라도 이 규정에 포섭시키면 되고 별도로 계약체결상의 과실책임을 인정할 필요는 없다고 한다.[35] 다른 한편으로 민법 제535조에 규정되어 있는 내용과 계약체결상의 과실책임이 확대적용되고 있는 영역의 이익상황은 너무나 이질적이기에 제535조의 유추적용도 불가능하다고 한다.[36]

그러나 이러한 비판론의 근거들은 그리 설득력이 있는 것으로 보이지 않는다. 독일에서 계약체결상 과실책임의 법리가 확대발전하는 데에 분명 독일 불법행위법의 협소함이 기여를 한 것은 맞지만, 계약체결상 과실책임의 의미와 기능이 불법행위법의 한계 극복이라는 오로지 법기술적인 면에 한정되어 있는 것은 아니기 때문이다. 오히려 이 제도는 계약체결의 준비를 위한 당사자들 간의 긴밀한 접촉과정에 내재되어 있는 신뢰관계 및 그에 기한 권리 및 법익 침해의 위험성 증대에 초점을 맞추어 단지 일반생활상의 사회적 접촉을 하는 사람들 사이를 규율하는 불법행위법보다는 좀 더 피해자에게 유리한 법리를 개발하려는 데에 그 본질적 의미가 있다.[37] 우리 민법 제535조에 대한 당시 민사법연구회의 민법안 의견서 또한 바로 이 점을 강조하고 있다.[38] 이러한 점을 간과한 채 불법행위책임규정으로 해결할 수 있기에 계약체결상의 과실책임은 우리 민

---

34) 양창수, "계약체결상의 과실", 고시계(1986. 1.), 54-57면; 민법주해[XⅢ], 채권(5), 2009, 280면 (최흥섭 집필부분).
35) 양창수, "계약체결상의 과실", 고시계(1986. 1.), 52-54면 참조.
36) 민법주해[XⅢ], 채권(5), 2009, 277면(최흥섭 집필부분) 참조.
37) 김형배, 채권각론, 1997, 119-120면; 송덕수, 채권법각론, 2014, 60면; 지원림, "계약교섭이 부당하게 파기된 경우의 법률관계", 민사판례연구[XXⅥ], 2003, 177면 이하도 동지.
38) 명순구, 실록 대한민국 민법 3, 2010, 333면 참조.

법상 적극적으로 활용될 필요가 없다고 주장하는 것은 마치 불법행위책임규정으로 해결할 수 있기에 채무불이행규정의 존재의의가 없다고 주장하는 것과 마찬가지일 것이다. 현행법이 채무불이행책임과 불법행위책임의 구별을 천명하고 있다면 그러한 구별의 연장선 위에 계약체결상의 과실책임이 서 있는 것으로 인식하는 것이 바람직할 것이다.

또 우리 민법 제756조와 관련하여 판례가 사용자의 면책가능성을 실제로 인정하고 있지 않는 것은 그 결론의 당부를 차치하고 명백히 법문에 반하는 것으로서 올바른 법해석의 모습은 아니다. 그런데 이러한 잘못된 태도를 근거로 하여 계약체결상의 과실책임의 활용 필요성을 부정하는 것은 논리적으로 잘못된 기초 위에 놓여 있는 주장이라고 하겠다. 더군다나 근래 파견사업주의 사용자책임을 인정한 판결에서는 파견사업주의 면책가능성이 앞으로 인정될 수도 있음을 이례적으로 강조하기도 하여[39] 사용자의 면책가능성을 인정하지 않는 판례의 태도가 불변의 것이라 할 수도 없는 상태이다. 마찬가지로 근래의 판례는 불법행위 영역에서 순수재산손해의 배상을 제한하려는 의도를 보여 주기도 한다.[40]

다른 한편 채무불이행책임의 일반규정이라 할 수 있는 제390조가 계약이 유효하게 성립한 경우의 모든 채무불이행을 포섭할 수 있는 것이라 하더라도 계약체결 전의 보호의무 위반에 따른 효과는 그 구체적 정황에 맞추어 개별적으로 규율될 필요가 있다고 하겠다. 마치 제390조가 존재하더라도 이행지체와 이행불능에 관한 별도의 규정이 보충적으로 존재하는 것처럼.

---

39) 대법원 2003. 10. 9. 선고 2001다24655 판결: "다만, 파견근로자가 사용사업주의 구체적인 지시·감독을 받아 사용사업주의 업무를 행하던 중에 불법행위를 한 경우에 파견사업주가 파견근로자의 선발 및 일반적 지휘·감독권의 행사에 있어서 주의를 다하였다고 인정되는 때에는 면책된다고 할 것이다."

40) 대법원 1996. 1. 26. 선고 94다5472 판결 참조. 물론 이 판결에서 전기공급의 중단으로 인한 영업손실이 원재료의 훼손, 기계의 고장 등에 기인한 것이므로 이를 순수재산손해로 보기는 힘들겠으나, 법원이 전신주를 들이받아 정전을 야기한 트럭운전자에게 원재료의 훼손이나 기계고장으로 인한 손해는 통상손해로서 그 배상을 인정하면서도 영업손실의 배상을 부정한 것에는 순수재산손해 배상의 제한이라는 사고가 영향을 미친 것으로 보인다(양창수/권영준, 권리의 변동과 구제, 576-577면 참조).

결국 문제로 남는 것은 우리 민법상 제535조에 규정된 내용을 넘어 계약체결상의 과실책임을 보다 넓게 인정하는 것이 과연 실정법상 가능하겠는가이다. 제535조가 원시적 불능의 경우만을 규정하고 있는 태도에서 기타의 경우에는 계약체결상의 과실책임을 인정하지 않겠다는 입법자의 의사를 도출하는 견해[41] 또한 주장되고 있는 상황이다. 하지만 조금만 시각을 달리하여 보면, 제535조의 표제를 "계약체결상의 과실"이라고 넓게 정하면서도 그 내용은 그 중의 일부유형에 불과한 원시적 불능의 경우만을 규정하고 있는 입법자의 태도에서 나머지 유형에 대해서는 장래의 학설·판례의 발전에 맡겨 두겠다는 유보의 의사를 읽을 수도 있지 않을까? 유사한 내용을 규정하고 있었던 개정 전 독일 민법 제307조의 표제가 "소극적 이익(Negatives Interesse)"이라는 한정적인 것이었다는 점, 우리 민법 입법 당시 계약체결상의 과실책임 법리의 발전이 계속되고 있는 상황이라 독일에서조차 이에 대한 일반적 규정이 없었다는 점 등을 고려하면 이와 같은 추측이 전혀 터무니없는 것은 아닐 것이라 생각된다. 그렇다면 제535조의 규정내용에는 입법자에 의한 틈이 존재하는 것이고 이것은 법관의 법형성에 의해 메꾸어져야 할 것이다. 이익상황이 비슷한 착오취소 등의 경우에는 제535조의 유추(Analogie)를 통하여, 그 외 위에서 언급한 확대적용의 영역과 관련해서는 제535조의 의미와 취지(ratio legis)를 감안한 목적론적 확장(Teleologische Extension)을 통하여 계속적인 법형성을 해 나아가는 것이 바람직할 것이라 생각된다.

4. 고지의무 위반으로 인한 계약체결상의 과실책임

앞서 언급하였듯이 계약의 당사자 중 일방이 계약체결 전 설명의무, 정보제공의무나 고지의무 등을 제대로 이행하지 않는 바람에 상대방이 원치 않는 불이익한 계약을 체결하게 되었다면 이것은 전형적인 계약체결상의 과실책임의 문제에 해당한다.[42] 비록 고지의무 등의 해태에도 불

---

41) 양창수, "계약체결상의 과실", 고시계(1986. 1.), 56면 참조.
42) 독일에서는 이 문제가 현재 계약체결상의 과실책임제도의 핵심을 이룬다고 한다

구하고 계약 그 자체는 유효하게 성립하였지만, 행태의무위반이 계약체결 전에 행해졌고, 또 계약체결 후에 계약체결 전 다하지 못한 고지 등을 한다고 하더라도 원치 않는 계약의 체결로 인해 이미 상대방에게 생긴 의사결정의 자유 침해 및 재산적 손해 등은 회복되지 않기 때문이다.

　이와 관련하여 가장 중요한 것은 과연 어떠한 경우에 계약 당사자에게 고지의무 등이 인정되는가의 문제일 터인데, 이 문제는 본고에서 자세히 다룰 만한 성격의 것이 아니므로 간략하게만 언급하기로 한다. 계약의 당사자들은 원칙적으로 계약을 통해 자신의 (주관적) 이익을 도모하기에 그 계약을 둘러싼 정보의 수집 및 분석 등도 자기 스스로의 책임하에 행하여야 한다.[43] 다만 당사자 간의 전문성의 차이, 정보에 대한 접근성의 차이, 경제력의 차이 등으로 말미암아 정보적 격차가 현격하게 나타나는 경우가 있는데, 특히 이러한 정보적 격차가 계약의 체결 여부에 중요한 영향을 미치는 정보에 대해서 나타나는 것이라면 법은 그러한 격차의 해소를 위해 일방 당사자에게 정보제공의무, 고지의무 등을 부과할 수 있는 것이다. 이러한 의무의 부과를 통해 실질적 계약자유를 실현시키고,[44] 정보의 구조적 비대칭성으로 인해 계약을 통한 자원 배분이 왜곡되는 것을 막게 되는 것이다. 그러므로 정보제공의무, 고지의무 등의 부과를 위해서는 계약의 성질, 정보의 내용[45] 및 중요성, 당사자들 간의 관계 등을 종합적으로 고려하여야 할 것인데,[46] 통상 어떠한 사정이나 정보가 계약체결과 관련하여 당사자 일방에게 중요한 의미를 가지는 것이며 또한 거래관념에 따라 그 일방이 상대방에게 그러한 사정이나 정보

(MK/Emmerich, 7. Aufl., 2016, § 311 Rn. 68 참조).

43) 김상중, "계약체결 이전 단계의 정보제공의무", 고려법학 제56호(2010. 3.), 22면; Schwarze, Das Recht der Leistungsstörungen, 2008, S. 373 참조.

44) 지원림, "민법의 사회상과 정보제공의무", 민사법학 제62호(2013. 3.), 389면 참조.

45) 특히 인격적 정보나 제3자와 관련된 정보, 가격 등의 시장정보, 새로운 모델의 개발과 같은 혁신적 정보 등은 통상 정보제공의무의 대상으로 되지 않는다. 이와 관련하여서는 Schwarze, Das Recht der Leistungsstörungen, 2008, S. 376 ff. 참조.

46) 이에 관해 자세한 것은 김상중, "계약체결 이전 단계의 정보제공의무", 고려법학 제56호(2010. 3.), 23-26면 참조.

에 대한 설명이나 제공을 기대해도 되는 경우에 그러한 의무가 인정될 수 있을 것이다.[47]

이러한 고지의무 등이 그 의무를 부담하는 당사자 측의 고의나 과실로 말미암아 제대로 이행되지 않는 바람에 상대방이 예상 밖의 불리한 계약을 체결하게 되었다면 의무를 위반한 당사자는 계약체결상의 과실책임을 지게 되는데, 그 책임의 내용은 신뢰이익의 배상[48] 및 계약의 해소로 구성된다. 여기서 신뢰이익이란 고지의무 등이 제대로 이행되었더라면 지출하지 않았어도 될 비용 등을 주로 의미할 텐데 예컨대 매매계약에서 만약 제대로 된 정보를 가졌더라면 피해자가 좀 더 낮은 가격에 매수할 수 있었을 것이라 인정된다면 실제 지급했거나 지급해야 할 가격과 그 낮은 가격과의 차이가 이에 속할 것이다.[49]

계약의 해소는 고지의무 등의 위반으로 인해 불리한 계약이 체결된 경우를 계약체결상의 과실책임의 한 유형으로 파악하는 목적에 비추어 볼 때 가장 적절한 구제책으로서 당연히 인정되어야 할 것인데 그 근거가 문제로 된다. 독일에서는 독일 민법 제249조가 손해배상의 원칙으로 원상회복을 천명하고 있기에 그러한 손해배상의 일환으로 계약의 해소가 인정되고 있다.[50] 또한 이에 더하여 보호의무 위반을 이유로 하는 계약

---

47) Lorenz, "Grundwissen-Zivilrecht: Culpa in Contrahendo (§ 311 Ⅱ, Ⅲ BGB)", JuS 2015, 398, 400 참조. 이와 관련하여 Schwarze, Das Recht der Leistungsstörungen, 2008, S. 382 ff.에서는 이미 알고 있는 정보와 아직 알지 못하는 정보를 구별하여 그 제공의무의 발생근거를 별도로 논하고 있다.

48) 독일에서는 이행이익의 배상을 인정하는 견해도 있기는 하지만, 계약이 부당파기된 경우와 비교하여 보더라도 신뢰이익의 배상을 인정하는 것이 타당할 것이라 생각된다. 이와 관련하여서는 우선 Honsell, "Negatives oder positives Interesse wegen Verletzung der Aufklärungspflicht bei culpa in contrahendo und Delikt", FS Medicus, 2009, S. 181, 189 참조.

49) BGB, Urt. v. 19. 5. 2006, NJW 2006, 3139, 3141 참조. 특히 BGH는 이 경우 피해자의 상대방이 그 낮은 계약에 계약을 실제로 체결했을 것인지 여부를 피해자가 입증할 필요가 없다고 한다.

50) 물론 사기취소와의 관계 및 구체적 요건 등과 관련하여서는 논란이 있으나 독일 판례는 (주관적으로 파악된) 재산적 손해가 있는 경우에 한하여 손해배상의 일환으로 계약해소를 인정하고 있다. 예컨대 BGH, Urt. v. 26. 9. 1997, NJW 1998, 302, 303 f. 이와 관련된 독일 논의를 자세하게 소개하고 있는 국내 문헌으로는

해제를 인정하고 있는 독일 민법 제324조를 근거로 하여 계약해제권까지 인정하려는 견해도 있다.[51] 우리 민법상으로는 손해배상의 내용으로 계약해소가 인정되기는 어렵고 또 보호의무 위반을 근거로 하는 계약해제권 규정도 존재하지 않는다. 그러나 앞서 언급하였듯이 제535조의 유추를 넘어 목적론적 확장의 법형성까지 행한다면 제도의 목적과 취지에 비추어 이러한 경우에 계약해제권을 인정하는 것에 큰 무리는 없으리라 생각된다.[52] 명문의 규정이 없음에도 불구하고 신의칙에 따라 사정변경의 원칙에 기한 해제권이 판례상 인정되고 있음을 감안한다면 계약체결상의 과실을 이유로 하는 해제권의 인정도 그리 어려울 것으로 보이지 않는다. 다만 독일 민법 제324조와 같이 "계약에 구속되는 것이 더 이상 기대되기 어려울 것"이라는 요건하에서만 계약해제권이 인정되어야 할 것이며 그 행사기간 또한 상당한 기간 내로 제한되는 것이 바람직할 것이다. 계약해제권의 행사가 신뢰손해의 배상청구에 방해가 되지 않음은 물론이다.

Ⅳ. 대상판결 사안의 합리적 해결책 모색 – 결론에 갈음하여

이상 살펴본 바에 따르면 대상판결의 사안은 계약체결 전 피고가 알았거나 알 수 있었던 잠재적 급부장애사유에 대한 고지의무를 제대로 이행하지 않은 것이 핵심 문제로 되어 있는 사안이라 하겠다. 피고는 아파트 건설 및 분양과 관련하여 전문가로서 이 사건 사업부지 내에서 행해지고 있던 문화재 조사와 관련하여 문화재지도위원회에도 참석하는 등

박인환, "독일법상 정보제공의무위반을 이유로 하는 계약해소청구권", 민사법학 제27호(2005. 3.), 140면 이하 참조.

51) Looschelders, Schuldrecht AT, 9. Aufl., 2011, S. 73; Grunewald, "Die Loslösung vom nicht erwartungsgerechten Vertrag", FS Wiedemann, 2002, S. 75, 76 ff.

52) 이에 반대하는 견해로 김형배, 채권각론, 1997, 126면 각주 1 참조. 그는 착오에 의한 의사표시 또는 사기·강박에 의한 의사표시에 대하여 취소권이 주어지는 경우와 비교해 볼 때 상대방의 단순한 과실을 이유로 해제권이 주어지는 것은 형평에 맞지 않다고 한다. 하지만 이미 언급하였듯이 취소의 경우와 해제의 경우 그 청산관계가 다르기 때문에 해제권을 인정하는 것이 반드시 형평에 반하는 것이라 하기 어려울 것으로 판단된다. 더군다나 바로 이어 말하듯이 해제권을 요건을 엄격하게 하면 더욱더 형평은 문제되지 않는다.

일반인인 수분양자들보다는 문화재 발굴과 관련된 정확한 정보에 훨씬 근접해 있었던 자라고 하겠다. 그리고 이 사건 아파트의 부지에 문화재가 발굴되어 현장보존조치가 행해질 위험성이 있는가 여부는 자신들의 보금자리를 장만하려는 수분양자들에게는 계약의 체결 여부와 관련하여 결정적으로 중요한 정보임이 틀림없다. 사정이 이러하다면 피고에게는 원고들에 대해 문화재발굴과 관련된 위험성을 정확히 고지할 신의칙상의 의무가 있다고 하겠다.

그럼에도 불구하고 피고는 분양공고 및 분양계약 시 원고들에게 불충분한 정보만을 제공하였을 뿐이다. 만약 원고들이 제대로 된 정보를 피고로부터 제공받았더라면 아예 피고와 분양계약을 체결하지 않았거나 최소한 위험보장약관 등을 포함한 계약을 체결하였을 것이라 생각된다. 이러한 최소한의 안전장치도 없이 피고와 일반적인 내용의 분양계약을 체결한 것은 원고에게는 원치 않는 불이익한 계약의 체결로 되어 고지의무를 위반한 피고를 상대로 하여 계약체결상의 과실책임을 물을 수 있다고 하겠다. 이때 책임내용은 수분양자인 원고에게 계약해제권을 인정하고 기타 신뢰이익의 배상청구를 허용하는 것으로 구성할 수 있을 것이다.

이렇게 계약체결상 과실책임의 법리로써 해당 문제를 접근하게 되면 도중에 수분양자의 지위를 이전받은 자들 또한 별도의 수고로운 채권양도행위 없이[53] 피고에게 동일한 책임을 물을 수 있게 된다. 계약체결상

---

53) 최근 대법원은 제109조의 착오취소 및 제110조의 사기취소도 적용되지 아니하고 채무불이행 책임도 물을 수 없는, 아파트 분양자의 허위·과장 광고로 인한 수분양자들의 손해배상청구권이 문제된 사안에서 수분양자의 지위를 승계한 자에게 손해배상청구권이 이전된다고 한 원심을 파기하고 다음과 같이 판단하였다. "…표시광고법상 허위·과장광고로 인한 손해배상청구권은 불법행위에 기한 손해배상청구권의 성격을 가진다고 할 것인데, 계약상 지위의 양도에 의하여 계약당사자로서의 지위가 제3자에게 이전되는 경우 계약상의 지위를 전제한 한 권리관계만이 이전될 뿐 불법행위에 기한 손해배상청구권은 별도의 채권양도절차 없이 제3자에게 당연히 이전되는 것은 아니므로, 표시광고법상 허위·과장광고로 인한 손해배상청구권을 가지고 있던 아파트 수분양자가 수분양자의 지위를 제3자에게 양도하였다는 사정만으로 그 양수인이 당연히 위 손해배상청구권을 행사할 수 있다고 볼 수는 없고, 다만 허위·과장광고를 그대로 믿고 허위·과장광고로 높아진 가격에 수분양자 지위를 양수하는 등으로 양수인이 수분양자 지위를 양도받으면서 허위·과장광

의 과실책임이 계약의 (잠재적) 당사자들 사이에서 (장차 성립할) 계약관계와 밀접한 관련하에 인정되는 책임이라는 점을 고려한다면 계약인수로 인해 함께 이전하는 것으로 보는 것이 자연스러울 것이기 때문이다.

고로 인한 손해를 입었다는 등의 특별한 사정이 있는 경우에만 양수인이 그 손해배상청구권을 행사할 수 있다고 할 것이다"(대법원 2015. 7. 23. 선고 2012다 15336, 15343, 15350, 15367, 15374, 15381, 15389, 15494 판결 참조). 원래 수분양자가 취득한 손해배상청구권은 그 지위를 승계한 자에게 당연히 이전하지 않고, 다만 그 승계자 또한 허위·과장광고로 인해 손해를 입은 경우에 분양자에 대해 직접 자신의 손해배상청구권을 행사할 수 있다는 의미인데 수분양자 지위를 승계한 자는 소위 간접적 피해자로서 이들에게 고유의 불법행위법상의 손해배상청구권을 인정하는 것은 사실 이론적으로 그리 만만한 문제는 아니다. 만약 본고에서 주장한 바와 같이 계약체결상의 과실책임의 법리로 접근하였더라면 문제를 한층 더 쉽게 처리할 수 있었을 것으로 보인다.

[Zusammenfassung]

Haftung für die Verletzung der vorvertraglichen Informationspflicht über ein Leistungshindernis
─Eine kritische Anmerkung zum KOGH, Urt. v. 25. 8. 2011, 2011Da43778 ─

Ahn, Byung Ha*

Der koreanische oberste Gerichtshof (KOGH) hat neulich entschieden, dass derjenige, der Leistungshindernisse schon bei Vertragsschluss kannte oder kennen konnte und trotzdem seine Vertragspartei darüber nicht informierte, hat die daraus nachträglich resultierende Leistungsstörung zu vertreten, obwohl bezüglich dieser Leistungsstörung selbst gar kein Fehlverhalten vorlag. So konnte der KOGH in concreto dem Verkäufer, der bei Vertragsabschluss den Käufer auf ein erkennbar drohendes Leistungshindernis nicht hinreichend aufmerksam gemacht hatte, die Haftung für die nachträgliche Unmöglichkeit zukommen lassen. Angesichts des dem koreanischen bürgerlichen Recht zugrunde liegenden Verschuldensprinzips scheint diese Vorverlagerung der Zurechnung nicht einwandfrei zu sein.

Zu bezweifeln ist zunächst, ob das Verschulden des Schuldners hinsichtlich der vorvertraglichen Schutzpflichtverletzung als das hinsichtlich der erst nachträglich eingetretenen Unmöglichkeit anzusehen ist. Außerdem ist schwer zu verstehen, wie die Leistungpflicht, die erst durch den Vertragsabschluss zur Entstehung kommt, wegen des vorvertraglichen Verhaltens des Schuldners verletzt werden kann. Es ist ebenfalls problematisch, bei der vorvertraglichen Schutzpflichtverletzung einen Ersatz des Erfüllungsinteresses anzuerkennen, was insbesondere der in dem

---

* Assistant Professor at Kangwon National University Law School.

§ 535 KBGB ausgedrückten Wertung widerspricht.

Um das Ergebnis der Entscheidung des KOGH zu rechtfertigen, kann man sich an die Garantiehaftung wenden, indem man an dem Leistungsversprechen des Schuldners, der schon das Leistungshindernis kennt oder kennen kann, eine Art der Leistungsgarantie erkennt. Dem ist aber nicht zuzustimmen, weil angesichts des Verschuldensprinzips die Garantiehaftung nur unter strengen Voraussetzungen anzuerkennen ist. Darüber hinaus entspricht die Garantiehaftung in concreto nicht dem Willen der Vertragsparteien.

Die vorliegende Arbeit zieht daher die culpa in contrahendo in Betracht, um mit Hilfe dieses relativ vernachlässigten Rechtsinstituts einen effektiven Schutz vor der vorvertraglichen Informatiospflichtverletzung zu gewährleisten. Dazu ist die richterliche Rechtsfortbildung erforderlich, die zur Erweiterung der Anwendungsbereiche bzw. der Rechtsfolgen des § 535 KBGB führen kann.

[Key word]

- culpa in contrahendo
- Unmöglichkeit
- Informationspflichtverletzung
- Garantiehaftung
- Erfüllungsinteresse
- Vertrauensinteresse

참고문헌

1. 국내문헌

곽윤직(편), 민법주해[Ⅸ], 박영사(1995).

_____, 민법주해[ⅩⅢ], 박영사(1997).

김동훈, "채무자의 정보제공·수집의무와 귀책사유 개념의 확장", 법학논총 제31집 제2호(2014. 6.), 한양대학교 법학연구소.

김상중, "계약체결 이전 단계의 정보제공의무", 고려법학 제56호(2010. 3.), 고려대학교 법학연구원.

_____, "계약 성립에 관한 기본 판결례의 소개와 분석", 비교사법 제20권 제4호(2013. 11.), 한국비교사법학회.

김재형, 민법판례분석, 박영사(2015).

김증한/김학동, 채권각론, 제7판, 박영사(2006).

김형배, 채권각론, 박영사(1997).

명순구, 실록 대한민국 민법 3, 법문사(2010).

박인환, "독일법상 정보제공의무위반을 이유로 하는 계약해소청구권", 민사법학 제27호(2005. 3.), 한국민사법학회.

송덕수, 채권법총론, 박영사(2013).

_____, 채권법각론, 박영사(2014).

양창수, "계약체결상의 과실", 고시계(1986. 1.).

양창수/권영준, 권리의 변동과 구제, 박영사(2011).

지원림, "계약교섭이 부당하게 파기된 경우의 법률관계", 민사판례연구〔XXⅥ〕(2003), 민사판례연구회.

_____, "민법의 사회상과 정보제공의무", 민사법학 제62호(2013. 3.), 한국민사법학회.

2. 외국문헌

Canaris, Claus-Wilhelm, Schuldrechtsmodernisierung, 2002.

Grunewald, Barbara, "Die Loslösung vom nicht erwartungsgerechten Vertrag",

FS. f. Wiedemann, 2002.

Harke, Jan Dirk, Allgemeines Schuldrecht, 2010.

Historisch-kritischer Kommentar zum BGB, Bd. II, 2. Teilband, 2007.

Honsell, Heinrich, "Negative oder positiveInteresse wegen Verletzung der Aufklärungspflicht bei culpa in contrahendo und Delikt", FS. f. Medicus, 2009.

Huber, Ulrich, Leistungsstörungen, Bd. I, 1999.

Katzenstein, Matthias, "Die Nichterfüllungshaftung nach § 311a Abs. 2 BGB", JR 2003.

_____, "Die Bedeutung der vertraglichen Bindung für die culpa-Haftung des Vertragsschuldners auf Schadensersatz (Teil 1)", JURA 2004.

_____, "Die Bedeutung der vertraglichen Bindung für die culpa-Haftung des Vertragsschuldners auf Schadensersatz (Teil 2)", JURA 2005.

Lobinger, Thomas, Die Grenzen rechtsgeschäftlicher Leistungspflichten, 2004.

Looschelders, Dirk, Schuldrecht Allgemeiner Teil, 9. Aufl., 2011.

Lorenz, Stephan, "Grundwissen-Zivilrecht: Culpa in Contrahendo (§ 311 Ⅱ, Ⅲ BGB)", JuS 2015.

Münchener Kommentar zum BGB, Bd. 2, 7. Aufl., 2016.

Schwab, Martin, "Grundfälle zu culpa in contrahendo, Sachwalterhaftung und Vertrag mit Schutzwirkung für Dritte nach neuem Schuldrecht", JuS 2002.

Schwarze, Roland, Das Recht der Leistungsstörungen, 2008.

위약금의 법적 성질

김 영 신*

■요 지■

대상판결의 내용은 다음과 같이 요약할 수 있다. 첫째, 전기이용자가 자신이 체결한 전기공급계약의 목적이 아닌 다른 목적으로 전기를 이용한 경우, 전기공급약관 등에서 실제 납부한 요금과 약관에 따라 계산한 요금의 차액(면탈금액), 동액 상당의 추징금, 면탈금액에 대한 부가가치세 및 관련 법령에 따라 산정한 전력기금을 합산한 금액을 위약금으로 지급할 것을 규정하고 있다. 위 약관에 따른 위약금은 손해배상액의 예정과 위약벌의 성질을 "함께" 가지는 것으로 보아야 한다. 둘째, 위약금 지급채무는 전기의 공급에 따른 전기요금 채무 "자체"가 아니므로 3년의 단기소멸시효 기간이 적용되지 않고, 일반 상행위에 따른 채권으로 5년의 소멸시효 기간이 적용된다.

당사자 사이에 위약금 약정이 있는 경우 이는 통상 손해배상액의 예정 혹은 위약벌로서의 성질을 가질 것이다. 민법은 당사자의 의사가 명확하지 않은 경우 손해배상액의 예정으로 추정하는 규정을 두고 있다. 종래의 다수설 및 판례는 손해배상액의 예정과 위약벌을 엄격하게 구분하여, 손해배상액의 예정에 관한 민법의 규정이 위약벌에는 적용되지 않는 것으로 보고 있었다. 이러한 입장에 관하여, 실제 사안에서 당사자 사이에서 위약금 약정을 하는 의사를 탐구하여 보면 손해배상액의 예정과 위약벌이 그렇듯 엄격하게 구분될 수 것인지 의문을 제기하는 견해, 기타 위약금과 손해배상액의 예정의 관계에 관하여 다수설과 다른 견해가 기존에 존재하고 있었다. 나아가 우리 민법이 손해배상액의 예정을 중심으로 규정되어 있는 규정 체계가 적절하

---

* 명지대학교 법과대학 부교수.

지 못하므로, 채무불이행 편에서 손해배상액의 예정에 관한 규정 대신 "위약금"에 관한 규정을 두고, 이를 중심으로 논의를 전개하는 것이 타당하다는 견해도 제시된 바 있다. 그리고 이러한 입장에서 민법을 개정하자는 논의도 어느 정도는 결실을 맺은 상태이다.

　대상판결의 의의는 하나의 위약금이 손해배상액의 예정과 위약벌의 성질을 "함께" 갖는 것이 가능하다는 점을 명시적으로 밝혔다는 점에 있다. 그런데 대상판결에서는 위약금이 손해배상액의 예정과 위약벌의 성질을 동시에 가지는 것이 가능하다고 하면서, 그 위약금 채권의 소멸시효기간 적용에 관하여서는 본래의 채권 내지 손해배상채권과는 달리 보아야 하는 것으로 파악한다. 이에 관하여 몇 가지 생각하여 볼 점들이 있다. 우선, 채무불이행에 기한 손해배상청구권은 본래 채권의 연장 혹은 내용의 변경에 해당하므로, 본래의 채권의 소멸시효 기간과 동일하게 시효기간을 적용하여야 할 것으로 생각되는데, 그렇다면 위약금 청구권의 경우에도-손해배상액의 예정에 해당하는 것이든, 혹은 위약벌에 해당하는 것이든-동일하게 기간을 적용하여야 하는 것이 아닌지 검토하여 볼 필요가 있다. 한편, 본래의 채무의 내용변경에 해당하지는 않는다고 하더라도, 위약금 채무 내지 위약금 약정은 본래의 채무 내지 본래의 채권관계에 부종하는 것으로 보아야 할 것이다. 그렇다면 전기요금채권과 소멸시효 기간을 동일하게 적용하거나, 적어도 본래의 전기요금채권이 시효로 소멸한 이후에는 위약금도 청구할 수 없는 것으로 하는 것이 적절하다고 생각된다. 본래의 전기요금채무가 소멸하였음에도 면탈요금 상당액을 위약금으로 계속 청구할 수 있다고 하는 것이, 단기소멸시효를 규정한 취지에 부합하는지도 생각하여 볼 필요가 있다. 이 글에서는 대상판결에서의 위약금 채무는 본래의 전기요금 채무에 부종하는 성질을 가지는 것으로, 단기소멸시효 기간을 정한 제163조 각 호의 규정에 포함되는 범위의 것이라고 봄이 적절하고, 제163조 규정의 해석상 그렇게 보기 힘들다면 적어도 시효소멸한 전기요금 미지급으로 인한 위약금 부분은 같이 시효소멸한 것으로 보는 것이 타당하다는 입장을 제시하였다.

[주제어]
- 위약금
- 손해배상의 예정
- 위약벌
- 소멸시효기간
- 부종성

[투고일자] 2015. 11. 27.
[심사일자] 2015. 12. 14.
[게재확정일자] 2015. 12. 30.

대상판결 : 대법원 2013.04.11. 선고 2011다112032 판결

[사안의 개요]

가. 피고는 2001. 7. 12. 서울 서대문구 연희동 (지번 생략) 지상 다가구 주택 및 2종 근린생활시설에 관하여 소유권보존등기를 마쳤다.

나. 피고는 위 건물의 각 층을 고시원 또는 주택으로 임대하면서, 2001. 6. 11. 사업장소재지를 '위 연희동(지번 생략)'으로, 업태 및 종목을 '부동산 건물·주택 임대'로 하는 사업자등록을 마쳤으며, 위 건물 5층 501호에 거주 하면서 임대업에 필요한 업무를 처리하여 왔다.

다. 피고는 2001. 12. 10. 원고에 위 전기사용장소에 관한 전력사용 종별 을 '일반용'으로 변경신청하여 전기공급계약을 체결하고, 2002. 1.경부터는 일 반용 전력에 해당하는 전기요금을 지급하여 왔다(이하 '이 사건 전기공급계 약'이라 한다).

라. 한편 원고 소속 검침원은 2010. 3. 8. 위 전기사용장소를 방문하였다 가 원고에 현장조사를 요청하였고, 같은 해 3. 중순경 위 전기사용장소에 대 한 현장조사를 실시하여 냉장고, 세탁기, TV, 소파 등 통상적인 주거시설만 있음을 확인함에 따라, 원고는 2010. 4.경부터 위 전기사용장소에 대한 전력 사용 종별을 주택용 전력으로 변경하고 그 무렵부터 주택용 전력에 따른 전 기요금을 부과하였다.

마. 이 사건 전기공급계약과 관련된 전기공급약관 중 해당 부분은 다음 과 같다.

[약 관]

제18조(전기사용장소)

① 전기사용장소란 원칙적으로 토지·건물 등을 소유자나 사용자별로 구 분하여 전기를 공급하는 장소를 말하며, 1구내를 이루는 것은 1구내를, 1 건물을 이루는 것은 1건물을 1전기사용장소로 합니다.

④ 상가부분과 주거부분이 구분되는 상가부 공동주택은 상가부분과 주거 부분을 각각 별도의 전기사용장소로 할 수 있습니다.

제18조의2(전기사용계약단위)

한전은 1전기사용장소에 1전기사용계약을 체결합니다. 다만, 1전기사용장 소에 2이상의 계약종별이 있거나, 1전기사용장소가 세칙에서 정하는 바에 따라 2이상의 전기사용계약단위로 구분될 경우에는 2이상의 전기사용계약을 체결할 수 있습니다.

제44조(위약금)
① 고객이 이 약관을 위배하여 요금의 일부나 전부가 정당하게 계산되지 않았을 경우 한전은 정당하게 계산되지 않은 금액의 3배를 한도로 위약금을 받습니다.

제55조(계약종별의 구분)
계약종별은 전기사용계약단위의 전기사용 용도에 따라 주택용전력, 일반용전력, 교육용전력, 산업용전력, 농사용전력, 가로등, 예비전력, 임시전력으로 구분합니다.

제56조(주택용전력)
① 주택용전력은 다음 중 하나에 해당하는 고객에게 적용합니다.
1. 주거용 고객* 다만, 신에너지및재생에너지개발·이용·보급촉진법 제13조(신·재생에너지설비의 인증 등)에 의해 인증된 지열설비는 별도 분리하여 일반용전력을 적용합니다.
2. 계약전력 3kW 이하의 고객. 다만, 농사용전력, 가로등, 임시전력은 해당 계약종별을 적용합니다.
3. 독신자합숙소(기숙사 포함)나 집단주거용 사회복지시설로서 고객이 주택용전력의 적용을 희망할 경우

제57조(일반용전력)
① 일반용전력은 주택용전력·교육용전력·산업용전력·농사용전력·가로등·예비전력·임시전력 이외의 고객에게 적용합니다.

제65조(2 이상의 계약종별이 있을 경우의 계약종별 적용)
전기사용장소에 2이상의 계약종별을 적용할 수 있을 경우에는 제18조의2 [전기사용계약단위]에 따라 각각의 설비를 분리하여 전기사용계약을 체결합니다. 다만, 전체에 대하여 1개의 전기사용계약을 체결하는 경우에는 다음 표에서 정한 "다"란의 1계약종별(주거용)을 적용합니다.

---

* 밑줄은 필자가 덧붙인 것임, 이하의 약관 및 판결 내용의 밑줄도 마찬가지임.

[시행세칙]

제29조(위약금)

① 약관 제44조(위약금) 제1항의 "요금이 정당하게 계산되지 않은 금액"은 다음과 같이 계산한다.

3. 원고와 계약한 계약종별 이외의 계약종별에 해당하는 용도로 전기를 사용한 경우 : 실제 해당하는 계약종별을 기준으로 계산한 요금상당액과 기존계약에 따라 계산한 요금 간의 차액

제38조(계약종별의 구분)

② 계약종별의 결정은 다음의 일반원칙에 의한다.

1. 동일 전기사용장소에서 2가지 이상의 계약종별에 해당하는 경제활동을 영위하는 경우 별개 전기사용계약단위로 계약을 체결하지 않는 한, 약관 제65조에서 정한 바에 따른다.

[소송의 경과]

1. 원심 판단 (서울서부지방법원 2011. 11. 11. 선고 2011나6612 판결)

이 사안에서 원고는 피고가 위 약관 규정상 계약종별이 주택용 전력에 해당하는 이 사건 전기사용공간에 대하여 일반용 전력으로 계약종별의 변경을 신청하고 일반용 전력에 해당하는 전기요금만 납부하여 왔으므로 위 약관 제65조를 위반하였다고 주장하는바, 원심법원은위약금에 관하여 판단하고 있다. 원고는 위 약관 제44조, 그 시행세칙 제29조와 원고의 내부규정인 요금업무처리지침에 따른 계약종별 위반에 의한 위약금은 실제 납부한 요금과 위약관에 따라 납부하였어야 할 요금의 차액(이하 '면탈금액'이라 한다), 동액상당의 추징금, 면탈금액에 대한 부가가치세(10%) 및 관련 법령에 따라 산정된 전력기금의 합산액이므로, 특별한 사정이 없는 한 피고는 원고에게 위 각 금액을 합산한 위약금 및 이에 대한 지연손해금을 지급할 의무가 있다고 주장하였다.

피고는 이에 관하여 위 면탈금액 중 이미 3년을 도과한 부분은 소멸시효가 완성되었으므로, 이 부분에 해당하는 위약금 또한 소멸하였다고 항변하였는데, 그에 관하여 원심법원은 전기요금 채권은 1년 이내의 기간으로 정한 금전지급을 목적으로 하는 채권으로서 민법 제163조 제1호에서 정한 3년의 단기소멸시효가 적용된다 할 것인데, 위 위약금이 2002. 1.경부터 2010. 3.경

까지 피고가 면탈한 전기요금을 기초로 산정된 것임은 앞서 본 바와 같고, 위 전기요금의 이행기는 매월 말일인 사실이 인정되나, 원고가 2010. 4. 12. 피고에게 위 면탈금액에 따른 위약금의 지급을 최고한 사실을 인정할 수 있고, 그로부터 6개월이 지나기 전인 2010. 5. 10. 이 사건 소를 제기한 사실은 기록상 명백하므로, 위 최고일인 2010. 4. 12.로부터 역산하여 3년이 되는 2007. 4. 13.경 이전에 발생한 전기요금 채권은 시효완성으로 소멸되었다 할 것이고, 이에 따라 2002. 1.경부터 2007. 3.경까지의 면탈금액에 관한 위약금도 소멸하였다 할 것이므로, 피고의 이 부분 항변은 이유 있다고 하였다. 이에 대하여 원고는, 위 위약금은 채무불이행에 대한 징벌 또는 제재로서 원래의 채권과 관계없이 지급하기로 약정한 위약벌이라 할 것이므로, 전기요금 채권의 시효완성 여부에 상관없이 10년의 소멸시효가 적용된다고 주장하나, 원심법원은 민법 제398조에 의하면 위약금의 약정은 손해배상액의 예정으로 추정되고, 위 위약금이 손해배상의 예정을 넘어 위약벌이라고 인정할 증거가 없으므로, 원고의 이 부분 주장은 이유 없다고 하였다.

또한 피고는, 위 위약금은 피고에게 위 약관 위반에 대한 고의나 인식이 없었던 점, 원고가 오랜 기간 이의제기하지 않은 점, 그로 인해 위약금의 액수가 늘어난 점 등을 이유로 손해배상의 예정의 감액을 구하나, 위와 같은 사정만으로는 위 위약금의 액수가 부당히 과다하다고 보기 어렵다고 하여 원심법원은 감액을 부인하였다.[1]

2. 대법원의 판단 (대법원 2013. 4. 11. 선고 2011다112032 판결)

대법원은 이 사안에서 문제된 위약금 규정에 관하여 손해배상의 예정으로서의 성질 및 위약벌의 성질을 아울러 가지는 것으로 보고 있다. 대법원의 판단은 다음과 같다.

"다수의 전기수용가와 사이에 체결되는 전기공급계약에 적용되는 약관 등에, 계약종별 외의 용도로 전기를 사용하면 그로 인한 전기요금 면탈금액의 2배에 해당하는 위약금을 부과한다고 되어 있지만, 그와 별도로 면탈한 전기요금 자체 또는 손해배상을 청구할 수 있도록 하는 규정은 없고 면탈금액에 대해서만 부가가치세 상당을 가산하도록 되어 있는 등의 사정이 있는

---

[1] 원심판결에서는 신의칙 위반이나 약관규제법 위반 등에 관하여서도 다투어졌으나, 이 글의 논점과 관련이 적은 것이어서 이를 생략한다.

경우, 위 약관에 의한 위약금은 손해배상액의 예정과 위약벌의 성질을 함께 가지는 것으로 봄이 상당하다.

그리고 <u>계약종별 위반으로 약관에 의하여 부담하는 위약금 지급채무는 전기의 공급에 따른 전기요금 채무 자체가 아니므로, 3년의 단기소멸시효가 적용되는 민법 제163조 제1호의 채권, 즉 '1년 이내의 기간으로 정한 금전의 지급을 목적으로 한 채권'에 해당하지 않는다</u> 할 것이다. 그러나 '영업으로 하는 전기의 공급에 관한 행위'는 상법상 기본적 상행위에 해당하고(상법 제46조 제4호), 전기공급주체가 공법인인 경우에도 법령에 다른 규정이 없는 한 상법이 적용되므로(상법 제2조), 그러한 전기공급계약에 근거한 위약금 지급채무 역시 상행위로 인한 채권으로서 상법 제64조에 따라 5년의 소멸시효 기간이 적용된다 할 것이다."

대법원은 위와 같은 이유에서 원심의 판단은 위약금 지급채무의 법적 성질 및 소멸시효기간에 관한 법리를 오해한 것이고 이는 판결 결과에도 영향을 미쳤다 하여 원심을 파기하였다.

〔研　　究〕

I. 문제의 제기

1. 위 대상판결의 내용은 다음과 같이 요약할 수 있다; 첫째, 전기이용자가 자신이 체결한 전기공급계약의 목적이 아닌 다른 목적으로 전기를 이용한 경우 전기공급약관 등에서 실제 납부한 요금과 약관에 따라 계산한 요금의 차액(면탈금액), 동액 상당의 추징금, 면탈금액에 대한 부가가치세 및 관련 법령에 따라 산정한 전력기금을 합산한 금액을 위약금으로 지급할 것을 규정하고 있는데, 위 약관에 따른 위약금은 손해배상액의 예정과 위약벌의 성질을 "함께" 가지는 것으로 보아야 한다. 둘째, 위약금 지급채무는 전기의 공급에 따른 전기요금 채무 "자체"가 아니므로 3년의 단기소멸시효가 적용되지 않고, 일반 상행위에 따른 채권으로 5년의 소멸시효 기간이 적용된다.

당사자 사이에 위약금에 관한 약정이 있는 경우 이는 손해배상액의 예정 또는 위약벌의 성질을 가질 것이다. 민법은 당사자의 의사가 명확하지 않은 경우 손해배상액의 예정으로 추정하는 규정을 두고 있다. 종래의 학설 및 판례는 손해배상액의 예정과 위약벌을 엄격하게 구분하여 손해배상액의 예정에 관한 민법의 규정이 위약벌에는 적용되지 않는 것으로 보고 있었다. 가령 위약벌은 위약금 약정에 관하여 인정되는 재량감액이 금지되고, 위약벌이라는 점을 당사자가 입증한 경우 손해배상의 예정과 달리 실제 손해배상이 가능하다. 이러한 입장에 관하여, 실제 사안에서 당사자 사이에서 위약금 약정을 하는 의사를 탐구하여 보면 손해배상액의 예정과 위약벌이 그렇듯 엄격하게 구분될 수 것인지 의문을 제기하는 견해, 기타 위약금과 손해배상액의 예정의 관계에 관하여 통설과는 다른 견해가 기존에 존재하고 있었다. 나아가 우리 민법이 손해배상액의 예정을 중심으로 규정되어 있는 규정 체계가 적절하지 못하므로, 채무불이행 편에서 손해배상액의 예정에 관한 규정 대신 "위약금"에 관한 규정을 두고, 이를 중심으로 논의를 전개하는 것이 타당하다는 견해도 제시된 바 있다. 그리고 이러한 입장에서 민법을 개정하자는 논의도 어느 정도 결실을 맺은 상태이다.

종래에 위약금 및 위약벌, 손해배상액의 예정과의 관계에 관하여 상세하게 논의된 바 있다. 각국 입법례 및 국제적 모델법에 관하여서도 다양하게 소개, 검토되어 왔고, 이를 바탕으로 위에 소개한 바와 같이 민법개정안도 마련된 바 있다.[2] 반면, 위약금 내지 위약벌에 관련된 다양한

---

[2] 법무부 민법개정안 제398조(위약금) ① 당사자는 채무불이행에 관하여 위약금을 약정할 수 있다.
② 위약금의 약정은 당사자들이 채무불이행으로 인한 손해배상액을 예정한 것으로 추정한다.
③ 위약금이 부당히 과다한 경우에는 법원은 적당히 감액할 수 있다.
④ 위약금의 약정은 이행의 청구나 계약의 해제에 영향을 미치지 아니한다.
⑤ 당사자가 금전이 아닌 것으로써 손해배상에 충당하기로 예정한 경우에도 제1항 내지 제4항의 규정을 적용한다(이 규정안에 관하여 상세한 내용은 김재형, "채무불이행으로 인한 손해배상에 관한 민법개정안", 민사법학 제65호, 619면 이하; 김재형, "「손해배상의 예정」에서 「위약금 약정」으로—특히 위약벌의 감액을 인정할 수 있는지 여부를 중심으로—", 비교사법 제21권 제2호, 647면 이하 참조).

문제들에 관하여서는, 주로 위약벌을—손해배상 예정에 관한 규정을 유추 적용하여—재량으로 감액할 수 있는지, 위약금에 관한 권리가 발생하기 위한 요건이 무엇인지 등에 중점을 두고 논하여져 왔고, 그 밖의 위약금에 관한 법적 규율에 관하여서는 논의된 바가 그다지 많지 않다. 이는 근본적으로 위약금 또는 위약벌에 관하여 민법이 규정을 두지 않고 있어, 그 법률관계가 주로 당사자의 의사에 기하여 해결되기 때문일 것이다.

　2. 대상판결은 약관에서 위약금에 관한 규정을 두고 있는 경우 당사자의 의사를 탐구하여 손해배상액의 예정인지, 위약벌인지 결정하여야 한다는 점에 있어서는 종래의 판결들의 입장을 바꾼 것은 아니다. 대상판결의 의의는 하나의 위약금이 손해배상액의 예정과 위약벌의 성질을 "동시에" 갖는 것이 가능하다는 점을 명시적으로 밝혔다는 점에 있다. 뒤에서 상세하게 검토하겠지만 이러한 입장을 취하는 것은 가능하고 적절하다고 여겨진다.[3]

　　위 개정안은 위약금 약정의 일부인 손해배상액의 예정만을 규정하는 것이 아니라, 위약금 약정 전반에 관하여 규율한다는 점에서 종래의 민법 규정과 다르다. 현행 민법이 위약금 약정을 전면에서 규정하지 아니하고, 그에 대한 법적 성질 결정의 결과인 손해배상액의 예정을 전면에 내세운 것에 대하여는 종래에도 비판하는 견해가 있었고[곽윤직 외, 민법주해(Ⅳ), 박영사, 2008, 639면(양창수 집필부분)에서는 "이러한 방식은 손해배상액의 예정이 아닌 위약금 약정을 본조의 규율대상으로부터 배제하는 것이 되어서 무엇보다도 계약당사자들이 위약금 약정에 일반적으로 부여하는 두 가지 기능, 즉 강제기능과 손해전보기능을 부자연스럽게 분리 구별하여 그 각각에 서로 다른 법률효과를 인정하는 결과로 이끌게 되기 쉬운 것이다."라고 지적한다], 김동훈, "위약금에 관한 민법 규정의 개정론", 법학논총 제23권 제2호, 451면 이하에서도 위약금을 중심으로 하는 민법개정안을 제시하고 있었다.

3) 참고로, 도급계약서에 계약이행보증금과 지체상금이 함께 규정되어 있는 경우, 계약이행보증금은 위약벌로, 지체상금은 손해배상액의 예정으로 보고 있는 판결들이 다수 있었다(대법원 1997. 10. 28. 선고 97다21932 판결, 대법원 1995. 12. 12. 선고 95다28526 판결, 대법원 1996. 4. 26. 선고 95다11436 판결 등). 이러한 사안에서도 위약벌과 손해배상액의 예정이 동일한 계약에서 이루어진 것으로 보고 있기는 하다. 반면 대상판결은 "하나"의 위약금이 위약벌과 손해배상액의 예정으로서의 성질을 "동시에" 가진다고 하는 것이어서 종래 판결들보다 다소 나아간 것으로 생각된다.

그런데 대상판결에서는 위약금이 손해배상액의 예정과 위약벌의 성질을 동시에 가지는 것이 가능하다고 하면서, 그 위약금 채권의 소멸시효 기간에 관하여서는 본래의 채무 내지 그 불이행으로 인한 손해배상채권과 달리 보고 있다. 원심법원이 위약금의 약정은 손해배상의 예정으로 추정되고, 이 사안의 위약금이 손해배상의 예정을 넘어 위약벌이라고 인정하기에 부족하므로 위약금 채권이 본래의 채권과 같이 시효로 소멸하였다고 보는 결론을 대법원은 명시적으로 배척하고 있다. 이에 관하여 몇 가지 생각하여 볼 점들이 있다. 대상판결의 사안에서 위약금은 면탈요금 및 그에 대한 부가가치세, 추징금, 전력기금 등으로 구성되어 있다. 이 사안에서 위약금은—통상 채무불이행에 기한 손해배상청구권에 관하여 논하여지는 바와 같이—본래의 채무의 내용변경 혹은 그 연장으로서의 성질을 가지는 것으로 볼 것은 아닌지 생각하여 볼 수 있다.[4] 혹은 본래의 채무의 내용변경에 해당하지 않더라도, 위약금 채무는 내지 위약금 약정은 본래의 채무 내지 본래의 채권관계에 부종하는 것으로 볼 여지가 충분히 있다. 본래의 전기요금채무가 소멸하였음에도 면탈요금 상당액을 위약금으로 계속 청구할 수 있다고 하면, 단기소멸시효를 규정한 취지에 부합하는지도 생각하여 볼 필요가 있다. 요컨대, 위약금 채권의 시효기간을 본래의 채권과 동일하게 3년으로 보아야 하는지, 또는 본래의 채권이 시효로 소멸하면 이에 부종하는 위약금 채권도 시효 소멸하는 것으로 보아야 하는지 검토하여 볼 필요가 있다.

이하에서는 우선 대상판결이 당해 위약금 약정이 위약벌과 손해배상액 예정의 성질을 동시에 가진다고 판단하고 있는 것의 당부를 밝히기 위하여, 위약금과 위약벌, 손해배상의 예정을 체계적으로 어떻게 구성하는 것이 적절한지 밝히고(Ⅱ), 위약금 약정이 본래의 채무의 변형물로서

---

4) 대상판결 문언에 따르면 "계약종별 위반으로 약관에 의하여 부담하는 위약금 부담채무는 전기의 공급에 따른 전기요금 채무 자체가 아니므로, 3년의 단기소멸시효가 적용되는 민법 제163조 제1호의 채권, 즉 '1년 이내의 기간으로 정한 금전의 지급을 목적으로 한 채권'에 해당하지 않는다"고 하는데, 일응 본래의 채권과 법적 동일물은 아니라는 취지로 이해된다.

의 성질을 가지는지 혹은 그에 부종하는 성질을 가지는 것인지, 나아가
부종성을 가진다고 하면 시효기간, 담보 등의 문제를 어떻게 해결하는
것이 적절한 것인지(Ⅲ) 논의한 후, 나름의 결론을 제시하고자 한다(Ⅳ).

Ⅱ. 위약금과 손해배상

1. 기존의 논의 현황
가. 비교법적 검토

위약금 및 손해배상의 예정에 관하여서는 기존에 외국법제 및 국제
적 모델법의 소개, 그에 기한 비교법적 검토가 폭넓게 이루어져 있다.[5]
간략하게 요약하면 다음과 같다.[6]

(1) 대륙법계

대륙법계 국가에서는 위약금 약정을 유효한 것으로 보고 있다. 채권
자가 불이행으로 인해 입을 손실을 미리 정해 놓기 위한 것, 즉 손해배
상액의 예정은 물론, 채무자로 하여금 본래의 채무를 이행하도록 강제하
기 위한 것, 즉 위약벌 약정 역시 그 효력이 인정된다. 다만 국가마다 다
소 편차를 보이는데, 독일에서는 위약금과 함께 추가적 손해의 배상을
청구할 수 있는 반면, 손해배상의 예정액 이외에 이를 초과하는 실제 손
해배상을 청구할 수 없는 국가들도 있다. 법원의 감액도 재량으로 이를
가능하게 하는 국가들이 있는가 하면, 당사자의 청구에 의하여 가능하도
록 하고 있는 국가들도 있다.

대체로 대륙법 국가들에서는 손해배상 예정액이 명백히 과다("manifestly
excessive")한 경우, 법원이 이를 감액할 수 있다.[7]

---

5) 비교법적 검토의 대표적인 것으로 곽윤직 외, 민법주해(Ⅳ), 641면 이하(양창수
   집필부분); 김재형, 625면 이하; (특히 위약금의 통제에 관한 것으로) 최창렬, "부
   당한 위약금의 규제에 관한 연구", 비교사법 제8권 제2호, 211면 이하 등. 그 밖에
   개별 국가들의 위약금 관련 규정이나 판결례를 소개하는 것도 다수 있다.
6) 우리 민법 제정과정에 관한 논의는 민법주해(Ⅳ), 646면 이하(양창수 집필부분)
   을 참조. 우리 민법은 대체로 일본 민법의 규정을 영향을 받았으나, 다만 손해배
   상의 예정으로서의 성질을 가지는 위약금을 재량감액할 수 있다는 점에서 일본 민
   법과 다르다.

(가) 독   일

독일 민법에서는 위약금(Vertragsstrafe)[8]을 중심으로 제339조 이하에서 비교적 상세한 규정을 두고 있다. 독일 민법에서는 불이행에 대한 위약금과 부적절한 이행에 대한 위약금을 구분하여 규정하고 있다. 이행에 갈음하여 위약금을 청구한 경우 본래의 채무에 대한 이행청구권은 인정되지 않는다. 위약금 약정이 있는 경우 채권자는 손해를 증명하지 않고 최소한의 손해배상을 받을 수 있고, 이때 채권자는 초과손해배상 역시 이를 증명하여 청구할 수 있다("최소한의 손해액으로 실행된 위약금을 청구"). 반면, 채무를 적절하게 이행하지 않은 경우에는—특히 지체에 대하여 위약금 약정이 있는 경우—본래의 이행에 더하여 위약금을 청구하는 것이 가능하다.

독일 민법에서 위약금은 채무자에 대한 강제수단으로 작용하는 한편, 채권자에게 이익추구를 용이하게 하고 이를 보장하는 이중의 기능(Doppelfunktion)을 가진다는 것이 일반적으로 인정된다.[9] 위약금은 채무불이행을 전제로 하는 것이어서 채무자에게 귀책사유가 없는 경우에는 위약금을 청구할 수 없다.

위약금이 과도한 경우 채무자의 청구에 따라 판결에 의하여 적절하게 감액될 수 있다. 나아가 어떠한 행위를 하거나 하지 않는 경우에 대

---

7) 독일, 오스트리아, 덴마크, 핀란드, 스웨덴, 이탈리아, 그리스 등(Lando/Beale(ed.), Principles of European Contract Law Part I & II, p. 456).

8) 독일 민법에서의 "Vertragsstrafe"는 논자에 따라 위약벌, 위약금, 계약벌 등으로 달리 번역된다. 그 성격에 관하여서도 손해배상의 예정에 가까운 것으로 보는 견해와 위약금과 같은 성질을 가지는 것으로 보는 견해로 나뉜다. 독일 민법의 규정을 보더라도, 이는 우리 법에서의 위약금 혹은 위약벌 어느 것과도 완전히 일치하지는 않는다. 이 글에서는 일단 위약금에 가까운 것으로 보아 "위약금"으로 번역하기로 한다.

9) MünchKomm/Gottwald, Vor § 339, 6. Aufl, Rn. 6; 한편, 허명국, "위약금 약정의 체계적 재정립을 위한 시론", 법학연구 제21권 제2호(충남대학교 법학연구소), 108면 이하에서는 장래의 행위조정기능, 이행담보기능, 정지조건부 채무부담약정을 위약금의 개념요소라고 한다. 그러면서 채무자의 급부의무가 장래의 행위를 조건으로 하는 것이 아니라 과거의 상황에 연결되어 있는 경우에는 그 급부의무의 약정은 위약금에 해당하지 않고, "담보계약"이라고 한다.

하여 제재금이 약정된 경우에도 감액이 가능하다.[10] 법률에서 일정한 급부의 약정을 무효로 하고 있는 경우, 당사자들이 그 급부 불이행의 경우에 관하여 위약금을 정한 것 역시 무효로 본다.[11]

독일에서는 위약금과 별도로 일괄손해배상약정(Schadenspauschale)이 인정된다. 이는 손해배상액을 증명하는 것이 곤란한 경우에 대비하여 배상하여야 할 손해액을 미리 정하는 것을 의미한다. 일괄손해배상약정은 재량에 의한 감액이 인정되지 않는다는 점에서 위약금과 다르다. 일괄손해배상약정을 하는 것은 계약자유의 원칙에 따라 허용되나, 약관으로 이를 정하는 것은 후술하는 바와 같이 그것이 과도한 경우 무효로 될 수 있다. 문제는 일괄손해배상약정과 위약금약정을 어떻게 구분할 것인지인데, 일반적으로 당사자들의 의사가 이행의 강제 및 손해배상의 예정을 모두 추구하는 경우에는 위약금 약정으로 보아 감액이 인정되고, 손해배상의 성립을 전제로 당해 채무불이행에서 발생하는 전형적 손해의 내용을 확정함으로써 채권자에게 손해 입증에 관한 부담을 경감하려는 기능만을 추구하는 경우에는 일괄손해배상약정이 인정된다고 한다.[12] 다만 이를 명백히 구분할 수 없다는 점에서 위약금 약정이라는 일원적 개념을 이용하는 것이 적절하다는 주장도 있다.

약관에 의하여 일괄손해배상약정이나 위약금약정이 행하여지는 경우에는 더욱 엄격한 통제의 대상이 된다. 일괄약정액이 통상적 경과에 비

---

10) 독일 민법 제343조 제2항. 허명국, 99면 이하에서는 이를 "독립적 위약금 약정"으로, 민법주해(Ⅳ), 648-649면(양창수 집필부분)에서는 "독립과벌약정"이라고 한다. 통상의 위약금은 채무불이행 내지 채무의 존재를 전제로 하므로, 위약금 약정은 위약금에 의하여 이행이 보장되어야 할 채권의 발생을 위한 채권계약에 부종하는 약정이라는 점에서 종속적 위약금 약정(이를 "진정한 위약금 약정"이라고도 한다)이라고 할 수 있고, 채무의 존재를 전제로 하지 않는 위약금 약정은 이에 대비하여 독립적 위약금 약정(혹은 부진정한 위약금 약정)이라고 할 수 있다는 것이 전자의 견해이다. 나아가 채무 내지 채무불이행을 전제로 하지 않는 위약금약정도 독일 민법은 물론, 우리 민법에서도 가능하다는 것이 전자의 견해이다. 반면 위 민법주해(Ⅳ), 648면 이하에서는 채무불이행을 전제로 하지 않는 약정은 아예 위약금에 해당하지 않는 것으로 본다. 이에 관하여는 후술한다.

11) 독일 민법 제344조.

12) MünchKomm/Gottwald, Vor § 339 Rn. 6.

추어 예견할 수 있는 손해 또는 통상 발생하는 가치감소를 초과하는 경우, 또는 상대방 당사자가 손해 또는 가치감소가 발생하지 아니하였다거나 현저하게 낮음을 증명하는 것을 명시적으로 배제하는 경우에는―본래 법률규정과 다른 약정이 허용되는 경우라도―무효라고 한다.[13] 또한 급부를 수취하지 않거나 수취가 지체된 경우, 지급이 지체된 경우 또는 상대방이 계약을 해소하는 경우에 약관사용자에게 위약금을 지급할 것을 약속하는 조항 역시 무효라고 규정한다.[14]

(나) 프 랑 스

프랑스 민법에서도 계약의 이행을 확보하는 것과 손해를 전보 받는 것, 두 가지 목적이 위약금에 모두 인정되는 것으로 본다. 채권자는 위약금 약정이 있다 하더라도 본래의 이행을 청구할 수 있다. 그러나 본래의 이행을 선택하는 경우, 위약금이 단순히 지연배상을 위하여 약정된 것이 아닌 한, 이행청구와 "아울러" 위약금의 지급을 구할 수 없다. 위약금을 구하는 경우 채권자는 손해의 발생 내지 손해액을 증명할 필요가 없고, 채무자는 채권자의 실손해가 약정액에 미치지 못한다거나 나아가 손해가 전혀 없음을 주장하더라도 이는 고려되지 않는다.

프랑스 민법에서 위약금 내지 위약벌이 모두 인정된다. 프랑스 민법상 손해배상에서 채무자의 과책(faute)이 아무리 중대한 것이라고 하더라도 배상대상인 손해의 가치를 초과하는 배상금의 지급은 정당화되지 않는다. 다만, 손해배상액을 당사자가 미리 산정해 두거나, 당사자들이 "위약금(clause pénale)"을 약정하는 것도 허용되는데, 엄격한 의미에서 위약금은, 당사자들이 미리 채무불이행시에 지급되어야 할 배상금을 산정해 둔 것이 아니라, 그 명칭에서 드러나듯이, 일종의 "벌(peine)"이다. 요컨대, 위약금은 그 보상적 기능에 더하여 "위하적이고 제재적인(comminatoire et punitive)" 이중의 기능을 수행한다. 따라서 위약금은 한꺼번에 구속과 제재를 하는 것으로서 경우에 따라서는 채권자에게 부당한 이득을 초래할 수 있

---

13) 독일 민법 제309조 제5호.
14) 독일 민법 제309조 제6호.

다.[15] 프랑스 민법 제정 시에는 법관에 의한 재량감액이 인정되지 않았으나, 감액은 물론, 증액도 할 수 있는 것으로—당사자의 청구가 있는 경우는 물론 법관의 재량에 의하여서도—개정되었는데, 위와 같은 평가의 반영인 것으로 생각된다.

(다) 일　본

일본 민법 제420조 제1항은 당사자가 손해배상액의 예정을 하는 것이 가능하고, 이 때 법원은 그 금액을 증감할 수 없는 것으로 규정한다. 이는 위에서 살펴본 제정 당시 프랑스 민법 규정의 영향을 받은 것으로 이해된다.[16] 다만 일본 판례는 위약금에 관하여 공서양속 위반을 이유로 하는 무효는 가능한 것으로 보고 있어 과도한 위약금에 대한 통제가 전적으로 배제되지는 않는다.

감액 여부 이외에 일본 민법에 특유한 것으로 위약금 약정을 손해배상액의 예정으로 추정하는 규정을 둔 것을 들 수 있다. 일본 민법 제정 시 원안에서는 위약금에 관한 규정이 없었으나, 이행보장수단이라는 점에서 위약금은 손해배상액의 예정과 밀접한 관련이 있는 것이므로 같이 규정하고 있다고 하며, 이는 우리 민법의 규정에도 영향을 미쳤다.[17]

(2) 영 미 법

영미법 국가에서 일반적으로 손해배상액의 예정은 가능하나, 위약벌 조항은 허용되지 않는 것으로 설명된다. 통상 이는 영미법 국가들이 계약위반의 경우 강제이행은 한정된 경우에만 가능하고 원칙적으로 계약위반 문제를 손해배상으로 해결하여야 하는 것으로 본다는 점, 계약 위반에 관한 법의 목적은 채무자에게 이행을 강제하는 데 있는 것이 아니라

---

15) Yves-Marie LAITHIER(박수곤 역), "프랑스법상 채무불이행시의 손해배상과 원상회복", 민사법학 제65호(2013. 12), 560면 이하.

16) 다만 제정 당시 프랑스 민법에서도 일부 불이행의 경우에 한하여 법원이 감액할 수 있다는 규정은 두고 있었는데, 일본에서는 아예 재량감액은 하지 못한다고 하고 있다는 점에서 완전히 같지는 않다. 프랑스 민법의 규정이 후에 개정되었음은 전술한 바와 같다.

17) 일본 민법의 제정경과에 관하여는 강신웅, "위약금에 관한 비교연구", 민사법학 제13, 14호, 13면 이하 참조. 또한 우리 민법 제정경과상 논의에 관하여는 민법주해(Ⅳ), 646면 이하(양창수 집필부분)을 참조.

채권자에게 배상을 함으로써 위반을 전보하려는 것에 있는 점 등에 있는 것으로 보는 것과 상응하는 것이다.

결국, 영국이나 미국에서 위약금 약정이 위약벌을 목적으로 하는지, 손해배상의 예정을 목적으로 하는지에 따라 그 효력 여부가 달라지기 때문에, 구체적인 사안에서 위약금 약정이 어디에 해당하는지 판단하는 기준이 중요할 수밖에 없다. 그 기준에 관하여 복잡한 논의가 있으나, 미국 통일상법전 제2-718조에서는 불이행에 의하여 야기된 예상손해 또는 실제손해, 손해입증의 어려움 및 다른 방법으로 적정한 구제를 얻는 것의 불편함이나 실현상의 난점에 비추어 합리적인 액수의 범위에 한정하여 위약금 약정을 하는 것은 가능하다고 하면서, 비합리적으로 과다한 예정액을 정하는 조항은 위약벌로 무효가 된다는 기준을 제시하고 있다. 결국 미국에서 계약당사자는 손해배상에 관하여 그들 자신의 규칙을 제정할 수 있으나, 이러한 규칙은 심사의 대상이 되며 私人이 계약위반에 대하여 벌금을 부과하는 것을 금지하는 공공정책의 통제를 받게 된다.[18]

또한 영국에서도 계약위반의 경우에 지급하여야 할 배상액을 미리 정함으로써 법적 비용을 절감하려는 시도는 금지되지 않는다고 하나,[19] 어떤 조항이 계약위반으로 인한 손실의 최고액과 비교하여 과도하고 비양심적인 것이라면 이는 금지되는 위약벌에 해당하는 것으로[20] 본다.

(3) 국제적 모델법

앞서 밝힌 바와 같이 대륙법 국가들에서는 위약벌을 가능한 것으로 보는 반면, 보통법에서는 인정되지 않는 것으로 보고 있다. 즉 대륙법 국가들에서는 대체로 손해배상과 별도의 제재금을 부과하는 것이 인정되는

---

18) 양명조, 미국계약법, 법문사(1996), 181면.

19) Atiyah, An Introduction to the Law of Contract(4th ed.), p. 452.

20) "extravagant and unconscionable in amount in comparison with the greatest loss", 위 기준에 관하여는 이호정, 영국계약법, 경문사, 2003, 551면 이하 및 그곳에서 소개하는 Dunlop Pneumatic Tyre Co. Ltd. v. New Garage & Motor Co. Ltd. (1915) A.C.79, 87(H.L) 판결 참조. 한편 Chitty on Contracts(28th edition), vol. I. pp. 1326 et. seq.에서도 그 구분기준에 관한 판례 원칙들을 상세하게 소개하고 있다.

반면, 보통법에서는 이를 부인하는 것이다. 다만 앞서 밝힌 바와 같이 대륙법 국가들에서 대체로 위약금에 대한 감액이 인정되므로 실제로 그 차이가 현격하지는 않다.

UNIDROIT 국제상사계약원칙, 유럽계약법 원칙(PECL), 유럽민사법 공통기준안(DCFR) 등에서는 위약금에 관한 규정을 두고 있고, 모두 손해배상의 예정과 위약벌을 위약금으로 통합하여 규정하고 위약금 감액을 인정하고 있다. 합리적인 액수로의 감액을 합의에 의하여 배제하지 못한다는 점이 공통적이다. 또한 손해배상액의 예정인지 위약벌인지에 따라 감액 요건을 달리하지 않고 위약금 일반에 관하여 규정을 두고 있다는 점도 공통적이다.

UNIDROIT 국제상사계약원칙 제7.4.13조에서는 불이행자가 상대방에게 불이행에 대하여 특정한 금액을 지급하기로 계약에서 정한 경우에, 불이행의 상대방은 "그에게 현실적으로 발생한 손실과 관계없이" 약정된 금액을 청구할 권리가 있다고 하면서도, 계약에서 정하여진 금액이 불이행으로 인한 손실 기타 사정을 고려할 때 현저하게 과도한 경우에는 그 금액을 합리적인 액수로 감액할 수 있다고 하면서, 이는 당사자 사이의 합의에 의하여 배제하지 못한다고 규정한다.

유럽계약법원칙도 매우 유사한 규정을 두고 있는데, 제9:509조에서는 불이행자가 상대방에게 그 불이행에 대하여 일정한 금액을 지급하기로 계약에서 정한 경우에, 상대방은 "그의 현실적 손실과 관계없이" 이를 지급받을 수 있고,[21] 다만 계약에서 정하여진 금액이 불이행으로 인한 손실, 그 밖의 사정을 고려할 때 현저하게 과도한 경우에는 그 금액을 합리적인 액수로 줄일 수 있으며,[22] 이는 당사자 사이의 합의로 배제하

---

21) 유럽계약법원칙에서는 제9:509조 해설(Comment)에서 계약에서 지급하여야 할 최소금액만 정하는 것도 가능하고, 이 경우 채권자는 약정 손해배상금 조항을 원용하는 대신 손해액 전부의 배상을 구하는 소를 제기하는 것을 선택할 수 있다고 한다(Lando/Beale, p. 454).
22) 다만 유럽계약법원칙 제9:509조 해설에서 법원은 의무 위반을 방지하려는 당사자들의 의도를 존중하여, 손해배상액을 현실적 손실까지로 감축하여서는 안 되고, 양자를 절충한 금액("intermediate figure")으로 결정하여야 한다고 하고 있다(Lando/Beale,

지 못한다고 한다. 위약벌 조항 또는 손해배상의 예정으로 의도되었으나, 결과적으로 채무자의 책임을 제한하게 되는 조항의 경우, 특히 그 조항의 목적이 책임을 제한하는 데 있는 경우에는 제8:109조(구제수단을 배제하거나 제한하는 계약조항)에 따라 증액이 가능할 수도 있다.[23]

유럽민사법 공통기준안에서는 III 3:712조에서 채무를 이행하지 않은 채무자가 그러한 불이행에 대하여 채권자에게 일정한 금액을 지급하도록 하고 있는 경우, 채권자는 실제 손실과 무관하게 그 금액에 대한 권리가 있다고 하면서도, 위 금액이 불이행 및 다른 사정으로부터 발생한 손실과 비교하여 현저하게 과다한 경우에는 합리적인 금액으로 감액될 수 있다고 하면서, 이를 제한하는 당사자 사이의 약정은 효력이 없다는 점도 명시적으로 밝히고 있다.

나. 우리나라에서의 논의

우리나라에서는 대체로 위약금을 채무불이행의 경우에 당사자가 지급하기로 약정한 금원을 의미하는 것으로 이해한다. 위약금 가운데 손해배상액의 예정과는 별개로 채무이행을 강제하기 위하여 약정한 금원을 위약벌로 보고, 손해배상액의 예정과는 달리 위약벌의 경우 재량감액이 인정되지 않고, 별개의 손해배상청구도 가능하며, 다만 과도한 경우 반사회질서의 행위로 무효로 될 수 있다고 본다. 위약금이 손해배상액의 예정으로서의 성질을 가지는지 혹은 위약벌로서의 성질을 가지는 것인지는 당사자의 의사에 의하여 결정되나, 의사가 불분명한 경우에는 손해배상의 예정으로서의 성질을 가지는 것으로 추정한다는 점은 민법에 규정되어 있다.

다만, 위약금이 과소한 경우에 증액이 가능한 것인지 여부, 위약금 및 위약벌 청구를 위하여 채무불이행 이외에 채무자의 귀책사유를 요하는지 혹은 손해의 발생을 요하는지 여부 등에 관하여는 다소 견해 대립이 있었다.

---

p. 454).
23) Lando/Beale, p. 456(note 5).

한편, 위약금의 의의 및 개념, 위약벌과 손해배상액의 예정의 관계
에 관하여서도 이러한 다수 학설의 입장과 다른 견해가 많이 제시되어
왔다. 종래 학설에 의한 설명은 이미 잘 알려져 있는 것이므로, 이하에서
는 이에 의문을 제기하는 견해들에 관해서만 간략히 소개하도록 한다.

(1) 위약벌 허용 여부[24]

실제로 채무자의 귀책사유가 존재하지 않거나 손해발생이 없는 때에
도 위약금을 지급하기로 하는 약정 등이 가능하다는 점에서, 즉 채권자
에게 다양한 이행확보수단이 마련되어 있다는 점에서 위약벌은 인정할
필요가 없다는 견해가 있다. 위약벌은 私的 형벌을 인정하는 것이어서
허용될 수 없고, 채권자에게 이중의 이득을 주는 것이어서 실제 손해를
전보하는 기능을 하는 손해배상법 체계와도 상충되는 것이라고 하면서,
위약벌은 법률이 특별히 규정하고 있지 않은 한 인정될 수 없고, 가령
예산회계법 등 개별 법률에서 위약벌을 인정하는 규정을 두고 있더라
도[25] 위약벌과 손해배상의 이중청구를 허용하는 것은 신중을 기해야 하
는 것으로 본다.

(2) 위약금이 손해배상의 상위개념인지 여부[26]

독일 민법에서 위약금의 기능을 어떻게 파악할 것인지와 관련하여,
장래의 행위조정이 위약금의 기능 가운데 하나라는 주장을 전술한 바 있
다. 이 견해는 위약금의 본질을 위와 같이 상대방의 장래의 특정한 작위
또는 부작위라는 행위의 조정을 목적으로 하는 급부 약정으로 이해하는
전제에서, 위약금 약정은 반드시 채무불이행을 전제로 하는 것이 아니라
고 이해한다. 또한 손해배상의 예정은 채무불이행을 전제로 하여 이 때
발생하는 손해배상의 액수를 미리 정하여 채권자의 입증 곤란을 덜고 당
사자 사이의 분쟁을 예방하는 데 목적이 있는 제도이고, 위약금은 채무

---

24) 강신웅, 11면 이하.
25) 다만 이 글에서는 예산회계법 등에서 입찰보증금, 계약보증금 등을 국고에 귀속
하는 규정을 두고 있는 것을 위약벌로 파악하고 있는데, 이를 일률적으로 위약벌
로 볼 것인지는 의문이다.
26) 허명국, 95면 이하.

불이행 내지 그로 인한 손해배상청구권의 발생 여부와는 관계없이 약속의 위반이 있는 경우 독립한 청구권의 근거를 이루는 것이므로 그 본질이 다른 것이어서 위약금이 손해배상 예정의 상위개념이 될 수 없고 한다.

(3) 위약금 약정이 있는 경우 이를 초과하는 실손해를 배상받을 수 있는지 여부[27]

이 견해는 위약벌과 손해배상액의 예정 두 제도는 목적과 기능면에서 서로 상이한 것으로 구별되어야 한다는 전제에 있다. 즉, 손해배상액의 예정은 위약벌과 달리 계약상 채무를 올바르게 이행하도록 채무자에게 압력을 가하기 위한 수단으로 약정되는 사적 제재의 이행강제기능을 가지는 것이 아니라, 장차 발생할 손해를 미리 정하여 주는 손해배상기능만을 갖는 것이며, 손해배상액의 예정에 내포되어 있는 이행강제기능이라는 것도 위약시 손해배상을 할 것이라는 심리적 압박에 불과한 것이고 이는 손해배상에 이미 내재되어 있는 기능일 뿐 채무자에게 어떠한 제재를 가하고자 하는 것이 아니라는 것이다. 즉 손해배상액의 예정은 손해배상의 특수한 방식에 불과하고 채권자가 자기에게 발생한 손해액을 증명함이 없이 예정배상액을 청구할 수 있다는 의미에 불과하다. 그러한 점에서 채권자가 예정배상액보다 많은 실손해가 발생한 경우, 통설과는 달리 초과손해를 입증하여 배상받을 수 있는 것으로 본다.[28]

반면 위약벌의 경우 이행확보의 기능과 손해배상의 기능을 동시에 가지는 것이라고 하면서, 하자보수보증금에 대하여 그 특성상 실손해가 하자보수보증금을 초과하는 경우 그 초과액을 구할 수 있다는 명시적 규정이 없더라도 도급인은 수급인의 하자보수의무 불이행을 이유로 하자보수보증금 몰취 외에 실손해액을 입증하여 수급인으로부터 그 초과액 상

---

27) 이지윤, "판례에 나타난 '특수한' 손해배상액의 예정과 위약벌", 비교사법 제18권 제4호, 1167면 이하.

28) 이 글에서 명확하게 밝히고 있지 않아, 이 글이 주로 문제 삼는, 하자보수보증금을 초과하는 실손해가 발생한 경우 위약금 외에 초과손해배상도 가능하다는 대법원 판결(대법원 2002. 7. 12. 선고 2000다17810 판결)의 사안과 같은 경우에만 그러하다는 것인지, 혹은 일반적으로 손해배상예정이 있는 경우에 이를 초과하는 실손해배상이 가능하다는 것인지는 불분명하다.

당의 손해배상을 받을 수 있는 "특수한 손해배상의 예정"이라고 하는 대법원 판결[29]에 관하여 이를 특수한 손해배상액의 예정이라기보다 위약벌로 판단하여, 최소손해배상의 의미를 가지는 위약벌로 보아야 한다고 주장한다.[30]

이 견해에서는 나아가 위약벌이 실손해보다 많은 경우에는 위약금 청구만을 인정하고, 위약벌이 실손해보다 적은 경우에도 그 차액만을 청구할 수 있도록 하여야 하며, 이를 위하여 위약벌 감액을 인정하거나 독일과 같이 위약금을 최소손해배상으로 추정하는 규정을 둘 것이 요구된다고 한다.

(4) 손해배상액 예정의 감액에 관한 민법 규정이 위약벌의 경우에도 적용하여야 하는지 여부[31]

손해배상의 예정과 위약벌은 개념상으로도 구분되고, 전형적인 경우에는 구체적인 사안에서 구분하는 것이 가능하다는 전제하에서, 다만 기능면에서 이 둘을 완전히 구분하는 것이 어렵고, 당사자의 의사도 완전히 이를 구분되는 하는 것으로 보기 어려우며, 비교법적으로 보더라도 결국 각국 위약금 규정들의 취지는 과도한 위약금 내지 위약벌은 금지된다는 점에서 공통적이라는 점을 지적하는 견해이다. 요컨대, 기능이나 목적면에서 구분하기 어렵고, 당사자의 의사에 의하더라도 구분이 어려운 양 개념을 굳이 구별하는 것은 무의미하며, 그렇다면 법효과 측면에서도—특히 재량감액에 관하여—이들을 준별하는 것은 적절치 않다는 것이다. 그리고 이는 비교법적 검토를 통하여서도 지지된다는 것이다.

이 견해는 대상판결이 나온 이후의 논문에서 제시된 것인데, 대상판결의 결론을 이러한 점에서 긍정하고 있다. 이 견해는 나아가 민법개정안에서 제안된 위약금에 관한 규율들이 현행 민법의 해석으로도 가능하다고 밝히고 있다.

---

29) 대법원 2002. 7. 12. 선고 2000다17810 판결.
30) 이 글에서는 위 대법원 판결에서의 위약금 약정의 의미를 독일 민법상 최소한의 배상액(Mindesbetrag des Schadens)으로서의 위약금의 성격을 가지는 것으로 본다.
31) 김재형, 625면 이하.

다. 대법원의 입장

대상판결 이전의 대법원 판결들은 기본적으로 손해배상액의 예정과 위약벌을 구별하고 있고, 당사자의 의사에 따라 위약벌 또는 손해배상액의 예정 여부가 결정된다고 한다. 다만 이 구분이 근본적으로 의사해석의 문제인 것이어서, 엄밀한 기준을 세우기 어려운 것이기는 하나, 유사한 사안에서의 위약금을 위약벌로 보고 있는 것도 있고, 손해배상액의 예정으로 보고 있는 것도 있다.[32]

가령 종래에 대법원은 도급계약에서 계약이행보증금과 지체상금의 약정이 있는 경우, 대체로 지체상금은 손해배상의 예정에 해당하고, 계약이행보증금은 위약벌 또는 제재금의 성질을 가지는 것으로 보고 있었으나, 2000년대에 들어 도급계약서상 계약이행보증금과 지체상금이 함께 규정되어 있는 것만으로 계약이행보증금을 위약벌로 보기 어렵다고 한 판결 이래로[33] 계약보증금을 손해배상액을 예정으로 본 것과 위약벌로 본 것이 모두 존재한다. 또한, 위에서 본 바와 같이 하자보수보증금에 대하여 그 특성상 실손해가 하자보수보증금을 초과하는 경우 그 초과액을 구할 수 없다는 명시적 규정이 없더라도 도급인은 수급인의 하자보수의무 불이행을 이유로 하자보수보증금 몰취 외에 실손해액을 입증하여 수급인으로부터 그 초과액 상당의 손해배상을 받을 수 있는 "특수한 손해배상의 예정"이라고 하는 것도 있는 등, 위약금에 관하여 구체적 사안마

---

32) 이에 관하여 상세한 내용은 김재형, 631면 이하. 이 글에서는 특히 계약보증금에 관한 대법원 판결들을 살펴보면, 2000년을 전후로 하여 판례의 기준에 변화가 생겼다고 평가한다.

33) 수급인의 귀책사유로 계약이 해제되는 경우 계약보증금이 도급인에게 귀속된다는 조항이 있는 경우 이 계약보증금이 손해배상의 예정인지 위약벌인지 여부는 의사해석의 문제이고, 위약금은 손해배상의 예정으로 추정되므로 위약금이 손해배상액의 예정이 아닌 것으로 추정되기 위하여 특별한 사정이 주장, 입증되어야 하는데, 이 사안에서 하도급계약서에 계약보증금과 지체상금이 같이 규정되어 있다는 점만을 이유로 이 사건 계약보증금을 위약벌로 보기는 어렵다(대법원 2000. 12. 8. 선고 2000다35771 판결)고 판시한다. 홍승면, "손해배상액의 예정과 위약벌의 구별방법", 민사판례연구(XXIV), 162면은 이 판결의 사안에서 공사이행보증금은 전보배상을 대비한 손해배상액 예정으로, 지체상금은 지연배상을 대비한 손해배상액 예정으로 보아야 합리적이라고 하면서, 대상판결에 찬성하고 있다.

다 탄력적으로 성질을 파악하고 있다.

2. 검토-위약금과 위약벌, 손해배상의 예정의 관계

위약금은 개별 국가마다 다양하게 규율되고 있으나, 과도한 금액의 지급을 제한하고 있다는 점에서는 공통적이라고 할 수 있다. 다만, 그 방식이 때로는 위약금 자체의 감액 인정, 공서양속위반을 이유로 하는 무효화, 약관의 내용통제, 혹은 나아가 불합리하게 높은 손해배상 예정액을 정한 계약조항을 위약벌로 보아 아예 무효로 선언하는 방식[34] 등으로 다양한 것이다. 여러 국제적 모델법에서도 손해배상의 예정이든 위약벌이든 그 자체는 유효하나, 다만 현저하게 과도한 금액을 정한 경우에는 감액을 인정하는 방식으로 통제하고 있다.

일단 우리 법에서 위약벌이 금지되는 것으로 보기는 어렵다고 생각된다.[35] 다만 그것이 과도한가가 문제될 뿐이다. 그리고 배상액의 예정과

---

34) 전술한 미국 통일상법전(UCC)의 규정을 상기하라.

35) 거래의 관행 및 당사자의 의사가 위약벌을 인정하고 있고, 계약 내지 거래의 성질에 따라서는 채권자가 채무자의 불이행 사실을 적발하거나 인지하기 어려울 수도 있으며, 손해액을 완전히 입증하기 곤란할 수도 있으므로, 손해배상액의 예정과는 별개로 위약벌의 존재는 긍정되어야 한다.

　　대법원 1993. 3. 23. 선고 92다46905 판결에서는 임차인이 매출금액을 누락시켜 입금하지 아니할 경우에는 누락금액의 10배에 해당하는 금액을 벌칙금으로 임대인에게 지급하고, 이를 임대인이 매월 말 마감하여 임차인에게 지급하는 상품대금에서 공제하기로 하는 내용의 위약벌을 약정한 수수료 위탁판매매장 운영사항에 관한 합의각서를 작성하였는데, 실제로 누락금액이 발생하자 판매수수료의 100배에 해당하는 매출신고누락분의 10배의 범칙금을 공제하는 것이 가능한지가 문제되었다. 대법원은 이 사안에서 위약벌이 유효하다는 전제하에, 수수료 위탁판매 매장계약에 있어 임대인이 임차인으로부터 보증금, 월차임, 관리비 등을 지급받지 아니하고 그 대신 매출액 중 일정 비율의 금원을 징수하기 때문에 임대인으로서는 정당한 이익을 확보하기 위하여 임차인의 정확한 매출신고를 담보할 필요가 있어 그 수단으로서 위와 같은 위약벌의 약정을 하게 되었고, 위약벌 약정은 수수료 위탁판매매장계약에 있어서 임대인의 정당한 이익을 확보하기 위하여 임차인의 성실한 매출신고를 담보하는 유일한 수단이기 때문에 그 배상금의 배율은 수수료매장의 질서유지를 보장할 정도의 것이어야 하는 점, 임대인으로서는 임차인의 매출신고누락분을 전부 파악하기가 사실상 어려운 점 등을 종합하면 위 위약벌의 배상배율이 판매수수료의 100배에 해당한다는 사정만으로는 위 위약벌의 약정이 공서양속에 반하여 일부 또는 전부가 무효라고는 할 수 없다고 판시하여 원고의 위 주

위약벌은 기능이 중복되는 부분도 있고 실제 거래에서 양자를 명확하게 구분하는 기준을 찾기도 어려우며, 나아가 위약금에 배상액 예정과 위약벌 두 가지 유형만 존재하는 것으로 보기도 어렵다.[36]·[37] 가령 앞서 대법원에서 "특수한 손해배상의 예정"이라고 한 하자보수보증금의 경우 종래의 통설에 의하면 위약벌로 보기도, 손해배상액의 예정으로 보기도 어려운 유형이라고 할 수 있다. 이하에서는 이러한 점을 전제로 손해배상액의 예정과 위약벌의 관계, 그리고 위약금과 손해배상액 예정의 관계에 관하여 검토한다.

가. 손해배상액의 예정과 위약벌의 관계

대법원은 손해배상의 예정에 손해의 발생사실과 손해액에 대한 증명곤란을 덜고 분쟁의 발생을 미리 방지하여 법률관계를 쉽게 해결할 뿐 아니라 채무자에게 심리적 경고를 함으로써 채무의 이행을 확보하려는 목적이 있다고 하고 있다.[38] 즉 대법원은 손해배상액의 예정이 "손해배상의 간편한 처리"를 목적으로 할 뿐 아니라 분쟁 발생을 미리 방지하고 심리적 경고를 통한 "채무 이행을 확보"하는 것을 동시에 목적으로 하고 있는 것으로 본다.

손해배상액의 예정과 위약벌을 구분 내지 준별하는 것은 양 제도의 기능 내지 목적이 다르다는 점, 그 규율이 다르므로 구별의 실익이 있다는 점을 근거로 한다. 즉 채무불이행이 발생한 경우에 위약금 이외에 손해배상을 별도로 청구할 수 있는지, 손해배상의 예정의 경우에 감액이 가능하다는 민법 규정($\frac{제398조}{제2항}$)을 위약벌의 경우에도 적용할 수 있는지 등

장을 배척하였다. 이러한 경우는 손해배상액의 예정과 별개로 위약금 내지 위약벌이 필요함을 보여주는 전형적 사례로 여겨진다.

36) 김동훈, 450면 이하.

37) 최병조, "위약금의 법적 성질", 민사판례연구(XI), 222면에서는 "위약금의 두 유형을 개념에 충실하게 '강제기능'과 '배상기능'이라는 기본적 시각에서 파악할 때, 괄목할 만한 사실은 각국의 민법이 마련하고 있는 위약금에는 이 두 기능이 함께 뒤섞여 있는 점이다. 유럽대륙 여러 나라의 경우 위약벌로부터 출발하여 배상액의 예정 쪽으로 옮겨갔다면, 우리나라와 일본의 경우는 아예 처음부터 배상액의 예정으로부터 출발하고 있는 점이 다를 뿐이다…"라고 하고 있다.

38) 대법원 1993. 4. 23. 선고 92다41719 판결.

이 달라진다는 점에서 구분의 실익이 있다는 것이다.

그런데 앞서 밝힌 바와 같이, 실제 일정한 사안에서 위약금이 약정된 경우 사실 손해배상을 간편하게 처리하는 동시에 채무이행을 확보하는 것을 동시에 목적으로 하는 경우가 많다. 당사자의 의사는 오히려 이두 가지 목적을 동시에 염두에 두는 것이 더 일반적이라고도 할 수 있다. 또한 앞서 본 바와 같이 기존의 전형적 형태에서의 위약벌이나 손해배상액의 예정에 해당하지 않는 사안도 있다. 그렇다면 위약금은 전형적으로는 손해배상액의 예정이나 위약벌로 기능할 것이나, 그 외에 대상판결에서와 같이 그 두 가지 성질을 겸유하는 형태, 하자보수보증금 몰취조항과 같이 일단 하자보수보증금을 손해배상액 예정으로 하되, 초과하는실 손해는 배상받을 수 있다는 취지의 위약금 약정도 존재할 수 있다고보아야 할 것이다.[39]

나. 위약금과 손해배상액 예정과의 관계

대체로 위약금 약정이 있는 경우 이는 채무불이행을 전제로 손해배상 예정의 성질을 가지거나 혹은 위약벌인 것으로 파악하는 것이 일반적입장이다. 즉 위약금 약정은 손해배상액 예정의 상위개념이라는 것이다. 그런데 이에 관하여서는 앞서 살펴본 바와 같이, 위약금과 손해배상은기능 및 목적이 다른 것이어서 위약금이 손해배상액의 예정의 상위개념이 될 수 없다는 지적이 있다. 이 견해에서는 위약금은 채무불이행을 전제로 하는 것이 아니고(이른바 "독립적 위약금 약정") 장래의 행위를 "조정"하기 위하여 정지조건부 지급의무를 가지는 금원 일체를 의미하는 것이므로, 위약금은 손해배상의 예정과 무관한 개념이라고 한다.

통상 우리 민법이나 학설에서 사용하는 위약금 개념은, 또는 각 국

---

39) 최창렬, 212면에서는 전술한 공사도급계약에서의 계약이행보증금과 지체상금이동시에 약정된 경우 이행보증금은 위약벌로 보고 지체상금은 손해배상액의 예정으로 보아야 한다는 판결례들에서 나아가, 위약금 약정의 해석에 의하여 하나의 위약금 약정이 손해배상액의 예정부분과 위약벌 부분으로 구별이 가능하다면, 일정액은 손해배상액의 예정으로, 그 이상의 금액은 위약벌로 보는 것도 가능할 것이라고 하고 있는데, 대상판결에서의 사안이 그러한 예인 것으로 여겨진다.

가에서 역사적으로 사용되어 온 위약금의 취지는—이 견해에서와는 달리— 오히려 채무불이행을 전제로 하는 것이 아닌가 생각된다. 우리가 기존에 사용하던 위약금 개념은 손해배상액의 예정의 상위개념이라고 보아야 할 것이다.[40] 그렇다면 문제는 이러한 개념설정으로 위약금 관련 문제를 해결하는 것이 어려운지 여부이다. 위약금에 여러 유형이 있고, 이에는 채무불이행을 전제로 하지 않는, 단순한 약속 위반의 경우를 대비한 위약금도 있고, 채무불이행을 전제로 그 손해배상액을 정하는 유형의 것도 있다고 구성하는 것도 이론상으로는 가능하다. 결국 위약금의 개념을 어디까지 인정할 것인지의 문제인데, 굳이 종래 인정된 위약금의 개념 내지 범위에 혼란을 줄 필요가 없다. 가령 위약금 청구권에 관하여는 귀책사유를 요하는지, 과실상계가 가능한지 등이 논의되는데, 위약금이 채무불이행을 전제로 하는 것이 아니라고 보면 이러한 기존 논의들의 토대가 허물어지게 된다. 나아가 굳이 채무불이행을 전제로 하지 않는 독립된 위약금의 존재를 긍정한다고 하여 어떠한 실익이 있는지도 의문이다.[41]

40) 민법주해(Ⅳ), 648면 이하(양창수 집필부분)에서는 일정한 행위에 대한 의무를 부담하지는 않으나 그 행위가 행하여지지 않은 경우, 일정한 급부를 할 것을 약정하는 것을 "독립과벌약정"이라고 하면서, 이는 계약자유의 원칙상 우리 법에서도 당연히 허용된다고 한다. 이러한 독립과벌약정은 법관의 재량감액이 인정된다는 점에서 위약금과 유사하나, 어떠한 채권관계 (내지 그 위반)을 전제로 하지 않는다는 점에서 위약금과는 구분된다고 본다고 하는데, 같은 취지인 것으로 여겨진다. 그 밖에 대부분의 문헌에서 위약금의 의의 또는 요건을 설명하면서 채무불이행을 위약금 개념의 전제로 하고 있다.

41) 이 글에서는 가령 아파트 광고모델계약을 체결한 유명연예인이 "품위유지약정"을 하였는데, 그 후 남편과의 물리적 충돌로 멍들고 부은 얼굴 등을 언론에 공개한 경우 위약금에 관한 사안을 다룬 대법원 판결을 들면서(대법원 2009. 5. 28 선고 2006다32354 판결), 대법원이 이를 품위유지의무 위반으로 파악하는 것에 의문을 제기한다. 이 사안의 경우 품위유지"의무"가 있는지 의문이라고 하면서, 오히려 독립적 위약금 약정으로 보는 것이 적절하다고 한다. 그런데 고액 광고료를 받는 유명연예인이라고 하여 전반적으로 행위 자유를 제한하는 것은 불가하더라도, 적어도 계약에 의하여 사생활 기타 개인적 사정에 의하여 광고의 신뢰를 저하하는 행위를 하지 않아야 하는 법적 "의무"는 부담한다고 하여야 하지 않을까? 민사판례연구회 편, 2000년대 민사판례의 경향과 흐름, 박영사(2012), 235~236면(김재형 집필부분)에서도 이 판결의 사안의 경우 아파트 광고에 적합한 이미지가 훼손된 경우 품위유지의무를 위반하였다고 보는 것이 당사자들의 의사에 합치한다고 하면서, 품위유지의무의 위반 여부를 판단할 때 광고계약의 목적, 품위유지의무를 정

물론 계약자유의 원칙상 이러한 위약금이 인정되지 않는다고 할 수는 없다.[42] 다만 이러한 종류의 약정을 "위약금"으로 구성할지, 위약금이 아닌 별도의 약정으로 이해할지가 문제되는 것이고, 위약금과 구별되는 다른 유형의 약정으로 이해하는 것이 더 적절하다는 것이다.[43]

3. 논의의 정리

지금까지의 논의를 정리하면 다음과 같다. 우선 손해배상의 예정과 위약벌은 그 전형적인 형태에서는 비교적 쉽게 구분되나, 구체적인 경우에 구분이 쉽지 않은 경우가 많다. 또한 기능면에서도 중복되는 부분이 있다. 특정한 사안에서 위약금에 관한 약정을 한 당사자의 의사 또한 손해의 간이한 배상과 불이행의 예방 내지 그에 대한 제재 등의 의사를 동시에 가지는 것으로 보는 것이 적절할 것이다. 다만 어떠한 성질을 "더 많이" 가지는지가 문제인 것이다. 위약금과 손해배상액의 예정은 개념적인 차이가 아니라 유형적인 차이에 불과하다는 독일 민법에서의 설명[44]도 같은 취지일 것이다. 위약벌과 손해배상의 예정을 엄격하게 구분하는 것은 사실상 어렵고, 적절하지도 않다.[45] 그렇다면 대상판결에서와 같이 위약벌의 성질과 손해배상의 예정으로서의 성질의 것이 더하여져 있는 위약금도 당연히 존재할 수 있다. 대상판결에서의 위약금은 전기요금의 면탈금액 및 그에 관한 부가가치세, 동액 상당의 추징금 등으로 구성되

한 계약당사자들의 의도와 전체적인 맥락 등을 고려하여 이미지 손상 여부를 고려하여야 한다고 하고 있다.

42) 최병조, 221면에서는 이는 "독립적, 부진정한 위약벌"이라고 명명하면서, 행위의 무가 없거나 달리 법적으로 관철시킬 수 없는 행위를 강제가능한 것으로 만들기 위하여 추가급부를 약정하는 것을 의미한다고 하는데, 여기에서도 계약자유의 원칙상 이러한 계약이 유효함은 물론이고 이를 인정할 실익도 있다고 한다.

43) 가령 "독립과벌약정" 혹은 "독립적, 부진정한 위약벌" 등.

44) Larenz, Lehrbuch des Schuldrechts(Bd. I), S. 383.

45) 민법주해(Ⅳ), 638면(양창수 집필부분)에서 위약금 약정의 내용을 그 주된 목적에 따라 유형화하는 것이 불가피한 작업이었다 하더라도, 정도의 차이가 있을 뿐 원래 공통적으로 추구되는 위약금의 두 가지 기능을 지나치게 고립적으로 파악하는 것은 문제가 있다고 하고 있는데, 같은 취지인 것으로 생각된다.

는데, 전기요금 면탈금액 및 부가가치세에 해당하는 부분은 손해배상의 예정으로, 이를 초과하는 추징금 부분은 위약벌로 일응 볼 수 있다.[46] 이러한 점에서 대상판결에서 위약금이 위 두 성질을 모두 가지는 것으로 본 것은 적절하다고 여겨진다.

　　그렇다면 이제 문제되는 것은 특정한 사안에서 위약벌 내지 위약금이 발동하기 위한 요건이나 그 효력을 어떻게 파악할 것인지의 여부이다. 기본적으로 위약금이 어떠한 내용의 것인지, 어떠한 요건하에서 기능하는지는 당사자의 약정에 의하여 결정되어야 할 것이지만, 그에 관한 의사가 명확하지 않은 경우 이를 어떻게 규율하여야 하는지 여부가 문제이다.[47] 기존에 위약금 및 위약벌이 효력을 가지기 위한 "요건"에 관하여는 논의된 바가 다수 있고,[48] 대상판결의 사안과 직접적 관련을 가지지 아니하므로, 이하에서는 위약금 내지 위약벌 약정이 있는 경우 그 구체적 법률관계를 어떻게 파악하여야 하는지에 관하여 논의한다.

Ⅲ. 위약금에 관한 규율

1. 문제의 제기

　　앞서 살펴본 바와 같이 위약금 약정은 특정한 사안에서 위약벌로 기능할 수도 있고, 손해배상액의 예정으로 기능할 수도 있다. 또한 대법원 판결에서 지적하듯이 최소한의 손해배상액을 정한 "특수한" 손해배상액의 의미를 가질 수도 있다.

　　그런데 민법에서는 위약금 약정이 어떻게 규율되는지 규정하는 바가

---

46) 김재형, 636면.

47) 일단 최창렬, 212면에서는 민법 제398조에 의하여 추정되지 않는 위약금이 곧바로 위약벌인 것은 아니고, 여기에는 다시 순수한 제재금으로의 위약벌과 손해배상액의 예정에 위약벌이 결합된 경우가 있으며, 양자가 결합된 경우에는 그 결합된 정도에 따라 법적 취급을 달리하면 된다고 밝히고 있다.

48) 가령 민법주해(Ⅳ), 670면 이하(양창수 집필부분)에서는 위약금 청구권의 요건, 내용 및 효과에 관하여 서술하고 있고, 조일윤, "위약벌에 관한 일고찰", 동아법학 제52호, 633면 이하에서는 위약벌의 의의, 위약벌 청구의 요건, 위약벌의 효과에 관하여 서술하고 있다.

거의 없다. 위약금 약정이 있는 경우 손해배상액의 예정으로 추정된다는 제398조 제4항 이외에는, 주로 피담보채권이나 보증채무의 범위와 관련하여 위약금 약정에 담보 등의 효력이 미친다는 것뿐이다.[49] 결국 위약금의 법률관계는 당사자의 의사에 따라 결정하여야 할 것이고, 의사가 명백하지 않은 경우에는 위약금의 법적 성질이 고려되어 법률관계가 결정되어야 할 것이다.

대상판결에서 문제된 것은 위약금 채권의 경우 소멸시효기간을 본래의 채권과 동일하게 보아야 할 것인지, 혹은 본래의 채권이 시효소멸한 경우 위약금 채권도 따라서 시효로 소멸하였다고 보아야 할 것인지의 여부이다. 이를 해결하기 위하여 우선 위약금 채권이—채무불이행에 기한 손해배상채권이 그러한 바와 같이—본래 채무의 내용변경에 해당하는 것이 아닌지, 혹은 종된 채권이라고 보아야 하는 것은 아닌지 생각하여 볼 필요가 있다. 이하에서는 이러한 문제들에 관하여 검토한다.

2. 위약금 약정이 본래 채무의 내용변경 내지 연장에 해당하는지[50]

채무불이행이 있으면, 모든 채권은 본래의 이행청구권에 갈음하여 또는 그와 더불어 그 내용이 손해배상청구권으로 轉化한다는 것이 일반적인 설명이다.[51] 채무의 이행이 불능인 경우 이행에 갈음한 손해배상 청구권은 본래 채권의 대용물 내지 변형물, 원래의 강제이행청구권을 가지면서

---

49) 민법에서는 질권은 원본, 이자, <u>위약금</u>, 질권실행의 비용, 질물보존의 비용 및 채무불이행 또는 질물의 하자로 인한 손해배상의 채권을 담보한다고 하고(제334조), 저당권은 원본, 이자, <u>위약금</u>, 채무불이행으로 인한 손해배상 및 저당권의 실행비용을 담보한다고 하며(제360조), 보증채무는 주채무의 이자, <u>위약금</u>, 손해배상 기타 주채무에 종속한 채무를 포함하고, 보증인은 그 보증채무에 관한 위약금 기타 손해배상액을 예정할 수 있다고 한다(제429조).
50) 대법원은 전기업자가 공급하는 전력의 대가인 전기요금채권은 민법 제163조 제6호의 '생산자 및 상인이 판매한 생산물 및 상품의 대가'에 해당하여, 3년간 이를 행사하지 아니하면 소멸시효가 완성된다고 하고 있었고(대법원 2014. 10. 6. 선고 2013다84940 판결 등) 문헌들도 유사하게 파악하고 있었다[가령 민법주해(Ⅲ), 449면(윤진수 집필부분)].
51) 민법주해(Ⅳ), 451면 이하(지원림 집필부분) 등.

그와 아울러 채무불이행으로 인한 지연손해를 배상받는 경우 이러한 배상 청구권은 강제이행청구권의 연장[52]으로서의 성질을 가진다. 이렇듯 채무 불이행에 의한 손해배상청구권은 본래의 채권의 확장 또는 내용변경에 해 당하여, 본래의 채권과 "동일성"을 가진다고 본다. 그리하여 본래의 채권 에 대한 담보는 손해배상청구권에도 미치고, 본래의 채권이 시효로 인하 여 소멸한 경우에는 손해배상청구권도 소멸한다.[53] 본래의 채권이 양도되 면 이미 발생한 지연배상청구권도 원칙적으로 이전된다고 보아야 한다.

다만 본래의 채권과 손해배상청구권의 동일성은 순전히 채무불이행 에 의한 경우에 한정되는 것이지, 물권적 청구권의 행사에 의한 손해배 상청구권이나 불법행위에 의한 손해배상청구권에 대하여는 그대로 적용 되지 않는다.[54] 그렇다면 위약금 청구권의 경우에는 어떻게 보아야 할 것인가? 생각건대 위약금 특히 위약벌의 경우에는 본래의 채권의 변형물 내지 그 연장으로 보기 어려울 것이다. 위약금 청구권은 결국—본래의 채권을 발생시키는 계약과는 별개로—위약금 약정이 부가적으로 존재하 기 때문에 발생하는 것이라는 점에서 본래 채권 그 자체 내지 그의 변형 물로 보기는 어렵고, 위약금청구권은 위약금 약정에 기한 권리라고 이해 하는 것이 더 적절할 것으로 생각된다.

3. 위약금 채권의 성질

가. 단기소멸시효 기간의 적용

단기소멸시효기간에 관한 규정 가운데 제163조 제6호의 규정 취지는 이러한 채권이 거래에서 많이 발생하는 것이므로 통상 그 추심이나 변제 를 지체하는 일이 거의 없는 것이기 때문에 신속하게 이를 확정하여 거 래의 실정에 맞게 하는 것에 있다고 설명된다.[55]

---

52) 이들을 2차적 급부의무라고 한다.
53) 대법원 판결에 의하면 본래의 공사비채권이 시효소멸된 이상, 그 채권이 이행불 능이 되어 이를 원인으로 한 손해배상청구권이 허용될 수도 없다고 한다(대법원 1987. 6. 23. 선고 86다카2549 판결).
54) 민법주해(IX), 455면(지원림 집필부분).

단기소멸시효에 관한 제163조 및 164조의 규정이 적용되는 범위에 관한 논의들을 살펴보면, 소멸시효기간에 관한 각각의 규정의 해석에 따라 그 범위가 결정되는 것으로 보는 것으로 여겨진다. 가령 대법원은 위탁자의 위탁상품 공급으로 인한 위탁매매인에 대한 이득상환청구권이나 이행담보책임청구권은 위탁자의 위탁매매인에 대한 상품공급과 서로 대가관계에 있지 아니하여 등가성이 없으므로 민법 제163조 제6호 소정의 '상인이 판매한 상품의 대가'에 해당하지 않아 3년 단기소멸시효의 대상이 아니라고 하고 있다.[56] 상사소멸시효 기간 적용 여부가 문제된 판결들을 살펴보더라도, 민법보다 단기의 소멸시효를 정하여 법률관계를 조기에 안정시키고자 하는 취지가 관철되어야 하는지 여부에 따라 5년 또는 10년의 시효기간이 적용되는 것으로 본다. 가령 은행 대출금에 대한 변제기 이후의 지연손해금은 원본채권과 마찬가지로 상사 소멸시효기간을 적용하여야 하며,[57] 상행위에 해당하는 각 보증보험계약에 기초한 급부가 이루어짐에 따라 부당이득반환청구권이 발생한 경우(제3자가 보험계약자 명의를 도용하여 체결한 것이어서 보증보험계약이 무효가 되는 경우 이미 지급한 보험금에 관한 반환청구권) 상사소멸시효 규정이 적용되어야 한다고 본다.[58] 반면 주식회사들 사이에 체결된 상행위인 건물임대차계약이 종료된 뒤 임차 회사가 임차건물을 무단으로 점유, 사용하는 경우에 임대 회사가 임차 회사에 대하여 가지는 부당이득 반환채권의 경우에는 민법상 일반소멸시효 기간이 적용된다.[59]·[60]

---

55) 곽윤직 외 민법주해(Ⅲ), 448면(윤진수 집필부분).

56) 대법원 1996. 1. 23. 선고 95다39854 판결.

57) "은행이 영업행위로서 한 대출금에 대한 변제기 이후의 지연손해금은 그 원본채권과 마찬가지로 상행위로 인한 채권에 관하여 적용될 5년간의 소멸시효를 규정한 상법 제64조가 적용된다"(대법원 1979. 11. 13. 선고 79다1453 판결).

58) "이와 같은 원고의 부당이득반환청구권은 근본적으로 상행위에 해당하는 이 사건 각 보증보험계약에 기초한 급부가 이루어짐에 따라 발생한 것일 뿐만 아니라, 그 채권 발생의 경위나 원인, 원고와 피고의 지위와 관계 등에 비추어 그 법률관계를 상거래 관계와 같은 정도로 신속하게 해결할 필요성이 있다고 보이므로 이에 대하여는 5년의 소멸시효를 정한 상법 제64조가 적용되는 것으로 보아야 한다"(대법원 2007. 5. 31. 선고 2006다63150 판결).

그렇다면 문제는 민법 제163조 제3호의 "생산자 및 상인이 판매한 생산물 및 상품의 대가"에 본래의 채권인 전기요금채권은 물론, 그 불이행의 경우 발생하는 위약금 채권도 포함된다고 보아야 할 것인지 여부이다. 결국 단기소멸시효를 규정한 취지와 관련하여, 위약금에 관한 법률관계를 조속히 확정할 필요가 있는지가 관건일 것이다. 이에 관하여는 다음 항에서 논의한다.

나. 위약금 채권의 부종성

(1) 위약금 약정이 채무자가 채무의 내용에 좇은 이행을 하지 않은 경우에 대하여 행하여지는 것이라면, 이는 본래의 채권관계를 전제로 하는 것으로 보아야 한다.[61] 즉, 본래의 채권관계가 그것을 발생시키는 계약의 무효, 취소, 해제 등의 사유로 부존재하는 경우, 당사자 사이에 특별한 약정이 없는 한 위약금 약정도 목적을 상실하여 효력이 없다고 보아야 할 것이다.[62] · [63]

---

59) "이 사건 임대차계약이 상행위에 해당한다고 하더라도 그 계약기간 만료를 원인으로 한 이 사건 부당이득반환채권은 법률행위가 아닌 법률의 규정에 의하여 발생하는 것이고, 그 발생 경위나 원인 등에 비추어 상거래 관계에 있어서와 같이 정형적으로나 신속하게 해결할 필요성이 있다고 볼 것은 아니므로 특별한 사정이 없는 한 5년의 상사소멸시효 기간이 아니라 10년의 민사소멸시효 기간이 적용된다고 봄이 타당하다(대법원 2012. 5. 10. 선고 2012다4633 판결).

60) 참고로 법률관계마다 10년, 5년, 3년, 1년 등 다양한 시효기간을 정하고 있는 것에 관하여 단기소멸시효에 관한 규정 형식이 복잡하고 각 종별로 분류된 채권 사이의 균형이 맞지 않으며, 구체적인 채권이 어느 단기소멸시효 적용을 받을 것인지 불분명한 경우가 많으므로, 단기소멸시효의 종류를 단순화하여야 한다는 비판이 유력하다[고상룡, 민법총칙, 1990, 736면; 임건면, "소멸시효기간과 기산점", 민사법학 제47권(2009), 53면 이하 등].

61) 민법주해(Ⅸ), 648면 및 657면(양창수 집필부분). 최병조, 221면은 "담보된 원채권관계에 부가되는 추가급부로서의 성질을 갖는다"라고 표현한다.

62) 참고로 독일 민법상 위약금의 경우에도 마찬가지이다. MünchKomm/Gottwald, §339 Rn. 14ff.에서는 위약금의 "부종성"에 관하여 주된 채무의 존재(Rn. 17f.), 방식(Rn. 22), 담보(Rn. 24)등과 더불어 제척기간이나 소멸시효 기간과 관련하여서도 통상적으로 부종성을 가진다고 한다(Rn. 23). 경업금지 위반의 경우 위약금 약정에 관하여 독일민법상 일반시효기간이 아니라, 부정경쟁방지법 제21조의 시효기간이 적용된다는 NJW 1995, 2788, 2790 참조. (http://zip-online.de/88d7f9dbd22b35889ee5301e1cb10756 에서 검색)

63) 최병조, 225면에서는 위약금 약정은 주된 의무의 불이행을 조건으로 하는 종된

그렇다면 위약금 채권은 본래의 채권에 종된 채권이므로 시효기간도 동일하게 파악하는 것이 적절하다. 앞서 밝힌 바와 같이 채무불이행에 기한 지연손해배상금의 경우 본래의 대출금 채권과 동일한 상사소멸시효 기간이 적용되어야 한다면, 채무불이행에 기한 손해배상액을 미리 예정한 것에 관하여서도 동일한 기간이 적용된다고 보는 것이 자연스럽다. 또한 앞서 살펴본 바와 같이 위약금을 손해배상액의 예정과 위약벌로 준별하여 요건이나 효과를 달리 하는 것이 적절하지 않고 통일적으로 위약금 약정을 파악하여야 한다면, ─손해배상액의 예정 부분은 물론이고─위약금 전반에 관하여 본래의 채권과 동일한 시효기간을 적용하는 것이 적절하다.

(2) 설사 대상판결에서 대법원이 취한 입장과 같이, 이 사안에서의 위약금 약정에 기한 채무가 전기요금 채무 그 "자체"가 아니므로, 3년의 단기소멸시효기간이 적용될 수 없다고 하더라도, 시효로 소멸한 전기요금 채무의 불이행에 관한 위약금 부분은 같이 소멸하는 것으로 보아야 한다. 대법원에 의하면 지연손해배상은 주된 채권인 원본의 존재를 전제로 그에 대응하여 발생하는 권리이므로, 금전채권 가운데 일부가 시효완성으로 소멸한 경우, 이에 해당하는 지연손해금 역시 소멸한 것으로 보아야 한다고 하며, 그렇다면 본래의 채권을 전제로, 그 채무불이행의 경우에 기능하는 위약금 청구권은 목적이나 기능면에서 본래의 채권에 부종한다고 하여야 할 것이고, 적어도 본래의 채권이 소멸하였다면 종된 채권도 따라서 소멸한 것으로 보아야 한다.[64]·[65] 대상판결의 원심판결은 비록

계약이라는 전제에서, 위약금 약정은 매도인의 담보책임으로 인한 손해배상은 포함하지만, 매매당사자 모두 목적물이 타인소유인 사실을 모르고 계약을 체결한 경우의 담보책임, 계약 해제에 따른 계약금반환의무, 계약상의 의무불이행으로 인한 것이 아닌 한, 불법행위상 손해까지 예정한 것으로 볼 수 없다고 한다.

64) "이자 또는 지연손해금은 주된 채권인 원본의 존재를 전제로 그에 대응하여 일정한 비율로 발생하는 종된 권리라 할 것인데, 하나의 금전채권의 원금 중 일부가 변제로 소멸된 후 나머지 원금에 대하여 소멸시효가 완성된 경우, 가분채권인 금전채권의 성질상 변제로 소멸한 원금 부분과 소멸시효 완성으로 소멸한 원금 부분을 구분하는 것이 가능하고, 이 경우 원금에 종속된 권리인 이자 또는 지연손해금 역시 변제로 소멸한 원금 부분에서 발생한 것과 시효완성으로 소멸된 원금 부분에

이 사안에서의 위약금을 손해배상의 예정으로 성질 결정한 전제하에서이기는 하지만, 본래의 채권과 같이 소멸한 것으로 보고 있는바, 이러한 판단은 경청할 필요가 있다고 여겨진다.[66]

대상판결의 원심에서 원고가 이 사건에서의 위약금은 위약벌의 성질을 가지는 것이어서 10년의 일반소멸시효 기간이 적용된다고 한 것에 대하여, 원심법원은 위약금은 손해배상액의 예정으로 추정된다고 하여 위 항변을 인정하지 않고 있다. 손해배상의 예정인지 위약벌인지 막론하고, 본래의 채권과 동일한 시효기간이 적용되어야 할 것이다.[67]

서 발생한 것으로 구분하는 것이 가능하므로, 위 소멸시효 완성의 효력은 소멸시효가 완성된 원금 부분으로부터 그 시효 완성 전에 발생한 이자 또는 지연손해금에는 미치나, 변제로 소멸한 원금 부분으로부터 그 변제 전에 발생한 이자 또는 지연손해금에는 미치지 않는다고 봄이 타당하다."

65) "공사도급계약상 도급인에게 수급인으로 하여금 공사를 이행할 수 있도록 협력하여야 할 의무가 인정된다고 하더라도 이러한 협력의무는 계약에 따른 부수적 내지는 종된 채무로서 민법 제163조 제3호에 정한 '공사에 관한 채무'에 해당하고, 주된 채무인 공사대금채무가 시효로 소멸하였다는 도급인의 주장에는 종된 채무인 위 공사 협력의무의 시효소멸 주장도 들어 있는 것으로 볼 수 있다"(대법원 2010. 11. 25. 선고 2010다56685 판결).

66) 하급심 판결이고 오래된 것이기는 하나, 피고가 원고에게 일정한 기간 동안 운송을 의뢰할 화물에 적용할 고정적인 할인된 운임과 위 운임이 적용될 화물 및 목적항 등을 미리 포괄적으로 정해 놓고, 이에 따라 일정한 기간 동안 피고는 원고에게 개개의 화물의 운송을 의뢰하고, 원고는 이에 대하여 약정한 할인운임률을 적용하여 운송해 주되, 피고가 약정 물량을 이행하지 못하는 경우 운송인인 원고가 위 운임의 할인으로 인하여 입은 손실 등 산정하기 어려운 제반 손해에 대신하여 미리 위약금을 예정한 것에 관하여, 위 위약금 채권은 각 항해 단위로 체결된 개별적인 운송계약과 밀접한 관련을 갖고 있을 뿐만 아니라, 실제 각 항해 단위로 만들어진 관련 서류들을 자료로 이용하기 위해서는 그 계산관계를 신속히 종료시킬 현실적인 필요성도 있는 것이어서, 위약금 채권은 운송인인 원고가 송하인인 피고에 대하여 운송계약과 관련하여 취득한 채권으로서 위 단기소멸시효 규정이 적용되어야 할 것이라는 것이 있다(서울지방법원 1996. 6. 13. 선고 92가합47828 판결).

67) 전술한 바와 같이 민법에서 "저당권은 원본, 이자, 위약금, 채무불이행으로 인한 손해배상 및 저당권의 실행비용을 담보한다"(제360조)고 규정하고, 질권, 보증채권 등에서도 유사한 규정을 두고 있는데, 위약벌의 경우에는 본래의 채권에 부종하지 않는다고 본다면, 손해배상과 별도로 위약벌까지 포함한다는 규정을 둘 필요가 없을 것이라고도 할 수 있다. 곽윤직 외, 민법주해(Ⅶ), 71~72면(남효순 집필부분)에서도 위약금이 손해배상의 예정이 아니라 단순히 위약벌인 경우에도 후순위의 저당권자 또는 일반의 채권자에게 불측의 손해를 주지 않기 위해서라도 이를 등기하

Ⅳ. 맺 음 말

지금까지의 논의를 정리하면 다음과 같다.

1. 위약금 약정이 있는 경우 그 목적은 다양할 것이고, 그것이 무엇을 의도하는지는 당사자의 의사에 의하여 결정된다. 위약금 약정의 전형적 모습으로 손해배상의 예정과 위약벌이 있으나, 이는 개념이라기보다 유형에 해당한다고 보아야 할 것이다. 이 둘을 개념상 엄밀하게 구분하는 것은—그 전형적 형태에서는 가능할지라도—매우 어렵다. 기능면에서도 위약벌과 손해배상액 예정이 명확히 분리된다고 하기 어렵고, 당사자의 의사를 보더라도 이 두 형태 가운데 어디에 속하는지 명확하게 구분하는 것은 쉽지 않은 경우가 다수 있다. 따라서 개별 사안에서 손해배상의 예정과 위약벌의 성질을 동시에 가지는 위약금이 존재할 수 있다. 대상판결의 사안에서 위약금은 손해배상에 해당하는 부분과 제재금의 성질을 가지는 부분으로 쉽게 분리할 수 있다. 그러한 점에서 대상판결이 본 사안에서의 위약금이 위약벌의 성질과 손해배상의 예정으로서의 성질을 동시에 가진다고 본 것은 적절하다. 나아가 위약벌과 손해배상의 예정으로서의 위약금이 기능면에서 중첩되고 개념상으로도 완전히 구분하기 어려운 것이라면, 그 법효과를 완전히 달리 규율하는 것도 적절하지 않다. 그러한 점에서 민법개정안에서 "위약금 약정"을 중심으로 규정을 개정할 것을 제안한 것이나, 위약벌의 경우에도 재량감액을 인정하여야 한다는 주장은 타당한 것으로 평가될 수 있다.

2. 위약금 내지 위약벌의 구체적 법률관계를 어떻게 파악할 것인지가 문제된다. 위약금 내지 위약벌에 관하여 민법에서 특별히 정하는 바가 없으므로 그 법률관계는 결국 당사자의 의사에 의하여 결정되어야 할

여야 한다고 밝힌다.

것인데, 당사자 사이에 특별한 합의가 없는 경우에는 결국 각 법률관계를 정한 규정들의 취지에 따라 결정되어야 할 것이지만, 이에 위약금 내지 위약벌 약정의 성질에 관한 고려가 더하여져야 할 것이다. 이 사안에서 문제된 것은 위약벌과 손해배상의 성질을 겸유하는 위약금 약정이 있는 경우, 소멸시효기간을 어떻게 할지 여부이다. 위약금, 특히 위약벌의 경우—손해배상채권과는 달리—본래 채권의 연장 또는 내용변경으로 보기는 어렵다. 대상판결에서 위약금 약정이 "전기요금채권 자체가 아니"라고 한 것은 그러한 의미로 이해된다. 다만 위약금 약정의 경우 대체로 본래의 채권에 종된 채권이라고 보아야 할 것이므로, 본래의 채권과 소멸시효 기간을 동일하게 보아야 할 것이고, 적어도 본래의 채권이 소멸하였는데 위약금 채권이 존속한다고 보는 것은 적절하지 않은 것으로 생각된다. 시효기간 외에도, 가령 위약금 채권의 성립 및 소멸, 담보 및 보증의 범위, 채권양도 등의 경우에도, 당사자 사이에 다른 정함이 없는 한 다른 종된 채권과 마찬가지로 위약금 채권의 법률관계를 파악하여야 한다.

대상판결에서 명시적으로 밝히고 있지는 않으나, 전기요금면탈의 경우 전기공급업자가 개별 사용자의 요금면탈 여부를 밝혀내기 어려운 경우도 많으므로 3년의 단기소멸시효 기간 내에 전기요금이나 위약금을 청구해서 지급받는다는 것이 쉽지 않을 수 있다는 정책적 고려도 작용하지 않았을까 추측해 본다. 다만, 그러한 점을 인정한다 하더라도 이는 오히려 단기소멸시효 제도 정비를 통하여 해결할 문제일 것이다. 손해배상의 예정이나 위약벌이 기능이나 목적 면에서 중첩되는 것이고 개념적으로도 완전히 분리하기 어려운 것이라면, 시효기간 등의 법률관계도 동일하게 파악하는 것이 적절할 것이다. 이 글에서는 동일한 파악을 위한 개념 도구로 위약금 약정 및 그 법률관계의 "부종성"을 사용하였다.

[Abstract]

A Study on the characteristics of the Agreed Payment for Non-Performance

Kim, Young Shin*

The Supreme Court case analyzed in this study is related with the period for extinctive prescription for the agreed payment for non-performance of electric charge. In this case, the Supreme Court declared its position that the payment for non-performance issued possessed the character both of liquidated damages and contractual penalty. However, the Supreme court also held that the agreed payment for non-performance is completely different from electric charge itself. Therefore, the regulation for the extinctive prescription period of electric charge would not apply to the agreed payment for non-performance of electric charge.

The parties to a contract may stipulate a sum for non-performance, and the stipulated payment clause may assume the character either of liquidated damages or contractual penalty. The Korean Civil Code provides that agreed payment for non-performance is presumed to be liquidated damages. The judicial precedent and academia have made a sharp distinction of the liquidated damages and contractual damages. However, such a dichotomy of view does not provide proper solution. Futhermore, it is proper that Article 398 that regulates liquidated damages would be revised to that governs the agreed payment for non-performance.

This Supreme Court held that an agreed payment for non-performance can contain the liquidated damages and the contractual penalty both of all. On the other hand, this judgement of court distinguish the liability from the

---

* Associate Professor of Law, Myongji University.

agreed payment for non-performance and that from electricity charge with a regard to extinctive prescription period. Regarding breach of contract, a claim for damages is relevant *to extension or change of original contractual relations*. Therefore, such regulations as original contractual relations apply to a claim for the agreed payment for non-performance. Even if not, the stipulated sum for non-performance may be *dependent* on original contractual relations. Notwithstanding extinction of a contractual claim, it is unreasonable that only a claim for agreed payment for non-performance exist alone. It is also significant whether it satisfies to the purpose of the short period of extinctive prescription of electric charge.

[Key word]
- agreed payment for non-performance
- liquidated damages
- contractual penalty
- period for extinctive prescription
- dependency

참고문헌

곽윤직, 채권총론(제6판,) 박영사, 2009.

곽윤직 외, 민법주해(Ⅲ), 박영사, 2004.

_____, 민법주해(Ⅳ), 박영사, 1995.

김상용, 채권총론, 법문사, 2003.

김형배·김제완·김명숙, 민법학강의(제9판), 신조사, 2010.

송덕수, 신민법강의(제3판), 박영사, 2010.

_____, 민법총칙(제2판), 박영사, 2013.

이은영, 채권총론(제4판), 박영사, 2009.

지원림, 민법강의(제12판), 홍문사, 2014.

강신웅, "위약금에 관한 비교연구", 민사법학 제13, 14호.

_____, "손해배상액의 예정과 위약벌의 인정문제", 홍천룡 교수 화갑기념 논
        문집, 1997.

김동훈, "위약금에 관한 민법 규정의 개정론", 법학논총 제23권 제2호(국민대
        학교 법학연구소).

김영태, "공사도급계약에 있어서 공사이행보증금의 성질(손해배상액의 예정과
        위약벌의 구별)", 대법원판례해설 제24호, 법원행정처, 1995.

김재형, "「손해배상의 예정」에서 「위약금 약정」으로—특히 위약벌의 감액을 인정할
        수 있는지 여부를 중심으로—", 비교사법 제21권 제2호.

_____, "채무불이행으로 인한 손해배상에 관한 민법개정안", 민사법학 제65호.

김학동, "손해배상액의 예정", 인권과 정의 제242호, 대한변호사협회.

서 민, "손해배상액의 예정", 민사법학 제7호, 한국민사법학회.

이지윤, "판례에 나타난 '특수한' 손해배상액의 예정과 위약벌", 비교사법 제
        18권 제4호.

임건면, "손해배상액의 예정과 위약벌에 관한 비교법적 고찰", 홍천룡 교수
        화갑기념 논문집, 1997.

_____, " 소멸시효 기간과 기산점", 민사법학 제47호.

조일윤, "위약벌에 관한 일고찰", 동아법학 제52호.

최병조, "위약금의 법적 성질", 민법판례연구(XI), 박영사.

최창렬, "부당한 위약금의 규제에 관한 연구", 비교사법 제8권 제2호.

_____, "손해배상액의 예정과 위약벌의 구별에 관한 연구", 민사법학 제21호.

한인상, "독일법상 위약금과 손해배상액예정의 구별", 법학논총 제25집 제4호
      (한양대학교 출판부).

허명국, "위약금 약정의 체계적 재정립을 위한 시론", 법학연구 제21권 제2호
      (충남대학교 법학연구소).

홍승면, "손해배상액의 예정과 위약벌의 구별방법", 민사판례연구(XXIV), 박영사.

Chitty on contract, vol I. (28 ed.), Sweet & Maxwell, 1999.

Lando/Beale(ed.), Principles of European Contract Law, 2000.

Münchener Kommentar zum BGB Bd.2(6 Aufl.), 2012.

해약계약금의 약정에서 계약금의 일부만 지급된 경우의 법률관계*

송 호 영**

■요 지■

우리 민법상 매매는 당사자 일방이 재산권을 상대방에게 이전할 것을 약정하고 상대방이 그 대금을 지급할 것을 약정함으로써 효력이 발생한다. 즉 매매는 낙성계약이므로 계약금의 교부가 계약의 성립요건은 아니다. 그렇지만 거래현실에서는 부동산의 매매와 같이 매매대금이 비교적 거액인 거래에서는 계약체결시에 우선 계약금을 교부하고 중도금이나 잔금을 순차로 혹은 나중에 지급하는 것을 내용으로 하여 계약을 체결하는 경우가 흔하다. 이러한 계약금계약에 대해 우리 민법은 당사자 사이에 다른 약정이 없으면 당사자의 일방이 이행에 착수할 때까지 교부자는 이를 포기하고 수령자는 그 배액을 상환하여 매매계약을 해제할 수 있도록 정하고 있다. 종래 다수설과 판례는 이른바 계약금계약을 요물계약으로 파악하였었다. 즉 계약당사자는 약정한 계약금의 현실적인 교부가 있어야지 계약해제권을 유보할 수 있다는 의미이다. 그런데 대상판결의 사안은 당사자가 매매계약을 체결하면서 계약금을 교부하기로 약정하였지만, 매수인이 계약당일에 계약금의 일부만 지급하고 그 다음날 계약잔금을 지급하기로 한 경우, 계약금의 일부만 지급받은 매도인은 그 교부받은 계약금의 배액만을 상환하여 계약을 해제할 수 있는지, 아니면 교부받은 일부계약금 외에 약정한 계약금을 상환하여야만 계약을 해제할 수 있는지가 문제된 것이다. 이에 대해 판례는 해약금의 기준이 되는

---

* 이 논문은 한양대학교 교내연구지원사업으로 연구되었음(HY-201400000002708).
** 한양대학교 법학전문대학원 교수.

금원은 실제 교부받은 계약금이 아니라 약정 계약금으로 보아야 한다고 판시하였다. 필자는 이러한 판례의 결론에 대해 기본적으로 찬동하지만, 계약금계약을 요물계약으로 보는 판례의 전제에 대해서는 반대한다. 이에 대해 필자는 계약금계약을 낙성계약으로 보면서도 약정한 계약금을 교부해야지만 유보된 계약해제권을 행사할 수 있는 것으로 이해함으로써, 대상판결과 같은 결론에 도달한다.

[주제어]
- 매매
- 계약금
- 낙성계약
- 요물계약
- 해제

[투고일자] 2015. 12. 9.
[심사일자] 2015. 12. 15.
[게재확정일자] 2015. 12. 30.

대상판결 : 대법원 2015. 4. 23. 선고 2014다231378판결

[사안의 개요]

1. 매매계약의 체결과 내용

가. 원고는 2013. 3. 25. 피고로부터 서울 서초구 소재 모 아파트(이하 '아파트'라 한다)를 대금 11억원에 매수하기로 하는 매매계약(이하 '매매계약'이라 한다)을 체결하면서, 계약금 1억 1,000만원 중 1,000만원은 계약 당일에 지급하고, 1억원은 다음날인 2013. 3. 26. 피고의 은행계좌(이하 '계좌'라 한다)로 송금하며, 잔금 9억 9,000만원 중 7억 3,000만원은 이 아파트의 전세권자에 대한 전세금반환채무를 인수함으로써 그 지급에 갈음하고, 2억 6,000만원은 2013. 4. 29. 현금으로 지급하기로 약정하였다. 이에 따라 원고는 이 사건 매매계약일에 피고명의의 계좌로 위 계약금 중 1,000만원을 송금하였다.

나. 원고와 피고가 맺은 매매계약[1]의 주요 내용은 다음과 같다.

◎ 계약내용

　제5조: 매수인이 잔금을 지불하기 전까지 매도인은 계약금의 배액을 배상하고, 매수인은 계약금을 포기하고 이 계약을 해제할 수 있다.

　제6조: 매도인 또는 매수인은 이 계약상의 채무불이행이 있을 경우 계약당사자 일방은 채무를 불이행한 상대방에 대하여 서면으로 이행을 최고하고, 이를 이행하지 않았을 경우 계약을 해제할 수 있다. 이 경우 매도인과 매수인은 각각 상대방에 대하여 손해배상을 청구할 수 있으며, 손해배상에 대하여 별도 약정이 없는 한, 제5조의 기준에 따른다.

◎ 특약사항

　제4조: 만일 2013. 3. 26.까지 계약금 중 1억원이 입금되지 않을 경우, 별도 약속이 없는 한 최고 없이 이 계약은 해제된다.

---

1) 이하 사안에서 원고와 피고가 맺은 박스 안에 기재된 내용의 매매계약을 '계약'이라고 표기한다.

2. 사건의 전개

가. 피고는 매매계약 다음날인 2013. 3. 26. 매매계약 체결을 중개하였던 공인중개사 최○○(이하 '공인중개사'라 한다)에게 매매계약을 해제하겠다고 통보하고 계좌를 해지하여 폐쇄하였다. 이에 이러한 사실을 모르는 원고는 같은 날 11:30경 피고의 계좌에 나머지 계약금 1억원을 송금하려 하였으나 계좌폐쇄로 송금에 실패하였고, 그 직후 공인중개사로부터 피고가 매매계약을 해제하기 위하여 계좌를 폐쇄하였다는 사실을 전해 들었다.

나. 원고는 2013. 3. 27. 피고가 위 나머지 계약금 1억원의 수령을 거절한다는 이유로 피고를 피공탁자로 하여 1억원을 변제공탁하였다. 한편 같은 날 피고도 원고를 피공탁자로 하여 원고로부터 지급받은 계약금 1,000만원의 배액인 2,000만원을 변제공탁하였으며, 이에 원고는 2013. 3. 29. 피고로부터 '원고로부터 수령한 계약금 1,000만원의 배액인 2,000만원을 공탁하고 이 사건 매매계약을 해제한다'는 내용의 통고서를 송달받았다.

다. 원고는 2013. 4. 24. 피고에게 '2013. 4. 29. 이 사건 아파트의 매매잔금 2억 6,000만원을 지참하여 공인중개사의 사무실을 방문할 예정이니 피고도 같은 날 이 사건 아파트의 소유권이전등기절차 이행에 필요한 서류를 교부하여 달라'고 요청하는 내용의 통고서를 발송하여 그 무렵 위 통고서가 피고에게 도달하였고, 원고는 2013. 4. 29. 잔금을 지참하고 공인중개사의 사무실을 방문하였으나, 피고는 그 곳에 나타나지 않았다.

라. 원고는 다시 2013. 6. 3. 피고에게 '2013. 6. 7.까지 이 사건 아파트에 관한 소유권이전등기절차를 이행하지 않을 경우 별도의 해제통고 없이 이 이 사건 매매계약은 해제된다'는 취지의 통고서를 발송하여 2013. 6. 4. 위 통고서가 피고에게 도달하였다.

3. 원고의 소제기

이에 원고는 이사건 매매계약은 피고의 이행거절을 이유로 한 원고의 2013. 6. 3.자 계약해제의 의사표시에 의하여 2013. 6. 7. 적법하게 해제되었다고 주장하면서, 피고에게 해제에 따른 원상회복으로서 원고로부터 지급받은 1,000만원의 반환 및 채무불이행에 따른 손해배상으로서 이 사건 매매계약 제6조에서 정한 위약금 1억 1,000만원을 합한 1억 2,000만원의 지급을 청구하였다.

[소송의 경과]

1. 제1심 판결 (서울중앙지방법원 2014. 3. 12. 선고 2013가합528346 판결 :
   청구 일부인용)

원고의 소제기에 대해 피고는 다음과 같이 항변하였다. 피고는, 원고가 이 사건 매매계약에서 정한 계약금 중 1억원을 그 이행기인 2013. 3. 26.까지 피고에게 지급하지 아니함에 따라 이 사건 아파트에 관한 계약금계약이 성립하지 아니하였고, 이에 따라 일방당사자의 채무불이행에 따른 손해배상액을 계약금계약 조항(계약내용 제5조)에 따라 예정한 조항(계약내용 제6조)도 성립되지 아니하였으므로, 원고가 피고에게 위 제6조에 따라 계약금 상당 손해배상금의 지급을 구할 수는 없다고 항변하였다.[2]

이에 대해 법원은 매매계약에 있어서 계약금계약은 통상적으로 매매계약의 일방당사자가 민법 제565조 제1항의 규정에 따라 그 매매계약을 임의로 해제할 수 있도록 하는 해제권유보약정에 해당하는 반면, 손해배상액의 예정은 계약의 일방당사자가 그 채무를 불이행할 경우를 대비하여 손해의 발생사실 및 손해액에 대한 증명의 곤란을 덜고 분쟁의 발생을 미리 방지하고자 손해배상액을 미리 약정하는 것을 의미하므로, 계약금계약과 손해배상액의 예정은 그 법률적 성격이 다르기 때문에 계약당사자가 손해배상액을 계약금 상당액으로 예정한 경우에 계약금계약이 성립하지 아니하였다고 하여 당연히 손해배상액의 예정까지 성립하지 아니하였다고 볼 수는 없다고 하면서 피고의 항변을 배척하였다.

또한 법원은 교부자가 계약금의 잔금 또는 전부를 지급하지 아니하는 한 계약금계약은 성립하지 아니하므로 당사자가 임의로 주계약을 해제할 수는 없다는 대법원 2008. 3. 13. 선고 2007다73611 판결을 인용하면서, 원고가 피고에게 이 사건 매매계약상의 계약금 중 1,000만원만을 지급한 상태에서는 계약금계약이 성립하지 아니하였으므로 피고가 민법 제565조 제1항에 의하여

---

2) 피고는 그 외에도 원고 측의 사기에 의한 취소, 시가의 착오에 의한 취소, 특약
   위반에 따른 해제, 변제공탁에 의한 원상회복의무의 이행 등을 주장하였지만, 대
   상판결의 주된 논점에서 다소 벗어난 것들이어서 이에 관한 설명은 생략한다.

이 사건 매매계약을 해제할 수 없다고 판시하였다.

피고가 원고에게 지급해야 할 금원의 범위에 대해, 법원은 계약금의 일부로 피고가 원고로부터 교부받은 1,000만원은 원상회복으로 전액반환을 인정하였지만, 피고의 손해배상에 대해서는 매매계약상의 계약금인 1억 1,000만원은 위약금의 약정이고 이는 민법 제398조 제4항에 따라 손해배상액의 예정으로 추정되므로 그 금액이 부당히 과다한 경우에는 법원이 이를 적당히 감액할 수 있다는 민법 제398조 제2항을 들어 제반사정을 종합한 결과 피고의 손해배상금을 30%로 감액하는 것이 타당하다고 하여 3,300만원(= 1억 1,000만원 × 30%)으로 결정하였다.

2. 원심판결 (서울고등법원 2015. 4. 23. 선고 2014다231378 판결 : 청구 일부 인용)

이에 원고와 피고는 모두 항소하였다. 이에 대해 원심법원은 제1심 법원의 판단을 거의 그대로 수용하면서도 위약금 약정에 의한 손해배상예정액에 대해, 이 사건 매매계약의 손해배상예정액에 해당하는 위 1억 1,000만원은 부당하게 과다하다고 인정되므로 이를 계약금의 70% 정도로 감액하는 것이 타당하다고 하여 피고가 원고에게 지급할 손해배상금을 7,700만원(=1억 1,000만원 × 70%)으로 결정하였다.

3. 대상판결 : 상고기각

가. 상고이유의 요지

이에 피고는 상고하였는데, 몇 가지 상고이유 중에서 논제와 관련하여 의미 있는 것은 '계약금 일부만 지급된 경우 그 지급받은 금원의 배액을 상환하고 계약을 해제할 수 있다'는 피고의 주장이다. 즉 피고는, 원고가 계약금을 전부 지급하기 전까지는 이 사건 매매계약의 구속력이 약하므로 피고는 계약금 일부로서 지급받은 1,000만원의 배액을 상환하면 얼마든지 이 사건 매매계약을 해제할 수 있는데도, 이와 달리 판단한 원심판결에는 계약금 일부만 지급된 경우에 계약의 해제에 관한 법리를 오해한 잘못이 있다고 주장하였다.

나. 대상판결의 요지

이에 대해 대법원은 다음과 같은 이유로 피고의 상고를 기각하였다.

(1) 매매계약이 일단 성립한 후에는 당사자의 일방이 이를 마음대로 해제할 수 없는 것이 원칙이다. 다만 주된 계약과 더불어 계약금계약을 한 경우에는 민법 제565조 제1항의 규정에 따라 해제를 할 수 있기는 하나, 당사자가 계약금 일부만을 먼저 지급하고 잔액은 나중에 지급하기로 약정하거나 계약금 전부를 나중에 지급하기로 약정한 경우, 교부자가 계약금의 잔금 또는 전부를 지급하지 아니하는 한 계약금계약은 성립하지 아니하므로 당사자가 임의로 주계약을 해제할 수는 없다(대법원 2008. 3. 13. 선고 2007다73611 판결 참조).

(2) 피고의 주장과 같이 계약금 일부만 지급된 경우 수령자가 매매계약을 해제할 수 있다고 하더라도, 그 해약금의 기준이 되는 금원은 '실제 교부받은 계약금'이 아니라 '약정 계약금'이라고 봄이 타당하다. '실제 교부받은 계약금'의 배액만을 상환하여 매매계약을 해제할 수 있다면 이는 당사자가 일정한 금액을 계약금으로 정한 의사에 반하게 될 뿐 아니라, 교부받은 금원이 소액일 경우에는 사실상 계약을 자유로이 해제할 수 있어 계약의 구속력이 약화되는 결과가 되어 부당하기 때문이다. 따라서 피고가 계약금 일부로서 지급받은 금원의 배액을 상환하는 것으로는 이 사건 매매계약을 해제할 수 없다.

〔研　究〕

I. 문제의 제기

대상판결의 사안을 간단히 정리하면, 원고(매수인)는 피고(매도인)에 대하여 매매계약 당시 계약금의 일부(1천만원)를 지급하고 계약금의 잔액(1억원)은 그 다음날 지급하기로 하였는데, 원고가 그 계약잔금을 지급하기 전에 피고가 계약잔금의 수령을 거절하면서 원고로부터 지급받은 일부 계약금의 배액을 상환하면서 계약해제를 주장한 데 대하여, 원고가 피고의 소유권이전등기절차의 이행거절을 이유로 계약을 해제하고 그에 따른 손해배상으로 매매계약에서 약정한 위약금의 지급을 청구한 사건이다.

사안에서 피고는 원고가 지급하기로 한 계약잔금의 수령을 거절하기 위해 계좌를 폐쇄하였고, 계좌폐쇄로 인해 원고가 공탁한 계약잔금의 수령도 거부하였는데, 이러한 행위는 이행거절에 해당하기 때문에 원고로서는 피고의 채무불이행을 이유로 매매계약의 해제를 주장할 수 있다. 나아가 약정에 따라 원고가 잔대금을 제공함과 동시에 소유권이전등기절차를 이행하여 줄 것을 서면으로 요구하였음에도 피고가 이를 이행하지 않았기 때문에, 원고는 계약을 해제할 수 있으며 그에 따른 손해의 배상을 청구할 수 있다(계약 제6조). 여기에서 손해배상액에 대해서는 "별도의 약정이 없는 한, 제5조의 기준에 따른다."고 되어 있는데(계약 제6조), 계약 제5조는 매수인은 계약금을 포기하고 매도인은 계약금의 배액을 상환하여 계약해제를 할 수 있도록 하고 있기 때문에 원고는 이에 근거하여 당초 약정한 계약금(1억 1천만원)을 손해배상으로 청구한 것이고,[3] 1심, 2심 그리고 대법원이 이를 인용한 것이다. 다만 손해배상금의 구체적인 산정에 있어서 1심과 2심이 손해배상액의 예정에 따라 설정된 금액(1억 1천만원)의 감액비율을 달리 하였을 뿐, 대법원은 1심 및 2심에서 판단한 쟁점에 적용된 법리를 그대로 수용하였고, 또한 그 결론에 있어서도 타당하다고 보이기 때문에 대상판결에 대한 문제점은 외견상 크게 드러나지 않는다.

그렇지만 필자의 눈길을 끄는 것은 피고의 상고이유 중에서 '계약금 일부만 지급된 경우 그 지급받은 금원의 배상을 상환하고 계약을 해제할 수 있다'고 피고가 주장한 부분이다. 사안처럼 계약금의 일부만 지급하면서 계약금계약을 체결하는 경우는 거래현실에서는 아주 흔한 일이다. 그렇지만 사안처럼 이것이 실제 분쟁으로 비화되어 대법원이 이에 대한 판단을 한 것은 이번이 처음으로 보인다. 대상판결은 이 문제를 심의하면서 선행판결인 대법원 2008. 3. 13. 선고 2007다73611 판결[4]의 설시를

---

3) 즉 원고와 피고가 맺은 계약에서 제5조는 해약금약정을 그리고 제6조는 손해배상액의 예정을 규율하고 있으며, 손해배상액의 예정에 따른 손해배상액은 제5조의 계약금액(즉 1억 1천만원)을 기준으로 삼고 있다.

4) 이하 본고에서 대법원 2008. 3. 13. 선고 2007다73611 판결을 '선행판결'이라고 부른다. 동 판결은 본인(피고1)으로부터 대리권을 부여받았다고 주장하는 자(피고 2)

인용하고 있다. 선행판결은 매매계약 당시 계약금이 교부되지 않고 사후에 지급하기로 약정한 사안을 다룬 것이지만,[5] 대상판결은 계약금계약을 체결하면서 계약금의 일부가 지급된 경우를 다루고 있다는 점에서 차이가 있다.[6] 선행판결에서도 계약금을 사후지급하기로 한 경우뿐만 아니라

로부터 아파트를 매수하는 계약을 체결한 자(원고)가 매매계약 당시 계약금(6천만원)을 준비하지 못한 관계로 계약당일은 계약금의 일부를 피고1의 계좌로 송금하고(실제로는 원고명의의 MMF통장을 중개사에게 맡긴 것으로 갈음하였다) 나머지는 그 다음날 송금하기로 약정하였는데, 그날 밤 피고1은 아파트를 팔 의사가 없음을 피고2에게 알려 왔고, 이에 따라 그 다음날 피고2가 계약파기의 의사를 원고에게 통지하였으나, 원고가 계약금을 피고1의 통장으로 송금하고, 이에 당일 피고2가 이를 인출하여 원고에게 되돌려주려 하였으나 원고가 수령을 거부하자 이를 공탁하여 이후 원고가 위 공탁금을 수령하면서, 피고1에 대해 계약위반을 이유로 위약금(6천만원) 및 지연손해금의 지급을 그리고 피고2에 대해서는 주관적·예비적으로 무권대리인의 책임에 따른 손해배상을 청구한 사건을 다룬 것이다. 이러한 사안에서 피고1의 계약해제 주장이 적법한지에 대해 동 판결은 "계약이 일단 성립한 후에는 당사자의 일방이 이를 마음대로 해제할 수 없는 것이 원칙이고, 다만 주된 계약과 더불어 계약금계약을 한 경우에는 민법 제565조 제1항의 규정에 따라 임의 해제를 할 수 있기는 하나, 계약금계약은 금전 기타 유가물의 교부를 요건으로 하므로 단지 계약금을 지급하기로 약정만 한 단계에서는 아직 계약금으로서의 효력, 즉 위 민법 규정에 의해 계약해제를 할 수 있는 권리는 발생하지 않는다고 할 것이다. 따라서 당사자가 계약금의 일부만을 먼저 지급하고 잔액은 나중에 지급하기로 약정하거나 계약금 전부를 나중에 지급하기로 약정한 경우 교부자가 계약금의 잔금이나 전부를 약정대로 지급하지 않으면 상대방은 계약금 지급의무의 이행을 청구하거나 채무불이행을 이유로 계약금약정을 해제할 수 있고, 나아가 위 약정이 없었더라면 주계약을 체결하지 않았을 것이라는 사정이 인정된다면 주계약도 해제할 수도 있을 것이나, 교부자가 계약금의 잔금 또는 전부를 지급하지 아니하는 한 계약금계약은 성립하지 아니하므로 당사자가 임의로 주계약을 해제할 수는 없다"고 하면서, "계약금이 교부되지 아니한 이상 아직 계약금계약은 성립되지 아니하였다고 할 것이니, 매도인측은 매수인인 원고의 채무불이행이 없는 한 이 사건 매매계약을 임의로 해제할 수 없다고 할 것이므로, 이 사건 계약금을 수령하기 전에 피고 측이 일방적으로 한 이 사건 매매계약 해제의 의사표시는 부적법하여 효력이 없다고 할 것"이라고 판시하였다.

5) 동 판결에 대한 평석으로는 고재민, "민법 제565조의 해제권의 행사와 이행의 착수", 「판례연구」 제19집(2008. 2.), 부산판례연구회, 537면 이하; 이종구, "계약금의 미지급 단계에서의 계약금계약과 주계약의 효력 등에 관하여", 「법학논총」 제33권 제1호(2009. 6.), 단국대 법학연구소, 179면 이하; 이준현, "주된 계약과 더불어 계약금계약을 한 당사자가 계약금의 전부 또는 잔금을 지급하지 않은 경우의 법률관계", 「법조」 통권 제663호(2011. 12.), 260면 이하; 손재종, 매매계약과 계약금약정의 법률관계 검토, 「부동산학연구」, 제15집 제2호(2009. 8.), 59면 이하 참조.

6) 최근 본 대상판결과 관련한 2편의 논문이 발간되었다. 김동훈, "민법의 해약금

계약금의 일부가 지급된 경우의 법률관계에 대하여 언급하고 있으며 대
상판결은 이를 그대로 이어가고 있다. 다만 대상판결에서는 더 구체적으
로 계약금 일부만 지급된 경우 수령자 측에서 유보된 계약해제권의 행사
를 위해 상환해야 하는 계약금의 범위에 대해서도 언급하고 있다는 점이
특징이다.

　이에 대한 대법원의 입장은 첫째, 당사자가 계약금계약에서 계약금
의 일부만이 지급되거나 사후에 계약금 전부를 지급하기로 약정한 경우,
교부자가 계약금의 잔금 또는 전부를 지급하지 아니하는 한 계약금계약
은 성립하지 아니하므로 당사자는 임의로 주계약을 해제할 수는 없고,
둘째, 계약금 일부만 지급된 경우 수령자가 매매계약을 해제할 수 있다
고 하더라도, 그 해약금은 '실제 교부받은 계약금'이 아니라 '약정 계약금'
이 기준이 되어야 한다는 것으로 요약된다. 여기에는 계약금계약과 관련
한 계약법의 본질적인 문제들이 담겨져 있다. 즉 대상판결을 평석하기
위해서는 계약금계약의 본질이 요물계약인지 아니면 낙성계약인지, 그리
고 계약금을 해약금으로 추정하는 우리 민법 제565조의 의미를 어떻게
이해해야 하는지 등 계약법상 근원적인 문제들을 탐구하여야 한다.[7]

　본고는 대상판결에서 다뤄진 여러 쟁점 중에서 계약금의 일부만 지
급하기로 하는 계약금계약의 효력에 대해 대상판결이 설시한 부분을 집

규정의 운용방향-대법원 2008. 3. 13. 선고 2007다73622 판결과 대법원 2015. 4. 23. 선고 2014다231378 판결의 분석을 중심으로-", 「비교사법」 제22권 제3호 (2015. 8.), 1092면 이하; 지원림, "계약금 분할지급 약정의 효력-대상판결: 대법원 2015. 4. 23. 선고 2014다231378 판결-", 「민사법학」 제72호(2015. 9.), 85면 이하 참조.

7) 그 외 계약금계약과 관련하여서는 ① 계약당사자가 계약금을 위약금으로 하기로 약정한 경우에 위약금이 해약금으로서의 성질도 겸유하는지, 그리고 ② 주계약이 채무불이행으로 해제된 경우 계약금반환청구권의 근거와 범위는 어떻게 되는지 등 이 문제된다. 그렇지만 사안에서 원고와 피고가 맺은 매매계약에서는 위약금약정 (제6조)과 별도로 해약금약정(제5조)을 분명히 하고 있으므로 ①의 쟁점은 발생하지 않으며, ②에 대해서도 계약금이 '금전'으로 교부된 이상 부당이득반환법리(민법 제748조)에 의하든 해제에 고유한 원상회복법리(민법 제548조)에 의하든 사안에서 계약금으로 교부한 금전과 이자를 반환해야 하는 결과는 달라지지 아니하므로, 본고에서 이러한 문제에 대한 논의는 생략한다.

중적으로 탐구하고자 한다. 이를 위해 우선 아래의 Ⅱ.에서는 계약금계약의 종류와 법적 성질에 대하여 알아보고, Ⅲ.에서는 해약금계약에 관한 민법 제565조의 의미와 약정한 계약금의 전부가 지급되기 전에 계약해제가 가능한지에 대해 살펴본다. 이상의 논구를 통하여 Ⅳ.에서는 결론적으로 대상판결에 대한 검토와 함께 판지에 대해 평가해 본다.

Ⅱ. 계약금계약

1. 계약금의 의의와 종류

가. 계약금의 의의

민법에는 계약금이라는 용어가 사용되기는 하지만(민법 제565조 제1항 참고), 계약금의 의의는 따로 규정하지는 않고 있다. 일반적으로 계약금은 계약을 체결할 때에 당사자 일방이 상대방에 대하여 교부하는 금전 기타 유가물을 통칭한다.[8] 계약금이 교부되는 것은 매매에 한하지 않으며 임대차·도급·고용 등 다른 유상계약에서도 자주 등장하지만, 민법은 매매계약의 계약금을 해약금으로 추정하는 제565조를 다른 유상계약에 준용하고 있다(민법 제567조.).

계약금은 거래현실에는 계약금·보증금·착수금·선금 또는 선급금 등으로 다양하게 통칭되고 있지만, 규범적인 측면에서 볼 때 선급금[9]과는 구별하여야 한다. 예컨대 매매계약에서 채무자의 신용상태가 의심스럽다거나 지급상 분할지급이 편리한 경우 등의 이유로 매매대금의 일부를 지급기한 전에 미리 지급하는 경우가 있는데, 선급금은 바로 매매대금의 일부변제에 지나지 않는다. 그렇지만 계약체결 당시에 선급금이 지급되었다는 것은 최소한 계약이 성립되었다는 것을 증거는 될 수 있기 때문에 증약금으로서의 성질을 가지는 셈이다.[10] 한편 계약금은 당사자간에 다른 약정이 없는 한 해약금으로 추정되어 해제권유보의 효력을 가

---

8) 김증한·김학동, 「채권각론」, 215면 등.
9) 이를 內金 또는 前渡金이라고도 한다(김형배, 「채권각론」, 309면).
10) 곽윤직, 「채권각론」, 133면; 김형배, 「채권각론」, 309면.

지는 데 반해, 선급금에는 그러한 효력이 없다는 점에서 결정적인 차이가 있다. 그렇지만 거래현실에서는 당사자 사이에서 이를 명확히 구분하지 않고 교부하는 경우도 많이 있고 계약금도 대금의 일부변제로 생각하면서 지급하는 경우가 일반적이기 때문에[11] 당사자가 계약체결 당시에 교부한 금원이 선급금인지 계약금인지를 가리는 것은 용이하지 않다. 나아가 계약체결 당시에 교부한 금원이 선급금의 성질과 계약금의 성질을 동시에 갖는 경우도 있을 수 있다.[12] 이것은 결국 당사자가 맺은 법률행위의 해석에 관한 문제로 귀결된다. 따라서 당사자가 계약체결 당시에 교부한 금전 기타 유가물이 선급금인지 계약금인지에 관하여는 당사자의 의사, 계약의 취지, 거래의 성질, 거래관행, 수수된 금액 등 제반사정을 고려하여 결정하여야 할 것이다.[13]·[14]

나. 계약금의 종류

당사자 사이에 계약금이 교부되는 목적 또는 교부된 계약금의 기능에 따라 계약금은 다음과 세 가지 종류로 분류될 수 있다.

첫째, 증약금으로서의 계약금이다. 계약금은 최소한 계약체결의 증거로서 의미를 갖는다. 계약체결에 있어서 당사자 사이에 어떠한 내용의 합의가 있었는지는 분명하지 않은 경우이더라도 계약금의 교부가 최소한 당사자 사이에 계약체결이 있었다는 사실에 대한 증거가 될 수 있다. 이러한 기능은 앞서 본 바와 같이 당사자가 대금을 선급금으로 교부한 경우에도 인정될 수 있으며, 또한 계약금을 후술하는 해약금 또는 위약금으로서 교부된 경우에도 인정된다. 따라서 계약금의 증약금으로서의 기능은 계약금이 가지는 최소한도의 성질이라고 할 수 있다.[15]

---

11) 박병칠, "계약금포기·배액상환의 약정 및 관련문제-판례를 중심으로-", 「민사법연구」 제3집(1994), 대한민사법학회, 104면.
12) 오종근, "계약금의 법적 성질", 「법학논집」 제15권 제3호(2011. 3.), 이화여대 법학연구소, 170면.
13) 심재돈(집필), 민법주해(ⅩⅣ), 138면. 또한 김형배, 「채권각론」, 309면도 같은 취지.
14) 만약 이러한 계약해석을 통해서도 이를 가리기 어려운 경우에는 해약금으로 추정된다고 새기는 견해가 있다(김기선, 「한국채권법각론」, 128면; 이태재, 「채권각론」, 167면).

둘째, 위약금으로서의 계약금이다. 당사자가 계약위반에 대비하기 위하여 교부하는 계약금으로서, 이는 다시 두 가지 의미를 가진다.

하나는 위약벌의 성질을 갖는 위약계약금으로서, 계약금을 교부한 자가 계약상의 채무를 이행하지 않으면 이에 대한 제재로써 수령자가 계약금을 몰수할 수 있는 계약금이다. 이때 수령자는 채무불이행에 의해 발생한 손해의 전보를 위해 위약계약금과는 별도로 손해배상을 청구할 수 있다. 당사자가 수수한 위약계약금이 위약벌에 해당하는 경우에는 손해배상액의 예정과 달리 수수한 금액이 부당히 과다하다는 이유로 법원이 이를 감액할 수 없다.[16)

다른 하나는 손해배상액의 예정으로서의 성질을 갖는 위약계약금이다. 즉 계약금을 교부한 자가 채무불이행을 한 경우에 교부자는 이를 몰수당하고, 계약금을 수령한 자가 채무를 이행하지 않은 경우에는 교부자에게 그 배액을 상환하기로 약정이 있는 경우에 성립한다. 당사자 사이에 계약금의 교부가 있었다고 해서 당연히 민법 제398조의 손해배상액의 예정으로서 인정되지는 않고, 반드시 당사자 사이에 계약금을 손해배상액의 예정으로 한다는 특약이 있어야 한다.[17) 따라서 계약체결과정에서 계약금이 교부되었더라도 이를 손해배상액의 예정으로 하기로 하는 특약이 없었다면, 일방의 귀책사유에 따른 채무불이행으로 계약이 해제되었더라도 상대방은 채무불이행에 따른 실제 손해만을 배상받을 수 있을 뿐이지 수수한 계약금이 위약금으로서 상대방에게 당연히 귀속되는 것은 아니다.[18) 반대로 당사자가 수수한 계약금이 손해배상의 예정으로 정하여 진

---

15) 곽윤직, 「채권각론」, 130면.
16) 대법원 1968. 6. 4. 선고 68다491 판결; 대법원 1993. 3. 23. 선고 92다46905 판결; 대법원 2002.4. 23. 선고 2000다56976 판결; 대법원 2005. 10. 13. 선고 2005다26277 판결 등. 다만 채무의 강제에 의하여 얻어지는 채권자의 이익에 비하여 약정된 벌이 과도하게 무거울 때에는 그 일부 또는 전부가 공서양속에 반하여 무효로 된다(대법원 1993. 3. 23. 선고 92다46905 판결).
17) 판례도 같은 태도이다. 대법원 1979. 4. 24. 선고 79다217 판결; 대법원 1981. 7. 28. 선고 80다2499 판결; 대법원 1987. 2. 24. 선고 86누438 판결; 대법원 1992. 11. 27. 선고 92다23209 판결; 대법원 2006. 1. 27. 선고 2005다52078, 52085 판결 등.
18) 대법원 1996. 6. 14. 선고 95다54693 판결; 대법원 2010. 4. 29. 선고 2007다

경우에는, 당사자는 이러한 계약금으로써 손해배상을 한 것이므로, 그 외에 더 이상의 손해배상의무를 부담하지 않는다.[19]

　　당사자 사이에 위약금으로서 계약금이 교부된 경우에 위약벌로 새겨야 할지, 아니면 손해배상액의 예정으로 새겨야 할지가 문제될 수 있다. 이 또한 당사자 사이의 법률행위의 해석에 관한 문제로 귀결된다. 이에 대해서는 우리나라에서는 위약벌로 계약금을 교부하는 경우는 극히 드물 뿐만 아니라,[20] 위약금의 약정은 손해배상의 예정으로 추정되므로 (민법 제398조 제4항 참고) 당사자의 의사가 명확하지 않으면 위약금으로 교부된 계약금 은 위약벌이 아니라 손해배상의 예정으로서의 성질을 갖는 것으로 새겨야 한다.[21]

　　셋째, 해약금으로서의 계약금이다. 당사자가 금전 기타 유가물의 교부하면서 계약해제권을 보유하기로 하는 내용의 계약금을 말한다. 이러한 계약금이 교부된 경우에는 교부자는 계약금을 포기하면서 계약을 해제할 수 있고, 수령자는 그 계약금의 배액을 상환하면서 계약을 해제할 수 있다. 민법은 채무불이행이 있지 않는 한 계약을 해제할 수 없는 것을 원칙으로 하지만(민법 제544조 이하), 해약계약금이 교부된 경우에는 채무불이행이 없더라도 당사자는 계약을 해제할 수 있다. 우리 민법은 당사자 사이에 계약금이 교부된 경우 원칙적으로 이를 해약금으로 추정하고 있다 (민법 제565조 제1항 참고).

　　해약계약금에 대해서는 아래 Ⅲ.에서 자세히 살펴본다.

2. 계약금계약의 법적 성질
가. 개　　설
매매는 당사자 일방이 재산권을 상대방에게 이전할 것을 '약정'하고

24930 판결.

19) 김증한·곽윤직, 「채권각론」, 216면.

20) 곽윤직, 「채권각론」, 131면.

21) 곽윤직, 「채권각론」, 131면; 김형배, 「채권각론」, 306면; 송덕수, 「채권각론」, 167 면; 심재돈(집필), 민법주해(ⅩⅣ), 139면.

상대방이 그 대금을 지급할 것을 '약정'함으로써 그 효력이 생기는 계약, 즉 낙성계약이므로 계약금의 교부가 계약의 성립요건이 아님은 물론이다. 그렇지만 거래현실에서는 부동산의 매매와 같이 매매대금이 비교적 거액인 거래에서는 계약체결시에 우선 계약금을 교부하고 중도금이나 잔금을 순차로 혹은 나중에 지급하는 것을 내용으로 하여 계약을 체결하는 경우가 흔하다. 이때 계약금을 교부하면서 계약을 체결하기로 하는 계약을 계약금계약이라고 부를 수 있다.[22] 이러한 계약금계약은 당사자가 궁극적으로 목적으로 하는 주계약과는 독립된 별개의 약정에 의해 성립된다. 그렇지만 계약금계약은 주된 계약의 성립 및 효력에 부수하여 발생하는 종된 계약이기 때문에 주된 계약이 무효나 취소 또는 법정해제 등에 의해 소멸되는 경우에는 계약금계약의 효력도 당연히 소멸하게 되고, 이에 따라 계약금의 수령자는 교부자에게 계약금을 반환하여야 한다.[23] 반대로 종된 계약인 계약금계약이 무효나 취소 등으로 소멸하더라도 주계약이 당연히 소멸하는 것은 아니라고 할 것이다.

계약금계약이 종된 계약이라고 하더라도, 계약금계약이 반드시 주된 계약과 동시에 성립하여야 하는 것은 아니다. 즉 계약금계약은 주된 계약을 체결할 당시에 계약금을 교부하기로 하는 약정에 따라 교부되는 것이 통상적인 모습이지만, 주된 계약의 체결 당시에는 계약금을 지급하기로 하는 약정만을 하고 계약금은 그 이후에 교부한다거나, 계약금을 교부하기로 하는 약정 자체를 주된 계약의 체결 이후에 하는 것도 가능하다.[24]

나. 요물계약성 여부

계약금계약의 법적 성질에 대해서는 다툼이 있다. 즉 계약금계약이 요물계약인지 아니면 낙성계약인지에 대해서는 견해가 대립된다.

---

22) 한웅길 교수는 "특히 부동산거래에 있어서는 계약금의 교부는 관행이라고 평가해도 좋을 정도"라고 한다. 한웅길, "계약금에 관한 소고", 「동아법학」 제40호 (2007. 8.), 128면 참조.

23) 곽윤직, 「채권각론」, 130면; 김기선, 「한국채권법각론」, 124면; 김증한·김학동, 「채권각론」, 215면; 김형배, 「채권각론」, 304면; 송덕수, 「채권각론」, 166면; 임정평, 「채권각론」, 253면.

24) 오종근, "계약금의 법적 성질", 169면.

(1) 학   설

(가) 요물계약설

종래의 통설은 계약금계약을 요물계약이라고 한다.[25] 즉 계약금계약은 금전 기타 유가물의 교부가 있어야만 비로소 성립한다는 것이다. 따라서 당사자 사이에 계약금을 지급하기로 하는 약정만으로는 계약금계약은 성립하지도 않고 거기에 아무런 효력도 생기지 않는다. 계약금계약을 요물계약으로 보는 근거에 대해 학설은 이를 명백히 밝히고 있지는 않지만 다음 두 가지로 요약해 볼 수 있다.

첫째는 연혁적인 이유에서인데, 로마시대에 계약금계약은 요물계약으로 취급되었다는 점이다. 유스티니아누스 황제 당시에 희랍을 중심으로 한 동부지방민의 상거래에서 광범위하게 이용된 보증금제도와 로마법상의 매매를 결합하여 매매계약의 체결할 때에 지급하는 보증금을 위약금(arrha poenitentialis)으로 하는 해제권유보부의 매매계약이 창설되었는데, 이것은 단순한 합의가 아니라 물건이나 금전의 지급을 수반한 요물적 합의였다는 것이다.[26]

둘째는 문언상의 이유에서인데, 우리 민법 제565조가 "계약 당시에…금전 기타 물건을…상대방에게 <u>교부한 때</u>"라고 규정하고 있기 때문에 계약금계약이 성립하기 위해서는 문리적으로 계약금이 실제로 교부되어야만 성립하는 것으로 해석된다는 것이다.[27] 또한 민법 제565조가 계약금의 '포기' 또는 배액의 '상환'을 규정한 것을 계약금이 실제로 교부되었음을 전제로 한 것이라고 주장한다.[28]

---

25) 곽윤직, 「채권각론」, 130면; 김증한·김학동, 「채권각론」, 215면; 김형배, 「채권각론」, 304면; 김상용, 「채권각론」, 189면; 송덕수, 「채권각론」, 166면; 심재돈(집필), 민법주해(XIV), 143면; 지원림, 「민법강의」, 1435면 등.

26) 현승종·조규창, 「로마법」, 814면 이하.

27) 김동훈, "민법의 해약금 규정의 운용방향", 1104면은 계약금계약은 교부된 금원의 포기 등에 효과를 부여하는 약정이라고 본다면 교부라고 하는 요물적 요소는 내재된 개념이라고 주장한다.

28) 지원림, "계약금 분할지급 약정의 효력", 102면.

(나) 낙성계약설

이에 반해 계약금계약을 낙성계약으로 보는 견해는 요물계약설을 비판하면서 다음과 같이 주장한다. 우선, 요물계약설이 근거로 삼는 민법 제565조의 계약금계약이 반드시 요물계약으로밖에 성립할 수 없음을 규정한 것은 아니라고 한다. 특히 민법 제565조가 임의규정이라는 점을 고려한다면, 제565조에서 규율하는 바와는 다른 방식의 계약금계약이 얼마든지 체결될 수 있기 때문에, 이를테면 계약금이 지급되기 전이라도 계약금 상당의 손실을 입는 대가로 해제권을 보유하기로 하는 해약계약금 약정은 계약자유의 원칙상 얼마든지 가능하다고 한다.[29] 계약금계약은 다양하게 성립될 수 있는 것인데, 그중에서도 민법 제565조는 어디까지나 주계약과 계약금약정이 함께 체결되고 그리고 그 당시 계약금이 교부되어 있는 경우를 통상적인 경우로 상정하여 계약금계약을 규율한 것일 뿐이지, 민법이 이러한 경우를 규율대상으로 상정하였다고 해서 법률상으로 반드시 계약금이 교부되어야만 계약금약정이 성립한다고 할 수는 없다고 한다.[30] 나아가 계약금이 약정 당시에 현실적으로 교부된 경우에도 이를 요물계약이라고 할 수 없고, 이는 본래 낙성계약인 계약이 당사자의 특별한 합의에 의하여 계약의 체결 당시에 계약의 요소의 일부가 이행되는 것일 뿐이라고 한다.[31] 요컨대 계약금이 통상적으로 계약 당시에 교부되는 것을 이유로 계약금약정을 요물계약이라고 하는 것은 사실과 규범을 혼동한 것이라고 한다.[32] 또한 연혁적으로 유스티니아누스 칙법에서 희랍의 보증금제도와 로마의 매매법이 결합하여 해약계약금제도나

---

29) 오종근, "계약금의 법적 성질", 178면; 이종구, "계약금의 미지급 단계에서의 계약금계약과 주계약의 효력 등에 관하여", 192면; 최창렬, "계약금계약에 관한 연구", 「재산법연구」 제20권 제1호(2003. 8.), 62면.
30) 남효순, "계약금약정에 관한 몇가지 쟁점", 「법학」 제107호(1998. 8.), 서울대학교 법학연구소, 269면.
31) 남효순, 상게논문, 269면. 오종근교수도 일반적인 해약계약금약정뿐 아니라 제565조에 의해 추정되는 해약계약금약정도 낙성계약이라고 주장한다(오종근, 상게논문, 179면).
32) 남효순, 상게논문, 269면.

위약계약금인 2배액제한칙법이 확립되어 근대법에 큰 영향을 미친 것은 사실이지만, 이것과 계약금계약의 요물계약성과는 별개의 문제라고 비판한다.[33]

(2) 판　례

판례는 계약금계약이 요물계약인지, 낙성계약인지에 대해 명시적으로 밝힌 적은 없다. 다만 판례는 당사자가 매매계약을 맺으면서 매도인이 위약을 했을 때는 계약금의 배액을 배상하고 매수인이 위약하면 계약금의 반환을 청구할 수 없기로 특약을 하였지만, 매수인의 사정으로 계약 당일 계약금을 마련하지 못하여 매도인에게 실제로는 그 다음날 10:00경 계약금을 지급하기로 하면서도 형식상 매도인이 계약금을 받아서 이를 다시 매수인에게 보관한 것으로 하여 매수인이 매도인에게 현금보관증을 작성·교부한 사안에 대해, "위 계약금은 계약해제권유보를 위한 해약금의 성질을 갖는다 할 것이고 당사자 사이에는 적어도 그 다음날 10:00까지는 계약금이 현실로 지급된 것과 마찬가지의 구속력을 갖게 된 것이라고 할 것이어서 당사자는 약정된 계약금의 배액상환 또는 포기 등에 의하지 아니하는 한 계약을 해제할 수 없기로 약정한 것으로 보는 것이 상당하다."고 판시한 적이 있다.[34] 이를 두고 판례의 태도를 단정할 수는 없다. 요물계약설의 입장에서는 매도인에게 현금보관증을 교부한 행위를 형식상이나마 매도인이 계약금을 받은 것으로 보는 것은 판례가 요물계약설을 견지하고 있음을 방증한다고 주장할 수 있을 것이다. 반대로 낙성계약설의 입장에서는 판례가 현실적으로 금전 기타 유가물의 교부가 없이 단지 형식상 현금보관증을 교부한 것만으로도 계약금계약이 성립한 것으로 보는 것은 요물계약설의 입장을 벗어난 것이라고 주장할 수도 있다.

그렇지만, 대상판결의 선례가 되는 대법원 2008. 3. 13. 선고 2007다

---

33) 최창렬, "계약금계약에 관한 연구", 62면.
34) 대법원 1991. 5. 28. 선고 91다9251 판결. 또한 대법원 1999. 10. 26. 선고 99다 48160 판결도 유사한 사안에서 같은 취지로 판단하고 있다.

73611 판결에서는 "주된 계약과 더불어 계약금계약을 한 경우에는 민법 제565조 제1항의 규정에 따라 임의 해제를 할 수 있기는 하나, 계약금계약은 금전 기타 유가물의 교부를 요건으로 하므로 단지 계약금을 지급하기로 약정만 한 단계에서는 아직 계약금으로서의 효력, 즉 위 민법 규정에 의해 계약해제를 할 수 있는 권리는 발생하지 않는다."고 하면서, 더 구체적으로 "당사자가 계약금의 일부만을 먼저 지급하고 잔액은 나중에 지급하기로 약정하거나 계약금 전부를 나중에 지급하기로 약정한 경우 교부자가 계약금의 잔금이나 전부를 약정대로 지급하지 않으면 상대방은 계약금 지급의무의 이행을 청구하거나 채무불이행을 이유로 계약금약정을 해제할 수 있고, 나아가 위 약정이 없었더라면 주계약을 체결하지 않았을 것이라는 사정이 인정된다면 주계약도 해제할 수도 있을 것이나, 교부자가 계약금의 잔금 또는 전부를 지급하지 아니하는 한 계약금계약은 성립하지 아니하므로 당사자가 임의로 주계약을 해제할 수는 없다."고 판시하였다. 이에 의하면 계약금계약은 금전 기타 유가물의 교부를 계약의 성립요건으로 하고 있다는 점에서 대법원은 계약금계약의 성질을 요물계약으로 보고 있음이 분명하다. 대상판결은 이러한 선행판결의 입장을 그대로 이어가고 있다. 다만 판례가 모든 종류의 계약금계약을 요물계약으로 보는 것인지, 아니면 제565조 제1항에 기한 해약계약금의 성립에 한 해 요물계약성을 요구하는 것인지는 분명하지 않다.

(3) 사　　견

우선 계약금계약이 연혁적으로 요물계약에서 비롯되었다고 하더라도 그것이 오늘날에도 요물계약으로만 성립될 수 있다고 단정할 이유는 없다. 근대법에서 계약자유의 원칙이 확립된 이래로 계약은 당사자의 합의에 의해서 성립하는, 즉 낙성계약이 원칙적인 모습임은 다언을 요하지 않는다. 그렇다고 오늘날 낙성계약이 계약의 일반적인 모습이라고 하더라도 요물계약의 성립을 부인할 이유도 없다. 다시 말해, 계약은 당사자의 의사만으로 성립하는 낙성계약이 원칙이며, 요물계약은 법률의 규정에 근거하든지 혹은 당사자가 급부를 현실로 하여야만 계약의 성립을 인정

할 만한 특수한 사정이 전제되어야 하는 예외적인 현상으로 이해하여야
한다. 그렇다면 우리 민법은 어떤 태도를 취한 것으로 보아야 하는가?

앞서 본 바와 같이, 계약금은 증약금, 위약금 및 해약금으로서의 기능
을 가지기에 계약금계약은 그 목적에 따라 증약계약금계약, 위약계약금계약
및 해약계약금계약으로 분류할 수 있다. 따라서 계약금계약의 법적 성질도
이들 세 가지 계약금의 모습에 따라 나누어서 살펴볼 필요가 있다.

우선 증약계약금의 경우에 당사자 사이에 계약체결의 증거를 위해
계약금계약을 체결할 수도 있겠지만, 순전히 체약증거만을 위해 그러한
계약금계약을 체결하는 것은 매우 드문 일이다. 민법에는 증약금계약에
관한 명문의 규정이 없으므로 이에 관해서는 순전히 사적자치에 맡겨져
있는 셈이다. 따라서 당사자는 계약을 체결하면서 체약의 증거를 위해
장차 계약금을 교부하기로 합의할 수 있다. 그렇다면 이는 낙성계약이다.
그렇지만 거래현실에서는 당사자 사이에 체약의 증거만을 위해 합의에
그치는 경우는 드물고, 계약금, 선금, 보증금 등의 명목으로 금전 등이
현실적으로 교부되는 경우가 흔하다. 그렇다고 해서 그러한 경우에 증약
계약금계약을 요물계약이라고 할 필요는 없다. 왜냐하면 그 경우에 당사
자 사이에 교부되는 금전 등은 증약계약의 성립을 위해 교부된 것이 아
니라, 실제로는 계약상 급부의 일부이행이나 위약금 또는 해약금의 명목
으로 금전 등이 교부되는 것이 대부분이기 때문이다. 다시 말하자면, 당
사자 사이에 계약금 등의 명목으로 금전이 교부된 경우에 그 교부된 금
전으로 말미암아 계약체결의 증거로 삼을 수 있다는 의미이지,[35] 금전의
교부가 있었다고 해서 증약계약이 요물계약으로 평가될 수는 없다. 그러
한 점에서 증약계약금계약은 다른 명목의 계약금계약과는 달리 소극적인
의미를 가진다. 그와 달리 당사자 사이에 적극적으로 증약만을 목적으로
하기로 합의하면서 계약금을 현실적으로 교부하는 경우도 있을 수 있으
나, 이러한 경우에도 증약계약금계약을 요물계약이라고 할 것이 아니라,

---

35) 참고로 독일 민법 제336조 제1항은 "계약체결에 있어서 계약금으로 교부된 것은
   계약체결의 표시로 해석된다."고 정하고 있다.

계약금을 교부함으로써 계약체결의 증거로 삼기로 하는 당사자 사이의
합의의 이행으로써 계약금이 교부되는 것으로 이해하면 족하다.

　　다음으로 위약계약금계약은 당사자가 계약금을 위약벌 또는 손해배
상액의 예정으로 하기로 하는 내용의 계약이다. 민법에 위약계약금계약
에 관해서는 계약금계약에 관한 별도의 규정이 없기 때문에, 손해배상액
의 예정에 관한 민법 제398조가 적용된다. 동조 제4항은 "위약금의 약정
은 손해배상액의 예정으로 추정한다."고 정하고 있는바, 위약금계약은 곧
동 조항의 「위약금의 약정」에 해당하므로 위약금계약은 당사자 사이의 「약
정」에 의해 성립되는 낙성계약이다.

　　마지막으로 해약계약금계약은 계약금의 교부를 통하여 계약해제권을
보유하기로 하는 내용의 계약이다. 계약금계약의 법적 성질에 대해 다투
어지는 것은 실제로는 해약계약금계약에서이다.[36] 위약계약금계약이 위
약금에 관한 일반규정에 맡겨져 있는 것과는 달리 민법은 해약계약금에
관해서는 매매계약에 관한 절에서 별도의 규정을 두고 있다. 해약금계약
에 관한 근거규정은 민법 제565조인데, 이에 관한 해석은 요물계약성 여
부를 판단하는 중요한 근거가 된다. 즉 민법 제565조 제1항은 "매매의
당사자 일방이 계약 당시에 금전 기타 물건을 계약금, 보증금 등의 명목
으로 상대방에게 교부한 때에는 당사자간에 다른 약정이 없는 한…매매
계약을 해제할 수 있다."고 정하고 있다. 여기서 당사자 일방이 계약 당
시에 계약금을 상대방에게 「교부한 때」에 해제권을 보유한다는 점에 착
안하게 되면 요물계약으로 볼 수도 있다. 그러나 동 조항에서는 「당사자
간에 다른 약정이 없는 한」 그러함을 명시하고 있기 때문에 당사자 사이
에 이와 다른 '약정'을 얼마든지 할 수 있음을 상정하고 있다는 점에서,
동 조항이 계약금계약이 낙성계약임을 전제로 하고 있다고 할 수도 있

---

36) 계약금계약의 법적 성질에 대해 요물계약설을 취하는 지원림교수도 계약금계약
　　의 법적 성질에 관한 논의는 증약금이나 위약금으로서의 계약금이 아니고 해약금
　　과 관련해서만 문제된다고 설명하고 있다(지원림, "계약금 분할지급 약정의 효력",
　　101면 참고).

다. 낙성계약설은 바로 이점에 착안하고 있다. 낙성계약설은 민법 제565조는 「계약 당시에 계약금이 교부된 계약금약정」을 상정한 후, 「다른 약정이 없는 한」 계약금은 해제권을 유보하기 위하여 교부된 것으로 추정하고 있을 뿐이라고 하면서, 따라서 당사자는 계약금의 일부는 나중에 지급하거나 계약금의 전부를 나중에 지급하기로 하는 계약금약정도 얼마든지 체결할 수 있다고 새긴다. 즉 계약금의 선급은 계약금계약의 요소가 아니라고 한다.[37] 한편 요물계약설의 입장이 어떤지는 분명하지 않지만, 「다른 약정이 없는 한」의 '약정'을 합의에 의한 계약성립의 의미로 새기지 않고, 교부된 계약금을 증약금이나 위약금으로 삼기로 하는 약정의 의미로 새긴다면, 「다른 약정이 없는 한」의 표현이 요물계약설의 입장과 상반되는 것은 아니라고 주장할 수도 있다.

생각건대 해약계약금계약의 법적 성질은 낙성계약으로 보는 것이 타당하다. 그 이유는 다음과 같다. 첫째, 앞서 본 바와 같이 증약계약금계약이나 위약계약금계약의 법적 성질은 낙성계약인데, 유독 해약계약금계약의 법적 성질만을 이와 달리 봐야 할 이유가 없다. 증약계약금이든 위약계약금이든 혹은 해약계약금이든 모두 동일한 구조의 계약금계약으로부터 계약금이 가지는 의미 내지 기능에서만 차이가 있을 뿐, 계약금의 의미나 기능에 따라 계약의 성립요건이 애초부터 달라져야 할 아무런 이유가 없다.[38]

둘째, 당사자 사이의 계약에 요물성을 인정할 필요가 있는가 하는 점이다. 민법에서 대표적인 요물계약으로 알려져 있는 것은 질권설정계약이다. 민법 제330조는 표제부터 〔질권설정의 요물성〕이라고 명시하면서 "질권의 설정은 질권자에게 목적물을 인도함으로써 그 효력이 생긴다."라고 정하고 있다. 여기에도 물론 학설상의 다툼이 있긴 하나,[39] 질권의 설

---

37) 남효순, "계약금약정에 관한 몇가지 쟁점", 269면.

38) 최창렬, "계약금계약에 관한 연구", 62면은 계약금계약을 요물계약이라고 보더라도 그것은 해약계약금계약에 한정되어야 하며, 증약계약금이나 위약계약금의 경우에는 민법 제565조를 근거로 요물계약성을 논할 수는 없다고 주장한다.

39) 질권설정의 요물성을 표방하는 민법 제330조의 의미에 대해 질권설정계약은 질

정을 위해서는 질물의 인도가 반드시 필요하다는 점에서 질권설정계약은 요물성을 지닌다.[40] 이때 질권설정계약에서 요물성을 인정하는 이유는 물건의 인도를 통해 대세적 효력을 가진 질권의 존재를 대외적으로 공시함으로써 질권자의 실효적인 권리행사에 기여할 수 있도록 함에 있다. 그렇다면 해약계약금계약에서도 그러한 요물성을 인정할 필요가 있을 것인가? 해약금계약의 존재는 외부적으로 공시되지도 않을뿐더러 그 효력은 대세적 효력이 있는 것이 아니라 계약당사자 사이에만 효력이 미칠 뿐이다. 이러한 계약에 대해 구태여 요물성을 인정해야 할 만한 합리적인 근거는 없다.[41]

셋째, 해약계약금에 관한 제565조 제1항의 규정도 낙성계약설에 입각하여 해석함이 타당하다. 만약 요물계약설에 따라 동 조항을 해석한다면, 당사자가 「다른 약정」을 한 계약금계약 내지 해약계약금계약의 법적 성질을 무엇으로 보아야 하는지 설명하기 어렵다. 만약 제565조 제1항에 따른 계약금계약은 원칙적으로 요물계약이고 이와 달리 당사자가 다른 약정을 한 계약금계약은 예외적으로 낙성계약이라고 주장한다면, 구태여 당사자 사이에 계약금계약을 요물계약으로 해야 할 필요나 그것의 법적 성질을 요물계약이라고 주장해야 할 실익은 크게 줄어든다. 민법 제565조는 계약금계약이 성립될 수 있는 여러 가지 모습[42] 중에서 당사자가

물의 인도가 있어야 성립하는 요물계약이라는 견해(이영준, 「물권법」, 744면; 강태성, 「물권법」, 838면)와 질물의 인도는 물권변동에 관한 성립요건주의하에서 요구되는 공시방법에 해당할 뿐이라는 견해(곽윤직, 「물권법」, 209면; 김증한·김학동, 「물권법」, 473면; 이상태, 「물권법」, 437면; 지원림, 「민법강의」, 767면)가 대립한다.

40) 위의 견해대립에 있어서 후자의 견해는 질권설정계약을 요물계약으로 보지 않으며, 따라서 질권설정에 관한 합의가 있는 이상 질물의 인도가 없다고 하여도 질권설정계약의 성립을 인정한다.

41) 다만 계약금의 교부가 계약의 해제권을 확보하는 길이기도 하면서, 고액의 계약금의 교부를 통해 계약해제를 어렵게 하는 방책이기도 하는 양면적인 기능이 있다. 계약금이 가지는 양면적 기능에 대해서는 정길용, "계약금이 수수되어 해제권이 유보된 계약과 채무자의 기한의 이익 포기", 「법학연구」 제20집 제3호(2010), 연세대학교 법학연구원, 22면도 같은 취지임. 또한 해약계약금이 가지는 의미에 대해서는 아래 Ⅲ. 1.에서 자세히 다룬다.

42) 계약체결과 동시에 계약금을 지급하도록 하거나, 계약체결 이후에 계약금을 지

다른 정함이 없이 계약금 등의 명목으로 금전 기타 물건이 교부된 경우에 당사자가 계약해제권을 보유하는 것으로 추정한다는 의미 그 이상도 그 이하도 아니며, 해약계약금계약 자체가 계약금의 "교부"를 전제로 한 요물계약임을 밝히고 있지 않다. 다만 거래현실에서는 계약체결 당시에 계약금의 교부가 흔한 현상일 뿐, 당사자는 계약금을 교부하기로 하는 합의만에 의해서도 얼마든지 해약계약금계약을 성립시킬 수 있다.

3. 소 결

당사자가 계약을 체결하면서 계약금을 교부하기로 하는 이른바 계약금계약은 그 목적에 따라 증약금, 위약금 및 해약금의 성격으로 나뉜다. 계약금계약의 법적 성질을 무엇으로 볼 것인가에 대해서는 해약계약금의 성립 여부와 관련하여 매우 중요한 의미를 갖는다. 해약금계약의 법적 성질에 대하여 다수설과 판례는 요물계약으로 보고 있다. 그러나 이를 요물계약으로 보아야 하는 근거는 미약하다. 당사자가 계약금계약이 체결된 이상, 그것이 증약계약금이든, 위약계약금이든 혹은 해약계약금이든 가릴 것 없이 그 법적 성질은 낙성계약으로 보는 것이 타당하다. 계약자유의 원칙에 따라 당사자는 계약금의 교부가 없더라도 계약금을 지급하기로 하는 약정을 당연히 할 수 있는 것이며, 이것이 바로 계약금계약이고 당사자의 합의에 의해 성립되는 낙성계약이다. 계약당사자는 계약금의 계약체결 당시 계약금의 전부 또는 일부를 지급하기로 약정할 수도 있고 나중에 계약금의 전부를 교부하는 것으로 약정할 수도 있다. 계약금을 해약금으로 추정하는 민법 제565조 제1항은 위와 같은 여러 계약금계약의 모습 중에서도 계약 당시에 계약금의 전부가 교부되는 상황을 하나의 전형적인 모습으로 상정하고 있을 뿐, 이러한 모습을 근거로 계약금계약을 요물계약이라고 보는 것은 타당하지 않다. 다만 계약금계약을

급하거나, 계약체결시에 일부를 지급하고 추후 잔여계약금을 지급하도록 하거나 혹은 일방이 제3자에 대하여 가지는 채권을 계약금의 명목으로 상대방에게 양도하기로 합의하는 등.

낙성계약으로 보더라도 계약금계약에 따라 계약을 해제하려면 어떠한 요건에서 계약을 해제할 수 있는 것인지, 특히 계약금이 일부 지급된 경우에는 계약을 어느 범위에서 해제할 수 있는지에 대해서는 좀 더 구체적인 검토가 필요하다.

아래에서는 계약금을 해약금으로 추정하는 민법 제565조 제1항이 가지는 의미와 동 조항이 계약금이 일부 지급되거나 사후 지급하기로 약정한 경우에는 어떻게 적용되어야 하는지에 대해 자세히 살핀다.

Ⅲ. 해약계약금

1. 민법 제565조 제1항의 의미

우리 민법에서 계약금에 관한 일반적인 근거규정은 민법 제565조이다. 민법은 동조 제1항에서 "매매의 당사자 일방이 계약 당시에 금전 기타 물건을 계약금, 보증금 등의 명목으로 상대방에게 교부한 때에는 당사자간에 다른 약정이 없는 한 당사자의 일방이 이행에 착수할 때까지 교부자는 이를 포기하고 수령자는 그 배액을 상환하여 매매계약을 해제할 수 있다."고 정하고 있다. 이에 따라 일방이 교부한 계약금은 계약금이 가지는 여러 기능 중에서 '당사자간에 다른 약정이 없는 한' 우리 민법에서는 해약계약금으로 추정된다.

당사자가 교부한 계약금을 무슨 의미로 볼 것인가에 대해서는 입법례가 일치하지 않는다. 계약금을 해약금으로 보는 입법례와 증약금으로 보는 것에 그치는 입법례로 크게 나누어 볼 수 있다.

전자에 해당하는 입법례가 프랑스민법과 일본민법이다. 프랑스민법 제1590조는 매매의 예약(la promesse de vente)에 있어서 계약금(les arrhes)이 수수된 때에는 계약금을 교부한 자는 계약금을 포기하고 계약금을 수령한 자는 그 배액을 상환함으로써 각 당사자는 예약을 파기할 수 있는 것으로 정하고 있다. 또한 일본 민법 제557조 제1항은 매수인이 매도인에게 계약금을 교부한 때에는 당사자의 일방이 이행에 착수할 때까지 매수인은 계약금을 포기하고 매도인은 그 배액을 상환하고 계약을 해제할 수 있다고 정하고 있다.

후자에 해당하는 입법례는 독일민법과 스위스채무법이다. 독일민법 제336조는 [계약금의 해석]이라는 표제에서 계약체결에 있어서 계약금으로 교부된 것은 계약체결의 표시로 해석된다고 하고(^{제1}_항), 계약금은 의심스 러운 때에는 해약금으로 해석되지 아니한다고 하여(^{제2}_항) 계약금을 원칙적 으로 증약금으로 보고 있다. 스위스채무법 제158조는 계약체결과정에서 수수된 계약금(An-oder Draufgeld)은 증약금(Haftgeld)으로 보고 해약금 (Reugeld)로 보지 않는다고 하여 증약금을 원칙적인 모습으로 삼되(^{제1}_항), 해약금이 약정된 경우에는 교부자는 지급된 것을 포기하고 수령자는 그 금액의 2배를 지급하고 계약을 해제할 수 있다고 하여(^{제3}_항), 계약금이 해 약금으로 인정되기 위해서는 이에 관한 별도의 약정이 필요함을 상정하 고 있다.

우리 민법은 계약금을 해약금으로 보는 입법례에 속한다.[43] 우리 민 법은 문언상 일본민법의 영향을 많이 받았지만, 신민법의 제정과정에서 일본민법에서의 매수인·매도인의 표현과는 달리 일방·상대방 및 교부 자·수령자로 바꾸었다.[44] 그 이유에 대해 계약금(당시 手付)은 매수인이 매도인에게 교부하는 것이 보통의 경우이겠지만, 거꾸로 매도인이 매수인 에게 교부하는 경우도 있기 때문이라고 하고, 또한 본조가 "계약금" 또는 "보증금"이라는 용어를 사용한 것은 우리 사회의 관용어를 활용한 것이라 고 한다.[45]

계약금을 해약금으로 보는 우리의 입법태도에 대해서는 계약준수의

---

43) 이에 대해 명순구 교수는 프랑스민법 제1590조는 얼핏 보기에는 우리 민법 제 565조 제1항과 유사한 것처럼 보이지만, 프랑스민법 제1590조는 계약금에 의한 자 유로운 해제의 대상이 본 계약이 아닌 예약의 경우라는 점에서 우리 민법 제565 조 제1항과 커다란 차이가 있다고 지적한다. 명순구, "계약금약정의 해석",「법학논 집」제35집(1999. 12.), 고려대학교 법학연구원, 90면 참조.

44) 계약금을 해약금으로 추정하는 우리 민법 제565조의 입법과정에 대해서는 정길 용, "계약금이 수수되어 해제권이 유보된 계약과 채무자의 기한의 이익 포기", 20 면 이하 및 한웅길, "계약금에 관한 소고", 132면 이하 참고.

45) 현승종 의견: 민사법연구회,「민법안의견서」, 170면.

원리에서 볼 때 과연 타당한 것인지에 대해 비판론이 제기된다. 비판론에 의하면 당사자가 맺은 「약속은 지켜져야 한다」(pacta sunt servanda)는 것이 계약법에 관한 기본원칙이기 때문에 계약금의 교부 없이 맺어진 계약은 당사자의 채무불이행이 있지 않는 한 계약을 해제할 수 없는 데 반해, 당사자가 계약금을 교부하면 임의로 계약을 해제할 수 있게 됨으로써 해약금추정규정이 계약의 구속력을 약화시킨다는 것이다. 이러한 결과는 계약준수라는 근대법의 원리에 반하고 계약의 구속력을 강화하기 위하여 계약금을 수수한다는 당사자의 의사에도 반한다는 것이다.[46] 이러한 문제점을 의식하여 계약금을 해약금으로 추정하는 우리 민법 제565조를 가급적 제한적으로 적용하자는 주장도 제기된다. 즉 계약금이 급부의 가액에 비하여 소액인 경우에는 단순히 증약금으로서만 인정하고, 반대로 계약금이 급부의 가액에 비하여 다액인 경우에는 계약이 확정적으로 체결되었다고 보아 민법 제565조의 적용을 배제하고, 계약금이 위약금으로 교부된 때에는 해약금의 성질을 원칙적으로 인성하지 않으며, 계약금에 해약금의 성질을 인정하는 경우라도 이행착수의 개념을 가급적 넓게 해석함으로써 해제권의 행사를 제한하자는 주장이 그것이다.[47]

그에 반해 계약금을 해약금으로 추정하는 우리의 입법태도에 대한 옹호론도 만만치 않다. 이에 의하면 해약계약금에 관한 의용민법과 현행 민법의 규정이 100여 년 동안 시행되어 오면서 계약금을 해약금으로 받아들이는 관념은 이제 일반인의 법의식에서 강하게 자리를 잡게 되었다는 것이다.[48] 또한 오늘날의 거래현실에서 볼 때 어느 한 순간에 계약의

46) 김기선, 「한국채권법각론」, 128면; 김증한 · 김학동, 「채권각론」, 221면; 김형배, 「채권각론」, 306면; 황적인, 「현대민법론 Ⅳ」, 226면 등.

47) 남효순, "계약금약정에 관한 몇가지 쟁점", 282면; 최창렬, "계약금포기와 배약상환의 법리 소고", 「계약법의 과제와 전망」(모원 김욱곤교수 정년퇴임 기념논문집), 삼지원, 2005, 269면; 조일윤, "민법상 해약금규정에 관한 입법론적 고찰", 「동아법학」 제46호(2010. 2.), 187면.

48) 이용운(집필), 「주석민법」(채권각칙 2), 제3판, 1999, 422면; 오종근, "계약금의 법적 성질", 174면. 정길용, "계약금이 수수되어 해제권이 유보된 계약과 채무자의 기한의 이익 포기", 24면.

체결을 확정짓는 것은 많은 위험을 초래하므로 계약을 체결하면서도 그러한 위험으로부터 벗어날 수 있는 가능성을 마련해 줄 필요도 있으며,[49] 해약계약금이 반드시 계약의 구속력을 약화시킨다고 볼 수도 없다고 한다. 이를 테면 계약금의 포기 또는 배액의 상환으로 말미암아 해제를 통한 이익이 계약금보다 적을 때에는 계약당사자가 임의로 계약을 파기하는 것을 억제할 수 있기 때문이라고 한다.[50]

생각건대, 계약금을 해약금으로 추정하는 것은 각기 다른 입법례에서 출발하여 그 제도의 장·단점에도 불구하고 이제는 일반인의 법의식에 거부감 없이 받아들여진 상태라고 할 수 있다. 계약금을 증약금으로 보는 입법례에서도 당사자의 약정에 의한 해약금의 성립을 인정하고 있으며, 계약금을 해약금으로 보는 우리 민법에서도 당사자의 약정에 의해 해약금으로서의 성질을 배제하는 것이 인정된다. 따라서 이것은 계약금의 목적을 무엇으로 볼 것인지에 대한 입법상의 원칙과 예외에 관한 문제이지, 계약금을 해약금으로 추정하더라도 그것이 계약준수의 원리를 해치거나 계약의 구속력을 약화시킨다고 단정할 수는 없다.[51] 계약금이 교부되지 아니한 계약은 계약해제권이 유보되지 않기 때문에 계약구속력이 가장 강한 셈이 되는데,[52] 정작 중요한 거래에서는 잘 활용되지 않을 뿐

---

49) 이준현, "주된 계약과 더불어 계약금계약을 한 당사자가 계약금의 전부 또는 잔금을 지급하지 않은 경우의 법률관계", 293면은 민법에 있어서 해약금규정이 현대의 소비자법상 쿨링-오프(Cooling-off)의 기능을 일정부분 수행하고 있다고 주장한다. 또한 지원림, "계약금 분할지급 약정의 효력", 100면은 부동산거래와 관련하여 일정한 방식을 요구하는 외국의 입법례에서는 그 방식을 갖출 때까지 계약당사자는 숙고의 기회를 가질 수 있지만, 낙성주의를 취하는 우리 민법상 그러한 기회에 갈음하여 일정액의 대가를 지불하고라도 변심의 기회를 가질 수 있도록 하는 방안이 전혀 무의미하지는 않을 것이라고 주장한다.

50) 오종근, "계약금의 법적 성질", 175면; 정길용, "계약금이 수수되어 해제권이 유보된 계약과 채무자의 기한의 이익 포기", 24면.

51) 계약구속력을 강화하는 차원에서 계약금을 독일민법이나 스위스채무법에서와 같이 증약계약금으로서의 효력만 인정하는 것이 입법론상 타당하다는 주장으로는, 최창렬, "계약준수의 확보방안에 관한 연구", 「재산법연구」 제27권 제3호(2011. 2.), 172면.

52) 이준현, 상게논문, 295면은 우리 민법상 계약금의 합의가 없는 경우가 계약금의 합의가 있어 계약금의 일부 또는 전부를 지급한 경우보다 계약의 구속력이 강하게

만 아니라, 계약금이 교부되지 않음으로 인해 오히려 일반인의 법감정에서 구속력이 가장 약한 계약체결방식으로 생각될 여지가 있다. 그렇다면 계약금계약이 체결된 경우에는 계약금만큼의 손실을 감수하여야지만 계약해제를 할 수 있기 때문에 당사자로 하여금 최소한 계약을 "언제든지" 해제할 수 있다는 의식을 심어 주지는 않는다. 계약자유의 원칙상 당사자는 계약금계약을 체결하면서 해약의 가능성을 염두에 두고 있으면 소액의 계약금을, 만약 해약의 가능성을 배제할 의도라면 고액의 계약금을 교부하는 약정을 체결하면 될 것이다. 더 나아가 해약금에 의한 계약해제를 인정하지 않으려면 계약금계약에서 이를 배제하는 약정을 체결하면 되는 것이므로[53] 민법 제565조의 입법태도를 비판하는 것은 옳지 않다고 생각한다.

2. 계약금의 전부가 지급되기 전 계약해제 가능 여부
가. 문 제 점

민법 제565조 제1항은 매매의 당사자 일방이 계약당시에 금전 기타 물건을 계약금 등의 명목으로 상대방에게 「교부한 때에」라고 하고 있는데, 이때 계약금 등을 전부 교부한 때로 한정하고 있지 않기 때문에 당사자가 일부를 교부한 경우에는 어떻게 되는지에 대해서는 명확하지 않다. 당사자 사이에서는 계약금의 일부만을 먼저 지급하고 잔액은 나중에 지급하기로 약정하거나 계약금 전부를 계약이 체결된 이후에 지급하기로 하는 약정도 할 수도 있다. 계약금계약의 법적 성질을 낙성계약으로 본다면 그러한 약정이 유효함은 당연하다. 그에 반해 요물계약설에 의하면 계약체결 당시에 계약금 등이 전부 교부되지 않았다면, 이론상으로 계약금이 일부만 지급되었거나 사후에 지급하기로 하는 약정만으로는 해약계

되는 모순된 결과는 우리 민법이 해약금제도와 계약준수의 법원리를 함께 받아들인 데 기인한 것이라고 설명한다.
53) 이러한 의미에서 계약금을 손해배상액의 예정으로 한정해서 합의한 경우에는 계약금을 해약금의 성질이 병존하는 것으로 볼 필요가 없는 것이다.

약금계약이 성립할 수도 없고 효력도 발생할 수 없다. 그렇지만 현실에서 그러한 약정을 맺은 상황은 얼마든지 등장할 수 있기 때문에 이에 관한 성립과 효력을 어떻게 이해할 것인지가 문제된다.

나. 학　설

(1) 요물계약설

위와 같은 문제는 요물계약설에 의할 때 발생하는 것임에도 불구하고, 요물계약설을 취하는 우리나라 학설의 정확한 입장은 파악하기 어렵다. 일본에서는 요물계약설의 입장에서 아래와 같은 세 가지 해석론이 주장되고, 우리나라의 문헌에서도 이를 이어받아 설명하고 있다.[54]

제1설은 계약금이 교부된 범위 내에서 계약금계약이 성립하고 그 효력이 발생한다는 견해이다(계약금계약 감축설). 이를테면 부동산을 1억원에 파는 주계약에 대해 당사자가 1천만원의 계약금을 지급하기로 하는 계약금계약이 체결되었지만, 계약 당일 1백만원만 교부되었다면, 계약금계약은 1백만원에 대해서만 성립한다는 것이다.[55] 이에 의하면 교부자는 실제 교부한 금액만을 포기하거나 수령자는 그 금액의 배액만을 상환하여 계약을 해제할 수 있다고 한다. 이 견해에 의하면 당사자가 약정한 계약금이 아니라 일부 지급된 계약금으로 계약금계약의 내용이 감축된다. 또한 이 견해에 의하면 계약금의 일부라도 지급되지 않은 경우에는 계약금계약이 성립하지 않으므로, 계약금을 사후에 지급하기로 하는 약정에 의하여서는 계약금의 교부가 없게 되므로 계약금계약은 성립할 수 없게 된다.

한편 본 대상판결을 다룬 최근 2편의 논문[56]에서 주장된 바도 제1설과 같은 논지라고 생각된다. 즉 "낙성계약의 원칙에 대한 예외로서 기능하는 제565조의 해약금제도는 금원의 '교부'라는 사실행위 속에 내재된 위험의 분담 내지 인수에 상응하여 주어지는 권리로 보아야 한다."고 전

---

54) 이하 학설은 심재돈(집필), 민법주해(ⅩⅣ), 144면 이하의 설명을 주로 참고하였다.
55) 제1설을 지지하는 견해로는 임은정, "계약금계약의 법률관계에 관한 연구", 한국외국어대학교 대학원 석사학위논문, 2013, 49면 이하.
56) 각주 6 참고.

제하면서, 대상판결의 사안과 같이 "계약금으로 약정된 금액의 일부만이 지급된 상황이라면 교부자는 그 지급금액만을 포기함으로써, 그리고 수령자는 수령한 금액의 배액만을 상환함으로써 임의해제의 권리를 행사할 수 있다고 해석되어야" 한다든지,[57] 또는 "계약금 분할지급의 요체는 계약금의 액이 높아짐에 비례하여 구속력도 강화되는 구조에 있다고 이해할" 것이기에 "분할지급의 약정에 따라 계약금의 일부가 지급되었다면, 실제로 교부된 계약금이 해약금, 즉 약정해제권 행사의 대가로 되어, 각 당사자는 그 포기 또는 배액상환으로 해제권을 행사할 수 있다."는 주장이[58] 그것이다.

제2설은 계약금이 일부지급된 경우에는 교부자가 계약금의 잔금을 교부한 때에 그리고 계약금을 사후지급하기로 약정한 경우에는 교부자가 계약금을 전부 교부하는 때에 비로소 계약금약정이 성립하고 그에 따라 당사자도 해제권을 보유한다는 견해이다. 즉 당사자 사이에 약정한 계약금의 총액이 지급되지 않는 한 아직 계약금계약이 성립하지 않고, 계약금을 분할지급하기로 한 약정 또는 계약금을 사후지급하기로 한 약정은 단지 계약금계약의 예약에 불과하다고 한다(계약금계약 예약설). 이 견해에 의하면 약정한 계약금의 전부가 지급되지 않은 상태에서는 해제권이 발생하지 아니하므로, 교부자는 약정한 계약금의 전부를 지급하여야 비로소 계약을 해제할 수 있고, 수령자도 계약금의 전부가 교부된 후에야 계약금의 배액을 상환하여 계약을 해제할 수 있다. 다만 계약금의 분할지급약정은 계약금계약으로서의 효력은 없다고 하더라도 계약상 하나의 약정으로서의 효력은 인정되기 때문에 분할지급약정을 불이행하게 되면 이를 이유로 계약 자체를 해제할 수 있다고 한다.[59]

제3설은 당사자가 약정한 계약금 총액에 관하여 계약금계약이 성립

57) 김동훈, "민법의 해약금 규정의 운용방향", 1114면.
58) 지원림, "계약금 분할지급 약정의 효력", 106면.
59) 제2설을 지지하는 견해로는 심재돈(집필), 민법주해(XIV), 145면.

하고 그 효력이 미친다는 견해로서, 특약에 의해 계약금의 요물성을 완화할 수 있음을 전제로 한다(요물계약 완화설). 이에 따라 약정한 계약금 전부가 지급되기 전이라도 교부자는 계약금의 잔액을 지급함으로써 계약을 해제할 수 있고, 수령자는 잔액이 교부되기 전에도 약정한 계약금의 배액을 상환하여 계약을 해제할 수 있다고 한다.[60]

제2설과 제3설은 모두 요물계약설을 기반으로 하면서도 제1설과는 달리 요물성을 완화하고 있다는 점에서는 공통적인 속성을 가진다. 다만 그 차이는 계약금수령자 측에서 계약을 해제하려는 경우에 있다. 즉 계약금의 교부자가 계약을 해제하려는 경우에는 제2설에 의하든 제3설에 의하든 계약금의 잔액을 모두 지급하여야지만 계약을 해제할 수 있다는 점에서 차이가 없다. 그에 반해 계약금의 수령자가 계약을 해제하려는 경우에는 제2설에 의하면 수령자가 교부자로부터 계약금의 잔액을 지급받은 후에야 그 총액의 배액을 상환하여 해제할 수 있지만, 제3설에 의하면 수령자는 교부자로부터 계약금의 잔액을 지급받기 전에도 그 총액의 배액을 상환하여 계약을 해제할 수 있다는 점에서 계약해제의 시기가 달라진다.[61]

위 세 가지 학설을 비교해 보면, 제1설은 계약의 요물성을 가장 엄격하게 고수하는 입장이고, 제2설은 당사가 약정한 계약금의 전부지급을 요구함으로써 당사자의 의사를 고려하면서도 계약의 요물성을 유지하려는 입장이며, 제3설은 계약의 요물성을 완화하여 당사자의 의사를 충분히 고려하려는 입장이다. 결국 제1설 → 제2설 → 제3설의 순으로 요물계약의 성격에서 낙성계약의 성격으로 점차 전화되어 가는 모습이다.

위의 학설에 대해서는 다음과 같은 비판이 따른다. 그 비판은 주로 낙성계약설을 주장하는 학자로부터 제기된다.

제1설은 실제 교부된 금액의 범위에 한해 계약금계약이 성립한다고

---

60) 제3설을 지지하는 국내 견해는 찾기 어렵다.
61) 심재돈(집필), 민법주해(XIV), 145면.

보는데(앞의 예에서 1백만원), 이는 당사자가 약정했던 계약금의 내용(앞의 예에서 1천만원)과 일치하지 않을 뿐만 아니라,[62] 실제 교부된 금액의 범위 내에서 계약이 성립한 것으로 보게 되므로 교부자나 수령자로서는 상대적으로 쉽게 해제권을 행사할 수 있기 때문에 계약의 효력을 약화시키는 결과를 초래한다는 비판을 받는다.[63]

제2설은 분할지급 내지 사후지급하기로 하는 약정을 계약금계약의 예약이라고 보는데, 이것 역시 당사자가 기도한 의사에 반하며 또한 수령자는 잔금을 수령하여야만 해제권을 행사할 수 있다고 하는 것은 해약금약정의 본질을 해약금의 선급에서 찾는 것이 되어 타당하지 않다는 비판이 있다.[64] 또한 계약금의 분할지급 내지 사후지급약정을 예약으로 보더라도 예약의 효력에 기해 주계약을 해제할 수 있다고 하는 것도 부당하다고 한다. 즉 계약금의 교부자가 계약금의 잔금을 지급하지 않아 계약금계약이 성립되지 않았다면 원칙적으로 주계약은 완전한 구속력을 갖는다고 보아야 할 것임에도 분할지급약정의 불이행을 이유로 주계약의 해제를 인정하는 것은 타당하지 않으며, 예약에 의해 주계약을 해제하기 위해서는 계약금약정이 없었더라면 주계약을 체결하지 않았을 것이라는 사정이 인정되는 경우로 한정되어야 한다는 것이다.[65]

한편 이 견해에 의하게 되면 제565조에 따른 해제권의 행사에 있어서 계약금을 지급하기로 한 당사자와 이를 수령하기로 한 당사자를 차별하여 후자에게 부당한 불이익을 주는 결과를 가져온다는 비판이 있다.[66] 즉 약정된 계약금의 전부 또는 일부가 아직 지급되지 않은 경우, 이를 지급하기로 한 당사자는 나머지 계약금을 지급함으로써 곧바로 계약을

---

62) 오종근, "계약금의 법적 성질", 180면.
63) 대상판결도 "실제 교부받은 계약금'의 배액만을 상환하여 매매계약을 해제할 수 있다면…교부받은 금원이 소액일 경우에는 사실상 계약을 자유로이 해제할 수 있어 계약의 구속력이 약화되는 결과가 되어 부당"하다고 언급하고 있는 점에서 이러한 비판에 동조하고 있다.
64) 남효순, "계약금약정에 관한 몇가지 쟁점", 272면.
65) 남효순, "계약금약정에 관한 몇가지 쟁점", 273면.
66) 오종근, "계약금의 법적 성질", 180면.

해제할 수 있는 데 반하여, 상대방이 계약금의 배액을 상환하여 계약을 해제하기 위해서는 계약금을 지급하기로 한 당사자가 나머지 계약금을 지급할 때까지 기다려야 하기 때문이라고 한다.

제3설은 외관상으로는 당사자 의사에 반한다는 비판을 면할 수 있을 것처럼 보이지만, 왜 분할지급 또는 사후지급의 경우에는—비록 그것이 수령자에게만 적용되는 것이기는 하지만—계약금계약의 요물성을 완화하여 계약금이 교부되지 않았어도 계약금계약의 유효성을 인정하는가 하는 근본적인 비판에 직면한다.[67] 즉, 계약금계약의 요물계약성을 논하는 실익은 계약 당시에 계약금이 교부된 때가 아니라 후지급이거나 분할지급인 경우인데, 바로 이러한 경우에 요물계약성을 완화한다는 것은 결국 계약금계약의 요물계약성을 포기하는 것과 다름없다는 비판을 받는다.[68]

(2) 낙성계약설

한편, 낙성계약설의 입장에서는 계약금계약의 성립에 계약금의 교부를 요건으로 하지 않으므로 계약금을 분할지급하거나 사후지급하기로 하는 약정도 그러한 약정에 의해 당연히 성립하고 그에 따라 효력을 발생하게 된다. 이를 구체적으로 살펴본다.

첫째, 계약금을 분할지급하기로 한 경우 계약금계약이 언제 성립하는 지에 대해, 낙성계약설은 해제권유보약정은 통상적으로 계약금을 교부할 때가 아니라 계약금지급약정을 한 때에 존재하는 것이며, 이러한 해제권유보약정은 계약금이 아직 지급되지 않았거나 일부만 지급된 경우에도 마찬가지로 존중되어야 한다고 주장한다.[69]

둘째, 계약금계약을 체결함에 있어서 계약금이 전부 지급되지 아니한 경우 어느 범위까지 계약금계약이 이루어졌다고 보아야 하는지에 대

---

67) 남효순, "계약금약정에 관한 몇가지 쟁점", 272면.
68) 남효순, "계약금약정에 관한 몇가지 쟁점", 272면.
69) 오종근, "계약금의 법적 성질", 181면; 이종구, "계약금의 미지급 단계에서의 계약금계약과 주계약의 효력 등에 관하여", 193면.

해, 낙성계약설은 계약금계약은 계약금의 교부와 상관없이 약정된 계약금 총액에 관하여 성립할 수 있다고 한다.[70] 계약금의 분할지급 또는 사후 지급하기로 하는 약정도 계약금이 계약 당시에 교부되는 계약금약정과 그 본질에 있어서 하등 다를 바가 없다고 전제하면서, 다만 교부자는 계약금의 잔금 또는 전부를 교부할 의무를 부담하게 되고 바로 이러한 이유에서 교부자에 대하여서는 통상의 계약금약정과 동일한 효력을 발생할 수는 없게 되는데, 이 경우 교부자는 계약금의 잔금 또는 전부를 「제공」하지 않는 한 해제권 자체의 발생이 유보되었다고 보거나 혹은 해제권의 행사가 제한된다고 보아야 한다고 설명한다.[71]

셋째, 해약계약금계약을 체결하면서 계약금을 일부 지급하거나 사후 지급하기로 약정한 경우에 당사자는 언제 해제권을 행사할 수 있는 지에 대해, 낙성계약설은 해약계약금의 경우에 잔액이 교부되기 전이라도 해제권을 행사할 수 있다는 입장이다.[72] 구체적으로 해제권을 행사하기 위해서는 어떻게 해야 하는지에 대해서는 명확히 설명하고 있지는 않으나, 일부 견해에 의하면, 아직 계약금전액이 지급되기 전이라도 교부자는 상대방에게 나머지 계약금을 지급함으로써 해제할 수 있으며 또한 수령자는 계약금전액을 수령하기 전이라도 일부 수령한 계약금에 약정한 계약금을 추가하여 상환함으로써 해제권을 행사할 수 있다고 한다.[73]

다. 판 례

대상판결에서 대법원은 "매매계약이 일단 성립한 후에는 당사자의 일방이 이를 마음대로 해제할 수 없는 것이 원칙"이라고 전제하면서, "다만 주된 계약과 더불어 계약금계약을 한 경우에는 민법 제565조 제1항의 규정에 따라 해제를 할 수" 있다고 한다. 우선 여기서 대법원은 계약해제에 관한 특약이 없는 한 계약은 합의한 대로 효력을 발생함을 원칙으로 삼고 있고, 계약금계약은 주된 계약과 더불어 성립되는 종된 계약으로

---

70) 최창렬, "계약금계약에 관한 연구", 62면.
71) 남효순, "계약금약정에 관한 몇 가지 쟁점", 273면.
72) 최창렬, "계약금계약에 관한 연구", 62면.
73) 오종근, "계약금의 법적 성질", 181면.

이해하며, 계약금계약을 한 경우에 민법 제565조 제1항의 해제권이 유보된 것으로 추정함을 알 수 있다. 여기까지는 별다른 이견이 없을 것으로 생각된다.

그 다음, 이러한 바탕 위에서 대법원은 대상판결에서 선행판결의 설시를 인용하면서,[74) "당사자가 계약금 일부만을 먼저 지급하고 잔액은 나중에 지급하기로 약정하거나 계약금 전부를 나중에 지급하기로 약정한 경우, <u>교부자가 계약금의 잔금 또는 전부를 지급하지 아니하는 한 계약금계약은 성립하지 아니하므로</u> 당사자가 임의로 주계약을 해제할 수는 없다."고 판시하였다. 여기서 대법원은 계약금을 분할지급하거나 사후지급하기로 약정한 계약금계약은 교부자가 계약금의 잔금 또는 전부를 지급하여야만 "성립"한다고 하기 때문에 그 법적 성질을 요물계약으로 보는 것으로 이해된다. 그에 따라 교부자가 계약금의 잔금 또는 전부를 지급하여야만 계약금계약은 비로소 성립하기 때문에 교부자가 이를 지급하지 않는 한 계약금계약(즉 해약계약금계약)에 따른 주계약의 해제는 할 수 없다고 한다. 이러한 취지를 보면, 판례는 계약금계약 또는 해약계약금의 약정을 요물계약으로 보는 학설 중에서, 제2설(계약금액 예약설)의 입장과 궤를 같이하고 있다. 한편 대법원은 선행판결의 설시에서 "당사자가 계약금의 일부만을 먼저 지급하고 잔액은 나중에 지급하기로 약정하거나 계약금 전부를 나중에 지급하기로 약정한 경우 교부자가 계약금의 잔금이나 전부를 약정대로 지급하지 않으면 상대방은 계약금 지급의무의 이행을 청구하거나 채무불이행을 이유로 계약금약정을 해제할 수 있고, 나아가 위 약정이 없었더라면 주계약을 체결하지 않았을 것이라는 사정이 인정된다면 주계약도 해제할 수도 있을 것"이라고 하는바,[75) 그러한 약정에 대해서도—즉 요물성이 갖추어지지 않은 상태에서도—일정한 계약상의

---

74) 선행판결인 대법원 2008. 3. 13. 선고 2007다73611 판결의 요지에 대해서는 본고 각주 4 참조.

75) 이러한 대법원의 해석론은 계약금계약의 성질을 요물계약이라고 하면서도 결론에 있어서는 낙성계약과 마찬가지의 효력을 인정하고 있는 것이라는 비판이 있다(임은정, "계약금계약의 법률관계에 관한 연구, 59-60면 참조).

효력을 인정하고 있다.

한편 대상판결에서 대법원은 계약금계약에서 계약금의 일부만 지급된 상황에서 수령자가 매매계약을 해제할 수 있는 경우라고 하더라도 해약금의 기준이 되는 금원은 '실제 교부받은 계약금'이 아니라 '약정 계약금'이라고 봄이 타당하다고 밝힘으로써, 적어도 해약계약금의 약정을 요물계약으로 보는 학설 중에서, 제1설은 취하지 아니함을 분명히 하고 있다. 그 이유에 대해 대법원은 '실제 교부받은 계약금'의 배액만을 상환하여 매매계약을 해제할 수 있다면 이는 당사자가 일정한 금액을 계약금으로 정한 의사에 반하게 될 뿐 아니라, 교부받은 금원이 소액일 경우에는 사실상 계약을 자유로이 해제할 수 있어 계약의 구속력이 약화되는 결과가 되어 부당하기 때문이라고 설명한다. 이 부분은 선행판결에서는 언급되지 않은 부분으로서, 금번 대상판결은 '약정 계약금'을 해약금의 기준으로 보아야 하는 이유를 적시하고 있다는 점에서 주목할 만하다.

라. 사   견

계약금계약, 특히 해약계약금계약의 법적 성질을 낙성계약으로 보아야 함은 앞서 살펴보았다. 그것은 해제권을 유보한 계약금계약을 체결함에 있어서 계약금을 전부 지급하기로 약정한 경우나 일부 또는 사후에 지급하기로 하거나 그 성질이 달라질 이유가 없다. 다시 말하자면 계약금계약의 체결에 있어서 계약금의 전부 혹은 일부를 지급하거나 사후에 지급하거나 관계없이 계약금계약은 당사자 사이에 일정한 금액을 계약금으로[76] 삼기로 하는 당사자 사이의 약정(즉 합의)에 의해 성립하는 것이다. 그러한 당사자 사이의 합의된 내용에 따라, 예컨대 매매의 경우 매수인은 매도인에게 계약체결시에 계약금의 전부나 일부를 지급하거나 계약체결 후 일정기일 내에 계약금의 전부를 지급할 의무를 부담하게 된다. 따라서 매도인은 매수인에게 약정한 기일 내에 계약금의 잔금이나 전부의 지급을 청구할 수 있다. 즉 계약금이 교부되지 아니하였다고 해서 계

---

76) 그 계약금의 기능 내지 목적에 따라 증약금, 위약금, 해약금으로 분류할 수 있다.

약금계약 자체가 성립되지 아니하는 것이 아니라, 계약금계약은 성립되고 그 내용에 따른 권리·의무관계가 발생하는 것이다. 그런데 문제는 계약금계약이 해약계약금을 내용으로 할 때 어느 범위에서 그리고 어떠한 요건하에서 해제권을 행사할 수 있는가 하는 점이다. 특히 계약금의 전부가 교부된 계약금계약이 아니라, 계약금의 일부만 지급되거나 사후지급하기로 하여 아직 계약금의 교부가 되지 않은 상태에서 해약금에 의한 해제권을 어느 범위에서 어떻게 인정할 것인지가 문제된다.

이에 대해서 요물계약설의 입장에서는 세 가지의 해석론이 있음은 앞서 살펴보았다. 이 세 가지 해석론에 대해서는 다음과 같은 문제점이 있다.

제1설은 실제 교부된 금액의 범위에 한해 계약금계약이 성립한다고 보는데, 이는 형식적으로 보아 요물계약의 법리에 가장 충실한 학설이다. 그런데 이 학설에 의하면 계약금이 일부지급된 것에 터 잡아 주계약의 해제를 인정하게 되기 때문에 해약계약금 본연의 기능을 약화시키고 있다. 특히 이 학설에 의하면 계약금을 사후에 지급하기로 하는 계약금계약은 아무런 효력을 발휘할 수 없게 된다. 즉 계약금계약 없이 매매계약을 체결한 경우와 계약금을 사후지급하기로 하는 계약금약정과 함께 매매계약을 체결한 경우가 구분되지 않게 되는 문제점이 있다.

제2설은 교부자(매수인)와 수령자(매도인) 사이에 해약금에 의한 해제권의 행사에 있어서 균형을 상실한다. 즉 매수인은 계약잔금을 지급하기로 한 기일 이전에도 계약잔금을 교부하고 계약을 해제할 수 있는 데 반해, 매도인은 매수인이 계약잔금을 지급하여야지만 비로소 그 배액을 상환하고 계약을 해제할 수 있기 때문에, 매도인의 계약해제권의 행사 여부는 매수인의 잔금지급에 달려 있게 된다. 이러한 상황은 민법 제565조가 의도한 공평한 해제권의 유보에 어긋나게 된다.

제3설은 계약금총액에 관하여 계약금계약이 성립하고 제2설에서 제기되는 불균형을 시정하기 위해 계약금 전부가 지급되기 전이라도 교부자와 수령자 모두에게 계약해제권을 인정함으로써, 사실상 요물계약설의 입장에서 벗어나 낙성계약설에 접근한 학설로 평가할 수 있다. 그런데 이 학설은 약정한 계약금 전부가 지급되기 전이라도 교부자는 계약금의 잔액을 지급함으로써 계약을 해제할 수 있고 수령자는 잔액이 교부되기 전에도 약정한 계약금의 배액을 상환하여 계약을 해제할 수 있다고 하는데, 이것은 지나치게 형식논리에 빠져 수령자의 이익을 그르치고 있다. 예컨대 계약금의 사후지급약정에 의해 매수인이 장차 1천만원을 계약금으로 지급하기로 한 경우에, 매도인이 계약을 해제하기 위해서는 약정한 계약금 1천만원의 배액인 2천만원을 상환하여야 한다는 것인데, 실제 교부받지도 않고 약정에 그친 1천만원을 기준으로 그 배액을 상환한다는 것은 상식적인 계산에 어긋난다.

이에 반해 낙성계약설은 계약금을 일부지급하거나 사후지급하기로 한 약정에 대해서도 계약금 전액에 대해 계약금계약이 성립한 것으로 인정하기 때문에 당사자의 의사에 부합한다. 또한 계약금의 전부나 일부의 지급과 무관하게 당사자의 약정만으로 계약금계약의 성립은 인정되기 때문에 교부자가 계약금의 잔금을 지급하지 않는 경우에 수령자는 계약금계약에 터 잡아 계약잔금의 지급을 당연히 청구할 수 있다. 다만 낙성계약설에 의하더라도 계약금을 일부지급하거나 사후지급하기로 한 계약금계약에 있어서 당사자가 계약해제를 하기 위한 요건에 대해서는 설명이 부족하다. 즉 그러한 계약금계약에서 계약을 해제하기 위해 교부자의 계약잔금의 지급이 있어야만 하는지 그리고 수령자가 계약을 해제하기 위해서는 어떻게 하여야 하는지에 대해 명확하지 않다. 이에 대해 필자는 다음과 같이 생각한다.

해약계약금계약의 특징은 계약금을 통해 당사자가 해제권을 "유보"하는 것이다. 계약금을 지급하기로 하는 약정을 통해 해제권을 "유보"할 수 있는 권리를 가지도록 하는 것과 이러한 보류된 해제권을 실제로 "행사"할 수 있는 것은 다른 차원의 문제이다. 즉 계약금계약에서 계약금의 교부를 통해 해제권을 유보하기로 하는 것은 당사자의 합의만으로도 성립될 수 있다. 그러한 계약금계약을 통해 해제권의 유보를 인정하는 합의에서 계약금은 전부지급할 수도 있고 일부지급 또는 사후지급하는 것도 가능하다. 그렇지만 합의에 의해서 유보된 해제권을 행사하기 위해서는 추가적인 요건이 요구된다. 그러한 요건이란 우리 민법 제565조에서 규정하고 있는 계약금의 "교부"이다.[77] 여기서 계약금의 교부는 요물계약의 성립을 위한 요건으로 볼 것이 아니라, 계약금계약의 내용인 유보된 해제권의 행사를 하기 위한 요건으로 보아야 한다.[78] 해제권의 행사를 위해 계약금의 교부를 요구하는 이유는 한편으로는 당사자로 하여금 상대방에게 계약금의 대가를 치르더라도 계약으로부터 벗어날 수 있는 기회를 허용하면서도, 다른 한편으로는 계약금만큼의 금액을 교부하여야 하는 부담으로 인해 당사자로 하여금 쉽사리 계약을 해제하는 것을 제어하는 효과를 동시에 가질 수 있기 위함이다. 이러한 효과는 계약금이 교부되었을 때 확보될 수 있는 것이기 때문에 계약금이 교부되지 않은 상태에서는 계약해제를 허용하여서는 안 된다. 달리 말하자면 해제를 위해 교부해야 하는 계약금은 계약금계약에서 정한 금액을 기준이 되어야지, 일부 지급된 금액을 기준으로 해서는 안 된다. 또한 계약금 전액을 사후지급하는 경우에도 계약해제를 위해서는 약정한 계약금전액을 교부한 후에 유보한 해제권을 행사할 수 있다. 이러한 원리는 수령자가 계약해제를 하는 경우에도 그대로 적용되어야 한다. 계약금이 전부 교부된 때에는 수령자는 계약해제를 위해서는 그 배액을 상환하여야 한다(민법 제565조 제1항).

---

77) 권리의 성립요건과 행사요건을 구분하는 것은 다른 제도에서도 유사한 예를 찾아볼 수 있는데, 제3자를 위한 계약이 그러하다. 해석론상 다툼이 있기는 하나 민법 제539조는 요약자와 낙약자 사이의 약정만으로 제3자가 직접 권리를 취득하되(즉 성립요건: 동조 제1항), 실제 제3자의 권리가 발생하기 위해서는 제3자가 낙약자에게 수익의 의사표시를 하여야 한다(즉 행사요건: 동조 제2항).
78) 이종구 "계약금의 미지급 단계에서의 계약금계약과 주계약의 효력 등에 관하여", 195면은 계약금계약을 체결하면서 그 약정된 계약금의 미지급단계에서 해제권의 행사 여부에 관하여 당사자의 의사를 확인할 수 없을 때에는 제565조 제1항에 따라 계약금 전액이 실제로 교부되어야만 해제권을 행사할 수 있다고 보는 것이 당사자들의 의사에 부합할 것이라고 주장하는바, 이러한 설명도 필자의 주장과 크게 다르지 않다고 생각된다.

수령자가 계약금의 일부를 지급받은 경우에는 수령자가 계약을 해제하기 위해서는 지급받은 계약금의 일부를 교부자에게 상환하여야 할뿐만 아니라 약정한 계약금만큼의 금액을 교부자에게 지급하여야만 한다. 수령자가 계약금을 전부 사후지급하기로 하는 약정에 따라 교부자로부터 아무런 계약금을 받지 못한 경우에도 수령자(엄밀히는 수령예정자)는 약정한 계약금만큼의 금액을 교부함으로써 계약을 해제할 수 있다. 이러한 계약금의 교부에 의한 해제권의 행사는 상대방이 이행에 착수하기 전까지 허용될 수 있음은 물론이다.

다만 여기서 "교부"의 의미는 상대방에게 계약금을 실제로 지급하는 것에 한정하지 않고, 상대방이 계약금의 수령에 협조하지 않거나 수령하기 어려운 상황 등에서는 계약금의 "제공"에 의해서도 교부한 것과 같은 효과를 인정하여야 한다.[79]

3. 소   결

위에서 살펴본 바를 매매계약이 체결된 경우를 상정하여 각기의 상황에 맞추어 보면 다음과 같이 설명할 수 있다.

가. 별도의 계약금계약이 없이 매매계약이 체결된 경우

매매계약이 유효하게 성립한 이상 당사자 사이에 약정해제권의 유보에 관한 별도의 합의가 없는 한 당사자는 이행에 착수하였는지 여부와 무관하게 채무불이행 사유가 발생하지 않고서는 계약을 해제할 수 없다.

나. 계약금계약의 체결과 함께 매매계약이 체결된 경우

이 경우 계약금계약은 주계약인 매매계약에 대하여 종된 계약으로서의 성격을 가지며, 당사자 사이의 합의에 의해 성립하는 낙성계약이다. 이때 계약금계약을 통해 계약해제권을 유보하기로 하는 내용의 합의가 있었을 때[80] 언제 그리고 어떻게 계약해제권을 행사할 수 있는지는 계약

---

79) 同旨 남효순, "계약금약정에 관한 몇 가지 쟁점", 272면.
80) 이때의 계약금계약에서 해제권의 유보에 관한 내용이 아니라 체약의 증거나 위약금의 내용으로 하기로 하는 것도 얼마든지 가능함은 물론이다.

금의 교부 상황에 따라 달라진다.

(1) 계약금계약을 체결하면서 계약금의 전부가 교부된 경우

이 경우에는 당사자 사이에 다른 약정이 없는 한 당사자의 일방이 이행에 착수할 때까지 교부자는 계약금을 포기하고 수령자는 교부받은 계약금의 배액을 상환하여 매매계약을 해제할 수 있다(민법 제565조 제1항).

(2) 계약금계약을 체결하면서 계약금의 일부가 교부된 경우

계약금계약의 체결과 함께 해제권을 유보한 매매계약은 성립되었으며, 교부자가 계약금의 잔액을 지급하기로 한 때까지 계약금을 지급하지 않을 때에는 수령자는 계약금의 지급을 청구할 수 있다. 계약잔금의 청구에도 불구하고 교부자가 계약금의 잔액을 지급하지 않을 때에는 계약금계약의 불이행을 이유로 주계약을 해제할 수 있는지가 문제될 수 있다. 주계약에서 계약금계약이 이행되지 않을 때에는 주계약을 해제하기로 하는 약정이 있으면 그에 기해 계약을 해제하면 될 것이나, 그러한 약정이 따로 없는 경우에는 계약금계약은 종된 계약이므로 계약금계약의 불이행은 주된 계약의 효력에는 원칙적으로 영향을 미치지 아니하지만, 종된 계약인 계약금계약의 내용에 좇은 계약잔금을 지급하지 않는 경우에는 주계약을 체결하지 않았을 것이라는 사정이 인정된다면 주계약을 해제할 수 있다고 본다.[81]

한편 어느 일방이 계약금계약을 통해 유보된 계약해제권을 해제하기 위해서는 약정한 계약금의 교부 내지 제공을 하여야만 한다. 약정한 계약금의 교부 내지 제공은 계약금계약의 성립요건이 아니라 유보된 해제권을 행사하기 위한 요건이다. 즉, 매수인의 입장에서는 유보된 해제권을 행사하기 위해서는 약정한 계약금의 전부(즉 계약금의 잔금)를 지급하거나 제공한 후에 비로소 계약을 해제할 수 있다. 그에 반해 매도인의 입장에서는 매수인으로부터 이미 지급받은 계약금의 일부 외에 당초 약정한 계약금만큼의 금액을 매수인에게 지급하고서 계약을 해제할 수 있다.

---

81) 남효순, "계약금약정에 관한 몇 가지 쟁점", 273면. 2008년의 선행판결도 마찬가지 입장이다.

예컨대 1억원의 매매계약에서 매수인이 계약금으로 1천만원을 교부하기로 하면서 계약당일 매수인은 3백만원만 지급하고 7백만원은 이튿날 지급하기로 하였다면, 매도인은 매수인으로부터 이미 지급받은 3백만원에다가 당초 계약금 1천만원을 합산한 1천3백만원을 지급하고 계약을 해제할 수 있다. 만약 매수인이 계약금의 일부인 3백만원을 지급한 후 그 다음날 계약잔금인 7백만원을 지급 또는 제공하였다면, 이때에는 계약금의 전부가 교부되었으므로 매도인은 교부받은 계약금의 배액인 2천만원을 상환함으로써 매매계약을 해제할 수 있다(민법 제565조 제1항).

(3) 계약금계약을 체결하면서 계약금의 전부를 나중에 교부하기로 한 경우

이때에도 계약금계약의 체결로 해제권을 유보한 매매계약은 성립되었으며, 교부(예정)자가 계약금을 지급하기로 약정한 때까지 계약금을 지급하지 않을 때에는 수령(예정)자는 계약금의 지급을 청구할 수 있고, 만약 그럼에도 불구하고 교부(예정자)가 계약금을 지급하지 않을 때에는 수령(예정)자는 계약금계약을 해제할 수 있다. 나아가 종된 계약인 계약금계약이 없었더라면 주계약인 매매계약을 체결하지 않았을 것이라는 사정이 인정된다면 계약금계약의 위반을 이유로 주계약인 매매계약을 해제할 수 있다.

한편 계약금의 전부를 지급하기로 한 기일 이전에 당사자가 매매계약을 해제하기 위해서는 교부(예정)자는 약정한 계약금의 전부를 수령(예정)자에게 교부 또는 제공한 후에야 계약을 해제할 수 있고, 수령(예정)자는 교부(예정)자로부터 지급받기로 한 계약금에 상응하는 금액을 교부(예정)자에게 교부 또는 제공하고서 계약을 해제할 수 있다. 예컨대 1억원의 매매계약에서 1천만원을 교부하기로 하되 계약금은 이튿날 교부하기로 합의한 경우에, 매수인은 매도인에게 1천만원을 교부(또는 제공)하고서 매매계약을 해제할 수 있고, 매도인 역시 약정한 계약금 1천만원을 매수인에게 교부(또는 제공)하고서 매매계약을 해제할 수 있다.

Ⅳ. 대상판결에 대한 검토

1. 계약법을 지배하는 근간원칙은 계약자유의 원칙이다. 또한 당사자의 자유로운 의사에 의해 성립한 계약은 "약속은 지켜져야 한다"(pacta sunt servanda)는 원칙에 의해 당사자를 구속하는 효력을 가진다. 따라서 당사자의 자유로운 의사에 의해 체결된 계약은 채무불이행에 의한 계약해제가 인정되는 경우가 아니라면 당초의 약정대로 그 효력을 유지하는 것이 원칙이다. 다만 계약자유의 원칙에는 당사자의 약정에 의한 계약해제의 자유도 포함된다. 즉 채무불이행에 의한 계약의 법정해제 외에도 당사자의 약정에 의한 계약해제도 인정된다. 해약금계약에 의한 계약해제도 약정해제의 일종이다.[82]

계약자유의 원칙은 계약방식의 자유도 포함하는데, 당사자 사이의 합의만으로 계약이 성립하는 낙성계약을 원칙으로 삼고 있다. 거래현실에서는 예컨대 매매계약에서 총 매매대금의 10퍼센트 정도를 계약금으로 걸고 이후 중도금 및 잔금을 지급함과 동시에 물건을 양도하기로 하는 계약이 널리 성행하고 있다. 이러한 계약금을 걸기로 하는 약정, 즉 계약금계약의 법적 성질이나 그 효력에 대해서는 다툼이 있음은 앞서 살펴보았다. 우리 민법은 프랑스민법 및 일본민법의 태도와 같이 계약 당시에 계약금이 교부된 경우에 이를 해약금으로 추정하고 있다($\frac{제565}{조}$). 대상판결은 계약금계약에서 특히 약정한 계약금의 일부만이 교부된 경우에 당사자가 계약을 해제할 수 있기 위한 요건에 대해 설시하고 있다.

이에 대해 대상판결은 2008년의 선행판결을 이어받아, "당사자가 계약금 일부만을 먼저 지급하고 잔액은 나중에 지급하기로 약정하거나 계약금 전부를 나중에 지급하기로 약정한 경우, 교부자가 계약금의 잔금 또는 전부를 지급하지 아니하는 한 <u>계약금계약은 성립하지 아니하므로</u> 당사자가 임의로 주계약을 해제할 수는 없다."고 판시하고 있다. 여기서

---

82) 남효순, "계약금약정에 관한 몇 가지 쟁점", 281면.

이것은 우리 대법원이 계약금계약의 법적 성질을 요물계약으로 보고 있음을 알 수 있다. 계약금계약에서 계약금의 전부가 계약 당시에 교부된 경우에는 계약금계약은 성립과 동시에 그 효력을 가지기 때문에 계약금계약의 법적 성질을 무엇으로 볼 것인가는 별 의미를 갖지 못한다. 계약금계약의 법적 성질이 무엇으로 볼 것인가 하는 문제는 계약금이 일부만이 지급되었거나 나중에 지급하기로 하는 경우에 실익이 있다. 이에 대해 우리 대법원은 당사자가 "계약금 일부만을 먼저 지급하고 잔액은 나중에 지급하기로 약정하거나 계약금 전부를 나중에 지급하기로 약정"하는 것도 계약자유의 원칙에 따라 인정하고 있다. 그러나 그러한 약정에 대해 "교부자가 계약금의 잔금 또는 전부를 지급하지 아니하는 한" 계약금계약의 성립을 인정하지 않는다. 그렇다면 계약금의 일부만을 먼저 지급하기로 하는 약정을 하였지만 교부자가 계약금의 잔금을 아직 지급하지 아니하는 동안의 계약금계약의 효력은 어떻게 되는지 의문이다. 이에 대해 선행판결에서는 "당사자가 계약금의 일부만을 먼저 지급하고 잔액은 나중에 지급하기로 약정하거나 계약금 전부를 나중에 지급하기로 약정한 경우 교부자가 계약금의 잔금이나 전부를 약정대로 지급하지 않으면 상대방은 계약금 지급의무의 이행을 청구하거나 채무불이행을 이유로 계약금약정을 해제할 수 있고, 나아가 위 약정이 없었더라면 주계약을 체결하지 않았을 것이라는 사정이 인정된다면 주계약도 해제할 수도 있을 것"이라고 밝히고 있다.[83] 이렇게 되면 계약금의 일부지급 또는 사후지급하기로 약정한 경우에 그에 따른 계약 잔금이 전부 지급되지 아니하였더라도 이미 계약금계약의 성립에 따른 효력을 인정하고 있는 셈이다. 판례는 계약금의 일부지급 또는 사후지급하기로 하는 계약금계약의 성립 문제와 그러한 계약금계약에 따라 계약을 해제하기 위한 요건의 문제를 혼용하고 있다. 만약 계약금계약의 법적 성질을 요물계약으로 보게 되면, 계약금이 일부만 교부되었거나 나아가 계약 당시 계약금이 전혀 교부됨

---

83) 대법원 2008. 3. 13. 선고 2007다73611 판결; 본고 각주 4 참조.

이 없이 사후에 지급하기로 한 약정의 상태에서는 아무런 계약상의 효력
을 인정할 수 없게 된다. 그렇지만 대법원은 이에 대해 일정한 효력[84]을
인정하고 있는데, 그러한 효력을 인정하기 위해서는 논리적으로 계약금의
실제 교부와는 무관하게 당사자의 계약금계약의 약정만으로 계약의 성립
을 인정하여야 한다.[85] 즉 계약금계약은 계약금이 전부 교부되었거나 일
부만 지급되었거나 혹은 전부 사후지급하기로 하는 경우에도 모두 낙성
계약으로 보는 것이 타당하다.

　　2. 대상판결은 당사자가 계약금 일부만을 먼저 지급하고 잔액은 나
중에 지급하기로 약정하거나 계약금 전부를 나중에 지급하기로 약정한
경우에 있어서 계약금포기・배액상환에 기한 계약해제(민법 제565조 제1항)를 하기
위한 요건에 대해서도 설시하고 있다. 이에 대해 대상판결은 "당사자가
계약금 일부만을 먼저 지급하고 잔액은 나중에 지급하기로 약정하거나
계약금 전부를 나중에 지급하기로 약정한 경우, 교부자가 계약금의 잔금
또는 전부를 지급하지 아니하는 한 계약금계약은 성립하지 아니하므로
당사자가 임의로 주계약을 해제할 수는 없다."고 판시하고 있다. 나아가
2008년 판결에는 계약금이 일부만 지급된 경우 수령자가 매매계약을 해
제할 경우에 그 해약금의 기준이 되는 금원이 무엇인지에 대해서는 언급
이 없었으나, 금번 대상판결에서는 수령자가 '실제 교부받은 계약금'이 아
니라 '약정 계약금'이 기준이 되어야 함을 분명히 하고 있다. 이 부분은
판례의 태도가 타당하다. 대상판결에서 적절하게 설시한 바와 같이 만약
'실제 교부받은 계약금'의 배액만을 상환하여 매매계약을 해제할 수 있다
면 "이는 당사자가 일정한 금액을 계약금으로 정한 의사에 반하게 될 뿐
아니라, 교부받은 금원이 소액일 경우에는 사실상 계약을 자유로이 해제
할 수 있어 계약의 구속력이 약화되는 결과가 되어 부당하기 때문이다."

---

84) 즉 교부자에게 계약금 지급의무의 이행을 청구하거나 채무불이행을 이유로 계약
　　금약정을 해제하는 등의 효력.
85) 같은 취지 이종구, "계약금의 미지급 단계에서의 계약금계약과 주계약의 효력
　　등에 관하여", 188면.

한편, 계약금이 전부 지급되기 전에도 계약금을 해약금으로 추정하는 민법 제565조 제1항에 기하여 계약을 해제할 수 있는가에 대해 요물계약설의 입장에서는 세 가지의 해석론이 있음은 앞서 살펴보았다. 금번 대상판결을 통해 계약금이 실제 교부된 범위 내에서 계약금계약이 성립하고 그 효력도 발생한다는 제1설의 입장은 대법원이 취하고 있지 않음은 분명해졌다. 대상판결은 2008년의 선행판결과 마찬가지로 계약금이 일부 지급되거나 사후지급하기로 약정한 경우에는 교부자가 계약금을 전부 지급한 때에 비로소 계약금계약이 성립하고 그에 따라 당사자는 계약을 해제할 수 있다는 제2설[86]을 견지하고 있다. 이러한 견해의 문제점은 교부자와 수령자의 입장을 차별함으로써 형평에 반하다는 점이다. 즉 교부자는 필요에 따라 상대방이 이행에 착수하기 전에 계약잔금을 지급하여 계약해제권을 확보할 수 있는 데 반해, 수령자는 교부자가 잔금을 지급하기까지는 스스로 해약금에 따른 계약해제를 할 수 있는 방법이 없어, 수령자에게 불리하게 된다. 따라서 계약금계약이 체결된 경우에 교부자뿐만 아니라 수령자도 상대방이 이행에 착수하기 전까지는 대등한 조건에서 계약을 해제할 수 있어야 한다. 대상판결은 이 부분을 간과하고 있다.

3. 이상 검토한 바를 정리한다.

첫째, 계약금의 일부만 지급되거나 계약금전액을 사후에 지급하기로 하는 계약금계약이 체결된 경우 그러한 계약금계약은 계약금의 교부와 상관없이 당사자 사이의 약정만으로 성립한다. 즉 계약금계약은 요물계약이 아니라 낙성계약이다. 따라서 계약금계약이 성립된 이상 계약금계약의 효력이 인정되는바, 계약금계약이 체결된 이상 교부자가 계약금의 잔액 혹은 계약금전액을 약정한 기일에 지급하지 않는다면 수령(예정)자는 계약금계약에 따른 계약금의 이행을 청구할 수 있고, 만약 이를 이행

---

86) 이 학설은 계약금을 분할지급 내지 사후지급하기로 하는 약정을 계약금계약의 예약으로 보는데, 대법원이 이를 예약으로 보는지에 대해서는 분명하지 않다.

하지 않는 경우에는 계약금계약을 해제할 수 있다. 나아가 계약금계약을 이행하지 않을 경우 주계약을 해제한다는 약정이 있으면 그 약정에 따라 주계약을 해제할 수 있으며, 그러한 약정이 없는 경우에는 계약금계약이 없었더라면 주계약을 체결하지 않았을 것이라는 사정이 인정된다면 주계약을 해제할 수 있다. 판례가 계약금계약을 요물계약으로 바라보면서 이와 같은 일정한 계약상의 효력을 인정하는 것은 모순된 논리이다.

둘째, 민법 제565조 제1항은 계약금계약이 체결된 경우 이를 해약금계약으로 추정하고 있으며, 당사자가 해약금을 통해 유보된 해제권을 행사하기 위해서는 계약금의 "교부"가 필요하다. 이때의 교부는 현실적인 지급뿐만 아니라 이행의 제공도 포함된다. 또한 교부의 기준이 되는 계약금은 현실적으로 교부된 일부의 계약금이 아니라 당사자가 약정한 계약금이다. 이 부분의 대상판결의 설시부분은 타당하다.

셋째, 계약금계약을 체결하면서 계약금의 일부가 교부된 경우에 상대방이 이행에 착수하기까지 교부자는 계약잔금을 교부(또는 제공)하고서 그리고 수령자는 교부자로부터 이미 교부받은 일부의 계약금을 상환하는 외에 당초 약정한 계약금만큼을 교부(또는 제공)함으로써 계약을 해제할 수 있다고 하여야 한다.[87] 대상판결은 이러한 경우에 교부자가 계약잔금을 지급한 경우에 비로소 수령자는 배액상환을 통해 계약을 해제할 수 있다는 입장이지만, 교부자에 비해 수령자의 계약해제권을 차별적으로 제한해야 할 합리적인 이유가 없다. 이 부분은 재고를 요한다.

---

87) 계약금전액을 사후지급하기로 하는 계약금계약에서도 교부예정자 및 수령예정자는 약정한 계약금을 기준으로 계약금에 상응하는 금전을 교부(또는 제공)함으로써 계약을 해제할 수 있다.

[Abstract]

Legal relationship in case that partial amount of down payment is paid in agreement of delivery of earnest money

Song, Ho Young*

According to our Civil Code, a sale shall become effective when one of the parties agrees to transfer a property right to the other party and the other party agrees to pay the purchase-price to the former. That means, because sale is a consensual contract, delivery of down payment is not a establishing requisite of the contract. However, in real business such as sale of real estate in a relatively large amount of transactions, it is quite common to make a contract, which phrases that down payment will be delivered at the time of entering into a contract in prior and then intermediate or the rest payment will be paid sequentially or later on.

Concerning agreement of down payment, our Civil Code stipulates that unless otherwise agreed upon between the parties, the deliverer by giving up such money, and the receiver by repaying double such money, may rescind the contract before one of the parties has initiated performance of the contract. Conventionally majority theory and judicial precedent regard so-called down payment contract as substantial contract. That means that the parties can have the right of rescission when agreed down payment is delivered actually.

In this judgement it matters that the seller, who is paid part of the down payment, can rescind the contract whether by repaying double such paid money or by repaying actual paid money plus agreed down payment additionally, in case that the parties agreed delivery of down payment at

---

* Professor, Hanyang University, School of Law.

the time of entering into the sale contract but buyer paid partial amount of down payment on the day of making contract and then would pay the rest the next day. About this case, judgement decided that the criteria of earnest money for rescission is not the amount of actually delivered down payment but agreed one. I basically subscribe to the conclusion of judgement, but oppose to its premise, which regards down payment contract as substantial contract. On the contrary, I regard down payment contract as consensual contract, but maintain that, the same as conclusion of judgement resultingly, the parties can rescind the major contract by delivering agreed down payment.

[Key word]
- sale
- down payment
- consensual contract
- substantial contract
- rescission

참고문헌

강태성, 「물권법」, 대명출판사, 2000.

고재민, "민법 제565조의 해제권의 행사와 이행의 착수", 「판례연구」 제19집 (2008. 2.), 부산판례연구회.

곽윤직(편집대표), 「민법주해(XIV)」, 채권(7), 박영사, 1997.

곽윤직, 「물권법」, 제7판, 박영사, 2003.

_____, 「채권각론」, 제6판, 박영사, 2003.

김기선, 「한국채권법각론」, 제3전정판, 법문사, 1988.

김동훈, "민법의 해약금 규정의 운용방향-대법원 2008.3.13. 선고 2007다 73622 판결과 대법원 2015.4.23. 선고 2014다231378 판결의 분석을 중심으로-", 「비교사법」 제22권 제3호(2015. 8.).

김상용, 「채권각론」, 개정판, 법문사, 2003.

김증한·김학동, 「물권법」, 제9판, 박영사, 1998.

_____, 「채권각론」, 제7판, 박영사, 2006.

김형배, 「채권각론」(계약법), 신정판, 박영사, 2001.

남효순, "계약금약정에 관한 몇가지 쟁점", 「법학」 제107호(1998. 8.), 서울대학교 법학연구소.

명순구, "계약금약정의 해석", 「법학논집」 제35집(1999. 12.), 고려대학교 법학 연구원.

민사법연구회, 「민법안의견서」, 일조각, 1957.

박병칠, "계약금포기·배액상환의 약정 및 관련문제-판례를 중심으로-", 「민 사법연구」 제3집(1994), 대한민사법학회.

박준서(편집대표), 「주석민법」(채권각칙 2), 제3판, 한국사법행정학회, 1999.

손재종, "매매계약과 계약금 약정의 법률관계 검토", 부동산학연구, 제15집 제2 호(2009. 8.).

송덕수, 「채권각론」, 박영사, 2014.

오종근, "계약금의 법적 성질", 「법학논집」 제15권 제3호(2011. 3.), 이화여대 법학연구소.

이상태, 「물권법」, 9정판, 법원사, 2015.

이영준, 「물권법」, 전정신판, 박영사, 2009.

이종구, "계약금의 미지급 단계에서의 계약금계약과 주계약의 효력 등에 관하여", 「법학논총」 제33권 제1호(2009. 6.), 단국대 법학연구소.

이준현, "주된 계약과 더불어 계약금계약을 한 당사자가 계약금의 전부 또는 잔금을 지급하지 않은 경우의 법률관계", 「법조」 통권 제663호(2011. 12.).

이태재, 「채권각론」, 개정판, 진명문화사, 1985.

임은정, "계약금계약의 법률관계에 관한 연구", 한국외국어대학교 대학원 석사학위논문, 2013.

임정평, 「채권각론」, 법지사, 1995.

정길용, "계약금이 수수되어 해제권이 유보된 계약과 채무자의 기한의 이익 포기", 「법학연구」 제20집 제3호(2010), 연세대학교 법학연구원.

조일윤, "민법상 해약금규정에 관한 입법론적 고찰", 「동아법학」 제46호(2010. 2.).

지원림, 「민법강의」, 제13판, 홍문사, 2015.

_____, "계약금 분할지급 약정의 효력-대상판결: 대법원 2015. 4. 23. 선고 2014다231378 판결-", 「민사법학」 제72호(2015. 9.).

최창렬, "계약준수의 확보방안에 관한 연구", 「재산법연구」 제27권 제3호(2011. 2.).

_____, "계약금계약에 관한 연구", 「재산법연구」 제20권 제1호(2003. 8.).

_____, "계약금포기와 배약상환의 법리 소고", 「계약법의 과제와 전망」(모원 김욱곤교수 정년퇴임 기념논문집), 삼지원.

한웅길, "계약금에 관한 소고", 「동아법학」 제40호(2007. 8.).

현승종·조규창, 「로마법」, 법문사, 1996.

황적인, 「현대민법론 Ⅳ」, 증보판, 박영사, 1987.

구 시설대여업법 제13조의2 제1항
(여신전문금융업법 제33조 제1항)에 의한
리스이용자명의 자동차이전등록의 법적 효력

남 효 순*

■요 지■

　　리스계약의 법적 성격에 대하여는 특수임대차계약설, 특수매매계약설, 특수도급계약설 또는 무명의 비전형계약설이 제시되고 있다. 다수설은 임대차계약의 일종으로 이해하고 있다. 리스계약은 물적 금융으로서 혼합적인 성격의 계약이라고 할 것이다. 한편 리스계약은 여러 법률의 규율을 받는다. 우선 상법전의 규율을 받는다. 상법전은 4개의 조문을 신설하고 있다. 그러나 이 규정들은 리스계약의 법적 성질을 규명하고 법적 문제를 해결하기에는 부족하다. 따라서 법적 해결을 위해서는 리스계약에 관한 표준약관을 참조하여야 한다. 다른 한편 리스계약은 구 시설대여업법(현행 여신전문금융업법)의 규율을 받는다.

　　리스계약의 본질에 따르면 리스회사가 리스목적물의 소유자이다. 그러나 리스회사는 소유자임에도 리스이용자에 대하여 담보책임을 부담하지 않는다. 또 리스이용자는 소유자처럼 리스목적물을 유지하고 관리할 책임을 진다. 그 결과 리스목적물의 위험은 리스이용자가 부담하게 된다. 한편 구 시설대여업법 제13조의2 제1항(여신전문금융업법 제33조 제1항)에 의하면, 행정상의 유지·관리의무와 자동차손해배상법상의 손해배상의무를 리스이용자에게 부담시키기 위하여 리스이용자명의로 리스자동차의 이전등록을 실행할 수 있다.

---

* 서울대학교 법학전문대학원 교수.

대법원은 본조의 해석과 관련하여 리스회사는 이전등록에도 불구하고 대내·외적으로 소유자로 남는다고 판시하고 있다.

대법원의 판결에 대하여는 여러 비판이 가능하다. 우선 대법원판결은 등록을 포함한 공시제도에 부합하지 않는다. 다른 한편 대법원판결은 소유권이 리스회사에 유보되는 리스계약의 성질에 반한다. 리스자동차에 대한 이전등록이 실행된 이상 형식적·대외적으로 이전효력을 부여하지 않을 수 없다고 할 것이다. 그러나 리스계약의 본질을 고려할 때, 리스이용자와 리스회사 사이에서는 리스회사에게 대내적·실질적으로는 소유권이 유보된다고 보아야 한다. 따라서 악의의 제3자는 소유권을 취득할 수 없다. 반대로 리스이용자와 제3자 사이에서는 대외적으로는 리스이용자가 소유자이고, 그 결과 선의의 제3자는 소유권을 취득한다. 리스계약의 본질에 따라 리스자동차의 소유권이 리스회사에게 유보되었다는 점에서 이전등록은 실질적으로는 소유권이전의 효력을 가질 수 없다. 그렇다면 구 시설대여업법(여신전문금융업법 제33조 제1항)은 이에 대하여 침묵하고 있지만, 이전등록에 실질적으로 리스이용자를 위한 물권적 이용권을 설정하는 효력을 인정할 수 있을 것이다.

[주제어]
- 리스계약
- 리스계약의 본질
- 리스회사
- 리스이용자
- 구 시설대여업법 제13조의2 제1항(여신전문금융업법 제33조 제1항)에 의한 리스자동차이전계약의 효력

[투고일자] 2015. 12. 3.
[심사일자] 2015. 12. 16.
[게재확정일자] 2015. 12. 30.

대상판결 : 대법원 2000. 10. 27. 선고 2000다40025 판결

1. 사실관계

시설대여회사 A(이하 리스회사 A)는 1995. 8. 25. 소외 회사 B(리스이용자 B)와 이 사건 자동차(이하 리스자동차)를 대여하는 리스계약을 체결하고 같은 해 9. 28. 다시 그 변경계약을 체결하였다. 리스회사 A는 1995. 8. 25.자 계약체결시 리스이용자 B는 자기의 책임과 비용으로 관련 법령에 의거 리스자동차를 등록하고 관할관청의 검사 등 행정지시를 철저히 이행하며, 선량한 관리자의 주의의무를 다하여 자동차가 항상 충분한 기능을 발휘할 수 있도록 유지 · 관리하여야 하고, 자동차에 대한 소유권은 그 등록명의가 리스이용자 B일 경우에도 리스회사 A에게 있다고 약정하였다. 이에 리스회사 A는 1995. 8. 31. 소유자 명의를 리스이용자 B로 하는 리스자동차의 이전등록을 마쳤다.

피고 乙은 리스이용자 B에 대한 자동차가압류결정을 받아 1998. 5. 19. 리스자동차에 대하여 가압류집행을 하였다. 그 후 리스회사 A는 1999. 11. 6. 원고 甲 회사에 흡수 합병되었다. 원고 甲은 시설대여업법 제13조의2 제1항의 규정 중 "자동차관리법의 규정에 불구하고"라는 내용의 취지는 자동차관리법 제6조 즉 "자동차소유권의 득실변경은 등록을 하여야 그 효력이 생긴다."는 규정의 적용을 시설대여업법에 따라 대여하는 자동차에 대하여는 적용하지 아니한다는 의미이므로, 이 사건 자동차의 경우 그 소유권은 등록명의가 리스이용자 B의 명의로 되어 있는지 여부와는 관계없이 리스회사 A를 흡수 합병한 원고 甲회사에게 있다 할 것이어서 피고 乙이 한 가압류집행은 부당하다고 주장하였다.

2. 원심판결

시설대여업법 제13조의2 제1항의 규정형식상 동법상의 다른 조항과 달리 자동차관리법의 특정 조항(원고 주장대로 한다면 적용이 배제되어야 할 자동차관리법 제6조)이 명시적으로 적시되어 있지 않은 점, 또한 위 규정은 위와 같은 등록방식을 허용하는 허용규정일 뿐 강제규정이 아니라는 점, 앞서 본 약정 등 리스자동차를 리스이용자 B 명의로 등록하게 된 경위, 등록명의를 신뢰한 자에 대한 거래의 안전보호 등을 종합하여 보면, 건설기계관리법 또는 자동차관리법상 건설기계 또는 차량의 등록은 그 관리의 목적과 사고발생 시 손해배상책임문제 등을 원활히 해결하기 위해서 원칙적으로 그 소유자의 명의로 하도록 되어 있으나, 시설대여 등의 경우 비록 위 차량 등의 법적 소유권자는 리스회사 A이지만 실제 위 차량 등의 점유·사용자는 리스이용자 B이고, 또한 리스이용자 B가 시설대여기간 동안 당사자가 되어 위 차량 등의 소유자에게 부과되는 검사 등 그 물건의 유지·관리에 관한 각종 의무를 이행하거나 공과금 통지서의 수령 등에 있어 그 편의상 리스이용자 B의 명의로 등록할 필요성이 있으므로, 예외적으로 시설대여업법 제13조의2 제1항과 같이 건설기계 또는 차량의 이용자의 명의로 신탁하여 등록할 수 있고, 이와 같은 경우 자동차관리법 제6조에 따라 위 차량에 대한 소유권은 등록 명의자에게 있다고 해석함이 상당하다 할 것이라는 논거에 따라(리스회사 A는 리스자동차에 대한 가처분의 방법으로 제3자로부터 자신의 권리를 보호받을 수 있다), 원심법원은 "리스자동차는 비록 원고 甲과 리스회사 A 사이의 내부관계에 있어서는 원고 甲의 소유라고 하더라도 대외적으로는 리스이용자 B의 소유라고 할 것이므로, 원고 甲으로서는 집행채권자로서 대외관계에 있는 피고 乙에 대하여 내부적인 소유권으로써 대항할 수 없다 할 것이어서 결국 피고 乙의 위 리스자동차에 대한 위 가압류집행의 불허를 구하는 원고 甲의 청구는 이유 없다."라고 판시하였다.[1]

3. 대법원판결

대법원은 "특정 물건의 소유권은 리스회사 A에게 남겨두고 리스이용자 B에게 일정 기간 대여하는 방식을 통하여 담보의 목적을 달성하고자 하는 시설대여(리스)의 특성과 시설대여산업을 육성하고자 하는 구 시설대여업법의 입법취지를 염두에 두고 위와 같은 관련 법률조항들을 종합하여 보면, 차량의 시설대여의 경우에도 대여 차량의 소유권은 리스회사 A에 유보되어 있음을 전제로 하고, 다만 현실적·경제적 필요에 따라 차량의 유지·관리에 관한 각종 행정상의 의무와 사고발생시의 손해배상책임은 시설대여이용자로 하여금 부담하도록 하면서 그 편의를 위하여 차량등록을 소유자인 리스회사 A가 아닌 리스이용자 B의 명의로 할 수 있도록 자동차관리법에 대한 특례규정을 둔 것으로 해석함이 상당하고, 따라서 구 시설대여업법 제13조의2에 의

---

1) 부산고법 2000. 6. 28. 선고 2000나4159 판결.

하여 리스이용자 B의 명의로 등록된 리스자동차에 대한 소유권은 대내적으로는 물론 대외적으로도 리스회사 A에게 있는 것으로 보아야 할 것이다. 그리고 구 시설대여업법 제14조 제1항은 "시설대여회사는 시설대여 등(연불판매에 있어서 특정 물건의 소유권을 이전한 경우를 제외한다)을 하는 특정 물건에 대하여 재정경제부령이 정하는 바에 의하여 이를 표시하는 표지를 부착하여야 한다."라고, 같은 조 제2항은 "당해 특정 물건의 시설대여 등을 한 시설대여회사 이외의 자는 제1항의 표지를 손괴 또는 제거하거나 그 내용 또는 부착위치를 변경하지 못한다."라고 각 규정하고, 같은 법 제18조는 같은 법 제14조 제2항 위반행위에 대한 형사처벌을 규정하고 있는바, 이와 같은 규정이 있는 이상 위에서 본 바와 같이 시설대여회사를 차량의 소유자로 본다고 하더라도 거래의 안전을 크게 해할 염려는 없다고 할 것이다."라고 판시하였다.[2]

〔研 究〕

1. 문제의 제기

이 사건 당시의 구 시설대여업법(제13조의2 제1항)은 리스이용자의 명의로 리스자동차에 대한 소유권등록이 가능하도록 규정하였다. 구 시설대여업법을 대체하는 현행 여신전문금융업법(제33조 제1항)도 마찬가지로 동일한 규정을 두고 있다. 리스자동차에 대하여 리스이용자명의로 이전등록이 이루어진 경우 리스자동차에 대한 소유권은 누구에게 귀속되는가? 리스자동차에 대하여 리스이용자 B의 명의로 소유권이전등록을 마친 이상 그 소유자는 리스이용자 B라고 보는 입장이 있다. 이는 자동차이전등록이 실행되는 경우 자동차관리법의 규정(제6조)에 따른 해석이다. 이것이 원심법원의 판결의 입장이다. 이와 반대로 사안의 경우 리스이용자 B의 명의로 등록되었음에도 리스자동차에 대한 소유권은 대내적으로는 물론 대외적으로도 리스회사 A에게 있는 것으로 보는 입장이 있다. 이는 구 시설대여업법 제13조의2 제1항(여신전문금융업법 제33조 제1항)이

---

2) 대법원 2000. 10. 27. 선고 2000다40025 판결.

"자동차이전등록의 변동적 효력을 정하는 자동차관리법의 규정에도 불구하고"라고 하는 문언을 둔 것은 이전등록에 본래의 효력인 권리변동적 효력을 인정하지 않는 것으로 해석하는 것이다. 이것이 대법원의 판결의 입장이다.

대법원판결에 대하여는 여러 가지 의문이 제기된다. 그 중 중요한 의문을 들어 보면 다음과 같다. 우선 이 사건 당시 자동차저당법은 승용차에 대하여 저당권의 설정을 인정하지 않았다. 그 결과 리스회사는 리스료채권에 대하여 우선변제권을 가질 수 없어 보호를 받을 수 없게 되므로, 리스회사를 보호하겠다는 것이 대법원판결이 내려진 배경이었다. 그런데 이 사건 이후 1999. 5. 24. 구 자동차저당법이 개정되어 리스승용차에 대하여도 저당권을 설정하는 것이 가능하게 되었다. 만약 리스회사가 저당권을 설정하는 것을 허용한다면, 이전등록에도 불구하고 소유권이 이전되지 않는다는 것은 자기 저당을 인정하는 것이 되어 버려 우리 법체계와는 부합하지 않는다. 따라서 이에 대하여는 대법원판결이 앞으로 그대로 유지될 수 있는가 하는 문제를 검토할 필요가 있다고 할 것이다. 또 대법원판결은 시설대여(리스)의 특성과 시설대여산업을 육성하고자 하는 구 시설대여업법의 입법취지를 고려하여 내려진 것이었다. 그러나 그 후 시설대여업법이 여신전문금융업법으로 대체된 지금에도 시설대여업만을 육성할 필요가 있는가 하는 의문이 제기된다. 그리고 보다 본질적으로 현실적·경제적 필요에 따라 차량의 유지·관리에 관한 각종 행정상의 의무와 사고발생시의 손해배상책임은 시설대여이용자로 하여금 부담하도록 하면서 그 편의를 위하여 차량등록을 리스이용자의 명의로 하려는 것이 구 시설대여업법의 특례규정의 취지라고 하는 대법원판결의 논지가 과연 타당한 것인지에 대하여 근본적인 의문이 제기된다고 하겠다. 이는 소유권이 아니라 일정한 의무의 공시만을 위하여 소유권이전등록을 이용하는 것이 되는데 이것이 등기·등록제도라는 공시제도를 두는 본질과 취지에 부합하는 것인지가 문제라고 하겠다.

이하에서는 리스자동차의 등록에 관한 법과 구 시설대여업법(여신전문금융업법)(2), 리스의 종류(3), 리스계약의 법적 규율과 법적 성질(4), 리스계약

의 법률관계(5)를 먼저 살펴보고 이어서 대법원판결에 대한 검토(6)를 마친
후, 리스자동차이전등록의 법적 의미와 효력(7)에 대하여 살펴보기로 한다.

2. 리스자동차의 등록에 관한 법과 구 시설대여업법(여신전문금융업법)

먼저 리스이용자명의의 이전등록에 관하여 자동차관리법, 구 시설대
여업법(여신전문금융업법)의 관련 규정을 살펴본다.[3] 그리고 자동차저당에
관한 구 자동차저당법(「자동차 등 특정 동산 저당법」)을 검토한다.

(1) 자동차관리법과 구 자동차저당법 · 「자동차 등 특정 동산 저당법」

자동차관리법($\frac{제6}{조}$)에 의하면 자동차 소유권의 득실변경(得失變更)은
등록을 하여야 그 효력이 생긴다. 이전등록은 자동차소유권의 이전을 위
한 성립요건이 된다. 한편 자동차는 저당권의 객체이기도 하다. 이 사건
당시 구 자동차저당법이 자동차의 저당권의 등록을 규율하였다.[4] 구 자
동차저당법($\frac{제4}{조}$)에 의하면 자동차저당권의 득실변경은 자동차관리법에
의한 자동차등록원부에 등록을 하여야 그 효력이 생긴다.[5]

구 자동차저당법은 처음에는 "승용자동차"(이하 승용차라)에 대한 저당권의
설정을 인정하였으나, 이 사건 당시에는 그러하지 않았다.[6] 그 후 구 자동차저

---

3) 이하에서는 구 시설대여업법에 대한 검토는 동일한 규정을 두고 있는 여신전문
금융업법에 대한 검토를 의미하기도 한다.
4) 구 자동차저당법은 법률 제3912호에 의하여 1986. 12. 31. 제정된 후, 1993. 12.
27. 법률 제4646호로 전부 개정이 되어 1994. 7. 1.부터 시행되었다.
5) **구 자동차저당법 제4조 (저당권에 관한 등록의 효력 등)** ① 자동차저당권(이하
"저당권"이라 한다)의 득실변경은 자동차관리법에 의한 자동차등록원부에 등록을
하여야 그 효력이 생긴다.
② 저당권에 관한 등록은 설정등록 · 변경등록 · 이전등록 및 말소등록으로 구분한다.
③ 저당권에 관한 등록의 절차 및 방법에 관하여 필요한 사항은 대통령령으로 정한다.
6) **구 자동차저당법 제2조 (저당권의 목적물)** 이 법에 의하여 저당권의 목적으로 할
수 있는 자동차는 자동차관리법에 의하여 등록한 자동차중 다음 각 호의 1에 해
당하는 자동차를 제외한 자동차로 한다.
1. 승용자동차
2. 대통령령이 정하는 규모이하의 자동차
부칙 ② (승용자동차에 관한 경과조치) 이 법 시행전에 승용자동차에 대하여 설정

당법은 1999. 5. 24. 개정을 통하여 승용차에 대하여도 저당권의 설정을 인정
하였다. 그리고 구 자동차저당법을 대체하는 「자동차 등 특정 동산 저당법」도
역시 마찬가지이다.[7] 한편 「자동차 등 특정 동산 저당법」($\frac{제5}{조}$)은 자동차 이외
의 특정 동산에 대하여도 자동차저당법과 동일한 규정을 두게 되었다.[8]

(2) 구 시설대여업법과 여신전문금융업법

구 시설대여업법은 1982. 3. 29. 대여시설의 등록·등기에 대하여 특
례규정($\frac{구 시설대여업법}{제13조의2 내지 제14조}$)을 신설하였고, 이 사건도 특례규정의 적용을 받는 사
건이다. 또 구 시설대여업법 제13조의2($\frac{제1}{항}$)는 시설대여회사가 차량의 시설
대여 등을 하는 경우에는 "자동차관리법의 규정에 불구하고" 대여시설이용
자의 명의로 등록할 수 있다고 규정하였다. 또 대여시설이용자가 특정물건
의 시설대여 등을 받아 사용하는 경우 다른 법령의 규정에 의하여 특정물
건의 소유자에게 부과되는 검사 등 그 물건의 유지·관리에 관한 각종 의
무는 대여시설이용자가 그 당사자가 되어 이를 이행하여야 하고($\frac{제13조의3}{제1항}$),
대여시설이용자가 차량의 시설대여 등을 받아 운행을 함에 있어 고의 또는

된 저당권은 그 저당권이 말소등록될 때까지 이 법에 의하여 저당권이 설정된
것으로 본다.

7) 그 후 구 자동차저당법은 2009. 9. 26. 폐지되고 이를 대체하는 「자동차 등 특
정 동산 저당법」(법률 제9525호, 2009. 3. 25. 제정)이 제정되어 2009. 9. 26.부터
시행되었다.

8) 「자동차 등 특정 동산 저당법」 제5조(저당권에 관한 등록의 효력 등) ① 저당권
에 관한 득실변경은 담보목적물별로 다음 각 호에 등록하여야 그 효력이 생긴다.
〈개정 2015. 5. 18.〉
　　1. 「건설기계관리법」에 따른 건설기계등록원부
　　2. 「선박법」에 따른 선박원부
　　3. 「어선법」에 따른 어선원부
　　4. 「수상레저안전법」에 따른 수상레저기구 등록원부
　　5. 「자동차관리법」에 따른 자동차등록원부
　　6. 「항공법」 제8조제1항(같은 법 제24조제9항에서 준용하는 경우를 포함한다)
　　　에 따른 항공기 등록원부
② 특정 동산의 저당권에 관한 등록은 설정등록, 변경등록, 이전등록 및 말소등록
으로 구분한다.
③ 특정 동산의 저당권에 관한 등록의 절차 및 방법에 관하여 필요한 사항은 대
통령령으로 정한다.

과실로 인한 위법행위로 타인에게 손해를 가한 경우 시설대여회사는 자동차손해배상보장법 제3조의 규정을 적용함에 있어서는 "자기를 위하여 자동차를 운행하는 자"로 보지 아니한다($^{제13조}_{의4}$)고 규정하였다. 이 경우 시설대여회사는 시설대여 등(연불판매로 특정물건의 소유권을 이전한 경우를 제외한다)을 하는 특정물건에 대하여 재무부령이 정하는 바에 의하여 이를 표시하는 표지를 부착하여야 하고($^{제14조}_{제1항}$),[9] 당해 특정물건의 시설대여 등을 한 시설대여회사 이외의 자는 제1항의 표지를 손괴 또는 제거하거나 그 내용 또는 부착위치를 변경하지 못하도록 하였고($^{제14조}_{제2항}$), 이를 위반할 경우 500만원 이하의 벌금에 처하였다($^{제18조}_{제2호}$). 이상의 구 시설대여업법의 관련 규정들은 자동차관리법 제8조 제1항 및 자동차등록령 제18조에 대한 특례규정으로, 자동차등록은 원래 리스회사가 그 명의로 하여야 하지만, 리스자동차의 경우에는 예외적으로 리스이용자명의로 자동차등록을 할 수 있다는 취지이다.

그 후 구 시설대여업법은 1997. 8. 28. 법률 제5374호로 폐지되고 이를 대체하는 여신전문금융업법이 제정되었다. 여신전문금융업법($^{제33조\ 제1항,[10]\ 제34조\ 제1항}_{제35조,\ 제36조\ 및\ 제70조\ 제3항}$)은 시설대여업과 관련하여 구 시설대여업법의 해당 규정을 그대로 수용하고 있다.[11]

---

9) **구 시설대여업법 시행규칙 제5조 (특정물건의 표시)** ① 법 제14조의 규정에 의하여 특정물건에 부착하는 표지는 별지 제1호 서식에 의한다.

② 제1항의 표지는 내구성재료를 사용하여야 하며, 그 부착위치와 규격은 특정물건의 형상에 따라 식별이 쉽도록 하여야 한다.

[별지 제1호서식] 특정물건의 표지

1. 시설대여회사 주 소 : 상 호 : 2. 특정물건의 일련번호 3. 특정물건명 4. 시설대여 등의 기간   19.   .   .부터   　　　　　　　　　　 19.   .   .까지 ※ 이 물건은 위 회사의 소유물이며 시설대여 등의 기간 중 사용하고 있는 것입니다.

10) **여신전문금융업법 제33조** ① 시설대여업자가 건설기계나 차량의 시설대여 등을 하는 경우에는 「건설기계관리법」 또는 「자동차관리법」에도 불구하고 대여시설이용자의 명의로 등록할 수 있다.

11) 현재 시행되고 있는 여신전문금융업법 제36조 1항은 시설 대여업자(리스회사)는

3. 리스의 종류

리스에는 금융리스(finance lease, crédit-bail)와 운용리스(operating lease, bail)가 있다.[12] 운용리스란 리스회사가 범용성이 높은 자동차, 컴퓨터, 복사기 등과 같은 물건을 리스이용자에게 일정 기간 임대하여 주고 그 대가로 리스료를 받는 리스이다.[13] 운용리스의 당사자는 리스회사와 리스이용자이다. 리스이용자는 불특정 다수인이 된다. 운용리스는 리스기간이 단기이고, 리스이용자에 의한 리스계약의 중도해지가 인정되며, 리스회사는 리스물건의 유지·관리의 의무와 납세의 의무를 지고 또 위험부담을 지게 된다. 운용리스가 전형적인 임대차에 해당한다는 데 대하여 의문이 없다.[14] 금전의 대여를 금융이라고 본다면 운용리스에는 금융의 기능이 전혀 없다. 그런데 구체적인 거래가 과연 운용리스인지 금융리스인지를 구별하기가 어려운 경우가 많다.

금융리스는 특정의 리스이용자가 기계·설비 등의 고가의 장비를 필요로 하는 경우 리스회사가 리스이용자에게 구입자금의 금융을 제공하는 대신에 해당 장비를 구입하여 대여한다. 여신전문금융업법($\binom{제2조}{제1항}$)에 의하면 리스물건은 시설, 설비, 기계 및 기구, 건설기계, 차량, 선박 및 항공기, 위의 물건에 직접 관련되는 부동산 및 재산권, 중소기업(「중소기업기본법」 제2조에 따른 중소기업을 말한다)에 시설대여하기 위한 부동산으로서 금융

시설대여 등을 하는 특정 물건에 총리령으로 정하는 바에 따라 시설대여 등을 나타내는 표지를 붙이도록 하고, 동조 2항이 해당 특정 물건의 시설대여 등을 한 시설대여업자 외의 자는 제1항의 표지를 손괴 또는 제거하거나 그 내용 또는 붙인 위치를 변경하여서는 아니 된다고 규정하여 구법과 같은 내용의 규정을 유지하고 있다. 여신전문금융업법 시행규칙 제8조는 구 시설대여업법 제4조와 동일한 규정이다.

12) 금융리스와 운용리스의 차이점의 자세한 사항에 대하여는 박재홍, "리스(Lease)계약에 관한 연구", 경성법학 제13집 제2호(경성대학교 법학연구소, 2004. 11), pp. 246-251.

13) 이철송, 상법강의(박영사, 2012), p. 280.

14) 예를 들면, 송옥렬, 상법강의(홍문사, 2014), p. 201; 이철송, 전게서, p. 281; 정동윤, 상법(상)(법문사, 2003), p. 311.

위원회가 정하여 고시하는 기준을 충족하는 부동산, 그 밖에 국민의 금융 편의 등을 위하여 총리령으로 정하는 물건이 대상이 된다. 금융리스의 경우에는 리스회사와 리스이용자 이외에 공급자를 포함하여 3당사자가 관여하게 되고, 리스이용자는 불특정다수가 아니라 특정인이다. 금융리스는 일반적으로 운용리스와는 달리 리스기간은 리스물건의 이용연수보다 장기간이 되며, 리스이용자는 리스기간 중 리스계약을 해지하지 못하고, 리스물건에 대한 유지·관리의무, 납세의 의무를 부담하고, 리스회사는 물건의 하자담보책임을 지지 않고 또 리스물건의 멸실이나 훼손에 따른 위험을 부담하지 않는다.[15] 리스로서 중요한 의미를 갖는 것은 금융리스이다. 금융리스의 법적 성질에 대하여는 학설상 논란이 있다. 금융리스는 금융기관에 의하여 운용이 되고 또 운용리스와는 달리 임대차만으로는 설명이 되지 않는 많은 특징들이 있다. 후술하는 바와 같이 금융리스의 핵심은 리스물건을 이용하는 리스이용자가 이용기간 동안 특정의 물건에 대하여 소유자에 준하는 지위를 갖는다는 데에 있다고 할 것이다.

4. 리스계약의 법적 규율과 법적 성질

이하에서 대법원판결의 검토에 필요한 범위 내에서 리스계약의 법적 규율과 성질에 대하여 살펴본다.

(1) 리스계약의 법적 규율

현재 리스계약을 규율하는 법으로 상법과 구 시설대여업법을 대체하는 여신전문금융업법을 들 수 있다. 리스계약의 법적 성질은 우리나라, 독일, 일본 등에서 많은 논의가 이루어지고 있는데,[16] 이하에서는 비교법

---

15) 리스물건에 대한 하자담보책임에 대하여는 소건영, "금융리스계약의 하자담보책임", 비교사법, 제15권 제3호(통권 제42호)(한국비교사법학회, 2008. 9), pp. 295-323; 최인석, "금융리스계약의 법적 성질과 리스회사의 하자담보책임", 판례연구, 제13집(부산판례연구회, 2002), pp. 495-539 참조.

16) 자세한 것은 민법주해 XVI 채권(9)(김건식 집필부분), pp. 318-322; 소건영, "금융리스계약의 법적 성질에 관한 연구", p. 41.

적 검토로 우리나라에 상세하게 소개되지 않은 프랑스법과 프랑스의 학
설을 소개하기로 한다.[17]

(가) 구 시설대여업법(여신전문금융업법)과 상법의 규율

리스에 대하여는 먼저 1972. 12.에 시설대여산업육성법이 제정되었
다. 그 후 이 법은 1986. 12. 31. 제정되어 1987. 7. 1. 시행된 시설대여
업법으로 대체되었고 마지막으로 1997. 8. 시설대여업은 신용카드업, 할
부금융업과 기술사업금융업과 함께 여신전문금융업으로 규율되었다. 구
시설대여업법상의 특례내용은 그대로 여신전문금융업법 제2절로 흡수되
어 유지되고 있다.[18] 한편 상법 제46조($\frac{제19}{호}$)는 "기계, 시설 기타 재산의
물융에 관한 행위"를 기본적 상행위의 하나로 열거하였다. 그리고 이 기
본적 상행위는 2010. 5. 14. "기계, 시설 그 밖의 재산의 금융리스에 관
한 행위"로 개정됨과 동시에 제2편 제12장 "금융리스업"이 신설되어 금융
리스업자와 금융리스이용자의 기본적 의무사항 등이 규율되었다.[19] 또
시설대여업의 거래는 약관으로 거래가 이루어지므로 「약관의 규제에 관
한 법률」(이하 약관법)의 규율을 받게 된다.

구 시설대여업법(여신전문금융업법)은 시설대여업에 대한 행정적 규
제를 규율하는 것이고 후술하는 상법과 약관법은 리스 내지는 금융리스
의 사법적 측면을 규율한다고 한다.[20] 구 시설대여업법(여신전문금융업법)
은 시설대여업에 대한 행정 규제적 목적에서 입법된 것이므로 리스의 사
법적 측면에서 발생한 문제에 대한 전반적인 해결수단이 되지는 못한다
고도 한다.[21] 그러나 구 시설대여업법(여신전문금융업법)이 리스자동차의
등록에 대하여 규율을 하고 있는 이상 이는 리스자동차의 소유권변동과

---

17) 금융리스에 관한 DCFR의 규율에 대하여는 가정준, "DCFR의 물품 임대차계약",
　　외법논문 제34권 제3호(한국외국어대학교 법학연구소, 2010), pp. 40-52 참조.
18) 그리고 구 시설대여업법의 특례내용은 모두 구 시설대여산업육성법을 수용한 것
　　이었다.
19) 임대차계약의 본질을 갖는 운용리스 역시 제46조 제2호에서 기본적 상행위로 규
　　율되는데, 임대차에 대하여는 민법의 적용을 받는다.
20) 이철송, 전게서, pp. 476-477.
21) 이철송, 전게서, pp. 476-477.

관련이 있어서 당연히 그 범위에서는 리스자동차의 사법적 효력과도 밀접한 관련이 있다고 할 것이다.

상법은 금융리스업을 규율하면서 제168조의4에서 리스회사와 공급자 사이에서 체결되는 공급계약상의 공급자의 의무도 함께 규율하고 있다. 이는 상법이 리스계약뿐만 아니라 공급계약도 함께 규율함으로써 리스거래업자 내지는 금융리스업자에 대한 법률관계를 규율하고 있는 것으로 볼 수 있다. 이하에서는 금융리스업에 대한 규율 중 리스회사와 리스이용자가 체결하는 리스계약에 대하여 살펴보고자 한다.

상법 제168조의2는 "금융리스이용자가 선정한 기계, 시설, 그 밖의 재산(이하 이 장에서 "금융리스물건"이라 한다)을 제3자(이하 이 장에서 "공급자"라 한다)로부터 취득하거나 대여받아 금융리스이용자에게 이용하게 하는 것을 영업으로 하는 자를 금융리스업자라 한다."고 규율하고 있다. 이 규정에 의하면 리스계약이란 금융리스회사(이하 리스회사)가 공급자로부터 취득하거나 대여받은 리스물건을 금융리스이용자(이하 리스이용자)에게 이용하게 하는 계약을 말한다. 또 상법 제168조의3(제1항)은 리스회사의 리스이용자에 대한 의무로 금융리스계약(이하 리스계약)에서 정한 시기에 계약이 정하는 금융리스물건(이하 리스물건)을 수령할 수 있도록 할 의무를 규정하고 있고, 상법 제168조의3은 리스이용자의 리스회사에 대한 의무로서 리스물건을 수령함과 동시에 금융리스료(이하 리스료)를 지급하여야 할 의무(제2항)와 선량한 관리자의 주의로 리스물건을 유지 및 관리하여야 할 의무(제4항)를 규율하고 있다. 한편 상법 제168조의4는 리스이용자에 대한 공급자의 의무로서 공급계약에서 정한 시기에 리스물건을 인도할 의무(제1항)와 리스물건을 공급계약에서 정한 시기와 내용에 따라 공급하지 않은 경우 리스이용자에게 직접 손해배상을 할 의무를 규정하고 있다(제2항).

(나) 프랑스법

프랑스의 경우 1966. 7. 2. 「리스를 실행하는 기업에 관한 법률 제66-455호」(Loi n° 66-455 du juillet 1966 relative aux entreprises pratiquant le crédit-bail)(이하 '리스회사법'이라고 한다)의 제정을 통하여 영미법의 리스

계약을 도입하였다. 리스계약이 도입되기 전까지 프랑스에는 「운영을 위한 임대」(location-gérance), 「매매의 일방예약」(contrat de promesse de vente)이라는 유사한 제도가 있었다. 그러나 이는 금융기관만이 실행하는 계약인 리스계약(리스회사
법 제2조)과는 구별이 되었다. 한편 프랑스의 경우 상법은 금융리스업에 대하여 아무런 규율을 두고 있지 않다.

리스회사법은 리스계약을 임대차(location)라고 규정하고 있다.[22] 리스회사법이 금융목적(finalité financière)상 리스회사(crédit-bailleur)의 의무를 프랑스민법상의 임대차와 달리 대폭 수정하였음에도 불구하고 여전히 임대차라는 용어를 사용하고 있다. 리스회사법(제1
조)에 의하면 리스업이란 "그 명칭을 불문하고 기업이 소유자로서 임대의 목적으로 구입한 사업용의 시설물(biens d'équipement), 생산도구(matériel d'outillage) 또는 부동산(biens immobliers)을 임대하여 임차인에게 임료로서 지급되는 금전을 고려하여 약정된 금액을 지급하여 임차물의 전부 또는 일부를 매수할 수 있는 권능을 부여하는 사업"을 말한다.[23] 요컨대 리스회사법은 리스계약을 민법상의 임대차로 포섭함으로써 그만큼 민법상의 임대차의 범위를 확대하고 있다고 볼 수 있다.

프랑스법상 리스이용자(crédit-preneur)와 제조업자인 물건공급업자의 관계에 대하여는 전혀 규정을 두고 있지 않아, 리스계약은 리스회사와 리스이용자 사이의 2당사자 계약으로 이해되고 있다.[24] 리스회사법이 공급업자인 매도인에 대하여는 아무런 규정을 두고 있지 않다는 점에서 리스물건의 매도인은 리스계약의 당사자가 아님을 명확하게 보여 주고 있

---

22) 이는 영업재산 등의 리스에 관한 금융재정법 제L.313-7의 경우도 마찬가지이다. R.-N. Schütz, *"Crédit-bail"*, Répertoire de dorit civil, Dalloz, 2014, n° 24, p. 14.

23) Art. 1er Les opérations de crédit-bail par la présente loi sont les opérations de location de biens d'équipement, de matériel d'outillage ou de biens immobiliers à usage professionnel, spécialement achetés en vue de cette location par des entreprises qui en demeurent propriétaires lorsque ces opérations, quelle que soit leur dénomination, donnent au locataire la faculté d'acquérir tout ou partie des biens loués, moyennant un prix convenu tenant compte, au moins pour partie, des versements effectués à titre de loyers.

24) G. Duranton, *"Crédit-bail mobilier"*, Répertoire de dorit commercial, Dalloz, 2014, n° 31, p. 12.

다. 이는 리스계약은 리스회사가 리스이용자로 하여금 사용·수익하게 할 물건을 공급자로부터 구매한다는 것을 전제로 하는 것이기 때문이라고 한다.[25] 리스회사와 리스물건공급자는 매매계약을 체결하지만, 제조업자의 선택, 리스물건(bien crédit-baillé)의 결정, 매매계약의 협상 등은 리스이용자에 의하여 이루어진다. 학설은 리스이용자는 사전에 리스회사의 위임(mandat)을 받는 것으로 해석하고 있다.[26] 파기원에 의하면 위임은 반대의 약정이 없는 한 리스계약이 해지될 때는 종료되는바, 해지 후 리스회사의 제조업자에 대한 담보책임의 행사가 인정된다.[27]

리스계약은 통상 중장기의 금융으로 3년 내지 10년의 기간 동안 이루어진다고 한다.[28] 리스회사법(제1조)은 리스회사가 리스물건의 소유자로서 임대업을 하고 있다고 규정하고 있으므로, 임대차에 관한 프랑스민법전 제1779조 이하의 규정이 원칙적으로 적용된다. 따라서 리스회사는 이론상으로는 임대인으로서의 모든 의무를 부담하고, 리스이용자는 임차인으로서의 의무를 부담한다. 그러나 실제로는 리스회사는 리스물건의 선택, 제조업자의 결정과 같은 소유자로서 행사할 수 있는 일체의 선택권을 행사하지 않고, 오로지 금전의 신용만 담당하고 명목상의 리스물건의 소유자로서만 남게 된다. 따라서 리스계약에는 리스회사의 개입 없이 리스이용자가 제조업자의 선택, 리스물건의 결정을 한다는 조항을 두게 된다.[29] 또 리스물건의 인도의무, 담보책임은 일반적으로 본질적인 의무이기는 하지만 예외적으로 면책될 수 있다고 한다.[30] "채무자의 행위로 인한 추탈담보책임"(la garantie d'éviction du fait personnel)만 존속한 채 리스회사는 약정에 의하여 하자담보책임(la garantie des vices cachés)을 부

---

25) G. Duranton, *op. cit.,* n° 30, p. 12.

26) G. Duranton, *op. cit.,* n° 30, p. 12.

27) Com., 11 juill. 2006, D. 2006. QJ 2095, obs. X. Delpech.

28) G. Ripert et R. Roblot, *Traité de droit commercial*, t. 2, 12ᵉ éd., L.G.D.J., 1990, n° 2422, p. 434.

29) G. Duranton, *op. cit.,* n° 117, p. 37.

30) G. Duranton, *op. cit.,* n° 114, p. 36.

담하지 않는다.[31] 또 리스회사는 민법상 임대인의 본질적 의무라고 할 수 있는 리스물건의 인도의무를 면한다. 임대인의 본질적인 의무는 공적 질서(l'ordre public)에 해당하지 않기 때문에 이 의무를 면책시키는 약정은 무효가 되지 않는다고 한다.[32] 이상의 면책이 인정되는 한, 리스이용자의 리스물건의 사용이 실질적으로는 임대차에 해당하지 않는다는 것을 잘 말하여 준다.[33] 이것이 바로 리스계약의 본질이라고 한다.[34]

리스계약은 리스기간이 만료되는 경우 리스이용자를 위하여 매입의 선택권(option d'achat)이 주어진다. 리스이용자는 리스물건을 잔여가격으로 매입하거나, 반환하거나 또는 재리스할 수 있다.[35] 잔여가격은 리스계약의 체결시에 책정되는데, 반드시 지급한 리스료를 부분적으로 참고하여야 한다. 이러한 이유에서도 리스계약은 이름 그대로 리스이용자에게 금융을 제공하는 행위로 보고 있다.[36] 따라서 리스계약의 법적 성질을 「임대가 따르는 매입」(achat suivi d'un louage) 또는 「매매의 일방예약(promesse unilatérale de vente)」으로 이해되기도 한다. 이 점이 금융제공 없이 물건을 임대한 후 매매를 하게 되는 「매매부 임대」(location-vente)와 다른 점이다.

리스회사는 임대인의 본질적인 의무를 면할 수 있는 것과 반대로 리스이용자의 의무는 강화된다. 리스이용자는 임차인과 마찬가지로 리스계약이 정하는 용도에 따라 리스물건을 사용할 의무가 있지만,[37] 리스물건에 대한 유지·관리의무를 부담한다. 또 리스이용자는 선량한 관리자로서의 의무를 부담할 뿐만 아니라 점유, 보관, 운반과 사용에 있어서 법

---

31) 프랑스민법의 경우 매도인 자신의 행위로 인한 추탈담보책임은 특약에 의해서도 배제할 수 없다(남효순, "프랑스민법에서의 매도인의 담보책임(I)", 서울대 법학 제34권 제1호(서울대법학연구소, 1993), p. 167.

32) G. Duranton, *op. cit.*, n° 115, p. 37.

33) G. Duranton, *op. cit.*, n° 114, p. 36.

34) G. Duranton, *op. cit.*, n° 121, p. 38.

35) G. Ripert et R. Roblot, *op. cit*, n° 2422, p. 435.

36) M. de Juglart et B. Ippolito, *Cours de droit commercial*, 2ᵉ éd., Montchrestien, 1992, n° 238-4, p. 572.

37) G. Duranton, *op. cit.*, n° 132, p. 42.

령상의 제반의무를 부담하게 된다.[38]

한편 영업재산의 리스(crédit-bail de fonds de commercial)도 가능한데
이는 특별히 「화폐재정법」(Code monétaire et financier)의 적용을 받는다.
영업재산의 리스는 금융재정법상 많은 세제상의 혜택이 있다. 그럼에도
불구하고 영업재산의 리스는 잘 이용되지 않는다고 한다.[39] 이는 리스이
용자가 리스영업자산의 매입선택권을 행사하지 않으면 금융기관인 리스
회사가 이를 운영하여야 하는데, 금융기관은 특정 영업의 전문기관이 아
니기 때문이다. 또 하나의 이유는 절차의 복잡함 때문이라고 한다.

(2) 리스계약의 법적 성질

리스계약의 법적 성질에 대하여는 다양한 견해가 제시되고 있다.[40]

(가) 학 설

리스계약의 법적 성질에 관하여는 두 가지 방향에서 학설이 제기되
고 있다. 첫째는 리스계약의 실질적 내용과 관련하여 그 법적 성질을 어
떻게 이해할 것인가 하는 문제에 대하여서이다. 이에 대하여는 특수임대
차설, 특수소비대차설, 매매계약설, 도급계약설, 소유권유보부할인 매매계
약설, 비전형계약설 등이 제기되고 있다. 이러한 학설의 대립은 리스계약
의 여러 요소 중 어떤 요소를 리스계약의 본질로 이해하느냐에 따른 것
이라고 할 것이다. 둘째는 리스계약의 형식적 측면으로서 리스계약을 2
당사자계약으로 볼 것인지 아니면 3당사자계약으로 볼 것인가 하는 문제
이다. 달리 말하면, 이것은 리스계약을 리스회사와 리스이용자 사이의 2

---

38) G. Duranton, *op. cit.,* n° 131, p. 42.
39) D. Houtcieff, *Droit commercial; actes de comerce, commerçants, fond de com-
merce, instruments de paiement et de crédit,* 2ᵉ éd., Sirey, 2008, n° 631, p. 259.
40) 리스계약의 법적 성질에 대한 상세한 것은 민법주해 XVI 채권(9), pp. 327-330);
송옥렬, 전게서, pp. 205-206; 이철송, 전게서, p. 263; 최기원, 전게서, pp.
413-415; 박재홍, pp. 256-263; 소건영, "금융리스계약의 법적 성질에 관한 연구",
사법행정 제50권 제6호(582호)(한국사법행정학회, 2009. 6.), pp. 41-50; 최인석,
"금융리스계약의 법적 성질과 리스회사의 하자담보책임", 판례연구, 제13집(부산판
례연구회, 2002), pp. 514-524 참조.

당사자계약 또는 공급자를 포함한 3당사자 사이의 계약으로 파악할 것인지의 문제이다. 리스계약의 실질적 측면을 규명하려는 학설은 대체로 2당사가계약설을 취하고 있다. 그러나 금융리스계약을 이용자, 공급자, 리스업자 세 당사자가 관련된다고 보아 금융리스의 법률관계를 3당사자간의 법률관계로 설명하는 견해도 있다.[41]

현재 리스계약의 실질적 성질에 대하여는 비전형계약설이 통설이다.[42] 비전형계약설은 리스계약에는 임대차, 소비대차, 매매 등의 요소가 있지만 어느 하나의 요소로 귀결될 수 없다고 보는 것이다. 비전형계약설에도 다시 다시 리스계약을 임대차로 볼 수는 없다는 견해에서부터 리스계약은 근본적으로 임대차적 요소를 변경하는 것은 아니므로 임대차와 크게 다르지 않다는 견해에 이르기까지 다양한 견해가 존재한다.

(나) 판   례

판례는 "시설대여(금융리스, Finance Lease)는 시설대여회사(리스회사)가 대여시설이용자(리스이용자)가 선정한 특정 물건을 새로이 취득하거나 대여받아 그 리스물건에 대한 직접적인 유지, 관리 책임을 지지 아니하면서 대여시설이용자에게 일정 기간 사용하게 하고 그 대여기간 중 지급받는 리스료에 의하여 리스물건에 대한 취득 자금과 그 이자 및 기타 비용을 회수하는 거래관계로서 그 본질적 기능은 대여시설이용자에게 리스물건의 취득 자금에 대한 금융 편의를 제공하는 데에 있다."고 판시하고 있다.[43] 또 판례는 리스계약은 형식에서는 임대차계약과 유사하나 그 실질은 물적 금융이며 임대차계약과는 여러 가지 다른 특질이 있기 때문에 시설대여(리스)계약은 비전형계약(무명계약)이고, 따라서 이에 대하여는 민법의 임대차에 관한 규정이 바로 적용되지 않는다고 한다.[44] 또 판례는 리스계약을 대여시

---

41) 송옥렬, 전게서, pp. 205-210.

42) 송옥렬, 전게서, p. 206; 이철송, 전게서, p. 263; 최기원, 전게서, p. 413.

43) 대법원 2013. 7. 12. 선고 2013다20571 판결; 대법원 1997. 11. 28. 선고 97다26098 판결.

44) 대법원 1994. 11. 8. 선고 94다23388 판결; 대법원 1986. 8. 19. 선고 84다카503, 504 판결.

설을 취득하는 데 소요되는 자금에 관한 금융의 편의를 제공하는 것을 내용으로 하는 물적금융이라고 하기도 한다.[45] 한편 판례는 리스회사와 리스물건의 공급자와 당해 리스물건에 관하여 체결하는 매매계약은 시설대여회사와 대여시설이용자 사이에 리스계약이 체결된 후 그 계약상의 의무를 이행하기 위하여 체결하는 것으로 그 목적이 대여시설이용자가 선정한 특정물건을 그로 하여금 사용, 수익할 수 있도록 리스물건 공급자로부터 이를 구입하는 데에 있으므로 통상의 매매계약과 다르며, 특히 매매 목적물의 기종, 물질, 성능, 규격, 명세뿐만 아니라 매매대금 및 그 지급조건까지도 미리 공급자와 대여시설이용자 사이에서 협의, 결정되고 시설대여회사는 그에 따라 공급자와 사이에 매매계약을 체결하는 것이 통례라고 보기도 한다.[46]

(다) 결   어

리스계약은 공급자까지를 포함하여 3당사자가 참여하는 광의의 의미의 계약관계로도 파악할 수 있으나, 본질적으로는 리스회사와 리스이용자 사이의 맺어지는 협의의 의미로 이해하여야 할 것이다. 광의의 의미의 리스계약은 리스회사와 공급자 사이의 매매계약을 포함하게 되는데, 이를 리스거래라고 부르는 것이 좋을 것이라는 견해가 있다.[47] 판례도 밝히고 있는 바와 같이 리스회사와 리스물건의 공급자 사이에 리스물건에 관하여 체결하는 매매계약은 리스회사와 리스이용자 사이에 체결되는 리스계약상의 의무를 이행하기 위하여 체결하는 계약으로서 어디까지나 리스계약의 이행의 전제가 되는 것으로 이해하면 족하므로, 리스계약을 굳이 3당사자계약이나 또는 매매계약의 속성을 갖는 계약으로 이해할 필요는 없다고 할 것이다.

판례는 리스계약의 본질을 리스물건의 취득자금에 대한 금융 편의를 제공하는 것이라고 본다. 다른 한편 판례는 리스계약에는 물적 금융의 기능이 있다고 본다. 그런데 민법의 임대차의 경우에도 임차인은 임차물을 사용하고는 임대인에게 돌려준다는 의미에서 본질적으로 물적 금

---

45) 대법원 1999. 9. 3. 선고 99다23055 판결.
46) 대법원 1997. 11. 28. 선고 97다26098 판결.
47) 최인석, p. 519.

융의 기능이 있다고 볼 수도 있다. 그렇지만 민법의 임대차를 물적 금융이라고는 부르지는 않는다. 그것은 종래 금융이란 용어는 금전의 대여에 한정하여 사용하였기 때문인 것으로 보인다. 그런데 판례가 리스계약에 대하여 군이 물적 금융의 기능을 찾는 것은 다음의 이유가 있기 때문이 아닌가 생각한다. 첫째, 리스계약을 체결하는 당사자 일방이 금융을 담당하고 있는 금융기관이기 때문에 물건의 리스계약을 물적 금융으로 이해하고 있는 것이다. 둘째, 리스회사는 리스료의 회수를 통하여 실질적으로 종전과 동일하게 금전의 금융의 기능을 수행하고 있음에도 불구하고 더 나아가 리스회사가 여전히 리스물건의 소유권을 가지기 때문이라고 볼 수 있다. 이러한 점에서 리스회사는 리스계약을 통하여 종래의 금전금융보다 더 진화된 형태의 금융을 수행하고 있다고 볼 수 있다.

전술한 바와 같이 학설과 판례는 리스계약은 민법상의 전형계약 내지는 유명계약에 의해서는 포섭될 수 없는 비전형계약(무명계약)으로 파악하고 있다.[48] 그러나 개정 상법이 리스계약을 규율하고 있으므로 더 이상 비전형계약 또는 무명계약이라고 할 수는 없다고 할 것이다.[49] 리스계약을 비전형계약이라고 보는 판례들은 상법의 개정이 있기 전에 나온 것이다. 그럼에도 불구하고 현재에도 학설이 리스계약을 여전히 비전형계약이라고 보는 것은 의문이라고 할 것이다.

상법 제168조의2의 규정만으로 본다면 리스계약이 임대차계약이라고 볼 수도 있다. 그러나 제168조의3 제4항은 리스이용자는 리스물건의 소유자가 아님에도 불구하고 소유자의 의무라고 할 수 있는 유지·관리의무를 부담시키고 있다. 다시 말하면, 리스이용자는 소유자가 아님에도 불구하고 「소유자와 동일하게」 임차물을 사용·수익할 권리에 대한 반대급부로서 리스물건에 대하여 「소유자와 동일하게」 유지·관리의 의무를 부담하는 것이다. 이것은

---

48) 강위두, 상법요론(형설출판사, 2004), p. 164; 손주찬, 상법(상)(박영사, 2001), p. 415; 송옥렬, 전게서, 206; 이철송, 전게서, p. 263; 정동윤, 전게서, p. 298; 정찬형, 상법강의요론(박영사, 2015), pp. 382-383; 최기원, 전게서, p. 414.

49) 최인석, p. 520.

리스이용자가 「통상의 임차인」으로서 리스물건의 사용·수익할 권리를 갖는
다는 것을 말하는 것이 아님은 분명하다. 그런데 그 밖의 점에서는 상법은
리스계약의 중요한 특징들을 규율하고 있지 않다. 즉, 리스계약에 의하여 리
스이용자는 「소유자와 동일하게」 납세의무를 부담하고, 물건의 멸실·훼손에
따른 위험을 인수한다. 또 리스회사는 리스물건의 소유자임에도 불구하고 물
건의 하자담보책임을 지지 않고, 리스물건의 멸실이나 훼손에 따른 위험을
부담하지 않는다. 따라서 리스계약을 단순히 특수임대차 또는 특수소비대차
라고 할 수는 없는 것이다. 만약 리스계약을 특수임대차라고 하게 되면 결국
임대차적 요소가 그 핵심적인 내용이라고 하는 것을 말하는 것이 되어 실제
의 리스계약의 본질을 파악할 수 없게 된다. 그리고 임차인에게 불리한 약정
을 무효로 하는 강행규정(민법 제652조)도 리스계약에 적용하지 않을 수 없게 된
다.[50] 이것이 부당함은 다언을 요하지 않는다. 그렇다고 하여 이러한 요소를
매매적 요소로 파악할 수도 없다. 왜냐하면 리스물건에 대한 소유권은 리스
회사가 가지고 있고 리스이용자에게 이전되지 않기 때문이다. 그런데 이상의
부분은 상법이 규율을 하고 있지 않으므로 전적으로 당사자의 약정 내지는
약관에 따라 규율되어야 한다.[51] 상법규정만으로는 약관규제법상 부당조항을
판단할 실질적 정보를 제공되지 못하고 있는 것이다. 따라서 상법상의 리스
계약의 본질은 여전히 베일에 싸여 있다고 할 것이다. 달리 말하면, 상법의
규율만으로는 전형계약의 면모가 파악되지 않는다.[52] 이러한 의미에서 상법
상 리스계약은 형식상으로는 전형계약이고 유명계약이지만 실질적으로는 유
명계약임에도 불구하고 비전형계약으로 남아 있다고 할 것이다. 요컨대 리스
계약의 핵심적 요소는 리스료는 리스물건에 대한 임차인으로서의 사용·수익
의 대가가 아니라 소유자에 버금가는 지위에서 하는 사용·수익의 대가로서
리스회사가 공급업자에게 지불한 매매대금에 대한 분할상환금의 의미를 가지
고, 리스물건의 소유권은 리스회사가 가짐에 반하여 리스물건의 위험은 리스

---

50) 소건영, "금융리스계약의 법적 성질에 관한 연구", p. 49.

51) 최기원, 전게서, p. 412.

52) 상법상의 전형계약설로는 최인석, p. 520 참조.

이용자에게 이전된다는 점에 있다고 할 것이다.

5. 리스계약의 법률관계

리스계약의 법률관계의 핵심은 리스물건의 소유권, 리스물건에 대한 사용·수익권 그리고 리스물건에 대한 위험의 인수에 있는바 이를 나누어서 살펴보기로 한다.[53] 이어서 리스자동차의 거래에 대하여 살펴본다.

(1) 리스물건의 소유자 : 리스회사

리스계약에서 리스물건의 소유권은 리스회사가 갖는다. 이는 리스계약기간 중은 물론이고 종료 후에도 마찬가지이다. 리스기간 종료 후에는 리스물건의 용익적 측면의 잔존가치 여부는 별론으로 하고 리스물건의 가격 내지 경제적 가치 측면에서는 리스회사와 리스이용자 사이에서는 청산이 완료된다.[54] 따라서 리스물건에 관하여 리스이용자가 구매선택권을 행사하거나 또 재리스계약을 체결하지 않는 한 리스이용자는 리스물건을 그 소유자인 리스회사에 반환하여야 한다.[55]

그런데 리스회사는 리스물건의 소유자이기는 하지만 소유권에 기하여서 리스이용자에 대하여 하자담보책임을 부담하지는 않는다.[56] 그러한 내용의 특약이 존재하는 것이 보통이다. 이 점에서는 리스회사는 마치 리스물건의 소유자가 아닌 것처럼 다루어진다. 리스회사가 왜 하자담보책임을 지지 않는지에 대하여는 다양한 것이 제시되고 있다. 리스회사가 리스물건의 선정이나 협상에 관여하지 않았기 때문이라고 하거나 또는 리스계약은

---

53) 그 밖의 리스계약의 법률관계에 관하여는 박재홍, 전게논문, pp. 268-273; 소건영, "금융리스계약에 있어서 리스물건의 선의취득에 관한 연구", 비교사법 제16권 제1호(통권 제44호)(한국비교사법학회, 2009. 3), pp. 103-111 참조.

54) 소건영, "금융리스계약에 있어서 리스물건의 선의취득에 관한 연구", p. 108.

55) 소건영, 전게논문, p. 109.

56) 리스물건의 하자담보책임에 대하여는 편집대표 곽윤직, 민법주해 XVI 채권(9), pp. 351-355; 소건영, "금융리스계약의 하자담보책임", 비교사법, 제15권 제3호(통권 제42호)(한국비교사법학회, 2008. 9.); 최인석, "금융리스계약의 법적 성질과 리스회사의 하자담보책임", 판례연구, 제13집(부산판례연구회, 2002) 참조.

물적 금융으로서 비전형계약에 해당하기 때문이라고 한다.[57] 그러나 이는
피상적인 이유에 지나지 않는다고 할 것이다. 실질적인 이유는 다음의 두
가지 점에 있다고 할 것이다. 첫째, 리스회사가 하자담보책임을 부담하지
않는 것은 리스이용자가 공급자에 대하여 이를 추궁할 수 있는 길이 열려
있기 때문이라고 할 것이다. 즉, 약관에 의하여 리스회사가 리스공급자에
대한 담보책임법상 권리를 리스이용자에게 양도하기 때문이다. 상법 제168
조의4 제2항이 리스이용자가 공급자에 대하여 직접 손해배상책임을 청구
할 수 있게 한 것도 이러한 양도가 있었음을 전제로 하는 것이라고 할 것
이다. 둘째, 리스이용기간 중에는 리스회사는 리스물건에 대한 처분권을
가질 뿐이고 사용·수익권은 전적으로 리스이용자에게 이전시킨다. 사용·
수익을 방해하는 하자에 대한 권리는 리스이용자가 갖게 되는 것이다. 즉,
리스이용기간 중에는 하자담보책임은 리스이용자가 공급자에 대하여 추궁하
게 되는 것이다. 그러나 리스기간종료 후에는 리스회사는 다시 물건의 사용·수
익권을 회복하게 되고 공급자에 대한 담보책임을 추궁할 수 있게 되는 것이다.

　　한편 학설과 판례는 리스회사가 물건의 소유권을 보유하고 있는 이
유를 「채권의 담보」를 위한 것에서 찾는다.[58] 그러나 이것은 리스회사가
리스이용자로부터 리스료를 받아서 구입대금을 회수하게 되면 더 이상
담보할 채권이 없게 되고 그렇게 되면 물건의 소유권을 리스이용자에게
주어야 한다는 것이 되어 타당치 않다고 할 것이다. 생각건대 리스계약
의 경우 리스물건의 소유권을 리스회사가 갖는 것은 진화된 새로운 물적
금융 때문이라고 보아야 할 것이다.

(2) 리스이용자 : 리스물건의 소유자와 같은 사용·수익권

　　리스이용자는 리스기간 동안 리스물건을 직접 점유하여 사용·수익
할 수 있는 권리를 갖는다. 리스물건의 사용·수익의 정도나 구체적인

57) 송옥렬, 전게서, p. 209.
58) 송옥렬, 전게서, p. 204; 이철송, 전게서, p. 281; 대법원 1997. 10. 28. 선고 97다
　　26098 판결 참조.

방법은 리스계약에 따르고 특별한 약정이 없으면 리스물건의 종류와 성질 등에 따라 결정된다. 리스이용자가 리스기간 동안 리스물건의 적절한 사용범위를 위반하거나 또는 리스회사의 사전 승낙 없이 리스물건을 제3자에게 양도하는 경우에는 리스회사는 리스계약을 해지하거나 리스계약 위반을 이유로 손해배상을 청구할 수 있다.[59] 한편 리스회사는 리스이용자의 리스물건의 사용·수익을 용인하여야 할 의무를 부담한다. 따라서 리스회사는 리스물건을 임의로 처분하지 않을 의무를 부담한다.[60] 그런데 리스이용자가 리스물건에 대하여 갖는 권리는 단순히 채권에 지나지 않는다. 리스거래는 리스물건에 대한 물권적 거래가 아니다. 따라서 리스이용자의 사용·수익권은 제3자에 대한 대항력이 인정되지 않는다. 더욱 리스계약에 의하여 리스물건에 대하여 관습법상의 물권이 성립하는 것도 아니다. 그러나 리스이용자의 사용·수익권은 임차인의 그것과는 다르다는 것 또한 사실이다. 이는 리스이용자가 리스물건에 대한 모든 위험을 인수하는 것에서도 잘 드러난다. 따라서 리스기간 동안 리스이용자는 소유자와 동일하게 리스물건의 사용·수익권을 갖는다고 할 것이다. 이러한 점에서 리스이용자의 사용·수익권은 임차권자의 그것보다 강한 것이라고 할 수 있다. 따라서 리스이용자의 사용·수익권을 단순히 채권이라고만 볼 수가 없다고 할 것이다. 이에 대하여는 후술한다.

리스이용자는 소유자와 같은 사용·수익권을 갖는 대신에 소유자와 동일하게 리스물건의 관계법령상의 규제와 감독관청의 규율을 받게 된다. 또 리스이용자는 소유자로서의 사용·수익권을 갖는 대신에 리스물건에 대하여 소유자와 같은 유지·관리의무를 부담한다. 이것이 임대차의 경우 임대인이 유지·관리의무를 부담하는 것과 다른 점이다. 상법 제168조의3 제3항이 리스이용자에게 선량한 관리자의 주의를 인정하는 것도 바로 이러한 의미라고 하는 견해가 있다.[61] 그러나 실제로는 리스이용자는 리스

---

59) 소건영, "금융리스계약에 있어서 리스물건의 선의취득에 관한 연구", p. 111.

60) 소건영, 전게논문, p. 111.

61) 송옥렬, 전게서, p. 207; 이철송, 전게서, pp. 258-269.

물건에 대하여 선량한 관리자의 주의의무 이상의 의무를 부담한다. 리스
이용자는 리스물건에 대하여 위험을 인수하므로 단순한 선량한 관리자 이
상의 의무를 지는 것이라고 보아야 할 것이다.

(3) 리스계약의 특징적 요소 : 리스이용자에 의한 물건의 위험 인수

리스계약에 의하여 리스물건의 위험은 리스이용자에게 귀속된다.[62]
즉, 리스이용자는 물건의 소유자와 동일하게 리스물건의 위험을 부담한
다. 리스이용자는 리스물건의 설치, 보관, 사용, 관리 등으로 인하여 제3
자에게 손해가 발생한 경우 그 책임을 진다. 또 리스물건의 전부나 일부
가 리스이용자의 책임 없는 사유로 멸실된 경우에도 리스이용자가 위험
을 부담하고, 리스이용자는 계속하여 리스료를 지급하여야 한다.[63]

리스이용자는 임차인처럼 단순히 물건의 사용·수익에 대한 대가가
아니라 리스물건의 매매대금의 상당액인 리스료를 지급하게 된다. 리스
료는 리스회사가 리스이용자에게 제공하는 취득자금의 분할변제 및 이자
그리고 비용을 포함한다.[64] 리스회사는 리스이용자에게 물적 금융의 편
의를 제공하는 자로서 리스물건의 매매대금의 상당액을 리스료로서 회수
하게 된다. 이에 대한 대가로서 리스이용자는 리스기간 동안 마치 리스
물건의 소유자처럼 리스물건을 사용·수익하게 되는 것이다.

리스이용자는 물건의 매매대금에 상당하는 금액을 제공하면서도 리스
물건에 대하여 소유권을 취득하지 못하는 이유는 어디에 있는 것일까? 우
선 이는 리스회사와 리스이용자와 사이의 합의를 반영한 결과라고 할 것
이다. 리스이용자는 리스물건의 소유권을 취득하는 데에 따르는 번거로움
을 회피하는 대신 소유자로서의 이익은 모두 누리는 것으로 만족하는 데
에 있다. 이러한 의미에서 당사자들 사이에서는 리스이용기간은 소유물의
가치가 소멸하는 기간으로 약정이 되는 것이다. 바로 이러한 이유에서 리

---

62) 박재홍, 전게논문, p. 267.
63) 박재홍, 전게논문, p. 268.
64) 이철송, 전게서, p. 265.

스회사는 리스물건의 소유권을 여전히 가지게 되는 것이다. 이것이 새로운 물적 금융이 금전의 금융보다 진화된 제도임을 드러내는 점이라고 할 것이다. 달리 말하면, 물적 금융에 의하여 리스이용기간 중에는 리스물건에 대한 경제적 소유권이 리스이용자에게 넘어가게 되는 것이다.

(4) 리스자동차의 거래

리스자동차는 리스회사의 소유에 속함에도 불구하고 리스이용자가 제3자와 거래를 할 수가 있다. 따라서 리스회사는 리스물건의 소유권을 보전하기 위해서는 특단의 조치를 강구할 필요가 있다. 그렇지 않으면, 리스이용자는 사업자금이 필요할 경우에 리스물건을 제3자에게 부당하게 처분하거나, 채권자에 대하여 대물변제 내지 양도담보로 제공하거나, 리스이용자의 채권자에 의하여 리스물건이 강제집행의 대상이 될 수 있다. 이 경우 리스회사와 제3취득자 사이에 소유권의 분쟁이 발생하게 된다. 또한 동산인 리스물건이 공시의 대상인 경우 선의취득이 인정되지 않지만, 공시의 대상이 되지 않을 경우에는 선의취득의 대상이 된다. 후술하는 바와 같이 프랑스법은 이러한 문제를 해결하기 위하여 리스 자체를 공시한다. 그러나 우리나라는 리스 자체를 공시하지 않는다.

(가) 프랑스의 리스공시제도

프랑스는 리스물건 일반에 대하여 공시제도를 취하고 있다. 1966. 7. 2. 리스회사법은 리스업(또는 리스계약)을 공시하도록 하고 있다. 이 공시를 위하여 「1972. 7. 4. 동산·부동산의 리스업의 공시에 관한 데크레 제72-665호(Décret n° 72-665 du 4 juillet 1972 relatif à la publicité des opérations de crédit-bail en matière mobilière et immobilière)」(이하 '데크레'라고 한다)가 제정되었다. 이처럼 프랑스법상의 리스공시제도는 리스 자체를 공시하고 그 결과 리스 대상인 개개의 물건도 공시가 된다.

공시는 리스계약의 당사자와 리스물건에 대하여 이루어진다(데크레 제1조). 공시는 리스회사의 요청에 의하여 이루어진다(데크레 제2조). 공시의 구체적인 절차는 아레떼(arrêté)로 정한다. 공시는 리스회사의 요구에 의하여 이루어지고, 공시는 상사법원(tribunal de commerce)과 상사를 관할하는 지방법원(tribunal de grande instance)의 서기(greffe)가 보관하는 특별등록부(registre spécial)에 공시함으로써 실행된다($\frac{데크레}{제2조}$). 리스회사는 리스이용자의 비용과 책임으로 공시를 진행한다. 리스물건이 등록부에 기재된 당일부터 공시의 효력이 발생하여($\frac{데크레}{제5조}$), 등록을 접수한 날이 아니라 등록이 실제 이루어지는 날부터 대항력을 갖는다. 즉, 공시는 대항요건이다. 따라서 공시가 이루어지지 않으면 리스회사는 리스이용자의 채권자나 유상(à titre onéreux)의 취득자에 대하여 리스물건에 대한 소유권으로 대항할 수 없다($\frac{데크레}{제8조}$). 반면에 리스물건을 무상으로 취득한 자에 대하여는 공시가 없더라도 대항할 수 있다. 리스계약이 공시가 된 후에는 리스이용자의 채권자는 리스이용자의 점유를 신뢰하더라도 보호받을 수 없다. 공시는 대항요건이므로 리스회사가 제3취득자의 악의를 입증한 경우에는 공시가 없더라도 대항할 수 있다($\frac{데크레}{제8조}$).[65]

(나) 리스자동차관리법과 구 시설대여업법(여신전문금융업법)

전술한 바와 같이 우리나라는 리스 자체의 공시를 인정하지 않는다. 그러나 개별적으로 일정한 리스물건에 대하여 등기·등록을 인정하고 있다. 자동차의 경우도 그러하다.

① 리스자동차와 소유권등록

자동차관리법($\frac{제6}{조}$)에 따르면 자동차에 대한 소유권은 등록을 하여야 한다. 등록은 소유권변동의 요건이 된다. 따라서 자동차등록원부상의 기재 없이 자동차매매계약서, 자동차 권리포기각서, 자동차양도공정증서, 매도인의 인감증명서, 자동차등록원부 등 서류의 교부와 자동차의 인도만으로 소유권을 이전하고자 하는 것은 자동차관리법에 반하는 것으로 무효가 된다.

② 리스이용자명의 등록자동차의 소유권취득과 강제집행

구 시설대여업법 제13조의2 제1항($\frac{여신전문금융업법}{제33조 제1항}$)에 의하면 리스회사는 자신의 명의로 등록이 된 자동차를 리스이용자의 명의로 등록할 수 있다. 리스이용자의 명의로 등록된 리스자동차에 대하여 제3자가 소유권을 취득

---

65) G. Duranton, *op. cit.*, n° 164, p. 50.

하거나, 강제집행을 하거나 또 리스이용자가 제3자에게 저당권을 설정하는 경우 그 법률관계가 어떻게 되는가는 리스이용자명의의 이전등록에 대하여 소유권의 이전의 효력을 인정할 것인지의 여부에 따라 달라지게 된다.

대법원판결에 의하면 리스이용자명의의 이전등록에도 불구하고 대내·외적으로 리스회사가 소유자가 된다. 리스이용자는 등록명의자라고 할지라도 점유자의 지위에서 리스자동차를 운행하고 있는 것일 뿐이다. 리스자동차명의자인 리스이용자와 거래를 한 제3자는 소유권을 취득할 수 없다. 또 리스자동차명의자인 리스이용자는 점유자에 지나지 않기 때문에 그의 채권자가 리스자동차를 대상으로 한 임의경매 또는 강제집행의 실시에 대하여 리스회사는 그 소유권에 기하여 제3자이의의 소를 제기할 수 있다. 또 리스자동차명의자인 리스이용자는 제3자에게 저당권을 설정할 수 없다. 달리 말하면, 리스자동차명의자인 리스이용자가 리스회사로부터 위임을 받지 않고서는 제3자와 저당권설정계약을 체결할 수 없는 것이므로 이에 기한 제3자의 명의로 설정된 저당권등록은 무효가 된다. 이에 반하여 원심판결에 의하면 소유권은 대내·외적으로 리스자동차명의자인 리스이용자에게 있다. 리스자동차명의자인 리스이용자로부터 소유권의 이전등록을 받은 제3자는 소유권을 취득할 수 있다. 또 리스자동차명의자인 리스이용자는 자신의 명의로 등록된 리스자동차에 대하여 제3자에게 저당권을 설정할 수 있다. 그리고 리스자동차명의자인 리스이용자와 양도담보계약을 체결한 채권자는 이전등록이 있더라도 양도담보권만을 취득한다. 소유자로서의 권리를 주장할 수는 없는 리스회사는 저당권을 설정한 경우에만 저당권에 기한 권리를 주장할 수 있을 뿐이다. 즉, 리스회사는 리스자동차에 대하여 선순위의 저당권설정등록을 마친 경우에 한하여 채권자(제3자)를 상대로 저당권침해금지청구권을 근거로 하여 점유이전금지가처분을 신청할 수 있을 뿐이다.

③ 리스자동차와 제3자의 선의취득

등기·등록의 대상인 동산에 대하여는 선의취득이 인정되지 않는다.[66] 리스자동차도 등록에 의하여 공시되기 때문에 제3자는 선의취득이 인정되지 않는다고 할 것이다.

6. 대법원판결에 대한 검토

리스이용자의 명의로 이전등록이 되었음에도 불구하고 대내적으로는
물론 대외적으로도 소유권은 리스이용자에게도 이전되지 않는다는 대법
원판결에 대하여는 현재 찬성하는 견해만 제시되고 있다. 이러한 견해는
동시에 원심판결에 대한 반대의견이 되는 것이다. 이하에서 대법원판결
과 이에 대한 찬성의견이 안고 있는 문제점을 쟁점별로 검토한 후 구 시설
대여업법(현행 여신전문금융업법)에 대한 새로운 해석론을 제시하고자 한다.

(1) 리스산업의 육성과 리스회사보호의 문제

대법원판결은 시설대여(리스)의 특성과 시설대여산업을 육성하고자
하는 시설대여업법의 입법취지를 염두에 두고 시설대여업법의 관련 조항
들을 종합하여 판결을 내렸다고 한다. 이에 대하여 구 시설대여업법의
관련 조항들은 모두 리스업자에게 유리하게 입법되어 리스산업을 육성하
기 위한 것이지, 결코 리스업자를 불리하게 하려는 입법이 아니었다고
하는 견해가 있다.[67] 따라서 이 견해에 의하면 관련 조항에 근거하여 리
스이용자의 명의로 등록한 경우에 부동산의 명의신탁처럼 해석하여 대외
적으로 리스이용자의 소유로 하는 것은 리스업자에게 유리하게 입법하려
한 입법취지에 반하는 것이 된다.[68] 또 소유명의가 리스이용자에게 있음
을 기화로 리스이용자가 리스자동차를 무단양도하는 경우에는 리스회사
를 보호할 필요성이 크다고 하는 견해도 이러한 취지의 견해라고 할 것
이다.[69] 그리고 이렇게 해석하지 않으면 리스회사는 리스이용자명의가

66) 리스물건의 선의취득에 대하여는 소건영, "금융리스계약에 있어서 리스물건의 선
   의취득에 관한 연구", p. 103 이하 참조.

67) 이충상, "리스이용자의 명의로 자동차소유자 등록을 하여도 대외적인 관계에 있
   어서 리스업자가 자동차 소유자인지-구 시설대여업법(현 여신전문금융업법)과 관
   련하여-(대법원 2000. 10. 27. 선고 2000다40025 판결)", 대법원판례해설 제35호
   (법원도서관, 2001), p. 307.

68) 이충상, 전게논문, p. 308.

69) 최종구, "리스물건의 소유권 귀속, 대법원 2000. 10. 27. 선고 2000다40025 판

있다는 이유로 대외적으로 자동차 자체의 소유권을 가지지 못하게 되어 담보를 확보할 수 없게 되는 큰 불이익을 입는 대신에 이익이라고는 고작 자동차세의 납부와 자동차검사 등을 강제받지 않고 또 자동차손해배상보장법상 "자기를 위하여 자동차를 운행하는 자"에 해당하지 않게 된다는 사소한 이익만 보호받게 되는데, 이를 인정하지 않고 대외적으로 리스회사를 소유자로 보호하겠다는 것이 바로 입법취지라고 한다.[70]

구 시설대여업법이 리스사업을 운영하는 사업자에게 특별히 유리한 법규정을 둠으로써 리스산업을 육성하고자 하는 법임은 분명하다. 이는 입법자료에도 분명히 나타난다.[71] 즉, 입법자료에 의하면 특정 물건의 소유자에게 부과되는 유지·관리에 관한 각종 의무를 리스이용자가 이행하여야 하고 또 리스회사는 자동차손해배상보장법 제3조의 "자기를 위하여 자동차를 운행하는 자"로서 손해배상책임을 지지 않는다는 것이 입법취지이다.

그런데 현재는 시설대여사업은 이미 육성단계를 지났고, 더 이상 리스회사를 보호하여야 한다는 명분은 사라졌다고 할 수 있다. 이러한 사정은 시설대여업에 관한 법률의 명칭이 초기의 구 시설대여업육성법에서 구 시설대여업법으로 변경되었다는 사실에서도 잘 알 수가 있다. 따라서 이제는 리스회사와 리스이용자 중 누구를 보호하여야 할 것인가 하는 것은 시장정책의 문제가 되었다. 현재는 오히려 리스이용자의 이익을 보호하여야 할 필요성이 더 커졌다고 할 수 있을 것이다. 그리고 전술한 리스계약의 법리에서 살펴보았듯이 리스계약은 리스이용자에게는 대단히 불리한 계약이라는 점에서 오히려 리스이용자의 지위를 보호하여야 할 필요가 있다고 할 것이다.

(2) 담보목적의 달성 여부의 문제

대법원판결이 이전등록에도 불구하고 리스자동차의 소유권이 리스회

결", 법률신문 제3453호(법률신문사, 2006. 4.), p. 13.

70) 이충상, 전게논문, p. 308.

71) 구 시설대여업법 제13조의2 등의 신설에 대한 입법자료로 재무위원회의 심사보고서가 있다.

사에 있다고 보는 것은 특정 물건의 소유권은 리스회사에 남겨 둠으로써 리스이용자에게 일정 기간 대여하는 방식을 통하여 담보의 목적을 달성하기 위한 것에 있다. 이러한 대법원판결의 태도를 지지하는 견해도 있다.[72] 그런데 소유권의 유보를 인정하면서 담보목적을 달성할 수 있는 전형적인 예는 소유권유보부매매이다. 유보된 소유권이 담보기능을 갖는 것이다. 소유권유보부매매의 경우 매매대금이 완전히 지급되지 않는 한 소유권의 이전 차체가 유보되고, 매매대금이 완전히 지급되면 그때에 비로소 유보되었던 소유권은 매수인에게 이전되는 것이다. 그러나 리스자동차의 이전등록의 경우는 소유권유보부매매의 경우와 결코 같이 볼 수 없는 차이가 있다. 첫째, 리스자동차의 경우는 이미 이전등록이 있기 때문에 이전등록이 없는 소유권유보부매매와는 다르다는 것이다. 둘째, 만일 소유권유보부매매를 리스자동차의 경우에 적용한다면 리스회사가 리스이용자로부터 구입대금을 회수할 경우에는 리스물건의 소유권이 리스명의인에게 확정적으로 이전되어야 한다. 그러나 이는 리스계약의 본질에 부합하지 않는다. 리스계약은 리스기간이 종료되더라도 리스물건의 소유권은 원칙적으로 리스회사에게 남기 때문이다. 리스계약의 경우 리스물건의 소유권이 리스회사에게 있다면 처음부터 달성할 담보목적이란 있을 수가 없는 것이다.

(3) 승용자동차에 대한 저당권의 인정 여부의 문제

이 사건의 당사자가 리스계약을 체결한 시점인 1995. 8. 25. 당시에 시행되던 자동차저당법 제2조는 승용자동차를 저당의 목적물에서 제외하였다. 또 1998. 5. 19. 이 사건 리스자동차에 대하여 가압류집행을 한 때에도 승용자동차에 대하여 저당권을 설정하는 것은 불가능하였다. 그 결과 리스회사로서는 사실상 제3자로부터 자신의 권리를 보호받을 수 있는 방법이 없는 셈이었다. 리스회사는 우선변제권을 가질 수 없어 저당권에 의한 보호를 받을 수 없으므로, "담보의 목적을 달성하고자 하는" 시설대

---

72) 송옥렬, 전게서, p. 204; 이철송, 전게서, p. 281.

여의 특성을 고려하여 구 시설대여업법의 관련 조항을 종합하여 리스회
사를 보호하겠다고 하는 것이 대법원판결이 내려진 배경이었다. 이러한
이유에서 리스이용자명의로 이전등록이 된 경우 대외적으로 리스이용자
에게 자동차의 소유권이 있다고 한다면 저당권설정이 인정되지 않는 리
스회사로서는 자동차매매대금을 확보하기 어렵고 또 리스회사의 이익을
심히 해치게 되는 것이다.[73] 다시 말하면, 대외적으로 리스자동차의 소유
권이 리스이용자에게 있다고 하면 리스회사로서는 리스료의 회수가 매우
어렵게 되고 또 자동차는 특수기계에 비하여 환가성이 훨씬 높으므로 리
스회사의 이익을 현저히 해치게 된다는 것이다.[74]

   그러나 이 사건 이후 1999. 5. 24. 구 자동차저당법이 개정되어 승
용차에 대하여도 저당권을 설정하는 것이 가능하게 되었다. 이에 기초하
여 현행 자동차리스표준약관 제7조도 이를 규정하고 있다.[75] 이는 리스
이용자가 대·내외적으로 소유자라는 것을 전제로 리스회사에게 저당권
설정을 인정하는 것이다. 만일 리스자동차의 이전등록에도 불구하고 리
스회사가 여전히 소유자라고 한다면 이는 자기 저당에 해당하는 것이
되어 버리게 되어 민법의 체계와 부합하지 않게 된다. 그런데 구 자동차
저당법의 개정 이후에도 구 시설대여업법은 여전히 제13조의2 이하의
규정을 유지하였고, 이러한 사정은 이를 대체하는 여신전문금융업법도
마찬가지이다. 승용자동차에 대하여도 저당권의 설정을 허용하는 현재에
는 더 이상 이전등록에도 불구하고 소유권이 리스회사에게 유보된다는 법

---

73) 이충상, 전게논문, p. 310.

74) 이충상, 전게논문, p. 310; 소건영, "금융리스계약에 있어서 리스물건의 선의취득
   에 관한 연구", pp. 108--110.

75) **자동차리스 표준약관 (여신거래기본약관 부속약관)** ③ 금융회사는 자동차가 출고
   된 경우 즉시 자동차를 금융회사의 명의로 등록하며, 고객은 이에 협조하기로 합
   니다. 다만, 금융회사가 동의할 경우 고객의 명의로 등록할 수 있습니다.
   ④ 고객의 명의로 자동차를 등록하는 경우 고객은 등록과 동시에 금융회사를 제1순위
   로 하는 근저당권을 설정하여야 하며, 설정비용은 고객이 부담합니다. 또한 고객명의
   로 등록할지라도 취득세는 금융회사의 명의로 납부하여야 하며, 이를 지연 납부하는
   경우 발생하는 모든 추가 제세공과금 및 가산금은 고객이 부담하기로 합니다.

리를 통하여 리스회사를 보호하여야 할 필요성은 사라졌다고 할 것이다. 리스회사는 자동차에 대하여 저당권을 설정함으로써 리스료를 회수할 수 있는 길이 열려 있기 때문이다. 따라서 대법원판결처럼 구 시설설대여업법의 관련 조항을 담보의 목적을 달성하기 위한 것이라고 해석할 필요는 더 이상 없다고 할 것이다. 그 결과 승용자동차에 대한 저당권설정이 가능한 현행 법 아래에서는 구 시설대여업법 제13조의2 제1항(여신전문금융업법 제33조 제1항)에 대한 대법원판결이 그대로 유지될 수 있는 타당성을 상실하였다고 할 것이다.

(4) 구 시설대여업법 제14조와 시행규칙 제5조(여신전문금융업법 제36조 시행규칙 제8조)가 이전등록에 의하여 대외적으로도 소유권이 유보된다는 것을 전제로 거래의 안전을 보호하는 규정인지의 문제

구 시설대여업법(제14조제1항)에 의하면 시설대여회사는 시설대여 등을 하는 특정 물건에 대하여 시행규칙이 정하는 바에 의하여 표시하는 표지를 부착하여야 하는데, 시행규칙 제5조에 의하면 표지를 통하여 리스물건의 소유권이 회사에 있다는 것과 시설대여 등의 기간 중 리스이용자가 사용하고 있다는 것을 알려 주게 된다. 구 시설대여업법은 시설대여회사 이외의 자는 이 표지를 손괴 또는 제거하거나 그 내용 또는 부착위치를 변경하지 못하고(제14조제2항) 또 표지를 손괴하는 등의 위반행위에 대하여 형사처벌을 규정하고 있다(제18조). 이 모든 규정들에 대하여는 이전등록에도 불구하고 대외적으로도 대여시설의 소유권이 시설대여업자에게 있음을 전제로 거래의 안전을 꾀하는 것으로 해석함이 타당하다고 하는 견해가 제시되고 있다.[76] 즉, 이 견해에 의하면 이전등록에도 불구하고 리스회사를 리스자동차의 소유자로 본다고 하더라도 거래의 안전을 크게 해할 염려는 없다고 한다.[77]

그러나 구 시설대여업법 제14조와 시행규칙 제5조가 이전등록이 있음에도 불구하고 소유권변동의 효력까지 부인하는 취지의 규정으로 해석

---

76) 이충상, 전게논문, p. 309.
77) 이충상, 전게논문, p. 313.

하여야 하는지는 의문이다. 오히려 시행규칙 제5조가 "이 물건은 위 회사의 소유물이며 시설대여 등의 기간 중 사용하고 있는 것입니다."라고 하는 문구는 제3자에게 내부적인 소유관계를 밝히는 규정으로 해석하는 것이 타당하다고 할 것이다. 이 규정은 등록명의자인 리스이용자와 거래를 하는 제3자에 대하여 대외적으로 이전등록이 있음에도 불구하고 대내적으로는 소유권이 리스회사에게 유보되었음을 알리는 의미의 규정이라고 할 것이다. 이것이 더욱 합리적인 해석이라고 할 것이다. 본 조의 표지가 있음으로 비로소 제3자의 악의가 추정되는 것이다. 따라서 구 시설대여업법의 "자동차관리법에도 불구하고"라는 문구가 갖는 진정한 의미는 대내적으로는 소유권이 리스회사에게 유보된다는 것이다. 그렇게 함으로써 소유관계의 표지가 부착된 것을 알고 거래를 한 제3자는 악의의 제3자로서 보호를 받을 수 없게 되고, 반대로 소유관계의 표지가 부착되지 않은 채 거래를 한 제3자는 선의의 제3자로서 보호받을 수 있게 되는 것이다. 또 시행규칙 제5조가 대내적으로는 소유권이 리스회사에게 유보되었음을 전제로 하는 규정이라고 해석하는 것은 특정 동산에 대하여 등록이 소유권이전의 공시방법이라고 하는 대원칙과도 부합하는 것이라고 하겠다.

(5)리스약정에 부합한다는 문제

소유권이 리스이용자에게 귀속된다고 보는 것은 리스회사와 리스이용자의 약정으로 소유권이 리스회사에 있다고 하는 당사자의 약정에 부합하지 않는다고 하는 견해가 있다.[78] 또 이 견해는 원심판결에 대하여 리스자동차를 리스이용자의 명의로 등록한 당사자의 의도와 부합하지 않는다고 비판한다.[79]

그러나 소유권이 리스이용자에게 귀속된다고 하는 당사자의 약정은 어디까지나 당사자만을 구속하는 채권계약상의 약정일 뿐이다. 이것이 채권계약의 상대효의 대원칙이다. 당사자 사이의 계약만으로 제3자의 권

---

78) 이충상, 전게논문, p. 308.
79) 이충상, 전게논문, p. 308.

리를 침해할 수는 없다고 할 것이다. 달리 말하면 채권계약에 물권적 효력까지 인정할 수는 없는 것이다. 리스이용자의 명의로 이전등록이 되어 있을 경우에는 더욱 그러하다고 할 것이다. 요컨대 리스이용자와 거래한 제3자가 리스회사와 리스이용자 사이에 체결된 계약에 구속되어야 할 하등이 이유가 없다고 할 것이다.

(6) 거래관념에 부합한다는 문제

리스자동차의 경우 등록명의와 관계없이 리스회사에 소유권이 있다고 생각하는 것이 거래의 관념에 부합한다는 견해가 있다.[80]

그러나 거래의 관념이란 리스계약을 체결한 리스이용자와 리스회사의 문제가 아니라 리스이용자와 거래하는 제3자 사이의 문제라고 할 것이다. 즉, 리스계약을 체결한 당사자만이 아니라 리스이용자와 거래할 제3자를 포함하여야 진정한 의미의 거래의 관념이 설정될 수 있다고 할 것이다.

(7) 이전등록에 의한 의무만의 공시의 문제

대법원판결은 구 시설대여업법의 관련 규정들의 취지가 현실적·경제적 필요에 따라 차량의 유지·관리에 관한 각종 행정상의 의무와 자동차사고발생시의 손해배상책임을 리스이용자로 하여금 부담하도록 하면서 그 편의를 위하여 차량등록의 명의를 리스회사 아닌 리스이용자명의로 할 수 있도록 한 데에 있다고 보고 있다. 또 이러한 의미에서 구 시설대여업법은 일반적인 부동산 명의신탁과는 달리 리스자동차의 유지·관리와 자동차손해배상보장법의 적용에 있어서만 이용자를 대외적으로 소유자로 보려 한 것이라는 점에서 부분적인 명의신탁이라고 볼 수가 있다는 견해가 있다.[81] 그러나 이상의 설명이 과연 등기·등록이라는 공시제도의 존재이유와 부합하는 것인지가 의문이라고 할 것이다.

---

80) 최종구, "리스물건의 소유권 귀속, 대법원 2000. 10. 27. 선고 2000다40025 판결", p. 13.
81) 이충상, p. 309.

부동산등기법(제3조)에 의하면 등기란 소유권, 지상권, 지역권, 전세권, 저당권, 권리질권, 채권담보권, 임차권의 보존, 이전, 설정, 변경, 처분의 제한 또는 소멸을 위하여 하는 것이다. 또 가등기(부동산등기법 제88조 이하)는 권리의 설정, 이전, 변경 또는 소멸의 청구권을 보전하기 위한 것이고, 처분금지가 처분등기(제94조 이하)는 권리의 이전, 말소 또는 설정 등기청구권을 보전하기 위한 것이다. 그리고 신탁의 등기의 경우에도 신탁으로 인한 권리를 공시하는 것은 마찬가지라고 할 것이다(부동산등기법 제81조 이하). 이상에서 본 바와 같이 등기란 본질적으로 물권 또는 일정한 채권의 공시를 위하여 존재하는 것이다. 그런데 권리를 위한 등기라고 하지만 등기에 의하여 공시되는 것은 권리만이 아니다. 엄밀히 말하면 권리와 불가분의 관계에 있는 의무까지도 공시가 되는 것이다. 다시 말하면, 등기되는 권리가 제한된 특정한 권리가 아닌 한, 권리를 위한 공시란 권리와 의무가 포함된 일체로서의 권리자의 지위를 공시하는 것이다. 예를 들면, 소유권이 공시되면 결과적으로 소유자의 의무도 더불어 공시되는 것과 마찬가지의 효과가 발생한다. 이상의 논의는 등록의 경우에도 마찬가지이다. 자동차등록의 경우 소유권(자동차관리법 제6조)과 저당권(「자동차 등 특정 동산 저당법」 제1조)의 공시는 바로 소유자와 저당권자로서의 포괄적인 지위를 공시하는 것이다.

대법원판결에 의하면 리스이용자명의 이전등록은 차량의 유지·관리에 관한 각종 행정상의 의무와 사고발생시 자동차손해배상보장법상의 의무의 주체가 리스이용자라는 것을 공시하는 것이 된다. 그런데 이러한 의무만의 공시는 무엇보다도 등기·등록이 권리 나아가 권리자의 지위를 포괄적으로 공시한다는 공시제도의 일반적 법리에 부합하지 않는다. 뿐만 아니라 차량의 유지·관리에 관한 각종 행정상의 의무와 자동차손해배상보장법상의 의무는 이전등록 자체에는 전혀 기재가 되지 않는다. 그럼에도 불구하고 이전등록에 의하여 특정의무만을 공시할 수 있다고 하는 것은 등록의 본질에 반하는 것이 된다. 따라서 구 시설대여업법 제13조의3(제1 항)과 제13조의4의 입법목적은 처음부터 달성될 수 없는 것이라고 하지 않을 수 없다.

리스차량의 유지·관리에 관한 각종 행정상의 의무와 자동차사고발생시의 손해배상의무는 원래 리스회사의 의무였다. 그런데 이전등록이 이러한 리스이용자의 의무를 공시한다면 의무와 불가분의 관계에 있는 권리도 함께 공시하는 것으로 해석하여야 할 것이다. 그런데 대응하는 권리가 존재함에도 불구하고 권리가 수반되지 않는 의무만의 공시를 인정하는 것은 이전등록의 성질상 허용될 수 없다고 할 것이다. 그렇다면 이전등록에 의하여 공시되는 권리란 무엇인지가 문제라고 할 것이다. 이하에서 이제 그 권리가 무엇인지를 밝혀 보기로 한다.

7. 리스자동차이전등록의 법적 의미와 효력

리스계약의 본질은 리스이용자는 리스물건에 대하여 소유자와 동일한 위험을 인수하고, 소유자와 동일한 수준의 사용·수익권을 갖는다는 데에 있다. 이처럼 리스이용자의 지위는 단순한 임차인의 지위보다 중하고 또한 강한 것이다. 그럼에도 불구하고 리스물건에 대한 소유권은 리스기간 중에도 리스기간의 종료 후에도 리스회사에게 있다. 따라서 리스이용자에게 리스기간 동안 또 리스기간 후에도 소유권이 실질적으로 이전된다는 것은 리스계약의 본질에 부합하지 않는다. 달리 말하면, 리스이용자명의의 이전등록이 있더라도 그것이 청산이 완료된 예외적 사정이 있어서 소유권을 리스이용자에게 이전하는 것이 아닌 한 실질적으로 소유권의 이전은 허용할 수 없는 것이다. 따라서 이 점에서 이전등록에 의하여 리스자동차의 소유권이 실질적으로 리스이용자에게 이전된다고 보는 원심판결에는 찬성할 수 없다고 할 것이다. 그렇다면 이전등록에는 어떠한 효력을 인정하는 것이 타당할까?

(1) 이용물권의 설정을 위한 이전등록

리스이용자명의의 이전등록에는 리스이용자를 위한 「이용물권」 설정의 효력을 인정할 수 있을 것이다. 달리 말하면, 리스이용자명의의 이전등록의 효력을 이용물권의 설정으로 제한하는 것이다. 이는 명의신탁과 양도담보의 경우 대외적으로는 이전적 효력을 인정하는 것과 동일하다. 예를 들면, 「가등기담보 등에 관한 법률」 제4조(제3)는 담보목적부동산에 관하여 이미 소유권이전등기를 마친 경우에는 청산기간이 지난 후 청산금을 채무자등에게 지급한 때에 담보목적부동산의 소유권을 취득한다고 하여 소유권이전등기에도 불구하고 소유권이전의 효력을 인정하지 않는다. 소유권이전등기가 있더라도 담보권 설정의 효력만 인정한다. 한편 「가등기담보 등에 관한 법률」 제11조에 의하면, 선의의 제3자가 소유권을 취득한 경우에는 소유권이전등기의 말소를 청구할 수 없다고 하여 형식적으로는 소유권의 이전을 인정하고 있다. 따라서 자동차이전등록의 경우에도 형식적으로는 소유권의 이전을 허용하지만 그것은 실질적으로 이용물권의 설정을 인정하는 것이다. 그리고 양도담보의 경우 피담보채권이 소멸하면 담보권이 소멸하듯, 리스기간이 종료되면 이용물권이 소멸하여 리스이용자명의의 이전등록은 효력을 상실하게 되는 것이다. 이러한 결과는 리스계약의 본질에 어긋나지 않는다고 할 것이다.

(2) 자동차관리법의 등록방법의 보완

부동산의 등기의 경우는 담보물권 이외에 용익물권의 설정을 인정한다. 그러나 「자동차 등 특정 동산 저당법」은 자동차에 대한 저당권의 설정만을 인정한다. 달리 말하면, 자동차를 비롯한 특정 동산의 경우 이용물권의 설정을 위한 등록방법은 인정되지 않는다. 그러나 특정 동산의 경우 이용물권의 설정을 인정하는 법률이 제정되지 않은 상태에서, 구 시설대여업법 제13조의2 제1항(여신전문금융업법 제33조 제1항)이 이용물권의 설정을 인정하는 것으로 해석할 수가 있을 것이다. 이는 이용물권의 설정이 인정되지 않는 현행 법제 아래에서 소유권이전이라는 형식을 통하여 이용물권의 설정을 인정하는 것이다. 그렇게 되면 구 시설대여업법 제13조의2 제1항 (여신전문금융업법 제33조 제1항)은 이용물권의 창설을 허용하는 규정이 되고 이는 민법 제185조의 법률에 해당한다고 볼 수 있을 것이다.

(3) 이전등록에 의한 이용물권설정의 실질적 의미

리스이용자명의의 자동차이전등록에 대하여 이용물권의 설정을 인정하는 것은 리스거래의 실제와 부합한다. 우선 일상적인 리스거래의 경우 다음과 같은 법적 효력이 발생한다. 첫째, 리스거래는 리스물건에 대한 물권적 거래가 아니고 또 리스거래에 의하여 리스물건에 대하여 관습법상의 물권이 성립하는 것도 아니다. 그런데 리스이용자의 권리(사용ㆍ수익권, 임차권)는 임차인의 그것과는 달리 마치 소유자로서의 권리와 같은 외관을 갖는다. 둘째, 리스거래에 의하여 리스회사는 리스물건의 소유권을 갖지만 리스기간 중에는 처분권을 가질 뿐이고 소유자로서 하자담보책임도 부담하지 않는다. 리스물건에 대한 소유자로서의 사용ㆍ수익권은 실질적으로 리스이용자에게 이전되고, 리스기간 종료 후에야 리스회사는 다시 물건의 사용ㆍ수익권을 회복한다. 셋째, 리스이용자는 소유자와 동일하게 리스물건에 대한 위험을 인수한다. 이상의 세 가지 점에서 리스거래에 의한 리스이용자의 지위는 단순한 임차권로서의 지위와는 다른 것이다. 그런데 거기에서 한 걸음 더 나아가 리스이용자명의로 리스물건에 대하여 이전등록이 될 경우에는 이용물권의 설정을 인정하더라도 리스계약의 본질에 반하는 것은 아니라고 할 것이다. 이전등록이 있는 리스이용자에게는 물권자의 지위를 인정하면 거래의 실제와 부합한다고 할 수 있다. 리스이용자명의의 이전등록은 단순히 리스자동차의 유지ㆍ관리에 관한 각종 행정상의 의무와 자동차사고발생시의 손해배상의무를 리스이용자로 하여금 부담하도록 하는 것에 그치는 것이 아니라, 나아가 리스물건의 명의자에게 이용물권을 설정하는 것이 된다. 그것은 한편으로는 리스회사의 편의를 위한 것이지만, 다른 한편으로 리스이용자의 권익을 위한 것이기도 하다. 리스이용자명의의 자동차이전등록이 리스이용자의 의무를 공시한다면 당연히 이 의무와 불가분의 관계에 있는 권리도 함께 공시하는 것으로 인정하지 않을 수 없다고 할 것이다. 그런데 리스이용자가 리스계약에 의하여 자동차에 대하여 부담하는 의무는 원래는 리스회사의 의무이다. 이전등록에 의하여 비로소 리스이용자가 부담하게 되는 것이다. 그렇다면 이전등록에 의하여 리스이용자는 그 반대의 대가로서 리스자동차에 대하여 이용물권을 취득한다고 보는 것이 자연스러운 것일 것이다. 이전등록에 의하여 비록 소유권의 취득은 인정하지 못하지만 이용물권의 취득은 인정할 수 있는 것이다. 따라서 이전등록이 있게 되면 리스이용자에게는 리스회사의 의무를 부담함과 동시에 대세적 효력이 있는 이용물권의 설정이 인정되는 것이다. 그것이 의무와 함께 권리도 공시하는 등록제도의 본질에 부합하는 것이다.

(4) 구 시설대여업법(여신전문금융업법)의 개정

구 시설대여업법 제13조의2 제1항($\binom{여신전문금융업법}{제33조 제1항}$)에 의하여 리스이용자의 이용물권을 위하여 이전등록을 할 수 있음을 인정한다면, 이에 부합하도록 개정이 필요하다고 할 것이다.

여신전문금융업법 제33조(등기·등록상의 특례)의 개정 ① 시설대여업자가 건설기계나 차량(車輛)의 시설대여등을 하는 경우에는 「건설기계관리법」 또는 「자동차관리법」에도 불구하고 대여시설이용자(연불판매의 경우 특정물건의 소유권을 취득한 자는 제외한다. 이하 같다)의 이용물권을 공시하기 위하여 그의 명의로 등록할 수 있다.

위와 같이 개정을 하게 되면 구 시설대여업법 제13조의3 제1항($\binom{여신전문금융업법}{제34조 제1항}$)에서 대여시설이용자가 특정물건의 시설대여 등을 받아 사용하는 경우 특정물건의 "소유자"에게 부과되는 물건의 유지·관리에 관한 각종 의무를 이행하여야 한다는 규정과 배치되지 않는다고 할 것이다. 또 구 시설대여업법 제13조의4($\binom{여신전문금융업법}{제35조}$)에 의하여 시설대여업자가 자기를 위하여 자동차를 운행하는 자로 볼 필요도 없게 되는 것이다.

8. 나 가 며

대법원판결의 판시이유와 같이 구 시설대여업법 제13조의2 제1항($\binom{여신전문금융업법}{제33조 제1항}$)이 리스이용자명의의 이전등록을 통하여 소유권은 리스회사에 남겨 두고 담보의 목적을 달성하기 위한 것이라는 것을 인정할 수는 없다고 할 것이다. 이는 현재 「자동차 등 특정 동산 저당법」이 승용차에 대하여 저당권의 설정을 허용하고 있다는 점에서 그러하고 또한 리스이용계약의 본질에 비추어 볼 때도 타당하지 않다. 현재 리스자동차의 소유권등록을 리스이용자명의로 할 경우에는 예외 없이 리스회사가 저당권자로서 저당권을 등록하고 있다. 리스회사는 리스이용자가 리스료 등의 지급을 연체하는 경우에는 리스자동차를 점유하는 채무자나 제3자에 대하여 저당권을 행사할 수가 있다. 요컨대 담보목적의 달성은 자동차저당권에 의하여 달성되는 것이지 이전등록에 의하여 달성할 필요가 없다고 할 것이다.

　　리스이용자명의로 소유권이전등록이 된 승용자동차에 대해서는 리스회사는 저당권에 기하여 임의경매절차를 할 수 있고 또 자동차인도명령(민사집행규칙 제111조 및 제113조)을 신청할 수 있다. 따라서 대법원이 판시이유와 같이 리스자동차의 유지·관리에 관한 각종 행정상의 의무와 사고발생시의 손해배상책임을 리스이용자로 하여금 부담시키기 위하여 리스자동차를 리스이용자의 명의로 하여 자동차관리법에 대한 특례규정을 인정할 실익도 사라졌다고 할 것이다.

　　구 시설대여업법 제13조의2 제1항(여신전문금융업법 제33조 제1항)이 리스자동차의 유지·관리에 관한 각종 행정상의 의무와 사고발생시의 손해배상책임을 리스이용자에게 부담시키기 위하여 이전등록을 허용하는 것은 소(小)를 위하여 대(大)를 이용하는 것과 같이 부당한 것이다. 달리 말하면, 소유권의 이전을 위한 이전등록을 일정한 의무만의 부과를 위하여 사용하는 것이 되어 타당할 수 없다. 구 시설대여업법 제13조3 제1항(여신전문금융업법 제34조 제1항)이 리스이용자명의로 이전등록을 인정하지 않더라도 해당 법률의 규정만으로도 리스자동차이용자에게 일정한 의무를 부담시키는 목적을 충분히 달성할 수 있다.

　　리스자동차에 대하여 리스이용자명의로 이전등록이 되면 형식적인 소유권은 리스이용자에게 이전되지만 실질적인 소유권은 이전되지 않는다. 이를테면 대외적으로는 리스이용자에게 소유권이 이전되지만 대내적으로 소유권이 리스회사에 유보되는 것이다. 이것이 구 시설대여업법 제

13조2 제1항(여신전문금융업법 제33조 제1항)의 "자동차관리법에도 불구하고"라는 문언이 갖는 첫째의 의미라고 할 것이다. 외부적으로는 리스이용자가 소유자이지만 내부적으로는 리스회사가 소유자이다. 이러한 취지로 구 시설대여업법 시행규칙 제5조도 이해하여야 할 것이다. 따라서 형식적이기는 하지만 리스자동차명의자인 리스이용자에게 소유권의 이전되기 때문에 제3자의 관계에서는 리스자동차명의자가 소유자로 다루어지는 것이다. 그러나 제3자는 시행규칙 제5조의 표지의 존재를 알면서도 거래를 한 경우에는 보호를 받을 수 없다. 이러한 표지가 부착된 자동차를 취득한 제3자는 악의가 추정되기 때문에 소유권을 취득할 수 없는 것이다. 한편 리스자동차명의자에게 형식적으로 소유권이 이전된다는 것은 실질적인 소유권의 이전이 제한되어 이용물권의 설정을 의미하는 것이 된다. 이것이 "자동차관리법의 규정에도 불구하고"라는 문언이 갖는 둘째의 의미라고 할 것이다. 이상의 해석은 리스이용자의 명의로 이전등록이 되었을 경우 대내적으로는 물론 대외적으로도 소유권은 이전되지 않는다는 대법원판결과는 다른 해석이고 또 대내적으로는 물론 대외적으로도 소유권이 이전된다는 원심판결과도 다른 해석이다.

    구 시설대여업법 제13조의2(여신전문금융업법 제33조)는 리스자동차에 대하여 이용물권을 설정하는 등록을 인정하는 것으로 개정되어야 할 것이다. 비록 구 시설대여업법(여신전문금융업법)이 「자동차 등 특정 동산 저당법」과 같이 특정 동산에 대하여 일괄적으로 저당권을 인정하는 법률은 아니지만 예외적으로 리스자동차의 경우에는 이용물권의 설정을 인정하는 것으로 볼 수가 있다고 할 것이다. 이것이 리스이용자의 명의로 등록이 된 경우 리스이용자가 소유자와 동일한 사용·수익권을 가지고 또 소유자와 동일한 의무와 위험을 부담하는 물권자로서의 리스이용자의 지위에 부합한다고 할 것이다.

[Résumé]

L'effet juridique de l'enregistrement du transfert du véhicule par l'alinéa premier de l'article 13 de la loi ancienne de location d'équipement

-Cour de Cassation coréenne, le 27 novembre 2000, 2000DA40025-

Nam, Hyo Sun*

Le contrat de crédit-bail est considéré par des auteurs comme le contrat spécial de location, le contrat spécial de vente, le contrat spécial d'entreprise ou le contrat innommé. Surtout il est considére par des auteurs majoritaires comme une sorte de contrat de location. A notre sens, l'opération de crédit-bail n'est qu'une opération de crédit et qu'un contrat de nature mixte de diverses caractéristiques.

En Corée, le contrat de crédit-bail est soumis à de diverses dispotitions de plusieurs lois. Il l'est d'abord au Code de commerce coréen. Celui-ci crée 4 articles pour le crédit-bail. Cependant ces dispositions ne sont pas suffisantes pour régler tous les problèmes du crédit-bail. Donc il reste à se référer au model des conditions générales du crédit-bail. D'autre part, il l'est à des dispotitions spéciales de la loi ancienne de location d'équipement. Enfin il il l'est au Code des conditions générales.

Selon l'essentiel du crédit-bail, le crédit-bailleur reste toujours le propriétaire du bien crédit-baillé après la conclusion du contrat du crédit-bail. Mais il ne doit pas la garantie du vendeur envers le crédit-preneur. Celui-ci est tenu de maintenir et de gérer bien crédit-baillé comme il est le

---

* Professor, School of Law Seoul National University.

propriétaire. Il reste donc à lui le risque du bien crédit-baillé. D'autre part, conformément à l'article 13, alinéa 1er de la loi ancienne de location d'équipement, le crédit-preneur peut exécuter l'enregistrement du transfert du véchicule pour faire peser au crédit-préneur les obligations de maintenir et de gérer d'odre d'administration et la résponsabilité en cas d'accident du véhicule. Ceci étant, la Cour de cassation coréenne prononce que le crédit-bailleur reste toujours le propriétaire bien qu'il soit opéré l'enregistrement du transfert.

La Cour de cassation fait face à diverses critiques. A notre sens, elle est contraire d'une part à la publicité foncière y compris l'enregistrement et d'autre part à la nature du contrat du crédité-bail. Une fois qu'il soit réallisé l'enregistrement du transfert, il faut admetter l'effet du transfert de pripriété. Cependant, compte tenu de l'essentiel du crédit-bail, la propriété est réservée au crédit-bailleur entre celui-ci et le crédit-preneur. C'est ce qui demande le contrat du crédit-bail. Le tiers de mauvaise foi ne peut donc devenier le propriétaire du bien crédit-baillé. En revanche, le tiers en bonne foi peut obtenir la propriété du bien crédit-baillé étant donné que le crédit-préneur est considéré comme le propriétaire entre celui-ci et le tiers. Autant que la propriété reste réservée au crédit-bailleur, l'enregistrement de transfert ne peut opérer le transfert de propriété et doit être par conséquent compris de constituer un usufruit pour le crédit-preneur. Il faut l'admenttre bien que la la loi ancienne de location d'équipement soit muette sur ce point. C'est une technique juridique bien connue par des juristes coréens.

[Mots-clés]
- contrat de crédit-bail
- essentiel du crédit-bail
- crédit-bailleur
- crédit-preneur
- effet juridique de l'enregistrement du transfert du véhicule par l'alinéa premier de l'article 13 de la loi ancienne de location d'équipement

참고문헌

강위두, 상법요론(형설출판사, 2004).

김성태, 상법총칙·상행위법 강론(법문사, 2002).

박헌목, 상법강론(신지서원, 2002).

손주찬, 상법(상)(박영사, 2002).

송옥렬, 상법강의(홍문사, 2014).

이철송, 상법강의(박영사, 2012).

정동윤, 상법(상)(법문사, 2003).

정찬형, 상법강의요론(박영사, 2015).

최기원, 상법학신론(상)(박영사, 2014).

편집대표 곽윤직, 민법주해 XVI 채권(9)(김건식 집필부분)(박영사, 2009).

가정준, "DCFR의 물품 임대차 계약", 외법논집, 제34권 제3호(한국외국어대학
    교 법학연구소, 2010. 8).

김건식, "리스계약의 운용실태", 민사판례연구[IX](박영사, 1989).

남효순, "프랑스민법에서의 매도인의 담보책임(I)", 서울대 법학 제34권 제1호
    (서울대법학연구소, 1993).

소건영, "금융리스계약의 하자담보책임", 비교사법, 제15권 제3호(통권 제42호)
    (한국비교사법학회, 2008. 9).

_____, "금융리스계약의 법적 성질에 관한 연구", 사법행정, 제50권 제6호(통권
    제582호)(한국사법행정학회, 2009. 6).

_____, "금융리스계약에 있어서 리스물건의 선의취득에 관한 연구", 비교사
    법 제16권 제1호(통권 제44호)(한국비교사법학회, 2009. 3).

_____, "리스자동차의 유지·관리책임에 관한 사법적 고찰", 사법 제18호(사법
    발전재단, 2011).

박재홍, "리스(Lease)계약에 관한 연구", 경성법학, 제13집 제2호(경성대학교
    법학연구소, 2004. 11).

이연갑, "리스계약과 도산절차", 민사판례연구[XVIII](박영사, 2006).

이충상, "리스이용자 명의로 자동차소유자 등록을 하여도 대외적인 관계에

있어서 리스업자가 자동차소유자인지−구 시설대여업법(현 여신전문금
융업법)과 관련하여−(대법원 2000. 10. 27. 선고 2000다40025 판결)",
대법원판례해설 통권 제35⑤호(법원도서관, 2001).
임채웅, "회생절차상 리스료채권의 지위에 관한 연구", 인권과 정의, 통권 제356호
(대한변호사협회, 2006).
최인석, "금융리스계약의 법적 성질과 리스회사의 하자담보책임", 판례연구,
제13집(부산판례연구회, 2002).
최종구, "리스 판례의 개관", 인권과 정의. 제358호(대한변호사협회, 2006. 6).
_____, "리스물건의 소유권 귀속, 대법원 2000. 10. 27. 선고 2000다40025
판결", 법률신문, 제3453호(법률신문사, 2006. 4.).

D. Houtcieff, *Droit commercial; actes de comerce, commerçants, fond de commerce, instruments de paiement et de crédit*, 2e éd., Sirey, 2008.

G. Duranton, "Crédit-bail mobilier", Répertoire de dorit commercial, Dalloz; 2014.

G. Ripert et R. Roblot, *Traité de droit commercial,* t. 1, 14e éd., L.G.D.J., 1991.

G. Ripert et R. Roblot, *Traité de droit commercial*, t. 2, 12e éd., L.G.D.J., 1990.

M. de Juglart et B. Ippolito, *Cours de droit commercial*, 2e éd., Montchrestien, 1992.

R. -N. Schütz, "Crédit-bail", Répertoire de dorit civil, Dalloz, 2014.

세무공무원이 과오납 환부 사유가 없음에도 있는 것처럼 서류를 작성하여 친척들 명의의 계좌로 송금하게 한 경우 그 송금액을 부당이득반환청구할 수 있는지 여부*

정 태 윤**

■요 지■

편취금전에 의한 변제와 부당이득의 문제는 피해자로부터 금전을 편취한 자가 그 금전을 자신(또는 타인)의 채무에 대한 변제로서 채권자인 제3자에게 변제한 경우에 피해자가 제3자에게 그 수령한 금전을 부당이득으로 반환청구할 수 있는가 하는 것으로서, 이 문제에 대하여 대법원은 리딩 케이스라고 할 수 있는 2003. 6. 13. 선고 2003다8862 판결에서 "채무자가 피해자로부터 횡령한 금전을 자신의 채권자에 대한 채무변제에 사용하는 경우 채권자가 그 변제를 수령함에 있어 그 금전이 횡령한 것이라는 사실에 대하여 악의 또는 중대한 과실이 없는 한 채권자의 금전취득은 피해자에 대한 관계에서 법률상 원인이 있는 것으로 봄이 상당하며, 이와 같은 법리는 채무자가 횡령한 금원을 제3자에게 증여한 경우에도 마찬가지라고 보아야 할 것이다"라고 판시하였고, 그 이후에도 계속하여 동일한 취지의 판결을 내림으로써 대법원의 이러한 입장은 이제 확고한 것으로 자리 잡았다고 할 수 있다. 그런데 이러한 판례의 법리는 금전편취 사건들 중에서 일정한 유형의 경우, 즉 편취자가 편취한

---

* 본 논문은 제381회 민사판례연구회 연구발표회(2015. 5. 18.)에서 발표하였고, 이를 정리하여 법학논집(이화여자대학교 법학연구소) 제19권 제4호(2015. 6.)에 게재하였다.
** 이화여자대학교 법학전문대학원 교수.

금전에 대하여 그 소유권 내지는 그 금전에 대한 권리를 취득한 경우에는 별 문제 없이 적용될 수 있지만, 또 다른 일정한 유형의 경우, 즉 편취자가 편취한 금전에 대한 소유권—또는 그에 대한 점유—을 취득하지 못하고 그 금전에 대한 소유권—또는 그에 대한 점유—이 피해자로부터 직접 제3자에게 이전한 경우에는 그대로 적용하기에 무리가 있다고 보여진다. 그럼에도 불구하고 대법원은 종래의 판례의 법리를, 편취자가 편취한 금전에 대한 소유권을 취득하지 못하고 금전에 대한 소유권이 직접 제3자에게 이전한 경우인 본 평석대상판결의 사안에 그대로 적용함으로써 불합리한 결과에 이르게 되었다.

본 논문에서는 이러한 문제인식하에, 계좌이체를 통하여 편취한 금전의 반환문제에 대한 적절한 해결방안을 찾기 위하여, 본 대상판결의 사안도 그러한 유형의 사안 중의 하나인, 급부당사자에 관한 이해의 차이가 있는 사안에서의 반환문제와 관련하여 독일에서 행하여지고 있는 논의를 검토하였다. 이러한 논의에 대한 검토는 2가지, 즉 부당이득법적 측면에서의 논의와 물권법적 측면에서의 논의로 나누어 이루어졌다. 이러한 검토로부터 결론을 이끌어 낸 다음, 이를 기초로 대상판결의 법리를 살펴보고 적절하다고 생각되는 해결방안을 제시하였다.

결론적으로 대상판결의 사안은 중간자인 편취자가 금전소유권 내지 그 금전에 대한 점유를 취득하지 못한 경우이고, 따라서 제3자의 입장에서 볼 때에 피편취자의 송금이 편취자의 지시에 의한 것으로 오인한 것이 피편취자에게 귀속되어야 할 특별한 사정이 있는지의 여부를 검토하여야 하는데, 본 사안에서는 그러한 사정이 전혀 인정되지 않는다고 판단되므로, 제3자의 오신은 순전히 제3자쪽에 귀속되어야 하고, 따라서 피편취자의 급부부당이득반환청구는 인용되었어야 한다.

[주제어]
• 편취금전
• 부당이득
• 지시취득
• 선의취득
• 수령자관점설
• 출연자관점설

[투고일자]　2015. 12. 3.
[심사일자]　2015. 12. 14.
[게재확정일자]　2015. 12. 30.

대상판결 : 대법원 2012. 1. 12. 선고 2011다74246 판결

[사안의 개요]

본 평석을 위하여 필요한 범위 내에서 사안을 정리하면 다음과 같다.

1. 소외 M은 원고 X시 소속 지방세무 6급공무원으로 재직하던 중, 2003. 2. 4.부터 2008. 4. 18.까지 사이에 실제로는 아무런 과오납 환부 사유가 없는 사망자나 관외 거주자 등에 대하여 과오납 환부 사유가 있는 것처럼 서류를 작성하여 자신의 친정아버지인 피고 Y의 태안농협 계좌로 16회에 걸쳐 그 과오납금 합계 94,812,300원을 송금한 것을 비롯하여, 2002. 5. 10.경부터 2008. 12. 24.경까지 사이에 가족들 또는 지인들 명의의 계좌로 위와 같이 과오납금을 송금받는 방법으로 251회에 걸쳐 합계 1,271,600,810원(이하 '이 사건 횡령금'이라 한다)을 횡령하였다. 이때 위 Y에 대한 송금의뢰인은 M이 아니라 'X시장', 'X시청', 'X환부', 'X동부환부', 'X시동부출' 등으로 되어 있고, 송금액은 최종 송금액인 2008. 4. 18.자 50만원을 제외하면 최저 송금액이 2003. 10. 8.자 3,660,520원, 최고 송금액이 2004. 8. 25.자 22,074,890원에 이르렀다.

2. Y는 M이 자신에게 송금한 돈 가운데 M에게 다시 계좌이체하여 주고 남은 돈 및 자신의 태안농협 계좌로 송금받던 기간 동안에 이 사건 횡령금의 일부로서 소외인으로부터 별도로 교부받은 돈 합계 1억원(이하 '이 사건 증여금'이라 한다)을 집수리비용으로 8,000만원, 차량구입비용으로 2,000만 원을 각 사용하였다.

3. M은 위 횡령행위로 인하여 2009. 7. 22. 수원지방법원으로부터 징역 4년을 선고받았고, 항소하였으나 기각되어 2009. 10. 23. 위 형이 확정되었다. 그리고 M은 이 사건 횡령금액 1,271,660,810원 중 116,740,110원을 X에게 반환하였고, 무죄판결 확정 조건부 공탁금회수제한신고서를 첨부하여 피고 앞으로 1억원을 공탁하였다.

4. X는 Y에 대하여 소송을 제기하여 Y가 송금받은 횡령금액 94,812,300원을 부당이득으로 반환청구하였다.[1]

---

1) 그 밖에도 X는 Y에 대하여, 공동불법행위로 인한 손해의 배상 및 M을 대위하여 M의 Y에 대한 대여금의 반환(Y가 M으로부터 집 수리비용 명목 및 자동차 구입비용 명목으로 차용하였다고 주장하였음)을 청구하였다.

[소송의 경과]

1. 원심판결 [서울고법 2011. 8. 19. 선고 2010나115647 판결]

원심법원은 Y가 위 송금되어 온 횡령금을 선의취득하였는지가 문제된다고 하면서, "피고 Y가 위 돈을 증여받을 당시 과실 없이 이를 취득하였는지에 관하여 이를 인정할 증거가 없으므로(오히려 제1심 법원의 농업협동조합 태안농협조합장에 대한 금융정보조회결과에 의하면 위 피고에 대한 송금의뢰인이 M이 아니라 'X시장', 'X시청', 'X환부', 'X동부환부', 'X시동부출' 등으로 되어 있었고, 송금액도 최종 송금액인 2008. 4. 18.자 50만원을 제외하면 최저 송금액이 2003. 10. 8.자 3,660,520원, 최고 송금액이 2004. 8. 25.자 22,074,890원에 이르렀던 사실을 인정할 수 있어, M의 아버지로서 M이 지방세무 6급공무원인 사실을 알고 있었을 피고 Y가 위와 같은 명의와 금액으로 송금된 돈이 M 개인이 보유한 돈으로부터 송금된 것이 아닐 수 있음을 의심할 만한 정황이 있음에도 부주의하게 아무런 확인을 하지 아니하고 그 중 일부를 사용한 점, M으로부터 비슷한 시기에 별도로 교부받은 돈 역시 위와 유사한 방법으로 M 또는 제3자에게 송금되어 M이 보유하게 된 돈 또는 위와 같이 피고 Y로부터 M에게 다시 이체된 돈 중에서 지급된 것은 아닌지 여부를 확인하였어야 함에도 이를 게을리하였던 것으로 보이는 점 등에 비추어 피고 Y에게 과실이 있다 할 것이다), 선의취득도 성립되지 아니한다"라고 하는 이유로 X의 부당이득반환청구를 인용하였다.[2)]

2. 상고이유

피고는 몇 가지 이유로 상고를 하였는데, 그중 본 평석과 관련된 부분을 요약 정리하면 다음과 같다.

첫째, "채무자가 피해자로부터 횡령한 금원을 그대로 채권자에 대한 채무변제에 사용하는 경우 채권자가 그 변제를 수령함에 있어 악의 또는 중대한 과실이 있다면 채권자의 금전취득은 피해자에 대한 관계에 있어서 법률상

---

2) 원심은 Y의 공동불법행위자로서의 책임에 대하여는, Y가 M과 공모하여 횡령을 하였다거나 M의 횡령사실을 알면서도 이를 도왔다는 점을 인정하기에 부족하다고 하는 이유로 받아들이지 않았고, 또 M을 대위한 대여금청구에 대하여는, Y가 M으로부터 위 돈을 차용하였다는 점을 인정하기에는 증거가 부족하고, 오히려 M이 Y에게 증여한 것으로 보인다고 하면서, 원고의 주장은 옳지 않다고 판단하였다.

원인을 결여한 것이다"라고 하는 대법원판결(대법원 2003. 6. 13. 선고 2003다8862 판결)을 원용하면서, "① M이 6년이 넘는 기간 동안 251차례에 걸쳐 합계 13억원가량의 금원을 횡령하면서도 이를 원고의 다른 직원들에게 적발된 적이 없을 정도로 계획적인 범행을 저지른 점, ② 피고는 M의 부친으로 딸인 M이 특별한 이야기는 하지 않고 '계좌에 돈을 송금하였으니 다시 제게 보내 달라'고 말하여 다시 송금해 준 사실이 있을 뿐이어서 그 금원이 어떤 경위로 자신의 계좌에 입금된 것인지 알지 못하는 점, ③ 입금자 명의가 'X시장', 'X시청', 'X환부' 등으로 되어 있었다 하더라도 M이 X시 세무공무원이었으므로 업무를 처리하는 과정에 입금자 명의를 그렇게 지정한 것이라고 생각하였지 그 돈이 횡령한 것임을 짐작하기는 어려운 점, ④ 부모 자식간에 경제력이 있는 딸이 친정집 수리비용이나 자동차 구입비용을 대신 지출하여 도와주는 것으로 고맙게 생각하였을 뿐인 점 등을 종합하면, 피고는 M으로부터 받은 돈이 횡령금임을 알지 못하였고, 중대한 과실로 몰랐다고 보기도 어렵다"고 주장하였다.

둘째로, 원심은 피고의 계좌에 입금된 94,812,300원 전체를 부당이득액으로 보고 있으나 이는 부당하며, 우선 피고의 계좌에 입금된 위 돈 중 얼마가 M에게 다시 이체되었는지, 그래서 남은 돈이 얼마인지를 확정한 후, 그 이외에 피고가 M으로부터 별도로 교부받은 돈이 얼마인지에 대하여 심리하여야 함에도 그 부분 심리와 판단이 전혀 이루어지지 않았다.

3. 대법원판결 [대법원 2012. 1. 12. 선고 2011다74246 판결]

대법원은 다음과 같은 이유로 원심판결을 파기하였다.

"부당이득제도는 이득자의 재산상 이득이 법률상 원인을 결여하는 경우에 공평·정의의 이념에 근거하여 이득자에게 그 반환의무를 부담시키는 것인바, 채무자가 피해자로부터 횡령한 금전을 자신의 채권자에 대한 채무변제에 사용하는 경우 채권자가 그 변제를 수령함에 있어 그 금전이 횡령한 것이라는 사실에 대하여 악의 또는 중대한 과실이 없는 한 채권자의 금전취득은 피해자에 대한 관계에서 법률상 원인이 있는 것으로 봄이 상당하며(대법원 2008. 3. 13. 선고 2006다53733, 53740 판결 등 참조), 이와 같은 법리는 채무자가 횡령한 금원을 제3자에게 증여한 경우에도 마찬가지라고 보아야 할 것이다."

"위 사실관계를 앞서 본 법리에 비추어 살펴보면, 소외인은 원고로부터 이 사건 횡령금을 횡령하면서 그중 일부를 피고에게 송금하거나 교부함으로써 증여하였다고 볼 수 있고, 이 경우 피고가 이 사건 증여금을 송금받거나 교부받을 당시 그것이 횡령한 것이라는 사실에 대하여 피고에게 악의 또는 중대한 과실이 없는 한, 피고가 이 사건 증여금을 취득하는 것은 원고에 대한 관계에 있어서도 법률상 원인이 있는 것으로 보아야 할 것이다.

따라서 원심으로서는, 피고가 소외인으로부터 이 사건 횡령금 중 일부로서 적지 아니한 금액을 송금받거나 별도로 교부받고도 원고나 소외인에게 그 출처에 관하여 제대로 확인하지 아니한 경위, 이 사건 증여금 가운데 피고가 당초 송금받은 돈에서 소외인에게 다시 계좌이체하여 주고 남은 돈의 액수가 얼마인지, 그리고 피고가 소외인으로부터 별도로 교부받은 돈 외에 위와 같이 계좌이체하여 주고 남은 돈도 함께 집수리비용 및 차량구입비용으로 사용하게 된 이유 등의 사정을 살펴 피고가 소외인으로부터 이 사건 증여금을 송금받거나 교부받을 당시 그것이 횡령한 것이라는 사실에 대하여 피고에게 악의 또는 중대한 과실이 있었는지 여부를 심리한 다음, 피고의 원고에 대한 부당이득의 성립 여부를 판단하였어야 함에도 불구하고, 이에 이르지 아니한 채 선의취득 여부만 살펴 피고의 부당이득반환의무를 인정하고 말았으니, 원심판결에는 부당이득에 관한 법리를 오해하고 나아가 심리를 다하지 아니하여 판결에 영향을 미친 위법이 있다고 볼 수 있다."

4. 환송법원판결 [서울고법 2012. 4. 20. 선고 2012나8132 판결]

환송법원은 "Y가 이 사건 횡령금을 피고 명의의 은행계좌에 입금하였으므로 피고는 법률상 원인 없이 이 사건 횡령금을 취득하여 이익을 얻고 그로 인하여 원고에게 손해를 입게 하였다. 따라서 피고는 원고에게 위 돈을 부당이득으로 반환하여야 한다"고 설시하면서도, 다음과 같은 이유로 원고 X의 청구를 기각하였다. 즉 피고 Y가 송금받은 횡령금액 94,812,300원을 Y가 M에게 재입금한 56,939,000원과 나머지 37,873,300원으로 나누어, 전자에 대하여는 Y가 이를 이득하였다고 볼 수 없다는 이유로, 그리고 후자에 대하여는 Y가 이 사건 횡령행위를 알거나 알지 못한 데 중대한 과실이 있다고 보기는 어렵다는 이유로, 원고의 청구를 받아들일 수 없다고 판결하였다.

〔研　究〕

I. 序-문제의 제기

1. 편취금전에 의한 변제와 부당이득의 문제는 피해자 X로부터 금전을 편취한 자(M)가 그 금전을 자신(또는 타인)의 채무에 대한 변제로서 채권자인 제3자 Y에게 변제한 경우에 피해자 X가 제3자 Y에게 그 수령한 금전을 부당이득으로 반환청구할 수 있는가 하는 것으로서, 이 문제에 대하여 대법원은 리딩 케이스라고 할 수 있는 2003. 6. 13. 선고 2003다8862 판결에서 "채무자가 피해자로부터 횡령한 금전을 자신의 채권자에 대한 채무변제에 사용하는 경우 채권자가 그 변제를 수령함에 있어 그 금전이 횡령한 것이라는 사실에 대하여 악의 또는 중대한 과실이 없는 한 채권자의 금전취득은 피해자에 대한 관계에서 법률상 원인이 있는 것으로 봄이 상당하며, 이와 같은 법리는 채무자가 횡령한 금원을 제3자에게 증여한 경우에도 마찬가지라고 보아야 할 것이다"라고 판시하였고, 그 이후에도 계속하여 동일한 취지의 판결을 내림으로써[3] 대법원의 이러한 입장은 이제 확고한 것으로 자리 잡았다고 할 수 있다.

그런데 이러한 판례의 법리는 금전편취 사건들 중에서 일정한 유형의 경우, 즉 편취자(M)가 편취한 금전에 대하여 그 소유권 내지는 그 금전에 대한 권리(이하에서는 편의상 모두 '금전의 소유권'이라고 한다)를 취득한 경우에는 별 문제 없이 적용될 수 있지만, 또 다른 일정한 유형의 경우, 즉 편취자가 편취한 금전의 소유권을 취득하지 못하고 그 금전의 소유권이 피해자(X)로부터 직접 제3자(Y)에게 이전한 경우에는 그대로 적

---

3) 대법원 2008. 3. 13. 선고 2006다53733,53740 판결[공2008상,510]; 대법원 2011. 2. 10. 선고 2010다89708 판결[미간행]. 그 밖에도 대법원 2004. 1. 15. 선고 2003다49726 판결, 대법원 2008. 3. 13. 선고 2005다36090 판결 등에서도 동일한 취지의 판시를 하고 있다고 소개하고 있는데[김동윤, "편취금전에 의한 변제와 부당이득", 『판례연구』(부산판례연구회, 2010), 제21집, 857-864면], 필자가 직접 확인하지는 못하였음.

용하기에 무리가 있다고 보여진다. 다시 말해서, 현재의 판례의 법리는 편취자가 일단 편취금전의 소유권 또는 적어도 그에 대한 점유를 취득한 다음에 이를 자신의 채권자에게 변제로 이전하는 등의 형태로 금전거래 방식이 이루어지는 구조에 적합하게 형성되어 있다고 할 수 있다. 이에 반하여, 현대의 금전거래는 계좌이체의 형태로 이루어지는 것이 대부분이고, 이러한 금전거래구조하에서는 금전편취가 많은 경우 편취자가 편취금전에 대한 소유권 또는 그에 대한 점유를 취득함이 없이 금전에 대한 소유권이 피해자로부터 직접 편취자의 채권자 등에게 이전되는 형태로 이루어진다. 그런데 피해자(X)가 제3자(Y)에게 편취당한 금전을 부당이득으로 반환청구할 수 있는가 하는 문제를 다룰 때, 중간의 편취자(M)가 편취금전에 대한 소유권 또는 그에 대한 점유를 취득하였느냐 아니냐에 따라 고려하여야 할 문제에 있어서 중요한 차이가 있다. 그럼에도 불구하고 이러한 차이를 고려하지 않고 두 경우에 모두 동일한 법리를 그대로 적용시키면 후자의 경우에는 납득하기 어려운 불합리한 결과를 가져오게 된다.[4]

2. 본 평석은 이러한 문제인식하에, 대상판결의 사안에서와 같이, 금전편취가 계좌이체를 통하여 이루어지면서 금전의 소유권이 피해자(X)로부터 제3자(Y)에게로 직접 이전한 경우에, 피해자의 제3자에 대한 부당이득반환청구의 당부를 논함에 있어서 특히 고려하여야 할 사항이 무엇인가를 밝히는 것에 그 목적이 있다. 그런데 대상판결의 사안은 금전편취의 형태가 금전의 소유권이 피해자(X)로부터 제3자(Y)에게로 직접 이전한 경우 중에서 특히 이른바 '급부당사자에 관한 이해의 차이가 있는 사안'에 해당한다. 이러한 사안에 관하여서는 독일에서 많은 논의가 있어 왔

---

4) 위의 주 3에서 소개한 판결들과 본 대상판결 등 5건의 판결 중에서 파기환송판결이 2건인데, 그 사안이 모두 금전의 소유권이 피해자로부터 직접 제3자에게로 이전한 경우로서 그 편취방식이 계좌이체의 형태를 취하고 있다고 하는 것이 전혀 우연이라고는 보여지지 않는다.

던바, 이러한 논의에 대한 검토는 본 논문의 목적을 위하여 적지 않은 시사점을 던져 줄 것으로 보인다. 따라서 이하에서는 다음과 같은 순서로 논의를 진행한다.

첫째, 판례의 법리가 가지는 의미를 먼저 밝히고, 이러한 판례의 적용범위의 한계에 관하여 언급한다.

둘째, 대상판결의 사안은 급부당사자에 관한 이해의 차이가 있는 사안으로서, 이러한 사안에 대하여 독일에서 이루어지는 부당이득법적 측면에서의 논의를 소개한다.

셋째, 다음으로 급부당사자에 관한 이해의 차이가 있는 사안에 대하여 독일에서 행하여지는 물권법적 측면에서의 논의를 소개한다.

마지막으로, 이상의 고찰로부터 내린 결론에 입각하여 대상판결의 타당성 여부를 검토한다.

3. 금전편취에 의한 변제와 변제수령자의 부당이득 성립 여부에 관하여서는 이미 많은 논문에 의하여 연구되었으므로,[5] 이하의 논의에서는 본 논문과 직접적으로 연관성이 인정되지 않는 한 편취금전의 부당이득에 관한 일반적인 언급은 생략하기로 한다.

II. 판례의 법리가 가지는 의미와 그 적용의 한계

1. 대법원의 판결례

먼저, 본 평석의 주제와 관련되는 대법원판결들로서, 금전의 편취가 계좌이체의 형태로 이루어진 사안에 관한 판결 2건을 살펴본다.

---

5) 문형배, "편취 또는 횡령한 금전에 의한 변제와 변제수령자의 부당이득 성립 여부", 『판례연구』(부산판례연구회, 2006), 제17집; 송경근, "편취한 금전에 의한 변제와 부당이득의 성립 여부", 『대법원판례해설』(법원도서관, 2008년 상반기), 제75호; 박세민, "부당이득법의 인과관계와 법률상 원인", 『민사법학』(한국민사법학회, 2008. 6.), 제41호; 최준규, "금전의 이동과 물권적청구권", 『법조』(법조협회, 2009. 11.), 제638호; 김동윤, 앞의 논문(주 3); 정태윤, "횡령한 금전의 부당이득", 『민사판례연구』(민사판례연구회, 2005. 2.), 제27권 등.

가. 대법원 2003. 6. 13. 선고 2003다8862 판결[6]

(1) 사안의 개요 및 소송의 경과

본고의 논의에 필요한 범위 내에서 사안을 간단히 요약한다.

소외 M은 원고 X(대한석탄공사)의 총무처 경리부소속의 출납담당과장으로서 각종 자금의 출납업무를 수행하여 오던 중 2000. 10. 18. 자신이 관리하고 있던 원고 X의 예금계좌에서 피고 Y1, Y2, Y3의 예금계좌로 직접 계좌이체시키는 방법으로 타행송금하여 이를 횡령하였다. 이에 소외 M은 위 피고들을 상대로 각 송금액 상당의 부당이득반환을 청구하였다.

원심은 "A가 B의 금전을 횡령 또는 편취하여 그 금전으로 자신의 채권자 C에 대한 채무를 변제한 경우, C가 A로부터 위 금전을 취득함에 있어서 악의 또는 중대한 과실이 있는 경우에는 C의 위 금전의 취득은 편취 또는 횡령 피해자인 B에 대한 관계에 있어서 법률상 원인이 없는 것이 되고, 따라서 부당이득으로 된다고 봄이 상당하다"고 하면서, 피고들이 M으로부터 송금받은 금전을 취득함에 있어 악의 또는 중과실이 있다고 보기 어렵다고 하였다. 이에 원고는 상고하였다.

(2) 대법원 판결

대법원은 다음과 같은 이유로 상고를 기각하였다.

"부당이득제도는 이득자의 재산상 이득이 법률상 원인을 결여하는 경우에 공평·정의의 이념에 근거하여 이득자에게 그 반환의무를 부담시키는 것인바, 채무자가 피해자로부터 횡령한 금전을 그대로 채권자에 대한 채무변제에 사용하는 경우 피해자의 손실과 채권자의 이득 사이에 인과관계가 있음이 명백하고, 한편 채무자가 횡령한 금전으로 자신의 채권자에 대한 채무를 변제하는 경우 채권자가 그 변제를 수령함에 있어 악의 또는 중대한 과실이 있는 경우에는 채권자의 금전 취득은 피해자에 대한 관계에 있어서 법률상 원인을 결여한 것으로 봄이 상당하나, 채권

---

6) [공2003하, 1531].

자가 그 변제를 수령함에 있어 단순히 과실이 있는 경우에는 그 변제는 유효하고 채권자의 금전 취득이 피해자에 대한 관계에 있어서 법률상 원인을 결여한 것이라고 할 수 없다."

나. 대법원 2008. 3. 13. 선고 2006다53733, 53740 판결[7]

(1) 사안의 개요

- 원고 Y1 회사와 원고 Y2 회사의 경리업무를 담당하던 M은 대리권을 수여받은바 없이 피고 X 은행과 사이에, 2003. 12. 18. 차주를 Y1으로 한 여신거래약정을, 2004. 3. 12. 차주를 Y2로 한 여신거래약정을 각 체결하였다.

- M은 2003. 12. 18.자 여신거래약정에 기해 2003. 12. 18.부터 같은 달 26.까지 수회에 걸쳐 합계 199,282,174원을 Y1의 X은행 예금계좌에서 Y1, Y2의 각 전북은행 예금계좌 또는 Y1, Y2의 거래처의 예금계좌로 송금하였고, 2004. 3. 12.자 여신거래약정에 기해 같은 날 Y1의 X은행 예금계좌에 899,850,000원이 입금되자, 그중 698,164,218원은 당시 위 예금계좌의 마이너스 대출금의 상환에 충당하고 나머지 201,685,782원은 2004. 3. 17.부터 같은 달 31.까지 수회에 걸쳐 Y1, Y2의 각 전북은행 예금계좌로 송금하였다.

- M은 Y1, Y2의 대표이사인 갑, 을에게 Y1, Y2의 X에 대한 대출금채무가 존재하지 않고, Y1, Y2의 예금잔고가 22억원 내지 30억원 상당이라고 허위 보고를 해 오다가 2004. 5. 11.경 행방을 감추었고, 갑은 그 무렵 M이 Y은행에 예치된 Y1 명의의 회사자금 30억원 상당을 횡령하여 도주하였다는 내용으로 M을 고소하였다.

(2) 소송의 경과

(가) Y1, Y2의 본소청구

Y1, Y2는 X를 상대로, 주위적으로는 M이 대리권 없이 위 각 여신거래약정을 체결하였다는 이유로 위 각 여신거래약정에 기한 대출금채무의

---

7) 이 판결에 대한 평석으로는, 송경근 앞의 논문(주 5); 박세민 앞의 논문(주 5); 김동윤 앞의 논문(주 5) 등.

부존재확인을, 예비적으로는 Y1, Y2가 잠정적으로 상환한 합의금 상당액의 부당이득반환을 각 청구하였다.

(나) X의 반소청구

X는 반소로서, 주위적으로는 위 각 여신거래약정에 기한 대출금채무의 존재확인을, 예비적으로는 위 각 대출금이 Y1, Y2의 운영자금으로 사용되었음을 이유로 한 대출금 상당의 부당이득반환 또는 피용자 M의 불법행위를 이유로 한 손해배상을 각 청구하였다.

(3) 법원의 판단

(가) 제 1 심

위 각 여신거래약정이 M의 무권대리행위이고 표현대리도 성립하지 않는다는 이유로 Y1, Y2의 주위적 본소청구를 인용하였고, X의 반소청구 중 주위적 청구는 확인의 이익이 없다는 이유로 각하하고, 예비적 청구에 대하여는 X가 Y1, Y2의 예금계좌에 입금한 각 대출금은 M이 권한 없이 Y1, Y2 명의로 체결한 위 각 여신거래약정에 기해 법률상 원인 없이 지급된 것이고, 위 각 대출금이 Y1, Y2의 운영자금으로 사용되었다는 이유로 부당이득반환청구를 일부 인용하여 위 각 대출금 상당액 및 이에 대하여 Y1, Y2가 법률상 원인 없음을 안 날부터 그 잠정상환일까지의 이자 내지 지연손해금의 지급을 명하였다.

(나) 제 2 심

제1심 판결에 대하여 Y1, Y2와 X는 예비적 반소청구 중 각자의 패소부분에 대하여만 각 항소를 제기하였는데, 원심법원은 제1심 판결과 같은 이유로 Y1, Y2와 X의 항소를 모두 기각하였다.

이에 Y1, Y2 모두 상고하였다.

(4) 대법원 판결

"부당이득제도는 이득자의 재산상 이득이 법률상 원인을 결여하는 경우에 공평·정의의 이념에 근거하여 이득자에게 그 반환의무를 부담시키는 것인데, 채무자가 피해자로부터 편취한 금전을 자신의 채권자에 대한 채무변제에 사용하는 경우 채권자가 그 변제를 수령함에 있어 그 금전이 편취된 것이라는 사실에 대하여 악의 또는 중대한 과실이 없는 한 채권자의 금전취득은 피해자에 대한 관계에서 법률상 원인이 있는 것으로 봄이 상당하며, 이와 같은 법리는 채무자가 편취한 금원을 자신의 채권자에 대한 채무변제에 직접 사용하지 아니하고 자신의 채권자의 다른 채권자에 대한 채무를 대신 변제하는 데 사용한 경우에도 마찬가지라고 보아야 할 것이다"고 하면서, M이 Y1, Y2의 자금을 실제로 횡령했는지 여부 및 그 횡령액, M이 X로부터 편취한 대출금의 구체적인 사용처 및 그 액수, Y1, Y2 또는 Y1, Y2의 거래처가 이 사건 각 대출금을 송금받을 당시 그것이 편취된 것이라는 사실에 대하여 Y1, Y2에게 악의 또는 중과실이 있었는지 여부 등을 심리한 다음, Y1, Y2의 X에 대한 부당이득 성립 여부를 판단했어야 함에도 불구하고, 이에 이르지 아니한 채 Y1, Y2의 부당이득반환의무를 인정한 원심은 부당이득에 관한 법리를 오해하고 심리를 다하지 아니한 위법이 있다고 하여 Y1, Y2의 패소 부분을 파기하였다.

2. 판례의 법리에 대한 이해

가. 먼저 위 판결들의 핵심쟁점인 「법률상의 원인」의 의미부터 밝혀 본다. 일반적으로 부당이득에서 말하는 「법률상의 원인」의 존재 여부는 당사자의 주관적인 요소와는 상관없이 객관적으로 결정되며, 이는 부당이득제도의 기초와 관련하여 統一說을 취하든 類型論[8]을 취하든 마찬가지이다. 그렇다면 편취금전의 부당이득에 관한 사건에서 대법원이 이처럼 「법률상의 원인」의 존재 여부를 판정함에 있어서 주관적 요소를 개입시키는 취지가 어디에 있는지, 나아가 대법원이 도대체 「법률상의 원인」을 어떻게 이해하고 있는지에 관하여 명확하게 할 필요가 있다.

---

[8] 급부당사자 사이에서는 그 급부의 원인이 無效·取消 등에 의하여 존재하지 않는 것이 수령자의 이득을 부당한 것으로 하고, 그 급부물의 반환을 구하는 급부부당이득반환청구권을 기초지운다. 또 침해부당이득에서는 배타적으로 할당되어진 권리 내지는 이익이 권한 없는 자에 의하여 이용되고 있다고 하는 것이 부당한 것으로 된다. 따라서 법률상의 원인의 유무는 어느 경우에나 객관적으로 결정된다.

나. 편취금전의 부당이득에 관한 사건에서 판례가 말하는 법률상의 원인을 이해하기 위해서는 이러한 판결들의 형성에 영향을 준 我妻에서 그 실마리를 찾아야 할 것이다.[9] 我妻는 1940년의 문헌[10]에서, 금전소유권은 형식적으로는 점유 있는 곳에 소유권 있다고 하지만, 그러나 그것은 금전의 특수성에 기인하는 것이고, 실질적으로는 편취된 금전은 여전히 피편취자 A에 귀속하고 있다고 볼 수 있으며, 따라서 "금전에 대하여 실질적으로 A에 귀속하여야 할 것이 C에 교부되었다고 볼 때에는 C가 그 실질관계를 모르는 이상—善意取得의 취지에 기하여—이것을 수령하는 것에 대하여 법률상의 원인을 갖추는 것으로 해석하는 것을 타당한 것으로 한다"고 하고 있다. 이것은 價値所有權과 物所有權의 분리의 사고방식이고, A에 귀속하는 가치소유권에 기한 추급을 인정하되, 다만 善意取得의 요건을 갖춘 경우에 이러한 추급을 차단하고 C에게 완전한 소유권을 취득시키고자 하는 구상이라고 보아야 할 것이다. 그렇다면 대법원판결은 가치소유권과 물소유권의 분리, 그리고 가치소유권에 의한 추급 등을 전제로 하고, 거기서 말하는 "법률상의 원인"은 "善意取得"에 준하는 것으로 보고 있다고 해석할 수 있을 것이다.

다. 이처럼 대법원판결이 價値所有權과 物所有權의 분리, 價値所有權의 추급 등을 전제로 하여 價値所有權의 善意取得 여부를 문제삼고 있다고 본다면, 판례상의 편취한 금전의 반환문제에서는 '부당이득반환청구권'이 문제되는 것이 아니라 '금전가치에 대한 물권적반환청구권'(Geldwertvindikation)[11] 이 문제되는 것이 아닌가 하는 의문이 제기된다. 사실 판례의 이론구성을 검토해 보면 실질적으로는 物權的 價値返還請求權을 문제삼고 있다고 할 수 있으며, 이러한 물권적 가치반환청구권은 가치소유권에 대하여 선의취득의

---

9) 이하 好美淸光, "騙取金錢による辨濟について", 『一橋論叢』, 제95권 제1호(1986), 21−22면을 참조.

10) 我妻榮, 新法學全集(1940), 51면.

11) '금전가치에 대한 물권적반환청구권'(Geldwertvindikation)에 관한 독일에서의 학설의 흐름에 대한 개요에 관하여서는, 양창수, "금전의 부당이득으로 인한 반환의무", 『민법연구』, 제7권(2003), 288면, 주 34 참조.

요건이 갖추어진 경우에 배제되는 것으로 하고 있다고 보여진다. 그리고 가
치소유권에 대한 선의취득의 요건과 관련하여서는 일반적인 동산의 선의
취득에서와는 달리 금전과 기능적으로 유사한 유가증권에서의 선의취득
의 요건에 맞추고 있다. 즉, 善意·無過失이 아니라 善意·無重過失로 족
한 것으로 하고, 또한 도품·유실물에 대한 특례를 인정하지 않고, 그리
하여 금전에 대한 사실상의 지배가 피해자인 X의 의사에 의하여 이전된
경우뿐만 아니라 '절취'된 경우에도 선의취득이 가능한 것으로 하고 있다
고 할 것이다. 이처럼 판례는 편취한 금전의 반환에 관한 문제를 실질적
으로는 價値所有權에 기한 물권적 가치반환청구권의 관점에서 다루고 있
다고 볼 수 있지만, 그러나 현행법상 價値所有權 자체가 인정되기 어렵
기 때문에[12] 이를 정면으로 인정할 수는 없을 것이다. 그리하여 판례는
편취금전의 반환청구에 관한 문제를 금전의 소유권이 이미 넘어간 상태
에서의 부당이득의 문제로 다루면서, 價値所有權에 의한 추급을 손해와
이익 사이의 폭넓은 인과관계의 인정, 즉 사회관념상의 인과관계의 인정
이라고 하는 형태로 변형시키고 있다고 해석된다. 나아가 가치소유권의
추급이 선의취득에 의하여 차단되는 것을 금전취득에 대한 법률상의 원
인이 존재하는 것으로 이론구성하고 있다고 파악된다.

　　라. 이러한 판례의 법리에 따르면, 예컨대 X로부터 금전을 강취하거
나 사취한 M이 이를 자신의 채권자인 Y에게 자신의 채무에 대한 변제로
지급하였다고 하는 경우(이른바 자기채무 변제형)에, X는 비록 금전에 대
한 소유권은 상실하였지만 그 금전의 실질적 가치는 여전히 보유하는 것
으로 파악되고, 다만 이러한 X의 지위가 현행법상 그대로 인정될 수는
없기 때문에 부당이득법적인 체계 속에서 다음과 같은 형태로 치환되었
다고 할 수 있다. 즉, 비록 금전의 소유권은 X로부터 M에게, 그리고 다

<hr/>

12) 물권적 가치반환청구권에 대한 메디쿠스(Medicus)의 다음과 같은 비판은 우리
　　민법학에서도 그대로 통용된다고 할 것이다. 즉, 물권적 가치반환청구권은 첫째,
　　물권법상의 '특정성의 원칙'에 어긋나며, 둘째, 금전채권자에게 다른 채권자보다 우
　　월한 지위를 주는 것은 정당화되지 못한다고 한다. Medicus, Ansprüche auf Geld,
　　JuS 1983, 897, 900 참조.

시 M으로부터 Y에게로 이전되었지만, —따라서 엄격하게 본다면 Y의 이득과 X의 손실 사이에는 직접적으로는 인과관계가 없지만—, 사회관념상으로 X의 손실과 Y의 이득 사이에는 인과관계가 있다고 파악되고, 그리하여 원칙적으로 Y는 그 이득을 부당이득으로 반환하여야 한다. 다만 Y에게 M의 편취사실에 대하여 악의 또는 중대한 과실이 없는 한 그의 금전취득은 X에 대한 관계에서 법률상 원인이 있는 것으로 본다. 이렇게 볼 때에 여기에서 판례가 말하는 '법률상의 원인'이라고 하는 것은 기실은 '선의취득' 내지는 이에 준하는 것에 다름 아니라고 해석된다. 이러한 이치는 이른바 이중편취형이나 제3자 수익형의 경우에도 마찬가지로 통용된다.

3. 판례의 법리에 대한 평가

가. 이러한 판례의 법리에 대하여는 우선 이론적으로 얼마든지 비판이 제기될 수 있다. 예컨대 가치소유권 내지는 이른바 물권적 가치반환청구권이라고 하는 개념이 현행법상 인정될 수 있는가 하는 등의 비판이 제기될 수 있다. 물론 판례가 형식적으로는 가치소유권을 내세우지 않기 때문에 이러한 비판이 부당하다고 하는 반론을 제기할 수는 있겠지만, 그렇다고 하더라도 적어도 부당이득에 관한 사건에서 「법률상의 원인」의 존재 여부를 판정함에 있어서 주관적 요소를 개입시킨다고 하는 비판을 면하기는 어려울 것이다. 그렇지만, 이러한 이론적인 난점에도 불구하고, 구체적인 사건을 해결함에 있어서 '직접적 인과관계설'을 엄격하게 적용함으로 인하여 발생하는 불합리한 결과를 피할 수 있다고 하는 점에서, 판례의 법리를 수긍할 수 있는 여지는 있을 것이다.[13] 그러나 판례의 법리가 "구체적인 사건을 해결함에 있어서 '직접적 인과관계설'을 엄격하게 적용함으로 인하여 발생하는 불합리한 결과를 피할 수 있는" 순기능이 있다고 하는 것은, 단지 그러한 가능성이 있을 수 있다고 하는 것을 의미할 뿐이지, 그러한 가능성의 차원을 넘어서서 실제로 그러한 기능을

---

13) 양창수, 앞의 논문(주 11), 298-299면.

수행할 여지가 있는가 하는 점에 대하여서는 회의적이다. 왜냐하면 인과
관계를 폭넓게 인정하면서 열어 놓았던 부당이득반환청구의 가능성은 수
익자(Y)의 惡意 또는 重過失의 요구로 인하여 다시 닫혀져 버렸기 때문
이다. 특히 판례가 수익자의 악의를 편취자의 횡령 등의 범죄사실에 대
하여 알고 있을 것으로 이해하고 있는 한 더욱 그러하다. 이렇게 볼 때
결국 판례는 직접적 인과관계설을 취한 것이나 다름없다고 할 수 있다.
따라서 판례의 법리는 불합리하다고 보여지지도 않지만, 그렇다고 해서
현실적으로 그렇게 큰 의미를 가지고 있다고 보여지지도 않는다.[14]

　　나. 그런데 판례의 법리에 대하여 이러한 평가가 내려질 수 있는 것
은 편취자가 금전의 소유권을 취득한 경우—또는 적어도 그에 대한 점유
가 인정되는 경우—에 한정된다. 사실 편취금전의 반환문제와 관련하여
소개되는 판례의 사안에서는, 적어도 대법원 2003. 6. 13. 선고 2003다
8862 판결 이전까지는, 거의 대부분 편취자가 금전의 소유권—또는 적어
도 그에 대한 점유—를 취득하였고, 따라서 편취금전에 대한 판례의 법리
는 이러한 금전거래의 구조하에서 형성되었다고 볼 수 있다. 그러나 금
전거래가 계좌이체의 형태로 행하여지는 구조하에서는 편취자가 금전소
유권을 취득함이 없이 피편취자(X)로부터 수익자(Y)에게로 직접 금전의
소유권이 이전되는 경우가 자주 발생하며, 이러한 경우에 X의 Y에 대한
부당이득반환청구의 문제를 해결함에 있어서 편취자가 금전의 소유권을
취득하는 경우에 타당한 판례의 법리를 그대로 적용하면 피편취자에게
결정적으로 불리할 뿐만 아니라, 이론적으로도 정당화되지 않는 불합리한
결과가 초래된다. 그 이유는 다음과 같다.

　　다. 편취자가 금전의 소유권을 취득함이 없이 직접 피편취자(X)로부

---

14) 물론 수익자에게 惡意 또는 重過失이 인정되는 경우에는 판례의 법리에 따르느
　냐 아니면 직접적 인과관계설을 취하느냐에 따라 차이가 있을 것이다. 즉 판례의
　법리에 따르면 부당이득의 반환이 인정될 것이지만, 직접적 인과관계설에 의하면
　부당이득이 인정되지 않을 것이다. 그러나 후자의 입장을 취하더라도 이 경우 불
　법행위로 처리되기 때문에 어느 입장을 취하느냐에 따라서 실제로 그 차이가 그다
　지 의미가 있는 것이라고는 판단되지 않는다.

터 수익자(Y)에게로 금전의 소유권이 이전된 경우에, 피편취자(X)가 제기하는 수익자(Y)에 대한 부당이득반환청구의 문제를 판례의 법리에 따라 설명하면 다음과 같다. 즉, 사회관념적으로 볼 때에 M의 편취행위로 X가 입은 손실은 Y가 취득한 이득과 인과관계가 있고, 따라서 X는 Y에 대하여 이를 부당이득으로 반환청구할 것인데, 이때 Y는 M에 대하여 가지는 채권 그 자체를 자신의 이득의 보유를 정당화하는 법률상의 원인으로 내세울 수는 없을 것이다. 왜냐하면 Y가 자신의 채무자 M의 소유가 아닌 타인의 소유물로부터 자신의 M에 대한 채권을 만족받는 것은 특별한 사정―예컨대 선의취득―이 없는 한 정당화되지 않기 때문이다. 따라서 X의 부당이득반환청구에 대하여 Y는 선의취득을 주장하여 이를 차단하여야 할 것이다. 선의취득은 무권리자로부터 소유권 등의 물권의 취득을 허용하고 따라서 진정한 소유자로부터의 물권적청구권을 차단하는 법률요건일 뿐만 아니라, 그것의 보유를 정당화하는 법률상의 원인이기도 하기 때문이다.[15] 그리고 이때의 선의취득은 판례의 법리에 의하면 Y가 M의 편취행위에 대하여 善意·無重過失이라면 인정되고 있다고 할 수 있다. 판례가 "이 경우 피고가 이 사건 증여금을 송금받거나 교부받을 당시 그것이 횡령한 것이라는 사실에 대하여 피고에게 악의 또는 중대한 과실이 없는 한, 피고가 이 사건 증여금을 취득하는 것은 원고에 대한 관계에 있어서도 법률상 원인이 있는 것으로 보아야 할 것이다"고 설시하고 있는 것은 바로 이러한 의미로 이해되는 것이다. 그런데 바로 이 점에서 문제가 있는 것이다(!). 즉, 선의취득에는 취득자의 善意·無過失뿐만 아

---

15) 통설. 다만 무상행위의 경우에는 학설이 나뉘는데, 다수설은 양수인은 종전 소유자에 대하여 이득을 반환할 필요가 없다고 한다. 예컨대, 『민법주해[Ⅵ]』, 460-461면 (이인재 집필); 곽윤직, 『물권법』(박영사, 1992), 221-222면. 이에 반하여 소수설은 무상행위의 경우에는 종전 권리자에게 부당이득으로 반환하여야 한다고 한다. 이영준, 『물권법』(박영사, 2001), 259-260면. 독일에서도 유상행위의 경우에는 선의취득이 이득의 보유를 정당화하는 법률상의 원인이 된다고 하는 점에 대하여서는 통설적으로 인정되고 있다. 예컨대, MünchKomm-Lieb(4. Aufl., 2004), § 816, Rdnr. 2 등. 다만 무상행위의 경우에는 독일에서는 명문의 규정으로 반환을 명하고 있다(獨民 § 816 Ⅰ. 2文).

니라 양도인으로부터 양수인에게로의 점유의 이전[16] 내지는 공시방법도 갖출 것이 요구되는데, 편취자가 점유를 취득하지 않은 경우, 특히 계좌이체를 통하여 피편취자로부터 수익자에게로 직접 금전에 대한 소유권이 이전된 경우에는 수익자인 Y에게 선의취득이 인정되기 위해서 필요한 요건인 편취자(양도인)로부터의 수익자(양수인)에 대한 점유의 이전이 반드시 갖추어져 있다고 볼 수 없기 때문이다. 이 점을 좀 더 분명히 하기 위하여서 예를 들어 살펴본다.

라. 예컨대, Y의 부동산을 M이 대리권을 수여받지 않았음에도 불구하고 대리권을 수여받은 것처럼 하여 허위로 서류를 꾸며서 X에게 1억원에 매매계약을 체결하였다. X는 1억원의 매매대금을 지급하면서 소유권이전등기를 이전받았다. 이때 매매대금의 지급방법에 대하여서는 다음의 두 경우를 상정한다.

첫째, X는 1억원을 수표로 지급하면서, 이를 자신이 Y의 대리인으로 잘못 알고 있는 M에게 인도하였다. M은 이 수표를 Y에게 교부하면서 자신의 Y에 대한 채무를 이행하는 것이라고 말하였다.

둘째, X가 직접 Y의 계좌로 1억원을 계좌이체하여 주었는데, M은 이러한 사정을 알지 못하는 Y에 대하여 자신이 Y에 대한 채무를 변제하기 위하여 X의 이름으로 1억원을 계좌이체로 송금하였다고 하였다.

나중에 사실을 알게 된 Y가 X에 대하여 소유권이전등기 말소를 청구하였고, 이에 대하여 X는 표현대리를 주장하면서 자신이 유효하게 소유권을 취득하였다고 반박하였다. 다음으로 표현대리가 인정되지 않을 것에 대비하여 자신이 지급한 매매대금을 부당이득으로 반환청구하였다. 이때 X의 부당이득반환청구와 관련하여 이 두 가지 사례에 분명한 차이가 있음에도 불구하고, 판례의 법리에 따르면 그 차이는 의미 있게 다루어지지 않게 된다. 즉, 판례의 법리에 따르면, 두 경우 모두 X의 손해와 Y의 이득은 사회관념적으로 볼 때에 인과관계는 있지만, Y는 M의 편취

---

16) 예컨대, 곽윤직, 앞의 책(주 15), 218, 220면; 이영준, 앞의 책(주 15), 246, 249면 등.

행위에 대하여 악의 또는 중과실이 없으므로 Y의 이득은 법률상의 원인
이 있는 것으로 될 것이다.

　　그렇지만 위 두 사례의 차이는 구별되어야 한다. 즉, 첫 번째의 사
례에 대하여서는 M의 편취행위에 대하여 Y에게 악의 내지는 중과실이
없다면 X의 부당이득반환청구는 인정되지 않아야 할 것이다. 그 이론구
성에 대하여서는 직접적 인과관계설을 택하건 판례의 법리에 따르건 실
제로는 거의 차이가 없다고 하는 점에 대하여서는 앞에서 살펴보았다.

　　그러나 두 번째의 사례에서는, 결론의 당부는 차치하고, 첫 번째의
사례에서는 고려되지 않았던 여러 가지 사정이 고려되어야 한다. 우선
당사자의 의사를 살펴보면, X는 자신의 채무의 이행으로 Y에게 송금하였
다. 그러나 Y는 M의 채무의 이행으로 알고 수령하였다. 이는 이른바 '급
부당사자에 관한 이해에 차이가 있는 사안'으로서 부당이득법상의 급부관
계가 누구와의 사이에서 발생하는가에 관하여 누구의 관점에서 보아야
하는가 하는 문제로 독일에서 많이 다투어지고 있고, 이에 관하여서는
최근 국내에서도 자주 소개되고 있다.[17] 그런데 이러한 '급부당사자에 관
한 이해에 차이가 있는 사안'에서는 부당이득법적 측면에서 급부관계가
누구와 누구 사이에 있는가에 관하여 결정하는 것만으로 모든 문제가 해
결되지 않는다. 이러한 사안에서 보다 근본적인 것은 물권법적 측면에서
선의취득이 인정되는가 하는 점이라고 생각된다. 즉, 급부관계를 출연자
의사에 의하여 결정한다고 하는 입장에 의하면 X와 Y 사이에 급부관계
가 있는데 X의 급부의 원인이 없으므로 X의 부당이득반환이 인정되어야
할 것이다. 이에 반하여 수령자관점설에 의하면 M과 Y 사이에 급부관계
가 인정될 것이지만, 이것만으로는 문제가 해결되지 않는다. 즉 X 소유
의 금전이 Y에게 넘어가지만, 그러나 이에 관한 물권적 합의가 X와 Y
사이에는 존재하지 않으므로 X의 (침해)부당이득반환청구가 문제될 수

17)『민법주해[XVIII]』, 212면 이하(양창수 집필); 김형석, "오상채무자의 변제와 수령자
　　의 급부자에 대한 착오", 『채무불이행과 부당이득의 최근 동향』(박영사, 2013),
　　311-357면 등.

있으며―급부의 대상이 금전이 아니라 유체물인 동산의 경우에는 X와 Y 사이에 물권행위가 존재하지 않으므로 X의 Y에 대한 소유권에 기한 물권적반환청구가 문제될 것이다―,[18] 이때 Y의 선의취득이 인정된다면 X의 부당이득반환청구는 차단될 것이다. 그렇다면 위의 사례에서 중요한 것은 Y의 선의취득의 인정 여부이며, 이때 중요한 논점으로 대두되는 것이 Y에 의한 선의취득의 요건으로서 양도인 M의 권리외관이 갖추어졌느냐 하는 문제이다. 본 평석의 대상이 되는 판결에서 대법원은 이 문제를 간과함으로써 지나치게 피해자에게 불리한 결론을 도출하고 있는바, 이는 문제라고 하지 않을 수 없다.

　마. 독일에서는 이 문제가 지시취득에 의한 선의취득의 문제로서 치열한 논쟁의 대상이 되고 있다. 물론 독일에서 문제되는 것은 지시취득에 의한 선의취득의 대상이 금전이 아니라 유체물인 동산인 경우이다. 따라서 유체물인 동산에서의 지시취득에 의한 선의취득에 관한 이러한 논의가 금전의 경우에도 그대로 적용될 수 있는가 하는 것이 문제될 수 있지만, 설령 그대로 적용되기는 어렵다고 하더라도, 이에 대한 논의는 본 논문의 주제인 계좌이체의 형태로 이루어진 금전편취에서의 부당이득에 관한 문제를 해결하는 데 시사하는 바가 적지 않을 것으로 판단되는바, 이하에서는 이에 관한 독일의 논의를 검토한다.

　그리고 이상의 언급에서 알 수 있듯이, 지시취득에 의한 선의취득에 관한 문제는 급부당사자에 관한 이해에 차이가 있는 사안에서 급부관계가 누구와의 사이에서 발생하는가에 관한 문제와 밀접하게 결합되어 있으므로, 이 두 가지 문제는 함께 논의를 하여야 할 것이다. 그런데 후자에 관한 독일에서의 논의는 앞에서 언급하였듯이 이미 국내의 여러 문헌에서 자세히 소개가 되어 있으므로, 이하에서는 논의를 위하여 필요한 범위 내에서 간단히 언급하기로 한다.

---

18) 이에 관하여서는 Larenz/Canaris, Lehrbuch des Schuldrechts, B. Ⅱ, Halbband 2, Besonderer Teil(13. Aufl., 1994), § 70 Ⅲ 3. a); J. Wilhelm, Sachenrecht, Sachenrecht(4. Aufl., 2010), Rdnr. 930 등 참조.

Ⅲ. 급부당사자에 관한 이해의 차이가 있는 사안에서의 부당이득법적 측면의 검토 : 급부관계는 누구와의 사이에서 발생하는가

1. 문제의 제기

예컨대 이른바 '코크스상인 사건'(Kokshändler-Fall)이라고 불리는 독일 연방대법원의 판결[19]의 다음과 같은 사안을 기초로 생각해 보자.

건물소유자인 Y는 석탄을 취급하는 상인 M과 계약을 체결하여 Y가 미리 대금을 결제하고 그가 신청하는 대로 M으로부터 코크스를 공급받기로 하였다. 그런데 Y의 건물관리인이 M에게 코크스를 신청하였을 즈음에 M은 이미 그의 사업을 중단하였고, 따라서 자신의 재고로부터는 코크스를 공급하여 줄 수가 없었다. 그리하여 M은 공급자(Lieferant) X에게 자신이 주문받은 코크스를 Y에게 납품하여 줄 것을 요청하였다. Y는 M이 공급자 X에게 부탁하였다고 하는 사실을 알지 못하였다. 코크스는 X에 의하여 X의 상호가 표시되어 있는 화물차로 배달되었다. Y의 건물관리인이 서명한 납품증서에는 공급자가 X로 되어 있었고, 또 대금을 완납할 때까지 소유권을 유보한다고 적혀 있었다. 코크스는 Y의 건물의 난방용으로 소비되었다. X는 Y에게 코크스 대금의 지불을 요구하였지만, Y는 자신은 이미 계약상대방인 X에게 지불하였다고 항변하였다.

이 사안에서 X는 자신과 Y 사이에—M의 대리행위에 의한—매매계약이 존재하는 것으로 믿고 그 이행으로서 코크스를 공급하였지만, Y는 자신과 M 사이에 체결된 매매계약의 이행으로서 코크스를 공급받는 것으로 믿고 이를 수령하였다. 따라서 출연자인 X의 관점에서 보면 급부관계는 X와 Y 사이에 존재하는 것으로 되는 것에 반하여, 수령자인 Y의 관점에서 보면 Y와 M 사이에 급부관계가 존재하는 것으로 된다. 이때 누구의 관점에서 급부관계의 존재를 결정하여야 할 것인가 하는 것이 문제되는데, 독일에서는 출연자의사설과 수령자관점설로 견해가 나뉘어 격렬한 논의가 벌어지고 있으며, 그 끝을 아직 알 수 없다고 한다.[20]

---

19) BGHZ 36, 56.
20) Larenz/Canaris(주 18), §70 Ⅲ 3.

2. 출연자의사설

부당이득법상의 급부관계가 누구와의 사이에서 발생하는가는 출연자의 의사에 의한다고 하는 입장이다. 이에 의하면 위 사안에서 X가 자신과 Y 사이에 매매계약이 존재하는 것으로 잘못 알고 급부를 하였는데 그 매매계약이 존재하지 않으므로 급부의 원인이 결여되어 있고, 따라서 자신이 급부한 것을 부당이득으로 반환청구할 수 있게 된다. 이때 수령자 Y의 신뢰보호가 문제되는데, 이는 선의의 수익자의 반환범위를 현존이득으로 제한하고 있는 獨民 § 818 Ⅲ으로 족하다고 한다.[21] 이러한 입장을 취하면 물권법적 측면에서는 지시취득에 의한 선의취득을 인정하지 않는 쪽으로 연결되기 쉽다.

3. 수령자관점설

부당이득법상의 급부관계가 누구와의 사이에서 발생하는가는 수령자의 관점에서 결정된다고 하는 입장이다. 즉, 위 사안에서 급부관계는 M과 Y 사이에서 이루어지며, 따라서 X의 Y에 대한 급부부당이득반환청구권은 인정되지 않는다. 그렇다고 하더라도 X의 Y에 대한 소유권에 기한 물권적반환청구권이 문제될 수 있다. 즉 코크스에 대한 물권적 합의는 M과 Y 사이에서는 인정될 수 있겠지만, 그 코크스의 소유자인 X와 Y 사이에는 물권적 합의가 있다고 할 수 없으므로 X는 여전히 코크스에 대한 소유권을 가진다고 할 수 있을 것이다. 이에 대하여 수령자관점설을 취하는 측에서는 선의취득을 인정함으로써 물권적청구권으로부터 차단하고자 한다. 그렇지만 이 경우 선의취득의 요건이 갖추어졌는가가 문제되는데, 이에 관하여서는 후술한다.

4. 독일의 판례

독일연방대법원은 이른바 전자제품사건(Elektrogeräte-Fall)에 관한 판

---

21) 예컨대, Flume, Studien zur Lehre von der ungerechtfertigten Bereicherung(2003), S. 196.

결[22])을 계기로 확고하게 수령자관점설을 취하고 있다. 물론 이전에도 수령자관점설과 동일한 결론을 내리기도 하였지만,[23]) 급부자에 대한 착오가 있는 사안유형에 대한 판례로서의 의미를 가지는지 여부는 불확실하였다고 한다.[24]) 그리고 후술하는 바와 같이, 출연자 소유의 동산에 대하여는 수령자에 의한 선의취득을 인정하고 있다.

IV. 급부당사자에 관한 이해의 차이가 있는 사안에서의 물권법적 측면의 검토 : 지시취득에 의한 선의취득

1. 검토의 필요성

먼저 본 평석에서 어떻게 보면 약간 생소하게 느껴지는 이 개념에 대한 검토가 왜 필요한가를 밝힐 필요가 있다. 이미 앞에서 단편적으로 언급하였듯이, 급부당사자에 관한 이해의 차이가 있는 사안에서 수령자관점설을 취하면 수령자인 Y와 M 사이에 급부관계가 존재하는 것으로 인정되는데, 그렇다고 하더라도 특별한 사정이 없으면 소유권은 여전히 X가 보유하는 것으로 된다. 그리고 이때 X로부터의 소유권에 기한 물권적 반환청구는 Y에 의한 선의취득에 의하여 차단된다고 한다. 그런데 이 경우 Y에 의한 선의취득의 요건이 갖추어졌는지가 문제되는데, 특히 논란의 대상이 되는 것은 양도인으로부터 양수인에게로의 점유의 이전이다. 즉 선의취득은 무권리자의 권리외관에 대한 거래상대방의 신뢰를 보호하는 제도이며, 따라서 동산의 선의취득에 있어서 무권리자인 양도인으로부터 양수인으로의 점유의 이전이 요구되는데, 위에서와 같이 급부당사자에 관한 이해의 차이가 있는 사안에서는 M으로부터 Y에게로 점유가 이전되었느냐 하는 것이 문제된다. 이 문제는 독일에서 지시취득에 의한 선의취득의 문제로서 많이 다투어지고 있다. 이하에서는 이에 관한 독일에서의 논의를 살펴본다.

---

22) BGHZ 40, 272.
23) BGHZ 36, 30; BGHZ 36, 56.
24) 김형석, 앞의 논문(주 17), 321면.

2. 지시취득

가. 지시에 의한 인도

(1) 인도를 위하여 제3자를 개재시키는 경우 그 제3자가 양도인이나 양수인의 점유보조자도 아니고 점유매개자도 아니며, 단순히 양도인 또는 양수인의 지시에 따라 행동하는 자, 즉 '被指示人'(Geheißperson)일 경우가 있다. 이런 피지시인은 다시 '양도인측의 피지시인'(die Geheißperson auf Veräußererseite)과 '양수인측의 피지시인'(die Geheißpersonn auf Erwerbersseite)으로 구별된다. 전자는 양도인의 지시에 따라 목적물을 인도하여야 할 자로서 그 목적물을 직접 점유하고 있는 자를 가리키며, 이 경우 양도인은 직접점유도 간접점유도 가지고 있지 않다.[25] 그리고 후자는 양수인의 지시로 목적물의 점유가 그에게 양도되는 자로서 양수인의 점유보조자나 점유매개자가 아니며, 따라서 양수인은 이 인도에 의하여 어떠한 점유도 취득하지 않는다.[26]

지시취득(Gegeißerwerb)은 양도인 또는 양수인의 지시에 따라 행동하는 중간자를 개재시켜 물건에 대한 소유권을 양도하는 것을 가능하게 하는 것인바, 오늘날 독일에서는 이러한 지시취득이 獨民 § 929 1文(현실의 인도)에 의하여 인정될 수 있다고 하는 것에 대하여 異說이 없다. 그리고 이 경우 양도인의 지시로 제3자가 양수인에게 인도하는 것과 양수인의 지시로 양도인이 제3자에게 인도하는 것을 구별한다. 즉, 양도인이 목적물을 점유하고 있는 제3자에게 그 물건을 양수인에게 인도할 것을 지시하고 제3자가 이 지시에 따른다면, 양수인은 이러한 인도를 통하여 법적으로 양도인으로부터 점유를 취득한다. 그리고 양도인이 양수인의 지시로 목적물을 제3자에게 인도하면, 양수인은 자신의 지시에 의한 제3자에게로의 인도를 통하여 법적으로 양도인으로부터 점유를 취득한다.[27]

(2) 지시에 의한 인도를 獨民 §929 1文의 인도로 보는 이유는, 양도

---

25) Vieweg/Werner, Sachenrecht(3. Aufl., 2007), § 4, Rdnr. 31.

26) Vieweg/Werner(주 25), § 4, Rdnr. 31.

27) J. Wilhelm(주 18), Rdnr. 893.

인의 지시에 의한 점유제공을 양도인 자신에 의한 점유제공과 동일시하는 것인데, 이러한 동일시의 근거는 피지시인이 '양도인의 지시에 따를 준비가 되어 있는 상태'(Befolgungsbereitschaft)라고 한다. 이러한 '양도인의 지시에 따를 준비가 되어 있는 상태'는 양도인이 '물건의 주인'임을 증명한다는 것이다.[28]

이러한 동일시의 근거로부터 그 한계를 도출하고자 하는 견해[29]가 유력하게 대두되고 있다. 물론 이 문제는 독일에서 학설이 격렬하게 대립되고 있는 부분으로서, 결국 후술하는 선의취득의 인정 여부로 귀착된다. 이러한 동일시의 근거로부터 그 한계를 도출하는 견해에 관하여 간단하게 살펴본다. 즉 제3자는 실제로 양도인의 지시에 복종하였어야 하며, 단지 그러한 복종의 외관만이 성립되어서는 안 된다는 것이다. 이러한 입장에서는 권리에 대한 신뢰의 보호는 권리외관을 가진 자가 실제로 존재한다고 하는 것에 의하여서만 지지된다고 하면서, 다음과 같은 예를 들고 있다. 즉 M이 Y에게 그의 생일에 피아노를 선물해 주겠다고 하였는데, 실제로 Y의 생일에 상인 X의 종업원들이 Y에게 피아노를 가져다 주었다. 그러나 사실은 M이 X에게 Y가 피아노의 견본을 보고자 한다고 거짓말을 하여 X로 하여금 배달하게 하였던 것이다. 이 경우 Y는 X로부터 그 피아노를 선의취득할 수 없다고 한다. 왜냐하면 X에 의한 인도는 M의 지시에 의하여 이루어진 것이 아니기 때문이라는 것이다.[30] 이 사안에서 X에 의한 인도가 M의 지시에 의하여 이루어진 것이라고 하기 위하여서는 X가 M이 그 물건을 M 자신의 이름으로 Y에게 양도하였다고 하는 사실을 인식하면서 그 물건을 인도하였어야 한다는 것이다.[31]

(3) 이에 반대하는 견해는, 점유자가 물건을 인도할 때 어떠한 의식을 가지고 인도하는 것인지는 외부에서 알 수 없기 때문에, 단지 점유자

---

28) Vieweg/Werner(주 25), § 4, Rdnr. 31.
29) Medicus, Bürgerliches Recht(16. Aufl., 1995), Rdnr. 564.
30) Medicus(주 29), Rdnr. 564.
31) Olshausen, BGH JZ 1975, 27 ff.

가 양도인에 의하여 유발되어 물건을 인도하는 것으로 족하고, 인도하는 자가 양도인이 그 물건에 대하여 자신의 이름으로 양수인과 계약을 체결한 것이라고 하는 것을 인식하고 인도하는 것인지, 아니면 단지 착오에 의하여 인도하는 것인지의 여부는 취득자의 입장에서는 알 수 없다는 것이다.[32]

나. 지시취득

(1) 앞에서 살펴 본 바와 같이, 급부관계의 합리화와 단순한 청산을 위하여 독일의 판례는, 급부매개관계 없이 양도인의 지시(Geheiß)로 제3자가 물건을 인도하거나, 양수인의 지시로 물건이 제3자에게 인도됨으로써 물권변동에 필요한 점유이전이 갖추어진 것으로 본다. 피지시인이 지시인의 지시에 따름으로써 지시인이 점유의 이전과 관련하여 물건에 대한 사실상의 지배를 행사할 수 있음이 증명되었기 때문이다.

지시취득은 양도인측의 지시취득 또는 양수인측의 지시취득으로써 단독으로 이루어지는 경우도 있지만, 현실적으로는 어느 동산에 다수의 매매계약이 연쇄적으로 체결되고 그 이행은 최초의 매도인으로부터 최후의 매수인에게로 직접 인도됨으로써—이를 독일에서는 'Streckengeschäft'라고 하는데, 여기서는 일단 '직선거래행위'라고 번역한다—양도인측의 지시취득과 양수인측의 지시취득이 서로 결합하여 각각의 매도인과 매수인 사이의 소유권취득, 즉 이른바 '경과취득'(Durchgangserwerb)을 가능하게 하는 형태로 자주 발생한다. 이러한 지시취득은 2개의 연쇄적인 매매가 있는 경우—'2단계 연쇄양도'(die zweigliedrige Veräußererkette)—와 다수의 연쇄적인 매매가 있는 경우—'다단계 연쇄양도'(die mehrgliedrige Veräußererkette)—로 나누어지는데 이하에서 2단계 연쇄양도에 관하여서만 간단하게 살펴 본다.

(2) 2단계 연쇄양도

지시취득 중에서 실무에서 가장 많이 행하여지고 또 이론적으로 가

---

32) Wieling, Sachenrecht, B. I (2 Aufl., 2006), § 10 Ⅳ 6.

장 많이 논하여지는 경우로서, 예컨대 도매상 V와 소매상 E 사이에 제1차 매매가 이루어지고, 다시 소매상 E와 소비자 G 사이에 제2차 매매가 이루어진 상태에서 E의 요구에 따라 주문상품을 V가 G에게 직접 인도한 경우이다. 이때 V로부터 G에게로의 '단축된 공급'(abgekürzte Lieferung)에 의하여 V와 E 사이에 그리고 E와 G 사이에 각각의 소유권양도, 즉 경과취득이 이루어진다.

3. 지시취득에 의한 선의취득
가. 문제의 제기

선의의 지시취득이 인정될 수 있는가에 대하여는 원칙론으로서 긍정된다. 예컨대 매도인 M과 매수인 Y 사이에 도자기에 대하여 매매계약이 체결되고 그 이행은 M의 지시에 의하여 X가 직접 Y에게 교부하였는데, 사실은 그 도자기의 진정한 소유자가 M이 아니라 A임이 밝혀진 경우, Y의 선의의 지시취득이 문제된다. 이런 사례에서 만약 X가 M의 지시에 따라 그 도자기를 교부하였고 또 Y가 선의라면 Y의 선의취득이 인정되는 것은 어렵지 않을 것이다. 그러나 만약 위 사례에서 도자기의 진정한 소유자는 X 자신이고, 또 X는 M의 지시에 따라 도자기를 교부한 것이 아니라 M이 자신의 대리인으로서 Y와 매매계약을 체결하였다고 믿었기 때문에 자신이 매도인으로서 도자기를 X에게 교부하였다면, 나중에 Y에게 매매대금을 청구하였다가 사실을 알게 된 X가 Y에게 소유물반환을 청구하는 경우에 Y는 선의취득을 주장할 수 있을까 하는 것이 문제된다.

이 경우 X는 M의 지시에 따라서 도자기를 교부한 것은 아니지만, 그러나 Y의 관점에서는 X가 M의 지시에 따라 교부하였다고 볼 수 있는 바, 선의의 지시취득의 요건으로서 피지시인이 실제로 지시인의 지시에 따라서 교부하였을 것을 요구하는가 하는 것이 문제의 핵심이다.

나. 독일의 판례
(1) 코크스상인 사건(Kokshändler-Fall)
앞에서 그 사안을 소개한 코크스상인 사건에서 독일연방대법원은 인

도는 "반드시 무권리자인 양도인 자신이 점유를 이전함으로써 행하여질
필요는 없고", "점유는 양도인의 지시에 의하여 예컨대 양도인의 공급자
와 같은 제3자인 직접점유자에 의하여 이전되는 것으로" 족하다고 판시
하였다.[33] 그런데 이처럼 선의취득에서 명백히 양도인 자신의 점유를 포
기하는 것은 독일의 판례의 일반적인 입장이 아니라고 한다.[34] 즉 제국
법원과 독일연방대법원은 이전에는 반복하여 선의취득은 무권리자인 양
도인의 점유가 물권적 합의의 당시에 존재하거나 또는 그 이전에 이미
취득자에게 이전되었을 것을 그 요건으로 하며, 그렇지 않은 경우에는
최소한 간접점유에 의하여서라도 근거지워질 수 있는 권리외관에 대한
보호가치 있는 신뢰가 존재하지 않는다고 하는 것을 강조하였다.[35] 그리
하여 이 판결은 독일연방대법원이 이론적인 문제에 관한 깊은 검토를 하
지 않고 지시취득에 관한 이론을 무권리자의 피지시인을 통한 선의취득
에 그대로 적용시켰다고 비판받고 있다.[36]

(2) 전자제품사건(Elektrogeräte-Fall)[37]

급부당사자에 관한 이해의 차이가 있는 사안에서 누구와 누구 사
이에 급부관계가 존재하는가 하는 문제에 관하여 독일연방대법원이 수
령자관점설을 확고하게 취하였다고 평가받는 이 판결의 사안은 다음과
같다.

> 피고인 건축주 Y는 M에게 신축건물에 전기제품의 조달 및 설치를 위
> 탁하였다. M은 원고 X에게 건축현장에 필요한 제품을 제공하도록 하였고
> 거기서 설치하였다. M은 X에게 자신의 명의로가 아니라 Y의 대리인으로
> 계약하는 듯한 인상을 주었다. Y는 X의 제공에 의하여 M이 자기와 체결한
> 계약상의 의무를 이행하는 것으로 알고 있었다. 전기제품이 현실의 인도
> (獨民 §929 S1 BGB)에 의하여 Y에게 소유권이 이전되었는지의 여부는 분명

---

33) BGHZ 36, 56.
34) M. Martinek, Traditionsprinzip und Geheißerwerb, AcP (1988), 188, 623.
35) RGZ 72, 312; BGHZ 10, 86 = NJW 1953, 1506 mit Anm. Hoche; BGH LM Nr. 6
    zu § 932 BGB.
36) M. Martinek(주 34) S. 623.
37) BGHZ 40, 272.

하지 않았다. 그렇지만 적어도 Y가 부합(獨民 §946)에 의하여 소유권을 취득하는 것은 분명하였다.

독일연방대법원은 건축주 Y의 관점에서 보아서 전기제품의 제공은 X의 급부가 아니라 M의 급부라고 판단하였다. 그리고는 독일연방대법원은 X의 침해부당이득은 침해부당이득의 보충성이론으로 인정하지 않았다. 독일연방대법원은 전기제품에 대한 소유권이 선의취득되었느냐에 대하여서는 이는 문제되지 않는다고 하였다.[38] 그러나 바로 이 점에 대하여서는 학설은 많은 비판을 제기하였다.[39] 특히 카나리스는, 이러한 사건에서는 건축주 Y가 전기제품을 선의취득하였는지의 여부가 우선하여 검토되어야 한다고 한다.[40] 여기서는 지시취득이 문제되는데, 독일연방대법원이 적절하게 판단하였듯이 이 사건에서 전기제품의 제공은 M의 급부이지만, M은 그 전기제품의 소유자도 아니고 또 처분에 대하여 동의나 추인을 받은 것도 아니므로 소유권을 이전하여 줄 수 없고, 따라서 Y는 선의취득에 의하여서만 소유권을 취득할 수밖에 없다는 것이다. 그런데 이 사건에서의 특징은 인도가 M이 아니라 X에 의하여 이루어졌다고 하는 것인바, 이때 X가 M의 지시에 의하여 인도를 하였다면 그것으로 선의취득의 규정을 적용하는데 충분할 것이지만, 이 사건에서 X는 자신과 Y 사이에 계약이 체결되었다고 보았기 때문에 M을 위하여서가 아니라 자신을 위하여서 전기제품을 공급하였고, 따라서 이 경우는 단지 외관상으로만 M의 지시에 의하여 행동한 것으로 보일 뿐인데, 이러한 경우에도 선의취득이 인정될 것인가 하는 것이 문제된다는 것이다.

---

38) BGHZ 40, 272, 279.

39) Picker, Gutgläubiger Erwerb und Bereicherungsausgleich bei Leistungen im Dreipersonenverhältnis, NJW 1974, 1790ff.; Wilhelm, Die Zurechnung der Leistung bei Widerruf einer Anweisung, insbesondere eines Schecks, AcP, 175, 321f.; Köndgen, Wandlungen im Bereicherungsrecht, Dogmatik und Methode(1975), S. 71f.; J. Hager, Verkehrsschutz durch redlichen Erwerb(1990), S. 295 등.

40) Larenz/Canaris(주 18), §70 Ⅲ 3. a).

(3) 셔츠 사건(Hemden-Fall)[41]

무권리자인 양도인의 피지시인을 통하여 선의취득을 할 수 있는가 하는 문제에 관한 또 하나의 리딩케이스는 1974년의 이른바 '셔츠 사건'으로서, 이를 계기로 하여 물권법상의 이론뿐만 아니라 부당이득법상의 이론에 관하여서도 풍성한 결실을 거두게 되었다고 한다.[42]

> 셔츠 제조업자 X는 사업상 어려움에 봉착하였는데, 재단사 M이 고문 겸 회생업무수행자로서 도움을 주고 있었다. 그러던 중 M은 Y와 매매상담을 하였던바, Y는 상당한 양의 셔츠를 매입할 것을 확약하였고, M은 이러한 사실을 X에게 알려 주었다. Y가 X의 사무실에 나타나 매수한 양의 셔츠를 요구하여 받아갔다. Y는 매매대금을 M에게 지불하였다. 그리고 얼마 후 그 셔츠들을 제3자 A에게 다시 매도하였다. 그런데 나중에 M이 자신의 이름으로 Y와 계약을 체결하였음이 드러났다. 이에 반하여 X는 당연히 M이 X의 이름으로 계약을 체결하였을 것이라고 생각하고 있었다. 이에 X는 Y에 대하여 Y가 A에 대하여 전매하고 취득한 매매대금의 반환을 청구하였다.

먼저 독일연방대법원은 獨民 § 812 I 1文에 의한 급부부당이득반환청구권의 인정 여부에 관하여 검토하였는데, 이 점에 관하여 독일연방대법원은 목적적 급부개념 및 수령자관점설에 입각하여 X의 Y에 대한 급부를 부인하였다. 즉 수령자 Y의 관점에서 볼 때에 의식적 목적적으로 Y의 재산을 증가시킨 자, 따라서 급부를 한 자는 X가 아니라 M이며, X는 단지 의식되지 않은 이행보조자이자 급부보조자라는 것이다.[43]

나아가 침해부당이득의 특별한 경우인 獨民 § 816 I 1文에 의한 청구권의 인정 여부와 관련하여서는 Y가 X의 공급을 통하여 선의취득을 하였는가 하는 점이 문제로 되는데, 이때 Y가 무권리자인 양도인 M의 피지시인 X를

---

41) BGH NJW 1974, 1132=JZ 1975, 27(mit Anmerkung v. Olshausen, S. 29). 이 판결에 대하여서는 Weitnauer, NJW 1974, 1729ff., 1732; Picker, NJW 1974, 1790ff.; Lopau, JuS 1975, 773; Wieling, JZ 1977, 291ff., 295; Medicus(주 29), Rdnr. 564; Reuter/Martinek Ungerechtfertigte Bereicherung(1983), § 13 I 1-2, S. 508ff., 특히 510ff.

42) M. Martinek (주 34), S. 624.

43) Reuter/Martinek(주 41), § 13 I 1-2, S. 508ff., 특히 510ff.

통하여 선의취득을 하였는가 하는 점이 논란의 대상이 되었다. 이 경우 Y
가 X로부터 직접 소유권을 취득하는 것은 배제된다. 왜냐하면 Y는 X로부터
가 아니라 그의 채무자인 M으로부터 소유권 및 점유를 제공받을 것을 기
대하였기 때문이다. 이 사건에서 독일연방대법원은 코크스상인 사건에서 표
명된 원칙, 즉 Y는 피지시인 X를 통하여 M으로부터 선의취득을 하였음을
재확인하였다.

다. 독일의 학설

학설은 크게 세 가지로 나누어진다.

(1) 제 1 설

다소 오래된 학설[44]로서, 무권리자인 양도인 M의 지시로 직접 점유자
인 제3자(X)가 양수인 Y에게 점유를 이전하는 것만으로는 獨民 §§ 929 1文,
932에 의한 선의취득을 위하여 충분하지 않다는 것이다. 특히 뤼프토브(v.
Lübtow)는, 점유자를 위하여 소유권을 추정하고 있는 獨民 § 1006으로부터,
양도인의 점유는 선의취득을 위하여 반드시 필요한 객관적 기초를 형성한
다고 함으로써, 이러한 주장을 정당화하였다.[45] "양도인의 점유가 없으면…
선의취득은 가능하지 않다"[46]고 주장하는 볼프(E. Wolf) 역시 마찬가지의
입장에 이른다.

(2) 제 2 설

이에 반하여 선의의 지시취득 인정설[47]은 앞서 소개한 코크스상인 사
건과 셔츠 사건에서의 독일연방대법원의 판례와 같이 그와 같은 상황하에
서 거리낌 없이 선의의 지시취득을 인정한다. 이 경우 양도인 M의 점유도,

---

44) Planck/Strecker, BGB-Komm., Bd. 3(5. Aufl., 1932-1938), Vorbem. 2 d zu §§ 932—935
   BGB; v. Lübtow, Festschrift der Juristischen Fakultät der Freien Universität Berlin zum
   41. Deutschen Juristentag(1955), 119ff., 208ff., 217; E. Wolf, Sachenrecht(2 Aufl., 1979)
   § 5 A Ⅳ c, S. 239f.

45) v. Lübtow(주 44), 208ff.

46) E. Wolf, Sachenrecht(주 44), § 5 A Ⅳ c, S. 239.

47) Staudinger-Wiegand(13. Bearbeitung, 2004), § 932, Rdnr. 24; Soergei-Henssler(13. Aufl.,
   2002), § 932 Rdnr. 14; Wieling(주 32), § 10 Ⅳ 6; Gursky, Sachenrecht-Fälle und Lösungen(6.
   Aufl., 1986), S. 43ff., 46; Wolf/Wellenhofer, Sachenrecht(25. Aufl., 2010), S. 106 등.

또 양수인 Y에로 점유를 이전하라고 하는 양도인 M의 지시에 대한 직접 점유자인 피지시인 X의 복종도 필요하지 않다고 한다. 사실상 M에 의하여 X가 Y에게 점유를 이전시킨 것으로 충분하며, 이러한 '점유제공력'(Besitzverschaffungsmacht)이 선의취득을 위하여 결정적인 권리외관기초가 된다는 것이다. 이에 의하면 M이 점유이전의 의미와 목적에 관하여 X를 기망하였다고 하더라도 Y는 선의취득자로서 소유권을 취득할 수 있다고 한다. 이러한 결과는 또한 간접적으로는 반환청구권의 양도에 의한 선의취득에 관한 규정인 獨民 § 934의 제2선택지로부터도 도출된다고 하는바,[48] 동 규정에 의하면, 간접점유자가 아닌 무권리자가 점유자인 제3자에 대한 (허위의) 반환청구권의 양도에 의한 방법으로 양도한 경우에는, "그가 제3자로부터 물건의 점유를 취득한 때에" 소유자가 된다.

(3) 제 3 설

이 학설은 양도인의 점유는 필요하지 않지만, X가 M에 의하여 유발되었다고 하는 사실 이외에도 X가 이 지시에 복종하였을 것이 반드시 요구된다고 한다.[49] 이러한 '복종이론'(Unterwerfungstheorie)은 폰 케머러(v. Caemmerer)에게로 거슬러 올라가는데, 그에 의하면 무권리자로부터의 지시취득에 있어서는 신뢰의 구성요건을 위하여서 양도인의 '현실적인 지시력'(tatsächliche Weisungsmacht)이 요구된다.[50] 또한 바틀레(Wadle)는, 양도인의 지시에 대한 제3의 점유자의 복종이 결여된 경우에는 양도인의 점유의 이전(Besitzaufgabe)으로 볼 수 있는 점유의 이전이 결여되었고, 따라서 권리외관을 근거지우는 점유의 교체의 본질적인 요소가 결여되었다고 한다.[51] 양도인 M의 지시에 직접점유자 X가 복종하였을 때에 비로소 권리외관이 발생되는 것이며, 단순히 M측의 기망에 의하여서 X가 유

---

48) Gursky(주 47), S. 43ff., 46.

49) J. Wilhelm(주 18), Rdnr. 930; v. Caemmerer, JZ 1963, 586ff; Medicus(주 29), Rdnr. 564; M. Martinek(주 34), S. 629f; MünchKomm-Quack(4. Aufl., 2004), § 929, Rdnr. 145; J. Wilhelm(주 18), Rdnr. 890; Vieweg/Werner(주 25), § 4, Rdnr. 33; Baur/Stürner, Sachenrecht(17. Aufl., 1999), § 52, Rdnr. 13; Wadle, JZ 1974, 689ff., 694 FN 81 등.

50) v. Caemmerer(주 49), S. 586ff.

51) Wadle(주 49), 694 FN 81.

발되었다고 하는 것으로는 충분하지 않다는 것이다.

특히 이 학설에서는 흔히 '포도원 사례'(Weinberg-Fall)라고 일컬어지는 다음과 같은 유명한 사례를 자주 원용한다.

> 품위 있는 포도원 주인으로 보이는 어느 시골주민이 포도원 가에서 쉬고 있었는데, 장난기가 발동되었다. 마침 갈증에 시달리는 여행자 일행이 그 주위를 지나다가 그 시골주민을 포도원 주인으로 알고 잘 익은 포도송이를 먹어도 되느냐고 물어보았다. 이에 그 주민은 배포 있게 따 먹을 것을 허락(?)하였다. 조금 후 흥분하여 달려온 포도원 주인은 반환 내지는 배상을 요구하였다. 이때 문제로 된 것은 그 여행자들이 포도송이를 선의취득하였는가 하는 점이었다. 그런데 그 시골주민은 결코 그 포도원, 따라서 그 포도송이들의 점유자는 아니었고, 따라서 법에 의하여 요구되는 권리외관기초가 결여되었다. 양도인의 점유에 대한 善意(der gute Glaube)는 이러한 객관적인 요건을 대체하지는 못한다. 객관적인 요건의 존재에 기초하여 소유권에 대한 善意가 보호되는 것이며, 선의가 객관적인 요건인 점유를 대체하지는 못하는 것이다.

V. 독일에서의 논의의 정리 및 대상판결의 검토

1. 독일에서의 논의가 본 사건의 해결에 유용한 시사점을 제공할 수 있는가에 관하여

가. 이상에서 급부당사자에 관한 이해의 차이가 있는 경우에 현실적으로 재산을 출연한 자가 이를 수령한 자에 대하여 그 반환을 청구할 수 있는가에 관하여 독일에서의 논의를 부당이득법적 측면과 물권법적 측면으로 나누어 살펴보았다. 이러한 논의가 본 평석에 유용한가 하는 점에 대하여 의문을 가지는 입장도 있을 수 있겠지만, 필자는 독일에서의 위와 같은 논의는 본 평석의 주제인 계좌이체를 통한 금전편취의 문제를 해결하는 데 매우 유용한 시사점을 제공한다고 판단한다. 왜냐하면 계좌이체를 통하여 편취한 금전의 반환문제도 근본적으로는 급부당사자에 관한 이해의 차이가 있는 사안에서의 출연재산의 반환문제와 동일한 구조를 가지고 있기 때문이다. 다만 그 대상이 유체동산이 아니라 금전이라

고 하는 점에서 차이가 날 뿐인데, 이러한 차이가 해결의 방향을 달리
하여야 할 정도의 의미를 가지는 것은 아니라고 본다.

나. 다만 한 가지 짚고 넘어갈 문제는 선의취득의 규정이 금전에도
적용되는가 하는 문제이다. 왜냐하면 이상에서의 언급에서 알 수 있듯이
급부당사자에 관한 이해의 차이가 있는 경우에 현실적으로 재산을 출연
한 자가 이를 수령한 자에 대하여 그 반환을 청구할 수 있는가 하는 문
제를 해결함에 있어서 선의취득이 중요한 연결고리가 되는데, 우리의 다
수설[52]은 금전에서는 점유의 취득을 소유권의 취득으로 보아야 한다는
명제를 기초로 금전에는 선의취득의 규정이 적용되지 않아야 한다고 하
기 때문이다. 그러나 이러한 다수설의 의미는 위의 명제가 받아들여지고
있는 한 선의취득의 규정을 금전에 적용시킬 필요성이 없다고 하는 것이
지, 그 밖에 달리 선의취득을 금전에 적용시켜서는 안 될 다른 특별한
이유가 있다고 하는 것으로 이해되지는 않는다. 따라서 금전에도 선의취
득의 규정을 적용하여야 할 필요성이 인정되면 선의취득의 규정을 적용
하여야 할 것이다.

이러한 관점에서 볼 때, 선의취득의 효과가 단지 물권의 취득에 있
을 뿐이고, 따라서 진정한 권리자로부터의 물권적청구권을 차단하는 것에
있을 뿐이라면, 금전에서는 점유의 취득을 소유권의 취득으로 보아야 한
다는 명제가 받아들여지는 한 굳이 금전의 선의취득을 인정할 필요는 없
을 것이다. 그렇지만 앞에서도 살펴보았듯이 선의취득이 물권적청구권으
로부터뿐만 아니라 (침해)부당이득의 반환청구로부터도 차단시키는 역할
을 하고 있다고 하는 점, 계좌이체에 의한 금전의 편취에서 피편취자로
부터의 수익자에 대한 부당이득반환청구가 인정될 것인가의 여부는 결국
수익자에 의한 금전의 선의취득이 인정될 것인가의 여부에 좌우된다고
하는 점 등을 고려할 때, 금전의 선의취득을 인정할 필요가 있고, 따라서
선의취득의 규정이 금전에도 적용된다고 할 것이다.

---

52) 예컨대, 곽윤직, 앞의 책(주 15), 216면; 이영준, 앞의 책(주 15), 245면 등.

2. 급부당사자에 관한 이해의 차이가 있는 사안에서 급부관계는 누구와의 사이에서 발생하는가에 관하여

급부당사자에 관하여 이해의 차이가 있는 사안에서는, 이상에서 살펴 본 바와 같이, 부당이득법적 측면과 물권법적 측면이 매우 밀접하게 관련이 있기 때문에, 이러한 사안에서 급부관계는 누구와의 사이에서 발생하는가에 관한 문제는 지시취득에 의한 선의취득의 인정 여부에 관한 문제와 종합적으로 관련시켜 검토하는 것이 타당할 것이다. 이러한 점을 염두에 두고 먼저 전자에 관하여 입장정리를 하면 다음과 같다. 우선 어느 학설에 의하더라도 다음과 같은 점에서는 차이가 있다고 보여지지 않는다. 즉, 수령자(Y)가 출연자(X)의 재산출연이 중간자(M)의 지시에 의하여 이루어진 것으로 오인하게 된 사정이 수령자 자신에게 귀속되어야 하는가 그렇지 않으면 출연자에게 귀속되어야 하는가에 따라, 만약 전자라면 출연자의 관점에 의하여, 그리고 후자라면 수령자의 관점에 의하여야 할 것이다. 다만 수령자를 오인하게 한 사정이 어느 쪽에도 귀속될 수 없다고 하는 경우가 문제로 될 것인데, 이러한 경우에는 현실적으로 출연을 한 출연자의 의사를 보다 중시하여—왜냐하면 실제로 출연자가 그러한 의사로 출연을 하였기 때문이다—출연자의 관점에 따라 결정하고, 수령자의 신뢰보호는 부당이득법상의 신뢰보호에 따라, 즉 이익소멸의 항변에 의하여 보호하는 것이 옳다고 생각한다.

3. 지시취득에 의한 선의취득을 인정할 것인가의 여부에 관하여
가. 지시취득의 인정의 필요성과 그 이론적 근거
(1) 필요성

먼저 지시취득을 우리 법의 해석론상 인정될 수 있을 것인가 하는 것이 문제될 수 있지만, 우리 민법의 해석론으로서도 충분히 인정될 수 있다고 판단된다.

첫째로, 갑과 을 사이에 동산의 매매계약이 체결되었고 다시 을이 이를 병에게 전매한 다음 갑으로 하여금 매매의 목적물을 병에게 직접 인도하게 한 경우, 목적물에 대한 소유권이 갑으로부터 직접 병에게 이전되었다고 하는 것은 당사자의 의사에도 반하고 거래의 실정에도 맞지 않는 것이다. 이러한 경우 소유권의 변동은 갑으로부터 을에게로, 그리고 다시 을로부터 병에게로 이전되었다고 보는 것이 타당하다. 이러한 경과취득을 이론적으로 뒷받침하는 것이 지시취득으로서, 우리 민법의 해석론으로서 이를 받아들여야 할 것이다.

둘째로, 거래의 안전을 위하여서도 지시취득이론은 도입하여야 할 것이다. 예컨대, 바로 위의 사례에서 갑과 을의 매매계약이 무효이거나 취소 또는 해제된 경우에, 경과취득을 인정한다면 병은 동산거래의 안전을 위한 규정, 즉 이들 경우에 제3자를 보호하는 규정들이 적용되어 병은 자신이 알 수 없는 갑과 을 사이의 거래의 흠결로부터 보호받을 수 있지만, 경과취득을 인정하지 않고 직접취득만을 인정한다면 병은 보호받을 길이 없게 된다. 특히 물권행위의 유인성론이 통설 및 판례의 입장인 우리의 경우는 원칙적으로 물권행위의 무인성을 받아들이고 있는 독일보다도 훨씬 더 이러한 위험에 노출되어 있는 실정인 만큼 지시취득을 받아들일 필요성은 더욱 크다고 할 수 있다.

셋째로, 나아가 부당이득에 관한 최근의 판례와의 정합성을 도모하기 위하여서도 지시취득을 받아들일 필요성은 절실하다고 할 것이다. 즉 부당이득의 기초에 관하여 판례가 종래의 통일설에서 유형론적 입장으로 나아가고 있고, 특히 최근에 이러한 유형론을 기초로 하여 부당이득의 3각관계에 관한 새로운 판례들이 학계 및 실무계의 비상한 관심을 불러 일으키고 있는바, 그중 지시관계에 관하여서는 계약이 무효이거나, 취소 또는 해제된 경우 목적적 급부개념에 입각하여 계약당사자 사이에서 청산하여야 한다는 해결이 정착되었다. 그런데 급부의 대상이 금전이 아니고 유체물인 경우에는 그 계약이 무효이거나 취소 또는 해제되었을 때, 물권행위의 유인성론을 취하는 우리의 경우 그 청산이 부당이득이 아니라 소유물반환청구의 형태로 이루어지게 되는바, 이때 지시취득을 받아들이지 않으면 그 해결책이 급부의 대상이 금전인 경우와 경합성이 결여되는 결과가 된다.

(2) 이론적 근거

지시취득의 인정에 대한 이론적 근거로서는 앞서 언급한 독일의 해석론을 받아들일 수 있다고 판단된다. 즉 양도인의 지시에 의한 점유제공을 양도인 자신에 의한 점유제공과 동일시하는 것인데, 이러한 동일시의 근거는 피지시인이 '양도인의 지시에 따를 준비가 되어 있는 상태'라고 할 수 있다. 이러한 '양도인의 지시에 따를 준비가 되어 있는 상태'는 양도인이 '물건의 주인'임을 증명하기 때문이다.

나. 지시취득에 의한 선의취득의 인정 여부

지시취득에 의한 선의취득의 가능성 그 자체는 인정되어야 한다고 판단된다. 다만 그 요건이 문제될 것인데, 독일의 일부 학설에서처럼 양도인의 지시에 직접점유자가 복종하였을 것을 요구할 필요까지는 없다고 본다. 이러한 문제는 앞서 언급한 누구의 관점에서 급부당사자를 인정하여야 할 것인가 하는 문제와 밀접하게 결합되어 있다고 보여진다. 그리하여 제3자인 수익자가 문제의 출연이 M의 지시에 의한 것이라고 오인하게 된 것이 X에게 귀속되어야 할 특별한 사정이 있는 경우에는 Y의 선의취득을 인정할 수 있을 것이며, 그러한 특별한 사정이 없는 경우에는 Y의 선의취득을 인정하여서는 안 될 것이다.

4. 대상판결의 검토

가. 앞에서 살펴본 것처럼 편취금전에 대한 부당이득반환청구에 관한 문제를 해결함에 있어서 금전편취가 계좌이체의 형태로 이루어진 경우와 같이 편취자가 금전의 소유권을 취득하지 않은 채 금전이 피편취자(X)로부터 직접 수익자(Y)에게로 이전된 경우에는, 중간자인 편취자가 일단 금전의 소유권을 취득한 경우와는 그 고려하여야 할 사항이 많이 다르다. 즉, 후자의 경우에는 수익자가 편취자의 편취행위에 대하여 알았거나 또는 알지 못한 것에 대하여 중대한 과실이 존재하는가의 여부가 핵

심적인 문제가 되겠지만, 전자의 경우에는 이와는 달리 수익자가 피편취자인 출연자의 출연이 편취자의 지시에 의하여 이루어졌다고 오인하게 된 사정이 출연자 측에 귀속되는 사정에 의한 것인지의 여부가 결정적이다. 만일 그렇다고 한다면 급부관계는 편취자와 수익자 사이에 존재하는 것으로 되고, 또 출연자의 (침해)부당이득반환청구는 선의취득에 의하여 차단된다. 이에 반하여 수익자의 오인이 피편취자측에 귀속하지 않는 사정에 의하여 이루어졌다면 출연자와 수익자 사이에 급부관계가 존재하는 것으로 되고, 따라서 출연자의 수익자에 대한 급부부당이득반환청구가 인정될 것이다.

　　나. 이러한 입장에 서서 대상판결을 검토한다면, 대상판결의 사안은 중간자인 편취자가 금전소유권을 취득하지 못한 경우이고, 따라서 Y의 입장에서 볼 때에 X의 송금이 M의 지시에 의한 것으로 오인한 것이 X에게 귀속되어야 할 특별한 사정이 있는지의 여부를 검토하여야 하는데, 본 사안에서는 그러한 사정이 전혀 인정되지 않는다고 판단된다. 특히 송금자가 지방자치단체라고 하는 점, 그리고 지방자치단체가 송금할 때에 사인의 의뢰에 따라서 그를 위하여 송금하는 경우는 거의 없다고 하는 점 등을 고려할 때에, 수령자측의 오신은 순전히 수령자쪽에 귀속되어야 하고, 따라서 급부관계는 X와 Y 사이에 인정된다. 그리고 이 급부에 대한 원인관계가 존재하지 않기 때문에 X의 급부부당이득반환청구는 인용되었어야 한다고 판단된다. 이러한 입장에서 본다면 본 사건에서는 원심법원의 판단방향이 더욱 옳았던 것이라고 평가할 수 있을 것이다.

[Abstract]

When a revenue officer made remit a supposed overpaid amount of taxes to his relatives by falsifying documents, can that remitted amount of money be claimed as unjust enrichment?

Jeong, Tae yun*

It is the common opinion and the jurisprudence in Korea that when B defrauds A of money or embezzles A's money and pays that money to his creditor C, A cannot claim that money as unjust enrichment on condition of C's good faith—that is, C did not know the defraudation or the embezzlement—and in absence of C's gross negligence. And the Supreme Court applied this jurisprdence to the case when a revenue officer made remit a supposed overpaid amount of taxes to his relatives by falsifying documents, and decided that that remitted money could not be claimed as unjust enrichment. But this jurisprudence can be applied only when the defrauded or embezzled money was transmitted to C the profiteer indirectly through B the defrauder or the embezzler, and should not be applied when the money was transmitted directly from A the victim to the C the profiteer. For in the former case C the profiteer got the money from B the defrauder or the embezzler, so between A's loss and C's profit there is no causal relation, or at least C got A's money in the good faith, so C has justifying cause. While, on the othere hand, in the latter case C got the profit directly from A's loss, so unless C got A's money in the good faith, he must give it back as unjust enrichment. And for the requirement of C's good faith to be ful-

* Professor, School of Law, Ewha Womans University.

filled in the latter case, A should have caused C to believe that A delivered the money to C on the B's instruction, as was not the case. Therefore, in this commented case the remitted money should be returned as unjust enrichment.

[Key word]

- Unjust Enrichment
- Good Faith
- Geheißerwerb
- Gutgläubiger Erwerb
- Bereicherungsanspruch

참고문헌

곽윤직, 『물권법』(박영사, 1992).

김동윤, "편취금전에 의한 변제와 부당이득", 『판례연구』(부산판례연구회, 2010), 제21집.

김형석, "오상채무자의 변제와 수령자의 급부자에 대한 착오", 『채무불이행과 부당이득의 최근 동향』(박영사, 2013).

문형배, "편취 또는 횡령한 금전에 의한 변제와 변제수령자의 부당이득 성립 여부", 『판례연구』(부산판례연구회, 2006), 제17집.

박세민, "부당이득법의 인과관계와 법률상 원인", 『민사법학』(한국민사법학회, 2008. 6.), 제41호.

송경근, "편취한 금전에 의한 변제와 부당이득의 성립 여부", 『대법원판례해설』(법원도서관, 2008년 상반기), 제75호.

양창수, "금전의 부당이득으로 인한 반환의무", 『민법연구』, 제7권(2003).

이영준, 『물권법』(박영사, 2001).

정태윤, "횡령한 금전의 부당이득", 『민사판례연구』(민사판례연구회, 2005. 2.), 제27권.

최준규, "금전의 이동과 물권적청구권", 『법조』(법조협회, 2009. 11.), 제638호.

『민법주해[Ⅴ]』, (이인재 집필) (박영사, 1992).

『민법주해[ⅩⅦ]』, (양창수 집필) (박영사, 2005).

好美淸光, "騙取金錢による辨濟について", 『一橋論叢』, 제95권 제1호(1986).

我妻榮, 新法學全集(1940).

Baur/Stürner, Sachenrecht(17. Aufl., 1999).

Flume, Studien zur Lehre von der ungerechtfertigten Bereicherung(2003).

Gursky, Sachenrecht-Fälle und Lösungen(6. Aufl., 1986).

Larenz/Canaris, Lehrbuch des Schuldrechts, B. Ⅱ, Halbband 2, Besonderer Teil(13. Aufl., 1994).

Martinek, Traditionsprinzip und Geheißerwerb, AcP (1988), 188, 623.

Medicus, Ansprüche auf Geld, JuS 1983, 897.

Medicus, Bürgerliches Recht(16. Aufl., 1995).

Reuter/Martinek Ungerechtfertigte Bereicherung(1983).

Wieling, Sachenrecht, B. I (2 Aufl., 2006).

Wilhelm, Sachenrecht, Sachenrecht(4. Aufl., 2010).

Wolf, Sachenrecht(2 Aufl., 1979).

Wolf/Wellenhofer, Sachenrecht(25. Aufl., 2010).

Vieweg/Werner, Sachenrecht(3. Aufl., 2007).

Soergei-Henssler(13. Aufl., 2002), § 932.

Staudinger-Wiegand(13. Bearbeitung, 2004), § 932.

MünchKomm-Lieb(4. Aufl., 2004), § 816.

MünchKomm-Quack(4. Aufl., 2004), § 929.

違憲인 刑罰法規와 國家의 損害賠償責任 : 維新憲法下의 大統領 緊急措置에 대하여

김 세 용*

■요 지■

대법원은 최근 대통령긴급조치가 위헌이라는 이유만으로는 수사기관이나 법관의 고의·과실을 인정할 수 없어 국가배상책임이 성립하지 않고(대상판결1), 대통령의 긴급조치 발령행위도 국민 전체에 대해 정치적 책임을 질 뿐 개인에 대한 불법행위를 구성하는 것은 아니므로 국가배상책임이 성립하지 않는다고 판시하였다(대상판결2). 이로써 대법원은 긴급조치위반 사건에 있어 수사기관의 고문 등 가혹행위가 입증되지 않는 한 국가배상책임을 인정할 수 없다고 결론 내렸다.

이러한 결론에 대해서는 긴급조치의 위헌성은 인정하면서도 배상책임을 부정함으로써 사법적 면책을 부여하였다는 비판이 가해지고 있다. 이에 대해서는 긴급조치와 관련된 국가의 작용을 긴급조치의 발령행위, 적용과 집행(수사 및 기소), 재판과정으로 나누어 법리적인 측면에서 살펴볼 필요가 있다.

먼저 수사기관의 직무행위에 대해서 보면, 위헌인 법령을 그대로 따른 경우 공무원의 고의·과실을 인정하기 어렵다고 보는 것이 일반적이다. 그러나 오늘날 입증책임의 전환, 과실개념의 객관화 등 국가배상책임을 확대하려는 다양한 논의가 전개되고 있음에 비추어 볼 때, 위헌인 형벌법규에 관해서까지 공무원 개인의 고의·과실을 엄격하게 요구하여 국가배상책임을 제한하는 것은 형식논리에 따랐다는 비판이 가능하다. 다음으로 법관의 재

---

* 부산지방법원 판사.

판상 직무행위에 대해서 보면, 통상 법관의 재판에 대해서는 국가배상책임을 부정하는 것이 일반적인데 그 논거는 '기판력의 보장', '법관의 독립성 보장', '다른 구제수단의 존재'로 요약될 수 있다. 그러나 긴급조치위반 사건에서는 위와 같은 논거들이 타당성을 상실한다는 점에서, 그리고 사법부는 긴급조치와 같은 입법·행정상의 불법행위로부터 국민의 기본권을 보호하여야 할 헌법적 의무를 부담한다는 점에서 국가배상책임을 긍정하는 것이 법리적으로 가능하다고 본다. 끝으로 긴급조치 발령행위 자체에 대해서 보면, 통상 입법작용에 대해서는 입법자가 정치적 책임을 질 뿐 민사상 배상책임을 부담하지는 않는다고 봄이 일반적이다. 그러나 위헌인 형벌법규를 통해 국민의 기본권을 침해하지 아니할 의무는 단순히 정치적 의무가 아닌 법상 의무이고 이를 위반하였다면 그것은 위법한 행위로 평가되어야 한다. 대상판결이 긴급조치가 갖는 입법적 성질에만 기대어 국가배상책임을 부정한 것은 사실상 입법상 불법에 대하여 국가의 면책을 인정하였다는 비판을 피하기 어렵다.

긴급조치의 적용과 재판에 대해서는 '공무원의 고의·과실'을 이유로, 긴급조치의 발령에 대해서는 '입법적 성질'을 이유로 국가배상책임을 엄격히 해석하여 그 책임을 부정한 대상판결의 결론은 아쉬운 점이 크다. 긴급조치의 발령행위와 그에 뒤따르는 수사, 기소, 재판, 형집행을 일련된 하나의 국가작용으로 이해하여 국가배상책임을 인정하는 것이 타당하고 또 법리적으로도 충분히 가능한 해석론이라고 본다.

[주제어]
- 유신헌법
- 긴급조치
- 위헌인 형벌법규
- 검사의 불법행위
- 법관의 불법행위
- 위헌적 입법행위
- 국가배상책임

[투고일자]   2015. 12. 1.
[심사일자]   2015. 12. 18.
[게재확정일자]   2015. 12. 30.

對象判決1 : 대법원 2014. 10. 27. 선고 2013다217962 판결(미간행)

1. 사안의 개요

○ 대학생이던 원고 甲, 乙은 1976. 6. 중순경 헌법을 부정, 반대하고 폐지를 주장, 선동하였다는 등의 혐의로 중앙정보부 대구지부 수사관에 의하여 영장없이 강제로 연행되어 조사를 받았고, 각 체포일로부터 약 7일이 지난 후 구속영장이 발부되어 집행되었다.

○ 원고 甲, 乙은 구금기간 중 중앙정보부 수사관 등으로부터 고문, 가혹행위, 협박을 당하여 허위자백을 하였고, 1976. 7. 14. '국가안전과공공질서의수호를위한대통령긴급조치(긴급조치 제9호)' 위반으로 기소되었다.

○ 원고 甲, 乙은 1976. 12. 8. 1심인 대구지방법원(76고합282)에서 긴급조치 제9호 위반죄로 각 징역 1년 및 자격정지 1년의 형을 선고받고, 1977. 4. 7. 항소심인 대구고등법원(77노7)에서 원고 甲은 징역 1년에 집행유예 2년, 자격정지 1년의 형을 선고받고, 원고 乙은 형의 선고를 유예 받아 위 항소심 유죄판결이 확정되었다(한편 원고 甲, 乙과 공범인 공동피고인이었던 소외 丙은 긴급조치 제9호 위반 및 반공법위반의 경합범으로 기소되어 징역 3년 6개월 및 자격정지 3년 6개월의 형을 선고받았다).

○ 원고 甲은 2004. 6. 28.경, 원고 乙은 2004. 9. 20.경 민주화운동관련자 명예회복 및 보상 등에 관한 법률에 따른 민주화운동관련자로 인정받았다.

○ 원고 甲, 乙은 2010. 3. 5. 대구고등법원(2010재노2)에 위 확정된 유죄판결에 대한 재심을 청구하였다. 대구고등법원은 2011. 2. 15. 수사기관이 그 직무에 관하여 불법체포·감금하였음을 인정하여 형사소송법 제420조 제7호를 이유로 재심개시결정을 하였고, 2012. 2. 16. 재심 본안에서 긴급조치 제9호가 위헌·무효라는 이유로 원고 甲, 乙에 대해 형사소송법 제325조 전단에 의한 무죄를 각 선고하여 확정되었다(소외 丙에 대해서도 재심무죄판결이 확정되었다).

○ 원고 甲, 乙은 2012. 3. 9. 형사보상을 신청하여 2012. 8. 20. 형사보상금을 수령하였다.

○ 원고들(원고 甲, 乙을 제외한 나머지 원고들은 원고 甲과 乙의 가족 및 친척들이다)은 2012. 12. 28. 대한민국을 상대로 위헌인 긴급조치 제9호에

기하여 원고 甲, 乙을 불법구금하고 가혹행위를 하였으며, 유죄판결을 내려 장기간 구금시킨 것이 불법행위임을 주장하면서 위자료를 구하는 이 사건 손해배상의 소를 제기하였다.

2. 1심 및 원심

가. 1심—서울중앙지방법원 2013. 5. 21. 선고 2012가합544747 판결[1] : 일부인용

1심 법원은 ① 수사관들이 헌법 및 형사소송법상 적법절차를 지키지 아니한 채 원고 甲, 乙을 강제연행하여 약 7일간 구금한 행위, ② 수사과정에서 변호인조력권을 침해한 행위, ③ 밤샘수사, 구타 및 각종 고문 등 가혹행위를 하여 허위의 자백을 받아내는 방법으로 증거를 조작한 행위, ④ 수사가 완료된 이후 자백을 번복할 경우 다시 고문하겠다고 협박한 행위, ⑤ 법원이 공소사실에 대한 증거가 임의성이 없거나 증명력이 부족함에도 유죄판결을 선고한 행위, ⑥ 원고 乙, 甲이 석방된 이후에도 이들을 별도로 분류하여 관리하고 가족들에 대하여 협박과 감시를 계속한 행위를 피고 대한민국의 불법행위로 인정하고, 피고의 위자료 배상의무를 인정하였다.

나. 원심—서울고등법원 2013. 11. 7. 선고 2013나2010121 판결[2] : 일부인용

원심은 1심이 든 6가지의 불법행위 중 ⑤ 법원의 유죄판결 선고 부분을 제외한 나머지 행위들만 피고 대한민국의 불법행위로 인정하고, 일부 원고들에 대해 1심 법원이 인정한 위자료 액수를 증액하였다.

3. 대상판결1 : 상고기각

대상판결1은 긴급조치 제9호에 따른 '수사기관의 직무행위'와 '법관의 재판상 직무행위'에 대한 국가배상책임의 성립 여부에 대해 아래와 같은 법리를 설시하면서, 긴급조치가 위헌이라는 이유만으로 국가의 손해배상책임을 인정한 원심의 판결이유는 부적절하나 국가배상책임을 인정한 결론에 있어서는 타당하다고 보아 피고의 상고를 기각하였다.[3]

---

1) 미간행.
2) 미간행.
3) 피고의 상고이유는 ① 피고의 소멸시효 완성의 항변은 권리남용에 해당하지 않

『(1) 형벌에 관한 법령이 헌법재판소의 위헌결정으로 소급하여 효력을 상실하였거나 법원에서 위헌·무효로 선언된 경우, 그 법령이 위헌으로 선언되기 전에 그 법령에 기초하여 수사가 개시되어 공소가 제기되고 유죄판결이 선고되었더라도, 그러한 사정만으로 수사기관의 직무행위나 법관의 재판상 직무행위가 국가배상법 제2조 제1항에서 말하는 공무원의 고의 또는 과실에 의한 불법행위에 해당하여 국가의 손해배상책임이 발생한다고 볼 수는 없다.

긴급조치 제9호는 그 발령의 근거가 된 구 대한민국헌법(1980. 10. 27. 헌법 제9호로 전부 개정되기 전의 것)[4] 제53조가 규정하고 있는 요건 자체를 결여하였을 뿐만 아니라, 민주주의의 본질적 요소이자 유신헌법과 현행 헌법이 규정한 표현의 자유, 영장주의와 신체의 자유, 주거의 자유, 청원권, 학문의 자유를 심각하게 제한함으로써 국민의 기본권을 침해한 것이므로 위헌·무효라고 할 것이다(대법원 2013. 4. 18.자 2011초기689 전원합의체 결정 참조). 그러나 당시 시행 중이던 긴급조치 제9호에 의하여 영장 없이 피의자를 체포·구금하여 수사를 진행하고 공소를 제기한 수사기관의 직무행위나 긴급조치 제9호를 적용하여 유죄판결을 선고한 법관의 재판상 직무행위는 유신헌법 제53조 제4항이 "제1항과 제2항의 긴급조치는 사법적 심사의 대상이 되지 아니한다."고 규정하고 있었고 긴급조치 제9호가 위헌·무효임이 선언되지 아니하였던 이상, 공무원의 고의 또는 과실에 의한 불법행위에 해당한다고 보기 어렵다. 다만 긴급조치 제9호 위반의 유죄판결에 대하여 재심절차에서 무죄판결이 확정되었다면 피고인이나 그 상속인은 일정한 요건 아래 「형사보상 및 명예회복에 관한 법률」에 따른 형사보상을 청구하여 그 피해에 대한 정당한 보상을 받을

고(상고이유 제1점), ② 피고의 불법행위가 종료(석방)된 이후 원고 甲, 乙과 가족관계를 형성한 원고들에게는 손해배상의무가 없으며(상고이유 제2점), ③ 원심의 위자료 산정은 사실심법원의 재량의 한계를 일탈하여 과다하다(상고이유 제3점)는 것이었고, 대상판결1은 소멸시효 완성의 항변(상고이유 제1점)에 대한 판단 부분에서 '국가의 손해배상책임의 성립 여부'를 함께 판단하고 있다. 이 글은 '국가의 손해배상책임의 성립 여부'만을 검토 대상으로 할 것이므로, 상고이유 제1점 중 소멸시효에 대한 판단 부분, 상고이유 제3점에 대한 판단 부분은 별도로 검토하지 않는다. 상고이유 제2점, 즉 형집행 이후 감시 및 사찰에 관한 부분은 손해배상책임의 성립 여부에 관한 것이기는 하나, 대상판결1에서는 이를 단순한 사실인정의 문제로 보고 불법행위 손해배상책임의 성립을 긍정하고 있으므로 이 부분 역시 검토 대상에서 제외한다.
4) 이하 '유신헌법'이라 한다.

수 있을 것이다.

(2) 한편 국가기관이 수사과정에서 한 위법행위로 수집한 증거에 기초하여 공소가 제기되고 유죄의 확정판결까지 받았으나 재심절차에서 형사소송법 제325조 후단의 '피고사건이 범죄사실의 증명이 없는 때'에 해당하여 무죄판결이 확정된 경우에는 유죄판결에 의한 복역 등으로 인한 손해에 대하여 국가의 손해배상책임이 인정될 수 있다.

(중략)

그러나 긴급조치 제9호 위반의 유죄판결에 대한 재심절차에서 피고인에게 적용된 형벌에 관한 법령인 긴급조치 제9호가 위헌·무효라는 이유로 형사소송법 제325조 전단에 의한 무죄판결이 확정된 경우에는 다른 특별한 사정이 없는 한 수사과정에서 있었던 국가기관의 위법행위로 인하여 재심대상판결에서 유죄가 선고된 경우라고 볼 수 없으므로, 그와 같은 내용의 재심무죄판결이 확정되었다는 사정만으로는 위 (1)항의 법리에 비추어 볼 때 유죄판결에 의한 복역 등이 곧바로 국가의 불법행위에 해당한다고 볼 수 없고, 그러한 복역 등으로 인한 손해를 수사과정에서 있었던 국가기관의 위법행위로 인한 손해라고 볼 수 없으므로 국가의 손해배상책임이 인정된다고 하기 어렵다. 이 경우에는 국가기관이 수사과정에서 한 위법행위와 유죄판결 사이에 인과관계가 있는지를 별도로 심리하여 그에 따라 유죄판결에 의한 복역 등에 대한 국가의 손해배상책임의 인정 여부를 정하여야 할 것이다. 그리하여 공소가 제기된 범죄사실의 내용, 유죄를 인정할 증거의 유무, 재심개시결정의 이유, 채권자를 포함하여 사건 관련자가 재심무죄판결을 받게 된 경위 및 그 이유 등을 종합하여, 긴급조치 제9호의 위헌·무효 등 형사소송법 제325조 전단에 의한 무죄사유가 없었더라면 형사소송법 제325조 후단에 의한 무죄사유가 있었음에 관하여 고도의 개연성이 있는 증명이 이루어진 때에는 국가기관이 수사과정에서 한 위법행위와 유죄판결 사이에 인과관계를 인정할 수 있을 것이고, 그에 따라 유죄판결에 의한 복역 등에 대하여 국가의 손해배상책임이 인정될 수 있다고 할 것이다.』

대상판결1은 원고 甲, 乙이 재심절차에서 긴급조치 제9호가 위헌·무효라는 이유로 형사소송법 제325조 전단의 무죄판결이 확정되기는 하였으나, 위 원고들의 경우 수사과정에서 고문 등 가혹행위로 임의성 없는 자백을 하거나 불리한 진술 등을 하였고 나머지 유죄 증명을 위한 증거들은 증명력이 부족하거나 단순한 정황증거에 불과하였음에도 유죄판결이 확정되었음을 인정하여, 형사소송법 제325조 후단에 의한 무죄사유가 있었음에 관하여 고도의 개연성 있는 증명이 이루어졌다고 보아 국가의 손해배상책임을 인정하였다.

對象判決2 : 대법원 2015. 3. 26. 선고 2012다48824 판결(미간행)

1. 사안의 개요

○ 대학생이던 원고는 1978. 6.경 중앙정보부 소속 수사관들에 의해 서울 남산의 중앙정보부 건물로 강제연행되었고, 그때부터 약 20일간 구금된 상태에서 친구인 소외 이○○에게 유신체제에 대한 비판적인 내용의 편지를 보낸 것 등에 대해 조사를 받았다. 위 구금기간 동안 영장은 발부되지 않았다.

○ 원고는 위 약 20일간의 구금 후 석방되었고, 긴급조치위반으로 기소되거나 형사처벌을 받지 않았다.

○ 원고는 2011. 4. 22. 위와 같은 중앙정보부 수사관의 체포 및 구금이 불법행위에 해당함을 이유로 국가를 상대로 손해배상을 구하는 소를 제기하였다.

2. 1심 및 원심 법원의 판단

가. 1심─대전지방법원 2011. 12. 19. 선고 2011가소59606 판결[5] : 전부기각

나. 원심─대전지방법원 2012. 5. 3. 선고 2012나974 판결[6] : 일부인용

1) 원심은 ① 대통령이 유신헌법에 의하더라도 위헌임이 명백한 긴급조치 제9호를 발령한 행위는 대통령의 헌법수호의무를 위반한 것으로서 불법행위에 관한 대통령의 고의 또는 과실이 인정되고 사법심사가능성이 부정되지도 않으며, ② 중앙정보부법 제2조 제1항에 따르면 중앙정보부는 단순 긴급조치위반자에 대한 수사권이 없었으므로 중앙정보부 수사관들에게도 위법수사에 대한 고의 또는 과실이 인정된다고 판단하였다.

2) 한편 원심은 피고의 소멸시효 완성의 항변에 대해서는, 적어도 긴급

---

[5] 미간행(소액사건으로 판결의 이유는 설시되지 아니하였다).
[6] 미간행.

조치 제1호가 위헌으로 선언된 대법원 2010. 12. 16. 선고 2010도5986 판결이 선고되기 전까지는 국가를 상대로 손해배상을 구할 수 없는 객관적인 장애사유가 있었다고 보아, 국가의 소멸시효 항변은 권리남용에 해당하여 허용될 수 없다고 판단하였다.

3. 대상판결2 : 파기환송

대상판결2는 ① 대통령의 긴급조치 발령행위에 대해서는 국가배상책임이 성립하지 않고, ② 중앙정보부 소속 공무원의 수사행위에 대해서는 국가배상책임이 성립함을 인정하였으나, 다만 이 사건과 같이 구속되었다가 석방되고 유죄판결을 받지 아니하였던 경우에는 국가의 소멸시효 항변이 권리남용에 해당하지 않는다고 보아 원고 전부패소 취지로 파기환송하였다. 대상판결2의 이유 중 '대통령의 긴급조치 발령행위'에 대한 국가배상책임의 성립 여부를 설시한 부분은 다음과 같다.[7]

『긴급조치 제9호가 사후적으로 법원에서 위헌·무효로 선언되었다고 하더라도, 유신헌법에 근거한 대통령의 긴급조치권 행사는 고도의 정치성을 띤 국가행위로서 대통령은 국가긴급권의 행사에 관하여 원칙적으로 국민 전체에 대한 관계에서 정치적 책임을 질 뿐 국민 개개인의 권리에 대응하여 법적 의무를 지는 것은 아니므로, 대통령의 이러한 권력행사가 국민 개개인에 대한 관계에서 민사상 불법행위를 구성한다고는 볼 수 없다(대법원 2008. 5. 29. 선고 2004다33469 판결 참조).

그럼에도 원심은 그 판시와 같은 이유만으로 대통령의 긴급조치 제9호 발령행위가 국가배상법 제2조 제1항에서 말하는 공무원의 고의 또는 과실에 의한 불법행위에 해당한다고 판단하였는바, 이러한 원심의 판단에는 국가배상법 제2조 제1항이 규정하고 있는 국가배상책임의 성립요건에 관한 법리를 오해한 잘못이 있다.』

---

7) 대상판결2는 '긴급조치위반 혐의로 구속되었으나 유죄판결을 받지 않은 경우'에 있어 국가의 소멸시효 완성 항변이 권리남용에 해당하지 아니한다는 최초의 판시이기도 하나, 이 글은 국가배상책임의 성립 여부를 주된 논의로 하므로 소멸시효 부분은 검토 대상에서 제외한다.

〔研　究〕

Ⅰ. 들어가며

2005. 5. 12. 제정된 '진실·화해를 위한 과거사정리 기본법'을 통해 긴급조치위반 사건이 '권위주의 통치 하의 인권침해사건'으로 인정되고,[8] 2005. 5. 13. 제정된 '민주화운동관련자 명예회복 및 보상 등에 관한 법률'에 따라 긴급조치로 형사처벌을 받았던 사람들 중 상당수가 민주화운동관련자로 인정받게 되면서 과거 긴급조치에 의한 국가의 권력남용에 대해 국가적 차원의 반성과 피해회복이 이루어지기 시작하였다. 암울했던 과거사에 대한 청산과 반성의 분위기는 사법부의 법적인 판단으로도 이어졌다. 2010년경부터 대법원과 헌법재판소의 긴급조치에 대한 위헌 선언이 잇따랐고, 그에 따라 긴급조치위반 피고인들은 재심을 통해 무죄판결을 받게 되었으며, 하급심 법원은 긴급조치가 초래했던 장기간의 재산적 손해와 정신적 고통에 대해서도 국가의 손해배상책임이 있음을 인정하여 왔다.

이러한 흐름 속에서, 대법원은 대상판결1, 2를 통해 고문 등 가혹행위가 인정되지 않는 한 긴급조치를 통해 형사처벌을 받았다는 이유만으로는 국가의 손해배상책임을 인정할 수 없다는 판단을 내어놓았다. 그간 하급심 법원은 대법원의 긴급조치 위헌결정에 따라 국가배상법의 요건에 대한 특별한 법리적 검토나 심리 없이 국가배상책임을 인정하여 왔고, 피고(대한민국)도 국가배상책임의 성립 여부보다는 소멸시효나 손해배상

---

8) 과거사정리기본법 제2조(적용범위) 제4호에서는 진실규명 대상 사건으로 '1945년 8월 15일부터 권위주의 통치시까지 헌정질서 파괴행위 등 위법 또는 현저히 부당한 공권력의 행사로 인하여 발생한 사망·상해·실종사건, 그 밖에 중대한 인권침해사건과 조작의혹사건'을 규정하고 있었고, 위 법률에 따라 설치된 과거사정리위원회는 유신헌법 하에서 이루어진 긴급조치위반 사건을 위 조항에서 정한 대표적인 인권침해사건으로 분류·조사하고 있다. 진실·화해를 위한 과거사정리위원회, 종합보고서Ⅳ, 2010. 12., 115면 이하.

액수의 적정성을 중점적으로 다루는 것이 일반적 경향이었다. 현행 국가배상법 제2조 제1항이 명시적으로 고의·과실을 요구하고 있다는 점에서 대상판결이 다루고 있는 쟁점은 분명 법리적인 판단이 필요했던 부분이라 할 수 있다. 그러나 대상판결의 결론에 대해서는 과거사의 반성과 청산의 흐름에 역행하여 유신독재정권에 사법적 면죄부를 주었다는 비판들이 제기되고 있다. 한편 다른 시각으로는 대법원이 법령의 해석과 적용에 대한 최종심·최고심으로서 국가배상법의 법리를 오해한 하급심 판결에 제동을 건 것으로 평가될 수도 있을 것이다.

이하에서는 긴급조치가 선포된 배경과 위헌성 판단, 그리고 긴급조치 피해자들의 권리구제 경위에 대해 개괄적으로 살펴보고(Ⅱ), 위헌인 긴급조치에 터 잡은 수사기관의 직무행위(Ⅲ), 법관의 재판상 직무행위(Ⅳ), 그리고 긴급조치 발령행위 자체(Ⅴ)에 대해 각 국가작용별 특수성을 기초로 국가배상책임의 성립 여부를 검토해 보고자 한다.

Ⅱ. 긴급조치의 위헌성 및 긴급조치 피해자들의 권리구제 개관

1. 유신헌법, 긴급조치의 도입배경과 내용[9]

가. 유신헌법의 개정 경위와 내용

1969. 10. 21. 이른바 '3선 개헌'이 이루어진 후 개정된 헌법에 따라 1971. 4. 27. 치러진 제7대 대통령 선거에서 박정희 대통령은 3선에 성공하였다. 그러나 당시 야당 후보였던 김대중 후보와의 표 차이는 1백 만 표에도 못 미치게 되었고, 이어 1971. 5. 25. 치러진 제8대 국회의원선거에서도 여당은 개헌선에 미치지 못하는 의석을 차지하게 되면서 정부와 여당은 상당한 정치적 부담을 갖게 되었다. 한편 당시 국제정세상 베트남전에서 실패한 미국이 1969. 9.경 아시아지역에 군사적 개입을 자제하겠다는 내용의 닉슨독트린을 발표한 것을 계기로 냉전체제에 긴장과 대

---

9) 유신헌법으로의 개정 및 긴급조치의 선포 배경에 관한 역사적 사실들은 대통령의 긴급조치의 선포가 유신헌법 제53조에서 규정하고 있는 대통령긴급권의 발동요건을 갖추었는지를 판단하기 위한 중요한 전제가 된다.

립완화의 분위기(데탕트)가 조성되기 시작하였다. 특히 1971. 4.경 이른바 핑퐁외교를 통해 미국과 중국의 관계가 우호적으로 변하게 된 상황은 한 반도에도 긴장완화의 압력으로 작용하였고, 이에 남북한은 대외적으로 그 간의 적대 정책을 변경하기 시작하여 1972. 7. 4. 자주적 통일, 평화적 통일을 내용으로 하는 '7·4남북공동성명'을 발표하기에 이르렀다. 이러한 대내외적 상황 속에서, 박정희 대통령은 1972. 10. 17. 19시를 기하여 전 국에 '조국의 평화적 통일을 지향하는 헌법개정'을 위하여 국회를 해산하 고 정당의 활동을 금지하는 등 비상계엄을 선포하였고, 비상국무회의에서 마련한 헌법개정안, 즉 유신헌법안에 대해 1972. 11. 21. 헌법개정안 국 민투표를 실시하여 투표율 91.9%, 찬성률 91.5%로 헌법개정이 확정됨으 로써 유신헌법이 탄생하였다.[10)]

유신헌법은 대통령 직선제를 폐지하고 통일주체국민회의에서 선출 되도록 하는 간선제를 도입하는 한편 대통령의 중임제한 규정을 삭제하 여($^{유신헌법}_{제39조}$) 대통령 장기집권의 근거를 마련하였다. 또한 입법부에 대해서 는 국회의 국정감사권을 없애고, 국회의원 정수의 1/3을 대통령이 추천 하고 통일주체국민회의에서의 찬성투표로 당선되도록 하였으며($^{제40}_{조}$), 사 법부에 대해서는 모든 법관에 대한 임명권을 대통령에게 이전시키고 ($^{제103}_{조}$), 헌법위원회를 신설하여 대법원이 갖고 있던 위헌법률심사권, 탄핵 심판권, 위헌정당해산권을 헌법위원회로 이전시켰다($^{제109}_{조}$). 특히 대통령의 긴급조치권에 관한 유신헌법 제53조는 '중대한 위협을 받을 우려가 있는 경우'에도 긴급조치 발동이 가능한 것으로 규정하여 발동요건을 완화하 고($^{제1}_{항}$), 절차적으로도 국회에 '통고'만 하도록 규정하였으며($^{제2}_{항}$), 긴급조 치가 사법적 심사의 대상이 되지 아니함을 명시하였다($^{제4}_{항}$). 이처럼 유 신헌법은 '평화통일'을 내세운 헌법이었지만 실질적으로는 대통령의 장

---

10) 이 부분의 역사적 사실에 관하여는 김승환, 유신헌법하에서의 헌법학 이론, 공 법연구 제31집 제2호, 한국공법학회, 2002, 29-30면, 185-186면; 권혜령, 유신헌법 상 긴급조치권과 그에 근거한 긴급조치의 불법성, 법학논집 제14권 제2호, 이화여 자대학교 법학연구소, 2009, 183-184면; 진실·화해를 위한 과거사정리위원회, 종 합보고서Ⅳ, 2010. 12. 115면을 참고하였다.

기집권 및 권력집중과 입법부, 사법부의 권한 약화를 그 목적으로 하였다.

나. 긴급조치의 선포 및 해제 경위

유신헌법으로의 개정으로 시작된 유신체제는 대학생, 야당정치세력, 언론단체, 종교단체, 재야인사 등의 거센 반발과 저항을 불러왔다. 유신체제에 대한 반대운동이 전개되던 중 1973. 8.경 발생한 이른바 '김대중 납치사건'을 계기로 대학생들의 전국적인 유신반대시위가 일어나고, 1973. 12. 24.에는 개헌청원운동본부가 발족하여 100만 인 서명운동을 시작하면서 유신반대운동은 보다 본격적이고 공개적으로 진행되었다. 이에 대통령은 유신헌법에 대한 반대를 차단하기 위해, 1974. 1. 8. 유신헌법에 대한 비방이나 개정에 대한 일체의 논의를 금지하고 위반자에 대해 15년 이하의 징역형을 부과하며 위반자들을 영장 없이 체포 · 구속 · 압수수색할 수 있는 긴급조치 제1호와 긴급조치위반 사건을 관할하기 위하여 비상군법회의를 설치하도록 하는 긴급조치 제2호를 각 선포하였다. 이후 서울대학교 등 서울시내 각 대학에 '전국민주청년학생총연맹(민청학련)' 명의로 유신체제를 반대하는 유인물이 배포되고 전국 각지에서 시위가 발생하자, 1974. 4. 3. 민청학련 사건의 가담을 금지 · 처벌하고 문교부장관이 대학생들에 대한 퇴학이나 정학을 명할 수 있도록 하는 등의 내용이 담긴 긴급조치 제4호가 선포되었고, 고려대학교 학생들의 시위가 발생한 1975. 4. 8.경에는 고려대학교의 휴교와 교내에서의 집회 · 시위를 금지 · 처벌하는 등 내용이 담긴 대통령 긴급조치 제7호가 선포되었다. 이러한 강력한 조치들에도 불구하고 1975. 4. 11. 서울대생 김상진의 유신반대 양심선언 및 할복자살 사건, 1975. 5. 1. 인혁당 재건위 사건으로 수감 중이던 김지하의 옥중 양심선언 발표, 김영삼, 윤보선, 김대중 등의 개헌투쟁을 위한 재야세력 통합 및 신민당과 통일당의 합당 논의 등 반유신운동이 계속되자, 대통령은 1975. 5. 13. 그간 선포된 긴급조치의 내용을 하나로 모은 긴급조치 제9호를 선포하였다. 위 긴급조치 제9호는 박정희 대통령이 사망한 1979. 10. 26.까지 약 4년 5개월간 유지되다가, 최규

하 대통령이 1979. 12. 7. 대통령 공고 제67호로 해제함으로써 실효되
었다.[11]·[12]

2. 긴급조치에 대한 위헌성 판단
가. 과거의 대법원 판결

유신헌법 하의 긴급조치위반 형사재판에서도 긴급조치의 위헌성이
주장되었으나, 대법원은 1975. 1. 28. 선고 74도3492 판결[13]을 비롯한 다
수의 판결에서 '헌법 제53조나 대통령 긴급조치 제1호가 헌법의 명문에
위반되어 무효라고 볼만한 근거가 없다'거나 '(헌법 제53조 또는 긴급조치
가 위헌이라는) 주장들이 우리 헌법 해석상 받아들이지 못할 것이라 함은
본원의 이에 대한 누차의 판결로써 명시된 바 있는 것'이라는 비교적 간
단한 설시로 위헌 주장을 배척하였다.[14] 또한 대법원 1977. 5. 13.자 77
모19 전원합의체 결정[15]에서는 긴급조치가 사법적 심사의 대상이 되지
않는다는 유신헌법 제53조 제4항의 규정을 들어 긴급조치 제9호에 대한
위헌제청신청은 허용되지 않는다고 판시하였다.

---

11) 이 부분의 역사적 사실에 관하여는 사법발전재단, 역사 속의 사법부, 2009. 12.,
  87~92면; 진실·화해를 위한 과거사정리위원회, 종합보고서Ⅳ, 2010. 12., 115~116
  면을 참조하였다.
12) 긴급조치 제1, 2, 4, 7, 9호 외 나머지 긴급조치를 보면, 긴급조치 제3호(1974.
  1. 13. 시행, 국민생활의안정을위한대통령긴급조치)는 세금감면에 관한 것이고, 긴
  급조치 제5호(1974. 8. 23. 시행, 대통령긴급조치제1호와동제4호의해제에관한긴급
  조치)는 긴급조치 제1호와 제4호를, 긴급조치 제6호(1975. 1. 1. 시행, 대통령긴급
  조치제3호의해제조치)는 긴급조치 제3호를, 긴급조치 제8호(1975. 5. 13. 시행, 대
  통령긴급조치제7호의해제조치)는 긴급조치 제7호를 각 해제하기 위한 것이었다.
13) 미간행.
14) 대법원이 긴급조치의 합헌성에 대한 구체적인 이유를 설시한 판결로는 인혁당
  재건위 및 민청학련 사건에 관한 대법원 1975. 4. 8. 선고 74도3323 판결(미간행)
  이 있다. 위 판결에서 대법원은 긴급조치가 헌법상 영장주의를 위배하였다는 상고
  이유 주장에 대하여, 긴급조치에 관한 헌법 제53조 제1항에서는 '사법등 국정전반
  에 걸쳐 필요한 긴급조치를 할 수 있다'고 규정하고, 같은 조 제2항에서는 '국민의
  자유와 권리를 잠정적으로 정지'하는 조치를 취할 수 있으며 특히 '법원의 권한에
  관하여 긴급조치를 할 수 있는 것'임이 명시되어 있다는 점 등을 근거로 영장주의
  를 배제한 것이 위헌이 아니라고 설시하였다.
15) 결정등본책 15책 335면.

나. 오늘날의 대법원 판결

대법원은 2010. 12. 16. 선고 2010도5986 전원합의체 판결[16]을 통하여 과거 긴급조치 제1호를 합헌이라고 판단했던 과거의 대법원 판결들을 모두 폐기하고, 긴급조치 제1호가 위헌임을 선언하였다.[17] 대법원은 위 전원합의체 판결에서, 국가긴급권은 국가가 중대한 위기에 처하였을 때 그 위기의 직접적 원인을 제거하는 데 필수불가결한 최소의 한도 내에서 행사되어야 하는 것으로서 유신헌법 제53조에 규정된 긴급조치권 역시 예외가 될 수는 없음을 전제한 다음, ① 긴급조치 제1호는 그 내용상 유신체제에 대한 국민적 저항을 탄압하기 위한 것임이 분명하여 긴급조치권의 목적상의 한계를 벗어난 것이고, 위 긴급조치가 발령될 당시의 국내외 정치상황 및 사회상황[18] 또한 긴급조치권 발동의 대상이 되는 비상사태에 해당한다고 할 수 없어 긴급조치는 유신헌법 제53조가 규정하고 있는 요건을 결여하였다고 보았고, 또한 ② 긴급조치 제1호는 유신헌법 제18조(현행 헌법 제21조)가 규정한 표현의 자유를 제한하고, 영장주의를 전면 배제하여 유신헌법 제10조(현행 헌법 제12조)가 규정하는 신체의 자유를 제한하며, 명시적으로 유신헌법을 부정하거나 폐지를 청원하는 행위를 금지시킴으로써 유신헌법 제23조(현행 헌법 제26조)가 규정한 청원권 등을 제한한다는 이유로, 긴급조치 제1호가 해제 내지 실효되기 이전부터 유신헌법에 위

---

16) 공2011상,259.

17) 한편 유신헌법 제53조 제4항에서는 긴급조치가 사법심사의 대상이 될 수 없음을 명시하고 있었는데, 이 부분에 대해서 위 대법원 전원합의체 판결은 '재심사건에서 적용하여야 할 법령은 재심판결 당시의 법령이므로, 대통령의 국가긴급권행사에 대한 사법심사 배제 규정을 두고 있지 않은 현행 헌법하에서는 긴급조치에 대한 사법심사가 가능하다'고 판시하였다.

18) 위 대법원 판결에서는 당시의 '국내외 정치상황 및 사회상황'에 대한 구체적인 내용은 언급하지 않고 있는데, 앞서 유신헌법 및 긴급조치의 도입배경에서 보았듯이 이는 '① 긴급조치의 발령 당시 국제정세 및 남북관계는 주한미군의 철수와 동아시아 긴장 완화 및 남북대화가 개시되는 상황이었고, ② 국내적 상황도 평상시의 헌법질서로서 대처할 수 없는 국가의 안전과 질서에 중대한 위협이 될 만한 상황은 존재하지 아니하였던 사정'(권순일, 유신헌법에 기한 대통령긴급조치의 위헌 여부 및 위헌심판기관, 정의로운 사법 : 이용훈 대법원장 재임기념, 사법발전재단, 2011, 966면에서 인용)으로 이해하면 충분할 것이다.

배되어 위헌이고 나아가 현행 헌법에 비추어 보더라도 위헌이라고 판단하였다.

이후 대법원은 위 2010도5986 전원합의체 판결에서 설시한 법리에 따라, 대법원 2013. 4. 18.자 2011초기689 전원합의체 결정을[19] 통하여 긴급조치 제9호를, 대법원 2013. 5. 16. 선고 2011도2631 전원합의체 판결을[20] 통하여 긴급조치 제4호를 각 위헌이라고 선언하기에 이르렀다.

다. 헌법재판소의 결정

헌법재판소 또한 2013. 3. 21. 선고 2010헌바70 등 전원재판부 결정을[21] 통하여 긴급조치 제1호, 제2호, 제9호는 입법목적의 정당성이나 방법의 적절성을 갖추지 못하였고, 참정권, 표현의 자유, 영장주의 및 신체의 자유, 법관에 의한 재판을 받을 권리, 집회·시위의 자유, 학문의 자유 등을 침해하였다고 보아 위헌결정을 내렸다. 앞서 본 위 대법원 2010도5986 전원합의체 판결에서는 '국내외 정치상황 및 사회상황'에 대해 별다른 내용이 없었던 반면, 헌법재판소는 당시 관보에 게재된 대통령특별담화의 내용, 긴급조치 선포 당시의 국내외 사정 등을 기초로 위 각 긴급조치의 입법목적이 정당하지 못하였다는 점에 대해 비교적 구체적인 설시를 하고 있다.[22]

---

19) 공2013상,978.
20) 공2013하,1157.
21) 헌공제198호,472.
22) 위 헌법재판소는 위 전원재판부 결정에서, 긴급조치 제1호, 제2호의 선포 당시 대통령은 '급변하는 국제정세와 특히 국제경제가 몰고 올 거센 풍랑', '북한공산주의자들의 각종 도발행위'를 국가위기상황으로 설명하였으나, 그 실질은 유신헌법에 대한 비판과 개헌요구를 차단하기 위한 것이었고 이는 헌법의 근본원리인 국민주권주의와 자유민주적 기본질서에 반하는 조치라고 판단하였다. 또한 긴급조치 제9호의 선포 당시 대통령은 '남침이 가능하다고 북한이 오판을 할 염려가 급격히 증대된 상황', '국민총화를 공고히 다지고 국론을 통일하며 국민 모두가 일사불란하게 총력안보태세를 갖추어 나가는 것'을 위 긴급조치의 목적으로 설명하였으나, 북한의 위협은 한국전쟁이 휴전으로 종결된 이후 남북이 적대적으로 대치하고 있는 현실에서 상존하는 위기상황에 불과하고, 남침가능성의 증대라는 추상적이고 주관적인 상황인식만으로 긴급조치를 발령할 만한 국가적 위기상황이 존재한다고 보기 부족하였다고 판단하였다.

라. 대법원과 헌법재판소의 긴급조치의 규범통제에 대한 관할권 판단 :
긴급조치의 법적 지위

위에서 보듯이 긴급조치에 대해 대법원과 헌법재판소는 중첩적으로 위헌선언을 하고 있다. 긴급조치의 법규상 지위에 대하여, 위 대법원 2010도5986 전원합의체 판결에서는 긴급조치가 유신헌법 제53조 제3항에 따라 국회에 '통고'만 하도록 되어있을 뿐 국회의 동의나 승인을 거치지 않아 국회의 입법권 행사라는 실질을 가지지 못한다는 점에서 '법률'이 아닌 '명령·규칙'으로 보았다(명령설). 반면 위 헌법재판소 2010헌바70 등 전원재판부 결정은 위헌법률심판 또는 헌법재판소법 제68조 제2항에 의한 헌법소원심판의 대상이 되는 '법률'인지 여부는 그 제정 형식이나 명칭이 아니라 그 규범의 효력을 기준으로 판단하여야 한다는 전제 하에, 긴급조치가 표현의 자유 등 기본권을 제한하고 형벌로 처벌하는 규정을 두고 있으며 영장주의나 법원의 권한에 대한 특별한 규정 등을 두고 있는 점에 비추어 그 효력은 최소한 '법률'과 동일한 효력을 가진다고 판시하였다(법률설). 이에 대해서는 명령설을 지지하는 견해,[23] 법률설을 지지하는 견해[24]가 있으나,[25] 대법원과 헌법재판소의 위와 같은 견해 대립은 긴급조치의 위헌심사권이 어느 기관에 속하는가에 대한 문제이고, 명령설 지지하는 견해나 대법원의 입장이 긴급조치가 '법률'로서의 실질을 갖는다는 점 자체를 부정한다고는 볼 수 없다. 과거 긴급조치위반 사건의 수

---

23) 박순영, 유신헌법에 기한 대통령긴급조치의 위헌성, 형사재판의 제문제 제7권(형사재판실무연구회편 : 차한성 대법관 퇴임기념), 형사실무연구회, 2014, 842–844면.

24) 대부분의 헌법학자들이 취하는 견해이다. 장영수, 위헌법률심판의 대상으로서의 긴급조치, 헌법재판의 새로운 지평 : 이강국 헌법재판소장 퇴임기념논문집, 박영사, 2013, 334–345면; 김성수, 긴급조치 위헌심사권에 대한 관견, 헌법재판의 새로운 지평 : 이강국 헌법재판소장 퇴임기념논문집, 박영사, 2013, 320–324면; 권건보, 위헌법률심판의 대상과 관할, 헌법학연구 제19권 제4호, 한국헌법학회, 2013, 58–60면; 정태호, 유신헌법에 의한 긴급조치의 위헌제청적격성에 관한 관견, 헌법학연구 제17권 제4호, 한국헌법학회, 2012, 413–414면.

25) 긴급조치 제9호는 헌법상 국민의 기본권으로 명시된 표현의 자유, 정치활동의 자유, 신체의 자유 등을 정지시킨 것으로서 (형식적으로는) 헌법적 효력을 갖는 것이라고 보는 견해도 있다. 김선택, 긴급조치의 불법성과 긴급조치위반사건판결의 청산방안, 공법연구 제36집 제1호, 한국공법학회, 2007, 416–417면.

사와 재판상 직무행위에 있어서도 긴급조치는 실질적으로 '법률'로 취급 되었다고 할 것이므로, 긴급조치에 따른 국가작용의 국가배상책임의 성부 를 논하는 이 글에서도 긴급조치를 '법률'에 준하여 보기로 한다.

3. 긴급조치의 위헌 선언에 따른 피해자들의 권리구제

가. 형사적 구제

1) 재 심

대법원 1985. 1. 29. 선고 74도3501 전원합의체 판결은[26] 유신헌법 당시 선포된 긴급조치 제2호[27] 및 긴급조치 제5호에서 해제가 유보된 자[28]에 대한 긴급조치 제1호, 제4호의 효력이 존속하는지에 관하여, 유신 헌법에 기초한 긴급조치는 개정된 헌법(제5공화국 헌법)에 위배되어 계속 효가 부인되므로 개정헌법의 공포와 더불어 실효되었다고 보아 면소가 되어야 한다고 판단하였다. 이후 법원은 긴급조치위반 재심사건에서 면 소판결을 선고하여 왔다.

그러다가 위 대법원 2010도5986 전원합의체 판결에서, ⅰ) 법령이 폐지된 경우 면소를 선고함이 원칙이나 형벌규정이 위헌·무효로 선언된 경우에는 당초부터 헌법에 위배되어 효력이 없어 형사소송법 제325조 전 단에 따라 무죄를 선고하여야 하고, ⅱ) 면소판결에 대하여 무죄를 이유 로 상고할 수 없는 것이 원칙이지만 위와 같이 형벌규정이 위헌·무효로 선언된 경우에는 예외적으로 무죄를 이유로 면소판결에 대한 상고가 가 능하다고 판시하였다.[29] 또한 대법원은 2013. 4. 18.자 2010모363 결정에

---

26) 미간행.

27) 긴급조치 제2호는 다른 긴급조치나 대통령 공고 등을 통해 명시적으로 해제된 바 없었다.

28) 긴급조치 제5호는 긴급조치 제1호 및 제4호를 해제하는 것을 내용으로 하면서도 (제1조), '해제당시, 대통령 긴급조치 제1호 또는 동 제4호에 규정된 죄를 범하여, 그 사건이 재판 계속 중에 있거나 처벌을 받은 자에게는 영향을 미치지 아니한 다'(제2조)고 규정하고 있었다.

29) 면소판결이 선고된 경우 무죄를 이유로 상소할 수 있는가에 대하여는 종래 적극 설과 소극설(소극설은 다시 실체판결청구권흠결설과 상소이익흠결설로 나뉜다)이 대립하였다. 위 학설에 대한 상세는 박순영, 유신헌법에 기한 대통령긴급조치의

서[30] 재심개시사유에 대해 형사소송법 제420조 제5호의 '무죄 등을 인정할 증거가 새로 발견된 때'에 형벌규정이 당초부터 위헌·무효로 선언된 때가 포함된다고 판시함으로써 긴급조치위반 사건에 대해 가혹행위의 존부에 관한 심리 없이 간명하게 재심을 개시할 수 있는 길을 열었다.[31]

이에 따라 긴급조치 위반의 재심사건에 대해서는 수사기관의 가혹행위 유무에 대한 심리 없이 바로 형사소송법 제420조 제5호에 따른 재심개시결정을 하고, 본안에서도 바로 형사소송법 제325조 전단에 의한 무죄판결을 선고하는 것으로 실무가 정착되었다.[32]

2) 형사보상

형사보상 및 명예회복에 관한 법률은 면소 또는 공소기각의 재판이 확정된 경우에 '면소 또는 공소기각의 재판을 할 만한 사유가 없었더라면 무죄재판을 받을 만한 현저한 사유가 있었을 경우' 형사보상청구권을 인정하고 있다(제26조 제1항 제1호). 앞서 본 대법원 2010도5986 전원합의체 판결 및 2010모363 결정에 따라 긴급조치위반죄로 유죄판결 또는 면소판결이 확정된 경우 재심으로 무죄판결을 받아 형사보상청구권을 행사할 수 있음에는 의문이 없다. 다만 과거 재심을 통해 '면소'판결만을 받은 상태에서 위 형사보상법 규정에 따라 형사보상청구권을 행사할 수 있는지가 문제되었는데, 이에 대해 대법원은 2013. 4. 18.자 2011초기689 전원합의체 결정에서[33] 긴급조치 제9호가 위헌·무효임을 직접 선언하면서 이를 '무죄재판을 받을 만한 현저한 사유'가 있는 것으로 보아 형사보상청구권을

위헌성, 형사재판의 제문제 제7권(형사재판실무연구회편 : 차한성 대법관 퇴임기념), 형사실무연구회, 2014, 837-839면 참조.

30) 공2013상,976.

31) 이 대법원 결정이 나오기 전에는 하급심에서 재심개시 여부를 판단하기 위해 가혹행위의 존부를 심리할 필요가 있었고 이를 위해 국가기록원, 과거사위원회 등에 대한 문서송부촉탁, 사실조회 등을 통해 자료를 확보하기도 하였는데, 그 과정에서 상당한 기간이 소요되는 경우가 많았다.

32) 긴급조치위반죄와 국가보안법위반죄, 반공법위반죄 등의 경합범으로 유죄판결이 선고된 재심사건에서는 수사기관의 가혹행위 유무를 심리하고 있고, 재심개시결정도 형사소송법 제420조 제5호와 제7호를 모두 근거로 하고 있다.

33) 공2013상,978.

인정하였다.

　나. 민사적 구제

　　1) 민사상 손해배상(국가배상)

　긴급조치로 인해 체포·구속되거나 유죄판결이 확정되어 징역형을 집행당한 피고인들 또는 그 부모, 형제자매, 자녀, 상속인들은 국가가 위헌·무효인 법령에 의하여 형사처벌을 가한 행위가 불법행위임을 주장하며 국가를 상대로 재산적·정신적 손해배상을 구하는 소를 제기하였다. 이에 대해서는 긴급조치위반죄 외에 국가보안법위반죄, 반공법위반죄 등 경합범으로 유죄판결을 받은 경우와 오로지 긴급조치위반죄로만 유죄판결을 받은 경우를 나누어 볼 필요가 있는데, 전자에 대해서는 국가배상책임이 인정되고 있는 반면,[34] 후자의 경우에는 대상판결1, 2에 따라 수사기관의 고문 등 가혹행위가 증명되지 않는 이상 국가배상책임이 성립하지 않게 되었다.

　　2) 과거사 손해배상 사건과 관련한 대법원의 주요 판시

　긴급조치를 포함한 과거사 손해배상 사건은 정리되지 않은 많은 법률상 쟁점들이 있었고 각 쟁점마다 하급심의 판결도 통일되지 아니하였다. 이에 대해 대법원은 과거사 손해배상사건들의 여러 쟁점들에 있어 사건의 성질을 반영한 특수한 법리들을 전개하고 있는데, 판례가 제시하고 있는 주요 법리에 대해 개략적으로 살펴본다.

　　① 소멸시효 완성의 항변－대법원 2013. 12. 12. 선고 2013다201844 판결[35]

　긴급조치와 같은 과거사 손해배상 사건에서 가장 문제되었던 것은 소멸시효 완성의 문제이다.[36] 대법원은 위 판결에서, 국가기관이 수사과

34) 대법원 2011. 1. 27. 선고 2010다78852 판결(미간행); 대법원 2012. 3. 29. 선고 2011다81145 판결(미간행); 대법원 2012. 3. 29. 선고 2011다57852 판결(미간행); 대법원 2012. 4. 26. 선고 2011다78798 판결(미간행); 대법원 2014. 1. 16. 선고 2013다209213 판결(미간행) 등.

35) 공2014상,170.

36) 과거사 사건에서의 소멸시효 완성 항변의 가부 관한 판례의 유형별 검토로는 이영창, 불법행위에 기한 손해배상청구에 대한 소멸시효 항변, 민사재판의 제문제

정에서 한 위법행위 등으로 수집한 증거 등에 기초하여 공소가 제기되고 유죄의 확정판결까지 받았다가 재심을 통해 무죄판결이 확정된 경우, ⅰ) 재심무죄판결이 확정될 때까지는 권리행사에 사실상의 장애사유가 있었으므로 국가의 소멸시효 항변은 권리남용으로 허용될 수 없으나, ⅱ) 다만 채권자는 그러한 장애가 해소된 때로부터 '상당한 기간'인 6개월 내에 그 권리를 행사하여야 하고, 그 기간을 연장하는 경우에도 단기소멸시효기간인 3년을 넘을 수 없으며, ⅲ) 형사보상을 먼저 청구한 경우에는 형사보상결정 확정일로부터 다시 6개월 내에 권리행사를 하면 될 것이나 이 경우에도 재심무죄판결 확정일로부터 3년을 넘을 수는 없다고 판시하였다.

② 과거사 사건의 사실인정 - 대법원 2013. 5. 16. 선고 2012다202819 전원합의체 판결37)

과거사 사건의 경우 시간의 경과로 인해 본래의 사건기록이 멸실된 경우가 많고 재판 당시에 직접적인 증거자료를 확보하기도 어렵다. 이에 하급심의 실무는 판단에 필요한 사실관계를 '진실·화해를 위한 과거사정리위원회'가 작성한 진실규명결정문 혹은 조사보고서에서 인정한 사실관계에 의존하는 경향이 짙었다. 위 대법원 전원합의체 판결에서 다수의견은, 과거사위원회의 조사보고서 중 대상 사건 및 시대상황의 전체적인 흐름과 사건의 개괄적 내용을 정리한 부분은 신빙성이 있지만, 국가를 상대로 민사적인 손해배상을 청구하는 사건에서는 개별 당사자가 해당 사건의 희생자가 맞는지에 대하여 조사보고서를 개별적으로 검토하는 등 '증거'에 의하여 확정하는 절차를 거쳐야 하고, 조사보고서나 처분 내용이 법률상 '사실의 추정'과 같은 효력을 가지거나 반증을 허용하지 않는 증명력을 가진다고 할 수는 없다고 판시하였다.38) 이후 대법원은 위 전원

제22권, 2013, 371-382면 참조.

37) 공2013하,1077.

38) 반면 위 전원합의체 판결의 반대의견은, 과거사위원회의 진실규명결정은 그 내용에 중대하고 명백한 오류가 있는 등으로 인하여 증명력이 부족함이 분명한 경우가 아닌 한 매우 유력한 증거로서의 가치를 가진다고 할 것이므로 피해자는 그것

합의체 다수의견에 따른 판시를 유지하였다.[39)

③ 민주화보상법에 따른 보상금지급결정 동의의 효력-대법원 2014. 3. 13.
　　선고 2012다45603 판결,[40)] 대법원 2015. 1. 22. 선고 2012다204365
　　전원합의체 판결[41)]

민주화운동관련자 명예회복 및 보상 등에 관한 법률 제18조 제2항은
'위 법에 의한 보상금등의 지급결정에 신청인이 동의한 경우 재판상 화해
가 성립된 것으로 본다'고 규정하고 있었고, 피고인 대한민국은 위 규정
에 근거하여 보상금지급에 동의한 원고들의 사건에서는 소각하의 본안전
항변을 하였다. 이에 대해 하급심은 소 전부를 각하하는 경우,[42)] 손해삼
분설에 기초하여 재산상 손해에 대한 부분만 각하하는 경우[43)]로 나뉘었
는데, 이에 대해 위 대법원 2012다45603 판결은 위 보상금지급의 동의가
재산상손해와 위자료를 포함한 일체의 손해에 대하여 재판상 화해와 동
일한 효력을 갖는다고 판시하였고, 이후 위 대법원 2012다204365 전원합
의체 판결의 다수의견은 보상금지급결정에 동의한 이후 재심무죄판결이
확정된 사정이 있더라도 위자료를 재판상 화해의 효력에서 제외할 수 없
다고 거듭 판시하였다.[44) · 45)]

으로써 불법행위책임 발생의 원인사실을 증명하였다고 봄이 타당하고, 이 경우 진
실규명결정의 내용을 부인하는 국가가 반증을 제출할 책임을 부담한다고 보았다.

39) 대법원 2013. 7. 11. 선고 2012다204747 판결[미간행]; 대법원 2013. 7. 25. 선고
2012다203911 판결[미간행]; 대법원 2013. 8. 22. 선고 2012다204693 판결[미간행];
대법원 2014. 5. 29. 선고 2013다217467,217474 판결[미간행].

40) 공2014상,834.

41) 공2015상,228.

42) 서울고등법원 2012. 5. 3. 선고 2011나91229 판결(미간행).

43) 서울고등법원 2012. 11. 29. 선고 2012나39181 판결(각공2013상,40).

44) 반면 위 전원합의체 판결의 반대의견은, '재심절차에서 무죄판결이 확정된 사정'
은 보상금 등 지급결정에 대한 동의에 의한 화해의 효력 발생의 기초가 된 사정
에 관하여 중대한 변경이 생긴 경우에 해당하므로, 민주화보상법의 입법 취지와
과거사정리법의 입법 취지에 비추어 '정신적 손해'에 대하여는 재판상 화해의 효력
이 미치지 않는 것으로 보아야 한다고 설시하고 있다.

45) 민주화보상법 제18조 제2항에 대해서는 평등원칙, 재판청구권, 국가배상청구권의
침해를 이유로 헌법재판소법 제68조 제2항에 의한 헌법소원심판청구와 법원에 의
한 위헌제청(서울중앙지방법원 2014. 6. 11.자 선고 2014카기50515 결정, 같은 법
원 2014. 8. 27.자 선고 2014카기50818 결정 등)이 이루어져, 현재 헌법재판소

④ 그 외에도 지연손해금의 기산점을 변론종결시로 인정한 판시,[46] 지연손해금을 변론종결일부터 기산하는 경우 형사보상금을 위자료 원본에서 공제할 수 있다고 한 판시[47] 등이 있다.

4. 대상판결에 대한 평가와 논의의 방향

가. 대상판결의 의의

1) 대상판결1이 '긴급조치에 따른 수사기관의 직무행위 및 법관의 재판상 직무행위에 대해 긴급조치가 사후에 위헌으로 선언되었다는 이유만으로는 공무원의 고의·과실을 인정할 수 없다'고 판시한 것은 위헌인 형벌법규에 따른 수사 및 이를 적용한 재판을 원인으로 하는 국가배상책임에 관한 최초의 판시이다. 또한 대상판결1 이전의 하급심들을 보면, 주된 불법행위로 '수사기관의 영장 없는 체포와 불법구금, 변호인접견권의 침해, 고문 등 가혹행위'로 인정하여 오다가, 대법원에서 긴급조치 제1호, 제4호, 제9호를 각 위헌으로 선언한 이후에는 '위헌·무효인 긴급조치의 발령과 이에 터잡은 수사기관의 체포·구금행위 및 법원의 유죄판결(또는 유죄판결에 기한 징역형의 집행)'로 일괄하여 설시하는 경우가 많아졌는데,[48] 대상판결1은 이처럼 법원에 계속 중인 수많은 동종의 사건에 대하여 통일된 판단기준을 제시하였다는 점에서 실무적으로도 큰 의미를 갖는다. 다만 대상판결1이 제시하고 있는 불법행위의 성립 범위에는 유의하여야 한다. 앞에서 보았지만 대상판결1은 긴급조치위반 손해배상 사건에서의 국가의 배상책임을 전면적으로 부인한 것이 아니라 '긴급조치가 위헌으로 선언되었다는 점'만으로는 이를 인정할 수 없다는 것이고, 수사

2014헌가10, 18, 20, 22, 25호, 2014헌바304, 305호, 2015헌바133호 등으로 위헌법률심사 중에 있다.

46) 대법원 2011. 1. 13. 선고 2009다103950 판결[공2011상,319].

47) 대법원 2012.3.29. 선고 2011다38325 판결[공2012상,657].

48) 서울고등법원(이하 같다) 2014. 6. 12. 선고 2014나2000220 판결, 2014. 7. 17. 선고 2013나2023516 판결, 2014. 10. 24. 선고 2014나2018900 판결; 서울중앙지방법원(이하 같다) 2014. 3. 27. 선고 2013가합506704 판결, 2013. 4. 10. 선고 2012가합522594 판결, 2014. 5. 1. 선고 2013가합69304 판결 등.

기관의 고문 등 가혹행위의 존재와 유죄판결 사이의 인과관계가 입증되
는 경우에는 여전히 국가배상책임을 인정하고 있다.

2) 대상판결1이 설시한 법리에 따라 긴급조치를 적용한 수사기관의
직무행위와 법관의 재판상 직무행위에 고의·과실을 인정할 수 없다고
보는 경우 '대통령의 긴급조치 발령행위' 자체가 불법행위에 해당하지 않
는지가 문제됨은 논리필연이다. 실제로 하급심에서 대통령의 긴급조치
발령행위 자체가 불법행위에 해당한다는 주장이 명시적으로 제기되었고,
이에 대한 하급심의 판단은 엇갈리고 있었다.[49]·[50] 대상판결2가 '대통령
은 국가긴급권 행사에 관하여 국민 전체에 대하여 정치적 책임을 질 뿐
국민 개개인의 권리에 대응하여 법적 의무를 지는 것은 아니므로 민사상
불법행위를 구성하지 않는다'고 판시한 것은 대통령의 국가긴급권이 일반
국민에 대한 관계에서 민사상 불법행위책임을 구성하는지에 대한 판시로
서 중요한 의미가 있고, 같은 쟁점에 대한 엇갈리는 하급심의 판단을 정
리하였다는 점에서 실무상으로도 매우 중요한 판결이다.

나. 대상판결 이후 하급심 판결의 경향

긴급조치 발령행위 자체가 불법행위를 구성하지 않는다는 대상판결2
의 판시에 대해서는 해석이나 적용상의 문제가 발생하지 않는다. 그러나
대상판결1에 의하면, 형사소송법 제325조 전단에 의한 무죄판결이 확정

49) 긴급조치 발령행위의 불법행위성을 부정한 하급심 판결로는 서울고등법원 2015.
2. 4. 선고 2014나2033039 판결; 서울중앙지방법원 2014. 12. 11. 선고 2013가합
544423 판결; 서울중앙지방법원 2014. 12. 11. 선고 2013가합543635 판결(위 판결
들에서는 당시 유신헌법이 긴급긴급권 행사의 발동요건을 완화하고 있었고 기본권
을 정지할 수 있도록 규정하고 있었던 점 등에 비추어 대통령의 지위에서 긴급조
치가 위헌이라는 사정이 명백하였다고 보기 어렵다고 판단하였다).
50) 긴급조치 발령행위의 불법행위성을 인정한 하급심 판결로는 대전지방법원 2012.
5. 3. 선고 2012나974 판결(대상판결2의 원심판결로, 대통령의 긴급조치 발령행위
는 유신헌법 제43조 제2항에서 규정한 대통령의 헌법수호의무를 위반한 것으로서
고의·과실을 인정하였다); 광주지방법원 목포지원 2015. 2. 5. 선고 2013가합
10678 판결(대상판결1에 따라 긴급조치에 따른 수사 및 재판에 대해 고의·과실을
인정할 수 없다고 하더라도, 위헌성이 중대하고 명백하여 당연무효인 긴급조치가
발령되고 그에 따라 형의 집행이 이루어졌다면 그 자체가 국가의 불법행위로 볼
수 있다고 보아 국가의 손해배상책임을 인정하였다).

된 경우 원칙적으로 국가배상책임이 부정되나, 형사소송법 제325조 전단의 무죄사유(근거법령의 위헌선언)가 없었더라도 같은 조 후단의 무죄사유(고문 등 가혹행위의 존재 및 유죄판결 사이의 인과관계)에 관하여 고도의 개연성이 있는 증명이 이루어진 경우에는 국가배상책임이 긍정된다. 이에 따라 하급심에서도 국가배상책임의 인정 여부를 고문 등 가혹행위의 존부 및 인과관계에 관한 사실인정의 문제로 판단하고 있고, 그에 따른 결론도 각기 다르게 나오고 있는데, 아직까지는 하급심의 공통된 혹은 일관된 판단 경향은 없는 것으로 보인다.[51]

다. 대상판결에 대한 비판적 시각

대법원이 긴급조치 제1호가 위헌임을 최초로 선언한 2010도5986 전원합의체 판결은 과거의 잘못을 바로잡았다는 점에서, 또 사법부의 과거사 청산의 의지를 보여줌과 동시에 앞으로 국민의 기본권 보장을 위한 사법심사를 충실히 수행할 것을 국민들에게 천명하였다는 점에서 대한민국 사법史에 있어 중요한 의미를 가지는 판결로 평가되고 있다.[52] 이후 대법원과 헌법재판소에 의해 긴급조치 제1호, 제2호, 제4호, 제9호가 잇따라 위헌으로 선언되고, 나아가 대법원이 근거법령의 위헌을 형사소송법 제420조 제5호의 재심개시사유로 인정하면서 긴급조치위반으로 처벌받았던 피고인들은 신속하고 간명하게 재심무죄판결을 받을 수 있게 되었다. 또한 민사상 손해배상 사건에서도 소멸시효 문제에 대해 대법원이 국가

---

51) 고문 등 가혹행위의 존부와 인과관계 판단과 관련하여, 국가배상책임을 부정한 하급심으로는 서울고등법원 2015. 1. 16. 선고 2014나2035578 판결, 서울고등법원 2015. 2. 4. 선고 2014나2033039 판결, 서울중앙지방법원(이하 같다) 2014. 11. 27. 선고 2013가합70199 판결, 2014. 12. 11. 선고 2013가합544423 판결, 2014. 12. 11. 선고 2013가합543635 판결, 2015. 2. 4. 선고 2014가합550852 판결, 서울서부지방법원 2015. 2. 5. 선고 2014가합38036 판결 등; 반대로 국가배상책임을 인정한 하급심으로는 서울중앙지방법원(이하 같다) 2014. 12. 4. 선고 2013가합544157 판결, 2014. 12. 26. 선고 2014가합534959 판결, 2015. 1. 20. 선고 2013가합70151 판결, 2015. 1. 20. 선고 2013가합69274 판결, 2015. 1. 28. 선고 2014가합541049 판결, 2015. 3. 24. 선고 2013가합563813 판결, 2015. 3. 24. 선고 2013가합544051 판결 등.

52) 권순일, 유신헌법에 기한 대통령긴급조치의 위헌 여부 및 위헌심판기관, 정의로운 사법 : 이용훈대법원장재임기념, 사법발전재단, 2011, 972면.

의 소멸시효 완성 항변이 권리남용에 해당한다고 판단함으로써 남용된 국가권력에 의해 고통 받았던 많은 사람들의 피해회복이 가능하게 되었다.

그러나 대법원의 판결이 항상 과거사의 청산과 반성의 흐름에만 따랐던 아니다. 앞서 보았듯이 대법원은 소멸시효 완성의 항변이 권리남용이라고 보면서도 '채권자가 상당한 기간(6개월) 내에 권리행사를 할 것'을 요건으로 하였고,53) 민주화보상법에 따른 보상금지급결정 동의에 대해 재산적·정신적 손해를 포함한 일체의 손해에 대해 재판상 화해의 효력이 발생한다고 판시하였으며,54) 과거사위원회 작성의 조사보고서나 진실규명결정의 증명력을 낮추는 판시를 내어놓기도 했다.55) 이러한 판결은 그 당부를 떠나 대법원이 과거사라는 국가적 차원의 참상을 인식하고 그에 따른 피해회복의 필요성에는 깊이 공감을 하면서도, 법치주의에 입각하여 법적 판단을 내리는 최종심 법원으로서 갖게 되는 고민을 나타낸 것으로 볼 수 있다.56)

그러나 어느 한 가지 방향에만 충실할 수 없음을 고려하더라도, 대상판결의 결론은 자못 당혹스러운 측면이 크다. 대법원의 전향적인 긴급조치 위헌 선언 이후 하급심 법원은—어떠한 행위가 불법행위를 구성하는가에 대해서는 다소간의 차이는 있었지만—위헌인 형벌법규에 의해 국가기관이 형벌을 가한 것이 불법행위에 해당한다는 점에는 이견이 없었고 이에 따라 국가의 손해배상책임 자체는 모두 인정하여 왔던 것인데, 대상판결1, 2에 따라 이제는 고문 등 가혹행위가 증명되지 않는 한 긴급조치위반 사건에 대해서는 국가의 손해배상책임이 전면적으로 부정되었기 때문이다. 이러한 대상판결의 결론에 대해서는 다음과 같은 비판이 가능하다.

---

53) 대법원 2013. 12. 12. 선고 2013다201844 판결(각주 35).
54) 대법원 2014. 3. 13. 선고 2012다45603 판결(각주 40), 대법원 2015. 1. 22. 선고 2012다204365 전원합의체 판결(각주 41).
55) 대법원 2013. 5. 16. 선고 2012다202819 전원합의체 판결(각주 37).
56) 이영창, 불법행위에 기한 손해배상청구에 대한 소멸시효 항변, 민사재판의 제문제 제22권, 2013, 400면.

① 긴급조치가 그 발동요건을 갖추지 못하고 목적상의 한계를 벗어나 국민의 기본권을 침해한 것이고 이는 당시의 유신헌법에 비추어 보더라도 위헌·무효라는 것이 대법원의 확립된 결론이다. 대상판결이 결론에 있어 긴급조치에 관한 국가배상책임을 부정한 것은 긴급조치가 위헌임을 선언한 취지에 어긋나는 것이고, 역사적으로 장기집권을 목적으로 국민의 기본권을 광범위하게 침해하였다고 인정되고 있는 긴급조치에 대해 사법적 면책을 인정하는 것이다.

② 대법원의 긴급조치에 대한 위헌선언 및 재심개시사유 완화 결정에 따라 긴급조치위반의 재심 사건의 절대다수가 형사소송법 제325조 전단에 의한 무죄로 판단되고 있는데, 대상판결1로 인하여 이제는 재심무죄판결이 도리어 권리구제의 장애가 되고 있다. 긴급조치위반 사건의 피고인인 원고들에게 고문 등 가혹행위 사실에 대한 입증책임을 부담하도록 하는 것은 사실상 피고인에게 무죄의 입증책임을 전가시키는 것이다.

③ 원고들이 고문 등 가혹행위 사실을 입증하려 해도 오랜 시간의 경과로 객관적인 증거확보는 현실적으로 불가능하다고 볼 수 있다. 원고들로서는 당사자본인신문이나 가족의 증언이 거의 유일한 증거방법이 될 것이고 법원으로서는 그 진술의 허위성을 판단할 마땅한 방법이 없다. 이러한 상황에서 위 증거방법을 그대로 받아들이는 경우 대상판결1의 설시는 사실상 의미가 없게 되고, 또 일률적으로 이를 받아들이지 않는 경우에는 원고들에게 불가능한 입증을 요구하는 것이 되고 만다. 개개의 사건마다 달리 보는 것은 사법부가 갖는 재량의 범위를 감안하더라도 일반 국민들에게는 납득하기 어려운 결론이 될 것이다. 이러한 딜레마는 결국 하급심의 심리부담을 가중시키게 될 것이다.

④ 긴급조치의 선포와 그에 따른 수사 및 재판, 형의 집행 등 일련의 국가작용에 있어 불법성의 핵심은 긴급조치 자체에 있음을 부인하기 어렵다. 긴급조치가 갖는 내용의 포괄성과 단순성에 비추어 볼 때, 긴급조치에 따른 수사 및 재판은 법규를 기계적으로 적용한 측면이 크다. 그럼에도 오로지 일련의 국가작용의 최하단에 있는 수사기관의 고문 등 가

혹행위에 대해서만 불법성을 인정하는 것은, 고문 등 가혹행위가 결코 용인될 수 없는 것임을 감안하더라도, 그와 같은 불법의 근거를 마련하고 이를 지시 내지는 용인한 책임 있는 기관에 대하여는 면책을 인정하는 것이어서 책임주의 원칙과 맞지 않는다.

라. 논의의 방향

이하에서는 위와 같은 결과론적 측면에서의 비판을 떠나, 대상판결이 전개하고 있는 법리와 그 결론에 대하여 긴급조치의 발령, 수사, 재판이라는 국가작용의 특질과 이에 대한 국가배상책임의 요건에 관한 해석론을 중심으로 검토해 보도록 한다.

Ⅲ. 긴급조치에 근거한 수사기관의 직무상 행위와 국가배상책임

1. 논의의 전개

긴급조치가 위헌이라 하더라도 당시에는 현실적인 효력을 갖고 있던 법령이라는 점에서 긴급조치를 적용한 수사기관의 직무상 행위에 대해 주관적 책임요건인 고의 또는 과실을 인정할 수 있는지가 문제되는바, 이를 법령의 해석 및 적용에 관한 공무원의 주의의무에 관한 판례의 입장 및 학설상 논의를 토대로 살펴본다.

2. 공무원의 법령 해석 및 적용에 관한 주의의무

가. 학　　설

통설은 국가배상책임의 성립요건인 주관적 책임요소를 판단함에 있어 공무원이 그 직무를 담당하는 평균인으로서 갖추어야 할 주의의무를 다 하였는지, 즉 추상적 경과실을 기준으로 하고 있다. 다만 처분의 근거가 된 법률이 사후에 위헌으로 결정·선고된 경우에 담당공무원의 과실을 인정할 수 있는지에 관하여는 공무원의 경우 법률심사권이 없으므로 과실을 인정하기 어렵다는 것이 일반적인 견해이다.[57]·[58]

---

57) 박균성, 행정법론(상), 박영사, 2013, 730면; 박윤흔, 행정법강의(상), 박영사, 2009, 597면; 장태주, 행정법개론, 법문사, 2011, 611면; 정하중, 행정법개론, 법문

나. 판 례

판례는 위법·무효인 시행령이나 시행규칙을 적용한 하자 있는 행정처분에 대해 국가배상을 구한 사건에서, 공무원의 주의의무 위반 여부에 대해 '일반적으로 공무원이 관계 법규를 알지 못하거나 필요한 지식을 갖추지 못하였다면 그가 법률전문가가 아닌 행정직 공무원이라고 하여 과실이 없다고 할 수 없으나, 상위법규에 대한 해석이 그 문언 자체만으로는 명백하지 아니하여 여러 견해가 있을 수 있는데다가 이에 대한 선례나 학설, 판례 등도 하나로 통일된 바 없어 해석상 다툼의 여지가 있는 경우 그 공무원이 그 나름대로 합리적인 근거를 찾아 어느 하나의 견해에 따라 상위법규를 해석한 다음 그에 따라 시행령 등을 제정하게 되었다면, 그와 같은 상위법규의 해석이 나중에 대법원이 내린 해석과 같지 아니하여 결과적으로 당해 시행령 등의 규정이 위법한 것으로 되고 그에 따른 행정처분 역시 결과적으로 위법하게 되어 위법한 법령의 제정 및 법령의 부당집행이라는 결과를 가져오게 되었다고 하더라도, 그와 같은 직무처리 이상의 것을 당해 업무를 담당하는 성실한 평균적 공무원에게 기대하기 어려운 것이므로, 이러한 경우에까지 국가배상법상 공무원의 과실이 있다고 할 수는 없다'고 판시하였다.[59]

사, 2012, 547면; 홍정선, 행정법특강, 박영사, 2004, 439면; 강구철, 입법사법상의 불법과 국가배상에 관한 연구, 법학논총 제6집, 국민대학교 법학연구소, 2004, 73면; 이일세, 공무원의 직무상 불법행위로 인한 손해배상책임의 요건에 관한 연구 : 과실의 객관화, 입법·사법상의 불법, 선결문제를 중심으로, 강원법학 제9권, 강원대학교, 1997, 117면; 정영철, 국회 입법작용에 대한 국가배상책임의 쟁점과 과제, 법학논고 제44집, 경북대학교, 2013, 51면.

58) 다만 독일에서는 공무원이 법률의 위헌성에 의심이 있는 경우 해당 법률의 적용을 거부할 법적인 의무가 존재하는지에 대해 적용배제설, 적용정지설, 적용의무설 등의 학설상 논의가 있고, 위헌 여부에 대한 의심이 있는 경우 담당공무원은 이를 직무계통을 따라 의견을 상신하고 정부차원에서 법률의 변경 혹은 새로운 법률의 제정 등을 통해 법상태를 명확하게 정리할 때까지 해당 결정절차를 중지하여야 한다는 적용정지설이 독일의 다수설이라고 한다. 강구철, 입법·사법상의 불법과 국가배상에 관한 연구, 법학논총 제16집, 국민대학교법학연구소, 2004, 68~69면 참조.

59) 상위법률에 반하여 위법·무효인 구 개발이익환수에관한법률시행령 제8조 제1항 제1호 및 제9조 제5항을 적용한 개발부담금 부과처분에 대해 국가의 부당이득반환 의무 및 손해배상책임의 성립을 부정한 사례. 대법원 1997. 5. 28. 선고 95다15735

그러나 한편 판례는 공무원의 행정입법 또는 공무원의 법령에 따른 처분행위라 하더라도 그것이 상위법인 법률에 명백히 반한다고 해석되는 경우 등에 있어서는 공무원의 직무상 과실을 긍정한 바 있다. 구체적으로는, ① 국회 소속 공무원들에 대한 면직처분의 근거가 된 국가보위입법회의법 부칙 제4항 후단이 헌법재판소에 의하여 위헌으로 결정되어 그 위헌결정의 소급효로 면직처분이 당연무효가 된 경우, 면직처분이 없었더라면 국회공무원으로서 받을 수 있었던 보수와 퇴직금에 상당하는 금액 및 위자료에 대한 국가배상책임을 인정한 사례,[60] ② 구 병역법 제18조 제4항 및 같은 법 시행령 제28조 제2항 제1호의 각 규정을 검토하면 확정판결에 의한 형의 집행 일수만을 현역 복무기간에 산입하지 아니한다는 것이 규정 자체에 의하여 명백하다는 점에 비추어, 구속, 기소 중에 있는 현역병에 대하여는 전역명령을 발할 수 없도록 규정하고 있는 구 육군 병인사관리규정을 발령·유지시킨 육군 참모총장에게 직무상의 과실을 인정한 사례,[61] ③ 구 숙박업법 제5조 제2호는 숙박업자에 대하여 미성년자인 남녀의 혼숙을 금지하는 규정이라 볼 수 없고 구 보건사회부훈령 제211호는 숙박업법에 따른 명령 또는 처분이라고 볼 수 없을 뿐만 아니라 이 건 혼숙행위 후에 제정된 훈령이므로, 위 법 규정을 적용하거나 위 훈령을 소급적용하여 미성년자인 남녀의 혼숙을 이유로 숙박업영업허가를 취소한 것은 법령의 해석, 적용상의 과실에 기인한 것이

판결[공1997.7.15.(38),1965].

60) 대법원 1996. 7. 12. 선고 94다52195 판결[공1996.9.1.(17),2462], 대법원 1996. 4. 23. 선고 94다446 판결[공1996.6.1.(11),1542]. 다만 이 판례들은 별다른 설시 없이 위헌법률에 따른 면직처분에 대해 불법행위를 구성함을 당연한 전제로 삼았고, 면직처분을 내린 공무원의 직무상 과실 유무가 명시적으로 판단되지는 않았다. 이에 대해서는 국가가 공무원의 신분보장이라는 기본적인 헌법규정을 무시한 채로 임의로 공무원들의 신분을 상실시킬 수 있는 법률을 만들고 이에 기초하여 공무원들을 면직시킨 것에 대해 불법행위의 성립을 긍정하는 견해가 있다. 윤진수, 위헌인 법률에 근거한 공무원 면직처분이 불법행위로 되는 경우 그로 인한 손해배상청구권 소멸시효의 기산점, 서울대학교 법학 제38권 제1호(통권 제103호), 법조협회, 1997, 178면 참조.

61) 대법원 1995. 7. 14. 선고 93다16819 판결[공1995.8.15.(998),2762].

라고 보아 피고 서울특별시의 손해배상책임을 인정한 사례[62] 등이 있다.

다. 검   토

공무원의 고의 또는 과실을 국가배상청구권의 분명한 요건으로 삼고 있는 현행 국가배상법상 이를 객관적 주의의무로 최대한 넓게 본다고 하더라도, 사후에 공무원의 직무행위가 위법한 것으로 인정되었다는 점만으로는 직무상 과실이 인정될 수 없다고 보는 것이 논리적으로 당연한 귀결일 것이다. 그러나 앞서 본 일부 판례의 사례에서 보듯이, 공무원이 '성실한 평균적 공무원'으로서 필요한 충분한 주의의무를 다하였다고 볼 수 없는 경우, 특히 법령의 해석 및 적용과 관련해서 '해당 행정작용이 상위의 법령에 위반되는 것임을 명백히 알 수 있는 경우'에 있어서는 직무상 과실의 성립이 긍정될 수 있다. 이러한 논리에서 본다면, 검사가 위헌인 형벌법규를 적용하여 수사 및 기소행위를 한 경우 단지 법령에 따랐다는 이유만으로 간단하게 직무상 과실을 부정할 수 있는지는 검토해 볼 필요가 있다. 검사는 법률전문가이자 준사법기관으로서 공익을 대표하여 법령을 해석·적용해야 할 객관적 지위가 인정되기 때문이다.[63] '성실한 평균적 검사'로서 수행해야 할 법령 해석 및 적용에 관한 주의의무의 정도가 어떠한지 그리고 그 정도에 비추어 검사의 지위에서 긴급조치가 상위 법령, 즉 헌법이나 법률에 위반되는 것임이 명백하다고 볼 수 있는지를 살펴본다.

3. 긴급조치를 적용한 검사의 직무상 행위에 대한 고의·과실 유무
가. 검사의 직무행위와 국가배상책임 일반

검사의 수사행위, 공소권행사 및 공소유지 등 직무행위에 대해서도 그것이 위법하고 고의 또는 과실이 인정되는 이상 국가배상청구권이 성

---

62) 대법원 1981.8.25. 선고 80다1598 판결[공1981.10.15.(666),14293].

63) 사법경찰관의 경우 수사의 주체로서 직무의 성질상 상당한 재량권은 인정은 될 것이나, 법률전문가가 아니고 법령의 심사권도 갖지 않는 이상 법령의 해석과 적용에 관한 직무상 과실을 논함에 있어서는 일반 행정공무원과 다른 별도의 논의는 필요치 않을 것이다.

립한다는 점에는 이견이 없다.[64]·[65] 다만 검사는 준사법기관으로서 폭넓은 재량권을 갖는다는 점에서 위법성 내지 고의·과실이 제한적으로 인정될 뿐이다. 판례는 법원에서 무죄판결이 확정된 경우 검사의 구속 및 공소제기 행위에 대해 '객관적으로 보아 당해 피의자에 대하여 유죄의 판결을 받을 가능성이 있다는 혐의를 가지게 된 데에 상당한 이유가 있는 때에는 후일 재판과정을 통하여 그 범죄사실의 존재를 증명함에 족한 증거가 없다는 이유로 그에 관하여 무죄의 판결이 확정되더라도, 수사기관의 판단이 경험칙이나 논리칙에 비추어 도저히 그 합리성을 긍정할 수 없는 정도에 이른 경우에만 귀책사유가 있다'고 한다.[66]

나. 법령해석 및 적용에 관한 검사의 주의의무

1) 관련 판례

판례는 검사가 무기징역형과 유기징역형이 함께 선고된 피고인의 형을 집행하면서 유기징역형을 먼저 집행하도록 형집행순서변경지휘를 한

---

64) 장태주, 앞의 책, 613면; 홍정선, 앞의 책, 431면; 김성수, 특수신분 공무원에 대한 국가배상책임의 제한, 재판실무연구 제1998호, 광주지방법원, 1999, 563면.

65) 다만 미국의 경우, 연방대법원은 1973년 Imbler v. Pachtman 판결(424 U.S. 409)에서 '검사가 손해배상에 대한 두려움 때문에 사건을 규명할 중요한 증거마저도 외면하고 조심스러운 결정을 하게 되고 이러한 검사의 태도는 궁극적으로 미국의 형사사법체계 자체를 마비시키는 결과에 이르게 된다'는 이유로 검사의 직무행위에 대해 절대적 면책(absolute immunity)을 인정하였다. 그러나 이후 위 절대적 면책은 1991년 Burns v. Reed 판결(500 U.S. 478)에서 검사의 역할 중 법률가가 아닌 수사지휘자로서의 역할에 대해서는 제한적 면책(qualified immunity)을 하는 것으로 일부 축소되었고, 다시 1993년 Buckley v. Fitzsimmons 판결(509 U.S. 259)에서 검사의 법률가로서의 역할에 대해서도 일정한 경우 제한적 면책을 인정하는 것으로 다시 축소되었다. 이에 대한 보다 상세한 내용은 김상국, 무죄판결과 국가배상책임, 판례연구 제15집, 부산판례연구회, 2003, 602-606면; 차동언, 미국의 판례를 통하여 본 검사의 국가배상책임, 법조 제46권 제9호, 법조협회, 1997. 9., 224-232면 참조.

66) 대법원 2013. 2. 15. 선고 2012다203096 판결[미간행], 대법원 1993. 8. 13. 선고 93다20924 판결[공1993.10.1.(953),2422], 대법원 2005. 12. 23. 선고 2004다46366 판결[미간행]. 한편 대법원 2002. 2. 22. 선고 2001다23447 판결[공2002.4.15.(152),753]에서는 강도강간 사건에서 검사가 피해자의 팬티에서 범인으로 지목된 원고나 피해자의 남편과 다른 남성의 유전자형이 검출되었다는 유전자검사결과를 공판과정에서 입수하였음에도 위 감정서를 법원에 제출하지 아니하고 은폐한 행위에 대해 위법성을 인정하여 국가배상책임을 긍정하였다.

것은 유기징역형이 무기징역형에 흡수된다고 규정한 형법 제39조 제2항, 제38조 제1항 제1호에 명백히 반하여 검사의 과실을 인정할 수 있다고 판시하였다.[67] 또한 판례는 구속된 피의자에 대한 검사의 피의자신문 시 변호인의 참여를 거부한 검사의 처분에 대해 위법을 이유로 취소를 구한 사건에서, '형사소송법이 피의자신문에의 변호인참여권을 규정하고 있지는 않으나 신체를 구속당한 사람의 변호인과의 접견교통권은 헌법과 법률에 의하여 보장되고 있고 누구든지 체포 또는 구속을 당한 때에는 즉시 변호인의 조력을 받을 권리를 가진다고 선언한 헌법규정에 비추어, 구금된 피의자는 형사소송법의 규정을 유추 · 적용하여 피의자신문시 변호인의 참여를 요구할 수 있고 그러한 경우 수사기관은 이를 거절할 수 없는 것으로 해석하여야 하고, 이렇게 해석하는 것은 인신구속과 처벌에 관하여 적법절차주의를 선언한 헌법의 정신에도 부합한다'고 보아 검사의 처분을 취소한 원심결정이 정당하다고 판단하였다.[68] · [69]

2) 위헌인 형벌법규의 해석 및 적용에 관한 주의의무 정도

검사가 형벌에 관한 법령을 적용하고 집행함에 있어 그 법령에 대한 위헌성이 의심될 경우 이를 심사할 수 있는가. 검사의 법령에 대한 위헌심사라는 것은 규범통제의 의미는 아니고 검사가 일응의 위헌성을 판단하여 그 적용을 거부하는 것까지를 의미한다고 볼 수 있다. 검사는 법률전문가이므로 어떤 법령이 위헌인지를 판단하여 볼 능력은 있다고

67) 대법원 1994.1.14. 선고 93다28515 판결[공1994.3.1.(963),712].

68) 대법원 2003. 11. 11.자 2003모402 결정[공2004.2.1.(195),271].

69) 다만 변호인의 신문참여를 거부한 검사의 처분에 대해 수사검사의 고의 또는 과실이 인정되는지에 대해서는, 당시 변호인의 피의자신문참여를 제한적으로 허용하고 있던 대검찰청 지침은 신문참여권의 보장보다는 고문수사 재발방지대책으로 도입된 내부적 지침에 불과했던 점, 위 대법원결정 이전에는 실무나 학계에서 입법론은 별론으로 하고 현행법의 해석론으로는 명문의 규정이 없어 신문참여권에 대해 부정적 입장을 취하고 있었던 점, 위 대법원결정에 대해서는 '입법적 결정', '새로운 권리의 창설'이라는 학계의 평가가 있었던 점 등에 비추어, 검사가 법률전문가임을 감안하더라도 평균적인 검사를 기준으로 할 때에는 과실이 있다고는 볼 수 없을 것이라고 한다. 오영준, 변호인의 피의자신문참여권에 관한 검사의 법령해석의 오류와 국가배상책임의 성부, 자유와 책임 그리고 동행 : 안대희 대법관 재임기념, 사법발전재단, 2012, 597면 참조.

보아야 한다. 그러나 검사가 법령을 해석하고 적용함에 있어 위헌성에 의심이 드는 경우 그 위헌성을 심사하여 그 법령을 적용하지 아니할 '주의의무'가 있는지 여부는 검사 개인의 주관적인 판단 능력의 문제가 아니라 검사가 국가기관으로서 갖는 객관적인 권한과 의무의 관점에서 살펴볼 문제이다.

헌법이나 법률상 검사에게 법률의 위헌성을 심사할 의무가 있다거나 위헌인 법률의 적용을 거부할 수 있는지에 관한 명시적인 규정은 존재하지 않는다. 검찰청법 제4조 제1항에서 '검사는 공익의 대표자로서 다음의 각 호의 직무와 권한이 있다'고 규정하고 같은 항 제3호에서 '법원에 대한 법령의 정당한 적용 청구'라고 규정하고 있기는 하나, 위 조항은 검사의 직무범위 및 권한을 일반·추상적으로 포괄하여 규정한 것에 불과하므로 위 조항에서 직접적으로 검사의 법령에 대한 위헌심사의무가 도출된다고 해석하기는 어려울 것이다. 다음으로는 '검사의 객관의무'에서 법령에 대한 위헌심사의무가 도출된다고 보는 것도 생각해 볼 수 있다. 검사 객관의무는 검사가 단순한 당사자의 입장을 넘어 실체진실발견을 위해 공익의 대표자로서 피의자, 피고인의 정당한 이익도 보호하여야 할 의무를 말하므로,[70] 법령이 위헌일 경우 피의자, 피고인의 정당한 이익의 보호를 위해 그 적용을 거부해야 한다는 논리이다. 그러나 통상적으로 객관의무의 내용으로는 검사가 피의자에게 불리한 증거 외에 유리한 증거도 수집하여야 한다거나 검사가 피고인의 이익을 위해 상소, 재심, 비상상고를 할 수 있다는 것과 같이 형사소송절차 내에서의 의무로 한정되어 논의되고 있고, 객관의무의 인정근거 또한 형사소송절차 내에서의 실체진실의 발견, 실질적 당사자주의의 구현과 적법절차의 충실한 실현 등에서 찾고 있다.[71] 이러한 객관의무의 내용 및 근거에 비추어 보면, 검사

---

70) 이재상, 형사소송법, 박영사(2004), 95면; 이완규, 검사의 지위와 객관의무, 형사판례연구 제12권, 박영사, 2004, 306면; 판례도 같은 취지이다. 대법원 2002. 2. 22. 선고 2001다23447 판결[공2002.4.15.(152),753].

71) 이재상, 앞의 책, 95면.

가 법률의 위헌성을 심사하여 그 적용 자체를 거부할 수 있다고 보는 것은 형사소송절차를 넘어 검사가 직접 권리구제를 수행하는 것에 다름 아니므로 이를 객관의무의 내용으로는 포섭하기는 어렵다고 본다. 끝으로 헌법 제12조 제1항 등에서 직접 도출된다고 보는 것도 생각해 볼 수 있다.[72] 즉 위헌인 형벌법규를 적용함으로써 기본권을 침해하거나 적법절차원칙에 어긋나게 된다면 그러한 법령을 적용하지 아니하는 것이 헌법상의 요청이므로 준사법기관인 검사로서는 그러한 위헌인 형벌법규의 적용을 거부할 수 있다는 논리이다. 그러나 검사의 직무는 기본권의 보호, 적법절차의 원칙과 국가형벌권의 적정한 행사, 공익의 추구라는 헌법적 이익의 사이에 놓여 있는 것이고, 헌법에서도 고문받지 아니할 권리($\frac{제12조}{제2항}$), 영장주의($\frac{제12조}{제3항}$), 변호인의 조력을 받을 권리($\frac{제12조}{제3항}$) 등 기본적 인권 보호를 위한 본질적 규정을 제외하고는 검사의 직무, 수사의 일반적인 내용을 모두 법률에 위임하고 있다. 따라서 법률의 근거 없이 헌법 규정으로부터 곧바로 검사가 법령의 위헌성을 심사할 의무가 있다거나 위헌인 법령의 적용을 거부할 의무가 있다고 보는 것은 무리라고 보이고, 특히 규범통제권한이 없는 검사가 형벌법규 자체에 대한 위헌성을 판단하여 그 적용을 거부하는 것을 '주의의무'로까지 인정하는 것은 헌법상 권력분립의 원칙에도 어긋나는 측면이 있다.

검사가 법령의 위헌성에 의심이 드는 경우 구체적 사건에서 위헌심판제청을 한다거나 법률의 개정을 건의하는 등 위헌성 제거를 위한 각종 조치를 취할 '권한'이 있음은 부정할 수 없고, 공익의 대표자로서 그러한 조치를 취하는 것이 분명 온당한 검사의 직무일 것이다. 그러나 국가배상책임에서의 주관적 귀책사유를 논하는 차원에서는, '성실한 평균적 검사'를 기준으로 할 때 검사에게 법령의 위헌성을 심사하거나 이를 근거로

---

72) 대법원 2003. 11. 11.자 2003모402 결정(각주 68)에서는 구금된 피의자에 대한 피의자신문시 변호인의 신문참여권에 대하여 형사소송법이 명문의 규정을 두고 있지는 않지만, 헌법의 규정에 따라 접견교통권에 관환 규정을 유추적용하여 변호인의 신문참여권이 인정될 수 있다고 하였다.

그 법령의 적용을 거부할 주의의무는 인정하기 어렵다. 따라서 어떤 법령에 따른 검사의 직무행위가 사후에 그 법령이 위헌으로 판단되었다고 하더라도 국가배상책임의 요건으로서의 고의 또는 과실을 인정하기는 어렵다.

다. 검사의 지위에서 긴급조치의 위헌성이 명백하였는지 여부

위헌인 형벌법규를 적용한 검사의 직무상 행위에 대해 고의 또는 과실을 인정하기 위해서는 위헌성심사에 관한 주의의무 외에도 그 형벌법규가 상위의 법령, 즉 헌법에 위반된다는 점 또한 명백하여야 한다. 긴급조치는 현행 헌법뿐만 아니라 당시의 유신헌법에 의하더라도 위헌이라는 것이 대법원 및 헌법재판소의 결론이다. 긴급조치가 단순한 몇 개의 조항만으로 이루어져 있고 그 내용도 헌법에서 규정하고 있는 영장주의, 정치적 표현의 자유 및 청원권 등을 전면 배제하였다는 점에서 시대적 상황에 따라 그 위헌성 판단이 달라진다고 보기도 어렵다. 또한 유신헌법의 개정 및 긴급조치의 선포 배경과 각계각층에서 광범위하게 제기된 위헌성 주장, 긴급조치에 의한 대규모 시위와 구속사태 등 사회적 갈등 상황까지 더하여 본다면, 검사로서도 긴급조치 자체가 위헌이라는 점은 알았다거나 알 수 있었다고 볼 여지가 있다. 그러나 유신헌법은 긴급조치가 사법적 심사의 대상이 되지 아니함을 유신헌법 자체($^{제53조}_{제4항}$)에 명시하고 있었다. 유신헌법의 내용이 대통령의 장기집권 및 권력집중과 입법권·사법권의 약화를 목적으로 한 것이라 해도 유신헌법이 형식적으로는 국민투표를 거쳐 개정된 헌법이었다는 점에서 검사에게 헌법규정 자체의 효력까지 의심할 것을 기대할 수는 없다. 또한 명령·규칙에 관한 최종적인 위헌심사권을 갖고 있었던 대법원에서 여러 차례에 걸쳐 긴급조치가 위헌이 아니라고 판시하였던 점에 비추어 볼 때에도 평균적 검사의 지위에서는 긴급조치가 위헌이라는 점이 명백하다고 보기는 어렵다.

4. 소 결

검사의 객관적 지위나 객관의무 등을 고려한다고 하더라도 검사에게 법령의 위헌성을 심사하여 그 적용을 거부할 주의의무가 있다고는 볼 수

없고, 검사의 지위에서는 당시 긴급조치가 위헌이라는 점이 명백하였다고
도 볼 수 없다. 사법경찰관 등 수사기관에 대해서는 더욱 그러하다. 고문
등 가혹행위가 개입되지 않은 이상, 긴급조치가 위헌이라는 이유만으로
긴급조치를 적용한 수사기관의 직무상 행위에 대해 고의·과실을 인정할
수 없다는 대상판결1의 설시는 대위책임설에 입각한 전통적 논의 및 기
존의 판례 입장에 충실한 결론이다.

그러나 오늘날에는 국가배상책임의 구조를 자기책임으로 구성하거
나,[73] 과실의 입증책임 완화,[74] 과실 개념의 객관화[75] 등을 통하여 권리
구제의 폭을 넓히려는 것이 일반적인 논의의 흐름이라고 할 수 있다. 사
실 이러한 논의들은 복잡하고 전문화된 행정·조세·환경·기술 등 분야
의 법령과 그에 기초한 국가의 작용이 확대되면서, 의도하지 않았으나
그 영역에 내재된 위험으로 인해 국민의 기본권을 침해하는 경우가 필연
적으로 발생하게 되는 현상을 배경으로 하는 것이다. 긴급조치와 같이
국민의 정치적 표현의 자유와 청원권 등을 박탈할 목적으로 영장주의를
배제하고 형사처벌을 가하는 위헌적 형벌법규의 경우에 있어서까지 대위
책임설을 엄격히 적용하여 국가배상책임을 부정하는 것은, 오늘날 위와

73) 국가배상책임의 구조에 대한 논의는 주로 행정법학계에서 이루어지고 있는바 오
늘날에는 자기책임설을 지지하는 견해가 확대되고 있다. 김남진·김연태, 행정법 I,
법문사, 2014, 610면; 류지태·박종수, 행정법신론, 박영사, 2011, 500면; 장태주,
앞의 책, 631면; 정하중, 앞의 책, 530면.
74) 공무원의 위법한 행위에 의하여 손해가 발생하였음이 인정되거나 고의·과실의
개연성이 인정되는 경우 공무원의 고의·과실을 일응 추정하여 입증책임을 완화하
려는 견해이다. 박균성, 앞의 책, 727면; 홍정선, 앞의 책, 438면.
75) 위법한 국가의 행위에 대한 배상책임이 공무원의 주관적 책임요소에 의해 좌우
된다는 것은 피해자 구제의 관점에서 바람직하지 않다는 점에서 과실의 개념을 객
관화하려는 논의로서, ① 자기책임설의 입장에서 과실을 '국가 등의 행정주체의 작
용이 정상적 수준에 미달한 상태'로 해석하여야 한다는 견해(홍준형, 행정법, 법문
사, 2011, 586면 참조), ② 위법성과 과실을 일원적으로 파악하여 둘 중 어느 하나
가 입증되면 다른 요건은 당연히 충족된 것으로 보아야 한다는 견해(김동희, 앞의
책, 566면 참조), ③ 독일의 조직과실(Organisationsverschulden) 이론을 원용하여
공무원 개인이 아닌 조직전체의 기관책임에 귀속된다고 보고 가해공무원을 특정하
지 않더라도 그 행위에 흠이 인정된다면 그로 인한 손해발생을 방지하지 않은 기
관에 대한 비난가능성을 긍정하여 과실을 인정하는 견해(홍준형, 앞의 책, 585면
참조) 등이 있다.

같이 널리 논의되고 있는 자기책임적 시각의 확대나 과실 개념의 객관화 흐름에는 역행하는 것이라 볼 수 있다.

　　사견으로는 근거법령의 위헌성이 명백하게 인정되는 특별한 사정을 고려하여, 이에 터잡은 수사기관의 직무행위에 대해서는 과실의 입증책임을 전환시키거나, 이를 아래에서 볼 긴급조치의 입법상 불법행위와 연결된 일련의 국가작용으로 보아 과실을 인정하는 것도 충분히 가능한 해석론이라고 본다. 고의·과실을 명시적으로 요구하고 있는 현행 국가배상법 아래에서도 다수의 하급심들이 "위헌·무효인 긴급조치의 발령과 이에 터 잡은 수사기관의 체포·구금행위 및 법원의 유죄판결"을 일련의 불법행위로 인정하였던 것은 위와 같은 해석이 가능함을 뒷받침한다.

Ⅳ. 긴급조치를 적용한 법관의 재판상 직무행위와 국가배상책임

1. 논의의 전개

　　법관의 재판상 직무행위에 대한 국가배상책임의 성부는 주로 형사사건에 있어서 유죄판결이 내려졌다가 후일 상소 또는 재심을 통해 무죄로 확정된 경우에 관하여 논의되어 왔다. 위헌법률을 적용한 재판에 관해서는 별다른 논의가 없었으나, 통상적으로는 법관이 재판행위에서 어떤 법령을 적용하였으나 사후에 그 법률이 위헌으로 선언된 경우 그러한 사정만으로는 그 재판이 불법이라거나 법관의 불법행위를 이유로 국가배상책임을 인정하기는 어려울 것이다. 그러나 긴급조치와 같이 국가권력이 (긴급)입법권을 남용하여 국민의 기본권을 침해하는 위헌법률을 제정한 경우에도 그러할 것인가. 특히 사법부는 헌법상 권력분립의 원칙과 법치주의 원리에 따라 헌법에서 부여받은 권한을 이용하여 입법부·행정부를 견제하고 국민의 기본권을 보호할 헌법적 의무가 있다는 점에서 그리 간단하게 답할 수 있는 부분은 아니다. 현행 헌법 및 국가배상법상 공무원에 법관이 포함된다는 점에는 의문이 없으므로, 이하의 논의는 위법성 및 고의·과실로 한정한다.

2. 법관의 재판상 직무행위에 대한 국가배상책임 일반

가. 법관의 재판상 직무행위가 갖는 특수성

법관의 재판상 직무행위에 대해 국가배상책임을 허용하는 것은 법관의 독립뿐만 아니라 확정된 판결의 당부를 다시 한 번 다투게 된다는 점에서 판결의 기판력을 해할 위험이 있다. 또한 재판은 그 잘못을 시정할 수 있는 상소, 재심 등 불복수단이 제도 자체에 내재되어 있다는 점에서도 일반 공무원의 직무와는 다른 특성이 있다. 법관의 재판상 직무행위에 대한 국가배상책임의 논의는 이러한 특수성들이 전제되어야 한다.

나. 비교법적 검토

1) 독일은 법관의 손해배상책임에 대하여 별도의 규정을 두고 있다. 독일민법(BGB) 제839조 제2항은[76] "공무원이 소송사건에서의 판결에 있어서(bei dem Urteil in einer Rechtssache) 그의 직무상의 의무를 위반한 경우 그 의무위반이 범죄행위(Straftat)로 성립하는 때에만 그로 인하여 발생한 손해에 대하여 책임이 있다. 이 규정은 의무에 반하는 직무행사의 거절 또는 지연에는 적용하지 아니한다"고 규정하고 있다. 즉 독일법상 법관은 그 직무가 재판상 직무행위인 경우에는 형법상 범죄행위에 해당하는 경우에만 손해배상책임의 성립을 인정한다는 점에서 이를 일반적으로 '판결법관의 특권(Spruchrichterprivileg)'이라 한다.[77] 독일의 일부 학설은 법관의 면책특권을 인정하는 이유에 대해 법관이 판결을 함에 있어

---

76) BGB § 839 (Haftung bei Amtspflichtverletzung).

   (2) Verletzt ein Beamter bei dem Urteil in einer Rechtssache seine Amtspflicht, so ist er für den daraus entstehenden Schaden nur dann verantwortlich, wenn die Pflichtverletzung in einer Straftat besteht. Auf eine pflichtwidrige Verweigerung oder Verzögerung der Ausübung des Amts findet diese Vorschrift keine Anwendung.

77) 송덕수, 법관의 재판상 잘못과 국가배상책임 : 독일법과의 비교·검토, 민사법학 제19호, 한국사법행정학회, 2001, 232면. 이에 대해서는 독일 내에서 위 독일민법상 법관에 대한 특권은 기판력의 보장을 위한 특권이라는 점에서 '법관판결의 특권(Richterspruchsprivileg)'으로 보아야 한다는 비판이 있다고 한다. 이일세, 법관의 불법행위와 국가배상책임, 저스티스 제32권 제1호, 한국법학원, 1999, 53면.

손해배상책임을 질지도 모른다는 과도한 불안에서 그를 보호하고 이를 통하여 법관의 독립성을 보장하기 위한 것으로 보기도 하나, 지배적인 견해는 왜 법관의 직무 중 판결에 대해서만 면책을 인정하는지를 설명하지 못한다고 비판하면서 위 면책특권의 근거를 판결의 '기판력의 확보'에서 찾고 있다.[78]

2) 프랑스에서는 사법작용에 대한 국가배상책임을 최초로 인정한 1956년 Giry 판결(다만 법관은 아니고 사법경찰관에 관한 사안이다)이 있기 전까지 사법작용으로 인한 손해를 이유로 한 국가배상책임은 법률에서 명시적으로 규정된 두 가지 경우, 즉 형사처벌의 재심이 있는 경우$\left(\substack{\text{형사소송법}\\\text{제622조 이하}}\right)$ 및 법관피소제도$\left(\substack{\text{민사소송법}\\\text{제505조}}\right)$가[79] 적용되는 경우를 제외하고는 인정할 수 없다는 것이 판례 및 학설의 입장이었는데, 이는 법관의 재판작용은 주권적 지위(souverain)에 있다는 점, 재판상 직무는 기판력 등에 비추어 성질상 국가배상책임을 야기할 수 없다는 것을 근거로 하였다.[80] 이후 프랑스 의회는 위 Giry 판결의 법리를 받아들여 사법작용으로 인한 국가배상책임을 인정하는 내용의 1972. 7. 5. 법률을 제정하였다. 위 법 제11조 제1항은 "국가는 사법서비스의 결함 있는 운영(le fonctionnement d fectueux du service de la justice)에 의해 야기된 손해를 배상하여야 한다. 이 책임은 중과실 또는 재판거부(un d ni de justice)의 경우에만 인정된다"고 규정하여 법관의 직무상 과실로 인한 국가배상책임을 중과실 또는 는 재판거부의 경우로 한정하였는데,[81] 그 이유는 재판에 관한 한 국가

---

78) 송덕수, 앞의 논문, 232-233면; 정하중, 법관의 재판작용에 대한 국가배상책임, 저스티스 제75호, 한국법학원, 2003. 10., 60-61면.

79) 법관피소제도(la prise a partie)는 사기, 공금횡령, 직업상 중과실 또는 재판거부의 경우에 과실 있는 법관의 배상책임을 인정하는 것을 말한다. 그러나 위 규정에 따른 법관의 배상책임은 프랑스의 최고사법재판소인 파훼원(Cour de cassation) 수석의장의 사전허가와 법원검사장의 의견을 거쳐 행해지는 엄격한 요건 하에서만 가능하였고, 실제로 인정된 예도 2건에 불과하다고 한다. 박균성, 프랑스법상 사법작용으로 인한 국가배상책임, 판례실무연구Ⅴ, 박영사, 2001. 12., 30면.

80) 박균성, 앞의 논문, 31면.

81) 박균성, 앞의 논문, 33면. 다만 1972. 7. 5. 법률 제11조 제1항의 '사법서비스'의 범위는 판결에 한정되고 판결로부터 분리가능한 재판준비행위, 법정질서유지와 같

배상책임의 원칙은 '기판사항의 권위(autorité de la chose jugée)'의 원칙과 조화되지 않으면 안 되는 데 있다고 한다.[82] 여기서 '재판상 중과실'이라 함은 '그의 의무를 다하고자 정상적으로 노력하는 법관이 저지르지 말았어야 하는 매우 큰 과오로 인해 범해진 과실 또는 타인을 해할 의사를 드러내는 과실 또는 비정상적으로 결함 있는 행위의 태양을 드러내는 과실'을 말하고, '재판거부'는 '청구에 대한 응답의 거부 또는 재판할 수 있는 상태에 있는 사건의 재판을 해태하는 것뿐만 아니라 보다 널리 개인에 대한 국가의 재판적 보호의무 불이행 일체'를 의미한다.[83]

3) 미국 연방대법원은 1868년 Randall v. Brigham[84] 사건에서 영국 보통법상 인정되어 온 주권면책의 전통과 사법부의 독립이라는 정책적 고려를 이유로 들어 '사법공무원(judicial officer)은 관할권의 범위 내에서 행한 어떠한 사법적 행위(judicial act done within their jurisdiction)에 대하여도 민사적으로 소추되지 않는다'고 하여 최초로 법관의 면책을 인정하였고, 1871년 Bradley v. Fisher[85] 사건에서는 판사의 사법적 행위가 어떠한 관할권도 가지고 있지 아니하다는 점이 명백하지 아니한 한 악의적으로(maliciously) 행해지거나 부정하게(corruptly) 행해진 경우에도 면책된다고 판시함으로써 절대적 면책특권(absolute immunity)을 선언하였다.[86] 최근 중요한 선례라 할 수 있는 1978년 Stump v. Sparkman[87] 사건에서도 연방대법원은 다시금 판사의 사법행위에 대한 절대적 면책특권을 확인하였다.[88]·[89]

은 사법경찰조치 등은 공권력책임에 대한 일반원칙이 적용된다고 한다. 박균성, 앞의 책, 613면 참조.

82) Rivero, Jean, Droit administratif, 13e éd., 1990, Dalloz, p. 380; 박균성, 앞의 책, 614면에서 재인용.

83) 박균성, 앞의 논문, 35면; 선재성, 법관의 재판에 대한 국가배상책임과 경매절차, 대법원판례해설 통권 제36호, 법원도서관, 2001, 268-269면.

84) 74 U.S. 523.

85) 80 U.S. 335.

86) 김홍준, 미국에 있어서 사법행위로 인한 국가배상책임, 판례실무연구Ⅴ, 비교법실무연구회, 2001, 42면.

87) 436 U.S. 951.

이처럼 법관에게 절대적 면책을 부여하는 이유에 대해 위 Bradley v. Fisher 판결에서는 "법관은 그에 부여된 권한을 행사함에 있어 스스로에게 초래될 개인적인 걱정이나 두려움 없이 자신의 신념에 따라 행동하는 데 자유로워야 한다. 법관의 행동에 불만을 느끼는 모든 사람들에 대해 답변을 할 의무를 인정하는 것은 위와 같은 법관의 독립을 보장한 것과 모순되고, 법관의 판단을 존중하고 유용하게 하는 데 없어서는 안 될 법관의 독립을 파괴할 것이다"라고 설명하고 있다.[90] 또한 역사적으로 영국의 법원이 1심판결 후 재심이나 새로운 재판의 신청을 통해 1심판결의 당부를 판단하던 제도를 항소를 통해 하급심 판결을 통제하는 절차로 전환함에 있어서, 종전 사용되던 수단 중 하나이던 법관의 판결에 대한 손해배상을 저지하고 항소를 거친 판결의 종국성을 보장하기 위한 방법으로도 설명되고 있다.[91] 그 외 법관의 재판은 공개되기 때문에 사법권 행사의 남용가능성이 적고 항소를 통해 억제 또는 시정될 수 있으므로 법관의 사법권 남용을 소송을 통해 추궁하기보다는 법관에게 면책권을 주는 것이 사회적으로 이득이라는 점, 끊임없는 중상모략으로부터의 보호, 사법권에 대한 존경과 신뢰의 보호 등이 언급되고 있다.[92] 그러나 미국 내에서도 법관의 직무에 대해 위와 같이 절대적 면책을 인정하는 것에 대해서는 헌법에서 정해야 할 면책특권을 법원이 스스로 정할 권한이 없

---

88) 김재형, 법관의 오판과 책임, 법조 제50권 제9호, 법조협회, 2001, 84면.

89) 다만 이러한 사법적 면책특권은 ① 법관의 행위에 대해 관할권이 없음이 명백하지 아니할 것과 ② 법관의 행위가 사법적 행위에 해당할 것 두 가지 요건이 충족되어야 하고, 사법적 면책의 범위는 손해배상소송에 한정되는 것이라고 한다. 이에 대한 상세는 설민수, 법관의 재판업무와 관련한 손해배상 책임에 대하여, 사법논집 제34집, 법원도서관, 2002, 536~540면 참조.

90) 80 U.S. 335, 347.

91) Block, "Stump v. Sparkman and the History of Judicial Immunity", 1980 Duke L. J. 879; 설민수, 앞의 논문, 526~527면에서 재인용.

92) 설민수, 앞의 논문, 527면. 한편 같은 논문, 554~567면에서는 미국에서 사법의 절대적 면책이 인정되는 근거를 미국 내에서 법관에게 가해지는 구체적인 비난 및 위협의 사례들, 배심제도에 따른 재판절차의 특성(배심제의 특성상 손해배상소송의 상대방이 되는 것에 대한 법관의 부담이 크다는 점 등), 주(州)법원의 상당수가 법관을 선거를 통해 선출하는 제도적 특성 등과 같은 현실적인 측면에서 찾고 있다.

고 면책의 범위가 지나치게 넓다는 비판이 제기되고 있다.[93]

　　4) 일본은 우리나라와 마찬가지로 법관의 직무행위 또는 사법작용으로 인한 국가배상책임에 대해 법률상 별도의 규정을 두고 있지 않고, 통설도 법관의 직무행위에 대해서도 원칙적으로 국가배상책임이 성립한다고 보고 있다.[94] 다만 일본은 국가배상법이 제정된 이래 판례에서 국가의 책임을 제외한 공무원 개인책임을 인정하지 않고 있고 공무원에 대한 구상권도 인정하지 않고 있는데, 이러한 점이 법관의 재판행위에 대하여 손해배상 책임을 인정하는 데 좀 더 쉬울 수 있다고 본다.[95] 법관의 재판상 직무행위에 대한 위법성의 판단 기준에 관하여 일본의 학설은[96] ⅰ) 법관에게는 광범위한 재량권이 부여되어 있는데 이러한 재량을 일탈하거나 경험칙·논리칙에 위반하여 불합리한 경우에 비로소 위법의 문제가 발생한다는 직무행위기준설, ⅱ) 법관이 악의 또는 위법·부당한 목적으로 행한 행위에 한하여 위법성이 인정된다는 위법성한정설, ⅲ) 상소·재심에 의하여 원판결이 취소되고 그것이 객관적 법질서에 반하는 이상 당연히 위법성이 확정되었다고 보고 다만 국가측에서 유죄판결의 합리성을 입증하면 유죄판결이 정당성을 취득하여 위법성이 조각된다는 결과위법설이 대립한다.[97] 직무행위기준설이 다수설이다. 결과위법설에 대해서는 증거의 취사선택은 법관의 자유심증에 맡겨져 있고 법령의 해석 역시 법관의 판단에 맡겨져 있으므로 상급심에서 하급심의 판단이 잘못이라고 판시하더라도 그것만으로 위법이 있다고 볼 수 없으며, 또 상급심의 판

93) 김홍준, 앞의 논문, 59면.
94) 塩野 宏, 앞의 책, 505면.
95) 황정근, 법관의 직무행위와 국가배상책임, 대법원판례해설 통권 제46호, 법원도서관, 2004, 360면.
96) 일본에서 법관의 재판행위에 대한 국가배상청구 가부 논의는 재판에서 패소판결을 받은 자가 법관의 위법행위에 의해 당해 판결이 잘못되었음을 이유로 국가배상을 청구하는 '패소판결공격형'의 경우와 법원의 판결이 상소심 또는 재심에서 위법하다고 하여 파기된 경우 원심판결을 한 법관의 위법행위를 주장하는 '역전승소확정판결근거형'으로 나눠서 논의되는데, 긴급조치위반 사건은 위 분류상 후자, 즉 역전승소확정판결근거형에 해당하므로 이에 관한 논의만 살펴본다.
97) 이상의 학설상 논의는 이일세, 앞의 논문(각주 77), 60면을 요약한 것이다.

단이 항상 옳은 것으로도 볼 수 없다는 비판을 받는다. 위법성한정설에 대해서는 법관이 위법·부당한 목적을 가지고 재판하는 경우는 거의 없으므로 국가배상의 범위를 지나치게 좁힌다는 비판이 가해진다.[98] 역전승소 확정판결근거형에 관한 대표적 판례로 꼽히는 최고재판소 平成2〈1990〉. 7. 20. 판결은[99] "법관이 행한 쟁송의 재판에 상소 등 소송법상의 구제방법에 의해 시정되어야 할 하자가 존재한다 하여도, 이것에 의해 당연히 국가배상법 제1조 제1항의 규정에서 말하는 위법한 행위가 있는 것으로서 국가의 손해배상책임의 문제가 발생하는 것은 아니고, 해당 법관이 위법 또는 부당한 목적을 가지고 재판을 하는 등 법관이 그에 부여된 권한의 취지에 명백히 위반하여 이를 행사하였다고 인정되는 것과 같은 특별한 사정이 필요하다"고 하여 위법성한정설을 취한 것으로 평가된다.[100] 이러한 최고재판소의 입장에 의하면 위법성과 고의·과실은 일원적으로 판단하는 것이 된다.[101]

다. 국내 학설 및 판례의 태도

1) 학 설

법관의 재판상 직무행위에 대한 국가배상책임의 성립을 제한하는 근거로는 심급제도에 기한 항소·상고·재심 등 특별한 구제수단의 존재, 법관의 독립, 기판력의 보장 세 가지가 언급되고 있고, 그 중 기판력의 보장에서 찾는 견해가 다수로 보인다.[102] 그러나 법관의 오판을 다른 공

---

98) 古崎慶長, 國家賠償法研究, 日本評論社, 1985, 67-68면; 이일세, 앞의 논문(각주 77), 61면.

99) 最高裁判所民事判例集 44권 5호, 938면.

100) 편집대표 박준서, 주석민법[채권각칙(7)], 한국사법행정학회(2000), 164면(서기석 집필부분).

101) 塩野 宏, 앞의 책, 1996, 512면.

102) 장태주, 앞의 책, 612면; 정하중, 앞의 책, 548면; 홍준형, 앞의 책, 619면; 특히 박균성, 앞의 책, 696-697면에서는 항소·상고·재심 등 심급제도에 따른 구제수단은 국가배상제도와는 그 목적을 달리하는 것이고, 법관의 독립에 대해서도 국가배상청구는 해당 재판 이후에 이루어진다는 점에서 법관의 독립을 직접적으로 침해하는 것이 아니라는 이유로 국가배상책임의 제한 또는 배제의 근거가 될 수 없다고 주장한다.

무원의 경우와 마찬가지로 취급한다면 모든 법관이 손해배상책임에 대한
부담 때문에 위축되어 소신껏 재판을 할 수 없고, 재판에서 패소한 당사
자가 상소와 재심절차 등 구제절차를 통하지 않고 별도로 손해배상을 청
구할 경우 법적 분쟁이 끊임없이 재연될 것이라는 점에서,[103) 법관의 독
립 및 내재된 구제수단의 존재 또한 법관의 재판상 직무행위에 대한 국
가배상책임을 제한하는 근거로 보아야 할 것이다.

　　위법성 또는 과실의 인정 여부에 관한 구체적인 견해로는, 판결이
상소 또는 재심에 의하여 번복된 경우 법관이 경험칙, 채증법칙을 현저
히 벗어나거나 그 양심이 의심스러운 정도의 잘못을 범한 경우에 한하여
국가배상책임을 긍정하는 견해,[104) 법관의 직무행위를 기판력이 부여되는
재판작용과 기판력이 발생하지 않는 사법행정작용으로 나누어 재판작용
의 경우에만 경험칙상 불합리한 사실인정, 법령내용의 오해·부지로 인한
오판의 경우에 한하여 제한적으로 위법성을 인정해야 하고, 사법행정작용
에 대해서는 보통 공무원의 직무행위와 마찬가지로 보아야 한다는 견해
가 있다.[105)

　　2) 판　　례

　　법관의 재판상 직무행위에 대한 국가배상책임이 문제된 최초의 판례
는 대법원 1994. 4. 12. 선고 93다62591 판결[106)이다. 위 사건의 원심(서
울민사지방법원 1993. 11. 26. 선고 93나27900 판결, 미간행)은 법관이
약속어음 공정증서의 지급기일이 도래하지 않은 사실을 간과하고 위 약
속어음을 채무명의로 하는 채권압류 및 전부명령을 발령한 사안에서, "법
관에게 법령을 오해하거나 간과한 허물이 있었다 하더라도 법관의 직무
인 사실인정 및 법령해석, 적용상의 잘못은 당해 불복절차에 따라서 이
를 시정할 수 있는 제도적 장치를 마련하고 있는 점에 비추어 보면, 동

103) 김재형, 법관의 오판과 책임, 법조 제50권 제9호, 법조협회, 2001, 88–89면.
104) 김동희, 앞의 책, 559면; 류지태·박종수, 앞의 책, 485–486면.
105) 박균성, 앞의 책, 695–696면; 장태주, 앞의 책, 612면; 정하중, 앞의 책, 548면;
　　홍준형, 앞의 책, 619면.
106) 미간행.

법관에게 당사자 어느 편을 유리 또는 불리하게 이끌어 가려는 고의가 있었다는 등의 특단의 사정이 없는 한 이는 사회통념상 허용될 만한 상당성이 있는 것으로서 위법성이 결여된다"고 하여 국가배상책임의 성립을 부정하였고, 대법원은 별다른 법리의 설시 없이 상고를 기각하였다. 이후 대법원은 경매법원이 경매취소 사유가 발생하였음에도 이를 간과한 채 입찰명령과 낙찰허가 결정을 한 경우,[107] 임의경매절차에서 경매담당 법관의 오인에 의해 배당표 원안이 잘못 작성되고 그에 대해 불복절차가 제기되지 않아 실체적 권리관계와 다른 배당표가 확정된 경우,[108] 법관이 압수수색할 물건의 기재가 누락된 압수수색영장을 발부한 경우[109]에 있어서도 "당해 법관이 위법 또는 부당한 목적을 가지고 재판을 하는 등 법관이 그에게 부여된 권한의 취지에 명백히 어긋나게 이를 행사하였다고 인정할 만한 특별한 사정이 있어야 위법한 행위가 되어 국가배상책임이 인정된다"고 하여 국가배상책임의 성립을 부정하였다. 이와 같은 대법원의 입장은 일본 최고재판소와 같이 위법성한정설을 취한 것으로 볼 수 있다. 한편 대법원은 헌법재판소 재판관이 청구기간 내에 제기된 헌법소원심판청구에 대해 청구기간을 오인하여 각하결정을 한 사례에서 국가배상책임의 성립을 긍정하면서, '법관의 위법 또는 부당한 목적' 외에 '법이 법관의 직무수행상 준수할 것을 요구하고 있는 기준을 현저하게 위반하는 경우'를 추가적인 기준으로 설시하였고, 또한 '재판에 대하여 불복절차 또는 시정절차가 마련되어 있는 경우에는 법관이나 다른 공무원의 귀책 사유로 시정을 구할 수 없었다는 등의 특별한 사정이 없는 한 원칙적으로 국가배상책임이 성립하지 않으나, 불복절차 내지 시정절차 자체가 없는 경우에는 예외적으로 국가배상책임이 인정된다'고[110] 설시하여 불복절

---

107) 대법원 2001. 3. 9. 선고 2000다29905 판결[미간행].
108) 대법원 2001. 4. 24. 선고 2000다16114 판결[공2001.6.15.(132),1196].
109) 대법원 2001. 10. 12. 선고 2001다47290 판결[공2001.12.1.(143),2464] 이 판결에서, 수사기관이 압수수색 대상물의 기재가 누락된 압수수색영장에 기하여 물건을 압수하고 일부 압수물에 대하여 압수조서·압수목록을 작성하지 아니하고 보관한 일련의 조치는 불법행위를 구성한다 보았다.
110) 대법원 2003. 7. 11. 선고 99다24218 판결[공2003.8.15.(184),1695].

차 내지 시정절차의 부존재가 책임 인정의 요건임을 명시하였다.

라. 검　토

우리나라를 포함한 많은 국가들은 공통적으로 법관의 재판상 직무행위에 대한 국가배상책임 인정에 매우 소극적이고, 그 정도에 있어서도 중과실 또는 재판거부행위에 한정하거나(프랑스), 법관의 행위가 범죄행위에 이르러야 한다고 보며(독일), 심지어 관할권의 범위 내에 있는 한 악의적이거나 부정한 의도로 위법을 저지른 경우에도 면책이 된다고 본다(미국). 우리 판례도 '법관에게 위법 또는 부당한 목적'이 있거나 '법에 정해진 직무수상 기준을 현저하게 위반하는 경우'에만 국가배상책임을 긍정하여 다른 국가의 작용에 비해 책임의 인정 범위를 현저히 좁히고 있다. 국가별로 법관의 재판상 직무행위에 대해 국가의 책임을 제한하는 범위에는 차이가 있지만, 그 논거에 대해서는 공통적으로 기판력의 보장을 통한 법적안정성 확보를 가장 중요하게 들고 있음을 알 수 있다.

3. 긴급조치를 적용한 법관의 재판상 직무행위에 대한 국가배상책임의 성부

가. 대상판결1은 긴급조치를 적용한 법관의 재판상 직무행위에 대해 불법행위 성립을 부정하면서 단지 '고의 또는 과실이 인정되지 않는다'는 취지로만 설시하고 있다. 이러한 대상판결1의 설시는 기존의 판례가 일관되게 '법관의 위법 또는 부당한 목적' 여부나 '법이 직무수행상 요구하는 기준의 현저한 위반' 여부를 명시하였던 것과는 차이가 있다. 이러한 차이가 단순히 수사기관의 직무행위와 법관의 재판상 직무행위를 함께 판단함에 있어 법리 설시의 번잡함을 피하기 위한 표현상의 문제인지 아니면 긴급조치 손해배상 사건에 관한 한 기존의 위법성한정설에 따른 시각을 포기하였기 때문인지는 확실하지 않다.

나. 다만 어느 경우였든 간에 결론적으로는 대상판결1이 위법성한정설에 따른 기존의 판례 설시를 따르지 않은 것은 긍정적으로 보고 싶다. 위법성한정설을 취하고 있는 기존의 판례는 법관의 재판상 직무행위가

갖는 특수성에 근거하고 있는데, 그러한 특수성의 논거들이 긴급조치 손해배상 사건에서는 합리적으로 유지될 수 없는 측면이 존재하기 때문이다. 구체적으로 보면, 우선 대법원과 헌법재판소에 의해 긴급조치가 위헌으로 선언되고 과거의 유죄확정판결들도 재심을 통해 전면적으로 무죄판결이 선고되고 있다는 점에서 책임 제한의 가장 주요한 논거인 '기판력의 보장'은 그 의미를 상실하였다고 볼 수 있다. 또한 긴급조치가 갖는 위헌성과 당시 국가에 의해 자행된 광범위한 기본권침해가 종국적으로 법원의 판결을 통해 합법화 · 정당화되었던 사정을 고려하면 '법관의 독립성 보장'을 이유로 국가배상책임을 제한하는 것도 설득력이 떨어진다. '재판제도에 내재된 구제절차의 존재'라는 측면을 보더라도, 근거법령이 위헌인 하자에 대해서는 상소나 재심이 그 위법을 시정할 수 있는 적절한 불복수단이 될 수 없음이 분명하고, 또 그에 대한 유일한 구제방법인 위헌법률심사는 대법원이 유신헌법 제53조 제4항을 들어 위헌제청신청 자체를 허용하지 않았다. 따라서 최소한 긴급조치 손해배상 사건에서는 법관의 재판상 직무행위에 대해 국가배상책임을 제한하는 일반적 논거들이 타당성이 없거나 약하다고 말할 수 있다.[111]

다. 고의 · 과실의 문제로 돌아와서 보면, 정상적으로 입법된 법률이 사후적으로 위헌선언된 경우 그 법률을 적용한 법관에게 고의 · 과실을 인정하기 어렵다고 보는 것이 일반적이다. 정당한 목적을 갖고 민주적 절차를 거쳐 제정된 법률이 위헌으로 선언되는 경우는 어디까지나 '예외'에 해당하고, 입법자가 갖는 민주적 정당성과 광범위한 입법형성의 자유를 생각할 때 사법부가 위헌성이 의심된다 하여 그 법률의 적용을 쉽사리 거부는 것은 헌법상 권력분립의 원칙에도 맞지 않기 때문이다. 그러나 긴급조

---

111) 한 가지 우려되는 점이라면, 긴급조치위반 사건에서 법관의 유죄판결 행위에 대해 국가배상책임을 긍정할 경우 그 결론이 일반적으로 확대되는 것이다. 결국 이는 긴급조치 손해배상 사건에서의 구체적 타당성을 위해 기존의 법리에 대한 예외를 인정할 것인지 아니면 법관의 재판상 직무에 대한 국가책임 제한의 논리가 지켜온 기판력 보장과 법관의 독립이라는 가치를 흔들림 없이 유지할 것인지에 대한 가치판단의 문제이다.

치를 위와 같은 일반적이고 정상적인 입법과 동일시하기는 어렵다. 긴급
조치는 국가권력이 국민의 기본권을 광범위하게 침해함에 있어 형식적으
로 '법률적 근거'를 마련하기 위해 발령된 것이므로, 이 경우 법원은 헌법
으로부터 부여받은 권한을 적극적으로 행사하여 입법권 · 행정권의 남용으
로부터 국민의 기본권을 보호해야 할 헌법상 의무가 있었다고 볼 수 있
다. 이러한 점에서 긴급조치와 관련해서는 '어떤 법률이 사후에 위헌으로
선언되었다는 사정만으로는 법관에게 고의 · 과실이 인정되기 어렵다'는
원론적인 법리를 적용하는 데는 신중할 필요가 있다. 다만 위와 같은 긴
급조치가 갖는 예외성과 사법부에 부여된 헌법상 의무를 인정하더라도,
종래의 학설 · 판례에 따르면 국가배상책임에 있어서의 고의 · 과실은 '평균
적 법관으로서 가져야 할 주의의무'라는 것이고, 따라서 유신헌법 제53조
제4항에서 긴급조치가 사법심사의 대상이 될 수 없음을 명시하고 있었던
점에 비추어 긴급조치를 적용한 법관의 재판상 직무행위에 과실이 있다고
보기는 어려울 것이다.[112] 사견으로는 앞서 수사기관의 직무행위에 대한
부분에서 언급한 것과 같이 오늘날 널리 논의되고 있는 국가배상책임에
대한 자기책임적 시각, 과실의 입증책임 완화 등 과실 개념의 객관화 논
의에 따라 긴급조치를 적용한 법관의 재판상 직무행위에 대해서도 입증책
임을 전환하거나, 아래에서 볼 긴급조치 발령행위에 대한 입법상 불법과
연결 지어 일련의 불법행위로 인정하는 것이 가능하다고 본다.

4. 결 론

긴급조치를 적용한 법관의 재판상 직무행위에 대하여 국가배상책임
의 성립을 부정한 대상판결1의 설시는 기존의 학설 및 판례에 충실한 결

---

112) 다만 헌법규정 간의 차등적 효력을 전제로 헌법규정에 대한 위헌심사가 가능하
다고 보는 의견이 있는바[헌법재판소 2001. 2. 22. 선고 2000헌바38 전원재판부 결
정(헌공 제54호) 중 하경철 재판관의 반대의견; 김선택, 형식적 헌법의 실질적 위헌
성에 대한 헌법재판, 법학논집 32집, 고려대학교 법과대학 법학연구소, 1996,
343~347면 참조], 헌법규정에 대한 위헌심사 가능성을 긍정한다면 특정 국가작용에
대해 사법심사를 전면적으로 배제하는 유신헌법 제53조 제4항을 '위헌'으로 판단해
볼 수도 있겠으나 그러한 판단을 법관의 '주의의무'로 논하기는 어려울 것이다.

론으로 볼 수 있다. 그와 같은 과정에서 법관의 재판상 직무행위에 대해
위법성한정설에 입각한 기존의 법리를 전제하지 않은 것은 긍정적으로
평가될 수도 있는 부분이나, 정상적으로 입법된 법률이 위헌으로 선언된
경우와 긴급조치가 위헌선언된 경우를 구별하고 있지 아니한 점은 아쉬
운 부분이다.

V. 긴급조치 입법행위와 국가배상책임

1. 논의의 전개

대상판결2는 긴급조치의 발령행위 자체가 불법행위를 구성하는지에
대해서, '대통령은 긴급조치권 행사에 관하여 국민 전체에 대한 관계에서
정치적 책임을 질 뿐 법적 의무를 지는 것은 아니므로 국민 개개인에 대
한 관계에서 민사상 불법행위를 구성하는 것은 아니다'라고 판단하였다.
대법원은 긴급조치의 법규적 지위에 대해 명령설을 취하는 전제 하에 명
령규칙심사를 하였으나, 앞서 보았듯이 긴급조치는 형벌규정으로서 그 실
질은 형식적 의미의 법률과 같다고 보아야 하고, 대상판결2도 긴급조치
로 인한 국가배상책임의 성부를 판단함에 있어 '입법행위'에 관한 기존의
법리를 따르고 있다. 이하에서도 긴급조치 발령행위의 법적 성격을 입법
행위로 보고 국가배상책임의 성부를 살펴본다.[113]

---

113) 다만 대상판결2는 긴급조치 발령행위에 대해 '고도의 정치성을 띤 국가행위'라는
표현을 사용하고 있어 통치행위에 대한 사법심사 가부가 문제될 수 있다. 그러나
대법원은 이른바 '대북송금사건'에서 '고도의 정치성을 띤 국가행위에 대하여는 이
른바 통치행위라 하여 법원 스스로 사법심사권의 행사를 억제하여 그 심사대상에
서 제외하는 영역이 있으나, 이와 같이 통치행위의 개념을 인정한다고 하더라도
과도한 사법심사의 자제가 기본권을 보장하고 법치주의 이념을 구현하여야 할 법
원의 책무를 태만히 하거나 포기하는 것이 되지 않도록 그 인정을 지극히 신중하
게 하여야 하며, 그 판단은 오로지 사법부만에 의하여 이루어져야 한다'[대법원
2004. 3. 26. 선고 2003도7878 판결[공2004.5.1.(201),753]]고 판시하였고, 긴급조치
1호에 대한 재심 사건에서도 '법치주의의 원칙상 통치행위라 하더라도 헌법과 법
률에 근거하여야 하고 그에 위배되어서는 아니 된다. (중략) 기본권 보장의 최후
보루인 법원으로서는 마땅히 긴급조치 제1호에 규정된 형벌법규에 대하여 사법심
사권을 행사함으로써, 대통령의 긴급조치권 행사로 인하여 국민의 기본권이 침해
되고 나아가 우리나라 헌법의 근본이념인 자유민주적 기본질서가 부정되는 사태가

2. 입법행위와 국가배상책임 일반

가. '입법상 불법'의 의의 및 범위

먼저 입법상 불법을 논함에 있어 '입법'의 개념을 확정할 필요가 있다. 이에 대해서는 법률 외에 법규명령, 조례 등을 모두 포괄하는 최광의의 개념, 법규명령, 조례를 제외한 형식적 의미의 법률만을 의미하는 광의의 개념, 형식적 의미의 법률 중 구체적인 집행행위 없이 직접적으로 효과가 발생하는 처분적 법률만을 의미하는 협의의 개념으로 나눠 볼 수있다.[114] 법규명령, 조례의 경우 일반적인 행정작용으로 인한 국가배상책임의 문제로 포괄하기에 별 문제가 없으므로 최광의의 개념은 적정하지않다.[115] 처분적 법률이 아닌 형식적 의미의 법률의 경우, 외관상 행정작용에 의한 침해이기는 하나 일반적으로 공무원은 법률이 명백하게 위헌·무효가 아닌 한 그 적용을 거부할 수 없는 것이므로 결국 위 경우에도 위헌인 법률의 입법에 대한 불법행위의 논의에 포함시키는 것이 타당하다.[116]

나. 입법행위에 대한 국가배상책임 논의의 특수성

과거 19세기 시민적 법치국가 시대에는 입법행위에 대한 국가배상책

발생하지 않도록 그 책무를 다하여야 할 것이다'[대법원 2010. 12. 16. 선고 2010도5986 전원합의체 판결(공2011상,259)]라고 판시하여 통치행위도 사법심사의 대상이 됨을 분명히 하고 있다. 대상판결2가 사용하고 있는 '고도의 정치성의 띤 국가행위'라는 표현은 통치행위를 이유로 한 사법심사의 배제나 자제를 의미하는 것은아니고, 아래에서 살펴볼 입법행위에 대한 국가배상책임 논의의 특수성을 고려한표현으로 보는 것이 타당하다.

114) 김광수, 입법적 불법에 대한 국가책임, 현대행정법학이론 II, 우제이명구박사화갑기념논문집 간행위원회, 1996, 322면; 정하중, 입법상의 불법에 대한 국가책임의문제, 사법행정 387호, 한국사법행정학회, 1993, 5면.

115) 판례도 '일반적으로 행정입법에 관여하는 공무원이 시행령이나 시행규칙을 제정함에 있어서 관계 법규를 알지 못하거나 필요한 지식을 갖추지 못하여 법률 등상위법규의 해석을 그르치는 바람에 상위법규에 위반된 시행령 등을 제정하게 되었다면 그가 법률전문가가 아닌 행정공무원이라고 하여 과실이 없다고 할 수 없다'(대법원 1997. 5. 28. 선고 95다15735 판결 등)고 하여 시행령이나 시행규칙 제정상의 불법은 행정상의 불법으로 논하고 있다.

116) 박균성, 앞의 책 694면; 정하중, 앞의 논문(각주 114), 5면.

임의 성립이 전면적으로 부정되었다.[117] 오늘날에는 입법행위에 대해 국가배상책임이 성립할 수 있다는 점 자체는 긍정되나, 형식적 의미의 법률의 경우 입법과정이 법률안 발의, 상정, 심사, 의결, 이송, 공포와 같이 다단계로 진행되고 의결이라는 집단적 의사결정 형식을 거친다는 점에서, 그리고 입법자에게는 광범위한 입법형성의 자유가 있다는 점에서 위법성과 고의·과실의 인정에는 어려움이 있다고 보는 것이 일반적이다. 또한 법률은 처분적 법률과 같은 특수한 경우가 아닌 한 일반·추상적 성격을 갖게 되므로, 입법행위와 손해 사이에 인과관계가 인정될 수 있는지도 주요한 문제가 된다.[118]

다. 비교법적 검토

1) 독일은 현행법상 입법상 불법행위에 관한 특별한 규정을 두고 있지는 않다.[119] 다만 독일민법 제839조는 우리나라와는 달리 '공무원이 고

---

117) 그 이론적 근거를 보면, ① 국가와 시민사회의 관계에 대한 이원론적 인식 아래, 의회는 국가기관이 아닌 시민사회를 대표하는 기관으로 이해되었고 이에 따라 의회의 입법행위는 국가기관의 행위 자체가 아니라고 보았던 점, ② 과거 군주주권론의 영향에 따라 법률은 주권 행사의 작용이라는 인식 아래, 주권자의 의사인 법률에 대하여 피해를 입은 개인은 군주로 대표되는 국가에 손해배상청구권을 가질 수 없었다고 보았고, 국민주권사상이 관철되기 시작한 이후에도 주권자인 국민의 대표기관인 국회가 제정한 법률을 주권자의 구속적 의사표현으로 보아 통제가 있을 수 없다고 보았던 점, ③ 초기 법치국가 시대에 절대시 여겼던 법률의 일반 추상적 성격으로 인하여 입법과 손해 사이의 인과관계가 없다고 보았던 점 등이었다. 정하중, 앞의 논문(각주 114), 5-7면; 정영철, 국회 입법작용에 대한 국가배상책임의 쟁점과 과제, 법학논고 제44집, 경북대학교 법학연구원, 2013. 11., 29-30면 참조. 위 근거들 중 ③ 법률의 일반·추상성에 관한 내용은 오늘날에도 여전히 입법상 불법에 대한 손해배상책임을 부정하는 강력한 근거가 되고 있다.

118) 입법상 불법에 관한 논의에는 적극적 입법행위 외에 소극적 입법행위, 즉 입법부작위의 불법에 대한 논의도 포함되나, 입법부작위는 긴급조치 발령행위의 위법성 논의와는 내용을 달리하므로 아래에서 필요한 부분에 한정하여만 언급하기로 한다.

119) 다만 통일 이전 서독이 제정한 1981년 국가책임법은 입법상 불법의 국가배상책임에 관하여 위 법 제5조 제2항에서 "의무에 반하는 입법자의 행위에서 의무위반이 존재하는 경우에는, 법률이 이를 규정하는 경우이고 또 그러한 한에서만 책임이 발생한다. 행정권 또는 사법권의, 전적으로 입법자의 행위에 기인하는 의무위반에 대한 책임은 위의 책임(입법자의 책임 : 필자 주)과 관계없이 존재한다"고 규정하고 있었다[송덕수, 앞의 논문(각주 77), 230면에서 인용]. 위 규정은 입법부의 위법한 활동으로 인한 의무위반이 성립하는 경우, 손해가 집행행위를 요하지 않고

의 또는 과실로 제3자에 대하여 부과되어 있는 직무상 의무(die ihm einem Dritten gegenüber obliegende Amtspflicht)를 위반한 경우'라고 규정하여 직무상 의무의 '제3자 관련성(Drittezogengeit)'을 요건으로 삼고 있다. 위 제3자 관련성은 독일에서 위법한 법률의 제정에 대한 국가배상청구권의 인정 여부를 논함에 있어 가장 핵심적인 쟁점이다.[120]·[121] 이에 대해 독일의 다수설은 국회의원은 국민전체의 대표자로써 누구의 특별한 지시에도 예속되지 않으며 자신의 양심에 따라서만 행동하기 때문에 어떠한 개인이나 집단에 대하여 특정한 입법을 하여야 할 법적 의무가 없고 단지 헌법에 대하여 책임에 대하여 책임을 진다는 이유로 국가배상책임의 성립을 부정하고, 처분적 법률과 같이 예외적인 경우에 한해서만 제3자 관련성이 인정될 수 있다고 본다.[122] 이에 반대하는 유력한 견해는 제3자 관련성을 제정되는 법률의 측면에서 평가하는 위의 접근논리와 달리 법률제정에 있어 준수해야 하는 헌법 등 상위법규정의 준수의무에 따라 이해하고, '제3자 관련성'을 '제3자 보호(Drittschutz)'로 확대해석하는 입장에서 기본권보호의무를 지는 입법기관이 기본권주체로서의 시민에 대하여 개별적인 관계에서 직무상 의무를 지는 것을 당연한 것으로 본

규범에 의하여 직접 발생하는 이른바 직접침해(Unmittelbarkeitsfall)의 경우에 입법행위에 의한 국가책임을 인정하되, 주(란트)에 책임의 인정 여부 및 책임한도에 관한 입법권을 수여하는 방식으로 입법상 불법에 의한 국가책임을 규율한 것이다 (김도창·김철용, 우리 나라와 서독의 국가배상법의 비교고찰, 현대공법학의 제문제 : 우당윤세창박사정년기념, 우당윤세창박사정년기념논문집 편찬위원회, 1983, 55면 참조). 위 국가책임법은 연방헌법재판소에서 연방의 주에 대한 입법권한 침해 문제로 위헌결정되어 효력을 상실하였으나, 독일에서 오랜 기간 논의를 거쳐 제정된 법률이고 입법상 불법에 대한 국가책임을 명문으로 규정한 최초의 법률이라는 점에서 그 의미와 내용은 참고할 가치가 크다.

120) 이덕연, 입법불법에 대한 국가책임, 사법행정 제413호, 한국사법행정학회, 1995, 16면.

121) 우리나라 국가배상법에서는 독일민법과 같은 '제3자 관련성'의 표현은 없으나, 그와 동일한 내용이 직무관련성이나 위법성 또는 직무상 불법행위와 손해 사이의 인과관계에서 논의되고 있음은 앞에서 살펴보았다.

122) Dagtoglou, Bonner Komm., Art.34GG Rdn 432; Bender, Staatshaftungsrecht, 2 Aufl. 1974, s. 248f; 정하중, 앞의 논문(각주 114), 9면에서 재인용; 박균성, 앞의 책, 615면 참조.

다.[123] 독일연방최고법원은 입법과정에 참여하는 국회의원은 개개 국민에 대한 제3자 지향의 직무의무를 지지 않는다고 하였는데, 그 근거로는 법률은 일반적·추상적 규율이므로 입법자는 전적으로 공익을 위한 직무를 수행하는 것이지 특정한 제3자를 위한 직무를 수행하는 것은 아니라는 점, 법을 제정함에 있어서 입법자의 제3자 관련 직무의무를 인정한다면 경과실에 의한 직무의무위반에 대해서까지 배상을 하게 되어 국가재정에 중대한 영향을 미치며, 이러한 엄청난 잠재적 배상가능성은 입법자의 정치적 형성의 자유를 제한하게 된다는 점 등을 든다.[124]

입법자의 고의·과실에 대하여 독일의 일부 견해는 국회의원이 합헌성을 심사하는 경우에 필요한 면밀성을 간과하게 되면 적어도 경과실이 고려될 수 있다고 하면서 의원이 위헌적인 법제정행위에 참여한다면 적어도 경과실을 추정할 수 있다는 견해가 있으나,[125] 다수설은 일반적으로 입법자의 과실은 법률제정절차상 악의 혹은 중대한 과실로 헌법을 무시한 경우에만 예외적으로 인정될 수 있으므로 법률의 위헌이 확인된 경우에도 입법자의 과실입증은 현실적으로 거의 기대하기 어려울 것이라고 본다.[126]

2) 프랑스에서는 법률로 인한 손해에 대한 국가의 책임은 관계 법률에 배상을 부정하는 명시적 규정이 없는 경우에만 제기될 수 있고, 일단 공포된 법률에 배상을 부정하는 명시적 규정이 있는 경우에는 국가책임이 인정될 소지가 전혀 없다.[127]·[128] 법률에 명시적 배상규정이 없는 경

---

123) Maurer, Allgemeines Verwaltungsrecht, 9.Aufl., 1993, S. 611f.; 이덕연, 앞의 논문, 16면에서 재인용; 박균성, 앞의 책, 615면 참조.

124) BGHZ 56, 40(44); BGHZ 84, 292(300); BGH VersR 1975, S. 737(738); 강구철, 입법·사법상의 불법과 국가배상에 관한 연구, 법학논총 제16집, 국민대학교법학연구소, 2004, 65~66면에서 재인용.

125) Haverkate, Amtshaftung bei legislativem Unrecht und die Grundrechtsbindung des Gesetzgeber, NJW 1973, S. 444; 정남철, 규범상 불법에 대한 국가책임, 공법연구 제33집 제1호, 한국공법학회, 2004, 551면에서 재인용.

126) 이덕연, 앞의 논문, 18면.

127) 김동희, 한국과 프랑스의 국가보상제도의 비교고찰, 국가배상제도의 제문제(법무자료 제141집), 법무부, 1991, 365~366면.

우 전통적으로는 국가무책임원칙이 지배하고 있었는데, 이는 국민의 총의사의 표현인 법률에 관계 규정이 없는 경우 법원이 이러한 입법자의 의사를 대체하여 국가배상책임을 인정할 수 없음을 근거로 한다. 한편 최고 행정재판소(Conseil d'Etat)는 낙농산업 보호를 위해 우유 대체품의 생산을 금지한 특별법으로 인해 우유 대체품인 그라린을 생산하던 La Fleurette 회사가 손해를 입었다고 주장하며 국가배상을 구한 사건에서, 위 회사가 위 특별법으로 인하여 입은 막대한 손해는 사회 전체에 의하여 분담되어야 하는 것(이른바 공적부담 앞의 평등원칙)이라고 보아 국가배상책임을 인정한 사례가 있으나,[129] 입법에 대하여 국가책임을 인정한 위와 같은 사례는 극소수의 예외적인 경우에 한정되고, 법률제정으로 인한 국가책임은 배상책임을 인정하거나 부정하거나 간에 명문의 규정이 있는 경우에 단순히 이를 적용하는 것으로 족하다고 보며, 입법에 대한 이러한 국가무책임원칙은 법원에 의해 의문시되지 않고 오늘날까지 유지되고 있다고 한다.[130]

  3) 일본의 학설은 입법상 불법에 대한 국가배상책임에 관하여, 입법이 내용적으로 위헌이라면 곧 위법한 직무행위에 해당한다는 견해(위헌즉위법설), 입법의 내용이 헌법규정에 위반한다 하여도 그것을 이유로 곧바로 국회의원의 입법행위가 위법한 것은 아니고 입법에 관한 국회의원의 의무가 개별 국민에 대한 법적의무라고 보아야 하는 특별한 이유가 있다든지, 아니면 당해 국민이 받은 손해가 통상의 위헌입법이나 부작위에 의한 손해와는 구별되는 특수한 것이라든지 하는 특별한 요건을 필요로 한다고 보는 견해(위헌요건가중설), 위헌인 입법을 제정한 경우에는 개개 국민에 대한 관계에서 법적 의무를 위반한 것이므로 국가배상법상의 위

---

128) 사전적 규범통제를 채택하고 있는 프랑스에서는 의회의 표결을 거친 후 공포되기 전에 헌법법원(Conseil constitutionnel)에 의하여 법률의 위헌심사가 행하여지므로(프랑스의 위헌심사에 관하여는 전학선, 프랑스 위헌법률심사의 결정유형과 그 효력, 판례실무연구Ⅳ, 비교법실무연구회, 2000, 62면 이하 참조), 일단 법률이 공포된 후에는 규범통제가 이루어지지 않는다.

129) 김동희, 앞의 논문, 366면.

130) 박균성, 앞의 책, 616면.

법한 행위가 될 수 있으나, 국민의 인권이 관계되지 않은 통치기구영역에 있어서의 위헌입법은 국가배상법상 위법으로 볼 수 없다는 견해(절충설)가 대립한다.[131]

일본 최고재판소 昭和60〈1985〉. 11. 21. 판결은[132] "국회의원은 입법에 관해서는 원칙적으로 국민 전체에 대한 관계에서 정치적 책임을 지는데 그치고, 개별적 국민의 권리에 대응한 관계에 대한 법적 의무를 지는것은 아니라고 할 것으로서, 국회의원의 입법행위는 입법의 내용이 헌법의 일의적인 문언에 위반하고 있음에도 불구하고 국회가 감히 당해 입법을 행사하는 경우와 같이 쉽사리 상정하기 어려운 예외적인 경우가 아닌한 국가배상법 제1조 제1항의 적용상 위법의 평가를 받지 않는다"고 하여 위법성을 부인하였다.[133] 그러나 이후 일본 최고재판소 平成17〈2005〉. 9. 14. 대법정판결은[134] "입법 또는 입법부작위가 국민의 헌법상 권리를 위법하게 침해하는 것이 명백하거나 국민의 헌법상 권리 행사기회를 보장하기 위한 입법조치가 필요불가결하고 그것이 명백함에도 불구하고, 국회가 정당한 이유 없이 장기간에 걸쳐 입법을 게을리하는 경우 등에 있어서는 예외적으로 국회의원의 입법 또는 입법부작위는 국가배상법 제1조 제1항의 적용상 위법의 평가를 받는다"고 하여 국회의원의

---

131) 이상의 일본 학설상 논의는 강구철, 입법사법상의 불법과 국가배상에 관한 연구, 법학논총 제6집, 국민대학교 법학연구소, 2004, 69~71면을 요약한 것이다.

132) 最高裁判所民事判例集 39권 7호, 1512면. 보행이 불편한 자를 위한 재택투표제도가 존재하였다가 공직선거법 개정으로 재택투표제가 폐지되고 재입법되지 아니한 것이 위법한 입법부작위임을 주장하며 국가배상을 구한 사건이다.

133) 여기서 최고재판소가 말하는 예외적인 경우에 해당한다면 당연고의가 성립되는 것이라 하여 위법성과 고의를 일원적으로 판단하는 결과가 된다. 塩野 宏, 앞의 책, 512면.

134) 最高裁判所民事判例集 59권 7호, 2087면. 일본은 공직선거법에서 재외국민투표를 허용하지 않고 있다가 1998년 개정된 공직선거법에서 재외국민투표를 허용하였는데, 다만 위 개정 공직선거법은 부칙 제8조에서 재외국민투표의 허용 범위를 중의원 비례대표 선거 및 참의원 비례대표 선거로 한정하고 있었다. 이에 재외국민인 원고들은 1996. 10. 20. 실시된 중의원 총선거 이래 약 10년 동안 중의원 소선거구 및 참의원 선거구 선거에 대해서는 재외국민투표를 허용하지 않은 국회의원들의 위와 같은 입법 또는 입법부작위가 원고들의 선거권을 침해하는 불법행위임을 주장하며 국가배상을 구하였다.

입법부작위에 대해 국가배상책임을 인정하였다. 위 최고재판소 대법정판
결은 국회의 입법 또는 입법부작위에 대해 국가배상청구가 인정되는 경
우를 실질적으로 확대하였다는 점에서 극히 중요한 판례로 언급되고 있
고,[135] 위 대법정판결은 사실상 위 昭和60〈1985〉. 11. 21. 판결을 변경한
것으로 평가받고 있다.[136]

라. 국내 학설 및 판례의 태도

1) 학   설

국가배상법의 해석상 국회의원이 '공무원'에 해당하고, 입법행위 역
시 국가의 행위로서 '직무행위'에 포함된다는 점에는 학설상 이견이 없다.
그러나 다수의 견해는 입법상 불법으로 인한 국가배상책임의 성립을 소
극적으로 본다. 구체적으로는, ⅰ) 행정청의 구체적 처분에 의하여 개인
의 권익이 침해된 경우와 법률에 의하여 직접적으로 개인의 권익이 침해
된 처분적 법률의 경우를 나누어, 전자의 경우는 행정처분에 따른 국가
배상책임의 문제로서 위헌심사권이 없는 담당공무원의 고의·과실을 인
정하기 어려우므로 국가배상책임이 성립하기 힘들 것이라고 보고, 후자의
경우 입법상 불법의 문제에 해당하나 입법자의 고의·과실을 사실상 인
정하기 어려울 것이라고 보는 견해,[137] ⅱ) 입법상 불법의 문제가 처분적
법률의 경우에 한정되는 것은 아니지만 입법작용으로 인한 국가배상책임
은 국회의원 개개인의 위법 및 과실이 아니라 합의체로서의 국회의 입법

---

135) 판례타임즈, No. 1191(2005. 12. 15.), 147면.
136) 서기석, 국회의 입법행위 또는 입법부작위로 인한 국가배상책임, 행정판례연구
  제14-2집, 박영사, 2009, 223면.
137) 김남진, 입법·사법상의 불법과 국가책임, 국가배상제도의 제문제(법무자료 제
  141집), 법무부, 1991, 579면; 김동희, 앞의 책, 557-558면(판례의 입장과 같이 국
  회의원은 국민에 대해 정치적 책임을 질 뿐이어서 헌법의 문언에 명백히 반함에도
  불구하고 굳이 입법을 한 예외적인 경우가 아닌 한 위법성 및 고의·과실을 인정
  하기 어렵다고 본다); 김성수, 일반행정법, 법문사, 2001, 586면(입법상 불법에 대
  하여는 국가책임 대신 헌법상 보장된 사법적 통제수단인 위헌법률심사와 법률에
  대한 헌법소원제도를 통해 해결되어야 한다고 본다); 박윤흔, 앞의 책, 597-598면;
  장태주, 앞의 책, 610면; 홍준형, 앞의 책, 617면(궁극적으로는 국가배상법 또는 국
  회법의 개정을 통한 입법적 해결이 추구되어야 한다고 본다).

활동상의 위법 및 과실이 문제되므로, 국회 및 국회의원의 입법권 내지 입법형성의 자유를 고려할 때 국회의원의 과실을 인정하는 것이 어렵다고 보는 견해가[138] 있다.

이에 대해 최근의 유력한 견해는 입법상 불법에 대해서도 국가배상책임의 성립이 긍정될 수 있다고 본다. 구체적으로, ⅰ) 처분적 법률이나 개별법률의 경우를 전제로 하여, 개방성을 본질적 특성으로 하는 헌법의 해석상 어려움과 입법자의 폭넓은 형성의 자유에 비추어 위헌법률의 의결에 참여한 국회의원의 과실 입증이 매우 어려울 것이나 입법자의 형성의 자유도 엄연히 헌법이 설정한 한계 내에 있으므로 입법과정 중에 그 위헌성이 여론 또는 법안에 반대하는 국회의원들에 의하여 지적된 경우 또는 그 심각한 하자 때문에 명백한 위헌법률이 제정된 경우에는 과실을 인정할 수가 있다는 견해,[139] ⅱ) 행위자의 과실요건을 객관적으로 파악하는 전제 하에 과실을 입법작용의 객관적인 하자로 파악하거나, 입법기관 전체로 보아 헌법 등 상위법 준수의무 또는 헌법상 입법의무를 인식해야 할 주의의무의 해태를 이유로 과실의 존재를 추정하여야 한다는 견해[140] 등이 있다.

2) 판   례

판례상 위헌법률의 입법으로 인한 손해에 대하여 국가배상책임의 성립을 긍정한 최초의 사건은 이른바 국가보위입법회의법 사건이다.[141] 위

---

138) 박균성, 앞의 책, 694-695면; 이덕연, 앞의 논문, 18면(입법상 불법에 대하여는 국가배상책임이 성립하기 어렵고, 독일 판례법상 발전된 수용유사적 침해에 대한 보상청구권을 도입하여 해결하는 것이 타당하다고 본다).

139) 정하중, 앞의 논문(각주 114), 10면; 정남철, 앞의 논문, 556면.

140) 정영철, 앞의 논문, 52면; 황창근, 행정입법부작위로 인한 국가배상, 행정판례평선, 박영사, 2011, 562-563면; 김병기, 입법적 불법에 대한 국가배상책임 소고-적극적 입법행위를 중심으로-, 행정법연구 제11호, 행정법이론실무학회, 2004. 5., 233면에서는 이러한 경우 과실의 추정을 인정하여야 하고, 그렇지 않을 경우 입법자가 고의로 위헌법률을 제정한 극히 예외적인 경우를 제외하고는 입법상 불법에 대한 배상책임을 인정할 여지가 없게 된다고 한다.

141) 대법원 1996. 7. 12. 선고 94다52195 판결[공1996.9.1.(17),2462], 대법원 1996. 4. 23. 선고 94다446 판결[공1996.6.1.(11),1542].

사건에서 대법원은 국회 소속 공무원들에 대한 면직처분의 근거가 된 국가보위입법회의법 부칙 제4항 후단이 헌법재판소에 의하여 위헌으로 결정되어 그 위헌결정의 소급효로 면직처분이 당연무효가 된 경우, 면직처분이 없었더라면 국회공무원으로서 받을 수 있었던 보수와 퇴직금에 상당하는 금액 및 위자료에 대한 국가배상청구권의 성립을 긍정하였다. 다만 위 사건에서는 위헌법률에 따른 면직처분에 대해 별다른 설시 없이 불법행위를 구성함을 당연한 전제로 삼았고 명시적으로 공무원의 직무상 과실 유무는 판단하지 않았다.[142] 판례가 명시적으로 입법상 불법에 대한 국가배상책임의 성부를 판단한 것은 구 사회안전법 사건이다. 보안처분을 받은 원고들이 보안처분의 근거가 된 구 사회안전법이 죄형법정주의, 무죄추정의 원칙 등 헌법상 원칙에 위반된다고 주장하면서 위자료를 구한 사건에서 대법원은 위 사회안전법의 입법행위에 대해 '우리 헌법이 채택하고 있는 의회민주주의하에서 국회는 다원적 의견이나 각가지 이익을 반영시킨 토론과정을 거쳐 다수결의 원리에 따라 통일적인 국가의사를 형성하는 역할을 담당하는 국가기관으로서 그 과정에 참여한 국회의원은 입법에 관하여 원칙적으로 국민 전체에 대한 관계에서 정치적 책임을 질 뿐 국민 개개인의 권리에 대응하여 법적 의무를 지는 것은 아니므로, 국회의원의 입법행위는 그 입법 내용이 헌법의 문언에 명백히 위반됨에도 불구하고 국회가 굳이 당해 입법을 한 것과 같은 특수한 경우가

---

142) 위 판결과 관련하여, 윤진수, 앞의 논문(각주 60), 178면에서는 국가가 공무원의 신분보장이라는 기본적인 헌법규정을 무시한 채로 임의로 공무원들의 신분을 상실시킬 수 있는 법률을 만들고 이에 기초하여 공무원들을 면직시킨 것은 불법행위가 성립한다고 본다.; 정하중, 앞의 논문(각주 114), 4면에서는 위 대법원 판결의 1심 판결에 대해 국가배상법이 제정된 이래 입법상 불법에 대한 최초의 국가책임을 인정한 획기적인 판례로 소개하고, 다만 판결이유 부분에서 배상요건의 검토가 없는 점을 아쉬운 부분으로 지적하고 있다. 다만 김남진 · 김연태, 앞의 책, 587면에서는 국가보위입법회의법은 처분법률이므로 비교적 쉽게 국가배상책임이 인정되었다고 평가하고 있고, 김광수, 앞의 논문(각주 114), 327면에서는 이 사건은 국가보위입법회의라는 초법적인 기관을 위해 만들어진 법이어서 예외적인 경우에 해당하므로, 이 판결을 계기로 입법적 불법에 대한 국가배상책임이 인정될 수 있으리라는 것은 속단으로 보아야 한다고 한다.

아닌 한 국가배상법 제2조 제1항 소정의 위법행위에 해당된다고 볼 수 없다'고 판시하였는데,[143] 이는 일본 최고재판소 昭和60〈1985〉. 11. 21. 판결의 판시에 영향을 받은 것으로 보인다. 또한 판례는 국군이 1951년 경남 거창 신원면 일대에서 지역주민 수백 명을 사살한 거창양민학살사건 국가배상청구 사건에서, 피해보상을 위한 특별법을 제정하지 않은 입법부작위에 대해 '헌법에 의하여 부과되는 구체적인 입법의무를 부담하고 있음에도 불구하고 그 입법에 필요한 상당한 기간이 경과하도록 고의 또는 과실로 이러한 입법의무를 이행하지 아니하는 등 극히 예외적인 사정이 인정되는 사안에 한정하여 국가배상법 소정의 배상책임이 인정될 수 있으며, 위와 같은 구체적인 입법의무 자체가 인정되지 않는 경우에는 애당초 부작위로 인한 불법행위가 성립될 여지가 없다'고 판시하였다.[144]

마. 소   결

판례가 입법자의 입법행위에 대해 개개의 국민에 대한 법적 의무를 부담하지 않는다고 보고 있는 것은 독일에서의 제3자 관련성 논의의 영향을 받은 것으로 볼 수 있고, 직접적으로는 일본 최고재판소의 입장을 취한 것으로 볼 수 있다. 우리 국가배상법은 제3자 관련성을 명시적으로 규정하고 있지는 않으나, 제3자 관련성의 관점을 직무관련성, 위법성 또는 인과관계에서 논하고 있다. 이를 어떠한 위치에서 논하든 법률의 일반 · 추상적 성격에 비추어 입법상의 불법과 개인이 입은 손해를 직접 연결 짓는 것은 어렵다고 보는 것이 기본적인 시각이다. 또한 법률의 위헌성이 인정되는 경우라 하더라도, 입법자가 부여받은 광범위한 입법형성의 자유라는 실질적 측면과 입법행위가 토론 및 표결 등 합의체로서의 집단적 의사결정을 통해 이루어진다는 절차적인 측면은 입법행위에서의 불법성 자체를 인정하기 어렵게 만든다. 외국을 포함한 다수의 학설 · 판례가 대체로 입법상의 불법에 대한 국가배상책임에 소극적인 것은 위와 같은 입법행위의 특수성 때문이다.

---

143) 대법원 1997. 6. 13. 선고 96다56115 판결[공1997.8.1.(39),2157].
144) 대법원 2008. 5. 29. 선고 2004다33469 판결[손해배상(기)][공2008하,1109].

3. 긴급조치 발령행위와 국가배상책임의 성부

가. 입법행위의 특수성상 국가배상책임을 인정하기는 어려운 것이 일반론임을 인정하더라도, 오늘날 유력한 견해는 법률이 행정청의 구체적인 처분을 요하지 않는 처분적 법률이거나 특정인만을 대상으로 하는 개별법률과 같은 경우에는 직무관련성(내지는 위법성)을 긍정할 수 있다고 보아 예외를 인정하고 있다. 나아가 독일의 유력설은 입법자가 갖는 기본권보호의무를 근거로 국민에 대한 개별적 관계에서도 직무상 의무가 인정된다고 보고 있고, 우리나라에서도 입법자의 헌법준수의무를 근거로 이를 긍정하는 견해가 제시되고 있다. 우리 판례에 의하더라도 입법이 명백히 헌법에 반하는 예외적인 경우에는 국가배상책임의 성립이 긍정되는데, 이러한 논의들은 입법행위에 대해 국가배상책임을 제한하려는 일반적인 논거들이 그 타당성을 상실하는 경우가 있기 때문이다.

나. 긴급조치의 법적 성격과 내용을 고려한다면, 긴급조치에 대해서는 입법상 불법에 관한 원칙적인 논의가 그대로 적용되기 어렵다. 긴급조치의 발령행위를 일반적인 입법 또는 입법부작위와 다르게 보아야 할 당위성은 긴급조치가 국민의 기본권을 최대한으로 제한하는 '형벌규정'이라는 점에서 찾을 수 있다. 아무리 입법형성의 자유가 넓고 법률이 일반 국민을 대상으로 하는 일반·추상적 성격을 갖는다고 하더라도, 국민의 기본권을 침해하지 아니할 의무, 특히 '국민에게 정당한 목적 없이 과도한 형벌을 가하여서는 아니 될 의무'는 법적인 의무인 것이지 단순히 정치적 책임에 불과하다고 볼 수 없다. 통상의 법률에 있어서는 위헌결정의 소급효가 제한되는 반면 형벌규정에 대해서는 소급효를 제한 없이 인정하고 있는 것도 같은 맥락에서 이해할 수 있다. 또한 긴급조치는 처분적 법률 또는 개별법률에 준하는 성격을 갖는다고도 볼 수 있다. 긴급조치는 유신헌법의 개정에 관한 정치적 표현의 자유와 청원권 등의 행사를 전면적으로 금지하면서 이를 위반할 경우 형벌을 부과하는 것을 그 내용으로 하므로, '정치적 표현의 자유와 청원권의 침해'라는 법적 효과는 긴급조치 자

체에 의해 직접적으로 발생한다. 나아가 법적용의 측면에서도 대학생, 재야정치인, 언론 등 유신반대운동을 전개하던 세력을 탄압할 목적으로 발령된 것이고, 긴급조치 제4호는 민청학련 사건에 관한, 긴급조치 제7호는 고려대학교를 대상으로 하는 개별법률이었다. 이러한 점에서 대통령은 형벌규정인 긴급조치의 발령에 관하여는 국민에 대해 정치적 책임이 아닌 법적 의무를 부담한다고 보는 것이 타당하다.

　　다. 다음으로 고의·과실의 요건에 대해서 보면,[145] 대통령의 국가긴급권에 따른 입법은 국회의 입법행위와는 차이가 있다. 통상 국회의 입법행위에 대해 고의·과실을 인정하기 어려운 이유 중 하나는 입법행위가 발의, 상정, 심사, 표결 등 집단적 의사결정 과정을 거치기 때문인데, 국가긴급권의 행사는 대통령이 행사하는 것이므로 위와 같은 집단적 의사결정의 사정은 긴급조치에 대해서는 고의·과실을 소극적으로 보는 근거가 될 수 없다. 다만 국회가 갖는 입법형성의 자유에 대응하여, 국가긴급권은 천재지변, 전시, 사변과 같이 중대한 국가의 위기상황에 대처할 목적으로 헌법상 부여된 비상적 권한이고 그 요건에 대한 판단도 고도의 정치적 결단이 필요하다는 점에서 고의·과실을 제한적으로 인정할 필요성은 있다.[146] 그러나 대통령의 국가긴급권 행사도 헌법과 법률에 위배되지 않아야 함은 법치주의 원리상 분명하므로, 긴급조치가 그 근거가 되는 유신헌법 제53조에서 정한 요건을 갖추지 못하였음이 인정되고, 대통령에게 부여된 폭넓은 재량과 정치적 결단의 폭을 감안하더라도 대통령이 갖는 객관적인 지위에 비추어 긴급조치의 위헌성이 명백하다는 점이 인정된다면, 고의·과실은 긍정될 수 있을 것이다. 대상판결2는 대통령의 긴급조치 행사에 대한 책임이 정치적 책임이라고 보아 이

---

145) 다만 일본의 최고재판소 판결(각주 132, 134)에 따르면, 위 최고재판소 판결에서 인정하는 '예외적인 경우'에는 당연고의가 성립되는 것임은 앞에서 보았다(각주 133).

146) 앞서 본 기존의 입법상 불법에 관한 판례들에서 설시하고 있는 예외적인 경우, 즉 '그 입법 내용이 헌법의 문언에 명백히 위반됨에도 불구하고 국회가 굳이 당해 입법을 한 것과 같은 특수한 경우'가 그 기준이 될 수 있을 것이다.

부분에 대한 판단으로 나아가지는 않았으나, 사견으로는 앞서 유신헌법과 긴급조치의 도입에 관한 역사적 배경에서 보았듯이 긴급조치는 유신체제 및 대통령의 장기집권에 대한 비판을 차단하기 위한 목적으로 발령된 것이어서 목적의 정당성이 결여되었고, 대법원 및 헌법재판소에서 당시의 국내외 정치상황 및 사회상황에 의하더라도 긴급조치가 유신헌법 제53조 제1항에서 정한 발동요건 자체를 충족하지 못하였음이 확인되고 있으며, 긴급조치의 규정 자체를 보더라도 추상적이고 불명확한 단 몇 개의 조항으로 국민의 정치적 표현의 자유, 청원권 행사를 전면적으로 금지하고 그 수단으로 수사에 있어 영장주의를 배제하고 장기간의 징역형까지 부과하도록 규정하였다는 점, 그리고 그러한 수단을 통해 실현하고자 하는 중대한 공익을 상정하기 어렵다는 점에서, 대통령의 긴급조치에 대한 위헌성 인식이 명백하였음을 인정할 수 있다고 본다.[147] 다만 일부 하급심에서 달리 판단하고 있듯이[148] 유신헌법이 규정한 긴급조치의 포괄성과 광범위한 기본권 제한성을 근거로 위헌성에 대한 인식이 명백하였다고 보기 어렵다는 반론도 가능할 것이다.

4. 결   론

입법상 불법에 관한 기존의 판례는 원칙적으로 입법자의 개별 국민에 대한 법적 의무의 성립을 부정하면서도 '입법 내용이 헌법의 문언에

---

147) 다만 유신헌법 제53조 제2항에서 '이 헌법에 규정되어 있는 국민의 자유와 권리를 잠정적으로 정지하는 긴급조치를 할 수 있고, 정부나 법원의 권한에 관하여 긴급조치를 할 수 있다'고 규정하고 있었다는 점에서 긴급조치에 대한 위헌성 인식이 '명백한지'가 문제될 수 있으나, 긴급조치의 발령에 목적의 정당성이 인정되지 아니하고 유신헌법 제53조 제1항에서 정한 발동요건 자체를 갖추지 못하였다고 판단되는 이상, 기본권제한의 수단과 방법에 관한 제53조 제2항을 이유로 그 위헌성 인식에 대한 명백성을 부정하기는 어렵다고 본다. 여기서 위헌성 인식의 기준은 개별적·주관적 관점이 아닌 추상적·객관적 관점에서 본 대통령의 지위를 기준으로 판단되어야 할 것이다.
148) 서울고등법원 2015. 2. 4. 선고 2014나2033039 판결; 서울중앙지방법원 2014. 12. 11. 선고 2013가합544423 판결; 서울중앙지방법원 2014. 12. 11. 선고 2013가합543635 판결(각주 49).

명백히 위반됨에도 불구하고 국회가 굳이 당해 입법을 한 것'과 같은 예외적인 경우에는 국가배상책임이 성립될 수 있다고 보았다. 그럼에도 대상판결2는 긴급조치가 위와 같은 예외적인 경우에 해당되는지 여부를 판단하지 아니한 채 단지 그 입법적 성질에만 기대어 국가배상책임을 바로 부정하였는바 이는 기존의 판례 법리를 과도하게 엄격하게 해석함으로써 입법상 불법에 대한 국가배상책임의 범위를 지나치게 좁히는 것이다. 대상판결2가 설시하고 있는 법리를 처음으로 제시하였던 일본 최고재판소가 2005년 대법정 판결을 통해 재외국민투표를 장기간 허용하지 아니한 입법부작위에 대해서도 국가배상책임을 인정하였던 점과 대조해 보면, 비교적 위헌성이 분명하다고 볼 수 있는 긴급조치(추측컨대 긴급조치의 정도로 위헌성이 표면적으로 드러나는 입법은 앞으로도 존재하지 않을 것이다)에 대해서까지 국가배상책임을 부정한 대상판결2의 설시는 사실상 입법상 불법에 대해 국가의 면책을 인정한 것이라는 비판을 피하기 어렵다.

Ⅵ. 마치면서

대상판결은 과거 긴급조치에 따른 형사처벌을 이유로 한 손해배상 사건에서 오로지 긴급조치가 위헌으로 선언되었다는 사정만으로는 국가배상책임이 성립하지 아니함을 명확히 하였다. 이는 형벌법규가 사후에 위헌으로 판단된 경우 그에 기초하여 이루어진 형사처벌에 대해 국가배상책임이 인정되는지에 관한 최초의 판결로서 중요한 의미가 있을 뿐만 아니라, 긴급조치 위헌 선언 이후 일률적으로 국가배상책임을 인정하여 온 하급심 판결들에 대해 법령해석과 적용에 대한 최고심법원으로서 해석기준을 제시하였다는 점에서, 그리고 수많은 긴급조치 손해배상 사건이 지금도 계속 중이라는 점에서 그 현실적인 영향력과 파급력 또한 상당하다.

대상판결이 다루고 있는 쟁점이 현행 국가배상법의 요건상 법리적 검토가 필요한 부분임은 부인할 수 없다. 하지만 그 결론에 있어서는 고전적·전통적 논의에 입각하여 국가배상책임의 요건을 과도하게 엄격하게 해석하고, 이로 인하여 국가배상책임의 범위를 지나치게 축소시키고 있다고 본다.

　사실 긴급조치와 같이 다수의 피해자가 양산되었던 과거사 사건에 있어 가장 바람직하고 민주적인 해결책은 '입법'을 통한 해결일 것이다. 지난 2012년 말경 국회에는 총 3차례에 걸쳐 긴급조치 피해자들의 명예회복과 피해회복을 내용으로 하는 특별법안이 발의되었으나,[149] 2015년이 지난 현재까지도 위 법률안들에 대한 구체적인 심사나 논의는 이루어지고 있지 않다. 대상판결이 위 특별법에 대한 입법의 필요성을 느끼게 하는 긍정적인 계기가 되기를 바라며 글을 마친다.

---

149) 2012. 10. 16. 발의된 '유신헌법 긴급조치로 인한 피해자 명예회복 및 보상 등에 관한 법률안', 2012. 11. 26. 발의된 '대한민국 헌법 제8호에 근거한 긴급조치로 인한 피해자 명예회복 및 보상 등에 관한 법률안'은 접수만 이루어진 상태이고, 2012. 12. 24. 발의된 '유신헌법하 긴급조치 위반 유죄판결의 일괄무효를 위한 법률안'은 접수 이후 법안심사소위원회, 전체회의를 거쳐 2013. 4. 22. 법제사법위원회에 회부된 상태에 머물러 있다. 출처 : 국회 의안정보시스템(http://likms.assembly.go.kr/bill/jsp/main.jsp, 최종방문일 2015. 4. 30.).

[Abstract]

Unconstitutional criminal law and the state liability : Focused on the Emergency Measure under the Yushin Constitution

Kim, Se Yong*

Recently, the Supreme Court ruled that the investigation authority or judge cannot be seen to have acted intentionally or negligently just for the reason that the presidential emergency measure is unconstitutional and that therefore the state liability does not exist(case 1). Furthermore, the pronouncement of a presidential emergency measure can arouse political responsibilities but not the state liability because such an action does not constitute an unlawful act against an individual(case 2). On these grounds, the Supreme Court concluded that while an emergency measure may be unconstitutional, the state liability doest not exist unless it is proven that the investigation authority exercised cruel treatment such as torture.

Such conclusion is being criticised on the grounds that judicial immunity was granted because the unconstitutionality of the emergency measure was admitted to have taken place but the state liability was denied. State action regarding an emergency action shall be broken down into the pronouncement of an emergency measure, application and enforcement(investigation and prosecution), and the trial process and shall be examined from a legalistic aspect.

---

* Judge, Busan District Court.

First of all, it is the general view that the actions of an investigation agency is not taken intentionally or negligently when such actions are taken in compliance with the unconstitutional law. But in light of the recent discussions regarding the expansion of the state liability, it can be criticised that limiting the responsibility by strictly requiring willfulness and negligence of a government official even in relation to an unconstitutional criminal law is formal logic. Next, although generally a judge's judicial action is immune from the state liability, when seen from a legalistic view, it seems possible to impose such responsibility because the judiciary bears the constitutional duty to protect the people's fundamental rights against unlawful acts of the other state organs. Lastly, regarding the pronouncement of an emergency measure itself, although legislative actions are not subject to civil liability, the duty to not violate the people's fundamental rights through an unconstitutional criminal law is not merely a political duty but a legal duty, and therefore if such a duty has been violated, it shall be deemed as an unlawful act. Denying the state liability based on the legislative character of an emergency measure shall be criticised as granting immunity to a legislative unlawful act.

The cases that denied state responsibility based on 'willfulness and negligence of the government official' and 'legislative character' of the emergency measure shall be criticised. The investigation, prosecution, trial and execution of sentence that follow the pronouncement of an emergency measure should be understood as a series of a state action and shall be subject to the state liability.

[Key word]
- the Yushin constitution(8th constitution)
- emergency measure
- unconstitutional criminal law
- unlawful act of prosecutor
- unlawful act of judge

- unconstitutional legislation
- the state liability

참고문헌

1. 단 행 본

김남진·김연태, 행정법Ⅰ, 법문사, 2014.

김도창, 일반행정법론(상), 청운사, 1992.

김동희, 행정법Ⅰ, 박영사, 2013.

김성수, 일반행정법, 법문사, 2001.

류지태·박종수, 행정법신론, 박영사, 2011.

박균성, 행정법론(상), 박영사, 2013.

박윤흔, 행정법가의(상), 박영사, 2009.

이상규, 신행정법론(상), 법문사, 1994.

이재상, 형사소송법, 박영사, 2004.

장태주, 행정법개론, 법문사, 2011.

정하중, 행정법개론, 법문사, 2012.

홍정선, 행정법특강, 박영사, 2004.

홍준형, 행정법, 법문사, 2011.

편집대표 박준서, 주석민법[채권각칙(7)], 한국사법행정학회, 2000.

사법발전재단, 역사 속의 사법부, 2009. 12.

진실·화해를 위한 과거사정리위원회, 종합보고서Ⅰ, Ⅳ, 2010. 12.

塩野 宏, 日本行政法論(서원우·오세탁 공역), 법문사, 1996.

古崎慶長, 國家賠償法研究, 日本評論社, 1985.

2. 논 문

강구철, "입법사법상의 불법과 국가배상에 관한 연구", 법학논총 제16집, 국민
    대학교법학연구소, 2004.

구상엽, "검사의 불법행위로 인한 국가배상책임-검사의 객관의무를 중심으로-",
    석사학위논문, 서울대학교 대학원, 2003.

권건보, "위헌법률심판의 대상과 관할", 헌법학연구 제19권 제4호, 한국헌법학
    회, 2013.

권순일, "유신헌법에 기한 대통령긴급조치의 위헌 여부 및 위헌심판기관", 정의
　　로운 사법 : 이용훈 대법원장 재임기념, 사법발전재단, 2011.
권혜령, "유신헌법상 긴급조치권과 그에 근거한 긴급조치의 불법성", 법학논집
　　제14권 제2호, 이화여자대학교 법학연구소, 2009.
＿＿＿, "진실·화해를 위한 과거사정리위원회의 불법판결 처리현황에 대한
　　비판적 검토", 헌법학연구 제16권 제2호, 한국헌법학회, 2010.
김광수, "국가배상법 제2조의 법령위반", 공법연구 제26집 제1호, 한국공법학
　　회, 1998.
＿＿＿, "입법적 불법에 대한 국가책임", 현대행정법학이론Ⅱ, 우제 이명구박사
　　화갑기념논문집 간행위원회, 1996.
김기동, "국가배상과 공무원의 개인책임", 법조 제43권 제10호, 1994.
김남진, "입법·사법상의 불법과 국가책임", 국가배상제도의 제문제(법무자료
　　제141집), 법무부, 1991.
김도창, "단명불운의 서독 국가책임법", 국가배상제도의 제문제(법무자료 제141집),
　　법무부, 1991.
김도창·김철용, "우리 나라와 서독의 국가배상법의 비교고찰", 현대공법학의
　　제문제 : 우당윤세창박사정년기념, 우당윤세창박사정년기념논문집 편찬
　　위원회, 1983.
김동희, "블랑꼬판결 이래 프랑스의 국가배상책임의 발달", 공법연구 제6집,
　　한국공법학회, 1984.
＿＿＿, "한국과 프랑스의 국가보상제도의 비교고찰", 국가배상제도의 제문제
　　(법무자료 제141집), 법무부, 1991.
김병기, "입법적 불법에 대한 국가배상책임 소고-적극적 입법행위를 중심으
　　로-", 행정법연구 제11호, 행정법이론실무학회, 2004. 5.
김상국, "무죄판결과 국가배상책임", 판례연구 제15집, 부산판례연구회, 2003.
김선택, "긴급조치의 불법성과 긴급조치위반사건판결의 청산방안", 공법연구
　　제36집 제1호, 한국공법학회, 2007.
＿＿＿, "형식적 헌법의 실질적 위헌성에 대한 헌법재판", 법학논집 제32집,
　　고려대학교 법과대학 법학연구소, 1996.
김성수, "긴급조치 위헌심사권에 대한 관견", 헌법재판의 새로운 지평 : 이강국
　　헌법재판소장 퇴임기념논문집, 박영사, 2013.
김성수, "특수신분 공무원에 대한 국가배상책임의 제한", 재판실무연구 제1998

호, 광주지방법원, 1999.

김승환, "유신헌법하에서의 헌법학 이론", 공법연구 제31집 제2호, 한국공법학회, 2002.

김재형, "법관의 오판과 책임", 법조 제50권 제9호, 법조협회, 2001.

김홍준, "미국에 있어서 사법행위로 인한 국가배상책임", 판례실무연구Ⅴ, 비교법실무연구회, 2001.

박균성, "프랑스법상 사법작용으로 인한 국가배상책임", 판례실무연구Ⅴ, 박영사, 2001.

박순영, "유신헌법에 기한 대통령긴급조치의 위헌성", 형사재판의 제문제 제7권(형사실무연구회편 : 차한성 대법관 퇴임기념), 형사실무연구회, 2014.

박준용, "법관의 재판에 대한 국가배상책임이 인정되기 위한 요건", 판례연구 제16집, 부산판례연구회, 2005. 2.

박진환, "긴급조치 제9호가 해제됨으로써 면소판결을 받은 자가 '형사보상 및 명예회복에 관한 법률'에 따라 형사보상을 받을 수 있는지 여부", 대법원 판례해설 제96호, 법원도서관, 2013.

서기석, "국회의 입법행위 또는 입법부작위로 인한 국가배상책임", 행정판례연구 제14-2집, 박영사, 2009.

서원우, "국가배상법의 입법론상의 제문제", 국가배상제도의 제문제(법무자료 제141집), 법무부, 1991.

설민수, "법관의 재판업무와 관련한 손해배상 책임에 대하여", 사법논집 제34집, 법원도서관, 2002.

손지열, "국가배상에 있어서의 위법성과 인과관계", 민사판례연구 제16집, 민사판례연구회, 1994.

송덕수, "법관의 재판상 잘못과 국가배상책임 : 독일법과의 비교·검토", 민사법학 제19호, 한국사법행정학회, 2001.

오영준, "변호인의 피의자신문참여권에 관한 검사의 법령해석의 오류와 국가배상책임의 성부", 자유와 책임 그리고 동행 : 안대희 대법관 재임기념, 사법발전재단, 2012.

윤진수, "위헌인 법률에 근거한 공무원 면직처분이 불법행위로 되는 경우 그로 인한 손해배상청구권 소멸시효의 기산점", 서울대학교 법학 제38권 제1호(통권 제103호), 법조협회, 1997.

이덕연, "입법불법에 대한 국가책임", 사법행정 제413호, 한국사법행정학회, 1995.

이완규, "검사의 지위와 객관의무", 형사판례연구 제12권, 박영사, 2004.

이영창, "불법행위에 기한 손해배상청구에 대한 소멸시효 항변", 민사재판의 제문제 제22권, 2013.

이일세, "공무원의 직무상 불법행위로 인한 손해배상책임의 요건에 관한 연구 : 과실의 객관화, 입법·사법상의 불법, 선결문제를 중심으로", 강원법학 제9권, 강원대학교, 1997.

_____, "독일 국가배상책임의 법적구조와 그 요건에 관한 연구", 강원법학 제5권, 강원대학교 비교법학연구소, 1993.

_____, "법관의 불법행위와 국가배상책임", 저스티스 제32권 제1호, 한국법학원, 1999.

장영수, "위헌법률심판의 대상으로서의 긴급조치", 헌법재판의 새로운 지평 : 이강국 헌법재판소장 퇴임기념논문집, 박영사, 2013.

전학선, "프랑스 위헌법률심사의 결정유형과 그 효력", 판례실무연구 IV, 비교법실무연구회, 2000.

정남철, "규범상 불법에 대한 국가책임", 공법연구 제33집 제1호, 한국공법학회, 2004.

정상기, "미국의 연방국가배상제도에 관한 연구", 박사학위논문, 연세대학교 대학원, 1994.

정영철, "국회 입법작용에 대한 국가배상책임의 쟁점과 과제", 법학논고 제44집, 경북대학교 법학연구원, 2013.

정태호, "유신헌법에 의한 긴급조치의 위헌제청적격성에 관한 관견", 헌법학연구 제17권 제4호, 한국헌법학회, 2012.

정하중, "국가배상법의 문제점과 개선방향", 서강법학연구 제9권, 서강대학교 법학연구소, 2007.

_____, "국가책임과 공무원책임", 판례월보 제310호, 판례월보사, 1996.

_____, "법관의 재판작용에 대한 국가배상책임", 저스티스 제75호, 한국법학원, 2003.

_____, "입법상의 불법에 대한 국가책임의 문제", 사법행정 통권 제387호, 한국사법행정학회, 1993.

황정근, "법관의 직무행위와 국가배상책임", 대법원판례해설 통권 제46호,

법원도서관, 2004.
황창근, "행정입법부작위로 인한 국가배상", 행정판례평선, 박영사, 2011.

손익상계와 상당인과관계

김 태 균*

■요   지■

정당한 이유 없이 해임된 이사 또는 감사는 상법 제385조, 제415조에 따라 회사를 상대로 잔여 임기 동안의 보수상당액을 해임에 따른 손해배상액으로 청구할 수 있다. 대상판결은 이러한 사안에서 이사 또는 감사가 다른 회사에 취업하여 얻은 소득이 해임과 사이에 상당인과관계가 있다면 이를 손해배상의 범위에서 차감하여야 한다고 판시하였다. 이는 과잉이득 또는 이중이득의 방지를 강조한 입장으로, 이사 또는 감사의 해임 사안에서 손익상계의 법리를 적용하여 중간수입 공제를 긍정한 최초의 판결로서 의미가 있다.

그러나 대상판결의 결론은 정당한 이유도 없이 해임된 이사 또는 감사에게 일방적으로 불리할 뿐만 아니라 종래 상당인과관계를 기준으로 한 손익상계 판결례와도 조화롭지 못한 것이다. 그동안 대법원은 손익상계의 판단기준을 손해의 인정기준과 동일하게 상당인과관계로 설시하여 왔으나, 실제로는 발생한 이득의 예측가능성이나 통상성만으로 판단하지 않고 이득의 발생원인, 피해자의 기여도, 당사자들의 이익상황 및 규범적 정당성 등을 종합적으로 고려하여 왔다.

정당한 이유 없이 해임된 이사 또는 감사가 다른 회사에 취업하여 얻은 이익은 피해자가 자신의 재능과 노력으로 별개의 계약을 체결하여 얻은 이익에 해당하므로, 이를 배상의무자인 회사의 이익으로 귀속시키는 것은 규범적으로 정당하지 않다. 그 결과 이사나 감사가 당초 얻을 수 없었던 이중의 소득을 얻게 되는 문제는 중간수입 중 일부만을 손해에서 차감하는 방법을 통

---

* 대구지방법원 서부지원 판사.

해 해결하는 것이 바람직하다. 이와 같은 방법은 손익상계를 가분적으로 적용하는 것이어서 생소할 수 있으나, 실제로는 대법원이 부당해고된 근로자의 중간수입공제 문제에 관하여 이미 확립한 입장과 유사한 것이다.

[주제어]
- 손익상계
- 상당인과관계
- 이사 또는 감사의 해임
- 중간수입의 공제
- 규범적 정당성
- 이익조정

[투고일자] 2015. 12. 2.
[심사일자] 2015. 12. 14.
[게재확정일자] 2015. 12. 30.

대상판결 : 대법원 2013. 9. 26. 선고 2011다42348 손해배상(기)
　　　　　　[공2013하, 1880]

[사안의 개요]

원고는 2007. 3. 30. 한국전력공사의 자회사인 피고 회사의 상임 감사로 취임하였는데, 정관상 원고의 임기는 취임 후 3년 내의 최종 결산기에 관한 정기주주총회 종결시인 2010. 3. 31.까지이다.

원고는 재직 중 일요일 등 휴무일에 법인카드를 사용하고, 정보수집을 위한 경비로 감사실 직원들에게 배정된 감사정보비를 사용하였으며, 피고 회사의 경비용역 발주업무에 관여하여 계약체결 방법의 변경을 요구하고, 대학원에서 교육과정을 이수하면서 출장비를 수령하였다.

감사원은 한국전력공사와 자회사에 대한 기관운영감사를 실시한 다음 한국전력공사에 대하여 경비 부당집행 및 사적사용 등의 사유를 들어 원고에 대한 인사조치를 요구하였고, 한국전력공사는 2008. 7. 25. 피고 회사에 감사결과처분요구서를 송부하였다. 이에 피고 회사는 2008. 8. 7.자 이사회를 거쳐 같은 달 21일 임시주주총회에서 주주 만장일치로 원고를 감사의 직위에서 해임하는 결의를 하였다.

원고는 2008. 9. 26. 피고 회사를 상대로 정당한 이유 없이 임기만료 전에 원고를 감사의 직위에서 해임하였다며 재임기간 동안 받을 수 있었던 보수 상당액의 손해배상을 구하는 소를 제기하였다. 한편, 원고는 소송계속 중인 2009. 3. 27.부터 다른 회사의 감사로 재직하면서 급여를 수령하였다.

[소송의 경과]

1. 제1심 (서울서부지방법원 2010. 4. 22. 선고 2008가합12798 판결)-
　원고 승소

법원은 상법 제415조, 제385조 제1항 소정의 '정당한 이유'라 함은 이사나 감사가 경영자로서 업무를 집행하는 데 장해가 될 객관적 상황이 발생한 경우를 의미한다고 전제한 후 피고 회사의 감사실에서 업무추진비나 회의비 등을 감사정보비와 혼용하여 사용하여 온 점, 원고가 주말에 피고 회사의 업무와 관련하여 관계인들을 만나는 과정에서 법인카드를 사용한 것으로 보이는 점, 피고 회사가 원고를 해임한 후 업무상 배임 및 횡령 혐의로 형사고소를 하였으나 검찰이 모두 '혐의 없음' 처분을 한 점 등의 사정에 비추어 볼 때 원고가 감사로서 업무를 집행하는 데 장해가 될 만한 객관적인 상황이 발생하였다고 보기 어렵다고 판단하였다.

또한, 법원은 원고가 임기만료 전에 정당한 이유 없이 해임됨으로 인하여 입은 손해는 잔여임기 동안 재직하면서 지급받을 수 있었던 보수 상당액이라고 보아 피고 회사가 이를 배상할 의무가 있다고 판시하였다. 1심에서는 원고가 다른 회사의 감사로 재직하면서 수령한 급여에 관한 손익상계[1] 문제는 쟁점이 되지 않았다.

2. 환송 전 원심(서울고등법원 2011. 4. 29. 선고 2010나46123 판결)- 손익상계 부정

피고 회사가 항소하였으나, 환송 전 원심 역시 원고가 감사정보비, 업무추진비, 출장비 일부를 부적절하게 집행한 잘못이 있다 하더라도 그러한 사유만으로는 감사로서 업무를 집행하는 데 장해가 될 만한 객관적 상황을 인정할 수 없다고 보아 피고 회사의 해임에 정당한 이유가 없다고 판단하였다.

또한, 피고 회사는 원고가 다른 회사에 감사로 재직하면서 지급받은 보수(취임일인 2009. 3. 27.부터 당초 임기만료일인 2010. 3. 31.까지) 약 8,100만 원을 손해배상액에서 공제하여야 한다고 주장하였으나, 환송 전 원심은 '회사는 상법 제415조, 제385조 제1항에 따라 사유여하를 막론하고 감사를 해임할 수 있고, 해임된 감사는 바로 회사와 사이의 위임관계가 종료되어 더 이상 회사를 위하여 위임사무를 처리하여야 할 의무가 없다'며 피고 회사의 공제주장을 배척하였다.

---

1) 손익상계는 이득공제로 대립하여 존재하는 채권에 관하여 당사자의 의사표시에 의하여 개시되는 것이 아니라 손해배상의 범위를 산정하는 과정에서 당연히 이루어지는 것이므로 상계와는 본질적으로 다른 것이지만(곽윤직, 채권총론 제6판, 박영사, 2002, 119면; 김상용, 채권총론 제2판, 화산미디어, 2014, 172면; 이은영, 채권총론 제4판, 박영사, 2009, 750면), 판례의 용례에 따라 '손익상계'라는 표현을 사용한다.

3. 상고심 (대상판결, 대법원 2013. 9. 26. 선고 2011다42348 판결)-
   파기환송

대법원은 상법 제415조, 제385조 제1항에 규정된 '정당한 이유'란 주주와 감사 사이에 불화 등 단순히 주관적인 신뢰관계가 상실된 것만으로는 부족하고, 감사가 그 직무와 관련하여 법령이나 정관에 위반된 행위를 하였거나 정신적·육체적으로 감사로서의 직무를 감당하기 현저하게 곤란한 경우, 감사로서의 직무수행능력에 대한 근본적인 신뢰관계가 상실된 경우 등과 같이 당해 감사가 그 직무를 수행하는 데 장해가 될 객관적 상황이 발생한 경우에 비로소 임기 전에 해임할 수 있는 정당한 이유가 인정된다고 전제한 후 원고에 대한 해임에 정당한 사유가 존재하지 않는다는 원심의 판단을 유지하였다.

그러나 손익상계에 관해서는 '임기가 정하여져 있는 감사가 그 임기만료 전에 정당한 이유 없이 주주총회 특별결의로 해임되었음을 이유로 상법 제415조, 제385조 제1항에 의하여 회사를 상대로 남은 임기 동안 또는 임기 만료시 얻을 수 있었던 보수 상당액을 해임으로 인한 손해배상액으로 청구하는 경우 당해 감사가 그 해임으로 인하여 남은 임기 동안 회사를 위한 위임사무 처리에 들이지 않게 된 자신의 시간과 노력을 다른 직장에 종사하여 사용함으로써 얻은 이익이 해임과 사이에 상당인과관계가 인정된다면 해임으로 인한 손해배상액을 산정함에 있어서 공제하여야 한다'며 환송 전 원심이 손익상계에 관한 법리를 오해하였다고 보아 피고 회사의 패소부분을 파기, 환송하였다.

4. 환송 후 원심 (서울고등법원 2014. 2. 7. 선고 2013나65453 판결)-손익
   상계 긍정

법원은 원고가 피고 회사의 상근감사의 지위에서 해임된 이후 다른 회사의 상근감사로 취임한 점, 감사는 회사에 대하여 선량한 관리자의 주의로써 위임사무를 처리할 의무를 부담하는데 그러한 선관주의의무를 부담하면서 동시에 두 개의 회사에서 감사로 근무하는 것은 실질적으로 곤란한 점 등에 비추어 보면, 원고가 해임 이후 다른 회사에서 감사로 근무하여 얻은 수입은 피고 회사의 감사로서의 위임사무의 처리를 면하게 된 것과 상당인과관계가

있다며 원고가 다른 회사에서 받은 급여 약 8,100만 원을 손익상계의 법리에 따라 손해배상액에서 공제하였다.

5. 환송 후 상고심 (대법원 2014. 6. 12. 선고 2014다22352 판결)-상고 기각

원고가 상고하였으나 대법원은 이를 기각(심리불속행)하였다.

〔研　究〕

Ⅰ. 이사 등의 해임과 손익상계의 문제

상법상 주식회사의 이사는 주주총회의 특별결의에 의하여 언제든지 해임될 수 있지만, 정당한 이유 없이 임기만료 전에 해임된 이사에 대해서는 회사가 손해를 배상하여야 한다(상법 제385조 제1항). 이는 주주의 회사에 대한 지배권 확보와 경영자의 지위안정이라는 대립하는 이익을 조정하기 위한 규정으로, 상법 제415조에 따라 감사의 경우에도 준용된다.

대상판결은 감사의 해임에 따른 손해배상에 관하여 두 가지 중요한 판단을 하였다. 하나는 잔여임기에 관한 보수를 지급하지 않아도 되는 정당한 이유가 무엇인지이고, 다른 하나는 정당한 이유가 인정되지 않는 경우 회사가 배상해야 할 손해액에서 당해 감사가 다른 직장에서 받은 보수를 손익상계의 법리에 따라 공제하여야 하는지 여부이다.[2]

첫 번째 쟁점에 관하여 대법원은 그동안 이사의 해임 사례에서 유사한 판시를 이어 왔고,[3] 대상판결을 통하여 처음으로 감사의 경우에도

---

[2] 손해의 산정방법에 관한 판단도 전제되어 있는데, 대법원은 정당한 이유 없이 해임된 감사가 남은 임기 동안 또는 임기 만료시 얻을 수 있었던 보수 상당액을 손해로 보아야 한다는 1심 및 환송 전 원심의 판단을 유지하였다. 다수설 역시 같은 입장이고 종래부터 하급심(서울고등법원 1978. 7. 6. 선고 77나2669 판결 이래 다수)도 동일한 방법을 적용하고 있다(김택주, "2013년 회사법 판례회고", 상사판례 연구 제27집 제2권, 한국상사판례학회, 2014, 27면 등).

[3] 대법원 2004. 10. 15. 선고 2004다25611 판결, 2004. 12. 10. 선고 2004다25123

같은 법리를 확인하였다. 다만, 회사를 직접 경영하는 이사와 주로 감시 기능을 담당하는 감사의 역할 차이를 반영하여 '회사의 중요한 사업계획 수립이나 그 추진에 실패함으로써 경영능력에 대한 근본적 신뢰관계가 상실된 경우'는 감사해임의 정당한 사유에서 제외되었다.[4]

흥미로운 것은 두 번째 쟁점에 관한 판시로, 대상판결은 손해배상책 임의 원인이 되는 행위로 인하여 피해자가 새로운 이득을 얻었고 그 이 득과 손해배상책임의 원인행위 사이에 상당인과관계가 있는 경우 공평의 원칙상 이를 손해배상액에서 공제하여야 한다는 손익상계의 법리를 확인 한 후[5] 감사의 중간수입이 해임과 사이에 상당인과관계가 인정된다면 이 를 해임으로 인한 손해배상액에서 공제하여야 한다고 설시하였다. 일응 당해 감사가 얻은 이익이 해임과 사이에 상당인과관계가 있는지를 살펴 야 한다며 결론을 열어 두었으나, 실제로는 '당해 감사가 그 해임으로 인 하여 남은 임기 동안 회사를 위한 위임사무 처리에 들이지 않게 된 자신 의 시간과 노력을 다른 직장에 종사하여 사용함으로써 얻은 이익'이라고 성격지운 탓에 상근감사직이 문제된 대상사례에서 달리 판단할 여지는 처음부터 희박해 보인다.[6] 실제로 환송 후 원심도 상당인과관계를 인정 하였으며, 대상판결 이후 하급심들도 유사한 사례에서 모두 상당인과관계 를 인정하고 있다.[7]

손익상계의 법리를 내세운 대상판결의 판단기준은 간결하고 명확하 지만, 결론에 관해서는 의문이 없지 않다. 정당한 이유 없이 해임된 것도

판결, 2011. 9. 8. 선고 2009다31260 판결 등.

4) 노혁준, "2013년 회사법 중요 판례", 인권과 정의 제440호, 대한변호사협회, 2014, 3면.

5) 부당해고와 중간수입공제에 관한 판결이 아니라 손익상계 일반론에 관한 판결 (교통사고 피해자가 노동능력의 상실은 인정되나 종전과 동일한 보수를 지급받는 경우 당해 보수를 손익상계할 수 없다고 본 대법원 1992. 12. 22. 선고 92다31361 판결)을 원용하였다.

6) 이철송, "이사의 해임에 따른 손해배상과 손익상계", 상장 2014년 4월호, 한국상 장회사협의회, 2014, 20면.

7) 인천지방법원 2015. 10. 14. 선고 2015가단206309 판결, 서울중앙지방법원 2014. 5. 1. 2013나28109 판결 등.

억울한데, 본래 회사의 도움 없이 스스로의 노력으로 다른 직장을 구했더니 이번에는 그 보수가 문제된 해임의 결과로 얻은 것이라며 손해배상액에서 공제한다면 저항감이 생길 수 있다. 반면, 손익상계를 부정하면 동시에 2가지 직장의 급여를 얻게 되어 당초에는 얻을 수 없었던 이득을 누리게 되는 것도 사실이다.

때문에 유사한 문제[8]로 부당해고된 근로자의 중간수입 공제문제에 관해서는 예전부터 견해의 대립이 있어 왔고, 대상판결 이전 이사의 해임사례에서 하급심의 결론 역시 엇갈렸다.[9] 대상판결에 대해서도 감사가 얻은 중간수입은 위임사무의 처리를 면하게 된 것과 상당인과관계가 있다며 찬성하는 입장[10]과 새로운 위임계약이라는 별개의 법률관계에 의한 것으로 상당인과관계를 인정할 수 없다며 반대하는 입장[11]이 대립한다. 주목할 것은 어떤 입장이든지 판단기준은 발생한 이득과 해임 사이의 상당인과관계 여부로 동일하다는 점이다.

왜 상당인과관계라는 동일한 기준을 적용하면서도 손익상계에 관한 결론은 상반되는가. 이러한 의문은 손익상계의 인정요건이 무엇인지, 상당인과관계의 판단기준은 무엇인지에 관한 질문이기도 하다. 이하에서는 손익상계의 개념과 취지에 대한 이해를 바탕으로 채무불이행 또는 불법

---

8) 아래에서 보는 바와 같이 근로자의 부당해고 사례에서는 민법 제538조의 적용이 문제되는 경우가 많아 손익상계의 법리를 적용한 대상사례와 차이가 있다. 그러나 두 사례는 분쟁의 실질에 있어서 유사한 측면이 많고, 해결방법에 있어서도 참고할 부분이 적지 않다.

9) 대상판결의 환송 전 원심은 손익상계를 하지 않았고, 울산지방법원 2007. 12. 5. 선고 2006가합6894 판결 역시 상당인과관계를 부정하였다. 위 서울중앙지방법원 2013나28109 판결의 원심인 같은 법원 2013. 5. 24. 선고 2011가단256213 판결은 특별한 판단 없이 다른 직장에서 받은 보수를 손익상계를 하지 않았다. 이와 달리 손익상계를 긍정한 판결례로는 서울중앙지방법원 2011. 4. 12. 선고 2010가합51319 판결, 서울남부지방법원 2010. 4. 30. 선고 2009가합12109 판결 등이 있다.

10) 최문희, "정당한 이유 없이 해임된 이사 및 감사의 손해배상의 쟁점", 선진상사법률연구 제66호, 법무부 법무실, 2014년 4월, 18면; 같은 취지로 노혁준, 전게문, 138면, 다만 손익상계에 관한 상당인과관계의 인정범위에 관해서는 추가적인 논의가 필요하다고 지적한다.

11) 이철송, 전게문, 22면; 같은 취지로 최준선, 회사법 제10판, 삼영사, 2015, 450면.

행위책임이 아니라 법정책임으로 이해되는 상법 제385조에 따른 손해배상 사례에서 손익상계의 법리가 적용될 수 있는지를 검토하고, 손익상계의 판단기준으로서 상당인과관계설의 내용을 살펴본 후 구체적인 판단기준을 확인하고자 한다. 이를 통하여 대법원이 '상당'이라는 명목하에 실제로는 인과관계가 아닌 다른 요소들을 판단기준으로 삼고 있는 것은 아닌지, 나아가 손익상계가 문제되는 사안들을 합리적으로 해결할 수 있는 방법은 무엇인지에 관하여 살펴본다.

II. 손익상계의 성격과 상법 제385조에 대한 적용 가능성

1. 손익상계의 개념과 체계적 지위

손익상계를 손해를 산정하는 당연한 과정의 하나로 볼 것인지, 아니면 일단 확정된 손해에 대한 책임제한 사유로 볼 것인지에 관해서는 다소 혼선이 있다. 학설과 판례는 손익상계의 근거를 손해 자체의 개념에서 찾는 것에서 출발하여 공제할 이익의 요건을 손해와의 강한 연관성에 묶어 두면서도, 손익상계의 효과를 적용하는 국면에서는 가해자의 책임제한 사유로서의 특성을 적지 않게 내세운다. 물론 피해자의 이득을 결국 손해에서 공제한다면 그것이 손해산정의 문제이건 책임제한의 문제이건 차이가 없다. 그러나 위 질문에 대한 입장에 따라 당장 과실상계와 손익상계의 적용 순서에 대한 결론이 달라질 수 있고, 근본적으로는 손익상계의 요건과 효과를 어떻게 파악할 것인지에 대한 입장도 달라질 수 있다. 이는 어디까지가 손해 자체의 산정과정이고 어디부터가 손익상계의 과정인지에 대한 문제이기도 하다. 예컨대, 이사나 감사의 해임에 관한 다수의 판결례에서 잔여 임기에 대한 보수를 손해로 산정하면서 보수액 자체가 아니라 호프만식 계산법에 따라 중간이자를 공제한 후 해임 다음 날의 현가로 환산한 금액의 배상을 명하는데,[12] 손익상계와 손해를 강하

---

12) 서울서부지방법원 2015. 7. 2. 선고 2014가합9120 판결, 춘천지방법원 2014. 11. 26. 선고 2014가합5029 판결, 울산지방법원 2014. 9. 4. 선고 2013가합2111 판결 등. 다만, 대상판결의 1심 및 환송 전후 원심은 보수에 대한 중간이자를 공제하지

게 연계하여 파악하는 종래의 입장에서 중간이자 공제의 계산과정을 손익상계로 설명하는 경우가 적지 않으나, 손익상계 이전의 문제로 손해자체의 산정과정이라는 반론이 있다.[13]

일반적으로 학설은 손익상계란 '채무불이행이나 불법행위와 같은 가해적 사태가 피해자에게 손해를 야기하는 동시에 이익을 가져다주는 경우에 있어서 그 이득을 차감한 손해만을 배상하게 하는 것'이라고 설명한다.[14] 우리 민법에 명문의 규정은 없지만[15] 통설은 가해적 사태가 있기 전후 피해자의 재산상태를 비교하여 손해를 인식하는 차액설의 관점에서 '입은 손해는 전보되어야 하지만 피해자는 가해적 사태가 없었더라면 그가 있었을 가정적 상태보다 더 나은 상태에 놓여서는 안 된다'는 손해배상법의 사상에 따라 당연한 원리로 인정하고 있다.

대법원 역시 '손해배상은 실손해의 전보를 목적으로 하는 것인 만큼 피해자로 하여금 실손해 이상의 이익을 취득하게 하는 것은 손해배상의 본지에 반하는 것이므로 손해를 입은 것과 동일한 원인으로 인하여 이익을 얻을 때에는 그 이익은 공제되어야 한다'고 판시하여 손해배상제도 자체에서 손익상계를 도출하고 있다.[16]

여기에 통상 손익상계는 가해자에게 피해자에 대한 이익반환청구권을 부여하는 것이 아니고[17] 피해자가 얻은 이익은 손해를 산정함에 있어

아니하였다.

13) 오종근, "손익상계", 아세아여성법학 제3호, 아세아여성법학연구소, 2000년 6월, 297면.

14) 편집대표 곽윤직, 민법주해 9 채권(2), 580면; 김형배 외, 민법학강의 제14판, 신조사, 2015, 940면; 지원림, 민법강의 제10판, 홍문사, 2011년, 1108면.

15) 다른 법령에는 손익상계를 명문으로 규정한 경우들이 있는데, 예컨대 국가배상법 제3조의2 제1항의 위임을 받은 같은 법 시행령 제6조는 '손익상계'라는 제목 아래 일실수입에 대한 생활비 공제 등을 규정하고 있고, 학교안전사고 예방 및 보상에 관한 법률 시행령 제20조 역시 유사한 내용을 규정하고 있다. 독일 민법에도 손익상계에 관한 명문의 규정을 두고 있지 않은데 이는 손익상계가 손해의 확정과 관련되어 있으나 손해개념을 법률에 의하여 확정할 수 없기 때문이라고 한다(오종근, 전게문, 298면).

16) 대법원 1978. 3. 14. 선고 76다2168 등 참조; 임건면, "손익상계", 경남법학 제18집, 경남대학교 법학연구소, 2003, 158면.

서 공제되어야 할 계산항목에 불과하며 따라서 가해자는 손해와 이익의 차액만을 배상하면 충분하다는 설명이 덧붙는다. 즉 손익상계는 손해산정의 조작이므로 손해에서 이익을 공제한 잔액에 관하여 하나의 손해배상채권이 성립하는 데 지나지 않는다는 것이다.[18] 판례 역시 손익상계는 변론주의가 적용되지 않는 직권조사사항에 해당하므로 법원은 당사자의 주장을 기다리지 않고 이를 고려하여야 한다고 보았다.[19]

2. 공제할 이득의 요건

손익상계를 손해의 개념과 결합하여 파악하는 이러한 경향은 공제할 이익을 가려내는 기준에 관한 논의에서도 이어진다. 다수설과 판례는 피해자는 가해적 사태로 인하여 얻은 이익 중에서 가해적 사태의 원인과 상당인과관계에 있는 이득만이 손해에서 공제될 수 있다고 한다. 손해배상액의 산정에 있어 손익상계를 허용하기 위해서는 손해배상책임의 원인이 되는 행위로 인하여 피해자가 새로운 이득을 얻고, 그 이득과 손해배상책임의 원인행위 사이에 상당인과관계가 있어야 한다는 것이다.[20]

또한 손익상계에서 문제되는 손해는 피해자가 입은 총손해가 아니라 이익과 대응관계에 있는 손해계정만이 문제된다. 예를 들면 피해자가 가해적 사태가 일어난 이후 새로운 일을 하여 올린 소득은 일실수입 등 손해와의 관계에서만 공제되는 것이지 물건의 손상으로 인한 손해와의 관

---

17) 반면, 부당해고된 근로자의 중간수입 공제에 관하여 적용이 문제되는 민법 제538조 제2항의 경우에는 채무자가 채무를 면함으로써 얻은 이익을 채권자에게 상환하여야 한다고 규정하고 있어 반환청구권을 인정하고 있다.

18) 민법주해 9 채권(2), 581면; 지원림, 전게서 1108면.

19) 대법원 2002. 5. 10. 선고 2000다37296, 37302 판결; 같은 취지로는 이시윤, 신민사소송법 제6증보판, 박영사, 2012, 311면. 같은 취지에서 손해배상의 인정범위가 잘못되었다는 주장에는 손익상계를 하지 아니한 잘못을 다투는 취지가 포함되어 있다는 지적으로는 이주현, "민법 제673조에 의한 도급계약 해제시 도급인이 수급인에게 배상하여야 할 손해의 범위 및 그 경우 수급인의 손해액 산정에 있어서 손익상계의 적용 여부, 위 손해배상액 인정에 있어서 과실상계 및 손해배상의 예정액 감액은 허용되는지 여부와 신의칙 적용 여부", 대법원판례해설 제40호, 법원도서관, 2002, 7면.

20) 위 92다31361 판결 등 참조.

계에 있어서는 공제의 대상이 되지 않는다.[21] 대법원 역시 손익상계가 허용되기 위해서는 손해배상책임의 원인이 되는 행위로 인하여 피해자가 얻은 이득이 배상의무자가 배상하여야 할 손해의 범위에 대응하는 것이어야 한다고 거듭 판시하였다(가해자의 과실로 피해자 소유의 선박이 침몰되어 선체에 있던 어로기구와 비품의 교환가치 상당액을 손해로 인정하는 경우 선박공제금 수령과 폐선비용 면제에 따른 이득은 선체와 주기관에 대한 것으로 어로기구 등에 관한 손해액에서 공제할 수 없다고 본 사례,[22] 고층 아파트의 신축으로 비닐하우스에 일조방해가 발생하여 더 이상 정상적인 경작물의 재배가 어렵게 되어 그 이전비용을 통상 손해로 인정하는 경우 고층 아파트의 신축으로 인하여 비닐하우스 부지의 지가가 상승하였다 하더라도 그 이득은 손익상계의 대상이 되지 않는다고 한 사례[23] 등).

3. 상법 제385조에 따른 손해배상과 손익상계

손익상계는 전통적으로 채무불이행이나 불법행위로 인한 손해배상에 있어서 공평을 추구하는 법리로 형성되고 운영되어 왔는데 이사나 감사의 해임에 따른 손해배상책임은 주주와 이사 등의 이해를 절충하기 위하여 만들어진 법정책임에 해당하고 채무불이행 또는 불법행위와는 무관하므로 손익상계의 법리를 적용할 대상이 아니라는 지적이 있다.[24]

대부분의 학설이 채무불이행과 관련하여 손해배상의 범위와 관련하여 손익상계를 소개한 후 불법행위에 따른 손해배상에 있어서도 마찬가지라는 방식으로 설명하는 것이 일반적이고, 채무불이행이나 불법행위가 아닌 법정책임에 따른 손해배상에 관해서도 손익상계를 적용할 수 있다고 명시적으로 밝히는 경우는 좀처럼 확인하기 어렵다. 그러나 손익상계의 적용이 가능한지 여부는 손해배상책임의 성격보다는 손해배상을 명하

---

21) 임건면, 전게문, 166면.
22) 대법원 2007. 11. 16. 선고 2005다3229 판결.
23) 대법원 2011. 4. 28. 선고 2009다98652 판결.
24) 이철송, 전게문, 20면.

는 목적과 취지가 중요하다. 통설과 판례가 명문의 규정도 없는 손익상계를 인정하는 근거가 피해의 회복과 손해의 공평한 분담이라는 손해배상제도 자체에 있는 만큼 책임의 성격이나 원인이 무엇이든 그 효과로 손해배상을 인정하는 경우에는 손익상계의 적용 가능성은 열려 있다고 볼 수 있다. 손해배상을 규정한 목적이 피해자가 손실을 입은 것을 전보하는 것에서 나아가 제재적, 징벌적 취지를 가지고 있다거나, 실제 손해에 관계없이 무조건 정해진 급부를 보장하고자 하는 경우가 아니라면 손해의 개념 및 공평의 원칙에 비추어 손익상계의 적용을 부정할 이유가 없다.

　　상법 제385조 제1항 본문이 주주총회 결의에 의한 이사의 자유로운 해임을 규정(이를 해임자유제도라 한다)하는 한편 그 단서에서 정당한 이유 없는 해임의 경우 손해배상을 청구할 수 있도록 규정한 취지는 주주의 회사에 대한 지배권 확보와 이사 등의 지위 안정을 조화시키기 위함에 있다.[25] 회사의 면책을 위한 정당한 사유란 그 해임이 합리적이고 상당하다고 인정되는 경우이다. 즉, 대상판례가 설시한 바와 같이 주주와 이사 등 사이에 불화 등 단순히 주관적인 신뢰관계가 상실된 것만으로는 부족하고, 그렇다고 소수주주의 해임청구 사유인 부정행위나 법령·정관의 중대한 위반사실에 그치지는 것은 아니며, 직무의 현저한 부적임이나 정상적인 사무집행의 불능까지 포함된다. 반론이 없지 않으나 회사는 언제든 이사를 해임할 수 있고, 정당한 이유가 없는 경우에도 면책되지 않을 뿐 해임의 성격이 위법하게 바뀌는 것은 아니므로, 위 조항 단서가 정한 손해배상책임을 고의나 과실이 요구되지 않는 법정책임으로 보는 것이 일반적이다.[26]

　　그러나 상법 제385조 제1항 단서 소정의 손해배상책임의 성격이 법정책임이라고 하여 당연히 손익상계가 적용될 수 없는 것은 아니다. 이

---

25) 위 대법원 2004다25611 판결 등 참조.
26) 최기원, 신회사법론 제14대정판, 박영사, 2012, 586면; 이철송, 회사법강의 제23판, 박영사, 2015, 643면.

사 등의 해임에 대하여 손해배상을 규정한 취지는 당해 이사 등이 재임 기간에 걸쳐 기대한 보수를 전보해 주기 위함이다.[27] 거기에서 나아가 적법하게 해임의 자유를 보장받은 회사에 대하여 제재적, 징벌적인 손해 배상을 명하거나, 이사 등이 기대한 보수 상당액을 실제 손해를 가리지 않고 정액으로 보장하기 위한 목적이 있다고 보기는 어렵다. 그렇다면 손해배상제도의 취지에 따라 해임된 이사 등이 기대한 보수상당액의 손 해를 메울 수 있는 다른 이득을 얻은 경우에는 이를 손익공제의 법리에 따라 공제할 수 있다고 봄이 타당하다.[28] 대법원 역시 대상판결 이전에 도 손익상계의 대상이 되는 손해배상책임의 원인을 '채무불이행이나 불법 행위 등'으로 넓게 규정하면서 법정책임의 성격[29]을 가지는 민법 제673조 소정의 손해배상이 문제된 사례에서 손익상계의 적용을 긍정하였다.[30]

Ⅲ. 손익상계의 판단기준으로서의 상당인과관계

1. 손해와 상당인과관계론

손해의 범위를 확정하기 위한 상당인과관계론은 원인과 결과의 관계 에 있는 무한의 사실 중에서 객관적으로 판단해 볼 때 어떤 선행사실로 인하여 보통 발생할 수 있는 후행사실이 있는 경우에 비로소 양자 사이 에 인과관계가 있는 것으로 보아야 한다는 입장이다. 상당인과관계설에 의하면 우연적 사정 내지 특수한 사정으로부터 발생하는 손해는 배상의 범위에서 제외된다. 상당인과관계설은 고찰의 대상이 되는 사정을 누구 를 기준으로 삼을 것인가에 따라 다시 학설이 나뉘는데, 채무자의 주관 에 따라 결정하는 주관적 상당인과관계설, 제3자가 일반적으로 알 수 있 는 사정을 기초로 판단하는 객관적 상당인과관계설, 가해적 행위 당시

---

27) 이철송, 전게서, 643면.
28) 같은 취지 최문희, 전게문, 60면.
29) 편집대표 곽윤직, 민법주해 15 채권(8), 471면.
30) 위 대법원 2000다37296, 37302 판결, 수급인의 손해액(통상 이미 지출한 비용과 일을 완성하였더라면 얻었을 이익의 합산액)에서 도급계약의 해제에 따라 수급인 이 절감한 비용 등을 손익상계의 법리에 따라 공제하여야 한다고 판시하였다.

평균인(보통인)이 알 수 있었던 사정과 채무자 또는 가해자가 특별히 알고 있었던 사정을 함께 고려하는 절충설이 그것이다.[31]

인과관계의 문제를 기본적으로 사실관계의 문제로 접근하는 상당인과관계설[32]과 달리 규범목적설은 상당인과관계설이 사실적 개연성이나 예견가능성만으로 책임을 귀속시키거나 제한하는 것은 획일적일 뿐만 아니라 기준으로서 불명확하며 손해배상의 사회제도적 기능을 고려하지 않은 것이라고 비판한다. 대안으로 규범목적설은 손해배상의 범위를 결정할 때에는 구체적인 손해배상청구권의 근거가 된 규범의 보호목적을 고려하여야 한다고 주장한다. 이에 의하면 배상책임의 한계는 규범의 의미와 그 사정거리에 의하여 결정되어야 하고 일반적인 인과관계의 공식에 따라 결정되는 것이 아니다.[33]

그 밖에 위험성관련설 등도 제기되었으나, 이들 모두 상당인과관계설을 대체하기에는 부족하다는 평가를 받고 있고, 일반적으로 학설은 상당인과관계설을 기본으로 하여 손해의 범위를 확정하고자 한다. 그에 따라 다수의 견해는 민법 제393조 제1항이 상당인과관계설의 원칙을 선언한 것이고, 같은 조 제2항은 특별손해에 관하여 절충설을 따른 것이라고 평가한다.[34] 판례 역시 상당인과관계설에 따라 손해배상책임의 존부 및 범위를 판단하는데(예컨대, 인감도장에 예금계좌의 비밀번호를 표시하는 등의 행위는 예금을 편취당한 은행의 손해와는 상당인과관계를 인정하기 어렵다며 불법행위책임의 성립을 부정한 사례[35] 등), 판결에 따라서는 상당인과

---

31) 장석천, "손해배상법에 있어서의 인과관계이론", 법학연구 제16권 제1호, 충북대학교, 2005; 윤철홍, 전게서 197면; 김상용, 전게서, 159면.

32) 정진세, "이사의 법령위반으로 인한 회사에 대한 책임", 상장협연구 제59호, 한국상장협의회, 2009년 4월, 137면.

33) 윤철홍, 전게서, 199면; 김석진, "손해배상의 범위와 상당인과관계론에 관한 연구", 경기법조 제9호, 수원지방변호사회, 2001, 362면.

34) 민법주해 9 채권(2), 500면 이하; 김석진, 전게문, 359면; 곽윤직, 전게서, 115면; 김상용, 전게서, 160면; 장석천, 전게문, 324면.

35) 대법원 2015. 6. 24. 선고 2014다231224 판결, 그 밖에도 2014. 12. 24. 선고 2013다28629 판결, 2014. 11. 27. 선고 2012다11389 판결, 2014. 7. 24. 선고 2014다200305 판결 등 다수.

관계의 존부만으로 배상범위를 판정하기도 하고, 어떤 경우에는 통상손해와 특별손해의 구별을 설시하기도 한다.[36]

2. 손익상계에 대한 상당인과관계론의 적용의 문제

손해를 판단하기 위한 기준으로서의 상당인과관계설의 내용을 손익상계의 판단기준으로 그대로 활용할 수 있을지에 대해서는 문제가 있다. 판례와 다수의 학설은 손익상계의 대상이 되는 이득의 판단기준 역시 손해의 인정범위에 관한 기준에 대응하는 지위에 있어야 한다며 상당인과관계설로 일관하고자 한다.[37] 이는 손익상계의 근거를 손해의 개념으로부터 도출하는 입장에서 자연스럽고 논리적인 귀결이다.

그러나 실제 손익상계가 문제된 사안을 해결함에 있어서는 상당한 혼선이 발생한다. 무엇보다도 동일한 상당인과관계론을 기준으로 사용하면서도 하나의 사안에 대한 결론이 다르기도 하여 기준이 명확하지 않다는 것이 문제이다. 예컨대, 대상사례와 같이 별도의 보수나 수익을 얻은 경우에 그 이득이 손익상계의 대상에 해당하는지에 관해서 결론이 일치하지 않는다. 보험계약상 이익, 채무를 이행하지 않게 되었기 때문에 다른 계약으로 받은 노임이나 보수 등은 가해적 사태 이외의 별도의 계약원인에 의한 이익으로서 손익상계의 대상이 아니라는 견해[38]도 있으나, 피해자가 투입하지 않게 된 노동력을 타에 사용하여 소득을 얻었다면 손익상계의 법리에 따라 당연히 공제하여야 한다는 견해도 있다.[39] 문제는 이러한 대립되는 입장이 모두 손익상계의 판단기준에 있어서는 하나같이 상당인과관계

---

36) 이은영, 전게서, 302면; 윤철홍, 전게서, 202면.
37) 김현, 인신손해액의 산정에 있어서 손익상계에 관한 연구, 건국대학교 박사학위논문, 1995, 25면.
38) 곽윤직, 전게서, 119면; 지원림, 전게서, 1110면; 윤철홍, 채권총론 개정판, 법원사, 2012, 218면.
39) 도급계약의 해제사례에 관하여 이주현, 전게문, 188면; 근로자의 부당해고사례에 관하여 조성혜, "해고기간의 임금과 기타 수입의 공제-중간수입, 합의금, 실업급여와의 중복을 중심으로-", 노동법학 통권 제32호, 한국노동법학회, 2009년 12월, 544면.

론을 내세운다는 점이다.

같은 기준을 사용한다면서도 결론이 달라지는 이유는 '상당성'이라는 개념 아래 손해를 판단할 때와는 다른 판단요소를 덧붙여 고려하기 때문일 것이다. 대상사례와 관련해서도 '회사에서 이사 또는 감사를 해임하는 일은 흔한 일이고, 손해배상의 실례도 흔하며 해임된 이사 또는 감사가 새 직장을 구하는 것도 통상의 일이다'고 언급하는 동시에 '해임된 이사 또는 감사가 종전의 회사로부터 법적으로 자유로운 신분이 되어 새로운 직업활동을 통해 얻는 보수는 종전의 해임과는 별개의 원인을 이루는 법률관계로 상당인과관계를 인정할 수 없다'고 하는 지적이 있다.[40] 그러나 해임된 이사나 감사가 새로이 직장을 구하는 것이 통상의 일이라면 이는 손해에 관한 상당인과관계론에 의하면 평균인의 입장이나 배상의무자인 회사의 입장에서 충분히 예견할 수 있는 이득으로서 상당인과관계를 긍정하는 것이 옳을 것이다. 그럼에도 손익상계에 반대한다면 이는 종래의 상당인과관계론에서 다루지 않는 다른 기준과 판단요소를 적용하기 때문으로 보지 않을 수 없다.[41]

3. 손익상계를 위하여 고려할 요소

그래서 애초에 손해에 대해서 적용하는 상당인과관계론을 이득에 대해서도 그대로 적용하지 말고 다른 기준이 필요하다는 지적이 제기된다. 반론을 제기하는 착안점들은 조금씩 차이가 있지만, 근본적인 문제의식은 손해에 관한 상당인과관계설이 개연성이 없는 손해는 배상의무자의 지배영역에 있지 않으므로 그 책임범위에서 제외시키는 것이 타당하다는 사고에 기초한 것인데, 이득의 경우에는 처음부터 배상의무자의 지배가능성 여부에 의하여 판단하는 것이 적절하지 않다는 점에 있다.[42] 상당인과관

---

40) 이철송, 전게문, 17면, 21면.

41) 위 평석에서도 상당인과관계를 부정한 후 보완적인 판단기준으로 귀속의 당위론 (채권자로부터 박탈하는 것이 정당하고, 동시에 채무자에게 이전하는 것이 정당한 이익에 한하여 상당인과관계를 인정할 수 있다는 입장)을 덧붙이고 있다.

42) 오종근, 전게문, 302면.

계설은 발생한 손해의 범위를 제한하기 위한 논의로 침해행위로 인하여
발생한 이익의 경우에까지 적용하기에는 어려움이 있다는 것이다.[43]·[44]

　　대안으로 다소 절충적인 입장에서는 우선 배상의무자의 입장에서 통
상 예상할 수 없어 상당성이 없는 이득은 아예 손익상계에서 제외하고,
예상할 수 있는 이득의 경우에는 다시 손해배상의 목적, 당사자들의 이
익상황 등을 고려하여야 한다고 한다.[45] 나아가 상당인과관계론 자체의
불명확성을 비판하며 손해배상제도의 목적인 손해의 합리적 부담을 지도
원리로 하여 각 계약과 규범의 보호목적에 따라 손익상계할 이득을 구체
적으로 판단하여야 한다는 지적도 있다.[46]

　　상당인과관계 외에 규범적인 정당성과 당사자들의 이익상황이나 손
해의 분담을 고려해야 한다는 지적은 손익상계를 인정하는 근거와 목적
에 비추어 볼 때 지극히 타당하다. 손익상계가 문제되는 상황은 가해적
사태로 인하여 피해자에게 손해 외에 이득이 발생한 경우인데, 그 이득
을 그대로 두면 피해자가 손해가 없었을 가정적 상태에 비하여 더 나은
형편에 처하는 불합리가 발생하게 되고, 그렇다고 이를 손해배상의 범위
에서 공제하면 애초에 사태를 초래한 배상의무자가 우연한 이득을 누리
게 되는 문제가 생긴다. 결국 가해적 사태와 상당인과관계를 인정할 수
없는 이득은 애초에 무관한 별개의 것으로 제외하여야 하지만, 상당인과
관계를 인정할 수 있는 이득에 관해서는 가해적 사태를 야기한 사람의

---

43) 임건면, 전게문, 176면.
44) 독일의 경우에도 손해의 판단기준에 관한 상당성 기준을 성질이 다른 이득에 대
　　하여 적용하는 것이 적절하지 않다는 비판이 꾸준히 제기되었다고 한다(Lange,
　　Larenz, Esser/Schmidt 등). 그 대안으로 피해자에게 발생한 이익과 손해 사이에 분
　　리할 수 없는 내적 관계가 존재하는 경우에 한하여 예외적 공제가 가능하다는 견
　　해(Thiele), 배상의무자가 침해된 법익 또는 침해된 계약의무를 이행하려고 하였는
　　가에 따라 손익상계를 결정하여야 한다는 견해(Cantzler) 등이 제시되었지만, 개별
　　사안에 따른 차별화가 요구된다는 점 외에 설득력 있는 기준을 도출하는 데에는
　　실패하였다고 한다(Staudinger/Schiemann, Lange). 임건면, 전게문, 161면 이하에서
　　재인용.
45) 지원림, 전게서, 1110면.
46) 김형배, 전게서, 941면; 이은영, 전게서, 333면.

손해배상의무를 감축시키는 것이 규범적으로 정당한지를 비롯하여 발생한 이득에 대한 피해자의 기여 정도, 이득이 발생한 원인, 당사자들의 이익상황 등을 고려하여 손익상계의 법리를 적용해야 할 것이다.

Ⅳ. 손익상계의 구체적인 판단기준

1. 문 제 점

대법원이 상당인과관계를 기준으로 손익상계 여부를 판단한다는 원칙을 설시한 후 당해 사안에서 상당인과관계가 있다거나 없다는 결론만을 내릴 뿐 상당인과관계를 인정하는 근거에 관해서는 별다른 설명을 하지 않는다. 판례의 설시에 따르면 상당인과관계론은 손익상계의 대상이 되는 이익을 가리는 기준이지만 동시에 결론이기도 하다. 그래서 대법원이 상당인과관계를 판단하기 위한 구체적인 판단기준으로 어떤 요소를 고려하는지를 직접적으로 파악하기는 어렵고, 손익상계에 대한 결론을 토대로 거꾸로 추론해 볼 수 있을 뿐이다. 한 가지 분명한 점은 대법원이 손익상계의 기준으로 내세우는 상당인과관계론이 손해의 범위를 확정하기 위한 상당인과관계론과는 다르다는 것이다. 대법원은 손해의 통상성이나 손해가 발생한 사정에 관한 예견가능성의 문제를 손익상계가 문제되는 이득에 관하여 적용하지 않는다. 오히려 아래에서 살펴보는 바와 같이 인과관계의 문제 외에도 규범적 정당성이나 이득의 공평한 배분의 관점을 다수의 사례에서 반영하고 있다. 대법원 판례가 적용하고 있는 실질적인 손익상계의 판단기준을 이득이 발생한 원인에 따라 3가지 유형(① 제3자나 피해자의 개입 없이 스스로 발생한 이득, ② 제3자가 교부하는 이득, ③ 피해자가 노력하여 취득한 이득)으로 나누어 살펴본다.

2. 1유형-스스로 발생한 이득과 손해에 전제된 이득

가. 일반적인 기준

가해적 사태로 손해가 발생함과 아울러 이를 계기로 피해자나 제3자의 특별한 개입 없이 일정한 이득이 피해자에게 저절로 발생할 수 있다.

경우에 따라서는 가해적 사태로 인한 손해가 동시에 혹은 그에 앞서 이득을 가져다주는 것이어서 표면적으로는 손해를 본 것 같지만 실제로는 손해를 입었다고 보기 어려운 경우도 있다. 예컨대 가해적 사태로 인하여 비용을 절감하게 되는 경우나 가해적 사태로 인한 손해가 문제되는 이득을 전제로 한 경우 등이 이 유형에 해당한다. 어느 경우나 문제되는 이득은 가해적 사태를 당한 피해자가 별도의 노력이나 행동을 통하여 획득한 것이 아니고 제3자가 가해적 사태를 계기로 급부한 것도 아니다. 이러한 이득을 공제하는 것이 순수한 손해산정의 과정인지 손익상계의 과정인지 논란의 여지가 있으나, 어떤 경로이든 손해배상의 범위에서 제외하여야 한다는 결론에서는 차이가 없다.[47] 이 유형에 속하는 이득은 손해와 강하게 결부되어 있기 때문에 손해배상제도의 목적에 비추어 손해에서 공제하는 것이 타당한 경우가 적지 않고, 그렇게 하더라도 가해적 사태를 회복하기 위한 피해자의 노력이 희생되는 문제도 발생하지 않는다. 다만, 여전히 손해와 함께 발생한 이득을 배상의무자가 누리는 결과가 정당한지에 대한 규범적 고려는 필요할 수 있다.

절감된 경비의 대표적인 예로 판례는 사망으로 인한 일실수익을 산정함에 있어 기대수입으로부터 사망자의 생계비를 공제한다(항공기 사고로 사망한 치과의사의 일실수입 산정에서 월 소득수준과 경험칙에 비추어 그 소득액의 1/3을 생계비로 보아 공제한 사례[48] 등). 불법행위로 미성년자가 사망한 경우 성년이 되어 수입이 가능할 때까지의 생활비는 그 친권자나 부양의무자의 부담에 속하는 것으로 미성년자는 자신의 재산으로부터 생계비를 지출할 의무가 없고, 친권자 등이 부양의무를 면하게 됨으로써 얻는 이익은 피해자 자신의 이익이 아니므로 손익상계의 대상이 아니다.[49]

손해에 전제된 이득 역시 피해자나 제3자의 사후적 개입에 의한 이

---

47) 임건면, 전게문, 166면.
48) 대법원 2009. 12. 24. 선고 2008다3527 판결.
49) 대법원 1970. 2. 24. 선고 69다1388.

득이 아니라는 점에서 이 유형에 포섭할 수 있다. 이에 해당하는 경우로 대법원은, 보험모집인이 사실과 달리 보험계약을 설명하여 일단 보험계약이 체결되었으나 보험계약자의 이의로 결국 민원해지가 이루어진 사례에서 보험회사가 정상적 계약의 경우 지급하게 되는 중도해지환급금 이상의 돈을 돌려주어 손해를 입었다면 그에 앞서 보험모집인의 위반행위로 얻은 이익인 보험료를 손익상계의 법리에 따라 손해에서 공제하여야 한다고 판시하였다.[50] 나아가 대법원은 만일 보험모집인은 위반행위가 없었더라도 보험계약이 체결되었을 것이라고 판단한다면 보험회사가 중도해지환급금 이상의 돈을 돌려주어 손해를 입었다 하더라도 이는 보험모집인의 위반행위와 상당인과관계가 없어 처음부터 배상할 의무가 없다고 설시하였다. 이는 손익상계의 근거를 손해의 개념 자체에서 도출하고, 배상대상이 되는 손해 및 그로부터 공제할 이득 모두를 동일한 상당인과관계론에 의하여 파악하는 대법원의 논리를 잘 보여 주는 판결례이다.

나. 장래의 일실이익과 소득세액의 문제

절감된 경비에 해당하지만 손익상계 여부를 두고 판례의 입장에 혼선이 있는 경우도 있다. 가해적 사태로 피해자가 사망하거나 상해를 입어 장래의 일실이익에 대한 손해배상을 인정하는 경우 당초 정상적인 소득이었다면 납부하였을 소득세액을 손익상계할 것인지의 문제가 그것이다. 만약 일실이익으로부터 세금을 공제하지 않고 손해배상금을 정할 경우 피해자나 유족은 가해적 사태가 없었다면 얻을 수 있었던 소득 이상의 이득을 누리는 결과가 되므로 원칙적으로는 이를 공제하는 것이 타당하다.[51] 대법원은 당초 공제한다는 입장[52]과 공제하지 않는다는 입장[53]이 혼재하였는데, 일단 원칙론에 충실하게 공제설로 정리되었다.[54] 소득

50) 대법원 2009. 12. 10. 선고 2009다54706, 54713 판결.
51) 홍기배, 일실이익의 산정과 세금, 대법원판례해설 제1권 제1호, 법원도서관, 1978년 8월, 188면.
52) 대법원 1962. 3. 29. 선고 4294민상1008 판결, 1968. 1. 31. 선고 67다2660 판결 등.
53) 대법원 1967. 2. 28. 선고 67다11 판결, 1968. 11. 5. 선고 68다1771 판결 등.
54) 대법원 1969. 2. 4. 선고 68다2178 전원합의체 판결.

세액은 원래 원천징수하게 되어 있는 것이므로 이를 뺀 나머지가 망인 등의 실제 일실이익으로서 손해배상의 대상이라는 것이 그 이유였다. 이후 대법원은 다시 전원합의체 판결을 통하여 결과적으로 공제하지 않아도 된다는 입장을 취하였으나,[55] '생명이나 신체에 대한 불법행위로 인하여 가동능력의 전부 또는 일부를 상실함으로써 일실하는 이익의 액은 그 피해자가 그로 인하여 상실한 가동능력에 대한 총평가액으로서 소득세 등 제세금액을 공제하지 아니한 금액이라고 봄이 상당하다'고 판시하여[56] 일실이익의 본질을 가동능력상실설에 따라 파악한 것일 뿐,[57] 손익상계에 관한 논리를 직접적으로 변경한 것은 아니다.

이 쟁점에 관해서는 사실 손익상계나 일실이익의 본질에 앞서 현실적인 실무상의 문제가 있다. 하나는 손해배상을 담당한 법원으로서 장래의 일실이익에 대하여 공제할 소득세액 등을 심리함에 부담이 있다는 점이고,[58] 다른 하나는 소득세 관련법령의 개정이 빈번하여 장기간에 걸친 일실이익 산정과정에 정확성이 담보되지 않는다는 점이다. 기실 이득측정의 용이성이나 정확성은 가해적 사태에 대한 상당인과관계와는 무관한 것이지만 손해배상범위의 제한 혹은 조절이라는 기능에 방점을 둔다면 손익상계의 판단기준으로 충분히 고려할 수 있다. 실제로 대법원은 위 전원합의체 판결에 앞서 세금종목이 장래 언제 변경될지 불확실한 만큼 세금을 기대수입에서 공지하지 아니하였다고 하여 위법한 것은 아니라고 판시하기도 하였다.[59]

---

55) 판례의 변경과정에 대한 설명은 홍기배, 전게문, 203면 이하 참조.
56) 대법원 1979. 2. 13. 선고 78다1491 전원합의체 판결, 이에 의하여 위 68다2178 전원합의체 판결은 폐기되었다.
57) 홍기배, 전게문, 206면; 박해성, "노동능력을 상실한 자가 종전 직장에 그대로 다니는 경우의 일실이익", 민사판례연구 제14권, 박영사, 1992, 256면. 가동능력상실설은 종래의 실측주의적 입장을 비판하며 인신의 사상을 하나의 비재산적 손해로 평가하고자 하는 입장을 반영한 것으로, 가동능력 자체는 처음부터 소득세 등의 과세대상이 아니어서 그에 관한 손익상계의 문제가 발생하지 않는다.
58) 손지열, "기대수익상실손해액의 산정에 있어서 세금을 공제할 것인가", 민사재판의 제문제 제1권, 한국사법행정학회, 1977, 95면. 실무상 공제할 세목의 특정, 소득공제 범위의 확정 및 종합소득세제의 반영 등에 있어서 어려움이 컸다고 한다.

한층 근본적인 문제도 있는데, 장래의 일실이익에서 소득세액을 공제하고 손해배상을 명하더라도 그 공제액을 과세관청이 배상의무자로부터 징수하는 절차가 없고 실제로 징수하지도 않는다는 것이다.[60] 다른 한편 소득세액을 공제하지 않고 손해배상을 명하는 경우 역시 피해자에게 소득세 등이 부과되지 않는다.[61] 결국 장래 일실이익에 대한 소득세액은 생각지 않은 이득이 되는데, 이를 손해배상의무자에게 귀속시키는 것이 타당한지 아니면 피해자에게 귀속시키는 것이 타당한지가 가장 근본적인 문제이다. 원래 국가나 지방자치단체에 귀속되어야 할 세액이 피해자의 사망 등 특수한 사정에 따라 징수되지 않게 되었다면 그 이득은 가해적 사태를 야기한 손해배상의무자가 아니라 소득의 본래 귀속주체이자 가해적 사태를 당한 피해자 측에서 누리는 것이 규범적 정당성에 비추어 타당하다. 위 전원합의체 판결은 가동능력상실설에 따른 것이기는 하나 결과적으로 이러한 입장을 취한 것으로 손익상계의 관점에서도 충분히 납득할 수 있다.

다. 이사의 손해배상책임과 손익상계

이사가 고의 또는 과실로 법령 또는 정관에 위반한 행위를 하거나 그 임무를 게을리하여(이하 통틀어 '의무위반행위'라 한다) 손해배상책임을 지는 경우 같은 의무위반행위로 회사에 이득이 발생하였다면 이를 손익상계할 것인지가 문제된다. 이사의 의무위반행위가 회사에 손해를 끼친 경우에도 그로 인하여 법인세 비용이 절감될 수 있고, 손해와 함께 이득을 가져다줄 수 있다(계약의 체결 및 유지나 높은 매출의 달성 등 이사가 처음부터 회사의 이득을 위하여 의무위반행위를 하는 경우도 볼 수 있다). 이렇게 회사가 절감한 비용이나 획득한 이득은 손해와 강하게 결부되어 있을 뿐만 아니라 회사 스스로의 노력에 의하여 얻은 것도 아니므로 기

---

59) 대법원 1978. 9. 26. 선고 78다895 판결.

60) 홍기배, 전게문, 196면.

61) 소득세법은 제21조 제1항 제10호에서 계약의 위약 또는 해약으로 인하여 받은 소득으로서 위약금이나 배상금 등만 기타소득으로 과세하고 있을 뿐 인신의 사상에 따른 일실이익 배상금은 과세소득으로 규정하고 있지 않다.

본적으로는 손익상계의 대상이 된다고 보는 것(또는 처음부터 손해가 없다고 보는 것)이 타당하다.[62] 대법원 역시 보험회사의 대표이사가 대기업으로부터 유치한 대량의 종업원퇴직보험을 유지하기 위하여 수십억 원의 손실을 감수하면서 대출을 시행한 사안에서, 대표이사의 행위가 보험업법 제156조 제1항 제4호가 금지한 이익제공행위에 해당함을 인정하면서도 그 결과 보험회사가 유동성 부족으로 파산하는 것을 면하여 겉으로 드러난 손해 이상의 무형의 이득을 누렸다고 보기 충분하다며 대표이사의 손해배상책임을 부정하였다.[63]

그러나 이사의 의무위반행위의 경위나 내용, 이득발생의 원인 등에 비추어 볼 때 이사의 손해배상 범위에서 해당 이득을 공제하는 것이 공서에 반하는 결과를 초래하는 경우에는 상당인과관계가 인정되는 이득이라 하더라도 손익상계를 부정하는 것이 규범적으로 정당할 수 있다. 사실 대법원은 이사의 의무위반행위로 손해배상이 문제된 사례에서 손해를 발생시킨 행위와 이득 사이에 상당인과관계를 부정하는 경우가 더 많았다.

대표적인 사례로, 대법원은 이사가 회사 소유의 비상장주식을 매도하면서 회사의 손익을 제대로 따져 보지 않은 채 상속세법 시행령만을 근거로 하여 적정가격보다 현저히 낮은 가액으로 거래가액을 결정하여 회사에 손해를 가한 사안에서[64] 피해 회사가 보유주식을 싼 가격에 매도함으로써 법인세를 절감한 사정이 있다고 하더라도 이는 과세관청이 법인세를 부과하지 않음에 따른 것이고 이로써 피해 회사의 손해가 직접

---

62) 이철송, 전게서, 763면.
63) 대법원 2006. 7. 6. 선고 2004다8272 판결. 원심인 서울고등법원 2003. 12. 29. 선고 2003나29540 판결은 대표이사의 경영판단에 관한 재량권을 인정하여 임무해태가 없는 것으로 보았으나, 대법원은 법령위반의 경우 그 자체가 채무불이행에 해당하여 경영판단의 원칙이 적용될 여지가 없다고 하면서도 회사가 손해 이상의 이득을 얻었다고 보아 결과적으로 대표이사의 손해배상책임을 부정하였다. 이와 같은 취지로는 대법원 2005. 7. 15. 선고 2004다34929 판결 등 참조.
64) 이사가 부담하는 주의의무는 업무의 적법성에 그치지 아니하고 합리성 및 효율성에까지 미치는 것이므로 당해 거래가 불공정하여 회사가 손해를 입었다면 임무해태에 해당한다. 이철송, 전게서, 758면 이하.

전보된다고 할 수는 없는 것이어서 이사의 임무해태행위와 사이에 법률상 상당인과관계가 있다고 할 수 없으므로 손익공제의 대상이 아니라고 판시하였다.[65] 이는 규범적 정당성의 측면을 고려할 때 충분히 수긍할 수 있는 결론이다.

다만, 판시 내용과 관련해서는 몇 가지 의문이 든다. 이사가 회사의 자산을 저가에 양도하여 손해를 가하면 법인세 비용의 절감이라는 이득이 생기는 것은 당연하고,[66] 그 부과 여부에 관한 과세관청의 재량이 개입할 여지가 없다. 또한 법인세 절감의 이득은 손해에 저절로 수반되는 것이므로 누구를 기준으로 하든지 예견가능성이 분명하고 회사가 입은 손해의 전보에도 기여함이 분명하다. 그러므로 법인세 절감의 이득과 가해적 사태의 상당인과관계 자체를 부인하기는 어렵고, 공서에 반하여 규범적으로 허용할 수 없을 뿐이라고 보는 것이 타당하다. 때문에 대법원이 손익상계를 허용하지 아니한 결론 자체는 충분히 수긍할 수 있으나, 법인세 절감의 이득이 이사의 임무해태행위 사이에 상당인과관계가 없다고 본 것은 선뜻 납득하기 어렵다.[67] 이는 앞서 본 보험모집인의 설명의무 위반사례(2009다54706, 54713 판결)나 보험회사 대표이사의 보험업법 위반사례(대법원 2005. 1. 28. 선고 2003다69638 판결)에서 적용한 상당인과관계의 기준과도 일관성을 결여한 것이다. 차라리 의무위반행위와 이득 사이에 인과관계가 없다고 할 것이 아니라 공서의 원칙에 비추어 이를 손해에서 공제하는 것이 부당하다고 밝히는 것이 좋았을 것이다.

---

65) 대법원 2005. 1. 28. 선고 2003다69638 판결, 유사한 사안에서 비슷한 판결례로 대법원 2007. 11. 30. 선고 2006다19603 판결 참조.

66) 물론 손실이 계속되는 회사의 경우에는 특별한 사정이 없는 한 법인세 절감의 이득을 누리기 어려울 것이므로 채무면제이익 등 우연한 이득이 생겨 법인세가 절감된다면 이는 특별한 경우로서 규범적 정당성의 문제로 해결하기 전에 상당인과관계를 부정할 수도 있다. 그에 해당하는 사례로 대법원 2007. 11. 30. 선고 2006다19603 판결 참조.

67) 같은 취지로 윤영신, "법령위반행위에 대한 이사의 손해배상책임", 민사판례연구 제33-1권, 박영사, 2011, 759면; 최승재, "부당지원행위와 터널링 규제에 대한 연구－공정거래법상 부당지원행위 규제의 폐지가능성", 규제연구 제18권 제2호, 한국경제연구원, 2009년 12월, 140면.

3. 2유형—제3자가 교부하는 이득

가. 일반적인 기준

손해를 입은 피해자에게 제3자가 급부를 교부하거나 채무를 부담하게 되는 경우가 있다. 이러한 이득은 가해적 사태를 계기로 하여 피해자에게 주어지는 것일 뿐만 아니라 사실상 피해를 전보하는 기능을 수행하게 되는 경우가 많아 손익상계의 대상이 되어야 하는지 문제가 된다. 이경우 피해자가 별도의 노력을 기울여 이득을 획득한 것이 아닌 만큼 손해배상범위를 감축시켜 배상의무자가 이득을 누리게 되는 결과가 과연공평한가의 문제는 다소 후퇴하게 된다. 대신 제3자가 피해자에게 이득을 주는 원인과 목적이 무엇인지, 그 이득이 피해자에게 발생한 손해를전보하는 정도는 어떠한지, 당사자 사이의 이익상황은 어떻게 조정할 것인지 등의 문제가 중요하게 부각된다. 주목할 것은 이러한 요소들이 어느 것이나 상당인과관계와는 직접적인 관련이 없다는 점이다. 대법원 역시 이 유형의 이득에 관해서도 상당인과관계가 있다거나 없다는 이유로손익상계 여부를 판단하지만, 사실은 인과관계 외에 앞서 본 인자들을두루 고려하여 결론을 내리는 것으로 평가할 수 있다.

제3자가 교부하는 이득의 일상적인 예로 불법행위 등에 의하여 피해자가 사망한 경우 유족이 지급받는 조위금의 경우를 들 수 있다. 대법원은 장례 때 받는 부의금이 손실을 전보하는 성질의 것이 아니므로 재산적 손해액산정에서 공제할 수 없다고 하였다.[68] 학설 역시 조위금은 가해적 사태의 원인행위와 무관한 별개의 이익[69]이라거나 출연자에게 가해자를 면책시키려는 의도가 없다[70]는 등 이유로 조위금이 손익공제의 대상이 아니라고 한다. 판례와 학설이 제시하는 근거와 그에 따른 결론은충분히 수긍할 수 있으나, 조위금이 가해적 사태의 원인행위와 상당인과

---

68) 대법원 1976. 2. 24. 선고 75다1088 판결.
69) 지원림, 전게서, 1110면; 이은영, 전게서, 334면; 윤철홍, 전게서 219면.
70) 오종근, 전게문, 329면.

관계가 없는 것인지는 의문이다. 손해에 관한 상당인과관계설을 관철한
다면, 가해적 사태로 피해자가 사망에 이르면 유족이 조위금을 받을 수
있다는 점은 누구를 기준으로 하더라도 예견가능한 것이므로 인과관계를
인정할 여지도 충분하다. 특히 장례비는 사망에 따른 손해배상에서 통상
손해로 인정되는데, 같은 상당인과관계 기준을 적용하면서도 조위금만 인
과관계가 없다고 보는 것은 일관성이 없다. 결국 손익상계에 관하여 상
당인과관계론을 정면에 내세우고 있는 대법원이지만, 실제로는 인과관계
외에 이득의 발생원인과 급부의 목적 등 다른 요인을 고려한다는 점을
이 사안에서도 확인할 수 있다.

나. 보험금과 사회보장적 급여

보험제도와 사회보장제도의 확장에 따라 피해자가 배상의무자에 대
한 손해배상청구권을 취득하는 외에 각종 보험금 또는 사회보장급여 청
구권을 가지는 경우가 적지 않다. 이러한 이득 역시 피해자가 추가적인
노력을 기울여 얻은 것이 아니고 처음부터 가해적 사태를 대비하여 예정
된 급부인 만큼 급부의 목적이나 이익조정의 문제가 전면에 제기된다.
보험금이나 사회보장적 급여는 각각의 성질과 목적, 근거법령의 취지 등
이 상이하기 때문에 일률적인 기준을 정립하기는 어려우나, 대체로 각
급여의 취지와 기능, 손해전보적 성격의 강약, 비용부담의 주체 등을 두
루 고려하여 개별적으로 손익상계 여부를 결정할 필요가 있다.[71] 다만,
급부의 이익조정에 관한 규정이나 다른 보상 및 배상과의 관계에 관한
규정(이하 통틀어 '이익조정규정'이라 한다)[72]이 별도로 마련된 경우에는 그
에 따르면 충분한 것이므로 명문의 규정이 없이 상당인과관계의 존부에
따라 일도양단으로 정해지는 손익상계의 법리를 중복하여 적용할 필요는
없다. 이러한 경우 피해자의 배상의무자에 대한 배상청구권이 감축되는

71) 강정혜, "해외여행시의 스포츠사고와 해외여행보험-대법원 1998. 11. 24. 선고
  98다25061 판결을 중심으로-", 스포츠와 법 제10권 제3호, 한국스포츠엔터테인먼
  트법학회, 2007년 8월, 157면.

72) 상법 제682조, 산업재해보상보험법 제80조, 근로기준법 제87조, 공무원연금법 제
  33조, 국민연금법 제113조·114조, 어선원 및 어선 재해보상보험법 제31조 등.

결과가 이익조정규정에 의한 것이라는 이유로 손익상계의 적용영역이 아니라는 지적도 있으나,[73] 손익상계 역시 피해자의 이중이득을 방지하고 배상의무자와 사이의 이익을 조정하는 기능을 수행하므로 이익조정규정을 손익상계의 법리가 구체화된 것이라고 이해하는 편이 체계적인 접근일 것이다.[74]

배상의무자의 책임으로 보험사고가 발생하였는데 과실상계나 실화책임에 관한 법률 등에 의하여 배상의무자의 책임이 경감되는 한편, 피보험자인 피해자가 보험자로부터 손해보험금을 수령하였으나 여전히 보상받지 못한 손해액이 남아 있는 경우가 있다. 여기서 피해자에 대한 손해보험금을 배상의무자의 손해배상 범위에서 공제하여야 하는지에 관하여 종래 대법원은 '제3자의 피보험자에 대한 손해배상액에서는 피보험자가 지급받은 보험금을 공제하여야 한다. 한편, 그 손해발생에 피보험자의 과실이 있다면 제3자의 피보험자에 대한 손해배상액을 산정함에 있어 과실상계를 먼저 한 다음 보험금을 공제하여야 (한다)…'고 설시하여 결과적으로 공제설을 취하였다.[75]

그런데 최근 대법원은 유사한 사안에서 전원합의체 판결을 통하여 '손해보험의 보험사고에 관하여 동시에 불법행위나 채무불이행에 기한 손해배상책임을 지는 제3자가 있어 피보험자가 그를 상대로 손해배상청구를 하는 경우에, 피보험자가 손해보험계약에 따라 보험자로부터 수령한 보험금은 보험계약자가 스스로 보험사고의 발생에 대비하여 그때까지 보험자에게 납입한 보험료의 대가적 성질을 지니는 것으로서 제3자의 손해배상책임과는 별개의 것이므로 이를 손해배상책임액에서 공제할 것이 아

---

73) 예컨대 손해보험금과 관련하여 사법연수원, 손해배상소송, 2009, 304면은 상법 제682조 소정의 보험자대위 규정이 우선하여 적용되므로 손익상계의 문제로 나아가지 않는다고 한다.

74) 김현, 전게문, 85면 이하에서는 보험금이나 사회보장급여의 공제 여부는 중복전보의 조정문제로 고유한 의미의 손익상계와는 성질이 전혀 다르다고 하면서도, 다른 한편으로 손해액의 조정문제로서 넓은 의미의 손익상계에 해당한다는 점에 이론이 없다고 한다.

75) 대법원 2009. 4. 9. 선고 2008다27721 판결.

니다'고 판시하여 입장을 변경하였다.[76)]

이러한 대법원의 입장변화는 피보험자의 보호를 두텁게 하고, 배상 의무자에게 기대하지 아니한 이득을 부여하지 않을 뿐 아니라, 보험자대 위를 통하여 피보험자의 손해를 초과하는 과잉이득을 방지할 수 있다는 점에서 충분히 납득할 수 있는 결론이다. 다만, 손익상계와 상당인과관계 론을 고집하는 판례의 원칙론과는 조화롭게 이해하기가 쉽지 않다. 대법 원이 지적한 것처럼 손해보험금이 지급되는 원인은 별도의 보험계약에 의한 것이지만, 그러한 이유로 상당인과관계를 부정하여야 한다면 대상사 례와 같이 다른 회사에 임원으로 취임하는 것 역시 별도의 위임계약에 해당하므로 그 보수와 해임 사이에 상당인과관계가 부정되어야 할 것이 다.[77)] 사실 손해보험금은 가해적 사태를 원인으로 지급되는 것이 분명하 고, 처음부터 그러한 손해를 전보할 목적으로 준비된 것이며, 사안에 따 라서는 피보험자의 보험계약을 예견할 수 있는 경우도 적지 않을 것이 다. 따라서 상당인과관계설에 따를 경우 손해보험금이 가해적 사태와 인 과관계가 없는 것이라고 손쉽게 부정할 수 있는 것은 아니고, 실제로 하 급심에서는 손해보험금을 손익상계로 공제하는 경우를 적지 않게 찾아볼 수 있다. 그럼에도 위 2014다46211 전원합의체 판결이 손해보험금을 손 해배상책임에서 공제할 수 없다고 선언할 수 있었던 것은 보험자대위에 관한 대법원의 입장이 차액설(피보험자가 손해의 전액을 회복한 잔액에 한 하여 보험자가 피보험자의 손해배상청구권을 취득한다는 견해로, 대법원은 2012. 8. 30. 선고 2011다100312 판결에서 처음으로 통설과 마찬가지로 차액 설을 채택하였다)로 정리된 것에 근본적인 배경이 있다고 할 것이다. 보 험자대위에 관한 차액설은 절대설(보험자가 피보험자에 우선하여 지급한 보험금의 전액에 이르기까지 피보험자의 손해배상청구권을 취득한다는 견해)

---

76) 대법원 2015. 1. 22. 선고 2014다46211 전원합의체 판결, 위 2008다27721 판결은
    이에 배치되는 범위에서 변경되었다.

77) 실제로 같은 논리를 일관하여 보험금과 중간수입 모두 별개의 계약을 원인으로
    한 것이어서 손익상계를 할 수 없다는 견해로는 윤철홍, 전게서, 218면; 지원림,
    전게서, 1110면.

이나 비례설(보험자가 지급한 보험금액의 손해액에 대한 비율만큼 피보험자의 손해배상청구권을 취득한다는 견해)과는 달리 보험금을 손해배상금에서 공제하지 않아야만 채택할 수 있는 견해이기 때문이다.[78] 물론 종래의 대법원 2008다27721 판결이 과실상계 후 손익상계 긍정설을 취한 것인지, 손익상계를 적용하지 않고 보험자대위에 있어서 절대설을 취한 것인지는 분명하지 않으나, 위 전원합의체 판결을 통하여 차액설과 함께 비공제설을 명확히 할 수 있었다. 여기서 주목할 것은 이익조정규정에 관한 대법원의 입장정리에 따라 보험의 공제 여부에 관한 결론이 변경되었다는 것인데, 이익조정의 방법에 따라서 가해적 사태의 원인행위와 이득 사이의 인과관계가 달라진다는 것은 납득하기 어렵지만 손익상계의 내용이 달라지는 것은 충분히 받아들일 수 있다는 점이다. 이는 손익상계가 단순히 인과관계의 문제에 그치지 않고 이익의 조정 문제를 포함한다는 점을 시사한다.

4. 3유형-피해자가 노력하여 취득한 이득

가. 일반적인 기준

가해적 사태를 계기로 하여 피해자가 자신의 노력을 투입하여 이득을 얻을 수 있다. 예컨대, 매수인의 채무불이행으로 물건을 판매하지 못하게 된 매도인이 다른 방법으로 제3자에게 매도하는 대체거래를 성사시킨 경우나, 대상사례와 같이 피해자가 가해적 사태에도 불구하고 다른 직장에서 임금을 얻는 경우 등이 이에 해당한다. 이러한 유형의 이득은 통상 피해자가 가해적 사태를 계기로 전화위복하여 자신의 노력과 재능을 투입하여 별도의 계약 등을 체결하여 획득한 이득으로서 손해배상의무자가 관여할 수 없는 영역에서 발생한 이득에 해당하여 상당인과관계

---

78) 과실상계 후 손익상계 긍정설은 손익상계를 하지 않고 보험자대위에 관한 절대설을 취하는 경우와 결론이 동일하다. 과실상계 전 손익상계 근정설은 손익상계를 하지 않고 보험자대위에 관한 비례설을 취하는 경우와 결론이 동일하다. 그러나 보험자대위에 관한 차액설의 결론은 손익상계를 긍정하는 견해에서는 보험자대위의 범위를 조절하더라도 도출할 수 없는 결과이다. 상세는 이종호, "손해보험과 손익상계 및 보험자대위", 판례연구 제25집 제2권, 서울지방변호사회, 2011, 252면.

를 인정하기 어려울 뿐만 아니라 그 이득을 배상의무자의 혜택으로 돌리
는 것이 불공평한 면책이 될 공산이 크다. 때문에 학설도 피해자의 노력
에 방점을 두어 이러한 유형의 이득이 손익상계의 대상에 해당하지 않는
다고 보는 것이 일반적이고,[79] 대법원 역시 상당인과관계를 부정하여 손
익상계를 허용하지 않는다. 예컨대, 대법원은 원고의 당밀과 피고의 절간
고구마를 교환하기로 한 계약에서 피고가 채무를 이행하지 아니하자 원
고가 해당 당밀을 가공하여 에틸알코올을 생산, 판매하여 더 큰 이득을
얻은 사안에서 원고가 얻은 이득은 피고의 채무불이행으로 말미암아 얻
은 이익으로 볼 수 없다고 보아 손익상계를 부정하였다.[80] 또한, 대법원
은 행정기관의 위법한 행정지도로 일정기간 양식어업권을 행사하지 못한
손해가 발생한 사안에서 피해자가 양식어업권을 타인에게 매도하여 그
매매대금 상당의 이득을 얻었다 하더라도 이는 손해배상책임의 원인이
되는 행위, 즉 행정기관의 위법한 행정지도와 상당인과관계를 인정할 수
없다며 손익상계를 부정하였다.[81]

    그러나 다른 한편으로는 가해적 사태가 피해자가 이득을 얻게 되는
사실상의 기회가 되었다는 점을 마냥 무시하기는 어렵다. 피해자가 노력
을 기울이는 동기는 손해를 만회하기 위한 경우가 많고, 그 결과 얻은
이익을 그대로 둔 채 손해배상을 명한다면 원래는 양립할 수 없었던 이
득을 모두 누리는 불합리가 발생할 수 있다. 따라서 이러한 유형의 이득
에 관해서는 규범적 정당성을 훼손하지 않는 범위에서 이익상황에 대한
조정이 필요하다. 이와 관련하여 과실상계의 법리를 끌어 오려는 흥미로
운 시도가 있다. 이들 견해는 피해자는 과실상계의 법리에 따라 발생한
손해가 확대되지 않도록 해야 할 의무가 부과되는 것과 마찬가지로 일정

---

79) 김상용, 전게서, 173면.
80) 대법원 1969. 2. 4. 선고 68다1257 판결.
81) 대법원 2008. 9. 25. 선고 2006다18228 판결, 아울러 대법원은 행정기관이 배상
    하여야 할 손해는 위법한 행정지도로 일정기간 어업권을 행사하지 못한 데 관한
    것임에 반하여 발생한 이득은 어업권 자체의 매각대금이므로 그 이득이 손해의 범
    위에 대응하는 것으로 볼 수도 없다고 하였다.

한 이득을 취하기 위해 노력할 의무를 질 수 있으므로 전보행위나 다른 소득활동을 통해 얻은 이익이 그러한 손해감축의무의 범위에 속하는 경우에는 손익상계의 대상이 되고, 그 밖에 있는 경우에는 손익상계의 대상이 아니라고 한다.[82] 다만, 이러한 견해에서도 실제로 피해자가 손해감축의무나 이득획득의무를 부담한다고 인정하는 범위는 흔치 않은 것으로 보이는데, 그래도 과실상계 역시 손익상계와 마찬가지로 공평의 원칙을 구체적으로 표현한 법리임에 비추어 볼 때, 피해자가 노력하여 획득한 이득에 관해서도 손익상계에 의한 이익조정을 시도하는 근거로 과실상계의 법리를 고려할 여지가 있다.

나. 종전 업무를 계속하는 경우 일실손해의 산정

불법행위 등에 의하여 노동능력을 일부 상실한 사람이 종전과 동일한 보수를 유지하거나 심지어 더 높은 보수를 받는 경우에 이를 일실이익 상당의 손해에서 공제할 수 있는지 문제된다.

대법원은 종래 '사고로 인한 부상으로 신체기능의 장애가 생겨 노동능력의 감퇴가 있을 지라도 피해자가 종사하는 직업의 성질로 보아 그 후유증의 정도가 그 직무를 수행함에 있어 뚜렷한 지장을 가져올 정도에 이르지 아니할 정도로 비교적 경미하고, 부상 이전에 비하여 급여, 승진, 승급 등에 있어서 불이익을 받지 않도록 신분보장이 되어 있어 수입의 감소로 인한 손해가 발생할 개연성이 없는 경우에는 손해배상청구가 허용되지 않는다'[83]고 하여, 소득상실설의 입장에서 일실이익에 관한 손해 자체를 인정하지 아니하였다. 그러나 대법원은 입장을 바꾸어 '피해자가 후유증에도 불구하고 종전과 같은 직장에서 종전과 다름없이 수입을 얻고 있다고 하더라도 아무런 재산상 손해도 입지 않았다고 단정할 수 없고, 피해자가 종전과 같은 보수를 지급받았다고 하더라도 그것이 사고와 상당인과관계에 있는 이익이라고 볼 수 없어 손해액에서 그 보수액을 공

---

82) 임건면, 전게문, 171면; 오종근, 전게문, 313면. 다만 실제로 피해자가 손해감축 의무나 이득획득의무를 부담한다고 인정하는 경우는 흔치 않은 것으로 보인다.
83) 대법원 1988. 3. 22. 선고 87다카1958 판결.

제할 것은 아니다'고 판시하였고,[84] 이후 같은 입장을 유지하였다.[85]

이에 관하여 근로자의 신분을 보장하는 제도의 취지와 노동능력을 상실한 피해자의 노력 등에 비추어 볼 때 초과소득을 배상의무자의 이득으로 귀속시키는 것은 형평에 반한다며 판례의 변경된 입장을 지지하는 견해가 있다.[86] 반면, 종전과 동일한 보수를 받고 있음에도 일실이익에 따른 손해를 다시 명하는 것은 과잉배상의 우려가 있다는 지적도 있다.[87] 생각건대, 가해적 사태로 인하여 노동능력을 상실한 사람이 종전과 동일한 수준의 보수를 받더라도 이는 근로조건의 유지에 의한 것이거나 피해자의 노력에 따른 것일 뿐이므로 통상 가해적 사태의 원인행위와 상당인과관계를 인정하기 어려울 것이다. 만일 이러한 이득을 손해에서 차감한다면 결과적으로 손해배상을 명할 수 없고, 이는 현실적으로 노동능력을 상실한 피해자에게 전혀 배상을 명하지 않는 부당한 결론에 이르게 된다. 다만, 노동능력을 상실한 정도나 피해자가 다니던 직장의 특성에 따라서는 종전과 동일한 소득을 유지하는 것이 통상 예견가능한 경우도 있을 수 있고, 향후 소득은 일실이익에 따른 손해를 직접 전보하는 것이므로, 초과소득과 가해적 사태의 상당인과관계를 절대적으로 부인할 것은 아니다. 무엇보다도 피해자가 실제로 일실이익에 따른 손해배상을 받음과 아울러 여전히 직장에 다니며 종전의 보수를 그대로 받는 것은 과잉배상으로서 부당한 측면이 있다. 따라서 이러한 사정을 종합하여 가해자의 손해배상 범위를 일부 제한하는 등 공평의 원칙에 따라 초과소득에 따른 이익을 적절히 배분할 필요가 있다.

다. 부당해고 근로자 중간수입 공제 문제

대상사례와 비교할 수 있는 경우로 부당하게 해고된 근로자가 해고

84) 대법원 1993. 7. 27. 선고 92다15031 판결.
85) 대법원 1990. 2. 27. 선고 88다카11220 판결, 1996. 4. 26. 선고 96다1078 판결, 2006. 12. 22. 선고 2006다48991 판결 등.
86) 오종근, 전게문, 314면.
87) 윤배경, "종전업무 계속 중인 자의 일실수익 인정문제-교통사고 한시장해자로서 재직 중인 자의 일실수익 인정에 대한 제문제-", 법조협회 제45권 제11호, 1996, 154면.

기간 중 다른 직장에 취직하여 얻은 이익, 즉 중간수입이 있는 경우 이를 사용자의 금전지급의무에서 공제할 것인지가 문제된다. 사용자의 퇴직처분이 무효라면 근로자는 사용자의 귀책사유로 근로의 제공을 못한 것이므로 민법 제538조 제1항에 의하여 사용자에게 근로를 정상적으로 제공하였다면 받을 수 있는 반대급부인 임금을 청구할 수 있다. 여기서 근로자의 중간수입이 민법 제538조 제2항 소정의 '채무를 면함으로써 얻은 이익'에 해당한다고 보아 공제할 것인지가 문제인데, 부당해고와 중간수입 사이의 상당인과관계를 인정하는 공제설(근로자가 채무를 면하여 생긴 노동시간을 이용하여 얻은 별개의 수입은 부업적인 것이 아닌 한 부당해고와 상당인과관계를 인정할 수 있다고 한다)[88]과 상당인과관계를 부정하는 비공제설(근로자가 자신의 노동력을 이용하여 얻은 이익을 원래의 노무급부를 불가능하게 한 사용자에게 귀속시키는 것은 타당하기 때문에 상당인과관계를 인정할 수 없다고 한다)[89]이 대립한다. 대법원은 기본적으로 중간수입에 대한 상당인과관계를 인정하면서도 근로기준법 제46조의 취지를 고려하여 휴업수당을 초과하는 범위에서만 공제를 허용하여 일부공제설을 취하고 있다.[90] 또한 대법원은 근로자가 근로계약에 따른 임금을 청구하는 것이 아니라 불법행위에 기한 임금상당액의 손해배상액을 청구하는 경우에는 민법 제538조 제2항 대신 손익상계의 법리를 적용하여 역시 동일한 결론을 도출하면서,[91] 그 근거로 근로관계의 존속을 전제로 한 임금의 청구를 하는 경우뿐만 아니라 손해배상을 청구하는 경우에도 그 손해의 범위를 산정함에 있어서는 손해배상의 일반이론에 따라 손해의 원인이 된 사실과 상당인과관계에 있는 이득을 모두 공제하여야 한다

---

88) 박순성, "위법하게 해고된 근로자의 임금청구와 중간수입공제", 민사판례연구 제14권, 박영사, 1992, 149면; 조성혜, 전게문, 542면.

89) 김형배, "부당해고를 이유로 복직된 근로자에 대한 중간이득공제", 법과 행복의 추구(청암 정경식 박사 화갑기념 논문집), 박영사, 1997년, 90면; 이흥재, "부당해고 구제수단에 있어서의 몇 가지 문제", 노동법연구 제2권 제1호, 서울대학교 노동법연구회, 1992, 66면.

90) 대법원 1991. 12. 13. 선고 90다18999 판결, 1993. 11. 9. 선고 93다37915 판결 등.

91) 대법원 1996. 4. 23. 선고 94다446 판결.

는 점을 들고 있다.

대법원의 일부공제설에 대해서는 민법 제538조와 근로기준법 제46조를 편의에 따라 조합하여 적용하는 것이어서 논리적 일관성이 없고 명문의 규정에도 반한다는 비판이 있으나,[92] 공제설과 비공제설이 가지는 단점을 제한하고 구체적인 사안에서 공평한 해결기준을 제시한다는 점에서 상당한 지지를 받고 있다.[93] 이러한 대법원의 입장과 이에 찬성하는 학설의 태도는 두 가지 점에서 주목할 만하다. 하나는 가해적 사태의 원인행위와 이득 사이의 상당인과관계를 판단함에 있어서 통상성이나 예견가능성을 기준으로 삼는 것이 아니라 규범적 정당성이나 이익상황 등 요소들을 고려한다는 점이다. 다른 하나는 고려요소들이 충돌하는 경우(중간수입을 공제하는 것은 규범적 정당성을 해치고, 공제하지 않는 것은 이중이득을 방지하지 못한다)에는 일부 이득에 대한 손익상계가 구체적 타당성을 도모할 수 있다는 점이다.

V. 사안의 해결

1. 대상판결에 대한 검토

손해에 관한 상당인과관계설을 손익상계에 그대로 적용하는 대법원의 표면적인 원칙론에 충실하자면 대상사례에서 상당인과관계를 인정할 여지가 있는 것도 사실이다. 일률적으로 단언하기는 어렵지만 회사로부터 해임된 이사나 감사가 잔여 임기 중 다른 회사로부터 급여를 수령하는 것이 통상 예견가능하다고 볼 여지도 충분하기 때문이다. 기존 회사에서 해임된 것이 다른 회사에 근무할 수 있게 된 사실상의 원인이 되었다는 점도 무시할 수 없다. 대상판결이 해임된 감사가 남은 시간과 노력을 다른 직장에 투입할 수 있었다는 점을 지적하며 상당인과관계를 인정할 여지를 열어 둔 것은 이러한 점에서 이해할 수 있다.

---

92) 조성혜, 전게문, 533면.
93) 임종률, 노동법 제8판, 박영사, 2009, 539면; 하갑래, 근로기준법 제18판, 중앙경제, 2007, 823면; 지원림, 전게서, 1359면.

그러나 앞서 손익상계의 구체적인 판결례를 통하여 살펴본 바와 같이 대법원은 손해의 범위를 확정하기 위한 상당인과관계설을 손익상계에 관해서는 달리 적용하여 왔다. 즉 이득의 통상성이나 예견가능성을 기준으로 하여서만 판단한 것이 아니라 규범적 정당성과 공평한 이익의 조정 등을 상황에 따라 적절히 고려하여 왔다. 이는 손해와 이득의 본질적인 차이에 주목하여 손해의 확정기준에 수정을 가하는 시도로, 공평한 손해의 분담이라는 손해배상법의 지도원리에 비추어 충분히 지지할 수 있다.

이러한 대법원의 실질적인 손익상계 판단기준에 비추어 볼 때 대상판결의 판단은 다소 수긍하기 어려운 부분이 있다. 무엇보다도 대법원은 앞서 본 바와 같이 가해적 사태로 말미암아 발생한 이득을 배상의무자에게 귀속시키는 것이 공서의 원칙에 반하거나 공평하지 않는 경우에는 상당인과관계를 부정하여 손익상계를 허용하지 않았다. 대상사례에서 회사의 감사에 대한 해임은 당해 감사가 직무를 수행하는 데 장해가 될 객관적 상황이 발생하지 않은 상태에서 이루어진 것으로 정당한 사유가 존재하지 않는다. 그럼에도 해임된 감사의 중간수입을 회사의 이득으로 돌리는 것은 중간수입의 획득과 관련해서 기여한 일이라고는 그저 정당한 이유도 없이 임기 중의 감사를 해임한 것밖에 없는 회사로 하여금 오롯이 그 이득을 누리게 하는 것으로서 결코 공평하다고 볼 수 없다. 특히, 앞서 본 바와 같이 대법원은 임원의 회사에 대한 손해배상책임에 관해서는 같은 원인으로 회사에 발생한 이득이 있고, 가해적 사태의 원인행위와 발생한 이득 사이에 상당인과관계를 부인하기 어려운 경우에도 공서의 원칙이나 규범적 정당성에 비추어 손익상계를 허용하지 않는 경우가 적지 않았다. 그럼에도 반대로 회사가 임원에 대해서 정당한 이유 없는 해임에 대한 손해를 배상할 때에는 규범적 정당성의 심사를 완화하는 것은 회사측에 일방적으로 유리한 것으로 형평에 반한다.

또한, 대법원은 그동안 피해자가 손해를 전보하기 위하여 별도의 노력을 기울인 경우나 별개의 계약을 체결하여 얻은 이익에 대해서는 상당인과관계를 부정하여 왔는데, 이 점에서도 대상판결은 조화롭지 못하다. 채무자의 의무불이행 사태에 직면하여 손해를 입게 된 채권자가 자신의 노력과 수완으로 대체계약을 체결하여 얻은 이득이 채무불이행으로부터 말미암은 것이 아니라고 판단하였다면, 해임된 감사가 자신의 능력으로 새로운 위임계약을 체결하여 얻은 보수 역시 정당한 이유 없는 해임으로 말미암은 것이 아니라고 보는 것이 논리적이다. 또한, 불법행위를 당한 피해자가 지급받은 손해보험금이 별개의 보험계약에 의한 급부로서 불법행위와 상당인과관계가 없다고 판단하였다면, 부당한 해임을 당한 감사가 다른 회사에서 받은 보수 역시 별개의 위임계약에 의한 급부로서 부당한 해임과 상당인과관계가 없다고 보는 것이 논리적이다. 앞서 본 바와 같이 학설이 별개의 계약이라는 하나의 기준에 따라 손해보험금과 중간수입 모두에 대해서 상당인과관계를 부정하는 입장을 취한 것과 비교하면 대상판결이 기존의 판단기준과 일관성을 결여하고 있다는 점을 분명히 확인할 수 있다.

그럼에도 대상판결이 해임된 감사가 다른 회사에서 얻은 보수를 손해배상의 범위에서 공제할 수 있다고 판시한 것은 과잉이득금지에 초점을 둔 것으로 보인다. 또한, 실질적으로는 부당해고된 근로자의 중간수입 공제에 관하여 상당인과관계를 긍정한 기존의 입장으로부터 상당한 영향을 받은 것으로 보인다. 그러나 근로자의 경우에는 근로기준법 제46조의 취지를 고려하여 휴업수당을 초과하는 범위를 한도로 하여 실제로는 적은 부분만을 공제하게 되는데, 위 휴업수당 규정은 근로자가 아닌 임원에 대해서는 적용이 없으므로 결국 해임된 이사나 감사는 중간수입 공제와 관련하여 지나치게 불리한 취급을 받게 된다.

그렇다면 상법 제385조 제1항 후문이 정당한 이유 없는 해임의 경우 손해배상을 청구할 수 있도록 규정하고 있는 취지, 정당한 이유 없이 해임된 이사가 자신의 노력과 재능을 기울여 새로운 보수를 획득한 점, 이는 종래 회사와는 무관한 별개의 위임계약에 기인한 것으로 그 이득을 회사에게 귀속시켜 배상책임을 제한하거나 면제하는 것은 공평의 원칙에 비추어 허용하기 어려운 점 등을 종합하여 볼 때 일도양단의 결론을 선택해야 한다면 해임된 이사나 감사가 얻은 중간수입은 손익상계의 대상이 아니라고 봄이 타당하다. 대상사례는 근본적으로 이사나 감사가 얻은 새로운 보수가 이중이득 혹은 과잉이득에 해당한다고 하더라도 이를 정당한 이유도 없이 해임을 행한 회사가 누릴 것인지 아니면 해임을 당해 부득이 전보행위를 한 임원이 가질 것인지의 문제로 귀착되고, 이에 관해서는 회사가 아니라 당해 임원이 그 이득을 누리는 것이 공평하다고 보지 않을 수 없다.

2. 대안의 모색

이러한 일도양단의 판단을 언제나 고집해야 하는지에 대해서는 의문이 아닐 수 없다. 대상사례에서도 규범적 정당성의 관점에 방점을 두어 손익상계를 부정하는 것이 타당하다고 보았지만, 해임된 이사나 감사가 당초에는 누릴 수 없었던 이득을 얻게 되는 점은 여전히 문제이다. 규범적 정당성의 확보에도 불구하고 이익조정의 필요성은 외면하기 어렵고, 이에 부응하기 위해서는 손익상계의 적용방법에 관한 새로운 접근이 필요하다.

판례는 명문의 규정에도 없는 손익상계를 정당화하기 위한 근거로 손해의 개념을 들고 있고, 그 결과 손해에 관한 상당인과관계론을 손익상계에 대해서도 그대로 적용해야 한다는 판시를 반복하고 있다. 그러나 실제로 손익상계는 손해배상의 범위를 제한하는 기능을 수행하고 있고, 대법원이 과실상계 후에 손익상계를 적용하는 점이나 예견가능성과 차별화된 판단기준을 적용하는 점도 그러한 손익상계의 실질적인 기능에 비추어 수긍할 수 있다. 다만, 여전히 이익조정의 아쉬움이 남는 사례들이 존재하고 근본적으로는 상당인과관계의 판단기준이 명확하지 아니하여 개별적인 사례의 적용에는 어려움이 따른다.

이러한 문제의식에서 손익상계의 대상이 되는 이득과 관련하여 가해적 사태를 원인으로 피해자가 얻은 이익이 손해의 전보에 기여한다면 널리 상당인과관계를 인정하여 손익상계의 대상으로 삼을 수 있도록 하되, 다만 공제의 범위에 관해서는 지금과 같은 일도양단의 선택이 아니라 규범적 정당성과 공서의 원칙, 손익분담의 형평 및 당사자들의 이익상황 등을 고려하여 발생한 이득 중 일부에 대해서만 손익상계를 적용하는 방법을 대안으로 제시하고자 한다. 이에 따르면 대상사례의 경우 감사는 기존 회사의 해임을 계기로 다른 회사에 취임할 수 있었던 것이고, 새로운 보수는 부당한 해임에 따른 손해를 전보하는 기능을 수행하는 것이 분명하므로 그의 중간수입은 회사의 해임과 상당인과관계를 인정할 수 있다. 다만, 감사가 자신의 노력과 재능을 투여하여 얻은 새로운 보수를 모두 회사의 이익으로 돌리는 것은 부당하므로 중간수입 전체를 손익상계할 것은 아니고, 회사가 감사를 해임하게 된 경위, 주주와 경영진의 이해관계를 조정하기 위한 상법 제385조의 취지, 중간수입의 규모와 원래 받을 수 있었던 보수상당액의 비교, 근로자의 중간수입에 대한 일부공제 기준과의 형평성 등을 널리 참작하여 법원이 다른 회사에서 얻은 보수 중 일부만을 손해배상의 범위에서 공제하는 것이 타당하다. 이를 통하여 전부 공제 또는 전부 불공제에 따르는 단점을 제한하고 상충하는 법익들을 조화시켜 공평한 손해배상을 실현할 수 있다. 물론 법원의 재량이 지나치게 확대되고 예측가능성과 법적안정성을 해친다는 우려가 제기될 수 있으나 과실상계의 적용례에서 볼 수 있는 바와 같이 구체적인 사례의 축적을 통해 합리적인 판단기준을 만들어 나갈 수 있으리라 기대한다.

[Abstract]

Profit-loss setoff and Significant causal relationship

Kim, Tae Kyoon*

Directors or auditors, when removed before the end of their terms without legitimate cause, have the rights to claim damages equivalent to the potential earnings for their remaining terms under the section 385, 415 of Korean Commercial Code(KCC). Recent decision of the Supreme Court of Korea(2011Da42348, "Subject decision") held that if the removed directors or auditors have engaged in substitute job and received payment, these interim earnings should be deducted from the damages under the section 385 of KCC provided that the 'significant causal relationship' exists between the removal and the earnings. This Subject decision is based on the view emphasizing on the prevention of excess gain, and it can be noted as the first ruling on how the principle of profit-loss setoff can be applied to the deduction of interim earnings during the back-pay period.

But the conclusion of the Subject decision is not only adverse to the removed directors or auditors, but also discrepant from precedent decisions on profit-loss setoff also applied 'significant causual relationship' principle as well. The Supreme Court of Korea applies the principle of 'significant causal relationship,' which mainly consists of predictability and usuality, as the same criteria for both profit-loss setoff and calculation of damage. But it did not limit the standards only to the predictability and usuality but practically considered overall aspects including the cause of the damage, the sufferer's contribution to the damage, the gain occured from the damage and the nor-

---

* Judge, Western Branch Court of Daegu District Court.

mative legitimacy.

These interim earnings of the removed directors or auditors are generated from separate contractual relationships which was built by the sufferers' own ability and endeavor, irrelevant to the removal. So it is unreasonable to deduct the interim earnings from the damages, especially when it results in the benefit of the corporate which is liable for the unfair removal and the damages cause by it. It is desirable to fix the problem of the excess gain by deducting certain portion of the interim earnings, the deducted portion being determined by the pertinent courts. This may not seem familiar as it applies the profit-loss setoff only partly, but in fact it is analogous to the well-established principle the Supreme Court of Korea has been applying when deducting interim earnings of unfairly dismissed workers.

[Key word]

- Profit-loss setoff
- Significant causal relationship
- Removal of directors or auditors
- Adeduction of interim earnings during the back-pay period
- Normative legitimacy
- Adjustment of profit

참고문헌

1. 단 행 본

곽윤직, 채권총론 제6판, 박영사(2002).
김상용, 채권총론 제2판, 화산미디어(2014).
김형배 외, 민법학강의 제14판, 신조사(2015).
이시윤, 신민사소송법 제6증보판, 박영사(2012).
이은영, 채권총론 제4판, 박영사(2009).
이철송, 회사법강의 제23판, 박영사(2015).
임종률, 노동법 제8판, 박영사(2009).
지원림, 민법강의 제10판, 홍문사(2011).
최기원, 신회사법론 제14대정판, 박영사(2012).
최준선, 회사법 제10판, 삼영사(2015).
하갑래, 근로기준법 제18판, 중앙경제(2007).

편집대표 곽윤직, 민법주해 9 채권(2).
_____, 민법주해 15 채권(8).
사법연수원, 손해배상소송(2009).

2. 논 문

강정혜, "해외여행시의 스포츠사고와 해외여행보험-대법원 1998. 11. 24. 선고 98다25061 판결을 중심으로-", 스포츠와 법 제10권 제3호, 한국스포츠 엔터테인먼트법학회(2007. 8.).
김석진, "손해배상의 범위와 상당인과관계론에 관한 연구", 경기법조 제9호, 수원지방변호사회(2001).
김택주, "2013년 회사법 판례회고", 상사판례연구 제27집 제2권, 한국상사판례 학회(2014).
김 현, "인신손해액의 산정에 있어서 손익상계에 관한 연구", 건국대학교 박사 학위논문(1995).
김형배, "부당해고를 이유로 복직된 근로자에 대한 중간이득공제", 법과 행복의 추구(청암 정경식 박사 화갑기념 논문집), 박영사(1997).

노혁준, "2013년 회사법 중요 판례", 인권과 정의 제440호, 대한변호사협회 (2014).

박순성, "위법하게 해고된 근로자의 임금청구와 중간수입공제", 민사판례연구 제14권, 박영사(1992).

박해성, "노동능력을 상실한 자가 종전 직장에 그대로 다니는 경우의 일실이익", 민사판례연구 제14권, 박영사(1992).

손지열, "기대수익상실손해액의 산정에 있어서 세금을 공제할 것인가", 민사 재판의 제문제 제1권, 한국사법행정학회(1977).

오종근, "손익상계", 아세아여성법학 제3호, 아세아여성법학연구소(2000년 6월).

윤배경, "종전업무 계속 중인 자의 일실수익 인정문제-교통사고 한시장해자 로서 재직 중인 자의 일실수익 인정에 대한 제문제", 법조협회 제45권 제11호(1996).

윤영신, "법령위반행위에 대한 이사의 손해배상책임", 민사판례연구 제33-1권, 박영사(2011).

이종호, "손해보험과 손익상계 및 보험자대위", 판례연구 제25집 제2권, 서울 지방변호사회(2011).

이주현, "민법 제673조에 의한 도급계약 해제시 도급인이 수급인에게 배상하 여야 할 손해의 범위 및 그 경우 수급인의 손해액 산정에 있어서 손 익상계의 적용 여부, 위 손해배상액 인정에 있어서 과실상계 및 손해 배상의 예정액 감액은 허용되는지 여부와 신의칙 적용 여부", 대법원 판례해설 제40호, 법원도서관(2002).

이철송, "이사의 해임에 따른 손해배상과 손익상계", 상장 2014년 4월호, 한국 상장회사협의회(2014).

이흥재, "부당해고 구제수단에 있어서의 몇 가지 문제", 노동법연구 제2권 제1호, 서울대학교 노동법연구회(1992).

임건면, "손익상계", 경남법학 제18집, 경남대학교 법학연구소(2003).

장석천, "손해배상법에 있어서의 인과관계이론", 법학연구 제16권 제1호, 충북 대학교(2005).

정진세, "이사의 법령위반으로 인한 회사에 대한 책임", 상장협연구 제59호, 한국상장협의회(2009. 4.).

조성혜, "해고기간의 임금과 기타 수입의 공제-중간수입, 합의금, 실업급여와의 중복을 중심으로-", 노동법학 통권 제32호, 한국노동법학회(2009. 12.).

최문희, "정당한 이유 없이 해임된 이사 및 감사의 손해배상의 쟁점", 선진상사
        법률연구 제66호, 법무부 법무실(2014. 4.).

최승재, "부당지원행위와 터널링 규제에 대한 연구-공정거래법상 부당지원행위
        규제의 폐지가능성-", 규제연구 제18권 제2호, 한국경제연구원(2009.
        12.).

홍기배, "일실이익의 산정과 세금", 대법원판례해설 제1권 제1호, 법원도서관
        (1978. 8.).

扶養義務의 順位 및 그에 基礎한 求償關係에 관한 研究

이 재 찬*

■요   지■

　　대상판결은 부부 사이의 부양의무는 제1차 부양의무이고 부모의 성년 자녀에 대한 부양의무는 제2차 부양의무라는 전제 하에, 제1차 부양의무는 제2차 부양의무에 대하여 의무이행의 우선순위가 있다고 판시하였는데, 사적 부양의무 사이에 의무이행의 우선순위가 있음을 인정한 최초의 판시로서 상당히 주목할 만한 판결이다.

　　대상판결이 부양의무의 요건·효과 측면에서 부부 사이의 부양의무를 생활유지적 부양의무로, 부모의 성년 자녀에 대한 부양의무를 생활부조적 부양의무로 보는 것은 타당하지만, 독일민법 또는 델라웨어 주법 등과 같이 명시적인 규정이 없는 우리 민법 하에서는 부부 사이의 부양의무와 부모의 성년 자녀에 대한 부양의무 사이에 의무이행의 우선순위가 일률적으로 정해져 있다고 보기는 어렵고, 민법 제976조에 따라 법원에서 재량으로 순위를 정할 수 있다고 보아야 한다.

　　대상판결은 부양당사자 사이의 구상청구의 범위를 구상채무자가 부담하여야 할 부양의무에 한정하면서, 부부 사이의 과거 부양료청구에 관하여는 '이행청구 이후'의 부양료를 청구할 수 있되 특별한 사정이 있는 경우 그 이전의 부양료청구가 가능하며 그러한 경우에도 종합적인 사정을 고려하여 이를 재차 제한할 수 있다고 판시하였다. 그러나 구상청구의 범위는 그 근거규

---

* 서울동부지방법원 판사.

범(부당이득반환, 사무관리, 또는 연대채무자 사이의 구상권 등)에 따라 달리 보아야 하고, 과거 부양료의 경우에도 그 이행청구 이전·이후를 불문하고 넓게 허용하되, 법원에서 구체적·개별적인 사정에 따라서 구체적인 액수를 조정하는 것이 타당하다.

결국 대상판결의 파기 후 환송심판결은 원고가 청구하는 구상금 중 절반 가량을 인용하는 판결을 하였는데, 그 결론에 있어서는 타당하다고 생각되나, 앞서 본 논리에 비추어 원고와 피고의 각 부양의무는 동순위에 있다고 보고, 부양의무자인 원고와 피고 및 부양권리자를 포함한 모든 부양당사자들의 개별적인 사정을 종합하여 부양료의 분담비율을 정하는 것이 구체적 타당성을 도모하는 길이라고 판단된다.

한편, 대상판결은 제2차 부양의무자가 제1차 부양의무자에 대한 구상청구의 관할은 일반 민사법원에 있다고 판시하였는데, 우선순위를 법원에서 재량으로 정할 수 있다는 사견에 의하면, 대상판결의 사안과 같은 경우에도 민법 제976조 이하 규정이 적용 내지 유추적용되고, 가정법원의 전문성, 후견·감독이 필요한 영역이므로 가정법원의 심판사항으로 봄이 타당하다고 생각된다.

[주제어]
- 부양의무의 우선순위
- 제1차 부양의무, 제2차 부양의무
- 부양당사자의 구상관계
- 구상청구의 범위
- 관할
- 부양청구권의 우선순위

[투고일자] 2015. 12. 3.
[심사일자] 2015. 12. 15.
[게재확정일자] 2015. 12. 30.

對象判決 : 대법원 2012. 12. 27. 선고 2011다96932 판결[공2013상, 235]

[事案의 槪要]

• 원고는 소외 甲의 모(母)이고, 피고는 甲의 배우자(2001. 7. 4. 혼인신고, 슬하에 자녀 없음)이다.

• 甲은 2006. 11. 14. 사고를 당하여 경막외 출혈, 외상성 뇌지주막하 출혈, 두개골 골절, 출혈성 뇌좌상 등을 입게 되었고, 그 이후 발생한 의식저하 및 마비증세로 2006. 11. 15. 고려대학교 의료원 안암병원에서 개두술 및 혈종제거술을 받았으며, 현재까지 의식이 혼미하고 마비증세가 지속되고 있다.

• 원고의 甲을 위한 의료비 지출

가. 원고는 甲이 사고를 당한 다음날인 2006. 11. 15.부터 2010. 5. 31.까지 甲의 병원비로 65,650,377원, 2007. 3. 10.부터 2010. 6. 13.까지 甲의 간병비로 98,410,000원 합계 164,060,377원을 지출하였다.

나. 한편 甲은 무배당 PCA 웰빙암토탈케어보험Ⅱ에 가입하여 있었고, 2007. 12.경 甲 앞으로 보험금 80,000,000원이 지급되자, 원고가 보험금 80,000,000원을 수령한 후 이를 甲의 병원비 등에 사용하였다.

다. 원고는 2010. 7.경부터 2012. 3.말까지 甲의 입원비, 치료비로 6,071,490원, 약제비(신경과, 재활과) 등으로 2,358,030원, 甲의 간병비로 56,400,000원 합계 64,829,520원을 지출하였다.

라. 원고는 2012. 4. 2.부터 2012. 9. 26.까지 甲의 간병비로 15,000,000원, 甲의 치료비, 약제비로 2,767,770원 합계 17,767,770원을 지출하였다

• 관련 이혼소송의 진행경과

원고는 2011. 7. 8. 甲의 특별대리인이 되어 피고를 상대로 서울가정법원에 이혼, 위자료 및 재산분할청구를 하였고, 피고도 반소로 이혼 및 위자료청구를 하였는데, '甲과 피고는 이혼하고, 피고는 甲에게 재산분할로 6,500만 원을 지급하라.'는 취지의 판결을 선고되어 확정되었다[서울가정법원 2012. 5. 24. 선고 2011드합6830(본소), 14701(반소) 판결, 서울고등법원 2012. 9. 26. 선고 2012르2033(본소), 2040(반소) 판결, 대법원 2013. 1. 10. 선고 2012므4419(본소), 4426(반소) 판결].

[訴訟의 經過]

1. 1심 (서울북부지방법원 2011. 3. 31. 선고 2010가합9805 판결)

가. 원고 주장의 요지

피고는 甲의 배우자로서 민법 제826조에 의해서 1차적 부양의무를 부담하나, 원고는 성년자녀인 甲의 모이므로 민법 제974조에 의한 2차적 부양의무를 부담한다. 부부 사이의 부양의무는 일방이 경제적 여유가 있을 때에만 부양하는 친족적 부양의무와 달리 무조건적인 부양의무이다. 따라서 원고는 피고가 부담하여야 할 모든 병원 비용과 재활치료비를 대신하여 지급하여 왔으므로 피고는 원고에게 2010. 6.경까지의 위 병원비 등 합계 164,060,377원에서 보험금으로 충당한 80,000,000원을 제외한 나머지 84,060,377원을 부당이득금 또는 구상금으로 반환하여야 할 의무가 있다.

나. 1심법원의 판단 : 원고 청구 기각

1심법원은, 민법 제976조 제1항, 제977조 등에 비추어 볼 때, 수인의 부양의무자가 존재하는 경우에는 합의 또는 당사자의 청구에 따른 법원의 결정에 의하여 부양의 순위, 부양의 정도, 방법이 정해져야 하는 것이고, 배우자라 하여 부양 받을 자의 부모 또는 성년인 자녀 등 다른 부양의무자가 있음에도 자신의 재산 상태, 수입 정도, 생활수준 기타 제반 사정과 무관하게 무조건적인 부양의무를 부담한다고 할 수 없으므로, 부양의무자인 원고가 아들인 甲을 위하여 이미 지출한 병원비 등은 자신의 부양의무를 이행한 것에 불과하고 피고의 의무를 대신하여 이행한 것은 아니라 할 것이며, 이로 인하여 원고에게 재산상 손해가 있었다거나 피고에게 재산상의 이득이 있었다고도 볼 수 없다는 이유로 원고의 청구를 기각하였다.

2. 원심 (서울고등법원 2011. 10. 11. 선고 2011나34073 판결)

• 원심법원의 판단 : 항소 기각

원심법원은 아래와 같은 이유로 원고의 항소를 기각하였다.

가. 민법 제826조 제1항에 규정된 부부간의 상호부양의무는 부양을 받을 자의 생활을 부양의무자의 생활과 같은 정도로 보장하는 것을 의미하는 생활유지적 부양으로서 부부의 일방에게 부양을 받을 필요가 생겼을 때 당연히 발생되는 것인 반면, 민법 제974조에 규정된 친족간의 부양의무는 부양의무

자가 자기의 사회적 지위에 상응하는 생활을 하면서 여유가 있음을 전제로 하여 부양을 받을 자가 그 자력 또는 근로에 의하여 생활을 유지할 수 없는 궁핍상태에 있는 것을 지원하는 것을 의미하는 생활부조적 부양이라고 할 것이다.

나. 그러나 이는 부양의무의 발생 요건에 관한 것일 뿐이고, 일단 이러한 요건을 충족하여 부양의무가 발생한 경우에 배우자의 부양의무가 친족간의 부양의무보다 항상 우선한다고 볼 민법상 근거가 없으며, 나아가 민법 제976조, 제977조에 의하면, 민법 제974조에 규정된 부양의무자의 범위에 속하는 모든 친족은 촌수, 연령에 관계없이 부양받을 자에게 부양의 필요가 발생한 경우 추상적으로는 동일한 부양의무를 부담하고, 구체적인 권리의무나 부양순위 등은 당사자 사이의 협의 또는 가정법원의 심판에 의하여 결정하도록 되어 있는 점에 비추어 보면, 피고가 단지 甲의 배우자라는 이유만으로는 원고보다 선순위의 부양의무자라고 볼 수 없다.

다. 설령 원고의 청구를 동순위의 부양의무자 사이의 구상권 행사로 선해한다고 하더라도, 동순위의 부양의무자가 여럿인 경우 과거의 부양료 중 각자의 분담부분에 관한 구상권의 행사는 가사소송법 소정의 마류 가사비송 사건에 해당한다고 할 것이므로(대법원 1994. 6. 2.자 93스11 결정 참조), 이 사건 소로서 피고에 대한 구상권을 행사할 수는 없다.

[對象判決의 要旨]

대법원은 아래와 같은 이유로 원심판결을 파기하고 원심에 환송하였다.[1]

1. 가. 민법 제826조 제1항에 규정된 부부간의 상호부양의무는 혼인관계의 본질적 의무로서 부양을 받을 자의 생활을 부양의무자의 생활과 같은 정도로 보장하여 부부공동생활의 유지를 가능하게 하는 것을 내용으로 하는 제1차 부양의무이고, 반면 부모가 성년의 자녀에 대하여 직계혈족으로서 민법 제974조 제1호, 제975조에 따라 부담하는 부양의무는 부양의무자가 자기의 사회적 지위에 상응하는 생활을 하면서 생활에 여유가 있음을 전제로 하여

---

1) 대상판결에 따라, 환송 후 판결(서울고등법원 2013. 7. 26. 선고 2013나3271 판결)은 피고는 원고에게 구상금 8,000만 원 및 이에 대한 지연손해금을 지급할 의무가 있다는 취지로 판단하였고, 위 환송 후 판결에 대한 상고심 판결(대법원 2013. 11. 28. 선고 2013다70675 판결)은 피고의 상고를 기각하였다.

부양을 받을 자가 그 자력 또는 근로에 의하여 생활을 유지할 수 없는 경우에 한하여 그의 생활을 지원하는 것을 내용으로 하는 제2차 부양의무이다.

이러한 제1차 부양의무와 제2차 부양의무는 의무이행의 정도뿐만 아니라 의무이행의 순위도 의미하는 것이므로, 제2차 부양의무자는 제1차 부양의무자보다 후순위로 부양의무를 부담한다.

따라서 제1차 부양의무자와 제2차 부양의무자가 동시에 존재하는 경우에 제1차 부양의무자는 특별한 사정이 없는 한 제2차 부양의무자에 우선하여 부양의무를 부담하므로, 제2차 부양의무자가 부양받을 자를 부양한 경우에는 그 소요된 비용을 제1차 부양의무자에 대하여 상환청구할 수 있다.

나. 다만, 부부의 일방이 제1차 부양의무자로서 제2차 부양의무자인 상대방의 친족에게 상환하여야 할 과거 부양료의 액수는 부부 일방이 타방 배우자에게 부담하여야 할 부양의무에 한정된다고 할 것인바, 그 부양의무의 범위에 관하여 살펴본다.

먼저 부부간의 부양의무 중 과거의 부양료에 관하여는 특별한 사정이 없는 한 부양을 받을 사람이 부양의무자에게 부양의무의 이행을 청구하였음에도 불구하고 부양의무자가 부양의무를 이행하지 아니함으로써 이행지체에 빠진 후의 것에 관하여만 부양료의 지급을 청구할 수 있을 뿐이므로(대법원 2008. 6. 12.자 2005스50 결정 등 참조), 부양의무자인 부부의 일방에 대한 부양의무 이행청구에도 불구하고 배우자가 부양의무를 이행하지 아니함으로써 이행지체에 빠진 후의 것이거나, 그렇지 않은 경우에는 부양의무의 성질이나 형평의 관념상 이를 허용해야 할 특별한 사정이 있는 경우에 한하여 이행청구 이전의 과거 부양료를 지급하여야 한다.[2] 그리고 부부 사이의 부

---

2) 대상판결의 환송 후 판결(서울고등법원 2013. 7. 26. 선고 2013나3271 판결)은 위와 같은 대상판결의 법리 아래, ① 甲은 2006. 11. 14. 사고를 당하여 경막외 출혈 등 부양이 필요한 사태가 발생하였는데, 그 무렵부터 2007. 10.경까지는 피고가 치료비 등을 지출하기도 하였던 점, ② 그 후로 2012. 9. 26.경까지 원고가 甲의 치료비를 지출하였으나, 甲은 여전히 의사소통이 불가능한 상태로서 당심 변론 종결일까지도 피고에게 부양을 청구하기가 어려운 상태에 있는 점, ③ 피고는 甲이 부양이 필요한 상태에 있다는 점을 잘 알고 있었고 실제 부양을 하기도 했었으며, 자신이 부양의무를 이행하지 않은 이후에도 甲이 계속 부양이 필요했고 이에 대하여 원고가 부양을 한 사실을 알고 있었던 점 등에 비추어, 형평의 관념상 과거 부양료의 지급을 허용해야 할 특별한 사정이 있는 경우에 해당하므로, 일응 피고는 甲에게 이행청구 이전의 과거 부양료 전액을 지급할 의무가 있다고 판단하였다.

양료 액수는 당사자 쌍방의 재산 상태와 수입액, 생활정도 및 경제적 능력, 사회적 지위 등에 따라 부양이 필요한 정도, 그에 따른 부양의무의 이행정도, 혼인생활 파탄의 경위와 정도 등을 종합적으로 고려하여 판단하여야 한다.[3]

따라서 상대방의 친족이 부부의 일방을 상대로 한 과거의 부양료 상환청구를 심리·판단함에 있어서도 이러한 점을 모두 고려하여 상환의무의 존부 및 범위를 정하여야 한다.

다. 한편, 가사소송법 제2조 제1항 제2호 나. 마류사건 제1호는 민법 제826조에 따른 부부의 부양에 관한 처분을, 같은 법 제2조 제1항 제2호 나. 마류사건 제8호는 민법 제976조부터 제978조까지의 규정에 따른 부양에 관한 처분을 각각 별개의 가사비송사건으로 규정하고 있다. 따라서 부부간의 부양의무를 이행하지 않은 부부의 일방에 대한 상대방의 부양료 청구는 위 마류사건 제1호의 가사비송사건에 해당하고, 친족간의 부양의무를 이행하지 않은 친족의 일방에 대한 상대방의 부양료 청구는 위 마류사건 제8호의 가사비송사건에 해당한다 할 것이나, 부부간의 부양의무를 이행하지 않은 부부의 일방에 대하여 상대방의 친족이 구하는 부양료의 상환청구는 같은 법 제2조 제1항 제2호 나. 마류사건의 어디에도 해당하지 아니하여 이를 가사비송사건으로 가정법원의 전속관할에 속하는 것이라고 할 수는 없고, 이는 민사소송사건에 해당한다고 봄이 상당하다.

---

3) 또한 대상판결의 환송 후 판결(서울고등법원 2013. 7. 26. 선고 2013나3271 판결)은 구상금 액수에 관하여, 원고가 피고에게 甲의 부양을 위하여 지출한 의료비 등 합계액 246,657,667원에서 보험금 8,000만 원을 제외한 나머지 166,657,667원의 구상금을 청구하는 데 대하여, ① 甲은 앞서 본 바와 같이 중대한 사고를 입어 가장 높은 수준의 부양을 필요로 하고 있는 상태에 있는 반면, 피고는 공인중개사 사무실에서 일하고 있으면서 자신의 명의로 아파트를 소유하고 있는 점, ② 甲과 피고 사이의 관련 이혼, 재산분할청구 사건[서울고등법원 2012. 9. 26. 선고 2012르2033(본소), 2040(반소)]에서 甲과 피고의 순재산액이 161,974,147원으로 평가되었고(이 사건 구상금 채무는 고려되지 않았다), 피고로 하여금 甲에게 재산분할로 위 161,974,147원 중 6,500만 원을 지급할 것을 명하였던 점, ③ 한편 피고는 2006. 11. 14.경부터 2007. 10.경까지는 甲의 치료비 등을 지출하였던 점, ④ 혼인생활 파탄의 주된 원인은 甲이 2006. 11. 14. 사고를 당한 이후 발생한 의식저하 및 마비증세에 있고, 甲 또는 피고 어느 일방에게 귀책사유가 있는 것으로 보이지는 않는 점 등 이 사건 기록 및 변론 과정에서 나타난 제반 사정을 고려하면 甲이 피고에게 과거의 부양료로 청구할 수 있는 금액은 80,000,000원 정도로 정함이 상당하다고 판단하였다.

2. 원심이 적법하게 인정한 사실관계와 기록에 의하면, 원고는 1968년생인 甲의 모이고, 피고는 甲의 배우자인 사실, 甲이 2006. 11. 15. 경막외 출혈 등으로 수술을 받은 후 2009. 12. 29. 현재까지 의식이 혼미하고 마비증세가 지속되고 있는 사실을 알 수 있는바, 이러한 사정을 앞서 본 법리에 비추어 살펴보면, 피고는 제1차 부양의무자로서 특별한 사정이 없는 한 제2차 부양의무자인 원고에 우선하여 甲을 부양할 의무가 있으므로, 원고의 주장과 같이 원고가 甲의 병원비 등을 지출함으로써 甲을 부양하였다면 피고는 원고에게 자신이 甲에게 부담할 부양의무의 범위 내에서 이를 상환할 의무가 있다 할 것이다.

한편, 기록에 의하여 알 수 있는 다음과 같은 사정, 즉 甲은 의사소통이 불가능하다는 등의 이유로 피고에게 부양을 청구하기가 곤란하였던 점, 피고는 甲이 부양이 필요하다는 사실을 잘 알고 실제 부양을 하기도 하였던 점, 피고는 자신이 부양을 중단한 후에도 甲이 여전히 부양이 필요한 상태였고 원고가 부양을 계속한 사실을 알았던 점 등에 비추어 보면, 피고에게는 甲으로부터 부양의무의 이행청구를 받기 이전의 과거 부양료도 지급할 의무가 있다고 볼 만한 사정이 있다고 볼 여지가 많다.

〔研   究〕

Ⅰ. 序   論

대상판결은 부부 사이의 부양의무는 제1차 부양의무이고 부모의 성년 자녀에 대한 부양의무는 제2차 부양의무라는 전제 하에, 제1차 부양의무는 제2차 부양의무에 대하여 의무이행의 우선순위가 있다고 판시하였는데, 사적 부양의무 사이에 의무이행의 우선순위가 있음을 인정한 최초의 판시로서 상당히 주목할 만한 판결이다. 또한 대상판결은 부양료를 지출한 제2차 부양의무자가 제1차 부양의무자를 상대로 구상청구를 할 수 있음을 전제로, 구상청구의 범위 및 구상청구의 관할 문제를 아울러 판단하고 있는데, 부양의무자의 구상청구에 관하여도 실무 및 이론상으로 중요한 쟁점을 제시하고 있는 판결이라고 생각된다.

사적 부양의무에 관한 우선순위에 관하여 명확한 규정이 없는 우리 민법 하에서 과연 그러한 우선순위를 인정할 수 있는지가 문제가 된다. 이에 대한 검토를 위해 우선 부양의무의 일반론에 대하여 살펴본 후, 비교법적으로 사적 부양의무의 우선순위가 인정되는지 검토하고, 이를 바탕으로 사적 부양의무 사이의 의무이행의 우선순위가 인정되는 것인지 아니면 협의나 법원의 판단에 의하여 결정되는 것인지 살펴보고자 한다. 나아가 제3자 내지 부양의무자가 타방 부양의무자에 대하여 구상청구를 하는 경우 그와 관련하여 발생할 수 있는 여러 가지 법적 쟁점들을 살펴보고, 보론으로 부양청구권의 우선순위가 인정될 수 있는지도 살펴본 후 마지막으로 대상판결을 검토해 보고자 한다.

Ⅱ. 扶養義務 一般論

1. 扶養의 意義

부양이란 자기 개인의 힘으로는 그 생활을 유지할 수 없는 사람에게 누군가가 생존수단이나 자원을 공급하는 것을 말한다.[4] 이와 같이 자력으로 생활을 유지할 수 없는 사람을 위한 부양제도는 그 부양의무를 가족이나 친족에게 부담하게 하는 사적 부양과 국가 내지 사회에 부담하게 하는 공적 부조로 구성되는데, 우리나라는 국민기초생활보장법 제3조[5]에 따라 사적 부양 우선의 원칙을 채택하고 있는 것으로 해석된다.[6]·[7]

---

4) 이희배, 민법상 부양법리에 관한 연구, 가족법연구 제2호, 2011, 103쪽.
5) 제3조(급여의 기본원칙)
　① 이 법에 따른 급여는 수급자가 자신의 생활의 유지·향상을 위하여 그의 소득, 재산, 근로능력 등을 활용하여 최대한 노력하는 것을 전제로 이를 보충·발전시키는 것을 기본원칙으로 한다.
　② 부양의무자의 부양과 다른 법령에 따른 보호는 이 법에 따른 급여에 우선하여 행하여지는 것으로 한다. 다만, 다른 법령에 따른 보호의 수준이 이 법에서 정하는 수준에 이르지 아니하는 경우에는 나머지 부분에 관하여 이 법에 따른 급여를 받을 권리를 잃지 아니한다.
6) 김주수/김상용, 주석민법[친족(3)] 제4판, 한국사법행정학회, 2010, 650쪽.
7) 이는 일본 생활보호법 제4조 제2항도 마찬가지로 규정하고 있다. 한편, 영미법

2. 私的 扶養의 法理

가. 序

우리 민법 규정에 의하면, 이론적으로 부모와 미성년 자녀 사이 및 부부 사이의 부양관계, 그 밖의 친족 사이의 일반적 부양관계가 성립하게 된다. 그런데 위와 같은 부양관계에 있어서 그 근거규범이 무엇인지, 부양의무의 발생요건 등에 차이가 존재하는지 여부 등에 관하여 아래와 같은 견해의 대립이 있다.

나. 傳統的 二元論 및 三元論的 二元論의 대립

(1) 전통적 이원론

전통적 이원론은, 부모의 미성년 자녀에 대한 부양의무 및 부부 사이의 부양의무는 제1차 부양의무(생활유지의무)로서, 그 신분관계의 본질적·불가결적 요소를 이루고, 상대방의 생활을 부양하는 것이 바로 자기의 생활을 보존·유지하는 이유와도 마찬가지이며, 부양의 정도는 자기생활정도와 동일한 생활의 전면적 보존·유지를 요구한다고 한다. 이에 반하여 그 이외의 친족 사이의 일반적 부양의무는 제2차 부양의무(생활부조의무)에 해당하는데, 이는 사회보장의 대체물로서 누구도 자기의 생활을 희생해 가면서까지 부양의무를 지지는 않는다고 한다.[8] 또한, 근거규범 측면에 있어서 민법 제974조 이하의 규정은 제2차 부양의무에만 적용되

에서는 영국의 The Elizabethan Act of 1601 for the Relief of the Poor이 시행되면서 처음으로 사적 부양의무를 규정하기 시작했고, 미국도 위 법을 받아들여 배우자의 부양의무, 부모의 자녀에 대한 부양의무를 구체화하였다. 그런데 미국의 Title Ⅳ-A of the Social Security Act of 1935, Aid to Families with Dependent Children(AFDC)이 실행되면서 사적 부양의무(특히 미성년 자녀에 대한 부양의무)에 대한 공적 부담을 강화하였고 이에 따라 많은 주에서 부모에 대한 부양의무(filial support) 규정을 폐지하기도 하였는데, 1996년 미국의회에서 Personal Responsibility and Work Opportunity Reconciliation Act(PRWORA)가 통과되면서 연방정부의 부양의무에 대한 재정적 부담이 재차 사적 영역으로 넘어가게 되었고, 현재까지 사적 부양의무가 강조하는 추세라고 한다. 이에 관한 자세한 내용은 Laura W. Morgan, Family Law at 2000: Private and Public Support of the Family: From Welfare State to Poor Law, 33 Family Law Quarterly 705, 1999~2000 참조.

8) 김주수/김상용, 전게서(각주 6), 651쪽.

고, 부모의 미성년 자녀에 대한 부양의무 및 부부 사이의 부양의무, 즉 제1차 부양의무에는 적용되지 않는다고 한다(제한적 적용설).

(2) 삼원론적 이원론[9]

삼원론적 이원론은 전통적 이원론에서 주장하는 바와 같이 부양의무의 효력·내용에 있어서 서로 간에 질적인 차이가 있는 것이 아니고 양적·정도의 차이 및 부양의무자의 의무이행 순위의 차이가 있을 뿐이라고 한다.[10] 이 견해는 부양의 성립면에서 부양의 추상적 원인·근거에 따라 동일체적 부양, 생계공동적 부양, 보충적 부양이라는 3개의 부양의무를 유형화하고, 부양의 이행(효과)면에서는 부양내용의 이행순위·정도에 따라 제1차적 부양과 제2차적 부양으로 구분한다고 한다. 구체적으로, 부부간의 부양은 유형적으로는 부부동일체적 부양이고 순위·정도면에서는 제1차적 부양에 해당하고, 친자간의 부양 중 부모의 미성숙자[11] 부양과 성숙자의 노부모부양은 생계공동의 여부와 관계없이 유형적으로는 동일체적 부양이고 순위·정도면에서는 제1차적 부양에 해당하며, 성숙자에 대한 부모의 부양과 자기의 자력과 근로에 의하여 생활을 유지할 수 있는 노부모에 대한 성숙자의 부양의 경우에는 동거하는 경우에는 제1차적 부양, 독립하여 분거하는 경우에는 제2차적 부양에 해당한다고 본다. 나

---

9) 삼원론적 이원론에 대한 자세한 내용은 이희배, 전게논문(각주 4), 114–130쪽 참조.

10) 김승정, 배우자 사이의 부양의무와 직계혈족 사이의 부양의무의 우선순위, 대법원판례해설 제93호(2012년 하), 법원도서관, 2013, 207쪽.

11) 임종효, 양육비청구권에 관한 기초 이론 및 실무상 쟁점, 사법논집 제51집, 법원도서관, 2011, 248–249쪽에 의하면, 미성숙자라는 개념은 일본의 中川善之助 교수가 전통적 이원론을 제창하면서 도입한 개념인데, 현재 우리 민법 해석상으로 양육비청구권의 권리자는 미성년 자녀로 관념함이 타당하다고 한다. 김승정, 전게논문, 212쪽 이하에 의하면, 미성숙자라는 개념에 관하여 ① 미성년자보다 그 개념을 확대하는 견해, ② 그 개념을 좁게 보는 견해, ③ 우리 민법상 미성숙자 개념을 별도로 인정할 필요가 없다는 견해로 나뉘어지고, ②, ③의 견해가 대세적인 견해라고 한다. 우리 민법 및 가사소송법(가사소송법 제48조의2, 3 참조)의 해석상 '미성숙자'라는 개념을 별도로 상정할 특별한 근거를 찾기 어려우므로 이하에서는 미성년 자녀 부양 이외에 별도로 미성숙자에 대한 부양의무를 별도로 논의하지 않도록 한다.

아가, 이러한 견해의 해석론적 전제로서 민법 제974조 이하의 규정은 부모의 미성숙자에 대한 부양의무, 부부 사이의 부양의무를 포함한 사적 부양의무 전체에 적용된다고 한다(전면적 적용설).

(3) 그 밖의 견해

그 밖에, 일본의 논의로서 생활유지의무(제1차적 부양)와 생활부조의무(제2차적 부양)는 질적인 차이가 없고 양적·정도의 차이에 불과하므로 구별이 불필요하다는 '구별불필요론', 성년자의 노부모에 대한 부양의무를 생활유지의무로 보자고 하거나, 또는 부모의 미성년 자녀에 대한 부양의무의 경우에도 요부양상태와 부양의 여력이라는 요건을 구비하여야 부양의무가 발생하도록 하자고 하는 '이원론의 수정론', 그 이외에 '일원론', '이원론' 등의 견해가 있다고 한다.[12]

다. 判　例

판례는 기존에 "일반적으로 부부는 서로 부양의무가 있음은 민법 제974조에 명시되어 있다"고 설시[13]하거나, "부모는 미성숙 자녀를 부양할 의무가 있음은 논지와 같으나 부양의무자인 부모가 이혼함에 있어 부모 중 일방을 자의 양육자로 지정하고 타방은 이에 대하여 자의 양육비를 지급하기로 협정하였다면 이는 민법 제837조, 제976조, 제977조의 규정에 의하여 유효하다 할 것이고 이러한 경우 협정의 범위 내에서는 과거의 양육비라도 청구할 수 있다"고 설시[14]함으로써 전면적 적용설에 따른 듯

---

12) 김승정, 전게논문, 206쪽; 이희배, 전게논문(각주 4), 121쪽.
13) 대법원 1976. 6. 22. 75므17 판결 등. 이에 대하여 민법체계에 대한 오해에서 비롯된 것이라는 견해는 김주수/김상용, 주석민법[친족(1)] 제4판, 한국사법행정학회, 2010, 348쪽.
14) 대법원 1985. 2. 26. 선고 84므86 판결 등. 한편 위 판결에 대하여 임종효, 전게논문, 237쪽에 의하면 1990년 개정되기 전의 민법 제837조 제1항은 "당사자 간에 그 자의 양육에 관한 사항을 협정하지 아니한 때에는 그 양육의 책임은 부에게 있다"고 규정하고 있었는바, 위 조항상 양육비의 부담에 관한 사항은 포함되지 않는다는 전제에서 부모가 이혼하는 경우 양육비에 관하여 '형식적으로' 민법 제974조 이하가 적용되고 이에 따라 1990년 폐지되기 전의 가사심판법 제2조 제1항 병류 머호 사건(민법 제974조에 관한 사건)으로 처리된다는 견해를 따른 것으로 볼 여지가 있다고 한다.

한 판시를 한 바 있다.

그러나 대상판결은 부부 상호간의 부양의무는 민법 제826조 제1항에 근거한 제1차 부양의무이고, 부모의 성년 자녀에 대한 부양의무는 민법 제974조 제1호, 제975조에 근거한 제2차 부양의무라고 판시함으로써, 부모의 미성년 자녀에 대한 부양의무 등의 경우에도 이와 같이 볼 것인지는 불분명하기는 하나, 일응 제한적 적용설을 따른 것으로 보인다.

라. 私　見

(1) 사적 부양법리에 관한 논의의 실익은 사적 부양의무 사이에 발생요건, 의무이행의 정도, 의무이행의 순위 등에 차등이 있는지를 검토하기 위한 전제적인 논의가 되는 데 있다고 할 것인데, 삼원론적 이원론도 사적 부양의무 사이에 의무이행의 순위 및 정도에 대하여 차등이 있다고 보면서 전통적 이원론보다 사적 부양의무의 발생근거 및 순위·정도 등을 더 구체화하여 규율하자는 견해로 보이는바, 결국 논의의 출발점은 사적 부양의무의 근거규정이 무엇인지를 파악하는 것이라고 생각된다.

(2) 이러한 전제 하에 제한적 적용설 내지 전면적 적용설에 관한 논의를 살펴보건대, 법령의 해석은 문언의 가능한 의미 내에서 그 해석이 이루어져야 되는 것인바, 민법 제974조는 '다음 각 호의 친족은 서로 부양의 의무가 있다'고 규정하여 위 규정에 의한 부양의무는 상호 의무를 부담하는 관계를 전제하고 있어 편면적인 부양의무를 전제로 한 부모와 미성년 자녀 사이의 부양관계는 이에 포함된다고 보기 어렵고,[15] 또한 위 조항은 '직계혈족 및 그 배우자간'에 서로 부양의무가 있다고 규정하

---

15) 다만, 아래에서 보는 바와 같이, 독일에서는 직계혈족 상호간(einander)의 부양의무를 규정한 독일민법 제1601조가 부모의 미성년 자녀에 대한 부양의무의 근거규정이 되고, 일본에서는 우리 민법 제974조에 대응하는 일본민법 제877조가 부모의 미성년 자녀에 대한 부양의무의 근거규정이라는 견해가 유력설이기는 하나, 우리 민법과 달리 독일민법은 제1601조 이하에서 미성년 자녀의 부양의무에 대한 특별규정을 두고 있는 점, 일본민법의 경우 우리 민법 제975조에 대응하는 조문이 없어 미성년 자녀에 대한 부양의무를 일본민법 제877조에 포섭하여도 부모의 미성년 자녀에 대한 부양의무의 발생요건을 유연하게 해석할 수 있는 점 등에 비추어 보면, 독일, 일본과 동일하게 해석하기는 힘들다고 생각한다.

고 있어 위 조문의 해석상 부부 사이의 부양의무에 대한 규정으로 보기
도 어렵다. 일반적으로 부부관계 및 부모와 미성년 자녀 사이의 관계는
그 이외의 일반 친족관계 보다 애정 및 친근성, 인적관계의 밀접성, 의존
성, 공동체적 관념 측면에서 더욱 중요성을 가지고, 이에 대한 일반적인
사회적 공감대가 있는 것으로 보이는 점 등에 비추어, 일반 친족간의 부
양의무를 규정한 민법 제974조는 부부 사이의 부양의무 및 부모의 미성
년 자녀에 대한 부양의무에 대한 근거규정으로 보기는 어렵다고 생각한
다. 부양의무의 발생요건 측면에서도, 전면적 적용설에 의하면 부부 사이
의 부양의무와 부모의 미성년 자녀에 대한 부양의무에 대하여도 민법 제
975조가 적용되어야 하는바, 배우자 및 미성년 자녀가 '자기의 자력 또는
근로에 의하여 생활을 유지할 수 없는 경우'에 한하여 상대방 배우자 및
부모에게 부양청구권을 행사할 수 있다고 해석하기는 어렵다.[16]

　　(3) 따라서 우리 민법 해석 하에서는 제한적 적용설[17]이 타당하다
고 할 것이고, 이러한 관점에서 보면, 부모와 미성년 자녀 사이의 부양

---

16) 이에 대하여 민법 제975조의 요건을 유연하게 해석하는 방법으로 민법 제974조
　　이하의 규정을 부모의 미성년 자녀에 대한 부양의무 및 부부 사이의 부양의무에
　　대하여도 적용이 가능하다는 견해(임종효, 전게논문, 232-233쪽)가 있으나, 민법
　　제974조의 적용대상인 그 밖의 친족 사이의 일반적 부양의무에 대하여 요부양상태
　　요건의 유연한 해석을 통해 합리적인 결론을 도출할 수는 있음(예를 들어, 성년
　　자녀의 노부모에 대한 부양의무, 부모의 장애가 있는 성년 자녀에 대한 부양의무
　　등)은 별론으로 하고, 생활유지적 부양의무에 대하여까지 요부양상태의 요건을 부
　　과하여 부양청구권 성립을 제한하는 것은 타당하지 않다고 생각된다.
17) 이에 대하여 임종효, 전게논문, 231-234쪽에서는 전통적 이원론은 일본민법의
　　개정으로 그 역사적 사명을 다하였다고 비판한다. 일본 明治民法이 개정되면서 부
　　부간의 부양의무는 개별적인 근거규정을 둔 반면 미성년 자녀의 부양을 직계혈족
　　간의 부양과 구별하여 특별히 규정하지 않음으로써 전통적 이원론이 법문에 반영
　　되지 않았으나, 입법자는 전통적 이원론을 염두에 두고 있었음이 분명하고, 핵가
　　족화가 현저히 진행되면서 부부, 친자 이외의 친족과의 유대가 완화되면서 법률상
　　부양의무의 본질적인 것과 부수적인 것을 이분하여 보는 것은 민법의 부양규정의
　　해석뿐만 아니라 행정실무상으로도 지지되고 있다고 하고[編集 於保不二雄·中川
　　淳, 新版 注釋民法(25) 親族(5), 有斐閣, 2004, 734쪽(床谷文雄 집필부분)], 뒤에서
　　보는 바와 같이 일본에서 생활유지적 부양의무를 생활부조적 부양의무보다 의무이
　　행에 있어서 일응 우선적 지위를 부여하고 있는 점 등에 비추어 전통적 이원론의
　　효용이 상실되었다고 보기는 어렵다.

의무는 민법상 명백한 근거규정은 없으나 친자관계라는 신분관계의 본질에 근거하고(그에 부수하는 규정은 민법 제833조, 제837조라고 볼 것이다),[18] 부부 사이의 부양의무는 민법 제826조, 제833조를, 그 이외의 친족 사이의 일반적 부양의무는 민법 제974조를 각 근거규정으로 한다고 할 것이다. 이러한 근거규정에다가 앞서 본 바와 같이 부부관계 및 부모와 미성년 자녀의 관계가 가지는 중요성 등을 더하여 보면, 부부 사이의 부양의무 및 부모의 미성년 자녀에 대한 부양의무는 혼인관계 내지 친자관계의 본질적 의무로서 부양권리자의 요부양상태나 부양의무자의 부양의 여력[19]을 특별히 요건으로 하지 아니하고 부양을 받을 자의 생활을 부양의무자의 생활과 같은 정도로 보장하여 가족공동생활의 유지를 가능하게 하는 것을 내용으로 하는 '생활유지적 부양의무'이고, 민법 제974조의 적용을 받는 친족간의 일반적 부양의무는 부양권리자가 그 자력 또는 근로에 의하여 생활을 유지할 수 없는 경우에 한하여(요부양상태) 부양의무자가 자기의 사회적 지위에 상응하는 생활을 하면서 생활에 여유가 있음을 전제로 하여(부양의 여력) 그의 생활을 지원하는 것을 내용으로 하는 '생활부조적 부양의무'라고 판단된다.[20]·[21] 다만,

---

18) 박병호/김유미, 과거의 양육비 구상, 서울대학교법학 제35권 제3, 4호(96호), 1994, 208-211쪽에 의하면, 위 친자관계의 본질에 근거한다는 견해 이외에 친권에 근거한다고 보는 견해, 친자간의 공동생활에서 근거한다는 견해가 있다고 한다. 대법원 1994. 5. 13.자 92스21 전원합의체 결정은 "부모는 그 소생의 자녀를 공동으로 양육할 책임이 있고, 그 양육에 소요되는 비용도 원칙적으로 부모가 공동으로 부담하여야 하는 것이며, 이는 부모 중 누가 친권을 행사하는 자인지 또 누가 양육권자이고 현실로 양육하고 있는 자인지를 물을 것 없이 친자관계의 본질로부터 발생하는 의무라고 할 것이다."고 판시하였다. 다만, 이에 대하여 민법이 친자관계에 관하여 특별히 규정하지 않은 것은 이론적으로 모순이라는 견해는 김주수/김상용, 전게서(각주 6), 651쪽.

19) 다만, 그렇다고 하더라도 생활유지적 부양의무의 경우에도 부양의무자 스스로의 생존의 기초를 지키지 못할 정도로 자력이 부족한 극단적인 경우에는 부양의무가 발생하지 않는다고 보아야 할 것이다.

20) 최준규, 다수당사자 사이의 부양관계에 관한 고찰-부양청구권의 성질에 관한 검토를 겸하여-, 가족법연구 제26권 제3호(통권 제45호), 2012, 35쪽에 의하면, 부양권리자-부양의무자 겸 부양권리자-부양의무자 사이의 연쇄적 부양관계에 있어서, 제3자에 대하여 부양의무를 부담한다는 사정만으로 부양의무자 겸 부양권리자의 부양필요성이 인정될 수 없고, 제3자로부터 부양받을 권리가 있다는 사정만으로

이러한 2가지의 이념형에 고착하여 가족관계의 다양한 부양관계를 평가
하는 것은 무리가 있으므로 이러한 2가지 이념형의 전제 하에서 개별적
인 부양관계에서 생활부조적 부양의무에 가까운 생활유지적 부양의무,
또는 생활유지적 부양의무에 가까운 생활부조적 부양의무22) 등의 개념
을 생각해 볼 수 있을 것이다.

　(4) 한편, 앞서 본 바와 같이 생활유지적 부양의무에 대하여 민법
제975조를 적용하기에는 무리가 있다고 할 것이지만, 민법 제976조 내
지 제979조는 생활유지적 부양의무에 대하여 곧바로 적용된다고는 보
기 어려우나 그 성격에 특별히 반하지 않는 이상 유추적용된다고 생각
된다.23)

　부양의무자 겸 부양권리자의 부양능력이 인정될 수는 없다고 한다.
21) 한편, 아래에서 보는 바와 같이 사적 부양의무 사이에 절대적인 우선순위를 인
　정할 수 없다는 것이 사견이므로 '제1차 부양의무, 제2차 부양의무' 대신 '생활유지
　적 부양의무, 생활부조적 부양의무'로 칭하기로 한다.
22) 성년 자녀의 노부모에 대한 부양의무가 생활유지적 부양의무인지 생활부조적 부
　양의무인지 논의가 있고, 이에 대하여 전면적 적용설을 전제로 성년 자녀의 노부
　모에 대한 부양의무를 생활유지적 부양의무로 보자는 견해로는 김연화, 노부모 부
　양에 관한 고찰-부양의무의 법적 근거 및 법적 성격 중심으로-, 가사재판연구Ⅱ,
　서울가정법원 가사재판연구회, 2011; 마옥현, 미성숙자녀와 노부모에 대한 부양 등
　에 관한 고찰, 재판실무연구 제3권, 수원지방법원, 2006. 그러나 성년 자녀의 노부
　모에 대한 부양의무를 별도로 규정하고 있지 않는 민법 해석상 이를 생활유지적
　부양의무로는 보기는 어려우나, 노부모에 대한 보호의 필요성을 부정하기는 어려
　운 만큼 생활유지적 부양의무에 근접한 생활부조적 부양의무라고 봄이 상당하다고
　생각한다.
　　한편, 미국에서는 부모에 대한 부양(filial support)에 대하여 주에 따라 세 가지
　방식으로 규율하고 있는데, ① 부모에 대한 부양의무를 이행하지 않는 경우 형사
　처벌하는 방식, ② 부모에 대하여 부양의무를 대신 이행한 공공기관이 그 자녀들
　을 상대로 구상청구를 허용하는 방식, ③ 일반적인 부양의무 규정을 통해 규율하
　는 방식(몇몇 주에서는 계약이론에 기초하여 자녀들에 대하여 부양의무를 이행하
　지 못하였거나 아동학대 등으로 유죄판결을 받은 부모의 경우 그 자녀의 부모에
　대한 부양의무가 면제된다고 한다)으로 규율하고 있다고 한다. 자세한 내용은 Ann
　Britton, America's Best Kept Secret: An Adult Child's Duty to Support Aged
　Parents, 26 California Western Law Review 351, 1989~1990 참조.
23) 한편, 최준규, 전게논문, 7쪽에 의하면, 부모의 미성년 자녀에 대한 부양의무 및
　부부 사이의 부양의무를 특별히 취급할 필요가 있다고 하더라도 이러한 부양에 대
　하여 민법 제975조 내지 제979조의 적용을 배제할 논리필연적 이유가 없다고 한다.

3. 扶養請求權의 性格

가. 一身全屬性

일반적으로 부양청구권은 친족권의 하나이면서, 타인의 행위를 요청하는 것으로써 채권에 유사하며 일종의 재산권의 성질을 가진 일종의 신분적 재산권이라고 본다.[24] 이에 따라 부양청구권은 행사상·귀속상 일신전속권이라고 할 것이므로 채권자대위권의 대상이 되지 않고 상속되지 않으며, 타인에게 양도할 수 없고(민법 제979조) 장래에 향하여 포기하지 못하며, 피압류채권이 되거나(민사집행법 제246조 제1호) 수동채권으로 상계되지 않는다고 한다.

이에 대하여 위 견해의 개념법학적인 태도를 비판하며 민법 제979조는 부양권리자가 궁박한 상태를 회피하여 경솔하게 부양청구권을 처분함으로써 자신의 생존의 기초를 상실하지 않도록 하는 규정이고, 민사집행법 제246조 제1호는 부양권리자의 의사에 반하여 생존수단을 박탈당하는 것을 예방하고자 하는 규정이라고 보고, 이러한 해석론 하에서 개별적 사안에 따라 부양청구권의 성격을 분석하는 견해가 있고,[25] 이러한 분석 방법이 타당하다고 생각한다.

나. 具體的 扶養請求權 및 抽象的 扶養請求權의 峻別

우리 판례는 양육비청구권[26]에 관하여 "당사자의 협의 또는 가정법

---

24) 김주수/김상용, 친족·상속법(제9판), 법문사, 2009, 447쪽.

25) 자세한 내용은 김형석, 양육비청구권을 자동채권으로 하는 상계-부양청구권의 법적 성질과 관련하여-대판 2006. 7. 4. 2006므751(공보 2006, 1525), 가족법연구 제21권 제3호, 2007, 244-260쪽 참조.

26) 한편, 양육친의 비양육친에 대한 양육비청구권의 성격에 관하여, 임종효, 전게논문, 250쪽 이하에서는 장래의 양육비청구권은 물론 과거의 양육비청구권 또한 미성년 자녀의 고유의 권리이고 양육친이 이를 자신의 이름으로 행사(법정소송담당)하는 것이라고 한다(다만, 과거 양육비 청구 중 타인의 채무변제 법리에 따라 구상청구권의 요건을 갖춘 경우 양육친의 고유의 권리로써 구상권을 행사하는 것으로 본다). 이에 반하여, 이동진, 부모 일방의 타방에 대한 과거의 양육비상환청구와 소멸시효-대법원 2011. 7. 29.자 2008스67 결정(공2011하, 1635)-, 가족법연구 제26권 제2호, 2012, 138쪽 이하에서는 양육친이 자신의 이름으로 장래의 양육비청구를 하는 경우 이는 자녀의 양육비청구권을 대신 행사하는 것으로 보아야 하지만, 과거의 양육비청구는 구상청구의 일종으로 이해함이 타당하다고 한다(동지:

원의 심판에 의하여 구체적인 청구권의 내용과 범위가 확정되기 전에는 상대방에 대하여 양육비의 분담액을 구할 권리를 가진다라는 추상적인 청구권에 불과하고, 당사자의 협의나 가정법원이 당해 양육비의 범위 등을 재량적·형성적으로 정하는 심판에 의하여 비로소 구체적인 액수만큼의 지급청구권이 발생한다"는 취지로 판시[27]하였다. 위와 같은 논의를 부양청구권에 적용한다면 추상적 부양청구권과 구체적 부양청구권으로 구분할 수 있을 것이다.[28] 이와 같이 추상적 부양청구권과 협의 내지 가정법원의 심판에 의하여 구체적인 액수 등이 특정된 구체적 부양청구권을 준별하는 것은 우리 민법상 부양청구권의 발생요건을 구체적으로 규정하고 있지 않은 점, 가사소송법상 부양심판을 형성력을 갖는 비송사건으로 규정한 점에 비추어 타당한 견해라고 생각된다.[29] 다만, 이러한 견해를 취한다고 하더라도 부양청구권과 관련된 개별 쟁점과 관련하여 특정 결론이 '논리필연적'으로 도출된다고 보기 어렵다.[30]

김형석, 전게논문(각주 25), 266쪽 이하. 대법원의 입장은 명확하지는 않지만, 아래에서 보는 바와 같이 추상적 양육비청구권에 대한 소멸시효가 진행되지 않는다는 취지의 판결(대법원 2008스67 결정)과 같이 전자의 견해를 따른 것도 있고, 부모 일방이 타방에 대하여 과거의 양육비청구권을 자동채권으로 상계가 가능하다는 판결(대법원 2006므751 판결), 과거의 부양료청구와 과거의 양육비청구의 제한 범위를 달리 보고 있는 결정(대법원 92스21 결정, 93스11 결정) 등 후자의 견해를 따른 것도 있는 것으로 보인다. 사견으로는 후자의 견해가 타당하다고 생각하고 (자세한 논증은 이동진, 전게논문, 138쪽 이하 참조), 아래에서는 이를 전제로 서술한다.

27) 대법원 2006. 7. 4. 선고 2006므751 판결 등 참조.

28) 이희배, 추상적 부양의무와 구체적 부양의무에 관한 연구-사적 부양법리의 삼원론적 이원론을 중심으로, 가족법연구 제14호, 2000, 690쪽 이하에서는 삼원론적 이원론 및 전면적 적용설을 전제로 일정한 친족적 신분관계가 있을 때 추상적 부양의무가 발생하고 이에 부가하여 부양의 필요와 부양의 여력이라는 요건을 갖추게 된 때 구체적 부양의무가 발생한다고 하고, 임종효, 전게논문, 272쪽에서는 전면적 적용설을 전제로 미성년 자녀에게 부양의 필요, 부모에게 부양의 능력이 있어 법률요건이 충족된 단계에서는 기본적 양육비청구권이 발생하고, 이에 터 잡아 미성년 자녀가 생활을 영위하는 날마다 지분적 양육비청구권이 발생한다고 한다.

29) 최준규, 전게논문, 4쪽.

30) 최준규, 전게논문, 5쪽. 뒤에서 살펴보는 바와 같이 협의 또는 가정법원의 심판에 의해 구체적 부양청구권이 발생하기 이전이라도, 추상적 부양청구권의 권리로서의 성격을 전면 부인할 수 없는 이상 부양의무를 이행한 제3자 내지 부양의무

4. 扶養請求權의 內容

부양의무자에 대한 부양의 방법으로 인수부양과 급여부양이 있는데, 인수부양은 부양의무자가 부양권리자를 자기 주거로 인수하여 의식주를 직접 부양의무자의 계산으로 제공하는 것이고, 급여부양은 금전에 의한 부양인 금전급여부양과 현물지급에 의한 부양인 현물급여부양으로 나뉘어진다.[31] 부양권리자가 부양청구권을 행사하는 경우 금전급여부양 청구가 대부분을 차지할 것으로 보이는데, 이는 매월 정기금의 형식으로 지급되는 것이 원칙이고, 그 이행의 원활한 확보를 위해 재산명시($\substack{가사소송법\\제48조의2}$), 재산조회($\substack{가사소송법\\제48조의3}$), 사전처분($\substack{가사소송법\\제62조}$), 가압류·가처분($\substack{가사소송법\\제63조}$), 양육비 직접지급명령($\substack{가사소송법\\제63조의2}$), 이행명령($\substack{가사소송법\\제64조}$) 등의 제도를 마련하고 있다. 한편, 금전급부 이외의 부양방법은 원칙적으로 협의나 조정단계에서만 가능하다는 견해가 있는데,[32] 현물급여부양 및 당사자들의 동의가 전제된 인수부양은 심판으로서도 이를 명하는 것이 가능하다고 할 것이고, 다만 인수부양의 경우 이에 관한 직접·간접강제는 어려울 것으로 판단된다.[33]

5. 過去의 扶養料請求

가. 序

한편, 부양청구권은 장래에 대한 정기급부채권이 원칙이라고 할 것인데, 부양권리자가 부양의무자의 부양 없이 생활을 영위해 온 경우 부양권리자가 부양의무자에게 과거의 부양료지급을 구할 수 있을 것인가 문제된다.

나. 學 說

이에 대하여 기존에 부양의무는 절대적 정기급부의무로서 과거의 부

자는 다른 부양의무자에 대하여 구상권을 행사할 수 있다고 봄이 상당하다.

31) 임종효, 전게논문, 225-226쪽; 김주수/김상용, 전게서(각주 24), 449쪽.

32) 김주수/김상용, 전게서(각주 24), 449쪽.

33) 新版 注釋民法(25)(각주 17), 792쪽(松尾知子 집필부분).

양료를 청구할 수 없다는 견해가 지배적이었지만, 현재에는 ① 부양의무
자가 부양청구를 받아 이행지체에 빠진 때 이후의 부양료만을 청구할 수
있다는 견해(청구시설, 청구시설의 경우에도 부양권리자가 부양의무자에게
이행의 최고를 하면 그때부터 지체에 빠진다는 이행지체설과 부양요건이 갖
추어지면 추상적 부양의무는 당연히 발생하지만 부양의부자의 현실적 급부의
무의 이행기는 부양권리자가의 청구에 의해 도래한다는 이행기도래설이 있다
고 한다[34]), ② 부양의무자가 요부양자에 대하여 구체적인 부양의무가 있
는 것을 알거나 알 수 있었을 때부터는 청구를 받기 이전의 기간에 관한
과거 부양료도 청구할 수 있다는 견해(부양의무인식시설), ③ 부양요건이
발생한 때부터의 과거 부양료를 청구할 수 있다는 견해(요건충족시설＝당
연발생설)의 대립이 있다고 한다.[35]

다. 判 例

(1) 대법원은 부부 사이의 과거 부양료청구에 관하여 "민법 제826조
제1항에 규정된 부부간의 상호부양의무는 부부의 일방에게 부양을 받을
필요가 생겼을 때 당연히 발생되는 것이기는 하지만, 과거의 부양료에
관하여는 특별한 사정이 없는 한, 부양을 받을 자가 부양의무자에게 부
양의무의 이행을 청구하였음에도 불구하고 부양의무자가 부양의무를 이
행하지 아니함으로써 이행지체에 빠진 이후의 것에 대하여만 부양료의
지급을 청구할 수 있을 뿐, 부양의무자가 부양의무의 이행을 청구받기
이전의 부양료의 지급은 청구할 수 없다고 보는 것이 부양의무의 성질이
나 형평의 관념에 합치된다"고 판시[36]하고 있고, 나아가 민법 제974조 제
1호, 제975조에 따른 친족간의 일반적 부양의무의 경우에도 "부모와 성년
의 자녀ㆍ그 배우자 사이의 경우에도 이와 마찬가지로 과거의 부양료에
관하여는 부양의무 이행청구에도 불구하고 그 부양의무자가 부양의무를

---

34) 김시철, 부부간의 과거의 부양료 지급의무에 관하여(대법원 2008. 6. 12.자 2005
　　스50 결정), 사법 제5호, 2008, 278쪽.
35) 박병호/김유미, 전계논문, 212-214쪽; 김승정, 전계논문, 217쪽.
36) 대법원 1991. 10. 8. 선고 90므781, 798 판결, 대법원 1991. 11. 26. 선고 91므
　　375(본소), 91므382(반소) 판결, 대법원 2008. 6. 12.자 2005스50 결정 등.

이행하지 아니함으로써 이행지체에 빠진 후의 것이거나, 그렇지 않은 경우에는 부양의무의 성질이나 형평의 관념상 이를 허용해야 할 특별한 사정이 있는 경우에 한하여 이행청구 이전의 과거 부양료를 청구할 수 있다"는 취지로 판시[37]하였다.

(2) 반면, 양육친의 비양육친에 대한 미성년 자녀의 과거 양육비청구에 대하여 "어떠한 사정으로 인하여 부모 중 어느 한쪽만이 자녀를 양육하게 된 경우에, 그와 같은 일방에 의한 양육이 그 양육자의 일방적이고 이기적인 목적이나 동기에서 비롯한 것이라거나 자녀의 이익을 위하여 도움이 되지 아니하거나 그 양육비를 상대방에게 부담시키는 것이 오히려 형평에 어긋나게 되는 등 특별한 사정이 있는 경우를 제외하고는, 양육하는 일방은 상대방에 대하여 현재 및 장래에 있어서의 양육비 중 적정 금액의 분담을 청구할 수 있음은 물론이고, 부모의 자녀양육의무는 특별한 사정이 없는 한 자녀의 출생과 동시에 발생하는 것이므로 과거의 양육비에 대하여도 상대방이 분담함이 상당하다고 인정되는 경우에는 그 비용의 상환을 청구할 수 있다고 보아야 할 것이다. 다만 한쪽의 양육자가 양육비를 청구하기 이전의 과거의 양육비 모두를 상대방에게 부담시키게 되면 상대방은 예상하지 못하였던 양육비를 일시에 부담하게 되어 지나치고 가혹하며 신의성실의 원칙이나 형평의 원칙에 어긋날 수도 있으므로, 이와 같은 경우에는 반드시 이행청구 이후의 양육비와 동일한 기준에서 정할 필요는 없고, 부모 중 한쪽이 자녀를 양육하게 된 경위와 그에 소요된 비용의 액수, 그 상대방이 부양의무를 인식한 것인지 여부와 그 시기, 그것이 양육에 소요된 통상의 생활비인지 아니면 이례적이고 불가피하게 소요된 다액의 특별한 비용(치료비등)인지 여부와 당사자들의 재산 상황이나 경제적 능력과 부담의 형평성등 여러 사정을 고려하여 적절하다고 인정되는 분담의 범위를 정할 수 있다"는 취지로 판시[38]하였고, 나아가 부모 중 일방이 성년 자녀에 관하여 지출한 과거 부양료

---

37) 대법원 2013. 8. 30.자 2013스96 결정.
38) 대법원 1994. 5. 13.자 92스21 전원합의체 결정.

를 상대방 배우자에게 청구한 사안에서는 "민법 제974조, 제975조에 의하여 부양의 의무 있는 자가 여러 사람인 경우에 그 중 부양의무를 이행한 1인은 다른 부양의무자를 상대로 하여 이미 지출한 과거의 부양료에 대하여도 상대방이 분담함이 상당하다고 인정되는 범위에서 그 비용의 상환을 청구할 수 있는 것이고, 이 경우 법원이 분담비율이나 분담액을 정함에 있어서는 과거의 양육에 관하여 부모 쌍방이 기여한 정도, 자의 연령 및 부모의 재산상황이나 자력 등 기타 제반 사정을 참작하여 적절하다고 인정되는 분담의 범위를 정할 수 있다"는 취지로 판시[39]하였다.

라. 私 見

(1) 위 (1) 기재 판례들은 원칙적으로 이행청구 이전의 과거 부양료 청구는 원칙적으로 금지하되, 특별한 사정이 있는 경우 그 이전의 부양료에 대한 청구가 가능하다는 취지이고, 위 (2) 기재 판례들은 이행청구 이전의 과거 양육비 내지 부양료 상환청구도 원칙적으로 인정하되 제반 사정에 따라 그 액수를 적절히 제한할 수 있다는 취지이다. 대법원 판례가 부부 사이의 과거 부양료청구와 미성년 자녀에 관한 과거 양육비상환청구에 대하여 달리 보는 것에 대하여 그 근거법률과 기본구조 등이 상이하고, 미성년자에 대한 보호의 범위를 성년자의 경우보다 상대적으로 폭넓게 인정하는 것은 우리 법체계에 조화되므로, 대법원의 판시가 적절하다는 견해가 있고,[40] 과거 부양료청구와 달리 과거 양육비청구는 구상에 해당하기 때문에 과거 부양료청구와 과거 양육비청구를 구분하는 것으로 보는 견해도 있다.[41]

(2) 부양이 절대적 정기행위의 성격을 가지고 있는 점, 과거의 부양료청구를 무제한적으로 허용할 경우 부양의무자에게 불측의 피해를 줄 수 있는 점 등을 고려하면 과거 부양료의 청구는 어느 정도 제한할 필요성이 존재한다. 소멸시효를 통해 과거 부양료의 청구를 제한할 수 있다

---

39) 대법원 1994. 6. 2.자 93스11 결정.
40) 김시철, 전게논문, 296쪽.
41) 이동진, 전게논문, 138쪽 이하.

는 견해도 있을 수 있으나 대법원은 추상적 부양청구권의 소멸시효를 부정하는 듯한 태도를 취하고 있는 점을 고려해 볼 때 소멸시효 이외의 과거 부양료의 제한방법이 필요하다. 우리 민법은 아래에서 보는 바와 같이 독일민법처럼 이행청구시 이후로 과거의 부양료청구를 제한하는 규정이 없고, 대상판결의 사안과 같이 부양권리자가 이행청구의 의사표시를 할 수 없는 경우에는 부양의무자의 이행청구시로 과거 부양료청구를 제한하기 어렵다고 할 것이므로, 과거의 부양료청구를 이행청구 이전·이후를 불문하고 넓게 허용하되, 법원에서 구체적·개별적인 사정에 따라서 구체적인 액수를 조정하는 것이 타당하다고 생각한다.[42]

Ⅲ. 扶養義務의 優先順位

1. 序

대상판결은 제2차 부양의무자는 제1차 부양의무자보다 후순위로 부양의무를 부담한다고 판시하였는데, 아래에서는 부양의무의 우선순위에 관한 각국의 입법례를 살펴보고, 과연 우리 민법상 사적 부양의무 사이에 의무이행의 절대적인 우선순위가 인정되는지 살펴본다.

2. 比較法的 考察

가. 독   일

독일민법은 사적 부양의무에 관하여 비교적 자세히 규정하고 있는데, 부부 사이의 부양의무에 관하여 독일민법 제1360조에서, 별거 중인 부부 사이의 부양의무에 관하여는 독일민법 제1361조에서, 이혼 후 배우자의 부양의무는 독일민법 제1569조 이하에서, 직계혈족 사이의 부양의무는 독일민법 제1601조[43] 이하에서 각 규정하고 있다.[44] 부모의 미성년

---

42) 同旨 최준규, 전게논문, 28쪽; 이동진, 전게논문, 155쪽 이하. 한편, 과거 부양료에 관한 구상청구에 대하여 과거의 부양료청구의 범위 제한 법리를 그대로 적용할 수 있을지 문제되는데, 아래에서 보는 바와 같이 구상청구의 근거규정에 따라 달리 볼 수 있다고 생각한다.

43) BGB §1601 Untergaltsverpflichtete.

자녀에 대한 부양의무는 직계혈족부양에 속하므로 독일민법 제1601조에 그 근거를 두고 있고, 몇 가지 특혜규정을 두어 일반적인 직계혈족부양과 구별하고 있다.[45] 직계혈족부양의 경우 부양의 필요(Bedürftigkeit, 독일민법 제1602조)와 부양의 여력(Leistungsfähig, 독일민법[46] 제1603조)을 부양청구권 발생요건으로 보고 있는데, 혼인하지 않은 미성년 자녀의 경우 자신의 재산이 있다고 하더라도 그 재산이나 노동으로부터의 수익이 부족한 경우에는 부모에게 부양을 요청할 수 있고(독일민법 제1602조 제2항), 부모에게 부양의 여력이 충분하지 않다고 하더라도 모든 가능한 수단을 동원하여 혼인하지 않은 미성년 자녀에 대하여 동일한 수준의 부양을 하여야 한다(독일민법 제1603조 제2항)고 규정하고 있다. 부양의 정도에 대하여 독일민법 제1610조는 피부양자의 생활수준에 따라 결정된다고 규정하는데 이를 '적절한 부양(angemessener Unterhalt)'이라 부른다. 일반적인 부양의무의 이행은 매달 정기금 형식의 금전으로 이행되며, 특별한 사정이 있는 경우 다른 방법으로 부양이행이 가능하다(독일민법 제1612조).

한편, 과거의 부양료 청구(Unterhalt für die Vergangenheit)와 관련해서는, 부양의무자에 대한 부양청구를 목적으로 그의 소득과 재산에 관하여 정보를 제출하도록 요구받은 시점, 또는 부양의무자가 부양의무를 지체하고 있는 시점, 또는 부양청구소송이 계속 중인 시점 이후로 과거의 부양료의 범위를 제한하고 있는데, 고액의 부양필요가 발생한 경우나 부양권리자가 부양의무자의 책임영역으로 인해 부양청구를 방해받은 경우에는 그 이전의 과거 부양료도 청구가 가능하다(독일민법 제1613조)[47]고 규정한다.

Verwandte in gerader Linie sind verpflichtet, einander Unterhalt zu gewähren.

44) 조은희, 독일법상의 직계혈족부양에 관한 고찰, 가족법연구 제17권 제2호(통권 제20호), 2003, 220쪽.

45) 조은희, 전게논문, 220쪽.

46) 한편, 부양의 여력은 실제 수입 내지 재산뿐만 아니라 가상의 수입(Fiktive Einkünfte)으로도 판단된다고 한다. Münchener Kommentar zum BGB Band8, 5. Auflage, 2008, 354쪽.

47) 김시철, 전게논문, 293-294쪽; Münchener Kommentar zum BGB Band8(각주 46), 573쪽.

독일민법은 다수의 부양의무자가 있는 경우 그 순위에 관하여 구체적으로 규정하고 있다. 우선 배우자는 직계혈족에 우선하여 부양의무를 부담하고 (독일민법제1608조), 48) 직계비속은 직계존속에 우선하여 부양의무를 부담하며, 직계비속 내지 직계존속 중에서는 근친 순위에 따라 책임을 부담한다(독일민법제1606조)49)고 한다. 그리고 동일한 순위의 부양의무를 부담하는 친족들 사이에서는 수입과 재산에 따라 분할채무를 부담한다(독일민법제1606조 제3항). 한편, 자녀에 대한 부양의무를 이행한 부모가 부양의무를 이행하지 않은 부모에 대하여 가족법적 보상청구권(familienrechtlicher Ausgleichsanspruch)을 행사할 수 있다.50) 반면, 독일민법 제1607조 제2, 3항에 따라 청구권이전(Forderungsübergang)이 된 후순위 부양의무자 내지 제3자는 부양의무자에 대하여 이전된 부양청구권을 직접 행사할 수 있고(사무관리 및 부당이득에 기한 구상청구권은 탈락함), 그 이외의 제3자는 부양의무자에 대하여 사무관리 및 부당이득에 기한 구상청구

---

48) BGB § 1608 Haftung des Ehegatten oder Lebenspartners
   (1) Der Ehegatte des Bedürftigen haftet vor dessen Verwandten. Soweit jedoch der Ehegatte bei Berücksichtigung seiner sonstigen Verpflichtungen außerstande ist, ohne Gefährdung seines angemessenen Unterhalts den Unterhalt zu gewähren, haften die Verwandten vor dem Ehegatten. § 1607 Abs. 2 und 4 entsprechend. Der Lebenspartner des Bedürftigen haftet ingleicher Weise wie ein Ehegatte.

49) BGB § 1606 Rangverhältnisse mehrerer Pflichtiger
   (1) Die Abkömmlinge sind vor den Verwandten der aufsteigenden Linie unterhaltspflichtig.
   (2) Unter den Abkömmlingen und unter den Verwandten der aufsteigenden Linie haften die näheren vor den entfernteren.
   (3) Mehrere gleich nahe Verwandte haften anteilig nach ihren Erwebs- und Vermögensverhältnissen. Der Elternteil, der ein minderjähriges unverheiratetes Kind betreut, erfüllt seine Verpflichtung, zum Unterhalt des Kindes beizutragen, in der Regel durch die Pflege und die Erziehung des Kindes.

50) Münchener Kommentar zum BGB Band8(각주 46), 394~395쪽. 이와 같은 청구권은 독일민법 제1613조에 따른 과거 부양료 청구에 관한 제한규정의 적용을 받고[BGH NJW 1984, 2158(사무관리 및 부당이득을 근거로 한 구상청구에도 동일하다고 판시); 1988, 2378; 1989, 2816(자녀의 법적 대리인이 부양료청구 소송을 제기한 때부터의 부양료 청구가 가능하다고 판시)], 정기금채권으로 인정되어 과거 4년의 소멸시효에 걸리는 것으로 보았지만(BGH NJW 1989, 2816; 1960, 957) 민법개정으로 3년의 소멸시효에 걸린다고 한다(독일민법 제195조, 제197조 제2항).

를 할 수 있다.[51]

나. 미 국

미국에서는 일반적으로 주(state)의 법률에 의하여 가족 및 부양관계를 규율하고 있기 때문에 구체적인 내용은 주별로 상당한 차이가 있다.[52] 영미법에 있어서 일반적으로 부부 사이의 부양의무는 혼인의 필수적인 요소로 여겨지고,[53] 혼인 중에 있는 부부 사이의 부양의무의 기본적 내용을 변경시키려는 계약의 유효성이 인정되지 않는다고 한다.[54]·[55] 또한, 영미법에서는 원칙적으로 부모의 자녀에 대한 부양의무[56]는 자녀가 성년[57]에 이른 경우 종료(The "Age of Majority" Rule)[58]하지만, 많은

---

51) Münchener Kommentar zum BGB Band8(각주 46), 403쪽. 청구권이전이 인정되는 경우는 각주 91 참조. 이전된 부양청구권의 내용은 부양청구권과 기본적으로 동일하나, 부양의무자는 청구권이전이 발생한 시점을 기준으로 부양권리자에 대한 항변권을 행사할 수 있고, 이전된 청구권에 대한 압류, 이를 수동채권으로 한 상계 등이 가능하다고 한다. 이전된 부양청구권은 정기금채권으로 3년의 소멸시효를 적용받는다(독일민법 제197조 제2항/BGHZ 31, 329. 반면, 표현부의 가족법적 보상청구권에 관하여는 30년의 소멸시효가 적용된다는 판례로는 BGHZ 103, 160, 170). 독일민법 제1613조의 과거 부양료청구 제한규정이 적용되는지는 견해가 대립되나 이를 긍정하되 부양의무자가 적극적으로 부양의무의 이행을 회피한 경우에는 적용되지 않는다고 보는 견해가 다수설로 보인다[Münchener Kommentar zum BGB Band8(각주 46), 400–401쪽].

52) 김시철, 전게논문, 289–290쪽.

53) Twila L. Perry, The "Essentials of Marriage": Reconsidering the Duty of Support and Services, 15 Yale Journal of Law and Feminism, 2003, 8–10쪽.

54) Graham v. Graham, 33 F. Supp. 936(E.D. Mich. 1940).

55) 역사적으로 영미법 하에서는 부부 사이의 의무는 성별에 의하여 엄격히 구별되어 있었고, 남편은 부양의무(the Duty of Support)를, 아내는 부조의무(the Duty of Services)를 각 부담한다고 인식되고 있었으나, 1960년대 이후 법원은 위 각 의무가 양성에게 모두 적용되는 의무라는 취지로 판단하였다. Orr v. Orr, 440 U.S. 268(1979)은 alimony 지급의무를 남편에게만 부여한 Alabama 주법이 위헌이라는 취지로 판시하였다. 위 판례의 자세한 내용은 Judith Areen et al., Family Law Cases and Materials 6th edition, Foundation Press, 2012, 198쪽 참조.

56) 영미법에서는 원래 부부가 이혼함에 있어서 자녀의 양육권은 남편만이 행사할 수 있었으나 아내에게 자녀의 양육권을 부여하게 되면서 아내가 남편에게 자녀의 양육비(child support)를 청구할 수 있도록 하는 측면에서 그 법리가 발전해 왔다. 자세한 내용은 Judith Areen et al., 전게서, 1115쪽 및 Donna Schuele, Origins and development of the law of parental child support, 27 Journal of Family law University of Louisville School of Law 807, 1988~1989, 816~826쪽 참조.

57) 미국에서 성년의 나이에 대한 규정은 주별로 다르고 쟁점에 따라서도 달리 적용

주에서 자녀에게 장애가 있거나(children with disabilities)[59] 자녀가 대학에 재학 중인 경우(post-secondary education)[60]에는 자녀가 성년에 이르더라도 부모의 자녀에 대한 부양의무가 존속한다고 규정한다.[61] · [62]

과거 부양료 청구의 일례로서, 미국에서는 혼외자가 성인이 된 이후 생부에 대하여 인지 청구를 하면서 성년에 이를 때까지 지급받지 못한 과거의 부양료를 청구할 수 있다.[63] 이에 대한 규정은 주마다 다른데, 많은 주에서 혼외자가 성인에 이른 후 3~5년 이내에 인지 청구 및 과거 부양료의 청구를 할 수 있다고 규정하고(제한이 없는 주도 있음), 과거 부양

된다고 하나, 부모의 자녀에 대한 부양의무에 관련해서는 대부분의 주에서 성년을 18세로 규정하고 있다. 그 이외에 19세 또는 21세에 성년에 이른다고 규정한 주도 있고, 18세에 성년에 이르나 고등학교에 재학 중인 경우에는 19세 또는 20세까지 미성년으로 보는 주도 있다. Sally F. Goldfarb, Who pays for the "Boomerang generation?": A legal perspective on financial support for young adults, 37 Harvard Journal of Law & Gender 45, 2014, 71-72쪽 참조.

58) Sally F. Goldfarb, 전게논문, 71쪽.

59) Sande L. Buhai, Parental Support of Adult Children with Disabilities, 91 Minnesota Law Reivew 710, 2006~2007, 720-736쪽에 의하면, 부모의 장애가 있는 성년 자녀에 대한 부양의무에 관한 규율은 각 주별로 세 가지 그룹으로 나뉘어지는데, 첫 번째 그룹은 원칙적인 Common Law Rule에 따라 부모의 자녀에 대한 부양의무는 자녀가 성년에 이른 경우에까지 미치지 않는다고 하고, 두 번째 그룹은 자녀의 장애가 성년에 이르기 전에 발생한 경우에는 부모에게 부양의무가 존속한다고 하며, 세 번째 그룹은 자녀의 장애가 발생한 시기를 불문하고 성년 자녀에게 장애가 있는 경우 부모에게 부양의무가 있다고 규정한다.

60) 처음에는 대학교육이 자녀의 성장에 필수적인 것이 아닌 것으로 생각되었으나 대학교육이 고소득직장을 얻는 데 필수적인 요소가 되고 대학교육이 일부 엘리트가 아닌 일반 학생들이 대학교육을 이수하게 됨으로써 많은 주에서 부모의 대학교육 이수 중인 성년 자녀의 부양의무를 규정하기 시작했다. 거의 모든 주에서 부모 사이의 성년 자녀의 대학교육에 대한 부양의무에 관한 유효한 약정에 따라 그 법적 강제성을 부여하고 있고, 전체 주 중 1/3 주에서 부모 사이의 협약이 없다고 하더라도 법원에서 부모에게 성년 자녀에 대한 대학교육비 등의 부양의무를 이행할 것을 명할 수 있다고 한다. Sally F. Goldfarb, 전게논문, 72-73쪽 참조.

61) Sally F. Goldfarb, 전게논문, 71-75쪽.

62) 한편, Anna Stepien-Sporek and Margaret Ryznar, Child Support for Adult Children, 30 Quinnipiac Law Review 359, 2011~2012에 의하면, 미국에서 일반적으로 부모의 실직 상태에 있는 성년 자녀에 대한 부양의무는 인정되지 않는다고 한다.

63) Lani P. Shaw, Show Me the Money!: Analyzing and Adult Child's Standing to Recover Retroactive Child Support Payment, 48 Howard Law Journal 1053, 2004~2005, 1053쪽 이하.

료의 범위에 관하여는 혼외자가 태어난 날부터 소급하여 청구할 수 있다
고 하는 주도 있는 반면 부양료의 이행청구시 이후로 제한하는 주도 있
으며, 이와 달리 특정한 시점을 정하여 부양료를 제한하는 주도 있다.[64)
미국에서도 일반적으로 부양료에 관한 구상청구가 인정되는데, 자녀 부양
료에 관하여, 배우자 일방이 타방 배우자에 대하여, 제3자가 부모에 대하
여, 공공기관이 부모에 대하여 각 구상청구를 할 수 있고,[65) 나아가 성년
자녀의 부모에 대한 부양료에 관하여도 형제가 다른 형제에 대하여, 제3
자가 그 자녀에 대하여 각 구상청구를 행사할 수 있다.[66)

한편, 미국에서 사적 부양의무에 관하여 우선순위가 존재하는지 일
반적인 규율은 존재하지 않고, 개별적인 주법에 규정되어 있거나 주법원
의 판단에 의해 그 우선순위가 결정되는 것으로 보인다. 구체적으로, 델
라웨어 주법[67)에서는 사적 부양의무에 대하여 비교적 자세히 규정하고
있는데, 일반적인 부모의 미성년 자녀에 대한 부양의무 및 배우자간의
부양의무에 대하여 규정하고 있으면서, 스스로 부양하기 어려운 자에 대
한 부양의무는 배우자, 부모, 자녀 순으로 부담하게 되고, 만약 선순위
의무자가 부양할 여력이 없는 경우에는 다음 순위의 의무자가 의무를 부
담하게 되며, 동순위 의무자 간에는 그들의 재산에 따라 의무를 부담한
다고 규정한다(Delaware's Poor Person Statute).[68) 미주리 주법은 자녀가

---

64) Lani P. Shaw, 전게논문, 1054, 1069쪽 이하.
65) Beverly W. Massey, Using Hindsight to Change Child Support Obligations : A
    Survey of Retroactive Modification and Reimbursement of Child Support in North
    Carolina, 10 Campbell Law Review 111, 1987, 129쪽 이하.
66) Ann Britton, 전게논문, 360쪽 이하.
67) http://delcode.delaware.gov/title13/c005/sc01/index.shtml
68) DELAWARE CODE Title 13 Domestic Relations, Chapter 5 Desertion And Support,
    Subchapter 1 Duty to Support.
    § 503 Duty to support a poor person.
    Except as expressly provided in §§ 501 and 502 of this title, the duty to sup-
    port a poor person unable to support himself/herself rests upon the spouse,
    parents, or children, in that order, subject to § 504 of this title as to expenses
    described therein. If the relation prior in order shall not be able, the next in
    order shall be liable, and several relations of the same order shall, if able,

신체적 또는 정신적으로 무능력하고 무자력이며 미혼인 경우, 법원은 부모의 자녀에 대한 부양의무를 자녀의 18세 생일 이후로도 연장할 수 있다고 규정하고 있는바,[69]·[70] 성년 자녀가 혼인을 한 경우에는 배우자의 부양의무를 부모의 부양의무보다 우선시하는 것으로 해석된다.[71]

다. 일   본

일본에서 부부 사이의 부양의무는 부부간의 동거·협력·부조의무를 규정한 일본민법 제752조 또는 혼인비용 분담의무를 규정한 일본민법 제760조에 근거한다고 보는 반면, 부모의 미성숙자에 대한 부양의무의 근거규정에 대하여는 다양한 학설[72]이 있는데 직계혈족간의 부양의무를 규정한 일본민법 제877조에 근거한다는 견해가 유력한 것으로 보인다.[73] 나아가 일반친족간의 부양의무는 일본민법 제877조에서 규정하고 있는데, 직계혈족 또는 형제자매는 서로 부양의무를 부담하고(절대적 부양의무자), 그 이외의 3촌 이내의 친족은 특별한 사정이 있는 경우 가정재판소의 심판에 의하여 부양의무를 부담한다(상대적 부양의무자).

과거 부양료의 청구에 관하여 학설은 절대적 정기성을 인정하는 견해(청구시설, 인식가능시설), 절대적 정기성을 부정하는 견해(부양요건구비

---

contribute according to their means.

69) http://www.moga.mo.gov/mostatutes/stathtml/45200003401.html

70) MISSOURI REVISED STATUTES, Chapter 452 Dissolution of Marriage, Divorce, Alimony and Separate Maintenance, Section 452.340.(2014. 8. 28.)
4. If the child is physically or mentally incapacitated from supporting himself and insolvent and unmarried, the court may extend the parental support obligation past the child's eighteenth birthday.

71) 한편, 초기의 매사추세츠 주대법원은 정신적 장애가 혼인한 이후에 발생한 딸에 대하여도 아버지에게 부양의무가 있다고 판시하여 부부의 부양의무보다 부모의 성년 자녀에 대한 부양의무를 우선시하는 듯한 판시를 하기도 하였다[Burrill v. Sermini, 118 N.E. 331, 332(Mass. 1918)].

72) 직계혈족의 부양의무를 규정한 일본민법 제877조를 근거로 하는 견해, 친자관계의 본질로부터 당연히 발생한다는 견해, 부모의 혼인 중에는 혼인비용분담의무 규정인 일본민법 제760조에, 혼인관계에 있지 않은 경우에는 일본민법 제877조에 근거한다는 견해, 친권의 효과(일본민법 제820조)에 근거한다는 견해, 감호권(일본민법 제766조)에 근거한다는 견해가 있다고 한다.

73) 新版 注釋民法(25)(각주 17), 737–741쪽(床谷文雄 집필부분).

시설, 부양의무유형설, 단기소멸시효설)로 나누어지고, 최고재판소는 혼인비용분담에 관하여 심판 전에 소급하는 것도 가능하다는 결정을 한 바 있다.[74] 하급심 실무례는 통일되어 있지 않은데, 생활유지적 부양의무에 있어서 이행청구시 이전으로 소급하여 인정하는 경향을 보이는 반면 이행청구시 이후로 과거의 부양료청구를 한정하는 경우도 있고,[75] 생활부조적 부양의무에 대하여는 정기급채권의 단기소멸시효를 고려하여 부양조정 신청 이전 5년 전부터의 부양료를 인정한 경우도 있다고 한다.[76] 후순위 부양의무자가 선순위 부양의무자에 대하여, 동순위 부양의무자가 다른 동순위 부양의무자에 대하여, 제3자가 부양의무자에 대하여 과거 부양료에 대한 구상청구도 가능하다.[77]

부양의무의 우선순위에 관하여 일본민법 제878조는 부양의무자가 수인이 있는 경우 부양할 자의 순서에 관하여 당사자의 협의가 없는 때 또는 협의를 할 수 없는 때에는 가정재판소가 이를 정한다고 규정하여, 우리 민법 제976조와 유사한 조문을 두고 있다. 일본에서는 생활유지적 부양의무가 생활부조적 부양의무에 대하여 우선적 순위가 있는 것이 아니라 협의 또는 가정재판소의 심판으로 그 우선순위를 결정하는 것으로 본다.[78] 일본의 하급심도 생활부조의무의 관계에 있는 친족이 동거하는 등 생활유지의무에 준하는 관계에 있는 등의 특별한 사정이 인정되는 경우에는 생활유지의무가 생활부조의무에 우선하지 않는다는 취지로 판시

---

74) 最大決 昭和 40・6・30 民集 19卷 4号 1114頁.

75) 能見善久・加藤新太郎 編集, 判例民法9(親族) 第2版, 第一法規株式會社, 2013, 586쪽에 의하면, 생활유지적 부양의무에 대한 과거 부양료의 범위에 관하여, 부부 혹은 양친의 별거 내지 이혼한 때부터 인정하는 경우, 조정신청을 한 때부터 인정하는 경우, 부양료청구의 심판신청 전에 이루어진 이혼 등을 구하는 조정신청을 한 때부터 인정하는 경우, 모친이 취직으로 수입이 생기게 된 심판이행 후 7개월 이후부터 미성숙자의 모친에 대한 부양료청구를 인정하는 경우 등으로 하급심 실무례가 나뉘어져 있다고 한다.

76) 野澤紀雅, 兄弟姉妹間における過去の扶養料の求償, 家族判例百選(第7版), 有斐閣, 2008, 102-103쪽.

77) 新版 注釋民法(25)(각주 17), 802-804쪽(松尾知子 집필부분).

78) 新版 注釋民法(25)(각주 17), 774쪽 이하(松尾知子 집필부분).

한 바 있다.[79] 이러한 우선순위를 정함에 있어서 일반적으로 생활부조적 부양의무보다 생활유지적 부양의무를, 일반 친족적 부양의무보다 노친부양의무를, 일본민법 제730조에 따라 비동거친족의 부양의무보다 동거친족의 부양의무를 각 우선시하는 것이 보통이고, 한편 상대적 부양의무를 절대적 부양의무보다 우선시하자는 견해가 있는 반면 개별적인 사안에 따라 달리 봐야 한다는 견해가 있다.[80]

　라. 그 밖에,[81] 스위스민법의 경우 배우자의 부양의무가 부모의 자녀에 대한 부양의무보다 우선한다는 규정은 존재하지 않으나, 부모의 성년 자녀에 대한 부양의무는 스위스민법 제328조에 따른 생활부조의무로서의 부양의무(Unterstützungspflicht)에 포함되어 스위스민법 제328조 제2항에 따라 배우자의 부양의무나 부모의 미성년 자녀에 대한 부양의무보다 후순위라고 한다. 스위스민법 제277조 제2항은 자녀가 적절한 교육을 받지 못한 경우 성년이 된 이후에도 교육이 마무리되는 통상적인 기간까지 수인가능한 범위에서 부모에게 부양의무가 있다고 규정하고 있는데 그와 같은 상황에서 성년 자녀가 결혼한 경우에도 부모의 부양의무는 면제될 수 없다는 것이 학설의 대체적 입장이라고 한다. 생활부조의무로서의 부양의무의 순위는 상속순위에 따라 결정된다고 한다(스위스민법 제329조 제1항). 한편, 프랑스민법은 원칙적으로 부양의무자들 사이에 이러한 순위가 존재하지 않는다고 하는데, 이는 부양권리자가 가장 쉽게 파악할 수 있고, 가장 급부능력이 있어 보이는 의무자에 대하여 부양청구를 할 수 있어야 한다는 생각에 근거한다고 한다. 다만, 부인은 자녀나 자신의 부모에 대하여 부양청구를 하기 전에 남편에게 부양청구를 해야 한다는 판례, 부모가 부양의무를 이행할 능력이 있는 경우 조부모의 부양의무는 인정되지 않는다는 판례가 존재하는 등 결과적으로 순위를 인정하는 경우가 있다.

---

79) 判例民法9(親族)(각주 75), 578쪽; 大阪高決 昭和62 · 1 · 12 判タ645号 231頁.
80) 新版 注釋民法(25)(각주 17), 774쪽 이하(松尾知子 집필부분).
81) 이 부분은 최준규, 전게논문, 9–10쪽 참조.

3. 見解의 對立

대상판결은 부부 사이의 부양의무를 제1차 부양의무로, 부모의 성년 자녀에 대한 부양의무를 제2차 부양의무로 보고 제1차 부양의무자는 제2차 부양의무자보다 우선순위의 부양의무를 부담한다고 판시하여 제1차 부양의무와 제2차 부양의무 사이의 의무이행의 순위도 달리 보아야 한다는 취지로 판시하였다.[82] 이에 대하여 전통적 이원론뿐만 아니라 삼원론적 이원론에서도 제1차 부양의무와 제2차 부양의무는 부양의 순위를 의미하는 것이고, 어떤 견해에 따르더라도 대상판결의 사안에서 원고의 부양의무(부모의 성년 자녀에 대한 부양의무)는 피고의 부양의무(부부 사이의 부양의무)보다 후순위의 부양의무라고 보면서 제1차 부양의무와 제2차 부양의무 사이에 의무이행의 순위의 차이를 긍정하는 견해[83]가 있고, 이에 반하여 전면적 적용설을 전제로 하여 부양의무간 순위를 일률적으로 법에 규정하는 대신 법원에 부양의무간 순위를 판단하는 재량을 부여한 민법의 취지를 고려하여 부양의무 사이의 의무이행의 절대적 우선순위를 부정하는 견해[84]가 있다.

4. 私 見

가. 사견으로는, 사적 부양의무 사이에 성립요건의 차이 및 의무이행 정도의 차이가 존재함은 앞서 본 바와 같으나, 아래와 같은 이유로 부양의무 사이에 절대적인 의무이행의 순위가 존재한다고 보기 어렵고, 개별적인 사안에서 드러난 여러 사정을 고려하여 법원(가정법원뿐만 아니라 부양의무의 우선순위 판단이 전제가 된 사건을 담당한 민사법원도 이를

---

82) 대상판결에서 부모의 미성년 자녀에 대한 부양의무를 제1차 부양의무로 볼 것인지는 명시적으로 설시하지는 않았으나, 전통적 이원론에 따른 판결이라고 본다면 부모의 미성년 자녀에 대한 부양의무 또한 제1차 부양의무로서 선순위 부양의무로 보고 있다고 볼 수도 있을 것이다.
83) 김승정, 전게논문, 215-216쪽.
84) 최준규, 전게논문, 10-13쪽.

판단하는 것이 가능하다고 생각된다)에서 순위 및 범위를 결정함이 상당하
다고 판단된다.

(1) 먼저, 우리 민법은 독일민법과 달리 사적 부양의무 사이에 의무
이행의 우선순위를 특별히 규정하고 있지 않다. 법률의 해석은 문언의
가능한 의미의 한계 내에서 이루어지는 것이고, 법률의 흠결이 있는 경
우에는 유추 내지 법원리에 의한 보충을 시도하여야 할 것인데,[85] 사적
부양의무 사이에 의무이행의 우선순위가 있음을 인정할 만한 유사 법조
문이라든가 법원리가 존재한다고 보기는 어렵다. 오히려 민법 제976조는
부양의무자가 수인인 경우에 일차적으로 당사자의 협정에 의하여 그 순
위를 정하고 그 협정이 없는 때에는 법원이 이를 정한다고 규정하고 있
는바, 이는 부양의무 사이의 순위를 판단하는 재량을 법원에 부여하는
취지라고 할 것이므로,[86] 생활부조적 부양의무의 경우 민법 제976조를
적용하고, 생활유지적 부양의무의 경우 위 규정을 유추적용하여 당사자의
협의가 없는 경우 법원에서 제반사정을 고려하여 사적 부양의무 사이의
순위를 판단할 수 있다고 생각된다.

(2) 가족관계는 일반적인 재산적 법률행위로 인하여 생성되는 법률
관계와는 달리 신분적 요소가 강하고 개별적인 사안마다 그 가족관계가
처한 경제적·사회적 상황이 상이한 경우가 많으므로 일률적으로 생활유
지적 부양의무가 생활부조적 부양의무보다 항상 우선순위를 점한다고 본
다면 구체적 타당성 측면에서 합리적인 판단을 내리기 어려운 경우가
있다.[87]·[88]

---

85) 박철, 법률의 문언을 넘은 해석과 법률의 문언에 반하는 해석, 법철학연구 제6
권 제1호, 2003, 198쪽 이하.
86) 최준규, 전게논문, 11쪽.
87) 부부 중 일방이 혼인을 한 후 얼마 지나지 않아 중병에 걸려 투병생활을 하게
된 경우, 부부 사이에 부부공동체로서의 관계(이는 부부 상호간의 약속을 기초로
형성된 관계임)가 확고하게 성립하기도 이전에 그 부모(부모와 친자간의 관계는
혈연관계에 기초한 관계임)에 우선하여 경제력도 충분하지 않은 배우자에게 고액
의 치료비를 부담하게 하는 것은 형평의 관념에도 부합하지 않는다고 할 것이다.
또한, 남편의 귀책사유가 일부 개입되어 부부 사이에 별거상태가 지속되던 중 남
편에게 부양필요성이 발생한 경우, 부인의 부양의무가 남편의 부모 또는 남편의

(3) 민법 제979조 및 민사집행법 제246조 제1호의 규정 취지[89] 및
채무자 회생 및 파산에 관한 법률 제179조 제1항 제14호는 회생절차에서
부양료채권은 공익채권으로, 위 법률 제473조 제9호는 파산절차에서 부
양료채권은 재단채권으로 하고 있으며, 위 법률 제566조 제8호 및 제625
조 제8호는 파산절차 및 개인회생절차에서 채무자에 대한 면책결정에도
불구하고 부양료채무는 면책되지 않는다고 규정하고 있는 취지들을 종합
하면, 위 규정들은 부양권리자의 생존의 기초를 보호해 주기 위한 규정
이라고 생각된다. 그런데 사적 부양의무 사이에 우선순위가 존재한다는
견해를 밀고 나가면, 선순위 부양의무자가 있는 경우에는 그에게 부양능
력이 없다는 등의 특별한 사정이 없는 한 후순위 부양의무자는 부양권리
자에 대한 관계에서 부양의무가 없다고 보아야 할 것이고,[90] 선순위 부
양의무자가 적극적으로 부양의무를 회피하는 경우, 선순위 부양의무자에
게 부양료 중 일부분을 지급할 자력이 부족하게 된 경우, 선순위 부양의
무자가 해외에 거주하여 현실적으로 부양의무의 이행을 받기 어려운 경
우[91]에도 선순위 부양의무자의 존재를 이유로 후순위 부양의무자에게 부
양청구권을 행사할 수 없다고 볼 가능성이 많다. 위와 같은 경우에 선순
위 이행의무자가 이행하지 않은 부분이나 이행하고 남은 부족분에 대하

자녀가 부담하는 부양의무보다 항상 우선한다고 단정할 수 있는지 의문이다(최준
규, 전게논문, 11쪽).
88) 한편, 각주 87과 같은 사정 등을 고려한 판결로는 의정부지방법원 고양지원
2015. 1. 16. 선고 2014가합52490(본소), 2014가합52513(반소) 판결(당사자 모두 항
소하지 않아 2015. 2. 3. 확정되었다) 참조.
89) 김형석, 전게논문(각주 25), 253쪽 이하.
90) 김승정, 전게논문, 211쪽.
91) 독일민법 제1607조 제1항은 선순위 부양의무자에게 부양의 여력이 인정되지 않
을 경우 후순위 부양의무자가 부양의무를 부담하며, 이는 후순위 부양의무자의 고
유의 의무로서 선순위 부양의무자에게 구상청구를 할 수 없다고 한다. 이에 반하
여 독일민법 제1607조 제2, 3항은 부양권리자가 선순위 부양의무자 등에 대하여
국내에서의 권리행사가 불가능하거나 현저히 어려운 경우 후순위 부양의무자 등이
대신 부양의무를 이행한 한도에서 부양청구권이 후순위 부양의무자 등에게 이전
(Übergang)된다고 규정하는데, 그 경우에 후순위 부양의무자 등은 직접 선순위 부양
의무자 등에 대하여 이전받은 부양청구권의 행사가 가능하다[Münchener Kommentar
zum BGB Band8(각주 47), 398, 403쪽].

여 후순위 부양의무자에게 책임이 인정된다고 보더라도,[92] 부양권리자가
선순위 부양의무가 불이행됨을 기다렸다가 후순위 부양의무자에 대하여
부양의무를 이행할 것을 구하여야 하는 어려움이 있는바, 이러한 경우에는
위 부양의무자들을 동순위로 보는 것이 타당한 해결책이라고 생각한다.

(4) 한편, 생활유지적 부양의무와 생활부조적 부양의무 사이에 우선
순위가 인정되지 않고 법원의 재량에 의하여 결정하여야 한다는 견해에
대하여는, 후순위 부양의무자라고 할 수 있는 생활부조적 부양의무자들에
게까지 부양의무를 부당하게 확대할 수 있고, 반대로 부양의무자들 간의
책임회피를 불러올 수 있다는 취지의 비판적인 견해가 있을 수 있으나,
사적 부양의무는 민법의 규정에 의하여 정해진 범위에서 발생하는 것이
고, 법원의 재량에 의해 부양의무의 순위를 정함에 있어 구체적·개별적
인 사정을 고려하여 적절한 판단을 하는 방법으로 해결할 수 있는 문제
라고 생각한다.

나. 다수의 부양의무자가 있는 경우, 법원에서 각 부양의무자 사이
의 우선순위 및 부양의무의 이행범위를 결정할 때 다음과 같은 사정을
고려할 수 있다고 판단된다.

(1) 먼저, 생활유지적 부양의무는, 가족관계에서 부부관계가 갖는 중
요성, 미성년 자녀에 대한 보호 필요성 등에 비추어 생활부조적 부양의
무보다 우선시할 수 있을 것이다. 직계혈족간의 부양의무(민법 제974조 제1호)를 기
타 친족간의 부양의무(민법 제974조 제3호)보다 우선시하는 것, 근친자일수록 부양권
리자와 인적 우대관계가 밀접할 가능성이 높은 점에 비추어 직계존속들
또는 직계비속들 사이에서는 근친자의 부양의무를 우선시하는 것,[93] 비
동거친족의 부양의무보다 동거친족의 부양의무를 우선시하는 것, 양자에
대한 양친의 부양의무를 생부모의 부양의무보다 우선시하는 것[94]도 고려

---

92) 최준규, 전게논문, 12쪽에 의하면, 부양의무 사이에 우선순위가 인정되는 경우에
도 선순위 부양의무자가 혼자 부양하기에 일부 자력이 부족한 경우 후순위 부양의
무자에게 부족분의 지급을 명할 수 있다고 한다.
93) 최준규, 전게논문, 10-11쪽.
94) 김주수/김상용, 전게서(각주 13), 378쪽; 법원실무제요 가사Ⅱ, 법원행정처,

사항이 될 것이다. 다만, 구체적 · 개별적 사정에 따라 그와 반대로 순위를 정하는 것도 가능하다고 할 것이다.

(2) 또한 부양청구권의 일차적인 목적은 부양권리자의 생존의 기초를 확보하는 데 있다고 할 것이므로, 부양의무자의 자력 상태나 부양권리자가 부양의무자에 대하여 부양청구권을 행사하기 불가능하거나 현저히 어려운지 여부 등도 중요한 고려사항이라고 할 것이다. 그 밖에, 부양권리자가 어느 일방의 부양의무자에 대하여 반대의무를 이행하지 않는 등의 귀책사유가 있고, 다른 부양의무자에 대하여 귀책사유가 없는 경우에도 그러한 사유가 순위를 정함에 있어 고려될 수 있을 것이고,[95] 부양권리자의 요부양상태가 어떠한 부양의무자의 생활관계영역에서 발생하였는지 여부[96]도 고려될 수 있을 것이다.

5. 同順位 扶養義務者들의 關係

가. 한편, 법원에서 동순위로 판단된 부양의무자들은 부양권리자에 대한 관계에 있어서 분할채무를 부담하는 것인지 연대채무를 부담하는 것인지 문제된다. 당사자의 법률행위로 인하여 연대채무를 구성하는 것이 허용되기 때문에 부양의무자들의 협의에 의하여 각 부양의무자의 부

2010, 585쪽.

95) 민법 제826조 제1항이 규정하고 있는 부부간의 동거 · 부양 · 협조의무는 정상적이고 원만한 부부관계의 유지를 위한 광범위한 협력의무를 구체적으로 표현한 것으로서 서로 독립된 별개의 의무가 아니라고 할 것이므로, 부부의 일방이 정당한 이유 없이 동거를 거부함으로써 자신의 협력의무를 스스로 저버리고 있다면, 상대방의 동거청구가 권리의 남용에 해당하는 등의 특별한 사정이 없는 한, 상대방에게 부양료의 지급을 청구할 수 없다고 보아야 한다는 판례(대법원 1991. 12. 10. 선고 91므245 판결)가 있는바, 비록 위 사안은 부양청구권 성립 여부에 관한 판결이기는 하지만, 순위결정에 있어서도 고려할 수 있는 사항이라 생각된다(각주 87 후단 참조).

96) 앞서 본 바와 같이 미국의 일부 주법은 자녀의 장애가 성년에 이르기 전에 발생한 경우에는 부모에게 부양의무가 존속하고 그러하지 않은 경우에는 부모의 성년 자녀에 대한 부양의무가 없다는 취지로 규정하고 있는바(각주 59 참조), 이에 착안하여 대상판결의 사안과 같이 부부 사이의 부양의무와 부모의 성년 자녀에 대한 부양의무가 충돌하는 경우 부양권리자의 장애가 혼인 전후에 발생한 것인지 등도 순위결정에 고려할 수 있을 것이다.

양의무를 연대채무로 구성하는 것은 허용된다고 할 것이다. 문제가 되는 것은 법원에서 부양의무자들을 동순위로 보면서 부양의무를 연대채무로 구성할 수 있을지 여부인데, 민법 제977조는 법원이 부양의 정도 및 방법을 정함에 있어 재량에 의하여 비교적 자유롭게 이를 정할 수 있도록 하는 규정으로 보이고, 통설은 당사자 사이에 특별히 채무자로 되는 자 전원의 자력이 종합적으로 고려된다고 볼 수 있는 특별한 사정이 있는 때에는 연대채무로 한다는 묵시의 특약이 있다고 보고 있는바[97] 부양권리자의 기본적 생존의 기초를 확보하기 위해서는 부양의무자 전원의 자력을 고려함이 타당한 점에 비추어 법원이 동순위의 부양의무자들에 대하여 연대채무를 부담할 것을 명할 수 있다고 보아야 할 것이다.[98] 특히 부양권리자의 생존기초의 보호 측면에서, 원칙적으로 연대채무로 보되, 사안에 따라 예외적으로 법원에서 분할채무를 인정하는 것도 고려해 볼 수 있다.

나. 동순위 부양의무자들 사이에 분담부분을 어떻게 정할지의 문제도 법원의 재량에 맡겨져 있다고 봄이 상당하고, 우선적으로 부양의무자의 자력에 따라 분담부분을 정하는 것이 타당하다고 생각된다. 나아가 독일민법 제1606조 제3항과 같이 명확한 규정이 없는 이상, 부양의무자의 자력뿐만 아니라 앞서 본 우선순위 결정에서 고려될 요소 또한 참작할 수 있다고 생각된다.[99]

Ⅳ. 多數의 扶養當事者 사이의 求償關係

1. 序

다수의 부양당사자 사이에 구상청구가 문제되는 경우는 후순위 부양의무자가 부양의무를 이행한 후 선순위 부양의무자에게 구상청구하는 경

---

97) 곽윤직 편집대표, 민법주해[XI] 채권(3), 2004, 22쪽(허만 집필부분).
98) 법원실무제요 가사[II](각주 94) 585쪽.; 최준규, 전게논문, 13-16쪽.
99) 독일민법 제1607조 제2항에 착안하여, 법원에 의하여 부양의무자 간에 대외적으로는 동순위이지만 대내적으로는 우선순위가 인정되는 관계, 즉 연대채무관계에 있지만 대내적으로 어느 한 채무자의 부담부분이 0인 관계를 인정할 수 있다고 하는 견해(최준규, 전게논문 11-13쪽)가 있는바, 경청할 만한 견해라고 생각한다.

우, 자신의 부담부분 이상의 부양의무를 이행한 부양의무자가 동순위 부
양의무자에게 구상청구하는 경우, 제3자가 부양의무를 이행한 후 부양의
무자에게 구상청구하는 경우 등이다. 즉, 구상채권자는 자신에게 부양의
무가 인정되지 않는 부분을 부양권리자에게 이행[100]하고, 구상채무자에게
그 부분에 관한 '과거의 부양료'를 상환청구하는 구조이다.

2. 求償請求의 根據 및 性格

가. 구상채권자는 사무관리 또는 부당이득을 원인[101]으로 구상청구
를 할 수 있을 것이고,[102] 특히 동순위 부양의무자 사이의 채무부담관계
를 연대채무로 보는 경우에는 연대채무자의 구상권을 규정한 민법 제425
조를 근거로 구상청구를 할 수 있을 것이다.[103]

나. 한편, 협의나 가정법원의 심판에 의하여 부양의무의 순위 및 정
도·방법 등이 결정된 경우에 구상채권자가 구상권을 행사하는 데 있어
서 특별한 문제가 발생하지 않는다. 그러나 협의 내지 심판에 의하여 구
체적인 부양의무의 내용이 확정되기 이전, 즉 추상적 부양청구권만 발생
한 상태에서 부양의무자 내지 제3자가 부양의무를 이행하고 자신의 출재
액에 관하여 다른 부양의무자에게 구상청구를 하는 경우, 구상청구의 범
위 등이 정해져 있지 않는 상태라고 할 것인데, 이를 추상적 부양청구권
에 준하는 '추상적 구상청구권'의 성격을 지닌다고 볼 것인지 문제된

---

100) 부양의무의 이행은 금전부양뿐만 아니라 현물부양, 인수부양이 포함된다고 할
    것이고, 현물부양, 인수부양에 따른 구상청구의 경우에는 부양에 대한 별도의 가
    치평가가 필요하다고 할 것이다.
101) 최준규, 전게논문, 18쪽; 김형석, 제3자의 변제·구상·부당이득, 서울대학교법학
    제46권 제1호(제134호), 2005, 356쪽; 곽윤직 편집대표, 민법주해[XVII] 채권(10),
    2005, 372쪽 이하(양창수 집필부분).
102) 한편, 민법주해[XVII] 채권(10)(각주 101), 85쪽(최병조 집필부분)에 의하면, 사무
    관리에 있어서 비용 등의 구상을 할 의사가 없는 경우에는 사무관리를 규정한 민
    법 제739조가 적용되지 않고 구상권이 인정되지 않는다(구상권의 포기)고 하는데,
    법원이 부양의무의 우선순위 및 범위를 정하기 전까지는 자신의 부담부분이 어떠
    한지 모르는 경우가 대부분일 것이므로 구상권 포기의사를 쉽사리 추정하여서는
    안 될 것이다.
103) 최준규, 전게논문, 18쪽.

다.[104] 그러나 구상채권자가 자신의 출재액을 지출함으로써 부양의무자에 대한 구체적인 구상청구권이 발생하였다고 함이 타당하고, 불법행위에 기한 위자료청구 등의 경우에도 법원 판단 이전에는 그 범위 등을 알 수 없는 점에서 동일하므로, 위와 같은 사정만으로 추상적 구상청구권의 개념을 인정하기는 어려워 보인다.[105]

3. 求償請求의 範圍

가. 부양당사자 사이의 구상청구가 문제되는 경우, 구상청구로 인용되는 액수는 원칙적으로 타인의 의무를 대신 이행하기 위하여 출재하였다고 인정되는 액수와 사후적으로 확정되는 부양의무자(구상채무자)의 채무액 중 더 작은 부분이 될 것이라고 한다.[106] 대상판결 또한 '부부의 일방이 제1차 부양의무자로서 제2차 부양의무자인 상대방의 친족에게 상환

---

104) 대법원 2015. 1. 29. 선고 2013다79870 판결은 "민법 제974조, 제975조에 의하여 부양의 의무 있는 사람이 여러 사람인 경우에 그중 부양의무를 이행한 1인이 다른 부양의무자에 대하여 이미 지출한 과거 부양료의 지급을 구하는 권리는 당사자의 협의 또는 가정법원의 심판 확정에 의하여 비로소 구체적이고 독립한 재산적 권리로 성립하게 되지만, 그러한 부양료청구권의 침해를 이유로 채권자취소권을 행사하는 경우의 제척기간은 부양료청구권이 구체적인 권리로서 성립한 시기가 아니라 민법 제406조 제2항이 정한 '취소원인을 안 날' 또는 '법률행위가 있은 날'로부터 진행한다고 할 것이다."라는 취지로 판시하여 '추상적 구상청구권'을 인정하였다고 볼 여지도 있다. 한편, 김형석, 전게논문(각주 101), 357~358쪽에 의하면, 제3자의 변제(구상이득반환청구권)에 있어서 강요된 이득 문제를 해결하기 위한 이론으로 독일에서는 이러한 경우 변제자(구상채권자)가 채권자의 채무자에 대한 원채권을 양수받는 것과 유사한 구조이므로 채권양도에서 인정되는 제3채무자 보호규정(민법 제451조 제2항)을 유추하여 채무자는 변제자(구상채권자)에 대하여 원채권자에 대하여 가지고 있던 항변사유를 주장할 수 있다는 견해가 제시된다고 한다. 이러한 견해에 의한다면, 변제자(구상채권자)는 추상적 부양청구권을 채권양도 받은 것과 유사한 구조가 된다고 할 것이므로 이에 준하여 추상적 구상청구권의 개념을 도입할 수도 있다고 볼 여지도 있을 것이다. 하지만 강요된 이득의 문제는 반환의무의 내용을 정함에 있어서 반환의무자의 주관적 이득을 기준으로 함으로써 해결할 수 있다는 것이 통설[민법주해[ⅩⅧ] 채권(10)(각주 101), 378쪽(양창수 집필부분); 김형석, 전게논문(각주 101), 358쪽]이다.
105) 추상적 부양청구권과 구체적 부양청구권을 구별하더라도 구상청구를 인정하는 데 별 문제가 없다는 견해로는 최준규, 전게논문, 18쪽.
106) 최준규, 전게논문, 19쪽.

하여야 할 과거 부양료의 액수는 부부 일방이 타방 배우자에게 부담하여
야 할 부양의무에 한정된다'고 판시하여 이러한 견해 하에 있는 것으로
보인다.

나. 그러나 이에 대하여 비교법적으로 과거의 부양료 자체의 청구는
제한되더라도 과거의 부양료에 대한 구상청구는 가능하다는 것이 일반적
이고, 과거의 부양료 청구가 이행청구 이후의 부분에 한한다는 근거를
과거 부양료에 대한 구상청구를 제한하는 근거로 보기 어렵다는 이유로
과거 부양료에 관한 구상청구가 반드시 과거의 부양료 청구의 범위로 제
한되지 않는다는 논의가 있다고 한다.[107] 일본에서 구상의 범위는 요부
양자가 부양료를 청구하는 경우와 다르게 광범위하게 인정된다고 하면서,
그렇다고 하여도 분담을 정하는 대상은 실제로 지출한 비용이 아니라 생
활수요의 범위에 그치는 것이 당연하다고 한다.[108]

다. 사견으로는, 일률적으로 부양당사자 사이의 구상청구가 구상채무
자에 대하여 사후에 확정되는 채무액(면책액)을 한도로 제한된다고 보기
는 어렵다고 생각한다. 먼저, 부당이득반환을 원인으로 청구하는 경우에,
이는 제3자의 변제로서 비용부당이득의 성격을 띤다고 할 것이고, 이때
그 이득의 반환은 우선 비용지출자가 현실적으로 지출한 액을 넘지 못할
뿐만 아니라 부당이득소송이 계속되는 시점에서의 이득자의 현존이익에
한정된다고 봄이 상당하므로[109] 구상청구의 범위는 구상채무자에 대하여

---

107) 이동진, 전게논문, 137-138쪽. 앞서 본 바와 같이 부모 일방의 타방 배우자에
대한 미성년 자녀 및 성년 자녀에 대한 양육비 청구는 이행청구 이후의 양육비만
으로 제한되지 않는다는 취지의 대법원결정(대법원 92스21 결정, 93스11 결정) 또
한 이러한 견해를 따른 것이라고 볼 여지가 있다.
108) 新版 注釋民法(25)(각주 17), 802쪽(松尾知子 집필부분).
109) 민법주해[XVII]채권(10)(각주 101), 378쪽(양창수 집필부분). 그 이유는 넓은 의미
의 '타인의 사무'를 처리하는 경우에 적용되는 부당이득법이 사무관리법의 보충규
범의 관점에서, 사무관리에 관한 민법 제739조 제3항에 의하면 사무관리가 성립하
는 경우에라도 관리자가 본인의 의사에 반하여 관리한 때에는 '본인의 현존이익의
한도에서' 비용상환을 청구할 수 있도록 하고 있는데, 사무관리가 성립하지 않는
비용지출의 경우에는 더욱이 그 의무는 현존이익에 한정되어야 하기 때문이라고
한다.

사후에 확정되는 채무액(면책액)에 한정된다고 할 것이다. 또한, 동순위의 무자들 사이의 부양의무가 연대채무로 구성되는 경우에도 구상채권자는 민법 제425조에 따른 구상권을 행사함에 있어서도 출재액과 공동면책액을 비교하여 그 중 적은 액을 기준으로 구상청구를 할 수 있을 것이다.[110] 문제가 되는 것은 사무관리를 원인으로 구상금청구를 하는 경우인데, 이는 두 경우로 나누어 보아야 한다. 민법 제734조의 사무관리가 성립함(타인의 사무의 관리가 있을 것, 관리의사가 있을 것, 법률상의 의무가 없을 것, 본인에게 불리하거나 본인의 의사에 반한다는 것이 명백하지 않을 것)[111]을 전제로 민법 제739조 제1항이 적용되는 경우에는 구상채권자는 구상채무자의 이득 여부를 떠나서 지출한 필요비 또는 유익비의 상환(제3자 내지 부양의무자가 다른 부양의무자의 부양료를 대신 지출한 경우도 이에 해당한다고 할 것이다)을 청구할 수 있으므로[112] 구상채권자는 구상채무자에 대하여 사후에 확정된 채무액(면책액)에 상관없이 지출한 부양료 전체를 구상할 수 있을 것인 반면, 관리자가 본인의 의사에 반하여 관리한 때에는 민법 제739조 제3항에 따라 본인의 현존이익의 한도에서 그 상환을 청구할 수 있으므로 이러한 경우에는 구상채권자는 구상채무자에 대하여 사후에 확정되는 채무액(면책액) 한도에서 그 상환을 청구할 수 있다고 할 것이다.[113]

---

110) 민법주해[X] 채권(3)(각주 97), 141-142쪽(차한성 집필부분). 출재액이 공동면책액을 초과하였다 하여 그 초과분이 다른 채무자에게 어떤 이익을 주는 것이 아니고, 또 적은 출재액으로 그보다 많은 액수의 공동면책을 얻었다면 그 이익을 다른 채무자에게도 미치게 하는 것이 공평의 이념에 부합하기 때문이라고 한다.

111) 민법주해[XII] 채권(10)(각주 101), 11쪽(최병조 집필부분). 이러한 통설적인 견해에 대하여 사무관리가 성립하기 위하여는 그 사무가 타인의 사무이고, 타인을 위하여 사무를 처리하는 의사, 즉 관리의 사실상의 이익을 타인에게 귀속시키려는 의사가 있어야 함은 물론, 나아가 그 사무의 처리가 본인에게 유익하면서 본인의 의사에 합치할 것을 요한다는 견해로는 김형석, 전게논문(각주 101), 347쪽.

112) 민법주해[XII] 채권(10)(각주 101), 81쪽(최병조 집필부분).

113) 한편, 민법 제739조 제3항의 청구권은 민법 제748조의 특칙으로 규정되어 있는 부당이득반환청구권으로 해석하여야 한다는 견해로는 김형석, 전게논문(각주 101), 354쪽.

4. 求償請求事件의 管轄

가. 序

부양의무에 관한 구상금청구사건이 민사소송사항인지 가사소송사항인지[특히, 마류 1호 사건,[114] 마류 3호 사건,[115] 마류 8호 사건[116]]가 문제된다.

나. 家庭法院의 管轄에 관한 制限的 列擧主義

가사소송법 제2조 제1항은 가정법원의 전속관할이 되는 사건을 열거하고 있는데, 이는 예시적 열거가 아닌 제한적 열거라는 것이 판례의 태도[117]이다. 다만, 제한적 열거주의를 취하고 있다고 하더라도 그 열거된 사건을 문자대로만 엄격하게 축소하여 해석하라는 뜻은 아니고 문리에 반하지 않는 한 그 범위를 어느 정도 확장할 수 있을 것이다.[118]

다. 判例 및 實務

판례는, 이혼한 부부 사이의 미성년 자녀에 대한 과거 양육비청구에 관하여는 이를 마류 3호 사건으로,[119] 이혼한 부부 사이의 성년 자녀에

---

114) 가사소송법 제2조 제1항 제2호 나. 1)「민법」제826조 및 제833조에 따른 부부의 동거·부양·협조 또는 생활비용의 부담에 관한 처분.

115) 가사소송법 제2조 제1항 제2호 나. 3)「민법」제837조 및 제837조의2(같은 법 제843조에 따라 위 각 조항이 준용되는 경우 및 혼인의 취소 또는 인지를 원인으로 하는 경우를 포함한다)에 따른 자녀의 양육에 관한 처분과 그 변경, 면접교섭권(面接交涉權)의 제한 또는 배제.

116) 가사소송법 제2조 제1항 제2호 나. 8)「민법」제976조부터 제978조까지의 규정에 따른 부양(扶養)에 관한 처분.

117) 대법원 1993. 5. 22.자 93스14, 15, 16 결정 : "가사사건에 관한 절차의 특례를 규정하고 있는 우리 가사소송법이 제2조 제1항에서 가사사건을 가사소송사건과 가사비송사건으로 대별한 다음 가사소송사건을 그 개별적 성질에 따라 다시 가류, 나류, 다류 사건으로 분류하면서 많은 유형의 가사소송사건의 형태를 일일이 열거하여 규정하고 있고, 제2조 제2항에서는 다른 법률이나 대법원규칙이 정하는 가사소송사건의 형태까지 예정하여 규정함으로써, 신분관계의 발생, 변경, 소멸에 중대한 영향을 미치는 사항에 관한 분쟁의 해결을 위한 소송방법을 제한적으로 열거하는 체제를 취하고 있음에 비추어"

118) 김승정, 전게논문, 227쪽.

119) 대법원 1994. 5. 13.자 92스21 전원합의체 결정. 위 결정의 반대의견은 "민법 제837조 제1항, 제2항, 가사소송법 제2조 제1항 (나)목 (2)마류 3호, 같은 법 제3편

대한 과거 부양료청구에 관하여는 마류 8호 사건으로[120] 보고 있다. 또한 실무는, 자녀에 관한 양육비에 관하여, 청구인을 기준으로 하여 배우자의 한쪽이 상대방에게 청구하는 경우에는 마류 1호의 부부의 부양·협조 또는 생활비용의 부담에 관한 처분(부부관계가 유지되고 있는 때) 또는 마류 3호의 자녀의 양육에 관한 처분(이혼 당사자 사이의 경우)사건으로 취급하고, 자(子)가 청구하는 경우에는 마류 8호의 친족간의 부양사건으로 취급[121]한다고 한다.[122]

라. 私 見

(1) 먼저, 부양의무 없는 제3자가 부양의무자를 상대로 한 구상금청구사건은 사무관리 또는 부당이득을 근거로 하는 것이므로 민사소송사항이라고 보아야 할 것이다.[123]·[124] 민법 제974조의 적용 대상인 친족간의

(가사비송)의 여러 규정을 종합하면, 이혼한 당사자의 아이의 양육에 관하여 가정법원이 비송사건으로서 행하는 심판은 어디까지나 아이의 현재와 장래의 양육에 관한 사항을 정하거나 이미 정하여진 사항을 변경하는 절차이지, 지나간 과거에 마땅히 이행되었어야 할 부양에 관한 사항을 다시 정하거나 이미 지출된 비용의 분담에 관한 사항을 결정하는 절차가 아니기 때문"에 이는 민사소송의 대상이라고 보았다.

120) 대법원 1994. 6. 2.자 93스11 결정.

121) 이에 대하여 임종효, 전게논문, 제237쪽에 의하면, 통설은 자녀가 부모를 상대로 양육비의 지급을 청구할 경우에는 '형식적으로' 민법 제974조가 적용되어 마류 8호 사건으로 처리된다는 견해라고 한다. 사견으로는 부모의 미성년 자녀에 대한 부양의무에 대하여 민법 제976조 이하 규정을 유추적용하는 것이라고 생각된다.

122) 법원실무제요 가사Ⅱ(각주 94), 487쪽, 578쪽.

123) 김승정, 전게논문, 231쪽; 법원실무제요 가사Ⅱ(각주 94), 580쪽; 대법원 1970. 1. 27. 선고 67므15 판결, 대법원 1981. 5. 26. 선고 80다2515 판결.

124) 小川栄治, 扶養義務のない第三者が立て替えた扶養料の請求, 家族判例百選(第7版), 有斐閣, 2008, 104-105쪽에 의하면, 일본에는 이와 같은 경우 ① 일반 민사소송사항으로 보는 견해, ② 부양의무자 아닌 제3자가 미성숙자를 부양한 경우 그 부모에 대하여 직접 민사소송에 따른 구상의 소가 가능하지만, 그 이외의 경우에는 일본민법 제499조에 따라 부양권리자의 승낙을 얻어 그를 대위하여 가사심판신청권을 행사하고, 이후 승계집행문을 부여받을 수 있다는 견해, ③ 입법론적으로 부양의무자 아닌 자의 청구의 경우에도 가사심판으로 보아야 하고, 적어도 해석론으로도 일본민법 제877조 제2항에 따라 가사심판사항으로 볼 수 있다는 견해, ④ 부양의 공공성 관점으로부터, 제3자의 부양의무자에 대한 구상도 일본생활보호법 제77조의 보호실시기관의 구상의무자에 대한 비용징수와 동일한 차원의 문제로 보고, 위 법에서 위 비용징수는 일본가사소송법 제9조 제1항 을류의 심판사항으로

일반적 부양의무를 부담하는 부양의무자, 즉 생활부조적 부양의무자들 사이의 구상금청구사건은 민법 제976조 내지 제978조까지의 규정에 따른 부양에 관한 처분 사건이라고 평가함이 상당하므로 이는 마류 8호 사건에 해당한다고 보이고, 위 대법원 93스11 결정 또한 같은 태도로 보인다. 또한, 부부 사이의 미성년 자녀에 대한 과거 양육비청구는 이를 구상청구로 보는 사건에 의하더라도 그 근거규정(민법 제833조 또는)에 따라 혼인 중에는 마류 1호 사건에, 이혼 당사자 사이에는 마류 3호 사건에 해당한다.

(2) 문제가 되는 것은 대상판결의 사안과 같이 생활유지적 부양의무자와 생활부조적 부양의무자 사이에 구상금 청구사건의 관할이 문제되는데,[125] 대상판결의 견해에 따라 생활유지적 부양의무가 생활부조적 부양의무보다 우선순위의 부양의무이고, 생활유지적 부양의무에 대하여는 민법 제974조 이하의 규정이 적용되지 않는다고 보는 경우에는, 가사소송법이 제한적 열거주의를 취하고 있는 점에서 민사소송사항으로 보는 것이 타당할 것이다. 그러나 생활유지적 부양의무와 생활부조적 부양의무 사이의 순위는 법원의 재량에 의하여 판단되어야 하고, 생활유지적 부양의무에 대하여도 민법 제976조 이하의 규정은 성격에 반하지 않는 한 유추적용함이 상당하다는 사건에 의하면, 순위를 정하거나 동순위자 사이의 분담부분을 정하는 것은 가정법원의 전문성이 필요할 뿐만 아니라 법원이 후견·감독의 직무를 행사하여 합목적적으로 이를 처리할 필요가 있는 점, 마류 가사비송사건에서는 재산명시제도 및 재산조회제도(가사소송법)를 활용할 수 있어 당사자들의 자력 등을 손쉽게 파악할 수 있는 점,[126]

정하고 있는 이상 이를 준용하자는 견해가 있으나, 위 ① 설이 다수설이라고 한다. 일본 하급심판결 중 이를 민사소송사항으로 본 판결로는 神戸地裁 昭和56·4·28 判決(家月34卷9号93頁, 判夕452号143頁).

125) 小川榮治, 전게논문, 104-105쪽에 의하면, 일본에서는 부양의무자들 사이의 구상문제에 관하여 ① 구상자체는 소송사항이지만 구상의 전제문제로써 통상재판소가 부양내용을 결정하는 것이 가능하다는 설, ② 부양내용의 결정은 심판사항이지만 구상자체는 소송, 심판 어떤 방법으로도 가능하다는 설, ③ 부양내용의 결정뿐만 아니라 구상자체도 심판사항이라는 설이 있고, 최고재판소는 이를 가사재판소의 전권사항이라고 판시하였다[最大決 昭和42·2·17(民集21卷1号133頁)].

126) 독일민법 제1605조 제1항에 의하면 직계혈족인 부양당사자들은 부양청구권 또는

앞서 본 바와 같이 실무례는 미성년 자녀가 부모에 대한 양육비를 직접 청구할 경우 마류 8호 사건으로 보고 있는데 이는 부모의 미성년 자녀에 대한 부양의무에 대하여 민법 제976조 이하 규정 유추하여 적용하는 것 으로 평가할 수 있는 점 등을 고려해 볼 때 그와 같은 경우에도 민법 제 976조 이하의 규정을 적용 내지 유추적용하여 마류 8호 사건으로 처리하 는 것이 타당하다고 생각한다.

(3) 한편, 대상판결의 사안을 마류 8호 사건으로 보는 경우에 법원 은 구상금청구권이라는 민사상 채권의 존부에 관한 판단을 비송사건에 의한 심판으로써 하게 되는데, 이러한 절차가 체계정합적인지 검토를 요 한다. 먼저, 라류 가사비송사건과는 달리 마류 가사비송사건은 대심적 구 조를 전제로 한 쟁송에 관한 것인 점, 가사소송규칙 제108조, 제97조는 부양에 관한 심판을 함에 있어서 금전의 지급 등의 의무이행을 동시에 명할 수 있다고 규정하고 있는 점, 생활부조적 부양의무자 사이의 구상 금청구사건을 마류 가사비송사건으로 처리하여 오고 있는 것이 판례 ($^{대법원}_{93스11 \ 결정}$)인 점 등에 비추어, 구상금청구사건을 마류 가사비송사건으로 처 리한다고 하여 체계정합적이지 않다고 비판하기는 어렵다고 본다. 가사 비송사건의 경우 직권탐지주의가 원칙이기는 하나,[127] 부양의무의 순위 및 동순위자들의 분담비율을 정하는 면에 있어서는 직권탐지주의가 적용 될 것이지만 그 밖에 구상금청구권에 관한 요건사실은 변론주의를 적용 하여야 함이 타당하고 이는 가정법원에서 적절히 소송지휘권을 행사하는 등의 방법으로 해결할 수 있다고 생각된다. 가사비송사건은 가정법원이 폭넓은 재량권을 가지고 있어서 청구취지가 구체적으로 특정되지 않아도 되고 가정법원은 심판의 청구취지에 반드시 구속되는 것이 아니나,[128] 가 정법원이 금전의 지급 등을 구하는 청구에 대하여는 그 청구취지를 초과

부양의무를 확정하기 위해 서로 자신들의 수입에 대한 정보를 제공하여야 할 의무 (Auskunftspflicht)가 있다고 한다[Münchener Kommentar zum BGB Band8(각주 46), 374쪽].

127) 법원실무제요 가사[Ⅱ](각주 94), 181쪽.
128) 법원실무제요 가사[Ⅱ](각주 94), 170-171쪽.

하여 의무의 이행을 명할 수 없다는 가사소송규칙 제93조 제1항 등에 비추어 당사자는 상대방이 이행하여야 할 금전지급의무의 내용을 구체적으로 특정하고[129] 가정법원은 이에 구속된다고 할 것이다. 또한, 가정법원은 비송사건의 재판에서 일부인용의 경우 나머지 청구를 기각한다는 뜻을 주문에 기재할 필요는 없으나 구상금청구 등 재산상의 의무이행에 관하여는 나머지 청구를 기각한다는 주문을 써 주어야 할 것이다.[130] 한편, 구상금청구에 관한 심판에 대하여 기판력이 인정되는지 문제되는바, 실무 및 다수설은 가사심판의 형식적 확정력은 인정하지만 기판력은 부정하고 있다.[131] 검토를 요하기는 하지만, 구상금청구사건은 기본적으로 민사적 채권에 관한 법원의 판단이라고 할 것이므로 기판력을 인정해야 될 것이라고 생각된다.[132]

5. 求償請求權의 消滅時效

가. 양육비청구권에 관하여 판례는 "당사자의 협의 또는 가정법원의 심판에 의하여 구체적인 지급청구권으로서 성립하기 전에는 과거의 양육비에 관한 권리는 양육자가 그 권리를 행사할 수 있는 재산권에 해당한다고 할 수 없고, 따라서 이에 대하여는 소멸시효가 진행할 여지가 없다"고 판시(대법원 2011. 7. 29.자 2008스67 결정)하였다. 이에 대하여 협의 또는 심판 전의 양육비청구권(추상적 양육비청구권)은 소멸시효에 걸리는 권리가 아니고, 협의 또는 심판 이후의 양육비청구권(구체적 양육비청구권)은 기본채권, 일시금 내지 1년 이내의 정기지급채권이 아닌 채권은 10년의 소멸시효가 걸리고 1년 이내의 정기지급채권으로 협의 내지 심판에 의하여 결정된 채권의 경우 3년의 단기소멸시효가 걸린다는 견해,[133] 기본적 양육비청구권과 지

---

129) 법원실무제요 가사Ⅱ(각주 94), 171쪽.
130) 법원실무제요 가사Ⅱ(각주 94), 587쪽.
131) 김선혜, 가사재판의 기판력, 가족법연구 제23권 제3호(통권 제36호), 2009, 295-298쪽; 법원실무제요 가사Ⅱ(각주 94), 195쪽.
132) 한편, 법원실무제요 가사Ⅱ(각주 94), 196쪽에 의하면, 기판력부정설의 입장에서도 어떤 사항에 관하여 심판을 받은 후 다시 같은 내용의 심판청구를 하는 것은 일반적으로 심판청구의 이익이 없다고 한다.

분적 양육비청구권으로 구분하여 기본적 양육비청구권은 소멸시효와 친
하지 않은 반면, 지분적 양육비청구권은 민법 제163조 제1호에 따른 3년
의 단기소멸시효가 적용된다는 견해,[134] 과거의 양육비청구를 일종의 구
상청구로 이해하면서, 추상적 양육청구권에 대하여도 소멸시효가 진행하
고, 그 시효기간은 일반적으로 구상권에 대하여는 10년의 통상 시효기간
이 적용될 것이나, 단기소멸시효 제도를 유지하는 우리 민법 하에서 구
상의무자 아닌 제3자의 행위에 의하여 구상의무자에게 불리한 결과가 생
기는 것은 바람직하지 않으므로 3년의 단기소멸시효에 걸린다는 견해[135]
등이 있다.

　나. 구상청구권은 구상채권자의 고유의 권리로서 부양청구권과는 별
개의 권리이고 추상적 구상청구권을 인정하기 어렵다는 것은 앞서 본 바
와 같으므로 일반 원칙에 따라 부양의무를 이행한 제3자 내지 부양의무
자의 구상청구권은 10년의 소멸시효에 걸린다고 봄이 상당[136]하고, 과거
의 양육비청구권을 구상청구로 보는 사견에 의하면 과거의 양육비청구권
도 10년의 소멸시효기간이 적용된다고 생각된다. 한편, 추상적 부양청구
권은 소멸시효의 적용을 받지 않는다는 견해에 의하면 특별한 문제가 없
으나, 이와 다른 견해를 취하여 추상적 부양청구권에 대하여 소멸시효,
특히 3년의 단기소멸시효가 적용된다고 보는 경우에는(소멸시효가 적용됨
을 부정하기 어려운 구체적 부양청구권과 구상청구권 사이의 관계에 대하여
도 동일하게 발생하는 문제이다), 구상채무자는 원래의 의무인 부양의무보
다 소멸시효기간이 더 확장된 구상채무를 부담하게 되는 문제가 발생한
다. 이에 대하여 구상채권은 원래의 채권인 부양청구권과 동일한 소멸시
효 기간에 한하며, 이미 도과한 시효기간은 구상채권의 시효기간에 대하

133) 권덕진, 양육비와 소멸시효, 가사재판연구 Ⅱ, 서울가정법원 가사재판연구회, 2011, 194쪽
　　이하.
134) 임종효, 전게논문, 283쪽 이하. 위 견해는 양육비청구권이 부모가 미성년 자녀의
　　부양청구권을 대신하여 행사한다는 전제에 서있는바, 부양청구권에 대하여도 동일
　　하게 적용된다고 판단하는 것으로 보인다.
135) 이동진, 전게논문, 143쪽 이하.
136) 최준규, 전게논문, 29쪽.

여 그대로 산입함이 타당하다는 견해가 있다.[137]

6. 遲延損害金 및 假執行

가. 하급심실무례는 과거 양육비청구권의 지연손해금[138]과 관련하여, 과거 양육비를 일시금으로 지급할 것을 명하면서 심판청구서 부본 송달 시와 같이 심판 확정 전의 일정 시점 이후의 지연손해금 청구를 인용한 예가 있기는 하나, 근래에는 심판 확정 이후의 지연손해금 부분만을 인용하는 것이 주류적 태도라고 하고, 전자의 실무례 중에는 소송촉진 등에 관한 특례법 제3조 제1항 본문을 적용한 것과 적용하지 않은 것이 모두 있는 반면, 후자의 실무례에서는 위 조항을 적용하지 않고 있다고 한다.[139] 사견으로는, 구상채권의 경우 민사상 재산적 채권이라고 할 것이므로 구상금 이행청구 이후의 지연손해금을 청구할 수 있고(다만, 연대채무자 간의 구상규정을 근거로 청구하는 경우 민법 제425조 제2항에 따라 면책된 날 이후의 법정이자를 청구할 수 있다), 소송촉진 등에 관한 특례법 제3조 제1항 본문을 적용할 수 있을 것이라고 생각한다. 과거의 양육비청구를 구상청구로 보는 이상 마찬가지일 것이다. 다만, 이 경우에도 원래 채권인 과거 부양청구권의 지연손해금이 심판 확정 이후의 부분만 인정되고 소송촉진 등에 관한 특례법 제3조 제1항 본문을 적용할 수 없다고 보는 경우 구상채무자는 원래의 의무인 부양의무보다 더 가중된 구상채무를 부담하게 되는 문제가 발생하게 된다.

나. 가집행과 관련하여서도, 대법원 판례($\binom{대법원}{92스21\ 결정}$)는 과거 및 장래의 양육비청구에 대하여 모두 가집행선고를 허용하는 입장에 있는 것으로 보인다.[140] 실무상 양육비청구에 있어서 부양 또는 생활비용분담을 명하

---

137) 최준규, 전게논문, 31쪽; 김형석, 전게논문(각주 25), 358-360쪽.
138) 장래의 부양료청구 내지 양육비청구의 경우에도 지연손해금이 문제될 수 있으나, 실무상 정기금의 지급을 명하면서 지연손해금의 지급을 명하지는 않고 있는 것이 보통이라고 할 것이므로, 지연손해금은 과거의 부양료 내지 양육비청구에서 문제될 것으로 보인다.
139) 임종효, 전게논문, 296쪽.
140) 임종효, 전게논문, 300-301쪽. 한편, 대법원 2014. 9. 4. 선고 2012므1656 판결

는 심판이 형성적 효력을 가진다는 점 등을 이유로 가집행명령을 하지
않는 경우도 있다고 하나,[141] 구상청구권의 일반적 성질에 비추어 과거
부양료에 대한 구상청구에 대하여 가집행을 명하는 데 별다른 문제가 없
고, 가사비송사건으로 처리하는 경우에도 가사소송법 제42조 제1항에 따
라 가집행을 명할 수 있을 것이다. 과거의 양육비청구를 구상청구로 보는
사건에 의하면, 양육비청구의 경우에도 동일하게 적용된다고 생각된다.

7. 그 밖의 問題

가. 辨濟者代位

구상채권자가 부양권리자에 대하여 변제자대위를 할 수 있는지에 관
하여, 변제자의 법정대위 규정은 협의 또는 심판에 의해 내용이 확정된
부양청구권 중 이행기가 도래한 부분에 한하여 적용되는 것이 타당하다
는 견해가 있다.[142] 이는 민법 제979조를 고려한 견해로 보이는데, 사견
으로는, 일부 변제에 있어서 채무자에 대하여 일부 대위변제자보다 우선
함을 인정하고 있는 학설, 판례의 태도[143]에 비추어 협의 또는 심판에
의해 부양청구권의 내용이 확정되기 이전에 변제자대위를 인정한다고 하
여도 부양권리자에게 불리하지 않다고 할 것이어서 민법 제979조 등에
위배되지 않는다고 생각된다. 다만, 이 경우에도 대위변제자가 부양권리
자를 대위하여 부양료의 구체적인 확정을 심판으로 청구할 수 있을지 등
을 검토해 보아야 할 것이다.

은, 이혼으로 인한 재산분할로 금전의 지급을 명하는 경우(마류 가사비송사건)에
그 판결 또는 심판이 확정되기 전에는 금전지급의무의 이행기가 도래하지 아니할
뿐만 아니라 금전채권의 발생조차 확정되지 아니한 상태에 있으므로, 재산분할의
방법으로 금전의 지급을 명한 부분은 가집행선고의 대상이 될 수 없고, 이는 장래
의 이행을 청구하는 것으로서 분할의무자는 그 금전지급의무에 관하여 판결이나
심판이 확정된 다음날부터 이행지체책임을 지고, 그 지연손해금의 이율에 관하여
는 소송촉진 등에 관한 특례법 제3조 제1항 본문이 정한 이율도 적용되지 아니한
다고 한다.

141) 법원실무제요 가사Ⅱ(각주 94), 493쪽.
142) 최준규, 전게논문, 19쪽 이하.
143) 대법원 1988. 9. 27. 선고 88다카1797 판결 등.

나. 事前求償

과거 부양료에 관한 구상청구에 대하여 사전구상을 인정하는 규정이 없는 이상 부양의무를 이행한 제3자 내지 부양의무자는 타방 부양의무자에 대하여 사전구상권을 행사하기는 어렵다고 할 것이다.[144] 다만, 제3자 내지 부양의무자가 부양권리자에 대하여 인수부양을 제공하고 있거나 병원비와 같은 정기금을 제공하고 있는 경우에 타방 부양의무자가 자신의 의무를 이행하기를 거절하거나 그러할 것이 명백하다면 미리 청구할 필요(민사소송법 제251조)가 인정되어 장래이행의 소를 제기할 수는 있다고 봄이 상당하다.

다. 求償債務者들 사이의 債務負擔關係

동순위 부양의무자 사이의 채무부담관계는 법원의 재량에 의해 분할채무로 구성할 수도 있고 연대채무로 구성할 수도 있음은 앞서 본 바와 같다. 제3자가 다수의 동순위 부양의무자를 상대로 청구하는 구상금 청구나, 일방의 부양의무자가 다수의 동순위 부양의무자를 상대로 청구하는 구상금청구에 있어서 구상채무자들의 채무분담관계를 어떻게 구성할 것인지 문제되는데, 이와 같은 경우에도 법원에서 구상채무자들의 채무부담관계를 분할채무 내지 연대채무를 구성할 수도 있다고 생각된다.[145] 다만, 법원에서 채무부담관계를 결정하기 이전에는 구상채권자로서는 구상채무자들이 어떠한 채무관계에 있는지 알 수 없는 문제점이 있고 이에 더하여 구상채권자 및 부양권리자에 대한 보호의 필요성 문제를 고려하여 보면, 동순위의 구상채무자들에 대하여 일단 연대채무를 부담하고, 개별적인 사안에 따라 분할채무를 부담한다고 해석함[146]

---

144) 수탁보증인의 사전구상권에 관한 민법 제442조는 물상보증인에게 적용되지 아니하여 물상보증인은 사전구상권을 행사할 수 없다는 판결로는 대법원 2009. 7. 23. 선고 2009다1902, 19819 판결.

145) 최준규, 전게논문, 16쪽.

146) 小川栄治, 전게논문, 104-105쪽에 의하면, 일본에는 분할채무설, 연대채무설, 원칙적인 연대채무이지만 예외적으로 분할채무를 부담한다는 설이 있고, 일본 하급심판례는 연대채무설을 채용한 것이 있다[神戸地裁 昭和56・4・28 判決(家月34巻9号93頁, 判夕452号143頁)].

이 타당하다고 생각된다.

라. 違法한 扶養

대법원은 "청구인과 상대방이 1998. 6. 12. 이혼하면서 그 사이에 출생한 사건본인의 친권자 및 양육자를 상대방으로 지정하는 내용의 조정이 성립된 사실을 인정할 수 있는데, 이러한 경우 그 조정조항상의 양육방법이 그 후 다른 협정이나 재판에 의하여 변경되지 않는 한 청구인에게 사건본인을 양육할 권리가 없고, 그럼에도 불구하고 청구인이 법원으로부터 위 조정조항을 임시로 변경하는 가사소송법 제62조 소정의 사전처분 등을 받지 아니한 채 임의로 사건본인을 양육하였다면 이는 상대방에 대한 관계에서는 상대적으로 위법한 양육이라고 할 것이니, 이러한 청구인의 임의적 양육에 관하여 상대방이 청구인에게 양육비를 지급할 의무가 있다고 할 수는 없다"는 취지로 판시[147]하였는바, 양육비청구를 구상청구의 일종으로 보는 사견에 의하면, 양육방법을 정한 조정이 구상청구의 일종인 과거의 양육비청구까지 제한하는 효력을 가진다고 보기 어려운 점, 조정 등에 의하여 양육자로 지정되지 아니한 자라고 하더라도 상대방에 대한 양육비청구권을 포기하였다고 보기 어렵고, 상대방의 의사에 반한 양육비지출이라도 그에 관한 구상청구가 인정되는 점 등에 비추어 위와 같은 사안에서 양육비청구를 부정할 이유는 없다고 생각된다. 다만, 일반적으로 위법한 부양을 이행한 구상채권자는 구상청구를 하지 못한다고 보는 견해는 타당하다고 생각하고, 예를 들어 부양권리자를 약취·유인한 후 부양의무를 이행한 자는 다른 부양의무자에 대하여 구상청구가 금지된다고 봄이 상당하다.

마. 重複辨濟

제3자 내지 부양의무자들이 중복하여 부양의무를 이행한 경우 등에 구상채권자가 타방 부양의무자에 대하여 구상청구를 할 수 있는지 문제된다. 이러한 경우 기본적으로 변제행위의 시간적 순서에 따라 구상권

---

147) 대법원 2006. 4. 17.자 2005스18 결정, 대법원 1992. 1. 21. 선고 91므689 판결 등 참조.

발생 여부가 달라진다고 할 것인데, 부양의무 없는 제3자의 경우 먼저 부양의무를 이행하였다고 하더라도 민법 제469조 제2항에 따라 변제의 효력이 성립하지 않고 그 후에 부양의무를 이행한 부양의무자의 변제가 유효하여 구상권이 부정되는 경우도 있을 것이다. 부양의무자들 사이에 연대채무의 구상권 규정에 따라 구상금을 청구하는 경우에는 민법 제426조의 규정에 따라 이중변제행위 등에 따른 이해관계를 조정할 수 있을 것이다. 검토를 요하기는 하나, 연대채무의 구상권 규정 이외의 권원을 청구원인으로 한 구상청구의 경우에도, 위 민법 제426조 규정을 유추적용하여 부양의무자들 사이의 이해관계를 조정할 수 있다는 견해도 생각해 볼 수 있다.[148]

바. 扶養請求權의 侵害

제3자가 고의 또는 과실에 의해 부양의무자의 신체 또는 재산을 침해하여 부양의무자의 부양능력을 상실케 하는 경우, 부양의무자는 제3자를 상대로 손해배상을 청구할 수 있는지 문제되는데, 일본 최고재판소는 부양청구권의 침해가 불법행위를 구성하고 불법행위의 피해자로부터 부양되고 있던 자의 장래 부양에 대한 기대가 침해되었다(부양이익의 상실)고 하여 손해배상액의 산정을 인정하고 있는 것으로 보는 견해도 있다.[149] 사견으로 이러한 경우 제3자의 채권침해의 요건[150]에 부합하는 경우에는 부양권리자의 제3자에 대한 불법행위에 기한 손해배상청구권이 인정된다고 생각한다.

선순위 부양의무자가 제3자의 불법행위로 인해 부양능력을 상실하였을 경우 후순위 부양의무자에 대하여 부양의무가 발생하는지 문제되는데, 일본에서는 부양권리자가 제3자에 대한 손해배상청구권이 있는 한도에서

---

148) 그러나 부진정연대채무에 있어서 민법 제426조의 준용이 없으므로 통지와 관계없이 공동면책을 다른 채무자에게 주장할 수 있다는 판결로는 대법원 1976. 7. 13. 선고 74다746 판결.

149) 新版 注釋民法(25) 親族(5)(각주 17), 746-747쪽(床谷文雄 집필부분); 最判 平成 12·9·7 判時1728·29.

150) 대법원 2003. 3. 14. 선고 2000다32437 판결 등.

차순위자에게 부양의무가 발생하지 않는다는 견해, 손해배상청구권 유무에 관계 없이 차순위자가 부양의무를 부담한다는 견해, 차순위자가 부양의무를 부담하게 되면 차순위자에 대한 불법행위가 된다는 견해 등이 있다고 한다.[151] 이러한 경우 부양권리자는 제3자에 대한 손해배상청구권 및 후순위 부양의무자에 대한 부양청구권을 모두 행사할 수 있고, 후순위 부양의무자가 부양의무를 이행한 경우에는 제3자에 대하여 부당이득을 원인으로 한 구상청구 내지 불법행위에 기한 손해배상청구가 가능하지 않을까 생각한다.[152]

사. 扶養義務者가 自身의 故意·過失로 扶養能力을 喪失한 경우

선순위 부양의무자 또는 동순위 부양의무자 중 일부가 부양능력을 상실하게 된 경우 위 부양의무자들에 대하여 부양의 여력 요건이 인정되지 않아 부양의무가 발생하지 않게 되고 후순위 부양의무자 또는 다른 동순위 부양의무자가 단독으로 부양의무를 부담하게 된다. 이러한 경우 차후에 부양의무자의 자력이 회복되었다고 하더라도 후순위 부양의무자 내지 동순위 부양의무자가 자신의 의무를 이행한 것에 불과하여 구상청구는 성립하지 않는다고 할 것이다. 그러나 선순위 부양의무자 등이 고의·과실로 인하여 부양능력을 상실하게 되었다가 차후에 자력을 회복하는 경우에는 이미 부양의무를 이행한 후순위 부양의무자 등이 선순위 부양의무자 등에 대하여 불법행위에 기한 손해배상청구권을 행사할 수 있을 것이라고 생각한다.

아. 寄與分과의 關係

자녀 중 일부가 전적으로 노부모를 부양하였는데 노부모가 사망한 경우 그 자녀는 다른 부양의무자에 대한 구상청구와 기여분이 사실상 중첩된다고 할 것인데, 이러한 경우 구상청구를 하지 않고 기여분 제도를 이용할 수 있고, 기여분 주장이 받아들여지지 않았다고 하더라도 구상청구를 제기할 수 있다고 할 것이다.[153]

---

151) 新版 注釋民法(25) 親族(5)(각주 17), 747쪽(床谷文雄 집필부분).
152) 新版 注釋民法(25) 親族(5)(각주 17), 747쪽(床谷文雄 집필부분).

V. 補論 - 扶養權利者 사이의 優先順位

1. 扶養權利者 사이의 優先順位 認定 與否

부양의무자의 자력이 다수의 부양권리자들에 대한 부양의무를 이행하기에 부족한 경우, 부양권리자 사이에 절대적 우선순위를 인정할 수 있는지 문제된다. 비교법적으로, 독일민법 제1609조는 ① 미혼의 미성년 자녀, ② 자녀를 양육하고 있는 양육친(혼인관계가 현재 존속하는지, 과거에 있었는지 불문) 또는 혼인 기간이 더 긴 부부(이혼 여부 불문), ③ ②항에 해당되지 않는 부부, ④ ①항에 해당하지 않는 자녀, ⑤ 손자 및 그 이외의 직계비속, ⑥ 부모, ⑦ 그 이외의 직계존속(근친이 우선함) 순으로 부양권리자의 우선순위를 명시적으로 규정하고 있다.[154] 미국은 주마다 달리 규정하고 있는 것으로 보이고, 부양권리자의 우선순위를 명시적으로 규정한 델라웨어 주법은 부양의무는 미성년 자녀, 배우자, 혼외자를 임신한 여자, 양자 또는 동거하는 배우자의 자녀, 그 이외의 부양권리자 순으로 행사되어야 하며, 위와 같은 부양권리자가 2인 이상인 경우 부양의무자는 각자의 필요에 따라 가능한 한 똑같이 분배하여 부양의무를 이행하여야 한다고 한다.[155] 일본민법 제878조는 우리 민법 제976조와 유사하게

---

153) 최준규, 전게논문, 32쪽; 新版 注釋民法(25) 親族(5)(각주 17), 752-753쪽(床谷文雄 집필부분).

154) Münchener Kommentar zum BGB Band8(각주 46), 406쪽 이하.

155) DELAWARE CODE Title 13, Chapter 5, Subchapter 1, § 505 Priority among dependents.
  (a) The duties of support specified in §§ 501 through 504 of this title shall be performed according to the following order of priority:
  (1) Duty to support one's own minor child;
  (2) Duty to support a spouse;
  (3) Duty to support a woman pregnant with child conceived out of wedlock;
  (4) Duty to support a stepchild or the child of a person with whom the obligor cohabits in the relationship of husband and wife;
  (5) Duty to support a poor person.
  (b) Where a support obligor is unable to provide support adequate to the needs of 2 or more dependents of the same order of priority, a support obligor shall apportion the amount available for support as equally as possible between or among said dependents according to their respective needs.

규정하고 있고, 생활유지적 부양권리가 생활부조적 부양권리보다 반드시 우선하는 것은 아니고, 협의 또는 심판으로 정할 수 있는 것으로 본다.[156)]

대상판결의 논리를 부양의무뿐만 아니라 부양권을 포함한 전반적인 부양관계에 적용된다고 본다면 부양권리자 사이에서도 우선순위가 인정된다고 할 것이다. 그러나 독일민법 제1609조와 같이 명시적인 규정이 없는 우리 민법에서는 부양청구권의 우선순위를 인정하기 어렵고, 생활유지적 부양권은 민법 제976조를 유추적용하여, 생활부조적 부양권은 위 규정을 적용하여 협의 또는 법원의 심판에 의하여 그 순위를 정하여야 함이 타당하다고 생각된다.

2. 具體的인 檢討

가. 법원에서 부양청구권의 우선순위를 정하는데 있어서도 대체적으로 부양의무의 우선순위 판단기준이 적용될 것이다. 나아가 독일민법 제1609조가 제시하는 기준도 참고할 수 있을 것이다. 동순위 부양권리자 사이의 채권관계는 분할채권으로 부양필요의 긴급성, 부양권리자의 자력 등을 고려하여 분담부분을 정하여야 하고,[157)] 불가분채권 등으로 구성하여야 할 특별한 이유가 없다고 생각된다.

나. 협의 또는 심판에 의하여 권리자간의 우선순위가 정해지면, 선순위 권리자에 대한 부양의 필요가 존속하는 한, 당해 의무자에 대한 후순위자의 구체적 부양청구권은 발생하지 않는다고 할 것이고, 후순위자는 다른 부양의무자에 대하여 부양청구를 할 수밖에 없다. 선순위자의 수요를 충족시키고서도 부양의무자에게 여력이 있는 경우에도 차순위자의 수요를 충족시키기에 부족한 경우에는 차순위자는 그 부족분을 다른 부양의무자에 대하여 청구할 수밖에 없다. 마찬가지로 동순위 권리자들이 있

(c) This section shall not repeal the rights of the parties as established by § 1512 of this title.

156) 新版 注釋民法(25)(각주 17), 773쪽 이하(松尾知子 집필부분).

157) Dieter Schwab, Familienrecht 7. Auflage, Verlag C.H.Beck, 1993, 278쪽.

는 경우에도 당해 부양의무자의 자력으로 각자의 수요를 만족되지 않는 한 각자 다른 부양의무자에 대하여 부족분을 청구할 수 있다.[158]

다. 부양의무자가 후순위 부양권리자에 대하여 부양의무를 이행하기로 하는 취지의 협의나 심판이 이루어졌거나 후순위 부양권리자에게 이미 부양의무를 이행하였는데, 이후 선순위 부양권리자가 뒤늦게 부양의무자에게 부양청구권을 행사하는 경우가 문제된다. 그러한 경우 선순위 부양권리자에 대한 장래 및 과거의 부양료를 산정함에 있어 후순위 부양권리자에 대한 협의 또는 심판의 존재, 후순위 부양의무자에게 지불한 부양료는 고려함이 없이 원래의 부양의무자의 자력을 기준으로 산정함이 타당하다.[159] 부양의무자는 후순위 부양권리자에 대하여, 민법 제978조에 따라 협의 및 심판의 변경 또는 취소를 구할 수 있을 것이고, 과거 이미 지불한 부양료에 대하여는 부당이득반환청구권을 행사할 수 있을 것이다. 만약 부양의무자가 후순위 부양권리자에게 부양의무를 이행하여 선순위 부양권리자에 대한 부양의무를 이행할 자력을 상실한 경우, 선순위 부양권리자가 후순위 부양권리자에 대하여 불법행위에 기한 손해배상청구를 하는 경우를 상정할 수 있으나, 이를 인정하기는 어려울 것이라고 생각된다.

Ⅵ. 結論(對象判決의 檢討)

1. 대상판결은 부양의무의 요건·효과 측면에서 부부 사이의 부양의무를 생활유지적 부양의무로, 부모의 성년 자녀에 대한 부양의무를 생활부조적 부양의무로 보고 있는바, 타당한 판시라고 생각된다.

2. 그렇다고 하여도, 대상판결의 판시와 같이 부부 사이의 부양의무와 부모의 성년 자녀에 대한 부양의무 사이에 의무이행의 우선순위가 일률적으로 정해져 있다고 보기는 어렵고, 민법 제976조에 따라 법원에서 재량으로 순위를 정할 수 있다고 보아야 한다.

---

158) 新版 注釋民法(25)(각주 17), 785쪽(松尾知子 집필부분).
159) Münchener Kommentar zum BGB Band8(각주 46), 416쪽; BGH NJW 1980, 834.

3. 대상판결의 환송 후 판결은 원고가 청구하는 구상금 166,657,667원 중 8,000만 원을 인용하는 판결을 하였는데 결론에 있어서는 타당하다고 생각된다. 그러나 대상판결에 나타난 구체적인 사정(피고와 甲의 혼인기간, 甲의 치료비의 액수)에 비추어 볼 때, 피고를 우선순위 부양의무자로 본 후 피고가 甲에 대한 관계에서 부담하여야 할 과거 부양료 액수에 한정하여 이를 정하기보다는, 원고와 피고를 동순위 부양의무자로 구성한 후 원고와 피고의 자력 등을 모두 고려하여 분담액을 정하여야 하는 것이 더욱 타당한 해결방법이라고 생각된다. 원고가 甲에 대하여 지급한 나머지 부양료는 민법 제744조 도의관념에 적합한 비채변제에 해당하여 부당이득반환청구가 어려울 것이고,[160] 가사 이에 해당하지 않는다고 하더라도 부양권리자의 자력·상태 등에 비추어 사실상 부당이득반환청구가 어렵게 되는바(만약 甲에게 부당이득반환청구를 할 수 있다고 한다면 이는 부양권리자에 대한 생활기초의 보호 측면에서 부당하다고 할 것이다), 결국 대상판결에 있어서 피고가 부담한 부양료 이외의 나머지 부양료의 궁극적인 부담자는 원고가 된다. 그렇다면 원고와 피고의 분담액을 정하는데 있어서 피고와 甲의 개별적인 사정뿐만 아니라 원고의 개별적인 사정 또한 고려하는 것이 구체적 타당성을 도모하는 것이라고 생각된다.

4. 구상청구의 범위와 관련하여, 대상판결은 원고의 구상청구의 범위가 피고가 부담하여야 할 부양의무에 한정된다고 판시하였다. 그러나 구상청구의 범위를 그 근거규정에 따라 달리 보아야 한다는 사견에 의하면, 피고는 甲이 부양이 필요한 상태에 있다는 점을 잘 알고 있었고 실제 부양을 하기도 했었던 점, 원고가 보험금을 지급받아 甲의 의료비로 지출하는데 별다른 이의를 제기하지 않았던 점 등에 비추어, 원고의 의료비지출은 피고의 의사에 반하지 않는 사무관리로 볼 수도 있고, 그렇다면 민법 제739조 제1항에 따라 원고는 자신이 지출한 의료비 전액을 구상청구할 수 있다고 볼 여지도 있다고 생각된다.

---

160) 민법주해[XVIII] 채권(10)(각주 102), 421쪽(양창수 집필부분).

5. 과거 부양료와 관련하여, 대상판결은 기존과 같이 '이행청구 이후'의 부양료를 청구할 수 있고 특별한 사정이 있는 경우 그 이전의 부양료청구가 가능하다고 하면서, 더 나아가 이행청구 이전의 부양료청구가 가능하더라도 종합적인 사정을 고려하여 이를 재차 제한할 수 있다(이는 대법원이 기존에 양육친의 비양육친에 대한 미성년 자녀의 양육비 내지 성년 자녀의 부양료청구에 관하여 적용하였던 법리이다)고 판시하였는바, 과거 부양료 청구에 관한 두 단계의 제한 법리를 제시하고 있어 주목할 만하다. 개인적인 사견으로는 과거의 부양료청구를 이행청구 이전·이후를 불문하고 넓게 허용하되, 법원에서 구체적·개별적인 사정에 따라서 구체적인 액수를 조정하는 것이 타당하다고 생각한다.

6. 대상판결과 같이 부양의무의 의무이행의 우선순위가 정해져 있다고 본다면, 대상판결의 사안은 민사소송사항이라고 볼 여지가 있다. 그러나 우선순위를 법원에서 재량으로 정할 수 있다는 사견에 의하면, 대상판결의 사안과 같은 경우에도 민법 제976조 이하 규정이 적용 내지 유추적용되고, 가정법원의 전문성, 후견·감독이 필요한 영역이므로 가정법원의 심판사항으로 봄이 타당하다고 생각된다.

7. 대상판결은 부양의무의 우선순위에 관한 최초의 명시적인 판결이라는 점에서 큰 중요성을 가진다. 이에 관하여 부양의무에 관한 전반적인 사항을 전제로 부족한 사견을 밝혀 보았는바, 여전히 부양의무와 관련하여 논의되어야 할 법적 쟁점이 많이 남아 있다고 생각한다. 앞으로 부양의무, 나아가 부양관계의 전반적인 부분에 관하여 심도 있는 논의가 이어지기를 기대한다.

[Abstract]

The Priority Order of Duty to Support, and The Reimbursement Relations among Obligors of Duty to Support and Third-Party

Lee, Jae Chan*

The Supreme Court of Korea made decision that, for the first time in its history, duty to support between spouses is the primary duty, while parents' duty to support adult children is the secondary duty in the aspect of the priority order of fulfillment of obligations. This decision has great influence on legal regulations regarding duty to support in Korea. But the author of the article disagrees with the decision, because Korea Civil Code doesn't state clearly about the priority order of duty to support, unlike BGB(German Civil Code) and Delaware Code. Rather, the author asserts that court should decide the priority order of duty to support on its discretion as prescribed in Korean Civil Code § 976.

Regarding the scope of reimbursement claims related to duty to support, the decision rules that, creditor's reimbursement claims are restricted within the amount which obligor should have been burdened as duty to support. The decision also states that the scope of retroactive support payment claims to his/her spouse is limited to the amount formed after he/she has claimed his/her right. But the author does not assent with those statements, rather insists that, the scope of reimbursement varies according to causes of claims and court can decide the scope of retroactive support payments depending on particular circumstances without periodical limitation.

---

* Judge, Seoul Eastern District Court.

This case arises as the plaintiff who has paid the most part of her son's medical expenses filed reimbursement claims to the defendant, the plaitiff's daughter-in-law. The author agrees with the decision which admits half of the plaintiff's claims, but disagrees with its reasons. The Court should have stated that the plaintiff's duty to support and the defendant's duty to support has the same order and the amount of the plaintiff's reimbursement claims should be decided under the consideration of all parties' particular circumstances.

Meanwhile, the author also disagrees with the decision which states that general civil court, rather than family court, has jurisdiction over the case.

[Key word]

- the priority order of duty to support
- the primary duty to support, the secondary duty to support
- reimbursement relations among obligors of duty to support and third-party
- the scope of reimbursement claims
- jurisdiction
- the priority order of right to be supported

참고문헌

[단 행 본]

곽윤직 편집대표, 민법주해[Ⅺ] 채권(3), 박영사, 2004.
_____, 민법주해[ⅩⅧ] 채권(10), 박영사, 2005.
김주수/김상용, 주석민법[친족(1)] 제4판, 한국사법행정학회, 2010.
_____, 주석민법[친족(3)] 제4판, 한국사법행정학회, 2010.
_____, 친족·상속법(제9판), 법문사, 2009.
법원실무제요 가사[Ⅱ], 법원행정처, 2010.

[논   문]

권덕진, 양육비와 소멸시효, 가사재판연구Ⅱ, 서울가정법원 가사재판연구회, 2011.
김선혜, 가사재판의 기판력, 가족법연구 제23권 제3호(통권 제36호), 2009.
김승정, 배우자 사이의 부양의무와 직계혈족 사이의 부양의무의 우선순위, 대법원판례해설 제93호(2012년 하), 법원도서관, 2013.
김시철, 부부간의 과거의 부양료 지급의무에 관하여(대법원 2008. 6. 12.자 2005스50 결정), 사법 제5호, 2008.
김연화, 노부모 부양에 관한 고찰-부양의무의 법적 근거 및 법적 성격 중심으로-, 가사재판연구Ⅱ, 서울가정법원 가사재판연구회, 2011.
김형석, 양육비청구권을 자동채권으로 하는 상계-부양청구권의 법적 성질과 관련하여-대판 2006. 7. 4. 2006므751(공보 2006, 1525), 가족법연구 제21권 제3호, 2007.
_____, 제3자의 변제·구상·부당이득, 서울대학교법학 제46권 제1호(통권 제134호), 2005.
마옥현, 미성숙자녀와 노부모에 대한 부양 등에 관한 고찰, 재판실무연구 제3권, 수원지방법원, 2006.
박병호/김유미, 과거의 양육비 구상, 서울대학교법학 제35권 제3, 4호(통권 제96호), 1994.
박 철, 법률의 문언을 넘은 해석과 법률의 문언에 반하는 해석, 법철학연구 제6권 제1호, 2003.

이동진, 부모 일방의 타방에 대한 과거의 양육비상환청구와 소멸시효-대법원 2011. 7. 29.자 2008스67 결정(공2011하, 1635)-, 가족법연구 제26권 제2호, 2012.

이희배, 민법상 부양법리에 관한 연구, 가족법연구 제2호, 2011.

_____, 추상적 부양의무와 구체적 부양의무에 관한 연구-사적 부양법리의 삼원론적 이원론을 중심으로, 가족법연구 제14호, 2000.

임종효, 양육비청구권에 관한 기초 이론 및 실무상 쟁점, 사법논집 제51집, 법원도서관, 2011.

조은희, 독일법상의 직계혈족부양에 관한 고찰, 가족법연구 제17권 제2호(통권 제20호), 2003.

최준규, 다수당사자 사이의 부양관계에 관한 고찰-부양청구권의 성질에 관한 검토를 겸하여-, 가족법연구 제26권 제3호(통권 제45호), 2012.

[외국문헌]

能見善久・加藤新太郎 編集, 判例民法9(親族) 第2版, 第一法規株式會社, 2013.

小川栄治, 扶養義務のない第三者が立て替えた扶養料の請求, 家族判例百選(第7版), 有斐閣, 2008.

於保不二雄・中川淳 編集, 新版 注釋民法(25) 親族(5), 有斐閣, 2004.

野澤紀雅, 兄弟姉妹間における過去の扶養料の求償, 家族判例百選(第7版), 有斐閣, 2008.

Dieter Schwab, Familienrecht 7. Auflage, Verlag C.H.Beck, 1993, 278쪽.

Münchener Kommentar zum BGB Band8 5. Auflage, 2008, 354쪽.

Ann Britton, America's Best Kept Secret: An Adult Child's Duty to Support Aged Parents, 26 California Western Law Review 351, 1989~1990.

Anna Stepien-Sporek/Margaret Ryznar, Child Support for Adult Children, 30 Quinnipiac Law Review 359, 2011~2012.

Beverly W. Massey, Using Hindsight to Change Child Support Obligations : A Survey of Retroactive Modification and Reimbursement of Child Support in North Carolina, 10 Campbell Law Review 111, 1987.

Donna Schuele, Origins and development of the law of parental child support, 27 Journal of Family law University of Louisville School of Law 807, 1988~1989.

Judith Areen et al., Family Law Cases and Materials 6th edition, Foundation Press, 2012.

Lani P. Shaw, Show Me the Money!: Analyzing and Adult Child's Standing to Recover Retroactive Child Support Payment, 48 Howard Law Journal 1053, 2004~2005.

Laura W. Morgan, Family Law at 2000: Private and Public Support of the Family: From Welfare State to Poor Law, 33 Family Law Quarterly 705, 1999~2000.

Sally F. Goldfarb, Who pays for the "Boomerang generation?": A legal perspective on financial support for young adults, 37 Harvard Journal of Law & Gender 45, 2014.

Sande L. Buhai, Parental Support of Adult Children with Disabilities, 91 Minnesota Law Reivew 710, 2006~2007.

Twila L. Perry, The "Essentials of Marriage": Reconsidering the Duty of Support and Services, 15 Yale Journal of Law and Feminism, 2003.

연명의료중단과 성년후견제도의 시사점

구 상 엽*

■요 지■

고령화사회가 급속도로 심화되고 있는 우리나라에서 연명의료중단은 더 이상 먼 미래의 논의과제이거나 나와는 관계없는 남의 일이라고 할 수 없다. 이제는 삶의 복지뿐만 아니라 죽음의 복지에 대해서도 고민해야 할 때이다.

헌법재판소와 대법원은 대상결정과 대상판결을 통해 '죽음에 임박한 환자' 내지 '회복불가능한 사망의 단계에 진입한 환자'에 대해서 '자기결정권' 내지 '추정적 의사'를 근거로 연명의료중단의 길을 열어 놓았고, 국회에서는 관련 입법이 진행되고 있다. 따라서 향후 연명의료중단에 관한 논의는 그 대상 내지 허부(許否)에만 머물러서는 아니 되고, 그 절차와 한계로까지 확대되어야 한다. 특히 사전의료지시 등 본인 의사를 명시적으로 확인할 수 있는 자료가 희박한 상태에서 사실상 환자의 가족 등 제3자에 의해서 주도적으로 진행되는 연명의료중단에 대한 가치판단과 방향설정이 매우 어렵고도 중요한 문제이다. 이런 측면에서 볼 때 대상판결의 별개의견이 민법상 후견제도, 가사소송법·비송사건절차법상 가사비송사건절차 등과 연계하여 그 구체적인 근거 및 절차를 제시하면서 연명의료중단에 대한 사법적(司法的) 검증을 강조한 것은 매우 의미 있는 일이다.

대상판결 이후 민법 개정을 통해 도입된 성년후견제도는 장애인의 인권 보호뿐만 아니라 고령화사회의 복지증진을 위하여 탄생했다는 연원적 특성을 가지고 있으며, 이를 위하여 신상보호 기능을 대폭 강화하였다. 또한 신상보

---

* 서울중앙지방검찰청 검사, 서울대학교 법학전문대학원/법과대학 파견 겸직교수 (검찰실무/민법).

호가 남용되지 않도록 금치산·한정치산제도보다 본인의 의사와 현존능력을 존중하는 한편, 법원의 심사와 감독을 한층 엄격히 요구하고 있다. 이와 같은 입법 취지와 개선 내용에 비추어 볼 때 별개의견이 금치산·한정치산제도를 원용했던 것에 비해서 성년후견제도를 원용하여 연명의료중단과 관련된 난제(難題)들을 풀어갈 수 있는 가능성이 더욱 커졌다고 할 수 있다.

따라서 본 연구에서는 대상결정과 대상판결을 분석하면서 연명의료중단의 절차와 검증과 관련된 성년후견제도의 시사점을 제시하고자 한다. 다만, 생명이 가지는 고귀한 가치와 막중한 무게를 생각하면 연명의료중단에 대한 구체적인 입법에 있어서 거듭 신중한 논의와 폭넓은 사회적 합의가 필요하다는 것은 아무리 강조해도 지나치지 않을 것이다.

[주제어]
• 연명의료중단(연명치료중단, 존엄사)
• 생명권, 자기결정권
• 추정적 의사, 가정적 의사
• 성년후견, 신상보호

[투고일자]   2015. 12. 4.
[심사일자]   2015. 12. 16.
[게재확정일자]   2015. 12. 30.

대상결정·판결 : 헌법재판소 2009. 11. 26. 2008헌마385 결정;
대법원 2009. 5. 21. 선고 2009다17417 판결

[사실관계]

2008. 2.경 김할머니[1]가 ○○대학병원에서 폐종양 조직 검사를 받던 중 과다 출혈 등으로 심정지를 일으킨 후 지속적 식물인간상태(persistent vegetative state)에 빠졌다. 김할머니는 중환자실에서 인공호흡기를 부착한 상태로 항생제 투여, 인공영양 공급, 수액 공급 등을 받아왔으며, 병원측은 인공호흡기를 제거하면 김할머니가 곧 사망에 이르게 될 것으로 판단했다.[2] 김할머니의 가족들은 병원의 조치들이 의학적으로 의미 없는 연명치료에 불과하고 김할머니가 평소 무의미한 생명연장을 거부하고 자연스러운 사망을 원하는 취지의 의사를 밝혀왔다는 이유 등으로 병원을 상대로 연명치료중단을 요구하는 민사소송을 제기하는 한편, '연명치료중단에 관한 기준, 절차 및 방법 등에 관한 법률'의 입법부작위 위헌확인에 관한 헌법소원심판을 청구하였다.

[헌법재판소의 판단]

(헌재 2009. 11. 26. 2008헌마385 결정, 이하 '대상결정')

'연명치료 중단, 즉 생명단축에 관한 자기결정'은 '생명권 보호'의 헌법적 가치와 충돌하므로 '연명치료 중단에 관한 자기결정권'의 인정 여부가 문제되는 '죽음에 임박한 환자'란 '의학적으로 환자가 의식의 회복가능성이 없고 생명과 관련된 중요한 생체기능의 상실을 회복할 수 없으며 환자의 신체상태에 비추어 짧은 시간 내에 사망에 이를 수 있음이 명백한 경우', 즉 '회복 불가능한 사망의 단계'에 이른 경우를 의미한다 할 것이다. 이와 같이 '죽음에 임박한 환자'는 전적으로 기계적인 장치에 의존하여 연명할 수밖에 없고, 전혀 회복가능성이 없는 상태에서 결국 신체의 다른 기능까지 상실되어 기계적인

---

[1] 본건 환자(여, 76세)는 언론을 통해 일명 "김할머니"라고 널리 알려진바, 본고에서도 고인(故人)을 기리는 의미에서 익명이나 가명 대신 위 호칭을 계속 사용하기로 한다.

[2] 법원에서도 인공호흡기를 제거하면 김할머니가 곧 사망할 것이라고 인정하였으나, 김할머니는 판결에 따라 인공호흡기가 제거된 후에도 6개월 이상 자발 호흡으로 생존하다가 다발성장기부전으로 사망하였다.

장치에 의해서도 연명할 수 없는 상태에 이르기를 기다리고 있을 뿐이므로, '죽음에 임박한 환자'에 대한 연명치료는 의학적인 의미에서 치료의 목적을 상실한 신체침해 행위가 계속적으로 이루어지는 것이라 할 수 있고, 죽음의 과정이 시작되는 것을 막는 것이 아니라 자연적으로는 이미 시작된 죽음의 과정에서의 종기를 인위적으로 연장시키는 것으로 볼 수 있어, 비록 연명치료 중단에 관한 결정 및 그 실행이 환자의 생명단축을 초래한다 하더라도 이를 생명에 대한 임의적 처분으로서 자살이라고 평가할 수 없고, 오히려 인위적인 신체침해 행위에서 벗어나서 자신의 생명을 자연적인 상태에 맡기고자 하는 것으로서 인간의 존엄과 가치에 부합한다 할 것이다. 그렇다면 환자가 장차 죽음에 임박한 상태에 이를 경우에 대비하여 미리 의료인 등에게 연명치료 거부 또는 중단에 관한 의사를 밝히는 등의 방법으로 죽음에 임박한 상태에서 인간으로서의 존엄과 가치를 지키기 위하여 연명치료의 거부 또는 중단을 결정할 수 있다 할 것이고, 위 결정은 헌법상 기본권인 자기결정권의 한 내용으로서 보장된다 할 것이다.

[대법원의 판단]

(대법원 2009. 5. 21. 선고 2009다17417 판결, 이하 '대상판결')

1. 다수의견

회복불가능한 사망의 단계에 이른 후에 환자가 인간으로서의 존엄과 가치 및 행복추구권에 기초하여 자기결정권을 행사하는 것으로 인정되는 경우에는 특별한 사정이 없는 한 연명치료의 중단이 허용될 수 있다.

환자의 사전의료지시가 없는 상태에서 회복불가능한 사망의 단계에 진입한 경우 (…) 환자의 평소 가치관이나 신념 등에 비추어 연명치료를 중단하는 것이 객관적으로 환자의 최선의 이익에 부합한다고 인정되어 환자에게 자기결정권을 행사할 수 있는 기회가 주어지더라도 연명치료의 중단을 선택하였을 것이라고 볼 수 있는 경우에는 그 연명치료 중단에 관한 환자의 의사를 추정할 수 있다.

2. 대법관 안대희, 양창수의 반대의견

연명치료의 중단을 환자의 자기결정권에 의하여 정당화하는 한, 그 '추정적 의사'란 환자가 현실적으로 가지는 의사가 객관적인 정황으로부터 추단될 수 있는 경우에만 긍정될 수 있으며 다수의견이 말하는 바와 같은 '가정적 의사' 그 자체만으로 이를 인정할 수 없는바, 연명치료 중단에 관한 환자의 추정적 의사를 인정할 근거가 부족하다.

3. 대법관 김지형, 박일환의 별개의견

환자의 사전의료지시가 없는 상태에서 회복불가능한 사망의 단계에 진입한 경우, 이러한 상태에 있는 환자는 법적으로 심신상실의 상태에 있는 자로 보아야 한다. 민법상 심신상실의 상태에 있는 자에 대하여는 금치산을 선고할 수 있으며 금치산이 선고된 경우에는 후견인을 두게 되는데, 그 후견인은 금치산자의 법정대리인이 되며 금치산자의 재산관리에 관한 사무를 처리하는 외에 금치산자의 요양, 감호에 관하여 일상의 주의를 기울여야 하는 의무를 부담한다. 따라서 후견인은 금치산자의 요양을 위하여 금치산자를 대리하여 의사와 의료계약을 체결할 수 있음은 당연하며, 그 의료계약 과정에서 이루어지는 수술 등 신체를 침해하는 행위에 관하여는 의사로부터 설명을 듣고 금치산자를 위한 동의 여부에 관한 의사를 표시할 수 있고, 마찬가지로 진료행위가 개시된 후라도 금치산자의 최선의 이익을 위하여 필요하다고 인정되는 범위 내에서는 그 진료행위의 중단 등 의료계약 내용의 변경을 요구하는 행위를 할 수 있다. 다만, 진료행위가 금치산자 본인의 생명과 직결되는 경우에는 그 중단에 관한 환자 본인의 자기결정권이 제한되는 것과 마찬가지로 후견인의 행위는 제한되어야 하고, 환자의 자기결정권에 의한 연명치료 중단이 허용될 수 있는 경우라고 하더라도 후견인이 금치산자의 생명에 관한 자기결정권 자체를 대리할 수는 없으므로 후견인의 의사만으로 그 연명치료의 중단이 허용된다고 할 수 없다. 그렇다면 회복불가능한 사망의 단계에 이른 경우에 이루어지는 연명치료의 계속이 금치산자인 환자 본인에게 무익하고 오히려 인간으로서의 존엄과 가치를 해칠 염려가 있어 이를 중단하는 것이 환자 본인의 이익을 보호하는 것이라고 하더라도, 이는 항상 금치산자인 환자 본인의 생명 보호에 관한 법익 제한의 문제를 낳을 우려가 있으므로, 민법 제947조 제2항을 유추적용하여 후견인은 의료인에게 연명치료의 중단을 요구하는 것이 금치산자의 자기결정권을 실질적으로 보장할 수 있는 최선의 판단인지 여부에 관하여 법원의 허가를 받아야 하고, 이에 관하여는 가사소송법, 가사소송규칙,

비송사건절차법 등의 규정에 따라 가사비송절차에 의하여 심리·판단을 받을 수 있다.

〔研   究〕

I. 들어가며

우리나라의 한 해 사망자 수는 26만여 명에 달하는데, 우리 국민의 '죽음의 질(quality of death)'은 다른 선진국들에 비해서 매우 낮은 것으로 평가되고 있다. 또한 우리나라 입원 환자 중 상당수가 연명의료 대상자라고 한다.[3] 2000년 7월에 이미 고령화사회에 진입한 우리나라에서 연명의료 내지 연명의료중단은 더 이상 이례적인 일이 아니다. 최근 몇 년간 '복지'가 가장 큰 사회적 화두(話頭)였는데, 이제는 삶의 복지뿐만 아니라 인생의 한 과정으로서 당연히 맞이하게 되는 '죽음'의 복지에 대해서도 고민할 때이다.

성년후견제도의 주된 목적 중 하나는 고령화사회의 복지 증진이다. 2013년 7월부터 시행된 민법(법률 제10429호, 이하 '개정민법')은 새로운 성년후견제도를 주된 내용으로 하고 있는데, 신상보호의 개념과 범위 등에 대하여 많은 논쟁이 예상된다. 연명의료중단은 신상에 관한 극단적 사안으로서 신상보호의 한계를 규명하는 데 있어 의미 있는 연구 주제이다. 그럼에도 불구하고 아직까지 성년후견제도의 관점에서 연명의료중단을 분석한 연구는 그리 많지 않았다. 대상판결의 별개의견은 이미 금치산제도와 연명의료중단을 연계시켜 논의를 전개한 바 있지만, 판결 당시에는 다수의견이나 반대의견에 비해서 부각되지 못했던 것으로 보인다. 하지만 별개의견은

---

3) 통계청, 「사망원인통계 : 사망원인(103항목)/성/연령(5세)별 사망자수, 사망률」(2014. 9.). 영국 이코노미스트지에 의하면 죽음의 질에 있어 한국은 OECD 국가를 포함한 40개국 중 33위에 불과하며, 보건복지부에 따르면 2009년에 이미 입원 환자의 약 1.64퍼센트가 연명의료 대상자라고 한다[보건복지부 보도자료, 「대통령소속 국가생명윤리심의위원회, 국민 의견을 듣다」(2012. 9.); 고준기/조현/이강호, "연명의료결정법안에 관한 문제점 및 개선방안", **강원법학** 제43권(2014. 10.), 2면].

후견제도를 통하여 연명의료중단에 대한 사법적(司法的) 검증 절차를 이끌어냈다는 점에서 큰 의미가 있으며, 최근에는 연명의료중단과 성년후견제도의 관계를 다룬 연구도 증가하고 있다.[4]

연명의료중단에 대해서는 그동안 많은 논의가 있었으나, 주로 그 허용 여부에 치중되어 왔다. 하지만 고령화사회 진입과 더불어 연명의료 대상자가 급증하고 있고, 이미 헌법재판소와 대법원이 대상결정과 대상판결을 통해서 연명의료중단을 제한적으로 허용하였으며, 관련 법안들까지 국회에 제출되고 있는 점 등에 비추어 볼 때 연명의료중단에 관한 논의는 더 이상 허부(許否)가 아니라 절차와 한계의 문제로 무게중심이 넘어가고 있다. 특히 사전의료지시 없이 의식 불명에 빠진 환자에 대해서 가족들이 일방적으로 연명의료중단을 요구하는 경우가 현실에서 가장 문제되는바, 향후 핵심적 쟁점은 제3자의 관여를 통한 연명의료중단의 당부(當否) 및 절차가 될 것이다. 따라서 본고에서는 위와 같은 쟁점을 집중적으로 다루고자 한다.

이를 위해서는 우선 연명의료중단의 가부(可否)에 관한 헌법적 연구가 기초가 되어야 하므로 대상결정에 대한 검토가 필수적이다. 따라서 '죽음'의 의미는 과연 무엇인지, 연명의료중단이 국가에서 금지하고 있는 자살이나 인위적 생명단축과 어떻게 다른지, 연명의료중단과 관련된 헌법 차원의 법익 내지 가치는 무엇인지, 위 법익과 가치 사이의 긴장관계 및 비교형량은 어떻게 되는지, 의사결정능력을 가지지 못한 사람도 연명의료중단에 대한 자기결정권을 보유 및 행사할 수 있는지 등에 대한 분석으로 연구를 풀어나가고자 한다. 이와 더불어 관련 입법 동향에 대해서도 간략히 살펴본다.

만약 연명의료중단이 헌법적 가치질서에 위배되지 않는 것이라면,

4) 관련 학위논문으로는 구상엽, "개정민법상 성년후견제도에 대한 연구-입법 배경, 입법자의 의사 및 향후 과제를 중심으로-", 서울대학교 박사학위논문(2012); 최근영, "연명치료의 중단에 관한 연구-민사법적 쟁점을 중심으로-", 성균관대학교 석사학위논문(2012); 김나래, "연명치료중단에 대한 성년후견인의 동의권에 관한 연구", 숙명여자대학교 석사학위논문(2014) 등 참조.

다음으로 그 구체적인 요건과 절차에 대한 규명이 필요한데 본고에서는 개정민법의 관점에서 이를 풀어나가고자 한다. 즉 연명의료중단에 대한 동의의 법적 성질은 무엇인지, 성년후견제도상 신상보호의 개념과 범위, 요건과 절차는 어떤 것인지 구명(究明)하고, 연명의료중단에 있어 성년후견제도가 활용될 수 있는 근거와 방향을 제시하면서 대상판결 별개의견의 가치를 재조명해 보고자 한다.

　　마지막으로 위와 같은 논의를 바탕으로 대상결정과 대상판결의 의의를 간략히 정리하면서 연명의료중단의 제도화 내지 입법에 대한 개인적인 입장을 밝히고자 한다.

Ⅱ. 연명의료중단의 개념 및 논의의 대상

1. 연명의료중단의 개념

　　우리나라에서 연명의료중단에 대한 논의가 본격화된 것은 비교적 근래의 일이다.[5] 논의 초기에는 '존엄사' 내지 '안락사' 등의 용어가 많이 사용되었으나, 안락사는 극심한 고통에서 환자를 해방시키기 위해서 인위적으로 사망을 초래하는 '적극적 안락사'를 포함하며, 존엄사는 비록 간접적일지라도 생명을 앗아가는 행위를 미화하는 듯한 인상을 줄 수 있다는 이유 등으로 최근에는 '연명치료중단'이라는 용어가 보다 많이 사용되었다.[6]

　　논자에 따라 다소 차이가 있으나, '연명치료중단'은 대체로 「회생불가능한 환자가 인간의 존엄성을 잃지 아니하고 죽음을 맞이할 수 있도록 과다한 의료를 중단하는 것」으로 정의되고 있다.[7] 대상결정과 대상판결도 「의학적으로 환자가 의식의 회복가능성이 없고 생명과 관련된 중요한

---

5) '연명치료중단', '존엄사'에 대한 논의가 본격적으로 시작된 것은 2002년경부터라는 견해가 있다[신성식, "연명치료중단에 대한 사회적 시각", 한국의료법학회 2007년 춘계학술대회 연세대학교 보건대학원 30주년 기념행사 자료집(2007), 73면; 국회 보건복지가족위원회, 신상진 의원 대표발의 존엄사법안 검토보고(2009), 8면].
6) 구상엽, "개정민법상 성년후견제도에 대한 연구-입법 배경, 입법자의 의사 및 향후 과제를 중심으로-", 서울대학교 박사학위논문(2012), 200-201면.
7) 한국보건사회연구원, 회복불능환자의 연명치료 중단에 관한 공청회 자료집(2002), 11면; 국회 보건복지가족위원회, 신상진 의원 대표발의 존엄사법안 검토보고(2009), 11면.

생체기능의 상실을 회복할 수 없으며 환자의 신체 상태에 비추어 짧은 시간 내에 사망에 이를 수 있음이 명백한 경우, 즉 회복불가능한 사망의 단계에서 이루어지는 의학적으로 무의미한 진료행위를 환자의 자기결정권과 인간으로서의 존엄성을 존중하기 위하여 중단하는 것」을 '연명치료중단'으로 보고 있다.

그런데 '치료'의 사전적 의미는 병이나 상처를 다스려서 낫게 하는 것이며, 대상판결도 "(연명치료는) 원인이 되는 질병의 호전을 목적으로 하는 것이 아니라 질병의 호전을 사실상 포기한 상태에서 오로지 현 상태를 유지하기 위하여 이루어지는 치료에 불과"하다고 설시하고 있는바, 연명치료가 과연 '치료'에 해당하는지 다소 의문이다.[8] 의료법 등에서는 '의료'라는 용어를 사용하고 있으나, 법에서 치료나 의료에 관한 명시적인 정의는 찾기 어렵다. '의료'의 사전적 의미는 의술로 병을 고치는 일로서 치료의 그것과 유사하나, 대법원은 의학적 전문지식에 바탕을 둔 진찰, 투약, 외과적 시술 등을 통하여 질병을 예방 또는 치료하는 행위 및 그 밖에 의료인이 행하지 아니하면 보건위생상 위해가 생길 우려가 있는 것을 '의료행위'로 설시하고 있는바,[9] 의료의 법적 의미는 치료보다 넓은 것으로 보인다. 요컨대 연명치료는 질병의 호전을 위한 것이 아니어서 전형적인 치료행위는 아니지만, 전문적인 의료 지식과 처치가 필요하며 의료인이 행하지 아니하면 보건위생상 위해가 생길 우려가 있는 의료행위인 것은 분명하므로 본고에서는 연명치료 대신 "연명의료"라는 표현을 사용하기로 한다.[10]

---

8) 독일에서도 치료(Heilbehandlung)의 의미를 건강상태의 향상을 위한 처치로 보고 있다[김민중, "성년후견제도의 도입에 관한 논의에서 의료행위와 관련한 과제", **저스티스** 제112호(2009), 219-220면].

9) 민중국어사전; 대법원 2005. 8. 19. 선고 2005도4102 판결; 허순철, "헌법상 치료거부권-의사무능력자를 중심으로-", **법과 정책연구** 제11집 제2호(2011. 6.), 4-5면 참조.

10) 최근에는 학계에서도 "연명의료"라는 표현을 사용하기 시작한 것으로 보이며, 보건복지부에서 추진 중인 관련 법안에서도 연명치료 대신 "연명의료"라는 용어를 채택할 것으로 보인다[연세대학교 의료법윤리학연구원, **연명의료 환자결정권 제도화 관련 인프라 구축 방안**, 보건복지부 연구용역(2013), 연명의료결정법(안) 참조].

2. 논의의 대상

연명의료중단은 환자의 생명과 직결된 것이므로 매우 신중한 접근이 필요하다. 대상판결 역시 연명의료중단의 남용을 방지하기 위하여 판단 대상과 근거를 제한하고 있다. 기술한 바와 같이 다수의견은 '회복불가능 한 사망의 단계'에 이루어지는 연명의료에 국한하여 환자의 자기결정권 및 추정적 의사에 기해 그 중단가능성을 모색하고 있다.[11] 이는 이른바 '적극적 안락사'에 대해서는 언급하지 않고 '소극적 안락사'에 대해서만 제한적으로 허용가능성을 열어두고자 한 것으로 보인다.[12] 또한 대상판 결은 김할머니와 같이 환자가 의사결정능력을 보유했다가 이를 상실한 사안에 국한하여 판단한 것으로 보인다.[13]

연명의료중단시 자기결정권 문제와 관련하여 환자의 상태는 크게 두 가지로 나눌 수 있다. 연명의료중단에 대한 요청 내지 동의가 문제되는 시점에 환자가 의사결정능력 내지 동의능력을 보유하고 있는 경우와 그 렇지 못한 경우이다.[14] 후자는 다시 김할머니와 같이 원래 위 능력을 가

---

11) 연명의료를 중단한 환자가 언제 사망할 것인지는 의사도 판단하기 곤란한 문제 이므로 대상판결이 회복불가능성을 연명의료중단의 근거로 판시한 것이 현실에 부 합하는지 의문의 여지가 있다[윤진수, "이용훈 대법원의 민법판례", 정의로운 사법 : 이용훈대법원장재임기념(2011), 10면; 김재형, 민법론 Ⅳ, 박영사(2011), 544면]. 또 한 지속적 식물인간상태(persistent vegetative state)에는 의학적으로 다양한 스펙트 럼이 존재하므로 회복불가능성이라는 규범적 판단에 집착하여 연명의료중단을 앞 당기거나 확대해서는 안 된다는 주장도 있다[김필수, "연명 중단의 고려 시점에 대 한 분석", 법학논총 제30집 제2호(2013), 34-37면]. 매우 중요한 쟁점이나, 본 연구 는 연명의료중단과 성년후견제도의 관계에 초점을 두고 있으므로 연명의료중단의 전제가 되는 회복불가능성에 대한 논의는 생략하기로 한다.
12) 학계에서도 연명의료중단은 대체로 적극적 안락사 내지 의사조력자살(Physician Assisted Suicide)과는 구별되는 개념으로 보고 있다[엄주희, "생명권의 헌법적 근거 와 연명치료중단에서의 생명권의 보호범위", 헌법학연구 제19권 제4호(2013. 12.), 279면 등 참조].
13) 노태헌, "연명치료 중단의 허용요건", 사법 제9호(2009), 178-179면.
14) 연명의료중단시 의사결정능력을 보유하는 환자를 다시 성년과 미성년의 경우로 나누어 분석하려는 입장도 있을 수 있다. 이는 의사결정능력과 행위능력의 범위가 일치하는 사례가 많다는 실용적 관점에서 비롯된 태도일 것이다. 하지만 후술하다 시피 의료행위에 대한 의사결정능력 내지 동의능력은 행위능력과는 엄밀한 의미에

졌다가 상실한 경우와 영·유아와 같이 처음부터 이를 가지지 못한 경우로 세분할 수 있다. 이 중 대상판결은 연명의료중단시 의사결정능력을 보유하고 있는 상황이나 애초부터 의사결정능력을 보유할 가능성이 없는 상황에 대해서는 본격적으로 다루고 있지 않다.

정신이 온전한 말기암 환자와 같이 연명의료중단시 의사결정능력 내지 동의능력이 있는 사람에 대해서는 본인의 의사를 존중해야 한다는 데에 큰 이견이 없는 듯하다. 따라서 본고에서는 주로 연명의료중단 시점에 환자가 위 능력을 보유하지 못한 경우를 다루고자 한다. 나아가 대상판결에서는 직접 언급하고 있지 아니하나, 선천적 의사무능력자와 같이 처음부터 의사결정능력을 보유할 가능성이 없는 경우도 논의의 대상에 포함하려고 한다. 이는 사회적으로 공감대가 형성되지 않은 매우 민감한 난제(難題)이지만, 의료현장에서 실제로 빈번히 발생하는 상황으로서 언젠가는 해결해야 할 숙제이므로 이를 회피하기보다는 사회적 합의를 위하여 공론(公論)의 장(場)으로 이끌어 내는 것이 바람직하다고 판단했기 때문이다.

Ⅲ. 연명의료중단의 헌법적 근거

1. 대상결정의 태도

헌법재판소는 대상결정을 통해서 "죽음에 임박한 상태에서 인간으로서의 존엄과 가치를 지키기 위하여 연명치료의 거부 또는 중단을 결정할 수 있다 할 것이고, 위 결정은 헌법상 기본권인 자기결정권의 한 내용으로서 보장된다"라고 판시함으로써 연명의료중단의 근거를 '인간으로서의 존엄과 가치' 및 '자기결정권'에서 찾고 있다. 또한 "연명치료 중단, 즉 생명단축에 관한 '자기결정'은 '생명권 보호'의 헌법적 가치와 충돌(된다)"라

서 그 판단기준이 다르고, 정신능력이 어느 정도 성숙한 미성년자에 대해서는 의료행위에 관한 본인의 의사를 존중해야 한다는 논리가 설득력 있어 보인다. 따라서 의료행위에 대한 의사결정능력 유무를 판단하는 데 있어 성년과 미성년을 구분하는 것이 이론상 필연적인 것은 아니라고 생각한다.

고 설시함으로써 환자의 자기결정권과 국가의 생명보호의무 간 긴장관계에 대해서도 언급하고 있다. 그렇다면 헌법적 논의의 전제로서 연명의료중단으로 초래되는 '사망' 내지 '죽음'이 과연 사회적으로 용인될 수 없는 생명단축 내지 자살과 어떻게 다른지 규명할 필요가 있을 것이다.

사망 내지 죽음은 의학적 개념과 법률적 개념이 혼재된 영역이다. 죽음의 판단 기준으로는 이른바 '맥박종지설', '맥박·호흡종지설(종합설)', '뇌사설' 등이 제기되어 왔으나, 어느 것도 명확한 답을 제시하지 못하고 있다. 다만, 죽음이라는 것이 특정 '시점'이 아니라 삶이 마무리되어 가는 하나의 '과정'이라는 데에는 어느 정도 공감대가 형성되어 가는 듯하다.[15]

연명의료중단이 인위적 생명단축인지 여부에 대해서는 생존하던 사람을 사망에 이르게 하는 것은 분명하므로 이에 해당한다는 견해와 자연스런 죽음의 과정으로 되돌아가는 것일 뿐이므로 이에 해당하지 않는다는 견해가 대립할 수 있다. 그러나 대상결정은 죽음에 임박한 환자의 경우 연명의료중단이 생명에 대한 임의적 처분 내지 자살이라고 평가할 수 없다고 판단하고 있다.

생각건대, 생(生)과 사(死)는 동전의 양면과 같아서 따로 떼어 낼 수 없다. 죽음은 생의 국면이 사의 국면으로 바뀌어가는 '과정'이므로 사람은 누구나 태어나면서부터 죽음의 길을 걸어가는 것이며 죽음의 여정은 곧 삶의 여정이라고도 할 수 있다. 연명의료중단을 자살로 평가하는 것은 사망의 결과에 주목한 것으로 보이나, 죽음을 삶의 한 과정으로 바라본다면 '어떻게 죽어가느냐'는 '어떻게 살아가느냐'와 본질적으로 다르지 않은 것이다. 죽음에 임박한 환자에 대한 연명의료가 자연스런 죽음의 과정을 인위적으로 막기 위한 목적으로만 행해지는 것이며 그 과정에서 환자에게 고통을 줄 수 있는 신체침해행위가 이루어진다면 이를 중단하는 것이 오히려 인간의 존엄과 가치에 부합하는 것일 수 있다.[16] 따라서 연

---

15) 김정중, "입법부작위 위헌확인-연명치료 중단 등에 관한 법률'의 입법부작위 헌법소원 사건-", 헌법재판소 **결정해설집** 제8집(2009) 등 참조.

16) 연명의료 자체가 신체에 대한 침해이며, 그 결과 환자는 원래의 질병이 아니라

명의료중단은 사회적으로 용인될 수 없는 인위적 생명단축이나 자살과는 다르게 평가해야 할 것이다.[17] 이른바 '보라매병원' 사건에서는 대법원이 경제적인 부담 등으로 환자의 퇴원을 원하는 가족의 요구를 받아들여 중환자실에 있던 환자를 퇴원시키고 인공호흡장치를 제거하여 사망에 이르게 한 의사에게 유죄를 인정한 바 있어서 대상판결과 충돌된다는 의문이 생길 수도 있다.[18] 하지만 보라매병원 판결은 수술 후 회복 중이던 환자 본인의 의사를 제대로 확인하지 않고 보호자의 의사에만 따랐던 사안이어서 대상판결과 모순되는 것은 아니라고 하겠다.[19]

2. 자기결정권 및 생명보호의무의 비교

우리 헌법은 자기결정권에 대해서 명문의 규정을 두고 있지 않다. 학계에서는 헌법에 열거되지 않은 보충적 기본권으로서 헌법 제10조, 제37조 제1항 등에서 그 근거를 찾을 수 있다는 견해가 있으나,[20] 아직 통설적 입장이 형성되어 있지는 않은 것 같다. 헌법재판소는 성적자기결정권과 관련하여 헌법 제10조의 인격권·행복추구권에 개인의 자기운명결정권이 전제되는 것이라고 판시한 바 있고, 대상결정에서도 자기결정권을 헌법상 기본권으로 인정하고 있다.[21]

연명의료의 합병증으로 사망하게 된다는 견해로는 노태헌, "연명치료 중단의 허부 및", **정의로운 사법 : 이용훈대법원장재임기념**(2011), 538면 참조.

17) 정당한 연명의료중단은 위법성이 부정되므로 불법행위책임도 없다는 견해로는 김천수, "안락사 내지 치료중단과 불법행위책임", **의료법학** 제6권 제1호(2005), 39면 참조. 형법학계에서도 회복불가능한 환자의 동의에 따른 연명의료중단은 사회상규에 위배되지 않아 위법성이 조각되거나 의사에게 보증인적 지위가 인정되지 않으므로 처벌 대상이 되지 않는다는 견해가 유력하다[김성규, "연명치료중단의 허용성과 법제화에 대한 고찰", **형사정책** 제26권 제1호(2014. 4.), 152-153면].

18) 대법원 2004. 6. 24. 선고 2002도995 판결.

19) 이효진, "연명치료중단에 관한 법정대리인 제도의 적용-환자의 헌법적 기본권과 보호자의 대리권을 중심으로-", **한국의료법학회지** 제22권 제1호(2014), 146-147면.

20) 자기결정권의 근거에 대해서는 성낙인, **헌법학**, 법문사(2014), 997-998면; 정종섭, **헌법학원론**, 박영사(2014), 416면 참조.

21) 미국연방헌법에서도 자기결정권에 관한 독립된 규정은 없으나 프라이버시권에서 낙태의 자유, 성적 자기결정권 등 다양한 형태의 자기결정권을 도출하고 있는 것으로 보인다[Roe v. Wade, 410 U.S. 113 (1973); Planned Parenthood of Se. Pa.

생명권과 관련해서도 우리 헌법은 독일기본법이나 유럽연합헌법과 달리 독립적인 조항을 두고 있지 않다.[22] 학계에서는 헌법상 '인간으로서의 존엄과 가치(제10 조)', '신체의 자유(제12 조)', '헌법에 열거되지 아니한 권리(제37 조)' 등의 규정에서 생명권을 도출하고 있는 것으로 보인다.[23] 헌법재판소 역시 생명권을 "인간의 생존본능과 존재목적에 바탕을 둔 선험적이고 자연법적인 권리로서 헌법에 규정된 모든 기본권의 전제로서 기능하는 기본권 중의 기본권"으로 인정하고 있다.[24]

그렇다면 연명의료중단과 관련하여 자기결정권과 생명권 내지 생명권 보호와의 관계는 어떤 것일까. 먼저 연명의료중단은 환자의 자기결정권과 생명권이라는 두 기본권 간의 충돌로 보는 견해가 있다.[25] 하지만 자기결정권과 긴장 관계를 이루는 것은 개인의 생명권이라기보다는 '국가의 생명권 보호의무' 내지 '생명권 보호라는 헌법적 가치질서'라고 표현하는 것이 보다 적합하다고 생각한다.[26] 왜냐하면 '생명권 침해'라는 표현

---

v. Casey, 505 U.S. 833 (1992); Lawrence v. Texas, 539 U.S. 558 (2003); 허순철, "헌법상 치료거부권-의사무능력자를 중심으로-", **법과 정책연구** 제11집 제2호 (2011. 6.), 11면].

22) 독일기본법 제2조 제2항은 "모든 사람은 생명권과 신체를 훼손당하지 않을 권리를 가진다", 유럽연합헌법 Ⅱ-2 제1항 "모든 사람은 생명권을 가진다"라고 명시하면서 사형제도를 인정하고 있지 않고 있다. 생명권이 갖는 중요성에 비추어 볼 때 우리나라에서도 헌법에 생명권을 명문화해야 한다는 견해로는 엄주희, "생명권의 헌법적 근거와 연명치료중단에서의 생명권의 보호범위", **헌법학연구** 제19권 제4호 (2013. 12.), 280-289면.

23) 권영성, **헌법학원론**, 법문사(2010), 410면; 김철수, **헌법학신론**, 박영사(2013), 431면; 성낙인, **헌법학**, 법문사(2014), 1032면; 허영, **한국헌법론**, 박영사(2013), 359면. 생명권이 불가침의 절대적 기본권인지 여부에 대해서는 논란의 여지가 있다. 예컨대, 개인 간의 생명권이 충돌될 경우 비교 형량을 통해 한쪽의 생명에 대한 제한되어야 할 경우도 있기 때문에 생명권은 절대적 기본권이 아니며, 생명권의 내재적 한계에 의해서 제한될 수 있다는 견해로는 김학성, "생명을 둘러싼 헌법적 문제(상) -특히 생명권의 주체와 시기를 중심으로-", **강원법학** 제43권(2014. 10.), 172-176면.

24) 헌재 1996. 11. 28. 95헌바1 결정.

25) 이효진, "연명치료중단에 관한 법정대리인 제도의 적용-환자의 헌법적 기본권과 보호자의 대리권을 중심으로-", **한국의료법학회지** 제22권 제1호 (2014), 161-162면.

26) 필자도 박사학위논문에서 연명의료중단과 관련하여 "생명권과 자기결정권의 비교 형량"이라는 표현을 쓴 적이 있지만, 본고를 통해서 그 표현을 수정하고자 한

은 그 기본권의 주체인 개인에 대한 법익 침해로 인식되기 쉬운데, 현재 연명의료중단을 논하는 주된 근거는 (현실적 의사이든 추정적 의사이든) 환자가 자기결정권의 발로(發露)로서 스스로 생명을 포기하는 의사에 있는바, 생명을 포기한 개인에 대해서 생명권 침해가 있다는 것은 다소 어색하기 때문이다.[27] 물론 생명권은 개인이 마음대로 포기할 수 있는 법익이 아니기에 연명의료중단에 관한 자기결정권이 일견(一見) 생명권과 충돌된다고 생각할 여지도 있으나, 생명을 임의로 포기할 수 없도록 하는 것은 생명권 자체라기보다는 생명권에 대한 국가의 보호의무 내지 헌법적 가치질서라고 보는 것이 보다 정확할 것이다. 대상결정 역시 "자기결정권을 행사하여 연명치료를 중단하고 자연스런 죽음을 맞이하는 문제는 생명권 보호라는 헌법적 가치질서와 관련된 것"이라고 표현하고 있다.

생명권은 상대적 기본권이며 헌법 제37조 제2항에 따라 가족들의 재산권 내지 의료서비스의 합리적 분배를 위해서 제한될 수 있다는 견해가 있으나,[28] 수긍하기 어렵다. 생명이 가지는 지고(至高)한 가치와 무게에 비추어 볼 때 가족들의 재산권 내지 의료서비스의 합리적 분배 등을 형량 대상으로 삼는 것은 부당하기 때문이다. 따라서 대상결정이 경제적 부담 등을 이유로 헌법소원을 제기한 가족들에게 기본권침해의 자기관련성을 부정한 것은 매우 타당한 것이라고 생각한다.[29] 결국 연명의료중단

다[구상엽, "개정민법상 성년후견제도에 대한 연구-입법 배경, 입법자의 의사 및 향후 과제를 중심으로-", 서울대학교 박사학위논문(2012), 202면 참조].

27) 실제로 학계에서는 '생명유지의무를 법적으로 근거짓기 어렵고, 자신의 모든 법익에 대해서 스스로 결정하는 자유를 자기결정권으로 볼 경우 생명에 대한 자기결정권도 인정할 수밖에 없다'는 견해가 있다는 사실도 위와 같은 어색함을 더욱 두드러지게 한다[이석배, "형법상 절대적 생명보호원칙", 심온 김일수교수 화갑기념논문집(2006), 680면 참조].

28) 이준일, "대법원의 존엄사 인정(大判 2009다17417)과 인간의 존엄 및 생명권", 고시계(2009. 7.), 97-98면.

29) 대상판결의 1심 법원도 "환자의 가족들이 환자에 대한 생명연장치료로 인하여 경제적·정신적으로 고통을 받고 있다고 하더라도 그에 관한 입법이 없는 한 타인의 생명을 단축하는 결과를 가져오는 치료 중단을 청구할 독자적 권리를 가진다고 보기 (어렵다"고 판시한 바 있다(서울서부지법 2008. 11. 28. 선고 2008가합6977 판결). 다만, 가족들의 고통 내지 부담이 환자의 의사를 추단하기 위한 하나의 요

의 허부(許否)는 환자의 자기결정권과 국가의 생명보호의무 사이의 비교
형량의 문제로 귀착된다. 대상결정이나 대상판결은 모두 일정한 요건 아
래 연명의료라는 인위적인 신체침해에서 벗어나 자신의 생명을 자연적인
상태에 맡기는 것이 인간의 존엄과 가치에 부합한다는 이유로 자기결정
권에 무게를 싣고 있으며, 학계에서도 이에 대한 반대의견은 많지 않은
것으로 보인다. 요컨대, 인간의 존엄과 가치를 헌법의 최고 이념이라고
볼 때 회복불가능한 사망의 단계에서 삶의 여정을 인간답게 마무리하려
는 결정은 국가의 보호의무보다 앞선다고 할 것이다.[30] 나아가 국가의
간섭을 통한 의료적 침습을 거부하고 자연스런 죽음의 과정을 선택할 권
리를 보장하는 것은 생명권 내지 생명보호의무를 훼손하는 것이 아니라
오히려 그 자체에 내재된 것이라고도 볼 수 있을 것이다.[31]

3. 의사무능력자와 자기결정권

앞서 말한 바와 같이 본 연구의 주된 대상은 연명의료중단이 문제
되는 시점에서 이미 환자가 의사결정능력을 상실한 경우이다. 그렇다면
의사무능력자의 경우에도 자기결정권을 근거로 연명의료중단을 정당화할
수 있는가라는 의문이 들 수 있다. 이는 민법적 논의와 헌법적 논의가
중첩되는 영역이라고도 할 수 있다.

대상결정은 「죽음에 임박한 상태에서 연명치료를 중단하는 것은 자
기결정권의 한 내용으로서 보장된다」고 판시하고 있으나, 이공현 재판관
은 별개의견에서 「회복불가능한 사망의 단계에 진입한 환자의 경우에는
자기결정이 존재하지 않거나 이를 확인할 방법이 없다」는 지적을 하고

소로 고려하는 것은 충분히 가능할 것이다[박철, "연명치료 중단의 허용기준", **민사
판례연구** 제32권(2010. 2.), 88면].
30) 미국 법원도 연명의료중단과 자살 방지를 위한 주(州)의 이익이 꼭 충돌되는 것
은 아닌 것으로 보고 있다[Satz v. Perlmtter, 362 So.2d 160. 162 (1978); 이덕환,
"연명치료중지에 대한 의사결정의 대행—미국판례를 중심으로-", **의료법학** 제3권
제2호.(2002), 198면].
31) 同志, 엄주희, "생명권의 헌법적 근거와 연명치료중단에서의 생명권의 보호범위",
헌법학연구 제19권 제4호(2013. 12.), 289-295면.

있다. 또한 대상판결의 다수의견은 「사전의료지시가 없는 상태에서도 환자의 평소 가치관이나 신념 등에 비추어 연명치료중단에 대한 환자의 의사를 추정할 수 있다」고 판시하고 있으나, 안대희·양창수 대법관은 반대의견에서 「환자의 '추정적 의사'는 환자가 현실적으로 가지는 의사가 객관적인 정황으로부터 추단될 수 있는 경우에만 긍정될 수 있으므로 다수의견이 인정한 추정적 의사는 '가정적 의사'에 불과하다」고 비판[32]하면서 「가정적 의사는 연명치료중단의 근거가 될 수 없고, 연명치료를 강요하는 것이 환자의 인간으로서의 존엄과 가치를 해하게 되는 경우에는 그 중단이 허용될 수 있다」고 한다. 요컨대 대상결정이나 대상판결의 다수의견은 의사결정능력을 상실한 경우에도 비교적 간명하게 연명의료중단에 대한 자기결정권을 인정하는 반면, 대상결정의 별개의견이나 대상판결의 반대의견은 자기결정권을 통한 연명의료중단의 정당화에 보다 신중한 입장을 취한 것으로 보인다.[33]

학계에서도 의사무능력자에게 자기결정권을 인정하는 것은 논리적 모순이며 객관적 기준에 따라서 연명의료와 그 중단의 각 이익을 형량해서 판단해야 한다는 견해가 있다.[34] 또한 기본권의 행사능력이 없는 경우에는 그 보유능력도 부정하는 것이 타당하므로 영·유아 환자와 같이 본

---

32) 환자의 연명의료중단 의사가 실제로 있었던 경우에만 그 의사를 추정할 수 있으므로 반대의견이 타당하다는 견해로는 김재형, **민법론** Ⅳ, 박영사(2011), 545면.

33) 미국에서는 환자의 대리인 등이 대신 치료거부의사를 밝히는 경우 크게 3가지 기준에 의해서 환자의 의사에 부합하는지 여부를 판단하고 있다. 첫째는 '주관적 판단(subjective judgment)'으로서 환자의 구체적인 치료거부 의사를 요구하는 것이고, 둘째는 '대행 판단(substituted judgment)'으로서 의사능력을 상실한 환자의 의사를 평소 대화나 신념 등을 통해서 추정하는 것이며, 셋째는 '최선이익 기준(best interest standards)'으로서 환자의 의사를 추정할 수 있는 자료가 불충분한 경우 합리적인 사람의 기준에서 환자에게 최선이 되는 방안을 찾는 것이다. 이러한 기준을 대상판결에 투영하여 다수의견은 대행 판단 기준을, 반대의견은 최선이익 기준을 채택한 것으로 이해하는 견해도 있으나, 양자 사이에 실질적인 차이는 크지 않다는 견해도 있다[노태헌, "연명치료 중단의 허용요건", 사법 제9호 (2009), 188면; 윤진수, "이용훈 대법원의 민법판례", **정의로운 사법 : 이용훈대법원장재임기념**(2011), 10면].

34) 이석배, "결정무능력환자와 자기결정권", **한국의료법학회지** 제18권 제1호(2010), 16-17, 21-22면.

인의 의사를 전혀 알 수 없는 경우에는 연명의료중단의 헌법적 근거를 자기결정권에서 찾을 수 없고 신체의 불훼손권에서 도출해야 한다는 견해도 있다.[35] 하지만 권리의 보유능력과 그 행사능력을 구분하여 인정할 수 있다고 생각한다.[36] 더욱이 전술한 헌법재판소의 입장과 같이 인격권 내지 행복추구권에서 자기결정권이 도출되는 것이라면 의사무능력자에게도 자기결정권을 인정하는 것이 타당하다고 생각한다.

다음으로 사전의료지시 등 환자의 의사를 추단할 자료가 부족한 상태에서 환자의 대리인이 의사능력을 상실한 환자 대신 연명의료중단 의사를 밝힌 경우 이를 환자 본인의 의사로 보아야 할 것인지, 아니면 대리인의 권한에 기한 대리인의 의사로 보아야 할 것인지도 매우 어려운 문제이다. 전자의 입장을 취할 경우 대상결정의 별개의견이나 대상판결의 반대의견과 같은 직관적인 비판을 피하기 어렵다.[37] 하지만 대리인에게 본인의 이익을 추구해야 할 선관주의의무가 있다고 하더라도 실제로는 연명의료중단이 남용될 우려가 있기 때문에 후자의 입장을 취하기는 더욱 어렵다고 생각한다. 또한 후자의 입장에 의하더라도 선량한 대리인은 최선이익 기준에 따라 의사를 결정할 수밖에 없는데, 후술하다시피 본인의 복리 내지 최선이익도 본인의 자연적 의사와 불가분의 관계에 있다는 것이 최신의 세계적 동향이므로 본인의 최선이익을 추구하다 보면 결국 본인의 의사로 귀결될 가능성이 크다. 요컨대 환자의 자기결정권에서 연명의료중단의 근거를 찾는 것이 이념적으로 타당할 뿐만 아니라 실제적으로도 환자의 최선이익을 추구하는 데 효과적일 것이라고 생각한다.[38]

---

35) 허순철, "헌법상 치료거부권-의사무능력자를 중심으로-", 법과 정책연구 제11집 제2호(2011. 6.), 15-20면.

36) 기본권의 보유능력과 행사능력의 관계에 대해서는 허영, 한국헌법론, 박영사 (2013), 242면; 노동일, "헌법상 연명치료중단에 관한 자기결정권의 행사방법과 그 규범적 평가", 경희법학 제46권 제4호(2011), 314-315면 참조.

37) 환자의 자기결정권은 일신전속권로서 대리행사가 불가능하므로 법정대리인의 결정권은 자기고유의 보호권에서 파생되는 것이라는 견해로는 김천수, "의료행위에 대한 동의능력과 동의권자", 민사법학 제13·14호(1996), 270-271면 참조.

38) 환자의 최선이익 관점에서 환자 가족의 의사를 연명의료중단의 독자적인 요건으로 볼 수 있다는 견해도 있으나[고봉진, "연명치료중단의 정당화 입법-국가의 보

4. 관련 입법 동향

연명의료중단과 관련된 외국의 동향을 살펴보면, 대체로 헌법적 차원에서 연명의료중단의 허용 여부에 관한 논란에서 출발하여 개별 사안에 대한 법원의 판단이 축적됨과 더불어 연명의료중단에 대한 사회적 공감대가 어느 정도 이루어지면 관련 입법으로 나아가는 것으로 보인다.[39]

우리나라에서도 1998년의 이른바 '보라매병원' 사건을 통해서 존엄사 내지 안락사에 대한 논의가 본격화되다가 2007년의 '김할머니' 사건을 통해서 연명의료중단에 대한 공론(公論)화가 한층 심화되었다. 특히 대상결정과 대상판결이 제한적이나마 연명의료중단을 허용하고 그 근거와 요건을 구체화함으로써 입법을 통한 연명의료중단의 제도화에 불씨를 당기게 되었다.[40]

연명의료중단 입법에 찬성하는 논거로는 ① 연명의료중단이 형법상 살인죄 내지 촉탁살인죄에 해당하는지 여부에 대한 논란을 해소할 필요가 있고, ② 헌법재판소와 대법원이 연명의료중단을 인정한 이상 제도화를 통해 의사의 면책 기준을 마련하는 등 의료현장의 혼란을 방지할 수 있는 대책을 강구해야 하며, ③ 연명의료중단을 공론화함으로써 생전유언 등 죽음에 대비하는 문화가 형성되도록 유도할 수 있다는 점 등이 있다.[41] 반

호의무와 연명치료중단-", **한국의료법학회지** 제21권 제2호(2013), 161-162면], 위와 같은 이유로 찬성하기 어렵다.

39) 연명의료중단과 관련된 비교법 연구는 상당히 축적되어 있는 상태이기 때문에 이를 재정리하는 데 많은 지면을 활용하기보다는 쟁점별로 필요한 범위에서만 언급하고자 한다. 비교법 연구에 대한 구체적인 내용에 대해서는 연세대학교 의료법윤리학연구원, **연명의료 환자결정권 제도화 관련 인프라 구축 방안**, 보건복지부 연구용역 (2013); 이덕환, "연명치료중지에 대한 의사결정의 대행-미국판례를 중심으로-", **의료법학** 제3권 제2호(2002); 주호노, "존엄사의 법제화에 관한 최근동향", 한국의료법학회지 제21권 제2호(2013) 등 참조.

40) 법적 안정성을 위하여 연명의료중단 관련 입법이 이루어져야 한다는 견해로는 고봉진, "연명치료중단의 정당화 입법-국가의 보호의무와 연명치료중단-", **한국의료법학회지** 제21권 제2호(2013) 등 참조.

41) 경제정의실천시민연합, **존엄사법 제정에 관한 청원**(2009), 3면; 국회 보건복지가족위원회, **신상진 의원 대표발의 존엄사법안 검토보고**(2009), 18-20면. 그밖에 연명의료중단은 생명권에 대한 것으로서 사법(私法)적 판단이 아니라 공법적 판단이 필요한데 입법도 없이 법원의 판단에 의지하는 것은 바람직하지 않으므로 시급히 입

면, 연명의료중단 입법에 반대하는 논거로는 ① 연명의료중단은 고도의 생명윤리적 판단과 국민적 공감대가 필요하므로 신중하게 접근해야 하고, ② 호스피스 보조 등 연명의료에 대한 공적 지원제도가 마련되지 않은 채 입법을 할 경우 의료비 감당이 어려운 사람들이 쉽게 생명을 포기할 우려가 있으며, ③ 사전의료지시서가 환자의 진의(眞意)를 제대로 반영하지 못할 수 있다는 점 등이 있다.[42] 2009년 실시된 여론조사에 따르면 연명의료중단 허용에 찬성하는 의견(83.3퍼센트)이 반대 의견(11.7퍼센트)보다 월등히 높았으며, 학계에서도 환자의 자율성 존중과 생명의료윤리 관점에서 연명의료중단이 정당화될 여지가 있다는 견해가 강한 것으로 보인다.[43] 더욱이 대상결정과 대상판결이 일정한 경우에 대해서는 연명의료중단을 인정한 이상 입법화의 실마리는 어느 정도 찾았다고 볼 것이다.[44]

제18대 국회에는 2009년에 신상진 의원이 대표발의한 「존엄사법안(이하 '신상진 의원안')」과 김세연 의원이 대표발의한 「삶의 마지막 단계에서 자연스러운 죽음을 맞이할 권리에 관한 법률안(이하 '김세연 의원안')」이 제출된 바 있다. 신상진 의원안과 김세연 의원안 모두 연명의료중단의 필요성을 제한적으로 인정하면서 그 절차를 합리화하는 것을 주요 내용으로 하고 있다. 구체적으로는 ① 연명의료중단의 대상을 말기환자 내지

법이 필요하다는 견해로는 조민석/문하영, "연명시술의 중단에 관한 법적 연구-존엄사를 중심으로-", 전북대학교 법학연구소 법학연구 제41집(2014. 5.), 49면.

42) 한국기독교생명윤리협회, 존엄사법안에 대한 의견 제시(2009); 국회 보건복지가족위원회, 신상진 의원 대표발의 존엄사법안 검토보고(2009), 20-22면.

43) 국회 보건복지가족위원회, 신상진 의원 대표발의 존엄사법안 검토보고(2009), 22-24면; 이은영, "연명치료 중단의 입법화 방안에 관한 연구-성년후견제도의 도입과 관련하여-", 의료법학 제10권 제2호(2009), 208-211면 참조.

44) 생명권을 어느 정도 보호할지 여부는 입법자의 재량이다. 헌법재판소도 태아를 생명권의 주체로 인정하면서도 「국가가 그 보호의무를 어떻게 어느 정도로 이행할 것인지는 입법재량의 범위에 속하는 것으로서 이른바 '과소보호금지원칙'에 비추어 민법 제3조 및 제762조가 태아의 생명권 보호에 미흡하다거나 국가의 생명권 보호의무를 위반한 것이라고 볼 수 없다」고 판시한 바 있다(헌재 2008. 7. 31. 2004헌바81 결정). 대상결정도 위와 같은 이유로 연명의료중단에 관한 국가의 입법의무를 부정하였다. 입법부작위 위헌 여부도 대상결정의 주요 논점 중 하나이나, 지면 관계상 성년후견제도에 대한 논의로 나아가기 위해서 이에 대한 논의는 생략하기로 한다.

회복가능성이 없는 환자로 한정하고, ② 말기환자의 연명치료중단에 대
한 자기결정권을 인정하며, ③ 자기결정권의 행사방법으로 사전의료지시
서 작성을 제시하고, ④ 절차를 준수한 의료진의 면책을 명시하고 있다.
다만, 신상진 의원안은 의사표시의 추정·대리에 관한 규정들을 두고 있
으나, 김세연 의원안은 이에 대한 규정을 두고 있지 않다는 점에서 차이
가 있다. 신상진 의원안은 사전의료지시서를 작성하지 않은 말기환자가
연명의료중단에 대한 의사표시를 할 수 없는 경우 의사표시의 추정과 대
리를 통해 환자 외의 자에게 연명의료중단 요청권을 인정하고 있다. 즉
말기환자의 직계 친족이 환자가 이전에 연명의료중단에 대한 의사표시를
한 증거를 제출하여 연명의료중단을 요청할 수 있고, 이 경우 의료기관
의 윤리위원회가 관련 조사와 의결을 하도록 규정하고 있다(제18조). 또한
말기상태의 미성년자가 의사표시를 할 수 없을 경우 그 법정대리인이 연
명의료중단의 의사표시를 대신할 수 있도록 하고 있다(제19조).[45] 제19대
국회에는 2014년에 김세연 의원안이 재차 발의된 상태이고, 국가생명윤
리심의위원회의 '연명의료 환자결정권 제도화 권고안'에 따라 보건복지부
가 추진 중인 가칭 「연명의료결정법안(이하 '정부안')」이 조만간 제출될
것으로 예상된다.[46] 정부안은 대체로 신상진 의원안과 김세연 의원안의
내용을 포섭하면서도 국가생명윤리심의위원회의 관계(제6조), 연명의료계획
서 및 사전의료의향서(제10조제11조) 등에 대한 규정도 두고 있다. 정부안은 기존

---

45) 신상진 의원안은 이해관계 상반 등에 대한 고려 없이 모든 직계 친족에게 연명
   의료중단 요청권을 인정하고 있고, 의사표시가 불가능한 미성년자에 대해서만 법
   정대리인의 의사결정 권한을 인정하고 있어 의사능력이 결여된 성년자에 대해서는
   입법의 흠결 내지 불균형이 생길 수 있다. 또한 환자의 의사 추정과 관련하여 의
   료기관이 정밀한 사실 인정과 법적 판단을 할 수 있을지도 의문이다[구상엽, "개정
   민법상 성년후견제도에 대한 연구—입법 배경, 입법자의 의사 및 향후 과제를 중
   심으로—", 서울대학교 박사학위논문(2012), 205면].
46) 현재까지는 정부안이 공식적으로 발표되지 않아 그 확정적인 내용을 알 수 없으
   나, '최근 연세대학교에서 수행한 연구용역 결과가 정부안을 예상할 수 있는 참고
   자료가 될 것'이라는 보건복지부 담당공무원의 비공식 답변에 따라서 본고에서는
   위 연구용역에 근거하여 관련 내용을 설시하였다[정부안의 추진 경과나 구체적 내
   용에 대해서는 연세대학교 의료법윤리학연구원, **연명의료 환자결정권 제도화 관련
   인프라 구축 방안**, 보건복지부 연구용역(2013) 참조].

의 의원입법안보다 포괄적이고 구체적이라는 점에서 진일보한 것이라고 평가할 수도 있지만 개선해야 할 사항도 눈에 뜨인다. 예컨대, 대리결정과 관련하여 미성년자·한정치산자에 대해서만 규정하고 있어 금치산자나 새로운 성년후견제도에 의한 피후견인에 대해서는 해결방법을 제시하지 못하고 있고,[47] 환자의 대리인과 가족에게 대리결정의 주도권을 인정하는 한편 그 합리성을 의사가 판단하도록 하고 있어 그 타당성에 의문이 있다(제13조).[48]

〈표〉 연명의료중단 관련 법안 비교

법안	주요 내용				
	적용 대상	자기결정권	사전의료지시	의사추정	윤리위원회
신상진 의원안	회복가능성 없는 말기환자(연명 의료가 죽음의 과정 연장에 불과, 연명의료중단 시 단기간에 사망)	연명의료 관련 자기결정권 인정	의사능력 있는 성인(상담절차 필요)	가능(윤리위 원회 심의)	의료기관윤리 위원회(의료 윤리, 생명철학 전문가 등 구성)
김세연 의원안	회복가능성 없는 말기환자(의료 기술상 회복 불가, 연명의료중단 시 수개월 내 사망)	연명의료 관련 자기결정권 인정	의사능력 있는 18세 이상	관련 규정 없음	의료기관윤리 위원회(사회 복지사, 종교인, 법조인 등 구성)

---

47) 이는 의도적이라기보다는 개정민법상 새로운 성년후견제도에 대한 이해가 부족했기 때문이 아닌가 하는 의구심이 든다.

48) 개정민법이 후견인의 법정순위를 폐지했음에도 가족에게 무조건 동의권을 부여하는 것은 개정민법의 취지를 훼손하는 것이라는 견해로는 이재경, "연명치료중단에 있어서 의사결정과정의 구체적 쟁점", **의생명과학과 법** 제9권(2013. 6.), 78면. 그 밖에 정부안에 대한 비판으로는 고준기/조현/이강호, "연명의료결정법안에 관한 문제점 및 개선방안", **강원법학** 제43권(2014. 10.) 참조.

(계속)

	임종기환자(일정기간 이내 사망, 치료가 질병경과에 도움 안 됨)	연명의료 관련 자기결정권 인정	연명의료계획서 및 사전의료의향서 작성 인정	가능(윤리위원회 심의)	의료기관윤리위원회(종교, 윤리, 시민단체 전문가 등 구성) ※국가생명윤리심의위원회 관련 규정도 신설
정부안					

Ⅳ. 연명의료중단과 성년후견제도

개정민법상 성년후견제도란 정신적 제약으로 인하여 재산이나 신상에 관한 사무를 처리할 능력이 부족한 사람의 의사결정이나 사무 처리를 돕는 법적 지원 장치를 말한다.[49]

연명의료중단과 관련하여 성년후견제도를 논하는 배경은 크게 두 가지이다. 먼저 연명의료중단과 관련하여 가장 어려운 문제 중 하나가 판단능력을 상실한 환자의 의사결정에 제3자가 관여할 수 있는지 여부인데, 성년후견제도는 그 개념상 정신적 제약을 가진 사람의 의사결정을 돕는 제도이기 때문에 연명의료중단과 고민의 궤(軌)를 같이한다고 볼 수 있다. 다음으로 개정민법은 후견인의 직무와 관련하여 신상보호에 관한 내용을 대폭 강화했다는 것이다. 아래에서는 연명의료중단 동의의 법적 성질을 규명한 후 성년후견제도가 연명의료중단과 어떻게 연계될 수 있는지 살펴보고자 한다.

1. 연명의료중단 동의의 법적 성질

연명의료중단에 관한 민법적 쟁점은 여러 가지가 있겠지만, 우선 계

---

49) 구상엽, "개정민법상 성년후견제도에 대한 연구-입법 배경, 입법자의 의사 및 향후 과제를 중심으로-", 서울대학교 박사학위논문(2012), 4면.

약법 내지 법률행위의 관점에서 살펴볼 수 있다. 즉 연명의료를 의료(진료)계약, 연명의료중단을 그 해지로 분석하는 것이다. 의료계약이란 의료인이 환자에게 진찰, 치료 등 의료행위를 제공하고 환자는 의사에게 그에 대한 보수를 지급하는 채권계약이다. 그 법적 성질에 대해서는 견해의 대립이 있으나 위임계약 내지 준위임계약이라는 보는 입장이 일반적인 것으로 보인다.[50] 이러한 입장에 따르면 연명의료중단에는 민법상 위임에 관한 규정이 적용 내지 유추적용될 것이므로 연명의료계약의 당사자는 언제든지 이를 해지할 수 있고(민법 제689조 제1항), 민법상 대리의 법리도 적용될 가능성이 있을 것이다.[51]

하지만 계약법 내지 법률행위의 관점에서는 연명의료중단과 관련된 모든 국면을 설명할 수 없다. 예컨대, 응급상황 등과 같이 환자측에서 법률행위를 할 수 없는 상태에서 연명의료가 시작된 경우에는 과연 의료계약이 체결된 것인지 의문일 수 있고, 연명의료의 중단도 의료계약의 해지로 단정하기 곤란할 것이다. 따라서 연명의료중단에 대한 민법적 논의는 '의료행위에 대한 동의'의 법적 성질 및 그 '동의능력'을 분석하는 것으로부터 출발해야 한다.[52]

의료행위에 대한 동의는 의료인에게 자신의 신체를 위탁하고 의료를 위한 침해행위를 허용하는 의사 표현이다. 이는 신체 침해라는 사실행위를 용인하는 것에 불과하기 때문에 엄밀한 의미에서 특정한 법률효과의

---

50) 노태헌, "연명치료 중단의 허용요건", **사법** 제9호(2009), 201면.

51) 물론 연명의료를 계약으로 보더라도 연명의료중단은 환자 본인의 생명과 직결된 것이므로 대리를 금지하거나 제한해야 한다는 문제 제기는 여전히 있을 수 있다〔노태헌, "연명치료 중단의 허용요건", **사법** 제9호(2009), 201면, 204면 등 참조〕.

52) 연명의료중단에 대한 동의는 이미 행해지고 있는 의료행위를 중단하려는 의사의 표현이라는 점에서 처음부터 치료를 받지 아니하고자 하는 소극적 거부나 병세의 호전을 위해서 치료를 받고자 하는 적극적 동의와 차이가 있다. 그러나 연명의료 중단도 환자에게 행해지는 의료적 침습행위에 대한 승낙이라는 점에서는 의료행위에 대한 동의와 유사한 측면이 있다고 할 것이다. 물론 의료행위의 동의는 의료계약의 일부로서 이루어지는 경우가 많고 의료적 침습행위의 위법성을 조각시키는 효과도 있으므로 법률행위와 구별하는 것이 항상 쉬운 것만은 아닐 것이다〔구상엽, "개정민법상 성년후견제도에 대한 연구-입법 배경, 입법자의 의사 및 향후 과제를 중심으로-", 서울대학교 박사학위논문(2012), 201-202면〕.

발생을 의도하는 법률행위와 성격이 다르다. 위와 같은 이유로 의료행위의 동의를 '준법률행위(rechtsgeshäftsähnliche Handlung)' 내지 '의사의 통지'로 보기도 한다.[53] 의료행위의 동의를 위해서 반드시 행위능력을 보유할 필요는 없고 당해 의료행위의 위험과 동의의 의미를 파악할 수 있으면 족하다. 따라서 의료행위에 대한 동의능력은 이른바 '자연적인 인식과 통제의 능력'을 기준으로 의료행위의 동의능력 유무를 판단한다고도 한다.[54] 즉 의료행위에 대한 동의능력은 해당 의료행위의 경중과 난이도에 따라 달라질 수 있으며, 신체 침해의 정도가 클수록 높은 수준의 동의능력이 요구된다고 할 것이다.

의료행위에 대한 동의능력과 행위능력의 관계는 어떻게 되는가. 일반적으로 행위능력보다는 위 동의능력이 보다 쉽게 인정될 수 있다는 견해가 있을 수 있고, 실제로 행위능력이 있다면 위 동의능력도 인정될 경우가 많을 것이다. 하지만 양자의 범위가 반드시 일치하는 것은 아니다. 행위능력이 없더라도 간단한 의료행위에 대해서는 동의능력이 인정될 수도 있고, 행위능력이 있더라도 난해한 의료행위에 대해서는 동의능력 내지 동의의 효력이 문제되는 경우도 생길 수 있다. 이는 행위능력이 법률 내지 법원의 심판에 의해서 개인별로 획정(劃定)되는 반면, 의료행위에 대한 동의능력 내지 동의의 효력은 당해 의료행위별로 판단해야 하기 때문이다. 요컨대 의료행위에 대한 동의능력과 행위능력은 판단기준이 다르고 상호 불가분의 관계도 아니라고 할 것이다.[55]

---

53) BGHZ 29, 179(33ff);. 이덕환, "의료행위에 대한 동의의 대리", 현대법학의 이론 : 우제 이명구 박사 화갑 기념 논문집 Ⅲ(1996), 46면; 이석배, "의료행위와 대리승낙", 의료법학 제15권 제1호(2014), 306~307면; 김천수, "의료행위에 대한 동의능력과 동의권자", 민사법학 제13·14호(1996), 234면; 김천수, "성년후견과 의료행위의 결정", 가족법연구 제21권 제1호(2007), 9면.

54) 渡辺幹典, "成年後見制度と醫療措置の代諾", 松山大學論集 第17券 第1號(2005), 395-440頁; 村田彰, "新しい成年後見制度下における意思能力", NBL No. 784(2004), 71-76頁; 김민중, "성년후견제도의 도입에 관한 논의에서 의료행위와 관련한 과제", 저스티스 제112호(2009), 212면.

55) 의료행위에 대한 동의능력 유무는 행위능력보다는 의사능력의 판단기준과 유사한 측면이 있다. 판례는 의사능력을 "자신의 행위의 의미나 결과를 정상적인 인식

2. 성년후견제도와 신상보호

가. 신상보호의 의의

인간답고 풍요로운 삶을 위해서는 재산뿐만 아니라 정신적, 신체적 건강 등 신상에 관한 복리도 매우 중요하다. 아직 우리나라에서는 '신상' 내지 '신상보호'의 개념이 법령이나 강학상 확립되지 않은 상태이나, 성년후견제도와 관련하여 입법자의 의도는 "신상"이란 열린 표현을 사용함으로써 후견인이 비(非)재산적, 비(非)법률행위 영역까지 후견의 대상을 확대할 수 있는 근거를 마련하고자 한 것으로 보인다.[56] 향후 학설과 판례에 의하여 신상의 개념을 정립해가야 하겠지만, 본고에서는 일응 재산관리의 대상과 대비되는 영역으로서 프라이버시와 자기결정권이 중요시되는 신체적, 정신적 복리에 관한 사항이라고 정의한다.[57]

개정 전 민법에서도 신상보호와 관련된 규정이 전혀 없었던 것은 아니다. 제947조에서 금치산자의 요양, 감호에 관하여 규정하고 있었는데, 위 규정이 금치산자의 신상보호 전반에 대하여 후견인의 직무를 인정할 근거가 될 수 있는지에 대해서는 해석상 논란이 있었다. 즉 제947

력과 예기력을 바탕으로 합리적으로 판단할 수 있는 정신적 능력 내지는 지능"이라고 정의하면서 "특히 어떤 법률행위가 그 일상적인 의미만을 이해하여서는 알기 어려운 특별한 법률적인 의미나 효과가 부여되어 있는 경우 의사능력이 인정되기 위하여는 그 행위의 일상적인 의미뿐만 아니라 법률적인 의미나 효과에 대하여도 이해할 수 있을 것을 요한다."라고 판시함으로써 의사능력의 유무는 특정 법률행위마다 개별적으로 판단해야 함을 밝히고 있다(대법원 2002. 10. 11. 선고 2001다10113 판결; 대법원 2009. 1. 15. 선고 2008다58367 판결). 대상판결이 연명의료중단과 관련하여 "의사결정능력"이라는 표현을 사용한 것도 위와 같은 맥락에서 이해할 수도 있다고 생각한다.

56) 법무부 보도자료, 「성년 연령 하향 및 성년후견제 도입을 위한 민법 일부 개정안 국무회의 통과」(2009. 12.), 3면 참조.

57) 구상엽, "개정민법상 성년후견제도에 대한 연구-입법 배경, 입법자의 의사 및 향후 과제를 중심으로-", 서울대학교 박사학위논문(2012), 87-88면. 신상에 관한 사항은 인간의 존엄과 가치, 자기결정과 밀접한 관련이 있으므로 인격권 내지 프라이버시권과도 연계될 수 있을 것이다. 인격권은 헌법 제10조, 제17조 등에 근거하고 있으며 아직 계속 형성 중인 권리로서 신상과 마찬가지로 그 실체를 명확하게 정의하기 어려운 상태이다[김재형, "언론의 사실보도로 인한 인격권 침해", 서울대학교 법학 제39권 제1호(1998), 189면 이하 참조].

조 제1항은 제2항과 관련된 후견인의 선관주의의무를 규정한 것으로서 감호의무는 제2항의 임무와 관련된 법률행위에 한정된다는 견해와 제947조 제1항을 적극적으로 해석하여 감호의무에 법률효과를 수반하지 않는 행위도 포함된다는 견해가 대립하고 있었다.[58] 결과적으로 기존의 후견제도는 주로 재산관리에 치중하는 형태로 운용되었다.[59]

개정민법에서는 피후견인의 복리를 보다 적극적으로 증진시킬 수 있도록 후견의 영역을 신상보호 전반으로 확대할 수 있는 근거를 마련하였다.[60] 먼저 제947조를 신상보호 일반에 관한 규정으로 확대하면서 본인의 복리와 의사존중을 성년후견인의 의무로 강조하였다. 또한 성년후견인의 신상보호 활동이 적합한 범위 내에서 원활히 이루어질 수 있도록 가정법원이 피성년후견인의 신상에 관하여 성년후견인이 결정할 수 있는 권한의 범위를 정할 수 있으며(제938조 제3항), 피성년후견인의 정신능력 변화 등 사정변경이 생긴 경우 위 권한 범위를 변경할 수 있도록 하였다(제938조 제4항). 나아가 성년후견의 신상보호에 관한 규정 대부분을 한정후견과 특정후견에도 준용함으로써 후견 전반에 걸쳐 신상보호의 근거를 마련하였다(제959조의4, 제959조의6, 제959조의12).

나. 신상보호의 범위

개정민법상 신상이 불확정개념인 만큼 신상보호의 범위도 확정하기 어렵다. 참고로 일본에서는 "개호, 생활유지, 시설의 입·퇴소 및 처우감

---

58) 홍춘의, "후견제도 개혁의 과제", 가족법연구 제16권 제2호(2002), 28–29면; 道垣内弘人, "身上監護, 本人の意思の尊重について", ジュリスト 1141號(2009. 9.), 33頁; 新井誠, 高齡社會の成年後見法(有斐閣, 1994), 149頁; 백승흠, "후견인의 요양·감호의무에 관한 고찰 —개정전 일본 민법의 해석론과 성년후견을 중심으로", 가족법연구 제18권 제2호(2004), 157면 참조.

59) 개정 전 민법 제947조는 (1968년 개정 전) 프랑스 민법 제510조의 영향을 받은 일본 민법 (舊)제858조에서 비롯된 것인데, 일본에서도 위 조문은 주로 재산관리에 관한 것으로 해석되었다고 한다(梅謙次郎, 民法要義券之四親族, 明法堂(1899), 452頁; 백승흠, "후견인의 요양감호의무에 관한 고찰-개정전 일본 민법의 해석론과 성년후견을 중심으로-", 가족법연구 제18권 제2호(2004), 156면].

60) 신상보호 규정의 입법 취지에 대해서는 법무부 보도자료, 「성년 연령 19세로 하향, 장애인·고령자를 위한 새로운 후견제 도입」(2011. 2.), 5면 참조.

시, 의료, 교육, 재활에 관한 사항" 등을 신상감호의 대표적 사례로 들고 있는데, 우리나라에서도 위 사항들이 신상보호의 대상에 해당할 가능성이 높다.[61] 그런데 일본에서는 "신상감호가 법률행위(당연 수반되는 사실행위 포함) 영역에 한정되기 때문에 식사보조나 개호보조 등과 같은 순수한 사실행위나 의료적 침습행위에 대한 결정이나 동의는 배제된다"는 것이 통설적 견해이다.[62] 이러한 해석은 법률행위와 비(非)법률행위[63]의 영역이 명확히 구분된다는 것을 전제로 하여 후견의 대상을 전자의 영역에 한정한 것으로 보인다. 그러나 위와 같은 제한적 해석은 이론적으로나 현실적으로 다소 의문이다. 기술한 바와 같이 침습적 의료행위에 대한 동의는 신체침해를 허용하는 의사의 표현으로서 그 자체로 일정한 법률효과의 발생을 목적으로 하는 것이 아니기 때문에 엄밀한 의미에서는 법률행위가 아니다.[64] 일본의 위 해석론에 따르면 침습적 의료행위에 대한

---

61) 小林昭彦 外 5人, **新成年後見制度の解說**(社團法人 金融財政事情研究會, 2003), 143頁 참조.

62) 김명중, "일본의 성년후견제도의 동향과 과제", **국제노동브리프** 제8권 제6호(2010), 69면; 백승흠, "후견인의 요양·감호의무에 관한 고찰–개정전 일본민법의 해석론과 성년후견을 중심으로–", 가족법연구 제18권 제2호(2004), 167면; 岡部 喜代子, "일본의 성년후견제도의 문제점", 한림법학 FORUM 제20권(2009), 200–201면; 日本 法務省 民事局 參事官室, "成年後見問題研究會報告書の槪要", **ジュリスト** 第1121號(1997), 87頁 이하; 日本 法務省 民事局 參事官室, "成年後見制度の見直しについて–成年後見問題研究會報告書の槪要", **ひろば** 第51券 第2號(1998), 4頁 이하; 能手歌織, "成年後見制における 「身上監護」の檢討", 立命館法政論集 第1號(2003), 298頁; 日本 法務省, 成年後見問題研究會, 〈http://www.moj.go.jp/MINJI/minji95.html〉; 小林昭彦 外 5人, **新成年後見制度の解說**(社團法人 金融財政事情研究會, 2003), 141-144頁 참조.

63) 일본에서는 "사실행위"라는 표현을 사용하고 있으나, 전통적인 법률요건·법률사실론상 '의식의 내용을 불문하고 행위 내지 행위의 결과에 법률이 일정한 효과를 부여하는 행위'를 의미하는 "사실행위"와 혼동될 수 있으므로, 본 논문에서는 '법률행위(일정한 법률효과의 발생을 목적으로 하는 하나 또는 수개의 의사표시)를 제외한 나머지 행위'를 나타내는 표현으로서 "비(非)법률행위"라는 용어를 사용하기로 한다[사실행위 내지 법률행위의 분류 및 개념에 대해서는 곽윤직/김재형, **민법총칙**, 박영사(2013), 246–250면 참조].

64) 다만, 현대 사회에서는 의료행위에 대한 동의가 대부분 의료계약을 통해 이루어지며 침습행위의 위법성을 조각시키는 법률효과를 수반하기도 하기 때문에 사실상 법률행위의 영역과 중첩되는 경우가 많을 것이다. 일본에서도 위와 같은 이유로 의료행위에 대한 승낙은 법률행위로 해석해도 무방하다는 견해가 있는 듯하다[新

동의가 의료계약을 통해 이루어질 때에는 의료계약에 수반되는 비법률행위로서 후견의 영역에 포함될 것이나,[65] 위 동의가 의료계약에 수반되지 않고 독립적으로 행해진다면 후견의 대상이 될 수 없게 된다. 그러나 본질적으로 차이가 없는 의료행위에 대한 동의를 단지 의료계약이 매개(媒介)되었는지 여부에 따라 달리 취급하는 것은 부당할 것이다.[66] 더욱이 의료행위에 대한 의사결정이 어려운 피후견인의 생명과 신체를 보호하기 위하여 불가피하게 제3자가 위 의사결정에 관여해야 할 경우가 빈번히 발생하기 때문에 후견인이 그러한 비상상황에 대처할 수 있도록 법적 근거를 마련할 현실적 필요성이 있다.[67] 따라서 신상보호는 침습적 의료행위를 비롯한 비법률행위의 영역까지 확대될 필요가 있다.[68]

井誠/赤沼康弘/大貫正男, **成年後見制度-法の理論と實務**, 有斐閣(2007), 13頁]. 하지만 엄밀한 의미에서 의료행위에 대한 동의는 법률행위가 아니며, 개정민법에서도 후견인이 피후견인을 대신하여 신상보호에 관한 결정을 하는 경우에 '대리'가 아닌 '동의'라는 표현을 쓰고 있다[서울시립대학교 산학협력단, **성년후견인제 도입에 따른 정신건강 관련 법제도 개선방안**, 보건복지부 연구용역(2013), 212면].

65) 현재 일본에서도 당해 의료계약에서 당연히 예상되는 경미한 신체적 침습에 대한 후견인의 동의권을 인정하는 견해가 있다[上山泰, **成年後見と身上配慮**, 筒井書房(2001), 91頁 이하 참조].

66) 오호철, "일본의 성년후견제도의 개선 논의에 대한 동향", **비교사법** 제13권 제4호(2006), 457면 참조.

67) 일본에서도 후견인이 피후견인의 의료적 침습에 대한 동의를 요구받는 경우가 빈번함에도 그 때마다 친족을 찾아 동의를 얻을 수 없어 문제가 심각하다는 비판이 제기되고 있으며, 성년후견인에게 의료행위에 대한 동의권을 인정해야 한다는 입법론 내지 해석론이 강력히 대두되고 있다[岡部 喜代子, "일본의 성년후견제도의 문제점", **한림법학 FORUM** 제20권(2009), 200면; 서울시립대학교 산학협력단, **성년후견인제 도입에 따른 정신건강 관련 법제도 개선방안**, 보건복지부 연구용역(2013), 117−178면; 四宮和夫/能見善久, **民法總則**, 弘文堂(2004), 65頁 이하; 上山泰, "身上監護をめぐる諸問題について", **ジュリスト** 第1211號(2001), 53頁; 日本辯護士聯合會, **成年後見制度に關する改善提言**(2005), 19頁 이하; 須永醇, "成年後見制度について", **法と精神醫療** 第17號(2003), 28頁 이하; 新井誠/赤沼康弘/大貫正男, **成年後見制度-法の理論と實務**, 有斐閣(2007), 13−14頁 참조].

68) 의료행위에 대한 동의를 준법률행위로 보더라도 의사의 통지나 관념의 통지와 같은 표현행위에 대해서는 의사표시에 관한 규정이 유추적용되므로 위 동의에 대한 대리도 가능하다는 견해도 있다[김나래, "연명치료중단에 대한 성년후견인의 동의권에 관한 연구", 숙명여자대학교 석사학위논문(2014), 26−27면]. 하지만 준법률행위에 대한 대리 허용은 부당하는 견해가 여전히 강력한바[김천수, "의료행위에 대한 동의능력과 동의권자", **민사법학** 제13·14호(1996), 247−248면], 위와 같은 유

물론 위와 같이 후견의 영역을 넓히는 것에 대한 사회적 공감대가 충분한 것인지, 부작용은 없는지에 대한 의구심이 들 수 있다. 또한 입법 기술상으로도 민법이 아닌 개별 법령들에 관련 규정을 두는 것이 효과적 이라는 주장도 있을 수 있다. 하지만, 현행 정신보건법 등에 존재하는 신 상보호에 관한 규정들이 본인의 인권보호 측면에서 타당한 것인지에 대 해서 많은 비판이 제기되어 왔다.[69] 따라서 기본법에 통일적인 기준을 마련한다는 차원에서 개정민법이 후견인에게 신상보호에 관한 폭넓은 근 거와 엄격한 기준을 마련한 것은 이론적으로나 현실적으로 합당하다고 생각한다.

다. 신상보호의 요건과 절차

신상에 관한 사항은 피후견인의 생명, 신체, 프라이버시와 밀접한 관련이 있기 때문에 후견인에 의한 신상보호가 남용될 경우 피후견인의 자기결정권을 본질적으로 훼손하는 등 회복될 수 없는 피해를 가져올 수 있다. 이러한 우려 때문에 개정민법은 성년후견인이 피성년후견인의 복 리에 부합하는 방법으로 사무를 처리해야 하며 피후견인의 의사를 존중 해야 한다는 기본 원칙을 천명하고 있다($\frac{제947}{조}$).

피후견인의 복리와 의사가 무엇을 뜻하는 것인지는 한 마디로 정의 하기 어렵다. 독일 민법에서는 성년후견인이 피후견인의 복리(Wohl)에 부합하도록 사무를 처리해야 하고, 피후견인의 복리에 반하지 않으면 그 의 소망(Wunsch)에 부응할 의무를 명시하고 있는데($\frac{제1901조}{제2항, 제3항}$), 여기서 복 리란 "사람이 하나의 인격체로서 누릴 수 있는 이익들, 즉 생명, 신체, 건강을 온전히 보존하고 자신의 인격을 발현, 발전시키며 신상과 재산을 관리함으로써 향유할 수 있는 이익들의 총체"를 의미하고, 소망은 "자연 적 의사(natürlicher Wille)"와 같은 개념이라고 설명하고 있다.[70] 위 설명

추적용설보다는 처음부터 비법률행위도 후견인의 신상보호 영역에 포함된다고 보 는 것이 훨씬 더 간명한 논리라고 생각한다.

69) 정신보건법의 문제점 및 개선방안에 대해서는 서울시립대학교 산학협력단, 성년 후견인제 도입에 따른 정신건강 관련 법제도 개선방안, 보건복지부 연구용역(2013) 참조.

에 따르면, 소망은 피후견인의 순수한 주관적 의사이기 때문에 객관적
가치 평가가 꼭 필요하지 않고 피후견인이 의사 표현만 제대로 할 수
있다면 이에 근거하여 소망의 본질을 파악할 수 있을 것이다. 그런데 복
리에 대해서는 여러 시각이 존재할 수 있다. 먼저 복리는 객관적으로 판
단되어야 하고, 그 결과 주관적인 소망과 개념상 충돌할 수밖에 없고 소
망의 우월적 지위란 공허한 명제에 불과하다는 견해가 있다.[71] 하지만
복리가 순수한 객관적 지표인지에 대해서는 의문이 있다. 먼저 복리의
정의에서 "인격의 발현과 발전"을 주요 요소로 하고 있는바, 피후견인의
자기결정권 내지 소망은 이미 복리와 별개의 것이 아니다. 나아가 독일
민법은 피후견인의 복리 추구 의무에 관한 바로 그 조문에서 "피후견인
이 자신의 소망에 따라 인생을 형성할 수 있도록 하는 것도 피후견인의
복리에 속하는 것"임을 명시하고 있다(제1901조 제2항). 따라서 복리란 일견(一見)
객관적인 것처럼 생각될 수도 있으나, 실은 그 근저(根底)에 피후견인의
소망 내지 자연적 의사가 엄연히 자리 잡고 있는 복합적인 개념이다. 과
거에는 피후견인의 소망과 복리가 대립되는 개념이고 전자보다는 후자가
우선하는 것으로 보는 시각이 많았고 그 대표적인 산물(産物)이 금치
산·한정치산제도였지만, 인간의 존엄과 자기결정권을 중시하는 현대적
후견제도에서는 피후견인의 소망과 복리가 별개가 아니며 소망이 결여된
복리야말로 공허한 것이라고 생각한다. 따라서 후견인은 직무를 수행하
는 매 순간마다 객관적인 이해득실만 따지기보다는 피후견인의 감정이나
가치관을 최대한 존중해야 할 것이다.[72] 피후견인의 의사를 존중하기 위

70) Schwab, *Münchener Kommentar* (1992), Rn. 4(§ 1901); *German Bundestag,*
Regierungsentwurf, Bundestags-Drucksache 11/4528, S. 67, 133; 최봉경, 독일의 성
년후견제도에 관한 연구, 법무부 연구용역(2009), 21-22면.
71) 최봉경, 독일의 성년후견제도에 관한 연구, 법무부 연구용역(2009), 21-22면.
72) 영국 정신능력법은 "① 본인의 의사결정능력은 추정되어야 하고, ② 본인에 의
한 의사결정을 끝기 있게 지원해야 하며, ③ 객관적으로 불합리하게 보이는 의사
결정이라도 본인의 진심인 한 무시해서는 안 되고, ④ 본인의 '최선의 이익(best
interest)'의 확보를 제도 전체의 궁극적이고 유일한 목적으로 해야 하며, ⑤ 본인
의 '의사결정능력' 상실 상태에서 본인을 대신하여 의사결정을 실시하는 데 있어서
는 본인의 자유를 제한하는 정도를 최소화해야 한다"는 것을 5대 기본 원칙으로

해서 가장 중요한 전제는 그의 의사를 제대로 확인하는 것이며 이를 위해서는 그에게 정확한 정보를 제공해야 한다. 프랑스 민법에서는 피보호자가 보호업무수행자로부터 적합한 방법을 통해 관련된 행위의 내용과 그 중요성, 효력 및 이를 거부할 경우 발생할 결과 등에 관한 모든 정보를 제공받는다고 명시하고 있는데(제457-1조),[73] 향후 우리 민법에도 피후견인의 의사와 복리를 충실히 실현할 수 있도록 유사한 규정을 두는 것이 바람직할 것이다.

개정민법은 후견인의 신상보호 행위가 남용되지 않도록 그 요건과 절차를 엄격히 규정하고 있는데, 먼저 피성년후견인이라도 신상에 관한 사항은 상태가 허락하는 한 단독으로 결정하는 것이 원칙임을 분명히 했다(제947조의2 제1항).[74] 다만, 신체를 침해하는 의료행위에 대하여 피후견인이 직접 동의할 수 없는 경우에는 성년후견인이 피후견인을 대신해서 동의를 할 수 있는 근거를 마련했다(제947조의2 제3항). 나아가 피후견인의 생명, 신체 등에 중대한 영향을 미치는 사항에 대해서 성년후견인이 대신 결정하려고 할 경우에는 엄격한 절차를 거치도록 하였다. 첫째로 성년후견인이 피성년후견인을 치료 등의 목적으로 정신병원이나 그 밖의 장소에 격리하려는 경우에는 반드시 가정법원의 허가를 받아야 한다(제947조의2 제2항). 이 경우에는 피후견인의 생명과 신체에 대한 응급조치와는 관련이 적기 때문에 반

삼고 있고(Mental Capacity Act, Part 1. The principles Section 1), 실무지침서에서는 정신능력이 부족한 피후견인이 장기간 상당한 비용을 들여 여행하길 원할 경우 객관적으로 볼 때 여행보다 치료를 계속받는 것이 더 현명한 결정일지라도 본인의 결정은 존중해야 한다는 예시를 들고 있다[Department for Constitutional Affairs (DCA), *Mental Capacity Act Code of Practice* (2005), 24-25; 菅富美技, "英國成年後見制度における身上監護", **實踐 成年後見** 23號(2007), 15頁 이하 참조]. 독일 법무부에서도 피후견인 자신의 관념을 후견인의 관념으로 바꾸어서는 안 되며, 예컨대 피후견인의 자산이 충분하다면 피후견인의 의사에 반하여 근검절약을 강요해서는 안 된다고 설명하고 있다[Bundesministerium der Justiz, *Betreuungsrecht* (2009), S. 13 참조].

73) 이하 프랑스 민법상 성년후견제도에 관한 내용은 명순구, **프랑스의 성년후견제도**, 법무부 연구용역(2009) 참조.

74) 프랑스 민법도 "피보호자의 상태가 허락하는 한 본인이 스스로 신상에 관한 결정을 한다"고 명시하고 있다(제459조 제1항).

드시 사전 허가만 허용하고 사후 허가는 불가능하다. 둘째로 성년후견인
이 피후견인을 대신하여 침습적 의료행위에 동의하려고 할 경우 당해 의
료행위의 직접적인 결과로 피후견인이 사망하거나 상당한 장애를 입을
위험이 있는 때에는 가정법원의 허가를 받아야 한다(제947조의2 제4항 본문). 다만, 허가
절차로 인하여 의료행위가 지체되어 피성년후견인의 생명에 위험을 초래
하거나 심신상의 중대한 장애를 초래할 때에는 사후에 허가를 청구할 수
있다(제947조의2 제4항 단서).

3. 연명의료중단과 성년후견제도의 활용가능성

대상결정과 대상판결 이후 개정된 민법의 변화상에 비추어볼 때 연
명의료중단에 있어서 후견제도의 활용 가치는 더욱 높아졌다고 생각한
다. 기술한 바와 같이 연명의료중단은 환자의 생명, 신체, 복리에 관한
것으로서 개정민법상 신상에 관한 사항에 속하며, 이에 대한 동의는 준
법률행위 내지 의사의 통지라고 할 수 있다. 개정민법은 후견인이 피후
견인의 재산관리뿐만 아니라 신상보호까지 도울 수 있는 명확한 근거를
마련하였고, 그 방법도 법률행위의 대리뿐만 아니라 의료행위의 동의까지
확장하였다(제947조 의2).[75]

문제는 위 규정이 적용되는 의료행위에 연명의료중단이 포함되는지
여부이다. 위 규정상 의료행위는 환자의 상태를 개선하기 위한 것만을
의미하고 연명의료중단은 포함되지 않는다는 견해가 유력하다.[76] 또한
유언이나 혼인 등 일신전속적 행위는 대리의 대상에 해당하지 않으므

---

75) 물론 신상에 관한 사항은 본인이 단독으로 결정함이 원칙이고, 후견인이 의료적
    침습행위에 대해서 피후견인 대신 동의할 수 있는 것은 피후견인이 직접 위 동의
    를 할 수 없는 경우에 국한됨은 기술한 바와 같다.
76) 이석배, "의료행위와 대리승낙", **의료법학** 제15권 제1호(2014), 325~326면; 최근
    영, "연명치료의 중단에 관한 연구-민사법적 쟁점을 중심으로-", 성균관대학교 석
    사학위논문(2012), 81면. 그밖에 피후견인의 생명권에 기초한 자기결정권의 대상이
    라는 이유로 후견인의 연명의료중단 동의를 부정하는 견해로는 장석천, "연명치료
    중단에 관한 의료행위에 있어서 성년후견인의 동의권", **법학연구** 제23권 제1호
    (2012. 6.), 220면 참조.

로[77] 일신전속적 성격을 갖는 연명의료중단도 신상보호의 대상에서 배제해야 한다는 주장도 제기될 수 있다.[78] 하지만 대리행위는 주로 재산법 내지 법률행위의 영역에서 문제되는 것으로서 대체로 비(非)전속적 성격을 가지는 반면, 신상보호는 주로 비(非)법률행위의 영역에서 문제되는 것으로서 대체로 일신전속적인 성격을 가지는 것이므로 양자는 처음부터 그 영역과 본질이 다를 수 있다.[79] 또한 개정민법은 이미 신상보호의 일신전속성을 선언하면서도 후견인의 관여를 허용하고 있으므로, 일신전속적 행위에 대리가 제한된다는 것을 더 이상 후견인의 신상보호 대상을 제한하는 논거로 삼기 어려울 것이다. 나아가 개정민법은 제947조의2에서 "신체를 침해하는 의료행위", "의료행위의 직접적인 결과로 사망하거나 상당한 장애를 입을 위험이 있을 때"라는 열린 표현을 사용하고 있는바, 문리해석상 연명의료중단도 이에 포함될 수 있다는 논리를 완전히 배척하기는 어려울 것이다. 개정민법과 유사한 내용을 담고 있는 독일 민법 제1904조의 적용 대상에 연명의료중단이 포함되는지 여부를 둘러싸고 독일에서도 학설과 판례의 대립이 있었지만,[80] 판례는 성년후견인이 의료적으로 요구되는 생명유지 또는 생명연장을 위한 치료를 거절하는 동의를 하기 위해서는 후견법원의 허가를 받아야 한다고 한다.[81] 또한 미국

---

77) 法典調査會, **民法議事速記錄 7**(社團法人 商事法務研究會, 1984), 52頁; 大判 明治 29·3·26(民錄 第2輯 第3券 108頁); 小林昭彦 外 5人, **新成年後見制度の解説**(社團法人 金融財政事情研究會, 2003), 97-98頁 참조. 프랑스 민법은 피보호자의 일신적인 동의가 필요한 행위는 후견인이나 부조인의 원조나 대리가 불가능함을 명시하고 있다(제458조 제1항).

78) 혼인 등에 대해서는 대리가 인정되지 않으므로 대리동의권자의 의사에 의한 존엄사 결정은 인정될 수 없다는 견해로는 이덕환, "의료행위에 대한 동의의 대리", **현대법학의 이론 : 우제 이명구 박사 화갑 기념 논문집 Ⅲ**(1996), 60면.

79) 프랑스 민법은 후견인이나 부조인의 원조나 대리가 불가능한 행위로서 자녀의 출생신고, 인지 등을 예시로 들고 있으나, 연명의료중단에 대해서는 명확히 밝히고 있지 않다(제458조 제2항).

80) Jürgens/Kröger/Marschner/Winterstein, *Betreuungsrecht kompakt* (2007), Rn. 202; 김형석, "민법개정안 해설", 성년후견제 도입을 위한 민법 개정안 공청회(법무부, 2009), 23면.

81) BGH FamRZ 2003, 748; 김민중, "성년후견제도의 도입에 관한 논의에서 의료행위와 관련한 과제", **저스티스** 제112호(2009), 223면. 동의능력이 없는 정신질환자의

에서도 의사능력이 없는 자에 대해서 후견인이 연명의료결정을 대신할 수 있다는 판례가 다수 있다.[82]

이상에 비추어 볼 대 대상판결의 별개의견은 연명의료중단과 후견제도에 관한 선구적 판단으로서 매우 중요한 가치를 가진다고 생각한다. 별개의견은 ① 환자의 사전의료지시가 없는 상태에서 회복불가능한 사망의 단계에 진입한 경우 심신미약상실의 상태에 있는 자로 보아 금치산을 선고할 수 있고, ② 후견인은 금치산자에 대한 진료행위의 중단 등 의료계약 내용의 변경을 요구할 수 있되, ③ 진료행위가 금치산자 본인의 생명과 직결되는 경우에는 후견인이 민법 제947조 제2항을 유추 적용하여 후견인은 법원의 허가를 받아야 하며, ④ 이에 관하여는 가사소송법, 가사소송규칙, 비송사건절차법 등의 규정에 따라 가사비송절차에 의하여 심리·판단을 받을 수 있다고 판시하고 있다. 이는 대상판결의 다수의견에 비해서 연명치료중단의 구체적인 실정법적 절차와 근거를 제시하고 있다는 점에서 매우 탁월한 견해라고 생각한다. 나아가 연명의료중단에 있어 환자와 병원측이 반드시 대립 관계에 있다고 볼 수 없고 변론주의와 처분권주의를 적용하는 것이 바람직하지 않을 수도 있는바, 연명의료중단사건을 가사비송절차에 따라 판단할 수 있도록 한 별개의견의 논리 역시 매우 타당하다.[83] 요컨대, 대상판결의 별개의견이 개정 전 민법상 금치산자의 감금치료에 관한 규정을 연명의료중단에 유추적용한 것에 비추어 볼 때, 의료행위에 관한 후견인의 신상보호 활동의 근거와 절차를 명시한 개정민법의 규정을 연명의료중단에 적용하는 것은 훨씬 더 자연스러

경우 법정대리인이 없으면 의사가 법원에 보호인의 임명을 신청해야 한다고 한다 [Kern/Laufs, *Die ärztliche Aufklärungspflicht* (1983), S. 28; 김천수, "의료행위에 대한 동의능력과 동의권자", **민사법학** 제13·14호(1996), 248-249면].

82) Quinlan, 70 NJ. 355 A. 2d 664 (1976); Cruzan v. Harmon, 760 S.W.2d 408, 411 (1989)[박영호, "미국에서의 소극적 안락사에 대한 사법적·입법적 논의", **인권과 정의** 제350호(2005. 10.), 130면; 박철, "연명치료 중단의 허용기준", **민사판례연구** 제32권(2010. 2.), 65면; 이덕환, "연명치료중지에 대한 의사결정의 대행-미국판례를 중심으로-", **의료법학** 제3권 제2호(2002), 204면 참조].

83) 연명의료중단은 비송사건으로 다루어야 한다는 견해로는 김재형, **민법론** Ⅳ, 박영사(2011), 546면.

운 일이라고 할 수 있다.[84]

위와 같은 해석론과 더불어 성년후견제도상 신상보호에 연명의료중단도 포함시킬 수 있는 논거는 바로 현실적인 필요성이다. '김할머니' 사건과 같이 연명의료중단은 환자 가족들의 경제적 부담에 의해서 요청되는 사례가 적지 않고, 이 경우 환자와 가족들의 이해(利害)가 상반될 가능성이 크다.[85] 또한 연명의료중단은 의료적 판단과 규범적 판단이 교차하는 영역이므로 의료인의 판단에만 의존하는 것도 바람직하지 않을 수 있다. 그럼에도 불구하고 환자의 생명을 가족들의 손이나 의료인의 판단에만 맡기는 것은 매우 위험하다. 정신보건법상 강제입원과 관련해서도 위와 같은 문제가 발생하고 있는데, 최근에는 독일과 같이 객관적 후견인이 강제입원 절차에 관여하여 법원의 허가를 받도록 하자는 주장이 제기되고 있다.[86] 신체의 자유와 관련된 강제입원에 대해서도 후견인과 법원의 개입을 심각히 논하는 마당에 생명과 관련된 연명의료중단을 현재와 같이 방치하는 것은 무책임한 일이라고 생각한다.[87] 물

---

84) 학계에서도 의료현장의 실정에 비추어볼 때 성년후견인이 피후견인의 의사와 복리를 고려하여 연명의료중단에 동의하거나 거부할 수 있도록 하는 것이 타당하다는 견해가 제기되고 있다[박호균, "성년후견과 의료 -개정 민법 제947조의2를 중심으로", 의료법학 제13권 제1호(2012), 143-144면; 서울시립대학교 산학협력단, 성년후견인제 도입에 따른 정신건강 관련 법제도 개선방안, 보건복지부 연구용역(2013), 237-238면].

85) 의식불명자의 가족이 의료현장에서 환자 대신 동의를 하는 것은 법적 근거가 약하며, 가족은 환자의 최선이익을 가장 잘 알 수 있는 입장에 있는 동시에 상속 등에 있어서 이해상반관계에 있다는 견해로는 이덕환, "의료행위에 대한 동의의 대리", 현대법학의 이론 : 우제 이명구 박사 화갑 기념 논문집 Ⅲ(1996), 57-58면.

86) 이재경, "의료분야에서 성년후견제도의 활용에 관한 연구", 성균관법학 제21권 제3호(2009). 정신보건법의 문제점 및 개선 방향에 대해서는 구상엽, "개정민법상 성년후견제도에 대한 연구-입법 배경, 입법자의 의사 및 향후 과제를 중심으로-", 서울대학교 박사학위논문(2012), 193-195면[독일의 시설수용조치에 대해서는 신권철, "노인 돌봄과 학대의 법적 쟁점과 과제-입원치료료와 시설입소를 중심으로-", 법무부/한국법학원 공동주최 제29회 인권옹호 심포지엄-고령화 사회와 노인 인권(2014), 59-60면 참조].

87) 더욱이 개정민법상으로도 강제입원이나 상당한 장애가 발생할 수 있는 의료행위에 대해서는 가정법원의 강력한 통제를 받도록 하고 있는데, 생명과 직접 관련된 연명의료중단에 대해서 법원의 통제를 부정하는 것은 '자체 모순'이라는 비판이 매우 통렬하다[이재경, "연명치료중단에 있어서 의사결정과정의 구체적 쟁점", 의생명

론 연명의료중단에 후견인과 법원이 개입하는 데 대한 현실적인 반론도 있을 수 있다. 연명의료중단은 지극히 사적인 영역이며 대부분의 선량한 가족들은 환자 본인의 이익을 위해서 의사결정을 할 것이므로 후견인의 개입이 불필요하고, 전문적 의료지식이 필요하고 사회적으로 민감한 연명의료중단까지 법원의 판단을 통해서 해결하는 것은 비합리적이며, 무엇보다 연명의료중단에 드는 시간과 비용을 증가시킬 것이라는 비판이 예상된다. 하지만 개정민법상 후견인의 법정순위가 폐지되었다고 하더라도 외국의 사례에 비추어 볼 때 여전히 선량한 가족이 후견인으로 선임되는 경우가 대부분일 것이고, 제3자가 후견인으로 선임되는 경우는 피후견인의 친지 중에 적합한 사람을 찾기 어려운 경우에 국한될 것이다. 결국 연명의료중단과 성년후견제도를 연계시키고자 하는 핵심은 법원에 의한 사법적 검증 절차에 있다고 할 수 있다. 비록 연명의료중단이 매우 전문적이고 민감한 문제이기는 하나 분쟁에 대한 최종적인 판단 권한과 책임이 사법부에 있다는 사실은 부정할 수 없을 것이다. 그러므로 법원은 분쟁에 대한 사법적 판단을 회피할 수 없고, 사회의 법률문화와 구체적 사안에 따라 법원의 판단이 궁극적으로는 가장 효과적인 분쟁 해결 방법이 될 수도 있다. 결국 현실적인 비판 중 가장 심각한 것은 시간과 비용의 증가일 것이다. 연명의료중단과 관련된 분쟁에 후견인과 법원이 관여하도록 함으로써 환자 본인과 가족들의 불편이 커질 수 있다는 것은 부인하기 어렵다. 하지만 모든 사회적으로 민감한 문제에서와 마찬가지로 법률가는 당위성과 효율성 사이에서 최적점(optimum)을 찾아야 한다. 현실을 외면해서는 안 되지만, 부당한 현실에 굴복해서도 안 될 것이다. 요컨대 연명의료중단은 효율성보다는 당위성이 중요한 영역이라고 믿는다. 나아가 개정민법은 간소한 절차를 거쳐서 별도의 후견인 선임 없이도 특정 사안에 대해서 필요한 조치를 할 수 있는 특정후견제도를 신설하였기 때문에 특정후견을 적절히 활용

과학과 법 제9권(2013. 6.), 80면 참조].

한다면 위와 같은 절차적 부담을 상당히 완화시킬 수 있을 것으로 기대한다.[88]

V. 맺으며

고령화사회에 따른 연명의료 대상자 증가, 국내외 입법 동향 등에 비추어 볼 때 연명의료중단에 대한 논의는 더 이상 가부(可否)에만 머물러서는 안 될 것이다. 이제는 연명의료중단의 범위를 획정(劃定)해 가는 한편, 적법하면서도 합리적인 연명의료중단 절차를 마련하는 데까지 고민을 확장해야 될 때이다.

대상결정과 대상판결은 연명의료중단에 대한 헌법적 근거를 명시하고 그 허용 대상과 요건을 제시했다는 점에서 큰 의미를 가진다. 대상판결의 다수의견은 이른바 '본인의 추정적 의사'에 대한 입증으로 이를 해결하고 있다. 그러나 반대의견에서 지적한 바와 같이 추정적 의사란 환자의 진의(眞意)가 객관적으로 추단될 수 있는 경우에만 긍정될 수 있는데, 본건 소송은 전적으로 김할머니의 가족에 의해서 이루어졌고 추정적 의사의 판단 근거도 가족들의 전문(傳聞) 진술과 주관적 의견에 의존하고 있는 점에 비추어 볼 때 다수의견이 말하는 추정적 의사는 이른바 '가정적 의사'에 불과하다는 비판을 피하기 어려울 것이다. 별개의견은 연명의료중단의 구체적인 절차와 근거를 실정법(민법)과 연계하여 제시하고 있다는 점에서 새로운 성년후견제도와 관련하여 더욱 빛을 발하는 견해라고 생각한다. 하지만 대상결정과 대상판결은 연명의료중단시 의사결정능

---

88) 학계에서도 의식불명의 환자에 대해 제3자 동의에 의한 연명의료중단의 필요성을 인정한다면 후견인에게 동의권을 인정하는 것이 가장 합당하다거나, 후견 전반을 규율하고 있는 성년후견제도에 연명의료중단 관련 규정을 두는 것이 바람직하다는 견해가 제기되고 있다(이재경, "의료분야에서 성년후견제도의 활용에 관한 연구", **성균관법학** 제21권 제3호(2009), 276면; 이은영, "연명치료 중단의 입법화 방안에 관한 연구―성년후견제도의 도입과 관련하여―", **의료법학** 제10권 제2호(2009), 235면 참조. 특정후견의 범위에 신상보호도 포함될 수 있는 근거에 대해서는 구상엽, "개정민법상 성년후견제도에 대한 연구―입법 배경, 입법자의 의사 및 향후 과제를 중심으로―", 서울대학교 박사학위논문(2012), 134-135면 참조.

력이 현존하거나 애초부터 의사결정능력이 없었던 환자에 대해서는 다루고 있지 않고, 대상판결의 별개의견을 제외하고는 후견인 등 제3자에 의한 연명의료중단, 법원의 허가 등을 통한 사전통제 절차 등에 대해서 침묵하고 있다. 따라서 대상판결은 연명의료중단에 대한 하나의 마침표라기보다는 새로운 논의를 위한 하나의 출발점으로서의 의미가 더 크다고 하겠다.

대상결정과 대상판결이 연명의료중단의 제도화는 입법자의 재량이라고 선언함에 따라 학계에서는 관련 입법을 서둘러야 한다는 견해가 많아지고 있다. 법적 안정성을 위해서 입법이 필요하다는 데에는 공감하지만 성급한 입법에는 찬성하기 어렵다. 외국에서도 연명의료중단과 관련된 입법은 수많은 논란과 판례의 축적을 거친 후에야 이루어진 점에 비추어 볼 때 아직은 열린 마음으로 숙의(熟議)에 매진해야 할 단계가 아닌가 싶다. 기술한 바와 같이 대상결정과 대상판결은 연명의료중단이 문제될 수 있는 상황 중 극히 일부에 대해서만 판시하고 있을 뿐이며, 영·유아나 선천적 의사무능력자와 같이 애초부터 의사결정능력이 없었던 상황에 대해서는 명확히 밝히지 있지 않다. 이러한 상황에서 연명의료중단이라는 민감하고 거대한 담론(談論)을 단기간 내에 법률이라는 그릇에 온전히 담아낼 수 있을지 의문이다. 또한 연명의료중단을 제도화하기 위해서는 공공의료보험과 호스피스시스템의 보완이 필수적인데, 우리나라에 이러한 인프라가 충분히 갖추어져 있는지도 걱정이다.

가족들에 의해서 연명의료중단 사건의 원고 아닌 원고가 된 김할머니는 대상판결에 의하여 산소호흡기가 제거될 때 눈물을 흘렸다고 한다. 과연 그 눈물은 감사와 안식의 발로(發露)였을까 아니면 원망과 통탄의 소리 없는 포효(咆哮)였을까. 더욱이 김할머니는 호흡기 제거 직후 사망에 이를 것이라는 전문의의 의견이나 법원의 사실 인정과는 달리 무려 6개월 이상 자발 호흡으로 생존하다가 생을 마감했다고 한다. 위 두 가지 사실만 고려하더라도 연명의료중단에 대한 판단에 보다 신중해지지 않을 수 없다.

[Abstract]

The new adult guardianship system and its implication for withdrawing life sustaining treatment

Koo, Sang Yeop*

With the dawn of the "welfare state" and an "aging society", the para-
digm for welfare has changed and the welfare of "death" has become as
important as that of "life". As such, withdrawing of life sustaining treatment
is an urgent issue that needs to be addressed in an aging society.

Recently, the Constitutional Court and the Supreme Court held in favor
of withdrawing life sustaining treatment within narrow limits, and the related
bills were submitted to the National Assembly. Therefore, it is time to cau-
tiously discuss the process by which withdrawal of life sustaining treatment
may be implemented, especially when the patient has not given advance
directives.

With the revision of the Civil Code in March 2011, the new guardian-
ship system called "the adult guardianship system" was introduced. The
adult guardianship system refers to a legal assistance program whereby an
adult guardian assists in the decision-making of, or in looking after the
rights and interests of, another adult who is not mentally capable of taking
care of his/her personal affairs or property. This guardianship system could
provide a new angle to the issue of withdrawing life sustaining treatment,
because it was introduced to improve the welfare of the elderly in an aging
society and to further protect personal affairs under the supervision of the
court.

---

* Public prosecutor(Seoul Central District Prosecutors' Office), Seoul National University
  visiting professor(criminal prosecution clinic, contract law), Ph.D.(civil law).

This study focuses on analysing the precedents of the Constitutional Court and the Supreme Court and presents the implications the new adult guardianship system may have on the issue of withdrawing life sustaining treatment. However, we can never be overly cautious with legislation for withdrawal of life sustaining treatment as the value of every human life is one of the first priorities of the Constitution.

[Key word]

- withdrawal of life sustaining treatment (death with dignity, euthanasia)
- adult guardianship
- protection of personal affairs

참고문헌

[국내문헌]

곽윤직/김재형, 민법총칙, 박영사(2005).

권영성, 헌박학원론, 법문사(2010).

김재형, 민법론 Ⅳ, 박영사(2011).

김철수, 헌법학신론, 박영사(2013).

성낙인, 헌법학, 법문사(2014).

정종섭, 헌법학원론, 박영사(2014).

허 영, 한국헌법론, 박영사(2013).

경제정의실천시민연합, 존엄사법 제정에 관한 청원(2009).

국회 보건복지가족위원회, 신상진 의원 대표발의 존엄사법안 검토보고(2009).

명순구, 프랑스의 성년후견제도, 법무부 연구용역(2009).

서울시립대학교 산학협력단, 성년후견인제 도입에 따른 정신건강 관련 법제도 개선
방안, 보건복지부 연구용역(2013).

연세대학교 의료법윤리학연구원, 연명의료 환자결정권 제도화 관련 인프라 구축 방안,
보건복지부 연구용역(2013).

최봉경, 독일의 성년후견제도에 관한 연구, 법무부 연구용역(2009).

한국기독교생명윤리협회, 존엄사법안에 대한 의견 제시(2009).

고봉진, "연명치료중단의 정당화 입법-국가의 보호의무와 연명치료중단-",
한국의료법학회지 제21권 제2호(2013).

고준기/조현/이강호, "연명의료결정법안에 관한 문제점 및 개선방안", 강원법학
제43권(2014. 10.).

김명중, "일본의 성년후견제도의 동향과 과제", **국제노동브리프** 제8권 제6호
(2010).

김민중, "성년후견제도의 도입에 관한 논의에서 의료행위와 관련한 과제", 저스
티스 제112호(2009).

김성규, "연명치료중단의 허용성과 법제화에 대한 고찰", 형사정책 제26권 제1호

(2014. 4.).

김재형, "언론의 사실보도로 인한 인격권 침해", 서울대학교 법학 제39권 제1호 (1998).

김정중, "입법부작위 위헌확인–'연명치료 중단 등에 관한 법률'의 입법부작위 헌법소원 사건–", 헌법재판소 결정해설집 제8집(2009).

김천수, "의료행위에 대한 동의능력과 동의권자", 민사법학 제13·14호(1996).

＿＿＿, "안락사 내지 치료중단과 불법행위책임", 의료법학 제6권 제1호(2005).

＿＿＿, "성년후견과 의료행위의 결정", 가족법연구 제21권 제1호(2007).

김필수, "연명 중단의 고려 시점에 대한 분석", 법학논총 제30집 제2호(2013).

김학성, "생명을 둘러싼 헌법적 문제 (상)–특히 생명권의 주체와 시기를 중심 으로–", 강원법학 제43권(2014. 10.).

노동일, "헌법상 연명치료중단에 관한 자기결정권의 행사방법과 그 규범적 평가", 경희법학 제46권 제4호(2011).

노태헌, "연명치료 중단의 허용요건", 사법 제9호(2009).

＿＿＿, "연명치료 중단의 허부 및", 정의로운 사법 : 이용훈대법원장재임기념 (2011).

박영호, "미국에서의 소극적 안락사에 대한 사법적·입법적 논의", 인권과 정의 제350호(2005. 10.).

박 철, "연명치료 중단의 허용기준", 민사판례연구 제32권(2010. 2.).

박호균, "성년후견과 의료–개정 민법 제947조의2를 중심으로–", 의료법학 제13권 제1호(2012).

백승흠, "후견인의 요양·감호의무에 관한 고찰–개정전 일본 민법의 해석론과 성년후견을 중심으로–", 가족법연구 제18권 제2호(2004).

신권철, "노인 돌봄과 학대의 법적 쟁점과 과제–입원치료와 시설입소를 중심 으로–", 법무부/한국법학원 공동주최 제29회 인권옹호 심포지엄–고령화 사회와 노인 인권(2014).

신성식, "연명치료중단에 대한 사회적 시각", 한국의료법학회 2007년 춘계학술대회 연세대학교 보건대학원 30주년 기념행사 자료집(2007).

엄주희, "생명권의 헌법적 근거와 연명치료중단에서의 생명권의 보호범위", 헌법학연구 제19권 제4호(2013. 12.).

오호철, "일본의 성년후견제도의 개선 논의에 대한 동향", 비교사법 제13권 제4호 (2006).

윤진수, "이용훈 대법원의 민법판례", 정의로운 사법 : 이용훈대법원장재임기념 (2011).

이덕환, "의료행위에 대한 동의의 대리", 현대법학의 이론 : 우제 이명구 박사 화갑 기념 논문집 Ⅲ(1996).

_____, "연명치료중지에 대한 의사결정의 대행–미국판례를 중심으로–", 의료 법학 제3권 제2호(2002).

이석배, "형법상 절대적 생명보호원칙", 심온 김일수교수 화갑기념논문집(2006).

_____, "결정무능력환자와 자기결정권", 한국의료법학회지 제18권 제1호(2010).

_____, "의료행위와 대리승낙", 의료법학 제15권 제1호(2014).

이은영, "연명치료 중단의 입법화 방안에 관한 연구–성년후견제도의 도입과 관련하여–", 의료법학 제10권 제2호(2009).

이재경, "의료분야에서 성년후견제도의 활용에 관한 연구", 성균관법학 제21권 제3호(2009).

_____, "연명치료중단에 있어서 의사결정과정의 구체적 쟁점", 의생명과학과 법 제9권(2013. 6.).

이준일, "대법원의 존엄사 인정(大判 2009다17417)과 인간의 존엄 및 생명권", 고시계(2009. 7.).

이효진, "연명치료중단에 관한 법정대리인 제도의 적용–환자의 헌법적 기본 권과 보호자의 대리권을 중심으로–", 한국의료법학회지 제22권 제1호 (2014).

장석천, "연명치료 중단에 관한 의료행위에 있어서 성년후견인의 동의권", 법 학연구 제23권 제1호(2012. 6.).

조민석/문하영, "연명시술의 중단에 관한 법적 연구–존엄사를 중심으로–", 전 북대학교 법학연구소 법학연구 제41집(2014. 5.).

주호노, "존엄사의 법제화에 관한 최근동향", 한국의료법학회지 제21권 제2호 (2013).

허순철, "헌법상 치료거부권–의사무능력자를 중심으로–", 법과 정책연구 제11집 제2호(2011. 6.).

홍춘의, "후견제도 개혁의 과제", 가족법연구 제16권 제2호(2002).

岡部 喜代子, "일본의 성년후견제도의 문제점", 한림법학 FORUM 제20권(2009).

구상엽, "개정민법상 성년후견제도에 대한 연구–입법 배경, 입법자의 의사 및 향후 과제를 중심으로-", 서울대학교 박사학위논문(2012).

김나래, "연명치료중단에 대한 성년후견인의 동의권에 관한 연구", 숙명여자
　　대학교 석사학위논문(2014).

최근영, "연명치료의 중단에 관한 연구-민사법적 쟁점을 중심으로-", 성균관
　　대학교 석사학위논문(2012).

헌재 1996. 11. 28. 95헌바1 결정
헌재 2008. 7. 31. 2004헌바81 결정
대법원 2002. 10. 11. 선고 2001다10113 판결
대법원 2004. 6. 24. 선고 2002도995 판결
대법원 2005. 8. 19. 선고 2005도4102 판결
대법원 2009. 1. 15. 선고 2008다58367 판결
대법원 2009. 5. 21. 선고 2009다17417 판결
서울서부지법 2008. 11. 28. 선고 2008가합6977 판결

법무부 보도자료, 「성년 연령 하향 및 성년후견제 도입을 위한 민법 일부 개
　　정안 국무회의 통과」(2009. 12.).

법무부 보도자료, 「성년 연령 19세로 하향, 장애인·고령자를 위한 새로운 후
　　견제 도입」(2011. 2.).

보건복지부 보도자료, 「대통령소속 국가생명윤리심의위원회, 국민 의견을 듣
　　다」(2012. 9.).

통계청, 「사망원인통계 : 사망원인(103항목)/성/연령(5세)별 사망자수, 사망률」
　　(2014. 9.).

　　http://kosis.kr/statHtml/statHtml.do?orgId=101&tblId=DT_1B34E09&vw_c
　　d=&list_id=&scrId=&seqNo=&lang_mode=ko&obj_var_id=&itm_id=&conn
　　_path=K1&path=

[외국문헌]

Bundesministerium der Justiz, *Betreuungsrecht* (2009).

German Bundestag, *Regierungsentwurf, Bundestags-Drucksache* 11/4528.

Jürgens/Krüger/Marschner/Winterstein, *Betreuungsrecht kompakt* (2007).

Kern/Laufs, *Die ärztliche Aufklärungspflicht* (1983).

Schwab, *Münchener Kommentar* (1992).

BGHZ 29, 179(33ff).

BGH FamRZ 2003, 748.

Department for Constitutional Affairs (DCA), *Mental Capacity Act　Code of Practice* (2005).

Roe v. Wade, 410 U.S. 113 (1973).

Quinlan, 70 NJ. 355 A. 2d 664 (1976).

Satz v. Perlmtter, 362 So.2d 160. 162 (1978).

Cruzan v. Harmon, 760 S.W.2d 408, 411 (1989).

Planned Parenthood of Se. Pa. v. Casey, 505 U.S. 833 (1992).

Lawrence v. Texas, 539 U.S. 558 (2003).

法典調査會, **民法議事速記錄** 7, 社團法人 商事法務研究會(1984).

日本 法務省 民事局 參事官室, "成年後見問題研究會報告書の槪要", ジュリスト 第1121號(1997).

日本 法務省 民事局 參事官室, "成年後見制度の見直しについて−成年後見問題研究會報告書の槪要", **ひるば** 第51券 第2號(1998).

日本 法務省, 成年後見問題研究會, 〈http://www.moj.go.jp/MINJI/minji95.html〉

日本辯護士聯合會, **成年後見制度に關する改善提言**(2005).

梅謙次郎, **民法要義券之四親族**, 明法堂(1899).

上山泰, **成年後見と身上配慮**, 苘井書房(2001).

小林昭彦 外 5人, **新成年後見制度の解說**, 社團法人 金融財政事情研究會(2003).

新井誠, **高齡社會の成年後見法**, 有斐閣(1994).

新井誠/赤沼康弘/大貫正男, **成年後見制度−法の理論と實務**, 有斐閣(2007).

菅富美技, "英國成年後見制度における身上監護", **實踐 成年後見** 23號(2007).

能手歌織, "成年後見制における 「身上監護」の檢討", **立命館法政論集** 第1號(2003).

渡辺幹典, "成年後見制度と醫療措置の代諾", **松山大學論集** 第17券 第1號(2005).

道内弘人, "身上監護, 本人の意思の尊重について", ジュリスト 1141號(2009. 9.).

上山泰, "身上監護をめぐる諸問題についで", ジュリスト 第1211號(2001).

須永醇, "成年後見制度について", **法と精神醫療** 第17號(2003).

村田彰, "新しい成年後見制度下における意思能力", NBL No. 784(2004).

大判 明治 29·3·26(民錄 第2輯 第3券 108頁).

訴訟上 相計의 再抗辯 可否 및 共同住宅 瑕疵關係責任들 相互間의 관계

박 동 규*

■요 지■

대상판결은 '피고의 소송상 상계항변에 대한 원고의 소송상 상계의 재항변은 허용될 수 없고, 아파트 입주자대표회의가 구분소유자로부터 집합건물법상 하자보수에 갈음한 손해배상채권을 양수받은 후 분양자(도급인)을 대위하여 수급인을 상대로 하자보수에 갈음한 손해배상을 구함과 동시에 하자보수보증회사를 상대로 하자보수보증금의 지급을 구한 경우, 수급인이 분양자(도급인)에 대한 채권을 자동채권으로 하여 상계를 하더라도 하자보수보증회사의 하자보수보증금지급책임은 감액되지 않는다.'고 판시하였다.

먼저 소송상 상계의 실체법상 효과발생시기에 대하여 보면, 원고의 소송상 상계의 재항변이 제출되거나 법원이 심리를 하는 단계에서는 피고의 상계항변에 제공된 자동채권이 이미 소멸한 상태이고, 원고의 상계 재항변은 실체법상 상계의 요건을 충족하지 못한다. 또한 소송상 상계의 재항변을 허용하면 피고의 상계충당에 관한 권한을 침해하는 등의 문제가 발생하는 반면, 원고로서는 별소 제기 등 다른 구제수단이 있으므로 소송상 상계의 재항변을 허용할 필요성도 크지 않다.

집합건물법상 하자보수에 갈음한 손해배상책임과 보증보험회사 등의 하자보수보증금지급책임은 서로 별개의 책임이나, 하자가 겹치는 범위 내에서는 동일한 하자보수를 위하여 인정되므로, 한 책임이 현실로 지급되어 만족을 얻으면 다른 책임도 소멸한다. 민법상 수급인의 하자보수를 갈음한 손해

---

* 서울중앙지방법원 판사.

배상책임과 보증보험회사 등의 하자보수보증금지급책임 역시 그 청구권자 등이 달라 서로 별개의 책임이나, 대상판결 사안과 같이 입주자대표회의가 양 책임을 동시에 구하는 경우, 이 역시 하자가 겹치는 범위 내에서는 한 책임이 현실로 지급되어 하자보수의 목적을 달성하면 다른 책임도 소멸한다. 그렇다고 해도 이들 책임이 서로 부진정연대채무 관계는 아니며, 다수 당사자들 사이의 중첩되는 채무관계 중 한 유형으로 이해된다. 구분소유자의 보호 및 하자보수보증제도의 취지 등에 비추어, 집합건물법상 하자보수에 갈음한 손해배상책임 또는 대상판결 사안과 같이 수급인의 하자보수에 갈음한 손해배상책임이 상계로 소멸하더라도, 하자보수보증금지급책임이 소멸한다고 볼 수는 없다.

대상판결은 구체적인 사안에서 공동주택 하자관계책임들 사이의 중첩되는 채무관계가 발현되고 조정되는 모습에 관하여 판시하였는데, 향후 심도 있는 논의가 이어지길 기대한다.

[주제어]
- 소송상 상계
- 재항변
- 하자보수에 갈음한 손해배상채무
- 하자보수보증금
- 중첩되는 채무관계

[투고일자] 2015. 12. 2.
[심사일자] 2015. 12. 15.
[게재확정일자] 2015. 12. 30.

對象判決 : 대법원 2015. 3. 20. 선고 2012다107662 판결[공2015상, 595]

1. 사안의 개요

○ 원고는 이 사건 아파트의 입주자대표회의이다. 1심 공동피고 A회사 (이하 'A회사'라고만 한다)는 이 사건 아파트 시행사로서 분양자인데, 2003. 3. 25.경 시공사인 피고 甲과 사이에 위 아파트 공사도급계약을 체결하였다.

○ 피고 甲은 2005. 10. 31. 보증보험회사인 피고 乙과 사이에 아파트 하자보수보증계약을 체결하고 하자보수보증서를 발급받았다.

○ 피고 甲은 아파트를 신축함에 있어 설계도면에 따라 시공하여야 할 부분을 시공하지 않거나 부실시공 또는 설계도면과 다르게 변경하여 시공함으로써 공용부분과 전유부분에 기능상, 미관상 또는 안전상 지장을 초래하는 하자가 발생하였다. 원고가 2006년경부터 피고 甲에게 하자보수를 요구하여 피고 甲은 일부 보수공사를 실시하였으나 그 보수의무를 제대로 이행하지 않아, 여전히 하자가 존재하였다.

○ 원고는 2009. 4.경부터 이 사건 아파트의 총 309세대 중 290여 세대로부터 하자보수에 갈음한 손해배상채권을 각 양도받고, 채권양도의 통지권한도 각 위임받아 그 무렵 피고 甲에게 이를 통지하였다.

○ 한편 A회사는 2008. 4.경 폐업하였고 현재 무자력 상태이며, 피고 甲에 대하여 하자보수에 갈음한 손해배상채권을 행사하지 않고 있다. 그리고 피고 甲은 그 공사를 완료하였음에도 A회사로부터 공사잔대금 214,313,428원을 지급받지 못한 상태이다.

○ 이에 원고는 A회사 및 (A회사를 대위하여) 피고 甲을 상대로 '각자' 하자보수에 갈음한 손해배상금의 지급을, 피고 乙을 상대로는 'A회사 및 피고 甲과 각자' 하자보수보증금의 지급을 구하는 소를 제기하였다.

2. 1심의 판단(서울중앙지방법원 2011. 10. 26. 선고 2009가합37775 판결) : 원고일부승

가. A회사에 대한 청구

A회사는 이 사건 아파트를 건축하여 분양한 사업주체로서 집합건물의 소유 및 관리에 관한 법률(이하 '집합건물법'이라 한다) 제9조, 민법 제667조 내지 제671조에 따라 구분소유자들로부터 하자보수에 갈음한 손해배상채권을

양도받은 원고에게 그 손해를 배상할 책임이 있다고 보았다(자백간주 판결).[1]

　　나. 피고 甲에 대한 청구

　　(1) 피고 甲은 수급인으로서 도급인인 A회사를 대위하여 구하는 원고에게 이 사건 아파트의 하자보수에 갈음하는 손해를 배상할 책임이 있다고 보았다.[2]

　　(2) A회사가 피고 甲에 대하여 가지는 손해배상채권 중 사용검사 전에 발생한 하자에 대한 부분은, 공사도급계약이 상사계약이어서 그 불이행으로 인한 손해배상채권은 5년의 상사 소멸시효기간이 적용되는데, A회사는 사용검사 전에 발생한 하자에 대하여 사용검사일인 2005. 11. 1.로부터 손해배상채권을 행사할 수 있었음에도 그로부터 5년이 경과할 때까지 이를 행사하지 않았으므로, 소멸시효 완성으로 소멸하였다고 보았다.

　　(3) 피고 甲은, 위 피고의 A회사에 대한 미지급 공사대금채권을 자동채권으로 하여 A회사의 위 피고에 대한 하자보수에 갈음한 손해배상채권을 대등액에서 상계한다고 항변하였고, 위 항변이 받아들여졌다.

　　다. 피고 乙에 대한 청구

　　피고 乙은 이 사건 하자보수보증계약에 따라 보증채권자인 원고에게 아파트 사용검사 이후 각 보증기간 내에 발생한 하자에 대하여 각 보증금액의 범위 내에서 하자보수에 갈음한 손해액에 상당한 하자보수보증금을 지급할 의무가 있다고 보았다.[3]

3. 원심의 판단 (서울고등법원 2012. 10. 17. 선고 2011나97029 판결) : 원고일부승

　　가. 피고 甲에 대한 청구

　　1심 판단과 같다. 다만 피고 甲의 상계항변에 대하여, 원고는, '사용검사일인 2005. 11. 1.을 기준으로 피고 甲의 공사대금채권은 A회사의 사용검사 전 하자의 보수에 갈음한 손해배상채권과 상계적상에 있었다고 할 것인데,

---

1) 다만 그 손해액은 공평의 원칙 또는 신의성실의 원칙에 따라 원고가 청구하는 금액의 80%로 제한하였다.
2) 역시 그 손해액은 공평의 원칙 또는 신의성실의 원칙에 따라 80%로 제한하였다.
3) 앞서 본 바와 같이 피고 甲의 원고에 대한 손해배상액을 80%로 제한한 점 및 위 하자보수보증계약은 성질상 보증계약의 성질을 가지는 점을 고려하여, 피고 乙의 하자보수보증금지급책임 역시 각 보증기간별 손해액의 80%로 제한하였다.

피고 甲의 공사잔대금 채권은 사용검사 전 하자보수비와 대등액에서 먼저 상
계한 후[4] 나머지 공사잔대금 채권을 공용부분 1년차 하자보수비와 대등액에
서 상계한다'고 재항변하였다. 그러나 법원은 '원고가 상계하고자 하는 수동
채권인 피고 甲의 공사잔대금 채권은 그보다 앞선 피고 甲의 이와 동일한
채권을 자동채권으로 한 상계주장에 의하여 이미 소멸되어서 이를 수동채권
으로 하는 원고의 상계주장은 받아들일 수 없다.'고 하였다.

나. 피고 乙에 대한 청구

1심 판단과 같다. 다만 피고 乙은, '위 피고의 하자보수보증금채무는 피
고 甲의 원고에 대한 하자보수에 갈음한 손해배상채무를 보증하는 것인데,
피고 甲이 A회사에 대한 공사잔대금 채권을 자동채권으로 한 상계로써 원고
에 대한 하자보수에 갈음한 손해배상채무 중 일부를 소멸시켰는바, 위와 같
이 상계로 소멸된 금액 상당은 피고 乙의 원고에 대한 하자보수보증금채무에
서 공제되어야 한다.'고 주장하였고, 이에 대하여 원심은 다음과 같이 판단하
였다.

즉, '집합건물법에 의한 구분소유자의 손해배상청구권과 주택법령에 의한
입주자대표회의의 하자보수이행청구권 및 보증금지급청구권은 그 인정 근거
와 권리관계의 당사자 및 책임내용 등이 서로 다른 별개의 권리이나, 사업주
체의 하자보수에 갈음한 손해배상책임과 보증회사의 하자보수보증금지급책임
은 그 대상인 하자가 일부 겹치는 것이고 그렇게 겹치는 범위 내에서는 결
과적으로 동일한 하자의 보수를 위하여 존재하는 것이므로, 그 중 어느 한
권리가 행사되어 하자보수에 갈음한 보수비용 상당이 지급되면 그 금원이 지
급된 하자와 관련된 한도 내에서 다른 권리도 소멸하는 관계에 있다[대법원
2012. 9. 13. 선고 2009다23160 판결 참조]. 다만 이 판결은 구분소유자들의
사업주체에 대한 손해배상청구와 입주자대표회의의 보증회사에 대한 하자보
수보증금청구가 동일한 하자의 보수를 위한 것이라고 하더라도 의무의 존부
를 선언하는 판결 단계에서 상호 배척 관계에 있다고 할 수 없어 위 두 청
구를 병렬적으로 인용하는 것을 두고 중복지급을 명하는 것이라고 할 수 없
다는 취지의 설시를 하고 있기도 하나, 이 사건과 같이 관리단대표회의가 구
분소유자들로부터 사업주체(분양자)에 대한 하자보수에 갈음한 손해배상채권

---

4) 앞서 본 바와 같이 사용검사 전 발생한 하자에 관한 부분이 시효로 소멸하였다
하더라도 민법 제495조에 의하여 상계가 가능하다는 취지이다.

을 양도받아 분양자를 대위하여 시공자(이 사건 각 보증계약의 피보증인)인 피고 甲에게 하자보수에 갈음한 손해배상을 청구함과 아울러 피고 甲의 시공상 하자에 대한 보증회사인 피고 乙에게 피고 甲과 각자 동일한 하자의 보수비용에 해당하는 하자보수보증금의 지급을 구하는 사건에서는 판결 단계에서 고려되는 것이 마땅하다].

이 사건 각 보증계약의 주채무자인 피고 甲의 원고에 대한 하자보수에 갈음한 내지 하자보수 불이행으로 인한 손해배상채무 중 피고 甲의 공사잔대금 채권 금액 상당(피고 乙의 원고에 대한 하자보수보증금채무와 겹치는 부분이다)이 피고 甲의 상계 의사표시로 인하여 소멸하였고, 부진정연대채무자 또는 이 사건과 같은 각자채무자 중 1인이 자신의 채권자에 대한 반대채권으로 상계를 한 경우에도 채권은 변제, 대물변제 또는 공탁이 행하여진 경우와 동일하게 현실적으로 만족을 얻어 그 목적을 달성하는 것이므로, 그 상계로 인한 채무소멸의 효력은 소멸한 채무 전액에 관하여 다른 각자채무자에 대하여도 미친다고 보아야 할 것이므로(대법원 2010. 9. 16. 선고 2008다97218 전원합의체 판결 참조), 피고 甲의 상계금액은 피고 乙이 원고에게 지급하여야 할 하자보수보증금에서도 공제되어야 한다.'고 보았다.

4. 대상판결 : 파기환송 (피고 乙에 대한 원고 패소 부분)[5]

가. 피고 甲에 대한 상고이유에 관하여(소송상 상계의 재항변 관련 주장)[6]

피고의 소송상 상계항변에 대하여 원고가 다시 피고의 자동채권을 소멸시키기 위하여 소송상 상계의 재항변을 하는 경우에, 법원이 원고의 소송상 상계의 재항변과 무관한 사유로 피고의 소송상 상계항변을 배척하는 때에는 소송상 상계의 재항변을 판단할 필요가 없고, 피고의 소송상 상계항변이 이유 있다고 판단하는 때에는 원고의 청구채권인 수동채권과 피고의 자동채권이 상계적상 당시에 대등액에서 소멸한 것으로 보게 될 것이므로 원고가 소

---

5) 판시 내용을 그대로 옮기면 아래와 같다.

6) 한편 원고는 피고 甲에 대한 상고이유로서 '소송상 상계의 재항변 관련 주장' 외에 '손해배상액 책임제한 전에 상계가 행해져야 한다.'라는 주장도 하였으나, 대상판결에서는 '불법행위 또는 채무불이행에 따른 채무자의 손해배상액을 산정할 때에 손해부담의 공평을 기하기 위하여 채무자의 책임을 제한할 필요가 있고, 채무자가 채권자에 대하여 가지는 반대채권으로 상계항변을 하는 경우에는 책임제한을 한 후의 손해배상액과 상계하여야 한다.'고 판시하여 그 주장을 배척하였다.

송상 상계의 재항변으로써 상계할 대상인 피고의 자동채권이 그 범위에서 존재하지 아니하게 되어 이때에도 역시 원고의 소송상 상계의 재항변에 관하여 판단할 필요가 없게 된다. 또한, 원고가 소송물인 청구채권 외에 피고에 대하여 다른 채권을 가지고 있다면 소의 추가적 변경에 의하여 그 채권을 당해 소송에서 청구하거나 별소를 제기할 수 있다.

그렇다면 원고의 소송상 상계의 재항변은 일반적으로 이를 허용할 이익이 없다고 할 것이다. 따라서 피고의 소송상 상계항변에 대하여 원고가 소송상 상계의 재항변을 하는 것은 다른 특별한 사정이 없는 한 허용되지 않는다고 보는 것이 타당하다(대법원 2014. 6. 12. 선고 2013다95964 판결 참조[7]). 그리고 이러한 법리는 원고가 2개의 채권을 청구하고, 피고가 그 중 1개의 채권을 수동채권으로 삼아 소송상 상계항변을 하자, 원고가 다시 위 청구채권 중 다른 1개의 채권을 자동채권으로 소송상 상계의 재항변을 하는 경우에도 마찬가지로 적용된다.

나. 피고 乙에 대한 상고이유에 관하여

(1) 입주자대표회의가 구 주택법(2008. 3. 21. 법률 제8974호로 개정되기 전의 것) 및 구 주택법 시행령(2010. 7. 6. 대통령령 제22254호로 개정되기 전의 것)에 근거하여 하자보수보증회사에 대하여 가지는 하자보수보증금청구권과 도급인이 구 건설산업기본법(2011. 5. 24. 법률 제10719호로 개정되기 전의 것) 제28조 제1항 및 민법 제667조 등에 근거하여 수급인에 대하여 가지는 하자담보추급권은 그 인정근거와 권리관계의 당사자 및 책임내용 등이 서로 다른 별개의 권리이다.

따라서 입주자대표회의가 구분소유자들로부터 집합건물법에 의하여 인정되는 분양자에 대한 하자보수를 갈음한 손해배상청구권을 양수한 후 집합건물법상 분양자인 도급인을 대위하여 수급인인 시공회사에 대하여 하자담보책임으로서의 하자보수를 갈음한 손해배상을 청구함과 아울러 하자보수보증계약에 따른 보증채권자로서 직접 하자보수보증회사에 대하여 하자보수보증금을 청구하는 경우라도, 수급인의 도급인에 대한 하자보수를 갈음한 손해배상채무와 하자보수보증회사의 입주자대표회의에 대한 하자보수보증금지급채무가 부진정연대채무 관계에 있다고 볼 수 없다.

---

7) 이 판결에서 대법원은 '소송상 상계항변에 대하여 상대방이 소송상 상계의 재항변을 하는 것은 일반적으로 허용되지 않는다.'는 취지를 최초로 판시하였다.

다만 수급인의 도급인에 대한 하자보수를 갈음한 손해배상채무와 하자보수보증회사가 입주자대표회의에 대한 하자보수보증금지급채무는 그 대상인 하자가 일부 겹칠 수 있고 그렇게 겹치는 범위 내에서는 결과적으로 동일한 하자의 보수를 위하여 존재하고 있으므로, 향후 입주자대표회의가 도급인을 대위한 하자보수를 갈음한 손해배상청구소송 및 하자보수보증회사에 대한 하자보수보증금청구 소송에서 모두 승소판결을 받은 다음, 입주자대표회의가 그 중 어느 한 권리를 행사하여 하자에 관한 보수비용 상당 금원을 현실적으로 수령하여 그 금원이 지급된 하자와 관련된 범위 내에서 하자보수의 목적을 달성하게 되면 다른 권리가 소멸된다고 할 수 있으나(대법원 2012. 9. 13. 선고 2009다23160 판결 참조), 도급인의 수급인에 대한 하자보수를 갈음한 손해배상채권이 수급인의 도급인에 대한 채권으로 상계된 경우에 그 사정만으로는 입주자대표회의가 구 주택법령에 근거하여 가지는 하자보수에 관한 권리의 목적이 달성되었다고 볼 수 없으므로 입주자대표회의가 하자보수보증회사에 대하여 가지는 하자보수보증금청구권에는 아무런 영향이 없다.

(2) 이 사건에서 원고가 구분소유자들로부터 A회사에 대한 하자보수를 갈음한 손해배상채권을 양도받아 A회사를 대위하여 수급인인 피고 甲에 대하여 손해배상을 청구하고, 아울러 이 사건 각 하자보수보증계약에 따른 보증채권자로서 직접 피고 乙에 대하여 하자보수보증금청구를 한다고 하여 피고 甲의 손해배상채무와 피고 乙의 하자보수보증금지급채무가 부진정연대채무 관계에 있다고 볼 수 없다.

따라서 피고 甲이 A회사에 대하여 가지는 공사잔대금 채권으로 상계함에 따라 피고 甲이 수급인으로서 도급인인 A회사에 대하여 부담하는 하자보수를 갈음한 손해배상채무 내지 하자보수 불이행으로 인한 손해배상채무 중 일부가 소멸되었다고 하더라도, 원고에 대한 하자보수 내지는 이를 갈음한 손해배상의 목적이 달성되었다고 할 수 없으므로, 그 효과는 피고 乙이 이 사건 각 하자보수보증계약에 따라 입주자대표회의인 원고에게 부담하는 하자보수보증금지급채무에는 아무런 영향을 미치지 못한다.

그리고 위 상계에 의하여 소멸하는 채무는 피고 甲의 A회사에 대한 채무이지 이 사건 각 하자보수보증계약의 주채무인 피고 甲이 구 주택법령에 의하여 원고에 대하여 부담하는 하자보수책임은 아니므로, 보증인이 주채무자의 채권에 의한 상계로 채권자에게 대항할 수 있도록 한 민법 제434조에 의하더라도, 피고 甲이 원고에 대하여 부담하는 하자보수책임이 줄어들거나 이 사건 각 하자보수보증계약에 따른 피고 乙의 원고에 대한 보증책임이 감액된다고 볼 수도 없다.

그럼에도 원심은, 피고 甲의 위 상계에 의하여 이 사건 각 하자보수보증계약의 주채무자인 피고 甲의 원고에 대한 하자보수를 갈음한 손해배상채무 내지 하자보수 불이행으로 인한 손해배상채무 중 일부가 소멸되었다고 잘못 판단하고, 이를 전제로 피고 乙이 원고에게 지급하여야 할 하자보수보증금에서 위 금액을 공제하여야 한다고 판단하였는바, 이러한 원심의 판단에는 도급인의 수급인에 대한 하자보수를 갈음한 손해배상청구권과 입주자대표회의의 구 주택법령 및 하자보수보증계약에 의한 하자보수보증금청구권의 법률적 성격과 그 차이 등에 관한 법리를 오해하여 판결에 영향을 미친 위법이 있다.

〔研　究〕

I. 序　論

대상판결은 크게 ① 소송상 상계항변에 대한 소송상 상계의 재항변이 가능한지 여부와 ② 입주자대표회의가 구분소유자로부터 집합건물법상 하자보수에 갈음한 손해배상채권을 양수받은 후 분양자(도급인)를 대위하여 수급인을 상대로 하자보수에 갈음한 손해배상청구를 함과 동시에 하자보수보증회사를 상대로 하자보수보증금의 지급을 구한 경우, 수급인이 분양자(도급인)에 대한 채권을 자동채권으로 하여 상계를 하면 입주자대표회의의 하자보수보증회사에 대한 하자보수보증금청구권도 감액되는지 여부에 관하여 판시하였다. ① 판시는 현재까지 국내에서 많은 논의가 이루어지지 않았던 부분이고, ② 판시는 원심을 파기한 부분으로서, 집합건물법상 하자보수에 갈음한 손해배상책임, 민법상 수급인의 도급인에 대한 손해배상책임, 주택법령에 따른 하자보수책임 및 하자보수보증금 지급책임 등 공동주택의 하자관계책임들이 서로 별개의 책임인지, 상호간에 부진정연대채무 관계인지, 그 중 한 책임이 변제나 상계로 소멸한 경우 다른 책임도 소멸하는지 여부 등이 쟁점이다.

이하에서는 먼저 소송상 상계의 의의 및 법적 성질을 살펴보고, 소송상 상계의 재항변이 허용되는지 여부에 대하여 검토한다(Ⅱ). 이어 공동주택 하자관계책임들을 개관하고, 다수 당사자의 채권관계 중 부진정연대채무 등 중첩되는 채무관계에 대하여 검토한다. 그리고 집합건물법상 하자보수에 갈음한 손해배상책임과 수급인의 도급인에 대한 손해배상책임, 하자보수보증금지급책임 상호간의 관계를 구체적으로 살펴보면서, 대상판결을 분석 및 검토한다(Ⅲ).

Ⅱ. 訴訟上 相計에 대한 檢討

1. 들어가며

가. 상계의 의의 및 방식

상계는 채무자가 그 채권자에 대하여 자기도 또한 동종의 채권을 가지고 있을 때 그 쌍방의 채권을 서로 대등액에서 소멸시키는 의사표시이다.[8] 상계는 소송 외에서뿐만 아니라 소송에서도 주장할 수 있는데, 소송에서 주장하는 경우로 ① 소송 외에서 상계 의사표시를 하고 그 사실을 소송에서 주장하는 '소송 외 상계'[9]와 ② 소송에서 비로소 소장이나 준비서면의 제출, 또는 구두로 상계 의사표시를 하면서 이를 주장하는 '소송상 상계'가 있다.[10] 소송상 상계는 통상 피고가 소구채권의 존재를 다투면서 만약 그 존재가 인정되는 경우를 대비하여 예비적 항변으로 행해진다.[11]

소송에서 주장되는 상계항변은, 피고가 상계권을 행사함으로써 자기

---

8) 곽윤직(편집대표), 민법주해[XI] 채권(4), 박영사, 1992, 366면(윤용섭 집필부분) 참조.
9) 소송계속 전에 계약의 해제권, 취소권, 상계권, 지상건물매수청구권 등의 형성권을 일단 행사한 뒤에 그 실체법상의 효과를 소송상의 공격방어방법으로 주장하는 경우에는 이미 소송과는 관계없이 당해 형성권 고유의 실체법상의 효과가 발생하였으므로 소송법적으로는 특별히 문제될 것은 없다[권혁재, '소송상 상계항변의 법적 성질', 법조(통권 제688호)(2014. 1.), 법조협회, 2004, 9면 참조].
10) 로마법에서는 상계를 법원의 판결에 의하여만 할 수 있는 제도로서 'Compensatio'가 인정되었고, 영미법에서도 소송상 상계와 같은 취지인 'Set-off'를 원칙으로 한다. 반면 독일, 일본과 우리 민법은 소송 외에서의 일방적 의사표시에 의한 상계를 인정하고 있다[민법주해[XI] 채권(4), 343 · 388면 참조].
11) 민법주해[XI] 채권(4), 388면 참조.

채권을 희생시킴과 동시에 원고의 청구를 배척하려는 데 그 본질이 있으므로, 법원이 상계를 주장한 청구의 성립 또는 불성립에 대하여 판단한 경우 상계로 대항한 액수에 대하여는 기판력이 발생한다(민사소송법 제216조 제2항). 즉 대립하는 양 채권의 대등액의 범위에서 반대채권의 성립 또는 불성립에 관하여도 기판력이 생긴다. 상계항변에 기판력이 생기는 것은 실체상의 판단이 있는 경우에 한하므로, 상계항변이 각하된 경우, 또는 반대채권이 아직 상계적상에 있지 않다거나, 성질상 상계가 금지되어 있다는 등의 이유로 실체상의 판단 없이 상계항변이 배척되는 경우에는 기판력이 생기지 않는다.[12] 또한 소송상 상계에 대하여 기판력을 인정하는 취지에 비추어 소송 외 상계 주장에 대한 판단에도 기판력이 인정된다.[13]

나. 일반항변 및 반소와의 구별

상계항변은 기판력 때문에 그 항변이 예비적으로 주장된 경우 다른 항변을 심리하여 이유 없음이 확인된 뒤에야 비로소 이를 심리하여야 한다는 점에서, 그 주장 순서와 무관하게 심판하는 일반항변과 구분된다.[14] 그리고 상계항변은 피고가 원고에 대하여 새로운 청구권을 주장하고, 그에 대하여 판단을 받으면 기판력이 발생한다는 점에서는 반소와 유사하나, 다음과 같은 차이가 있다. 즉 ① 상계는 원고의 청구를 배척하기 위한 방어방법인 반면,[15] 반소는 피고가 적극적으로 새로운 청구를 하는 공격이다. ② 상계는 원고의 소송을 떠나서 존재할 수 없으나, 반소는 원

---

12) 민일영·김능환, 주석 민사소송법[III] 제7판, 한국사법행정학회, 2012, 358-360면 (강승준 집필부분) 참조.

13) 주석 민사소송법[III], 360면; 민법주해[XI] 채권(4), 393면 참조.

14) 김상훈, '소송상 상계의 적법성', 한림법학 FORUM 제17권(2006), 139면 참조. 이에 위반하여 상계의 항변을 판단한 판결은 판단유탈의 위법을 저지르는 것이 된다[주석 민사소송법[III], 359면].

15) 한편 별소로 계속 중인 채권을 자동채권으로 하는 상계나 상계항변이 제기된 자동채권의 별소에 의한 청구가 중복제소에 해당하지 않는지의 문제에 관하여, 통설 및 판례는 상계항변은 공격방어방법에 불과하고 그 항변이 판결에서 판단될 것인지 여부가 아직 불확실한 상태이며, 이를 허용하지 않으면 피고의 방어권을 실질적으로 해치는 결과가 될 수 있다는 점을 들어 이를 허용한다. 이에 따라 피고가 본소에서 상계주장한 자동채권을 반소로도 청구한 경우에 본소에서 상계항변이 받아들여졌다면 반소청구는 채권소멸로 기각해야 한다[민법주해[XI] 채권(4), 391면].

고의 본소와 독립된 소송이어서 별도로 소송요건을 구비해야 하고, 본소 청구가 취하·각하되어도, 예비적 반소가 아닌 한 반소에는 영향이 없다. ③ 상계는 피고가 1심에서 패소한 뒤 항소심에서 제출하는 경우도 있고, 실기한 공격방어방법의 각하 등으로 상계항변의 제출에 제한이 가해질 수 있는 반면, 반소는 그러한 제한을 받지 않고 언제든지 제기할 수 있고, 다만 항소심에서는 반소피고의 심급의 이익을 보호하기 위한 반소제 기의 제한이 있을 뿐이다(민사소송법 제412조). ④ 상계는 반대채권과 수동채권이 동 종채권이면 되고 양자 사이의 관련성을 요구하지 않으나, 반소는 본소청 구 또는 본소의 방어방법과 관련이 있을 것을 요구한다(민사소송법 제269조 제1항).[16]

2. 소송상 상계의 법적 성질

가. 문제의 제기

우리 민법은 제492조 이하에서 상계의 요건·방법·효과 등에 대하여 정하고 있는 반면, 민사소송법에는 기판력과 관련된 제216조 제2항을 제외하고는 이를 직접적으로 다루는 규정은 없다. 그런데 소송상 상계의 경우 실체법상 행위로서 상계 의사표시와 소송행위로서 공격방어방법의 제출이 동시에 일어난 것이 되는데, 그 요건·효과 등을 규율하는 것이 실체법인지, 소송법인지가 문제되고, 이는 소송상 상계의 법적 성질을 어떻게 보느냐에 따라 달라진다. 이는 특히 소송상 상계항변이 실기한 공격방어방법으로 각하되는 등의 경우 그 소송행위로서의 효과는 발생하지 않지만, 실체법상의 효과는 그대로 존속하는지 여부의 문제와 관련된다.[17]

---

16) 김상훈, 전게논문(각주 14), 140~143면 참조.

17) 한편 소송상 상계항변이 아니라, 소송 외에서 상계 의사표시를 하였음에도 불구하고 소송에서 이를 늦게 주장하는 등의 사유로 받아들여지지 않은 때에는, 상계의 실체법상 효과에 의하여 자동채권은 소멸되었지만 소송에서 이것이 반영되지 못한 것으로 보아야 하고, 이때는 후에 상계의 자동채권에 관하여 소가 제기되면, 상계의 실체법상 효력은 이미 발생한 것으로 보아 그 청구를 기각하여야 할 것이다. 다만 소구채권에 대한 집행이 이루어진 후에는 반대채권의 채권자는 반대채권의 금액에 상당하는 부당이득반환청구권을 가진다[김기환, '상계에 관한 연구', 서울대학교 대학원 법학박사학위논문(2014. 2.), 291면 참조].

나. 견해의 대립[18]

(1) 사법행위설(구 병존설)은, 소송상 상계는 외관상 1개의 행위이지
만 실체법상 상계 의사표시(사법행위)와 그러한 의사표시가 있었다는 사
실을 진술하는 소송행위가 병존한다고 보는 견해로서, 소송 외 상계와
달리 볼 수 없다고 한다. 이는 사법행위와 소송행위의 요건 및 효과는
각 민법과 민사소송법에 의하여 결정되어야 하고 그 사이에 의존관계는
없으므로, 소송상 상계항변이 부적법한 것으로서 각하되는 경우 소송행위
로서의 효력은 실효되어도 실체법상 효력은 그대로 존속한다고 본다. 그
러나 이러한 결론이 당사자의 의사에 반한다는 비판이 있다.

또한 민법 제493조는 상계의 의사표시에 조건을 붙일 수 없다고 정
하는데, 사법행위설과 같이 보면 소송상 상계는 보통 예비적 항변으로
제출되어 위 조항에 반하게 된다는 비판도 제기된다. 이에 대하여 이 견
해는 상계의 요건으로서 수동채권의 존재가 필요한 것은 당연하므로 여
기서의 조건은 법정조건 또는 법률요건에 불과하여 위 조항에서 제한하
는 조건이 아니라고 보거나, 수동채권이 존재하는지 여부는 현재 객관적
으로 정하여져 있는 것으로서 기성조건에 불과하여 순수한 조건이 아니
라고 보거나, 설혹 그것이 조건이라 하여도 그러한 조건을 붙이는 것은
상대방의 지위를 불안정하게 하지 않으므로 허용된다고 반박한다.

(2) 소송행위설은, 소송상 상계를 공격방어방법의 제출로서 단일한
소송행위로 보고, 그 요건과 효과는 소송법에 따라야 한다고 본다. 이에
따르면 소송상 상계의 실체법상 효과는 당사자의 의사표시에 의하여 생
기는 것이 아니라 상계항변을 인용한 법원의 판결에서 비롯되기 때문에
법원의 판단이 없으면 상계의 효과도 생기지 않는다. 따라서 소가 각하
되거나 취하되는 경우 또는 소송상 상계항변이 각하되거나 그 주장을 철
회하는 경우, 상계 의사표시의 효과도 발생하지 않는다고 본다. 또한 이

18) 이 부분은 민법주해[XI] 채권(4), 389-395면; 김용담(편집대표), 주석 민법[채권총
칙(4)] 제4판, 한국사법행정학회, 2014, 589-591, 600면(조용구 집필부분); 권혁재,
전게논문(각주 9), 12-29면 참조.

견해는 예비적 상계항변의 조건은 신청 또는 주장이 일정한 경우에 비로소 고려될 것을 의미하는 것으로서, 효과발생에 관련되는 것은 아니므로 당연히 허용된다고 본다.

이에 대하여, 실체법상 상계와 별개로 '소송상 상계'라는 제도에 의하여 대립채권 소멸의 효과를 판결에 의하여 인정할 수 있다는 해석론은 상계를 실체법의 규율 하에 두는 현행법 하에서 채택하기 어렵다는 비판이 제기된다.

(3) 신사법행위설(신병존설)은,[19] 소송상 상계를 사법상 법률행위와 소송행위의 병존으로 보면서도 그 효력은 당사자의 의사, 그 행위가 이루어진 상황, 절차 안정의 요청 등 실체법적 관점과 소송법적 관점이 함께 작용하는 해석에 따라야 한다고 주장한다. 즉 소송상 상계도 실체법에 따라 효과가 발생한다고 하면서도, 소송상 상계를 소송 외 상계와 구분한다. 또한 소송상 상계는 취소권, 해제권 등 다른 형성권의 행사와는 달리 취급하여 조건부, 예비적 항변을 허용하여야 한다고 본다. 소송상 상계 주장이 심리되지 않고 각하되거나 소가 취하·각하된 경우, 원칙적으로 그 실체법상 효과도 남지 않는다고 보는 것이 당사자의 의사에 부합한다고 본다.[20]

다. 판례의 태도

판례는 '소송상 방어방법으로서의 상계 항변은 그 수동채권의 존재가 확정되는 것을 전제로 하여 행하여지는 일종의 예비적 항변으로서 상

---

19) 이 견해가 우리나라와 일본의 다수설이고, 독일의 통설·판례의 입장이라고 한다〔주석 민법[채권총칙(4)], 590면 각주 46 참조〕.

20) 구체적으로 그 근거에 관하여, ① 소송상 형성권을 행사하는 당사자는 흔히 형성권에 관한 법원의 판단을 조건으로 형성효과를 생기게 할 의사이기 때문에 상계항변이 각하되는 경우에는 사법상의 효과가 생기지 않는다는 '조건설'과, ② 상계제도를 청구채권에 대한 방어기능과 반대채권의 실현기능을 겸하는 제도로 인식하여 만약 상계항변이 각하된 경우 소구채권은 소멸하지 않는데도 반대채권만 소멸한다면 공평의 이념에 반하여 상계제도의 취지에도 맞지 않기 때문에 상계 의사표시의 철회를 인정하여야 한다는 '철회설', ③ 일부무효에 관한 민법 제137조의 취지를 유추하여 상계항변이 실효된 경우 사법행위인 상계 의사표시도 무효로 된다는 '무효설' 등이 있다.

대방의 동의 없이 이를 철회할 수 있고, 그 경우 법원은 처분권주의의
원칙상 이에 대하여 심판할 수 없다.'고 판시하였다.[21] 또한 '소송에서의
상계항변은 예비적 항변의 성격을 가지므로, 상계항변이 먼저 이루어지고
그 후 대여금채권의 소멸을 주장하는 소멸시효항변이 있었던 경우에, 상
계항변 당시 채무자인 피고에게 수동채권인 대여금채권의 시효이익을 포
기하려는 효과의사가 있었다고 단정할 수 없고, 이는 제1심에서 공격방
어방법으로 상계항변이 먼저 이루어지고 그 후 항소심에서 소멸시효항변
이 이루어진 경우에도 마찬가지'라고 하였다.[22] 나아가 판례는 '당해 소
송절차 진행 중 당사자 사이에 조정이 성립됨으로써 수동채권의 존재에
관한 법원의 실질적인 판단이 이루어지지 아니한 경우에는 그 소송절차
에서 행하여진 소송상 상계항변의 사법상 효과도 발생하지 않는다.'고 판
시하였다.[23] 대상판결에서도 '소송상 상계의 의사표시에 의해 확정적으로
효과가 발생하는 것이 아니라 당해 소송에서 수동채권의 존재 등 상계에
관한 법원의 실질적 판단이 이루어지는 경우에 비로소 실체법상 상계의
효과가 발생한다.'고 보았다.

라. 검 토

　소송상 상계를 소송행위로만 이해한다면, 민법상 상계와 별개의 제

---

21) 대법원 2011. 7. 14. 선고 2011다23323 판결; 대법원 2012. 8. 30. 선고 2012다
　　40790(본소), 2012다40806(반소) 판결. 소송상 상계항변의 철회 가부에 대하여, 사
　　법행위설에 의하면, 민법상 상계의 의사표시는 일방적 의사표시에 의하여 채권소
　　멸의 효과가 생기는 형성권의 행사로서 이를 임의로 철회할 수 있다고 한다면 상
　　대방의 지위는 극히 불안정하게 되므로 상계 의사표시의 일방적 철회는 허용되지
　　않는다고 보아야 할 것인 반면, 소송행위설에 의하면 원칙적으로 철회가 가능할
　　것인데, 위 판례의 태도에 비추어 볼 때, 판례가 최소한 사법행위설을 취하고 있
　　지는 않은 것으로 보인다[홍지영, '소송절차 진행 중 조정이 성립된 경우 당해 소
　　송절차에서 제출된 상계항변의 효력(2013. 3. 28. 선고 2011다3329 판결)', 대법원
　　판례해설, 제95호(2013상), 법원도서관, 2013, 134면 참조]. 반면 소송상 상계에 관
　　한 사안은 아니지만, 판례는 '소제기로 계약해제권을 행사한 후 그 소송을 취하하
　　였다고 하여도 해제권은 형성권이므로 그 행사의 효력에 영향이 없다'고 판시하여
　　(대법원 1982. 5. 11. 선고 80다916 판결), 사법행위설의 입장에 가까운 태도를 취
　　한 경우도 있다.
22) 대법원 2013. 2. 28. 선고 2011다21556 판결.
23) 대법원 2013. 3. 28. 선고 2011다3329 판결.

도를 인정하는 셈이 되어 우리 민법과 민사소송법의 해석상 받아들이기
어렵다. 소송상 상계는 실체법상 상계 의사표시와 소송법상 행위가 동시
에 존재하나, 자기 채권의 소멸을 감수하면서 소송상 상계를 주장하는
당사자의 의사 등에 비추어 볼 때, 양자를 서로 완전히 별개의 것으로
볼 수는 없다. 상계항변이 각하되거나 소 취하·각하 등의 사유로 인하
여 반대채권에 대하여 심리에 들어가지 못한 경우까지 실체법상 상계의
효과가 남아 있다고 보는 것은 당사자의 의사에 부합하지 않고 지나치게
형식적인 해석이다. 결국 소송상 상계는 실체법적 측면과 소송법적 측면
이 함께 작용하고, 소송법상 요건이 충족되지 않으면 실체법상 상계의
효과도 발생하지 않는다고 해석함이 타당하다.

3. 소송상 상계의 항변에 대한 소송상 상계의 재항변 가부
가. 문제의 제기

피고가 소송상 상계항변을 하였을 때, 원고가 피고의 반대채권을 수
동채권으로 하여 원고의 피고에 대한 별개의 채권으로 '소송상 상계의 재
항변'을 하는 것이 가능한지 여부가 문제된다. 이러한 재항변은 법원이
피고의 반대채권의 존재를 인정하는 경우에 대비하여 예비적으로 상계를
주장하는 취지이다.

이 문제는, 피고가 소송 외 상계 의사표시를 하고 이를 소송에서 주
장하였는데 이에 대하여 원고가 소송상 상계의 재항변을 하는 경우와 구
별된다. 이때는 피고의 소송 외 상계 의사표시 당시 그 실체법상 효과가
발생하여 피고의 반대채권이 소멸하였으므로, 이후 원고의 소송상 상계의
재항변은 허용될 여지가 없다. 또한 이 문제는 피고의 소송상 상계항변
에 대하여 원고가 소송 외 상계 의사표시를 하고 이를 소송에서 재항변
으로 주장하는 경우[아래 라. (3) 참조]와도 구별된다. 한편 피고가 소송
외 상계 의사표시를 하고 소송에서 주장하는데 원고도 소송 외 상계 의
사표시를 하고 소송에서 주장하는 경우는 '상계의 경합' 문제로서 누구의
상계 주장을 우선할 것인지의 논의이고, 소송상 상계의 재항변 가부 문

제와 구별된다.[24)] · [25)]

나. 비교법적 검토

(1) 일   본

일본의 판례[26)]는 다음과 같은 이유로 소송상 상계의 재항변을 부적법하다고 본다.[27)] 즉, ① 소송 외에서 상계 의사표시를 한 경우에 상계의 요건을 갖춘 때에 한하여 확정적으로 상계의 효과가 발생하므로 이를 재항변으로서 주장하는 것은 허용될 것이지만, 소송상 상계의 의사표시는 상계 의사표시가 있다고 하여 확정적으로 그 효과가 발생하는 것은 아니고 당해 소송에서 법원이 상계주장에 대하여 판단하는 것을 조건으로 하여 실체법상 상계의 효과가 발생하는 것이다. 따라서 상계의 항변에 대하여 다시 상계의 재항변을 주장하는 것이 허용된다면 가정 위에 가정을 반복하는 것이 되어 당사자 사이의 법률관계를 불안정하게 하고 필요 없이 심리를 복잡하게 한다. ② 또한 원고가 소송물인 채권 이외의 채권을 피고에 대하여 가지고 있다면 소의 추가적 변경에 의하여 그 채권을 당

---

24) '상계의 경합'은 원고의 상계 의사표시와 피고의 상계 의사표시가 경합하는 경우, 어떤 것을 우선해야 하는지의 문제이다. ① 상계적상시설은 상계적상에 이른 채권이 서로 담보로 될 것을 기대하는 신뢰관계는 보호되어야 하므로 상계적상 시점을 기준으로 판단해야 한다고 본다. ② 의사표시시설은 상계 의사표시가 있을 때, 채권·채무가 현실로 존재할 필요가 있고 일단 상계적상에 있었다고 하여도 그 후 변제 등으로 소멸하면 상계의 의사표시는 효력이 생기지 않으므로 의사표시 시점을 기준으로 상계의 효력을 판단해야 한다고 본다. 일본의 판례와 다수설은 의사표시 시점을 기준으로 보는 입장이다. 우리나라에서도, 상계적상시설은 상계 의사표시를 먼저 하여 외관상 소멸한 것으로 보이는 채권 대신 다른 채권이 소멸한 것이 되고 위 채권으로는 다시 상계를 할 수 있게 되는 결과가 되어 당사자 사이의 법률관계에 혼란을 초래할 수 있으므로, 의사표시시설이 다수설이다[민법주해[XI] 채권(4), 399면; 주석 민법[채권총칙(4)], 561-562면 참조].

25) 그 외에 피고의 동시이행의 항변에 대한 원고의 소송상 상계의 재항변은 형식적으로 재항변이지만 실질적으로 상계의 항변과 차이가 없으므로, 이는 당연히 허용된다.

26) 일본 최고재판소 1998. 4. 30. 판결[권혁재, 전게논문(각주 9), 46면에서 재인용].

27) 사안은, 갑이 을을 상대로 대여금 및 금전소비대차금의 지급을 구하자, 을은 소송상 항변으로 갑에게 지급한 이자제한법 초과분의 이자에 해당하는 부당이득반환청구권을 자동채권으로 상계를 주장하였고, 이에 대해 갑은 재항변으로 어음채권을 자동채권으로 하는 상계를 주장하였다.

해 소송에서 청구하거나 별소를 제기함으로써 그 채권을 행사할 수 있다. 설혹 그 채권의 소멸시효가 완성된 경우라도 소송 외에서 그 채권을 자동채권으로 하여 상계의 의사표시를 한 후에 이를 소송에서 주장할 수 있으므로, 그 채권에 의한 소송상 상계의 재항변을 허용하지 않더라도 특별히 부당하지 않다. ③ 더구나 일본 민사소송법 제114조 제2항[28]의 규정은 판결이유 중의 판단에 기판력을 인정하는 유일한 예외를 정한 것이라는 점에 비추어 보면, 위 조항의 적용범위를 무제한으로 확대하는 것은 적절하지 않다고 본다.

이에 대하여 학설은 대체로 판례의 결론을 지지한다. 다만 그 근거에 관하여는 크게 ① 소송법적 관점에서 가정적인 소송상 상계항변에 대하여 다시 가정적 주장인 소송상 상계의 재항변이 중첩됨으로써 당사자 사이 법률관계의 불안정과 심리의 번잡을 초래한다는 견해(다수설)와,[29] ② 실체법적 관점에서 법원이 피고의 상계항변에 대하여 판단한 경우 그 반대채권은 상계적상 발생시에 소급하여 소멸하므로, 원고의 상계 재항변은 그 효력이 발생하지 않는다는 견해[30]가 있다.

(2) 독   일[31]

독일의 통설 및 판례도 소송상 상계의 재항변에 대하여 소극적 입장을 취한다. 그 근거는 ① 원고의 상계 재항변은 피고가 상계 의사표시를 한 후에는 피고의 반대채권이 없는 것이 되어 의미가 없게 되고, ② 원고는 소제기에 의하여 소송의 프레임을 설정한 자로서 후에 이를 변경하

---

28) 우리 민사소송법 제216조 제2항과 동일한 내용이다.

29) 長澤幸男, '訴訟上の相殺の抗辯に對し訴訟上の相殺を再抗辯として主張することの許否(最高裁判所判例解說民事篇平成9年度)', 法曹時報 52卷 6号(2000. 6.), 175-203; 酒井一, '訴訟上の相殺の抗辯に對し訴訟上の相殺を再抗辯として主張することの許否', 判例時報 (1655号) (1999. 1. 1.), 230-235.

30) 松本博之, '訴訟上の相殺の抗辯に對し訴訟上の相殺を再抗辯として主張することの許否(最一小判平成10.4.30.), 法學敎室 216号(1998. 9.), 102-103.

31) 이 부분 논의는 권혁재, 전게논문(각주 9), 47-48면; 김상환, '상계 주장의 대상이 된 수동채권이 동시이행항변으로 행사된 채권일 경우, 그러한 상계 주장에 대한 법원의 판단에 기판력이 발생하는지 여부(소극)(2005. 7. 22. 선고 2004다17207 판결)', 대법원판례해설, 통권 제57호, 법원도서관, 2006, 490-491면 참조.

는 것은 제한되며, 그 방법은 청구의 변경이나 청구취지의 확장 등이 있는데 상계의 재항변을 통하여 이를 회피하는 것은 허용되지 않는다는 것이다.[32]

이에 대하여 반대견해는 '소송 전 또는 소송 중 원고가 피고에 대하여 상계의 의사표시를 하고 이것을 재항변으로 주장하면 법원은 그것을 심리해야 하고, 소송 외 상계의 재항변은 피고의 반대채권에 대한 변제의 재항변과 같은데, 소송 외 상계와 소송상 상계항변은 가급적 같이 취급하여야 할 것이므로 소송상 상계의 재항변만을 부적법하다고 보는 것은 부당하며, 원고에게 재반소, 예비적 재반소가 허용된다는 점에서도 상계의 재항변은 허용되어야 한다.'고 본다.[33]

다. 우리나라 학설의 논의

상계의 재항변이 허용되지 않는다는 일본의 판례에 대하여 이론상으로나 실무상으로나 타당성과 필요성을 수긍할 수 있다는 평가가 있고,[34] 현재까지 명시적으로 이와 반대되는 입장은 없는 것으로 보인다. 다만 소송상 상계의 재항변을 심리하더라도 절차가 지연될 우려가 높지 않은 조건 하에서는 이를 허용하여야 할 것이라고 보는 견해가 있다.[35]

라. 구체적 검토

(1) 소송상 상계의 실체법상 효과발생시기

(가) 소송상 상계는 앞서 본 바와 같이 소송 외 상계와 구분되므로 소송상 상계의 재항변 가부는 '상계의 경합' 논의에서와 같이 상계 의사표시의 선후관계로만 판단할 수는 없다. 원고의 소송상 상계의 재항변이 허용되는지를 판단하기 위해서는, 실체법적 관점에서 피고의 반대채권 소멸이라는 상계의 효과발생시기를 먼저 살펴볼 필요가 있다.

(나) 사법행위설에 의하면, 상계항변을 제출하여 그 의사표시가 도달한 때에 실체법상 효과가 발생한다. 이에 따르면, 피고의 상계항변이 먼

---

32) Zöller/Greger, ZPO 19 Aufl.(1994) § 145 Rn. 13.
33) Braun, 'Die Aufrechnung des Klägers im Prozess', ZZP 89, 93 (1976).
34) 주석 민법[채권총칙(4)], 594~595면 참조.
35) 권혁재, 전게논문(각주 9), 55면.

저 제출된 경우 피고의 반대채권이 소멸하므로, 이후 원고의 소송상 상계 재항변은 그 실체법상 요건인 '상계시점에 수동채권과 반대채권이 모두 존재할 것'을 충족하지 못하여 그 자체로 허용될 수 없다. 반면 소송행위설에 의하면, 소송상 상계항변을 받아들이는 법원의 판단이 있을 때 피고의 반대채권도 소멸한다고 본다. 따라서 법원이 피고의 상계항변보다 원고의 상계 재항변을 먼저 심리하게 된다면 아직 피고의 반대채권이 소멸하지 않았으므로, 상계의 재항변도 허용된다고 볼 여지가 있다.

신사법행위설에서는, 피고의 반대채권 소멸이라는 상계의 실체법상 효과가 발생하는 법정조건을 '법원이 피고의 상계항변에 대하여 적극적인 판단을 하는 것'이라고 본다. 다만 그 효력발생을 ① 정지조건부로 구성하여, 법원의 판단시점(사실심 변론종결시)에 비로소 그 실체법상 효과가 발생한다고 보는 입장과, ② 해제조건부로 구성하여, 법원이 피고의 상계항변에 대하여 심리하지 않을 것을 해제조건으로 하여 그 상계항변이 제출된 시점에 실체법상 효과가 발생한다고 보는 입장이 있을 수 있다. ① 정지조건부로 보면, 피고의 상계항변에 대하여 법원의 판단이 있을 때까지는 피고의 반대채권이 소멸하지 않고 상계의 항변, 재항변이 모두 병존하므로, 만약 원고의 상계 재항변을 피고의 상계항변보다 먼저 판단하게 되는 경우에는 원고의 상계 재항변도 허용된다고 볼 여지가 있다. 반면 ② 해제조건부로 보면, 피고의 상계항변이 제출된 때에 그 실체법상 효과가 발생하므로, 이후 원고의 상계 재항변이 제출된 경우 이미 피고의 반대채권이 소멸된 후인 관계로 이를 받아들일 수 없다.[36] 판례는 '당해 소송에서 상계에 관한 법원의 실질적 판단이 이루어지는 경우에 비로소 실체법상 상계의 효과가 발생한다.'고 하였으나, 이는 소송상 상계의 실체법상 효과가 발생하기 위한 법정조건으로 '법원의 판단'이 있어야 한다는 취지이고, 그 효과발생시기에 관하여 '정지조건설'을 취하였다고 단정하기는 어렵다.

---

36) 다만 어느 견해에 따르더라도 상계의 효과가 발생하는 기준시점은 상계적상시이다(민법 제493조 제2항).

(다) 신사법행위설에 의하더라도, 소송상 상계를 주장하는 당사자의 의사는 소송 외 상계와 마찬가지로 그 의사표시 당시 실체법상 효과가 발생하는 것으로 해석하는 것이 합리적이다. 즉 당사자의 의사를, 법원이 상계항변을 받아들이지 않는 경우까지 그 실체법상 효과를 남겨두려는 의사는 아니라고 보면 족하고, 상계 의사표시 후 법원의 판단 전까지 그 상계의 효력을 유동적인 상태로 두려는 것이라고까지 볼 필요는 없다. 오히려 소송상이든, 소송 외이든 상계 의사표시를 먼저 한 자의 상계가 우선하는 것이 당사자 사이 형평에도 부합한다. 따라서 해제조건설이 합리적이다.

정지조건설은, 1심 법원이 피고의 상계항변이 이유 있다고 판단함으로써 그 실체법상 효과가 발생한다고 보았다가, 항소심에서 다시 원고의 소구채권이 이유 없다고 보아 피고의 상계항변에 대하여 판단하지 않은 경우에는 상계의 실체법상 효과가 다시 처음부터 발생하지 않았던 것처럼 되는 것을 설명하는 데 난점이 있다. 또한 예컨대, 원고의 소에 대하여 피고가 상계항변을 함과 동시에 그 채권을 청구하는 별소를 제기하였고, 원고가 별소에서 다른 채권으로 상계항변을 한 경우, 정지조건설에 의하면 법원의 판단 시점에 상계의 실체법상 효과가 발생하므로, 양 소송에서 어느 법원이 먼저 판단하는가 하는 우연적 사정에 따라 상계의 우열 및 그 효력유무가 결정된다. 반면 이때 해제조건설에 의하면 당사자가 상계항변을 제출한 시기가 어느 것이 우선하는지에 따라 상계의 우열이 결정되는데, 이것이 형평에 부합한다.[37]

결국 해제조건설에 따라 피고의 상계항변이 제출된 때에 그 반대채권이 소멸하므로, 이후 제출된 원고의 소송상 상계의 재항변은 허용될 수 없다.

(2) 소송상 상계항변 및 소송상 상계 재항변의 판단 순서

앞서 본 일본 판례[38]는 원고의 소송상 상계 재항변이 기재된 준비

---

37) 해제조건설에 의하면, 피고의 상계항변 제출 후에 원고가 피고의 반대채권에 대하여 변제를 하고 이를 재항변으로 주장한 경우, 피고의 상계항변 제출시 그 반대채권이 소멸하였으므로, 이후에 이루어진 변제는 비채변제가 되어 다시 부당이득으로 그 반환을 구해야 할 것이다.

서면이 피고의 소송상 상계항변이 기재된 서면보다 법원에 먼저 도달된 경우인데, 이로 인해 일본에서는 피고의 상계항변과 원고의 상계 재항변의 판단 순서에 관한 논의가 있다. 피고의 상계항변에 제공된 반대채권이 인정된다면 원고의 상계 재항변을 먼저 판단하여 피고의 반대채권 존부에 대하여 심리한 다음, 상계 후 남은 반대채권을 가지고 소구채권에 대한 피고의 상계항변을 심리하여야 한다는 견해가 있다.[39]

우선 원고의 상계 재항변이 피고의 상계항변보다 먼저 제출된 경우에는, '피고가 상계항변을 제출하는 것'을 조건으로 한 상계 의사표시로서, 이는 미래의 사실에 따른 조건이므로, 민법 제493조 제1항 단서에 따라 그 효력을 인정할 수 없을 것이다. 설혹 그렇지 않다고 하더라도, 소송상 상계항변과 소송상 상계의 재항변 모두 예비적 항변인데, 피고의 상계항변보다 원고의 상계 재항변을 먼저 판단하여 그 효력이 발생한다고 보아야 할 이론적 근거가 없다. 피고의 상계항변 다음 원고의 상계 재항변을 판단하는 것이 논리적인 순서에 부합한다. 만약 원고의 상계 재항변을 피고의 상계항변보다 우선하여 판단하게 되면, 일본 판례가 든 논거와 같이 '가정에 가정을 더하는 것이 되어 법률관계를 불안정하게 하고 심리를 복잡하게' 한다. 더구나 원고의 상계 재항변에 대하여 피고의 상계 재재항변 등이 이어지는 경우도 배제할 수 없다.

따라서 피고의 소송상 상계항변을 먼저 판단하고 이후 남은 반대채권에 대하여 원고의 상계 재항변을 판단한다. 그렇다면 소송상 상계의

---

38) 각주 26 참조.
39) 中野貞一郎, '反對相計の再抗辯', 民事訴訟法の論点, Ⅱ, 判例タイムズ社, 195-198면[권혁재, 전게논문(각주 9), 52면에서 재인용]에 의하면, '① 피고의 상계항변이 우선한다는 견해는, 피고의 반대채권의 존부에 대한 법원의 판단이 이루어지지 않는 것을 해제조건으로 하여 그 실체법상 효과가 발생한다고 보는 입장에서, 법원의 판단은 상계항변을 판단하는 시점에서 종결되는 것이므로, 원고의 상계 재항변은 통상적으로 소송상 고려될 수 없다고 하는 것이고, ② 원고의 상계 재항변이 우선한다는 견해는, 법원이 원고의 소구채권의 존부에 관하여 판단하는 것을 정지조건으로 하여 그 실체법상 효과가 발생한다고 보는 입장에서 소송상 상계 재항변이 있는 경우에는 재항변→항변의 순서로 상계의 효력이 발생한다고 본다.'라고 설명한다.

실체법상 효과발생시기에 관하여 앞서 본 정지조건설에 의하더라도, 원고의 상계 재항변에 대하여 판단하는 단계에서는 피고의 반대채권이 이미 소멸한 상태이므로, 결국 원고의 소송상 상계의 재항변은 허용될 수 없다.

(3) 원고가 소송 외 상계 주장을 하는 경우와의 비교

피고의 소송상 상계항변에 대하여, 원고가 소송 외에서 피고에 대한 별개 채권으로 상계 의사표시를 하고 이를 소송에서 재항변하는 경우, 이는 피고의 반대채권 소멸사유 중 변제와 실질적으로 같은데, 원고의 이러한 재항변은 허용될 것인지 문제된다.

원고의 소송 외 상계 의사표시가 언제 행해졌는지에 따라 그 허용 여부가 다르다. 먼저 ① 원고가 피고의 상계항변 제출 전에 소송 외에서 상계 의사표시를 하여 그 의사표시가 상대방에게 도달하였더라면, 원고의 주장이 받아들여져 피고의 상계항변은 배척된다. ② 원고가 피고의 상계 항변에 대한 법원의 판단(1심 변론종결시) 이후에 소송 외에서 상계 의사 표시를 한 경우에는, 피고의 반대채권은 이미 소멸한 상태이므로, 원고의 주장이 받아들여질 수 없다.[40] ③ 피고의 상계항변 제출 이후 법원의 판단(사실심 변론종결시) 이전에 원고가 소송 외에서 상계 의사표시를 한 경우를 본다. 이때는 앞서 본 바와 같이 '법원이 피고의 상계항변에 대하여 심리를 하지 않을 것'을 해제조건으로 하여 상계의 실체법상 효과가 발생한다고 보면, 원고의 상계 의사표시 및 도달 당시에는 피고의 반대 채권이 이미 소멸한 상태이므로 원고의 소송 외 상계 주장도 받아들여질 수 없다.[41]

---

40) 대상판결 사안은, 1심이 피고 甲의 소멸시효항변과 상계항변을 받아들여 원고의 해당 청구를 기각하였는데, 항소심에서 원고가 상계의 재항변을 주장한 것인바, 만약 원고가 항소심계속 중 '소송 외에서 상계 의사표시를 하고 이를 항소심에서 주장'하였더라도 이미 피고의 상계항변에 제공된 자동채권이 소멸한 뒤이므로, 항소심에서의 원고의 주장은 마찬가지로 받아들여질 수 없다.

41) 반면 소송상 상계의 실체법상 효과발생시기에 관한 정지조건설의 입장에서 본다면, 원고의 소송 외 상계 의사표시 당시에는 아직 피고의 반대채권이 소멸한 상태가 아니므로 원고의 상계 의사표시가 우선하게 되고, 결국 원고의 소송 외 상계 주장은 받아들여질 수 있게 된다. 그렇다면, 피고의 상계항변이 제출된 이후 원고가 상계 의사표시를 소송 외에서 한 경우와 소송상에서 한 경우 사이에 차이가

(4) 피고의 상계충당에 관한 권한 침해 여부

(가) 상계충당은 상계의 대상이 되는 채무가 여러 개 있는 경우[42] 어느 채무가 상계로 소멸할 것인지를 정하는 것이다. 우리 민법은 상계충당에 관하여 변제충당의 규정($^{제476조 내지}_{제479조}$)을 준용하도록 한다($^{제499}_{조}$). 그런데 상계충당은 쌍방이 서로 상계자이자 피상계자의 지위에 있어 피상계자도 상계권을 가지는 경우가 많으므로 변제충당과 달리 충당지정에 관하여 상계자에게만 우월한 권한을 부여할 근거가 부족하다. 이에 따라 상계충당을 바라보는 관점에 대하여 다음과 같은 세 가지 입장이 있을 수 있다. 즉 ① 상계충당에 변제충당의 법리를 전적으로 적용하는 입장, ② 상계충당의 특수성을 고려하여 지정충당은 상계자에게 지나치게 유리하므로 배제하고 법정충당만 적용하자는 입장(이에 따르면 상계의 의사표시를 누가 먼저 했는가에 관계없이 객관적 기준으로 충당이 이루어진다), ③ 당연상계주의의 입장을 취하거나 상계의 소급효와 관련하여 당연상계주의의 법리를 여기에 적용할 수 있다고 보면서, 상계충당은 원칙적으로 변제기 도래 선후를 기준으로 이루어져야 한다는 입장이 있다.[43]

(나) 독일에서는, 변제충당의 경우 변제자의 지정이 있으면 그에 의하여 충당이 이루어지고 지정이 없는 경우 법정충당이 이루어지는 데 반해, 상계충당의 경우 상계자의 지정이 있더라도 피상계자가 지체 없이 이의하는 경우에는 법정충당순서에 의하여 충당이 이루어진다고 정한다($^{독일민법}_{제396조}$). 또한 상계의 대상이 되는 채권이 여러 개 있다는 점이 밝혀지지 않은 상황에서 피상계자가 상계충당을 주장하는 경우, 피상계자가 상계대상이 된 채권 외에 다른 채권이 있다는 점을 증명하여야 하고, 그러면 상계자가 지정충당 또는 법정충당을 증명하게 된다.[44] 반면 일본 민법

발생한다. 그런데 원고가 소송상 상계의 재항변 제출시 그 준비서면 등이 피고에게 도달하게 되고 이것을 소송 외에서 상계 의사표시를 한 것과 달리 볼 이유는 없다는 점을 감안하면, 이러한 결론은 형평에 맞지 않는다.

42) 수동채권이 여러 개인 경우뿐만 아니라, 자동채권이 여러 개인 상황에서도 마찬가지이다.

43) 김기환, 전게논문(각주 17), 244-245면 참조.

44) 김기환, 전게논문(각주 17), 247·252면 참조.

제512조는 우리 민법과 같이 변제충당규정을 준용하도록 한다.

(다) 우리나라는, 민법 규정에 충실하게 변제충당규정 적용설이 다수설[45] 및 판례의 태도이다.[46] 따라서 상계자가 지정권을 행사하면 피상계자는 이에 대하여 이의를 제기할 수 없고, 단지 상계자가 지정권을 행사하지 않는 경우에만 피상계자가 지정권을 행사할 수 있으며, 이에 대하여 상계자가 다시 즉시 이의를 제기하는 경우에는 법정충당에 따라 상계가 이루어진다.

(라) 변제충당규정 적용설에 따르면, 피고가 소송상 상계항변을 함으로써 원고의 소구채권을 수동채권으로 지정한 것으로 볼 수 있고, 피상계자인 원고는 그 지정에 대하여 이의를 제기할 수 없다. 만약 원고의 상계 재항변을 허용한다면 수동채권이 여러 개인 상황에서 상계자인 피고의 지정권을 침해하는 결과가 된다. 독일민법과 달리 우리 민법의 경우 피고의 상계충당 지정권 행사에 대하여 원고가 이의를 제기할 수 없

45) 민법주해[XI] 채권(4), 433-434면; 주석 민법[채권총칙(4)], 658-660면 참조. 이에 대하여 상계적상도래시 기준설이 있는데, 이 견해는 당사자는 통상 먼저 상계적상에 도달한 채권부터 순차 상계될 것이라는 기대를 가지고 있으므로 그 순서에 따라 상계하는 것이 형평에 부합하고, 변제이익의 대소는 그 소급효와의 관계에서는 판단하는 것이 쉽지 않다는 점을 근거로 한다[김형배, '민법학강의(제5판)', 신조사, 860면 참조].
46) 대법원 2011. 8. 25. 선고 2011다24814 판결; 대법원 2013. 2. 28. 선고 2012다94155 판결('상계의 경우에도 민법 제499조에 의하여 민법 제476조, 제477조에 규정된 변제충당의 법리가 준용되므로, 여러 개의 자동채권이 있고 수동채권의 원리금이 자동채권의 원리금 합계에 미치지 못하는 경우에는 우선 자동채권의 채권자가 상계의 대상이 되는 자동채권을 지정할 수 있고, 다음으로 자동채권의 채무자가 이를 지정할 수 있으며, 양 당사자가 모두 지정하지 아니한 때에는 법정변제충당의 방법으로 상계충당이 이루어지게 된다'); 대법원 2010. 3. 25. 선고 2007다35152 판결('가분적인 금전채권의 일부에 대한 전부명령이 확정되면 특별한 사정이 없는 한 전부명령이 제3채무자에 송달된 때에 소급하여 전부된 채권 부분과 전부되지 않은 채권 부분에 대하여 각기 독립한 분할채권이 성립하게 되므로, 그 채권에 대하여 압류채무자에 대한 반대채권으로 상계하고자 하는 제3채무자로서는 전부채권자 혹은 압류채무자 중 어느 누구도 상계의 상대방으로 지정하여 상계하거나 상계로 대항할 수 있고, 그러한 제3채무자의 상계 의사표시를 수령한 전부채권자는 압류채무자에 잔존한 채권 부분이 먼저 상계되어야 한다거나 각 분할채권액의 채권 총액에 대한 비율에 따라 상계되어야 한다는 이의를 할 수 없다') 등 참조.

으므로, 원고의 상계 재항변을 이의권 행사의 취지로 볼 수도 없다. 이러한 측면에서도 원고의 상계 재항변은 허용되지 않는다고 봄이 타당하다.

(5) 청구의 변경과 같은 효과

원고는 청구의 기초가 바뀌지 아니하는 한도 안에서 청구의 취지 또는 원인을 바꿀 수 있고(민사소송법 제262조 제1항), 법원이 청구의 취지 또는 원인의 변경이 옳지 아니하다고 인정한 때에는 직권으로 또는 상대방의 신청에 따라 변경을 허가하지 아니하는 결정을 하여야 한다(같은 법 제263조). 그런데 원고의 소송상 상계의 재항변을 허용할 경우, 법원의 그에 대한 판단에 기판력이 발생하는데, 이는 실질적으로 원고가 새로운 청구를 추가하는 것과 같다. 따라서 원고가 소구채권과 '청구 기초의 동일성'이 인정되지 않는 별개 채권을 상계 재항변의 자동채권으로 주장하는 경우 위 조항에 반하여 실질적으로 청구 변경과 같은 목적을 달성하는 결과가 된다.[47)]

(6) 예외적으로 소송상 상계의 재항변이 허용될 수 있는지 여부

(가) 피고의 소송상 상계항변에 제공된 반대채권에 대하여, 원고가 그와 견련관계에 있어 동시이행항변권이 인정되는 별개의 채권을 가지고 있는 경우, 이때는 원고가 그 채권을 자동채권으로 하여 소송상 상계의 재항변을 하더라도 법률관계의 불안정 또는 심리의 복잡을 초래하지 않아 그러한 재항변이 허용된다고 볼 것인가? 이러한 경우 피고가 동시이행항변권이 부착된 반대채권을 가지고 원고의 소구채권과 상계를 하는 것은 원고의 항변권을 부당하게 침해하는 것이 되어 허용되지 않는다. 따라서 피고의 상계항변을 전제로 하는 원고의 소송상 상계의 재항변은 문제될 수 없다.[48)]

(나) 원고가 일부 청구를 하였는데, 피고가 소송상 상계항변을 한

---

47) 권혁재, 전게논문(각주 9), 53면 참조.

48) 다만 피고의 반대채권이 원고의 별개 채권보다 다액인 경우 피고가 반대채권을 가지고 상계를 할 수 없는 범위는 원고의 별개 채권과 동시이행관계에 있는 부분에 불과하고, 나머지 잔존하는 채권으로는 피고가 이를 자동채권으로 하여 상계를 할 수는 있다. 그러나 이때도 원고는 그 견련관계가 인정되는 채권으로 피고의 나머지 반대채권과 상계할 수 없다.

경우, 원고가 청구하지 않은 잔부 채권으로 소송상 상계의 재항변을 할수 있는지 문제된다.[49] 판례는, 일부청구의 경우 피고의 상계항변시 원고가 청구한 일부금액이 아니라 전체 채권액을 기준으로 피고의 자동채권금액 상당이 감액된다고 본다.[50] 또한 이 경우 원고는 청구취지를 확장할 수도 있다. 따라서 원고가 잔부 채권으로 소송상 상계의 재항변을 주장하는 것을 허용할 이익이 없다.

4. 소 결

소송상 상계의 실체법상 효과는 법원이 피고의 상계항변에 대하여 심리하지 않을 것을 해제조건으로 하여 그 상계항변이 제출된 시점에 발생한다고 해석되고, 이미 피고의 상계항변에 의하여 반대채권이 소멸한 상태이므로 이후 원고의 소송상 상계 재항변은 허용될 수 없다. 피고의 상계항변을 원고의 상계 재항변보다 먼저 판단하므로, 소송상 상계의 실체법상 효과가 법원의 판단 시점에 발생한다고 보더라도, 원고의 상계 재항변에 대한 심리 당시 피고의 반대채권이 이미 소멸한 상태이므로 상계의 실체법상 요건을 충족할 수 없다. 만약 소송상 상계의 재항변을 허용한다면 피고의 상계충당에 관한 권한을 침해할 뿐만 아니라 민사소송법상 청구의 변경 요건을 구비하지 못하였음에도 그와 같은 목적을 달성하게 되는 문제가 발생한다. 반면 원고로서는 굳이 상계의 재항변을 하지 않더라도 별소 제기 등을 통해 권리구제를 받을 수 있어 특별한 불이

---

49) 예컨대, 원고가 피고에 대하여 1,000만 원의 채권을 가지고 있고, 그 중 700만 원만 일부 청구를 하였는데, 피고는 원고에 대한 500만 원의 반대채권을 가지고 소송상 상계항변을 하였고, 이에 대하여 원고가 나머지 300만 원 채권으로 소송상 상계의 재항변을 한 경우이다.

50) 대법원 1984. 3. 27. 선고 83다323 판결 참조('원고가 피고에게 가지는 금전채권 중 그 일부만을 소송상 청구하는 경우에 이를 피고의 반대채권으로써 상계함에 있어서는 위 금전채권 전액에서 상계를 하고 그 잔액이 청구액을 초과하지 아니할 경우에는 그 잔액을 인용할 것이고 그 잔액이 청구액을 초과할 경우에는 청구의 전액을 인용하는 것으로 해석하는 것이 일부 청구를 하는 당사자의 통상적인 의사이고 원고의 청구액을 기초로 하여 피고의 반대채권으로 상계하여 그 잔액만을 인용한 원심판결은 상계에 관한 법리를 오해한 위법이 있다 할 것이다').

익을 입지 않는다. 원고가 소송계속 중인 청구채권을 소송상 상계 재항변의 자동채권으로 주장하는 경우[51]에도 그 결론을 달리할 것은 아니다.

Ⅲ. 共同住宅[52]의 瑕疵關係責任들 相互間의 關係

1. 문제의 제기

집합건물법, 주택법 등에서 정하는 공동주택의 하자관계책임은 그 상호간의 관계에 대한 고려 없이 독립적으로 규정하여 그 당사자와 책임의 내용이 다양한데, 소송에서는 다수 채무자들을 상대로 이들 책임을 병합하여 구하는 경우가 많다. 그런데 각 하자관계책임은 결국 공동주택의 하자보수라는 동일한 경제적 목적을 위하여 인정되므로, 채권자가 각 하자관계책임의 채무자들로부터 중복하여 만족을 얻을 수는 없다. 그렇다면 각 하자관계책임을 병합하여 구하는 소송에서 동일한 하자에 대하여 이들 책임이 모두 인정되는 경우, 판결 주문에서 다수 채무자들의 하자관계책임을 동시에 전부 인용하면 중복지급을 명하는 것이 되어 위법한지, 중복만족을 막기 위한 조정방법은 무엇인지, 이들 책임이 부진정연대채무 관계에 있다고 볼 것인지, 하나의 책임이 변제뿐만 아니라 상계 등으로 소멸하면 다른 책임에도 영향을 미치는지 등이 문제된다.

2. 공동주택의 하자관계책임들에 대한 개관

가. 수급인의 도급인에 대한 하자담보책임(민법 제667조 이하)

수급인의 도급인에 대한 하자담보책임은 법률에서 특별히 정한 무과실책임이다. 도급인은 수급인에 대하여 상당한 기간을 정하여 하자의 보수를 청구할 수도 있으나(민법 제667조 제1항), 실무상으로는 당사자 사이에 하자보

---

51) 이때 원고의 본래 청구취지는 그만큼 감액되어야 할 것이다.
52) 주택법상의 공동주택은 건축법상 건물의 용도에 따른 개념으로서 아파트, 연립주택, 다세대주택, 기숙사 등으로 구분된다. 아파트 등의 공동주택은 구분소유를 전제로 하므로 원칙적으로 집합건물법상의 집합건물에 해당한다. 반면 집합건물은 공동주택뿐 아니라 업무시설이나 근린생활시설 등의 용도로도 사용되므로 공동주택이 아닌 경우도 많다(윤재윤, 건설관계분쟁법 제5판, 박영사, 2014, 308면 참조).

수에 관한 협의가 이루어지지 않고 상당한 보수의 방법을 특정하는 것도 곤란하므로 대부분 같은 조 제2항에 따라 하자보수에 갈음하여 또는 보수와 함께 손해배상을 청구한다.[53] ① 하자보수에 갈음하는 경우로서, 도급인이 하자보수청구권을 갖고 있을 경우에도 하자보수청구 대신 바로 하자보수비 상당의 손해배상을 청구할 수 있다. ② 도급인은 하자보수를 하더라도 전보되지 아니하는 손해의 배상을 하자보수와 함께 구할 수 있다. 일의 완성이 지연되거나, 완전한 보수가 불가능한 경우에 남게 되는 손해, 하자로 인하여 계약에서 정한 대상 이외의 대상에게 발생한 손해의 배상을 구하는 것이다. ③ 하자보수가 허용되지 않거나 사실상 불가능한 경우에는, 도급인은 손해배상청구만 할 수 있다. 이 경우 배상을 구하는 손해는 도급인이 '하자로 인하여 입은' 통상의 손해 자체가 되는데, 이는 특별한 사정이 없는 한 수급인이 하자 없이 시공하였을 경우의 목적물의 교환가치와 하자가 있는 현재 상태대로의 교환가치와의 차액이 된다.[54]

이와 같은 손해배상채무는 이행의 기한이 없는 채무로서 이행청구를 받은 때부터 지체책임이 있다.[55] 또한 위 손해배상채무는 무과실책임으로서 과실상계 규정은 적용될 수 없더라도, 하자의 발생 및 그 확대에 가공한 도급인의 잘못을 참작하여 손해배상의 범위를 정할 수 있다.[56]

나. 집합건물법 제9조에 의한 하자담보책임

(1) 집합건물법 제9조는 분양자 등의 구분소유자에 대한 하자담보책임에 대하여 정한다. 구 집합건물법에서는 시공자가 책임주체로 명시되어 있지 않아 시공자는 원칙적으로 그 책임을 부담하지 않는다고 보았으나, 2012. 12. 18. 법률 제11555호로 개정되면서 일정 규모 이상의 시공

---

53) 건설재판실무편람 집필위원회, '건설재판실무편람(2014년 개정판)', 2014, 87면 참조.
54) 윤재윤, 전게서(각주 52), 289-291면 참조.
55) 대법원 2009. 5. 28. 선고 2009다9539 판결 등 참조. 대상판결의 원심에서도, '원고가 구분소유자들로부터 하자보수에 갈음한 손해배상채권을 양도받아 양수금청구를 원인으로 하는 각 서면을 피고 甲에게 송달한 날의 다음날부터 비로소 그 구분소유자들의 몫에 해당하는 하자보수에 갈음한 손해배상채권에 대한 지연손해금이 발생한다.'고 보았다.
56) 대법원 2004. 8. 20. 선고 2001다70337 판결 등 참조.

자도 본조의 하자담보책임을 부담하도록 정하였다. 이 역시 법정책임이고, 그 내용은 민법상 수급인의 하자담보책임과 같은데, 통상 하자보수에 갈음한 손해배상을 청구하는 경우가 많다.

(2) 청구권자는 '현재의' 구분소유자로서, 수분양자뿐만 아니라 전득자도 포함한다.[57] 하자보수에 갈음하는 손해배상청구권은, 전유부분의 경우 구분소유자 개인에게 단독으로 귀속하고, 공유부분의 경우 각 구분소유자에게 지분비율에 따라 분할 귀속된다. 따라서 손해배상청구권은 구분소유자가 행사하되 자기 지분을 넘어서는 행사할 수 없으며, 관리행위의 범위를 벗어나므로 관리단이 손해배상을 청구할 수는 없다.[58] 판례는 입주자대표회의가 분양자를 상대로 집합건물법 제9조에 따라 전유부분 또는 공용부분의 하자보수에 갈음하는 손해배상청구를 할 수 없다고 본다.[59] 이에 따라 실무에서는 통상 구분소유자들이 자신의 손해배상청구권을 입주자대표회의(또는 관리단)에 양도하고, 입주자대표회의(또는 관리단)가 양수금청구의 소를 제기한다.

다. 주택법에 의한 하자관계책임[60]

(1) 입주자·입주자대표회의·관리주체 등은 주택법 제46조 및 같은 법 시행령 제59조에 따라 사업주체(건축주 및 시공자를 포함)를 상대로 공동주택에 관한 하자관계책임을 구할 수 있다. 공동주택의 사업주체와 직접 법률관계를 맺지 않은 입주자대표회의나 관리주체도 그 책임을 구할 수 있다는 점에서 도급계약 당사자간의 계약상 권리의무로 접근하는 민법상 하자담보청구권과 차이가 있다. 이 역시 법정책임이다.[61]

---

57) 대법원 2003. 2. 11. 선고 2001다47733 판결; 대법원 2009. 3. 12. 선고 2008다76020 판결 등 참조.

58) 윤재윤, 전게서(각주 52), 335면; 대법원 2011. 12. 13. 선고 2011다80531 판결 등 참조.

59) 대법원 2008. 12. 24. 선고 2008다48490 판결; 대법원 2009. 5. 28. 선고 2009다9539 판결 등 참조.

60) 주택법에서는 이하에서 보는 바와 같이 원칙적으로 하자발생에 따른 손해배상청구가 인정되지 않고, 사업주체의 하자보수보증금 예치의무 및 보증인의 하자보수보증금지급채무 등도 포함하기 위하여 '하자관계책임'이라고 지칭하기로 한다.

61) 윤재윤, 전게서(각주 52), 347-348면 참조.

(2) 책임의 내용으로, 먼저 하자보수를 청구할 수 있다. 또한 예치된 하자보수보증금으로 직접 보수하거나 제3자에게 대행시킬 수 있다(주택법 시행령 제59조의2). 한편 입주자 등이 주택법 제46조 제1항에 의하여 사업주체에게 하자보수청구 외에 손해배상을 청구할 수 있는지 문제되는데, 판례는 부정설의 입장이다.[62] 다만 예외적으로 내력구조부 등에 중대한 하자가 있는 경우에는 손해배상책임을 물을 수 있다(주택법 제46조 제3항).

(3) 하자보수보증계약에 기한 하자보수보증금에 관하여 본다. 하자보수보증금을 금전으로 금융기관에 예치하는 경우는 거의 없고, 하자보수보증계약에 따른 보증서 및 보증보험증권을 제출함으로써 이에 갈음한다(주택법 제46조 제2항, 같은 법 시행령 제60조). 하자보수보증계약 등에 따른 보증금지급채무는 계약상 채무이고, 이는 법정채무인 사업주체의 하자보수보증금 예치의무와 구별된다. 그 청구권자는 보증채권자로서 입주자대표회의 또는 관리단이고, 그 상대방은 하자보수보증서를 발급한 자로서 주로 건설공제조합, 보증보험회사 등이다. 하자보수보증지급채무 역시 실질적으로는 하자에 관한 손해배상책임의 성격을 가지므로, 책임제한의 법리가 적용될 수 있다.[63]

사업주체가 건설공제조합 또는 보증보험회사와 하자보수보증계약을 체결한 경우, 그 주채무는 사업주체가 주택법령에 따라 입주자대표회의에 대하여 부담하는 하자보수의무이다.[64] 그 하자보수의무의 불이행으로 인

---

62) 대법원 2009. 5. 28. 선고 2009다9539 판결; 대법원 2010. 1. 14. 선고 2008다88368 판결 등 참조['구 주택법령에 의하면 입주자대표회의에게 공동주택의 사업주체에 대한 공사의 내용과 하자의 종류에 따른 하자보수청구권을 부여하고 있으나, 이는 행정적인 차원에서 하자보수의 절차, 방법 및 기간 등을 정하고 하자보수보증금으로 신속하게 하자를 보수할 수 있도록 하는 기준을 정하는 데 그 취지가 있을 뿐, 입주자대표회의에게 하자보수청구권 외에 하자담보추급권(손해배상청구권)까지 부여하는 것이라고 볼 수는 없다'].

63) 대법원 2012. 9. 13. 선고 2009다23160 판결 등 참조.

64) 공사도급계약과 관련한 보증은, 수급인에 대신하여 하자보수공사를 직접 시공할 것을 보증하는 '공사보증'과 도급계약상 채무불이행에 의한 손해배상채무 등 금전채무를 보증하는 '금전보증'의 두 가지 형태로 크게 분류할 수 있는데, 하자보수에 관한 건설관계보증은 일종의 공사보증에 해당한다[민법주해[XI] 채권(3), 252면 각주 73(박병대 집필 부분) 참조]. 실제로 보증보험계약의 약관에서 하자보수보증인이 직접 그 하자보수의무를 이행하기로 하는 조항을 두기도 한다.

한 손해배상채무는 주채무가 아니고, 사업주체가 입주자대표회의에 대하여 하자보수를 갈음한 손해배상채무를 부담하는 것도 아니므로 이 역시 주채무가 될 수 없다. 수급인(시공사)이 하자보수요청에도 불구하고 하자보수의무를 이행하지 않아 보험사고가 발생한 경우,[65] 그 이후에도 시공사의 하자보수의무는 여전히 남아 있고, 하자보수의무와 하자보수보증금지급채무는 병존하게 된다. 이후 주채무자 또는 주계약상 보증인에 의하여 하자보수의무가 이행된 경우에는, 보증채무의 부종성에 따라 또는 보험목적 달성으로 인하여 하자보수보증금지급채무도 소멸한다.

라. 건설산업기본법에 의한 하자담보책임

수급인의 발주자에 대한 하자담보책임에 관하여 정한 건설산업기본법 제28조는 그 내용 대신 책임기간(하자발생기간)에 대하여만 정한다. 책임의 내용은 민법 제667조에의 하자담보책임과 같다. 위 법률은 건설업등록을 한 건설업자가 수급받아 건축한 건축물에 관하여만 적용된다.[66]

3. 중첩되는 채무관계에 관하여

가. 의의 및 종류

일반적으로 채권관계는 하나의 급부에 대하여 한 사람의 채권자와 한 사람의 채무자가 있는 것이 보통이나, 하나의 급부에 관하여 다수의

---

65) 한편 판례는 '하자보수이행보증보험은 보험계약자가 하자담보 책임기간 안에 하자보수요구를 받고 도급계약에 따라 이를 이행하지 아니하는 경우에 생기는 도급인의 손해를 보상하는 것인바, 공사도급계약상의 연대보증인의 보증책임 범위에 하자보수의무가 포함되어 있음이 명백하므로 보험계약자는 피보험자로부터 하자보수이행청구를 받은 경우 자신이 직접 하자보수를 이행하거나 연대보증인으로 하여금 하자보수를 이행하도록 할 수 있고 또한 피보험자도 직접 연대보증인에게 하자보수의 이행을 청구할 수 있으며, 이처럼 보험계약자 또는 연대보증인이 도급계약에 따라 피보험자로부터 하자보수의 요청을 받고 이를 이행하는 경우에 이는 모두 도급계약에 따라 이행한 것이므로 도급인은 하자보수의무의 불이행으로 인한 손해를 입지 아니하게 된다고 할 것이고, 그 결과 보증보험계약에 기한 보험금청구권은 발생하지 아니한다.'고 보았다(대법원 2003. 9. 26. 선고 2001다68914 판결). 이는 보험사고가 발생하기도 전에 주채무가 이행되어 소멸한 것이므로 당연히 하자보수보증금채무도 발생하지 않는다고 본 것이다.

66) 윤재윤, 전게서(각주 52), 321면 참조.

채권자와 다수의 채무자가 있는 경우도 있는데, 이러한 경우를 포괄하여
'다수 당사자의 채권·채무관계'라고 한다. 그 구체적인 귀속의 모습은
급부의 내용이 양적으로 분할되어 채권·채무가 독립적으로 다수의 주체
에게 분속하는 경우(분할채권채무)와, 다수의 채권·채무가 독립적으로 다
수의 주체 사이에 중첩적으로 분속하는 경우가 있다.[67]

　후자는 채권자를 위하여 하나의 급부를 실현하는 것을 목적으로 하
고 급부 전부를 내용으로 하는 다수의 채권·채무가 수인 사이에 중첩적
으로 분속하는 것으로서, 한 채권·채무가 변제 등으로 소멸하면 그 한도
내에서 다른 채권·채무도 소멸하게 된다. 그 중 채권자가 다수인 경우로
는 불가분채권, 연대채권[68] 등이 있다. 채무자가 다수인 경우를 보면, 이
는 동일한 내용의 급부를 전제로 하므로 원칙적으로 '동일한 채권자'에 대
하여 채무를 부담하는 경우인데, 불가분채무($\frac{민법}{제411조}$),[69] 연대채무($\frac{민법}{제413조}$),[70]
부진정연대채무, 합동채무[71] 및 '기타 여러 사람이 각자 전액의 책임을
지는 경우'[72]가 있다.

　나. 부진정연대채무에 관하여

　(1) 부진정연대채무는 '다수의 채무자가 동일한 내용의 급부에 대하

---

67) 곽윤직(편집대표), 민법주해[X] 채권(3), 박영사, 1992, 3-4면(허만 집필부분); 김
　용담(편집대표), 주석 민법[채권총칙(2)] 제4판, 한국사법행정학회, 2014, 367-370면
　(문홍안 집필부분) 참조.
68) 그러나 실제로는 성질상 또는 의사표시에 의한 불가분채권은 그 예가 거의 없
　다. 민법에 규정되어 있지 않고 학설상으로만 인정되는 연대채권은, 다수의 채권
　자가 채무자에 대하여 각기 급부의 전부 또는 일부를 청구할 수 있고 채권자 중
　의 한 사람이 채권을 수령하면 그 범위에서 모든 채권자의 채권을 소멸시키는 다
　수 채권자의 관계인데, 실제상 의의가 거의 없다[민법주해[X] 채권(3), 6면 참조].
69) 여러 사람이 공동으로 타인의 소유물을 점유·사용함으로써 얻은 부당이득반환
　채무, 건물의 공유자가 공동으로 건물을 임대하고 보증금을 수령한 경우 그 보증
　금 반환채무 등이 있다.
70) 그 외 주채무자와 연대보증인의 채무(민법 제437조 단서), 사용대차·임대차에
　있어서 공동차주의 채무(민법 제616조, 제654조), 일상가사로 인한 부부의 채무(민
　법 제832조), 다수 채무자간 상행위 채무(상법 제57조) 등이 있다.
71) 다수의 어음·수표채무자의 채무(어음법 제47조, 수표법 제43조)가 있다.
72) 이는 다수 채무자들 사이의 중첩관계 중 나머지 유형을 포괄하는 것으로, 주채
　무자와 단순보증인의 채무, 단순보증인과 연대보증인의 채무, 신원본인과 신원보증
　인(비연대)의 채무 등이 있다(민사실무II, 사법연수원, 2015, 80면 참조).

여 각자 독립하여 전부를 급부할 의무를 부담하고, 채무자 가운데 1인이 채무를 이행하면 다른 모든 채무자의 채무가 소멸하는 관계로서, 민법이 정하는 연대채무에 속하지 않는 것'이라고 하거나,[73] '2인 이상의 자가 각각 다른 법률관계에 의하여 동일한 채권자에게 어떤 급부를 하여야 할 채무를 부담하게 된 경우에, 그들 각자의 급부의 내용이 우연히도 동일한 것이어서, 한 사람의 이행이 있으면 다른 사람의 채무도 소멸하게 되는 관계'로 정의한다.[74] 판례는 '부진정연대채무 관계는 서로 별개의 원인으로 발생한 독립된 채무라 하더라도 동일한 경제적 목적을 가지고 있고 서로 중첩되는 부분에 관하여 일방의 채무가 변제 등으로 소멸할 경우 타방의 채무도 소멸하는 관계에 있으면 성립할 수 있고, 반드시 양 채무의 발생원인, 채무의 액수 등이 서로 동일할 것을 요한다고 할 수는 없다.'고 보았다.[75]

부진정연대채무의 개념은 원래 독일학설의 영향을 받아 도입된 것인데, 그 개념을 통일적인 의미의 개념으로 인정하기 어렵다거나 너무 넓게 인정해서는 안 되고, 각각의 경우 구체적, 개별적으로 법률관계를 명확히 해야 한다고 보는 견해들도 있다.[76] 그러나 우리 민법은 연대채무의 경우 채무자 중 1인에 대하여 생긴 사유의 절대적 효력을 비교적 넓게 인정하고 있어 채무의 담보력이 약화되었으므로 담보력이 강한 부진정연대채무를 인정할 실익이 있다.[77]

(2) 부진정연대채무의 예로는, 공동불법행위자의 손해배상채무($^{민법}_{제760조}$), 피용자와 사용자의 각 손해배상채무($^{민법}_{제756조}$), 공무원의 불법행위로 인한 손해배상채무와 국가배상법에 의한 국가의 손해배상채무, 실화자의 손해배상

---

73) 민법주해[X] 채권(3), 81면(차한성 집필부분) 참조.
74) 곽윤직, 채권총론[민법강의Ⅲ], 제6판, 박영사, 2003, 175면.
75) 대법원 2009. 3. 26. 선고 2006다47677 판결; 대법원 2010. 5. 27. 선고 2009다 85861 판결 등 참조.
76) 민법주해[X] 채권(3), 82면(차한성 집필부분) 참조.
77) 민법주해[X] 채권(3), 85면(차한성 집필부분); 김현진, '부진정연대채무의 법률관계-상계, 일부변제 및 특별법상 책임제한의 효력을 중심으로-', 서울대학교 대학원 법학석사학위논문(2004. 2.), 12면 참조.

채무와 보험회사의 보험계약에 따른 보험금지급채무, 임치물을 도난당한 수치인의 채무불이행에 따른 손해배상채무와 절취자의 불법행위에 따른 손해배상채무 등이 있다. 판례는 도급인에 대한 수급인의 하자보수에 갈음한 손해배상채무와 하수급인의 건설산업기본법 제32조 제1항 등에 따른 채무,[78] 어떤 물건에 대한 직접점유자와 간접점유자의 점유·사용으로 인한 각 부당이득반환의무,[79] 중첩적 채무인수에서 인수인이 채무자의 부탁 없이 채권자와의 계약으로 채무를 인수한 경우의 양 채무,[80] 영업양도시 양도인과 양수인의 채무[81] 등도 서로 부진정연대채무 관계에 있다고 본다.

(3) 부진정연대채무는 다수 채무자들 사이에 공동목적에 의한 주관적 관련이 없으므로, 변제·대물변제·공탁 등 목적도달사유를 제외하고는 원칙적으로 채무자 한 사람에 관하여 생긴 사유가 다른 채무자에게 영향을 미치지 않고 채무자 상호간의 구상관계도 생기지 않는다.[82] 나아가 통설 및 판례는 부진정연대채무자 중 1인이 행한 상계는 그로 인하여 채권자가 현실적으로 만족을 얻게 되므로 다른 채무자에게도 영향을 미친다고 본다.[83]

다. 주문에의 표시 및 소송형태

다수 채권자들 사이의 중첩관계는 판결 주문에 이를 표시할 방법이 마땅히 없다. 다수 채무자들 사이의 중첩되는 채무관계는 판결 주문에서 이를 표시하는데, 연대채무의 경우 '연대하여', 합동채무의 경우 '합동하여'라고 기재하고, 그 밖에 불가분채무, 부진정연대채무, 기타 여러 사람이 각자 전액의 책임을 지는 경우에는 '공동하여'(또는 '각자')[84]라고 기재

---

78) 대법원 2010. 5. 27. 선고 2009다85861 판결 등 참조.
79) 대법원 2012. 9. 27. 선고 2011다76747 판결 등 참조.
80) 대법원 2009. 8. 20. 선고 2009다32409 판결 등 참조.
81) 대법원 2009. 7. 9. 선고 2009다23696 판결 등 참조.
82) 곽윤직, 전게서(각주 74), 176면 참조.
83) 대법원 2010. 9. 16. 선고 2008다97218 전원합의체 판결 참조('부진정연대채무자 중 1인이 자신의 채권자에 대한 반대채권으로 상계를 한 경우에도 채권은 변제, 대물변제, 또는 공탁이 행하여진 경우와 동일하게 현실적으로 만족을 얻어 그 목적을 달성하는 것이므로, 그 상계로 인한 채무소멸의 효력은 소멸한 채무 전액에 관하여 다른 부진정연대채무자에 대하여도 미친다고 보아야 한다.').

하는 것이 실무례이다.[85] 이와 같이 중첩되는 관계에 있는 다수의 채무자들에 대한 청구는 서로 양립가능하여 한꺼번에 인용될 수 있으므로, 민사소송법 제70조의 예비적·선택적 공동소송에 해당하지 않는다.[86]

4. 집합건물법상 하자담보책임과 주택법령에 의한 하자관계책임 사이의 관계

가. 서로 별개의 책임

집합건물법은 구분소유자 개인의 권리에 기초한 사법적 권리관계의 측면을 규율하는 반면, 주택법은 행정적 차원에서 주택관리상 필요에 의한 공법적인 측면을 규율하는 것을 특색으로 한다.[87] 따라서 집합건물법상 하자담보책임과 주택법령에 기한 하자관계책임(하자보수책임 또는 하자보수보증금지급채무)은 그 근거법령과 입법 취지, 권리관계의 당사자 및 책임내용 등이 서로 다른 별개의 책임이다.[88]

---

84) 최근까지 실무례는 '각자'라고 기재하였으나, '각자'라는 용어는 다수의 채무자들이 부담하는 의무 사이의 중첩관계를 표시하기에 기본적으로 부적절하고, 이를 대체할 수 있는 용어로서 '공동하여'라는 용어를 사용하는 것이 적절하고 무난하다는 견해가 있고[김미리, "복수의 채무자 사이 채무중첩관계에 관한 주문표시 방법-'각자'에 대한 대안 모색-", 사법논집(2015. 3.) 참조], 그에 따라 최근 실무례도 '공동하여'로 기재하기 시작하였다.

85) 민사실무Ⅱ(각주 72), 81면 참조.

86) 대법원 2009. 3. 26. 선고 2006다47677 판결 참조('부진정연대채무의 관계에 있는 채무자들을 공동피고로 하여 이행의 소가 제기된 경우 그 공동피고에 대한 각 청구가 서로 법률상 양립할 수 없는 것이 아니므로 그 소송을 민사소송법 제70조 제1항 소정의 예비적·선택적 공동소송이라고 할 수 없다.').

87) 2012. 12. 18. 집합건물법 및 주택법이 개정되어, 공동주택의 하자담보책임에 관하여 주택법 제46조에 정하는 바에 따르도록 규정한 집합건물법 부칙 제6조 단서가 삭제됨으로써, 개정 집합건물법의 시행일인 2013. 6. 19. 이후 분양되는 공동주택의 경우, 그 하자담보책임과 관련하여 민사특별법인 집합건물법이 적용되고, 공법인 주택법 관련규정이 집합건물법을 보완하는 관계로 본다[건설재판실무편람(각주 53), 122-123면 참조].

88) 대법원 2012. 9. 13. 선고 2009다23160 판결은 '집합건물법에 의한 구분소유자들의 손해배상청구권과 주택법령에 의한 입주자대표회의의 하자보수이행청구권 및 보증금지급청구권은 인정 근거와 권리관계의 당사자 및 책임내용 등이 서로 다른 별개의 책임이다. 또한 입주자대표회의에 대한 건설공제조합의 보증금지급채무는 사업주체의 하자보수이행의무에 대한 보증채무일 뿐이고 입주자대표회의에 대한

이에 따라 판례는, 입주자대표회의가 공동주택을 건축·분양한 사업
주체에 대하여 하자보수청구를 하였다고 하여 이를 입주자대표회의가 구
분소유자들을 대신하여 집합건물법상 하자보수에 갈음한 손해배상청구권
을 행사한 것으로 볼 수는 없고, 사업주체가 입주자대표회의에 대하여
주택법령에 의한 하자보수책임을 승인하였다고 하더라도, 이로써 사업주
체가 구분소유자들에 대하여 집합건물법에 의한 하자담보책임까지 승인
하였다고 볼 수도 없다고 본다.[89] 또한 판례는, 주택법 등의 하자보수 관
련규정은 집합건물법 제9조에 의한 분양자의 구분소유자에 대한 하자보
수의무의 제척기간에는 영향을 미칠 수 없고,[90] 반대로 입주자대표회의
가 주택법령 및 하자보수보증계약에 기하여 가지는 하자보수청구권이나
하자보수보증금채권을 행사함에 있어서도 집합건물법에 의한 제척기간은
적용되지 않는다고 보았다.[91] 그리고 집합건물법상 하자담보추급권이 제
척기간이 도과하거나 소멸시효 완성 등으로 소멸하더라도, 입주자대표회
의가 주택법령에 따라 사업주체에 대하여 가지는 하자보수청구권이나 하
자보수보증금채권이 그에 따라 소멸한다고 볼 수 없다고 하였다.[92]

나. 동일한 하자 범위 내에서는 중첩되는 관계

(1) 대법원 2012. 9. 13. 선고 2009다23160 판결

입주자대표회의와 구분소유자들이 구 주택법령 또는 집합건물법에
근거하여 사업주체인 X회사에 대한 손해배상을 주관적·예비적 병합의
형태로 병합하여 청구하고, 이와 별도로 입주자대표회의가 건설공제조합
을 상대로 하자보수보증계약에 기한 보증금을 청구하였는데, 원심은 입주

사업주체의 손해배상채무가 주채무인 것은 아니므로, 입주자대표회의가 사업주체
에 대하여 주장하는 손해배상청구권과 건설공제조합에 대하여 주장하는 보증금지
급청구권 사이에도 법률상의 직접적인 연계관계는 없다.'고 판시하였다.
89) 대법원 2011. 3. 24. 선고 2009다34405 판결 등 참조.
90) 대법원 2004. 1. 27. 선고 2001다24891 판결; 대법원 2006. 10. 26. 선고 2004다
17993, 18002, 18019 판결; 대법원 2008. 12. 11. 선고 2008다12491 판결 등 참조.
91) 대법원 2009. 3. 12. 선고 2008다76020 판결; 대법원 2009. 6. 23. 선고 2008다
85598 판결 등 참조.
92) 대법원 2013. 2. 28. 선고 2010다65436 판결; 대법원 2013. 3. 28. 선고 2010다
73840 판결; 대법원 2013. 3. 14. 선고 2010다73789 판결 등 참조.

자대표회의의 X회사에 대한 청구는 기각하고 예비적 청구인 구분소유자들의 청구는 일부 인용하면서 입주자대표회의의 건설공제조합에 대한 보증금지급청구도 일부 인용하였다. 대법원은, '원심이 입주자대표회의의 건설공제조합에 대한 청구와 구분소유자들의 X회사에 대한 청구를 병렬적으로 인용한 것을 잘못이라 할 수 없고, 다만 원심이 인정한 위 각 책임은 그 대상인 하자가 일부 겹치는 것이고 그렇게 겹치는 범위 내에서는 결과적으로 동일한 하자의 보수를 위하여 존재하는 것이므로, 향후 원고들이 그 중 어느 한 권리를 행사하여 하자보수에 갈음한 보수비용 상당이 지급되면 그 금원이 지급된 하자와 관련된 한도 내에서 다른 권리도 소멸하는 관계에 있지만, 이는 의무 이행 단계에서의 조정에 관한 문제일 뿐 의무의 존부를 선언하는 판결 단계에서 상호 배척 관계로 볼 것은 아니므로, 원심이 위 각 청구를 함께 인용한 것이 중복지급을 명한 것이라고 할 수 없다.'고 판시하였다.

(2) 구체적 검토

(가) 청구권자가 서로 다름에도 불구하고 동일한 하자 범위 내에서 중첩관계를 인정

집합건물법상 하자담보책임과 주택법령에 따른 하자관계책임은 그 청구권자가 서로 다른 별개의 책임이기는 하나, 양 책임은 그 대상인 하자가 겹치는 범위 내에서는 결과적으로 '하자보수'라는 동일한 경제적 목적을 위하여 인정되는 것이므로, 어느 한 권리를 행사하여 그 하자보수가 완료되거나 하자보수에 갈음한 보수비용이 지급되면 그 보수되거나 보수비용이 지급된 하자와 관련된 한도 내에서 다른 권리도 소멸하는 관계에 있다. 이 역시 하나의 책임이 소멸하면 다른 책임이 소멸한다는 점에서 다수 당사자들 사이의 중첩되는 채무관계에 해당한다. 다만 위 2009다23160 판결은 양 책임의 청구권자가 입주자대표회의와 구분소유자로 서로 별개의 주체임에도 불구하고 그 하자가 겹치는 범위 내에서 한 책임이 현실로 이행되면 다른 책임도 그 경제적 목적을 달성하여 소멸한다고 보았다. 주택법령에서 관리단 또는 입주자대표회의에게 하자보수청구권 및 자신의 명의로 하자보수보증금을 예치·보관할 수 있는 권한 등을 부여한 것은 결국 공동주택의 효율적인 관리를 통한 구분소유자의 이익을 위한 것이고, 관리단 또는 입주자대표회의가 지급받은 보증금은 구분소유자의 하자보수를 위하여 사용될 것이라는 점이 고려된 것으로 보인다. 이러한 점에서 부진정연대채무 관계와 차이가 있다.

구분소유자에게 발생한 손해는 그 하자 범위 내이고, 발생한 손해 이상으로는 중복해서 만족을 얻을 수 없으므로, 이러한 중첩관계는 당연한 것으로 이해된다. 다만 그 청구권자가 다른 이상 판결 주문에서는 중첩관계임을 표시할 방법이 없고, 또한 양 책임이 별소를 통해 구해지는 경우에는 양 책임 모두에 대한 인용판결이 선고될 수밖에 없으므로, 위 2009다23160 판결과 같이 중복만족을 피하기 위한 구체적인 조정은 판결 선고 이후 의무이행 단계에서 이루어질 수밖에 없다. 만약 판결 선고 전에 한 책임에 대한 현실적인 변제가 이루어진 경우에는, 이때도 '의무이행 단계에서의 조정'으로 미룰 것인가, 아니면 판결 선고 단계에서 다른 책임도 그만큼 소멸한 것으로 판단할 것인가? 위 2009다23160 판결의 입장은 그러한 경우에도 이를 의무 이행 단계의 문제라고 보는 취지인지 명확하지 않다. 대상판결의 원심은 하자보수에 갈음한 손해배상책임과 하자보수보증금지급책임이 의무이행 단계가 아닌 판결 단계에서 조정될 수 있다고 보았다. 양 책임 사이에 중첩되는 채무관계를 인정한 이상 이러한 경우에는 중복만족을 피하기 위한 조정을 굳이 의무이행 단계로 미룰 것이 아니라 판결 단계에서 다른 책임이 그만큼 소멸하였다고 판단함이 분쟁의 간명한 해결을 위하여 타당하다.

(나) 한 책임이 상계 등으로 소멸한 경우 다른 책임에 영향 미치는지 여부

위 2009다23160 판결에 따르면, 하자가 겹치는 범위 내에서 한 채권이 변제(대물변제, 공탁 포함)되어 하자보수의 목적을 달성한 경우 다른 채권도 소멸한다. 그런데 한 채권이 변제가 아닌 상계로 소멸한 경우에는 다른 채권도 그만큼 소멸하는가(예컨대, 분양자가 구분소유자에 대하여 가지고 있는 반대채권으로 상계를 하여 집합건물법상 하자보수에 갈음하는

손해배상청구권의 일부가 소멸한 경우 입주자대표회의가 가지는 하자보수보
증금청구권도 그만큼 소멸하는지 여부)?93)

　　상계 역시 경제적인 면에서 볼 때 채권자가 그 채무를 면하는 방식
으로 '현실적인 만족'을 얻는 것이므로 변제와 달리 볼 수 없다는 견해도
가능하다. 그러나 분양자의 상계로 인하여 구분소유자가 그 채무를 면하
는 이익을 얻었다고 하더라도, 하자보수라는 경제적 목적을 달성하였다고
볼 수는 없고, 하자보수보증서 등을 발급한 자가 분양자의 구분소유자에
대한 상계로 인하여 그 책임을 면한다고 보는 것은 '신속한 하자보수를
통한 구분소유자의 보호'라는 하자보수보증제도의 취지에도 반한다. 즉
'하자보수보증금은 하자가 보수되거나 구분소유자가 하자보수에 갈음한
손해배상금을 현실로 지급받아 그 목적을 달성했다고 볼 만한 사정이 없
는 이상, 지급되어야 한다는 것'이다. 위 2009다23160 판결 역시 '하자보
수에 갈음한 보수비용 상당이 지급되면 그 금원이 지급된 하자와 관련된
한도 내에서 다른 권리도 소멸'한다고 하여 그 소멸사유를 실제 변제되는
경우로 제한한 것으로 이해된다. 결국 상계의 경우에는 다른 채권에 아
무런 영향이 없다고 봄이 타당하다.

　　나아가 구분소유자가 분양자에게 해당 전유부분의 하자에 관하여 집합
건물법상 하자보수에 갈음한 손해배상청구권을 면제한 경우, 그로 인하여
구분소유자가 현실적인 이익을 얻은 바는 없으므로 입주자대표회의의 하자
보수보증금청구권에는 영향이 없다고 볼 수도 있다. 그러나 이때는 입주자
대표회의의 하자보수보증금청구권이 감액된다고 하더라도 '구분소유자 보호'
라는 가치에 반하지 않고, 구분소유자가 청구권을 면제한 이상 입주자대표
회의로 하여금 별도로 그 보증금을 지급받게 할 필요가 없다는 점을 감안
할 때, 구분소유자가 면제하면 그 효력이 입주자대표회의에도 미친다고 보

---

93) 다른 다수 채무자의 중첩관계 중 연대채무에서는 상계의 절대효가 인정되고(민
　　법 제418조 제1항), 부진정연대채무에서도 채무자 중 1인이 한 상계가 다른 채무
　　자에게 효력이 있다. 또한 보증채무 관계에서 보증인은 주채무자의 항변으로 채권
　　자에게 대항할 수 있고(민법 제433조 제1항), 주채무자의 채권에 의한 상계로 채
　　권자에게 대항할 수 있다(민법 제434조).

는 것이 타당하다. 반면, 역으로 입주자대표회의가 하자보수보증금청구권을 면제한 경우에는 그 효력이 구분소유자에게 미치지 않는다고 할 것이다.

(다) 양 책임을 구하는 자가 동일하게 되는 경우

입주자대표회의가 구분소유자로부터 집합건물법상 하자보수에 갈음한 손해배상청구권을 양도받아 구하면서 동시에 보증보험회사 등을 상대로 하자보수보증금의 지급도 구하는 경우에는, 양 책임을 구하는 자가 동일하게 된다. 그렇다고 해도 양 책임은 원래 별개의 책임이고, 채권양도라는 우연한 사정으로 인해 양 책임이 부진정연대채무 관계에 있게 된다고 볼 수는 없다.[94] 다만 이때는 그 청구권자가 동일하므로, 동일한 하자 범위 내에서 한 책임이 현실로 이행되면 다른 책임도 소멸하는 관계에 있음을 나타내기 위하여 판결 주문에서 '공동하여'(또는 '각자')라고 기재한다. 앞서 본 바와 같이 한 책임이 상계로 소멸한 경우에는 다른 책임에 영향을 미치지 않는다.

5. 수급인의 하자보수를 갈음한 손해배상채무와 보증보험회사 등의 하자보수보증금지급채무 사이의 관계-대상판결에 대한 검토

가. 서로 별개의 책임

수급인의 도급인에 대한 하자보수를 갈음한 손해배상책임은 건설산업기본법 및 민법에 기하여 인정되는 반면, 보증보험회사 등의 입주자대

---

94) 하급심에서는 집합건물법상 하자보수에 갈음한 손해배상채무와 보증보험회사 등의 하자보수보증금지급채무 등(수급인의 도급인에 대한 손해배상채무도 포함)의 청구권자가 같은 경우 명시적으로 '부진정연대채무관계'라고 판시한 예가 다수 있는데[서울남부지방법원 2015. 6. 4. 선고 2012가합103593 판결; 서울고등법원 2015. 1. 15. 선고 2014나6758 판결; 부산고등법원(창원) 2015. 5. 28. 선고 2014나21178 판결; 서울남부지방법원 2014. 10. 24. 선고 2013가합9780 판결(확정); 서울중앙지방법원 2014. 10. 1. 선고 2013가합7825 판결(확정); 부산고등법원 2014. 5. 15. 선고 2013나51872 판결; 서울중앙지방법원 2013. 10. 30. 선고 2011가합122003 판결(확정); 서울중앙지방법원 2013. 10. 2. 선고 2012가합59942 판결(확정); 서울중앙지방법원 2013. 6. 13. 선고 2012가합1578 판결(확정); 광주고등법원 2013. 5. 15. 선고 2010나5709 판결(확정); 서울중앙지방법원 2012. 10. 17. 선고 2011가합67366 판결(항소심에서 화해권고결정) 등 참조], 이러한 판시는 타당하지 않다고 생각한다.

표회의에 대한 하자보수보증금지급채무는 주택법 및 하자보수보증계약에 따라 인정된다. 전자는 공동주택의 하자발생으로 바로 인정되나, 후자는 사업주체의 하자보수의무 불이행이라는 보험사고 발생을 원인으로 하므로 그 발생원인이 다르다. 또한 양 책임은 그 권리관계의 당사자 및 책임내용 등도 달라 서로 별개의 책임이다. 따라서 소송에서 양 책임이 별개로 구해지고 동시에 인용될 수 있다. 그 각 청구권자인 분양자(도급인)와 입주자대표회의는 구분소유자 및 입주자대표회의 사이의 관계와 달리 서로 관련이 없고 이해관계가 같다고 볼 수도 없어, 원칙적으로 중첩되는 채무관계에 있지 않다.

나. 청구권자가 입주자대표회의로 동일하고 그 하자가 겹치는 범위 내에서는 중첩되는 채무관계

그런데 대상판결 사안과 같이, 구분소유자로부터 하자보수에 갈음한 손해배상채권을 양도받은 입주자대표회의가, 도급인을 대위하여 수급인을 상대로 손해배상청구를 하는 경우에는, 수급인의 도급인에 대한 하자보수를 갈음한 손해배상책임과 하자보수보증회사의 하자보수보증금지급책임을 구하는 자가 동일하게 된다. 대상판결은 '양 책임은 그 대상인 하자가 겹치는 범위 내에서는 결과적으로 동일한 하자의 보수를 위하여 존재하고 있으므로, 향후 입주자대표회의가 도급인을 대위한 하자보수를 갈음한 손해배상청구소송 및 하자보수보증회사에 대한 하자보수보증금청구 소송에서 모두 승소판결을 받은 다음, 그 중 어느 한 권리를 행사하여 하자에 관한 보수비용 상당 금원을 현실적으로 수령하여 그 금원이 지급된 하자와 관련된 범위 내에서 하자보수의 목적을 달성하게 되면 다른 권리가 소멸된다.'고 보았다. 이와 같이 양 책임의 청구권자가 동일하고 그 하자가 겹치는 범위 내에서는 중첩되는 채무관계에 있다고 보고, 판결 주문에 '공동하여'(또는 '각자')로 기재한다.[95]

---

95) 이때, 판결 주문에서 수급인의 책임과 중첩되는 채무관계에 있어 '공동하여'라고 표시하는 하자보수보증금지급책임의 범위가 문제된다. 즉, 입주자대표회의의 수급인에 대한 청구는 입주자대표회의가 구분소유자로부터 그 채권을 양수한 비율상당만 인정되는데, ① 하자보수보증인의 책임 역시 입주자대표회의의 채권양수 비율

다. 양 책임이 부진정연대채무 관계인지 여부

대법원 판례는 부진정연대채무는 서로 별개의 원인으로 발생한 독립된 채무라고 하더라도 동일한 경제적 목적을 가지고 있고 서로 중첩되는 관계에 있으면 성립할 수 있다고 본다.[96] 이에 따라 수급인의 하자보수에 갈음한 손해배상채무과 하자보수보증인의 하자보수보증금지급채무의 청구권자가 동일한 경우, 양 책임은 별개의 원인으로 발생한 독립된 채무이나 그 하자가 겹치는 범위 내에서는 결과적으로 동일한 하자의 보수를 위하여 존재하는 것이어서 향후 어느 한 권리를 행사하여 하자보수에 갈음한 보수비용 상당이 지급되면 그 금원이 지급된 하자와 관련된 한도 내에서 다른 권리도 소멸하는 중첩관계에 있으므로, 이를 부진정연대채무 관계라고 보는 견해도 가능하다.[97] 대상판결의 원심 역시, 양 책임의 청구권자가 동일한 경우 그 하자가 겹치는 범위 내에서 양 채무가 부진정

에 따라 계산한 일부 금액 범위 내에서만 수급인의 책임과 중첩관계에 있고 나머지는 중첩관계가 아닌 독자적으로 책임을 부담하는 것으로 기재할 것인지, 아니면 ② 하자보수보증인의 책임액 전부가 수급인의 책임과 중첩관계에 있다고 기재할 것인지 문제된다. 하급심 판례 중 ①의 입장에서, 하자보수보증인에게 그 책임액 중 일부만 중첩관계에 있다고 보고, 나머지는 독자적으로 책임을 부담한다는 취지로 기재한 예가 다수 있다[서울고등법원 2010. 12. 15. 선고 2010나9667 판결; 서울고등법원 2014. 5. 28. 선고 2013나2780 판결; 서울고등법원 2015. 1. 15. 선고 2014나6758 판결; 부산고등법원(창원) 2015. 5. 28. 선고 2014나21178 판결 등 참조]. 그러나 대상판결의 1심은 ②의 입장에서 '피고 乙의 이 사건 각 보증계약은 구분소유자들과 체결된 분양계약과는 별개의 계약으로서 구분소유자들의 원고에 대한 하자보수에 갈음한 손해배상채권 양도 여부와는 직접 관련이 없고, 원고의 이 사건 각 보증계약에 기한 권리의 내용이 손해배상채권의 양도비율에 따라서 달라진다고 볼 수는 없다.'고 판시하였다. ①의 입장과 같이 주문에서 하자보수보증인이 독자적으로 책임을 부담하는 부분을 따로 인정한다면, 원고가 배상받을 수 있는 전체 금액이 ②의 경우에 비하여 큰 것처럼 보이므로, 당사자가 ①의 입장에서 청구취지를 기재하는 경우가 많다. 그러나 양 경우 사이에 원고가 현실로 만족을 얻을 수 있는 총 금액은 차이가 있을 수 없다. 하자보수보증계약에 따라 입주자대표회의가 구분소유자와 별개의 지위에서 가지는 하자보수보증금청구를 하는 것이므로, 이것이 입주자대표회의의 채권양수 비율에 영향을 받을 수는 없다고 봄이 타당하다.

96) 대법원 2009. 3. 26. 선고 2006다47677 판결; 대법원 2010. 5. 27. 선고 2009다 85861 판결 등 참조(각주 75).

97) 하급심에서는 이러한 입장에서 양 책임이 부진정연대채무 관계라는 취지로 판시한 경우가 많다(각주 94 참조).

연대채무 또는 그와 유사한 중첩관계에 있다고 보고[98) 그에 따라 부진정연대채무자 1인이 한 상계가 다른 채무자에게도 미친다는 법리를 적용하였다.

그러나 양 책임은 본래 그 청구권자 등이 서로 다른 별개의 책임이고, 모두 인정되더라도 이는 공동주택의 하자에 관하여 다수의 채무가 병존하는 것에 불과하며, 부진정연대채무 관계가 아니다. 따라서 양 책임이 채권양도, 채권자대위 등에 의하여 그 청구권자가 동일하게 되었다는 우연한 사정만으로 부진정연대채무 관계에 있게 되었다고 볼 수는 없다.

라. 한 책임이 상계로 소멸한 경우 다른 책임에 미치는 영향

(1) 양 책임 중 하나의 책임이 변제가 아닌 상계로 소멸한 경우에 다른 책임도 소멸한다고 볼 것인가? 대상판결 사안에서, 예컨대 피고 甲이 원고(입주자대표회의)에 대한 채권을 자동채권으로 하여 상계를 한 경우를 본다. 그 상계로 인하여 입주자대표회의가 그 채무를 면하는 이익을 얻기는 하였으나 이로 인하여 하자보수의 목적을 달성하였다고 보기는 어렵고, 하자보수보증제도의 취지 등을 더하여 볼 때, 피고 乙의 하자보수보증금지급책임에는 영향이 없다고 봄이 타당하다. 대상판결 역시 '하자에 관한 보수비용 상당 금원을 현실적으로 수령하여 그 금원이 지급된 하자와 관련된 범위 내에서 하자보수의 목적을 달성하게 되면 다른 권리가 소멸된다.'고 하여 그 소멸사유를 변제의 경우로만 제한한 것으로 볼 수 있다. 결국 상계로 인하여 한 책임이 소멸한 경우에는 다른 책임에 영향이 없다.

더구나 대상판결 사안에서는, 피고 甲이 A회사(분양자)에 대한 채권을 자동채권으로 하여 상계를 하여 'A회사'가 그 채무를 면하는 이익을 얻은 것일 뿐, '원고(입주자대표회의)'가 현실적으로 어떤 이익을 얻은 것도 아니므로, 원고의 피고 乙에 대한 하자보수보증금청구권에는 어떠한 영향도 있을 수 없다.

---

98) 대상판결 원심에서는 '각자채무자'라는 용어를 사용하였다.

(2) 수급인의 도급인에 대한 하자보수에 갈음하는 손해배상책임과 보증보험회사의 하자보수보증금지급책임이 다른 중첩되는 채무관계로서 주채무와 보증채무 관계에 해당한다고 볼 수도 없다. 하자보수보증계약의 주채무는 '시공사의 하자보수의무 불이행으로 인한 손해배상채무'가 아니라 '하자보수의무' 그 자체이다. 수급인의 도급인에 대한 손해배상책임이 상계로 소멸하더라도 수급인으로서 부담하는 하자보수의무 그 자체는 전혀 이행되었거나 감액된 바가 없으므로, 하자보수보증금채무에는 아무런 영향이 없다.

(3) 한 책임의 소멸이 다른 책임에 영향을 미치는지 여부를 판단할 때, 하자보수보증회사 및 하자발생의 원인을 제공한 사업주체보다 구분소유자(또는 입주자대표회의)를 보호할 필요성이 더 크다는 점도 고려하여야 한다. 대상판결 사안에서 원심의 결론에 따르면, 피고 甲의 상계가 인정되어 원고가 피고 甲, 乙로부터 지급받지 못한 나머지 부분은 분양자인 A회사로부터 지급받을 수밖에 없고, 결국 A회사의 무자력 위험을 원고가 안게 된다. 반면 대상판결에 의하면, 원고는 A회사의 무자력 등과 관계 없이 피고 乙로부터 하자보수보증금을 지급받음으로써 그 하자보수 목적을 달성할 수 있다. 이때 피고 乙은 피고 甲에게 구상권을 행사할 수 있는데, 피고 甲이 이에 응함으로써 A회사에 상계로 대항한 금액만큼 이중으로 지출한 것으로 보일 수 있다. 그러나 피고 甲이 상계로 대항한 대상은 도급인인 A회사에 대하여 수급인으로서 부담하는 채무이고, 구상의무는 하자보수보증계약상 주채무를 이행하지 않은데 따른 책임이므로 이를 중복지출이라고 단정하기도 어렵다. 또한 하자보수보증제도를 인정하는 취지가 공동주택의 하자보수를 신속하게 함으로써 입주자(구분소유자)를 보호하기 위한 것이고, 만약 하자보수보증금이 현금으로 예치된 경우라면, 입주자대표회의 등은 위 금원을 가지고 바로 하자보수를 할 수 있었을 것인 반면, 하자보수보증계약에 따른 보증서나 보증보험증권이 제출된 경우 분양자와 수급인 사이의 상계로 인하여 보증금이 감액된다면, 이는 제도의 취지에도 맞지 않다.

6. 보론-중첩되는 관계에 있는 채권 · 채무들 사이의 의무이행 단계에
   서의 조정

가. 구체적인 조정방법

다수의 채권 · 채무가 동일한 경제적 목적을 달성하기 위하여 인정되
어 하나의 채권 · 채무가 소멸하면 다른 채권 · 채무도 소멸하는 중첩관계
에 있음에도, 주문에서는 그러한 중첩관계가 표시되지 않을 수 있다. 앞
서 본 바와 같이 그 청구권자가 서로 달라서 판결 주문에 중첩관계를 표
시할 수 없는 경우나, 또는 청구권자가 같더라도 각 별소로 제기하여 판
결을 받은 경우가 그러하다. 이러한 경우 채권자가 중복해서 만족을 얻
거나 채무자가 중복해서 지출하는 것을 막기 위하여 판결 선고 이후 의
무이행 단계에서의 조정이 필요하다.

채권자, 채무자가 각 1인씩인 경우(예컨대, 부당이득반환책임 및
채무불이행에 기한 손해배상책임, 대표이사의 상법 제399조에 기한 손
해배상책임과 법인 대표자의 법인에 대한 일반불법행위로 인한 손해배
상책임,[99] 대여금채권과 그 지급을 위하여 발행된 어음채권[100] 등), 채
권자가 이미 한 채권으로부터 만족을 얻었음에도 다시 강제집행을 하
는 경우 채무자는 청구이의의 소를 제기하고[101] 강제집행정지를 신청

---

99) 대법원 2002. 6. 14. 선고 2002다11441 판결 참조('채권자가 동일한 목적을 달성
   하기 위하여 복수의 채권을 갖고 있는 경우, 채권자로서는 그 선택에 따라 권리를
   행사할 수 있되, 그중 어느 하나의 청구를 한 것만으로는 다른 채권 그 자체를 행
   사한 것으로 볼 수는 없으므로, 특별한 사정이 없는 한 다른 채권에 대한 소멸시
   효 중단의 효력은 없다.').

100) 대법원 2000. 2. 11. 선고 99다56437 판결 참조('기존 채무의 지급을 위하여 또
    는 지급확보를 위하여 어음이 교부되어 기존 채권과 어음채권이 병존하는 경우 어
    음채권이 변제나 상계 등에 의하여 소멸하면 기존 채권 또한 그 목적이 달성되어
    소멸하는 것이고, 이러한 법리는 채권자가 어음을 제3자에게 배서 · 양도한 후 그
    어음소지인과 채무자 사이에서 어음채권의 변제나 상계 등이 이루어진 경우에도
    마찬가지이다.').

101) 대법원 1984. 7. 24. 선고 84다카572 판결 참조(채권자가 확정판결의 변론종결
    이전에 돈을 수령함으로써 그 한도에서 상대방의 손해배상채무도 소멸한 사실을
    스스로 알고 있으면서도 이를 모르는 상대방에게 이를 감추고 이미 소멸한 채권이

(민사집행법
제46조 제2항)할 수 있다. 채무자가 이중으로 지급하였다면 채권자를 상대로 부당이득반환을 구할 수 있다. 채권자가 1인, 채무자가 수인인 경우이거나, 채권자가 수인, 채무자가 1인인 경우 또는 채권자, 채무자 모두 수인인 경우에도, 채무자는 그 중복지출을 막기 위하여 청구이의의 소를 제기하고 강제집행정지를 신청하거나, 부당이득반환을 청구할 수 있다.

나. 다액인 채무의 일부가 변제된 경우

다수의 채무가 중첩관계에 있는데, 그 중 다액인 채무의 일부가 변제되었음을 이유로 소액인 다른 채무에 대하여 청구이의의 소가 제기된 경우, 그 소액인 채무의 범위를 어떻게 볼 것인지 문제된다. 부진정연대채무의 경우에는, 단독부분이 먼저 소멸하고 변제액 중 남는 부분이 있는 경우 그만큼 공동부분도 소멸한다고 보는 입장(소위 '외측설'이라 한다)이, 채권자 및 변제를 하는 다액의 채무자의 의사에 부합하고, 채무전액의 지급확보라는 부진정연대채무의 제도적 취지에 맞는다.[102] 계속적 상거래에서 채무의 일정한도까지만 보증한 보증인의 책임범위에 관한 사안에서, 판례는 '보증인은 그 보증한도 내 잔존하는 채무가 한도액 범위 내의 거래로 인하여 발생한 채무이든, 그렇지 않은 채무이든 불문하고 보증한도에서는 책임을 져야 한다.'고 본다.[103] 이와 같은 취지에서 공동주택 하자관계책임들 사이에 중첩되는 채무관계가 인정되는 경우에도, 다액인 채무가 일부 변제되면, 청구이의 소송에서는 다액인 채무의 단독부분이 먼저 소멸하고 변제액 중 그 나머지만큼 다른 부분도 소멸한다고 해석함이 타당하다.

존재하는 것으로 주장하여 확정판결을 받은 경우, 그것이 확정판결에 의한 권리를 남용한 경우로서 청구이의사유에 해당한다고 본 사례).

102) 손철우, '다액의 채무를 부담하는 부진정연대채무자가 일부 변제한 경우 그 변제의 효력(대법원 2001. 11. 13. 선고 2001다12362 판결)', 민사판례연구 제25권, 민사판례연구회(2003. 2.), 101면 참조.

103) 대법원 1985. 3. 12. 선고 84다카1261 판결 참조.

Ⅳ. 結 論

이상의 논의를 정리하면 다음과 같다.

소송상 상계의 실체법상 효과는 법원이 피고의 상계항변에 대하여 심리하지 않을 것을 해제조건으로 하여 그 상계항변이 제출된 시점에 발생하므로, 피고의 상계항변으로 이미 그 반대채권이 소멸하였고, 이후 원고의 상계 재항변은 그 실체법상 요건을 갖추지 못해 허용될 수 없다. 상계의 실체법상 효과가 상계항변 제출 시점이 아닌 법원의 판단 시점에 발생한다고 하더라도, 피고의 상계항변을 원고의 상계 재항변보다 먼저 판단하므로 그 결론이 달라지지 않는다. 소송상 상계의 재항변을 허용하지 않더라도 원고로서는 청구를 변경하거나 별소를 제기하는 등 다른 구제수단이 있어서 현실적으로 그 필요성도 크지 않은 대신, 이를 허용하면 심리를 복잡하게 할 뿐만 아니라 피고의 상계충당에 관한 권한을 침해하는 등의 문제가 있다. 따라서 소송상 상계의 재항변은 허용되지 않는다는 대상판결의 결론은 타당하다.

한편 집합건물법, 주택법 등에 따른 공동주택 하자관계책임들은 서로 별개의 책임이므로 소송에서 동시에 인용될 수 있다. 집합건물법상 하자보수에 갈음한 손해배상채권과 하자보수보증금채권은 그 청구권자가 구분소유자와 입주자대표회의(또는 관리단)로 서로 다름에도, 그 하자가 겹치는 범위 내에서 하나의 책임이 현실로 지급되어 만족을 얻으면 다른 책임도 그 경제적 목적을 달성하여 소멸하는 관계에 있다. 그 조정은 반드시 의무이행단계에서만 이루어져야 하는 것은 아니며 판결 단계에서도 고려될 수 있다. 이 역시 '다수 채무자들 사이의 중첩되는 채무관계'에 해당하나, 그 각 청구권자가 다르므로 채권양도 등으로 그 청구권자가 동일하게 되더라도 양 책임이 부진정연대채무 관계라고 볼 수는 없다. 구분소유자의 보호 및 하자보수보증제도의 취지 등에 비추어, 각각의 구체적인 경우 한 책임의 소멸이 그 경제적 목적을 달성한 것으로 볼 수 있는지 여부에 따라 다른 책임에 영향을 미치는지를 판단한다. 변제 아닌 상계는 다른 책임에 영향을 주지 않는다.

　대상판결에서 문제가 되었던 수급인의 도급인에 대한 하자보수에 갈음한 손해배상채무와 하자보수보증금지급채무 역시 서로 별개의 책임이다. 그 청구권자가 입주자대표회의로 동일한 경우에는, 그 하자가 겹치는 범위 내에서 한 책임이 현실로 지급되면 다른 책임도 하자보수에 관한 경제적 목적을 달성하여 소멸하는 관계에 있다. 그러나 역시 부진정연대채무 관계라고 볼 수는 없고, 한 책임의 상계는 다른 책임의 소멸사유가 될 수 없다. 대상판결 사안에서는, 시공사(수급인)가 분양자(도급인)에 대한 공사대금채권을 자동채권으로 하여 상계하더라도, 입주자대표회의는 어떠한 경제적 이익을 얻은 바 없고, 또한 양 책임이 주채무와 보증채무 관계에 있는 것도 아니므로, 하자보수보증회사의 하자보수보증금지급책임이 감액될 수 없다는 결론은 타당하다.

　대상판결은 기존에 논의가 많이 이루어지지 않은 쟁점들을 내포하고 있어 흥미로운 주제라고 생각한다. 향후 소송상 상계의 실체법상 효과발생시기 및 소송상 상계의 재항변을 예외적으로 허용할 필요성이 있는 경우 등의 문제와, 공동주택 하자관계책임들에 있어서 다수 채무자들 사이의 중첩되는 채무관계, 의무이행 단계에서의 조정 등에 대하여 심도 있는 논의가 이어지길 기대해 본다.

[Abstract]

For and against Plaintiff's Offset Claim in Surrebuttal and The Relationship between Liabilities related to Defects in Apartment Houses

Park, Dong Kyu*

The Supreme Court's decision at issue held that plaintiff's offset claim in surrebuttal to defendant's offset pleading is not permitted. And in case where apartment residents representative committee received claims for damages instead of defect-repair by the korean 'Act on the Ownership and management of Condominium(AOMC)' from Unit owners of apartment, makes a claim for damages instead of defect-repair by the korean civil law against contractor, subrogating the seller of apartment, and at the same time claims security deposit for repairing defects against guaranty insurance company, subject decision also held that even though contractor offset by claim against the seller of apartment, liability of security deposit for repairing defects is not reduced.

When it comes to the effect time of offset on substantive law, at the stage plaintiff's offset claim in surrebuttal is submitted or the court examines plaintiff's offset claim in surrebuttal, defendant's claim which was provided to the offset pleading has already became extinguished, and plaintiff's offset claim in surrebuttal can't satisfy the requirement of offset on substantive law. And if plaintiff's offset claim in surrebuttal is permitted, defendant's right for appropriation of offset can be violated. There is other means of relief for plaintiff. So there is not much need for plaintiff's offset claim in

---

* Judge, Seoul Central District Court.

surrebuttal to be permitted.

As a rule liability for damages instead of defect-repair by AOMC and guaranty insurance company's liability of security deposit for repairing defects is separate. But within the same defect, both liabilities are acknowledged for repairing same defects. Therefore when one liability is repaid in actuality, another liability becomes extinguished. In like manner, Contractor's liability for damages instead of defect-repair by civil law and guaranty insurance company's liability of security deposit for repairing defects is also separate, because the claimant are different. But in the case residents representative committee claims both liabilities at the same time like the case of subject decision, the extinguishment of one liability by repaying in actuality leads to the extinguishment of another liability within the same defect. Even then, these liabilities are not in the relationship of untruthful joint and several debt. This relationship can be understood as one type of the overlapped debt between plural parties. In view of the protection for unit owners of apartment, and the purpose of security deposit for repairing defects, even though liability for damages instead of defect-repair by AOMC or contractor's liability for damages instead of defect-repair by civil law becomes extinguished by offset, liability of security deposit for repairing defects doesn't become extinguished.

Subject decision is implying about the specific aspect of how the relationship of overlapped debt between the liabilities related to defects in apartment houses works and these liabilities are adjusted. I expect there will be an in-depth discussion about this subject in the future.

[Key word]
- offset claim
- surrebuttal
- liability for damages instead of defect-repair
- security deposit for repairing defects
- the relationship of overlapped debt

참고문헌

1. 단 행 본

곽윤직, 채권총론[민법강의 Ⅲ], 제6판, 박영사, 2003.

_____, 민법주해 [Ⅹ] 채권(3), 박영사, 1992.

_____, 민법주해 [Ⅺ] 채권(4), 박영사, 1992.

김용담(편집대표), 주석 민법[채권총칙(2)] 제4판, 한국사법행정학회, 2014.

_____, 주석 민법[채권총칙(4)] 제4판, 한국사법행정학회, 2014.

김형배, 민법학강의 제5판, 신조사, 2006.

민일영·김능환, 주석 민사소송법(Ⅲ) 제7판, 한국사법행정학회, 2012.

윤재윤, 건설관계분쟁법 제5판, 박영사, 2014.

건설재판실무편람 집필위원회, '건설재판실무편람(2014년 개정판)', 2014.

민사실무Ⅱ, 사법연수원, 2015.

2. 논   문

권혁재, '소송상 상계항변의 법적 성질', 법조(통권 제688호)(2014. 1.), 법조
    협회, 2004.

김기환, '상계에 관한 연구', 서울대학교 대학원 법학박사학위논문(2014. 2.).

김미리, '복수의 채무자 사이 채무중첩관계에 관한 주문표시 방법-'각자'에
    대한 대안 모색-', 사법논집(2015. 3.).

김상환, '상계 주장의 대상이 된 수동채권이 동시이행항변으로 행사된 채권일
    경우, 그러한 상계 주장에 대한 법원의 판단에 기판력이 발생하는지
    여부(소극)(2005. 7. 22. 선고 2004다17207 판결), 대법원판례해설, 통권
    제57호, 법원도서관, 2006.

김상훈, '소송상 상계의 적법성', 한림법학 FORUM 제17권(2006).

김현진, '부진정연대채무의 법률관계-상계, 일부변제 및 특별법상 책임제한의
    효력을 중심으로-', 서울대학교 대학원 법학석사학위논문(2004. 2.).

손철우, '다액의 채무를 부담하는 부진정연대채무자가 일부 변제한 경우 그
    변제의 효력(대법원 2001. 11. 13. 선고 2001다12362 판결)', 민사판례

연구 제25권, 민사판례연구회(2003. 2.).

홍지영, '소송절차 진행 중 조정이 성립된 경우 당해 소송절차에서 제출된
    상계항변의 효력(2013. 3. 28. 선고 2011다3329 판결)', 대법원판례해설,
    제95호(2013상), 법원도서관, 2013.

3. 외국문헌

Zöller/Greger, ZPO 19 Aufl.(1994) §145 Rn. 13.

Braun, 'Die Aufrechnung des Klägers im Prozess', ZZP 89, 93 (1976).

長澤幸男, '訴訟上の相殺の抗辯に對し訴訟上の相殺を再抗辯として主張することの
    許否'(最高裁判所判例解說民事篇平成9年度), 法曹時報 52卷 6号 (2000. 6.).

酒井一 , '訴訟上の相殺の抗辯に對し訴訟上の相殺を再抗辯として主張することの
    許否', 判例時報(1655号) (1999. 1. 1.).

松本博之, '訴訟上の相殺の抗辯に對し訴訟上の相殺を再抗辯として主張することの
    許否'(最一小判平成10.4.30.), 法學敎室 216号(1998. 9.).

배임행위에 의한 항소취하와 재심사유*

정 선 주**

■요　지■

　　민사소송법 제451조 제1항 제5호에서는 명시적으로 "형사상 처벌받을 다른 사람의 행위로 말미암아 자백을 하였거나 판결에 영향을 미칠 공격 또는 방어방법의 제출에 방해를 받은 경우"를 재심사유로서 명시하고 있다. 그런데 대법원은 이 규정의 '자백'을 넓게 해석하여 형사상 처벌받을 범죄행위로 인하여 인낙을 한 경우에 재심사유를 인정하고 있으며, 대상판결에서는 항소취하를 '자백을 한 경우'에 준하는 것으로 보아 재심사유로서 인정하고 있다.

　　이러한 대법원의 입장은 비상의 불복방법으로서 매우 제한적인 경우에만 인정되는 재심제도의 의의와 목적에 반할 뿐 아니라, 명문의 법규정에도 반하는 것이다.

　　우선 재심제도가 법적 안정성보다는 구체적 정당성을 우선시한 제도이기는 하지만 법적 안정성을 위하여 재심사유를 매우 제한하여 인정하고 있으며 재심제기기간도 제한하고 있다. 이러한 점을 고려할 때 재심사유에 대한 확대해석이나 유추적용은 바람직하지 않다. 그리고 우리 민사소송법은 독일이나 오스트리아처럼 '판결 자체가 범죄행위에 의한 것'이라는 의미로 규정하지 않고 '범죄행위에 의해 자백이나 공격방어방법의 제출이 방해받은 것'으로 명시하고 있기 때문에 인낙이나 항소취하를 자백에 준하는 것으로 볼 수 없다. 특히 항소취하의 경우에는 형사상 처벌받을 행위로 항소가 취하됨으로써 제1

---

　*　이 논문은 2015년 6월 22일 민사판례연구회 제382회 발표문을 수정 보완한 것임. 이 논문은 서울대학교 법학발전재단 출연 법학연구소 기금의 2015년도 학술연구비 지원을 받았음.
　**　서울대학교 법학전문대학원 교수.

심판결이 확정된 데에 문제가 있는 것이며, 가벌적 행위가 제1심판결의 성립에 직접적인 영향을 미친 것이 아니다. 이 점에서 원판결을 소급적으로 제거하려는 일반적인 재심의 목표와는 차이가 난다.

그리고 대상판결에서는 대리인의 경우 재심사유가 인정되기 위해서는 유죄의 확정판결 외에 대리권의 실질적인 흠이라는 요소가 더 필요한 것으로 판시하고 있는데, 이는 우리 민사소송법이 가벌적 행위의 주체를 제한하지 않고 '다른 사람의 행위'로 명시하고 있어 일반 제3자까지 포함된다는 점에 반하는 것이다.

다른 사람의 가벌적 행위에 의해 부당하게 항소취하가 이루어진 경우 그 시정의 필요성은 충분히 인정되지만 이를 자백에 준하는 것으로 보아 재심청구를 인정할 수는 없다. 이 문제를 해결하기 위해서는 항소취하와 같은 소송 종료적 소송행위에 대해서는 민법상 의사표시의 흠에 관한 규정을 유추적용하여 흠이 있는 경우 그 취소나 무효를 주장할 수 있도록 하는 것이 필요할 것이다.

[주제어]
- 재심제도
- 재심사유
- 가벌적 행위
- 자백
- 항소취하

[투고일자]　2015. 12. 8.
[심사일자]　2015. 12. 16.
[게재확정일자]　2015. 12. 30.

대상판결 : 대법원 2012. 6. 14. 선고 2010다86112 판결[공2012하, 1207]

[소송의 경과]
1. 재심대상판결의 확정

(1) 2003. 5. 29. 원고 A 주식회사는 B와 함께 피고 주식회사를 상대로 건축허가의 건축주 명의를 원고들로 변경하는 소를 제기하여 2003. 8. 22. 무변론 승소판결을 받았다(수원지방법원 안산지원 2003. 8. 22. 선고 2003가합2007 판결).

(2) 2003. 9. 15. 피고는 제1심판결에 대하여 항소를 제기하였으며, 2004년 7월 피고 회사의 대표이사가 갑에서 을로 바뀌었다. 2004. 10. 22. 피고 회사는 대표이사 을 명의로 항소취하서를 법원에 제출하였다.

(3) 2004. 12. 30. 피고는 피고의 지배인이던 갑이 대표이사 을의 승낙 없이 대표이사 직인을 도용하여 항소취하서를 작성하여 제출하였다고 주장하며 변론기일 지정신청을 하였다.

(4) 2005. 8. 16. 항소법원은 피고 회사의 대표이사 을과 지배인 갑이 2004. 10. 22. 10시경 그들의 의사에 기하여 피고의 법인인감도장을 날인하는 등으로 항소취하서 및 그 제출위임장을 작성하고 이를 제3자를 통하여 법원에 제출하였다는 사실을 인정하면서 항소취하서가 피고 회사의 대표이사 을의 의사에 기하여 작성되었다고 보아 이 사건 소송은 피고의 항소취하로 종료되었다는 판결을 선고하였다(재심대상판결 : 서울고등법원 2005. 8. 16. 선고 2003나63366 판결).

(5) 이에 피고는 상고를 제기하여 항소취하서가 피고 대표이사 을 등의 피고에 대한 배임적 의사에 기하여 작성된 것이어서 민법 제103조의 반사회질서의 법률행위에 해당하여 무효라는 주장을 하였으나 대법원은 2006. 1. 27. 항소취하서는 피고의 대표이사인 을의 진정한 의사에 의하여 작성된 것이고, 상고심에서 추가한 주장은 원심에서 제기하지 아니한 사유로 적법한 상고이유가 되지 못할 뿐만 아니라, 기록을 보아도 이를 인정하기 어렵다는 이유로 상고기각의 판결을 선고하였으며, 이로써 재심대상판결이 확정되었다(대법원 2006. 1. 27. 선고 2005다51419 판결).

(6) 그 후 2008년 경 피고 회사의 실질적 대표이사인 갑과 B에 대해 업무상 배임죄의 유죄판결이 선고되었는데(갑은 징역 2년, B는 징역 1년에 집행

유예 2년), 2004년 10월경에 갑이 B와 공모하여 B로부터 10억 원을 지급받는 대신 항소를 취하하기로 한 점이 인정되었기 때문이었다. 이 판결은 2009. 5. 28. 상고기각으로 확정되었다(대법원 2009. 5. 28. 선고 2009도322 판결).

2. 재심청구

피고는 항소취하가 피고의 실질적인 대표이사인 갑과 원고 B의 업무상 배임행위에 기해 이루어진 것이어서 민사소송법 제451조 제1항 제5호의 "형사상 처벌받은 다른 사람의 행위로 말미암아 자백을 한 때"에 해당한다는 이유로 재심대상판결의 취소와 제1심판결의 취소를 구하였다.

3. 원심 판단 (서울고등법원 2010. 9. 10. 선고 2009재나440 판결)

원심법원은 재심사유를 인정하면서도 항소취하가 적법하게 이루어졌다고 판단하여 소송종료선언을 한 재심대상판결이 결론에 있어서는 정당하다는 이유로 민사소송법 제460조에 의하여 재심청구를 기각하였다.

우선 재심사유와 관련하여 원심법원은 주식회사의 실질적인 대표이사가 자기 또는 제3자의 이익을 위하여 임무를 위반하여 회사에게 불이익한 것을 알면서도 전부 패소한 제1심판결에 대하여 항소를 취하한 것은 다른 사람의 배임행위로 말미암아 회사가 자백을 한 것과 마찬가지로 볼 수 있고, 재심대상판결 당시 피고의 실질적 대표자이던 갑이 상대방과 공모하여 개인적으로 10억 원을 받기로 하고 제1심판결에 대한 피고의 항소를 취하함으로써 업무상배임죄로 유죄판결을 받고 그 판결이 확정되기까지 하였으므로 재심대상판결에는 민사소송법 제451조 제1항 제5호에 준하는 재심사유가 있다고 보았다.

그렇지만 항소취하에 대해서는 유효하다고 판단하였다. 즉, 항소취하는 항소인이 항소법원에 대하여 항소에 의한 심판의 요구를 철회하는 소송상의 일방적인 단독행위로서 항소인의 법원에 대한 소송행위이고, 주식회사의 대표이사 또는 지배인은 회사의 영업에 관하여 재판상 또는 재판 외의 모든 행위를 할 권한이 있으며, 피고의 법률상 대표이사이던 을 또는 지배인으로서 실질적인 대표이사인 갑이 항소취하서를 작성하여 제출한 것은 그들의 자유로운 의사결정에 기한 것으로 보아야 하므로, 비록 갑이 항소취하서를 제출한 것이 오로지 자기의 이익을 도모하기 위한 목적에서 한 것이라고 하더라도 이는 그의 내부적 주관적 동기에 불과할 뿐 겉으로 드러난 소송행위에 부합되는 항소취하의 의사는 실제로 존재하였고, 더욱이 법률상 대표이사인 을이 갑의 그러한 배임의 의사를 알았다고 볼 아무런 자료가 없는 이 사건의 경우 유효한 소송행위로서 항소취하 행위가 있었다고 보아야 하고 이로써 위 소송은 이미 종료되었다고 판단하였다.

4. 상고이유

재심대상판결에 재심사유가 인정되는 경우에는 재심의 원인이 된 소송행위의 효력 또한 부인되어야 하는데, 재심사유를 인정하면서도 항소취하의 효력을 인정한 원심의 판단에는 재심에 관한 법리를 오해한 위법이 있다.

5. 대법원의 판단

민사소송법 제451조 제1항 제5호는 '형사상 처벌을 받을 다른 사람의 행위로 말미암아 자백을 한 경우'를 재심사유로 인정하고 있는데, 이는 다른 사람의 범죄행위를 직접적 원인으로 하여 이루어진 소송행위와 그에 기초한 확정판결은 법질서의 이념인 정의 관념상 효력을 용인할 수 없다는 취지에서 재심이라는 비상수단을 통해 확정판결의 취소를 허용하고자 한 것이므로, 형사상 처벌을 받을 다른 사람의 행위로 말미암아 상소 취하를 하여 원심판결이 확정된 경우에도 자백에 준하여 재심사유가 된다고 보아야 한다.

그리고 '형사상 처벌을 받을 다른 사람의 행위'에는 당사자의 대리인이 범한 배임죄도 포함될 수 있으나, 이를 재심사유로 인정하기 위해서는 단순히 대리인이 문제된 소송행위와 관련하여 배임죄로 유죄판결을 받았다는 것만으로는 충분하지 않고, 대리인의 배임행위에 소송상대방 또는 그 대리인이 통모하여 가담한 경우와 같이 대리인이 한 소송행위 효과를 당사자 본인에게 귀속시키는 것이 절차적 정의에 반하여 도저히 수긍할 수 없다고 볼 정도로 대리권에 실질적인 흠이 발생한 경우라야 한다.

어떠한 소송행위에 민사소송법 제451조 제1항 제5호의 재심사유가 있다고 인정되는 경우 그러한 소송행위에 기초한 확정판결의 효력을 배제하기 위한 재심제도의 취지상 재심절차에서 해당 소송행위의 효력은 당연히 부정될 수밖에 없고, 그에 따라 법원으로서는 위 소송행위가 존재하지 않은 것과 같은 상태를 전제로 재심대상사건의 본안에 나아가 심리·판단하여야 하며 달리 위 소송행위의 효력을 인정할 여지가 없다.

따라서 원심이 갑의 항소취하에 민사소송법 제451조 제1항 제5호의 재심사유가 있다고 판단하면서도 그 효력을 인정하여 피고 회사의 재심청구를 기각한 것은 법리오해의 위법이 있어 원심판결을 파기하고, 사건을 다시 심리·판단하도록 원심법원에 환송하기로 한다.

〔研　究〕

Ⅰ. 대상판결의 쟁점[1]

대상판결에 대해서는 다음과 같은 의문점이 있다.

우선, 업무상 배임행위로 항소가 취하되어 원심판결이 확정된 경우, 대상판결에서는 민사소송법 제451조 제1항 제5호의 재심사유, 즉 '형사상 처벌을 받을 다른 사람의 행위로 말미암아 자백을 한 경우'에 준하여 재심사유가 된다고 판시하고 있다. 그런데 '항소를 취하한 경우'를 '자백한 경우'에 준하는 것으로 보아 재심사유를 인정하는 것이 타당한가.

다음으로 대상판결에서는 형사상 처벌을 받을 다른 사람의 행위로 인한 소송행위가 재심사유로 인정되기 위해서는 "단순히 대리인이 문제된 소송행위와 관련하여 배임죄의 유죄판결을 받았다는 것만으로는 충분하지 않으며, 대리인의 배임행위에 소송상대방 또는 그 대리인이 통모하여 가담한 경우와 같이 대리인이 한 소송행위 효과를 당사자 본인에게 귀속시키는 것이 절차적 정의에 반하여 도저히 수긍할 수 없다고 볼 정도로 대리권에 실질적인 흠이 발생한 경우라야 한다."라고 판시하고 있다. 그런데 '형사상 처벌을 받을 다른 사람의 행위' 중 대리인의 경우에는 재심사유가 인정되는 데에 형사상 유죄확정판결 외에 대리권의 실질적인 흠이라는 요소가 더 필요한가.

마지막으로 대상판결에서는 "어떠한 소송행위에 민사소송법 제451조

---

1) 대상판결에 관한 기존 연구로는 신용호, 주식회사의 실질적인 대표이사가 패소한 제1심판결에 대하여 배임행위로서 항소를 취하한 경우 재심사유에 해당하는지 여부, 대법원 판례해설, 제91호, 361면 이하; 김홍엽, 상소 취하의 흠과 소송상 구제방법, 법률신문, 2012년 11월 26일자.

제1항 제5호의 재심사유가 있다고 인정되는 경우 그러한 소송행위에 기초한 확정판결의 효력을 배제하기 위한 재심제도의 취지상 재심절차에서 해당 소송행위의 효력은 당연히 부정될 수밖에 없고~"라고 판시하고 있다. 이와 관련하여 흠 있는 소송행위의 효력이 부정되는 것은 민사소송법 제451조 제1항 제5호의 재심사유가 있다고 인정되는 경우에 한정되는가.[2]

Ⅱ. 업무상 배임행위로 인한 항소취하를 민사소송법 제451조 제1항 제5호의 '자백'에 준하는 것으로 볼 수 있는가

1. 문제점

민사소송법 제451조 제1항 제5호는 '형사상 처벌을 받을 다른 사람의 행위로 말미암아 자백을 하였거나 판결에 영향을 미칠 공격 또는 방어방법의 제출에 방해를 받은 때'를 재심사유로 명시하고 있다. 대상판결에서는 이를 넓게 해석하여 형사상 처벌을 받을 다른 사람의 행위로 말미암아 상소를 취하하여 원심판결이 확정된 경우에도 자백에 준하여 재심사유가 된다고 밝히고 있다. 그런데 이처럼 재심사유를 확대 해석하는 것이 타당한가.

이 문제에 관하여서는 재심제도의 의의와 목적으로부터 검토하는 것이 필요하므로 이하에서는 이를 먼저 살펴본다.

2. 재심제도의 의의와 목적

재심제도는 확정된 종국판결에 재심사유에 해당하는 중대한 하자가 있는 경우 그 판결의 취소와 이미 종결된 소송을 부활시켜 재심판을 구하는 비상의 불복방법으로서[3] 일반적으로 법적 안정성과 구체적 정의를

---

2) 이 쟁점은 대상판결과 직접적인 관련이 있는 것은 아니지만 대상판결에서 재심사유에 해당하는 경우 소송행위의 효력이 당연히 부정될 수 있다고 판시하고 있는 점에 착안하여 흠 있는 소송행위의 효력 일반에 관한 검토를 위해 본 연구의 대상으로 삼았다.

3) 이시윤, 신민사소송법, 제9판, 916면; 최성호, 재심소송에 있어서 재심사유에 관한

조화시키기 위해 마련된 것이라고 보고 있다.[4]

법원에 의해 확정된 판결에는 형식적 확정력이 발생하여 더 이상 불복이 제기될 수 없을 뿐 아니라 실질적 확정력인 기판력이 발생하여 동일한 사건에 대해 더 이상 다투거나 모순된 판단을 하지 못하도록 함으로써 법적 안정성을 도모하고 있다. 확정판결에 흠이 있다고 하여 이를 다툴 수 있게 하거나 확정판결의 효력을 부인하는 것은 법적 안정성 측면에서 바람직하지 않다고 본 것이다. 그렇지만 그렇다고 하여 확정판결에 흠이 있음에도 불구하고 법적 안정성을 이유로 판결의 효력을 그대로 유지하는 것 역시 바람직하지는 않다. 특히 재판의 적정성과 신뢰 확보라는 측면에서 그러하며, 개별당사자의 구체적인 권리구제 측면에서도 그러하다.

이 양자를 고려하여 입법자는 절충적인 방안으로서 재심제도를 설계하였는데, 한편으로는 확정판결의 확정력을 배제하여 구체적 정당성을 추구하면서도 다른 한편으로는 매우 제한된 경우에 한하여 인정함으로써 법적 안정성을 꾀하고자 하였다. 그렇지만 재심제도의 가장 중요한 목적은 확정된 판결로써 종결되었던 사건을 다시 심판하는 데 있기 때문에[5] 이 점에서 입법자는 법적 안정성 보다 구체적 정당성을 좀 더 우선시하였다고 할 수 있다.[6] 확정된 판결을 그대로 유지하는 것이 사법정의에 반할 때는 법적 안정성을 포기하고 사건을 다시 심판하도록 함으로써 사법정의를 추구하고자 한 것이다.[7] 이와 같이 재심제도는 법적 안정성 보다는 구체적 정당성이라는 사법정의를 우선시한 것이지만 법적 안정성을 완전히 포기한 것은 아니기 때문에 극히 예외적인 경우에 한하여 제한적

고찰, 인권과 정의, 제399호, 41면; BVerfG NJW 2000, 1357.

4) 이시윤, 신민사소송법, 제9판, 916면.

5) Rosenberg/Schwab/Gottwald, Zivilprozessrecht, 16. Aufl., § 158 Rdnr. 1.

6) 대법원 1992. 7. 24. 선고 91다45691 판결【소유권이전등기】에서도 명시적으로 "재심의 소는 확정판결에 대하여 그 판결의 효력을 인정할 수 없는 흠결이 있는 경우에 구체적 정의를 위하여 법적 안정성을 희생시키면서 확정판결의 취소를 허용하는 비상수단"이라고 밝히고 있다.

7) Baumbach/Lauterbach/Alberts/Hartmann, ZPO, 71. Aufl., Grundz § 578 Rdnr. 1.

으로 재심청구가 인정되고 있다. 확정판결에 매우 중대한 절차상의 흠이 있거나 판결을 그대로 유지하는 것이 수용되기 어려울 정도의 심각한 내용상의 흠이 있는 경우에 한하여 예외적으로 기판력으로부터 해방시켜 당해 재판을 시정할 기회를 부여함으로써 구체적 정의의 실현을 도모하고자 한 것이다.[8]

이러한 재심제도의 기본구조는 어느 정도 일반화되어 많은 국가에서 확정판결에 대한 재심은 인정하되 이를 매우 제한하는 길을 선택하였으며, 단순히 재심사유를 제한적으로 인정하는 데 그치지 않고 재심제기기간 또한 제한하고 있다.

우리 민사소송법은 재심사유를 11가지로 제한하고 있으며, 재심제기기간은 재심사유를 안 날로부터 30일, 판결이 확정된 날로부터 5년 이내로 제한하고 있다(민사소송법 제451조, 제456조).

우리와 유사한 법체계를 가지고 있는 독일 역시 재심제도를 인정하고 있는데, 우리와는 달리 재심방법으로서 무효의 소(Nichtigkeitsklage)와 원상회복의 소(Restitutionsklage)를 제기하도록 하고 있다(독일 민사소송법 제578조 제1항).[9] 무효의 소는 중요한 절차법규정 위반으로 확정판결에 매우 심각한 하자가 있는 경우에 인정되는데, 구체적인 사유는 판결법원이 적법하게 구성되지 않은 경우, 재판에 관여할 수 없는 법관이 관여한 경우, 대리권의 흠결이 있는 경우로서 우리 민사소송법 제451조 제1항 제1호 내지 제3호에 상응한다. 그리고 원상회복의 소는 판결이 형사상 처벌받을 행위에 의해 편취된 경우에 인정되는데, 예컨대 거짓 진술과 같은 부당한 사실에 근거

---

[8] 주석 민사소송법(Ⅶ)/홍기태, 33면.
[9] 이렇게 나누고 있는 것은 역사적인 영향 때문인데, 무효의 소는 보통법상의 판결무효론, 즉 무효사유가 있는 경우 판결 자체가 무효(ipso iure nichtig)이며 언제든지 이를 항변으로 주장할 수 있다는 판결무효론에 근거한 데 비해, 원상회복의 소는 자신의 책임 없이 일정한 소송행위를 하지 못한 경우 일정한 기간 내에 당해 판결을 취소할 수 있다는 'restitutio in integrum(원상복귀)'정신에 근거한 것이다. 이러한 역사적 영향 때문에 법 조문에서는 명칭을 구분하여 사용하고 있지만 실질적으로 양자를 구분하고 있지는 않다, Braun, Rechtskraft und Restitution, 2. Teil, S. 76 ff.

하여 판결이 내려진 경우이다. 구체적인 사유는 우리 민사소송법 제451
조 제1항 제4호 내지 제8호 및 제10호와 유사하다. 이런 경우에는 당사
자에게 확정된 판결의 유지를 강제하는 것이 정당화될 수 없을 정도로
판결의 기초에 문제가 있다고 본 것이다.[10] 이 경우에는 기판력에 의해
보호되는 법적 안정성 그리고 당해 재판으로 유리한 결과를 얻은 당사자
가 그 재판의 존속에 대해 가지는 신뢰보다는 정의가 우선되어야 한다고
본 것인데, 입법이유서에서는 형사상 처벌받을 행위의 당연한 귀결이라고
설명하고 있다.[11] 재심을 위해 인정되는 이 두 제도 중 무효의 소가 우
선적인데, 두 청구가 함께 제기된 때에는 무효의 소에 관하여 재판이 확
정될 때까지 원상회복청구에 대한 심리와 판결이 중지(Aussetzung)된다
(독일 민사소송법 제578조 제2항). 재심제기기간은 우리와 마찬가지로 재심사유를 안 날로부터
한 달, 판결확정일로부터 5년으로 제한되어 있다(독일 민사소송법 제586조).

　　오스트리아에서도 독일과 마찬가지로 재심방법으로서 두 가지 형태
가 인정되고 있는데, 무효의 소(Nichtigkeitsklage, 오스트리아 민사소송법 제529조)와 재심의
소(Wiederaufnahmsklage, 오스트리아 민사소송법 제530조)이다. 그리고 재심사유와 재심제기기
간 또한 제한되어 있는데, 다만 확정판결 후 인정되는 재심제기기간이 5
년이 아니라 10년으로 장기간이라는 점(오스트리아 민사소송법 제534조)에서 우리나 독일과
차이가 난다.

　　일본과 중국도 재심제도를 두고 있는데, 일본은 우리와 유사하게 규
정되어 있으며, 중국에서는 재심사유가 13가지로 제한되며(중국 민사소송법 제200조), 재
심제기기간은 판결, 재정, 조정합의가 법률적 효력을 발생한 후 6월로 제
한된다(중국 민사소송법 제205조).

　　미국의 경우 우리의 재심제도에 해당하는 제도는 없지만 연방민사소
송규칙 제60조 (b)에서는 일정한 사유가 있는 경우 판결로부터의 구제가
능성(Relief from a Judgment or Order)을 명시하고 있는데, 새로운 증거의
발견이나 상대방 당사자에 의한 사기 등의 사유가 우리의 재심사유와 유

---

10) BGHZ 103, 125 f. = NJW 1988, 1914.
11) Musielak, ZPO, 11. Aufl., § 580 Rdnr. 1.

사하다. 그리고 신청기간 역시 제한되어 1년이다.[12]

3. 재심사유의 해석

재심제도는 이미 확정되어 더 이상 취소할 수 없는 종국판결을 취소하는 절차로서 "취소할 수 없는 판결을 취소한다."는 모순이 내재되어 있다. 그럼에도 불구하고 합리화될 수 있는 것은 바로 '매우 제한적인 경우'에만 예외적으로 재심이 인정된다는 점 때문이다. 재심이 인정되기 위해서는 판결의 확정력을 훼손시키는 것이 정당화될 수 있을 정도의 매우 중대한 사유가 있어야 한다. 재심제도가 법적 안정성보다 구체적 정당성을 우선시한 제도이기는 하지만 이 제도가 4심과 같은 기능을 하지 않기 위해서는 재심판의 가능성은 매우 예외적인 경우에 한하여 인정되어야 하는 것이다.

어떠한 사유를 재심사유로서 인정할 것인가는 입법자가 정할 일인데, 도대체 재심사유는 어떻게 선택된 것일까. 이에 관하여 독일에서는

---

12) Rule 60. Relief from a Judgment or Order

　(b) Grounds for Relief from a Final Judgment, Order, or Proceeding. On motion and just terms, the court may relieve a party or its legal representative from a final judgment, order, or proceeding for the following reasons:

　(1) mistake, inadvertence, surprise, or excusable neglect;

　(2) newly discovered evidence that, with reasonable diligence, could not have been discovered in time to move for a new trial under Rule 59(b);

　(3) fraud (whether previously called intrinsic or extrinsic), misrepresentation, or misconduct by an opposing party;

　(4) the judgment is void;

　(5) the judgment has been satisfied, released, or discharged; it is based on an earlier judgment that has been reversed or vacated; or applying it prospectively is no longer equitable; or

　(6) any other reason that justifies relief.

　(c) Timing and Effect of the Motion.

　(1) Timing. A motion under Rule 60(b) must be made within a reasonable time—and for reasons (1), (2), and (3) no more than a year after the entry of the judgment or order or the date of the proceeding.

　(2) Effect on Finality. The motion does not affect the judgment's finality or suspend its operation.

원상회복사유가 자의적으로 정해졌다고 보며,[13] 이를 이유로 재심사유의
유추적용이 불가능하다는 입장이 오랫동안 유지되어 왔다. 그리고 이러
한 입장은 결국 독일 민법 제826조[14]가 폭넓게 적용되는 결과를 초래하
기도 하였다.[15]

어떤 구체적인 근거에서 개별사유가 재심사유로 정해졌는지는 분명
하지 않지만 대체로 재심사유는 실체적 진실에 상응하는 재판 결과를 목
표로 삼고, 판결의 기초가 된 사실관계가 부당하거나 불완전한 경우에
인정되며, 확실한 증거방법에 의해 판결의 기초가 된 사실관계의 부당함
이 주장될 수 있는 경우에 한하여 인정되고 있다. 이 점은 특히 민사소
송법 제451조 제2항에서 재심사유가 인정되기 위해서는 가벌적 행위만으
로 충분하지 않으며, 유죄판결의 확정을 필요로 하고 있는 데서도 잘 나
타나 있다. 판결의 부당함이 분명한 경우에 한하여 재심을 인정하려는
것이다.

입법자가 어떤 근거에서 재심사유로서 결정하였는 지와는 무관하게
일단 재심사유로서 법에 명시된 이상 이러한 사유들이 예시적인 것이 아
니고 제한적인 것임은 재심제도의 의의와 목적으로부터 충분히 알 수 있
다. 우리 대법원 역시 재심사유가 예시적인 것이 아니라 제한적인 것으
로서 법에 명시한 사유만이 재심사유가 된다는 점에 관하여서는 분명히
하고 있다. 즉, 대법원 1990. 3. 13. 선고, 89누6464 판결에서는 "재심사
유를 규정한 민사소송법 제422조 제1항은 확정된 종국판결에 대하여 재
심의 소를 제기할 수 있는 사유를 열거한 것이지 이를 예시한 것이라고
할 수 없으며…"라고 하였으며, 일반적으로 문헌에서도 이 점에 관해서는
특별한 이견이 없다.[16]

---

13) RGZ 14, 329, 330 f.; Gilles, Rechtsmittel im Zivilprozess, S. 117 f.
14) BGB § 826(Sittenwidrige vorsätzliche Schädigung): Wer in einer gegen die guten
    Sitten verstoßenden Weise einem anderen vorsätzlich Schaden zufügt, ist dem an-
    deren zum Ersatz des Schadens verpflichtet(선량한 풍속에 반하는 방법으로 다른
    사람에게 고의로 손해를 입힌 자는 그 손해를 배상할 책임이 있다).
15) MükoZPO/Braun, 4. Aufl., § 580 Rdnr. 1.
16) 김홍엽, 민사소송법, 제5판, 1116면; 호문혁, 민사소송법, 제12판, 991면.

그런데 법에 명시된 사유 이외에 필요한 경우 재심사유를 확대하여 인정할 것인지 하는 문제에 관하여서는 이견이 있다. 재심사유를 확대 적용해야 한다는 견해에 따르면, 법에 명시되어 있지 않지만 재심제도의 목적과 의의를 고려할 때 재심판이 허용되어어야 할 정도의 흠이 있는 경우에는 재심사유를 확대 적용해야 한다는 것이다. 대표적으로 독일에서는 Gaul이 "Die Grundlagen des Wiederaufnahmerechts und die Ausdehnung der Wiederaufnahmegründe(1956)"에서 재심사유의 확대 적용을 주장한 이후 이를 인정하는 것이 지배적인 견해이다.[17] 물론 이러한 확대 적용에 대해 우려를 표하며 법에 명시된 경우가 아님에도 실무상 인정되고 있는 재심사유에 대해서는 정비가 시급히 필요하다는 지적이 있기도 하다.[18]

생각건대, 일반적으로 법관에게 법률의 문언을 넘는(praeter legem) 해석이 인정된다 하더라도[19] 예외성이라는 재심제도의 본질에 비추어 보면 원칙적으로 법에 명시된 경우 이외에 재심사유를 확대 해석하거나 유추적용하는 것은 바람직하지 않다. 재심제도가 법적 안정성보다는 구체적 정당성을 우선시한 제도이기는 하지만 최대한 법적 안정성을 유지하기 위해 재심사유를 매우 제한하여 인정하고 있는 점을 고려하면 더욱 그러하다. 재심제도는 판결의 확정력을 깨뜨리는 것이므로 판결이 더 이상 변경되지 않고 계속 유지될 것이라는 데 대한 상대방 당사자의 신뢰를 보호하는 것이 정당화될 수 없을 정도의 중대한 사유가 존재하는 경우에만 인정될 수 있는 것이며, 단순히 확정된 판결이 부당하다는 것만으로는 부족하다. 따라서 입법자가 정한 엄격한 사유는 원칙적으로 지켜져야 한다. 법적 안정성과 구체적 정당성 사이의 간격을 어떻게 극복할 것인가 하는 것은 입법자가 결정할 일이기 때문에 구체적인 사건에서 법

---

17) 대표적으로 MükoZPO/Braun, 4. Aufl., Vor § 578 ff. Rdnr. 7; Stein/Jonas/Jacobs, ZPO, 22. Aufl., Bd. VI, § 580 Rdnr. 1. 다만, Rosenberg/Schwab/Gottwald, Zivilprozessrecht, 16. Aufl., § 159 Ⅱ 3은 원상회복사유와 관련하여 유추적용이 가능하지만 재심제도의 기본원칙을 고려할 때 명백한 사실확정의 오류를 시정할 필요가 있는 경우에서라고 보고 있다.

18) MükoZPO/Braun, 4. Aufl., Vor § 578 ff. Rdnr. 7.

19) Larenz-Canaris, Methodenlehre der Rechtswissenschaft, 3. Aufl., S. 191 ff.

을 적용하는 법관으로서는 입법자의 결정을 존중하여야 한다. 실제 사건
에서 법관은 입법자가 규정한 재심사유 또는 그 요건을 확대 해석하거나
법관에 의한 법의 형성발전을 통해 새로운 내용을 인정함으로써 확정된
판결의 변경이 가능하도록 할 것인지 여부를 판단할 때 특히 이러한 점
을 인식하여야 한다.[20]

　　재심사유의 확대 적용을 인정하는 독일에서도 재심청구의 실무에서
법관이 재심사유를 넓게 해석하거나 법관에 의한 법의 형성발전을 통하
여 재심사유를 확대 인정하고 있는 것은 아니다. 재심사유로서 명시하고
있지 않은 경우까지 재심규정을 확대 해석하는 것을 허용하고 있지는 않
다. 예컨대, 독일 민사소송법 제580조 제4호는 우리 민사소송법 제451조
제1항 제5호와 유사한 내용을 규정하고 있는데, 우리는 '다른 사람의 행
위'라고 표현하고 있는 데 비해 독일에서는 '당사자의 대리인, 상대방 당
사자 그리고 상대방 당사자의 대리인'으로 명시하고 있다. 이에 따라 독
일에서는 당사자의 대리인 또는 상대방 당사자나 그 대리인이 아닌 제3
자의 형사상 처벌받을 행위는 재심사유로서 인정되지 않는다.[21] 이에 비
해 우리는 '다른 사람'이라고 명시하고 있어 당사자 본인 이외의 사람으
로서 상대방 또는 제3자를 말하며, 당사자의 법정대리인도 포함된다고
보고 있다.[22] 이처럼 재심사유의 확대 해석을 일반적으로 인정하고 있는
독일에서도 명시되어 있는 규정의 내용을 뛰어넘는 해석을 하고 있지는
않다. 독일에서 재심사유를 확대한 것과 같은 결과가 나타나는 것은 독
일 민법 제826조를 통한 간접적인 것이며, 직접적으로 민사소송법의 재
심사유를 확대 인정한 것이라고 보기는 어렵다.

　　물론 법에 명시된 사유 이외에 재심사유의 확대가 바람직하지 않다
고 보는 경우에도 법에 명시된 구체적인 사유를 적용할 때 당해 사유를

---

20) Musielak, ZPO, 11. Aufl., § 578 Rdnr. 1.
21) Musielak, ZPO, 11. Aufl., § 580 Rdnr. 9.
22) 주석 민사소송법(Ⅶ)/홍기태, 68면; 신용호, 주식회사의 실질적인 대표이사가 패소
　　한 제1심판결에 대하여 배임행위로서 항소를 취하한 경우 재심사유에 해당하는지 여부,
　　대법원 판례해설, 제91호, 373면 이하.

재심사유로서 인정하고 있는 취지를 고려하여 넓게 해석하는 것은 얼마든지 가능하다. 예컨대, 민사소송법 제451조 제1항 제3호의 대리권 흠결 사유에는 무권대리인의 대리행위뿐 아니라 당사자 본인이나 대리인이 실질적으로 소송에 관여하지 못한 경우까지 포함하는 것으로 확대 해석하여 소송계속 중 당사자가 사망하였음에도 중단 없이 절차가 계속 진행된 경우에는 재심사유를 인정할 수 있는 것이다.[23)]

4. 민사소송법 제451조 제1항 제5호의 해석

우리 입법자는 민사소송법 제451조 제1항에서 재심사유로서 11가지를 규정하면서 제5호에서 '형사상 처벌받을 다른 사람의 행위로 말미암아 자백을 하였거나 판결에 영향을 미칠 공격 또는 방어방법의 제출에 방해를 받은 경우'를 재심사유로서 명시하고 있다.

일반적으로 이 규정의 의미에 관하여서는 범죄행위로 인하여 변론권을 침해당한 당사자를 보호하기 위한 것이라고 한다.[24)] 그리고 "상대방 당사자나 그의 대리인, 기타 제3자의 범죄행위로 인하여 재판상 자백을 했거나 공격방어방법을 제출하지 못한 것을 말한다."고 설명하고 있으며,[25)] 형사상 처벌을 받을 행위란 형법뿐 아니라 특별형법을 포함한 형사법상의 범죄행위를 뜻하지만 경범죄처벌법 위반행위나 질서벌은 포함되지 않는다고 보고 있다.[26)]

그런데 '자백'과 관련하여 우리 판례는 이를 넓게 해석하여 인낙을

---

23) 대법원 1995. 5. 23. 선고 94다28444 전원합의체 판결【소유권확인】: 소송계속 중 어느 일방 당사자의 사망에 의한 소송절차 중단을 간과하고 변론이 종결되어 판결이 선고된 경우에는 그 판결은 소송에 관여할 수 있는 적법한 수계인의 권한을 배제한 결과가 되는 절차상 위법은 있지만 그 판결이 당연무효라 할 수는 없고, 다만 그 판결은 대리인에 의하여 적법하게 대리되지 않았던 경우와 마찬가지로 보아 대리권흠결을 이유로 상소 또는 재심에 의하여 그 취소를 구할 수 있을 뿐이다.
24) 이시윤, 신민사소송법, 제9판, 926면.
25) 호문혁, 민사소송법, 제12판, 995면.
26) 김홍엽, 민사소송법, 제5판, 1120면; 이시윤, 신민사소송법, 제9판, 926면.

제5호의 '자백'에 해당하는 것으로 보고 있다. 즉, 대법원 1995. 4. 28. 선고 95다3077 판결【토지소유권이전등기】에서는 제3자의 처벌받은 범죄행위가 준재심 대상 소송의 피고측이 원고의 청구를 인낙하게 된 직접적인 원인이 되었다고 보아 민사소송법 제422조 제1항 제5호 소정의 '형사상 처벌받을 타인의 행위로 인하여 자백을 한 경우'에 해당한다고 판시하였다.[27]

그리고 '공격방어방법'과 관련하여서는 일반적으로 판결에 영향이 있는 주장·답변·항변뿐만 아니라 증거방법도 포함된다고 보고 있다. 소송의 승패에 중대한 영향이 있는 문서의 절취·강탈 또는 손괴·반환거부로 제출이 방해된 경우, 그러한 증인을 체포·감금함으로써 출석할 수 없게 한 경우 등도 해당된다는 것이다.[28]

우리 판례도 이러한 입장을 취하여 대법원 1985. 1. 29. 선고 84다카1430 판결【토지소유권이전등기】에서는 소송계속 중에 제3자가 재심대상사건에 관한 공격방어방법이 담긴 합의각서의 반환을 거부하였다면 그 반환을 거부한 행위는 공격방어방법의 제출을 방해한 것이라고 못 볼 바 아니고 그 반환거부로 인하여 횡령의 유죄확정판결을 받았다면 민사소송법 제422조 제1항 제5호 소정의 재심사유에 해당한다고 밝혔다. 그리고 대법원 1997. 5. 28. 선고 96다41649 판결【소유권이전등기】에서는 공시송달을 이용한 소송사기의 경우 공격방어방법의 제출에 방해를 받은 것이라고 보고 재심사유를 인정하고 있다. 즉, 대법원은 "상대방의 주소가 분명함에도 불구하고 재산을 편취할 목적으로 고의로 소재불명이라 하여 법원을 속이고 공시송달의 허가를 받아 상대방의 불출석을 기화로 승소판결을 받았다면, 그 소송의 준비 단계에서부터 판결확정시까지 문서위조 등 형사상 처벌을 받을 어떤 다른 위법사유가 전혀 개재되지 않았기 때

---

27) 신용호, 주식회사의 실질적인 대표이사가 패소한 제1심판결에 대하여 배임행위로서 항소를 취하한 경우 재심사유에 해당하는지 여부, 대법원판례해설, 제91호, 375면에서는 소송종료행위가 재심사유 소정의 '자백'에 해당한다고 본 판례의 예로서 대법원 1963. 11. 21. 선고 63다441 판결【토지소유권 확인 및 인도】를 들고 있으나, 판결문에서는 '민사소송법 제422조 제1항 제5호를 유추하여'라고 하고 있을 뿐 명시적으로 '자백'에 해당한다고 밝히고 있지는 않다.

28) 주석 민사소송법(Ⅶ)/홍기태, 69면.

문에 오로지 소송사기로밖에 처벌할 수 없는 경우라 하더라도, 형사상
처벌을 받을 타인의 행위로 인하여 공격 또는 방어방법의 제출이 방해되
었음을 부정할 수 없으므로, 이러한 경우 제5호의 재심사유가 있다고 보
아야 하며…"라고 밝혔다.

　　나아가 제5호의 재심사유가 인정되기 위해서는 다른 사람의 범죄행
위와 당사자가 행한 자백이나 공격방어방법의 제출에 방해를 받은 사실
과 불리한 판결 사이에는 인과관계가 있어야 한다. 특히 공격방어방법의
제출이 직접 방해받은 경우이어야 하며, 간접적인 경우는 포함되지 않는
다. 우리 판례에 따르면, 당해 소송절차와 관계없이 타인의 범죄행위로
인하여 실체법상의 어떤 효과발생이 저지되었다든가 어떤 사실이 조작되
었기 때문에 그 결과 법원이 사실인정을 그르치게 된 경우까지를 포함한
다고 해석할 수는 없다고 한다.[29] 그리고 민사소송법 제422조 제1항 제5
호 소정의 '공격 또는 방어방법의 제출이 방해된 때'라 함은 타인의 형사
상 처벌받을 행위로 인하여 그 재심대상판결의 소송절차에서 당사자의
공격방어방법의 제출이 직접 방해받은 경우만을 말하는 것이지, 재심대상
판결의 소송절차가 아닌 다른 사건의 소송절차에서 사실을 잘못 인정하
는 등의 위법이 있는 판결의 판결서가 증거로 제출됨으로써 패소의 판결
이 확정되고, 그에 따라 그 사건 소송의 제기에 의하여 점유로 인한 부
동산소유권 취득기간의 진행이 중단되었다는 주장이 재심대상판결에서
배척되었다는 등의 사유는 재심사유에 해당하지 않는다고 보고 있다.[30]
또한 채권양수인이 채무자를 상대로 한 양수금청구소송에서 승소하였는
데, 그 채권의 양도인이 양도통지가 담긴 우편물을 채무자의 면전에서
찢었던 점이 확인되어 비밀침해죄로 처벌받게 된 경우 이는 제5호의 재
심사유에 해당하지 않는데, 피고의 방어방법 제출이 직접 방해받게 되었
다고 할 수 없기 때문이라는 것이다.[31]

---

29) 대법원 1982. 10. 12. 선고 82다카664 판결【양수금】.
30) 대법원 1993. 11. 9. 선고 93다39553 판결【토지인도 등】.
31) 대법원 1982. 10. 12. 선고 82다카664 판결【양수금】.

5. 민사소송법 제451조 제1항 제5호와 항소취하

민사소송법 제451조 제1항 제5호에서 명시적으로 '형사상 처벌받을 타인의 행위에 의해 자백을 하였거나 공격방어방법의 제출에 방해를 받은 때'로 명시되어 있음에도 불구하고, 앞에서 소개한 것처럼, 우리 판례는 범죄행위로 인하여 인낙의 의사표시를 하게 된 경우에 자백에 준하는 것으로서 본 호의 재심사유가 된다고 보고 있으며, 대상판결에서는 항소취하까지 여기에 포함시키고 있다. 이러한 판례의 태도는 타당한가.

가. 현행법과의 부조화

우리 민사소송법 제451조 제1항 제5호는 독일이나 오스트리아처럼 '분쟁과 관련하여 당사자의 대리인, 상대방 또는 상대방의 대리인이 행한 범죄행위에 의해 판결이 행해진 경우'[32]라고 하여 '판결 자체가 범죄행위에 의한 것'이라는 의미로 규정하지 않고, '범죄행위에 의해 자백이나 공격방어방법의 제출이 방해 받은 것'으로 명시하고 있다.[33] 만일 우리 법규정이 독일이나 오스트리아처럼 판결 자체가 가벌적 행위에 의해 성립된 것으로 규정하였다면 이를 넓게 해석하여 확정판결과 같은 효력을 가지는 화해조서나 인낙조서의 경우에도 가벌적 행위에 의해 화해나 인낙

---

32) 독일 민사소송법 제580조 제4호: wenn das Urteil von dem Vertreter der Partei oder von dem Gegner oder dessen Vertreter durch eine in Beziehung auf den Rechtsstreit verübte Straftat erwirkt ist(Where the judgment was obtained by the representative of the party or its opponent or the opponent's representative by a criminal offence committed in connection with the legal dispute).

오스트리아 민사소송법 제530조 제3호: wenn die Entscheidung durch eine als Täuschung (§ 108 StGB), als Unterschlagung (§ 134 StGB), als Betrug (§ 146 StGB), als Urkundenfälschung (§ 223 StGB), als Fälschung besonders geschützter Urkunden (§ 224 StGB) oder öffentlicher Beglaubigungszeichen (§ 225 StGB), als mittelbare unrichtige Beurkundung oder Beglaubigung (§ 228 StGB), als Urkundenunterdrückung (§ 229 StGB), oder als Versetzung von Grenzzeichen (§ 230 StGB) gerichtlich strafbare Handlung des Vertreters der Partei, ihres Gegners oder dessen Vertreters erwirkt wurde.

33) 일본 민사소송법 제330조 제5호의 규정도 이와 같다: 刑事上罰すべき他人の行為により、自白をするに至ったこと又は判決に影響を及ぼすべき攻撃若しくは防御の方法を提出することを妨げられたこと。

이 성립되었다면 충분히 재심사유로서 인정할 수 있을 것이다. 그런데 우리 법은 명시적으로 '자백'과 '공격방어방법의 제출'이라고 규정하고 있다. 그럼에도 불구하고 이를 확대하여 인낙의 성립이나 항소취하까지 포섭하는 것으로 해석하는 것은 현행법의 명시적인 규정과는 상응하지 않는 것이며, 앞에서 설시한 재심제도의 예외성 측면에서 볼 때에도 적절하지 않다.

이 점에서 대법원 1979. 5. 15. 선고 78다1094 판결【소유권이전등기말소】에서 소송상 화해의 성립에 타인의 가벌적 행위가 직접적으로 영향을 미친 경우에는 제5호의 재심사유에 해당한다고 밝히고 있는 것은 타당하지 않다. 이 판결에서 대법원은 "민사소송법 제422조 제1항 5호 소정의 형사상 처벌을 받을 타인의 행위로 인한 사유가 소송상의 화해에 대한 준재심사유로 될 수 있는 것은 그것이 당사자가 화해의 의사표시를 하게 된 직접적인 원인이 된 경우"라고 판시하였는데, '자백'과 '공격방어방법의 제출' 중 어디에 해당하는지 밝히지 않은 채 가벌적 행위에 의해 소송상 화해가 성립한 때에는 제5호의 재심사유가 된다고 본 것이다. 그런데 이러한 해석은 독일이나 오스트리아처럼 '판결 자체가 가벌적 행위에 의해 성립한 것'으로 명시하고 있는 경우에는 충분히 가능하지만, '자백'과 '공격방어방법의 제출'로 제한하고 있는 우리 법상으로는 적절하지 않다.

만일 형사상 처벌받을 다른 사람의 행위로 인한 인낙이나 항소취하 또는 화해의 구제방법으로서 재심을 인정할 필요가 있다면 독일이나 오스트리아처럼 형사상 처벌받을 행위에 의해 '판결이 성립된' 경우로 포괄적으로 규정하는 것이 바람직하다. 그런데 이는 어디까지나 입법정책적(de lege ferenda)으로 고려해 보아야 할 문제이며, 아직 그와 같은 내용이 입법화되어 있지 않은 이상 현행법상으로 인낙이나 항소취하를 자백에 준하는 것으로 보아 민사소송법 제451조 제1항 제5호의 재심사유로 인정하기는 어렵다. 법규정에 명시적으로 재심사유로서 '자백', '공격방어방법의 제출'이라고 밝히고 있음에도 이를 '인낙', '소송상 화해', '항소취하'까지 확대하는 것은 법률무시(Gesetzesmissachtung)에 해당할 수 있을 것이다.

그렇다면 인낙이나 항소취하를 재심사유로서 명시하고 있는 '자백'에 준하는 것으로 유추해석 할 수는 있는가.

우선, 앞에서 살펴본 것처럼, 재심사유는 예시적인 것이 아니고 제한적인 것이며, 확대 해석을 인정하는 경우에도 명시되어 있는 사유의 범위 내에서 인정하는 것이지 명시되어 있지 않은 범위까지 인정할 수는 없다. 이는 재심제도의 의의 즉, 구체적 정당성과 함께 법적 안정성까지 보호하고자 한다는 점으로부터 충분히 이끌어 낼 수 있는 내용이다.

그리고 재심사유의 확대 해석이 일정한 범위 내에서 허용된다 하더라도 우리 판례처럼 인낙을 민사소송법 제451조 제1항 제5호의 '자백'에 준하는 것으로 볼 수는 없다.

법률의 흠결을 보충하기 위해 유추해석을 하는 경우에는 원칙적으로 법률이 규정하고 있는 사례와 문제된 사례의 유사성이 인정되어야 한다.[34] 그리고 두 가지 사례가 유사하다고 할 때에는 상당 부분에서 일치하여야 한다.[35]

문헌에서는 인낙을 설명할 때 자백과 비교하기도 하지만,[36] 이는 인낙의 본질에 대한 이해를 분명하게하기 위한 것일 뿐 인낙과 자백이 유사하다는 전제에서 하는 것은 아니다. 자백과 인낙의 본질적인 차이를 고려할 때 형사상 처벌받을 다른 사람의 행위에 의해 인낙을 한 것을 자백한 경우에 해당한다고 보기는 어려운 것이다.

인낙의 경우 준재심에 관한 민사소송법 제461조에 따라 민사소송법 제451조 제1항의 재심사유가 있을 때 재심을 제기할 수 있지만, 제5호가 적용되기 위해서는 형사상 처벌받을 다른 사람의 행위에 의해 자백이 행해지거나 공격방어방법의 제출이 방해되어 인낙이 성립되었는지를 따져

---

34) 박철, 법률의 문언을 넘은 해석과 법률의 문언에 반하는 해석, 법철학연구, 제6권 제1호, 201면.

35) Larenz-Canaris, Methodenlehre der Rechtswissenschaft, 3. Aufl., S. 202 f.

36) 이시윤, 신민사소송법, 제9판, 570면; 주석 민사소송법(Ⅲ)/강승준, 220면.

보아 재심사유의 인정 여부를 결정하여야 할 것이다.

항소취하의 경우에는 자백과의 유사성을 더욱 찾기 어렵다.[37] 인낙과 자백은 불리한 것을 인정한다는 측면에서 조금의 공통점이라도 가지고 있다고 볼 수 있지만 항소취하는 자백과 유사한 측면이 전혀 없다. 우리 사안의 원심판결에서는 "~전부 패소한 제1심판결에 대하여 항소를 취하한 것은 다른 사람의 배임행위로 말미암아 회사가 자백을 한 것과 마찬가지로 볼 수 있고,"라고 설시하고 있는데, 이는 타당하지 않다. 자백은 자신에게 불리한 상대방의 주장을 인정하는 것으로서 사실확정에 관한 문제인 데 비하여, 항소취하는 항소 자체의 처분에 관한 문제이기 때문에 이 양자를 유사한 것으로 보기 어렵다. 그러므로 상당부분에서 유사성을 인정하기 어려운 인낙이나 항소취하를 자백에 준하는 것으로 보아 민사소송법 제451조 제1항 제5호의 재심사유에 해당한다고 유추해석 할 수는 없다.[38]

그렇다면 배임행위에 의한 항소취하를 공격방어방법의 제출이 방해받은 것으로 볼 수는 있는가.

일반적으로 공격방어방법은 '본안의 신청을 뒷받침하기 위해 소송자료를 제출하는 것으로서 법률상의 주장, 사실상의 주장, 부인 및 증거신청뿐 아니라 증거항변, 개개의 소송행위의 효력이나 방식의 당부에 관한 주장을 포함한다.'고 설명하고 있다.[39] 그리고 공격방어방법의 가장 핵심적인 부분은 '본안의 신청을 뒷받침하기 위해 소송자료를 제출하는 것,'[40]

---

37) 소취하의 경우 민사소송법 제451조 제1항 제5호의 자백이나 공격방어방법과 전혀 무관한 것이어서 당해 규정을 유추적용할 수 없다는 견해로는 호문혁, 민사소송법, 제12판, 448면.

38) 이에 비해 신용호, 주식회사의 실질적인 대표이사가 패소한 제1심판결에 대하여 배임행위로서 항소를 취하한 경우 재심사유에 해당하는지 여부, 대법원판례해설, 제91호, 377면에서는 '현저한 정의에 반하는 것으로 인정되어 이를 바로잡을 필요가 있을 경우에 다소의 유추해석까지 금지하는 것은 아니므로 소취하나 상소취하는 이와 가장 근접한 재심사유로서 '자백'에 준하는 것으로 처리할 수 있다고 봄이 상당하다고 설명하고 있다.

39) 김홍엽, 민사소송법, 제5판, 445면; 이시윤, 신민사소송법, 제9판, 377면 이하.

40) 이시윤, 신민사소송법, 제9판, 377면.

또는 '소송물의 존부판단의 자료'[41)]이다. 그리하여 청구 변경이나 반소 제기의 경우 이는 판결사항에 해당하므로 공격적 신청이라고 할 수는 있 지만 공격방법이라고 할 수는 없다고 보고 있다.[42)] 그러므로 공격방어방 법의 개념을 넓게 해석하더라도 항소취하가 여기에 해당한다고 보기는 어렵다.

나. 항소취하의 특수성

(1) 재심의 목표와 관련하여

항소취하의 경우에는 재심의 소의 목표 측면에서 볼 때 자백이나 공 격방어방법의 제출이 방해된 경우에 준하는 것으로 취급하기는 어렵다.

재심의 소의 목표는 확정된 종전의 판결을 소급적으로 제거하는 것이다. 재심대상판결을 소급적으로 취소함으로써 분쟁은 미해결인 상태가 되고, 새로운 심리와 판결이 행해지도록 하려는 것이다. 일반적으로 재심 절차는 세 단계로 나누어 진행되는데, 먼저 재심의 소의 적법성 단계로서 재심의 형식적 요건이 충족되었는지 여부를 살펴보며, 다음으로 재심사유에 대한 원고의 주장이 타당한지를 검토하는 단계(iudicium rescindens)로서 재심사유의 존부를 판단하며, 이러한 과정을 거쳐 재심법원이 재심청구가 이유 있다고 판단하면 재심대상판결을 취소하고 그 판결이 판단한 사건을 다시 재판하게(iudicium rescissorium)되는 것이다.

그런데 항소취하의 경우에는 이러한 일반적인 재심의 소의 목표와는 차이가 난다. 형사상 처벌받을 행위로 항소가 취하되어 제1심판결이 확정된 경우에는 재심대상이 된 제1심판결의 정당성에 문제가 있는 것이 아니라 항소심의 심판을 받을 기회가 박탈되었다는 데 문제가 있다. 이점에서 일반적인 재심의 목표 즉, 원판결이 잘못된 것이어서 이를 소급적으로 제거하려는 목표와는 차이가 나는 것이다.

항소취하가 형사상 처벌받을 행위에 의해 행해진 경우에는 재심대상 판결 자체에 문제가 있는 것이 아니라 항소취하가 형사상 처벌받을 행위

---

41) 김홍엽, 민사소송법, 제5판, 445면
42) 주석 민사소송법(Ⅱ)/안정호, 311면.

에 의해 행해진 것이기 때문에 재심사유를 검토할 때 중요한 것은 재심대상판결 자체가 아니라 항소취하 자체가 악의적인 행위에 기해 행해졌는지 여부이다. 따라서 이 경우에는 확정된 원판결을 취소할 것이 아니라 항소심의 판단을 받을 수 있는 길이 부당하게 차단된 점이 치유되어야 하므로 당사자에게 항소심의 재판을 받을 수 있는 길을 열어주어야 한다. 즉, 부당한 항소취하를 재심으로 구제하는 경우에는 일반적인 재심과는 달리 항소를 허가하는 내용의 판결이 행해져야 하는 것이다.

대상판결의 경우 항소취하를 인정하여 내린 소송종료선언판결을 재심대상판결로 삼고 있기 때문에 그 취소를 구하는 것은 타당하다. 이에 비해 재심원고가 배임행위에 의한 항소취하가 민사소송법 제451조 제1항 제5호에 해당한다는 이유로 재심대상판결의 취소와 함께 제1심판결의 취소를 구하고 있는 점은 옳지 않다. 항소취하행위에 재심사유가 인정된다고 하여 제1심판결이 부당한 것은 아니기 때문에 이 경우에는 제1심판결의 취소를 구할 것이 아니라 기일지정신청을 통해 항소심절차가 다시 진행될 수 있도록 해야 할 것이다.

(2) 인과관계와 관련하여

민사소송법 제451조 제1항 제5호의 재심사유가 인정되기 위해서는 형사상 처벌받을 행위로 인해 이루어진 행위, 즉 자백이나 공격방어방법의 제출의 방해와 판결 사이에 인과관계가 있어야 한다. 실무[43]와 문헌 모두 이 점을 인정하고 있다. 주석 민사소송법(Ⅶ), 55면, 56면에서는 '4호 내지 10호 사유에 관하여 중대한 판단자료의 잘못이 있는 경우로서 소송절차에 중대한 흠이 있는 경우인 1호 내지 3호 및 11호와는 달리 그 흠이 판결주문에 영향을 미칠 가능성이 있어야 한다'고 설명하고 있다. 김홍엽, 민사소송법, 제5판, 1116면에서는 "4호 내지 10호는 판결결과에 영향을 미칠 가능성이 있어야 한다." 그리고 1120면에서는 "다른 사람의 범죄행위로 인하여 자백하거나 또는 공격방어방법의 제출이 방해받았다

---

43) 위 891면 참조.

는 것과 판결과 사이에는 인과관계가 있어야 한다.”고 설명하고 있다. 이시윤, 신민사소송법, 제9판, 923면에서는 “~4호 내지 7호는 모두 판결에 영향을 미친 범죄 그 밖의 위법행위, 즉 가벌적 행위를 규정하였는바~”라고 하며, 926면에서는 “다른 사람의 범죄행위와 당사자의 자백 또는 공격 방어방법의 제출이 방해받은 사실 및 불리한 판결 간에 인과관계를 필요로 한다.”고 밝히고 있다. 호문혁, 민사소송법, 제12판, 995면에서는 ‘판결 기초에 중대한 흠결’이라는 제목하에 제4호 내지 제7호를 설명하고 있는데, 즉, “법원이 판결을 할 때에 기초로 한 소송자료의 수집, 제출과정에 처벌받을 행위가 있거나, 판결의 기초가 되는 상황이 변경되거나, 판결의 내용 자체가 현저히 부당한 경우를 말한다.”라고 하고 있다. 이처럼 형사상 처벌받을 행위가 판결의 기초에 영향을 미친 경우에 재심사유로서 인정하고 있는 것이다.

　그런데 항소취하에 의해 제1심판결이 확정된 것이 위에서 설명하는 그러한 경우에 해당하는지는 의문이다. 배임행위에 의해 항소취하가 이루어져 제1심판결이 확정된 경우 배임행위라는 가벌적 행위가 제1심판결에 직접적인 영향을 미쳤다고 보기 어려우며, 제1심판결의 기초에 중대한 흠이 있다고 하기도 어렵다. 제1심판결은 정당하게 성립된 것이며, 다만 항소가 부당하게 취하된 것일 뿐이기 때문이다. 형사상 처벌받을 행위에 의해 항소가 취하된 경우에는 형사상 처벌받을 행위가 항소를 취하하는 데에만 영향을 미쳤을 뿐 제1심판결의 성립에 직접적인 영향을 미친 것은 아니며, 또한 판결의 기초에 영향을 미친 것도 아니다. 이 점에서 가벌적 행위로 인한 항소취하는 일반적인 재심의 경우와는 달리 취급하여야 할 필요가 있는 것이다.

　다만, 대상판결에서는 항소취하를 인정하여 내린 소송종료선언판결을 재심대상판결로 삼고 있기 때문에 항소취하가 판결에 직접적인 영향을 미쳤다고 볼 수 있다. 그러므로 대상판결에서처럼 원심판결을 파기하고 원심이 항소취하가 없었던 상태로 돌아가 사건을 다시 심리하고 재판하여야 한다고 판시한 점은 타당하다.

6. 중간 결론

가벌적 행위에 의한 항소취하를 '자백'에 준하는 것으로 보아 재심사유로서 인정하는 것은 재심제도의 의의와 목적으로부터 인정될 수 없으며, 항소취하와 자백의 본질적인 차이로 인해 자백에 해당하는 것으로 유추해석할 수도 없다. 나아가 항소취하의 경우에는 항소의 기회가 부당하게 박탈되었다는 점에서 일반적인 재심의 경우와 그 목표 및 인과관계 면에서 차이가 나므로 '자백'에 준하는 재심사유로 볼 수 없다. 다만, 대상판결에서는 소송종료선언판결을 재심대상판결로 삼고 있으므로 항소취하의 특수성 면에서는 문제점이 없다.

Ⅲ. 대리인의 경우 재심사유를 인정하기 위해서는 형사상 유죄확정판결 외에 대리권의 실질적인 흠이라는 요소가 더 필요한가

1. 문제점

대상판결에서는 형사상 처벌을 받을 다른 사람의 행위로 인한 소송행위가 재심사유가 인정되기 위해서는 "단순히 대리인이 문제된 소송행위와 관련하여 배임죄의 유죄판결을 받았다는 것만으로는 충분하지 않으며, 대리인의 배임행위에 소송상대방 또는 그 대리인이 통모하여 가담한 경우와 같이 대리인이 한 소송행위 효과를 당사자 본인에게 귀속시키는 것이 절차적 정의에 반하여 도저히 수긍할 수 없다고 볼 정도로 대리권에 실질적인 흠이 발생한 경우라야 한다."라고 판시하여 대리인의 경우에는 재심사유가 인정되기 위해서는 '가벌적 행위' 외에 '대리권의 실질적인 흠'이라는 요건이 더 필요한 것으로 설시하고 있다.

그런데 대상판결이 가벌적 행위에 의한 항소취하를 자백에 준하는 것으로 보아 재심사유에 해당한다고 하면서도 대리인의 경우에는 가벌적 행위 외에 대리권에 실질적으로 흠이 있다고 인정되는 경우에만 재심사유를 인정한다는 것은 타당한가.

2. 현행법과의 부조화

우리 민사소송법은 재심사유와 관련하여 독일이나 오스트리아와는 달리 가벌적 행위의 주체를 제한하고 있지 않다. 즉, 민사소송법 제451조 제1항 제5호는 형사상 처벌받을 '다른 사람의 행위'라고 명시하고 있을 뿐이며, 이때 다른 사람이란 상대방 당사자나 제3자를 말하며, 상대방 당사자의 법정대리인이나 소송대리인 그리고 재심을 청구한 당사자의 대리인도 포함되는 것으로 보고 있다.[44] 이와는 달리 독일과 오스트리아에서는 형사상 처벌받을 행위를 한 자를 '당사자의 대리인, 상대방 또는 상대방의 대리인'이라고 명시하고 있기 때문에 일반 제3자의 가벌적 행위는 재심사유에 해당하지 않는다.[45]

우리 민사소송법이 일반 제3자의 가벌적 행위까지 재심사유로서 인정하고 있는 이상 대상판결에서처럼 대리인에 대해서만 유죄확정판결 이외에 대리권의 실질적인 흠까지 요구하는 것은 명문의 법 규정에 반하는 것이며, 상대방 당사자나 제3자와의 형평성 면에서도 타당하지 않다. 상대방 당사자나 제3자와는 달리 대리인에 대해 보다 엄격한 요건을 적용하여야 할 특별한 이유가 없는 이상 대리인에 대하여 가벌적 행위 외에 대리권의 실질적인 흠이라는 요건을 추가할 것은 아니다.

우리 사안에서 문제된 갑은 법률상 소송대리인의 대표적인 예인 지배인에 해당하는데, 법률상 소송대리인의 경우 소송대리권의 범위는 법률의 규정에 따라 정해지며 소송위임에 의한 소송대리인에 관한 민사소송법 제90조와 제91조가 적용되지 않는다(민사소송법 제92조). 따라서 법률상 소송대리인의 대리권은 법률에 제한을 명시하고 있지 않는 한 원칙적으로 제한할 수 없으며, 제한한 경우에도 효력이 없다. 상법 제11조 제1항에서는 명시

---

44) 이시윤, 신민사소송법, 제9판, 926면; 주석 민사소송법(Ⅶ)/홍기태, 68면.

45) 제3자의 행위에 당사자의 대리인, 상대방 또는 상대방의 대리인이 참가한 경우에는 당해 행위가 형사상 처벌받을 행위이면 재심사유에 해당한다, Stein/Jonas/Jacobs, ZPO, 21. Aufl., § 580 Rdnr. 14.

적으로 지배인이 영업에 관한 재판상 또는 재판외 모든 행위를 할 수 있다고 밝히고 있어 원칙적으로 지배인은 항소취하와 같은 소송행위를 아무런 제한 없이 할 수 있는 것이다. 그러므로 우리 사안에서 지배인 갑이 항소를 취하한 것은 지배인의 권한으로서 당연히 할 수 있는 행위이며,[46] 재심사유의 인정 여부에서 중요한 것은 그러한 항소취하가 형사상 처벌받을 행위에 의한 것인지 아닌지일 뿐이다. 즉, 대리인의 경우 별도로 대리권의 실질적인 흠과 같은 요건이 필요한 것은 아니며, 상대방 당사자나 일반 제3자의 경우와 마찬가지로 가벌적 행위에 기해 소송행위가 행해진 것인지 여부가 중요할 뿐이다.

대상판결에서 상대방과의 통모와 같은 대리권의 실질적인 흠이라는 요건을 내세운 것에 관하여서는 재심제도의 악용에 대한 해결방안의 하나라고 설명하는 견해가 있다.[47] 이에 따르면, 우리나라의 경우 재심사건이 세계에서 유래가 없을 정도로 폭주하고 있다는 점을 근거로 그 해결방안으로서 신의성실의 원칙 내지 권리남용의 원칙을 적용하거나 재심사유에 별도의 구체적인 제한 기준을 설정할 수 있다는 것이다. 대상판결에서 대리권의 실질적인 흠이라는 요건을 내세운 것은 바로 그러한 구체적인 제한의 기준이 된다는 것이다.

그런데 재심제도의 남용을 막기 위해서라면, 우리 법은 자유로운 증거평가가 배제될 정도의 확실한 증거를 필요로 한다는 명문규정을 이미 마련해 두고 있다. 즉, 민사소송법 제451조 제2항에서는 제1항 제4호 내지 제7호의 경우에는 가벌적 행위만으로 충분하지 않고 확정된 유죄판결 등을 요구하고 있는 것이다.[48] 이러한 명시적인 규정이 있음에도 불구하

---

46) 대법원 1997. 10. 10. 선고 96다35484 판결에 대한 평석에서 정준영, "소송행위에 있어서 의사표시의 하자", 민사판례연구 XXI(1991), 494면 이하에서는 다른 사람의 강박으로 인하여 변호사가 제소전 화해를 체결한 경우 민사소송법 제451조 제1항 제5호를 유추적용하여 소송위임행위의 효력을 부인함으로써 결과적으로 민사소송법 제451조 제1항 제3호의 준재심사유에 해당하는 것이라고 보았다.
47) 신용호, 주식회사의 실질적인 대표이사가 패소한 제1심판결에 대하여 배임행위로서 항소를 취하한 경우 재심사유에 해당하는지 여부, 대법원판례해설, 제91호, 377면 이하.

고 법원이 재심제도의 남용을 막기 위해 또 다른 요건을 내세우거나 특히 대리인에 대해서만 대리권의 실질적인 흠이라는 별도의 요건을 내세우는 것이 타당한지는 의문이다. 대상판결의 경우 이미 유죄확정판결이 존재하기 때문에 배임행위에 의한 항소취하를 자백에 준하는 것으로 본다면 민사소송법 제451조 제1항 제5호의 재심사유를 인정하는 데에는 유죄의 확정판결만으로 충분하다. 그럼에도 불구하고 대리권의 실질적인 흠이라는 요건을 내세우고 있는 것은 재심제도의 남용을 막기 위해서라기보다는 소송행위의 하자에 관한 일반론에 근거한 것이 아닌가 싶다.

일반적으로 소송행위에는 흠이 있는 경우에도 민법상 의사표시의 흠에 관한 규정이 적용될 수 없다고 보고 있으며, 예외적으로 민사소송법 제451조 제1항 제5호를 유추하여 형사상 처벌받을 수 있는 다른 사람의 행위로 인하여 소송행위가 행해진 경우 당해 소송절차에서 그 효력이 부정될 수 있는 가능성을 열어 두고 있다.[49] 다만, 이 경우에도 소송행위의 취소나 무효를 넓게 인정하는 것은 소송절차의 명확성이나 안정성에 반하기 때문에 제한하려고 하고 있는데, 그 제한 기준으로서 우리 판례는 유죄확정판결 외에 소송행위에 부합하는 의사 없이 외형만으로 소송행위가 존재한다거나 대상판결에서처럼 상대방과의 통모와 같은 대리권의 실질적인 흠이 있을 것을 내세우고 있는 것으로 보인다.

그런데 소송행위의 흠에 관한 문제와는 달리 재심사유에 관한 문제에서는 형사상 처벌받을 다른 사람의 행위에 의해 자백이나 공격방어방법의 제출이 방해 받은 경우에는 민사소송법 제451조 제1항 제5호가 바로 적용되어 재심사유가 되는 것이며, 소송행위에 부합하는 의사 없이 외형만으로 소송행위가 존재하거나 상대방과의 통모와 같은 대리권의 실질적인 흠과 같은 별도의 요건을 필요로 하지 않는다. 유죄의 확정판결 외에 소송행위에 부합하는 의사 없이 외형만으로 존재할 것 또는 대상판

---

48) 최성호, 재심소송에 있어서 재심사유에 관한 고찰, 인권과 정의, 제399호, 54면.
49) 김홍엽, 민사소송법, 제5판, 466면 이하; 이시윤, 신민사소송법, 제9판, 393면 이하; 호문혁, 민사소송법, 제12판, 447면.

결에서처럼 상대방과의 통모와 같은 대리권의 실질적인 흠이 있을 것 같은 요건이 요구되는 것은 흠 있는 소송행위의 효력을 당해 소송절차 내에서 당연히 부정할 수 있는지 여부와 관련하여서이지[50] 재심사유가 되는지에 관한 것이 아니다. 대상판결에서는 형사상 처벌받을 행위에 의해 행해진 항소취하를 "자백에 준하여 재심사유가 된다."라고 명시적으로 밝히고 있기 때문에 소송행위의 하자에 관한 일반론을 고려할 필요는 없는 것이다. 더욱이 우리 사안에서는 유죄의 확정판결까지 존재하고 있으므로 바로 재심사유가 인정될 수 있다.

3. 중간 결론

대상판결에서 가벌적 행위에 의한 항소취하를 자백에 준하는 것으로 보아 재심사유로 인정하면서도 다른 한편으로는 소송행위의 하자에 관한 일반론에 근거하여 대리인의 경우 대리권의 실질적인 흠과 같은 새로운 요건을 추가하는 것은 적절하지 않다. 대상판결이 형사상 배임행위에 의해 갑이 항소를 취하한 것을 자백에 준하여 재심사유가 된다고 인정하고 있는 이상, 민사소송법 제451조 제1항 제5호의 요건은 충족된 것으로 보아야 하며, 별도로 대리권의 실질적인 흠을 요건으로 내세울 것은 아니다.

따라서 대상판결에서 "단순히 대리인이 문제된 소송행위와 관련하여 배임죄로 유죄판결을 받았다는 것만으로는 충분하지 않고, 대리인의 배임행위에 소송상대방 또는 그 대리인이 통모하여 가담한 경우와 같이 대리인이 한 소송행위 효과를 당사자 본인에게 귀속시키는 것이 절차적 정의에 반하여 도저히 수긍할 수 없다고 볼 정도로 대리권에 실질적인 흠이 발생한 경우라야 한다."고 설시하고 있는 것은 타당하지 않다.

---

50) 김홍엽, 민사소송법, 제5판, 468면 이하; 이시윤, 신민사소송법, 제9판, 393면.

Ⅳ. 흠 있는 소송행위의 경우 재심사유에 해당하는 흠이 있는 때에만 그 효력이 부인될 수 있는가

1. 문제점

흠 있는 소송행위의 효력과 관련하여 대상판결에서는 "어떠한 소송행위에 민사소송법 제451조 제1항 제5호의 재심사유가 있다고 인정되는 경우 그러한 소송행위에 기초한 확정판결의 효력을 배제하기 위한 재심제도의 취지상 재심절차에서 해당 소송행위의 효력은 당연히 부정될 수밖에 없고~"라고 판시하고 있다.

일반적으로 소송행위의 흠에 관하여서는 소송행위와 사법행위의 본질적인 차이를 이유로 민법 제109조나 제110조에 의한 취소나 무효를 주장할 수 없으며, 민사소송법 제451조 제1항 제5호의 재심사유가 있는 경우에 예외적으로 취소나 무효를 인정하고 있다. 그런데 이러한 제한은 타당한가. 그리고 우리 사안에서처럼 항소취하가 형사상 처벌받을 다른 사람의 행위에 의해 이루어진 경우, 재심에 의하지 않고 의사표시의 흠을 이유로 취소하거나 항소취하의 효력을 부인할 수는 없는가.

2. 소송행위의 흠

가. 소송종료적 소송행위

소송행위의 흠 및 그 효력과 관련하여서는 일반적으로 소송행위에 민법상 의사표시의 흠에 관한 규정이 유추적용되지 않는다고 보고 있다. 다만, 예외적으로 민사소송법 제451조 제1항 제5호의 재심사유에 해당하는 경우에는 당해 소송행위의 효력을 부인할 수 있다고 한다.[51] 그런데 이러한 지배적인 견해와는 달리, 재심사유에 해당하는 경우로는 흠 있는 소송행위의 문제를 해결하는 데 충분하지 않기 때문에 그 범위를 확대하

---

51) 김홍엽, 민사소송법, 제5판, 466면 이하; 이시윤, 신민사소송법, 제9판, 393면 이하; 호문혁, 민사소송법, 제12판, 447면. 독일에서도 마찬가지이다. 대표적으로 Rosenberg/Schwab/Gottwald, Zivilprozessrecht, 16. Aufl., § 65 Rdnr. 46.

여 소취하나 청구포기·인낙과 같은 소송행위에 흠이 있는 경우에는 그
취소나 무효를 인정해야 한다는 견해가 있다.[52]

　　우리 판례는 소취하나 항소취하가 타인의 사기, 강박으로 인한 것이
라 하더라도 무효나 취소를 주장할 수 없다고 보고 있다. 즉, 대법원
1979. 12. 11. 선고 76다1829 판결【활석등채취금지】에서는 "소를 취하하
는 소송행위는 정당한 당사자에 의하여 이루어진 것이라면 그 취하가 타
인의 기망에 인한 것이라 하더라도 이를 취소할 수 없다."고 하고 있으
며, 대법원 1983. 4. 12. 선고 80다3251 판결【소유권이전등기】에서도
"당사자의 소송행위는 일반 사법상의 행위와는 달리 내심의 의사보다 그
표시를 기준으로 하여 그 효력유무를 판정할 수밖에 없는 것이므로, 소
의 취하가 내심의 의사에 반한 것이라고 하더라도 이를 무효라고 볼 수
는 없다."고 밝히고 있다. 대법원 1997. 6. 27. 선고 97다6124 판결【조
합원지위부존재확인】에서는 "소의 취하는 원고가 제기한 소를 철회하여
소송계속을 소멸시키는 원고의 법원에 대한 소송행위이고 소송행위는 일
반 사법상의 행위와는 달리 내심의 의사보다 그 표시를 기준으로 하여
그 효력 유무를 판정할 수밖에 없는 것인바, 원고들 소송대리인으로부터
원고 중 1인에 대한 소 취하를 지시받은 사무원은 원고들 소송대리인의
표시기관에 해당되어 그의 착오는 원고들 소송대리인의 착오로 보아야
하므로, 그 사무원의 착오로 원고들 소송대리인의 의사에 반하여 원고들
전원의 소를 취하하였다 하더라도 이를 무효라 볼 수는 없고, 적법한 소
취하의 서면이 제출된 이상 그 서면이 상대방에게 송달되기 전·후를 묻
지 않고 원고는 이를 임의로 철회할 수 없다."고 판시하였으며, 대법원
2004. 7. 9. 선고 2003다46758 판결【소유권이전등기등】에서도 "수량적으
로 가분인 동일 청구권에 기한 청구금액의 감축은 소의 일부 취하로 해
석되고, 소의 취하는 원고가 제기한 소를 철회하여 소송계속을 소멸시키
는 원고의 법원에 대한 소송행위이며, 소송행위는 일반 사법상의 행위와

---

52) Arens, Willensmängel bei Parteihandlungen im Zivilprozess, S. 115 ff., 205 ff.;
　　정동윤·유병현, 민사소송법, 제4판, 422면.

달리 내심의 의사보다 그 표시를 기준으로 하여 그 효력 유무를 판정할 수밖에 없는 것이므로 원고가 착오로 소의 일부를 취하하였다 하더라도 이를 무효라고 볼 수는 없다."고 하였다. 나아가 대법원 2007. 6. 15. 선고 2007다2848,2855 판결【손해배상(기)】에서도 "민법상의 법률행위에 관한 규정은 특별한 사정이 없는 한 민사소송법상의 소송행위에는 그 적용이 없으므로, 소송행위에 조건을 붙일 수 없고, 상고를 취하하는 소송행위가 정당한 당사자에 의하여 이루어진 이상 기망을 이유로 이를 취소할 수 없으며, 적법하게 제출된 상고취하의 서면을 임의로 철회할 수도 없다."고 하였으며, 대법원 2009. 4. 23. 선고 2008다95151 판결【소유권이전등기등말소】에서는 "소의 취하는 원고가 제기한 소를 철회하여 소송계속을 소멸시키는 원고의 법원에 대한 소송행위이고 소송행위는 일반 사법상의 행위와는 달리 내심의 의사보다 그 표시를 기준으로 하여 효력 유무를 판정할 수밖에 없다. ~원고가 자유로운 의사에 기하여 소취하서를 작성하여 소외 1과 소외 2에게 제출을 위임한 이 사건에서 소취하서에 제1심판결 선고 전까지 한정하여 제출할 수 있다는 취지의 기재도 없고, 가사 원고로부터 소취하서 제출을 위임받은 소외 2가 그 임무에 위배하여 제1심판결 선고 후에 이를 제출하였다 하더라도 소취하서의 표시를 기준으로 그 효력 유무를 판정할 수밖에 없는 소송행위에서 이를 무효라고 볼 수는 없어, 결국 이 사건 소는 소취하서 제출로 적법하게 종료되었다."고 판시하고 있다.

이처럼 소송행위에 민법상 의사표시의 흠에 관한 규정이 유추적용되지 않는다고 보는 것은 법적 안정성과 확실성 때문이다. 소송행위는 사법행위와는 달리 서로 연결되어 먼저 행해진 소송행위의 유효를 전제로 나중의 소송행위가 이루어져 소송절차가 진행되는 것이어서 앞선 소송행위가 사기, 강박 등의 이유로 취소나 무효가 된다면 후행의 소송행위를 무의미하게 만들 가능성이 커[53] 그때까지 그 소송행위를 신뢰하여 진행

---

53) 주석 민사소송법(Ⅱ)/안정호, 309면.

된 소송절차가 무너짐으로써 법적 안정성과 확실성을 해치게 된다는 것이다.

그렇다면 어떤 소송행위를 기초로 하여 다른 소송행위가 이루어지지 않는 경우, 즉 소송절차를 조성하는 행위가 아닌 때에는 법적 안정성의 침해 우려가 적으므로 달리 판단하여 볼 수 있지 않을까. 대표적으로 상소취하, 청구포기나 인낙, 소송상 화해 등의 소송종료적 행위의 경우에는 선행행위가 취소되더라도 법적 안정성을 해할 염려가 적기 때문에 사법상 의사표시의 하자에 관한 규정이 유추적용될 수 있을 것이다.[54] 이러한 경우에도 단지 이들이 소송행위라는 이유만으로 민법 규정의 적용을 배제하는 것은 지나치게 형식적인 논리일 것이다.

우리 사안의 경우 항소취하는 소송종료적인 소송행위에 해당하며, 따라서 배임행위에 의해 행해진 것처럼 항소취하에 의사표시의 흠이 있는 경우에는 그 취소나 무효를 인정할 수 있을 것이다.

나. 형사상 처벌받을 다른 사람의 행위로 인한 소송행위

소송행위의 철회와 관련하여 일반적으로 소송행위는 상대방이 당해 소송행위로 인하여 소송상 지위를 얻기 전에는 자유롭게 철회할 수 있지만, 구속적 소송행위의 경우에는, 즉 당해 행위를 한 당사자에게 불리하거나 상대방에게 일정한 법률상 지위가 형성된 경우에는 자유롭게 철회할 수 없다고 보고 있다.[55] 다만, 구속적 소송행위의 흠에 관하여 민법 제109조나 제110조에 의한 취소나 무효 주장이 불가능하다고 보는 견해에서도 형사상 처벌받을 다른 사람의 행위로 인하여 행한 소송행위에 대해서는 당연히 그 효력이 부인된다고 보고 있다.[56] 이 견해에 따르면, 우리 사안의 경우 지배인 갑의 항소취하는 유죄확정판결을 받은 배임행위에 의해 이루어진 것이므로 당연히 그 효력이 부정될 수 있다.

---

54) Arens, Willensmängel bei Parteihandlungen im Zivilprozess, S. 60. ff.; 정동윤 · 유병현, 민사소송법, 제4판, 422면. 소취하에 관하여서만 인정하자는 견해로는 호문혁, 민사소송법, 제12판, 448면 이하.

55) 김홍엽, 민사소송법, 제5판, 466면; 이시윤, 신민사소송법, 제9판, 393면.

56) 이시윤, 신민사소송법, 제9판, 393면.

이와는 달리 유죄확정판결만으로 언제나 소송행위의 무효를 인정하는 것은 아니라고 보는 견해에 따르면 재심사유에 해당하는 경우에도 유죄확정판결뿐만 아니라 소송행위에 부합하는 의사 없이 외형만 존재할 것 등이 요구된다.[57] 이는 우리 판례의 입장이기도 하다. 즉, 대법원 1984. 5. 29. 선고 82다카963 판결 【소유권이전등기말소등】에서는 "소송행위에 대하여는 민법 제109조, 제110조의 규정이 적용될 여지가 없으므로 소송행위가 사기, 강박 등 형사상 처벌을 받을 타인의 행위로 인하여 이루어졌다 하더라도 이를 이유로 그 소송행위를 부인할 수 없고 다만 그 형사상 처벌을 받을 타인의 행위에 대하여 유죄판결이 확정된 경우에는 민사소송법 제422조 제1항 제5호, 제2항의 규정취지를 유추해석하여 그로 인한 소송행위의 효력을 부인할 수 있다 하겠으나 이 경우에 있어서도 그 소송행위가 이에 부합되는 의사 없이 외형적으로만 존재할 때에 한하여 그 효력을 부인할 수 있다고 해석함이 상당하므로 타인의 범죄행위가 소송행위를 하는데 착오를 일으키게 한 정도에 불과할 뿐 소송행위에 부합되는 의사가 존재할 때에는 그 소송행위의 효력을 다툴 수 없다고 보아야 할 것이다."라고 판시하고 있다.[58] 다만, 대상판결에서는 "어떠한 소송행위에 민사소송법 제451조 제1항 제5호의 재심사유가 있다고 인정되는 경우 그러한 소송행위에 기초한 확정판결의 효력을 배제하기 위한 재심제도의 취지상 재심절차에서 해당 소송행위의 효력은 당연히 부정될 수밖에 없고, 그에 따라 법원으로서는 위 소송행위가 존재하지 않은 것과 같은 상태를 전제로 재심대상사건의 본안에 나아가 심리·판단하여야 하며 달리 위 소송행위의 효력을 인정할 여지가 없다."라고 판시하고 있어 기존의 판례와는 달리 상소취하 행위 자체가 이에 부합하는 의사

---

57) 김홍엽, 민사소송법, 제5판, 470면.

58) 이에 비해 대법원 1985. 9. 24. 선고 82다카312, 313, 314 판결에서는 "원고들의 소유권 포기와 소취하에 관한 위 약정서는 강요와 폭행에 의하여 이루어진 것이고 원고 2의 소취하서 또한 그 작성제출 경위에 비추어 강요에 의한 것으로 보는 것이 상당하므로 이러한 형사책임이 수반되는 타인의 행위로 인한 소취하의 약정과 소취하서의 제출은 무효로 해석되어야 할 것~"이라고 판시하여 소송행위가 강요와 폭행에 의해 이루어진 경우에는 바로 무효라고 하고 있다.

없이 외형상으로만 존재하는지 여부에 관하여서는 언급하고 있지 않다.[59]

살펴보건대, 흠 있는 소송행위의 구제를 우리 판례처럼 매우 제한적으로 인정하는 것이 타당한지는 의문이다. 특히 우리는 민사소송법 제451조 제1항 제5호의 재심사유를 '자백이나 공격방어방법의 제출에 방해를 받은 때'로 제한하고 있기 때문에 부당한 소송행위의 문제를 해결하기 위해서는 흠 있는 소송행위의 취소나 무효 가능성을 너무 좁게 인정하는 것은 적절해 보이지 않는다.

형사상 처벌받을 다른 사람의 행위에 의해 소송행위가 행해진 경우에는 유죄확정판결 없이도 그 취소나 무효를 주장할 수 있다고 보아야하며, 보다 보수적인 입장에서 법적 안정성을 위해 반드시 유죄확정판결이 필요하다고 하는 경우에도 유죄확정판결의 존재만으로 충분할 것이며, 우리 판례처럼 유죄확정판결 외에 소송행위에 부합하는 의사표시의 부존재와 같은 별도의 제한을 더 두어서는 안 될 것이다. 우리 사안의 경우에도 판례가 형사상 처벌받을 다른 사람의 행위에 의해 항소취하가 이루어진 것을 자백에 준하는 것으로 보아 재심사유로 인정하고 있는 이상 업무상 배임의 유죄확정판결이 존재하는 것만으로 충분히 항소취하의 효력은 부인될 수 있다.

3. 대리권의 남용

일반적으로 소송행위는 대리에 친한 행위이기 때문에 당사자 본인은 대리인을 통하여 소송행위를 할 수 있으며, 그 효과는 당사자 본인에게 미치며 대리인에게 미치지 않는다. 소송상 대리는 사법상 대리의 소송법적 측면이므로[60] 민법상 대리에서와 마찬가지로 당사자 본인을 위하여

---

59) 이처럼 대상판결이 재심사유가 인정되는 경우 상소취하의 효력이 당연히 부정된다고 함으로써 기존의 판례가 취하던 입장, 즉 상소취하 행위 자체가 이에 부합하는 의사 없이 외형상으로만 존재할 때에 한하여 그 효력을 부인할 수 있다고 본 것과 배치된다는 비판이 있다. 김홍엽, 상소 취하의 흠과 소송상 구제방법, 법률신문 2012년 11월 26일자.
60) 이시윤, 신민사소송법, 제9판, 166면.

당사자의 이름으로 소송행위를 한다.

그런데 대리인이 당사자 본인이 아니라 자신 또는 다른 사람의 이익을 위해 대리행위를 한 경우에도 본인에게 그 효과를 귀속시키는 것이 타당한가 하는 문제가 있다.

원칙적으로 소송대리인에게 과실이 있는 경우에는 본인에게 대리인이 행한 소송행위의 효과를 귀속시킬 수 있다고 보지만 고의에 의한 경우에는 논란이 있다. 대리인의 악의적인 소송행위의 결과를 본인에게 귀속시킬 수 없다고 보는 견해[61]가 있는가 하면 이와는 반대로 본인이 부담하여야 한다는 견해[62]가 있다. 후자에 따르면, 원칙적으로 소송에서 대리행위의 효과는 본인과 대리인 간의 내부관계가 아니라 다른 소송관계인과의 외부관계에 영향을 미치는 것이므로 대리인의 잘못된 소송행위의 위험은 본인이 부담하여야 하며, 상대방이 부담하도록 할 수는 없다는 것이다.

살펴보건대, 일반적으로 당사자 본인은 대리인 선임에 관하여 책임을 져야 하며, 소송행위는 법률행위와는 달리 소송절차의 명확성이나 안정성과 같은 절차적 가치가 중시되는 것이므로 당사자 본인과 대리인 사이의 내부적인 문제가 외부관계에 영향을 미치는 것은 바람직하지 않다. 그러므로 대리인의 고의 과실이 있는 경우에도 대리행위의 효과는 원칙적으로 본인에게 귀속되어야 한다. 다만, 대리인이 고의로 자신의 의무를 위반하고 있음을 법원이나 상대방이 안 경우에는 그러하지 않을 것이다.[63] 그리고 대리권이 남용된 경우에도 달리 보아야 한다.

대리권의 남용이란 대리인이 객관적으로는 대리권의 범위 내에서 대리행위를 하였지만 주관적으로는 본인의 이익이 아니라 대리인 자신의 사익이나 제3자의 이익을 추구하기 위해 대리행위를 한 것을 말한다.[64]

---

61) Zöller/Vollkommer, ZPO, 29. Aufl., § 85 Rdnr. 13.

62) Musielak/Weth, ZPO, 12. Aufl., § 85 Rdnr. 17; MüKoZPO/Toussaint, 4. Aufl., § 85 Rdnr. 20; Prütting/Gehrlein/Burgermeister, ZPO, 4. Aufl., § 85 Rdnr. 15.

63) Stein/Jonas/Bork, ZPO, 22. Aufl., § 85 Rdnr. 22.

이 경우 본인에게 대리행위의 효과가 귀속되지 않을 수 있다는 점에 대해서는 이견이 없지만 그 근거에 관하여서는 민법 제107조를 유추적용하는 견해,[65] 신의칙위반으로 권리남용이라고 보는 견해,[66] 무권대리라고 보는 견해,[67] 표현대리라고 보는 견해[68] 등으로 나누어지고 있다.

우리 판례 중에는 신의칙을 근거로 한 것도 있으나 주로 민법 제107조를 유추적용하고 있다. 즉, 대법원 1987. 10. 13. 선고 86다카1522 판결【약속어음금】에서는 신의칙을 근거로 삼아 "주식회사의 대표이사가 그 대표권의 범위 내에서 한 행위는 설사 대표이사가 회사의 영리목적과 관계없이 자기 또는 제3자의 이익을 도모할 목적으로 그 권한을 남용한 것이라 할지라도 일응 회사의 행위로서 유효하고 다만 그 행위의 상대방이 그와 같은 정을 알았던 경우에는 그로 인하여 취득한 권리를 회사에 대하여 주장하는 것이 신의칙에 반하므로 회사는 상대방의 악의를 입증하여 그 행위의 효과를 부인할 수 있을 뿐이다."라고 판시하였다. 그러나 그 후의 판례는 대부분 민법 제107조에 근거하고 있다. 대표적으로 대법원 1987. 7. 7. 선고 86다카1004 판결【정기예금】(일명 '명성사건')에서 대법원은 "진의 아닌 의사표시가 대리인에 의하여 이루어지고 그 대리인의 진의가 본인의 이익이나 의사에 반하여 자기 또는 제3자의 이익을 위한 배임적인 것임을 그 상대방이 알거나 알 수 있었을 경우에는 민법 제107조 제1항 단서의 유추해석상 그 대리인의 행위는 본인의 대리행위로 성립할 수 없다 하겠으므로 본인은 대리인의 행위에 대하여 아무런 책임이 없다 할 것이며 이때 그 상대방이 대리인의 표시의사가 진의 아님을 알았거나 알 수 있었는가의 여부는 표의자인 대리인과 상대방사이에 있었던 의사표시의 형성과정과 그 내용 및 그로 인하여 나타나는 효과 등을

---

64) 곽윤직 · 김재형, 민법총칙, 제9판, 349면.
65) 곽윤직 · 김재형, 민법총칙, 제9판, 349면; 김상용, 민법총칙, 제3판, 564면.
66) 고상룡, 민법총칙, 제3판, 501면; 송덕수, 신민법강의, 제7판, 228면.
67) 김주수 · 김상용, 민법총칙, 제6판, 372면; 김증한 · 김학동, 민법총칙, 제10판, 518면; 백태승, 민법총칙, 제4판, 493면; 지원림, 민법강의, 제12판, 297면; 이영준, 민법총칙, 553면.
68) 손지열, 대표권의 남용, 민사판례연구, 제11권, 11면.

객관적인 사정에 따라 합리적으로 판단하여야 한다."고 판시하였다.[69] 대리권이 남용된 경우 대리인의 진의는 대리행위의 효과를 본인에게 귀속시키려는 데 있으므로 원칙적으로 비진의표시에 해당하지 않지만 사실적으로 보면 대리인의 진의는 대리인이나 제3자가 대리행위의 경제적 효과를 얻으려는 것인데 이를 숨기고 본인에게 그 효과가 돌아가는 것으로 표시하였으므로 비진의표시에 관한 규정을 유추적용할 수 있다는 것이다.[70] 대상판결에서 상대방과의 통모를 전제로 하고 있는 것은—판결문에 명시적으로 표시되어 있지는 않지만—대리권 남용을 민법 제107조 제1항 단서를 유추적용하여 해결하고 있는 판례의 입장이 반영된 것이라고 생각된다.

민법상 대리권의 남용이 인정되는 것처럼 소송대리권의 남용 역시 인정할 수 있으며, 이 경우 그 효과를 본인에게 귀속시키는 것은 타당하지 않다. 따라서 소송대리권의 남용으로 행해진 소송행위의 효과는 부인되어야 한다.

대상판결이 표현하고 있는 "~대리인이 한 소송행위 효과를 당사자 본인에게 귀속시키는 것이 절차적 정의에 반하여 도저히 수긍할 수 없다~"라고 한 것은 바로 소송대리권의 남용을 의미하는 것으로 해석할 수 있다.

우리 사안에서 지배인 갑은 상대방과 통모하여 항소취하의 대가로 10억 원을 받기로 한 점이 인정되어 배임죄의 유죄확정판결을 받았다. 이 점에서 지배인 갑의 항소취하는 본인이 아니라 대리인 자신의 이익을 위해 한 것임을 명확히 알 수 있으며, 상대방 또한 갑이 고의로 자신의 의무를 위반하고 있음을 알고 있다. 이런 경우에 본인에게 대리행위의 효과를 귀속시키는 것은 절차적 정의에 반하는 것이며 따라서 대리인이 상대방과 통모하여 사익을 위해 배임행위를 한 경우는 소송대리권의 남용에 해당하여 대리행위의 효과를 본인에게 귀속시킬 수 없는 것이다.

---

69) 같은 취지로 대법원 1996. 4. 26. 선고 94다29850 판결【예금】.
70) 곽윤직·김재형, 민법총칙, 제9판, 349면.

이런 경우까지 본인에게 대리행위의 효과를 귀속시키는 것은 신의성실의 원칙상 기대하기 어렵기 때문이다.[71]

4. 보론-주장 방법

소송종료적 소송행위의 흠에 민법 규정이 유추적용될 수 있다고 하는 경우에 검토해 보아야 할 문제는 그 주장 방법이다. 재심이나 준재심에 의하지 않고 의사표시의 흠에 관한 민법 규정을 유추적용하여 바로 소송종료적 소송행위의 효력을 부인할 수 있는지 아니면 재심 등의 절차를 통해서만 부인할 수 있는지 하는 문제이다.

이에 관하여 독일에서의 논의 상황은 다음과 같다. 일반적으로 재심사유에 해당하는 경우 당사자는 당해 의사표시를 철회할 수 있으며,[72] 만일 당사자가 의사표시를 철회하지 않으면 더 이상 이를 이유로 재심청구를 할 수 없다.[73] 그런데 이러한 주장을 하기 위해 별도의 소를 제기할 필요가 있는지에 대해서는 논란이 있다. 일부에서는 별도의 소 제기는 필요하지 않으며 법원에 대해 상소취하나 포기의 의사표시를 철회한다고 밝히는 것으로 충분하며,[74] 철회의 의사표시에 의해 구소송절차가 진행된다고 보고 있다.[75] 이에 따르면 의사표시의 철회는 상소를 제기하면서도 할 수 있는데, 특히 상소취하로 판결이 확정된 경우에도 상소를 제기할 수 있다는 것이다.[76] 이와는 달리 판결 확정 후에는 별도의 소 제기가 반드시 필요하다고 보는 견해도 있다.[77] 즉, 재심청구를 하여야

71) BGH NJW 1991, 1176; 2001, 1356.
72) BGH NJW 1981, 2194; Rosenberg/Schwab/Gottwald, Zivilprozessrecht, 16. Aufl., § 65 Rdnr. 45.
73) BGH MDR 1958, 670.
74) Rosenberg/Schwab/Gottwald, Zivilprozessrecht, 16. Aufl., § 65 Rdnr. 45; Zöller/Vollkommer, ZPO, 29. Aufl., Vor § 578 Rdnr. 15.
75) Zöller/Vollkommer, ZPO, 29. Aufl., § 580 Rdnr. 11.
76) BGH NJW 1991, 2839.
77) MüKoZPO/Braun, 4. Aufl., § 578 Rdnr. 38 ff.; Gaul, Der Widerruf der Rechtsmittelrücknahme unter Berücksichtigung des gleichen Problems beim Rechtsmittelverzicht, ZZP 74(1961), 49 ff.

한다는 것이다.

이 문제와 관련하여 우리 판례는 분명하게 언급하고 있지는 않지만, 소취하에 관한 약정이 강요나 폭행에 의하여 이루어지고 소취하서 제출 또한 강요에 의한 경우에는 소취하 자체를 무효라고 보고 당사자의 기일 지정신청을 인정하고 있는 점[78]에 비추어 보아 흠 있는 소송행위의 구제 를 위해 별소를 제기할 필요 없이 당해 소송절차 내에서 흠 있는 소송행 위의 효력이 부인될 수 있다고 보는 것 같다. 다만, 판결이 확정된 이후 에도 재심에 의하지 않고 흠 있는 소송행위의 효력을 부인할 수 있는지 에 관하여서는 명확하지 않다. 대상판결에서 "어떠한 소송행위에 민사소 송법 제451조 제1항 제5호의 재심사유가 있다고 인정되는 경우 그러한 소송행위에 기초한 확정판결의 효력을 배제하기 위한 재심제도의 취지상 재심절차에서 해당 소송행위의 효력은 당연히 부정될 수밖에 없고~"라고 판시하고 있지만, 우리 사안에서는 이미 재심이 제기된 상황이기 때문에 이로부터 판례의 입장을 이끌어 내기는 어렵다. 문헌에서는 재심사유에 해당하는 의사표시의 흠이 있는 경우 유죄확정판결을 필요로 하는지에 관하여서만 의견이 나누어질 뿐이고, 판결 확정 전에는 당해 소송절차 내에서 고려할 수 있다는 점에 대해서는 이견이 없는 것으로 보인다. 형 사상 처벌받을 수 있는 다른 사람의 행위로 인한 소송행위의 경우 확정 판결이 없더라도 민사소송법 제451조 제1항 제5호를 유추하여 당해 소송 절차 내에서 당연히 효력이 부인된다고 하거나,[79] 판례의 입장을 지지하 는 견해에서는 유죄확정판결이 있는 경우에는 '소송절차 내에서 무효를

---

78) 대법원 1985. 9. 24. 선고 82다카312,313,314 판결: "원고들의 소유권포기와 소 취하에 관한 위 약정서는 강요와 폭행에 의하여 이루어진 것이고 원고 2의 소취 하서 또한 그 작성제출 경위에 비추어 강요에 의한 것으로 보는 것이 상당하므로 이러한 형사책임이 수반되는 타인의 행위로 인한 소취하의 약정과 소취하서의 제 출은 무효로 해석되어야 할 것이라 하여 원고 2의 본소는 취하에 의하여 종료되 고 원고 1의 본소는 소송 외에서 소취하의 합의가 성립되어 권리보호의 이익이 없다는 취지의 원심 당사자참가인들의 주장을 배척하고 원고 2의 기일지정신청은 이유있다 하여 받아들이고 있는 바, 기록에 비추어 살펴보면 위와 같은 원심의 조 치는 정당하고~."

79) 이시윤, 신민사소송법, 제9판, 393면; 정동윤·유병현, 민사소송법, 제4판, 440면.

주장할 수 있으며,' 법원은 소송행위의 무효를 인정할 수 있다고 보고 있다.[80] 또 다른 견해에서는 소취하의 경우 민사소송법 제451조 제1항 제5호는 자백이나 공격방어방법에 관한 것으로서 소취하와 무관하므로 바로 민법규정을 유추적용하여 소취하의 취소를 허용하여야 한다고 보고 있다.[81]

한편, 판결 확정 후의 문제와 관련하여서는 '청구포기 인낙, 화해의 경우 준재심의 소에 의한 취소 이외에 그 흠의 구제책을 인정하지 않는 것이 우리 법제'라고 지적하고 있는 견해[82]의 입장에서는 흠 있는 소송행위의 효력을 다투기 위해서는 재심이나 준재심의 소가 필요하다고 할 것으로 예상된다. 이에 비해 재판상 화해나 청구포기·인낙에 대하여 준재심을 통해서 취소할 수 있도록 한 규정이 부당하다고 보는 입장[83]에서는 소송종료적 소송행위에 민법상 의사표시에 관한 규정이 충분히 유추적용될 수 있다고 보며, 이 경우 재심절차를 거치지 않고 바로 당해 소송행위의 효력을 부인하고 종료된 소송절차를 재개할 수 있다고 보고 있다.

살펴보건대, 재판상 화해나 청구포기·인낙의 경우에는 준재심이 명시되어 있어(민사소송법 제461조) 이를 통해 구제될 수 있다고 보는 것이 일반적이다.[84] 우리 판례 역시 특별한 사정이 없는 한 민법의 법률행위에 관한 규정은 민사소송법상의 소송행위에는 적용되지 않는다고 보고 있으며, 민사소송법 제451조 제1항 제5호를 유추적용하여 형사상 처벌받을 수 있는 다른 사람의 행위에 의한 경우에도 유죄판결이 확정되는 등의 요건을 갖춘 때에 준재심절차를 통해 이를 주장할 수 있다고 보고 있다. 대법원 1990. 3. 17.자 90그3 결정【기일지정신청각하결정】에서는 명시적으로 "재판상의 화해를 조서에 기재한 때에는 그 조서는 확정판결과 동일한 효력이 있고 당사자 간에 기판

---

80) 김홍엽, 민사소송법, 제5판, 470면.
81) 호문혁, 민사소송법, 제12판, 448면.
82) 이시윤, 신민사소송법, 제9판, 393면.
83) 위헌적이라는 견해로는 정동윤·유병현, 민사소송법, 제4판, 439면.
84) 대표적으로 이시윤, 신민사소송법, 제9판, 393면.

력이 생기는 것이므로 확정판결의 당연무효 사유와 같은 사유가 없는 한 재심의 소에 의해서만 다툴 수 있고 그 효력을 다투기 위하여 기일지정신청을 함은 허용되지 않는다."고 밝혔다.

재판상 화해나 청구포기·인낙에 대하여 준재심을 통해서 취소할 수 있도록 한 규정이 타당한가는 별론으로 하고,[85] 현행법상 재판상 화해나 청구포기·인낙이 조서에 기재된 때에는 확정판결과 같은 효력이 인정되며, 구제방법으로서 준재심이 명시적으로 인정되고 있는 이상 이를 무시하고 소송행위의 흠을 이유로 바로 무효나 취소를 주장하기는 어렵다고 보아야 할 것이다.

이에 비해 소취하나 상소취하의 경우에는 사정이 다르다. 우선 재판상 화해나 청구포기·인낙과는 달리 준재심에 관한 규정이 없기 때문에 의사표시의 흠에 관한 민법규정이 유추적용될 수 있을 것이며, 바로 소송행위의 취소나 무효를 주장할 수 있을 것이다. 그리고 앞에서 살펴본 상소취하의 특수성도 고려하여야 한다. 즉, 상소취하의 경우에는 상소취하에 의해 확정된 판결 자체에 잘못된 점이 있는 것이 아니라 상소의 기회가 박탈되었다는 데 문제가 있는 것이므로 재심의 소를 통해 구제하기보다는 바로 상소취하의 의사표시를 철회하면서 상소절차가 진행될 수 있도록 하는 것이 권리구제의 효율성 면에서 타당하다. 즉, 다른 사람의 가벌적 행위에 의해 소취하나 상소취하가 행해진 때에는 진정한 취하의 사가 있었다고 보기 어려우므로 이를 철회하고 기일지정신청을 하는 방법으로 문제를 해결하여야 할 것이다.[86]

우리 사안에서는 이미 재심의 소가 제기된 상태에서 흠 있는 소송행위의 효력이 문제된 것이므로 대상판결이 '어떠한 소송행위에 민사소송

---

[85] 입법론적으로는 재판상 화해조서의 경우 집행력만 인정하고, 청구포기·인낙은 그 내용을 판결로 작성하도록 하는 것이 타당하다고 생각한다.

[86] 소나 상소의 취하 또는 상소포기의 경우 재심사유가 존재하면 기판력이 발생한 후에도 취하나 포기의 의사가 취소될 수 있다고 보는 견해로는 Arens, Willensmängel bei Parteihandlungen im Zivilprozess, S. 60. ff.; Stein/Jonas/Leipold, ZPO, 22. Aufl., Vor § 128 Rdnr. 226; Rosenberg/Schwab/Gottwald, Zivilprozessrecht, 16. Aufl., § 65 Rdnr. 45.

법 제451조 제1항 제5호의 재심사유가 있다고 인정되는 경우, 재심절차에서 해당 소송행위의 효력은 당연히 부정될 수밖에 없다'고 본 점은 타당하다. 우리 사안에서는 업무상 배임의 유죄확정판결이 존재할 뿐 아니라 대리인의 항소취하는 외형적으로만 존재할 뿐 자신의 이익을 위해 행한 것이므로 이에 부합하는 진정한 의사 없이 이루어진 것으로서[87] 항소취하의 효력이 부인될 수 있는 것이다.

5. 중간 결론

일반적으로 소송행위는 민법상 의사표시의 흠에 관한 규정을 유추적용할 수 없다고 보지만 소송종료적 소송행위에는 예외를 인정할 수 있을 것이다. 그리고 소송대리권의 남용이 인정되는 경우에는 대리행위의 효과를 당사자 본인에게 귀속시키지 않아야 한다. 이에 따라 우리 사안의 경우 대리인의 배임행위에 의한 항소취하는 소송종료적 소송행위로서 의사표시의 흠에 관한 규정을 유추적용할 수 있을 것이며, 상대방과 통모하여 대리인이 자신의 이익을 위하여 행한 항소취하는 소송대리권이 남용된 것이므로 그 효과를 인정해서는 안 된다.

배임행위에 의한 항소취하의 효력을 부인하고 있는 대상판결의 결론에는 찬성하지만, 대리권의 실질적인 흠이라는 요건을 덧붙이기보다는 소송행위의 흠에 관한 판단과 대리권 남용을 그 근거로 삼는 것이 적절했을 것이다.

V. 결   론

소송종료적 소송행위가 다른 사람의 가벌적 행위에 의해 부당하게 이루어진 경우 그 시정의 필요성은 충분히 인정하지만 현행법상 이를 재심사유로 보아 재심청구를 인정할 수 있는지는 별개의 문제이다.

---

[87] 이에 반해 대리인의 상소취하가 배임행위라 하더라도 상소취하행위는 상소취하 의사가 존재하는 한 유효하다고 보아야 한다는 견해로는 김홍엽, 상소 취하의 흠과 소송상 구제방법, 법률신문, 2012월 11월 26일자.

　　형사상 처벌받을 다른 사람의 행위가 재심사유로서 인정되는 경우를
'자백'이나 '공격방어방법의 제출'로 명시하고 있는 현행법규정상 대상판결
처럼 배임행위에 의한 항소취하를 자백에 준하는 것으로 보아 재심사유
를 인정하기는 어렵다. 이렇게 넓게 해석하는 것은 매우 제한적인 경우
에만 재심을 인정하려는 재심제도의 의의나 목표에 반할 뿐 아니라 명시
적인 법규정에도 반하는 것이다. 입법론적으로는 현행 조문을 바꾸어 '자
백'이나 '공격방어방법의 제출'이라고 제한하지 않고 '형사상 처벌받을 행
위로 인해 판결이 성립한 경우'로 일반화하여 규정하는 것이 부당한 재판
에 대한 구제책으로서 필요할 것이다.

　　항소취하와 같은 소송종료적 소송행위의 경우에는 소송절차를 조성
하는 행위가 아니기 때문에 그 취소나 무효 가능성을 인정하더라도 법적
안정성과 확실성에 대한 위험이 적다. 따라서 이들 행위에는 의사표시의
흠에 관한 민법 규정을 유추적용하여 그 취소나 무효를 주장할 수 있도
록 할 필요가 있으며, 이는 현행 재심제도의 한계를 극복하는 효과를 가
져올 수 있을 것이다.

[Abstract]

Withdrawal of Appeal due to the Breach of Trust and the Cause for Retrial

Jeong, Sun Ju*

Article 451 (1) 5 of Korean Civil Procedure Act stipulates that a petition for a retrial against the final judgment which has become conclusive may be made "when a party has been led to make a confession, or obstructed in submitting the method of offence and defense to affect the judgment, due to the criminally punishable acts of another person." However, Korean Supreme Court has interpreted the concept of "confession" somewhat loosely, affirming that the party may make a petition for a retrial when he/she has made recognition of the claim. This article studies the grounds for retrial under Korean Civil Procedure Act, with a focus on the Supreme Court ruling that deemed the withdrawal of appeal constituting the grounds for the retrial, as "confession."

Such ruling neither serves the legislative purpose of the retrial system nor conforms to the statute because the retrial system was originally designed as an exception to the appeal system, allowing the parties to petition for retrial only on restricted grounds.

The retrial prioritizes concrete correctness in the given case rather than legal stability or predictability. However, the Civil Procedure Act limits the grounds for retrial and the period for filing the petition for the retrial to ensure that the retrial does not infringe the legal stability to a greater extent. As such, the grounds for retrial enumerated in the provision cannot

---

* Professor, Seoul National University School of Law.

be further stretched and the analogy of the provision cannot be invoked. The reasons for retrial stipulated in Korean Civil Procedure Act seem fairly restricted, compared to German or Austrian Civil Procedure Code which allows an action for retrial "where the judgment was obtained by the representative of the party or its opponent or the opponent's representative by a criminal offence committed in connection with the legal dispute." Thus, the possibility of retrial must be limited under Korean Civil Procedure Act; acknowledgment or withdrawal of appeal cannot be deemed corresponding to the confession as the ground for retrial.

Moreover, considering the purpose of the retrial which is to nullify the final judgment retroactively, the concept of "confession" cannot be stretched as far as covering the withdrawal of the appeal. If the party who filed an appeal later withdraws the appeal due to the criminally punishable acts of some person, the judgment becomes finalized. In such case, the alleged criminal offense has not affected the judgment itself.

Furthermore, concerning the cases that involve an act of representative, the ruling states that the alleged representative must substantively lack the power of representation besides a final and conclusive judgment of guilty. Such reasoning does not seem sound, as Article 451 (1) 5 of Korean Civil Procedure Act suggests that "the criminally punishable acts" conducted by any "another person" constitute the grounds for the retrial.

It can be recognized sufficiently that the party must be entitled to have the opportunity to correct the situation if the party withdraws the appeal due to someone's criminal offense. As such situation does not fall into one of the grounds for retrial enumerated in Article 451 (1), however, the party's petition for retrial cannot be accepted. More plausible solution to the situation is to avoid such withdrawal by the analogy of related provisions in Civil Code.

[Key word]

- retrial system
- grounds for retrial
- criminal offence
- confession
- withdrawal of appeal

참고문헌

고상룡, 민법총칙, 제3판, 법문사, 2003.

곽윤직 · 김재형, 민법총칙, 제9판, 박영사, 2013.

김상용, 민법총칙, 제3판, 화산미디어, 2014.

김주수 · 김상용, 민법총칙, 제6판, 삼영사, 2011.

김증한 · 김학동, 민법총칙, 제10판, 박영사, 2013.

김홍엽, 민사소송법, 제5판, 박영사, 2014.

_____, 상소 취하의 흠과 소송상 구제방법, 법률신문, 2012. 11. 26.

박 철, 법률의 문언을 넘은 해석과 법률의 문언에 반하는 해석, 법철학연구, 제6권 제1호, 2003.

백태승, 민법총칙, 제4판, 법문사, 2009.

손지열, 대표권의 남용, 민사판례연구, 제11권, 1989.

송덕수, 신민법강의, 제7판, 박영사, 2014.

신용호, 주식회사의 실질적인 대표이사가 패소한 제1심판결에 대하여 배임행위로서 항소를 취하한 경우 재심사유에 해당하는지 여부, 대법원판례해설, 제91호, 2012.

이시윤, 신민사소송법, 제9판, 2015.

이영준, 민법총칙, 개정증보판, 박영사, 2007.

정동윤 · 유병현, 민사소송법, 제4판, 2014.

정준용, 소송행위에 있어서 의사표시의 하자—소송위임행위와 당사자에 의한 소송종료행위를 중심으로—, 민사판례연구, 제21권, 1999.

주석 민사소송법, 제7판, 한국사법행정학회, 2004.

지원림, 민법강의, 제12판, 홍문사, 2013.

최성호, 재심소송에 있어서 재심사유에 관한 고찰, 인권과 정의, 제399호, 2009.

호문혁, 민사소송법, 제12판, 2014.

Baumbach/Lauterbach/Albers/Hartmann, ZPO, 71. Aufl., 2013.

Braun, Rechtskraft und Restitution, 2. Teil, 1985.

Gaul, Der Widerruf der Rechtmittelrücknahme unter Berücksichtigung des gleichen Problems beim Rechtsmittelverzicht, ZZP 74(1961), 49.

Gilles, Rechtsmittel im Zivilprozess, 1972.

Larenz-Canaris, Methodenlehre der Rechtswissenschaft, 3. Aufl., 1995.

Musielak, ZPO, 12. Aufl., 2015.

Münchener Kommentar, Zivilprozessordnung, 4. Aufl., 2007.

Prütting/Gehrlein, ZPO, 4. Aufl., 2012.

Rosenberg/Schwab/Gottwald, Zivilprozessrecht, 16. Aufl., 2004.

Stein/Jonas, ZPO, 22. Aufl., 2002.

Zöller/Vollkommer, ZPO, 29. Aufl., 2012.

공동명의로 공탁된 담보공탁금회수 청구권의 귀속

이 재 근*

■요   지■

　　재판상 담보공탁시 실제로는 1명이 공탁금을 전액 출연하였음에도 공탁서에는 공탁금액의 구분 없이 공탁자를 3명의 공동명의로 기재하였는데, 공탁금을 출연하지 않은 공탁자 1명의 공탁금회수청구권에 대하여 채권자가 채권압류 및 추심명령을 받아 공탁자간 균등한 비율에 의하여 공탁금의 1/3을 배당받자, 자금을 전액 출연한 공탁자가 압류채권자를 상대로 배당이의의 소를 제기한 사안에서, 원심판결은 공탁금회수청구권은 공탁금의 자금을 부담한 실질관계에 따라 정해져야 한다는 이유로 원고의 청구를 인용하였으나, 대상판결은 공탁서 기재에 따라 균등한 비율로 공탁한 것으로 보아야 한다는 법리를 선언하면서 원심판결을 파기하였다.

　　그동안 제3자가 공동공탁자 중 1인의 공탁금회수청구권에 대하여 압류를 한 유사한 사안에서 하급심판결들은 공탁서 기재에 따라 균등한 비율로 공탁금회수청구권이 귀속된다는 형식설과 자금을 부담한 실질관계에 따라 공탁금회수청구권이 귀속된다는 실질설에 따라 그 결론이 두 가지로 나뉘었으나, 대상판결이 취한 형식설은 형식과 명확성을 중시하는 공탁제도의 취지나 공탁법령 및 기존 대법원판례의 취지, 민법상 분할채권관계, 공탁자별 공탁금액을 특정할 수 있는 대안의 존재, 공동공탁자간 통모에 의한 강제집행 면탈 가능성 등에 비추어 타당하며, 이에 따라 하급심의 혼란이 해소될 것으로 기대한다.

　　* 대법원 재판연구관.

나아가, 기존의 공탁실무는 공동공탁자가 자금의 실질관계를 입증하여 공탁금회수청구권 확인 판결을 받지 않는 이상, 공탁소에 대한 관계에서 단독으로 균등비율의 공탁금을 회수청구할 수 없다는 법원행정처의 공탁선례에 따라 운영되었으나, 대상판결로 인하여 위 공탁선례도 변경되었으므로 향후 공탁서의 형식적 기재에 따라 단독으로 균등비율의 공탁금을 회수청구하는 간명한 공탁실무의 운영도 예상된다.

[주제어]
• 공동공탁
• 담보공탁
• 공탁금회수청구권
• 균등
• 실질관계
• 내부관계
• 대항

[투고일자] 2015. 12. 7.
[심사일자] 2015. 12. 14.
[게재확정일자] 2015. 12. 30.

대상판결 : 대법원 2015. 9. 10. 선고 2014다29971 판결

[사안의 개요]

1. 피고들과 원고의 손해배상청구 소송 및 담보공탁

○ 피고 甲, 乙, 丙, 丁은 코스닥 시장에서 A주식회사(이하 'A회사')의 주식을 매수한 주주들로서 2009. 8. 10. A회사와 그 대표이사 B, 이사 C를 상대로, 피고들이 중요 사항의 기재가 누락[1]된 원고의 사업보고서를 믿고 투자하였음을 이유로 손해배상청구의 소를 제기하였다.

○ 제1심 법원은 2010. 7. 13. A회사와 B, C가 각자[2] 피고들에게 아래 표 기재 각 손해배상금을 지급하라는 내용의 판결을 선고하였고, 이에 대하여 A회사, B, C는 항소를 제기하면서 강제집행정지를 신청하였다.

배상책임자 / 청구권자	책임금액(원)		
	A회사 (손해액의 30%)	B (손해액의 20%)	C (손해액의 20%)
피고 甲	60,587,025	40,391,350	40,391,350
피고 乙	10,899,900	7,266,600	7,266,600
피고 丙	378,945,795	252,630,530	252,630,530
피고 丁	54,065,535	36,043,690	36,043,690
합 계	504,498,255	-	-

○ 제1심 법원은 2010. 7. 20. A회사, B, C가 각자 상대방인 피고 甲을 위하여 4,600만 원, 피고 乙을 위하여 800만 원, 피고 丙을 위하여 2억 8,700만 원, 피고 丁을 위하여 4,100만 원을 각각 공탁할 것을 조건으로 항소심 판결 선고 시까지 강제집행을 정지하는 결정을 하였다.

---

[1] 2008년 회계연도 사업보고서에 통화선도평가손실이 약 127억임에도 약 6억으로, 2008년도 1/4분기 당기순손실 35억이 발생하였음에도 당기순이익 56억으로 기재하였음.

[2] 청구원인이 민법 제760조의 공동불법행위책임이므로 부진정연대책임에 해당함. 따라서 A회사와 B, C가 각 위 책임금액을 지급할 의무가 있는 것이 아니라, A회사의 피고별 책임금액의 합계 504,498,255원을 한도로 B와 C가 이에 부진정연대하여 지급할 의무가 있는 것임.

○ 이에 A회사는 소송대리인 법무법인을 통하여 2010. 7. 22. 공탁서에 A
회사, B, C를 공동공탁자로 기재하고 각 공탁자별 공탁금액을 특정하지 않은
채 위 집행정지결정에 따른 공동담보로서 피고 甲을 위하여 4,600만 원, 피고
乙을 위하여 800만 원, 피고 丙을 위하여 2억 8,700만 원, 피고 丁을 위하여
4,100만 원 등 합계 3억 8,200만 원을 공탁하였다(이하 '이 사건 공탁금').

○ 위 손해배상청구 소송의 항소심에서 A회사, B, C가 각자 피고들에게
아래 표 기재 각 손해배상금을 각 지급한다는 내용의 조정을 갈음하는 결정
이 2011. 5. 10. 확정되었다.

배상책임자 청구권자	책임금액(원)		
	A회사	B	C
피고 甲	51,498,970	24,234,810	24,234,810
피고 乙	9,264,915	4,359,960	4,359,960
피고 丙	322,103,925	151,578,310	151,578,310
피고 丁	45,955,700	21,626,210	21,626,210
합 계	428,823,510		

2. A회사에 대한 회생절차의 진행

○ A회사에 대하여 2011. 4. 27. 회생절차가 개시되어 원고가 관리인으로
선임되었다.

○ 피고들의 A회사에 대한 위 조정을 갈음하는 결정에 따른 채권은 회생
절차에서 전액 회생채권으로 인정되었고, 2011. 11. 25. 인가된 A회사의 회
생계획에 의하여 위 각 채권의 71%는 출자전환, 나머지 29%는 현금 변제하
는 것으로 권리 변경되었다.

3. 채권압류 및 추심명령과 그에 따른 배당

○ 피고들은 위 본안사건의 집행권원인 집행력 있는 조정을 갈음하는 결
정 조서 중 B에 대한 채권에 기하여 2011. 6. 2. 〈B의 대한민국에 대한 공
탁금회수청구권〉에 대하여 채권압류 및 추심명령을, C에 대한 채권에 기하여
2011. 8. 11. 〈C의 대한민국에 대한 공탁금회수청구권〉에 대하여 채권압류
및 추심명령을 각 받았다. (피고들은 A회사의 공탁금회수청구권에 대하여도

압류·추심명령을 받았으나 이미 회생절차가 개시된 사정이 나중에 밝혀짐으로써 압류·추심명령이 취소되었다)

○ 피고들은 위 각 채권압류 및 추심명령에 기하여 이 사건 공탁금에 관한 배당절차에 참가하였고, 배당법원은 2012. 8. 17. 배당기일에서 배당할 금액 222,148,982원[3]을 3분하여 그 중 ① 1/3은 원고에게, ② 다른 1/3은 B의 추심권자인 피고들에게 각 압류·추심금액의 비율대로, ③ 나머지 1/3은 C의 추심권자인 피고들에게 각 압류·추심금액의 비율대로 각 배당함으로써 원고에게 74,025,182원, 피고 甲에게 17,782,014원, 피고 乙에게 3,202,396원, 피고 丙에게 111,197,530원, 피고 丁에게 15,868,420원을 각 배당하는 내용의 배당표를 작성하였으며, 이에 대하여 원고가 배당기일에 출석하여 피고들의 배당액 전액에 대하여 배당이의 진술을 하였다.

4. 원고의 공탁물회수청구권 확인 소송 승소

○ 원고는 2012. 8. 8. 나머지 공탁명의자인 B, C를 상대로 공탁물회수청구권이 원고에게 귀속한다는 내용의 확인의 소를 제기하여 2012. 11. 29. 무변론 승소 판결을 선고받고 그대로 확정되었다.

[소송의 경과]

1. 제1심 (서울중앙지방법원 2013. 7. 4. 선고 2012가합71058 판결) ➡ 원고 청구 기각

가. 원고의 청구

○ 원고는 피고 甲, 乙, 丙, 丁에 대하여 위 배당절차 사건에 관하여 작성된 배당표 중 원고에 대한 배당액 74,025,182원을 222,075,542원으로, 피고 甲에 대한 배당액 17,782,014원을 0원으로, 피고 乙에 대한 배당액 3,202,396원을 0원으로, 피고 丙에 대한 배당액 111,197,530원을 0원으로, 피고 丁에 대한 배당액 15,868,420원을 0원으로 각 경정한다는 청구취지로 이 사건 배

---

3) 배당할 금액이 공탁금액보다 적은 이유는, 원고, B, C가 피고들을 상대로 공탁금 전액에 대하여 권리행사최고 및 담보취소신청을 하였는데, 피고들이 원고를 상대로 강제집행정지로 인한 손해배상청구를 한 금액(약 1억 6,368만 원)을 제외한 나머지 218,318,460원에 대하여만 담보취소결정이 이루어졌기 때문임. 위 담보취소된 공탁금과 이자를 합쳐 222,148,982원이 배당재단이 되었고, 위와 같이 강제집행정지로 손해배상청구를 한 금액은 이 사건 배당재단과는 별도로 공탁보관되었음.

당이의 소송을 제기하였다.

나. 원고 주장의 요지

○ 이 사건 공탁금은 원고가 전액 출연하였으므로 이 사건 공탁물회수청구권은 원고에 전부 귀속되고 B와 C는 이 사건 공탁금에 관하여 회수청구권을 가지지 않는다.

○ 따라서 피고들이 B와 C를 상대로 하여 받은 이 사건 압류·추심명령은 압류할 채권이 존재하지 않으므로 모두 무효이고 이 사건 배당표에서 피고들에 대한 배당액은 각 0원으로 경정되어야 하고 이 금액은 모두 원고에 대한 배당액으로 경정되어야 한다.

다. 판 단

○ 이 사건 공탁금 전액은 원고의 자금이었던 사실, 원고가 B, C를 상대로 이 사건 공탁물회수청구권이 원고에게 있음을 확인하는 소를 제기하여 승소 확정 판결을 받은 사실은 인정되나, 이는 공탁자들인 원고와 B, C 사이의 내부관계이고 외부적으로 공탁금회수청구권은 형식적으로 공탁서에 공탁자로 기재된 자에게 귀속되는 것이다.

○ 따라서 원고가 B와 B를 상대로 공탁금회수청구권이 자신에게 귀속된다는 확인판결을 받았다 하여도 그 이전에 피고들이 이 사건 압류·추심명령을 받은 이상 위 판결로 이 사건 압류·추심명령이 소급하여 무효로 된다고 할 수도 없으므로, 결국 이 사건 압류·추심명령이 무효여서 이 사건 배당표가 경정되어야 한다는 원고의 주장은 이유 없다.

2. 원심(서울고등법원 2014. 4. 18. 선고 2013나52938 판결) ➡ 제1심 판결 취소, 원고 청구 전부 인용

○ 가집행선고가 붙은 판결에 대한 상소에 따른 강제집행정지를 위한 공탁금은 집행채권자가 상소심의 본안판결이 있을 때까지 가집행할 수 없게 되는 결과로 말미암아 생기는 집행정지와 상당인과관계에 있는 손해를 담보하는 것으로서, 피신청인이 그 공탁금 전체에 관해서 담보권을 가지며, 이는 질권자와 동일하게 우선변제를 받을 수 있는 권리이다.

○ 금전을 출연하여 공동보증으로 제공한 집행정지 신청인은 자기뿐만 아니라 다른 신청인 전원이 상대방과 사이에 모두 담보사유가 소멸하지 아니하면 그 공탁금을 회수할 수 없다는 점에서 담보물의 회수에 관해서 일정한

제약을 면할 수 없다.

ㅇ 공동명의로 강제집행정지신청을 하고 법원이 개별적으로 담보제공을 명하지 아니하고 피신청인을 위하여 신청인들의 공동보증으로 공탁하도록 한 명령에 따라 공동명의로 담보공탁한 경우에 담보취소에 따른 공탁금회수청구권의 귀속과 비율은 피신청인의 담보권의 효력이 미치지 아니하는 관계에서는 그 자금을 부담한 실질관계에 따라 정하여지는 것이므로, 실제로 담보공탁금을 전액 출연한 공탁자는 다른 공탁자를 상대로 담보공탁금의 회수청구권이 자신에게 있음을 확인한다는 취지의 판결을 받아 공탁금회수청구권을 행사할 수 있다고 해석하여야 한다.

ㅇ 이 사건에서 A회사가 공탁에 필요한 자금 전부를 출연하여 A회사와 B, C 3인 명의로 공탁하였으므로, 담보취소에 따른 공탁금회수청구권은 피신청인인 피고들이 본안판결까지 가집행할 수 없음으로 말미암아 생기는 통상손해로서 집행정지와 상당인과관계에 있는 손해를 담보하는 효력이 미치지 아니하는 집행의 기본채권 그 자체에 대한 관계에서는 그 공탁자금을 실질적으로 부담한 원고에게 귀속된다고 보아야 한다.

ㅇ 따라서 피고들이 집행정지의 대상인 기본채권에 관한 집행력 있는 조정에 갈음하는 결정조서 정본에 기초하여 B, C의 공탁금회수청구권에 대하여 한 압류 및 추심명령은 그 압류의 대상채권이 존재하지 않아 실체적으로 효력이 없다.

ㅇ 따라서 배당표 중 피고들에 대한 배당액은 모두 0원으로 경정되어야 하고, 위 금액은 모두 합하여 원고에 대한 배당액으로 경정되어야 한다.

ㅇ 이 판결에 대하여 피고 甲, 乙, 丙이 상고를 제기하였다. (피고 丁은 상고를 제기하지 않아 확정됨)

[대상판결의 요지]

대법원 아래와 같은 이유로 원심판결을 파기하고 원심에 환송하였다.

공탁자가 공탁한 내용은 공탁의 기재에 의하여 형식적으로 결정되므로 수인의 공탁자가 공탁하면서 각자의 공탁금액을 나누어 기재하지 않고 공동으로 하나의 공탁금액을 기재한 경우에 공탁자들은 균등한 비율로 공탁한 것으로 보아야 하고, 공탁자들 내부의 실질적인 분담금액이 다르다고 하더라도 이는 공탁자들 내부 사이에 별도로 해결하여야 할 문제이다(대법원 2012. 3. 29. 선고 2011다79562 판결 참조). 이러한 법리는 강제집행정지의 담보를 위하여 공동명의로 공탁한 경우 담보취소에 따른 공탁금회수청구권의 귀속과 비율에 관하여도 마찬가지로 적용된다. 따라서 제3자가 다른 공동공탁자의 공탁금회수청구권에 대하여 압류 및 추심명령을 한 경우에 그 압류 및 추심명령은 공탁자간 균등한 비율에 의한 공탁금액의 한도 내에서 효력이 있고, 공동공탁자들 중 실제로 담보공탁금을 전액 출연한 공탁자가 있다 하더라도 이는 공동공탁자들 사이의 내부관계에서만 주장할 수 있는 사유에 불과하여 담보공탁금을 전액 출연한 공탁자는 그 압류채권자에 대하여 자금 부담의 실질관계를 이유로 대항할 수 없다고 할 것이다.

그런데도 원심은 이와 달리 강제집행정지 담보를 위한 공탁금을 회수청구함에 있어서 회수청구권의 귀속과 비율은 그 자금을 부담한 실질관계에 따라 정하여진다는 이유로 공탁자금을 출연하지 않은 공탁자의 공탁금회수청구권에 대한 압류 및 추심명령은 효력이 없다고 판단하였으니, 이러한 원심판결에는 공탁금회수청구권의 귀속에 관한 법리를 오해하여 판결에 영향을 미친 위법이 있고, 이를 지적하는 상고이유 주장은 이유 있다.

〔研　究〕

I. 서　론

공탁은 공탁자가 법령에 규정된 원인에 따라 금전·유가증권·그 밖의 물품을 공탁소에 맡기고 일정한 자가 공탁물을 수령하도록 함으로써 법령에서 정한 일정한 목적을 달성하게 하는 제도이다.

그 중 재판상 담보공탁은 당사자의 소송행위나 재판상의 처분으로 인하여 상대방이 받게 될 손해를 담보하기 위한 공탁인데, 이 사건과 같이 민사소송법 제501조, 제500조에 의하여 가집행 선고가 붙은 판결에 대한 상소에 따른 강제집행정지를 위한 공탁금은 집행채권자가 상소심의 본안판결이 있을 때까지 가집행할 수 없게 되는 결과로 말미암아 생기는 집행정지와 상당인과관계에 있는 손해를 담보하는 것으로서, 피신청인이 그 공탁금 전체에 관해서 담보권을 가지며, 이는 질권자와 동일하게 우선변제를 받을 수 있는 권리이다. 그런데 이러한 담보공탁에 있어서 실제로 집행정지와 상당인과관계에 있는 손해에 관하여 담보권 실행이 되는 경우가 많지는 않고, 담보취소결정(신청인 승소시) 또는 권리행사최고(신청인 패소시) 등에 의하여 신청인에게 회수되는 경우가 대부분인데, 이 때 공탁금회수청구권은 공탁자의 책임재산으로서 제3자가 이에 대하여 권리를 행사하는 경우가 많고, 이에 따른 이해관계 대립과 분쟁이 발생할 수 있다.

대상사건의 쟁점은 강제집행정지신청을 한 복수의 신청인이 공동으로 담보를 공탁한 경우에 외부적으로 그 공탁금의 '회수'청구권은 누구에게 귀속되는가, 구체적으로는 실제로 자금 전액을 출연한 공탁자와 나머지 공탁자에 대한 채권자 사이에서 누구의 권리를 우선시할 것인지의 문제이다. 공동으로 공탁할 때 공탁자별로 각자의 공탁금액을 특정하여 기재하지 않는 경우 실제로 공탁금을 출연한 사람이 누구인지는 외부적으로 전혀 표시가 되지 않는데, 공탁금회수청구를 할 때 공탁소에서는 과연 누구에게 공탁금을 내어주어야 하는지의 공동공탁자간 법률관계의 문제가 발생할 뿐 아니라, 이 사건과 같이 공탁자 중 1인의 공탁금회수청구권에 관하여 제3자가 채권압류 등 집행을 위한 조치를 취한 경우에는 그 제3자와 공동공탁자들 사이의 이해관계를 조정하는 문제도 생기게 된다. 이는 민법이나 집행법의 기본원리에 따라 논리적으로 명확한 결론을 내릴 수 있는 사안이라기보다는, 공탁이라는 제도의 공익적 성격 등 특수한 성질, 특히 법원의 공탁실무 및 집행실무의 운영과 깊은 관련이 있는 쟁점이고, 따라서 공탁제도 전체를 관통하는 제도의 취지와 보호이익, 공탁 및 집행실무 운영의 효율과 바람직한 이해관계 조절 등 정책적인 측면까지 함께 고려하여 법원이 선택과 결단을 내려야 하는 문제이다. 구체적으로 이 사건과 같이 공탁자들의 외부관계에서 「실제로 자금을 출연한 공탁자」와 「다른 공탁자에 대하여 채권압류 등을 한 채권자」 사이에서 어느 당사자의 권리를 우선시킬지에 관해서 그동안 하급심 실무에서는 서로 엇갈린 결론을 내려왔고, 이에 대한 명확한 법리를 선언한 대법원 판례는 없는 상황에서 대상판결은 이에 관하여 최초로 결론을 제시하였으며, 이에 따른 공탁실무 운영의 변화도 예상된다.

Ⅱ. 공동공탁에서 공탁소에 대한 공탁금회수청구의 주체

1. 공탁선례[4]

가. 공동 담보공탁의 회수청구

공탁물을 회수하려고 하는 사람은 공탁물 회수청구서에 공탁서와 '회수청구권이 있음을 증명하는 서면'을 첨부하여 공탁소에 제출하여야 하는데(공탁규칙 제34조 각 호), 담보공탁에서 공탁원인 소멸로 인하여 회수청구를 할 때에는 담보취소결정 정본과 그 확정증명서가 그 공탁원인 소멸을 증명하는 서면이 된다.

이 사건과 같이 공동명의로 강제집행정지신청을 하였는데 법원이 개별적으로 담보제공을 명하지[5] 않고 피신청인을 위하여 공동보증으로 공탁하도록 한 명령[6]에 따라 공동명의로 담보공탁하였을 경우, 회수청구 시에도 공동명의의 회수청구서를 제출하면 특별한 문제는 없다. 이때 본인의 신분증(1,000만 원 이하의 경우) 또는 회수청구인의 인감과 인감증명서 등 요건을 갖추어야 함은 물론이다(공탁규칙 제37조 참조). 위임에 따른 대리인으로서 청구하는 경우에도 인감과 인감증명서가 필요하다.

---

4) 공탁선례는, 법원행정처가 공탁사무처리와 관련된 민원인 또는 법원공무원의 질의에 대한 회신과 기타 직권으로 시행한 공문 중 선례로서의 가치가 될 만한 것들을 선별하여 공표한 것으로서, 일종의 업무지침적 성격을 갖는 예규에 준하는 내부규범이다.

5) 예를 들면 채권자를 위하여 채무자 A, B, C는 각 1,000만 원씩 공탁하라는 취지의 담보제공명령을 말한다. 이때 채무자 A, B, C는 각자 공탁서를 작성하여 1,000만 원씩 공탁할 수도 있고(3개의 공탁서), 하나의 공탁서에 A 1,000만 원, B 1,000만 원, C 1,000만 원으로 각 공탁금액을 기재하여 공탁할 수도 있다.

6) 예를 들면 채권자를 위하여 채무자 A, B, C는 '각자' 3,000만 원을 공탁하라는 취지의 담보제공명령을 말함. '각자' 또는 '공동하여'라는 표현에 의해서도 알 수 있고, 담보제공명령의 원인이 된 본안소송에서 채무자 A, B, C의 상호 관계(연대나 부진정연대채무관계, 불가분채무관계 등)를 통해서도 공동보증임을 알 수 있다.

그러나 공동공탁자 중 1인이 공탁금을 전액 출연하였는데 회수청구시 다른 공동공탁자의 협조를 얻을 수 없는 경우에 공탁금 전액의 출연자가 공탁금 전액을 회수청구할 수 있는지가 문제된다.

나. 공탁신청 당시 위임이 회수청구에도 미치는지 여부에 관한 공탁선례

이에 관하여, 먼저 공탁신청 당시 공동공탁자가 같은 변호사에게 공탁을 위임하면서 회수청구 및 그 수령의 권한까지도 위임하였다는 이유로 그 변호사가 공동공탁자들을 대리하여 공탁금을 수령할 수 있는지에 관하여, 대법원은 「공탁신청 당시 제출한 위임장에 '회수청구 및 그 수령의 권한'이란 문구가 명기된 경우에도 공탁물 회수청구시 별도의 위임장을 제출하여야 하는지(적극) 및 법원이 공탁자 2인에게 공동으로 공탁하도록 한 명령에 따라 공동명의로 담보공탁을 하였으나 실제로 담보공탁금을 전액 출연한 공탁자의 공탁금 회수방안(2005. 12. 13. 공탁선례 제2-59 및 2-261호)」에서 아래와 같이 정하였다.

> 공탁신청 당시 제출한 위임장에 '회수청구 및 그 수령의 권한'이 명기되어 있는 경우에는 대리권의 효력이 공탁물 회수청구권에도 미친다고 볼 수 있으나, 공탁신청 이후에 대리권이 소멸될 수도 있으므로 종전의 대리인이 공탁물 회수청구를 할 때에는 별도의 위임장을 제출하거나 종전에 위임한 대리권이 소멸되지 않았음을 증명하는 공탁자 본인 작성의 서면(인감증명 첨부 또는 공증)을 제출하여야만 한다.

이론상으로는 공탁 당시 위임장에 의하여 회수청구권에도 대리인의 대리권이 미치는 것으로 볼 여지가 있다. 그러나 공탁자는 '공탁금 회수청구 및 수령권한'이 기재된 정형화된 위임장에 아무런 의미나 생각 없이 날인할 뿐 장래 회수청구권까지 위임한다는 취지로 날인하는 경우는 드물다고 보아야 한다. 뿐만 아니라 공탁금의 회수는 공탁신청과는 달리 현실적으로 현금이 출급되는 관계로 대리권의 존재 여부가 더욱 중요한데, 공탁공무원은 회수청구시 대리권의 존재 유무에 대하여 조사할 권한

과 책임이 있으며, 별도의 위임장 첨부 없이 회수청구를 수리할 경우 공
탁금지급의 진정성을 둘러싸고 많은 법률적 분쟁이 발생할 소지가 있다.
이러한 민원 등으로 인하여 공탁공무원의 심적 부담이 클 것이라는 점
및 변호사나 법무사사무실에서 공탁금을 수령한 후 공탁자에게 돌려주지
않는 사고의 발생가능성 등을 고려하여 위와 같이 별도의 위임장 등을
다시 요구하는 실무를 정립한 것이다. 일본의 공탁실무도 이 경우 다시
위임장을 제출하게 하거나 또는 전 위임이 소멸하지 않았음을 증명하는
공탁자 본인의 서면을 제출하게 하고 있다.

다. 공탁금 전액 출연자의 단독 회수청구 가부에 관한 공탁선례

위 공탁선례에서, 공탁금을 전액 출연한 공탁자가 공탁금 전액을 단
독으로 회수청구할 수 있는 방법은 무엇인지, 단독으로는 공탁금의 1/2도
회수청구할 수 없는 것인지 등에 관한 질의회신에서 법원행정처는 아래
와 같이 회신함으로써 선례를 정립하였다.

> 공동명의로 강제집행정지신청을 하고 법원이 개별적으로 담보제공을 명하
> 지 않고 피신청인을 위하여 공동보증으로 공탁하도록 한 명령에 따라 공동명
> 의로 담보공탁하였을 경우 공탁금회수청구권의 귀속과 비율은 내부관계에서는
> 그 자금을 부담한 실질관계에 따라 정해져야 한다. 실제로 담보공탁금을 전액
> 출연한 공탁자는 다른 공탁자를 상대로 '담보공탁금의 회수청구권이 자신에게
> 있음을 확인한다'는 취지의 판결을 받아 회수청구권을 행사할 수 있다. 담보공
> 탁에서 법원이 공탁자 2인에게 공동으로 공탁하도록 한 명령에 따라 그들이
> 공탁한 부분은 특별한 사정이 없는 한 공탁자들이 동등한 비율로 분담하여 공
> 탁한 것이라 추정되나, 공탁관은 공탁자들 간에 내부관계에서 자금의 부담비율
> 등을 알 수 없으므로, 공탁자 2인이 공동으로 회수청구하지 않는 이상, 1인만
> 의 공탁금 중 1/2만의 회수청구에는 응할 수 없다.

위 공탁선례의 사안은 다음과 같다. A가 현대증권 주식회사와 그 직
원 B를 상대로 제기한 손해배상청구 소송에서 1심 원고 일부 승소 판결

후 강제집행정지를 위하여 현대증권이 공탁금을 전액 출연하여 현대증권
과 B의 공동명의로 담보공탁을 하였는데, 현대증권이 대법원 확정판결
후 판결금 전액을 A에게 지급하고 담보취소결정을 받아 공탁금을 회수하
려 하였으나, B가 외국으로 도피한 상태라서 현대증권 단독으로는 공탁
금을 회수하지 못하게 되자, 공탁금을 회수하기 위해 어떤 절차를 거쳐
야 하는지 법원행정처 공탁법인과에 질의하였다.

　　이에 대하여 법원행정처 법정국[7]은 대법원 판례는 찾을 수 없고, 서
울지방법원 2003. 12. 4. 선고 2003가합50547, 50367 공탁금회수청구권자
확인 판결의 "공동명의로 강제집행정지신청을 하고 담보제공명령을 받아
보증금을 공탁하였더라도, 공탁금의 회수청구권의 귀속과 비율은 공탁자
내부관계에서는 그 자금을 부담한 실질관계에 따라 정해져야 한다."는 취
지를 그대로 원용하여, 담보공탁금에 대하여 회수청구권 확인 판결을 받
아 회수청구를 할 수밖에 없다고 검토하였다.

　　다만, 이때 공탁금회수청구권 확인 판결을 받지 않고 공탁금의 1/2에
대해서 회수할 수 있는지 여부에 관해서는, 전주지방법원 2000. 4. 2.자
2000라63 결정[8]의 "공탁자들이 공탁명령에서 정한 바대로 공탁금액에 대
한 분담금액을 명시하지 않은 채 단지 그 합계액을 공동명의로 공탁한 경
우 그들이 가지는 회수청구권은 공탁명령에서 정한 금액에 한정된다고 보
는 것이 타당하고, 그들이 공탁한 부분은 특별한 사정이 없는 한 공탁자
들이 동등한 비율로 분담하여 공탁한 것으로 추정된다고 할 것이므로 공
탁한 금액의 1/2씩 회수할 수 있다."는 취지를 원용하여 공탁자들 사이에
동등한 비율로 추정되지만, 그와 같은 취지로서 동등한 비율로 각자 회수
할 수 있다는 대법원 판례는 없는 상태이므로, 현실적으로 공탁자 중 2명
중 1명이 1/2 지분만을 청구해 올 경우 공탁공무원은 담보공탁금의 귀속
주체 및 비율에 관하여 판단할 수 없기 때문에 불수리할 것이고, 따라서
질의사안과 같은 경우 1/2만 청구하여 올 경우 수리한다는 취지로 선례화

---

7) 현재의 사법등기국에 해당한다.
8) 재항고되지 않아 그대로 확정되었다.

하기는 어려움이 있다고 검토함에 따라 위 공탁선례와 같이 회신하였다.

즉, 위 공탁선례는 지방법원의 1심 판결 및 2심 결정례를 참조하여 도출된 것으로서, 다만 균등한 비율에 의한 독자적 회수 청구에 관해서는 아직 명확한 대법원 판례가 없는 상황에서 그에 응할 경우 민사분쟁이 발생할 우려가 있기 때문에 공탁공무원의 심사 부담 등을 고려하여 단독 회수청구에 응할 수 없다고 결론을 내린 것이다.

라. 참고─불가분채권자를 피공탁자로 지정한 경우

참고로, 위와 같이 '담보공탁에서 공동공탁한 경우의 회수청구권 문제'가 아니라, '변제공탁에서 불가분채권자를 피공탁자로 지정한 경우'에 관하여는 아래와 같은 공탁선례가 있다.

「불가분채권자 전원을 피공탁자로 지정하여 변제공탁을 한 경우 공탁물 출급 방법(2008. 8. 21. 공탁선례 제2-133호)」

1. 변제공탁에서 공탁물 출급청구권자는 공탁서의 기재에 의하여 형식적으로 결정되고, 형식적 심사권만을 갖는 공탁관은 피공탁자로 지정된 자에게만 공탁금을 출급할 수 있다.
2. 따라서, 실체법상 불가분채권자 1인이 모든 채권자를 위하여 단독으로 이행을 청구할 수 있더라도 채무자인 공탁자가 변제공탁을 하면서 공탁서에 불가분채권자 2인을 피공탁자로 기재하였다면 비록 피공탁자 중 1인이 공탁자의 출급동의서를 첨부하였더라도 단독으로 공탁금 출급청구를 할 수 없고, 피공탁자 전원이 함께 청구하거나 피공탁자 1인이 나머지 피공탁자의 위임을 받아 청구하여야 한다.

2. 공동공탁한 공탁금회수청구권에 관한 결정례

가. 대법원 2014. 4. 22.자 2014마47 결정(공탁공무원의 처분에 대한 이의)

민사소송의 원고가 피고 A, B, C 공동명의로 공탁된 강제집행정지 담보공탁금 4,400만원 중 일부(B 1,000만원, B 1,011만원, C 1,000만원)에 대하여 항소심 조정조서에 기한 채권압류 및 전부명령과 담보취소결정을 이유로 회수청구를 하였는데, 공탁공무원이 공탁자인 피고들 사이에 담보 공탁금 부담 또는 지분 비율을 알 수 없다는 사정을 내세워 공탁금 회수 청구 불수리 결정을 하였고, 원고가 이에 대하여 이의신청을 한 사안이다.

제1심 및 원심은 위 2005. 12. 13. 공탁선례 2-59호(공탁금회수청구권의 귀속·비율은 내부관계에서 자금을 부담한 실질관계에 따라야 하고, 실질적 출연자는 회수청구권 확인 판결을 받아 회수할 수 있으며, 공동으로 청구하지 않는 한 1인만의 1/2 회수청구에는 응할 수 없다는 취지) 및 형식적 심사권만을 갖는 공탁관의 한계로 인하여 확인판결을 받는 방법밖에 없다는 이유로 공탁금회수청부 불수리 결정이 정당하다고 판단하였고, 대법원은 이에 대하여 심리불속행기각 결정을 하였다.

나. 대법원 2015. 1. 30.자 2014마1934 결정(공탁공무원의 처분에 대한 이의)

피고 A, B가 강제집행정지신청 담보 명목으로 공동명의로 공탁한 공탁금에 대하여 원고(재항고인)가 A, B를 상대로 공탁금의 1/2씩 채권압류 및 전부명령을 받아 공탁금 회수청구를 하였으나, 공탁관은 '이 사건 공탁인들 사이의 내부 분담비율을 알 수 없어 각 공탁금액을 특정할 수 없다'는 공탁선례에 기하여 이를 불수리하였고, 이에 대하여 원고가 이의신청을 한 사안이다.

원심은 이 사건과 같이 공동명의의 담보공탁이 이루어졌다면, 공탁자들이 동등한 비율로 분담하여 공탁한 것으로 추정될 수는 있다고 할 것이나, 공탁인들 사이의 내부적인 실질 부담관계가 명확히 확정되어야 비로소 공탁금 출급이 이루어질 수 있을 것인데, 기록에 의하면 이 사건 공탁인들 내부관계에서 자금의 부담비율 등을 알 수 있는 자료가 제출되어 있지 아니하다는 이유로 공탁관의 불수리처분이 정당하다고 판단하면서 항고를 기각하였고, 한편 이 사건 공탁금회수청구권에 관하여 재항고인 외에 甲이 이 사건 각 채권압류 및 전부명령 전인 2012. 11. 8. 채권압류 및 전부명령을 받아 확정된 상태이므로, 재항고인이 담보권리자인지도 불분명하다는 이유도 덧붙였다. 대법원은 위 원심결정에 대한 재항고 사건에서 심리불속행기각을 하였다.

다. 소 결 론

대법원 판결 중에서 강제집행 정지를 위하여 공동으로 공탁한 공탁자간 공탁금회수청구권 확인 청구를 인용한 선례는 없고, 다만 위와 같은 이유로 공탁금회수청구를 불수리한 공탁관의 처분이 정당하다고 판단한 원심결정에 대하여 심리불속행기각한 결정이 있을 뿐이다. 다만 위각 재항고 결정은 상고심절차에 관한 특례법 제4조, 제7조에 따라 재항고이유에 관한 주장이 중대한 법령위반에 관한 사항을 포함하지 아니한다고 인정하여 더 나아가 심리를 하지 아니하고 재항고를 기각한 것에 불과하여 원심의 판단 이유를 대법원의 법리로서 선언한 것이 아니므로, 이에 반대되는 취지의 판결이 반드시 전원합의체에 의하여 선고되어야하는 것은 아니라고 본다.

Ⅲ. 공동공탁시 일부 공탁자의 공탁금회수청구권에 대한 압류

1. 압류의 가부

먼저 변제공탁에서 공탁자의 공탁금회수청구권 자체에 대한 압류가 가능한지에 관하여 공탁물회수권이 형성권인 점을 주요 근거로 하여 독일 민법의 '공탁물회수권은 압류할 수 없다'는 규정을 참조하거나 변제공탁에 의하여 이미 채무자의 책임재산에 속하지 않는다는 이유 등으로 압류의 대상이 되지 않는다는 견해도 있으나, 공탁금회수청구권이 일신전속권도 아니고 압류금지채권도 아닌 이상 권리의 성질을 이유로 압류를 금지할 특별한 근거가 없고 형성권과 청구권의 구별도 모호하며 공탁금회수청구권도 채무자의 책임재산으로서 공탁자의 채권자를 보호할 필요성등을 이유로 압류 및 전부 등의 대상이 된다는 것이 학계의 주류적 입장이며,[9] 우리나라와 일본의 실무도 모두 이를 긍정한다.[10]

---

9) 양창수, 변제공탁에 있어서의 공탁금회수청구권에 대한 압류 및 전부명령의 허부, 민사판례연구 제4권(1982), 221-239면 참조.

나아가, 강제집행정지의 담보를 위하여 공동명의로 공탁한 경우 일부 공탁자의 공탁금회수청구권에 대하여 개별적인 채권 압류나 추심명령 등이 가능한지 여부가 문제될 수 있다. 이는 공탁금회수청구권이 가분적으로 집행의 대상이 될 수 있는지의 문제로서, 상정 가능한 견해를 살펴본다.

2. 가 능 설

공탁서에 공탁자를 여러 명 기재하면서 각 공탁자별 공탁금액을 특정하여 기재하지 않고 단순한 공동공탁자로 기재하였다면 그 분담비율이나 자금출연관계를 알 수 없고, 이에 대하여 합유적 귀속에 관한 약정이나 법률의 규정도 없으므로, 민법 제408조의 분할채권관계 원칙에 따라 각 공탁자의 공탁금회수청구권에 대하여 개별적 압류가 가능하다고 본다. 다만 현재의 공탁실무는 개별적 회수청구를 불허하는데, 이는 분할채권이라고 하여 각 공탁자가 공탁소에서 단독으로 자신의 지분만큼 회수청구할 수 있는 것은 아니고, 공탁자들의 이해관계 충돌을 방지하기 위하여, 공동으로 공탁한 담보공탁금은 공탁실무상 그 회수에 있어서 반드시 공동으로 회수청구를 하도록 제한을 두고 있을 뿐이나, 이것이 논리필연적인 것은 아니다. 현재의 공탁실무상 공탁소에 대한 단독 회수청구는 불가능하지만, 일부 공탁자가 자신의 지분에 해당하는 회수청구권을 양도하는 것도 가능하고 일부 공탁자의 비율에 상응하는 회수청구권에 대한 압류·추심명령도 가능하다는 입장이다.

---

10) 공탁물출급청구권과 공탁물회수청구권을 통칭하는 공탁물지급청구권은 공탁자 또는 피공탁자에게 귀속하는 일종의 지명채권의 성질을 가지며 일신전속권이 아니므로 상속의 대상이 되고, 양도·질권설정 등의 임의처분은 물론 압류·가압류·가처분·전부·추심명령·체납처분 등 집행의 대상이 될 수 있으며, 채권자대위권의 목적이 될 수 있다[법원행정처, 공탁실무편람(2015), 487면].

한편, 공탁규칙 제44조 제1항은 '공탁관은 제49조 제1항의 서면, 제49조 제2항의 판결등본 또는 공탁물 출급·회수청구권에 관한 가처분명령서, 가압류명령서, 압류명령서, 전부(轉付) 또는 추심(推尋)명령서, 압류취소명령서, 그 밖에 이전 또는 처분제한의 서면을 받은 때에는 그 서면에 접수연월일, 시, 분을 적고 기명날인하여야 한다.'고 규정하기도 한다.

3. 불가능설

공동공탁의 경우 각 공탁자는 단독으로 공탁금회수청구를 할 수 없고 반드시 다른 공탁자와 공동으로 회수청구를 하여야만 공탁금을 지급받을 수 있으므로, 공탁금회수청구권은 공동공탁자들에게 합유적으로 귀속된다고 보아야 한다는 입장이 있을 수 있다.[11] 합유적으로 귀속된다면, 조합원 중 1인에 대한 채권으로 조합의 채권에 대하여 강제집행을 할 수는 없으므로(대법원 2001. 2. 23. 선고 2000다68924 판결 참조), 일부 공탁자의 공탁금회수청구권에 대한 압류·추심명령은 효력이 없다는 결론이 된다. 한편 공동공탁의 공탁금회수청구권을 불가분채권으로 보는 입장에서 1인의 공탁자에 대한 채권으로 전체 공탁금회수청구권에 대한 압류 등만 가능하다는 견해도 존재한다.

4. 검   토

공동으로 공탁한 공탁금의 회수청구권이 합유적으로 귀속된다고 보아야 할 근거가 부족하다. 공동의 공탁자들 사이에 조합 약정 등이 있다면 그에 따라 회수청구권이 합유적으로 귀속된다고 볼 수도 있겠지만, 공동으로 공탁하였다는 사정 및 그로 인하여 현재 공탁실무상 공동으로 회수청구하여야 한다는 공탁절차상 제한만으로 민법 제271조[12]에서 규정한 바와 같은 '법률의 규정에 의하여 조합체로서 물건을 소유'한다고 볼 수는 없다고 사료된다. 민법 제408조에 의한 분할채권 관계로 볼 경우 일부에 대한 압류·추심 등은 당연히 가능하며, 다만 현재 실무상 공탁소에 대한 회수청구시에만 공동 행사의 제한을 받는다고 볼 수 있다. 합유적 귀속이 아닌데도 실무상 회수청구시 공동행사의 제한을 받는 점을 굳이 법리적으로 설명한다면, "단독으로 인출할 수 없도록 출연자들의 공

---

11) 불가분채권으로 보게 될 경우에는, 각 채권자가 모든 채권자를 위하여 단독으로 이행을 청구할 수 있으므로(민법 제409조 참조), 공탁소에 대하여 단독으로 회수청구를 할 수 없다는 결론에 부합하지 않는다.

12) 제271조(물건의 합유) 법률의 규정 또는 계약에 의하여 수인이 조합체로서 물건을 소유하는 때에는 합유로 한다.

동명의로 예금한 경우 하나의 예금채권이 분량적으로 분할되어 각 공동명의 예금채권자들에게 공동으로 귀속되고, 각 공동명의 예금채권자들이 예금채권에 대하여 갖는 각자의 지분에 대한 관리처분권은 각자에게 귀속되며, 다만 은행에 대한 지급청구만을 공동으로 하여야 하는 것이므로, 그 1인 지분에 상응하는 예금채권에 대한 압류 및 추심명령은 가능하다"는 법리(대법원 2005. 9. 9. 선고 / 2003다7319 판결 참조)를 유추적용한다고 할 수 있을 것이다. 따라서 이 경우에도 개별 공탁자의 회수청구권에 대한 압류나 추심명령은 가능하다고 보아야 한다. 그러나 후술하는 바와 같이 대상판결의 판시에 따라 균등 비율 공탁금 부분에 대한 단독 회수청구가 가능하다고 볼 경우에는 위와 같은 해석조차 불필요하다.

현재 집행실무상으로도 강제집행정지를 위한 담보를 공동으로 공탁한 경우 그 중 일부 공탁자의 회수청구권에 대한 압류나 추심명령이 불허되지 않고 발령되고 있고 이에 따라 집행을 실시하는 데 장애가 없으며, 하급심 판결례에서도 그에 관한 특별한 의문 없이 일부 공탁자의 공탁금회수청구권에 대한 압류 등이 유효한 것을 전제로 판단하고 있다.

Ⅳ. 공동공탁시 공탁금회수청구권의 대외적 귀속

1. 문제의 소재

공동명의로 담보공탁한 경우 공동공탁자들 사이의 공탁금회수청구권의 귀속에 관하여 공탁서의 기재라는 형식에 의하여 결정할 것인지 아니면 자금을 부담한 실질관계에 의하여 결정할 것인지에 관하여 아래와 같은 견해를 상정할 수 있다.

2. 견해의 상정
가. 형 식 설

공탁금회수청구권의 귀속은 공탁서의 기재에 의하여 형식적으로 결정되어야 하므로, 공탁서상 공동공탁자들 사이에 공탁금액의 구분이 없는 것으로 기재되어 있으면 공탁자들이 동등한 비율로 공탁한 것으로 보아야

한다는 입장이다. 따라서 공탁소에 대한 공탁금회수청구의 법률관계에서
도 각 공탁자들은 자금출연의 실질과 관계없이 균등한 비율에 의한 공탁
금액을 각자 단독으로 회수할 수 있고, 한편 자금을 출연하지 않은 공탁
자의 회수청구권에 대한 제3자의 압류나 추심명령도 그 실질관계와 상관
없이 공탁자간 균등한 비율에 의한 공탁금액의 한도 내에서 유효하다고
할 것이다. 다만 공동공탁자 상호간의 내부관계에서 실질적인 자금출연관
계에 따라 서로 정산의무를 부담하는 것까지 배제하는 것은 아니다.

　　공탁은 당사자가 임의로 할 수 없고 법령에 근거를 두고 국가기관
인 공탁소에 공탁서를 제출하면서 목적물을 맡기는 제도로서 엄격한 형
식(공탁서에 기재된 공탁자, 피공탁자, 공탁원인, 공탁금액 등)에 따라 법률
관계가 정하여지는 것이 기본 취지이므로, 내부관계가 아닌 공탁소나 제
3자가 관련된 법률관계에서는 반드시 공탁서 기재대로 처리하여야 한다
는 점을 주요 논거로 한다.

　　나아가 일반 법리를 살피면, 담보공탁금이 공탁의 목적대로 담보권
실행의 대상이 될 경우에는 공탁금 전체가 일체를 이루어 분리되지 않은
채 피담보채권의 만족을 위하여 제공되지만, 본래의 담보기능을 다하거나
더 이상 할 필요가 없어 '회수'될 때에는 공동공탁자들이 갖는 공탁금회
수청구권도 다수 채권자에게 공동으로 귀속하는 채권으로서 민법 제408
조의 "수인의 채권 채무관계에서 특별한 의사표시가 없으면 각 채권자가
균등한 비율로 분할된 채권을 갖는다."는 분할채권원칙 규정에 따라 분할
채권관계로 볼 수 있다는 점을 근거로 삼을 수 있다. 공탁서에 공동공탁
자간 공탁금액을 구분하여 기재하지 않은 행위는 곧 위 조항에서 말하는
특별한 의사표시가 없는 것으로 본다. 따라서 공탁금회수청구권은 애초
의 금전출연관계와 절연되어 민법상 분할채권 원칙에 의해서만 결정되어
공탁소나 제3자에 대한 외부관계에서 균등한 비율에 따라 회수청구권이
귀속되고, 다만 위 분할채권 규정은 분할채권자 상호간의 내부관계까지
규정한 것은 아니므로, 공탁자간 내부관계에서 자금의 실질적 분담 사실
을 입증하여 서로 정산을 구하는 것까지 금지되는 것은 아니다.

뿐만 아니라, 공탁자 사이의 실질적 자금관계에 따라 공탁금회수청구권을 행사하기 위해서는, 미리 다른 법적 조치를 강구할 수 있다는 점에 주목한다. 첫째, 실질적으로 자금을 출연한 사람만이 공탁자가 되어 다른 강제집행정지 신청인들 위하여 보증조로 공탁하면 신청인 전부를 위하여 강제집행정지로 인한 손해를 담보하는 효력이 있고, 나중에 회수청구는 공탁자 한 명만 행사할 수 있게 된다. 즉, 공탁서의 공탁자 란에 실제 자금을 출연한 사람만을 공탁자로 기재하더라도 강제집행정지신청인들 전부를 대상으로 하는 법원의 담보제공명령을 공탁서에 반드시 첨부하도록 되어 있는 이상 공탁자로 기재되지 않은 강제집행정지신청인의 피담보채무도 그 공탁금에 의하여 담보되는 채무가 된다. 재판상 담보공탁은 담보제공명령을 받은 자가 공탁자가 되는 것이 원칙이나, 담보제공의무자를 위하여 제3자가 자기 명의로 공탁할 수도 있으며, 이때 회수청구권자는 공탁자인 제3자인 점[2001. 11. 26. 법정 3302-470호 질의회답(공탁선례 1-210)]에 의하더라도 이는 분명하다. 둘째, 실제로 1명만 자금을 출연하였지만 공동명의로 공탁한 경우에, 자금출연자가 공탁금회수청구권 전부를 미리 확보하기 위해서는, 자금을 출연하지 않은 공탁자가 자금을 출연한 공탁자에게 공탁금회수청구권을 양도하고 공탁소에 양도통지를 하는 방법도 가능하다. 셋째, 만일 1명이 전액을 출연하지 않고 각자 균등하지 않은 비율의 공탁금을 출연하였다 하더라도, 수인의 공탁자가 공탁하면서 각자의 회수청구권의 보호를 위하여 공탁서에 각자의 공탁금액을 명시하는 방법이 가능하다. 공탁서의 공탁금액란에 각 공탁자별 공탁금액을 특정하는 것이 공동공탁의 본래의 모습이기도 하다. 위와 같이 자금출연자가 단독으로 공탁하여도 공동의 담보공탁이라는 효과를 달성할 수 있는데, 그럼에도 불구하고 공동으로 공탁한 것으로 공탁서에 기재하였다면, 외부적으로는 공탁과 관련된 법률관계는 모두 공탁자들에게 공동으로 귀속될 뿐이고 단지 자금출연자가 다른 공탁자에게 담보공탁금을 내부적으로 대여하는 정도의 의사로 해석하는 것이 자연스럽다.

공탁자의 채권자는 공탁금회수청구권이 당연히 공탁자에게 분할 귀속되는 것을 전제로 압류·추심을 하는 등 집행에 나서기도 하는데, 나중에 언제라도 자금의 실질관계를 입증하는 측에 의하여 위와 같은 압류·추심 등이 모두 무효가 된다면 이는 공탁의 외관을 신뢰한 제3자에게 불측의 손해로 돌아가며 법정 안정성을 해치게 된다. 나아가, 공탁자들 사이의 통모에 의하여 자금출연자를 허위로 내세워 공탁자의 채권자의 강제집행을 면탈하는 데 악용할 여지도 있다.

한편, 담보공탁금에 한정하여 보더라도, 이 사건과 같이 공동불법행위에 따른 부진정연대책임을 묻는 원고가 그 본안판결에 의한 집행권원으로 담보공탁금에 대하여 압류·추심을 하는 경우에는, 일단 일부 공탁자의 출연에 의하여 채권자가 집행채권의 만족을 얻게 되고, 나중에 공탁자들이 실질관계에 따라 내부적으로 구상하게 될 텐데, 이는 부진정연대책임 또는 연대책임 관계의 본래 취지에 부합하므로, 크게 부당한 결론에 도달하지 않는다.

이러한 형식설의 입장에서 보면, 앞에서 살핀 현재의 공탁선례에 따른 공탁실무, 즉 각 공탁자가 단독으로 균등 비율의 공탁금을 회수청구할 수 없고 반드시 공동으로만 회수청구하여야 하며, 실질적 자금출연관계를 입증하여 공탁금회수청구권 확인판결을 받아 그에 따라 회수청구할 수 있다는 결론은 부당하다고 볼 수 있다.

나. 실 질 설

가집행선고부 판결의 강제집행정지를 위한 공탁금은 집행채권자가 상소심의 본안판결이 있을 때까지 가집행할 수 없게 되는 결과로 말미암아 생기는 통상손해로서 집행정지와 상당인과관계에 있는 손해를 담보하는 것으로서 집행정지의 대상인 집행의 기본채권 그 자체를 담보하는 것이 아닌바, 공탁금이 담보하는 범위 내에서는 공탁의 형식에 따라 권리관계가 귀속되는 것이 공탁제도의 취지에 부합한다 할 것이지만, 담보권의 효력이 미치지 않는 관계에서는 공탁제도와 관계없이 그 자금을 부담하는 실질관계에 따라 회수청구권의 귀속이 정하여지는 것이 타당하다는 입장이다. 이 사건 원심판결이 취한 견해이기도 하다.

따라서 자금을 부담하지 않은 공탁자는 실질적으로 공탁금회수청구권을 보유하지 않는 것이므로, 그에 대한 채권자의 압류·추심명령은 부존재하는 채권에 대한 압류·추심으로서 효력이 없다고 본다.

위 공탁선례에 의하면 공동명의 공탁에서 공동공탁자들의 공탁금회수청구권은 균등한 비율로 '추정'될 뿐이고, '간주'되는 것은 아니므로, 추정을 뒤집을 만한 입증에 의하여 자금출연관계가 밝혀지면 그에 따라 회수청구권의 귀속이 결정되어야 한다. 전혀 자금을 출연하지 않은 공탁자에게 회수청구권이 귀속된다고 간주하여 실제 권리자가 공탁물에 관한 권리를 행사할 기회를 원천적으로 봉쇄당하는 것은 부당하며 그에 대한 특별한 법령상 근거가 없으므로, 공탁금회수청구권 확인판결이나 기타 자금출연관계에 대한 입증에 의하여 추정은 번복될 수 있다고 보아야 한다.

공탁제도의 취지상 공탁의 형식과 외관을 중시하는 것은 당해 공탁의 목적범위, 즉 변제공탁이면 변제의 효력이 발생하는 범위에서, 담보공탁이면 담보의 효력이 생기는 범위에서 각 우선하면 충분하고, 그 외의 범위에서는 실질적인 권리자가 보호되어야 한다. 이 사건에서도 담보권의 효력이 미치는 범위에서는 공탁의 형식에 따라 공동공탁자 전원에 대한 각 손해배상채권이 피담보채권이 되지만 각 공탁자가 공탁금을 회수하는 관계에서는 실질적 자금 출연 여부에 따라 회수청구권의 귀속이 결정되어야 한다. 공탁금회수청구권의 귀속도 채권의 정당한 소유권이라는 측면을 가지므로 위와 같은 결론이 사유재산권에 부합한다.

압류·추심·전부명령을 발령할 때에는 집행법원이 심문절차도 없이 집행개시요건 등 형식적 요건만 심사하고 그 권리의 존부에 관하여는 심사를 하지 아니한 채 명령을 발령할 뿐이며, 나중에 추심금·전부금 청구의 소 등에서 실제 피압류·피추심·피전부 채권이 존재하지 않는 것으로 밝혀지면 그 명령의 효력이 없는 것으로 취급하는 것이 현재 통상적인 집행실무이므로, 피압류채권이 추후에 부존재로 밝혀져서 이를 무효화하는 것이 반드시 법적 안정성을 크게 해친다고는 볼 수 없다. 압류채권자의 지위는 원래부터 불확실하고 불안정한 것이며, 채권에 대한 압류명령은 압류목적채권이 현실로 존재하는 경우에 그 한도에서 효력을 발생할 수 있을 뿐이며(대법원 2001. 12. 24. 선고 2001다62640 판결 등), 피압류채권이 부존재함에도 압류채권자를 보호한다는 규정은 어디에도 없다.

외관상 존재하는 것으로 추정되는 권리에 대하여 압류·추심명령이 내려졌다 하더라도 이는 집행절차의 일환일 뿐 존재하지 않는 권리를 창설할 수는 없는 것인데, 자금을 출연하지도 않은 공탁자에게 공탁금회수청구권이 귀속할 것 같은 외관이 존재한다고 하여 그 회수청구권을 압류한 채권자에게 회수청구권을 인정한다면, 이는 없던 권리가 생겨나는 것과 마찬가지여서 오히려 압류권자에게 부당한 이득을 부여하는 셈이 된다. 즉 형식설에 의하면 압류채권자가 합리적 이유 없이 원래의 채권자인 압류채무자가 가지는 지위보다 더 유리한 지위를 획득하는 결과가 되어 부당하다.

한편 이러한 실질설의 입장에 따르면, 실질적 자금출연관계를 입증하여 공탁금회수청구권 확인판결을 받은 후 이에 따라 실질적 자금출연자가 공탁금을 회수청구할 수 있는 것으로 운영하는 현재의 공탁실무는 매우 정당한 것이다. 이때 형식설에 의하면 제3자에 대한 관계에서 공탁금 회수 전에 압류가 먼저 되었다는 이유만으로 실체적 권리관계와 달리 압류권자에게 공탁금회수권을 부여한다는 결론에 도달하게 되는데, 이는 부당하다. 그러한 결론의 도출을 위해서는 실제 자금출연자가 공탁금을 회수하기 전에 다른 공탁자의 회수청구권을 압류한 선의의 제3자를 보호한다는 특별한 법령의 규정이 있거나, 공탁에서 공신력을 부여하는 근거가 있어야 한다.

피공탁자 기재에 따라 공탁물출급청구권의 귀속이 결정된다는 판례(후술할 대법원 2011다79562 판결)는 공탁제도의 본질에 따른 공탁물'출급'에 관한 결론을 제시한 것일 뿐이고, 공탁물회수청구권의 귀속에 관하여도 그대로 적용하기 어렵다.

다. 절 충 설

공탁소에 대한 회수청구의 법률관계와 제3자가 개입된 외부관계를 달리 보아, 공탁자가 공탁소에 대하여 회수청구권을 행사할 때에는 실질적 자금관계에 따라 회수청구권의 귀속이 결정되지만, 제3자가 일부 공탁자의 회수청구권에 대하여 채권압류·추심명령을 받는 등의 경우에는 실질적 자금관계를 이유로 제3자에게 대항할 수 없다는 입장이다.

공탁소에 대한 법률관계는 사실상 공탁자들 상호간의 이해관계만 달려 있어 내부관계나 다를 바 없으므로, 실질관계에 따라 회수청구를 허용하더라도(=실질설의 입장) 제3자의 불측의 피해가 없는 반면 공탁자간 정산의무까지 일괄하여 해결할 수 있는 장점이 있고, 현재의 공탁운영실무에도 부합한다는 점을 근거로 들 수 있다.

다만 공탁서의 기재에 의하여 외부적으로 공시되는 것과 다르게 법률관계를 인정하는 것은 제3자에게 불측의 피해를 가져올 수 있어 부당하므로 제3자의 관계에서는 공탁서의 기재에 따라 공탁금회수청구권의 귀속을 결정(=형식설의 입장)해야 한다는 점을 강조한다.

실질설과 형식설의 입장을 공탁소와 제3자에 대한 각 법률관계에서 혼합하여 채택한 견해라고 할 수 있다.

3. 공동공탁의 공탁금회수청구권에 관한 하급심 판결례

가. 형식설에 따른 판결례

(1) 수원지법 2015. 3. 19. 선고 2014가단28875 배당이의 : 원고 패소 ⇒ 원고 항소로 항소심 진행 중

원고의 출연으로 원고와 A가 강제집행정지 담보를 공동으로 공탁한 후 A의 채권자들이 A의 공탁금회수청구권에 압류를 하여 압류경합으로 배당이 실시되었는데, 원고가 A의 채권자들을 상대로 압류 무효를 이유로 A의 채권자들의 배당액을 모두 삭제하는 것으로 경정을 구한 사안에서, "이 사건 공탁금을 원고가 전액 출연한 사실은 앞서 본 바와 같으나, 공탁서에 공탁자로 기재된 사람은 실제로 공탁금을 출연하였는지 여부와 관계없이 공탁금회수청구권을 보유한다고 할 것인데, A가 이 사건 공탁금에 관한 공동공탁자로 기재된 사실은 앞서 본 바와 같으므로, A도 이

사건 공탁금에 대한 회수청구권을 가진다고 할 것이어서, A가 이 사건 공탁금에 대한 회수청구권을 가지고 있지 않음을 전제로 하는 원고의 주장은 더 나아가 살펴볼 필요 없이 이유 없다."고 판시하였다.

(2) 전주지법 2015. 3. 20. 선고 2014가단33613 기타(금전) : 원고 일부 승소 ⇒ 쌍방 항소하지 않아 확정됨

원고의 출연으로 원고와 A가 강제집행정지 담보 5천만 원을 공동으로 공탁하였는데, 피고 대한민국이 A의 국세체납액 징수를 위하여 A의 공탁금회수청구권을 압류하자, 원고가 압류 무효를 이유로 공탁금회수청구권 전부가 원고에게 있다는 확인을 구한 사안에서, 원고가 공탁금 5천만 원을 출연한 사실은 인정되나, 공탁금 중 1/2에 대해서만 공탁금회수청구권이 있다고 일부 승소 판결을 선고하면서, "공동명의로 공탁이 된 후 담보취소 등을 이유로 공탁금을 회수청구하는 경우 공탁금회수청구권의 귀속과 비율은 공동명의자 사이의 내부관계에서는 그 자금을 부담한 실질관계에 따라 정해진다고 하더라도, 공동명의자 이외의 제3자에 대한 관계에서는 공탁서의 기재에 의하여 형식적으로 결정되어야 한다. 따라서 법원이 공탁명령에서 공탁자들 사이의 분담금액을 명시하지 않았고, 공탁자들 또한 공탁서에 개별 공탁금액을 구체적으로 구분하여 공탁하지 않은 경우 공동명의자 이외의 제3자에 대한 관계에서는 공동명의자들이 각자 동등한 비율로 분담하여 공탁한 것으로 보아야 할 것이므로, 원고와 피고 대한민국 사이에서는, 이 사건 공탁금 5,000만 원 중 1/2인 2,500만 원에 대한 공탁금회수청구권은 원고에게 있다고 할 것이어서 이 부분 피고 대한민국의 압류는 무효이고, 나머지 부분에 대한 피고 대한민국의 압류는 유효하다고 할 것이다."고 판시하였다.

(3) 수원지법 성남지원 2013. 11. 20. 선고 2013가합202195 공탁금출급청구권 확인 : 피고들 항소기각 ⇒ 대법원 심리불속행기각(2014다216140)

피고들이 부동산 가압류를 신청하면서 법원의 담보제공명령에 따라 공동으로 1,500만 원을 공탁하였고, 본안사건에서 승소 확정판결을 받아 담보사유가 소멸되었는데, 피고 중 1인의 공탁금회수청구권에 대하여 원

公동명의로 공탁된 담보공탁금회수청구권의 귀속 *951*

고가 채권압류 및 추심명령을 받은 사안에서, "위 담보공탁에 관한 담보의 사유가 소멸되었다고 할 것이고, 피고들은 동등한 비율로 분담하여 위 금액을 공탁한 것이라고 추정되므로, 담보취소결정이 확정되면 특별한 사정이 없는 한 피고들은 위 담보공탁금의 1/2에 해당하는 공탁금을 회수할 수 있다고 할 것이다. 따라서 위 담보공탁의 공탁자 중 1인이자, 위 정산금 채권에 대한 가압류를 원인으로 한 공탁의 피공탁자 중 1인인 피고 A의 위 각 공탁금 중 1/2에 관한 회수 또는 출급청구권에 관한 원고의 위 채권압류 및 추심명령은 유효하다고 할 것이고, 설령 피고들 사이에 내부적으로는 위 각 권리에 관한 실질적인 지분 비율이 위와 다르다고 할지라도 이는 피고들 사이에 내부적으로 해결해야 할 문제에 불과하다고 할 것이며, 위 채권압류 및 추심명령이 대한민국에게 송달된 후 피고들이 위 각 권리의 내부적인 비율에 관하여 달리 정하였다고 하더라도 이로써 원고에게 대항할 수 없다고 할 것이다. 피고 A의 추심채권자인 원고로서는 피고들이 위 각 권리에 관한 지분 비율 등을 달리 주장하면서 위 채권압류 및 추심명령의 효력을 다투고 있으므로, 피고들을 상대로 위 각 권리가 원고의 채무자인 피고 A에게 있다는 확인을 구할 이익도 있다고 할 것이다."고 판시하였다.

(4) 대구지법 2013. 1. 16. 선고 2012나61399 제3자이의 : 항소기각 ⇒ 대법원 심리불속행기각(2013다200933)

공동공탁자 중 1인이 실제로 출연한 금액에 관하여 심리할 필요 없이 공동공탁자 2인은 각 공탁금의 1/2씩 회수청구권을 가지므로, 그 중 1인의 회수청구권에 대한 채권자의 강제집행은 1/2을 초과하는 부분에 한하여 허용하지 않는다는 취지의 판결이다. 즉, 원고와 A가 공동명의로 공탁금을 공탁할 당시 대한민국에 대하여 공탁자 사이의 상호관계에 대한 특별한 의사표시를 하지는 않았고 위 공탁 이후에 A가 자신의 공탁금 회수청구권을 포기하였다거나 원고에게 이를 양도하였다는 등의 특별한 정황도 찾아볼 수 없으므로, 원고와 A는 공탁금에 대하여 균등한 비율로 회수청구권을 가진다고 판단하였다. "민법 제408조는 채권자나 채무자가 수인인 경우에 특별한 의사표시가 없으면 각 채권자 또는 각 채무자는 균등한 비율로 권리가 있고 의무를 부담한다고 규정하고 있는바, 수인의 채권자가 있는 채권은 상호관계에 대한 특별한 의사표시가 존재한다거나 채권의 성질상 불가분성이 인정되는 경우가 아닌 한, 그 채권자들이 균등한 비율로 권리를 가지는 분할채권으로 봄이 상당하다."고 판시함으로써 분할채권관계 원칙을 그 논거로 제시하였다.

(5) 수원지법 성남지원 2012. 9. 14. 선고 2011가단32586 공탁금회수청구권확인(원고 승소 ⇒ 확정), 창원지법 2011. 6. 1. 선고 2010가합7447, 2010가합11903 공탁금회수청구권확인(원고 일부 승소 ⇒ 확정)

원고와 A가 공동공탁하였는데, 피고가 A의 공탁금회수청구권을 압류한 사안에서, 공탁금 중 1/2에 대하여 원고에게 공탁금회수청구권이 있고, 반대로 나머지 1/2에 대하여는 피고의 압류가 정당하다는 취지의 판결이다. 두 판결 모두 "공동명의로 공탁이 된 후 담보취소 등을 이유로 공탁금을 회수청구하는 경우 공탁금회수청구권의 귀속과 비율은 공동명의자 사이의 내부관계에서는 그 자금을 부담한 실질관계에 따라 정해진다고 하더라도 공동명의자 이외의 제3자에 대한 관계에서는 공탁서의 기재에 의하여 형식적으로 결정되어야 한다. 따라서 법원이 공탁명령에서 공탁자들 사이의 분담금액을 명시하지 않았고, 공탁자들 또한 공탁서에 개별 공탁금액을 구체적으로 구분하여 공탁하지 않은 경우 공동명의자 이외의 제3자에 대한 관계에서는 공동명의자들이 각자 동등한 비율로 분담하여 공탁한 것으로 볼 것이다."고 판시하였다.

나. 실질설에 따른 판결례

(1) 광주고등법원 전주부 2015. 1. 29. 선고 2014나1701 제3자이의 : 피고 상고로 상고심 계속 중(2015다14747)

원고와 A가 담보제공명령에 따라 강제집행정지 담보로 6억 원을 공동으로 공탁하였는데 이때 원고가 전액을 출연하였고, 피고는 A의 채권자로서 공탁금회수청구권에 대하여 채권압류 및 추심명령을 받았으며, 이에 원고가 공탁금회수청구권은 전부 원고에게 귀속됨을 원인으로 피고의

채권압류 및 추심명령이 부당하다고 제3자이의를 한 사안에서 원고 승소
판결을 선고하면서, "공동명의로 한 강제집행정지 신청에 대하여 법원이
개별적으로 담보제공을 명하지 않고 피신청인을 위해 공동보증으로 공탁
하도록 한 명령에 따라 공동명의로 담보공탁하였을 경우, 공동공탁자들은
공탁금회수청구를 공동으로 하는 것이 원칙이고, 공탁공무원은 공동공탁
자들 중 1인만이 한 회수청구에 응할 수 없다 할 것이나, 공탁금회수청
구권의 귀속과 비율은 내부관계에서는 그 자금을 부담한 실질관계에 따
라 정해져야 할 것이어서, 실제로 담보공탁금을 전액 출연한 공탁자는
다른 공탁자를 상대로 공탁금회수청구권의 확인 판결을 받는 등의 방법
으로 공탁금회수청구권을 행사함으로써 공탁공무원에 대한 관계에서도
그 권리를 주장하여 공탁금 전부를 회수할 수 있다 할 것이며, 또한 담
보공탁금에 대한 공탁자의 공탁금회수청구권은 담보취소결정이 있어야
비로소 발생되는 채권으로서, 공탁금회수청구권이 발생되기 전 공동공탁
자들 중 1인에 대한 채권자가 그 1인의 공탁금회수청구권을 압류한 경우
라 하더라도, 공탁금회수청구권이 다른 공탁자에게 귀속된 것이라면, 그
귀속자는 위 압류에 불구하고 여전히 공탁공무원에게 공탁금회수청구권
을 행사할 수 있고, 위 압류가 있다고 하여 그 집행채권자와의 관계에서
공탁금회수청구권 또는 공탁금 전부를 공동공탁자들 수로 안분한 만큼
집행채무자에게 공탁금회수청구권이 귀속되는 것으로 확정된다고 볼 수
없으므로, 공탁금회수청구권이 자신에게 귀속된다고 주장하는 공탁자는
담보공탁금을 전액 출연하였다는 등의 사정을 입증함으로써 다른 공탁자
를 집행채무자로 하여 공탁금회수청구권을 압류한 집행채권자에 대해 위
와 같은 이유를 들어 대항할 수 있다 할 것이다."고 판시하였다.

(2) 서울중앙지법 2014. 9. 19. 선고 2013가합64552 제3자이의 : 원고
　　승소 ⇒ 확정

공탁금을 전액 출연한 원고가 전액 출연 사실을 입증하여 다른 공
탁자의 채권자인 피고를 상대로 제3자이의 소송에서 승소한 사안에서,
"공동명의로 한 강제집행정지신청에 대하여 법원이 개별적으로 담보제공

을 명하지 않고 피신청인을 위해 공동보증으로 공탁하도록 한 명령에 따라 공동명의로 담보공탁하였을 경우, 공동공탁자들은 공탁금회수청구를 공동으로 하는 것이 원칙이고 공탁공무원은 공동공탁자들 중 일부가 한 회수청구에 응할 수 없다 할 것이나, 공동명의로 한 담보공탁의 담보취소에 따른 공탁금회수청구권의 귀속과 비율은 공동공탁자들 내부 관계에서는 그 자금을 부담한 실질관계에 따라 정해져야 할 것이어서, 실제로 담보공탁금을 전액 출연한 공탁자는 다른 공탁자를 상대로 공탁금회수청구권의 확인 판결을 받는 등의 방법으로 공탁금회수청구권을 행사할 수 있다고 보아야 한다(중략). 따라서, 피고의 이 사건 공탁금회수청구권에 대한 압류 및 추심명령으로 인하여 위 공탁금회수청구권의 행사에 사실상 장애를 받고 있는 원고들로서는 피고의 위 압류 및 추심명령에 대하여 이의를 주장할 수 있다고 할 것이므로, 피고가 이 사건 공정증서에 기하여 위 공탁금회수청구권에 대하여 한 강제집행은 허용될 수 없다."고 판시하였다.

(3) 서울중앙지법 2012. 6. 29. 선고 2012가합12981 제3자이의 : 원고 승소 ⇒ 확정

위 (2) 판결과 같은 취지의 판시를 한 다음, "또한 담보공탁금에 대한 공탁자의 공탁금회수청구권은 담보취소결정이 있어야 비로소 발생되는 채권으로서, 공탁금회수청구권이 발생되기 전 공동공탁자들 중 1인에 대한 채권자가 그 1인의 공탁금회수청구권을 압류한 경우라 하더라도, 공탁금회수청구권이 다른 공탁자에게 귀속된 것이라면, 그 귀속자는 위 압류에 불구하고 여전히 공탁공무원에게 공탁금회수청구권을 행사할 수 있고, 위 압류가 있다고 하여 그 집행채권자와의 관계에서 공탁금회수청구권 또는 공탁금 전부를 공동공탁자들 수로 안분한 만큼 집행채무자에게 공탁금회수청구권이 귀속되는 것으로 확정된다고 볼 수 없으므로, 공탁금회수청구권이 자신에게 귀속된다고 주장하는 공탁자는 담보공탁금을 전액 출연하였다는 등의 사정을 입증함으로써 다른 공탁자를 집행채무자로 하여 공탁금회수청구권을 압류한 집행채권자에 대해 위와 같은 이유

를 들어 대항할 수 있다 할 것이다."고 판시하였다.

　　(4) 서울중앙지법 2003. 12. 4. 선고 2003가합50547 공탁금회수청구권자
　　　확인 : 원고 승소 ⇒ 확정

　　"위 인정사실에 의하면, 비록 A와 B가 공동명의로 강제집행정지 신청을 하고 담보제공명령을 받아 보증금을 공탁하였더라도, 그 공탁금의 회수청구권의 귀속과 비율은 A와 B 사이의 내부관계에서는 그 자금을 부담한 실질관계에 따라 정해져야 할 것인바, 이 사건 보증공탁금은 전액 A가 부담하여 출연한 이상 그 회수청구권은 공탁금 전액에 관하여 A에게 있다고 할 것이므로, 피고가 B를 채무자로 하여 위 보증공탁금회수청구권에 대하여 압류 및 전부명령을 받았다고 하더라도, 피고는 위 보증공탁금에 대하여 아무런 권리를 가지지 못한다고 할 것이다."

　　4. 공탁의 효력 또는 공탁금출급청구권의 귀속과 관련된 대법원 판례
　　가. 대법원 2012. 3. 29. 선고 2011다79562 판결

　　원고와 A, B가 각 甲에 대한 신원보증인으로서 甲과 연대하여 회사에 횡령금을 반환하라는 판결(원고와 A, B가 금액이 서로 약간 다름)을 받고 일정 금액을 원고, A, B 명의로 공동 변제공탁한 사안에서, 원고는 자신이 공탁금의 대부분을 출연하였으므로 자신의 책임액이 모두 변제되었다고 주장하였으나, 대법원은 공탁금 중 1/3에 상당한 금액에 관해서만 원고 채무액에 대한 변제의 효과가 발생하였다고 판단하였다. 담보공탁이 아니라 변제공탁이고, 공탁금회수청구권이 아니라 피공탁자에 대한 변제효과의 귀속을 판단하는 문제라는 점에서 이 사건과 사안이 다른 면이 있는 한편, 「공동공탁에서의 공탁금의 귀속」에 관한 점에서는 유사한 면이 있다. 이 판결에서는 "공탁자가 공탁한 내용은 공탁의 기재에 의하여 형식적으로 결정되므로(대법원 2006. 8. 25. 선고 2005다67476 판결 참조), 수인의 공탁자가 공탁하면서 각자의 공탁금액을 나누어 기재하지 않고 공동으로 하나의 공탁금액을 기재한 경우에 공탁자들은 균등한 비율로 공탁한 것으로 보아야 하고, 공탁자들 내부의 실질적인 분담금액이 다르다고 하더라도 이는 공탁자들 내부 사이에 별도로 해결하여야 할 문제이며 위와 달리 볼 것은 아니다. 원심판결 이유에 의하면, 원심은 신원보증인들인 원고 및 소외 A, B가 공동명의로 36,803,840원을 공탁한 이 사건에서, 원고 및 위 소외인들이 동등한 지위의 공탁자임을 표시한 이상 공탁으로 인한 원고에 관한 변제의 효과는 원고가 출연한 공탁금 부담비율에 관계없이 1/3에 한정된다고 판단하였다. 원심의 이러한 판단은 위에서 본 법리와 같은 전제에 선 것으로서 정당하다."고 판시하였다. 이는 '공탁자'기재의 형식성에 따라 변제의 법률적 효과가 발생한다는 법리이다.

   나. 대법원 2006. 8. 25. 선고 2005다67476 판결

   공동 변제공탁에서의 공탁금출급청구권의 귀속이 공탁서의 형식적 기재에 따라 결정된다는 판례로서, "변제공탁의 공탁물출급청구권자는 피공탁자 또는 그 승계인이고 피공탁자는 공탁서의 기재에 의하여 형식적으로 결정되므로, 실체법상의 채권자라고 하더라도 피공탁자로 지정되어 있지 않으면 공탁물출급청구권을 행사할 수 없다. 따라서 피공탁자 아닌 제3자가 피공탁자를 상대로 하여 공탁물출급청구권 확인판결을 받았더라도 그 확인판결을 받은 제3자가 직접 공탁물출급청구를 할 수는 없고, 수인을 공탁금에 대하여 균등한 지분을 갖는 피공탁자로 하여 공탁한 경우 피공탁자 각자는 공탁서의 기재에 따른 지분에 해당하는 공탁금을 출급청구할 수 있을 뿐이며, 비록 피공탁자들 내부의 실질적인 지분비율이 공탁서상의 지분비율과 다르다고 하더라도 이는 피공탁자 내부간에 별도로 해결해야 할 문제이다. 채무자가 확정판결에 따라 갑과 을을 피공탁자(지분 각 1/2)로 하여 판결에서 지급을 명한 금액을 변제공탁한 경우, 갑과 을은 각자 위 공탁금의 1/2 지분에 해당하는 공탁금을 출급청구할 수 있을 뿐이고, 각자의 지분을 초과하는 지분에 대하여는 갑과 을이 피공탁자로 지정되어 있지 않으므로 초과지분에 대하여 상대방을 상대로 공탁금출급청구권의 확인을 청구할 수 없다."고 판시하였다. 이는 '피공탁자' 기재의 형식성에 따라 피공탁자의 공탁금출급청구권이 귀속한다는 법리이다.

다. 대법원 2011. 11. 10. 선고 2011다55405 판결

"변제공탁의 공탁물출급청구권자는 피공탁자 또는 그 승계인이고 피공탁자는 공탁서의 기재에 의하여 형식적으로 결정되므로, 실체법상의 채권자라고 하더라도 피공탁자로 지정되어 있지 않으면 공탁물출급청구권을 행사할 수 없다(대법원 2006. 8. 25. 선고 2005다67476 판결 등 참조). 그런데 민법 제487조 후단에 따른 채권자의 상대적 불확지를 원인으로 하는 변제공탁의 경우 피공탁자 중의 1인은 다른 피공탁자의 승낙서나 그를 상대로 받은 공탁물출급청구권확인 승소확정판결을 제출하여 공탁물출급청구를 할 수 있는바(대법원 1999. 11. 30.자 99마4239 결정, 대법원 2008. 10. 23. 선고 2007다35596 판결 등 참조), 민사집행법 제229조 제2항에 의하면 채권압류 및 추심명령을 받은 추심채권자는 추심에 필요한 채무자의 권리를 대위절차 없이 자기의 이름으로 재판상 또는 재판 외에서 행사할 수 있으므로(대법원 2009. 6. 23. 선고 2007다26165 판결 등 참조), 상대적 불확지 변제공탁의 피공탁자 중 1인을 채무자로 하여 그의 공탁물출급청구권에 대하여 채권압류 및 추심명령을 받은 추심채권자는 공탁물을 출급하기 위하여 자기의 이름으로 다른 피공탁자를 상대로 공탁물출급청구권이 추심채권자의 채무자에게 있음을 확인한다는 확인의 소를 제기할 수 있다."

5. 일본의 판례와 공탁선례

일본의 1967년 전국 공탁과장 회동결의에 의한 공탁선례의 요지는 아래와 같다.

> (1) 재판상의 보증공탁에 대하여, 공탁의 원인이 되는 재판에서 수인이 공동으로 공탁해야(보증을 세워야) 한다고 하거나 수인이 공동으로 공탁하는 것이 가능하다고 한 경우에는, 그 수인이 공동으로 할 수 있다.
> (2) 위 경우에 공탁금의 반환청구권은 원칙적으로 각 공탁자에게 평등한 비율로 귀속한다.

위 공탁선례의 사안은, 甲, 乙 2명이 강제집행정지의 보증을 위하여 공탁한 금 25만 엔에 대하여, 乙의 채권자 丙이 乙의 공탁금 전액의 반환청구권에 대하여 채권압류 및 전부명령을 받은 사안인데, 공탁물반환청구권의 가분성을 긍정한 뒤 그 지분비율에 대해서 원칙적으로 평등하다고 봄으로써 甲과 乙이 평등하게 2분의 1인 12만5천 엔에 대해 전부명령의 효과가 발생한다고 하였다.

일본에서는 공동공탁에서의 공탁물반환청구권의 귀속에 관하여, ❶ 담보에 대한 피공탁자의 권리가 공탁자의 공탁물반환청구권 위에 존재하는 법정질권이라는 입장에 기초하여 가분적 귀속을 부정하는 견해(법정질권설)도 있지만, ❷ 공탁물반환청구권도 분할채권에 관한 민법규정의 유추적용을 방해하는 특단의 사정은 없고, 담보권리자의 권리를 일단 환부를 받은 공탁물에 의해 우선변제를 받는 것이 가능한 권리라고 보면(환부청구권설) 담보권리자를 위한 구속성에 얽매일 필요가 없어 가분성을 긍정하기 쉽다고 한다.

특히, 대심원 1931. 9. 16. 판결[514 号]에서, "담보반환청구권은 불가분인 것이 아니다. 담보반환청구권은 담보제공자가 담보취소의 결정을 얻기 이전이라 하여도 압류·전부하는 것을 막을 수 없다."고 판시하면서 담보로 공동공탁한 공탁금의 반환청구권도 양인에게 평등한 비율로 속한다고 해석한 원심이 상당하다고 수긍하였는데, 위 공탁선례는 위 대심원 판결을 주요한 근거로 하였다고 한다. 즉, 일본 대심원 판결과 공탁선례는 모두 공동공탁시 공탁금반환(회수)청구권에 대하여 균등한 비율에 의한 가분적 귀속을 인정하고 있다.[13]

6. 검   토

가. 형식설과 실질설의 검토

대상판결의 쟁점은 실제로 공탁금을 출연한 공탁자를 보호할 것인지 아니면 공탁의 외관을 신뢰한 제3자를 보호할 것인지의 문제로 귀결된다.

(1) 공탁법령의 규정 및 공탁제도의 형식성·명확성 우선 취지

공탁제도는 공탁공무원의 형식적 심사권, 공탁 사무의 기계적·형식

---

13) 이상, 志田博文, 數人の供託者が共同してする裁判上の保證供託の可否等, ジュリスト 別册 158號 (2001. 7.) : 供託先例判百選(第2版), 82-83면.

적인 처리를 전제로 하여 운영되는 것이므로(대법원 1997. 10. 16. 선고 96다11747 전원합의체 판결 참조), 공탁공무원은 공탁서의 형식적 기재에 의하여 특정된 피공탁자에게 공탁물을 출급해 주고, 마찬가지로 공탁서의 형식적 기재에 의하여 특정된 공탁자에게 이를 회수하도록 하여야 법률관계의 명확성을 확보할 수 있다. 공탁법 제4조에서는 "공탁을 하려는 자는 대법원규칙으로 정하는 바에 따라 공탁서를 작성하여 제2조에 따라 공탁사무를 처리하는 자에게 제출한 후 공탁물을 지정된 은행이나 창고업자에게 납입하여야 한다."고 규정하고 있고, 이에 따른 공탁규칙 제20조 제2항 제1호에서 공탁서에는 공탁자의 성명, 주소, 주민등록번호를 기재하도록 정하고 있으며, 공탁법 제9조 제2항에서는 "공탁자는 다음 각 호의 어느 하나에 해당하면 그 사실을 증명하여 공탁물을 회수할 수 있다."고 규정함으로써 공탁물회수청구의 주체가 '공탁자'임을 명시하고 있는 이상, 이러한 공탁법 조항들을 문언 그대로 해석하면 공탁서에 기재된 공탁자만이 공탁금회수청구권을 갖는다고 보아야 한다.

(2) 공동공탁의 효력에 관한 대법원 판례의 적용

앞에서 살핀 대법원 2012. 3. 29. 선고 2011다79562 판결의 "수인의 공탁자가 공탁하면서 각자의 공탁금액을 나누어 기재하지 않고 공동으로 하나의 공탁금액을 기재한 경우에 공탁자들은 균등한 비율로 공탁한 것으로 보아야 하고, 공탁자들 내부의 실질적인 분담금액이 다르다고 하더라도 이는 공탁자들 내부 사이에 별도로 해결하여야 할 문제이다."는 취지는 공탁에 관한 일반적 판시로서, 반드시 공탁의 효력(피공탁자에 대한 귀속)에 관하여만 적용된다고 볼 것이 아니라 공탁금회수청구권의 귀속(공탁자에 대한 귀속)에 관하여도 적용시키지 않을 이유가 없다고 본다. 국가기관에서 운용하는 공탁제도의 특수성에 비추어 공탁자에 대하여도 공탁서 기재에 의하여 법률관계를 명확하게 정하는 것이 타당하기 때문이다. 마치 채권을 발생시키는 계약서에 복수의 채권자와 전체 금액만을 기재하고 각 채권자별 금액을 구분하지 않은 채 연대 등 특수한 채권관계도 명시하지 않았다면 분할채권관계가 되듯이, 공탁서도 공탁금회수청구권을 발생시키는 국가와의 계약으로 보고 마찬가지로 그 형식에 따라 해석하는 것이 더욱 논리적이고 법률관계의 명확성에 부합한다.

(3) 민법상 분할채권관계

한편, 채권자가 수인인 경우에 특별한 의사표시가 없으면 외부관계에서 민법 제408조에 따라 각 채권자는 균등한 비율로 권리가 있는데(분할채권관계), 국가에 대한 임치의 일종으로 보는 공탁이라는 독자적인 제도에 관하여 위 다수 당사자 채권관계가 그대로 적용된다고 단정할 수는 없지만, 공탁에서도 각자의 공탁금액을 기재하는 등 특별한 의사표시를 할 수 있는 이상, 각자의 공탁금액을 기재하지 않은 공동공탁의 경우에 그 회수청구권은 위 분할채권관계에 준하여 취급할 수 있다고 보아야 한다. 만일 공동공탁자들이 각자 균등한 비율에 의한 금액을 공탁금액으로 기재한 경우에는 채권자가 각 균등 비율만큼 회수청구권에 대하여 집행할 수 있는데, 공탁자별 금액을 기재하지 않았다고 하여 위의 경우와 차이를 두어야 하는 필연적 이유나 필요성을 발견할 수 없다.

(4) 공탁자별 공탁금액 특정의 대안

나아가, ① 공동공탁 시 공탁서의 공탁금액란에 공탁자별로 실제 출연금액을 기재하거나(만일 1명만 전부 출연한 경우에는 그러한 취지를 기재한다―예를 들어 A가 3,000만원 전액을 출연하면서 A, B, C가 공동공탁을 하는 경우에 "A : 3,000만원, B : 0원, C : 0원" 또는 단순하게 "A : 3,000만원"이라고 기재함),[14] ② 공동공탁과 동시에 또는 그 후에 공탁금회수청구권을 자금출연자에게 양도하고 공탁소에 이를 통지하는 등의 방법으로 자금출연자가 공탁금회수청구권을 확보할 다른 방법이 충분히 있음에도 이러한 조치 없이 공동공탁자로 기재한 경우에 외부관계에서까지 자금출연

---

14) 후자와 같이 공탁서에 A만 3,000만원을 공탁하는 것으로 기재하더라도, 전술한 바와 같이 법원의 A, B, C에 대한 공동 담보제공명령(강제집행정지 사건번호 등이 특정되어 있음)을 공탁서에 반드시 첨부하여야 하고 공탁원인사실란에 '강제집행정지의 보증' 취지라는 점을 기재하는 이상, 위 공탁금이 A, B, C에 대한 강제집행의 정지로 인한 손해배상채권을 담보한다는 점에는 아무런 영향을 미치지 않는다. 제3자가 A, B, C를 위하여 담보공탁을 할 수도 있으므로, '누가 담보공탁을 하는지'와 '담보공탁의 효과가 누구의 피담보채무에 미치는지'는 다른 문제이다.

자를 두텁게 보호할 가치가 크다고 보기 어렵다고 생각한다. 이러한 경
우에는 공탁의 효과나 공탁금 회수에 있어서 공동공탁으로서의 여러 가
지 제한을 감수하고 공탁서에 공동공탁자로 기재한 것으로 보아야 한다.
위 ①과 같이 실제 출연금액을 구분하여 기재하더라도 공동담보공탁의
목적은 충분히 달성할 수 있게 되어,[15] 피공탁자로서는 공동공탁자 중 1
인에 대한 집행권원만을 얻더라도 공탁금 전부에 대하여 질권자로서 담
보권을 행사할 수 있게 된다.

(5) 분쟁 방지의 기능

실질설에 따라 제3자와의 관계에서도 자금부담의 실질관계에 따라
결정된다면 법률관계가 복잡해지고 조기에 안정되지 않아 분쟁이 장기화
될 수 있는 단점이 있다. 이 사건과 같이 제3자의 압류가 있는 경우에
공탁금을 실제로 출연한 공탁자는 자금출연사실을 주장하면서 압류채권
자에 대하여 배당이의, 제3자이의, 부당이득반환 소송 등을 제기할 것이
고, 법원은 공탁자들간의 구체적 자금관계를 구체적으로 심리하여 실질적
출연자를 가려야 하는 부담을 안게 되는데, 이는 공탁서에 공탁자를 명
확하게 기재하게 한 공탁제도의 취지에 부합하지 않는다. 실질설에 따른
다면, 심지어 이 사건에서 원고가 배당이의를 제기하지 않아 압류채권자
인 피고들이 배당금을 수령하였다 하더라도 이는 무효인 채권압류 및 추
심명령에 의하여 배당금을 지급받은 것이므로 추후 원고가 부당이득금
반환 청구를 하면 배당금 상당액을 반환하여야 할 것이고, 언제든지 공
동공탁자간 공탁금회수청구권 확인 판결을 받기만 하면 압류·추심명령
등은 소급하여 무효가 되므로 채권자가 장기적으로 불안정한 지위에 놓
일 위험이 크다. 특히 후술하는 바와 같이 공동공탁자간 공탁금회수청구
권 확인 소송은 원고와 피고의 이해관계가 일치함으로써 통모에 의한 원
고 승소 판결(무변론, 자백간주 등)의 가능성이 매우 크므로 그러한 위험

---

15) 별지 공탁서(담보) 양식에서 보듯이, '공탁자'란과 '신청인'란이 서로 다르며, 강제
집행정지 등 법원 사건번호를 특정하도록 되어 있고, 담보제공명령도 첨부하여야
하므로, 공탁자 기재와 관계없이 담보의 효력이 미치는 범위는 쉽게 특정이 되고,
피담보채무자가 공탁자와 달라도 아무런 문제가 없다.

을 더욱 증대시킨다. 반면에 형식설에 따를 경우 공탁하는 시점에 이미 공탁서의 기재에 의하여 대외적 법률관계가 명확하게 결정되고 예측가능성이 증대하여 분쟁의 여지가 그만큼 줄어들게 된다.

(6) 부존재하는 채권의 창설 여부

앞에서 살핀 바와 같이 공탁관계법령에서 공탁서에 공탁자를 기재하게 하고 공탁자가 회수청구할 수 있다고 규정하므로 공동공탁자 중 자금을 출연하지 않은 공탁자도 일단 공탁자로 기재된 이상 공탁소에 대하여 공탁금회수청구를 할 권리를 갖는 것이고 단지 공탁자간 내부관계에서만 이를 실제 자금출연자에게 정산해 줄 의무를 부담하는 것이므로, 그 공탁자의 채권자가 공탁자의 회수청구권을 압류·추심하는 것이 당초에 전혀 존재하지 않는 권리를 창설적으로 갖게 되는 것은 아니라고 본다. 즉 압류채권자에게 종전보다 유리한 권한을 부여하는 것은 아니고, 원래의 권리귀속관계에 따라 결정되는 것에 불과하다.

(7) 대여관계와의 구별상 난점 및 향후 구상관계

공동공탁자간 내부적인 약정 등에 의하여 1인이 자금을 부담하여 일단 공탁한 경우에 실제로는 일단 자금이 충분한 1인이 다른 공탁자에게 대여한다는 의사로 공탁금을 출연하고 나중에 다른 공탁자가 이를 갚기로 하는 대여관계가 있을 수도 있는데, 실질설에 따를 경우에는 대여관계와 자금출연관계의 구별이 모호하여 실제로 대여관계에 불과한 것임에도 제3자의 권리를 부당하게 해할 가능성이 커진다. 또한 연대채무나 부진정연대채무 관계에서도 1인이 채무를 변제하여 공동면책시킨 후 상호 부담부분에 기한 구상권 행사가 예정되는데, 그러한 채무관계에 있을 가능성이 큰 공동공탁자간의 담보공탁금도 같은 취지로 1인이 공동의 집행정지를 위하여 공탁하고 만일 그 공탁금에 대하여 담보권실행되거나 집행되면 추후에 각 부담부분에 따라 내부적으로 상호 구상하면 족하다는 의사가 내포된 것으로 보아도 크게 부당하지 않다.

(8) 공동공탁자간 통모에 의한 강제집행 면탈 우려

공탁금회수청구권은 현금을 출급할 수 있는 권리로서, 공탁자의 중요한 책임재산에 해당하여 채권자의 강제집행 대상으로서의 의미가 크다. 그런데 실질설을 고수할 경우에는, 공동공탁자간 통모에 의하여 언제든지 실질적 자금관계와 달리 공탁금회수청구권 확인 소송에서 자백간주나 무변론판결을 받아 공탁자의 강제집행면탈을 시도할 우려가 크고, 이에 따라 다른 공동공탁자의 채권자를 부당하게 해할 가능성이 크며, 이를 견제할 장치가 거의 없다.[16] 아울러 실질설에 따를 경우 채무가 많은 공탁자라면 자신이 실제로 출연한 금액이 있더라도 공탁서에 굳이 공탁자별 공탁금액을 구분·특정하지 않음으로써 나중에 위와 같은 방법으로 채권자의 회수청구권에 대한 집행을 저지할 수 있다는 유혹을 받게 될 것이다.

(9) 제3자의 압류·추심명령과 공탁금회수청구권 확인판결의 선후 관계

이 사건 제1심 판결은 압류·추심명령이 먼저 송달되고 나서 공탁금회수청구권 확인 판결을 받은 이상 압류·추심명령이 소급하여 무효로 된다고 할 수 없다는 이유로 형식설을 지지하였으나, 확인 판결은 형성판결과 달리 창설적 효력이 없고 권리관계를 확인하는 것일 뿐으로서 그 시점에 따라 그 후의 법률관계에만 영향을 미치는 것은 아니고, 압류·추심명령은 언제든지 무효가 될 수 있는 것이므로, 위와 같은 논리는 형식설의 논거가 될 수 없다. 오히려 실질설에 따를 경우 확인판결과 압류명령의 시점에 따라 압류명령이 소급적으로 무효가 되는 경우가 다수 발생하는 난점이 있다.

(10) 소 결 론

위와 같은 이유들을 종합하면, 수인의 공탁자가 담보공탁하면서 각자의 공탁금액을 나누어 기재하지 않고 공동으로 하나의 공탁금액을 기

---

16) 공탁자간 공탁금회수청구권 확인소송과 이 사건과 같은 채권자와 자금출연한 공탁자간의 소송은 서로 당사자가 달라 기판력이 미치는 것은 아니지만, 확인소송의 승소확정판결은 자금출연관계의 유력한 증거로 작용하게 될 것이다. 뿐만 아니라 채권자와 공탁자간 소송에서 다른 공탁자가 자금을 출연하지 않았다는 진술서를 제출하거나 증언을 하더라도 채권자는 쉽게 권리를 잃게 된다.

재한 경우에는, 공탁자들은 균등한 비율로 공탁한 것으로 보아야 하고, 공탁자들 내부의 실질적인 분담금액이 다르다고 하더라도 이는 공탁자들 내부 사이에 별도로 해결하여야 할 문제라고 사료된다.

따라서 담보공탁금을 전액 출연한 공탁자가 공탁금회수청구를 하기 전에 제3자가 다른 공탁자의 회수청구권에 대하여 한 압류, 추심명령은 유효하고, 그 압류채권자에 대하여 자신이 공탁금을 전액 출연하였다는 이유로 대항할 수는 없다고 보아야 한다. 따라서 그와 같은 취지의 대상 판결은 정당하다고 생각한다.

나. 공탁소에 대한 공탁금회수청구 관계(형식설과 절충설에 관한 검토)

기존 공탁선례에 따르면 공동공탁자 중 1인이 자신의 균등한 부담부분 상당액에 관하여도 단독으로 회수청구할 수 없고 반드시 공동으로 행사하거나 다른 공탁자를 상대로 공탁금회수청구권 확인 판결을 받아서 공탁소에 제출하여야 하는데, 이는 앞서 살핀 바와 같이 필연적인 법리라기보다는, 균등한 비율로 추정되기는 하나 그 실질관계에 따른 후속 분쟁의 우려와 이에 대한 공탁관의 책임 등이 우려됨에도 당시까지 공탁관의 책임을 면제시킬 만한 대법원 판결이 없었기 때문이다.

그러나 사견으로는, 형식설을 공탁소에 대한 공탁금회수청구의 관계에서도 일관할 경우에는 '공탁자들은 균등한 비율로 공탁한 것으로 보아야 한다.'는 법리를 그대로 적용함으로써 각 공동공탁자는 균등한 비율에 의한 자신의 분담금액에 대해서 단독으로 회수청구를 할 수 있다고 보아야 한다. 획일적인 공탁사무의 처리에 대한 혼란을 최소화한다는 측면에서도 그와 같은 결론이 정당하다고 본다.

이는 "공탁자들 내부의 실질적인 분담금액이 다르다고 하더라도 이는 공탁자들 내부 사이에 별도로 해결하여야 할 문제이다."는 대법원 2011다79562 판결의 취지에 반하는 해석이 아니다. 일단 공탁소에서는 공동공탁자별로 균등한 비율에 의하여 공탁금을 내어주고, 그 후 공탁자들 내부 사이의 실질적인 분담금액에 따른 정산은 상호 부당이득금 반환청구 등의 방법에 의하여 할 수 있다고 보아도 위 판례 취지에 부합한다.

오히려 공탁금을 분담하여 공탁하였지만 공동공탁자들 중에서 1인이라도 반대하거나 소재 불명 등으로 공동회수청구에 대한 협조를 얻을 수 없는 경우에도 자신의 분담부분만큼을 회수청구하지 못하고 반드시 공탁금회수청구권 확인판결 등을 얻어야만 회수청구가 가능하다고 보는 것은 불합리하고 소송경제에도 반한다. 한편 불가분채권자를 피공탁자로 지정한 경우에는 그 성질상 단독으로 공탁금출급청구를 할 수 없으나,[17] 공동공탁에서 공탁금을 회수하는 회수청구권은 불가분채권이 아니므로 반드시 공동으로 회수하여야 할 필연적 이유도 없다. 기존에 실질설을 취한 하급심판결들은 현행 공탁선례의 취지를 근거로 삼은 면도 없지 않아 보이는데, 공탁선례는 공탁공무원의 실무지침일 뿐이어서 법리 판단에 있어서 선례로 작용한다고 보기 어려움에도 법원이 이를 근거로 판결을 선고하는 모습을 보임으로써 본말이 전도된 감이 없지 않다.

따라서 대상판결 취지를 공탁소에 대한 공탁금회수청구의 관계에서도 일관되게 해석할 때, 공동공탁자는 균등한 비율에 의한 자신의 부담부분에 해당하는 공탁금에 관해서는 단독으로 회수청구할 수 있다고 보아야 한다. 즉 절충설은 타당하지 않고 순수한 형식설이 논리일관적이다. 다만 이때에도 공동공탁자 중 1인만의 담보사유가 소멸하였다는 이유만으로 단독으로 균등 비율만큼 회수청구할 수 있다고 보는 것은 공동담보공탁의 취지에 반하므로, 전체 공동공탁자들에 대한 담보사유가 소멸함이 전제되어야 하는 것은 물론이다.

그렇다면 대상판결 이후에도 공동공탁자가 공탁서에 공탁금액을 구분하여 기재하지 않은 경우에 균등 비율을 초과하는 부분에 대해서 자신이 자금을 출연하였다는 이유로 이를 직접 회수청구하기 위해서는 어떤 방법을 취하여야 할까? 다른 공동공탁자도 담보사유가 소멸하기만 하면 각 균등 비율에 대하여 단독으로 회수청구할 수 있으므로, 그 전에 임의로 그로부터 회수청구권을 양도받고 이를 공탁소에 통지하는 방법이 가

---

17) 앞의 938면 공탁선례 제2-133호 참조.

장 간명하겠지만, 공동공탁자가 이에 대하여 협조를 하지 않는다면, 만일 사전에 회수청구권을 양도받기로 하는 약정이 있었던 경우에는 본안소송으로서 상대방의 균등 비율에 대한 공탁금회수청구권의 양도 의사표시를 구하는 판결, 즉 "피고는 공탁금회수청구권을 원고에게 양도한다는 의사표시를 하고 이를 국가(공탁공무원)에게 통지하라."는 청구를 하여 그 판결 정본을 공탁소에 제출함으로써 균등 비율을 초과하는 부분에 대해서도 회수청구를 할 수 있을 것이고, 그러한 약정이 없었다면 일반 채권자의 지위와 마찬가지로 공동공탁자에 대한 금전채권(연대채무자의 공동면책에 따른 구상금 채권 또는 대여금 채권 등)에 기하여 공탁금회수청구권을 압류하는 등 집행방법을 취하는 방법이 있을 것인데, 이 경우에는 불가피하게 일반 채권자와 경합을 할 수밖에 없다.

　　다만 이때 기존의 공탁선례와 같이 공동공탁자 상호간에 공탁금회수청구권 확인 판결을 얻어 단독으로 회수청구를 할 수 있을 것인지에 관해서는, 대상판결에서 명시적으로 다루지는 않았지만, 균등한 비율로 공탁한 것으로 '추정'하는 것이 아니라 '보아야 한다'고 판시하였으므로, 회수청구권은 확정적으로 공동공탁자들에게 균등한 비율로 귀속되는 것이어서 이를 초과하는 부분에 관하여 정당한 회수청구권의 귀속을 확인받는다는 것은 애초에 불가능하다고 보아야 한다. 즉 종전과 같이 공동공탁자 간에 전체 공탁금에 관하여 공탁금회수청구권 확인 청구의 소를 제기하여도 법원은 그 자금의 실질관계를 따져볼 필요 없이 균등한 비율을 초과하는 부분에 대해서는 청구 기각을 하여야 하고, 반면 균등한 비율 부분에 대해서는 어차피 공탁서만 제출하여도 회수를 할 수 있으므로 확인의 이익이 없다고 하여야 한다.

다. 대상판결 법리에 따른 이 사건 결론

　　형식설을 따르게 되면, 외부적으로 공탁금회수청구권이 원고, B, C에게 각 1/3씩 귀속되므로, 원고는 B와 C의 압류채권자인 피고들에 대하여 자신이 실질적 공탁금 출연자이므로 피고들의 압류 및 추심명령이 효력이 없다는 이유로 대항할 수 없게 된다. 따라서 피고들이 압류 및 추심명령에 의하여 이 사건 공탁금회수청구권 중 각 1/3씩을 집행하는 데 있어서 아무런 장애가 없다고 보아야 한다. 따라서 배당액 경정을 구하는 원고의 청구는 받아들여질 수 없고,[18] 원고는 실제로 전체 공탁금을 자신이 출연하였음을 이유로 B, C에 대하여 채권변제금액만큼 향후 부당이득반환 청구를 할 수 있을 뿐이다.

라. 공탁금에 대한 담보권리자의 권리실행과 공탁자의 공탁금회수청구권의 귀속의 구분

담보공탁에서 담보권의 효력이 미치는 법률관계는 담보원인이 소멸한 후의 공탁금회수청구권의 법률관계와 달리 보아야 할 것인지, 달리 본다면 어떻게 보아야 할 것인가?

예를 들어, 원인관계가 연대채무인 관계에서 법원이 단순히 금액의 구분 없이 A, B에 대하여 강제집행정지를 위하여 일정액의 담보 공탁을 명하였고, 이에 따라 A, B가 공동명의로 공탁한 경우에 피공탁자로서는 A가 공탁한 것인지 B가 공탁한 것인지 구분 없이 그 중 어느 한 명에

---

18) 배당이의의 소가 인용될 수 없는 것은 맞지만, 원고가 배당이의한 부분은 다른 공탁자의 공탁금회수청구권에 대한 것으로서, 그 배당절차에서 원고는 집행채무자도 아니고 집행채권자도 아니므로 원고의 배당이의는 부적법하여 배당이의의 소를 각하하여야 한다는 견해가 있을 수 있다. 배당재단이 집행채무자의 재산이 아니라 자신의 것이라고 주장하는 사람은 배당이의를 할 수 없고 제3자이의를 하여야 한다는 법리에 따른 결론이다. 그러나 한편, 이 사건은 여러 명의 공탁자 중 누가 진정한 회수청구권자인지 알 수 없는 상태에서 그 중 일부 공탁자의 회수청구권에 대하여 압류 등이 있어 배당을 실시한 경우이므로, 혼합공탁 사안과 유사한 구조를 가지는데, 판례는 '혼합공탁에 있어서 어떤 사유로 배당이 실시되었고 그 배당표상의 지급 또는 변제받을 채권자와 금액에 관하여 다툼이 있으면 배당이의의 소라는 단일의 절차에 의하여 한꺼번에 확정하여 분쟁을 해결함이 상당하므로 이때 공탁금 지급을 받을 권리가 있다고 주장하는 자는 배당표에 기재된 다른 채권자들을 상대로 배당이의의 소를 제기할 수 있다'고 판시함으로써(대법원 2006. 1. 26. 선고 2003다29456 판결 등) 공탁금을 출급할 수 있을 뿐 배당받을 채권자가 아닌 원고에게도 원고적격을 인정하여 배당이의의 소의 원고적격을 넓히고 있으므로, 이 사건에서도 그러한 취지를 고려하여 일단 배당이 실시되고 이에 대한 다툼이 있으며 원고 주장 자체에 의할 때 회수청구권은 모두 원고에게 귀속된다는 것인 이상 배당이의의 소가 부적법하다고 볼 수 없고 따라서 원고의 청구를 기각하여야 한다는 견해도 유력하다. 이 사건 파기환송 후 원심에서 판단하여야 할 문제로서, 이 사건 쟁점과 직접적 관련은 없으므로 더 나아가 검토하지 않는다.

대한 권리(=강제집행정지로 인한 손해배상청구권)만이라도 확정되면 공탁금 전액에 대하여 자신의 피담보채권을 행사하려고 할 것이고, 담보공탁의 취지상 이는 허용되어야 하며, 그것이 공동으로 공탁을 명한 취지에 부합하는 것이다. 즉, 피공탁자가 A에 대해서만 피담보채권에 관한 집행권원을 얻었더라도 공탁금 전액에 대하여 질권과 유사하게 우선적으로 변제받을 수 있는 권리, 즉 출급청구권을 행사할 수 있어야 한다.

또한, A가 자신의 공탁원인이 소멸하였다고 하여 단독으로 담보를 취소하여 1/2을 회수청구할 수 있다고 하면, 아직 B의 공탁원인이 소멸하지 않은 이상 B에 대한 피담보채권으로 공탁금 전액에 대하여 권리를 행사할 수 있다고 기대하고 있던 피공탁자의 권리를 해하게 되므로, 전체의 담보가 취소되어야만 회수청구가 가능하다.

이와 같이 담보권의 효력이 미치는 법률관계는 원인관계에 따라(연대채무 등) 담보권리자의 보호를 위하여 불가분적으로 보아야 하는 경우가 있다. 즉, 공동공탁자 전원에 대하여 공탁원인이 소멸하여야만 담보취소를 구할 수 있고, 그 전에 공동공탁자 1인이 자신만의 지분에 대하여 회수청구할 수 없으며, 담보권리자는 공동공탁자 1인에 대한 피담보권리라 하더라도 공탁금 전액에 대하여 이를 행사할 수 있게 된다. 물론 공탁자별 공탁액의 특정이 가능한 경우(담보제공명령이 공탁자별로 액수가 특정되어 있는 경우 또는 원인관계에 의하여 청구금액이 명확히 특정되는 경우 등)에는 위와 같은 불가분적인 관계가 적용되지 아니한다. 그러나 위와 같이 담보권의 효력이 미치는 관계에서 불가분적으로 본다고 하더라도 그것이 공탁서의 기재에 따라 형식적으로 결정된다는 형식설과 배치된다고 보기는 어렵다. 왜냐하면 담보권의 효력이 미치는 관계는 담보공탁 자체의 목적에 해당하는 것으로서 다른 모든 것에 우선하여 담보권 실행을 위한 목적에 부합하게 해석하여야 하는데, 담보권리자 입장에서는 전체 공탁금에서 자신의 담보권을 실행하기만 하면 충분하고 그 실행에 있어서 공동공탁자별로 누가 얼마를 부담하였는지는 의미를 갖지 않기 때문이다. 즉 위와 같은 담보실행의 불가분성은 형식보다 실질을 우선해서가 아니라 담보공탁의 목적으로 인한 필연적인 결과일 뿐이다.

참고로, 담보를 위한 공탁에서 담보권리자가 담보권을 실행하는 방법은, ① 피담보채권에 관한 확정판결이나 공탁자의 동의서를 받아 공탁소에서 직접 출급하는 방법(질권 실행), ② 피담보채권에 관한 집행권원에 기하여 공탁자의 공탁금회수청구권에 대하여 압류·추심명령 또는 압류·전부명령 및 담보취소결정을 얻어 공탁금 출급청구를 하는 방법이 있다(②의 경우에도 질권자와 동일한 우선변제권이 인정된다는 것이 판례임－2003다19183 판결 등). 그런데 위와 같은 경우에도 일단 공동공탁자 전원에 대하여 공탁원인이 소멸하면(담보취소결정 등), 원칙으로 돌아가 공탁자의 공탁금회수청구권에 대해서는 가분성을 긍정하고 공탁서 기재에 따라 균등한 비율로 귀속되는 것으로 정하여야 한다. 이는 공탁금회수청구권이 공탁원인의 소멸을 조건으로 발생하는 권리이기 때문이다. 다만 채권 압류명령은 그 기초가 되는 법률관계가 존재하기만 하면 장래에 발생하는 채권에 대해서도 가능하므로, 아직 담보원인이 소멸하기 전이라도 일부 공탁자의 공탁금회수청구권에 대한 채권 압류·추심·전부명령 등은 가능하며 그 집행은 담보원인이 소멸한 후에 하게 된다.

위 志田博文 판사의 논문에서는, "공탁물반환청구권의 행사는 공탁원인이 소멸한 경우에 한하여 행사할 수 있는 것이며, 또한 공동공탁의 경우에는 담보목적물 전체에 질권의 효력이 미치는 것을 고려하여, 모든 입보증자의 관계에서도 공탁원인이 소멸하지 않는다면 담보제공자 가운데 일부가 자기의 관계에서 공탁원인소멸을 주장하여도 그 지분에 대해서도 취소를 인정할 수 없다고 여겨지므로 담보권리자를 해할 우려는 없고, 공탁물반환청구권의 가분성을 부정할 필요가 없을 뿐 아니라, 현행 민사소송법 등은 환부청구권설에 서 있다고 보이며 동설에 따르면 전술한 바와 같이 공탁물에 대해 피공탁자를 위한 구속성을 생각할 필요가 없으므로, 공탁물반환청구권의 가분성은 더욱 긍정하기 쉽게 될 것이다."는 의견을 나타냈다.

결국, 담보공탁금에 대하여 담보권을 실행하는 법률관계에서는 그 원인채권관계나 법원의 담보제공명령 형식에 따라 불가분성이 인정되는 경우가 있는데, 이는 그 담보공탁금 전체가 담보채권자의 피담보채권을 담보한다는 '공동담보공탁'의 본질에 따른 결과로서, 공동의 공탁금회수청구권을 분할채권관계에 준하는 것으로 취급하는 것과 상충되는 것이 아니다.

V. 대상판결의 의의 및 공탁실무의 변경

대상판결 이전에는 자금을 출연하지 않은 공동공탁자의 채권자가 그 공탁자의 공탁금회수청구권에 대하여 압류를 한 경우에, 자금을 출연한 공동공탁자의 전체 공탁금에 대한 공탁금회수청구권과 압류채권자의 권리 중 어느 권리를 우선할 것인가에 관하여 하급심의 결론이 비슷한 비율로 엇갈리는 양상을 보였는데, 어느 한쪽의 논리만이 법원칙에 부합하고 다른 쪽은 틀리다고 단언할 수 없는 측면이 있었다. 대상판결은 공탁제도의 형식성과 명확성을 중시하고 외부관계에서의 제3자의 권리 보호를 우선시하는 취지에 따라 형식설의 결론을 취한 판결로서, 전과 같은 하급심의 혼란은 해소될 것으로 예상되며, 이 판결의 취지에 따라 향후 공동공탁자의 공탁금회수청구권을 둘러싼 공탁자와 채권자 사이의 분쟁도 줄어들기를 기대한다. 나아가, 대상판결의 법리를 일관시킬 경우 형식설에 따라 공탁소에 대한 관계에서도 각 공동공탁자는 항상 공동으로만 회수청구할 필요 없이 적어도 균등한 비율에 관해서는 단독으로 청구할 수 있게 되며, 이로 인하여 공탁관의 심사 부담, 공탁금 회수절차 및 배당절차의 장기간 지연, 공탁금의 실질적 출연관계에 관한 법원의 심리 부담 등이 상당 부분 해소될 것으로 예상된다. 실제로 법원행정처에서는 대상판결 취지에 따라 2015. 10. 6.자로 "2인이 공동명의로 강제집행정지 신청을 하고 담보제공명령을 받아 담보공탁을 하면서 각자의 공탁금액을 나누어 기재하지 않고 공동으로 하나의 공탁금액을 기재한 경우 공탁의 내용은 공탁서의 기재에 의하여 형식적으로 결정되므로 공탁자들은 균등한 비율로 공탁한 것으로 보아야 한다. 따라서 담보취소결정 등으로 공탁원인이 소멸한 경우 공탁자 중 1인은 공탁금 중 1/2의 회수를 청구할 수 있고, 공탁자들 내부의 실질적인 분담금액이 다르다고 하더라도 이는 공탁자들 내부 사이에 별도로 해결할 문제이다. 한편, 제3자가 위와 같은 2인의 공동공탁자 중 어느 1인의 공탁금회수청구권에 대하여 압류 및 추심명령을 한 경우에는 그 공탁자가 실제로 담보공탁금을 출연하였는지 여부와 관계없이 그 압류 및 추심명령은 공탁금 중 1/2의 한도 내에서 효력이 있다."고 기존 공탁선례를 변경하여 이를 전국 법원에 공문 시행함으로써 대상판결의 취지를 공탁소에 대한 공탁금회수청구 및 공탁자에 대한 압류채권자와의 관계에 모두 적용하는 것으로 공표하였다.

또한, 공동공탁을 명한 담보제공명령에 따라 공탁하는 경우에 공탁서의 공탁금액란에 단순하게 총 공탁금액만을 기재하던 관행에서 벗어나, 향후에는 공탁금을 전액 출연하거나 균등 비율 이상으로 출연한 공탁자는 다른 공탁자의 공탁금회수청구권에 대한 압류 등으로부터 자신의 회수청구권을 보호하기 위해서 공탁서의 공탁금액란에 공탁자별 실제 공탁금을 기재[19]하는 방향으로 공탁실무가 변경되기를 기대한다. 판결이 현실을 반영하여야 하는 경우도 있지만, 반대로 특정한 목적성을 갖는 판결의 취지에 따라 현실이 변화하는 경우도 있다. 특히 그 현실이라는 것이 공적인 법률관계로서 일률적·획일적으로 결정되어야 하는 경우에는 더욱 그 실익이 크다고 할 것이다.

---

19) 다수 공탁자가 공탁금액을 구분하여 기재할 때에는 보통 공탁금액란에 '별지와 같음'이라고 기재하고 별지에 공탁자별 공탁금액을 각 기재한다(별지 공탁서 양식 참조).

별지 - [제1-2호 양식]

금전 공탁서(재판상의 보증)

공 탁 번 호		년 금 제 호		년 월 일 신청	법령조항	
공 탁 자	성 명 (상호, 명칭)	별지 1. 기재와 같음	피 공 탁 자	성 명 (상호, 명칭)	별지 2. 기재와 같음	
	주민등록번호 (법인등록번호)	별지 1. 기재와 같음		주민등록번호 (법인등록번호)	별지 2. 기재와 같음	
	주 소 (본점, 주사무소)	별지 1. 기재와 같음		주 소 (본점, 주사무소)	별지 2. 기재와 같음	
	전화번호			전화번호		
공 탁 금 액		한글	보 관 은 행		은행 지점	
		숫자				
법원의 명칭과 사 건		서울남부지방법원 2010카기1258 강제집행정지				
	당사자	원고 신청인 채권자	별지 1. 기재와 같음	피고 피신청인 채무자	별지 2. 기재와 같음	
공탁 원인 사실	1. 가압류보증 2. 가처분보증 3. 가압류 취소보증 4. 가처분 취소보증 5. 강제집행 정지의 보증		6. 강제집행 취소의 보증 7. 강제집행 속행의 보증 8. 소송비용 담보 9. 가집행 담보 10. 가집행을 면하기 위한 담보		11. 기타( )	
비고(첨부서류 등)					☐ 계좌납입신청	

위와 같이 신청합니다.
 	
   공탁자 성명   인(서명)
	대리인 주소
	        전화번호
	   성명 인(서명)

위 공탁을 수리합니다.
공탁금을   년   월   일까지 위 보관은행의 공탁관 계좌에 납입하시기 바랍니다.
위 납입기일까지 공탁금을 납입하지 않을 때는 이 공탁 수리결정의 효력이 상실됩니다.
              년   월   일
        법원   지원 공탁관   (인)

(영수증) 위 공탁금이 납입되었음을 증명합니다.
              년   월   일
        공탁금 보관은행(공탁관)   (인)

※ 1. 서명 또는 날인을 하되, 대리인이 공탁할 때에는 대리인의 성명, 주소(자격자대리인은 사무소)를
     기재하고 대리인이 서명 또는 날인하여야 합니다. 전자공탁시스템을 이용하여 공탁하는 경우에는
     날인 또는 서명은 공인인증서에 의한 전자서명 방식으로 합니다.
   2. 재판상 보증공탁 등 손해담보공탁으로서 공탁 당시에 손해담보권리자가 특정될 수 있는 경우에는
     손해담보권리자를 피공탁자로 기재하여야 합니다.
   3. 공탁당사자가 국가 또는 지방자치단체인 경우에는 법인등록번호란에 '고유번호'를 기재하시기 바랍니다.
   4. 공탁당사자가 국가인 경우 소관청도 기재하시기 바랍니다[예 : 대한민국(소관청 : ○○○)]
   5. 공탁금 회수청구권은 소멸시효 완성으로 국고에 귀속될 수 있습니다.

[Abstract]

Ownership of the right to claim return of a joint security deposit

Lee, Jae Keun*

In judicial security deposit, one person paid all deposit actually but filled out depositor with joint names of three persons without division of deposited amount on the deposit document, and the creditor who received an order of seizure and collection on the right to claim return of the deposit of the depositor who didn't pay the deposit at all, was allotted a third of the deposit by equal proportion. So the depositor who paid all deposit filed this suit of allotment objection against the creditor.

Appeals court accepted the claim of plaintiff by reason of the right to claim return of the deposit belongs to the depositor who payed all deposit actually. But the Supreme Court of Korea declared the legal principle that the right to claim return of the deposit belongs to each depositor by equal proportion depending on the text of the deposit document, and reverse the appellate decision.

Meanwhile, In case a creditor seized the right to claim return of the deposit of one depositor in the joint deposit, lower instance judgements were divided into two conclusions, one is that the right to claim return of the deposit belongs to each depositor by equal proportion depending on the record of the deposit document, called 'Theory of legal form', and another is that the right to claim return of the deposit belongs to the depositor who payed all deposit actually, called 'Theory of substance.' In con-

---

* Judge, Supreme Court of Korea.

clusion, Theory of legal form adopted by this object decision is reasonable, because of the purpose of the deposit system which lays emphasis on the legal form and clarity, the deposit-related laws and regulations, the existing decisions of the Supreme Court, the divisible claims on the Civil Code, the being of alternative method by which we can specify the deposited amount of each depositor, the possibility of evasion of compulsory execution. And I expect that the confusion of the lower instance decisions will be solved by this decision.

Besides, existing deposit affairs has been operated by the deposit precedent of the Office of Court Administration that one of the joint depositors cannot claim return of the deposit separately without the declaratory decision about the right to claim return of the deposit, but now that the deposit precedent has been changed following this object decision, I expect the simple operation of the deposit affairs depending on the formal text of the deposit document in future.

[Key word]

- joint deposit
- security deposit
- the right to claim recovery of the deposit
- equality
- real relation
- inside relation
- in opposition

附　　　　錄

「親族・相續法의　諸問題」

附錄에 부치는 말

우리 연구회는 2015년 8월 6일부터 8월 8일까지 2박 3일에 걸쳐 강원도 속초시에 위치한 '설악 한화리조트'에서 제38회 하계 심포지엄을 열고 "親族·相續法의 諸問題"라는 주제로 여러 쟁점들을 검토하고 논의하는 기회를 가졌다. 이 附錄은 그 모임에서 발표된 논문들을 다시 수정·보완한 것이다. 심포지엄은 다음과 같은 일정으로 진행되었다.

○ 2015. 8. 6.(木)

16:00 ~ 18:00	參加者 登錄	쏘라노 5동 1층 로비
19:00 ~ 19:10	開會辭	尹眞秀 會長
19:10 ~ 19:30	特別講演	宋相現 前 國際刑事裁判所(ICC) 所長
19:30 ~ 21:30	會員과 家族을 위한 晚餐	별관 5동 7층 에메랄드 홀

○ 2015. 8. 7.(金)

08:30 ~ 12:30　제1세션 : 主題發表와 討論　　별관 5동 7층 에메랄드 홀
(1) 변화하는 사회와 상속법―자녀의 유류분을 중심으로
　　김상용(중앙대학교 법학전문대학원 교수)
(2) 유언의 성립과 효력에 관한 몇 가지 문제
　　김형석(서울대학교 법학전문대학원 교수)
(3) 유류분과 신탁
　　최준규(한양대학교 법학전문대학원 교수)

○ 2015. 8. 8.(土)

08:30 ~ 12:00　제2세션 : 主題發表와 討論　　별관 5동 7층 에메랄드 홀
(4) 이혼에 따른 재산분할에 관한 판례의 최근 동향
　　함윤식(서울고등법원 고법판사)

(5) 친권자 지정·변경에 관한 판례의 최근 경향

　　 전보성(제주지방법원 판사)

(6) 종합토론

12:10 ~ 12:30 　폐회 및 기념 촬영

변화하는 사회와 상속법

— 자녀의 유류분을 중심으로 —

김 상 용*

■요　지■

　　상속이 개시될 때 자녀가 이미 경제적으로 독립된 기반을 가지고 있는 경우가 많아진 현대사회에서 유류분의 부양적 기능은 점차 그 효용을 잃어 가고 있다. 이에 따라 피상속인과 유류분권리자 사이에 존재하는 가족관계 그 자체로부터 유류분 제도의 정당성을 구하는 입장이 상대적으로 부각되고 있다. 그런데 이 입장에서도 유류분이 인정되기 위해서는 피상속인과 유류분권리자 사이에 가족관계(혈연관계)가 있다는 것만으로는 부족하고, 그 가족관계에 상응하는 최소한의 유대관계가 전제되어야 한다고 한다. 따라서 가족 간에 보편적으로 존재하는 최소한의 유대관계가 결여되어 있고, 그와 같이 관계가 파탄에 이르게 된 책임이 유류분권리자에게 있는 경우에는 유류분을 상실 또는 감축시키는 것이 타당하다고 본다. 이러한 이유에서 유류분 제도를 도입한 대부분의 나라들은 유류분 상실(또는 감축)에 관한 규정을 함께 두고 있는 경우가 많다.

　　상속법과 관련된 우리 사회의 변화—평균수명의 연장 및 노부모에 대한 부양의식의 약화로 표출되고 있는 가족 간의 유대관계의 약화—를 고려해 볼 때 자녀들의 유류분반환청구를 제한해야 할 합리적인 이유가 인정되는 사례는 앞으로 계속 발생할 것으로 예상된다. 이러한 경우에 법원이 여러 가지 사정(피상속인과 유류분권리자의 유대관계, 상속재산의 형성·유지에 대한 유류분권리자와 반환의무자의 기여도, 유류분권리자와 반환의무자의 연령 및

---

* 중앙대학교 법학전문대학원 교수.

부양 필요성, 공동상속인 간의 형평 등)을 종합적으로 고려하여 자녀의 유류분을 감축할 수 있는 규정이 마련된다면, 생존배우자의 생활 기반을 유지하고 공동상속인 간의 형평을 실현하는 데 유용한 수단으로 활용될 수 있을 것이다.

한편 유류분 상실(또는 감축) 제도는 피상속인의 유언을 전제로 하는 것이므로, 피상속인이 유언능력이 없는 경우(또는 유언을 할 기회가 없었던 경우)에는 이 제도를 이용할 수 없다는 한계가 있다. 그 결과 피상속인과의 사이에 최소한의 유대관계가 없었던 상속인이 법정상속분에 따른 상속재산을 받는 경우가 생길 수 있다. 이런 경우를 대비하여 상속결격사유를 확대하는 방안에 대해서 본격적으로 논의를 시작할 시점이 되었다고 생각한다. 부모와 자녀의 관계에서 발생하는 가족법상의 의무를 심각하게 해태한 경우(예컨대 부모가 미성년자녀에 대하여 양육의무를 이행하지 않은 경우)를 상속결격사유로 규정한 오스트리아민법의 태도는 참고가 될 수 있을 것이다.

[주제어]
- 유류분
- 유류분 상실
- 유류분 감축
- 상속결격
- 평균수명의 연장
- 인구구조의 변화

[투고일자]   2015. 12. 9.
[심사일자]   2015. 12. 17.
[게재확정일자]   2015. 12. 30.

I. 들어가는 말

우리 사회의 변화 중에서 특히 상속법과 관련하여 주목할 만한 현상을 꼽는다면 평균수명의 연장과 노부모에 대한 부양의식의 약화를 들 수 있을 것이다. 2010년 이후 우리 사회의 평균수명이 80세를 넘어서게 되면서 상속이 개시될 때 자녀의 연령이 이미 30대, 40대 이상인 경우가 상당수를 차지하게 되었다. 이러한 연령대에 이른 자녀들은 이미 경제적으로 독립하여 생활하고 있고, 부모에 대하여 부양청구권을 갖지 않는 경우가 대부분이다. 이러한 상황에서 전통적으로 상속제도의 중요한 존재 이유로 설명되어 왔던 피상속인 사망 후 자녀에 대한 부양 기능은 설득력을 잃어 가고 있다.

상속법과 관련된 우리 사회의 변화−평균수명의 연장 및 노부모에 대한 부양의식의 약화로 표출되고 있는 가족 간의 유대관계의 약화−는 자녀의 유류분에 대해서 다시 한 번 생각해 볼 수 있는 계기를 제공하고 있다.

유류분은 피상속인의 유언의 자유를 제한하는 대표적인 제도이지만, 주로 다음과 같은 두 가지 이유에서 정당화되어 왔다. 첫째, 피상속인 사망 후 상속재산으로 상속인(특히 미성년자녀)을 부양할 필요가 있다는 점이다. 이를 위하여 피상속인이 생전에 부양해 왔던 일정한 범위의 상속인에게는 피상속인의 의사와 관계없이 부양에 필요한 상속재산이 남겨질 수 있도록 제도로 보장되어야 한다. 둘째, 피상속인과 가까운 친족관계에 있던 상속인에게는 일정한 비율의 상속재산이 보장되어야 한다는 것이다. 피상속인과 배우자, 직계비속 등은 생전에 가족공동체에서 친밀한 유대관계를 형성하는 것이 일반적이라고 할 수 있는데, 이러한 관계 자체로부터 유류분이 인정될 수 있다고 한다.

그런데 이와 같은 유류분 제도의 존재 이유에 비추어 보면, 오늘날 자녀의 유류분에 대해서는 몇 가지 의문을 제기할 수 있다. 우선 위에서 본 바와 같이 평균수명의 연장으로 인하여 부모의 사망으로 상속이 개시

될 때 자녀는 이미 경제적으로 독립된 생활을 하고 있는 경우가 많아졌
는데, 이런 경우에는 피상속인 사후 상속재산으로 자녀를 부양해야 할
필요성은 더 이상 존재하지 않는다. 따라서 피상속인의 사망 후 자녀들
의 부양을 위하여 유류분이 인정되어야 한다는 논거는 많은 경우에 있어
서 더 이상 타당하지 않게 되었다. 다음으로 현대사회에서 가족 간의 유
대관계가 점차 약화되는 현상이 나타나면서, 가족관계 그 자체로부터 유
류분 제도의 정당성을 구하는 논거에 대해서도 의문이 제기되고 있다.
자녀에게 유류분이 인정되는 이유가 부모와 자녀 사이의 친자관계(혈연관
계)에 상응하는 유대관계가 존재하였음을 전제로 하는 것이라면, 이러한
전제가 충족되지 않는 경우에는 자녀의 유류분을 부정할 수 있는 가능성
이 열려 있어야 할 것이다. 그러나 부모와 자녀 사이에 최소한의 유대관
계가 존재하지 않았던 경우(부모와 자녀의 관계가 심각하게 파탄된 경우)라
고 해도 자녀는 그와 관계없이 유류분을 보장받는 것이 원칙이다(설령 자
녀가 오랜 기간 부모를 방임하거나 정신적·신체적으로 학대해 왔다고 해도,
상속결격 사유에 이르지 않는다면 유류분을 받을 수 있다). 이와 같이 부모
와 자녀 사이에 마땅히 존재해야 할 최소한의 유대관계가 있었는가를 고
려하지 않고 예외 없이(상속결격의 경우를 제외하면) 자녀에게 유류분을
인정하는 것은 가족 간의 유대관계가 약화되고 있는 우리 사회의 현실과
맞지 않는다는 비판을 받을 수 있다.

아래에서는 자녀의 유류분과 관련된 우리 사회의 변화를 살펴보고,
이어서 외국의 입법례를 참고하여 유류분 제도의 개정방향에 대해서 고
찰해 보려고 한다.

Ⅱ. 자녀의 유류분과 관련된 우리 사회의 변화

1. 평균수명의 연장

1960년 민법시행 당시의 평균수명은 여자 53.7세, 남자 51.1세(평균
52.4세)에 지나지 않았으나, 2013년에는 여자 85.1세, 남자 78.5세(평균
81.9세)로 크게 증가하였다.[1] 평균수명의 연장은 피상속인의 사망으로 인

한 상속개시의 시점을 상당히 늦추는 결과로 이어졌으며, 2014년을 기준으로 볼 때 상속개시 당시 피상속인의 연령이 70세 이상인 경우가 전체의 약 2/3(66%)를 차지하게 되었다(피상속인의 연령이 50세에서 69세 사이인 비율은 2014년에 전체의 24%였다).[2] 이는 30년 전인 1984년의 49%와 비교해 보아도 상당히 증가한 수치라고 할 수 있다. 피상속인의 연령이 높아지는 추세는 앞으로 더욱 가속화될 전망이다.[3]

이와 같이 피상속인의 평균 연령이 높아짐에 따라 부 또는 모의 사망으로 상속이 개시될 때 자녀의 연령도 상당히 높아지게 되었다. 즉 상속개시 당시 자녀의 연령이 이미 30대, 40대에 이른 경우가 전체 상속건수 중 상당한 비율을 차지하게 된 것이다. 이러한 경우 자녀들은 이미 직업에 필요한 교육을 이수한 후 경제력을 갖추고 독립하여 생계를 유지하고 있는 경우가 대부분이라고 할 수 있다. 따라서 전통적으로 상속제도의 중요한 기능[4]으로 인정되었던 피상속인 사망 후 부양의 필요성은

---

1) 연도별 평균수명 추이 (단위: 세)

구 분	1960	1970	1980	1990	2001	2010	2011	2012	2013
계	52.4	61.9	65.7	71.3	76.5	80.8	81.2	81.4	81.9
남	51.1	58.7	61.8	67.3	72.8	77.2	77.7	78.0	78.5
여	53.7	65.6	70.0	75.5	80.0	84.1	84.5	84.6	85.1

통계청, 장래인구추계(2012. 11.) 및 생명표(수록기간 1970~2013).

2) 통계청(kosis.nso.go.kr), 2014년 출생·사망통계결과(출생·사망통계 잠정집계), Ⅵ. 참고통계표, 7. 성·연령별 사망자수.

3) 2014년 현재 총인구 중 65세 이상 인구가 차지하는 비율은 12.7%(6,385,559명)이다. 우리 사회는 2000년에 65세 이상 인구비율이 7.2%에 이르러 '고령화사회'에 진입했으며, 2018년에는 이 비율이 14.5%가 되어 '고령사회'에 들어설 것으로 전망된다. 나아가 지금으로부터 11년 후인 2026년에는 65세 이상 인구의 비율이 20.8%가 되어 '초고령사회'에 도달할 것으로 예상된다. 통계청, 고령자통계(2014) 및 2005 인구주택총조사 전수집계결과(인구부문) 참조.

4) 상속제도의 존재 이유는 전통적으로 다음과 같은 측면에서 설명되어 왔다. 첫째, 상속이 개시되면 피상속인의 배우자와 직계비속 등의 근친이 상속인으로서 상속재산을 승계하게 되는데(법정상속제도), 이와 같은 사람들을 법정상속인으로 규정하여 상속을 인정하는 이유는 피상속인의 사후에 유족의 부양을 보장하기 위한 것이다(사후 부양의 기능). 둘째, 상속재산은 피상속인 개인뿐만 아니라, 배우자나 그 밖의 가족의 공동의 협력에 의하여 형성된 경우가 많을 것이라고 전제하고, 상속의 개시를 계기로 상속재산의 형성에 따른 기여를 청산할 필요가 있다는 것이다(잠재적 공유관계의 청산). 김주수·김상용, 친족·상속법(12판, 2015), 557면 이하;

더 이상 존재하지 않는 경우가 보통이다. 또한 오늘날에는 부모가 재산을 형성하는 데 자녀가 기여하는 경우는 찾아보기 어려우므로, 상속의 근거를 상속재산의 형성에 대한 기여의 청산이라는 측면에서 구하는 관점에서 보아도 자녀의 상속권은 그 정당성을 찾기 어렵다. 우리 시대에 자녀의 상속권에 대해서 가해질 수 있는 위와 같은 비판은 자녀의 유류분에 대해서도 그대로 적용될 수 있다. 유류분은 상속권에 근거하여 법정상속분의 일정한 비율을 보장하는 제도로서, 그 존재 이유 역시 피상속인의 사망 후 상속인의 부양 필요성, 상속재산의 형성에 대한 기여의 청산 등에서 찾을 수 있기 때문이다.[5]

2. 부모와 자녀 간의 유대관계 약화

평균수명의 연장으로 인하여 부부가 평생 함께 사는 기간은 과거에 비하여 훨씬 길어졌으며, 특히 노후에 부부만 따로 사는 경우가 늘어나고 있다. 2012년 현재 부모가 장성한 자녀와 동거하지 않고 따로 사는 경우는 전체의 67.8%에 이른다.[6] 이러한 사실은 부부가 평생 해로하는 경우 함께 사는 기간이 길어졌을 뿐만 아니라, 노후에 자녀에게 의존하기 보다는 배우자에게 서로 의지하는 경향이 강해졌음을 보여 주고 있다. 즉 부부관계가 과거보다 더 긴밀해졌음을 의미하는 것이다. 여자의 평균수명이 남자보다 약 7세가량 길다는 사실과 혼인 당시 남녀의 연령차(남편이 아내보다 연령이 높은 경우가 많다)에 비추어 볼 때, 부부가 평생 해로하다가 사별하는 경우에는 남편이 먼저 사망할 가능성이 상대적으로 높다. 실제로 2010년 이후의 통계를 보면 사별한 65세 이상의 부부 중 남편이 먼저 사망한 경우가 약 80%에 이른다는 사실을 알 수 있다.[7] 즉,

상속제도의 헌법적 근거에 대해서는 윤진수, 상속제도의 헌법적 근거, 민법논고 Ⅴ(2005), 1면 이하 참조.

5) 유류분 제도의 기능에 관하여는 김형석, 유류분의 반환과 부당이득, 민사판례연구 제29권(2007), 153면 이하 참조.

6) 통계청(kosis.nso.go.kr), 2013년 사회통계조사(복지), 현재 자녀와 동거여부−60세 이상 가구원.

7) 통계청(kosis.nso.go.kr), 2014년 인구주택총조사보고서 : 인구동향조사 5. 혼인상

노후에 배우자의 사망으로 혼인이 해소된 경우에는 여자노인이 생존배우자로서 남은 삶을 혼자 살아갈 가능성이 훨씬 높다. 여자노인들은 과거에 전업주부로서 가사와 육아에 종사한 경우가 많으므로, 자기 명의의 재산을 형성하지 못한 경우가 많고 연금을 받는 경우도 많지 않다.[8] 결국 이러한 여자노인들이 생계를 위하여 의지할 수 있는 것은 남편에게서 받은 상속재산과 자녀들의 부양뿐이다. 특히 자녀가 부양을 하지 않는 여자노인의 경우에는 거의 전적으로 상속재산에 의지하여 생계를 이어가게 되므로(노부모 부양은 자녀의 전적인 책임이라는 응답비율이 2002년에는 64.8%였던 반면에 2014년에는 31.2%로 급감하였다. 또한 60세 이후 자녀와 함께 살고 싶지 않다는 응답비율은 2002년 49.3%에서 2013년 71.4%로 증가하였다),[9] 상속재산이 가지는 중요성은 더욱 크다. 반면에 자녀들은 이미 장성하여 경제력을 갖추고 독립하여 생활하고 있으므로, 상속재산이 없더라도 살아가는 데 별 지장이 없는 경우가 대부분이다. 이러한 사회현실에 비추어 볼 때 부부의 일방이 다른 일방에게 자신의 전 재산을 증여하거나 유증하고 사망하였다면, 자녀들의 유류분반환청구를 허용하지 않는 것이 바람직하다고 생각된다. 예를 들어 남편이 자신의 전 재산과 다름없는 주택(주택과 대지)을 아내에게 증여(또는 유증)하였다면, 이미 성년에 이르러 경제적으로 독립한 자녀들의 유류분반환청구권은 인정하지 않는 것이 합리적이라고 본다.[10] 그러나 현행법에 따르면 이런 경우에도

태별 인구.

8) 2013년에 65세 이상 인구 중 연금을 받은 비율은 37.6%을 차지하였다(그 중 33.7%가 국민연금수급자였다). 통계청, 고령자통계(2014).

9) 통계로 본 서울 가족구조 및 부양 변화, 2015년 4월. 이러한 경향은 통계청 조사에서도 유사하게 나타난다. 2014년 기준 통계를 보면 부모의 부양책임과 관련하여 부모 스스로 해결하거나(16.6%), 가족과 정부·사회가 공동으로 부담해야 한다는 견해(47.3%)와 비교해 볼 때 가족이 전적으로 부담해야 한다는 견해는 31.7%에 불과하다. 통계청(kosis.nso.go.kr), 사회조사 : 부모 부양에 대한 견해(2014년); 반면에 1998년에 실시된 조사에서는 자녀가 부모의 부양을 전적으로 책임져야 한다고 응답한 비율이 89%에 이르고 있었다. 통계청(kosis.nso.go.kr), 2012년 사회조사 : 노인 자녀 동거율.

10) 대판 2011. 12. 8. 2010다66644. 이 판결의 자세한 내용은 아래 Ⅲ. 3. 라. (2) 참조.

자녀는 법정상속분의 절반에 대해서 유류분반환청구를 할 수 있다. 자녀들이 유류분반환청구를 하는 경우 생존배우자는 증여(또는 유증) 받은 주택을 매각처분하여 자녀들에게 유류분에 따른 가액을 지급할 수밖에 없는데, 이는 경제적인 면에서 생존배우자의 생활수준을 급격히 저하시키는 문제가 있을 뿐 아니라, 정서적인 면에서도 불안정을 초래할 가능성이 매우 높다는 점에서 찬성하기 어려운 결과라고 할 수 있다. 따라서 이와 같은 경우에는 자녀의 유류분을 배제하거나 또는 적어도 감축할 수 있는 규정을 두어서 생존배우자의 생활 안정을 도모할 필요가 있다고 생각된다.

Ⅲ. 자녀의 유류분 제도에 대한 검토 및 개정방향

1. 자녀의 유류분 제도에 대한 검토

유언자유의 원칙에 따라 피상속인은 법정상속과 다르게 자유로이 자신의 재산을 처분할 수 있다. 유언에 의하여 법정상속인이 상속에서 배제될 수도 있고, 상속인의 범위에 속하지 않은 사람이 유증을 받을 수도 있다. 피상속인은 유언에 의해서 사망 이후의 재산관계까지 자유롭게 정할 수 있는데, 이는 상속법에서도 사적자치의 원칙이 관철되는 현상으로 이해된다. 유언자유의 원칙은 유류분에 의해서 상당한 제한을 받게 되는데, 당사자의 의사에 따른 재산의 자유로운 처분을 제한하는 데에는 이를 정당화할 수 있는 이유가 필요할 것이다. 전통적으로 유류분 제도를 정당화하는 근거로는 다음과 같은 이유가 제시되어 왔다.

첫째, 배우자나 직계비속 등 일정한 범위의 상속인(유류분권리자)이 피상속인의 의사와 관계없이 일정한 비율의 상속재산을 받을 수 있도록 하는 이유는 피상속인 사후 유족의 부양을 보장하기 위한 것이다.[11] 이러한 설명은 전통적으로 유류분 제도를 정당화하는 가장 보편적인 근거로서 제시되어 왔으나, 상속재산으로 부양을 받을 필요가 있는가와 관계없이 일정한 범위의 근친을 당연히 유류분권리자로 정하는 법규정을 설

---

11) Leipold, Wandlungen in den Grundlagen des Erbrechts, AcP 180(1980), 160/189.

명하기에는 부족하다는 비판을 받고 있다.[12] 특히 오늘날 평균수명의 연
장으로 인하여 상속이 개시될 때 상속인인 자녀의 상당수가 이미 경제적
으로 독립하여 생활하고 있다는 점에 비추어 보면, 상속재산으로 자녀를
부양할 필요성에 근거하여 유류분의 정당성을 이끌어 내기는 어렵게 되
었다.

둘째, 상속재산은 피상속인 개인뿐만 아니라, 배우자나 그 밖의 가
족의 공동의 협력에 의하여 형성된 경우가 많을 것이라고 전제하고, 피
상속인이 그 의사에 따라 상속재산의 형성에 기여한 가족구성원을 상속
에서 배제한 경우에도 이들에게 일정한 비율의 상속재산을 보장함으로써
재산형성의 기여에 따른 청산을 할 필요가 있다는 것이다.[13] 산업사회
이전의 가족은 생산공동체로서의 성격을 갖는 경우가 많아서 자녀들이
상속재산(특히 家産의 성격을 갖는 아버지의 재산)의 형성에 기여하는 것
이 일반적이었다. 그러나 산업화된 사회에서 가족은 생산공동체로서의
기능을 상실하고, 그 대신 자녀양육, 소비와 휴식을 위한 공동체의 성격
을 띠게 되었는데, 이와 같이 변화된 가족구조에서 자녀가 부모의 재산
형성에 기여하는 경우는 상대적으로 드물게 되었다. 따라서 상속재산의
형성에 따른 기여의 청산이라는 관점에서 유류분 제도의 취지를 설명하
는 것은 적어도 자녀의 유류분을 정당화하는 논거로서는 미흡하다.

셋째, 가족 간의 유대관계 그 자체에서 유류분 제도의 정당성을 구
할 수 있다는 입장이 있다. 피상속인과 배우자, 자녀, 부모 등은 가족공
동체에서 생활하면서 상호 간에 친밀한 유대관계를 형성하였을 것으로
일반적으로 추정되는데, 이러한 가족 간의 유대관계에 기초하여 유류분이
인정될 수 있다는 것이다.[14] 이 설명에 의하면 유류분은 가족구성원 사

---

12) MüKoBGB/Lange BGB § 2303 Rn. 7.
13) Rauscher, Reformfragen des gesetzlichen Erb-und Pflichtteilsrechts, Band II/2:
    Reformvorschläge Pflichtteilsrecht(1993), S. 101.
14) Papantoniou, Die soziale Funktion des Erbrechts, AcP 173(1973), 385/396f.;
    Otte, Das Pflichtteilsrecht−Verfassungsrechtsprechung und Rechtspolitik, AcP
    202(2002), 317, 35−355; Lipp, Finanzielle Solidarität zwischen Verwandten im
    Privat−und im Sozialrecht, NJW 2001, 2201/2206; Hass, Ist das Pflichtteilsrecht

이에 일반적으로 존재하는 최소한의 유대관계를 전제로 하여 인정될 수 있는 것이다. 이러한 설명이 논리적으로 일관성을 유지하려면, 반대로 피상속인과 유류분권리자 사이에 최소한의 유대관계가 존재하지 않았던 경우에는 유류분을 부정할 수 있는 가능성이 열려 있어야 할 것이다.

그런데 민법상 유류분은 피상속인과 유류분권리자 사이에 최소한의 유대관계가 존재하지 않았던 경우에도 인정된다(예컨대, 자녀의 무관심과 학대로 부모와 자녀 사이가 완전히 파탄된 경우). 따라서 가족구성원 간에 보편적으로 존재하는 유대관계로부터 유류분 제도의 정당성을 이끌어 내는 입장에서도 민법상 유류분 제도의 근거를 충분히 설명하기는 어렵다(피상속인과 유류분권리자 사이에 최소한의 유대관계가 존재하지 않는 경우에도 피상속인의 최종 의사에 반하여 유류분권리자에게 일정한 비율의 상속재산을 남기도록 강제하기 때문이다).

위에서 제시한 유류분 제도의 존재 이유를 바탕으로 하여, 먼저 유류분을 부양의 필요와 연계시키는 방안(부양의 필요에 따라 유류분을 인정하는 방안)에 대해서 검토하고, 이어서 가족구성원 간에 일반적으로 존재하는 최소한의 유대관계가 존재하지 않는 경우에 유류분을 상실(또는 감축)시키는 방안에 대해서 살펴본다.

2. 유류분을 부양의 필요와 연계시키는 방안
가. 문제의 제기

위에서 본 바와 같이 전통적으로 유류분 제도의 존재 이유를 설명해 왔던 가장 중요한 논거 중의 하나는 피상속인의 사후 남겨진 가족, 특히 배우자와 미성년자녀를 상속재산으로 부양할 필요가 있다는 것이었다(유류분 제도의 부양적 기능). 그러나 평균수명의 연장으로 인구구조가 변화하고 고령화 사회에 접어든 시대에 이러한 설명만으로 유류분 제도

---

verfassungswidrig?, ZEV 2000, 249/252.

의 존재 이유를 설명하는 것은 어렵게 되었다. 유류분 제도의 고유한 기능으로 여겨졌던 유족에 대한 부양은 배우자의 유류분을 설명하는 데 있어서는 여전히 타당하나, 자녀의 유류분이 인정되어야 할 이유로는 설득력을 잃어 가고 있다. 피상속인의 사망으로 상속이 개시될 때 자녀가 미성년자인 경우보다 이미 성년에 이르러 직업에 필요한 교육을 마치고 경제적으로 독립된 생활을 유지하고 있는 경우가 더 많아졌기 때문이다.

자녀에게 유류분을 인정하는 이유가 피상속인 사후 상속재산으로 부양을 보장하려는 데 있다면, 피상속인 생전에 그로부터 부양을 받고 있던 자녀(피상속인에 대해서 부양청구권을 가지고 있던 자녀)에 대해서만 유류분을 인정하면 족하다는 주장이 나올 수 있다.[15] 이에 따르면 미성년자녀, 질병, 장애 등의 이유로 부양의 필요성이 있는 자녀에게는 유류분이 인정되어야 하지만, 성년자로서 이미 독립하여 스스로 생활할 수 있는 기반을 갖춘 자녀에 대해서는 유류분을 감축하거나 또는 아예 인정하지 않아도 무방하다고 한다(즉 부양의 필요성과 관계없이 언제나 동일한 비율의 유류분을 보장하는 경직된 규정에서 탈피하여 부양의 필요성에 따라 피상속인이 자녀의 유류분을 감축할 수 있는 여지를 열어 둘 필요가 있다는 주장이다).

나. 외국의 입법례

유럽에서는 이미 오래 전부터 유류분을 부양의 필요성과 연계시키는 방안이 주장되어 왔다. 예를 들면 1875년 예나에서 열린 독일법률가대회에서 이미 유류분을 부양의 필요성에 따라 감축할 수 있도록 하자는 주장이 제기된 바 있다.[16] 유류분을 구체적인 부양의 필요에 따라 정할 수 있도록 하자는 주장은 오늘날까지도 계속 이어지고 있으나,[17]

---

15) MüKoBGB/Frank, § 2303 Rn. 4; Bamberger/Roth/J. Mayer, Kommentar zum BGB, 2003, § 2333 Rn. 2; Leipold, JZ 1990, 697/703(Anmerkung zu BGH, Urteil v. 6. 12. 1989); 변동열, 유류분 제도, 민사판례연구 제25권(2003), 803면.
16) Rüdebusch, Vorschlag für eine Reform der Pflichtteilsentziehungsgründe(§§ 2333 ff. BGB) und der Pflichtteilsbeschränkung in guter Absicht(§ 2338 BGB) unter Berücksichtigung rechtsgeschichtlicher Aspekte(2004), S. 25.
17) Frank, Dei Verfassungsrechtliche Gewährleistung des Pflichtteilsrecht, Öffenliches

실제로 이를 입법에 반영한 나라는 상대적으로 적은 편이다. 예를 들면, 에스토니아는 상속이 개시될 당시에 근로능력이 없는 자에 대해서만 유류분을 인정한다(에스토니아상속법 제104조).[18] 폴란드민법에 따르면 미성년자녀와 근로능력이 없는 자의 유류분은 법정상속분의 2/3에 이르지만, 그 이외의 경우에는 유류분은 법정상속분의 1/2이다(폴란드민법 제991조 제1항). 체코에서는 성년자녀의 유류분은 법정상속분의 1/2이지만, 미성년자녀에게는 법정상속분 전부가 유류분으로 인정된다(체코민법 제479조). 러시아민법에서는 미성년자녀와 장애로 인하여 근로능력이 없는 자녀에 대해서만 유류분이 인정된다(러시아민법 제1149조). 즉 스스로 부양할 능력이 없고, 피상속인으로부터 부양을 받고 있었거나 피상속인에 대해서 부양청구권을 가지고 있었던 자녀만이 법정상속분의 1/2에 이르는 유류분을 받을 수 있다. 여기서 유류분을 부양의 필요와 연계시킨 입법례로 소개한 나라들은 동유럽에 속한다는 공통점이 있는데, 이로부터 위와 같은 입법 경향이 구 사회주의체제와 연관이 있다고 추론하는 것은 정확하지 않다. 예를 들어, 루마니아의 상속법은 사회주의체제에서도 프랑스상속법에서 계수한 것이 많았고, 헝가리상속법은 독일과 오스트리아 상속법을 많이 참고하였다. 그러므로 이 두 나라의 상속법 모두 부양의 필요에 따라 유류분을 인정하는 제도를 가지고 있지 않았으며, 이러한 법상태는 현재까지도 그대로 유지되고 있다. 이러한 점에 비추어 볼 때, 동구의 여러 나라들이 유류분을 부양의 필요와 연계시키는 규정을 둔 것이 반드시 구체제와 관련이 있는 것은 아니다.[19]

한편 서유럽 국가 중에서도 직접적으로 유류분에 관한 규정은 아니지만, 부양의 필요에 따라 상속재산으로부터 부양을 받을 권리를 인정하

Recht im offenen Staat, FS für Rainer Wahl(2011), S. 309ff.

18) 여기서 "근로능력이 없는 자"의 정의와 관련하여 에스토니아 법원은 연령, 질병, 장애 등의 사유로 스스로 생활비를 벌 수 없을 뿐 아니라 다른 재산도 없는 경우를 의미한다고 해석하고 있다(2005년 2월 22일 에스토니아 국가법원 전원합의체판결). Süß, Erbrecht in Europa(2. Aufl. 2007), S. 576.

19) Frank, Dei Verfassungsrechtliche Gewährleistung des Pflichtteilsrecht, Öffenliches Recht im offenen Staat, FS für Rainer Wahl(2011), S. 314.

는 입법례가 있다. 예를 들면 오스트리아민법은 피상속인의 유언에 의하여 상속에서 배제되고 유류분마저도 박탈당한 자에게도 생계유지를 위하여 필요한 범위에서는 상속재산으로부터 부양을 받을 권리가 인정되며, 이러한 부양청구권은 어떤 경우에도 박탈될 수 없다(오스트리아민법 제795조). 또한 덴마크상속법에 따르면 피상속인의 자녀는 만 21세에 이르기 전까지 적절한 부양과 교육에 필요한 비용의 지급을 상속재산으로부터 청구할 수 있는데, 이 청구권은 유언에 의하여 제한할 수 없을 뿐 아니라 상속에 기인한 다른 어떤 청구권보다 우선한다(선취권이라고 한다)(덴마크상속법 제27조). 노르웨이상속법에도 이와 유사한 규정이 있는데, 상속개시 당시에 아직 교육과정을 마치지 못한 자녀는 상속재산으로부터 생활과 교육에 필요한 비용을 우선적으로 받을 수 있는 권리가 있다(노르웨이상속법 제36조). 이 외에 핀란드(핀란드상속법 제8장 제1조), 네덜란드(네덜란드민법 상속편 제35조)도 이와 유사한 규정을 두고 있다.

　이 외에 영미법계 국가에서는 원칙적으로 자녀에게 유류분이 아예 인정되지 않는다. 다만 영국의 1975년 상속법[20]에 의하면, 법원은 청구에 의하여 상속재산으로써 피상속인의 가까운 친족을 부양하라는 명령을 할 수 있다. 그러나 상속개시 당시 이미 성년에 이른 자녀를 위하여 법원이 상속재산으로써 부양을 명하는 경우는 매우 드물다. 실제로 법원이 상속재산으로써 부양을 명하는 사안을 보면, 자녀가 미성년자이거나, 교육을 받고 있는 경우 또는 장애가 있는 경우이다.[21] 법원이 상속재산으로써 자녀의 부양을 명하는 경우에 구체적인 실현 방식은 법원의 재량에 맡겨져 있다(정기적 지급, 일시금 지급, 특정 상속재산의 양도 등).[22]

---

20) Inheritance (Provisions for Family and Dependants) Act 1975.
21) Trulsen, Pflichtteilsrecht und englische family provision im Vergleich(2004), S. 94f.
22) Lowe/Douglas, Bromle's Family Law, 10. Aufl. 2007, S. 1105ff; 한편 미국에서는 배우자에게만 유류분이 인정되며, 자녀는 유류분권을 갖지 못한다(루이지애나와 푸에르토리코만이 예외적으로 자녀에 대한 유류분을 인정한다). Hay, US-Amerikanisches Recht, 4. Aufl. 2008. Rn. 545, 546.

3. 가족 간의 유대관계가 결여되어 있는 경우에 유류분을 감축(또는 박탈)하는 방안

가. 문제의 제기

피상속인 사후 상속재산으로 유족의 부양을 보장하는 것은 전통적으로 유류분 제도의 가장 중요한 기능으로 여겨져 왔으나, 상속이 개시될 때 자녀들이 이미 경제적으로 독립된 기반을 갖추고 있는 경우가 많은 현대사회에서는 점차 그 효용을 잃어 가고 있다. 이러한 상황에서 가족 간의 유대관계 그 자체로부터 유류분 제도의 존재 이유를 도출하는 입장은 더욱 입지가 강화되고 있는 것으로 보인다. 그런데, 한편 이러한 관점에서 보면 가족구성원 사이에 보편적으로 존재해야 할 최소한의 유대관계가 결여되어 있었던 경우에는 굳이 유류분을 인정해야 할 이유가 없어진다. 유류분 제도를 둔 나라들이 일반적으로 유류분을 상실(또는 감축)시킬 수 있는 가능성에 대해서도 규정하고 있는 이유는 이러한 배경에서 이해될 수 있다(유럽 대부분의 나라들은 유언자의 의사에 따라 유류분을 상실 또는 감축시킬 수 있는 규정을 두고 있다). 나아가 이미 유류분의 상실(또는 감축)에 관한 규정을 두고 있는 나라들에서 특히 자녀의 유류분과 관련하여 그 사유를 확대하자는 논의가 활발하게 진행되고 있다는 사실은 주목할 만하다.[23]

나. 외국의 입법례

자녀의 유류분 상실(또는 감축) 사유에 관한 외국의 입법례를 보면, 적극적으로 부모에 대해 패륜행위를 한 경우와 부모가 도움을 필요로 하는 상태에 있을 때 이를 거부하고 방임한 경우로 나누어 볼 수 있다. 예를 들어 독일민법 제2333조 제1항에 따르면 피상속인은 다음과 같은 사유가 있는 경우에 유언으로 자녀(직계비속)의 유류분을 상실시킬 수 있다.[24] ⅰ) 자녀(직계비속)가 피상속인, 그의 배우자, 피상속인의 직계비속

---

23) Münchkomm/Frank, § 2333, Rn. 1: Herzog, Refom der Pflichtteilsentziehung?- Ein Vorschlag, FF 2003, 19.

또는 피상속인과 이와 유사하게 가까운 관계에 있던 사람(계부모, 계자녀, 위탁아동 등)의 생명을 빼앗으려 한 경우(살해의 의도가 외부에서 인식할 수 있는 행위로 나타나면 족하다고 한다),[25] ⅱ) 직계비속이 위에 열거된 사람에 대해서 범죄(1년 이상의 자유형에 처해질 수 있는 범죄행위) 또는 중대한 비행(특히 부모와 자녀의 관계를 무시하고 부모에게 모욕적인 행위를 한 경우)을 저지른 경우,[26] ⅲ) 직계비속이 피상속인에 대한 법률상의 부양의무를 악의적으로 위반한 경우,[27] ⅳ) 직계비속이 고의의 범죄로 인하여 1년 이상의 집행유예 없는 자유형의 확정판결을 받았으며, 그 이유로 피상속인의 입장에서는 직계비속이 상속재산을 받는 것을 받아들일 수 없는 경우. 직계비속이 이와 유사하게 중대한 고의의 범죄로 인하여 정신병원이나 중독치료소에 수용되도록 선고하는 판결이 확정된 경우.[28]

한편 오스트리아민법에 따르면 피상속인과 유류분권리자 사이에 일반적인 가족관계에서 형성되는 유대관계가 존재한 적이 없는 경우에는 피상속인의 유언에 의하여 유류분이 절반으로 감축될 수 있다(오스트리아민법 제773a조 제1항)(이 규정이 1989년 오스트리아민법개정으로 신설될 때에는 "피상속인과 자녀 사이"로 규정되어 있었으나 2004년 개정에 의해서 "피상속인과 유류분권리자 사이"로 범위가 확대되었다). 그러나 피상속인이 유류분권리자와의 교류를 이유 없이 거부한 경우(예컨대 유류분권리자가 자녀인 경우에 피상속인이 이유 없이 면접교섭을 거부한 때)에는 유류분을 감축할 수 없다(오스트리아민법 제773a조 제2항). 피상속인과 유류분권리자 사이에 유대관계가 존재하지 않았다는 사실에 대한 입증책임은 다른 상속인(유류분반환의무자)[29]에게 있다(오스트리아민법 제773a조 제2항에 의한 제771조의 준용). 또한

24) 그리고 제2333조 제2항에 의해서 이 규정은 부모와 배우자에게 준용된다.
25) BeckOK BGB/J. Mayer BGB § 2333 Rn. 10.
26) Krug/Krug, Pflichtteilsprozess(2014), S. 551.
27) 자녀가 부모에 대하여 가족 간의 유대관계에 기초한 의무의 이행을 스스로 저버렸다면, 부모의 사망 후 가족 간의 유대관계에 근거한 유류분도 주장할 수 없도록 하는 것이 형평에 맞는다는 취지이다. Herzog, Refom der Pflichtteilsentziehung?‐Ein Vorschlag, FF 2003, 20.
28) 독일민법상 유류분 상실제도에 관하여는, 김세준, 유류분제한의 필요성과 그 요건, 가족법연구 제28권 제3호(2014), 347면 이하; 최준규, 독일의 유류분 제도, 가족법연구 제22권 제1호(2008), 290면 이하 참조.

오스트리아민법은 피상속인이 곤경에 처해 있을 때 방임한 자녀에 대해서 유류분을 박탈할 수 있다고 규정하고 있는데(오스트리아민법 제768조 2호), 이것 역시 유류분이 인정되기 위해서는 피상속인과 유류분권리자(자녀) 사이에 최소한의 유대관계가 존재해야 함을 전제로 한 규정으로 이해된다.

스위스민법은 상속인이 피상속인 또는 그의 친족에 대하여 부담하는 가족법상의 의무를 심각하게 위반한 경우를 유류분의 박탈사유로 규정하고 있다(스위스민법 제477조 제2호). 스위스민법 제272조는 부모와 자녀 사이에 서로 돕고, 배려하고, 존중할 의무를 명문으로 규정하고 있는데, 상속인이 이와 같은 의무를 심각하게 위반한 경우에는 피상속인은 유언으로 유류분을 상실시킬 수 있다.

체코민법에 의하면 피상속인은 다음과 같은 사유가 있는 경우에 유언으로 직계비속의 유류분을 상실시킬 수 있다(체코민법 제469a조). ⅰ) 피상속인이 질병, 노령 기타 곤경에 처해 있을 때 직계비속이 조력을 거부한 경우, ⅱ) 피상속인에 대하여 직계비속으로서 당연히 가져야 할 관심을 장기간 보이지 않은 경우, ⅲ) 고의에 의한 범죄행위로 인하여 1년 이상의 자유형에 처해지는 유죄판결을 받은 경우, ⅳ) 공서양속에 반하는 생활방식을 장기간 고수한 경우.

다. 우리나라에서의 관련 논의

(1) 상속권 상실 선고 제도의 도입 논의

2011년 법무부 가족법개정특별분과위원회(위원장 윤진수 교수)에서 유류분 상실(또는 상속권 상실)에 관한 규정을 신설할 것인가에 대해서 논의된 바 있다. 그러나 당시 개정위원회가 구성된 목적은 입양법 개정안을 마련하는 데 있었기 때문에 유류분 상실(상속권 상실)에 관한 논의가 본격적으로 이루어지지는 못하였다(결과적으로 개정안 제출에는 이르지 못하였다).

당시 개정위원회 위원장이었던 윤진수 교수는 "유언에 의한 상속인

---

29) 오스트리아에서는 유언이나 상속계약에 의해서 상속인을 지정하는 것이 가능하며, 이들도 법정상속인과 함께 상속인의 개념에 포함된다.

의 지정을 인정하지 않고 법정상속주의를 채택하고 있는 우리나라에서는 유류분의 박탈만으로는 상속인이 될 자의 상속권까지 박탈되는 것은 아니기 때문에 유류분의 박탈만으로는 부족하고 상속권까지 박탈시켜야 한다"는 전제하에 상속권 상실에 관한 개정시안을 제시하였다.[30] 그 개정시안의 구체적 내용은 다음과 같다.

제1004조의2(상속권 상실선고)

① 다음 각 호의 어느 하나에 해당하는 사유가 있는 경우에는 피상속인은 가정법원에 상속인이 될 자의 상속권 상실선고를 청구할 수 있다.

1. 상속인이 될 자가 피상속인 또는 그 배우자나 직계혈족에 대하여 학대, 유기 그 밖의 심히 부당한 대우를 한 때.

2. 상속인이 될 자가 피상속인에 대한 친족 사이의 의무를 중대하게 위반한 때.

3. 상속인이 될 자가 고의로 중대한 범죄를 저질러 피상속인이 심한 정신적 고통을 입은 때.

② 피상속인은 공정증서에 의하여 유언집행자에게 제1항의 상속권 상실의 선고를 청구할 것을 유언할 수 있다.

③ 상속 개시 후에 상속권 상실의 선고가 확정된 때에는 상속이 개시된 때에 소급하여 효력이 생긴다.

제1004조의3(상속재산의 관리)

③ 제1004조의2 제1항의 청구가 있은 후 그 선고가 확정되기 전에 상속이 개시되거나 제2항에 의한 청구가 있는 때에는 가정법원은 제

---

30) 피상속인의 유언으로 상속에서 배제된 상속인이 유류분반환청구를 할 수 없도록 상속권 자체를 박탈하는 제도를 도입한 대표적인 입법례로는 일본민법을 들 수 있다. 제892조(추정상속인의 폐제) 유류분을 가지는 추정상속인(상속이 개시된 경우에 상속인으로 될 자를 말한다. 이하 같다)이 피상속인을 학대하거나 또는 그에게 중대한 모욕을 가한 때 또는 추정상속인에게 그 밖의 현저한 비행이 있는 때에는 피상속인은 그 추정상속인의 폐제(廢除)를 가정재판소에 청구할 수 있다. 제893조(유언에 의한 추정상속인의 폐제) 피상속인이 유언으로 추정상속인을 폐제하는 의사를 표시한 때에는 유언집행자는 그 유언의 효력이 생긴 후 지체 없이 그 추정상속인의 폐제를 가정재판소에 청구하지 않으면 안 된다. 이 경우에 그 추정상속인의 폐제는 피상속인의 사망 시에 소급하여 그 효력이 생긴다. 이 외에 추정상속인 폐제의 취소(일본민법 제894조), 추정상속인 폐제에 관한 심판확정 전의 유산의 관리(일본민법 제895조) 등의 규정이 있다.

777조의 규정에 의한 피상속인의 친족이나 이해관계인 또는 검사의 청구에 의하여 상속재산관리인을 선임하거나 그 밖의 상속재산의 관리에 관하여 필요한 처분을 명할 수 있다.

④ 법원이 상속재산관리인을 선임한 경우에는 제24조 내지 제26조의 규정을 준용한다.

제1004조의4(용서)

피상속인이 상속인이 될 자를 용서한 때에는 상속권 상실의 선고를 청구하지 못하고, 상속권 상실의 선고는 효력을 상실한다.

제1001조(대습상속)

제1000조 제1호와 제3호의 규정에 의하여 상속인이 될 직계비속 또는 형제자매가 상속개시 전에 사망하거나 제1004조, 제1004조의2의 규정에 의하여 상속인이 되지 못한 때에는 그 직계비속이 상속인이 될 자의 순위에 갈음하여 상속인이 된다.

제1003조(배우자의 상속순위)

② 제1001조의 경우에 상속개시 전에 사망하거나 제1004조, 제1004조의2의 규정에 의하여 상속인이 되지 못한 자의 배우자는 제1001조의 규정에 의한 상속인과 동순위로 공동상속인이 되고, 그 상속인이 없는 때에는 단독상속인이 된다.

이 개정시안에 대해서는 피상속인이 생전에 상속인이 될 자(많은 경우 자녀)를 상대로 상속권상실 선고를 청구하여 법원에서 대립하는 당사자로 다투는 경우에 부작용이 생길 수 있다는 의견과 피상속인 사후 상속인들 사이에서 다투는 것보다 피상속인이 생전에 스스로 해결하는 것이 오히려 편리하고 피상속인의 의사에도 부합할 수 있다는 의견이 대립하였다. 이 외에도 피상속인과 상속인(많은 경우 부모와 자녀)이 생전에 법원에서 상속권을 놓고 다툴 수 있도록 허용하는 것이 일반적인 국민의 법감정에 부합할 것인가 등에 대한 논의가 있었다.

(2) 상속결격 사유의 확대

앞에서 본 바와 같이, 피상속인과 상속인 사이에 최소한의 유대관계가 존재하지 않는 경우에는 피상속인이 유언으로 그 상속인을 상속에서 배제하고, 유류분반환청구도 할 수 없도록 유류분까지 박탈하는 방안을 생각해 볼 수 있다. 이 외에도 피상속인과 상속인의 관계가 심각하게 파탄된 경우를 아예 상속결격사유로 규정함으로써 피상속인이 별도의 의사를 표시하지 않아도 해당 상속인을 상속에서 궁극적으로 제외하는 것도 가능하다. 천안함 사태와 세월호 사태 이후 자녀에 대하여 양육의무를 전혀 이행하지 않았던 부모가 갑자기 나타나 상속인으로서 보상금을 수령한 일이 있었다. 이를 계기로 자녀에 대한 양육의무를 이행하지 않은 부모(또는 부모에 대한 부양의무 등을 이행하지 않은 자녀)가 상속권을 주장할 수 없도록 하는 방안에 대해서 논의가 있었으나, 구체적인 성과를 거두지는 못하였다. 이 문제와 관련하여서는 오스트리아민법의 상속결격사유가 참고가 될 수 있을 것으로 보인다.

오스트리아민법 제540조는 부모와 자녀 사이에서 발생하는 의무를 심각하게 해태한 경우를 상속결격사유로 규정하고 있다. 이에 따라 상속인이 피상속인에 대하여 친자관계에서 발생하는 가족법상의 의무를 이행하지 않은 경우에는 상속결격의 제재를 받을 수 있다(의무의 위반은 고의에 의한 것이어야 하고 심각한 수준이어야 한다). 주로 문제가 되는 사안은 부모가 미성년자녀에 대하여 양육의무를 이행하지 않은 경우, 재산관리권, 법정대리권을 적절하게 행사하지 않은 경우, 자녀를 학대한 경우 등이다. 물론 자녀가 부모에 대하여 부양의무를 이행하지 않은 경우도 결격사유에 해당한다. 그러나 부모와 자녀 사이에 단지 교류가 없었던 경우나 애정이 결여되어 있었던 경우는 여기에 해당하지 않는다고 한다.[31]

위의 결격사유는 1989년에 오스트리아상속법이 개정될 때 새롭게 규정되었다. 그 전에는 부모와 자녀 사이에 발생하는 가족법상의 의무를 위반한 경우는 보다 구체적인 요건하에 유류분의 상실 사유로 규정되어 있었을 뿐이다(제768조 제2호: "자녀가 피상속인이 곤경에 처해 있을 때 방임한 경우[32]"). 친자관계 사이에서 발생하는 의무를 중대하게 위반한 경우

---

31) OGH NZ 1997, 243; Ferrari-Likar-Peer(Hrsg.), Erbrecht(2007), S. 288.
32) 이 외에 제769조에 의해서 제768조가 부모에게 준용됨으로써 "부모가 자녀에 대하여 양육의무를 저버리고 방임한 경우"도 유류분 상실 사유가 될 수 있다.

를 상속결격사유로 규정한 것은 기존의 유류분 상실사유의 범위를 확대하고 일반화하였다는 의미가 있을 뿐 아니라, 피상속인이 유언을 하지 않아도 결격사유가 있는 상속인을 당연히 상속에서 배제할 수 있게 되었다는 점에서 그 의의를 찾을 수 있다. 상속결격의 효과는 피상속인의 의사와 관계없이 당연히 발생하므로, 피상속인이 유언능력이 없는 경우(또는 유언을 하지 않은 경우)에도 결격사유만 증명되면 상속에서 배제할 수 있기 때문이다. 이 점은 특히 피상속인이 미성년자여서 유언능력이 없었던 경우(또는 유언능력이 있었다고 해도 유언을 할 기회를 갖지 못한 경우)에 중요한 의미가 있다. 실제로 이 규정에 의해서 상속결격자가 되는 사람들은 대부분 친자관계에서 발생하는 의무를 이행하지 않았던 부모라고 한다.[33]

라. 유류분의 제한에 관한 판례(해석론)

우리 민법에는 유류분의 상실(또는 감축)에 관한 규정이 없으므로, 상속결격사유에 해당하지 않는 한 유류분권리자는 민법이 규정하는 비율에 따른 유류분의 반환청구를 할 수 있는 것이 원칙이다. 그러나 구체적인 사례에서 상속인의 유류분반환청구가 신의칙이나 형평에 반하는 경우가 있을 수 있는데, 이런 때에도 예외 없이 유류분반환청구를 전부 인용한다면, 이는 오히려 구체적 타당성에 반하는 결과가 될 수 있다. 유류분에 관한 판례(대법원 판례와 하급심) 중에는 상속결격사유에 해당하지 않는 상속인의 유류분반환청구를 기각하거나 사실상 제한한 것이 있는데, 이는 민법상 유류분 규정이 갖는 경직성을 완화하고 구체적 타당성을 실현하기 위한 해석론이라고 볼 수 있을 것이다. 아래에서 관련된 판례를 간단히 소개하고, 해설을 덧붙인다.

(1) 신의칙을 원용하여 유류분반환청구를 기각한 판결[34]

하급심 중에서 신의성실의 원칙을 원용하여 유류분반환청구를 기각

Adensamer, Erbrechtsänderungsgesetz 1989. ÖA(Der Österreichische Amtsvormund) 1991, 6/7.

33) Adensamer, Erbrechtsänderungsgesetz 1989. ÖA(Der Österreichische Amtsvormund) 1991, 6/7.

34) 부산지법 동부지원 1993. 6. 17, 92가합4498 제1민사부판결 : 확정.

한 사건을 간단히 소개하면 다음과 같다.

[사실관계]

원고들과 피고는 같은 부모에게서 태어난 형제자매이다. 피고는 아버지와 일본에서 거주하다가 1945년 말경 귀국하여 함께 농사를 지으며 모은 돈으로 당시 논이었던 부동산을 매수하였다(나중에 아버지가 사망하였을 때 이 부동산이 상속재산이 된다). 당시 원고 1은 아직 태어나지 않았고, 원고 2는 3세 정도였다. 1981. 1. 25. 아버지가 사망하자 위의 부동산은 법정상속분에 따라 상속되었으며, 1981. 4. 20. 어머니는 이 부동산에 관한 자신의 상속지분(20분의 6)을 피고에게 증여하였다. 1984년경부터 어머니는 자식들의 얼굴도 몰라볼 정도의 심한 노인성치매증상이 나타나고 고혈압과 심장병이 있어 1991. 12. 5. 사망할 때까지 8년간 피고가 모시고 살면서 어머니에게 명찰을 달아 주고 어머니가 외출할 때는 거의 같이 모시고 다녔다. 또한 피고는 어머니를 매일 병원에 모시고 가서 치료를 받게 하는 등 병간호를 하였으나, 피고의 동생인 원고들은 어머니가 발병한 이후 사망할 때까지 8년 동안 한 번도 어머니를 찾아오지 않았다. 어머니가 사망하자 원고들은 어머니가 10년 전에 피고에게 상속재산인 부동산에 관한 20분의 6지분을 증여한 행위(피고는 어머니가 사망하기 5년 전인 1986년에 어머니로부터 증여받은 부동산의 공유지분을 109,500,000원에 제3자에게 매도하였다)가 자신들의 유류분을 침해한다고 주장하면서 피고를 상대로 유류분반환청구를 하였다(사망 당시 어머니에게는 아무 재산이 남아 있지 않았다).

[법원의 판단](요약)

모든 법률관계의 당사자는 상대방의 이익을 배려하여 형평에 어긋나거나 신뢰를 저버리는 내용 또는 방법으로 권리를 행사하여서는 안 된다는 민법상 신의성실의 원칙의 적용을 받는다. 원고들은 피고와의 많은 나이 차이로 인하여 이 사건 부동산을 형성하고 관리하는 데 기여한 바가 없다. 또한 어머니가 8년간이나 투병생활을 하는 동안 부모를 부양하여야 할 자식으로서의 의무를 저버리고 병간호에 정신적으로나, 물질적으로 아무런 도움을 주지 않았으며, 오로지 피고에게만 모든 것을 부담시켰다. 어머니가 사망하자 피고가 이미 10년 전에 증여받은 어머니의 재산(8년간의 투병생활로 거의 소비되었을 가능성이 크다)에 관하여 분배를 요구하면서 어머니의 증여행위로 원고들의 유류분이 침해되었다는 이유로 유류분반환청구권을 행사하는 것인데,

이는 신의성실의 원칙에 위반되어 허용될 수 없다.

　　[해　　설]

　　위 판결에서 법원은 먼저 원고들이 상속재산의 형성에 기여한 바가 없다
는 점을 지적하고 있다(반면에 피고는 아버지와 함께 농사를 지어 상속재산
인 부동산을 매수하는 데 기여한 부분이 있다). 유류분 제도를 정당화하는
근거의 하나로서 상속재산의 형성에 대한 기여의 청산을 들 수 있는데, 이
사건에서 원고들은 상속재산의 형성과 유지에 기여한 바가 전혀 없으므로,
유류분반환청구권을 인정해야 할 근거가 약하다고 볼 수 있다. 그러나 유류
분에 관한 민법규정과 우리 사회의 현실을 고려해 볼 때, 이러한 사유만으로
자녀의 유류분반환청구를 기각하기는 어렵다고 생각된다(이런 사유만으로 유
류분반환청구를 기각할 수 있다면, 자녀들의 유류분반환청구는 대부분 기각
될 것이다). 나아가 법원은 어머니가 8년간 투병생활을 하는 동안 원고들이
한 번도 찾아오지 않고, 정신적·물질적으로 아무런 지원을 하지 않았다는
점을 지적하고 있다. 유류분 제도를 정당화하는 또 하나의 근거는 피상속인
과 유류분권리자 사이의 유대관계에서 구할 수 있는데, 이 사건에서는 어머
니와 자녀인 원고들 사이에 친자관계에 상응하는 최소한의 유대관계가 존재
하고 있었다고 보기 어렵다. 법원은 이러한 사정을 종합적으로 고려하여 원
고들의 유류분반환청구를 신의칙에 반하는 권리행사라고 판단한 것이다. 유
류분 제도의 존재 이유와 신의성실의 원칙에 근거하여 이와 같은 해석론을
전개하는 것은 충분히 설득력이 있다고 생각된다.35)

　　(2) 배우자에 대한 증여를 특별수익에서 제외한 판결36)

　　최근에 대법원은 배우자에 대한 생전증여에 부부재산관계의 청산,
부양 등의 요소가 포함되어 있을 수 있다고 보고, 이러한 한도에서는 특
별수익에 해당하지 않는다고 판단하였다. 배우자에 대한 생전증여나 유
증이 특별수익에 포함되지 않는 경우에는 자녀들이 이에 대해서 유류분
반환청구를 할 수 없으므로, 이러한 대법원의 판단은 실질적으로 자녀들
의 유류분반환청구를 제한하는 결과로 이어진다. 아래에서 이 판결의 사
실관계와 법리에 대해서 보다 자세히 살펴본다.

────────────

　35) 같은 취지, 정구태, 유류분제도의 법적 구조에 관한 연구(2009), 47면.
　36) 대판 2011. 12. 8. 2010다66644.

[사실관계]

피상속인이 2006. 8. 25. 사망하여 처(피고)와 두 딸(원고), 아들이 공동 상속인이 되었다. 피상속인은 1999년에 부동산을 처에게 증여하고 소유권이 전등기를 경료하여 주었으며(처인 피고는 2005년에서 2006년 사이에 남편으로부터 증여받은 부동산을 매각처분하였으며, 그 매매대금은 876,472,000원이다), 사망으로 상속이 개시될 당시에는 아무런 재산도 남아 있지 않았다.

피상속인의 딸인 원고들은 피상속인이 생전에 처인 피고에게 부동산을 증여함으로써 원고들의 유류분이 침해되었다는 이유로 유류분반환청구를 하였다(위의 부동산은 상속개시 전에 이미 처분되었으므로, 가액반환의 방법으로 유류분을 반환하여야 한다고 주장하였다).

[제1심과 원심의 판단]

제1심[37]은 "공동상속인 중에 피상속인으로부터 재산의 생전증여에 의하여 특별수익을 한 자가 있는 경우에는 민법 제1114조의 규정은 그 적용이 배제되고, 따라서 그 증여는 상속개시 1년 이전의 것인지 여부, 당사자 쌍방이 손해를 가할 것을 알고서 하였는지 여부에 관계없이 유류분 산정을 위한 기초재산에 산입된다고 할 것인바, 공동상속인인 피고가 증여받은 재산은 상속의 기초재산에 포함된다"고 설시하고, 원고들의 유류분반환청구를 받아들여 피고에게 가액반환(원고들에게 각 97,385,777원)의 의무가 있다고 판단하였다. 이에 대해서 피고는 항소하였다.

원심[38]은 먼저 피고가 피상속인으로부터 위의 부동산을 증여받은 것이 특별수익에 해당하는지의 여부와 관련하여 다음과 같이 판단하였다. "어떠한 생전 증여가 특별수익에 해당하는지는 피상속인의 생전의 자산, 수입, 생활 수준, 가정상황 등을 참작하고 공동상속인들 사이의 형평을 고려하여 당해 생전 증여가 장차 상속인으로 될 자에게 돌아갈 상속재산 중의 그의 몫의 일부를 미리 주는 것이라고 볼 수 있는지에 의하여 결정하여야 하는바, 이러한 법리에 따르면 이 사건 부동산 이외에는 아무런 재산이 없던 망인이 이를 모두 피고에게 증여한 것은 통상의 부양을 위한 것이라고는 볼 수 없고 상속재산을 미리 준 것으로 보아야 하므로 민법 제1008조 소정의 특별수익에 해당한다." 이어서 원심은 처인 피고의 특별수익이 유류분반환의 대상이

37) 의정부지방법원 2009. 6. 11. 2008가합280 판결.
38) 서울고등법원 2010. 7. 21. 2010나12489 판결.

되는가에 대하여 다음과 같이 판단하였다. "공동상속인 중에 피상속인으로부터 재산의 생전증여에 의하여 특별수익을 한 자가 있는 경우에는 민법 제1114조의 규정은 그 적용이 배제되고, 따라서 그 증여는 상속개시 1년 이전의 것인지 여부, 당사자 쌍방이 손해를 가할 것을 알고서 하였는지 여부에 관계없이 유류분 산정을 위한 기초재산에 산입된다. 이는 공동상속인 중에 피상속인으로부터 재산의 증여 또는 유증을 받은 특별수익자가 있는 경우에 공동상속인들 사이의 공평을 기하기 위하여 그 수증재산을 상속분의 선급으로 다루어 구체적인 상속분을 산정함에 있어 이를 참작하도록 하려는 데 그 취지가 있다. 그러므로 공동상속인인 피고가 증여받은 이 사건 각 부동산은 유류분 산정을 위한 기초재산에 포함된다." 원심은 이와 같은 이유에서 제1심의 판단을 그대로 유지하였다.

[대법원의 판단]

대법원은 피상속인의 처에 대한 생전증여에는 실질적인 부부공동재산의 청산, 피상속인 사후 처에 대한 부양의 요소 등이 포함되어 있어서, 그 한도에서는 특별수익에 해당하지 않으므로, 처인 피고에게 반환의무가 없다고 판단하였다(파기환송). 이에 관한 구체적인 설시는 다음과 같다(판결문의 일부를 발췌한 것임).

"어떠한 생전 증여가 특별수익에 해당하는지는 피상속인의 생전의 자산, 수입, 생활수준, 가정상황 등을 참작하고 공동상속인들 사이의 형평을 고려하여 당해 생전 증여가 장차 상속인으로 될 자에게 돌아갈 상속재산 중 그의 몫의 일부를 미리 주는 것이라고 볼 수 있는지에 의하여 결정하여야 하는데, 생전 증여를 받은 상속인이 배우자로서 일생 동안 피상속인의 반려가 되어 그와 함께 가정공동체를 형성하고 이를 토대로 서로 헌신하며 가족의 경제적 기반인 재산을 획득·유지하고 자녀들에 대한 양육과 지원을 계속해 온 경우, 그 생전증여에는 위와 같은 배우자의 기여나 노력에 대한 보상 내지 평가, 실질적 공동재산의 청산, 배우자의 여생에 대한 부양의무의 이행 등의 의미도 함께 담겨 있다고 봄이 상당하므로 그러한 한도 내에서는 위 생전증여를 특별수익에서 제외하더라도 자녀인 공동상속인들과의 관계에서 공평을 해친다고 말할 수 없다.

피고는 피상속인과 사이에 딸인 원고들과 아들을 두고 피상속인의 사망 시까지 43년 4개월 남짓 혼인생활을 유지해 온 사실, 원고들이 주장하는 피상속인의 피고에 대한 이 사건 각 부동산의 증여는 피상속인의 사망 7년 전에 이루어진 사실 등을 알 수 있는데, 이러한 사정을 앞서 본 법리에 비추어 보면, 피상속인이 이 사건 각 부동산을 피고에게 생전 증여한 데에는 피고가 피상속인의 처로서 평생을 함께 하면서 재산의 형성·유지과정에서 기울인 노력과 기여에 대한 보상 내지 평가, 청산, 부양의무의 이행 등의 취지가 포함되어 있다고 볼 여지가 충분하고, 이를 반드시 공동상속인 중 1인에 지나지 않는 피고에 대한 상속분의 선급이라고 볼 것만은 아니다.

따라서 원심으로서는 피고와 피상속인 사이의 혼인생활의 내용, 피상속인의 재산 형성·유지에 피고가 기여한 정도, 피고의 생활유지에 필요한 물적 기반 등의 제반 요소를 심리한 후, 이러한 요소가 이 사건 생전증여에 포함된 정도나 비율을 평가함으로써 증여재산의 전부 또는 일부가 특별수익에서 제외되는지 여부를 판단하였어야 함에도, 단순히 이 사건 부동산 외에는 아무런 재산이 없던 피상속인이 이를 모두 피고에게 증여하였다는 사정만으로 증여재산 전부를 특별수익에 해당한다고 판단하였으니, 이러한 원심판결에는 배우자의 특별수익에 관한 법리를 오해하여 판결에 영향을 미친 잘못이 있다."

[해 설]

민법 제1008조는 "공동상속인 중에 피상속인으로부터 재산의 증여 또는 유증을 받은 자가 있는 경우에 그 수증재산이 자기의 상속분에 달하지 못한 때에는 그 부족한 부분의 한도에서 상속분이 있다"고 규정하고 있다. 예를 들어 피상속인 갑의 사망으로 자녀 A·B·C가 공동상속인이 되었는데, A가 갑으로부터 생전에 6000만원의 재산을 증여받았고, 상속개시 당시에 남은 재산이 1억 8000만원이었다면, A는 2000만원의 한도에서 상속분이 있다. 상속개시 당시 남은 재산 1억 8000만원을 법정상속분에 따라 나누면 A·B·C는 각각 6000만원을 상속하게 되겠지만, A는 피상속인 갑으로부터 생전에 6000만원을 증여받았으므로(특별수익), 자기의 상속분(8000만원)에 부족한 한도(2000만원)에서 상속분을 갖는 것이다. 따라서 상속개시 당시 남은 재산 1억 8000만원에 대해서 A(특별수익자)는 2000만원, B와 C는 각각 8000만원의 상속분을 갖는다. 여기서 피상속인으로부터 생전증여를 받은 A를 특별수익자, 생전증여 6000만원을 특별수익이라고 한다. 이 규정은 피상속인의 증여(또는 유증)를 상속분의 선급(상속재산을 미리 준 것)으로 보고, 증여(또는 유증)를 받은 상속인은 상속이 개시되었을 때 상속분을 미리 선급 받은 만큼 적게 받도록 함으로써 다른 공동상속인과의 공평을 실현하려는 취지에서 마련된 것이다. 여기서 피상속인의 생전증여가 행하여진 시기는 문제가 되지 않는다. 따라서 피상속인이 상속개시 전 1년간에 행한 증여뿐만 아니라(제1114조 참조) 그 이전에 행한 증여도 원칙적으로 특별수익으로서 상속이 개시되면 상속분의 산정에서 고려된다. 한편 피상속인의 생전증여(또는 유증)가 모두 당연히 특별수익에 해당하는 것은 아니다. 판례는 "어떠한 생전 증여가 특별수익에 해당하는지는 피상속인의 생전의 자산, 수입, 생활수준, 가정상황 등을 참작하고 공동상속인들 사이의 형평을 고려하여 당해 생전증여가 장차 상속인으로 될 자에게 돌아갈 상속재산 중 그의 몫의 일부를 미리 주는 것이라고 볼 수 있는지에 의하여 결정하여야" 한다는 해석론을 전개하고 있다.[39] 따라서 이러한 기준에 따라 어떠한 생전증여(또는 유증)가 특별수익에 해당하지 않는 것으로 판단된다면, 그러한 증여(또는 유증)는 상속이 개시되었을 때 상속분의 산정에서 고려되지 않는다. 즉 이런 경우에는 생전증여(또는 유증)를 받은 상속인은 상속이 개시되어도 상속분에서 수증재산의 가액을 공제한 만큼 적게 받는 것이 아니다. 위의 예에서 A가 받은 생전증여가 특별수익에 해당하지 않는다고 판단된다면(예컨대 A가 상속재산의 형성, 유지에 기여한 바가 있어서 그 정도의 생전증여를 받았다고 해도 공동상속인간의 형평에 반하지 않는다고 판단된 경우), 상속분의 산정에서 고려되지 않으며, 그 결과 A · B · C는 남은 상속재산을 법정상속분에 따라 6000만원씩 상속하게 된다.

한편 피상속인의 생전증여(또는 유증)가 유류분을 침해하는 경우에는 유류분반환청구의 대상이 될 수 있는데, 어떠한 증여가 반환의 대상이 되는가(즉 유류분 산정의 기초재산에 산입되는가)에 대해서는 민법 제1114조가 규정하고 있다. 유류분 산정의 기초재산에 산입되는 증여는 상속개시 전의 1년간에 행한 것에 한하며, 다만 당사자 쌍방이 유류분권리자에게 손해를 가할 것을 알고 증여를 한 때에는 1년 전에 한 것도 산입된다. 이와 같이 유류분의 산정에 있어서는 피상속인이 생전에 행한 모든 증여가 산입되는 것이 아니며, 원칙적으로 상속개시 전 1년간이라는 기간의 제한이 있다. 그런데 특별수익자의 상속분에 관한 민법 제1008조 규정이 제1118조에 의해서 유류분에 준용되는 결과, 피상속인이 공동상속인에게 행한 증여(특별수익)는 상속개시 1년 이전의 것인지 여부에 관계없이 원칙적으로 모두 유류분 산정의 기

---

39) 대판 1998. 12. 8. 97므513.

초재산에 산입된다.[40] 그 결과 상속인이 피상속인으로부터 증여받은 재산은
증여의 시기와 관계없이 원칙적으로 모두 유류분반환청구의 대상이 될 수 있
다. 다만 피상속인의 공동상속인에 대한 생전증여(또는 유증)가 위에서 본
판례의 기준에 따라 특별수익에 해당하지 않는 것으로 판단되는 경우(즉 상
속분의 선급으로 볼 수 없는 경우)에는 그 한도에서 예외적으로 유류분반환
청구의 대상에서 제외될 수 있을 뿐이다.

　　대상판결의 사안을 보면 피상속인은 사망하기 7년 전에 처에게 증여를
하였는데, 이는 공동상속인 중 1인에 대한 증여로서 원칙적으로 특별수익에
해당한다. 따라서 민법 제1118조에 의해서 제1008조가 준용되는 결과, 증여
가 이루어진 시기와 관계없이 유류분 산정의 기초재산에 산입될 수 있으며,
이는 곧 유류분반환청구의 대상이 된다는 것을 의미한다. 그러나 대법원은
피상속인의 피고(처)에 대한 증여에는 실질적인 부부공동재산의 청산, 배우자
에 대한 부양의무의 이행 등의 취지가 포함되어 있으므로, 이러한 한도에서
는 상속분의 선급(특별수익)으로 보기 어렵다고 판단하였다. 따라서 피고가
피상속인으로부터 증여받은 재산 중에서 특별수익에 해당하지 않는 한도에서
는(예컨대, 피고인 처가 실질적인 부부공동재산의 청산으로서 받은 것으로
인정되는 재산) 유류분반환청구의 대상이 되지 않는다. 피상속인과 피고의
혼인기간이 43년에 이른다는 점 등을 고려해 볼 때 이들 부부가 생전(예컨대
피상속인이 처에게 생전증여를 할 무렵)에 이혼을 하고 재산분할을 하였다고
가정해 본다면, 특별한 사정이 없는 한 피고인 처는 남편 명의의 재산에서
적어도 절반 정도의 분할을 받을 수 있었을 것으로 생각된다. 처가 재산분할
로 취득하는 재산은 실질적인 부부공유재산의 청산으로서 자신의 실질적인
공유지분을 이전받는 것으로 이해되므로(여기에 부양적 요소가 가미된다),[41]
이러한 한도에서는 특별수익에 포함되지 않는다고 보아야 할 것이다. 따라서
이 사건에서 피고인 처가 피상속인(남편)으로부터 증여받은 재산 중 적어도
절반 이상은 특별수익에 해당하지 않으며, 그러한 한도에서는 유류분반환청
구의 대상이 되지 않는다고 볼 수 있다. 대상판결의 이러한 해석론에 따르는

---

40) 대판 1996. 2. 9. 95다17885; 헌재결 2010. 4. 29. 2007헌바144.
41) 헌재결 1997. 10. 30. 96헌바14 : "재산분할의 본질은 실질적인 부부공동재산의
　　청산에 있으므로 재산분할에 의하여 분할되는 재산은 사실상 재산취득자의 소유에
　　지나지 아니하고, 재산분할에 의한 자산이전은 공유물의 분할 내지 잠재화되어 있
　　던 지분권의 현재화에 지나지 않는다."

경우 자녀들의 유류분반환청구권은 실질적으로 제한을 받게 된다. 그러나 이러한 해석론은 부부재산관계의 본질, 부부간의 부양의무에 대한 정확한 이해에 바탕을 둔 것으로서 논리적으로 문제가 없으며, 따라서 실질적으로 자녀들의 유류분반환청구권을 제한하는 결과로 이어진다고 해도 이를 부당하다고 할 수는 없다.[42)]

4. 정리 및 검토
가. 유류분 상실(또는 감축)에 관한 규정을 신설하는 방안

상속이 개시될 때 자녀가 이미 경제적으로 독립된 기반을 가지고 있는 경우가 많아진 현대사회에서 유류분의 부양적 기능은 점차 그 효용을 잃어 가고 있다. 이러한 배경에서 외국에서는 자녀의 유류분을 부양의 필요와 연계하여 감축할 수 있도록 하자는 주장이 오래 전부터 제기되어왔다. 유류분을 법정상속분의 일정한 비율로 고정하는 것은 법률관계를 명확하게 하는 장점이 있는 반면 구체적인 타당성에 반하는 결과를 야기할 수 있다는 것이 그 주된 논거이다.

한편 유류분의 부양적 기능이 약화되면서 피상속인과 유류분권리자 사이에 존재하는 가족관계 그 자체로부터 유류분 제도의 정당성을 구하는 입장이 부각되고 있다. 그런데 이 입장에서도 유류분이 인정되기 위해서는 피상속인과 유류분권리자 사이에 친족관계가 있었다는 것만으로는 부족하고, 그 친족관계에 상응하는 최소한의 유대관계가 전제되어야 한다고 한다. 따라서 가족 간에 보편적으로 존재하는 최소한의 유대관계가 결여되어 있고, 그와 같이 관계가 파탄에 이르게 된 책임이 유류분권리자에게 있는 경우에는 그의 유류분을 상실시키는 것이 타당하다고 본다. 유류분 제도를 두고 있는 나라에서 유류분 상실(또는 감축)에 관한 규정을 함께 두고 있는 경우가 많은 것은 이러한 배경에서 이해될 수 있다.

---

42) 우리 민법상 상속인으로서의 배우자의 지위가 열악하다는 비판이 있는데, 이 판결로써 일정 부분 보완될 것으로 기대된다는 의견도 있다. 민유숙, 2011년 친족·상속법 중요판례, 인권과 정의 2012년 3월호(제424호), 57면 이하.

우리의 입장에서 이러한 논의를 어느 정도 수용할 수 있을 것인가에 대해서는 간단히 결론을 내리기 어렵다. 다만 개인적으로는 유류분권리자인 자녀가 상속재산으로 부양을 받을 필요가 없는 경우나 피상속인과의 관계가 심각하게 파탄되어 있는 경우에 피상속인이 유언으로 이들을 상속에서 제외하였다면, 유류분반환에 관한 소송에서 법원이 이러한 사정을 종합적으로 고려하여 유류분을 적절하게 감축할 수 있도록 하는 방안에 대해서 검토가 이루어질 필요가 있다고 본다.[43)]

위에서 본 판례에서처럼 해석론을 통하여 개별적인 사안에 따라 자녀들의 유류분반환청구를 기각하거나 실제로 제한하는 것도 가능하겠지만, 구체적으로 어떤 경우에 유류분이 상실 또는 감축될 수 있는 것인지에 대한 예측가능성이 떨어진다는 단점이 있다. 구체적인 사안에 따라 자녀들의 유류분을 상실 또는 감축할 필요가 있다는 점에 대해서 공감대가 형성된다면, 입법을 통하여 이 문제를 해결하는 것이 보다 바람직한 방향이 될 것이다.

예컨대, 민법 제1112조에 제2항을 신설하여 다음과 같이 규정하는 방안을 생각해 볼 수 있다.

> **제1112조(유류분의 권리자와 유류분)** ① 상속인의 유류분은 다음 각 호에 의한다.
>   1. 피상속인의 직계비속은 그 법정상속분의 2분의 1
>   2. 피상속인의 배우자는 그 법정상속분의 2분의 1
>   3. 피상속인의 직계존속은 그 법정상속분의 3분의 1
>   4. 삭제[44)]

---

43) 2015년 8월 7일 민사판례연구회 하계심포지엄에서 이 글을 발표할 당시 지정토론자였던 이정민 부장판사는 "유류분 상실 제도가 도입되기 전이라도 유류분 권리자의 귀책사유로 피상속인과의 관계가 파탄된 경우 등 유류분 제도의 취지에 반하는 유류분 청구는 권리남용이나 신의칙에 반한다고 보아 배척할 수는 없는 것인가"라는 의견을 제시하였다. 그 날 토론에서 귀중한 의견을 주신 이정민 부장판사님께 감사드린다.

44) 유류분 제도의 존재 이유에 비추어 볼 때 피상속인의 형제자매는 유류분권리자의 범위에 포함시키지 않는 것이 타당하다고 본다. 비교법적으로 보아도 형제자매를 유류분권리자로 규정하는 나라는 찾아보기 어렵다. 예컨대 일본민법은 직계존

② 법원은 당사자의 청구에 의하여 피상속인과 유류분권리자의 관계, 상속재산의 형성·유지에 대한 유류분권리자와 반환의무자의 기여도, 유류분권리자와 반환의무자의 연령 및 부양 필요성, 그 밖의 사정을 참작하여 제1항 제1호에 따른 피상속인의 직계비속의 유류분을 감축할 수 있다.

이와 같은 규정이 신설된다면 유류분과 기여분의 관계에서 발생하는 문제도 해결이 가능할 것이다. 현행법에 의하면 기여분은 유류분반환의 대상이 되지 않으므로, 공동상속인 중의 1인에 대하여 기여분이 크게 인정됨으로써 다른 공동상속인의 유류분이 침해되더라도 기여분은 반환청구의 대상이 되지 않는다. 반면에 상속재산의 형성·유지에 기여한 상속인이 실질적인 기여의 청산으로서 다액의 증여나 유증을 받아서 다른 공동상속인의 유류분이 침해되면, 이는 유류분반환청구의 대상이 된다. 상속재산의 형성·유지에 기여한 상속인이 실질적인 기여에 대한 보상, 청산의 차원에서 받은 증여나 유증은 민법 제1008조의2가 규정하는 기여분에 해당하지 않으므로, 유류분반환청구의 대상이 되기 때문이다. 만약 위와 같이 유류분반환청구를 감축할 수 있는 규정이 신설된다면, 실질적인 기여의 청산 또는 보상의 차원에서 증여나 유증을 받은 기여상속인에 대한 유류분반환청구를 적절하게 감축시킴으로써 기여상속인과 다른 공동상속인 사이의 실질적인 형평을 도모할 수 있을 것이다.

나. 상속결격사유를 확대하는 방안

유류분 상실 제도는 피상속인의 의사를 전제로 하는 것이므로, 피상

속과 자녀, 배우자에 대해서만 유류분을 인정하고 있으며(일본민법 제1028조), 독일은 부모와 직계비속, 배우자에 한하여 유류분이 인정된다(독일민법 제2303조). 스위스는 1984년 법개정을 통하여 형제자매의 유류분을 삭제하였으며, 현재는 부모와 배우자, 직계비속에 대해서만 유류분이 인정되고 있다(스위스민법 제471조). 덴마크는 배우자와 직계비속에 대해서만 유류분을 인정한다(덴마크상속법 제4장 제25조). 미국의 대부분의 주에서는 배우자에 대하여 상속재산의 일정 비율(일종의 유류분)을 남기도록 하고 있는 반면 자녀에 대해서는 일정한 재산을 남길 것을 강제하지 않는다(루이지애나와 푸에르토리코만이 예외적으로 자녀에 대한 유류분을 인정한다).

속인이 생전에 유언으로 특정한 상속인의 유류분을 상실시키겠다는 의사
를 표시해야만 한다. 따라서 피상속인에게 유언능력이 없는 경우(또는 유
언능력이 있었다고 해도 유언을 할 기회가 없었던 경우)에는 이 제도를 이
용하는 것이 불가능하다. 그 결과 피상속인과 상속인 사이에 최소한의
유대관계가 남아 있지 않았던 경우에도 상속결격사유에 해당하지 않는
한, 상속인은 법정상속분에 따라 상속재산을 받게 되는 불합리한 결과가
생길 수 있다. 이러한 경우를 대비하여 상속결격사유를 확대하는 방안에
대해서 구체적으로 논의를 시작할 필요가 있다고 생각된다. 위에서 본
바와 같이 상속인이 피상속인에 대하여 친자관계에서 발생하는 가족법상
의 의무를 이행하지 않은 경우를 상속결격사유로 규정한 오스트리아민법
의 태도는 참고가 될 수 있을 것이다. 이와 아울러 오스트리아민법은 상
속인이 피상속인에 대하여 고의로 1년 이상의 자유형에 처해질 수 있는
범죄행위를 한 경우를 상속결격사유로 규정하고 있는데(^{오스트리아민법}), 현재
우리 민법의 상속결격 규정이 너무 엄격하다는 점에 비추어 보면 이와
같이 결격사유의 범위를 확대하는 방안도 고려해 볼 만하다고 생각한다.
이와 같이 결격사유의 범위를 넓히면 피상속인의 의사와 관계없이 결격
이 되는 경우가 생길 수 있다는 우려가 제기될 수 있으나, 피상속인이
용서할 수 있는 규정을 두면 이러한 문제는 해결할 수 있을 것이다.

Ⅳ. 맺 음 말

상속이 개시될 때 자녀가 이미 경제적으로 독립된 기반을 가지고
있는 경우가 많아진 현대사회에서 유류분의 부양적 기능은 점차 그 효용
을 잃어 가고 있다. 이에 따라 피상속인과 유류분권리자 사이에 존재하
는 가족관계 그 자체로부터 유류분 제도의 정당성을 구하는 입장이 상대
적으로 부각되고 있다. 그런데 이 입장에서도 유류분이 인정되기 위해서
는 피상속인과 유류분권리자 사이에 가족관계(혈연관계)가 있다는 것만으
로는 부족하고, 그 가족관계에 상응하는 최소한의 유대관계가 전제되어야
한다고 한다. 따라서 가족 간에 보편적으로 존재하는 최소한의 유대관계

가 결여되어 있고, 그와 같이 관계가 파탄에 이르게 된 책임이 유류분권 리자에게 있는 경우에는 유류분을 상실시키는 것이 타당하다고 본다. 이 러한 이유에서 유류분 제도를 도입한 대부분의 나라들은 유류분 상실(또 는 감축)에 관한 규정을 함께 두고 있는 경우가 많다.

우리의 입장에서 이러한 논의를 얼마나 수용할 수 있을 것인지는 간단히 결론을 내리기 어렵다. 다만 우리 사회에서도 이제 자녀의 유류 분에 대하여 문제를 제기하고 개정방향을 논의할 필요는 있다고 생각된 다. 예를 들어, 피상속인이 유언으로 자녀를 상속에서 제외한 경우에는 그 자녀의 부양 필요성, 피상속인과의 관계 등을 고려하여 법원이 유류 분을 감축할 수 있도록 하는 방안에 대해서 논의해 볼 수 있을 것이다. 구체적인 사정을 고려하여 자녀의 유류분을 적절하게 감축할 수 있도록 함으로써 피상속인의 유언의 자유와 자녀의 유류분이 조화를 이루는 지 점을 찾을 수 있을 것으로 기대된다.

유류분 상실(또는 감축) 제도는 피상속인의 유언을 전제로 하는 것이 므로, 피상속인이 유언능력이 없는 경우(또는 유언을 할 기회가 없었던 경 우)에는 이 제도를 이용할 수 없다는 한계가 있다. 그 결과 피상속인과의 사이에 최소한의 유대관계가 없었던 상속인이 법정상속분에 따른 상속재 산을 받는 경우가 생길 수 있다. 이런 경우를 대비하여 상속결격사유를 확대하는 방안에 대해서 논의해 볼 수 있다고 생각한다. 부모와 자녀의 관계에서 발생하는 가족법상의 의무를 심각하게 해태한 경우를 상속결격 사유로 규정한 오스트리아민법의 태도는 참고가 될 수 있을 것이다.

자녀의 유류분에 관하여 입법을 할 때는 두 가지 규율방식을 생각 해 볼 수 있다. 하나는 현행법과 같이 유류분을 일정한 비율로 고정시키 는 방법이다. 이렇게 하는 경우 법률관계가 명확해진다는 장점이 있는 반면 규정의 경직성으로 인하여 구체적인 관계를 반영하지 못한다는 한 계에 봉착하게 된다. 또 다른 방법은 유류분을 일정한 비율로 규정하되 구체적인 사정을 고려하여 감축할 수 있도록 하는 것이다. 이 방법에 의 하면 실질적인 관계에 맞는 재산의 청산 및 분배가 가능하게 되어 구체적 타당성을 실현할 수 있다는 장점이 있으나, 절차가 복잡해지고 법적 안정성이 떨어진다는 비판을 받을 수 있다. 앞으로 자녀의 유류분에 대한 개정 논의는 궁극적으로 위의 두 가지 방식 중 어느 쪽을 선택할 것인가의 문제로 귀결될 가능성이 높아 보인다.

상속법과 관련된 우리 사회의 변화를 고려해 볼 때 자녀들의 유류분반환청구를 제한해야 할 합리적인 이유가 인정되는 사례는 앞으로 계속 발생할 것으로 예상된다. 이러한 경우에 법원이 여러 가지 사정(피상속인과 유류분권리자의 유대관계, 상속재산의 형성·유지에 대한 유류분권리자와 반환의무자의 기여도, 유류분권리자와 반환의무자의 연령 및 부양 필요성, 공동상속인 간의 형평 등)을 종합적으로 고려하여 자녀의 유류분을 감축할 수 있는 규정이 마련된다면, 생존배우자의 생활 기반을 유지하고 공동상속인 간의 형평을 실현하는 데 유용한 수단으로 활용될 수 있을 것으로 기대된다.

[Zusammenfassung]

Entziehung des Pflichtteilrechts der Abkömmlinge– Ein Reformvorschlag

Kim, Sang Yong*

Erbrecht und Pflichtteil der Kinder finden traditionell ihre Begründung in der Solidarität zwischen den Generation. Hieraus ist für bestimmte Erben das Recht entstanden, nicht unversorgt zurückzubleiben. Erbrecht und Pflichtteil erfüllen insoweit eine Unterhaltsfunktion.

Der Anstieg der Lebenserwartung hat diese Begründung hinfällig gemacht. Kinder erben heute in späterem Lebensalter, in dem sie sich durch eigene Arbeit selbst unterhalten können. Das Erbrecht hat daher keine Unterhaltsfunktion mehr und kann deshalb nicht mehr als ein Ersatz der elterlichen Unterhaltspflicht gesehen werden. Eltern leisten ihre Unterhaltsverpflichtung durch die Finanzierung des Lebensunterhalts und insbesondere des Studiums ihrer Kinder.

Angesichts dieser veränderten Situation kann ein absolutes Pflichtteilsrecht der Kinder keinen Bestand mehr haben, zumal wenn eine persönliche und menschliche Beziehung zwischen Erblasser und Kinder nicht mehr besteht und eine völlige Entfremdung vorliegt. Allein die blutmässige Abstammung reicht nicht aus als Legitimation für das Pflichtteilsrecht des Kindes. Es wäre deshalb durchaus empfehlenswert, die Möglichkeit, den Pflichtteil des Kindes aus wichtigen Gründen zu entziehen, im koreanischen Erbrecht einzuführen. z. B. Die Tatsache, dass vor dem Tod des Erblassers über längere Zeit kein Naheverhältnis bestand und das Fehlen dieses Naheverhältnisses vom betreffenden Kind verschudet wurde, sollte dem

* Professor, Chung-Ang University School of Law.

Erblasser die Möglichkeit geben, durch Testament den Pflichtteil des betreffenden Kindes zu mindern oder ganz zu streichen.

[Key word]

- Pflichtteil
- Pflichtteilsentziehung
- Pflichtteilsminderung
- Erbunwürdigkeit
- Anstieg der Lebenserwartung
- Demographische Entwicklung

참고문헌

김세준, 유류분제한의 필요성과 그 요건, 가족법연구 제28권 제3호(2014).

김주수·김상용, 친족·상속법(제12판, 2015).

김형석, 유류분의 반환과 부당이득, 민사판례연구 제29권(2007).

민유숙, 2011년 친족·상속법 중요판례, 인권과 정의 2012년 3월호(제424호)

변동열, 유류분 제도, 민사판례연구 제25권(2003).

윤진수, 상속제도의 헌법적 근거, 민법논고 Ⅴ(2005).

정구태, 유류분제도의 법적 구조에 관한 연구(2009).

최준규, 독일의 유류분 제도, 가족법연구 제22권 제1호(2008).

Adensamer, Erbrechtsänderungsgesetz 1989. ÖA(Der Österreichische Amtsvormund) 1991.

Bamberger/Roth(Hrsg.), Kommentar zum BGB(2003).

Ferrari/Likar-Peer(Hrsg.), Erbrecht(2007).

Frank, Dei Verfassungsrechtliche Gewährleistung des Pflichtteilsrecht, Öffenliches Recht im offenen Staat, FS für Rainer Wahl(2011).

Hass, Ist das Pflichtteilsrecht verfassungswidrig? ZEV 2000.

Hay, US-Amerikanisches Recht, 4. Aufl. 2008.

Herzog, Refom der Pflichtteilsentziehung?−Ein Vorschlag, FF 2003.

J. Mayer Beck'scher Online-Kommentar BGB, Bamberger/Roth.

Krug(Hrsg.), Pflichtteilsprozess(2014).

Leipold, Wandlungen in den Grundlagen des Erbrechts, AcP 180(1980).

Lipp, Finanzielle Solidarität zwischen Verwandten im Privat−und im Sozialrecht, NJW 2001.

Münchener Kommentar zum BGB: Band 9(§§ 1922-2385), 3. Auflage(1997).

Münchener Kommentar zum BGB: Band 9(§§ 1922-2385), 6. Auflage(2013).

Otte, Das Pflichtteilsrecht−Verfassungsrechtsprechung und Rechtspolitik, AcP 202(2002).

Papantoniou, Die soziale Funktion des Erbrechts, AcP 173(1973).

Rauscher, Reformfragen des gesetzlichen Erb-und Pflichtteilsrechts, Band Ⅱ/2: Reformvorschläge Pflichtteilsrecht(1993).

Rüdebusch, Vorschlag für eine Reform der Pflichtteilsentziehungsgründe(§§ 2333 ff. BGB) und der Pflichtteilsbeschränkung in guter Absicht(§ 2338 BGB) unter Berücksichtigung rechtsgeschichtlicher Aspekte(2004).

Süß, Erbrecht in Europa(2. Aufl. 2007).

Trulsen, Pflichtteilsrecht und englische family provision im Vergleich(2004).

유언의 성립과 효력에 관한 몇 가지 문제

김 형 석*

■요　　지■

　　본고는 우리 민법에서 유언의 성립과 효력에 관련되는 중요한 쟁점들을 개관하고자 한다. 이는 우선 지금까지 제기되어 온 문제에 대한 재판례와 학설을 살펴보는 것을 의미하겠지만, 더 나아가 장래에 제기될 것으로 예기되는 문제에 대한 탐구도 포함해야 할 것이다. 특히 후자와 관련해 우리나라에서 논의가 많이 진행되지 아니한 부분에 대해서는 외국의 경험을 참조해 해결의 실마리를 찾아보고자 한다. 다루는 주요 내용은 다음과 같다.
　　1. 유언의 자유와 한계
　　2. 유언의 방식
　　3. 유언의 철회
　　4. 유언의 취소
　　5. 공동유언
　　6. 순차적 재산승계

[주제어]
- 유언
- 유언의 자유
- 유언의 방식
- 유증
- 공동유언

* 서울대학교 법학전문대학원 교수.

[투고일자]   2015. 12. 2.
[심사일자]   2015. 12. 14.
[게재확정일자]   2015. 12. 30.

I. 시작하는 말

유언은 법정상속과 함께 우리 상속법의 중추를 이루는 중요한 제도
이다. 그러나 민법전이 시행된 이후에도 오랫동안 유언은 학설과 실무에
서 법정상속과 비교할 때 상대적으로 적은 관심을 받았던 것으로 보인
다. 이는 그동안 우리 사회에서 사망을 준비하면서 유언을 작성하는 일
이 많지 않아 법적 분쟁화하는 사건이 법정상속에 비하면 근소하였기 때
문일 것이라고 추측된다. 그러나 최근 공간되는 재판례를 살펴보면, 사회
적 富의 성장에 따라 유언이 보다 빈번히 행해지고 있음이 관찰되고, 그
에 따라 표면화되지 않고 있던 여러 어려운 문제들이 새로이 제기되고
있음을 알 수 있다. 경제성장 및 가족관계의 변화에 따라 유언은 법정상
속과의 관계에서 점점 더 강화된 역할을 담당할 것이라고 예상되며,[1] 우
리 민법학에 여러 새로운 과제를 제기하리라고 보인다.

아래에서는 심포지엄의 목적에 따라 우리 민법에서 유언의 성립과
효력에 관련되는 중요한 쟁점들을 개관하고자 한다. 이는 우선 지금까지
제기되어 온 문제에 대한 재판례와 학설을 살펴보는 것을 의미하겠지만,
더 나아가 장래에 제기될 것으로 예기되는 문제에 대한 탐구도 포함해야
할 것이다. 특히 후자와 관련해 우리나라에서 논의가 많이 진행되지 아
니한 부분에 대해서는 외국의 경험을 참조해 해결의 실마리를 찾아보고
자 한다.

II. 유언의 자유

1. 의   의

(1) 유언과 유언의 자유

(가) 피상속인이 일방적 의사표시로 자신의 사후의 법률관계를 규율

---

1) Kroppenberg, "Freedom of Testation", *The Max Planck Encyclopedia of European Private Law*, ed. by Basedow, Hopt, Zimmermann and Stier, Volume I, 2012, p. 760−761.

하는 법률행위를 유언이라고 한다. 즉 유언은 작성자의 최종의사의 효력을 그의 사후에 발생하도록 하는 제도를 말하며, 의사표시자의 사망에 의하여 효력을 발생하는 법률행위인 이른바 死因行爲 또는 死因處分 (Verfügug von Todes wegen)의 하나이다(민법제1073조 제1항).[2] 유언은 작성자의 일방적 의사표시로 구성되며 상대방의 수령이 문제되지 않는다는 점에서 상대방이 없는 단독행위이고, 민법이 정하는 방식에 의하지 아니하면 효력이 생기지 아니하는 법률행위이므로(제1060조) 요식행위이다.

(나) 피상속인이 유언으로 자신이 사망한 이후의 법률관계를 (특히 재산관계의 경우 법정상속의 내용과는 달리) 형성할 수 있는 권능을 유언의 자유라고 한다. 우리 민법의 대원칙인 사적 자치의 원칙이 상속법의 영역에 반영된 것이 바로 유언의 자유라고 말할 수 있다. 헌법재판소는 헌법 제10조, 제119조 제1항에 따라 보장되고 있는 사적 자치의 원칙은 계약의 자유, 소유권의 자유, 결사의 자유, 영업의 자유 외에도 유언의 자유를 포함하고 있다고 밝히면서,[3] 또한 헌법상 재산권 보장(헌법 제23조)은 사유재산의 처분과 그 상속을 포함하므로 생전에 최종적으로 자신의 재산권에 대하여 처분할 수 있는 법적 가능성을 의미하는 유언의 자유는 생전증여에 의한 처분과 마찬가지로 헌법상 재산권의 보호를 받는다고 한다.[4] 학설도 같은 취지이다.[5] 이렇게 유언의 자유가 사적 자치의 하위원칙이면서 재산권 보장에 기초를 두고 있다고 이해한다면, 이는 한편으로 입법자는 보장되는 제도로서 유언의 자유를 폐지할 수 없으며 그 핵심적 내용을 존중하는 입법을 통해 구체화해야 하지만, 다른 한편으로 "그 내용과 한계는 법률로 정"하는 과정에서 넓은 입법형성의 재량을 가지고 있다는 것을 의미한다[아래 Ⅲ. 2. (1) (나) 참조].

---

2) 아래에서 법명의 지시 없이 인용하는 조문은 민법의 조문이다.

3) 憲裁決 2001. 5. 31. 99헌가18등, 집 13-1, 1017.

4) 憲裁決 2008. 12. 26. 2007헌바128, 집 20-2하, 648.

5) 김철수, 헌법학신론, 제21전정신판, 2013, 733면; 정종섭, 헌법학원론, 제8판, 2013, 702면; 윤진수, "상속제도의 헌법적 근거", 민법논고 Ⅴ, 2011, 3-5면 등.

(2) 유언사항

(가) 그런데 단독행위는 일방의 의사표시에 의해 타인에게 권리와 의무를 발생시키므로 그 보호범위가 계약의 자유와 같이 넓지 않다. 따라서 당사자들의 사전 약정이 없는 한 법률이 정하는 범위에서만 그 자유가 인정되며,[6] 이는 유언에서도 다르지 않다(물론 유언의 경우 사전 약정의 가능성은 존재하지 않을 것이다). 그리고 유언은 방금 살펴본 대로 실정법 제도로서 구체화되는 과정에서 입법자의 입법형성의 재량이 넓게 인정되고 있다. 그러므로 피상속인이 유언으로 어떠한 사항의 법률관계를 규율할 수 있는지의 문제는 입법자가 법률로 정하는 내용에 따라 좌우된다.[7] 실제로 각국의 유언법은 유언사항과 관련해 적지 않은 차이를 보인다.

우리 민법은 유언자에게 어느 정도의 범위에서 유언의 자유를 허용하고 있는가? 민법이 정하는 유언사항은 ① 친생부인(^{제850조}), ② 인지(^{제859조}), ③ 미성년후견인의 지정(^{제931조}), ④ 미성년후견감독인의 지정(^{제940조의2}), ⑤ 유증($^{제1074조 이하}$), ⑥ 재단법인 설립을 위한 재산출연행위($^{제47조 제2항}$), ⑦ 상속재산의 분할방법의 지정 또는 위탁(^{제1012조}), ⑧ 상속재산의 분할금지(^{제1012조}), ⑨ 유언집행자의 지정 또는 위탁(^{제1093조})이다. 이 중 ③, ④, ⑦, ⑧, ⑨는 유언으로만 가능하지만, 나머지는 유언에 의해서뿐만 아니라 생전행위로도 가능하다.

유언사항을 비교법적으로 고찰할 때 특히 유언에 의한 상속인 지정을 인정하는 법제(독일, 스위스, 오스트리아, 네덜란드, 스페인, 이탈리아 등)와 이를 인정하지 않으며 유증에 의해 유사한 효과를 가능하게 하는 법제(프랑스, 영미, 북구 등)가 구별된다.[8] 우리 민법은 유언에 의한 상속

6) 학설에서는 세부적인 내용에 대해 견해 대립이 있으나, 대체의 결론에 있어서 큰 차이는 없다. 곽윤직·김재형, 민법총칙, 제9판, 2013, 262면; 김증한·김학동, 민법총칙, 제10판, 2013, 316면; 송덕수, 민법총칙, 제2판, 2014, 168면 등.

7) Knut Werner Lange, *Erbrecht*, 2011, Kap. 4 Rn. 9.

8) 간략한 개관으로 김형석, "우리 상속법의 비교법적 위치", 가족법연구, 제23권 제2호, 2009, 101면 이하; Helms, "Legacies", *The Max Planck Encyclopedia* (주 1), Volume Ⅱ, p. 1049 참조. 이와 관련해 영미의 경우 유언에 의한 상속인 지정이 가능하다는 지적도 있으나(정소민, "유언의 해석", 비교사법, 제22권 제1호, 2015,

인 지정을 인정하지 않고, 단지 포괄적 유증에 의하여 비슷한 효과를 달성하도록 하므로($^{제1078}_{조}$) 후자의 입법례에 속한다.[9] 그러므로 우리 민법상 상속인을 지정하는 내용의 유언은 무효이며, 사안에 따라 포괄적 유증으로 해석될 수 있을 뿐이다.[10] 또한 우리 민법은 유언에 의한 상속분 지정도 인정하지 아니하므로, 유언자는 법정상속인들 사이에 상속분을 지정할 수 없으며 오로지 유증에 의해서만 유사한 결과를 달성할 수 있다.[11] 물론 이 경우 유증에 의한 포괄승계를 유언상속이라고 명명하고 유증에 의한 구체적 상속분의 변화를 상속분 지정이라고 이해하는 한에서,[12] 이는 용어법의 문제라고 할 수도 있다. 그러나 이는 비교법학적으로 널리 인정되고 있는 상속인·상속분 지정을 인정하는 법제와 그렇지 아니한 법제의 유의미한 차이를 굳이 용어법으로 흐리게 하는 것에 다름 아니다. 유언에 의한 상속인 지정과 포괄적 유증은 어디까지나 법률구성과 그 결과에 차이가 있으므로[13] 단순히 동일시할 수 없으며 또 동일시할 필요도 없다. 정확한 용어법에 따를 때, 유언상속은 우리 민법에 존재하지 않는다고 해야 한다.

322-323면 및 주 9), 타당하지 않은 서술이다. 왜냐하면 영미의 경우 상속재산은 신탁재산을 구성하여 채무가 청산된 이후에 남는 재산이 분배되는 것이어서, 포괄승계인으로서 상속인 지정은 관념할 수 없고 유증만이 문제되기 때문이다. 남은 재산을 일괄하여 특정인에게 귀속하도록 유언에서 정하는 경우 상속인 지정과 유사하게 보일 수는 있지만, 그럼에도 법적으로 유증일 뿐이다.

9) 아래의 내용에 대해 이미 김형석 (주 8), 109-110면.

10) 현소혜, 유언의 해석, 2010, 249면 이하 참조.

11) 곽윤직, 상속법, 개정판, 2004, 87면; 박병호, "상속법의 제문제 서설", 민사판례연구〔XXⅥ〕, 2003, 649면 이하; 송덕수, 친족상속법, 2013, 274, 308면; 안영하, "일본의 상속시킨다는 취지의 유언에 대한 일고찰", 가족법연구, 제21권 제1호, 2007, 214면; 현소혜 (주 10), 275-276면 등. 일본 민법의 경우 유언에 의한 상속분 지정을 허용하고 있으나(일본 민법 제902조), 우리 입법자는 이를 수용하지 않았다.

12) 예컨대 김주수·김상용, 친족·상속법, 제11판, 2013, 545, 632면; 박동섭, 친족상속법, 제4판, 2013, 451, 571면; 신영호, 가족법강의, 제2판, 2013, 294면; 이경희, 가족법, 8정판, 2013, 375, 441면; 전혜정, "민법상 유언상속에 관한 연구", 가족법연구, 제20권, 제3호, 2006, 164-166면 등.

13) 법정상속과 포괄적 유증의 차이에 관하여 곽윤직 (주 11), 253-255면; 박병호 (주 11), 650면 이하; 최병조, "포괄적 유증의 효과", 민사판례연구〔IX〕, 1987, 197-199면 등 참조.

(나) 한편 유언 사항은 민법 외의 법률에서도 규정되고 있는데, ⓐ 사후 재산 관계에 관한 규율을 목적으로 하는 유언[(신탁법 제3조
제1항 제2호), (우편대체법
제25조 제1항), (저작권법
제53조 제2항)], ⓑ 유족 보장에서 유족의 범위를 지정하는 유언[(근로기준법 제82조 제2항
및 시행령 제48조 제3항), (산업재해보상보험법
제65조 제4항), (선원법 제99조 제1항, 제100조
제1항 및 시행령 제30조 제2항)], ⓒ 사체의 처리 및 장례에 관한 유언[(군에서의 형의 집행 및 군수용자의
처우에 관한 법률」제113조 제4항), (「시체 해부 및 보존에 관한
법률」제4조 제1항 제1호), (「장기등 이식에 관한 법률」제12조 제1항 제1호, 「형의
집행 및 수용자의 처우에 관한 법률」제128조 제4항), (군예식령 제128조
제2항, 제135조)] 등을 들 수 있다.

물론 이들 개별 법률에서 선택된 "유언"이라는 문언이 민법이 정하는 방식을 구비한 유언을 의미하는 것인지 아니면 일상어에서 그러하듯 단순한 최종의사의 표현을 의미하는 것인지의 문제는 해석의 여지를 남긴다. 우선 앞의 두 유형(ⓐ, ⓑ)에서는 재산관계의 규율이라는 점에서 그 이익상황이 민법의 유언과 다르지 않으므로, 민법의 요건을 갖춘 유언을 의미한다고 볼 것이다(제1060조
참조). 그러나 마지막 유형(ⓒ)의 유언에서는 문제가 없지 않다. 「시체의 해부 및 보존에 관한 법률」과 「장기등 이식에 관한 법률」은 명시적으로 민법이 정하는 유언에 의할 것을 정하고 있으나, 「군에서의 형의 집행 및 군수용자의 처우에 관한 법률」, 「형의 집행 및 수용자의 처우에 관한 법률」, 군예식령은 민법의 지시 없이 단순히 "유언"이라고만 언급하고 있기 때문이다. 그러나 일단 입법자가 법기술적인 용어인 "유언"을 선택하였다면, 이는 원칙적으로 민법의 요건을 구비하는 유언이라고 이해해야 할 것이다(제1060
조). 이는 당해 유언이 사체의 처리라고 하는 사후인격의 중요 측면에 대한 규율이라는 점을 고려할 때에도 특히 그러하다. 다만 개별 법령의 규범목적상 예외적으로 단순한 최종의사의 표현으로 이해할 수 있는 경우도 있을 수 있다. 예컨대 군의 공식적인 장의식을 따르지 않겠다는 사망한 군인의 "유언"(군예식령
제128조 제2항)은 사망으로 승계되는 법률관계의 규율과는 무관할 뿐만 아니라 장의의 취지상 가능한 한 사망자의 뜻을 존중하는 것이 바람직하므로 적절한 방법으로 표시된 사망자의 의사가 확인되었다면 거기서 말하는 "유언"이 있다고 볼 것이다.

(다) 마지막 논의는 보다 일반적으로 사망자가 생전에 자신의 장례

및 매장에 관해 지정한 내용에 대해 구속력을 인정할 수 있는가의 문제로 나아간다. 대법원은 사체의 소유권은 사망한 사람의 제사주재자에게 귀속하는 것을 전제로(제1008조의3 참조) 사체를 매장·관리하고 있는 사람에 대한 제사주재자의 유체·유골의 인도청구를 받아들이면서, 매장이 사망자의 뜻에 좇은 것이라는 상대방의 주장에 대해 유체·유골의 처분방법이나 매장장소의 지정은 법정 유언사항에 해당하지 않고, 도의적 의무를 발생시킬 뿐 달리 법률적 구속력을 인정할 만한 근거도 없다고 하여 이를 고려할 수 없음을 밝힌 바 있다.[14] 그러나 이에 대해서는 망인이 자신의 장례 기타 유체를 그 본래적 성질에 좇아 처리하는 것에 관하여 생전에 종국적인 의사를 명확하게 표명한 경우에는, 사후인격권을 근거로 그 의사는 법적으로도 존중되어야 한다는 소수의견이 대립하고 있었다. 관련하여 학설에서는 종래 사망자가 생전에 자신의 사체를 처분하는 경우 그에 효력을 인정할 수 있는지의 문제가 논의되고 있었으나,[15] 구체적으로 매장 방법의 지정에 대해서는 언급을 찾아볼 수 없었다.

대법원 다수의견의 논거는 설득력이 부족하다고 생각된다. 무엇보다 제1008조의3은 피상속인의 사망으로 그의 소유에 있는 타인 분묘와 관련된 재산의 특별상속을 정하는 규정으로, 정작 피상속인 자신의 분묘와는 무관한 규정이다. 이 점은 금양임야 등의 소유자가 사망한 후 상속인과 그 금양임야로서 수호하는 분묘의 제사를 주재하는 자가 다를 경우에 그 금양임야 등은 상속인들의 일반상속재산으로 돌아가며 상속인이 아닌 제사를 주재하는 자에게 금양임야 등의 승계권이 귀속된다고 할 수는 없다는 판례로부터 분명하게 나타나는 바이다.[16] 게다가 혹 제1008조의3으로부터 사체소유권이 제사주재자에게 귀속한다는 견해가 도출될 수 있다고 하더라도, 사체소유권의 특수성에 비추어 장례·매장방법을 그가 단독으

---

14) 大判(全) 2008. 11. 20. 2007다27670, 공보 2008, 1727. 이 글의 주제에 비추어 이 판결이 다루는 제사주재자의 결정 및 사체소유권의 성질과 귀속에 대한 문제는 여기서 논의하지 않는다.

15) 학설상황에 대해 곽윤직 편집대표, 민법주해[Ⅱ], 1992, 32면(김병재) 참조.

16) 大判 1994. 10. 14. 94누4059, 집 42-2, 특419.

로 결정할 수 없다는 해석은 충분히 가능하다. 실제로 대법원은 합리적인 범위에서 장례비용이나 묘지구입비가 상속비용(제998조의2)에 해당한다고 하고[17] 학설도 동의하는데,[18] 이는 적어도 장례와 매장에 관한 사항이 공동상속인들 전체의 사무이며 제사주재자가 전결할 사항은 아니라는 점을 시사하는 것 아니겠는가? 이상의 내용은 장례와 매장의 문제가 제1008조의3의 규율대상과는 구별되는 별도의 쟁점임을 보인다고 하겠다. 또한 다수의견은 매장방법 등의 지정이 유언사항이 아니라는 점을 들고 있지만, 이로부터는 유언에 따른 구속력이 인정될 수 없다는 내용만이 도출될 뿐이며 인격권 그밖에 다른 법률관계로부터 구속력이 인정될 수 있다는 가능성이 배제되는 것은 아니다.

결국 이는 생전에 자신의 사체에 대해 내린 결정이 사후에 존중받을 것을 기대하는 사망자의 인격적 이익을 우선할 것인지 아니면 그로부터 벗어나고자 하는 유족의 이익을 보다 보호할 것인지의 문제인데, 법적으로 원칙적으로 고려되지 아니하는 감정상의 이익을 논외로 하면 후자의 이익이 보다 보호가치가 있다고 판단하게 할 법적인 근거를 쉽게 찾기 어렵다. 그렇다면 원칙적으로 사망자가 생전에 자신의 사체의 장례절차나 매장방법에 대해 종국적인 의사를 표명했다면 그에 구속력을 부여한다는 해석이 타당하다고 생각된다.[19] 물론 사망자가 자신의 사체에 대해 극단적인 처분을 지정한 경우 유족의 감정적 이익이 보다 우선한다고 보아야 할 경우도 없지 않을 것이다. 유언이 아닌 사후인격권에 근거를 두는 이상 이익형량에 따라 인격보호의 사정범위가 결정되어야 하기 때문이다. 그러나 사회의 통상적인 장례 · 매장방법의 지정이 이에 해당하지 않음은 분명하다.[20] 외국의 경험도 같은 결론을 지지한다.[21]

---

17) 大判 1997. 4. 25. 97다3996, 공보 1997, 1592.
18) 곽윤직 (주 11), 35–36면; 김주수 · 김상용 (주 12), 560면; 박동섭 (주 12), 465면; 박병호, 가족법, 1992, 306면; 송덕수 (주 11), 281면; 이경희 (주 12), 390면 등.
19) 세부적인 이론구성에 대해서는 Schenk, *Die Totensorge–ein Persönlichkeitsrecht*, 2007, S. 92ff., 123ff. 참조.
20) 여기서 사체에 대한 생전의 처분의 문제와 장례절차 · 매장방법 지정의 문제는 서로 관련이 있지만, 그럼에도 구별되어야 한다는 사실을 인식할 수 있다. 장례와

(3) 유언의 자유의 전제로서 유언능력

(가) 피상속인의 유언의 자유는 그가 자신의 유언의 법적 의미를 이해하면서 그 효과를 의욕할 수 있다는 판단력을 전제로 한다. 유언은 법률행위이므로 원칙에 따른다면 총칙편의 행위능력에 관한 규정이 적용되어야 하겠지만, 민법은 사망을 염두에 두고 형성한 최종의사를 존중하기 위해서 총칙편의 행위능력 제도의 적용을 배제하는 내용의 특별한 규율을 두고 있다.[22] 이렇게 유언의 내용을 이해하고 그 결과를 판단할 정도의 의사능력을 유언능력이라고 하고, 유언능력이 없는 사람의 유언은 무효이다. 유언능력의 존부는 유언을 하는 행위시를 기준으로 판단되어야 한다.[23]

(나) 우선 만 17세에 달하지 못한 미성년자는 유언을 하지 못한다($\binom{제106}{1조}$). 그러므로 미성년이더라도 만 17세에 도달한 때에는 부모의 동의 없이 유효하게 유언을 할 수 있으며, 법정대리인은 이를 취소할 수 없다($\binom{제1062}{조}$). 그리고 법정대리인이 미성년자를 대리하여 유언할 수도 없다. 이러한 내용은 피한정

매장은 (실험이나 장기적출 등을 포함하는) 사체에 대한 다양한 취급 중에서 사회관념상 통상적이고 온당하게 받아들여지고 있는 사체배려의 유형이므로, 사체의 처분 일반에 대한 논의가 반드시 장례·매장에 그대로 적용될 수 있다고는 말할 수 없기 때문이다. 그러한 의미에서 본인이 사망 전에 장기 등의 적출에 동의한 경우에도 그 가족 또는 유족이 장기 등의 적출을 명시적으로 거부하는 경우에는 이를 적출할 수 없도록 규정(「장기등 이식에 관한 법률」제18조 제3항 제1호)을 들어 사망자의 매장방법 지정에 효력을 부여할 수 없다는 大判(소) 2008. 11. 20. (주 14)의 다수의견에 대한 보충의견의 논거는 그것만으로는 설득력이 없다고 생각된다. 입법자가 장기 적출이라는 어려운 문제에 대해 내린 입법적 결정이 사망자가 사회통념상 널리 인정되는 매장방법을 지정하는 평이한 사안에도 그대로 발언력이 있다고 할 수는 없다.

21) 독일과 영미의 법상황에 대해 권태상, "자신의 유체에 관한 사망자의 인격권", 단국대 법학논총, 제33권 제2호, 2009, 359면 이하 참조. 프랑스의 경우에도 1887년 11월 5일 법률 제4조에 따르면 유언능력 있는 성년자나 행위능력이 부여된 미성년자는 자신의 매장 방법을 정할 수 있고 이를 집행할 사람도 지정할 수 있는데, 판례에 의하면 유언의 방식을 따를 필요는 없다고 이해되고 있다(Cass. civ. 1re, 9 nov. 1982, Bull. civ. I, n° 81).

22) 민의원 법제사법위원회 민법안심의소위원회, 민법안심의록, 하권, 1957, 193면: "유언은 특히 유언자의 독립된 자유의사를 존중하여야 하고 동시에 비밀이 보지되어야 한다."

23) 윤부찬, "유언능력에 관한 고찰", 공증과 신뢰, 제5호, 2012, 158면.

후견인에 대해서도 마찬가지이다($^{제1062}_{조}$). 물론 만 17세에 도달한 미성년자나
피한정후견인이더라도 개별적으로 의사능력을 결여하고 있으면 당해 유언이
무효인 것은 당연하다.[24] 한편 피성년후견인은 그 의사능력이 회복된 때에
한하여 유언을 할 수 있으며($^{제1063조}_{제1항}$),[25] 이 때 의사가 심신회복의 상태를 유
언서에 부기하고 서명날인하여야 한다($^{동조}_{제2항}$). 의사능력이 있음을 명확히 하
여, 사후에 유언의 효력 문제에 대한 분쟁을 예방하기 위한 것이다.[26] 그
러나 구수증서에 의한 유언의 경우에는 긴박성을 이유로 의사의 관여는
필요 없는 것으로 하고 있다($^{제1070조}_{제3항}$).

　　요컨대 만 17세에 도달하는 이상 의사능력[27]이 있으면 유언능력이
있으며, 다만 피성년후견인의 경우에는 개별적으로 의사능력이 회복되었
다는 사정에 대한 입증이 요구된다고 말할 수 있다.[28] 따라서 문언상 피
성년후견인이 아닌 이상 만 17세 이상의 유언자의 의사능력은 추정되며,
유언능력 없음에 대한 증명책임은 이를 주장하는 자에게 있다.[29]

---

24) 곽윤직 (주 11), 224면; 송덕수 (주 11), 391면; 이경희 (주 12), 529면.
25) 관련하여 제1063조 제1항은 제정 당시에는 금치산자에게, 2011년 개정 후에는
　　피성년후견인에게 명시적으로 유언의 유효요건으로 "의사능력"을 요구함으로써, 의
　　사능력이 우리 입법자에 의해 의식적으로 채택된 개념이라는 사실을 분명히 한다.
　　그러므로 우리 민법이 의사능력 개념을 알지 못한다는 일부 견해(예컨대 이은영,
　　민법총칙, 제5판, 2009, 155면; 이진기, "법률행위능력과 의사능력제도에 대한 비판
　　적 검토", 민사법학, 제46호, 2009, 281면 등)는 이 문언을 간과한 근거 없는 주장
　　이다.
26) 세부적인 쟁점에 대해 윤부찬 (주 23), 159-160면 참조.
27) 그러나 법정책적으로 그리고 해석론적으로 유언능력을 의사능력과 일치시키는
　　것에 의문을 제기하는 견해로 Grunsky, *Testierfähigkeit und Geschäftsfähigkeit*,
　　2009, S. 10ff. 참조.
28) 윤부찬 (주 23), 161면 이하는 신체적 장애가 유언능력에 미치는 영향을 고찰하
　　고 있는데, 이는 엄밀하게 말해 유언능력의 문제라기보다는 민법이 정하는 유언방
　　식이 신체적 장애가 있는 사람에게도 적절한지의 문제이다. 이에 대해서는 아래에
　　서 유언 방식과 관련해 살펴본다[아래 Ⅲ. 1. (3) 참조].
29) 독일에서 확고한 판례의 태도이기도 하며, 유럽 사법 일반의 경향이기도 하다.
　　Waldhoff, "Testierfreiheit Demezkranker im Lichte des Verfassungsrechts" in
　　Schmoeckel (hrsg.), *Demenz und Recht*, 2010, S. 61; Vaquer, "The Law of
　　Successions", Bussani and Werro (ed.), *European Private Law: A Handbook*,
　　Volume Ⅰ, 2009, p. 559 등 참조. 손흥수, "유언능력 유무의 판단기준과 그 판단
　　요소", 사법논집, 제55집, 2012, 177-179면은 반대 견해이나, 제1062조, 제1063조의

　　유언능력의 기초에 있는 의사능력은 유언자가 다른 사람의 영향에 종속되지 아니한 상태로 자신의 유언이 가지는 법적 의미를 이해하고 그에 따른 결단을 할 수 있는 능력을 말하므로, 정신적 장애나 발달장애가 있다고 하더라도 유언능력이 없다고 단정해서는 안 되고[30] 유언시점을 기준으로 개별적으로 유언과 관련된 의사능력의 유무를 판단해야 한다. 예를 들어 조현병으로 인해 자신의 집에 망명자들과 집시들이 살면서 자신을 위협하고 있다는 환각을 가지는 사람이라고 하더라도 자신의 재산관계와 유증의 의미를 알면서 조카에게 유증을 하였다면 유언능력이 있을 수도 있으나,[31] 반대로 자신의 배우자와 자녀가 자신을 살해할 것이라는 망상에 기초해 이들을 상속에서 배제하는 유언을 작성한 경우에는 장애가 유언의 중요한 동기에 영향을 미치므로 유언능력이 없다고 보아야 할 가능성이 높을 것이다.[32] 그러나 정신능력에 비추어 복잡한 유언은 어렵지만 간단한 유언은 가능하다는 식으로 판단력의 정도에 따라 단계적인 유언능력을 인정하는 것[33]은 허용되지 않는다고 보아야 한다.[34] 그러한 단계적 능력개념은 우리 민법이 알지 못할 뿐만 아니라, 개별적인 사항별로 능력 단계를 평가·확인해야 하는 불명확함 때문에 복잡한 분쟁을 발생시킬 위험이 있기 때문이다.

　　앞서 언급한 대로(주 23의 본문 참조) 유언능력은 유언을 할 때에 있으면 충분하므로(제1063조 제1항 참조), 유언이 효력을 발생할 시점에 있을 필요는 없

규정방식을 간과하였을 뿐만 아니라 일반적으로 의사능력에 관한 분쟁에서 입증책임이 의사무능력을 주장하는 자에게 있다는 것(이영준, 민법총칙, 개정증보판, 2007, 859면)과도 일치하지 않는다.

30) 같은 취지로 윤부찬 (주 23), 173-174면.

31) BayOLG ZEV 2002, 234, 235.

32) BayOLGZ 2004, 237, 240ff. 어둠의 세력의 국제적인 음모에 자신의 가족 구성원들이 관여되었다는 망상하에서 유언을 변경해 모든 재산을 보수당에 유증한 사안에서 유언능력 상실을 인정한 Kostic v Chaplin [2007] EWHC 2920 (Ch)도 참조.

33) 예컨대 윤부찬 (주 23), 172면; 伊藤昌司, 相續法, 2002, 44면; 二宮周平, 家族法, 第2版, 2005, 381면.

34) 독일의 통설이다. Lange (주 7), Kap. 3 Rn. 21 참조. Waldhoff (주 29), S. 74도 같은 취지이며, 그러한 상대적 유언능력은 입법조치가 있어야 가능하다고 한다.

다.[35] 철회 없이 유언자가 의사능력을 상실하는 상태에 이르렀다면, 원칙적으로 유언에 따른 의사를 유지하고자 한다고 평가해야 하기 때문이다. 그러므로 유효하게 유언을 작성한 이후 심신상실 등의 상태가 되었더라도 유언의 효력에는 지장이 없다. 반대로 유언능력이 없었던 시점에 작성한 유언은 이후 작성자의 의사능력이 회복되더라도 그 효력을 발생하지 않는다. 추인을 하면 새로운 의사표시로 볼 수 있겠지만 추인 일자를 기준으로 하는 방식을 충족하지 못하므로 무효이다.[36]

(다) 실제로 유언능력의 유무에 대한 분쟁은 유언자의 사후에 발생하는 것이 통상이므로 그 입증이 쉽지 않은 사안이 많을 것이다. 정신장애 등이 있었던 사람의 경우 생전의 의료기록 등을 기초로 판단해야 할 것이다. 독일의 판례는 의사의 비밀유지의무가 환자였던 유언자의 사망으로 소멸하는 것은 아니지만, 상속인은 그의 포괄승계인이므로 유언자의 정보제공청구권을 승계할 수 있다고 이해할 수 있을 뿐만 아니라 이 문제의 해명이 유언자의 추정적 의사에 부합하므로 정보제공청구가 가능하다고 한다.[37] 반면 치매의 경우 장기간에 걸쳐 서서히 정신적 능력이 저하하는 것이 통상이며 반드시 의료기록이 존재하는 것은 아니므로, 유언자의 발언과 행태 등을 종합적으로 고려하여 판단할 수밖에 없을 것이다. 어느 경우든 공정증서 유언의 경우, 공증인은 무효인 법률행위에 대해 증서를 작성할 수 없으므로(공증인법 제25조 제2호) 유언능력을 확인해야 한다. 여기서 공정증서로 유언이 작성되어 있다는 사정으로부터 유언능력의 존재에 대한 증명이 있다고 볼 수 있을 것인가? 공증인이 반드시 유언능력을 적절히 평가할 만한 지위에 있다고 보기 어려우므로[38] 부정해야 하며, 반대의 증명을 허용해야 한다.

한편 사망 후에 유언무능력을 입증하는 어려움을 회피하기 위해 유

---

35) 통설이다. 곽윤직 (주 11), 224–225면; 김주수 · 김상용 (주 12), 737면 등.
36) 같은 취지로 박병호 (주 18), 427면.
37) BGHZ 91, 392.
38) 二宮 (주 33), 380면 참조.

언의 내용을 인지한 추정상속인 등이 유언자의 생존 시에 유언무능력을 재판상 확인하려는 시도가 있을 수 있다. 독일의 통설은 추정상속인은 단순한 상속 기대만 있을 뿐이므로 확인할 법률관계가 없다는 사정과 생전에 상속관계 분쟁에 휘말리지 아니할 피상속인의 이해관계를 들어 그러한 소제기는 부적법하다고 한다.[39]

2. 유언의 자유의 보호

우리 민법은 여러 가지 법적 장치를 통해 피상속인의 유언의 자유를 실질적으로 보장하고자 한다.

(1) 유언의 일신전속성

우선 유언의 자유는 그것의 일신전속성에 의해 보장된다. 유언은 작성자의 최종의사에 효력을 부여하는 수단이므로, 일신전속성은 그의 의사가 온전하게 유언으로 효력을 가질 수 있도록 하는 의미를 가진다. 그러므로 유언자 본인이 자신의 의사에 기초해 그 내용을 결정해야 하며 유언 작성 역시 본인이 직접 해야 한다(제1060조, 제1066조 내지 제1070조 참조). 법정대리·임의대리를 불문하고 대리에 의한 유언은 허용되지 않는다.[40] 대리에 의한 유언은 무효이며, 대리에 친하지 않아 대리제도의 적용 자체가 없는 것이므로 피상속인이 나중에 추인(제130조 참조)하더라도 유효로 되지 않는다. 또한 그 내용의 결정을 타인에게 위임하는 내용의 유언도 마찬가지 이유에서 허용될 수 없다(독일 민법 제2065조 참조).

(2) 유언의 철회

더 나아가 유언의 자유는 그 자유로운 철회가 허용됨으로써 보장된다. 유언자는 언제든지 유언 또는 생전행위로써 유언의 전부나 일부를 철회할 수 있으며(제1108조 제1항), 이러한 유언을 철회할 권리는 포기할 수 없다

39) 문헌지시와 함께 Becker/Klinger, "Feststellung der Testierunfähigkeit zu Lebzeiten des Erblassers?", *Neue Juristische Wochenschrift-Spezial* 2006, 493 참조.
40) 통설이다. 곽윤직 (주 11), 218면; 김주수·김상용 (주 12), 736면; 박동섭 (주 12), 697면 등.

(동조). 의사표시는 일반적으로 다른 법률의 규정이 없는 한(예컨대) 법률행위가 성립하여 효력을 발생하기 전이라면 유효하게 철회할 수 있으므로, 유언자는 이러한 일반적 법리에 따라 사망에 의하여 유언이 효력을 발생하기 전에는 언제든지 이를 철회할 수 있을 것이다. 민법은 그러한 철회가능성을 확인하는 동시에 철회의 권리를 포기하는 것을 금지함으로써, 자유로운 최종의사에 효력을 부여하는 유언의 자유를 강하게 보호하고자 한다. 즉 유언의 자유는 유언을 할 자유뿐만 아니라 언제든지 그리고 아무런 이유 없이 유언의 일부 또는 전부를 변경하거나 해소할 자유까지 포함하는 것이다.[41] 그러므로 유언을 작성하는 사람은 대세적으로 철회의 권리를 포기할 수 없을 뿐만 아니라, 철회의 권리를 포기하는 내용의 계약도 무효이다.[42]

또한 유언의 자유로운 철회가능성에 비추어 피상속인은 유언에 관한 의무부담에 구속되지 않는다고 해야 한다. 즉 이미 작성한 유언의 철회가 절대적으로 보장된다면 그리고 상속의 사전포기가 허용되지 않는다면,[43] 장래에 일정한 내용의 유언을 하겠다든가 하지 않겠다는 내용 또는 전혀 유언을 하지 않겠다는 내용 등의 계약도 당연히 효력을 인정받을 수 없어 무효라고 해야 할 것이다(독일 민법 제2302조, 프랑스 민법 제1130조 제2항, 이탈리아 민법 제458조 등 참조).[44] 그러한 약정은 소송상 화해에 의해 성립하였더라도 유효가 될 수 없고, 계약책임도 발생하지 않으며, 부가된 위약금 약정도 무효이다.[45]

유언의 철회에 관한 상세한 내용은 아래(Ⅳ.)에서 별도로 살펴보기로 한다.

(3) 유언의 취소

유언자는 자유로이 형성한 의사에 기초하여 유언을 함으로써 사적

---

41) Malaurie et Brenner, *Les successions, les libéralités*, 6ᵉ éd., 2014, nᵒ 526: "유언의 본질." Vaquer (주 29), p. 559도 참조.

42) 김주수·김상용 (주 12), 750–751면; 박병호 (주 18), 440면; 송덕수 (주 11), 404면.

43) 곽윤직 (주 11), 170면; 大判 1998. 7. 24. 98다9021, 집 46-2, 38.

44) 반면 대륙법에서와는 달리 영국에서는 유언에 관한 계약에 효력이 인정된다. 김형석 (주 8), 103–104면 참조.

45) Weidlich in Palandt, *Bürgerliches Gesetzbuch*, 73. Aufl., 2014, § 2302 Rn. 1.

자치가 부여하는 자기결정의 권능을 실현한다. 그러므로 그의 의사에 흠 결이나 하자가 있어 자유로운 의사에 따른 의사표시가 있다고 보기 어려 운 경우에는 그 효력을 부정할 수 있는 보호를 받아야 한다. 예를 들어 내용의 중요부분에 착오($\frac{제109}{조}$)가 있는 유언을 하였거나 위법한 사기·강 박($\frac{제110}{조}$)에 의해 유언을 한 경우가 그러하다. 우리 민법은 이에 대해 특 별한 규정을 두고 있지 않지만, 학설은 민법총칙의 일반규정에 따라 유 언을 취소할 수 있다고 인정한다.[46] 따라서 유언의 취소는 자유롭지 아 니한 의사형성에 따른 유언의 효력을 부정함으로써 유언자 진의의 왜곡 을 방지하며, 그러한 의미에서 유언의 자유를 보호하는 기능을 수행한다.

그런데 우리 민법은 착오·사기·강박에 의한 유언의 취소에 대해 일반규정에 의하게 함으로써 해석론상의 문제를 야기한다. 이에 대해서 는 아래(Ⅴ.)에서 별도로 살펴본다.

(4) 상속결격

상속결격이란 어떤 사람이 피상속인을 상속할 순위에는 있지만 그 사람에게 상속시키는 것이 적당하지 아니한 일정한 사유가 있어 상속인 으로서의 자격을 상실하게 하는 제도를 말한다($\frac{제1004}{조}$). 민법의 상속결격 은, 한편으로는 피상속인을 중심으로 하는 일정한 사람들에 대한 살해· 상해치사를 한 사람에게($\frac{제1호,}{제2호}$), 다른 한편으로는 피상속인의 유언의 자유 를 침해한 사람에게($\frac{제3호 내지}{제5호}$), 그러한 비행을 이유로 상속인의 자격을 박 탈하는 것을 그 내용으로 한다. 후자의 경우 사기 또는 강박으로 피상속 인의 상속에 관한 유언 또는 유언의 철회를 방해한 자($\frac{제3}{호}$), 사기 또는 강박으로 피상속인의 상속에 관한 유언을 하게 한 자($\frac{제4}{호}$), 피상속인의 상속에 관한 유언서를 위조·변조·파기 또는 은닉한 자($\frac{제5}{호}$)는 상속결격 이다. 이러한 상속결격 사유의 본질에 대해서는 주지하는 바와 같이 학 설에서 다툼이 있다.[47] 그러나 그에 어떠한 입장을 취하든 규율의 내용

---

46) 곽윤직 (주 11), 247면; 김주수·김상용 (주 12), 757-758면; 박동섭 (주 12), 741-742면; 송덕수 (주 11), 408면 등. 반면 이경희 (주 12), 553면은 특별한 근거 없이 중요부분에 착오 있는 유언은 무효라고 한다.

상 제3호 내지 제5호에서는 피상속인의 유언의 자유를 침해한 행위에 대한 일반예방적 제재로서 상속결격이 인정되고 그 효과로서 유언의 자유도 보호되고 있음에는 의문이 없다.

(5) 유언의 방식

유언은 민법이 정하는 방식에 의하지 아니하면 효력이 생기지 아니하는 요식행위이다($\frac{제1060}{조}$). 물론 유언의 방식은 입증과 관련한 분쟁예방을 고려해 방식선택을 제약하는 것이므로 공공목적을 위한 유언의 자유의 제한이기는 하다($\frac{헌법 제37조}{제2항}$).[48] 그러나 동시에 유언의 방식은 유언자의 충동적인 유언을 예방할 뿐만 아니라 유언자의 의사를 쉽고 정확하게 확인할 수 있게 하여 유언에 표현된 의사가 원만하게 실현되는 것에 기여함으로써 유언의 자유를 보호하는 측면도 있다고 말할 수 있다.[49] 현재 실무상 유언의 방식은 유언의 유·무효를 좌우하는 가장 중요한 요인이므로, 아래(Ⅲ.)에서 상세하게 살펴보기로 한다.

3. 유언의 자유의 한계

이상의 유언의 자유를 보호하기 위한 여러 법적 장치에도 불구하고 유언의 자유에 따른 권능이 무제한적이지는 아니하며, 민법이 정하는 여러 제한을 받는다. 앞서 살펴본 유언의 방식은 유언의 의사표시가 준수해야 할 방식을 정함으로써 유언의 자유를 형식이라는 측면에서 제한한다. 그러나 더 나아가 유언은 그 내용적인 측면에서도 제한될 수 있다.

(1) 유 류 분

유언의 자유에 대한 제한으로 가장 중요한 것은 유류분이다. 민법은 일정 범위의 근친인 상속인이 피상속인의 재산의 일정 비율을 귀속받을 수 있는 권리를 부여하며($\frac{제1112조}{이하}$), 이를 유류분이라고 한다. 유류분은 민

---

47) 우선 양창수, "상속결격제도 일반", 민법연구, 제5권, 1999, 316-317면 참조.
48) 윤진수 (주 5), 5-6면.
49) 이 점을 강조하는 Röthel, "Form und Privatautonomie: Blicke auf das eigenhändige Testament", Schmoeckel (hrsg.), *Das holographische Testament*, 2015, S. 56f. 참조.

법이 피상속인에게 유언의 자유를 인정하는 것에 대한 균형추로서 상속인들이 법정상속에 대하여 가지는 이익을 보호하는 제도로 이해된다.

(2) 강행법규 및 선량한 풍속 위반

(가) 유언은 그 내용이 강행법규 또는 공서양속에 위반하여($^{제103}_{조}$) 무효일 수 있다. 유언자는 유언의 자유에 기초해 유언사항의 범위 내에서 그 내용을 자유로이 결정할 수 있지만, 공동체의 법질서와 윤리질서의 한계를 벗어나는 유언은 그 효력을 인정받을 수 없다.[50] 그런데 우리 법제에서 일정한 내용의 유언을 금지하는 취지의 강행법규는 쉽게 찾아보기 어려우므로(관련해 아래 주 73 참조), 주로 유언의 양속위반성이 문제될 것이다.

제103조가 전제하는 선량한 풍속 기타 사회질서는 전통적으로 사적 자치에 한계를 설정하는 법질서 외부의 윤리적 · 사회적 규범으로 이해되었다.[51] 그러나 최근 양속위반이 고려되는 대법원의 재판례들을 일별해 보면, 법질서 외부의 사회규범을 법원이 인식하여 기준으로 한다기보다는 사안에서 당사자들이 가지는 이익이 전체 법질서의 관점에서 비교 · 평가되면서 법률행위의 허용 여부가 판단되는 모습이 관찰된다. 그리고 이는 기본권의 대사인적 효력에 관한 간접적용설에 따라 양속위반 판단에서 당사자들의 기본권이 고려된다는 점이 받아들여지고 있기 때문에[52] 더욱 그러하다고 말할 수 있다. 이렇게 법률행위의 양속위반 판단이 관계 이익의 법적 형량이라는 관점에서 수행되는 현상은 외국에서도 크게 다르지 않다고 보이며, 이는 유언에 대해서도 그러하다. 그래서 그러한 변화에 따라 유언의 양속위반성을 판단할 때 유언자에 대한 비난가능성의 의미는 퇴색하는 반면 법률행위 내용을 보다 중요하게 고려해야 한다고 지

---

50) 윤진수 (주 5), 12면 참조.

51) 곽윤직 · 김재형 (주 6), 281-282면; 김증한 · 김학동 (주 6), 370-371면 등.

52) 곽윤직 · 김재형 (주 6), 281-282면; 김용담 편집대표, 주석 민법 총칙(2), 제4판, 2010, 401-402면(윤진수 · 이동진); 임건면, "민법의 해석과 적용에 있어서 기본권의 영향", 성균관 법학, 제25권 제2호, 2013, 15면 등. Thielmann, *Sittenwidrige Verfügung von Todes wegen*, 1973, S. 48ff.도 참조.

적되고 있다.[53] 즉 유언의 전체적인 성격이 판단되어야 하는데, 이는 유언자에 대한 제재라는 관점보다는 법률행위의 평가라는 관점에서 수행되어야 한다는 것이다. 그래서 기준이 되는 요소로는 예컨대 유언에 의해 불이익을 받게 되는 상속인이 어떤 사람인지, 불이익을 받게 되는 상속인이 경제적으로 어떠한 형편인지, 상속인 아닌 자에게 유증이 이루어지는 경우 그 재산의 유래는 어떠한지(특히 배우자가 실질적으로 공동 형성한 재산임에도 배우자에게 과도하게 불이익하게 유증되는 것은 아닌지), 상속인 아닌 자에게 유증하는 경우 존중할 만한 동기가 존재하는지, 수유자와의 사이에 혼인 외의 자가 있는 것은 아닌지 등의 사정이 종합적으로 고려되어야 한다고 한다.[54]

(나) 전통적으로 양속위반성이 자주 다투어진 사례는 피상속인이 불륜관계에 있는 연인을 상속인으로 지정하거나 그에게 유증을 하면서 자신의 배우자와 자녀를 불이익하게 처우하는 유언이다. 이에 관한 독일이나 프랑스의 경험을 살펴보면[55] 성도덕의 변화와 맞물려 유언의 양속위반을 판단할 때 법질서 외부의 윤리적 관점의 고려가 점점 퇴색하는 동시에 유언의 자유가 강조되어 가는 경향이 관찰된다. 이들 나라에서도 종래 유언으로 불이익하게 취급되는 상속인(특히 배우자)을 위해 유류분이 존재하므로 그러한 유언의 존재 자체만으로 양속위반성이 인정되는

---

53) 아래 내용에 대해 Lange (주 7), Kap 3 Rn. 46f.

54) 이러한 관점에서 Schmoeckel, *Erbrecht*, 3. Aufl., 2014, § 19 Rn. 31은 유언의 양속위반성 판단이—빌부르크(Wilburg)가 말한 의미에서(Wilburg, *Die Elemente des Schadensrechts*, 1941, S. 26ff. 및 *Entwicklung eines beweglichen System im Bürgerlichen Recht*, 1951 참조)—"동적 체계"(bewegliches System)로서 작동한다고 지적한다. 그 내용을 거칠게 요약한다면, 어떤 특정 요소의 양속위반성이 월등하게 강한 경우에는 주로 그것만을 이유로 해서 양속위반성이 인정될 수도 있지만, 반대로 다수의 소소한 양속위반적 사정들이 결합하여 양속위반성을 성립시킬 수도 있다는 것이다. 중요한 것은 양속위반적 요소들이 가지는 개별적 힘의 상관적 총합이 법질서가 설정한 한계를 넘는지 여부이다.

55) 아래 내용에 대해 이동진, "불륜관계의 상대방에 대한 유증과 공서양속", 비교사법, 제13권 제4호, 2006, 7면 이하; Malaurie et Brenner (주 41), n° 205; Frank/Helms, *Erbrecht*, 5. Aufl., 2010, § 3 Rn. 13; Lange (주 7), Kap 3. Rn. 51; 윤진수 (주 5), 12면 이하 등 참조.

것은 아니라는 지적이 물론 행해지고 있었다. 그럼에도 두 나라의 판례
는 유언자와 상대방의 동기를 고려하여 유언이 불륜관계를 유지하는 것
에 대한 (넓은 의미의) 대가이거나 이를 조장하는 성질인 때에는 양속위
반성을 긍정하였고, 반대로 관계 종료에 따른 보상이나 부양 등 존중할
만한 동기가 있는 때에는 양속위반성을 부정하는 태도를 오랫동안 유지
하였다. 그러나 독일 학설은 변화된 성도덕과 사회윤리를 이유로 판례에
비판적이었고, 특히 2001년 제정된 성매매법(Prostitutionsgesetz)이 성 판매
자에게 보수청구권을 인정함으로써($\binom{동법}{제1조}$) 법질서가 성관계에 대한 대가
약정을 수용하였다고 보아야 하므로 이제 양속위반성은 극히 예외적으로
만 인정되어야 한다는 주장이 강하게 제기되고 있다.[56] 프랑스에서도 동
기에 따라 구별하는 판례는 유언자의 동기가 복합적인 현실을 고려할 때
실제 사건에서 기준이 되지 못한다는 비판이 제기되었고, 파기원은 1999
년 불륜관계 유지를 목적으로 하는 유언이라고 하더라도 양속위반이 아
니라고 판시하여 판례를 변경하였다.[57] 우리 민법의 해석으로 이러한 경
향을 따라야 할지 여부는 물론 속단할 수 없으나, 유언의 양속위반성 판
단에 있어서 유언자의 동기에 대한 도덕적 비난보다는 관계인의 이익을
종합적으로 형량해서 판단해야 한다는 점은 강조되어야 할 것으로 보인
다. 즉 불륜관계 연인에 대한 유증이더라도, 불륜관계의 기간, 혼인관계
의 파탄 여부와 정도, 유증된 재산과 상속인에게 남겨진 재산의 액수, 유
증된 재산 형성에 대한 배우자의 기여도, 상속인의 부양필요성 등을 종
합적으로 고려하여 양속위반성을 판단해야 한다.

　　(다) 마찬가지로 외국에서 양속위반성이 자주 논의되는 유형은 유언

---

　56) Schnabl/Hamelmann, "Das Ende der Sittenwidrigkeit sog. Geliebtentestamente?",
　　　Juristische Ausbildung 2009, 161, 162 참조. 동법 시행 이후 재판례인 OLG
　　　Düsseldorf, FamRZ 2009, 545에서는 성매매 여성과 16년 동안 관계를 가지고 있던
　　　夫가 죽기 4년 전 妻와 공유하는 주택에서 나와 별거를 시작하면서 그 연인을 상
　　　속인으로 지정하였고 그 결과 부부가 공유하던 주택에서 妻가 계속 거주할 수 있
　　　을지 여부가 불투명하게 된 사안이 문제되었는데, 법원은 위와 같은 사정하에서는
　　　양속위반이 아니라고 판시하였다.
　57) Cass. civ. 1re, 3 fév. 1999, Bull. civ. I, n° 43.

자가 조건($\frac{제147}{조}$)을 이용해서 수유자[58]의 행태를 통제하려는 유언이다. 민법은 유증에 정지조건을 붙일 수 있음을 상정하고 있고($\frac{제1089}{조 제2항}$), 그에 따라 통설은 원칙적으로 유언에는 조건이나 기한을 붙일 수 있다고 해석하고 있다.[59] 여기서 유언자가 수유자와 관련된 일정한 사정을 조건으로 하여 유증을 함으로써 재산적 이익을 매개로 수유자의 행태를 조종하고자 할 가능성이 있다. 이렇게 수의조건을 이용하는 유언으로 외국에서 자주 문제되는 것을 들어 보면 다음과 같다(다만 우리 민법에서는 상속인 지정이 없으므로 이를 유증에 관한 사안으로 구성한다).

— 甲이 乙에게 부동산을 유증을 하면서, 乙이 이를 처분하고자 하면 예컨대 매매계약의 체결로 유증이 효력을 상실한다고 정하는 경우
— 甲이 배우자 乙에게 전재산을 포괄적으로 유증하면서, 乙이 재혼을 하면 유증이 효력을 상실한다고 정하는 경우
— 甲이 자녀 乙에게 유증을 하면서, 乙의 혼인과 관련되는 사항을 정하는 경우(예컨대 이혼해야만 유증이 효력을 발생한다고 하거나, 甲이 정하는 내용에 따르지 아니하는 혼인을 하면 유증이 실효한다고 정하는 경우)
— 甲이 자녀 乙에게 유증을 하면서, 乙의 생활방식과 관련되는 사항을 정하는 경우(예컨대 이사를 하거나 술을 마시면 유증이 실효한다고 정하는 경우)
— 甲이 상속인들 사이에 유증을 통해 재산을 분배하면서, 유언의 효력과 내용에 대해 다투는 상속인이 있으면 그에 대한 유증이 실효하면서 유류분만이 남도록 정하는 경우

---

58) 우리 민법은 증여를 받는 자와 유증을 받는 자 모두를 "수증자"라고 지칭하고 있다(제556조, 제1076조 등 참조). 그러한 의미에서 유증을 받는 자를 지칭할 때에도 법률이 선택한 용어를 사용하는 것이 온당한 일이기는 하대[곽윤직 (주 11), 251면 참조]. 그러나 상속법의 문제를 서술할 때에는 혼동의 여지가 있어 구별할 필요가 있는 경우가 드물지 않다. 예컨대 유류분과 관련해 증여와 유증이 함께 문제될 때 그러하다(제1115조 제2항 참조). 그러므로 여기서는 유증을 받는 자에 대해서는 종래 학설에서 강학상 사용되던 "수유자"라는 표현을 사용하기로 한다.
59) 곽윤직 (주 11), 245면; 김주수·김상용 (주 12), 755-756면; 박동섭 (주 12), 738-739면 등.

이상의 예에서 분명하게 드러나지만, 이러한 유언은 수유자의 행태와 관련된 사정을 조건으로 하여 그의 자유(소유권의 자유, 혼인의 자유, 일반적 행동의 자유 등)에 간섭을 하는 내용을 가진다. 따라서 이러한 내용의 유언이 허용될 수 있는지 그리고 허용된다면 어떠한 경우에 그러한지 등의 문제가 제기된다.[60]

이 문제에 대해 독일에서는 여러 가지 접근이 행해지고 있는데, 간략하게 살펴본다.[61] 우선 수유자의 개인적 자유에 속하는 행태를 조건으로 하는 유언 자체에 원칙적으로 반대하는 입장이 있다. 이에 따르면 상속법은 재산적 승계를 내용으로 하는 법영역이며 유언은 거기서 사적 자치에 따른 재산귀속을 가능하게 하는 수단이므로, 유언을 이용해 수유자의 개인적 자유에 속하는 영역에 개입하려는 수의조건부 유언은 유언 제도의 내재적 한계를 일탈하는 것으로 원칙적으로 허용될 수 없다고 한다.[62] 이 견해에 따르면 이상의 수의조건부 유언은 제도남용으로서 허용되지 않으며, 양속위반의 문제는 아예 제기되지도 않는다. 한편 이와는 반대로 그러한 유언이 원칙적으로 허용된다고 이해하고, 조건이 극단적으로 승인될 수 없는 내용인 때에만 예외적으로 양속위반성을 인정하는 견해도 주장된다. 유증은 대가 없는 무상의 이익 공여이고 수유자는 원래 그에 대해 권리라고 할 만한 것도 없으므로, 유언자의 수의조건부 유증은 이익과 불이익이 결부된 수유자에 대한 "제안"인 셈이고 이를 수용할 것인지 여부는 수유자의 자유에 있는 사항이라는 것이다.[63] 수유자는 이

---

60) 앞서 살펴본 불륜관계 유지를 위한 유언도 그러한 관계유지를 조건으로 하는 유언이라고 파악할 소지는 있다. 그러나 여기서는 유언의 효력발생 전의 행위 유도가 문제됨에 반해서, 본문에서 문제 삼는 수의조건부 유언은 유언자 사후에 상속인이나 수유자의 행위를 통제하려고 한다는 점에서 이익상황을 달리한다.

61) 포괄적인 개관으로 Otte in Staudinger, *Kommentar zum Bürgerlichen Gesetzbuch*, 2013, § 2074 Rn. 30ff.; Blomberg, *Freiheit und Bindung des Erblassers*, 2011, S. 168ff. 참조.

62) Schlüter, "Grenzen der Testierfreiheit", *Festgabe Zivilrechtslehrer 1934/1935*, 1999, S. 589ff.; von Schrenck-Notzing, *Unerlaubte Bedingungen in letztwilligen Verfügungen*, 2009, 59ff.

63) Gutmann, *Freiwilligkeit als Rechtsbegriff*, 2001, S. 214ff.; Nehlsen, "Die Einwirkung von

를 거절하더라도 원래 자신의 상태보다 나빠질 것이 없으므로, 그러한
의미에서 수유자의 자유 침해를 운위할 수는 없다고 한다. 그러나 독일
의 통설과 판례는 제반사정을 고려해 수의조건부 유언의 양속위반성을
인정할 수 있다는 입장에 서 있다. 예전의 통설은 이러한 수의조건이 붙
은 유언의 양속위반성의 기준을 정신적 영역에 재산적 영역을 개입시키
고 있다는 점에서 찾았다. 혼인이나 종교와 같은 문제는 당사자가 자율
적으로 인격적 결단에 기초해 결정할 사항이므로, 외부에서 재산적 이익
등을 매개로 그 동기에 영향을 미치는 것은 허용되어서는 안 된다는 것
이다.[64] 그러나 최근 우세한 입장은 오히려 기본권의 간접적 효력을 전
제로 조건부 유언이 수유자의 기본권에 저항하기 어려울 정도의 허용될
수 없는 압박을 가한다는 사정에서 양속위반성을 간취하고자 한다.[65] 독
일의 헌법재판소는 유언의 자유에 대한 근본적인 논란을 촉발시킨 호엔
촐레른 결정에서 이 마지막 견해에 가담하였다.[66]

　　본고의 목적상 세부적인 부분까지 논의하기는 어렵지만, 기본적으로
현재 독일의 통설과 판례의 태도가 타당하다고 생각된다. 인적인 영역과
재산적인 영역을 나누어서 유언의 자유의 제도 남용을 인정하는 입장은

Grundrechten auf die Gültigkeit von Verfügungen von Todes wegen am Beispiel von
Heiratsklauseln", Schmoeckel (hrsg.), *Verfassungsrechtliche Grenzen der Gestaltungsmöglichkeiten
im Familien-, Erb- und Gesellschaftsrecht*, 2008, S. 31ff.; Blomberg (주 61), S. 205ff.;
Schmoeckel (주 54), § 19 Rn. 32; Isensee, "Inhaltskontrolle des Bundesverfassungsgerichts über
Verfügungen von Todes wegen", *Deutsche Notar-Zeitschrift* 2004, 754, 759ff.

64) Flume, *Allgemeiner Teil des Bürgerlichen Rechts*, 2. Band: Das Rechtsgeschäft, 4. Aufl.,
1992, S. 695; Kipp/Coing, *Erbrecht*, 14. Bearbeitung, 1990, S. 112f. 등.

65) Thielmann (주 52), S. 119ff.; Staudinger/Otte (주 61), § 2074 Rn. 36ff.; Lange/Kuchinke,
Erbrecht, 5. Aufl., 2001, S. 558f.; Leipold in *Münchener Kommentar zum Bürgerlichen
Gesetzbuch*, Band 9, 6. Aufl., 2013, § 2074 Rn. 19ff. 등.

66) BGHZ 140, 118에 대해 BVerfG, NJW 2004, 2008. 그 경과에 대해서는 윤진수
(주 5), 14–15면, 26면이 소개하고 있다. 다만 윤진수 (주 5), 26면은 연방헌법재
판소 결정의 내용을 "같은 신분을 가진 사람과만 혼인하도록 강제하는 것은 혼인
의 자유를 침해하는 것"이라고 소개하고 있으나, 보다 정확하게는 혼인의 자유를
침해할 소지가 있음에도 연방대법원이 재판에서 관련되는 고려를 하지 않았다는
점에서 헌법위반을 인정한 것이고, 실제로 이 사건에서 문제되었던 상속계약이 혼
인의 자유를 침해하는지 여부에 대해서는 판단을 하지 않았다.

현실에서 많은 경우 인적인 동기와 재산적 동기가 혼재되어 있고 언제나 쉽게 구별할 수 있는 것은 아니라는 사정을 고려하지 않고 있다고 보인 다. 한편 조건부 유언은 수유자의 상태를 변경하지 않으며 선택만을 부 여하므로 자유 침해를 운위할 수 없다는 견해는 유언의 자유 및 자기결 정에 대한 강조라는 측면에서 논리적이고 존중할 만한 점이 있는 것은 사실이지만, 실제로 조건부 유언이 의사 간섭의 효과를 가질 수 있다는 현실을 도외시하고 있다는 느낌을 지울 수 없다. 특히 그러한 유언이 압 박효과를 가지는 경우는 수유자가 이전부터 유언자에 대한 재산적 의존 관계에 있었고 유언자가 그러한 상태를 창출 또는 용인해 온 사안일 것 인데, 여기서 수유자에게 선택의 자유가 있다고 하여 인격에 대한 압박 이 없다고 하는 것은 지나치게 현실과 유리된 설명이라고 생각된다.[67] 그렇다면 제반사정을 고려해서 개별적으로 양속위반성을 판단하는 유연 한 접근법을 채택하는 것이 온당할 것이다. 그러한 판단에서는 유언자의 동기, 유언자에게 수유자의 행태를 유도할 정당한 이해관계가 있는지 여 부, 조건의 내용, 수유자의 재산상황과 유증에 따른 변화, 유언자와 수유 자 사이에 재산적 의존관계가 있었는지 여부 등이 종합적으로 고려되어 야 하며, 특히 간접적용설의 입장에서 유언자의 유언의 자유와 수유자의 압박받게 될 기본권이 기본권 충돌의 관점에서 최적화하는 방향으로 형 량되어야 한다. 그러나 상속법의 대원칙으로서 유언의 자유를 고려할 때, 양속위반성은 조심스럽고 신중하게 인정되어야 할 것이다.

그러한 의미에서 양도금지를 내용으로 하는 유언은 소유권자의 처분 의 자유를 제한한다는 의미에서 양속위반성이 인정될 소지가 있지만, 유 언자의 家産 유지에 대한 정당한 이해관계가 인정되고 기간이 제한되어 있다면 유효하다고 볼 여지도 있다(유언에 의한 분할금지를 5년에 한정하 는 제1012조 참조).[68] 경우에 따라서는 예컨대 미술관이나 박물관에 유증

---

67) Staudinger/Otte (주 61), § 2074 Rn. 38.
68) Terré, Lequette et Gaudemet, *Les successions, les libéralités*, 4ᵉ éd., 2013, nᵒ 356 참조.

하는 경우와 같이 그 목적을 고려할 때 상당한 장기를 염두에 두는 처분 금지도 허용될 여지가 있다. 재혼금지를 내용으로 하는 유언도 생존 배우자의 혼인의 자유와 행복추구권을 제약한다는 점에서 문제가 있으므로, 예컨대 전적으로 질투에 기초해 작성된 유언이라면 양속위반이 될 가능성이 높겠지만, 반대로 공동의 자녀를 위해 상속을 보장한다는 관점에서 이루어진다면 유효라고 판단할 수도 있다.[69] 반면 유증되는 재산과 관련성 없는 개종이나 혼인 · 이혼 등을 조건으로 하는 유언은 이를 정당화할 만한 다른 특별한 사정이 없는 한 양속위반이 인정될 가능성이 높을 것이다.[70]

(라) 마지막으로 유언자가 자유로운 의사에 기초해 유언을 하는 것이 아니라 타인의 우월한 의사의 지배를 받아 타율적인 유언을 하는 사안유형이 있을 수 있다. 그러한 경우, 유언자는 나중에 유언을 철회할 수도 있고, 뒤에 살펴보는 바와 같이(아래 V. 1. 3. 참조) 위법한 강박의 요건이 충족된다면 유언자 그리고 그의 상속인은 유언을 취소함으로써 그로부터 벗어날 수도 있다(제110조,제140조). 그러나 타인의 지시에 따라 타율적으로 유언을 하는 유언자의 의사가 그 타인에게 강하게 종속되어 있는 경우라면 지시자는 굳이 강박을 하지 않고서도 유언자의 의사를 조종해 유언을 하게 할 가능성이 있다. 예컨대 노령이나 질병으로 심리적으로 취약한 상태의 유언자가 각별한 신뢰관계에 있는 종교지도자, 의사, 사실상 후견인, 동거인 등에게 강하게 심적으로 의존하는 경우에 그러하다.[71] 이러한

69) Terré, Lequette et Gaudemet (주 68), n° 355; *MünchKomm*/Leipold (주 65), § 2074 Rn. 25 참조.

70) *MünchKomm*/Leipold (주 65), § 2074 Rn. 24; 프랑스의 Tribunal de la Seine, 22. jan 1947, D 1947, 126. 그러나 유증에 따른 순차적 재산승계와 관련하여 종교를 조건으로 한 사안에 대해 Blathwayt v. Baron Cawley [1976] AC 397; [1975] 3 WLR 684; [1975] 3 All ER 625 참조.

71) 예컨대 이를 소재로 한 뒤렌마트의 소설 「혐의」 참조. Dürrenmatt, *Der Verdacht* (1953) in *Justiz/Der Richter und sein Henker/Der Verdacht/Das Versprechen*, 1985, S. 292f.: "'그래서 그는 바로 성공을 하고 있고, 존경을 받으며 돈을 벌고 있지. 우리는 그를 상속아저씨(Erbonkel)라고 부르기도 하는데–' [⋯] '상속아저씨라. 왜 그런 별명이?' [⋯] 그의 병원은 많은 환자들의 재산을 상속받아 왔다는 것이다."

사안에 대해 영미에서는 형평법상 발달해 온 부당위압(undue influence)의 법리에서 해결의 실마리를 찾는다(네덜란드 신민법 제3:44조).[72] 그러나 강박에 의한 의사표시의 취소만을 인정하는 대륙법계(프랑스 민법 제1114조 참조)의 태도를 따르면서 특별한 강행규정[73]을 두지 않고 있는 우리 민법에서 그러한 사안은 유언자 의사를 조종하는 그 타인 행태의 비난가능성과 유언에 따라 발생하게 될 관계인들의 재산상태 변화 등을 종합적으로 고려해서 양속위반(제103조)을 인정함으로써 대처해야 할 수밖에 없을 것이다.[74]

(마) 유언의 양속위반성을 판단하는 기준시점은 유언의 작성 시점이 아니라 유언의 효력발생 시점 즉 유언자의 사망 시점이라고 보아야 한다. 양속위반이 유언자에 대한 제재가 아니라 유언의 내용이 법질서 전체의 관점에서 시인받을 수 없다는 평가를 의미하는 이상[앞의 Ⅱ. 3. (2) (가) 참조], 유언작성 시점 이후에 발생한 관계인들의 사정변경 및 윤리관념 변천 등이 그 판단에 함께 고려되어야 하기 때문이다.[75] 예컨대 불륜관계에 있는 연인에 대한 유증이 작성시점에 유언자가 사망하였더라면 양속위반일 수 있는 내용이었다고 하더라도, 이후 유언자의 배우자가 사망하고 두 사람이 장기간 동거하였다는 사정이 있다면 양속위반 판단은

---

72) Probert, *Family and Succession Law in England and Wales*, 3rd ed., 2013, n. 513 sqq.; McGovern, Kurtz and English, *Wills, Trusts and Estates*, 4th ed., 2010, p. 326 sqq. 참조.

73) 실제로 외국에서는 그러한 위험이 있는 유언을 금지하는 취지의 강행법규들이 있다. 예를 들어 독일의 요양시설법(Heimgesetz) 제14조는 양로원이나 요양원의 운영자나 직원에게 약정된 대가를 넘어서는 이익을 공여하는 법률행위를 금지하며, 프랑스 민법은 의사, 약사, 그 직원(동법 제909조 제1항) 또는 요양시설 운영자, 관계자(동법 제1125-1조 제1항)가 무상의 이익을 공여받는 것을 금지한다. 또한 프랑스의 「사회적·가족적 활동에 관한 법전」(Code de l'action sociale et des familles) 제L331-4조, L443-6조 등도 참조.

74) 이동진 (주 55), 32면; Frank/Helms (주 55), § 3 Rn. 13 참조. 유언에 의한 것은 아니지만 이익상황이라는 관점에서 젊은 자녀가 오로지 가족관계의 고려 하에 무상으로 부모의 채무를 보증하여 과도한 채무를 부담하게 되는 사안에 대해 양속위반 가능성을 인정하는 독일의 판례도 참조할 수 있을 것이다. 우선 Wendtland in Bamberger/Roth, *Bürgerliches Gesetzbuch*, Band 1, 3. Aufl., 2012, § 138 Rn. 69 참조.

75) 독일에서 학설대립이 있으나, 상속개시 시점을 기준으로 하는 견해가 이제는 보다 우세하다. Frank/Helms (주 55), § 3 Rn. 16; Lange (주 7), Kap 3. Rn. 50 등. 그러나 이동진 (주 55), 20면은 원칙적으로 유언 시점을 기준으로 해야 한다고 한다.

달리 행해질 수 있고 또 달리 행해져야 하는 것이다.

Ⅲ. 유언의 방식

1. 유언의 요식성

(1) 유언의 방식의 목적

대부분의 나라들은 유언에 대하여 일정한 방식을 충족할 것을 요구하고 있다.[76) 민법도 동법이 정한 방식에 의하지 아니하면 유언은 효력이 생하지 않는다고 하여 유언을 요식행위로 규정하고 있다($\binom{제1060}{조}$).

유언은 상대방 없는 의사표시이므로 표의자가 내키는 바에 따라 쉽게 할 수 있으나 그 효력은 표의자의 사망 후에 발생하므로, 유언의 존부와 내용의 확인이 쉽지 않다. 즉 그에 다툼이 있을 때 결정적인 증언을 할 유언자는 사망하고 없으며, 증인으로 고려되는 사람들은 대개 유언에 이해관계를 가지고 있다. 설령 주위의 사람들이 정직한 태도를 보인다고 해도, 그들이 목격한 유언자의 의사가 단순히 고려단계에 있었는지 아니면 종국적인 결단이 내려진 상태였는지를 언제나 쉽게 확인할 수 있는 것도 아니다. 이러한 사정들은 해결하기 어려운 분쟁의 소지를 남길 수 있다. 따라서 유언의 방식은 유언자에게 신중한 결단을 표현할 수 있는 방법으로 유언의 의사표시를 하게 함으로써, 한편으로 경솔한 유언을 예방하고 다른 한편으로 상속개시 후 유언자 진의를 쉽게 입증할 수 있도록 한다.[77) 그래서 유언의 방식을 충족하지 아니한 유언은 그것이 유언자의 진의에 부합하더라도 무효이다($\binom{제1060}{조}$).[78) 상속인들이 그 내용을

---

76) 김형석 (주 8), 97면 이하. 이 주제에 대해 포괄적으로 Reid, de Waal and Zimmermann ed., *Comparative Succession Law*, vol. I: Testamentary Formalities, 2011 참조.

77) 유언방식의 목적에 대해 윤진수, "법률해석의 한계와 위헌법률심사", 법철학의 모색과 탐구(심헌섭 박사 75세 기념), 2011, 508–510면; 현소혜 (주 10), 202면 이하 참조. 大判 1999. 9. 3. 98다17800, 공보 1999, 2015 등도 같은 취지이다.

78) 大判 1999. 9. 3. (주 77); 2006. 3. 9. 2005다57899, 공보 2006, 586. 5. 그런데 성질상 허용되지 않는 경우를 제외하면 상속법에도 민법총칙의 규율이 원칙적으로 적용되어야 하므로, 무효행위의 전환(제138조)의 요건이 충족된다면 방식위반으로

인정하는 합의를 합의하였더라도, 그 유언이 유효로 되는 것도 아니다.[79]

유언의 요식성은 유언자 진의를 확정하여 이를 둘러싼 분쟁을 예방하고 법률관계를 명확히 한다는 점에서는 유언의 자유를 보호하는 기능도 수행하지만, 동시에 사소한 방식요건의 흠결로 유언이 무효가 됨으로써 법정상속의 규율에서 벗어나고자 하는 유언자의 의사가 고려되지 못하는 결과가 발생할 수 있다는 점에서 유언의 자유의 제한이라고도 말할 수 있다[앞의 Ⅱ. 2 (5) 참조]. 따라서 유언방식에 관한 민법규정의 해석에서는 이 두 가지 측면 사이의 긴장관계가 존재하게 된다.[80] 유언자의 사망으로 방식하자의 치유가 불가능하기 때문에, 이는 경우에 따라서는 매우 가혹한 결과를 발생시킬 수도 있다.

> "[…] 방식규정들은 항상 입법자가 일정한 실질적 요청(안정성, 명확성 등)을 설정하고 있을 뿐만 아니라, 이 목적을 달성하기 위해 아주 특정한 수단이 적용되고 아주 특정한 방법이 사용될 것도 요구하고 있음을 의미한다. 이러한 상황에서 이제 입법자가 규정한 방식이 준수되지는 않았으나 입법자가 추구하는 실질적 목적은 달성되거나 적어도 위태화되지 아니하는 사안들이 발생할 수 있다. […] 그러한 경우 법원은 유언을 무효로 선언해야 하지만, 그것은 개별사안에서 매우 가혹할 수 있으며, 이는 상속분쟁에서 법정상속인들이 원래 자신을 위해 방식하자를 이용할 것이기에 때문에 특히 그러하다. 법률은 존중되었으나, 판결은 아마도 부당할 것이다. 그러므로 다른 논증을 따르고자 하는 유혹이 생기는 것도 당연하다. […] 이러한 관점에서 법관은 가혹한 판결을 회피하고자 시도하며, 법률의 방식규정을 가능한 한 해석으로 배제하고자 할 것이다. 그의 판결은 정당

무효인 유언도 다른 법률행위로서 효력을 유지할 가능성이 있다. 우리나라에서는 주로 무효인 자필증서 유언이 사인증여의 청약으로 전환될 수 있는지 여부가 논의되는데, 이 자리에서 이 문제를 상세히 논의할 수는 없다. 최병조, "사인증여의 개념과 법적 성질", 민사판례연구〔ⅩⅩⅨ〕, 2007, 847면 이하; 김영희, "자필증서 유언에 있어서 날인의 의미와 방식흠결로 무효인 유언의 사인증여로의 전환", 중앙법학, 제9집 제4호, 2007, 79면 이하; 한정화, "사인증여계약 공정증서", 공증과 신뢰, 제6호, 2013, 97면 이하 등 참조.

79) 大判 2010. 2. 25. 2008다96963, 96970, 공보 2010, 627.
80) 김영희, "현행민법상 유언의 방식에 관한 연구", 가족법연구, 제20권 제2호, 2006, 117-118면; 윤진수 (주 77), 510면 등 참조.

할 것이지만, 법률은 침해된다."[81]

방식규정의 해석에서 어려운 문제는 바로 법률을 존중하는 부당한 판결과 법률을 침해하는 정당한 판결 사이의, "법률존중주의라는 스킬라와 개별적 정의에 대한 법원의 자연스러운 욕망의 카리브디스"[82] 사이의 진퇴양난에서 발생한다. 각국 재판례의 전개 과정은 결국 개별 사안의 형평성을 실현하는 과정에서 점차 방식규정의 엄격성이 완화되는 모습을 보인다.[83] 그러나 그 과정에서 법원은 유언을 유효로 하는 것이 개별사건의 해결에 적절해 보이는 사안에서는 방식요건을 너그럽게 해석하지만, 반대로 법정상속이 보다 정당해 보이는 사안에서는 이를 엄격하게 해석하는 경향도 동시에 관찰되고 있어[84] 이로써 법적 안정성이 저해된다. 또한 일반 수범자가 유언방식의 준수 여부를 이제는 법률 문언을 읽어서만은 알 수 없으며 대신 일관되지 아니한 판례의 개별사안해결을 참조해야만 알 수 있다는 문제도 발생한다.[85] 이러한 딜레마는 아래에서 특히 자필증서 유언과 관련해 자세히 살펴보기로 한다[아래 Ⅲ. 2. (2) 참조].

(2) 민법이 정하는 유언방식

우리 민법은 유언의 방식으로 자필증서, 녹음, 공정증서, 비밀증서, 구수증서를 규정하고 있다(제1065조 이하).

이 중에서 비밀증서에 의한 유언은 유언자가 필자의 성명을 기입한 증서를 엄봉날인하고 이를 이상의 증인의 면전에 제출하여 자기의 유언서임을 표시한 후 그 봉서표면에 제출연월일을 기재하고 유언자와 증인이 각자 서명 또는 기명날인하는 방식을 말한다(제1069조 제1항). 이 방식은 유언의 내용을 비밀로 하면서도 위조나 변조의 위험을 예방할 수 있다는 장

---

81) Kipp/Coing (주 64), 129f. 같은 취지로 von Hippel, *Formalismus und Rechtsdogmatik dargestellt am Beispiel der „Errichtung" des zeugenlosen Schrifttestaments*, 1935, S. 10, 27.

82) Zimmermann, "Testamentary Formalities in Germany" in Reid, de Waal and Zimmermann ed. (주 76), p. 191.

83) Reid, de Waal and Zimmermann, "Testamentary Formalities in Historical and Comparative Perspective" in Reid, de Waal and Zimmermann ed. (주 76), p. 462 sqq. 참조.

84) 독일 판례에 대해 Lange/Kuchinke (주 65), S. 336f. 참조.

85) Kipp/Coing (주 64), S. 130ff.

점은 있으나, 유언의 분실·훼손의 위험이 있고 공증인이나 법원서기의 개입(동조) 및 검인(제1091조)의 번거로움과 비용이 있다.[86] 이는 프랑스 민법(동법 제976조)으로부터 계수한 방식이나, 프랑스에서는 이미 거의 사용되고 있지 않다고 하며,[87] 우리 재판례에서도 비밀증서가 사용된 경우는 쉽게 찾을 수 없다.

한편 구수증서에 의한 유언은 질병 기타 급박한 사유로 인하여 다른 방식에 의할 수 없는 경우에 유언자가 2인 이상의 증인의 참여로 1인에게 유언의 취지를 구수하고 그 구수를 받은 자가 이를 필기낭독하여 유언자와 증인이 그 정확함을 승인한 후 각자 서명 또는 기명날인하는 방식을 말하며(제1070조 제1항), 그 증인 또는 이해관계인이 급박한 사유의 종료한 날로부터 7일 내에 법원에 그 검인을 신청하여야 한다(제1070조 제2항).[88] 민법이 정하는 바와 같이 급박한 경우에 활용할 수 있는 보충적 방식이다. 그래서 판례는 "자필증서, 녹음, 공정증서 및 비밀증서의 방식에 의한 유언이 객관적으로 가능한 경우까지 구수증서에 의한 유언을 허용하여야 하는 것은 아니"라고 하면서, 유언자가 산책 및 일상적인 대화도 가능하였고 병실에 녹음기와 녹음테이프도 있었다면 유언자 스스로도 사망의 급박한 위험을 자각하고 있지 않았을 뿐만 아니라 다른 유언이 가능하여 구수증서 유언은 효력이 없다고 하였다.[89] 그러한 의미에서 구수증서 유언은 법률의 문언에도 불구하고(제1065조 표제 참조)[90] 특별방식에 해당한다.[91]

비교법적으로 우리 민법의 유언방식의 가장 큰 특징은 녹음에 의한 유언을 인정한 것이다.[92] 녹음에 의한 유언은 유언자가 유언의 취지, 그 성명과 연월일을 구술하고 이에 참여한 증인[93]이 유언의 정확함과 그 성

---

86) 곽윤직 (주 11), 235면.
87) Malaurie et Brenner (주 41), n° 523.
88) 大決 1986. 10. 11. 86스18, 집 34-3, 특277 참조.
89) 大判 1999. 9. 3. 98다17800, 공보 1999, 2015.
90) 그 경위에 대해서는 김형석 (주 8), 100면 주 78 참조.
91) 곽윤직 (주 11), 226면; 신영호 (주 12), 459면.
92) 아마 중화민국 민법 제1195조 제2호를 참조해 입법된 것으로 추측된다. 김형석 (주 8), 100-101면 참조.

명을 구술하는 방식의 유언을 말한다($^{제1067}_{조}$). 문자를 알지 못해도 이용할
수 있는 간이한 방식이지만, 위조나 변조의 위험이 있을 수 있으므로 검
인을 받아야 하는 단점이 있다($^{제1091}_{조}$). 더 나아가 제1067조는 그 내용이
지나치게 소략하여, 여러 디지털 저장매체들의 등장과 함께 손쉬운 복
제·조작이 가능한 현재로서는 여러모로 유언의 확실성과 진정성을 담보
하는 방식으로 적절성을 상실하였다고 보인다. 관련해서 문제는 최근 발
달한 디지털 녹음매체나 녹화매체도 이에 포함된다고 해석할 것인지 여
부이다.[94] 그런데 디지털 녹음의 경우 프로그램으로 비교적 손쉽게 내용
을 편집할 수 있어 유언의 진정성을 확보하기 어렵다. 예컨대 다른 음원
에서 취한 부분을 녹음된 유언 중간에 편집해 넣거나 기존 내용을 편집
해 제거하는 등의 작업이 종래 磁氣方式 테이프의 경우에도 불가능한 것
은 아니었지만, 디지털 녹음의 경우에는 훨씬 더 쉽게 할 수 있는 차이
가 있다. 이러한 점을 고려할 때 역사적·목적론적 축소해석에 의하여
磁氣方式의 녹음테이프 또는 비디오테이프에 녹음되고 원본 테이프의 동
일성이 확인되는 유언만이 방식요건을 충족한다고 해석하는 등 그 적용
을 엄격하게 할 필요가 있다고도 보인다. 그러나 이러한 해석은 일반 수
범자가 제1067조의 문언에 의지하여 디지털 녹음에 의한 유언을 남기는
사건들이 발생할 때 불만족스러운 법상황을 발생시킬 수밖에 없다. 일단
디지털 포렌식 등의 방법으로 위조 등을 확인할 수 있는 이상 디지털 녹
음 유언을 인정할 것이지만,[95] 그러한 번거로운 증거조사가 필요하다는
사정은 녹음의 유언방식으로서의 의미를 상실하게 하므로 조속히 입법으
로 제1067조를 폐지하거나 개정해야 한다고 생각된다.

　　아래에서는 실무상 주로 문제되는 자필증서에 의한 유언과 공정증서
에 의한 유언을 중심으로 살펴보기로 한다.

---

93) 증인의 수에 대해서는 다툼이 있으나, 문언에 특별한 언급이 없으므로 한 사람의
　　증인으로 충분하다고 해석된다. 곽윤직 (주 11), 232면; 송덕수 (주 11), 399면; 박
　　동섭 (주 12), 720면 등. 그러나 이경희 (주 12), 534면은 2명이 필요하다고 한다.
94) 긍정하는 견해로 박동섭 (주 12), 719면; 송덕수 (주 11), 398면.
95) 이로써 김형석 (주 8), 101면의 견해는 변경한다.

(3) 신체장애와 유언의 방식

유언의 자유는 헌법상 보장되는 권리이므로[앞의 Ⅱ. 1. (1) (나) 참
조], 입법자는 유언방식을 규정할 때에도 그 본질적 내용을 침해하지 않
아야 한다(헌법 제37조/제2항 참조). 이와 관련해 독일에서는 문자능력과 구수능력이 모
두 없는 사람(즉 文盲의 聾啞者)이 사용할 수 있는 유언방식이 없는 법상
태(개정전 독일민법 제2233조/제2항, 제3항 참조)에 대해 연방헌법재판소가 헌법불합치를 선언하였고[96]
그에 따라 2002년 8월 1일 독일민법 제2233조가 개정됨으로써 문제가 해
소된 전례가 있다.[97] 우리 민법의 방식에는 이러한 난점은 없는가?

시각장애인의 경우 공정증서에 의한 유언을 할 수 있다고 보아야
한다.[98] 또한 청각장애인인 경우 언어능력 또는 문자능력이 있는 한에서
는 특별한 문제가 발생하지 않으며, 언어장애인이더라도 문자능력이 있다
면 자필증서에 의한 유언이나 비밀증서에 의한 유언을 할 수 있을 것이
다.[99] 반면 문맹의 농아자의 경우에는 난점이 있을 수 있다. 그는 문맹
이므로 자필증서에 의한 유언을 할 수 없고, 농아자이므로 녹음, 구수증
서에 의한 유언을 할 수 없다. 비밀증서에 의한 유언은 자서나 구수가
요건이 아니어서 타인에게 증서작성을 맡길 수는 있겠지만 유언자가 문
맹인 이상 그 의사가 유언서에 정확하게 반영되어 있는지 확인할 수 없
어 역시 사용할 수 없다고 할 것이다.[100] 결국 문맹의 농아자는 공정증
서에 의해 유언을 해야 할 것이고, 공증인법은 촉탁인이 듣지 못하거나
말하지 못하는 등 말로 의사소통이 불가능한 사람으로서 문자도 해득하
지 못하는 경우에는 공증인이 증서를 작성하려면 통역인을 사용해야 한
다고 규정하므로(동법/제28조) 수화 통역인 등을 사용해 유언하도록 해야 한

---

96) BVerfGE 99, 341.
97) 경과에 대해 윤진수 (주 5), 7면 이하; Zimmermann (주 82), p. 209-210 참조.
98) 상세한 내용은 윤부찬 (주 23), 161-163면. 유언자의 서명은 공증인 및 참여인
의 날인으로 갈음하는 방법으로 해야 한다고 한다(공증인법 제29조 제1항, 제38조
제4항).
99) 윤부찬 (주 23), 163-165면.
100) 윤진수 (주 5), 10면. 김영희, "공정증서유언과 장애인 차별" 가족법연구, 제16권
제1호, 2002, 258면 주 3도 다른 이유에서 같은 취지이다.

다.[101] 물론 문제는 중한 질병으로 언어능력을 상실하여 수화를 배울 기회도 없었던 문맹의 사람인데, 이 때에는 어떠한 유언방법도 도움을 줄 수가 없다. 그러나 이는 법질서로서는 어찌할 수 없는 상태이다. 설령 그를 위해 제1068조의 문언에 반해 거동에 의한 구수를 인정해[아래 Ⅲ. 3. (2) (나) 참조] 공정증서 유언을 가능하게 한다고 해도, 그러한 거동만으로는 그가 원하는 효과의사를 공증인에게 전달할 수 없고 또한 타인이 작성한 유언 내용(누가 결정하는가?)에 거동으로 반응하게 하는 것만으로는 유언자의 진의를 확보할 수 없기 때문이다. 애석하게도 이는 신체적 제약을 이유로 하는 사실상의 유언무능력에 해당한다고 해야 할 것이며, 위헌의 문제는 제기되지 않는다고 생각된다.

2. 자필증서에 의한 유언

(1) 의   의

(가) 자필증서에 의한 유언은 유언자가 그 전문과 연월일, 주소, 성명을 자서하고 날인하는 방식의 유언을 말한다(제1066조). 자필증서 유언은 문자를 해득하는 사람이라면 거의 비용을 들이지 아니하고 간단하게 작성할 수 있고(이로써 유언의 지속적인 수정도 간편해진다), 시간과 장소에 구애받지 아니하며, 다른 사람을 의식하지 않고 유언내용을 결정할 수 있을 뿐만 아니라 이후 비밀을 유지할 수 있다는 점에서 편리한 유언의 방식이다.[102] 반면 사소한 실수로 유언 전체가 무효가 될 위험이 있을 뿐만 아니라, 유언증서가 사후에 반드시 쉽게 발견될 수 있는 것도 아니며, 그 내용이 불분명할 수 있고 위조·변조의 가능성이 있다는 점에서

---

101) 윤부찬 (주 23), 165면. 반면 김영희 (주 100), 265면은 민법 제1068조의 취지상 공증인법 제28조가 적용될 수 없다고 하여, 문맹의 농아자가 사용할 수 있는 유언 방식이 없다고 한다. 물론 제1068조가 의사표시를 구수 방법에 한정하고 있다는 점에서는 공증인법에 대한 특별규정으로 보이기는 하지만, 구수가 가능하지 않는 경우에 대해 공증인법이 보충적으로 적용될 수 있는지 여부가 해석상 반드시 명백한 것은 아니다. 그렇다면 이는 헌법합치적 해석이 가능한 사안이라고 생각되므로, 문맹의 농아자에게 유언이 가능한 방향의 해석을 채택해야 한다.
102) von Hippel (주 81), S. 169ff.

불리한 점도 적지 않다.[103] 그러한 이유에서 민법은 자필증서 유언도 가정법원의 검인을 받도록 하고 있다(제1091조 참조).

(나) 자필증서에 의한 유언과 관련해서는 날인을 해야 한다는 부분과 주소를 자서해야 한다는 부분의 위헌성이 다투어진 바 있다. 헌법재판소는 입증기능이 취약한 자필증서 유언에서 유언자의 진의와 동일성을 확보하면서 분쟁을 예방한다는 입법목적에 비추어 날인과 주소 자서를 요구하는 것은 과잉금지의 원칙에 반하지 않는다고 하여 합헌으로 판단하였다.[104] 그러나 이에 대해서는, 날인과 주소 자서의 입법목적은 규정되어 있는 다른 요건에 의해 이미 충족될 수 있을 뿐만 아니라 이들 요건이 그러한 목적에 반드시 적절한 것도 아니기 때문에 방법의 적합성이나 침해의 최소성을 준수했다고 보기 어렵다는 이유로 위헌이라는 비판도 제기되고 있다.[105]

실제로 날인과 주소 자서의 요건은 입법정책적으로 재고할 여지가 있는 것은 사실이다. 그러나 날인과 주소 자서 요건이 위헌이라고 보기는 어렵다고 생각된다. 어떠한 법질서가 다양한 방식에 의한 유언을 가능하게 하고 있는 이상 자필증서에 의한 유언을 허용하지 않는다고 해도 그 상태를 위헌으로 보기는 어려울 것인데,[106] 그렇다면 자필증서 유언을

---

103) 그래서 Schmoeckel (주 54), § 19 Rn. 15는 입법정책적으로 비판적이다. 반면 von Hippel (주 81), S. 174f.는 실무의 경험에 비추어 자필증서 유언의 은닉이나 위조·변조 가능성이 그다지 크지는 않다고 지적한다.

104) 憲裁決 2008. 3. 27. 2006헌바82, 헌집 20-1, 355; 2008. 12. 26. 2007헌바128, 헌집 20-2, 648.

105) 현소혜, "유언방식의 개선방향에 관한 연구", 가족법연구, 제23권 제2호, 2009, 16면 이하; 주소에 한정하여 윤진수 (주 77), 524면 이하. 한편 정구태, "헌법합치적 법률해석의 관점에서 바라본 주소가 누락된 자필증서 유언의 효력", 강원법학, 제43권, 2014, 625면 이하는 주소 요건에 한정하여 동일성 확보가 어려운 경우에만 헌법에 위반되지 않는 한정합헌이라고 한다.

106) 실제로 자필증서 유언은 주로 대륙법 국가에서만 발견되고, 거기서도 적용범위를 제한하거나 요건을 엄격하게 하는 나라들도 존재한다. 예를 들어 네덜란드 신민법에서 자필증서에 의한 유언은 원칙적으로 가능하지 않다. 즉 유언자가 자필한 유언증서도 원칙적으로 공증인에게 제출하여 보관하는 형태로만 가능하므로 이는 공정증서 유언이며(Depot-testament; 동법 제4:94조, 제4:95조), 통상의 자필증서 작성은 의복이나 보석 같은 사소한 개인적 소지품에 관한 사항 등 예외적인 유언사

도입함으로써 그 단점을 무릅쓰고 유언의 자유를 확대하고 있는[107] 입법자가 그 단점을 상쇄하기 위해 날인이나 주소 자서를 요구한다고 해도 그것은 확대하는 유언의 자유의 범위를 조정하는 것이어서 유언의 자유를 과도하게 제약한다고 말할 수는 없기 때문이다.[108]

유언의 자유는 재산권보장에 기초를 두고 있으므로[앞의 Ⅱ. 1. (1) (나) 참조] 그것의 내용과 한계는 법률에 의해 비로소 정해진다(헌법 제23조 제1항 제2문). 그러므로 입법형성을 기다리지 않고 헌법상 보호범위가 확정되어 있고 주로 국가를 상대로 하는 기본권(대표적으로 자유권적 기본권)과 제도적으로 보장되는 본질적 내용 외에는 입법에 의해 비로소 그 내용과 한계가 형성되고 사인들 사이의 이익을 조정하는 유언의 자유와 관련해서는 그 제한을 비례원칙에 비추어 판단할 때 상당한 차이가 있을 수밖에 없고, 이 차이가 바로 입법자의 넓은 입법형성 재량이라고 불리는 현상이다.[109] 따라서 여기서 문제는 제도적으로 보장되고 있는 유언의 본질적 내용이 날인과 주소 자서에 의해 과도하게 침해되는지 즉 자필증서에 주소 자서와 날인이 요구됨으로써 (자필증서 유언의 자유가 아니라!) 유언의 자유 일반의 본질적 내용이 침해되는지 여부로 귀결한다. 그런데 적어도

항에 대해서만 가능하다(Codicil; 동법 제4:97조). 또한 몇몇 나라들은 성년자에게만 자필증서 유언을 허용한다. 이상의 내용에 대해 Reid, de Waal and Zimmermann (주 83), p. 438-441 참조.

107) Frank/Helms (주 55), § 5 Rn. 6.

108) 김형석 (주 8), 98면 주 71.

109) Leisner in Isensee/Kirchhof (hrsg.), *Handbuch des Staatsrechts*, Band Ⅵ, 2001, § 149 Rn. 61ff., § 150 Rn. 22. 상세하게 Ruffert, *Vorrang der Verfassung und Eigenständigkeit des Privatrechts*, 2001, S. 104ff. 참조. 실제로 위헌론 또는 한정위헌론(주 105 참조)의 논증은 일단 입법자가 자필증서 유언을 도입하였다는 사실로부터 마치 '자필증서에 의한 유언의 자유'가 헌법상 보장되는 보호범위를 가지고 있는 것처럼 전제하고서 날인과 주소 자서 요건이 그에 대한 적절하고 최소침해적 수단인지 여부를 검토하는 방식으로 비례원칙을 적용하고 있어, 이 차이를 간과하고 있는 것으로 보인다. 그러나 헌법이 보장하고 있는 권리는 자필증서 유언이 아니라 유언 일반이다 그런데 이렇게 법률에 의해 그 내용과 한계가 비로소 구체화되는 기본권에서는 "과잉금지의 범위에서 이루어지는 형량의 저울에는 아직 기본권적으로 확립된 지위는 아직 존재하지 않"으며, 그렇기 때문에 "내용형성의 범위에서 서로 충돌하는 이익들의 형량에서 입법자에게 […] 보다 더 넓은 재량여지가 주어지는 것이다"[Ruffert (주 109), S. 117f.].

이미 유언의 자유가 보장되는 네 가지 방식에 더하여 자필증서 방식을 입법자가 도입하는 것이라면[110] 다소 엄격하게 날인과 주소 자서를 요구한다고 해서 사후 재산에 대한 처분의 자유를 보장한다는 유언제도의 본질이 침해된다고 말하기에는 주저된다.[111] 즉 입법자가 최종의사의 진정성·종국성을 확인하고 유언자 동일성을 확보하기 위해 날인과 주소 자서 요건을 두는 것이 무의미하고 불합리하다고 단정할 이유가 없는 이

---

110) 반면 본문의 설명은 유언방식에 대해 위헌심사를 실질적으로 배제할 뿐만 아니라, 다른 유언방식이 존재한다는 사정은 "이미 사망하여 더 이상 새로운 유언을 할 수 없는 사람의 보호가 문제되는 것"이기에 고려될 수 없다고 즉 "생전에 이미 자신의 유언이 방식에 어긋났음을 알고 다른 방식에 의한 유언을 할 수 있을 정도의 법률지식을 가지고 있는 자라면 애초에 방식에 어긋난 유언을 하지도 않을 것"이라는 비판이 있다[가령 현소혜 (주 105), 24-25면 참조]. 그러나 앞의 비판에 대해 본다면, 본문의 논의가 위헌심사를 배제하는 입법재량을 인정하는 것은 아니다. 앞서 보았지만[앞의 Ⅲ. 1. (3) 참조] 만일 우리 공증인법이 문맹의 농아자에게 통역인의 가능성을 인정하지 않았더라면, 유언의 자유에 대한 본질적 침해를 구성하여 위헌일 가능성이 매우 높았을 것이다. 본문의 취지는 다른 유언가능성을 고려할 때 적어도 날인과 주소 자서 요건으로 유언의 자유 자체가 과도히 제한된다고 말할 수는 없다는 것뿐이다. 한편 뒤의 비판은 이 문제와 직접 관련이 없다. 사인행위가 아니더라도, 구체적 규범통제와 헌법소원의 체계에서 모든 위헌 판단은 다투어지고 있는 법률에 의해 (대개 법률의 부지로) 종국적이고 돌이킬 수 없는 불이익을 입은 사람의 지위를 전제하기 마련이며(그렇기에 바로 규범통제로 다투고 있는 것이다!), 그렇다고 해서 그런 사정이 별도로 고려할 요소로 생각되지는 않는다. 예를 들어 최고만으로 종국적인 시효중단이 가능하다고 생각하여 다른 조치를 취하지 않은 채권자가 민법 제174조의 위헌성을 주장하는 경우(물론 합헌일 것이다), 그가 이제 시효완성으로 종국적으로 채권을 상실하게 되었고 이를 되돌릴 수 없다는 사정이 위헌 여부 판단에서 특별히 고려될 요소가 아닌 것과 다를 바 없다(여기서 6개월 내에 소를 제기해야 한다는 것을 알 정도의 법률지식이 있는 사람이라면 최고만 하지는 않았을 것이라는 사정이 판단에 어떠한 영향을 주는가?). 어느 경우나 사전적으로(ex ante) 권리주체가 가지는 재산권의 본질적 내용이 보장되어 있는지 여부만이 문제되며, 이 경우 보장되는 권리는 자필증서 유언의 자유가 아니라 유언의 자유 일반이다. 그러므로 그것이 보장되었는지 여부는 당연히 생존시 유언제도 전체를 기준으로 판단해야 한다. 그리고 특정 방식을 선택하는 유언자는 당연히 그 장점뿐만 아니라 위험도 함께 채택하는 것이다.

111) 이에 대해서는 일단 입법자가 자필증서 유언을 도입하는 이상 그 유언의 방식은 합리적이어야 하며, 국가는 기본권 제한을 최소화해야 한다는 비판이 있다[윤진수 (주 77), 534면]. 그러나 주소 자서를 요구하는 것이 입법정책적으로 합리적인지 여부와 그것이 유언제도의 본질을 침해하여 위헌인지 여부는 동일한 문제가 아니라고 생각된다. 불합리하지만 합헌인 법률은 충분히 존재할 수 있기 때문이다. 그리고 기본권 제한을 최소화해야 한다는 논의에 대해서는 앞의 주 109 참조.

상[112] 비례원칙은 준수되었다고 보아야 한다. 물론 수범자가 이해하기 어려워 위반하기 쉬운 규범을 입법자가 도입함으로써 유언 무효를 유도할 가능성을 창출한다면 다른 유언방식 선택을 방해하면서 유언의 자유를 위태화한다는 관점에서 위헌의 혐의가 발생할 수 있을지도 모른다. 그러나 날인이나 주소 자서에 대해 그렇게 말할 수는 없다고 보인다. 두 요건은 민법 제1066조 제1항으로부터 복잡한 해석 없이 인식할 수 있기 때문이다. 요컨대 인터넷 검색창에 "유언"이라는 두 글자를 치는 수고도 하지 아니하여[113] 무효인 자필유언을 작성한 유언자에 대해 날인과 주소 자서를 요구하는 법률이 유언의 자유를 "과도하게 침해한다"고 평가할 수 있는지는 의문이다.

---

112) 물론 위헌론은 날인과 주소의 의미에 대해서 회의적이다. 예를 들어 현소혜 (주 105), 19면 이하, 28면 이하는 날인이 문서 말미에 요구되는 것이 아니고, 주소의 동일성 확인적 기능이 감퇴하였다는 이유로 이를 의문시하며, 윤진수 (주 77), 525면; 김영희 (주 80), 124면; 정구태 (주 105), 624면도 주소 자서와 관련해 주소의 기재가 없어서 유언자의 동일성 확인이 곤란한 경우는 없다고 한다. 그러나 이에는 동의하기 어려우며, 그러한 이유만으로 날인과 주소 자서가 무의미하다고 할 수는 없다고 생각된다. 우선 날인이 문서 말미에 요구되지 않아 종국성을 담보할 수 없다는 주장은 독일의 서명에 관한 설명을 문화적 의미가 다른 날인에 적용한 것이어서 의문이다. 우리나라의 관행상 문서 말미에 있지 아니한 날인도 진정성과 종국성을 보일 수 있다는 점은 쉽게 부정할 수 없다고 보인다(그렇지 않다면 封印의 관행은 무엇이란 말인가?). 게다가 독일에서도 말미의 서명만이 종국성을 보인다는 입법자의 태도에 설득력 있는 비판이 제기되고 있음을 잊어서는 안 된다[von Hippel (주 81), S. 77ff. 참조]. 한편 주소도 유언자 동일성을 보다 손쉽게 그리고 확실하게 확인할 수 있게 하므로, 이를 입법정책적으로 고려하는 것을 무의미하다고 말할 수는 없다(다른 방식에 대한 논의이지만 독일 민법 제정과정에서 Motive V, 271f. = Mugdan V, 143 참조: "신원의 확인은 경우에 따라 그의 주소의 적시로 현저하게 용이하게 된다"). 예컨대 노령이나 질병으로 인한 손떨림으로 필적만으로 유언자의 동일성을 완전히 확신하기 어려운 경우에 주소 자서가 도움을 줄 수 있는 사안이 결코 없을 것이라고 어떻게 단정할 수 있겠는가? 또한 입법자가 교차확인이나 보충확인의 목적을 추구하는 것을 의미가 없다고 비난하기는 어렵다. 그러므로 법률의 요구가 무의미하다고 단정함에는 신중해야 하며, 그러한 의미에서 이들 요건과 관련해 유언의 자유에 대한 과잉침해를 운위할 수는 없다고 생각된다. 물론, 이미 본문에서 지적하였지만, 이 두 요건이 입법정책적으로 비판의 여지가 없다는 의미는 결코 아니다.
113) 필자는 대표적인 두 검색엔진의 최상위 검색결과로부터 매우 상세한 정보를 제공받을 수 있었다.

(2) 자필증서 유언의 요건

(가) 유언자가 유언서를 "그 전문과 연월일, 주소, 성명을 자서" 즉 자신이 유언서 전부를 직접 써야 한다

이는 유언자의 동일성과 유언의 진정성을 필적에 의해 확인하고자 위한 것으로, 중요한 점은 개인의 필체가 나타나도록 유언서가 직접 작성되었다는 사실이다. 그러므로 장애로 인해 손이나 입으로 글씨를 쓰는 사람은 손이나 발로 유언서를 자필할 수 있다.[114] 반면 타인이 대서·대필한 유언서나 유언자 자신이 타자기나 워드프로세서 등을 사용하여 기계적인 방식으로 작성한 유언서는 자필증서로 효력이 없다.[115] 그것이 유언자의 부탁에 의해 작성되었다거나 유언자가 그 내용에 동의하였다고 해도 그러하다. 또한 유언서의 일부가 자서되어 있다고 하더라도 다른 일부가 타인에 의해 또는 기계적으로 작성되었다면 마찬가지이다.[116] 그래서 예컨대 본문은 자필이더라도 첨부된 재산목록을 타이프하거나 인쇄하였다면 자필 요건을 충족하지 못한다.[117] 우리 문헌에서는 일부를 타인이 쓴 경우에는 해당 부분은 무효이지만 나머지 부분도 유효한지 여부는 유언의 해석문제로 취급되어야 한다는 견해[118]가 있으나, "全文"(제1066조 제1항)을 자서해야 한다는 문언과 부합하지 않을 뿐만 아니라 그러한 유언서는 필적의 혼동으로 작성경위의 진정성에 의문도 존재하므로 자서 부분에도 효력을 인정할 수 없다고 해야 한다.[119] 다만 기계적으로 작성된 일부 내용을 포함하는 유언서의 경우에는 필적 혼동의 문제가 없으므

---

114) 김영희, "자필증서 유언방식에 관한 제문제", 가족법연구, 제17권 제2호, 2003, 262면; Lange (주 7), Kap. 4 Rn. 18; Terré, Lequette et Gaudemet (주 68), n° 417 note 2.

115) 大判 1994. 12. 22. 94다13695, 공보 1995, 623.

116) 자필증서에 의한 유언에서 "자필"을 지칭하는 영어 또는 프랑스어 단어는 그리스어 holographos 즉 전부(holos)를 손으로 썼다는(graphos) 말에서 유래한다.

117) 東京高判 1984. 3. 22. 判例時報 제1115호, 103면.

118) 곽윤직 (주 11), 376면; 박병호 (주 18), 431면 등. 신영호 (주 12), 461면도 유사하다.

119) 같은 취지로 von Hippel (주 81), S. 38. 일본에서는 다양한 견해가 주장된다. 中川淳, 相續法逐條解說(下卷), 1995, 41면 참조.

로 당해 부분만을 무효로 하고 유언의 해석문제로 취급할 수 있다. 또한 유언서가 자서되지 않은 문서를 포함하고 있더라도 그 문서에 대한 참조가 유언의 의미를 명확하게 하는 것에 그친다면 이는 무해하다고 할 것이다.[120]

　문제는 적법한 자필증서 유언의 원본에 대한 포토카피 복사본(스캔이미지 출력본도 이에 준할 것이다)이 자필증서 유언으로서 효력을 가질 수 있는지 여부이다. 이는 유언자의 필적을 확인할 수 있으므로 유언자 진의를 존중한다는 점에서 자필증서로 볼 여지가 없는 것은 아니다. 독일의 판례와 통설이 그러한 입장으로,[121] 유언자가 복사본을 단순한 사본이 아닌 유언의 원본으로 할 의사였다면 자필증서가 될 수 있다고 하며 그에 대한 입증책임은 복사본으로부터 권리를 주장하는 자에게 있다고 한다.[122] 그러나 포토카피된 복사본이 "자서"되었다고 보는 것은 문언상 무리가 있다. 게다가 이를 인정하면 과연 복사본이 조작 없는 정확한 포토카피인지 여부 그리고 유언자가 그 복사본을 원본으로 할 의사였는지 여부 등에 대한 까다로운 입증 문제가 제기되는데, 자필증서 방식의 목적은 바로 그러한 입증분쟁의 발생을 회피하기 위해 입법자가 자서라는 특정 수단을 선택하였다는 것에 있다. 그러므로 포토카피 복사본은 그 자체로 자필증서 유언은 될 수 없다고 하겠다.[123] 판례도 같다.[124] 다만

---

120) 김영희 (주 114), 263면; Palandt/Weidlich (주 45), § 2347 Rn. 8. 김주수·김상용 (주 12), 741면도 참조.
121) BGHZ 47, 68; Zimmermann (주 82), p. 198 참조.
122) Hagena in *Münchener Kommentar* (주 65), § 2247 Rn. 14.
123) 같은 취지로 신영호 (주 12), 461면. 실제로 포토카피를 자필증서로 인정하는 예는 독일과 오스트리아 두 나라에 그치는 것으로 보인다. Reid, de Waal and Zimmermann (주 83), p. 442 참조. 그러나 (타인에게 보관 중인) 자필증서 유언 원본의 복사본에 유언자가 자서하는 방식으로 내용을 첨가·수정하여 원본과 복사본이 하나의 유언증서를 형성한다고 볼 수 있는 경우에는 자필증서로 볼 수 있을 것이다(OLG München, ZEV 2006, 33).
124) 大判 1998. 6. 12. 97다38510, 집 46-1, 403; 제주지판 2008. 4. 23. 2007가단 22957, 27419, 각공 2008, 1027. 전자의 경우 복사본 외에도 원본이 존재하였으므로 실제로는 문제가 되지 않았으나, 후자의 경우 복사본에 인감을 날인한 유언이 무효로 판단되었다.

원본 자필증서의 존재와 내용을 알 수 있게 하므로 (멸실·분실되었을 수도 있는) 자필증서 유언의 존재와 내용에 대한 입증수단의 의미는 가질 것이다.[125]

유언자가 유언증서를 자서한 이상, 그가 이미 존재하는 유언 견본을 자신의 유언 내용으로 할 의사를 가지고 그대로 베껴 썼다고 하더라도 무방하다.[126] 질병으로 인한 손 떨림 등의 경우 유언자가 본인의 의사에 따라 스스로 작성하였다면 필기나 운필에 (예컨대 어깨나 팔 윗부분을 잡아 주는 등) 타인의 부수적인 조력을 받은 때에도 이를 자서로 볼 수 있다고 할 것이다.[127] 유언서 전문을 하나의 용지에 쓸 필요도 없고, 여러 장이 되어도 계인이나 편철이 필요한 것은 아니다. 어떠한 용지나 필기구를 사용하였는지도 상관없으며, 외국어나 속기문자를 사용해도 무방하다. 다만 점자로 작성한 유언증서는 필체의 개성을 통해 유언자의 동일성을 확인하기에 어려우므로 자필증서에 해당하지 않는다고 해석되고 있다.[128] 또한 자서하였다고 하더라도 이를 해독할 수 없는 부분이 있다면 그 한도에서 유언의 내용은 인정될 수 없으며, 다른 부분을 통해 내용을 추측할 수 있어도 그러하다.[129]

(나) 유언자는 유언서 작성의 연월일을 자서해야 한다

우선 유언서 작성 시점은 유언서의 진위 확인이라는 사실상의 기능 외에도 여러 법률문제와 관련해 중요한 의미를 가진다.[130] 예를 들어 유언자의 유언능력 존부의 기준 시점이 되며(제1061조), 다수의 유언이 존재할 때 철회 여부를 판단할 때에도 그 선후가 결정한다(제1109조). 또한 유언의 취소사유가 존재하였는지 또는 유언의 해석에 도움을 주는 사정이 무엇인지를 알 수 있게 한다. 유언서 작성 연월일의 자서는 유언의 성립시기

---

125) Terré, Lequette et Gaudemet (주 68), n° 417 note 4.
126) 김영희 (주 114), 264면; Malaurie et Brenner (주 41), n° 514.
127) 김영희 (주 114), 264-265면; Malaurie et Brenner (주 41), n° 514.
128) 김영희 (주 114), 265-266면; Lange (주 7), Kap. 4 Rn. 20; Malaurie et Brenner (주 41), n° 514.
129) Lange (주 7), Kap. 4 Rn. 20.
130) von Hippel (주 81), S. 42 참조.

를 명확히 하여 이러한 법률문제에 대응하기 위한 것이다.[131] 따라서 연월일의 자서가 없는 유언은 무효이다(제1060조, 제1066조 제1항). 제1066조 제1항에 따라 연·월·일 모두를 기재해야 하므로, 예컨대 "2002년 12월"과 같이 日의 기재가 없는 자필증서 유언은 무효이다.[132] 유언서에서 연월일의 위치는 상관이 없다. 일체성이 인정되는 이상 유언서를 넣은 봉투에 기재하는 것도 무방하다고 하는데,[133] 이는 유언서가 완결되어 밀봉된 봉투의 경우에만 그러할 것이다.[134]

그런데 앞서 언급하였지만[앞의 Ⅲ. 1. (1) 참조], 일자의 기재가 없거나 불충분하다는 이유로 유언을 무효로 선언하는 것이 불편하게 여겨지는 사안이 존재할 수 있다. 특히 연월일의 기재가 없거나 불충분하거나 부정확하지만 그럼에도 유언이 유언자의 진의에 의한 것임이 명백한 경우에 그러하다.

프랑스 판례는 이미 19세기부터 유언의 내용으로부터 작성 연월일을 추단할 수 있으면 연월일의 기재가 없더라도 유언을 유효하다고 판단해오고 있었다.[135] 이러한 해석은 유언의 작성일이 어쨌든 유언서의 내용으로부터 추단되므로 논란의 여지는 상대적으로 크지 않다. 까다로운 문제는 연월일의 자서가 없거나 불충분하지만 유언서 외부의 제반사정에 비추어 작성이 추측되는 기간 동안 분쟁의 소지가 될 만한 사정이 없다고 입증된다면 그러한 유언을 유효로 볼 수 있는지 여부이다. 예를 들어 앞서 예시한 "2002년 12월"의 유언에서, 2002년 12월 1일부터 31일까지 사이에 유언자에게 유언능력이 있었고 2002년 12월 1일 이후의 일자를 가지고 있는 유언서 기타 철회사유가 없다면, 이 자필증서 유언을 유효하다고 볼 수 있지 않겠는가? 프랑스 파기원은 이러한 고려에 기초해서

---

131) 김영희 (주 114), 267면; Malaurie et Brenner (주 41), n° 515.

132) 大判 2009. 5. 14. 2009다9768, 공보 2009, 840.

133) 곽윤직 (주 11), 230면; 김주수·김상용 (주 12), 742면; 송덕수 (주 11), 396면 등.

134) 같은 취지로 中川 (주 119), 53면. 김영희 (주 114), 272-273면도 참조.

135) Terré, Lequette et Gaudemet (주 68), n° 421; Malaurie et Brenner (주 41), n° 516.

1983년에 日의 자서가 결여된 유언의 유효성을 시인하였고,[136] 2007년에는 이러한 법리를 연월일의 기재가 아예 없는 유언에도 확장하였다.[137]

독일의 경우 제정 당시 독일 민법전은 유언을 작성한 장소와 날짜를 자서할 것을 요구하고 있었다(동법 제2231조 제2호). 그런데 유언서에 작성시점을 알리는 표현을 쓰면서도 연월일을 쓰지 않거나, 주소와 해당 연도가 인쇄된 편지지에 유언서를 쓰면서 장소와 연도 부분을 자서하지 않거나, 실수로 잘못된 연월일을 기재하거나, 유언서가 아닌 봉투에 날짜를 자서하거나 하는 사안들이 빈발하였다. 당시의 다수의 판례는 이러한 사태에 직면하여 어떤 사안에서는 엄격한 해석을 적용해 유언을 무효로 선언하였지만, 반대로 유언서 내용으로부터 날짜가 추단될 수 있다고 하거나 봉투가 유언서와 일체를 이룬다고 하거나 그 밖에 여러 이유를 들어 유언을 유효로 판단한 재판례도 적지 않았다. 게다가 같은 법원에서 비슷한 시기의 사건들임에도 어떤 사건에서는 엄격하게, 다른 사건에서는 너그럽게 판단하는 경우도 종종 발견되었다.[138] 이러한 판례의 혼돈은 자필증서 유언의 법적 안정성에 대한 불만을 야기하였다. 이에 프리츠 폰 히펠은 자필증서 방식에 대한 그의 저서(1935)에서 독일 민법의 규율이 입법정책적으로 부당하다는 것을 보임과 동시에[139] 방식규정을 완화해서 해석하는 판례들이 실제로는 자신들의 형평감각에 따른 결론을 관철하기 위해 개념법학적 수단을 이용해 법률에 반하는 해석을 하고 있음을 논증하고,[140] 문제의 근본적 해결은 법률의 개정에 있음을 주장하였다.[141] 그리고 바로 그 입법적 해결은 예상하지 못한 방법으로 도래하였다. 1938년 봄 자신이 관용 편지지에 작성한 자필증서 유언이 무효라는 지적을 받고

---

136) Cass. civ. 1re, 9 mars 1983, Bull. civ. I, n° 95 (Payan 판결).

137) Cass. civ. 1re, 10 mai 2007, Bull. civ. I, n° 182 (Garon 판결). 이 판결은 대체로 학설의 지지를 받았지만, 같은 법리를 자서나 서명의 요건에 확장하는 것은 거부되고 있다. Nicod, *Recueil Dalloz* 2007, 2126, n° 15 참조.

138) 철저하고 인상적인 판례 분석으로 von Hippel (주 81), S. 47ff.

139) von Hippel (주 81), S. 43ff.: "부적당한 호기심."

140) von Hippel (주 81), S. 59: "법률에 대항하는 숨은 법정책적 투쟁의 징후."

141) von Hippel (주 81), S. 141ff.

분노한 히틀러의 지시에 따라 법무부는 폰 히펠의 개정제안을 좇은 「유언법」(1938)을 제정하였고,[142] 그에 따라 장소나 연월일의 기재가 없더라도 달리 이를 확정할 수 있으면 유언은 유효할 수 있게 되었다(독법 제21조, 제2항, 제5항). 이 개정내용은 나치 이데올로기와 무관하였으므로[143] 1953년 개정으로 다시 민법전에 편입될 때에도 유지되었다(독일 민법 제2247조, 제2항, 제5항).

이러한 프랑스와 독일의 경험을 배경으로 우리 학설의 태도를 살펴보면, 프랑스 판례와 마찬가지로 연월일은 구체적으로 역법에 따라 기재할 필요는 없으며 연월일을 확정할 수 있도록 기재하면 충분하다고 하고 (예컨대 "만 50세 생일에"), 그 밖에 본문의 내용으로부터 명백히 연월일을 인식할 수 있으면 별도로 자서할 필요도 없다고 한다.[144] 사실 이러한 경우 연월일이 유언만으로 확정되는 것은 아니다. 예컨대 "만 50세 생일"의 경우, 외부의 증거조사(예컨대 가족관계등록부)에 의존할 때 비로소 작성 연월일의 특정이 가능하기 때문이다. 그러나 유언서가 연월일 확정에 충분한 정보를 포함하고 있고 외부의 증거조사에 논란의 여지가 거의 없으므로 이러한 기재는 연월일을 기재한 것으로 볼 수 있다고 생각된다. 한편 학설은 둘 이상의 연월일이 자서된 때에는 뒤의 일자에 유언이 작성된 것으로 취급해야 한다고 하는데,[145] 이는 일률적으로 말할 수 없고 개별적으로 판단해야 할 것이다. 예컨대 먼저 작성된 유언에 추가적으로 내용을 덧붙인 경우에는 각 연월일이 상응하는 유언 각 부분에 대해 유의미하겠지만, 앞의 날짜에 유언 작성을 시작하여 뒤의 날짜에 마무리한 경우에는 뒤의 날짜를 기준으로 해야 한다.

---

142) 김형석 (주 8), 98면 주 73 참조.

143) 나치법학자들은 자필증서 방식이 공동체에 대한 의무를 외면하는 개인주의적이고 자유주의적인 서유럽의 유언방식이라고 비난하면서 그 폐지를 시도하였지만 [Zimmermann (주 82), p. 193-194 참조], 폰 히펠은 그러한 비난이 근거 없음을 밝히고 자필증서 유언을 법정책적으로 옹호하였다[von Hippel (주 81), S. 162ff.]. 폰 히펠의 삶과 학문에 대해서는 Ramm, "Fritz von Hippel als Rechtstheoretiker und Rechtsphilosoph", *Juristenzeitung* 1992, 1141ff. 참조.

144) 곽윤직 (주 11), 229면; 김주수·김상용 (주 12), 742면; 박병호 (주 18), 432면; 김영희 (주 114), 270-271면; 신영호 (주 12), 462면 등.

145) 곽윤직 (주 11), 377면; 박병호 (주 18), 432면; 김영희 (주 114), 272면.

결국 어려운 문제는 연월일의 자서가 불충분하거나 결여된 유언이다. 이에 대해서는 우리 학설에서도 모순되는 다수의 유언서가 없는 이상 일자의 기재가 없어도 유언의 효력을 인정할 수 있다는 견해가 주장되고 있다.[146] 앞서 지적하였지만[Ⅲ. 1. (1)], 이는 진정성에 의문이 없으며 달리 유언능력이나 철회의 문제도 제기되지 아니하는 유언서의 경우에 법률에 반하는 정당한 결론과 법률을 존중하는 부당한 결론 사이의 어려운 선택이라는 형태로 나타난다. 주저되는 바가 없지 않으나, 방식을 완화해서 해석하는 견해에는 따르기 어렵다고 생각된다. 이 견해에 따른 해결은 결국 유언서 외부의 제반사정에 비추어 유언서 작성시점을 확인한다는 것을 전제로 한다. 그런데 법률의 의도는 유언서의 작성시점을 명백하게 하기 위해 연월일의 자서라는 특정 수단을 요구함으로써 그러한 입증문제가 제기되지 않도록 하겠다는 것이다.[147] 즉 민법은 무효라는 제재를 전제로(제1060조) 입법목적뿐만 아니라 그 목적달성을 위한 구체적 수단도 준수될 것을 요구하고 있는 것이다. 그러므로 다른 입증수단을 동원해 작성시점을 추측하려는 시도는 연월일의 자서를 요건으로 하여 유언 외부 사정에 관한 입증문제를 회피하고자 한 방식규정의 취지에 정면으로 반해 허용될 수 없다고 보인다. 그래서 폰 히펠은 해석론의 관점에서는 법률에 충실하게 엄격히 유언을 무효를 선언하거나 아니면 법률에 반하는(contra legem) 해석임을 솔직하게 인정하고 전면적이고 철저하게 추구할 선택지만이 있다고 보았던 것이다.[148] 여기서 개인적으로는 연월일의 자서가 유언자에게 준수를 기대할 수 있을 만한 수준의 요건이라는 사정과 법해석의 과제는 가능한 한 입법자의 결단을 존중해야 한다는 고려가 결국 법률에 반하는 해석으로 나아가는 것을 주저하게 한다.[149] 이러한 태도는 "그 내용의 끔찍한 도식성으로 우리의 법감정을 침

---

146) 김영희 (주 114), 268면; 이경희, "자필증서 유언의 성립 및 변경", 김상용 외, 가족법 판례해설, 2009, 511–512면. 윤진수 (주 5), 11면도 그러한 유언을 무효로 할 것인지는 다시 생각할 문제라고 한다.

147) von Hippel (주 81), S. 48f. 참조.

148) von Hippel (주 81), S. 157ff, 특히 162.

해하지만, 그 정직성과 법률충실이라는 점에서 인정되어야" 할 것인데, 왜냐하면 "잘못된 재판이라는 비난은 애초에 판결하는 사람이 아니라 그로서는 결정적이며 변경할 수 없는 법률에 떨어지기"150) 때문이다. 이 문제는 입법에 의해 정정되어야 한다.151) 실제로 스위스의 경우 판례는 연월일의 자서($\binom{스위스\ 민법}{제505조}$)가 없거나 불충분한 유언도 무효로 선언하는 입장을 견지하고 있었고, 그로부터 발생하는 부당한 결과는 결국 1995년 독일민법과 같은 내용으로 법률을 개정함으로써($\binom{동법}{제520a조}$) 제거되었다.152)

유언서에 연월일이 자서되면 원칙적으로 그 날짜로 유언 작성시기가 추정된다.153) 그러나 유언서를 작성한 연월일과 기재한 연월일이 상이하다는 것이 입증되었다면 유언은 무효이다.154) 다만 그것이 착오에 따른 오기이며 진정한 작성 연월일이 유언서로부터 명백히 추단된다면 그 유언을 무효라고 할 것은 아니고,155) 실제 작성된 연월일을 인정할 수 있을 것이다. 이 때에는 유언의 해석상 오표시무해(falsa demonstratio non nocet)의 법리가 적용되어야 하기 때문이다.156)

(다) 유언자는 주소를 자서해야 한다

주소의 자서는 유언자의 동일성을 확인하기 위해 요구되고 있다. 주소는 생활의 근거되는 곳을 말하므로($\binom{제18조}{제1항}$) 이 정보를 가지고 유언자의 동일성 확인이 훨씬 쉬워지거나 확실해지는 것이다. 유언자가 주소를 자서하지 않았다면 그 유언은 무효이고($\binom{제1060조,}{제1066조\ 제1항}$), 유언자의 특정에 지장이

---

149) Kipp/Coing (주 64), S. 131f.
150) von Hippel (주 81), S. 54f.
151) von Hippel (주 81), S. 64는 전면적으로 법률에 반하는 법형성을 선택하지 않는 이상 방식규정을 엄격하게 준수하는 것이 바람직하다고 말한다. "왜냐하면 법관은 형식에 따라 규율되는 통일적인 국가생활이 가능하기 위해 나쁜 법률에도 구속되기 때문이다." 다만 그 과정에서 발생하는 "희생이 국가생활의 제단에서 헛되이 되지 않고 필요한 개혁의 계기가 되도록" 배려해야 한다고 말한다.
152) Breitschmidt in *Basler Kommentar zum Schweizerischen Zivilgesetzbuch*, 4. Aufl., 2011, Art. 505 Rn. 7f.
153) Malaurie et Brenner (주 41), n° 516.
154) Malaurie et Brenner (주 41), n° 516.
155) 김영희 (주 114), 275면; 二宮 (주 33), 389면.
156) Breitschmidt, *Formvorschriften im Testamentsrecht*, 1982, Rn. 212.

없다고 하여 달리 볼 수 없다.[157]

유언서에 기재할 장소는 유언서의 작성 장소가 아니라 유언자의 주소이다. 주소는 주민등록법에 의하여 등록된 곳이 아니더라도 생활의 근거가 되는 곳이면 충분하다(제18조 제1항).[158] 주소를 자서해야 하므로 주소가 용지에 부동문자로 인쇄되어 있는 경우에는 주소의 자서로 볼 수 없다.[159] 학설은 주소도 일체성이 인정되는 이상 유언서가 아닌 봉투 등에 기재하여도 무방하다고 하지만,[160] 연월일에서와 마찬가지로 완결되어 밀봉된 봉투의 경우에만 그러하다.[161] 주소는 그 목적에 비추어 유언자의 동일성을 확인할 수 있을 정도로 특정되어야 한다. 그래서 예컨대 "서울 관악구" 정도만으로는 불충분하다고 보아야 할 것이다. 최근 대법원이 판단한 한 사건에서 유언자는 유언장의 말미에 작성연월일, 주민등록번호, 성명을 자서·날인하였고, 작성연월일 옆에 "암사동에서"라고만 기재하였다. 대법원은 "설령 망인이 […] 위 암사동 주소지에서 거주하였다고 볼 수 있다 하더라도, 망인이 이 사건 유언장에 기재한 '암사동에서'라는 부분을 다른 주소와 구별되는 정도의 표시를 갖춘 생활의 근거되는 곳을 기재한 것으로 보기는 어렵다"고 하여 유언을 무효로 판단하였다.[162] 이는 타당하다고 생각된다. 대법원이 지적한 대로 이 기재는 일단 주소의 기재인지 아니면 유언 작성 장소의 기재인지 여부부터 확실하지 않을 뿐만 아니라,[163] 그것이 주소의 기재라고 보더라도 유언자의 동일성을 확인할 수 있을 만큼의 특정을 결여하고 있기 때문이다. 또한 유언서에 다수의 지

---

157) 大判 2014. 9. 26. 2012다71688, 공보 2014, 2110 참조.

158) 위 大判 2014. 9. 26. (주 157).

159) 大判 2014. 10. 6. 2012다29564 (종합법률정보).

160) 김주수·김상용 (주 12), 742면; 송덕수 (주 11), 396면; 신영호 (주 12), 462면.

161) 大判 1998. 5. 29. 97다38503, 공보 1998, 1751; 1998. 6. 12. 94다38510, 집 46-1, 403 등에서도 봉투는 "봉함"되어 있었다.

162) 위 大判 2014. 9. 26. (주 157).

163) 관련하여 유언의 작성 장소의 자서를 요구하는 구 독일 민법 제2231조 제2호의 적용과 관련해 "temporarily residing in Baden-Baden"이라는 기재가 주소인지 작성 장소까지 의미하는지 불확실하다는 이유로 무효를 선언한 1919년 12월 13일 OLG Karlsruhe 판결에 대해 von Hippel (주 81), S. 22 참조.

번이 자서되어 있더라도 그것이 유증의 목적물을 지시하고 있는 한에서
는 주소의 자서라고 볼 수 없다.[164]

그런데 이러한 해석론은 개별 사안에서 가혹한 결론을 가져올 수
있는데, 이는 특히 유언자의 동일성이 주소의 기재 없이도 대개 분명하
기 때문에 그러하다. 그래서 학설에서는 주소가 누락되었더라도 다른 유
언 내용 등에 의해 유언자의 동일성 확인에 문제가 없는 이상 유효로 보아
야 한다는 주장이 있다.[165] 실제로 주소의 기재가 없어도 유효하다고 하는
하급심 재판례[166]도 발견된다. 그러나 이는 법률의 명백한 문언$\binom{\text{제1060조,}}{\text{제1066조 제1항}}$
에 반해서 받아들이기 어렵다고 생각된다.[167] 법률은 필적과 성명으로 동
일성 확인이 가능한 경우에도 주소 자서에 의해 동일성 확인을 보다 더
쉽게 하거나 교차확인으로 이를 확실하게 한다는 입법목적을 위해 (무효
라는 제재를 전제로) 주소의 자서라는 구체적인 수단이 준수될 것을 요구
하고 있는 것이므로, 달리 동일성이 확실하다는 이유로 주소 자서가 불
필요하다는 해석은 정면으로 법률에 반한다고 보아야 한다. 입법정책적
인 부당성은 별론으로 방식규정의 해석론으로서는 주소 자서를 포기할
수 없다고 할 것이다. 연월일 기재와 관련해 자세히 살펴본 내용[앞의
(나) 참조]이 여기서도 그대로 타당하다. 이 문제를 정정하는 것은 역시
입법이어야 하고 해석론의 권한은 넘어서는 일이라고 해야 한다.

(라) 유언자는 자신의 "성명을 자서하고 날인하여야 한다"

성명의 자서는 유언자의 동일성을 확인하기 위해, 날인은 최종적 의
사의 종국성과 유언의 완결성을 확인하기 위하여 요구하는 것이다. 통상
외국의 입법례는 이 두 가지 기능을 서명이라는 단일 요건에 의해 충족
하게 하지만,[168] 우리 민법은 이 두 기능을 분리하여 규율하고 있다고

164) 위 大判 2014. 10. 6. (주 159).
165) 김영희 (주 114), 276-277면; 이경희 (주 146), 511-512면; 정구태 (주 105), 635면
 이하.
166) 인천지판 1992. 10. 9. 91가합17999, 하집 1992-3, 184.
167) 같은 취지로 윤진수 (주 77), 514면 이하.
168) 독일 민법에서 동일성 확인과 종국성 확인이라는 두 기능이 서명이라는 단일한
 요건에 의해 충족되게 함으로써 판례상 혼란이 야기되었음을 지적하는 von

보인다.

성명은 유언자의 동일성을 지시할 수 있어야 하므로 원칙적으로 유언자는 가족관계등록부에 따른 성명을 기재해야 한다. 여권에 따른 로마자 이름을 자서하는 것도 허용된다고 할 것이다.[169] 그러나 더 나아가 이러한 공식적 성명에 한정된다고 할 것은 아니며, 유언자가 평소에 사용하는 아호나 예명을 자서하였다고 하더라도 그것이 공중에서 그를 지시하는 명칭으로 받아들여지고 있다면 성명 자서 요건을 충족한다고 할 것이다.[170] 중요한 것은 유언자가 자서하는 아호나 예명이 일반적으로 공중에 의해 받아들여지고 있어 동일성 지시에 의문이 없어야 한다는 점이다. 한편 통설은 성이나 이름만 쓰고 있더라도 유언서의 내용에 비추어 유언자의 동일성을 알 수 있게 한다면 유언으로서 유효하다고 하는데,[171] 경우를 나누어 보아야 한다. 우선 서양이나 일본과는 달리 우리는 성만 쓰는 관행이 없을 뿐만 아니라 그것만으로는 동일성 확인이 매우 불충분하므로 그러한 유언은 무효라고 해야 한다. 반면 이름만을 자서한 유언의 경우 유언의 내용에 성을 추단하게 하는 정보가 있다면 이를 유효라고 볼 수 있을 것이다. 예컨대 아버지가 자신의 이름만 자서하였으나 내용 중에 "내 딸 김○○에게 A 토지를 유증한다"고 기재한 사안이 그러할 것이다. 문제는 성명의 자서가 전혀 없으나 유언의 내용이나 그 밖의 사정으로부터 유언자의 성명을 확인할 수 있는 경우이다. 외국에서 자주 나타나는 예로는 편지 형식으로 작성된 유언에서 유언자 성명의 자서 없이 수신자만을 특정한 다음 가족관계("너의 아버지")나 별명 또는 애칭(독일 판례의 예를 빌리면 "Carola" 대신 "Ola"[172])을 적는 경우가 그러하다. 개별적으로 가혹한 사안이 있을 수 있겠지만, 성명의 자서를 요구하

Hippel (주 81), S. 77ff. 참조.

169) 김영희 (주 114), 280면 참조.

170) 곽윤직 (주 11), 230면; 김영희 (주 114), 278면; 김주수·김상용 (주 12), 742면; 송덕수 (주 11), 396면.

171) 곽윤직 (주 11), 230면; 김주수·김상용 (주 12), 742면; 박병호 (주 18), 432면.

172) RGZ 137, 213.

는 제1066조 제1항의 명백한 문언에 비추어 그러한 유언은 무효라고 보아야 한다고 생각된다.[173] 이에 대해서도 연월일에 대해서 서술한 것과 같은 내용이 타당하기 때문이다[앞의 (나) 참조].

성명은 반드시 유언서 마지막에 쓰여 있을 필요는 없으며, 유언서 처음에 자서되어 있어도 무방하다("나 김○○은 다음과 같이 유언한다").[174] 종국성과 완결성 기능까지 수행해야 하는 외국 민법과는 달리 우리 민법에서 성명은 기본적으로 동일성 확인 기능을 수행하면 충분하기 때문이다. 유언서를 넣고 밀봉한 봉투에 성명을 자서하는 것도 자필증서 요건을 충족한다고 보아야 한다.[175]

유언자는 날인에 의해 유언이 종국적으로 완결되었음을 표시하여 초안과 구별하는 기능을 수행한다. 즉 유언자의 동일성은 필적과 주소 및 성명의 자서에 의해 충분히 확인되므로, 날인은 기본적으로 사회통념에 따라 유언의 완결을 확인하는 의미를 가진다. 그러므로 날인하는 인장 또는 도장은 유언자 자신의 것이어야 하지만 등록된 인감일 필요는 없으며, 도장의 재질은 무관하여 값싼 목도장에 의한 날인도 허용된다. 본인의 신원을 표시하면서 문서를 완결한다는 의미가 있으므로 拇印이어도 좋으나,[176] 유언자의 무인이어야 함은 물론이다.[177] 유언의 완결을 표시하는 이상 날인은 타인을 시켜서 할 수도 있다고 해석할 것이다.[178] 날인의 위치와 관련해서는 유언서 마지막에 하는 것이 통상이겠지만, 유언이 종국적으로 완결되었음을 표현한다고 이해될 수 있는 이상 다른 위치에 날인하는 것도 허용된다.[179] 마찬가지로 유언서를 넣고 밀봉한 봉투

---

173) 그러나 신영호 (주 12), 463면; 정구태 (주 105), 643면 등은 반대 견해이다.

174) Malaurie et Brenner (주 41), n° 517. 같은 취지로 김영희 (주 114), 280면.

175) 같은 취지로 中川 (주 119), 61면. 김영희 (주 97), 281-282면도 참조.

176) 大判 1998. 5. 29. 97다38503, 공보 1998, 1751; 1998. 6. 12. 97다38510, 집 46-1, 403. 비교법적으로 1928년에 제정된 멕시코 민법이 자필증서 유언의 경우 무인을 요구한다 (동법 제1553조).

177) 大判 2007. 10. 25. 2006다12848 (종합법률정보).

178) 김영희 (주 114), 284면; 박병호 (주 18), 432면.

179) 김영희 (주 114), 285면; 송덕수 (주 11), 397면 참조.

에 날인하는 것도 요건을 충족한다고 할 것이다. 다만 유언서에 본문 중에 무작위로 날인된 경우라면 종국성과 완결성의 관점에서 실수에 의한 흔적으로 판단되어야 하므로 제1066조 제1항의 날인은 없다고 해야 한다. 한편 유언증서가 여러 장으로 구성되어 있더라도 간인을 할 필요는 없다.

학설에서는 날인은 유언자의 동일성과 유언이 진의임을 밝히기 위한 것인데 이러한 목적은 유언서 전문의 자서와 성명의 자서에 의해 달성되므로 날인을 요구하는 것은 불필요하고, 따라서 날인이 없더라도 자필증서 유언은 유효하다는 견해가 주장되고 있다.[180] 그러나 날인은 진의의 확인이라기보다는 초안과 유언을 구별하는 의사표시의 종국성과 완결성을 확인한다는 것에 기본적인 목적이 있을 뿐만 아니라, 법률은 그러한 종국성과 완결성을 날인이라는 구체적 수단에 의해서 표시할 것을 요구하고 있으므로,[181] 이를 무시하는 해석은 정면으로 법률에 반하여 받아들일 수 없다.[182] 그러므로 날인이 없는 자필증서 유언은 무효라고 해석해야 한다.[183] 이 역시 정정은 입법에 의해 이루어져야 한다. 한국법의 적용을 받은 외국인 또는 외국계 한국인의 경우에 서명으로 충분하다고 볼 것인지 여부에 대해서는 논의가 있을 수 있겠지만,[184] 우리 민법이 적용되는 이상 원칙적으로는 마찬가지로 부정해야 할 것이다. 전자의 경우 국제사법 제50조 제3항은 복수의 준거법을 가능하게 하므로 각별히 부당한 결과는 발생하지 않을 것으로 예상되며, 후자의 경우 외국계라는 이유로 일반적으로 인정되지 아니하는 법률의 착오 주장을 허용하기는 어렵다고 생각된다.

(3) 자필증서 유언의 변경

자필증서에 문자의 삽입, 삭제 또는 변경을 함에는 유언자가 이를

---

180) 곽윤직 (주 11), 378면; 김영희 (주 114), 284면; 이경희 (주 146), 513면.
181) 김영희, "유언에 관한 형식적 엄격주의와 유언자의 진의", 민사판례연구〔XXX〕, 2008, 403면 이하는 이 점을 간과하고 있다고 보인다.
182) 같은 취지로 윤진수, "2006년도 주요 민법 관련 판례 회고", 민법논고 Ⅲ, 2008, 762-763면.
183) 大判 2006. 9. 8. 2006다25103,25110 (법고을).
184) 일본의 판례는 인정한다. 김영희, 283면; 二宮 (주 33), 390면 참조.

자서하고 날인해야 한다(^{제1066조}_{제2항}). 즉 기존의 유언의 내용을 제거하거나 추가하거나 변경하는 의사표시에 대해서는 연월일·주소·성명의 자서는 요구되지 아니하며, 삽입 등의 자서 및 날인만이 요구된다. 삽입 등은 기존의 유언 본문에 할 수도 있지만, 이미 성립한 자필증서 유언 뒤에 보충하는 추록 형식으로 하는 것도 가능하다. 삽입 등의 완결성을 표현하면 충분하므로, 처음의 날인에 사용된 인장과 같은 인장을 사용할 필요는 없다.[185]

삽입 등에 날인이 없는 경우에는 해당 부분은 무효이며, 유언은 삽입·삭제·변경이 없는 것으로 효력을 가진다. 따라서 삽입 등이 행해진 본문을 인식할 수 있는 한 원래의 내용에 따른다.[186] 물론 인식할 수 없는 부분이 연월일이나 주소인 때에는 전체 유언이 무효가 될 수도 있다.[187] 그러나 증서의 기재 자체로 보아 명백한 오기를 정정함에 지나지 아니하는 경우에는 그 정정 부분에 날인을 하지 않았다고 하더라도 그 효력에는 영향이 없다고 할 것인데,[188] 오표시무해의 법리에 따라 해석으로 가능할 정정을 유언자 스스로 명시하는 것에 다름 아니기 때문이다.

3. 공정증서에 의한 유언

(1) 의   의

공정증서에 의한 유언은 유언자가 증인 2인이 참여한 공증인의 면전에서 유언의 취지를 구수하고 공증인이 이를 필기낭독하여 유언자와 증인이 그 정확함을 승인한 후 각자 서명 또는 기명날인 하는 방식을 말한다(^{제1068}_조).

공정증서에 의한 유언은 문자를 알지 못하는 사람도 이용할 수 있고[앞의 Ⅲ. 1. (3) 참조] 유언의 존재와 내용의 명확성이 보장되면서 공증

---

185) 김영희 (주 114), 288면.
186) 二宮 (주 33), 390면.
187) 中川 (주 119), 71면.
188) 위 大判 1998. 5. 29. (주 176); 1998. 6. 12. (주 176).

인이 원본을 보관하여 위조나 변조의 위험이 거의 없다는 장점이 있다. 그래서 법률은 별도로 검인을 요구하지 않는다(제1091조제2항). 또한 유언사항이나 유언능력 등의 문제에 관해 공증인의 법률지식의 도움을 받을 수도 있다. 그러나 증인이 존재하므로 유언의 존재 및 내용에 대한 비밀 유지가 반드시 쉽지 않고, 작성 및 변경에 비용이 든다는 단점도 있다. 자필증서 유언의 장단점이 공정증서 유언의 경우 반대로 나타나며, 이로써 민법은 두 유언방식을 함께 인정함으로써 유언자에게 자신의 필요에 상응하는 방식 선택을 가능하게 하고 있다고 말할 수 있다.

공정증서는 공증인사무소에서 작성되어야 하지만(공증인법 제17조제3항 본문), 이는 공정증서 유언에는 적용되지 않는다(동법 제56조). 따라서 유언자가 이동하기 어려운 경우에도 공증인이 유언자가 지정한 장소에 출장하여 유언을 작성할 수 있다.[189]

(2) 공정증서 유언의 요건

(가) 공증인과 증인 2인의 참여가 있어야 한다.[190] 이들은 구수, 필기낭독, 승인, 서명·기명날인의 처음부터 마지막까지 계속해서 참석하고 있어야 한다.[191] 특히 증인의 존재는 유언의 진정성을 확보하기 위한 것이므로, 증인들은 결격사유(제1072조)[192]가 없어야 하며, 증인으로서 직무를

---

189) 병실에서 작성한 유언을 공증인 사무소에서 작성하였다고 기재한 경우에도 공정증서 유언이 무효가 되는 것은 아니다(大判 2008. 8. 11. 2008다1712, 종합법률정보).

190) 大判 2002. 9. 4. 2002다35386, 공보 2002, 2537.

191) 곽윤직 (주 11), 234면; 김영희, "구수증서 유언과 유언에 있어서 구수의 의미", 가족법연구, 제21권 제3호, 2007, 378-379면; 박병호 (주 18), 433면; 이경희, "공정증서에 의한 유언의 성립요건", 가족법 판례해설 (주 146), 518면; Terré, Lequette et Gaudemet (주 68), n° 431.

192) 제1072조는 일반적인 증인결격 외에(동조 제1항), 공정증서에 의한 유언에는 공증인법에 따른 결격자는 증인이 되지 못한다고 한다. 통설과 판례는 공증인법에 따른 결격은 참여인의 결격을 규정하는 동법 제33조 제3항에 따라 정해진다고 이해하고 있다. 곽윤직 (주 11), 227면; 신영호 (주 12), 460면; 이경희 (주 191), 545면; 大決 2014. 7. 25. 2011스226, 공보 2014, 1856 등 참조. 상세한 논의는 김민중, "공정증서 유언의 유효를 위한 요건", 공증과 신뢰, 제4호, 2011, 165면 이하; 남상우, "공정증서 유언의 증인에 관한 고찰", 가족법연구, 제25권 제2호, 2011, 249면 이하 참조.

수행하기 위해 의사능력에 상당하는 정신적 능력을 갖추고 있어야 한다.[193] 그러나 적법한 증인 2인의 참석이 있는 이상, 증인 결격자(예를 들어 추정상속인 또는 유증을 받을 사람)가 그 자리에 함께 있었다고 해도 유언의 효력에는 영향이 없다.[194]

(나) 유언자는 2인 증인의 참여 하에 공증인에게 유언의 취지를 구수해야 한다. 이는 유언자가 입으로 말을 해서 유언서의 내용을 공증인에게 전달하는 것으로, 우리 민법은 유언자가 미리 작성한 문서를 공증인에게 교부하는 방법(예컨대 독일 민법 제2232조, 네덜란드 신민법 제4:94조, 제4:95조 참조)으로 의사를 전달하는 방법은 허용하지 않는다(프랑스 민법 제972조 참조). 그러므로 예를 들어 유언자가 음성을 통해 발화하지 아니하고, 동작 기타 신호에 의해 유언을 하는 것은 허용되지 않는다. 그러나 외국어로 구수하는 것은 가능하며, 통역인을 사용해야 한다(공증인법 제28조).[195] 다만 그 경우에도 공증증서는 국어로 작성해야 하며, 유언자의 요구가 있는 경우에 외국어를 병기해야 한다(동법 제26조 제1항).

현실에서 유언자는 자신 또는 제3자(예컨대 비서, 근친 등)가 작성한 유언 초안이나 메모 등을 읽는 방법으로 구수하는 것이 통상일 것이며, 구수 요건에 비추어 의문의 여지는 없다. 문제는 공증인이 유언자의 지시에 따라 미리 작성한 공정증서 초안에 기초해서 유언자가 형식적·소극적으로 발화함에 그치는 경우에도 제1068조가 말하는 구수가 있다고 할 것인지 여부이다. 우리와 같이 구수 요건을 정하는 프랑스 민법의 해석에 따르면, 공증인이 유언자의 지시에 따라 미리 준비한 공정증서 초안을 유언자가 그대로 읽는 것에 그치는 경우에는 구수로 볼 수 없다고 한다.[196] 한편 우리나라에서는 그와 같은 사안은 잘 발견되지 아니하며, 주로 공증인이 미리 작성한 공정증서 초안에 기초해 유언자에게 그 내용

---

193) 곽윤직 (주 11), 234면.
194) 김영희 (주 191), 379면; 二宮 (주 33), 390면.
195) 같은 취지로 이재성, "공정증서에 의한 유언의 방식", 이재성 판례평석집(Ⅵ), 1989, 502면; 김민중 (주 192), 172면; 이경희 (주 191), 519면.
196) Terré, Lequette et Gaudemet (주 68), n° 433 note 8; Nicod (주 137), n° 94 ("낭독은 구수와 혼동되어서는 안 된다").

을 질문하고 유언자가 그에 답변함으로써 그 내용을 확인하는 사안이 다투어진다. 이에 대해 대법원은 일반론으로는 구수 요건을 엄격하게 제한하여 해석해야 한다고 말하지만,[197] 실제로 판단한 사건을 살펴보면 구수의 요건을 어느 정도 완화시켜 해석하고 있다고 보인다. 즉 판례는 유언자가 유언내용을 실제로 전부 구수하였다는 사실을 중시한다기보다는, 오히려 구수할 수 있어 유언내용을 통제할 수 있는 유언자의 진의가 충실히 반영되어 있는지 여부를 기준으로 한다고 말할 수 있다.[198] 예를 들어 뇌혈전증으로 인한 불완전한 의식상태와 언어장애 때문에 말을 못하고 고개만 끄덕거리면서 반응을 할 수 있을 뿐인 입원치료 중인 유언자에게 공증인이 유언내용의 취지를 말하여 주고 "그렇소?"하고 물으면 유언자가 말은 하지 않고 고개만 끄덕거리는 것에 그치고 공증인의 사무원이 그 내용을 필기하고 이를 공증인이 낭독하는 방법으로 유언서가 작성된 경우, 이는 구수한 것이라고 할 수 없으므로 무효라고 한다.[199] 마찬가지로 구수를 요건으로 하는 구수증서 유언과 관련해, 입회 변호사들 가운데 한 사람이 병실에 있던 가족 등으로부터 전해들은 망인(정신상태는 비교적 양호하였다)의 유언취지를 확인하여 물어보면 "음", "어" 하는 소리와 함께 고개를 끄덕여 동의를 표시하거나 아주 간단한 말로 맞다는 대답을 한 사안에서 대법원은 "증인이 제3자에 의하여 미리 작성된, 유언의 취지가 적혀 있는 서면에 따라 유언자에게 질문을 하고 유언자가 동작이나 간략한 답변으로 긍정하는 방식은, 유언 당시 유언자의 의사능력이나 유언에 이르게 된 경위 등에 비추어 그 서면이 유언자의 진의에 따라 작성되었음이 분명하다고 인정되는 등의 특별한 사정이 없는 한 민법 제1070조 소정의 유언취지의 구수에 해당한다고 볼 수 없다"[200]고 하였다. 그러나 공증 변호사가 의식이 명료하고 언어소통에 지장이 없는 유

---

197) 大判 2007. 10. 25. 2007다51550, 51567, 공보 2007, 1828.

198) 김민중 (주 192), 171면; 김주수·김상용 (주 12), 745면도 참조.

199) 大判 1980. 12. 23., 80므18, 공보 1981, 13584. 같은 취지로 大判 1993. 6. 8. 92다8750, 공보 1993, 1989; 1996. 4. 23., 95다34514, 공보 1996, 1562.

200) 大判 2006. 3. 9. 2005다57899, 집 54-1, 75.

언자에게 미리 작성하여 온 공정증서에 따라 질문하여 유증의사를 확인
하고("공증 변호사가 망인에게 유증할 대상자와 유증할 재산에 대하여 묻자
망인은 원고에게 '논, 밭, 집터, 집'이라고 대답하였고 공증 변호사는 미리 작
성하여 온 공정증서의 내용에 따라 망인에게 등기부에 기재된 지번과 평수
및 그 지역에서 부르는 고유명칭을 하나하나 불러 주고 유증의사가 맞는지를
확인") 이후 그 공정증서의 내용을 읽어 주어 이의 여부도 확인한 다음
자필서명을 받은 경우, 그러한 공정증서에 의한 유언은 제1068조에서 정
한 요건을 모두 갖추어 유효라고 한다.[201] 요컨대 "제3자에 의하여 미리
작성된 유언의 취지가 적혀 있는 서면에 따라 유언자에게 질문을 하고
유언자가 동작이나 한두 마디의 간략한 답변으로 긍정하는 경우에는 원
칙적으로 유언 취지의 구수라고 보기 어렵다고 할 것이지만, 공증인이
사전에 전달받은 유언자의 의사에 따라 유언의 취지를 작성한 다음 그
서면에 따라 유증 대상과 수증자에 관하여 유언자에게 질문을 하고 이에
대하여 유언자가 한 답변을 통하여 유언자의 의사를 구체적으로 확인할
수 있어 그 답변이 실질적으로 유언의 취지를 진술한 것이나 마찬가지로
볼 수 있으며, 유언자의 의사능력이나 유언의 내용, 유언의 전체 경위 등
으로 보아 그 답변을 통하여 인정되는 유언 취지가 유언자의 진정한 의
사에 기한 것으로 인정할 수 있는 경우에는, 유언취지의 구수 요건을 갖
추었다고 볼 수 있을 것"[202]이라는 것이다.

　이 문제는 결국 "구수"라는 문언에서 표현된 방식목적을 고려해서
판단할 수밖에 없다. 구수(dicter)는 유언자가 유언의 내용을 음성을 통해
공증인에게 전달하고 공증인은 이를 수동적으로 받아들이는 것을 말하며,
이는 유언의 내용은 그 진의에 따라 유언자 스스로 주도권을 가지고 형

---

201) 大判 2007. 10. 25. 2007다51550, 51567, 공보 2007, 1828. 같은 취지로 大判
　　 2008. 2. 28. 2005다75019, 75026, 공보 2008, 429; 2008. 8. 11. 2008다1712 (종합
　　 법률정보).
202) 위 大判 2008. 2. 28. (주 201). 박병호 (주 18), 434면도 참조. 일본의 판례와
　　 관련해서도 진의의 확보가 가능한 객관적 사정이 있으면 구수의 요건은 완화되는
　　 경향이 있다는 지적이 있다. 二宮 (주 33), 392면 참조.

성하여 전달해야 하고 공증인 그 밖의 다른 사람의 영향을 받아서는 안된다는 취지를 표현한다. 그러므로 중요한 것은 공증인 앞에서 유언자가 그 순간의 의사결단에 기초해 유언의 내용을 발화하고 공증인은 그에 좇아 공정증서를 작성한다는 사실이라고 해야 한다. 즉 유언자가 완전한 내용형성의 자유를 가지고 있는 종국적인 의사표시로 볼 수 있는 발화이어야만 구수라고 말할 수 있는 것이다. 그렇다면 (프랑스 판례와는 달리) 공증인이 작성한 초안을 낭독하는 경우에도 유언자가 그 시점에 내용 채택·변경의 통제권을 가지고 자신의 의사를 표명한다고 평가될 수 있는 이상 구수라고 보아야 할 것이다. 유언자가 그 순간에 내용을 판단하여 채택 여부를 결정할 수 있는 한 초안을 다른 제3자가 작성한 경우와 공증인이 작성한 경우를 달리 취급할 이유는 발견하기 어렵다. 또한 공증인이 미리 작성한 초안에 기초해 질문을 하고 유언자가 적극적인 답변을 하는 경우에도, 유언자는 그 순간 유언사항에 대해 종국적인 의사결단을 내리고 이를 확인하는 방법으로 공증인에게 전달하므로 구수 요건은 충족된다. 여기서 한계사례는 공증인에 질문에 수동적으로 긍정 또는 부정하는 형태의 답변(예컨대 "이 사건 부동산 중 망인의 지분을 피고들에게 2분의 1씩 유증하겠느냐"는 질문에 유언자가 "그렇게 하라"고 답변하는 경우.[203])을 하는 사안일 것이다. 여기서도 결국 내용을 형성할 가능성 있는 유언자의 그 순간의 의사결단 및 전달이 있다고 볼 수 있는지 여부에 따라 판단해야 할 것이다.[204] 즉 유언자가 개입하여 내용을 변경할 수 있는 상태에서 질문에 반응하여 긍정 또는 부정한 때에는 구수를 인정해야 하지만, 그러한 개입가능성을 기대하기 어려운 상태에서 단순히 수동적인 긍정 또는 부정만이 있을 때에는 구수라고 할 수 없다. 그렇다면 대법원의 판례의 경향은 기본적으로는 타당하다고 생각된다.[205] 이러한 내용을

---

203) 위 大判 2008. 2. 28. (주 201).

204) Lange (주 7), Kap. 4 Rn. 41, 43.

205) 관련해서 제기되는 문제는 구수증서 유언은 긴급한 경우를 대비한 특별방식이므로 법률이 "구수"라는 동일한 문언을 사용하고 있더라도 공정증서 유언의 구수에 비해 보다 너그럽게 해석할 여지는 있는지 여부이다. 이를 긍정하는 견해도 있다

배경으로 생각할 때 공증인으로서는 유언 무효를 방지하기 위해 유언자
가 적극적으로 자신의 의사표시를 발화하도록 질문과 답변을 진행하는
것이 필요하다.

반면 학설에서는 이보다 더 구수요건을 완화하려는 시도도 보인다.
예컨대 언어능력의 장애로 구수할 수 없는 유언자의 경우 구수만을 고집
하면 유언을 할 수 없는 문제가 발생하므로 그러한 경우에는 거동도 구
수로 볼 수 있다는 견해가 주장된다.[206] 대법원도 동작이나 간단한 답변
은 "원칙적으로" 구수가 아니라고 하여 일반론으로는 예외적으로는 고려
될 수 있는 여지를 열어 두는 표현을 하고 있다.[207] 그러나 이러한 이해
는 음성적 발화를 전제로 구수를 요구하는 명백한 문언에 반하여 받아들
이기 어렵다. 또한 유언자에게 내용을 형성하고 정정할 가능성이 없으므
로 공증인이 질문내용을 통해 유언의 방향을 이끌어 갈 수 있어, 유언자
의 진의도 담보하기 어렵다.[208] 그래서 예컨대 유언자가 긍정이나 부정
밖에 할 수 없다는 사정을 이용해 유언자의 진의에 부합하는 유언에 관
계인의 이익을 도모하는 내용을 삽입한 다음 전체로서 긍정을 강제할 가
능성도 부정할 수 없다. 그러므로 발화를 동반하지 않은 거동은 구수로
볼 수 없다.[209] 마찬가지로 유언자가 유언내용을 서면으로 공증인에게

(김영희 (주 191), 356면; 김주수·김상용 (주 12), 747면). 그러나 제1068조와 제
1070조 문언의 평행성을 고려할 때 같은 문언을 달리 해석하기 어려울 뿐만 아니
라, 유언자의 진의 확인이라는 관점에서 공정증서 유언에서 "구수"의 의미보다 더
완화하는 해석은 관계인의 조작가능성을 배제할 수 없어 쉽게 지지하기 어렵다고
생각된다[같은 취지로 이경희, "구수증서에 의한 유언의 성립요건", 가족법 판례해
설 (주 146), 534면]

206) 김영희 (주 191), 365면; 이재성 (주 195), 508-509면.
207) 위 大判 2006. 3. 9. (주 200); 2008. 2. 28. (주 201) 참조.
208) 이재성 (주 195), 508-509면은 통역인을 사용할 수 있다는 공증인법 제28조를
근거로 이러한 해석을 정당화한다. 그러나 이에는 동의하기 어렵다. 통역인의 사
용을 가능하게 하는 규정은 문언상 명백히 수화 등 확립된 소통방법을 통해 표의
자가 의사표시의 내용을 형성할 수 있고 이를 전달한다는 것을 전제한다. 그러나
거동은 단순히 긍정과 부정만 표현할 수 있고 적극적으로 내용을 형성하거나 공증
인의 초안을 정정할 가능성이 거의 없다. 그러므로 양자를 동일하게 취급할 수는
없다.
209) 같은 취지로 구수증서 유언과 관련해 이경희 (주 205), 536면. Lange (주 7),

전달하는 것[210]도 정책적으로 이 방법을 배제한 입법자의 선택을 존중하여 구수로 보아서는 안 된다.[211] 이미 앞서 살펴보았지만[위 Ⅲ. 1. (3) 참조], 어느 경우나 유언자는 통역인을 사용하여 공정증서 유언을 해야 하고, 수화를 배울 기회 없이 질병으로 언어능력을 상실한 사람은 문자를 해득할 수 있는 이상 자필증서나 비밀증서에 의한 유언을 이용할 것이며, 그렇게 언어능력을 상실한 사람이 문맹인 때에는 사실상의 유언무능력으로 볼 수밖에 없다.

(다) 공증인이 유언자의 구수를 필기하여 이를 유언자 및 증인에게 낭독해야 한다. 필기는 공증인이 하도록 규정되어 있으나, 반드시 공증인 자신이 직접 할 필요는 없고 그의 지시에 따르는 타인에게 필기하도록 할 수 있으며, 기계적 방식으로 필기할 수도 있다.[212] 또한 속기를 의미하는 것은 아니므로 유언자가 말한 것의 취지를 충실히 표현하고 있으면 충분하다.[213] 필기는 유언자와 증인의 면전에서 이루어져야 하는가? 우리 학설은 반드시 그럴 필요는 없다고 해석하지만,[214] 반대로 프랑스 판례는 반드시 유언자와 증인의 면전에서 필기해야 한다고 한다.[215] 제1068조의 "면전에서"라는 문언이 구수·낭독·승인을 수식함은 분명하므로 그것이 유독 필기만을 수식하지 않는다고 읽는 것은 문법상 어색할 뿐만 아니라, 구수한 내용을 기억에만 의지해서 다른 장소에서 필기하는 것은 나중에 승인절차가 있다고 하더라도 유언의 진의를 확보하지 못할 가능성이 있어(유언자 스스로 일부를 망각할 위험도 없지 않다) 타당하지 않다.

Kap. 4 Rn. 42, 43도 참조. 물론 독일 민법은 이제는 구수나 서면교부 이외의 전달방법도 인정하고 있다[앞의 Ⅲ. 1. (3) 참조].

210) 이재성 (주 195), 508-509면. 신영호 (주 12), 465면도 "유언의 일부를 각서로 제시하고 이를 구수로 보충"하는 것이 가능하다고 한다.

211) 구수증서 유언에 대해 그러한 취지로 김영희 (주 191), 356면.

212) 김영희 (주 191), 358면; 박병호 (주 18), 434면.

213) 곽윤직 (주 11), 234면; 김민중 (주 192), 173면; 김영희 (주 191), 358면; Terré, Lequette et Gaudemet (주 68), n° 433.

214) 김민중 (주 192), 174면; 김주수·김상용 (주 12), 745면; 박병호 (주 18), 434면; 신영호 (주 12), 465면 등.

215) Terré, Lequette et Gaudemet (주 68), n° 433 참조.

그러므로 필기도 면전에서 이루어져야 한다. 물론 공증인이 면전에서 필기한 내용을 바탕으로 별실 등에서 정리된 공정증서 초안을 준비하는 것은 무방하다.

낭독은 구수한 내용과 필기한 내용의 일치를 확인하기 위한 것이므로, 공증인 스스로 필기한 것의 전문을 낭독해야 한다.[216] 공증인의 지시에 따른 타인이 낭독하는 것도 허용된다고 할 것이다.[217] 유언자와 증인이 낭독시 면전에 있어야 함은 그 문언과 목적으로부터 명백하다.

한편 판례가 인정하는 바와 같이 공증인이 미리 공정증서 초안을 가지고 와서 유언자에게 구수로 그 내용의 확인을 받는 경우에는 별도로 필기할 필요는 없겠지만, 그 때에도 구수 후 승인을 위해 전문을 낭독하여야 함은 물론이다.[218]

(라) 유언자와 증인은 공증인의 필기가 정확함을 승인한 후 각자 이에 서명 또는 기명날인해야 한다. '각자'는 유언자, 증인, 공증인 모두를 말하며, 서명이나 기명날인을 선택할 수 있다. 서명은 반드시 법률상 성명일 필요는 없으며 서명자의 동일성을 확인할 수 있게 하면 충분하고, 기명날인은 본인의 의사에 따르는 한에서는 다른 사람(예컨대 증인의 기명날인을 공증인이 하는 경우)이 해도 무방하다.[219] 날인에 대해서는 자필증서에 관한 설명이 여기서도 타당하다[앞의 Ⅲ. 2. (2) (라) 참조].

서명 또는 기명날인은 관계인의 동일성 및 유언의 진정성·종국성을 담보하는 절차이므로 불가결하다. 그래서 예컨대 유언자의 기명날인이 없거나,[220] 증인들의 승인 및 서명 또는 기명날인이 없으면[221] 유언은 방식위반으로 무효이며, 유언자 사후에 보충할 수 없다.[222] 참석자로서 서

216) Terré, Lequette et Gaudemet (주 68), n° 433.
217) 김민중 (주 175), 174면; 김영희 (주 191), 359면.
218) 같은 취지로 김영희 (주 191), 359면; 이경희 (주 191), 519면; 윤진수, "공정증서 유언에서 '구수'의 의미", 가족법 판례해설 (주 146), 526-528면.
219) 곽윤직 (주 11), 234면; 김주수·김상용 (주 12), 746면; 이경희 (주 188), 519면.
220) 大判 2002. 9. 24. 2002다35386, 공보 2002, 2537.
221) 大判 2002. 10. 25. 2000다21802, 공보 2002, 2810.
222) 그러나 김영희 (주 191), 380면은 반대이다.

명할 수 없는 사람이 있으면 그 사유를 증서에 적고 공증인과 참여인이 날인하여야 한다(공증인법
제38조 제4항).

Ⅳ. 유언의 철회

1. 의   의

유언의 철회는 적법하게 성립한 유언을 유언자가 일방적으로 거두어 들이는 의사표시이다. 이 점에서 유언의 철회는 성립상의 흠결이나 하자를 이유로 하는 유언의 취소와는 구별된다(제140조, 제143조,
제146조 참조). 이미 살펴보았지만[앞의 Ⅱ. 2. (2) 참조], 유언자는 언제든지 유언 또는 생전행위로써 유언의 전부나 일부를 철회할 수 있으며(제1108조
제1항), 이러한 유언을 철회할 권리는 포기할 수 없다(동조
제2항).

유언의 철회는 그것이 임의철회이든 법정철회이든 성립한 유언을 변경하거나 해소하는 것이므로 그 자체로 유언이거나 그에 준하는 성질을 가지고 있다고 보아야 한다. 따라서 유언을 철회하는 사람은 그 시점에 유언능력이 있어야 한다.[223]

2. 임의철회

유언자는 언제든지 유언으로써 유언의 전부나 일부를 철회할 수 있다(제1108조
제1항). 이를 유언의 임의철회라고 한다. 유언에 의한 철회이므로 유언의 방식에 따라야 하며 대리할 수 없지만, 유언의 철회를 철회될 유언과 같은 방식을 사용해서 할 필요는 없다. 예를 들어 공증증서 유언을 자필증서 방식에 의해 철회할 수도 있다. 또한 유언에 철회의 내용만을 포함하는 것으로 충분하며, 반드시 다른 내용의 유언을 함께해야 하는 것은 아니다. 그리고 철회가 명시적으로 표시되는 경우뿐만 아니라, 유언 내용의 해석으로부터 철회의사가 나타나는 경우에도 철회가 인정된다.[224]

---

223) Frank/Helms (주 55), § 6 Rn. 3; Hinton v Leigh [2009] EWHC 2658 (Ch).

224) Lange (주 7), Kap. 8 Rn. 10; *BaK*/Breitschmid (주 152), Art. 509-511 ZGB Rn. 3 참조.

3. 법정철회

(1) 의　　의

이에 대해 유언자가 이미 존재하는 유언에 저촉하는 일정한 행태를 보이는 경우 그 저촉하는 부분에 대하여 철회의 효력이 인정된다($^{제1109조,}_{제1110조}$). 이를 법정철회라고 한다. 그러한 행태가 있으면 통상 철회의 의사가 추정되겠지만, 그에 대해 다툼이 있을 수 있으므로 법적 안정성을 위해 철회의 효과를 의제한 것이라고 설명된다.[225] 그러므로 유언자의 다른 의사가 증명되더라도 이전 유언은 철회된 것으로 취급되어야 한다. 그러나 그러한 증명은 극히 어려우리라고 생각되므로, 철회의사를 추정하는 규율과의 차이는 실제로 경미할 것이다.

(2) 전후 유언의 저촉

(가) 전후의 유언이 저촉되는 경우에는 그 저촉된 부분의 전 유언은 이를 철회한 것으로 본다($^{제1109조}_{전단}$). 즉 앞의 유언과 뒤의 유언 사이에 내용상 양립할 수 없어 두 유언을 모두 실현시킬 수 없는 부분이 있으면 그 부분에 대하여 전 유언이 철회된 것으로 간주되는 것이다. 법정철회이므로 뒤의 유효한 유언이 앞의 유언과 저촉되는 이상 유언자가 철회의사를 가지고 있었을 필요는 없으며, 앞의 유언을 망각한 경우에도 같다.[226] 그러나 뒤의 유언은 방식을 갖춘 유효한 유언이어야 하며, 대리에 의해 작성할 수 없다.

(나) 제1109조 전단에 따른 유언의 철회는 한편으로 두 유언의 선후, 다른 한편으로 두 유언의 저촉 여부에 따라 결정된다. 유언의 선후는 우선 유언에 나타난 일자를 기준으로 판정되어야 한다. 우리 민법상 자필증서, 공정증서, 녹음, 비밀증서에 의한 유언은 모두 연월일을 포함하고 있어야 유효하고($^{제1066조\ 내지\ 제1069조,}_{공증인법\ 제35조\ 제10호}$), 구수증서는 다른 방식에 의할 수 없을 때에만 가능하므로($^{제1070조}_{제1항}$), 보통은 일자에 의해 유언의 선후를 판단할

---

225) 新版 注釋民法(28), 補訂版, 2002, 400면(山本正憲) 참조.

226) 김주수 · 김상용 (주 12), 752면; Lange (주 7), Kap. 8 Rn. 18f.

수 있다. 문제는 두 유언이 같은 일자를 가지고 있는 경우이다. 이 때에도 일단 유언의 내용이나 그 밖의 증거방법에 의해 선후를 판단할 수 있으면 그에 따라 유언의 철회 여부를 결정해야 한다. 그러나 모든 입증에도 선후를 밝힐 수 없는 경우에는 두 유언이 동시에 작성된 것이라고 추정할 수밖에 없을 것이고,[227] 따라서 하나의 유언에 모순된 내용이 있다고 보아 두 유언의 저촉 부분을 모두 무효라고 보아야 한다.[228] 나머지 부분의 효력은 일부무효의 법리($^{제137}_조$)에 준해서 처리할 것이지만, 저촉 부분이 통상 유언의 중요한 부분에 해당할 것이므로 그러한 때에는 두 유언 모두 무효일 것이다.

(다) 두 유언이 양립할 수 없어 그 효력이 서로 상충하는 관계에 있을 때 서로 저촉된다고 하며, 이는 유언의 해석에 따라 판단된다. 유언의 문언만으로 저촉 여부를 시인할 수 있는 사안도 있다. 예를 들어 제1유언에서 "甲에게 내가 쓰던 A 만년필을 유증한다"고 하고 제2유언에서 같은 만년필을 乙에게 유증하는 경우가 그러하다. 그러나 문언만으로는 일견 유언이 양립할 수 있다고 이해할 수 있는 사안에서도 저촉 여부는 문제될 수 있다. 예를 들어 제1유언에서 "甲에게 전재산을 포괄적으로 유증한다"고 하고 제2유언에서 "乙에게 전재산을 포괄적으로 유증한다"고 하는 경우가 그러하다.[229] 여기서 제2유언에서 유언자의 의사는 ⓐ 갑에 대한 포괄적 유증을 철회하고 을에 대해 포괄적으로 유증하겠다는 것일 수도 있지만 ⓑ 갑에 대한 포괄적 유증은 유지한 채로 추가적으로 을에게 포괄적 유증을 하여 두 사람이 공동상속인과 같은 지위에 있도록 하려는 것일 수도 있기 때문이다. 그러므로 앞서 언급한 대로 유언의 저촉 여부를 판단할 때에는 언제나 유언의 해석이 우선한다. 즉 유언의 내용 및 유언 외부의 제반사정을 고려한 해석의 결과 인정되는 내용에 따라

---

227) 채권양도 통지 도달의 선후를 밝힐 수 없는 사안에 대한 大判(全) 1994. 4. 26. 93다24223, 집 42-1, 303의 태도가 참조가 된다.

228) 같은 취지로 김주수·김상용 (주 12), 752면. 일본에서 다수설이다. 新版 注釋民法(28) (주 225), 403면(山本) 참조.

229) 박병호 (주 18), 441면 참조.

저촉 여부가 결정된다.

(라) 물론 유언자가 두 유언의 효력관계를 유언 중에 명시적으로 규율하였다면 원칙적으로 그에 따를 것이다.[230] 이와 관련해서 학설에서는 유언자가 저촉되는 내용의 유언을 하면서 두 유언이 양립할 것을 요구하는 경우 어떻게 판단할 것인지 다투어진다. 예를 들어 제1유언에서 특정 부동산을 甲에게 유증하고 나서, 제2유언에서는 같은 부동산을 乙에게 유증한다고 하면서 제1유언을 철회하지 않는다고 선언하는 사안이 그러하다. 이에 대해서는 그러한 양립 요구는 강행규정인 제1109조에 어긋나 허용될 수 없다는 이유로 제1유언이 법정철회되었다는 견해가 주장된다.[231] 그러나 유언자가 명시적으로 두 유언을 양립시키겠다고 하는 이상 그에 따라 앞의 유언의 내용은 뒤의 유언에 편입되었다고 보아야 하며,[232] 과제는 다시 이러한 양립 조항의 해석 문제로 귀결된다. 유언의 해석 결과 그의 의사가 갑과 을에게 공유지분을 유증하겠다는 내용으로 이해될 수도 있을 것이며, 그렇다면 두 유언은 저촉되지 않는다고 보아야 한다. 갑과 을에게 구분소유를 성립시키겠다는 의사였던 경우에도 마찬가지이다. 반면 진정으로 단일한 소유권을 두 사람에게 동시에 유증한다는 의사를 가지고 있었다면 이는 유언 자체에 법적으로 모순된 내용을 포함하고 있으므로 제1유언의 철회가 아니라 오히려 당해 유증 조항 자체를 무효라고 보는 것이 타당하다.

(3) 유언과 생전행위의 저촉

(가) 유언 후의 생전행위가 유언과 저촉되는 경우에는 그 저촉된 부분의 유언은 이를 철회한 것으로 본다(제1109조 후단). 여기서도 유언의 내용과 생전행위가 내용상 서로 양립할 수 없어 두 내용을 모두 실현시킬 수 없는 경우에 저촉이 있다고 할 수 있고,[233] 그 한도에서 유언은 철회된 것

230) Lange (주 7), Kap. 8 Rn. 20.
231) 박동섭 (주 12), 733면; 송덕수 (주 11), 404면.
232) 新版 注釋民法(28) (주 225), 401–402면(山本).
233) 大判 1998. 6. 12. 97다38510, 집 46-1, 403 참조.

으로 간주된다.

현실에서는 유언자가 유증한 목적물을 생전에 법률상 처분하는 사안이 이에 해당한다(_{스위스 민법 제511조 제2항 참조}). 생존행위와 유언이 어느 범위에서 저촉하는지의 문제도 유언 및 생전행위로 표시된 의사의 해석에 의해 판단된다.[234] 예를 들어 유증하기로 유언한 주식을 처분하였다면 그 부분의 유언은 철회된 것이겠지만, 토지나 다른 주식을 유증하기로 한 부분의 효력에는 영향이 없을 것이다.[235] 마찬가지로 포괄적 유증을 하고 나서 재산에 속하는 개별 물건을 양도하였다고 하더라도 원칙적으로 포괄적 유증은 철회되지 않았다고 보아야 한다.[236] 개별 물건의 양도는 권리·의무의 포괄적 승계라는 포괄적 유증의 효과(제1078조)를 배제하지 않기 때문이다. 이는 불특정물 유증(제1082조 참조)의 경우에도 상속재산에 불특정물이 남아 있는 한 그러할 것이다.[237]

(나) 그런데 이러한 생전행위는 유효한 행위이어야 하는가? 이는 제1109조 후단의 취지를 어떻게 이해하는지에 따라 달라질 것이다. 이를 생전행위에 유언자의 철회의사가 묵시적으로 표시되었다고 평가되는 사정의 존재에서 찾는다면 생전행위가 반드시 유효일 필요는 없다고 말할 수 있을지도 모른다(프랑스 민법 제1038조 참조 : "나중의 양도가 무효이거나 그 목적물이 유언자 수중으로 반환된 경우에도"). 그러나 단순히 철회의사가 외부에 묵시적으로 표시되었다는 사정만으로 법정철회를 인정한다면, 이는 유언방식을 따르지 않은 의사표시만으로 철회를 인정하는 것에 다름 아닌 결과가 되어 제1109조가 유언과 생전행위를 동등한 자격으로 규정하고 있는 태도와 상충한다고 보인다. 그러므로 생전행위를 법정철회의 사유로 하는 이유는 철회의사가 외부에 묵시적으로 표현될 뿐만 아니라 (유언방식을 준수하는 대신) 생전행위의 효과가 유언의 효과와 상충한다는 사정("저촉")

---

234) 곽윤직 (주 11), 242면 참조.
235) 大判 1998. 5. 29. 97다38503, 공보 1998, 1751; 1998. 6. 12. (주 233); 2001. 3. 27. 2000다26920, 공보 2001, 994.
236) 김주수·김상용 (주 12), 752면; 박동섭 (주 12), 734면; 이경희 (주 12), 563면.
237) Cass. civ. 1re, 11 juill. 2006, Bull. civ. I, n° 391.

에서 찾아야 할 것이다. 그렇다면 생전행위는 유효해야 하고, 그 저촉되는 효력이 유언의 효력발생 전에 확정적으로 발생해야 한다.[238] 그래서 법률행위가 허가를 받아야 하는 경우에는 허가가 있어야 법정철회가 있다고 할 수 있으며, 조건이나 기한이 붙은 생전행위는 조건 성취나 기한 도래에 따라 철회 여부가 결정된다.[239] 반면 물권을 처분하는 경우 공시방법까지 갖추어야 하는지의 문제도 제기될 수 있으나, 효과가 상충하는 채권행위를 한 이상 공시방법까지 갖출 필요는 없다고 보인다. 예컨대 유증한 목적물을 매도하는 계약을 체결하고 미이행상태에서 매도인이 사망하는 경우, 유언집행자는 유언을 철회된 것으로 보아 매매계약을 이행해야 할 것이다. 그렇지 않으면 유언집행자는 유증의 이행의무와 매매계약의 이행의무가 충돌하는 상황에 있게 되는데, 이러한 상황에서 유증을 철회되는 것으로 간주하여 생전행위의 효력을 우선하는 것이 제1109조 후단의 취지이기 때문이다. 그러므로 이상의 내용을 종합한다면 예를 들어 유증한 부동산을 재단법인을 설립하면서 출연하는 경우에(제43조, 제47조 제1항) 주무관청의 허가(제32조)를 받으면[240] 유증은 법정철회되었다고 할 것이고, 출연한 재산에 대해 소유권이전등기를 경료할 것[241]까지는 요구되지 않는다고 하겠다.

(다) 한편 친족법상의 법률행위도 생전행위로서 유언 철회의 효력을 발생시킬 수 있는지 문제된다.[242] 예를 들어 유언자가 양자에게 유증을 한 이후에 협의파양을 하였다면 유언은 생전행위로 철회된 것인가? 그러한 경우 유언의 철회를 인정하는 견해도 주장된다.[243] 앞서 보았지만 제1109조 후단의 취지를 철회의사가 외부에 묵시적으로 표시되었다는 사정에서 찾는다면, 유증의 중요한 동기가 되었던 친족관계의 변화로부터 그

238) 곽윤직 (주 11), 242면.
239) 박동섭 (주 12), 733면; 이경희 (주 12), 563면.
240) 日最判 1968. 12. 24., 民集 22-13, 3270 참조.
241) 大判(全) 1979. 12. 11., 78다481, 집 27-3, 212.
242) 이에 대해 김영희, "신분행위와 유언의 철회", 가족법연구, 제27권 제3호, 2013, 239면 이하 참조.
243) 이경희 (주 12), 562면.

러한 철회의사가 추단된다고 볼 여지도 존재한다. 예컨대 영국에서는 혼인 이전의 유언은 혼인으로 철회된다는 내용이 전통적인 법리이기도 하다(Wills Act 1837, sec. 18, 18B 참조). 그러나 제1109조 후단의 취지를 철회의사의 묵시적인 표시뿐만 아니라 생전행위의 효과가 유언의 효과와 상충된다는 점에서도 찾는다면 유증의 효과와 직접적으로 상충하지 아니하는 파양에 대해 법정철회의 효력을 부여하는 것에는 주저된다. 즉 양자관계는 유증의 전제인 단순한 동기에 그치므로, 파양만으로 유증의 내용과 저촉이 있다는 해석은 무리이며 제1109조의 취지와 부합하지 않는다고 생각된다.[244] 만일 여기서 파양의 동기가 유증의 동기와 부합하지 않는다고 하여 "저촉"이 있다고 해석한다면, 이는 전후 유언의 "저촉"(법률행위 내용의 상충)과 유언과 생전행위의 "저촉"(법률행위 동기의 상충)을 서로 다른 의미에서 이해하는 해석이 되는데, 이는 제1109조가 규정형식상 같은 문언을 평행하게 채택하고 있다는 사정을 고려할 때 설득력이 없다고 보인다. 또한 파양에 의해 유증이 철회된다는 결론은 외부의 관찰자가 파양이라는 행위로부터 사후적으로 추측한 동기를 가지고 적법하게 성립한 유언의 내용을 부정하는 결과로 나아가므로, 사적 자치를 고려할 때 극히 신중해야 한다고 생각된다. 유언자가 파양에도 불구하고 이전 유언을 철회하거나 변경하지 않는다면, 유언 사실을 망각하고 있거나 착오에 빠져 있다고 하기보다는 원래 유언을 유지하려는 의사라는 것에서 출발해야 한다. 법질서는 표의자 의사표시의 병리적인 상태가 아니라 정상적인 상태를 전제해야 하기 때문이다.[245] 이상의 고려는 타인에게 유증을 한 유언자가 혼인을 하거나,[246] 배우자에게 유증을 한 유언자가 이혼을 한 경우에

---

244) 일본 최고재판소는 유언자가 유증을 받을 사람으로부터 평생 부양을 받기로 하면서 그를 입양하고 부동산을 유증하였으나 나중에 불신이 생겨 협의파양한 사안에서 생전행위에 의한 철회를 인정하였다(日最判 1981. 11. 13. 35-8, 1251). 그러나 학설에서는 동종의 행위가 아닌 파양과 유증 사이에서는 저촉을 운위할 수 없어 철회를 인정할 수 없는 비판이 제기되고 있다. 新版 注釋民法(28) (주 225), 406면(山本) 참조.

245) 다른 맥락에서이기는 하지만 Flume (주 64), S. 49f. 참조.

246) 대법원도 "망인이 이 사건 유언증서를 작성한 후 재혼[…]한 사실이 있다고 하여

도 원칙적으로 마찬가지라고 해야 한다. 요컨대 친족법상의 법률행위로 유언이 철회된다는 해석은 사후적으로 추측되는 동기만으로 법정철회를 인정해 유언철회 제도를 공동화할 우려가 있는 해석이므로 받아들일 수 없다고 생각된다.[247] 그러나 친족법상의 법률행위가 생전행위로서 유언의 내용과 저촉되는 사안이 발생할 가능성은 물론 있다. 예를 들어 특정 추정상속인에게 특정 재산을 귀속시키기로 하는 유언을 하였고 그것이 (유증이 아니라) 분할방법의 지정으로 해석되는 경우,[248] 그 추정상속인이 이혼이나 파양으로 그 지위를 상실하는 때에는 이혼이나 파양의 효과로 유언이 전제하는 효과가 달성될 수 없어 저촉이 있다고 할 수 있으므로, 그 때에는 유언이 철회된 것으로 보아야 한다.

이상의 서술은 유언자의 친족관계가 변화가 유언의 철회를 가져오는 생전행위가 아니라는 것뿐이며, 그러한 변화가 다른 방법으로 유언에 영향을 줄 수 없다는 것을 의미하는 것은 아니다. 이에 대해서는 아래에서 살펴본다(아래 Ⅵ. 1. 참조).

(라) 철회로 간주되는 생전행위는 유언의 요건을 갖출 필요는 없지만, 유언자 자신의 의사에 기초해 행해진 것이어야 한다. 그러므로 타인이 유언자의 명의를 이용하여 임의로 유언의 목적인 특정 재산에 관하여 처분행위를 하더라도 유언 철회로서의 효력은 발생하지 아니한다.[249] 대리에 의한 생전행위의 경우는 어떠한가? 유언자의 임의대리인의 행위는 그의 의사에 기초한 것이므로 유언자의 행위로 볼 수 있을 것이다. 반면 법정대리인의 행위에 철회의 효력을 인정하면 그에게 유언의 효력을 좌우할 권한을 주는 것이 되어 제한능력자이더라도 의사능력만 있으면 유언을 할 수 있다는 제1061조 내지 제1063조의 취지에 반한다. 그러므로

이 사건 제1토지에 관한 유언을 철회한 것으로 볼 수 없다"고 판단한 원심을 시인한 재판례가 있다[大判 1998. 5. 29. (주 235)].

247) 프랑스 민법 제1038조와 관련해 프랑스 판례도 확장해석에 소극적이다. Malaurie et Brenner (주 41), n° 531 참조.
248) 관련 논의에 대해 문헌지시와 함께 현소혜 (주 10), 262면 이하 참조.
249) 大判 1998. 6. 12. (주 233).

법정대리인의 행위는 생전행위에 포함되지 않는다고 할 것이다.[250]

(4) 고의에 의한 유언증서 파훼

(가) 유언자가 고의로 유언증서를 파훼한 때에는 그 파훼한 부분에 관한 유언은 이를 철회한 것으로 본다(제1110조 전단). 유언증서의 파훼에 의해 유언자는 철회의사를 추단하게 하는 방식으로 유언의 입증을 불가능하게 하였으므로, 민법은 이를 법정철회의 사유로 인정하는 것이다. 유언자가 유언증서를 파훼한 경우 철회의 효력은 "그 파훼한 부분"에 관하여 발생한다. 그러므로 나머지 유언 부분은 일단 유효하게 존재하지만, 그 나머지 부분만으로는 유언자가 유언을 하지 않았을 것으로 인정되는 경우에는 일부무효의 법리(제137조)에 준해서 전부가 철회된 것으로 보아야 하며, 또한 그 나머지 부분만으로 유언이 의미를 상실하거나 불명확해지는 경우에도 마찬가지이다.[251]

(나) 유언증서의 파훼는 유언증서를 물리적·화학적으로 손상하여 그 내용을 판독불가능하게 하는 행위를 말한다. 그러므로 이는 유언서를 태우거나 찢어 버리는 행위뿐만 아니라 내용을 말소하여 식별불가능하게 하는 행위도 포함한다.[252] 단순히 버리는 것만으로는 충분하지 않다. 물론 식별불가능은 절대적일 필요는 없으며(잘게 찢어진 유언서도 복구가 가능한 경우가 있다), 유언자의 의사에 기초해 그 내용[253]의 식별이 특별한 노력을 들이지 않고서는 현저히 어렵게 되었다면 파훼가 있다고 이해할 것이다. 그래서 예컨대 자필증서 유언의 본문에 줄을 그어 말소하는 것에 그쳐 내용의 식별이 가능하다면 이는 파훼라고 해서는 안 될 것이며,

---

250) 島津一郎·松川正毅 編, 基本法コンメンタール 相續, 第四版, 2002, 209면(二宮 周平) 참조.

251) 곽윤직 (주 11), 243면; 박동섭 (주 12), 735-736면 등.

252) 곽윤직 (주 11), 242면; 김주수·김상용 (주 12), 753면 등.

253) 유언의 본문 내용 외에도 유언자나 증인의 서명이 서명이 말소된 경우에도 유언 방식 충족 여부를 판단할 수 없게 되므로 파훼가 있다(박동섭 (주 12), 735면; 이 경희 (주 12), 564면). 같은 이유에서 비밀증서 유언의 봉인상 확정일자인(제1069 조 제2항)이 말소된 때에도 마찬가지이다. 유언서의 소급방지 목적을 달성할 수 없기 때문이다.

이는 삭제 또는 변경에 자서와 날인을 요구하는 제1066조 제2항을 고려할 때 특히 그러하다.[254] 줄을 두 줄 또는 그 이상을 그어도 현저한 어려움 없이 내용을 판독할 수 있다면 마찬가지이며,[255] 유언서 위에 "무효" "철회" 등을 겹쳐 적어도 그것만으로는 파훼라고 하기 어렵다. 또한 공정증서 유언의 경우에는 원본이 공증인사무소에 보존되어 있는 한 유언자 수중에 있는 정본을 파훼해도 철회의 효력은 발생하지 않는다는 견해[256]와 그러한 경우에도 철회로 간주된다는 견해[257]가 대립하는데, 제1110조 전단의 취지를 유언자가 유언내용 입증을 불가능하게 한다는 사정에서 찾는다면 원본이 존재하는 이상 파훼를 이유로 하는 철회의 효력을 인정하기는 어려울 것이다. 공증정서 유언의 원본은 유언자가 반환청구할 수 없으므로(공증인법 제24조 제1호), 유언자는 새로운 유언이나 생전행위에 의해 철회를 해야 한다(제1108조, 제1109조). 같은 이유에서 자필증서 유언의 원본이 제3자에게 보관되는 상태에서 유언자가 자신이 가지고 있는 사본을 파훼하더라도 유언의 철회로는 볼 수 없다.

그밖에 법률은 유언"증서"에 대해 규정하지만, 녹음에 의한 유언(제1067조)의 경우 유언자가 녹음테이프를 손상하거나 녹음을 삭제하여 내용의 복구를 불가능하게 하였다면 제1110조 전단을 유추하여 철회가 있다고 볼 것이다.

(다) 유언증서의 파훼는 유언자의 고의의 행위로 인한 것이어야 한다. 고의는 유언서 파훼의 고의를 말하며, 파훼는 유언자 자신의 결정에 따라 집행되어야 한다. 그래서 유언자가 타인에게 지시하여 파훼한 것은 자신의 행위에 의한 것이라고 해야 하며, 그 타인이 유언자의 "도구"로 사용되는 한 파훼의 현장에 유언자가 직접 있을 필요는 없다고 하겠

---

254) 박병호 (주 18), 442면. 이 점에서 유언서 변경의 경우에도 철회를 인정하는 독일 민법 제2255조와는 구별된다.
255) 김주수·김상용 (주 12), 753면은 반대.
256) 곽윤직 (주 11), 242면; 김주수·김상용 (주 12), 753면; 이경희 (주 12), 564면; 한봉희·백승흠, 가족법, 2013, 614면. 프랑스 민법의 해석으로도 같다. Terré, Lequette et Gaudemet (주 68), n° 454.
257) 박동섭 (주 12), 735면.

다.[258] 그러나 타인에게 파훼 여부를 결정할 수 있는 권한을 부여하여 그 타인이 유언서를 파훼한 경우에는 철회의 효력을 인정할 수 없으며, 이는 유언자의 행위에 의하지 않고 파훼된 경우에 유언자가 결과를 추인하더라도 마찬가지이다.[259] 그러므로 예컨대 제3자의 행위에 의하여 파훼되었다고 하더라도 유언의 효력에는 영향이 없으며, 이해관계인은 파훼된 유언의 내용을 주장·입증하여 유언에 따른 권리를 주장할 수 있다.[260] 유언자의 과실이나 기타 원인불명으로 유언서가 멸실되거나 분실된 경우에도 같다.[261]

(5) 고의에 의한 유증 목적물 파훼

유언자가 고의로 유증의 목적물을 파훼한 때에는 그 파훼한 부분에 관한 유언은 이를 철회한 것으로 본다(제1110조 후단). 여기서도 유언자가 철회의 사를 추단하게 하는 방식으로 유증 목적물을 멸실시켜 그 이행을 불능하게 하였으므로 민법은 법정철회의 효력을 부여한 것이다. 성질상 이 규정은 특정물 유증에 적용될 것이지만, 자신의 재산에 속하는 불특정물 일부를 유증한 유언자가 그 불특정물 전부를 고의로 멸실시킨 경우에도 적용될 수 있을 것이다. 목적물의 파훼는 유언자의 고의의 행위에 의해야 하는데, 그 의미에 대해서는 앞의 (3)에서의 설명이 마찬가지로 타당하다.

4. 철회의 철회와 취소

(1) 철회의 철회

생전행위에 의한 유언의 철회(제1109조 후단)나 유언증서·유증 목적물의 파훼에 의한 철회(제1110조)는 사실의 존재에 의해 유언자의 사망 전 해당 철회의 효력이 확정된다. 이는 유언자가 나중에 철회를 거두어들이는 취지

---

258) Lange (주 7), Kap. 8 Rn. 14.

259) Frank/Helms (주 55), § 6 Rn. 8.

260) 곽윤직 (주 11), 242면; 김주수·김상용 (주 12), 753면; 이경희 (주 12), 565면 등.

261) 大判 1996. 9. 20. 96다21119, 공보 1996, 3129.

를 명백히 하였다고 해도 마찬가지이며, 유언자는 새로운 유언에 의해서만 그 효과를 번복할 수 있다. 그러나 유언에 의한 임의철회(제1108조 제1항)나 전후 유언의 저촉에 의한 법정철회(제1109조 전단)는 유언자의 유효한 유언에 의해 철회의 효과가 발생하므로, 유언자는 철회에 해당하는 유언을 철회할 수 있으며(제1108조 이하) 이로써 임의철회나 법정철회의의 효과는 제거될 것이다. 이렇게 철회에 해당하는 유언이 철회되는 경우, 먼저 철회되었던 원래의 유언의 효력이 부활하는지 여부의 문제가 제기된다.

　비교법적으로는 철회 유언의 철회에 의해 제1유언을 철회되지 않은 것으로 취급하는 부활주의(독일 민법 제2257조, 제2258조 제2항)와 철회 유언의 철회가 있어도 제1유언의 부활을 인정하지 아니하는 비부활주의(일본 민법 제1025조)가 대립하는데, 우리 민법은 이에 명문의 규정을 두고 있지 않다. 통설은 유언자의 의사가 명백하지 아니한 경우 유언이 없다고 보는 것은 부당하다며 제1유언의 회복을 의욕하는 것이 통상일 것이라는 이유로 부활주의의 입장을 취하고 있지만,[262] 유언자의 진의에 따라야 한다는 견해도 주장된다.[263] 우선 후자의 견해에 대해 살펴보면, 이는 타당한 진술이지만 문제의 핵심은 비껴간다고 보인다. 철회 유언의 철회로 제1유언이 되살아나는지 여부는 어디까지나 유언자의 의사해석 문제라고 해야 한다. 그가 철회의 철회로 적법하게 성립하였던 제1유언을 살리고자 하는 의사라면 이를 부정할 합리적인 이유가 없으므로 부활을 긍정해야 하겠지만,[264] 반대의 의사가 확인된다면 무유언상태가 되어야 할 것이기 때문이다. 문제는 유언자의 의사를 탐구해도 알 수 없는 경우 어느 편으로 그의 의사를 추정할지 여부이며(앞서 인용한 독일 민법의 규정도 추정규정임을 분명히 하고 있다), 이에 대해서는 어느 한 편의 입장을 채택하지 않을 수 없는 것이다. 쉽지

262) 곽윤직 (주 11), 398면; 김주수·김상용 (주 12), 754면; 박병호 (주 18), 443면; 이경희 (주 12), 558면; 한봉희·백승흠 (주 256), 615면; 유언에 의한 임의철회에 대해 송덕수 (주 11), 406면.
263) 박동섭 (주 12), 736면; 신영호 (주 12), 471면.
264) 이는 제1유언이 멸실 또는 분실된 경우에도 다르지 않으며, 그 경우 그 내용을 입증하여 유언의 효과를 주장해야 한다(주 260의 본문 참조). *MünchKomm*/Hagena (주 122), § 2257 Rn. 4.

않은 문제이나, 법률의 규정이 없는 이상 제1유언을 부활시킨다는 유언자의 의사를 추정하기는 쉽지 않다고 생각된다.[265] 물론 가능한 한 유언자의 의사를 탐구하는 것이 바람직하다. 예를 들어 철회를 철회하는 유언에 제1유언의 부활을 전제하는 내용이 있는 경우는 물론이겠지만, 유언자가 제1유언서를 온존 보관한 상태에서 철회 유언을 파훼한 경우(제1110조 전단)에는 제1유언의 부활을 의도하였다고 볼 가능성이 높을 것이다. 그러나 유언자의 의사를 추측하게 하는 일체의 사정이 없는 경우에는 명문의 추정 규정이 없으므로 제1유언은 철회된 상태로 남는다고 보아야 한다. 이는 유언자가 법정상속을 염두에 둘 가능성이 있는 이상 특히 그러하다.

(2) 철회의 취소

유언의 철회에 민법상 취소 사유가 있을 수 있다. 예를 들어 철회 유언의 중요부분에 착오가 있거나(제109조), 저촉하는 내용의 생존행위가 위법한 사기(제110조)에 의한 경우 등이 그러하다. 이 때 유언자는 철회를 철회함으로써 그 효력을 배제할 수도 있겠지만, 취소는 유언의 방식을 준수하지 않는다는 점에서 의미가 있다. 반면 유언자가 사망하면 상속인에게는 취소의 가능성만 남는다(제140조 참조). 특별한 규정이 없는 한(제861조, 제1062조 등), 민법총칙의 일반적인 법리에 따라 철회를 취소해야 할 것이다(아래 Ⅴ. 참조).[266] 취소는 소급효가 있으므로(제141조 본문) 철회가 취소되면 원래의 유언의 내용은 당연히 부활한다.

Ⅴ. 유언의 취소

1. 유언의 취소 가능성

앞서 언급하였지만[Ⅱ. 2. (3)], 유언자가 의사형성 과정에서 착오에

---

265) 규정이 없는 프랑스 민법이나 스위스 민법의 해석으로도 철회가 철회되는 경우 제1유언의 효력은 유언자의 의사가 확인되는 경우에만 인정되는 것으로 보인다. Nicod (주 137), n° 140; *BaK*/Breitschmid (주 152), Art. 509-511 ZGB Rn. 9 참조.
266) 곽윤직 (주 11), 244면; 박동섭 (주 12), 737면; 박병호 (주 18), 443면.

빠졌거나 사기·강박에 의해 그러한 의사를 가지게 된 경우, 유언의 자유의 보호라는 관점에서 그 유언의 효력을 부정해야 할 것인지의 문제가 제기된다. 비교법적으로 착오·사기·강박을 이유로 하는 유언의 해소에 대해 별도로 규율하는 입법례(독일 민법 제2078조 이하, 이탈리아 민법 제624조, 오스트리아 민법 제570조 이하, 스위스 민법 제469조, 2006년 이후 프랑스 민법 제901조 제2문 등)가 많지만, 우리 민법은 2006년 이전 프랑스 민법이나 현행 일본 민법과 마찬가지로 별도의 규정을 두지 않고 있다. 그러므로 유언의 취소는 일반규정(제109조, 제110조)에 따른 취소권을 유언자 본인이나 그 상속인이 행사하는 방법으로 주장되어야 하는 것으로 보인다(제140조). 통설도 그렇게 이해한다 (주 46 참조).

물론 착오·사기·강박을 이유로 하는 유언의 취소를 부정하는 견해도 생각해 볼 수는 있다. 그 근거로는 한편으로 유언의 의사표시는 유언자의 사망으로 효력을 발생하므로 유언자는 취소권을 가질 수 없어 그 상속인이 취소권을 승계할 여지도 없다는 논리적인 이유와 다른 한편으로 유언자는 언제든지 유언을 철회할 수 있으므로(제1108조) 이로써 충분히 보호가 부여된다는 사정이 고려된다.[267] 그러나 의사의 흠결이나 하자를 이유로 하는 취소는 유언에 대해서도 인정되어야 한다고 생각된다. 우선 첫 번째 이유는 형식논리에 다름 아니다. 이익상황에 비추어 볼 때 사망시점을 기준으로 의사표시를 취소할 수 있었을 유언자라면 오히려 당연히 효력이 발생하기 전에 이를 취소하여 소멸시킬 이익이 부정되어서는 안 될 것이다. 게다가 유언에 관한 인지는 규정상 착오·사기·강박을 이유로 취소할 수 있다고 해석되므로(제859조 제2항, 제861조) 그러한 비판이 전제하는 "논리"가 실정법상 근거가 있다고 하기도 어렵다. 더 나아가 철회의 인정으로 충분하다는 두 번째 이유 역시 설득력이 없다고 보인다. 일반적으로 인정되는 철회권이 있다고 해서 의사의 흠결·하자가 있는 유언자에게 취소권이라는 추가적인 보호를 부정할 필연적인 이유가 있다고 말할 수는 없기 때문이다. 무효와 취소가 경합하는 경우 이중효(Doppelwirkung) 법

---

267) 일본에서의 학설대립에 대해 新版 注釋民法(28) (주 225), 389면 이하(山本) 참조.

리의 인정에서 나타난 것처럼,[268] 취소를 인정할지 여부는 표의자에게 그러한 추가적인 보호를 부여할 정당한 이익이 있는지의 평가적인 관점에서 답해야 하는데, 이는 쉽게 부정하기 어렵다. 실제로 유언자에게는 철회의 자유가 있으므로($\frac{제1108}{조}$), 그가 생전에 착오·사기·강박에서 벗어났다면 철회를 함으로써 손쉽게 문제 있는 유언의 효력을 저지할 수 있어 취소권을 행사하는 일은 많지 않을 것이다. 반면 그가 여전히 착오·사기·강박에 빠진 상태에서 사망하였다면, 스스로 유언을 철회하거나 취소하는 일은 있을 수 없다. 그러나 그 경우에도 그 상속인은 착오·사기·강박을 이유로 하는 유언을 취소할 이해관계를 가지고 있다($\frac{제140}{조}$). 만일 이 가능성을 부정한다면 예컨대 강박이 지속되는 상태에서 유언을 하고 사망한 유언자의 상속인은 그러한 유언의 효력을 감수해야 할 것인데, 그러한 결과는 받아들이기 어렵다. 그러한 의미에서 유언 취소의 목적은 유언자의 진정한 의사의 실현이라기보다는 유언자 의사의 흠결이나 하자로부터 상속인을 보호하는 것이라고도 말할 수 있다.[269]

그러므로 착오나 사기·강박을 이유로 하는 유언은 민법총칙의 규율에 따라 취소할 수 있다고 해야 한다.[270] 물론 개별적인 유언사항의 성질상 민법총칙의 규정이 그대로 적용될 수 없는 경우는 상정될 수 있다.[271]

2. 착오에 의한 유언의 취소

유언에 제109조를 적용할 때에는 고려할 점이 있다.

---

268) 예컨대 곽윤직·김재형 (주 6), 111-112면 등 참조.

269) Lange (주 7), Kap. 9 Rn. 70.

270) 이는 유언의 취소에 대해 특별한 규정을 두고 있지 않았던 2006년 이전 프랑스 민법의 태도였으며(Ferid/Sonnenberger, *Das französische Zivilrecht*, Band 3, 2. Aufl., 1987, Rn. 5C27), 2006년 이후에도 신설된 제901조 제2문이 특별한 요건 없이 일반규정을 지시하는 방식으로 규정되어 있어 법률상 근거가 생긴 외에는 변함이 없다.

271) 숙고가 필요한 문제이나, 우선 오병철, "유언의 취소", 가족법연구, 제25권 제3호, 2011, 300면 이하는 친생부인(제850조), 미성년후견인의 지정(제930조)의 경우에 총칙규정이 배제된다고 하고, 유언집행자의 지정(제1093조)의 경우에는 아래 살펴볼 취소권자의 범위에 따라 달라진다고 한다.

(1) 유언 해석의 우선

우선 착오 문제 일반에서와 마찬가지로,[272] 유언의 해석이 유언의 취소에 우선한다. 즉 착오에 의한 유언이라고 하더라도 유언 해석에 따른 해결이 가능한 경우 그에 따라 처리되어야 한다.[273] 대표적인 예로서 오표시무해(falsa demonstratio non nocet)의 법리는 유언에 대해서도 적용된다(스위스 민법 제469조 제3항 참조).[274] 예컨대 유언자가 조카 甲에게 유증을 하면서 유언증서에 "나의 사촌 甲"이라고 표기하였다고 하더라도, 甲에게 유증할 의사가 해석상 인정되는 이상 그에 따라 유언내용이 확정되며 취소의 여지는 없다. 또한 유언의 보충적 해석이 인정되는 경우에도 마찬가지이다. 보충적 해석은 유언자의 실제 의사를 탐구하는 것이 아니라 유언 내용에 그 취지와 목적에 반하는 흠결이 있는 경우 가정적 의사를 탐구하여 그 내용을 보충하는 작용이므로, 유언자의 진의와의 불일치를 주장하여 유언을 취소할 가능성은 없기 때문이다.[275] 그래서 예컨대 우리 민법에 상속인 지정이 허용되지 않는다는 것을 알지 못하고 乙을 상속인으로 지정한 甲의 유언이 보충적 계약해석에 따라 乙에 대한 포괄적 유증으로 해석된다면(앞의 주 9 참조), 甲의 상속인은 착오를 이유로 유언의 취소를 주장할 수 없다.

(2) 동기착오의 취급

한편 제109조가 유언에 적용될 때, 동기착오의 취소는 어떻게 취급해야 할 것인지의 의문이 제기된다. 주지하는 바와 같이 상대방이 있는 법률행위를 중심으로 학설에서는 동기착오를 이유로 취소할 수 있는지 여부에 대해 다툼이 있다.[276] 이 자리에서 이를 상론할 수는 없으나, 이

---

272) 우선 김용담 편집대표, 주석 민법 총칙(2), 제4판, 2010, 768면 이하(지원림) 참조.

273) Frank/Helms (주 55), § 7 Rn. 27.

274) 현소혜 (주 10), 185면 이하. 보다 정확하게 말한다면 오표시무해는 원래 로마법상 유언 해석의 법리였으며, 다른 법률행위의 경우에는 명칭의 착오(error in nominis)라는 관점에서 같은 결과가 인정되었다. 김형석, "독일 착오론의 역사적 전개-사비니의 착오론을 중심으로-", 저스티스, 제72호, 2003, 317면 참조.

275) 법률행위 일반에 대해 민법주해[II] (주 15), 425면(송덕수); 주석 민법 총칙(2) (주 272), 769면(지원림); 유언에 대해 현소혜 (주 10), 146면 참조.

논쟁의 핵심은 원칙적으로 표의자 일방의 위험영역에 속하는 동기가 어떠한 사정 하에서 예외적으로 고려될 수 있는지 여부 즉 통상적으로는 표의자 동기의 영향을 받지 아니하는 상대방이 어떠한 상황에서 예외적으로 그러한 보호를 상실하게 될 것인지의 위험분배와 관계된다. 그런데 유언은 상대방 없는 의사표시인데다가 언제나 철회가능하므로 이를 신뢰하여 보호가치 있는 이해관계를 가지게 될 상대방이 없다.[277] 즉 동기와 관련해 교섭을 하거나 표시를 하거나 이를 인식할 수 있는 상대방이 없고, 유언에 대한 기대를 보호할 이유가 없으므로 동기착오를 제한해야 할 이유가 현저히 감소한다. 관련해서 동기착오의 고려에 대해 소극적인 태도를 보이는 견해도 무상행위의 경우에는 동기착오를 적극적으로 고려해야 한다고 하는데,[278] 이는 상대방 없는 의사표시인 유언의 경우에는 더욱 그러하다고 해야 할 것이다. 그렇다면 유언의 경우 동기착오는 상대방 있는 의사표시의 경우보다는 보다 적극적으로 취소가 인정되어야 한다는 결론이 시사된다. 이는 비교법적 상황을 살펴보아도 그러한데, 유언의 취소에 대해 규정을 두는 앞서 인용한 입법례들을 살펴보면 명문으로 유언자의 동기착오의 경우에 취소를 가능하게 하고 있거나 $\left(\begin{smallmatrix}\text{독일 민법 제2078조, 이탈리아 민법 제624조, 오스트리아}\\\text{민법 제572조, 네덜란드 신민법 제4 : 43조 등}\end{smallmatrix}\right)$ 해석상 그러한 결과가 인정되어 있다는 사실이 확인되는 것이다.[279] 그러나 다른 한편으로 유언의 동기가 된 사정에 착오가 있었음이 확인된다는 이유만으로 쉽게 취소를 인정하는 것에는 신중할 필요가 있다. 취소는 소급적으로 유언을 제거하는 효과를 가져오는데($\text{제141}\atop\text{조}$), 이미 사망한 유언자는 새로 유언을 할 수 없으므로, 사

---

276) 주석 민법 총칙(2) (주 272), 671면 이하(지원림) 참조. 유상계약의 착오 문제 취급에 대해서 상세한 내용은 김형석, "동기착오의 현상학", 저스티스, 제151호, 2015, 98면 이하 참조.

277) Herrler, "Wills", *The Max Planck Encyclopedia* (주 1), Volume Ⅱ, p. 1777.

278) 민법주해[Ⅱ] (주 15), 435-436면(송덕수).

279) "착오"만을 언급하는 스위스 민법 제469조에 대해 Marxer in *Schweizerisches Zivilgesetzbuch*, 2. Aufl., 2011, Art. 469 Rn. 3; 착오의 일반법리에 따르는 프랑스의 경우 Ferid/Sonnenbeger (주 270), Rn. 5C28; Terré, Lequette et Gaudemet (주 68), n° 282 등 참조.

소한 동기의 착오를 이유로 취소를 허용한다면 유언자의 의도에 역행하는 결과를 야기할 수 있기 때문이다.[280] 이는 유언에 이르는 동기가 다양하고 복잡할 수 있을 뿐만 아니라,[281] 취소가 일부무효의 법리(제137조)의 적용을 통해 유언 전체에 영향을 미칠 가능성도 있으므로[282] 더욱 그러하다. 그러므로 동기착오를 이유로 유언을 취소하기 위해서는 그 동기가 단순히 유언에 기여하였다는 것을 넘어 유언에 중요한 영향을 주는 사항이었다는 사정이 필요하다고 생각된다.[283] 즉 동기가 유언의 결정적인 기초를 이루는 고려요소였던 경우에만 취소할 수 있다고 해석해야 하며, 이는 "내용의 중요부분의 착오"(제109조제1항 본문)라는 문언으로부터 정당화될 수 있을 것이라고 보인다.[284] 물론 표의자에게 중대한 과실이 있을 때에는 취소할 수 없다고 할 것이다(통설). 관련해서 우리 문헌에서는 착오 유무가 유언증서 자체만으로 판단되어야 한다는 주장이 있으나,[285] 이는 받아들이기 어렵다. 이미 유언을 해석하는 단계에서 제반사정을 모두 고려해 유언자의 진의를 밝히는 자연적 해석(해명적 해석)을 하여야 한다는 이론

---

280) Frank/Helms (주 55), § 7 Rn. 26: "취소는 무효로 할 뿐, 개선하지 않는다."
281) Herrler (주 277), p. 1777.
282) 오병철 (주 271), 313면 참조.
283) 오병철 (주 271), 311면은 새삼 예외를 둘 수 없다는 이유로 반대한다. 그러나 이는 이미 다른 법률행위 특히 계약의 경우에도 동기가 계약의 결정적인 기초사정이 되었던 경우에 판례상 취소권이 인정되고 있다는 관찰과도 합치하지 않을뿐더러[이에 대해 우선 김상중, "동기의 착오에 관한 판례법리의 재구성을 위한 시론적 탐색", 사법질서의 변동과 현대화(김형배 교수 고희기념), 2004, 14면 이하; 김형석 (주 276), 101면 이하 참조], 상대방이 없는 의사표시의 경우 발생할 수 있는 특수성에 주의를 기울이지 않고 있어 타당하지 않다고 생각된다.
284) 앞서 언급한 비교법적인 예를 보아도 그러하다. 예컨대 "그 동기가 유언으로부터 나타나며 피상속인으로 하여금 그러한 처분을 하게 결정한 유일한 동기인 경우"(이탈리아 민법 제624조 제2항), "피상속인의 의사가 오로지 이 잘못된 동기로부터 기인하였음이 증명된 경우"(오스트리아 민법 제572조), "피상속인에 의해 잘못 전제된 사정이 그 처분의 동기이고, 유언 자체에 나타나 있으며, 처분을 한 피상속인이 전제가 잘못된 것을 알았더라면 그 처분을 하지 않았을 경우"(네덜란드 신민법 제4:43조 제2항), "그가 사태를 알았다면 그러한 의사표시를 하지 않았을 것이라는 사정이 인정되는 경우"(독일 민법 제2078조 제1항) 등 참조. 프랑스 민법에서도 해석상 같다. Ferid/Sonnenberger (주 270), Rn. 5C28; Terré, Lequette et Gaudemet (주 68), n° 282 참조.
285) 김주수·김상용 (주 12), 757면; 박동섭 (주 12), 742면.

이 일반적으로 인정되고 있는 이상,[286] 그러한 해석 과정에서 착오의 존재가 확인되었음에도 새삼 유언서 자체만으로 착오 유무를 판단한다고 하여 취소권을 부정할 이유는 발견할 수 없다. 그리고 이는 유언자의 진정한 의사를 존중해 유언의 자유를 실질적으로 보호한다는 유언 취소의 목적을 고려할 때에도 그러하다. 이와는 다른 문제는 착오의 원인이 된 동기가 유언으로부터 나타나야 하는지 여부이다. 이를 명시적으로 요구하는 입법례도 있다(주 284의 이탈리아 민법, 네덜란드 신민법 참조). 그러나 명문의 규정이 없는 우리 민법에서 그렇기 해석하기는 어렵다고 보이며, 따라서 유언으로부터 착오의 원인이 된 동기가 나타나지 않더라도 다른 증거를 통해 확인된다면 취소권이 발생한다고 할 것이다.[287] 물론 유언으로부터 동기가 추단되지 않는 경우 그 동기의 입증은 매우 어려울 수도 있을 것이다.

그 밖에 취소사유가 유언의 일부에만 존재하는 경우, 착오를 이유로 하는 일부취소에 관한 기존 법리[288]에 따라 일부의 취소만이 허용되는 경우도 존재할 수 있을 것이다(제137조 참조).

3. 사기 · 강박에 의한 유언의 취소

사기 · 강박을 이유로 하는 유언에 제110조를 적용하는 것에는 크게 어려움이 없다. 즉 제3자가 위법한 기망행위나 해악고지의 방법으로 유언을 하게 하는 경우, 유언자 그리고 그의 상속인 · 유언집행자는 그 유언을 취소할 수 있다. 이 때 예컨대 그 유언에 따라 이익을 받을 사람 예컨대 수유자가 사기 · 강박을 한 사람이 아니라고 하더라도, 수유자의 인식 여부와 무관하게 유언의 취소가 가능하다. 즉 제110조 제2항은 적

---

286) 이는 비교법적으로 널리 받아들여지고 있는 결론이다. Herrler (주 277), p. 1775-1776; 현소혜 (주 10), 65면 이하 참조.
287) Lange (주 7), Kap. 9 Rn. 80 참조.
288) 大判 1990. 7. 10. 90다카7460, 집 38-2, 170; 1992. 2. 14. 91다36062, 공보 1992, 1028; 1998. 2. 10. 97다44737, 공보 1998, 686; 2002. 9. 4. 2002다18435, 공보 2002, 2330 등.

용이 없는데, 유언은 상대방 없는 의사표시이고 유증에 대한 수유자의 기대는 법적으로 보호가치 있는 이익에 미치지 못하기 때문이다.[289] 물론 사기에 의한 유언의 취소는 통상 동기착오를 이유로 하는 취소와 경합할 것이다.

한편 위법한 강박에 이르지 않더라도 타인에 대한 심리적 종속에 의해 타율적으로 작성된 유언에 양속위반성이 인정될 수 있음은 앞서 살펴보았다[앞의 Ⅱ. 3. (2) 참조].

4. 취소권의 행사

취소권의 행사에 대해서는 민법총칙의 일반적인 규정이 그대로 적용되어야 할 것이지만(특히 추인에 관한 제143조, 제144조, 제척기간을 정하는 제146조), 그 과정에서 해석상 의문이 발생할 수 있다.

(1) 취소권자

착오·사기·강박으로 인해 취소권은 우선 유언자에게 귀속하고, 그의 사망으로 상속인이 취소권자가 된다(제140조: "승계인"). 다만 앞서 언급한 바와 같이 유언자는 유언을 철회할 수 있으므로 취소의 실익은 크지 않고, 주로 상속인이 이를 행사하게 될 것이다. 공동상속의 경우에 취소권은 어떻게 행사되는가? 취소권이 준공유되므로(제1006조, 제278조) 취소권에 대한 관리행위로 보아 상속분의 과반수로 결정되어야 한다는 견해가 주장된다.[290] 그러나 이는 타당하지 않다. 이 견해에 의한다면 예컨대 피상속인이 착오·사기·강박으로 특정 공동상속인들에게 법정상속분을 초과하는 유증을 한 경우, 이로부터 불이익하게 된 공동상속인은 상속분의 과반을 결집할 수 없는 한 흠 있는 불리한 유언을 감수해야 한다는 부당한 결과가 발생할 것이기 때문이다. 이는 받아들이기 어려우며, 취소권의 일반이론

---

289) 같은 취지로 오병철 (주 271), 311-312면. 프랑스 민법 제1116조의 해석과 관련해서도 같다. Terré, Lequette et Gaudemet (주 68), n° 283 참조. 그러므로 제110조 제2항의 적용을 전제로 하는 伊藤 (주 33), 78면의 서술은 타당하지 않다.

290) 오병철 (주 271), 308면.

으로 돌아가[291] 취소권자 각자가 전원에 대한 효력으로 취소할 수 있다고 해석해야 할 것이다.[292] 이는 상속재산의 보존행위라고 보아야 한다 ($\binom{제278조,}{제265조 단서}$).

반면 이에 더하여 유언집행자가 취소권자인지는 다툼이 있다. 유언집행자가 상속인의 대리인으로 간주됨을 이유로($\binom{제1103조}{제1항}$) 유언집행자 역시 취소권자라고 보는 견해[293]와 유언집행자는 하자 있는 의사표시를 한 유언자 "그의 대리인"($\binom{제140}{조}$)이라 할 수 없어 취소권자가 아니지만 법원이 선임한 유언집행자($\binom{제1096}{조}$)는 예외적으로 취소권자가 되어야 한다는 견해[294]도 주장된다. 이 문제는 상속인이 취소를 원하는 사안에서는 현실적으로 의미를 가지지 않지만, 예를 들어 상속인은 유언의 내용이 그대로 집행될 것을 원하는데 유언집행자가 유언을 취소할 수 있다는 이유를 들어 취소권을 행사하려는 사안에서 비로소 첨예하게 부각된다. 그렇다면 유언집행자가 비록 독자의 직무를 가지고 있다고 하더라도, 법률상 상속인의 대리인의 지위에 있을 뿐만 아니라 유언 취소의 주된 목적이 흠 있는 유언으로부터 상속인의 법정상속을 보호하는 것인 이상(앞의 주 269의 본문 참조), 상속인의 의사에 반하는 취소권 행사를 허용할 수는 없다고 생각된다. 그리고 이는 선임유언집행자의 경우에도 다르지 않다. 만일 그 경우 상속인이 존재한다면 취소권의 행사는 그에게 맡기는 것이 바람직하며, 상속인이 존재하지 않는다면 보호목적을 상실한 취소권을 그에 아무런 이해관계 없는 유언집행자가 행사하는 것이어서 불필요한 분쟁만 야기할 것이기 때문이다. 따라서 유언집행자는 취소권자가 아니라고 해

---

291) Busche in *Münchener Kommentar zum Bürgerlichen Gesetzbuch*, Band 1, 6. Aufl., 2012, § 142 Rn. 6. 이은영 (주 25), 700–701면은 그러한 경우 상대적 취소를 인정하지만, 이유 없이 법률관계를 복잡하게 할 뿐이다.

292) 물론 독일 판례는 일반적으로 취소권이 공동상속된 경우 공동으로 행사되어야 한다고 하지만(RGZ 107, 238), 이는 독일에서 공동상속인이 합유관계에 있기 때문에 발생하는 결론이므로 공동상속인이 공유관계에 있는 우리 민법의 해석으로 원용하기는 어렵다. 독일에서도 유언의 취소는 취소권자 각자가 할 수 있다고 해석한다. Palandt/Weidlich (주 45), § 2080 Rn. 4.

293) 곽윤직 (주 11), 247면.

294) 오병철 (주 271), 309면.

석해야 한다.

　(2) 취소의 상대방

　취소의 상대방은 누구인가? 민법은 "상대방이 확정한 경우 […] 그 상대방"이라고 규정하는데($\frac{제142}{조}$), 다수설은 이를 법률행위의 상대방으로 해석하고 상대방 없는 법률행위의 경우에는 취소의 의사를 적당한 방법으로 외부에 객관화하면 된다고 한다.[295] 그러나 상대방 없는 법률행위의 경우 수익자를 상대로 해야 한다는 견해도 유력하다.[296] 어느 견해에 따르든 유언으로부터 직접 이익을 받는 사람을 상대로 취소해야 한다고 해석할 것이다. 이는 후자의 견해에 따르면 당연한 것이지만, 전자의 견해에 따르더라도 예컨대 수유자가 존재하는데 그에 대해 취소의사를 표시하는 것 외에 달리 "적당한" 방법이 있다고는 말할 수 없기 때문이다. 그렇지 않으면 유언으로부터 직접 이익을 받는 자는 취소 사실을 알지 못해 크게 불리한 상황에 처할 수도 있어 타당하지 않다.[297]

　(3) 취소의 효과

　취소는 유언을 소급하여 무효로 한다($\frac{제141조}{본문}$). 그러므로 취소된 범위에서 유언의 효력은 배제되고, 그 유언이 상속재산에 관한 것이라면 법정상속에 따라 법률관계가 정해진다. 취소가 유언의 일부에 관한 것일 때에는 일부무효의 법리에 준해서 처리된다($\frac{제137}{조}$). 유언에 기초해 새로운 이해관계를 맺은 선의의 제3자(예컨대 수유자로부터 유증의 목적물을 선의로 취득한 제3자)가 있는 때에는, 제109조 제2항, 제110조 제3항에 따라

---

295) 문헌지시와 함께 곽윤직 편집대표, 민법주해[III], 1992, 305면(김용담); 김용담 편집대표, 주석 민법 총칙(3), 제4판, 2010, 341-342면(이주흥).

296) 이영준 (주 29), 726면; 이은영 (주 25), 700면; 송덕수 (주 6), 457면. 독일에서 일반적인 견해이다. Ellenberger in Palandt (주 45), § 143 Rn. 7.

297) 유언집행 후에는 동일하게 해석하면서도, 유언집행 전이라면 유언집행자를 상대로 취소해야 한다는 견해도 주장된다(오병철 (주 271), 309-310면). 그러나 이는 상속인이 유언집행자인 경우(제1095조)에는 작동하기 어려운 방법일 뿐만 아니라, 통상 유언이 효력을 발생함으로써 이미 수익자의 법률관계가 변동하므로(예컨대 인지에서는 친생자관계 발생, 유증에서는 이행청구권의 취득) 그 신뢰를 보호하기 위해서는 유언집행자에 대한 취소만으로 충분하지 않다는 것을 고려하지 못하므로, 받아들이기 어렵다.

그에 대해서는 유언의 취소를 주장할 수 없다.[298)]

Ⅵ. 그 밖의 쟁점

1. 가족관계의 변화와 유언

유언이 성립한 이후 그로부터 추측되는 동기와 상충하는 내용의 친족법상 법률행위가 있더라도 이를 "유언 후의 생전행위가 유언과 저촉하는" 유언의 철회($\frac{제1109}{조}$)라고 해석할 수는 없다는 점을 이미 서술하였다[앞의 Ⅳ. 3. (3) (다) 참조]. 즉 양자에게 유증을 한 다음 파양을 하거나, 배우자에게 유증을 한 다음 협의이혼을 하여도, 그것만으로 유언이 철회되었다고 할 수는 없는 것이다.

그러나 유언의 철회를 인정하지 않는다고 해도 이러한 가족관계의 변화를 일체 고려하지 않는 태도는 개별 사안에서 부당한 결과를 가져올 수 있다. 실제로 영국 유언법($^{Wills\ Act\ 1837,}_{sec.\ 18A}$)은 혼인이 해소된 때에는 (유언에서 다른 의사가 나타나지 않는 한) 유언에서 고려된 배우자는 해소 시점에 사망한 것으로 간주하여 법률관계를 처리하고, 독일 민법($\frac{동법}{제2077조}$)은 배우자에 대한 유언은 혼인의 해소 기타 이에 준하는 사정이 있는 때에는 무효라고 규정하면서($\frac{동조}{제1항}$) 피상속인이 그러한 경우에도 유언을 하였을 것이라고 인정되는 때에는 무효가 아니라고 한다($^{동조\ 제3항 ; 그\ 밖에\ 스위스\ 민법\ 제120조}_{제2항,\ 네덜란드\ 신민법\ 제452조\ 등도\ 같은\ 취지}$).

우리나라에서도 제1089조의 취지 및 영미의 해석론을 참조하여 유언에 다른 특별한 의사표시가 없는 한 이혼한 전 배우자에 대한 유언은 원칙적으로 효력이 생기지 않는다는 견해가 주장된다.[299)] 그러나 이에는 따르기 어렵다. 상속법의 기본구조를 달리하는 영미의 법리가 그대로 우리 민법의 해석에 타당할지 여부는 검토를 요하며, 근거로 들고 있는 제1089조는 이 맥락에서 원용할 만한 규정이라고 하기 어렵기 때문이다. 후자에 대해 본다면, 상속개시 시점에 권리능력을 가지고 있는 사람만이 원칙적으로 상속인이 될 수 있다는 이른바 동시존재의 원칙이 유증에 대

---

298) 오병철 (주 271), 315-316면.
299) 정소민 (주 8), 344면.

해서도 인정되므로(^{제1064조}_{참조}) 유언의 효력발생시에 수유자가 사망하면 그에 대해 유증의 효력이 발생하지 않는 것은 당연한 결과이다. 이 점에서 협의이혼과 결정적으로 다르다. 제1089조는 그러한 당연한 결과를 전제로 사망한 수유자의 상속인에게 유증이 이루어진다는 효과(이른바 대습수유)를 부정하는 내용의 규정에 그친다.[300] 요컨대 제1089조는 수유자의 사망으로 유증이 실효한다는 결과를 정하는 것이 아니라 당연히 실효하는 유증을 전제로 하여 그 예비적 효과를 배제하는 규정으로(이는 다음에 있는 규정인 제1090조를 고려하는 체계해석으로부터도 정당화된다) 전혀 다른 이익상황을 전제로 하고 있어 유언 후 이혼 등에 유추할 만한 규범내용을 가지고 있지 않다. 따라서 이 견해가 주장하는 제1089조의 유추는 설득력이 없다. 더 나아가 이 견해는 유언에 다른 의사표시가 나타나는 경우에만 예외를 인정하고자 하는데, 이 역시 따르기 어렵다. 이는 영국 유언법의 해당 규정에서 보이듯("except in so far as a contrary intention appears by the will") 영미의 태도이지만, 유언 외부의 증거를 이용한 유언자 의사의 탐구를 원칙적으로 허용하지 않는 영국법의 태도를 배경으로 할 때 이해할 수 있는 법리이어서[301] 유언의 해석과 관련해 유언 외부의 제반사정을 고려할 수 있다는 종래의 대륙법적인 입장에서 출발하는 이상[302] 그대로 받아들이기 어렵다고 보인다. 실제로 유언에 표현된 의사에 한정해 예외를 허용하는 해결은 개별적으로 타당하지 않은 결과를 발생시킬 수 있다. 파양이나 이혼 이후에도 유언자가 유언을 계속 유지할 의사를 가질 가능성을 고려할 수 없기 때문이다. 예컨대 유언자는 혼인관계를 전제로 하지 않고 다른 이유로 배우자에게 유증을 하였거나, 혼인관계를 전제로 유증을 한 경우에도 이후 협의이혼 과정에서 재산분할의 방법으로 유증을 고려하였기 때문에 철회를 하지 않고 있을 수도

---

300) 新版 注釋民法(28) (주 225), 235면(阿部徹) 참조.
301) Herrler (주 277), p. 1776 참조.
302) 현소혜 (주 10), 115면 이하 참조. 실제로 독일 민법 제2077조 제3항의 해석상 제반사정에 따른 현실적 의사 및 가정적 의사 탐구가 허용된다. Palandt/Weidlich (주 45), § 2077 Rn. 6 참조.

있다. 이러한 사정은 유언 자체에서는 나타나지 않을 수도 있으나, 그럼에도 불구하고 이혼을 이유로 일률적으로 유언을 실효하게 하는 것은 타당하지 않다.

그러므로 법률의 규정이 없는 이상 파양이나 이혼 등의 가족관계 변화가 있더라도 원칙적으로 그 자체로는 유언의 효력에 영향을 주지 않는다는 것으로부터 출발해야 한다.[303] 전형적으로 다른 의사가 추측된다는 이유만으로 적법하게 성립한 유언의 효력을 부정하는 것에는 신중해야 하는 것이다. 따라서 명문의 규정이 없는 이상, 파양이나 이혼 등에 따른 이혼의 실효는 예외적인 경우 즉 양자관계나 혼인관계의 존재가 유증의 불가결한 기초를 이루는 동기이고 그러한 친족관계가 없었더라면 유증을 하지 않았을 것이라는 사실이 제반사정으로부터 입증되어 이를 고려하지 않는 것이 유언자의 진의에 명백히 반하게 될 사안에 한정되어야 한다. 물론 그러한 경우 어떠한 법적 장치에 의해 그러한 효과를 달성할 수 있을지가 문제된다. 이에 대해서는 유언의 보충적 해석과 동기착오를 이유로 하는 유언의 취소를 고려할 수 있다고 보이는데,[304] 개인적으로는 원칙적으로 후자의 방법이 보다 적절해 보인다. 유언의 보충적 해석에 의할 경우 유언 내용의 흠결을 확인하고 유언자의 가정적 의사를 고려하여 해당 유증의 효력을 해석으로 부정해야 한다. 그러나 이는 이론적으로 유언의 보충적 해석을 통해 유언의 효력을 부정하는 것도 가능

---

303) 여기서 프랑스 법이 참조가 된다. 2004년 이전 명문의 규정이 없는 프랑스 민법의 해석으로는 이혼이 있더라도 유증의 효력을 부정하는 논의를 쉽게 찾아볼 수 없었고, 그래서 별도로 유언자가 철회하지 않는 한 이혼 후에도 유언의 효력은 유지된다고 이해되고 있었다(Schömmer/Steinerhauer/Haydu, *Internationales Erbrecht Frankreich*, 2005, Rn. 309; 개정전 제268조 참조). 이러한 법상황은 2004년 개정에 의해 이혼에 따른 사인처분의 당연실효를 정하는 제265조 제2항이 신설되면서 비로소 변화하였다.

304) 네덜란드 신민법 제4:52조는 혼인 해소에 따른 유언의 실효를 정하고 있지만, 구법에는 그러한 규정이 없었다. 그러나 구법에서도 그러한 경우 유언의 해석이나 동기착오 법리에 의해 해결하였다고 한다. Meijers, *Ontwerp voor een Nieuw Burgerlijk Wetboek. Toelichting*, Eerste Gedeelte (Boek 1-4), 1954, p. 324; Mellema-Kranenburg in Niewenhuis/Stolker/Valk (red.), *Burgerlijk Wetboek. Tekst & Commentaar*, Tiende druk, 2013, p. 2361 참조.

한지 여부에 대한 어려운 논의[305]와 관련되어 있어 어느 입장을 채택하든 신중할 필요가 있다.[306] 반면 유언의 취소는 법률에 근거가 있을 뿐만 아니라 취소에 관한 민법 규정들이 적용될 수 있어 보다 적절한 해결을 가능하게 한다고 생각된다.[307] 즉 앞서 서술한 바와 같이, 유언의 전제가 되는 중요한 동기에 대해 착오가 있는 때에는 유언자는 취소권($^{제109}_{조}$)을 가지고 이는 유언자의 사망시 상속인에게 승계된다($^{제1005}_{조}$). 그러나 파양이나 이혼의 시점에 원칙적으로 취소의 원인인 착오가 종료하므로 그로부터 3년이 지나면 취소권을 행사할 수 없다고 해야 한다($^{제114조 \; 제1항,}_{제146조}$). 특히 파양이나 이혼 사실을 아는 유언자가 3년 이상 유언을 철회하지도 취소하지도 않고 사망한 사안에서 상속인이 유언의 효력을 문제 삼는 것을 허용해서는 안 될 것이다. 마찬가지로 파양이나 이혼 이후의 행태를 통해 유언자의 추인 의사가 추단되는 때에도 취소권은 배제된다고 보아야 한다($^{제143조 \; 제1항,}_{제144조 \; 제1항}$). 이는 예컨대 유증의 목적물의 일부를 생전에 인도한 경우에도 마찬가지이다($^{제145조}_{제1호의 \; 유추}$).

2. 상속계약과 공동유언

(1) 도 입

비교법적으로 사인처분으로 유언 외에도 상속계약이나 공동유언을 인정하는 법제들이 존재한다.[308] 상속계약이나 공동유언은 유언과 달리

---

305) 관련 논의에 대해 현소혜 (주 10), 169면 이하 참조.

306) 물론 가족관계 변화를 고려해 보충적 계약해석을 할 때 유증의 효력을 부정하는 것이 아니라 다른 내용의 유증을 인정할 수 있는 경우(예컨대 수유자의 변경)에는 그에 따를 것이다. 유언자의 진의의 관점에서 해석이 착오취소보다 우선하기 때문이다[앞의 Ⅴ. 2. (1) 참조].

307) 이에 대해 유언 이후의 사정변경을 이유로 발생한 동기착오를 이유로 유언을 취소할 수 있는지의 의문이 제기될 수도 있다. 실제로 계약의 경우 계약체결 시점의 동기착오만 고려되어야 한다는 주장도 유력하다(전원열, 착오 개념의 정립을 위한 소고, 저스티스, 제146-1호, 2015, 182면 이하 참조). 그러나 장래 사정에 대한 동기착오이더라도 그것이 현재 사정에 대한 평가에 기초해 법률행위 당시에 위험분배를 고정하는 것이라면 장래 사정에 대한 동기착오이더라도 고려될 수 있다고 보아야 하며, 유언의 경우 그 사정변경이 유언의 효력발생 전에 이루어지므로 특히 그러하다. 이 문제에 대해 자세한 것은 김형석 (주 276), 120면 이하 참조.

일정한 요건 하에서 철회가능성이 제한된다는 점에서 유언과 구별되는 특징을 가진다. 이렇게 철회가능성이 제한될 수 있는 사인처분은 유언과 비교할 때 피상속인이 사망을 원인으로 자신의 재산을 처분할 자유를 제한하는 내용을 가진다. 그러나 피상속인에게는 철회가 제한될 수 있는 사인처분을 채택할 합리적인 이해관계가 있을 수도 있다. 즉 피상속인이 철회가 제약되는 장래의 이익을 보장함으로써 수익자는 철회의 우려 없이 그 이익을 자신의 재산관리 계획에 고려할 수 있게 되며, 동시에 피상속인은 자신의 감정적·이타적 동기에 보다 더 충실할 수 있을 뿐만 아니라 혹시 나중에 자신이 정신적으로 취약한 상태에서 철회할 가능성을 봉쇄할 수 있는 것이다.[309] 이는 역사적으로 그리고 비교법적으로 상속계약이나 공동유언으로 배우자를 배려하는 경우에 특히 그러하다.[310]

우리 민법은 상속계약에 대해 아무런 규정을 두지 않고 있다. 그러므로 피상속인이 계약으로 상대방을 상속인으로 지정한다거나 상속인들과 합의하여 상속분을 달리 정할 가능성은 상속법의 강행규정에 반해 인정될 수 없다. 그러한 상속계약이 가능하지 아니하므로, 철회의 문제는 처음부터 제기되지 않는다. 그러므로 생전의 계약으로 사망 후 법률관계를 규율하고자 하는 피상속인은 사인증여($\frac{제562}{조}$)에 의하는 수밖에 없다.

(2) 공동유언

우리 민법은 공동유언에 대해서도 명시적으로 인정하거나 금지하는 규정을 두고 있지 않다. 학설에서는 금지하는 규정이 없으며 조선시대에 관습상 공동유언이 인정되고 있었다는 이유로 이를 인정하는 견해[311]와 허용하는 규정이 없는 이상 철회권이 제한되는 공동유언은 부정해야 한다는 견해[312]가 대립하고 있다. 그러나 공동유언은 여러 모습으로 나타

---

308) 아래 내용에 대해 김형석 (주 8), 101면 이하; Helms, "Contracts of Inheritance and Joint Wills", *The Max Planck Encyclopedia* (주 1), Volume I, p. 388 참조.
309) Shavell, *Foundations of Economic Analysis of Law*, 2004, p. 64-65.
310) Helms (주 308), p. 389.
311) 박병호 (주 18), 429면.
312) 곽윤직 (주 11), 225면; 박동섭 (주 12), 703면.

날 수 있으므로, 경우를 나누어 살펴보아야 한다.[313]

첫째로, 단순 공동유언(testamentum mere simultaneum)이 있을 수 있다. 이는 복수의 유언이 하나의 유언증서에 함께 작성되었으나 내용적으로 서로 독립적이고 무관계한 경우를 말한다. 이에 대해서는 유언자의 의사에 간섭하거나 영향을 줄 가능성을 배제하고 철회를 보장하기 위해[314] 하나의 서면에 공동으로 독립적인 유언을 하는 것마저 금지하는 법제도 있기는 하다(예컨대 프랑스 민법 제968조, 이탈리아 민법 제589조, 네덜란드 신민법 제4:93조, 일본 민법 제975조 등). 그러나 이는 별개의 유언이 우연히 하나의 서면에 작성된 것에 지나지 않으므로, 우리 민법에서 이를 특별히 금지하는 규정이 없는 한 허용된다고 보아야 한다. 하나의 증서에 함께 유언을 한다고 해서 의사간섭 가능성이 반드시 높아진다고 볼 이유가 없을 뿐만 아니라, 그러한 의사간섭의 문제는 유언의 무효·취소나 철회로 대처할 문제이다. 그러므로 공동유언자의 유언이 내용적으로 독립되어 있고 각자의 철회의 자유에 영향이 없다면 하나의 서면에 작성되었다고 하더라도 상관없고, 심지어 하나의 본문에 공동유언자들의 유언이 혼재되어 있더라도, 각자의 유언을 내용상 구별할 수 있고 개별적으로 철회할 수 있는 성질의 것이라면 유효하다고 해야 한다.[315]

둘째로, 상호적 공동유언(testamentum reciprocum)은 공동유언자가 상대방을 상속인으로 지정하거나 그에게 유증을 하는 등 함께 작성한 유언으로 동일한 지위를 서로에게 부여하지만 그러한 상호성 외에 두 유언을 결합시키는 견련성은 존재하지 않는 경우를 말한다. 예컨대 甲이 배우자 乙에게 전 재산을 포괄적으로 유증을 하는 유언을 하였고, 乙 역시 甲에게 전 재산을 포괄적으로 유증하는 유언을 하였으나, 甲은 乙이 자신에게 그러한 내용의 포괄적 유증을 하지 않았더라도 동일한 내용의 유언을 하였을 사안이 이에 해당한다.[316] 이 경우 역시 두 유언은 내용적으로

---

313) Helms (주 308), p. 388-389; 中川 (주 119), 123면 등 참조.
314) Malaurie et Brenner (주 41), n° 509 참조. 그러나 현재 프랑스 학설은 이러한 이유의 설득력이 부족하다고 평가한다.
315) 김형석 (주 8), 112면. Malaurie et Brenner (주 41), n° 509; Frank/Helms (주 55), § 12 Rn. 16도 참조.

독립한 별도의 법률행위이고, 내용적 상호성은 우연적이어서 유언 효력의 전제로 되어 있지 않다. 그렇다면 역시 민법이 명시적으로 금지하지 않는 이상 이러한 공동유언은 가능하다고 보아야 하며, 이는 두 유언이 별도의 유언서로 작성된 경우뿐만 아니라 하나의 서면에 공동으로 작성된 경우에도 그러하다. 또한 철회의 자유 역시 제한되지 아니하므로, 각 유언자는 생존시에 언제든지 자신의 유언을 철회할 수 있고, 그러한 철회는 다른 사람의 유언의 효력에는 영향을 주지 아니한다(오스트리아 민법 제1248조 참조).

셋째로, 상관적 공동유언(testamentum correspectivum)은 복수의 유언이 서로의 조건이 되어 어느 하나의 유언이 실효하는 경우 다른 유언도 효력을 유지할 수 없을 정도로 밀접하게 관련된 공동유언을 말한다. 유언증서가 하나인지 복수인지 여부는 중요하지 아니하며, 두 유언이 공동유언으로 관련을 맺고 있음이 그 내용으로부터 나타나면 충분하다.[317] 독일에서 인정되는 이른바 베를린 유언(Berliner Testament)이 이에 해당하는데, 이는 배우자 두 사람이 서로를 상속인으로 지정하여 일방이 사망하면 타방이 단독상속인이 되게 하고, 이후 생존 배우자가 사망한 경우의 상속인으로 자녀를 지정하는 내용의 공동유언이다(독일 민법 제2269조 제1항 참조). 상관적 공동유언에서는 복수의 유언 사이에 견련성이 존재하므로, 이를 인정하는 법제는 어느 하나의 유언이 철회되면 다른 유언도 실효하도록 하고(가령 독일 민법 제2270조 제1항), 일방이 사망하면 타방은 더 이상 유언을 철회할 수 없도록 한다(동법 제2271조 제2항). 이러한 유언을 우리 민법의 해석으로 인정할 수 있는가? 예를 들어 혼인관계에 있는 甲과 乙이 서로에 대해 전 재산을 포괄적으로 유증하고, 생존 배우자는 자신이 사망할 때 합쳐진 전 재산을 丙 재단법인에 포괄적으로 유증한다는 내용의 공동유언을 작성한 경우, 甲의 유언 철회는 乙의 유언의 효력에 어떠한 영향을 주는가? 그리고 甲의 사망으로 그의 유언은 효력을 발생한 상태에서 乙이 자신의 유언을 철회하고 합쳐진 전 재산을 예컨대 丁에게 포괄적 유증을 할 수 있는가? 이러

---

316) Lange (주 7), Kap 4 Rn. 79 참조.
317) 독일의 통설과 판례이다. Frank/Helms (주 55), § 12 Rn. 8 참조.

한 관점에서 뒤의 물음부터 살펴보면, 복잡한 해석 가능성이 발생한
다.[318] 즉 ① 甲의 유언은 나중에 乙이 丙에 대한 포괄적 유증을 유지할
것을 조건으로 한 유언이므로, 이로써 甲의 유증이 실효하고(해제조건의
성취) 甲의 재산과 관련해 법정상속이 개시한다고 할 가능성이 있다. 그
러나 (그러한 조건의 유효성의 문제는 별론으로 하더라도) 이는 甲의 의사
에 반하는 결과일 뿐만 아니라, 乙의 유언철회가 상당한 시간이 지난 후
에 행해지는 경우 법률관계를 복잡하게 한다. ② 이미 공동유언의 일부
분이 효력을 발생하였으므로, 乙은 철회를 할 수 없다고 이해할 가능성
도 있다. 그러나 이는 아무런 법률의 근거 없이 민법이 원칙으로 견지하
고 있는 철회의 자유(제1108조)를 제약하는 해석이므로 받아들이기 어렵다.
③ 더 나아가 甲의 乙에 대한 포괄적 유증의 효력은 확정적으로 인정하
고, 乙의 철회를 제한 없이 인정하는 해결이 있을 수 있다. 그러나 이는
생존 배우자가 공동유언의 이익은 취하면서 희생은 회피하게 하여 사망
한 배우자를 불이익하게 취급하는 불공정하고 사행적인 결과를 발생시키
므로 쉽게 긍정하기 어렵다. ④ 마지막으로 乙의 철회의 자유는 인정하
되, 甲으로부터 승계한 재산 부분은 乙이 사망한 때에는 원래 甲이 유증
하려고 했던 수유자 丙에게 귀속해야 한다고 생각해 볼 수도 있다. 그러
나 법률의 규정 없이는 甲의 상속재산이 乙의 재산과 혼화되지 않고 특
별재산으로 남는다는 결과를 보장할 수 없고, 乙이 달리 처분하거나 소
비해도 이를 막을 방법이 없다.[319]

---

318) 실제로 이에 대한 규율이 없는 독일 보통법에서 착잡한 견해대립이 있었다.
　　Puchta, *Pandekten*, 3. Aufl., 1845, § 481; Windscheid/Kipp, *Lehrbuch des
　　Pandektenrechts*, Band 3, 9. Aufl., 1906, § 568; Dernburg, *Pandekten*, 3. Band, 7.
　　Aufl., 1903, § 974 등 참조.
319) 영국법은 유언철회의 제한을 인정하지 아니하므로, 유언자는 공동유언을 하였다
　　고 하더라도 언제든지 유언을 철회할 수 있다. 이는 공동유언자들 사이에 유언철
　　회를 제한하는 내용의 계약이 있는 공동유언의 경우에도 마찬가지이다. 그러나 철
　　회가 제한되는 공동유언의 경우에 예컨대 본문의 예시에서처럼 甲이 사망한 후 乙
　　이 유언을 철회하면 乙이 甲으로부터 승계한 재산은 丙을 수익자로 하는 의제신탁
　　(constructive trust)을 구성하고 乙의 사후 丙에게 귀속된다. Helms (주 308), p. 391;
　　Probert (주 72), n. 522, 551 참조. 한편 Windscheid/Kipp (주 318), § 568도 보통법상

결국 어느 해법도 만족스럽다고 할 수 없으며, 결국 이 문제는 입법적 결단이 없이 해석으로 해결할 수는 없다고 생각된다. 그렇다면 실효와 철회 문제를 규율하는 명문의 규정이 없는 이상 상관적 공동유언은 우리 민법에서 허용되지 않는다고 해석해야 한다(이를 명시적으로 금지하는 입법례로 예컨대 이탈리아 민법 제635조).[320]

3. 순차적 재산승계의 규율

(1) 문제의 소재

몇몇 나라에서는 유언자가 유언을 통해 여러 세대에 걸친 재산승계를 규율할 수 있도록 하는 입법례가 발견된다. 예를 들어 독일 민법은 유언자가 선상속인(Vorerbe)을 지정하고 시간의 경과나 일정 사건의 발생이 있으면 후속하여 자신의 상속재산이 승계될 후상속인(Nacherbe)을 지정하는 방법에 의하여 순차적으로 상속의 과정을 규율할 가능성을 인정한다(독일 민법 제2100조; 그밖에 오스트리아 민법 제608조, 스위스 민법 제488조 등). 이러한 경우 통상 선상속인은 승계한 재산을 통상적으로 관리해야 할뿐만 아니라 그에 대한 처분권도 제한을 받으며, 후상속인은 유언에서 정한 바에 따라 유언자의 상속인으로서 재산을 승계한다. 이러한 순차적 재산승계를 인정하는 법제는 유언자가 지나치게 사후 장기간 재산관계를 규율하는 것을 방지하기 위해 기간의 제한 등 일정한 제한을 두는 것이 보통이다(아래 Ⅵ. 3. (2) (나) 참조).[321] 이에 대해 프랑스 민법은 혁명기법의 영향으로 재산의 집중과 세습을 막기 위해 순차적 재산이전을 가능하게 하는 제도를 억제하였기 때문에 민법에서 그러한 유언의 가능성은 부정되고 있었다. 그래서 수증자, 상속인, 수유자가 승계한 재산을 보존하여 제3자에게 이전하도록 하는 내용의 일체

의 신탁유증(fideicommissum)의 법리를 유추하여 비슷한 결과에 도달하려 하였다. 이상에서 잘 나타나듯이, 의제신탁이나 신탁유증과 같이 특별재산을 성립시키는 법리가 없다면 ④와 같은 해결은 가능하지 않다.

320) 본문의 서술로 김형석 (주 8), 111-112면의 논거를 보충하고자 한다.

321) 이상의 내용에 대해 Dutta, "Succession, Subsequent", *The Max Planck Encyclopedia* (주 1), Volume Ⅱ, p. 1631-1634 참조.

의 처분은 무효라고 선언되었다(_{개정전 제896조 ;}프랑스 민법을 계수한 나라들
도 이러한 태도에 따랐다). 판례는 선수유자에게 유증으로 받은 재산을 보
존할 의무가 없어 단지 잔여재산만이 후수유자에게 승계되도록 정하는
이른바 잔여재산 유증(legs de residuo)이나 두 사람에게 서로 반대되는
내용의 조건 하에 유증을 하여 순차적 재산승계를 가능하게 하는 선택적
조건부 이중유증(legs double alternatif conditionnel)를 유효한 것으로 인정
하고 있었고, 특히 후자는 유언에 의한 순차적 승계와 유사한 효과를 가
져올 수 있었다.[322] 그러나 뒤의 경우에도 예컨대 "나는 甲에게 유증을
하고, 그가 상속인 없이 사망하면 乙에게 유증한다"와 같이 선수유자의
사망 외의 다른 사정을 조건으로 하는 유증은 허용되었으나, "나는 甲에
게 유증을 하고, 그가 사망하면 乙에게 유증한다"와 같이 甲의 사망만을
기한으로 하는 유증은 개정전 프랑스 민법 제896조와 충돌하여 허용될
수 없다고 하였다.[323] 결국 이 문제는 입법에 의해 해결될 수밖에 없었
다. 2006년 상속법 개정은 기본적으로 상속재산의 순차적 승계의 금지를
유지하면서도, 순차적 무상처분(libéralité graduelle) 및 잔여 무상처분(libé
ralité residuelle)이라는 제도를 두어 무상처분자의 자유를 확대하고 있으
며, 이는 유증에도 그대로 적용된다.[324]

(2) 우리 민법의 해석

(가) 우리 민법의 해석상 이상과 같은 순차적인 재산승계는 가능하
고 허용되는가? 우리 민법은 상속인 지정을 알지 못하므로(위 주 9 참조),
유언자가 포괄적 유증이나 특정유증에 의해 순차적인 재산승계를 정할
수 있는지 여부의 문제로 제기된다. 그런데 민법은 이 문제에 대해 아무
런 규정을 두고 있지 않다. 따라서 일단 제도화된 순차적 재산승계는 민
법상 존재하지 않는다.

---

322) Malaurie, *Les successions. Les libéralités*, 2004, n°s 793 sqq.
323) Mazeaud et Leveneur, *Leçons de droit civil*, tome IV/2: Successions-Libéralités,
    5e éd., 1999, n° 1438 참조.
324) 이들 제도에 대해서 우선 김형석 (주 8), 106면 주 101 참조.

이것과 구별해야 할 문제는 유언자가 조건이나 기한을 이용해 비슷한 결과를 달성할 수 있는지 여부이다. 유언에는 원칙적으로 조건이나 기한을 붙일 수 있으므로(앞의 주 59 참조), 유언자가 두 유증에 서로 반대되는 내용의 조건이나 기한을 붙임으로써 순차적 재산승계를 가능하게 할 가능성도 없지 않은 것이다. 예를 들어 유언자가 수유자 甲의 사망을 종기로 하여 유증을 하면서 다른 수유자 乙에 대하여 甲의 사망을 시기로 하는 유증을 하는 경우가 그러하다. 이것이 일본에서 이른바 後繼遺贈[325)]으로 논의되는 사안유형이다. 우리나라에서는 그러한 유언은 민법의 재산승계 질서를 왜곡하여 효력을 인정하기 어려우며 특히 이로써 창출되는 선수유자의 조건부·기한부 소유권 또는 물권적 용익권은 물권법정주의에 반해 인정될 수 없다는 견해[326)]나 이러한 유증은 장기간 법률관계의 불안정을 가져올 수 있어 이를 인정하는 것은 선상속·후상속의 제도를 채택하지 아니한 입법자의 의도에 반한다는 견해[327)] 등이 주장되고 있었다.

순차적 유증은 한편으로는 그것의 법적 실현가능성의 관점에서, 다른 한편으로는 민법의 기본원리의 관점에서 논란이 될 수 있다.[328)] 앞의 관점에서, 유증에 조건이나 기한을 붙임으로써 순차적 재산승계가 가능하려면 선결문제는 선유증의 효력으로 재산을 승계한 선수유자의 처분권이 제한되면서 관리의무가 부과되어야 한다는 점이다. 그러나 이는 민법에 규정이 없는 이상 인정하기 어렵다고 생각된다. 선수유자는 유증의 목적인 재산을 승계하여 완전한 권리자가 되므로 그에 대하여 하는 법적·사실적 처분은 원칙적으로 유효하다. 설령 유증에 처분을 제한하는 부담이 있다고 하더라도, 이는 처분을 제한하는 효력을 가질 수 없다. 따라서 선수유자가 승계한 재산을 처분하거나 소진한 경우 후수유자에게 승계될

325) 일본의 학설과 판례에 대해 권재문, "부동산의 후계유증에 대한 재평가", 저스티스, 제146-1호, 2015, 335면 이하 참조.
326) 최수정, "상속수단으로서의 신탁", 민사법학, 제34호, 2006, 588면.
327) 김형석 (주 8), 110면; 현소혜 (주 10), 290면.
328) 아래의 내용은 김형석 (주 8), 110면 주 101 참조.

재산이 없게 될 수 있으나, 이를 저지할 방법이 없다. 선수유자가 처분을 통해 받은 대가 기타 재산에 대하여 물상대위성을 인정할 수 있을지 여부도(제1083조, 제1084조 참조) 명문의 규정이 없는 한 쉽게 답하기 어렵다. 이러한 난점은 결국 등기 등을 통하여 순차적 유증을 공시할 방법이 없어 승계한 재산을 특별재산으로 관리할 수 없어서 발생하는 문제이다. 한편 뒤의 관점에서 보면, 법률에 의하지 않는 순차적 유증은 장기간 법률관계를 복잡하게 할 위험이 있다. 특히 특정물에 대하여 순차적 유증을 하는 경우 프랑스와 일본과는 달리 우리 민법의 해석상 특정유증에 물권적 효력이 없다는 사정이 추가된다. 수유자가 피상속인으로부터 바로 권리를 취득하는 것이 아니라 항상 상속인에게 유증의 이행을 청구해야 하기 때문에, 선수유자가 사망하는 경우 유증의 목적물은 바로 후수유자에게 귀속하는 것이 아니라 상속인에게 귀속하고 후수유자는 상속인에게 유증의 이행을 청구해야 한다는 결론이 도출되며, 이는 장기적으로 상속인의 이해관계에 반하여 법률관계를 번거롭게 한다. 게다가 유언자가 이러한 순차적 재산승계를 여러 단계로 구성하는 경우, 번잡한 법률관계라는 비용을 후대에 전가하면서 사후 장기간 재산관계를 지배하게 되며, 이는 사망한 유언자가 장기간 법정상속의 규율을 배제할 수 있음을 의미한다. 그 결과 상속재산의 장기적 세습을 가능하게 하는 수단이 될 가능성도 배제할 수 없다.[329] 물론 그러한 내용의 유언이 있다고 하더라도 동시존재의 원칙(제1064조, 제1000조 제3항)에 의하여 상속개시 시점에 생존하고 있었거나 태아였던 사람으로 수유자의 범위가 제한될 것이므로 시간적 한계는 존재하겠지만, 그럼에도 이는 상당한 장기에 달할 수 있음을 부정할 수 없다. 아무런 규정을 두지 않아 소극적인 태도를 보이는 민법의 해석으로 이러한 정책적 결단이 필요한 유형의 유증을 인정할 수 있을지 조심스럽다.

---

329) 伊藤 (주 33), 133면; 大村敦志, 新しい日本の民法學へ, 2009, 242면 등 참조. 주지하는 바와 같이 선상속·후상속 제도의 연원인 유럽 보통법의 신탁유증이 바로 그러한 세습적 재산집중을 목적으로 한 제도였다. 이에 대해서는 Dutta (주 321), p. 1631-1632 및 이철우, 서양의 세습가산제, 2010 참조.

이러한 사정을 고려할 때 조건이나 기한을 활용하여 순차적 유증을 하는 것은 입법자의 개입이 없는 한 해석만으로 인정하기는 어렵다고 할 것이다.

(나) 그런데 이러한 반론에 대해서는 최근 일본의 학설의 영향을 받아 부동산 유증을 중심으로 순차적 승계를 가능하게 하는 유증의 유효성을 주장하는 견해가 주장되고 있다. 이 견해는 우선 순차적 유증을 조건·기한형 유증과 부담형 유증으로 나누어 설명한다. 조건·기한형의 경우, 조건이나 기한은 소유권이 아닌 원인행위에 붙는 것이므로 물권법정주의에 반한다고 할 수 없을 뿐만 아니라 조건·기한의 효력에 불과해 상속질서에 반한다고 할 수도 없다고 지적한다.[330] 그리고 처분권 제한과 관련된 난점에 대해서는 권리소멸약정의 등기(부동산등기법 제54조)나 가등기(동법 제88조 이하)를 활용하여 그러한 효과를 발생시킬 수 있다고 한다.[331] 한편 부담형은 먼저 유증을 받은 사람이 유언자가 지정한 수익자에게 재산을 이전할 부담을 지는 유증을 말하는데, 이 견해는 선수유자에게는 유증 목적인 부동산 소유권을 유증하면서 후수유자에게는 선수유자에 대한 채권(소유권 이전청구권)을 유증하는 것으로 이해하고, 후자의 채권에 정지조건 등이 있는 것으로 구성하여 가등기를 할 수 있다고 한다.[332]

이 견해는 순차적 유증에 대해 제기되던 의문에 답하면서 구체적으로 실현가능한 법적 구성과 구제수단을 제시하고 있다는 점에서 의의가 있다. 그러나 그럼에도 그 설득력에 대해서는 의문이 없지 않다.

우선 부담형과 관련해 보면, 이 견해가 제시하는 법적 구성은 타당하지 않다고 보인다. 유언자가 유증에 부관으로 부담을 붙인 경우, 제1111조에 비추어 상속인과 유언집행자가 그 이행을 청구할 수 있음은 분명하지만, 과연 수익자가 이행을 청구할 수 있는지 여부에 대해서는 종래 다툼이 있어 왔다. 수익자도 이행을 청구할 수 있다는 견해가 다수설

---

330) 권재문 (주 325), 344-346면.
331) 권재문 (주 325), 348면.
332) 권재문 (주 325), 354-355면.

이지만,[333] 수익자는 급부를 수령할 수는 있지만 청구할 수 없는 반사적 이익만을 가진다는 견해도 주장된다.[334] 이 논쟁에 대해 이 자리에 상론할 수는 없지만,[335] 이에 대해 앞서 언급한 견해는 이행청구권을 부정하는 후자의 입장을 따르기 때문에[336] 가등기할 피보전권리가 없다는 문제에 직면하게 된다. 바로 이 난점을 돌파하기 위해 이 견해는 후수유자가 유언자로부터 선수유자에 대한 이전청구권을 유증받는다고 구성하는 것이다. 그런데 이러한 구성은 허용될 수 없다고 생각된다. 유언자는 생전에 자신이 가지고 있는 채권만을 유증할 수 있을 것인데, 바로 그러한 선수유자에 대한 이전등기청구권을 유언자는 보유하고 있지 않았기 때문이다. 결국 이는 채권의 유증이라기보다는 선수유자가 유언자의 의사표시에 의해 후수유자에 대해 채무를 부담한다는 것을 의미한다. 그러나 이러한 논리는 가능하지 않은데, 우리 민법은 타인의 의사표시에 의해 제3자에 대해 채무를 부담하는 법적 장치는 대리만을 인정하고 있기 때문이다(제114조, 상법 제48조). 아무런 수권도 없는 유언자가 (유언사항이 아닌 한) 일방적 의사표시로 선수유자의 후수유자에 대한 의무부담을 발생시킬 수는 없다. 부담부 증여에서 수익자의 이행청구권을 받아들이지 않는 한, 채권유증이라는 구성으로 이를 정당화할 수는 없다고 생각된다.[337]

다음으로 조건·기한형을 살펴본다. 먼저 이 견해가 지지하는 방법

---

333) 곽윤직 (주 11), 262면; 김주수·김상용 (주 12), 776-777면; 박동섭 (주 12), 769면; 송덕수 (주 11), 417면; 이경희 (주 12), 592면 등.

334) 정광현, 신친족상속법요론, 증보판, 1961, 445면; 김용한, 친족상속법, 보정판, 2003, 415면. 일본에서는 오히려 다수설의 입장이다. 일본의 학설 상황에 대해 新版 注釋民法(28) (주 225), 281-282면(上野雅和) 참조.

335) 독일 민법은 명시적으로 수익자의 이행청구권을 부정한다(제2194조). 프랑스 민법은 우리 민법과 유사하게 부담의 불이행을 이유로 하는 철회만을 규정하고 있는데(제954조, 제1046조), 철회권자의 명시가 없다. 학설과 판례는 제3자를 위한 계약과 유사한 법률관계를 인정하여, 철회는 원상회복에 이해관계를 가지는 사람 즉 상속인만이 할 수 있지만, 수익자는 이행청구를 할 수 있다고 해석한다. Terré, Lequette et Gaudemet (주 68), n° 586, 591 참조.

336) 권재문 (주 325), 351면.

337) 반면 부담부 유증에서도 수익자의 이행청구권을 인정하는 해석을 채택한다면, 법상황은 뒤에 살펴볼 조건·기한형에 따른 부동산 특정유증과 유사할 것이다.

은 포괄적 유증에서는 사용할 수 없다. 포괄적 유증에서 수유자는 상속인과 같은 지위를 가지므로($^{제1078}_{조}$) 그러한 포괄승계인으로서의 지위를 가등기할 수는 없기 때문이다. 물론 상속재산 중에서 부동산에 대해서만이라도 가등기를 할 수 있다고 말할지도 모른다. 그러나 이는 그렇지 않다. 예를 들어 유언자가 "전재산을 甲에게 포괄적으로 유증하고, 甲이 사망하면 乙에게 포괄적으로 유증한다"고 유언한 경우를 상정해 보자. 甲이 사망한 경우, 조건이나 기한은 소급효를 가지지 아니하므로 甲이 포괄적으로 유증받은 재산은 그 시점에 유언자나 상속인에게 귀속했다가 乙에게 포괄적으로 이전되어야 한다. 그런데 그 재산은 유언자에게 귀속할 수는 없는데, 유언자는 이미 사망하여 권리능력이 없기 때문이다. 또한 상속인에게 귀속할 수도 없는데, 포괄적 유증의 성질상 그 재산은 유언자로부터 바로 乙에게 이전되어야 하기 때문이다($^{제1078}_{조}$). 이론적으로 유증목적재산은 그 시점에서 무주의 재산이 된다.[338] 이는 단순히 이론적인 문제에 그치지 않는데, 그 결과 가등기 의무자를 특정할 수 없기 때문이다. 결국 뒤의 유증은 불능조건을 이유로 무효이고($^{제151조}_{제3항}$), 그 경우 앞의 유증의 유효 문제는 유언해석으로 처리되어야 한다.[339]

그러므로 이 견해가 주장하는 방법은 가등기가 가능한 부동산의 특정유증에서만 고려할 수 있다고 보이며, 이에 대해 자세히 살펴본다. 순차적 재산승계의 규율을 위해서는 다음과 같은 사항들이 충족되어야 한다. ① 먼저 목적재산에 대한 선상속인 또는 선수유자의 처분권이 제한되면서 관리의무가 부과되어야 하고, ② 이와 관련한 공시는 가능한 한 후상속인 또는 후수유자가 (상속인이나 유언집행자에 의존함 없이) 독자적으로 달성할 수 있어야 한다. ③ 더 나아가 유언자가 정한 조건이 성취되거나 기한이 도래하면 목적재산은 법률상 당연히 후상속인 또는 후수유자에게 승계되어 이미 상속재산을 청산한 상속인에게 부담이 되어서는

---

338) 이러한 난점은 아마도 조건의 소급효를 인정하는 프랑스의 선택적 조건부 이중유증에서는 나타나지 않을 것이다.

339) 현소혜 (주 10), 290-291면.

안 된다. ④ 마지막으로 이러한 순차적 재산승계는 법률관계를 불안정하게 하고 사망한 유언자가 장기간 재산관계를 지배하면서 법정상속 질서를 배제하므로 그 기간이 한정되어야 한다. 여기서 위 견해는 ①의 일부 측면만을 다루고 있을 뿐 다른 사항에 대해서는 무관심하다는 것이 드러난다.

①과 관련한 처분권 제한을 이 견해는 가등기로 해결하고자 한다. 그러나 가등기에 의해 선수유자의 관리의무를 발생시킬 수는 없다. 물론 선수유자는 종기에 이를 때까지만 소유권을 보유하므로 부주의하게 관리하는 경우 손해배상책임을 부담할 수 있지만, 이는 어디까지나 상속인에 대한 의무이다(제148조). 따라서 예컨대 선수유자가 유증받은 건물을 철거하거나 나대지에 건물을 짓거나 하더라도 후수유자는 그에 개입할 수 없으며, 나중에 권리가 복귀한 상속인을 상대로 (그 사이 소멸시효가 완성하였을 수 있는) 상속인의 손해배상청구권의 양도를 청구할 수 있을 뿐이다(제1083조). 또한 ②와 관련해서도, 가등기가 후수유자에게 반드시 만족스러운 구제수단이 되지 못할 수도 있다. 상속인이나 유언집행자가 가등기에 협력하지 않는 경우 후수유자는 가처분에 의해 단독으로 가등기를 신청할 수 있을 것이지만(부동산등기법 제89조, 제90조), 이 견해가 스스로 인정하는 바와 같이[340] 그 전에 선수유자에게 이전등기가 경료되어 버리면 가등기를 통해 처분권 제한을 확보할 가능성은 상실되어 버리기 때문이다. 한편 ③과 관련해서는, 이미 언급하였지만[위의 (가) 참조], 특정유증에서 유증목적인 권리가 유언자로부터 수유자에게 물권적으로 이전하는(legatum per vindicationem) 프랑스나 일본과는 달리, 우리 민법에서는 수유자가 상속인이나 유언집행자를 상대로 유증목적인 권리의 이전을 청구해야 한다는 사정(legatum per damnationem)으로부터 난점이 발생한다. 조건이 성취하거나 기한이 도래한 경우 후수유자는 상속인을 상대로 해서 권리의 이전을 청구해야 하므로 상당한 장기간에 걸쳐 상속인의 법률관계를 불안정

---

340) 권재문 (주 325), 348면.

하게 하는 것이다. 이에 대해서는 이는 "특정유증에 채권적 효력만 인정되는 것에서 비롯되는 것"이어서 이러한 순차적 유증에 고유한 문제가 아닐 뿐만 아니라, 순차적 권리귀속도 권리소멸약정의 등기나 가등기를 이용해 어려움 없이 이루어진다는 반론이 있다.[341] 그러나 이는 설득력이 없다. 앞의 반론에 관해서 보면, 바로 조건과 기한을 활용해 장기간에 걸친 재산승계를 구상함으로써 유증의 채권적 효력이 상속인에 대해 가지는 불이익이 극대화된다는 것이 비판의 요지이므로, 이를 특별한 문제가 아니라고 말하는 것은 핵심을 비껴가는 지적이다. 상속개시 후 상당한 시간이 흐른 후에 아무런 이해관계 없는 상속인이 가등기에 기한 본등기청구의 상대방이 되어 유언집행에 동원되고 또한 경우에 따라 그것이 여러 차례 반복되는 불이익을 단순히 특정유증 효력의 당연한 문제라고 도외시할 수 있는지 의문이다. 그러한 의미에서 뒤의 반론 역시 이해하기 어렵다. 가등기에 기해 본등기를 하려면 원래의 등기의무자인 상속인에 대해 본등기청구를 해야 하므로,[342] 상속인은 그에 대한 관여를 피할 수 없기 때문이다. 상속인이 상속재산의 청산이 끝나고 오랜 시간이 경과했음에도 여러 차례 다시 유언집행 사무에 동원되어 비용($^{제998조}_{의2}$)을 부담하는 결과에 대해 "어려움이 없"다고 말할 수 있는지는 의문이다. 요컨대 이 견해에 따르면 상속인의 유언집행과 관련된 사무는 예상할 수 없을 정도의 기간으로 연장될 수 있다. 더구나 상속인이 사망하거나 행방불명된 경우에, 후수유자가 권리행사에 어려움을 가질 뿐만 아니라, 상속인의 상속인에게 의외의 비용과 번거로움을 발생시킬 수 있다.

마지막에 언급한 사항은 결국 해석론으로는 순차적 재산승계의 기간을 한정할 수 없다는 문제로 귀결한다(④). 앞서 언급한 대로, 순차적 재산승계는 법률관계를 불안정하게 하면서 유언자가 사후에도 장기간 법정상속 질서를 배제하므로, 이를 허용하는 입법례도 그 효력을 시간적으로 제한한다. 예컨대 프랑스 민법($^{제1953}_{조}$)은 순차적 유증의 경우 한 번의 추가

---

341) 권재문 (주 325), 350면.
342) 곽윤직·김재형, 물권법, 제8판 보정, 2015, 152-153면 등 참조.

적 승계만 허용하고, 독일 민법($^{제2109}_{조}$)이나 네덜란드 신민법($^{제4:140}_{조}$)은 원칙적으로 30년이 지나면 확정되지 아니한 유언 부분을 무효로 한다. 영미에서도 이른바 영구구속금지의 법리(rule against perpetuities)[343]에 따라 21년 사이에 조건이 성취하거나 기한이 도래하지 아니하면 해당 유언 부분은 효력을 상실한다. 이러한 제한은 입법자가 정책적 고려에 기초해 할 수 있는 규율이므로, 해석으로 순차적 유증을 인정하는 경우 이와 관련된 통제가 행해질 수 없어 유언자가 "무덤으로부터 지배하는"[344] 현상에 수반하는 불합리에 적절히 대처하기가 어렵다. 게다가 우리 민법은 예컨대 피상속인이 유언으로 상속재산 분할의 금지를 정한 때에도 그 효력이 5년을 넘을 수 없다고 하여($^{제1012}_{조}$), 유언자가 사후에도 재산관계를 규율하는 것에 엄격한 태도를 보인다.[345] 제1012조의 내용과 비교할 때, 과연 몇 십 년간의 재산승계를 유언자가 제약 없이 규율할 수 있다는 주장이 설득력을 가질 수 있을 것인가? 유언자가 사후 소극적인 공유상태의 유지조차 5년을 넘어 정할 수 없는데, 적극적인 재산승계를 훨씬 장기간 규율할 수 있다는 결과는 균형을 상실한다.

(다) 이상의 논의는 물권법정주의 위배와 상속질서 교란이라는 비판으로 되돌아가게 한다. 이러한 비판은 사실 법제도의 형식이라는 관점에서 보면 설득력이 없다고도 말할 수 있다. 위 견해가 지적하듯, 순차적 승계는 원인행위인 유언에 조건이나 기한을 붙일 수 있다고 법률이 인정하는 한 그로부터 자연스럽게 나오는 결과이므로, 이로부터 조건부 소유권 또는 용익물권을 창설한다거나 재산승계 질서를 왜곡한다고 말하는 것은 무리한 추론일 수 있다. 실제로 순차적 유증이 그 자체는 새로운 물권을 창설하는 법률행위도 아니고, 유언은 허용된 범위에서 법정상속을 배제할 수 있기 때문이다.

---

343) Friedman, *Dead Hands*, 2009, p. 125 sqq. 참조.

344) Schmoekel (주 54), § 21 Rn. 9.

345) 이에 대해 예컨대 독일 민법 제2044조는 영구적 분할금지도 허용한다. 김형석 (주 8), 95면 참조.

그러나 순차적 유증이 가져오는 기능적인 결과를 물권법정주의나 법
정상속의 관점에서 평가하고 그 유효성을 판단할 가능성이 부정되는 것
은 아니다. 예를 들어 유언자가 자신의 부동산을 甲에게 유증하면서 甲
의 사망 후 乙에게 유증한다고 정하는 경우, 만일 가등기에 의해 甲의
처분가능성이 제한된다면 乙이 사망하기 전까지 甲의 지위는 사실상 우
리 민법이 알지 못하는 종신의 물권적 용익권(Nießbrauch, usufruit)에 가
까운 지위가 된다.346) 이는 예를 들어 네덜란드 신민법이, 그러한 사안에
서 법률에 의해 甲의 지위를 종신 용익물권으로 전환하여, 바로 乙에게
소유권을 이전하게 하면서 甲이 乙로부터 종신 용익물권을 설정받도록
규율하는 것(동법제4:136조)으로부터 잘 알 수 있다.347) 물론 甲의 지위는 조건부
또는 기한부 유증에 의한 것이고 용익물권을 창설하는 유언에 의한 것은
아니다. 그러나 이러한 지위를 기능적·결과적으로 창설하는 의사표시를
법질서가 용인할 것인지 여부의 문제는 순차적 유증의 효력을 판단할 때
고려될 수 있고 또 고려되어야 한다.348) 마찬가지로 법률이 허용하는 범
위에서 유언은 법정상속을 배제할 수 있지만, 법률은 어디까지나 유언자
가 자신의 사망시점에 자신에게 귀속하는 재산에 대해 처분할 가능성만
을 염두에 두고 있다. 유증으로 이미 甲에게 귀속한 재산의 운명을 권리
자 甲이나 법정상속의 규정이 아니라, 이미 사망한 유언자가 조건·기한
을 이용하여 장기간 동안 결정할 수 있다는 결과는 그에는 낯선 내용이
다. 그러므로 이러한 결과에 대해, 물론 조건부 또는 기한부 유증에 따른
당연한 효과라고 말할 수도 있겠지만, 법률관계의 안정이나 상속질서의
관점에서 어디까지 용인할 수 있는지의 물음을 제기할 수 있으며 또 해

---

346) 최수정 (주 326), 588면; 大村 (주 329), 250면 참조.
347) Meijers (주 304), p. 345: "기한부 소유권은 그 규율에서 용익권과 매우 유사하
여 여기서 두 개의 서로 다른 법형상을 인정하는 것은 바람직하지 않다고 생각된
다." 또한 프랑스 민법과 관련해 大村 (주 329), 245면도 참조.
348) 大村 (주 329), 241면은 의사주의·유인주의를 전제로 할 때 조건부 원인행위와
조건부 소유권을 별개의 현상이라고 말할 수 있는지에 대해 의문을 제기한다. 우
리 민법은 등기주의를 채택하고 있지만, 유인주의에 따르는 이상 이 점에서 차이
가 없다.

야 한다.[349]

이상의 고려를 종합하면, 가등기 등을 활용하는 방법을 들어 순차적
유증의 유효성을 주장하는 견해는, 조건·기한을 활용하는 부동산의 특정
유증이라는 특정한 사안유형에서만 의미를 가질 수 있을 뿐만 아니라,
그 경우에도 해결하기 어려운 많은 난점을 가지고 있음을 알 수 있다.
역시 이는 입법적으로 해결되어야 하고, 해석으로 인정하기는 어렵다고
생각된다. 순차적 유증이 있는 경우, 제2유증부터는 상속법의 기본원칙에
반해 무효라고 보아야 하고($\frac{제103}{조}$), 제1유증의 효력은 유언자의 가정적 의
사를 탐구하는 보충적 해석에 의해 결정되어야 할 것이다.[350]

Ⅶ. 맺음말

지금까지 유언의 성립과 효력에 관해 제기되는 여러 가지 쟁점들에
대해 살펴보았다. 본고의 성격상 글의 요지를 여기에 요약하는 것은 적
절하지 않을 것이다. 부족한 글이 기존에 다루어졌던 문제를 다른 시각
에서 조명해 보고, 아직 제기되지 않은 분쟁에 대해 시사점을 제공할 수
있기를 희망한다.

---

349) 大村 (주 329), 254면; 窪田充見, 家族法, 2011, 469면도 참조.
350) 현소혜 (주 10), 290-291면.

[Abstract]

Making Wills: Some theoretical-practical questions

Kim, Hyoung Seok*

This article elucidates some important problems concerning making legally effective wills. For this purpose, it not only reviews the doctrine and case law presented till recently, but attempts new reflections on issues to be raised in the future, whereby the comparative approach is adopted when necessary. The contents include:

1. Freedom of testation and its limits
2. Testamentary formalities
3. Revocation of wills
4. Avoidance of wills
5. Joint wills
6. Subsequent succession

[Key word]

- wills
- freedom of testation
- testamentary formalities
- legacy
- joint wills

* Professor, Seoul National University School of Law.

참고문헌

곽윤직, 상속법, 개정판, 2004.

곽윤직·김재형, 민법총칙, 제9판, 2013.

＿＿＿＿＿＿＿, 물권법, 제8판 보정, 2015.

곽윤직 편집대표, 민법주해[Ⅱ], 1992.

＿＿＿＿＿＿＿, 민법주해[Ⅲ], 1992.

권재문, "부동산의 후계유증에 대한 재평가", 저스티스, 제146-1호, 2015.

김민중, "공정증서 유언의 유효를 위한 요건", 공증과 신뢰, 제4호, 2011.

김상용 외, 가족법 판례해설, 2009.

김상중, "동기의 착오에 관한 판례법리의 재구성을 위한 시론적 탐색", 사법 질서의 변동과 현대화(김형배 교수 고희기념), 2004.

김영희, "공정증서유언과 장애인 차별" 가족법연구, 제16권 제1호, 2002.

＿＿＿＿, "자필증서 유언방식에 관한 제문제", 가족법연구, 제17권 제2호, 2003.

＿＿＿＿, "현행민법상 유언의 방식에 관한 연구", 가족법연구, 제20권 제2호, 2006.

＿＿＿＿, "구수증서 유언과 유언에 있어서 구수의 의미", 가족법연구, 제21권 제3호, 2007.

＿＿＿＿, "자필증서 유언에 있어서 날인의 의미와 방식흠결로 무효인 유언의 사인증여로의 전환", 중앙법학, 제9집 제4호, 2007.

＿＿＿＿, "신분행위와 유언의 철회", 가족법연구, 제27권 제3호, 2013.

＿＿＿＿, "유언에 관한 형식적 엄격주의와 유언자의 진의", 민사판례연구[XXX], 2008.

김용담 편집대표, 주석 민법 총칙(2), 제4판, 2010.

＿＿＿＿＿＿＿, 주석 민법 총칙(3), 제4판, 2010.

김용한, 친족상속법, 보정판, 2003.

김주수·김상용, 친족·상속법, 제11판, 2013.

김증한·김학동, 민법총칙, 제10판, 2013.

김철수, 헌법학신론, 제21전정신판, 2013.

김형석, "독일 착오론의 역사적 전개-사비니의 착오론을 충심으로-", 저스티스, 제72호, 2003.

_____, "우리 상속법의 비교법적 위치", 가족법연구, 제23권 제2호, 2009.

_____, "동기착오의 현상학", 저스티스, 제151호, 2015.

남상우, "공정증서 유언의 증인에 관한 고찰", 가족법연구, 제25권 제2호, 2011.

민의원 법제사법위원회 민법안심의소위원회, 민법안심의록, 하권, 1957.

박동섭, 친족상속법, 제4판, 2013.

박병호, 가족법, 1992.

_____, "상속법의 제문제 서설", 민사판례연구[XXVI], 2003.

손흥수, "유언능력 유무의 판단기준과 그 판단요소", 사법논집, 제55집, 2012.

송덕수, 민법총칙, 제2판, 2014.

_____, 친족상속법, 2013.

신영호, 가족법강의, 제2판, 2013.

안영하, "일본의 상속시킨다는 취지의 유언에 대한 일고찰", 가족법연구, 제21권 1호, 2007.

양창수, "상속결격제도 일반", 민법연구, 제5권, 1999.

오병철, "유언의 취소", 가족법연구, 제25권 제3호, 2011.

윤부찬, "유언능력에 관한 고찰", 공증과 신뢰, 제5호, 2012.

윤진수, "2006년도 주요 민법 관련 판례 회고", 민법논고 Ⅲ, 2008.

_____, "상속제도의 헌법적 근거", 민법논고 Ⅴ, 2011.

_____, "법률해석의 한계와 위헌법률심사", 법철학의 모색과 탐구(심헌섭 박사 75세 기념), 2011.

이경희, 가족법, 8정판, 2013.

이동진, "불륜관계의 상대방에 대한 유증과 공서양속", 비교사법, 제13권 제4호, 2006.

이영준, 민법총칙, 개정증보판, 2007.

이은영, 민법총칙, 제5판, 2009.

이재성, "공정증서에 의한 유언의 방식", 이재성 판례평석집(Ⅵ), 1989.

이진기, "법률행위능력과 의사능력제도에 대한 비판적 검토", 민사법학, 제46호, 2009.

이철우, 서양의 세습가산제, 2010.

임건면, "민법의 해석과 적용에 있어서 기본권의 영향", 성균관 법학, 제25권 제2호, 2013.

전원열, 착오 개념의 정립을 위한 소고, 저스티스, 제146-1호, 2015.

전혜정, "민법상 유언상속에 관한 연구", 가족법연구, 제20권, 제3호, 2006.

정광현, 신친족상속법요론, 증보판, 1961.

정구태, "헌법합치적 법률해석의 관점에서 바라본 주소가 누락된 자필증서 유언의 효력", 강원법학, 제43권, 2014.

정소민, "유언의 해석", 비교사법, 제22권 제1호, 2015.

정종섭, 헌법학원론, 제8판, 2013.

최병조, "포괄적 유증의 효과", 민사판례연구[IX], 1987.

_____, "사인증여의 개념과 법적 성질", 민사판례연구[XXIX], 2007.

최수정, "상속수단으로서의 신탁", 민사법학, 제34호, 2006.

한봉희·백승흠, 가족법, 2013.

한정화, "사인증여계약 공정증서", 공증과 신뢰, 제6호, 2013.

현소혜, "유언방식의 개선방향에 관한 연구", 가족법연구, 제23권 제2호, 2009.

_____, 유언의 해석, 2010.

Bamberger/Roth, *Bürgerliches Gesetzbuch*, Band 1, 3. Aufl., 2012.

Basedow, Hopt, Zimmermann and Stier ed., *The Max Planck Encyclopedia of European Private Law*, 2 Volumes, 2012.

Basler Kommentar zum Schweizerischen Zivilgesetzbuch, 4. Aufl., 2011.

Becker/Klinger, "Feststellung der Testierunfähigkeit zu Lebzeiten des Erblassers?", *Neue Juristische Wochenschrift—Spezial* 2006, 493.

Blomberg, *Freiheit und Bindung des Erblassers*, 2011.

Breitschmidt, *Formvorschriften im Testamentsrecht*, 1982.

Dernburg, *Pandekten*, 3. Band, 7. Aufl., 1903.

Dürrenmatt, *Justiz/Der Richter und sein Henker/Der Verdacht/Das Versprechen*, 1985.

Ferid/Sonnenbeger, *Das französische Zivilrecht*, Band 3, 2. Aufl., 1987.

Flume, *Allgemeiner Teil des Bürgerlichen Rechts*, 2. Band: Das Rechtsgeschäft, 4. Aufl., 1992.

Frank/Helms, *Erbrecht*, 5. Aufl., 2010.

Friedman, *Dead Hands*, 2009.

Grunsky, *Testierfähigkeit und Geschäftsfähigkeit*, 2009.

Gutmann, *Freiwilligkeit als Rechtsbegriff*, 2001.

von Hippel, *Formalismus und Rechtsdogmatik dargestellt am Beispiel der „Errichtung" des zeugenlosen Schrifttestaments*, 1935.

Isensee/Kirchhof (hrsg.), *Handbuch des Staatsrechts*, Band VI, 2001.

Isensee, "Inhaltskontrolle des Bundesverfassungsgerichts über Verfügungen von Todes wegen", *Deutsche Notar-Zeitschrift* 2004, 754.

Kipp/Coing, *Erbrecht*, 14. Bearbeitung, 1990.

Lange, *Erbrecht*, 2011.

Lange/Kuchinke, *Erbrecht*, 5. Aufl., 2001.

Malaurie, *Les successions. Les libéralités*, 2004.

Malaurie et Brenner, *Les successions, les libéralités*, 6e éd., 2014.

Mazeaud et Leveneur, *Leçons de droit civil*, tome IV/2: Successions–Libéralités, 5e éd., 1999.

McGovern, Kurtz and English, *Wills, Trusts and Estates*, 4th ed., 2010.

Meijers, *Ontwerp voor een Nieuw Burgerlijk Wetboek. Toelichting*, Eerste Gedeelte (Boek 1-4), 1954.

Münchener Kommentar zum Bürgerlichen Gesetzbuch, Band 1, 6. Aufl., 2012.

Münchener Kommentar zum Bürgerlichen Gesetzbuch, Band 9, 6. Aufl., 2013.

Niewenhuis/Stolker/Valk (red.), *Burgerlijk Wetboek. Tekst & Commentaar*, Tiende druk, 2013.

Nicod, *Recueil Dalloz 2007*, 2126.

Palandt, *Bürgerliches Gesetzbuch*, 73. Aufl., 2014.

Probert, *Family and Succession Law in England and Wales*, 3rd ed., 2013.

Puchta, *Pandekten*, 3. Aufl., 1845.

Ramm, "Fritz von Hippel als Rechtstheoretiker und Rechtsphilosoph", *Juristenzeitung* 1992, 1141.

Reid, de Waal and Zimmermann ed., *Comparative Succession Law*, vol. I: Testamentary Formalities, 2011.

Ruffert, *Vorrang der Verfassung und Eigenständigkeit des Privatrechts*, 2001.

Schenk, *Die Totensorge−ein Persönlichkeitsrecht*, 2007.

Schlüter, "Grenzen der Testierfreiheit", *Festgabe Zivilrechtslehrer 1934/1935*, 1999.

Schmoeckel (hrsg.), *Verfassungsrechtliche Grenzen der Gestaltungsmöglichkeiten im Familien-, Erb- und Gesellschaftsrecht*, 2008.

Schmoeckel (hrsg.), *Demenz und Recht*, 2010.

Schmoeckel (hrsg.), *Das holographische Testament*, 2015.

Schmoeckel, Erbrecht, 3. Aufl., 2014.

Schnabl/Hamelmann, "Das Ende der Sittenwidrigkeit sog. Geliebtentestamente?", *Juristische Ausbildung* 2009, 161.

Schömmer/Steinerhauer/Haydu, *Internationales Erbrecht Frankreich*, 2005.

von Schrenck-Notzing, *Unerlaubte Bedingungen in letztwilligen Verfügungen*, 2009.

Schweizerisches Zivilgesetzbuch, 2. Aufl., 2011.

Shavell, *Foundations of Economic Analysis of Law*, 2004.

Staudinger, *Kommentar zum Bürgerlichen Gesetzbuch*, 2013.

Terré, Lequette et Gaudemet, *Les successions, les libéralités*, 4e éd., 2013.

Thielmann, *Sittenwidrige Verfügung von Todes wegen*, 1973.

Wilburg, *Die Elemente des Schadensrechts*, 1941.

Willburg, *Entwicklung eines beweglichen System im Bürgerlichen Recht*, 1951.

Windscheid/Kipp, *Lehrbuch des Pandektenrechts*, Band 3, 9. Aufl., 1906.

伊藤昌司, 相續法, 2002.

大村敦志, 新しい日本の民法學へ, 2009.

窪田充見, 家族法, 2011.

島津一郎・松川正毅 編, 基本法コンメンタール 相續, 第四版, 2002.

中川淳, 相續法逐條解說(下卷), 1995.

二宮周平, 家族法, 第2版, 2005.

新版 注釋民法(28), 補訂版, 2002.

유류분과 신탁*

준규**

■요   지■━━━━━━━━━━━━━━━━━━━━━━━

이 글에서는 유언대용신탁, 유언신탁, 수익자연속신탁의 경우 ① 유류분 산정방법, ② 유류분 반환대상, ③ 반환청구의 상대방을 검토하였다. 필자의 결론은 다음과 같다.

첫째, 유언대용신탁은 제3자를 위한 계약으로서 수익자에 대한 사인증여의 실질을 갖고 있는 경우가 많다. 따라서 원칙적으로 수익권의 가치를 유류분 산정의 기초재산에 산입하고, 수익자에 대한 수익권 이전청구 형태로 유류분 반환청구를 허용함이 타당하다. 다만 수익자가 존재하지 않거나 위와 같은 방식이 유류분권자에게 현저히 부당하다는 등 특별한 사정이 있는 경우, 수탁자에 대한 신탁재산 이전청구 방식으로 유류분 반환청구를 할 수 있다. 이 경우 신탁재산의 가치는 신탁재산 이전시기를 불문하고 유류분 산정의 기초재산에 산입되어야 한다.

둘째, 유언신탁의 경우 수탁자에 대한 신탁재산 이전청구와 수익자에 대한 수익권 이전청구를 모두 허용함이 타당하다. 유언신탁의 경우 신탁재산이 상속재산에 포함되므로 신탁재산 반환을 구할 수 있고, 유언신탁의 실질이 수익권의 유증인 점을 고려해 수익권 반환도 허용할 수 있다.

셋째, 수익자연속신탁의 경우 제2수익자의 수익권 가치도 유류분 산정

* 이 글은 2015. 8. 7. 열린 민사판례연구회 하계심포지엄에서 발표한 글을 수정, 보완한 것이다. 당시 지정토론자로 참석하여 귀중한 지적을 해 주신 정소민 교수님과 논문내용에 대하여 건설적 비판을 해 주신 이중기, 김형석, 현소혜 교수님께 감사드린다. 이 글은 사법 제34호(2015)에 게재되었음.
** 한양대학교 법학전문대학원 부교수.

의 기초재산에 산입해야 하고, 유류분권자는 제2수익자에 대하여 장래 발생할 제2수익권의 반환을 구할 수 있다.

[주제어]
- 유언대용신탁
- 유언신탁
- 수익자연속신탁
- 유류분
- 제3자를 위한 계약

[투고일자] 2015. 12. 1.
[심사일자] 2015. 12. 16.
[게재확정일자] 2015. 12. 30.

I. 들어가며

이 글에서는 신탁을 이용해 재산승계가 이루어진 경우 유류분 반환청구와 관련하여 발생할 수 있는 구체적 법문제로 무엇이 있는지 확인하고, 그에 대한 해결책을 모색한다. 피상속인은 유증, 증여 등을 이용하는 것보다 신탁을 활용함으로써 자신의 의사를 더 적극적으로 반영한 유연한 상속계획을 마련할 수 있다. 유증이나 증여를 하면서 수증자나 수유자가 갖게 될 목적물에 대한 처분권을 제한하는 것은—논란이 있기는 하나[1]—쉽지 않다. 그러나 피상속인은 ① 미성년자인 상속인을 수익자로 지정하고 상속인이 성년이 되면 신탁원본을 그에게 반환하는 내용으로 신탁계약을 체결하여, 상속인이 상속재산을 일정 시점까지 처분하지 못하게 할 수 있고, ② 수익자를 순차로 지정함으로써 여러 세대에 걸친 재산의 승계를 미리 정해 놓을 수 있다. 현행 신탁법은 유언대용신탁($\frac{제59}{조}$)과 수익자연속신탁($\frac{제60}{조}$)에 관한 규정을 두고 수익자연속신탁의 존속기간을 명시하지 않음으로써, 피상속인의 유연한 상속계획 실현을 뒷받침하고 있다.[2] 그런데 이러한 신탁이 설정된 경우 유류분반환의 대상은 무엇인지, 반환청구의 상대방은 누구인지 등에 대하여 신탁법은 별도의 규정을 두고 있지 않다. 이론과 실무가 합리적 법해석을 통해 전적으로 해결해야 할 과제인 것이다.[3]

---

1) A에게 목적물을 유증하면서 A 사망 후 해당 목적물을 다시 B에게 순차로 유증하는 것(A는 자신이 유증받은 목적물을 자유롭게 처분할 수 없다)이 우리법상 가능한지 논란이 있다. 유증재산이 부동산인 경우 권리소멸약정의 등기나 가등기를 활용해 가능하다는 견해로는 권재문, "부동산의 후계유증에 대한 재평가", 저스티스 146-1(2015), 335면 이하; 가능하지 않다는 견해로는 최수정, "상속수단으로서의 신탁", 민사법학34(2006), 588-591면. A의 사망을 해제조건으로 하여 A에게 부동산을 특정유증하면서 A에게 이전등기를 해 주기 전에 B명의 가등기를 경료한 경우 특히 논란이 있을 수 있는데, 이에 대한 검토는 본고의 논의범위를 넘어서므로 다음 기회로 미룬다.

2) 그러나 소유자가 생전에 자기 재산에 대하여 포괄적인 사용·수익·처분권을 갖는 것처럼, 사후(死後)에도 자기소유'였던'재산에 대하여 폭넓은 지배권을 갖는 것이 법이론적으로 타당한지, 사회정책적으로 바람직한지 논란이 있을 수 있다. 폭넓은 사후지배권을 인정할수록, 재산의 자유로운 유통은 저해될 수 있기 때문이다.

이는 물권과 채권을 준별(峻別)하는 대륙법계 국가인 우리나라에서 신탁의 법적 성질을 어떻게 바라볼 것인지, 유류분 제도를 어떠한 관점에서 평가할 것인지와 관련된 쉽지 않은 문제이다. 그간 이 문제에 관하여 학설상 논의가 이루어지긴 하였으나[4] 체계적이고 망라적인 연구라 보기 어렵다. 이 글에서는 우리와 같이 신탁에 낯선 대륙법 체계를 갖고 있음에도 신탁법이라는 단행법을 마련하였고,[5]·[6]·[7] 우리와 유사한 유

---

3) 신탁법 제59조 입법 당시 유류분과의 저촉 문제는 전적으로 해석론에 맡겨 두기로 하였기 때문에, 이에 관한 별도의 규정을 두지 않았다. 법무부, 신탁법 개정 특별분과위원회 회의록 II, (2010), 1208면 및 신탁법 개정안 해설, (2010), 469-470면.

4) 최수정, "개정신탁법상의 재산승계제도", 法學論叢31-2(2011), 65면 이하 및 신탁제도를 통한 고령자의 보호와 지원, (2010), 169면 이하(그런데 수탁자에 대한 신탁재산 반환청구와 수익자에 대한 수익권 반환청구 중 무엇을 원칙으로 할 것인지에 대하여 두 문헌 사이에 견해 차이가 있는 것으로 보인다); 임채웅, "遺言信託 및 遺言代用信託의 硏究", 인권과 정의397(2009), 124면 이하; 정소민, "신탁을 통한 재산승계와 유류분반환청구권", 민사실무연구회 발표문(2015, 미공간) 및 "신탁제도를 통한 재산승계", BFL62(2013), 86면 이하; 이근영, "신탁법상 재산승계제도와 상속", 法學論叢32-3(2012), 207면 이하 및 이근영, "수익자연속신탁에 관한 고찰", 財産法研究27-3(2011), 129면 이하; 최현태, "부양신탁에 관한 연구", 漢陽法學46(2014), 75면 이하; 김병두, "개정신탁법상의 유언대용신탁에 관한 소고", 민사법학64(2013), 3면 이하 참조.

5) 일본은 1922년 신탁법과 신탁업법을 만들었다. 비교적 이른 시기에 신탁법이 도입된 데에는 다음과 같은 역사적 사정이 작용하였다. 러일전쟁 후 경제부흥을 위해 외자유치 필요성을 느낀 일본 정부는 1905년 담보부사채신탁법을 제정하였는데, 이는 사채권자를 위해 수탁자가 물적담보권을 보유, 행사하는 것을 가능케 하는 제도로서 신탁일반법 제정의 계기가 되었다. 그리고 1900년대 이후 일본에서 금융업, 부동산중개업 등이 발달하면서 '신탁'이라는 이름이 무분별하게 사용되고 있었는데, 신탁개념의 남용을 바로잡고 신탁업계를 규제하려는 목적에서 신탁업법이 제정되고 신탁법도 같은 해 제정되기에 이른다. 거래계에서 신탁이 활발히 사용되기 때문에 이를 뒷받침하기 위해 입법이 이루어진 것이 아니고, 신탁개념의 남용을 규제할 목적이 컸던 것이다. 四宮和夫, 信託法, (1990), 2頁; 新井誠,, 信託法, (2008), 17-19頁.

6) 프랑스는 2007년 민법개정을 통해 민법전에 '신탁'(fiducie)에 관한 규정을 도입하였다. 이에 관해서는 우선 정태윤, "프랑스 신탁법", 比較私法19-3(2012), 941면 이하; 沈仁淑, "프랑스 제정법상 '신탁' 개념 도입에 관한 소고", 중앙법학13-4(2011), 257면 이하 참조. 프랑스의 경우 수익자를 위한 무상양여(libéralité)의 의도로 체결된 신탁계약은 무효이고(프랑스 민법 제2013조), 유언에 의한 신탁도 허용되지 않는 점에서 우리법과 문제상황이 다르다. 다만 프랑스 민법 제1048조 이하에서 규정한 순차적 이전부담부 무상양여(libéralité graduelle)는 재산을 보존하고 제1수익자 사망 시 그 재산을 제2수익자에게 이전하는 2중의 의무를 부과하면서 제1수익

류분 제도를 두고 있는 일본의 논의[8]를 참고하여 논의를 진행한다. 글의 순서는 다음과 같다. 우선 신탁을 이용한 재산승계 방식을 유형화한다 (Ⅱ). 이어서 각 유형별(유언대용신탁, 유언신탁, 수익자연속신탁)로 ① 유류분 산정방법, ② 유류분 반환대상, ③ 반환청구의 상대방 문제를 살펴보고, 필자가 생각하는 바람직한 해석론을 밝힌다(Ⅲ). 덧붙여 신탁이 설정된 후 유류분 반환이 문제되는 경우 제기될 수 있는 다른 쟁점들을 검토한다(Ⅳ).

Ⅱ. 신탁을 이용한 상속방법

신탁을 이용한 상속방법으로는 유언대용신탁과 유언신탁이 있고, 이러한 신탁을 설정할 때에는 수익자를 연속하여 지정할 수 있다.

자에게 이루어지는 무상양여로서, ㅡ비록 신탁의 형태를 띠고 있지는 않지만 무상양여를 한 본인으로부터 제1, 2수익자가 연속으로 권리를 취득한다는 점에서ㅡ우리 신탁법상 수익자 연속신탁과 유사한 점이 있다. 또한 프랑스 민법은 피상속인이 상속인의 계산과 이익을 위해 상속재산을 '배타적'으로 '관리'하는 임무를 제3자에게 맡기는 것을 허용하고 있는데[사후위임(mandat posthuman), 프랑스 민법 제812조 이하], 이는ㅡ비록 신탁과 달리 상속인이 해당 재산의 소유자이기는 하나ㅡ우리 법상 유언대용신탁이나 유언신탁과 기능적으로 비슷한 점이 있다.

7) 독일은 판례에 의해 Treuhand 법리가 발전하였으나, 그것이 입법화되거나 영미 신탁제도(Trust)가 도입되지는 않았다. 그러나 피상속인의 의사에 따른 유산의 장기구속을 가능케 하는 개별 제도들ㅡ선위상속(Vorerbschaft)・후위상속(Nacherbschaft), 유언집행자에 의한 계속적 상속재산 관리, 부부간 또는 생활동반자간 공동유언(gemeinschaftliches Testament), 상속계약 등ㅡ이 상속법에 다수 마련되어 있다. 독일 신탁법리에 관해서는 우선 Helmut Coing, Die Treuhand Kraft privaten Rechtsgeschäfts, (1973), 참조.

8) 沖野眞已, "信託法と相続法", 論究ジュリスト10(2014), 132頁 이하; 三枝健治, "遺言信託における遺留分減殺請求", 早稲田法学87-1(2011), 37頁 이하; 加藤祐司, "後継ぎ遺贈型の受益者連続信託と遺産分割及び遺留分減殺請求", 判例タイムズ1327(2010), 18頁 이하; 道垣内弘人, "誰が殺したクックロビン", 法学教室339(2008), 82頁 이하 및 "信託設定と遺留分減殺請求", 信託の実務と理論(2009), 58頁 이하; 横山美夏, "信託から, 所有について考える", 信託法研究36(2011), 67頁 이하; 西希代子, "民法の空洞化?: 財産承継方法としての信託と相続法", 信託法研究36(2011), 91頁 이하; 川淳一, "受益者死亡を理由とする受益連続型遺贈・補論", 遺言自由の原則と遺言の解釈(2008), 141頁 이하; 星田寛, "遺言代用信託", 金融商事判例1261(2007), 179頁 이하 및 "「財産承継 のための信託(受益者連続信託)の検討」", 信託の実務と理論(2009), 47頁 이하 참조.

1. 유언대용신탁

유언대용신탁은 수익자가 될 자로 지정된 자가 위탁자의 사망 시에 수익권을 취득하는 신탁이나 수익자가 위탁자의 사망 이후에 신탁재산에 기한 급부를 받는 신탁을 뜻한다(신탁법 제59조 제1항 제1, 2호). 전자의 경우 위탁자의 생전에는 수익자가 따로 있고(피상속인인 위탁자가 수익자인 경우가 많을 것이다)[9] 사후수익자는 위탁자의 사망 시 비로소 수익자가 되는 데 반해, 후자의 경우 사후수익자가 유일한 수익자이고 신탁재산에 관한 급부청구권은 원칙적으로 위탁자 사망 이후에만 행사할 수 있다(신탁법 제59조 제2항).[10] 유언대용신탁의 경우 피상속인인 위탁자는 사망하기 전까지 자유롭게 수익자로 지정된 자를 변경할 수 있다(신탁법 제59조 제1항).

가령 피상속인 A가 자신의 유일한 재산인 X부동산에 관하여 수탁자 B와 생전에 신탁계약을 체결하면서, A가 사망할 때까지 X부동산으로부터 발생하는 수익에 관하여 A에게 수익권을 부여하고, 사망 후에는 자신의 배우자인 C를 수익자로 지정하였다면 이러한 유언대용신탁은 C에 대한 유증과 비슷한 기능을 한다. 유언대용신탁도 신탁의 형식만 빌렸을 뿐 실질적으로 유증과 동일하다면 유언의 방식을 갖추어야 한다는 견해가 있으나,[11] 양자는 별개의 법률행위라는 점에서 의문이다.[12]

생전신탁계약 체결 시 위탁자 사망 후 수익자를 연속으로 설정하는 것(수익자연속신탁)도 가능하다(신탁법 제60조). 가령 위탁자 A는 사후 1차수익자인 B의 사망 시 X부동산의 소유권을 자신의 자녀인 C에게 귀속시키기로 정할 수 있다. 신탁법 제60조는 신탁행위로 수익자 '사망 시' 타인이 새로 수익권을 취득하도록 정할 수 있다고 규정하고 있지만, '상속개시 후 20년 경과 후' 또는 '1차 수익자가 성년에 이른 후' 1차 수익권이 소멸하고

---

9) 생전 수익자와 사망 수익자가 동일할 수도 있다. 이 경우에도 본문 Ⅲ. 1.의 논의가 적용될 수 있다.
10) 광장신탁법연구회, 주석신탁법, (2013), 266면.
11) 최수정(주 4의 뒷 문헌), 140-141면.
12) 同旨: 임채웅(주 4), 136-137면.

2차 수익권이 발생한다는 등 다른 형태로 수익자연속신탁을 설정하는 것
도 가능하다.

2. 유언신탁

신탁은 위탁자와 수탁자 간 계약뿐만 아니라 위탁자의 유언으로도
설정될 수 있다(신탁법 제3조 제1항 제2호). 가령 피상속인 A는 유언으로 자신의 유일한
재산인 X부동산에 관하여 수탁자를 B, 수익자를 자신의 배우자 C로 정한
신탁을 설정할 수 있다. 유언신탁의 경우 민법이 정한 유언의 방식을 갖
추어야 함은 물론이다. 유언대용신탁과 유언신탁의 주된 차이점 중 하나
는 전자의 경우 신탁재산이 위탁자 생전에 이미 수탁자에게 이전되는 반
면, 후자의 경우 신탁재산은 위탁자 사망 후 유언이 집행됨으로써 비로
소 수탁자에게 이전된다는 것이다. 유언신탁의 경우에도 수익자를 연속
으로 설정할 수 있다.

Ⅲ. 유류분 반환과 관련된 해석론상 쟁점

우리 민법상 구체적인 유류분 침해액 산정방법은 다음과 같다.[13]

> 유류분 침해액 = 유류분 산정의 기초가 되는 재산액(A)(= 상속재산 + 산입될 증
> 여 − 상속채무) × 그 상속인의 유류분 비율(B) − 그 상속인의 특별수익액
> (C)(= 그 상속인의 수증액 + 수유액) − 그 상속인의 순 상속액(D)(= 그 상속
> 인이 상속에 따라 얻는 재산액 − 상속채무분담액)

우리 민법상 유류분 반환은 원물반환이 원칙이므로,[14] 증여나 유증

---

13) 尹眞秀, "遺留分 侵害額의 算定方法", 民法論考Ⅶ(2015), 363면.
14) 대법원 2013. 3. 14. 선고 2010다42624, 42631 판결. 그러나 원물반환이 의무자
   에게 불이익이 큰 반면 가액반환이 권리자에게 특별히 불리하지 않다면 가액반환
   을 명할 수 있다는 견해로는 尹眞秀, "유류분의 반환방법", 民法論考Ⅶ(2015),
   386-393면. 유류분 반환결과 유류분권자와 수증자(수유자)가 목적물을 공유하는
   상황이 발생할 수 있고, 우리 판례가 전면적 가격보상에 의한 공유물분할을 허용

목적물이 부동산인 경우 유류분 반환은 해당 부동산에 대한 유류분 침해액/상속개시 당시 해당 부동산 가액에 해당하는 지분의 반환을 구하는 방식으로 이루어진다. 신탁에 의해 재산승계가 이루어지는 경우 주로 문제되는 부분은 유류분 반환대상을 신탁재산 그 자체로 볼 것인지 아니면 수익자가 취득한 수익권으로 볼 것인지, 유류분 반환의 상대방을 수탁자로 볼 것인지 수익자로 볼 것인지이다. 다만 신탁유형별로 검토의 방향이 다를 수 있고, 개별 유형마다 독자적으로 문제되는 쟁점도 있기 때문에, 아래에서는 우선 유언대용신탁의 경우 유류분 반환과 관련하여 발생할 수 있는 해석론상 문제를 검토한 뒤, 이어서 유언신탁의 경우를 검토한다.[15]

1. 유언대용신탁

논의의 편의를 위해 다음과 같은 사례를 상정해 보자.

피상속인 A는 배우자 B와 자녀 C, D가 있다. A는 신탁회사 K와 자신의 유일한 재산인 X부동산에 관하여, X부동산의 소유명의를 수탁자 K에게 이전하되 A가 사망하기 전까지 X부동산을 임대하여 얻는 이익에 관한 권리를 A에게, A의 사망 후에는 수익권을 B에게 부여하고 B의 사망 후에는 X부동산의 소유권을 C에게 이전하는 내용의 신탁계약을 체결하였다. A사망 시 X부동산의 가치는 8,000만 원이고, B와 C의 각 수익권의 가치는 2,000만 원이다.

하고 있는 점을 고려할 때(대법원 2004. 10. 14. 선고 2004다30583 판결), 위 주장은 경청할 필요가 있다. 유류분권자나 수증자(수유자)에게 별도로 공유물분할 절차를 거치도록 하는 것은 불필요한 절차의 반복을 강요하는 것이 될 수 있다.

15) 유언대용 목적이 아니라 위탁자 자신의 이익만을 고려해 신탁이 설정된 후 위탁자가 사망한 경우(ex. 신탁기간을 20년, 수익자는 위탁자 자신으로 설정하고, 신탁기간 도과 후 신탁목적물을 철거하는 것이 예정되어 있는 경우), 위탁자 겸 수익자의 상속인들은 수익권을 상속지분에 따라 취득한다. 망인의 다른 상속재산으로부터 상속이 배제되어 유류분 부족분이 발생하면 그 상속재산에 대하여 유류분권을 행사할 수 있을 뿐이고, 수탁자나 다른 수익자에 대하여 유류분반환청구를 할 수는 없다. 이는 아래에서 살펴 볼 1설 내지 3설 어느 견해에 따르더라도 마찬가지이다.

가. 유류분 산정의 기초가 되는 재산액 산정방법 및 유류분 반환대상

(1) 유류분 산정의 기초가 되는 재산액 산정에 관한 견해들

이에 관해서는 ① 위탁자 A로부터 수탁자 K에게로 X부동산의 소유권이 이전된 것이 민법 제1114조에서 정한 증여에 해당한다고 보아 8,000만 원을 가산하는 견해(이하 '1설')[16]와 ② A는 실질적으로 B, C에게 각 2,000만 원을 유증 또는 사인증여한 것이므로 4,000만 원을 유류분 산정의 기초재산에 포함시키자는 견해(이하 '2설'),[17] ③ 유언대용신탁의 위탁자는 언제라도 수익자를 변경하거나 신탁을 종료한 후 신탁재산을 위탁자 명의로 복귀시킬 수 있으므로, 위탁자는 실질적 의미에서 여전히 신탁재산을 지배하고 소유권에 견줄 수 있는 권리를 갖는다고 보아 8,000만 원의 '상속재산'이 있다고 보는 견해(이하 '3설')[18] · [19]가 있다.

(2) 1 내지 3설과 유류분 반환대상 · 반환청구 상대방과의 관계

유류분 산정의 기초가 되는 재산액 산정방법과 유류분 반환대상 · 반환청구 상대방은 동일한 문제가 아니다. 그러나 1설과 같이 본다면 수탁

---

[16] 광장신탁법연구회(주 10), 267면; 김상훈, "유언대용신탁제도의 문제점과 제언", 법률신문(www.lawtimes.co.kr/Legal-Info/Research-Forum-View?Serial=2142, 최종검색일 2015. 10. 1); 이근영(주 4의 뒷문헌), 148–150면.

[17] 임채웅(주 4), 141면; 일본 학설로는 道垣內弘人(주 8의 각 문헌)(유언대용신탁과 유언신탁 모두 2설이 타당하다는 취지이다).

[18] 정소민(주 4의 각 문헌); 일본 학설로는 橫山美夏(주 8), 76頁.

[19] 민법의 기본법리에 따라 형식적으로 신탁재산의 소유자를 파악하는 관점에서 벗어나, 위탁자의 신탁재산에 대한 '지배권'을 신탁법률관계 해명에 있어 중요한 기준으로 보는 생각들은 신탁과 관련한 세법상 쟁점을 다루는 문헌들에서도 발견된다. 가령 이준봉, "유언대용신탁 및 수익자연속신탁의 과세에 대한 연구", 증권법연구14-2(2013), 741, 742면은 "위탁자가 이미 자신의 재산을 신탁에 다시 되돌릴 수 없는 방법으로 이전하고 해당 신탁을 지배하지 않는다면", 유언대용신탁과 수익자연속신탁 자체를 신탁재산의 소득에 대한 납세의무자로 보아 과세함이 타당하고, "신탁을 설정한 이후에도 위탁자가 신탁 또는 신탁자산에 지속적인 이해관계를 갖거나 지배력을 행사할 경우" 위탁자를 과세함이 타당하다고 한다. 또한 김재승, "신탁과 관련된 상속세 · 증여세문제와 Estate Planning 도구로서 신탁의 이용가능성", 租稅法研究17-3(2011), 965–966면은 제1수익자가 포괄적인 제2수익자 지정 · 변경권을 갖고 있고 제2수익권의 내용이 신탁재산 자체를 이전받는 것이라면, 제1수익자 사망 시 신탁재산을 수익자의 상속재산에 포함시켜야 한다고 주장한다. 후자에 대해서는 본문 Ⅲ. 3. 참조.

자를 상대로 X부동산 중 일부 지분의 이전등기를 청구하는 것이, 2설과 같이 본다면 수익자를 상대로 수익권 중 일부 지분의 이전을 청구하는 것[20]이 수미일관하다. 1설에 따라 유류분 침해액을 산정한 뒤 수익권을 유류분 반환대상으로 삼을 경우, 신탁목적물의 가치보다 수익권의 가치가 통상 낮기 때문에 유류분 부족액은 존재하지만 실제로 유류분을 침해한 자는 없는 기묘한 상황이 발생할 수 있기 때문이다.[21] 피상속인 A에게 상속인이 자녀 B, C밖에 없고 위탁자 A가 자신의 유일한 재산인 X부동산에 관하여 A사망 후 수익권을 B에게 부여하였고, 신탁기간은 40년이며 기간종료 후 X부동산은 철거하는 것이 예정되었고, A사망 시 X부동산의 가치가 4,000만 원이고 B의 수익권의 가치가 1,000만 원인 경우를 상정해 보자.[22] 유류분 산정의 기초가 되는 재산을 4,000만 원으로 본다면 C의 유류분 부족액은 1,000만 원이다. 그런데 B도 자신의 유류분액인 1,000만 원만큼의 수익권을 취득하였으므로 B가 자신의 수익권 중 전부 또는 일부를 C에게 양도한다면 이번에는 B의 유류분 침해문제가 생기게 되는 것이다.

3설을 따르면서 수익자를 상대로 유류분 반환을 청구할 수 있다[23]

---

20) 지분권에 기해 수익자가 이미 지급받은 것이 있다면, 유류분권자는-수탁자의 변제가 유효하다는 전제 하에-지급가액 상당의 부당이득반환을 청구할 수 있다.

21) 道垣內弘人(주 8의 앞 문헌), 85-86頁.

22) 이러한 사례에서는 수익권의 가치를 4,000만 원으로 보아야 하므로, 본문에서 제기한 문제는 실제로 발생할 여지가 없다는 반론도 가능하다. 즉 수익권의 총합을 상속개시 시 신탁재산의 가치와 같게 보면 본문에 언급한 문제는 발생하지 않는다. 그러나 이러한 '의제'가 항상 가능한 것인지, -가령 조세부과라는 정책적 국면에서는 이러한 의제가 필요할 수 있다-상속인들에게 부당하게 불공평한 결과를 가져오는 것은 아닌지 검토의 여지가 있다. 수익권은 그 시기(ex. 1차 수익자의 사망 후)나 종기(수익자의 사망 시까지)가 불확실한 경우가 많으므로, 가치평가 시 그러한 위험이 반영될 필요가 있기 때문이다. 또한 피상속인이 신탁설정을 통해 상속재산의 가치를 실질적으로 줄이는 것이 반드시 부당하다고 볼 수는 없다. 본문 Ⅲ. 1. 가. (4) (라) 참조.

23) 정소민(주 4의 앞 문헌)은 원칙적으로 수익자를 상대로 유류분 반환청구를 하는 것이 자연스럽고, 수익자가 존재하지 않거나 확정할 수 없는 경우처럼 특수한 사정이 있는 경우에는 수탁자를 상대로도 유류분 반환을 청구할 수 있다고 탄력적으로 해석함이 타당하다고 한다.

고 보면(3설의 논리에 따르면 신탁재산은 아직 상속재산에 남아 있으므로, 문제상황이 수익자에게 수익권 상당액을 '유증'한 것과 비슷하고, 따라서 유증한 경우에 준해 유류분액을 계산할 수 있다. 나아가 3설의 논리에 따르면서 수탁자를 상대로 반환청구를 한다면 수탁자에게 신탁재산을 '유증'한 것과 비슷하게 취급하여 유류분액을 계산할 수 있다), 위와 동일한 문제가 발생할 수 있다. 나아가 신탁재산을 '상속재산'이라 보면서도 그보다 낮은 가치를 갖는 수익권만 수익자에게 귀속된다면 (상속재산인 신탁재산- 수익권)의 가치는 상속인들에게 법정상속에 따라 이전되는 것이 논리적이다. 그러나 현실적으로 수익자가 아닌 상속인들은 신탁재산과 관련하여 어떠한 가치도 취득할 수 없다. 이 점에서도 3설은, 유류분권자는 수익자를 상대로 수익권 반환을 청구해야 한다는 견해와 어울리지 않는다.

(3) 각 견해의 특징 및 장단점
(가) 1설의 경우
1설은 ① 신탁계약에 따른 신탁재산의 수탁자로의 이전도 엄연히 물권법상 소유권 이전에 해당하고, ② 수탁자는 신탁재산에 대한 대가를 지급하지 않고 소유권을 이전받았으므로 '무상이전'이며, ③ 수익자는 위탁자인 피상속인에 대하여 수익권을 취득한 것이 아니라 '수탁자'가 소유하는 신탁재산으로부터, '수탁자'가 '신탁계약'에 따라 갖는 권리와 의무에 기초하여 수익권을 취득한다는 '법형식'에 방점을 둔 견해이다. 1설에 의하면 수탁자가 상속인이거나[24] 위탁자와 수탁자 쌍방이 유류분 권리자에게 손해를 가할 것을 알고 신탁등기를 경료하지 않는 한, 신탁등기[25]가

---

[24] 민법 제1118조가 특별수익에 관하여 민법 제1008조를 유류분에 관하여 준용하고 있으므로, 공동상속인에 대한 증여에 관해서는 민법 제1114조가 적용되지 않으므로 그 증여가 상속개시 전의 1년간에 행한 것인지 여부에 관계없이 유류분 산정을 위한 기초재산에 산입된다는 것이 판례의 견해이다. 대법원 1996. 2. 9. 선고 95다17885 판결 등. 헌법재판소 2010. 4. 29. 선고 2007헌바144결정도 이를 지지한다. 이에 반대하는 견해로는 尹眞秀(주 13), 385면.
[25] 민법 제1114조 제1문의 해석상 증여가 상속개시 전 1년간 이루어졌는지 판단함에 있어 증여계약 시를 기준으로 한다는 것이 기존 통설이다. 그러나 이는 일본의

피상속인 사망일로부터 1년보다 먼저 이루어졌다면 증여재산에 산입될
수 없다.[26] 즉, 신탁등기 후 1년 이내에 피상속인이 사망하는지 여부에
따라 유류분권자의 신탁재산 반환가부가 달라진다. 또한 1설에 의하면
수탁자와 유류분권자가 신탁재산을 공유하게 되고, 그에 따라 상속인인
수익자의 수익권이 감소하여 그의 유류분권이 침해되는 결과에 이를 수
있다. 수탁재산 자체에 대한 유류분 반환청구가 인정되어 수탁자가 신탁
재산 중 일부지분만 소유하게 되면, 경우에 따라서는 신탁의 목적을 달
성할 수 없게 되어(신탁법 제98조 제1호) 신탁이 종료될 수 있다. 1설에 따르면 유류
분권자의 보호를 위해 피상속인의 상속계획 자체를 좌절시키는 것이 가
능하고, 결과적으로 신탁을 통한 재산승계가 위축될 가능성도 있다. 신탁
회사 입장에서는 불필요하게 유류분 반환 분쟁의 당사자가 되는 것을 원
치 않을 것이므로 1설보다 2설을 선호할 것이다.

(나) 2설의 경우

2설은 신탁계약을 통해 궁극적으로 이득을 얻는 자는 수탁자가 아니
라 수익자라는 점, 즉 피상속인으로부터 무상으로 재산을 이전받는 자는
수익자라는 '실질'에 주목한 견해이다. 신탁에서 수탁자는 고유의 이익을
갖고 있지 않으므로—수탁자는 도관(conduit)에 불과하다는 생각!—피상속
인으로부터 수탁자에게 신탁재산이 이전되는 것 자체는 누구에게도 이익
을 주는 것이 아니고, 유류분 침해는 누군가가 수익자로서 이익을 얻을
지위를 취득하는 것에 의해 비로소 문제된다는 것이다.[27] 이러한 생각은
피상속인이 자신을 보험계약자 겸 피보험자, 제3자를 보험수익자로 한

학설을 따른 것으로서 물권변동에 있어 성립요건주의를 취하고 있는 우리법 아래
에서는 이행된 때를 기준으로 함이 타당하다. 同旨: 尹眞秀(주 13), 384면; 오수원,
"유류분 산정에 가산되는 증여의 기준시점", 법학논총17-1(2010), 293면 이하; 정구
태, "유류분제도 시행 전 증여된 재산에 대한 유류분반환", 홍익법학14-1(2013),
860면 이하.
26) 이에 대하여 '수익자가 공동상속인이라면' 공동상속인에 대한 증여와 마찬가지로
취급하여, 신탁재산의 이전등기 시점과 무관하게 신탁재산의 가치를 가산해야 한
다는 견해로는 加藤祐司(주 8), 26頁.
27) 道垣內弘人(주 8의 앞 문헌), 85頁.

생명보험계약을 체결한 경우 유류분 반환문제에서도 찾아볼 수 있다. 이
경우 유류분권자가 제3자를 상대로 유류분반환을 청구할 수 있는지, 할
수 있다면 증여재산에 가산되는 범위를 ⓐ 보험료, ⓑ 보험금,[28] ⓒ 해
약환급금(보험계약자 사망 시 보험계약을 스스로 해지하였다면 반환받을 수
있었던 금액)[29] 중 어느 것을 기준으로 할 것인지 논란이 있다.[30] 2설은
수익자가 얻은 이익만큼을 증여재산으로 가산한다는 점에서 보험금을 증
여재산으로 가산하여 유류분반환을 청구할 수 있다는 견해와 맥이 닿아
있다.[31] 2설에 의하면 복수의 수익자가 있고 그 중 일부만이 유류분을

---

28) 오스트리아 판례가 이를 따른다. 제3자에게 직접 재산을 출연하는 경우보다 생
명보험을 이용한 재산출연을 더 유리하게 취급해 줄 이유가 없기 때문이다. OGH
10.6.1997 4Ob136/97x; 같은 이유에서 보험금 기준설을 지지하는 견해로는 Anne
Röthel, "Umgehung des Pfilchtteilsrechts", AcP212(2012), S. 174-175.

29) 스위스 민법은 명문으로 이를 채택하였고(제476, 529조), 독일 판례는 과거 보험
료 기준설을 취하다가 해약환급금 기준설로 입장을 변경하였다(BGHZ 185, 252).
독일 판례가 보험금 기준설이 아닌 해약환급금 기준설을 택한 주된 이유는 가산되
는 증여가 되려면, 해당 금액 상당의 가치가 피상속인에게 잠시라도 현존하였어야
하기 때문이다. 그러나 보험계약자의 보험금 청구권이 보험계약자 사망으로 소멸
함과 동시에 수익자가 보험자에 대하여 보험금 청구권을 취득하였다는 구성도 가
능하므로, 위 논거가 해약환급금 기준설을 취할 결정적 이유가 되긴 어렵다[각주
62, 63 및 Fabian Wall, Das Valutaverhältnis des Vertrags zugunsten Dritter auf
den Todesfall-ein Forderungsvermächtnis, (2010), S. 521-522 참조]. 독일의 학설
중에는 판례에 비판적인 견해도 많다. Münchener zum BGB 6.Aufl. (2013)/Lange § 2325
Rn. 38. 증여재산에 대한 유류분반환청구의 목적이 '상속재산 감소분'을 '조정'하는 데 있
다고 보아 보험료 기준설을 지지하는 견해로는 Staudinger zum BGB(2006)/Olshausen
§ 2325 Rn. 38.

30) 이에 관해서는 우선 정구태, "생명보험금과 특별수익, 그리고 유류분", 고려법학
62(2011), 275면 이하; 홍진희/김판기, "생명보험금과 유류분반환청구에 관한 민·
상법적 고찰", 財産法研究29-3(2012), 303면 이하 참조. 위험보험료 부분에 대해서
는 보험료의 증여로, 저축보험료 부분에 대해서는 해약환급금의 증여로 보되, 처
음부터 사망보험금수취인 지정이 이루어진 정기보험에서는 보험료 상당액의 증여
로 보는 일본 학설로는 藤田友敬, "保險金受取人の法的地位(2)", 法学協会雑誌
109-6(1992), 1059-1061, 1075頁(보험계약자와 제3자의 관계, 생명보험의 구체적
성질 등을 고려하여 증여대상을 사안에 따라 귀납적으로 결정해야 한다는-주목할
만한-주장을 펴고 있다). 한편 일본 판례는 상속인이 아닌 제3자를 보험수익자로
한 경우 유류분 반환대상이 아니라는 입장이다. 最高判 2002(平成14). 11. 5(民集
56.8.2069).

31) 한편 1설은 상속재산 감소분을 유류분 반환대상으로 본다는 점에서 보험료를 증
여재산으로 가산하는 견해와 비슷한 점이 있다. 그러나 보험료 기준설은 '보험수익

침해하고 있는 경우 그 자만을 상대로 수익권 이전을 청구할 수 있으므로, ―1설과 달리―유류분 반환으로 인해 다른 수익권자인 상속인의 유류분이 침해되는 상황이 발생하지 않는다. 또한 피상속인이 설정한 신탁계약 자체의 틀이 그대로 유지되므로 1설과 달리 피상속인의 의사가 가급적 존중받는 한도에서 유류분 반환이 이루어진다. 그러나 유류분권자의 보호는 불충분할 수 있다. 만약 수익권의 내용이 수익자가 생존할 때까지 신탁재산을 이용할 권리라면―원물반환 원칙을 고수하는 현행 판례 하에서―유류분권자는 그 이용권 중 일부를 '수익자'의 생존 시까지라는[32] 불확정한 기한을 종기로 하여 취득할 수밖에 없다.[33] 종기가 불확정한 일부 수익권의 환가가 쉽지 않을 수 있음을 고려하면, 유류분권자가 권리를 행사한 결과 취득하는 재산의 경제적 가치는 그리 크지 않을 것이고, 그마저도 한꺼번에 누리지 못하고 장기간에 걸쳐 조금씩 누릴 수밖에 없는 상황에 놓일 수도 있다.[34] 또 상속개시 당시 수익자가 미확정인 경우(아직 태어나지 않은 사람) 수익자를 상대로 수익권 양도를 청구하는 것은 불가능하고, 그렇다고 수탁자를 상대로 아직 발생하지 않은 수익권의 양도를 구할 수 있는지도 의문이다. 나아가―신탁재산의 가치가 수익권의 총합보다 크다는 것을 전제로―2설에 의하면 유류분권자는 1설에 의할 경우보다 낮은 금액의 유류분권을 취득할 가능성이 큰데, 이러한 결과를 용인하는 것이 유류분 제도를 강행규정으로 설계한 우리 민법의 취지에 부합하는가라는 비판이 제기될 수 있다. 2설에 따르면 유류분권의 '내용'과 '범위'가 1설에 비해 축소될 가능성이 큰 것이다.[35]

(다) 3설의 경우

3설은 유언대용신탁의 경우 위탁자 사망 시 해당 신탁재산이 상속재

자'를 대상으로 한 견해라는 점에서 1설과 큰 차이가 있다.
32) 수익권 중 일부가 양도되더라도 양도된 수익권의 종기가 '양수인'의 생존 시까지로 변경될 법적 근거는 없다.
33) 川淳一(주 8), 150頁.
34) 다만 유류분권자가 수증자(수유자)와 공유하고 있는 수익권의 분할을 청구하여 문제가 해결될 여지는 있다.
35) 三枝健治(주 8), 44-45頁.

산으로부터 이탈되는 것이 '확정'되므로 그 실질은 '사인증여'와 유사하다
는 생각과 일맥상통한다. 이 견해는 미국의 철회가능신탁(revocable trust,
우리법상 유언대용신탁과 비슷한 신탁이다)과 선택적 지분제도(elective
share, 우리법상 유류분과 유사한 제도이다)에 관한 논의를 참고하고 있는
데, 3설의 이해에 필요한 한도에서 미국 논의를 소개하면 다음과 같다.
미국에서 유언상속이나 무유언상속(intestacy)이 이루어지려면 원칙적으로
주 법원이 주관하는 검인절차(probate: 유언의 존부와 유효성을 확인하고,
상속재산을 관리ㆍ청산하는 절차)를 거쳐야 한다. 그런데 검인절차는 시간
과 비용이 많이 들기 때문에 이를 회피하기 위해 유언상속을 대체하려는
시도가 활발히 이루어져 왔고, 생전신탁(inter vivos trust)인[36] 철회가능신
탁이 그 대표적 예이다.[37] 한편 미국의 경우 배우자 사망 시 생존배우자
를 위해 우리법상 유류분과 유사한 선택적 지분제를 두고 있는 주가 많
은데,[38] 이는 생존 배우자가 사망한 배우자의 유언 등에 따른 상속을 받
을 것인지 아니면 이를 포기하고 사망한 배우자의 상속재산 중 일정 지
분을 상속할 것인지 선택할 수 있는 제도이다. 원래 선택적 지분권의 대
상은 검인대상인 상속재산에 한정되었다. 그러나 유언대체수단이 활발히
사용됨에 따라 철회가능신탁과 같은 비검인대상 재산(nonprobate estate)도
선택적 지분권의 대상에 포함시키려는 시도가 여러 주에서 우선 판례를
통해,[39] 그리고 입법을 통해 이루어지게 된다. 뉴욕주는 비검인대상 재산

---

36) 유언신탁이 설정된 재산은 검인절차를 거쳐야 한다. Jesse Dukeminier/Robert H.
　　Sitkoff, Wills, Trusts, and Estates, 9th ed., (2013), p. 42.
37) 미국 통일신탁법(Uniform Trust Code) 제602조는—신탁이 유언대용으로 이용되는
　　점을 고려하여—철회가 불가능하다고 명시되어 있지 않는 한 위탁자는 신탁을 철
　　회하거나 변경할 수 있다고 규정한다. 우리법에서도 위탁자가 신탁이익의 전부를
　　누리는 신탁(ex. 위탁자가 수익권을 전부 갖는 것으로 정한 자익신탁의 경우)은
　　위탁자가 언제든지 종료할 수 있다(신탁법 제99조 제2항). 그러나 그 밖의 경우
　　위탁자가 임의해지권을 갖는다고 추정하긴 어려울 것이다. 同旨: 최수정(주 4의 앞
　　문헌), 71-72면.
38) 부부별산제를 취한 41개 주 중 40개 주가 생존배우자를 위한 선택적 지분제를
　　두고 있다(공유제 하에서는 선택적 지분제를 둘 이유가 없다). Dukeminier/Sikkoff
　　(주 36), pp. 512-513.
39) Newman v. Dore 9 N.E.2d 966(N.Y. 1937)[재산이전이 실체가 없을 때(illusory)

을 확대하여 선택적 지분권을 무력화하려는 시도를 1965년 입법을 통해 해결한 최초의 주이다.[40] 현재 뉴욕주법은 생존 배우자에게 5만 달러 또는 사망 배우자의 확장된 상속재산(the augmented estate)의 3분의 1을 선택할 수 있게 하는데, 확장된 상속재산에 ⓐ 사인증여, ⓑ 피상속인의 사망 1년 이내 이루어진 증여, ⓒ 철회가능신탁 등이 포함된다.[41] 또한 2008년 미국 통일검인법(Uniform Probate Code)은 검인대상 재산과 비검인대상 재산(UPC § 2-205, 철회가능신탁도 포함된다)뿐만 아니라 생존배우자의 재산 등을 합하여 확장된 상속재산을 산정한 뒤, 혼인기간에 따라 일정비율(1년 미만인 경우 3%, 15년 이상인 경우 100%)을 곱하여 혼인관련 재산부분(martial-property portion)을 확정하고 이 중 50%에 대하여 선택적 지분권을 인정하고 있다. 이는 선택적 지분제를 통해 부부재산 공유제 또는 이혼 시 재산분할과 비슷한 효과를 도모하고자 한 것으로서, 부부재산의 공평한 '청산'에 중점을 둔 것이다.[42]

3설에 의하면 1설의 단점 즉, 신탁계약에 따른 등기시점에 따라 신탁재산이 유류분 산정의 기초가 되는 재산에 산입되는지 여부가 달라지는 불합리한 결과를 피할 수 있다. 형식상 소유권이 이전되었음에도 '실질'을 고려하여 마치 소유권이 이전되지 않은 것처럼 취급하자는 3설의 취지에는 공감할 수 있다.[43] 그러나 '실질'을 고려한다면 2설과 같이 이

비록 유효한 신탁이더라도 '상속재산'에 포함된다고 보았다. 피상속인이 보유한 지배권의 정도에 따라 'illusory'에 해당하는지 판단하는데 실상 그 기준은 전혀 명확하지 않다]; Sullivan v. Burkin 460 N.E.2d 572(Mass. 1984)(사실상 법형성을 하여 철회가능신탁이 설정된 재산은 '상속재산'에 포함된다고 보았다).

40) Raymond C. O'Brien, "Integrating Marital Property into a Spouse's Elective Share", 59 Cath. U. L. Rev.(2010), 617, 652.

41) N.Y. Estates, Powers & Trusts Law § 5-1, 1-A.

42) Dukeminier/Sikkoff(주 36), pp. 534-536; O'Brien(주 40), pp. 702-714.

43) 선택적 지분 산정 시 철회가능신탁을 위탁자 소유재산처럼 취급하는 견해도 결국 '형식'보다 '실질'에 주목하자는 것이다. 이러한 견해와 영미 신탁법 고유의 특질-물권과 채권이 준별되지 않고, 수탁자뿐만 아니라 수익자의 권리도 대물(對物)적 권리로 취급하는 것-사이에 논리필연적 관련은 없어 보인다. Terry L. Turnipseed, "Community Property v. The Elective Share", 72 La. L. Rev.(2011), 161, 179; O'Brien(주 40), pp. 640-669.

를 끝까지 밀고 나가 산입되는 재산도 '수익권 가액'이고 유류분반환의무
자도 '수익권자'로 봄이 더 수미일관한 구성이 아닐까 사료된다. 또한 미
국의 확장된 상속재산에 관한 논의는 다음과 같은 이유에서 '우리법' '해
석론상' 3설을 뒷받침하는 직·간접적 근거가 되기 어렵다. ① 미국에서
는 일부 주를 제외하고는[44] 생전 증여재산과 별도로 철회가능신탁이 확
장된 상속재산에 포함됨을 '법'에 명시하여 문제를 해결하고 있다. 이는
'해석론'을 통해 철회가능신탁을 상속재산이나 증여재산에 포함시키는 것
이 쉽지 않음을 보여 준다.[45] 신탁설정을 통해 유류분권 행사가 봉쇄되
는 상황이라면—유류분 제도의 강행규정으로서의 성격을 강조한다는 전
제 하에—혹 법형성이 가능할 수도 있다.[46] 그러나 수익권에 대한 유류
분 반환청구가 해석론상 가능하다면, 법형성이 허용될 여지는 현저히 줄
어들 것이다. ② 선택적 지분제는 생존 배우자 부양뿐만 아니라 부부재
산 청산이라는 목적도 갖고 있고,[47] 미국통일검인법상 선택적 지분제는
이런 측면을 뚜렷이 드러내고 있다. 청산을 위해서라면 선택적 지분권자
가 신탁재산 '자체'를 취득할 수 있게 하는 것이 바람직하다. 그러나 우
리 유류분 제도를 유류분권자의 기여를 고려한 청산이라는 측면에서 정
당화하긴 어렵다.

(4) 검   토

조심스럽지만 필자는 2설을 원칙으로 하고, 2설을 따르는 것이 불가
능하거나(수탁자가 특정되지 않았거나 아직 존재하지 않는 경우) 유류분권자
에게 현저히 부당하다는 등의 특단의 사정이 있는 경우 1설을 따르는 것
이 타당하며, 1설을 따르더라도 유언대용신탁의 '실질'을 고려해 신탁재산
의 이전(移轉)시점을 불문하고 증여재산으로 산입하자는 생각에 기운다.

---

44) 매사추세츠 주의 경우[각주 39)의 Sullivan v. Burkin 판례], 메릴랜드 주의 경우
   [Karsenty v. Schoukroun, 959 A.2d 1147(Md. 2008)].
45) O'Brien(주 40), pp. 640-651 참조. 법해석을 통해 철회가능신탁이 설정된 재산
   을 상속재산으로 보는 것을 명시적으로 거부한 판례로는 In re Estate of George,
   265 P. 3d 222(Wyo. 2011).
46) 각주 67 참조.
47) Dukeminier/Sikkoff(주 36), pp. 516-520.

그와 같이 생각하는 이유는 다음과 같다.

(가) 수탁자에게 신탁재산을 이전해 준 것이 유류분 산정 시 고려되는 증여에 해당하는지

① 1설에 대한 비판 : 생명보험과의 비교

유류분은 유류분권자에게 상속재산 중 일정비율을 법적으로 보장해 주기 위한 제도이므로 상속개시 시 현존하는 재산의 처분만을 그 반환의 대상으로 함이 원칙이다. 그러나 이와 같이 보면 피상속인이 생전처분에 의하여 유류분제도의 취지를 잠탈할 수 있으므로 민법 제1114조는 일정 범위의 '생전처분'도 유류분 산정 시 반영하고 있다. 이러한 점을 고려할 때 민법 제1114조에서 말하는 증여는, 민법 제554조 소정의 증여뿐만 아니라 재단법인 설립을 위한 출연, 무상의 채무면제, 무상의 인적 또는 물적 담보제공 등 실질적으로 무상성이 인정되는 법률행위도 포함한다.[48]

수탁자는 신탁재산에 관하여 이전등기를 경료함으로써 신탁재산의 소유자가 되지만, 종전 소유자인 위탁자에게 '신탁재산'에 관한 아무런 대가도 지급하지 않는다. 이 점에 주목하면 수탁자에 대한 재산이전의 무상성을 인정할 수 있다.[49]·[50] 그러나 **유류분 산정 시 고려되는 증여인지를 판단하는 국면에서 중요한 것은 재산이전 자체의 무상성보다는 재산이전을 통해 '누가' 무상의 이익을 얻었는지이다**(강조는 필자, 이하 같음). 수탁자가 대가를 지불하지 않고 신탁재산을 취득하였다는 점에 주목

---

48) 郭潤直, 相續法, (2004), 285면.

49) 崔東軾, 信託法, (2006), 64면은 신탁계약은 위임적 부분과 재산권변동의 부분으로 나누어 볼 수 있고, 후자는 통상 대가 없이 처분이 이루어지므로 무상·편무의 성질을 가진다고 한다. 한편 최수정, "신탁계약의 법적 성질", 민사법학45-1(2009), 483-484면은 수탁자가 영업으로 신탁을 인수하거나 특약에 의해 보수청구권을 갖는 경우 유상계약이고, 그렇지 않은 경우 무상계약이라고 한다. 이 견해는 수탁자의 의무와 보수 사이의 대가관계에 주목하고, **위탁자의 재산권이전의무는 강제이행할 수 없는 책무**라고 한다.

50) 최수정(주 1), 596면은 신탁계약에 의해서 수탁자에게 이전된 신탁재산도 민법 제1114조에 따른 <u>일정한 범위</u>에서 유류분산정의 기초액에 산입하는 것이 타당하다고 한다. 여기서 일정한 범위가 구체적으로 무슨 뜻인지 명확하지 않다. 한편 최수정(주 4의 뒷 문헌), 171-172면의 서술은 원칙적으로 신탁재산의 상속개시 시 가치를 산입한다는 취지로 보인다.

하여 '수탁자'가 무상의 이익을 얻었다고 보는 것은, 신탁행위를 통해 위탁자가 궁극적으로 '수익자'에게 무상의 이익을 부여하는 사안의 실질을 충분히 살피지 못한 견해이다.[51] 생전신탁으로 위탁자가 자신의 사망 시까지 수익자를 A로 지정한 경우 A가 받은 수익권의 가치를 유류분 산정의 기초가 되는 증여재산에 산입한다면,[52] 유언대용신탁의 경우에도 '수익권의 가치'를 증여재산에 산입함이 균형에 맞다.

또한 수탁자는 신탁계약에 따라 수익자에 대하여 채무를 부담하므로 적어도 '유류분 반환이라는 맥락에서는' 수탁자가 신탁재산을 취득한 것을 무상취득이라 볼 수 없다는 생각도 가능하다.[53] 유언대용신탁은 제3자를 위한 계약의 일종으로서[54] 수탁자에게 신탁재산을 이전함으로써 궁

---

51) 독일의 신탁법리(Treuhand)가 우리와 동일하지는 않지만, 특히 위탁자로부터 수탁자에게 신탁재산이 직접 이전된 경우에만 수탁자의 채권자들이 해당 재산을 공취(攻取)할 수 없고[수탁자가 위탁자로부터 취득한 신탁재산이 교환되는 등의 이유로 발생한 대상(代償)에 대해서도 위탁자의 우선권은 인정되지 않는다], 위탁자는 이 경우 제3자이의의 소나 환취권을 주장할 수 있다는 점[직접성 원칙(Unmitterlbarkeitsprinzip)]에서 차이가 두드러진다. 그러나 직접성 원칙에 대하여 독일학설은 대체로 비판적이고[우선 Coing(주 7) S. 176-183; Claus-Wilhelm Canaris "Die Verdinglichung obligatorischer Rechte", Gesammelte Schriften Ⅲ (2012), S. 186-196], 독일판례상으로도 변호사 등이 고객의 자금을 관리하기 위해 은행에 개설한 별개의 구좌(Anderkonto)에 대해서는 직접성 원칙의 예외가 인정된다. Coing(주 7) S. 44-46, 115-116. 독일법상 수탁자(Treuhänder)가 유류분반환권 행사의 상대방인 수증자에 해당하지 않는다는 점도 참고가 된다. Staudinger zum BGB(2006)/Olshausen § 2325 Rn. 19 신탁계약은 증여계약이 아니므로 독일민법 제518조가 요구하는 요식성을 갖추지 않아도 유효하다는 판례로는 RGZ 62, 386 참조[수탁자가 위탁물의 소유권을 취득하더라도 수탁자의 이득은 종국적(endgültig)이고 실질적(materiell)이지 않으므로 증여에 해당할 수 없다고 한다.

52) 1설을 취할 경우, 수익자가 위탁자 생전에 수익권에 기초해 받은 금액을 증여로 보아 별도로 유류분 반환대상으로 삼기 어렵다. 유류분권자의 권리취득 시점은 상속개시 시이므로 수익자가 그 전에 얻은 이익에 대하여 유류분권자가 수익자를 상대로 부당이득을 구하기도 쉽지 않아 보인다. 이처럼 수익자가 위탁자 생전에 받은 이익을 그대로 방치해두는 것이 공평한 결론이라 보긴 어렵다.

53) 소득세법의 맥락에서 위탁자로부터 수탁자로의 재산이전을 유상양도로 보는 견해로는 손영철/남태현, "신탁소득 과세상 도관이론 적용의 문제점", 法學論叢 26-3(2014), 219면. 그러나 필자의 생각이 이러한 맥락에까지 논리필연적으로 연결되지는 않는다.

54) 民法注解13/宋德洙, 145-146면; 최수정(주 49), 488면. 제3자를 위한 계약에서 수익자는 계약 당시 현존하지 않거나 특정되지 않아도 되고, 권리능력을 갖지 않

극적으로 수익자에게 수익권을 증여하는 실질을 갖고 있고, 따라서 타인을 위한 생명보험의 법률관계를 참고할 수 있다. 피상속인이 제3자를 보험수익자로 지정한 생명보험계약을 체결하고 보험회사에 보험료를 납부한 경우 보험료 납부를 보험회사에 대한 '증여'로 볼 수 없다면,[55] 수탁자에 대한 재산이전도 마찬가지로 생각할 수 있지 않을까? 신탁재산의 가치와 수익권의 가치가 대가관계에 있는 것은 아니다. 그러나 위탁자의 신탁재산 이전의무와 수탁자의 수익자에 대한 의무 간에는, 전자가 이행되지 않으면 후자가 이행될 수 없다는 점에서 밀접한 견련관계가 있다. 또한 신탁재산과 수익권은 **수단-목적의 관계 또는 전자가 후자의 원천(源泉)이 되는 관계**에 있다. 유류분 반환대상을 결정함에 있어서는 이러한 관계를 적극 고려할 필요가 있다.

　수익자가 없는 공익신탁과 목적신탁의 경우에도 수탁자는 불특정 다수를 위해 신탁재산으로부터 일정한 의무를 부담할 수 있다. 그러나 이 경우 수익자가 존재하지 않으므로 수익권 양도방식의 유류분반환은 처음부터 불가능하고, 따라서 유류분권자는 수탁자를 상대로 신탁재산의 일부 반환을 구할 수밖에 없다. 이는 목적 자체를 문제삼는 것이 기술적으로 어렵기 때문에 부득이하게 수단을 무상행위로 보아 목적을 좌절시킨 것이지, 수단 자체가 본질적으로 무상행위임을 인정한 것은 아니다.[56] 따라서 수탁자에 대한 청구의 예외적 허용이 2설의 논리와 모순되지는 않는다.

　결국 증여재산에 준하여 유류분 산정의 기초재산에 산입되는 액수는 신탁재산의 상속개시 시[57] 가액이 아니라 수익권의 상속개시 시 가액으

　아도 무방하다. 池元林, 民法講義, 제13판(2015), [5-73].

55) 보험수익자를 위해 보험료지급채무를 대신 인수해 준다고 보아, 보험수익자에게 '보험료'를 증여한다고 구성할 여지는 있다. 이것이 유류분 반환대상으로 보험료 기준설을 지지하는 근거이기도 하다.

56) 그렇기 때문에 필자는, 신탁재산의 이전을 무상행위로 보더라도 증여재산 산입에 관한 기간제한 요건은 고려하지 않는 것이 타당하다고 본다. 이 점에 관해서는 본문 Ⅲ. 1. 가. (4) (마) 참조.

57) 판례는 증여재산이 처분, 수용된 경우에도 일률적으로 상속개시 시 가액을 가산하고(대법원 2006. 2. 9. 선고 95다17885 판결 등), 헌법재판소도 이러한 해석론의 합헌성을 긍정하고 있으나(헌법재판소 2010. 4. 29. 선고 2007헌바144 결정) 이는

로 봄이 합당하다. 수익자가 수익권을 취득하는 시기는 피상속인의 사망 시이므로 신탁등기나 신탁계약이 피상속인 사망 전 1년 이내에 이루어졌는지와 무관하게 수익권의 가치는 모두 가산되어야 한다.[58]·[59]

　　수탁자로의 재산이동의 무상성을 인정하기 쉽지 않다면―현실적으로 드물겠지만―수탁자가 상속인 중 일부인 경우 수탁자가 이전받은 신탁재산을 특별수익으로 취급하기도 어려울 것이다.

　② 예상되는 반론에 대한 재반론

　　위와 같은 필자의 주장에 대해서는 수탁자에 대한 재산이전은―위탁자의 사해의사 및 사해행위성이 인정된다는 전제 하에―수탁자의 선, 악의를 불문하고 위탁자의 채권자에 의해 취소될 수 있는 점을 고려할 때 (신탁법 제8조 제1항 본문), 수탁자의 재산취득의 무상성은 충분히 인정될 수 있다는 반론이 있을지 모른다. 그러나 신탁법이 선의의 수탁자에 대해서도 사해행위 취소를 허용한 것은 수탁자가 신탁의 이익을 누리는 자가 아니기 때문이지, 수탁자가 무상으로 재산을 취득한 자이기 때문은 아니다. 신탁법에 따르면 수익자가 선의인 경우 수탁자의 선, 악의와 무관하게 사해신탁계약의 취소가 허용될 수 없는데(신탁법 제8조 제1항 단서), 이는 **신탁의 법률관계에서 수탁자는 직접 이해관계를 갖는 자가 아니므로 수익자와의 관계에서 문제가 해결되어야 함**을 보여 주는 단적인 예이다.

　　또한 수익자는 '수탁자'에 대하여 수익권을 갖고 있고 수익권은 한

　　문제가 있다. 同旨: 이은정, "특별수익 반환가액의 산정", 法學論攷35(2011), 13-17면. 나아가 이 글의 쟁점과는 무관하지만 증여재산의 상속개시 시 가액이 증여시보다 상승, 하락한 것이 수증자 개인의 능력에 기인한 경우에도(가령 주식을 증여받아 해당 회사 경영권을 이전받은 자녀가 회사경영을 잘 하여 상속개시 시점의 주식가치가 상승한 경우), 일률적으로 상속개시 시 가액을 가산하는 것이 형평에 부합하는지 검토할 필요가 있다.

58) 생명보험의 경우 같은 논리구성을 취하는 견해로는 정구태(주 30), 290면.
59) 그러나 위탁자가 철회권이나 수익자변경권을 갖고 있지 않는 등의 이유로, 수익자로 지정된 자의 동의 없이 수익권이 변경, 소멸될 수 없는 경우에는 수익자 지정 시 수익자가 기대권을 취득하였다고 보아 '생전증여'로 구성할 여지가 있다. 이 경우 민법 제1114조의 기간제한이 적용될 것이다. 생명보험의 경우 비슷한 논리구성으로는 Münchener zum BGB 6. Aufl. (2013)/Lange §2325 Rn. 37(생전 증여받은 대상은 지정 당시 '생명보험'의 가치이다).

번도 위탁자의 재산에 속한 적이 없으므로, 수익자가 위탁자로부터 수익
권을 증여 또는 사인증여받았다고 보기 어렵다는 비판이 있을지 모른다.
확실히 수익권은 수익자의 고유재산이고 위탁자로부터 이전받은 것이 아
니다.[60] 그러나 **'위탁자와 수익자 사이에서는'**(대가관계) 수익권이 사인증
여[61]되었다고 봄이 타당하고,[62] 그렇게 보는 것이 위 명제와 모순되는
것도 아니다. 위탁자가 수익자변경권을 갖고 있었으므로 위탁자 사망 후
발생할 수익권 상당의 경제적 가치가 위탁자 사망 직전에(in der
logischen, juristischen Sekunde) 위탁자의 상속재산을 구성하다가[63] 수익자
가 확정적으로 수익권을 취득하는 즉시 수익자에게 이전한다[64]고 보는

---

60) 제3자를 위한 계약에서 제3자는 낙약자로부터 직접 권리를 취득하지, 요약자가
    낙약자로부터 취득한 권리를 이전받는 것이 아니다. 民法注解13/宋德洙, 164면. 다
    만 이 문제에 대해서는 보다 깊은 검토가 필요하다고 사료된다.
61) 위탁자가 신탁계약을 자유롭게 해지할 수 있고, 수익자변경권도 갖고 있는 경우
    를 전제로 한다. 타인을 위한 생명보험에서-보험계약자에게 처분이 유보되어 있
    는-적립금 부분에 대해서, 보험계약자와 보험수익자 사이의 대가관계의 법적 성질
    을 사인증여로 보는 견해로는 藤田友敬(주 30), 1063-1064頁.
62) 다만 위탁자와 수익자 사이의 대가관계(Valutaverhältnis)를 사인증여로 볼 것인
    지, 수익권 유증으로 볼 것인지에 대해서는 논란이 있을 수 있고, 어떻게 보든 법
    리구성상 난점이 존재한다. 사인증여로 본다면, 수익자가 사인증여에 관하여 승낙
    의 의사표시를 하지 않은 상태에서 위탁자가 사망한 경우 사인증여 '계약'의 성립
    을 인정할 수 없다. 따라서 위탁자의 청약 의사표시가 수익자에게 도달하기 전에
    위탁자의 상속인은 청약 의사표시를 철회함으로써 사인증여 계약 성립을 좌절시킬
    수 있다. 위탁자의 출연(出捐)취지에 비추어 이러한 결론이 바람직하지 않음은 물
    론이다. 한편 위탁자가 수익권을 유증하였다고 보면 유언의 형식요건을 갖추지 않아
    도 무방한지 논란이 있을 수 있다. 이는 제3자를 위한 사인처분(死因處分) 일반-**특
    히 제3자가 수익의 의사표시를 하지 않아도 수익권이 발생하는** 제3자를 위한 신탁
    계약이나 생명보험계약-에서 문제될 수 있는 쟁점으로서, 본고의 범위를 벗어나므
    로 자세한 논의는 다음 기회로 미룬다. 독일에서는 이에 관하여 방대한 논의가 축
    적되어 있다. 최근 문헌으로는 Wall(주 29) 참조.
63) 수익권은 위탁자의 상속인들에게 포괄승계되는 상속재산은 아니지만, 사해행위
    취소 등을 통해 위탁자에게 복귀할 수 있다는 점에서 위탁자의 상속재산에 속한
    다. Wall(주 29), S. 182-183은 이를 **책임법적 상속재산 개념**(haftungsrechtlichen
    Nachlassbegriff)이라 표현한다. 타인을 위한 생명보험에서 보험수익자가 받은 보험
    금도 마찬가지로 볼 수 있다. 藤田友敬(주 30), 1124頁.
64) 제3자가 낙약자로부터 직접 권리를 취득한다는 전제 하에서는-엄밀히 말하면
    채권이 이전되는 것이 아니라-위탁자 사망 직전 위탁자의 수익권이 소멸하고 그
    와 경제적으로 동일한 가치를 갖는 수익자의 수익권이 발생하는 갱개(更改)가 일
    어난다고 구성할 수 있다. Wall(주 29), S. 191-198 참조.

것이 충분히 가능하다.

다음과 같은 반론도 생각할 수 있다. 생명보험이 문제된 사례에서는 보험수익자에 대한 증여로 보아 보험금 또는 해약환급금을 산입하면, ―산입액은 '보험료'보다 통상 클 것이므로―유류분권자 보호라는 민법 제1114조의 규범목적이 무리 없이 달성된다. 그러나 유언대용신탁이 문제된 경우 신탁재산과 수익권은 그 형태나 가치가 천차만별일 수 있다. 따라서 2설을 따를 경우 유류분권자의 보호가 1설보다 미흡할 수 있다. 이는 피상속인의 재산처분의 자유와 유류분권자의 권리보호 중 어느 쪽에 무게를 둘 것인지에 따라 찬반이 나뉠 수 있는 문제이다. 전자를 강조하는 입장[65)]에서는, 유류분권자의 권리행사 방법과 범위가 피상속인이 설계한 신탁계약의 틀 내로 한정되더라도 그것이 반드시 부당하다고 볼 수 없다.

③ 신탁계약의 특수성 : 부담부 증여와의 비교

유언대용신탁이 추구하는 목적은 부담부 증여를 통해서도 일정부분 달성할 수 있다. 부담부 증여의 경우 수증자가 증여목적물의 가치에서 부담의 가치를 뺀 만큼 증여받고, 수익자가 부담의 가치만큼 증여받았다고 보아 유류분 산정 시 반영할 수 있다. 그러나 유언대용신탁의 경우 수탁자가 신탁재산의 가치에서 수익권의 가치를 뺀 나머지를 증여받았다고 보기 어렵다. 증여목적물은 수증자의 책임재산이므로 수증자가 위 차액 상당의 이익을 얻었다고 볼 수 있지만, 신탁재산은 수탁자의 책임재산과 독립된 특별재산이기 때문에 수탁자가―신탁수입을 제외하고―신탁재산으로부터 어떠한 이득을 얻었다고 보기 어렵다.

신탁재산의 가치에 비해 수익권의 가치가 줄어드는 주된 이유는 수익권에 내재된 위험 때문이다. 따라서 축소되는 가치 대부분은 사회적으로 아예 사라져 버리는 것이고, 신탁회사에 신탁보수 형식으로 이전되지 않는다.

---

65) 피상속인의 재산처분의 자유나 유언의 자유를 유류분권보다 강조하는 견해로는 邊東烈, "遺留分 制度", 民事判例硏究25(2003), 802-804면; 최준규, "독일의 유류분 제도", 가족법연구22-1(2008), 296-299면.

(나) 3설에 대한 비판

위탁자의 자유로운 철회가 가능하더라도 철회가 이루어지기 전까지 신탁재산의 소유권은 수탁자에게 있다. 그럼에도 불구하고 이를 위탁자 소유재산으로 보는 것은―별도의 입법이 없는 한―우리 물권법 체계에 반한다. 물건의 소유자는 아니지만 물건에 대한 강력하고 포괄적인 지배권(지배권의 의미가 반드시 명백한 것도 아니다. 위탁자가 생전 수익자로 제3자를 지정하여 신탁재산으로부터 아무런 이익을 얻지 못하더라도, 철회권과 수익자변경권이 있다면 지배권을 갖고 있는 것인가? 증여자가 증여계약을 자유롭게 해제할 수 있도록 약정하였다면 증여자는 이미 이루어진 증여의 목적물에 대하여 지배권을 갖고 있는가? 위탁자가 자신의 사망 시점부터 5년 전에 증여를 하면서 자신의 사망 시까지 존속하는 용익물권을 설정하였다면 수증자는 위탁자 생전에 목적물을 사용·수익할 수 없으므로, 실질적으로 해당 물건을 부담이 없는 상태로 '사인증여'받은 것과 비슷하게 취급하여 유류분 반환문제를 처리해야 하는가?[66])을 갖고 있다는 이유로 지배권자를 소유자로 취급하는 것은, 물권법정주의 원칙상 쉽사리 인정하기 어렵다.

나아가 수익권에 대한 유류분 반환청구가 가능한 상황에서,[67] 유류분권자를 '더 두텁게' 보호하기 위해 '법형성'을 하는 것이 타당한지 의문이다. 철회가능신탁과 같이 소유자가 해당재산을 '실질적'(?)으로 사용, 수익하지 않는 경우 그 재산을 상속재산과 마찬가지로 취급하는 법률조항이 없다고 해서, 법관의 법형성이 요구되는 법률의 흠(Gesetzeslücken)―전

---

66) 독일의 경우 용익물권의 가치를 공제하지 않고 물건 자체를 증여받은 것으로 보는 견해가 있으나, 판례는 목적물의 가치에서 부담의 가치를 제외한 부분이 증여되었다고 본다. Münchener zum BGB 6.Aufl. (2013)/Lange § 2325 Rn. 39-40.

67) 강행규정의 취지를 잠탈하는 법률행위에 대해서는 '유추'를 통해 강행규정을 적용할 여지가 있다. Ernst A. Kramer, Juristische Methodenlehre, 4Aufl., (2013), S. 219-220 참조. 만약 신탁설정을 통해 유류분권자가 전혀 권리행사를 할 수 없게 된다면 법률의 흠이 존재한다고 보아, 법형성을 통해 신탁재산을 상속재산으로 취급하여 신탁재산에 대한 유류분 반환을 허용함이 타당할 수도 있다. 그러나 수익권에 대한 유류분 반환이 가능한 이상 그러한 흠을 인정하기는 어렵다. 유류분권자가 신탁재산 자체를 확보하지 못한다고 해서 유류분 제도의 취지가 잠탈된다고 할 수 없다.

유류분과 신탁 *1149*

체 법질서가 요구하나 개별 법률이 계획에 반하여(planwidrig) 규율을 마련하지 않은 상황[68]—이 존재한다고 볼 수 있는지 의문인 것이다.[69]

만약 3설을 수탁자로의 재산이전 자체는 무상처분이지만 **신탁자가 신탁재산에 지배권을 보유하고 있는 동안에는 증여가 완료되지 않았다고 보아**, 수탁자에게로 이전등기가 되었더라도 '**민법 제1114조상 1년이라는 기간 도과여부를 판단하는 국면에서는**' 기산점이 진행하지 않는다는 취지로 이해한다면, 이는 해석론의 영역에서 제기될 수 있는 주장이다. 그러나 수탁자로의 재산이전을 증여로 보기 어렵다는 점은 앞서 지적한 바와 같다. 설령 증여로 보더라도 **법률상 소유권 이전시기와 별개로 경제적, 실질적 고려에 따라 기산점 진행여부를 판단하는 태도**가 일반적으로 타당한지도 의문이다.[70] 피상속인 사망 10년 전에 이루어진 증여에서 증여자에게 철회권이 유보된 경우라 하더라도, 수증자에게 소유권이 이전된 시점부터 기산점이 진행한다고 봄이 타당할 것이다.[71]

(다) 수탁자의 법적 지위 및 사해신탁의 경우와 비교

2설에 대한 가장 강력한 비판은 아마도 수탁자를 단순한 도관(conduit)으로 볼 수 없다는 점일 것이다. 수탁자가 신탁의 법률관계에서 아무런 이해관계도 갖고 있지 않는 자라고 볼 수 없음은 분명하다. 신탁법 제31조는 "수탁자는 신탁재산에 대한 권리와 의무의 귀속주체로서 신탁재산의 관리, 처분 등을 하고 신탁 목적의 달성을 위하여 필요한 모든

---

68) Claus-Wilhelm Canaris, Die Feststellung von Lücken im Gesetz, 2Aufl., (1983), S. 39.

69) 입법정책적으로 규율이 필요하다는 이유만으로 법률의 흠이 인정될 수는 없다. Kramer(주 67), S. 192.

70) 참고로 독일판례는 증여자의 용익물권이 유보된 상태에서 이루어진 증여는 용익물권이 존속하는 한 '**증여가 완료되지 않았음**'을 근거로, 증여기간의 기산점이 진행하지 않는다고 본다. 그러나 이에 대해서는 사용·수익 가치 이외에 물건이 갖는 (처분)가치를 무시한 것이고, 증여계약상 증여자가 부담하는 채무는 이행이 완료되었으므로 증여에 따른 이전등기 시 기산점이 진행된다는 반대견해도 유력하다. Staudinger zum BGB(2006)/Olshausen § 2325 Rn. 58; Münchener zum BGB 6.Aufl. (2013)/Lange § 2325 Rn. 63.

71) 同旨: Staudinger zum BGB(2006)/Olshausen § 2325 Rn. 59.

행위를 할 권한이 있다. 다만, 신탁행위로 이를 제한할 수 있다"고 규정한다. 수탁자는 신탁재산의 소유자로서 허위표시에 있어 제3자에 해당할수 있고, 수탁자의 채권자가 신탁재산에 대하여 강제집행하려는 경우 제3자이의의 소를 제기할 수 있다. 수탁자는 유언집행자나 파산관재인처럼특정재산을 자기 고유재산과 분리하여 관리하고, 위임받은 사무를 선량한관리자의 주의로서 처리할 의무를 부담한다.

　　그러나 수탁자가 신탁과 관련하여 독자적 이익을 갖지 않고, 수익자가—비록 수익권이라는 채권의 형태이긴 하나[72]—그 이익을 누리는 자라는 점도 부정할 수 없다. 앞서 본 것처럼 수탁자의 선, 악의와 무관하게사해신탁은 취소할 수 있고, 다만 수익자가 선의라면 취소할 수 없다는신탁법 제8조 제1항도 바로 그러한 취지를 표현하고 있다.

　　또한 신탁법은 사해신탁의 수익자가 여러 명이고 그 중 일부만 악의인 경우 채권자는 ⓐ 악의의 수익자만을 상대로 사해행위 취소 및 원상회복을 청구할 수 있고(신탁법 제8조 제2항), ⓑ 악의의 수익자에게 그가 취득한수익권을 위탁자에게 양도할 것을 청구할 수 있다고 규정한다(신탁법 제8조 제5항).[73]이는 수탁자를 상대로 사해신탁을 취소하고 신탁재산을 원상회복하도록청구하는 것을 허용한다면 선의의 수익자도 수익권을 취득하지 못하게되는 점을 고려한 것이다.[74] 이러한 생각은 유류분 반환청구 시에도 관철되어야 하지 않을까?[75] 복수의 수익자 중 일부만 유류분을 침해하는

---

72) 수익권의 법적 성질에 관해서는 광장신탁법연구회(주 10) 256-258면; 이연갑,"신탁법상 신탁의 구조와 수익자 보호에 관한 비교법적 연구", 서울대학교 법학박사 학위논문(2009), 177-197면 참조. 한편 신탁법 제75조의 수익자취소권을 수익자가 신탁재산에 대하여 갖는 물권 유사의 권리로 구성하려는 시도도 있다. 이에관한 기존 논의의 개관 및 비판적 검토로는 최수정, "수익자취소권 재고", 法曹693(2014), 168면 이하 참조.

73) 신탁법 제8조 제2항에 따른 악의의 수익자에 대한 원상회복 대상은 수익자가 이미 받은 수익에 한정된다는 견해로는 김태진, "사해신탁취소권에 관한 개정 신탁법의 해석과 재구성", 선진상사법률연구59(2012), 202면; 한민, "사해신탁의 취소와부인", BFL53(2012), 10면. 한편 김태진(주 73), 206면은―수익권양도청구는 신탁이취소되지 않는 경우 가능하다는 전제 하에―신탁법 제8조 제5항에 따른 수익권 양도청구에 수익자가 이미 받은 이익도 포함시키는 것이 타당하다고 주장한다.

74) 광장신탁법연구회(주 10), 70면; 김태진(주 73), 195-196면.

경우 수탁자에 대한 유류분 반환청구를 허용한다면 유류분을 침해하지 않은 수익자의 권리도 침해되는 결과에 이르는데, 이러한 유류분 반환청구는 신탁법 제8조 제2, 5항에 비추어 불허함이 타당하지 않을까? 이에 대해서는 ⓐ 수익자의 권리는 유류분을 침해하는 신탁행위에 터 잡은 것이므로 수익권이 감소하더라도 부당하지 않고, ⓑ 수익권이 감소하여 상속인인 수익자의 유류분이 침해되는 문제에 대해서는, 상속인인 수익자의 수익권 평가 시 미리 유류분반환으로 인해 수익권이 감소될 가능성을 고려하여 가치평가를 해두면 '유류분권 행사로 인해' 사후적으로 수익권 가치가 감소되는 상황발생을 막을 수 있다는 반론이 있다.[76]

그러나 수익자가 자신의 수익권으로 인해 실질적으로 유류분을 침해한 범위를 넘어서는 손실을 입고 경우에 따라서는 신탁 자체가 종료되어 수익권을 전혀 취득할 수 없게 된다면,[77] ① 이는 필요 이상의 제재로서 불공평하고, ② 유류분 보호라는 명목 하에 유언자유를 과도하게 침해하는 것이다. 또한 유류분권 행사여부도 불확실한 상황에서 수익권의 전부 또는 일부가 소멸되기 전과 후의 수익권 가치가 동일하도록 평가를 하는 것이 자연스러운 평가방법인지 의문이다. ⓑ와 같은 문제의 해결을 위해 생각해 볼 수 있는 다른 방안으로는, 신탁재산 일부반환에 따라 상속인인 수익자가 연동하여 영향을 받는 결과 발생한 유류분 부족분을, 상속인 아닌 수익자의 수익권이나 잔여 신탁재산을 통해 보충해 주는 것이다. 그러나 이러한 보충이 원래의 유류분 반환청구 절차에서 가능한지, 보충의 법적 근거가 무엇인지, 상속인인 수익자의 의사와 무관하게 직권으로 보충이 가능한 것인지 의문이다.

---

75) 이러한 생각은 道垣內弘人(주 8의 앞 문헌), 84頁으로부터 시사를 얻은 것이다. 다만 일본 신탁법의 사해신탁 규정과 우리 신탁법상 그것이 반드시 동일하지는 않다. 일본의 경우 선의 수익자가 1명이라도 있으면 사해행위 취소청구가 아예 불가능한 데 반해, 우리의 경우 악의의 수익자에 대한 사해행위 취소 및 원상회복 청구가 가능하다.

76) 加藤祐司(주 8), 23-24頁.

77) 다만 수익자는 신탁이 종료되면, 수익권을 상실하는 대신 신탁재산의 귀속자가 될 가능성이 크다(신탁법 제101조 제1항).

(라) 유류분 제도를 보는 관점

2설에 의하면 유류분권자의 권리행사 대상 및 범위가 제한될 가능성이 크다. 2설을 원칙으로 한다면 A는 유언대용신탁을 설정함으로써 상속재산을 8,000만 원에서 4,000만 원으로 축소시켜, X부동산을 유증한 경우에 비해 유류권자의 권리를 축소시키는 결과에 이르게 된다. 또한 2설에 따르면 유류분권자는 B가 사망한 이후에야 X부동산의 소유권 중 일부 지분을 취득할 수 있는데, 이는 실질적으로 상속의 효과를 상당기간 늦추는 효과를 가져온다. 예금을 신탁한 경우를 생각해 보자. 가령 피상속인이 자신의 유일한 재산인 8,000만 원의 예금채권을 수탁자에게 이전하고 1차 수익자를 B로 지정하여 자신의 사망 시부터 B의 사망 시까지 신탁원본으로부터 발생하는 이자에 대한 수익권을 B에게 부여하고, B의 사망 후 신탁원본을 C에게 이전하는 내용의 신탁을 설정한 경우, 유류분권자인 상속인은 B의 사망 후에나 예금원본을 취득할 수 있게 된다.

그러나 피상속인의 재산처분의 자유를 가급적 존중하는 한도에서 유류분 제도를 구성해야 한다는 입장에서 보면, 위 결과가 반드시 부당하다고 볼 수 없다. 이러한 관점에서는 신탁설정을 통해 상속재산이 실질적으로 축소되는 결과에 이르렀다고 해서[78]—**피상속인의 채권자가 사해행위 등을 이유로 신탁설정의 효력을 다투는 것은 별론으로 하고**—유류분권자가 이를 문제삼는 것은 타당하지 않다. 축소된 범위 내에서는 유류분 제도를 통해 상속인들 간 공평이 도모되기 때문이다. 다만 수익권의 내용은 매우 다양할 수 있으므로 수익권이 수익자에게는 매우 큰 가치를 가지지만 다른 이들에게는 높은 가치를 갖지 않거나, 수익권의 환가가 어려운 경우도 발생할 수 있고, 위탁자가 이러한 점을 악용하여 유

---

78) 三枝健治(주 8), 50-51頁은 신탁설정이라는 유류분권자가 알 수도 없고, 관여할 수도 없는 사정에 의해 유류분권의 범위가 달라지는 것은 부당하다고 하나, 원래 유류분 제도는 "상속재산"을 상속인들 사이에 공평하게 나누기 위한 것일 뿐이고, 그 상속재산을 어떻게 구성할 것인지는 원칙적으로 상속재산의 소유자인 피상속인의 자유라는 생각도 충분히 가능하다. 가령 피상속인이 사망 직전 자신의 재산을 모두 불태워 상속재산을 0으로 만들더라도 그로 인한 불이익이 모든 상속인들에게 공평하게 미치는 이상, 원칙적으로 이를 문제삼을 수는 없다.

류분권자에게 해를 입힐 목적으로 신탁을 설정하는 경우도 가정해 볼 수
있다. 이러한 경우에는 수탁자에 대한 신탁재산 일부 반환청구를 허용하
는 것이 유류분 제도의 취지에 부합할 것이다.

(마) 신탁재산의 이전시점과 증여재산 산입여부

예외적으로나마 수탁자에 대한 유류분 반환청구를 허용한다면, 즉
신탁재산의 이전을 무상처분으로 본다면, 신탁재산이 피상속인 사망 1년
이내에 이전된 경우에만 증여재산에 산입하는 것이 원칙이다. 그러나 실
질적으로 볼 때 무상성은, 위탁자와 수탁자 사이에서가 아니라 특정 또
는 불특정 수익자들과 위탁자 사이에 존재하는 것이고 상속개시 시에 비
로소 표면화된다. 이러한 점을 고려할 때 신탁재산은 이전시기를 불문하
고 유류분 산정의 기초재산에 산입하는 것이 타당하다고 사료된다.

나. 유류분 반환청구의 상대방

2설을 따를 경우 수익자를 상대로 수익권 이전을 청구함이 타당하
다. 1설을 따를 경우에는 수탁자만을 피고로 할지, 수탁자와 수익자를 모
두 피고로 할지 견해대립이 있을 수 있다. 수익자를 포함시키는 이유는
신탁재산의 반환으로 수익자도 수익권이 감소, 소멸하는 불이익을 입을
수 있으므로, 수익자에게 소송절차에서 유류분 침해여부나 침해액을 다툴
기회를 부여함이 타당하기 때문이다. 그러나 수탁자는 선량한 관리자의
주의로 신탁사무를 처리해야 하고(신탁법 제32조 본문) 수익자의 이익을 위하여 신탁
사무를 처리해야 하므로(신탁법 제33조), 유류분 반환소송에서 수익자의 의사반영
문제는 이러한 수탁자의 충실의무 등으로 처리하면 족하고, 유류분 반환
대상물의 소유자도 아닌 수익자를 의무적으로 피고에 포함시킬 이유는
없다고 사료된다. 수탁자로서는 자신에 대하여 유류분 반환청구의 소가
제기되면 이 사실을 수익자에게 알릴 의무가 있고, 이러한 사실은 안 수
익자는 자신의 선택에 따라 해당 소송에 보조참가를 하면 족하다.

다. 특별수익 포함여부

상속인인 수익자가 받은 이익은 수탁자로부터 받은 이익에 불과하므
로 특별수익에 포함될 수 없는가? 피상속인이 상속재산인 부동산을 유증

하면서 수유자에게 그 부동산으로부터 매월 발생하는 수익 중 일정부분을 상속인에게 지급하는 내용의 부담부 유증을 한 경우 수익자인 상속인이 받는 금액은 피상속인의 상속재산으로부터 직접 받은 것이 아니고 수유자 소유의 재산에서 나온 것이므로 특별수익에 포함되지 않는가?[79] 설령 1설을 따르더라도 수익권의 가치는 특별수익에 포함시키는 것이 타당하다고 생각한다. 특별수익은 공동상속인 간의 형평을 도모하기 위해 고안된 개념인데, 수익자인 상속인이 상속재산으로부터 실질적으로 무상의 이득을 얻었음에도 불구하고 이를 상속분 산정 시 반영하지 않는다면 공동상속인 간의 형평은 유지되기 어렵기 때문이다.[80]

1설에 따라 상속인인 수익권자가 수탁자에게 유류분 반환청구를 하는 경우 유류분 반환에 따라 자신의 수익권의 가치도 연동하여 감소할 수 있으므로, 이를 감안하여 유류분 부족액을 산정할 필요가 있다.

2. 유언신탁
가. 유류분 반환대상 및 상대방

유언신탁은 유언대용신탁과 비교해 신탁의 성립시기와 법률행위의 성격만 다를 뿐 경제적 실질은 같으므로, 앞선 논의가 그대로 적용된다고 생각할 수 있다. 그러나 유언신탁의 경우 신탁재산이 피상속인의 상속재산에 포함되고 '유증'에 의해 상속인 또는 유언집행자가 상속재산을 수탁자에게 이전할 의무를 부담하므로 상황이 조금 다르다.[81] 신탁재산

---

79) 포함되지 않는다는 견해로는 常岡史子, "共同相続人間の遺留分減殺請求と負担付遺贈に関する問題", 判例タイムズ1327(2010), 40頁.

80) 일본판례 중 보험수익자인 상속인이 지급받은 보험금이 특별수익에 해당할 수 있다는 것으로는 最高決 2004(平成16). 10. 29.(民集 58.7.1979). 다만 위 판결은 **원칙적으로 보험금은 유증 또는 증여에 관한 재산에 해당하지 않지만**, 보험금액, 그 액이 유산 총액에서 차지하는 비율, 보험금수취인인 상속인 및 다른 공동상속인과 피상속인의 관계, 각 상속인의 생활실태 등을 고려해 **보험금수취인인 상속인과 다른 공동상속인 사이에 생기는 불공평이 특별수익자의 상속분 관련 규정의 취지에 비추어 도저히 시인할 수 없을 정도로 현저하다고 평가할 특단의 사정**이 있는 경우에는 위 규정의 **유추적용**이 가능하다고 판시하고 있다.

81) 이 점을 지적하는 문헌으로는 임채웅(주 4), 140-141면. 일본의 논의는 이러한

이 상속재산에 포함됨이 명백한 이상—유언내용에 따라 신탁재산을 이전하는 것이 실질적으로 무상성을 갖는지, 수탁자가 무상처분의 이익을 종국적으로 누리는 자인지 따질 필요도 없이—유류분권자가 수탁자에 대하여 신탁재산의 반환을 구하는 것을 부정할 이유가 없다. 수탁자에 대하여 유류분 반환을 허용한다면 앞서 언급한 것처럼 상속인인 수익자의 유류분이 침해될 위험이 있다. 이 경우에는 상속인인 수익자의 유류분을 침해하는 한도에서 신탁재산의 일부 반환을 불허하고, 그로 인해 발생하는 유류분권자의 부족분은 다른 수익자로부터 수익권을 양도받는 방식 등으로 해결함이 타당하다고 생각한다. 유언신탁을 설정하는 경우 유언대용신탁에 비해 피상속인의 상속계획이 좌절될 가능성이 높아진다고 해서 이를 부당하다고 볼 수는 없다. 유류분과의 관계에서 피상속인의 자기재산에 대한 처분의 자유를 ① 사인처분보다 생전처분의 경우 더 보호해 주고, ② 생전처분의 경우에도 피상속인 사망 시를 기준으로 더 오래 전에 이루어진 생전처분을 더 보호해 주는 것은 불합리한 차별이 아니기 때문이다. 우리 민법은 유증재산이 증여재산보다 먼저 유류분반환대상이 되고(민법 제1116조), 원칙적으로 피상속인 사망 시부터 1년 이내에 이루어진 증여만 유류분 산정 시 고려하도록 규정하고 있다(민법 제1114조).

그러나 다른 한편으로 유언신탁의 경우 앞선 2설처럼 유류분권자가 수익자를 상대로 수익권 반환청구를 하는 것을 굳이 불허할 이유도 없다고 사료된다.[82] 유언신탁의 실질에만 주목하면 수익자가 유증을 받는다

구별을 하지 않는 경우가 많은데, 이러한 태도가 혹 일본민법이 물권변동에 있어 대항요건주의를 취하고 있는 것과 관련이 있을까? 그러나 대항요건주의를 취하더라도 유증목적물은 피상속인 사망 시 잠시나마 상속재산에 포함되었다가 수유자에게 이전되므로, 성립요건주의인 경우와 비교해 결론이 달라질 이유는 없다. 三枝健治(주 8), 53頁은 유언신탁과 생전신탁은 피상속인 사망 시 상속재산의 소유권이 이전되는지가 다르므로 유류분에 관해서 같게 취급해서는 안 된다고 주장한다.

82) 일본학설 중 같은 취지로는 加藤祐司(주 8), 24頁; 三枝健治(주 8), 51-52頁. 유언대용신탁의 경우에도 선택권을 인정해야 한다는 견해로는 信託を活用した中小企業の事業承継円滑化に関する硏究会, "中間整理 ~信託を活用した中小企業の事業承継の円滑化に向けて~", (2008), 1-12頁(http://www.chusho.meti.go.jp/zaimu/shoukei/2008/080901sintaku.htm에서 검색, 최종검색일 2015. 7. 19.).

고 볼 여지도 있을뿐더러, 유류분권자가 피상속인의 상속계획을 최대한 존중하여 수익권의 반환을 구하는 것을 법이 앞장서 막을 이유는 없기 때문이다. 이 경우에는 수익권의 가치를 상속재산의 가액으로 보고 유류분을 계산해야 할 것이다. 각 유류분권자가 권리행사 방법을 통일하여 유류분 반환을 구하는 것이 물론 간명하다. 그러나 권리자에게 선택권을 인정하여 유류분권자마다 권리행사 방법이 달라지더라도 일응 다음과 같이 해결할 수 있다. 유류분권자 중 1인이 신탁재산의 일부 반환을 청구하여 그에 따라 수익권도 일부 감소하였다면, 그 후 유류분 반환을 구하는 다른 유류분권자는 감소된 수익권의 한도 내에서 수익권의 이전을 구할 수 있을 것이다. 신탁재산의 일부 반환에 따라 신탁계약이 종료되었다면 그 후 다른 유류분권자는 수익권의 이전을 구할 수 없을 것이다. 그 밖에 법률관계의 분열이나 모순, 저촉이 발생할 위험이 있는지에 대해서는 추가 검토가 필요하다고 사료된다.

나. 1설을 따를 경우 과실(果實) 반환문제

유류분권자가 신탁재산 중 일부 지분을 이전받은 경우 그 지분으로부터 발생한 과실의 귀속문제는 어떻게 되는가? 판례는 유류분반환청구권의 법적 성격이 '형성권'이라는 전제 하에 유류분권자는 상속개시 시부터 지분권자가 되고, 유류분반환의무자는 목적물의 점유, 사용에 따른 부당이득 반환의무를 부담할 수 있으나 다만 민법 제201조 제1항에 따라 선의 점유자인 경우에는 반환의무를 부담하지 않는다고 본다.[83] 유류분반환청구권의 법적 성질을 형성권으로 보는 것이 타당한지 의문이나,[84] 형성권설을 전제로 한다면 유류분권자가 원물반환의무자인 악의의 수탁자를 상대로 과실반환을 구하는 것이 타당한지 문제된다. 수탁자가 신탁재산의 사용·수익을 통해 실제 이득을 얻은 바 없고, 수익권의 내용이

---

83) 대법원 2013. 3. 14. 선고 2010다42624, 42631 판결.
84) 이에 대해서는 우선 郭潤直(주 48), 292-294면; 金能煥, "유류분반환청구", 裁判資料78(1998), 19-22면; 李忠相, "제3자를 상대로 유류분반환청구를 할 수 있는가", 民事法硏究19(2011), 122-136면.

신탁재산의 사용·수익과 관련된 경우 유류분권자의 지분비율에 상응하는 사용이익은 궁극적으로 수익자가 누렸을 것이기 때문이다. 그러나 수탁자가 신탁재산의 소유자이고 신탁재산의 사용·수익으로부터 발생하는 이득(ex. 차임채권, 지급받은 차임 등)이 1차적으로 수탁자에게 귀속되는 이상, 수탁자가 이득을 받은 사실 자체는 부정할 수 없고 이후 받은 이익이 그대로 수익자에게 귀속되더라도 이는 이득의 소멸(Wegfall der Bereicherung) 문제로 처리함이 타당하다고 사료된다. 따라서 선의이지만 오신(誤信)의 정당한 근거가 없어[85] 과실반환의무를 지는 수탁자는 민법 제748조 제1항에 따라 현존이익이 없음을 주장하여 부당이득 반환의무를 면할 여지가 있다. 반면에 악의의 수탁자는 유류분권자에 대하여 이득소멸의 항변을 할 수 없고, 민법 제748조 제2항에 따라 받은 이익에 이자를 붙여 반환해야 한다. 한편 전자의 경우, 수익자는 유류분권자의 지분비율에 상응하는 수익권은 처음부터 갖고 있지 않았던 것으로 취급됨에도 불구하고, 해당 수익권에 따른 금액은 지급받았을 수 있다. 수익자가 유류분 침해사실을 알지 못했던 이상, 유류분권자가 수익자에 대하여 부당이득반환청구를 할 수는 없다고 사료된다(민법 제747조 제2항).

다. 유언이 집행되기 전의 법률관계

수익자에 대한 수익권 반환청구는 유언이 집행된 후에만 할 수 있다. 수탁자에 대한 신탁재산 반환청구는 유언이 집행된 후에 할 수 있지만, 상속인은 유언이 집행되기 전에 자신이 상속받은 지분 중 유류분의 범위 내에서 수탁자에게 이전을 거부할 수 있다.[86] 유언집행자가 지정된 경우는 어떠한가? 유류분 반환청구권을 형성권으로 구성한다면 유류분권자의 의사표시에 의해 유증의 효력을 소멸시킬 수 있고,[87] 유증의 효력

---

85) 판례는 민법 제201조 제1항의 적용요건으로 오신의 정당한 근거를 추가로 요구한다. 대법원 1995. 8. 25. 선고 94다27069 판결 등.

86) 임채웅(주 4), 140면; 유류분반환청구권을 형성권으로 보는 견해에 따르면 이전을 거부함으로써 그에 상응하는 유증의 효력이 실효될 것이고, 청구권으로 보는 견해에 의하면 유증의 효력 자체는 실효되지 않은 채로 이행거절권이 인정될 것이다.

87) 민법 제1101조가 유언집행자는 유증의 목적인 재산의 관리 기타 유언의 집행에 필요한 행위를 할 권리의무가 있다고 규정하지만, 이 규정이 유류분권자의 의사표

이 소멸되었다면 유언집행자는 유류분을 침해하지 않는 범위에서 수탁자에게 재산을 이전해야 할 것이다. 한편, 유류분 반환청구권을 청구권으로 구성한다면 유증의 효력 자체를 실효시킬 방법이 없으므로 유언집행자는 유류분을 침해하는 유증이라도 원칙적으로 이를 집행해야 하고 유류분권자는 유언이 집행된 후 비로소 유류분 반환청구를 할 수 있다[88]는 생각에 이를 수 있다. 그러나 ① 유언집행자가 부담하는 선관주의의무(민법 제1103조 제2항, 제681조)에 상속인인 유류분권자의 이익을 배려할 의무도 포함시킬 여지가 있는 점, ② 상속인인 유류분권자가 유증의 이행을 거절할 수 있다면 유언집행자도 거절권을 행사할 수 있다고 봄이, 전체 상속인들을 대신하여 (민법 제1103조 제1항) 피상속인의 의사실현을 위해 행동하는 유언집행자의 법적 지위에 부합하는 점, ③ 그와 같이 본다고 수탁자에게 특별히 부당한 것도 아닌 점을 고려할 때, 유류분권자가 유류분권을 행사하였다면 유언집행자는 수탁자에 대하여 거절권을 행사해야 하고, 수탁자는 이를 수인해야 한다는 법리 구성도 고민해 볼 필요가 있다.

3. 수익자연속신탁

제2수익자는 제1수익자로부터 수익권을 이전받는 것이 아니라 수탁자로부터 수익권을 취득하는 것이고, 제1수익권과 제2수익권은 별개의 권리로서 전자가 후자와 같거나 후자보다 큰 권리라고 단정할 수 없다. 비록 상속개시 시를 기준으로 제2수익자가 수익권을 취득하지는 않았지만 재산적 가치를 갖는 기대권을 취득하였으므로[89]—유언대용신탁이든

시에 의해 유증의 효력을 소멸시키는 것을 금지하는 취지는 아니다.

88) 이는 유류분권자 입장에서 보면, 지나치게 번잡하고 우원한 권리구제 방법이다. 이런 상황이 발생하는 것을 막기 위해 유류분을 침해하는 유증을 '당연무효'로 보는 독일민법 제2306조 제1항과 같은 규정을 도입하는 것이 필요하다는 일본 학설로는 篠森大輔, "遺留分を侵害する遺贈の執行と遺言執行者", 九大法学85(2003), 1頁 이하 참조. 그러나 우리나라에서 이러한 입법이 반드시 필요한지는 의문이다.

89) 참고로 독일의 경우 피상속인이, 자신의 재산을 우선 상속받되 사망 시 이를 후위 상속인에게 이전해 줄 의무를 부담하고 그에 따라 해당 재산에 대한 처분권이 제한되는 선위 상속인(Vorerbschaft)과 후위 상속인(Nacherbschaft, 선위 상속인으로부터 재산을 상속받는 자가 아니라 피상속인으로부터 상속받는 자이다)을 지정할 수 있는

유언신탁이든 불문하고—제2수익자의 수익권 가치도 유류분 산정의 기초
재산에 산입하고, 제2수익자도 피고로 삼아 장래 수익권의 반환을 구함
이 타당하다고 사료된다.

이에 대하여 현존하는 제1수익권만을 대상으로 삼아 유류분에 관한
법률관계를 결정하고, 유류분반환 결과 잔존하는 법률관계의 한도에서 제
2수익권이 유효하다고 보는 견해도 상정해 볼 수 있으나,[90] 이는 2차 수
유자가 1차 수유자로부터 수익권을 양도받는다는 전제 하에 가능한 논리
이므로 타당하지 않다.

수익자가 신탁설정 시 특정되거나 현존할 필요는 없으므로,[91] 상속
개시 시 제1수익자가 아직 존재하지 않을 수 있다. 이 경우 유류분권자
는 수탁자에 대하여 신탁재산의 반환을 구할 수밖에 없다. 제1수익자는
현존하나 제2수익자가 현존하지 않는 경우에는 제1수익자만 피고로 삼을
수밖에 없을 것이다. 그런데 이와 같이 볼 경우 제2수익자가 존재하지
않는다는 우연한 사정으로 인해 유류분권자의 권리행사 범위가 축소되는
부당한 결과에 이를 수 있다. 따라서 이러한 상황에서는 유언신탁의 경
우뿐만 아니라 유언대용신탁의 경우에도 수탁자에 대한 신탁재산 반환청

데(독일민법 제2100조 이하), 상속개시 후 후위상속인이 기대권(Anwartschaftsrecht)을
취득하고 이 기대권이 상속, 양도, 입질, 압류의 대상이 된다는 점에 이론이 없다.
Münchener zum BGB 6.Aufl. (2013)/Grunsky § 2100 Rn. 34-42.

90) 후계유증의 경우 1차 유증만을 유류분 반환대상으로 삼고, 2차 수유자는 유류분
반환 후 남은 재산만을 취득한다는 견해로는 米倉明, "後継ぎ遺贈の効力につい
て", 家族法の研究(1999), 353頁. 이 견해는 신탁재산 자체를 유류분 반환의 대상
으로 삼는 견해와 일맥상통하는 점이 있다. 그러나 설령 우리법상 후계유증이 허
용된다 할지라도—우리법상 후계유증의 허용 여부에 관해서는 각주 1의 문헌 참조— 1,
2차 수유자가 취득하는 권리는 서로 독립적인 별개의 것이고 그 실질은 완전한
소유권이 아니기 때문에(1차 수유자의 경우 처분권이 제한되고, 2차 수유자의 경
우 소유권 취득여부가 상속개시 시를 기준으로 불명확하다) 이를 고려하여 평가한
각 가치만큼이 모두 반환대상이 되어야 한다. 同旨: 권재문(주 1), 349면; 田中亘,
"後継ぎ遺贈-その有効性と信託による代替可能性について", 信託法の新展開(2008),
237-239頁. 이 견해는 유류분 반환대상을 수익권으로 보는 견해와 비슷한 점이
있다.

91) 광장신탁법연구회(주 10), 269면. 이는 상속이나 유증의 경우 피상속인 사망 당
시 재산을 승계받는 사람이 현존하거나 적어도 태아인 상태로 있어야만 재산승계
가 가능한 것(동시존재 원칙)과 대비된다.

구를 허용함이 타당하다고 생각한다.

피상속인이 신탁행위로서 제1수익자가 자유롭게 제2수익자를 지정할 수 있도록 하였고 제2수익권의 내용이 신탁재산 자체를 이전받는 것이라면, 제1수익자 사망 시 신탁재산을 수익자의 상속재산에 포함시켜야 한다는 견해가 있다.[92] 이러한 생각을 일관하면 제2수익자의 수익권은 제1수익자의 상속재산으로부터 파생하는 것이므로 위탁자의 상속인이 유류분반환을 청구할 대상이 될 수 없다. 추가 검토의 필요가 있지만, ―세법적 관점은 별론으로 하고―제2수익자도 제1수익자와 마찬가지로 신탁재산으로부터 수탁자에 대하여 수익권을 취득하는 자이므로, 즉 제1수익자에게 포괄적 수익자 지정권이 있는지에 따라 수익자 연속신탁의 법적 구조 자체가 바뀌는 것은 아니므로, 제1수익자와 제2수익자를 달리 취급하는 것이 타당한지 의문이다. 다만 제1수익자의 수익권 가치를 산정함에 있어 그가 포괄적인 제2수익자 지정 · 변경권을 가졌다는 점은 적극 반영되어야 할 것이다. 또한 제2수익자가 지정되지 않은 경우 제1수익자에 대한 반환청구만 허용하면 유류분권자가 부당한 불이익을 입을 수 있으므로, 유류분권자의 선택에 따라 유언대용신탁의 경우에도 수탁자에 대한 반환청구를 허용함이 타당할 것이다.

4. 기타 쟁점들

가. 유류분 반환의 순서

유언신탁의 경우 유증과 동순위로 취급해야 한다. 유언대용신탁의 경우 유증과 비슷한 점도 있고 사인증여와 비슷한 점도 있다. 그런데 판례는 유류분 반환순서에 있어 사인증여도 유증과 동일하게 취급하므로,[93] 유언대용신탁의 법적 성격을 어떻게 보더라도 유류분 반환순서에 있어서는 유증과 동순위, 생전증여보다 선순위가 될 것이다.[94] 유언대용

---

92) 김재승(주 19), 965-966면.
93) 대법원 2001. 11. 30. 선고 2001다6947 판결.
94) 일본에서는 사인증여를 유증보다 후순위, 생전증여보다 선순위로 취급하는 학설

신탁에서 예외적으로 신탁재산 자체의 반환을 인정하는 경우에도 마찬가지라고 생각한다.[95]

나. 수익권의 포기와 유류분권

상속인인 수익자가 수익권을 포기하고 유류분권을 행사할 수 있는가? 상속인인 수익자가 수익권을 포기하면 유류분반환은 수탁자에 대한 신탁재산의 반환형태로 이루어질 가능성이 크다. 유언신탁의 경우 수익자는 수익권의 형태가 아니라 물건 자체에 대한 소유권 취득이라는 방법으로 상속의 이익을 누리길 바랄 수 있고, 그러한 수익자의 합리적 의사 실현을 법이 거부할 이유는 없다. 따라서 다른 특별한 사정이 없는 한 수익권을 포기하고 유류분권을 행사하는 것은 허용함이 타당하다고 사료된다.[96]·[97] 다만 유언대용신탁의 경우에는 신탁재산 반환형태의 유류분 반환은 원칙적으로 허용되지 않는다는 것이 필자의 입장이므로, 상속인인

이 최근 유력하다. 松原正明, 判例先例 相續法Ⅴ, (2012), 422頁.

95) 그러나 김상훈(주 16)은 유언대용신탁은 생전신탁이라는 점에서 증여로 보아야 하고, 유증을 반환받은 후 신탁재산으로부터 반환을 청구할 수 있다고 한다.

96) 同旨: 川淳一(주 8), 156頁. 그런데 星田寬(주 8의 앞 문헌), 183頁은 유증을 포기한 부분에 대하여 유류분 반환청구를 인정해서는 안 되므로, 수익권 포기 시에도 유류분 반환청구를 허용할 수 없고, 적어도 수익권을 포기하고 신탁재산에 대하여 유류분 반환청구를 하는 것은 권리남용에 해당할 여지가 있다고 한다. 그러나 유증을 포기하였다고 원칙적으로 유류분 반환청구를 불허하는 것이 과연 타당한지 의문이다.

97) 김상훈, "수익자연속신탁제도의 문제점과 제언", 법률신문(https://www.lawtimes.co.kr/Legal-Info/Research-Forum-View.aspx?serial=2151, 최종검색일 2015. 11. 11.)은 수익자인 상속인이 유류분을 주장할 경우 수익권을 포기한 것으로 봄이 위탁자와 수익자의 추정적 의사에 부합한다고 주장한다. 수익자인 상속인이 위탁자의 사후설계에 반기를 들고 유류분을 주장할 것임을 위탁자가 생전에 알았다면 그 상속인을 수익자로 지정하지 않았을 것이고, 상속인인 수익자도 위탁자의 의사를 거슬러 법적 권리를 주장할 때에는 위탁자의 의사에 따른 권리는 포기할 각오가 되어 있다는 것이다. 수익자가 유류분권 행사로 다른 수익권의 양도를 구하는 경우에는 굳이 위와 같이 해석하여 유류분권자의 권리행사 방법을 제한할 이유가 없다고 사료된다. 다만 수익자가 유류분권 행사로 신탁재산 자체의 반환을 청구하는 경우에는 수익자는 수익권을 포기하려는 생각을 갖는 것이 통상적이라고 추측된다. 그러나 별도의 입법이 없는 상황에서, 수익권을 보유한 채 부족분만을 신탁재산 중 일부를 반환받음으로써 메우려는(다만 신탁재산 일부가 반환된다면 수익권도 그에 연동하여 감소할 것이다) 권리자의 의사를 전혀 무시하는 것이 타당한지 검토의 여지가 있다.

수익자가 수익권을 포기하더라도—신탁이 종료되지 않는 한—물건 자체에 대한 유류분권 행사는 허용될 수 없을 것이다. 이러한 사정을 고려한다면 수익자의 수익권 포기의사를 '무조건적'인 것으로 해석함에는 신중할 필요가 있다.

다. 신탁재산 반환 시 신탁과 관련하여 채권을 취득한 자의 보호

유류분권 행사로 신탁재산이 반환되면 신탁과 관련하여 채권을 취득한 제3자는, 반환된 신탁재산을 더 이상 수탁자의 책임재산으로 파악할 수 없다. 그러나 유류분 침해사실을 모르고 거래한 선의의 제3자를 보호하기 위해, 반환된 신탁재산도 여전히 신탁재산으로 존재하는 것처럼 의제하여 예외적이나마 선의인 신탁채권자들의 강제집행을 허용할 수는 없을까? 즉, 사해신탁의 경우 선의의 신탁채권자를 보호하는 규정(신탁법 제8조 제4항)을 유추할 수 없는가?

조심스럽지만 필자는 가능하지 않다고 생각한다. 일반채권자들이 평등변제를 받을 수 있도록 책임재산을 확보하는 것이 사해신탁 취소의 목적인 반면, 유류분 제도는 특정 유류분권자에게 상속재산 중 일부 또는 그에 상당하는 가치를 보장해 주는 것을 목적으로 한다. 유류분권자가 반환받은 재산에 대하여 신탁채권자의 강제집행을 허용하면 유류분권자는 결국 자신의 유류분권을 보장받지 못하는 결과가 된다.[98] 이는 유류분 제도의 목적과 배치될 수 있다.[99]

그러나 유류분 제도의 목적 중 유류분권자에게 특정 상속재산에 대

---

[98] 유류분권자가 수익자라면 신탁채권자는 수탁자가 유류분권자에 대하여 갖는 비용상환청구권(신탁법 제46조)을 대위행사할 수 있고, 결과적으로 유류분권자의 재산을 책임재산으로 파악할 수 있다. 그러나 유류분권자가 수익자인 경우는 드물 것이다.

[99] 유류분권자가 수탁자에게 부족분 상당의 가액반환을 구상권 또는 유류분권을 근거로 청구할 수 있는가? 논란의 여지는 있지만 쉽지 않다고 생각한다. 신탁법 제8조 제4항이 위탁자나 위탁자의 일반채권자들이 수탁자를 상대로 구상권을 청구하는 것까지 염두에 두었는지 의문이고[신탁법 제8조 제4항의 해석론에 관해서는 우선 광장신탁법연구회(주 10), 81–82면 참조], 이미 유류분권을 행사하여 원물반환을 받은 뒤 행사한 권리 중 일부를 다시 행사하도록 허용하는 것은 타당하지 않기 때문이다.

한 소유권을 보장해 주는 것보다 그에 상응하는 가치를 보장해 주는 것에 더 방점을 두는 입장에서는, 유류분권자를 선의의 신탁채권자보다 더 보호하는 것이 '법정책적으로' 타당한지, 유류분권자를 과보호하는 것은 아닌지 의문이 든다. 만약 유류분을 금전청구권으로 구성하였다면, —수탁자에 대한 유류분 반환을 허용하더라도—유류분권자와 신탁채권자는 동순위가 되었을 것이다. 현행법 해석론으로는 부득이하지만, 유류분권 행사로 신탁의 구조가 파괴되고, 선의의 신탁채권자가 충분히 보호되지 못하여 신탁거래의 법적 안정성이 저해되는 것이 과연 바람직한지 고민해 볼 필요가 있다. 같은 맥락에서 유류분 반환을 이유로 수탁자에 대한 원물반환을 허용하는 것도 비판적으로 재검토할 필요가 있다고 생각한다.

Ⅳ. 결론에 갈음하여

이 글의 결론을 요약하면 다음과 같다.

첫째, 유언대용신탁은 제3자를 위한 계약으로서, 위탁자가 철회권 및 수익자변경권을 유보한 경우가 많기 때문에 통상 수익자에 대한 사인증여의 실질을 갖고 있다. 따라서 원칙적으로 수익권의 가치를 유류분 산정의 기초재산에 산입하고, 수익자에 대한 수익권 이전청구 형태로 유류분 반환청구를 허용함이 타당하다. 다만 수익자가 존재하지 않거나 위와 같은 방식이 유류분권자에게 현저히 부당하다는 등 특별한 사정이 있는 경우, 수탁자에 대한 신탁재산 이전청구 방식으로 유류분 반환청구를 할 수 있다. 이 경우 신탁재산의 가치는 신탁재산 이전시기를 불문하고 유류분 산정의 기초재산에 산입되어야 한다.

둘째, 유언신탁의 경우 수탁자에 대한 신탁재산 이전청구와 수익자에 대한 수익권 이전청구를 모두 허용함이 타당하다. 유언신탁의 경우 신탁재산이 상속재산에 포함되므로 신탁재산 반환을 구할 수 있고, 유언신탁의 실질이 수익권의 유증인 점을 고려해 수익권 반환도 허용할 수 있다.

셋째, 수익자연속신탁의 경우 제2수익자의 수익권 가치도 유류분 산정의 기초재산에 산입해야 하고, 유류분권자는 제2수익자에 대하여 장래 발생할 제2수익권의 반환을 구할 수 있다.

우리법은 물권과 채권을 준별하는 대륙법 체계를 따르면서도, 과감히 신탁제도를 도입하고 거래현실과 외국 입법례 등을 반영하여 이를 지속적으로 발전시키며 운영하고 있다. 전통적 법도그마틱에 얽매이지 않고, 열린 마음으로 외국의 제도들을 수용하면서 우리 현실에 필요하고 도움이 되는 것은 취하고 그렇지 않은 것은 취하지 않는 이러한 태도를 '실용적 도구주의'(pragmatic instrumentalism)[100]라 부를 수 있을지 모른다. 그런데 독일이나 프랑스의 경우와 대비되는 우리법의 유연하고 과감한 입법태도는, 법해석학의 입장에서는 해결해야 할 어려운 문제들을 남기기도 한다. 신탁을 이용한 재산승계 시 유류분을 어떻게 산정할 것인가라는 문제는 이러한 측면에서 바라볼 수 있다. 아직 이론적 논의가 충분치 않고, 현실적으로 문제된 경우도 많지 않은 상황에서 필자의 독단적 의견이 개진된 것 아닌지 우려스러운 부분이 적지 않다. 앞으로 더 발전되고 정치한 논의가 이루어질 기원하며 글을 마친다.

---

100) 미국 통일상법전(Uniform Commercial Code)에 관한 저술(James J. White와의 공동저술)로 유명한 Robert S. Summers는 영국법을 계수한 미국법이 갖는 특성을 실용적 도구주의라 표현한 바 있다. 실용적 도구주의의 구체적 의미에 관해서는 Robert S. Summers, "Pragmatic Instrumentalism in Twentieth Century American Legal Thought", 66 Cornell L. Rev. 862(1981) 참조.

[Abstract]

Forced Share and Trust

Choi, Joon kyu*

This article examines: ① the means of calculating forced share; ② the subject matter of a forced share; and ③ the party against whom to claim for a forced share, in case where either an inter-vivos trust for will substitute, a testamentary trust, or a trust with successive beneficiaries is established. The main conclusions are as follows.

First, as a contract for the benefit of a third party, an inter-vivos trust for will substitute is often substantively a gift mortis causa granting beneficial interest in trust to a beneficiary. As such, it is reasonable in principle to include the value of the beneficial interest in the base property in calculating forced share, and allow the holder of forced share to claim for the return of forced share against the beneficiary, by way of claiming the transfer of beneficial interest. However, in cases where there is no beneficiary in trust or where it would be manifestly unfair for the holder of forced share to be allowed only the beneficial interest, the successor entitled to forced share may claim for the restitution of trust estate against the trustee. In such cases, the value of trust property should be included in the base property in calculating forced share, regardless of the point at which the revocable inter-vivos trust was established.

Second, where a testamentary trust is settled, it is reasonable to allow both the restitution of trust estate and the transfer of beneficial interest in trust. As the trust property belongs to inheritance estates in case of testamentary trust, the successor entitled to forced share may claim for the resti-

* Associate Professor, Hanyang University, School of Law.

tution of trust estate against the trustee. Forced share guarantees successors some portion of inheritance estates. But in view of the substance of a testamentary trust as a bequest granting beneficial interest in trust to a beneficiary, the holder of forced share may also claim for the reversion of the beneficial interest.

Third, where a trust with successive beneficiaries is established, the value of beneficial interest of the second, successive beneficiary should also be included in the base property when calculating forced share. The successor entitled to forced share has a claim against not only the first beneficiary, but also the second, successive beneficiary for the transfer of future beneficial interest.

[Key word]

- inter-vivos trust for will substitute
- testamentary trust
- trust with successive beneficiaries
- forced share
- contract for the benefit of a third party

참고문헌

郭潤直, 相續法, (2004).

광장신탁법연구회, 주석 신탁법, (2013).

崔東軾, 信託法, (2006).

임채웅, "遺言信託 및 遺言代用信託의 研究", 인권과 정의397(2009).

정소민, "신탁을 통한 재산승계와 유류분반환청구권", 민사실무연구회 발표문
(2015, 미공간).

_____,"신탁제도를 통한 재산승계", BFL62(2013).

최수정, "개정신탁법상의 재산승계제도", 法學論叢31-2(2011).

_____, 신탁제도를 통한 고령자의 보호와 지원, (2010).

沖野眞已, "信託法と相続法", 論究ジュリスト10(2014).

三枝健治, "遺言信託における遺留分減殺請求", 早稲田法学87-1(2011).

加藤祐司, "後継ぎ遺贈型の受益者連続信託と遺産分割及び遺留分減殺請求", 判
例タイムズ1327(2010).

道垣内弘人, "誰が殺したクックロビン", 法学教室339(2008).

_____, "信託設定と遺留分減殺請求", 信託の実務と理論(2009).

横山美夏, "信託から, 所有について考える", 信託法研究36(2011).

西希代子, "民法の空洞化？ : 財産承継方法としての信託と相続法", 信託法研究
36(2011).

川淳一, "受益者死亡を理由とする受益連続型遺贈・補論", 遺言自由の原則と遺
言の解釈(2008).

藤田友敬, "保険金受取人の法的地位(2)", 法学協会雑誌109-6(1992).

Anne Röthel, "Umgehung des Pfilchtteilsrechts", AcP212(2012).

Ernst A. Kramer, Juristische Methodenlehre, 4Aufl., (2013).

Fabian Wall, Das Valutaverhältnis des Vertrags zugunsten Dritter auf den
Todesfall—ein Forderungsvermächtnis, (2010).

Helmut Coing, Die Treuhand Kraft privaten Rechtsgeschäfts, (1973).

Jesse Dukeminier/Robert H. Sitkoff, Wills, Trusts, and Estates, 9th ed., (2013).

Münchener Kommentar zum BGB, Band9, 6Aufl., (2013).

Raymond C. O'Brien, "Integrating Marital Property into a Spouse's Elective Share", 59 Cath. U. L. Rev.(2010), 617.

Staudinger Kommentar zum BGB, Buch5, (2006).

Terry L. Turnipseed, "Community Property v. The Elective Share", 72 La. L. Rev.(2011), 161.

이혼에 따른 재산분할에 관한 판례의 최근 동향

함 윤 식*

■요 지■

우리 민법상 이혼에 따른 재산분할청구권 조항이 1990. 1. 13. 신설되었고 그 절차법인 가사소송법이 1991. 1. 1.부터 시행되었다. 이 조항의 제정은 헌법상 양성평등의 이념을 가족법에 반영하여 가사노동의 가치를 인정하고 이혼의 자유를 실질적으로 보장했다는 평가를 받았다. 우리나라의 재산분할 제도는 일본과 같이 부부재산제가 아닌 이혼의 효과로 규정되었고 문언도 거의 유사하여, 시행 초기의 제도적 이해는 일본의 그것에 상당 부분 영향을 받았다.

그로부터 25년이 지났다. 그 사이 결혼연령이 눈에 띄게 늦어지고 법률혼을 기피하는 현상이 나타나는 한편, 황혼이혼이나 재혼이 증가하는 등 혼인행태에 상당한 변화가 있었다. 이 시점에서 한 번쯤은, 이 제도가 그동안 걸어온 발자취를 정리하고 서로 모순되거나 부족한 부분은 없는지 조망하는 작업이 필요하다. 최근 대법원은 이혼과 재산분할 제도에 관하여 큰 의미를 갖는 판결들을 잇달아 선고하였는데, 이는 제도 전반에 관한 심층적인 이해가 이루어지고 있음을 반영한다.

그동안의 대법원 판결을 조망하여 볼 때 가장 두드러지는 측면은 대법원이 별산제의 폐해를 보완하기 위하여 재산분할청구권의 실효성을 지속적으로 강화하여 왔다는 점이다. 부부 일방이 혼인 중 단독으로 취득한 재산에 대하여도 재산분할을 허용한 판결, 재산분할 협의에 관하여 사해행위성을 제한한

---

* 서울고등법원 판사.

판결, 명예퇴직금, 장래에 받을 퇴직금 및 퇴직연금을 분할대상으로 인정한 판결, 채무가 적극재산보다 더 많은 부부 사이의 재산분할 방법으로 채무 분할을 인정한 판결 등이 그것이다.

　　다만 재산분할청구권의 보호 내지 강화가 부부간의 관계를 넘어 제3자와의 거래관계에까지 영향을 미치게 된 부분에 대하여는 보다 신중한 검토가 요구된다. 대법원은 재산분할 협의가 사해행위가 되는지 여부에 관하여 "채무자의 재산분할이 상당한지 여부는 민법 제839조의2가 정한 재산분할의 일반원칙에 따라 판단하되, 이혼한 당사자 일방의 이익과 채권자의 이익을 비교·형량하여 그 재산분할이 분할자의 채권자와의 관계에서도 상당한 것인지를 함께 고려하여야 한다"는 법리를 제시한 바 있다.

　　한편 우리 민법은 2007. 12. 21. "재산분할청구권 보전을 위한 사해행위 취소권"을 신설하였는데, 그 입법취지에는 공감하지만 제도의 실제 운영에 있어서는 종전의 사해행위 취소권 제도와 조화롭게 이해하기 어려운 측면이 있어 입법적 보완이 필요하다고 생각한다.

　　앞으로는 혼인 중 재산분할에 대비한 부부재산의 보전과 제3자의 거래안전이 충돌하는 상황이 더욱 여러 국면에서 발생할 수 있다. 배우자 일방의 재산분할에 대한 기대가 제3자의 거래안전과 신뢰보다 우선하여 보호될 수 있으려면, 취소권 등 이미 이루어진 거래관계를 교란하는 방식보다는 처분이 제한되는 재산을 필요한 범위에서 확정하여 미리 공시하는 방법을 취하는 것이 현명할 것이다. 나아가 재산분할청구권에 위자료적 요소가 포함되어 있다는 인식은 일본 민법의 해석론이 남긴 잔재로서 불식되어야 한다.

[주제어]
- 재산분할청구권
- 부부재산제
- 재산분할청구권 보전을 위한 사해행위 취소권

[투고일자]　2015. 12. 2.
[심사일자]　2015. 12. 14.
[게재확정일자]　2015. 12. 30.

Ⅰ. 들어가며

우리 민법상 이혼에 따른 재산분할청구권을 인정한 민법 제839조의2 는 1990. 1. 13. 민법 개정($\frac{법률}{제4119호}$)으로 신설되고 1991. 1. 1.부터 시행되었으며, 그 절차법인 가사소송법도 1990. 12. 31. 법률 제4300호로 제정되어 1991. 1. 1.부터 시행되었다. 그 전의 이혼급부는 민법 843조, 806조에 의한 위자료에 의존하고 있었는데, 실질적으로는 재산분할도 감안하여 위자료가 책정되었다고 하나 그 참작 정도가 애매할 뿐 아니라[1] 유책배우자는 원천적으로 분할을 받지 못하는 한계가 있었다. 이 조항의 제정은 헌법상 양성평등의 이념을 가족법에 반영하여 가사노동의 가치를 인정하고 이혼의 자유를 실질적으로 보장했다는 평가를 받았다.

우리나라의 재산분할제도는 일본과 같이 부부재산제가 아닌 이혼의 효과로 규정되었고 문언도 거의 유사하다.[2] 일본은 과거 불법행위 법리에 의하여 이혼배우자를 구제하는 정도에 불과하였는데, 1947년 개정된 민법에서 재산분여제도를 신설한 이래 많은 학설과 선례가 축적되었다. 반면 국내에서는 종전부터 재산분할제도를 다룬 문헌들이 있었으나 입법

---

1) 재산분할제도 신설 전후를 막론하고 대법원은 이혼 위자료의 산정기준에 관하여 "유책행위에 이르게 된 경위와 정도, 혼인관계, 파탄의 원인과 책임, 배우자의 연령과 재산상태 등 변론에 나타나는 모든 사정을 참작하여 법원이 직권으로" 정한다고 판시하고 있다(대법원 1987. 10. 28. 선고 87므55, 56 판결 등 다수). 그러나 민법에 재산분할청구권이 신설되기 전의 이혼위자료에 관한 재판실무에서는 청산적 요소와 부양적 요소까지 포함하여 이혼위자료의 액수를 정한다고 하는 기분으로 이혼위자료의 액수를 산정하는 것이 일반적인 경향이었다고 한다(박순성, 이혼을 원인으로 하는 손해배상 청구권의 법적 성격, 재판자료 62집, 1993, 542면). 한편 민법 806조 2항은 위자료 외에 재산상 손해배상도 규정하고 있는데, 이 부분은 실무상 활용되는 예를 찾기 어렵다.

2) 일본민법 768조(우리 민법과 차이가 나는 부분을 밑줄로 표시하였다): ① 협의상 이혼한 자의 일방은 상대방에 대하여 재산분여를 청구할 수 있다. ② 전 항의 규정에 의한 재산분여에 대해서는 당사자간에 협의가 되지 않는 때 또는 협의할 수 없는 때에는 당사자는 가정재판소에 대하여 <u>협의에 대신하는</u> 처분을 청구할 수 있다. 그러나 이혼 시부터 2년을 경과한 때에는 그러하지 아니하다. ③ 전항의 경우에 가정재판소는 당사자 쌍방이 그 협력에 의해서 취득한 재산의 액 기타 일체의 사정을 고려해서 <u>분여 여부와 함께</u> 분여의 액 및 방법을 정한다.

론에 그쳤고, 그 구체적인 요건이나 효과에 대한 연구는 입법 이후에 이루어질 수밖에 없었다. 이에 따라, 우리 민법상 재산분할 시행 초기의 제도적 이해는 일본의 그것에 상당 부분 영향을 받았다.

재산분할청구권 조항이 신설된 지 만 25년 가까이 지났다. 그 사이 결혼연령이 눈에 띄게 늦어지고 법률혼을 기피하는 현상이 나타나는 한편, 황혼이혼이나 재혼이 증가하는 등 혼인행태에 상당한 변화가 있었다. 우리 법은 재산분할을 이혼의 효과로 규정하고 있지만, 실제는 거꾸로 재산분할 문제가 이혼 여부를 결정하는 사례가 늘고 있다.[3] 이와 같은 사회의 변화는 재산분할제도에 대하여 다수의 학설과 판례를 집적시키게 된 원천이고. 그 과정에서 이 제도의 본질과 운영방향에 대한 재조명이 이루어지고 있다. 이 글은 이에 관한 그동안의 대법원 판결 추이를 조망하기 위한 것으로, 개별적 쟁점에 관한 심층적인 분석에는 이르지 못하였다. 그에 관한 다른 많은 연구성과에 기대어, 작은 노력을 보태어 보기로 한다.

Ⅱ. 제도의 성격

1. 부부재산제와의 관계

재산분할제도는 혼인 중 형성된 부부재산의 분할을 목적으로 하므로 우선 부부재산제와의 관계가 문제된다. 부부재산제는 부부재산의 귀속 등을 정하는 제도로서, '계약재산제'와 계약이 없을 경우 적용되는 '법정재산제'로 나누어 볼 수 있는데, 법정재산제의 연혁을 살펴보면 다음과 같다. ① 고대에는 남편이 처의 인격을 흡수하면서 그 재산도 전부 남편

---

3) 살벌한 가족2 "돈 있는 데 이혼 있다", 주간동아, 2015. 5. 18.자: "가정폭력이나 외도에 시달리는 아내 가운데도 모든 재산이 자기 명의로 돼 있거나 상당한 액수의 재산이 있으면 이혼 대신 참고 사는 쪽을 택하는 경우가 많다. 하지만 모든 재산이 남편 명의로 돼 있는 상태에서 남편이 외도하며 생활비를 주지 않거나 사귀는 여자에게 재산을 조금씩 넘겨주는 경우에는 남아 있는 재산이라도 보장받기 위해 결혼한 자녀들이 어머니를 앞세워 이혼을 요구하곤 한다. 이혼을 통해서라도 아버지의 재산을 확보하지 않으면 어머니의 노후를 자식들이 책임져야 하고, 자신들의 상속 재산에도 적신호가 켜지기 때문이다."

에게 귀속시키거나(재산흡수귀일제), 혼인 해소시에 그 가격을 반환하게
하였다(재산통일제). 그 후로는 혼인 전후를 통하여 각자의 소유재산을
인정하되, 남편이 처 재산에 대하여 관리·수익권을 가지고 때로는 처분
권까지도 가지는 형태가 나타나기도 하였다(관리공통제). 이들은 모두 가
부장제도와 처의 무능력을 전제로 한 것이다. ② 반면 근대 이후의 '別産
制'는 처가 그 특유재산의 관리·수익권과 처분권 등 소유권을 완전하게
행사하는 제도로서, 부부의 평등을 이념으로 하는 것이지만 통상의 재산
법 원리가 부부관계에도 전면적으로 적용되는 결과 실제로는 부부재산제
가 별도로 존재하지 않는 셈이 된다. 그러나 이는 당초 처가 자신의 명
의로 재산을 취득할 기회가 보장되는 것을 전제로 하는 형식적 평등에
불과하여, 부부간의 특수성 또는 가사노동의 가치를 전혀 고려하지 않으
므로 소득활동을 독점하는 남편이 그 명의로만 재산을 취득하는 경우 처
의 기여는 인정받을 길이 없게 된다. ③ 이에 따라 부부평등의 원리를
실질적으로 보장하기 위하여 등장한 것이 '共同制'로서, 혼인 중 부부가
취득한 재산을 그 명의와 관계없이 부부의 공유로 하는 방식(소득공동제)
과, 혼인 중에는 별산제를 기본으로 하되 혼인종료시 공동재산으로 보아
이를 통합 분배하는 방식(복합공동제)이 있다. 프랑스는 전자, 독일과 스
위스는 후자에 속하는 것으로 이해된다.[4]

　일본의 경우 민법 755조 이하에서 '부부재산제'에 관하여 규정하고
762조에서 법정재산제의 한 내용으로 부부 재산의 귀속에 관하여 정하고
있었는데,[5] 전술한 바와 같이 제2차 세계대전에서 패한 직후인 1947년
민법을 대개정하면서 768조에 부부재산제가 아닌 이혼의 효과로서 재산
분여제도를 신설하였다. 당시 소득공동제를 도입하자는 여성계의 의견을

---

4) 상세는 조은희, 유럽부부재산제의 입법례가 우리에게 주는 시사점, 비교사법 12
　권 2호, 2005; 민유숙, 외국의 부부재산제도와 재산분할제도 및 부양제도, 사법논
　집 31집, 2000.
5) 일본민법 762조 ① 부부의 일방이 혼인 전부터 가진 재산 및 혼인 중 자기의
　이름으로 얻은 재산은 그 특유재산(부부의 일방이 단독으로 가진 재산을 말한다)
　으로 한다. ② 부부의 어느 쪽에 속하는지 분명하지 아니한 재산은 그 공유에 속
　하는 것으로 추정한다.

받아들이지 않고 재산분할청구권을 규정하는 것으로 족하다는 입법의도
가 있었다고 하며,[6] 그러한 견지에서 일본 최고재판소는 자국의 부부재
산제를 완전별산제로 보고 있다.[7] 한편 학설은 민법의 태도를 '완화된 별
산제'로 해석하려는 견해가 다수설이었다.[8] 이는 부부의 재산을 1종재산
(명의와 실질이 모두 배우자 일방에게 귀속되는 재산), 2종재산(명의와 실질
이 모두 배우자 공유인 재산), 3종재산(명의는 배우자 일방에게 있으나 실질
은 협력하여 취득한 재산)으로 분류하고, 그 중 3종재산은 민법 762조 2항
에 따라 공유로 추정하되 대외적인 관계에서는 거래의 안전을 위하여 추
정이 번복되며, 재산분할은 주로 3종재산의 내부적 공유관계를 해소하기
위한 절차라는 것이다(대내적 공유설).

   우리나라의 경우 혼인의 재산상 효력에서 부부재산의 약정과 변경(민법 829조:
계약재산제),
특유재산과 귀속불명재산(민법 830조:
법정재산제) 등에 관하여 규정하고 있는데, 민법 830조는
그 주요 내용이 일본 민법 762조와 차이가 없다. 학설은 별산제의 단점
을 보완하기 위하여 혼인 중 취득재산은 명의자의 소유로 추정될 뿐 상
대방 배우자의 기여가 입증되면 공유로 인정된다는 견해가 유력하였고,[9]
재산분할제도가 신설된 이후 이제는 부부재산제도 소득공동제로 변경된
것으로 보아야 한다는 견해[10]가 등장하였으며, 최근에는 혼인 중 별산제

---

6) 허만, 부부간의 명의신탁해지청구와 재산분할청구의 관계, 민사판례연구 17권,
   1995, 185면.

7) 최고재 소화 36. 9. 6. 대법정판결(緒方直人, "夫の所得と共有財産", 別冊シュリスト
   No. 9 가족법판례백선, 1988년, 20면 참조).

8) 我妻榮, 親族法, 1961, 102면; 加藤永一, "夫婦財産關係について─夫婦財産の利用
   關係を契約として─(一)(二)", 민상법잡지, 1962, 46권 1호 3면, 46권 3호 8면.

9) 김주수, 친족상속법(제4전정판), 법문사, 1991, 167면.

10) 조미경, 혼인중 취득한 재산의 귀속, 민법학의 회고와 전망, 1993, 894면. 재산
    분할의 대상이 되는 "당사자 쌍방의 협력으로 이룩한 재산"은 모두 민법 830조 2
    항의 귀속 불명재산으로서 부부 공유의 재산이고, 이는 민법 187조의 물권변동이
    므로 등기 없이도 공유지분을 취득한다는 것이다. 다만 배우자는 혼인 해소시까지
    는 혼인 중 취득한 공유지분을 임의로 처분할 수 없고 명의자인 상대방 배우자의
    동의를 필요로 하므로, 엄밀하게 말하자면 합유라고 한다. 그러나 물권법정주의상
    '실질적으로 합유에 해당하는 공유관계'를 입법적 조치 없이 인정할 수 있을지 의
    문이다.

이다가 이혼시 통합분배한다는 점에서 복합공동제에 해당한다는 견해[11] 도 등장하였다. 대법원은 채무의 분할 여부와 관련하여 "현행 부부재산제 도는 부부별산제를 기본으로 하고 있어"라고 반복하여 판시하고 있을 뿐 아니라(가령 대법원 2006. 9. 14, 선고 2005다74900 판결), 최근에는 "민법이 혼인 중 부부의 어느 일방이 자 기 명의로 취득한 재산은 그의 특유재산으로 하는 부부별산제를 취하고 있는 것을 보완하여, 이혼을 할 때는 그 재산의 명의와 상관없이 재산의 형성 및 유지에 기여한 정도 등 실질에 따라 각자의 몫을 분할하여 귀속 시키고자 하는 제도(대법원 2013. 6. 20. 선고 2010므4071 전원합의체 판결)"라고 판시하고 있어서, 재산분할제 도의 신설 전후를 막론하고 우리나라의 부부재산제는 아직 별산제인 것 으로 파악하고 있다.

'혼인 중' 부부재산의 귀속이 완전한 별산제의 원리에 기초하고 있음 을 분명하게 나타내는 사례유형은 부부간 명의신탁 해지에 관한 사안이 다. 재산분할청구권 조항이 신설되기 전의 실무상 혼인관계가 파탄된 부 부 사이에 재산귀속에 관한 분쟁이 생긴 경우에는 명의신탁 해지에 호소 할 수밖에 없었다. 그런데 이에 관하여 대법원은, "부부의 일방이 혼인중 그의 명의로 취득한 부동산은 그의 특유재산으로 추정되는 것으로서 그 부동산을 취득함에 있어 상대방의 협력이 있었다거나 혼인생활에 있어 내조의 공이 있었다는 것만으로는 위 추정을 번복할 수 있는 사유가 되 지 못하고 그 부동산을 부부각자가 대금의 일부씩을 분담하여 매수하였 다거나 부부가 연대채무를 부담하여 매수하였다는 등의 실질적 사유가 주장·입증되는 경우에 한하여 위 추정을 번복하고 그 부동산을 부부의 공유로 인정할 수 있다(대법원 1986. 9. 9. 선고 85다카1337 판결)"고 판시하였다. 이러한 판단기준은 일반적인 사인들 사이의 재산법적 거래관계에 관한 판단기준과 하등 다 를 바 없고, 거기에 처의 가사노동으로 인한 기여 등 혼인관계의 특수성 은 고려되고 있지 않다. 다만 대법원은 "부동산매입자금의 원천이 남편의 수입에 있다고 하더라도 처가 남편과 18년간의 결혼생활을 하면서 여러

---

11) 김명숙, 부부재산관계에 대한 검토, 고려법학 56호, 2010, 255면. 이를 '유예공동 재산제'로 칭하고 있다.

차례 부동산을 매입하였다가 이익을 남기고 처분하는 등의 방법으로 증식한 재산으로써 그 부동산을 매입하게 된 것이라면 위 부동산의 취득은 부부쌍방의 자금과 증식노력으로 이루어진 것으로서 부부의 공유재산이라고 볼 여지가 있다(대법원 1990. 10. 23.
선고 90다카5624 판결)"고 판시하여 실질적 사유의 인정범위를 넓힌 사례가 있었으나, 그 직후인 1991. 1. 1.부터 재산분할제도가 시행되면서 그 실익을 잃고 말았다. 그 후 대법원은 당초의 법리 설시를 반복하고 있고(가령 대법원 1998. 12.
22. 선고 98두15177 판결), 더 나아가 "단순히 다른 일방 배우자가 그 매수자금의 출처라는 사정만으로는 무조건 특유재산의 추정이 번복되어 당해 부동산에 관하여 명의신탁이 있었다고 볼 것은 아니고, 관련 증거들을 통하여 나타난 모든 사정을 종합하여 다른 일방 배우자가 당해 부동산을 실질적으로 소유하기 위하여 그 대가를 부담하였는지 여부를 개별적·구체적으로 가려 명의신탁 여부를 판단하여야 한다"고까지 판시하고 있다(대법원 2008. 9. 25. 선고
2006두8068 판결 등) (강조점 필자). 이는 명의자 아닌 배우자가 취득자금의 전부나 일부를 부담했더라도 취득자금의 증여에 그치는 경우일 수도 있으니 실질적인 소유 의사를 가려 명의신탁관계인지 여부를 판단하여야 한다는 취지로서,[12] 그만큼 공유지분의 인정은 어려워진 것이다.

　부부재산제에 관하여 순수한 별산제를 취한다면, 혼인 중 부부재산의 귀속에 대하여 아무런 혼인법적 고려를 하지 않는 것과 마찬가지로 혼인의 해소시에도 별다른 혼인법적 고려를 할 이유가 없다. 따라서 이혼에 따른 재산분할제도는 부부재산제가 별산제를 떠나 공동제로 진화해 가는 과정에서 의미가 있는 제도이다. 공동제의 원래 취지에 부합하는 형태는 혼인 중에도 공유관계를 인정하는 소득공동제이겠지만, 고유재산에 대한 각자의 처분자유를 중시한다면 혼인 중에는 최소한의 합수적(合手的) 제한만 둔 채 별산제를 유지하는 복합공동제도 가능할 것이다. 그런데 우리 민법은 혼인 중 부부재산의 귀속에 관하여는 아무런 공동제적 변화를 추구하지 않고 오로지 이혼시에만 재산분할제도를 인정하는 일본

---

12) 김인택, 혼인 중 부부 일방이 취득한 부동산의 특유재산 추정 번복과 부부간 명의신탁의 판단기준, 〈자유와 책임 그리고 동행〉, 2012, 208면.

의 입법례를 따랐고, 이에 따라 대법원도 원칙적으로 이혼 전의 단계에
서는 완전한 별산제라는 시각에 입각하고 있다. 그러나 재산분할제도가
그 근거를 확보하고 또 온전히 행사될 수 있으려면 먼저 혼인 중 재산관
계에 대한 인식에 변화가 따르지 않으면 안 될 것이다.[13] 특히 혼인관계
의 파탄에 임박한 명의자의 일방적인 처분권 행사가 미성년 자녀나 배우
자의 생계를 위협하게 될 경우 완전한 별산제의 문제점이 가장 두드러진
다. 이러한 흐름에 따라 2000년대 중반경에는 부부재산의 처분제한, 혼인
중 재산분할청구권 인정 등 부부재산제에 대한 법률개정 움직임이 활발
하였으나,[14] 결국 2007년 민법 839조의3으로 재산분할청구권 보전을 위
한 사해행위취소권을 신설하는 외에는 다른 개정이 이루어지지 못한 채
현재에 이르고 있다. 이처럼 부부재산 형성에 무형적 기여를 한 배우자
의 혼인 중 부부재산에 대한 법적 지위를 어떻게 파악할 것인가의 문제
는 재산분할청구권 전반의 이해에 중요한 축이 된다.

2. 본 질

종래 재산분할의 본질론으로 청산적 요소, 부양적 요소 및 위자료의
세 가지 구성요소가 논의되었다.

가. 청산적 요소

재산분할이 청산적 요소를 주된 목적으로 함에는 이론이 없다. 앞서

---

13) 조미경, 가족법을 통해 본 한국 법여성학의 과제, 〈가지 않은 길, 법여성학을 향
하여〉, 2004, 154-155면은, 명의자 아닌 배우자가 혼인 중 아무런 권리가 없다가
이혼과 더불어 갑자기 분할청구권자로 등장한다는 것은 모순이라는 취지로 지적한다.
14) 당시의 검토된 개정사항은 ① 혼인 중 부부재산의 처분제한(부부 일방이 주거용
건물 등을 처분하려 할 경우 다른 일방의 동의를 얻어야 하고, 동의 없는 처분에
대하여는 취소권을 인정하는 제도), ② 혼인 중 재산분할청구권(부부 일방이 재산
을 낭비하는 경우, 장래의 분할청구권이 위태로운 경우, 장기간 별거중이거나 부
양의무를 이행하지 않는 경우 등에는 혼인 중에도 재산분할청구를 인정하는 제
도), ③ 재산분할의 균등원칙, ④ 배우자 상속분 조정 등이었다. 윤진수, 민법개정
안 중 부부재산제에 관한 연구, 가족법연구 21권 1호, 한국가족법학회, 2007; 전경
근, 부부재산제 개정안에 관한 연구, 가족법연구 20권 3호, 한국가족법학회, 2006
참조.

본 부부재산제의 연혁과 재산분할제도의 등장배경뿐 아니라, 민법 839조 의2가 '분할', '당사자 쌍방의 협력으로 이룩한 재산'이라는 문구를 사용하는 등 문언해석상으로도 의문의 여지가 없다. 이혼시 청산적 분할을 해야 하는 이론적 근거에 관하여는, 우리 민법상 부부재산제가 소득공동제라는 이해를 바탕으로 하는 견해(공유설)도 있으나, 별산제를 전제로 하는 입장에서는 혼인 중 공동으로 이룩한 재산에 관하여 명의자가 아닌 배우자는 물권적·채권적 권리를 갖지 못하지만 유동적 무효 상태와 유사하게 잠재적 권리는 갖는다는 견해(잠재적 권리설)[15]와, 부부 일방은 이혼에 즈음하여 재산분할을 청구할 수 있을 뿐 이혼 이전에 어떤 재산적 권리를 가지는 것이 아니며, 재산분할청구권은 형평관념에 근거한 정책적 배려에서 나온 법정청구권이므로 구태여 법적 공유관계 설정을 도출할 필요가 없다는 견해(무관계설)[16] 등이 주장되고 있다.

대법원은 일찍부터 재산분할제도를 "혼인 중에 취득한 실질적인 공동재산을 청산 분배하는 것을 주된 목적으로 하는 것"이라고 판시하였고 (대법원 1993. 5. 11.자 93스6 결정, 따라서 유책배우자도 재산분할청구가 가능하다. 이는 재산분할제도 신설 후 최초의 대법원 결정례이다), 이러한 판시는 최근까지도 반복되고 있다(가령 대법원 2009. 6. 9.자 2008스111 결정). 재산분할의 청산적 성질이 현실적 문제로 나타난 분야는 조세부분이다. 분할로 인한 재산의 이전에 관하여는 권리자의 측면에서 증여세가, 의무자의 측면에서 양도소득세가 주로 문제된다.[17] ① 먼저 증여세는 재산분할액 중 상속세 공제액을 초과하는 부분에 대하여 증여세를 부과하는 것으로 규정하였던 구 상속세법(1994. 12. 22. 법률 제4805호로 개정되기 전의 것) 29조의2 1항 1호의 위헌성 여부 판단이 쟁점이 되었는데, 헌법재판소는 1997. 10. 30. 96헌바14 사건에서 "이혼시

---

15) 민유숙, 이혼시 부부 간의 재산분할 제도에 관한 연구, 서울대학교 석사학위논문, 1992, 33면.

16) 김숙자, 이혼으로 인한 재산분할청구권, 민법학의 회고와 전망, 1993, 917면.

17) 그 밖에 권리자의 측면에서 취득세와 등록세도 문제되나, 대법원은 ① 취득세는 부동산 소유권의 이전이라는 사실 자체에 대하여 부과되는 유통세이고 ② 등록세는 등기·등록이라는 사실의 존재에 대하여 부과되는 세금이라는 이유로, 과세에 문제가 없다는 입장이다(대법원 2003. 8. 19. 선고 2003두4331 판결).

의 재산분할제도는 본질적으로 혼인 중 쌍방의 협력으로 형성된 공동재산의 청산이라는 성격에 경제적으로 곤궁한 상대방에 대한 부양적 성격이 보충적으로 가미된 제도라 할 것이어서, 이에 대하여 재산의 무상취득을 과세원인으로 하는 증여세를 부과할 여지가 없으며"라고 판시하였다(밑줄 필자 추가. 이하 같다). ② 다음 양도소득세에 관하여는 대법원이 "협의이혼시에 실질적인 부부공동재산을 청산하기 위하여 이루어지는 재산분할은 그 법적 성격, 분할대상 및 범위 등에 비추어 볼 때 실질적으로는 공유물분할에 해당(대법원 1998. 2. 13. 선고 96누14401 판결. 대법원 2003. 11. 14. 선고 2002두6422 판결)"한다고 판시하여 양도소득세 부과대상이 아님을 선언하였다.[18] 그 후 대법원은 더 나아가 "공유물의 분할은 법률상으로는 공유자 상호간의 지분의 교환 또는 매매라고 볼 것이나 실질적으로는 공유물에 대하여 관념적으로 그 지분에 상당하는 비율에 따라 제한적으로 행사되던 권리, 즉 지분권을 분할로 인하여 취득하는 특정 부분에 집중시켜 그 특정 부분에만 존속시키는 것으로 소유형태가 변경된 것뿐이어서 이를 자산의 유상양도라고 할 수 없다(대법원 2003. 11. 14. 선고 2002두6422 판결)"는 이유로, 재산분할로 인하여 이전받은 부동산을 그 후에 양도하는 경우 그 양도차익을 산정함에 있어서는 취득가액은 최초의 취득시를 기준으로 정할 것이지 재산분할을 원인으로 한 소유권이전시를 기준으로 할 것은 아니라고 하였다. 아울러 대법원은 "협의이혼 또는 재판상 화해나 조정에 의한 이혼을 하면서 위자료와 재산분할, 자녀양육비 등의 각각의 액수를 구체적으로 정하지 아니한 채 자산을 이전한 경우 그 자산 중 양도소득세의 과세대상이 되는 유상양도에 해당하는 위자료 및 자녀양육비의 입증책임도 원칙적으로는 처분청에 있다(대법원 2002. 6. 14. 선고 2001두4573 판결)"고 판시함으로써, 재산분할과 달리 위자료나 양육비는 과세대상임을 분명히 하였다. 이와 같은 판결들을 종합하여 볼 때 증여세에 대한 헌법재판소의 태도는 재산분할의 무상성을 부인한 것이고, 양도소득세에 대한 대법원의 이해는

---

18) 가사소송규칙 제98조에서는 공유물 분할의 방법에 관한 민법 269조 2항을 재산분할의 심판에 준용한다고 규정하고 있기도 하여, 재산분할제도의 본질에 대한 이해의 일단을 보여 준다.

재산분할의 양도성까지 부인한 것으로 요약할 수 있을 것이다. 아무튼 이는 부부재산의 형성에 무형적으로 기여한 배우자도 혼인 중 부부재산에 대하여 공유자 유사의 법적 지위를 가지고 있다는 의미일 것이다. 그러나 그 구체적인 의미는 여전히 모호하다. 현행 민법상 부부재산제에 관한 대법원의 태도에 의하면, 혼인 중 부부재산에 대한 배우자의 지위는 사실적·경제적 이해관계에 불과하고 법적으로 보호받는 권리라고 보기는 어렵기 때문이다. 결국 대법원의 위와 같은 이해는 이미 재산분할청구권이 구체적으로 성립되어 이행까지 마친 이후에 이루어진 사후적 평가이기 때문에 가능한 것으로 보인다.

한편 대법원은 최근 대법원 2013. 6. 20. 선고 2010므4071, 4088 전원합의체 판결(아래에서는 이 사건을 '채무초과 부부 재산분할청구사건'이라 한다)에서 재산분할제도의 본질에 관하여 좀 더 심층적인 이해의 스펙트럼을 보여 주었다. 이는 청산적 요소, 부양적 요소, 위자료의 평면적 검토에서 나아가, 현행 민법상 부부재산제와의 관계, 재산분할의 비송사건성과 법원의 역할 등 한층 더 근본적인 시각의 차이를 품고 있다. 그 중 청산적 요소에 관한 부분을 보자면, 먼저 채무초과 상태에서의 재산분할을 인정하는 다수의견은 재산분할제도에 관하여 "부부가 혼인 중 형성한 재산관계를 이혼에 즈음하여 청산하는 것을 본질로 한다"고 판시하였다. 부부관계의 해소와 더불어 그동안 공동으로 형성한 모든 적극·소극의 재산관계를 일괄하여 청산하는 것이 제도의 본질인 것으로 봄으로써, 채무초과의 경우 재산분할 자체를 부인하던 종전의 이해를 명시적으로 변경한 것이다. 그러나 반대의견과 2건의 별개의견은 "재산분할청구권은… 혼인생활 중에 형성된 부부 공동의 재산관계 전체의 청산을 요구할 권리라고 보이지는 않는다. 재산분할청구권이 혼인 중에 취득한 부부공동재산의 청산 분배를 주된 목적으로 한다는 것은 재산분할 제도에 혼인생활에 대한 청산적 요소가 포함되어 있다는 의미일 뿐이지, 재산분할 제도의 본질이 혼인생활 중 발생한 모든 재산관계를 청산하는 것이라는 의미는 아니다. 부부공동재산제를 채택하고 있는 국가와 달리 부부별산제를

시행하고 있는 우리 민법하에서 부부 공동의 재산관계 청산이라는 개념
은 성립하기 어렵다"고 판시하였다. 결국 다수의견은 재산분할제도의 청
산적 요소를 혼인관계 해소의 재산법적 측면 전체와 동일시하는 견해이
고, 반대의견과 별개의견은 재산분할제도의 청산적 요소를 이혼시 경제적
약자의 보호라는 정책적 목표에 복무하는 수단으로 보는 견해로서 혼인
중 별산제에 입각한 대법원의 종전 입장에 충실한 견해라고 할 수 있다.

나. 부양적 요소

재산분할청구권이 청산적 요소에 한한다는 견해도 있으나(淸算說),[19]
다수설은 부양적 요소도 포함되어 있다고 본다(淸算 및 扶養說).[20] 비록
입법화되지는 아니하였으나 민법 제정 당시 법전편찬위원회의 친족편 요
강 제26항에서도 "이혼한 자의 일방은 상대방에 대하여 상당한 생계를
유지함에 족한 재산의 분할을 청구할 수 있게 하고…"라고 기재하고 있
어 부양적 요소를 중요하게 고려하였고, 현재의 재산분할제도를 신설할
당시에도 외국의 많은 입법례가 위자료 외에 부양료 지급 내지 재산분할
을 인정하고 있다는 점이 입법 이유로서 강하게 주장되었다.[21] 이러한
이해를 최초로 공식적으로 확인한 것은 "이혼시의 재산분할제도는 본질
적으로 혼인 중 雙方의 협력으로 형성된 공동재산의 청산이라는 성격에,
경제적으로 곤궁한 상대방에 대한 부양적 성격이 보충적으로 가미된 제
도라 할 것이어서, 이에 대하여 재산의 무상취득을 과세원인으로 하는
증여세를 부과할 여지가 없다(헌재결 1997. 10.)"는 헌법재판소 결정례이다. 대법
원은 그에 관하여 명백한 판시가 없었으나, 2000년대에 들어와서 일련의
사해행위 취소사건에서 "이혼에 따른 재산분할은 혼인 중 雙方의 협력으
로 형성된 공동재산의 청산이라는 성격에 상대방에 대한 부양적 성격이
가미된 제도"라고 반복하여 판시하였다(대법원 2000. 9. 29. 선고). 나아가 최근 채
무초과 부부 재산분할청구사건에서 다수의견은, "재산분할 청구 사건에

---

19) 고창현, 신설된 재산분할청구권제도, 민사법학의 제문제, 1990, 13면.
20) 김주수, 각주 9의 책, 224면; 박동섭, 친족상속법, 박영사, 2006, 212면.
21) 윤황지, 재산분할청구권의 본질에 관한 연구, 가족법연구 10호, 1996, 244면 이하.

있어서는 혼인 중에 이룩한 재산관계의 청산뿐 아니라 이혼 이후 당사자들의 생활보장에 대한 배려 등 부양적 요소 등도 함께 고려할 대상이 되므로, 재산분할에 의하여 채무를 분담하게 되면 그로써 채무초과 상태가 되거나 기존의 채무초과 상태가 더욱 악화되는 것과 같은 경우에는 채무부담의 경위, 용처, 채무의 내용과 금액, 혼인생활의 과정, 당사자의 경제적 활동능력과 장래의 전망 등 제반 사정을 종합적으로 고려하여 채무를 분담하게 할지 여부 및 분담의 방법 등을 정할 것이고, 적극재산을 분할할 때처럼 재산형성에 대한 기여도 등을 중심으로 일률적인 비율을 정하여 당연히 분할 귀속되게 하여야 한다는 취지는 아니라는 점을 덧붙여 밝혀 둔다"고 판시하였다.

이처럼 재산분할청구의 본질에 부양적 요소가 포함된다고 하는 학설과 실무의 태도는, 이혼 후 부양제도가 완비되지 않은 현실에 따른 정책적 배려의 느낌이 강하다. 마치 재산분할제도가 신설되기 전의 실무가 위자료 산정에 재산분할의 요소를 끌어들이던 것과 유사하다. 부양적 요소가 인정되는 이론적 근거에 관하여 국내에서는 다음과 같은 견해가 있다.[22] ① 혼인의 사후효설: 민법 826조 제1항에 따른 부부의 혼인 중 부양의무의 사후효라는 견해. 혼인이란 일평생의 결합으로서 부부는 서로 장래의 생활보장에 대한 기대를 갖게 되기 때문이라고 본다.[23] ② 정책적 의무설: 이혼 후 부양은 본래 국가가 배려하여야 하는 것이지만 국가가 그 책무를 할 수 있을 때까지 과도적으로 정책상 사인에게 부과된 의무라는 견해이다. ③ 보상설(소득능력회복설): 혼인 중 역할분담과 관련하

---

22) 학설의 개관에 관하여, 김성숙, 재산분할제도의 내용–한국과 일본의 판례를 중심으로–, 법학논총, 1995, 82–83면 참조. 그 밖에 재산분할청구권이 아닌 민법 843조, 806조 1항에 의한 재산상 손해배상청구권을 법적 근거로 삼아야 한다는 견해로는, 이흥민, 이혼급부에 대한 검토, 가족법연구 24권 2호, 2010. 이 경우 스스로 지적하는 바와 같이 유책배우자에게만 청구가 가능하다는 결론이 된다.

23) 독일의 경우, 부부는 혼인을 하면서 각자의 운명을 영속적으로 결속하므로 공동의 생활계획이 실패했다고 하더라도 혼인으로 인한 배우자에 대한 책임이 더 이상 의미가 없어지는 것은 아니기 때문이라고 한다. 문영화, 독일법상 이혼한 배우자 간의 부양의무, 실무연구IV, 서울가정법원, 1998, 162면.

여 부부 일방이 자기 생활비용을 스스로 지불할 수 없는 경우에만 부부
간에 있어서 불이익의 조정 내지 보상으로서 부양을 인정하는 견해이다.
가족을 위하여 직업을 포기한 결과 소득능력을 상실하게 된 점에 대한
보상이라는 것이다. 보상설에 의할 경우 이혼배우자가 자립할 때까지의
잠정적·일시적 부양을 의미하게 되고, 부양의 내용도 이혼 직후 생계유
지를 위한 생활원조에 한하며, 기간은 자활을 위하여 필요한 정도에 그
치게 된다고 한다. 생각건대 혼인의 사후효설은 가부장제도가 사라지고
상호 신뢰가 파탄된 이혼부부 사이의 통상적인 관계에 비추어 볼 때 설
득력을 갖기가 어려운 점이 있다. 부부간 부양의무는 혼인의 효력 중 하
나로 인정되므로(민법 826조 1항), 그 반대해석상 혼인관계가 해소되면 부양의무도
원칙적으로는 종료되어야 할 것이다. 한편 정책적 의무설은 이미 이혼
후 부양의무에 관한 명문의 규정이 있다면 그 입법취지로서 주장되는 것
은 모르겠으되 그것이 없는 이상 법적 권리·의무 발생을 정책적 필요에
서 바로 도출할 수 있는지 의문이다. 보상설의 경우 앞선 두 견해보다
더 설득력이 있는 것이 사실이지만, 혼인기간이 얼마 되지 않거나 혼인
전후 경제적 능력의 상실이 인정되지 않는 경우 당초 입법자가 의도하였
던 만큼의 부양적 효과가 인정될 것인지 의문이다. 이렇게 보면 어느 것
이나 약점은 있으나, 기본적으로는 혼인 중 소득능력 상실에 대한 보상
이라는 이해를 중심으로 혼인의 사후효도 보충적인 근거가 된다고 이해
함이 타당할 것이다.

    결국 이혼 후에도 부양의무가 인정된다고 하려면 재산분할제도의 입
법취지에 가탁할 것이 아니라 독자적인 근거규정이 필요하다고 생각된
다. 청산 및 부양설에 입각한 다수설은 '기타 사정'에 그것이 포함된다고
하나, 민법 839조의2는 "쌍방의 협력으로 이룩한 재산의 액수 기타 사정"
이라고 규정하고 있어 여기에서 말하는 '기타 사정'이 부양적 요소를 포
함하는 것이라고 반드시 단정하기 어렵다. 설령 '기타 사정'에 부양적 요
소를 포함한다고 적극적으로 해석한다 하더라도, 실제 사건에서 어떤 요
건 아래 어떤 내용으로 부양적 요소가 고려될 것인지 당사자나 법원에게

의미 있는 기준을 제시해 주지 못한다. 이는 재산분할의 비송사건성을
고려한다고 하더라도 지나치게 법적 안정성을 해치는 일이다. 그리하여
우리 민법상 재산분할의 부양적 요소의 운영에 있어서는 다음과 같은 각
종 문제가 제기된다.

　① 보충성: 우선 부양적 요소는 분할권리자가 청산과 위자료만으로
생계유지가 충분하지 않은 경우에 보충적으로만 인정함이 타당하다는 견
해가 유력하다.[24] 이혼 후 부양에 관하여 명문의 규정을 두고 있는 독일
의 경우 민법 1570조 내지 1576조에서 부양청구권이 발생하는 사유를 규
정하고,[25] · [26] 자신의 수입과 재산으로 스스로 부양할 수 있는 경우에는
청구할 수 없다고 한다(독일민법
1577조). 앞서 본 헌법재판소 결정례도 "경제적으
로 곤궁한 상대방에 대한 부양적 성격이 보충적으로 가미된 제도"라고
설시하고 있다. 그런데 실무는 과거 그러한 이해에 충실한 사례도 있었
지만[27] 최근에는 부양적 분할에 대한 관심이 고조되면서 이러한 보충성
을 완화하여 이해하는 경향도 있는 것으로 보인다.[28] 대법원은 부양적
요소의 보충성을 명시적으로 거론한 바 없다. 사견으로는, 부양적 요소는
항상 고려되어야 하지만 실제로는 분할받을 재산이 없거나 적을 경우에

---

24) 김영갑, 재산분할청구권, 사법논집 22집, 1991, 244면; 민유숙, 각주 15의 글, 11
면 이하; 최문기, 이혼시 재산분할청구권에 관한 판례의 경향, 한국민법의 새로운
전개, 2012, 559면 각주 3.

25) 상세는 조은희, 이혼 후 배우자 부양에 관한 우리나라와 독일법의 비교법적인 고
찰, 법제연구 23호, 2002 202면 이하. 부양청구권의 발생사유는 ① 공동자녀 양육
을 위하여 경제활동을 기대할 수 없을 때, ② 나이로 인해 직업을 갖지 못한 때,
③ 질병으로 인해 직업을 갖지 못한 때, ④ 실업을 원인으로 한 때, ⑤ 부양료가
충분하지 못한 때, ⑥ 직업교육 등을 위하여 부양이 필요한 때, ⑦ 이 외에 심히
중대한 사유로 부양이 거절됨이 불공평할 때 중 어느 하나에 해당하여야 한다.

26) 한편 미국 각 주는 성문법으로서 alimony 제도를 운영하고 있으나, 그 요건은
통일되어 있지 않다고 한다. 민유숙, 미국법에 있어서 이혼 후의 부양(alimony)제
도, 재판자료 88집, 2000.

27) 김성숙, 부양적 재산분할의 실태, 법학논총 9집, 1996, 75면.

28) 김홍기 · 김옥곤 · 박숙희, 적정한 위자료, 재산분할비율의 산정과 친권자 및 양육
자 지정, 2015 전국가사소년법관포럼 주제발표문, 21면은 실무상 청산적 분할의
비율을 결정함에 있어서 후견적 입장에서 부양적 요소까지 함께 고려함이 바람직
하다는 견해인데, 청산적 분할만으로 생계유지에 부족한지에 관하여는 뚜렷한 언
급이 없다.

비로소 현실화된다고 본다. 보상설의 관점에서 처가 투입한 '수입 및 소득능력 감소'라는 기회비용은 결국 육아와 가사노동이라는 형태로 전환되어 그만큼의 적극재산 감소방지 내지 증식에 반영되었던 것이므로, 통상은 이혼시 그 유지·증가된 적극재산을 분할받음으로써 보상받는 것으로 족하다.[29] 이와 같은 경우에는 혼인의 사후효와 같은 특별한 정책적 고려를 할 필요도 없으므로, 부양적 요소를 별도로 고려하지 않는 것이다. 그런데 이혼시점에서 분할받을 적극재산이 부족하거나 없는 경우에는 소득능력 감소라는 투입비용을 적극재산 분할을 통하여 충분히 보상받지 못한 채 처가 모두 떠안게 되므로, 이러한 경우에 한하여 정책적 고려로 보상적 요소가 현실화되는 것으로 새기는 것이 옳다고 본다.

② 부양능력: 다음 분할의무자가 경제적 능력이 있는 경우에만 부양적 요소를 인정할 것인지 문제된다. 독일의 경우 부양의무자는 경제적인 부양능력이 있어야 한다(독일민법 1581조)고 명시적으로 규정하고 있고, 이는 우리 민법상 재산분할청구권이 신설될 당시의 입법취지에서도 마찬가지였으며, 실무의 일부 견해도 그에 동조하고 있다.[30] 그러나 대법원은 앞서 본 바와 같이 일련의 사해행위 취소사건 판결에서 재산분할의 상당성을 인정하는 근거로서 채무초과 상태인 채무자의 분할행위에 부양적 요소가 포함된다고 언급하고 있고, 나아가서는 '채무초과 부부 재산분할청구사건' 전원합의체 판결에서 소극재산의 청산에서 기여도 기준 분할의 폐해를 완화하기 위한 근거로 부양적 요소를 언급하기도 하여, 분할의무자의 부양능력과 무관하게 부양적 요소를 인정하는 듯한 태도를 보여 준다. 생각건대, 실제로 많은 사례에서 분할의무자의 부양능력 문제는 ①에서 살펴본 부양적 요소의 보충성 문제와 동전의 양면이다. 분할의무자가 분할

---

29) 유사한 취지로서 서순택, 재산분할의 본질과 재산분할청구권의 상속성, 외법논집 38권 4호 참조.

30) 이현곤, 부양적 재산분할에 관한 사례연구, 가사재판연구Ⅱ, 서울가정법원 가사재판연구회, 2011, 597-598면도, "청산적 재산분할의 결과 일방에게 돌아갈 몫이 상대적으로 적고, 그 몫을 가지고 이혼 후 생계를 꾸리기에 곤란할 정도에 이를 위험이 있으며, 다른 상대방이 자신의 몫을 더 주어도 될 만한 여력이 있는 경우"에 인정된다고 한다.

대상이 아닌 특유재산을 더 가지고 있는 경우는 흔치 않기 때문에, 분할권리자에게 청산적 요소나 위자료만으로 재산분할이 이루어지지 못하는 사례에서는 대개 분할의무자도 부양능력이 없는 것이다. 이 경우 분할의무자에게 부양적 분할의무를 지우는 것은 혼인의 사후효로는 설명하기 어렵다. 종래 배우자였다는 이유만으로 스스로 채무초과상태임에도 국가를 대신하여 이혼 후 배우자를 부양하여야 도덕관념에 부합한다고 말하기는 어려울 것이기 때문이다. 그러나 보상설에 의한다면 부양적 분할의무를 긍정할 수 있다. 청산해 줄 재산이 없는 상태는 현재의 문제이지만, 소득능력을 상실한 배우자의 손해는 향후로도 지속되기 때문이다. 다만 이처럼 분할권리자의 입장에서 보아 부양적 요소를 보충적으로 고려하는 것이 옳다고 한다면, 반대로 부양의무자의 입장에서 부양능력의 문제도 어느 정도 함께 고려하여 주는 것이 형평에 부합할 것이다. '채무초과 부부 재산분할청구사건'의 다수의견이 기여도에 따른 기계적 채무분할을 경계한 이유도 거기에 있을 것이다. 요컨대 분할의무자가 이혼 시점에서 경제적 능력이 없다는 이유만으로 부양적 요소를 모두 면할 수는 없으나, 현재의 채무 감당능력이나 장래의 수입가능성 등 제반 사정을 재산분할의 액수나 비율에 감안하여야 한다고 본다.

　　③ 한편 부양적 분할을 구하려면 이혼원인에 대하여 무책이거나 유책이더라도 상대방보다 책임이 적어야 한다는 견해[31]와, 유책 배우자라고 하더라도 부양적 재산분할은 가능하나 부양의 필요성·범위 등을 결정함에 참작하여야 한다는 견해[32]가 있다. 파탄주의를 채택한 독일은 이혼 후 부양에 있어서 청구인의 무책성을 요구하지 않고 있다. 혼인파탄에 더 큰 책임이 있는 배우자가 혼인의 사후효를 주장하여 부양을 구한다는 것은 신의칙에 반하는 측면이 있다. 그러나 부양적 요소의 주된 근

---

31) 이상태, 재산분할청구권의 부양적 성질, 아세아여성법학 4호, 2001, 89면; 민유숙, 재산분할의 구체적 인정범위, 재판자료 62집, 법원도서관, 1993, 452면(입법론으로는 부양청구권을 재산분할로부터 독립하여 별개의 청구권으로 인정하면서 유책성과는 무관한 것으로 인정해야 한다는 견해이다).
32) 이현곤, 각주 30의 글, 598면.

거를 보상설에 두는 이상 유책 배우자에게도 부양적 분할이 가능하다고 보아야 할 것이다.

④ 마지막으로 부양적 재산분할의 대상은 반드시 부부가 공동으로 이룩한 재산에 한정되지 않는다는 견해[33]와, 당사자 쌍방의 협력으로 이룩한 재산에 한한다는 견해[34]의 대립도 있다. 후자는 공동재산이 부족하여 부양적 재산분할이 충분히 이루어지지 못할 경우 위자료 산정에 참작하여 해결할 일이라고 하나, 유책배우자는 위자료를 청구할 수 없으므로 타당한 해결을 꾀하기 어려운 경우가 생길 것이다. 생각건대 앞서 본 바와 같이 현실적으로 부양적 분할이 청산적 분할과 위자료에 비하여 보충적으로만 인정된다면, 그 대상을 반드시 공동으로 이룩한 재산에 한정할 필요는 없다고 생각된다. 적극재산의 유지·증가로 연결되지 못한 소득능력 감소는, 이혼시점에 남아 있는 적극재산의 분할만으로는 보상될 수 없기 때문이다.

다. 위 자 료

일본은 우리 민법의 843조, 806조와 같은 규정이 없으므로, 재산분여는 부부 협력재산의 청산, 이혼 후의 부양 및 손해배상까지 포함하는 포괄적 이혼급부를 의미하는 것으로 이해되고 있다. 더구나 일본의 경우에는 위자료청구가 순수한 민사사건으로서 지방재판소의 관할이므로 가정재판소에서 이루어지는 재산분여심판에 병합할 수 없기 때문에 재산분여에 위자료적 요소를 포함시켜 파악할 현실적인 필요가 있었다. 그러나 우리나라의 경우 위자료가 민법 843조, 806조에 의하여 재산분할청구권과 별도로 규율되고, 청구요건(고의·과실의 요부), 소송형태(다류 가사소송사건과 마류 가사비송사건), 행사기간(3년과 2년)이 서로 다르며, 가정법원에서 위자료청구와 재산분할청구를 병합할 수 있으므로, 재산분할청구권과 위자료를 별개로 보는 것이 다수설이다.[35] 그런데 대법원은 몇 건

---

33) 민유숙, 각주 31의 글, 439-440면.
34) 이상훈, 이혼에 따른 재산분할청구사건의 재판실무상 문제점에 대한 고찰, 법조 42권 6호, 1993, 72면.

의 사해행위 취소사건에서 "이혼에 있어서 재산분할은 부부가 혼인 중에 가지고 있었던 실질상의 공동재산을 청산하여 분배함과 동시에 이혼 후에 상대방의 생활유지에 이바지하는 데 있지만, 분할자의 유책행위에 의하여 이혼함으로 인하여 입게 되는 정신적 손해(위자료)를 배상하기 위한 급부로서의 성질까지 포함하여 분할할 수도 있다"고 판시하고 있어 이와 대비된다(대법원 2001. 5. 8. 선고 2000다58804 판결,/대법원 2005. 1. 28. 선고 2004다58963 판결). 실무상으로는 위자료청구와 재산분할 청구가 병합 제기되는 경우가 대부분이므로 재산분할의 요소로서 위자료까지 중복하여 고려하는 사례는 찾아보기 어렵고, 그 결과 위와 같은 대법원의 설시는 재산분할 심판에 있어서 하급심에 대한 지도적 의미를 획득하지 못하고 있다.[36] 재산분할에 위자료 부분이 포함된다는 이해는 앞서 본 양도소득세 부과대상성이나, 아래 3의 나.항에서 보는 지연손해금의 기산일과 가집행선고에 관한 대법원의 태도와도 일관성을 갖지 못한다.

그럼에도 최근 선고된 채무초과 부부 재산분할청구사건 전원합의체 판결 중 다수의견에 대한 보충의견에서는, "판례는 이혼에 따른 재산분할을 함에 있어 혼인 중에 이룩된 재산상태의 청산적 요소, 나아가 이혼 후 당사자들의 생활 보장을 배려하는 이른바 부양적 요소 외에 정신적 손해(위자료)를 배상하기 위한 급부로서의 성질까지 포함하여 분할할 수 있다고 한다. 채무초과 상태라고 하여 재산분할을 무조건 배척하는 것은 재산분할 제도에 관한 대법원의 위와 같은 확고한 이해에도 부합하지 아니한다"고 판시하고 있다. 그러나 이는 대단히 의문스럽다. 법적인 전문지식이 없는 부부 사이에서 이혼급부에 관하여 약정하는 과정에서는 '재산분할'의 이름 아래 위자료나 부양료, 양육비 등이 혼입될 수 있겠으나 (앞서 본 사해행위 취소사건들은 모두 그러한 사례들이다), 법원이 재산분할

---

35) 가령 편집대표 윤진수, 주해친족법, 박영사, 2015, 378면(이동진 집필부분) 참조.
36) 법원실무제요: 가사(Ⅱ), 법원행정처, 2010, 498면. "위자료와 재산분할은 그 근거 및 성질을 달리하는 별개의 것이므로 위자료적 요소를 재산분할에서 직접 참작할 것은 아니다"라고 한다. 다만 위자료 액수의 상한이 낮다는 점에서 실무상 혼인파탄의 원인을 재산분할 비율에 간접적으로 참작하는 사례도 있는 것으로 보인다.

을 소송물로 하여 심판을 함에 있어서 별개의 소송물인 위자료를 한꺼번에 판단하는 것이 '확고한 이해'라고 할 수 있을까.[37] 위 보충의견이 채무초과 부부의 재산분할청구를 인정하기 위한 논거로 위자료에 관한 종전의 판결례까지 열거한 것은 아무래도 지나친 감이 있다.

3. 법적 성질
가. 협의·심판에 의한 권리 형성

민법 839조의2 1항은 "협의상 이혼한 자의 일방은 다른 일방에 대하여 재산분할을 청구할 수 있다"라고 규정한다. 즉, 재산분할청구권은 원칙적으로 이혼이 이미 성립한 것을 전제로 발생하는 권리이다. 일본의 경우 이혼의 성립만으로 재산분할청구권이 구체적으로 발생하는지에 관하여 견해의 대립이 있다. ① 재산분할청구권의 발생, 내용 및 방법은 모두 이를 인정하는 협의·심판 등에 의하여 형성되어 비로소 발생하는 것이라는 견해(形成說), ② 재산분할청구권은 이혼이라는 사실과 혼인 중 재산의 청산 및 이혼 후의 부양의 요건을 충족시키는 사실의 존재에 의하여 당연히 발생하고, 협의·심판 등은 그 내용을 확인하는 것이라는 견해(確認說), ③ 재산분할청구권을 두 가지로 나누어 추상적인 재산분할청구권은 이혼에 의하여 당연히 발생하지만, 구체적인 재산분할청구권은 협의·심판 등에 의하여 비로소 형성된다는 견해(折衷說) 등이 그것이며, 절충설이 일본 최고재판소의 태도이다.[38]

우리나라의 경우 학설은 절충설 외의 견해를 찾기 어렵고, 대법원도 아래에서 보는 바와 같이 지연손해금 기산일, 채권자대위권의 피보전권리성, 사전 포기의 사해성 등과 관련하여 절충설의 입장임을 명백히 표명하고 있다(대법원 1999. 4. 9. 선고 98다58016 판결, 대법원 2001. 9. 25. 선고 2001므725, 732 판결, 대법원 2013. 10. 11. 선고 2013다7936 판결, 대법원 2014. 9. 4. 선고 2012므1656 판결).

---

37) 같은 취지로, 민유숙, 2013년 친족·상속법 중요 판례, 인권과 정의 440호, 2014, 53-54면.
38) 일본에서의 학설과 판례의 태도에 관하여는, 민유숙, 재산분할에서의 몇 가지 문제점에 관한 고찰, 인권과 정의 211호, 1994, 34면 이하 참조.

나. 지연손해금과 가집행선고

1) 지연손해금

제도 시행 초기에 지연손해금 기산일에 대하여는, 이혼 및 재산분할 청구를 병합하여 제기한 경우에는 판결확정 다음날부터 발생하고, 이혼 후 재산분할만을 청구하는 경우에는 심판청구서 송달 다음날부터 지연손해금이 발생하되 상대방의 항쟁이 상당한지 여부에 따라 소송촉진 등에 관한 특례법 소정의 지연손해금을 명할 것인지가 결정된다는 견해[39]와, 어느 경우에나 재산분할 판결 또는 심판의 확정 다음날부터 지연손해금이 발생한다는 견해[40]가 있었다.

대법원은 우선 이혼청구소송과 재산분할심판을 병합하여 제기한 사례에서 "이혼으로 인한 재산분할청구권은 이혼을 한 당사자의 일방이 다른 일방에 대하여 재산분할을 청구할 수 있는 권리로서 이혼이 성립한 때에 그 법적 효과로서 비로소 발생하는 것일 뿐만 아니라, 협의 또는 심판에 의하여 그 구체적 내용이 형성되기까지는 그 범위 및 내용이 불명확·불확정하기 때문에 구체적으로 권리가 발생하였다고 할 수 없으므로, 당사자가 이혼이 성립하기 전에 이혼소송과 병합하여 재산분할의 청구를 하고 법원이 이혼과 동시에 재산분할로서 금전의 지급을 명하는 판결을 하는 경우 그 금전지급채무에 관하여는 그 판결이 확정된 다음날부터 이행지체책임을 지게 되고, 따라서 소송촉진 등에 관한 특례법 제3조 제1항 단서에 의하여 같은 조항 본문에 정한 이율이 적용되지 아니한다 (대법원 2001. 9. 25. 선고 2001므725, 732 판결)"고 판시하였다. 이 판결은 재산분할청구권이 이혼의 성립을 조건으로 발생한다는 점 및 구체적 재산분할청구권은 협의 또는 심판에 의하여 형성된다는 점을 모두 근거로 들고 있다.

최근 대법원은 이혼이 이미 이루어진 후에 재산분할청구를 한 사례에서도 심판확정 다음날을 기산점으로 보는 입장을 고수하면서, 그 이유

---

39) 이상훈, 각주 34의 글, 88면.
40) 장성원, 재산분할청구사건을 본안으로 하는 보전처분에 관하여, 재판자료 62집, 1993, 398면; 민유숙, 각주 38의 글, 41면.

로서 구체적인 재산분할의무가 발생하지 않았기 때문임을 분명히 하였다. 즉, "이혼으로 인한 재산분할청구권은 이혼이 성립한 때에 법적 효과로서 발생하는 것이지만 협의 또는 심판에 의하여 구체적 내용이 형성되기까지는 범위 및 내용이 불명확하기 때문에 구체적으로 권리가 발생하였다고 할 수 없다. 따라서 당사자가 이혼 성립 후에 재산분할 등을 청구하고 법원이 재산분할로서 금전의 지급을 명하는 판결이나 심판을 하는 경우에도, 이는 장래의 이행을 청구하는 것으로서 분할의무자는 금전지급의무에 관하여 판결이나 심판이 확정된 다음 날부터 이행지체책임을 지고, 그 지연손해금의 이율에 관하여는 소송촉진 등에 관한 특례법 제3조 제1항 본문이 정한 이율도 적용되지 아니한다(대법원 2014. 9. 4. 선고 2012므1656 판결)"는 것이다.

2) 가집행선고

가사소송법 42조 1항은 "재산상의 청구 또는 유아의 인도에 관한 심판으로서 즉시항고의 대상이 되는 심판에는 담보를 제공하게 하지 아니하고 가집행할 수 있음을 명하여야 한다"고 규정하고 있다. 그 이유는, 가사비송사건 중 재산상 청구 또는 유아의 인도에 관한 심판의 경우에는 아직 확정되지 아니한 상태에서도 즉시 집행할 필요가 있는 경우가 많으며 그 가집행의 필요성은 일반의 민사사건에서보다도 더 크다는 데에 있다고 한다.[41] 그러나 실무는 재산분할청구에 대한 위 규정의 적용에 소극적이었다. 재산분할청구권이 이혼의 성립을 조건으로 한다는 점과, 심판이 확정되기 전에는 구체적인 의무가 형성되지 않는다는 점을 고려하였기 때문이다. 전자를 중시한다면 이혼 후의 재산분할심판에는 가집행선고가 가능하다고 보게 되고,[42] 후자를 중시한다면 이혼 전후를 불문하고 가집행선고를 붙일 수 없다는 결론에 이를 것이다.[43] 이에 대하여는 상소권 남용방지나 신속한 권리구제라는 가집행선고의 취지가 재산분할청구에서도 동일하게 요구된다는 점에서, 비송사건에도 가집행선고를 명

---

41) 서정우, 새 가사소송법의 개설, 가족법학논총, 1991, 693면.
42) 김영갑, 각주 24의 글, 235면.
43) 장성원, 각주 40의 글, 399면.

하여야 한다고 규정한 가사소송법의 입법취지를 살릴 필요가 있다는 지적이 있었다.[44]

　이에 관하여 대법원은 우선, "법원이 이혼과 동시에 재산분할을 명하는 판결을 하는 경우에도 이혼판결은 확정되지 아니한 상태이므로, 그 시점에서 가집행을 허용할 수는 없다"고 판시하였다(대법원 1998. 11. 13.
선고 98므1193 판결). 그러나 이 판결은 재산분할청구가 이혼의 성립을 조건으로 한다고만 설시함으로써, 이혼이 성립한 후에 재산분할청구를 하는 경우 가집행선고가 허용되는 것인지에 대하여는 명확한 설시를 하지 아니하였고, 최근에는 재산분할심판 확정 전에 가집행선고가 가능하다는 견해가 대두하였다.[45] 그러자 최근 대법원은 "민법 제839조의2에 따른 재산분할 청구사건은 마류 가사비송사건으로서 즉시항고의 대상에 해당하기는 하지만, 재산분할은 부부가 혼인 중에 취득한 실질적인 공동재산을 청산 분배하는 것을 주된 목적으로 하고, 법원이 당사자 쌍방의 협력으로 이룩한 재산의 액수 기타 사정을 참작하여 분할의 액수와 방법을 정하는 것이므로, 재산분할로 금전의 지급을 명하는 경우에도 판결 또는 심판이 확정되기 전에는 금전 지급의무의 이행기가 도래하지 아니할 뿐만 아니라 금전채권의 발생조차 확정되지 아니한 상태에 있다고 할 것이어서, 재산분할의 방법으로 금전의 지급을 명한 부분은 가집행선고의 대상이 될 수 없다"고 하면서, "이는 이혼이 먼저 성립한 후에 재산분할로 금전의 지급을 명하는 경우라고 하더라도 마찬가지"라는 입장을 분명히 하였다(대법원 2014. 9. 4.
선고 2012므1656 판결).

　일반적으로 판결 확정 전에 구체적으로 확정되지 않은 의무의 이행

---

44) 민유숙, 각주 15의 글, 43면 이하.

45) 김영욱, 재산분할에 있어서 가집행선고와 지연손해금 문제에 관한 고찰, 가사재판연구 Ⅱ, 2011; 한편 전경근, 재산분할에 대한 가집행선고, 가족법연구 27권 2호, 2013은, 민법 839조의3이 신설된 이상 이혼 전에도 재산분할청구권의 성립을 인정할 수 있으므로 가집행선고가 가능하다고 한다. 그러나 위 조항은 재산분할청구권의 피보전권리성을 인정하였을 뿐 권리 자체의 성립시기를 앞당긴 것으로 보기는 어렵다. 아래에서 보는 대법원 2013. 10. 11. 선고 2013다7936 판결에서는 추상적 재산분할청구권 상태에서는 책임재산이 될 수도 없다고 하므로, 그 권리성을 인정하기도 어려울 것이다.

을 미리 강제하는 것은 부당하다. 예컨대 형성소송인 사해행위 취소청구에 병합된 원상회복의 이행청구에 관하여 가집행을 허용하지 않는 것과 마찬가지이다. 앞서 본 바와 같이 재산분할심판이 확정되기 전에는 지체책임이 발생하지 않는데, 이를 미리 이행하지 않는다는 이유로 국가의 강제력을 동원한 집행이 가능하다고 보는 것은 기이해 보이기도 한다. 그러나 가사소송법 42조 1항은 이러한 일반적 법리에 대하여 명시적으로 예외를 인정한 조항으로서, 구체적 권리로서 형성되기 전에도 집행할 필요가 크다는 정책적 고려에 따라 마련된 특별규정이므로 일반 법리보다 우선 적용되는 것이 옳다. 만일 문언대로의 운용이 헌법상 기본 원칙이나 다른 제도의 운용에 차질을 일으켜 체계조화적 이해에 반한다면 합헌적 제한 해석을 하여야 할 것이다. 하지만 재산분할의무에 대하여 가집행을 명하는 것이 과연 그러한 정도의 위헌 의심 내지 체계 부조화를 낳는 문제인지 의문이다. 특히 이미 이혼이 성립한 경우에 있어서는 이와 같은 의문이 더욱 커진다. 향후 이 부분에 관한 대법원의 전향적인 판단을 기대한다.

다. 피보전권리성

1) 보전처분

가정법원은 마류 가사비송사건을 본안사건으로 하여 가압류 또는 가처분을 할 수 있다(가사소송법 63조). 일반적으로 보전처분에 있어서의 피보전권리는 반드시 현재에 성립하여 효력을 발생한 권리에 한정되는 것은 아니다. 조건부 권리의 경우라도 장래에 조건의 성취가 거의 기대하기 어려운 것을 제외하고는 피보전권리로서의 적격이 인정되고, 장래에 성립할 권리도 그 기초적 법률관계가 현재하고 있고 실현가능성이 큰 때에는 단순한 기대를 보전하기 위한 경우와는 달리 보전처분의 피보전권리가 될 수 있다고 본다. 재산분할청구권의 경우 이혼 성립을 정지조건으로 하는 권리라고 파악하더라도 조건의 성취, 즉 이혼성립의 개연성만 존재하면 피보전권리로서의 자격에 하자가 없고, 아예 장래에 성립하는 권리로 보더라도 당사자 사이에 이혼사유가 이미 발생하였고 청산적 분할의 기초가 되는 사유가 존재하는 이상 재산분할청구권의 기초적 법률관계가 이미

현존하고 있는 것이므로 보전처분의 피보전권리로 됨에 지장이 없다.[46]

2) 채권자대위권

대법원은 "이혼으로 인한 재산분할청구권은 협의 또는 심판에 의하여 그 구체적 내용이 형성되기까지는 그 범위 및 내용이 불명확·불확정하기 때문에 구체적으로 권리가 발생하였다고 할 수 없으므로 이를 보전하기 위하여 채권자대위권을 행사할 수 없다(대법원 1999. 4. 9. 선고 98다58016 판결)"고 한다.

이에 대하여 재산분할청구권 보호에 미흡하게 된다면서 비판하는 견해는 이행기의 문제는 보존행위여서 가능하다는 논리를 내세운다.[47] 이와 뜻을 같이하는 또 다른 견해는, 재산분할의 비송적 성격은 재판절차에서 법원의 재량성·후견성을 뒷받침하는 정도이지 이로써 실체적·법률적 성격까지 제한할 필요가 없다는 점, 최근 채권자대위권이 포괄적 담보의 기능을 한다는 점, 제3자 명의의 재산도 재산분할의 대상이 될 수 있는데 제3자 명의의 재산에 대한 보전처분은 허용되지 않으므로 채권자대위권을 인정해야 보전처분이 가능하게 되는 점, 명의자인 배우자가 혼인 중 재산을 타에 이전함으로써 은닉하는 별산제의 취약점을 보완하려면 채권자대위권을 인정할 필요성이 크다는 점 등을 들고 있다.[48] 그러나 채권자대위권을 인정할 필요성이 크다고 하여 권리의 잠정적 성격이 부인되기는 어렵다. 장래 구체화될 재산분할청구권이 특정채권인지 금전채권인지 확정되지 아니한 상태에서는 채무자의 무자력이 요건이 되는지 여부조차 확정할 수 없다는 문제가 생긴다.

3) 채권자취소권

채권자취소권의 피보전권리는 사해행위 이전에 발생하고 있어야 한다. 그렇지 않다면 침해될 권리가 없기 때문이다. 앞서 본 절충설에 의할 경우 협의나 심판을 거쳐 형성된 구체적인 재산분할청구권이 피보전

---

46) 장성원, 각주 40의 글, 387-388면.
47) 박종권, 재산분할청구권을 보전하기 위한 채권자대위권의 행사여부, Jurist 413호, 2007.
48) 민유숙, 재산분할청구권이 포함된 민사사건의 처리, 민사재판의 제문제 13권, 민사실무연구회, 2004, 52면 이하.

권리가 될 수 있음은 이론이 없지만, 추상적인 재산분할청구권(이혼 후 협의나 심판이 이루어지지 않은 단계 또는 재판상 이혼과 재산분할심판이 병합심리 중인 단계) 또는 그보다 이전의 단계에서 피보전권리가 될 수 있을지는 의문이다. 재산분할제도가 처음 시작될 무렵에는 추상적 재산분할청구권의 경우 피보전권리성을 인정하기 어렵다는 견해가 있었으나,[49] 그 후 확립된 대법원 판례에 의하면 '사해행위 당시 이미 채권성립의 기초가 되는 법률관계가 발생되어 있고 가까운 장래에 그 법률관계에 기하여 채권이 성립되리라는 점에 대한 고도의 개연성이 있으며 실제로 가까운 장래에 그 개연성이 현실화되어 채권이 성립된 경우'에는 채권자취소권을 행사할 수 있다고 하므로 그와 다르게 해석할 여지가 생겼다. 이에 따라 그 기초가 되는 법률관계(상대방배우자의 귀책사유와 당해 재산이 혼인 중 부부 쌍방의 공동의 협력에 의하여 형성되었다는 점)가 발생되어 있고 가까운 장래에 그 채권이 성립되리라는 고도의 개연성(이혼 및 재산분할을 명하는 본안재판의 가능성)이 있다면, 이를 보전하기 위하여 사해행위취소권을 행사할 수 있으며, 이 경우 사해행위취소권의 행사 당시 재산분할의 본안재판의 계속은 요구되지 않는다고 해석하자는 견해가 등장하였다.[50] 그러나 실무상으로는 채권자대위권의 피보전권리성을 인정하지 않는 판례의 태도 때문에 그 인정 여부에 의문이 있었으므로, 민법 제839조의3으로 그 피보전권리성이 명문으로 인정된 것이다. 신설된 조항의 해석에 관하여는 Ⅴ. 2.에서 서술하기로 한다.

라. 사전포기의 효력 및 책임재산성

한편 우리 대법원은 혼인이 해소되기 전에 미리 재산분할청구권을 포기하는 것은 성질상 허용되지 않는다는 점을 반복하여 설시하고 있다(대법원 2000. 2. 11. 선고 99므2049, 2056 판결 : 남편이 처에 대한 구타 등을 반성하면서 향후 이에 위반하는 행위를 하는 경우 돈을 요구함이 없이 처의 이혼요구에 응하겠다는 취지로 각서를 작성한 사례). 그리하여 예컨대, 이혼청구의 소가 제기된 직후

---

49) 김숙자, 친족간의 재산행위와 채권자취소권, 민사법학의 제문제, 1990, 79면.
50) 민유숙, 가사비송사건으로서의 재산분할, 재판자료 101집, 2003, 191면.

에 재산분할 포기의 의사표시를 하였더라도 이는 아직 혼인이 해소되기 전에 한 것이므로 효력이 없다(대법원 2003. 3. 25.
선고 2002므1787 판결). 위 판결은 사전포기를 허용하는 근거를 설시하지 않고 있지만, 이혼 전에는 아직 추상적인 권리조차 성립되지 않은 상태라는 점이 주된 근거가 될 수 있을 것이다. 다만 이 판결만으로는 이혼 후 협의·심판을 통하여 구체화되기 이전의 추상적 재산분할청구권을 포기한 경우나, 재산분할 포기가 이혼 전의 재산분할협의의 형태로 이루어진 후 실제 협의이혼이 이루어진 경우의 효력은 분명하지 않았다.

그런데 대법원은 최근 채무자가 이혼 후 재산분할의 협의 내지 심판을 거치지 않은 상태에서 재산분할청구권을 포기한 사안에서, "재산분할청구권은 이혼이 성립한 때에 그 법적 효과로서 비로소 발생하는 것일 뿐만 아니라, 협의 또는 심판에 의하여 구체적 내용이 형성되기까지는 그 범위 및 내용이 불명확·불확정하기 때문에 구체적으로 권리가 발생하였다고 할 수 없으므로, 협의 또는 심판에 의하여 구체화되지 않은 재산분할청구권은 채무자의 책임재산에 해당하지 아니하고, 이를 포기하는 행위 또한 채권자취소권의 대상이 될 수 없다(대법원 2013. 10. 11.
선고 2013다7936 판결)"고 판시하였다. 이는 추상적 재산분할청구권인 상태로는 강제집행의 대상이 될 수 없음을 분명히 한 것으로서 그 자체로 의미가 있으나, 한편 이혼이 성립한 후에 추상적 재산분할청구권을 포기하는 행위를 다루었음에도 그것이 법률상 유효한지 여부에 대하여는 명시적으로 언급되지 아니하여 아쉬움이 있다.

4. 행사방법
가. 협   의

재산분할에 관한 협의는 혼인중 당사자 쌍방의 협력으로 이룩한 재산의 분할에 관하여 행하여지는 협의를 말하며, 이는 이혼 후 또는 이혼 전에도 가능하다. 주의할 점은 이혼 전의 협의에 관하여 대법원은, "아직 이혼하지 않은 당사자가 장차 협의상 이혼할 것을 약정하면서 이를 전제로 하여 위 재산분할에 관한 협의를 하는 경우에 있어서는, 특별한 사정이 없는 한, 장차 당사자 사이에 협의상 이혼이 이루어질 것을 조건으로 하여 조건부 의사표시가 행하여지는 것이다. 따라서 그 협의 후 당사자가 약정한 대로 협의상 이혼이 이루어진 경우에 한하여 그 협의의 효력이 발생하는 것이지, 어떠한 원인으로든지 협의상 이혼이 이루어지지 아니하고 혼인관계가 존속하게 되거나 당사자 일방이 제기한 이혼청구의 소에 의하여 재판상 이혼(화해 또는 조정에 의한 이혼을 포함한다)이 이루어진 경우에는 위 협의는 조건의 불성취로 인하여 효력이 발생하지 않는다(대법원 2000. 10. 24. 선고 99다33458 판결 등)"고 본다는 것이다. 이는 부적절한 재산분할 협의에 관하여 법원이 후견적으로 개입하여 적정한 분할을 도모할 가능성을 부여한 것으로 생각된다. 같은 맥락에서 재산분할심판 계속 중에 일부 재산에 대한 합의가 이루어진 경우에도 대법원은, "재산분할사건은 가사비송사건에 해당하고, 가사비송절차에 관하여는 이른바 직권탐지주의에 의하고 있으므로(비송사건절차법 제11조), 법원으로서는 당사자의 주장에 구애되지 아니하고 재산분할의 대상이 무엇인지 직권으로 사실조사를 하여 포함시키거나 제외시킬 수 있다. 따라서 당사자가 소송 중에 일부 재산에 관한 분할방법에 관한 합의를 하였다고 하더라도, 법원으로서는 당사자가 합의한 대로 분할을 하여야 하는 것은 아니다(대법원 2013. 7. 12. 선고 2011므1116 판결)"라고 판시하였다.

한편 재산분할 협의도 계약 일반과 같이 채무불이행에 따른 법정해제가 가능하다. 부부가 협의이혼하기로 하고 이혼에 따른 자녀양육, 위자료, 재산분할등의 조건에 관하여 합의하여 공증까지 한 후 남편이 그 합의 내용의 일부를 이행하지 아니하므로 처가 이혼, 위자료 및 재산분할 등을 구하는 소송을 제기하고 위 합의의 해제를 서면으로 통지하였다면, 위 재산분할 합의는 적법하게 해제되어 더 이상 존속하지 아니하므로 처는 여전히 재산분할청구권을 가진다(대법원 1993. 12. 28. 선고 93므409 판결). 다만 합의해제 내지 묵시적 해제를 인정하는 것은 신중을 기하여야 한다(대법원 1995. 8. 25. 선고 94므1515 판결).

나. 심판 : 비송사건성

1) 연혁과 비판론

일본의 경우 1898(명치 31)년에 제정된 인사소송수속법은 기본적 신분관계에 관한 분쟁을 처리하는 특별민사소송절차법으로서, 민사소송을 기본 구조로 하여 직권탐지주의와 판결의 대세효 등 특칙을 규정한 것이었다. 그 후 재산분여제도 신설을 포함한 1947. 12. 22. 민법 대개정 후 1947. 12. 6. 가사심판법이 공포되어 1948. 1. 1.부터 시행되었는데, 이때 재산분할사건은 을류 심판사항으로 분류되었다. 최근에는 가사심판법이 폐지되고 2011(평성 23). 5. 25. 법률 제52호로 가사소송수속법이 제정되어 2013(평성 25). 1. 1.부터 시행되었다.

우리나라도 당초 민사소송의 특별절차로서 인사소송법이 제정되어 있다가, 1963. 7. 31. 국가재건최고회의에 의하여 법률 제1375호로 가사심판법이 제정되고 1963. 10. 1. 가정법원이 개원되었다. 이는 일본의 가사심판법을 모델로 한 것이었는데, 당시 일본은 가사소송과 가사비송을 엄격하게 구별하여 가사비송은 가정재판소에서, 가사소송은 지방재판소에서 처리하도록 하였고, 이를 통하여 일본의 가정재판소가 후견적 법원으로서의 위치를 확고히 할 수 있었던 것으로 평가되었다. 그러나 우리나라의 가사심판법에서는 가사소송사건과 가사비송사건을 모두 가정법원에서 다루도록 하였는데, 이로 인하여 가정법원이 상대적으로 비송을 소홀히 다루게 되었다는 비판이 생겨났다. 당초 가사심판법의 입안자들은 가사소송사건을 모두 비송화한다는 것을 전제로 하였던 것이었지만, 가사소송사건의 비송화는 실체법의 개정이 수반되어야 하는 것이었는데[51] 결국 이루어지지 아니하였던 것이다. 그 후 1991. 1. 1. 개정 민법의 시행이 임박하자, 가사소송법도 1990. 12. 31. 법률 제4300호로 제정되어 1991. 1. 1. 함께 시행되었다. 당시 입안자들은 시한이 촉박하였던 관계로 당시까지의 관행을 존중하여 장차 비송법원적 성격을 강화한다는 전제 아래 가정법원에서 계속 소송과 비송을 모두 다루도록 하고 규율내용을 가사소송규칙에 폭넓게 위임하였다. 이혼에 따른 위자료청구사건은 다류 가

---

51) 예컨대 이혼의 경우 엄격한 유책주의 법제 아래에서는 책임 유무의 판단이 심리의 중점이므로 후견기능이 개입될 여지가 없어 소송사건의 성격을 가지기 때문이라고 한다.

사소송사건으로 규정하여 가정법원의 전속관할이 되었고, 재산분할사건은 마류 가사비송사건으로 분류되었다. 재산분할청구권을 잠재적인 공유재산의 분할이라고 보거나 혼인 중 기여한 재산의 반환(부당이득반환)으로 보는 경우에는 소송적 성격이 강하지만, 그 청구권에는 부양청구적인 성격이 있고 또 엄격한 법률요건에 의한 재판을 하는 경우 입증의 곤란이 있다는 점 등을 고려하여 법원이 후견적 입장에서 재량으로 분할하도록 함이 타당하다고 생각되어 비송으로 한 것이라고 한다.[52]

　　이와 같이 재산분할을 비송사건으로 규정한 점에 대하여는 비판론이 있다.[53] 이 견해는 재산분할사건을 비송사건으로 규정한 것은 부양적 요소를 중시한 점과 입증곤란 문제를 해결하려 한 점 때문이었으나, 실무상 부양적 재산분할의 비중이 낮은데다 마류 가사비송사건은 대심 구조의 공개재판이고 처분권주의가 적용되므로 전형적인 비송사건도 아니라는 것이다. 우리 가사소송법상 가사소송과 가사비송은 어차피 모두 가정법원의 관할이므로 이를 준별할 필요성도 적고, 일본의 경우 소송과 비송의 준별에 관한 비판이 대두하여 2004. 1. 1.부터는 관련 법률 개정으로 지방재판소 관할이던 소송사건들을 모두 가정재판소로 이관하였다는 사정을 지적하고 있다. 특히 이 견해는 재산분할청구권을 비송사건으로 본 것을 기초로 채권자대위권에 있어서 재산분할청구권의 피보전권리성을 부인하는 일본 최고재판소의 1980. 7. 11. 판결이 나왔고, 이를 우리 대법원이 무비판적으로 받아들임으로써 재산분할청구권의 실효성이 확보되지 못한 것이라고 분석한다.

　　그러나 이러한 견해는 선뜻 수긍하기 어렵다. 소송과 비송의 준별 필요성이 약화된 것은 맞으나, 이는 비송사건을 소송사건으로 취급하는 것이 타당하다는 것이 아니라 소송사건에서 비송적 성격을 강화하려는 것인데 위 견해는 그에 역행한다. 재산분할제도는 개개 재산의 분할이 아니라 전체 재산의 총체적 분할을 꾀하는 것이고, 상황에 맞게 다양한

---

52) 서정우, 각주 41의 글, 678면.
53) 민유숙, 각주 50의 글; 민유숙, 각주 48의 글, 45면 이하.

분할방법을 강구할 수 있어야 한다는 점에서 전형적인 비송적 성격을 띠고 있다. 대법원도 아래에서 보는 바와 같이 최근 채무나 퇴직연금 등의 분할방법에 있어서 법원 재량의 확대를 강조하고 있고, 실무에서는 부양적 재산분할에 대한 관심이 고조되고 있기도 하다. 최근 가사소송법 개정에 관한 논의에서도 이를 계속 비송사건으로 분류하는 데에는 변화가 없는 것으로 보인다. 결국 재산분할청구권의 실효성 확보에 관한 문제는 재산분할사건을 소송사건화함으로써 해결할 문제는 아니라고 보여진다.

2) 심리의 특징

가사비송절차에 관하여는 가사소송법에 특별한 규정이 없는 한 비송사건절차법 제1편의 규정을 준용한다(가사소송법 34조 본문). 비송사건절차에 있어서는 민사소송의 경우와 달리 당사자의 변론에만 의존하는 것이 아니고, 법원이 자기의 권능과 책임으로 재판의 기초가 되는 자료를 수집하는 이른바 직권탐지주의에 의하고 있으므로, 원고가 어떤 부동산을 재산분할대상의 하나로 포함시킨 종전 주장을 철회하였더라도, 법원은 원고의 주장에 구애되지 아니하고 재산분할의 대상이 무엇인지 직권으로 사실조사를 하여 포함시킬 수 있다(대법원 1995. 3. 28. 선고 94므1584 판결 등 다수). 따라서 증거로 나타난 특정 재산의 존부에 관하여 다툼이 없더라도 그 심리에 신중을 기하여야 한다. 대법원 1997. 12. 26. 선고 96므1076, 1083 판결은 증거에 나타난 채무를 간과하였음을 탓하여 원심을 파기하였고, 대법원 1999. 11. 26. 선고 99므1596, 1602 판결은 변제공탁서와 대위변제증서가 증거로 제출되어 있음에도 해당 채무를 분할대상에 포함시켰다는 이유로 원심을 파기한 사례이다. 나아가 앞서 본 바와 같이, 당사자가 소송 중에 일부 재산에 관한 분할방법에 관한 합의를 하였다고 하더라도 법원으로서는 당사자가 합의한 대로 분할을 하여야 하는 것은 아니다(대법원 2013. 7. 12. 선고 2011므1116 판결).

그러나 마류 가사비송사건은 본질적으로 대심적 구조의 분쟁사건이다. ① 심판청구는 상대방을 지정하여야 하고(가사소송규칙 91조), 심판은 특별한 사정이 없으면 사건관계인을 심문하고 하여야 한다(가사소송법 48조). 당사자가 여러 명일 때에는 그 심리절차에 민사소송법 중 공동소송에 관한 규정이

준용된다(가사소송법 47조). ② 비송사건절차법 13조는 심문의 비공개를 규정하고
있으나, 마류 가사비송사건에는 성질상 준용되지 않는다고 본다. 마류 가
사비송사건은 조정전치주의의 적용을 받는데(가사소송법 50조), 가사소송법 49조가
준용하는 민사조정법 20조는 공개를 원칙으로 하기 때문이다. ③ 상대방
은 제1심의 절차종결 시까지 청구인의 청구와 서로 관련된 마류 가사비
송사건으로서 금전의 지급이나 물건의 인도, 그 밖에 재산상의 의무이행
을 구하는 반대청구를 할 수 있는데(가사소송 규칙 92조), 이는 소송사건에서의 반소에
해당하는 것이다. ④ 청구인과 상대방은 심판에 대하여 즉시항고를 할
수 있고(가사소송규칙 94조 1항), 심판은 확정되어야 효력이 있다(가사소송법 40조 단서, 43조). ⑤ 재산분
할청구에 있어서는 청구취지에 구속되어 당사자가 구하는 청구취지를 초
과하여 의무이행을 명할 수 없다(가사소송규칙 93조 2항 본문). 따라서 청구액 이상으로 인용
할 수 없고, 항고심 심판범위도 불복신청의 범위로 한정된다. 다만 이러
한 구속력은 청구금액에만 미치고 분할방법에까지는 미치지 않는다.[54]

처분권주의와 관련하여 대법원은, "본소 및 반소에 의한 이혼 및
재산분할청구 등이 병합된 사건에서 하나의 판결이 선고된 경우, 당사
자가 본소와 반소에 의한 재산분할청구에 대하여 소송물과 금액을 특
정하여 항소를 제기하고 있다면, 항소심은 당사자의 불복신청의 한도
내에서 1심판결의 당부를 판단할 수 있을 뿐이므로, 항소심의 심판범
위는 특별한 사정이 없는 한 당사자가 항소취지에서 특정한 소송물과
금액을 기준으로 하여 결정하여야 한다(대법원 1996. 12. 23. 선고 95므1192 판결)"고 한다. 또한 대
법원은 "원고가 본소의 이혼청구에 병합하여 재산분할청구를 제기한
후 피고가 반소로서 이혼청구를 한 경우, 원고가 반대의 의사를 표시
하였다는 등의 특별한 사정이 없는 한, 원고의 재산분할청구 중에는
본소의 이혼청구가 받아들여지지 않고 피고의 반소청구에 의하여 이혼
이 명하여지는 경우에도 재산을 분할해 달라는 취지의 청구가 포함된

---

54) 법원이 분할방법을 변경할 경우에는 청구취지의 추가적 변경을 권유하여 심판범
위를 둘러싼 문제점을 미연에 방지하는 것이 바람직하다는 견해로, 이상훈, 각주
34의 글, 84면.

것으로 봄이 상당하다고 할 것이므로(이때 원고의 재산분할청구는 피고의 반소청구에 대한 재반소로서의 실질을 가지게 된다), 이러한 경우 사실심으로서는 원고의 본소 이혼청구를 기각하고 피고의 반소청구를 받아들여 원·피고의 이혼을 명하게 되었다고 하더라도, 마땅히 원고의 재산분할청구에 대한 심리에 들어가 원·피고가 협력하여 이룩한 재산의 액수와 당사자 쌍방이 그 재산의 형성에 기여한 정도 등 일체의 사정을 참작하여 원고에게 재산분할을 할 액수와 방법을 정하여야 한다(대법원 2001. 6. 15. 선고 2001므626 판결)"고 한다.

한편 가사비송사건에 대하여는 형식적 확정력과 형성력, 집행력이 있으나 기판력은 발생하지 않는다는 견해가 우세하다.[55] 일본의 경우에도 가사심판은 가정법원이 후견적 입장에서 합목적으로 판단을 내리는 것임을 근거로 기판력을 부정하는 것이 실무 및 다수설이라고 한다.[56] 그러나 이혼에 따른 재산분할은 당사자 대립구조와 쟁송성을 갖추고 있는데도 정책적 고려에 의하여 비송적 성격이 인정되는 것임에도, 기판력까지 인정하지 않는 것은 분쟁의 반복적인 재연을 초래할 가능성이 있다. 대법원은 "재산분할재판에서 분할대상인지 여부가 전혀 심리된 바 없는 재산이 재판확정 후 추가로 발견된 경우에는 이에 대하여 추가로 재산분할청구를 할 수 있다(대법원 2003. 2. 28. 선고 2000므582 판결)"고 판시하기도 하였는데, 이러한 설시만으로는 기판력을 긍정하거나 부정한 것이라고 단정하기 어렵다. 생각건대 직권탐지주의라는 가사심판절차의 특성상 기판력의 범위가 지나치게 넓어짐으로써 재산분할심판 확정 후 은닉재산 등이 추가로 발견된 경우 권리구제가 어려울 수 있다. 그러나 그러한 경우 추가로 발견되는 재산에 대한 분할의 길을 열어주고 종전 분할심판의 내용을 참작하면 되는 것이지 종전재산에 대한 심리까지 모두 다시 하도록 하는 것은 지나치게 소송경제에 반할 뿐 아니라 이미 재산분할심판에 기초하여 형성된 거래관계를 혼란스럽게 한다. 단순 누락의 경우라면 당사자들에게도 책임이 있으므로 기판력에 의

---

55) 법원실무제요: 가사(Ⅱ), 법원행정처, 2010, 512면.
56) 우세나, 가사사건의 기판력, 안암법학 36호, 2011, 565면.

한 차단을 허용함으로써 분쟁의 1회적 해결을 도모하여야 할 것이고, 은 닉 등으로 직권탐지조차 사실상 불가능하였던 재산이라면 심리가능성이 없었으므로 기판력이 미친다고 볼 이유가 없다. 대법원에서 추진하는 가 사소송법 개정안에는 기판력을 인정하는 조항이 포함되어 있다.[57]

그 밖에 대법원은 원·피고 공동 명의의 부동산이 분할대상임을 전 제로 원고에게 귀속시켜 이에 관한 피고 명의의 지분의 이전등기절차이 행을 명하고, 원고로 하여금 피고에게 그 가액의 일부에 상당하는 재산 분할금을 지급할 것을 명하는 재판이 확정되었으나 그 후 제3자가 제기 한 민사재판에서 위 부동산이 제3자가 명의신탁한 재산으로서 분할대상 재산이 아닌 것으로 밝혀진 사안에서, "확정된 민사재판에 의하여 원고는 피고로부터 위 부동산에 관하여 소유권을 이전받을 수 없게 되었음에도 불구하고 확정된 재산분할재판 중 재산분할금 지급부분만을 인용하여 원 고로 하여금 일방적으로 피고에게 재산분할금을 지급하도록 하는 것은 채무명의의 이용이 신의칙에 위반되어, 그 채무명의에 기한 집행이 현저 히 부당하고 상대방으로 하여금 그 집행을 수인토록 하는 것이 정의에 반함이 명백하여 사회생활상 용인할 수 없는 예외적인 경우에 해당하므 로 원고는 청구이의 소로써 종전 재산분할재판 중 금전지급을 명하는 부분의 집행력의 배제를 구할 수 있다(대법원 2003. 2. 28. 선고 2000므582 판결)"고 판시한 바 있는데, 이를 기판력에 관한 판결로 보기는 어렵다.

Ⅲ. 분할의 대상 및 방법

1. 특유재산 등

가. 부부 일방의 명의로 된 재산

1) 대 상 성

분할의 대상이 되는 재산은 그 명의와 관계없이 혼인 중에 쌍방의 협력에 의하여 형성된 재산이다. 대법원은 제도 시행의 초기부터 "부부

---

57) 법원행정처 산하 '가사소송법 개정위원회'가 2015. 1.경 작성한 가사소송법 전부 개정법률안 117조.

일방의 특유재산은 원칙적으로 분할대상이 되지 아니하나, 특유재산일지
라도 다른 일방이 적극적으로 특유재산의 유지에 협력하여 감소를 방지
하였거나 증식에 협력하였다고 인정되는 경우에는 분할대상"이라고 판시
하고 있다(대법원 1993. 5. 25. 선고 92므501 판결 등 다수. 가장 최근의)
것으로는, 대법원 2013. 10. 17. 선고 2013므3116 판결).

그러나 대법원의 이와 같은 설시방식에는 의문이 없지 않다. 우리
민법 830조 1항의 문언상 부부의 일방이 '혼인 전부터 가진 고유재산'과
'혼인 중 자기의 명의로 취득한 재산'은 상대방 배우자의 기여 여부와 관
계없이 모두 명의자의 '특유재산'이 되며, 이것이 부당하기 때문에 이를
보완하기 위하여 재산분할제도가 신설된 것이다. 그런데도 대법원은 특
유재산 전반에 대하여 "원칙적으로 분할대상이 되지 않는다"고 먼저 선언
하고 있는 것이다.

이와 같은 태도의 원인은 용어의 혼란에 있다. 재산분할제도 시행
전 내부적 공유설에 입각한 부부재산의 귀속은 ① 명실공히 부부 각자의
소유에 속하는 재산(혼인 중이건 혼인 해소 후이건 각자의 소유이므로 재산
분할청구권이 없다), ② 명실공히 부부공유에 속하는 재산(가재도구 등. 민
법 268조의 적용을 받으므로 이혼으로 인한 재산분할과 무관하다), ③ 명의
는 부부 일방에 속해 있으나 실질적으로는 부부공동의 소유에 속하는 재
산(재산분할 청구의 대상)으로 설명되었다.[58] 이는 이른바 '1종재산' 내지
'3종재산'의 구별에 대응하는 것이다. 그런데 재산분할제도가 시행된 직후
국내에서는, 일본의 학설과 하급심 판결을 따라 ①을 '특유재산', ②를
'공유재산', ③을 '실질적 공유재산'으로 칭하면서 "부부 일방의 특유재산
은 원칙적으로 청산의 대상이 되지 않지만, 공동재산은 없고 일방의 특
유재산만 있는데 타방이 그 특유재산의 유지에 적극적으로 기여하여 감
소를 방지하였다고 보여지는 경우에는 공평의 견지에서 그 기여도를 평
가하여 재산분할을 할 수 있다"고 주장하는 견해가 등장했다.[59] 이는 이
른바 '1종재산'만 '특유재산'이라고 보는 것인데, 앞서 본 대법원의 판시는

---

58) 김숙자, 재산분할청구권, 가족법연구 4호, 1990, 108~109면.
59) 김영갑, 각주 24의 글, 236~237면. 일부 밑줄은 필자 추가.

이와 같은 일본 하급심 판결의 용례를 차용한 것으로 생각된다. 1종재산
과 3종재산의 개념구별은 실무상 상당한 의미가 있으므로 이를 활용하
되, 대내적 공유설의 입장과 분리하기 위하여 특유재산을 '단독취득재산'
과 '공동취득재산'으로 구분하여 명명할 것을 제안해 본다. 이상의 개념을
도표화하면 아래와 같다.

명칭	특유재산 (일방명의 보유: 민법 830조 1항)			공유재산 (공동으로 보유)
혼인 전 취득	고유재산 (민법 830조 1항 전단)	-		-
혼인 중 취득	-	단독으로 (상속·증여 등)	공동노력으로 (가사노동포함)	가재도구 또는 공동명의 취득
명칭	'1종재산' = 단독취득재산	'3종재산' = 공동취득재산		'2종재산'
분할대상성	△(유지·증식에 기여한 경우)	○		○

아무튼 내부적 공유설이나 일본의 하급심이 재산분할 대상을 특유재
산 중 공동취득재산(3종재산)에 한정하거나 그것이 없는 경우에 보충적으
로만 단독취득재산(1종재산)의 분할을 인정한 것과 달리, 대법원은 단독
취득재산의 경우에도 공동취득재산과 함께 재산분할 대상성을 인정하고
있다는 데에 큰 의미가 있다.[60] 다만 단독취득재산의 경우 그 개념상 상
대방 배우자가 '취득'에 기여할 수는 없는 것이므로, '감소 방지나 증식
협력'의 점에서 기여를 인정받는 것이 조건이다. 그런데 공동취득재산인
경우 명의자 아닌 배우자가 소득활동을 하지 않고 가사노동에만 종사하였
다고 하더라도 '취득'에 대한 기여가 인정되는 것과 마찬가지로, 단독취득
재산 역시 같은 기준에 따라 '감소 방지나 증식 협력'에 관한 기여를 인정

---

60) 이에 대하여는, 판례가 부부의 모든 재산을 재산분할의 대상으로 확대함으로써
법률해석의 이름으로 실정법인 별산제를 사실상 폐지하고 부부재산공유제를 실질
적인 부부재산제의 원칙으로 새로이 창설하였다는 비판이 있다. 이진기, 부부재산
분할청구권의 보전을 위한 취소권 제도 비판, 인권과 정의 392호, 2009, 42면. 그
러나 '이혼시' 재산분할의 대상을 넓게 인정하였다는 이유만으로 '혼인 중' 부부재
산의 귀속이 별산제라는 민법을 폐지한 것으로 이해하는 것은 수긍하기 어렵다.

받으므로, 결과적으로 가사노동에만 종사한 배우자의 분할청구권이 매우 넓게 인정되는 것이다. 이런 취지에서 대법원은, "부부 중 일방이 상속받은 재산이거나 이미 처분한 상속재산을 기초로 형성된 부동산이더라도 이를 취득하고 유지함에 있어 상대방의 가사노동 등이 직·간접으로 기여한 것이라면 재산분할의 대상이 된다(대법원 1994. 10. 25. 선고 94므734 판결 등 다수)"고 하고, "이는 부부 중 일방이 제3자로부터 증여받은 재산도 마찬가지이다(대법원 2009. 6. 9. 자 2008스111 결정)"라고 설시하고 있다.

재산분할제도 시행 초기에는 기여도에 관한 입증의 어려움 등을 이유로 재산분할청구권의 실효성을 의심하는 견해가 있었으나, 대법원은 재산분할 대상을 확대함으로써 재산분할청구권의 실효성을 크게 높여 주로 경제적 약자이던 처의 권리를 확보하는 역할을 한 것이다. 반면 단독취득재산과 공동취득재산을 구분하지 않고 모두 분할의 대상으로 삼음으로써 단독취득재산에 대한 보유명의자의 처분 자유가 위축되는 한편 사해행위 취소권과 결합할 경우 거래 상대방의 신뢰를 해할 우려도 커지게 되었다.

2) 분할방법

대법원은 일반적으로 재산분할의 방법에 관하여 "부부 각자에게 귀속하게 한 재산가액의 비율과 법원이 인정한 그들 각자의 재산분할 비율이 다를 경우에는 그 차액을 금전으로 지급·청산하게 하여야 한다(대법원 2000. 9. 22. 선고 99므906 판결)"고 판시한 바 있다. 실무상 특유재산인 부동산은 지분 이전의 현물분할을 명하거나, 현재의 소유명의를 각자 그대로 유지하게 하되 재산분할 비율에 따라 그 차액을 금전으로 정산하도록 하고 있다.

나. 제3자 명의의 재산

1) 분할대상성

분할대상이 그 명의가 아니라 실질적 협력에 의하여 형성된 재산인지 여부에 따라 판단된다는 원리는 제3자 명의의 재산에 관한 대법원의 태도에서도 확인된다.

대법원은 일찍부터, "다른 사람에게 명의신탁된 재산이라도 실질적으로 부부 중 일방의 소유에 속하는 한 재산분할의 대상이 된다(^{대법원 1993. 6. 11.}_{선고 92므1054 판결})"
고 판시한 바 있다. 그 후 대법원은 이를 한층 일반화·유형화하여, "제3
자 명의의 재산이더라도 그것이 부부 중 일방에 의하여 명의신탁된 재산
또는 부부의 일방이 실질적으로 지배하고 있는 재산으로서 부부 쌍방의
협력에 의하여 형성된 것이거나 부부 쌍방의 협력에 의하여 형성된 유
형, 무형의 자원에 기한 것이라면 그와 같은 사정도 참작하여야 한다는
의미에서 재산분할의 대상이 된다(^{대법원 1998. 4. 10.}_{선고 96므1434 판결})"고 판시한 이래 최근까지
도 이를 반복하고 있다(^{대법원 2013. 7. 12. 선고}_{2011므1116, 1123 판결}). 때로는 명의자 아닌 배우자의 기
여 형태가 가사노동 등에 그친 경우도 포함된다는 의미에서 "제3자 명의
의 재산이라도 그것이 부부 중 일방에 의하여 명의신탁된 재산 또는 부
부의 일방이 실질적으로 지배하고 있는 재산으로서 부부 쌍방의 협력에
의하여 형성된 것, 부부 쌍방의 협력에 의하여 형성된 유형·무형의 자
원에 기한 것 또는 <u>그 유지를 위하여 상대방의 가사노동 등이 직·간접
으로 기여한 것이라면</u> 그와 같은 사정도 참작하여야 한다는 의미에서 재
산분할의 대상이 된다(^{대법원 2009. 11. 12.}_{선고 2009므2840 판결})"라고 설시하기도 하였다.

　　제3자 명의의 재산은 부동산 등 등기된 권리에 한하지 않고 예금에
도 적용된다(^{대법원 2009. 6. 9. 자}_{2008스111 결정} : 자녀 명의 예금인출액을 분할대상에 포함시킨 사
안). 대법원은 "혼인 중에 쌍방의 협력에 의하여 이룩한 부부의 실질적인 공
동재산은 부동산은 물론 현금 및 예금자산 등도 포함하여 그 명의가 누구에
게 있는지 그 관리를 누가 하고 있는지를 불문하고 재산분할의 대상이 되는
것(^{대법원 1999. 6. 11. 선고}_{96므1397 판결} : 원고가 원·피고 명의의 적금 또는 보험통장 11개를 관리
한 사안)"이라고 설시하였다.

　　2) 분할방법

　　제3자 명의의 재산을 분할하는 경우 소송의 당사자가 아닌 해당 제
3자에게 직접 권리이전을 명할 수는 없으므로, 이를 실질적으로 보유하
는 부부 일방에게 그 가액의 지급을 명하거나 다른 재산가액의 산정에
적절히 계상하여야 할 것이다. 위 2009므2840 판결에서도 "합유재산이라
는 이유만으로 이를 재산분할의 대상에서 제외할 수는 없고, 다만 부부

의 일방이 제3자와 합유하고 있는 재산 또는 그 지분은 이를 임의로 처분하지 못하므로, 직접 당해 재산의 분할을 명할 수는 없으나 그 지분의 가액을 산정하여 이를 분할의 대상으로 삼거나 다른 재산의 분할에 참작하는 방법으로 재산분할의 대상에 포함하여야 한다"고 판시한 바 있다(대지에 관하여 피고와 소외1의 합유로 등기되어 있으나, 그 지상 주택 등은 피고 단독 명의 등기가 이루어졌고 피고 개인채무에 담보제공되어 있는 등 실질적으로 피고가 단독으로 소유하고 있는 재산으로 볼 여지가 있다고 본 사안이다).

2. 채　　무
가. 채무초과가 아닌 경우
1) 분할대상성

부부에게 순재산이 남아 있는 경우에는 소극재산도 분할대상이 됨에 의문이 없다. 이에 관하여 대법원은 초창기부터, "부부 일방이 혼인중 제3자에게 부담한 채무는 일상가사에 관한 것 이외에는 원칙으로 개인채무로서 청산대상이 되지 않으나, 공동재산의 형성에 수반하여 부담한 채무인 경우에는 청산대상이 된다(대법원 1993. 5. 25. 선고 92므501 판결 등 다수)"는 판시를 반복하고 있다.

일상가사채무의 경우에는 어차피 부부가 연대책임을 지므로 분할비율을 정하는 것은 내부적 구상권의 문제에 그친다. 반면 공동재산의 형성에 수반하여 부담한 채무인 경우에는 공동재산을 분할받는 이익만큼 채무도 분담하는 것이 자기책임의 이념이나 형평의 원칙에 부합할 것이다. 대법원이 분할대상성을 인정한 사례로는, ① 분할대상 재산인 건물의 신축을 위한 차용금 채무(대법원 1994. 12. 2. 선고 94므1072 판결), ② 분할대상인 부동산에 관하여 부부 일방이 부담하는 임대차보증금반환채무(대법원 1999. 6. 11. 선고 96므1397 판결, 대법원 2011. 3. 10. 선고 2010므4699, 4705, 4712 판결), ③ 파탄 이전의 정상적인 혼인생활 중에 주 수입원으로 영위하였던 사업상의 거래관계에서 발생하여 상대방도 용인하였던 채무(대법원 2005. 8. 19. 선고 2003므1166 판결) 등이 있고, ④ 농협 가계일반자금대출채무는 일상가사이거나 공동재산 형성에 수반된 채무일 가능성이 많은데 심리를 하지 아니하였다는 이유로 파기한 사례도 있다(^{대법원 2002. 8. 28.자}_{2002스36 결정}). ⑤ 조세채무에 관한 사례로는, "재산분할의 대상이 되는 분양권 매도대금을 형성하는 데 필수적으로 지출되는 비용인 '양도소득세 및 주민세'는 청산의 대상이 된다(^{대법원 2010. 4. 15.}_{선고 2009므4297 판결})"고 본 판결이 있다. 반면 상호신용금고 대출금이 피고가 종전부터 위 상호신용금고에 대하여 부담하고 있던 변상약정금채무의 변제 또는 소외 회사에 대하여 부담하고 있던 물상보증책임을 소멸시키기 위한 채무의 변제 등에 소비되었거나 피고 경영 양계장의 운영비로 소비되었다는 이유로 분할 대상이 아니라고 본 사례가 있다(^{대법원 1994. 11. 11.}_{선고 94므963 판결}). 공동재산의 형성·유지에 수반하여 부담한 채무인 이상, 그 채무로 인하여 취득한 특정 적극재산이 남아있지 않더라도 그 채무부담행위가 부부 공동의 이익을 위한 것으로 인정될 때에는 혼인 중의 공동재산의 형성·유지에 수반하는 것으로 보아 청산의 대상이 된다(^{대법원 2006. 9. 14.}_{선고 2005다74900 판결}).

2) 분할방법

채무의 경우 분할방법이 문제된다. 그에 관한 대법원의 태도는, "부부 일방이 위와 같이 청산의 대상이 되는 채무를 부담하고 있는 경우에 재산분할의 비율 또는 액수를 정함에 있어서는, 이를 고려하여, 금전의 지급을 명하는 방식의 경우에는 그 채무액을 재산가액으로부터 공제한 잔액을 기준으로 지급액을 산정하여야 하고, 목적물의 지분을 취득시켜 공유로 하는 방식의 경우에는 상대방의 취득비율을 줄여 주는 등으로 분할비율을 합리적으로 정하여야(^{대법원 1994. 12. 2.}_{선고 94므1072 판결})" 한다는 것이다('代償支給방식').

반면 채무를 분할귀속시키는 방법으로 분할하는 것은('債務引受방식') 면책적 채무인수에 해당하므로, 채권자의 승낙 등 필요한 요건을 갖추어야만 대외적인 효력을 갖게 된다. 따라서 "재산분할에 관한 판결의 이유에서 부부의 공동채무를 처에게 귀속시킨다고 설시한 경우, 그 판결이 그대로 확정된다고 하더라도 그로써 위 채무 중 남편이 부담하여야 할 부분이 처에게 면책적으로 인수되는 법률적 효력이 발생한다고 볼 근거는 없으므로, 위 채무가 모두 처에게 귀속됨을 전제로 이를 재산분할금에 가산하여 재산분할의 판결을 할 수는 없다(^{대법원 1999. 11. 26. 선고 99므1596 판결, 대법원 2010. 5. 13.}_{선고 2010므390 판결, 대법원 2010. 12. 23. 선고 2009므3928 판결})[61]). 다만 이 경우 부부 사이의 대내적 관계에서 구상금 청구의 근거가 될 수 있을 것이다. 한편 임대차의 목적물인 부동산의 소유권이 이전되는 경우 그 부동산이 주거용 건물로서 주택임대차보호법에 따라 임대인의 지위가 당연히 승계되는 등의 특별한 사정이 없는 한, 재산분할의 방법으로 부동산의 소유권이 이전된다고 하여 그에 수반하여 당해 부동산에 대한 임대차보증금반환채무가 새로운 소유자에게 면책적으로 인수되는 것은 아니다(대법원 1997. 8. 22.
선고 96므912 판결).

나. 채무초과인 경우 : 판례변경

1) 분할가능성

당초 대법원은 원고(처)는 약간의 적극재산이 있고 피고(남편)는 적극재산이 있으나 소극재산이 더 많아 부부의 총재산이 채무초과인 사안에서, "부부 일방이 혼인 중 제3자에게 채무를 부담한 경우에 그 채무 중에서 공동재산의 형성에 수반하여 부담하게 된 채무는 청산의 대상이 되는 것이므로, 부부 일방이 위와 같이 청산의 대상이 되는 채무를 부담하고 있어 총 재산가액에서 위 채무액을 공제하면 남는 금액이 없는 경우에는 상대방의 재산분할 청구는 받아들여질 수 없다(대법원 1997. 9. 26.
선고 97므933 판결)"고 판시한 바 있다. 그리고 재산분할 대상으로 확정한 적극재산의 총가액보다 소극재산의 총가액이 더 많은 사안에서도 같은 취지로 판시하면서, "법원이 합리적인 근거 없이 적극재산과 소극재산을 구별하여 분담비율을 달리 정한다거나, 분할대상 재산들을 개별적으로 구분하여 분할비율을 달리 정함으로써 분할할 적극재산의 가액을 임의로 조정하는 것은 허용될 수 없다"고도 판시하였다(대법원 2002. 9. 4.
선고 2001므718 판결).

위 각 판결이 선고된 직후에는 그에 대한 비판을 찾아보기 어려웠다. 채무만의 분할을 인정하는 외국의 사례가 없다는 점도 이를 뒷받침하였다.[62] 그런데 2000년대 중반에 들어와 종전의 법리로는 형평에 맞지

---

61) 공동재산인 건물을 임대하고 수령한 보증금 반환채무는 불가분채무인데, 원심이 이를 피고에게 귀속시키는 것으로 선고한 사례.

62) 민유숙, 재산분할의 대상인 소극재산이 적극재산을 초과하는 경우 분할비율을 달리 정할 수 있는지 여부, 대법원판례해설 42호, 2003, 861-862면.

않는 다수의 사례들이 나타나면서, 이와 같은 법리에 대한 비판적 의견
이 상당수 대두하였다.[63] 그리고 마침내 대법원은 앞서 본 '채무초과 부
부 재산분할청구사건(원고는 소극재산이 더 많고 피고는 적극재산이 더 많
으나 쌍방의 재산을 합산하면 채무초과인 사안)'에서 위와 같은 판결들을
모두 폐기하고, "소극재산의 총액이 적극재산의 총액을 초과하여 재산분
할을 한 결과가 결국 채무의 분담을 정하는 것이 되는 경우에도 법원은
채무의 성질, 채권자와의 관계, 물적 담보의 존부 등 일체의 사정을 참작
하여 이를 분담하게 하는 것이 적합하다고 인정되면 구체적인 분담의 방
법 등을 정하여 재산분할 청구를 받아들일 수 있다(대법원 2013. 6. 20. 선고
2010므4071, 4088 전원합의체 판결)"
고 판시하기에 이르렀다.

위 판결에서 나타난 다수의견, 반대의견 및 두 가지의 별개의견의
내용을 정리하면 다음과 같다. ① 다수의견: 적극설(일반적인 재산분할과
마찬가지로 부부공동채무의 전면적인 분할을 허용함), ② 반대의견: 소극설
(총소극재산이 총적극재산을 초과하는 경우 채무를 분담하는 형태의 재산분
할은 불가능함), ③ 별개의견1: 상대방 순재산한도설(총소극재산이 총적극
재산을 초과하더라도, 상대방에게 순재산이 남아 있는 경우에는 그 한도에서
분할청구 가능), ④ 별개의견2: 상대방 적극재산한도설(총소극재산이 총적
극재산을 초과하더라도, 상대방이 적극재산을 보유하는 경우에는 그 한도에
서 분할청구 가능). 예시사안을 통하여 그 결론의 차이를 살펴보면 아래
와 같다.[64]

---

63) 이에 관한 문제제기로는 황승태, 재산분할에 있어 채권 채무의 처리에 관한 고
    찰, 재판자료 101집, 2003; 오상진, 재산분할에 있어서 소극재산이 적극재산을 초
    과하는 경우, 실무연구Ⅹ, 서울가정법원 법관가사재판실무연구회, 2005; 전보성, 소
    극재산이 적극재산을 초과하는 경우 재산분할방법에 관한 시론, 민사판례연구 30권,
    2008 등.
64) 예시사안은 이승원, 부부 쌍방의 총소극재산이 총적극재산을 초과하는 경우에도
    이혼에 따른 재산분할이 가능한지, 사법 25호, 2013, 209면 이하에서 전재함. 사례
    1-1은 청구인에게만 순재산이 있는 경우, 사례1-2는 상대방에게만 순재산이 있는
    경우이며, 사례2는 모두 순재산이 없는 경우이다.

구 분	청구인		상대방		적극설 (다 수)	소극설	순재산 한도설	적극재산 한도설
	적극재산	소극재산	적극재산	소극재산	재산분할 가부 및 상대방의 지급액			
사례 1-1	100만 원	-	-	500만 원	×	×	×	×
사례 1-2	-	500만 원	100만 원	-	300만 원	×	100만 원	100만 원
사례 2-1	-	100만 원	-	500만 원	×	×	×	×
사례 2-2	-	500만 원	-	100만 원	200만 원	×	×	×
사례 2-3	-	500만 원	100만 원	200만 원	200만 원	×	×	100만 원

다수의견의 근거는 종래의 태도인 소극설에 의할 경우 사례 1-2, 2-2, 2-3에서 공동채무의 대부분을 청구인만 부담하는 것으로 남겨 둔다는 점에서 불합리한 결과가 된다는 것이다. 변경된 태도인 적극설에 의할 경우 사례 2-2, 2-3과 같이 상대방에게 적극재산이 전혀 없거나 적극재산보다 더 많은 소극재산이 있는 경우에도 상당한 채무의 분담을 구할수 있게 된다. 위 전원합의체 판결은 우리 대법원이 일본민법의 해석론에서 벗어나 재산분할제도에 대한 독자적인 이해를 바탕으로 공평타당한결론을 도출한 사례로서 큰 의미가 있다. 무엇보다 순재산이 있을 때 채무를 분할하는 이상 순재산이 없을 때에도 채무를 분할하여야 한다고 보는 것이 자연스럽다고 생각된다. 다수의견은 채무초과 상태라고 하더라도 법원이 적극적으로 개입하여 분쟁의 일회적 해결을 도모하려 것으로서, 자신이 기여한 만큼 이익과 책임을 모두 부담해야 한다는 자기책임의 원칙을 바탕에 깔고 있어 혼인법의 특수성보다는 재산법적 일반원리에 기본을 두고 있다고 평가할 수 있다.

2) 분할방법

문제는 구체적인 분담의 방법이다. 우선 분할비율에 관하여 다수의견은 "재산분할 청구 사건에 있어서는 혼인 중에 이룩한 재산관계의 청산뿐 아니라 이혼 이후 당사자들의 생활보장에 대한 배려 등 부양적 요소 등도 함께 고려할 대상이 되므로, 재산분할에 의하여 채무를 분담하게 되면 그로써 채무초과 상태가 되거나 기존의 채무초과 상태가 더욱 악화되는 것과 같은 경우에는 채무부담의 경위, 용처, 채무의 내용과 금액, 혼인생활의 과정, 당사자의 경제적 활동능력과 장래의 전망 등 제반 사정을 종합적으로 고려하여 채무를 분담하게 할지 여부 및 분담의 방법 등을 정할 것이고, 적극재산을 분할할 때처럼 재산형성에 대한 기여도 등을 중심으로 일률적인 비율을 정하여 당연히 분할 귀속되게 하여야 한다는 취지는 아니"라고 하였다. 또한 다수의견에 대한 보충의견은 채무분할의 방식에 관하여 "채무의 성질, 채권자와의 관계, 물적 담보의 존부뿐만 아니라 적극재산과 채무의 연관성, 채무의 변제기, 이혼 당사자의 경제적 활동능력 등 여러 사정을 감안하면, 구체적 사건에서 채무의 인수를 명하는 방식이나 금전지급을 명하는 방식 또는 그 혼합적 형태 등 다양한 방법으로 적합한 재산분할 방식을 찾을 수 있을 것"이라고 하였다. 분할의무자가 채무초과상태인 경우 부양적 요소를 고려하는 것에 어떠한 근거가 있는지는 별론으로 하더라도, 그 결론에 있어서 기여도에 따른 기계적 분할을 경계한 것은 대단히 타당한 견해라고 생각된다. 이로써 근본적으로는 재산법적 원리에 기반한 다수의견도 경우에 따라 혼인관계에 따른 가족법적 고려의 특수성을 반영할 안전장치를 마련해 둘 수 있었다.

결국 사실심으로서는 공동재산 및 공동채무의 존부 및 액수, 공평타당한 분할의 비율과 방식 등에 관하여 더욱 무거운 심리의 부담을 지게 되었다. 우선 공동재산 및 공동채무의 존부 및 액수와 관련하여 실무상 재산분할청구인이 자신의 적극재산을 은폐하거나 채무를 부풀릴 가능성이 더욱 높아지게 되었으므로 주의를 요한다. 다음 분할비율과 관련하여서는 채무의 형성에 더 큰 책임이 있는 부부 일방에게 그에 상응하는 분할비율을 따로 정하거나, 극단적인 경우 그에게 채무 전부를 귀속시키는 방법도 활용할 수 있을 것이다. 분할방법과 관련하여 위 대법원 판결 이후의 하급심 판결들은 대상지급, 채무분할 등 다양한 방법을 동원하고 있는 것으로 나타나는데, 그와 더불어 분할의무자의 적극재산 또는 순재

산 액수를 고려하는 해결책도 배제할 수 없을 것이다.[65]

3. 퇴직급여

종래 부부재산에는 부동산·예금이나 점포·재고물품 등 유형적 재산이 큰 비중을 차지하고 있으나, 최근 퇴직연금·영업권·전문자격 등 새로운 형태의 자산도 그 비중이 높아지고 있다. 미국에서는 찰스 라이히(Charles Reigh) 교수가 1964년 논문에서 '신재산(new property)'이라는 용어를 사용한 이래 연금, 각종 사회보장급여, 전문자격 등을 재산분할의 대상으로 삼아야 한다는 주장이 확산되었다고 한다.[66] 우리 재산분할의 실무에서도 특히 사실심 변론종결일 현재 유형적 재산을 확보하고 있지 못한 부부의 경우, 앞서 본 연금·전문자격 등 비유형적 재산들을 단순히 '기타 사정'으로 고려하는 방식으로는 만족할 만한 재산분할이 이루어지기 어렵다는 점에서 그 관심이 더 높아지고 있다. 최근 대법원도 퇴직급여 분야에서 이와 같은 추세를 반영하여 상당한 변화가 있었다.

가. 기수령 퇴직금, 명예퇴직금

이미 수령한 퇴직금이 분할의 대상임은 의문의 여지가 없다. 대법원은 일찍부터 "퇴직금은 혼인중에 제공한 근로에 대한 대가가 유예된 것이므로 부부의 혼인중 재산의 일부가 되며, 부부 중 일방이 직장에서 일하다가 이혼 당시에 이미 퇴직금 등의 금원을 수령하여 소지하고 있는 경우에는 이를 청산의 대상으로 삼을 수 있다(대법원 1995. 3. 28. 선고 94므1584 판결)"고 하였다.

그런데 대법원은 2010년대에 들어 이미 수령한 명예퇴직금에 관하여 의미 있는 판결을 하였다. "이혼소송의 사실심 변론종결 당시에 부부 중 일방이 직장에서 일하다가 명예퇴직을 하고 통상의 퇴직금 이외에 별도

---

65) 위 대법원 판결 후의 하급심 동향에 관하여는 이승원, 각주 64의 글, 215면(임대차보증금 반환채무의 분할에 있어서는 채무인수방식이 매우 효과적이라고 한다); 진현민, 채무초과인 경우의 재산분할 허용여부, 민사판례연구 34권, 2014, 776면 이하.

66) 한봉희, 전문적자격증과 재산분할청구권, 가족법연구 8호, 1994, 325면; 민유숙, 재산분할 대상이 되는 재산의 확정에 관한 몇 가지 문제점, 법조 50권 3호, 2001, 105면.

로 명예퇴직금 명목의 돈을 이미 수령한 경우, 명예퇴직금이 정년까지 계속 근로로 받을 수 있는 수입의 상실이나 새로운 직업을 얻기 위한 비용지출 등에 대한 보상의 성격이 강하다고 하더라도 일정기간 근속을 요건으로 하고 상대방 배우자의 협력이 근속 요건에 기여하였다면, 명예퇴직금 전부를 재산분할의 대상으로 삼을 수 있다. 다만 법원은 상대방 배우자가 근속 요건에 기여한 정도, 이혼소송 사실심 변론종결일부터 정년까지의 잔여기간 등을 민법 제839조의2 제2항이 정한 재산분할의 액수와 방법을 정하는 데 필요한 기타 사정으로 참작할 수 있다(대법원 2011. 7. 14. 선고 2009므2628 판결)"고 하였다.[67] 명예퇴직금의 경우 임금후불이나 공로보상의 성격을 가진 경우에는 분할대상성을 인정하는 데에 어려움이 없겠으나, 정책적 장려금이나 향후 소득의 보상적 성격을 가지는 경우에는 논란의 여지가 있었다. 그러나 대법원은 하나의 재산 중 부부 공동의 노력으로 형성한 부분과 부부 일방의 특유재산인 부분이 혼재하여 각각의 가액을 특정하기 어려운 경우 일단 적극적으로 그 전체를 분할대상으로 삼는 대신, 특유재산의 성격을 가진 부분을 '기타 사정'으로 고려하도록 하는 태도를 취한 것이다. 이와 같은 '불가분적 혼재'의 기준은 이후 퇴직급여에 대한 대법원의 태도 변화에 큰 기반이 된 것으로 보인다.

나. 장래 수령할 퇴직금 : 판례변경

1) 분할대상성

당초 대법원은 장래 수령할 퇴직금에 대하여는 "부부 일방이 아직 퇴직하지 아니한 채 직장에 근무하고 있을 경우 그의 퇴직일과 수령할 퇴직금이 확정되었다는 등의 특별한 사정이 없다면, 그가 장차 퇴직금을 받을 개연성이 있다는 사정만으로 그 장래의 퇴직금을 청산의 대상이 되는 재산에 포함시킬 수 없고, 장래 퇴직금을 받을 개연성이 있다는 사정은 민법 제839조의2 제2항 소정의 분할의 액수와 방법을 정하는 데 필요한 '기타 사정'으로 참작되면 족하다"는 판시를 반복해 왔다(대법원 1995. 5. 23. 선고 94므1713 판결, 대법원 1998. 6. 12. 선고 98므213 판결, 대법원 2002. 8. 28. 자 2002스36 결정). 다

67) 이 판결에 대한 상세한 평석으로는, 김승정, 명예퇴직금이 재산분할의 대상이 되는지 여부 및 재산분할의 대상이 되는 범위, 대법원판례해설 89호, 2012.

만 대법원은 이혼소송 직후 상대방 배우자가 퇴직금을 수령한 사안에서 "이혼소송의 사실심 변론종결일 당시 직장에 근무하는 부부 일방의 퇴직과 퇴직금이 확정된 바 없으면 장래의 퇴직금을 분할의 대상이 되는 재산으로 삼을 수 없음이 원칙이지만, 그 뒤에 부부 일방이 퇴직하여 퇴직금을 수령하였고 재산분할청구권의 행사기간이 경과하지 않았으면 수령한 퇴직금 중 혼인한 때로부터 위 기준일까지의 기간 중에 제공한 근로의 대가에 해당하는 퇴직금 부분은 분할의 대상인 재산이 된다(대법원 2000. 5. 2.
자 2000스13 결정)"고 판시하여 그 인정범위를 일부 확대하였을 뿐이다.

학설은 이러한 입장에 동조하는 견해도 있으나,[68] 비판론이 다수 대두되었다.[69] 이는 종전의 태도에 의할 때 이혼 직전에 퇴직한 경우와 비교하여 불공평하다는 점, 장래의 퇴직금청구권도 1/2범위에서 압류·전부의 대상이 되므로 재산성을 인정할 수 있다는 점, 실제 대부분 정상적으로 퇴직금이 지급되고 있다는 점, 장래 퇴직금은 그 경제적 가치의 평가가 용이하다는 점, 이혼 후 제척기간 2년 내에 퇴직금이 확정될 것을 요구하는 것은 지나치게 형식적이라는 점, 장래 수령할 퇴직금을 '기타 사정'으로만 참작할 경우 그 참작 정도를 예측하기 어려울 뿐 아니라, 무엇보다 분할대상인 다른 재산이 없는 경우 기타 사정으로도 참작될 수 없다는 점 등을 논거로 한다.

최근 대법원은 이러한 흐름을 반영하여 종전의 판례를 변경하면서, "근로자퇴직급여보장법, 공무원연금법, 군인연금법, 사립학교교직원연금법이 각 규정하고 있는 퇴직급여는 사회보장적 급여로서의 성격 외에 임금의 후불적 성격과 성실한 근무에 대한 공로보상적 성격도 지닌다. 그리고 이러한 퇴직급여를 수령하기 위하여는 일정기간 근무할 것이 요구되

---

68) 박동섭, 친족상속법, 박영사, 2009, 211면.

69) 김원수, 퇴직금이 재산분할의 대상이 되는지 여부, 창원지방법원 재판실무 3집, 2005; 김승정, 재산분할의 대상이 되는 재산의 확정, 광주지방법원 재판실무연구, 2004; 배인구, 연금의 재산분할 대상성에 관한 검토, 사법논집 50집, 2011, 236-237면; 권오봉, 퇴직금·퇴직연금이 재산분할의 대상이 되는지 여부, 전남대학교 법학논총 32집 3호, 2012.

는바, 그와 같이 근무함에 있어 상대방 배우자의 협력이 기여한 것으로 인정된다면 그 퇴직급여 역시 부부 쌍방의 협력으로 이룩한 재산으로서 재산분할의 대상이 될 수 있다. …비록 이혼 당시 부부 일방이 아직 재직 중이어서 실제 퇴직급여를 수령하지 않았더라도 이혼소송의 사실심 변론종결 시에 이미 잠재적으로 존재하여 경제적 가치의 현실적 평가가 가능한 재산인 퇴직급여채권은 재산분할의 대상에 포함시킬 수 있으며, 구체적으로는 이혼소송의 사실심 변론종결 시를 기준으로 그 시점에서 퇴직할 경우 수령할 수 있을 것으로 예상되는 퇴직급여 상당액의 채권이 그 대상이 된다(^{대법원 2014. 7. 16. 선고}
2013므2250 전원합의체 판결)"고 판시하였다.

2) 분할방법

구체적인 분할방법에 대하여는 일본 하급심의 사례에 비추어 예상 퇴직금을 기초로 이혼시 지급하게 하는 '이혼시 청산형'과 장래 퇴직금 수령을 정지조건으로 지급하게 하는 '퇴직시 청산형'을 생각할 수 있으나, 신속한 권리관계 확정 등을 위하여 이혼시 청산형을 선택한 것으로 보인다. 다만 이 경우 분할의무자에게 현재 분할해 줄 재산이 없어 집행의 어려움이 예상될 경우 지급시기를 유예하거나 퇴직 시점에 청산하도록 하는 등 예외를 인정할 수 있을 것인지 문제된다. 나아가 예상 퇴직금 산정에 있어서 분할의무자가 이혼 당시 이미 20년 이상 재직한 공무원인 경우 퇴직일시금을 기준으로 분할할 것인지 퇴직연금을 기준으로 분할할 것인지의 문제가 있으나, 이에 대하여는 대법원이 명확한 입장을 밝히지 않았다.[70]

다. 향후 수령할 퇴직연금 : 판례변경

1) 분할대상성

당초 대법원은, "향후 수령할 퇴직연금은 여명을 확정할 수 없으므로 이를 바로 분할대상 재산에 포함시킬 수는 없고, 이를 참작하여 분할액수와 방법을 정함이 상당하다(^{대법원 1997. 3. 14. 선고}
96므1533, 1540 판결)"는 입장이었다. 아직 발생이 불확실한 기대권에 불과하다는 점, 현재가치를 평가하거나 분할방법을

---

70) 김정민, 잠재적 퇴직급여채권에 대한 재산분할, 양승태 대법원장 재임3년 주요 판례 평석, 2015, 321면 이하.

정하기가 어렵다는 점이 부정설의 근거였다. 그러나 이에 대하여는 장래 수령할 퇴직금 문제와 마찬가지로 많은 비판이 있었다.[71] 퇴직연금 외에 재산이 전혀 없는 경우에는 분할이 필요하고, '기타 사정'으로 참작하는 것은 의미가 불분명하며, 우리 국민연금법 64조가 일정한 요건 아래 이혼한 배우자에게 노령연금액의 일부를 지급하도록 하고 있는 것과 균형이 맞지 않는다는 점 등이 긍정설의 논거로 주장되었다.

그리하여 대법원은 최근 "이혼소송의 사실심 변론종결 당시에 부부 중 일방이 공무원 퇴직연금을 실제로 수령하고 있는 경우에, 위 공무원 퇴직연금에는 사회보장적 급여로서의 성격 외에 임금의 후불적 성격이 불가분적으로 혼재되어 있으므로, 혼인기간 중의 근무에 대하여 상대방 배우자의 협력이 인정되는 이상 공무원 퇴직연금수급권 중 적어도 그 기간에 해당하는 부분은 부부 쌍방의 협력으로 이룩한 재산으로 볼 수 있다. 따라서 재산분할제도의 취지에 비추어 허용될 수 없는 경우가 아니라면, 이미 발생한 공무원 퇴직연금수급권도 부동산 등과 마찬가지로 재산분할의 대상에 포함될 수 있다(대법원 2014. 7. 16. 선고 2012므2888 전원합의체 판결)"는 것으로 입장을 변경하였다. 위 판결은 이미 부부 일방이 퇴직하여 연금을 수령하고 있는 경우 나머지 기간 동안의 수급권의 분할에 관한 판례이므로, 아직 퇴직하지 아니한 경우에 관한 판결이 아님을 주의할 필요가 있다. 다만 아직 퇴직하기 전이더라도 이미 연금수급의 자격을 갖추었다면 같은 기준을 적용할 수 있을 것으로 보인다.

2) 분할방법 등

위 대법원 판결은 여러 가지 하위 쟁점에 대한 판단도 제시함으로써 재산분할 실무에 혼란이 없도록 배려하였다. ① 우선 분할의 방법에 있어서, 연금수급권자인 배우자가 매월 수령할 퇴직연금액 중 일정 비율에 해당하는 금액을 상대방 배우자에게 정기적으로 지급하는 방식의 재산분할도 가능하다(이 부분 같은 취지로는, 대법원 2014. 9. 4. 선고 2013므1394 판결).[72] ② 공무원의 퇴직연금수급권이

---

71) 배인구, 각주 69의 글; 이태수, 재산분할 실무의 적정한 운영-재산분할대상으로서의 장래 퇴직연금 문제, 2013년 전국 가사소년법관포럼 제2주제 발표문, 2013.

사회보장적 급여로서의 성격이 강한 일신전속적 권리인 점에 비추어, 분할권리자의 위와 같은 정기금채권은 제3자에게 양도되거나 분할권리자의 상속인에게 상속될 수 없다. ③ 한편 공무원 퇴직연금수급권에 대하여 위와 같이 정기금 방식으로 재산분할을 할 경우에는 연금수급권자인 배우자의 여명을 알 수 없어 가액을 특정할 수 없는 등의 특성이 있으므로, 전체 재산에 대한 하나의 분할비율을 정하는 것이 형평에 부합하지 아니하는 경우에는 공무원 퇴직연금수급권과 다른 일반재산을 구분하여 개별적으로 분할비율을 정하는 것이 타당하고, 그 결과 실제로 분할비율이 달리 정하여지더라도 이는 분할비율을 달리 정할 수 있는 합리적 근거가 있는 경우에 해당한다. 그 경우에 공무원 퇴직연금의 분할비율은 전체 재직기간 중 실질적 혼인기간이 차지하는 비율, 당사자의 직업 및 업무내용, 가사 내지 육아 부담의 분배 등 상대방 배우자가 실제로 협력 내지 기여한 정도 기타 제반 사정을 종합적으로 고려하여 정하여야 한다(이 부분 같은 취지로는, 대법원 2014. 8. 20. 선고 2013므3932 판결).

이와 같은 대법원의 입장은 부부재산의 보유형태가 다양화되는 추세와 이에 관한 하급심의 논의를 반영하여 재산분할청구권의 실효성을 대폭 강화시킨 것으로서, 여러 가지 실무상의 문제점을 두루 살펴 적극적인 판단에 이르렀다는 점에 의미가 있다. 잉여공동제와 별도로 연금청산을 인정하는 독일, 연금수급권 자체의 분할을 명할 수 있도록 한 영국, 2004년 후생연금보험법 개정을 통하여 연금분할제도를 도입한 일본 등

---

72) 이는 분할권리자가 여러 가지 위험성을 무릅쓰고 이러한 방식을 원한다면 이를 불허할 이유는 없다는 취지이다. 김정민, 각주 70의 글에서는, 비율만 정하는 정기금 방식의 경우 탈법적으로 연금수령액을 낮추거나 정기금의 지급을 둘러싸고 장기간 분쟁이 계속될 우려가 있고, 연금수급권 자체에 대한 압류가 금지되어 강제집행에 어려움이 있을 수 있으며, 판결문상 집행할 금액이 특정되지 않아 집행문 부여절차가 번거로울 수 있다는 점을 지적하고 있다. 따라서 분할권리자가 정기금 방식을 원하지 않거나, 혼인기간이 너무 단기간이어서 정기금 방식이 부적절한 경우에는 오히려 종전과 같이 '기타 사정'으로만 참작하는 것이 합리적일 수 있다고 한다. 나아가 위 판결에서는 기대여명에 의한 일시금 방식이 가능한지에 대하여 명시적인 언급이 없었지만 당사자 쌍방이 동의하는 경우에는 그러한 분할방법도 가능할 것이라고 한다.

외국의 입법추세와도 부합한다.[73] 다만 연금지급기관을 상대로 직접 청구할 수 있도록 한 대부분이 입법례와 달리 분할의무자에 대한 채권만 인정한 것은 아쉬움이 남는다는 견해가 있다.[74] 공무원연금법 32조, 군인연금법 7조, 사립학교교직원연금법 40조 등에 비추어 재산분할청구권을 보전하기 위한 연금수급권 압류도 쉽지 않을 것이라는 비판이다. 그러나 재산분할심판으로써 당사자가 아닌 연금지급기관에게 직접 분할권리자에 대한 연금지급의무를 부과할 수는 없는 일이므로, 이러한 문제점의 개선은 입법의 영역에 맡겨야 할 것이다.

4. 그 밖의 재산권

가. 재산취득능력

반대설이 없지는 않았지만,[75] 제도시행 초기에는 일본 학설의 영향으로 공동재산은 없으나 일방이 혼인 중에 장래 고액의 수입을 얻을 수 있는 의사·변호사 등 자격을 취득한 경우 청산의 대상이 된다는 견해가 다수였다.[76] 당시 이에 관한 leading case로 혼인 중 취득한 학위 및 의사면허를 분할대상인 혼인재산으로 인정한 미국 뉴욕주 최고법원의 오브라이언(O'Brien) 사건이 소개되기도 하였다.[77] Oregon주에서는 1993년 법개정으로 향상된 수입능력의 현가 또는 그로부터 발생할 수입을 분할대상으로 인정하기도 하였다고 한다. 그러나 대법원은 "박사학위를 소지한 경제학교수로서의 재산취득능력은 민법 제839조의2 제2항 소정의 재산분할의 액수와 방법을 정하는 데 필요한 '기타 사정'으로 참작함으로써 충분하다(대법원 1998. 6. 12. 선고 98므213 판결)"

---

73) 외국의 입법례에 관한 상세한 설명은 현소혜, 장래의 퇴직급여와 재산분할, 조선대학교 법학논총, 2014 및 공적 연금과 재산분할, 판례실무연구(하), 박영사, 2015; 그 밖에 독일과 일본에 관하여는 배인구, 각주 69의 글, 238면 이하; 미국의 경우 민유숙, 각주 66의 글, 107면 이하.

74) 현소혜, 각주 73의 글, 411면.

75) 김선균, 부부공동 재산제: 미국 캘리포니아주의 공동재산제를 중심으로, 서울대학교 석사학위논문, 1991.

76) 김주수, 각주 9의 책; 김영갑, 각주 24의 글.

77) O'Brien v. O'Brien, 502 N.Y.S.2d 250(N.Y. App. Div. 1986); 한봉희, 각주 66의 글.

고 판시하였는데, 이 경우 이혼 시점에 다른 재산이 전혀 없다면 기여도를 보상받을 방법이 없다는 문제가 있으므로, 정기금으로 지급하게 하는 방법을 적극적으로 고려할 필요가 있다.

제도 시행 초기부터 무형재산도 분할대상은 되지만 그 가액을 확정함에 어려움이 있을 것이라는 지적이 있었다.[78] 위 견해는 그 후의 연구에서 미국에서도 대부분의 판례나 학설 등 주류적인 흐름은 증가된 수입능력의 재산성을 부인한다고 하며, 분할대상성을 인정한다고 하더라도 그 가치평가 방법으로서의 현가산정방식(자격취득으로 인하여 증가할 수입과 자격취득이 없었을 경우 얻을 수입의 차액을 산정하여 중간이자를 공제하는 방식)과 투입비용보상방식(상대방 배우자가 직접 지출한 비용과 상실한 기회비용에 이자를 가산하는 방식)은 어느 것이나 만족스럽지 못하다고 한다.[79] 실무 일각에서는 적어도 투입비용보상방식이 적용되어야 한다는 견해도 등장하였으나,[80] 실제 심판과정에서 구체적인 비용의 증명이 용이하지는 않을 것으로 보인다.

나. 영업권 등

제도 시행 초기에는, 부부 일방이 경영하는 병원 등 개인기업체의 영업자산은 일방이 특유한 능력으로 형성한 것이지만 타방이 간접적으로 협력한 것이므로 분할대상이 된다는 견해가 있었다.[81] 미국의 경우 영업권(professional goodwill)을 재산분할의 대상으로 볼 것인지는 판례가 엇갈린다고 하며, 재산분할 대상으로 인정한다고 하더라도 시장가격이 형성되어 있지 않은 소규모 영업의 특성상 정확한 가치평가가 어렵다는 난점이 있다.[82]

대법원은 최초로 영업권이 문제된 사안에서 아래와 같이 분할대상성을 부인하였다. "백화점 매장을 이용하는 상품을 판매하는 영업은 이른바 특정매입이라고 말하는 것으로서 영업자가 자신의 직원을 동원하여 자신의 상

---

78) 민유숙, 각주 15의 글, 53면.
79) 민유숙, 각주 66의 글, 140면 이하.
80) 김승정, 각주 69의 글, 223면.
81) 김주수, 각주 9의 책, 226면.
82) 민유숙, 각주 66의 글, 133면 이하.

품을 백화점 매장 내에서 판매하고 그 판매액의 일정 비율을 수수료로서 백화점에 납입하는 방식이며, 그 기간이 정하여져 있기는 하나 기간의 연장이 보장되지 아니할 뿐만 아니라 계약기간 중에도 백화점 측의 요구가 있으면 언제든지 철수하여야 하는 것이고 임대보증금도 없고 제3자에의 양도도 있을 수 없는 것이라면 이와 같은 형태의 영업상 이익을 독자적인 재산으로서 평가대상이 되는 영업권으로 보기는 어렵다(대법원 1993. 12. 28. 선고 93므409 판결)"는 것이다. 이 판결은 특정한 사실관계에 입각하여 판단한 것이어서, 영업권의 분할대상성에 관한 판단기준을 제시하였다고 보기에는 부족하다.

그 후 대법원은 "부부의 일방이 실질적으로 혼자서 지배하고 있는 주식회사(이른바 '1인 회사')라고 하더라도 그 회사 소유의 재산을 바로 그 개인의 재산으로 평가하여 재산분할의 대상에 포함시킬 수는 없다. 주식회사와 같은 기업의 재산은 다양한 자산 및 부채 등으로 구성되는 것으로서, 그 회사의 재산에 대하여는 일반적으로 이를 종합적으로 평가한 후에야 1인 주주에 개인적으로 귀속되고 있는 재산가치를 산정할 수 있을 것이다. 따라서 그의 이혼에 있어서 재산분할에 의한 청산을 함에 있어서는 특별한 사정이 없는 한 회사의 개별적인 적극재산의 가치가 그대로 1인 주주의 적극재산으로서 재산분할의 대상이 된다고 할 수 없다(대법원 2011. 3. 10. 선고 2010므4699, 4705, 4712 판결)"고 판시하였다. 이 판결은 회사 명의의 재산이라도 재산분할의 대상이 될 수 있다는 것을 전제로 하므로 제3자 명의의 재산에 관한 판례라고 볼 수 있지만, 그 구체적인 재산가치 산정방법에 있어서 '다양한 자산 및 부채 등'을 언급함으로써 영업권 등 무형적 가치도 개방적으로 고려할 가능성을 남겼다.

한편 대법원은 "공동재산인 건물에 관한 임료 및 그 곳에서 운영해 온 속옷 도소매점의 영업수입금도 분할대상이 된다(대법원 2010. 12. 23. 선고 2009므3928 판결)"고 하므로, 심리상 주의를 요한다. 위 판결은 하급심이 위와 같은 수입의 액수를 대략적으로라도 확정하고, 소비하였다면 용도가 무엇인지 특정하여 분할비율 및 방법을 정하였어야 하는데, 단순히 참작사유로만 평가한 것은 잘못이라고 보았다.

IV. 분할의 액수와 기준

1. 가액평가 및 기준시점

가. 평가방법

분할대상이 되는 재산은 적극재산이거나 소극재산이거나 그 액수가 대략적으로나마 확정되어야 한다(대법원 1999. 6. 11. 선고 96므1397 판결). 위자료 또는 재산분할액 산정의 기초가 되는 재산의 가액을 반드시 시가감정에 의하여 인정하여야 하는 것이라고는 할 수 없지만(대법원 1994. 10. 25. 선고 94므734 판결 등 다수), 객관성과 합리성이 있는 자료에 의하여 평가하여야 한다(대법원 1995.10.12. 선고 95므267, 274(반소) 판결83) 등 다수). 시가 감정 등 객관적인 자료에 의하지 않고 막연하게 경제사정의 변동으로 인하여 사실심 변론종결 당시 재산분할의 대상이 되는 재산의 시가가 감정서 작성 당시의 시가에 비해 낮아질 것이라는 전제하에 법원이 인정한 재산분할 비율과 부부 각자에게 귀속되는 재산의 가액비율이 근사하게 되었다고 판단한 원심을 파기한 사례가 있다(대법원 2000. 9. 22. 선고 99므906 판결). 앞서 본 바와 같이 직권탐지주의가 적용되므로 재판상 자백은 성립하지 않는다. 그러나 다른 자료가 제출되어 있지 않다면 양쪽 당사자의 일치 진술에 의하여 사실인정을 하는 경우가 있다. 그러한 취지의 이유 설시가 보이는 사례로는, 대법원 2003. 1. 10. 선고 2002므1442(본소), 1459(반소) 판결 참조.[84]

나. 기준시점

1) 일반적 기준

재산분할의 대상이 되는 재산 및 그 가액을 파악하는 기준시점은 원칙적으로 이혼시점이다. 재산분할청구권의 성립시기일 뿐 아니라, 이혼 이후에는 공동으로 재산을 형성할 것을 기대할 수 없기 때문이다. 협의

---

83) 피고가 임의로 가액을 기재한 약정서, 등기사항증명서, 원고의 친구 또는 오빠, 피고의 형이었던 증인의 증언으로 가액을 인정한 사안.

84) "원·피고는 2001. 5. 17. 제1심 제1회 준비절차기일에 제1 부동산의 시가가 6,000만 원, 제2 부동산의 시가가 1억 5,000만 원인 점에 다툼이 없다고 진술하였는바, 이에 따르면, 이 사건 재산분할 후에 피고에게 귀속된 적극재산이 소극재산을 초과한다"고 판시.

이혼에 따라 재산분할심판이 이루어질 경우에는 이혼성립일이 기준이 되겠으나, 이혼소송과 재산분할심판이 병합된 경우에는 아직 이혼이 이루어지지 않았으므로 가장 늦은 시점인 사실심 변론종결시를 기준으로 판단할 수밖에 없다.

이에 관하여 대법원은 먼저 "재판상 이혼을 전제로 한 재산분할에 있어 분할의 대상이 되는 재산과 그 액수는 이혼소송의 사실심 변론종결일을 기준으로 하여 정하여야 한다(대법원 2000. 5. 2. 자 2000스13 결정 등 다수)"고 판시하였고, 나아가 협의이혼과 관련하여서도 "협의이혼을 예정하고 미리 재산분할 협의를 한 경우 협의이혼에 따른 재산분할에 있어 분할의 대상이 되는 재산과 액수는 협의이혼이 성립한 날(이혼신고일)을 기준으로 정하여야 한다"고 판시하였다(대법원 2006. 9. 14. 선고 2005다74900 판결 등 다수). 그에 따라 재산분할 협의를 한 후 협의이혼 성립일까지의 기간 동안 재산분할 대상인 채무의 일부가 변제된 경우 그 변제된 금액은 원칙적으로 채무액에서 공제되어야 할 것이다. 다만 그 경우 "채무자가 자금을 제3자로부터 증여받아 위 채무를 변제한 경우에는 전체적으로 감소된 채무액만큼 분할대상 재산액이 외형상 증가하지만 그 수증의 경위를 기여도를 산정함에 있어 참작하여야 하고, 채무자가 기존의 적극재산으로 위 채무를 변제하거나 채무자가 위 채무를 변제하기 위하여 새로운 채무를 부담하게 된 경우에는 어느 경우에도 전체 분할대상 재산액은 변동이 없다(위 2005다74900 판결)"고 한다.

2) 파탄 이후의 사정

재산분할제도는 재산의 보유명의와 관계없이 부부 쌍방의 실제 기여도를 참작하여 형평에 맞게 분할하려는 제도이므로, 부부가 공동의 노력으로 형성한 재산인지 여부를 판단함에 있어서는 형식적으로 혼인신고시부터 이혼성립시까지를 기준으로 판단할 것이 아니라 실제 동거를 시작한 때부터 별거 등으로 파탄될 때까지를 기준으로 하여 실질적으로 파악하는 것이 더 정확하다. 따라서, ① 우선 파탄 이후 부부 일방에 의하여 소극재산이 증가하거나 적극재산이 감소한 경우 그로 인한 총재산 감소를 재산분할에서 고려하지 않는다. 대법원도 일찍부터 "피고가 1989. 12.

14. 대출하였다가 1991. 7. 23. 변제한 금 25,000,000엔의 대출금채무는 원고와 피고가 별거한 이후에 대출과 그 변제가 이루어졌고, 피고 명의로 된 이 사건 1부동산만 담보로 제공된 것으로 보아 피고의 개인채무가 아닌가 하는 의심이 가므로(대법원 1995.10.12.
선고 95므267 판결)” 분할대상 소극재산에서 고려하지 아니하였다. ② 마찬가지로, 파탄 이후 부부 일방에 의하여 소극재산이 감소하거나 적극재산이 증가한 경우에도 그로 인하여 증가된 재산을 분할대상에서 제외되어야 할 것이다. 다만 이 경우, 그것이 별거 전에 쌍방의 협력에 의하여 형성된 유형·무형의 자원에 기한 것이라면 재산분할의 대상이 된다(대법원 1999. 6. 11. 선고 96므1397 판결,85)
대법원 2010. 12. 23. 선고 2009므3928 판결).

　　대법원은 최근 파탄 후 일방에 의하여 변제가 이루어진 채무는 분할대상에 포함시켜야 한다고 판단하면서, 관련된 법리를 다음과 같이 종합하여 설시하였다. “재산분할 제도는 이혼 등의 경우에 부부가 혼인 중 공동으로 형성한 재산을 청산·분배하는 것을 주된 목적으로 하는 것으로서, 부부 쌍방의 협력으로 이룩한 적극재산 및 그 형성에 수반하여 부담하거나 부부 공동생활관계에서 필요한 비용 등을 조달하는 과정에서 부담한 채무를 분할하여 각자에게 귀속될 몫을 정하기 위한 것이므로, 부부 일방에 의하여 생긴 적극재산이나 채무로서 상대방은 그 형성이나 유지 또는 부담과 무관한 경우에는 이를 재산분할 대상인 재산에 포함할 것이 아니다. 그러므로 재판상 이혼에 따른 재산분할에 있어 분할의 대상이 되는 재산과 그 액수는 이혼소송의 사실심 변론종결일을 기준으로 하여 정하는 것이 원칙이지만, 혼인관계가 파탄된 이후 변론종결일 사이에 생긴 재산관계의 변동이 부부 중 일방에 의한 후발적 사정에 의한 것으로서 혼인 중 공동으로 형성한 재산관계와 무관하다는 등 특별한 사정이 있는 경우에는 그 변동된 재산은 재산분할 대상에서 제외하여야 할 것이다(대법원 2013. 11. 28.
선고 2013므1455 판결).”

---

85) 원고가 11개의 통장과 임대차보증금을 관리하고 있었다고 주장된 사안. 예금 액수와 소비용도 심리 없이 별거 후 원고가 취득한 아파트가 분할대상 재산이 아니라고 단정하기 어렵다고 보았다.

이와 같은 판단은 혼인관계의 파탄에 임박하여 부부 일방이 자신 명의 공동재산을 처분·은닉하는 방법으로 재산분할을 회피하고자 하는 경향이 있어 중요한 의미를 갖는다. 실무상 부부 일방이 파탄에 임박하여 공동재산을 처분하거나 거액을 차용하였는데 그 처분대가 내지 차용금의 용처가 분명하지 아니한 경우에는 이를 현금으로 보유하는 것으로 추정하는 사례가 많다. 이와 관련하여 대법원은, "혼인관계가 사실상 파탄에 이른 후에 부부 일방이 공동재산을 처분하였다고 하더라도 그 매각이 적정한 시가에 따라 이루어졌고 그 대금으로 부부 공동으로 부담하여야 하는 동액 상당의 채무를 변제하였다면 그 매각대금을 재산분할의 대상이 되는 재산의 가액에 산입할 수는 없으며, 혼인생활 중에 부부의 일방이 부담하였다가 이미 변제하여 파탄 이전에 소멸한 채무에 대해서까지 단지 그 채무의 사용처가 불명하다는 이유로 이를 일방이 개인적으로 탕진한 후 공동재산으로 개인의 채무를 변제한 것으로 보아 그 액수를 재산분할 대상이 되는 재산의 가액에 산입할 수는 없다(대법원 2005. 8. 19. 선고 2003므1166 판결)"고 판시하였다.

2. 분할비율

가. 비율결정의 방법

우리 민법상 재산분할의 액수와 방법에 관하여는 명시적인 기준이 없다. 가정법원은 재산분할의 비율에 관하여 당사자 쌍방의 협력으로 이룩한 재산의 액수 기타의 사정을 참작하여 이를 정하면 되고, 기타의 사정 중 중요한 것은 명시하여야 할 것이나 그 모두를 개별적, 구체적으로 일일이 특정하여 설시하여야 하는 것은 아니다(대법원 1993. 5. 25. 선고 92므501 판결 등 다수). 원심이 최종적으로 재산분할의 대상이 되는 적극재산과 소극재산을 확정하여 설시하였다면, 그에 반하는 원고의 주장을 배척하는 취지가 포함되어 있다(대법원 2013. 7. 12. 선고 2011므1116 판결).

한편 재산분할 비율은 분할대상인 재산 전체에 관하여 정하는 것이 원칙이지만 합리적 이유가 있는 경우 예외가 인정된다. 대법원은 과거 "민법 제839조의2 제2항의 취지에 비추어 볼 때, 재산분할비율은 개별재산에 대한 기여도를 일컫는 것이 아니라, 기여도 기타 모든 사정을 고려하여 전체로서의 형성된 재산에 대하여 상대방 배우자로부터 분할받을 수 있는 비율을 일컫는 것(대법원 2002. 9. 4.
선고 2001므718 판결)"이라면서 채무초과 상태에서의 재산분할에 관하여 영업 관련 재산과 그 밖의 재산으로 구분하여 분할비율을 달리하여 재산분할을 명한 원심판결을 합리적인 근거가 없다고 보아 파기한 바 있으나, 이는 최근 '채무초과 부부 재산분할청구사건' 전원합의체 판결에 의하여 폐기되었다. 대신 "법 제839조의2 제2항의 취지에 비추어 볼 때, 재산분할비율은 개별재산에 대한 기여도를 일컫는 것이 아니라 기여도 기타 모든 사정을 고려하여 전체로서의 형성된 재산에 대하여 상대방 배우자로부터 분할받을 수 있는 비율을 일컫는 것이라고 봄이 상당하므로, 법원이 합리적 근거 없이 적극재산과 소극재산을 구별하여 분담비율을 달리 정한다거나, 분할대상 재산들을 개별적으로 구분하여 분할비율을 달리 정함으로써 분할할 적극재산의 가액을 임의로 조정하는 것은 허용되지 않는다(대법원 2006. 9. 14.
선고 2005다74900 판결)"는 판결은 그대로 유지되었고, 정기금 방식의 퇴직연금 분할은 그와 같은 합리적 이유가 있는 경우에 해당한다.

나. 기여도 판단의 기준

실무상 분할비율의 산정은 통상 부부재산의 형성경위에 관한 사실인정을 바탕으로 각자의 기여도를 판단하되, 그 밖의 요소를 적절히 고려하여 가감하는 방식을 사용한다. 재산분할 비율산정의 1차적 변수인 재산형성 과정에서의 기여도는 어떻게 판단될까. 우선 남편의 경우 대법원은 "비록 처가 주로 마련한 자금과 노력으로 취득한 재산이라 할지라도 남편이 가사비용의 조달 등으로 직·간접으로 재산의 유지 및 증가에 기여하였다면 그와 같이 쌍방의 협력으로 이룩된 재산은 재산분할의 대상이 된다(대법원 1995. 10. 12. 선고 95므175 판결, 대법원
1997. 12. 26. 선고 96므1076, 1083 판결)"거나, "비록 남편이 가사에 불충실한 행위를 하였다고 하더라도, 그러한 사정은 재산분할의 액수와 방법을 정함에 있어서 참작할 사유가 될 수 있을지언정 그와 같은 사정만으로 남편이 위와 같은 재산의 형성에 기여하지 않았다고 단정할 수 없다(위 95므175
판결)"

고 판시하여, 처와 남편 사이에 판단의 차이를 두고 있지는 않은 것으로
보인다.

한편 처의 경우에는 맞벌이형, 가업형, 전업주부형 등으로 기여형태
를 구분해 볼 수 있다.[86] 최초의 관심은 전업주부형으로서, 대법원은 일
찍부터 "가사노동을 분담하는 등으로 내조를 함으로써 남편 재산의 유지
또는 증가에 기여"한 경우 재산분할을 인정하였다(대법원 1993. 5. 11.자 93스6 결정 : 재산분할
에 관한 첫 대법원 판결이다). 문제는 전업주부에 대한 분할의 비율인데,
제도 시행 초기에 "재산분할대상인 건물의 형성에 관한 처의 기여행위가
가사를 전담하는 뒷바라지에 불과하고 별다른 경제적 활동은 없었다는
사정 등을 함께 고려하면, 재산분할로 부에 대하여 처에게 그 건물의 2
분의 1 지분 소유권이전등기를 명한 것은 과다한 것으로서 형평의 원칙
에 현저하게 반한다"고 본 대법원 판결이 있었으나(대법원 1994. 12. 2. 선고 94므1072 판결), 이로써
일반적인 평가기준을 제시한 것으로 보기는 어렵다.[87] 최근 실무의 발표
자료에 의하면 "동거 기간이 길수록, 분할대상 순재산이 적을수록 여성
배우자의 재산분할 비율이 높아지는 경향이 있고, 동거 기간이 15년을
초과한 경우에는 여성이 전업주부이더라도 재산분할 비율은 50 : 50로 선
고되는 경우가 많으며, 다만 다음과 같은 경우에서는 부부의 동거기간이
15년을 초과하더라도 상대방의 재산분할 비율이 대폭 낮아진다"고 한
다.[88] 추가적인 고려 사유는 ① 일방 배우자가 혼인 전부터 부동산을 소
유한 경우, ② 혼인 전 또는 혼인 중에 일방 배우자가 부모로부터 상당
한 재산을 상속하거나 증여를 받은 경우, ③ 일방 배우자의 사업 영위,
부동산 투자, 전문직 종사 등이 주된 기여가 되어 형성한 공동 재산이
다액(대체로 10억 원 초과)인 경우, ④ 일방 배우자가 주식 투자, 범죄, 과

---

86) 최근 통계에 의하면 배우자 있는 가구의 43.9%가 맞벌이를 하고 있다고 한다(연
   합뉴스 2015. 6. 30.자).
87) 민유숙, 재산분할에 있어서 분할비율산정, 저스티스 34권 2호, 2001, 74-75면은,
   위 건물에 관하여 전세보증금반환채무와 대출금반환채무를 부담하고 있었던 사안
   임을 강조하고 있다.
88) 김홍기·김옥곤·박숙희, 각주 28의 글, 16-17면.

소비, 전혼 자녀에 대한 증여, 사용내역을 알 수 없는 예금 인출 등으로 부부 공동생활과 무관하게 다액의 채무를 부담하거나 재산 손실을 초래한 경우, ⑤ 질병, 취업 준비 등으로 일방 배우자가 장기간 소득활동을 하지 못한 경우, ⑥ 쌍방 간에 이혼 직전에 재산분할에 관한 합의가 있었던 경우, ⑦ 별거 후 일방 배우자가 전적으로 재산을 관리하거나 유지한 경우, ⑧ 별거 후 부부 공동채무를 일방 배우자가 변제한 경우, ⑨ 상대방의 전혼 자녀를 양육하거나 상대방의 부모를 부양한 경우, ⑩ 이혼 후 일방 배우자가 양육할 자녀가 다수인 경우 등이다.

　위 각 사유 중 ① · ②는 법원이 단독취득재산까지 폭넓게 재산분할의 대상성을 인정하는 대신 재산분할 비율에서는 이를 공동취득재산과 구분하여 고려하고 있음을 나타낸다. 최근 자녀 수가 감소함에 따라 혼인한 자녀에 대한 부모의 경제적 기여가 높아져 가는 추세이다. ③ · ④는 부부 일방의 재산축적 또는 재산감소 기여도가 특히 큰 경우에 해당하고, ⑦ · ⑧은 별거로 인하여 일방이 단독으로 공동재산의 유지나 증가에 기여한 경우이므로 이를 중요하게 고려하는 것이 타당하다. 한편 ⑩의 경우 여러 가지 정황에 따른 가치형량이 필요한 부분이다. 우선 미성년 자녀의 경우 양육친이 지출하는 가시적인 비용에 대하여는 양육비 청구가 별도로 가능하지만 최근 사교육 비중이 크게 늘어 미성년 자녀의 보호 · 교양에 투입되는 부모의 시간과 노력이 증가하였으므로 부모의 사회적 지위나 수입 정도에 따라 이를 탄력적으로 판단할 필요가 있다. 다음 자녀들이 성년인 경우에는 양육친의 경제적 부담이 더 큰 것이 현실이지만, 이를 재산분할에 고려할 사정으로 보기는 어렵다는 것이 대법원의 태도이다(대법원 2003. 8. 19. 선고 2003므941 판결: 이혼하는 부부의 자녀들이 이미 모두 성년에 달한 경우, 피고가 자녀들에게 부양의무를 진다하더라도 이는 어디까지나 피고와 자녀들 사이의 법률관계일 뿐, 이를 부부의 이혼으로 인하여 이혼 배우자에게 지급할 위자료나 재산분할의 액수를 정하는 데 참작할 사정으로 볼 수는 없다고 본 사례).

　분할비율 산정의 고려요소와 관련하여, 미국 각 주의 법률 또는

Uniform Marriage and Divorce Act §307 선택적 A규정은 회고적 요소(혼인기간, 당사자의 직업, 수입, 기여도, 재정적 낭비행위 등)와 전망적 요소(이혼 후 경제적 필요, 당사자의 건강, 향후 수입능력과 취업가능성, 미성년 자녀의 양육자 등)로 대별된다고 한다.[89] 그러나 위에서 본 것과 같이 우리 실무에서의 분할비율 가감 판단인자에는 전망적 요소보다 회고적 요소가 많은 것이 특징이다. 혼인기간이 장기간일수록 재산이 형성되어 온 과정에 대한 주장·증명은 어려울 수밖에 없어 법원도 심리 진행에 어려움을 겪고 있으며 때로는 당사자의 증거조작마저 우려되는 실정이다. 대법원은 '채무초과 부부 재산분할청구사건'에서 재산분할에 부양적 요소가 있음을 근거로 채무 분할방법의 판단을 단순히 기여도에만 의존할 것이 아니라 "채무부담의 경위, 용처, 채무의 내용과 금액, 혼인생활의 과정, 당사자의 경제적 활동능력과 장래의 전망 등 제반 사정을 종합적으로 고려(밑줄 필가 추가)"하도록 판시하였는데, 앞서 본 바와 같이 실무에서 분할대상 순재산이 적을수록 여성 배우자의 재산분할 비율이 높아지는 경향이 있는 것은 그와 같은 부양적 요소가 고려되었기 때문일 것이다.

다. 분할비율 법정 문제

이와 같은 현재의 법상태에 대하여, 일반적, 추상적 규정은 법의 예측가능성을 떨어뜨리고 결과적으로 법적 불안정을 초래할 수 있으므로 원칙적으로 절반에 대하여 분할을 청구할 수 있도록 하는 것이 타당하다는 입법론이 있다.[90] 잉여공동제를 채택한 독일의 경우 잉여(종국재산과 당초재산의 차이)가 많은 배우자가 적은 배우자에게 그 차액의 1/2을 지급하도록 분할비율이 법정되어 있고, 영국도 최고재판소가 2006년

89) 민유숙, 각주 87의 글, 49면.
90) 김주수·김상용, 주석민법-친족(2), 한국사법행정학회, 2010, 186면; 한편 서종희, 청산적 재산분할과 부양적 재산분할의 독립과 '2분의 1 원칙'에 대한 재고, 법학논총 20집 2-1호, 조선대학교 법학연구소, 2013, 142면 이하는, 부양적 분할을 독립시키고 재산분할은 순수한 청산적 요소로 한정하며 그 비율은 1/2원칙을 채택하자는 견해이다.

Miller v. Miller 사건에서 1/2분할의 원칙을 천명하였으며, 일본도 실무는 실질적인 청산비율 산정에 있어 '1/2원칙'을 기준으로 삼고 있다고 한다.[91] 우리나라의 입법론은 균등분할을 원칙으로 하되 법원의 재량에 의하여 분할비율을 가감할 수 있게 한다는 것으로서 2006. 11. 7. 정부가 국회에 제출한 민법 개정안에 포함되었으나 결국 입법에 이르지 못한 채 폐기되었다.[92] 단독취득재산까지 제한 없이 재산분할의 대상으로 삼고 부양적 요소가 혼재되어 있는 우리나라에서는 분할비율의 균등을 추정하더라도 공동취득재산에 한정하거나 법원에 의한 가감이 필요한 경우가 많을 것이다. 대법원이 단독취득재산의 분할대상성을 넓게 인정한 대법원 판결은 기여도에 대한 증명이 어렵다는 현실을 분할대상 재산의 확장으로 보완한 측면이 있지만, 최근 자녀의 수가 적어지고 혼인연령이 높아진데다 재혼율이 높아지는 등으로 부부재산 중 고유재산 또는 단독취득재산의 비중이 더욱 커지는 추세인데, 이는 실무의 입장에서 이른바 '1/2분할의 원칙'을 선뜻 받아들이지 못하는 요인이 될 수 있는 것이다.

　한편 앞서 본 바와 같이 최근의 실무상 추세는 혼인기간이 긴 전업주부의 기여도를 높게 평가하고 있어서, 상대적으로 맞벌이형과 가업형의 경우 추가적인 비율증가의 효과가 적다. 이처럼 재산형성 기여의 형태와 관계없이 처에 대한 재산분할 비율이 증대한다는 것은 자연스럽게 처의 상속비율 상향조정 논의로 이어질 수 있다. 혼인관계가 해소되는 원인이 사망인지 이혼인지에 따라 배우자에 대한 분할비율에 큰 차이가 발생하는 것은 형평에 어긋나기 때문이다. 일본의 경우 1980. 5. 17. 민법 900조를 개정하여, 배우자가 직계비속과 공동상속할 때에는 1/2, 직계존속과 공동상속할 때에는 2/3, 형제자매와 공동상속할 때에는 3/4으로 각 상향

---

91) 서종희, 각주 90의 글, 137면 이하. 한편 일본의 경우 1991년에 재산분여제도에 관한 민법 768조를 개정하여 "다른 사정이 인정되지 않는 한 쌍방의 기여도는 동등한 것으로 본다"는 내용을 추가하고자 하였으나 실무계는 구체적 타당성의 측면에서 대체로 이를 반대하였다고 한다. 민유숙, 각주 87의 글, 64면 이하.

92) 윤진수, 각주 14의 글, 122면 이하.

조정함으로써 최소한 1/2의 상속분이 확보되어 있다. 우리나라의 경우 2006. 11. 7. 정부가 제출한 민법 개정안에는 배우자상속분을 1/2로 하는 조항도 포함되어 있었으나,93) 결국 입법이 무산되었다. 만혼이나 재혼이 증가하는 추세임에 비추어 혼인기간이나 재산형성 경위를 고려하지 않은 채 일률적으로 1/2상속분을 인정하는 것에는 아직 공감대가 형성되어 있다고 보기 어렵다. 한편 대법원은 기여분과 관련하여 "민법 제1008조의2가 정한 기여분제도는 공동상속인 중에 피상속인을 특별히 부양하였거나 피상속인의 재산 유지 또는 증가에 특별히 기여하였을 경우 이를 상속분 산정에 고려함으로써 공동상속인 간의 실질적 공평을 도모하려는 것인바, 기여분을 인정하기 위해서는 공동상속인 간의 공평을 위하여 상속분을 조정하여야 할 필요가 있을 만큼 피상속인을 특별히 부양하였다거나 피상속인의 상속재산 유지 또는 증가에 특별히 기여하였다는 사실이 인정되어야 한다(대법원 2014. 11. 25,자 2012스156 결정 등 다수)"는 입장을 고수하고 있는데, 이 부분에서 배우자의 기여도를 넓게 인정하는 것이 우선적인 과제가 아닐까 생각한다.

Ⅴ. 재산분할청구권의 보호

1. 재산분할의 사해행위성

가. 최초의 논의

재산분할제도가 시행된 직후부터, 친족간 재산행위와 채권자취소권 문제에서 가장 전형적으로 논의가 많이 되는 것이 바로 이혼에 따른 재산분할행위일 것으로 예견되었다. 당시 재산분할행위의 사해행위성에 관한 일본의 학설은 부정설(신분행위이므로 재산권을 목적으로 하는 법률행위에 해당하지 않는다는 견해 또는 재산분할제도의 취지에 비추어 취소의 대상이 될 수 없으나 상당한 정도를 넘는 경우 그 범위 내에서는 사해행위가 된다는 견해)과 긍정설(가족법상의 행위라도 채무자의 재산상 이익에 영향을 미칠 수 있는 경우라면 취소대상이 된다는 견해 또는 분할의무자가 경제적

---

93) 윤진수, 각주 14의 글, 124면 이하.

무능력자라면 분할할 재산이 없다는 것이므로 재산분할행위는 취소대상이 된다는 견해)이 있었다.[94]

이 부분에 관한 우리 대법원의 최초 선례는 뜻밖에도 재산분할제도 시행 이전에 나왔다. "소외 갑의 그 처인 피고에 대한 재산분여행위를 갑의 채권자인 원고를 해하는 소위 사해행위로 보려면 위 갑과 피고간의 이혼에 따른 재산분여행위가 상당정도를 넘는 과도한 것인지 그리고 위 갑의 잔류재산과 원고의 채권액을 비교하여 취소권의 범위를 확정해야 할 것(대법원 1984. 7. 24. 선고 84다카68 판결)"이라면서 전부취소를 인정한 원심을 파기한 판결이 그것이다. 이는 당시 엇갈리던 일본 하급심 판결을 '상당성 기준설'로 통일한 일본 최고재 판결[95]의 영향이라고 볼 수밖에 없다. 위 최고재 판결은, "이혼에 의한 재산분여는 부부가 혼인중에 소유하고 있던 사실상의 공동재산의 청산분배, 이혼 후의 상대방의 생활 유지에 대한 조력 및 <u>분여자의 유책행위로 인한 정신적 고통에 대한 배상의 요소가 포함되어 있는 것</u>으로서, 재산분여의 액수 및 방법을 정하는 데 있어서는 당사자 쌍방이 협력하여 얻은 재산의 액수 및 그 외 일체의 사정을 고려하여야 함이 재산분여규정의 취지상 명백하며, 이는 재판상의 재산분여나 협의상의 재산분여나 마찬가지로 해석하여야 하므로, <u>분여자가 이혼시 채무초과상태에 있거나 재산을 분여하면 무자력이 되는 것은 고려되어야 할 사정의 하나일 뿐</u>이며, 분여자가 부담하는 채무액 및 그것이 공동재산의 형성에 어느 정도 기여하였는가를 포함한 제반사정을 고려하여 재산분여의 액수 및 방법을 정할 수 있다고 해석하여야 할 것이므로, 분여자가 채무초과라는 사정 하나만으로 상대방에 대한 재산분여를 완전히 부정하는 것은 부당하고 상대방은 이와 같은 경우에도 상당한 정도의 재산분여를 받을 수 있다고 해석하여야 할 것이며, 그렇다면, 분여자가 이미 채무초과 상태에 있어서 당해 재산분여에 의하여 일반채권자에 대한 공동담보를 감소시키는 결과가 되더라도, 그것이 민법 768조 제3항의 규정 취지에 반

---

94) 김숙자, 각주 49의 글, 75면 이하.
95) 日 最高裁 昭和 58(1983). 12. 19. 제2소법정판결.

하여 부당히 과대하여 <u>재산분여에 가탁한 재산처분이라고 인정하기에 족한 특단의 사정이</u> 없는 한 사해행위로서 채권자에 의한 취소의 대상이 되지 않는다고 봄이 상당하다"는 것이었다.

그 후 재산분할제도 시행 전까지 대법원은 위 판결의 취지를 따르지 않고, "채권자가 채무자를 상대로 손해배상채권을 보전하기 위하여 그 소유의 부동산에 대하여 가압류결정을 받기 하루 전에 채무자가 합의이혼을 하고 처에 대한 위자료 및 자녀의 양육비조로 그의 유일한 재산인 위 부동산을 처에게 무상양도하였다면 그 양도경위에 비추어 채무자는 그 양여행위로써 자신이 무자력에 빠지게 되어 채권자를 해한다는 사실을 알고 있었다고 보여지므로 위 양여행위는 채권자에 대한 사해행위가 된다(대법원 1990. 11. 23. 선고 90다카24762 판결)"는 판결을 선고하였고, 이후의 하급심은 재산분할제도 시행 이후에도 대체로 이 판결의 법리를 따른 것으로 보인다.[96]

나. 법리의 등장

주지하는 바와 같이 1997년 말부터 시작된 국제통화기금 관리체제 이후 사해행위 취소사건이 급증하였는데, 이는 재산을 처의 명의로 이전하여 강제집행을 면해 보려는 시도 및 채무자의 책임재산을 확보하려는 금융기관의 대응을 배경으로 한다.

이에 관한 최초의 판시는 "<u>이미 채무초과 상태에 있는 채무자가 이혼을 함에 있어</u> 자신의 배우자에게 재산분할로 일정한 재산을 양도함으로써 결과적으로 일반 채권자에 대한 공동담보를 감소시키는 결과로 되어도, 위 재산분할이 민법 제839조의2 제2항 규정의 취지에 따른 상당한 정도를 벗어나는 과대한 것이라고 인정할 만한 <u>특별한 사정이 없는 한 사해행위로서 채권자에 의한 취소의 대상으로 되는 것은 아니라고 할 것</u>이고, 다만 위와 같은 상당한 정도를 벗어나는 초과부분에 관한 한 적법한 재산분할이라고 할 수 없기 때문에 그 취소의 대상으로 될 수 있다고 할 것인바, 위와 같이 상당한 정도를 벗어나는 과대한 재산분할이라고

---

96) 한애라, 협의재산분할과 사해행위취소, 실무논단, 서울지방법원, 1998.

볼 만한 특별한 사정이 있다는 점에 관한 입증책임은 채권자에게 있다"고 한 판결이다(대법원 2000. 7. 28. 선고 2000다14101 판결 : 1998. 3. 20.경 협의이혼을 약정함에 있어 이 사건 부동산 전체를 위자료 등 명목으로 증여하기로 한 사례. 상당성을 넘는 것으로 보여지므로 "위자료를 제외한 상당한 재산분할의 액수를 확정한 다음 그 상당한 정도를 초과하는 부분에 한하여 취소를 명했어야" 한다고 판시). 이후 대법원은 유사한 사안에서 이와 같은 법리를 재확인하였다(대법원 2000. 9. 29. 선고 2000다25569 판결).

　　이와 같은 법리가 선언된 후 학설은 나뉘었다. 지지하는 견해[97]는, 부부별산제 아래에서는 부부 일방이 부담한 채무에 관하여 다른 일방은 원칙적으로 채무를 부담하지 않는다는 점, 이혼 후의 부양은 형평의 관념에서 혼인 중의 부양의무를 이혼 후에도 유지시키는 것으로서 신분행위성을 인정할 수 있다는 점, 민사소송법 579조 1호가 법령상 부양료 채권을 압류금지채권으로 본다는 점 등을 근거로 하여, 신분행위에 해당하면 사해행위가 될 수 없고(항변사유), 상당성을 초과하는 부분만 사해행위가 될 수 있으므로(재항변사유), 입증책임 분배도 타당하다고 한다. 또 다른 견해는, 재산분할제도의 본질은 혼인 중에 실질적으로 부부 각자에게 속해 있었던 잠재적인 지분을 각자에게 귀속시키는 것이므로 자신의 재산을 적극적으로 감소시킨 것이 아니라는 점에서 타당한 결론이라고 한다.[98] 반면 비판적인 견해[99]는 대물변제의 사해성에 관한 기존의 법리와 배치되는 점, 부양적 분할을 인정하기 어려운 사안인 점, 재산분할심판의 전속관할 규정과 충돌하는 점 및 입증책임 분배의 부당성 등을 거론하였다. 비판적 견해의 논거를 포함하여, 이 판결의 입장에 대하여는 다음과 같은 검토가 필요하다.

---

97) 이상민, 재산분할이 사해행위취소의 대상이 되는지 여부, 민사판례연구 24권, 2002, 230면.

98) 김상용, 2000년대 민사판례의 경향과 흐름, 박영사, 2012, 553면.

99) 민유숙, 각주 48의 글, 54면; 편집대표 윤진수, 주해친족법, 박영사, 415면(이동진 집필부분)은 상당성에 관한 증명책임 분배 부분에 한하여 비판적인 입장인 것으로 보인다.

① 대법원은 후발적으로 발생한 재산분할청구권자를 기존의 채권자보다 우선 보호하였는데, 그 이론적 근거는 밝히지 않았다. 우선 이를 지지하는 견해는 재산분할의 대상이 되는 재산이 처음부터 명의자의 책임재산이 아니었다고 해석하지만, 이는 분할권리자가 채권자와의 관계에서도 주장할 수 있는 '물권적 권리'를 이혼 전부터 가지고 있었다는 논리가된다. 그러나 재산분할청구권은 이혼과 더불어 발생하는 것이고, 그나마 채권일 뿐이다.

② 이를 지지하는 또 다른 견해는 재산분할행위가 신분행위인 점을 강조하나, 신분행위라는 이유에서 무조건 사해행위가 될 수 없는 것이 아니다. 대법원은 가족법상의 행위라고 하더라도 인적 결단의 성격이 강한 상속포기에 관하여는 사해성을 부정하는 반면(대법원 2011. 6. 9. 선고 2011다29307 판결), 재산법적 행위인 상속재산 분할협의에 관하여는 사해성을 인정한다(대법원 2001. 2. 9. 선고 2000다51797 판결, 대법원 2008. 3. 13. 선고 2007다73765 판결). 이혼이 '인적 결단'임은 이론이 없겠으나, 그에 따른 재산분할이나 그 이행의 방법으로 유일한 재산을 이전하는 것은 이혼의 필연적 결과라고 볼 수 없다.

③ 만일 남편이 이혼을 하지 않은 채 처에게 다른 원인으로 재산권을 이전했다면 그 사해성을 부인하기 어려울 것이다. 그러면 이혼한 처와 혼인 중의 처의 보호가치를 다르게 판단하는 근거는 무엇일까. 이혼이라는 신분행위가 개입되어 있기 때문이라는 견해도 가능하겠지만, 부부간 이혼 내지 재산분할의 자유가 거래의 안전보다 더 보호하여야 할 가치인지는 더 논증이 필요한 부분이다. 아마도 대법원은 채권자가 채무자의 일반재산에 대하여 갖는 집행가능성의 기대와 배우자가 부부재산에 대하여 갖는 분할가능성의 기대 중 후자가 더욱 보호가치가 크다고 보았던 것으로 생각된다.

④ 실질적으로는 이혼 그 자체의 법적 성격 때문이라기보다는, 이혼과 더불어 남편의 경제적 능력에 의한 부양이 중단되기 때문에 생계가 어렵게 된 처를 더 보호할 필요성이 있었다고 보는 것이 정확한 분석일 수 있다. 대법원이 부양적 분할의 성격을 사해성 부인의 근거로 삼고 있는 것도 그런 의미에서 이해가 된다. 그러나 이미 채무초과상태인 채무

자가 왜 배우자를 부양해야 하는지는 설명하지 않고 있다. 부양적 분할이 인정되는 요건과 효과가 분명히 정리되지 않은 채 필요에 따라 편리하게 활용되고 있다는 느낌을 지울 수 없다. 결국 보상설의 입장에서 부양적 분할의 보충적 적용에 해당하는 사안으로서, 부양의무자의 능력을 고려하여 형평에 따라 분할방법을 조절할 문제로 이해된다.

⑤ 대법원은 상당한 범위의 재산분할은 전액 사해행위가 되지 않는다는 입장이다. 그러나 대법원은 채무초과 상태의 대물변제는 상당가격에 의한 것인지를 불문하고 사해행위에 해당한다고 보아 왔고(대법원 1990. 11. 23. 선고 90다카27198 판결 등 다수), 책임재산의 감소를 초래하지 않는 본지변제나 상계의 경우에도 通謀的 害意 등 주관적 요소가 동반되는 경우에는 사해성을 인정해 왔다(대법원 2014. 10. 27. 선고 2014다41575 판결, 대법원 1994. 6. 14. 선고 94다2961, 94다2978(병합) 판결). 부부간이야말로 통모적 해의가 인정되기 쉬운 관계임은 다언을 요하지 않으므로, 재산분할의 상당성 판단에서도 통모의 정황이 있는지를 주의 깊게 살펴야 할 것이다.

⑥ 다만 증명책임의 분배에 있어서 제3자인 채권자가 과대한 재산분할임을 증명해야 한다는 것은 지나치게 가혹하며, 수익자인 배우자가 재산형성의 경위 등을 밝히고 상당한 범위 내의 분할이라는 특별한 사정을 증명하여 취소의 위험에서 벗어나도록 하는 것이 훨씬 자연스럽다. 재산분할이 심판으로 이루어진다면 가정법원의 전속관할이고 비송사건으로서 재산분할의 대상과 방법을 직권으로 탐지하여야 하는데, 사해행위 취소사건에서는 민사사건이라는 이유로 채권자가 상당성의 증명을 다하지 못하는 이상 기각된다는 것도 가혹한 면이 있다. 따라서 적어도 이 부분의 심리에 있어서는 피고 측에게 적극적 사안해명을 요구할 필요가 있다.

⑦ 재산분할청구권은 이혼과 동시에 성립하고, 협의나 심판에 의하여 구체적으로 확정된다. 만일 협의가 미리 있었던 경우에는 이혼을 조건으로 청구권이 성립한다고 할 수 있다. 이 판결의 사안은 "1998. 3. 20. 피고와 협의이혼하기로 하면서" 부동산을 이전하기로 하였다고 하므로 증여계약 당시 이혼신고는 이루어지지 않았을 가능성이 크다. 따라서 대법원은 혼인파탄상태에서 이혼 전 재산분할 협의에 따라 형성된 기대

를 구체적 권리로서 보호한 셈이다. 이러한 판단은 증여행위로부터 멀지 않은 장래에 실제로 이혼이 이루어졌다는 사정을 기초로 한 사후적 평가였기 때문에 가능했던 것으로 보이는데, 아무튼 이로써 부부재산의 형성에 무형적으로 기여한 배우자의 이혼 전(혼인 중) 지위라는 문제의 경계선에 발을 들여놓은 것이다.

다. 이후의 전개

1) 위자료 등 포함 여부

위 2000다14101 판결과 달리, 같은 날 선고된 대법원 2000. 7. 28. 선고 99다6180 판결에서는 재산분할의 상당성을 판단함에 있어 위자료를 제외하지 아니하였었는데, 이후의 판결들에서는 오히려 위자료를 포함하는 판단이 주류로 등장하게 된다. 대법원 2000. 10. 10. 선고 2000다27084 판결은, "이혼에 있어서 재산분할은 부부가 혼인 중에 가지고 있었던 실질상의 공동재산을 청산하여 분배함과 동시에 이혼 후에 상대방의 생활유지에 이바지하는 데 있지만, <u>분할자의 유책행위에 의하여 이혼함으로 인하여 입게 되는 정신적 손해(위자료)를 배상하기 위한 급부로서의 성질까지 포함하여 분할할 수도 있다</u>고 할 것인바, 재산분할의 액수와 방법을 정함에 있어서는 당사자 쌍방의 협력으로 이룩한 재산의 액수 기타 사정을 참작하여야 하는 것이 민법 제839조의2 제2항의 규정상 명백하므로 재산분할자가 이미 채무초과의 상태에 있다거나 <u>또는 어떤 재산을 분할한다면 무자력이 되는 경우에도</u> 분할자가 부담하는 채무액 및 그것이 공동재산의 형성에 어느 정도 기여하고 있는지 여부를 포함하여 재산분할의 액수와 방법을 정할 수 있다고 할 것이고, 재산분할자가 당해 재산분할에 의하여 무자력이 되어 일반채권자에 대한 공동담보를 감소시키는 결과가 된다고 하더라도 그러한 재산분할이 민법 제839조의2 제2항의 규정 취지에 반하여 상당하다고 할 수 없을 정도로 과대하고, <u>재산분할을 구실로 이루어진 재산처분이라고 인정할 만한 특별한 사정이 없는 한</u> 사해행위로서 채권자취소권의 대상이 되지 아니하고, 위와 같은 특별한 사정이 있어 사해행위로서 채권자취소권의 대상이 되는 경우에도 취소되는 범위는 그 상당한 부분을 초과하는 부분에 한정된다고 할 것이다"라고 하였고(밑줄 부분에서 일본 최고재 판결의 문구가 상당한 영향을 미친 것을 알 수 있다), 대법원 2001. 5. 8. 선고 2000다58804 판결, 대법원 2005. 1. 28. 선고 2004다58963 판결에서 같은 법리를 확인하였다.

여기에서 위자료의 성질을 포함하여 분할할 수 있다고 판시한 부분은 재산분할의 상당성 판단에 있어서 위자료를 포함시켜 혼인 중 재산형성에 기여한 배우자를 더 보호하려는 것이라고 이해된다.[100] 그러나 통상의 손해배상채권과 본질이 다르지 않은 위자료 부분까지 기존의 채권자보다 우선 보호할 이론적 근거가 무엇인지 이해하기 어렵고, 나아가 이를 위하여 재산분할의 본질에 위자료까지 편입시키는 해석이 불가피한지도 의문이다. 이러한 사례유형 외에 위자료적 성격까지 인정할 필요성이 있는 사례를 찾아보기 어려운 실정이다. 심지어 대법원 2006. 6. 29. 선고 2005다73105 판결은 한 걸음 더 나아가, "이혼에 따른 재산분할을 함에 있어 혼인중 형성한 재산의 청산적 요소와 이혼 후의 부양적 요소 외에 정신적 손해(위자료)를 배상하기 위한 급부로서의 성질까지 포함하여 분할할 수 있는 것"이라고 하면서, "이 사건에서 원심이 피고의 상당한 재산분할액을 정함에 있어 재산분할에 <u>위자료와 부양료</u>가 포함될 수 있다는 점을 참작한 것에 어떠한 잘못이 있다고 할 수 없다"고까지 판시하였는데, 구체적 사안에서 배우자의 권리를 더 확보하여야 한다는 가치판단이 전제되었다고 하더라도 일관된 법리에서 벗어난 판단은 선뜻 납득하기 어렵다.

2) 채무초과 부부인 경우

앞서 본 바와 같이 당초 대법원은 채무초과 부부 사이의 재산분할청구를 인정하지 않고 있다가(대법원 1997. 9. 26. 선고 97므933 판결), 최근 이를 긍정하는 것으로 판례를 변경하였다(대법원 2013. 6. 20. 선고 2010므4071,4088 전원합의체 판결). 재산분할 협의의 사해성에 관한 위 법리는 이러한 대법원의 태도와 조화될 수 있는 것이어야 한다.

그런데 이른바 '상당성 기준설'을 최초로 채택한 2000다14101 판결은

---

100) 김상용, 각주 98의 글, 554면.

채무자인 남편은 채권자인 원고 은행에게 원금만 4억 원이 넘는 채무를 부담하고 있었는데, 처인 피고에게 유일한 재산인 부동산을 위자료 등 명목으로 증여하였다는 사안이다.[101] 처의 재산상태나 원고의 채무가 분할대상채무인지 여부에 대하여는 아무런 언급이 없었으며, 이러한 사정은 2000다25569 판결에서도 마찬가지이다.[102] 당시에는 채무초과 상태인 부부 사이에서 재산분할청구는 인정하지 않던 시기인데, 그에 관하여 심리가 되지 않은 이유는 무엇인지 의문이다. 물론 채무초과 부부의 재산분할 청구는 재산분할 심판에 관한 것이고, 사해행위 취소 여부는 재산분할 협의에 관한 것이므로 그 '허용성'은 문제되지 않는다. 그러나 환송 후 원심에서 분할의 '상당성' 여부를 판단함에 있어서는 심판으로 분할될 경우를 상정하여 상호 비교하는 것이 주된 심리방법이 될 것이므로, 이 부분에 대한 심리는 반드시 필요하다고 생각된다. 다만 사해행위 취소소송은 일반 민사사건이어서 재산분할 심판과 달리 변론주의가 적용되므로 그에 관한 당사자의 주장, 증명이 없었다면 법원이 직권으로 위와 같은 법리에 기초한 심리를 하기는 어려웠을 것이다. 그러나 법원으로서는 당사자가 명백히 간과한 것으로 보이는 법률상 쟁점에 관하여는 지적을 할 의무가 있다.

이 부분 쟁점에 관한 이후 대법원의 태도는 대단히 흥미롭다. 우선 대법원 2006. 9. 14. 선고 2005다74900 판결은 앞서 본 상당성 기준설의 법리를 반복 설시하면서도 "채무자의 재산분할이 상당한지 여부는 민법 제839조의2가 정한 재산분할의 일반원칙에 따라 판단하되, <u>이혼한 당사자 일방의 이익과 채권자의 이익을 비교·형량하여 그 재산분할이 분할자의 채권자와의 관계에서도 상당한 것인지를 함께 고려하여야 한다</u>"는 법리를 덧붙이고, 채무초과 부부의 재산분할 청구를 부인한 위 97므933 판결을

---

101) 환송 후 원심에서는 조정이 성립되어, 더 이상의 자세한 사실관계를 확인할 수 없었다.

102) 그 1심판결(대전지방법원 98가단35225 판결)과 환송후 원심(대전지방법원 2000나13045 판결)의 설시내용을 종합하면 분할의무자인 남편은 기술신용보증기금 등 금융기관에 대한 채무로 인하여 채무초과인 상태였고, 처인 피고의 재산은 따로 언급이 없다.

근거로 들면서 재산분할 협의 전체에 대하여 상당성을 넘는다는 이유로 사해성을 인정하였다. 이는 채무자인 남편이 피고인 처에게 부동산을 증여할 당시 이미 채무초과 상태로서 분할대상인 적극재산액에서 소극재산액을 공제하면 남는 금액이 없는 반면 피고는 채무는 없이 부부공동생활로 인하여 취득한 적극재산만을 가지고 있던 사안이었는데, "피고의 기여도를 100%로 보더라도 남편이 피고에게 분할해 줄 재산은 없으므로, 이 사건 부동산에 관한 증여계약 및 근저당권설정계약은 이혼으로 인한 재산분할로서 이루어진 것이기는 하지만 상당한 정도를 벗어나는 과대한 것으로서 모두 사해행위에 해당한다"고 판단한 원심을 그대로 확정한 것이다.

또한 그 후에 선고된 대법원 2011. 6. 30. 선고 2009다30298 판결도 같은 맥락에서 이해될 수 있다. 이 사례에서 채무자인 남편에게는 56억 원이 채무가 있었고(그 중 원고에 대한 차용금채무가 30억 원가량이다), 처인 피고와 함께 42억 원의 적극재산을 보유하고 있었으며, 그 중 처인 피고 명의로 된 적극재산이 남편과 공동명의로 소유하는 이 사건 아파트 1/2지분가액 등 합계 15억 9,000만 원이었다. 즉 이 사건도 위 2005다74900 판결과 동일하게 남편은 채무초과이고 처는 적극재산만 가지고 있는 상태인데, 남편이 처에게 재산분할로 이 사건 아파트 매도대금 중 자신의 지분해당액인 1/2채권을 양도한 것이다. 그런데 대법원은 위 2005다74900 판결과 달리 그 전액을 상당성이 인정되는 재산분할로 보면서, "① 전체 소극재산에 포함되어 있는 남편의 원고에 대한 채무는 일상가사에 관한 것이거나 공동재산형성에 수반하여 부담한 채무라고 볼 수 없어 분할대상 소극재산에서 제외되어야 하는 점, ② 피고들의 혼인기간이 20년이 넘고, 처는 혼인기간 중 가사노동을 담당하여 이 사건 아파트를 비롯한 남편의 재산형성에 기여한 것으로 보이는 점, ③ 처가 아직 대학을 졸업하지 못한 아들들의 양육을 맡는 점, ④ 위 재산분할로 남편도 상당한 적극재산을 가지게 되는 점" 등을 근거로 들고 있다. 이러한 판시에 따르면 이 사건은 '채무초과 부부' 사안이 아니었던 셈이다.

이제 '채무초과 부부 재산분할청구사건'에서 변경된 판례와 종전 사해행위 취소사건에서 확립된 법리 사이의 관계를 확인해 본다. 앞서 Ⅲ. 2.의 나.항에서 살펴본 5가지 사례 중 분할의무자가 적극재산을 보유하는 상황을 상기해보자(사례 3-1, 3-2를 추가하였다).

구 분	청구인 (피 고)		상 대 방 (채 무 자)		적극설 (다 수)	소극설	순재산 한도설	적극재산 한도설
	적극재산	소극재산	적극재산	소극재산	재산분할 가부 및 상대방의 지급액			
사례 1-2	-	500만 원	100만 원	-	300만 원	×	100만 원	100만 원
사례 2-3	-	500만 원	100만 원	200만 원	200만 원	×	×	100만 원
사례 3-1	100만 원	-	100만 원	200만 원	×	×	×	×
사례 3-2	-	-	100만 원	200만 원	×	×	×	×

상대방이 적극재산을 청구인에게 증여한다면 사례 1-2의 경우 이로써 무자력이 될 것이고, 사례 2-3의 경우에는 채무초과를 심화시키는 행위가 될 것이다. 종래 소극설에 의하면 재산분할이 부당하므로 언제나 상당한 범위를 초과하는 것이 되었을 것이지만, 판례변경 이후의 적극설에 의하면 청구인의 채무액수가 상대방의 적극재산보다 클 경우 모두 원칙적으로 상당한 범위 내에 있게 된다(채무 분할비율이 기여도에 따라 일률적으로 결정되지는 않는다는 것이 대법원의 태도이지만, 비송사건이 아닌 소송사건에서 그러한 점까지 면밀한 판단이 가능할지는 미지수이다). 위 2005다74900 판결의 사안은 사례 3-1에 해당하는데, 적극설에 의하더라도 재산분할청구는 불가능하므로 전액 상당한 범위를 초과한다. 사해행위 취소사건의 전형적 유형으로서 설정한 것이 사례 3-2인데, 적극재산이든 소극재산이든 남편의 명의로 거래한 경우를 상정한 것으로서 적극설에 의할 경우 역시 전액 상당한 범위를 초과한다. 결국 향후 재산분할에 관한 사해행위 취소사건에서는 이와 같은 기준에서 심리가 필요할 것이다.

3) 가장이혼의 경우

대법원은 피고가 2003. 5. 23. 배우자로부터 유일한 부동산을 증여받고 5. 24. 이전등기한 후 2003. 10. 20. 협의이혼신고를 한 사안에서, "단지 이 사건 부동산의 증여가 협의이혼 신고를 하기 약 5개월 전에 이루어졌다는 사정만으로 이를 이혼에 따른 재산분할이 아니라고 단정할 수는 없고, 달리 그 협의이혼이 가장이혼이라는 등 특별한 사정이 없는 한 피고의 주장대로 실질적으로는 소외인과의 협의이혼에 따른 재산분할로 볼 여지가 없지 아니하며(대법원 2006. 9. 14. 선고 2006다33258 판결)"라고 판시한 바 있다. 협의이혼이 가장이혼인 경우에도 이혼의 효력은 발생하는 것이므로 재산분할이 불가능하지는 않을 것이다. 그러나 사실상 부부로서 공동생활을 계속하고 있다면 재산분할약정이 이루어질 실질적인 이유가 없으므로, 그 경우의 재산분할약정은 가장행위로서 무효라고 볼 여지가 있다.

2. 재산분할청구권 보전을 위한 사해행위취소권

2007. 12. 21. 법률 제9720호로 개정된 민법 제839조의3 1항은 "부부의 일방이 다른 일방의 재산분할청구권 행사를 해함을 알면서도 재산권을 목적으로 하는 법률행위를 한 때에는 다른 일방은 406조 1항을 준용하여 그 취소 및 원상회복을 가정법원에 청구할 수 있다"고 정하였고, 공포 당일부터 시행되었다. 이는 이혼을 앞두고 배우자 일방이 상대방 배우자의 재산분할청구권 행사를 해하기 위하여 자신의 재산을 처분하여 버린 경우에 그 상대방 배우자를 구제하기 위한 제도라고 한다.[103] 이에 대하여는 민법이 정한 보다 큰 가치인 부부재산제도를 무력화하고 부부 일방의 소유명의를 믿고 거래한 제3자의 신뢰와 거래안전을 침해할 우려가 있다는 비판이 있다.[104] 그러나 그러한 정책적 가치판단 이전에, 그 구체적인 운용을 위한 해석단계에서도 상당한 의문이 있다. 아직 이 조항의 해석에 관한 대법원 판례는 나타나지 않고 있으므로 이 글의 목적에 비추어 자세히 언급하지는 않으나, 민법 406조의 사해행위 취소권과 특별히 비교되는 부분만 지적하고자 한다.

---

103) 제2기 가족법개정특별분과위원회 회의록, 법무부, 2006, 375면 이하.
104) 이진기, 각주 60의 글.

① 근본적인 기능: 민법 406조는 이미 성립된 피보전채권의 집행대상 재산을 확보하기 위한 제도임에 반하여, 민법 839조의3은 분할대상 재산을 보전함으로써 아직 미확정인 피보전채권(재산분할청구권)의 발생 및 범위 자체를 확대하려는 데에 초점이 있다. 민법 839조의3은 민법 406조와 외형이 유사하나, 특정인의 채권을 확보해 주기 위한 목적으로 이를 전용한 셈이다. 이 점이 아래에서 파생하는 여러 가지 차이점 내지 문제점의 근본적인 시작이다.

② 피보전채권의 성립시기: 민법 406조는 피보전채권이 이미 발생하여 있을 것을 원칙으로 하나, 주지하는 바와 같이 대법원은 해석에 의하여 사해행위의 성립시기를 피보전채권의 성립시기보다 앞당겼다. 그 요건은 "사해행위 당시에 이미 채권 성립의 기초가 되는 법률관계가 발생되어 있고, 가까운 장래에 그 법률관계에 기하여 채권이 성립되리라는 점에 대한 고도의 개연성이 있으며, 실제로 가까운 장래에 그 개연성이 현실화되어 채권이 성립된 경우(대법원 1995. 11. 28. 선고 95다27905 판결 등 다수)"이다. 그에 따르면 적어도 사해행위 취소소송의 변론종결시까지는 추상적 또는 구체적 재산분할청구권이 성립되어 있어야 한다. 민법 839조의3은 입법적으로 이를 더욱 앞당긴 것인데, 어느 정도까지 앞당긴 것인지 분명하지 않다. 입법 과정에서는 부부의 통모를 방지하기 위하여 이혼 또는 재산분할의 소제기는 있어야 한다고 본 듯한데,[105] · [106] 이에 대하여는 반대의 견해도 존재한

---

105) 각주 103의 글, 376면. "부부의 통모에 의한 악용가능성에 대해서는 안영진 위원께서는 혼인 중 재산분할청구권을 인정하는 이상 소송제기를 강제하는 것이 부당하다고 하셨으나 사해행위 취소소송에서 재판부가 이혼의사나 혼인 중 재산분할 청구요건 충족 여부를 따져보는 것도 한 방법인데 당사자가 짜고 하면 무력하기 때문에 이혼소송 또는 혼인 중 재산분할 청구를 제기하도록 (규정을) 넣어야 할 것임(윤진수 위원. 괄호부분 필자 첨가)", "부부의 통모 악용가능성은 있지만, 피보전채권 자체가 재산분할청구권이 전제가 되는 것이므로 규정이 없어도 재판 진행 과정에서 소송제기를 자연스럽게 할 것이기 때문에 규정을 두지 않아도 될 것 같음(김삼화 위원)."

106) 참고로 서울고등법원 2013. 7. 25. 선고 2012르3678 판결은 "비록 이 사건 사해계약 당시 원고의 피고1에 대한 재산분할청구권이 현실적으로 발생하지는 않았지만, 당시 원고와 피고1의 혼인관계는 이미 객관적으로 파탄에 이른 상태에 있었고, 실제로 이 사건 사해계약이 체결된 때(2010. 9. 1. 필자 주)로부터 얼마 지나

다.[107] 후자의 견해에 의하면 사해행위 취소 후 이혼소송을 제기하지 않는 경우의 구제수단이 막연하며, 전자의 경우에도 사해행위 취소 후 이혼소송 등을 취하하는 사례를 방지하기 어려울 것으로 보인다.

③ 법률행위의 목적인 재산권: 이 법안의 초안 검토 단계에서, "혼인 중 상속·증여에 의하지 아니하고 취득한 재산과 이를 기초로 형성된 재산에 관하여"라는 문구의 삽입 여부가 논의되었으나 삭제하는 것으로 의견이 모아졌다. 그러나 그와 같이 삭제한 취지가 취소 대상인 재산권을 분할대상재산 이외의 재산까지 확대하여야 한다는 의미는 아니었던 것으로 보인다.[108] 그러나 재산분할청구권이 금전채권으로 확정된 이후에 제기된 사해행위 취소소송이라면 굳이 분할대상재산에 한정할 이유가 없을 것이다.

④ 피보전채권의 종류: 민법 406조의 해석에서는 특정채권의 보전을 위한 사해행위 취소권 행사는 불가능하다(대법원 1995. 2. 10. 선고 94다2534 판결). 그러나 민법 839조의3에서는 아직 피보전채권의 내용이 미확정인 상태이므로, 결과적으로 특정채권 보전을 위한 사해행위 취소권 행사가 되는 것을 막을 방법이 없다. 이러한 해석을 바탕으로, 이미 피보전채권이 특정채권으로 확정된 사안에서도 민법 839조의3을 근거로 사해행위 취소권을 인정한 하급심 사례가 있다.[109] 이는 민법 406조의 사해행위 취소와 결정적으로 다른

지 않은 2011. 1. 17. 원고가 피고1을 상대로 이 사건 본소를 제기한 이상 원고의 피고1에 대한 재산분할청구권은 이 사건 채권자취소권의 피보전채권이 될 수 있다"고 판시하였다(이는 가액배상을 인정한 원고 일부승소판결이다. 피고가 대법원 2013므3802호로 상고하였으나 2013. 11. 14. 심리불속행 기각으로 확정되었다).

107) 제도 신설 전의 견해로는 각주 50 참조; 제도시행 후에는 법원실무제요: 가사Ⅱ, 법원행정처, 2010, 132면.

108) 각주 103의 글, 376면. "앞에 '상대방 배우자의 재산분할청구권 행사를 해함을 알고 재산권을 목적으로 하는 법률행위를 한 때에는'이 결국은 법률행위의 대상이 재산분할청구권의 대상인 재산으로 될 것 같고, 대상재산을 한정했을 때 특유재산이라고 하더라도 유지 증식("감소"로 되어 있으나 오기로 보임. 필자 주)에 기여했을 때 재산분할을 인정하는 판례보다 좁아지기 때문에 빼버려도 괜찮을 것 같음(윤진수 위원)", "재산분할에 있어서 상속재산이나 증여재산도 결혼기간이 길어지면 포함되는 경우가 많기 때문에 괄호 안 문구를 빼야 된다고 생각하고(김삼화 위원)."

점이다.

⑤ 민법 407조의 적용 여부: 민법 406조가 특정채권의 보전을 위해서는 적용되지 않는다고 본 이유는 사해행위 취소권이 모든 채권자를 위한 공동담보의 확보를 위한 것이기 때문이다(위 94다2534). 그런데 민법 839조의3은 특정 배우자에게만 존재하는 '재산분할청구권의 행사'를 보전하기 위한 것이라고 명시하고 있을 뿐 아니라, "전조의 규정에 의한 취소와 원상회복은 모든 채권자의 이익을 위하여 그 효력이 있다"고 규정한 민법 407조를 준용하지 않고 있다. 여기에 앞서 본 위 규정의 입법취지까지 고려하면, 민법 839조의3에서는 민법 407조의 적용이 없다고 해석될 가능성이 있다.

⑥ 사해성 판단기준: 채무자인 배우자의 재산권을 목적으로 한 법률행위가 사해행위로 되려면, 재산분할청구권을 해하는 것으로 족한가 아니면 채무자의 총재산을 기준으로 한 공동담보 부족의 발생·심화가 필요한가 문제된다. 현재의 하급심 실무는 민법 406조와 같이 후자에 따라 판단하고, 여기에 별다른 이견이 없는 것으로 보인다. 이 경우 채무자의 총재산을 확정하여야 하는데, 민법 406조에서는 피보전채권이 채무자의 소극재산에 포함됨에 반하여 민법 839조의3에서는 그것이 불분명하다. 민법 406조의 경우 피보전채권은 적어도 앞서 본 고도의 개연성 기준을 충족하고 있지만, 민법 839조의3의 경우 재산분할 확정 전의 사해행위 취소소송에서는 피보전채권이 그와 같은 상태에 도달하지 못했기 때문이다. 재산분할의무를 소극재산에 포함할 경우, 사해행위 취소소송에서 그 액수를 미리 심리하여 확정하는 것을 시도할 수는 있겠지만 처분된 재산권을 재산분할 대상으로 포함시킬 것인지 여부를 미리 따져야 하므로 요건과 효과의 순환이 일어난다. 나아가 사해행위 취소판결에서 적정한 재산분할의 액수를 정한다 한들 아래에서 보는 바와 같이 후행 재산분할심판에 기판력이 미치지 않는데, 결과적으로 양자가 불일치하는 것으로 밝

---

109) 서울가정법원 2010. 9. 8. 선고 2010드합3728 판결(확정), 서울가정법원 2010. 8. 20. 선고 2010르1105 판결(확정).

혀질 경우 수익자나 전득자를 구제할 방법을 강구해야 한다.

⑦ 상대적 효력 문제: 채권자가 사해행위의 취소와 함께 수익자 또는 전득자로부터 책임재산의 회복을 명하는 사해행위취소의 판결을 받은 경우 취소의 효과는 채권자와 수익자 또는 전득자 사이에만 미치므로, 수익자 또는 전득자가 채권자에 대하여 사해행위의 취소로 인한 원상회복 의무를 부담하게 될 뿐, 채권자와 채무자 사이에서 취소로 인한 법률관계가 형성되거나 취소의 효력이 소급하여 채무자의 책임재산으로 복구되는 것은 아니다(대법원 2014. 6. 12. 선고 2012다47548, 47555 판결). 이 때문에 원상회복이 되더라도 채권자의 피보전채권이 만족되면 잔액은 수익자 또는 전득자에게 반환되어야 한다고 이해된다. 그렇다면 사해행위 취소 및 원상회복이 이루어졌다고 하더라도 사해행위 취소판결의 기판력이 미치지 않는 채권자와 채무자 사이의 재산분할 後訴에서 해당 재산권을 분할대상인 부부의 공동재산으로 파악할 근거가 무엇인지 의문이 아닐 수 없다.

⑧ 병행 진행시의 문제: 가사소송법이 민법839조의3에 의한 청구를 다류 가사소송사건으로 규정하였으므로, 가정법원은 이 소송을 이혼 및 재산분할심판 사건과 병합 또는 병행하여 진행함으로써 양 소송 사이의 모순저촉을 피하는 방법을 생각할 수 있다. 그러나 그 경우에는 아직 사해행위 취소판결의 확정 및 그에 따른 원상회복이 이루어지지도 않은 상태이므로, 배우자 일방에 의하여 처분된 재산권을 재산분할의 대상이나 액수에 참작하여 재산분할심판을 할 근거는 더욱 박약해진다. 결국 해당 법률행위를 혼인관계 파탄 이후의 후발적 사정으로 보아 무시하거나 처분대가의 현존을 추정하는 논리를 동원할 수밖에 없을 것이다.

참고로, 이에 관한 하급심의 실제 사례를 본다[이혼 등 청구소송은 청주지방법원 2013르491(본소), 2013르507(반소), 사해행위취소청구소송은 같은 법원 2013르446 및 같은 법원 2013르460].

[사실관계]

– 처인 甲은 남편 乙과 1995. 7. 26. 혼인하였으나 2012. 4.경부터 별거하였다.

- 甲은 2012. 4. 24. 자신의 어머니 丙에게 시가 4,500만 원(근저당권부
채무를 공제한 실제가치는 25,897,406원)인 A아파트를 증여하고, 2012. 6. 19.
丁에게 시가 1억 원(임대차보증금채무를 공제한 실제가치는 5,500만 원)인 B
아파트를 매도하였으며, 그 밖의 재산은 1,000만 원의 미용실 임대차보증금
채권 뿐이었다.

[소송경과]

- 甲은 2012. 7. 6. 乙을 상대로 이혼 등의 본소청구를 하였고, 乙은
2012. 7. 10. 甲을 상대로 이혼 및 재산분할 등의 반소청구를 하였다. 한편
乙은 곧 이어 2012. 7. 31. 丙을 상대로 한 A아파트 증여행위 사해행위취소
소송과 丁을 상대로 한 B아파트 매도행위 사해행위 취소소송을 각 제기하
였다.

- 위 3건의 소송은 병합되지는 아니하였지만 같은 재판부에서 병행 진
행되어 같은 날 선고되었으며, 그 각 항소심도 같은 재판부에서 병행 진행되
다가 같은 날 선고되어 모두 그대로 확정되었다.

[판결내용]

- 위 본소 및 반소 이혼 등 청구사건 1심에서 재산분할을 제외한 나머지
청구에 대하여는 조정이 성립되었고, 1심 법원은 2013. 7. 24. 甲은 乙에게
재산분할로 3,300만 원 및 이에 대하여 판결확정 다음날부터 다 갚는 날까지
연 5%의 비율로 계산한 지연손해금을 지급하라는 취지의 판결을 선고하였다.

- 이에 쌍방이 항소하여, 2심 법원은 2014. 10. 30. 甲은 乙에게
25,433,563원 및 이에 대하여 판결확정 다음날부터 다 갚는 날까지 연 5%의
비율로 계산한 지연손해금을 지급하라는 취지로 1심 판결을 변경하였고,
2014. 11. 21. 그대로 확정되었다.

- 丙에 대한 A아파트 증여행위의 사해행위 취소청구는 1심에서 기각되
었고, 원고가 항소하였으나 2심에서도 기각되었다. 그 이유는, 증여 당시 甲
의 적극재산이 1억 5,500만 원이고 재산분할채무를 제외한 소극재산이
84,778,594원이어서 순재산이 70,221,406원인데 여기에서 증여된 A부동산의
실제가치 25,897,406원을 공제하더라도 재산분할채무액 25,433,801원을 상회
하는 자력이 남아있기 때문이라는 것이었다.

- 丁에 대한 B아파트 매도행위의 사해행위 취소청구는 1심에서 원고 승
소판결(원물반환: 이전등기말소)이 선고되었는데 피고가 항소하였고, 2심에서

는 대항력 있는 임차인이 존재함을 이유로 그 보증금 상당액을 공제한 잔액 5,500만 원 중 재산분할채권액 25,433,563원 만큼의 가액배상 판결이 선고되었다. 위 매도 당시 B아파트는 甲의 유일한 부동산이었다는 점에서 사해성이 인정되었다.

— 위 재산분할 판결에서 2심 법원은 원고의 적극재산으로 A아파트의 가액와 B아파트의 공동담보로서의 가치상당액을 산입하였다. 그 근거로서는, A아파트의 경우 사해행위취소청구가 기각되는 이상 아파트 자체를 포함시킬 수는 없으나 파탄 직전에 증여한 이상 그 시가상당액을 여전히 보유하고 있다고 봄이 공평하다는 것이고, B아파트의 경우 사해행위취소청구가 인용되었으나 가액배상만 인정하므로 아파트 자체를 포함시킬 수는 없고 공동담보로서의 가치상당액은 여전히 보유하고 있다고 보아 분할대상으로 삼는 것이 공평하다는 것이다.

[평   가]

— 법원은 채무자의 총재산을 기준으로 사해성을 판단하였는데 사해행위취소사건에서 사해성 판단을 위하여 재산분할 채무액을 고려하였고, 한편 재산분할 심리에서도 취소대상 재산의 가액을 합산하여 분할액수를 판단하였는데, 이는 심각한 요건과 효과의 순환이 아닐 수 없다. 소송이 병행해서 진행되지 않고도 이런 결론에 이를 수 있었을지 의문이다.

— 재산분할 심리에서 취소대상 재산의 가액을 합산한 근거는 사해행위취소판결 때문이 아니라 처분대가를 보유하는 것으로 추정하는 법리에 의한 것이었다. 이는 취소청구가 기각된 A아파트의 가액까지 합산된 데에서 분명하게 드러난다. B아파트에 관하여는 가액배상 판결이 이루어졌지만 원물반환이었다고 하더라도 부동산 자체를 분할대상으로 합산할 수 있었을지 의문이다. 사해행위 취소판결이 확정되지 못한 이상 기판력이 미칠 수 없고, 상대적 효력설에 의할 때 더욱 그러하기 때문이다.

— 乙이 사해행위 취소판결을 받은 실익은 丁에게도 가액배상 판결을 받아 집행대상 재산을 추가로 확보하였다는 점에 있다. 원물반환 판결이었다면 그 물건 자체에 추급할 수 있었을 것이다. 그러나 이와 같은 효용은 민법 406조에 의하더라도 가능한 것이었다. 다만 민법 839조의3이 신설됨으로써 달라진 점은, 재산분할 판결이 금전채권이 아니라 현물분할로 확정되었더라도 사해행위 취소소송이 가능했을 것이라는 점과, 추상적 재산분할청구권만 성립한 단계에서(즉, 이혼 조정 성립 후 아직 재산분할 심판이 확정되기 전

임에도) 사해행위 취소판결을 받을 수 있었다는 점에 있다.

결론적으로, 민법406조와 민법839조의3은 그 외형상의 유사성에도 불구하고 그 기능, 요건, 효과 등이 매우 다른 제도로 이해된다. 경우를 나누어 살펴보면, ① 재산분할청구권이 금전채권으로 이미 확정되어 있어 그 집행을 확보하기 위하여 채무자의 일반재산에 대한 처분행위를 취소하고자 한다면 이는 종래의 민법 406조와 같은 법리가 적용되면 족하다('재산분할 先확정' 중 금전채권 유형). 이 경우 민법 839조의3은 민법 406조에 대한 특칙에 해당하지만 별도의 다른 법리를 구성할 이유가 없다. ② 반면 민법 839조의3은 주로 아직 미성립·미확정인 재산분할청구권이라는 특정채권의 보전을 위하여 분할대상재산에 대한 처분행위를 취소시키고자 마련된 제도로서, 이러한 점에서 독특한 특징을 보인다. 그 입법취지를 살리려면 총재산을 기준으로 한 무자력의 발생·심화는 문제되지 않고 재산분할청구권이 특정채권으로 구체화될 것인지도 문제되지 않으며 취소 대상 재산권이 분할대상재산으로 회복된다는 의미에서 재산분할심판에도 판결의 효력이 미치는 한편 다른 채권자 전원의 이익을 위한 제도는 아닌 것으로 운용되어야 할 것이다('사해행위 先확정' 유형). 다만 이와 같은 해석이 문언의 가능한 의미에 포함되는 것인지 반드시 음미할 필요가 있다. 채권자대위권의 경우 별도의 규정이 없어도 가능하였으나, 사해행위 취소권의 경우 형성권으로서 법률의 규정이 명확하여야할 것이다. ③ 나아가 재산분할청구권이 특정채권으로 확정되어 있는 상태에서 사해행위 취소권을 행사하는 경우('재산분할 先확정' 중 특정채권 유형) 또는 양 소송이 병행 진행중인 경우('양 청구 병행진행' 유형)에서는 위 ②의 방식에 준하는 운용이 이루어져야 할 것이다.

3. 강제집행면탈죄

이혼을 요구하는 처로부터 재산분할청구권에 근거한 가압류 등 강제집행을 받을 우려가 있는 상태에서 남편이 이를 면탈할 목적으로 허위의 채무를 부담하고 소유권이전청구권보전가등기를 경료한 경우, 강제집행면 탈죄가 성립한다(대법원 2008. 6. 26. 선고 2008도3184 판결). 이 판결의 사례는 처가 2006. 12. 중순경 부터 남편에게 이혼을 요구하면서 위자료와 재산분할 등을 요구하자 남 편이 2007. 1. 10. 누나에게 허위채무를 부담하고 가등기를 마쳐주었는 데, 처가 그 직후인 2007. 1. 23. 이혼소송을 제기하며 위자료와 재산분 할을 청구한 사안이다. 원심은 가등기만으로는 순위보전의 효력밖에 없 어 채권자를 해한 것이라고 할 수 없다는 이유로 무죄를 선고하였으나, 대법원은 "형법 제327조의 강제집행면탈죄는 위태범으로서 현실적으로 민사집행법에 의한 강제집행 또는 가압류, 가처분의 집행을 받을 우려가 있는 객관적인 상태 아래, 즉 채권자가 본안 또는 보전소송을 제기하거 나 제기할 태세를 보이고 있는 상태에서 주관적으로 강제집행을 면탈하 려는 목적으로 재산을 은닉, 손괴, 허위양도하거나 허위의 채무를 부담하 여 채권자를 해할 위험이 있으면 성립하는 것이고, 반드시 채권자를 해 하는 결과가 야기되거나 행위자가 어떤 이득을 취하여야 범죄가 성립하 는 것은 아니며, 현실적으로 강제집행을 받을 우려가 있는 상태에서 강 제집행을 면탈할 목적으로 허위의 채무를 부담하는 등의 행위를 하는 경 우에는 달리 특별한 사정이 없는 한 채권자를 해할 위험이 있다고 보아 야 한다"는 이유로 원심을 파기하였다.

VI. 관련 문제

1. 사 실 혼

재산분할제도는 협의이혼에 관하여 규정되어 있으나, 재판상 이혼에 준용되고(민법 843조) 혼인취소에도 준용된다(가사소송법 2조 1항 나목 (2) 4호).

대법원은 재산분할제도가 사실혼에도 유추적용된다고 판시하고 있는 데, 그 이유에 관하여 "사실혼이라 함은 당사자 사이에 혼인의 의사가 있 고, 객관적으로 사회관념상으로 가족 질서적인 면에서 부부공동생활을 인정 할 만한 혼인생활의 실체가 있는 경우이므로 법률혼에 대한 민법의 규정 중 혼인신고를 전제로 하는 규정은 유추적용할 수 없으나, 부부재산의 청산의 의미를 갖는 재산분할에 관한 규정은 부부의 생활공동체라는 실질에 비추어 인정되는 것이므로 사실혼관계에도 준용 또는 유추적용할 수 있다(대법원 1995. 3. 10. 선고 94므1379 판결, 대법원 1995. 3. 28. 선고 94므1584 판결)"고 한다. 이는 최근의 사실혼 증가 추세에 비추어 큰 의미가 있다. 다만, "법률상 배우자 있는 자는 그 법률혼 관계가 사실상 이혼상태라는 등의 특별한 사정이 없는 한 사실혼 관계에 있는 상대방에게 그와의 사실혼 해소를 이유로 재산분할을 청구함은 허용되지 않는다(대법원 1995. 7. 3.자 94스30 결정)"고 하여, 중혼적 사실혼에는 유추적용을 인정하지 않고 있다.

이처럼 사실혼 당사자에게 재산분할청구권은 있으나 배우자상속권이 인정되지 않는다는 점에서 묘한 불균형이 발생한다. 사실혼 관계가 일방의 사망에 의하여 해소되는 경우에는 그동안의 실질적 기여를 인정받지 못하게 되기 때문이다. 그러나 대법원은, "법률상 혼인관계가 일방 당사자의 사망으로 인하여 종료된 경우에도 생존 배우자에게 재산분할청구권이 인정되지 아니하고 단지 상속에 관한 법률 규정에 따라서 망인의 재산에 대한 상속권만이 인정된다는 점 등에 비추어 보면, 사실혼관계가 일방 당사자의 사망으로 인하여 종료된 경우에는 그 상대방에게 재산분할청구권이 인정된다고 할 수 없다. 사실혼관계가 일방 당사자의 사망으로 인하여 종료된 경우에 생존한 상대방에게 상속권도 인정되지 아니하고 재산분할청구권도 인정되지 아니하는 것은 사실혼 보호라는 관점에서 문제가 있다고 볼 수 있으나, 이는 사실혼 배우자를 상속인에 포함시키지 않는 우리의 법제에 기인한 것으로서 입법론은 별론으로 하고 해석론으로서는 어쩔 수 없다(대법원 2006. 3. 24. 선고 2005두15595 판결)"고 판시하였다.

따라서 사실혼 배우자는 상대방 배우자의 사망이 예상된다면 그 전에 사실혼 관계를 해소하는 것이 유리하다는 결론이 된다. 대법원은 사실혼관계의 당사자 중 일방이 의식불명이 된 상태에서 상대방이 사실혼 관계의 해소를 주장하면서 재산분할심판청구를 한 사안에서, "사실혼관계는 사실상의 관계를 기초로 하여 존재하는 것으로서 당사자 일방의 의사에 의하여 해소될 수 있고 당사자 일방의 파기로 인하여 공동생활의 사실이 없게 되면 사실상의 혼인관계는 해소되는 것이며, 다만 정당한 사유 없이 해소된 때에는 유책자가 상대방에 대하여 손해배상의 책임을 지는 데 지나지 않는다"는 이유로 사실혼의 해소를 인정하고, 그에 따라 재산분할청구권을 인정하였다(대법원 2009. 2. 9.자 2008스105 결정). 이와 같이 사실혼 배우자의 재산상 기여를 인정받기 위하여 사실혼의 일방적 해소를 강요하게 되는 현상은 바람직하지 못한 것임이 틀림없다.[110] 배우자 일방이 사망할 경우 부부재산제에 의한 재산관계 청산이 상속에 우선하여 이루어지는 스위스의 입법례를 참고할 필요가 있다.[111]

2. 상 속 성

재산분할제도의 중요성이 커짐에 따라 재산분할청구권 내지 재산분할의무의 상속성 여부도 큰 관심사가 되었다. 상속성 여부에 관하여 논란이 발생하게 되는 요인은 ① 재산분할청구의 형성권적 성격, ② 재산분할청구권 행사의 일신전속성, ③ 부양적 요소의 비상속성, ④ 재산분할청구권과 재산분할의무를 동일하게 취급할 것인지 여부 등에 있다.

먼저 이혼 후 재산분할의 협의나 심판이 이루어져 재산분할청구권의 내용이 확정된 이후에는 특정 재산에 관한 이전청구권 내지 이전의무로 구체화되므로 그 상속성을 부정할 이유가 없다. 한편 이혼이 아직 이루어지기 전에 부부 일방이 사망하였다면 재산분할청구도 불가능해지므로, 상속문제 자체가 발생하지 않는다. 대법원은 "이혼소송과 재산분할청구가 병합된 경우, 배우자 일방이 사망하면 이혼의 성립을 전제로 하여 이혼소송에 부대한 재산분할청구 역시 이를 유지할 이익이 상실되어 이혼소송의 종료와 동시에 종료된다(대법원 1994. 10. 28. 선고 94므246 판결)"고 판시하였는데, 이는 상속성

---

110) 이 판결에 대한 평석으로 전경근, 사실혼 해소와 재산분할, 경기법조 16호, 2009에서는, 일방적 의사표시에 의하여 사실혼 해소가 가능한가에 대하여는 종래 긍정설과 부정설이 있었고, 부정설은 사실혼관계존재확인의 소를 제기할 수 있도록 한 입법취지상 재판상 이혼사유가 있어야 가능하다는 견해이지만 받아들이기는 어렵다고 하면서, 다만 사실혼 해소가 재산분할청구와 결합되면 악용의 우려가 있으므로 사실상 혼인관계가 소멸하지 않은 동안은 일방적 의사표시에 의한 사실혼 해소를 인정해서는 안 된다는 입장이다.

111) 김상용, 사실혼의 해소와 재산분할청구, 민사판례연구 32권, 2010, 587면 이하.

자체를 부정한 것은 아니고 재산분할의 전제가 되는 이혼이 불가능하게
되었으므로 재산분할청구권 자체가 발생할 수 없기 때문이다.[112] 따라서
문제가 되는 상황은 이혼 후 재산분할의 협의 내지 심판이 이루어지기
전에 부부 일방이 사망하는 경우에 발생한다.

　　제도 시행 초기에는 가사소송규칙 96조가 "재산분할의 심판은 부부
중 일방이 다른 일방을 상대방으로 하여 청구하여야 한다"고 규정하고
있다는 점, 민법 806조 3항이 약혼해제와 관련하여 "정신상 고통에 대한
배상청구권은 양도 또는 승계하지 못한다. 그러나 당사자간에 이미 그
배상에 관한 계약이 성립되거나 소를 제기한 후에는 그러하지 아니하다"
고 규정하고 있고 민법 843조가 이를 재판상 이혼에 준용하고 있다는 점
을 들어 재산분할청구권 역시 상속성을 부정하거나 적어도 절차상 상속
인은 당사자에서 배제된다는 견해가 있었다.[113] 그러나 대법원은 "이혼위
자료청구권은 원칙적으로 일신전속적 권리로서 양도나 상속 등 승계가
되지 아니하나 이는 행사상 일신전속권이고 귀속상 일신전속권은 아니라
할 것인바, 그 청구권자가 위자료의 지급을 구하는 소송을 제기함으로써
청구권을 행사할 의사가 외부적 객관적으로 명백하게 된 이상 양도나 상
속 등 승계가 가능하다(대법원 1993. 5. 27.
선고 92므143 판결)"고 판시한 바 있으므로, 재산분할청구
권 역시 행사상 일신전속권으로서 그 의사가 외부적 객관적으로 표명되
었다면 승계가 가능하다고 볼 가능성이 있었다.

　　그 이후 나타난 학설은 대체로 상속성을 인정하려는 경향이 강한데,

---

112) 김홍엽, 이혼소송 및 재산분할청구의 계속 중 당사자 일방의 사망과 소송상 처
　리, 대법원판례해설 22호, 1995: 재산분할청구는 이혼을 전제로 하므로 이혼이 되
　지 않은 상태에서 청구한 경우에는 부적법 각하될 것이지만, 이혼청구가 인용될
　것을 전제로 하여 이혼청구와 병합하여 제기할 수 있다. 이혼소송에 병합하여 제
　기되는 재산분할청구는 이혼소송에 부대하여 제기되는 것이므로 이혼소송이 제기
　되어 있는 것이 재산분할청구의 소송요건이다. 이혼청구와 재산분할청구가 병합되
　어 소송계속 중 이혼의 소가 협의이혼 성립 이외의 이유로 취하되거나 당사자 일
　방이 사망하면 이혼소송이 종료되므로, 부대신청의 이익이 상실되어 재산분할신청
　을 유지할 필요가 없으므로, 후자의 신청은 전자의 소의 운명과 함께 전자의 소송
　종료와 동시에 특단의 절차를 요하지 않은 채 소멸한다.
113) 이상훈, 각주 34의 글, 91면; 민유숙, 각주 31의 글, 450면.

그 실제 내용은 상당히 다양하다. ① 우선 재산분할청구가 이루어진 경우에만 상속성이 인정된다는 견해[114]와 언제나 상속성이 인정된다는 견해[115]의 대립이 있다. ② 다음 청산적 요소는 상속되나 부양적 요소는 상속되지 않는다는 견해[116]와 전체에 대하여 상속을 인정하는 견해[117]의 대립도 있다. ③ 최근에는 재산분할의무와 재산분할청구권을 분리하여, 전자는 청구와 무관하게 상속되지만 후자는 청구가 있어야 상속된다는 견해도 나타나고 있다.[118] 우선 ①의 경우 행사상의 일신전속권은 권리자의 의사를 중시하려는 것인데 재산분할권리자가 이미 사망한 경우에는 상속인에 의하여 권리가 행사되더라도 권리자의 의사를 무시하는 것이 되지 않는다는 것이 긍정설의 논리이다. 이는 결국 망인의 생전의사 해석의 문제로 생각되는데, 통상 이혼을 하면서 재산분할을 청구하지 않는다는 것은 이례에 속하므로 이혼 후 상당한 기간이 지나도록 재산분할청구를 하지 아니하였다면 상속인이 새삼 청구하는 것은 망인의 의사에 반한다고 볼 수 있을 것이다. ②의 경우 긍정설은 부양적 요소가 청산적 요소와 물리적으로 병존하는 것이 아니라 화학적으로 혼합되어 있으므로 상속성을 구분해서 따질 수 없다고 하나,[119] 부양적 요소가 보충적으로 현실화된다고 보는 필자의 입장에서는 동의하기 어렵다. ③의 경우 재산분할의무는 권리자의 의사를 존중하려는 행사상의 일신전속권 취지와 무관하므로 언제나 상속된다고 봄이 타당하다고 생각한다.

그 후 대법원은 앞서 본 바와 같이 사실혼 해소와 재산분할청구가 이루어진 상태에서 분할의무자가 사망한 사례에서 "이 사건 재산분할심

---

114) 송덕수, 신민법강의(제2판), 박영사, 2009, 1546면.
115) 박순성, 채무의 상속, 민사판례연구 25권, 2003, 676면; 서순택, 각주 29의 글, 154면 이하.
116) 곽윤직, 상속법(민법강의 Ⅳ), 박영사, 1997, 144면; 김주수, 각주 9의 책, 512면; 전체적으로 상속이 되지만 부양적 요소를 포함하고 있는 것이 명백한 경우에는 의무자가 감액을 청구할 수 있다는 견해도 그 연장선이라고 할 수 있다.
117) 박순성, 각주 115의 글, 676면; 황경웅, 재판분할청구권의 상속성, 중앙법학 9집 2호, 2007, 498면.
118) 박동섭, 각주 20의 책, 220면 이하.
119) 황경웅, 각주 117의 글, 496면 이하.

판청구 이후 일방 당사자인 소외인이 사망하였으므로 그 상속인들에 의
한 수계를 허용함이 상당하다(대법원 2009. 2. 9.자 2008스105 결정)"고 판시한 바 있는데, 재산분
할의무의 상속을 위하여 의무자의 생전에 재산분할청구가 반드시 이루어
졌어야 한다는 취지인지는 분명하지 않은 것으로 보인다. 한편 앞서 본
바와 같이 대법원은 공무원 퇴직연금수급권의 재산분할대상성을 인정하
고 그 분할방법으로 정기금 방식을 허용하면서 그 정기금채권은 양도·
상속될 수 없다고 판시하였는데(대법원 2014. 9. 4. 선고 2013므1894 판결), 이는 구체적 분할내용이
확정된 후 분할대상과 방법이 갖는 특수성에 따라 상속성이 부인된 것으
로서 재산분할청구권 자체의 상속성 문제로 일반화할 수는 없다.

3. 제척기간

재산분할청구권은 이혼한 날로부터 2년 내에 행사하여야 하고 그 기
간이 경과하면 소멸되어 이를 청구할 수 없는바, 이때의 2년이라는 기간
은 일반 소멸시효기간이 아니라 제척기간으로서 그 기간이 도과하였는지
여부는 당사자의 주장에 관계없이 법원이 당연히 조사하여 고려할 사항
이다(대법원 1994. 9. 9. 선고 94다17536 판결).

부부 사이에 13년 남짓 동안 법률혼과 사실혼이 3회에 걸쳐 계속
이어지다가 파탄되었고 그 각 협의이혼에 따른 별거기간이 6개월과 2개
월 남짓에 불과한 경우에 마지막 사실혼의 해소에 따른 재산분할을 함에
있어서는 그에 앞서 이루어진 이혼에 따른 재산분할 문제를 정산하였다
거나 이를 포기하였다고 볼 만한 특별한 사정이 없는 한 그 각 혼인 중
에 쌍방의 협력에 의하여 이룩한 재산은 모두 청산의 대상이 될 수 있다
고 보는 것이 상당하다(대법원 2000. 8. 18. 선고 99므1855 판결). 이 사안에서 원심은 첫 번째, 두
번째 이혼에 의한 재산분할청구권이 그 후 재결합으로 제척기간이 중단
되었다고 판시하였으나, 대법원은 제척기간에는 중단이 있을 수 없다면서
위와 같이 판시하였다.

Ⅶ. 요약 및 전망

이혼시 재산분할제도에 관한 최근의 연구는 대단히 활발하다. 제도의 요소를 이루는 각각의 세부 주제에 관한 심층적인 탐구와 외국 입법례에 대한 소개도 풍부하게 이루어져, 이 제도에 대한 이해는 날로 깊이와 넓이를 더해가고 있다. 이러한 터에 재산분할제도 전반에 관한 글을 쓴다는 것 자체가 무모한 것으로 느껴지기도 한다. 그러나 제도 시행 이후 어느 정도의 기간이 흐른 이 시점에서 한 번쯤은, 이 제도가 그동안 걸어온 발자취를 정리하고 서로 모순되거나 부족한 부분은 없는지 조망하는 작업도 필요하다고 믿는다. 향후 파탄주의 이혼법의 도입에 관한 논란이나 부부재산제 전반에 관한 입법적 논의를 진전시키기 위해서도, 이와 같은 재산분할제도 전반의 이해가 선행되어야 할 것이기 때문이다. 최근 대법원은 이혼과 재산분할 제도에 관하여 큰 의미를 갖는 판결들을 잇달아 선고하고 있는데, 이는 제도 전반에 관한 심층적인 이해가 동반되었기에 가능한 일이라고 생각한다.

25년간의 대법원 판결을 조망하여 볼 때 가장 먼저 두드러지는 측면은 대법원이 별산제의 폐해를 보완하고 부부간의 실질적 평등을 도모하기 위하여 재산분할청구권의 실효성을 강화하는 노력을 계속해 왔다는 점이다. 가사노동의 가치를 인정하여 전업주부의 기여도를 전면적으로 인정한 것은 입법취지상 예견된 것이었다고 하더라도, 특유재산 중 단독취득재산에 대하여도 가사노동에 의한 유지·증식을 이유로 재산분할을 허용한 판결, 재산분할 협의에 관하여 상당한 범위에서 사해성을 부인하여 일반채권자보다 배우자를 우선적으로 보호한 판결, 분할대상이 아닌 요소가 혼재되어 있다 하더라도 일단 전체를 분할대상으로 삼은 후 나머지 요소를 기타 사정으로 참작하는 논리를 취한 명예퇴직금 판결, 채무초과인 부부의 채무 분할을 인정함으로써 구체적 타당성과 실질적 형평을 도모한 판결, 여러 가지 실무상의 애로사항을 두루 고려하여 적극적으로 분할대상성을 확장시킨 장래 퇴직금 및 퇴직연금 판결 등이 그것이다. 이처럼 부부 사이의 경제적 불평등 해소를 위한 합목적적 후견 역할을 자임했다는 점에서, 대법원이 재산분할사건을 비송사건으로 규정한 가사소송법의 입법취지를 잘 살려 왔다는 긍정적인 평가를 할 수 있을 것이다.

다만 재산분할청구권의 보호 내지 강화가 부부간의 관계를 넘어 제3자와의 거래관계에까지 영향을 미치게 된 부분에 대하여는 보다 신중한 검토가 요구된다. 대법원은 재산분할 협의의 사해성 판단에서 채권자가 채무자의 일반재산에 대하여 갖는 집행가능성의 기대보다 배우자의 부부 공동재산에 대한 분할의 기대를 더 보호하는 결단을 보여 주었는데, 이와 같이 제3자와 배우자 중 누구를 더 보호할 것인가의 가치형량은 일률적일 수 없고 항상 구체적 사안에서 재음미되어야 한다. 이런 관점에서 "채무자의 재산분할이 상당한지 여부는 민법 839조의2가 정한 재산분할의 일반원칙에 따라 판단하되, 이혼한 당사자 일방의 이익과 채권자의 이익을 비교·형량하여 그 재산분할이 분할자의 채권자와의 관계에서도 상당한 것인지를 함께 고려하여야 한다"는 법리와 함께 채무초과 부부의 재산분할에 있어서 당시의 다른 법리와 모순이 없도록 판단한 대법원의 태도는 상당한 의미가 있는 것이었다. 향후로는 사해성의 판단에 있어서 부부 쌍방의 재산 전부와 그 중 분할대상인 채무를 신중히 확정하여 사해성이 부정되는 상당한 범위를 확정하여야 할 것이다.

또한 신설된 재산분할청구권 보전을 위한 사해행위 취소권은 혼인 중 부부재산의 보전을 위한 조치가 없이는 이혼시 재산분할청구권의 실현도 불가능해진다는 현실론에서 출발하였다. 이는 혼인 중 주요 부부재산의 처분에는 일정한 제한이 따라야 한다는 인식과 더불어, 근본적으로 혼인 중 부부재산에 대하여 배우자가 어떤 권리를 갖는지의 문제로 이어진다. 현행 민법상 부부재산제를 완전한 별산제로 이해하는 한, 부부재산의 형성에 무형적으로 기여한 배우자는 혼인 중 부부재산에 관하여 경제적·사실적 이해관계를 가질 뿐 법적인 권리까지 인정되지는 못한다. 이처럼 아직 이혼에 이르기 전의 부부재산이 완전한 별산제로 운영되는 것은 공동제로의 역사적 발전과정에 비추어 실질적 평등의 실현에 미흡한 면이 발생하기 마련이다. 부부가 공동의 노력으로 형성·유지한 주요 재산은 그 명의와 관계없이 부부가 공동으로 관리·수익하고 처분도 공동의 의사에 따라 이루어져야 한다고 믿는 것이 통상적인 부부의 정서 내지 법감정일 것인데, 특정 시점에서 서로간의 신뢰관계 내지 관습에 따라 일방의 명의로 취득되었다는 이유만으로 이혼시점 이전까지는 완전한 단독의 법적 처분권을 인정한다는 것은 선뜻 이해되지 않는 측면이 있는 것이다. 그러므로 적어도 파탄에 임박한 단계에서는 그에 관하여 구체적인 법적 보호가 이루어져야 한다는 입법적 결단이 사해행위 취소권의 신설로 나타난 것으로 보인다. 다만 이 제도가 향후 특정채권 보전을 위한 채권자대위권과 마찬가지로 운영될 수 있도록 할 의도라면 그에 상응하는 입법적 보완이 필요하다고 생각한다.

앞으로는 혼인 중 재산분할에 대비한 부부재산의 보전과 제3자의 거래안전이 충돌하는 상황이 더욱 여러 국면에서 발생할 수 있다. 이와 관련한 가치의 충돌은 다음의 두 가지가 중첩되어 있다. ① 부부 내부의 관계에서는 부부 각자의 재산상 처분권 보장과 부부 공동체의 처분상 합수성(合手性)의 요청이 충돌하고, ② 부부 외부와의 관계에서는 신뢰보호 내지 거래안전과 실질적 기여를 한 배우자 일방의 이익보호가 충돌한다. 그런데 우선 ①의 경우 부부 각자의 재산상 독립성은 어디까지나 주로 자신의 노력으로 취득한 재산에서 보장되는 것일 뿐 공동으로 형성된 재산에는 적용될 수 없음이 분명하다. 또한 ②의 경우 부부재산에 관한 약정은 등기하여야 제3자에게 대항할 수 있다는 민법상의 가치판단에 비추어 볼 때(민법 829조), 정보취득과 대응기회가 보장된 부부 내부의 이해관계는 제3자의 신뢰보호라는 원칙 앞에서 후퇴할 수밖에 없다. 아마도 배우자 일방의 재산분할에 대한 기대가 제3자의 거래안전과 신뢰보다 우선하여 보호될 수 있으려면, 취소권 등 이미 이루어진 거래관계를 교란하는 방식보다는 처분이 제한되는 재산을 필요한 범위에서 확정하여 미리 공시하는 방법을 취하는 것이 현명할 것이다. 그렇지 않을 경우 별산제를 근간으로 하여 구축하여 온 재산법적 거래질서에 근본적인 혼란이 초래될 우려가 부부재산제 개정노력에 대한 반대논거로 작동할 수 있다.

한편 재산분할청구권에 위자료적 요소가 포함되어 있다는 인식은 일본 민법의 해석론이 남긴 잔재로서 한시바삐 불식되어야 한다. 나아가 최근의 많은 학설은 재산분할제도에서 부양적 분할의 분리·독립이 필요하다는 견해를 취하는데, 필자 역시 이혼 후 부양제도가 법적 근거를 갖추고 요건과 효과를 분명히 해야 한다는 점에 동의한다. 그것이 이혼제도의 파탄주의적 운영에도 기초가 될 수 있을 것이다. 그 경우 요건 면에서는 보상설에 입각한 이해를 바탕으로 유책성과의 결별이 필요하고, 청산적 분할이나 위자료에 대한 보충성을 기초로 하되 부양의무자의 경제적 상태도 함께 고려하여야 할 것이며, 효과 면에서는 혼인 중 부양보다는 낮은 수준에서 필요최소한의 기간 동안 인정하여야만 법감정과의 괴리를 피할 수 있을 것이라고 본다. 다만 이와 같이 부양적 분할을 분리할 경우 그동안 '부양적 요소'를 근거로 인정하여 온 재산분할 협의의 사해성 부정, 채무초과 부부의 채무분할에서 기여도를 벗어나는 분할방법의 인정 등은 다른 이론적 근거를 찾아야 할 것이다. 앞으로 이 부분에 관한 혜안을 기대해 본다.

[後 記]

1. 공무원연금법 개정 등

가. 분할연금제도를 도입하는 공무원연금법 46조의3부터 46조의5까지가 2015. 6. 22. 법률 제13387호로 신설되어 2016. 1. 1.부터 시행되었다.[120] 공무원과의 혼인기간이 5년 이상인 자가 이혼하고 65세가 되면 혼인기간에 해당하는 연금액을 분할하여 지급받을 수 있도록 함으로써 공무원 배우자의 노후소득보장을 강화하는 것을 골자로 한다. 위 개정으

---

120) 발표 당시 위 개정사실과 그에 따른 논점들을 지적하여 주신 현소혜 교수에게 감사드린다.

로 국민연금뿐 아니라 공적 연금에 대하여도 명시적으로 이혼에 따른 재산분할이 인정되었다. 위 각 규정은 사립학교 교직원에게도 준용된다 ^(사립학교교직원
연금법 42조 1항).

나. 신설된 공무원연금법 46조의4는, 민법 839조의2 또는 843조에 따라 연금분할이 별도로 결정된 경우에는 그에 따른다고 규정하고 있다. 따라서 공무원연금공단은 재산분할 심판의 당사자가 아니지만 위 조항에 의하여 심판의 효력을 받으므로, 연금수급권 양도방식의 재산분할이 효용성을 갖게 되었다. 그 문언에 비추어, 연금분할의 비율뿐 아니라 지급방식이나 지급시기 등도 별도로 결정된 내용에 따라야 한다는 것으로 해석된다. 법원으로서는 다른 여러 재산들과의 관계를 고려하여 탄력적으로 분할방법을 정할 필요성이 클 것이다.

다. 위 조항이 정하는 "별도로 결정된 경우"가 재산분할 심판만 의미하는 것인지 재산분할 협의도 포함되는 것인지 분명하지 않다. 기왕 입법을 하는 터라면 이를 분명하게 표현하여 주는 것이 좋았을 것이다. 민법 839조의2는 재산분할청구권 전반에 관한 근거규정이라는 점, 연금수급권 양도방식의 재산분할이 필요하다는 점은 협의분할의 경우에도 마찬가지라는 점을 감안하면, 적극적으로 해석함이 바람직하다.

라. 한편 국민연금법 64조에 의하면 혼인기간이 5년 이상인 자가 노령연금 수급권자와 이혼하고 60세가 되면 혼인기간에 해당하는 노령연금액을 균등하게 분할한 금액의 연금을 받을 수 있었다.[121] 그런데 2015. 11. 12. 국회 본회의를 통과한 국민연금법 일부개정법률안은 60세가 되기 전에 이혼한 경우 이혼시점으로부터 3년 이내에 분할연금을 미리 청구할 수 있도록 하였다. 그 밖에 이른바 '경단녀(경력단절여성)'가 경력단절 기간 중 밀린 국민연금 보험료를 추납할 수 있도록 하는 개정안이 통과된 것도 이혼의 자유를 확대하고 이혼 후의 생계확보를 뒷받침하는 중요한

---

121) 분할연금 수급자는 2010년 4,632명이었으나 2015. 7.말 현재에는 13,474명이 이르러 해마다 증가하는 추세이며, 그 중 여성이 88.1%인 11,875명이다(연합뉴스, 2015. 11. 27.자).

변화이다. 또한 같은 날 별정우체국 직원이 이혼할 경우에도 분할연금을 지급하는 내용의 별정우체국법 일부개정법률안도 본회의를 통과하였다.

2. 유책주의 완화와 재산분할

가. 이 글이 발표된 이후 선고된 대법원 2015. 9. 15. 선고 2013므 568 전원합의체 판결은 이혼에서의 유책주의 원칙을 유지하는 한편 그 기준을 다소 완화하였다. 위 판결의 다수의견은 유책주의 원칙을 유지하는 근거로서 "이혼 후 상대방에 대한 부양적 책임 등에 관해 아무런 법률 조항을 두고 있지 아니하다"는 점을 들고 있다. 위 판결의 소수의견은 파탄주의를 원칙으로 삼을 것을 주장하면서 재산분할 실무에서 부양적 요소가 상당히 고려되고 있음을 근거로 들었으나, 재산분할의 부양적 요소가 어떤 근거로, 어떤 요건 아래 어느 정도로 인정될 것인지 기준이 분명하지 않은 현재로서는 선뜻 동의하기가 어렵다.

나. 한편 위 판결의 소수의견 중에는, 귀책사유가 혼인해소를 결정짓는 판단기준이 되지 못하고, 이를 "이혼에 따른 배상책임 및 재산분할 등에 충분히 반영함으로써" 상대방 배우자를 보호할 수 있다는 설시가 보인다. 이는 재산분할의 위자료적 요소를 인정하는 전제 위에 이를 더 적극적으로 활용하자는 취지로서, 대법원의 이와 같은 시각이 아직도 유지되고 있음은 아쉬운 일이다.

[Abstract]

The trend of Supreme Court decisions on property division in connection with divorce

Hahm Yun Seek*

The provisions on property division claims in connection with divorce based on the Civil Act were enacted for the first time on January 13, 1990, followed by its procedural law, the Family Litigation Act, which took effect as of January 1, 1991. The enactment of the provisions is regarded as a recognition of the value of housekeeping labor and a substantial guarantee of the freedom to divorce by reflecting the constitutional ideal of gender equality in the Family Law. In essence, Korea defines property division as an effect of divorce, rather than of a matrimonial property system, as is the case in Japan, with almost identical statutory language. As such, Korea's institutional understanding in the early stages of the statutory implementation has been affected by that of Japan to a considerable degree.

Twenty-five years have passed since then. Over the last quarter of a century, the country has witnessed a considerable change in marriage behavior. For instance, the median age at first marriage has noticeably risen; the tendency to avoid civil marriage has gained traction; and the numbers of sunset divorces and remarriages have increased. It is about time we took stock of the impact of the legislation thus far and looked to see if it involves any contradictions or shortfalls. Of late, the Supreme Court of Korea has rendered a set of decisions with significant implications on divorce and property division, reflecting a deepening understanding of the entire body of legislation.

---

* High Court Judge, Seoul High Court.

One of the most remarkable aspects of the decisions of the country's highest court so far is the court's consistent enhancement of the effectiveness of property division claims as a means to make up for any harmful consequences of the separate property system. Some examples of this tendency include a decision permitting the division of properties independently acquired by one spouse during marriage; a decision restricting any deceptive, fraudulent act in consultations on division of property; a decision recognizing early retirement payments, future pensions, and pension funds as objects of property division; and a decision recognizing the division of debts for a couple whose liabilities exceed its assets.

However, a careful review is called for when the impact of protecting and enhancing property division claims go beyond the spousal relationship to reach transactions with third parties. On whether consultations on property division constitute a deceptive, fraudulent act, the Supreme Court's holding laid out the following legal principle: "Whether a debtor's property division is reasonable has to be determined according to the general principles of division of property set forth in Article 839-2 of the Civil Act. Also necessary are considerations of whether the division of property is reasonable in terms of the relevant party's relationship with his/her creditor(s) by weighing and balancing the interests of a divorced spouse and those of his/her creditor."

Meanwhile, the Korean Civil Act newly enacted the right to revoke any fraudulent acts for the purpose of preserving property division claims. Although its legislative intent is understandable, the author considers that a complementary legislation is necessary, given the incompatibility of its actual enforcement with the existing legislation on revocation of fraudulent acts.

There may well be conflicts from more diverse aspects between the preservation of matrimonial property during marriage in anticipation of property division, on the one hand, and on the other, the transactional safety of any third parties. With a view to ensuring that the protection of a spouse's property division expectations comes before third party transaction safety and confidence, the wiser course of action would be to determine, and put on advance public notice, the scope of properties for which disposal is limited, as opposed to trying to disrupt the established transaction relations by revocation. Moreover, the notion that property division claims include alimony is a remnant of the interpretation of the Japanese Civil Code, and has to be overcome.

[Key word]

- claims for the division of property in connection with divorce
- matrimonial property system
- the right to revoke deceptive/fraudulent acts for the purpose of sustaining/ preserving claims for the division of property

참고문헌

1. 단 행 본

곽윤직, 상속법(민법강의 Ⅳ), 박영사, 1997.

김주수, 친족상속법(제4전정판), 법문사, 1991.

김주수·김상용, 주석민법-친족(2), 한국사법행정학회, 2010.

박동섭, 친족상속법, 박영사, 2006.

_____, 친족상속법, 박영사, 2009.

법무부, 제2기 가족법개정특별분과위원회 회의록, 2006.

법원행정처, 법원실무제요 : 가사(Ⅱ), 2010.

송덕수, 신민법강의(제2판), 박영사, 2009.

편집대표 윤진수, 주해친족법, 박영사, 2015.

我妻榮, 親族法, 1961.

2. 논   문

고창현, 신설된 재산분할청구권제도, 민사법학의 제문제, 1990.

권오봉, 퇴직금·퇴직연금이 재산분할의 대상이 되는지 여부, 전남대학교 법
　　　학논총 32집 3호, 2012.

김명숙, 부부재산관계에 대한 검토, 고려법학 56호, 2010.

김상용, 사실혼의 해소와 재산분할청구, 민사판례연구 32권, 2010.

_____, 2000년대 민사판례의 경향과 흐름, 박영사, 2012.

김선균, 부부공동 재산제 : 미국캘리포니아주의 공동재산제를 중심으로, 서울
　　　대학교 석사학위논문, 1991.

김성숙, 재산분할제도의 내용-한국과 일본의 판례를 중심으로-, 법학논총, 1995.

_____, 부양적 재산분할의 실태, 법학논총 9집, 1996.

김숙자, 재산분할청구권, 가족법연구 4호, 1990.

_____, 친족간의 재산행위와 채권자취소권, 민사법학의 제문제, 1990.

_____, 이혼으로 인한 재산분할청구권, 민법학의 회고와 전망, 1993.

김승정, 명예퇴직금이 재산분할의 대상이 되는지 여부 및 재산분할의 대상이
　　　되는 범위, 대법원판례해설 89호, 2012.

_____, 재산분할의 대상이 되는 재산의 확정, 광주지방법원 재판실무연구, 2004.

김영갑, 재산분할청구권, 사법논집 22집, 1991.

김영욱, 재산분할에 있어서 가집행선고와 지연손해금 문제에 관한 고찰, 가사
　　　재판연구 Ⅱ, 2011.

김원수, 퇴직금이 재산분할의 대상이 되는지 여부, 창원지방법원 재판실무
　　　3집, 2005.

김인택, 혼인 중 부부 일방이 취득한 부동산의 특유재산 추정 번복과 부부간
　　　명의신탁의 판단기준, 자유와 책임 그리고 동행, 2012.

김정민, 잠재적 퇴직급여채권에 대한 재산분할, 양승태 대법원장 재임3년 주요
　　　판례 평석, 2015.

김홍기 · 김옥곤 · 박숙희, 적정한 위자료, 재산분할비율의 산정과 친권자 및
　　　양육자 지정, 2015 전국가사소년법관포럼 주제발표문.

김홍엽, 이혼소송 및 재산분할청구의 계속 중 당사자 일방의 사망과 소송상
　　　처리, 대법원판례해설 22호, 1995.

문영화, 독일법상 이혼한 배우자간의 부양의무, 실무연구Ⅳ, 서울가정법원,
　　　1998.

민유숙, 이혼시 부부 간의 재산분할 제도에 관한 연구, 서울대학교 석사학위
　　　논문, 1992.

_____, 재산분할의 구체적 인정범위, 재판자료 62집, 법원도서관, 1993.

_____, 재산분할에서의 몇 가지 문제점에 관한 고찰, 인권과 정의 211호, 1994.

_____, 외국의 부부재산제도와 재산분할제도 및 부양제도, 사법논집 31집, 2000.

_____, 미국법에 있어서 이혼 후의 부양(alimony)제도, 재판자료 88집, 2000.

_____, 재산분할 대상이 되는 재산의 확정에 관한 몇 가지 문제점, 법조 50권 3
　　　호, 2001.

_____, 재산분할에 있어서 분할비율산정, 저스티스 34권 2호, 2001.

_____, 가사비송사건으로서의 재산분할, 재판자료 101집, 2003.

_____, 재산분할의 대상인 소극재산이 적극재산을 초과하는 경우 분할비율을
　　　달리 정할 수 있는지 여부, 대법원판례해설 42호, 2003.

_____, 재산분할청구권이 포함된 민사사건의 처리, 민사재판의 제문제 13권,
　　　민사실무연구회, 2004.

_____, 2013년 친족·상속법 중요 판례, 인권과 정의 440호, 2014.

박순성, 이혼을 원인으로 하는 손해배상 청구권의 법적 성격, 재판자료 62집, 1993.

_____, 채무의 상속, 민사판례연구 25권, 2003

박종권, 재산분할청구권을 보전하기 위한 채권자대위권의 행사여부, Jurist 413호, 2007.

배인구, 연금의 재산분할 대상성에 관한 검토, 사법논집 50집, 2011.

서순택, 재산분할의 본질과 재산분할청구권의 상속성, 외법논집 38권 4호.

서정우, 새 가사소송법의 개설, 가족법학논총, 1991.

서종희, 청산적 재산분할과 부양적 재산분할의 독립과 '2분의 1 원칙'에 대한 재고, 법학논총 20집 2-1호, 조선대학교 법학연구소, 2013.

오상진, 재산분할에 있어서 소극재산이 적극재산을 초과하는 경우, 실무연구Ⅹ, 서울가정법원 법관가사재판실무연구회, 2005.

우세나, 가사사건의 기판력, 안암법학 36호, 2011.

윤진수, 민법개정안 중 부부재산제에 관한 연구, 가족법연구 21권 1호, 한국가족법학회, 2007.

윤황지, 재산분할청구권의 본질에 관한 연구, 가족법연구 10호, 1996.

이상민, 재산분할이 사해행위취소의 대상이 되는지 여부, 민사판례연구 24권, 2002.

이상태, 재산분할청구권의 부양적 성질, 아세아여성법학 4호, 2001.

이상훈, 이혼에 따른 재산분할청구사건의 재판실무상 문제점에 대한 고찰, 법조 42권 6호, 1993.

이승원, 부부 쌍방의 총소극재산이 총적극재산을 초과하는 경우에도 이혼에 따른 재산분할이 가능한지, 사법 25호, 2013.

이진기, 부부재산분할청구권의 보전을 위한 취소권 제도 비판, 인권과 정의 392호, 2009.

이태수, 재산분할 실무의 적정한 운영-재산분할대상으로서의 장래 퇴직연금 문제, 2013년 전국 가사소년법관포럼 제2주제 발표문, 2013.

이현곤, 부양적 재산분할에 관한 사례연구, 가사재판연구Ⅱ, 서울가정법원 가사재판연구회, 2011.

이홍민, 이혼급부에 대한 검토, 가족법연구 24권 2호, 2010.

장성원, 재산분할청구사건을 본안으로 하는 보전처분에 관하여, 재판자료 62집, 1993.

전경근, 부부재산제 개정안에 관한 연구, 가족법연구 20권 3호, 한국가족법학
　　　회, 2006.

_____, 사실혼 해소와 재산분할, 경기법조 16호, 2009.

전보성, 소극재산이 적극재산을 초과하는 경우 재산분할방법에 관한 시론,
　　　민사판례연구 30권, 2008.

조미경, 혼인중 취득한 재산의 귀속, 민법학의 회고와 전망, 1993.

_____, 가족법을 통해 본 한국 법여성학의 과제, 〈가지 않은 길, 법여성학을
　　　향하여〉, 2004.

조은희, 유럽부부재산제의 입법례가 우리에게 주는 시사점, 비교사법 12권 2
　　　호, 2005.

_____, 이혼 후 배우자 부양에 관한 우리나라와 독일법의 비교법적인 고찰,
　　　법제연구 23호.

진현민, 채무초과인 경우의 재산분할 허용여부, 민사판례연구 34권, 2014.

최문기, 이혼시 재산분할청구권에 관한 판례의 경향, 한국민법의 새로운 전개,
　　　2012.

한봉희, 전문적자격증과 재산분할청구권, 가족법연구 8호, 1994.

한애라, 협의재산분할과 사해행위취소, 실무논단, 서울지방법원, 1998.

허　　만, 부부간의 명의신탁해지청구와 재산분할청구의 관계, 민사판례연구
　　　17권, 1995.

현소혜, 장래의 퇴직급여와 재산분할, 조선대학교 법학논총, 2014.

_____, 공적 연금과 재산분할, 판례실무연구(하), 박영사, 2015.

황경웅, 재판분할청구권의 상속성, 중앙법학 9집 2호, 2007.

황승태, 재산분할에 있어 채권 채무의 처리에 관한 고찰, 재판자료 101집, 2003.

加藤永一, "夫婦財産關係について─夫婦財産の利用關係を契約として─(一)(二)", 민
　　　상법잡지, 1962, 46권 1호 3면, 46권 3호 8면.

친권자 지정·변경에 관한 판례의 최근 경향

전 보 성*

■요 지■

최근 친족법에서 가장 큰 관심을 받는 분야는 바로 친자법이다. 친자법의 최고 이념으로는 '자의 복리'를 들고 있다. 미성년 자녀의 행복과 이익이라는 잣대로 자녀를 둘러싼 각종 법률관계가 형성되고 유지되어야 한다는 명제 자체는 의심할 여지가 없다. 그러나 미성년 자녀를 둘러싼 친자관계 재판에서 막연히 자의 복리라는 기준만으로 심판을 하는 것은 쉬운 일이 아니다.

자의 복리라는 개념 자체가 추상적이어서 민법의 규정만으로는 구체적인 사안에서 어떠한 경우에 자의 복리에 따라 부모와 자식 사이의 법률관계를 정하여야 하는지 명확히 판단하기 어렵기 때문이다. 예컨대 어느 기간 동안 양육하고 어느 정도의 애착관계가 형성되어야 현재의 양육상태를 유지해야 한다는 원칙이 관철될 수 있는 것인지, 부정행위를 저지른 어머니가 상간자와 동거하는 경우에도 모성 우선의 원칙이 적용되어야 하는지, 양육상태 계속성의 원칙과 모성 우선의 원칙이 충돌하는 경우에는 무엇이 우선되어야 하는가가 그러하다.

최근 대법원은 종전과는 달리 친권자 및 양육자 지정에 관한 법리를 명시적으로 설시하는 사례가 늘고 있다. 특히 양육상태 지속의 원칙을 강조하여 현재의 양육상황을 변경하는 것이 정당화되기 위하여는 그러한 변경이 현재의 양육상태를 유지하는 경우보다 자녀의 건전한 성장과 복지에 더 도움이 된다는 점이 명백하여야 한다'는 기준을 제시하기도 하였다.

다양한 이해관계가 충돌하는 경우의 친권자 및 양육자 지정의 문제는 결

---

* 광주지방법원 목포지원 부장판사.

국 개별 사안에서의 구체적인 제반 사정을 고려한 판례의 집적을 통해 유형화할 수밖에 없을 것이다. 이 글에서는 1990년대 이후 대법원에서 양육자 지정 문제가 전면적으로 심리된 사례들을 모두 분석하여 유형화하고자 노력하였다. 향후 아동 탈취, 동성부부의 양육권 등 새로운 이슈에 관한 대법원의 판단이 나타나기를 기대한다.

[주제어]

- 양육자 결정
- 친권자 결정
- 공동친권
- 공동양육
- 면접교섭

[투고일자] 2015. 12. 7.
[심사일자] 2015. 12. 15.
[게재확정일자] 2015. 12. 30.

1. 서 설

가. 최근 친자법의 경향

현재 가족법의 주된 이슈와 관심은 이혼법에서 친자법으로 넘어가고 있다고 여겨진다. 주된 변화의 원인은 최근의 법률 개정과 재판실무의 변화에서 감지되고 있다. 2011년 이른바 '최진실법'으로 불리는 단독 친권자의 사망 등으로 인한 친권 자동 부활 금지 제도가 민법에 도입되었고 (2011. 5. 19. 법률 제10645호로 개정되어 2013. 7. 1.부터 시행된 개정 민법 제909조의2 등), 친권자가 아동 대상 성폭력범죄의 가해자인 경우 검사는 해당 친권자를 상대로 친권상실 청구를 하는 것이 의무화되었으며(2010. 4. 15. 법률 제10260호로 개정되어 같은 날 시행된 아동·청소년의 성보호에 관한 법률 제14조 제1항),[1] 아동학대행위자가 친권자인 경우 가해자에 대하여 친권 행사의 제한 또는 정지가 가능하게 되었을 뿐만 아니라[2](2014. 1. 28. 제정되어 2014. 9. 29.부터 시행된 아동학대범죄의 처벌 등에 관한 특례법 제47조 제1항 제7호), 민법상 일반규정으로서 친권의 정지, 제한 제도도 도입되었다(2014. 10. 15. 법률 제12777호로 개정되어 2015. 10. 16.부터 시행된 개정 민법 제924조, 제924조의2. 이하 '개정 민법'이라고만 기재하면 위 개정 민법을 의미한다). 또한, 대법원이 2015. 2. 법무부로 송부한 가사소송법 전부 개정 법률안은 가사재판에서 미성년 자녀의 절차적 권리를 크게 신장하는 내용을 담고 있다.

한편, 2001년부터 시작된 전문조사관 제도, 2005년부터 도입된 가사·소년전문법관 제도에 따라 전문법관 및 전문조사관이 주도하고 2011

---

[1] 이 법률 개정 이전에는 친권상실의 청구가 검사의 재량사항이었다. 위와 같은 일련의 법률 개정으로 인하여 최근 검사가 친권상실을 청구하는 사건 수가 크게 증가하였다. 현행 조문으로는 아동·청소년의 성보호에 관한 법률 제23조 제1항이다.

[2] 종전에는 가정폭력행위자가 친권자인 경우 친권 행사의 제한만이 가능하였으나 (가정폭력범죄의 처벌 등에 관한 특례법 제55조의2 제1항 제4호), 아동학대범죄에 관하여는 아동학대범죄의 처벌 등에 관한 특례법이 우선 적용되므로(위 법 제3조) 아동학대범죄에 관한 한 가정폭력범죄의 처벌 등에 관한 특례법이 적용될 여지가 없다.

년부터 추가적으로 신설된 가정법원을 중심으로 실시되고 있는 후견적 조치들이 눈에 띤다. 미성년 자녀를 둔 이혼 당사자로 하여금 이혼 문제보다 이혼 후 남겨지는 자녀들의 문제에 관심을 돌리게 함으로써 이혼, 위자료 및 재산분할 문제와는 별도로 친권자 및 양육자 지정, 면접교섭에 관하여는 부모로서의 역할을 계속하고 협조 관계를 유지하도록 도와주는 실무관행이 그것이다. 예컨대 미성년 자녀를 둔 협의상 이혼 당사자를 대상으로 한 의무상담제도의 실시, 미성년 자녀를 둔 이혼 당사자를 대상으로 한 자녀양육안내, 이혼 청구와 친권자 및 양육자 지정 청구가 병합된 경우 쌍방이 이혼에 동의하는 경우에는 사건을 분리하여 조정으로 이혼을 성립시키고 남겨진 친권자 및 양육자 지정에 관해서만 심리하는 것[3] 등을 예로 들 수 있다.

나. 친자법과 子의 복리

과학기술의 발달로 친생추정이나 친자관계의 존부 문제는 유전자검사의 결과에 따라 재판결과가 좌우되므로, 최근 친자법의 주된 관심은 혈연관계의 확정보다는 친권으로 매개되는 부모와 미성년 자식 사이의 법률관계에 집중되고 있다. 대법원의 표현을 그대로 따오자면 "자의 양육을 포함한 친권은 부모의 권리이자 의무로서 미성년인 자의 복지에 직접적인 영향을 미치"기 때문에 친자법을 해석, 적용함에 있어서 자의 복리를 우선적으로 고려하여야 하는 것이다. 즉, 우리 민법상 친자법을 관통하는 최고의 이념은 '子의 복리'라는 것이다.

---

3) 이러한 심리방법은 이혼 문제를 먼저 해결함으로써 당사자로 하여금 소송에서 자녀의 양육문제에 관심을 집중할 수 있는 여건을 조성한다는 점에서 자녀의 복리상 효과적이라고 평가할 수 있다. 그러나 이혼 조정을 먼저 성립시키는 것은 법적으로 문제점이 없지는 않다고 생각한다. 이혼소송에 친권자 및 양육자 지정 청구가 병합된 경우, 민법 제843조에 의하여 제837조가 준용되고 있고 제909조 제4항과 제836조의2의 취지와 가사소송법 제25조의 규정을 종합하면, 협의상 이혼이든 재판상 이혼이든 이혼이 성립함과 동시에 친권자 및 양육자를 지정하여야 한다고 새겨지기 때문이다. 이와 같은 견해로서, 이혼 시에 양육자와 친권자를 정하도록 하는 것이 민법의 태도라고 보는 견해는 조일윤, "다문화사회에 있어서의 친권제도에 관한 연구", 동아법학 제57호, 동아대학교 출판부, 2012, 205면 참조.

한편, 대한민국이 가입하여 1991. 12. 20.부터 발효된 '유엔 아동의 권리에 관한 협약(United Nations Convention on the Rights of the Child)' (이하 '아동권리협약'이라고 한다)도 협약의 최고 가치로 '아동의 최선의 이익(the best interests of the child)'을 표명하고 있다.[4] 이에 따라 아동복지법이 2000. 1. 12. 법률 제6151호로 전부 개정되면서 그 기본이념으로 '아동에 관한 모든 활동에 있어서 아동의 이익이 최우선적으로 고려되어야 한다.'(아동복지법 제3조 제3항)는 규정을 신설함으로써 아동권리협약의 이념이 국내규범화되었다고 말할 수 있다.[5]

우리 민법은 1990. 1. 13. 법률 제4199호로 민법 제837조의2를 신설하면서 면접교섭의 제한 및 배제를 할 수 있는 요건으로 '자의 복리'라는 개념을 처음으로 사용하였다. 아동권리협약이 1989. 11. 20. 유엔 총회에서 채택되어 1990. 9. 2.부터 발효되었고 대한민국이 1991. 9. 17. 국제연합에 가입하였으며 위 개정 민법은 1988. 11. 7. 발의된 점에 비추어, 국제적으로 아동권리협약이 발의되고 논의되는 과정에서 우리 민법의 개정에도 어느 정도 영향을 미쳐 민법 개정 과정에서 아동권리협약의 '아동의 최선의 이익'이라는 개념이 민법상 '子의 복리'라는 개념으로 편입된 것이 아닌가 짐작해 본다.

민법은 성본 변경(제781조)(이하 단순히 조문만 기재한 경우에는 민법의 조문을 의미한다), 혼인 취소 및 이혼의 경우 양육자의 결정, 양육비용의 부담, 면접교섭권의 행사 여부와 그 방법(민법 제824조의2, 제837조, 제837조의2), 미성년자의 입양 및 재판상 파양(제867조, 제870조, 제905조), 친양자의 입양과 파양(제908조의2, 제908조의5), 친권자의 지정 및 변경(제909조, 제909조의2, 제912조, 제931조), 친권의 상실 및 일시정지와 일부 제한(개정 민법 제924조, 제924조의2, 제925조의2)에서 자

---

4) '자의 복리'라는 개념은 연혁상 1925년 영국의 'Guardianship of Infants Act' 및 1938년의 독일 혼인법에 처음으로 등장한 것이라고 한다. 이화숙, "자의 최대의 이익과 현행친권제도", 가족법연구 제2권, 1988, 210면 참조. '자의 복리'에 관한 영국의 판례 및 입법 연혁에 관한 상세는 김유미, "자녀복리원칙에 관한 연구", 울산대학교 사회과학논집 제10권 제1호, 울산대학교 사회과학연구소, 2000, 32면 이하 참조.
5) 물론 대한민국에서 아동권리협약이 비준됨으로써 이미 국내법적 효력도 발생하였다.

의 복리를 그 판단 기준으로 삼고 있다. 나아가 아동권리협약 제3조 제1항은
'법원은 아동에 관한 재판에서 아동의 최선의 이익을 우선적으로 고려하여야
한다.'[6]고 규정하고 있다. 즉, '자의 복리' 또는 '아동의 최선의 이익'이 법원
의 재판규범임을 밝히고 있는 것이다.

다. 자의 복리의 개념

그런데 '자의 복리'라는 개념이 지나치게 추상적이고 주관적이어서
과연 재판의 기준으로서 기능할 수 있는지 의문이 없지 않다. 위에서 언
급한, 자의 복리가 재판의 기준이 되는 민법상 제도 중 입양·파양의 무
효·취소 재판과 파양재판을 제외하고는 모두 가사비송사건에 속한다.[7]
비송사건이라는 개념 자체가, 권리의무 발생의 구체적인 요건이 법률상
정해져 있지 않고 법관이 개별사건에서 합리적, 합목적적 관점에서 정하는
재량적 요소가 많은 재판이라는 점을 인정하더라도[8] 자의 신분에 중대한
영향을 미치는 친권에 관한 재판의 기준을 자의 복리라는 일반개념에 의거
하는 것은 법관에게 지나친 재량을 부여한 것이라고 평가할 수도 있다.

이처럼 법관에게 광범위한 재량을 부여한 것은 개별 사건에서 타당
한 결론을 도출하기 위한 것으로 이해할 수 있다. 그러나 개별 사건에서
의 구체적 타당성을 강조하게 되면, 법관에 따라 재판결과가 달라진다는
오해를 받기 쉽고 자칫 법관의 자의적 판단을 용인하는 결과를 초래할
수도 있다. '자의 복리'에 관한 한 종전의 재판례는 법관에게 마음에 드
는 접근방식을 제공하는 것 이외에는 선례로서의 가치가 없다는 비판[9]이

---

6) 영어 원문은 "in all actions concerning children, whether undertaken by in-
   stitutions, courts of law, administrative authorities or legislative bodies, the best
   interests of the child shall be a primary consideration"이다.
7) 가사소송법 제2조 제2의 가호 8), 12), 나호 3), 5)에서 가사비송사건으로 규정하
   고 있다.
8) 비송사건의 의미나 개념에 관한 학설은 본고에서는 상론하지 않는다.
9) Cretney & Masson, *Principles of Family Law,* 5th ed., 520(김유미, "자녀복리원
   칙에 관한 연구", 울산대학교 사회과학논집 제10권 제1호, 울산대학교 사회과학연
   구소, 2000, 주) 66에서 재인용).

가해지기도 하는 것을 볼 때 자의 복리라는 개념요소를 확정하고 구체적인 고려사항을 유형화하여 그 기준을 명확히 하는 일이 필요하다.

그렇지만 '복리'라는 단어 자체가 법률용어라고 하기에는 민법에서는 낯선 개념인데다 민법에서 그 개념을 정의하고 있지 아니하여 내용을 파악하기가 쉽지 않다. 문언대로 해석하면 福利는 행복과 이익을 합친 날말[10]인데, 행복으로도 대체할 수 있는 단어라고 생각한다. 아동복지법도 '아동복지'란 아동이 행복한 삶을 누릴 수 있는 기본적 여건을 조성하고 조화롭게 성장·발달할 수 있도록 하기 위한 경제적·사회적·정서적 지원이라고 규정하고 있어(아동복지법 제3조 제2호) 아동복지란 아동의 행복을 위한 여러 가지 사회복지상 지원으로 파악하고 있다. 결국 재판규범으로서의 '자의 복리'란 아동을 둘러싼 정신적·물질적 환경과 가족 사이의 유대관계 및 아동의 전인격적 요소를 두루 참작하고 아동의 건전한 성장과 장래를 위하여 고려할 사항을 총괄하는 개념으로 새길 수 있을 것이다.

아동권리협약상 '아동의 최선의 이익'은 민법상 '子의 복리'와 대비할 때 '최선'이라는 개념이 추가되어 있다. 그런데 가사재판에서의 아동에 관한 문제는 주로 이혼을 둘러싸고 발생한다는 점에서 이혼가정의 아동에게 베풀어 줄 수 있는 신체적, 물질적, 정서적 '최선'의 조치로 가능한 것이 무엇이 있을까 의문이 있다. 민법에서 '자의 복리'와 관련되어 주로 문제되는 경우는 이혼을 전후하여 발생하는 친권자와 양육자 지정이나, 부모의 학대 등으로 친권을 배제해야 하는 때이다. 즉, 민법에서는 건전한 혼인관계가 유지되면서 부모의 공동양육을 받는 아동이나 부모로부터 신체적, 정서적 학대 등을 받지 않고 건강하게 자라나는 가정의 아동을 대상으로 하는 것이 아니라 한부모 아래에서 양육되어야 하거나 열악한 환경에 놓여 부모의 양육을 배제해야 하는 등 위기의 가정에 처한 아동이 문제가 된다. 따라서 민법에서 정해진 여러 제도를 통해서 이러한 아

---

10) 이는 대법원 2009. 12. 11.자 2009스23 결정(공2010상, 41)에서도 확인할 수 있다. 즉, 설시 내용 중에 자의 복리를 풀어서 "…자의 행복과 이익에 도움이 되는 쪽으로 판단하여야 한다."는 표현을 쓰고 있다.

동에게 절대적으로 '최선'의 이익이 되는 조치를 하는 데에는 한계가 있
으며, 기껏해야 차선의 이익이나 부모의 이혼 등 주어진 환경에서 상대
적으로 최선의 이익이 되는 재판을 하는 데 그칠 뿐이다.[11] 그리고 그러
한 조치도 아버지나 어머니 중에서 친권자를 정하거나, 부모로부터 친권
을 상실시키거나 유지시키는 등 양자택일을 해야 하는 것이지 아동에게
부모 이외에 가장 최적의 보호자를 선정하는 등의 선택지를 가지지 못한
다.[12] 이러한 의미에서 민법이 아동의 최선의 복리라는 표현을 쓰지 않
고 '자의 복리'라는 중립적 용어를 사용하는 것은 충분히 이해할 수 있고
일리가 있는 것이라고 생각한다.[13]

라. 친권의 내용과 子의 복리

민법이 친권의 내용으로 열거하고 있는 사항은 다음과 같다. 친권자
는 자를 보호하고 교양할 권리의무가 있고(제913조: 보호, 교양의 의무),
자는 친권자가 지정한 장소에서 거주하여야 하며(제914조: 거소지정권),[14]

---

11) 이화숙(주 4), 225면은 "…이미 부모의 이혼으로 자의 복리는 위태롭게 된 것이
며, 부모 중의 하나를 잃지 않으면 안 되는 상황에서 자의 최대의 이익은 결코 있
을 수 없기 때문인지도 모른다."라고 하여 유사한 주장을 하고 있다.

12) 김유미 교수는 "진정으로 올바른 해결이란 없다. 즉 2개의 선택적인 잘못된 해
결이 있는 것이다. 법관의 문제는, 자녀들의 장기이익을 존중하면서 각 방향에서
의 요인들을 평가하는 것과 두 가지 나쁜 해결 가운데서 어떤 것이 가장 덜 해로
운가를 결정하는 것이다."라는 커밍 부르스(Cumming-Bruce) 대법관의 말과, "종래
의 자녀의 최선의 이익기준 대신에 자녀의 성장과 발달을 보장하기 위하여 최소한
의 위험을 선택한다."는 골드슈타인(Goldstein)의 말을 인용하면서, "법관은 무엇이
자녀에게 이상적인가를 다루는 것이 아니라, 그 상황하에서 행해질 수 있는 최선
의 것이 무엇인가를 다루는 것이라는 점을 인정해야 한다."고 지적하고 있다. 부
모가 이혼하는 상황에 처한 자녀를 위하여 법원이 할 수 있는 역할의 한계를 정
확하게 표현하고 있다.

13) 자녀의 최선의 이익이라는 개념은 자의 복리 원칙을 파악하는 하나의 맥락에 불
과하지만(즉, 자녀의 최선의 이익은 자의 복리라는 개념을 풀어내는 술어의 기능
을 가진다는 의미로 보인다: 저자 주), 최근의 국제사회에서는 자의 복리 원칙 그
자체를 상징하는 개념으로 빈번히 사용되고 있다는 견해로는 김유미, "자녀복리원
칙에 관한 연구", 울산대학교 사회과학논집 제10권 제1호, 울산대학교 사회과학연
구소, 2000, 36면 참조.

14) 대부분의 학설은 거소지정권이 양육권에 포함되므로 친권자와 양육자가 분리되
는 경우 친권자는 양육자의 거소지정권의 행사를 수인하거나 그 범위에서 친권이

친권자는 그 자를 보호 또는 교양하기 위하여 필요한 징계를 할 수 있고 법원의 허가를 얻어 감화 또는 교정기관에 위탁할 수 있다(제915조: 징계권). 그리고 법정대리인인 친권자는 자의 재산에 관한 법률행위에 대하여 그 子를 대리한다(제920조: 대리권). 이처럼 친권은 자의 양육에 관한 사항(보호 및 교양, 거소 지정, 징계 등)과 법률행위 대리권으로 그 내용을 나눌 수 있다. 한편 민법은 협의상 이혼과 재판상 이혼에 따른 자녀의 양육자를 협의에 의하여 정하거나 그렇지 못할 경우에는 가정법원이 정하도록 규정하면서(제837조, 제843조), 부모가 이혼하는 경우에는 부모의 협의로 친권자를 정하여야 하고 그렇지 못할 경우에는 가정법원이 정하도록 규정하고 있으므로(제909조 제4항), 친권에서 양육권이 개념상 분리될 수 있음을 전제하고 있다.[15] 한편 개정 민법은 친권상실의 요건으로 '부 또는 모가 친권을 남용하여 자녀의 복리를 현저히 해치거나 해칠 우려가 있는 경우'로 규정하고, 대리권 및 재산관리권 상실의 선고의 요건으로 '법정대리인인 친권자가 부적당한 관리로 자녀의 재산을 위태롭게 한 경우'라고 규정하고 있다. 그러면서 부모가 친권을 남용하여 자녀의 재산을 위태롭게 하

제한된다고 보고 있으나, 이에 대하여 거소지정권이 친권자에게 속함을 전제로 양육자가 거소를 변경할 경우 문리적으로는 친권자의 동의를 받아야 한다고 해석하는 견해도 있다. 윤부찬, "친권 및 면접교섭의 변경사유로서 미성년자의 거소변경", 가족법연구 제24권 제1호, 2010, 5-6면, 그리고 조일윤(주 3), 203면과 217면도 이러한 입장을 전제로 하고 있다.

15) 민법이 친권과 양육권을 분리하여 각각 다른 부모에게 귀속할 수 있다는 태도를 나타내는 것은, 1990년 민법 개정 이전에는 이혼 후에 친권은 언제나 아버지에게 귀속되도록 규정되어 있었으므로, 어머니에게 양육권이라도 부여하기 위해서였다고 한다. 이는 로마법 시대로부터 맥을 이어온 전근대적인 것으로 양육권은 친권이라는 개념으로 통합되어야 한다는 주장이 있다. 이에 관하여는 김주수·김상용, 친족·상속법 제11판, 법문사, 2013, 213면과 김상용, "이혼 후의 양육자 및 친권자 결정에 있어서 민법이 갖는 몇 가지 문제점", 가족법연구Ⅰ, 법문사, 2002, 186면 이하 참조. 이에 대하여 현실적으로나 법리적으로나 친권과 양육권의 분리행사가 필요하다는 주장으로는 이종길, "가족관계의 변화와 친권 및 양육책임문제에 대한 소고", 동아법학 제62호, 2014, 315면이 있고, 이혼으로 부모가 별거하는 경우 다양한 아동의 양육환경을 고려하여 부모가 각각 친권을 분리하여 행사할 수 있도록 친권의 귀속을 유연화하는 것이 타당하다는 견해로는 이은정, "친권 제한의 유연화: 신분적 효력을 중심으로", 가족법연구 제27권 제1호, 한국가족법학회, 2013, 225면 참조.

더라도 대리권 및 재산관리권 상실의 선고만으로 자녀의 복리를 충분히 보호할 수 없는 경우에 한하여 친권 상실의 선고를 할 수 있다고 규정한다(친권 상실 선고의 보충성, 개정 민법 제925조의2 제1항).

위 규정들을 종합하여 내릴 수 있는 결론은 다음과 같다. 민법은 친권의 내용을 양육권과 법률행위 대리권으로 파악하면서 부모로부터 법률행위 대리권만을 박탈하는 것으로도 자의 복리를 보호할 수 있다면 양육권까지는 박탈하지 않아야 한다는 것이므로, 민법은 자의 복리와 관련하여 친권의 본질적 내용은 양육권이라고 보고 있는 것 같다.[16] 자의 복리는 재산이나 경제력 같은 물질적인 사항보다는 보호자가 자를 보호하고 교양하는 과정에서 생성되는 유대·애착관계와 같이 무형적인 사항이 더 중요하다는 시각을 갖고 있다고 이해할 수 있다.[17]

친권과 관련하여 자의 복리라는 관점에서 가장 심각하게 고려되는 장면은 바로 부모의 이혼으로 인한 친권 또는 양육권의 분리이다. 부모 두 사람으로부터 관심과 애정 및 보살핌을 받는 아이가 부모의 이혼으로 한 사람으로부터만 돌봄을 받게 되면 부모로부터 받던 혜택의 절반만 받게 되므로 아이의 입장에서는 가장 심각한 복리의 위협이 되는 것이다.

따라서 친권에서 본질적 내용을 이루는 양육자 지정과 변경에 관한 판례를 검토함으로써 재판과정에서 '자의 복리'가 어떠한 의미를 가지고 그 구체적인 구성요소를 분명하게 확인할 수 있다고 생각한다. 이러한 검토를 통하여 '자의 복리'의 개념이 좀 더 구체화되고 명확하게 되어 실질적 의미를 가지는 재판기준이 될 것이라고 믿는다.

이를 위하여 우선 전국 가정법원과 서울가정법원에서 최근 조사된 친권자 및 양육자 결정에 관한 통계자료를 인용하여 설명하고(2.), 대법

---

16) 이에 찬동하는 견해로 윤용섭, "친권과 후견", 민사판례연구 제18집, 1996, 565면 참조.
17) 종래에는 부모의 물질적인 부양능력이 중요시되었으나, 최근에는 부모와 자녀관계의 심리적인 측면에 중점이 두어지고 있다고 한다. 장준현, "부모의 이혼에 따른 친권행사자 및 양육자 지정의 판단 기준과 고려요소", 대법원판례해설 제83호(2010 상반기), 686면 참조.

원 판례에서 나타나는 친권자 및 양육자 지정 및 변경에 관한 법리와 사실관계를 살펴보기로 한다(3.). 전자의 접근법은 일종의 定量的 연구가 되겠고 후자의 방법은 일종의 定性的 연구가 될 것이다.

2. 친권자 및 양육자 결정에 관한 재판 통계[18]

민법은 자의 양육에 필요한 사항을 정할 때에는 子의 의사, 연령과 부모의 재산상황, 그 밖의 사정을 참작할 것을 요구한다($\frac{제837조}{제3항}$). 민법은 친권자를 지정할 때의 기준으로 자의 복리만을 규정하고 있으나($\frac{제909조}{제4항}$) 친권자를 정할 때에도 양육자를 정할 때의 요건이 기준이 될 수 있을 것이다. 뒤에서 언급하겠지만 판례는 양육자를 결정할 때 자녀의 연령과 성별, 부모의 양육적합성, 유대관계, 자녀의 의사, 현재의 양육상태 등을 고려하여야 한다고 한다. 부모의 양육적합성을 판단함에 있어 부모가 직접 양육할 수 있는지 아니면 제3자가 양육하는지, 모성을 우선적으로 고려하여야 하는지, 부모의 건강과 경제능력, 부모에게 자녀의 복리를 저해할 요소가 있는지를 참작하여야 한다.

덧붙여 장애인차별금지 및 권리구제 등에 관한 법률 제30조 제4항은 장애인에게 장애를 이유로 불리한 합의를 강요하거나 그 권리를 제한, 박탈하여서는 아니 된다고 규정하고 있으므로, 친권자인 부모가 장애인인 경우 친권의 지정과 면접교섭권을 결정하는 데 있어서 부모가 장애인이라는 사정이 불리하게 작용하여서는 안 될 것이다.

아래에서는 위와 같은 참작 요소에 따라 통계자료를 분석한다.[19]

---

18) 본 항의 자료는 서울중앙지방법원의 김윤정 판사가 2015. 2. 서울가정법원에서 발표한 "판례 분석을 통해 본 친권자 및 양육자 지정 실무"(미공간)와 부산가정법원 김홍기 부장판사가 2015. 7. 전국 가사 · 소년법관 포럼에서 발표한 "적정한 위자료, 재산분할비율의 산정과 친권자 및 양육자 지정"(미공간)에서 언급한 통계자료를 그대로 인용하였다. 김윤정 판사는 2014. 6. 1.부터 2014. 12. 31.까지 서울가정법원 합의부에서 선고된 판결 71건 중에서 공시송달로 진행되거나 이혼 청구가 기각된 것을 제외한 50건을 분석하였다. 김홍기 부장판사는 2014. 1. 1.부터 2014. 12. 31.까지 서울 · 대전 · 대구 · 부산 · 광주가정법원에서 선고된 판결 289건(서울가정법원 141건, 부산가정법원 53건, 대구가정법원 46건, 대전가정법원 30건, 광주가정법원 19건)을 분석하였다.

가. 자녀의 연령과 친권자 및 양육자 지정

1) 전국 가정법원

구 분	아버지	어머니	합 계
미취학(1~7세)	31	106	137
초등학생(8~13세)	30	105	135
중·고등학생(14~9세)	39	121	160
합 계	100	332	432

2) 서울가정법원

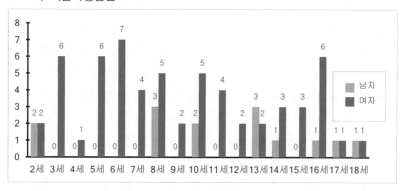

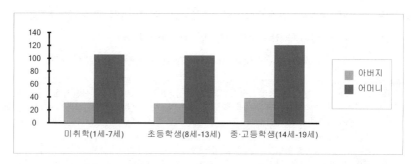

---

19) 친권자는 공동으로 지정되었지만 양육자는 단독으로 지정된 경우에는 양육자 지정을 기준으로 평가하였고, 건수는 사건수가 아니라 자녀의 수를 기준으로 하였으므로 건수의 총합은 분석한 판례의 수보다 많을 수 있다고 한다.

3) 평   가

전국 가정법원이나 서울가정법원 모두 전 연령대에서 양육자로 어머니가 지정되는 비율이 월등히 높음을 알 수 있다(전국 가정법원: 어머니 지정 비율 77%, 아버지 지정 비율 23%, 서울가정법원: 어머니 지정 비율 81%, 아버지 지정 비율: 19%). 그런데 전국 가정법원의 경우 자녀의 나이가 미취학 연령대(1~7세), 초등학생 연령대(8~13세), 중·고등학생 연령대(14~19세)에서 양육자로 어머니가 지정되는 비율은 각각 77%, 78%, 76%로서 거의 차이가 없으나, 서울가정법원의 경우[20] 그 비율이 각각 91.3%, 81.5%, 69.6%로 자녀의 연령이 높을수록 아버지가 양육자로 지정되는 비율이 높게 나타났다. 달리 표현하면 서울가정법원의 경우 자녀가 중·고등학생일 때 양육자로 아버지가 지정되는 비율이 자녀가 미취학 연령일 때와 견줘 약 2.5배 더 높은 것으로 나타났다. 실무를 다루는 판사로서의 경험이나 어린 자녀일수록 어머니의 손길이 많이 필요하다는 것이 상식이라는 점에 비추어 보면, 서울가정법원의 결과가 타당하다고 여겨지지만 분석 대상의 수가 많은 전국 가정법원의 통계를 무시할 수도 없다고 본다.

나. 자녀의 성별과 친권자 및 양육자 지정
1) 전국 가정법원
가) 자녀가 여자인 경우

구 분	아버지	어머니	합 계
미취학아동	11	52	63
초등학생	14	59	73
중·고등학생	13	63	76
합 계	38	174	212

---

20) 김윤정 판사는 미성년 자녀의 연령대 구분을 0~6세(미취학), 7~12세(초등학교), 13~18세(중·고등학교)로 나누었다. 김윤정 판사는 만 나이에 따라 계산한 것으로 보이고, 김홍기 부장판사는 통상적으로 불리는 나이로 계산한 것으로 추측된다.

나) 자녀가 남자인 경우

구 분	아버지	어머니	합 계
미취학아동	19	52	71
초등학생	14	45	59
중·고등학생	24	58	82
합 계	57	155	212

자녀가 여자인 경우에 아버지가 친권자 및 양육자로 지정되는 비율은 18%(38명/212명)이고, 자녀가 남자인 경우에 아버지가 친권자 및 양육자로 지정되는 비율은 27%(57명/212명)이었다.

2) 서울가정법원

자녀가 여자인 경우에 아버지가 친권자 및 양육자로 지정되는 비율은 16%(7명/43명)이고, 자녀가 남자인 경우에 아버지가 친권자 및 양육자로 지정되는 비율은 23%(7명/30명)이었다.

3) 평 가

전국 가정법원이나 서울가정법원 공히 딸의 경우보다는 아들의 경우 아버지가 양육자로 지정되는 비율이 조금 높게 나타났다. 그리고 그 차이는 전국 가정법원의 통계가 더 두드러진다. 서울보다는 지방에서 남아 선호 현상이 높기 때문인 것으로 추측해 볼 수 있다.

다. 부모의 경제상황

이 부분 통계는 전국 가정법원의 것만 있는데, 어머니가 전업주부로서 소득이 전혀 없는 경우에 어머니가 양육자로 지정된 비율은 71%(54건/76건)이었다. 전국 가정법원 통계상 어머니가 양육자로 지정된 비율이 77%인 점과 견줘 보면 어머니의 소득 유무가 양육자 지정에 큰 영향을 미치지는 않은 것으로 평가할 수 있다.

앞에서 설명한 것처럼 자의 복리는 물질적인 환경보다 무형적인 환경에 의하여 더 영향을 받는 것이고, 경제적 능력이 부족한 양육친은 경제적 능력이 있는 비양육친으로부터 양육비를 지급받거나 한부모가족지원법 등에 의하여 아동양육비 등의 지원을 받으면 부족한 경제능력을 보완할 수 있다는 점이 고려되었다고 하겠다. 그리고 양육비 이행확보 및 지원에 관한 법률이 제정되어 2015. 3. 25.부터 시행되면서 양육비이행관리원이 설립됨으로써 위 법에 따른 한시적 양육비 긴급지원을 받을 수도 있으므로, 부모의 경제적 능력은 양육자 지정에 관한 다른 요소보다 그 중요성이 떨어진다고 볼 수 있다.

라. 유책배우자가 양육자로 지정되는 비율

전국 가정법원의 통계로는 부부 중 어느 일방이 유책배우자로 인정된 사례 205건 중 유책배우자가 양육자로 지정된 건수는 42건으로 19.5%를 차지하였다. 서울가정법원의 경우 유책배우자로 인정된 사례 29건 중 유책배우자가 양육자로 지정된 건수는 6건으로 20.7%로 전국 평균과 비슷한 수준이다.

유책배우자를 양육자로 지정하는 비율이 낮다고 평가할 수도 있지만, 남편이 유책배우자로 인정된 경우가 대부분이고 남편이 양육자로 지정되는 비율 자체가 낮은 만큼 배우자의 유책성과 양육자 지정 사이에 관련성이 있음을 확정하기는 어렵다. 다만 유책원인이 부정행위에 있는 경우에는 좀 더 면밀한 검토가 필요하다.

마. 분리 양육

미성년 자녀가 2인 이상일 때 어느 일방이 자녀들을 양육하지 않고 부모가 자녀들을 나누어 키우는 경우가 왕왕 있다. 전국 가정법원의 통계를 보면, 총 289건의 사례 중에서 6건으로서 2%, 서울가정법원의 통계는 총 50건의 사례 중에서 1건으로서 역시 2%에 그친다는 것을 알 수 있다. 해당 사안을 살펴보면 자녀가 적어도 초등학생 이상이고 분리 양육상황이 고착화되어 거주지를 중심으로 한 교육환경 등을 변경하기 어려운 점이 고려되었다고 한다.

바. 공동친권과 공동양육

민법은 친권자 및 양육자로 어느 부모 한쪽만 지정될 것을 요구하고 있지 아니하므로 부모가 모두 친권자 및 양육자로 공동으로 지정될 필요가 있는 경우에는 이를 허용할 수 있을 것이다.

이에 관하여 전국 가정법원의 통계를 보면, 공동친권자가 지정되는 경우는 총 289건 중 3건으로서 1%인데 공동양육자가 지정된 사례는 1건도 없었다. 서울가정법원의 경우는 총 50건 중 2건으로서 4%를 비율을 차지함에 반하여 공동양육자가 지정된 사례는 1건도 없었다. 조정이나 화해권고로 사건이 종결되는 경우에는 공동친권을 행사하는 것으로 협의가 이루어지는 사례가 종종 있으므로 실제로 공동친권자를 지정하는 사례는 위 통계 수치보다 많을 것으로 생각된다. 반면 공동양육자가 지정되는 사례가 전혀 관찰되지 않은 이유는 이를 부정적으로 보는 대법원 판례의 영향 외에도 공동양육으로 인하여 부부 사이의 갈등이 심화되고 그 결과 종국적으로 미성년 자녀에게 악영향을 미치게 된다는 점을 고려한 것으로 분석할 수 있다.

3. 친권자 및 양육자 지정 관련 판례[21]

친권자 및 양육자 지정과 변경에 관한 재판은 가사비송사건이다. 대법원은 이러한 사건이 소송사건과 병합되어 있더라도 1개의 사건으로 병합되어 있는 결과 그 절차를 소송절차에 의하는 것일 뿐 그 성격이 비송사건이라는 점은 변함이 없고, 비송사건의 재항고 이유는 재판에 영향을

---

21) 아래에서 검토하는 판례들은 사법부 전산망인 종합법률정보에서 "친권" 또는 "친권자"를 키워드로 검색한 판례들, 판결문검색시스템에서 "친권"이 포함된 대법원 재판례 중에서 명시적으로 친권자 및 양육자 지정에 관한 판단이 간략하게라도 포함된 것(심리불속행 기각된 사건과 친권자 및 양육자 지정 문제가 상고이유로 다루어지지 않은 것은 제외함), 그리고 친권자 및 양육자 지정에 관한 리딩케이스라고 할 수 있는 사건들(아래에서 볼 2008므397, 2009므1458, 1465)의 사건번호로 검색한 결과들로서 1990년대 이후의 판결을 모두 망라하여 검토하였고 그중 인용의 필요성이 있는 것들만을 추렸다.

미친 헌법·법률·명령 또는 규칙의 위반이 있는 때에 한정되므로 그러한 기재가 없는 재항고이유는 적법하지 않다는 취지로 판시한 바가 있다.[22] 그리하여 친권자 및 양육자를 지정하는 기준에 관하여 법리를 설시하는 판례를 거의 찾아볼 수가 없었다. 그러나 최근 가사·소년전문법관을 주축으로 이혼 재판에서 유책성의 귀속이나 위자료 액수에 관한 심리보다 미성년 자녀의 양육자 지정에 관한 심리에 집중하여 그에 관한 새로운 법리를 구축하려는 시도가 꾸준히 있었고 이러한 시도에 부응하여 대법원도 친권자 및 양육자 지정에 관한 법리를 내어놓고 있다.

앞에서 언급한 것처럼 무엇이 자의 복리를 위한 것인지를 판단할 때 고려하여야 하는 기준들은 그 자체로 이의를 제기할 여지가 없을 것이다. 그런데 개별 사안에서 그 원칙들이 서로 충돌할 때에는 어떠한 기준이 우선되는지 문제가 된다. 어느 기간 동안 양육하고 어느 정도의 애착관계가 형성되어야 현재의 양육상태를 유지해야 한다는 원칙이 관철될 수 있는 것인지, 부정행위를 저지른 어머니가 상간자와 동거하는 경우에도 모성 우선의 원칙이 적용되어야 하는지,[23] 양육상태 계속성의 원칙과 모성 우선의 원칙이 충돌하는 경우에는 무엇이 우선되어야 하는가가 그러하다.

이에 관한 판례의 숫자가 많지 않아 어떠한 경향이나 흐름을 적확하게 집어내기가 어려운 점은 있지만, 몇 개의 유형으로 나누어 대법원 판례의 경향을 추적해 보고자 한다.

가. 법리의 정립
1) 개   설
대법원은 친권자 및 양육자 지정에 관한 사안에서 개별사건의 해결에 필요한 한도에서 단편적인 법리를 나타내기는 하였지만 양육자 지정

---

22) 대법원 2003. 9. 2. 선고 2003므1296, 1302 판결(미공간).
23) 모성 우선의 원칙은 이론상으로는 더 이상 유지될 수 없는 이론으로 받아들여지고 있다. 아래에서 언급하겠지만 부모 상호간의 공평한 기회를 부여하여야 한다는 원칙이 통용되고 있다고 한다.

에 관한 일반적인 법리를 설시하지는 않았다.

그런데 아래 2008므380 판결은 친권자 및 양육자를 지정하는 기준에 관하여 대법원이 최초로 그 기준을 설시한 것으로서 친권자 및 양육자의 지정과 관련한 사건에서 참조 판결로 자주 인용되는 판례이다. 미공간 판결이기는 하지만 리딩케이스로서 가치가 있다. 다음으로 아래의 2009므1458, 1465 판결은 동일한 법리를 설시하고는 있지만 그 법리가 공간된 최초의 판결로서 가치가 있고 이후 관련 사건에서 2008므380 사건과 함께 참조 판결로 자주 인용되고 있다.

이들 판결은 양육상황의 계속성을 강조한 판례로 현재의 양육상황을 변경하기 위해서는 변경된 이후의 양육상황이 현재의 양육상황보다 미성년 자녀의 건전한 성장과 복지에 더 낫고 현재의 양육상황이 자녀의 복리에 방해가 된다는 점이 명백하여야 한다는 취지를 밝히고 있다.

2) 대법원 2008. 5. 8. 선고 2008므380 판결(미공간)24)

가) 판시사항

자의 양육을 포함한 친권은 부모의 권리이자 의무로서 미성년인 자의 복지에 직접적인 영향을 미치는 것이므로 부모가 이혼하는 경우에 부모 중 누구를 미성년인 자의 친권을 행사할 자 및 양육자로 지정할 것인가를 정함에 있어서는, 미성년인 자의 성별과 연령, 그에 대한 부모의 애정과 양육의사의 유무는 물론, 양육에 필요한 경제적 능력의 유무, 부 또는 모와 미성년인 자 사이의 친밀도, 미성년인 자의 의사 등의 모든 요소를 종합적으로 고려하여 미성년인 자의 성장과 복지에 가장 도움이 되고 적합한 방향으로 판단하여야 한다.

나) 사실관계25)

원고는 1961. 7. 10.생으로서 남편이고 피고는 1973. 12. 30.생으로서 부인이며 그들은 1999. 12. 28. 혼인신고를 마치고 그 사이에 2001.

---

24) 친권자 및 양육자 지정 부분과 면접교섭 부분을 파기하였다. 이 판결과 같은 날 선고된 대법원 2008. 5. 8. 선고 2008므397 판결은 위 2008므380 사건과 당사자가 동일한 사건으로서 부인이 남편을 상대로 한 것이다. 역시 미공간 판결이다.

25) 친권자 및 양육자 지정에 관련된 사항을 발췌한 것이다. 이하 같다.

6. 18. 출생한 쌍둥이 아들 2명이 있다.

원고와 피고는 혼인신고 이전인 1991년경부터 동거를 시작하였고 동거 시작 후 얼마 지나지 아니하여 피고가 임신을 하였는데, 원고와 원고의 친구가 새벽에 술에 취한 채 칼을 휘두르며 싸우자 이를 말리던 피고가 그 충격으로 임신 3개월 만에 유산을 하였다. 그 후 원고는 피고와 자주 싸움을 하면서 욕설과 폭언을 일삼고, 주먹으로 피고의 머리와 몸 등을 폭행하였는데, 날이 갈수록 그 정도가 심해졌고, 피고의 친구들 앞에서도 피고에게 심한 욕설을 하였으며, 피고의 친정어머니를 비롯한 친정 식구들에 대해서도 입에 담지 못할 욕설을 하였다.

원고와 피고가 1999년경 다시 아이를 갖기 위하여 병원에서 진단을 받은 결과, 불임의 원인이 원고의 무정자증으로 밝혀졌고 이에 피고는 원고와 제3자의 정자를 이용하여 인공수정으로 아이를 낳기로 합의한 후 인공수정 시술을 받아 2001. 6. 18. 사건본인들을 출산하였다.

피고는 2006. 7.경 원고와 크게 다툰 후 더이상 원고의 폭언, 폭행을 견딜 수 없어 집을 나와 2006. 9. 8. 원고를 상대로 하여 이혼 및 위자료 등 청구의 소를 제기하였고, 원고는 2006. 9. 14. 피고를 상대로 하여 이 사건 소를 제기하였다. 한편, 피고는 위와 같이 집을 나온 후 휴대폰으로 성명불상의 남자들과 애정관계에 있음을 나타내는 문자메시지를 주고받았고, 생활비 등을 마련하기 위하여 노래방에서 도우미로 아르바이트를 하다 손님으로 온 A라는 사람을 알게 되었으며, 2006. 10. 24. 00:27경 위 A와 함께 모텔에 있을 당시 원고가 경찰관과 이 광경을 목격하고 피고와 위 A를 간통으로 고소하였는데 무혐의 결정을 받았다.

피고는 경제적인 여유가 없어 현재 사건본인들을 다른 지역에 있는 피고의 언니에게 맡겨 양육하고 있다.

다) 원심의 판단

원심은 원고와 피고의 혼인파탄의 경위, 사건본인들의 연령, 향후 예상되는 양육환경, 원고와 피고가 처한 사회적 환경, 경제적 능력 등 제반 사정을 참작하여 아이들의 친권자 및 양육자로 원고를 지정한다고 판단하였다.

라) 대법원의 판단

대법원은 다음과 같은 이유를 들어 원심판결 중 친권자 및 양육자 지정 부분과 면접교섭 부분을 파기하였다.[26) 사건본인들은 인공수정을 통하여 출생하였다. 원고와 피고가 별거하기 시작한 이래 피고가 사건본인들을 양육해 오고 있는데 그동안 그 양육에 특별한 문제가 있지는 않았다. 사건본인들은 현재 6세 남짓의 어린 나이이어서 정서적으로 성숙할 때까지는 어머니인 피고가 양육하는 것이 사건본인들의 건전한 성장과 복지에 도움이 될 것으로 보인다. 피고가 사건본인들의 양육에 필요한 경제적 능력을 구비하고 있는지에 의문이 있을 수 있으나 이는 원고와 양육비를 분담함으로써 어느 정도 극복할 수 있다고 판단된다.

이러한 사항을 종합적으로 고려하면, 사건본인들에 대한 현재의 양육상태에 변경을 가하여 원고를 그 친권자 및 양육자로 지정하는 것이 정당하기 위하여는, 피고로 하여금 계속하여 양육하게 하는 것은 사건본인들의 건전한 성장과 복지에 도움이 되지 아니하고 오히려 방해가 되고, 원고를 친권자 및 양육자로 지정하는 것이 사건본인들의 건전한 성장과 복지에 도움이 된다고 볼 수 있어야 할 터인데, 이를 인정할 만한 사정은 기록상 찾아볼 수 없다.

마) 논 평

원심은 표면적으로는 부인에게 경제적 능력이 부족하다는 것을 주된 근거로 양육자를 남편으로 지정하였는데, 그 설시 내용 중 "향후 예상되는 양육환경"이라는 표현이 눈에 띈다. 부인이 장차 상간남인 A와 동거할 가능성을 암시하여 판단의 이면에 부인이 부정행위를 저질렀다는 사정을 주로 고려한 것을 짐작할 수 있다. 그러나 부인이 부정행위를 저질렀다는 사정은 별거 이후의 일일 뿐만 아니라 그러한 사정이 아이들의 양육에 어떠한 부정적인 영향을 미쳤는지 알 수 없는데도 원심은 이에 대한 심리 없이 사실상 부정행위를 이유로 남편을 양육자로 지정한 것으

---

26) 파기환송 후 항소심인 광주지방법원은 2008. 9. 12. 대법원 판결의 취지대로 조정을 갈음하는 결정을 하였는데 그 무렵 확정되었다.

로 추측된다. 그리고 경제적으로 어렵다는 사정은 앞에서 검토한 것처럼 비양육친의 양육친에 대한 양육비 지급이 원활하게 이루어진다면 해결될 수 있는 문제로서 양육자 지정에서 결정적인 기준이 될 수 없다. 남편에 게 폭력적인 성향이 있기 때문에 아이들에게도 폭력을 행사할 가능성이 있다고 보이고, 더구나 자신과 생물학적으로 피가 섞이지 않은 아이들이 어서 그러한 가능성을 배제할 수도 없다고 생각된다.

대법원은 양육환경 계속성의 원칙에 입각하되 자를 둘러싼 모든 사 정을 종합하여 현재의 양육상황이 자의 건전한 성장과 복지에 방해가 되 는 점이 인정되어야만 현재의 양육상황을 변경하는 것이 정당화된다는 점을 분명히 하였다는 데 그 취지가 있는 판결이다. 그런데 위 사안은 어머니가 종전 양육자라는 점에서 양육상황 계속성의 원칙과 모성 우선 의 원칙이 충돌하는 사안은 아니었다. 아버지가 현실적인 양육자인 경우 에는 어떠한가? 아래의 사안은 그것에 관한 것이다.

3) 대법원 2010. 5. 13. 선고 2009므1458, 1465(공1010상, 1147)

가) 판시사항

현재의 양육상태를 변경하는 것이 정당화되기 위하여는 그러한 변경 이 현재의 양육상태를 유지하는 경우보다 사건본인의 건전한 성장과 복 지에 더 도움이 된다는 점이 명백하여야 한다.

나) 사실관계

원고는 1966. 9. 20.생의 부인이고 피고는 1968. 9. 1.생의 남편으로 1995. 4. 20. 혼인신고를 마쳤고 그 사이에는 2000. 2. 23. 출생한 딸이 있다.

피고는 내성적이고 소극적인 성격으로 고등학교 1학년 때 불량배들 에게 산으로 끌려가서 폭행을 당한 후 대인공포증이 생겼는데, 그 증상 으로 고등학교를 졸업한 후 불안장애(anxiety attack) 증상이 나타나자 1989년경부터 1년 정도 통원치료를 받았으며, 1990. 1. 25. 정신분열증으 로 병역면제 처분을 받았다.

원고는 간호조무사로 있으면서 불안장애 증상으로 치료를 받던 피고를 알게 되어 잠시 교제를 하다가 1994년경 피고의 연락으로 다시 만나 교제한 후 피고와 혼인하였다. 혼인 후 원고는 1995년경부터 1996년경까지 사무실 경리, 간호조무사, 화장품가게 종업원 등으로, 피고는 그 기간 동안 컴퓨터판매 대리점, 컴퓨터 프로그램 제작업체에서 근무하였으나 각자의 급여가 많지 않았고, 1997년경 청도 소재 농장으로 직장을 옮겨 몇 개월간 일하는 동안에는 급여를 제대로 받지 못하였으며, 그 후부터 2000년경까지 피고는 컴퓨터 프로그램 제작업체 등에서 근무하고 원고도 피고의 동생으로부터 200만 원을 빌려 신발 판매 노점상을 하였으나 매출이 부진하여 경제적으로 어려움을 겪었다. 아이가 태어난 후에도 원고와 피고는 별다른 수입을 얻지 못한 채 신용불량자가 되었으며 2003년 2~3개월 동안 원고의 친정에서 지내야 할 정도로 궁박한 상태가 되었다.

　　원고와 피고는 2006. 4. 17.경 채무 문제 등으로 심하게 다툰 후 피고가 사건본인과 함께 김천으로 이사를 함에 따라 그때부터 별거를 하게 되었고, 사건본인은 피고가 양육하고 있다. 피고는 2006. 1. 25.경부터 2007. 6. 16.경까지 여러 번에 걸쳐 공황장애로 통원치료를 받았다. 원고는 별다른 재산 없이 2004. 10.부터 주유소 아르바이트, 식당 종업원 등으로 일하면서 생활비를 벌다가 피고가 사건본인을 데리고 친가로 간 이후에는 숙부가 운영하는 서울 소재 식당에서 종업원으로 일하면서 급여를 받아 생활하여 왔다. 피고는 정보처리 기능사 자격증 소지자로서 별다른 재산 없이 소프트웨어를 개발하여 판매한 수익금으로 생활하고 있는데, 현재 아버지(71세)의 주택에서 거주하고 있으며, 아버지의 뒤를 이어 김천시 소재 과수원 등 5필지 총 6,420㎡ 농지에서 과수원을 운영할 계획을 가지고 있다.

　　원고는 2007. 10. 17.경 자궁적출술을 받은 이외에는 건강에 별다른 이상이 없다. 피고는 혼인 후부터 2005년까지 정신과 진료를 받은 적이 없고, 2006. 1. 25.경부터 몇 차례 통원치료를 받던 중 발급받은 2006. 12. 11.자 소견서에 '현재 상태로는 사회생활에 지장이 없을 것으로 판단됨'이라고 기재되어 있다. 원고는 동생들과 함께 레스토랑을 운영하면서 사건본인을 양육할 계획을 가지고 있고, 피고는 아버지 소유의 주택에서 거주하면서 소프트웨어 프로그램을 개발하거나 아버지의 농사일을 도와 생기는 소득으로 사건본인을 양육할 계획이다.

사건본인은 제1심 법원의 조정기일에 출석하여 '사건본인은 원고와 같이 있을 때는 원고가, 피고와 같이 있을 때는 피고가 좋은데, 원·피고가 계속해서 떨어져 살아야 한다면 지금처럼 피고와 같이 살고 원고와는 한 달에 두 번 만나는 것으로 했으면 좋겠다.'라는 취지로 자신의 의사를 밝혔다.

다) 원심의 판단

원심은 다음과 같은 이유로 어머니를 친권자 및 양육자로 지정하였다. 이 사건에서 양육과 관련된 원·피고의 사건본인에 대한 애정과 양육의사, 건강상태, 사건본인과의 친밀도 및 사건본인의 의사 등을 감안할 때 원·피고 중 어느 일방이 더 우월하다고 할 수 없고, 원·피고에게서 사건본인의 양육에 장애가 될 만한 사정도 찾을 수 없다.

결국 사건본인의 나이와 성별을 우선적으로 고려할 수밖에 없는데, 사건본인은 현재 9세 남짓된 어린 여아로서 정서적으로 성숙할 때까지 어머니인 원고가 양육하는 것이 사건본인의 건전한 성장과 복지에 도움이 될 것으로 보인다. 피고가 사건본인의 친권자 및 양육자로 지정되더라도 아버지의 주택에서 거주하면서 사건본인을 양육해야 할 처지에 있고, 소프트웨어를 제작·판매하여 얻는 소득이 고정적이지 않아 아버지에게 경제적으로 의존할 가능성이 있으므로, 경제적 능력에서 식당종업원 등으로 일하면서 급여를 받을 수 있는 원고보다 더 우월하다고 할 수 없다. 피고가 2006. 4. 17.경부터 현재까지 사건본인을 양육하고 있으나 원고도 2006. 12. 19. 제1심 법원으로부터 사전처분을 받아 사건본인을 데려가거나 면접교섭을 하여 왔으므로 현재의 양육상태를 변경하더라도 사건본인의 정서적 안정이나 성장에 장애가 될 것으로 보이지 않는다.

라) 대법원의 판단

대법원은 다음과 같은 이유로 원심판결을 파기하였다.[27] 즉, 피고가

---

[27] 이에 대한 환송 후 항소심인 대구고등법원은 2010. 11. 19. 대법원의 취지대로 친권자 및 양육자로 아버지를 지정하는 판결을 하였고 위 판결은 그 무렵 확정되었다.

원고와 별거한 이후 수년간 사건본인을 양육해 오면서 그 건강한 성장에 필요한 부모의 역할을 다하기 위하여 세심하고 성실하게 사건본인을 보살펴 왔으며, 그 결과 사건본인의 피고에 대한 정서적 유대관계가 원고의 경우보다 더욱 친밀하게 형성되어 있다. 사건본인은 원고와 피고가 헤어질 경우 피고와 같이 살고 싶다는 의사를 분명히 밝히고 있다.[28] 피고는 지금처럼 아버지의 집에 살면서 그곳에서 컴퓨터 소프트웨어를 개발하거나 아버지의 농사를 도와 가며 사건본인을 양육할 계획이어서 사건본인을 직접 돌보는 데 별다른 지장이 없을 것으로 보인다. 반면 원고는 레스토랑을 운영하면서 사건본인을 양육할 계획이어서 그 양육의 상당 부분을 제3자에게 의존할 수밖에 없는 형편이다. 그 밖에 사건본인에 대한 애정과 양육의사, 건강상태, 경제적 능력에 있어서는 원·피고 간에 사건본인에 대한 양육적합성의 우열을 가릴 만한 뚜렷한 차이는 없다.

따라서 피고로 하여금 사건본인을 계속하여 양육하게 하더라도 사건본인의 건전한 성장과 복지에 방해가 되지 아니하고 오히려 도움이 된다고 할 수 있다. 그리고 단지 어린 여아의 양육에는 어머니가 아버지보다 더 적합할 것이라는 일반적 고려만으로는 위와 같은 양육상태 변경의 정당성을 인정하기에 충분하지 않다.

마) 논   평

이 사건은 현재의 양육자가 아버지이고 그러한 양육상황의 변경을 청구하는 사람이 어머니라는 점에서 주목할 만하다. 원심이 인정한 사실관계에 따르면 원·피고의 사건본인에 대한 애정과 양육의사, 건강상태, 사건본인과의 친밀도의 측면에서 어느 한쪽도 더 우위에 있다고 보기는 어렵다고 할 수 있다(피고인 남편이 정신분열증 치료를 받은 전력이 있다는 점은 양육자 지정 결정을 하는 데 영향을 미치지 못한 것으로 보인다).

이와 같이 다른 모든 조건이 동일하다면 양육자 지정에 관하여 실무상 어머니를 양육자로 지정하는 경우가 많다.[29] 종래 '모성 우선의 원

---

28) 판결서에는 나타나지 않지만 양육에 도움을 받을 수 있다는 어머니의 동생들에 대하여는 아이가 심리적 거부감을 가지고 있었다고 한다. 장준현(주 17), 689면.

칙'이라고도 불리는 이와 같은 실무경향은 아버지보다는 어머니가 자녀 양육에 더 관심이 많고 그 양육방법도 적합한 경우가 많다는 경험칙에 의한 것이다. 그러나 이는 학문적으로 검증되지도 못하였을 뿐만 아니라 헌법이 보장하는 양성평등을 침해하는 것으로 간주되어 현대에 이르러는 부모 모두에게 양육 기회를 균등하게 부여한다는 원칙이 자리 잡았다.[30] 그런데 위 사안에서는 원고와 피고가 별거한 이후 대법원 판결이 선고되기까지 약 4년 동안 아버지인 피고가 아이를 양육하였고 아버지와 아이 사이의 유대관계도 돈독하기 때문에 양육자 지정에 관한 또 다른 원칙인 '양육환경의 계속성'의 원칙이 관철된다면 어머니가 아니라 아버지가 양육자로 지정되어야 하는 상황이었다.

대법원은 이처럼 모성 우선의 원칙과 양육환경 계속성의 원칙이 충돌하는 경우에 다른 조건이 동일하다면 양육자와 아이의 유대관계와 아이의 의사를 중요한 요소로 참작하여야 함을 밝히고 있다. 또는 모성 우선의 원칙이 타이 브레이커 요소가 되는 것이 아니라 양육환경 계속성의 원칙이 타이 브레이커가 된다는 취지로 해석할 수도 있다. 이 점에서 이 판결의 의의가 있다.[31]

짐작건대 원심은 당시 아이의 나이가 약 10세 내외로 어리기 때문에 그 의사가 본심이거나 진정한 의사라기보다는 양육자인 아버지의 영향을 받아 아버지와 살겠다는 의사를 표현하였다고 보고, 아버지와 아이의 유대관계도 아버지가 현재의 양육자라는 실정에서 비롯된 자연스런 결과이므로 아이의 의사와 양육친과의 유대관계를 비중 있게 보지 않은 것이 아닌가라고 추측할 수 있다.

---

29) 이런 의미에서 모성 우선의 원칙이 타이 브레이커(tie-breaker) 요소로 작용한다고 할 수 있다.
30) 장준현(주 17), 686면. 다만 동소는 실무상 모성 우선의 원칙이 사실상 적용되고 있는데, 이는 현실적으로 대개의 가정에서 어머니가 전적으로 자녀를 돌보게 되고 이 경우 자녀는 자연스럽게 어머니에 대하여 강한 유대관계를 가지므로 이러한 가정 내에서의 고정된 역할 분담이 양육자 결정에서 어머니를 우선적으로 지정하는 결과를 낳는다고 분석하고 있다.
31) 이 판결의 재판연구관은 '자녀 양육의 영역에서 양성평등에 기초한 부모의 기회 균등이 실질적으로 보장되어야 한다는 취지를 담고 있다.'고 평가한다. 장준현(주 17), 691면.

그러나 대법원은 양육상태의 변경을 위해서는 자의 복리에 도움이 더
된다는 점이 명백해야 함을 강조하고, 단지 나이 어린 여자 아이는 어머니
가 키우는 것이 바람직하다는 추상적 담론이 그 근거가 될 수 없음을 분명
히 하였다. 또한, 어머니는 보조 양육자를 통하여 아이를 양육할 수밖에 없
는 상황임에 반하여, 아버지는 자신이 직접 아이를 양육할 수 있다는 점도
중요한 고려사항이 되었을 것이다. 그리고 10세가 채 안 된 아이라도 양육
자 지정에 관한 의사를 가볍게 취급할 것이 아니라는 메시지도 담고 있다.
실무상 아이의 나이가 어리고 특히 성별이 여자아이인 경우에는 어머니를
양육자로 쉽게 지정하는 경향이 있는데, 현재의 양육상황을 변경할 정도로
아이를 둘러싼 제반 양육상황이 부적절한지 여부를 심도 있게 심리한 후
양육자의 변경이 미성년 자녀의 건전한 성장과 복지에 보탬이 된다는 것이
명백하여야만 양육상황 변경이 가능하다는 점에 주목해야 할 것이다.

나. 공동친권과 공동양육[32]

1) 개   설[33]

민법상 친권자를 공동으로 지정하는 것에 관하여 아무런 제한이 없
으므로, 양육환경상 부모를 모두 공동친권자로 지정하는 데 법적 제한은

---

[32] 재미있는 것은 공동친권 및 공동양육에 관하여 본 항에서 언급된 대법원 판례
4개의 원심법원 재판장이 모두 동일한 법관이라는 점이다. 원심법원 재판장은 전
직 가사·소년 전문법관이다. 이처럼 최근 대법원이 친권자 및 양육자 지정에 관
한 새로운 법리를 설시하게 된 배경으로 가사·소년 전문법관들이 미성년 자녀 복
리에 관한 법리 연구와 참신한 시도가 밑거름이 되었음을 꼽을 수 있다.
[33] 공동친권에 관한 기본적인 연구는 김상용, "이혼 후의 공동친권: 그 가능성과 한
계", 가족법연구 Ⅰ, 법문사 2002를 참조. 공동친권 또는 공동양육에 관한 입법은
이탈리아가 1975년에 최초로 허용하였고, 그 후 스페인(1981), 노르웨이(1982), 프
랑스(1987), 오스트리아(1989)가 뒤를 이었다고 한다. 위 저서 203면 참조. 서구의
친권에 관한 최근 입법 동향으로 먼저 프랑스에 관해서는 안문희, "2014년 프랑스
친권법 개정안에 관한 연구", 가족법연구 제28권 제3호, 한국가족법학회, 2014의
논문이 있고, 독일에 관해서는 이동수, "독일 친자법에서의 혼인하지 아니한 부모
의 친권의 주요 문제: 2013년 독일 민법의 개정을 중심으로", 가족법연구 제28권
제3호, 한국가족법학회, 2014의 논문이 있으며, 미국에 관해서는 이준영, "미국에서
의 친권결정에 관한 연구", 비교사법 제16권 제1호, 한국비교사법학회, 2009가 있다.

없다. 대법원도 부모를 공동친권자로 지정하는 것을 수긍하였는데 그 구
체적인 사례는 아래 2), 3)항에서 살핀다. 다른 한편 이혼 후 부모가 공
동양육을 하는 것이 자녀에게 긍정적 영향을 미친다는 이유로 양육자를
공동으로 지정하려는 시도가 하급심을 중심으로 있었는데,[34] 대법원은
이에 대하여 부정적이다. 이는 아래 4), 5)항에서 살핀다.

2) 공동친권 인정 사례 ① : 대법원 2012. 6. 28. 선고 2012므486, 493(미공간) : 상고기각

가) 판시사항

민법 제909조 제5항에 의하면 가정법원은 재판상 이혼의 경우에 직
권으로 친권자를 정하도록 되어 있는바, 이때 부모 모두를 친권자로 공
동 지정하였다고 하여 위법하다고 볼 것은 아니다.

나) 사실관계

원고는 1973. 4. 25.생의 부인이고 피고는 1969. 1. 30.생 남편으로
2004. 3. 20. 혼인신고를 마치고 그 사이에 2005. 1. 27. 출생한 딸을 두
고 있다.

원고는 평소 자신의 뜻대로 되지 않는 상황이 되면 며칠씩 집을 나
가는 등 돌발행동을 하거나 인신공격을 하고, 수단·방법을 가리지 않고
집요하게 자신이 옳다는 점을 인정받아 자신의 뜻을 관철하려 하였기 때
문에, 피고는 원고와의 관계를 매우 어려워하였다. 특히 원고는 피고 앞
에서 피고 또는 시부모, 시누이를 두고 저속한 욕설과 비아냥거리는 언
사를 서슴지 않아서 이를 참지 못한 피고와 사이에 부부싸움을 하기도
하였다.

원고는 신혼 초부터 시가에서 다달이 생활비를 받아 가사도우미를
고용했음에도 불구하고 집안을 어지럽혀 놓거나 몇 달씩 우유·신문대금
또는 가사도우미 급여 등의 지급을 연체하는 등 가사에 신경을 쓰지 않

---

34) 서구사회에서 이혼한 부모의 자녀를 공동양육하는 데 관심을 갖게 된 이유는 해
당 사회의 전반적인 변화와 밀접한 관련이 있는데 공동양육이 주창된 사회적 배경
에 관한 상세는 김상용(주 33), 201면 이하 참조.

는 모습을 보였고, 이를 참지 못한 피고와 사이에 부부싸움을 하는 일이 있었다. 급기야 피고는 2008. 5.경 입주 가사도우미를 내보내고 원고에게 '직접 살림을 하고 가계부도 쓰라'고 요구하여 원고와 사이에 심한 갈등이 촉발되었다.

원고는 2008. 12. 9. 피고의 모친이 생활비를 입금하였다는 말을 듣고는 '더러운 돈은 받지 않는다'며 폭언을 하여 피고와 사이에 다툼이 있었다. 그 다음날 23:00경 원고와 피고는 다시 이러한 문제로 부부싸움을 하였는데, 원고는 사건본인 앞에서 시부모의 이름을 함부로 부르고, 피고를 지칭하여 '사탄, 악마'로 부르며 '지옥으로 영원히 떨어져라'는 등 폭언을 하였다. 그러자 피고는 화가 나 자신의 손으로 원고의 입을 막았고, 원고는 피고의 손가락을 깨물고 놓지 않았으며, 이에 당황한 피고는 원고의 코를 가격하였다. 이로 인하여 피고는 손가락 인교상을 입었고, 원고는 코뼈 골절상을 입었다. 이로 인하여 원고 및 친정과 피고 및 본가 사이의 갈등은 깊어졌고, 원고와 피고는 한집에서 각방을 쓰고 있으나 감정의 골이 매우 깊은 상태이다.

다) 원심의 판단

당사자는 항소심인 원심에서 친권자 및 양육자 지정 부분에 중점을 두어 다투었으나, 원심은 제1심 판결 결과를 변경할 추가 자료가 제출되지 않았다면서 제1심 판결 중 친권자 및 양육자 지정 부분을 그대로 인용하였다. 제1심은 다음과 같은 사정을 들어 부모를 공동친권자로 지정하고 양육자는 아버지를 지정하였다.

사건본인은 원고, 피고와 모두 애착관계가 잘 형성되어 있다. 그러나 피고가 사건본인의 관계요구에 민감하게 반응하고 정서적·인지적 교감에 능숙한 반면에, 원고는 사건본인과의 관계에서 일방적이고 무신경한 모습을 보이고 정서적·인지적 교감에 비교적 덜 익숙한 것으로 보인다. 원고는 사건본인을 출산한 후 육아를 하기는 하였으나 큰 노력을 기울이지는 않았고, 주로 가사도우미가 사건본인을 양육하였다. 특히 2008. 5.경 입주 가사도우미를 내보낸 후로 원고는 사건본인의 유치원 등원준비에 신경을 쓰지 않아서 점심 무렵에야 비로소 사건본인을 유치원에 보내는 일이 자주 있었고, 유치원에서 내준 숙제나 요구사항에 신경을 쓰지 않아 유치원에서 사건본인을 곤란하게 만드는 일이 자주 있었다. 반면에 피고는 이러한 사정을 안 뒤로 사건본인의 유치원 등원을 거의 책임져 왔고, 유치원과의 의사소통에 많은 신경을 쓰면서 사건본인의 육아에 관심을 보이고 있다.

원고는 이혼 소송 과정에서 부부의 문제와 자녀의 문제를 분리하지 못하여 사건본인에 미치는 악영향은 도외시한 채 자신 위주로 사건본인을 대하는 모습을 많이 보이고 있다. 특히 원고는 사건본인에게 '아버지, 할아버지, 할머니, 고모는 마귀이고 나쁜 사람들'이라는 말을 반복해서 하였기 때문에, 사건본인이 여러 사람들 앞에서 '아버지, 할아버지, 할머니, 고모는 마귀이고 나쁜 사람들이래.'라는 말을 하게 만들었으며, 2009년 말 무렵부터 사건본인이 피고와 친밀한 모습을 보이면 사건본인에게 "엄마는 다른 딸과 살 것이니 너는 아빠랑 살아.", "너는 별로 엄마 찾지도 않고 엄마 필요로 하지 않으니 엄마 없이도 잘 클 수 있을 것 같다."는 등의 말을 자주 하여 사건본인에게 불안감과 혼란을 심어 주는 경우가 자주 있었다.

라) 논 평

원심이 인용한 제1심의 사실관계에 따르면, 비록 아이가 여아이고 아직 어리지만 어머니보다는 아버지와 사이에 유대관계가 높을 뿐만 아니라 어머니에게는 성격상 결함마저 발견되므로 아이의 양육자를 아버지로 정한 것을 수긍할 수 있다. 그런데 부모를 공동친권자로 지정한 사정이나 이유는 발견하기 어렵다. 양육권이 배제된 친권은 결국 법률행위대리권만이 남게 되는데, 아이가 취학한 이후에 어머니가 아이의 교육문제에 관하여 관여할 수 있는 권한[35]을 남겨 두고자 하는 데 의의가 있는

---

35) 이 점에 관하여는 초·중등교육법 시행령 제21조 제3항을 살펴볼 필요가 있다. 위 조문은 "초등학교의 장은 학생의 학교생활 부적응 또는 가정사정 등으로 인하여 학생의 교육환경을 바꾸어 줄 필요가 있다고 인정하는 때에는 학생의 보호자 1인의 동의를 얻어 교육장에게 당해 학생의 전학을 추천할 수 있다. 이 경우 교육

것이 아닌가 짐작될 뿐이다. 그리고 위 사안에서 아이의 친할아버지와 친할머니가 상당한 재산을 보유하고 있어서 아이 명의로 재산이 분배될 경우 어머니도 친권자로서 권한을 가지도록 한 것이 아닌가 생각된다.

3) 공동친권 인정사례 ② : 대법원 2012. 4. 13. 선고 2011므4719 판결 (공2012상, 791)

가) 판시사항

부부의 이혼 후 그 子의 친권자와 그 양육에 관한 사항을 각기 다른 조항에서 규정하고 있는 점 등에 비추어 보면, 이혼 후 부모와 자녀의 관계에 있어서 친권과 양육권이 항상 같은 사람에게 돌아가야 하는 것은 아니며, 이혼 후 子에 대한 양육권이 부모 중 어느 일방에, 친권이 다른 일방에 또는 부모에 공동으로 귀속되는 것으로 정하는 것은, 비록 신중한 판단이 필요하다고 하더라도, 앞서 본 바와 같은 기준을 충족하는 한 허용된다.

나) 사실관계

원고는 1979. 11. 27.생의 부인이고 피고는 1976. 5. 29.생의 남편으로 2006. 11. 30. 혼인신고를 마치고 그 사이에서 2007. 10. 31. 딸이 출생하였다.

피고는 혼인기간 동안 직장 생활을 하면서 번 소득으로 생계를 유지하여 왔는데, 피고의 연소득은 2008년도 5,800여만 원, 2009년도 5,600여만 원이다. 원고는 피고와의 결혼 이후 주부로서 가사를 도맡아 하면서 파트타임으로 일하다가, 2009. 6.경부터는 옷가게에서 매장관리직원으로 일하였다.

피고는 혼인기간 중 원고와 다툼이 있거나 원고 및 그 가족들로 인하여 기분이 상하는 일이 있는 경우 종종 원고에게 욕설이나 폭언을 하

장은 제1항의 규정에 불구하고 전학할 학교를 지정하여 전학하게 할 수 있다."고 규정하고 있는데, 위 조문의 "보호자"는 양육자가 아니라 "친권자"로 해석되고 있다고 한다. 김상용, "초등교육법시행령 제21조 제3항이 규정하는 '보호자'의 법적 의미: 이혼시 친권과 양육권이 분할 귀속된 경우 양자의 관계", 법학연구 제43권 제1호, 부산대학교, 2002, 397-398면 참조.

고 장인, 장모에게도 불손한 언사를 취하기도 하였다. 원고와 피고는 원고의 모친을 버스정거장에 늦게 모셔다 드린 문제로 다투어 사이가 좋지 않던 중, 술에 취해 밤늦게 귀가한 피고가 2009. 6. 27.경 원고, 원고의 모친, 사건본인이 함께 자고 있던 방문을 열어젖히고서 "휴, 씨발"이라고 욕을 하는 일이 생기자, 원고는 그 다음날 사건본인을 데리고 집을 나와 피고와 별거하기 시작하였다.

원고는 2009. 7. 4.경 피고에게 사건본인을 보여 주기 위해 피고를 만나러 갔다가 사건본인을 피고 측에게 넘겨주게 되었고, 원고와 원고의 모친은 2009. 7. 8.경 다시 피고와 사건본인이 거주하는 곳으로 사건본인을 만나러 갔다가 사건본인을 쟁탈하는 과정에서 그곳에 있던 피고의 모친과 사이에 몸싸움이 벌어졌으며, 그 일에 대하여 원고측과 피고측이 쌍방 형사고소를 함으로써 원고와 피고의 모친은 기소유예처분을, 원고의 모친은 약식명령을 각 받게 되었다.

위 사건 이후 원고가 사건본인을 양육하고 있고, 원고와 피고는 2009. 11. 9. 이 사건 조정기일에서 피고의 사건본인에 대한 면접교섭과 양육비 지급에 대하여 합의하였으나, 피고는 사건본인에 대한 면접교섭은 계속하면서도 원고가 돈이 없어서 힘들어야 귀가할 것이라는 등의 이유로 2010년부터의 양육비를 일방적으로 지급하지 아니하였다. 이 사건 항소심에서 원고가 피고를 상대로 제기한 사전처분 신청에 따라 피고가 사건본인의 어린이집 비용 일체를 지급하고 있다.

다) 원심의 판단

원고와 피고의 혼인 생활과 파탄 경위, 사건본인의 나이 및 양육상황 등 이 사건에 드러난 여러 가지 사정을 종합적으로 고려하면, 사건본인의 친권자로 원고와 피고를 공동으로 지정하고, 사건본인의 양육자로 원고를 지정함이 사건본인의 원만한 성장과 복리를 위하여 타당하다.

라) 논 평

위 사건에서 제1심 법원은 친권자 및 양육자로 어머니를 지정하였는데, 항소심인 원심에서 친권자 부분을 변경하여 부모를 공동으로 지정하였으며 대법원도 이를 수긍하였다. 비록 피고가 부인과 장인, 장모에게 폭언이나 불손한 태도를 취하였더라도 아이와 정기적으로 면접교섭을 실시하고 소송 도중 양육비를 지급하는 등으로 아이와의 애착관계가 유지되고 있는 점이 부모를 공동친권자로 지정한 배경이 된 것이 아닌가 추측해 본다. 위 판례는 대법원이 공동친권의 가능성을 처음으로 분명히 밝혔다는 데 의의가 있다.

주목할 것은 공간된 위 판결에서 대법원이 친권자는 공동으로 지정될 수 있음을 긍정하면서도 양육자는 어느 일방에 지정하여야 한다는 것을 전제로 하고 있다는 점이다. 즉, "이혼 후 子에 대한 양육권이 부모 중 어느 일방에, 친권이 다른 일방에 또는 부모에 공동으로 귀속되는 것으로 정하는 것"이라고 표현하고 있기 때문이다. 이 때문인지 아래에서 보는 것처럼 실무상 공동양육자가 지정되는 사례는 거의 없다.

4) 공동양육 부정사례 ① : 대법원 2012. 4. 13. 선고 2011므4665 판결 (미공간)

가) 사실관계

원고는 1969. 9. 5.생 남ㅂ이고 피고는 1969. 8. 28.생 부인으로 각각 영국 유학 중이던 2002년부터 교제를 하다가 2003. 1. 14. 혼인신고를 마치고 그 사이에 2004. 2. 6.생 딸을 두고 있다.

원고와 피고가 서로에 대하여 불만을 가지고 생활하면서 갈등이 고조되어 자주 싸우게 되었고, 그 과정에서 피고는 원고에게 거친 언사로 감정을 드러내는 일이 많아졌다. 원고는 2007. 6.경 학업을 마치고 국내로 귀국하게 되었는데, 피고는 원고와 합의 하에 사건본인이 영국 영주권 내지 시민권을 취득하기 위한 기간을 채운 후 나중에 귀국하기로 하였다. 사건본인은 2009. 1.경 영국 시민권을 취득하였으나, 피고는 원고의 요청에도 불구하고 귀국을 거부하였고, 원고는 2009. 8.경 영국에 있던 피고에게 이혼의사를 통보하면서 연락하지 말 것을 요구하였다.

피고는 2009. 8. 1. 원고에게, '원고의 이혼청구에 응할 것이니 사건본인의 양육문제와 재산분할문제를 협의하자.'는 취지의 이메일을 보냈다. 원고와 피고는 위와 같은 이메일을 주고받은 후 이 사건 소가 제기 되기 이전까지 대면하거나 연락을 주고받은 적이 없고, 피고는 원고의 소장 부본을 송달받은 직후인 2009. 10. 4. 영국생활을 정리하고 사건본 인과 함께 귀국하였으나, 이 사건 변론 종결에 이르기까지 사건본인과 함께 지내며 원고와는 별거하고 있다.

나) 항소심의 판단

항소심은 다음과 같은 사정을 들어 부모를 공동친권자로 지정하고, 월요일부터 금요일까지 평일 양육자로 아버지를, 토요일부터 일요일까지 주말 양육자로 어머니를 지정하였다.

사건본인의 연령, 사건본인과 원 · 피고 쌍방 상호간의 친밀감 내지 는 상호관계, 현재의 양육상황 및 양육환경, 원 · 피고의 경제적 능력, 혼 인생활과 파탄경위를 참작하고, 원고가 피고와 별거하면서 상당 기간 사 건본인과 함께 지내지 못한 것으로 보이기는 하나 소송 과정 내내 사건 본인의 양육상황에 꾸준한 관심을 갖고 있다.

다) 대법원의 판단

그러나 대법원은 아래와 같은 이유를 들어 원심판결 중 친권자 및 양육자 지정 부분을 파기하였다. 즉, 사건본인은 현재 만 8세의 여자아이 로서 2007. 6.경부터 아버지와 떨어져 4년 이상 어머니와 함께 살아오고 있는데 그동안의 양육 과정이나 어머니와의 유대관계에 특별한 문제가 있다고 보이지 않는다. 사건본인은 서울 소재 초등학교에 다니고 있는데 화성시에 거주하는 아버지를 평일 양육자로 지정하게 되면 사건본인은 전학이나 이사 등 생활환경의 변화가 생길 가능성이 높다. 뿐만 아니라 매주 주말에는 어머니의 거주지에서 생활하게 됨으로써 평일에 사귄 친 구 등과 쉽게 어울리지 못하게 되어 사회적 유대관계도 약해질 것으로 보인다. 어린 나이의 사건본인이 거리가 가깝지 않은 부모의 거주지를 매주 오가는 것은 쉽지 않아 보인다. 아버지는 양육자로 지정되면 낮에 는 자신의 누나가 양육을 도와주고 밤에는 자신이 돌보겠다고 하고 있으 므로 사건본인에 대한 직접적 양육 가능성 측면에서 아버지가 어머니보

다 더 우월하다고 보이지는 않는다. 무엇보다도 남편은 이혼 후 다시는
부인을 보지 않겠다는 의사를 여러 번 표시하는 등 부인에 대한 강한 적
대감을 가지고 있는데 이러한 상황에서 사건본인에 대한 친권행사나 양
육과 관련하여 부부가 서로 원만히 협력하기는 쉽지 않아 보이고 이에
관한 갈등은 결국 사건본인의 정서적 안정이나 복지에 나쁜 영향을 미칠
것으로 예상된다.[36]

따라서 어머니로 하여금 사건본인을 계속하여 양육하게 하더라도 사
건본인의 건전한 성장과 복지에 방해가 되지 아니하고 오히려 도움이 된
다고 보이며, 이러한 현재의 양육상태에 변경을 가하여 부모를 공동의
친권자 및 양육자로 지정하는 것이 정당화되기 위해서는 그러한 변경이
현재의 양육상태를 유지하는 경우보다 사건본인의 건전한 성장과 복지에
도움이 된다는 점이 인정되어야 할 것인데, 이와 같은 양육상태 변경의
정당성을 인정할 만한 사정은 충분하지 않은 것으로 보인다.

라) 논   평

앞에서 검토한 입법례를 보면 이혼 이후 부부 공동양육을 원칙으로
하는 나라가 적지 않고,[37] 단독 친권자로 지정되지 못하는 비양육친이
소송의 패배자로 남아 부모의 역할을 방기해 버리는 현실에서 공동양육
을 통하여 이혼 후에도 부모·자식 관계가 유지되는 것이 자녀의 건전한
성장과 복리에 긍정적이라는 견해[38]가 나타나고 있는데 원심판결은 이러
한 견해에 영향을 받은 것이라고 생각된다.[39]

---

36) 부모의 합의는 이혼 후의 공동양육이 허용되기 위한 핵심적인 요건으로 보는 견
   해가 있다. 김상용(주 33), 206면 참조.
37) 서독에서 11세의 자가 주말은 아버지와 그 밖의 날은 어머니와 지내고, 두 집에
   자기의 방을 각각 갖고 학교에 다니며 자에 관한 문제를 부모가 공동으로 의논하는
   내용의 공동양육을 인정하였다고 한다. 이화숙(주 4), 218면의 주 38)에서 재인용.
38) 공동양육에 관한 미국에서의 찬반론 상세, 공동양육과 단독양육을 실증적으로
   비교분석한 연구 결과의 소개에 관하여는 최진섭, "이혼후의 공동양육(공동친권)",
   가족법학논총 Ⅰ, 박영사, 1991 참조.
39) 공동친권제에 의할 경우 자녀에게 얼마나 도움이 되는지를 충분히 알 수 있기
   위해서는 가족과 아동의 문제를 전문적으로 상담하고 지원하는 기관을 설치, 운영
   하여야 함을 전제로 우리나라에는 이러한 기관이 충분하지 않아서 공동친권의 취

대법원도 공동양육의 가능성 자체를 부인하는 것은 아닌 것으로 판단된다. 그렇지만 위 사건에서 부부는 오랜 기간 대화를 단절한 채 지냈고 남편이 부인에 대하여 강한 적대감을 가지고 있는 상황에서 공동의 친권행사와 양육권이 부여되어 오히려 부부 사이의 갈등이 고조되는 결과가 될 수 있고, 그것이 아이에게 부정적인 영향을 미친다는 점을 대법원이 중요하게 여긴 것이 아닌가 한다. 원심이 취한 조치는 사실상 양육자를 어머니에서 아버지로 변경하는 결과가 되는데, 위 판례도 양육상황 계속성의 원칙을 존중하여 현재의 양육상태를 변경하기 위해서는 변경 이후의 양육상황이 그 전의 것보다 우월하다는 것이 증명되어야 하고, 단순히 공동양육이 자녀의 복리에 부합한다는 추상적 담론을 기계적으로 적용하여서는 아니 된다는 점을 아울러 밝힌 판결이라고 할 수 있다.

5) 공동양육 부정사례 ② : 대법원 2013. 12. 26. 선고 2013므3383, 3390 판결(미공간)

가) 사실관계

원고는 1976. 1. 21.생의 부인이고 피고는 1974. 1. 9.생의 남편으로 2001. 10. 10. 혼인신고를 마치고 그 사이에 2003. 7. 21. 및 2005. 7. 4. 출생한 딸들을 두고 있다.

원고는 2011. 6.경 사건본인들을 데리고 집을 나오면서 피고와 별거하기 시작하였다. 원고는 2011. 7. 5.부터 2011. 10. 18.까지 "피고로부터 폭행을 당했다."고 주장하며 사건본인들과 함께 쉼터에 입소하여 생활하였고, 위 폭행으로 인한 상해 혐의로 피고는 2011. 10. 24. 50만 원의 벌금형을 선고받았다.

사건본인들은 모두 여자아이이고, 나이가 9세, 11세로 초등학교에 재학 중이다. 원고는 계약직으로 어린이도서관 사서로 근무하며 월 약

지는 공감하지만 현 단계에서 수용하기는 어렵다는 견해로는 김은아, "친권의 본질과 행사상의 문제", 법학논총 제26권 제2호, 한양대학교법학연구소, 2009, 263-264면 참조. 현행 민법으로도 공동양육은 가능하지만 그 적용은 부모 사이에 합의가 있는 경우로 한정하여야 하고 합의가 없는 경우에는 면접교섭으로 해결하여야 한다는 견해로는 최진섭(주 38), 272면 참조.

100만 원 정도의 수입을, 피고는 철도기관사로 근무하며 월 약 400만 원 정도의 수입을 각 얻고 있다. 원고와 피고는 모두 사건본인들에 대한 양육의지가 높고 최소한의 양육환경을 마련하고 있으며, 사건본인들을 1명씩 분리하여 양육할 만한 특별한 사정도 없다. 사건본인들은 소송 과정에서 일관하여 '원고와 함께 살기를 원한다.'는 태도를 취하고 있다.

나) 항소심의 판단

원고는 사건본인들을 직접 양육할 수 있을 것으로 보이나, 피고는 직업적인 특성이나 그동안 육아나 가사업무를 해 오지 않았던 이유로 직접 양육하기보다는 피고의 누나, 형수를 비롯한 친척을 통한 간접적인 양육 방식을 취할 것으로 보이는바, 가급적 제3자가 아니라 부모가 직접 자녀를 양육하는 것이 자녀에게 더 긍정적일 것이다. 양육의 통일성과 안정성을 위해서는 가급적 원고와 사건본인들이 같이 살고 있는 현재의 양육상태를 유지하는 것이 사건본인들의 건전한 성장과 복지에 도움이 된다고 할 것이다. 사건본인들은 모두 여자아이로서 조만간 사춘기에 접어들 나이라서 남성인 피고보다는 여성인 원고가 사춘기에 접어든 사건본인들에 대하여 대처를 잘할 가능성이 높고, 사건본인들은 원고와 피고가 별거한 이후 원고와 계속 같이 살았던 이유 등으로 인해 피고보다는 원고에 대하여 더 친밀한 감정을 느끼고 있는 것으로 보인다.

피고는 원고보다 월수입 및 재산이 더 많고, 원고는 계약직으로 근무하고 있어 경제적으로 불안한 상태이다. 원고는 일반인에 비해서 과도하게 종교활동[40](예배에 참석하는 시간, 횟수 등)을 하고 있고, 사건본인들에게도 자신과 비슷한 정도의 종교활동을 할 것을 권유하고 있으며, 원고가 사건본인들을 양육할 경우 앞으로도 그러한 활동이 계속될 것이므로 원고가 사건본인들을 양육할 경우 종교적으로 편향된 시각을 갖게 될 수 있다고 보인다.

이러한 사정을 종합하면, 원고와 피고 중 일방을 단독 친권자 및 양

---

40) 원고는 '하나님의 교회'의 신도이다.

육자로 지정할 경우 지정된 양육자로 인하여 사건본인들에게 일정 부분 부정적인 영향을 미치거나, 지정된 양육자의 상대방이 양육자로 지정될 경우 그로부터 받을 수 있었던 긍정적인 영향을 받지 못하게 되는 문제가 발생한다. 반면, 원고와 피고를 공동친권자 및 공동양육자로 하여 주된 양육자를 원고로, 보조 양육자를 피고로 각 지정하여 원고가 주중에, 피고가 주말에 사건본인들을 직접 양육하게 한다면, 위와 같은 부정적인 영향이나 단점을 최소화할 수 있을 것으로 보이고, 사건본인들 입장에서도 이 사건 이혼 후에도 부모 모두와의 관계를 계속하여 긍정적으로 유지하기에 용이하며, 원고와 피고로서도 공동양육자로서 더욱 책임 있는 자세로 사건본인들을 양육할 수 있다

따라서 이러한 모든 사정 및 결론을 종합적으로 고려하면, 사건본인들의 친권자 및 양육자로 원고와 피고를 공동으로 지정하고, 공동양육 방법으로 원고를 주된 양육자로 하여 매주 일요일 18:00부터 토요일 12:00까지 6박 7일간, 피고를 보조 양육자로 하여 매주 토요일 12:00부터 일요일 18:00까지 1박 2일간 각 사건본인들을 양육하게 하기로 정하는 것이 타당하다.

다) 대법원의 판단

원·피고 사이에 사건본인들의 양육방식에 관한 의사나 가치관에 현저한 차이가 있어 서로 첨예하게 대립하고 있고 현재로서는 가까운 장래에 쌍방의 의견을 조율하여 사건본인들의 양육방식에 대한 의사 합치가 이루어질 가능성이 전혀 불투명하여 원심이 의도한 대로의 실현 가능성이 쉽지 아니할 것으로 보인다. 비록 원심이 주된 양육자와 보조 양육자로 구분하고 있기는 하지만 원·피고가 서로 양육자임을 주장하여 각기 다른 방식과 가치관을 내세워 사건본인들을 양육하려고 할 경우에 예상되는 원·피고 사이의 심각한 분쟁 상황 및 이에 따라 사건본인들에게 초래될 정신적 혼란이나 갈등 등을 고려하여 보면, 원심의 위와 같은 공동양육자 지정 등의 조치가 이 사건에서 사건본인들의 성장과 복지에 가장 도움이 되고 적합한 것이라고 보기에 충분하지 않다.[41]

라) 논 평

위 사안에서도 대법원은 부부 사이의 갈등이 심각한 상황에서 부모를 공동양육자로 지정할 경우 아이들에게 미칠 부정적인 영향을 고려할 때 원심이 내세운 사정만으로는 공동양육이 허용될 수는 없다고 보았다.[42] 부부 사이에 분쟁이 있고 서로에 대한 신뢰가 무너진 상황에서 이혼 이후에 양육문제에 관하여 협조관계를 유지한다는 것은 어려운 일이다. 이 점에 관하여 최진섭 교수는 "성공적인 공동양육이 되느냐의 여부는 부모간의 갈등과 어버이의 역할을 별개로 다룰 줄 아는 부모의 능력과 자녀의 양육문제에 대하여 서로 의견을 교환할 수 있는 능력에 달려 있다."고 지적하였다.[43] 이처럼 공동친권 또는 공동양육은 이혼 당사자 사이의 이해와 협력이 중요하므로, 이혼 당사자의 합의가 중요한 고려요소로 작용한다고 볼 수 있다.[44] 그 밖에 공동양육에 적합하다고 평가할 만한 상황으로는, "지리적으로 부모가 가까운 곳에 거주하는 경우, 주거환경을 비슷하게 유지할 수 있는 경우, 교육과 종교 및 건강 문제에 대한 기본방침을 정한 경우, 양육비에 대한 합의가 있는 경우, 공휴일이나 방학 등의 계획을 수립한 경우, 기타 자녀의 신체적·정서적 건강과 복지에 영향을 주는 사항에 대한 합의가 있는 경우"[45]를 예시할 수 있다.

공동친권 또는 공동양육이 가능하려면 이를 실천하기 위한 부모의

---

41) 환송 후 항소심은 부모를 공동친권자로 지정하고 어머니를 양육자로 지정하였는데, 이에 대하여 다시 상고되었으나 심리불속행으로 상고기각되었다.

42) 대법원의 취지와 같이 원칙적으로 양육자는 부 또는 모의 일방으로 정하는 것이 지극히 합당하다는 견해로는 이종길(주 15), 317면.

43) 최진섭(주 38), 256면.

44) 실제로 종래 미국의 많은 주와 판례는 공동친권(양육권을 포함하는 개념으로 본다)을 부여하기 위해서는 부모의 합의를 요건으로 하고 있었으나, 최근 한 쪽 부모의 신청만으로도 가능한 것으로 변화되고 있다고 한다. 이 점에 관해서는 이준영(주 33), 179면 참조. 한편, 부모가 자발적으로 공동양육에 합의한 경우에는 공동양육이 자녀에게 매우 성공적인 양육형태가 될 수 있음을 보이는 미국 사례에 관하여는 최진섭(주 38), 252면 이하 참조.

45) 최진섭(주 38), 259면.

의지가 중요하기 때문에 부모가 자녀 양육의 기본적인 사항(학교 및 거소의 선택, 종교활동의 여부 및 그 정도 등)에도 합의하지 못한 채 서로 접촉할 때마다 갈등을 야기한다면, 법원이 공동친권 또는 공동양육을 정하는 것은 어려운 일이라고 생각한다. 실제로 이혼 부부 사이에 공동양육이 인정될 수 있는 경우가 얼마나 많을지 의문이 없지 않다.[46]

위 사안에서 흥미로운 것은 면접교섭권의 한계가 암시되었다는 점이다. 원심 판결은 어머니가 주중 6박 7일, 아버지가 주말 1박 2일을 양육하도록 하면서 그와 같은 형태는 면접교섭도 가능할 것이지만 그 실질은 공동양육이라고 평가하였다.[47] 원심 법원은 프랑스 민법상 이중거소[48]에 준하는 공동양육 방식을 취하였는데, 만약 원심이 어머니가 주중에 아이를 양육하고 아버지가 매주 주말에 아이를 면접교섭한다는 취지로 판결하였더라도 대법원이 달리 평가하였을지는 결론을 예측하기가 어렵다. 어쨌건 면접교섭이 순수한 면접교섭의 차원을 넘어 공동양육의 수준에 이를 경우에는 앞에서 본 대법원 판결의 취지에 따라 그와 같은 공동양육에 준하는 면접교섭이 자녀의 복리에 보탬이 되는지, 아니면 자녀에게 악영향을 미치는지 충분히 심리한 후 결정하여야 할 것이다.[49]

---

46) 같은 취지에서 부모간에 갈등이 지속되는 때에는 공동양육처분은 쓸모가 없는 한편, 부모간에 협조가 이루어지는 때에는 공동양육처분은 불필요하다는 주장이 제기되고 있다. M. Wilkinson, *Children and Divorce*, Oxford: Blackwell, 1981, p. 35 [최진섭(주 38), 258면의 주 38에서 재인용].

47) 이 부분 설시는 앞에서 인용하지 않고 생략하였다.

48) 2014년의 프랑스 민법 개정안은 부모가 자녀의 거소에 대한 합의에 이르지 못한 경우에는 이중거소를 선택사항이 아닌 원칙으로 정해 친권행사의 궁극적 목적인 자녀의 복리 보호를 위해서는 부모 모두가 친권을 동등하게 행사할 수 있어야 함을 강조하였다고 한다. 이중거소를 정하는 경우에는 상대적으로 짧은 기간을 양육하는 일방이 상대방에게 면접교섭권을 행사할 수 없다고 한다. 상세히는 안문희(주 33), 108면 이하 참조.

49) 이에 대하여는 공동양육과 면접교섭권을 수반한 단독 양육 형태가 단지 정도의 면에서만 차이가 있는 것이 아니라, 실제적인 면에서 차이가 있음을 간과해서는 안 된다는 주장도 있다. 단독 양육의 경우 비양육친은 자녀에 대한 법적 책임에서 벗어나게 되는데 공동양육은 부모로서의 책임을 부담한다는 것이다. 상세히는 최진섭(주 38), 258면 참조.

다. 아버지가 친권자로 지정되는 경우

1) 개   설

전국 가정법원과 서울가정법원의 통계에서 보듯이 아버지가 친권자 및 양육자로 지정되는 비율이 20% 내외로 그치기 때문에 아버지가 친권자로 지정되는 사안을 살펴보는 것은 그 자체로도 의미가 있다. 그러나 아버지가 친권자 및 양육자로 지정된 것에 불복하여 상고된 사건 중 아버지를 양육자로 지정한다는 취지의 판결은 앞에서 검토한 2009므1458, 1465 판결과 본 항에서 검토하는 사례가 전부이다.

2) 대법원 2012. 11. 29. 선고 2012므3126, 3133 판결(미공간)

가) 사실관계

원고는 1970. 6. 16.생의 부인이고 피고는 1965. 3. 22.생의 남편이며 1998. 1. 13. 혼인신고를 마치고 그 사이에 1998. 12. 18. 및 2001. 2. 14. 출생한 딸 2명이 있다.

원고는 결혼 전 외국계 은행에 다니다가 혼인 후 직장을 퇴사하고 가사에 전념하면서 1998. 12. 18. 딸을 출산하였다. 원고는 출산한 후 가사를 돌보고 딸을 양육하면서 매우 힘들어 하였다. 피고는 자녀 양육문제를 원고에게 일임한 채 회사일 등을 핑계로 가사 및 자녀 양육에 무관심하였다.

원고는 1999. 4.경 은행에 재취업하면서 입주 아주머니를 두어 가사를 돌보게 하였다. 그러나 피고는 원고가 다시 직장에 나가는 것을 탐탁지 않게 생각하였고, 입주 아주머니가 들어온 이후로는 가정일에 더욱 소홀하게 되었다. 그리하여 원고와 피고의 관계는 점점 악화되었다. 피고는 2010. 5. 17.경 자신과 다른 여자[50)]가 거주할 수 있도록 서울 강남구 역삼동 소재 아파트를 임차하였다. 피고는 다른 여자와 수시로 통화와 문자를 하고, 다른 여자와 동반하여 해외여행을 하는 등 부정한 관계를

---

50) 공동 피고였으나 이해의 편의를 위하여 '다른 여자'라고 표현한다.

유지하였다.

2011. 2. 7. 열린 조정기일에서 "원고와 피고는 이혼하고, 사건본인들의 친권자로 원고와 피고를 공동으로 지정한다."는 내용의 일부 조정이 성립되었다. 피고는 원고와 사건본인들이 거주하고 있던 서울 용산구 이촌동 소재 아파트의 전세기간이 만료되자 자신과 사건본인들이 거주할 목적으로 서울 송파구 잠실동에 아파트를 임차하였다. 원고와 사건본인들은 현재 주거지에서 학교, 친구 등 생활기초가 형성되었다는 이유로 잠실동으로 이사하는 것을 원하지 않았다.

항소심의 조정기일에서 원고와 피고는, 피고가 현 주거지 인근에 원고와 피고, 사건본인들이 거주할 주택을 임차하고 판결 선고일까지 그 주택의 임차보증금 및 월세를 피고가 부담하기로 합의하였다. 원고는 소 제기 이후 독자적인 생계수단을 마련하기 위하여 2010. 11.경부터 보험설계사로 근무하다가 현재는 예전에 다니던 외국계 은행에 근무하고 있다. 피고는 외국계 회사의 한국지사장으로 근무하고 있고 연봉이 약 130,000,000원 상당이다. 원고는 혼인생활 중 직장을 다니면서 입주 아주머니의 도움 아래 가사를 전담하였다.

나) 원심의 판단

원심은 다음과 같은 사정을 들어 양육자를 어머니로 지정하였다. 즉, 피고가 혼인기간 동안 가정에 소홀히 하였던 반면, 원고가 사건본인들의 양육을 주로 담당하였다. 사건본인들의 성별, 연령 등에 비추어 원고가 사건본인들을 양육하는 것이 사건본인들의 정서적·심리적 발달에 도움이 될 것으로 보인다. 피고가 우려하는 경제적인 문제와 양육보조자 문제는, 원고가 소 제기 이후 예전 직장에 재취업하여 안정적인 소득활동을 하고 있고, 피고가 지급하게 될 양육비 등으로 해결가능하다고 보인다.

다) 대법원의 판단

대법원은 다음과 같은 이유로 원심판결을 파기하였다. 즉, 원고가 사건본인들을 출산하고 취업을 하면서 그 양육의 상당 부분을 입주하여 가사를 돕는 제3자에게 맡겼고 이후에도 원고는 취업하는 경우 같은 방식으로 사건본인들을 양육할 수밖에 없는 형편이다. 반면 피고는 사건본인들의 조부, 조모가 양육을 도와 줄 수 있고, 원고와 피고의 건강상태와 경제적 능력, 사건본인들의 연령 등에 비추어 피고가 사건본인들을 양육하는 것이 더 적절하다는 것이다.

라) 논   평

위 사안에서 제1심과 항소심은 모두 어머니를 양육자로 지정하였다. 이와 반대되는 취지로 판시한 대법원이 표면적으로 내세운 사유는 어머니는 남에게 아이들을 맡겨야 하지만 아버지는 혈육인 조부모가 보조 양육자로서 아이들을 양육할 수 있으며, 아버지의 경제력이 넉넉하고 아이들의 연령이 대법원 판결 당시 만 14세, 만 11세로서 아주 어리지는 않다는 것이다.

그러나 어머니가 아이들을 주로 양육해 왔고 제3자를 통하여 양육한다고 하여 그것이 크게 문제가 되었던 사정은 발견할 수 없다. 오히려 아버지는 다른 여자와 부정행위를 저지르는데다 양육문제에도 무관심하여 현재의 양육상황을 변경하는 것이 자녀에게 도움이 된다고 인정하기 어렵다고 생각됨에도 대법원이 아버지를 양육자로 지정하는 것이 더 적절하다고 본 이유는 무엇일까?

파기 후 항소심이 인정한 사실관계에 따르면, 원고와 피고는 모두 사건본인들의 양육에 관심이 많고 직접 사건본인들을 양육하기를 원하고 있었다. 원고는 상고심 진행 중인 2012. 8.경 계약직으로 근무하던 예전 직장에서 퇴사하게 되자 피고에게 사건본인들을 양육할 수 없는 상황에 이르러 양육권을 포기하겠다고 통지하였고, 이에 따라 피고가 2012. 9. 1.경부터 사건본인들을 양육하고 있다는 것이다. 그리고 원고는 건강상의 문제로 신체검사에서 탈락하는 경우가 많아 재취업이 어려운 상황이라는 것이다.

즉, 원심 변론종결 이후 상고심 계속 중 이루어진 부모 사이의 양육협의에 따라 아버지가 아이들을 양육하고 있는 사정이 실질적인 파기사유가 된 것으로 짐작된다. 비록 양육자 지정에 관한 재판이 비송사건의 성질을 가지는 것은 사실이지만, 원심 변론종결 이후에 발생한 사유로 파기하는 것이 소송법적으로 논란이 될 수도 있는 사안으로 생각된다. 다만 위와 같은 사실관계에 비추어 볼 때 결론이 부당하다고는 생각되지는 않는다.

라. 양육상황의 계속성 vs. 모성 우선의 원칙

1) 개   설

실무상 친권자 및 양육자 지정 · 변경 사건에서 가장 고민되는 것 중의 하나는 아래 '마'항에서 보는 문제상황과 함께 아버지가 아이들을 양육하고 있음에도 그 양육상황을 변경하여 어머니를 양육자로 지정할 것인가의 여부이다. 대법원이 밝힌 법리에 따르면 양육자를 변경하는 경우 현재의 양육상황보다 자녀의 건전한 성장과 복지에 더 도움이 된다는 점이 명백하여야만 양육자 변경이 허용되며 단순히 아이의 성별이 여자라거나 아이가 어려서 어머니의 손길이 필요하다는 원론적인 사유만으로는 허용되지 않는다고 한다. 양육상황 계속성의 원칙이라고도 불리우는 이 원칙은 가능한 한 이제까지의 관계를 유지시키는 것이 자녀의 정서안정과 인격발달에 유리하다는 현대 아동심리학의 새로운 경향에 따라 이 기준의 중요성이 부각되고 있다고 한다.[51]

그렇다면 과연 어떠한 구체적인 사정으로 아버지가 양육하는 상황에서 어머니로 양육자를 변경하는 것이 허용되는가? 이에 관하여 살펴본다. 아울러 아동을 탈취한 후 양육상황이 지속되는 경우에는 양육상황의 계속성을 인정할 것인지 본래의 양육자를 우선해야 할 것인지도 문제된다.

---

51) 권정희, "이혼에서 자녀보호를 위한 법적 고찰", 가족법연구 제15권 제1호, 2001, 202면 참조. 동소는 양육상황 계속성의 원칙이 본래부터 이혼 시에 양육자를 정하는 원리로 발전한 것은 아니고, 친생부모와 제3자 사이 또는 제3자들 사이의 양육에 관한 분쟁에서 자녀의 복리를 고려하여 주로 제3자를 양육자로 정하기 위하여 영미의 판례법에서 발전한 것이라고 한다.

2) 대법원 2015. 4. 23. 선고 2014므3991 판결(미공간) : 상고기각

가) 사실관계

원고는 1972. 4. 8.생의 부인으로서 요양병원 간호사이고, 피고는 1968. 8. 9.생의 남편으로서 경찰인데 서로 혼인신고를 하지 아니한 채 2010. 12.경부터 교제하다가 원고가 임신을 하였다.

원고는 2010. 12. 21.경 피고보다 10살 연상인 다른 여자(1957. 6. 5. 생)로부터 10년을 피고와 살아온 여자라는 취지의 전화를 받은 뒤로 불화가 발생하였다. 원고는 2011. 10. 24. 사건본인을 출산하였고, 2011. 10. 30. 사건본인을 데리고 병원에서 퇴원하여 피고의 집으로 돌아왔는데, 원고가 기르던 강아지가 오랜만에 본 원고에게 갑자기 달려들다 사건본인의 얼굴을 할퀴게 되었다(원고는 강아지들에 대한 애정과 집착의 정도가 컸다). 그 일로 원고와 피고는 심하게 다투었고, 원고는 사건본인을 두고 강아지들만 챙겨서 피고의 집을 나와 버렸다.

피고는 원고가 집을 나간 2011. 10. 30.부터 피고 모친과 양육도우미, 이웃 등의 도움을 받아 사건본인을 양육하고 있고, 원고는 2012. 11. 1. 사전처분 결정에 따라, 위 결정일 무렵부터 2014. 1. 27.자 면접교섭 사전처분 결정이 있기 전까지, 매주 월요일 14:00부터 16:00까지 법원 면접교섭실에서 사건본인을 면접교섭하였다. 그러나 그 과정에서 원고와 피고는 서로의 모습을 동영상으로 촬영하는 등으로 충돌하였고, 원·피고의 요청에 따라 반복하여 경찰이 출동하기도 하는 등 면접교섭 과정이 원만하게 진행되지 못하였다.

나) 원심의 판단

사건본인은 아직 만 2세 9개월에 불과하고 양육자의 섬세한 보살핌이 절실한 나이로, 피고는 양육 보조자의 도움을 받을 수밖에 없는 상황인데, 피고의 보조양육자인 모친은 만 78세의 고령이고 건강상태도 좋지 않아 홀로 사건본인의 양육을 책임지기 버거워 보인다. 사건본인은 지금까지 여러 사람에게 번갈아 맡겨지고 있고, 이와 같이 주된 양육자가 확립되어 있지 않은 상황은 사건본인의 정서 발달에 부정적인 영향을 줄

것으로 우려된다. 피고와 피고의 모친은 사건본인에게 끼칠 정서적 해악을 무시한 채 원고에게 부정적인 태도를 보이는 모습을 여과 없이 드러내고, 특히 피고는 사건본인에게 원고를 "엄마"가 아닌 "이모"라고 호칭하여, 사건본인에게 혼란을 주고 있다. 원고는 조정조치 과정을 통하여 감정적으로 조금 안정되어 가는 모습을 보인 반면, 피고는 원고가 감정적으로 불안정하다는 자신의 판단을 내세우면서 가사조사관 등의 면접교섭 안내에 비협조적인 태도를 보였고, 계속하여 원고를 "개 때문에 아이를 버리고 나간 여자"라고 비난하는 등 감정적인 대응하였다. 피고는 면접교섭 과정에서 원고에게 사건본인을 인도한 후에도 원고를 계속 따라오면서 "개가 물려고 하면 발로 차버려. 화이팅"이라고 외치는 등 사건본인의 면접교섭에 올바로 협조하지 아니하였고, 피고를 양육자로 지정할 경우 앞으로도 면접교섭이 원활히 진행될 것을 기대하기 어렵다. 원고는 간호사로 3교대 근무를 하고 있으나, 사건본인의 양육을 맡게 될 경우 육아휴직을 할 의사를 피력하였고, 보조양육자인 원고 모친은 만 73세로 비교적 정정하다.

위와 같은 사정들을 고려하면, 비록 사건본인의 양육환경을 갑자기 전면적으로 변경하는 것이 사건본인에게 일시적으로는 상당한 스트레스를 줄 수 있다고 하더라도, 이와 같은 양육 상태를 지속시키는 것보다 원고가 친권자로서 사건본인을 양육하도록 하는 것이 사건본인의 복리를 위하여 더 적합하다.

다) 논 평

양육상황을 변경한 주된 이유는 아버지에게 자녀의 복리를 위태롭게 하는 부정적인 인격적 요소가 있었기 때문으로 생각된다. 양육친인 아버지가 아이에게 비양육친에 대한 부정적인 감정을 여과 없이 나타낼 뿐만 아니라 엄마를 이모라고 부르도록 강요하는 등 아이의 정서에 부정적인 영향을 미치고 있기 때문이다. 뿐만 아니라 소송 계속 중 법원의 감독 아래 이루어지는 면접교섭 시에도 제대로 협조하지 아니하여 아버지가 양육자로 지정될 경우 면접교섭마저 원만하게 실시되지 않을 수 있다는 점에 주목한 것으로 평가할 수 있다.

이와 같은 사정이라면 양육자의 변경이 일시적으로 아이에게 충격을 주더라도 장기적으로 볼 때에는 아버지가 양육하는 것이 아이에게 미치는 부정적 영향이 크다고 보아 어머니로 양육자를 변경하는 것이 정당하다고 판단한 것이다.

3) 대법원 2014. 9. 25. 선고 2014므411 판결(미공간) : 상고기각

가) 사실관계

원고는 1979. 4. 30.생의 부인이고 피고는 1972. 8. 27.생의 남편으로서 2009. 10. 19. 혼인신고를 마치고 그 사이에 2010. 7. 19. 아들이 출생하였고 2012. 1. 4. 딸이 출생하였다.

원고는 2012. 3. 26. 피고와 다툰 후 친정으로 갔고, 피고는 같은 날 원고를 만나 원고에게 사건본인들을 인계하였다. 피고는 2012. 3. 30.부터 원고의 동의 아래 원고로부터 사건본인들을 다시 인계받았는데, 그 과정에서 원고에게 사건본인들에 대한 친권, 양육권 포기 각서를 쓸 것을 요구하였으나 원고는 이에 응하지 않았다. 피고는 그 후 피고 부모의 집에서 피고 부모와 함께 사건본인들을 양육하였고, 원고는 사건본인들을 만나러 여러 차례 피고 부모의 집 등으로 찾아갔다.

원고와 피고는 사건본인들에 대한 양육 및 면접교섭에 관한 의견이 맞지 않아 다툼을 계속하다가 2012. 9. 27.자 사전처분의 취지에 따라 2012. 10. 3.경부터 원고가 딸을 피고가 아들을 각 양육하고 있다. 원고는 현재 고등학교 국악 강사로 일하고 있고 월 급여는 230만 원 정도이다. 피고는 검찰청 소속 공무원으로 재직 중이고 월 급여는 270만 원 정도이다.

나) 원심의 판단

원심은 아버지가 양육하는 상황을 변경하여 어머니가 양육하는 것이 아이들의 성장과 복지를 위하여 더 적합하다고 보았다. 그 이유는 다음과 같다.

원고와 피고는 모두 사건본인들을 양육할 수 있는 경제적 능력을 가지고 있다. 원고는 사건본인들을 출산한 이후 원고의 어머니와 함께

사건본인들을 밀착하여 양육하였고, 그 과정에서 사건본인들에 대한 불성실한 양육 태도를 찾아보기 어렵다. 원고는 피고와 별거하는 과정에서 2012. 3. 30. 피고에게 사건본인들을 인계하기는 하였지만, 피고의 양육권 포기 각서 작성 요구에 불응하고 2012. 9. 27.자 사전처분으로 딸을 인도받기 이전까지 여러 차례 사건본인들을 만나러 피고 부모의 집 등에 찾아갔는바, 원고가 사건본인들에 대한 양육포기의사를 밝혔다고 보기 어렵다. 원고는 사건본인들 모두에 대한 양육 의사를 강력히 밝히고 있는 반면, 피고는 아들에 대해서만 강력히 양육 의사를 밝히고 있을 뿐, 딸에 대하여는 소극적이다. 현재 원·피고가 사건본인들을 따로따로 양육하고 있는 상황에서 원고가 이후 아들을 양육하게 된다면 일시적으로 아들에게 양육환경의 변화에 따른 혼란이 생길 수도 있으나 이러한 상황은 소송과정에서 사전처분에 따라 발생한 일시적인 것이다. 오히려 그 이전 사건본인들은 함께 양육되어 왔고 사건본인들은 아직 나이가 어려 성별에 따른 양육환경의 차이를 둘 필요도 별로 없으며, 사건본인들이 앞으로 어린이집이나 유치원 등 놀이시설이나 교육기관에 적응하는 과정에서 함께 생활하는 것이 도움을 줄 수 있다고 보이므로, 그러한 일시적 혼란을 감당하면서 사건본인들이 함께 양육되는 것이 바람직하고, 또 필요하다.

다) 논 평

위 사건은 남매가 아버지 밑에서 함께 양육되다가 소송 과정 중 사전처분에 의하여 어머니가 딸을 양육하고 있는 상황이다. 특히 아들의 양육상황을 변경하게 된 주된 이유를 보면, 어머니와 아버지의 양육의지에 차이가 있고 면접교섭에도 적극적이었다는 점을 꼽을 수 있다. 그리고 아들이 양육환경 변화로 혼란을 겪을 수 있다는 점에 관해서는 아이들의 나이가 아직 어린데다 아이들이 분리하여 양육되는 것보다는 함께 양육되는 것이 바람직하다는 이유를 들고 있다.

대법원이 양육상황의 변경에 다소 엄격한 요건을 요구하는 것을 다분히 의식한 것으로 보이는 원심이 내세우는 사정에 비추어 보면, 아이들이 분리양육되는 것보다는 함께 양육될 필요가 있고, 그와 같은 사유만으로도 아들의 양육상황을 변경할 충분한 사유가 된다고 생각한다.

4) 대법원 2010. 2. 25.자 2009스113 결정(미공간) : 상고기각

가) 사실관계

청구인은 1986. 9. 25.생의 부인으로 태국 국적자이고 상대방은 1966. 2. 7.생의 남편으로 태국에서 체류 중 3일 동안 함께 지내면서 성관계를 맺은 후 헤어졌는데 청구인이 2006. 11. 2. 아들을 출산하여 줄곧 태국에서 아들을 양육하였다.

청구인은 상대방으로부터 돌잔치를 치러 줄 테니 대한민국으로 입국하라는 연락을 받고 사건본인과 함께 대한민국으로 입국하였으나, 돌잔치를 치른 이후 상대방이 일방적으로 사건본인을 양육하겠다면서 청구인의 허락 없이 사건본인을 데리고 감으로써 청구인이 심판청구를 하였다. 상대방은 형수 및 보모를 통하여 사건본인을 양육하고 있다.

청구인은 태국에서 청구인의 어머니와 함께 세탁소 등을 운영하면서 매달 약 50만 원 정도의 수입을 얻고 있고, 상대방은 매달 약 500만 원의 수입을 얻고 있다.

나) 원심의 판단

사건본인의 나이가 만 2세 9개월로 무척 어려 어머니의 보살핌이 절실히 필요한 시기이다. 사건본인의 현재 양육상황에 아무런 문제가 없다고 하더라도, 상대방이 돌잔치를 열어 준다는 구실로 사건본인을 탈취하여 오늘에 이르고 있는 사정을 그대로 용인한다면 정의 관념이나 인도주의적 정신에 반하는 결과가 될 수 있다. 그 밖에 청구인과 상대방의 나이, 직업, 학력, 소득 및 재산상황, 가족관계 및 생활실태, 직·간접적인 양육보조자의 유무, 면접교섭의 가능성 유무 등 기록과 심문 결과에 나타난 모든 양육과 관련한 사정을 종합하면, 친권자 및 양육자로 사건본인의 어머니인 청구인을 지정함이 사건본인의 복리를 위하여 상당하다.

다) 논 평

이주민 여성과 대한민국 국적의 남성 사이의 양육권 다툼이라는 점

이 이채로운 사안이다.[52] 원심은 표면적으로는 아동을 '탈취'하였다는 점에 주목한 것으로 보인다. 양육친의 동의를 받지 않고 어린이집, 유치원 등에서 아무런 준비가 되어 있지 않은 아이를 비양육친이 마음대로 데려가는 것을 '탈취'라고 볼 수 있을 것이다.

실무상 양육자 지정에서 유리한 지위를 선점하기 위하여 서로 상대방이 아동을 탈취하여 갔다고 주장하는 경우가 있다. 그러나 아동을 '탈취'한 이후 소송이 진행 중 장기간이 경과하여 아이가 새로운 양육환경에 적응한 경우 원래의 양육자로 하여금 아이를 키우게 할 것인지는 쉽게 정하기 어려운 문제이다.[53] 원심도 아버지가 아이를 양육하는 환경에 특별히 문제가 있지는 않다고 보았고, 아이의 돌잔치가 있었던 2007. 11.부터 대법원 판결이 있기까지 2년 이상 아버지가 아이를 양육하고 있어서 변경된 양육환경이 고착화되고 아이도 이에 적응하였다고 볼 수 있기 때문에, 이 점을 중시한다면 어머니의 청구가 기각될 수도 있었다.

이와 같은 측면에서 본다면, 아버지가 아이를 탈취한 것도 양육자를 정하는 데 참작할 사항이 되었겠지만, 그보다는 청구인이 태국 국적이고 생활 근거지도 태국이어서 아이를 만나기 위해서는 대한민국에 입국하여야 하므로 여러 가지로 많은 불편이 예상되고 아이의 나이도 어리다는 점 등이 주된 고려사항이 된 것이 아닐까 추측된다.

---

[52] 이 외에 이주 여성의 양육자 문제를 다룬 대법원 판결로 검색되는 것은 대법원 2010. 10. 14. 선고 2010므1607, 1614 판결(미공간)이 있다. 이 사안에서는 부인은 필리핀 이주 여성이고 남편과 나이 차이가 36세 나는데 별거 이후 줄곧 아이를 양육하였다. 남편은 임신 이후 돈이 많이 든다는 이유로 낙태를 종용하였고 낙태 조건으로 이혼에 응하겠다고 주장하였으며 심지어 출생한 아이가 자신의 친생자가 아니라고까지 주장하였음을 들어 부인을 양육자로 지정하였다.

[53] 참고로 헤이그 국제아동탈취협약 이행에 관한 법률(2012. 12. 11. 법률 제11529호로 제정되어 2013. 3. 1.부터 시행, 이하 아동탈취협약 이행법률이라고 한다)은 아동이 대한민국으로 불법적으로 이동 또는 유치로 인하여 양육권이 침해된 자는 아동의 반환을 청구할 수 있는데, 위 법률 제12조 제4항 제1호는 '아동의 불법적인 이동 또는 유치일로부터 1년이 경과하였고, 아동이 이미 새로운 환경에 적응'한 경우에는 아동반환 청구를 기각할 수 있다고 규정하고 있다. 위 규정은 국제적 아동탈취의 민사적 측면에 관한 협약의 사안에 적용되는 것이기는 하지만, 국내의 이혼당사자 사이의 아동 탈취에 관해서도 참작할 사항이 된다고 본다.

아동 탈취에 관한 유사사례로 대법원 2013. 2. 15. 선고 2012므66, 73 판결($^{공2013상,}_{474}$)[54]을 검토할 필요가 있다. 위 사안에서는 한국에서 결혼식을 하고 미국에서 혼인생활을 하던 부부 사이에 불화가 발생하여 부인이 남편을 상대로 미국법원에서 이혼 소송을 하였다. 남편은 이혼 판결이 선고되기 12일 전에 부인의 동의 없이 아이들을 대한민국으로 데려왔다. 이에 미국에 거주하는 부인이 미국법원의 확정 이혼판결에 기하여 이혼신고와 친권자 지정 신고를 하여 가족관계등록부에 등재되자 남편이 부인을 상대로 친권자 및 양육자 변경 소송을 낸 것이었다. 대법원은 미국 판결의 선고 이후에 부인이 남편의 방해로 아이들에 대한 양육자로서의 권리를 제대로 행사하지 못하고 있으므로, 남편을 아이들에 대한 친권자 및 양육자로 변경할 만한 사정이 인정되지 않는다는 이유로 남편의 친권자 및 양육자 변경 청구를 배척한 원심을 수긍하였다. 이 사안에서도 남편이 미국에서 대한민국으로 아이들을 데려온 후 제1심 판결이 선고되기까지 약 1년, 원심 판결이 선고될 때까지는 약 2년이 경과하여 현재의 양육상황이 고착화되었다고 볼 수 있지만 아버지가 아이들을 탈취한 것을 심각하게 보았다고 할 수 있다.[55]

5) 대법원 2006. 4. 17.자 2005스18, 19 결정[집54(1)가, 255; 공2006, 810]

가) 판시사항

민법 제837조 제2항의 규정에 의하여 가정법원이 일단 결정한 양육에 필요한 사항을 그 후 변경하는 것은 당초의 결정 후에 특별한 사정변경이 있는 경우뿐만 아니라, 당초의 결정이 위 법률규정 소정의 제반 사정에 비추어 부당하게 되었다고 인정될 경우에도 가능한 것이며, 당사자가 조정을 통하여 그 자의 양육에 관한 사항을 정한 후 가정법원에 그

---

54) 공간된 판례공보에 기재된 판시사항은 외국판결의 승인에 관한 것이었지만, 실제 사안에서는 친권자 및 양육자 변경 문제도 주된 쟁점 중 하나였다.

55) 만약 위 사안이 헤이그 아동탈취협약이 적용되는 외국인과 대한민국 국민 사이의 유아인도 청구소송이었다면 재판결과가 어떻게 될지 가늠하기 어렵다. 헤이그 아동탈취협약에 따른 사례가 집적되어야 할 것으로 보인다.

사항의 변경을 청구한 경우에 있어서도 가정법원은 심리를 거쳐서 그 조정조항에서 정한 사항이 위 법률규정 소정의 제반 사정에 비추어 부당하다고 인정되는 경우에는 언제든지 그 사항을 변경할 수 있고 조정의 성립 이후에 특별한 사정변경이 있는 때에 한하여 이를 변경할 수 있는 것은 아니므로, 원심이 기록에 나타난 여러 가지 사정을 종합하여 사건본인에 대한 친권자 및 양육자를 청구인으로 변경·지정한 것은 위 법리에 비추어 정당하다.

나) 사실관계

청구인은 1970. 1. 10.생의 부인이고 상대방은 1964. 10. 22.생의 남편으로 1996. 4. 25. 혼인신고를 마치고 그 사이에서 1996. 12. 28. 딸이 출생하였다.

청구인과 상대방은 1998. 6. 12. 이혼하기로 하는 조정이 성립되었는데, 그 주된 내용은 상대방이 청구인에게 1,000만 원을 지급하고 사건본인에 대한 친권행사자 및 양육자를 상대방으로 지정하며, 청구인은 매월 마지막 주 토요일 18:00부터 그 다음날 18:00까지 청구인의 주소지 또는 청구인이 원하는 장소에서 사건본인을 면접교섭한다는 것이었다.

상대방이 사건본인을 양육하여 오다가 1999. 5.경 청구인에게 재결합하자고 제의하였고, 청구인이 이에 응하여 그때부터 상대방의 주거지에서 다시 동거하기 시작하였다. 청구인은 1999. 11. 6. 19:00경 상대방의 주거지에서 시어머니가 자신을 며느리로 인정하지 않는다는 이유로 다툼을 벌이다가 시어머니에게 상해를 가하였으며 사건본인을 데리고 상대방의 집에서 나온 후 사건본인을 양육하여 오고 있다. 상대방은 2002. 1.경 이후 재혼을 전제로 다른 여자와 동거를 하고 있고 검찰청 주사로 일하고 있다. 청구인은 형제들과 같이 인천 소재 26평 아파트를 구입하여 사건본인과 함께 거주하고 있는데, 현재 특별한 직업이 없다.

다) 원심의 판단

청구인은 상대방과의 이혼조정이 성립한 후 1년 정도 지나 다시 상대방과 재결합하여 동거하면서 사건본인을 상대방과 함께 양육해 오다가 시어머니와 다툼 끝에 사건본인을 데리고 집을 나온 것에 불과할 뿐 상대방으로부터 사건본인을 불법적으로 탈취하여 간 것이라고 보기 어렵다. 청구인이 상대방의 집을 나온 이후 청구인의 가족들과 함께 현재까지 사건본인을 양육해 온 상황 등을 고려할 때 사건본인의 원만한 성장과 복지를 위하여는 사건본인의 친권행사자 및 양육자를 청구인으로 변경 · 지정하는 것이 상당하다.

라) 논　평

이혼조정에 의하여 친권자 및 양육자로 아버지가 지정되었으나 혼인신고는 하지 아니한 채 재결합하여 동거하다가 청구인이 시어머니와 다투고 아이를 데리고 양육한 사안이다. 재결합 이전에 이루어진 양육에 관한 협의가 다시 별거할 때까지 그대로 유지되기는 어렵다는 점이 고려되었을 것이다. 그리고 청구인이 아이를 탈취하였다고 보기는 어려울 뿐만 아니라 아버지는 재혼을 전제로 다른 여자와 동거하고 있으므로, 그와 같은 사정이 있다면 종전에 정해진 양육자 지정에 관한 협의에도 불구하고 양육자를 어머니로 변경할 수 있다는 데 의미가 있다.

유사한 사례로는 대법원 2013. 1. 25.자 2012스173 결정(미공간)이 있다. 위 사안은 아들 2명을 가진 부부가 아들의 양육자를 아버지로 정하여 이혼조정이 성립된 이후에 이혼신고를 하지 아니한 채 재결합하여 딸을 추가로 낳았으나 다시 불화가 발생하여 비로소 이혼신고를 하면서 이혼조정조서에 따라 아들들에 대한 친권자 및 양육자로 아버지를 지정하는 것으로 신고한 상황에서, 어머니는 차남과 딸을 양육하고 아버지는 장남을 양육하였다. 대법원은 차남의 복리를 위해서 양육자를 아버지에서 어머니로 변경하는 것이 옳다고 보아 이와 반대되는 취지의 원심 결정을 파기하였다.

6) 대법원 2003. 9. 2. 선고 2003므1296, 1302 판결(미공간) : 상고기각

가) 사실관계

원고는 1952. 2. 27.생의 남편이고 피고는 1962. 9. 15.생의 부인인데 1997. 1. 22. 혼인신고를 마치고 그 사이에 1997. 10. 19. 딸이 출생하였다.

피고는 사건본인을 출산한 이후 가정불화로 1997. 12. 20.경부터 원고와 별거하였고 별거 후 사건본인은 사건본인의 할머니가 계속 양육하였다. 한편, 소송 중 원고와 피고가 서로 이혼하기로 하는 내용의 조정이 성립되었다.

나) 원심의 판단

원심은 아래와 같은 사정을 들어 어머니를 양육자로 지정하였다. 사건본인은 생후 약 2개월 남짓부터 어머니와 떨어져 할머니에게 양육된 점은 인정되나 할머니는 77세의 고령으로 사건본인을 더이상 양육하기 어렵다고 보인다. 반면, 피고는 약사로서 경제적으로 안정되어 있을 뿐만 아니라 사건본인에 대한 양육의사 및 양육 책임감이 원고보다 더 있다. 사건본인의 연령상 아버지보다는 어머니의 양육이 더 필요하다고 보인다. 사건본인은 당심 변론기일에서 원고와 살고 싶다고 진술하고 있으나, 이는 아직 나이가 어려 판단능력이 미숙하고, 출생 이후 사실상 원고측에서 양육하여 온 관계로 그 영향을 받은 데서 기인하는 것으로 보인다.

다) 논   평

종전의 양육환경을 변경하기 위해서는 변경 후의 환경이 그 전보다 자녀의 복리상 나을 뿐만 아니라 종전의 양육환경이 아이에게 부정적이라는 점이 명백하여야 한다(위 2009므1458, 1465 판결). 그러나 판례에 나타나는 사실관계만으로는 어떠한 점에서 종전의 양육환경이 아이의 건전한 성장과 복리에 나쁜 영향을 미친다고 볼 수 있는지 알 수 없다. 원심은 아버지가 아이를 직접 양육하는 것이 아니라 할머니를 통하여 양육하는데다 고령이라는 사정을 종전의 양육환경이 좋지 않다는 근거로 들고 있으나, 어머니도 약사로 일하고 있으므로 보조 양육자를 통하여 아이를 돌볼 수밖에 없고 비록 만 6세 정도로 나이는 어리지만 아이도 아버지와 같이 살고 싶다는 의견을 피력하고 있으므로, 위 2009므1458, 1465 판결의 취지를 참작하면 단순히 나이가 어려 어머니의 손길이 필요하다는 사정만으로 현재의 양육상황을 변경할 수 있는 것인지 의문이 없지 않다. 다만 판결서에는 기재되어 있지 않으나 아버지는 아이의 양육에 무관심하고 양육 의지도 없었던 것이 아닌가 짐작된다.

마. 배우자의 부정행위 vs. 양육적합성
1) 개   설
양육자를 결정하는 데 실무상 발생하는 어려운 문제 중 하나는 어느 일방의 유책행위, 특히 부정행위로 혼인관계가 파탄이 되었을 때 양육자로 유책배우자를 지정할지 여부이다. 재판과정에서 어느 일방의 배우자가 유책배우자의 부정행위를 들어 양육권을 박탈해야 한다고 주장하는 경우가 많은데, 일률적으로 정할 것은 아니고 아이의 입장에서 어느 한 부모가 부정행위를 저질렀음에도 불구하고 양육환경을 종합적으로 검토하여 어느 쪽이 양육하는 것이 적합한지 여부를 판단하여야 할 것이다.[56] 예컨대 일방 배우자가 부정행위로 의심되는 행위를 하였더라도 그 상대방과 현재 만나고 있지 않거나 재혼하지 아니하였다면 양육적합성이 부정되지는 않을 것이다. 반대로 상간자와 사이에 아이가 출생하였다면 양육적합성이 인정되기 위해서는 다른 자료들이 필요할 것이다. 아래에서는 이와 관련한 몇 가지 사례를 살펴본다.

2) 대법원 2009. 4. 9. 선고 2008므3105, 3112 판결 : 일부 파기환송 (미공간)
가) 판시사항
사건본인에 대한 현재의 양육 상태에 변경을 가하여 피고를 그 친권자 및 양육자로 지정하는 것이 정당화되기 위하여는, 사건본인과 원·피고 및 그 가족들과의 친밀도, 사건본인의 의사·사건본인의 심리상태에 대한 전문가의 의견 등을 아울러 고려해 보더라도 원고로 하여금 계속하여 양육하게 하는 것이 사건본인의 건전한 성장과 복지에 도움이 되지

---

56) 미국에서도 부정행위는 자녀에게 해로운 영향(harmful effect)을 미치거나 미칠 수 있다는 증거가 존재하는 경우에만 친권 부여가 배제된다고 하고 이를 이른바 '연계기준(nexus test)'이라고 한다고 한다. 상세히는 이준영(주 33), 166면 참조.

아니하고 오히려 방해가 되며, 피고를 친권행사자 및 양육자로 지정하는 것이 사건본인의 건전한 성장과 복지에 도움이 된다고 볼 수 있어야 할 것이다.

나) 사실관계

원고는 1969. 1. 9.생의 부인이고 피고는 1967. 5. 15.생의 남편으로 1998. 1. 22. 혼인신고를 하고 그 사이에서 2002. 9. 26. 아들이 출생하였다.

원고는 2006. 4. 피고가 의처증이 있고 폭력을 행사한다는 이유로 피고와 다투고 집을 나와 별거하고 있다. 원고는 이혼소송이 계속 중이던 2006. 6. 16. 21:30경 서울 소재 모 모텔에서 다른 남자와 함께 있던 중 피고에게 발각되었다. 피고에 의하여 목격된 당시의 정황은 원고의 속옷과 겉옷이 모텔 방 안 의자 위에 가지런히 걸려진 채 원고는 욕실에서 옷을 벗은 채 샤워를 하고 있었고, 다른 남자는 티셔츠와 청바지를 착용하고 있는 상태였다. 원고는 2006. 12. 27. 간통으로 형사재판을 받았으나 증거 부족으로 무죄 판결을 선고받았고 이후 위 판결은 항소심과 상고심을 거쳐 확정되었다.

원고는 혼인한 이후 의류회사를 옮겨 다니면서 월 평균 3,000,000원 이상의 소득을 얻어 왔다. 피고는 혼인기간 중 운수회사에서 운전직이나 노동에 종사하다가 산업재해를 당하여 월 1,500,000원 가량의 휴업급여를 지급받다가 농산물유통사업을 하며 월 1,500,000원 내지 2,000,000원 가량의 수익금을 수령하고 있다.

다) 원심의 판단

원심은 원고의 부정행위가 혼인관계 파탄의 원인이 되었다고 보고 원고의 본소 이혼 청구는 기각하고 피고의 반소 이혼 청구를 인용하였다. 아울러 원고와 피고의 혼인생활과 파탄 경위, 사건본인의 나이와 성별, 그 밖에 별거 이후의 양육상황 및 양육환경의 계속성 등을 종합하면, 아버지인 피고로 하여금 사건본인을 계속 양육하고 그에 대한 친권을 행사하도록 하는 것이 사건본인의 원만한 성장과 복지를 위하여 상당하다면서, 사건본인에 대한 친권행사자 및 양육자로 피고를 지정하였다.

라) 대법원의 판단

그러나 대법원은 다음과 같은 이유로 원심 판결을 파기하였다.

사건본인은 6세 남짓의 어린 나이로서 정서적으로 성숙할 때까지는 어머니인 원고가 양육하는 것이 사건본인들의 건전한 성장과 복지에 도움이 된다. 원고와 피고가 별거하기 이전에 피고와 그 어머니가 사건본인을 주로 돌보기는 하였으나 이는 원고의 직장생활에서 비롯된 것이고, 원고는 피고보다 안정된 직장생활을 통해 피고보다 많은 수입을 얻어 왔다. 사건본인은 현재 스페인에 있는 원고의 여동생 집에 거주하며 현지의 초등학교에 취학한 상태이고, 위 원고의 여동생은 경제적으로도 넉넉할 뿐 아니라 자신의 남편과 사이에 자녀가 없어 사건본인을 좋은 환경에서 친자식처럼 돌보겠다는 의사를 밝히고 있다.

마) 논   평

원심은 아이의 현재 양육자가 누구인지도 명확히 밝히지 아니한 채 추상적인 기준을 나열하면서 양육자를 아버지로 정하는 것이 옳다고 판단하였다. 그 판단의 이면에는 어머니인 원고가 부정행위를 저지른 사람이라는 점이 크게 작용한 것으로 볼 수 있다. 그러나 현재 어머니의 여동생이 아이를 양육하고 있고 어머니 쪽의 직장이나 경제력이 아버지에 비하여 안정적이고 여유가 있는 반면, 어머니가 저지른 부정행위가 아이에게 어떠한 부정적인 영향을 미치는지에 관하여는 아무런 심리가 이루어지지 않았으므로 부정행위만을 이유로 양육자를 어머니에서 아버지로 변경할 근거는 없다고 할 수 있다.

3) 대법원 2006. 7. 13. 선고 2005므2095, 2101 판결(미공간) : 상고기각

가) 사실관계

원고는 1967. 11. 18.생의 남편이고 피고는 1967. 11. 20.생의 부인으로 1994. 9. 17. 혼인신고를 마치고 그 사이에서 1995. 6. 26. 및 1996. 10. 28. 딸들이 출생하였다.

원고는 혼인 직후 섬유업체를 운영하는 아버지의 사업을 도와 위 사업체의 서울무역부를 총괄하면서 섬유 수출업에 종사하였으나 1997. 1.

경 아버지의 사업체에 부도가 났다. 이후 직장을 전전하거나 피고와 옷 가게를 운영하는 등 사업을 하였는데 모두 청산하고 서로 상의한 끝에 원고는 서울에서 불법 음란 시디를 제조, 판매하는 일에 종사하고 피고 는 대구에서 1년여간 할인마트 종업원으로 일하였다.

원고가 2002년경 경찰의 단속에 걸려 시디 판매업을 그만두게 된 것을 계기로 피고가 사건본인들을 데리고 성남시 분당구로 올라와 피고 는 식당에 취직하여 생활비를 벌고 원고는 특별한 직업이 없이 사건본인 들의 교육 및 육아와 가사 등 가족의 뒷바라지를 하면서 지냈다.

한편 피고는 2002. 4. 초부터 친구의 소개로 재미교포 유부남과 인 터넷 채팅을 하게 되었는데, 둘은 사진을 교환하고 성생활과 관련한 은 밀하고도 노골적인 대화를 나누는가 하면 밤낮을 가리지 않고 수시로 전 화와 이메일을 주고받는 등의 가까운 사이로 발전하였다. 위 재미교포가 2002. 11. 22. 한국에 들어오게 되자, 피고는 그날이 원고가 불법 음란 시디 제조, 판매로 수감되었다가 출소하는 날이었음에도 재미교포를 맞아 숙소를 잡아 준 뒤, 잠시 원고에게 돌아와 식사를 함께하고는 원고가 잠 든 틈을 타서 재미교포에게 다시 가 늦은 밤까지 있다가 돌아 왔고, 그 다음날 원고에게는 계 모임차 며칠간의 일정으로 대구에 다녀온다고 거 짓말을 하고는 일찍 위 재미교포 등과 함께 대구와 경주, 진주 등지를 돌아다니면서 관광과 쇼핑을 하고 새벽까지 나이트클럽에서 술 마신 뒤 호텔에서 함께 숙박하는 등 2002. 11. 26. 재미교포가 미국으로 돌아갈 때까지 동행하였다.

피고의 행동을 수상히 여긴 원고가 2002. 12. 말경 피고의 카드사용 내역을 통해 위 행위에 대한 구체적인 혐의를 잡고 증거를 들이대며 피 고를 추궁하자 피고는 위 사실을 마지못해 시인하면서도 성관계는 하지 않았다고 부인하여 원고는 이를 믿을 수 없었지만 사건본인들을 생각하 여 피고의 다짐을 받은 채 용서하여 주었다. 그러나 두 사람의 관계는 예전처럼 회복되지 아니한 채 서로 간에 심한 욕설과 냉대, 무시, 폭행, 과거사를 들추어내 모욕하는 등의 방법으로 상처를 주고받으면서 계속

싸움이 이어지고 있다.

나) 원심의 판단[57]

원심은 피고의 잘못으로 혼인관계가 파탄되었음을 인정하면서도 아래와 같은 이유로 어머니를 양육자로 지정하였다.

사건본인들이 제1심부터 당심에 이르기까지 일관되게 어머니인 피고와 함께 살기를 원하고 있다. 원·피고는 2004. 4. 17. 협의이혼을 전제로 한 각서를 작성하면서 피고가 사건본인들을 양육하기로 합의하고, 추후 이를 번복하지 아니할 것을 확인하였다. 경제적인 면에서도 피고의 수입이 원고의 수입을 초과하고 있다.

다) 논 평

부인이 부정행위를 의심할 만한 행위를 한 점은 인정되는 사안이다. 그러나 혼인관계 파탄의 유책성과 아이들에 대한 양육 적합성은 구분하여야 할 것이다. 무엇보다 부인의 부정행위가 있었던 이후에 작성된 각서에는 부인이 아이들을 키우는 것으로 협의하였고 부정행위의 상대방과 지속적으로 연락하거나 만남을 가진다는 자료도 없으므로 부정행위가 아이들의 건전한 성장에 부정적인 영향을 미칠 것이라고 보기 어렵다. 아이들도 어머니와 살기를 희망하고 있으므로, 비록 어머니에게 부정행위가 의심되는 사정이 있었더라도 그것이 양육권을 배제할 사유는 되지 않는 것이다.

4) 대법원 2001. 9. 18. 선고 2001므1223, 1230 판결 : 상고기각

가) 사실관계

원고는 1964. 2. 7.생의 남편으로 한국계 미국 시민권자이고 피고는 1966. 7. 25.생의 부인으로 1993. 8. 9. 미국의 네바다 주에서 결혼하였으며 그 사이에 1995. 2. 4. 및 1996. 1. 14. 출생한 딸들이 있다.

피고는 1997. 9. 25.경 원고에게는 알리지 아니한 채 사건본인들과 함께 한국으로 입국하였고, 1997. 10.경 호텔 커피숍에서 다른 남자(소외

---

57) 제1심은 아버지를 양육자로 지정하였다.

인)를 우연히 만나 알게 된 다음부터는 1주일 또는 10일 간격으로 소외인을 만나면서 더욱 가까워져 1998. 6.경에는 결혼을 약속하여 동거하며 4차례 성교하였으며 1999. 7. 초순경까지 동거하였다.

한편, 원고는 피고가 한국에 입국한 직후 한국으로 들어와 피고와 함께 거주하였는데 피고는 원고와 함께 살면서도 소외인을 몰래 만나다가 원고가 외국으로 출장을 가자 주거지의 전세보증금 150,000,000원을 모두 찾아 이사를 하고 소외인과 동거생활에 들어갔고, 1999. 1.경에는 소외인과 사이에 아들을 출산하였으며 소외인과 동거하면서 그 아들을 피고가 양육하고 있다. 피고는 1999. 5. 13. 소외인의 아들을 출산한 사실을 숨긴 채 원고를 만나 이혼문제를 협의하였고, 원고는 피고의 불륜사실을 모른 채 사건본인들을 원고가 양육하기로 하는 내용의 이혼협의서를 작성하였다. 그에 따라 사건본인들은 원고가 양육하고 있다.

나) 원심의 판단

원·피고의 혼인생활과 파탄경위, 사건본인들의 나이, 원·피고의 현재 생활실태 등을 참작하면, 원고로 하여금 사건본인들에 대한 친권을 행사하게 하고 양육하게 하는 것이 사건본인들의 성장과 복지를 위하여 타당하다.

한편, 사건본인들이 모두 딸이고 나이가 어린 점, 피고가 남편과 자녀를 배신하고 불륜관계를 맺어 아이까지 낳았으며, 현재 불륜의 상대방 및 그 사이에 출산한 아이와 함께 살고 있는 점, 1999. 5. 13. 이혼합의 시에도 피고는 아이들의 양육을 포기하였던 점 등에 비추어 보면, 사건본인들이 바른 가치관을 가지고 올바르게 성장하게 하기 위하여는 피고의 면접교섭권을 제한하는 것이 타당하다.

다) 논   평

부인의 배신행위의 정도가 크지만 그것만으로써 양육 적합성을 판가름할 사안은 아니라고 생각된다. 부인은 상간자와 사이에 아들을 낳고 별도의 가정을 유지하고 있으며 상간자와 사이에 낳은 아들의 연령이 만 2세 남짓에 불과하기 때문에 양육능력상 원고와 사이에 낳은 딸 2명까지 키울 형편이 되지 않는다고 보인다. 더구나 부인의 상간남이 원고 사이에 출산한 딸들까지 양육할 의사가 있는지 여부도 판결문에 나타나 지 않아 부인이 아이들을 키우는 것은 부정적으로 볼 수밖에 없을 것이다.

위 판결에서 특기할 만한 것은 원심이 어머니의 아이들에 대한 면접교섭권까지 배제하였고 어머니가 그 부당성을 들어 상고하였음에도 대법원은 원심의 조치를 그대로 수용하였다는 점인데, 그것이 과연 아이들의 건전한 성장을 위하여 올바른 선택이었는지는 고민이 더 필요한 사안이 아닌가 여겨진다.[58] 배우자에 대하여는 유책성과 자녀의 양육 적합성의 문제는 자녀의 복리라는 관점에서 별개로 판단하여야 하기 때문이다. 적어도 초등학교 입학 직전의 연령에 있는 아이들에게 면접교섭에 관한 의견이라도 묻는 조치가 필요했다고 생각된다.

바. 분리 양육

1) 개   설

한 부모 사이에서 태어난 자식들은 가능한 한 함께 양육되는 것이 자녀의 복리상 바람직하다. 실무상 분리 양육이 위자료나 재산분할 등의 조정하는 수단이 되거나 양육비를 지급하지 않으려는 방편으로 악용하려는 경우가 있으므로 분리 양육을 쉽사리 허용하여서는 안 될 것이다. 그러나 다른 경우와 마찬가지로 분리 양육 자체가 불가능하다고 일률적으로 재단할 수는 없고 개별 사건의 특수성을 감안하여 결정하여야 할 것이다.

---

58) 비교사법적으로 19세기 미국에서는 이혼 시 유책배우자에게는 양육권 등을 부여하지 않았는데, 자녀의 최선의 이익을 고려한 것이기도 하지만, 유책배우자와 무책배우자 사이의 형평 및 응보 관념에 기인한 것이라고 한다. 미국에서는 도덕적으로 문란한 부 또는 모와 함께 사는 것은 자녀의 이익에 반한다고 생각하는 판사들이 많았고, 이를 명시적인 판결 이유로 제시하지 않았더라도 증거판단에서 무책배우자에게 유리하게 결정하는 경우가 많았다는 것이다. 이에 관한 상세는 김수정, "자녀의 최선의 이익과 면접교섭권", 가족법연구 제19권 제1호, 한국가족법학회, 2005, 336-337면 참조.

아래 사안에서 대법원은 자식들을 분리하여 양육하라는 처분을 한 원심의 조치를 수긍하였는데 그 내용을 살펴보기로 한다.

2) 대법원 2008. 7. 24. 선고 2008므694, 700(미공간) : 상고기각

가) 사실관계

원고는 1963. 7. 5.생의 남편이고 피고는 1964. 4. 29.생 부인으로서 1990. 6. 11. 혼인신고를 마치고 그 사이에서 1991. 2. 13. 및 1996. 6. 18. 아들 2명이 출생하였다.

원고는 KAIST 1학년을 다니다가 집안 형편으로 그만두고 카페를 운영하던 피고와 만나 4년간 교제하다가 부모의 반대를 극복하고 피고와 혼인하였다. 피고는 원고의 부모와 함께 포항에서 신혼생활을 시작하였는데, 원고와의 혼인을 반대하였던 시어머니와의 갈등으로 많은 어려움을 겪었고, 약 10개월 뒤 시부모가 부산으로 이사를 가면서 분가하였다.

원고는 혼인기간 중 피고에게 '무식하다, 책이나 보지'라는 말을 하면서 피고를 무시하는 말을 하였고, 장남이 선천성 구순구개열의 장애를 가지고 태어나자 장남의 치료를 위해 애쓰는 피고를 위로하거나 따뜻하게 감싸주지 않았다. 원고와 피고는 약 12년 전부터 대화조차 잘 나누지 않았고, 2000년경부터는 서로 각방을 쓰면서 부부관계도 가지지 않았다.

장남은 선천적인 장애와 원·피고의 불화 속에서 정신적으로 어려움을 겪으면서 원·피고의 말을 잘 듣지 않고 말썽을 피우기 시작하였는데, 2002. 5.경부터는 인터넷에 빠져 원고의 명의를 도용하여 각종 성인 사이트에 가입하고, 학업성적도 원고의 기대 이하로 떨어지게 되자 원고는 장남을 각목 등으로 심하게 체벌하였다. 피고는 중학생이 된 장남을 힘으로 제어하기가 어려워지자 원고에게 도움을 청하였는데 그 과정에서 원·피고는 다시 불화가 생겼고, 피고는 장남을 훈육하는 과정에서 장남과 몸싸움을 하고 집안 물건을 던지거나 파손하기도 하였다. 피고는 2004. 11. 28.에는 충전기를 던져 장남의 발가락이 다치기도 하였고, 2005. 1. 22.에는 장남의 기타로 방문을 쳐서 기타가 파손되기도 하였다.

피고는 장남에 대한 통제가 잘 되지 않자 2005. 2. 1. 남동생을 집

으로 불러 장남을 타일러 달라고 하였고, 원고는 장남의 훈육문제에 간섭하는 처남을 못마땅하게 여겨 장남을 데리고 나가려는 과정에서 처남과 서로 몸싸움을 하였다. 피고는 이 사건 소송 중이던 2005. 2. 22. 과거에 원고가 장남을 체벌한 일을 범죄사실로 하여 장남으로 하여금 원고를 상대로 형사고소하게 하였다.

원고는 집을 나와 혼자 생활하고 있고, 피고는 사건본인들과 함께 아파트에서 생활하고 있는데, 그 와중에 장남은 가출을 하는 등 정신적으로 많은 혼란을 겪고 있다.

나) 원심의 판단

원고와 피고의 나이, 직업, 건강상태, 재산정도, 혼인생활의 과정과 파탄경위, 사건본인들의 나이, 그동안의 양육상황, 특히 장남은 이미 피고의 통제범위를 벗어난 것으로 보이는 점 등 이 사건 변론에 나타난 모든 사정을 참작하면, 장남의 친권자 및 양육자로는 원고를 차남의 친권자 및 양육자로는 피고를 각 지정하는 것이 사건본인들의 원만한 성장과 복지를 위하여 바람직하다.

다) 논 평

어머니가 장남과 차남을 모두 양육하고 있으나 장남은 18세로 가출경험까지 있으므로 양육자를 누구로 정하든 사실상 이를 강제하기는 어려워 보인다. 비록 아버지인 원고가 장남을 각목으로 때려 과도하게 체벌하였지만, 어머니인 피고 스스로 장남에 대한 양육의 어려움을 호소하고 있고 장남을 사주하여 아버지를 형사고소하게 하는 등 장남과 아버지 사이의 관계를 오히려 악화시킨 점들이 분리양육의 고려사항이 되었을 것이다.

4. 결 론

2000년 후반 들면서 대법원은 친권자 및 양육자 지정에 관한 기준을 제시하면서 친권에 관한 새로운 법리를 정립하고 있다. 대법원이 제시한 자녀의 복리를 판단할 때의 기준은 독립적이되 어느 하나의 기준이 절대적인 가치를 가지는 것이 아니라 그 기준들을 종합하여 어느 부 또는 모가 양육할 때 자녀의 건전한 성장과 복리에 최선의 선택이 될 수 있는지를 고민해야 한다.

주목할 점은 친권자 및 양육자 지정의 기준을 제시한 리딩케이스가 된 사안들 모두 공통적으로 자녀의 현재의 양육상태를 유지하는 것보다 변경하는 것이 자녀의 복리에 보탬이 된다는 것이 명백하지 않기 때문에 섣불리 양육상황을 변경하여서는 안 된다면서 원심판결을 파기하였다는 것이다. 자녀의 나이가 어리기 때문에, 또는 모성 본능에 따라 어머니가 자녀를 더 잘 돌볼 수 있다는 막연한 통념에 기대어 아이의 양육상황을 변경하는 것은 금지되고 가사조사관의 양육환경 조사, 전문가의 심리상담 등 과학적 조사방법을 통하여 자의 복리에 도움이 된다는 것이 분명히 입증되어야 양육상황 변경이 허용된다는 것이다. 종래 양육자의 결정이 법관 개인의 경험이나 성별에 따라 다소 감각적, 주관적으로 정해졌고 양육자 결정에 관한 이유 설시도 추상적으로 기재되었다면, 향후에는 하급심에서 양육자를 결정하기 위한 심리방법을 개선할 여지가 많고 재판서의 이유 기재도 더 구체화될 필요가 있다고 생각한다.

한편, 현재의 양육상황을 그대로 유지하는 것이 타당하다는 대법원의 재판례는 본문에서는 적시하지는 않았지만 꽤 집적되어 있다. 그 중 대개는 실제 양육자는 어머니이고 유책배우자는 아버지인 경우가 많아 양육자로 누구를 정하여야 하는지 고민이 되는 한계 상황에 놓여 있는 사안들이 아니어서 별도로 검토하지는 않았다.

향후에는 공동양육이 어떠한 요건 아래 어떠한 범위에서 허용될 수 있는지, 아동을 탈취한 부 또는 모에게도 양육권이 인정될 수 있는지, 동성애와 같이 특정한 성적 경향(sexual orientation)이 있는 부 또는 모에게 친권 및 양육권을 부여할 수 있는지에 관하여 대법원의 판단이 나타나기를 기대해 본다.

[Sommaire]

La tendance recente sur la jurisprudences concernant la garde de l'enfant

Jeon, Bo Sung*

Les meilleures idées au droit familial tiennet «le meilleur intérêt de l'en-fant». Divers proposition juridique que la relation doit être formé et main-tenu lui-même autour de l'enfant comme une mesure de bonheur et intérêts des enfants mineurs ne fait aucun doute. Cependant, l'arbitre prit seulement vaguement basé sur le bien-être de la parentalité dans le procès sur les en-fants mineurs est pas une tâche facile.

Le concept lui-même est abstraite et ensuite en fonction du meilleur intérêt de l'enfant à tous les cas dans les dispositions spécifiques du droit civil importe seul et les parents de déterminer clairement ce qui doit définir la relation juridique entre l'enfant difficile. Par exemple, augmenter sur une période de temps et de savoir si cela devrait former la relation d'attache-ment d'un certain degré peut être un principe qui devrait maintenir les con-ditions d'élevage actuelles percés, si la mère a commis une faute doit être soumis au principe de la maternité en premier, même si l'époux vive avec d'autre personne. Si le principe est le principe de la continuité et de ma-ternité conflits de priorité faire ce qui doit être le premier est vrai.

Récemment, la Cour suprême a précédemment et le nombre croissant de cas que de jalonnement explicitement les principes juridiques relatives à

---

* Judge, Mokpo branch of Gwanju district court.

l'autorité parentale et les soignants indication contraire. En particulier en insistant sur les principes de conditions d'élevage durables

Si un tel changement doit être justifié de changer la situation actuelle des soins à maintenir le statut actuel de la parentalité, il devrait être évident que le point de plus propice à une croissance saine et le bien-être que les enfants »a également été présenté critères.

Questions d'autorité et de soignants désignés parentales quand une variété d'intérêts que le conflit sera finalement forcé à être tapés par l'accumulation de précédents dans l'examen des circonstances spécifiques du cas individuels. Cet article sur les problèmes récents dans les années 1990, après les soignants Cour suprême désignés ont essayé d'analyser toutes les psychologique tapé le cas partout.

[Mots-clés]

- l'autorité parentale
- le meilleur intérêt de l'enfant
- le divorce et la séparation
- la garde de l'enfant
- le droit de visite et d'hébergement

참고문헌

[단 행 본]

김유미, "자녀복리의 관점에서 본 한국 친권법-특히 신상에 관한 효력의 검토를 중심으로", 서울대학교대학원 법학박사학위논문, 1995.

김주수·김상용, 친족·상속법 제11판, 법문사, 2013.

윤진수 편집대표, 주해 친족법(제1권, 제2권), 박영사, 2015.

[논 문]

권정희, "이혼에서 자녀보호를 위한 법적 고찰", 가족법연구 제15권 제1호, 2001.

김상용, "이혼 후의 공동친권: 그 가능성과 한계", 가족법연구 I, 법문사, 2002.

_____, "이혼 후의 양육자 및 친권자 결정에 있어서 민법이 갖는 몇 가지 문제점", 가족법 연구 I, 법문사, 2002.

김수정, "자녀의 최선의 이익과 면접교섭권", 가족법연구 제19권 제1호, 2005.

김유미, "자녀복리원칙에 관한 연구", 사회과학논집 제10권 제1호, 울산대학교 사회과학연구소, 2000.

김은아, "친권의 본질과 행사상의 문제", 법학논총 제26집 제2호, 한양대학교 법학연구소, 2009.

안문희, "2014년 프랑스친권법 개정안에 관한 연구", 가족법연구 제28권 제3호, 2014.

윤부찬, "친권 및 면접교섭의 변경사유로서 미성년자의 거소변경", 가족법연구 제24권 제1호, 2010.

윤용섭, "친권과 후견", 민사판례연구 제18집, 1996.

이은정, "친권 제한의 유연화: 신분적 효력을 중심으로", 가족법연구 제27권 제1호, 한국가족법학회, 2013.

이종길, "가족관계의 변화와 친권 및 양육책임문제에 대한 소고", 동아법학 제62호, 2014.

이준영, "미국에서의 친권결정에 관한 연구", 비교사법 제16권 제1호, 한국비교사법학회, 2009.

이화숙, "자의 최대의 이익과 현행친권제도", 가족법연구 제2권, 1988.

장준현, "부모의 이혼에 따른 친권행사자 및 양육자 지정의 판단 기준과 고려
　　　요소", 대법원판례해설 제83호(2010 상반기), 법원도서관.

조일윤, "다문화사회에 있어서의 친권제도에 관한 연구", 동아법학 제57호,
　　　동아대학교 출판부, 2012.

최진섭, "이혼 후의 공동양육(공동친권)", 가족법학논총 Ⅰ, 박영사, 1991.

民事判例硏究會 日誌

▣ 月例 硏究發表會 ▣

○ 第377回(2015. 1. 19.)
   1. 송재일 교수 : 집합건물법상 상가의 구분소유권 문제
   2. 구상엽 검사 : 연명의료중단과 성년후견제도의 시사점
      지정토론 : 김영훈 판사(대법원 재판연구관),
              최준규 교수(한양대학교)

○ 第378回(2015. 2. 16.)
   1. 임기환 부장판사 : 국가 등의 무단점유 인정 요건
   2. 이승훈 판사 : 전세권저당권의 실행방법과 전세권설정자의 공제 및
              상계 주장 가부
      지정토론 : 김형석 교수(서울대학교), 여하윤 교수(중앙대학교)

○ 第379回(2015. 3. 23.)
   1. 한정석 판사 : 계속적 보증인 신용보증채무의 확정 전 구상보증기간
              종료시 구상보증인의 책임
   2. 이재찬 판사 : 부양의무의 순위 및 그에 기초한 구상관계에 관한
              연구
      지정토론 : 박인환 교수(인하대학교), 현소혜 교수(성균관대학교)

○ 第380回(2015. 4. 20.)
   1. 김영신 교수 : 위약금의 법적 성질
   2. 이현경 판사 : 자기책임의 원칙과 카지노사업자의 보호의무―자율의
              존중과 후견적 개입
      지정토론 : 이정환 고법판사(서울고등법원),
              김상중 교수(고려대학교)

○ 第381回(2015. 5. 18.)

  1. 정태윤 교수 : 세무공무원이 과오납환부사유가 없음에도 있는 것처럼
                    서류를 작성하여 친지들 명의의 계좌로 송금하게 한
                    경우 그 송금액을 부당이득반환청구할 수 있는지 여부

  2. 김세용 판사 : 위헌인 형벌법규와 국가의 손해배상책임—대통령긴급
                    조치에 대하여

    지정토론 : 진현민 고법판사(서울고등법원), 제철웅 교수(한양대학교)

○ 第382回(2015. 6. 22.)

  1. 정선주 교수 : 항소취하가 배심행위에 의해 이루어진 경우 재심사
                    유에 해당하는지 여부

  2. 박동규 판사 : 상계의 재항변 가부 및 집합건물 하자책임들 사이의
                    관계

    지정토론 : 고은설 판사(대법원 재판연구관), 박익환 교수(경희대학교)

○ 第383回(2015. 7. 20.)

  1. 송덕수 교수 : 질권설정계약의 합의해지와 제3채무자 보호

  2. 송영복 판사 : 유치권의 남용에 대한 대처—신의칙 적용 유형화와 고
                    려요소 분석, 그 대안으로 채권자취소권의 적용 시도

    지정토론 : 정수진 판사(사법연수원 교수), 이계정 교수(서울대학교)

○ 第384回(2015. 9. 21.)

  1. 남효순 교수 : 구 시설대여업법 제13조의2 제1항(여신전문금융업법 제
                    33조 제1항)에 의한 리스이용자명의 자동차이전등록의
                    법적 효력

  2. 박수곤 교수 : 건축하자의 개념

    지정토론 : 황진구 부장판사(서울중앙지방법원), 이준형 교수(한양대학교)

○ 第385回(2015. 10. 19.)

  1. 안병하 교수 : 계약체결상의 과실책임

  2. 이재근 부장판사 : 공동명의로 공탁된 담보공탁금회수청구권의 귀속

    지정토론 : 장윤선 판사(서울고등법원), 전원열 교수(건국대학교)

○ 第386回(2015. 11. 23.)
  1. 송호영 교수 : 해약계약금의 약정에서 계약금의 일부만 지급된 경
                 우의 법률관계
  2. 김태균 판사 : 손익상계와 상당인과관계―이사, 감사의 해임에 대한
                 손해배상사례를 중심으로
     지정토론 : 정욱도 판사(서울남부지방법원), 김태진 교수(고려대학교)

▣ 夏季 심포지엄 ▣

○ 第38回(2015. 8. 6. ~ 8. 8.) (강원도 속초시 '설악 한화리조트')
  主題 :「親族·相續法의 諸問題」
  1. 변화하는 사회와 상속법―자녀의 유류분을 중심으로
     (김상용 중앙대학교 교수)
  2. 유언의 성립과 효력에 관한 몇 가지 문제
     (김형석 서울대학교 교수)
  3. 유류분과 신탁
     (최준규 한양대학교 교수)
  4. 이혼에 따른 재산분할에 관한 판례의 최근 동향
     (함윤식 서울고등법원 고법판사)
  5. 친권자 지정·변경에 관한 판례의 최근 경향
     (전보성 제주지방법원 판사)

民事判例硏究會 2015年度 會務日誌

1. 月例發表會

□ 2015년에도 하계 심포지엄이 열린 8월과 송년모임이 있었던 12월을 제외한 나머지 달에 빠짐없이 연구발표회를 개최하여 총 20명의 회원들이 그동안 연구한 성과를 발표하였다. 2015년 1월의 제377회 월례발표회부터 11월의 제386회 월례발표회까지의 발표자 및 그 논제는 위의 월례연구발표회 일지에서 밝힌 바와 같다.

□ 기존에는 교수회원 1인, 판사회원 1인이 발표하던 방식이었으나 2013년부터 기존회원 1인, 신입회원 1인이 발표하는 방식으로 월례발표회가 운영되었다.

2. 후암 곽윤직 교수님 구순 기념 논문집 헌정식

□ 1977년 우리 연구회를 창립하신 후암 곽윤직 교수님이 2015년 구순을 맞이하신 것을 기념하여 2015년 4월 20일에 교수님께 '민사판례연구 제37권'을 구순 기념 논문집으로 헌정하는 모임을 가졌다. 서민 충남대 법대 명예교수님을 비롯하여 78명의 회원님들과 박영사 안종만 회장님을 비롯한 외빈 등 총 85명이 참석하였다. 곽윤직 교수님으로부터 민법을 배우고 이를 기초로 수십 년간 법을 연구하고 가르치거나 법을 적용해 재판을 해 왔던, 지금은 간혹 머리에 백발이 내려앉기도 한 많은 제자들이 한데 모여 우리 법학의 역사이신 스승님께 깊은 감사를 드리는 감동적인 날이었다.

3. 제38회 夏季 심포지엄

□ 2015년도 하계 심포지엄은 8월 6일부터 8월 8일까지 강원도 속

초시의 설악 한화리조트에서 「친족·상속법의 제문제」라는 주제로 개최되었는데, 57명의 회원과 가족 등 총 116명이 참석하여 성황리에 진행되었고 매우 유익한 발표와 토론이 이어졌다. 상세한 일정은 앞의 "부록에 부치는 말"에서 밝힌 바와 같다.

  ▫ 송상현 전 회장님께서 2015년 3월 10일 국제형사재판소장을 퇴임하고 귀국하신 후 하계 심포지엄에 참석하여 회원과 가족들을 대상으로 민사판례연구회의 역사, 국제형사재판소의 역할과 전망, 인권의 의미와 중요성 등을 주제로 특별강연까지 해 주셔서 더욱 뜻깊은 자리가 되었다.

  ▫ 심포지엄에서 귀중한 발표를 맡아 주신 김상용 교수님, 김형석 교수님, 최준규 교수님, 함윤식 고법판사님, 전보성 판사님, 지정토론을 맡아 주신 이정민 부장판사님, 이연갑 교수님, 정소민 교수님, 현소혜 교수님, 박인환 교수님, 그리고 심포지엄 준비과정에서 많은 도움을 주신 춘천지방법원 원주지원의 황은규 판사님, 신입회원님들을 비롯하여 원활한 진행을 위하여 도움을 주신 모든 회원님들과 한화리조트 임직원 여러분께 깊이 감사드린다.

4. 送年모임

  ▫ 2015년도 송년모임이 12월 11일(금) 서울 반포동의 팔래스호텔 그랜드볼룸 A홀에서 개최되어 총 91명의 회원과 배우자들이 참석하였다.

  ▫ 송년모임의 초청연사로 한양대학교 건축학부의 서 현 교수님을 모시고 "빛나는 건축"이라는 제목의 매우 흥미롭고 유익한 강연을 들었다.

  ▫ 바쁘신 가운데에서도 시간을 내어 강연을 해 주신 서 현 교수님께 이 기회를 통해 다시 한 번 감사의 말씀을 드린다.

5. 運營委員 선임

  ▫ 2015년 8월 8일 하계 심포지엄 직후에 개최된 정기총회에서 심준보 고법부장판사님을 운영위원으로 선임하였다.

6. 會員動靜

□ 제2대 회장이신 송상현 국제형사재판소장님께서 2015년 3월 10일 퇴임하신 후 2015년 4월 30일 국가인권위원회 정책자문위원장으로 선출되셨다.

□ 회원이신 권광중 전 사법연수원장님께서 2015년 4월 24일 국민훈장 무궁화장을 받으셨다.

□ 회원이신 민일영 전 대법관님께서 지난 6년 동안 대법관으로 영예롭게 재직하시고 2015년 9월 16일 퇴임하셨다.

7. 2016년도 新入會員

□ 2016년도 신입회원으로는 學界의 백경일(숙명여대), 임 용(서울대) 교수님과 法院의 이지영, 임정윤, 주대성, 이새롬, 정현희, 범선윤, 손태원, 유형웅, 박철홍, 이승일, 이지웅 판사님의 신청을 받아 영입하였다.

(幹事 梁 栽 豪)

民事判例研究會 2017年度
新入會員 募集 案内

우리 연구회에서는 2017년도 신입회원을 모집합니다. 민사법, 상사법, 민사소송법 분야의 판례 및 이론 연구에 높은 관심과 열의가 있으신 법학교수 및 법조인(판사, 검사 및 변호사 포함)으로서 우리 연구회에 가입하여 활동하기를 원하시는 분들께서는 2016. 10. 15.까지 아래 연락처로 문의해 주시기 바랍니다.

– 아   래 –

주   소 : 서울 관악구 관악로 1 서울대학교 법과대학 72동 506호
            (이계정 교수)
이 메 일 : kjlee21c@gmail.com
전화번호 : (02)880-4135
팩스번호 : (02)885-7584

民事判例研究會 定款

(2010. 8. 28. 제정)

제 1 장 총 칙

제1조(목적) 본회는 판례의 연구를 통하여 민사법에 관한 이론과 실무의 조화로운 발전에 기여하고 회원 상호간의 친목을 도모함을 목적으로 한다.

제2조(명칭) 본회는 「민사판례연구회」라고 한다.

제3조(주소지) 본회는 서울특별시에 그 주소지를 둔다.

제4조(사업) 본회는 제1조의 목적을 달성하기 위하여 다음 사업을 한다.

   1. 판례연구 발표회 및 심포지엄의 개최

   2. 연구지를 비롯한 도서의 간행

   3. 그 밖에 본회의 목적을 달성함에 필요한 사업

제 2 장 회 원

제5조(회원) 회원은 본회의 목적에 동의하는 다음 각 호에 해당하는 사람으로서 가입신청을 하여 운영위원회의 승인을 얻어야 한다.

   1. 민사법의 연구에 관심이 있는 대학교수

   2. 민사법의 연구에 관심이 있는 법관, 검사, 변호사, 그 밖에 변호사 자격이 있는 사람

제6조(회원의 권리·의무) ① 회원은 본회의 운영과 관련된 의사결정에 참여하며, 본회의 각종 사업에 참여할 수 있는 권리를 갖는다.

   ② 회원은 정관 및 총회 결정사항을 준수할 의무를 지며 회비를 납부

하여야 한다.

제7조(회원의 자격상실) 다음 각 호의 1에 해당하는 회원은 그 자격을 상실한다.

　　1. 본인의 탈퇴 신고

　　2. 회원의 사망

　　3. 회원의 제명 또는 탈퇴 결정

제8조(제명 또는 탈퇴 결정) ① 회원이 본회의 명예를 심각하게 훼손한 때 또는 본회의 목적에 위배되는 행위를 하거나 회원으로서의 의무를 중대하게 위반한 때에는 총회의 의결로 제명할 수 있다. 제명에 관한 총회의 의결은 회원 3/4 이상의 출석과 출석회원 과반수의 찬성으로 한다.

② 회원이 정당한 사유없이 상당한 기간 동안 출석을 하지 아니하는 등 회원으로서 활동할 의사가 없다고 인정되는 경우에는 운영위원회의 의결로 탈퇴를 결정할 수 있다.

제3장　자산 및 회계

제9조(자산의 구성) 본회의 자산은 다음 각 호에 기재한 것으로 구성한다.

　　1. 회원의 회비

　　2. 자산으로 생기는 과실

　　3. 사업에 따른 수입

　　4. 기타 수입

제10조(자산의 종류) ① 본회의 자산은 기본재산과 보통재산으로 구분한다.

② 기본재산은 다음 각 호에 기재한 것으로 하되 이를 처분하거나 담보로 제공할 수 없다. 다만, 부득이한 사유가 있는 때에는 운영위원회의 의결을 거쳐 이를 처분하거나 담보로 제공할 수 있다.

　　1. 기본재산으로 하기로 지정하여 출연된 재산

　　2. 운영위원회에서 기본재산으로 하기로 결의한 재산

③ 보통재산은 기본재산 이외의 재산으로 한다.

제11조(경비지출) 본회의 경비는 보통재산에서 지출한다.

제12조(자산의 관리) 본회의 자산은 운영위원회의 의결에 의하여 운영위원회에서 정한 관리방법에 따라 회장 또는 회장이 지명하는 회원이 관리한다.

제13조(세입·세출 예산) 본회의 세입·세출예산은 매 회계연도개시 1개월 전까지 운영위원회의 의결을 얻어야 한다. 다만, 부득이한 사정이 있는 경우에 운영위원회의 의결은 새 회계연도 후 첫 회의에서 이를 받을 수 있다.

제14조(회계연도) 본회의 회계연도는 매년 1월 1일에 시작하여 12월 31일까지로 한다.

제15조(회계감사) 감사는 연 1회 이상 회계감사를 하여야 한다.

제16조(임원의 보수) 임원의 보수는 지급하지 아니한다. 다만 실비는 변상할 수 있다.

제 4 장 임   원

제17조(임원의 인원수 및 자격) 본회에는 법률상 그 결격사유가 없는 자로서 다음과 같은 임원을 둔다.

　　1. 회장 1인

　　2. 운영위원 5인 이상 20인 이내

　　3. 감사 1인

　　4. 간사 2인 이내

제18조(임원의 선임) ① 회장은 운영위원회에서 선출하며 총회의 인준을 받는다.

　　② 운영위원은 회장이 추천하여 총회의 인준을 받는다.

　　③ 감사는 총회에서 선출한다.

　　④ 간사는 회장이 지명한다.

제19조(임원의 직무) ① 회장은 본회의 업무를 통괄하고 본회를 대표한다.

　　② 회장 유고시에 운영위원 중 연장자가 그 직무를 대행한다.

③ 감사는 본회의 업무 및 회계에 관한 감사를 한다.

④ 간사는 회장의 지시에 따라 본회의 실무를 수행한다.

제20조(임기) 회장, 운영위원 및 감사의 임기는 4년으로 하되 연임할 수 있다.

제21조(명예회장과 고문) ① 본회의 발전을 위하여 명예회장과 고문을 둘 수 있다.

② 명예회장과 고문은 운영위원회의 추천에 의하여 회장이 추대한다.

제 5 장 총   회

제22조(총회) ① 총회는 본회의 최고의결기구로서 회원으로 구성한다.

② 회장은 총회의 의장이 된다.

제23조(총회의 소집) ① 총회는 정기총회와 임시총회로 나누되 정기총회는 년 1회 하반기에, 임시총회는 회장 또는 운영위원회가 필요하다고 인정한 경우에 각각 회장이 소집한다.

② 회장은 회의 안건을 명기하여 7일전에 각 회원에게 통지하여야 한다. 이 통지는 본회에 등록된 회원의 전자우편주소로 발송할 수 있다.

제24조(총회의사 및 의결의 정족수) 총회는 회원 30인 이상의 출석과 출석회원 과반수로서 의결한다.

제25조(표결의 위임) 회원은 다른 회원에게 위임하여 표결할 수 있다. 이 경우 그 위임을 증명하는 서면을 미리 총회에 제출하여야 한다.

제26조(총회에 부의할 사항) 총회는 다음에 기재하는 사항을 의결한다.

1. 정관의 제정 및 개정에 관한 사항
2. 임원의 선임과 인준에 관한 사항
3. 세입세출의 예산 및 결산의 승인
4. 기본재산의 처분·매도·증여·기채·담보제공·임대·취득의 승인
5. 본회의 해산
6. 그 밖에 주요사항으로서 운영위원회가 총회에 부의하기로 의결한 사항

제 6 장 운영위원회

제27조(운영위원회의 구성) ① 운영위원회는 회장과 운영위원으로 구성한다.

② 회장은 운영위원회의 의장이 된다.

제28조(운영위원회의 권한) 운영위원회는 다음 각 호의 사항을 심의 의결한다.

　　1. 회장의 선출

　　2. 회원의 가입과 탈퇴에 관한 사항

　　3. 운영계획에 관한 사항

　　4. 재산의 취득, 관리, 처분에 관한 사항

　　5. 총회의 소집과 총회에 회부할 의안에 관한 사항

　　6. 총회가 위임한 사항

　　7. 그 밖에 회장이 회부한 본회의 운영에 관한 중요사항

제29조(운영위원회의 소집) ① 운영위원회는 정기 운영위원회와 임시 운영위원회로 구분하고 회장이 소집한다.

② 정기 운영위원회는 년 1회 이상 개최한다.

③ 임시 운영위원회는 회장이 필요하다고 인정하거나 운영위원 1/3 이상 또는 감사의 요구가 있을 때에 회장이 소집한다.

제30조(운영위원회 의사 및 의결의 정족수) 운영위원회는 운영위원 5인 이상의 출석과 출석운영위원 과반수의 찬성으로 의결한다.

제 7 장 보   칙

제31조(정관의 변경) 본 정관은 총회에서 회원 1/3 이상의 출석과 출석회원 2/3 이상의 동의를 얻어 이를 변경할 수 있다.

제32조(해산, 잔여재산의 처분) ① 본회는 민법 제77조 및 제78조의 규정에 의하여 해산한다.

② 총회원 3/4 이상의 출석과 출석회원 2/3 이상의 찬성으로 본회를 해산할 수 있다.

③ 본회가 해산한 때의 잔여재산은 총회의 결의를 거쳐 유사한 목적을 가진 다른 단체에 출연할 수 있다.

제33조(시행세칙의 제정) 본 정관의 시행에 필요한 세칙은 운영위원회의 의결을 거쳐 정한다.

부 칙

제1조(시행일) 이 정관은 2010년 8월 28일부터 효력이 발생한다.

제2조(회원 및 임원 등) ① 이 정관의 효력 발생일 당시의 민사판례연구회의 회원은 본회의 회원으로 본다.

② 이 정관의 효력 발생일 당시의 회장은 이 정관에 의하여 선임된 것으로 본다. 그 임기는 본 정관의 규정에 의하되, 정관 효력발생일부터 개시된다.

제3조(기존의 행위에 관한 규정) 이 정관의 효력 발생 이전에 민사판례연구회가 한 활동은 이 정관에 따른 것으로 본다.

民事判例研究 간행규정

2005년 12월 27일 제정

제 1 조(목적) 이 규정은 민사판례연구회(이하 연구회)가 발간하는 정기학술지인 『민사판례연구』에 게재할 논문의 제출, 심사 및 편집에 관한 사항을 규정함을 목적으로 한다.

제 2 조(편집위원회) ① 『민사판례연구』에 게재할 논문의 제출자격, 심사, 편집 등에 관한 사항을 정하기 위하여 본회에 위원장과 4인 이상 10인 이하의 위원들로 구성되는 편집위원회를 둔다.

② 편집위원회의 위원장은 본회의 회장이 겸임하고, 위원은 회장이 운영위원회의 심의를 거쳐 회원 중에서 임명한다. 편집위원장은 편집위원 중 1인을 편집실무간사로 임명한다.

③ 편집위원의 임기는 3년으로 하되, 연임할 수 있다.

제 3 조(논문의 제출자격) 논문의 제출은 연구회의 회원인 자에 한하여 할 수 있다. 그러나 편집위원회의 승인을 받은 경우에는 회원이 아닌 자도 논문을 제출할 수 있다.

제 4 조(논문의 제출기일) ① 『민사판례연구』에 논문을 게재하고자 하는 자는 발간예정일을 기준으로 2개월 전에 원고 출력본 3부와 디스켓을 편집실무간사에게 제출하여야 한다. 그러나 업무상·시간상의 편의를 위하여 이메일을 이용하여 제출할 수 있다.

② 연구회가 주최 또는 주관한 심포지엄 기타 학술모임에서 발표한 논문을 『민사판례연구』에 게재하는 경우에도 제 1 항에 의한다.

제 5 조(논문심사) ① 편집위원회는 『민사판례연구』에 게재하기 위하여 제

출된 논문을 심사하기 위하여 심사위원을 위촉하여야 한다.

② 편집위원회는 심사위원들의 심사결과에 좇아 논문의 수정을 요구하거나, 그 게재를 유보할 수 있다.

③ 논문심사에 관한 자세한 사항은 민사판례연구 게재논문 심사규정에서 따로 정한다.

제 6 조(원고분량의 제한) 논문은 200자 원고지 240매를 초과할 수 없다. 그러나 논문의 성격상 불가피하다고 인정될 경우에는 편집위원회의 승인을 얻어 게재할 수 있다.

제 7 조(편집위원회 의결정족수) 편집위원회는 재적위원 과반수의 출석과 출석위원 과반수의 찬성으로 의결한다.

제 8 조(원고작성 기준) 게재를 위하여 제출하는 원고는 아래와 같은 기준으로 작성한다.

1. 원고는 흔글 워드 프로그램으로 작성하여 제출하여야 한다.

2. 원고표지에는 논문제목(영문제목 병기), 필자의 인적 사항(성명, 영문성명, 소속, 직책) 및 연락처를 기재하여야 한다.

3. 논문의 저자가 2인 이상인 경우에는 주저자와 공동저자를 구분하고 주저자·공동저자의 순서로 표시하여야 한다.

4. 목차순서는 다음과 같이 기재한다.

   ㉠ 로마 숫자   예) Ⅰ.
   ㉡ 아라비아 숫자   예) 1.
   ㉢ 괄호 숫자   예) (1)
   ㉣ 괄호 한글   예) ㈎
   ㉤ 반괄호 숫자   예) 1)

5. 논문의 결론 다음에는 국문 및 국제학술어(영어, 독일어, 프랑스어)로 된 주제어(key word)를 10개 이내 기재하여야 한다.

6. 주제어 다음에는 국제학술어(영어, 독일어, 프랑스어)로 작성된 논문초록을 작성하여야 한다.

제 9 조(원고제출 및 게재안내) ① 게재를 신청하는 원고의 접수 및 그에

관련된 문의에 관한 사항은 편집실무간사가 담당한다.

② 『민사판례연구』에는 다음 호에 게재할 논문의 투고 및 작성기준을
안내한다.

부　　칙

이 규정은 2006년 1월 1일부터 시행한다.

民事判例研究 게재논문 심사규정

2005년 12월 27일 제정

제 1 조(목적) 이 규정은 민사판례연구 간행규정(이하 간행규정) 제5조에 의하여 민사판례연구회가 발간하는 『민사판례연구』에 게재할 논문의 심사절차와 기준 등을 정함을 목적으로 한다.

제 2 조(논문게재와 편집) 편집위원회는 제출된 논문에 대한 게재 여부 기타 『민사판례연구』의 편집에 관한 사항을 결정한다.

제 3 조(논문심사 의뢰) ① 『민사판례연구』에 게재하기 위하여 제출된 논문의 심사를 위하여 편집위원회는 3인 이상의 심사위원을 위촉하여 의뢰한다.

② 심사위원은 법학교수 또는 법률실무가로 위촉한다. 그러나 편집위원회는 특히 필요한 경우에는 법률 이외의 당해 분야 전문가에게 위촉할 수 있다.

③ 심사를 의뢰하는 논문의 필자에 관한 사항은 심사위원에게 알리지 아니한다.

제 4 조(심사기준) 심사위원은 다음 각 호의 심사기준에 따라 제출된 논문을 심사한다.

1. 논문주제의 명확성
2. 구성체제의 적합성
3. 내용의 창의성 및 충실성
4. 각주의 활용성 및 그 인용의 정확성
5. 연구의 기대효과 및 활용성

6. 기타 편집위원회에서 정한 사항

제 5 조(심사판정) 심사위원은 대외비공개로 평가의 결과 및 그 이유를 다음과 같이 구분하여 편집실무간사에게 통지한다.

1. 수정이 필요 없을 때: '게재 가(可)'

2. 간단한 수정이 필요할 때: '수정·보완 후 게재 가(可)'

3. 대폭적 수정이 필요할 때: '수정·보완 후 재심사'

4. 게재할 수 없는 사유가 있을 때: '게재 불가(不可)'

제 6 조(심사결과의 결정) ① 편집실무간사는 심사위원들의 심사의견을 종합하여 그 결과를 이유와 함께 편집위원회에 보고한다.

② 심사위원 간에 심사의견이 다를 때에는 다수의 의견에 따른다.

③ 심사의견이 셋 이상으로 나뉘는 경우 또는 편집위원장이 심사의 공정성을 우려할 만한 특별한 사정이 있다고 판단하여 부의하는 경우에는 편집위원회에서 따로 정하되, 기제출된 심사의견을 고려한다.

제 7 조(심사결과의 통보) ① 편집위원장은 게재 여부에 대한 편집위원회의 결정을 논문제출자에게 통보한다.

② 논문제출자는 편집위원회의 결정에 좇아 수정·보완이 요구된 경우에는 그에 따른 수정·보완을 행하여야 논문을 게재할 수 있다.

부   칙

이 회칙은 2006년 1월 1일부터 시행한다.

논문의 투고 및 작성기준 안내

1. 제출기일

민사판례연구회의 『민사판례연구』는 매년 1회(2월 말) 발간됩니다. 간행규정 제4조에 따라 위 정기 학술지에 논문이나 판례평석(이하 논문이라고 한다)을 게재하고자 하는 자는 발간예정일을 기준으로 2개월 전에 원고 출력본 3부와 디스켓을 간사에게 제출하여야 합니다. 연구회가 주최 또는 주관한 심포지엄 기타 학술모임에서 발표한 논문을 『민사판례연구』에 게재하는 경우에도 마찬가지입니다.

2. 논문심사

『민사판례연구』에 게재하기 위하여 제출된 논문은 간행규정 제5조에 따라 논문의 수정을 요구하거나 게재를 유보할 수 있습니다.

3. 원고분량 제한

논문은 200자 원고지 240매를 한도로 합니다. 다만 논문의 성격상 불가피하다고 인정될 경우에는 편집위원회의 승인을 얻어 게재할 수 있습니다(간행규정 제6조 참조).

4. 원고작성 기준

게재할 원고는 아래와 같은 기준으로 작성하여 주십시오.

(1) 원고는 [흔글]워드 프로그램으로 작성하여, 원고표지에는 논문제목(영문제목 병기), 필자의 인적 사항(성명, 영문성명, 소속, 직책, 학위) 및 연락처를 기재하여 주십시오.

(2) 목차순서는 다음과 같이 하여 주십시오.

⊙ 로마 숫자(중앙으로)　　　　　예) Ⅰ.

⊙ 아라비아 숫자(2칸 들여쓰기) 예) 1.

⊙ 괄호 숫자(4칸 들여쓰기)　　 예) (1)

⊙ 괄호 한글(6칸 들여쓰기)　　 예) ㈎

⊙ 반괄호 숫자　　　　　　　　예) 1)

(3) 논문의 저자가 2인 이상인 경우에는 주저자와 공동저자를 구분하고 주저자·공동저자의 순서로 표시하여 주십시오.

(4) 논문의 결론 다음에는 국문 주제어를 10개 이내로 기재하여 주십시오.

(5) 주제어 다음에는 참고문헌목록을 작성하여 주십시오.

(6) 그 다음 국제학술어(영어, 독일어, 프랑스어)로 작성된 논문초록 (Abstract)을 작성, 첨부하여 주시고, 이에 이어서 국제학술어(영어, 독일어, 프랑스어)로 된 주제어(key word)를 10개 이내로 기재하여 주십시오.

5. 원고제출처

게재신청 원고의 접수 및 문의에 관한 사항은 실무간사인 김창모 판사에게 하시면 됩니다.

Tel: (02) 2204-2047

e-mail: kimchangmo@scourt.go.kr

◇ 2017년 2월경 간행 예정인 민사판례연구 제39권에 투고하고자 하시는 분들은 2016년 11월 30일까지 원고를 제출하여 주십시오.

民事判例研究會 會員 名單

(2016. 2. 29. 現在, 237名, 가나다順)

姓　名	現　職	姓　名	現　職
姜東郁	변호사(법무법인 태평양)	金相哲	변호사(법무법인 바른)
康承埈	사법연수원 수석교수	金成昱	변호사(KIM & CHANG)
姜永壽	서울고법 부장판사	金星泰	연세대 법대 교수
姜智雄	대전지법 논산지원 판사	金世容	부산지법 판사
高銀設	대법원 재판연구관	金昭英	대법관
高弘錫	대법원 재판연구관(부장판사)	金壽亨	변호사(KIM & CHANG)
郭潤直	전 서울대 법대 교수	金延美	성균관대 법대 교수
丘尙燁	법무부 국제법무과 과장	金永信	명지대 법대 교수
具泰會	수원지방법원 안산지원 판사	金熯晋	대전지법 판사
權光重	변호사(법무법인 광장)	金泳勳	대구지법 부장판사
權大祐	한양대 법대 교수	金榮喜	연세대 법대 교수
權英俊	서울대 법대 교수	金龍潭	변호사(법무법인 세종)
權五坤	ICTY 재판관(해외 체류)	金龍德	대법관
權五昶	변호사(KIM & CHANG)	金容祥	변호사(KIM & CHANG)
權載文	숙명여대 법대 교수	金禹辰	서울고법 부장판사
權　澈	성균관대 법대 교수	金雄載	서울동부지법 판사
權兌相	이화여대 법대 교수	金裕鎭	변호사(KIM & CHANG)
金敬桓	서울고법 고법판사	金載亨	서울대 법대 교수
金都泳	변호사(KIM & CHANG)	金鎭雨	한국외국어대 법대 교수
金度亨	서울중앙지법 부장판사	金昌模	서울동부지법 판사
金文煥	국민대 법대 교수	金天秀	성균관대 법대 교수
金旼秀	법원행정처 기획제1심의관	金泰均	대구지법 서부지원 판사
金炳瑄	이화여대 법대 교수	金兌宣	중앙대 법대 교수
金相瑢	중앙대 법대 교수	金兌珍	고려대 법대 교수
金上中	고려대 법대 교수	金賢錫	대법원 선임재판연구관

姓　名	現　　職	姓　名	現　　職
金賢眞	인하대 법대 교수	白慶一	숙명여대 법대 교수
金炯枓	사법정책연구원 수석연구위원	白昌勳	변호사(KIM & CHANG)
金炯錫	서울대 법대 교수	范鐥允	대전지법 판사
金滉植	전 국무총리	邊東烈	변호사(KIM & CHANG)
羅眞伊	헌법재판소 파견	徐　敏	전 충남대 법대 교수
南馨斗	연세대 법대 교수	徐乙五	이화여대 법대 교수
南孝淳	서울대 법대 교수	徐　正	변호사(KIM & CHANG)
盧敬植	변호사(KIM & CHANG)	徐靚源	대법원 재판연구관
盧榮保	변호사(법무법인 태평양)	石光現	서울대 법대 교수
盧柔慶	사법연수원 교수	孫智烈	변호사(KIM & CHANG)
魯赫俊	서울대 법대 교수	孫哲宇	광주고법 고법판사
睦榮埈	전 헌법재판소 재판관	孫台沅	서울남부지법 판사
文容宣	서울북부지방법원장	宋德洙	이화여대 법대 교수
文準燮	부산가정법원 부장판사	宋相現	전 ICC 재판소장
閔聖喆	대법원 재판연구관(부장판사)	宋永福	대전지법 천안지원 판사
閔日榮	대법관	宋沃烈	서울대 법대 교수
朴東奎	청주지법 충주지원 판사	宋宰馹	명지대 법대 교수
朴庠彦	법원행정처 기획조정심의관	宋惠政	서울고법 고법판사
朴秀坤	경희대 법대 교수	宋鎬煐	한양대 법대 교수
朴淳成	변호사(KIM & CHANG)	辛宇鎭	변호사(KIM & CHANG)
朴益煥	경희대 법대 교수	申元一	대법원 재판연구관
朴仁煥	인하대 법대 교수	沈承雨	청주지법 판사
朴宰瑩	창원지법 부장판사	沈仁淑	중앙대 법대 교수
朴在允	변호사(법무법인 바른)	安炳夏	강원대 법대 교수
朴俊錫	서울대 법대 교수	安正鎬	변호사(KIM & CHANG)
朴之姸	서울고법 판사	梁栽豪	외교부 파견(주UN 대표부)
朴鎭秀	창원지법 통영지원 부장판사	梁鎭守	대법원 재판연구관
朴贊益	대법원 재판연구관(부장판사)	梁彰洙	한양대 법대 교수
朴　徹	변호사(법무법인 바른)	嚴東燮	서강대 법대 교수
朴哲弘	서울동부지법 판사	呂美淑	서울고법 부장판사
朴海成	변호사(법무법인 율촌)	呂河潤	중앙대 법대 교수
裵容浚	울산지법 부장판사	吳大錫	청주지법 제천지원 판사

姓 名	現　　職	姓 名	現　　職
吳泳俊	특허법원 부장판사	李仁洙	대전지법 천안지원 판사
吳妌厚	서울대 법대 교수	李載根	대법원 재판연구관(부장판사)
吳宗根	이화여대 법대 교수	李栽源	대전지법 판사
吳賢圭	서울고법 고법판사	李載璨	수원지법 판사
吳興祿	부산지법 판사	李在璨	대구지법 경주지원 판사
元裕錫	변호사(KIM & CHANG)	李在赫	사법연수원 교수
庾炳賢	고려대 법대 교수	李載厚	변호사(KIM & CHANG)
劉아람	법원행정처 사법지원심의관	李政玟	광주지법 순천지원 부장판사
柳元奎	변호사(법무법인 광장)	李政桓	서울고법 고법판사
柳濟瑉	대전지법 판사	李鍾基	법원행정처 사법정책심의관
劉亨雄	서울중앙지법 판사	李鍾文	수원지법 판사
尹榮信	중앙대 법대 교수	李宙興	변호사(법무법인 화우)
尹眞秀	서울대 법대 교수	李準珩	한양대 법대 교수
李啓正	서울대 법대 교수	李重基	홍익대 법대 교수
李恭炫	변호사(법무법인 지평지성)	李芝姈	수원지법 안양지원 판사
李國鉉	서울고법 판사	李智雄	서울남부지법 판사
李均釜	변호사	李鎭萬	서울행정법원 수석부장판사
李均龍	서울고법 부장판사	李彰敏	대구지법 판사
李東明	변호사(법무법인 처음)	李昌鉉	서강대 법대 교수
李東珍	서울대 법대 교수	李喆遠	변호사(KIM & CHANG)
李伯圭	변호사(KIM & CHANG)	李玹京	서울중앙지법 판사
李丙儁	한국외국어대 법대 교수	李賢洙	서울고법 고법판사
李鳳敏	대전지법 판사	李賢鍾	변호사(KIM & CHANG)
李祥敏	변호사(법무법인 율촌)	李慧民	대전지법 판사
李尙佑	변호사(KIM & CHANG)	李孝濟	대법원 재판연구관
李相元	변호사	李興周	서울동부지법 판사
李새롬	춘천지법 원주지원 판사	林奇桓	대법원 재판연구관(부장판사)
李宣憙	성균관대 법대 교수	林龍	서울대 법대 교수
李承揆	광주지법 순천지원 부장판사	林貞允	인천지법 판사
李承鎰	대전지법 천안지원 판사	張德祚	서강대 법대 교수
李承勳	대전지법 홍성지법 판사	張斗英	춘천지법 원주지원 판사
李績甲	연세대 법대 교수	張洙榮	창원지법 마산지원 판사

姓 名	現 職	姓 名	現 職
張勝和	서울대 법대 교수	朱宣俄	법원도서관 조사심의관
張允瑄	서울고법 판사	池元林	고려대 법대 교수
張埈赫	성균관대 법대 교수	陳賢敏	서울고법 고법판사
張志墉	서울중앙지법 판사	車永敏	대법원 재판연구관(부장판사)
張哲翼	서울고법 고법판사	千景壎	서울대 법대 교수
全甫晟	광주지법 목포지원 부장판사	崔建鎬	변호사(KIM & CHANG)
全元烈	변호사(KIM & CHANG)	崔文壽	창원지법 판사
鄭肯植	서울대 법대 교수	崔文僖	강원대 법대 교수
鄭基相	부산지법 동부지원 판사	崔秉祚	서울대 법대 교수
鄭多周	서울중앙지법 판사	崔倬京	서울대 법대 교수
丁文卿	서울중앙지법 판사	崔瑞恩	대법원 재판연구관
鄭炳浩	서울시립대 법대 교수	崔秀貞	서강대 법대 교수
鄭仙珠	서울대 법대 교수	崔竣圭	한양대 법대 교수
鄭素旻	한국외국어대 법대 교수	韓基貞	서울대 법대 교수
鄭洙眞	서울중앙지법 판사	韓相鎬	변호사(KIM & CHANG)
鄭煜都	서울남부지법 판사	韓愛羅	변호사(KIM & CHANG)
鄭載優	서울중앙지법 판사	韓政錫	서울중앙지법 판사
鄭晙永	서울고법 부장판사	咸允植	변호사(KIM & CHANG)
鄭泰綸	이화여대 법대 교수	許 構	변호사(OCI 주식회사)
鄭鉉熹	춘천지법 판사	許文姬	춘천지법 판사
諸哲雄	한양대 법대 교수	許盛旭	서울대 법대 교수
曺健柱	서울동부지법 부장판사	玄昭惠	성균관대 법대 교수
趙敏惠	대전지법 판사	胡文赫	사법정책연구원장
趙炳九	법원행정처 공보관	扈帝熏	서울행정법원 부장판사
曺媛卿	서울동부지법 판사	洪聖燉	변호사(법무법인 태평양)
趙恩卿	의정부지법 판사	洪晙豪	변호사(KIM & CHANG)
趙璿英	법원행정처 기획조정심의관	洪眞映	대전지법 판사
趙在憲	서울동부지법 판사	黃銀圭	춘천지법 속초지원 판사
趙弘植	서울대 법대 교수	黃進九	서울중앙지법 부장판사
朱大聖	대구지법 판사		

民事判例研究 [XXXVIII]

2016년 2월 20일   초판인쇄
2016년 2월 28일   초판발행

편 자 윤 진 수
발행인 안 종 만
발행처 (株)博 英 社
        서울특별시 종로구 새문안로3길 36, 1601
        전화 (733) 6771   FAX (736) 4818
        등록 1959. 3. 11. 제300-1959-1호(倫)
www.pybook.co.kr e-mail: pys@pybook.co.kr

파본은 바꿔 드립니다. 본서의 무단복제행위를 금합니다.

정 가 67,000원   ISBN 979-11-303-2871-3
                        978-89-6454-552-2(세트)
                      ISSN 1225-4894 39